KURT TUCHOLSKY
GESAMMELTE WERKE

KURT TUCHOLSKY

GESAMMELTE WERKE

HERAUSGEGEBEN VON

MARY GEROLD-TUCHOLSKY

FRITZ J. RADDATZ

BÜCHERGILDE GUTENBERG

KURT TUCHOLSKY

GESAMMELTE WERKE

BAND III

1929—1932

BÜCHERGILDE GUTENBERG

Schutzumschlag und Einband Rainer Winter, Frankfurt am Main

Lizenzausgabe für die Büchergilde Gutenberg
Mit Genehmigung des Rowohlt Verlages, Reinbek bei Hamburg

Satz Gerhard Stalling AG, Oldenburg (Oldb)
Offsetdruck und Bindearbeiten Clausen & Bosse, Leck
Bibeldruckpapier «Exquisit» der Fa. Uhlemann, Wiesbaden
Printed in Germany 1972
ISBN 3 7632 1112 8

1929

werden die deutschen Militärs und die deutschen Wehrverbände weiter rüsten, und die deutschen Außenpolitiker werden es ableugnen.

Im kommenden Jahr werden sich die deutschen Richter einbilden, ein bestandenes Assessorexamen berechtige sie, den lieben Gott zu spielen und zu ‹strafen›; insbesondere in den kleinen unkontrollierten Provinzgerichten werden die Proletarier auf den Anklagebänken nichts zu lachen haben.

Im kommenden Jahr werden die Gefangenen in den Zuchthäusern, Gefängnissen und Arrestlokalen sinnlos leiden: unter Sexualnot, unter schlecht bezahlten Aufsehern und unter der ‹Hausordnung› der Direktoren.

Im kommenden Jahr werden die Börsen mit Wertpapieren handeln, ohne daß sich auch nur einer der Spieler darüber Gedanken macht, womit er eigentlich spielt: mit der Arbeitskraft von Proletariern, die mit sechzig Jahren wenigstens wissen, wofür sie das ganze Leben hindurch geschuftet haben: für eine Tuberkulose.

Im kommenden Jahr wird die Allmacht des amoralischen Staats noch höher hinaus wollen als im vergangenen.

Ich erwarte also vom kommenden Jahr nichts Besonderes.

EIN BETRUNKENER IN DER WILHELMSTRASSE

— «Prost Neuahr! Prost Neuahr! . . . ze frieh. Da, wo meine Armbanduhr wah, is jetzt ne Beule — aber is ze frieh . . . 'ck wer doch woll hier noch langjehn kenn! Hö. Ick als Republikaner kann mir besaufen, wo ick will. Wie hat Adolf imma jesacht? ‹Det kann ick! Dafor bin ick Mutta!› — Iebahaupt — mein Mann is Waschfrau, un ick bin Soldat. Da kommt 'n Mann. Wat is det fiern Mann —? Tach, Mann.

Der antwort nischt. Prost Neuahr! Ick wer ma nehm'm herjehn. Kann a ma nich vabietn, der. Den sein Jesicht kommt mir so bekannt vor . . . den muß ick doch schon mah . . . der sieht aus . . . det is doch — Justav —!

Prost Neuahr, Justav! Nischt. Ick wern ma bejleiten, det ihn nischt zustoßt, den hohen Herrn. Dürf ick Ihnen eine Ssijarre anbietn, Herr Ecksellentz? Der sacht nischt. Ick ha ja auch ja keene Ssijarre — aba valleicht jibt er mir eene. Nee. Wenn et Sie nich steert — Prost Neuahr! Prost Neuahr — wenn et Sie nich steert, denn kenn wir ja 'n bißchen üba Polletik redn, wa —? Ja, wat ick sahrn wollte:

Justav, du mußt nich mit die Fauste. Erschtens hast du jahkeene. Du hast sone kleene, dicke, mollige Hand — is ja janz scheen — aba: ball se nich, Justav. Jeballt is et nischt. Du bistn Koofmann — die annern sind et ooch — ick wer da sahrn: ihr mißt nich imma so dhun, als ob ihr — ihr seid et ja jahnich! Prost Neuahr! Is noch nich so weit! Ihr jeht vor, da driehm! Seh mah — wat die Engländer sind, det sinn ruhige Leute, die ham schon viel in ihrn Lehm jekloppt — aba uffn Tisch — nee, det kenn die nich. Na, und bei die Franzosen kommste da jahnich mit durch! Justav, wenn de Briang hättst in Mahrn kucken kenn, weeste, wat der sich jedacht hat, wie du bist rot anjelaufen —? Er hat jedacht: I, sieh mal an, hat er jedacht, nu kommt der ooch schon! Det ham doch frieha bloß die Jenerale jemacht! Und denn hat a ne Ssijarette jeroocht, und wat du jesacht hast, det is in Rauch aufjejangn ... Prost Neuahr!

Ja, nu ham die alle jeschriehm, det du hast einen forzüchlichen Eindruck jemacht. Ick wer da sahrn — Eindruck haste jemacht — weißte auf wen —?

Auf die Deutschen, Justav. All son Zimt macht imma bloß Eindruck bei uns ze Hause, un denn denken nachher die Leite, da denken die denn: die Welt is bewecht worn. Justav, hör zu: erschtens sind die Zeitungen nich die Welt, und die deutschen schon jahnich, un ick wer da sahrn: Du mußt nich imma na hintn kuckn, ob se da Beifall brülln oder dir den Stuhl untern Jesicht wechziehn — du mußt na vorne kucken! Denn seh mah:

Du sosst ja nich die Deutschen übazeujn — du sosst die annern übazeujn. Det deine eijenen Leite Bravo schrein, det wissen wir. Aba du mußt machen, det die annern Bravo schrein — un det is nemlich schwerer, werk dir mah sahrn ... ville schwerer is det! Aba det ham se bei uns nich raues. Die treten imma vor ihrn eijenen Lokalanzeijer auf, und den Jejner ham se inzwischen vajessen. Du hast se ja nich schlecht jejehm — se ham sich bloß nischt davon jenomm. Prost Neuahr! Mensch, du mußt die Belange nich so hoch halten — man sieht se auch so — Das janze Vataland — aps — wenn et dir recht is, denn jehn wa da mal hinter die Säule da austreten ... Wißte nich? Na — denn mißn wa det vatahrn ... Ja, wat hast du bloß mit die Polen —?

Justav, wahn se valleicht nett zu die Pollackn jewesen, untern Kaiser? Von wejen — — Jeschundn ham se se und auf se rumjekloppt und schtatt daß ihr jesacht hapt: nu fängt sich hier mal wat Neues an, da habt ihr munter weiterjemacht. Nu wundert ihr euch! Seh mah, in Warschau ... Justav, ick muß mah janz schnell ehm — ick heer ein Brünnlein rauschern — Ick komme jleich nach ... lauf nich wech! Dunner — jetzt muß ick mir im Laufen zukneppen, ick bin doch nich Nurmi — da bin ick wieda.

Wat ick sahrn wollte: es is reine, als ob die Polen wern für eich der neue Erbfeind. Kaum, daß eena sacht: Poln — denn fangen se schon alle an zu schrein, un die Reichswehr sieht man ehm schnell nach die Kanon — da fiehlt ihr eich, wa? Wißte se herrliche Zeiten entjejenfiehrn, ja? Do, ssiss komisch: int Jeschefte un in Amt un ze Hause, da ham se nich viel zu melln – aba wenn so eena so recht kräftige Wochte finnt, denn jlaum se alle, se sinn Bismarck perseenlich. Ick wah neulich dabei, wie mein Schwahra, der is Zwischenmeister bei Lewin un Rosenthal, un da hat der seine Mäntels abjeliefert, un da hat der olle Lewin deine Rede vorjelesen, in Bühro, mitn Kneifer uff die Neese und denn hat a jesacht: ‹Et wücht wieda mit Deutschland!› hat er jesacht. Haps. Da hab ick jesacht: Jewiß doch, Herr Lewin – es is ja schon mal jeworn! Da ham se ma rausjeschmissn. Prost Neuahr! Prost Neuahr! Heer bloß mah, wie die brilln! Die Leite ham keene Bildung nich! Mensch, Justav, wat ham dir die Poln jetan? Wejn den Korrigidor –? Justav, mach mir donischt vor – hier, uff de Willemstraße kann icks dir ja sahrn:

Wer denkt denn schon an den dämlichen Korridor, wenn ihr nich imma mecht son Jeschrei davon machen? Natierlich is a vakehrt – weil janz Europa vakehrt is! Aba meinste, det wird bessa, wenn ihr nehmt den Pollackn den Korridor wieda wech? Denn jeht doch allens wieda von vorne los; det janze Mallöhr und det Jeschrei un ‹Zujang zum Meere› – du wirst es sehn – un ick weeß jahnich, was du hast; Flaschenbier vajeht, aba Schönheit be –

Jahnich hack den Herrn belesticht! In keine Weise! Prost Neuahr, Herr Wachtmeesta! Frahrn Sie doch den Herrn. Herr Wachtmeesta, ob ick ihm . . . Wissen Sie denn überhaupt, wer das ist –? Na, das is ja unahört! Justav! Sach selba! Justav! Herr Minista! Herr Staatsminista! Eia Ecksselentz! – – Wat sacht der –?

Er is et jahnich –?

Bumm – jetzt hack meine janze Weisheit ann Falschen vazappt! Da jeht er hin. Aba mächtich ähnlich sieht an. Sie! Von wejn Minister: Sie, Männecken! Varraten Se nich, wat ick Ihn jesacht habe – det sin Staatsjeheimnisse sind det! Staats – schupsen ma doch nich, Herr Wachtmeesta – Staats – Staats . . . Prost Neuahr! Wo is meine Papiermitze? Herr Wachtmeesta, ohne Papiermitze is keen Neujahr – wa? Ick bin aus Bealin; wenn ick mir ma amuhsiere, denn muß man det heern, sost amuhsierck ma nich! Staatsjeheimnisse sind det – Besoffen? Wer is hier besoffen? Mir is bloß 'n bisken komisch – ick muß irjend wat jejessen ham –!

Prost Neuahr –! Prost Neu – Wat is –? Zu spät –? Nu is wieda zu spät. Herr Wachtmeesta, wir sinn inne Willemstraße: da komm se imma entweder ze frieh oda zu spät! Prost Neuahr –! Fröhliche Finxten! Auf Wiedersehn –!»

VORSPRUCH

Für den Arbeiter
mit dem Intellektuellen
gegen den gemeinsamen Feind

Was soll ich denn lesen —?
Die paar Stunden,
die dir Fabrik und Schreibstube läßt,
kannst du seelisch wieder gesunden —
aber halt an deiner Gesinnung fest!
Biographien der Vaterlandsretter?
Nein.
Patriotisches Phrasengeschmetter?
Nein.
Deine Welt. Die Revolutionen.
Kolonialpolitik und Expeditionen.
Die Geschichte der Völker. Die Verbrechen des Staats.
Die echten Führer des Proletariats.
Die Russen. Petroleum. Der Kampf der Chinesen.
Das sollst du lesen.

Was soll ich denn lesen —?
Wellen und Wogen
von bravem Kitsch gehen über das Land.
Da wird den Frauen viel vorgelogen:
Tränenromane mit Ordensband . . .
Gesangverein? Gefühlsduselei?
Nein.
Die Kirchenkeuschheit der Polizei?
Nein.
Dein Weltbild — unverlogen und klar;
die alte Zeit, wie sie wirklich war;
die Geburt der Maschine, mit ihrem Fluche —
die Lehren mißglückter Befreiungsversuche.
Justiz. Amerika. Zeitungswesen.
Das sollst du lesen.

Es geht um das Glück, das sie deiner Klasse genommen.
Wissen ist Macht. Kämpfe!
Und sei willkommen!

LIED FÜRS GRAMMOPHON

Gib mir deine Hand,
Lucindy!
Du, im fernen Land –
Lucindy!
Wie die Ätherwellen flitzen
über Drähte, wo die Raben sitzen,
saust meine Liebe dir zu . . .
du –
tu–tu–tu– mmm –

Wenn du mich liebst, so singt dein Blut,
Lucindy!
Ach, wenn du nicht da bist, bin ich dir so gut,
Lucindy!
Dein, dein Lächeln läßt mir keine Ruh . . .
Man kann von oben lächeln,
man kann von unten lächeln,
man kann daneben lächeln –
wie lächelst du?
tu–tu–tu– mmm –

Meine, die will mich verlassen,
Lucindy!
Deiner, der will dich fassen,
Lucindy!
Kehr zu ihm zurück!
Vielleicht ist das das Glück . . .
Ich guck in den Mond immerzu –
oh, so blue – mmm –

Wie man auch setzt im Leben,
Lucindy!
man tippt doch immer daneben,
Lucindy!
Wir sitzen mit unsern Gefühlen
meistens zwischen zwei Stühlen –
und was bleibt, ist des Herzens Ironie . . .
Lucindy!
Lucindy!
Lucindy –!

FABEL

Da stand der Hund vor der Hundehütte, sein Fell war gesträubt wie die Borsten einer Bürste, er lauschte in die weite Nacht. Aus der Nacht ertönte ein Geheul.

Es begann hinter dem Wald, und es pflanzte sich zur Schlucht hinüber fort, sacht ansteigend; wenn es dort angekommen war, antwortete eine heulende Stimme, die so jäh anstieg, daß der Hund zitternd in sich zusammenkroch. Dann begann er zu bellen.

Er bellte, gleich heiser einsetzend, so aufgeregt war er; Schaum troff ihm aus dem Maul, er bellte mit der Seele, seine Flanken flogen, obgleich er gar nicht gelaufen war, er stemmte alle vier Pfoten fest auf die Erde, um bessern Halt zu haben – und Geifer, rasende Tobsucht und Wut waren in seiner Stimme ... Da erwachte sein Herr.

«Das sind die Wölfe», sagte der Mann hinter sich in die Hütte und band den Hund los, der ihm nicht von den Hacken wich; er schritt in die Hütte zurück, entsicherte das Gewehr, das an der Wand hing, und legte sich zu seinem Weib. Das Herdfeuer glomm; der Hund träumte. Wenn das Geheul draußen von neuem einsetzte, richtete sich der Hund schnaufend auf, ein kurzer Ruf des Mannes zwang den Knurrenden in die Ruhestellung. Da lag er.

Da lag der Verräter.

Da lag der, der sich vor achttausend Jahren von den Wölfen losgemacht hatte: für Fressen, Sicherheit und einen warmen Platz in der Hütte. Sie hätten ihn zerrissen, wenn sie ihn bekommen hätten – mit ihren Zähnen zerknirscht, zermalmt, zunichte gemacht. Er gab vor, sie zu verachten; aber er haßte sie, weil er sie fürchtete. Der Herr nannte ihn treu und wachsam – es war ganz etwas andres. Um ganz etwas andres ging der ewig währende Kampf zwischen den wilden Hunden und dem gezähmten Hauswolf. Der Kampf ging um die Seele.

Anklage und Urteil war ihr Erscheinen; tiefster Vorwurf ihre Witterung; Donnerspruch ihre Stimme; Glanz des Himmels vor dem Sünder in der Hölle ihre Gestalt – er krümmte sich, wenn er nur an sie dachte. Er wand sich: denn sie hatten recht! sie hatten recht! sie hatten recht! Er war abgefallen, zum Feind übergegangen: aus Feigheit, aus Verfressenheit, aus Faulheit; aus hündischem Stolz, sich in der Gunst seines Herrn sonnen zu dürfen, und womit war diese Gunst erkauft!

Er haßte sie um ihrer Freiheit willen – er war zu schwach, die noch zu wollen. Er ließ sie entgelten, was er nicht hatte werden können. Sie hatten die Freiheit, die herrliche Freiheit und ein hartes Leben – aber sie sollten gar nichts haben! Er haßte sie, weil sie nicht in der Wärme fressen wollten wie er, und er haßte sie, weil es ihm alles, alles nichts genutzt hatte: der Verrat nicht, die Wachsamkeit nicht, die gebratenen Fleischstücke nicht. Er war ein Verschnittener; was da draußen rief, war die Manneskraft, waren die Treue, der Wille und das Herz — was war ihm geblieben! Eine Hundehütte war ihm geblieben.

Ein besonders schriller Schrei drang in die warme Finsternis. Diesmal konnte der am halb verglommenen Feuer nicht an sich halten — laut bellend fuhr er in die Höhe. Mit einem jaulenden Schmerzenslaut duckte er sich nieder: ein Stück Holz war ihm krachend in die Weichteile gefahren. Der Wille des Herrn hatte gesprochen. In hohen Tönen wimmernd lag er gekauert und horchte auf die Stimme der Natur, auf die Stimme der ungebändigten Freiheit, auf die mahnende Stimme, anmahnend das verpfuschte Leben seiner Generationen. Da lag er: ein wohlgenährter Verräter. Ein in Sicherheit lebender Verräter. Ein zutiefst unglücklicher Verräter. Nun war es ganz still geworden. Der Hund schlief.

Zwischen Otto Wels und Lenin bestehen gewisse Gegensätze.

DIE ROLLE DES INTELLEKTUELLEN IN DER PARTEI

In der Nr. 7 dieser Zeitschrift ist von einem Aufsatz meines Freundes Kurt Hiller die Rede; die Arbeit hat in der *‹Weltbühne›* gestanden und ist hier einer scharfen Kritik unterzogen worden. Ich erbitte das Gastrecht dieses Blattes, um etwas Grundsätzliches dazu zu sagen.

«Es ist anzunehmen», schreibt Hans Conrad, «daß sich die Herausgeber der *‹Weltbühne›* mit dem Hillerschen Programm solidarisieren.» Das tun sie nicht. Die *‹Weltbühne›* ist eine Tribüne, in der die gesamte deutsche Linke in des Wortes weitester Bedeutung zu Worte kommt; wir verlangen von unseren Mitarbeitern Klarheit, persönliche Sauberkeit und guten Stil. Ob dieser Grundsatz richtig ist oder nicht, ist eine andere Frage; so habe ich das Blatt von meinem verstorbenen Lehrmeister Siegfried Jacobsohn übernommen und so habe ich es an Carl von Ossietzky weitergegeben, der keinen Finger breit von dieser Richtung abgewichen ist. Die *‹Weltbühne›* verzichtet bewußt auf ein starres Dogma; bei uns wird diskutiert.

Was wird nun diskutiert?

Als ich im Jahre 1913 in die *‹Weltbühne›* eintrat, begann ihr Herausgeber sich mit Politik zu befassen; ich bestärkte diese Neigung, wo ich nur konnte, und das Blatt stand damals ungefähr links von den Sozialisten. Weil es kein festes Programm hatte, konnte es in der Revolution nicht führend sein. Ich lege aber den größten Nachdruck auf diesen Satz:

Wir haben niemals beansprucht, die Führer der Arbeiterklasse zu sein.

Dies vorangeschickt, wollen wir folgende Sätze betrachten, die hier zu lesen gewesen sind:

«Die Tragödie Deutschlands ist nicht zuletzt die jämmerliche Halbheit seiner ‹linken› Intellektuellen, die da über den Parteien thronten, weil es ‹einem in den Reihen nicht leicht gemacht wird› (um mit Kurt Tucholsky zu sprechen). Diese Leute haben 1918 glänzend versagt, sie versagen noch heute. Ihre Führerrolle war und ist kläglich, einfach jämmerlich, denn die lieben Leutchen glaubten und glauben, daß sie bloß auf das Podium zu steigen brauchen, um den Beifall des Volkes entgegenzunehmen. Aber das ‹Volk› hat diese Neulinge gar nicht verstanden, und jetzt klagen unsere überklugen Musensöhne dafür die Dummheit der Proleten an und beginnen — soweit sie nicht längst in die Gefilde der Ullstein- und anderer Konzerne zurückgekehrt sind — zu wehklagen oder ihre billigen Weisheiten und Rezepte à la Hiller an den Mann zu bringen.»

Wir sprechen aneinander vorbei.

In einem Aufsatz ‹*Gebrauchslyrik*› (eine in der ‹*Weltbühne*› erschienene Besprechung der Gedichte Oskar Kanehls, die den Lesern dieses Blattes kostenlos zur Verfügung steht) habe ich versucht, die unglückliche Rolle des deutschen linken Intellektuellen in den Arbeiterparteien zu skizzieren. Ich formuliere hier noch einmal, schärfer.

Der Intellektuelle schreibe sich hinter die Ohren:

Er ist nur unter zwei Bedingungen überhaupt befugt, in die Führung einer Arbeiterpartei einzutreten: wenn er soziologische Kenntnisse besitzt und wenn er für die Arbeitersache persönliche Opfer bringt und gebracht hat. Lenin hat beides vereint. Erfüllt der Intellektuelle diese Bedingungen nicht, so darf er allenfalls als bescheidener Helfer in den Reihen des Proletariats mitkämpfen; er erwarte nichts Besonderes von der Partei; er strebe nicht nach Posten und Pöstchen; er wage es nicht, vor eine Versammlung von Streikenden zu treten und sie mit schönen Worten zum Durchhalten zu ermahnen. Geht es in den Straßenkampf, dann schieße er mit — oder schweige. Er ist ein Sympathisierender — mehr nicht.

Die Partei schreibe sich hinter die Ohren:

Fast jeder Intellektuelle, der zu ihr kommt, ist ein entlaufener Bürger. Ein gewisses Mißtrauen ist am Platze. Dieses Mißtrauen darf aber nicht jedes Maß übersteigen.

Es ist ungemein bezeichnend, daß der Vorwurf: «Der Kerl lebt zu gut», nie, niemals von einem Arbeiter zu hören ist, sondern immer nur von jenen Viertel- und Halb-Intellektuellen, die in der Partei arbeiten. Es gibt heute einen Snobismus der schwieligen Faust, der unerträglich geworden ist. Wer ist Hans Conrad? Wer spricht? Ein Mann, der acht Stunden am Schraubstock steht? Das ist nicht anzunehmen; er könnte sonst diese Zeitschrift nicht machen. Er wird mir seinen Stammbaum entgegenhalten — der ist kein Beweis. Die versteckte oder offene Feindseligkeit, der unsereiner in den Arbeiterparteien begegnet, ist ebenso groß wie die Freundlichkeit, die wir bei den klassenbewußten Arbeitern finden; die fühlen mit dem todsichern Instinkt ihrer Klasse, wer da zu ihnen kommt: einer, der aus kleinbürgerlichen Kreisen herkommt; einer, der bürgerlich lebt — und einer, der nicht lügen will. Denn es wäre eine verdammte Lüge, sich den Kragen abzubinden und den Proleten zu ‹markieren›. Hier wird nicht markiert. Wir sitzen zwischen zwei Stühlen und haben erkannt:

Der Kampf der Arbeiterklasse führt zum Siege; er ist gerecht. Wir haben es sehr schwer, uns von der Grundlage unserer Erziehung, unserer Ausbildung, unserer Arbeit loszulösen. Man schilt uns von der Bürgerseite her: Bolschewisten. Man mißtraut uns von der Funktionärseite der Arbeiterparteien her — niemals haben uns die Arbeiter mißtraut, sofern wir uns zurückhaltend und sympathisierend angeschlossen haben. Wer mitarbeitet und den Mund nicht aufreißt, ist bei den Arbeitern immer willkommen gewesen.

Nein, man macht es uns nicht leicht, weil man unsere Aufgabe verkennt.

Die Forderungen Conrads sind richtig, aber sie sind falsch begründet. Zunächst wollen wir uns diese militärische Formulierung von dem ‹Versagen› abgewöhnen; das sind Kriegsformeln, die bei verständigen Leuten keine Geltung mehr haben. Eine Revolution ist kein Parademarsch, über den man nachher die Kritik abnimmt und Noten austeilt. Jeder marxistisch gebildete Arbeiter weiß, daß die Saal-Revolution im Jahre 1918 nichts gewesen ist; jedes Fundament hat gefehlt (das sieht Conrad richtig), die Intellektuellen haben kaum einen Anteil an den Geschehnissen (das sieht Conrad nicht richtig). Die Partei aber macht einen ungeheuren Fehler.

Wenn Kurt Hiller sein Heil in den Zwischengruppen zwischen SPD und KPD sucht, wenn er sich an überparteiliche Organisationen klammert, so tut er das bestimmt nicht zu seinem Vergnügen. Er wird seine Erfahrungen gemacht haben. Man könnte einwenden: Das liegt an ihm. Dann laßt mich sagen, daß er nicht allein dasteht.

Das übertriebene Mißtrauen der kleineren Funktionäre dem Intellektuellen gegenüber ist auf Konkurrenzangst zurückzuführen. Diese Furcht ist meist begründet. Der wirkliche Vorwurf der mangelnden Stetigkeit, die vielen von uns innewohnt, das (in Deutschland besonders große) Mißtrauen gegen den ‹Unordentlichen› haben dazu geführt, daß in der SPD solche Mittelmäßigkeiten wie Ebert, Wels, Noske überhaupt zur Macht kommen konnten. Hier habt ihr das mahnende, schlechte Beispiel vor Augen. Vergegenwärtigt euch doch einmal, wie so ein Mensch wie Fritz Ebert überhaupt so hoch steigen konnte. Das ist leicht erklärt:

Ebert ist der Bonze, der immer zur Stelle gewesen ist. Er war dieser euch allen bekannte Typus, der keine Sitzung versäumt; der auf jedem Zahlabend seinen Mann steht; der seine Listen in Ordnung hat ... Ihr werdet sagen: Na, ist das vielleicht ein Vorwurf? – und ich fahre fort: er ist einer gewesen, der nichts als das getan hat. Er hatte keinen Funken Kampfgeist. Man sagt, er habe schon in den ersten Tagen des November, als alles drunter und drüber ging, brav seine Akten aufgearbeitet wie ein Regierungsrat – darin ist er der ganze Mann. Ein Papiermensch.

Tritt nun ein flammender, feuriger, starker Kerl in die Organisation, dann werden die Listenmenschen unruhig. «Was will der hier?» Nichts. «Einen Posten für sich?» Nein. «Dann soll er uns auf alle Fälle hier nicht unsern Laden durcheinander bringen ... keine neuen Sachen ... wie sieht überhaupt sein Mitgliedsbuch aus ...?» Und wenn der Intellektuelle dann nicht sehr viel Begeisterung, nicht sehr viel Liebe zur Arbeitersache besitzt, dann zuckt er die Achseln und geht. Verloren haben beide Teile.

Es wird uns auch geistig nicht leicht gemacht.

Ich habe niemals irgendeinen ‹Krach› mit Parteiinstanzen gehabt; aber es gehört eine unbändige Geschicklichkeit dazu, nicht anzuecken. Guter Stil? Mißtrauen. Scharfe Formulierung, die ‹sitzt›? Der Bursche geistreichelt. Bewußte demagogische Wirkung auf die Frauen – eine Sache, die die Arbeiterparteien fast immer vernachlässigt haben? Bürgerliche Zeitungsmanieren. Nein, so geht es nicht. Wer meine Arbeit kennt, weiß, daß ich nicht den Künstler in der Samtjacke darstelle, der sich einbildet, seine Gedichtlein seien das wichtigste auf der Welt. Disziplin muß sein. Aber tatsächlich ist es heute so, daß die Freiheit, die der Intellektuelle genießt, bei den bürgerlichen Blättern – innerhalb des Rahmens dieser Blätter – größer ist als in der Arbeiterpresse. (Die Gegner, die mich zitieren, werden die Worte «innerhalb des Rahmens dieser Blätter» fortlassen.) Der sozialdemokratische Redakteur hat viel mehr Angst vor seinen Lesern als Ullstein und Mosse zusammen; die Prüderie, die Angst, die Sucht, am Herkömmlichen zu kleben, ist bei den Arbeiterblättern bedeutend größer als dort: denn sie werden von Leuten geleitet, deren Gesinnung man sehr genau und deren Fähigkeit man sehr ungenau geprüft hat. Niemals dürfte ein Arbeiterblatt so gesetzt und gedruckt werden, wie es redigiert wird. Die Partei schlüge mit Recht einen schönen Lärm. Daß aber diese Redakteure, die es gewiß nicht leicht haben, einfach ihr Handwerk nicht verstehen, das ist eine Sache, die schmerzt. Sie schmerzt; denn sie wäre besser zu machen. Sie ist unter diesen Umständen sehr schwer besser zu machen: Ihr laßt uns nicht heran. Ihr wißt es alles besser.

Dies ist keine Kandidatenrede. Wir sind weit voneinander. Wir sollten zueinander.

Ich danke für die Möglichkeit, hier haben sprechen zu können. Ich will nicht ‹recht› behalten – diese Sätze sind für die Diskussion da. Hans Conrad wird nicht das billige Mittel wählen, mich ‹abzuführen› – in seinem eigenen Blatte hat jeder recht. Darauf kommt es auch gar nicht an. Es kommt nur auf eins an: *zu arbeiten für die gemeinsame Sache.*

§ 297 / UNZUCHT ZWISCHEN MÄNNERN

Die Ziffer 4 des § 297 des «Entwurfs eines ‹Allgemeinen Deutschen Strafgesetzbuches›» ist ein Verbrechen; seine ‹Begründung› ist unzureichend und mit den Tatsachen als nicht im Einklang stehend zu bezeichnen.

Die sogenannte ‹Begründung› der einschlägigen Paragraphen (296 und 297) gibt zunächst zu, daß die Gründe gegen diese Art von Gesetzgebung «ernst zu nehmen» sind. Die Begründung gibt ferner zu, daß diese Paragraphen geeignet sind, Unschuldige zu schädigen und zu vernichten. Trotzdem hält der Entwurf diese Paragraphen nicht nur aufrecht, sondern er bringt auch eine Verschärfung des geltenden Sexualrechts. Woran liegt das? –

Man muß zunächst wissen, *wer* eigentlich bei einem Entwurf für ein solches Gesetz gehört wird. Von allen Philosophen, Soziologen, Ärzten und Erziehern, die der Doktor Magnus Hirschfeld hier seit Jahren zu diesem Thema sprechen läßt, ist wohl der allerkleinste Teil auch nur einer Anfrage der beamteten Gesetzgeber gewürdigt worden. Diese Gesetze kommen zustande unter Hinzuziehung des finstersten Provinzmuffs: ehrgeiziger Kleinstädter, Vereinsvorsitzender, engstirniger Geistlicher, saurer Frauen, die in unglücklichen Ehen unbefriedigt leben – wie überhaupt das Motiv der *Rache* hier viel größer ist, als die Beteiligten selbst wissen. Sittliche Eiferer lassen sich leicht analysieren – ihre Untaten werden dadurch nicht kleiner.

Das so hergestellte Material gerät nunmehr in die Hände scholastisch verbildeter Juristen, die, kalt, gefühllos und ohne Kenntnis des Stoffes, deshalb sachlich zu sein glauben, weil sie von der Materie nichts verstehen. Rechnet man noch die militaristische Grundstimmung hinzu, die den Wert eines Volkes nach seiner Zahl mißt und achtzig Millionen schlecht genährter Individuen sechzig Millionen vorzieht, die in Menschenwürde aufwachsen, so ergeben sich aus diesem Brei von verklemmter Erotik, finsterstem Katholizismus und falscher Soziologie solche Phrasen.

«Dabei ist davon auszugehen, daß der deutschen Auffassung die geschlechtliche Beziehung von Mann zu Mann als eine Verirrung erscheint, die geeignet ist, den Charakter zu zerrütten und das sittliche

Gefühl zu zerstören. Greift diese Verirrung weiter um sich, so führt sie zur Entartung des Volkes und zum Verfall seiner Kraft.»

Dieser Satz ist falsch.

Den Verfassern fehlt jede Legitimation, für das deutsche Volk zu sprechen – sie sprechen höchstens für einen unaufgeklärten und ungebildeten Teil. Vor allem aber ist es unstatthaft, ein Gefühl so zu überbetonen, daß die, die dieses Gefühl nicht teilen, als Verbrecher bestraft werden.

Mir ist die sexuelle Beziehung eines Mannes zu einem Mann schlecht vorstellbar – aber niemals wagte ich, dieses mein Sentiment zur Grundlehre einer Sittenlehre zu machen. Mit demselben Recht könnte man ein Gesetz gegen rothaarige Frauen entwerfen oder gegen Männer, die stark schwitzen. Solange die Spielarten der Sexualität die Gesellschaft nicht schädigen, solange hat sie kein Recht einzugreifen.

Die Schädlichkeit der Homosexualität ist nicht nachgewiesen, sie wird von den Ministerialräten nur behauptet. Ein Strafgesetzbuch ist keine Sittenfibel, und die sittlichen Grundauffassungen der katholischen Kirche, die, bei ihren unbestreitbaren Verdiensten um die Gesellschaft, die Hauptschuld an dieser Gesetzesmacherei trägt, sind diskutierbar und *nicht* die Basis aller Dinge. Das ist Terror, den wir uns verbitten.

Die ‹Auslegung› der sachlich unfundierten Bestimmungen des geltenden Rechts hat zu einer Reichsgerichtsjudikatur geführt, die zu dem Widerwärtigsten gehört, was in deutscher Sprache gedruckt worden ist. Diese scholastische Pornographie unterscheidet zwischen «beischlafähnlichen Handlungen» und anderen Handlungen; der neue Entwurf baut diese Unsauberkeit noch weiter aus.

Der ‹gewöhnliche› Mann darf andere als ‹beischlafähnliche Handlungen› mit einem Mann ausführen; der Arbeitslose, der sich aus Verzweiflung prostituiert, darf nicht einmal das; die Begründung zeigt die ganze Hilflosigkeit der Gesetzesmacher einer hauptsächlich als sozial zu rubrizierenden Erscheinung gegenüber. Inwieweit männliche Prostituierte dem Verbrechertum näher stehen als andere Männer; inwieweit sie der Gesellschaft durch andere als geschlechtliche Handlungen mehr schaden als weibliche Prostituierte, das ist eine Polizeifrage, die keinesfalls dazu führen darf, unmotivierte und falsch begründete Gesetze anzufertigen.

Wenn man sich ferner überlegt, *wer* über die Gültigkeit solcher Bestimmungen zu beschließen hat, wenn man sieht, *wer* in den Reichstagskommissionen sitzt: welche Mediokrität der Lebensbildung, des Verstandes, des Herzens – so wird man die Schlauheit der Gesetzesfabrikanten nicht mehr so sehr bewundern. Vor diesem Gremium wären noch viel törichtere und gefährlichere Paragraphen durchzubringen.

Der Entwurf ist eine Schande.

EINFAHRT

Erst tauchten auf dem grüngrauen Land ein paar Baracken auf, dann Häuschen, dann Häuser, da steht die erste Fabrik. Ein Holzlager. Grau ist die Natur – immer sieht die Grenze zwischen der Stadt und dem flachen Land aus wie ein Müll- und Schuttplatz. Da ist eine Vorortbahn, viele Schornsteine; die erste Elektrische. Noch rollt der Zug glatt und mit unverminderter Geschwindigkeit; Straßenzüge begleiten uns, noch mit Bäumen besetzt, dann bleiben die Bäume zurück; Reklametafeln, Wagen, Menschen, nun fährt der Zug langsamer und langsamer, nun rollt er im Schritt. Da – das sind die hohen Steinmauern der Einfahrt.

Schwarzgespült vom Rauch sind sie, ruhig und trübe; hier schlagen die Wellen der Fremde an das heimische Gestade ... Heimisch? Für wen? Wir sind Fremde. Wir kommen in die fremde Stadt.

Die ahnt nichts von denen, die hier ankommen. Heute kommen an: achtundvierzig Leute, die nur ihr Geld ausgeben wollen – (zum Hotelportier: «Sagen Sie mal, wo kann man denn hier mal –?»); zweiunddreißig Reisende in Tuch, Eisenwaren und Glasstöpseln; ein Kranker, der einen Arzt konsultieren will; achtundsechzig Menschen, die in ihre Stadt zurückkommen, die zählen nicht; und Fremde, Fremde, Fremde: herangewanderte, arme Teufel, die ein Glück versuchen wollen, das sie noch nie gehabt haben – der berühmte junge Mann, der «mit nichts hier angekommen ist, und heute ist er ...» Fremde, Fremde.

Unberührt von ihnen liegt die Stadt. Haus an Haus schleicht vorbei – wir sehen in die Kehrseiten der Häuser, wo schmutzige Wäsche hängt und rußige Kinder schreien, wo Achsen auf den Höfen ächzen und Küchen klappern – die Stadt zeigt uns Fremden ein fremdes Gesicht. Innen sieht sie ganz anders aus.

Es gibt an einer bestimmten Stelle Schreibmaschinen billiger; morgens um halb elf müssen alle Leute, die zur feinen Gesellschaft gehören wollen, in einer bekannten Allee ihr Auto einen Augenblick halten lassen; Mittag ißt man gut bei ..., ja, das wissen wir nicht; Schuhe kauft man vorteilhaft ... in welcher Straße? – im ... -Theater ist eine herrliche Premiere mit einem wundervollen Krach zwischen dem Direktor und der Geliebten des Geldgebers. Ihre eigne Sprache hat die Stadt: statt ‹Geld› sagt man hier ... ja, das wissen wir nicht; um den Witz in der Zeitung zu verstehen, die sich der ganze Zug eine Station vorher gekauft hat, muß man wissen, daß es sich um Frau H. handelte, die mit einer Mörderin zusammen eingesperrt sowie homosexuell ist; auf dem Witzbild erkundigt sie sich nach ihrer Zellengenossin: «Ist sie blond –?» fragt sie den Schließer – das verstehn wir alles nicht. Wir wissen gar nichts. Für uns ist das eine fremde Stadt.

Und wir werden ihr einen Teil unsres Lebens geben; wir werden uns einleben, die Stadt wird sich in uns einleben, und nach zwei Jahren gehören wir einander, ein bißchen. Wir sagen nicht mehr ‹gnädige Frau› zur Stadt—wir sagen dann einfach ‹Sie›. Wir wissen schon, wo man vorteilhaft Regenschirme kaufen kann, und das mit der schicken Allee, und wo man gut und billig zu Mittag ißt, das alles können wir den neuen Fremden, die nach uns kommen, schon ganz leichthin sagen, als seien wir damit aufgewachsen, und als sei das gar nichts. Aber: du ... du sagen wir noch nicht zur Stadt.

Das sagen nur die, die hier groß geworden sind. Die, die ihre ersten Worte in ihren Gassen, in ihren Kinderliedern und auf ihren Rasen gestammelt haben; die ein bestimmtes Viertel der Stadt auf ewig mit einer bestimmten Vorstellung verbinden, denn dort haben sie zum erstenmal geküßt, die in den vorweihnachtlichen Tagen im Omnibus in die Hände gepatscht und sich die Nase an den Scheiben platt gedrückt haben. «Guck mal, Papa! Mama! Sieh mal, da—!» und denen dort im Omnibus die Welt erklärt worden ist ... die sagen du zur Stadt.

Die kümmert sich nicht um die Fremden, die täglich heranbrausen. Sie führt ihr Leben ... wer will, darfs mitleben. Sie formt die Fremden langsam um, und wenn die Fremden Geduld haben, dann sind sie es nach zwanzig Jahren nicht mehr. Nicht mehr so ganz. Nur tief, im fremden Herzen, sind sie es noch: da frieren sie, die Fremden.

Da hält der Zug. Und alle steigen aus; sie suchen, die Wurzellosen, eine Heimat in der Heimat der Stadt, die schon eine Heimat ist: für die andern. In wieviel Städte werden wir noch einfahren —?

DAS A-B-C DES ANGEKLAGTEN

Wenn der Deutsche grade keinen Verein gründet, umorganisiert oder auflöst, dann hat er einen Prozeß. Manchmal ist es ein Strafprozeß, und für die zahlreichen Angeklagten ist nun endlich das Buch erschienen, das in Deutschland, gleich nach der Bibel, am meisten gebraucht wird: die Strafprozeßordnung, hergerichtet für den kleinen Mann, der nur deutsch und nicht juristisch kann. Das Ding heißt ‹*Das A-B-C des Angeklagten*› (erschienen im Linser-Verlag zu Berlin-Pankow).

Es ist ein gut gemeintes Werkchen, einer ‹Klatsche› nicht unähnlich, wie wir die verbotenen Übersetzungen auf der Schule genannt haben; es ist geduckt geschrieben: es will den Richtern nicht zu nahe treten, den Anwälten auch nicht — es hat, in ziemlich verständiger Form, die Paragraphen der Strafprozeßordnung in lesbare Absätzchen aufgelöst und wendet sich mit trautem ‹Du› an die Objekte dieser Justiz, die auf dem Volkskörper haftet wie ein chronischer Ausschlag. Das ist kein schönes Bild, es entspricht aber.

Nun wäre über das Bändchen, dem nicht die Bedeutung der Schrift Professor Halles: ‹*Wie verteidigt sich der Proletarier vor Gericht*› zukommt, nichts zu sagen, wenn nicht diese brave Darstellung ohne den Willen der Verfasser eine derart vernichtende Kritik an der hierzulande geltenden Art, zu richten, übte, daß es sich schon verlohnt, einmal hineinzusehen.

Die Verfasser haben, mit vollem Recht, so gedacht:

Wenn einer angeklagt wird, dann will er keine juristischen Feinheiten, sondern er will vor allem einmal wissen, woran er überhaupt ist; wie seine Rechte und wie die Befugnisse des Gerichts aussehen – wie also die Strafprozeßordnung nach Entfernung aller Feinheiten für den Angeklagten praktisch aussieht. Sie haben gewissermaßen der Justitia auf den Kopf geschlagen, um zu sehen, was unten herausfällt; man kann sich denken, wie das aussieht.

Das Vorwort prägt dem deutschen, fast hätte ich gesagt: Bürger, prägt also dem deutschen Justizuntertanen die Wichtigkeit und Notwendigkeit des Büchleins ein. «Frohlocke darum nicht, indem du sprichst: Ich bin so gefeit, mir kann nichts geschehen; bete ich auch nicht, so arbeite ich doch, und ehrliche Arbeit ist gewiß eine Handlung, die noch kein Gesetzgeber mit Strafe bedroht hat. Was kann mir also geschehn? – Mehr, als du ahnst! Es ist unmöglich, dir alle Fälle aufzuzählen, in denen du strafbar werden kannst, ohne dir dessen bewußt zu sein, denn wisse: von der gesetzlich strafbaren Übertretung angefangen, die auf der bloßen Nichtbeachtung eines polizeilichen Verkehrszeichens beruhen kann, bis zu dem Verbrechen ...» Wem sagen Sie das!

In aller Ahnungslosigkeit haben die Verfasser, die bestimmt keine Justizkritik üben wollten, ins Schwarze des Talars getroffen:

«... den Prozeß, dessen unerhört komplizierter Gang dich als Angeklagten vor eine Aufgabe stellt, deren Lösung dir nur äußerst selten gelingen kann.»

Dem Jakubowski zum Beispiel ist sie fast gar nicht gelungen.

«Erfahrenheit, Gelehrsamkeit, Menschen- und Fachkenntnis des Strafrichters halten Verteidigungsmöglichkeiten sowie auch -fähigkeit des Angeklagten in Schranken, die in vielen Fällen nicht einmal dann durchbrochen werden, wenn dir als Angeklagten ein Anwalt zur Seite steht.» Kürzer kann mans nicht sagen.

Hören wir, wie das im einzelnen aussieht:

Da ist, sachlich richtig, von der Verhängung der Todesstrafe durch Polizisten die Rede, ja, sogar Zivilpersonen dürfen nach dem Buch, wenn sie im Besitz einer Schußwaffe sind, auf Verbrecher, die sie auf frischer Tat festgenommen haben, schießen, wenn die einen Fluchtversuch wagen. Rechtlich ist das sicherlich falsch – juristisch ebenso sicher in Ordnung. Ganz herrlich sind aber die Winke, die das Buch, immer gutgemeint, dem Angeklagten für die Hauptverhandlung mit auf den Weg gibt. Treffender sind die völlige Ohnmacht auf der einen Seite und die Omnipotenz auf der andern noch kaum geschildert worden. Der Vorsitzende hat das Fragerecht.

«Nur eins beachte, bitte: Sieh in ihm nicht deinen Feind; komm ihm nicht dumm-frech; unterbrich ihn nicht, wenn er spricht ... Vergiß es nie: Der Vorsitzende und überhaupt das ganze Gericht sind mit großer Machtvollkommenheit, besonders gegen dich, ausgestattet. Vergiß es nie: Oftmals wird der Angeklagte ein hartes Urteil nicht um der an sich zwar strafbaren, aber doch auch zu verzeihenden Tat empfangen, sondern um seiner Frechheit willen, mit der er seinen Richtern gegenübertritt.»

Diese Rechtsverletzung, deren sich deutsche Richter täglich schuldig machen, kann nicht besser charakterisiert werden. Es scheint also neben den im Strafgesetzbuch angeführten Handlungen noch ein Generaldelikt zu geben: Aufsässigkeit gegen Richter, ein Vergehen, das je nach den Umständen, mit langen Jahren Gefängnis oder Zuchthaus bestraft wird. Die Verfasser hätten in diesem Punkt ausführlicher sein sollen: es ist nicht nur das, was sie ‹Frechheit› nennen, es ist da noch etwas andres.

Es ist die Hundedemut, die der Richter verlangt, die Untertanenhaftigkeit, die Hände an der Hosennaht, die Unterwerfung. Das fängt schon bei den Zeugen an.

In Neustrelitz hat vor kurzem ein Untersuchungsrichter Weber auf Vorhalten des Verteidigers wörtlich gesagt: «Ich bin Zeugen gegenüber, die die Hände in den Hosentaschen halten, sehr empfindlich.» Nun war in diesem Fall der Zeuge eine Frau, die die Hände ... die Empfindlichkeit des Mannes war also verständlich. Aber diese vom Militär herrührende deutsche Geisteskrankheit, die einen Mann, der die Hände in der Hosentasche hält, für einen Kerl ansieht, der auf der Leiter: Flegel bis Rebell rangiert, hat besonders die Richter ergriffen, die am liebsten hätten, daß alles, was mit ihnen in Berührung tritt, zunächst einmal stramm steht. Und da die meisten der vor ihnen Erscheinenden Angst, Respekt und Verprügeltheit genug mitbringen, um es zu tun, so ist das Weltbild der Unabsetzbaren leicht verrutscht. Schade, daß die Leute die Hände in der Hosentasche behalten ...

Ja, also hier ist ein neues Delikt, von dem man uns seinerzeit auf der Universität nichts gesagt hat. Es gibt noch eines, das wir nicht gelernt haben. Wenn nämlich der Angeklagte leugnet und man ihm die Unwahrheit seiner Behauptungen nachweisen kann ...

«In solchem Fall wird man dich als hartnäckig Leugnenden brandmarken und schwer bestrafen.»

Und hier müssen denn doch einmal der Deutsche Richterverein, der sich vor Standesbewußtsein nicht zu lassen weiß, sowie der Justizminister gefragt werden, ob diese Schande dauern soll. Seit wann ist Leugnen ein Delikt —?

Ich besinne mich noch auf den Tadel, den ich einmal im Seminar von Franz von Liszt bekommen habe, als ich in einer strafrechtlichen Arbeit eine Analogie konstruieren wollte. Die langen Federstriche am Rande riefen mich laut zur Ordnung: im Strafrecht gäbe es keine Analogien, sondern nur ausdrücklich angeordnete und vom Gesetzgeber bestimmte Strafen, und wenn der Tatbestand nicht unter einen solchen Paragraphen zu subsummieren sei, so sei eben freizusprechen. Mangelhaft.

Mit Recht: mangelhaft. Und die Richter —?

Wir verbitten uns eine Groschenpsychologie, in der sich Gehirne gefallen, denen man gelegentlich der Mensuren den Satz «Wer lügt, stiehlt auch» in den Schädel gehackt haben muß. Es gibt tausend Gründe, aus denen einer lügen kann — die vor Gericht bezeigte ‹Reue›, die jene feststellen können, ist nichts wert, und es ist das volle Recht jedes Angeklagten, zu leugnen, ohne daß deshalb seine Tat schwerer zu bewerten ist. Kirchliche Erziehung, Unbildung und sehr viel Bier mögen in den beteiligten Köpfen etwas andres herausgebildet haben — es ist falsch. Der Richter hat lediglich die Gesellschaftsschädlichkeit der ihm vorliegenden Handlung abzumessen und danach zu urteilen: der Rest ist seelische Pfuscharbeit, zu der die Herren keineswegs legitimiert und vor allem gar nicht vorgebildet sind.

Hören wir das Büchlein, das uns so schön durch den deutschen Strafprozeß führt, wie er wirklich ist.

«Die Ausführungen des Staatsanwalts mußt du hinnehmen wie ein Mensch, der ohne Schirm unterwegs ist und plötzlich von einem Platzregen überfallen wird. Der Platzregen hört einmal auf — der Staatsanwalt auch!»

Bravo! Aber das ist ja meisterhaft! Woher beziehen Sie Ihre Satire, Herr? Es ist nur ein kleiner Fehler anzumerken: Regen ist sauber.

Was den Angeklagten betrifft, so soll er, wenn er das ‹letzte Wort›, das ihm die Strafprozeßordnung gewährt, und das viele Richter, die Klinke des Sitzungszimmers in der Hand, näselnd, wie eine unangenehme Formalität, erfragen, nicht zu lang ausdehnen. «Langatmige Erklärungen ermüden, Ermüdung aber lähmt die gesunde Urteilskraft, deren deine Richter so sehr bedürfen.» Hašek hätte das nicht besser sagen können — ach, wie müde müssen die Unabsetzbaren sein!

Das Büchlein wird seinen Zweck erfüllen. Verdienstvoll ist vor allem, daß es dem Angeklagten einmal klar sagt, daß er niemals verpflichtet ist, überhaupt Aussagen zu machen; denn so, wie die Richter aus Faulheit das Delikt der ‹Lüge vor Gericht› erfunden haben, so imputieren sie auch stillschweigend die Pflicht zur Aussage. Man sollte ihnen was blasen, wenns nötig ist.

Ja, und dann hat da einer – ein Arzt? – in einem kleinen Anhang beschrieben, wie man sich verhalten soll, so man eingesperrt wird, ein dem Deutschen gewohnter Zustand. Das macht er so:

«Du, mein Bruder, hast nun gelesen, was wir dir als rein verstandesmäßiges Rüstzeug in die Hand geben konnten, damit du nichts versäumst, was deine Lage verbessern kann.»

Oh, Bruder, ich glaube, du bist ein Mittelding zwischen dem Naturmenschen gustaf nagel und einem Rechtsberater aus der Köpenicker Straße, und was hast du mir nun zu sagen, Bruder, für den vorkommenden Fall einer kleinen Haft?

Freiübungen soll ich in der Zelle machen? Gemacht. Und wie ist es denn mit der Kost?

«Sie ist sauber gekocht und steht unter strenger Aufsicht.» So schmeckt sie auch des öfteren; die Aufsicht ist meist so streng, daß sich das Fleisch aus dem Suppenkessel gar nicht heraustraut ...

«Mache dir klar: du bist in keinem Luxusrestaurant. Auch würde dir zu reichliche und fettere Kost gar nicht bekommen, weil du als Gefangener zu wenig Bewegung hast.»

Also das finde ich nun wieder nett, Bruder; also in die Sache hätt ick von die Vawaltung jahnich so viel jutet Herz awacht – lasset uns die Gefängnisse preisen, bzw. loben!

Na, dank auch schön. Und wenn man das Büchlein gelesen hat, das in seiner Mischung von vernünftigen Winken und unbewußter schärfster Justizkritik einem weitgefühlten Bedürfnis entgegenkommt, dann wollen wir von dem verpesteten Gebiet der Unabsetzbaren scheiden, indem wir jenen schönen Satz auf Seite 105 immerdar beherzigen:

«Bedenke, wir leben in einem Rechtsstaat.»

CHANSON FÜR EINE FRANKFURTERIN

Für Ida Wüst

Wenn die alte Herrn noch e mal Triebe ansetze –
des find ich goldisch!
Wenn se dann nix wie Dummheite schwätze –
des find ich goldisch!
Des hab ich von meim alte Herrn:
ich hab halt die Alt-Metalle so gern ...
Wenn ich en Bub geworde wär, hätt ich auch Metallercher verzollt –
Ja, Jaköbche ...
Rede is Nickel, Schweige is Silber, und du bist mei Gold –!

Wenn se newe mir auf dem Diwan sitze –
des find ich goldisch!
wenn se sich ganz wie im Ernst erhitze –
des find ich goldisch!
E Angriffssignal is noch kein Siesch –
ich sag bloß: Manöver is doch kein Kriesch!
Wer will, hat schon fuffzig Prozent. No, un wer zweimal gewollt . . .
En Floh is kei Roß,
un e Baiss is kei Hauss . . .
un Rede is Nickel, Schweige is Silber, un du bist mei Gold –!

Wenn se sich de Hut schief auf de Seite klemme –
des find ich goldisch!
Wenn se die Ärmcher wie Siescher in die Seite stemme –
des find ich goldisch!
Am liebste nemm ich se dann auf den Schoß.
Aber mer hat sein Stolz. Es is kurios:
sei Mutter is net aus Frankfort. Er aach net. Und da hab ich net gewollt . . .
Jetzt waan net, Klaaner –
Berlin ist Nickel, Wiesbaden ist Silber, awwer Frankfort is Gold –!

HERR UND FRAU WICHTIG LASSEN ZU TISCH BITTEN!

Ein wahrhaft menschliches Dokument. Höchst anziehend und frei von jeglicher Prüderie ist es der bemerkenswerteste Beitrag zur ernsten Literatur unserer Gegenwart.
G. B. Shaw über Clare Sheridan

Die Motte ist ein bescheidenes Tier, denn sie frißt nur Löcher.
Kinderaufsatz

In den Tagen des Kapp-Putsches stießen wir auf einen Mann, der schon immer das Vergnügen S. J.'s gebildet hatte. Es war ein Arzt, aber er arztete wohl nur in seinen Mußestunden – in den Arbeitsstunden hatte er es mit der großen Politik. Einmal hatte er aus seiner Brusttasche ganz nonchalant einen Bogen Papier herausgezogen und so leicht dahingesagt: «Da schreibt mir der Lord Kilmarnock . . .» und seitdem nannte ihn S. J. nur noch den Lord Kilmarnock. Als ich damals Siegfried Jacobsohn vormachte, wie der Lord, während Kapp Berlin besetzt hielt, Minister ab- und wieder einsetzte und einigen von uns beim Abschied nachrief: «Meine Herren, vergessen Sie mir nicht, daß Kühlmann Außenminister werden muß!» da lachte er so, wie nur er es konnte, aber lange nicht so, wie jener es verdiente. Der Lord ist keine Einzelerscheinung — er ist ein Typus.

Der Typus einer ganzen Gattung, der zum Beispiel Clare Sheridan angehört, von der ein dickes Büchlein vorliegt: ‹*Ich, meine Kinder und die Großmächte der Welt*› (erschienen bei Paul List in Leipzig). Carl von Ossietzky hat neulich davon gesprochen. Wollen wir auch mal —?

Die Frau entstammt der englischen Aristokratie, hat einen Börsianer geheiratet, der als Freiwilliger gefallen ist; sie hatte Kinder von ihm und konnte ein bißchen bildhauern, ein bißchen schreiben, ein bißchen reisen — und als es mit dem Geld nicht mehr so recht klappte, da warf sie diese drei Unfähigkeiten zusammen und begab sich als bildhauernde Reporterin auf die Wanderschaft. Soweit gut. Was aber aus diesem Buch herausspringt, ist ein Schulfall: die internationale Motte der Diplomatie.

Das Buch ist von einer ungeheuern Prätention — ich weiß aber nicht, um mich eines wiener Ausdrucks zu bedienen: «worauf herauf». Sein Humor scheint mir mehr unfreiwillig zu sein: «Es gab nur eine Lösung für mich, ein Kind zu haben, vielleicht auch mehrere, um so die Leere auszufüllen. Aber solche Dinge lassen sich leider nicht kommandieren; und was wir auch immer versuchten: unsere Bemühungen blieben erfolglos.» Hast du was gesagt? Ich habe nichts gesagt. Als der Mann gefallen ist, setzt sie sich mit ihm auf dem Wege des Tischrückens in Verbindung — und als es dem gequälten Geist zu dumm wird und er auf eine Bemerkung von ihr: «Das ist doch Blödsinn!» tischrückt, da ist sie böse — «eine Antwort, die mich, in Gegenwart von Dick, so beleidigte, daß ich niemals wieder zu einer Sitzung ging». So fein geht es in England zu, wo es die Geisterwelt nicht leicht hat.

Dabei ist ihr Gatte, der Kaufmann, ein anständiger und aufrechter Mann gewesen — sie deckt einmal blitzschnell das Verhältnis des Weibes zum Militär in diesem einen Satz auf: «So sehr ich auch den Militärberuf verabscheute, den Soldaten mochte ich gern» — und als er gefallen war, da fand sie in seinem Schreibtisch einen Brief, der zu dem Schönsten gehört, was ich als Äußerungen von Männern kenne, die ihren Tod vor Augen sehen. Sie hat ihn nie verstanden.

Sie geht also auf Reisen — zuerst auf Einladung von Krassin nach Rußland, dann nach den Staaten, dann nach Mexiko, dann nach dem aufständischen Irland, dann nach Smyrna, nach Thrazien, zu Mussolini, wieder nach Rußland . . . und hat keine Ahnung eines Schimmers einer Idee, was sie da zu sehen bekommt, weiß nicht, wo Gott wohnt, kennt nichts und hat nichts gelesen; ist ungebildet bis in die abgegriffenen Tauchnitzphrasen ihrer Schilderungen und bis in die Spitze ihres Füllfederhalters ein armes Luder. Sie ist die Gräfin Kilmarnock.

Was in diesen gänzlich inhaltlosen Schilderungen, die unfehlbar am Wichtigen vorbeischießen, sofort auffällt, ist der unablässig wiederholte Hinweis auf die «guten Beziehungen». Nun ergeben sich die zwanglos: die Frau ist ja keine Vertreterin der berliner ‹Mittelvolée›, sondern eine englische Aristokratin, sie kennt die große Welt wirklich. Aber welcher Horizont!

Es ist auf der ganzen Erde ein Diplomatensnobismus ausgebrochen, der nur dadurch zu erklären ist, daß die Höfe heute nicht mehr die Rolle spielen wie ehemals, und daß die Eitelkeit der höheren Gesellschaftsklassen einen Kern haben muß, um den sie sich kristallisieren kann. Aus welchen Gründen sie sich grade die Diplomatie ausgesucht haben, ist schwer und leicht verständlich.

Schwer: Der Diplomat ist ein Beamter – genau wie der Leiter eines Finanzamtes, wie ein Oberpostdirektor, wie ein Studienrat. Seitdem Staatsmänner hier und da auch das Telefon benutzen, vor allem aber, seit es Genf gibt, ist die wirkliche Rolle der Botschafter auf ein Minimum reduziert; sie sind gar nicht mehr so sehr wichtig. Es sind, sieht man von ihrem Personalstunk ab, Briefträger finanzieller Beschlüsse – die Politik wird nicht mehr in den Botschaftssalons gemacht, sondern auf der Börse, bei der Schwerindustrie, in den Trusts, in den Winzer- und Grundbesitzerverbänden – unter der Begleitmusik der Presse; der Botschafter sagt meistens nur: «Papa läßt fragen, ob Herr Briand morgen zu Tisch kommen wollen –?» Und dann sagt Briand: «Ah – ces chancelleries!» und kommt, mit der Zigarette im Mundwinkel, und der Botschafter glaubt, er habe das alles gemacht und bewirkt, und sieht nichts und hört nichts und fühlt nichts. Denn sie spüren gar nicht das fremde Land – sie sehen nur sich. Es ist eine sehr geschäftige, eine sehr repräsentative Nichtstuerei.

Hier hinein platzt nun die Frau Sheridan. Das pompöse Dummchen kann es gar nicht fassen, daß sich ein ‹richtiger› Botschafter um sie bekümmert, und darin ist sie nicht allein: um Genf und um alle Gesandtschaften der Welt fliegen solche Motten, nur nicht so geräuschlos wie die braven, löcherfressenden Tiere. Denn den Diplomaten haftet noch immer die Reputation Talleyrands an, mit dem sie gewiß auch nicht mehr das leiseste gemein haben – alle Welt aber lauscht ihren weisen Kalendersprüchen und überschätzt geschmeichelt die Kasperlerevuen, die jene aufführen. Alte Romanvorstellungen tauchen auf ... «Der Graf schwieg diplomatisch.» Wenn aber ein Diplomat schweigt, so sagt er immer noch etwas mehr, als er über die Sache weiß, und was hier um die Diplomaten getrieben wird, ist eine fast religiöse Verehrung des Staats.

«Washington hatte für mich interveniert», schreibt Frau Sheridan einmal – darin erzittert der Respekt vor der Macht, vor den Kriegsschiffen, vor dem Volk ‹Amerika›, dessen Millionen ihr dadurch anscheinend zu Füßen liegen. Und hier ist der Punkt, wo der gradezu lächerliche Götzendienst an der Diplomatie leicht verständlich wird.

Hätten die Diplomaten keinen Diplomatenpaß; wären sie denselben Zoll- und Paßschikanen ausgesetzt wie wir alle; wären sie nicht exterritorial und könnten sie nicht ihren Schützlingen manche Vorteile verschaffen, die jene nicht anzunehmen schön dumm wären —: der Nimbus legte sich rasch. Frau Sheridan aber ist allen Ernstes der Meinung, daß der sowieso bös strapazierte Apparat des Staates nur dazu da sei, ihre Reisen zu erleichtern. Und das tut er ja denn auch.

Im übrigen badet sie in einem Schaumbad geschmeichelter Eitelkeit. «Die Ratstagungen (in Genf) waren interessanter, weil sie die bedeutendsten Persönlichkeiten abseits der Herde zusammenführten.» Soweit eine aus der Herde. Nun ist Genf ein Kapitel für sich — wenn mir doch nur einmal einer sagen könnte, was es denn Ehrendes haben soll, mit Chamberlain oder Woldemaras oder Hermann Müller zu Abend zu essen ...! Ja, da lachste — weil du Hermann Müllern kennst; bei Briand und Hoover aber geht ein Schauer durch das bürgerliche Gebein, und dieser fatale Snobismus schielt in Wahrheit immer auf den, der nicht dabei ist. «Das sind die, mein Lieber, von denen du jeden Morgen in deiner Zeitung liest! Ich aber speise mit ihnen!» Davon machen sie sich einen Sonnabend, Herr. Es ist sicherlich viel aufschlußreicher, mit einem mittleren Beamten bekannt zu werden, der klug und gebildet ist, als mit Churchill, der sich schwer hüten wird, beim Tee etwas andres zu tun als zu sprechen — sagen wird er gewiß nichts. Und was ist denn das für eine Heroisierung kaufmännischer politischer Angestellter, die als Beamte vom Staat ihr Geld bekommen! Wer von denen führt denn wirklich? Vielleicht die Diktatoren — aber auch die sind doch gewiß so geölt, so routiniert, so in der Pose der halben Natürlichkeit erstarrt, daß es wahrscheinlich langweilig ist, sie zu sehen. Gewiß aber ist es nicht ehrend, wie uns das hundert und aber hundert kleine Schreiber, protzende Chefredakteure und die Vertreter jener Nebendiplomatie vormachen wollen, die nichts sind und daher etwas brauchen, woran sie sich emporranken, die sauren Weinstöcke. Die Zahl der Frauen, die in diesem Artikel reisen, ist sehr groß: sie schütteln den Federhalter, und, wenn das nichts fruchtet, das Köpfchen, und, wenn das nicht zieht, den Rest. Und dann schreiben sie — die nackte Wahrheit? Die Wahrheit im Pyjama.

Und je bürgerlicher und kleinbürgerlicher sie sind, um so toller überschlägt sich dieser Diplomatenfimmel, der den gerissenen, aber nicht sehr intelligenten Beamten eine Folie gibt, die in direktem Verhältnis zu ihrer Bedeutungslosigkeit steht. Sie sind nicht das Volk — will das Volk in Wahrheit von denen vertreten sein, die es vertreten —?

Herrgott, Frau Sheridan ist ja auch noch da. Sie dehnt sich also wohlig in den diplomatischen Salons, «elle se gobe» — schade, daß man das nicht übersetzen kann ... sie frühstückt und lächelt und abendbrotet — allemal bei Vertretern einer Gattung, deren einer, ein Deutscher, einmal auf dem Balkan zu einer andern Engländerin gesagt hat: «Gnädige Frau, kommen Sie doch morgen zum Lunch! Wenn es Ihnen nichts ausmacht, so wird auch noch ein deutscher Schriftsteller da sein!» Und der Schriftsteller ist da gewesen und hat sich gewiß hoch geehrt gefühlt ...

Frau Sheridan begann ihre Karriere damit, daß sie Lenin abkonterfeite. Ihre Schilderung Rußlands hat etwas Erschütterndes: ein Spatzengehirn, das uns einen Vortrag über die Relativitätstheorie hält, ahnungslos, ganz und gar borniert — sie fühlt nicht, wer da sitzt; ist neckisch, scherzt mit Trotzki, alle sind sehr höflich zu ihr, fressen sie nicht, von anderm zu schweigen — und als sie aus Rußland wieder zu den gesitteten Völkern heimkehrt, da merkt sie, welch Schauer sie plötzlich umgibt, Jeanne de Moscou, nun arbeitet sie mit diesem Schauer und sagt, daß Mussolini «die Bolschewistin» empfangen habe. Dabei löst sich der ganze Bolschewismus sofort in Puder auf, als sie das zweite Mal nach Rußland fährt. Enttäuschung auf der ganzen Linie. «Worin bestanden nun eigentlich die seit meinem ersten Besuch eingetretenen Veränderungen?» Die Russen haben inzwischen erkannt, wen sie sich da eingeladen haben, sie sagen ihr das auch ziemlich unverblümt, und nun ist Rußland auf einmal kein Land mehr für anständige Korrespondenten. «Die Details der proletarischen Regierung, Statistiken, Wirtschaftliches interessierten mich herzlich wenig. Im Grunde war ich stets mehr Künstlerin als Politikerin gewesen: doch eingedenk meiner journalistischen Pflicht suchte ich den Dingen auf den Grund zu kommen. Aber alle Mühe war erfolglos.» Und der Grund lag doch so nah an der Oberfläche ...!

Das ist diese Sorte, die den Journalismus auf Grund einer gesellschaftlichen Stellung mißbraucht — das will den Verlagen imponieren und den Interviewten und den Lesern, eine parfümierte Schmutzkonkurrenz, auf die leider noch viel zu viel Leute hereinfallen. Nicht, daß es gut gepflegte Damen sind, ist das Unglück — das wäre ja sehr angenehm; daß sie aber zwei Dinge miteinander vermengen, die nichts miteinander zu tun haben: daß sie nämlich ihre Unfähigkeit mit ihren Pelzen zudecken, ist hart. Es ist jener Typus, der sich in weitem Umkreis mit allem Vorhandenen mausig macht — er gedeiht besonders in Österreich, wo die Superlative wild wachsen. «Mein Freund Jörn Knaag in Kopenhagen ...» «Mein Freund Realy Fuck in London» und «Herr Jean Branlon, der beste Pianist von Frankreich, ein sehr guter Freund von mir» — und es ist kein Freund, und er ist auch nicht der beste Pianist, und es ist alles nicht wahr. Schmock in Schlüpfern.

Frau Sheridan macht sich so niedlich, wie sie gar nicht sein kann. «A. P. Sinnet, mein alter Freund von der Theosophischen Gesellschaft... behauptete, herausgefunden zu haben, daß ich in einem frühern Dasein einmal eine Bildhauerin gewesen wäre...» Wie nüdlich! Am Schluß gibt es eine «Vision in der Wüste» — wo an der reizenden Künstlerin und an dem geplagten Leser die Gestalten ihres Lebens vorbeiziehen — da kannst du was erleben! Sie spricht zu ihnen — zu Lenin zum Beispiel so: «Du siehst» (sie duzen sich), «du siehst, ich war doch keine solche Bourgeoise wie du glaubtest!» Und Lenin? «Er wendet sich her und lächelt: ‹Verzeihen Sie, ich war so überarbeitet!›» Ein wohlerzogener Revolutionär.

Kommt hinzu, daß Frau Sheridan eine elende Journalistin ist, die auf ihren langen Reisen nicht einmal ihr Handwerk gelernt hat. Berlin während der Inflation: «Berlin war damals nahezu russisch. Ein von Bäumen gesäumter Kanal, in dessen Wasser sich nachts ... (geschenkt) —, bildete die Grenzlinie zwischen der deutschen und russischen Hälfte.» Das ist einfach falsch: die Grenadierstraße zum Beispiel liegt jenseits dieses Kanals, und sie stak voller russischer Juden, sie liegt, wenn man sich umwendet, diesseits, und Charlottenburg stak voller Russen — eine schlechte Journalistin, unaufmerksam wie Béraud.

Nein, es ist nichts mit ihr. Es gibt geniale Journalistinnen, wie Larissa Reissner, — Clare Sheridan ist keine von ihnen. Aber sie kann ein Verdienst für sich in Anspruch nehmen.

Sie zeigt uns einmal klar und deutlich, vor welcher Galerie sich das abspielt, was man ‹Diplomatie› nennt, und sie zeigt uns, ohne es zu wollen, wie maßlos es überschätzt wird. In allen Großstädten der Welt — und besonders in Berlin — wälzen sie sich vor Verzückung vor den ‹Regierungskreisen› auf dem Boden; sie lassen das Wort ‹revirement› auf der Zunge zergehen, sie kippen zwar nicht aus den Pantinen, aber sie gleiten aus den Pumps, und auf alle Fälle werfen sie sich voller Wonne vor den mächtig dahinrollenden Tank des Staates. Und wer sitzt darin —?

Darin sitzt eine Beamtenschaft, die ihre Arbeit mäßig tut, weil sie durch Äußerlichkeiten bis zur Faulheit abgelenkt ist. Wären diese Diplomaten, die Spitzen der Behörden, die Parlamentarier und die Leute von den Auswärtigen Ämtern nicht so mit Wichtigkeit geladen; hätte das nicht alles diesen fatalen Klang der großen, leider nicht komischen Oper; wäre diese Repräsentation nur ein Zusatz und nicht ein Ersatz der Arbeit, so wäre es nur lächerlich. Aber wie gefährlich ist das!

Der Zwang zur Repräsentation kostet Geld, und zwar sehr viel Geld. Der frühere Personalreferent des Auswärtigen Amts, der Graf Wedel, berechnete einmal, daß das für eine diplomatische Karriere nötige Vermögen etwa vierundzwanzigtausend Mark jährliche Renten abwerfen müsse, und damit mag er ungefähr das Richtige getroffen haben. Wer zahlt das —? Der Staat? Er denkt gar nicht daran; er weiß, daß es bei seinen Gehältern nicht möglich ist, ‹standesgemäß› aufzutreten – und so ist die Karriere fast allen jenen verschlossen, die nur Verstand, aber kein Kapital, keinen Grundbesitz und keine Eisenhütte hinter sich haben, verschlossen also allen jenen, für die nicht andere arbeiten. Und so sieht denn auch die Belegschaft aus.

Niemand wird verlangen, daß die Vertreter der Deutschen Republik (die sich übrigens fast niemals so zu nennen wagen) in einem sechstrangigen Hotel wohnen oder bei Aschinger Bockwurst essen sollen. Aber warum dieser Hofersatz? Wozu dieser Wetteifer, einen Pomp zu entwickeln, der den Industriekönigen abgeguckt ist und an Versailles erinnern soll, während er doch nur an Wallstreet gemahnt?

Drum herum glitzernde Augen, gebogene Rücken und eine Kohorte von ‹schönen Frauen›, wie der Ballbericht sagt; alles ist geehrt und geschmeichelt, und nachher wundern sie sich, wenn die Diplomaten, in sanftem Größenwahn, sich und ihre Rolle derart sinnlos überschätzen, daß sie noch weniger arbeiten, als nötig wäre. Den Schaden trägt das Land.

Den Schaden tragen wir, die wir glauben, daß die Rolle eines tüchtigen Feuerwehrhauptmanns grade so wichtig ist wie die eines Attachés, an dem nicht viel zu bewundern bleibt, wenn man einmal von den Zwangsvorstellungen absieht, denen die Sheridans aller Welt unterliegen. Denen mögen jene den Kopf verdrehen und das andre. Wir aber lachen über den Versuch, die Hohlheit des Baal mit göttlicher Anbetung, Weihrauch und Feuilletons zu umnebeln. Diese internationale Konfektion verdient aufmerksamste Kontrolle, aber keinerlei Verehrung eines Parketts, das sich in der Bewunderung von mäßigen Beamten selbst bewundert, geblendet von sich selbst, eine Spiegelgalerie der Eitelkeiten.

EIN NACHDENKLICHER ZUSCHAUER

Der alte Mann spricht:

Komisch – det machn die nu jedes Jahr!
Det se det nich iba wern . . .
Der sacht: «Du hast abar schönes Haar!»
un det wolln die Meechn ooch heern . . .
    Kuck mah – wat macht der fürn Betrieb!
    hach, un die is janz hinüba –
    die hat ihrn Emton ehm lieb –
    je länger –
            jelängerjelieber!

Wat denkt die sich nu —?
Det der junge Mann
ihr einziger is und ihr alles —?
So fangt det Ding ja imma an
im Falle eines Falles.
Nachher komm Kinda un Faltn un so:
det scheenste is doch det Fieba
am Anfang, wenn se sinn jlicklich un froh —
je länger —
jelängerjelieber.

Nu drickt er sie nommal, und denn jehn se los
int Kino oda bei Muttan —
heut is die Liebe noch mächtig jroß,
die vajessn vor Liebe zu futtan.
So jeheert sich det auch. Det muß auch so sein!
Allein is richtich — aba allein zu zwein.
Von mir aus leben se dreimal hoch!
Ich denke mir demjejenieba:
Wenn eener und er muß mal, denn soll er ooch —:
Je länger —
jelängerjelieber —!

DER KRIEGSSCHAUPLATZ

— «Hauser! Mensch! . . . lange nich jesehn, was —? Na, wie jehts denn? Mir? Tahllos —! . . . Ja, nu . . . ich war ja auch lange wech! Ja, dreiviertel Jahr, nee, warten Se mal, zehn Monate, zehnenhalb Monate, jenau —! Ja, im Dezember bin ich los — wissen Sie jahnich? Na, Mensch, lesen Sie denn keine Zeitungen? In Sibirien! auf dem K. S. P.! Hauser, Sie leben auf dem Mond! Aufn Kriegsschauplatz —! Kenn Se jahnich? Na, das müssen Sie hörn! Komm Se, wir jehn da rüber in die Stampe und trinken 'n Schnaps! Das wissen Sie jahnich? Also passen Se auf:

Sie kenn doch den General Wrobel, was —? Son kleener Dicker, nich? Na, also der hat doch vor zwei Jahren auf der Fronttahrung in Dortmund den Vorschlag gemacht — mir ein Kührassao — nee, warten Se mal, 'n Kirsch . . . 'n großen Kirsch! ja, für den Herrn auch — oder nehmen Sie lieber . . .? also in Dortmund den Vorschlag gemacht, es müßte für alle nationalen und wehrfähigen Elemente ein Kriegsschauplatz einjerichtet wern. Zur Ertüchtigung der Jugend . . . Wie er auf den Gedanken gekommen ist —? Sehr einfach. Da hattn die radikalen Blätter doch geschrieben: ‹Wenn die Herren Krieg führen wollen, dann sollen sie sich ihren Kriegsschauplatz allein aufmachen!› Ham wir jemacht!

Prost! Burr, Donnerwetter, der hats in sich! Kenn Sie den Witz mit dem Bauer, der im Chausseegraben sitzt und grade einen nimmt und sich schüttelt, kommt der Pastor vorbei und sagt: ‹Na, Krischan, du saufst zwar; aber ich sehe, daß du dich schüttelst — das ist der erste Schritt zur Besserung —!› Sacht der Bauer: ‹Nee, Herr Pastor — det tu ick man bloß, damit der Schnaps überall hinkommt —!› Ja, was ich sagen wollte: also einen Kriegsschauplatz zur Ertüchtigung der wehrkräftigen Jugend, der Volkskraft — na, Sie kenn ja die Sprüche. Also gut — mein Wrobel los, aufs Reichswehrministerium, zu den Russen, nach Genf, nach Paris — fein jelebt der Mann ... hats aber zustande bekommen. Da ham se uns nu also janz klamheimlich einen kullessalen Kriegsschauplatz in Sibirien hinjemacht! Den Franzosen haben wir jesacht, es wäre jejen die Bolschewiken, Grumbach glaubt, was Breitscheid sagt, die informieren sich jejenseitig, ja, und den Engländern ham wir jesacht, es wär jejen die Franzosen, den Russen haben wir jesacht, wir würden ihr Heer orjanisieren, na, und die Reichswehr macht ja sowieso mit. Bon.

'n paar hundert Werst hinter Krasnojarsk, wissen Sie, wo diß is? Also — wenn das hier der Jenissei is un die Streichhölzer die obere Tunguska un Ihre Ziarettendose das Sajanische Jebürge, denn wah diß hier unser K. S. P. Na, ne Abkürzung muß det Ding doch ham — ham wa so jenannt. Prost! Sie, tahllos, sag ich Ihnen! Also einfach: feinknorke! Passen Se auf:

Det Janze wah mit Stacheldraht einjezäunt, det keener rin konnte und keener raus. Un alles da, Sie —: Schützenjrehm und Front und Achtilleriestellung und Beobachtungsstände und Feldtelefong und alles. Na, und eine Etappe! Lieber Hauser, da könn Sie jahnich mit! Also jeder Stab hatte ein mächtiges Haus, mit zwei Kasinos, Ia im wahrsten Sinne des Wochtes. Vapflejung wie sich diß jehört: wunderbare Weine, hat det Rote Kreuz gestiftet, die Leute sind ja sehr international ... und Schnäpse, na, dagegen is diß hier das reine Bitterwasser — Ober! Herr Ober! mir noch 'n doppelten Kirsch, ja, für den Herrn auch — und Feldpastöre und Orrnanzen und Nachrichtenoffziere und Ballon-Abwehr-Kanonen und Flaks und Funk und alles. Ja, unne Flotte ham wah auch jehabt, die fuhr imma den Jenessei rauf und runter, un Exzellenz Ludendorff und Brüninghaus und Killinger — die wahn alle da. Alle. Da beißt keine Maus 'n Faden von ab. Prost —!

Ick wah Fellllleutnant — erst Fellll — und denn Fellllleutnant. Ja, 'n Feind hatten wir auch.

Die Herren hatten sich bei der Konschtituierenden Jeneralversammlung so lange rumjezankt, bis da würklich zwei Jruppen waren, eine jrüne und eine rote, und die eine war der Feind von der andern. Na, einmal is es auch zum Jefecht jekomm ... sonst ham wa ja mehr organisiert, ja. Aber einmal ist es zum Gefecht jekomm — vierhundert Tote; der Jasoffizier, diß wah 'n Jroßaktionär von Leverkusen, der war besoffen und hat nich aufjepaßt, un da hat seine Jaskanone funktioniert, und so is es denn passiert. Die Panjes? Nee, die wahn nich da. Das heißt: die Mannschaft mußte doch wat ham – zum Requirieren un die Weiber un so. Da ham wa denn zweihundert Meechens reinjesetzt, mit ihre Kerls, das war die Bevölkerung, die machten die Einwohner, sozusagen. Na, un bei die jingen die, und wir auch manchmal, det heißt, wir ließen sie in Stab kommen ... ein Budenzauber ham wa da valleicht jemacht! Doll. Prost–!

Wieso ich nu wieder hier bin? Ja, Hauser, Sie wern lachen, es ist ja auch sehr komisch ... wie soll ich Ihn das erklären ... Hörn Se zu. Es hat mir auf die Dauer keen Spaß jemacht.

Wir hatten doch alles, nicha? Kriechskorrespondenten – ich hab selber einen in Hintern jetreten – Feldrabbiner ... die Korrespondenten und die Rabbiner, diß wahn die einzigen Juhn aufn K. S. P. – wir hatten doch wirklich alles ... aber, wissen Sie: mir hat was jefehlt. Ich haa manchmal, wenn ich nachts die Posten revidiert habe, und wenn ich denn so mit meinen Gott und meinen Suff alleene war – denn hab ich so nachjedacht, warum mir diß kein Spaß macht. Was mir eijentlich fehlt. Denn mir hat was jefehlt, Hauser ... Prost! Wissen Sie, was mir jefehlt hat? Sie, deß wahn doch alles Freiwillje, die da wahn, nicha? Die wollten doch alle – vastehn Se?

Det machte keenen Spaß. Sie, ich habe doch jedient, vorn Krieje habe ich meine vierzehn Jahre runterjerissen; ich weeß doch, wies is. Sie, wenn sie denn so ankam, die Rekruten – in Zivil sind sie immer an ein vorbeijejangen, aber nu auf einmal wahn se jahnischt mehr. Sie – da wurn se janz kleen! Da kam se denn an, und die Kellner wollten kellnerieren, und die Schohspieler konnten auf einmal schreihm, in die Schreibstube, und die Herren Rechtsanwälte ... und denn jing det: Herr Feldwebel vorne und Herr Feldwebel hinten – wir hatten se doch, vastehn Se! und wat se konnten, det machten se denn vor, wie die kleenen dressierten Hundchen! Und janz nah ranjehn konnte man an se, und nicht mucksen durften se sich, janz still ham se jestanden und ham een bloß anjejlupscht! Ich wußte doch, was die dachten! Aber denken jabs nich. Immer denk man, dacht ick. Disseplin muß sind! Det wah da nu alles nich. Die Bevölkerung kniff doch een Oohre zu, wenn wir jebrüllt ham und alles zerteppert ham – es war doch vorher alles bezahlt! Wie in die Schmeißküche. Die Mannschaften, die wahn doch ooch bessahlt ... Uns fehlte ehmt der, der nich wollte, vastehn Se? Da fehlte ehmt das Widerstrehm; der Widerstand, det unbotmäßje Element, sozusagen – ehmt die Sozis, nee, die nich, die wolln ja ... aber die Kommenisten und die Pazifisten und die Weiber, die wirklich heulen, wissen Sie, wo det echt is ... die Meechen, die einen anbeten, weil se an ein jlauben; die Lümmel auf der Straße, die sich vakriechen, wenn unsereiner kommt; die Beljier, die man konnte knuten – Sie! es war nicht echt – vastehn Se mich? Es war Falle.

Da bin ick denn abjehaun. Die kämpfen da noch . . . aber der richtige Frontjeist ist det nich mehr. Die meisten ham auch schon 'n kleinen Laden aufjemacht; Ludendorff is Maurer jeworn, der hat 'n Maurerei, Tirpitz vakauft Bartwuchsmittel, und Noske zücht Bluthunde, die vadien schon janz hipsch. Hakenkreuz am Stehl . . . am Stahlhelm — wa doch ne schöne Zeit! Aber det richtche war et nich. Nu willch mich mah in Berlin umsehn — in die Autobranche oder bei die Industrie — die brauchen ja immer een zum Orjanisieren . . . denn orjanisiert muß sein. Jejen die Arbeiter, wissen Sie —! Ja, nu bin ich wieder da.

Na, un was ham Sie die janze Zeit jemacht —?»

WAS IST IM INNERN EINER ZWIEBEL —?

Nun nimmt wohl bald der Bauer Geld aus der Schatullen
und macht sich auf mit seiner Kuh zum Bullen —
mit seiner Kuh.

Nun wirft wohl diese Kuh ein Kälbchen sonder Schaden,
und dieses Kälbchen legt dort einen runden Fladen —
das Kälbchen
von der Kuh.

Nun wächst aus diesem Fladen auf der Ackerkrume
wohl bald die schönste rote Bauernblume —
aus dem Fladen
von dem Kälbchen
von der Kuh.

Nun hüpft wohl bald ein Stubenmädchen in dem Grase,
pflückt einen Strauß für ihr Hotel und stellt in eine Vase
die Blumen
aus dem Fladen
von dem Kälbchen
von der Kuh.

In diesem so geschmückten Raum — denn sieh, er hat ihn
ja vorbestellt — liegt froh der heitere Hochzeitsreisende bei seiner Gattin —
in Zimmer 28
mit den Blumen
aus dem Fladen
von dem Kälbchen
von der Kuh.

Und hier empfängt sie einen anfangs anonymen Knaben,
sie trägt ihn aus, gebärt – er ist von großen Gaben –
von den Hochzeitsreisenden
aus Zimmer 28
mit den Blumen
aus dem Fladen
von dem Kälbchen
von der Kuh.

Der Knabe reift heran, erbt einen ganzen Batzen
und gründet sich ein Etablissement für Bett-Matratzen –
der Sohn
der Hochzeitsreisenden
aus Zimmer 28
mit den Blumen
aus dem Fladen
von dem Kälbchen
von der Kuh.

Nun schneuzt sich breit sein erster Vorarbeiter,
wischt sich den Bart und pinselt flötend weiter –
in der Fabrik
des Sohnes
der Hochzeitsreisenden
aus Zimmer 28
mit den Blumen
aus dem Fladen
von dem Kälbchen
von der Kuh.

Der Vorarbeiter hat das Bett lackiert. Nun nimmt er einen Schluck.
In diesem Bett tu ich den letzten Atemzug.

KÖPFE

Daß in Deutschland gearbeitet wird, steht fest. Noch fester, daß stets daran gearbeitet wird, dieser Arbeit auch die nötige Beachtung zu sichern – «aus betriebstechnischen Gründen» entlädt sich diese Eitelkeit in Denkschriften, Geschichten, Erinnerungsheften und einem recht unbescheidnen Getue um eine Sache, die, dächten wir, dem Deutschen doch selbstverständlich sein sollte.

Prüft man solche historischen Abrisse der Geschäftsunternehmen, so findet man darin gewöhnlich die Porträts der Inhaber, ab 1684 bis auf den heutigen Tag. Und dabei fällt etwas auf. Betrachten wir die drei letzten Generationen; die Herren sind brav und sauber fotografiert: nur so ist ja eine Vergleichung möglich, denn Zeichnungen können noch mehr abirren; Fotos sind halbwegs zuverlässige Reportage. Wie sehen diese drei Generationen aus —? August Friedrich Wilhelm Schulze (1821—1889). Ein bebarteter, alter, bescheidener Mann, mit Brille und schütterm weißen Haar; Arbeit und Alter haben ihn leicht geduckt, aus seinen Augen blickt alles mögliche, verglommene Herrschsucht, Traurigkeit, ein langes Leben — ein Mensch, mit dem man sprechen kann. In pace. Hans Erich Schulze (1854—1915). Blanke Augen und der mächtige Schädel eines tatkräftigen Mannes; in diesen Augen ist vielerlei: ererbte Familienzüge, List, sicherlich Güte. Für den ist der deutsche Humanismus nicht umsonst gewesen — er hat eine Beziehung zu dem Besten gehabt, was Deutschland zu geben hatte. Aber schon nicht mehr so wie der Alte, sein Vater. In pace.

Dr. jur. Ernst Emil Schulze (geb. 1885). Donnerwetter!

Ein glatt rasierter Schweineschädel: zwei kleine Knopfaugen; ein erbarmungsloser Kragen; ein Zahnbürstenschnurrbart . . . und um die Wein-Unterlippe jener Zug von Kälte und Korrektheit, der die Hülle aller neudeutschen Herzlosigkeit ist. In pace? In bello. «Und der Hermundure flüstert beklommen: Gott, ist die Gegend runtergekommen . . .»

Die gute alte Zeit hats nie gegeben. Die schlechte neue? Allemal. So, wie der alte Jahrgang der deutschen Strafrichter immer noch angeht, weil es doch oft noch einen winzigen Weg zum Herzen dieser Männer gibt und vor allem, weil sie eines haben, jedoch die Brutalität der neuen Jahrgänge unerträglich ist: so ist auch der Typus der deutschen Kaufleute des neunzehnten Jahrhunderts, das vielfach aus Neusilber gewesen ist, eitel Gold gegen das Nickel dieser Tage. Wie das blitzt! Wie hart das funkelt! Und wie gelb das einmal werden wird . . . !

Gesichter, die in die Hose gehören. Aber wir zeigen sie der Welt — mit einem herausfordernden Ausruf aus dem Götz, und wundern uns, daß alle, alle dagegen sind.

ICH MÖCHTE STUDENT SEIN

(— «Ich war damals ein blutjunger Referendar —» sagen manche Leute; das haben sie so in den Büchern gelesen . . .)

Ich war damals gar kein blutjunger Referendar, doch besinne ich mich noch sehr genau, einmal, als das Studium schon vorbei war und die Examensbüffelei und alles, in der Universität gesessen zu haben, zu Füßen eines großen Lehrers, und ich schand sein Kolleg — — schund? schund sein Kolleg. Da ging mir manches auf.

Da verstand ich auf einmal alles, was vorher, noch vor drei Jahren, dunkel gewesen war; *da* sah ich Zusammenhänge und hörte mit Nutzen und schlief keinen Augenblick; *da* war ich ein aufmerksamer und brauchbarer Student. Da – als es zu spät war. Und darum möchte ich noch einmal Student sein.

Das Unheil ist, daß wir zwischen dreißig und vierzig keinen Augenblick Atem schöpfen. Das Unheil ist, daß es hopp-hopp geht, bergauf und bergab – und daß doch gerade diese Etappe so ziemlich die letzte ist, in der man noch aufnehmen kann; nachher gibt man nur noch und lebt vom Kapital, denn fünfzigjährige Studenten sind Ausnahmen. Schade ist es.

Halt machen können; einmal aussetzen; resümieren; nachlernen; neu lernen – es sind ja nicht nur die Schulweisheiten, die wir vergessen haben, was nicht bedauerlich ist, wenn wir nur die Denkmethoden behalten haben – wir laufen Gefahr, langsam zurückzubleiben ... aber es ist nicht nur des Radios und des Autos wegen, daß ich Student sein möchte.

Ich möchte Student sein, um mir einmal an Hand einer Wissenschaft langsam klarzumachen, wie das so ist im menschlichen Leben. Denn was das geschlossene Weltbild anlangt, das uns in der Jugend versagt geblieben ist – «dazu komme ich nicht» sagen die Leute in den großen Städten gern, und da haben sie sehr recht. Und bleiben ewig draußen, die Zaungäste.

Wie schön aber müßte es sein, mit gesammelter Kraft und mit der ganzen Macht der Erfahrung zu studieren! Sich auf *eine* Denkaufgabe zu konzentrieren! Nicht von vorn anzufangen, sondern wirklich fortzufahren; *eine* Bahn zu befahren und nicht zwanzig; *ein* Ding zu tun und nicht dreiunddreißig. Niemand von uns scheint Zeit zu haben, und doch sollte man sie sich nehmen. Wenige haben dazu das Geld. Und wir laufen nur so schnell, weil sie uns stoßen, und manche auch, weil sie Angst haben, still zu stehen, aus Furcht, sie könnten in der Rast zusammenklappen – –

Student mit dreißig Jahren ... auch dies wäre Tun und Arbeit und Kraft und Erfolg – nur nicht so schnell greifbar, nicht auf dem Teller, gleich, sofort, geschwind ... Mit welchem Resultat könnte man studieren, wenn man nicht es mehr müßte! Wenn man es will! Wenn die Lehre durch weitgeöffnete Flügeltüren einzieht, anstatt durch widerwillig eingeklemmte Türchen, wie so oft in der Jugend!

Man muß nicht alles wissen ... «Bemiß deine Lebenszeit», sagt Seneca, «für so vieles reicht sie nicht.» Und er spricht von Dingen, die man vergessen sollte, wenn man sie je gewußt hat. Aber von denen rede ich nicht. Sondern von der Lust des Lernens, das uns versagt ist, weil wir lehren sollen, ewig lehren; geben, wo wir noch nehmen möchten; am Ladentisch drängen sich die Leute, und ängstlich sieht die gute Kaufmannsfrau auf die Hintertür, wo denn der Lieferant bleibt...! Ja, wo bleibt er —?

Ich möchte Student sein. Aber wenn ich freilich daran denke, unter wie vielen ‹Ringen› und Original-Deutschen Studentenschaften ich dann zu wählen hätte, dann möchte ich es lieber nicht sein. Ad exercitium vitae parati estisne —?

Sumus.

EINE LEERE ZELLE

Sobald sie ihn herausgeholt haben, ist das erste, was der Wärter tut: er öffnet das Fenster. In Gefängniszellen mufft es immer — aber die Luft in dieser Zelle ist besonders übel. Sauer ist die Luft, Schweiß der Todesangst haftet an den Wänden, und die letzten Gebete, Wünsche, vagen Bilder entfliehen durch das kleine vergitterte Fenster, während draußen die Armsünderglocke bimmelt. Die Tür bleibt offen — man kann vom Gang aus hineinsehen.

Es ist nicht viel im Raum: der Stuhl, das Bett, noch mit dem Abdruck eines Körpers, der nicht mehr zurückkehren wird; der Tisch, an dem er einen letzten Brief hat schreiben dürfen; die Wasserkanne, aus der er — wozu noch? — getrunken hat; der Kübel, in den sich die letzte Angst entleerte. Nun ist er nicht mehr da.

Alles steht still im Raum — Fenster und Tür sind offen, aber es wird nicht besser, zäh klebt es an den Wänden, geronnen steht die Luft. Es wird einem so eng, wenn man hier drinnen ist. Er hat noch Mensch gespielt, der da — hat geatmet, als ob das noch zu etwas nütze gewesen wäre, er hat geweint, hat sich ganz in sich selbst zusammengezogen, in dieser Minute hätte er kein Kind zeugen können, denn alle Drüsen waren in äußerster Alarmbereitschaft, zur Abwehr gekrampft, wie mit Alaun injiziert. Bitter rann die Todesangst aus den Poren.

Ja, er hat das verdient, wie —? Er hat mein Kind zerfetzt, es war so ein süßes, blondes Kind, es sah genau aus wie sie, hatte ihre runde Nase, wir hatten uns so darauf gefreut, einen Jungen zu haben, und nun war es ein Junge geworden, und das Schwein ist darüber hergefallen ... im Stadtpark, wo sich der Kleine in den Gebüschen verlaufen hatte. Ich mag gar nicht sagen, was er mit dem Kind — Hund! Du Hund verfluchter! Recht ist dir geschehen, recht ... man müßte dir den —

Jus ist dir geschehn. Ist mein Kind lebendig —? Sind die Schmerzen der Mutter verweht? Sie wird ein andres Kind gebären — aber nicht dieses. Vielleicht einen Knaben — aber nicht diesen. Wenn sie sich über die neue Wiege beugt, wird sie weinen. Was ist denn geschehen?

Sie haben mich nicht einmal gerächt. Meinen niedrigsten Instinkt zu befriedigen und sinnlos zu befriedigen ... mir vielleicht noch einen Parkettplatz anzubieten, wenn er seinen Kopf in den Sack spuckt – was soll das? Ich mag es gar nicht sehen. Es ist etwas Unwiderrufliches durch ihn geschehen; ein Teil meiner selbst ist dahin – und nichts ist dadurch erreicht, als daß ein neuer Mord vollbracht wurde, mit allen Schrecken des ersten. Sichern? Ja. Uns Eltern sichern, daß nicht wieder ein kleiner Junge so gefunden wird wie ... Du Hund! Nein: Du Stückwerk Gottes.

Nun ist die Zelle leer, der Todesschweiß ist kaum noch zu spüren, die Kanne ist geleert, an die er seine Lippen gehalten hat, das Bett ist gemacht, der Kübel gesäubert. Die Zelle wartet. Auf den nächsten.

MEDIA IN VITA

Manchmal seh ich sie auf Kistenholz
starr ausgestreckt,
um die Lippen diesen gottverfluchten Stolz
eines, der ganz voller Verachtung steckt.

Eben hießen sie noch Friedrich Zeh;
was sie taten, war nicht gut;
sieh, wie nun auf ihnen das Klischee:
«Majestät des Todes» ruht.

Bei Besuchen denk ich an der Tür:
«Du, mein Junge, wirst, wenn tot, nicht schön sein!
Manche eignen sich nicht recht dafür –
du wirst nicht schön sein!»

In den Reden, Gegenreden bleibt auf einmal
ihr Gesicht stehn –
Ruhe ist darin, nach überstandener Qual –
Maske, würdig anzusehn.

Flüstern ...

Dann trägt man Herrn Zeh hinunter vor sein Haus,
und zurück bleibt Frau und Stiefelknecht.
Horizontal sieht alles anders aus.
Tote haben immer recht.

Horch, wie vor der Geburt und nach dem Tod die Stille brüllt:
Die Pause wird durch die Lebenden ausgefüllt.

DIE LIEBEN KINDER

«Moi, je suis le fils à papa!
le fils à papa!
le fils à papa!»

Wie wir hören, hat sich Benvenuto Hauptmann mit Klaus Mann verlobt. Die Hochzeit wird, wie üblich, auf Hiddensee stattfinden.

Pamela Wedekind, Erika Mann und Mops Sternheim treten am nächsten Dienstag in einer ‹Revue zu vieren› auf. Die Herren Eltern sind aus Österreich, München und Rührung nach Berlin geeilt.

Wie wir hören, hat Klaus Mann einen Roman in zwei Bänden sowie einen Reiseaphorismus begonnen. Die Veröffentlichung des Romans ist Ende des Jahres zu befürchten.

Erika Mann ist in Berlin zu ihrer Heirat, Scheidung, Wiederverheiratung und Beerdigung eingetroffen. Die junge Künstlerin wird in dem interessanten Experiment des Herrn Hilpert den Falstaff spielen.

Wie wir hören, haben sich Klaus Wedekind, Pamela Mann und Benvenuto Sternheim zusammengetan, um den ‹Siebzigsten Geburtstag› von Voß zu bearbeiten und ihn, gegebenenfalls, in Hiddensee vorzutanzen.

Benvenuto Hauptmann hat sich von Klaus Mann wieder scheiden lassen, weil ihm die normalen Neigungen seiner Frau Braut vor der Heirat nicht bekannt gewesen sind.

Carlhans Sternheim sowie das Geschwisterpaar Klaus Mann und Pamela Wedekind haben mit ihrer Schwippschwägerin Erika Mann eine Reise um die Welt angetreten, um von Rabindranath Tagore endgültig ihre verwickelten Familienverhältnisse ordnen zu lassen.

General Nobile hat sich auf der Terrasse eines Cafés in Rom, als eine Portion Eis vorübergetragen wurde, erkältet. Wie wir hören, sind Pamela Wedekind, Klausa Mann und Benvenuto Hauptmann an sein Totenbett geeilt.

Nachtrag zu unsrer Meldung: Auch Erika Mann ist an das Totenbett geeilt. General Nobile befindet sich auf dem Wege der Besserung; Pamela Wedekind auf dem Wege zum nächsten Telegrafenamt.

Klaus Mann hat sich bei Verabfassung seiner hundertsten Reklamenotiz den rechten Arm verstaucht und ist daher für die nächsten Wochen am Reden verhindert.

Die lieben Kinder haben Siegfried Wagner zu ihrem Ehrenvorsitzenden gewählt. Der Gefeierte hob in seinem Dankwort hervor, daß die Tragik im Leben August von Goethes in ihm selbst lag sowie in der Unvollkommenheit des damaligen Zustandes der deutschen Presse.

KORRESPONDENTEN REISEN

Da schicken nun die großen Zeitungen ihre Korrespondenten auf die Reise, und die sollen nach Hause berichten, wie es in Madagaskar, Island, Sibirien und Trans-Ozeanien aussieht. Wie machen sie das —?

Mir ist aufgefallen, daß sie uns mitnichten schreiben, wie es in den Ländern aussieht, die schon so fern sind, daß sie schon wieder gleichgültig sind, sondern sie schildern uns gar nicht das Land —: sie schildern uns bis zur Erschlaffung ihre Reisen und die Schwierigkeit dieses Reisens.

«Mein Kameltreiber hatte fünfzig Pfund . . .» — «Als wir in den Zug stiegen, erwarteten wir, daß er nun abginge — er ging aber noch lange nicht ab, sondern . . .» — «Die Zugverbindung nach Iskapara ist zur Zeit auf ein kleines Bähnchen angewiesen, das . . .» — «Alle Hotels besetzt. Was nun?»

Nun vor allem mal nach Hause fahren und Unterricht nehmen, wie man eigentlich Reisebeschreibungen macht. Das ist ja Zimt.

Es gibt zwei Möglichkeiten:

Die eine bessre ist die, sich einen Mann zu engagieren, der in dem fremden Lande wohnt und es wirklich kennt. Es ist nämlich viel wichtiger, was so einer sagt, der nur jung genug sein oder geblieben sein muß, um nicht alles selbstverständlich zu finden, was ihn da umgibt, und alt genug, um die Bedürfnisse des deutschen Publikums zu kennen; so einer kann, wenn die Zeitung und wir Glück haben, das Land wirklich von innen beschreiben.

Die andre Möglichkeit ist die, einen Künstler wie Arthur Holitscher, oder einen fixen und gewandten Journalisten auf Reisen zu schicken, der im Wirbelwind das fremde Land sieht, sich nicht im Wege steht und kleine Momentbilder entwickelt — das kann, wenn der Mann gut ist und gut schreibt, sehr lustig und manchmal auch aufschlußreich sein: es kommt vor, daß der Fremde tiefer sieht als der durch Gewohnheit Abgestumpfte.

Aber die Kursbuchplackerein sind die Druckerschwärze und unsre Zeit nicht wert. Als ob das heute noch etwas bedeute, um die Welt zu fahren! Das kann jeder Hammel. So einer bringt doch nur seine Koffer wieder nach Hause, die mit neunzig neuen Zetteln vollgepappt sind, und darauf ist er auch noch stolz – aber wir wollen diese Zettel gar nicht lesen. Und wollen auch nicht wissen, daß es in Smyrna üblich ist, dreißig Prozent Trinkgeld zu geben, und daß in San Francisco im Hotel morgens Whisky zum Kaffee serviert wird (in hohlen Bibeln), und daß man in Frankreich nicht mit jedem Zug beliebig weit fahren kann ... dazu schicke ich euch für mein teures Geld auf Reisen?

Um die *‹Deutsche Allgemeine Zeitung›* zu lesen, muß ich mir die Haare schneiden lassen; um die *‹Elegante Welt›* zu lesen, gehe ich zum Zahnarzt, und wegen des *‹Berliner Lokalanzeigers›* in die kleinen Häuschen. Da wird man doch wohl als langer Abonnent verlangen können, daß die Herren Reisekorrespondenten ... wie –?

AUF DEM NACHTTISCH

Auf dem Nachttisch: Bücher – eine kippelnde Säule; auf dem Bett: Bücher; auf dem Rasiertisch: Bücher; hätte ich ein Töpfchen, so läge Eduard Engel darin – aber ich bin ein feiner Mann und habe kein Töpfchen und keinen Engel. Wer verlegt das nur alles? Wer druckt das? Wer kauft das? Wer liest das –? Warum wird grade dies verlegt und nicht irgend etwas andres? Wonach geht es, o unbegreifliche Lektoren! Da beklagen sie sich, daß die Buchgeschäfte nicht fest sind – verlegen aber pfundweise Bücher, die nicht gehen und nicht gehen können, weil sie mittelmäßig sind: Nichterfolge darf nur ein Genie haben, Talente haben Erfolg zu haben. Heute ist es noch früh, halb zehn Uhr, drei Premieren steigen ohne mich, Lieschen wartet an der Porte Majeure, das ist force Maillot, und der General Pinenlair, dem ich immer für schweres Geld die Grundrisse unserer Panzerkreuzer übergebe, beklopft in seinem Ministerium den Diplomatenschreibtisch mit nervösen Fingern. Alles in Ordnung – lasset uns lesen.

‹Redner der Revolution›, eine Serie kleiner Bändchen (im Neuen Deutschen Verlag zu Berlin). Robespierre und Saint-Just und Wilhelm Liebknecht und Karl Liebknecht und Bebel und Saint-Just und Thomas Münzer – jedes Mal ein kleines Bändchen mit ausgewählten Reden. Sehr lehrreich, sehr merkwürdig. Denn abgesehen von dem großen historischen Nutzen, den solche Rückblicke haben, zeigt es sich auch hier, daß eine Rede keine Schreibe ist. Wieviel ist verflogen! Wie muß man rekonstruieren, um zu begreifen, was die Zeitgenossen an diesen fast harmlos scheinenden Berichten so maßlos aufgeregt hat! Und hat man rekonstruiert, dann erkennt man – ist aber nicht erregt. Dies beiseite, darf gesagt werden, daß es fast unerläßlich erscheint, diese

Serie sorgfältig zu lesen — die Wiederkehr des ewig Gleichen in wechselnder Terminologie: die reine Leidenschaft Karl Liebknechts und die getrübte Leidenschaft Dantons; das Bürgerpathos und der erwachende vierte Stand — das ist deshalb nützlich zu wissen, um unsere Leute besser zu verstehen. Mit dem, was geschehen ist, kann man nichts beweisen; mit dem, was geschehen ist, kann man sich vieles klar machen. Und das, was banal erscheint, war es nicht immer; wo jetzt Gemeinplätze sind, haben früher einmal Schlösser und Zwingburgen gestanden, und heute fluten die Menschen darüber hinweg und glauben, es sei immer so gewesen, und haben alles vergessen . . . und bauen darauf manch neues Bollwerk.

Zum Beispiel Banken. Und wenn die groß geworden sind, so groß, daß sie ein Land überschatten, dann heißt das Land Amerika, und nun wollen wir einmal ein Amerika-Buch begucken, das eigentlich gar keines ist und doch eines ist. Es ist von jenem großen Prosaiker Franz Kafka, auf den immer wieder hinzuweisen das schönste Verdienst Max Brods ist — das Buch heißt ‹*Amerika*› (und ist bei Kurt Wolff in München erschienen). Das Werk stammt aus der Zeit vor dem Kriege, Brod sagt in seinem Nachwort, daß es schon viele zarte Lichter des Chaplinschen Humors enthält. Es ist etwas ganz und gar Wunderbares, an innerer Musik und dem Pianissimo der Töne nur noch mit Hamsun zu vergleichen.

Ich habe mich mit dem ‹*Schloß*› Kafkas nicht im gleichen Maße befreunden können — es ist das ein Buch, in dem eine ‹Deutung› der Vorgänge fast unumgänglich nötig erscheint, und weder hat mir die Deutung noch die Handlung gefallen. Hier in ‹*Amerika*› aber ist jeder Vorgang Selbstzweck, dichterische Frucht und Blüte schmerzlicher Erkenntnis. Es läuft da ein Band vom Dostojewskischen Idioten über Schwejk zu der Hauptfigur des kleinen Karl — sie wehren sich gegen das Leben nicht, aber sie sind so allein und siegen noch in den Niederlagen. Was immer wieder an Kafkas Werk zur größten Bewunderung zwingt, ist die Unwiderruflichkeit der Szenen und ihre traumhafte Eindringlichkeit . . . Da nimmt der Nicht-Held eine Stellung in einem Hotel an, wo man ihn in eine Liftjungenuniform preßt. «Beim Hotelschneider wurde ihm die Liftjungenuniform anprobiert, die äußerlich sehr prächtig mit Goldknöpfen und Goldschnüren ausgestattet war, bei deren Anziehen es Karl aber doch ein wenig schauderte, denn besonders unter den Achseln war das Röckchen kalt, hart und dabei unaustrockenbar naß von dem Schweiß der Liftjungen, die es vor ihm getragen hatten.» Dieser unerschütterliche Glaube an die Wahrheit des Geschilderten läßt nie fragen: «Woher wissen Sie das, Kafka?» — die Frage will nicht über die Lippen — es ist wie in der ‹*Schönsten Geschichte der Welt*› bei Kipling, wo der Banklehrling eben im Innern fest und sicher weiß, wie die Galeerensklaven einmal gelebt haben ... er ist vielleicht in einem früheren Leben einer gewesen.

Es wimmelt von Formulierungen, die unvergeßlich sind. Von der Justiz: «Die ganze Geschichte konnte er hier nicht erzählen, und wenn es auch möglich gewesen wäre, so schien es doch aussichtslos, ein drohendes Unrecht durch Erzählung eines erlittenen Unrechts abzuwehren.» Oder: «‹Und ohne Rock bist du entlassen worden?› fragte der Polizeimann. ‹Nun ja›, sagte Karl; also auch in Amerika gehörte es zur Art der Behörden, das, was sie sahen, noch eigens zu fragen.» So tausendmal.

Am schönsten an diesem großen Werk ist die tiefe Melancholie, die es durchzieht: hier ist der ganz seltene Fall, daß einer ‹das Leben nicht versteht› und recht hat. Niemals ist das, was da geschieht, ganz auszudeuten; schicksalhaft, wie im Traum, fallen die Bestimmungen, die Gesetze, die Gebräuche auf den Leidenden herunter, der auch nicht fragt; das machen die andern eben so — er also auch. Nie läßt sich der ganze Apparat völlig übersehen; in allen Büchern Kafkas gibt es solch einen ungeheuern, umständlichen, endlosen Apparat, der keine Allegorie ist, sondern Niederschlag des Lebens in einem sieghaft Wehrlosen. Daß Karl jemals den Hoteldirektor selbst erblicken könnte, ist unausdenkbar; es langt allenfalls bis zum Oberkellner, und das ist nun keineswegs komisch gedeutet, sondern tragisch: er weiß nicht ... Die leise, bescheidene Art, mit der er die Gesten der ernsten und werktätigen Menschen nachahmt, ohne eigentlich ihren Inhalt zu verstehen oder etwa zu bejahen, erinnert sehr stark an Chaplin; doch ist bei dem eine Ironie dabei, die hier fast ganz fehlt, und beide beschämen die Nachgeahmten. *‹Amerika›* ist eines der schönsten Bücher, die die deutsche Prosa aufzuweisen hat; ich bin mit Max Brod der festen Meinung, daß die Zeit dieses wahren Klassikers der deutschen Prosa noch einmal kommen wird.

Sie meinen, das Buch sei schon vor langer Zeit erschienen? Ich meine, daß es eine Albernheit ist, nur ‹Neuerscheinungen› zu kaufen — als ob man der Literatur mit der Fixigkeit nahe käme! Wir wollen nicht das Neuste lesen — wir wollen das Beste, das Bunteste, das Amüsanteste lesen. Ja, also Amerika.

Das richtige Amerika sieht nun anders aus, als es bei Kafka visionär erscheint. Wie es aussieht, sagt uns Edgar Ansel Mowrer in seinem *‹Amerika, Vorbild und Warnung›* (bei Ernst Rowohlt zu Berlin erschienen). Das Positive darin erscheint mir nicht so stark wie das andere — Mowrer ist eine helle Intelligenz, die sehr scharf brennt, nicht immer sehr weit leuchtet. Er ist ein europäisierter Amerikaner von höchster Kultur, ein Mann von einer selten umfassenden Bildung — und am besten ist er da, wo er Europa und Amerika vergleicht und Amerika schonungslos schildert. Da ist dieser Hohn, wie er nur unter Verwandten üblich ist – die Ironie der genauen Kenntnis, das Urteil von innen her. Der berliner Amerika-Taumel hat sich ja zum Glück etwas gelegt, und was in diesem Buch Europen an Provinzialismus vorgeworfen wird, sollten sich unsere Staatsmänner hinter die Ohren schreiben – wenn sie bis dahin nicht alle vor Wichtigkeit geplatzt sind. Die Beschreibungen amerikanischen Lebens sind allerersten Ranges – was fehlt, ist eine Synthese, aber dafür ist es sicherlich viel zu früh. Nicht bei Mowrer fehlt sie – das Land hat sie nicht. Ein Buch, aus dem man viel lernen kann.

Ob die Amerikaner mit ihm einverstanden sind, soll uns nicht kümmern – wir haben sowieso viel zu wenig europäisches Selbstbewußtsein, und ich habe noch nie gehört, daß einer einem Amerikaner einmal freundlich und bestimmt sagt: «Das mag sein, daß dies oder jenes bei Ihnen drüben so ist, wie Sie es sagen. Bei uns ist das eben anders.» Dazu gehörte Charakter – denn der Amerikaner will gelobt sein und steinigt seine Tadler. Wir nicht –?

In Deutschland hat sich seit dem wirtschaftlichen Scheinaufschwung ein Optimismus breit gemacht, der an die lärmendsten Ereignisse der Vorkriegszeit erinnert. Es ist schauerlich. Da kommt ein Buch über *‹Deutschland heute›* von Alfons Goldschmidt grade zur rechten Zeit (bei Ernst Rowohlt, Berlin). Es ist das Beste, was über Deutschland seit langen Jahren erschienen ist.

Das Kapitel über Berlin sollte man vielen Journalisten täglich zum Abschreiben geben – denn so ist diese Stadt, Berlin im Schatten, Berlin im Modder, Berlin in Deutschland. Endlich, endlich sagt einmal einer, was wirklich ist: wie diese grauenerregende ‹Tüchtigkeit›, auf die die Leute so stolz sind, peinlich ist und zum großen Teil unproduktiv – wie belastet die falsch hergerichtete Wirtschaft ist, und zwar nicht nur mit Steuern oder dem Dawesplan, wie sie immer klagen – sondern mit sich selbst; wie viel ‹getätigt› und wie wenig geschafft wird, und was die Seele dieser Stadt angeht, so hat sie wohl schon lange keiner so eingefangen, wie es hier geschieht. «Berlin ist nicht kühn – es ist eine kommandierte Stadt.» «Das laßt ihr euch gefallen, scharwenzelt, Großstädter, um den Portier, schreit nicht, fordert nicht. Hinter der zweiten Tür sitzt ein Herzkrampf, ein Trottel, den ihr größenwahnsinnig macht, weil ihr nicht fordert. Noch der Geschäftsführer eines Manschkinos, der gar keine Geschäfte führt, sondern ein armer Junge ist, ängstlich in der Tür steht, ob auch fünf Sesselsitzer kommen, ist Herr über euch. Aber er hat ein Direktionszimmer, er ist also Massenbeherrscher. So sieht der berliner Stolz aus. Das ist keine Disziplin mehr, kein Jachtern ums Brot, das ist Massenschwäche, Wollust des Gelenktseins, Brummeln; Würde ist das nicht.» Auch hat Goldschmidt das Unfrohe so gut getroffen, das Glücklose dieser Stadt, die eine Lokomobile ist, die Holz sägt; mit diesem Holz wird sie geheizt. Wunderschön die Schilderungen der deutschen Provinzen, die sich, soweit sie nicht Berlin faul nachahmen, mit Recht verbitten, als ‹Provinz› angelacht zu werden — wenn sie allerdings so fortfahren, werden sie aufhören, Landschaft zu sein und beginnen, Klein-Berlinchen zu spielen. Und Berlin spielt Klein-New York, und wenn auf dem Kurfürstendamm zwei Amerikaner ihren Koffer abgestellt haben, dann platzt die Stadt vor Stolz. Goldschmidt haßt aus Liebe — das ist der fruchtbarste Haß. Und wenn er sichs nicht manchmal etwas schwer machte mit seinem quellenden, quillenden, fast überreichlich strudelnden Stil, dann wärs noch besser. Ich kann mich nicht besinnen, in den großen Blättern auch nur den Versuch einer Widerlegung seiner Meinungen gefunden zu haben — die kleinen begnügen sich damit, höchst kindlich anzugeben, der Mann litte wohl an Magenverstimmung. Sie wollen in ihrem Juchhe-Optimismus nicht gestört werden. Das Buch ist eine mutige Tat — und wenn die Betroffenen maulen ... schließlich hörts ja keiner gern, daß er krank ist, wofür jedoch der Arzt nichts kann. Goldschmidts *‹Deutschland heute›* sagt das zu Ende, was hier oft angedeutet worden ist — es ist in ganzen Kapiteln etwas durchaus Vollkommenes.

Nun wollen wir die Flinte wieder aus dem Korn holen — es gibt auch noch Deutsche guter Prägung, sie heißen ja nicht alle Franz Seldte oder Aros Hugenberg — manche heißen auch Anna Siemsen. Die legt ein kleines Buch vor: *‹Daheim in Europa›* (in der Urania-Verlags-Gesellschaft zu Jena erschienen), ein hübsches Reisebuch. So wohltuend wie ihr Bild dem Titel gegenüber ist der Text: eine gebildete, gütige Frau geht durch Europa, wo sie wirklich zu Hause ist, soweit einer da zu Hause sein kann, wo er nicht geboren ist — und das allerschönste daran: wie die albernen Grenzen fortfallen. Es gibt voneinander sehr verschiedene Gebiete — aber heute noch an Souveränitätsstaaten zu glauben, dazu muß man wohl Minister sein. Das Buch sollte in keiner Arbeiterbibliothek fehlen — schon wegen der Illustrationen, die wunderhübsch präsentiert werden. Es sind Fotos mit guten Unterschriften, die das Bild nicht nur benennen, sondern die es erklären. Es ist für uns nicht neu, aber immer wieder fesselnd, zu sehen, wie fremde Länder einen ganz andern Schein bekommen, wenn man sie marxistisch sieht. Das vertragen sie alle nicht sehr gut ... Manches ist ein ganz klein wenig von außen gesehen, ich empfinde Frankreich etwas anders, aber jeder hat schließlich seine Augen. Was uns immer wieder fehlt, ist der Domela, der sich in fremde Kasten begibt und einen guten Bericht nach Hause bringt. Sehen genügt nicht — man muß eine Weile unter Fremden und mit ihnen leben. Ich weiß aber Anna Siemsen und ihrem Buch kein größeres Kompliment zu machen als das fast Unmögliche von ihr zu fordern. Ja, wenn sie alle so wären wie diese seltene Frau —!

Sind sie aber nicht. Was zum Beispiel die Leiter der Fürsorgeanstalten angeht, so gibt es dort neben Menschen unserer Zeit und Männern mit Herz und Verständnis für die Jugend immer noch alte und junge Majore, die: «Mal ordentlich die Hacken zusammenreißen!» durch den Saal brüllend sich nachher wundern, wenn der Junge vor die Hunde geht. Über diese Fürsorgeanstalten, die ebenso wie die Gefängnisse und Zuchthäuser einer regelmäßigen öffentlichen Kontrolle bedürfen, weil die der Vorgesetzten nie genügt, handelt *‹Jungen in Not›*, Berichte von Fürsorgezöglingen, herausgegeben von Peter Martin Lampel (erschienen bei J. M. Spaeth zu Berlin). Das ist nun leider danebengegangen.

Die Berichte, die zum Teil erschütternd und fast immer sehr aufschlußreich sind, diese Berichte ohne Kommentar und Prüfung zu geben, genügt nicht. Das ist allenfalls ein Stück aus der Wirklichkeit, eine einseitige Reportage – aber nun hätte sich der Herausgeber, der doch unter den Jungen gelebt hat, dahinter setzen müssen, um uns zu sagen, was denn an diesen Beschwerden, diesen Klagen, diesen manchmal aufwühlenden Schreien wahr ist. Werden die Jungen geschlagen? Sicherlich. Von wem? Namen nennen! «Herr Lehrer C....» das ist überhaupt nichts. Welche Anstalten sind besonders schlimm? welche besser? welche gut? Kein Wort. Das Buch ist ein sehr fesselnder erster Teil eines Werkes, das uns fehlt. Als Material brauchbar. Der Text ist mit Bildern des Herausgebers geziert. Was, so sei zu fragen erlaubt, sagte wohl der Betrachter, wenn er ein soziales Werk über die Heimarbeiterinnen vorgelegt bekäme, das mit Bildern von Wennerberg versehen wäre? Damen mit prallen Busen? und gelenkigen Hüften? und blitzenden Schelmenäuglein? Er sagte, daß dem Herrn Zeichner seine Verliebtheit wohl zu gönnen, daß sie aber nicht ganz am Platze sei. Lackierte Not? Man mag das nicht.

Ein Uhr zehn. Die Premieren sind vorbei, und es sind gar keine Premieren gewesen, sondern ‹des générales›, Generalproben; die pariser Kritiker haben ihre Inserate, padong, Kritiken geschrieben; Lieschen ist längst fluchend nach Hause gemacht und hat sich unterwegs, Rache und Spaßes halber, einen Italiener aufgelesen, dessen Haare wie seine Stiefel glänzen, und nun redet er ihr wohl ein Kind in den Bauch; der General hat sich zu Bett begeben und ist um den Panzerkreuzerplan gekommen, unsern täglichen Landesverrat gib uns heute – nun bin ich müde. Sherlock Holmes liegt noch da (bei Hugo Wille in Berlin erschienen) – der gute, alte Holmes! Seit der flinkere Wallace ihn verdrängt hat, führt er nur noch ein gar bescheidenes Leben – und ist doch so nett! Bei Wallace ist das Verbrechen nur ein Präludium, dann gehts erst richtig los, Falltüren klappen, Dynamitpatronen entzünden sich in dicken Zigarren, Autos fliegen in die Luft und entfalten große

Tragflächen besserer Flugzeuge — bei Holmes ist ein Verbrechen begangen, und er klärt es auf und uns mit. Eine trauliche Spannung; man möchte den guten, alten Holmes streicheln — ah, geh doch weg! Was will das gelbe Buch hier? Es ist ‹*List und Leidenschaft*› von Beradt (bei Ernst Rowohlt in Berlin erschienen). Da lerne ich vom Wegsehen, daß die Franzosen nach Tisch ihren Kaffee mit Milch trinken, und das Buch ist nix listig, sondern traurig, und was die Leidenschaft angeht, so bringe ich nicht so viel davon auf, um mich durch diesen Wergballen auf Stelzen hindurchzuwürgen halt die Hand vor wenn du gähnst und so kehren wir denn zu Holmessen zurück, dem guten. Ja, ich mach das Licht gleich aus, bloß noch den Schluß von der Geschichte.

«‹Watson, rufe Scotland Yard an! Wir werden dort nicht ganz unerwartet kommen.› Er ergriff den Telefonhörer, mußte aber zu seiner Überraschung feststellen — —»

SCHWARZ AUF WEISS

Gut geschrieben ist gut gedacht. Der Deutsche ist ein ‹Bruder Innerlich› und entschuldigt gern einen ungepflegten Stil mit der Tiefe des Gemüts, aus der es dumpf heraufkocht ... Gott sieht aufs Herz, sagt er dann. Der Künstler sieht auch auf den Stil.

Seit Nietzsche dem Deutschen wieder eine Prosa gegeben hat, wissen zwar noch lange nicht alle Schriftsteller, was es heißt: «an einer Seite Prosa wie an einer Bildsäule zu arbeiten» — aber viele wissen es. Alfred Polgar zum Beispiel weiß es.

Was ich an diesem Mann neben der untadligen Reinheit der Gesinnung und dem Takt des Herzens so liebe, ist eben, daß er ‹gut schreibt› — das heißt: daß er zu Ende denkt, reinlich denkt, hell und klar denkt, und ein gepflegtes, durch alle Regeln der Grammatik mühelos schlüpfendes Deutsch schreibt. Ich liebe an der Literatur auch das Handwerk, das kein Ziel ist, aber eine Voraussetzung. Dieses Handwerk braucht vielerlei: Lehrzeit, Ruhe, Geduld und Gefühl für die Sprache.

«Alfred Polgar», hat Siegfried Jacobsohn einmal gesagt, «ist ein Kelterer.» Das ist wahr: er keltert den Wein der deutschen Sprache, die schön ist — aber diese Schönheit muß ihr abgerungen werden. Mit Arbeit soll man nicht prahlen — aber man darf sagen, daß es das nur in ganz seltenen Ausnahmefällen gibt: «aus dem Ärmel schütteln». Im Ärmel ist nicht viel: höchstens ein paar Staubfäserchen und Wollflocken ... geschüttelt wird hier nicht: wir wollen arbeiten.

Die Frauen, für die dieses Blatt gemacht ist, werden Polgar noch mehr zu schätzen wissen, als ich es tun kann: er ist, neben vielen andern, ein im allerbesten Sinne homme de lettres à femmes; auch, wenn er gar nicht von den Frauen spricht, fühlt jede sofort: dieser weiß, wie ich bin, versteht mich, streichelt mich, fürchtet mich, liebt mich, ist für mich da. Vor dieser Zartheit kommt sich unsereiner vor wie der rauhe Jäger, der den Hirsch im wilden Forst jagt ...

Und dennoch hab' ich harter Mann
die Liebe auch gefühlt ...

Polgars neuer Auswahlband ‹*Schwarz auf Weiß*› (bei unserm gemeinsamen Verleger Ernst Rowohlt erschienen) enthält Kostbarkeiten über Kostbarkeiten. Und ist gut geschrieben. Ich kenne den Schaffensprozeß Polgars nicht und weiß nicht, ob er im Hirn korrigiert oder auf dem Papier, das soll uns auch nicht kümmern. Eine überwache Aufmerksamkeit verhindert auch den leisesten Schwupper; nie drängeln sich die Worte vor der Hirnpforte des Lesers, sie gleiten hinein, verbeugen sich artig voreinander und sind höflich und glatt wie die Japaner ... Auch hat Polgar den innern Rhythmus der deutschen Prosa begriffen: es gibt stakkatone Stücke; Allegro und Scherzo wechseln miteinander ab, aber meist ist es ein bezauberndes Andante, darin die Spitzen der Ironie einer längst ins Heitere gewandelten Qual und einer nicht immer süßen Erkenntnis auffunkeln. Manchmal rührt sich die Trommel des Scherzes: «Es wäre peinlich, wenn Sie von diesem Abend sagten: Heute war ich zweimal bei einer Vorlesung Polgars: zum ersten- und zum letztenmal.» Von Arne Borg: «Er schwimmt nicht, was zu sagen ja wirklich naheläge: wie ein Fisch. Nein, ein Fisch schlechtweg reicht nicht aus zum Bilde. Er schwimmt wie ein gehetzter Fisch, wie ein Eilfisch, poisson rapide, wie ein aus der Pistole geschossener Fisch.» Paukenschlag: «Tiere, außer man zwingt sie dazu, haben keinen Beruf.» Traum über das traurige Dasein eines Liftpagen — wenn man ihm das ganze Hotel schenkte ...? Sollte man eigentlich ... «wenn auch vielleicht eine seiner ersten Chef-Anordnungen wäre, Personal und Lieferanten die Benützung des Aufzugs zu verbieten.» Dann die bezaubernde Studie über den ‹*Fensterplatz*› — was so der Reisende im Zug denkt, nicht denkt, sanft dahindämmernd in den Wolken der Heniden und oft den Fensterplatz mit einem Gemeinplatz vertauschend. Schau, da pflügt ein Bauer seinen Acker —! «Sinnend blickst du, Stadtmann, dem Landmann nach, der dir sinnend nachblickt.»

Das wahre Kennzeichen eines guten Stils ist seine Gedrungenheit — es kann einer breit schreiben, aber er soll nicht auswalzen — die Kürze ist nicht nur die Würze des Witzes, sie ist die Würze jedes guten Stils. Auch ein Roman von sechshundert Seiten kann kurz sein.

Schneider Polgar, wir arbeiten in derselben Innung — ich habe es nicht leicht, Ihnen eine Liebeserklärung zu machen. Nicht nur, weil Sie mir überlegen sind — wackeln Sie nicht mit der Schere — Sie sind es, und warum soll sich ein Läufer nicht vor Nurmi beugen —? Ich beuge mich. Ich weiß, wie Sie manches nähen, welchen Zwirn Sie verwandt haben, bei wem Sie das Rohmaterial einkaufen ... aber wenn es nachher fertig ist, dann ist es doch unbegreiflich und überraschend, und ich befühle die Nähte und die Knöpfe und den Besatz und frage mich: Wie macht er das –? Manchmal weiß ich es: so, wenn eine winzige Bosheit, scheinbar verkleidet und leise vor sich hinpfeifend, mit den andern Gedanken, als sei gar nichts geschehen, vorbeispaziert ... Von Egon Friedell: «Er raucht lange Pfeife, schwimmt wie ein Meisterschwimmer, liebt die Geselligkeit und das Einschlafen im muntern Kreise ...» Aber in tausend andern Fällen weiß ich nicht, wie Sie nähen.

Ich weiß nur, daß es ‹gut geschrieben› ist. Weil es sauber ist und gesinnungsvoll; voller Eleganz und Charme, weil die Fäden der Arbeit nicht mehr erkennbar sind, und weil Sie der deutschen Sprache nie etwas Böses tun. Sie haben ihr nur viele prächtige Kinder gemacht.

DIE GELDSTRAFE

Die deutschen vorläufig unabsetzbaren Richter werden zu hoch bezahlt; die Gehälter für Richter in Deutschland sind zu niedrig. Aber es dürfte nicht unangebracht sein, sich einmal zu überlegen, was diese Richter, die ein durchschnittliches Jahreseinkommen von acht- bis elftausend Mark haben, so für Geldstrafen verhängen.

Tausend Mark – zweitausend Mark – achthundert Mark – und das meist ohne die leiseste Prüfung, was der Verdonnerte eigentlich verdient. Die Herren haben, seit der Inflation, den Maßstab für den Wert der Strafgelder völlig verloren – sie verknacken drauf los, ohne sich auch nur im leisesten zu überlegen, was sie damit anrichten, auf diese Weise die verhängten Geldstrafen den Freiheitsstrafen auf das angenehmste annähernd.

Daß Leute, die ein Monatsgehalt von hundertundfünfundzwanzig Mark haben, zu zweihundert, zu dreihundert Mark Geldstrafe verurteilt werden, ist nichts Seltenes; die amüsante Wahl zwischen Haft und: «Richter – zahlen!» läßt ja den Objekten der Justiz immer noch die Möglichkeit offen, die Geldstrafe durch die Tätigkeit jenes Körperteils zu ersetzen, der der Themis wirklich würdig ist.

Es wäre aber nicht ganz abwegig, wenn die Justizminister sich einmal die Urteile, die über Geldstrafen ergehen, vorlegen ließen und ihre Beamten darauf aufmerksam machten, daß für die überragende Majorität der arbeitenden Massen hundert Mark etwa vierzehn Tage Arbeit bedeuten und daß kleinere Delikte, die nicht in der reinigenden Atmosphäre der Strafanstalten abgebüßt werden, nicht dazu da sind, die Finanzen der Angeklagten völlig durcheinander zu bringen.

Mit der Verhängung von Geldstrafen wird heute ein sträflicher Unfug getrieben, weil sich kaum einer der Richter überlegt, wie ihn selber solche Geldbuße treffen würde. Wofür werden diese Geldstrafen entrichtet? Für die juristische Belehrung, die der Angeklagte empfangen hat? Für die Erlaubnis, mit beamteten Juristen in Berührung getreten zu sein? Für die Strafverfahren? Dann normiere man die Geldstrafen und setze einen Einheitspreis fest: Eine Mark fünfundneunzig, mit Rabatt.

Meinen es die Richter aber mit der Verhängung der Geldstrafe so ernst wie mit ihren Diskussionen über das eigene Gehalt, dann mögen sie sie in sozialer Weise verhängen und nicht so lotteriemäßig und unüberlegt, wie es heute geschieht.

DIE BEGRÜNDUNG

Vor mir liegt im Namen des Volkes die Begründung zu dem Urteilsspruch gegen George Grosz, angeklagt wegen Gotteslästerung im Jahre 1928 nach Christi Geburt. Landgerichtsdirektor Tölke als Vorsitzender, Landgerichtsrat Krüger als zweiter Richter, zwei Schöffen. Aus den Gründen:

> «Nummer 10. Ein am Kreuz hängender, äußerst abgemagerter Christus ist in der allgemein gebräuchlichen Darstellung abgebildet, jedoch mit folgenden Besonderheiten: Das Gesicht ist durch eine Gasmaske verdeckt. An den Füßen befinden sich Soldatenstiefel, durch die die Kreuzesnägel getrieben sind. Die linke Hand ist nicht ans Kreuz genagelt, sondern hält am erhobenen Unterarm ein Kreuz.
>
> Unterschrift: Maul halten und weiterdienen.
>
> Wenn nach alledem wegen der Bilder 2 und 9 eine Schuldfeststellung nicht getroffen werden konnte, so entbehren diese Zeichnungen doch nicht der Bedeutung für die Frage, wie weit in dem dritten der beanstandeten Bilder, nämlich der Christusdarstellung am Kreuz mit Gasmaske und Soldatenstiefeln, der Tatbestand des § 166 StGB. erfüllt ist. Die Anklage erblickt in dieser Abbildung einen Angriff auf eine Einrichtung der christlichen Kirche, nämlich die Christusverehrung. Daß diese als Einrichtung im Sinne des § 166 StGB. zu werten ist, unterliegt keinem Bedenken (vgl. Olshausen a. a. O. § 166 Anm. 12 RGE. 2, 429). Das Gericht erachtet aber auch als erwiesen, daß hier das Tatbestandsmerkmal einer Beschimpfung durch den Angeklagten Grosz vollendet ist. Das ergibt gerade der Zusammenhang mit den beiden Bildern 2 und 9 und die gesamte Tendenz der als ‹Hintergrund› betitelten Blätter. Denn richtete sich in den beiden vorgenannten Zeichnungen die Satire des Künstlers gegen einzelne Diener der christlichen Kirche

und gegen den Gottesbegriff des ‹heiligen Geistes›, so ist hier in Bild 10 unverkennbar Christus selbst als Träger und Symbol jenes christlichen Glaubens, der bereits in den Zeichnungen 2 und 9 ironisiert wurde, das Angriffsobjekt. Bei der Auslegung des in diesem Bilde und seiner Unterschrift verkörperten Gedankens hat das Gericht nach freier Überzeugung zu entscheiden. Es ist dabei als allgemein gültige Auslegungsregel auch der Grundsatz zu erachten, daß, soweit der Wortlaut einer Gedankenäußerung nicht durchaus eindeutig ist, der Sinn der Äußerung aus den Nebenumständen, insbesondere aus dem Zusammenhang, aus dem Zwecke und dergleichen zu erforschen ist (vgl. dazu die allgemeinen Ausführungen des Urteils des RG. vom 11. 1. 26, abgedr. in der ‹*Jur. Wochenschrift*› 1928, S. 1225 ff.). Bei Anwendung dieses Grundsatzes sieht sich das Gericht nicht in der Lage, der Auslegung zu folgen, die der Angeklagte Grosz seiner Darstellung gegeben hat. Nach der ganzen Anlage der Zeichnung müssen die Worte der Unterschrift ‹Maul halten und weiterdienen› nicht als an Christus gerichtet, sondern als von ihm gesprochen aufgefaßt werden. Die starke Wirkung des Bildes beruht zum großen Teil darauf, daß die Christusfigur allein abgebildet ist, ohne jedes Beiwerk von Personen und sonstigen Requisiten, mit denen der Angeklagte auf den beiden andern Bildern verhältnismäßig verschwenderisch umgeht. Neben der Gasmaske und den Soldatenstiefeln lenkt das erhobene Kreuz in der linken Hand des gekreuzigten Christus die Blicke auf sich, jenes Kreuz als Symbol des Glaubens, das in Bild 2 auf der Nase des Priesters balanciert und im Bild 9 ins Wanken geraten ist. Wären auf dem Bilde noch andre Personen gezeichnet oder wären die Gasmaske und die Soldatenstiefel die einzigen Besonderheiten, so würde die Behauptung des Angeklagten, er habe die ans Kreuz geschlagene Menschheit darstellen wollen, an die jene die Unterschrift bildenden Worte gerichtet wurden, noch eine gewisse Wahrscheinlichkeit für sich haben. Aber gerade die besonders ins Auge fallende Abweichung von der sonstigen Darstellung des gekreuzigten Christus, nämlich das stark und sichtbar gezeichnete Kreuz in der linken Hand, gibt dem Bild die Wirkung, die es nach der Ansicht des Gerichts auf den Beschauer haben muß: Christus, für seine Lehre ans Kreuz geschlagen, hat für die Menschheit im Kriege, mit dessen Symbolen Gasmaske und Kommißstiefel man ihn bekleidet hat, trotz seines eignen Opfers auch nur den Trost und die Worte ‹Maul halten und weiterdienen›. Das Kreuz in seiner Hand gibt der ganzen Darstellung erst das typische; es wirkt in Verbindung mit den Worten der Unterschrift wie ein Ausrufungszeichen, Christus ruft diese Worte im Zeichen des Kreuzes der Menschheit zu. Es erscheint auch unverständlich, welchen Sinn diese Worte, wenn sie an den sterbenden Christus gerichtet würden, haben sollten. Gewiß verkörpert Christus, wie dem Angeklagten geglaubt werden mag, die ans Kreuz geschlagene Unschuld, die allerdings bei Grosz nicht viel Abweichendes von den Begriffen der Beschränktheit oder der Dummheit hat.»

Die Worte «Maul halten und weiterdienen» werden selbstverständlich nicht von dem am Kreuze hängenden Christus gesprochen – wenn überhaupt diese oberlehrerhafte Feststellung von irgendwelchem Werte ist. Denn die Unterschriftsworte brauchen mit Notwendigkeit von gar niemandem gesprochen zu sein – der Zeichner gibt mit diesem Satz die Melodie des Blattes an, ohne daß ein Sprecher vorhanden sein muß. Ist also schon die Suche nach dem Sprechenden jeder gescheiten Kunstdeutung zuwiderlaufend, so ist, nimmt man überhaupt einen Sprechenden an, Christus sicherlich nicht derjenige, der spricht.

Dem steht entgegen, daß er eine Gasmaske trägt, so daß also die Worte «Maul halten und weiterdienen» nur als dumpfes Gemurmel, nicht aber als artikulierte Wörter an das Ohr der Außenwelt zu dringen vermöchten, eine Überlegung, die vom seligen Nicolai stammen könnte, den überrationalistischen juristischen Kunstbetrachtern aber wohl recht sein wird. Es ist aber auch dem Sinn des Bildes widersprechend, wenn angenommen wird, Christus spräche. Die gebeugte, gefesselte, mit einer Gasmaske geknebelte Gestalt ist wohl zu allerletzt berufen, einen Befehl zu erteilen – ihre ganze Haltung drückt genau das Gegenteil aus.

Wenn das Gericht hinzufügt: «Es erscheint unverständlich, welchen Sinn diese Worte, wenn sie an den sterbenden Christus gerichtet würden, haben sollten», so begeht es einen doppelten Denkfehler. Es wird damit zunächst unterstellt, als müßten die Worte entweder von Christus gesprochen oder an ihn gerichtet sein, was falsch ist. Die Worte werden von niemand gesprochen und sind leiblich an niemand gerichtet – kein Mund und keine Ohren sind zu konstruieren. Es ist aber auch falsch, daß die Worte, an Christus gerichtet, keinen Sinn ergäben.

Der Sinn, den sie haben, ergibt sich aus der Tendenz der Bildermappe.

Die Worte sind vom Zeichner hinzugefügt, sie werden über den Christus hinweggesprochen, und zwar zur Menschheit, die in den Krieg getrieben wird – unter dem Zeichen des Kreuzes. Der Staats-Christus, dem auf dem Bild nur noch eine Fahne fehlt, um komplett zu sein, ist aufgerichtet, um die Herde der Gläubigen zur Räson, nämlich zur Staatsräson zu bringen – in seinem Namen wird befohlen: «Maul halten und weiterdienen», und er fällt selbst unter den Befehl. Der Kriegs-Christus, dem sie auf einem französischen Schlachtfeld das Kreuz weggeschossen haben und der nun, flehend, mit erhobenen Armen und mit wenig Dank an preußische Richter, die ihn schützen, über das Gemorde hinwegschrie — dieser Christus ist im Sinne des § 166 von der eignen Kirche geschändet worden.

Das und nur das hat George Grosz gezeichnet und empfunden.

Die «ans Kreuz geschlagene Unschuld, die nicht viel Abweichendes von den Begriffen der Beschränktheit oder der Dummheit hat» — das ist der Staatsbürger, der in den beiderseitigen Kirchen diesseits und jenseits der Grenzen für Mord betete — und man wird das fatale Gefühl nicht los, als sei es den Richtern viel mehr auf die Erhaltung dieser rührend dienenden Unschuld als auf den Schutz einer Kirche angekommen, die sich etwas schämen sollte.

Denn eine Landeskirche, die im Kriege so jämmerlich versagt hat, die die Jugend eines ganzen Landes in das Schlachten hineinsegnete; eine Kirche, die kein Wort gegen den Staatsmord fand, sondern ihn im Gegenteil noch propagierte: eine solche Institution hat allen Anlaß, still zu schweigen, wenn aufgezeigt werden soll, wer hier schändet.

Die Begründung der Richter ist unrichtig, ihr Urteilsspruch beruht auf einem Denkfehler. Sie haben das Bild Nummer 10 falsch gedeutet; und es ist nicht etwa ‹Auffassungssache›, sondern diese richterliche Deutung entbehrt jeden Sinnes. Sie arbeiten nicht einmal in ihrer eignen Domäne sauber, wie es sich gehört.

Die Prätention der Kirche aber, die sich wieder heftig rührt, um durch richterlichen Schutz eine rechtens in die Binsen gegangene Autorität schützen zu lassen, ist fehl am Ort. Sie hat ihr Wort Gottes verraten. Uns kann das gleich sein. Sie ist aber am wenigsten von allen legitimiert, die Heiligkeit ihrer Lehre zu verteidigen, an die kein gesunder, zum Soldatendienst gepreßter Mensch glauben kann, wenn sie ihm nicht in der Jugend das Gehirn verbogen haben. Wir wollen auch keinem der Beteiligten den Gefallen tun, an seine sachlichen Absichten zu glauben.

Die Kirche, die aus den Inquisitionsprozessen die ihr lieb gewordene Übung hat, den armen Sünder den staatlichen Henkern zuzustoßen und selbst im Hintergrund aufdringlich diskret zu beten, wirft die ihr unbequemen politischen Gegner den Richtern vor; die Justiz stürzt sich mit Wonne auf Leute, die sie sowieso als ‹Aufrührer› empfindet. Die Kirche hat nach ihren völlig negativen Leistungen im Kriege kein Recht:

uns ihre Feiertage aufzuzwingen;

unsern Kindern ihre Lehre aufzuzwingen;

sich mit Glockengeläute und Gesetzgebung eine Beachtung zu verschaffen, die ihr nicht zukommt;

sich in allen Bildungsfragen aufzudrängen und in alle Kinderhorte einzudrängen, denn sie repräsentiert nicht das einzige mögliche Weltbild, sondern nur eines, und das noch sehr unvollkommen.

Sie versuche zu überzeugen — sie siege im Zeichen des Kreuzes, nicht im Zeichen des Landgerichtsdirektors. Sie schweige.

Wenn heute in allen Ländern mit Konkordaten und politischen Druckmitteln die katholische Kirche eine gradezu unheilvolle Rolle spielt, so ist das die Schuld ihrer Gegner. Die sind schwach; die haben ein schlechtes Gewissen und getrauen sich nie, klar und laut zuzugeben, daß sie vom Fegefeuer nichts mehr wissen wollen, sie demonstrieren nur leise gegen die Kirchensteuer – und wenn die Germanen, die so viel mit den Juden zu kakeln haben, wirklich wüßten, daß der Vatikan sie so nebenbei, mit der linken, rot behandschuhten Hand, regiert: sie wüßten, wo ihr Feind steht. Aber das haben sie nie gewußt.

Gegen eine solche unzureichende Begründung aber ist zu sagen, daß die Kirche unsre Gefühle verletzt; daß die aggressive Politik der Katholiken in Bayern und anderswo geeignet ist, unser Empfinden zu verletzen. Dieser Schutz der Kirche ist ein Angriff auf uns. Daß Grosz inzwischen einmal freigesprochen wurde, ändert nichts an diesem Hieb gegen die so überschätzte Kirche.

ANONYME BRIEFE

Lieber Rudolf Leonhard!
Ich habe keinen schlechten Schreck bekommen, als das dicke Paket angekommen ist: ein Stück! ich soll ein Stück lesen –! Wenn Sie wüßten, wie das ist ... aber Sie wissen es, denn Sie sind jahrelang Lektor im Verlag der Schmiede gewesen, die Ihre Arbeit nie verdient hat. Die Beschwerlichkeit, zweihundert Schreibmaschinenseiten zu durchackern; die Langeweile; die Schwierigkeit, ein Land fremder Phantasie mit eignen Gedanken zu bevölkern – denn dies allein ist: lesen; die etwas resignierte Geste, mit der man das Ganze zuklappt – und dann der saugende Blick des Autors: wie hat es dir gefallen? wie ist es mit mir? bin ich nicht ein begabtes Kind? die fade Lüge, die man dann sagen muß ... es ist nicht sehr heiter.

Sie haben ein ausgezeichnetes Theaterstück geschrieben, Rudolf Leonhard.

Es heißt *‹Anonyme Briefe›* – und es zeigt, wie eine ganze Stadt unter den Hagelschauer jener kleinen gefalteten Zettel gerät, die, sobald sie der Postbote ins Haus bringt, keine Zettel mehr sind – sondern Briefe. Wie Firmen durch sie ins Wanken geraten; wie Bettgeheimnisse öffentlich werden, den Voyeurs einen kräftigen Sexualschauer nach dem andern über den Rücken jagend und Neid, Neid; wie sich die Spitzen der Gesellschaft weidwund in die Löcher des Privatlebens verkriechen, und wie sich nun endlich – als Krönung des Ganzen – das Gericht mit breitem Hintern auf den Unflat setzt. Der Verteidiger will Karriere machen, der Vorsitzende ersauft im Wust der §§, der Staatsanwalt donnert, die Polizei macht sich mausig – und richtig, ein Angeklagter ist auch noch da. Aber der wird so nebenbei freigesprochen, nachdem sich der Witz der Juristen an ihm geübt hat – und wenn er sich nachher umbringt, so ist dies allenfalls eine Aktennotiz und nicht einmal das. Ein Selbstmord? Z.d.A.

Sie zeigen uns den Schreiber dieser Briefe nicht – wir hören ihn nur; in drei wundervollen, filmischen Szenen hören wir seine Stimme und sehen nur einmal den Schatten seines Kopfes und sehen seine schreibende Hand.

Man wird Ihr Stück mit den ‹*Verbrechern*› vergleichen – aber ich halte es für bedeutend besser; Sie werden vielleicht in den Verdacht kommen, Herr Bruckner zu sein, und ich weiß nicht, ob Sie es sind. Daß aber diese wirbelnde Tragikomödie der ‹*Anonymen Briefe*› viele gute Aufführungen verdient, das weiß ich gewiß, und wenn Sie nach der hundertsten Ihren Freunden ein Abendessen geben, dann schreiben Sie ein weingeflecktes Kärtchen an Ihren Peter Panter

FAMILIENBANDE

Die Familienbande . . . also wir wollen höflich sein.

Was hält die Familie zusammen –? Die gemeinsame Abstammung? Die Stimme des Blutes? Das allein kanns nicht sein.

Wenn Onkel Edgar, der schon als junger Mann nach Madagaskar gegangen ist, weil er sich zu viel auf den Rennplätzen herumgetrieben hat, wieder zurückkommt, dann verkriechen sich die Kinder und sagen zu Mama: «Da ist ein fremder Herr im Salon –!» und auch in den vier Wochen, wo er in der Familie lebt, wird das nichts Rechtes. Da fehlt irgend etwas . . .

Es fehlt die Gemeinsamkeit der kleinen Hauserlebnisse. Und die sind es, die die Familie zu einer kompakten Einheit zusammenschweißen, mit Verlaub zu sagen. Familienmitglieder sind alte Kriegskameraden.

Denn die Vertraulichkeit zwischen den Angehörigen desselben Familienstammes, eine Vertraulichkeit, die dem andern noch die Haut abschält, um zu sehen, was darunter ist, stammt daher, daß alle Beteiligten, Schulter an Schulter und Unterhose an Unterhose den Stürmen des Lebens getrotzt haben.

Der Familienkalender hat seine eigene Einteilung und mit dem gregorianischen wenig zu tun. Das war im Jahre 1921? Nein: «Das war damals, als Tante Frida deine Stehlampe umgeworfen hat!» Vor zwei Jahren –? Nein: «Du weißt doch, Erich kam mit seiner Zensur, und da hat sich Papa noch so aufgeregt . . .» So war das.

Krach eint.

Der Gasometer läuft. Erst tropft er, niemand merkts, dann tropft er stärker, immer noch merkts keiner; dann drippelt er ganz rasch, ein kleiner See steht im Korridor — und nun laufen sie alle zusammen. Der Gasometer ist gar kein Gasometer mehr, sondern Prüfstein der Charaktere, Riff, an dem sich die Wogen der Temperamente brechen, Stein der Weisen und Stein der Dummen; Anlaß, Exposition und das Ding an sich. — «Hundertmal hab ich schon gesagt, ihr sollt besser auf den Gasometer aufpassen!» — «Vorhin, gnä' Frau, wie er noch nicht gelaufen hat, da hat er noch nicht gelaufen — und da hab ich noch nachgesehen — —» — «Bring mal ein Wischtuch her — nein, das nicht — Gott, ist das ein Ochse! — den Scheuerlappen!» — «Mama, wo ist denn mein Schrankschlüssel?» — «Mama, es hat geklingelt!» — «Ich bin kein Ochse!» — «Widersprich nicht immer — !» — «Aua, Edith kneift mich!» — «Gnädige Frau, die Gasrechnung!» — «Der Gasmann soll mal herkommen —!» — «Mama, wo ist denn mein Schrankschlüssel?» — «Hier sehn Sie mal: der Gasometer läuft!» — «Ick bin bloß für die Rechnung — det er looft, det jeht mir jahnischt an!» — «Mama, wo ist denn mein Schrankschlüssel?» — «Emma, wenn Sie noch ein einziges Mal . . .» Krach eint.

Die Einigung wird umso stärker empfunden, je mehr sich die Mitglieder dieses Indianerstammes von einander zu entfernen wünschen. Das machen sie so:

«Papa, guck mal — unser neuer Teppich —!» Papa: «Na, da habt ihr euch ja schön bekauft —!» (Ihr — er gehört nicht dazu.) «Arthur, Tante Rosa kommt heute abend zum Abendbrot — sei pünktlich!» — «Kinder, ihr müßt auch immer die ganze Verwandtschaft einladen. Das wird ja schön langweilig werden bei euch!» — Es ist der letzte schwache Versuch des Individuums, sich als solches zu behaupten — aber er mißlingt immer: denn der Mensch in der Familie ist gar kein Mensch, sondern nur Gruppenteil, Partikel einer Kollektivität und Glied in der Kette, die ihn sanft und unnachgiebig umschlingt. Und das eint.

Daher man denn nicht sagen sollte: Herr X. stammt aus der Familie der Henkeltopfs — sondern man sollte sagen: Er entstammt der Hausgemeinschaft Geisbergstraße 67, Maaßenstraße Nr. 11 und Haberlandstraße 5 — denn es sind nicht die Bande des Blutes, die einen — sondern die Bande des Krachs und der gemeinschaftlichen Erlebnisse.

Daher die grandiose Respektlosigkeit, die Familienmitglieder für einander haben. Kommt ein Fremder hinzu und bewundert die feingeschwungene Nase Gerties; den süßen Brustansatz Lieschens; das Pfeiftalent Fritzchens und den Witz Papas, dann gähnt die Familie und ist höchstens gelangweilt geschmeichelt. Eine Sensation ist das nicht mehr. Wegen des Geruchs im Korridor hat die feingeschwungene Nase Gerties zu oft sich selbst gerümpft; den süßen Brustansatz Lieschens haben sie bis da, Fritz pfeift und soll das nicht, und Papa macht immer dieselben Witze. Man ist kein Held in Unterhosen: vor seinem Kammerdiener nicht und vor der Familie schon gar nicht.

Man liebt sich auseinander, aber man zankt sich zusammen.

Und weil sich gleichnamige Pole abstoßen, so stoßen sich die Pole der Familie so lange ab, bis sie ganz rund geschliffen sind, auseinander können sie nicht, und sie kennen sich viel zu genau, um sich lieben zu können, obgleich jeder von sich behauptet, er sei ein unverstandenes Kind, und die in der Familie hätten auch nicht den Schimmer einer Ahnung, wer da unter ihnen weile — und wenn die Familie nicht wäre, so wäre jeder schon längst Napoleon und Ford und Josephine Baker in einem. Denn wer ist an allem schuld —? Die Familie.

Man kann sich fremde, große Männer und Frauen nur sehr schwer in ihrer Familie vorstellen: für uns schweben sie ewiglich in einer Wolke des Ruhmes und der Gloriole ihrer Werke ... In Wahrheit ist das aber ganz anders.

«Benito!» sagt Frau Mussolini zu Herrn Mussolini; «den Kragen kannst du nicht mehr umbinden — erstens ist er ausgefranst, und zweitens siehst du darin wirklich nicht gut aus. Ich habe mich neulich so über die Fotografie im ‹*New York Herald*› geärgert, ausgerechnet an dem Tag mußt du diesen alten Kragen tragen!» — «Mach mich nicht nervös», sagt der Diktator. «Das ist ein schöner Kragen — eine gute italienische Marke, und das englische Zeug mag ich nicht, das du mir da gekauft hast ... Himmelherrgottdonnerwetter — jetzt ist das Knopfloch geplatzt—!» — «Beenchen ...» — «Porco dio!» sagt Italien und wirft den Kragen wütend auf den Boden; «Madonna! Verfl — —»

Ein guter Familienvater braucht den Krach; es ist wie mit dem Druck der Atmosphäre: ohne den zerplatzte er. Daher sich denn auch Junggesellen mit einer Geliebten zu umgeben pflegen, die ihnen tagtäglich denselben Zimt aufführt. Denn was eint die Familie —?

Blut ist dicker als Wasser; Krach ist dicker als Blut, und stärker als alle drei beide ist die Gewöhnung.

DER LIEBE GOTT IN FRANKREICH

Wie verschieden ist es doch so im menschlichen Leben —!

Bringt in Deutschland jemand die Gedankenvorstellungen der Kirche mit dem Humor in nähern Zusammenhang, dann finden sich nicht nur etliche Domdechanten, sondern noch mehr Richter, die aus einem politischen Diktaturparagraphen — dem § 166 — herausinterpretieren, was man nur wünscht. In Frankreich gibt es doch immerhin dieselbe katholische Kirche (über den Erdkreis hinweg), aber da sieht es nun so aus:

In den ‹Deux Anes› steigt eine der kleinen Revuen, über die wir uns schon manchmal unterhalten haben. Siebentes Bild: ‹*Restaurant zum bekränzten Bürzel*›. Und weil ja in den feinen Hotels die Speisen feierlich dargebracht werden, dort also nicht gegessen, sondern das Essen zelebriert wird, so sehen wir nunmehr ein ganzes Diner auf eine recht absonderliche Weise serviert.

Vor dem Altar der Office steht der Maître d'Hôtel, er macht viele kleine Verbeugungen und ruft mit modulierender Stimme die Speisen aus. «Le Potage de la Vierge Printanière» — und Frauenstimmen aus der Küche respondieren: «. . . printanière —!» die Gäste nehmen keine Abendmahlzeit ein, sondern ein Abendmahl, der zweite Kellner schwenkt den Salatkorb wie eine Räucherpfanne, die Musik spielt Gounod-Bach, und es ist — wie die Prospekte der Beerdigungsinstitute sagen — eine Mahlzeit erster Klasse. Der Ober nennt die Gäste «Nos fidèles», was gleichzeitig treu und gläubig heißt, alles geht sehr schnell, und wenn es vorbei ist, dann singt der Chor der Kellner:

«Avé — avé — avez-vous bien diné?»

Alles lacht und klatscht. In den Zeitungen kein böses Wort. Im Publikum kein fader Jude, dem plötzlich das böse Gewissen schlägt und der pogromängstlich «geschmakkkkklos» murmelt, denn es geht nichts über den Katholizismus gebildet aufgeklärter Juden, kein frommer Abgeordneter, der nun aber neue Gesetze gegen Schmutz und Schund fordert . . . nichts.

Eine andre Rasse, gewiß. Damit ist noch nicht bewiesen, daß es in lateinischen Ländern mit dem Humor anders sei als bei uns, gewiß.

Aber glaubt doch ja nicht, daß es, alle Leichtigkeit des französischen Humors zugegeben, hier immer so gewesen ist. Die Kirche hat das Land einmal beherrscht. Und mit dem Patriotismus könnte man sich die gleiche Szene kaum ausdenken — da gäbe es Krach. Mit der Kirche aber . . .

Die hat eben — trotz allem — in Frankreich zum mindesten nicht die Macht, das öffentliche Leben so zu knebeln, wie sie das lautlos in Deutschland tut, wo alles kuscht, wenn sie bimmelt, und wo kein Mensch auf unsre Empfindungen Rücksicht nimmt, auf uns, deren Gefühle verletzt werden, wenn ein Pfaffe von der Kanzel herunter zum Mord hetzt. «Avez-vous bien diné?» Wenn man die deutsche Zentrumsherrschaft mitansieht, kann man nur sagen: Mahlzeit!

DIE KINDERSTUBE

Ein neues Spiel ist aufgetan —
  das spielen die Kinder so gerne;
sie spielens im Alt und Tenor und Sopran,
  in Berlin und der bayrischen Ferne.
Krise!
  Krise der Intendanz!
und es umschlingt dich ein Höllentanz:

Der Kleiber und der Klemperer,
der Walter und die Kemperer;
der Knappertsbusch und der Richard Strauss,
der Jeßner, der Reinhardt, das Opernhaus –
gestern, morgen und heute –
sehr prominente Leute.

Bleibt Legal? Geht Tietjen? Ist Ziegel bereit?
Wer inszeniert die ‹*Hose*›?
In Deutschland gibt es um diese Zeit
zwei Millionen Arbeitslose.
Krise?
Es wirtschaftet um dich her
der überschätzte Kommissionär:
Der Klemperer und der Kleiberer
und mindere Zeitvertreiberer;
der Walterer und der Doktor Klein –
Gott grüß die Kunst! Eine Krise muß sein!
Gestern, morgen und heute –:
sehr prominente Leute.

Das alles war schon einmal da –
im Märze, im vorigen Märze.
Da tanzte die Elßler den zierlichsten Pas,
und es schäumte die Druckerschwärze.
Der Horizont war lieblich verengt,
das Theater hat alle hübsch abgelenkt . . .
Und heute spielen sie grade so
Biedermeier mit Radio:
Der Kleiber und der Klemperer,
der Walterer und die Kemperer;
der Richard Strauss und der Knappertsbusch –
Und keiner sagt: Kusch! Und keiner sagt: Kusch!
Gestern, heute und morgen –
Gott segne die deutschen Sorgen!
Amen.

AM RANDE DES REICHTUMS

Am Rande des Reichtums, da, wo er über die immer mehr und mehr verschwindende Bürgerlichkeit in die Unversorgtheit übergeht, wohnt ein merkwürdiger Stamm. Da wohnen die Affen der reichen Leute.

Es wohnen dort jene Balzac-Figuren, die es auf der ganzen Erde gibt —: sie leben mit den Reichen, ein bißchen von den Reichen, unter den Reichen — aber sie selbst sind nicht reich. Niemand weiß ganz genau, wovon sie eigentlich leben; die Armen halten sie für reich, die Reichen für unbemittelt, sie selbst wissen nicht, was sie sind. Sie wissen nur, immer wieder, eines Morgens: «Es muß etwas geschehen. Noch diese Woche brauchen wir Geld.» Dann geschieht etwas.

Dann macht sich die Wanze des Reichtums auf und entriert, mit der Miene des Reichen, halb gesellschaftlich, scheinbar zum Privatvergnügen, ein Geschäft. Es ist mehr eine schlendernde, eine atemlos schlendernde Tätigkeit, bei der zufällig, wie ein Spielgewinn — etwas abfällt: eine Provision, ein Verdienst, ein Plus . . . sie warten so darauf und streichen es nachher lässig ein und, wenn sie klug sind, langsam. Diese Art von Geschäften wird mit den Mitteln der Reichen gemacht, mit entliehenen Mitteln und Formen, mit deren Sprache, Auftreten, Gesten und feinen Manieren. Dahinter grinsen der Hunger, die Demütigung, die Angst.

Sie wohnen am Rande des Reichtums und haben ihren Brot- und Kuchengebern genau abgesehen, wie die es machen. Sie wohnen in denselben Hotels und wissen nicht immer, wovon sie die nächste Rechnung bezahlen werden; sie spielen dieselben Spiele wie die Reichen, treiben dieselben kleinen Golfbälle wie jene vor sich hin, schlafen mit denselben Frauen und borgen dieselben Banken an . . . Sie selbst sind nicht reich. Aber sie spielen ‹reich› — sie wissen viel genauer als die wirklich Reichen, welche Krawatte unmöglich ist und welchen Maler man gerade trägt; worüber man noch lacht und worüber schon wieder; wo man im Februar zu sein hat und wo im Mai — sie sind erbarmungslos mondän . . .

Die reichen Leute lassens hingehn. Sie zahlen, bewußt wenigstens, nicht viel dazu — niemand ist ja so geizig wie die reichen Leute. Wir andern bringens zu nichts, weil wir das Geld nicht so hitzig lieben, und das Geld kommt nur zu dem, der es sich noch im Schlaf erstöhnt. Die reichen Leute lassen die am Rande des Reichtums gewähren — sie sind nett mit ihnen, solange sie nicht angeborgt werden, solange der Schwindel nicht beim Tee aufknallt, solange man die Fiktion aufrechterhalten kann: auch jene gehörten dazu. «Kommen Sie nach Venedig, dieses Jahr —?» Kommt er nicht, wird man ihn kaum vermissen; kommt er, wird er stürmisch begrüßt, mit jener Überschwenglichkeit, die kein Herz hat. «Nein! Sie auch hier —?»

Es wimmelt am Rande des Reichtums von solchen, die mit Härte heruntersehen, die Stufen hinunter, die sie gleich, um Gottes willen, hinunterfallen können, und dann wäre alles aus. Aber noch stehen sie oben. Noch gehen sie hinter den Reichen her, wie die Suite eines Generals, der die Front abschreitet — die Angehörigen des Stabes sind so froh, nicht in der Front stehen zu müssen, und sie machen alle ein hochmütiges Gesicht... Noch sind sie da und verachten maßlos ihre wahren Genossen der gleichen Steuerstufe, verkleidete Habenichtse... «Wie macht der Mann das bloß —?» Allgemeines Achselzucken. Solange er nichts von uns will... Ein bißchen viel eingeladen ist er, das ist wahr — auf seinen Reisen genießt er allerhand dunkle Vergünstigungen von Dampfergesellschaften, er gibt sich als Korrespondent aus, kennt — natürlich — den Direktor des Reisebüros, nimmt Ermäßigungen an, als erweise er dem andern noch eine Gefälligkeit... wie macht er es bloß —?

Wie macht sie es bloß —? Frauen sind in diesem Grenzbezirk des Reichtums häufig; nicht einmal Hochstaplerinnen, nicht bezahlte Frauen, so ist die Farbe ihrer Kostüme nicht; diese Farbe ist gestreift, changeant, schillernd... Sie vermitteln Ankäufe von Bildern und schmarotzen im Kunsthandel, welch Pleonasmus! — sie haben die Finger in mancherlei Autogeschäften und Buchsubskriptionen — sie sind immer sehr hübsch angezogen, kopiert das Modell, kopiert die Umgangsformen, kopiert ein Leben... wie macht die Frau das bloß —? Allgemeines Achselzucken.

Das hats immer gegeben. Gesellschaftliche Übergänge sind niemals scharf — die Grenzen sind verwischt, es gibt zwischen Arm und Reich, zwischen Groß- und Klein-Bourgeoisie immer ein ‹Niemandsland›, einen Korridor, bitter umkämpft, eine Grenzmark, die noch immer nicht und nicht mehr ist... gewöhnlich haben solche Grenzbewohner die schlechten Eigenschaften der beiden Volksstämme, zwischen denen sie wohnen. Diese hier, am Rande des Reichtums, sind hungrig wie die Armen und stolz wie die Reichen; skrupellos wie die, die nichts zu verlieren haben, und frech-gesättigt wie die, die nie hungerten — noch nicht und nicht mehr. Manche fallen endgültig herunter, wohin sie gehören — in die kleine Dreizimmerwohnung, an die sie sich nie mehr gewöhnen werden; manche fassen Fuß und bleiben oben und haben alles vergessen: Vater und Mutter und Herkunft und Mittel des Aufstiegs. «Man legt doch zum Lunch kein Bettlaken auf den Tisch...» Es sind sehr feine Leute.

Der Rest wimmelt zwischen den beiden Lagern. Viele Männer, noch mehr Frauen, lebend von den Prozenten, so von des Reichen Tische fallen, mit sehr viel Snobismus und einem noch größeren Debet auf dem Konto des befreundeten Bankiers — sind viel zu klug, um bei Lektüre dieses Artikels zu erkennen zu geben, daß sie sich getroffen fühlen.

IST ES DENN NUN WIRKLICH WAHR, WAS MAN HAT VERNOMMEN –

daß sich die feindlichen Hauptquartiere im Kriege auf gegenseitige Vereinbarung geschont haben? Es galt nicht als fair, die Oberste Heeresleitung und das GQG mit Fliegerbomben zu belegen – das war gegen die Spielregeln.

Wenn das wahr ist, dann haben wir hier einen der zahllosen Beweise dafür, daß für die Militärkaste der Krieg Selbstzweck ist. Herr von Seeckt hat einmal in einem Vortrag auch uns Pazifisten einiges erzählt – neu war es nicht, gescheit war es nicht, richtig war es nicht. Nur die braven Demozeitungen fielen auf ihn herein, weil ihre Redakteure nicht reiten können. Seeckt ließ wieder erkennen, wie sich jeder Mensch eine Welt zu formen versucht, in der er den Mittelpunkt abgibt, daher denn ein Weltbild niemals etwas andres aufzeigt als die Beschaffenheit des Apostels. Seeckt braucht den Krieg – in ihm liegen seine Fähigkeiten. Wir wollen den Frieden – in ihm liegen die unsern.

Die Schonung des feindlichen Hauptquartiers wird von den Kriegshetzern sicherlich als Ritterlichkeit ausgelegt; sie war aber grade von deren Standpunkt aus Landesverrat und persönliche Feigheit der Generalstabsoffiziere auf beiden Seiten. Der Krieg: das ist für sie so etwas wie ein blutiges Schachspiel gewesen; man wirft nicht das Brett um, man zieht. Um ungestörter ihre Mannschaften in einen Tod zu schicken, den sie niemals gekostet haben, erklärten sie ihre Blutzentren für tabu. Das ist nicht nur im nationalen Sinne ein Verbrechen, wie gleichgültig könnte uns das sein! Es ist eine hundsgemeine inkonsequente Konsequenz von Anschauungen, die immer und unter allen Umständen als verbrecherisch anzusehen sind. Einbrecher, die ihr Werkzeug nicht rosten lassen wollen.

Wir wollen es ihnen schartig machen, wo wir nur können.

DIE FRAU MIT DEN FÄHNCHEN

In einem großen Kaufhaus zu Stockholm sitzt eine charmante Dolmetscherin, eine ältere Dame, sie spricht das Deutsch mit jenem singenden, leicht schleifenden Akzent der Balten ... Und plaudert englisch und französisch und russisch und hat demgemäß auf ihrem Kleid eine ganze kleine Galerie von Emaillefähnchen stecken: eine französische Fahne und eine englische und eine schwarz-weiß-rote, also keine deutsche ... Ich frage. «Ja –» sagt die Dame ...

«Ja, ich bin aus der guten, alten Zeit – ich trage noch die Fahne, die Deutschland geführt hat, als mein Mann da herüberkam ... sehen

Sie, mit den Fahnen, das ist nicht einfach.» Das ist nicht einfach, sage ich. «Da ist zum Beispiel die russische», sagt die Dolmetscherin. «Die alte kaiserliche Zarenfahne kann ich nicht führen – denn es verkehren hier die Mitglieder der Sowjet-Botschaft. Nun, und eine rote Fahne mag ich nicht tragen – ja.» Es ist nicht einfach mit den Fahnen.

Denn was soll ich nun tun? Der Frau klarmachen, daß die einzig wahre Fahne Deutschlands die der Republik sei: schwarz-rot-gold? Das ist leider nicht ganz richtig. Was soll ich tun? Für die Republik kämpfen? Für welche? Für diese da –?

Die will das ja offenbar gar nicht. Die deckt ja ihre Anhänger nicht einmal. Sie wagt es ja nicht. Sie traut sich nicht, ihre Richter hinauszuwerfen, die sich offen über sie lustig machen, weil sie wissen, daß ihnen nichts geschehen kann, denn wir haben die Unabhängigkeit der Arbeit vom Verdienst – ja, was hätte ich tun sollen?

Der Frau sagen: «Dies ist nicht mehr die Flagge meiner Heimat? Diese Flagge gibt es nicht mehr, so wie es die dahinter flatternde Gesinnung nicht mehr gibt – wir haben uns gewandelt, weil wir gelernt haben?» Das soll ich sagen? Das wäre gelogen.

Sie haben sich gewandelt, aber sie sind dieselben geblieben. Die Form haben sie gewechselt – kaum mehr. Die Armee, ohne deren Wespentaille kein besserer Deutscher denkbar gewesen ist ... heute sind die Störenfriede, die unerwünschten Elemente, die Industriearbeiter und die paar Intellektuellen aus der Armee heraus, und Herren und Bauernknechte sind unter sich –: sie rüsten für den nächsten Frieden. Die Richter – das muß man gesehen haben. Die Beamten mehren sich wie die Sandflöhe am Meer – was soll ich hier verteidigen ...?

Vielleicht jene Republik, die ihr im Munde führt und deren Embleme nun überhaupt nichts mehr bedeuten? Was heißt denn das: «Ich bin Republikaner!» Damit kann man vielleicht einen amerikanischen Wahlkampf machen, eine jener Volksvergnügungen, an die kaum noch die Unbeteiligten glauben, ein Jahrmarktsfest der Politik!

‹Republikanisch› – das heißt allein noch gar nichts. Portugal ist eine Republik, und die Vereinigten Staaten von Amerika sind eine, und Sowjet-Rußland ist eine, und Deutschland auch – ‹republikanisch› ist heute so wenig ein politisches Programm wie der Monarchismus noch eines ist. Das ist vorbei. Zeige mir deine Wirtschaftsform, und ich werde dir sagen, wer du bist – die fliegenbeschmutzten Bilder in den Stuben deiner lebenslänglichen Angestellten interessieren keinen Kenner.

Wißt ihr ganz genau und bestimmt, wodurch sich eigentlich Reichsbanner und Jungdo unterscheiden? Höchstens doch durch den Grad ihrer Energie: der redseligen Schlappheit von links steht der zielbewußte Kleinkampf von rechts gegenüber, der im Boykott ein wirksames Mittel sieht — die Weltpolitik dieser politischen Heilsarmee endet gewöhnlich in einem Stammtischcoup ... Was soll ich der Frau sagen —? Daß es zwei Deutschlands gebe — — liebe Frau!

Ich habe ihr gar nichts gesagt, denn man hat mich schließlich nicht ausgeschickt, um ‹Kulturpropaganda› zu machen; das mögen die Botschaften tun, die Hosen voller Taktik und die Dächer voller schwarz-weiß-roter Fahnen — was geht uns das noch an! Ich habe der Dolmetscherin nichts gesagt. Nicht einmal, daß es niedlich ist, wie sie Rußland ignorieren möchte, einem nicht unähnlich, der nicht an Eisenbahnen glaubt — ich habe ihr nichts gesagt.

Denn ich hätte ihr die Wahrheit sagen müssen, und die geht sie nichts an; ein Kaufhaus ist keine Volksversammlung. Die Wahrheit, daß es unsereinem ziemlich gleich sein kann, wer von diesen beiden die Oberhand gewinnt: der ohne Visier oder der mit Visier, der kostümierte oder der in Zivil, der offene oder der versteckte, der Herr der Untertanen oder der freigelassene Untertan, der eine oder der andre. Die Entwicklung wird über beide hinweggehen, und bestimmt nicht durch die sanft liberale Mitte.

Dies, im Jahre 1945 nachgelesen, wird sehr wahr sein.

DIE WEISSE MIT'M SCHUSS

Das war in den ersten vierzehn Tagen in Paris — da verlangte ich in einem für mich viel zu feinen Lokal einen ‹Claquesin›. Ich hätte das nicht tun sollen. Der Claquesin ist ein Apéritif, der etwa schmeckt wie flüssige Teerseife, einen Schuß pikanter. Der Kellner sah mich väterlich-strafend an, ein bei französischen Kellnern nicht alltägliches Vorkommnis. «Pas de goudron», sagte er; wir haben keine Teergetränke, ich trank artig eine Zitronensache, und alles war gut.

Nun ist der ‹Claquesin› nicht gerade das Leib- und Magengetränk der Pariser. Aber haben Sie einmal in einem feinen berliner Lokal eine Weiße mit'm Schuß bestellt —? Das wäre beinah so mutig, wie wenn wir beim Friseur durchzusetzen versuchten, er solle uns die Haare so schneiden, wie wir es wollen ... das gibts nicht. Und in einem feinen berliner Lokal gibt es keine Weiße. Warum eigentlich nicht?

Die Berliner Weiße ist so recht das Getränk dieser Stadt, und zwar im allerbesten Sinne: angenehm säuerlich, erfrischend, die aufgepappte Süße des Himbeersaftes paßt nicht recht dazu, färbt die Sache aber angenehm rot — warum in aller Welt verleugnet Berlin sich selbst?

Aus Abscheu gegen den Alkohol? Das sind doch Sprüche; so vernünftig es ist, im Sommer keinen Alkohol zu trinken, hier liegt nicht der wahre Grund. Der wahre Grund ist: die Weiße gilt nicht als fein; vielleicht ist sie es auch nicht, aus Silberbechern kann man sie nicht trinken, auch hat sie für empfindliche Mägen eine laute Folgeerscheinung, die ... pardong.

Jedoch müssen wir amerikanische Trinkstuben haben und ungarische Weinzimmer — aber Berlin verleugnet sich. Es ist sich nicht fein genug.

Nur einmal — so um den Februar herum — bindet sich der Kammergerichts-Referendar einen roten Schlips um, setzt sich eine alte Reisemütze auf und geht auf den Zille-Ball. Berlin ist nie unberlinischer, als wenn es berlinisch sein will. Das ist sehr schade.

Diese Kolonialstadt hat ein bißchen viel Österreich in sich aufgesogen und Prag, allerhand Landsleute aus dem Reiche, die ihm erzählen, wie es sich aufzuführen habe. So wird die Luft sachte verfälscht. Und wenn auch die Berliner Weiße nun grade kein Kulturobjekt ist, so ist sie doch die schöne Allegorie einer Stadt, die sich so selten zu sich selber traut. In Jahrhunderten hat der Deutsche immer nach dem Fremden geschielt und es als ‹fein› empfunden — nur weil es das Fremde ist. Na, wir brauchen uns wohl nicht zu erzählen, daß wir keine Chauvins sind ... aber warum ist eigentlich der Begriff Berlin für so viele Menschen immer nur ein Ding dritter Klasse?

‹Wie› New York wollen sie sein. Und ‹wie› Paris. Und wie ich weiß nicht was alles — statt erst einmal sie selber zu sein, wobei eine Menge zu gewinnen und wenig zu verlieren wäre. So ist die gute alte berliner Familie vor die Hunde gegangen, genau wie so vieles andere, weil die Herren keine Zeit mehr gehabt haben — jede Überlieferung aber will Zeit und Muße und Geduld. Es ist merkwürdig: diese große Stadt hat viel weniger Ausdrucksmöglichkeiten ihrer selbst, als man annehmen sollte. Ihr Ausdruck wird verfälscht.

‹Von Stadt wegen› ist überhaupt nichts zu spüren. Man muß sehen, wobei sich die Stadt vertreten läßt und von wem — es ist beschämend. Wenn sie irgendeine Summe «zur Förderung der schönen Künste» auswerfen, hat man immer das Gefühl, als habe sie jemand nach vorn gestulpst — sie wollen das eigentlich gar nicht. Für das Echte, das wirklich Berlinische, hat die Stadt wenig oder gar keinen Sinn. Was tut Berlin für unsern Vater Zille? Der eben erwähnte Kammergerichts-Referendar gibt ihm auf diesen dummen Bällen zu verdienen — und ich will gewiß für den großen Zeichner nicht betteln gehn — aber ist es zu glauben, daß die Stadt für diesen Mann, der die reinste Inkarnation Berlins verkörpert, nichts, aber auch nicht das leiseste, tut?

Was in Berlin wirklich berlinisch ist, ist kaum gekannt, und wenn es bekannt ist, wird es mit einem leisen Lächeln der Überlegenheit abgetan, weil wir doch gerade von der Riviera kommen ... Wie unsicher ist das alles, wie ewig unfertig! Wie flau! Berlin liegt nicht an der Spree; es liegt am laufenden Band.

Die Stadt traut sich nicht zu sich selbst. Was da östlich vom Spittelmarkt liegt, ist dem Westen, der der Stadt den literarischen Ausdruck gibt, terra incognita, und bei denen, die den Begriff Berlin berufsmäßig darstellen, überwiegt auch noch der Nichtberliner in so starkem Maße, daß kein echtes Bild entstehen kann. Der Pariser bekennt sich zu Paris, der Londoner zu London — nur der Berliner rückt ab von seiner Stadt, weil sie ihm nicht fein genug ist, und er ist viel, viel weniger Berliner, als der Provinzler, der ihn bekämpft, ahnt.

Ick wer da sahrn: die markieren Weltstadt, det is ja janz scheen, is ja ooch ne jroße Stadt, ja doch — aber wat so richtig Berlin is, weißte, diß, wo ein warm wird, wenn man schon von hört, diß, wovon wir jesprochen ham, wie wir inn Untastand von zu Hause assehlt ham — da heerste nischt von. Wie oft ham wir inn Kriech jesacht: Mensch, noch einmal ne richtige Berliner Weiße, so eine, wot dir nachher in de Neese kribbelt, bis daß du kannst richtig aufstoßen . . . Frach mah den Obabürjermeesta Boess — 'ck jloobe, der hat noch nie in sein Lehm ne orntliche Berliner Weiße ausn richtijen Jlas jetrunken — na, denn Prost —!

GUTER NEURATH IST TEUER

Ssiss kaum zu gloom:
Da haben wir einen in Rom,
aus ziemlich echtem Adelsmark,
kriegt pro Tag 500 Mark —
macht im Monat 15 000 —
(dafür kann man schon mal).
Drum fragen wir brausend,
daß es bis in die Wilhelmstraße schallt:
Was tut der Mann für sein Gehalt —?

Wenn die Republik Geburtstag hat —:
ist er nicht zu Hause;
besucht Gerhart Hauptmann die ewige Stadt —:
ist er nicht zu Hause.
Unter den völkischen Belangen
liebt er Artur Dintern.
Kommt der Emil Ludwig gegangen —:
zeigt er ihm den Hintern.
Diese Aussicht lohnt sicher den Aufenthalt —
aber was tut der Mann für sein Gehalt —?

Laßt ihn ruhn.
Der tut, was sie alle tun:
Er nimmt das Geld von seinem Land
und spuckt dem Geber auf die Hand.
Gut leben. Mit Cliquen intrigieren.
Die Republikaner sabotieren.
Auf den Arbeiter pfeifen. Zum Rennen gehn.
Die Welt durch ein Monokel sehn.
Uns überall schaden, daß es so knallt —:
das tut jener für sein Gehalt.

Merke, zum Schlusse des Gedichts —:
Uns kostet das viel.
Ihn kostet das nichts.

DIE ANHÄNGEWAGEN

> Ich sage: «Sagen Sie mal», sage ich, «was schreiben Sie denn jetzt so —?» «I», sagt er, «wir schreiben doch heute nicht mehr», sagt er. «Wo die andern schon alles geschrieben haben — wozu sollen wir noch mal —?»

Es ist Bert Brecht nachgewiesen worden, daß er bei einer Übertragung aus dem Französischen einen Übersetzer bestohlen hat. Er hat darauf geantwortet: das beruhe auf seiner grundsätzlichen Laxheit in Fragen des geistigen Eigentums. Das soll sehr rebellisch klingen — es ist aber nur dumm.

Brecht, der es nicht nötig hat zu stehlen, weiß natürlich genau, daß auch andre so lax sein könnten wie er; wenn ihm ferner heute etwa bewiesen würde, daß seine schönsten Gedichte nicht von ihm, sondern von dem Gelegenheitsdichter Ewald Bornhacke aus der Großen Frankfurter Allee stammten, so wäre es aus mit der Laxheit. Es scheint da auf die Quantität anzukommen: als kleinen Entschuldigungsgrund führt Brecht an, er habe von 625 Versen nur 25 von Herrn Ammer übernommen, wobei denn zu fragen wäre, wo die Kriminalität anfängt.

Brecht ist ein großes lyrisches Talent. Daneben ist er ein Schludrian, der sich mächtig amerikanisch vorkommt, wenn er die Unbildung seiner Kritiker dazu benutzt, um Geld zu machen. Ermöglicht wird ihm das durch die Überschätzung der Nachdichterei.

Wenn die Bäume alt werden, schlingt sich Efeu um die Äste. In besonders schlimmen Fällen sind es Moos oder andre Parasiten, die Saft und Kraft aus den alten Bäumen ziehen – ohne sie vergingen die Schmarotzer. Die halbe Literatur ‹bearbeitet›, ‹überträgt›, ‹richtet ein› – es gibt da eine schöne Terminologie, um die eigne Einfallslosigkeit zu übertünchen. Wenn man das so alles mit ansieht, kommt man sich reichlich töricht vor, daß man sich seinen Kram noch allein ausdenkt. «Die andern haben schon – wozu sollen wir noch mal?»

Die Technik dieser Nachfühler ist, in den guten Fällen, unmerklich raffiniert. Sie kriechen in das Vorbild, saugen es ganz auf und schmücken sich mit fremder Kraft.

Das fängt bei den Biographien an. Der Biograph läßt fremde Muskeln schwellen. Und wenn er eine Weile damit herumgelaufen ist, dann macht er uns glauben, es seien seine eignen. Er beginnt, uns den großen Mann verständlich zu machen, was meistens auf Konto des Beschriebenen vor sich geht, und zum Schluß verwechselt der eingeschläferte Leser den Beschriebenen und den Beschreibenden. Damit es keine Mißverständnisse gibt: ich finde diesen Trick nicht in den Ludwigschen Biographien, aber in sehr vielen andern, besonders bei Stefan Zweig. Es ist da eine Schwäche, die sich als Stärke gibt, jener nicht unähnlich, mit der unfähige Dramatiker ihren Helden einen genialen Maler sein lassen; sie habens dann leichter. Aber dieser Fall ist noch harmlos gegen die Bearbeiter.

Es ist bei der Bearbeitung eines alten Stücks sehr schwer zu kontrollieren, was vom Verfasser und was vom Bearbeiter stammt. Der Fall Shakespeare gehört nicht hierher; erstens waren damals die Auffassungen vom geistigen Eigentum nicht lax, sondern kaum ausgebildet, und zweitens hat der nun wirklich die alten Stoffe nur zum Anlaß genommen.

Bei den Heutigen ist es Faulheit, Phantasielosigkeit, Wichtigtuerei und Abwälzung der Verantwortung auf einen, der sich nicht mehr wehren kann. «Was gut ist, stammt natürlich von mir – den Rest mußte ich übernehmen.»

Die maßlose Überschätzung einer solchen Arbeit wie des Zweigschen *‹Volpone›* beruht auf der Unkenntnis alter Literatur und auf jener Halbbildung, die sich nicht getraut zu kritisieren ... sie hat auch kaum noch ein Recht dazu. Diese Dünnblütler zecken sich an die alte, verschollene Kraft, vielleicht bearbeiten sie wirklich ganz gut – aber sie sollen sich doch erst einmal hinsetzen und selber so etwas erfinden! Sie können es nicht.

Ein Film nach einem Stück; ein Stück nach einem Roman; ein Roman nach einer Biographie ... der jämmerliche Lauf immer hinter der Konjunktur her verdirbt die Besten. Was Remarque kann, kann ich auch – und nun kommen sie alle gelaufen. Und weil man so schnell nicht dichten kann, wie die Verleger und Theaterdirektoren telefonieren, deshalb machen sie sich das Leben angenehm und dichten nach. Anhängewagen.

Brecht hat bereits seinen Fall Rimbaud hinter sich, wo die Sache ähnlich lag. Ich bin kein Plagiatschnüffler; ich weiß, wie halb verwehte Klänge haften, wie einem Erinnerungen aufsitzen, wie man unbewußt plagiieren kann, aber weil ich es weiß, passe ich auf. Zu denken, daß sich unsereiner quält, wegläßt, weil vielleicht diese Zeile zu sehr an eine von Mehring erinnert ... ich habe den größten Respekt vor geistigem Eigentum und eine ebenso große Verachtung für literarische Einbrecher.

Wir sollten der Verschmutzung unsrer Literatur vorbeugen. Wenn Bert Brecht die Pose des literarischen Diebs annimmt, so muß er sich gefallen lassen, daß man ihn danach bewertet und bei jedem seiner nächsten Verse fragt: «Von wem ist das?» Es ist im tiefsten unehrlich, was er da treibt.

Auf den ersten Theaterzetteln der ‹*Dreigroschenoper*› hieß es noch, ganz hinten, da, wo Inszenierung und Dekoration standen: «Bearbeitung: Brecht.» Das war ein bißchen kokett, mochte aber angehen. Schließlich ist das Stück ja nicht von ihm. Das war, als man noch nicht wußte, ob es ein Erfolg werden würde.

Nun, da das alte englische Stück, aufgeputzt mit Versen, die gleichfalls nicht alle von Brecht stammen, ein Erfolg geworden ist, hat er die Kühnheit, ein Heft herauszugeben, auf dem zu lesen steht: «Brecht, ‹*Die Songs der Dreigroschen-Oper*›». Auch diese sind nicht alle von ihm. Es ist mehr als eine Kühnheit — es ist eine literarische Lüge.

«Verfolgt das Unrecht nicht zu sehr. In Bälde erfriert es schon von selbst ...» Das wollen wir hoffen. Und langsam wieder die alte Bezeichnung einführen, die um 1890 Mode war: «Originalroman von ...»

Lasset uns in Zukunft Dichter loben, die sich ihr Werk allein schreiben.

DER § 45

der «Grundsätze für den Vollzug von Freiheitsstrafen» besagt:

«Gefangene, von denen ein schädlicher Einfluß auf Mitgefangene zu befürchten ist, sind nach Möglichkeit in Einzelhaft oder in Zellenhaft zu halten. Gefangene, die ihre Mitgefangenen erheblich belästigen, sind aus der Gemeinschaftshaft bei Nacht nach Möglichkeit fernzuhalten.»

Worauf es im § 46 leider heißt:

«Angehörige der Wehrmacht sind nach Möglichkeit in Einzelhaft oder in Zellenhaft oder doch getrennt von andern Gefangenen unterzubringen.» Hier stutzt der Fachmann.

Steht zu befürchten, daß der Wehrmann von seinen mörderlichen

Mitgefangenen in der Gemeinschaftshaft ungünstig könnte beeinflußt werden? Stecken sie ihn an –? Oder besteht die berechtigte Sorge, daß jener die Räuber nun auch noch zur Tötung von Menschen anreizen könnte? Steckt er sie an? Es ist gar nicht einfach im menschlichen Leben.

Immerhin ist diese Sorge für Angehörige der Wehrmacht rührend; die Kirche zum Beispiel genießt solches Vorrecht nicht, und wenn etwa ein Kaplan wegen Schändung seiner Beichtkinder ins Zuchthaus kommt, so steht nirgends geschrieben, daß er gesondert unterzubringen sei. Angehörige der Wehrmacht, scheints, müssen in allen Fällen bei Gold und Silber aufbewahrt werden – noch im Zuchthauskittel ist der ehemalige Soldat etwas höchst Zerbrechliches.

Es ist immerhin verwunderlich, daß bei dem ausgeprägten Gruppengeist dieses Volkes die andern Berufe und Stände nicht eine ähnliche Vergünstigung für sich beanspruchen, wie sie hier dem Soldaten dargeboten wird. Der Angehörige der Wehrmacht gehört in die Einzelhaft. Und die Technischen Nothelfer? Und die Juristen – Gerichtsvollzieher und Rechtsvollzieher – die gucken in den Mond? Das ist ein schweres Unrecht.

Immerhin wissen wir jetzt, warum die Angehörigen der schwimmenden und über den außerordentlichen Etat laufenden Wehrmacht sittlich so rein sind. Sie haben nie mit Gewohnheitsverbrechern in einer Zelle gesessen.

So unverdorben wie die bin ich noch alle Tage. Gehe ich nach Tegel, so will ich erbitten, daß man mich mit einem Angehörigen der Wehrmacht in eine Zelle lege. Für den Mann kann ich nicht garantieren. Aber ich will euch wieder herauskommen, derart vorn beziehungsweise hinten sittlich geläutert, daß es ein helles Vergnügen sein wird und meiner Einstellung in den höhern Justizdienst, etwa als Justizwachtmeister, demnach nichts mehr im Wege steht.

PROVINZ

Wenn man eine Weile durch die Provinz trudelt, gerinnen bald die äußern Eindrücke zu einem bunten Knäuel, dessen Fäden immer wiederkommen: immer wieder ein Bahnhof, der aussieht wie eine gewaltige Stahlfabrik oder eine riesige Festung aus Stein; die Franzosen, deren Bahnhöfe Örtlichkeiten sind, die sie rasch durchschreiten, können sich gar nicht darüber beruhigen, was die Deutschen mit ihren Bahnhöfen treiben ... aber da sind sie nicht ganz im Recht – zu tadeln ist nur, was auf den deutschen Bahnhöfen fehlt: nämlich eine Apotheke und ein Postamt und ein Geschäft, das kleine Reparaturen an Koffern ausführt ... weil wir sonst keine Sorgen haben. Immer wieder

der große Bahnhof also, dann ein Hotel mit kleinen Fehlern, auf die offenbar alle Mitglieder des Reichsverbandes Deutscher Hoteliers vereidigt sind: kein Schuhlappen, Waschschüssel unpraktisch, Bidet vacat, wenn nicht Badezimmer, dann große Preisfrage: Wo tut man sich die Beine waschen? – und so fort. Vom Nebenlärm zu schweigen – darin sind sie unbelehrbar; zum Nebenzimmer muß eine Tür führen, die nur selten eine Doppeltür ist, so daß wir mit der Schreiberin eines Zeitungsbriefkastens seufzen dürfen: «Die alleinstehende Frau des gebildeten Mittelstandes begibt sich doch nicht auf Reisen, um die heimischen Geräusche eines zähneputzenden Mannes zu hören.» Bravo! Und wenn du dir morgens unweigerlich, in allen Städten ohne Ausnahme, die Finger am zu heißen Griff der Teekanne verbrannt hast, begibst du dich in das brausende Leben der deutschen Provinz.

Also so schlimm ist es nun nicht. Nämlich so schlimm, wie es die Kritischen unter den Provinzlern selber machen. Der Reisende aus der großen Stadt begegnet einer leisen Bewunderung, die sich oft dahin begibt, woher sie kommt: nämlich in das Neidgefühl. «Ja, Sie da in Berlin –! Und wir hier in der Provinz –!» Ich weiß doch nicht.

Es gibt in allen deutschen Provinzstädten, die ich gesehen habe, nicht zu kleine Kreise, die Gesinnung haben und arbeiten. Schwer genug wirds ihnen gemacht. Die Überbetonung von Mittelmäßigkeiten findet sich in jeder kleineren Gruppe, das ist ein soziologisches Gesetz und keine Sondereigenschaft der deutschen Provinzstädte. Wir treten von außen in ihren Kreis etwa wie jemand, der ohne Vorbereitung an einen Tisch sich zankender Verwandtschaft kommt: da sagt einer «Onkel Paul», und ein gehässiges Rauschen geht durch die Runde, das kann sich der neue Mann gar nicht erklären, weil er die zehntausend Assoziationen nicht kennt, die hier bei der Namensnennung auftauchen – für jene ist Onkel Paul eine Welt, für uns nur ein etwas mäßiger Bürger. Sagt also einer in Stuttgart «Herr Klößli», so ist ‹Herr› tödlichste Ironie und ‹Klößli›: Schlachtruf, Fanfare, Feldgeschrei und Losung. Wenn wir Herrn Klößli nachher sehen, wundern wir uns ein wenig über so viel Lärm, denn wir haben nicht mit ihm und nicht neben ihm gelebt. Und ist das in Berlin etwa anders –?

Ich halte den Drang, um allen Preis ‹hier heraus› und nach Berlin zu gehen, für Fahnenflucht und für einen Fehler obendrein. Die berliner Zeitungen, die einen merkwürdigen Lokalpatriotismus treiben, der der Stadt ihr Bestes nimmt und fremde Zutaten aufplustert, merken voller Stolz an: «Auch Herr Mann hat jetzt in Berlin seinen Wohnsitz genommen.» Sehr bedauerlich – denn dies ist eine Flucht. Eine Flucht aus München, natürlich, eine Flucht aus Stuttgart, eine aus Königsberg – und so verödet die Provinz. Das ist durchaus kein Sieg unsrer Gedanken – in Berlin sind die Fliehenden recht ungefährlich, man läßt sie machen, sperrt sie bestenfalls nicht ein ... In Köln aber könnten drei solcher Kerle dem Stadtrat ordentlich zusetzen, sie könnten da eine Macht sein, wo heute die andern unumschränkt herrschen, und sie herrschen!

Ich bin in Süddeutschland gewesen, und was mir in allen Städten aufgefallen ist, ist das Rascheln der Soutanen, die du durch alle Rayons hindurch hörst. Die Herrschaft dieser Spießer ist vollkommen; man glaube doch ja nicht dem Kaplan Fahsel und dem Herrn Muckermann und sonstigen Figuren, die die Firma im Schaufenster hat — drin werden ganz andre Waren verkauft. Die Reaktion, soweit sie in Deutschland geistig ist, kopiert, hier noch schämig, den Faschismus: Kampf gegen die gemeingefährliche Kirchturmpolitik des Zentrums ist eine ‹peinliche Rückständigkeit›, denn wenn einer Freiheit propagiert, antwortet ihm jenes neue, von der Rüstungsindustrie ausgehaltene Europa: «Was tragen Sie denn da noch für einen Schlips?» und es gibt genug Dummköpfe, die daraufhin ihre Fahne beschämt wieder einstecken ... Ein Kampf um die Kultur aber muß nicht Kulturkampf sein, und wenn die jetzige Führergeneration der Sozialdemokraten durch Krieg und Inflation korrumpiert ist, so heißt das noch nicht, daß die Arbeiter und freiheitliebenden Bürger wehrlos den Pfaffen ausgeliefert werden sollen. Ob die wissen, was sie wollen, steht dahin — aber sie wissen wenigstens sehr genau, was sie nicht wollen. Sie haben die Schule; sie haben die Universität — und sie üben einen Einfluß auf den Rundfunk aus, der traurig mitanzusehen ist. Beim Rundfunk habe ich Männer gesehen, darunter auch Leute unsrer Generation, die ihr möglichstes tun, aber wie wenig ist das! Der Rundfunk, dessen Rolle und Einfluß in der Provinz noch viel größer sind als in dem ewig abgelenkten Berlin, besteht zu gut achtzig Teilen aus Angst — ist denn da keiner, der den pensionierten Obersten der alten Armee, den Nutznießern der neuen und den Kirchenmännern sagt: «Wenns euch nicht paßt, könnt ihr die Antenne erden»? Ernst Hardt in Köln hats ihnen gesagt — man muß ihm dafür Dank wissen. Die andern sind furchtsamer; denn sie fürchten ja nichts für sich, sie wollen nur nicht, daß die Wahrheit an die Massen herankommt, und nicht jeder hat so viel Charakter wie unser Ernst Glaeser, der im frankfurter Radio Briefe gefallner Studenten vorlesen ließ und einem ergrimmten Militär, der sich beschwerte, antwortete: «Wenden Sie sich bitte an den Briefschreiber. Er liegt bei Ypern.» Worauf keine Antwort mehr kam.

Im Theater ist das überall ähnlich. Die ästhetischen Streitereien haben mich nicht interessiert; ich ahne nicht, worum sie sich balgen. Speelt man god, habe ich mir gedacht. Aber die Herrschaft, die die Theaterkommissionen fast überall ausüben, ist katastrophal und eine Diktatur der Mittelmäßigkeit. Das wird noch dadurch verschlimmert, daß die meisten Vertreter der Sozialdemokratie nicht wissen, wo Gott wohnt, und daß die Kommunisten, in der falschen Erwartung, der große Tag trete morgen ein, sich kaum um diese Dinge kümmern. Der Rest steht unter einer Diktatur, die um so beschämender ist, als sie von einer wirtschaftlich nicht immer mächtigen Minderheit ausgeübt wird. Die Angst dieses Bürgertums vor den Mächten von gestern ist groß; es ist, als fühlten sie, es seien diese wiederum die Kräfte von morgen, und da von den Druckereibesitzern der kleineren Zeitungen nicht viel Charakter zu erwarten ist und ihre Redakteure kaum zählen, so kann man sich das Zittern und Zagen vorstellen, das da ausbricht, wenn der ‹Nationalverband Deutscher Offiziere› oder sonst irgend eine Emanation deutscher Stalluft und gottesfürchtiger Dreistigkeit protestiert. Bestenfalls ersticken solche Streitigkeiten im Kompromiß.

Hier kann etwas getan werden.

Berlin hat eine Schuld an die Provinz — wir sollten ans Werk gehen.

Es gibt so viel guten Willen in der Provinz, so viel junge Leute, die suchen, so viele, die dem ersten besten Rattenfänger auf den Leim gehen, weil kein andrer da ist. Laß einmal die fragenden Augen auf dich gerichtet sein, sei ehrlich genug, ihnen zu antworten: «Auch ich suche. Auch ich bin weder ein Prophet, der die fix und fertige Lösung der Lebensrätsel in der Tasche hat — unter der Bedingung, daß die Herren seine Terminologie benutzen und die Damen mit ihm schlafen — noch bin ich der Patent-Organisator, Zahlung des Mitgliedsbeitrages genügt, komme sofort, Angehörige unsrer Organisation leiden an keinerlei metaphysischen Beschwerden . . .» Hab Mut und sag das. Und hilf. Wie —?

Die jungen Leute der deutschen Linken, die in Berlin wohnen, sollten viel mehr in die Provinz fahren, als sie es heute tun. Es gibt Hunderte von Gruppen, Kreisen, Bünden und Vereinen, die gern für die Reisekosten aufkommen — am Geld kann das nicht scheitern. Sie sollten fahren: als Lernende, nicht etwa als Belehrende; als Nehmende und als Gebende, ohne Großstadt-Hochmut, als gute Kameraden. Sie werden, wenn es die richtigen Kerle sind, überall willkommen sein. Wo seid ihr —? Warum laßt ihr die Freunde im Lande allein? Warum läuft sich vieles tot, was ihr in Berlin macht, in Berlin, wo ihr immer dasselbe Publikum habt, eines, das viel, viel kleiner und ganz bedeutend einflußloser ist als ihr denkt? Wo bleibt ihr —? Wo seid ihr —?

Ihr könnt Einfluß haben; ihr könnt wirklich gefährlich sein — aber nicht in W 50. Ihr seid es im Augenblick, wenn ihr das, was unter euch schon selbstverständlich ist, in Bitterfeld aber eine Kühnheit, in die mittleren und kleinen Städte tragt — da ist eine Kampfbahn, deren Zuschauer auf euch warten, im guten wie im bösen. Die guten stehen zum Teil mutig auf verlorenem Posten; die bösen lassen euch das billige Vergnügen, in Berlin radikal zu sein («Bei uns in Greifswald gibts so etwas nicht!») — zeigt ihnen, daß es das auch in Greifswald, grade in Greifswald gibt. Dazu gehören Takt, Bescheidenheit den Freunden, Mut den Feinden gegenüber. Geht in die Provinz – stärkt die Freunde und seht etwa, was die Richter an den kleinen Amtsgerichten treiben, anonym, niemand kontrolliert sie, kaum einer widerspricht. Ihr, die ihr von den Provinzmächten nicht abhängt, könnt aussprechen, was denen verwehrt ist, weil sie finanziell abhängig sind; weil die Rücksicht auf die Eltern es erfordert; weil eine Stellung gewünscht wird, weil «man nicht immer so kann» ... Ihr könnt immer so. Fahrt in die Provinz – kommt, seht und siegt. Ihr werdet Hunderte finden, die aufatmen, wenn ihr Wahrheiten sagt, die für uns simpel sind – Tausende denken so wie wir, können es aber nicht aussprechen. Sprecht es für sie aus! Und wenn ihr auch mitunter enttäuscht werdet – laßt euch nicht enttäuschen. Euer vierzehntägiges Wirken in einer mittlern Stadt klingt länger nach als alles, was ihr während eines halben Jahres in Berlin treibt.

Ein Sieg in der großstädtischen Zeitung ist keiner. Der Feind muß auf seinem Felde aufgesucht, angegriffen, geschlagen werden.

DER MEINEID

Wenn denn Jeorjen seine Fauste
in Lottchen ihre Augen sauste,
denn freute sich det janze Haus.
Indem daß alle einich waren:
ne Frau von vierunddreißig Jahren,
die sieht jefälligst anders aus.
Na, det will ick mein –!

Von wejen: sich die Backen pudern
un nachts mit fremde Kerle ludern –
man weeß doch, wat det heißen soll!
Wer Ohren hat, kann manches hören ...
«Det könn wa allesamt beschwörn –
er haut ihr nachts den Buckel voll!
Frau Grimkasch sacht auch.»

Frau Grimkasch hats von Frollein Klüber,
die wohnt Jeorjen jejenüber,
wer richtich kieken kann, der sieht.
Frau Grimkasch sacht noch uffn Flure:
«Na, wissen Se, die olle Hure ...!»
denn jehn se alle nach Moabit.
Morjens halb zehn, zweiter Stock.

Da stehn se nu wie Orjelpfeifen;
die Weiba fangen an zu keifen,
der Richter ruft: «Immer eine nur!»
Det sind nu Fraun von Kommenisten,
von Jelben un von Sozialisten . . .
hier is det allens eine Tour.
Denn nischt jreift so det Herze an
wie die Sorje um den Nebenmann.

Nu wird man die Pochtjehsche hören.
«Jawoll! Det kann ick jlatt beschwören!
Der kleene Horst stand ooch dabei!
Frau Grimkasch sacht, die Klübern hätte
die beiden überrascht int Bette —
und det Klosett wah auch nich frei!
So wahr mir Gott helfe!»

Der Richter schreibt det in die Biecher.
Der Staatsanwalt mit seinen Riecher . . .
Meineidsverfahren! Alle Mann.
Frau Grimkasch. Lottchen mit de Prüjel,
der janze linke Seitenflüjel —
die treten alle nochmah an.
Acht Jahre Zuchthaus.

Wat nehmlich unsa Staat ist heute —:
pisaken sone kleinen Leute,
det kann er nämich meisterlich.
A seine Deutschen Arbeit jehm
un Licht un Luft un jutet Lehm . . .
det kann er nich.
Det kann er nich.

DAS MÄRCHEN VON BERLIN

Die Verantwortung für den Tod der 23
trägt so jener stupide Aberglaube an die
Gewalt, der . . . noch heute die Leitung
der KPD beherrscht.

Heinrich Ströbel

Das *‹Andere Deutschland›* hat das Verdienst, das ‹Märchen von Dinant›, jene sinn- und haltlosen Behauptungen deutscher Offiziersbestien durch Zeugenaussagen beteiligter deutscher Soldaten ad absurdum geführt zu haben. Was den Belgiern recht ist, soll den Berlinern billig sein. An dem berliner Blutvergießen sind nicht nur die Kommunisten schuld.

Deren Schuld steht außer jedem Zweifel. Nach Lektüre der blutdürstigen Telegramme aus Moskau ist zu sagen:

Wenn die Herren in Moskau die Lage in Deutschland nicht sehen; wenn sie nicht wissen, wo der Kapitalismus hier wirklich steht; wenn sie, belogen oder blind, die deutsche Innenpolitik derart verkennen, dabei an heftigem Größenwahn noch die Kirche übertreffend — so ist das traurig genug. Daß die deutschen Arbeiter aus Moskau Geld und Weisungen bekommen, habe ich immer für gut und richtig gehalten — daß diese Weisungen in der letzten Zeit jämmerlich schlecht sind, haben wir zu bedauern.

Wenn aber Heinrich Ströbel in der Nr. 19 des *‹Andern Deutschland›* den Kommunisten fast die alleinige Schuld an den empörenden berliner Vorgängen gibt, so erlaube er mir, ihm ein klares Nein zu sagen. Die KPD hat nicht die alleinige Schuld.

Damit wir uns recht verstehen: Heinrich Ströbel ist einer der wenigen Führer der SPD, die niemals umgekippt sind; einer, der immer nur die Wahrheit gesagt hat, kein ‹Taktiker› und kein Paktierer — es ist eine Ehre, mit ihm zu diskutieren. Das möchte ich tun.

Das ‹Märchen von Dinant› und das Märchen von Berlin sind einander gar nicht so unähnlich — sie sind beide aus ihrer Vorgeschichte zu erklären.

Was zunächst das Verbot der Maifeier angeht, so ist zu sagen, daß es ungerechtfertigt gewesen ist. Der berliner Polizeipräsident hatte die Machtmittel, eine Maifeier, deren Teilnehmer über die Stränge schlagen, zu meistern — er hat das gar nicht erst versucht. Ob der Grund in der vorhandenen Furcht vor der kommunistischen Konkurrenz oder einfach im Machtkoller gelegen hat, der so vielen kleinen zur Macht gekommenen Leuten der SPD zu Kopf gestiegen ist, mag unentschieden bleiben: für die SPD bleibt die beschämende Tatsache bestehen, daß unter ihrer Ägide in der Hauptstadt des Reiches jene Feier unterdrückt wurde, die der Arbeiter seit 40 Jahren als *seine* Feier anzusehen gewohnt ist. Und es ist eine Unterdrückung, wenn den Arbeitern die Straße verboten wird — die Straße, die nicht Herrn Zörgiebel, sondern dem Arbeiter gehört, der sie gebaut hat. Die Erregung der Kommunisten war echt und richtig.

Es geht auch nicht an, diese Maifeier mit jener im Jahre 1918 zu vergleichen, wie Ströbel das getan hat. Hier spüre ich — Heinrich Ströbel möge es mir verzeihen — eine Empfindung, die hinter der Zeit zurückbleibt. Aufstand gegen ein kaiserliches Verbot — ja; gegen ein sozialdemokratisches: nein? Ströbel fühlt nicht, worum es geht: daß damals die Ludendorffsche Frühjahrsoffensive bekämpft werden mußte, ist richtig; aber der Arbeiter fühlt heute die Provokation Zörgiebels, und die wog für viele sehr schwer. Das sind Gefühlswerte – keine realen. Es gibt eben Dinge, die tiefer gehen als die ‹Dreiklassenschmach›, die wir heute noch hätten, wenn das kaiserliche System sich nicht selbst sein Grab geschaufelt hätte. Die SPD hätte dieser Schmach kein Ende bereitet.

Aber der Hauptgrund, weswegen der schwere Irrtum Ströbels zu berichtigen ist, liegt gar nicht da. Viele Arbeiter haben friedlich in Sälen ihre kleine, gutbürgerliche Maidemonstration abgemacht – in Hamburg, einer Hochburg der Kommunisten, ging es im Freien hoch her, da hielten die Sozialdemokraten alle die Hände hoch und ließen die Partei hochleben, die ein paar Bahnstunden weiter jede Demonstration verboten hatte ... das Hauptstück der Zörgiebelschen Politik liegt anderswo, ganz und gar anderswo.

Es liegt in der militärischen Vorbereitung der Polizei.

Und hier frage ich Heinrich Ströbel, der ein ehrlicher Mann ist, der nicht im Parteikram verblödet ist wie so viele seiner Genossen – hier frage ich ihn auf Ehre und Gewissen:

Weiß er das oder weiß er es nicht –?

Weiß er, daß wir in der *‹Weltbühne›* seit Jahr und Tag die Militarisierung der preußischen Polizei aufgezeigt haben – ja oder nein? Weiß er, daß es nicht möglich ist, unter Severing nicht, unter Grzesinski nicht, unter keinem Sozialdemokraten, der das Innenministerium gehabt hat – auch nur die winzigste Besserung zu erreichen? Weiß er, daß die Polizisten, und vor allem ihre Offiziere, seit Jahr und Tag auf den Bürgerkrieg gedrillt werden – genau, wie die uniformierten Verbrecher von Dinant auf den Staatenkrieg gedrillt worden sind? Weiß Ströbel, daß die Lehrbücher aller Polizeischulen den Straßenkampf rein militärisch lehren – ohne – und hier halte ich jeden braven SPD-Mann fest am Wickel und lasse ihn nicht los – ohne, daß sich in den letzten Jahren auch nur einmal eine militärisch formierte Aufrührerrotte bemerkbar gemacht hätte? Weiß Herr Ströbel das, ja oder nein –? Es ist ja nicht wahr, daß der Rotfront-Bund militärisch so gefährlich ist – die Polizei weiß ganz genau, daß von den großfressigen ‹Plänen› und ‹Aufmarschparolen› und was sie da alles haben, auch noch nicht ein Viertel in die Praxis umgesetzt werden kann. Eine Polizei muß sich gewiß mit den neuen Methoden der Technik bekannt machen – aber aus allen im *‹Tagebuch›* und in der *‹Weltbühne›* und in großen Zeitungen veröffentlichten Zeugenaussagen geht eines klar hervor –:

Unter dem Kaiser ist die Achtung vor dem Menschenleben bei der Polizei größer gewesen als sie das heute unter der republikanischen, von Sozialdemokraten dirigierten Polizei ist –!

Das hat nicht der Krieg mit sich gebracht. Wer das behauptet, lügt der Partei ins Mitgliedsbuch.

Denn die Gegenseite mordet ja nicht in demselben Umfange! Ein einziger Polizist in Berlin ist wirklich schwer verletzt – wo sind die ‹militärischen› Aufrührer? In den Telegrammen aus Moskau – gut. Aber wo sonst?

Ich werde es jenen Sozialdemokraten sagen, deren Horizont nicht über eine geschickt gedeichselte Funktionärversammlung hinausreicht:

Der Militarismus steckt nur in den Köpfen der Polizeioffiziere. Die können nicht anders. Die machen sich in ihren Lehrbüchern – um ihre Existenz aufzuplustern, aus politischen Gründen – einen Mummenschanz zurecht; die spielen Krieg; die bereiten Feldzüge gegen die eigenen Landsleute vor –

und der sozialdemokratische Polizeipräsident hat sie nicht in der Hand.

Es ist ein kleiner Mann, der Herr Zörgiebel – die Partei hat Pech mit ihren Funktionären, die sie in die Staatsstellungen schickt. Es sind fast alles kleine Leute gewesen, und wenn sie zur Macht kommen, werden sie bösartig. Und blind.

Die alleinige Schuld an dem vorher präparierten Auftreten der Polizei, die nicht nur – wie Heinrich Ströbel schreibt – übermüdet, sondern aufgehetzt war, trägt Zörgiebel. Das wäscht kein Schwamm von ihm ab.

DER FLIEGENGOTT

Zu Pfingsten hat es geschneit. Am Wettersee hat es geschneit. Das kleine Haus liegt ganz allein, und man kann es alles sehen. Schnee!

Die Birken waren furchtbar erschrocken; die vernünftigeren Laubbäume hatten überhaupt noch nicht geflaggt, wie Gerippe steckten sie ihre Arme in die Luft. Ihre Baumseele schlief.

Kalt ist das – hätten auch sollen lieber nach Lugano gehn oder nach ... ja. Ich habe heizen lassen: Senta hat die weißen Kachelöfen in Betrieb gesetzt, die bullern, und jetzt spielen wir Winter. Die Öfen sind heiß. Senta, auf ihren dicken Beinen, ist dann zu Papa und Mama ins Dorf gefahren; die Schweden sind wohl Zentauren des Fahrrads. Nun bin ich allein.

Winterdunkel ist es; während sich in Schildhorn die Leute mit dem Kellner herumzanken und mit dem Mann an der Billettsperre – «Hier, der Herr hat meine Fahrkarte gehabt! Ich habe doch ... sei mal still ... Sie halten überhaupt den Mund!» – ist es hier blau und winterdunkel. Spät, beinah zehn. Um diese Zeit gehen der Herr immer schlafen.

Gut, daß das keiner sieht: in der einen Hand den elektrischen Kochtopf, der Kamillentees wegen gebraucht wird, in der andern zwei dicke Bücher, zwecks Bildung, unter dem Arm die Zeitungen, im Schlafrock –: so stehn wir wohl vor der weißen Tür. Nur noch über den Flur . . . und dann ins Schlafzimmer. Mach die Tür nicht auf —! Mach die Tür nicht auf —!

Grotesk. Warum soll ich denn die Tür nicht aufmachen?

Weil . . . setz mal den Kocher ab. Weil . . . wenn nun . . . ich sage nicht, daß es so ist . . . wenn nun draußen auf dem Treppenflur, hinter der Tür, der Fliegengott stände?

Der wer —?

Der Fliegengott.

Was ist das? Bist du närrisch? Laß mich . . . ich will jetzt ins Bett, wo ist denn der Kocher?

Ich sage nicht, daß es so ist . . . Aber er steht da, eine schwarze, drahtige Sache, berührt nicht den Boden, hängt oder schwebt, weiß nicht. Oben hat er Käferzangen, und rechts und links, wie zwei schiefe, abgerutschte Turbane, Haarnetze von Augen. Weißt du, daß die Fliegen zweitausend Augen haben, oder viertausend —

Der Kaffee kann das nicht sein. Was für wirre Ideen — ich nehme jetzt den Kocher und . . .

Wart mal. Da steht er also — was tust du! (lauernd) Was tust du! Ich meine: wenn er da steht —?

Na, dumm . . .

Nein, sag mal: was tust du —? Schreist du —? Ich schreie.

Vielleicht schreie ich. Auf alle Fälle bekäme ich einen furchtbaren Schreck, so — mit Blutandrang nach dem Kopf, oder fließt das Blut dann ab, ich weiß nicht . . . dann das Gefühl unter den Haarwurzeln, die Luftbeklemmung . . . Himmeldonnerwetter, warum soll er denn da stehn, dein Gott? Dein lächerlicher Gott? Verflucht, wenn er nun wirklich?

Na, so. Damit die Sache einen rationalistischen Grund hat: wegen der hundert Fliegen, die du hier totgemacht hast. Sage mal, Mensch: warum klappst du eigentlich alle Fliegen tot, die an den Fenstern summen? Sie haben dir doch nichts getan! Aber nein, kaum siehst du eine, kaum hörst du eine, dann mußt du hingehen, und mit dem Notizbuch mußt du sie an die Scheiben kleben . . . sehr ekelhaft, wie das aussieht . . . so eine gequetschte . . .

Lachhaft. Warum? Weil sie jetzt voller Eier stecken; weil ich vielleicht Lust habe, hier nachher die ganze Brut im Zimmer zu haben! Es ist ja —

Weißt du, daß tragendes Wild geschont wird?

Du bist ein Happen doof. Sind Fliegen vielleicht Wild? So tief hinunter reichen die ethischen Ideen nicht . . . jetzt stehe ich also wahrhaftig hier im Schlafrock und philosophiere . . . laß mich endlich —

Momang. Wo hören deine ethischen Ideen auf, junger Herr? Bei den Mäusen? Darf man die noch nicht oder darf man die schon töten, wenn sie . . . Pst. Was war das?

Wart mal. Nichts. Manchmal knackt es so auf der Treppe.

Ja, da steht er also und rächt sie alle. Auch die, die du im Sommer an den langen Leimbändern verzappeln läßt — sag mal, wenn das nun Menschen wären, die da in deinem Zimmer ... na, das pazifistische Geschrei möchte ich ja nicht hören! Und dann signalisieren sie mit den kleinen Beinchen: SOS! Neulich hast du Hund mit deiner Petroleum-Abwehr-Spritze eine angespritzt, sie fiel gleich um, winkte: Erbarmen! Aber du hast weiter gespritzt, bis sie starr da lag — er rächt sie.

Komisch, was in diesem Hause klopft. Es ist niemand da, und ich klopfe doch nicht. Er steht also da, dein Gott, und was macht er —?

Nichts. In den Sagen ist das dann so, daß du nie mehr lachen kannst. Das sind aber Störungen der Magensäfte, wenn einer nicht mehr lachen kann. Er stürzt sich auch nicht auf dich. Er hängt da — so ...

Metaphysik kommt aus dem Bauch. Daran ist kein Zweifel. Etwas Natron ... aber das steht drüben, im Schlafzimmer ... na, vielleicht gehe ich jetzt über den Flur?

Geh doch.

Ich will nur noch ... ich habe noch vergessen ...

Du hast Angst.

Ich habe keine Angst! Ich will nur das Hemd fortlegen.

Du hast Furcht. Er hängt, ein klein wenig rechts, gleich hinter der Tür und wartet auf dich. Wenn du die Tür aufmachst, sieht er dich an, einen Herzschlag lang; verläßt sich ganz auf seine Erscheinung; dann verschwindet er, Gespenster haben manchmal so etwas Erwischtes ... und auf einmal siehst du die zehn Gebote im Querschnitt, wie sie nicht sehr tief hinunterreichen, wie das alles nur in einer schmalen Schicht gilt ... etwa so breit, wie die, die wir ohne Apparate beherrschen: ein Meter achtzig über der Erde, drei Meter drunter. Das ist das Reich der zehn Gebote.

So. Jetzt habe ich das Hemd fortgelegt, nur noch die Kanten einschlagen ... ich gehe jetzt. Warum soll ich nicht nach vorn gehn? Vorn hat man keine Angst — Angst hat man nur im Rücken.

Du kannst auch gehn. Er ist weg. Wie weggeputzt, so, wie die Kinovisionen ...

Außerdem habe ich nicht die Spur Angst, nicht die leiseste Spur ... siehst du, ich drücke mit der Kocher-Hand die Klinke herunter ... ist da was im Dunkel? ... Nein, da ist nichts. Licht! Deinen Fliegengott gibt es gar nicht. Morgen schlage ich sie alle tot, alle. Nicht eine soll mir an den Fenstern summen. Schmeißfliegen.

Der Herr sind etwas schnell über den Flur gegangen, wie ...? Hast du die Tür abgeriegelt?

Der Riegel ist entzwei. Ich habe keine Angst. Hier hinein kommt er nicht.

Warum nicht?

Weil es ihn nicht gibt. Weil es ihn nicht gibt. Gibt keinen Fliegengott. Jetzt laß mich lesen.

(Das Gefühl, im Dunkel.) In mir wachsen und wimmeln Millionen Mikroben. Jeder Herzschlag klopft dem Grabe zu. Weiter und weiter – unaufhaltsam. In mir wächst der Tod.

DIE ZEIT SCHREIT NACH SATIRE

Für Walter Hasenclever

1

Per Eilboten.

Sehr geehrter Herr!

In der Annahme, daß Sie für die Ausarbeitung einer literarischen Groß-Revue mit satirischem Einschlag Interesse haben, erlauben wir uns, uns mit der Bitte an Sie zu wenden, unserm Herrn Generaldirektor Bönheim – möglichst heute noch – Gelegenheit zu einer persönlichen Rücksprache mit Ihnen zu geben.

Wir erwarten Ihren Anruf zwischen 11 und 1/212 Uhr.

Indem wir hoffen, von Ihnen umgehend eine zusagende Antwort zu erhalten, begrüßen wir Sie

mit vorzüglicher Hochachtung
Deutscher Literatur-Betrieb G.m.b.H.
Abteilung: Theater
Für den geschäftsführenden Direktor:
(gez.) Dr. Milbe

2

«Hallo!»

«Hier Deutscher Literatur-Betrieb!»

«Hier Peter Panter. Sie hatten mir geschrieben; Ihr Herr Generaldirektor Bönheim möchte mich sprechen; es handelt sich um eine Revue ...»

«'n Augenblick mal. – – Ja –?»

«Sie hatten mir geschrieben ...»

«Wer ist denn da?»

«Hier Peter Panter. Sie hatten mir geschrieben: Ihr Herr Generaldirektor Bönheim möchte mich ...»

«Ich verbinde mit dem Generalsekretariat Generaldirektor Bönheim.»

«Hier Generalsekretariat Generaldirektor Bönheim?»

«Hier Peter Panter. Sie hatten mir geschrieben: Ihr Herr Generaldirektor Bönheim möchte mich sprechen – es handelt sich um eine Revue . . .»

«'n Augenblick mal . . .! – – Ja, was gibts denn –?»

«Hier Peter Panter. Sie hatten mir geschrieben: Ihr Herr Direktor Bönheim möchte mich sprechen; es handelt sich um eine Revue . . .»

«Sie meinen Herrn *General*direktor Bönheim –! Herr Generaldirektor ist nicht zu sprechen, er ist verreist; wenn er hier wäre, wäre er in einer wichtigen Konferenz.»

«Ja, aber . . . in dem Brief stand, es wäre eilig . . . unterzeichnet hat ein Herr Doktor Milbe.»

«Das ist Abteilung: Theater. Ich verbinde mit der Abteilung: Theater.»

(Schlaganfall)

Darauf: Verabredung mit Herrn Dr. Milbe.

3

«Also, sehn Se, ich hab mir das so gedacht –: wir machen eine Revue, verstehn Se, also eine Revue, so was hat Berlin überhaupt noch nicht gesehn! Scharf, verstehn Sie mich, witzig, spritzig – also es ist ja gar kein Zweifel: diese Zeit schreit ja nach Satire! – das wird eine ganz große Sache! Wir haben sofort an Sie gedacht – nehm Sie ne Zigarette? – kommt ja gar kein anderer in Frahre. Wir engagieren Pallenberg, die Valetti, Paul Graetz, Ilka Grüning, Otto Wallburg – – Hallo? 'tschuldjen 'n Momentchen . . .! (Viertelstündiges Telefongespräch) – also, wo waren wir stehengeblieben – Ja! Engagieren also die Massary, Emil Jannings, Lucie Höflich . . . Nu ist da allerdings ein Haken: Ablieferungstermin des Manuskripts in acht Tagen. Ja, also das is nich anders! Warten ist zu teuer. Wir haben das Theater gepachtet – wir müssen mit der Sache raus. Na, Sie werden das schon machen! Regie? Piscator! Seffaständlich! Hat schon zugesagt; wenn er also nicht kann, dann Jeßner. Oder Haller. Auf alle Fälle: Ia. Da können Sie sich auf uns verlassen.

Und gehn Sie ran, besonders in den Couplets . . . nein, halt, machen Sie keine Couplets – machen Sie Sonx – jetzt macht man Sonx – natürlich nicht zu literarisch, nicha, wir wenden uns ja an ein großes Publikum . . . also 'n bißchen allgemein-verständlich . . . wir haben so etwa gedacht: ‹*Dreigroschenoper*› mitm Schuß Lehár. Komponisten? Na, wahrscheinlich Meisel und Kollo oder Hindemith und Nelson, ein bißchen einheitlich muß es ja schon sein. Das Geschäftliche –? besprechen wir noch – unser leitender Herr ist heut grade in Moabit. Als Zeuge. Wissen Sie, ich war früher auch literarisch tätig; was meinen Sie, beneide ich Sie, wie gern würd ich wieder . . . Hallo? nein! gehn

Sie noch nicht weg! ich hab Ihnen noch was zu sagen! (Dreiviertelstündiges Telefongespräch) – Also wir verbleiben dann so, nicht wahr: es bleibt dann dabei: am 18. liefern Sie ab, und am 19. fangen wir an mit den Proben. Hier gehts raus ...»

4

«Doktor Milbe hat mich aber um halb elf bestellt.»

«Tut mir sehr leid, Herr Doktor Milbe ist in einer wichtigen Konferenz.»

«Da werd ich warten – Nanu! Mehring? Was machen Sie denn hier? ... und was ... der Onkel Kästner!»

«Tag, Panter. Ja, wir kommen hierher, wir haben uns unten getroffen, wir wissen auch nicht ... Mehring sagt mir, er arbeitet hier an einer Revue. Ich arbeite hier auch an einer Revue.»

«Ich auch. Ganz ulkig – mir hat der Mann gar nichts gesagt, daß er noch andere auffordert ... da hätten wir doch gut zusammenarbeiten können ... so ein –»

«Herr Doktor Milbe läßt die Herren bitten!»

(gezischt) – «Ich hab Ihnen doch gesagt, nicht alle drei zusammen –! Also ... sehr nett, daß Sie kommen: ich habe die Herren gleich zusammengebeten, nicht wahr, es ist einfacher – – es war ja auch so besprochen. Bitte nehmen Sie Platz ... Tja ... also wir haben Ihre Texte durchgesehen ... durchgesehen ... ja, also da muß ich Ihnen nun leider sagen: also so geht das nicht. Sehn Se mal ... Hallo? 'tschuldjen 'n Momentchen ... (Halbstündiges Telefongespräch) – Wo waren wir stehengeblieben ... ja, also meine Herren, ich habe Ihnen das ja eben auseinandergesetzt, warum es so nicht geht. Herr Kästner, das ist ja viel zu fein, was Sie da gemacht haben – das verstehen die Leute ja gar nicht ... nee, die Revue soll natürlich gut sein, aber zu gut soll sie auch wieder nich sein! Herr Panter, das ist unmöglich, unmöglich, verstehen Sie mich – sehn Sie, hier das da, das ist gut, diese Szene mit dem Spreewaldkahn –»

«Die hatte ich mir als Parodie gedacht; die Szene ist gar nicht ernst ...»

«Na, das ist ja ganz gleich – dann machen wir sie eben ernst. So müßte die ganze Revue sein ... und hier, das da –:

Komm mal rüber –
komm mal rüber mit der Marie! –

Sie irren, wenn Sie glauben, daß unsere Besucher für Geld ‹Marie› sagen – na ja, *ich* versteh das ja, aber wir haben Smoking-Publikum ... und dann hier, das mit der Reichswehr, das geht natürlich nicht, und das mit Zörgiebel muß weg ... aber sonst ist es ganz ... Hallo? 'tschuldjen mich ... Zum Donnerwetter! Ich bin jetzt in einer wichtigen

Konferenz! Ich will jetzt nicht gestört werden! Nein! Ja! Weiß ich nicht! Hören Se mal — —! (Halbstündiges Telefongespräch) — Also wo ... ja, Herr Mehring, nehmen Sie mir das nicht übel — ich habe das nicht verstanden! Also ich versteh das nicht! Na, dann bin ich eben literarisch nicht so gebildet wie ihr ... ich habe schließlich meine journalistischen Sporen verdient; ich trau mich gar nicht, das Herrn Generaldirektor Bönheim vorzulegen, der lacht uns ja glatt aus! Hier —:

Und weil der Eskimo anders als der Börsianer spricht:
Deswegen verstehen, verstehen wir alle, wir alle uns nicht!

Verstehn Sie das? Natürlich spricht er anders. Na, und das da:

Es liegt eine Leiche im Landwehrkanal.
Fischerin, du kleine —

also erstens ist das alt — und außerdem ist das unappetitlich; die Leute wollen doch nachher essen gehn. Nee, meine Herren — so geht das nicht. Also arbeiten Sie mir das um ... verstehen Sie mich, pikant, witzig, spritzig; ich habe für heute nachmittag auch noch Herrn Polgar und Herrn Marcellus Schiffer und Herrn Roellinghoff gebeten — wir müssen das schaffen. Sonst wende ich mich eben an Herrn Ammer oder an Herrn Villon oder schlimmstenfalls an Herrn Brecht ... also um vier Uhr, meine Herren, beim Regisseur ... auf Wiedersehn —!»

5

«Ich habe ihm erklärt: ich übernehme die Inszenierung überhaupt nicht. Ich weiß gar nicht, warum er Sie hier alle zu mir herbestellt hat! Wenn ich das mache, dann mach ich es nur unter folgenden Bedingungen: Gesinnung! Gesinnung! Gesinnung! Es muß was rein von der Wohnungsnot; es muß was rein von der Aufhebung des § 194 der Strafprozeßordnung — das sind doch Probleme! Außerdem ist da natürlich der Film.»

«Was für ein Film?»

«Der Film nach dem Stück von Bronnen.»

«Was für ein Stück von Bronnen?»

«Das Stück nach dem Roman von Remarque. Also dieser Film nach dem Stück nach dem Roman — daraus mache ich einen Tonfilm, also es wird eigentlich kein Tonfilm, aber ich mach das so, mit einer laufenden Treppe, Jeßner hat ... Guten Tag, Herr Doktor! Guten Tag! Herr Direktor Bönheim — sehr nett, daß Sie gekommen sind ...»

«Wo kann man bei Ihnen mal telefonieren —?»

«Hier, bitte ...» — —

«So. Also jetzt kanns losgehen. Ja, also, meine Herren, wir fangen morgen an, mit den Proben, aber es müssen da noch einige Kleinigkeiten geändert werden. Das hier, geben Sie mal her, das hier geht nicht. Über die Justiz können wir uns so nicht lustig machen; das muß — bitte mal den Rotstift, danke! — das muß hier raus. Meine Herren, wenn Sie es nicht wissen sollten: wir sind mit Bosenstein & Klappholz liiert, und hinter denen stehn IG-Farben, solche Witze über die Börse — nee, also Taktlosigkeiten, verzeihen Sie, aber das wolln wir nicht machen. Immer hübsch im Rahmen bleiben. Na, hier ... das mit der Internationale ... die können Sie ja singen lassen, wenn Sie durchaus meinen; das hören ja die Leute vorm Abendbrot immer ganz gerne. Also arbeiten Sie mir das um —»

«Herr Generaldirektor Bönheim wird am Telefon verlangt!»

«Ich? — 'tschuldjen einen Augenblick mal —!»

(Bängliche Pause. Geflüster)

«Herr Doktor Milbe meint ... mit der Massary!»

«Na das können Sie doch machen, Panter; Sie haben doch schon so oft für die Frau Couplets, danke, ich rauch jetzt nicht, machen wollen ...»

«So, da bin ich wieder. Ja, also ich höre eben, Emil Jannings hat abtelegrafiert und Otto Wallburg auch, das schadet aber nichts, das besetzen wir um, ich habe da ein paar sehr begabte junge Leute. (Milbe, ich dachte an ... puschpuschpusch ...) Ja, also wie weit sind Sie nu —? Mit den Streichungen. Ja. Herr Mehring, was hat Ihnen eigentlich der Reichskanzler getan? Lassen Sie doch den Mann in Frieden — wird auch kein leichtes Leben haben. Is nich wahr? Nein, sehn Se mal ... zum Beispiel die berliner Verkehrsregelung, *das* ist ein Skandal! Vorhin hat mein Wagen geschlagene fünf Minuten am Wittenbergplatz halten müssen — *da* müßtet ihr mal was schreiben! Ja. Na, und der Titel?»

«Ja, der Titel ...?»

«Herr Kästner, wie nennen Sie das Ding?»

«Herz im Spiegel.»

«Und Sie Herr Panter?»

«Schwedenpunsch.»

«Und Sie, Herr Mehring?»

«Nacht auf dem Blocksberg.»

«Also schön — dann heißt die Revue: Jeder einmal in Berlin. Meine Herren, Herr Doktor Milbe wird Ihnen das Weitere auseinandersetzen; ich habe noch eine wichtige Konferenz ... Auf Wieder —!»

«Gewiß, Herr Generaldirektor. Famos, Herr Generaldirektor!

Also, meine Herren, wie ich Ihnen gesagt habe: die Revue — steht. Nu arbeiten Sie sie um!»

6

«Halt!»

«Warum Halt?»

«Wie kommt der Alligator auf die Bühne?»

«Ich habe das so angeordnet — Herr Klöpfer will das so . . .»

«Das hat doch aber . . . hat doch aber gar keinen Bezug auf den Text —? Es ist ein Lied des Kuppelvaters . . . was soll um alles in der Welt . . .»

«Ich schmeiße euch die Rrrolle hin, wenn Herr Panter hier immer stört! So kann ich nicht probieren! Da soll der Teufel probieren — ich nicht! Da —»

«Aber, Herr Klöpfer . . . wir . . .»

«Halten Sie Ihren Mund! Ich erwürrge Sie mit meinen nackten Händen! Wenn ich aus diesem Drecktext nicht was mache, dann lacht kein Aas, dann geht überhaupt keiner rein! Alle Nuancen sind von mir, alles von mir: hier, das mit dem Reifen, und beim zweiten Refrain mache ich falschen Abgang und komm mit ner Gasmaske wieder raus, und wenn ich hier nicht den Alligator auf den Arm nehmen kann, dann könnt ihr mich alle . . .»

«Herr Panter, lassen Sie ihm schon den Alligator —! Es ist vielleicht wirklich ganz gut! (Piano) Am Abend geb ich dem Tier Rizinus!»

7

«Das sing ich nicht.»

«Ja, Kinder, wenn ihr nicht singt, was da steht — ihr könnt doch nicht eigene Verse reinmachen!»

«Warum können wir das nicht! Das können wir sehr schön! Dann mußt du uns eben bessere Texte machen, Panterchen!»

«Gnädige Frau, das geht wirklich nicht. Von mir aus kann ja hier gesungen werden, was will . . . aber mein Name steht auf dem Zettel — —»

«Ich kann das nicht! Ich kann das nicht! Meine Nerven halten das nicht aus! Ich werf euch den ganzen Kram hin! Entweder ich singe hier, oder ich singe hier nicht! Sie gehn überhaupt raus, Sie alter Bock — den ganzen Tag ist der Kerl hinter der Kate her . . . gearbeitet wird hier nichts . . . ich wunder mich, daß ihr die Betten nicht mit ins Theater bringt!»

«Aber, Kindchen . . . es . . .»

«Dieses Bordell ist ein Theater . . . ich meine: dieses Theater . . . ich geh überhaupt ab! Spielt euch euern Dreck alleine —!»

8

«Bühne frei —! Halt mal, nicht! noch nicht anfangen! Was ist, Herr Direktor —?»

«Milbe, ändern Sie mir das um! Hier, das hier im vierten Bild.

Unmöglich! Wie konnten Sie das stehenlassen! Stresemann verkehrt im Bühnenklub, so kann man nicht mit unserer Diplomatie umspringen! Herr Kommerzienrat Moosheimer hat mir überhaupt schon Vorwürfe gemacht, daß ich mich auf die Sache eingelassen habe — mir ist schon mies vor der ganzen Revue ... unntä ... dann dürfen die Schupos im achten Bild keinesfalls wieder ihre Uniform anziehen; die müssen französische Uniformen nehmen, wir haben ja noch welche aus der vorigen Revue ... lassen Sie Pichorek mal sofort nachsehen — und das Lied gegen den Reichstag wird gestrichen ... das ...»

«Hat aber auf der Generalprobe sehr gewirkt, Herr Direktor!»

«Das ist mir pipenegal! Wer ist hier Direktor, Sie oder ich? Diese revolutionären Texte, ich bin ein guter Republikaner ... die Karikatur vom Kronprinzen in der Gerichtsszene kommt mir auch runter, es ist leicht, einem toten Löwen einen Fußtritt zu versetzen, außerdem hab ich nicht Lust, euretwegen meine ganzen Geschäftsverbindungen ...»

«Bühne frei! Gong —!»

9

(*‹Deutsche Tageszeitung›*): — — Dieser rote Schund — —

(*‹Vossische Zeitung›*): ... unser Freund Peter Panter wohl seinen matten Tag gehabt haben mag. Das kann jedem passieren. Aber an solchen Tagen dichtet man eben nicht. Nach der Reichstagsszene, die seltsam salzlos war, ging der Sprecher ab, und wir blieben zurück, ratlos, was das wohl zu bedeuten hätte; es schien dann, als wollte der Schauspieler, der den Reichstagspräsidenten darstellte, noch irgend etwas sagen, aber wahrscheinlich hat hier die Erfindungsgabe des Autoren nicht gereicht ... was französische Polizisten in einem deutschen Versammlungssaal zu tun haben, wird wohl das ewige Geheimnis unseres Autors bleiben ... es war kein guter Tag für ihn. Man werfe diesem Raubtier einen andern Braten vor und lasse es durch neue Reifen springen.

10

(Frau Wendriner am Telefon; morgens halb elf) — «hat sie gesagt, wenn sie ein neues Mädchen für dich hat, wird sie mich anklingeln. Du kannst dich unbedingt auf sie verlassen; sie besorgt mir immer die Tassen nach, fürs Geschirr; sie ist durchaus zuverlässig. Gestern —? Im Majolika-Theater, zu der neuen Revue, Premiere. Nei-en — mäßig. Die Bois ganz nett, aber es war alles so durcheinander, wir haben gar nicht gelacht. Es hieß erst, das wär nu die ganz große Sache, aber wir wollten schon nach der Pause gehen. Oskar ist dann noch geblieben, weil er Paul nach der Vorstellung noch sprechen wollte, geschäftlich.

Das einzige war noch Graetz und die Hesterberg, sonst gar nichts. Margot hat gestern angerufen; warum du denn gar nicht mal bei ihr anrufst, sie will mich morgen anklingeln, und du sollst doch auch mal Lina anklingeln, damit Lina Trudchen anruft, wegen dem Schleiflack, Käte ist sehr zufrie —»

11

«Sie sind schuld —!»

«Ich? Das ist ja großartig! Sie sind schuld —!»

«Wer hat es gleich gesagt? Wer hat es gleich gesagt?»

«Macht hier nicht sonen Krach im Theaterbüro! Davon kommt das Geld auch nicht wieder! — Statt sich anständige Autoren zu holen! Presber! Remarque! Ferdinand Bruckner! Nein, da holen sie sich ihre guten Freunde ran . . .»

«Das verbitte ich mir.»

«Sie haben sich hier gar nichts zu verbitten — das ist mein Unternehmen, Herr Doktor Milbe —! Was steht ihr überhaupt hier alle rum? Wollt ihr vielleicht Geld von mir? Dafür wollt ihr noch Geld? Wozu zahle ich meine Theaterpacht . . . Ich will euch mal was sagen —»

«Was ist denn das für ein Ton —?»

«Sie sind entlassen! Sie ehmfalls! Ich werde hier mit eisernem Besen . . .»

«Sie mir auch! Diese Dreckbude von Theater — Mahlzeit!»

«Raus hier! Hat einen Charakter wie ein Klosettdeckel —»

«Panter! Los! Ab!»

«Sie hätten . . .» — «Ich habe . . .» — «Sie Riesenroß, wer hat gleich am ersten Tag . . . aber auf mich hört ja keiner, in meinem eigenen Betrieb . . . das wird mir von heute ab . . . ich bin ein alter Theaterhase, und diese Lausejungen . . . Ich verkaufe den Betrieb überhaupt, da könnt ihr sehen, wie ihr ohne mich fertig werdet! Ich geh ins Tonfilmsyndikat oder zurück zur Konfektion —!»

«Ihr kommt runter? Ich geh rauf — mein Geld holen.»

«Da bemühen Sie sich gar nicht erst nach oben. Geld is nich. Aber Krach.»

«Um Gottes willen . . . was ist da oben los? Man möchte ja meinen, es wär Mord und Totschlag — wer schreit denn da so —?»

«Das? Das ist die Zeit. Sie schreit nach Satire —!»

ENDLICH DIE WAHRHEIT ÜBER REMARQUE

Seit Monaten heult die berliner Asphaltpresse Reklame für ein widerliches Machwerk von Erich Maria Remarque, dessen Titel ‹*Im Westen nichts Neues*› übrigens der Obersten Heeresleitung entlehnt ist (Herr Staatsanwalt?) — und das den Krieg so schildert, wie er sich eben nur in den Köpfen typischer Drückeberger malt. In der nächsten Nummer der ‹*Süddeutschen Monatshefte*› wird über diesen Landesverräter endgültig die Wahrheit enthüllt; die Angaben sind von Herrn Professor Cossmann überprüft, daher fast zuverlässig. Durch die besondere Freundlichkeit des Verlages der Monatshefte sind wir in der Lage, unsern Lesern schon heute mit Aufklärung dienen zu können.

Erich Salomon Markus — so ist der Name dieses Judenknäbleins — war lange Zeit hindurch kleiner Synagogendiener der jüdischen Synagoge in der Oranienstraße zu Berlin (sog. «Salatschammes»). Geboren ist dieser Sproß Judas in Zinnentzitz in Schlesien, wo sein Vater, Abraham Markus, eine — koschere Schlächterei hatte. (Merkst du was?) Die Jahre, in denen Tateleben Markus dort sein edles Gewerbe ausübte, sind dadurch gekennzeichnet, daß während dieser Zeit auffallend viel Christenkinder in der Umgegend verschwanden; sie wurden zwar bald nach ihrem Verschwinden immer wieder aufgefunden, aber es ist niemals (! die Red.) festgestellt, ob es auch dieselben Kinder waren!

Eine Mutter hat Erich Salomon Markus nie gehabt; es werden, wie das bei jüdischen Familien üblich ist, auf seinem Taufschein zwei Mütter vermerkt, eine gewisse Sarah Bienstock und eine unverehelichte (!!) Rosalie Himmelstoß (wir werden auf diesen Namen noch zurückkommen).

Im Alter von neun Jahren trat der kleine Markus seinen ‹Dienst› in der oben erwähnten Synagoge an; er hatte dort die Lichter anzuzünden, die Bibeln abzustauben und, was sehr wichtig für die Beurteilung seiner spätern Entwicklung ist, die Judenknäblein bei der Beschneidung festzuhalten. Bei dieser Gelegenheit soll durch seine Unachtsamkeit der Sohn eines bekannten berliner Warenhausbesitzers doppelt beschnitten worden sein, weswegen der Markus aus dem Synagogendienst entfernt wurde.

Salomon Markus trieb sich zunächst stellungslos in Berlin umher; er versuchte beim Theater unterzukommen und soll auch bei seinem Rassegenossen Reinhardt mehrere Male alle Titelrollen in den Brechtschen ‹*Verbrechern*› gespielt haben. Ferner war der junge Markus in Berlin als Bonbonhändler, Zuhälter, Hundehaarschneider und Redakteur tätig. Markus ist Freimaurer und Jesuit.

Es kam der Krieg.

Markus zog ins Feld; das heißt, er war der berittenen Armierungstruppe zugeteilt, konnte aber wegen einer Krankheit, die wir hier nicht näher bezeichnen wollen, keinen Dienst tun und wurde daher im Hinterland verwendet. Durch eine unbegreifliche Unachtsamkeit der Militärbehörden ist Markus als Schreiber im Hauptquartier Seiner Majestät des Kronprinzen beschäftigt worden; er hat also den Feind niemals auch nur von weitem gesehen.

Nach dem Kriege hat er sich in Osnabrück als Damenschneider niedergelassen, dann war er Hilfsbremser am jüdischen Leichenwagen in Breslau und ist später nach Hannover gegangen; Professor Cossmann läßt die Frage offen, ob Markus etwa Haarmann gekannt und vielleicht auch unterstützt hat ...

Und dieser miese Baldower wagt es, für die Asphaltpresse einen Bericht zu verfassen, dem die Lüge an der Stirn geschrieben steht! Nicht nur, daß er den Namen seiner eigenen Mutter (Himmelstoß) in seinem Buch verwendet, um einen Vorgesetzten verächtlich zu machen (Herr Staatsanwalt?) – sondern er beschuldigt auch die deutschen Soldaten grausamer Handlungen, deren sie niemals fähig gewesen sind; denn der deutsche Soldat war bekannt für schmerzlosen Nahkampf und humanes Trommelfeuer. Davon weiß natürlich der Salomon Markus nichts; während vorn seine Kameraden mit dem Gesang «Deutschland, Deutschland über alles!» gen Paris zogen, um es zu besetzen, es aber leider schon besetzt fanden, hat der Jude Markus hinten geschlemmt und gepraßt; in der Umgebung des kronprinzlichen Hauptquartiers fanden sich bei Abmarsch der deutschen Truppen allein vierundachtzig uneheliche Kinder – und wer anders kann die gemacht haben als Markus –!

Gott sei Dank hat das Buch durchaus keinen ungeteilten Beifall gefunden.

Es sind insbesondere die deutschen Frauen, die wissen, was sich ziemt. Ihnen haben wir zu danken, daß sie die heldischen Deutschen von den unheldischen Undeutschen zu unterscheiden wissen; sie sind es, die zu Siegfried Hagen & Co. aufsehen und den andern Helden unsrer echt deutschen Sagen. Die deutsche Frau will – das haben wir erst neulich in Berlin auf einem Klubabend mit Freude und Begeisterung festgestellt – zu einem Helden aufblicken.

Es kommt der deutschen Frau, wie an jenem Abend ersichtlich war, nicht so sehr darauf an, daß ihr Mann lebt, sondern daß er als Held stirbt, und ist sie bereit, mit dem Ruf «Ich sterbe!» jedesmal mitzusterben, und wenn sie zehnmal heiraten müßte! An der Länge des Säbels erkennt man u. a. den Charakter des Mannes, und die deutsche Frau will, daß ihrem Mann der Sinn stehe für und für, sein Vaterland zu verteidigen, und wenn es nicht angegriffen wird, dann werden wir dafür sorgen, daß es angegriffen wird! (Ein deutsches Wort! Die Schriftleitung.) «Für mich», sagte uns neulich eine edle deutsche Frau, die Gattin eines höheren Beamten, «gibt es keinen schönern Augenblick in unsrer Ehe, als wenn ich Männi die Uniform zuknöpfen sowie auch aufknöpfen kann. Dies Gefühl ist unbeschreiblich.»

Salomon Markus aber ist gerichtet. Sein Werk ist durch die unvergängliche Veröffentlichung der ‹*Süddeutschen Monatshefte*› als das gekennzeichnet, was es ist: als eine vom Feindbund und den Marxisten bezahlte Pechfackel, die dem blanken Panzer der deutschen Wehrhaftigkeit nicht das Wasser lassen kann —!

WAS SOLL MIT DEN ZEHN GEBOTEN GESCHEHEN?

Als die Rundfrage über die Zehn Gebote ankam, bekam ich keinen kleinen Schreck.

Nun wäre es gewiß sehr einfach, an das Bücherbrett zu gehen, die dicke Bibel vom Bord zu holen und eine feine Abhandlung in betreff jedes Gebots zu schreiben. Bitte, lassen Sie mich sitzenbleiben — wir wollen einmal sehen, was herauskommt, wenn ich nicht nachblättere.

Ich weiß die zehn Gebote gar nicht.

Ich weiß:

Du sollst nicht töten (das weiß wieder die Kirche nicht);
du sollst nicht stehlen;
du sollst nicht ehebrechen;
du sollst nicht begehren deines . . .

und dann einen Genitiv, den ich vergessen habe. Kurz: ich bin in dieser Materie nicht bewandert. Das scheint mir kein Zufall zu sein.

Hat eine der Kirchen dem jugendlichen Gehirn die Zehn Gebote nicht scharf genug eingetrommelt, dann sind sie im städtischen Proletariat, bei den meisten Intellektuellen, soweit die nicht katholisch sind, bei Hunderttausenden von Menschen unserer Generation vergessen. Wenn nicht hier und da ein Filmtitel auf sie hinweist —: das Leben tuts nicht. Man hängt sich heute keinen moralischen Speisezettel mehr an die Wand.

Das beweist noch nichts gegen diese Sittenlehre. ‹Ewige Werte› gibt es nicht, sie sind alle zeitlich bedingt oder lokal oder durch die Klasse, die sie geschaffen hat. Wer da schreit: «Dem Volke muß die Religion erhalten bleiben», lügt; gemeint ist: «Das Volk muß der Religion erhalten bleiben». Das Volk ist ihr in großen Teilen weggelaufen.

Unsere Welt ist nicht mehr homogen, also kann sie auch keine einheitliche Sittenlehre haben. Sie hat hundertundeine.

Dazu kommt, daß das gedruckte und überlieferte Wort nicht mehr jene Heiligkeit in Anspruch nehmen kann wie in den Jahrhunderten, wo die Bibel und der religiös gefärbte Kalender die einzigen Druckschriften gewesen sind, die der Bauer, der Handwerker, der Arbeiter im Hause gehabt haben. Eine von oben diktierte Moral hätte heute keine andere Wirkung als die Anpreisung eines Ford-Wagens; sie kann sich durchsetzen, wenn sie geschickt aufgemacht ist.

Die Zehn Gebote stellen keineswegs das sittliche Fundament weiter Volkskreise dar. Faßte man die jeweiligen Gebote zusammen, nach denen die einzelnen Klassen wirklich leben und deren Befolgung sie für lebensnotwendig halten —: die Formulierung sähe wesentlich anders aus. Nicht einmal ihre Ideologien fordern heute das, was in den zehn Geboten gefordert wird.

Man muß nur sehen, wie sich die Vertreter der Kirchen drehen und winden, wenn sie auf den schreienden Widerspruch zwischen ihrer Lehre (die einmal revolutionär gewesen ist) und der Kirchenpolitik hingewiesen werden — einen Geistlichen die Berechtigung der Kriege nachweisen zu hören, hat etwas Peinliches.

Diese Zehn Gebote sind nicht einmal sehr gut gemacht. Es ist gewiß viel einfacher, zehn Polizeitafeln zu errichten und mitzuteilen, was man *nicht* tun solle, anstatt uns Suchenden zu sagen — nun nicht, was wir tun sollen, sondern was ein sittlich hochstehender Mensch tut, um in seinen Himmel zu kommen. Eine solche Sittenlehre ist mir nicht eingegangen; ich suche sie — wie ihr alle.

Soll man nicht töten? Das erste dieser Zehn Gebote hätte zu heißen: «Tu, was du predigst.» Die Rolle der Kirchen im Kriege kann ihnen nicht verziehen werden — sie haben sich jedes Rechtes begeben, den Mord zu verbieten. Denn sie haben *die* gesegnet, die Blut vergossen haben.

Soll man nicht stehlen? Was ist das, ‹stehlen›? Wegnehmen — so mit der Hand? Aus dem Safe der Diskonto-Gesellschaft? Und wie ist es mit der Arbeitskraft? Darf man sie stehlen? Ist das göttliche Ordnung?

Du sollst nicht ehebrechen ... aber wie ist das, wenn das Institut der Ehe von uns zerdacht ist, sich wirtschaftlich nicht mehr halten läßt, so daß auch die katholischen Länder den geängstigten Ehemäusen Löchlein offenlassen, durch die sie — am Sakrament vorbei — entwischen?

Und du sollst nicht begehren deines ... es schmeckt nach Duckmäusertum, was da gelehrt wird, nach Schafstall, nach allem, was gute Untertanen macht. Nein, so geht es nicht.

Ich weiß: man trägt wieder katholisch. Statt geistiger Ehrfurcht vor dem ungeheuern Denkgebäude der katholischen Kirche haben wir einen faschistischen Snobismus, der die Schützengrabenangst in einen lieben Gott verwandelt, den man zur Unterdrückung von Streikunruhen gut ausnutzen kann. Die Anzüge vieler Geistiger haben einen leichten Soutanenschnitt; sie finden, daß er ihnen gut steht. Rom freut sich, und da bekanntlich die klügsten Juden im Vatikan sitzen, so wird die neue Mode gut verwertet. Lebten aber alle diese nach ihren Zehn Geboten, dann sähe die Kirche, die heute sogar beim Völkerbund abonniert hat, anders aus.

Recht, das zu einer Kodifizierung gerinnt, kann Unrecht werden. Wenn in den Sowjet-Staaten ein neues Kollektivgefühl unter den jungen Menschen entsteht, so wollen wir es loben und uns zu eigen machen; es werden neue Gebote entstehen, die alle zum Ziel haben werden: die dunklen Triebe des Menschen chemisch zu reinigen.

Bis dahin aber laßt uns auch weiterhin ohne die zehn Verbote auskommen.

AUF DEM NACHTTISCH

Auf dem Nachttisch liegen große und kleine Bücher, weiße Druckbogen, ungeheftete, eine Flasche ‹Vichy-watten›, so heißt das hier, Bobongs, und gar keine Zeitung, was das Leben wesentlich erleichtert. Die Bobongs schmecken nach Selterwasser, das Selterwasser nach Bonbons, die Bücher . . . wollen sehen.

Das dickste zuerst. Es ist der ‹*Große Brockhaus*› A–Ast. Ja, soll ich mir da einen lachen? Mich hat neulich in der ‹*Neuen Bücherschau*› Artur Rudolf rechtens darauf aufmerksam gemacht, ich solle meine Bücher lieber in Antiqua setzen lassen, obgleich doch diese Sammelbände nicht grade vom Ausland verschlungen werden, und in einem Brief hat mir Herr Rudolf meine alte Liebe zur Fraktur mit so kräftigen Argumenten erschüttert, daß ich sehr in mich gegangen bin. Die Fraktur deckt sich heute so recht mit der Reaktion, sagte er; sie will in der Welt und der Welt gegenüber etwas Besondres sein . . . wir benutzen doch auch keine Schreibmaschinen mit Frakturtypen . . . hat Brockhaus wirklich nötig, seine so große und gediegene Arbeit im Ausland selbst herabzusetzen? Ich denke: nein. Er schreibt mir: ja. «Der ‹*Kleine Brockhaus*›», schreibt er, «ist bereits in Fraktur gedruckt. Bei dem ‹*Großen Brockhaus*›, dem Handbuch des Wissens in zwanzig Bänden, konnte ich mich dagegen dazu nicht entschließen, da das Werk nach meinen bisherigen Erfahrungen infolge seines Umfangs für einen Vertrieb im Ausland kaum in Frage kommt.» Nun, das ist ein Argument – wenngleichen es meinen Augen so scheinen will, als lese sich die Fraktur eben doch schwieriger als eine glatte Antiqua.

Soweit ich die Arbeit sonst beurteilen kann, scheint sie mir sauber und – was man in Deutschland leider hinzusetzen muß – neutral. Ich habe die 780 Seiten nicht alle gelesen, aber an keiner Stelle habe ich so etwas wie ‹nationale Geschichtsschreibung› oder ‹völkische Geographie› gefunden. Die Abbildungen muten etwas dürftig an – die Bildtechnik ist so weit vorgeschritten, daß das Konversationslexikon nicht mehr das einzig gut illustrierte Werk des Haushalts ist. Es hat sich da überhaupt etwas geändert. Zwanzig Bände: ich glaube, die Zeit dieser Riesen-Nachschlage-Wälzer ist vorbei.

Ja, damals ... Da sind wir denn also, wenn Papa nicht zu Hause war, hingegangen, haben uns den Schlüssel gemopst und reichlich bösen Gewissens nachgesehen, woher die Kinder kommen. Man mußte viele Bände nachschlagen; die kleinen Seidenpapierblättchen zwischen den Buntbildern fielen wie ein Hauch zu Boden, ‹Zeugung› enthielt ‹Wollust› (siehe diese), und es war gar nicht einfach; ein rechter Leitfaden ist das denn auch nicht gewesen. Aber abgesehen davon: das zwanzigbändige Nachschlagewerk fußt auf dem Bildungsideal des neunzehnten Jahrhunderts, und das ist dahin. Wir haben heute den Mut zu sagen, daß wir von einer Sache nichts verstehen, denn es gibt zu viel Sachen; und wollen wir uns länger und intensiver mit einem uns fremden Gebiet befassen, dann ist es das Speziallexikon, das den Sieg davonträgt. Für den Rest, mal schnell nachzusehen, was eine Akkomodationslähmung ist, genügt ein Vierbänder alle Tage. Das Postulat, alles zu wissen oder doch möglichst viel, ist heute ein Gesellschaftsspiel geworden und heißt ‹Frag mich was›, aber niemandem fiele es ein, danach die Bildung eines Menschen zu bemessen. Das Wort ‹Lexikonsbildung› hat rechtens einen nicht guten Nebengeschmack, und wenn es nur eine Krücke sein soll, dann ist diese Form zu solid gebaut: eine Krücke aus Stahl, mit Silbereinlage und elektrischem Läutewerk ... wir aber wollen laufen. Immerhin: wer es sich leisten kann, mags ja wohl kaufen.

‹Angeklagter› steht noch in diesem Band. Ein ganzes Buch über ihn, über die *‹Justiz›* liegt vor, hat zum Verfasser den wiener Advokaten Walther Rode (und ist bei Ernst Rowohlt zu Berlin erschienen). Das ist eine Herzerfrischung. Rode, dessen *‹Beamtenpyramide›* ein Pamphlet großen Stils ist, nennt das Kind und alle Kinder der Justiz bei ihrem richtigen Namen; daran können sich deutsche Anwälte, die dergleichen nie wagten, ein Beispiel nehmen. Gewiß wird in Österreich nichts so heiß getan, wie es geschrieben wird, aber es ist doch schon viel, wenn ein Anwalt so über die Richter spricht wie dieser hier. Nie, niemals brächte ein deutscher Anwalt den innern Mut auf, über das Reichsgericht zu urteilen wie jener über den Obersten Gerichtshof – und wie müssen sich beide ähnlich sein! Nur ist das Reichsgericht offenbar noch gefährlicher, weil es besonders in den letzten Jahren seine Rechtspolitik macht, ohne Widerstand zu finden. Rode bröselt das Paragraphengewebe von innen auf; er sagt, ‹wies ist›: er kennt die Faulheit der Richter, ihre Anmaßung, ihre ungeheuerliche Unbildung und ihre völlige Herzlosigkeit.

Er spricht auf zwei Seiten, den beiden ersten, über die Prozesse, die der Selige aus Doorn gegen Piscator angestrengt hat; solche Laute sind bei uns zu Lande unerhört, wo man die steckengebliebene Untertanenhaftigkeit als Rechtsgefühl ausgibt, während Rode richtig dartut, daß einer, der sein Leben lang über dem Recht gestanden hat, nun nicht plötzlich wie eine Gemüsefrau klagen kann. «Man hat nicht das Amtsgericht anzurufen, wenn man beim Weltgericht sachfällig geworden ist.» Und: «Die Frage, ob man einen Exkaiser auf dem Theater spielen dürfe, wird umfaßt von der Frage, ob man einen Exkaiser aufhängen darf.» Kurz: der, der nie eine Rechtsperson im bürgerlichen Sinne gewesen ist, darf nun nicht auf einmal eine werden – er sei von nun ab rechtlos. Aber das bring du in deutsche Köpfe.

Das Kernstück des Buches – einen unaufgeklärten Todesfall – halte ich nicht für besonders glücklich. Es finden sich da Ansätze einer Psychologie, die der Verfasser den Richtern vorwirft; wie er zum Beispiel den Mann, den er für den Mörder hält, angreift, geht mir nicht ein. Da werden Indizien zusammengetragen, Bausteine einer Seelenkunde, die Rode, wendete sie ein Richter an, wahrscheinlich mit ebenso großem Temperament wie Geschick zerpflückte.

Aber warum sind Mut, Charakterstärke, Angriffsgeist und Einsicht in das Wesen der Justiz unter unsern Anwälten fast gar nicht zu finden?

Weil sie sich als ‹Organe der Rechtsprechung› betrachten und gnade Gott, wenn ein Deutscher einem Beamten nacheifern will! Der deutsche Anwalt unterliegt einer ‹Ehrengerichtsbarkeit›, die, würde sie von stockreaktionären Richtern ausgeübt, nicht schlimmer sein könnte, als sie ist. So etwas von Verlogenheit, von falschem Amtscharakter, von gänzlich verkannter Standesehre war noch nicht da. Nehmt euch ein Beispiel an diesem Österreicher hier! eure heute klägliche Stellung vor den Gerichten wäre eine andre, eine ganz andre.

Wie kann sie aber anders werden, wenn sich manche Anwälte – wie viele! wie viele! – bei den Richtern mit den übelsten Mitteln anmeiern, für ihren Mandanten, gewiß, aber doch ist es kein schönes Schauspiel. Herr Kantorowicz aus Berlin verteidigt einen ehemaligen Kassierer des Verbandes für Freidenkertum, der 24 000 Mark Verbandsgelder unterschlagen hat. Und führt als Entschuldigungsgrund an, «daß, wenn die von dem Angeklagten rechtswidrig entnommenen Beträge solchen Bestrebungen nicht zugute gekommen sind, dies nicht zum Schaden wahrhafter Kulturgüter geschehen sein kann». Wonach also künftighin Unterschlagungen bei der staatlichen Lotterie straflos sein dürften. Aber wie muß so ein Anwalt die Richter einschätzen, wenn er ein solches Argument auch nur vorzubringen wagt!

Es gibt Ausnahmen. Ein Arzt und ein Anwalt – Franz Alexander und Hugo Staub – haben (im Internationalen Psychoanalytischen Verlag in Wien) eine Keule gegen die Richter geschwungen, die nur deshalb nicht tödlich trifft, weil man Gummigötzen verbrennen muß. Das Buch heißt ‹*Der Verbrecher und seine Richter*› – und als ich es gelesen hatte, kam mir die ganze Schande, die in dem neuen Strafgesetzbuch und in seiner Entstehung steckt, noch einmal voll zum Bewußtsein.

Ob jede dieser Theorien richtig ist oder nicht, ist nicht von Belang. Von Belang allein ist dieses:

Das neue Strafgesetzbuch ist überhaupt nichts. Es ist eine lächerliche Ansammlung von Polizeiverordnungen, sinnlos erwürfelten Strafmaßen und – wie hier klar nachgewiesen ist – aufgebaut auf Tatbeständen, die es nicht gibt. Alles, ohne Ausnahme alles, was in diesem Strafgesetzbuch über ‹Vorsatz›, ‹Fahrlässigkeit› und dergleichen zu lesen ist, existiert nicht; es sind Sumpfblasen, falsche Laien-Vorstellungen über die menschliche Seele, schlecht verhüllte politische Absichten. Wenn man weiß, wie so ein Entwurf zustande kommt; welch kleiner Kreis überhaupt daran hat mitarbeiten dürfen – wenn man ferner weiß, aus welchem geistigen Milieu sich dieser Kreis zusammensetzt, Leute, unter denen der alte Kahl noch wie ein Mauerwerk aus alter Zeit aufragt, und drum herum fast nichts als Schlingpflanzen ... dann hat man einen Begriff, was unsern Kindern und Kindeskindern als Recht über die Köpfe gehängt wird.

Es sind aber nicht nur die Untersuchungen über die Verbrechertypen, die in diesem Buch zu höchster Bewunderung hinreißen –: es ist vor allem eine Fundamentalwahrheit, der ich hier tausendmal Ausdruck gegeben habe, ohne sie jemals so exakt zu formulieren, wie diese beiden das tun.

«Der Kriminelle setzt seine natürlichen, unangepaßten Triebe, eben wie das Kind es möchte, wenn es nur könnte, in Handlungen um. Für die verdrängte, also unbewußte Kriminalität des Normalmenschen bleiben dagegen nur einige sozial harmlose Ventile, wie das Traum- und Phantasieleben, das neurotische Symptom und dann einige Übergangsformen bereits weniger harmloser Befriedigungsmöglichkeiten wie Duell, Boxsport, Gladiatoren- und Stierkämpfe bis zu dem freien Ausleben verdrängter Kriminalität im Kriege.» Und nun hör gut zu, deutscher Richter:

«Kein besserer Beweis für die allgemeine Kriminalität könnte erbracht werden als das gewagte Experiment, der spanischen Nation ihre Stierkämpfe, den Amerikanern ihren Box- und Rugbysport, dem alten Europa seine Soldatenspiele oder der Welt die Strafjustiz zu nehmen.»

Da ist es.

Es ist ja nicht wahr, daß sich diese Richter und Staatsanwälte «in den Dienst des Staates» stellen, so Arbeit und Leben der Allgemeinheit aufopfernd; es ist ebensowenig wahr, daß sie bewußte und reine Formen des Sadisten darstellen – sie wissen nicht, was sie tun. Aber sie tun. Wer einmal gesehen hat, wie die Spannung zwischen Vorsitzendem und Angeklagtem fast körperlich fühlbar wächst, wenn der auf der Anklagebank ein Mann bleibt, sich nicht beugt, das Gericht nicht provoziert, aber auch nicht anerkennt — der weiß genug. Der tiefe Trieb, mit dem verhaßten Neben-Ich zu spielen wie die Katze mit der Maus, es die Macht fühlen zu lassen, die herrliche, steigernde und nach Blut schmeckende Macht — die eine Seite der Selbstbehauptung heißt Coitus, die andre Quälen. «Dem Richter», steht dann im Nekrolog, «verschaffte seine Arbeit volle Befriedigung», und das ist viel wahrer, als der Schreiber ahnt. Was die da treiben, was sie auf allen Kasernenhöfen treiben, ist verdrängte, sublimierte, sozial unschädlich gemachte, ja sogar hier und da nützlich gemachte Kriminalität.

Das Buch ‹*Der Verbrecher und seine Richter*› verdient, von allen gelesen zu werden, denen neben der Rechtsprechung das Recht am Herzen liegt.

Diese staatlich approbierte Kriminalität kommt rein zum Ausdruck in dem Buch Max Hölzens ‹*Vom Weißen Kreuz zur Roten Fahne*› (im verdienstvollen Malik-Verlag zu Berlin erschienen). Ein Zeitdokument ersten Ranges.

Das Buch ist anständig geschrieben, worauf es gar nicht ankommt; eine demokratische Zeitung gab dem ‹Stil› Hölzens eine Note zwischen kaum genügend und schon mangelhaft, und es ist ja sicher, daß Furtwängler besser dirigiert als Hölz schreibt — «es geht eben nichts über die gedieschene Kultur in einem guten jüdischen Bürscherhaus —». Wir aber wollen etwas von der Zeit erfahren, in der wir leben, vor allem: von dem Land, in dem wir leben. Und das sagt uns Hölz.

Dem kriegsgetrauten Husaren mit Braut (auf der Rückseite des Bildes die taktisch geschickte Reproduktion einer Seite aus seinem Militärpaß) sieht man nicht an, daß dieser brave Soldat einmal die preußische Justiz durcheinander bringen würde. Seine revolutionären Taten wird er heute wahrscheinlich selber unter einem andern Lichte sehen; diese aufflackernden Aufstände konnten keine Revolution sein, weil die geistigen Vorbedingungen fehlten, die wirtschaftlichen waren fast überall vorhanden, doch die genügen eben nicht. Was Hölz aber da gemacht hat, war tapfer und anständig, mehr: es kam aus dem Herzen. An keiner Stelle hat man das Gefühl wie etwa bei der Lektüre von Generalsmemoiren: «Und du —?» Der Mann hat im Bürgerkrieg sein Leben riskiert.

Mehr noch nachher. Ich halte seine Verteidigungsrede vor Gericht, die keine gewesen ist, sondern eine der schärfsten Anklagen gegen diesen Staat und seine Justiz, für ein Meisterstück an Mut, an Charakter, an Temperament, an Mannhaftigkeit. Hölz hat um seinen Kopf gespielt: er konnte ja nicht wissen, ob sie ihn nicht hopp nehmen würden — er hat sie ausgelacht. Der Vorsitzende, der damals seinen Kopf verlor und in einem murksigen Wutanfall kläglich vor Hölz zusammenbrach — der hat den Prozeß verloren, seine Klasse hat ihn verloren. Hölz hat ihn gewonnen.

Er hat es bitter gebüßt. Ich werde auf die Einzelheiten dieses Buches noch einmal zurückkommen — so leicht wollen wir es dem Strafvollzug nicht machen. Was da dem Staat mit Peitschenhieben ins Gesicht geschrieben wird, ist nicht mit der Ankündigung von «Reformen für einen humanen Strafvollzug» gutzumachen; hier muß noch etwas andres geschehen. Ich habe mich geschämt, ein Deutscher zu sein, als ich das gelesen habe —: wie! ein paar Meilen vom Parlament, von der Wilhelmstraße, von den Premieren der feinen Leute, die vor Kultur bald zerplatzen, darf sich das abspielen!? Das? Eine solche klare sadistische Quälerei von Wehrlosen durch das unterkietigste Gesindel der Welt? Und schuld sind nicht etwa nur diese kleinen, schlechtbezahlten Wachtmeister mit dem gestörten Triebleben; schuld sind in weit größerem Ausmaß die ‹Kontrollorgane›, die Direktoren, die Geistlichen und vor allem: die Ärzte. Wo sind eure Standeskammern? Wo eure Standesehre? Wo euer feierliches Getue, das ihr vor Kurpfuschern, also vor der Konkurrenz, aufführt — hier, hier solltet ihr euch die Kollegen langen und sie verhören und ausfragen und konfrontieren und aus euerm Stande ausstoßen, den sie beflecken! Die Martern, die man Max Hölz zugefügt hat, die man seinen gefangenen Kameraden zugefügt hat und noch heute zufügt — sie schreien zum Himmel. Und daß Max Hölz diesen Schreiern seinen Mund geliehen hat —: das ist sein großes Verdienst. Welche Rolle spielt er heute in der Partei? Ich glaube: er stört.

Es ist übrigens nicht unsre Aufgabe, zu prüfen, ob Max Hölz ein ‹großer Mann› ist — darauf kommt es gar nicht an. Er ist es nicht, und er will es gar nicht sein, und das ist eine traurige Geschichtsbetrachtung, die auf Aktschlüsse aus ist. (Euer Bülow war ja wohl ein großer Mann ...) Und traurig genug, wenn sich ein Arbeiter seine Bildung stückweis nachts stehlen muß; wenn ihr ihn halb, viertel, ein achtel gebildet herumlaufen laßt. Was Hölz ist, ist er trotz der ‹Ordnung›, in der er lebt, geworden. Seine Leiden aber gehen restlos auf ihr Konto.

Nun ist es spät, der Wind saust um das Haus, und obgleich ich nicht schwedisch kann, verstehe ich ihn ganz gut. Immer noch besser als das, was zur Zeit als Lyrik ausgeschrien wird — wer will denn das lesen! Große Generalausnahme, die nicht vom Nachttisch herunterkommt, die da wohnt, in der ich mich abends betrinke, eine ganze Bar voller Lyrik:

‹Die Gedichte, Lieder und Chansons des Walter Mehring› (erschienen bei S. Fischer in Berlin). 252 Seiten — mir viel zu dünn.

Ich schwöre, daß ich mit dem Angeklagten weder verwandt noch verschwägert bin — aber dies sind doch jene Seiten, bei denen es mich eben ‹hat›. Es kann nicht nur die Musik sein, die mir bei vielen Chansons einfällt — jene wundervollen Musiken von Friedrich Hollaender und W. R. Heymann – die haben ja doch noch allerhand andre Lieder komponiert ... die Musik allein kann es nicht sein. Mehring hat in seinen Versen einen völlig neuen Ton in die Literatur eingeführt; das ist an manchen Ecken vom Französischen beeinflußt, aber das erklärt den Ton nicht. Diese Verse sind seltsam irreal, gläsern, manchmal würgt einem eine Papierwendung, die ganz bewußt gesetzt ist, den Hals zu; manchmal reißt der Rhythmus – dieser Dichter kann noch den Herzschlag seiner Leser beeinflussen, wenn er will. Es ist ja immer ein gutes Kriterium, zu sehen, was herausgekommen ist, wenn der andre das gleiche Thema bearbeitet. Hier ist zum Beispiel so ein Fall. Wir haben einmal beide, zu verschiedenen Zeiten und ohne voneinander zu wissen, walzende Tippelkunden singen lassen. Ich machte einen spaßigen Klamauk; Mehring hat Verse, Rhythmen, Assoziationen gefunden, die alles weit übertreffen, was mir je dazu eingefallen wäre.

Der Weg ist weit – wir haben Zeit

und:

Hallélujah! Wir Kinder der Chausseen

und:

Und eh wir unters Joch den Nacken biegen
Und eh sie uns zu einer Arbeit kriegen:
Da fressen wir gestoßenen Paprika
Hallélujah! Hallélujah!

Man sieht schon aus diesem Beispiel: das hat mit Naturalismus nichts zu tun. So spricht kein Tippelkunde – aber es ist, sagen wir mal, die platonische Idee des Tippelkunden ... Mehring, lach nicht! Wie soll ich den Leuten erklären, wie zauberhaft das alles ist! Laß mich mal blättern.

Im *‹Ketzerbrevier›* herrlich gereimte Lieder, von einem in Deutschland fast nie gesehnen Wortreichtum, und diese Worte fliegen dem nur so zu; dann die Lieder von der großen Stadt – da hat er übrigens etwas Schönes angerichtet. W. M. ist nämlich nicht nachzuahmen, wird aber dauernd kopiert, etwas ganz und gar Grausliches. Es gibt wohl kein modernes Cabaret mehr, das auf sich hält, wo nicht in abgehackten Rhythmen, zer-fetzt, die Stras-se schreit – der mo-der-ne Rhythmus der-Zeit ... na, es ist ganz furchtbar. Aber bei Mehring ist es neu und erstmalig und Ausdruck eines Kunstwillens. In den *‹Music-Hall-Balladen›* das wie von Grosz gezeichnete *‹Oberammergau›*, wohl die blutigste Satire, die je auf den wilden Vulksstamm der Bayern geschrieben worden ist, mit einer falschen Treuherzigkeit, mit der vollen Entlarvung dieses Betriebes ... das ist eine Pracht. Und in den *‹Legenden›* überirdisch schöne Lieder. Unfaßbar die Technik, wie der Refrain an die Vorstrophe herangeflogen kommt – vom Himmel hoch, da kommt er her ...

Karin
trägt zwei rote Schuhe,
Karin
träumt von einem Kuß –

und dann die *‹Schaubude›*, eine Köstlichkeit, die man auch ohne die Musik Hollaenders tief in sich eingehen läßt. Die *‹Schafherde›* hingegen . . . ja, warum wird das alles nicht gesungen? Warum nicht noch einmal und immer wieder *‹Die Kälte›*, ich kenne allerdings niemand, der es so sagen könnte, wie ich es höre; und wer *‹Charité›* sprechen kann, der muß wohl erst noch geboren werden. Ich habe vorher nie gewußt, daß es eine berlinische Trauer gibt. Aber es gibt eine. Warum nicht *‹Wiegenlied›*? Mit diesen spiralförmig angedrehten Versen:

Es liegt eine Leiche im Landwehrkanal,
Fischerin du kleine –,

aber wer kann mit diesen bunt kolorierten Zeilen tragisch wirken? Wer? Paule Graetz hats einmal in *‹Heimat Berlin›* getroffen, dem berlinischsten Gedicht, das mir bekannt ist:

Denn wer nu mal mit Spree jetooft,
Durch alle Länder Weje looft,
Der fährt
immer mal wieder
Mit der Hand übern Alexanderplatz –

Das ist Berlin. Ob die pariser Chansons Paris sind, kann ich nicht beurteilen. Ich sehe Paris so völlig anders, daß wir in diesem Punkt, wie Karl Valentin sagt, «eine andre Weltanschauung haben» – diese Lieder sind mir nicht eingegangen. Aber die andern, aber die andern: warum führt das keiner auf?

«Sein Se witzig.» Weil die Cabarets von dem merkwürdigen Ehrgeiz gepackt sind, aggressiv sein zu wollen, ohne anzustoßen; und weil das Publikum das angeblich nicht will; und vor allem, weil keine Leute da sind, die das sprechen können. Ihr habt das Publikum nicht nur auf diese fatalen Poängten dressiert – ihr habt es auch verdorben. Da kommt irgend so eine bleichgesichtige Nutte heraus und drängt sich, uninteressant wie sie ist, zwischen Text und Hörer; da benutzt Herr Schauspieler Krachke den Text als Sprungbrett, um aufzufallen – er soll gar nicht auffallen, er soll erst einmal verstehen, was er singt, fühlen, was er bringt, begreifen, was da steht . . . keine Ahnung. «An der Stelle werde ich niesen – passen Sie mal auf: das wirkt.» Sicher: zum Abführen. Wenn aber Granowski so ein Ding wie die *‹Jiddische*

Schweiz› in die Finger kriegte – ist denn das so schwer? Liegt nicht alles klar zu Tage? Ein richtiger berliner Junge hätte die Vorstrophe zu singen, mit sonen eingebeulten Hut:

Sonntachs mitm neien Schlipps,
Jehn wa an de Ecke ‹Jipps›

und

Juhn abend allerseits!
– Draußen schneits!

Und dann, aus dem Hintergrund vortobend, drei total irrsinnig gewordene Judenjungens, die den Berliner spottend umgrölen:

As de Levone
De treifne Melone
Schaint in de jiddische Schweiz!

Und das dreimal, mit allen Varianten, mit einem vokalreich klagenden Chor, und ihr sollt mal sehen –.

Ich verliere mich. Wir haben kaum Ansätze zu einem Cabaret. Mehring steht im Buch – diese große Begabung verbleibt im Buch und auf dem Papier, wo in Deutschland alles steht. Grund genug, diese besten Chansons, die nicht von Kipling sind und nicht von Villon und nicht von Herrn Lax ... Grund genug, diese Chansons doppelt zu lieben.

IM TUNNEL

Im Tunnel küßten sich früher die Hochzeitspaare, das ist schon so lange her, und jene Geschichte («Adolf! Es küßt – bist du das?») ist kaum noch wahr. Die Romantik des ius primarum noctium ist glücklicherweise dahin. Aber etwas anderes gibts im Tunnel.

Vor Stockholm ist ein langer Eisenbahntunnel. Und den bin ich neulich durchbraust, und vorher hatte ich mir meine neue Dunhill-Pfeife angesteckt, die mir Musch in einem Anfall von Größenwahn geschenkt hat, oben auf dem schwarzen Lauf trägt sie jenen kleinen weißen Perlmuttfleck, der da sagt: Hier raucht ein feiner Mann. Gut. Der feine Mann raucht eine Mischung aus französischem Scaferlati Levant und deutschem nikotinfreiem Tabak, das Ganze schmeckt etwa wie getrockneter Schafdung. Raucht also und fährt in den Tunnel ein. Ist die Pfeife ausgegangen? Seit wann geht eine Dunhill aus, wenn ein feiner Mann sie raucht? Schließlich kann ich nicht mit dem Finger in den Tabak fahren ... ich wills mal probieren ... das ist heiß! Die Pfeife brennt. Ich schmecke nichts.

Tunnel aus; heraus ans Licht; da liegt Stockholm und der Hafen und die bekannten Gebäude ... die Pfeife brennt. Warum habe ich nichts geschmeckt?

Und dann fährt der Zug nachmittags wieder zurück, aufs Land, und schon bevor er abfährt, stecke ich die Pfeife an und qualme wie ein alter Seemannsmaat, und dann kommt der Tunnel ... (ich kann noch nicht so schön auf schwedisch fluchen, es ist irgend etwas mit «Ta mig fan!») — ich schmecke wieder nichts. Und als wir ans Tageslicht kommen, brennt die Pfeife. Dies hat mich zu wunderbaren Versuchen geführt. Resultat:

Man schmeckt im Dunkel weder die Qualität eines Tabaks noch spürt man überhaupt, ob man raucht oder nicht! Schrei nicht, wart ab: du spürst es nicht, wenn du keinen Lungenzug machst und wenn du den Rauch nicht durch die Nase gehen läßt. Probiers.

Daß du aber im Dunkel die Qualität des Tabaks nicht spürst, den du rauchst, das ist einmal ganz sicher. Da haben sie jüngst in Amerika — wo auch sonst! — solche Versuche angestellt, und es hat sich ergeben, daß die abgefeimtesten Raucher eine Zwei-Cent-Zigarre nicht von einer Importe unterscheiden konnten, keiner konnte es. Sie schnüffelten und pusteten und rauchten ... aber sie rieten allemal daneben. Denn sie sahen die Zigarre nicht, sie tasteten sie nicht vorher zärtlich mit den Augen ab, sie konnten nicht an ihr riechen, nicht die Farbe des Deckblatts sehen — und da war es auf einmal aus. Das ist ein sehr tiefsinniger Versuch.

Man hat ja ähnliches mit den Weinen probiert, wobei denn einmal einem alten Küfer aus der Bourgogne Wasser vorgesetzt wurde; er erklärte tiefbeleidigt, das kenne er nicht; und es gibt auch Leute, die mit verbundenen Augen am Geräusch eines Motors die Fabrikmarke erkennen können — worauf wieder ein pariser Chansonnier erzählt hat, man habe, um den zu prüfenden Ingenieur zu täuschen, an einer Wasserspülung gezogen, und er habe sofort ausgerufen: «Ça — c'est un Citroën!» — «was», wie der Chansonnier hinzufügte — «nicht fein war — für die Wasserspülung.» Aber die Geschichte mit dem Rauchen hat mich doch tief beunruhigt.

Ist es also nur der alte schöne Satz: «Keine Qualität — nur Ausstattung»? Liegts nur an der Verpackung?

In Deutschland arten ja solche Fragen gleich in wilde Kämpfe mit den betreffenden Interessenten aus — aber die Sache liegt viel tiefer. Bedarf es vielleicht, um einen vollständigen Sinneneindruck zu haben, nicht nur der, sagen wir, eindimensionalen Funktion eines Sinnes — benötigen wir vielmehr eine Raumwirkung der Sinne? Müssen sich also zwei oder drei Sinneswahrnehmungen in die Höhe und Breite erstrekken, damit ein vollendetes Gebilde zustandekommt? Das ist eine Frage an die Experimental-Psychologen — Gott segne ihre Versuchsreihen.

Um aber auf die Hochzeitsreisenden zurückzukommen:

Kann man auch im Dunkel küssen? Spürt man dann, ob man überhaupt küßt? Und was die Qualität angeht — — es ist gar nicht so einfach im menschlichen Leben.

EIN BESSERER HERR

Da laßt mich mal ran. Dieses Buch will besprochen sein.

Dieses Buch ist: ‹*O. S.*›, verfaßt von Arnolt Bronnen (erschienen bei Ernst Rowohlt zu Berlin); ‹O. S.› heißt: Oberschlesien. Ausgezeichneter Einband: eine graue Generalstabskarte der Gegend, die Demarkationslinie zwischen Polen und Deutschland blutrot eingezeichnet, der Titel gleichfalls rot, das ist sehr gut gemacht. Die vierhundertzehn Seiten aber sind der Abschied eines Literaten von der Literatur.

Vor der Abstimmung in Oberschlesien versuchten beide Teile, die Entscheidung der Alliierten und die Haltung der Entente-Kommissionen mit Waffengewalt zu beeinflussen. In Polen taten das Patrioten und bezahltes Gesindel, in Deutschland waren es Patrioten und bezahltes Gesindel; die Atmosphäre dort unten roch nicht gut. Es spielten sehr gewichtige Interessen der Großindustrie mit, von denen die Freikorps, die mit unerhörter Brutalität eingriffen, nicht viel ahnten — in dem einzig lichten Augenblick seines Buches nennt Bronnen die Anfänge der Schwarzen Reichswehr rechtens ein «Gemisch aus Arbeitslosigkeit und Patriotismus». Der Erfolg dieses Bandenkrieges ist negativ gewesen — die endgültige Festsetzung der Grenzlinie ist kaum durch ihn beeinflußt worden. Wesentlich ist dann doch die Abstimmung gewesen. Von beiden Seiten wurden damals große Fonds in den korrumpierten Volkskörper hineingepumpt wie später in die Ruhr — ich selbst habe die Hände in diesem Bottich gehabt, ich hätte es nicht tun dürfen, und ich bereue, was ich getan habe. Auf beiden Seiten ist gemordet und spioniert worden, verraten und gekauft und verkauft; bestialische Untaten sind verübt worden und ungesühnt geblieben ... und schließlich hat es alles nichts genutzt.

Davon erzählt Bronnen. Kein Zweifel, daß es nicht nur das Recht, sondern beinah die Pflicht des Dichters ist, ein Zeitdichter zu sein — und hier ist sorgfältig zu untersuchen: wird ästhetisch berichtet, gleichmütig, unpolitisch, oder steht der Erzähler auf einer Seite der Linie? Bronnen steht auf einer Seite: nicht auf der polnischen. Auf der deutschen? Nein, er steht nicht auf der deutschen — er steht auf der Seite der Freikorps, und diese Freikorps verfochten zum großen Teil nur ihre Sache, nicht die der Deutschen, von denen sie nicht beauftragt waren, die sie nicht gefragt hatten ... aus Bayern zogen sie nach Oberschlesien, Landsknechte, die überall waren, wo es etwas zu prügeln gab. Hier gab es Krieg, Divisionsstab, Mord, Geld, Krach, ein freies Leben führen wir . . .!

Das kann man bejahen.

Ich spiele dieses Spiel nicht mit, das darin besteht, jedem Schriftsteller der Gegenseite die Begabung abzusprechen. Unsereiner ist ja für die Rechten ein analphabetischer Botokude; wir aber wissen, wie groß Gottes Tiergarten ist — warum sollte es nicht einen guten, einen achtbaren, einen prägnant schreibenden nationalen Schriftsteller geben?

Jedoch hat jede heroische Bewegung ihre Affen; der Faschismus hat einen neuen Typus in Europa gezüchtet, den faschistischen Kellner. Bitte sehr, bitte gleich . . . es ist eine Tragik dieser Gruppen, daß dort offenbar unsre alten Hosen aufgetragen werden; da gibt es falsche Hamsuns und nachgemachte Kerrs und Epigonen von Epigonen . . . Die Herren irren. Faschisten —? Ein dreckiges Hemd ist noch kein Schwarzhemd.

Echtheit der Gesinnung riecht man. Der verstorbene Friedrich Lienhard ist echt gewesen. Hans Grimm ist ein durchaus ehrlicher Mann. Bronnen ist nicht echt.

Sage mir, wie du schreibst . . . da gibt es kein Versteckspiel. Wir alle sind mit unsern Stärken und unsern Unarten in unserm Stil; es ist wie mit dem Gesicht: hier gibt es keine Verstellung. Wie sieht der Stil des Freikorpsbarden aus?

Wenn ihr in den Ecken eurer Bibliothek nachstöbert, wo die alten, ganz alten Reclambändchen stehn, dann werdet ihr sicherlich auch so etwas wie ‹Militärhumoresken› finden (Theo von Torn . . .), und da fischt euch einmal eine heraus. Ihr werdet sehen, wie der höchst zweifelhafte Humor dieser kindlichen Albernheiten darin besteht, daß gewöhnliche Hergänge bombastisch beschrieben werden. «Fritz, der treue Bursche, ergriff zu diesem Zwecke das keinem Vaterlandsverteidiger fehlende Schwert und ging mit dieser furchterregenden Waffe der Büchse zu Leibe, die der Aufbewahrung jener mit Recht so geschätzten Erbswurst diente . . .», also dumm. Diese Technik geht durch alle Bändchen — sie feiert hier bei Bronnen ihre fröhliche Urständ. Dieses Deutsch ist eine Affenschande.

«Herr von Heydenbreck saß eben, es war halb drei Uhr, im Osten flimmerte schon der bekannte Silberstreif . . .» Diesen Satz kann man sich unmöglich anders als genäselt gesprochen denken — «der bekannte Silberstreif» . . . hähä — sehr jeistreich, hat doch der olle Pachulke, der Stresemann, mal jesacht . . . Prösterchen! Und das ist nun nicht etwa eine Ausnahme; das soll keineswegs dazu dienen, eine Figur zu charakterisieren, sondern Bronnen findet das komisch, und in seinen Kreisen wird es das ja wohl auch sein. Wo es ganz besonders komisch hergeht, schreibt der hochgemute Dichter «Neese» statt ‹Nase›, ohne jeden ersichtlichen Zweck . . . wenn da die Leute nicht lachen! Bevor ich berlinere, überlege ich es mir dreimal, und zweimal tue ichs nicht.

Es gibt in diesen deutschen Büchern ein Wort, das nie fehlt, weil es so recht zeigt, wie sich die Verfasser einen deutschen Mann vorstellen. Es ist das Wort ‹kurz›. «Herr Pfarrer Ulitzka gab ihm kurz zur Antwort . . .» Die Fakultäten, die so schöne Preisaufgaben stellen, sollten einmal als Thema geben: «Kurz und Knapp in ihrer Beziehung zum patriotischen Schundroman des zwanzigsten Jahrhunderts.» Denn dies ist ein deutsches Ideal: jemand kurz anzufahren; nehmen Sie herrisch, dergleichen hebt immer. Bronnen spricht auch im ruhigen Prosatext genau so, wie seine uniformierten Jungen gesprochen haben — ich will den Putsch-Killinger, der eines der rohesten Bücher geschrieben hat, nicht beleidigen: aber beinah so schön kann es Bronnen auch. Dies ist sein Deutsch: «Nun stand da, allein in einer offenen, relativ behaglichen Wohnung ein einsames Mädchen . . .» man fühle, wie gewöhnlich, wie aus dem Rinnstein geklaubt dieses ausgespuckte und törichte Fremdwort ‹relativ› hier ist; man höre so einen Satz, von einem Überfall auf Geschäftsleute durch die Freikorpsverbrecher: «Die ungeladenen Pistolen auf der schwitzenden Stirn gaben die Koofmichs mit Eifer ihr Geld», und man ermesse daran den Stil.

Die Freikorpsknaben, für die das Buch geschrieben ist, werden diesen Stil loben, es haltend wie Schalom Asch, der ‹Jiddisch› für die schönste Sprache der Welt erklärte. Und als er gefragt wurde, warum: «Man versteht jedes Wort.» Bei Bronnen versteht man jedes Wort — wissen Se, es is so natürlich jeschriehm — ehm so, wie man ehm spricht. Zum Wohle.

Bronnen beschuldigt ohne den Schimmer einer Ahnung die Reichs-Regierung, nichts für Oberschlesien getan zu haben. Die Regierung aber saß damals im Druck einer ungeheuern Zange: sie hatte, was der Verfasser übersieht, einen Krieg verloren, sie hatte ein halb verhungertes Volk im Lande, fremde Soldaten auf der heimischen Erde . . . «Na, da hätte man eben . . . man hätte eben . . . also: einfach feste druff . . .», so ungefähr geht, unausgesprochen, das politische ‹Programm› durch die hingesudelten Seiten. Die Roheit, die Dummheit, die Blindheit dieses Autors sind beispiellos.

Er schreibt das Eigenschaftswort ‹deutsch› allemal groß und ‹polnisch› allemal klein, auch dann, wenn er die Polen etwas von «den Deutschen Schweinen» sagen läßt — wohl, um anzudeuten: waren die Deutschen einmal Schweine, dann sind sie eben recht große gewesen. Und wenn es ganz groß hergeht, dann schreibt Bronnen alles groß — so am Schluß, wenn Banalitäten über einen nebulosen Sieg in den Wind geschmettert werden, wo die Fahnen sich bauschend im Winde . . . wie gehabt. Das Minderwertige wird klein geschrieben? Dann aber wollen wir von arnolt bronnen sprechen, bei dem dieser

Deutsche Rechtschreibungssieg nicht nur eine gesuchte Äußerlichkeit ist wie die, alle zusammengesetzten Wörter auseinanderzureißen und die Teile ohne Bindestrich hinzusetzen: welch ein Bock Mist. Nein, seine nationale Orthographie hat ihre tiefere Bedeutung.

Denn tatsächlich gibt es in diesem Buch keinen anständigen Polen. Es sind kleine, verschmierte, tückische, bezahlte Leute; auf der Deutschen Seite aber ragen die trutzigen Helden rank und hehr und sonst noch was in den falben Morgenhimmel. Wo sind die polnischen Schlageters? Wenn die Polen einen Nationalfehler haben, so ist es ihr übergroßer Nationalismus, der sich aus der Geschichte ihres Staates und aus der hundsgemeinen Behandlung herleiten läßt, die sie jahrhundertelang von den Deutschen zu erdulden gehabt haben – glaubt Bronnen, daß nicht auch die Polen aus echter Liebe zu ihrem Vaterland in diesen oberschlesischen Kampf gegangen sind? Er verschweigt es. Bei ihm sind die Polen, was in den Indianerbüchern ‹der schurkische Mestize›. Er delektiert sich an den Gewalttaten, die erzählt werden, in einer beinah peinlichen Weise. Es ist da beim Sturm auf den Annaberg von einem bayerischen Raufbold die Rede, der in fliehende polnische Soldaten hineinschießt, Männer, die genau so viel und so wenig Soldaten sind wie er selber – und das ist mit einem solch viehischen Behagen erzählt, so feige-grinsend ... Was dem einen seine Anna, ist dem andern sein Annaberg.

Und man wird das Gefühl nicht los: Warum arbeiten denn alle diese feinen Herren nicht? Es gab nichts zu arbeiten? In Deutschland ist ein Ödland, so groß wie der Freistaat Oldenburg – warum betätigen sie an dem nicht ihre brennend heiße Vaterlandsliebe? Mit Ausnahme der Artamanen tut das keiner von denen. Aber das ist freilich nicht so romantisch, auch verschafft es weitaus weniger Lustgefühle. Für die hat der feinsinnige Verfasser drei Elemente parat, die immer ziehen.

«Eine gute Nachricht», heißt es in einem unsterblichen Wort des Lord Northcliffe, «enthält dreierlei: Blut, Vagina und Nationalflagge.» Zur Stelle, sagt Bronnen.

Blut hat er. Es wird gedroschen und geschossen und gemordet, daß es einem nur so warm über den Rücken säuselt.

Nationalflagge hat er auch. Man entsinnt sich jenes famosen ersten Aktschlusses im ‹*Cyrano de Bergerac*› – wenn da die Szene zu verlaufen droht, setzt sich der Zug der Schauspieler in Bewegung, der Hintergrund öffnet sich ... «und vor uns liegt Paris!» Es gibt kein Publikum der Welt, auf das dergleichen nicht wirkte. Bei Bronnen wird, wenn er Pathos braucht, der Hintergrund aufgezogen, und da liegt: Deutschland.

Und nun muß einmal gesagt werden, daß es nur ganz seltene Fälle gibt, wo diese Zusammenfassung der sechzig Millionen überhaupt noch einen Sinn und eine künstlerische Berechtigung hat. Über den Begriff Rasse wollen wir gar nicht erst reden. Da steht zum Beispiel gegen die englische Politik: «Und so ereignete es sich, daß in diesen schweren Stunden des germanischen Stammlandes plötzlich eine Welle teutonischer Solidarität gegen die Kreide Felsen der Insel schlug . . .» Was! Diese Promenadenmischung wild gewordener Kaschuben wird uns als Block teutonischer Solidarität geschildert. Aber es ist ja nicht wahr, daß die sechzig Millionen immer ein einziges Ding sind; gespalten sind sie, durch den Klassenkampf zerrissen, in ihren Anschauungen, ihrem Herkommen, ihrer Abstammung so weit voneinander unterschieden, daß man schon auf das Heimatgefühl, das ganz und gar unpolitisch ist, zurückgreifen muß, um wirklich sagen zu dürfen: Deutschland. Aber wenn es doch einen so schönen Aktschluß ergibt!

«Wir haben da einige Leute», sagt einer der Raufbolde, «verstreut, privat, in läppischer Beschäftigung; und plötzlich überfiel uns dies, Nation, wie eine Krankheit. Wir wurden, rätselhaft und beglückend zugleich, Instrumente der Nation . . .» Hier ist der Fehlschluß in nuce: Instrumente der Nation? Gegen den Willen dieser Nation, ja ohne ihr Wissen, unter ihrer gänzlichen Gleichgültigkeit Instrumente der Nation? Das hat man immer gesagt, wenn «ganz große Schweinereien exerziert» wurden, um im Stil des Buches zu bleiben — denn nichts ist so verantwortungslos wie die staatliche Kollektivität.

Einmal, ein einziges Mal, drückt sich der faschistische Pikkolo deutlicher aus, und da ist er zu schlagen. «Die meisten sagen, Vaterland ist Blödsinn. Ich meine, das kann ernsthaft nur jemand glauben, der von seinem eignen, jämmerlichen Leben keine Ahnung hat. Das Leben eines Menschen ist nicht besser, nicht schlechter, nicht tiefer, nicht gescheiter als das Leben eines Hundes, eines Grases. Das Volk kann es besser, schlechter, tiefer, gescheiter machen. Das war in mir, als ich nach Wyssoka ging.» Jeder muß sein eignes Leben am besten kennen. Aber hier ist klar und eindeutig gezeigt, wie an die Stelle des alten Religionsbegriffes, der angeblich den Menschen erst über das Tier hinaushebt, dieser Vaterlandsbegriff getreten ist, der mit seinem falschen Mystizismus auch bessere Gehirne vernebelt hat als das des Herrn Bronnen. Ohne Heroismus ist noch keine Sache auf dieser Erde zu gutem Ende geführt worden — aber dann ist mir die Terminologie des Klassenkampfes lieber. Sie ist ehrlicher.

Soweit das Blut und die Nationalflagge. Was das dritte der Northcliffeschen Postulate, die Frau, anlangt, so werden wir reichlich bedient. Ich muß gestehn, seit langem nichts so Unappetitliches gelesen zu haben wie dies Kapitel, das in gar keiner Beziehung zum sonstigen Inhalt steht — man fühlt förmlich, wie sich der Dichter gesagt hat: Ja, und nun mußt du den Freikorpslesern doch noch was fürs Herz bieten. Fürs Herz . . .? so hoch gehen seine Aspirationen gar nicht. Es wird da ein trübes Feuerwerk der Schmutzerei abgebrannt, aber was dieser von allen guten Geistern verlassene Patriotenclown nicht weiß: es gehört Kraft dazu, so etwas zu schreiben. Um eine erotische Situation bis in die medizinischen Einzelheiten zu gestalten, muß man die Stärke etwa von James Joyce besitzen, was aber Bronnen gemacht hat, ist blanke Pornographie. Wenn dies Literatur ist, dann ist das *‹Tagebuch der Josefine Mutzenbacher›* ganz ausgezeichnete Literatur.

Aber alles das: die Sauerei, der ungeistige Patriotismus, der schlechte Stil könnten mich nicht bewegen, diese Sorte so leidenschaftlich abzulehnen, wie ich es tue. Da ist noch etwas andres.

Bronnen weiß nichts über die deutsche Wirtschaft – gut, mag hingehn. Drei Sätze von Morus geben uns mehr Aufklärung über Oberschlesien als dieses nationalistische Gerümpel. Bronnens Material ist mehr als kümmerlich; im Vorwort werden einmal die berüchtigten Cossmannschen Monatshefte angeführt, deren Materialforschung und Dokumentenzusammenstellung bekannt sind, und auch die hat der Verfasser noch «aus dem Gedächtnis» zitiert: so, mit der linken Hand, wer hat denn Zeit, alles zu lesen! Dabei spielt Bronnen ‹neue Sachlichkeit› – der Innenumschlag des Buches enthält die Generalstabskarte noch einmal, mit allen Zeichenerklärungen ... wir sind ja so nüchtern! und so kalt! und wirklichkeitsnah! und haben auch noch nicht die allereinfachste Statistik über dieses sehr verwickelte Oberschlesien gelesen, wo die größten Industrie- und Ackerbarone leben und wo das Elend der Landarbeiter zum Himmel schreit. Mag alles noch hingehn.

Daß Bronnen von der getarnten Reichswehr sagt: «Unter den Augen und Nasen zahlloser Spitzel, neben den Ohren von hundert Entente Kommissionen gelang es, in den schwierigsten und gefährlichsten Zeiten diese Geheimsoldaten wirklich geheim zu halten» und mit keinem Wort auch nur andeutet, daß noch heute Leute in den Kerkern sitzen, weil sie diese zweite Reichswehr ans Licht zerrten, die Geßler wider besseres Wissen abgeleugnet hat – das ist schon schlimmer.

Daß er aber solche Sätze schreibt wie: «... durch soviel Abenteuer gegangen, er hatte unverwundet drei Offensiven und den großen Argonnen Rückzug überstanden, die Revolution hatte ihn auf den Barrikaden vieler großer Städte gesehen, er hatte in München Herrn Toller pensionieren geholfen und in Pest Herrn Khun» – daß in dieser mit einem Syntax-Fehler gezierten Stelle wiederum nichts von den sinnlosen und empörenden Grausamkeiten dieser Ordnungsgardisten und nichts von den Leiden der Revolutionäre ausgesagt ist; daß Arnolt Bronnen sich über die Millionen Deutscher, die keine Arbeit haben, lustig macht: «Krenek konnte Holz und Dachpappe fressen, was sein Magen, durch Arbeitslosen Kost verweichlicht, vorderhand noch ablehnte»; daß Arnolt Bronnen diese Stelle hier (von der als geil und verdorben geschilderten Pornographie-Figur) hinsetzt:

«Ihr Vater hatte ein Album von George Grosz. Sie zeigte es dem Franzosen, sie lachten gemeinsam über diese Gesichter der Deutschen Bürger und der Deutschen Huren. ‹Ein schönes Volk, Tinet›, sagte sie, ‹und das ist meine Mutter›, zeigte sie, Bertin schüttelte den Kopf. ‹Ich habe kein Gefühl für sie›, meinte Toinette, ‹für meine Mutter nicht, und nicht für ihr ganzes Volk. Sie sind so ordinär, dumm, gierig, außer fressen und flicken kennen sie nichts, und das kennen sie nur in der gemeinsten und niedrigsten Weise›» — daß er das geschrieben hat: das darf denn doch wohl eine Perfidie genannt werden.

Bronnen muß wissen, daß diese Bilder aus tiefstem Schmerz geboren sind; daß Grosz, wie wir alle, unter seinem eignen Volk gelitten hat; daß die Gefahr, solche Bilder könnten derart sinnlos und idiotisch mißbraucht werden, unendlich geringer ist als der moralische Nutzen, den sie gestiftet haben — und Bronnen weiß das. Er hat mit *‹Vatermord›* eine Konjunktur benutzt, wie er das immer getan hat; er weiß, wer George Grosz ist.

Aber George Grosz hat aufs Haar genau das dargestellt, was dieser hier geschrieben hat, nur von der anderen Seite:

Ein Freiwilliger bei Bronnen hockt allein unter den gefallenen Kameraden, er sieht auf die Leichen von polnischen Gefangenen, die die deutschen Helden mit dem Maschinengewehr zusammengeschossen haben, weil sie sie nicht mehr mitführen konnten. «Sie waren bewundernswert getroffen, präzis, wie Ochsen im Schlachthaus. Er betrachtete sie gefühllos, ohne Bedauern; ohne Bedacht auf die Gerechtigkeit, die er nicht anerkannte; es war mehr eine Erwägung, ob dies vereinbar mit den Spielregeln war. Aber konnte diese Frage entschieden werden, hier und von ihm?»

Das hat Grosz gezeichnet. Das Blatt heißt *‹Angelus›*: der Klotz einer zerhackten Leiche ist an das Isarufer angeschwemmt, davor steht ein Ordnungssoldat, ein sturer, stumpfer Unteroffizier mit einem Bullenkopf, einem gemeinen Nacken, mit versoffenen Augen. Wie ein Tier sieht er auf den Kadaver. Auch dieser erkennt die Gerechtigkeit nicht an. In der Ferne verschwimmen die Türme der Frauenkirche . . .

So sind sie gewesen. Schmach ihrem Andenken. Fluch ihren Auftraggebern.

Daß aber dieser Friseur, von dem sich Mussolini nicht rasieren ließe, eine falsche Grausamkeit plakatiert, zu der er wahrscheinlich nicht einmal fähig ist; eine Tapferkeit, die sich nur bestätigt, wenn die Partie zehn zu eins steht oder der Täter hinter dem Opfer, das zeigt die Verlogenheit dieses Salonfaschismus, des Bruders der amerikanischen und der russischen Snobs, kurz, aller jener, die, zu klein und zu faul, sich ein Weltbild zu machen, in die Garderobe gehen, wo die Großen abgelegt haben. Dieser hat ein schwarzes Hemd erwischt, das ihm vier Nummern zu groß ist: oben guckt der Kopf heraus, und vom Rest wollen wir gar nicht reden. Wenn dieses Buch einen der unsern zum Verfasser hätte —: ich schwiege es tot und schämte mich, daß so einer meiner Meinung wäre.

Ernst Rowohlt glaubt an Bronnen, und Verlegertreue ist selten. Er hat ihm die Treue durch alle Konjunkturmißerfolge gehalten: ‹*Reparationen*› und ‹*Rheinische Rebellen*› und wie dieses Zeug heißt, wo sich einer atemlos an die Zeit anbiedert, die nichts von ihm wissen will. Aber Ernst Rowohlt hat durch seine Publikationen Verpflichtungen; er ist kein politischer Verlag mit einem Dogma, aber er ist ein anständiger Verlag. Dieses Buch ist eine im Tiefsten gesinnungslose Pfuscherei, und man darf sagen, daß es für alles Grenzen nach unten gibt. Der da hat sie überschritten, mit seinem angelaufenen Monokel.

Was aber die Buchpropaganda angeht, so ist es üblich, auch die ungünstigsten Urteile in sie aufzunehmen, und dafür gibt es ein feststehendes Klischeewort: umstritten. Nun, wenn ein Hundewürstchen auf der Straße umstritten ist, weil es die Hunde zwar fröhlich beriechen, die Menschen aber dem Ding aus dem Wege gehen —: dann ist dies ein umstrittenes Buch.

HERR WENDRINER LÄSST SICH MASSIEREN

Für Emil Ludwig

— «Na, wie is denn heute mit dem Gewicht —? Hundertfümmwunneunzich, sehn Se mal an — das kommt davon! Wir warn gestern ahmt unten in Dresden, ich hab mich verleiten lassen, ne Flasche Sekt ze trinken . . . soll man nicht, was? Na, einmal ist keinmal. Ich wers hier im Sanatorium aufholen. Warten Se mal, das Badetuch . . . so. Öwwf.

Wissen Sie, man sollte hier vorn sonen kleinen Hahn haben, wo man sich das Fett abzapfen kann, meinen Sie nicht auch? Sonen kleinen silbernen Hahn, und da brauchen Sie gar nicht erst massieren — jeden Morgen kommt einer und dreht einfach den Hahn auf, und das Fett läuft ab. Die Technik ist noch nicht fortgeschritten, verstehn Sie mich? Aua, nich so doll! Das ist doch die Stelle . . . Haben die andern Herren schon geturnt? Ich habe heute nich geturnt, mir is ze kalt. Ich war auch zu müde. Generaldirektor Bronzheimer ist noch nich unten, wie? Der ist noch dicker wie ich, was? Komisch, der Mann mit seiner Arbeit — ein sehr beschäftigter Mann, kommt ausm Schlafwagen gar nich raus, da oben am Hals könn Sie ruhig 'n bißchen stärker, das macht nichts. Aehhh — Was Neues in der Zeitung? Ich hab sie noch nich gelesen, ich les sie immer nachher, beim Frühstück. Die in Paris sind noch nich fertig, was? Das ist auch eine Sache ... na, ich sage immer: laßt mich mit der Politik zefrieden – wenn nur die Geschäfte gut gehen; ich meine, es sollen alle verdienen, jeder, was ihm zukommt ... nicha? Puuuuh – Sie sind natürlich organisiert, was? Sozialdemokratisch, wie? Nein? So, ich dachte; Gott, wissen Sie, die Sozialdemokraten sind gar nicht so schlecht, haben auch schon Wasser in ihren Wein gegossen, die Leute sehen ehm, daß man mit dem Kopf ehm nicht durch die Wand ... autsch! Da müssen Sie nich so drücken ... Mal gleich nachher die Zeitung holen ... wissen Sie, ohne Zeitung bin ich ein halber Mensch. Auch in Berlin, gleich morgens das erste ist die Zeitung. Ahms? Abends auch. Ich lese 'n *‹Börsenkurier›*, und dann kauf ichs *‹Achtuhrahmblatt›*, Gott, 's steht immer was drin. Das geb ich dann meiner Frau, und dann hab ich meine Ruhe. Mohjn Herr Pniower! Na, ma los, los! Ma ran an Speck! Sie solln auch was Gutes ham! Gut geschlafen? Ich habe ganz gut geschlafen, nur um sechs bin ich aufgewacht, da schläft neben mir 'n Ehepaar, aber es war nichts – ich bin dann auch nochmal eingeschlafen ... Jaa, lieber Freund! Massieren is keine Kleinichkeit! Für nichts is nichts! Kneten Sie man ornntlich, Herräm ... der Mann kann das gebrauchen, mit seinem dicken Bauch! Aua! hier bei mir nicht so doll! Pwwww – Ham Sie gelesen, von der Fusionierung? Mit K? Na, ich wer Ihn mah was sagen: Sie wissen doch, wer das Aktienpaket hat, von dem da die Rede ist? Ach, keine Spur. Hagen hat es, was sagen Sie nu? Louis Hagen. Ich hab mich gestern informiert. Hat man mir gestern aus Köln telefoniert. Ich hab da meine Verbindungen – Pniower, Ihr Bauch und dann Rothschilds Geld ... mein Bauch? Na, wenn ich meinen Bauch neben Ihren Bauch halte, den Unterschied möcht ich ... Rumdrehen? gleich – hopps! so. Sagen Sie mal, wer is eigentlich die große Dame mit dem roten Haar? Eine Frau Markgraf, Marbach, Marhahn, so was ... kenn Sie auch nich, was? Hm ... Man soll ja hier strenge Diät leben ... Ja, ich bin beim Chefarzt in Behandlung, natürlich. Ich geh jedes Jahr her. Mir bekommt es großartig – man kann nachher dreimal so viel essen. Und auch so – ich sage immer: Freie Bahn dem Seitensprung! Was sagen Sie? Ach, gar keine Rede. Ja, ich bekomm leichte Diät, strenge Diät hab ich schon gehabt. Ich bekomm jetzt leichte Diät. Haben Sie diesen Gemüseauflauf gestern mittag gegessen? Ich hab das nicht gegessen – Sie, das schmeckt so ... äh. Dabei kochen die Leute sonst gut. Schrecklich, heute is Rohkost – Sie, Rohkost mag ich nicht, Sie auch nicht, was? Donnerwetter, hat das jeklatscht, das schallt ja ornntlich ...! Ja, Massieren ist ne Kunst, wissen Sie, ich hatte mal als junger Mensch ne Freundin, die massierte son bißchen, nebenbei ... die hat mich immer massiert. Wah ganz nett. Na, reden wir von was anderm. Sahn Se mah – ham Sie gehört, der Direktor

Bratsch ist gestorben? Ja, der war doch immer hier, son kleiner Dicker... war immer mächtich hinter den Weibern her, der ging glaub ich jeden Ahmt nach Dresden runter... nu is er tot. Soll schrecklich ausgehalten haben, der Mann, Leber oder so — nee, wissen Se, ich sage immer: Son Tod — denn lieber gar keiner! Was? Hier noch 'n bißchen. Ja, da. Wieviel Herren massieren Sie nu so am Tag? Sechzehn? Donnerwetter. Strengt sehr an, was? Na ja, is Gewohnheit, alles ist Gewohnheit. Nachmittag auch? Sehn Se mal an. Und die Damen oben, haben die auch Masseure — nein, die haben natürlich Masseusen, seffaständlich, ja. Ach Gott, man gewöhnt sich an alles, wissen Sie, ich meine, es is wie in der Ehe, nachher guckt man gar nich mehr hin, was? Sie! kitzeln Se nich! Da bin ich kitzlich! Ffff — gestern abend wurde drüben erzählt, da is doch die Frau Doktor Sinsheimer, die hat ne — aua! — die hat ne Freundin, und die war sehr krank. Wie der Arzt kommt und sie untersucht, sacht er: Ja, also diese Nacht, da is die Krisis. Geht raus, aufn Korridor, der Arzt, und kaum is er raus, kommt das Dienstmädchen ins Zimmer, die muß wohl was gehört ham und sacht: ‹Also, das wollt ich nur sagen — bei ner Leiche bleib ich nich im Haus!› Finden Sie das? Doll, was? Wissen Se, es gibt Leute ... ich meine, es gibt so Leute, die denken nur an sich. Natürlich muß man auch an sich denken, aber nachher muß man doch auch an andre denken, nicha? Aber es gibt Leute, die denken nur an sich. Ham Sie das gelesen, von den Festspielen in Berlin? Fabelhaft. Berlin wird Weltstadt, da gibts ja nichts. Solln ja mächtig viele Amerikaner da gewesen sein; meine Frau hat einen auf dem Kurfürstendamm getroffen, schreibt sie mir, den Vetter von ihrem jüngsten Neffen, einen Mister Fischel aus Chicago. 'ne Weltstadt. Ich fahr diesen Herbst nach Paris. Wissen Sie, die Welt ist überhaupt mächtig international in der letzten Zeit. Schsch, das is ne empfindliche Stelle... Hoppla. Sind Sie schon fertig? Sie hams gut, ich wer noch massiert. Ach so, Sie bekommen nur Halbmassage — ich bekomm Ganzmassage! Hat der Chefarzt persönlich angeordnet. Pniower! Wenn Sie nachher die Frau Ruschinsky sehen — sagen Sie ihr doch, ich bring ihr das Buch nachher runter, sie hat mir ein Buch geliehen — ja, ganz nett — mit der Kameradschaftsehe... na, wissen Sie, ich geh von dem Standpunkt aus, Kameradschaft ist eine Sache, und Ehe is eine an... Pniower! Sie verlieren Ihren Pantoffel! — Dauert die Verbindung nach Berlin eigentlich lange? Nö, dauert nich lange, was? Neulich hats nur zehn Minuten gedauert, war sie schon da. Man muß doch ab und zu mal sehen, was los ist, ich hab ja im Geschäft meinen Sozius, aber besser is besser. Sie — heute meinen Sies aber zu gut mit mir! Uwwwf — — Wissen Se, ich begreif nich, wie einer immerzu nichts tun kann. Ich muß was ze tun haben. Was is man denn ohne Geschäft, nicha?

Ich wer nochmal in den Sielen sterben. Ich brauch Betrieb. Fertig —? Pffff.

Naa? is doch aber schon besser. Gehn Se mah weg, ich will mich mal in Spiegel sehn. Sie! ich wer dünn. Ich seh mir gar nich mehr ähnlich. Wenn ich mir — is da einer? nein — wenn ich mir hier das Badetuch hinhalte, könnte man mich glatt fürn junges Mädchen halten ... hähähä! Na ja — außer das. Na, werch mah brausen gehn. Mohjn —!

Bademeister! Brause! Brause! Pschschschsch — aaaaah —! Gehm Se ma das Badetuch her! Fffffuuuuhhh — So. — Aah, der Herr Generaldirektor Bronzheimer! Mojn, Herr Generaldirektor, Mojn! Na, gut geschlafen? Sehn ja ausgezeichnet aus! Geturnt? Auch? Sehn Se mal an ... (Ach — ich hab gar nicht gewußt, daß der Mann 'n Jude is ... ach so — —!) Mohjn, Herr Bronzheimer. Auch e Mensch. Und nu gehn wir schlafn —!»

DIE KUNST, FALSCH ZU REISEN

> Wem Gott will rechte Gunst erweisen,
> den schickt er in die —
> «Alice! Peter! Sonja! Legt mal die Tasche hier in das Gepäcknetz, nein, da! Gott, ob einem die Kinder wohl mal helfen! Fritz, iß jetzt nicht alle Brötchen auf! Du hast eben gegessen!»
> in die weite Welt!

Wenn du reisen willst, verlange von der Gegend, in die du reist, *alles*: schöne Natur, den Komfort der Großstadt, kunstgeschichtliche Altertümer, billige Preise, Meer, Gebirge — also: vorn die Ostsee und hinten die Leipziger Straße. Ist das nicht vorhanden, dann schimpfe.

Wenn du reist, nimm um Gottes willen keine Rücksicht auf deine Mitreisenden — sie legen es dir als Schwäche aus. Du hast bezahlt — die andern fahren alle umsonst. Bedenke, daß es von ungeheurer Wichtigkeit ist, ob du einen Fensterplatz hast oder nicht; daß im Nichtraucher-Abteil einer raucht, muß sofort und in den schärfsten Ausdrücken gerügt werden — ist der Schaffner nicht da, dann vertritt ihn einstweilen und sei Polizei, Staat und rächende Nemesis in einem. Das verschönt die Reise. Sei überhaupt unliebenswürdig — daran erkennt man den *Mann*.

Im Hotel bestellst du am besten ein Zimmer und fährst dann anderswohin. Bestell das Zimmer nicht ab; das hast du nicht nötig — nur nicht weich werden.

Bist du im Hotel angekommen, so schreib deinen Namen mit allen Titeln ein ... Hast du keinen Titel ... Verzeihung ... ich meine:

wenn einer keinen Titel hat, dann erfinde er sich einen. Schreib nicht: ‹Kaufmann›, schreib: ‹Generaldirektor›. Das hebt sehr. Geh sodann unter heftigem Türenschlagen in dein Zimmer, gib um Gottes willen dem Stubenmädchen, von dem du ein paar Kleinigkeiten extra verlangst, kein Trinkgeld, das verdirbt das Volk; reinige deine staubigen Stiefel mit dem Handtuch, wirf ein Glas entzwei (sag es aber keinem, der Hotelier hat so viele Gläser!), und begib dich sodann auf die Wanderung durch die fremde Stadt.

In der fremden Stadt mußt du zuerst einmal alles genauso haben wollen, wie es bei dir zu Hause ist — hat die Stadt das nicht, dann taugt sie nichts. Die Leute müssen also rechts fahren, dasselbe Telefon haben wie du, dieselbe Anordnung der Speisekarte und dieselben Retiraden. Im übrigen sieh dir *nur* die Sehenswürdigkeiten an, die im Baedeker stehen. Treibe die Deinen erbarmungslos an alles heran, was im Reisehandbuch einen Stern hat — lauf blind an allem andern vorüber, und vor allem: rüste dich richtig aus. Bei Spaziergängen durch fremde Städte trägt man am besten kurze Gebirgshosen, einen kleinen grünen Hut (mit Rasierpinsel), schwere Nagelschuhe (für Museen sehr geeignet), und einen derben Knotenstock. Anseilen nur in Städten von 500 000 Einwohnern aufwärts.

Wenn deine Frau vor Müdigkeit umfällt, ist der richtige Augenblick gekommen, auf einen Aussichtsturm oder auf das Rathaus zu steigen; wenn man schon mal in der Fremde ist, muß man alles mitnehmen, was sie einem bietet. Verschwimmen dir zum Schluß die Einzelheiten vor Augen, so kannst du voller Stolz sagen: ich habs geschafft.

Mach dir einen Kostenvoranschlag, bevor du reist, und zwar auf den Pfennig genau, möglichst um hundert Mark zu gering — man kann das immer einsparen. Dadurch nämlich, daß man überall handelt; dergleichen macht beliebt und heitert überhaupt die Reise auf. Fahr lieber noch ein Endchen weiter, als es dein Geldbeutel gestattet, und bring den Rest dadurch ein, daß du zu Fuß gehst, wo die Wagenfahrt angenehmer ist; daß du zu wenig Trinkgelder gibst; und daß du überhaupt in jedem Fremden einen Aasgeier siehst. Vergiß dabei nie die Hauptregel jeder gesunden Reise:

Ärgere dich!

Sprich mit deiner Frau nur von den kleinen Sorgen des Alltags. Koch noch einmal allen Kummer auf, den du zu Hause im Büro gehabt hast; vergiß überhaupt nie, daß du einen Beruf hast.

Wenn du reisest, so sei das erste, was du nach jeder Ankunft in einem fremden Ort zu tun hast: Ansichtskarten zu schreiben. Die Ansichtskarten brauchst du nicht zu bestellen: der Kellner sieht schon, daß du welche haben willst. Schreib unleserlich — das läßt auf gute Laune schließen. Schreib überall Ansichtskarten: auf der Bahn, in der Tropfsteingrotte, auf den Bergesgipfeln und im schwanken Kahn.

Brich dabei den Füllbleistift ab und gieß Tinte aus dem Federhalter. Dann schimpfe.

Das Grundgesetz jeder richtigen Reise ist: *es muß was los sein* — und du mußt etwas ‹vorhaben›. Sonst ist die Reise keine Reise. Jede Ausspannung von Beruf und Arbeit beruht darin, daß man sich ein genaues Programm macht, es aber nicht innehält — hast du es nicht innegehalten, gib deiner Frau die Schuld.

Verlang überall ländliche Stille; ist sie da, schimpfe, daß nichts los ist. Eine anständige Sommerfrische besteht in einer Anhäufung derselben Menschen, die du bei dir zu Hause siehst, sowie in einer Gebirgsbar, einem Oceandancing und einer Weinabteilung. Besuche dergleichen — halte dich dabei aber an deine gute, bewährte Tracht: kurze Hose, kleiner Hut (siehe oben). Sieh dich sodann im Raume um und sprich: «Na, elegant ist es hier gerade nicht!» Haben die andern einen Smoking an, so sagst du am besten: «Fatzkerei, auf die Reise einen Smoking mitzunehmen!» — hast *du* einen an, die andern aber nicht, mach mit deiner Frau Krach. Mach überhaupt mit deiner Frau Krach.

Durcheile die fremden Städte und Dörfer — wenn dir die Zunge nicht heraushängt, hast du falsch disponiert; außerdem ist der Zug, den du noch erreichen mußt, wichtiger als eine stille Abendstunde. Stille Abendstunden sind Mumpitz; dazu reist man nicht.

Auf der Reise muß alles etwas besser sein, als du es zu Hause hast. Schieb dem Kellner die nicht gut eingekühlte Flasche Wein mit einer Miene zurück, in der geschrieben steht: «Wenn mir mein Haushofmeister den Wein so aus dem Keller bringt, ist er entlassen!» Tu immer so, als seist du aufgewachsen bei . . .

Mit den lächerlichen Einheimischen sprich auf alle Fälle gleich von Politik, Religion und dem Krieg. Halte mit deiner Meinung nicht hinterm Berg, sag alles frei heraus! Immer gib ihm! Sprich laut, damit man dich hört — viele fremde Völker sind ohnehin schwerhörig. Wenn du dich amüsierst, dann lach, aber so laut, daß sich die andern ärgern, die in ihrer Dummheit nicht wissen, worüber du lachst. Sprichst du fremde Sprachen nicht sehr gut, dann schrei: man versteht dich dann besser.

Laß dir nicht imponieren.

Seid ihr mehrere Männer, so ist es gut, wenn ihr an hohen Aussichtspunkten etwas im Vierfarbendruck singt. Die Natur hat das gerne.

Handele. Schimpfe. Ärgere dich. Und mach Betrieb.

Die Kunst, richtig zu reisen

Entwirf deinen Reiseplan im großen — und laß dich im einzelnen von der bunten Stunde treiben.

Die größte Sehenswürdigkeit, die es gibt, ist die Welt — sieh sie dir an.

Niemand hat heute ein so vollkommenes Weltbild, daß er alles verstehen und würdigen kann: hab den Mut, zu sagen, daß du von einer Sache nichts verstehst.

Nimm die kleinen Schwierigkeiten der Reise nicht so wichtig; bleibst du einmal auf einer Zwischenstation sitzen, dann freu dich, daß du am Leben bist, sieh dir die Hühner an und die ernsthaften Ziegen, und mach einen kleinen Schwatz mit dem Mann im Zigarrenladen.

Entspanne dich. Laß das Steuer los. Trudele durch die Welt. Sie ist so schön: gib dich ihr hin, und sie wird sich dir geben.

DIE INSELN

«Deutschland ist Vereinsland, nicht vereintes Land. . . . Versammlungen der Hunde- und Kaninchenzüchter, Berufsversammlungen, Amateurversammlungen, Versammlungen der Okkultisten, der Paragraphenbekämpfer, tausend Versammlungen jede Nacht, um Brot, um Freiheit, um Lebenswesentliches und um Dummheiten, Raucherversammlungen, Nichtraucherversammlungen, Versammlungen der Sexualnormalen und der Anormalen, Versammlungen, Versammlungen, Versammlungen.

Aber alle diese Versammlungen, getrennt voneinander, ohne Kenntnis voneinander . . . Versammlungsdurcheinander, Vereinsgequirl . . .» Alfons Goldschmidt: ‹*Deutschland heute*›

Die Deutschen leben auf den Sporaden, jeder auf seiner, und wenns gut geht, sitzen auf einer hundert, auf einer tausend Mann. Getrennt sind diese Inseln und Inselchen voneinander, kein Ruf hallt über die Meeresfläche, keine Brücke überquert den Flußarm; nur manchmal saust ein Pfeil hinüber und herüber, knallt ein Schuß, hallen ein paar scheltende Stimmen von Eiland zu Eiland, wo hinter wohlgebauten Wehren die Männerchen sitzen und nur dem lieben Gott unterstellt sind; denn das Wesentliche an einem guten Menschen ist der Zaun.

Auch der Krieg hat da nichts geholfen. Da sind sie nun zusammengekommen, das ganze Volk, die Telegrafenbausekretäre und die Hühneraugenoperateure und die Schriftsteller und die Buchhalter und die Fräser — aber es ist unheimlich gewesen, wie außerhalb der Gefahrenzone, also nicht da, wo dem Schützengrabengott auf dem Altar der Angst geopfert wurde, sich gleich wieder zu gleich gesellte: der Arbeiter zum Arbeiter, der Schreiber zum Schreiber, der Angestellte zum Angestellten . . . nichts hat es geholfen. Manchmal zage Ansätze, kleine Ausnahmen — und dann, nach 1918, wieder dieselbe Inselbevölkerung.

Vielleicht ist das in andern Ländern auch so — bei uns jedenfalls geht es folgendermaßen her:

Herr Puschke und Herr Pochhammer kriegen das große Krachen miteinander. Dann diskutieren sie kaum — denn wo sollten sie das tun? In ihrem Verein? Da wird um die Geschäftsordnung diskutiert; um Sachen wird dort nicht diskutiert. Man kann sich dann noch über den Hausflur einiges erzählen, vielleicht auch im Geschäft, aber nach etwa vierzehn Sätzen auf jeder Seite beginnt sofort der große Exodus, der Ausmarsch auf den heiligen Berg, die Secessio. Denn:

Es ist viel bequemer so. Herr Pochhammer tut sich selber einen kleinen Laden auf, Herr Puschke macht sich selbständig, und nun siegt jeder vor sich hin, vor lauter Leuten, die es schon wissen, vor solchen, die schon Bravo! rufen, bevor der Sieger noch den Mund aufgemacht hat — es ist so schön leicht. «Denn was soll man . . . also mit diesem Kerl da drüben kann man ja nicht reden . . .», und so haben wir den Typus eines Siegers ohne Besiegten. Er macht ihn hin — und jener lebt und wirkt friedlich weiter. Er ‹erledigt› ihn — und der andre weiß es gar nicht. Er ist tot, aber weil es ihm keiner amtlich mitgeteilt hat, mißachtet er seinen eignen Tod und ist quietschvergnügt. Es sind seltsame Siege, diese deutschen Siege.

Nun liegt das tief im Menschen begründet: ohne Achtung seiner selbst kann er kaum leben, ohne Verachtung eines andern nie. Die gibt ihm erst das nötige Relief. «Ich grüße ihn nicht mehr . . .» das gibts allerdings in keiner andern Sprache. Ausgelöscht ist der andre und tot, «in meinen Augen» — er ist also eine subjektive Leiche; wir sind allesamt solche Opfer von irgendeinem Sieger, den wir vielleicht gar nicht kennen. Der Sieger macht das so, daß er das feindliche Milieu nicht nur nicht achtet — er erkennt es überhaupt nicht an; es gibt das nicht mehr; es wird nicht in den Listen geführt — item: ist es nicht da.

In der Politik sehen wir das alle Tage.

Ein deutschnationaler Reichswehr-Major sieht allenfalls bis zu den Demokraten, und da hat er auch was Rechtes zu sehen, die Sozialisten und was nun gar gottbehüte noch weiter links davon steht, verschwimmen ihm zu einer nebulosen schwarz-rot-goldenen Wolke, mehr rot als gold: die deutsche Volkspartei ist ihm gelinde verdächtig, sie duftet schon ein wenig nach Knoblauch . . . Und er ignoriert alles das; die Kerls sitzen ja nicht an seinem Stammtisch, also existieren sie für ihn nicht, leben nicht, sind nicht vorhanden, aus, tot, auf Wiedersehn.

Die Kommunisten sehen gemeinhin bis zu den rechten Sozialisten; was dann kommt, gibt es nicht; es darf allenfalls warten, bis es die Weltrevolution (die wir ansagen und kein anderer!) zerstört; fragen Sie einmal einen waschechten KPD-Mann, wie es in Richterkreisen aussieht — er hat keinen Schimmer.

Beide Teile machen sich vom Gegner zu Hause Schießbudenfiguren;

die stellen sie in der Kneipe auf, und danach schießen sie. Da sich die Figur nicht bewegt, so treffen sie immer. Jeder siegt abends von halb acht bis zwölf, bis zum Umfallen. Oder wie Polgar einmal gesagt hat: «Leg an, drück ab. Und wo der Pfeil stecken geblieben ist, dort male, um seine haftende Spitze als Mittelpunkt, eine Scheibe. So werden dir lauter Kernschüsse gelungen sein.» So treiben sie es.

Ist das in unserm Fach anders?

Kraus hat Harden umgebracht und Harden Kerr und Kerr Kraus; für jeden ist der andre geistig tot. Herr Panter ‹vernichtet› Herrn Keyserling ... dabei muß Herr Keyserling mit Gewichten angebunden werden, damit ihn das Gas des Hochmuts nicht in die Lüfte entführe – er weiß gar nicht, daß es eine *‹Weltbühne›* gibt, denn die ist in der Schule der Weisheit nicht vorgesehen. Die nationalen Knaben töten Herrn Panter – nebenbei: ein Jammer, wie talentlos das gemacht wird! Es juckt mich immer, wenn ich es sehe, zu sagen: Kinder, laßt mich mal mit dem Jungen antreten, ich kann das viel schöner – ich weiß nämlich, wo er wirklich verletzlich ist ... sie töten ihn also, und der Getötete lebt, wie zu hoffen steht, vergnügt weiter. Und so siegen wir denn allesamt aneinander vorbei. Sombart wandelt gewiß in einem Clan von Bewunderern, für die er der ganz große Mann ist; Villon gilt in der Brecht-Gemeinde als ein guter Dichter, und in den kleinen süddeutschen Universitäten haben sie ‹Kreise› mit einem Durchmesser von etwa acht Zentimetern; da geht es so hochgebildet her, daß es gar nicht auszuhalten ist. Lauter Sieger, lauter Sieger.

Die Wirkung nach außen ist denn auch recht dünn. Der Gegner umgibt sich mit einem Panzer von Verachtung; so tief kann er überhaupt nicht gucken, daß er diesen Knirps, diesen Zwerg da noch sieht ... wer ist schon Herr Müller! Die Unbeteiligten sind auch nicht restlos begeistert, denn sie kennen sehr oft den Gegner gar nicht, sie glauben blind dem Wort des Meisters, sehr häufig aber bleiben sie indifferent und sehen kaum auf, wenn die Platzpatronen in der Luft zerknallen. So wirken wir nebeneinander her – wenn ein Fremder unter uns wandelt, muß er den Eindruck eines riesigen Jahrmarkts haben, wo vor jeder Bude ein Ausrufer steht, der sich heiser brüllt: «Hier noch die Original-Weltanschauung! Garantiert rasserein! Kaufen Sie nicht beim Juden!» – «Wer seine Kinder liebt, der läßt sie in das katholische Zelt eintreten; das kostet nicht fünfundzwanzig Pfennig, das kostet nicht zwanzig Pfennig, das kostet nur ...» So ein Lärm ist das.

Es sind Wettläufer, die den Solo-Start erfunden haben: dabei kommt man immer zuerst an.

Aber woran liegt es? Was ist es? Kann man sie nicht bessern, ändern, zusammenbringen ...?

Wenn ich mich nicht irre, liegt es vor allem daran, daß wir keine

Diskussions-Kultur haben. Wir können knapp mit den eignen Leuten anständig umgehen – aber was wir mit dem Gegner treiben, das ist nicht zum Blasen. Wir sollten von den Engländern lernen.

Es gilt in Deutschland ja schon als charakterlos, sich mit dem Feind überhaupt an einen Tisch zu setzen. Aber das ist es nur dann, wenn man den Kampf auch persönlich mit den schärfsten Waffen führt. Dergleichen Fälle gibt es. Schließlich hat alles seine Grenzen: ich kann mir kaum denken, daß ich mit Herrn Sozialdemokraten Noske eine Unterhaltung hätte, so englisch bin ich nun wieder nicht. Aber in fast allen andern Fällen erscheint mir eine Diskussion mit einem Reichsgerichtsrat, mit einem Reichswehrkommandeur, mit einem verbohrten Gymnasialdirektor zwar nicht sehr ersprießlich – aber sie ist vorstellbar.

Ferne sei es von mir, unter der Vorgabe der ‹guten Manieren› in den Meinungskampf jenes flaue Kompromiß einzuführen, das da sagt: «Menschen sind wir doch alle!» und: «Sehn Sie mal, wenn man so gemütlich bei einer Flasche Wein zusammensitzt, dann merkt man erst: soweit voneinander sind wir ja gar nicht . . .» das ist fauler Zauber; dabei hat in Deutschland immer, immer der Rechtsmann recht, weil der andere seine Feigheit und Unsicherheit als gute Erziehung ausgibt und kuscht. Geht man die feinen Herrn von der Rechten scharf an, fallen sie gewöhnlich aus den Pantinen und werden unangenehm. Hinausgesetzt wird in solchem Falle der Linke.

So kommt man nicht von einer Insel zur andern – dergleichen heißt dann, wenns fertig ist, ‹Deutsche Gesellschaft› und ist eine neue Insel. Man müßte es einmal anders versuchen.

Warum versucht man es nicht mit kleinen Arbeitsgemeinschaften?

In einer Massenversammlung öffentlich mit dem Gegner zu diskutieren, ist ein Unfug; es behält immer die brüllende Majorität recht, Massen sind niemals sehr ritterlich, und außerdem überwiegen die demagogischen Gründe; die dröhnenden Worte ‹Mutter› und ‹Vaterland› und ‹Klassenkampf› sind ja schließlich noch keine Argumente. In einer kleinen Arbeitsgemeinschaft sähe das schon anders aus.

Da gelten – in einem Saal, wo zwanzig Männerchen sitzen – nur der klare Gedankengang, die Logik, die Tatsachen. Ich weiß schon: man kann keinen überzeugen, der seine Überzeugung fest in sich trägt, er müßte sich ja dann nachher totschießen (Schnitzler) . . . das ist auch gar nicht der Zweck dieser geistigen Übungen. Aber ich kann mir da eine Art ersprießlicher Gegeneinanderarbeit denken, einen wirklichen Kampf, bei dem die Schilde aufeinanderkrachen, daß die Funken stieben; man lernt den Gegner kennen, der Gegner lernt uns kennen, es ist wirklich eine Schlacht. Und nicht dieser Privatsieg vor einem Parkett der Eigenen.

Das ist schwer. Nicht nur, weil eben jede Gruppe mit Verachtung geladen ist bis an den Hals; nicht nur, weil sich die meisten dieser kleinen Zusammenkünfte in ein wüstes Gezänk mit ‹Geschäftsordnungsdebatten› auflösten; weil es die Eitelkeit und der Stolz beider Gruppen nicht oft vertrügen, daß die andern – natürlich – nach Hause gehen und sagen: «Na, unser Führer hats diesen dammligen Hunden aber ordentlich gegeben» – nicht nur, weil wieder beide siegen könnten, statt sich zu erkennen. Die Schwierigkeit liegt in einer grandiosen Unkultur unsrer Sprache.

Ist Ihnen schon einmal aufgefallen, daß die meisten Menschen nicht zuhören können? Daß sie nur warten, bis sie dran sind – und daß sie dann, ohne Sinn und Zusammenhang, ‹ihrs› aufsagen, ganz gleich, was der Vorredner gesagt hat? Selten kommt das zustande, was Bahr einmal so glücklich das «Kind des Gesprächs» genannt hat, fast nie.

Schriftsteller und Politiker sind darin ein Scheul und ein Greul. Ich habe mir oft die Frage vorgelegt: «Mache ich das eigentlich auch? Plage ich auch jeden Menschen, den ich am Rockknopf zu fassen bekomme, mit einem langen Kolleg –?» Gott vergebe mir meine Sünden – ich will, wenn ich so getan habe, es nie wieder tun. Denn es ist schrecklich. Ich komme gewöhnlich einmal im Jahr nach Berlin; zum Schluß gehen mir die Mühlräder im Kopf herum ... was ist das nur? Interesse? Liebe? Geistiger Gedankenaustausch? Dies ist es auch, bei einigen Freunden; nun ist man so lange fort gewesen, und da wollen sie es einem dann alles schnell erzählen. Dank. Aber in den meisten Fällen ist es einfach die Ungezogenheit, den andern wie eine Publikumspuppe in die Ecke zu leimen und nun loszureden, immer weiter, ohn' Ermatten ... alle ungedruckten Aufsätze, alle nicht gehaltenen Reden, alle je versäumten Antworten ... alles brodelt hier ans Licht. Der Zuhörer ist eigentlich nur eine Attrappe; der Rhetor stellt ihn vor sich hin wie einen Watschenpepi, er hat das beruhigende Gefühl, daß einer zuhört – und das genügt ihm. Jacob Burckhardt: «Jedenfalls haben die Griechen am Dialoge Vergnügen gefunden. Daß unsre Zeit, nachdem ihn noch die Renaissance eifrig gepflegt, davon abgekommen ist, könnte seinen Grund darin haben, daß man überhaupt nicht mehr so gerne hört, wie man vor Zeiten den Leuten zugehört hat. Plutarch hat eine besondere Schrift geschrieben, *‹de recta ratione audiendi›*.»

Hier ist eine der Hauptschwierigkeiten, mit dem Gegner zusammenzukommen. Als ob man nicht auch beim Zuhören ungeheuer viel profitieren kann! grade beim Zuhören! Das aber rechtens sofort aussetzt, wenn es mißbraucht wird. Wer mehr spricht, hat nicht immer recht; das haben die Kaufleute in die Gesellschaft eingeführt. – «Nu lassen Sie mich mal ... ich wer Ihn mal was sagen ... alaum Se mal ... nein, padong ...!» und so in infinitum. Vielleicht sehr schön, wenn man einen Bankkredit aushandelt. Aber unsre Diskussionen sollten doch auf einer andern Basis laufen. Warum schaffen wir die Basis nicht —?

Es ist wirklich schade. Dies ist kein Kandidatenvorschlag; ich bin selten genug im Lande, und ich bin kein guter Debatter. Aber es gibt doch auf allen Seiten — auf der unsern und auf denen der Gegner, die wir uns so selten, so selten von Mann zu Mann gegenüberstehen — ausgezeichnete und scharf denkende Männer, junge und alte, die ihr System voreinander aufbauen könnten; es verteidigen, wenn man es berennt; die ausbrechen, um auf unserm Feld zu jagen, sich stellen, sich zum Kampf stellen!

Es sind kaum Ansätze solcher Haltung da. An erster Stelle zeigt das Parlament, wie man es nicht machen darf: da wird nicht gesprochen, da wird gelesen; da wird wieder zu den eignen Leuten zum Fenster hinaus gesprochen, und keiner hört zu; die fruchtbarere Arbeit in den Ausschüssen wird — wie übrigens jeder Parlamentsbericht — parteiisch kolportiert. Was sich mit einem Schlage abstellen ließe: man brauchte nur jeder Zeitung einen in drei Größen vorhandenen, von den Parteien gemeinsam redigierten Sitzungsbericht gesetzlich aufzuzwingen, und der kommunistische Leser erführe, daß auch der nationale Redner nicht nur Dummheiten gesagt hat. Es lohnt sich aber wohl kaum: denn was da, nach dem Listenwahlsystem, sein Sprüchlein aufsagt, ist fast immer im Niveau belanglos. Die ‹überparteilichen› Disputationen im Rundfunk sind ohne Wert; man nimmt dazu meist zahme Mittelparteien, die sich viel weniger voneinander unterscheiden, als ihre Generalsekretäre glauben, und auch denen wird noch jeder Satz fromm zensiert. Das ist nichts.

Es gibt aber solche Ansätze. Das sind die überparteilichen Jugendtreffen. Aber ob das nun die mangelnde Schulung ist oder diese verdammte deutsche Unsitte, nicht über die Tür des eignen Ladens hinauszusehen —: sehr viel ist dabei bisher nicht herausgekommen. Aber es sind Ansätze da — es gibt Versuche, einen Kampf auch einmal mit geistigen Mitteln auszutragen — es gibt doch junge Leute, die den ersten Schritt überhaupt getan haben. Neulich hats wieder die Gruppe Revolutionärer Pazifisten versucht.

Auf Inseln leben wir, auf Inselchen. Auf jeder wohnt ein Häuptling, ein Halbgott, ein Obergott. Allah il Allah, und der jeweilige Interessent ist sein Prophet. Die von den Nebeninseln, die verfluchten Heiden, wissen nichts von ihm. Das ist auch nicht nötig — denn sie werden jeden Morgen besiegt, in Stücke geschlagen, vernichtet, zerhauen, ins Wasser getaucht, in den Flammen gebraten — in effigie. Das verleiht viel Lebensmut und ist gut für die Verdauung. Wir aber brauchen Brückenbauer. Denn sollte da nicht doch noch eine Sache sein über den kämpfenden Gruppen der tausend Inseln —?

JUNGE AUTOREN

Was sie nur wollen —!
Da schimpfen sie auf die Ollen,
und die sind stieke
und überlassen die ganze Musike
den Jungen.
Und die machen ein Geschrei!
Und es sind alle dabei:

Da sieht man ältere Knaben,
die schon ihre fünfzig auf dem Buckel haben,
in kurzen Hosen umeinanderlaufen;
wenn sie schnell gehen, kriegen sie das Schnaufen —
aber bloß nicht hinten bleiben!
Modern! modern müssen Sie schreiben!
Nur nicht sein Leben zu Ende leben —
jung! jung mußt du dich geben!
Bei uns haben sie sonen Bart, der von alleine steht —
oder sie kommen gar nicht raus aus der Pubertät.

Was sie nur haben —!
Hindert denn einer die jungen Knaben?
Hört doch bloß mal: Die junge Generation!
Na, da macht doch schon!
Es hält euch ja keiner. Als ob uns das nicht frommt,
wenn ein neues Talent geloffen kommt.
Neunzehn Jahre! Was ist denn das schon?
Das ist keine Qualifikation.
Ludendorff war auch mal neunzehn Jahr.
Jung sein ist gar nichts. Es fragt sich, wers war.
Es gibt alte Esel und junge Talente —
Geburtsscheine sind keine Argumente.
Und wenns nicht klappt: es liegt nicht am Paß.
Dann liegts an euch. Könnt ihr was —?

Noch nie hat man sich so um Jugend gerissen.
Direktoren, Verleger warten servil . . .
jeder lauert auf einen fetten Bissen —
Speelt man god. Und schreit nicht so viel.
Wer was kann, der sei willkommen.
Der Rest hat die Jugend zum Vorwand genommen;
das sind — wir wollen uns da nicht streiten —
verhinderte Talentlosigkeiten.

DEUTSCH FÜR AMERIKANER

Ein Sprachführer

Ankunft

Eingang verboten.

Ausgang verboten.

Durchgang verboten.

Herr Gepäckträger, tun Sie diese Koffer auf die leichte Schulter nehmen?

Ich werde mir einen Sonnabend daraus machen, mein Herr.

Ist jene Automobildroschke ledig?

Warten Sie, wir haben noch einen Golfhauer sowie zwei Hüteschächtel.

Dies hier ist Ihr Getränkegeld, ist es nicht?

Bezüglich dessen scheint es mir ein wenig wenig. (Sprich: «krieje noch fummssich Fennje!»)

Autotreiber! Geh an! Ich ziehe das Christliche Hospiz vor!

Rauchen verboten.

Parken verboten.

Durchfahrt verboten.

Begrüßungen

Guten Tag, wie fühlen Sie?

Heute ist ein wahrlich feiner Tag, ist es nicht?

Sie sehen aus wie Ihre eigne Großmutter, gnädige Frau!

Darf ich Ihnen meinen lieben Mann vorstellen; nein, dieser hier!

Ich bin sehr froh, Sie zu sehen; wie geht es Ihrem Herrn Stiefzwilling?

Werfen Sie das häßliche Kind weg, gnädige Frau; ich mache Ihnen ein neues, ein viel schöneres.

Guten Morgen! (sprich: Mahlzeit!)

Guten Tag! (sprich: Mahlzeit!)

Guten Abend! (sprich: Mahlzeit!)

Danke, es geht uns gut – wir leben von der Differenz.

Im Restaurant

Bringen Sie mir eine Portion Zahnstocher sowie das Adressenbuch.

Das ist nicht mein Revier.

Meine Frau wünscht einen Wiener Schnitzer; ich habe Zitronenschleim gewählt.

Das ist nicht mein Revier.

Bringen Sie mir einen kokainfreien Kaffee.

Wir haben in Amerika die Verhinderung; bringen Sie mir daher eine Flasche eisgekühlten Burgunders, auch drei Gläser Whisky mit Gin sowie kein Selterwasser.

Das ist nicht mein Revier.

Auf dem Postamt

Dieser Schalter ist geschlossen.

Sie müssen sich auf den Hintern anstellen.

Ich erwarte schon seit Jahren eine größere Geldsendung.

Wo ist die Schaltung für freie Marken und die Briefschaukel?

Wollen Sie so kindlich sein, hinten meine Marke anzulecken?

In dieser Telefonzelle riecht man nicht gut.

Hallo! Ich wünsche eine Nummer zu haben, aber der Telefonfräulein gewährt sie mir nicht.

Meine Näm ist Patterson; ich bin keine Deutsch; hier ist mein Paßhafen.

Im Theater

Geben Sie mir einen guten Platz.

Wir haben keine guten Plätze; wir haben nur Orchesterfauteuils.

Wird Ernst Deutsch diesen Abend spielen?

Wie Sie sehen, haben wir Festspiele; infolgedaher wird er nicht vorhanden sein.

Dies ist ein guter Platz; man hört nicht viel.

Von wem ist dieses Stück?

Dieses Stück ist von Brecht.

Von wem ist also dieses Stück?

Zeigen Sie mir die blaue Bluse der Romantik.

Des Nachts

Sie sind ein Süßherz, mein Liebling, tun Sie so?

Das ist mir zu teuer.

Ei, mein Fräulein, könnten Sie sich dazu verstehen, mich durch den Abend zu streifen?

In Paris gibt es solche Häuser; sie sind sehr praktisch.

Hätten Sie wohl die Gewogenheit, auch die Strümpfe abzulegen?

In Amerika tun wir so etwas nicht.

Dies ist wahrlich teuer; Sie sind ein Vamp.

Danke, meine Dame, ich habe schon eine Beziehung; sie (er) hat meine gänzliche Liebe.

Konversation

Er ist ein Stockchinese.

Du bist ein Wahlsachse.

Mangels einer Wäschemangel können jene Kragen nicht gewaschen werden.

Meinen Frau Gräfin nicht auch, daß dies ein rechtes Scheißwetter sein dürfte?

Die berliner Festspiele sind gute Festspiele; aber bei uns in Amerika haben wir die größte Tomatenexportehschn von der Welt.

Leihen Sie mir bitte Ihren linken Gummischuh!

Ich habe einen guten Charakter zuzüglich eines Bandwurmes.

Jener Funkturm ist niedlich.

Bitte zeigen Sie mir den berliner Verkehr.

So habe ich es nicht gemeint!

Dieser Löwe macht einen so zusammengeschmetterten Eindruck.

Ich spreche schon geflossen deutsch; nur manchesmal breche ich noch etwas Rad.

Nach Börlin besuchen wir noch Europa, Persien und Heidelberg, aber am 4. September, acht Uhr erste Minute werden wir New York anfahren. Good-bye —!

BÄNKELBUCH

Das Genre ist nicht groß. Es sind immer wieder dieselben sechs oder acht, die diese leichten Verse machen, dieselben, die Spaß am Spaß haben und Freude an der Ironie. Dergleichen ist bei uns nicht so übermäßig beliebt. Darüber ragt steil die Hornbrille einer verstandesmäßig kühlen Lyrik, die keine ist, darunter riecht es nach dem Humor des Bieres, dem Jargon der Ställe und der Klampfe des Freikorps, dem Jeist der Reichswehr — und ganz zu unterst nach Arnolt Bronnen. Wir andern stehen in der Mitte.

Da steht denn also auch ein niedliches Büchlein, das ‹*Bänkelbuch*› (erschienen bei E. P. Tal in Wien); herausgegeben hat es Erich Singer, der in dem Büchlein auch mit hübschen Versen vertreten ist. Das Buch ist eine Anthologie. Weil wir grade bei der Vorrede sind: da hat der Herausgeber, wie ich meine, einen kleinen Schwupper gemacht. «Er bedauert es sehr, daß es keinen Verführungskünsten gelang, den prinzipiellen Widerstand der Herren Joachim Ringelnatz und Bert Brecht zu beseitigen.» In dem Bedauern ist ein Unterton, der mir nicht gefällt. Er hat sagen wollen: «Ich habe sie aufgefordert — sie gehören hier hinein», aber es klingt anders. Nicht die Herren Ringelnatz und Brecht waren eingeladen, sondern in Wahrheit ist immer der Herausgeber einer Anthologie bei uns zu Gast, was also hier — mit einem leichten Seitenblick auf den Leser: «Wie finden Sie diese Leute?» — geschieht, ist etwa so, wie wenn jemand Krach macht, daß er dort und dort nicht eingeladen ist. Ich verstehe den Widerstand der beiden sehr gut. Erstens ist er durchaus ihre Sache; zweitens geht das häufig so, daß die Leser nur die Anthologie, nicht aber die Bücher der vertretenen Autoren kaufen ... und es ist das Recht Brechts und Ringelnatzens, die bänkelbedürftigen Leser auf ihre zu diesem Zweck angefertigten Bücher zu verweisen. Dies nebenbei.

A wie Adler. Hans Adler. Ist das lange her ... Da habe ich hier, noch vor dem Kriege, den ‹*Simplicissimus*› gefragt, warum er denn nicht diese reizenden kleinen Verslein, die öfter in ihm zu finden waren, gesammelt herausgäbe. In der Tat ist das geschehen; das Buch heißt ‹*Affentheater*›, die Verse sind noch dieselben, aber inzwischen muß etwas passiert sein. Ist ja wohl auch. Es stimmt mächtig melancholisch, das zu lesen. Immerhin: ein paar Verse bleiben haften – wenn auch der große Feuerwerksschein jenes Vierzeilers:

Wem es bestimmt, der endet auf dem Mist
Mit seinem edelsten Bestreben ...
Ich bin zum Beispiel immer noch Jurist.
So ist das Leben.

nicht mehr den abendlichen Garten erhellt – die Entfernung von Mist und Jurist hat sich inzwischen leicht vermindert. Aber es sind doch hübsche Gedichtchen.

Dann hätten wir da Hermann Hesse, aus jener Zeit, da er noch nicht jeden Morgen ein Täßchen Galle trank, so den nicht sehr heiteren Anblick eines bejahrten Primaners bietend, der im Alter von fünfzig Jahren die Nutte entdeckt. Auch er hat schöne Gedichte in diesem Buch; seine Prosa steht weit darüber – so etwas wie ‹*Ohne dich*› gibt es nun bei dem alten Liliencron viel, viel besser (‹*Stammelverse nach durchwachter Nacht*›).

K wie Kästner. Brillant. Da ist ‹*Jahrgang 1899*›, ein kleines Gedicht, in dem eigentlich alles über diesen Fall ausgesagt ist – mehr kann man darüber gar nicht sagen:

Man hat unsern Körper und unsern Geist
ein wenig zu wenig gekräftigt.
Man hat uns zu viel, zu früh und zumeist
in der Weltgeschichte beschäftigt!

Das ist Nummer eins. Es sind einige sehr gute, wenn nicht die besten Gedichte aus seinen Bänden (‹*Herz auf Taille*› und ‹*Lärm im Spiegel*›, bei C. Weller & Co. in Leipzig) ausgewählt.

Aus der Gesamterscheinung dieses Mannes kann ich nicht ganz klug werden. Die Verse sind wunderbar gearbeitet, mit der Hand genäht, kein Zweifel – aber irgend etwas ist da nicht in Ordnung. Es geht mir manchmal zu glatt, das sollte man einem deutschen Schriftsteller nicht sagen, dieses Formtalent ist so selten! — also sagen wir lieber: die Rechnung geht zu gut auf; sechsunddreißig geteilt durch sechs ist sechs, gewiß, na und? Ich kenne kaum ein einzelnes Gedicht, gegen das ich Einwände zu machen hätte ... Ist es die Jugend? Aber grade das, was mir auffällt, ist kein Anzeichen von Jugend: es ist so etwas wie mangelnde Kraft; der dahinter steht, ist mitunter selber ‹Jahrgang 1899›. Ich will mich gern getäuscht haben: so einer verdient Förderung, Ei-Ei und Weitermachen.

Einige alte schöne Verse Kerrs. Einige alte, schöne Verse Klabunds — darunter jenes Gedicht, das, soweit ich mich erinnere, den Stil Blandine Ebingers bestimmt hat. «Und ick baumle mit die Beene, mit die Beene hin und her ...» Blandinchen, du hast bei mir auf dem Tisch gesessen und hast es vorgemacht, und der kluge Friedrich Hollaender hat es gleich gesagt: «Sie hat ihren Stil gefunden.»

Alfred Lichtenstein, in Klammern Wilmersdorf: getötet im Jahre 1914. ‹*Der Türke*› und ‹*Der Fall in den Fluß*› — diesen Fall von Lenchen Levi in den tiefen Fluß höre ich und sehe ich immer so, wie Kate Kühl ihn einmal gestaltet hat.

M wie Mehring — die stärksten Verse des Buches. Darüber haben wir uns neulich schon unterhalten.

Schickele ... ja, wäre in Deutschland die ‹kleine Form› nicht so verachtet: wer weiß, ob dieser nicht unser bester deutscher Journalist geworden wäre. ‹*Schreie auf dem Boulevard*› ist heute noch das weitaus überragendste, was in den letzten zwanzig Jahren über Paris geschrieben worden ist, und unter diesen Versen hier ist zum Beispiel ‹*Tragödie*› — das ist Form, Kraft, Stärke, was ihr wollt.

Am Nebentisch im Café Anglais:
«Ich kann bloß leben in deiner Näh!»
— Det versteh ick nich.
«Für mich ist dein ältester Anzug neu.
Du gehst mit andern, ich bin dir treu.»
— Det versteh ick nich.

Schade, daß das nicht von mir ist.

T wie Tiger; darunter einige Jugendsünden, aber wir wollen sie lassen stahn.

Gleich dahinter das schönste ernste Gedicht des Bändchens: ‹*Einsam*› von Berthold Viertel (zuerst veröffentlicht in der ‹*Fackel*›).

Wenn der Tag zu Ende gebrannt ist,
ist es schwer, nach Hause zu gehn,
wo viermal die starre Wand ist
und die leeren Stühle stehn.

W wie Wedekind ... wie sag ichs meinem älteren Abonnenten? Die Hälfte ist mausetot. Wer hats gleich gesagt? Franz Blei. Ja, aber Dunnerkiel, es hat doch Jugendgedichte von ihm gegeben, Gedichte, bei denen man das Blut in den Ohren rauschen hörte — ... wenn aber dies hier einer liest, der nichts weiß von Herodes, der liest es nicht. Es liegt auch an der Auswahl. Es gibt stärkere Liköre auf dieser Schnapsorgel — wie kann man so etwas auslassen:

In der Esse fliegt der Hammer
im Cylinder auf und ab;
Gottfried in der Mädchenkammer
fliegt nicht minder auf und ab —

wenn einer ein Bänkelbuch macht: dies ist ein Bänkelsang.

W wie Weichberger, ein Dichter, den A. R. Meyer entdeckt hat, und daran hat er recht getan. Es gibt von ihm unter den alten *‹Lyrischen Flugschriften›* erschütternd komische Dinge; hier ist mein allerliebstes Lieblingsgedicht, eines, darin die deutsche Sprache selber dichtet, man hört ihr Herz puppern; das ist überhaupt nicht auf Papier geschrieben, das ist in den Blumentöpfen eines Balkons gewachsen ...

Laß du doch das Klavier in Ruhe;
es hat dir nichts getan;
nimm lieber deine Gummischuhe
und bring mich an die Bahn —

Das wärs. Ein hübsches Buch.

Das Genre ist nicht groß. Daher denn auch alle Kritiker, die uns in die Finger bekommen, jeden, aber auch ausnahmslos jeden von uns mit Heine vergleichen. Das stimmt, für die Art — das stimmt gar nicht, im Größenverhältnis. Man tut Herrn Kästner oder Herrn Tiger auch keinen Gefallen damit. Denn es ist nicht mal ein Kompliment, sie mit Heine zu vergleichen — es ist einfach ein Zeichen literarischer Unbildung. Herr Kästner und Herr Tiger sind Talente: Heinrich Heine aber ist ein Jahrhundertkerl gewesen. Einer, dessen Liebes-Lyrik — mit Ausnahme der letzten Lieder — dahin ist; aber einer, der das Schwert und die Flamme gewesen ist, eine Flamme, die bis zu Nietzsche hinaufloderte. Wie schwach entwickelt muß der Bänkelsang bei den Deutschen sein, daß sie die Gesellen mit dem Meister vergleichen, der den Schmerz und die Todesahnung, die Wut und den Haß, die Liebe zur Heimat und den Abscheu vor dem Vaterland in Versen gesagt hat, die wie Flaumfedern flogen und wie schwere Minen einschlugen — nein, wie Verse! Die Zahl der deutschen Kriegerdenkmäler zur Zahl der deutschen Heine-Denkmäler verhält sich hierzulande wie die Macht zum Geist.

BEFÜRCHTUNG

Werde ich sterben können —? Manchmal fürchte ich, ich werde es nicht können.

Da denke ich so: wie wirst du dich dabei aufführen? Ah, nicht die Haltung — nicht das an der Mauer, der Ruf «Es lebe ...» nun irgend etwas, während man selber stirbt; nicht die Minute vor dem Gasangriff, die Hosen voller Mut und das heldenhaft verzerrte Angesicht dem Feinde zugewandt ... nicht so. Nein, einfach der sinnlose Vorgang im Bett. Müdigkeit, Schmerzen und nun eben das. Wirst du es können?

Zum Beispiel, ich habe jahrelang nicht richtig niesen können. Ich habe geniest wie ein kleiner Hund, der den Schluckauf hat. Und, verzeihen Sie, bis zu meinem achtundzwanzigsten Jahre konnte ich nicht aufstoßen — da lernte ich Karlchen kennen, einen alten Korpsstudenten, und der hat es mir beigebracht. Wer aber wird mir das mit dem Sterben beibringen?

Ja, ich habe es gesehn. Ich habe eine Hinrichtung gesehn, und ich habe Kranke sterben sehn — es schien, daß sie sich sehr damit plagten, es zu tun. Wie aber, wenn ich mich nun dabei so dumm anstelle, daß es nichts wird? Es wäre doch immerhin denkbar.

«Keine Sorge, guter Mann. Es wird sich auf Sie herabsenken, das Schwere — Sie haben eine falsche Vorstellung vom Tode. Es wird ...» Spricht da jemand aus Erfahrung? Dies ist die wahrste aller Demokratien, die Demokratie des Todes. Daher die ungeheure Überlegenheit der Priester, die so tun, als seien sie alle schon hundertmal gestorben, als hätten sie ihre Nachrichten von drüben — und nun spielen sie unter den Lebenden Botschafter des Todes.

Vielleicht wird es nicht so schwer sein. Ein Arzt wird mir helfen, zu sterben. Und wenn ich nicht gar zu große Schmerzen habe, werde ich verlegen und bescheiden lächeln: «Bitte, entschuldigen Sie ... es ist das erste Mal ...»

ÜBER DIE NENNUNG VON FRAUENNAMEN

> «.... die Dunhillpfeife, die mir Muschi in einem Anfall von Größenwahn geschenkt hat ...»

Manchmal braucht unsereiner einen Frauennamen.

«Eine Dame», «ein Mädchen», das hört sich so abstrakt an, so falsch-geheimnisvoll; da sagen wir schon lieber: Grete oder Margot oder Charlottchen ... da weiß man doch. Aber welche Namen sind da zu nennen?

Das richtet sich in erster Linie nach dem Rhythmus des Satzes. Manchmal paßt ‹Hilde› besser als ‹Marie› — das kann man kaum begründen, man muß es wittern. Das ist leicht auszuprobieren. Aber —: seien die Namen irgendwelche Namen, oder dürfen es Namen aus dem Leben des Herrn Verfassers sein? Dies ist ein weites Feld.

Sind es Namen von nahestehenden Frauen, so sieht es für die Freunde immer aus, als wolle man den kühnen Edschmid kopieren, was schwerfallen dürfte — der Mann ist eine Original-Imitation. Sind die Namen also Anspielungen, so schmeckt dergleichen leicht nach: «Ich kann es gar nicht aushalten vor lauter Harem!» und das ist doch nicht der Zweck der Übung. Auch hat die Namensnennung noch mannigfache andere Nachteile.

Sage ich zum Beispiel ‹Musch› — dann macht Lottchen Krach. Sie hätte auch geschenkt, und von ihr stände überhaupt nichts in der *‹Vossischen Zeitung›* (was ja sichtlich deren einziger Daseinszweck ist) — und was mir einfiele, und überhaupt. Ja . . . nun . . . sie hat geschenkt, das ist wahr. Mir schenken sie nicht viel — man muß wohl dazu geboren sein. Was zum Beispiel mein Freund Karlchen ist, der lebt, glaube ich, von dem, was sie ihm so schenken. Das der Mann noch keinen Wandergewerbeschein hat, liegt nur daran, daß er bei der Polizei ist und sie selber ausstellt; und da er sich kennt, so ist er sich nicht vertrauenswürdig genug. Gut. Also mir schenken sie nur das Nötigste. Lottchen hat geschenkt:

1 Papierkragen
3 Stück Seidenstrümpfe
1 Schachtel Grammophonnadeln
2 bezaubernde Manschettenknöpfe (zum Glück umtauschbar) — u. a.

Wofür sich ein Troubadour erkenntlich zu zeigen hat — früher durch Verabfassung und Aufführung einer kleinen Nachtmusik, unter gleichzeitiger Gestellung einer Laute — heute durch die Nennung des Namens. «Ich saß gerade mit Fanny beim Lunch . . .» und dann eine Geschichte, die auch nicht das leiseste mit Fanny zu tun hat, aber genannt ist sie, und zärtlich streicht sie dem Literasten über die hoffentlich hohe Stirn. «Frauen», hat jener Franzose gesagt, «inspirieren den Mann zu großen Taten und hindern ihn, sie auszuführen.»

Frauen dienen gern als Modell. Aber sie nehmen es übel, wenn der Herr Künstler andere Frauen als Modell benutzt; das soll er nicht. Wobei sie sehr oft übersehen, daß dieses sanfte Spiel ein schwacher Liebesersatz ist; wenns gar nicht geht —: ein Gedicht kann man noch immer auf die Dame machen. Und das befriedigt, schmeichelt der Eitelkeit, ist überhaupt nett . . . und manchmal hilfts auch. Trotzdem erscheint mir die Eifersucht der Frauen übertrieben, wenn sie jeder die Augen auskratzen wollen, die im Roman, auf den Bildern, in den Opern des Mannes erkennbar vorkommt. Von einem sehr bekannten

Zeichner der Vorkriegszeit erzählte man sich, seine Frau habe ihm die Modelle überhaupt verboten, und es wird nicht gemeldet, ob er nun immer nach dem Gedächtnis oder nur noch nach ihr zeichnen durfte. Es ist mitunter nicht leicht ...

Es ist sogar sehr schwer, wenn sie alle voneinander wissen. Wie macht ihr das —? Bei mir wissen immer alle meine Bräute voneinander, weil ich ein feiner Psychologe bin. Da habe ich also in der berühmten Kriminalnovelle E. A. Poes gelernt, wenn man eine Sache ganz besonders gut verstecken will, dann soll man sie mitten ins Zimmer legen, da sucht sie keiner. Das ist richtig; da sucht sie keiner. Aber da findet sie jeder. Und so liegen denn Briefe, Bilder und was so ist, mitten in der Landschaft herum, und nachher verfluche ich meinen sträflichen Leichtsinn, und ich habe auch nicht jene Geistesgegenwart Pallenbergs, dem einmal in einer Posse seine dortige Frau einen Schlüpfer aus der Manteltasche zog, mit dem Donnerruf: «Was ist das?» — «Das ist ein Papagei!» sagte er. Ja, er ist eben «ein alter Casanovian» (wobei dieser geniale Sprachzerstörer und Schöpfer mit einem einzigen Buchstaben einen Namen getötet hat).

Du aber sollst keine andern Göttinnen haben, neben ihr. Du sollst nur sie und dann sie und dann noch einmal sie abmalen; als Ergänzung: sie — und vielleicht auch noch: sie. Welch eine Diktatur! Ja, Lottchen, du wirst genannt. Ja, Lottchen, es soll nie mehr ein Feuilleton erscheinen, in dem ich dich nicht durch die Presse ziehe; ja, Lottchen. Und dann platzt Kiki. Und dann gibt es einen sehr lustigen, einen sehr rasiermessrigen, einen sehr eigenwürdigen und merktümlichen Briefwechsel mit Putty. Und nun möchte ich so gern Ninon de Lenclos zitieren, aber ich traue mich nicht; denn dann rufen sie alle drei: «Wer ist das? Ach, erzähl mir doch nichts ...!» Und so bleibt mir nur übrig, diese Ausführungen mit dem abschließenden Wort Alfred Polgars zu beenden, der, aufgefordert, eine Monographie der Frau zu schreiben, antwortete, bisher sei ihm dazu nur ein einziger Satz eingefallen:

«Alle zu wenig — und eine zu viel.»

DIE SONNE, HOCH ZWEI

Du mußt es dreimal sagen!
Goethe (später: Brecht)

Am 28. Juli jenes Jahres saßen Friedchen Bönheim und Alfred Kaktus auf zwei Sitzplätzen einer Bank des Treptower Parks zu Berlin und lasen gemeinsam die deutsche Verfassung. Gibt es doch für arbeitsreiche Liebesleute in den Mußestunden nichts Schöneres, als sich an

Märchengeschichten zu erbauen! Die Sonne war fast untergegangen, und das kleine Buch, das der liebende Bräutigam in Händen hielt, wurde gerade noch sanft bestrahlt. Sie lasen von der Freiheit der Person und davon, daß die Wissenschaft und ihre Lehre frei sei; sie lasen von der Zensur, die es in jenem märchenhaften Land nicht gäbe, und als Alfred mit lauter Stimme ansagte: «Alle Herrschaft geht vom Volke aus!» da lachte das harmlose Friedchen und klatschte in die Händchen. A. Kaktus war nun gerade im Zuge, den Artikel 48 anzuschneiden, mit dem die großen Politiker am liebsten regieren, wenn ihnen nichts mehr einfällt, also immer — — — da wurde er durch einen kleinen Aufschrei seines Friedchens aufgeschreckt. «Da — da!» rief sie und deutete mit dem Finger ins Geäst.

A. Kaktus drehte sich um und sah in den treptower Bäumen einen roten Schein. An eine Feuersbrunst glaubend, erhob er sich und zog sein Mädchen mit sich fort; sie schritten auf den roten Schein zu ... und sahen zu ihrer grenzenlosen Überraschung, wie sich hinter dem Bahnviadukt eine neue Sonne erhob. Friedchen, nachmalige Kakta, blickte zurück — die alte Original-Sonne vergoldete mit ihren letzten Strahlen die abendlichen Wipfel der Bäume — und die neue Sonne versilberte mit ihren aufgehenden Strahlen die aufgerührte Welt.

Es war halb acht Uhr abends; nun hatten auch andere Leute die zweite Sonne bemerkt; ein Schrei stieg auf, und von allen Seiten kamen die Menschen angelaufen—es war kein Zweifel mehr—: es gab zwei Sonnen.

Die neue erhob sich, nachdem die andere untergegangen war — und nach einer schlaflos verbrachten, durchaus hellen Nacht konnte das fiebernde Deutschland feststellen, daß die zweite Sonne unterging und am Horizont die alte Sonne wieder auftauchte. Es gab keine Nacht mehr —! Die Folgen waren katastrophal.

Hatten die Deutschen bisher an jedem Achtstundentag zwölf Stunden gearbeitet, so mußte nun Rats geschaffen werden, was man in der Nacht ... also, was man in jener Zeit zu tun hätte, in der es früher einmal Nacht gewesen war. Eine Kabinettssitzung entschied sofort: es muß doppelt gearbeitet werden.

Weil man aber kaum verlangen konnte, daß dieselben Leute, die den ersten Sonnentag über bereits tätig gewesen waren, nun wiederum schufteten, beschloß man, alle Stellen und überhaupt alles, was in Deutschland auf den Beinen war, zu verdoppeln. Die Frage der Arbeitslosen war gelöst:

Da gab es nunmehr: Zwei Reichspräsidenten; man suchte lange, bis man jemand gefunden hatte, der aussah wie Hindenburg, aber das war nicht so schwer. Schwerer war es schon, alle Minister zu verdoppeln — denn wenn es auch Leute gab, die so aussahen wie Herr Hilferding, so wollten sie doch dergleichen nicht wahr haben und drückten sich von dieser Arbeit wo sie nur konnten. Im Amt merkte man nichts.

Verdoppelt wurden die Steuern und die Vorfreudenmädchen, was allgemein auffiel; verdoppelt wurde der Reichswehretat, was gar nicht auffiel, und verdoppelt wurden ferner die Länder, von denen es nunmehr sechsunddreißig gab. Nur die Bayern wollten sich nicht aufs Verdoppeln einlassen: sie sagten, so ein Land wie das ihre gäbe es nicht noch einmal.

Tiefer griff die Doppelei schon in das Privatleben des einzelnen hinein.

Ältere Frauen schafften sich zu Beginn dieser Epoche zwei bis sechzehn Liebhaber an; das Zentrum verlangte, daß, wer nur einen Illing bekäme, wegen Abtreibung bestraft werden sollte, und so geschahs. Es gab zwei Gertrud Bäumers sowie zwei Theodor Heussens — aber schon hier machte sich ein merkwürdiges Phänomen bemerkbar: die Duplikate, die sich zum ersten Mal in ihrem Leben leibhaftig von außen sahen, konnten sich auf den Tod nicht besehen. Besonders die Herren Hitler und Hitler waren zwei, also vier Tage lang nicht zu beruhigen und strengten denn auch sofort einen Prozeß gegeneinander an.

Die Theater machten ausgezeichnete Geschäfte — es wurde doppelte Regie eingeführt, so daß jedes Stück in zwei Auffassungen herauskam; an den Aktschlüssen wurde entweder die Internationale oder das Stahlhelmlied gesungen, und in einem berliner Theater gab es eines schönen Abends, pardon, Morgens ein Duett, doch fiel das weiter nicht auf. Jeder Literat hatte von jetzt ab zwei Gesinnungen, mit Ausnahme des Schriftstellers Arnolt Bronnen. Der berüchtigte Ignaz Wrobel hatte nunmehr deren acht.

In Magnus Hirschfelds Institut für angewandte Bibelforschung herrschte ein ungeheurer Andrang: scharenweise eilten die Männer herbei, um sich diesbezüglich verdoppeln zu lassen, was auch bei fast allen gelang: einige baten um Vervierfachung, was ihnen aber — mangels Material — nicht gewährt werden konnte.

Am 10. Oktober entbrannte das Land in einem wilden Bürgerkrieg:

Mit den Waffen sollte entschieden werden, ob sich eine doppelte Negation aufhöbe oder aber sich verstärkte. Die Frage war wichtig genug: auf den Richterstühlen wurde ja nunmehr doppelt Unrecht gesprochen, was — wie die einen behaupteten — Recht ergab; die andern aber hielten das Resultat für verstärktes Unrecht und wurden erst durch die von den Polizeipräsidenten Jagow-Zörgiebel arrangierten berliner Fremdenfestspiele überzeugt, daß sie unrecht hätten.

In strahlendem Licht ging das neue Leben dahin. Die Menschen waren moralischer geworden: Vierdeutigkeiten wurden nicht geduldet, und sechseckige Verhältnisse gab es nur noch ganz wenige. Als man die Dolly-Dolly-Sisters in ihrem vierschläfrigen Bett mit zwei Niggern antraf, die dort gemächlich einen Vierback knabberten, wurden diese Personen sofort der Länder verwiesen.

Es gab nach wie vor einen republikanischen Reichsgerichtsrat; doch blieb selber ein Singulare tantum.

Und die Nacht —? Wann schliefen-schliefen diese Leute-Leute —?

In der Nähe des Treptower Parks, da, wo A. Kaktus und sein Friedchen die zwei Sonnen zuerst hatten aufgehen sehen, lag der Eingang zu einer ungeheuren Höhle:

EINGANG ZUR NACHT

stand dort zu lesen. Dort war die Nacht.

Zwei künstliche Prima-Monde hatte man aufgehängt, zwei Milchstraßen gab es, und alle Kellner hatten eine Logarithmentafel um den Leib baumeln, mit der sie die Preise berechneten. Waren die Leute so recht aus Herzensgrund besoffen, dann sagten sie jeden Satz nur einmal, was ungeheure Heiterkeit hervorrief — und die Stotterer hatten einen guten Tag.

So ging das bis zum 25. Januar. An diesem Tage spalteten sich zwei neue Sonnen ab, so daß es nunmehr vier gab. Am 3. Februar waren es acht; am 22. März sechzehn, die Menschen vervielfachten sich entsprechend; am 28. September gab es fünfhundertundzwölf Völkerbünde und zweihundertundvierundzwanzig Päpste, jedoch nur eine deutsche Verfassung, weil man die ohnehin auslegen konnte, wie man wollte.

Lassen Sie mich ergriffen abbrechen —: mit meinen armseligen zweihundertundsechsundfünfzig Händen bin ich nicht imstande, zu schildern, was weiter geschah.

Leben Sie wohl — hoch zweiunddreißig.

LEHRGEDICHT

Wenn du mal gar nicht weiter weißt,
dann sag: Mythos.
Wenn dir der Faden der Logik reißt,
dann sag: Logos.
Und hast du nichts in deiner Tasse,
dann erzähl was vom tiefen Geheimnis der Rasse.
So erreichst du, daß keiner, wie er auch giert,
dich je kontrolliert.

Willst du diskret die Leute angeilen,
dann sag: Eros.
Sehr viel Bildung verleiht deinen Zeilen:
Dionysos.

Aber am meisten tun dir bieten
die katholischen Requisiten.
Tu fromm — du brauchst es gar nicht zu sein.
Sie fallen drauf rein.

Machs wie die Literatur-Attachés:
nimm ein Diarium.
Die Hauptsache eines guten Essays
ist das Vokabularium.
Eros und Mythos hats immer gegeben,
doch noch nie so viele, die von ihnen leben . . .
So kommst du spielend — immer schmuse du nur! —
in die feinere deutsche Literatur.

SPÄTER

Eine Eiche überschattet mich; wenn sie wüßte, wer ich bin, täte sie es sicherlich nicht, aber es ist eine schwedische Eiche, also ist sie nicht organisiert . . . die Hummeln besuchen die Blumenbüros, trinken in jeder Blüte einen kleinen Schnaps und machen ein ungeheuerliches Gesumm . . . wenn sie nachher nach Hause kommen, werden sie wahrscheinlich erzählen, wie furchtbar sie an diesem Mittag-Morgen zu tun gehabt haben . . . die Zigarre setzt schöne, weiße Asche an. Das macht immer sehr nachdenklich; so nach Tisch hat man die vernünftigsten und unfruchtbarsten Gedanken.

Da erzählt uns Emil Ludwig von Bismarck, wie er sich in Göttingen als Student und in Berlin als Auskultator und in Aachen als Regierungsreferendar — nein, in allen drei Städten als Mann heiter durch die Gegend geliebt hat. (Da diese Zeitschrift in Deutschland erscheint, muß ich hinzusetzen: «Bravo! Hurra! Nochmal lieben!») Bismarck war damals um die Zwanzig.

Das geht uns gar nichts an. Aber nun war da im Jahre 1870 sein großer Tag, das Werk seines Lebens stand aufgebaut, sein Name ging über die Welt. Die kleinen Damen, die er damals geliebt hat, waren um diese historische Zeitenwende etwa Mitte Fünfzig, soweit sie noch lebten. Wenn sie, was zu hoffen steht, nicht untergegangen waren, so hatten sie vielleicht geheiratet oder waren ältere Fräulein geblieben . . . Und nun lasen sie seinen Namen in der Zeitung, sahen sein Bild, überall . . . was denken sich Frauen in solchen Augenblicken —?

Otto . . . Blicken sie träumerisch in den Kamin? Wenn sie aber keinen haben: schreiben sie einen Brief? Nicht anzunehmen, wenn der Klassenunterschied schon in Aachen bestand, und um wieviel ist er nun gewachsen! Was denken sie? Denken sie an Einzelheiten? sind sie stolz? Lesen sie: «. . . in den erblichen Fürstenstand erhoben . . .», und denken sie: er hatte solche geringelten Socken an, die mochte ich immer so gern . . . was denken sie —?

Das werden wir nie wissen. Sie denken auch nicht den hundertsten Teil dessen, was ein Mann denkt, sie dächten es — und der hundertste Teil sieht auch noch ganz anders aus. Jetzt läßt sich von der unorganisierten Eiche eine Made an einem Faden herunter und will sich auf die Zigarre setzen — die Hummeln — Bismarck — «Typisch zersetzender Gedanke! Kulturbolschewismus! Am Heros nur die irdischen Leidenschaften sehen . . . Bismarck als Mensch . . . ihm eben der reine Gedankenflug versagt . . . klassenbewußte Arbeiter sieht, daß der Adlige die Mädchen des unterdrückten Volkes aussaugt . . . vom theosophischen Standpunkt . . . schon vom rein sportlichen Standpunkt . . . zersetzender berliner Geist . . . Kulturbolschewismus dieser Epoche . . .» Antenne geerdet, aus.

Was mögen sie aber wirklich gedacht haben —?

MUTTERNS HÄNDE

Hast uns Stulln jeschnitten
un Kaffe jekocht
    un de Töppe rübajeschohm —
un jewischt und jenäht
un jemacht und jedreht . . .
    alles mit deine Hände.

Hast de Milch zujedeckt,
uns Bobongs zujesteckt
    un Zeitungen ausjetragen —
hast die Hemden jezählt
und Kartoffeln jeschält . . .
    alles mit deine Hände.

Hast uns manches Mal
bei jroßen Schkandal
    auch 'n Katzenkopp jejeben.
Hast uns hochjebracht.
Wir wahn Sticker acht,
sechse sind noch am Leben . . .
    Alles mit deine Hände.

Heiß warn se un kalt.
Nu sind se alt.

Nu bist du bald am Ende.
Da stehn wa nu hier,
und denn komm wir bei dir
und streicheln deine Hände.

JULI 14

Lassen Sie mich in Ruh. Der Krieg
langweilt mich schon lange.
Leopold Graf Berchtold

Dies ist das stärkste Buch Emil Ludwigs – eine journalistische Leistung ersten Ranges. (‹*Juli 14*›, im Verlag Ernst Rowohlt zu Berlin.)

Journalistisch deshalb, weil Geschehnisse plastisch wiedergegeben werden; hier wird historische Reportage gemacht, und mit den besten Mitteln. Dieses Werk verdient die Auflage von Domela und Remarque zusammen.

Das Buch gibt eine Kette von Großaufnahmen: nämlich die der europäischen Kabinette, deren immense Kriegsschuld klargelegt wird. Dies ist die These des Buches:

Die Völker haben keinen Krieg gewollt, kein Volk hat ihn gewollt; durch die Borniertheit, Fahrlässigkeit und Böswilligkeit der Diplomaten ist es zu diesem «dümmsten aller Kriege» gekommen.

Diese These, über die zu reden sein wird, wird folgendermaßen belegt:

In Serajewo wird der österreichische Thronfolger ermordet. Der deutsche Kaiser entscheidet so: Österreich zunächst allein handeln lassen; Rumänien nicht vor den Kopf stoßen; Bulgarien heranziehen, Streit nach Möglichkeit lokalisieren – im ernsten Augenblick Bundespflicht. Die Wiener haben freie Hand.

Das nutzen sie aus. Sie unterschlagen sorgfältig das erste Ergebnis der Untersuchung: daß die Mitschuld der serbischen Regierung an diesem politischen Mord keineswegs feststeht. Sie stellen Serbien ein Ultimatum von äußerster Schärfe, von dem sie nicht nur wissen, daß es den Krieg bedeutet – von dem sie das auch eingestandenermaßen wollen. Selbst Franz Joseph, dieser böse, alte Mann, weiß das. Die Serben nehmen beinah uneingeschränkt an; der österreichische Botschafter in Belgrad prüft diese Annahme nicht mehr, sondern reist ab. Alles das macht Österreich auf eigene Faust.

Die Rolle der andern Großmächte ist noch niemals so klar, so formvollendet dargestellt worden wie hier. Die Regierungen Frankreichs und Englands vor allem tragen eine ziemlich schwere Kriegsschuld auf dem Buckel; nicht so groß wie die Wiens und Berlins, aber schwer genug.

London: Lord Grey hatte jahrelang mit der ‹Entente cordiale› gespielt; dieser in den Formen strengster Ministerverantwortung vor dem Parlament aufgezogene englische Politiker wußte wohl, was er da tat; aber weil keine ‹Verträge› vorlagen, so verschwieg er seine Arbeit vor dem Unterhaus, er ließ sie durchblicken, aber ratifiziert wurde nichts. Es waren ‹moralische Verpflichtungen›, ‹faktische Verpflichtungen› — Staatsverträge waren es, leider, nicht. Die Situation blieb bis zum letzten Augenblick unklar, so lange, bis sie durch die maßlose Verblendung und den schlechten Willen der Deutschen geklärt wurde.

Paris: Hier hatte der russische Botschafter, Iswolski, ein echter böser Geist aus dem Bilderbuch der Politik, hervorragend gearbeitet. Ganz Frankreich war auf das Schärfste an Rußland interessiert: es hatte nämlich Milliarden in russischen Werten investiert. Poincaré, aus seiner lothringischen Jugend mit Ressentiment gegen Deutschland erfüllt, fürchtete Deutschland mit Recht, haßte es damals also. Es hatte sich reichlich verhaßt gemacht. In den entscheidenden Tagen schritt er in Petersburg die Fronten russischer Regimenter ab; in Petersburg, wo man nicht ganz fest entschlossen war, dem slawischen Bruder zu Hilfe zu kommen . . . man wartete lange, lange.

Die Engländer griffen zuerst ein — sie wollten vermitteln. Grey: «Ich rechne mit Bestimmtheit darauf, daß der österreichischen Mobilisierung die russische folgen wird. Dann scheint mir der Augenblick gekommen, im Verein mit Ihnen (Deutschland), Frankreich und Italien eine Vermittlung zwischen Österreich und Rußland eintreten zu lassen. Ohne Ihre Mitwirkung ist jede Vermittlung aussichtslos.» Grey stak in einer bösen Zwickmühle: durfte er dem Gegner drohen? Doch nur mit Berufung auf Bündnisverträge, die nicht offiziell waren; durfte er den Freund bestärken? Doch nur, indem er diese Verpflichtungen nun auch laut anerkannte . . . er durfte es nicht, er konnte es nicht, er tat es nicht.

Inzwischen lügt Wien munter weiter, Berchtold verschweigt den Deutschen, daß er bei einem Konflikt Gebietszuwachs für Österreich haben wolle; die Deutschen fahren fort, zu vertrauen — in ihrem bierseligen Glauben an das Prestige, an Nibelungentreue und an ähnliche Kinovorstellungen. Wien bricht mit Serbien die Beziehungen ab.

Ganz Europa fällt vergeblich Berchtold in den Arm. Rußland hat gebeten, das Ultimatum an Serbien zu verlängern; Grey will eine Konferenz; Rußland bittet um erneute Unterhandlungen — alles fällt ins Wasser: Berchtold will den Krieg, seinen Krieg, den Krieg der Offiziere, vor allem Hötzendorfs. Nun spult sich alles schnell ab — das ist im Buch herrlich wiedergegeben.

Ein paar Mal spricht Ludwig von den «ungelüfteten Räumen» dieser Kabinette; das ist das Wort. Nichts geschieht direkt, alles auf Umwegen – und auf was für welchen! Allen gemeinsam ist eine Vorsicht, die keine Umsicht, eine Ängstlichkeit, die nicht etwa Verantwortungsgefühl ist, denn vor wem hätten sich diese je zu verantworten gehabt! – es ist Diplomatie als Kunst um ihrer selbst willen. Aber es waren Stümper. Dazu fahrlässige Stümper. Pourtalès, der in Rußland Kaiser & Reich vertrat, gab in der Aufregung, für deren Vermeidung er hätte trainiert sein sollen, ein Konzept der deutschen Kriegserklärung ab, das – in Klammern – einen doppelten Wortlaut enthielt; so, wie in den Liebesbriefstellern ‹er (sie)› zu lesen ist, standen hier zwei Modalitäten, und Rußland konnte sich aussuchen, wegen welcher das Deutsche Reich «die Herausforderung annahm». Dann, am späten Abend, ruft Sasonow noch einmal in der deutschen Botschaft an: «Hier ist eben ein Telegramm des deutschen Kaisers angekommen – der suspendiert die Kriegserklärung! Was nun?» – Pourtalès: «Darüber bedaure ich keine Auskunft geben zu können. Vielleicht ist das Telegramm älter als das, in dem ich angewiesen wurde, die fragliche Erklärung abzugeben. Im übrigen muß ich bitten, sich an den amerikanischen Geschäftsträger zu wenden, der unsere Interessen übernommen hat. In vier Stunden reisen wir ab.» Ludwig fügt hinzu, und man sollte diesen Passus wie so viele andre des Buches rot drukken: «Aber nach verlornem Kriege wird der Herr Graf von der Nation weder wegen doppelter Kriegserklärung lächerlich, noch wegen Ablehnung der Kaiserdepesche verantwortlich gemacht werden.»

Und dann erschien die Verlustliste Nr. 1.

Dieses alles kann nicht mehr verdunkelt werden: schuld sind alle gewesen; die Verantwortung Österreichs und Deutschlands war besonders groß.

Emil Ludwig hat es seinen nationalen Kritikern gegenüber nicht leicht; hier werden sie ihre beiden Methoden anwenden: das Dokumentarische zuerst und das Philosophische hinterdrein anzuzweifeln. Erst werden die Philologen und die Historiker angerückt kommen, und wenn die die Jacke voll bekommen haben, dann sagt die zweite Schlachtreihe: Ja, aber der Kerl kennt das Magische im Germanen nicht ... auf welchem Gebiet freilich jeder unschlagbar ist.

Diese grandiose Darstellung ist gespickt mit den buntesten und lehrreichsten Einzelheiten. Die ungeheure Schuld der Diplomaten liegt vor allem in ihrem grenzenlosen Hochmut. Sie wissen, daß sie nur auf den Knopf zu drücken brauchen ... Sasonow: «Uns vorzuwerfen, daß wir Österreich nicht lieben!» Uns – wir – Österreich ... aber die Angestellten, die Bauern und der Mann auf der Straße, sie wußten ja gar nichts davon; sie liebten weder noch haßten sie – sie kannten das fremde Land überhaupt nicht.

Jener prophetische Artikel aus der ‹*Berliner Morgenpost*›, der nicht mehr gebracht werden konnte, weil statt der Vernunft die Generalität regierte, wird zitiert: Der berliner Arzt Arthur Bernstein ist sein Verfasser — und darin steht alles, alles, wie es gekommen ist. Das war die Ausnahme. Wie es denn überhaupt für jeden, der aus der Geschichte lernen will, äußerst dienlich ist, einmal in die Bibliothek zu gehen und sich aus diesem Jahr 1914 die Monate Juli und August einer beliebigen deutschen Zeitung geben zu lassen — da könnt ihr aber was erleben! Die Ahnungslosigkeit vorher; die prompte Bereitwilligkeit umzufallen nachher — lest das und seht euch auch die Autorensignaturen genau an: ihr werdet sehen, daß es zum Teil noch dieselben Publizisten sind, und ihr schenkt ihnen immer noch Glauben? Dann verdient ihrs nicht besser.

Gut erkannt ist auch das allgemeine, auf allen Seiten vorhandene Bestreben, als der Angegriffene zu erscheinen. Alle, alle waren sie angegriffen; alle, alle verteidigten nur ihr Vaterland. (Zu Ende gesagt bei Karl Kraus: «Deutschland, die verfolgende Unschuld.» Gilt aber beinah für jedes Land.) Auch vom Kriegsverbrechen des *‹Berliner Lokalanzeigers›* ist die Rede, von dem einzigen wahren Kriegsverbrechen, das es für ein Strafgesetzbuch geben kann: von dem nämlich, die Menschen in den Krieg zu treiben. Es handelt sich um die Falschmeldung der deutschen Mobilmachung, die damals in Berlin verbreitet wurde; sie hat nicht wenig dazu beigetragen, die Nachricht verfrüht in die Hauptstädte Europas zu tragen ... hier klebt viel Blut an den Druckmaschinen.

Es ehrt übrigens Emil Ludwig, daß er das grauenvolle Schicksal Gabriele Princips nicht vergessen hat —: dieser politische Attentäter ist schauervoll, in mehr als vierjähriger Dunkelhaft, zu Tode gefoltert worden; er ist an Tuberkulose gestorben und hat nie mehr das Licht gesehen.

Das Buch vermeidet im übrigen auf das erfreulichste die chronologische Untersuchung, wer um wieviel Minuten bei den Mobilmachungen schneller gewesen ist — ein Moment, auf das es nicht ankommt. Im ganzen bestätigt es die Kannerschen Schuldthesen, besonders diese:

> «Im Jahre 1909 haben Deutschland und Österreich-Ungarn — in Form eines auf Befehl der beiden Kaiser und mit Zustimmung des österreichisch-ungarischen Ministers des Äußern und des deutschen Reichskanzlers geführten und bis zum Ausbruch des Weltkrieges immer wieder ergänzten und bekräftigten amtlichen Briefwechsels der beiden Generalstabschefs v. Moltke und Conrad v. Hötzendorf — ihrem defensiven Bündnis vom Jahre 1879 einen neuen, offensiven casus belli angefügt, in dem Deutschland Österreich-Ungarn mit seiner gesamten Heeresmacht zu Hilfe zu kommen versprach, für den Fall, daß Österreich-Ungarn durch ein militärisches Einschreiten gegen Serbien einen Krieg mit Rußland oder auch einen allgemeinen europäischen Krieg herbeiführen sollte, und für diesen

Fall auch einen gemeinsamen Kriegsplan vereinbart (deutsch-österreichisch-ungarische Militärkonvention).

Nach dem Attentat von Serajewo hat die österreichisch-ungarische Regierung der deutschen angezeigt, daß sie nunmehr gegen Serbien militärisch einzuschreiten, also von dem neuen casus foederis Gebrauch zu machen beabsichtige. Deutschland hat dazu seine Zustimmung gegeben und in den Monaten Juli und August 1914 die ihm aus dem neuen casus foederis erwachsene Pflicht erfüllt.

Die von der deutschen Regierung am 28. Juli 1914 bei der österreichisch-ungarischen Regierung eingeleitete Vermittlungsaktion war nicht darauf angelegt, unter allen Umständen den Frieden zu sichern, sondern vielmehr für den Fall des Ausbruchs des Krieges zwischen den Mittelmächten und Rußland–Frankreich die Kriegsschuld Rußland zuzuschieben.»

Die Schuld der Diplomaten, ihre Fahrlässigkeit, ihr Dolus und ihre Dummheit stehen fest. Hier gibt es nichts zu deuteln.

Ist aber dieser grandiose Film, in einem atemraubenden Tempo abgedreht, vor uns abgelaufen, dann entdecken wir, daß es tatsächlich Großaufnahmen sind, die hier rollen. Großaufnahmen sind Ausschnitte. Die These, daß die Diplomaten am Schicksal Europas schuld gewesen sind, steht unumstößlich fest. Die These: «Die Gesamtschuld lag in den Kabinetten, die Gesamtunschuld auf den Straßen Europas» sichert dem Buch seinen begrüßenswerten Erfolg — denn sie schmeichelt dem Leser, macht sie ihn doch von jeder Verantwortung überhaupt frei; ‹sie› haben das mit uns gemacht, und frohgestärkt gehen die Herren Wendriner und Kulicke ins Büro. Die These ist aber nicht ganz richtig.

Es fehlt zunächst der Hinweis auf die Machenschaften der Staaten in den Staaten: der Rüstungsindustrie. Dies ist kein Petroleumkrieg gewesen — es ging anfangs noch nicht um die Absatzgebiete; die Industrien hingen sich erst später an die Uniformknöpfe der Generale, um dem Konkurrenten die Erzlager und die Weinberge abzujagen ... im Frieden hat die Rüstungsindustrie gearbeitet und gearbeitet, wie Morus uns das in seinem *‹Basil Zaharoff›* gezeigt hat. Es ist nicht wahr, wenn diese da behaupten, sie täten das zur Aufrechterhaltung des Friedens. Habt ihr schon einmal einen Kaufmann gesehen, der Milliarden in einen Betrieb investiert, den er niemals laufen lassen will? Das vermisse ich an diesem Buch. Und die Unschuld der Massen —?

Ludwig kann erwidern:

«Ein Teil der Massen ist damals richtig geführt worden, wie die von mir zitierten Stellen beweisen. Auch von diesem Teil sind natürlich Unzählige kriegslustig gewesen, weil sie aus der Tretmühle herauswollten ... Ich bestreite es nicht, ich bekämpfe es nur. Ohne die Ideologie der frühern Zeiten, die vor allem die Technik heute überwunden hat, sind diese Instinkte aber nicht stark genug, vorzubrechen.

Man kann nicht ein Buch gegen alle Fronten mit einem Mal schreiben. Die Frage, ob dies andre da in einem Kampfbuch wie dem meinigen darzustellen oder besser zu verschweigen wäre, führt mitten ins deutsche Problem. Denn das Elend ist doch, daß sich bei uns jede Partei in sechs Gruppen spaltet. Ich würde mir durch eine Zersplitterung eine Wirkung ersten Ranges zerstören, um eine Teilwahrheit zu analysieren. Das ist es übrigens, was die Rechte in Deutschland fast immer vermeidet. Not kennt kein Gebot.»

So kann er sprechen und hätte so unrecht nicht. Aber dies sein Buch enthält eine Teilwahrheit.

Baut einer in jahrelanger Arbeit einen Apparat, der Todesstrahlen aussenden kann, stellt er ihn auf, richtet er ihn auf das Ziel — so kann man natürlich sagen, daß der letzte Mann, der zum Schluß auf den Knopf drückt, der Todessender ist. (Im vorliegenden Fall haben die Knopfdrücker am Apparat mitgebaut.) Aber es ist eine Teilwahrheit. Die Vorbereiter sind schuld — und die Vorbereiteten.

Die Vorbereiter: die deutsche militärische Erziehung; die bewußte Hetze zum Staatsmord in Schule, Universität und Kirche; das anarchische System, in dem die europäischen Staaten lebten und leben; die beispiellose Korruption, mit der die russischen Anleihen in das französische Volk gepreßt worden sind. Die *‹Humanité›* hat die wichtigsten Dokumente, die man in Petersburg gefunden hat, veröffentlicht; es ergaben sich gradezu schauervolle Beweise für die Verlumpung der französischen Presse (die Deutschen täten gut, hier den Schnabel zu halten; sie tun ähnliches, nur gratis).

Streng geheim 7. November 1913

An die Kanzlei der Kredit-Operationen, Finanzministerium, St. Petersburg.

Im Einvernehmen mit Herrn Davidov überreiche ich Ihnen anbei 27 Schecks im Gesamtbetrage von 100 000 Francs, die mir von dem mit der Verteilung Beauftragten als Belege zugestellt wurden:

‹La Lanterne›	42 000 Francs
‹L'Autore›	17 000 Francs
‹L'Evénement›	11 900 Francs
‹L'Action›	9 000 Francs
‹La France›	11 000 Francs
‹Le Rappel›	7 000 Francs
‹Le Gil Blas›	2 000 Francs
‹Paris-Journal›	1 000 Francs

Die Russen in Paris klagten zu wiederholten Malen über die nimmersatte Frechheit der französischen Zeitungsverleger, die noch mehr und immer noch mehr haben wollten ... und die es bekamen.

Die solchergestalt Vorbereiteten sind nicht minder schuld – aber in einem tieferen Sinne. Technik überwindet keine Instinkte. Scheintot schlummern sie ... Da empfiehlt es sich, einmal des großen Sigmund Freuds Schrift ‹*Zeitgemäßes über Krieg und Tod*› nachzulesen – es ist immer wieder erstaunlich, in welche Tiefen dieser große Psychologe zu steigen fähig ist. «Der einzelne Volksangehörige kann in diesem Kriege mit Schrecken feststellen ... daß der Staat dem einzelnen den Gebrauch des Unrechts untersagt hat, nicht weil er es abschaffen, sondern weil er es monopolisieren will wie Salz und Tabak.» Anläßlich der Enttäuschung über die Menschen, die bei Kriegsausbruch, als hätten sie auf ein Stichwort gewartet, wie die Amokläufer losgingen; denn sie haben darauf gewartet; überall: «Den bisherigen Erörterungen entnehmen wir bereits den einen Trost, daß unsere Kränkung und schmerzliche Enttäuschung wegen des unkulturellen Benehmens unserer Weltmitbürger in diesem Kriege unberechtigt waren. Sie beruhten auf einer Illusion, der wir uns gefangen gaben. In Wirklichkeit sind sie nicht so tief gesunken, weil sie gar nicht so hoch gestiegen waren, wie wirs von ihnen glaubten.» Und das zeigt er auf: durch den Nachweis, daß die Unterdrückung der Urtriebe, die neben den zivilisierten immer weiter bestehen bleiben, einen derartigen Kraftaufwand von Verzicht erfordern, daß die dünne Kruste, durch Zwang und Überredung gebildet, leicht durchbricht – so ein Durchbruch ist ein Krieg. Da werden dann die ursprünglich weder guten noch bösen Triebe frei; nur treten sie hier nicht wie im Frieden als unterdrückte Neurosen oder als herausquellende Einzelfälle von Verbrechen auf, sondern sie werden (scheinbar) sozial nutzbar gemacht; der Staat hat es leicht, sich ihrer in seiner unsozialen Weise zu bedienen, und er tut es. Latent lag die Mordlust in jedermanns Brust; sie wartete auf ihren Tag. Der kam. Und da brach sie hervor.

Hier – und nicht etwa in dem schmählichen Verrat der Sozialisten – liegt der Schwerpunkt dieses Krieges, wie aller Kriege. Zutiefst liegt die biologische Veranlagung des Menschen; im Verhältnis zu ihr ist noch der Marxismus ein ideologischer Überbau.

Was Ludwig gegen die Diplomaten sagt, ist richtig, und als Teilangriff ist diese Schrift von nicht zu überschätzender Bedeutung – aber der brave Leser darf nicht freigesprochen werden. Er trägt sein gerüttelt Maß Schuld, wir alle. Gegen die Diplomaten? ja. Nur gegen die Diplomaten? nein. In diesem Haß ist mir zu viel Liebe.

Das sagt nichts gegen das Buch. Dieses Werk ist eine Tat; es ist doppelt dankenswert, daß Ludwig sie auf sich genommen hat – er weiß, welche Dreckfluten sich nun auf ihn ergießen werden. Der Mann hat Zivilcourage.

Er hat die einfache Wahrheit gesagt: wie die Diplomaten ganz genau gewußt haben, daß dieser von ihnen heraufbeschworene und nicht abgewendete Krieg sie ja niemals treffen würde, kaum einer von denen ist im Graben verreckt, wie das alles nicht für sie galt, was sie da anzettelten, sondern wie sie in unverschämter Dreistigkeit über das Leben der ‹Untertanen› verfügten; wie sie niemals, niemals zu einer Verantwortung gezogen worden sind, die sie ewig im Munde führten.

Ist das besser geworden? Das ist nicht besser geworden.

Man sehe sich an, wie dieser Krieg in den deutschen Schulbüchern auf die junge Generation kommt; wie da mit klaren und eindeutigen Lügen gearbeitet wird; wie auch nicht in einem die schwere Mitschuld Deutschlands zugegeben wird. Nun ist das Schulbuch zwar nicht mehr das, was es uns in unsrer Jugend gewesen ist — aber seine Wirkung ist noch schrecklich genug. So ist der vorige Krieg vorbereitet worden; so wird der nächste vorbereitet.

Und man betrachte diese verlogene Erklärung der deutschen Regierung, die da ächzt und jammert; die wieder das Volk betrügt, wenn sie sagt: der Vertrag von Versailles bürde den Deutschen die Alleinschuld auf. Das ist nicht wahr. Der Artikel 231 tut nur etwas, wovor unsre Staatsmänner mit offenem Munde dastehen, weil sie das leider nie am eigenen Leibe erfahren haben: hier muß einmal einer für seine Taten einstehen. Leider trifft es die falschen. Ich halte den Vertrag von Versailles nicht für gerecht; habt ihr schon einmal einen gerechten Kriegsvertrag gesehen? Das ist das Risiko der Kriege, und die Deutschen sind immer schlechte Verlierer gewesen. Die Regierungserklärung ist gleichgültig; die Welt hat sich ihr Urteil gebildet. Es ist aus.

Das Buch Ludwigs aber verdient einen Sensationserfolg. Aus dem Wust der Kriegsdokumente, aus den lahmen Entschuldigungsmemoiren der Schuldigen, aus den Farbbüchern aller Regierungen, deren Fälschungen — mit Ausnahme Englands — nachgewiesen werden, Fälschungen, die das böse Gewissen der Kriegsverbrecher auf allen Seiten beweisen, ist hier die sonnenklare und wunderbar bewegte Darstellung eines Monats der Weltgeschichte erwachsen, der die «letzten Tage der Menschheit» einleitete. Es werden nicht die letzten sein. Daß aber solch «räudige Zeit», wie Polgar sie genannt hat, nicht wiederkomme —: dazu hilft dieses außerordentliche Buch.

EINKEHR

Mit vierzig Jahren soll man sich besinnen . . .
Worauf?
Auf das, was außen und was innen —
und auf den Lauf

der Sterne, die im kalten Kosmos schweben,
sowie auch darauf:
Wovon mag eigentlich der Bornemann leben —?

Die Wiese summt und liegt grün eingesponnen —
ich mittendrin;
durch die geschlossenen Lider sagen tausend Sonnen,
daß ich lebendig bin.
Schreite die Straße der Einsamkeit empor,
Stimmen hörst du wie nie zuvor ...
aus dem Äther kommen dir Einsicht und Stärke
Laßler platzt vor Neid. Ich werde ihn ärgern, indem ich es
nicht bemerke.

Wolken ziehn über die Sonne. Es rührt sich kein Blatt.
Stumm
liegt der See; der Weise, der einmal begriffen hat,
fragt nicht: Warum?
Er betrachtet nur noch das Wie; er sieht die Kristalle zergehn,
wenn es geschneit hat —
Warum schneidet man sich eigentlich immer die Nägel, wenn
man keine Zeit hat —?

So schwingst du dich in die obern Regionen —
mußt aber dennoch hier unten wohnen.
Ein Vers von Morgenstern tanzt querfeldein:
«Es zieht einen immer wieder hinein.»

DER VERENGTE GESICHTSKREIS

Je kleiner die Leute, je größer der Klamauk. Horchen Sie mal in die Tür — die Kneipe liegt dicht beim Gerichtsgebäude.

«Da hat er jesacht, eine Hebamme is noch keen Korkenzieher!» — «Wie der Richter mit den Kopp jewackelt hat, da wußt ick schon: nu is ocke!» — «Wenn du dämlicher Ochse man so jeschworn hättst, wie ick dir det jesacht habe, aber nee — du mußt ja imma nach dein Kopp machen ...» — «Ich ha die janze Sseit nachsimmeliert, woher daß diß kommt, daß die Jejenpachtei jeht niemals auf diesen Punkt ein ... nu weeß ick et: der Ssahlungsbefehl is nämlich ...» — «Un wenn ick soll bis nacht Reichsjericht jehn, ick will — mir nochn Bier — ick will mein Recht, diß wern wa ja mal sehn.» — «Diß kann a jahnich! diß kann der Mann ja jahnich! Nach die Ssivilprozeßordnung muß erscht der Sachvaständje sein Jutachten abjehm, und denn wern wa ja mal sehn, wer hier hat schlechte Stiebeln abjeliefert!» – «Siehste, der Herr Rechtskonsulent sacht auch» – «Ein Augenblick mal: bessüchlich des Wertes des Streitjejenstandes is noch keine Entscheidung jetroffn worn, hier, lesen Se selbst inn Jesetz . . .» – «da hat er jesacht, ne Hebamme is noch kein – –»

Die übrige Welt ist versunken: die Leute haben nur noch Ohren und Augen für die ‹Jejenpachtei›, es ist derselbe Geist, der aus der Anzeige einer kleinen Provinzzeitung spricht, in der zu lesen stand:

Bitte den Verleumdungen aus dem Keller kein Ohr zu schenken.

Hochachtungsvoll A. Grimkasch.

Der Mann hatte vergessen, daß es noch mehr als einen Keller in der Stadt gab, er sah nur den einen, seinen: *den* Keller. In diesem Lokal hier sehen alle nur den Keller.

Denn wenn der kleine deutsche Mann ‹vor Jericht› geht, dann ist er nach zwei Sitzungen romanistisch gefärbt, und das ist bei der sinnlos-scholastischen Art, in der diese Prozesse gegen den gesunden Menschenverstand, aber streng nach den Regeln eines eigentlich ganz und gar undeutschen Rechts abgehandelt werden, kein Wunder. Längst geht es nicht mehr um die Stiefel, längst nicht mehr um die angetane Beleidigung: der Gegner soll ausgerottet werden, dem Erdboden gleich gemacht, mit Stumpf und Stiel vernichtet – auf ihn mit Gebrüll! Das ganze Individuum ist in zitternde Schwingungen versetzt, Köpfe laufen rot an, und Tausende von Kohlhaasen treiben um die Gerichte ihr Wesen – denn Recht muß doch Recht bleiben! Es ist soviel Rechthaberei dabei.

Nicht nur das Gesetz ist halbirre, genügt nicht den wirtschaftlichen Erfordernissen, schützt nicht die Schwachen . . . die Leute erwarten auch zu viel vom Gesetz. Sie erwarten erst einmal ein Gesetz, das ‹genau auf ihren Fall paßt›, und sie glauben immer – oh, du holder deutscher Irrtum! – daß sie ganz und gar recht hätten und der andere ganz und gar unrecht habe . . . «Na, det is doch klar wie Kloßbrühe!» Und noch im Himmel, beim ewigen Gericht, werden sie bestimmt gegen das Verdikt des lieben Gottes Berufung einlegen, denn in nichts setzt der gesetzestreue kleine Mann so viel Hoffnung wie in die letzte Instanz.

JONATHANS WÖRTERBUCH

Der Kandidat der Gottesgelahrtheit Jonathan Tallywags aus der Grafschaft Sussex verbrauchte in seinem ersten Semester allabendlich 1 Gläschen Whisky, in seinem zweiten Semester 1 Glas, in seinem dritten 4 Gläser, in seinem vierten 1 Flasche, in seinem fünften 4 Flaschen, in seinem sechsten nur 5 Flaschen (da war er einem Methodistenprediger in die Hände gefallen); nunmehr stand er in seinem zweiundzwanzigsten Semester und bei einer Gallone Whisky auf den Abend. Es war ein Mann in den besten Jahren.

Da starb sein Vater, der ehrwürdige Mister Tallywags aus Nutmegs (Sussex), und Jonathan sah sich vor die unangenehme Aufgabe gestellt, als einziger Sohn in den Nachlaß zu treten. Dieser zeichnete sich dadurch aus, daß er nicht vorhanden war. Nun war guter Whisky teuer. Der verlorene Sohn ging nach London. In einer schlaflosen Nacht, in der J. Tallywags sternhagelnüchtern war und dementsprechend litt, kam er auf den abenteuerlichen Gedanken, zu arbeiten. Sie können sich das Gelächter vorstellen, das sich erhob, als er diesen seinen Plan am nächsten Morgen im ‹Fireship› am Tisch ankündigte; der besorgte Wirt kam herbeigelaufen, ob den Herren etwas fehle — so einen Krach machten sie! Schließlich verliefen sie sich, um anderswo weiterzusaufen, und Tallywags blieb traurig am Tisch zurück.

Da näherte sich ihm ein älteres Männchen, demütig, den Kopf leicht vornüber geneigt, flüsterte so etwas wie «Guten Tag, lieber Herr!» und setzte sich unaufgefordert an den runden Tisch, auf dem der Schnaps in großen Lachen stand. Tallywags sah ihn aus milde verglasten Augen an, seine Unterlippe zitterte leise — er wartete. Ja, sagte das Männchen, er habe am Nebentisch ein bißchen zugehört; das sei nicht recht vor Gott, gewiß, man könne es geradezu eine Sünde nennen — aber die Herren hätten so laut und deutlich gesprochen ... Tallywags schluckte. Und er hätte gehört, sagte das Männchen, daß Herr Tallywags arbeiten wolle — und er, Männchen, habe einen Freund, der sei Verleger, und der habe einen Auftrag zu vergeben und suche demgemäß einen gelehrten Mann. Und der Herr, mit dem er hier zu sprechen die Ehre hätte, wäre doch, seinem ganzen Aussehen und seiner feinen Bildung nach zu urteilen, ein Mann der Wissenschaft, wie wäre der Name? Tallywags, sehr angenehm, sehr angenehm, er hieße Gingambobs, Abraham Gingambobs, und wenn der Herr Tallywags wolle, dann könnte man gleich zum Verleger gehn, wie ...?

Tallywags stand auf, weil der andere aufstand; er zahlte nicht, weil der andere zahlte — und er schlurrte hinter ihm drein, wohin jener ihn zog. Sie landeten in einem trüben, geduckten Durchgangshaus, kletterten vier gewundene Treppen empor und standen schließlich vor einer Tür, an der hing ein blaues Schild:

Nelson
Publisher

Hinein. Zwei Männer, die sich vergeblich den Anschein zu geben versuchten, als seien sie zwei Herren, ließen sich vorstellen, wurden vorgestellt, gaben vor, Brüder zu sein und Nelson zu heißen — Platz nehmen? Bitte? Ja —:

Es handele sich um ein Wörterbuch. Um ein deutsch-französisches Wörterbuch. He? Um ein deutsch-französisches Wörterbuch. Ob Herr

— Herr — hm — Tally ... Tallywags — man werde ein Pseudonym wählen müssen — doch wohl deutsch und sicherlich auch französisch ...? Der Alte knuffte den Kandidaten in die Seite, der gab einen Laut von sich, den man bei nebligem Wetter als Ja auffassen konnte, Manuskripte raschelten. Bücher kollerten vom Tisch und wurden wieder heraufgeholt ... und als sie die Treppe heruntergingen, war Herr Tallywags im Besitz eines Auftrages, ein Lexikon herzustellen, und eines Vorschusses von vier Pfund. (Diese Geschichte liegt lange zurück.) An diesem Abend besoff er sich wie eine Segelschiffsmannschaft, die nach zwei Monaten widriger Winde in einem Hafen einläuft. Acht Wochen später war das Lexikon fertig. Tallywags hatte ein paar befreundete Kapitäne konsultiert, die ihrerseits solche Lexika in der Kajüte mit sich führten und sie unter gewaltigem Fluchen heraussuchten — er hatte sich ferner der regen Mitarbeit einer gewissen Kitty Cauliflower zu erfreuen, die ihn in strittigen Fällen liebreich belehrte. Nunmehr senkt sich die Geschichte aus den Wolken dichterischer Einbildungskraft auf den Boden jener Realität, wo rechts gefahren wird.

Denn dergleichen, sagt sich der kluge Leser, gibt es nur in Romanen. Solch versoffene Kandidaten gehören Dickensschen Zeiten an; eher will ich, sagt der Leser, an einen verzauberten Drachen glauben als an einen Verleger, der Vorschuß gibt — was sind das für Geschichten ...! Gut und schön —: aber das Lexikon halte ich in Händen. Hier liegt es:

Neues
Taschen-Wörterbuch
Deutsch-Französisch
und
Französisch-Deutsch
von K. Ashe
Nelson, Editeurs
183 rue Saint-Jacques
Paris.

Ich wette um die gesammelten Werke eines Akademikers, daß dieses Buch auf keinem andern Wege als auf dem vorbezeichneten zustande gekommen sein kann. K. Ashe ist selbstverständlich ein Pseudonym, die Nelsons sind inzwischen nach Paris gezogen, und ein vollsinniger Mensch kann dieses Lexikon, das mir ein freundlicher Leser zugesandt hat, nicht verfaßt haben.

Deutsch ist bekanntlich da am schönsten, wo es an den Rändern gen den Wahnsinn hin verschwimmt: aus Kinderfehlern kann man mehr über die Muttersprache lernen als aus dem ganzen Goethe — und dieses Lexikon hat mir viele Abende verkürzt. Abgesehen von ‹*Söndagsnisse Strix*› und ‹*The New-Yorker*› habe ich lange nicht so gelacht. Schlag auf, lies:

Was ist ‹abarten›? Dégénérer. Gut, aber was ist ‹abäschern›? Was ist ‹Abbiß›? Was: ‹abblatten›? Und tief betroffen liest du weiter. ‹Mutzen›? können Sie mutzen? Ich kann es nicht, oder doch nur selten. Und was mag das sein: ‹Diskretionstags›? Eher verständlich ist schon ‹fragselig› und ‹erbittlich›, willkommene Bereicherungen der deutschen Sprache. Auch ‹Hausverstand› und ‹Leichenbuch› gehören in jedes Handwörterbuch; von ‹Strafengesetz› und der ‹Facklei› schon nicht zu reden. Dann aber wird es bewegter. Nachdem wir noch den ‹Bahnzug› und die ‹Sicherheitsanstalt› sowie das ‹Seitengespräch› genossen haben, erfreuen wir uns an leichten Sprachstörungen der beteiligten Gehirne, die dem Herrn Kandidaten Tallywags geholfen haben auf seiner schweren Fahrt. Er schreibt:

«Die großblumische Esche», was darauf schließen läßt, daß hier ein Kapitän aus der großen Seestadt Frankfurt am Main mitgetan hat; er schreibt die «Schüppe» und der «Kupferstüchsammler», was richtig ist, weil man ja auch der Schürm und der Mülschreis sagt. Was aber ist eine ‹Demutspflanze›? Das ist eine Mimose.

Soweit das Deutsche. Nun ist da aber noch das Französische, und auch dies will gekonnt sein. «Parquet» heißt ‹Spiegelfeld›, und «profil» natürlich ‹Durchschnittsansicht›; daß aber ‹Muff› «aboiement sourd», ein dumpfes Gebell ist ... das kann man nur nachts um vier Uhr verstehen, wenn der Whisky ölig-gelb in den Gläsern schaukelt. Man muß eben übersetzen können — und welcher Seemann könnte das nicht! Die helfenden Kapitäne haben ganze Arbeit gemacht. So, wie «sans-culottes» ‹Hosenlose› heißt, so heißt ‹Perlmutter› «mère de perles» — das leuchtet ein. Und das wimmelt von ganz alten französischen Wörtern, wie «tépide» für lau; und «portraiture», was es gibt — sowie «maudissible», was es nicht gibt, und was ‹fluchwürdig› heißen soll — unrichtig ist nur «wurst», was seltsamerweise ein ins Französische übergegangenes Wort ist und ‹kleiner Munitionswagen› bedeutet. Das mag alles noch angehen.

Aber stürmisch wars, und die Nacht ging hoch, der Wind heulte an den Fensterscheiben, Kitty Cauliflower hatte auch ihrerseits den Kanal voll, und nun schlug die Wortkunst hohe Bogen.

Was um alles in der Welt ist ein ‹Hühnerwerter›? Was ein ‹Leichmann› ist, weiß jeder, der es einmal gewesen ist; warum aber ‹Gänze› nicht nur «tout» heißt, sondern auch «gîte non exploité», eine nicht ausgenutzte Lage ... das muß ein guter, alter Whisky gewesen sein, ein alter, guter ... Und wie darf man, so man nicht van de Velde heißt, «Depot» mit ‹Hinterlage› übersetzen? Und in jener Nacht, als Kitty in der Ecke lag und so herzbrechend schluchzte, daß sich die Katze ängstlich unter den Tisch zurückziehen wollte, was sie aber nicht konnte, weil dort Herr Tallywags lag und bellte, da entstand die Übersetzung für «sauvage». Wild? Nein — «sauvage» heißt ‹deutschen› — fragen Sie mich nicht, ich bin zu ergriffen.

Es ist ein schönes Lexikon, und mein freundlicher Leser hats bei Herrn Delépine in der rue St. Antoine gekauft, also muß es doch wohl im Handel sein. Und mich verfolgt in den schwedischen Nächten, wo es nie ganz dunkel wird und die ganze Erde nachts aufbleiben darf, wie die Kinder, wenn die älteste Schwester heiratet – dann plagt mich eine Frage:

Woher bezieht man solchen wundervollen Whisky –?

Ich bin ein alter Hühnerwerter – aber das mutze ich nicht.

IN ALLER EILE

– «Hallo! Hier Eisner und Ehrmann, wer dort –? Jawohl . . . Man kann Sie nicht verstehen; Sie müssen etwas lauter sprechen! . . . Dann werden wir Ihnen also die Faktur morgen zugehen lassen! Schluß!» Telefongespräch 1895

– «Also ich telefoniere hier von der Post –
vor der Zelle stehn schon Leute –
ich fahre nach Lichterfelde-Ost
und erledige die Sache noch heute.
Was ich sagen wollte . . . Warum warn Sie gestern nicht da?
auf der Modenschau?
Ich war mit der Putti . . . wissen Sie . . . na . . .
Hände hat die Frau –!
Fabelhaft.

Wiesner –? Erzählen Sie mir doch nichts –
das nehm ich auf mein Eid –!
Bitte! Nach Ansicht des Gerichts
hab ich dazu immer noch Zeit!
Was ich sagen wollte . . . Wir gehn Sonnabend aus –
Mit ihrem Freund? Na, so blau!
Die nehm ich glatt mit mir nach Haus –
Augen hat die Frau –!
Fabelhaft.

Die Wechsel sind . . . na, wie finden Sie das?
Die klopfen ans Fenster, weil ich
hier spreche – ich erzähl Ihnen persönlich noch was,
ich bin nämlich furchtbar eilig.

Was ich sagen wollte . . . ich bin derartig scharf . . .
Natürlich! Weiß ich genau,
was ein Schentelmän sich erlauben darf . . .
Einen Rücken hat die Frau —!
Fabelhaft.

Wir legen die Schecks . . . hallo? . . . unterbrochen . . .
Ich habe doch noch gar nicht gesprochen . . .!
Na, denn nicht.
Nur keine falsche Hast!
Ich spreche hier, solange 's mir paßt!
Lümmel.
Ja —! Nein —!
Na, da gehn Sie doch rein!
Eine Luft wie in einem Schwitzkastenbad . . .
Was der schon zu telefonieren hat —
Lümmel.»

DIE KARIKATUR PREUSSENS

Frau Margarete Ludendorff hat ihre Memoiren geschrieben, obgleich sie doch keinen Krieg verloren hat, und es ist etwas peinlich, dies Buch zu besprechen. (‹*Als ich Ludendorffs Frau war*›, erschienen im Drei-Masken-Verlag, München.)

Peinlich deshalb, weil es schrecklich ist, einen Krebskranken die Symptome seiner Krankheit erzählen zu hören, die er für Gott weiß was hält — nur nicht für tödlich. Es ist bitter, was hier zu lesen steht.

Historisch Neues ist wenig zu finden — das Meiste ist bekannt. Wichtig an diesem Buch ist ganz etwas andres als das geschichtliche Material: wichtig ist die Ahnungslosigkeit dieser Frau, die eine typische Vertreterin ihrer Kaste ist, als Erscheinung nicht einmal unsympathisch — aber das waren sie? Das hat Deutschland beherrscht? Und beherrscht es zum Teil heute noch? Und davor kuschen die demokratischen Bürger? Du lieber Gott.

Kindlich ihre Beurteilung des Auslands, wo die Soldaten nicht so ‹stramm› sind wie ihre, die nachher voller Strammheit den Krieg verloren; blind solche Berichte aus dem Kadettenkorps: «Welche Würde, welche Machtbefugnisse in dem Wort Stubenältester liegt, kann man nur verstehen, wenn man das frühere Kadettenleben kennt . . . Mein Junge war sehr klein und hatte lange Buben unter sich. Er erzählte schmunzelnd: Ein paar sind darunter, da muß ich mich auf einen Tritt stellen, wenn ich ihnen Ohrfeigen geben will.» Diese Ohrfeigen sind nachher beim Kommiß fürchterlich weitergegeben worden

— aber was weiß diese Mutter davon! Nichts. Man lese in den Erinnerungen Leopold von Wieses nach, was das preußische Kadettenkorps für eine Schweinerei gewesen ist. Ja, der Stubenälteste hatte die Buben wohl auch unter sich . . .

Manchmal rutscht eine unangenehme historische Wahrheit durch. «Selbst ein Mann wie Rathenau hatte in einem Brief an Ober-Ost ungeheure Annexionen, Belgien, Polen, Kurland, einen Streifen von Rußland gefordert . . .» Nun, das wird dem Absatz seiner Bücher kaum etwas schaden; wissen Sie, es ist so das rein Geistige, das mich an diesem Mann . . . Und noch ein schönes, historisches Wort Ludendorffs, das man gerahmt über die Betten hängen sollte: «Die größte Dummheit der Revolutionäre war es, daß sie uns alle leben ließen. Na, komme ich einmal wieder zur Macht, da gibts kein Pardon. Mit ruhigem Gewissen würde ich Ebert, Scheidemann und Genossen aufknüpfen lassen und baumeln sehen!» Was ebenso für den politischen Instinkt des Generals wie für die feine Objektivität jener Wilden spricht, die denn doch bessere Menschen gewesen sind.

Diese Frau ist ahnungslos durch ihre Welt gegangen — und so ist sie geblieben. Wenn man liest, was für sie den Gipfel der Leiden bedeutet (eine beschwerliche Fahrt von Schweden herunter nach Berlin); wie völlig von Gott geschlagen sie alles nachplappert, was ihr Herr Hussong vorplappert: «Die Spartakisten hatten die Einrichtung getroffen, Frauen und Kinder in die vorderste Linie zu stellen, damit die Soldaten sich scheuen sollten, zu schießen»; wie sie so ein Idyll erzählt, in dem der treue Bursche (der später neben Ludendorff auf dem münchner Pflaster gefallen ist) in der Inflationszeit ein Schwein mästet und vor dem Stall gegen die Diebe eine Handgranate anbringt . . . wie sie das erzählt, aber gar nichts dabei fühlt, nicht das Grausige der Allegorie, nichts; wie sie auf der Reise zu dem geflohenen Lindström an der schwedischen Grenze selbstverständlich vom Zoll kontrolliert wird . . . «Ich war enttäuscht: war das die schwedische Gastfreundlichkeit . . .?» — hier wirds symptomatisch.

Es ist jene Kaste, für die das alles nicht gilt. Sie haben keine Wohnungsschwierigkeiten zu haben wie alle Welt — wenn sie sie haben, gibts ein erschröckliches Geschrei. Sie brauchen nicht zu hungern. Nicht zu frieren. Nicht ruhmlos zu sterben — denn es ist ein Unterschied, ob die Söhne Ludendorffs im Leutnantsrang die Erfüllung ihrer Lebenssehnsucht und ihres Berufs sehen oder ob ein Gemüsehändler eingezogen wird, dem sie nachher zwei gekreuzte Latten aufs Grab gesteckt haben . . . es ist ein Unterschied. Für die da gibts das alles nicht. Unverzeihlicher, nie wieder gutzumachender Fehler jener ‹Revolution›, jene nicht ein für alle Mal erledigt zu haben.

Die Liebesbriefe Ludendorffs soll man nicht kommentieren — hier ist auch der politische Gegner tabu.

Aber etwas andres darf man kommentieren. Das ist die Stelle, wo Frau Ludendorff vom alten Hindenburg erzählt, wie der jeden Schlachtplan – o schönes Wort! – mit den Worten: «Na, denn mit Gott!» unterzeichnet habe – wohl die schrecklichste Blasphemie, die ich seit langem gehört habe. Daß er es nicht so gemeint hat, ist gleichgültig; es bleibt eine. Wie ja denn überhaupt die mutigen Angriffe auf den zerstörten Ludendorff langsam beginnen, eine Feigheit zu werden – da ist ja nichts mehr. Aber ist denn Hindenburg ein Gran besser gewesen? Mitnichten. Beider Anschauungen, Welt, Herkommen, Dienstauffassung und Menschenunkenntnis sind die gleichen. Man kann nicht den einen ehren und den andern verdammen. Immerhin sind der Herr Präsident noch heute Ehrenmitglied des Stahlhelm ...

Ein peinliches Buch. Ein beschämendes Buch. Die Karikatur Preußens.

WIEDERAUFNAHME

Dem Präsidenten des Reichsgerichts,
Herrn Ehrendoktor Bumke, dargewidmet

Erster Verhandlungstag

Der Vorsitzende: Na und – –?

Die Zeugin: Und – da ist er eben ...

Der Vorsitzende: Was?

Die Zeugin (schweigt)

Der Vorsitzende: Aber sprechen Sie doch ... es tut Ihnen hier niemand etwas! Außerdem stehen Sie unter Ihrem Eid!

Die Zeugin (ganz leise): Da ist er eben die Nacht bei mir geblieben ...!

Ein Geschworener: Das war also die Mordnacht? Die Nacht vom 16. auf den 17. November?

Die Zeugin: Ja ...

Der Vorsitzende: Ja, um Gottes willen! Hat Sie das denn niemand in der damaligen Verhandlung gefragt?

Die Zeugin: Der Herr Rat war so streng mit mir ... und es ging auch alles so schnell –

Der Vorsitzende: Und da lassen Sie einen unschuldigen ... da lassen Sie also einen Mann zum Tode verurteilen und dann später lebenslänglich ins Zuchthaus gehen, ohne zu sagen – also das verstehe ich nicht!

Die Zeugin (schluchzend): Meine Eltern sind sehr fromm ... die Schande – –

Zweiter Verhandlungstag

Der Zeuge: Das habe ich auch alles ausgesagt. Aber der Herr Untersuchungsrichter wollte davon nichts hören.

Der Vorsitzende: Herr Landrichter Doktor Pechat?

Der Zeuge: Ja. Ich habe ihn immer wieder darauf hingewiesen, daß der Schrei in der Nacht gar nicht deutlich zu hören war – es regnete sehr stark, und das Haus war auch weit entfernt ...

Der Vorsitzende: In Ihrer Aussage ... also hier im Protokoll kann ich davon nichts finden.

Der Zeuge: Der Herr Untersuchungsrichter hat gesagt: wenn ich nicht unterschreibe, dann behält er mich gleich da.

Der Staatsanwalt: Das ist doch wohl nicht möglich! Herr Landrichter Pechat – bitte?

Der Landrichter: Ich kann mich nicht mehr besinnen.

Dritter Verhandlungstag

Der Sachverständige: Das erste, was jeder Fachmann sofort zu tun hatte, war: den zweiten Revolver zu untersuchen. Das ist damals nicht geschehen.

Der Staatsanwalt: Warum haben Sie denn das in der Verhandlung nicht angegeben?

Der Sachverständige: Herr Staatsanwalt! Ich bin jetzt dreiundzwanzig Jahre Sachverständiger ... aber so was wie diese Verhandlung damals ... ich durfte überhaupt nichts sagen. Der Staatsanwalt, Herr Staatsanwalt Pochhammer, und der Herr Vorsitzende, Herr Landgerichtsdirektor Brausewetter, haben immer wieder gesagt, das seien meine persönlichen Ansichten, und auf die käme es nicht ...

Der Vorsitzende: Ist es Ihrer Meinung nach möglich, mit dem ersten Revolver auf die Entfernung, die das damalige Urteil annimmt, zu zielen oder gar zu treffen?

Der Sachverständige: Nein. Das ist ganz unmöglich.

Vierter Verhandlungstag

Der Staatsanwalt: ... wenn auch nicht mit absoluter Gewißheit, so doch mit einer gewissen Wahrscheinlichkeit angenommen werden kann, daß der Angeklagte nicht der Täter gewesen ist. Ich sage nicht: nicht gewesen sein kann. Denn wenn auch sein Alibi durch die Zeugin, Fräulein Koschitzki, nunmehr bewiesen ist; wenn auch die Zeugenaussagen, wonach man einen Schrei gehört habe, erschüttert worden sind; wenn auch, fahre ich fort, die versäumte Untersuchung des Armeerevolvers ein fehlendes Glied in der Beweiskette ist, so bleibt doch immer noch die Frage: Wo ist August Jenuschkat geblieben? Der Leichnam des Ermordeten ist niemals aufgefunden worden. Daher können wir auch nicht sagen, daß etwa in der ersten Verhandlung schuldhaft irgendein Umstand außer acht gelassen worden sei. Das wäre eine ungerechtfertigte Übertreibung. Die Umstände, wie ich sie Ihnen hier . . .

(Rumor)

Der Vorsitzende: Ich bitte doch aber um Ruhe! Justizwachtmeister, schließen Sie die –

Der Justizwachtmeister: Wollen Sie hier raus . . . Wollen Sie hier wohl . . .

Eine Stimme: Äi, Franz, was machst du denn auf der Anklagebank –?

Der Angeklagte (reißt die Augen auf und fällt in Ohnmacht)

Der Justizwachtmeister: Wistu . . . Wistu . . .

Der Vorsitzende: Ruhe! Was ist das? Was wollen Sie hier? Wer sind Sie?

Ein fremder Mann: I, ich bin der Jenuschkat!

Der Vorsitzende: Wenn Sie hier Ansprüche wegen Ihres ermordeten Angehörigen stellen wollen . . .

Der fremde Mann: Äi näi! Ich bin der August Jenuschkat!

Der Vorsitzende: Ruhe! Sie sind August Jenuschkat? Gibt es zwei Augusts in Ihrer Familie?

Der fremde Mann: Näin. Ich hab jeheert, se haben mir ermordet; aber ich jlaub, es is nicht wahr!

Der Vorsitzende: Treten Sie mal vor! Haben Sie Papiere, mit denen Sie sich ausweisen können? Ja . . . Da sind Sie also der . . . da sind Sie also –

Der fremde Mann: Jaa . . . Wie ich an dem Morjen bin nach Hause jekomm, da standen da all die Schendarm. Und da bin ich jläich wechjemacht, weil ich jedacht hab, se wolln mir holen. Ich hatt da noch 'n Stückchen mits Finanzamt . . . Und da bin ich riber mit die Pferde – ins Litauische. Und da hab ich mich denn in eine Försterstochter verliebt und hab se all jehäirat. Un jeschrieben hat mir käiner, weil se meine Adreß nich jehabt habn. Und wie ich nu heite morjn rieber komm ausn Litauschen, mit die Pferde, da heer ich diß hier. Nee, saren Se mal –!

Der Vorsitzende: Die Verhandlung wird vertagt.

Personalnachrichten

Befördert wurden:

Herr Landrichter Doktor Pechat zum Landgerichtsdirektor;

Herr Staatsanwalt Doktor Pochhammer zum Ersten Staatsanwalt;

Herr Landgerichtsdirektor Brausewetter zum Senatspräsidenten in Königsberg.

MERKBLATT FÜR GESCHWORENE

Nachdruck erbeten

Wenn du Geschworener bist, dann glaube nicht, du seist der liebe Gott. Daß du neben dem Richter sitzt und der Angeklagte vor euch steht, ist Zufall – es könnte ebensogut umgekehrt sein.

Wenn du Geschworener bist, gib dir darüber Rechenschaft, daß jeder Mensch von Äußerlichkeiten gefangen genommen wird – du auch. Ein Angeklagter mit brandroten Haaren, der beim Sprechen sabbert, ist keine angenehme Erscheinung; laß ihn das nicht entgelten.

Wenn du Geschworener bist, denk immer daran, daß dieser Angeklagte dort nicht der erste und einzige seiner Art ist, tagtäglich stehen solche Fälle vor andern Geschworenen; fall also nicht aus den Wolken, daß jemand etwas Schändliches begangen hat, auch wenn du in deiner Bekanntschaft solchen Fall noch nicht erlebt hast.

Jedes Verbrechen hat zwei Grundlagen: die biologische Veranlagung eines Menschen und das soziale Milieu, in dem er lebt. Wo die moralische Schuld anfängt, kannst du fast niemals beurteilen – niemand von uns kann das, es sei denn ein geübter Psychoanalytiker oder ein sehr weiser Beicht-Priester. Du bist nur Geschworener: strafe nicht – sondern schütze die Gesellschaft vor Rechtsbrechern.

Bevor du als Geschworener fungierst, versuche mit allen Mitteln, ein Gefängnis oder ein Zuchthaus zu besichtigen; die Erlaubnis ist nicht leicht zu erlangen, aber man bekommt sie. Gib dir genau Rechenschaft, wie die Strafe aussieht, die du verhängst – versuche, mit ehemaligen Strafgefangenen zu sprechen, und lies: Max Hölz, Karl Plättner und sonstige Gefängnis- und Zuchthauserinnerungen. Dann erst sage deinen Spruch.

Wenn du Geschworener bist, laß nicht die Anschauung deiner Klasse und deiner Kreise als die allein mögliche gelten. Es gibt auch andre – vielleicht schlechtere, vielleicht bessere, jedenfalls andre.

Glaub nicht an die abschreckende Wirkung eures Spruchs; eine solche Abschreckung gibt es nicht. Noch niemals hat sich ein Täter durch angedrohte Strafen abhalten lassen, etwas auszufressen. Glaub ja nicht, daß du oder die Richter die Aufgabe hätten, eine Untat zu sühnen – das überlaß den himmlischen Instanzen. Du hast nur, nur, nur die Gesellschaft zu schützen. Die Absperrung des Täters von der Gesellschaft ist ein zeitlicher Schutz.

Wenn du Geschworener bist, vergewissere dich vor der Sitzung über die Rechte, die du hast: Fragerechte an den Zeugen und so fort.

Die Beweisaufnahme reißt oft das Privatleben fremder Menschen vor dir auf. Bedenke —: wenn man deine Briefe, deine Gespräche, deine kleinen Liebesabenteuer und deine Ehezerwürfnisse vor fremden Menschen ausbreitete, sähen sie ganz, ganz anders aus, als sie in Wirklichkeit sind. Nimm nicht jedes Wort gleich tragisch — wir reden alle mehr daher, als wir unter Eid verantworten können. Sieh nicht in jeder Frau, die einmal einen Schwips gehabt hat, eine Hure; nicht in jedem Arbeitslosen einen Einbrecher; nicht in jedem allzuschlauen Kaufmann einen Betrüger. Denk an dich.

Wenn du Geschworener bist, vergiß dies nicht —: echte Geschworenengerichte gibt es nicht mehr. Der Herr Emminger aus Bayern hat sie zerstört, um den Einfluß der ‹Laien› zu brechen. Nun sitzt ihr also mit den Berufsrichtern zusammen im Beratungszimmer. Sieh im Richter zweierlei: den Mann, der in der Maschinerie der juristischen Logik mehr Erfahrung hat als du — und den Fehlenden aus Routine. Der Richter kennt die Schliche und das Bild der Verbrechen besser als du — das ist sein Vorteil; er ist abgestumpft und meist in den engen Anschauungen seiner kleinen Beamtenkaste gefangen — das ist sein Nachteil. Du bist dazu da, um diesen Nachteil zu korrigieren.

Laß dir vom Richter nicht imponieren. Ihr habt für diesen Tag genau die gleichen Rechte; er ist nicht dein Vorgesetzter; denke dir den Talar und die runde Mütze weg, er ist ein Mensch wie du. Laß dir von ihm nicht dumm kommen. Gib deiner Meinung auch dann Ausdruck, wenn der Richter mit Gesetzesstellen und Reichsgerichtsentscheidungen zu beweisen versucht, daß du unrecht hast — die Entscheidungen des Reichsgerichts taugen nicht viel. Du bist nicht verpflichtet, dich nach ihnen zu richten. Versuche, deine Kollegen in deinem Sinne zu beeinflussen, das ist dein Recht. Sprich knapp, klar und sage, was du willst — langweile die Geschworenen und die Richter während der Beratung nicht mit langen Reden.

Du sollst nur über die Tat des Angeklagten dein Urteil abgeben — nicht etwa über sein Verhalten vor Gericht. Eine Strafe darf lediglich auf Grund eines im Strafgesetzbuch angeführten Paragraphen verhängt werden; es gibt aber kein Delikt, das da heißt ‹Freches Verhalten vor Gericht›. Der Angeklagte hat folgende Rechte, die ihm die Richter, meistens aus Bequemlichkeit, gern zu nehmen pflegen: der Angeklagte darf leugnen; der Angeklagte darf jede Aussage verweigern; der Angeklagte darf ‹verstockt› sein. Ein Geständnis ist niemals ein Strafmilderungsgrund —: das haben die Richter erfunden, um sich Arbeit zu sparen. Das Geständnis ist auch kein Zeichen von Reue, man kann von außen kaum beurteilen, wann ein Mensch reuig ist, und ihr sollt das auch gar nicht beurteilen. Du kennst die menschliche Seele höchstens gefühlsmäßig, das mag genügen; du würdest dich auch nicht getrauen, eine Blinddarmoperation auszuführen — laß also ab von Seelenoperationen.

Wenn du Geschworener bist, sieh nicht im Staatsanwalt eine über dir stehende Persönlichkeit. Es hat sich in der Praxis eingebürgert, daß die meisten Staatsanwälte ein Interesse daran haben, den Angeklagten ‹hineinzulegen› — sie machen damit Karriere. Laß den Staatsanwalt reden. Und denk dir dein Teil.

Vergewissere dich vorher, welche Folgen die Bejahung oder Verneinung der an euch gerichteten Fragen nach sich zieht.

Hab Erbarmen. Das Leben ist schwer genug.

FÜR JOSEPH MATTHES

Am 31. August 1924 hat die Deutsche Reichsregierung in London ein Abkommen unterzeichnet, das im Artikel 7 der Anlage III folgende Stelle aufweist:

> «Um eine gegenseitige Befriedung herbeizuführen und um möglichst weit tabula rasa mit der Vergangenheit zu machen ...
>
> 1. Niemand darf unter irgendeinem Vorwand verfolgt, beunruhigt, belästigt oder einem materiellen oder moralischen Nachteil unterworfen werden, sei es wegen einer Tat, die in der Zeit zwischen dem 1. Januar 1923 und dem Inkrafttreten des gegenwärtigen Abkommens in den besetzten Gebieten ausschließlich oder überwiegend aus politischen Gründen begangen worden ist, sei es wegen seines politischen Verhaltens in jenen Gebieten während der angegebenen Zeit, sei es wegen seines Gehorsams oder Nichtgehorsams gegenüber den Befehlen, Ordonnanzen, Verordnungen oder Anordnungen, die von den Besatzungsbehörden oder den deutschen Behörden mit Beziehung auf die Ereignisse während des bezeichneten Zeitraumes erlassen worden sind, sei es endlich wegen seiner Beziehungen zu jenen Behörden.»

Die Deutschen haben dieses Abkommen nicht gehalten.

Am 30. Dezember 1921 wurde der Schriftsteller Joseph Matthes vom Schwurgericht in Würzburg wegen übler Nachrede und Beleidigung, begangen durch die Presse, zu sechs Monaten Gefängnis verurteilt. Er hatte als sozialdemokratischer Redakteur und Vorsitzender der Ortsgruppe dem aschaffenburger Bürgermeister Doktor Matt Lebensmittelschiebungen vorgeworfen. Im aschaffenburger Lebensmittelamt waren tatsächlich solche Schiebungen vorgekommen; die beiden geschäftsführenden Obersekretäre wurden zu Gefängnisstrafen verurteilt.

Im Jahre 1922 sollte Matthes seine Strafe antreten. Er war damals, wie die Atteste eines berliner Gerichtsarztes und des wiesbadener Polizeiarztes dartun, nicht haftfähig; trotzdem sollte er seine Strafe im Gefängnis Sankt Georgen bei Bayreuth verbüßen. Er floh.

Matthes ging nach dem damals besetzten Wiesbaden und versuchte dort, journalistisch weiterzuarbeiten. Das gelang ihm nicht. Im Jahre 1923 ging er nach Düsseldorf, woher seine Frau stammte. Inzwischen hatte er versucht, in seiner Sache etwas bei Ebert zu erreichen, der sich grade in Bad Mergentheim aufhielt; der versagte ebenso wie Radbruch, an den sich Matthes gewandt hatte.

Es war die Zeit des Ruhrkampfes. Die Regierung warf Milliarden zum Fenster hinaus, der Schwerindustrie in den Rachen, das Rheinland war korrumpiert bis tief in die sozialdemokratischen Gewerkschaften hinein, die für den ‹passiven Widerstand› bezahlt wurden. Matthes bekämpfte diese Ruhrpolitik, wo er nur konnte. Als bekannt wurde, daß er — wie alle internationalen Journalisten — einen französischen Presseausweis besaß, wurde er von den Beamten als ‹Französling› gestempelt. Wer je mit Franzosen zu tun gehabt hat, weiß, wie unendlich wichtig diese Ausweise sind, über die wir zu lachen gewohnt sind; drüben ist jede praktische journalistische Arbeit ohne coup-fil ausgeschlossen.

Im Juli 1923 bekam Matthes Einsicht in die Pläne des Severingschen ‹Mitarbeiters›, des Generals Watter, worauf er sich einer düsseldorfer Separatistengruppe der zerfallenden Smeets-Partei anschloß. Die Antwort waren Haftbefehle aus der Heimat. Lawinenartig wuchs inzwischen die separatistische Bewegung, proportional der Inflation.

Das Rheinland stand damals, geschlossen wie ein Mann, zu dem, der besser zahlte. Die Beamten, die Großbanken, die Geistlichen warteten auf ihren Augenblick. Zu Frankreich hinüber wollte keiner, bei Preußen bleiben wenige. Was sie wollten und wozu sie damals auch ein Recht hatten, war Befreiung aus der Hölle der Inflation und Schaffung einer eignen Währung, einer eignen autonomen Republik.

Erst im August 1923 lernte Matthes Dorten kennen. Smeets war inzwischen von Interessenten, die heute noch straflos herumlaufen, ermordet worden. Die rheinländische Bewegung brach, nicht zuletzt infolge der Dummheit französischer Militärs, zusammen.

Ein Jahr darauf, als in London über die rheinischen ‹Verbrecher› verhandelt wurde, verlangte Stresemann ausdrücklich die Köpfe von

Dorten und Matthes. Sie sollten von der Amnestie ausgeschlossen werden. Der menschenfreundliche Antrag fiel; die Reichsregierung unterzeichnete die völlige Amnestie. Und bricht ihre Zusage.

Joseph Matthes lebt heute in Paris. Er will nach Deutschland zurückkehren, seine Frau will die Grenze überschreiten, man verweigert beiden die Papiere. Wer ist ‹man›? Man ist die pariser deutsche Botschaft.

Man könnte annehmen, daß sich die Botschaft — um das londoner Abkommen zu umgehen — auf jenen alten würzburger Prozeß aus dem Jahre 1921 stützte, wozu sie ein formales Recht hätte, denn bis zum vorigen Jahr ist gegen Matthes ein Steckbrief auf Grund des würzburger Urteils immer wieder erneuert worden. Nein, darauf stützt sich die Botschaft nicht. Denn das kann sie nicht.

Am 29. Oktober 1928 hat das Oberste Landesgericht in München in der Sache Matthes beschlossen: Aufhebung der die Amnestie abweisenden Beschlüsse des Landgerichts Würzburg; Aufhebung der vom Schwurgericht Würzburg im Jahre 1921 ausgesprochenen Gefängnisstrafe auf Grund der Reichsamnestie vom 14. Juli 1928. In der Begründung heißt es unter anderm: «. . . so zeigt sich deutlich die Unhaltbarkeit des von der Strafkammer eingenommenen Standpunktes» und: «. . . daß die politischen Gegensätze nicht nur Einfluß auf die Tatbegehung übten, sondern gradezu bestimmend und ursächlich für das Tun des Matthes in dieser Sache gewesen sind.» Womit er also unter die Reichsamnestie fiel. (Oberstes Landesgericht vom 29. Oktober 1928 Beschwerde-Reg. I A Nr. 69/1928 Seite 3.)

Was also will die deutsche Botschaft, wenn sie Matthes die Papiere verweigert? Sie verlangt einen Heimatschein; der preußische und der bayerische Staatsangehörigkeitsausweis genügen weder für Matthes noch für seine Frau. «Für Sie ist unsre Botschaft nicht da.»

Und wegen dieses Wortes verdient die Botschaft einen auf die Finger. Wer spricht? Wer ist ‹unsre› Botschaft? Hat Herr von Hoesch sich mit einem kleinen Laden selbständig gemacht? Matthes ist Deutscher; ob seine Politik damals gut oder richtig gewesen ist, hat Herr von Hoesch nicht zu beurteilen, denn niemand hat ihn danach gefragt. Er ist auch moralisch im Unrecht.

Wenn hundert Deutsche in einer fremden Stadt leben, so zerfallen sie in dreiundvierzig Vereine sowie in hundertundeine Klatscherei. «Matthes wird von der pariser Polizei bezahlt.» Ich kenne die pariser Polizei ein wenig und Matthes ganz gut; wer von Poincaré bis zur kleinen französischen Amtsstelle herunter so empfangen wird wie er — der ist nicht bezahlt. So spricht man nicht mit und so spricht man nicht von bezahlten Leuten. Im Gegenteil: Matthes sitzt, wie viele anständige Menschen, genau zwischen zwei Stühlen. Es ist in Frankreich vieles korrupt, und wer dort in der Presse nicht nimmt, der gilt eine Zeitlang als originell, später als Trottel. Dann ist Joseph Matthes ein Trottel. Aber ein anständiger Mann.

Die Sache ist um so erstaunlicher, als Herr von Hoesch keinen scharfen Rechtskurs in Paris steuert. Was ich von seinen diplomatischen Fähigkeiten gesehen habe, war nicht grade herzzerreißend, aber wenn der Mann, was nicht zu bezweifeln ist, reaktionäre Neigungen hat: er plakatiert sie im allgemeinen nicht. Also müssen hier entweder berliner Einflüsse am Werk sein, oder es hat sich jemand auf der Botschaft ein kleines Privatvergnügen aufgetan. Die berliner Einflüsse werden von Matthes auf das Bestimmteste abgestritten; er, der stets sehr gut informiert ist, behauptet, nur die Deutschen in Paris seien diejenigen, welche.

Stumpf sind sie bei uns und illoyal, wenn es von rechts nach links geht — in der umgekehrten Richtung haben sie Hemmungen. Das Auswärtige Amt, der Reichsinnenminister ... werden sie schweigen? Wenn sie nicht schweigen: werden sie sich bei den Erklärungen der Botschaft beruhigen, deren Juristen sicherlich eine klein gedruckte Anmerkung finden werden, um das als ‹zulässig› darzustellen, was sie da treiben? Seid doch ehrlich. Geht doch auf den Grund.

In dieser Staatstollheit gilt der, der sich gegen den Staat vergeht, als Ketzer; gemieden wird er wie der in Kirchenbann Getane im Mittelalter. Aber gegen diesen Staat gehalten ist die Kirche immer eine hoch geistige Institution gewesen und wenigstens in ihrer Art sauberer. Wie! dieser von den Banken und den Winzern, von den Kohlenkaufleuten und den Kartoffelbauern abhängige Beamtenapparat wagt es, sich metaphysisch zu behängen? Was ist er denn schon groß? Ein verschuldetes Stückchen Unglück. Das dadurch um nichts besser wird, daß ihm junge Leute, die die Worte ‹reaktionär› und ‹revolutionär› nicht richtig buchstabieren können und eine eingeschlagene Fensterscheibe in Itzehoe für Revolution halten — daß die ihm seine nationale Mystik bescheinigen, worauf er übrigens pfeift. Er ist eine Versorgungsanstalt, die verantwortungslos und breitspurig Unrecht tut.

Es laufen Fememörder in der Freiheit herum. Herr von Arco ist begnadigt und badet am Lido. Die Lohmann-Affäre ist in den Akten verlaufen. Herr Matthes wird verbannt.

Es muß aber den Staatskulis gesagt werden, daß ihr Staat halb so wichtig ist, wie sie sich einbilden.

Es ist wichtiger, daß in Deutschland das Rechtsgefühl wieder wachgerufen wird, als daß die Rheinprovinz deutsch bleibt. Das Reich und der Staatsbegriff stehen nicht über allen Dingen dieser Welt.

Die Sozialdemokratie hat keine Zeit, sich hiermit zu befassen; sie erfüllt die Rolle der alten Liberalen, die sich ihrerseits Demokraten nennen, die es wiederum nicht gibt. Ob einer, auch nur ein einziger von diesen allen so viel Anstandsgefühl in den Knochen hat, Joseph Matthes die Rückkehr in die Heimat zu ermöglichen —?

DER MANN MIT DEN ZWEI EINJÄHRIGEN

Jetzt, wo alle Leute den Krieg liquidieren; wo die letzten Erinnerungen zu Büchern gerinnen; wo leise, ganz leise die Zeit herankommt, da aus den Helden von gestern die Invaliden von morgen werden ... da möchte denn einer sein Gewissen erleichtern, die Höhensonne bringt es an den Tag, es muß heraus, er hat es getragen siebzehn Jahr, nicht länger trägt er es mehr — aber hören wir ihn selbst:

«Vierzehn Tage vor der Versetzung nach Obersekunda wankte ich herum und gab Mamachen zu, daß es schief gegangen sei. Sitzengeblieben ... Schülerselbstmorde kamen damals gerade auf, aber ich trug sie noch nicht — und um diese Versetzung war es besonders schade: sollte sie doch das Einjährige bringen, die Berechtigung zum Königlich Einjährig-Freiwilligen-Dienst — und weil es mit den Verben auf μι endgültig nicht klappte und bei den Gleichungen mit drei Unbekannten ein kleiner Ausrutscher zu verzeichnen stand, winkten zwei Jahre Dienstzeit. (Ich wußte damals noch nicht, daß es vier werden sollten.) Mamachen war nicht beglückt, und ich bekam ein paar hinter die Ohren. (‹In Ihrem Alter — Wie alt waren Sie damals? — Ich als Vater ... Sie als Sohn ... Erlauben Sie mal, gerade vom Standpunkt der pädagogischen Propädeutik ... ich gehe von dem Standpunkt aus ... meine Einstellung ist irgendwie ...› — also wer nu hier? Ihr oder ich? Ich:) bekam also ein paar hinter die Ohren. Das war am 14. März. Am 28. war Zensurenverteilung, aber der 28. sah mich nicht in der Aula, wo die Klassen rauschend aufstanden, um zu hören, wer versetzt worden sei ... begossenen Gemütes zogen die Sitzengebliebenen, Verachteten, Ausgestoßenen, Nichtmehrdazugehörigen in ihre Klassenzimmer ... Ich war nicht dabei. Ich lag zu Hause im Bett und spielte den eingebildeten Kranken, was ich so besorgte, daß ich wirklich krank wurde. Zwei Tage später kroch ich in die Bellevuestraße und holte mir vom Schulpedell mein Zeugnis.

Die Klippschule lag da, wo heute der Reichswirtschaftsrat seine Existenzberechtigung dadurch nachweist, daß er da ist — ich zottelte den langen Gang hinunter und traute mich gar nicht zu dem Kastellan hinein, der so eine Art Mittelding zwischen Feldwebel und Direktor war ... Aber wider Erwarten freundlich gab er mir mein Zeugnis. Ich sah es an — und wollte es ihm zurückgeben. Das war nicht mein Zeugnis. Das war das Zeugnis eines, der versetzt worden war. Ich, ich war sitzen geblieben.

Da stand jedoch: Kaspar Hauser, und das war ich, und ich sah das Zeugnis an, und dann den Schuldiener (der wahrscheinlich heute Studienwachtmeister heißt), und dann ging ich ganz schnell wieder hinaus, aus Angst, sie könnten die Sache wieder rückgängig machen — und dann stelzte ich den langen Gang wieder herunter, froh, vergnügt, großer Mann ... als ich auf der Bellevuestraße ankam, machte ich ein Gesicht wie: ‹Natürlich — was ist denn dabei? Ich habe mir nur mein Einjähriges abgeholt ...!› Da hatte ich es — das Einjährige.

Dann nahmen die Verben auf μι an Schwierigkeiten zu, die Trigonometrie auch, meine deutschen Aufsätze ließen mich erkennen, daß es nicht genügt, seine Muttersprache zu lieben — nein, man muß sie auch so schreiben, wie sich greise Schulamtskandidaten den deutschen Stil vorstellen. Ach! von Groll gegen meine Lehrer ist nichts zurückgeblieben, ich habe ihn zerlacht und sie vergessen, alle miteinander. Und als es gar zu schlimm mit den deutschen Aufsätzen wurde, da setzte eine dicke IV meinem Streben einen Riegel vor; ich blieb nun wirklich sitzen, und mit den Augen die hoffnungslos in die Ferne gerückte Unterprima musternd, ging ich von der Schule ab. Und arbeitete weiter, um das Abitur als Externer zu bestehen.

Heute, wo trotz der übertriebenen Angst der Schüler und des lächerlichen Respekts der Eltern vor der ‹Bildung› so viel kleine Revolverschüsse langsam eine Reform des Unterrichts erzwingen, heute ist das ja alles anders. Aber damals wurde derjenige, der ein Abitur als Externer bauen wollte, wie ein Verbrecher behandelt; man kam sich vor, als stehe man als Entlastungszeuge vor einem Staatsanwalt ... so etwa war die Atmosphäre. Ich arbeitete wie ein Neger.

‹Kaspar›, sagte mein Pauker eines Tages zu mir ... also ‹Pauker› ist ein Kosewort; ich verdanke dem Mann sehr, sehr viel; er war ein wunderherrlicher Einpauker, weil er den Betrieb nicht ernster nahm als unbedingt nötig, und wenn er dieses liest, dann wollen wir in Gedanken miteinander anstoßen, womit er will: mit einem sanften Burgunder oder einem scharfen schwedischen Schnaps — auf alle Fälle: Prost! — ‹Kaspar›, sagte er zu mir, ‹in einem halben Jahr steigt das Examen. Das ist eine Nervenfrage. Wer garantiert uns, daß Sie wirklich alles aufsagen, was ich Ihnen eingetrichtert habe? Das mit der Hyperbel und Joachim Friedrich und mit den Nebenflüssen der Tunguska, kurz das, was einen gebildeten Menschen ausmacht, lachen Sie nicht! Wer garantiert uns, daß Sie nicht schlapp machen und da auf einmal alles vergessen, was Sie hier so schön gewußt haben? Niemand garantiert uns das. Infolgedessen wollen wir eine Generalprobe machen!› — ‹Wollen wir uns einen Schulrat engagieren, der mich zu Hause prüft?› schlug ich vor. ‹Affe›, sagte der Pauker. ‹Sie gehen hin und machen als Probe das Einjährige.› — ‹Ich habe das Einjährige›, sagte ich. ‹Da machen Sie es eben noch einmal!› sagte der Pauker. ‹Wo?› sagte ich. ‹Vor der Kommission in der Heidestraße›, sagte der Pauker. Bei Gott, dies geschah.

Lieber Panter, Sie werden meinen wirklichen Namen nicht in die Tante Voß setzen, denn vielleicht findet sich ein schneidiger junger Herr bei der Staatsanwaltschaft, der, während gerade kein Gotteslästerungsprozeß steigt, sich mit dieser Sache eine gute Nummer verdienen will ... ich legte also der Militärkommission am Lehrter Bahnhof meine Papiere vor, alle – mit Ausnahme des Einjährigen aus der Bellevuestraße. Das behielt ich zu Hause. Und ich wurde zum Examen zugelassen. Und ich ging in dieses Examen.

Neben mir saßen durchgefallene Fähnriche aus den Pressen, gebildete Arbeiter, die sich ihre geistige Arbeit von den Nachtstunden abgetrotzt hatten – vor uns saßen schneidige Offiziere und einige traurige Zivilisten, und so wurden wir geprüft. Es ging sehr scharf her, von den zwölf jungen Herren kamen nur zwei durch – der andere war ein gewisser Salter, der Mann ist später trotz des Einjährigen vor die Hunde gegangen. Der eine war ich. Dies war meine Generalprobe für das Abitur.

Und da sitze ich nun und habe also zwei Einjährige, und vielleicht hat deswegen der Krieg so lange gedauert, und ich mußte es einmal erzählen, denn außer dem braven Lehrer weiß den Schmuh keiner, und es hat mich bedrückt, und nie getraue ich mich zu einem Psychoanalytiker – denn dann käme es heraus, dies und noch vieles andere – und ich sitze da mit meinen beiden Einjährigen und möchte mal fragen, ob vielleicht keiner das andere haben will ...?»

Dies ist der Bericht des Mannes, der zwei Einjährige hat. Ergreift sein Sohn einmal die Laufbahn des mittleren Handwerkers, dann kann er dem ja das zweite mitgeben. Weil man doch ohne Examen nicht arbeiten darf, hierzulande.

DAS NACHSCHLAGEWERK ALS POLITISCHE WAFFE

> Das Handbuch des öffentlichen Lebens ist parteifrei. Es bringt Tatsachen und Ziffern, aber es vermeidet jede Stellungnahme. Müller-Jabusch

Parteifreie politische Nachschlagewerke gibt es nicht und kann es nicht geben. Bereits die Tatsache, daß ein bestimmter Name überhaupt Aufnahme gefunden hat, entspricht in den meisten Fällen einem politischen Weltbild, und das ist gut so und in der Ordnung. Immerhin kann man von einem großen Nachschlagewerk, wie es zum Beispiel der *‹Brockhaus›* ist, eine gewisse Neutralität verlangen. Brockhaus hat sie. Das sonst vortreffliche und praktische *‹Handbuch des öffentlichen Lebens›*, herausgegeben von Maximilian Müller-Jabusch, und erschienen in dem kaiserlichen Verlag Koehler zu Leipzig, hat sie nicht.

Es ist wohl die hinterhältigste, die am meisten vergiftete Waffe: aus der Statistik, aus den Ziffern, aus den sogenannten ‹parteilosen› Nachschlagewerken heraus zu schießen und sich solcher Bücher als Propagandamittel zu bedienen. Es ist nicht ehrlich.

Das *‹Handbuch des öffentlichen Lebens›* bringt allerhand Wissenswertes, gut geordnet und einigermaßen übersichtlich gedruckt. Es ist bei der Schilderung der deutschen politischen Parteien von vorbildlicher Neutralität; jede Partei hat ihr Programm selbst dargestellt, an keiner Stelle hat man den Eindruck, als sei die eine auf Kosten der andern im Raum benachteiligt ... bravo. Es geht also. Aber es geht nicht immer.

Abgesehen von einigen Einzelheiten weist das Handbuch vor allem drei Stellen auf, wo es auf das gröblichste von der angekündigten Pflicht zur Neutralität abweicht, dabei an einer Stelle mit objektiven Unrichtigkeiten operierend.

Die Einzelheiten bestehen in einer merkwürdigen Einordnung des Deutschtums in der Welt. Da gibt es also: «I. Deutschland. II. Die deutschen Lande außerhalb Deutschlands. III. Das Ausland.» Die ‹deutschen Lande› sind Österreich und Danzig. Das mag noch angehen. Wenn aber die *‹Statistik des Deutschtums in der Welt›* aufzählt, daß in Lettland 70 000 Deutsche wohnen und in der Schweiz 2 700 000, so ist das falsch. Die ‹Deutschen› in Lettland sind keine Deutschen, sondern Balten, und die Menschen, die in der Schweiz leben, sind Schweizer, und beides sind keine Deutschen. Sie sprechen dieselbe Sprache wie wir – also können die Schweizer mit Fug behaupten, in Deutschland lebten 60 000 000 Schweizer. Die Statistik ist – ebenso wie die über Belgien – politisch gefärbt und nicht neutral.

Die drei großen Kapitel aber, in denen das Handbuch sein eigentliches Feld verläßt, um klare politische Propaganda zu machen, sind: *‹Der Versailler Vertrag›*; der *‹Biographische Teil›* und die Angaben über die Armeen der einzelnen Länder.

Das Kapitel *‹Der Versailler Vertrag›* ist ein einziger deutschnationaler Leitartikel. Das Handbuch nimmt da nicht nur Stellung, es straft also nicht nur das Versprechen, das es im Vorwort gegeben hat, Lügen – es wimmelt auch von unbewiesenen Behauptungen und Ansichten, Beleidigungen Frankreichs ... kurz: Politik. Da wird zunächst dem Abschnitt *‹Entwaffnung›* ein Anhang hinzugefügt, in dem die Bewaffnungen der siegreichen Mächte angegeben sind, zu dem klar erkennbaren Zweck, das ‹arme entwaffnete Deutschland› in Schutz zu nehmen. Im Abschnitt *‹Ruhrbesetzung›* regnet es Ausdrücke wie «erpreßt», «Ausbeutung», «Ausschreitungen der Besatzungsangehörigen» – es folgt eine schiefe Darstellung des Separatismus, mit einem Lob auf die «mustergültige Reichstreue der Bevölkerung», die den

Kenner belustigt, den arglosen Leser aber täuscht — es ist da dauernd von «widerrechtlicher Besetzung» die Rede ... hier wird also politisch tendenziös gearbeitet.

Bedeutend schlimmer geht es im *‹Biographischen Teil›* zu. Darin sind eine Reihe französischer Politiker aufgeführt; es ist kaum einer, dem nicht irgend eine gehässige Bemerkung angehängt wird. Poincaré: «Mitschuldig am Kriegsausbruch.» Bumm. Das wird hier, auf Seite 810 entschieden, aber nicht belegt. Es erinnert das an die größenwahnsinnigen Urteile kleiner Landgerichtsdirektoren, die vor ihren Kammern die Weltgeschichte antreten lassen und dann in Urteilsbegründungen ‹feststellen›, was gewesen ist. Von Victor Basch: «Versuchte 1924 in Berlin und Potsdam für seinen Standpunkt zu werben, fand aber nicht die richtige Art.» Das darf diesem Pazifisten jeder sagen, jeder — nur nicht ein Lexikon, von dem wir Tatsachen haben wollen und keine Ansichten. Von François-Marsal: «Nach einer Laufbahn als Infanterieoffizier mit Hilfe familiärer Beziehungen Bankdirektor ...» Das ist eine durch nichts gerechtfertigte Ungezogenheit. Cuno, der Inflations-Cuno hingegen, ist nach diesem Handbuch erst Generalreferent für Kriegswirtschaftsfragen im Reichsschatzamt (wo er, was verschwiegen wird, die Reichsentschädigungen der Reedereien bearbeitet), und er wird dann — ohne Hilfe familiärer Beziehungen — in die Direktion der Hapag übernommen. So verschieden ist es im menschlichen Leben. Bei Radek steht fürsorglich angemerkt: «eigentlich Sobelsohn», denn was wäre das Lexikon, wenn wir das nicht wüßten — bei Seldte aber steht nicht ‹Likörfabrikant›, sondern «Fabrikbesitzer» ... es ist der Ton, der den Parademarsch macht. Dieser biographische Teil ist politisch gefärbt, unsachlich und nicht neutral.

Wären nun diese Entgleisungen, diese Peinlichkeiten heterogen, hätten diese Fehler nicht alle dieselbe Grundmelodie —: man könnte an Zufall glauben. Es kann aber kein Zufall sein, wenn in der Aufzählung der fremden Staaten, fünfmal, jedesmal im Abschnitt *‹Heer und Flotte›* eine schwere Unrichtigkeit steht.

«Dänemark. Allgemeine Wehrpflicht.» Falsch: in Dänemark gibt es keine allgemeine Wehrpflicht, sondern nur eine allgemeine Dienstpflicht, was ein gewaltiger Unterschied ist. Denn:

In Dänemark ist durch das Gesetz vom 13. Dezember 1917 die Kriegsdienstverweigerung anerkannt. Es besteht also keine allgemeine Wehrpflicht; wohl aber eine Dienstpflicht: der sich Weigernde muß dem Staat einen Zivildienst als Ersatz leisten; dieser Zivildienst ist übrigens über dreimal so lang wie der Militärdienst; auch wird dem sich Weigernden zunächst ein waffenloser Militärdienst angeboten: aber das Recht, sich dem Heeresdienst zu entziehen, ist gesetzlich vorhanden. Davon steht im Handbuch nichts.

«Schweden. Allgemeine Wehrpflicht.» Falsch: in Schweden ist das

Recht auf Kriegsdienstverweigerung seit dem 21. Mai 1920 gesetzlich anerkannt. Das galt zunächst nur für diejenigen, die den Heeresdienst aus religiösen Gründen verweigerten; seit dem 1. Januar 1926 dürfen auch areligiöse Pazifisten den Zivil-Alternativdienst tun. Davon steht im Handbuch nichts.

«Norwegen. Allgemeine Wehrpflicht.» Falsch: die Regelung ist dort die gleiche wie in Schweden. Davon weiß das Handbuch nichts.

«Holland. Allgemeine Wehrpflicht.» Falsch: nach dem Gesetz vom August 1923 besteht dort nur allgemeine Dienstpflicht, keine Wehrpflicht. Das Handbuch verschweigt es.

«Finnland. Allgemeine Wehrpflicht.» Falsch: es gibt dort einen Alternativdienst — es besteht also keine allgemeine Wehrpflicht. Das Handbuch verschweigt es.

Warum verschweigt das Handbuch diese Fakten —?

Man vergegenwärtige sich die Situation: irgend ein Redner, ein Politiker, ein alter Militär, will vor seinem Publikum Eindruck machen. Er unterrichtet sich in diesem Handbuch — für einen öffentlichen Vortrag kann man nicht von jedem Menschen Quellenstudium in fremden Sprachen verlangen. Das ‹*Handbuch des öffentlichen Lebens*› unterrichtet ihn falsch, und er unterrichtet seine Hörer falsch. Er kann durchaus gutgläubig und mit Emphase sagen: «Selbst die kleinen Staaten haben ihre Wehrpflicht nicht aufgehoben — nicht einmal Dänemark, Schweden, Norwegen, Finnland und Holland haben es getan — und wir Deutschen sollten ...» solcherart also sagt er seinen Leuten eine dicke Unrichtigkeit. Daran ist dieses Handbuch schuld.

Der Herausgeber ist mir als sauberer Journalist bekannt — vielleicht ist er in einem Teil der Fälle von seinen Mitarbeitern unsorgfältig bedient oder getäuscht worden. Er merze diese Fehler aus — das Kapitel ‹*Der Vertrag von Versailles*› ist Politik und keine Tatsachenübermittlung; der Rest ist schlimmer.

Wir werden immer wieder aufzeigen, wie in Schulbüchern, in Atlanten, in Nachschlagewerken, dort, wo man die Propaganda am wenigsten vermutet, wo sie also um so tiefer trifft, Politik gemacht wird — und zwar stets Rechtspolitik. Es gibt auf der ganzen Welt ein Gesetz, wonach die herrschende Klasse uns wissen machen will (und es vielleicht auch glaubt), daß ihre Anschauungen keine Politik seien. Wahrscheinlich sind sie ihr vom Himmel heruntergefallen. Wo man dergleichen trifft, soll man es austreten: so ist der vorige Krieg vorbereitet worden. So wird der nächste vorbereitet werden.

‹*Das Handbuch des öffentlichen Lebens*› aber hat nicht die Berechtigung, für Deutschland zu sprechen, wenn es so spricht. Es spricht für einen Teil Deutschlands. Nicht für seinen besten.

DISKRETION

Daß Josefine eine schiefe Nase hat;
daß Karlchen eine schwache Blase hat;
daß Doktor O., was sicher stimmt,
aus einem dunkeln Fonds sich Gelder nimmt;
daß Zempels Briefchen nur zum Spaß ein Spaß ist,
und daß er selbst ein falsches Aas ist
    in allen sieben Lebenslagen —:
    das kann man einem Menschen doch nicht sagen!
        Na, ich weiß nicht —

Daß Willy mit der Schwester Rudolfs muddelt;
daß Walter mehr als nötig sich beschmuddelt;
daß Eugen eine überschätzte Charge;
daß das Theater . . . dieser Reim wird large . . .
daß Kloschs Talent, mit allem, was er macht,
nicht weiter reicht als bis Berlin W 8;
    daß die Frau Doktor eine Blähung hat im Magen —:
    das kann man einem Menschen doch nicht sagen!
        Na, ich weiß nicht —

Man muß nicht. Doch man kann.
                                        Die Basis unsres Lebens
ist: Schweigen und Verschweigen — manchmal ganz vergebens
Denn manchmal läuft die Wahrheit ihre Bahn —
dann werden alle wild. Dann geht es: Zahn um Zahn!
Und sind sie zu dir selber offen,
dann nimmst du übel und stehst tief betroffen.
    Die Wahrheit ist ein Ding: hart und beschwerlich,
    sowie in höchstem Maße feuergefährlich.
    Brenn mit ihr nieder, was da morsch ist —
    und wenns dein eigner Bruder Schorsch ist!
    Beliebt wird man so nicht! Nach einem Menschenalter
    läßt man vom Doktor O. und Klosch und Walter
    und läßt gewähren, wie das Leben will . . .
    Und brennt sich selber aus. Und wird ganz still.
        Na, ich weiß nicht —.

BEROLINA . . . CLAIRE WALDOFF

Bei mir — bei mir —
da sind sie durchgezogen:
die Lektrischen, der Omnibus, der Willy mits Paket.
Und eh — se hier
schnell um de Ecke bogen,
da ham se 'n kleenen Blick riskiert, ob SIE noch oben steht.
Nu stelln die Hottentotten
mir in ein Lagerhaus;
ick seh mank die Klamotten
noch wie Brünhilde aus . . .
Ick stehe da und streck die Hand aus —
der Alexanderplatz, der is perdü!
Ick seh noch imma 'n Happen elejant aus,
Ick hab nur vorne hab ick zu viel Schüh . . .!
Ick laß se alle untern Arm durchziehn —:
ick bin det Wappen von die Stadt Berlin —!

Bei mir — bei mir —
da denk ick: Nu verzicht ich!
Mit meine Würde paß ick nich — in den modernen Schwof.
Denn fier — Berlin
da war ick jrade richtich:
pompös, verdreckt un anjestoobt und hinten 'n bisken doof.
Nu blasen die Musieker,
geschieden, das muß sein . . .
sogar die Akademieker,
die setzen sich für mir ein . . .
Ich stehe da und streck die Hand aus;
der Alexanderplatz, der is perdü!
Ick seh noch alle Tage elejant aus —
ick hab nur vorne hab ick zu viel Schüh!
Nu muß ick jehn. Nu wert a balde lesen:
Mir hamse injeschmolzn. Laßt ma ziehn!
Ick hab euch jern. Es wah doch schön jewesen:
als Wappen von die olle Stadt Berlin —!

AUS ALLER WELT

«Warum», ließ neulich ein Kollege vom Bau anfragen, «machen Sie nicht einmal eine Weltreise —? Ich werde Ihnen das arrangieren.» Ich dankte ihm, der schon so viel für mich getan hat, und: «Nein», sagte ich, «ich möchte keine Weltreise machen, auf der ich alle zwanzig Seemeilen etwas schreiben muß.» Denn:

Wenn das Feuilletonisieren aus Paris an der Donau jemals Geltung gehabt hat —: seine Zeit scheint mir vorüber. Es kann auf einer Literatenreise nur noch zweierlei geben: das amüsante Geplauder um einen Spaß herum und die fröhliche Wissenschaft. Und die ist kaum anzutreffen.

Was soll der Schreibende in der weiten Welt —? Sich an ihr entzünden? Das ist sehr gut; dann ist, im Keim, sein Reisebuch vorher fertig, und es ergibt einen guten Klang, wenn ein starker Kerl mit der Welt zusammenstößt, die ihn zum Tönen bringt und die er zum Tönen bringt. Das ist eine künstlerische Leistung, die sehr, sehr selten gelingt. Markiert er aber den Mann, der in vierzehn Tagen Indien enträtselt, dann gibt es ein Unglück. Indien ist zu nah — acht Flugtage.

Die Welt hat sich, wie männiglich bekannt, mechanisiert. In Hongkong fahren die Trambahnen; in Sumatra trinken sie Pilsener; auf Alaska flüstert Jack Smith; in Grönland kauen sie wahrscheinlich Gummibonbons . . . die pittoresken Unterschiede sind in den großen Zentren ausgewischt und auf dem Lande manchmal noch vorhanden, noch. Das kann nur der beklagen, der sich einbildet, ganze Erdstriche hätten die Verpflichtung, sich um des Beobachters willen als Museum zu konservieren und dem Fremden malerisches Volksleben vorzuleben. Das gibt es nicht mehr, und das kann und soll es auch nicht mehr geben. Denn es ist wichtiger, daß die asiatischen Kulis auf ihre Weise den Marxismus begreifen; es ist wichtiger, daß die afrikanischen Zwangsarbeiter wissen, was man mit ihnen macht — als daß Herr Schmusheimer ein paar Feuilletons an den Redakteur bringt. Damit also ist es vorbei.

Wie will aber der Reisende in die fernen Länder eindringen —?

Ich möchte nicht mehr lesen, wie irgendein Zeitungsgewächs den Mondaufgang in Ceylon beschreibt; welche neuen Eigenschaftswörter jener für den Schmutz in Port Said findet; welch charmanten Scherze er sich in Aden ausdenkt, und in welche Beziehungen er Bolivien und den Spittelmarkt miteinander bringt. Das ist ein uninteressant gewordenes Spiel. Viel wichtiger ist die Erkenntnis der Welt, wie sie wirklich ist.

Um sie zu erlangen, sind nötig:

Beste Sprachkenntnis — für eine Weltreise also: englisch, spanisch, französisch, und das wie Wasser. Vorheriges, sorgfältiges Studium der zu bereisenden Länder — denn es ist unmöglich, sie ganz zu verstehen, wenn man ihre Geschichte nicht kennt, nicht ihre Wirtschaftsstruktur, ihre Führer und ihre Leidenschaften. Und alles das ist noch unzureichend, wenn der Reisende — wie meist — keine Zeit hat; wenn er ein ganzes Land in vier Wochen durchstreifen, verstehen, schildern soll. Dann kann er zwar, wenn alle Umstände glücklich zusammentreffen, mehr sehen als einer, der seit zwanzig Jahren dort wohnt — solche Beispiele gibt es. Dann hascht er manchmal die Erkenntnis dessen, was da los ist; wie eine Vision durchzuckt ihn blitzartig die Wahrheit; aber das ist selten. In den allermeisten Fällen wird er stümpern, und uninteressant stümpern. Ich habe das einmal beobachten können. Wenn die Reise-Journalisten über Frankreich schrieben, hatte ich meine schönsten pariser Stunden — ich sah gewissermaßen aus dem Versteck zu, wie jemand sucht . . . Paris hat sich schön gehütet, «Hier!» zu rufen — es läßt die Leute schreiben. Aber von zwei, drei Ausnahmen abgesehen darf man wohl sagen: so etwas von Mißverständnissen, von Danebenhauen, von Unkenntnis und Begrenztheit war noch nicht da. Und das achtzehn Bahnstunden von Berlin . . . wie mag das erst in Japan aussehen! Diese Art von Reiseschilderungen sind unnütz.

Unter den gradezu schauerlichen Exemplaren, die durch die Welt reisen, heben sich nur drei oder vier Männer vorteilhaft ab — der Rest ist wildgewordene Konfektion oder bebrillte Hochschule, blind wie die Nachteulen. Merkwürdigerweise ist unter den Ausnahmen keine Frau; wie ja denn überhaupt die deutsche Feuilletonistin alle Unarten unsres Gewerbes und kaum seine Vorzüge aufweist. Es ist wohl in Wahrheit so, daß die meisten dieser Schreiber ihren Beruf einfach des Geldes wegen betreiben, und daß es für sie wichtiger ist, bei den Redakteuren akkreditiert zu sein als beim Publikum, das diese dürre Wiese geduldig abgrast. Ob das Publikum weiß, was es will, steht dahin — die Vermittler zwischen Schriftsteller und Leser wissen es in der Regel nicht.

Hier soll noch nicht einmal von der Wichtigtuerei gesprochen werden, der chronischen Krankheit der meisten Auslandsreporter. Der Minderwertigkeitskomplex der deutschen Untertanen wirkt sich fröhlich aus, wenn ein fremder Minister sie empfängt; man muß nur lesen, wie beiläufig sie hinwerfen: «Gestern sagte mir Briand beim Tee . . .», es ist das, was ich anläßlich des Herrn Keyserling die Imponierklammer genannt habe, auf daß sich der Leser vor Bewunderung wälze, was er denn auch prompt besorgt. Erst, wenn dieser Fehler ganz und gar aus der Haut ist, kann man ein guter Reiseschilderer sein, denn es ist kein Kunststück, nach Wladiwostok zu fahren, das kostet heute nur Geld, und es ist eine dumme Überheblichkeit, dem Mann aus Bitterfeld damit imponieren zu wollen, daß man unter Glockengeläute russische Namen ins Feuilleton wirft. Das kann Lehmanns Kutscher auch. Nur Lehmanns Kutscher kann es.

Wir brauchen etwas andres. Wir brauchen den fröhlichen Kenner.

Nun ist das große Unglück, daß sich der Kenner, wenn er dem deutschen Kulturkreis angehört, meist zum Fachmann herunterentwickelt, und der ist ganz und gar fürchterlich. Ich sehe von den Fällen ab, wo ein an die Zeitungen berichtender Farmer interessierte Partei ist, wo er also mit seinen Artikeln etwas durchsetzen oder abwenden will – wenn er das offen sagte, wäre es ja erträglich. Aber er ist kurzsichtig; meist trifft seine Umgebung auf den blinden Fleck seines Auges; man muß sehen und hören, wie Beamte oder Kaufleute, die zehn Jahre in China zugebracht haben, über China schreiben und sprechen, es wird einem ganz Angst; wieviel Bier, deutscher Klub, Hochnäsigkeit und Stumpfheit ist darin! Es wird also schwer sein, unter den Auslandsdeutschen, die immer zwischen Gesangsverein und Aufgabe ihres Deutschtums hin und her pendeln, den richtigen Mann zu finden. Aber es muß ihn doch geben ...! Sucht ihn.

Denn er wäre brauchbar, uns von innen her über fremde Länder etwas auszusagen; er könnte die Grundlage schildern, auf denen sie dort leben; er könnte wirklich fruchtbare Kritik üben. Meist wird er es anonym tun wollen; denn solche Wahrheiten, ausgesprochen für einen großen Kreis in der Heimat und wiedergelesen im winzigen der Fremde, pflegen kleine Revolutionen hervorzurufen. Aber das ist immer noch besser als das fade Geschreibe der Feuilletonisten, die, der Tante gleich, überraschend wie zumeist angereist kommen, huschusch wieder abreisen und es nun alles, alles wissen ...

Und je mechanisierter die Welt ist, um so schwerer ist es, die Nuance zu erkennen, auf die alles ankommt. Denn es ist ja nicht wahr, daß sich – bei aller Gleichheit in den Nöten und Freuden des Stadtlebens – Paris und Berlin und London gleichen; die Leute haben alle denselben Kummer mit ihren Hauswirten, das ist wahr; aber sie sterben anders, sie lieben anders, sie leben auch anders, eine winzige Kleinigkeit anders, etwas verschieden vom Nachbarland, und darauf kommt es an. Das freilich muß man sehen, fühlen, zu empfinden verstehen, auffangen.

Als ich neulich hier einmal dieses Thema angeschnitten und gesagt hatte, wir wollten nun aber nicht mehr die Schilderungen von Reisebeschwerlichkeiten, sondern Länderschilderungen lesen, da schrieb mir der treffliche C. Z. Klötzel vom ‹*Berliner Tageblatt*› einen bitterbösen Brief. Nun ist dieser Mann, wenn er fremde Länder ernst schildert, eine jener Ausnahmen, die die deutsche Reise-Journalistik hat: sauber, sorgfältig, gebildet – er hat in seinem Leben vieles gesehen und mit Nutzen gesehen ... also warum der Eifer? Es war wohl so etwas wie der Kampf zwischen ‹Fachmann› und ‹Laien›, jenes uralte deutsche Gesellschaftsspiel, das zu gar nichts führt ... Klötzel weiß und muß wissen, wie oft die Spesen vertan sind – südamerikanische Zeitungen kann man auch in Berlin durchbuchstabieren, und wenn die Herren einmal ihre Quellen angeben wollten, so ergäbe sich, daß: ‹man sagt hier› ein deutschsprechender Kollege aus einer befreundeten Zeitung ist, und ‹ganz Guatemala› ein Kaufmann, der früher einmal in Leipzig mit Pelzen gehandelt hat ... Seid doch ehrlich! Ihr wißt doch wie wir, wie unendlich schwer es schon in Berlin ist, herauszubekommen, was die Leute wirklich denken; in wie viele Kneipen, Volksversammlungen, Familien und Vereine man gehen müßte, auch da muß man noch den Flair haben — und nun erst in einem fremden Lande, wo man in der Fixigkeit vieles ganz falsch einschätzt!

Und so sieht denn auch das Weltbild aus, das diese da vermitteln. Vor lauter Witzchen, Mätzchen, Stilgespiel und Mausigmacherei verschwindet das fremde Land; schält euch heraus, was sie wirklich über die Türkei, Schweden, Paris und Australien vermelden und was nicht aus den Zeitungen abgeschrieben ist, sondern auf eigner Beobachtung beruht: es ist blutwenig. Und gibt es eine Katastrophe, dann hat es die Propaganda leicht, dem Deutschen, was sie nur will, über die Fremden vorzugaukeln — Stresemann hat das neulich im Reichstag, genau fünfzehn Jahre zu spät, gut formuliert. Kennen wir den Fremden nur aus diesen Reiseschilderungen, dann ist er im Handumdrehen zu einem blutrünstigen Straßenräuber, einem Kinderschänder, einem Lügner und einem Falschmünzer gemacht. Wer mit offenen Augen im fremden Land gelebt hat, glaubts nicht so leicht. Wer dauernd gut unterrichtet wird, auch nicht.

Ich habe den Eindruck, daß es nach dem Kriege damit nicht besser geworden ist — es ist eher schlechter geworden. Die unleidlichen Sitten der amerikanischen Reportage, die an Unbildung jeden Rekord schlägt, ist noch zu allem andern dazu gekommen, und so hat das Volk der Dichter und Denker ein paar sehr gute Reisebücher, aber wenig brauchbare Reise-Journalisten. Hier sei eingefügt, was wegen jenes Briefes Herrn Klötzels einzufügen nötig ist, daß ich das kleine Pyrenäenbuch, das ich einmal geschrieben habe, für kein Muster seiner Gattung halte — es ist darin mehr von meiner Welt als von den Pyrenäen die Rede, und nur das Kapitel über Lourdes macht eine Ausnahme. Ich konnte zum Beispiel mit den Leuten nicht baskisch sprechen — wie soll ich diesen Landstrich ganz begreifen?

Darum habe ich dem Freunde geschrieben, er möge mich die Weltreise lieber nicht machen lassen. Kommt aber ein amerikanischer Zuckerkönig gegangen und lädt mich zu einer solchen Reise ein, und bleibt er selber noch gar zu Hause —: dann will ich gern einmal mit der Hand übern Alexanderplatz sowie über den Globus fahren.

HEINRICH ZILLE

Zweeter Uffjang, vierta Hof
wohnen deine Leute;
Kinder quieken: «Na, so doof!»
jestern, morjn, heute.
    Liebe, Krach, Jeburt und Schiß . . .
        Du hast jesacht, wies is.

Kleene Jöhren mit Pipi
un vabogne Fieße;
Tanz mit durchjedrickte Knie,
er sacht: «Meine Sieße!»
    Stank und Stunk, berliner Schmiß . . .
        Du hast jesacht, wies is.

Jrimmich wahste eijntlich nich –
mal traurich un mal munta.
Dir war det jahnich lächalich:
«Mutta, schmeiß Stulle runta –!»
    Leierkastenmelodien . . .
        Menschen in Berlin.

Int Alter beinah ein Schenie –
Dein Bleistift; na, von wejn . . .!
Janz richtich vastandn ham se dir nie –
die lachtn so übalejn.
    Die fanden dir riehrend un komisch zujleich.
    Im übrijen: Hoch det Deutsche Reich!
        Malen kannste.
        Zeichnen kannste.
        Witze machen sollste.
        Aba Ernst machen dürfste nich.
Du kennst den janzen Kleista –
den ihr Schicksal: Stirb oda friß!
Du wahst ein jroßa Meista.
        Du hast jesacht, wies is.

HERR AHLMANN

Ludvika, Baedeker Seite 219, 408 Kilometer von Gotenburg, Stadshotel, 40 Betten; eine freundliche kleine schwedische Stadt, ein blauer See blinkt . . .

G. AHLMANN

«Haben viele Schweden deutsche Namen?» fragte ich den dicken Borgstedt. Der dicke Borgstedt ist sicherlich der beste ‹guide› von Stockholm — er spricht viele Sprachen, auch deutsch; weil aber ‹Dolmetscher› wirklich nicht leicht zu sagen ist, sagt er lieber ‹geid›. — «Nein», sagte er, «deutsche Namen sind nicht gar so häufig. Dieser hier aber ist ein Deutscher. Ein Holzhändler. Wollen wir ihm guten Tag sagen? Er ist mein Freund. Eine ulkige Nummer.» — Bauernkirchen hatten wir nun genug gesehen, auch alte Schlösser, grüne Plätze, Parks, viele Seen ... warum sollte man nicht auch einmal einen deutschen Holzhändler besichtigen? Hinein.

«Guten Tag, Herr Ahlmann», sagte der dicke Borgstedt zu dem beweglichen kleinen Korken, der da hinter dem Schreibtisch elastisch aufsprang. «Dieser Herr ist nach Schweden gekommen, um sich über die Holzpreise zu unterrichten — und weil Sie doch der beste Fachmann der Gegend sind ...» Mir erstarrte das Blut in den Adern. Knapp bin ich imstande, eine Birke von einem Johannisbeerstrauch zu unterscheiden, und ob man Holz nach Pfund oder nach Litern verkauft, weiß ich auch nicht ... Ich warf Borgstedt einen verzweifelten Blick zu, der an der ungerührten Fettmasse abprallte. «Sehr geehrt!» sagte Herr Ahlmann. «Bitte nehmen Sie Platz!» Hurra! Er sprach mit vielen getrübten As und Os das Deutsch der hamburgischen Vorstädte, manchmal rutschte er ins Platt, und mir wurde urgemütlich zumute. Die Sache würde schon werden ...

«Tscha ... mit den Holz ... meine Herren», sagte Herr Ahlmann, «das ist ja nu so eine Sache is das nu ja. Also ich bin ja nu schon fünfunddreißig Dschohr hier in die Gegend, und kann ja nu sagen, es is nich einfach. Nä. Ich bin viel in der Welt rumgekommen, müssen Sie wissen, in England war ich, in Frankreich, in Holland, in Belgien, und immer ohne Geld, sehen Sie — das is eine Kunst! Im Krieg hat mir das deutsche Konsellat immer sone Briefe geschickt, ich soll nu man kommen und mir stellen — verzeihn Sie, wenn ich manchmal falsch deutsch spreche, ich bin all so rraus, und denn hat man ja nich immer Zeit, sich um alle diese Finessen zu kümmern ... ich hab aber den Konsellat geschriehm: Nö, hab ich geschriehm, ich bin hier als schwedischer Untertan anerkannt, ich hab noch nie einen Menschen totgeschossen, ich will das nich. Sehn Sie, wie Sie mich hier sehn — da bin ich ein ganz fürchterlicher Verbrecher!» — Ich sah.

Ich sah einen freundlichen, dicken Mann, in seinen Augen schwammen Geschäftsschlauheit, rote Äderchen und eine Mindestration von vier Litern Schnaps im Monat; an der Wand tickte eine brave Bürgeruhr, draußen rauschten die hölzernen Bäume; die hier verkauft wurden ...

«Ein fürchterlicher Verbrecher», sagte Herr Ahlmann. «Sehn Sie, ich habe im Frieden gedient, bei den 93ern in Hamburg.» (Sagte er: 93er? Es war irgendeine militärische Zahl.) «Na, das war eine Sache, sag ich Ihnen! Also diese Titels ...! Schweinehund und Lausekerl und Drrreckkopp — solche Titels waren das! Ich konnte das all gar nicht mehr aushalten. Ich war immer ein selbständiger Kerl, wissen Sie ... Und eines Tages» (— nun trübten sich bei Herrn Ahlmann die Vokale noch mehr, weil er so erregt war —) «eines Tages, da mußten wir wieder antreten, und da stellte sich denn der Unteroffizier, Jankuhn hieß er, vor mir hin und hat gesagt: Was bist du? Ich hab gesagt: Ich bin der Ahlmann. Da hat er gesagt: Du bist ein ganz verdammter Synagogendiener. Nimm mal die Knochen zusammen!» — Hier stand Herr Ahlmann auf, bewegte sich mit großer Fixigkeit in die Mitte der Stube und stand stramm, mitten auf dem guten Teppich. In der Bewegung, mit der er sich aufbaute, war etwas Professionelles: die Jahrzehnte hatten den alten Drill nicht aus den Knochen bekommen können ... rrumms, da stand er! Sogar die Augen hatten diesen seltsamen, starren Ausdruck, wie man ihn bei Porzellanmöpsen und überdrillten Soldaten findet ... Ich wußte: wenn ich jetzt auf den dicken Borgstedt sah, dann war es aus. Ich sah nicht auf ihn.

«Da hab ich ausgeholt und —» (hier machte Herr Ahlmann eine Bewegung, die in besseren Zeiten ein guter Rechtsschwinger gewesen sein mochte) «und hab den Unteroffizier einen in die Fresse gehauen, daß er gleich hinten umfiel. Na, denn gleich alle auf mir drauf, und denn zwischen vier Mann mit aufgepflanzten Seitengewehr abgeführt, in den Arrest. Da gabs ja ein ganz scheußliches Essen gabs da.» (Ich nickte mitfühlend.) «Und da war ein Schersant Poswisteitzky, der sagte gleich: ‹Dich wern wir schon kriegen, du Hund! Du wirst fuffzehn Jahr beziehen, du dreckiger Lump!› Solche Titels waren das! Und denn kamen die abends mits Essen —» An dieser Stelle klingelte, wie so häufig im menschlichen Leben, das Telefon. Infanterist Ahlmann verwandelte sich blitzschnell in den Holzhändler G. Ahlmann Ludvika, Schweden, und sprang an den Apparat. In einem Schwedisch, dem sogar ich den deutschen Akzent anmerkte, sagte er viele schöne Sachen ins Telefon — wenn Leute handeln, versteht man sie gleich, das ist international. So, nun waren sie wohl einig. — «Da kamen die also mits Essen», fuhr Herr Ahlmann fort, «und ich schubste sie denn beiseite, und wumm — raus aus die Tür, und den Korridor runter — denn über die Mauer — und los! Ich bin über die Felder gemacht, und bei meine Schwester. Lucie, sag ich, das und das — ich bin ganz unglücklich! Hast du Geld? Na, sie hatte nur zwanzig Mark, und noch ein büschen was, und das gab sie mir denn, und sie hat so geweint, und denn hat sie mir einen Anzug von ihren Mann gegeben, und ich bin denn nach Kiel in ein Hotel, da hab ich Zivil angezogen, und denn ging da noch nachts ein Motorboot nach Dänemark, und da bin ich denn rüber. Und denn bin ich gewandert, aber immer ohne Geld! Immer ohne Geld! Und denn hier in Schweden, in Ludvika, da bin ich denn hängen geblieben, da hab ich denn meine Braut getroffen und hab geheiratet, und jetzt hab ich acht Kinder, alle acht sind noch da, aber in Krrieg, nee, bester Herr, ich hab den Konsellat geschriehm: das will ich nicht! Und wie denn is die Amnestie rausgekomm, da bin ich gleich zu meine Verwandte nach Hamburg gemacht, mit *sonne* Körbe voll Lebensmittel, na, wissen Sie, die waren ja so ausgehungert, aber ich habe sie alles hingebracht! Und für andere Leute auch und für die Kinder! Wissen Sie —» (und hier sagte Herr Ahlmann das Wort, das merkwürdigerweise so viele Leute sagen, wenn sie einem ihr Leben erzählen) — «ich könnte einen Roman schreiben!» Worauf das Telefon klingelte.

Es entspann sich ein längeres Gespräch, das nie wieder aufhörte. Dieses Mal ging es nicht ums Geschäft, das war gleich zu merken. Es mußte etwas anderes sein. Und plötzlich sprach Herr Ahlmann, der bis dahin sein hartes Schwedisch geklöhnt hatte, deutsch. «Und das sage ich dir», rief er aufgeregt in die Muschel, «das sag ich dir: Laß dir ja nich mit den andern ein! Ich verbiete dir das! Hörst du! Das verbiete ich dir!» — Und hängte ab. Und dann sah er auf die tickende Uhr, und entschuldigte sich: Aber er müßte zum Frühstück! Was wir begriffen. Und dann standen wir auf. Und dann gingen wir auf die Straße, er zu seinem Frühstück, und wir zu unserm Frühstück.

«Was hat er da ins Telefon geschrien?» fragte ich Borgstedt. «Er hat seiner Tochter gesagt», antwortete der Dicke, «sie soll keine Dummheiten machen. Gegen das eine Verhältnis hätte er ja als Vater nichts — aber zweie ... das wären zu viel. Er hat sie gewarnt, wissen Sie?» — Ich wußte. Und wenn dies die Nachtredakteure des Herrn Hugenberg lesen, dann werden sie sagen: Auf der Ehe eines Deserteurs ruht eben kein Segen! Da ist die sittliche Verlotterung nicht weit! —

Soweit der Holzhandel in Nordschweden.

NR. 1

Die Mama: «Man kann mit ihm nicht verkehren. Er pfeift so unanständige Lieder.»

Es liegt — weil wir sonst keine Sorgen haben — vor:

‹Nachrichtendienst zur Bekämpfung von Schund- und Schmutzschriften›, herausgegeben vom Preußischen Ministerium für Volkswohlfahrt. Nr. 1. Nr. 1 —? Das kann ja gut werden.

Das erste, was in diesem Blättchen auffällt, ist die maßlose Gschaftlhuberei der beteiligten Beamten. Als das Gesetz herauskam, war gar nichts da — was haben sie nicht schon alles aus dem Nichts gemacht! Da erfahren wir aus der Einführung, daß es bereits einen Erlaß — Z A II 5245/29 — gibt, «betreffend Nachrichtendienst zur Bekämpfung von Schund und Schmutz», und man kann aus diesem Bombast von Wichtigmacherei und Überflüssigkeiten einmal so recht sehen, wie diese juristisch verbildeten Lebewesen Maden ausschwitzen, hunderttausend Eier legen, sich in der Jungfernzeugung fortpflanzen — ein grauslicher Anblick.

Zu dieser Arbeit ist selbst der ‹Laie› willkommen. Diese Nr. 1 ist ein einziger Schrei nach der Denunziation. «Findet zum Beispiel ein Lehrer bei einem seiner Schulkinder ein Buch, das ihm bedenklich erscheint und das er für eine Schund- und Schmutzschrift hält, oder sieht beispielsweise eine Mutter in der Auslage eines Schreibwarengeschäfts oder am Stande eines Zeitungshändlers ein solches Buch oder eine solche Zeitschrift ausgestellt ... ergibt sich, daß die beanstandete Schrift nicht auf der Liste steht, und ist die Persönlichkeit, die sie beanstandet, der Meinung, daß sie auf die Liste gehört, so ist das dem zuständigen Landesjugendamt als der nächsten antragsberechtigten Behörde mitzuteilen ... Um das Interesse der für den Jugendschutz eintretenden Verbände usw. für die Bekämpfung der Schund- und Schmutzschriften zu wecken und lebendig zu erhalten, ziehen die Landesjugendämter sie zu bestimmten Aufgaben heran, indem sie sie zum Beispiel an der Arbeit der Ausschüsse zur Vorprüfung einer Schrift beteiligen, sie zur Beobachtung der Zeitungskioske anregen und dergl.»

Dergl. hat man noch nie umsonst versucht. Es gibt ein Mittel, ein einziges, jeden Deutschen aus seiner Ruhe aufzurütteln: sage ihm, auch er sei ein Stück Behörde ... und du wirst etwas erleben. Und nun muß man wissen, in welchen Pfoten sich diese Ausschüsse, karitativen Verbände, Jugendpflegevereine befinden, um das Unheil ermessen zu können, das hier heraufzieht. Dem politischen Gegner immer nur auf die Brieftasche zu sehen, ist billig: man sollte ihm ganz woandershin sehen. Es ist kein Zweifel daran erlaubt, daß bei den meisten Leuten, die sich mit diesen Dingen beschäftigen, insbesondere bei den Frauen, zwei Triebe dominieren: Herrschsucht und unbefriedigte Erotik. Die Wonne, zu regieren und andern etwas vorzuschreiben; der Fimmel, sich als Cäsar zu fühlen, das ist das eine. Gewohnheitsmäßig unzüchtige Schriften bekämpfen ist eine invertierte Orgie, das ist das andere. Sieh diesen vorsitzenden Frauen einmal in die Augen, und du erkennst: sie sitzen da, weil sie nicht richtig liegen. Und das zensiert nun den Schmutz.

Diese Verstopften sind aber nur die Hilfsvölker. Die Kerntruppen sind die Juristen. Und hier kann man in nuce erkennen, wie die romanistische Scholastik der deutschen Juristen, die in den Steinzeitmenschen Kahl und Ebermayer ihre Modelle verehren, das Leben tötet, indem sie es in Begriffe zwängt, die nichts, aber auch nicht das leiseste, mit dem Lebendigen zu tun haben.

Was ist Schund? Was ist Schmutz? Der unsägliche Külz stellte sich damals im Reichstag hin und rief: «Was ich in dieser Hand hier habe, ist Schund – und hier, diese Schrift in meiner andern Hand, das ist Schmutz.» Eine dritte Hand hatte er leider nicht. Nun die Juristen:

Erste Entscheidung: Eine Schundschrift muß wertlos und schädigend sein. A=A. Dann: Eine Schundschrift ist eine Schrift, die keine positiven, den Leser bereichernden Werte aufweist. Da weiß ich aber eine Menge Schundschriften... Dann: Der Schundcharakter einer Schrift wird durch zahlreiche Sprach- und Rechtschreibungsfehler verstärkt. (Das ist eine Unfreundlichkeit gegen Bronnen.) Dann: Eine Schrift ist eine Schundschrift, wenn sie ein falsches Weltbild bloß deshalb gibt, weil ihr Verfasser es nicht besser versteht oder weil er es im Hinblick auf seine Leser für angezeigt hält, kein richtiges Weltbild zu geben. Einen Schritt weiter – und die Herren werden ein Verfahren wegen Beleidigung der Landeskirchen auf dem Buckel haben. Was aber das ‹richtige› Weltbild angeht, das haben nur sie.

Solchergestalt ausgerüstet, stürzen sie sich in den Strudel.

Aus den Listen der Nr. 1 ergibt sich, daß dieser ganze Aufwand schmählich vertan wird. Dieser Eifer; dieser Paragraphenklamauk; diese Wichtigmacherei und diese Organisation – das alles, um *‹Die Braut von Venedig›*, *‹Die Hand der Gräfin auf der Kirchhofsmauer›* und *‹Röschen, das Grafenkind oder: Verschleppt ins Irrenhaus›* zu beschlagnahmen. Dazu setzen sich jedesmal vier, sechs, acht hochgelahrte Herren auf den zu diesem Zweck angebrachten Popo, damit das Dienstmädchen Emma Gubalke in Palmnicken nicht mehr *‹Das echte und wahre Traumbuch nach ägyptischen Wahrsagern›* liest. Daß sie aber viermal im Jahr Kartoffelferien gehabt hat, wo dann der Unterricht in der kümmerlichen Volksschule ausfiel, damit Emma für den gnädigen Herrn Kartoffeln jäten durfte; daß Emma nur deshalb kein verzerrtes Weltbild hat, weil sie überhaupt keins hat; daß sie in einem Raum schläft, der einem Ziegenstall ähnelt, wo sie in einem Bett mit ihrem Bruder der *‹Galanten Abenteuer des Doktor Ribera›* wohl entraten kann – davon weiß das Ministerium für Volkswohlfahrt wenig oder nichts. Ist auch nicht so wichtig. Wenn nur *‹Vertrieben am Hochzeitsabend›* nicht ins Volk dringt, dann ist alles, alles gut.

Das ist die eine Sorte, hinter der die Schnüffler her sind. Die zweite Sorte ist schon gehaltvoller.

Ein Merkmal dieser Zeit ist wohl, Unbewußtes bewußt zu machen. Meist schmerzt das. Auch geht so die Bildung in die Breite, wobei sie an Höhe verliert – und Berufene und Unberufene beschäftigen sich mit den Rätseln, die sie bedrücken. Aber wer soll schließlich ihre Berufung entscheiden! Wer? Das Ministerium für Volkswohlfahrt. Das zur Zeit von einem Zentrumsmann geleitet wird, allwas die Partei sich nicht nur des Geistes und des Ungeistes wegen verschafft hat —, sondern aus einem ganz andern Grunde: dieses Ministerium hat über die Verteilung sehr großer Fonds zu entscheiden, wer Geld gibt, ist beliebt — man kann sich denken, in welcher Tendenz hier gearbeitet wird. In einer objektiven, versteht sich.

Mit grunzendem Eifer also trappelt die Schar zu den Trüffeln der ‹erotischen› Zeitschriften. Für jeden geistigen Menschen liegt die Sache klar:

Etwa drei Viertel dieser Blätter, in denen sich Buchhaltersfrauen an Leib und Seele enthüllen, wobei man sich aussuchen darf, was kümmerlicher ausfällt, drei Viertel ist von seiten der Verleger lediglich Spekulation. Das ist neben anderm jedes Blatt — es fragt sich nur, worauf spekuliert wird. Hier wird zweifellos mit nicht sehr sauberen Trieben gerechnet. Es geht aber die verhüllte Pornographie bis zu den bekanntesten und größten Zeitschriften — wo hört das auf, wo fängt das an! Und vor allem: wie weit ist das noch reinlich? Es gibt doch einen sehr verständlichen, legitimen und naturhaften Trieb, sich an einem Frauenkörper zu erfreuen, und wenn ich nicht irre, ist Alfred Polgar einer der ganz wenigen Mutigen gewesen, der einmal auf eine Umfrage in Sachen des Volkswohlfahrtsmannes Brunner das Recht auf Erektion propagiert hat. Die ist Sache des Lesers. Ein hübsches Badebild läßt mich die Linien eines schönen Frauenkörpers bewundern, denn ich bin ein Mann, und meine Empfindungen sind dabei durchaus männlich — also schlummert im Untergrund der Wunsch: du möchtest wohl einmal mit dieser schlafen. Ob der Wunsch die Augen aufschlägt, hängt von tausenderlei Dingen ab — aber gewiß nicht vom Ministerium des Herrn Hirtsiefer. Es ist lächerlich, derart subtile Fragen mit dem Knüttel lösen zu wollen. Für den Schmutz, den wir alle ablehnen, weil er geistlos ist, genügt das Strafgesetzbuch vollkommen — niemand von uns will, daß in einer Buchhandlung ein fotografierter Coitus ausgeboten wird. Doch übersehen diese stumpfen Banausen, die mit dem Gesetz in der Hand Schaden anrichten, daß man selbst die Pornographie nicht mit dem Paragraphen überwindet — überwunden ist sie erst, wenn sie von der Jugend ausgelacht und als unappetitlich bei Seite gelegt wird. Das allein wäre sauber. Alles andere führt zur Verdrängung, die gibt Neurosen, und zum Schluß haben wir die Vorstandsdamen.

Die richten in den ‹erotischen› Zeitschriften wilde Verheerungen an. Ein paar dieser Publikationen sind mir bekannt; sie sind alles mögliche: dumm, harmlos, verhüllt unanständig, unverhüllt anständig, lächerlich ... aber als Schund und Schmutz können sie nur auf jemand wirken, der mit seinem Triebleben nicht in Ordnung ist und der in Wallung gerät, wenn er einen Schamberg sieht. Interessiert euch das so sehr? Immerzu? Den ganzen Tag über —?

Bis hierher liegt Ignoranz vor; bösartige Unbildung; Faulheit, sich in das Seelenleben des Menschen zu versenken — wenn ein Ministerium wagte, mit derartigen Maßnahmen in die Medizin einzugreifen, schrien die Ärzte nicht schlecht, und rechtens. Und wir sollten schweigen, wenn sie im Bereich des Geistes pfuschen?

Sie pfuschen nicht nur. Schon hier, in der Sparte der Zeitschriften, fällt die politische Tendenz auf, in der dieses Gesetz gemacht, propagiert, heute schon ausgenützt und nicht mißbraucht, sondern gebraucht wird.

«Lfd. Nr. 11. Antragstellende Behörde. Landesjugendamt Berlin. Schrift: ‹*Die Aufklärung, Monatsschrift für Sexual- und Lebensreform*›. Verfasser: Magnus Hirschfeld und Maria Krische.»

Es ist eine Dreistigkeit sondergleichen, einen Wissenschaftler wie Hirschfeld auf eine Schmutzliste zu setzen. Ich stimme mit dem Mann in vielen Punkten nicht überein; über die Art seiner Propaganda läßt sich manches sagen — aber doch immer mit dem Hut in der Hand, doch immer mit der Anerkennung: Hier hat sich einer für eine vernünftige Sache gegen seine Zeit und die Schande des Strafgesetzentwurfs gestemmt. Wenn ein Landesjugendamt die Schrift eines solchen Mannes, dessen Lebenswerk und Name eine gute Gewähr sind, auf eine Schundliste setzt, so kann es das nur getan haben, weil ihm die dort vorgetragenen Lehren nicht in seinen Kirchenkram passen. Die katholische Kirche zum Beispiel hat kein Recht, uns ihre Sittennormen aufzudrängen. Ich diskutiere sie hier nicht; ihr gebührt die Freiheit, ihre Anhänger so aufzuziehen, wie sie das für richtig hält. Wer aber anders leben will, lebe anders. Sie hat nicht über uns andre zu entscheiden. Wer da im Landesjugendamt Berlin ein solches Maß von Unbildung aufweist, mögen die Beamten unter sich ausknobeln — es ist eine Schande.

Es ist auch eine vollendete Dummheit. Wen soll denn dies Gesetz eigentlich bewahren? Die Jugend? Dann beschränke es sich auf Jugendschriften. Eine Unrechtsprechung, die in diesem Sinne weitermacht, führt konsequent dazu, daß das deutsche Geistesleben auf der ethischen Vorstellungswelt eines Sechzehnjährigen basiert. Soll es so weit kommen? Es wird so weit kommen, wenn ihr nicht dagegen angeht.

Ein Buch wie den ‹*Ladenprinz*› von Kurt Münzer zu verbieten, ist eine freche Überschreitung aller, selbst in diesem Schundgesetz gegebenen Kompetenzen. Münzer ist ein sehr mäßiger Teeaufguß von Heinrich Mann; verlogen, ein schlechter Stilist, kein guter Schriftsteller. Aber das geht uns an, nicht die da. Welche Gefahr atmet denn so ein Buch? Ich habe es gelesen; denkbar, daß sich ein Achtzehnjähriger bei manchen Augenblicken der Lektüre einem «geheimen Laster hingibt», um im Stil des Ministeriums zu sprechen. Vielleicht bemühen sich die Herren, sich für ihr Gehalt die Allgemeinbildung anzueignen, die nötig ist, um hier mitzusprechen. Sie werden dann lernen, daß die Masturbation eine Folgeerscheinung ist und keine Basis; daß ihre schädlichen Folgen maßlos überschätzt worden sind — und daß solche literarischen Wälzer am allerwenigsten Malheur anrichten. Weniger als die Fürsorge-Anstalten bestimmt.

Maurice Leblanc (Arsène Lupin) steht auf der Liste, wie sie es überhaupt mit den Franzosen haben. Wie uns das Leben noch Freude machen soll, seit sie uns *‹Paris Plaisirs›* Jahrgang 7, Nr. 67 verboten haben, ahne ich nicht; habt ihr nicht auch das Gefühl: es fehlt uns etwas ... und was ist es? Paris Plaisirs. Alles steht durcheinander, die Listen sehen so aus wie die Gehirne, die sie ausgebrütet haben: *‹James, ein Roman aus Berlin W›* (gleich zweimal), eine blanke Pornographie; und auf derselben Seite: *‹Jésus-la-Caille›* von Francis Carco. Hauch das Thermometer an, und es wird warm im Zimmer; mal dir grüne Tinte auf den Primäraffekt, und du bist nicht mehr krank — und nach diesen Verboten, die Clément Vautel gleichermaßen wie das ganz und gar harmlose *‹Kriminal-Magazin›* von Wallace betreffen, wird es ja nun wohl keine Verbrechen und keine Syphilis mehr geben, keine Dirnen und keine Zuhälter, welche Typen diese Beamten immer nur von neunzig Mark Monatsverdienst abwärts zu sehen imstande sind.

Dann wirds ganz politisch:

‹Glossen auf Gott und seine Stellvertreter. Ein Spiegel für Fromme›. — *‹Die Schlacht mit dem Heiligenknochen, Götzenbilder aus vier Jahrhunderten›.* Die frommen Brüder haben ja sehr viel Stirn — aber wagen sie, uns zu sagen, daß sie eine Schrift gleicher Qualität auch dann verbieten, wenn sie gottgefälliger Tendenz ist? Dies Verbot ist die kalte Abwürgung des politischen Gegners auf dem Verwaltungswege. Denn enthalten diese Schriften eine Beleidigung der Kirche, die zwar kein Sondergesetz verdient, wohl aber gegen Beleidigungen geschützt zu werden ein Recht hat, dann genügt das Strafgesetz; enthalten sie solche Beleidigungen nicht, so hat das Volkswohlfahrtsministerium die Finger von Veröffentlichungen zu lassen, die nicht für Kinder bestimmt sind.

Das alles aus der einen Nr. 1.

Und alles dies — Einwände, Argumente, Angriff und Abwehr — alles dies hat man den übereifrigen Demokraten, die diese Kulturschande auf dem Gewissen haben, vorher gesagt. Man hat sie gewarnt. Man hat ihnen Schritt für Schritt geschildert, was kommen werde. Umnebelt vom Versammlungsbeifall, wie Theodor Heuss; hingerissen von der eignen Epigonen-Bildung, wie Gertrud Bäumer, haben sie kühn die Geschäfte des Zentrums besorgt, das still in der Ecke saß und sich die Hände rieb: billiger hat man ihm noch nie eine Ware ins Haus geliefert. Inzwischen haben sich namhafte Autoren aus den Ausschüssen zurückgezogen, angeekelt von diesem lächerlichen geistfeindlichen Treiben – und bald sind die weiblichen Herren und Damen ganz unter sich und allein: im Dunkel. Gute Verrichtung!

Schlechte Verrichtung, böse Verrichtung. Packt man die Herren beim Schlips, dann murmeln sie etwas von «Laien-Kritik eines Außenstehenden», denn nichts verzeiht der Beamte so wenig wie den Vorwurf, er sei mit allem, was er da treibe, gänzlich überflüssig. Er ists aber. Die vielen, vielen Tausendmarkscheine, die hier vertan werden, sind dem echten Volkswohl entzogen. Und dann pumpen sie sich bei den Banken Geld. Freilich, wer so wirtschaftet ... Dieser Staat halte den Schnabel, wenn es um die Seele geht. Wohnungen soll er bauen. Es muß systematisch gearbeitet werden, damit dies Schandgesetz verschwinde. Ich halte es für eine Hauptaufgabe unseres Schutzverbandes Deutscher Schriftsteller, ununterbrochen gegen dies Gesetz zu treiben – es muß fort. Heute wird es noch nicht einmal so mißbraucht, wie sein Kautschukrahmen es möglich macht. In wildern Zeiten kann man mit ihm den halben Paragraphen 48 der Reichsverfassung sparen. Es muß fort.

Denn was ist es? «Eine Schundschrift muß in jeder Beziehung objektiv wertlos sein.» – «Eine Schmutzschrift muß wertlos sein und wegen der Unreinlichkeit des Inhalts Widerwillen erregen.» Das ist es.

Dieses Gesetz fällt unter sich selbst.

JA, BAUER, DAS ...!

Sämtliche Buchhändlerfenster sind voll
von Kriegsbüchern und Romanen.
Die Presse war schuld! Der Kaiser war toll!
Man hat uns mit allen Schikanen
belogen,
betrogen,
dumm gemacht,
ums Denken gebracht –
Großer Katzenjammer.
Natürlich hat es sich nicht gelohnt.
Natürlich hätten wir die andern geschont.
Natürlich ist alles ganz falsch gewesen.
Natürlich ist unschuldig deutsches Wesen.
Auf ein Mal
sind sie sentimental,
gefühlvoll, pathetisch und Kriegsverdammer.
Großer Katzenjammer.

Aber —:
Geht das morgen wieder los,
vertauschst du nur die Farben,
dann erleiden Millionen ein schlimmeres Los —
vergessen, wie andere starben.
Polen zum Beispiel . . . der Korridor . . .
Da stürmen zehntausend Freiwillige vor . . .
da knattern die neuen Fahnen im Wind;
da bilden Großvater und Enkelkind
das von ihrer Zeitung befohlene Spalier!
Deutschland seis Panier!
Flaggen! Geflaggt ist jedes Haus.
Burschen heraus!
Und du hörst im Knallen des Salamanders:
Ja, Bauer, das ist ganz was anders —!

DIE BELOHNUNG

Mit den Autoren hat mans nicht leicht.

Bespricht man sie gar nicht, sind sie böse; tadelt man sie, nehmen sie übel, und lobt man sie, zahlen sie nicht. S. J. hat mir erzählt, man habe nur ein einziges Mal in seinem Leben versucht, ihn zu bestechen, und da haben sie ihm fünfundsiebzig Mark geboten — darüber hat er sich oft beklagt . . . Immerhin gibt es zum Glück Ausnahmen, ich habe hundert Mark verdient, und der Name des Spenders — Walter Mehring — sei in die Nachttischschublade geritzt.

Chansonwerke Mehring A.-G. Groß-Stötteritz
Propaganda X. B. 12543 Vertraulich

Sehr geehrter Herr!
Im Besitz Ihrer werten Kritik erlauben wir uns, anliegend unsrer Anerkennung Ausdruck zu geben, welchselbe nach folgendem Staffelsystem errechnet wurde:
Epitheta ornantia:

37 mittlere	26	Mark	
2 verdiente	0	„	35
115 überschwengliche	50	„	65
Vergleiche mit Theobald Tiger	68	„	20
dito George Grosz	35	„	00
dito Villjon	1	„	80
11 Seelenschreie à 0 Mark 50	0	„	22
Summa	182	Mark	22

Da wir andrerseits das bedauerliche Fehlen von ‹Zeitnahe› ‹Ewigkeitswerte› ‹Zentral› ‹gekonnt› feststellen mußten, ermäßigt sich obige Anerkennung auf 100 Mark

Und bitten wir Sie, Ihre Zustimmung umgehendst mitzuteilen, um Weiterungen (Berlin Amtsgericht Mitte I) zu vermeiden!

Achtend
gez. Arnolt Lax
Generalsekretär

Und dazu ein funkelnagelalter Hundertmarkschein. Aus der Inflation. (bitter): Dank vom Hause Habsburg!

GEDULD

Die großen, sanften Augen der Bauernpferde, die
still trottend ziehn; auf den Augenrändern
und in den Augenwinkeln sitzt es schwarz vor Fliegen ...
Geduld –

Der wie ein Paket geschnürte Hund, dem der Professor
Curare eingespritzt hat, nun kann er sich nicht bewegen, nur noch fühlen;
sie haben ihm die Harnleiter durchgeschnitten, da liegt er.
Studenten umgeben das prächtige Bild ...
Geduld –

Der verheiratete Angestellte, der vor dem brummigen Chef steht,
zitternd, die Kündigung an den Kopf geworfen zu bekommen;
der Mann hinter dem Schreibtisch fühlt sich: er hat auf einmal
zwei Leben: das eigne und das des andern ...
Geduld –

Der Proletarier im Holzschrein vor Gericht, wo unaufhörlich die
dreisten Ermahnungen des Richters kalt-spöttisch auf ihn
heruntersausen ...
Geduld –

Das Fürsorgekind, das einer verwitweten Megäre in die Anstaltsfinger
gefallen ist; die braucht bei Männern keine Lust zu suchen,
sie hat die Kinder ...
Geduld –

Läutert Leiden? Welchen Sinn hat es?
Was haben sie getan, mein Gott: das Pferd, der Hund,
der Angestellte, der Proletarier, das Fürsorgekind —?

Sind sie schuld?
Woran sind sie schuld?
Nimm ihnen die Geduld!
Nimm ihnen die Geduld!
Nimm ihnen die Geduld—!

INDIZIEN

Der Untersuchungsrichter hat den Wächter Richard Schulz aus der Haft entlassen; die berliner Kriminalpolizei hatte ihn als den mutmaßlichen Mörder der kleinen Hilde Zäpernick angebracht. Das scheint unrichtig gewesen zu sein. Zur Sache selbst ist ohne Aktenkenntnis sehr schwer etwas zu sagen. Soweit gut und schön.

«In der Begründung heißt es, daß ein dringender Tatverdacht nicht mehr bestände, daß aber durchaus noch nicht alle Verdachtsmomente aus der Welt geschafft worden seien. Maßgebend für die Aufhebung des Haftbefehls sei gewesen, daß der Wächter Schulz ein vorbildliches Familienleben führe . . .»

Hat man je dergleichen gehört —! Ja, wir hören es alle Tage.

Im großen ganzen kümmern sich die Behörden nicht um dein Privatleben, solange du nicht ‹straffällig› wirst. Im Augenblick aber, wo du in den Verdacht gerätst, etwas ausgefressen zu haben, werden Fibelvorstellungen kleiner und mittlerer Beamter wirksam, und das, was du so still vor dich hingelebt hast, wird plötzlich ein Indizium! Er hat ein ‹vorbildliches Familienleben› geführt? Und wenn er das nun nicht getan hätte? Nehmen wir an, dieser Mann sei nicht der Mörder: wenn er aber zum Beispiel — unverheiratet oder nicht — mit Huren gesehen wird, so spricht das also dafür, daß er ein Lustmörder ist! Man sollte den Landgerichtsrat Löwenthal, der das geschrieben hat, mit der Nase tief in die Bücher und mit dem ganzen Korpus noch tiefer ins Leben stoßen, von dem er nichts weiß.

Es ist zunächst eine Überheblichkeit, dieses veraltete Dogma vom ‹vorbildlichen Familienleben› in einer so ernsten Sache als ausschlaggebend zu buchen. Dergleichen besagt so gut wie gar nichts. Es ist beinah das Gegenteil richtig: ein Mann, der seine vielleicht starken Triebe auslebt, hat weniger Veranlassung, einen Lustmord zu begehen, als ein wohlbehüteter, im engen Kreis der zwei Stuben eingepferchter Mann. Übrigens sind beide Gedankengänge gleich unsinnig — wie jeder Kriminalpsychologe weiß, gibt es für diese Dinge überhaupt keine festen Regeln, man muß von Fall zu Fall mit Intuition und mit Nerven zu fühlen versuchen, was los ist.

Dann aber ist diese Argumentation eminent gefährlich. Ich führe zum Beispiel durchaus kein vorbildliches Familienleben – gerate ich morgen in den Verdacht, einen Menschen beseitigt zu haben, so kann ich dem Landgerichtsrat Löwenthal auswendig diktieren, was er zur Begründung einer langen Haft aufmalen wird.

Ist denn keiner da, der diesen Beamten einmal den Rat gibt, ein bißchen auf die Straße zu gehen – unter Menschen? Sie leben nur unter Beamten, was nicht in allen Punkten dasselbe ist. Und Unschuldige haben es auszubaden.

MIR FEHLT EIN WORT

Ich werde ins Grab sinken, ohne zu wissen, was die Birkenblätter tun. Ich weiß es, aber ich kann es nicht sagen. Der Wind weht durch die jungen Birken; ihre Blätter zittern so schnell, hin und her, daß sie . . . was? Flirren? Nein, auf ihnen flirrt das Licht; man kann vielleicht allenfalls sagen: die Blätter flimmern . . . aber es ist nicht das. Es ist eine nervöse Bewegung, aber was ist es? Wie sagt man das? Was man nicht sagen kann, bleibt unerlöst – ‹besprechen› hat eine tiefe Bedeutung. Steht bei Goethe ‹Blattgeriesel›? Ich mag nicht aufstehen, es ist so weit bis zu diesen Bänden, vier Meter und hundert Jahre. Was tun die Birkenblätter –?

(Chor): «Ihre Sorgen möchten wir . . . Hat man je so etwas . . . Die Arbeiterbewegung . . . macht sich da niedlich mit der deutschen Sprache, die er nicht halb so gut schreibt wie unser Hans Grimm . . .» Antenne geerdet, aus.

Ich weiß: darauf kommt es nicht an; die Gesinnung ist die Hauptsache; nur dem sozialen Roman gehört die Zukunft; und das Zeitdokument – oh, ich habe meine Vokabeln gut gelernt. Aber ich will euch mal was sagen:

Wenn Upton Sinclair nun auch noch ein guter Schriftsteller wäre, dann wäre unsrer Sache sehr gedient. Wenn die pazifistischen Theaterstücke nun auch noch prägnant geschrieben wären, daß sich die Sätze einhämmern, dann hätte unsre Sache den Vorteil davon. Sprache ist eine Waffe. Haltet sie scharf. Wer schludert, der sei verlacht, für und für. Wer aus Zeitungswörtern und Versammlungssätzen seines dahinlabert, der sei ausgewischt, immerdar. Lest dazu das Kapitel über die deutsche Sprache in Alfons Goldschmidts *‹Deutschland heute›*. Wie so vieles, ist da auch dieses zu Ende gesagt.

Was tun die Birkenblätter –? Nur die Blätter der Birke tun dies; bei den andern Bäumen bewegen sie sich im Winde, zittern, rascheln, die Äste schwanken, mir fehlt kein Synonym, ich habe sie alle. Aber bei den Birken, da ist es etwas andres, das sind weibliche Bäume – merkwürdig, wie wir dann, wenn wir nicht mehr weiterkönnen, immer versuchen, der Sache mit einem Vergleich beizukommen; es hat ja eine ganze österreichische Dichterschule gegeben, die nur damit arbeitete, daß sie Eindrücke des Ohres in die Gesichtsphäre versetzte und Geruchsimpressionen ins Musikalische – es ist ein amüsantes Gesellschaftsspiel gewesen, und manche haben es Lyrik genannt. Was tun die Birkenblätter? Während ich dies schreibe, stehe ich alle vier Zeilen auf und sehe nach, was sie tun. Sie tun es. Ich werde dahingehen und es nicht gesagt haben.

DIE KLEINEN FREUDEN DES LEBENS

Kleine Freude Nr. 72. Wenn noch eine Kleinigkeit Buttersauce übriggeblieben ist und anderthalb Kartoffeln, alle haben schon aufgegessen ... aber man kann sich da noch einen kleinen Privatbrei auf dem Teller zurechtmachen. Erfreut sehr und schmeckt auch gut.

Nr. 73. Die nicht erwartete Eintagsliebe. «I never dreamt, you fall in love with me ...» und plötzlich: erfolgreiches Wiedersehen in Bebra – sehr schön.

Nr. 74. Der Fön. Der Fön beim Friseur ... Ich weiß nicht, wie es bei den Damen ist ... bei den Männern ist es so:

Die Haare sind schon geschnitten: großer Kampf mit dem Friseur, der entweder mit der Maschine dem Kopf das Ansehen eines von der deutschen Haarkrankheit Befallenen geben will, oder der gar nicht schneidet, sondern nur so herumputzelt ... «Der Übergang, Herr!» – «Gucken Sie mal in'n Spiegel: also wenn wir hier noch was wegnehmen ...» das ist vorbei; dann hat er Seife auf den Haarboden geschmiert, herumgeknetet, dann hat er die Seife wieder abgeschwemmt, nun ist man müde und döst sachte vor sich. Nun nimmt er aus einer unteren Schublade den vernickelten Fönapparat und läßt ihn heulen. Hu–hu–. . u . . u–u– das schläfert ein ... Sehr angenehm ist das. Undeutlich sieht man sein herrliches Bild im Spiegel! – Ach! Man ist ja so schön! Aber das will man jetzt gar nicht mehr sehen, man weiß es schon; wie durch einen dicken Vorhang dringen Fetzen eines Kundengesprächs herüber. «Können die Leute ja gar nicht machen. Sehn Se mal, schon rein nach der Gewerbeordnung ...» – «Puder –?» – Süßer Halbschlaf des Föns ... Huu . . u . . u. So satt wird man und selbstzufrieden. Ich glaube gar nicht, daß Männer zum Frisör gehen, um sich die Haare schneiden zu lassen – (auch gibt es welche, die lassen sich da rasieren: ein unvorstellbarer Vorgang!) – nein, ein Herrenfrisör dient anderen Zwecken. Hier werden die Herren Männer mit Selbstbewußtsein geladen. Sie sitzen da auf ihren Stühlen, sehen sich so lange in den Spiegel, bis sie völlig hypnotisiert von sich selber sind, baden in sich und ihrer männlichen Vollkommenheit, lesen ein bißchen die Zeitung, schlafen – und wenn sie aufstehen, sind sie wie neugeboren. Es muß unten an den Stühlen eine geheime Vorrichtung sein, die sie mit ‹Ego› füllt – vielleicht ist es auch eine Art Spiegelzauber ... der wahre, magische Zweck des Herrenfrisiersalons ist die Stärkung des egozentrischen Systems, das ja sowieso schon beim Mann so schwach ausgebildet ist ... (Siehe hierüber: Anna Ferenczy-Dülbög, ‹Psychoanalyse an Frisörlehrlingen und Toilettenfrauen›, Wien 1937.) Ja, da sitzt du, und die Welt ist gar nicht mehr da, nur der Fön. Hu–u–u– ... macht er – und das soll nie wieder aufhören, immer soll das so bleiben – die Leinen der Nerven hängen schlaff zu Boden, man kann auch sagen: du hast das Steuer losgelassen; pua! ein heißer Luftstrom! Grade ins Auge ... und dann ein kalter, und der Fön singt, und es ist alles so schön gleichgültig und verdöst und überhaupt – Es hat einmal Pflichten gegeben; es mußte etwas ‹alédicht› werden – vom Frisör aus muß man irgendwo hingehen, das ist unbestreitbar richtig; aber das gilt jetzt alles nicht – jetzt heult der Fön, und du schläfst wachend und wachst schlafend, und unterdes wird dein Ich, tief in der Zirbeldrüse und im unteren Solarplexus, immer fetter und größer – es gedeiht am besten, wenn man nicht hinmerkt, es wächst, es schwillt auf – aber du weißt es noch nicht – Der Fön ... der Fön ... Einer scharrt mit dem Stuhl, das läßt die Gedanken durcheinanderkollern. Was denken sie?

Die Kopfhaut ist eine erogene Zone. Wäre ich ein Pascha – ach! wäre ich einer! – Ja, wäre ich ein Pascha, dann müßten mir meine Sultaninen, oder wie diese Mädchen heißen, den Kopf kraulen und in heißen Liebesnächten den Kopf waschen. Darum bitte ich heute schon immer alle Damen, die das Vergnügen haben ... («Na hören Sie mal – da möchte ich aber nicht bei Ihnen Sultanine sein! Sie lassen sich wahrhaftig von Frauen den Kopf krabbeln? Lange? Wie lange? Und waschen müssen sie den Kopf auch –?» – Ja. – «Also ... also mir ist das unbegreiflich, wie sich eine Frau dazu ... also das verstehe ich nicht ... nehmen Sie mirs nicht übel!» – Nein. – «Den Kopf kraulen ...! Hat man je so etwas ...» – Jetzt stören Sie Pantern hier nicht – er soll zu Ende erzählen! Also was wollten Sie vom Fön sagen –?)

Ja, da heult er, und nun ist die Zirbeldrüse in den Plexus gerutscht, und ich bin gar nicht mehr da – – Der Mann in der weißen Jacke ist fertig. «Biséh!» – Polternd fallen Komplexe, Hemmungen, Triebe, Süchte und die unterbewußten Bewußtseine durcheinander, ordnen sich ... «Antreten –!» – Und nun sitzen alle wieder da, als wäre nichts geschehen. Torkelnd stehe ich auf. Aah – – es war sehr schön!

Kleine Freude Nr. 75. – – –

DAS BUCHHÄNDLER-BÖRSENBLATT

Am 6. August habe ich im Neuen Deutschen Verlag in Berlin ein Bilderbuch erscheinen lassen: *‹Deutschland, Deutschland über alles›* John Heartfield hat die Fotos montiert. Von dem Buch ist hier – getreu einer alten, guten Tradition S. J.s – nicht gesprochen worden; wir haben nur eine Probe veröffentlicht. Wenn ich auf das Werk zurückkomme, so geschieht es für uns alle.

Der Neue Deutsche Verlag hat dem *‹Börsenblatt für den deutschen Buchhandel›*, jenem täglich erscheinenden Organ, das den Sortimentern als Unterlage für ihre Bestellungen dient, ein Inserat übersandt, in dem mitgeteilt wird, daß das 15. bis 25. Tausend des Buches zur Auslieferung gelangt ist.

Die Redaktion des *‹Börsenblatts›* hat dem Neuen Deutschen Verlag daraufhin folgendes Schreiben übersandt:

> Sehr geehrte Firma!
> Gegen den weiteren Abdruck der Anzeige betr. Ihr Verlagswerk Tucholskys, *‹Deutschland, Deutschland über alles›* liegt ein Einspruch vor. Unsere vermittelnden Schritte waren ohne Erfolg, so daß sich jetzt die maßgeblichen Stellen des Börsenvereins mit der Angelegenheit beschäftigen werden. Da es nicht abzusehen ist, wann eine Entscheidung getroffen wird, gestatten wir uns, Ihnen das Manuskript zurückzugeben, für den Fall, daß Sie die beiden andern Bücher zunächst gesondert anzeigen wollen.
> Hochachtungsvoll ergeben
> Schriftleitung des Börsenblatts für den Deutschen Buchhandel.

Danach scheint der Börsenverein der Deutschen Buchhändler eine Satzung zu haben, die jedem Mitglied gestattet, gegen die Aufnahme eines Inserats einen Einspruch zu erheben, der aufschiebende Wirkung hat. Der Einspruch, der in diesem Fall erfolgt ist, hat ein politisches Motiv.

Ich frage die freiheitlich gesinnten Sortimenter und Verleger:

Ist das so? Laßt ihr euch das gefallen? Haltet ihr es für richtig, daß irgend jemand – sei es eine Person, ein Verband oder der Börsenverein selber – eine Zensur ausübt, die unsittlich ist? Unsittlich deshalb, weil die Zugehörigkeit zum Börsenverein für das reguläre Sortimenter- und Verlagsgeschäft zwangsläufig ist; wenn aber eine derartige Organisation eine Zwangsinnung ist, hat sie der Öffentlichkeit gegenüber Pflichten. Ihre erste und oberste Pflicht ist: Neutralität. Solange dem *‹Börsenblatt›* nicht zugemutet wird, Bücher anzuzeigen, deren Inhalt strafbar ist – also Bücher, die bereits beschlagnahmt oder durch rechtskräftig gewordenen Urteilsspruch eingezogen sind – so lange hat es nicht das Recht, ein Buch zu boykottieren. Die *‹Weltbühne›* darf ein Inserat ablehnen – das Monopolblatt des deutschen Buchhandels darf es nicht. Es geht nicht an, abwechselnd eine Art Behörde des Buchhandels zu spielen und sich dann, wenn es an die Pflichten geht, dahinter zu verstecken, man sei doch nur eine private Fachgilde. Das ist nicht ehrlich, und es ist auch nicht mutig.

Die Haltung des *‹Börsenblatts›* selbst ist politisch niemals neutral gewesen. Über den redaktionellen Teil ist hier öfter gesprochen worden. Im Anzeigenteil wimmelt es von Verlagsanzeigen solcher Bücher, die bis hart an das Strafrecht republikfeindlich sind –, und zwar von rechts her. Diese Anzeigen stehen dort zu Recht. Es ist nicht sauber und des Standes der Buchhändler unwürdig, einen Boykott einseitig anzuwenden.

Wir haben an solchen Versuchen genug und übergenug: da ist der Mißbrauch des Strafrechts, das Gesetz gegen Schmutz und Schund, die Kirche, die Universitäten, die Filmzensur, die Rundfunkzensur – es ist genug. Was hier getrieben wird, ist nicht loyal. Die reaktionären Buchhändler wissen genau, daß die späte Entscheidung über die Aufnahme des Inserats («eine Entscheidung, die nicht abzusehen ist») den Vertrieb des Buches schädigen kann. Das ist beabsichtigt.

Soweit mir bekannt, ist dieser Fall erstmalig. Es hat einmal vor langen Jahren Schwierigkeiten mit dem tapfern Grelling gegeben, dessen *‹J'accuse›* die weniger tapfern Buchhändler der Reaktion nicht vertragen haben – ich weiß jedoch nicht, ob damals eine förmliche Ablehnung der Inserate erfolgt ist.

Wenn wir unter einer rechten oder einer linken Diktatur leben, so muß ich mir das gefallen lassen. Dies aber ist eine versteckte und hinterhältige Diktatur, die kein anständiger Mensch billigen kann. Was gestern mir geschehen ist, kann morgen jedem unsrer Kameraden geschehen: also den Exponenten einer Gesinnung. Daß wir nicht in einer Demokratie leben, weiß ich; aber dies geht zu weit – wer soll über unsre Bücher abstimmen: der Käufer oder der Verkäufer –?

Der Verlag fragt sich, wer wohl die Stelle gewesen sein mag, die den Einspruch eingelegt hat. Wir haben in Deutschland nicht viel Männer, aber desto mehr Stellen. Nun, da kann ich vielleicht raten helfen.

Am 14. Mai dieses Jahres hat hier Erich Kästner auf den ‹Deutschen Frauenkampfbund› hingewiesen, einen Zusammenschluß von etwa fünfzig Vereinen wie: Deutscher Philologinnen-Verband, Rentnerbund, Stahlhelm Groß-Berlin, pp. Die haben es unter anderm mit der Sittlichkeit. Auf ihrer schwarzen Liste steht so ziemlich alles, was in der deutschen Literatur Wert hat, bunt vermengt mit harmlosen Albernheiten. «Die Schlußrubrik», schrieb Kästner, «führt den gelungenen Namen ‹Schmutzsonderklasse› und nennt Polgar, Tucholsky, Klabund, Kästner.» Dieses Wort ‹Schmutzsonderklasse›, das mir bis zum 14. Mai unbekannt gewesen war, griff ich auf, und in dem Buch sieht man ein Bild: Zwei bekleidete junge Mädchen stehen lachend auf einem Tisch, der Tisch aber hat eine Platte aus Glas, und ein Fotograf hat sie von unten her fotografiert. Darunter schrieb ich: «So sieht diese Schmutzsonderklasse die Welt.» Sollten diese Herrschaften vielleicht . . .?

Oder sollte es einer der in dem Buch krumm und lahm geschlagenen Offiziere und Beamten gewesen sein? Zu einer Klage reichts nicht hin, Tapferkeit ist des deutschen Mannes Zier – da machen wir es eben so herum . . .

Auf der rechten Seite, wo sie nicht nur einen Balken vor dem Kopf haben, sondern mitunter einen ganzen Stapel von Dummheit – auf der rechten Seite wird man mit schlecht kopierten Handbewegungen christeln: «Waih geschrien! Sein Geschäft!» – Ich muß mir mein Geld mit meiner Arbeit verdienen; ich bin weder Kaiser der Reserve noch geschlagener General im Ruhestande: mir zahlt die Republik nichts. Und ich freue mich, wenn ich durch meine Arbeit verdiene; sie macht mich unabhängig.

Auf den Wert dieses Buches kommt es hier nicht an. Ich habe es der Öffentlichkeit vorgelegt; ich lasse mir von jedem Kritiker sagen, wie es ihm gefallen hat. Hier aber ist etwas andres, hier ist jene schleichende, trockne, giftig-gefährliche Reaktion am Werk, die in diesem ganz leicht anachronistischen Buch nicht zu finden ist –: man kann sie nämlich nicht fotografieren. Die neudeutsche Reaktion hat, sehen wir von Zörgiebeln ab, oft verbindliche Formen; und so ein Vorgang wie dieser hier – nationaler Schuß von hinten, aus Angst vor der Wahrheit – der läßt sich nicht illustrieren. Tatsächlich ist das, was sich heute in Deutschland gegen die Arbeiter vorbereitet, eine sanft dahinkriechende Reaktion, eine Gefahr, die zu wenig beachtet wird. Gegen sie gehen wir an.

Soweit war die Sache gediehen, als auf den Protest des Verlages der Börsenverein – ein Bein auf dem Hugenberg, das andre Bein auf dem Boden der Verfassung – eine ‹ergänzende Erklärung› abgab.

> «In Ergänzung unseres Briefes vom 9. 11. erlauben wir uns, Ihnen noch mitzuteilen, daß sich der Einspruch nur gegen die Bildwiedergabe in dem Inserat richtet, da darin eine Verächtlichmachung der Nationalhymne der Deutschen Republik gesehen wird, die dem *‹Börsenblatt›* zur Unehre gereiche. Der Anzeige des Buches an sich steht nichts im Wege. Wir bitten zu entschuldigen,

daß in der Eile zunächst vergessen worden ist, Ihnen diese genauere Kennzeichnung des Einspruchs zu geben.»

Der Zurückzieher gibt es mannigfache Arten: kluge und dumme.

Zunächst wird weder im Titel noch auf der Umschlagseite des Buches die Nationalhymne der Republik lächerlich gemacht. Ob eine Verächtlichmachung vorliegt, haben nur die Richter in Anwendung der Gesetze zu entscheiden – nicht die Buchhändler in Anwendung ihrer Satzungen, die gleichgültig sind. Wie subtil sie sich auf einmal haben –! Wie ängstlich –! Wie verfassungstreu –! Nun muß man aber sehen, was da in ihren Anzeigen gegen diese selbe Republik zusammengeflucht, gedroht, gebrüllt und gekreischt wird –! Die Gleichsetzung von Blatt und Anzeige wäre in der Tat ungerechtfertigt, wenn nicht die Mehrzahl der leitenden Männer im deutschen Buchhandel von jener kleinbürgerlichen Rückwärtserei besessen wäre, wie sie von der Industrie und der Landwirtschaft bezahlt und propagiert wird: diese Gehirne sind Matern von Hugenberg.

Die Wirkung –? Eine gute Reklame für das Buch, bei allen Gesinnungsfreunden unter den Buchhändlern. Im übrigen muß der Hieb doch wohl gesessen haben. Der Vorfall bestärkt mich in meiner Haltung:

Für die Unterdrückten, gegen diese vermufften deutschen Spießer, ist jedes Mittel recht, keines zu scharf und alle zu schade. Es wird weitergekämpft.

HOLDER FRIEDE

(Versmaß 1911)

Nun senkt sich auf die Fluren nieder
der süße Tran der Vorkriegszeit;
es kehren Ruh und Stille wieder,
getretener Quark wird weich und breit.
Und alle atmen auf hienieden:
Jetzt haben wir Frieden.

Nun ist es Herbst. Die Storchenpaare
stehn klappernd, und der Eichbaum schwankt.
Das ist ja wohl die Zeit im Jahre,
wo Engel sich mit Brechten zankt.
Die Ehe wird noch oft geschieden.
Jetzt haben wir Frieden.

Wir wollen nur das eine wissen,
weil uns das wirklich interessiert:
Premierenknatsch in den Kulissen –
ob Kortner Jeßner engagiert?
    Baut Laemmle pappene Pyramiden?
        Jetzt haben wir Frieden.

Wir geben einer müden Masse
zum Ansehn, was sie niemals hat.
«In Schiffskabinen erster Klasse
gibt es jetzt Radio, Turnsaal, Bad . . .!»
    Vergessen sind die Invaliden –
        jetzt haben wir Frieden.

Verrauscht ist Lärm und Trommelfeuer,
verweht das Leid der Inflation.
Wir hassen jedes Abenteuer –
wir wollen nicht mehr. Wir haben schon.
    Wir pfeifen auf dem ersten Loche.
    Nun liegt schon alles weit entfernt . . .
    Wir spielen Metternich-Epoche
    und haben nichts dazugelernt.

ERFÜLLUNG

Wie Wagenpferde, die schwer gezogen haben, getränkt werden –: das sehe ich so gern. Da stehen sie, mit nassem Fell, die Schweife wedeln ganz matt, sie lassen den Kopf hängen, und das eine stößt das andre, das grade trinkt, beiseite. Man sieht das Wasser in seine Kehle hinuntergleiten, es schlürft; alles an ihm ist Gier, gesättigte Gier, frische Gier und Befriedigung. Dann trinkt das zweite, und das erste sieht zufrieden vor sich hin, aus dem Maul rinnt ihm Wasser in langen Fäden . . . Das ist schön. Ich möchte den Kutscher streicheln, der ihnen da seinen Eimer hinhält. Warum ist das schön –?

Weil es erfüllte Befriedigung ist, die ist so selten. Es ist legitimer Wunsch, erarbeiteter Lohn, Notwendigkeit, und eine erquickende Spur Wollust ist auch darin. Auch tut es niemand wehe; keine Spinne tötet hier die mit großem Fleiß eingefangene Fliege, ihren ebenso naturhaften Hunger zu stillen, und die Mikroben im Wasser werden wohl keine Schmerzen erleiden, wir wollen uns da nicht lächerlich machen – es ist schön, wenn Pferde getränkt werden.

Es ist auch etwas Freude an der menschlichen Überlegenheit dabei: daß es ein Mensch ist, der ihnen zu trinken gibt. Trinken sie zum

Beispiel aus einem fließenden Bach, so gönnt man es ihnen, aber das Bild verliert etwas von dem Behagen, mit dem uns das erste erfüllt. Wir sind wohl sehr eitel, als Gattung.

Und dann ist es auch schön, weil Pferde nicht sprechen können. Kommt ein durstiger, durchschwitzter Wandersmann an die Theke des kleinen Gasthauses und sagt: «Ein großes Helles! Donnerwetter, ist das heute eine Hitze ...», dann trinkt er, und es ist kaum ein ästhetischer Genuß, ihm zuzusehn. Wenn nachher seine Augen glänzen und er «Ah —» macht, dann wirkt er auf uns, die wir keinen Durst haben, eine ganze Kleinigkeit albern.

Warum es grade bei den Pferden so ist, das weiß ich nicht. Man fühlt sich gut, wenn man sich vor ihnen gut fühlt. Eine milde Woge von Tierliebe quillt in einem auf. Aber die täuscht.

Denn läuft das Pferdepaar nachher nicht schnell genug, dann sind wir auf den Kutscher böse, weil er ihnen nicht ordentlich einen überzieht. «La race maudite, à laquelle nous appartenons ...» sagte jener Fridericus in seiner Muttersprache. Wenn wir einmal nicht grausam sind, dann glauben wir gleich, wir seien gut.

ICH HABE MICH ERKÄLTET

Ich weiß dicht, was bit beider Dase ist —
da ist was dridd ...
Doch soll bich dies dicht hindern,
euch, lieben Kindern,
ein deutsches Lied zu singen — uns allen zum Gewidd —:

Barkig schallt der Ruf der deutschen Bannen:
«Heil deb großen Zeppeliend!
Welcher butig flog von dannen,
über alle Welten hiend!»
    Alle Benschen konnten ihn sehnd!
    Welch ein Phädobeend —!

Donnen, Deger und berlider Dutten
labten sich an seinemb Bild —
ohmb schrieben sie mit Underwoodn,
und sie aßen Hubber, Lachs und Wild,
    sowie auch die leckre Barbelade —
    daß ich dicht dabei war, das war schade.

Eckners Namb' sollt man id Barbor ritzen,
auf Zigarren, id ded Steid vom Dobido —

auf deb Präsidentenstuhle sollt er sitzen,
dafür neblich ist derselbe do . . .
    Alle, alle kedden ihnd ja schond,
    selbst Biss Babbitt und Frau Dathadsohnd.

Kein Bobent kann dieser Ruhmb sich wandeln.
Darumb bache ich ihmb dies Gedicht.
Was ist in der Dase . . . oder in ded Bandeln . . .
Aber Gottseidank: ban berkt es dicht.

KONJUNKTUR

Wenn du ein dickes Erfolgsbuch schreiben willst, so nimm zwischen Daumen und Zeigefinger der linken Hand . . .:

1. Das Buch muß in der grade verwichenen Vergangenheit spielen.

2. Das Buch muß ein Ereignis behandeln, an dem möglichst viel Leute — deine Abnehmer — teilgenommen haben: Weltkrieg erwünscht, kleinere Freikorpskämpfe sind auch sehr schön.

3. Das Buch muß sein wie die amerikanischen Kriegsfilme: so rum und auch so rum. Leg dich auf keinen Standpunkt fest; verleih ihm aber kräftigen Ausdruck.

3a. Patriotisch darf es sein.

4. In dem Buch müssen einige krasse Szenen enthalten sein. Das Wort ‹Scheibe› darf heute auf keinem Toilettentisch fehlen. Sei ein Mann! wenn nicht von vorn, dann von hinten.

5. In dem Buch müssen einige zarte Szenen enthalten sein: vergiß der Liebe nicht. Liebe ist hier aber nicht Liebe wie bei dem gottseligen Storm oder Gottfried Keller — Liebe ist zu verstehen als Miniaturmalerei allgemein erheiternder Vorgänge. Jeder Leser ist ein Stückchen Voyeur; gib ihm was zu sehen. Und sag alles, wies ist. Dein Buch muß nur mit einer Hand gelesen werden können.

6. Verwende vierzehn Tage auf die Niederschrift des Buches; zwei Monate auf die Erfindung seines Titels.

7. So wie sein Druck sei auch deine Charakterzeichnung: schwarzweiß. Zeige die Gegner deiner von dir nicht gehabten Meinung als Schurken, Feiglinge, Lumpen, bezahlte Subjekte . . . es darf kein anständiger Kerl unter ihnen sein, wie im Leben. Deine Freunde dagegen seien

8. nicht nur ritterlich, hochbegabt, feinfühlend, edel, wollüstig und kühn —, sondern sie seien auch klug, und zwar deshalb klug, weil sie deiner Meinung sind. Das schmeichelt dem Leser und bringt — schlechtgerechnet — zwanzigtausend Stück mehr.

9. Denk stets daran, das Gute, Wahre und Schöne in deinem Buch

hochzuhalten und flatternd ein Banner wehen zu lassen, das keinen Menschen verpflichtet, auch nur einen Deut anders zu leben, als er es gewohnt ist; sei ein strenger Prophet deines Volkes, aber sei ein bequemer Prophet. Verschreibe Diät – ohne Berufsstörung. Wenn die Muse dich küßt, so sieht eine Nation auf dich; die schwere sittliche Verantwortung ruht auf dir, ein Land zu bessern, an dem die Welt einst genas, rühre die Trommel und vergiß nicht,

10. mit deinem Verleger 15% abzumachen.

DAS GESETZ

Mann und Frau und Frau und Mann –
nach dem Happy End fängt ihr Leben erst an ...
Wohnungsnot und Herzensnot
machen manche Ehe tot.

Warum
läßt man sich denn nicht scheiden?
's fehlt an Geld – und der Schmutz und der Schmutz ...
Und so zerrinnt das Leben beiden –
so wie sie, sind hunderttausend ohne Schutz ...

Und unterdes –
da sitzen sie im Reichstagshaus
und knobeln sich neue Gesetze aus;
ein gutes für Scheidung ist nicht dabei –
Hört ihr den Schrei? Hört ihr den Schrei?
Hört ihr den Schrei?
Paragraph 5, Ziffer 4, Absatz 3.

«Hör mal, Willy – jetzt ists aus!
Noch ein fünftes Kind hat keinen Platz im Haus!»
«Heul nicht, Liese, das hat keinen Sinn ...
hier hast du ne Adresse – geh mal hin!»

Die Olsch, die macht das im Tarife –
aber schlecht – und die Frau geht ein.
Dann setzt es anonyme Briefe,
und vier Kinder sind nun ganz allein ...

Und unterdes –
da sitzen sie im Reichstagshaus
und knobeln sich neue Gesetze aus –

Für manche ist die Frau eine Milchmeierei –
Hört ihr den Schrei? Hört ihr den Schrei?
Hört ihr den Schrei?
Paragraph 5, Ziffer 4, Absatz 3.

Kleiner Dieb, der wird gehängt –
großer Verbrecher kriegt noch was geschenkt.
Wer da ausbrennt Kriegessaat –
das nennt der Richter Landesverrat.

Zehntausend warten ungeduldig
in den Zellen, geduckt wie ein Tier ...
Die sind vorm Paragraphen schuldig
– aber Menschen, Menschen wie wir! –

Wach auf, wach auf, Barmherzigkeit!
Ein neuer Ton – eine neue Zeit!
Recht und Recht sind immer zweierlei ...
Hört ihr den Schrei? Hört ihr den Schrei?
Hört ihr den Schrei?
Macht euch frei!
Macht euch frei!
Macht euch frei!

«EINS – ZWEI – DREI – HOPP!»

Der dicke Mann erzählt:

«Der Wille, so habe ich gelernt, regiert die Ratio. Der Trieb herrscht, er ist primär – erst nachher wird er rationalisiert; man ‹macht sich etwas vor› – erst sich, dann den andern, dann wieder sich. Und dann habe ich gelernt, es solle das mit dem Ablauf der Gedanken und mit den Träumen gar so rasch gehen ... Sie kennen das Experiment mit der Pistole, die man am Ohr eines Schlafenden abfeuerte – er träumte einen ganzen Wallace-Roman mit Falltüren, mit Syndetikon gefolterte Heldinnen schrien auf, falsche Detektive, die eigentlich richtig, also falsch, daher richtig waren ... und zum Schluß nahte der Retter und schoß durch die Tür. Das war jener Pistolenschuß gewesen. Dann wachte der Mann auf.

Das habe ich alles gelernt. Und jetzt habe ich die Probe aufs Exempel gemacht.

Der Doktor Hartenstein, ein Bayer, aber ein netter Mann –– (‹Oho!› – ‹Zur Geschäftsordnung!› – ‹Saupreiß!› – Glocke des Präsidenten) – der Doktor Hartenstein hat mir verordnet, etwas gegen meinen dicken Bauch zu tun. Wissen Sie, mein Bauch — folgt eine halbseitige Abhandlung über Bäuche in der Liebe; von der Redaktion gestrichen — ... also jeden Morgen zu turnen. Wird gemacht. Was der Mensch so braucht: 50 (in Worten: fünfzig) Kniebeugen, Seilspringen, Dauerlauf durch den Garten, Keulenschwingen und ‹Kerze› und dergleichen. Gut. Nun, damit die Sache leichter wird, habe ich mir angewöhnt, bei jeder Übung eine bestimmte Zahl Griffe zu kloppen — fünfundzwanzig hiervon und dreißig davon, und im stillen zähle ich dann immer mit. Und dabei hat sich etwas Seltsames ereignet.

Manchmal laufen während des Zählens die Gedanken über das Spalier der Assoziationen — wie die Affen. 17 ... 18 ... 19 ... Grete nicht geschrieben, weil sie anscheinend böse ist, was lächerlich ist ... denn Alfred hat ihr gar nichts von Elly gesagt ... 20 ... 21 ... Pute, alberne ... 22 ... 23 ... 24 ... Pute ... 25 ... — und plötzlich höre ich auf. Was — was um alles in der Welt — habe ich zwischen 17 und 25 alles gedacht! Es war viel mehr, als ich hier aufgeschrieben habe — denn man denkt ja oft wie polyphon, die Hintergründe mit, eine ganz kleine Geschichte habe ich da zusammengedacht. In höchstens sechs Sekunden — länger kann das nicht gewesen sein ...

Und am nächsten Morgen wieder ... und wieder ... und immer wieder. Und liefen die Gedanken während den Übungen davon, dann geschah noch etwas andres. Ich mogelte, 49 ... 50 — — na? Das kann doch noch nicht zu Ende sein? Sonst immer außer Atem und heute so quick? Es war gar nicht 50. Ich hatte an Rudolfchen gedacht, über den ich mich ärgern mußte, weil er geschrieben hat, alle Religionen seien Ammenmärchen ... und bei dieser Gelegenheit hat das Zählwerk zehn Griffe übersprungen. Zufall? Ich begann darauf zu achten. Und ertappte den Mechanismus vielleicht an acht verschiedenen Tagen immer bei demselben Kunstgriff: während ich kniebeugte oder durch das Seilchen sprang, setzte das Zahnrad an der falschen Stelle aus, und ich ließ fünf, acht, zwölf, zwanzig Übungen aus — immer irrte sich der Apparat zugunsten des dicken Leibes — niemals zu seinen Ungunsten. Es gibt einen alten Volksschwank aus dem Braunschweigischen, in dem ein Mann, der Torf verkauft, mit den Frauen morgens ein Schwätzchen vor der Tür macht. Und während er die Torfstücke in den Korb zählt, steht sein Mund keinen Augenblick still. Das geht so — ich gebe es hochdeutsch: ‹Ja, ein schöner Herbst, dieses Jahr ... 2 ... 3 ... 4 ... wie gehts denn Ihrem kleinen Willichen? ... 5 ... 6 ... wie alt ist er jetzt? Elf Jahre? ... 11 ... 12 ... 13 ... und Ihre Älteste? Zwanzig, Sehn Sie mal an ... 20 ... 21 ... 22 ... Ja, die Butter ist auch wieder teurer geworden ... Eins fünfundzwanzig ... 25 ... 26 ... 27 ...› und so fort.

Genau so machte es das Turnzählwerk, um die Faulheit zu stärken und zu retten, was zu retten war. Es raste und es mogelte. Ob es das wohl bei allen Leuten tut —? Und da sind sie so stolz auf ihre Vernunft und tun sich so viel darauf zugute, und das allermerkwürdigste ist: sie werden so furchtbar böse, wenn man aufzeigt, wie es bei ihnen innen funktioniert. Das mögen sie aber gar nicht. Als ein Schüler Freuds einmal in Amerika einen Vortrag hielt und darin sagte, alle Menschen seien im Traum egoistisch und monoman, da stand in der Diskussion eine feine Dame — vielleicht aus Boston — auf und sprach: ‹Das mag ja vielleicht für Österreich zutreffen. Bei uns in Amerika lieben wir auch im Traum unsern Nächsten!› Was etwa auf den Satz hinausläuft: ‹Was fällt Ihnen ein! Mein Fräulein Braut hat keine Milz!›

Wir lächeln über die kleine Eitelkeit der Kranken, die im Wartezimmer einander zutuscheln: ‹Der Doktor hat gesagt, so einen Plattfuß wie meinen Plattfuß hat er überhaupt noch nie gesehen —›, denn der Mensch ist ein stolzes Wesen. Aber wenn es ins Seelische geht, dann wollen sie alle zusammen nicht wahr haben, daß es etwas gibt, das da durch alle Seelen geht, ohne sie nun gleich zu Serienartikeln zu machen; etwas Grundlegendes, etwas allen Gemeinsames, etwas dem Menschen Anhaftendes. Sie möchten so gern Individuen sein. Zur Masse gehört immer einer mehr, als jeder glaubt.» —

So erzählte der dicke Mann.

DIE KOLLEKTIVEN

Ich freue mich auf Berlin.

Ab und zu sehe ich von der Arbeit auf: in den Mälarsee und auf den Kalender. Der See zeigt den Herbst an; der Kalender auch. Noch «eine zwei, drei Wochen», wie sie in Berlin O sagen, und die Sache ist geschafft. Es wird ein bißchen bunt hergehen; für den, der zu Besuch kommt, konzentriert sich alles viel mehr als für den, der immer da ist — aber das muß wohl so sein. Und dann: Filme, Menschen, Bilder, Theater, Musik ... ich bin vom Land ein dralles Kind, hier gibts das alles gar nicht. Drüben, in Mariefred, ist ein ‹Bio›, wie die Schweden das getauft haben (welches Wort sie umgekehrt abkürzen wie Autos, das sie, den Dänen gleich, ‹Bil› nennen) — drüben also ist ein Kino, aber ich bin niemals drin gewesen. Stille Wälder sind die beste Naturaufnahme, der See ists auch. Und nun wird das also alles auf mich hereinstürzen; ich lese schon die Kritiken, die zu mir herüberblinzeln wie die Geburtstagslichte durch eine geschlossene Tür. Wie wird das werden —? Wie wird es zum Beispiel mit dem Theater werden? Alle sechs Monate sehe ich mir das an; wo steht es heute, das berliner Theater? Arbeiten sie nicht heiß? Arbeiten sie nicht sogar kollektiv —?

Und hier darf denn wohl ein Wort über das gesagt werden, was sie in Berlin so großmächtig den ‹Kollektivismus› nennen. Es ist gar keiner. Es ist der schrankenlos entfesselte Schauspieler und der über alle Seile schlagende Regisseur – Kollektivismus ist es nicht.

Der Hochmut dieser ‹Prominenten› kennt keine Grenzen. Der Autor? Der ist Vorwand für Kunststücke in einem Spiegelkabinett – im übrigen hat er nichts zu melden. «Es gibt keine guten Theaterstücke!» schreien sie; «wir müssen auf den Proben alles allein machen! Sehen Sie sich nur an, wie so ein Manuskript vorher aussieht!» Ich weiß. Aber wie soll denn eine Generation theaterkundiger Autoren heranwachsen, wenn sie niemals an die Arbeit herangelassen, sondern auf alle Weise beiseite geschoben wird? Ehrfurcht vor einer künstlerischen Vision? Vacat. Ehrfurcht vor dem Wortlaut, bei dem sich ja der Autor schließlich auch etwas gedacht hat? Gibts nicht. Den Text machen wir. Und so sieht er denn auch aus.

Nun wäre nichts gegen wirksame und fachkundig geführte Striche zu sagen – gegen leise Umbiegungen, die immer nötig sind; kein Dramatiker schreibt ein ganz und gar aufführungsreifes Manuskript, das hat es noch niemals gegeben. Ist der Regisseur gebildet und verständig, dann sage ihm der Autor für Kürzungen Dank. Aber was hier getrieben wird, steht auf einem ganz andern Blatt.

Tatsächlich ist es so, daß der Autor die große Blutprobe vor dem Publikum meist gar nicht bestehen kann – weil er sie zunächst vor dem höchst zweifelhaften Intellekt der Schauspieler zu bestehen hat. Und da fällt er allemal durch. «Ich mache das so ... An dieser Stelle werde ich weinen, das wirkt sehr ... Wissen Sie: ich lasse die zwei Verse einfach weg und stehe statt dessen auf dem Kopf ...» Wahrlich, ich will lieber vor das böseste und schärfste Publikum der Welt treten als vor die Stühle solcher Kunstrichter. Ihre geistige Fassungskraft ist begrenzt; Polgar spricht einmal sehr gut vom «spezifisch Pappigen des Schauspieler-Esprits»; und woraufhin werfen sich ihre meist mißgelaunten Direktoren zu Textbearbeitern auf? Haben sie damit nichts wie Erfolg? Irren sie sich so selten? Kennen sie ihr Publikum wirklich; mehr als nur seine gröbsten Instinkte? Es ist schon nicht leicht, die stets etwas abgehetzten Berliner abends, und noch dazu vor dem Abendbrot, an ein Kunstwerk zu fesseln; aber was man eigentlich tun muß, um die Galligkeit dieser Theaterpächter, Theaterhändler und Theaterspekulanten, die mitunter im Nebenamt auch Künstler sind, zu besiegen –: das kann ich Ihnen nicht sagen. Meine Knie sind ganz abgeschabt: so oft danke ich Gott auf denselben, daß ich mich nicht des Theaters bedienen muß, um meinen Zeitgenossen das Meinige mitzuteilen. Unsereiner hat wenigstens nur einen Feind, und einen harmlosen dazu: den Druckfehler. Aber wie soll ich zu den Herzen der Hörer gelangen, wenn eine Wehr, ein kompakter Damm davor aufgerichtet ist, der die Wogen erst einmal abfängt und ihre Gewalt fast immer schwächt? Ist dieses Gremium in den Direktorialzimmern zu einer schriftstellerischen Tätigkeit wirklich durch etwas andres legitimiert als durch die juristische Tatsache einer Unterpacht? Ans Publikum kommen die jungen Autoren fast nie so heran, wie sie das beabsichtigen – wenn alles sehr gut geht, nur an die Direktoren. Und da können sie etwas erleben.

Denn wenn die mit ihren frommen Ratschlägen fertig sind, dann sind da noch Regisseur und Schauspieler. Diese Prominenten haben jedes Augenmaß für ihre Arbeit verloren. Sie verstehen kaum, was sie spielen und spielen lassen; sie wollen es auch gar nicht verstehen. Und der Regisseur ist nicht nur ohnmächtig, sie zu bändigen – er tut kräftig mit.

Der Autor sieht die Szene blau – der Regisseur spielt sie rot. Der Autor braucht die dreimalige Erwähnung eines Dobermanns, damit im sechsten Bild die Wirkung um so stärker sei – der Regisseur streicht ihm die Vorerwähnungen, und die Szene am Schluß wirkt nicht: man versteht sie kaum. «Lassen Sie mich nur machen ... also vom Theater, lieber Freund ...» Nein, von dem Theater, das da aufgeführt wird, verstehen wir gewiß nichts.

Das Kollektiv! das Kollektiv! Aber diese größenwahnsinnig gewordenen Kommissionäre vergessen alle miteinander, daß ein Kollektiv, das sie den Russen abgeguckt haben, nur unter einer Bedingung möglich ist, unter der es bei jenen auch zustande kommt: Kollektiv ist Lebensgemeinschaft. Eine, in der alle dieselbe Sprache sprechen, eine, deren Mitglieder wirklich zusammenleben, alles zugleich erleben, dieselben Gefühlsskalen durchlaufen; Menschen, die große Erschütterungen ihres Daseins Seite an Seite durchgemacht haben und nun nichts mehr zueinander zu sagen brauchen: sie wissen schon, denn sie fühlen gleich. Solche freilich können einander ergänzen. Was aber kann mir ein Regisseur sein, der mein Stück nur deshalb inszeniert, weil der Direktor grade keinen andern bekommen hat? Ein Spielwart – und mehr soll er auch gar nicht sein. Was er da aber treibt, ist Wahnwitz. «Wissen Sie, was Piscator nächstens machen wird?» fragte ein sehr witziges kleines Cabaret; «ein neues Stück; gar keine Schauspieler mehr – nur Regie –!» Tatsächlich inszeniert der Regisseur sich selber. Und der Schauspieler spielt sich und für sich, meist ohne die leiseste Rücksicht auf den geistigen Inhalt des Werkes – «er hat aus der Rolle etwas gemacht». Nämlich eine andre Rolle.

Kollektiv? In Wahrheit gibt es nach der Premiere ein wildes Durcheinander, bei dem im Falle des Mißlingens der eine die Verantwortung auf den andern schiebt und bei dem im Falle des Erfolgs jeder das ganze Verdienst für sich in Anspruch nimmt. Von Korpsgeist ist da wenig zu spüren.

Wenn Kollektiv das ist, was sie da als Kollektiv ausschrein –: dann ist dieses Wort in Berlin ein Euphemismus für Überheblichkeit und Unordnung. Piscator rühmt sich in einem Buch, das er über sein Theater geschrieben hat, er habe noch eine Stunde vor der Premiere zwei seiner Mitarbeiter im Keller angetroffen, wo sie einen Film zurechtschnitten, der nachher laufen sollte. Ist das amerikanisches Tempo? Das ist einfach Mangel an Dispositionsfähigkeit; denn man kann sich denken, von welchen Zufälligkeiten es abhing, was diese abgehetzten und aufgeregten Menschen da zusammengeschnitten haben ... Das ist kein Kollektivismus. Und ich glaube auch nicht, daß so Stücke zustande kommen, die mehr sind als vage Unterlagen für Maschinenkunststücke und Vorwände für Starlaunen. Man kann eben nicht auf das Kommando «In Gruppen links schwenkt — dichten!» produzieren; das wird nichts. Oder das da.

Was besonders Piscator angeht, so macht er sich die Sache etwas leicht. Hier gilt jede Kritik als ‹Verrat› an einer heiligen und guten Sache — und seine Nachbeter stempeln jeden, der darauf hinweist, daß sich sein Betrieb von dem der bürgerlichen Theater nicht sehr stark unterscheidet, als Bourgeois, Trottel, Vertreter einer alten Zeit und wie dieses Vokabularium heißt. Aber das stimmt gar nicht. Wollen die Genossen wissen, was ein echtes Kollektiv ist, dann mögen sie sich zu den modernen Russen im Film und Theater bemühn, die in Rußland wohl so etwas haben. Wir haben es nicht. Das da ist kein Kollektiv; es ist wildgewordener, recht bürgerlicher Individualismus.

Aber abgesehn von diesem Sonderfall tötet der entfesselte Schauspieler das Theater. Das Theater dem Theater? Das ist ein guter Ruf, wenn er gegen Buchdramen geht; es ist ein schlechter Ruf, wenn er bedeuten soll: wir spielen nicht nur, wir inszenieren nicht nur — wir spielen, inszenieren, dichten, färben um, geben die Tönung, bestimmen den Text, schalten mit ihm frei, befehlen, was gesprochen wird, diktieren, was nicht gesprochen werden darf und was in die Versenkung fällt ... Aber sagt doch die Wahrheit! Sie geben ihrem Affen Zucker; man muß sich ja schon schämen, ein Chanson aus der Hand zu geben, will man hinterher nicht vor Schreck darüber ins Parkett fallen, was aus dem Ding geworden ist. Unterordnung? Echte Mitarbeit? Vermittlung einer Vision, die der Textautor gehabt hat und die es zu verwirklichen gilt? Zurechtgebogen, vergewaltigt, von oben bis unten zusammengehauen — so erscheint das nachher, und was als Gelispel einer Elfe im Gezweig gedacht ist, wird im Männerchor herausgebrüllt. «Lassen Sie nur — so wirkts.» Sicher: auf Nilpferde.

Sie haben vergessen, was das heißt: in eine Rolle schlüpfen wie in einen Handschuh. Mozart? Nein, Kleiber. Shylock? Nein, Kortner. Julia? Nein, die Bergner. Und immer das Gelingen auf eine Nadelspitze gestellt wie eine Börsenspekulation — wie armselig sind sie in den nicht zu vermeidenden Niederlagen, als ob nicht grade diese Stadt für echten Wert immer etwas übrig gehabt hat! Ein einziger Mißerfolg dieser falschen Individualitäten: und ‹alles ist aus›. Das macht: sie wissen nicht mehr, daß man erst einmal dienen muß, wenn man herrschen will, und einem wahren Dichter zu dienen, ist allemal Gewinn. Aber wer dient auch nur Shakespeare? «Harald Paulsen als . . .» die Rolle hat sich beim Schauspieler zu bedanken. Es sind tobsüchtig gewordene Vermittler.

Dieses Rezept der Souveränität von Kommissionären mag seine Geltung haben für Feerien, wie sie etwa Schanzer und Welisch schreiben — hier arbeitet Charell, der ein ehrlicher Theaterkaufmann und ein Künstler ist, in seiner Art schöpferisch. (Schanzer ist viel zu klug, um nicht zu wissen, was er liefert.) Hat man es aber mit Kunstwerken und nicht mit der Textunterlage für die Entfaltung einer bunten Ausstattung zu tun, dann sind Verfasser, Regisseur und Schauspieler gleichberechtigt: der eine hat sich zu fügen, wo er den Gesetzen der Bühne nicht Genüge getan hat — die andern haben die künstlerische Vision des Autors zu respektieren. Und wenn keine da ist, dann sollen sie den Kram nicht aufführen.

Was heute in Berlin getrieben wird, ist die schrankenlose Herrschaft der Stars. Der muß ihnen gestochen werden — um so mehr, als es oft nur Stärchen sind. Und die Bühnenliteratur geht dabei langsam, aber sicher in die Binsen — schlimmer: sie kommt gar nicht erst hoch. Da holen sie sich ihre mittelmäßige Ware aus dem Ausland, weil in Deutschland nichts da sei — aber sie töten jeden deutschen Autor, bevor der auch nur einen Fuß ins Theater gesetzt hat. Sie nehmen Filme, Romane, Tagesereignisse, die schneidern sie zurecht: alles, damit Herr Albers tanzen, damit Frau Straub weinen, damit Herr Klöpfer dröhnen kann. Was das noch mit dramatischer Kunst zu tun hat, ahnen die Götter.

Diese Abwehr des ebenso überschätzten wie überzahlten Schauspielers wird nicht pro domo vorgenommen. Unsereiner hat stets zwei Vorwürfe zu hören, wenn er dem andern ins Fettnäpfchen tritt: a) «Davon verstehen Sie nichts — Laie.» b) «Aha. — Partei.» Lassen wir es bei a bewenden. Ich schreibe keine Theaterstücke; in keinem dramaturgischen Büro liegt eines von mir, ich will vom Theater nichts. Hier spricht ein Zuschauer, und ein dankbarer Zuschauer. Von unserm S. J. habe ich sicherlich nicht seine kritischen Talente, wohl aber seine ganze Freude, seine Begeisterungsfähigkeit und seine Ehrfurcht vor schauspielerischer Arbeit geerbt. Ich stehe zu dem guten Schauspieler — gegen die entfesselten. Kein Direktor kann die mehr halten, kein Regisseur; der eine nicht, weil er keine pekuniäre Macht in Händen hat, sondern die Hosen voller Konkurrenzangst; der andre nicht, weil er selber mittut und selbstgefällig vergewaltigt, was er pflegen sollte. Es ist ein Kreuz.

Das muß nicht so sein. Hätten wir ein paar wirklich starke Bühnenautoren, die sich gegen dies Theater im Theater durchsetzen können —:

ich wünsche ihnen, daß sie sich Respekt verschaffen, damit wir statt eines Jahrmarkts der Eitelkeiten wieder einmal Aufführungen erleben, die uns das zeigen, was der Autor gestaltet hat: ein Theaterstück, ein Kunstwerk und eine Dichtung.

UNERLEDIGTE KONTEN

Als Kind — so um 95 rum —
da war ich bei Tante Jenny
zur Kindergesellschaft eingeladen,
mit Fritz und Ellen und Männi.
Ja.
Und da hats Sahnenbaisers gegeben,
jeder hat eins bekommen;
und dann wurde noch mal herumgereicht —
und ich hab keins mehr genommen!
Das hat mich noch jahrelang geplagt . . .!
Ich hätte sollen . . . und hab Nein gesagt.

Da hab ich noch eine Braut zu stehn
in Neu-Globsow — die Dame hieß Kätchen;
irgendwas war da . . . die hat so geguckt . . .
doch ich hatte genug der Mädchen.
Ja.
Und dann hat sie mir noch mal geschrieben,
Briefe? Wie? Ist das schön?
Und dann war ich zu faul, und Neu-Globsow ist weit,
und jetzt möcht ich sie wiedersehn.
Wie mich das in leeren Nächten plagt . . .
Ich hätte sollen . . . und hab Nein gesagt.

Da stand ich vor Jahren in Moabit
vor einem Talar, den das freute;
er redete, redete, quatschte und schrie
und redet gewiß noch heute.
Ja.
Und aus einem hier nicht zu erzählenden Grund
hielt ich die ganze Zeit meinen Mund.
Ich mußte. Und habe nichts gesagt.
Aber das hat mich noch oft geplagt!
Mit dem Jungen tret ich gern noch mal an —
nur ein einziges Mal!
aber dann — aber dann —

Ist ja gar nicht wahr.
Wenn heut Kätchen da steht,
das Baiser und der Kerl aus Moabit —:
es ist ja leider alles zu spät!
Es ist immer das gleiche Lied:
Wenn wir was brauchen, dann haben wirs nicht;
und wenn wir es kriegen, dann wollen wirs nicht.
Lieber Gott! sei doch nur einmal gescheit
und gib uns die Dinge zu ihrer Zeit —!
Amen.

I a

Neulich haben wir hier die Nummer 1 vom *‹Nachrichtendienst zur Bekämpfung von Schund- und Schmutzschriften›* betrachtet, den das Ministerium für Volkswohlfahrt herausgibt. Gerechtigkeit muß sein: die Herren können auch anders.

Psch 5410/266; Sitzung der Prüfstelle Berlin für Schund- und Schmutzschriften vom 25. Juni 1929: Verhandelt wird über den Antrag des Landesjugendamtes der Rheinprovinz, die *‹Dirne Elisa›* von Edmond de Goncourt auf die Liste zu setzen. Unter dem Vorsitz des Oberregierungsrats Adriani, der inzwischen ausgeschieden ist, haben von unsern Leuten teilgenommen: der Maler Dettmann und Lothar Schmidt. Der Antrag wird abgewiesen.

Die Urteilsbegründung ist ein einziger klarer Protest gegen die Versuche der Dunkelmänner, anständige Literatur zu verschweinigeln. Die Prüfstelle Berlin lehnt es ab, sich überhaupt in eine Diskussion darüber einzulassen, ob ein Werk von Goncourt auf die Liste gehört. Es prüft nur die Übersetzung und Aufmachung der deutschen Ausgabe. Vorbildlich objektiv, sauber, klar und gerecht. «Die Prüfstelle kann es sich nicht versagen, mit größtem Nachdruck und Befremden auszusprechen, daß sie kein Verständnis für den vorliegenden Antrag hat, der sich gegen ein künstlerisch und sittlich besonders hochstehendes, auch in der vorliegenden Ausgabe erschütterndes Werk richtet, das unendlich hoch über die Sphäre ‹Schmutz und Schund› erhaben ist.»

Psch 5410/204. Sitzung der berliner Prüfstelle vom 23. Oktober 1928: Verhandelt wird über den Antrag des Landesjugendamtes der Rheinprovinz (da scheints munter und katholisch herzugehen!), die im Verlage Doktor Eysler & Co., Berlin, erscheinende Zeitschrift *‹Das Magazin›* auf die Liste zu setzen. Unter Vorsitz des Herrn Adriani haben von unsern Leuten teilgenommen: Rehfisch und Tovote. Der Antrag wird abgelehnt.

Die Urteilsbegründung könnte kein freiheitlicher Schriftsteller besser abfassen. Die Rheinländer behaupten, die Zeitschrift sei Schund ... anstößig ... ausgesprochen sexuelle Färbung (welche Farbe hat das eigentlich?) ... Einwände gegen den Helden aus einer Geschichte von Dekobra, «der so unmoralisch sei, seine Frau absichtlich ...» und so fort. Die Prüfstelle:

Rechtsirrig. Das Gesetz richtet sich nur gegen solche Schriften, die aus keinem geistigen Schaffensprozeß, sondern aus einer rein industriellen Mache hervorgegangen seien. Das Gesetz darf nicht ausdehnend ausgelegt werden. Es ist vollkommen unerheblich, welcher Art der ‹Held› eines Schriftwerkes ist, welche ‹Moral› er hat. «Die Frage, ob er ein ‹verworfener› Mensch, ein ausgemachter Schurke oder ein Engel ist, hat nicht die geringste Bedeutung bei der Würdigung.» Der Künstler hat das freie Recht, erotische und sexuelle Probleme zu gestalten. Bei einer andern Auslegung würde der größte Teil der Weltliteratur Anstoß erregen können. Keine Erteilung von Zensuren. «Der Antragsteller hat ausgeführt, die Jugend müsse vor der Geistesrichtung der Tiller-Girls und der Mannequins bewahrt werden. Die Prüfstelle ist nicht berufen, über diese Geistesrichtung ein Urteil abzugeben.»

Sicherlich wird nicht alles, was auf diesen Schmutzlisten steht, endgültig den Vertriebsbeschränkungen des Gesetzes unterworfen. Das Buch von Hirschfeld ist mit einem blauen Auge davongekommen; der Arsène Lupin auch, das *‹Kriminal-Magazin›* auch. Aber daß diese Jugendämter ihre Vorschlagslisten veröffentlichen, schädigt das Buch schon ungeheuer. Denn diese Schmutznachrichten werden von allen beteiligten Kreisen gelesen, vor allem von Männern und Frauen, die für Bibliotheken einkaufen — man kann sich die Wirkung vorstellen.

Also? muß das Gesetz verschwinden.

Herr Adriani ist fort; heute haben wir Herrn C. F. W. Behl, und wenn wir erst einmal im ABC weiter fortgeschritten sind, dann heißt es vielleicht: Jagow — Keudell — Loebell — Mumm ... Darauf wollen wir es nicht ankommen lassen. Die Vertreter der Jugendpflege und der Fürsorge sind sowieso recht wenig geeignet, Vertrauen zu erwecken. Eine leise Verschiebung im Vorsitz — und das Unglück ist da. Das Gesetz muß fort. Das Gesetz darf nicht bleiben. Das Gesetz muß fort.

DIE TAGUNG

Nun, Mutter, bürst mir den Zylinder,
den guten Sonntags-Gehrock hol herbei;
gehab dich wohl — paß gut auf, auf die Kinder,
pack mir die Stullen ein und auch ein Ei ...

Heut fahr ich los, um neun Uhr, im Expreß ...
heut ist Kongreß!

Vom Reichsverband sind die Kollegen
schon alle in die ferne Stadt geeilt.
Man wird uns dort brillant verpflegen,
weil ein Minister bei uns weilt.
Die Hoteliers sind froh. Sie wissen es:
heut ist Kongreß.

Zu ernster Arbeit sind wir dort versammelt.
Der Herr Minister spricht – das ist der Clou
(da ist der Saal noch voll, voll wie gerammelt) –
er sagt uns seine Unterstützung zu ...
Das ist ein großes Wort. Ein amtliches –
heut ist Kongreß.

Dann wird man viele schönen Reden hören.
Jedweder bittet um des Wortes Gunst.
Da kann uns die Opposition nicht stören –
Abstimmen lassen ist *auch* eine Kunst.
Die Hände hoch! Und kurz ist der Prozeß ...
heut ist Kongreß.

Wir sprechen von den einfach ungeheuern
Unkosten in Fabrik und in Büro
und von den viel zu hohen Steuern –
«Das, meine Herren, geht nicht weiter so!
Was hier geschieht, ist ein Exzeß!»
Heut ist Kongreß.

Im Saal ein Nickerchen ... die Uhr ist viere ...
Der Redner liest und liest und redet seins ...
Dann sitzen wir in Reihen froh beim Biere
und trinken, trinken immer noch eins.
Denn, Mutter, schon die ollen Germanen
versammelten sich mit allen Schikanen
rechts vom Rhein und links vom Rhein:
Deutsche Arbeit will beredet sein.
Weil selbe immer nur gedeiht
im Treibhaus unserer Wichtigkeit.
Leb wohl! Da pfeift schon der Expreß ...!
Heut ist Kongreß.

AUF DEM NACHTTISCH

‹Pröhn› ist ein schönes Wort — ich glaube: es stammt aus dem Plattdeutschen, aus Pommern oder aus Mecklenburg. Es bedeutet Kram, Krimskrams, alter Plunder. In Nachttischschubladen liegt immer Pröhn. Was liegt bei Ihnen? Ich habe gestern Ordnung gemacht: ein Handschuhdaumen lag da, ein Nagel, zwei Büroklammern, ein altes braunes Taschentuch, noch ein Nagel, ein abgekauter Bleistift . . . pfui. Man wirft viel zu wenig fort, viel zu wenig — gut acht Zehntel aller Bücher zum Beispiel kann man getrost vor der Lektüre fortwerfen, ein Zehntel nach der Lektüre. Lasset uns das letzte Zehntel betrachten.

«Es rieselt im Gemäuer der Entente», schrieb der unsägliche Benedikt in seiner *‹Neuen Freien Presse›* während des Krieges, so lange, bis Österreich selbst davonrieselte. Kraus hat das Wort berühmt gemacht.

Im Gemäuer des Sozialismus rieselt es aber wirklich; hier stimmt etwas nicht. Das mochten die Einberufer der ‹Sozialistischen Tagung in Heppenheim› gefühlt haben, die da in der Pfingstwoche 1928 getagt haben. Die Protokolle dieser Tagung liegen vor: *‹Sozialismus aus dem Glauben›* (erschienen im Rotapfel-Verlag zu Zürich und Leipzig).

Obenan: Hendrik de Man und Henriette Roland-Holst, bei weitem die logisch besten Referate. Beide fühlen richtig: so geht das nicht weiter. Karl Marx hat den in ihm wohnenden Heroismus heroisch unterdrückt, und seine Nachtreter haben aus einer Lehre, die zutiefst aus dem Herzen des Lehrers gekommen ist und dann erst den Verstand passiert hat, eine mechanische Ablauflehre gemacht: Organisiert euch, schwenkt in die Reihen, erkennt unsre Thesen an, streikt — und der Rest kommt ganz von alleine. Nun, er ist nicht von allein gekommen — und das jämmerliche Versagen der in die Regierung getretenen deutschen Sozialisten hat uns gezeigt, daß im Organismus dieser Partei ein schwerer Fehler vorhanden sein muß. Er ist auch vorhanden. Frau Roland-Holst hat das in ihren Thesen (auf Seite 177) recht gut formuliert:

> «Die Lebensgestaltung unterworfener Klassen (Völker, Rassen) ist in hohem Maße abhängig von den Lebensbedingungen, die ihnen von den herrschenden Klassen (Völkern, Rassen) aufgedrungen werden. Jedoch ist diese Abhängigkeit nie absolut.
>
> Der Marxismus betrachtete, trotz seiner dialektischen Denkweise, die ökonomische Entwicklung vorwiegend als Ursache und die Lebensgestaltung als ihre Folge. Es ist jetzt an der Zeit, das Versäumte nachzuholen und den Hauptnachdruck auf die Umgestaltung der Gefühle, der Motive der Lebensformen jeder Art im sozialistischen Sinn zu legen.

Der Marxismus hat das Rationelle übermäßig stark betont.» Damit läßt sich schon viel anfangen.

Das Niveau dieser Unterhaltungen auf der Heppenheimer Tagung liegt hoch: die Leute haben wenig aneinander vorbeigesprochen, und bei allen hat man den Eindruck: hier wird mit ehrlichen Mitteln gesucht. Daß diese Mittel nicht ausreichen, ist eine andere Sache; es macht sich auch hier wieder die traurige Beschränktheit eines ‹Lagers› bemerkbar: für manchen großen Psychoanalytiker existiert der Sozialismus gar nicht oder kaum — diese hier sprechen wieder von Freud nicht. Die Gefahr dieser Diskussionen liegt in ihrer Entartung zum intellektuellen Gesellschaftsspiel; der Proletarier fragt mit Recht: was soll ich damit anfangen? Und so wirken denn die paar Worte, die Reinhold Sputh in Heppenheim gesprochen hat, wie eine Erlösung. Zur Erkenntnis trägt er wenig bei — aber man spürt unter den ruhigen Worten den Schrei seiner Klasse.

Bei den andern spürt man ihn kaum. Mit dem Hut in der Hand sei angemerkt: selbst die Worte, die Buber dort gesprochen hat, wirken wie blasse Schemen, wie scholastische Kommentare, obgleich sie es nicht sind. Dergleichen bringt nicht weiter. Leicht verläuft sich das in die Gefilde jener Pseudo-Soziologie, die sich an ihrer eigenen Methodik berauscht; jener Pseudo-Philosophie, deren Jargon heute schon alle gebildeten Mädchen sprechen und alle Schmöcke schreiben und mit der nichts, nichts bewirkt wird. Die Praxis heißt dann Radbruch: der hat alles gelesen, weiß vieles, und tut, wenn es zum Klappen kommt, herzlich wenig. Und nur darauf kommt es an.

Der Umschlag gegen die mechanistische Weltauffassung der Generation von 1870 steht vor der Tür — er ist eminent gefährlich. Magie ist eine große und gute Sache; wird sie vulgarisiert, heißt sie entweder Vulgär-Katholizismus, wohl eine der schauerlichsten Sachen, die der Teufel erfunden hat und Gott zuläßt — oder es ergibt sich jenes verblasene theosophisch-psychoanalytische Puzzle, bei dem die Wichtigmacher herumlaufen und viel, viel weniger von Herrn Weißenberg entfernt sind, als sie selber glauben. Und zum Schluß wird sich dann wohl die politische Reaktion dieser Strömungen bemächtigen, und daher ist — neben demütigem Streben nach jener Wahrheit, die nicht auf die Gassen gehört — schärfstes Mißtrauen am Platze. Dieser ‹Sozialismus aus dem Glauben› verdient aufmerksame Lektüre, obgleich er einer Konkurseröffnung gleicht. Zu welchem Prozentsatz die Gläubiger akkordieren werden, steht noch dahin.

Die Wirklichkeit ist vorläufig noch grausig genug. Sprach ich schon von Plättners Zuchthausbuch? Man kann gar nicht oft genug davon sprechen. Es heißt *‹Eros im Zuchthaus›* und ist im Mopr-Verlag, Berlin NW 7, erschienen. Das ist eine wichtige Publikation.

Formal halte ich das Buch für mißglückt. Der Verfasser hat zu viel Magnus Hirschfeld gefrühstückt, und nun ist aus einer schon bei jenem nicht immer schönen Terminologie ein höchst schauerlicher Mischmasch von Fremdwörtern, Fachvokabularium und Halbbildung entstanden, der mitunter bis zur Lächerlichkeit geht. Es ist ungemein bezeichnend, daß Plättner ein ‹Fremdwörterverzeichnis› anhängt — als ob man einen großen Teil dieser Dinge nicht auch auf deutsch sagen könnte! Die lateinischen Wörter müssen ihm ungeheuer imponiert haben. Aber das ist nur ein kleiner Schönheitsfleck des Buches — viel, viel wichtiger als die ungenügende und mitunter wandervogel-lyrische Darstellung ist das Material. Das ist ersten Ranges. Denn es ist erlitten.

Eine einzige Qual geht durch dieses Buch.

Wir können uns alle kaum vorstellen, was das heißt: die Sexualfunktionen unterdrücken. Es ist ja immerhin schon so weit, daß nicht mehr gegrinst wird, wenn einer von diesen Dingen spricht; aber es gibt genug Ärzte, und natürlich sind unter ihnen die beamteten Gefängnisärzte; die erklären diese Tortur, die in einer erzwungenen geschlechtlichen Abstinenz liegt, einfach für nicht vorhanden. Was wissen diese studierten Wachtmeister vom Menschen!

Ich halte alles, ohne Ausnahme alles, was Plättner uns erzählt, für möglich, für wahrscheinlich und das meiste für wahr. Jede Exemplifizierung an uns selber wird zuschanden. Jeder von uns lebt sicherlich manchmal monatelang im Jahr ohne sexuelle Betätigung — wenn er das will. Und dann geht es sehr gut. Ich kenne nur wenig Männer, die so abhängig von dieser Funktion sind, daß sie wie die verhungerten Faune umherlaufen, quaerentes quam devorant. In dem Augenblick aber, wo jemandem verboten wird, den Geschlechtspartner zu suchen, wird die Sache schlimm. Dann frißt die Qual, dann quält die Zwangsvorstellung, dann tauchen die übelsten und infantilsten Gedankengänge wieder auf . . . Davon erzählt Plättner.

Was so unbeschreiblich aufreizend an diesem Buch ist, das ist die rohe Trägheit der beamteten Stellen. Soweit hier nicht versteckter Sadismus im Spiel ist, ein Sadismus, der doppelt feige ist, weil er sich hinter angebliche Gruppennützlichkeit verkriecht, sind es archaische Ideen, die den Fortschritt hindern: dergleichen kleidet sich in Soutanen, in Richterroben, in Uniformen — man reiße diese Kostüme herunter, man kratze den Beamten, und man findet, was Jung so schön den «Schatten» nennt. Es ist ein Elend.

Und es müßte gar kein Elend sein — denn die Beurlaubung verheirateter Gefangener, die Ermöglichung des Geschlechtsverkehrs in den Strafanstalten ist gar nicht so schwer, wenn man nur wollte. Man will aber nicht. Weil doch das ‹Volksempfinden›, auf das die Herren sonst pfeifen, eine ‹Strafe› verlangt — auf einmal also kümmert sich der Strafvollzug um das Volk, und dann aber auch um seine niedersten, um seine verächtlichsten Ressentiments. Man kann dem Buch nur viele gute und einflußreiche Leser wünschen.

Deshalb, weil ja nichts schwerer ist, als in den starren Mechanismus einmal vorhandener Gefüge einzugreifen. Ihr wißt, wie schwer das bei den Fürsorgeanstalten ist; man bilde sich ja nicht ein, daß bejubelte Theateraufführungen eine Sadistin in Klein-Klotzow ändern werden, solange das System nicht geändert ist. Und es ist nicht nur mit den Fürsorgeanstalten so. Ein ungarischer Psychiater, Istvan Hóllós, zeigt uns, daß es in geistiger Beziehung in den Irrenanstalten nicht viel besser zugeht. Sein Buch heißt *‹Hinter der gelben Mauer›* und ist in dem höchst verdienstlichen Hippokrates-Verlag zu Stuttgart erschienen; ein Verlag, der sich mit der Herausgabe von ärztlichen Volksbüchern sehr nützlich macht.

Dieses etwas pathetisch geschriebene Buch, in dem es mitunter kraus zugeht, vertritt eine gute These: jede mechanistische Anstaltsbehandlung ist eine Sünde am Menschen. Herr Hóllós ist ein bürgerlicher Individualist; was echte Kollektivität ist, ahnt er nicht — dennoch ist viel Gutes und Rechtes in seinem Buch. Er zeigt die schmale Grenze zwischen den geistig Gesunden und den geistig Kranken auf (eine der schönsten Geschichten Roda Rodas faßt das in dem unsterblichen Satz zusammen: «Wir Psychiater unterscheiden uns von den Verrückten nur durch die Vorbildung»); und Hóllós bringt viel interessantes Material herbei. Vom geheilten Kranken: «Der geheilte Kranke muß viel gesünder sein als jeder andre Sterbliche.» Hier liegt ähnliches vor wie bei den armen Rechtsbrechern, die den Unabsetzbaren in die Hände fallen: der Richter darf anormal sein, der Verbrecher darf es nicht. «Ich will aus der Anstalt erst wieder nach Hause gehen», sagt bei Hóllós ein Geheilter, «wenn ich tun und lassen kann, was mir gefällt; nervös, launenhaft, erzürnt sein, wann es mir beliebt, wie jeder andre Mensch — ohne daß sie denken, ich sei wieder verrückt geworden ...»

Hóllós zeigt auch die schematischen Wahnvorstellungen auf, die sich die Gesunden von den Verrückten machen; die können ihnen gar nicht verdreht genug sein, die Haare müssen sich einem sträuben ... dann erst fühlen sich jene gesund. Diese Angst vor dem Irren hat sehr tiefe Ursachen.

Die Anstaltsbehandlung, die den Kranken durch die Nummernmühle dreht, ist famos wiedergegeben. Einer sagt von der Untersuchung: «Dann war nicht einmal von mir die Rede. Man sprach von jemand anderm: von einem Kranken, der unter den vielen andern eben jetzt an die Reihe gekommen war.» Nämlich von ihm. Aber eben nicht von ihm. Das Ich geht verloren auf diesem fürchterlichen Wege. Was Hóllós will, ist, daß man die Irren nicht nur, wie das heute geschieht, interniert, weil dabei jeder Mensch zerbrechen muß; er will, daß man sie wohnen läßt wie andere Menschen auch; mit einem Gitter, das sie möglichst wenig spüren. Eine vernünftige Forderung. Und doppelt beachtenswert, weil sie von einem Irrenarzt ausgesprochen wird, der auch seine Kollegen gegen törichte Vorwürfe in Schutz nimmt. Ein gutes Buch.

Der Nachttisch wird viel zu klein für die vielen, vielen Bücher ... ich werde mir einen neuen kaufen müssen (ohne Schublade).

Da hätten wir: *‹Nationalismus›* von C. J. H. Hayes (erschienen im Verlag Der Neue Geist zu Leipzig). Hayes ist Professor an der Columbia-Universität in Amerika, und das merkt man. Das Buch hat eine bewundernswert gute These als Fundament, aber was auf dieser These aufgebaut ist, ist weniger schön. Und sehr gut untermauert ist der Laden auch nicht ... Hayes unterscheidet trefflich das legitime Heimatsgefühl von der Massenepidemie des Nationalismus; er erkennt auch dessen Rolle als Religionsersatz des zwanzigsten Jahrhunderts richtig; er sieht, wie die «Massen unter dem Zauber des Nationalismus ihre Führer weniger kritisieren und eher geneigt sind, in wirtschaftlichen Dingen den status quo anzunehmen. Auf die Menge wirkte der Nationalismus unter Umständen wie eine Art Lachgas. Wenn man einen Arbeiter dazu bringen konnte, es recht tief einzuatmen, so fühlte er sich dadurch erheitert und vergaß jedenfalls eine Zeitlang, daß er in der Fabrik ... für viel Arbeit schlecht bezahlt wurde ... Im Traum nationaler Größe übersah er, wie schmutzig in Wirklichkeit seine eigene Wohnung aussah.» Bravo!

Aber es ist ein mit glatter Goldfeder geschriebenes Buch; die Amerikaner, so intolerant und reaktionär sie sonst sind: diesem Professor werden sie nichts tun. Denn es ist ein ungefährliches Buch, also ein zweitrangiges Buch. Folgerungen werden nur zaghaft gezogen; der tut keinem etwas. Der Verfasser — steht in der Einleitung — «hat den Krieg als Hauptmann beim amerikanischen Generalstab mitgemacht». Na, dann ist ja alles in schönster Ordnung.

Da ist ein Landsmann von ihm, der so ähnlich heißt, schon ein andrer Kerl. Das ist Arthur Garfield Hays. *‹Laßt Freiheitsglocken läuten!›* (erschienen bei Grethlein & Co., Leipzig). «Zeitbilder aus dem heutigen Amerika» nennt er das Buch.

Walther von Hollander hat hier neulich rechtens auf den sonderbaren Zwiespalt hingewiesen, der im Amerikaner steckt: einerseits unbeschwerter Mut in der Aufzeigung von Mißständen — andrerseits eine Reaktion, die in ihrer Unbekümmertheit und ihrer Ungeistigkeit an alles heranreicht, was wir auf diesem Gebiet in Jurop produzieren. Der Rechtsanwalt Hays illustriert: Freiheit des Unterrichts — Freiheit der Rede und der Versammlung — Freiheit der Presse — Freiheit des Wohnsitzes (die Neger!) — Freiheit der Bühne — Freiheit der Meinung — und man darf sagen: alle diese Freiheiten gibt es, wenn es darauf ankommt, drüben auch nicht. Eine derart brutale Unterdrückung von allem, was aus der Norm fällt, eine widerliche Mischung von arrogantestem Preußentum und wildestem Wildwest-Geknalle, und das noch verbrämt mit der milchigen Tugendhaftigkeit jener Karikaturen von Pastoren, wie sie sie drüben ziehn: es ist bitter. Hays schreibt an einer Stelle: «Die Polizei ging mit größter Brutalität vor. Tränengas, Feuerspritzen, Flinten und Knüttel wurden angewendet, um eine Art Ordnung aufrechtzuerhalten.» Diese ‹Art Ordnung› beherrscht alle Gemüter – natürlich auch die deutschen, die nichts so außer Fassung bringt, wie wenn diese ‹Ordnung› auch nur äußerlich gestört wird. Schande auf Schande: wie Amerika politische Flüchtlinge nur wegen ihrer Gesinnung ausliefert: zum Beispiel Italiener an die Faschisten; wie gemein sich die Regierung gegen die Protestler im Fall Sacco-Vanzetti benommen hat, und es sind nicht einmal sehr viel gewesen ... Das Ganze ist höchst bunt und mit grimmigem Humor erzählt. Zu Ende formuliert ist so eine Schilderung der Geschworenen im Justizmord Sacco und Vanzetti: «Man stelle sich eine gelangweilte Jury aus Geschäftsleuten des Mittelstandes vor, die einer langen Reihe von farblosen und unsichern Zeugen zugehört hat und nun plötzlich durch den schmetternden Ton des Patriotismus unliebsam zur Aufmerksamkeit gerufen wird.» Das geht auf den Ankläger, Herrn Katzmann, der weniger die Schuldfrage als den Patriotismus der beiden Italiener prüfte. Sie fielen durch; er hat Karriere gemacht. Bei dieser Gelegenheit: das kleine Kapitel, das Hays hier über Sacco und Vanzetti schreibt, scheint mir wirksamer zu sein als der dicke Roman Upton Sinclairs, dessen Reinheit der Gesinnung leider in keinem rechten Verhältnis zu seinem künstlerischen Können steht. Da hat er nun das ganze Material über den Prozeß höchst fleißig durchstudiert – wie kann sich der Dichter so einen Zug entgehen lassen: «Um elf Uhr vierundzwanzig nachts, nachdem sogar schon die Hosen der Verurteilten zur Durchführung der Elektroden aufgeschlitzt worden waren, kam ein Aufschub bis zum 22. August.»

Das Werk von Hays ist ein lehrreiches Buch. Amerika ist bei uns viel zu hoch im Kurs notiert; warum kriechen wir eigentlich vor diesen Brüdern? Kennt ihr den unverschämten Fragebogen, den die amerikanischen Konsulate den Auswanderern und Reisenden vorlegen? Laßt euch so einen geben – ihr werdet eure Freude haben.

Zurück zum alten Kontinent. Und gleich dahin, wo es am europäischsten zugeht – so deutsch! Aber nett. ‹*Nachfeier*› von Franz Hessel (erschienen bei Ernst Rowohlt zu Berlin). Dieser Hessel ist kein ganz einfacher Fall.

Zunächst einmal: er ist ein Dichter. So etwas ist eben graden Wegs im Azur gepflückt: «... deutlich die Erinnerung an ein langvergangenes Jugendabenteuer mit den beiden, der Spannsehnigen und der

Fruchtfleischigen, die neben und über mir auf Kissen lagen wie die Göttinnen auf Wolken eines gemalten Plafonds und über mich weg ihre Affären besprachen, als wär ich gar nicht da, um sich dann wieder mit verschlafenen Händen meiner zu erinnern.» Dieser letzte Infinitiv klingt nach wie ein leises Violinenthema ... Im übrigen steht Hessel – ja, da steht er: «Da ist dieser Sonntagvormittag auf der Potsdamer Brücke, wohl gemerkt auf der kleinen, dem stilleren der beiden Brückenbögen, über den nicht die Bahn, nur Wagen gehn.» Da ist er ganz. Nein, noch nicht ganz. Es ist eine Art Mannesschwäche in diesem Mann, etwas fast Weibliches (nicht: Weibisches) – schon in dem reizenden Bändchen ‹*Teigwaren leicht gefärbt*› sind Stellen, die fast von einer Frau geschrieben sein könnten – es ist etwas Lebensuntüchtiges, oh, wie soll ich dies Wort hinmalen, damit es nicht nach Bart und Hornbrille schmeckt? Und das weiß Hessel. Und weil er klug ist, macht er aus der Not eine Tugend und spielt, ein wenig kokett, den Lebensuntüchtigen: Ich bin nämlich ein stiller, bescheidener Dichter ... Das ist nicht unangenehm, nur ein wenig monoton – trotz des großen Könnens, des wundervoll sauberen Stils, der bezaubernden eingestreuten Geschichten und Geschichtchen. So das Wort einer Französin: «Une femme, ça pleure comme ça pisse». Oder das von dem sächsischen Maler, der gelassen das große Wort ausspricht: «Gott», sagte der Sachse, «Gott. Bei uns in Sachsen glaubt keen verninftiger Mensch mehr an den lieben Gott.» Und so. Aber eben doch um die entscheidende Spur zu dünn.

In der herrlichen Schilderung von Paris, das Hessel so gut kennt, steht anläßlich einer leicht ironischen Schilderung von sozialistischen Demonstranten: «Dürfen wir urteilen über Menschen, die eine Sache, eine Fahne haben? Ist unsre Unbefangenheit, die vor einem Dutzend Jahren noch Recht und Freiheit war, jetzt nicht Schuld und Leere?» Ja, Franz Hessel – das ist sie. Schuld und Leere.

Es ist in diesem Buch etwas Grundsätzliches, etwas, das Beachtung über den Einzelfall hinaus verdient. Es ist ‹der Kreis›. Es ist die Zugehörigkeit zu jenen kleinen Cliquen, die nicht einmal Unheil anstiften, die oft viel Gutes und noch mehr Amüsantes tun – aber es ist doch eine große Überschätzung der kleinen Umwelt. Es sind jene, die von den Angehörigen des Kreises gern mit vollem Namen sprechen, um auszudrücken: «En voilà quelqu'un!» – «Franz Meckauer hat mir erst neulich gesagt ...» Der Fremde horcht auf. Sollte hier vielleicht eine Lücke in seiner Bildung sein? Wer ist Franz Meckauer? Niemand; irgendein Freund. Aber die tausend Assoziationen, die bei den Kreislern mitschwingen, sind überbetont; hier stimmt etwas nicht. Ich habe vor dem Kriege einmal in Berlin so einen Kreis gekannt; ein Mediziner stand im Mittelpunkt, und wenn man da hineintrat, dann umgab einen ein Brodem von Geistigkeit, von Hochmut, von Witz, von übersteigertem Selbstbewußtsein, von Inzucht ... und was sind sie alle geworden, die Herren des Kreises? Ach, du lieber Gott. Nein, so geht das nicht. Es ist ein buntes Philisterium, das dann entsteht, wenn so ein Kreis erstarrt. Und wenn nun einer von ihnen gar etwas wird: dann ist die ganze Gesellschaft auf die hohe Notierung, die das Mitglied bei den eben noch verachteten ‹Bürgern› findet, so maßlos stolz, und die Duzfreundschaft mit dem Mann, der — man denke! — in den Zeitungen verhimmelt wird, wirkt sich herrlich aus ... Nein, nein — es ist nichts damit.

Hessel ist ein netter Mann — ich sage das nicht gegen ihn. Es bewirkt nur nichts, was sie da treiben. Hessel erscheint für die, die ihn zu kennen nicht die Freude haben, noch einmal in der Autobiographie einer ältern Dame: der Tochter eines englischen Pastors und einer österreichischen Turnlehrerin; das späte Mädchen schreibt unter dem Pseudonym Oscar A. H. Schmitz ... und hat auf diese Weise eines der buntesten Bilderbücher selbstgefälliger und aufgeweckter Dummheit geschrieben, das mir bekannt ist. Ein ewiger Primaner. Auch aus diesem Büchlein ist zu ersehen, daß Franz Hessel immer so gewesen ist — und wenigstens ehrlich.

Ja, das wärs. Dann liegt da noch in der Nachttischschublade eine kleine Schachtel, und in der schläft eine ganz alte, ganz verstaubte Gelatine-Kugel mit Rizinusöl, eine Bombe, die vergeblich wartet, daß sie einer abfeuert. Und zwei vergilbte Stecknadeln. Und ein Kalenderblatt. Und ein Heftchen mit frommen Sprüchen sogenannter Arbeiterdichter, darunter Karl Bröger, der nun glücklich bei der Bekämpfung des Schmachfriedens angelangt ist ... Pröhn. Pröhn.

TRUNKENES LIED

Der Igel sprach zum Oberkellner:
«Bedienen Sie mich ein bißchen schnellner!
Suppe — Gemüse — Rostbeaf — und Wein!
Ich muß in den Deutschen Reichs-Igel-Verein!»

Da sprach der Oberkellner zum Igel:
«Ich hab so ein komisches Gefiegel —
ich bediene sonst gerne, prompt und coulant,
aber ich muß in den Oberkellner-Verband!»

Der Igel saß stumm, ohne zu acheln,
und sträubte träumerisch seine Stacheln —
Messer und Gabel rollten über die Decke.
Sie rollten zum Reichsverband Deutscher Bestecke.

Des wunderte der Igel sich.
Er ging in ‹Für Herren› züchtiglich;
doch der Alte, der dort reine macht,
war auf der Deutschen Klosettmänner-Nacht.

Ein Rauschen ging durch des Igels Stoppeln –
er tät bedrippt nach Hause hoppeln
und sprach unterwegs
(und aß einen Keks):
«Ich wohne gern. Aber seit ich in Deutschland wohne,
ist mein igeliges Leben gar nicht ohne.
Sie sind stolz, weil sie sich in Gruppen mühn –
doch sie sind nur gestörte Individühn.
Menschen? Mitglieder sind diese Leute.
Unsern täglichen Verband gib uns heute!
Amen.»
(sagte der Igel).

HANDELSTEIL

Da lesen wir nun so viel über Bankkrachs, zerplatzte Versicherungsgesellschaften, Geschäfte, die ihre Zahlungen eingestellt haben ... viel Geld ist da verloren gegangen, viel Geld der andern – ja. Und was, glauben Sie, wird uns da beschrieben? Die letzte Verzweiflung der kleinen Leute, die ihre Spargroschen nicht mehr wiedersehen? zerstörtes Alter? zerstörtes Leben? Ach nein, das nicht. Es werden uns die Bankiers beschrieben. Was tun die Bankiers –? Sie brechen zusammen.

Jeder Bankier, der etwas ausgefressen hat, bricht zusammen. Er erleidet einen Nervenzusammenbruch. Und zwar bricht er entweder in einem Sanatorium zusammen oder auch zu Hause, aber das ist nicht so fein. Er – «Na, hören Sie mal, Sie sind aber komisch: Meinen Sie, das ist ein Spaß, so eine Pleite? Machen Sie das mal mit, ehe Sie mitreden ...» – Nein, danke; ich verdiene ja auch nicht so viel; ich brauche das nicht. Und ein Spaß ist es gewiß nicht. Ich meine nur ... «Was? Was soll der Bankier denn tun, wenn er Pleite macht? Auf einem Bein tanzen?» – Nein, das sähe nicht hübsch aus. Ich meine nur ... wenn sie einen Lokomotivführer herunterholen, weil er nach zehn Stunden Dienst ein Signal überfahren hat, und es hat ein Unglück gegeben, dann sperren sie ihn ein. Fertig. – «Und? Na und? Sperren sie den Bankier vielleicht nicht ein?» – Nicht so lange. Es finden sich zwei Hausärzte und ein Professor, die die ganze Strenge ihrer militärärztlichen Dienstzeit vergessen, die gar nicht mehr «k.v.!» brüllen, sondern ellenlange Atteste schreiben: die Haftfähigkeit ... das Herz ...

und es finden sich fast immer Kautionen, und es finden sich fast immer Gerichtsbehörden, die den Mann herauslassen, den Herrn Verantwortlichen. – «Damit er draußen behilflich sein kann, sein Geschäft zu ordnen.» – Sicher. Aber der verhaftete Arbeiter hat auch ein Geschäft: nämlich seine Familie, die durch die Bestrafung, die ihm zugedacht ist, fast allemal zugrunde geht ... aber darauf kommt es wohl nicht so sehr an. Er ist ja nicht verantwortlich. – «Was wollen Sie damit sagen?» – Daß dieses Wort im Deutschen überhaupt nichts mehr bedeutet. Verantwortlich? Ich habe eine verantwortliche Stellung ... deine Verantwortlichkeit ... er ist mir dafür verantwortlich ... neulich habe ich in einer Tierschutz-Zeitschrift gelesen: «Wenn die Schafe eingerückt sind, ist für die Herde der Hund verantwortlich.» Ich sage Ihnen: das Wort hat seine Bedeutung verloren. Ist im Weltkrieg jemand verantwortlich gewesen? Wer ist überhaupt verantwortlich? Ich werde es Ihnen sagen: kleine, untergeordnete, meist proletarische Einzelne – der Rest verkriecht sich hinter die Gruppe, hinter eine Vorschrift, hinter das Reglement, hinter einen Befehl – in Wahrheit trägt kein Mensch die Verantwortung für das, was er macht. Sie decken sich gegenseitig, und zum Schluß ist es niemand gewesen. Die Geschichte wird richten, wissen Sie? Das ist eine schöne Geschichte. – «Aber die armen Bankiers ...» Mir bricht das Herz. Ich sehe sie vor mir: schluchzende Devisenhändler, taschentuchauswringende Fondsmakler, zusammengebrochene Kommerzienräte ... nach bestem Wissen und Gewissen ... es muß furchtbar sein. Da gibts nur ein Mittel.

Sich auch weiterhin der Rechtlosen anzunehmen: jener kleinen Leute, die in die Klauen der Justiz fallen, und die sich nicht wehren können. «Das Gesetz in seiner erhabenen Gleichheit verbietet Armen und Reichen, unter den Brücken zu schlafen» – sagt Anatole France.

LOTTCHEN BESUCHT EINEN TRAGISCHEN FILM

«Setz dich nicht auf meine Tasche. Laß mich mal dahin. Ist das noch Wochenschau? Was? Wie? Das ist noch Wochenschau, was? Also wie ich dir sage: ich würde die Möbel nicht in Holland kaufen. Du kennst das da nicht so, guck mal! ne Feuerwehr! – und überhaupt: hier in Berlin hab ich meine Quellen, mein Freund Käte sagt auch ... Wieso? Ich sage: mein Freund Käte – die ist wien Mann. Sag ich dir. Bloß viel netter.

Guck mal: noch ne Feuerwehr. Warum sind in den Wochenschaun soviel Feuerwehren? Was? Und was kostet überhaupt son Möbeltransport ... ich hab mich erkundigt, was das macht, wart mal ... ich hab mir das aufgeschrieben ... So! jetzt ist mein Notizbuch runtergefallen, heb doch mal auf!

Na, laß mich mal ... geh mal weg ... geh doch mal weg! Aua! ..

Ich komm ja gar nicht wieder hoch . . . war hier was inzwischen? Nee — was? Das is ja Zimt, was die da spielen, unter uns gesagt . . . ich hab mir das aufgeschrieben: vierzehn Pfennig pro . . . jetzt weiß ich nicht mehr, ob es pro Kilo oder pro Zentner war . . . aber jedenfalls waren es vierzehn Pfennig.

Das ist doch kein Geld, was? Wie? Wenn du so lang wärst, wie du dumm bist, könntst du aus der Dachrinne saufen. Jetzt wirds hell.

Nettes Kino, was? Warum haben sie das so blau gestrichen? Du, die Käte hat sich ein himmlisches Schlafzimmer machen lassen, auch so blau — na, 'n bißchen heller, als das da und weißer Schleiflack, wunderbar! Kaufst du mir so was? Nein. Siehst du, solchen Pelz will Lottchen haben, so, wie die da hat — nicht die, du Ochse, die kleine Dicke! Na, sie kann ihn nicht tragen — aber solchen Pelz.

Nu wirds dunkel . . . kaum, daß man mal was lesen will, wirds dunkel. Daddy, ist das der große Film, von dem sie soviel geschrieben haben? Ja? Is er das? Sei mal ruhig, ich muß mal lesen, wer alles mitspielt. Sei jetzt still, ich muß lesen . . . Pudowkin — kennst du Pudowkin? Wahrscheinlich ein Russe — was?

Du, bei Lützows haben sie jetzt ein russisches Dienstmädchen, die kann kein Wort deutsch, nur 'n bißchen französisch. Komisch, was? Jetzt gehts los. Das kann ich dir sagen: wenn meine Tante mir noch einmal so einen frechen Brief schreibt . . . weißt du, ich gönn ja keinem Menschen was Böses, aber willst du mir vielleicht sagen, wozu so was auf der Welt . . . Hübsche Person.

Du, der Film kann aber nicht neu sein, son Hut trägt kein Mensch mehr! War auch gar nicht kleidsam — Lottchen hat nie sonen Hut getragen. Daddy, du mußt mir unbedingt noch eine Tasche kaufen: die du mir fürn Abend gekauft hast, ist ja sehr hübsch . . . aber nun habe ich für den Tag gar nichts. Nein, die brauche ich fürs Auto. Die blaue? die ist für den Nachmittag, für den Vormittag fehlt mir eine!

Für die Stadt! Das verstehst du nicht. Na, ich wers dir sagen: also ich hab mir heute eine gekauft. Du kaufst mir ja doch keine. Das Geld darfst du mir zurückgeben. Na, laß man. Ich sag immer: Lieber arm und reich, als jung und alt. Was steht da —?

AUF MÄNNER, DIE LIEBEN,
KANN MAN NICHT BAUEN.

Sag ich doch immer. Daddy, vorgestern abend war ich mit Spannagel zusammen. Er sah ganz gut aus.

Quatsch — mit dem Mann will ich doch gar nichts mehr zu tun haben; du stellst dich auch an — nur, weil ich mit ihm mal verheiratet war —! Er hat übrigens erzählt, er geht nächstens nach China, er will da den Bürgerkrieg studieren. Sehr interessant, ich hab ihm gesagt, er soll man vorsichtig sein; ich finde, wenn einer in den Krieg geht, muß er vorsichtig sein.

Du, das ist mein Typ. Sei mal still ... stör einen doch nicht immer, wenn man sich einen Film ansehen will! Du, das ist mein Typ! Sieht beinah aus wie Tilden. Wunderbare Figur, was? Der hat keinen Bauch, wunderbare Figur. Schade, nu is er weg.

Daddy, mit dem Reichsentschädigungsamt hab ich mir das also folgendermaßen ausgedacht: Wenn die die achtzehn Prozent für die Kriegsguthaben bewilligen, zuzüglich der Nachtragsrente für Kinder, verstehst du? und wenn der Anwalt dann noch durchdrückt, daß die zweite Entschädigungsrate von der ersten so abgezogen wird, daß die Umrechnungsquote bei der Reichsanleihe raufgesetzt wird —: dann kann ich den Ring auslösen!

Du löst ihn mir ja nicht aus. Sage selbst — löst du ihn aus? Du sollst ihn auch gar nicht auslösen. Ich meine bloß so. Aber du löst ihn nicht aus. Guck mal, wo haben sie das aufgenommen? Wahrscheinlich in Frankreich, was? Der Anwalt hat aber gesagt, er kann nicht garantieren, daß der Prozeß noch dieses Jahr zu Ende ist — ich hab ihm gesagt, Peter ist heute zehn Jahre, bis zu seiner Volljährigkeit wart ich noch, aber dann hat meine Geduld ein ...

Du lachst! Ich bin eine alleinstehende Frau und muß mir alles allein machen! Na, alles nicht, Ferkel. Hat Karlchen geschrieben? Nicht? Was? Hat er nicht geschrieben? Ich werde ihm mal schreiben: ob er vielleicht seine Bräute so behandelt, wie du mich behandelst.

Karlchen ist eben ein Kavalier. Nein, auch von vorn ... laß mir meinen Karlchen! Jakopp ist aber auch sehr nett — überhaupt ich will dir mal was sagen ... wenn deine Freunde ... Allmächtiger, was kullert die mit den Augen! Du himmlischer Braten! Warum tut sie denn das? Was? Na, erklär mir das doch mal — wozu gehe ich denn mit einem Mann ins Kino!

Sssst! Was die Leute bloß immer reden, wenn sie im Kino sind! Man versteht ja gar nichts ...! Du, warum hat die denn so mit den Augen gekullert, was? Die findest du nett? Na, dein Geschmack ... Ich frage mich wirklich manchmal, was du eigentlich an mir hast ... Na, ich bin ja dein Irrtum. Das ist mal sicher. Blond bin ich nicht, schöne Beine hab ich auch nicht, sagst du immer — bitte, ich hab sehr gute Beine!

So schöne, wie deine Putti noch allemal! Von Dickchen gar nicht zu reden. Und Musch? Hat Musch vielleicht schöne Beine? Spitze Schuhe hat sie; kein Mensch trägt mehr ... Daddy, hast du zu Hause das Licht ausgemacht? Na, denn ist gut. Was steht da?

TRETEN SIE ZURÜCK — NUR ÜBER UNSERE DREI LEICHEN GEHT DER WEG!

Daddy, dabei fällt mir ein, ich muß mir mal von der Käte das Rezept für die Rohkostsuppe aufschreiben lassen — wir haben sie neulich bei Mühlbergs gegessen, wunderbar, ganz schwer, wie Krebssuppe also, das hat einen ausgesprochenen Krebsgeschmack, ist aber ganz vegetarisch ... Hast du das gesehn? Hast du das gesehn? Wie die das Pferd rumgerissen hat? Doll. Was? Was spielen die da? Křenek? Mag ich gar nicht. Magst du das? Ich war voriges Jahr da mit Hornemann... du, der Hornemann ist jetzt nach Südamerika gegangen ... er schreibt, da tragen die Frauen alle wundervolle Waschseide.

Daddy, du könntest mir eigentlich mal – nein, kauf mir lieber eine Brücke für die Wohnung, weißt du, so eine echte Perserbrücke ... na, Daddy, du kannst nicht sagen, daß ich dich mit Wünschen belästige. Ich möchte mal sehn, was du andern Frauen schenkst ... Natürlich kriege ich die Wohnung. Das heißt: der Wirt legt noch Berufung ein, weil wir doch Kette tauschen; also Willachs in der Augsburger Straße geben ihre Wohnung gegen einen Abstand an Bernhardt, und Bernhardt tauscht mit Willer, wenn Marie einverstanden ist, heißt das, sie ist aber nicht einverstanden, weil sie sich scheiden lassen will, sie ist jetzt mit Bromberg, sie wird sich aber nicht scheiden lassen, da wäre sie ja schön dumm, und wenn ich nun mit Josenstein über Hippels weg tausche und der Wirt vorher stirbt, und wenn Romel seine Wohnung an mich abgibt –: dann kriege ich die Wohnung.

Laß man: der liebe Gott wird Lottchen schon nicht verlassen. Ich kenne den Mann. Was? Wie? Es ist komisch: Männer verstehn nie, was man ihnen erklärt – Männer verstehn überhaupt ...

Aus. Schon aus? Das war alles? Ja, wahrhaftig: die Leute stehen schon auf. Daddy, jetzt sag mir aber mal eins – das hab ich nicht kapiert:

Warum heißt der Film: *‹Die Jungfrau von Orleans›* –?»

DIE FÜNFTE JAHRESZEIT

Die schönste Zeit im Jahr, im Leben, im Jahr? Lassen Sie mich nachfühlen.

Frühling? Dieser lange, etwas bleichsüchtige Lümmel, mit einem Papierblütenkranz auf dem Kopf, da stakt er über die begrünten Hügel, einen gelben Stecken hat er in der Hand, präraffaelitisch und wie aus der Fürsorge entlaufen; alles ist hellblau und laut, die Spatzen fiepen und sielen sich in blauen Lachen, die Knospen knospen mit einem kleinen Knall, grüne Blättchen stecken fürwitzig ihre Köpfchen ... ä, pfui Deibel! ... die Erde sieht aus wie unrasiert, der Regen regnet jeglichen Tag und tut sich noch was darauf zugute: ich bin so nötig für das Wachstum, regnet er. Der Frühling –?

Sommer? Wie eine trächtige Kuh liegt das Land, die Felder haben zu tun, die Engerlinge auch, die Stare auch; die Vogelscheuchen scheuchen, daß die ältesten Vögel nicht aus dem Lachen herauskommen, die

Ochsen schwitzen, die Dampfpflüge machen Muh, eine ungeheure Tätigkeit hat rings sich aufgetan; nachts, wenn die Nebel steigen, wirtschaftet es noch im Bauch der Erde, das ganze Land dampft vor Arbeit, es wächst, begattet sich, jungt, Säfte steigen auf und ab, die Stuten brüten, Kühe sitzen auf ihren Eiern, die Enten bringen lebendige Junge zur Welt: kleine piepsende Wolleballen, der Hahn — der Hahn, das Aas, ist so recht das Symbol des Sommers! er preist seinen Tritt an, das göttliche Elixier, er ist das Zeichen der Fruchtbarkeit, hast du das gesehn? und macht demgemäß einen mordsmäßigen Krach . . . der Sommer —?

Herbst? Mürrisch zieht sich die Haut der Erde zusammen, dünne Schleier legt sich die Fröstelnde über, Regenschauer fegt über die Felder und peitscht die entfleischten Baumstümpfe, die ihre hölzernen Schwurfinger zum Offenbarungseid in die Luft strecken: Hier ist nichts mehr zu holen . . . So sieht es auch aus . . . Nichts zu holen . . . und der Wind verklagt die Erde, und klagend heult er um die Ecken, in enge Nasengänge wühlt er sich ein, Huuh macht er in den Stirnhöhlen, denn der Wind bekommt Prozente von den Nasendoktoren . . . hochauf spritzt brauner Straßenmodder . . . die Sonne ist zur Kur in Abazzia . . . der Herbst —?

Und Winter? Es wird eine Art Schnee geliefert, der sich, wenn er die Erde nur von weitem sieht, sofort in Schmutz auflöst; wenn es kalt ist, ist es nicht richtig kalt sondern naßkalt, also naß . . . Tritt man auf Eis, macht das Eis Knack und bekommt rissige Sprünge, so eine Qualität ist das! Manchmal ist Glatteis, dann sitzt der liebe Gott, der gute, alte Mann, in den Wattewolken und freut sich, daß die Leute der Länge lang hinschlagen . . . also, wenn sie denn werden kindisch . . . kalt ist der Ostwind, kalt die Sonnenstrahlen, am kältesten die Zentralheizung — der Winter —?

«Kurz und knapp, Herr Hauser! Hier sind unsere vier Jahreszeiten. Bitte: Welche —?»

Keine. Die fünfte.

«Es gibt keine fünfte.»

Es gibt eine fünfte. — Hör zu:

Wenn der Sommer vorbei ist und die Ernte in die Scheuern gebracht ist, wenn sich die Natur niederlegt, wie ein ganz altes Pferd, das sich im Stall hinlegt, so müde ist es — wenn der späte Nachsommer im Verklingen ist und der frühe Herbst noch nicht angefangen hat —: dann ist die fünfte Jahreszeit.

Nun ruht es. Die Natur hält den Atem an; an andern Tagen atmet sie unmerklich aus leise wogender Brust. Nun ist alles vorüber: geboren ist, gereift ist, gewachsen ist, gelaicht ist, geerntet ist — nun ist es vorüber. Nun sind da noch die Blätter und die Gräser und die Sträucher, aber im Augenblick dient das zu gar nichts; wenn überhaupt in der Natur ein Zweck verborgen ist: im Augenblick steht das Räderwerk still. Es ruht.

Mücken spielen im schwarz-goldenen Licht, im Licht sind wirklich schwarze Töne, tiefes Altgold liegt unter den Buchen, Pflaumenblau auf den Höhen ... kein Blatt bewegt sich, es ist ganz still. Blank sind die Farben, der See liegt wie gemalt, es ist ganz still. Boot, das flußab gleitet, Aufgespartes wird dahingegeben — es ruht.

So vier, so acht Tage —

Und dann geht etwas vor.

Eines Morgens riechst du den Herbst. Es ist noch nicht kalt; es ist nicht windig; es hat sich eigentlich gar nichts geändert — und doch alles. Es geht wie ein Knack durch die Luft — es ist etwas geschehen; so lange hat sich der Kubus noch gehalten, er hat geschwankt ..., na ... na ..., und nun ist er auf die andere Seite gefallen. Noch ist alles wie gestern: die Blätter, die Bäume, die Sträucher ... aber nun ist alles anders. Das Licht ist hell, Spinnenfäden schwimmen durch die Luft, alles hat sich einen Ruck gegeben, dahin der Zauber, der Bann ist gebrochen — nun geht es in einen klaren Herbst. Wie viele hast du? Dies ist einer davon. Das Wunder hat vielleicht vier Tage gedauert oder fünf, und du hast gewünscht, es solle nie, nie aufhören. Es ist die Zeit, in der ältere Herren sehr sentimental werden — es ist nicht der Johannistrieb, es ist etwas andres. Es ist: optimistische Todesahnung, eine fröhliche Erkenntnis des Endes. Spätsommer, Frühherbst und das, was zwischen ihnen beiden liegt. Eine ganz kurze Spanne Zeit im Jahre.

Es ist die fünfte und schönste Jahreszeit.

WAS DEM LAKAIEN SEINE LIVREE IST DER REPUBLIK IHRE SIEGES-ALLEE

Da stehn in Panzer und Lederkollern
die bessern Herren von den Hohenzollern.
Und man fragt sich, sieht man die Schnallen und Maschen:
Wann hat sich der Junge eigentlich gewaschen?
Wahrscheinlich an hohen Feiertagen,
wenn er hinging, sein Vaterunser zu sagen.

Was heute Kino ist und Theater,
dafür hatte er diesen heiligen Vater.
Der war in jener vergangenen Zeit
ein fetter Mime der Frömmigkeit.
Segnend ragt seine Unterlippe ...
mit den Fürsten machte die Kirche Kippe:
dir ein Halb und mir ein Halb —
der Untertan war ein gutes Kalb.

Und wenn es einmal im Volke erbraust:
Dann haben wir hier die starke Faust.
Das Volk? Das werden wir doch noch kriegen!

In diesem Zeichen wollen wir siegen!
Wir würgen sie, bis sie nicht mehr jappen . . .
Hier ist das echte preußische Wappen.
Ein böses Vieh. Es beraubt und hackt
jeden, der sich mit Arbeit plackt.

Da steht die Allee. Es zaudern die zahmen
Republikaner vor Marmorreklamen.
Im Namen der Wehrmacht –
in Alt-Deutschlands Namen.
AMEN!

HEJ –!

Auf einem leeren Marktplatz stehst
du –
ganz allein:
die Häuser haben geflaggt, jedes trägt eine andre Fahne,
die Dächer sind schwarz vor Menschen;
eine wimmelnde Schlange ist rings um den Platz gepreßt.
Aus jedem Haus dringt Getöse, Blechmusik, Orgeln, wirres Rufen –
Und plötzlich
heben sich alle Arme, auf dich,
zehntausend ausgestreckte Zeigefinger, auf dich,
und ein Schrei steigt auf:
– «Hej!»

Was wollen sie von dir?
Was hast du getan?
Was sollst du tun?
So groß bist du doch gar nicht,
so bedeutend bist du doch gar nicht,
so wichtig bist du doch gar nicht . . .

Eintreten sollst du – in eines dieser Häuser,
in welches, ist ihnen gleich –
aber in eines,
und darum rufen sie:
– «Hej!»

Da ist das katholische Haus:
Würdige Junggesellen halten, verkleidet, ein Buch in der Hand;
manche sind weise,
viele klug,
alle schlau.
Sie wollen dich,
sie wollen sich
und vergessen IHN.
Sie teilen eine Art Wahrheit aus;
sie kennen die Herzen aller,
sie ordnen Regeln an, für alle:
ein Warenhaus der Metaphysik.
Aber etwas Starres ist da,
ein Trübes,
und drohend steht das Kreuz gegen den Phallus —:
geh nicht hinein.

— «Hej!»

Da ist das Haus der Nationen.
Sture Gewaltmenschen
halten, kostümiert, einen Damaszenerdegen in der Hand,
aber sie schießen mit Gas.
An ihren Wänden hängen Bilder mittelalterlicher Kämpfe,
Fahnen über den Kaminen —
aber sie schießen mit Gas.
Sie wissen nicht, warum sie das tun,
sie müssen es tun;
ihr Wesen schreit nach Menschenfleisch,
nach der herrlichen, den Mann aufwühlenden Gewalt,
so liebt ihn die Frau,
so liebt er die Frau.
In ihnen ist nichts,
daher wollen sie außer sich sein —
und wann wäre man wohl so außer sich
wie bei der Zeugung und beim Mord!
Verwaltungsbeamte des Todes —:
geh nicht hinein.

— «Hej!»

Da ist das Haus der feinen Leute.
Die spielen, ab sechs Uhr abends:
mit der Polaritätsphilosophie,

mit Theaterpremieren,
mit den Symphonien,
mit der Malerei,
mit dem Charme,
mit dem Stil,
mit den Versen Verstorbener,
mit den Witzen Lebendiger —
und alles darfst du bei ihnen tun,
(solange es zu nichts verpflichtet),
alles, nur eines nicht:
Nicht die Geschäfte stören,
den Ernst des Lebens,
der da ist:
Geld verdienen mit dem Schweiß der andern;
regieren auf dem geduldigen Rücken der andern;
leben vom Mark der andern . . .
Für die Sättigungspausen
haben sie einen Pojaz bestellt:
den Künstler.
Geh nicht hinein.

— «Hej!»

Da ist das russische Haus.
Du kennst es nicht genau.
Aber bist du reif für dieses Haus?
Ist dein Tadel:
ihre starre Dogmatik,
ihr Zeloteneifer, eine neue Kirche zu gründen,
ihr scharfer Haß gegen den Einzelnen
— aber Lenin war ein Einzelner —
ihre Affenliebe für alle, die alles heilen soll —:
ist dieser Tadel nicht deine verkappte Schwäche?
Auch sie: dieser Welt hingegeben
— erwarte nicht den Himmel von ihnen —
auch sie: Nationalisten,
freilich mit einer Idee;
auch sie: für den Krieg,
auch sie: erdgebunden;
das, was sie an die Amerikaner verhökern,
heißt nicht umsonst: Konzessionen . . .
Bist du stark genug,
mitzuarbeiten am Werk?

Noch nicht –
geh noch nicht hinein.

– «Hej!»

Tausend Gruppen umbrüllen dich,
rufen nach dir,
preisen an die warme Heimat: Herde.
Sag: Hast du nicht Sehnsucht gehabt nach dem Stall,
nach dem warmen Stall, wo nicht nur die Krippe lockt,
– die Wiesen genügen –
nein: wo die tierische Wärme der Leiber ist,
das vertraute Muh und das Gemeinschaftsgefühl der Menschen?
Sie schrein:
In die Reihn!
In den Verein!
Sie schrein:
Die Zeit des einzelnen ist vorbei,
das trägt niemand mehr!
Freiwillige Bindung!
Schwächling! schrein sie; Einzelgänger! Unentschiedener!
Her zu uns!
Zur Ordnung! Zur Ordnung!

Über den Häusern
ragen die Wipfel
geduldiger Bäume.
Rauschend bewegen sie schäumende Kronen.
Zurück zur Natur?
Hingegeben an dämmernde Herbstabende,
wo die göttliche Klarheit
des bunten Tags
sich auflöst in weich-graue Nebel?
Vergessen das Leid
der Millionen?
Und die Wirkung roten Weines
und eine Frau am Kamin
für die letzte Sprosse der göttlichen Weltordnung nehmen?
Frauen geben. Nimm. Aber erhoffe nichts.
Zurück zur Natur?
Bleib verwurzelt – aber geh nicht
mit der Laute zu ihr –:
Du gehst zurück . . .

— «Hej!»

Da stehst du
und siehst um dich:
Die Rufer verschwimmen,
treten zurück ...
Du bist nicht allein!
Um dich
stehen Hunderttausende:
frierend wie du,
suchend wie du,
jeder allein, wie du,
Trost? Nein: Schicksal.

Bleib tapfer.
Bleib aufrecht.
Bleib du.
Hör immer den Schrei:
— «Hej!»
Laß dich nicht verlocken.
Geh deinen Weg. Es gibt so viele Wege.

Es gibt nur ein Ziel.

DIE TABELLENZEITUNG

Warum machen sich eigentlich die Leute das Leben so schwer?

Die Leser müssen die ganze Zeitung durchfliegen, bis sie etwas gefunden haben, was sie interessiert — und die Journalisten müssen das alles schreiben ... Warum? Wozu? Es geht viel einfacher.

Es hat sich doch nun im Lauf der Zeit herausgestellt, daß dieselben Ereignisse immer wiederkehren. Früher war es: «Paschitsch bildet ein neues Ministerium» ... man konnte die Zeitung aufschlagen, wann immer man wollte —: stets bildete der alte Paschitsch ein neues Ministerium. Er muß 1003 gebildet haben.

Heute ist das nicht anders. Die Zeitung teilt uns in gefälliger Aufmachung nur das mit, was wir schon wissen. Wenn wir es aber schon wissen, dann fesselt doch nur noch die Menge des Geschehens und die Tatsache, daß es geschehen ist.

Vereinfachen wir uns also das Leben, den schwer geplagten Journalisten die Arbeit und dem Leser die Abendstunden und machen wir, weil wir sonst keine Sorgen haben, die

Tabellenzeitung

Gesetzlich geschützt

	Armbrüche	Beinbrüche	Hals- und Beinbrüche	Politische Wortbrüche	Zeppelinlandungen	Krach auf der Probe bei Brecht	Erschießung von Landesverrätern	Patriotische Rede eines Sozialisten für Anschluß	Pazifistische Rede eines Sozialisten
Deutschland	63	14	13	14 689 999 998	1	22	—	3144	—
Bayern	308	176 430	17 643 087	einer mehr	—	—	leider: —	683	—
England	76	21	2	—	1	—	—	—	—
Frankreich	19	22	—	14	1	—	1	—	—
China	12 467	24	3	20 000 000 000	1	—	1 000 000 000	—	—
Litauen	—	—	—	—	1	—	einer mehr	—	—
Neukölln	3	25	—	1/2	1	1	—	44	—

Zuversichtliche Haltung der Börse wegen der letzten Rede Briands	Zuversichtliche Haltung der Börse trotz der Rede Briands	Banditenüberfälle auf Expreßzüge	Banditenüberfälle in Versicherungsgesellschaften	Zuchthausstrafen wegen Abtreibung	Zuchthausstrafen wegen Rechtsbeugung durch Richter	Filmpremieren
1	1	54	3	183 Jahre	—	456,3

Proteste Hugenbergs gegen den Youngplan: Unterschriften	Proteste Hugenbergs gegen den Youngplan: davon zurückgezogen	Hochzeiten und andere Unglücksfälle	Geburtstage 60.	Geburtstage 70.	Geburtstage 120.	Revolverattentate aus Liebe	Revolverattentate wegen Geld	Revolverattentate wegen Geld aus Liebe	Einweihungsfeiern öffentlicher Häuser
2064	2065	1099	27	34	5	618	618	619	244

WAS TUN DIE BIRKEN?

So habe ich neulich hier gefragt ... was sie wohl tun, die Birkenblätter. Sirren? ... flirren? ... flimmern? ... ich wußte es nicht.

Brunhild schreibt: sie ‹schauern›. Na, schauern ... vielleicht tut das der ganze Baum — aber er friert doch gar nicht, mir ist dies Wort zu schwer für das leichte Gezweig.

Georg Hermann zitiert Liliencron:

Der Birke Zischellaub verstummte
In ferne Länder floh der Tag ...

— das ist schon ähnlicher. Hier ist es wenigstens phonetisch gelöst; aber wenn man nun weitab steht und es nicht hören kann —?

Aber Georg Hermann kommt mir grade recht. Liliencron ... Neulich hat Franz Blei in der *‹Literarischen Welt›* an ihn erinnert; ich glaube, daß er ihm Unrecht getan hat. Er sagte: der habe es sich so leicht gemacht; er habe mit der Muse getändelt. Ach nein — er hat gearbeitet wie ein Schwerarbeiter, gestrichen, gebosselt, verbessert, und abgeschrieben, bis es ‹saß›. Ich meine, daß man ihn noch heute mit Genuß lesen kann — es stehen da wunderherrliche Gedichte (verliert sich in vierstündiger Lektüre Liliencrons; auftauchend:) Weil aber in politisch vermuffter Zeit ästhetische Werturteile immer gleich so feierlich genommen werden: ich lese Franz Blei mit größtem Vergnügen und mit mehr als Vergnügen. Divergenz über ein literarisches Werturteil ist kein Krieg.

Mein Gott, was tun die Birkenblätter —? Brunhild, komm her und stell dich unter einen Birkenbaum. Ich seh dich an — schauer mal. Fühlst du den Unterschied? Was tun sie? Ich werde dahingehen und es nicht gesagt haben.

AUF DEM NACHTTISCH

Wenn ich mich ein wenig aufrichte, kann ich mit der Nasenspitze grade über den Bücherstapel hinwegsehen. Nein, aber was zu viel ist, ist zu viel ... und bei jedem Wort werfe ich ein Buch herunter, das ich auswendig kann, ohne es je gelesen zu haben. «So kommen Sie Ihrem kritischen Amt nach! Da kann man sehen ...» Pedd di man nich uppn Slips! — Herunter die nachhinkenden Kriegsbücher — («Peng! zwei Granaten — pumm, bautsch! vier Granaten ... die Kameraden neben mir ... ich sage noch zum Feldwebel ...») herunter! Herunter die *‹Untersuchungen über den Geist der Musik bei den indoslawischen Völkerschaften›* («Eine rein geistige Konstellation kann in diesen Ingredienzien schon wegen ihrer Einstellung zum Neu-Protestantismus nicht erblickt — —») herunter! Herunter jene falschen Galsworthys mit den dickleibigen Romänern. (Sechster Band: «Inge blickte versonnen auf die väterlichen Gutsfelder, die die Familie aus vierter Hand im achtzehnten Jahrhundert geerbt hatte. Die Hinkeldeys — —») herunter! Herunter die feinen Stadtromane («Der Generaldirektor spielte nachlässig mit seinem schweren Goldfüllfederhalter. Pinzius, sagte er zu seinem Prokuristen, so geht das nicht weiter ... die Herforder Werke haben wiederum — —») herunter! Herunter die Ackerromane aus treudeutsch-schweißiger Faust («Der Bauer nahm einen gewaltigen Schluck aus dem Kruge, den ihm Marianne darbot. Die Ochsen, meinte er — —») herunter — herunter — —

‹Briefwechsel von Theodor Fontane und Paul Heyse, 1850 bis 1897›. Herausgegeben von Erich Petzet (erschienen bei der Verlagsgesellschaft der Weltgeist-Bücher zu Berlin). Blüh auf, mein Herz! Blüh auf, mein halbes Herz!

Nämlich: was die Fontaneschen Briefe angeht. Ja, wer so kann ...! Jeden einzelnen habe ich mit Andacht herausgepickt. «Mein lieber Paul!» fangen die meisten an — und was steht da nicht alles! Da ist kaum einer, in den er nicht eines jener typischen Fontaneschen kleinen Aquarelle hineingepinselt hätte; so ganz nebenbei: Kinderszenen, die Beschreibung einer gesellschaftlichen, einer literarischen Situation — das ist nun zum Entzücken gar! Ich will keinem die Vorfreude verderben, es stehen bezaubernde Sachen in dem Bändchen. Und solche Sätze, die unsereinem aus dem Herzen herausgeschrieben sind — einen Kranz auf dein Grab, Theodor Fontane! «Ich bin völlig freier Schriftsteller, was gleich nach ‹reisender Schauspieler› kommt.» Und wenn man den Tiefstand der damaligen Produktion kennt (1859), dann kann man so ungefähr ermessen, wie schlecht sie diesen behandelt haben. Das ist ein bitter-süßes Buch.

Der Adressat dieser Briefe — der «liebe Paul» — ja ... also ... ich ja nicht. Zunächst tut sich der liebe Paul in der Freundschaft etwas kühl — aber da kann ich mich täuschen. Sich vorzustellen, dieser geölte Friseurkopf sei einmal ein Dichter gewesen, ist für uns nicht ganz einfach; auch der Gedanke, daß es ein ‹Heyse-Archiv› gibt, ist recht erheiternd. Immerhin: er hat den Nobelpreis gehabt. (Kennen Sie auch nur einen von den Preisrichtern bei Namen? Na, dann ists gut.) Den Nobelpreis also — und hat im Alter eine *‹Maria-Magdalena›* geschrieben, die aufzuführen sie ihm sogar verboten haben ... und er hat sehr schöne Übersetzungen aus dem Italienischen gemacht ... aber ich ja nicht. Mein Gott, ist das alles tot! Das ist eine sehr nachdenkliche Lektüre. Oh, wie ist das verweht! ach, ist das nur noch Staub für Philologen — es hat so etwas Meistersingerhaftes, was sich die Herren in ihren dichterischen Kegelklubs da vorrechnen — nun liegt das auch daran, daß hier der ganze Literaturstaub eingefangen ist, es waren ja Privatbriefe, kein Mensch hat je an ihre Veröffentlichung gedacht, und nun wibbelt und kribbelt das von Eintagsgrößen, und von denen am meisten ... Tot. Mausetot. Und Heyse ist ja wohl rund dreißig Jahre dahin ... stimmt das? Ich weiß es nicht einmal. Das ist eine gesunde Lektüre.

Und neben hundert klugen Sätzen des alten Märkers, der nun wirklich einer gewesen ist (aber Hugenberg liest ihn nicht), steht da auch ein Satz über das Theater. Aus dem Jahre 1860, wie neu. «Ich finde unsere Theaterzustände greulich, viel schlimmer als unsere Buchmanufaktur, und weise mit Entschiedenheit jede Aufforderung zurück, auch in die böhmischen Wälder zu gehen. Das Quantum von Dummheit, Indolenz, Klugschmuserei, Eitelkeit und Intrigue, das einem wie ein Riesenblock in den Weg gerollt wird, ist zu groß, als daß man Lust haben könnte, sich daran zu verheben. Die Starken mögen es wagen, und es ist ganz recht, daß Du Dich nicht abschrecken läßt.» Komm an mein Herz —!

Gehn ma weiter, wie der böhmische Fremdenführer zu sagen pflegte. Da hat sich in die neuen Besprechungsexemplare ein alter Band eingeschoben, den ich immer wieder zur Hand nehme, weil er so gut und so sauber gearbeitet ist. Nun weiß ich nicht, ob man ihn noch kaufen kann — das weiß man bei den Verlagen nie so genau ... ‹*Klassischer Journalismus*›, Die Meisterwerke der Zeitung, gesammelt und herausgegeben von Egon Erwin Kisch (erschienen bei Rudolf Kaemmerer, Berlin). Wenn es den noch gibt, oder ihr erwischt das — obgleich ich nicht hoffen will, daß man es dort erwischen kann — auf einem Bücherwagen: dann aber nichts wie hin. Das ist eine Fundgrube. Kisch hat die unbekanntesten Seiten bekanntester Autoren zusammengetan und brillante Arbeiten unbekannter Autoren, und allen gemeinsam ist die herrliche Wildheit des Tages: «Jetzt oder nie! Morgen sind wir alle tot!» Zeitung im besten Sinne. Dreimal gelesen: den Aufsatz von Börne über Johann Wolfgang von Possart, Geheimbderath zu Weimar. (Ja, das war er nämlich auch — das vergessen wir zu leicht. Sollte man aber doch nicht. Bei aller Verehrung: man sollte nicht.) Und Helferich Peter Sturz und ein paar prachtvolle Aufsätze von Ernst Moritz Arndt, Herrschaften, wie haben sie uns die guten deutschen Patrioten verfälscht! Es ist wirklich eine Schande. Kisch hat da etwas sehr Gutes gemacht — ich möchte es jedem Journalisten zu Weihnachten schenken.

Gehn ma weiter. Da schickt mir ein neuer Mann, Ernst Gieser aus Berlin-Zehlendorf, die von ihm herausgegebenen Bändchen seines Verlages ‹Editeufra›, Editio Teuto-Franka ... Hm. Ein indiskutables ‹*Tagebuch eines Dobermanns*›; unbrauchbare ‹*Bemerkungen über die Tat*› vom pariser Verleger Bernard Grasset; und dann ein recht interessantes Bändchen, ebenfalls von Grasset: ‹*Die Angelegenheit der Literatur*›. (Aber viel zu teuer — was macht ihr denn da! 7,50 für 126

Seiten!) Wenn, was ich hier auf meinem schwedischen Nachttisch nicht feststellen kann, im französischen Text *‹L'Affaire de la Littérature›* steht, dann ist der Titel ebenso unzulänglich übersetzt wie das ganze Buch. Auch heißt ‹Publicité› gewiß nicht ‹Publizität› sondern in diesem Zusammenhang schlichtweg ‹Propaganda› — diese Übersetzung stukkert über den Plötz und alle französischen Grammatiken der Welt. Was Herr Grasset, dessen Fotografie für 7,50 beigegeben ist, uns zu sagen hat, ist nicht immer sehr belangreich, im Deutschen wenigstens nicht, wo die leichte Nettigkeit des französischen Zeitungsstiles wegfällt. Man wünschte sich mehr Fakten und weniger Aperçus, die mitunter etwas napoleonhaft anmuten. Manchmal hat er Humor. «Wenn Sie auf einige malerische Einzelheiten gespannt sind, kann ich Ihnen verraten, daß Männer ihr Manuskript flach anbringen und Frauen gerollt. Warum? Bisher ist es mir noch nicht gelungen, diese Frage zu klären, und ich überlasse sie Ihnen zu nachdenklicher Betrachtung.» Manchmal hat Grasset, der Papa Radiguets, Witz, mitunter auch keinen — und das Wichtigste über diese ‹Angelegenheit› steht nicht im Buch. Denn grade die Begriffe, die sich in dem Wort ‹affaire› kreuzen (Sache und Geschäft) sind nicht gut gegeben — am besten noch an der Stelle, wo er das Verlegergefühl beschreibt: «Ein besonderes Gefühl, das die echten Verleger kennen: das Gefühl für die Sache, die man nimmt.» Das ist gut. Sonst aber stehen viele runde Sätzchen (französisch: des phrases) darin. Nun, vielleicht entwickelt sich dieses verlegerische Verständigungswerk noch; vorläufig ist da nicht viel.

Gehn wir weiter. *‹Afrika singt›*, eine Auslese neuer afro-amerikanischer Lyrik, herausgegeben von Anna Nußbaum (erschienen in der Speidelschen Verlagsbuchhandlung zu Wien). Ein sehr schönes Buch. Übersetzt haben: Hermann Kesser, Josef Luitpold, Anna Siemsen, Anna Nußbaum. Ihr wißt ja. Lyrik kann man gar nicht übersetzen. Man kann sie, wenn alles gut geht, nachschaffen. Ob das hier geglückt ist, kann ich nicht beurteilen — ich kenne die Originale nicht. Mitunter ist es bestimmt nicht gelungen. «Dirnen und Burschen» gibt Gedankenverbindungen, die sicherlich nicht schwarzfarbig sind. Andere Gedichte wieder sind sehr schön — es ist unsagbar schwer zu entscheiden, was hiervon auf das Konto des Übersetzers und was auf das des Übersetzten zu buchen ist. Nun habens ja die Leute, die aus dem Englischen übertragen, nicht leicht. Man denke nur an unser nachklappendes, stumpfes ‹nicht›, die Verzweiflung jedes Lyrikers — wie schön haben es jene, bei denen die Konstruktion ‹don't› die Negation vorwegnimmt, so daß der Vers mit dem tönenden Verbum schließen kann! Und die vielen einsilbigen Wörter! es ist das Ideal einer Sprache für Songs, für wirkliche, nicht für Schnadasongs. Am bedeutendsten und revolutionärsten: Langston Hughes, eine außerordentlich starke Begabung. Wunderschön — nicht von ihm — das Gedicht *‹Deine Hände›* — mit einer Schlußzeile, die nur eine Frau schreiben kann; sie möchte sich in seine Hände kauern, ganz einschmiegen ... und dann, wie nachhallend:

— Selbst dann, wenn dus vergißt.

Die Rassenfrage, die von Europa aus nicht zu entscheiden ist, die mir aber auf der amerikanischen Flagge, gleich neben den Namen Sacco und Vanzetti, wie ein häßlicher Fleck zu haften scheint, die Rassenfrage wird einmal so behandelt:

Weißer Bruder, was wirst du sagen?

Komm, Bruder! Komm!
Laßt uns treten vor unsern Gott.
Und wenn wir vor ihm stehen,
Ich werde sagen:
  Herr, ich hasse nicht,
  Ich werde gehaßt.
  Ich quäle nicht,
  Ich werde gequält.
  Ich begehre niemandes Land,
  Mein Land wird begehrt.
  Ich verspotte kein Volk,
  Mein Volk wird verspottet.
  Und, Bruder, was wirst du sagen?

Ein schönes Buch.

Nun sind also doch die Kriegsbücher dazwischengerutscht, eins, zwei ... Aber das eine ist, um die Wahrheit zu sagen, nicht gerutscht — ich habe es auf den Nachttisch gelegt: es ist das schönste von allen; nicht das größte, aber das schönste. Ich stelle es noch über Remarque. Es sind *‹Les Croix de Bois›*, von Roland Dorgelès (erschienen bei Albin Michel, 22 rue Huyghens, Paris). Helm ab zum Gebet.

Ich kenne das Buch, das drüben ein ungeheurer Erfolg gewesen ist, seit Jahren, und ich habe nie darüber berichten können — ich kann es auch heute noch nicht so, wie ich gern möchte. Das macht: es scheint mir unübertragbar zu sein. Wenn das nicht ein großer Künstler in die Finger bekommt; einer, der lange Soldat gewesen ist; einer, der Schützengraben-Französisch und Schützengraben-Deutsch versteht ... und beides wie geschmiert ... vielleicht ... dann vielleicht ... Es ist etwas ganz und gar Einzigartiges. Tausend Beispiele.

Es fängt erst einmal so an:

«In dieser Jahreszeit gab es nicht viel Blumen, aber einige hatte man doch gefunden und sie als Schmuck in die Gewehre des Nachschubs gesteckt, der da, zwischen zwei stummen Spalieren Neugieriger — mit Blumen geschmückt wie ein Kirchhof — in losen Trupps durch die Stadt zog.» So fängt es an. Und dann gehts los.

Dieses unbeirrbare Zivil im Franzosen; wie der Neuangekommene jemand in der Kompanie findet, mit dem er über Paris sprechen kann, er spricht nicht nur über Paris, er spricht auch nicht ‹von der Heimat› — jeder Satz, den er sagt ist gegen, gegen, gegen den Kommiß ... «Schon, daß ich die Namen aussprechen konnte: das war Wiedergeburt verlorenen Glücks.» Die Brutalität des französischen Militärs wird nicht verschwiegen — dies ist ein wahres Buch. Der Feldwebel (‹adjudant› entspricht dem nicht ganz), der jedem, der ihm in die Quere kommt, gleich zwölf Kugeln verspricht, «den Gnadenschuß nicht eingerechnet»; einmal von einem der zahlreichen standrechtlich Erschossenen: «Ja, der war aus Cotteville. Er hatte zwei Kinder.» Absatz. «Zwei Kinder, so groß wie die Pfosten, an den sie ihn gebunden haben ...»

Wie das Soldatengeschwätz eingefangen ist — pointenlos, so ... wie sie so dahergeredet haben. Die Marne! Was haben sie von der Schlacht an der Marne behalten? Immerhin: pour une bataille c'était une bataille, wie man drüben sagt. «Weißt du noch: die kleinen Melonen in Tilloy ...» und: «In Gueux haben wir vielleicht Wein bekommen — Mensch, ganze Eimer voll —!» und so. Es sind Züge darin, die nur ein Franzose finden konnte: so der vom Bauer, der von seinem Haus aus den französischen Sturmangriff sehen kann. «Komm rasch raus!» ruft er seiner Frau zu. «Schnell! Los!» — «Nö — ich kann nicht», ruft die Frau zurück; «die Milch kocht über ...» und das ganz pointenlos, so wie eben einer schreibt, der seine Bauern kennt, und weil jeder Franzose selbst ein Stück vom Bauern in sich trägt, unzerstörbar.

Woher er dies hier hat, weiß ich nicht; es muß ihm der selige Shakespeare nachts im Traum erschienen sein. Das Bauernmädchen ... «sie denkt oft an uns, wenn das Regiment im Graben ist. Und wenn die Kanonen besonders laut dröhnen, dann zählt sie leise jeden Schuß ...: ein wenig ... von Herzen ... mit Schmerzen ... wie wenn sie an einer Margerite zupfte.» Über diese Stelle kann ich niemals hinweglesen.

Und dann jene, die ich hier einmal veröffentlicht habe, wo er davon spricht, wie die Soldaten immer reden und reden und doch gehorchen. (Ich gebe es hier abgekürzt): «Ja, wie sie im Frieden gedient haben, da haben sie gesagt: ‹Laßt mich mal hier rauskommen, dann werde ichs ihnen aber besorgen!› Und dann sind sie herausgekommen, und dann war gar nichts. Und dann: ‹Laß mal Krieg sein, — da werden wir aber — —›» Und dann hat der Krieg angefangen: große Wiedersehensfreude mit dem Unteroffizier: «Na, geht gut, ja?» Und dann im Krieg: «Mensch, laß das hier aus sein... aber dann——» Und so in infinitum.

Aber wie soll man das übersetzen? Es ist dasselbe wie bei uns — aber es ist doch nicht dasselbe. Einer weiß, was ihm blüht, wenn er es mit dem Vorgesetzten anlegt. Aber er muß, er kann nicht anders. «Est-ce bête, hein, de jouer sa peau pour un mot . . .» Oder dies hier: Ja, die englischen Tommys sind feiner als wir, die Franzosen, das ist wahr —— «Seulement, on a pour nous qu'on sait causer.» Das kann man nicht herüberbekommen; weil das eben bei uns keiner denkt und keiner fühlt.

Manchmal rutscht er auch aus; so, wenn er von den Deutschen spricht; sie streuen unter die Kinder Bonbons, «die sie in Reims gestohlen haben . . .» also das ist ein Schwupper. Nicht etwa, weil sie sie genommen haben — natürlich haben sie das getan; sondern weil in diesem Zusammenhang die abrupte Betonung des bürgerlichen Rechts ein Wahnsinn ist. Wenn sie weiter nichts getan hätten . . .!

Aber das ist es ja alles nicht. Die Schönheiten, die Einzelszenen, die Massenszenen, die Übersetzungsschwierigkeiten . . . wie das geht und geht und weitergeht, der Regen rinnt, und dann besaufen sie sich, und dann ist Nachtangriff, und dann ist Tagangriff, und dann ist da die Sappe (eine der wildesten Episoden, die einen in den Traum verfolgt) — und dann regnet es, und dann sind sie dreckig, und es hört nicht auf und hört nicht auf . . .

Ein Meisterwerk.

Vielleicht sollte eine Stelle — wenigstens als kleine Probe — in das schöne Volksbuch *‹Der Krieg›* aufgenommen werden, herausgegeben von Kurt Kläber (erschienen im Internationalen Arbeiter-Verlag zu Berlin). Wir sind alle drin; dazu sehr gut ausgewählte Proben neuer Autoren. Es sind rechtens auch Nationalisten vertreten. Hilft so ein Buch? Schreckt es ab? Das ist eine schwere Frage — was uns Sclutius damals erzählt hat, sind sehr ernsthafte Bedenken gewesen. Aber vier Millionen Holzkreuze —?

Weitermachen.

IDEAL UND WIRKLICHKEIT

In stiller Nacht und monogamen Betten
denkst du dir aus, was dir am Leben fehlt.
Die Nerven knistern. Wenn wir das doch hätten,
was uns, weil es nicht da ist, leise quält.

Du präparierst dir im Gedankengange
das, was du willst — und nachher kriegst dus nie . . .
Man möchte immer eine große Lange,
und dann bekommt man eine kleine Dicke —
C'est la vie —!

Sie muß sich wie in einem Kugellager
in ihren Hüften biegen, groß und blond.
Ein Pfund zu wenig — und sie wäre mager,
wer je in diesen Haaren sich gesonnt . . .
Nachher erliegst du dem verfluchten Hange,
der Eile und der Phantasie.
Man möchte immer eine große Lange,
und dann bekommt man eine kleine Dicke —
Ssälawih —!

Man möchte eine helle Pfeife kaufen
und kauft die dunkle — andere sind nicht da.
Man möchte jeden Morgen dauerlaufen
und tut es nicht. Beinah . . . beinah . . .
Wir dachten unter kaiserlichem Zwange
an eine Republik . . . und nun ists die!
Man möchte immer eine große Lange,
und dann bekommt man eine kleine Dicke —
Ssälawih —!

DIE MACHT DER WISSENSCHAFT

Wie die ‹Freie Deutsche Schule› zu Würzburg berichtet, ist es in Bayern gelungen, ein System zu entdecken, das jede von Gott nicht gewollte Wallung der Geschlechtlichkeit zunichte macht. Der *‹Altöttinger Liebfrauenbote›* gibt uns das Rezept.

«Wenn die Reize kommen, dann etwa im Kopf ausrechnen, wieviel 27 mal 28 macht. Bis du das Resultat hast, ist das gereizte Nervensystem abgelenkt und alles wieder in Ordnung.»

Das läßt mich gar nicht mehr schlafen. Hier in Schweden sind die Frauen sehr schön und wohlschmeckend; ich gehe nie mehr ohne Logarithmentafel aus. Bis gestern hat es gut funktioniert: wenn Inge oder Karen oder Senta vorbeikam — ich die Tabelle heraus — 27 mal 28 . . . und alles war in Ordnung. Seit gestern klappt es nicht mehr.

Ich muß es dem *‹Altöttinger Liebfrauenboten›* sagen —: sein System hat, mit Verlaub zu sagen, ein Loch. Nämlich: immer, wenn ich jetzt in der Wirtschaft oder im Büchlein für die Markenkasse ausrechnen will, wieviel 27 mal 28 ist, dann ist aber gar nicht alles in Ordnung. Es muß da irgend etwas haften geblieben sein, ein Komplex ... es ist ganz schrecklich. Meine Mama hat mir alle Rechenbücher fortgenommen; «es regt den Jungen so auf», sagt sie.

Übrigens schlage ich vor: 3 mal 23. Es kommt der Sache näher.

DIE ‹DUMMEN› SCHWEDEN

Hier oben in Schweden habe ich etwas Merkwürdiges entdeckt. Nämlich:

Alle Deutschen sagen allgemein, immer und überall: «Die dummen Schweden.»

Wußten Sie das? Ich auch nicht.

Als ich dies zum ersten Male hörte, hielt ich es für einen Irrtum – den abseitigen Gedankengang eines Einzelgängers ... aber nein! Viele Schweden haben mir das bestätigt: es sei eine Art schwedischer Volksmeinung, daß es ein deutscher Volksbrauch sei, von den ‹dummen Schweden› zu sprechen. Woher mag das nur kommen? In meinem Leben habe ich so etwas noch nicht gehört.

Wir sagen: «Alter Schwede», das ist schon ein bißchen altmodisch – aber das Wörterbuch von Sanders gibt hier mit Recht an: «alter Schwede, volkstümlich = alter Freund, ehrlicher Kerl». Wir denken, wenn wir an Schweden denken, fast automatisch an: Streichhölzer; dann an gutes Essen; an Kälte und Schwedenpunsch; dann eine ganze Weile an gar nichts; dann an Stockholm ... an ihren tennisspielenden König ... hier lösen sich die Gedankenverbindungen auf; es kommt darauf an, wer denkt. Aber die gewöhnlichen Kollektivvorstellungen, die Reaktionen, die auf den Zuruf des Reizwortes ‹Schweden› erfolgen, können bei ehrlicher Selbstkontrolle keine anderen sein als diese da. Von geschichtlichen Erinnerungen sehe ich hierbei ab.

Und nun ist eines zu beachten:

Es gibt kein deutsches Normalgehirn, das bei dem Gedanken ‹Schweden› anders als angenehme, freundliche, gute Gedanken hätte. Wir wissen gemeinhin nicht so sehr viel von den Schweden, nicht genug von ihrem Leben, von ihrer sozialen Struktur – wir wissen, daß sie eine sehr gute Sozialgesetzgebung haben; furchtbar viele Telefone; daß die Männer gute Sportsleute sind und der Frauentypus sehr schön ist ... wenn wir nachdenken, wissen wir auch, was diese Nation im Kriege für Deutschland getan hat ... wie sie während der Inflation deutsche Kinder unterstützt hat ... nun werde ich fast feierlich. So ernst ist die Sache ja gar nicht. Kein diplomatischer Zwischenfall steht am Himmel – es ist alles in bester Ordnung ...

Wir wollen nur einmal nachsehen, wie mitten in Europa ein Volk vom anderen, ein paar Seestunden voneinander entfernt und nur eine Flugstunde – wie das solche Märchen glauben kann. Das ist natürlich eine ganz belanglose Geschichte. Die Schweden sind viel zu klug, um störend in die große Politik einzugreifen; sie sind froh, wenn man sie zufrieden läßt – und es ist ein schöner Friede, in dem sie leben. Auch hat diese kleine, falsche Idee niemals ernsthaft die Handelsbeziehungen oder sonstige Verbindungen der beiden Völker gestört, natürlich nicht. Ein Pickelchen . . . Aber solche Pickelchen können von bösartigen und interessierten Pfuschern zu Geschwüren herangezüchtet werden. Ich weiß schon: so entstehen keine Kriege. Kriege werden viel mehr *gemacht*, als sie entstehen – wer da mit magischen Geschichten kommt, hat viel zu gewinnen im Kriege – und wenig zu verlieren. Es ist nur an dem, daß kleine, simple Irrtümer – wie dieser da – böse ausgebeutet werden können, so jemand ein Interesse daran hat, sie auszubeuten. Sie wissen ja, wie man gute Propaganda machen kann, wenn man die Vulgärvorstellungen über fremde Nationen in Rücksicht zieht. «Alle Franzosen sind Windbeutel.» – «Spanier sind stolz» (den ganzen Tag über). «Engländer reden mit keinem Menschen . . .» und so in infinitum. Gewöhnlich sind diese Urteile falsche Verallgemeinerungen richtiger Beobachtung von Einzelzügen – ganz richtig sind sie niemals. Und woher das nur mit den ‹dummen Schweden› kommen mag . . .

Es widerspricht auch noch so ziemlich allem, was wir von den Schweden denken. Die gelten bei uns – rechtens – als durchaus gebildet, intelligent; dazu als schweigsam, wie die Leute aus dem Norden sein sollen (das ist aber nicht ganz richtig); alles, alles, was Sie nur wollen – nur nicht dumm. Gott weiß, wer das aufgebracht hat.

Man kann auch in einem Kubikmillimeter die Beschaffenheit des Meerwassers erkennen. Man kann auch in so einem winzigen Wörtlein die internationalen Irrtümer erkennen, an denen Europa dann leidet, wenn sie große Ausmaße annehmen. Auf einmal ist so ein Wort da; niemand weiß, woher es kommt; jedermann sagts weiter – und dann sitzt es fest. Und eher holst du den Teufel aus der Hölle als dies Wort und diese Wahrheit, die niemals eine gewesen ist, aus den Gehirnen.

Inzwischen wollen wir an Strindberg denken, der ja allerdings kein typischer Schwede gewesen ist, aber dennoch . . . an den großen Chemiker Berzelius, der einer gewesen ist – an die Lagerlöf; an so viele gute Stunden, die uns die schwedische Kunst bereitet hat, sowie an die herzerhebende Tatsache, daß die Schweden ihre Mahlzeiten mit Käse anfangen – und wollen sprechen:

Die klugen Schweden. Die klugen Schweden.

BERLINER THEATER

Der Unterschied zwischen dem Satz «Heute abend geh ich ins Theater!», gesprochen von einem Zweiundzwanzigjährigen im Jahre 1912, und demselben Satz, gesprochen von demselben Mann im Jahre 1929 —: diesen Unterschied möchte ich Theater spielen.

Da streiten sich die Leut herum, wie Komödie gespielt werden soll: Schauspieler, prominente Chargen und wildgewordene Spezialtalente ... Regisseure ... Dramaturgen ... Oberspielleiter ... in der Ecke steht ein bescheidener Mann, der Autor, was! Autor! wenns gut geht: der Bearbeiter der Übersetzung — das Theaterstück ist Vorwand und Anlaß geworden.

Weil es aber das Geistige ist, das uns ins Theater lockt, ein Geistiges, das dialektisch zerlegt ward, Kampf zwischen Engel und Teufel, zwischen Hell und Dunkel, zwischen Ja und Nein, so entfällt heute ein gut Teil des Interesses, weil das ganze Orchester spielt, aber kein Notenblatt liegt vor den Herren, der Dirigent rudert mit den Armen in der Luft herum, und es ist ein schöner Anblick, eine kunstreiche Veranstaltung, ein herrlicher, ein bestaunter, ein leerer Lärm. Anmerkung fürs Regiebuch: (strahlend) «Heute abend geh ich ins Theater!» — und: (stumpf, trocken) «Heute abend geh ich ins Theater!» — Wer oder was ist schuld?

Der erste Theaterabend fand mittags statt: in der berliner Volksbühne haben sie die ‹*Unüberwindlichen*› von Karl Kraus gegeben. Als die Wogen des Beifalls durch das Theater rollten, trat Kraus vor die Gardine und dankte. Er täuschte sich nicht: er hat kein Publikum erobert. Er hat ein erobertes Publikum erobert.

Es war der Idealfall von ‹Theater›; so muß griechisches Theater gewesen sein, das Publikum der mittelalterlichen Passionsspiele oder das der japanischen Schauspiele — an diesem Vormittag hatte Kraus etwas, was in den Gefilden der Kunst so selten ist: ein homogen zusammengesetztes Publikum.

Sie hatten alle die ‹*Fackel*› gelesen; sie hatten ihr Pensum gelernt; sie wußten, wer Bekessy ist und wer Schober; sie wußten, daß jene Anspielung dies bedeutet und diese jenes — schlug der oben einen Ton an, so klangen unten dieselben Akkorde wieder, dieselben Assoziationen tauchten auf, dieselben ausgeschliffenen Gedankenbahnen — und hier liegt die Schwäche des Stücks. Kraus setzt voraus, er gestaltet nicht. Was ist uns Bekessy?

Unsere Korruption sieht anders aus; unsere Journalisten haben andere Fehler und andere Untugenden, hierzulande sind die Leute billiger und schwerer zu bestechen, beeinflußt wird hier, nicht gezahlt — wenn einer von uns Geld nähme, verfiele er einfach der

Lächerlichkeit; hier ist es gar nicht pikant, bestochen zu sein – es ist nur dumm. Hier lassen sie sich zum Abendbrot einladen; wenn sie dreimal durch Dahlem getrudelt sind, sind sie nicht mehr dieselben – hier arrangieren sie ihre Buchbesprechungen: «Für die *‹Literarische Welt›* fehlt mir noch einer, im *‹Tageblatt›* schreibt Langer, in der *‹Voß›* Sochaczewer, ... Stefan Zweig ... ich werde es mit Pantern versuchen ...» hier knistert kein Schein und kein Scheck ... Lobst du meinen Juden, lob ich deinen Juden ... und wenn die französischen Presseschieber zum Schluß eine Villa haben: bei uns zulande können sie sich aus dem Ertrag ihrer jahrelangen Gefälligkeiten ein Weekend machen. Nein, hier gibt es wohl keine Bekessys.

Um so schwerer hatte es Kraus, uns seinen Bekessy zu servieren. Der wird von Peter Lorre als ein fetter Unsympath gespielt, ein lärmendes Goulasch – warum nur haben die deutschen Schauspieler diese fatale Neigung zum Gebrüll! Dieser Bekessy hat unrecht, immerzu unrecht ...

Castiglioni hingegen ist nur ein Flammeri der Angst und nichts als das. Siehst du näher hin, so stehen da – wie bei Molière – kaum noch Menschen sondern nur Eigenschaften ... und daher hat auch diese Komödie von Kraus etwas Starres, Unbewegtes: hie Welf, hie Waiblingen! Waiblingen ist Kraus selber, ein durch und durch taktvoller, ruhiger und moralischer Mann. Er vernünftelt durch das Stück; anders als der Herr Grabbe, der mehr Scherz, Satire und Selbstironie verstand; der geistert durch das seine und wird nicht schlecht angefahren. «Kommt mir der Kerl noch spät in der Nacht durch den Wald, um uns den Punsch aussaufen zu helfen! Das ist der vermaledeite Grabbe, oder wie man ihn eigentlich nennen sollte, die zwergigte Krabbe, der Verfasser dieses Stücks! Er ist so dumm wie ein Kuhfuß, schimpft auf alle Schriftsteller und taugt selber nichts, hat verrenkte Beine, schielende Augen und ein fades Affengesicht! Schließen Sie vor ihm die Tür zu, Herr Baron, schließen Sie vor ihm die Tür zu!» Nicht so Kraus. Der hat in diesem Stück recht, immerzu hat er recht ...

Nicht recht tut er daran, einen der stärksten dramatischen Momente seit Barlach zerlaufen zu lassen. Seine beiden Konzeptsbeamten Hinsichtl und Rücksichtl sagen die Wahrheit auf wie die Papageien ... sie sind Werkzeuge der Wahrheit ... In der Kunst gibt es nur ein Kriterium: die Gänsehaut. Man hat es, oder man hat es nicht. Dieser Augenblick hatte es. Der sowie eine bescheiden starke Leistung Hans Pepplers. Und ein spitz-frecher Redakteur von Paul Nikolaus. Der Rest war Mathematik. Das Stück hörte auf, die Begeisterung zerlief, die Leute hatten im Theater getobt, sie riefen den Namen unseres Schober: «Zörgiebel!» riefen sie und: «Erster Mai!» – und dann war alles wieder still, und das Stück war zu Ende, und da stand Karl Kraus und hatte einen Sieg erfochten, der keiner war: über und unter Literaten.

Mein zweiter Abend war ein abendlicher Abend: Auf dem Zettel des Staatstheaters stand ‹*Don Carlos*› – aber gegeben wurde ‹Der Kaufmann von Madrid›. Soll man, um Zuschauer und Dichter einander nahe zu bringen, das Publikum heben oder den Dichter popularisieden? Jeßner hat seinen Schiller nach Berlin W 50 versetzt.

«Nicht aus Willkür», belehrt mich das Programmheft, «sondern aus der Erkenntnis und der Resonanz zweier Aufführungen heraus entstand diese dritte Inszenierung.» Ich mag die Regisseure nicht, die die Stücke zuschneiden wie die Wintermäntel. Wenn Jeßner den Carlos anders sieht als Schiller, dann möge er uns ein neues Stück schreiben – den Schiller lasse er so, wie er da ist. Resonanz? Das heißt auf deutsch: Angst. Jeßner wills allen recht machen – er machts keinem mehr recht. Vor wem hat er Angst?

Das berliner Theater ist eine Klubangelegenheit von etwa zweitausend Menschen; das Publikum ist gut genug, die Ränge zu füllen, zahlen soll es auch – aber eigentlich stört es. Es versteht ja doch nichts. Wichtig ist die Kritik.

Die Kritik der Tageszeitungen wird vom Publikum gelesen wie ein Vergnügungsanzeiger, daher wir denn nur mit einem einzigen Wort wirklich abschrecken können: nämlich mit dem Wort ‹langweilig›. Alles andere kümmert Herrn Wendriner und Frau Generaldirektor Gasteinicke überhaupt nicht. Wohl aber kümmert es seltsamerweise die Theaterdirektoren. Die engagieren einen Künstler nicht wieder, weil Kerr ihn nicht mag, und reißen sich nach einem, den Ihering gelobt hat, und nach der Premiere fiebert der ganze Klub: «Was hat Monty Jacobs gesagt? was Norbert Falk? Wissen Sie, daß Hollaender ...? Na, Pinthus wird doch nicht ...» Ein Wunder, daß die Besatzung nicht samt und sonders größenwahnsinnig wird – Anlaß dazu hätte sie reichlich. Am Ende werden wir noch erleben, daß eine Schauspielerin nach der Premiere bei drei Kritikern anrufen läßt, die lachen den Anrufer nicht aus sondern geben ihm wirklich ihre Kritiken vor dem Erscheinen, die Schauspielerin liest, atmet auf, wird mit Kamillentee zu Bett gebracht ... es geht nirgends so komisch zu wie auf der Welt. Und wenn der Intendant des Staatstheaters nicht nur vor dem lächerlichen Apparat kuscht, der ihm etatsmäßig aufgebürdet ist (welch Winter seines Mißvergnügens!) – wenn er nicht nur mit diesen gehobenen Obersekretären paktieren muß, von denen eine Mandel so viel leistet wie zwei geschickte Sekretärinnen eines Privattheaters – wenn er nun auch noch ängstlich prüft, ob Fritz Engel von seinem Platz alle Versatzstücke gut sieht und was wohl dieser Kritiker zu seiner Inszenierung sagen wird und jener –: so spricht daraus nicht etwa das Bestreben, aus den Kritiken zu lernen – es ist und bleibt Furcht. Was entsteht so? So entstehen Kompromißlösungen. Die deutsche Rechte, deren Angriffe auf Jeßner dem Mann bisher viel Rücksichtnahme von links her eingetragen haben, die Rechte, die nicht weiß, wo Gott wohnt, hat den Intendanten in einem falschen Verdacht: der sitzt brav in der Mitte, wie der Generalsekretär eines großen Verbandes, der mit ‹realen Gegebenheiten rechnet›. Keine Sorge: dieses Staatstheater kostet uns zwar viel Geld, aber es repräsentiert wenigstens aufs beste die Regierung, die ihrerseits kein besseres Theater spielt.

Dieser *‹Carlos›* hatte einen Schillerschen Darsteller — einen einzigen.

Da war kein König. Der da als König Kaftan der Erste durch die Szenen ging: Kortner, ist ein Schauspieler von großer Kraft, ein ganzer Kerl, eine Potenz, aber nie, niemals ein König. Er steht in Reiterstiefeln — seine Beine können nicht reiten. Er gibt seine Befehle wie einer, der bisher hat gehorchen müssen und nun ängstlich wartet, ob sie auch tun werden, was er sagt. Er brüllt — aus Unsicherheit. Er trumpft auf — aus Schwäche. Er ist kein König. Man hat es, oder man hat es nicht. Er sehe bei Werner Krauß, was das ist: ein Herrscher; wie man noch im zweireihigen Jackett, mit Packard und Radio, ein König sein kann.

Das Stück hatte keinen Carlos. Es hatte keinen Posa. Es hatte keinen Domingo — es hatte keinen Kardinal, nur einen Schauspieler, der einen Kardinal zu geben hatte, es hatte keine geistige Spannung, und es konnte sie nicht haben — denn es hatte vor allem einmal keinen, der die Sprache dieses Stücks sprach, keinen, der sie sprechen konnte. Außer einem.

Dieser eine war der alte Kraußneck. Das ist ein Schauspieler, über den ich vor zwanzig Jahren bestimmt einen kleinen Witz gemacht hätte — wegen seines zu dick aufgetragenen, edeln Bibbers, wegen der Theaterallüren einer schon damals versunkenen Zeit . . . das ist gewiß wahr. Aber wenn er heute, inmitten dieser Stimmen in Zivil, seinen Mund aufmacht, so tönen aus diesem Mund Verse — gewichtige, echte und volle Schillersche Verse, Kraußneck hat das nämlich gelernt; er weiß, was ein Vers ist — es ‹stimmt›.

Bei den andern stimmt es gar nicht. In diesem Haus saß einst auf seinem angestammten Parkettplatz der alte Fontane und schrieb schon damals ein paar entzückende Sätze über die «märkischen Kommandostimmen», die so gar nicht zum Pathos passen wollten. Verse —? Bei Jeßner wird eine etwas verwickelte Prosa gesprochen, denn sehn Sie mal, man spricht doch auch an der Börse nicht in Versen, immer hübsch vernünftig — was heißt hier: Verse! Die Königin zu Carlos, vom König: «Der Ihnen das größte Reich zu Erben gibt!» Carlos: «Und Sie zur Mutter.» Er will sagen: Ja, er gibt mir ein großes Reich. Er gibt sogar noch mehr: dich, meine Geliebte, gibt er mir. Und nun, die beiden Worte, die alles töten: zur Mutter. «Und Sie zur Mutter» sprach Herr Doktor Carlos so, wie etwa Hans Waßmann eine Pointe fallen läßt, in einem

Wort, schnell, nebenbei hingenuschelt. So spielt man keinen Schiller.

Man spiele ihn meinethalben gar nicht, wenn man ihn, was er nicht ist, für überholt hält. Kann man aber die geistige Spannung zwischen diesen funkengeladenen Personen nicht herstellen, dann lasse man die Hände von einem gebändigten Vulkan wie diesem. Die berühmte Stelle «Der König hat geweint» war keine Stelle — und welch ein Augenblick ist das! Das, Leopold Jeßner, ist Theater! Und was haben Sie daraus gemacht? Vier Worte — nichts, nichts. Früher lief der Schauspieler auf der Straße wie ein gekränkter Napoleon herum; heute spielt er den Napoleon wie einen gekränkten Stationsvorsteher. Aber wenn einer böse ist, so ist er noch lange nicht königlich. Und welche Sprachtechnik! Bei uns wird auf der Bühne gemauschelt oder berlinert — nun laßt uns einmal hochdeutsch hören. Und wo sonst, wenn nicht an einem Staatstheater?

Der dritte Abend war eine richtige, besmokingte Premiere ‹*Seltsames Zwischenspiel*› von O'Neill im Deutschen Künstlertheater.

Es waren alle da, die da glauben, wenn sie da seien, seien alle da — und die Türen klappten in die ersten hundertundzwanzig Takte dieses Spiels, denn der Berliner kann gar nicht eilig genug zu spät kommen, und dann fing es an und entpuppte sich als ein seltsames Zwischending: außen Psychoanalyse und innen Lavendel. Und noch dazu eine ‹jewish science›, für den Salon der feineren Leute präpariert: — «Ich hasse meine Mutter» ist so ziemlich der Höhepunkt dessen, was jene bis auf die Seelenlosigkeit entkleideten Gesellschaftsmenschen auszudenken wagen. Eine sauber shampoonierte Psychoanalyse. Und das uns, in Europa? Nächstens wollen wir deutschen Kaugummi nach den Vereinigten Staaten ausführen. Lags an der Übersetzung? An der nur braven Regie lags gewiß.

Den herrlichen Forster hatten sie auf einen falschen Platz gestellt — er war fehl am Ort: was da herumging, war weder Forster noch die Figur, die er zu spielen hatte. Er wuchs von Szene zu Szene — aber nicht zu sich. Haben diese Regisseure keinen Instinkt?

Aber da ist die Elisabeth Bergner. Die war langsam auf dem Wege gewesen, Parodie ihrer selbst zu werden — dabei hat sie Nachahmerinnen genug. Bei diesem Leerlauf, dem sie zu verfallen drohte, traten leichte und dann schwere Mängel auf: Monotonie des Gemaunzes, Hysterie zum Hausgebrauch und ein ganz leichter Buckel. Nichts mehr davon. Eine Schaumgeborene, nein: eine Erdgeborene stieg aus den Wellen. Und sie riskierte etwas.

Wie sie den ersten Satz dieser dummen ‹innern Monologe› spricht, die in Wahrheit alte biedere Theatermonologe sind; wie sie starr dasteht, auf ihren schwatzhaften Vater sieht und sagt: «Er soll nicht so viel reden»; wie sie liebt und haßt, ihr Kind und ihre Liebe austrägt;

wie das Einfachste und Gleichgültigste in ihrem Mund zum Ausdruck eines Schicksals wird —: das hat uns wieder gezeigt, daß das Theater nicht tot ist. Es ist nur blutarm, dabei überfüttert mit Kunstpräparaten, aber es lebt. Noch . . .?

Was am Theater ‹schon› ist, steht dahin; sein Publikum ist zum großen Teil ‹noch›.

In die Untiefen O'Neills wurde oft und zu wiederholten Malen hineingelacht. Was ist es mit diesem Publikum?

Das berliner Publikum kommt sich sehr skeptisch vor; es ist aber in seinen großen Teilen nicht einmal naiv. Sieht man von dem ‹Klub der Dazugehörigen› ab, so gibt es für die Majorität der Galerie im Parkett eherne Gesetze der Wirkung. Zum Beispiel diese:

Worte, die tags zuvor in der ‹*B. Z.*› gestanden haben, sind komisch. Das Wort ‹Aspirin› darf in keinem tragischen Satz vorkommen — es wird gelacht (wie früher bei ‹Dackel›, ‹Schwiegermutter› und ‹Synagoge› gelacht worden ist). Dazu kommt, daß der Berliner — und insbesondere der berliner Jude — Pathos nur noch verträgt, wenn es ihm, wie Arnheim das hier einmal ausgedrückt hat, durch einen hinterher fallenden Witz belohnt wird. Ja, Pathos dient auf vielen Bühnen überhaupt nur dazu, eine trockne Schlußbemerkung einzuleiten, wobei wiederum ein niedriger Begriff von Schadenfreude die Hauptrolle spielt. Es ist in den deutschen Umgangsformen so vieles besser geworden, die Leute sind glatter und höflicher, sogar viele Beamte sind es, wenn es sich nicht grade um verschwiegene Polizeireviere handelt . . . aber unausrottbar sitzt in diesen Köpfen der Grundsatz: Um etwas zu gelten, behandele den andern wie Reis am Absatz. Nichts hatte an dem O'Neill-Abend so viel Erfolg wie jene als gedachte Randglossen gesprochenen Sätze, die den Gegner heimlich beschimpfen. «Wie geht es Ihnen gnädige Frau?» (beiseite): «Alte Schraube!» — Das ist kein Bühnenscherz — das ist eine Weltanschauung.

Das berliner Publikum sieht in jedem Stück, neben allem andern, auch noch eine deutsche Posse, eine, wie sie etwa Guido Thielscher um Weihnachten herum zu spielen pflegt, mit: «Himmel, meine Frau!» — und: «Schnell in den Kleiderschrank!» — es ist für einen Bühnenautor beinahe unmöglich, ja es ist für ihn ungeheuer gefährlich, diesem Parkett Dinge des Alltags tragisch zu servieren. Hierzu gehört eine erhebliche Rückversicherung an Ironie, sonst geht das schief.

Sie lachen wie Schulkinder, wenn der Lehrer (der vorigen Generation) von einem Nachttopf spricht. Sie lachen, wenn da oben gesagt wird: «Wir haben zur Zeit eine erhebliche Hausse», denn, hihi, jeder Mensch weiß doch, daß Kunstseide und Oberbedarf . . . haben Sie heute abend gelesen . . .? Sie lassen sich nicht gern bezaubern, sie bringen ihr eigenes Leben mit und wenig Bereitwilligkeit für das fremde, und sie messen, was ihnen geboten wird, nur an ihrem kleinen

Privatdasein. Wie stark muß ein Dramatiker sein, um diese zu unterwerfen!

O'Neill, geborener Joyce, geschiedener Ibsen, verwitweter Sudermann ist solch ein Dramatiker nicht. Wenigstens nicht in diesem Stück, dessen aufgeklebte moderne Fassade über den Grundriß nicht täuschen kann. Den Berliner schon gar nicht, der seine ihm unangenehmen Gefühle dem Pathos gegenüber gern mit einem Stoßseufzer durch die Nase abzureagieren pflegt. Nur der Respekt vor Frau Bergner verhinderte ein Malheur; wunderbar geduldig hörten sich tausend erwachsene Menschen eine ausgewachsene Kinderei an.

Die erste Theaterstadt der Welt? Sie hat alle Anlagen, es zu sein, sie war es, und sie kann es wieder werden, wenn man davon absieht, daß anderswo nur schlechter und nicht besser Theater gespielt wird: sie hat ein Publikum, das sich auf die Dauer nichts vormachen läßt; sie hat eine verklüngelte und beeinflußbare aber auf die Dauer unbestechliche Kritik — und sie hat eine Fülle von Schauspielern, die ein beachtliches Niveau sichern, ein Niveau, das hier wesentlich höher liegt als etwa in Paris. Berlins große Schauspieler kann man an den Händen aufzählen.

Lasset uns applaudieren, wenn sie gut gespielt haben — und auf den Fingern pfeifen, wenn sie statt in unserer Zeit in einer Aktualität von Schlagzeilen leben.

MIETER UND VERMIETER

— «Das seh ich doch gar nicht ein. Wenn die Rohre kaputt gehen, muß er sie eben reparieren lassen! Vertrag ...! Vertrag ... Er als Wirt ist verpflichtet. Das wäre ja noch schöner — das wäre ja ... Gib mal das Gesetzbuch her — nein, weißt du was, ich werde mal meinen Rechtsanwalt anklingeln — er als Wirt ist eben verpflichtet, das werden wir ja mal sehen. Na erlaube mal: wenn ich hier wohne, dann verlange ich eben, daß die Rohrleitungen zum Badezimmer funktionieren! Dafür kriegt der Mann seine Miete! Teuer genug ist sie. Da hilft kein Gott: er muß die Rohre reparieren — hier, gleich mal 'n eingeschriebenen Brief ... dem werd ich das ... das seh ich doch gar nicht ein — ich als Mieter —?»

— «Das seh ich doch gar nicht ein. Ich als Wirt? Wahrscheinlich baden die Herrschaften täglich sechsmal und lassen die ganze Wäsche in der Badewanne waschen, kein Wunder, daß die Rohre kaputt gehen. Ich denke gar nicht daran, sie reparieren zu lassen! Auf meine Kosten? Hast du das gehört? Er wird sie auf meine Kosten reparieren lassen! Ich wer ihm was ...! Auf meine Kosten — hö. Gib mir mal das

Bürgerliche Gesetzbuch – nein, weißt du was, ich geb die Sache einfach unserm Verband; soll der sich ärgern . . . Auf meine Kosten! Wie komme ich denn überhaupt dazu! Er als Mieter . . . ich meine: sollen froh sein, daß sie da überhaupt wohnen dürfen! Bei den Steuern! Was zahlen denn die schon Miete? Einen Pappenstiel. Ich will dir mal sagen: wenn unsereiner so könnte, wie er wollte, da hätte ich die schon längst – also das sehe ich gar nicht ein! Ich als Vermieter –?»

Gut. Nicht, daß diese Mono- und Dialoge sich so oder so ähnlich abspielen, ist das Lustige – das ist ja noch verständlich; beide Parteien kämpfen für ihr Geld, für ihre Interessen, für ihr wahres oder vermeintliches Recht . . . das ist auf der ganzen Welt so.

Aber daß diese Dialoge sich – *vom selben Mann gesprochen* – so abspielen: einer vormittags, der andere nachmittags –: das ist eine der reinsten Freuden meines Lebens.

Denn es gibt Leute, die zugleich Mieter und Vermieter sind; das ist sogar sehr häufig. Und wenn die ‹als Wirt› etwas entscheiden, dann tun sie es mit dem ganzen Aplomb der gekränkten Leberwurst, man hat an das Heiligste gerührt, wo der Mensch hat – und nun gehts los.

Und wenn sie dieselbe, genau dieselbe Geschichte andersherum vor sich haben, dann toben sie ‹als Mieter› herum, daß der Hausfrau angst und bange wird. Und beide Male mit demselben Brustton der Überzeugung.

Im Handel und Wandel kann man am schönsten den ideologischen Überbau studieren, den merkantilen und den seelischen, von dem wir so viel lesen. Die orientalischen Kaufleute sind ja wohl darin Meister: sie ‹beweisen› es dem Käufer, daß die Ware zu billig, und dem Verkäufer, daß sie zu teuer ist. Die Logik wird in den Dienst der Interessen gespannt, und wenn man sie gut einspannt: die zieht immer, den ganzen Karren. Ist man nicht ein sehr starker Logiker, dann ist man geliefert, wenn man sich darauf einläßt.

Merk –:

Man kann alles beweisen; dadurch, daß mans bewiesen hat, ist noch nichts bewiesen. Der Syllogismen sind viele; der Trugschlüsse viele; der falschen Voraussetzungen viele . . . laß sie reden, aber gehe nicht auf den Leim. Du bleibst unweigerlich hängen.

Und merk –:

Du kannst niemals im Wirt an den Mieter appellieren, der er doch gleichzeitig auch ist, noch im Mieter an den Wirt. Dazu fehlt ihnen beiden die Phantasie. Sie können ihre eigenen Interessen nicht umdenken, dazu sind die meisten Menschen viel zu monoman. Wenn einer schwimmt, kann er nicht Schach spielen; das ist selten. Und sie wollen auch gar nicht umdenken: «Wo kämen wir denn da hin!» Ja, wohin kämen sie dann wohl . . .? Vielleicht gar zu einer Angleichung der Interessen? Da sei Gott vor. Jedes Geschäft muß so ausgehandelt werden, als hänge vom Ausgang das Gedeihen der Welt ab; tut man das nicht, dann ist man kein guter Geschäftsmann. Und siegen ist schwer, so schwer . . .

Wir sind alle: Mieter und Vermieter. Aber wir schlüpfen aus der einen Haut in die andere, wie wir das gerade brauchen; leer baumelt inzwischen die zurückgelassene, sie wird jetzt nicht benötigt. Der Herr sind ausgegangen . . . Und krakeelt voller Energie in der anderen – man möchts beinah glauben – man möchts beinah.

Sehen Sie um sich, und Sie haben tausend Beispiele:

Die Tochter als Mama; der Schauspieler als Regisseur; der Richter als Angeklagter; der Kritiker als Autor; der Arbeiter als Arbeitgeber – lauter Mieter und Vermieter. Und keiner, keiner weiß, daß er es ist.

HENRI BARBUSSE UND DIE PLATTE ‹LORD HELP ME –!›

> Jack (kommt nach einer Weile zurück und setzt die Schale auf den Blumentisch): Das war ein Stück Arbeit! – (sich die Hände waschend): Ich bin doch ein verdammter Glückspilz! –
>
> *‹Die Büchse der Pandora›*

Das erste Mal, daß ich Menschenblut habe fließen sehen, und nicht das meine, das ist in der Dorotheenstraße zu Berlin gewesen. So etwas bleibt, nicht wahr: ich stak grade bei ‹Dusche›, meinem Schulfreund, heute ein Nervenarzt vor dem Herrn, als auf der Straße Stimmen laut wurden, wir rissen die Fenster auf, da lief ein brüllender Kerl mit großem, gelbem Schnurrbart über den Damm, er blutete im Gesicht und schrie immerzu . . . Menschen strömten zusammen, es gab einen Tumult, das Gesetz erschien; laufende Schutzleute der damaligen Zeit sahen immer aus, als fiele der Staat zusammen; was dann geschah, weiß ich nicht mehr. Aber wie mein Gefühl gewesen ist – das weiß ich noch ganz genau.

Es war zunächst der große Schock, natürlich. Für uns Kinder ist ja die Haut, die das bißchen Blut von der Außenwelt trennt, nicht dünn gewesen; ein Gesicht war ein Gesicht, daran konnte man doch nichts ändern . . . Und nun war das auf einmal offen, zerfetzt, mißgestaltet, blutig! Ein furchtbarer Schreck.

Und dann etwas andres. Mir ist das damals nicht bewußt geworden, es kündigte sich nur dunkel an, so dunkel, wie es eigentlich bis heute geblieben ist. Ich gebe es am besten wieder, wenn ich sage: es war um einen Ton dumpfer als ein Gefühl; es regte sich etwas, das neben der Wollust wohnte, aber durch dicke Wände von ihr getrennt. Immerhin waren die Wände nicht so dick, daß die benachbarte Lust sich nicht unmerklich aufrichtete ... nein, sie wachte nicht auf, mir war das scheußlich, der Mann litt, schrie, ich wollte das nicht ... aber weil in der benachbarten Gefühlskammer so ein Rumor war, legte sich die Wollust gewissermaßen auf die andere Seite, faulig, leicht geschreckt; es ging sie noch nichts an ...

Als ‹*Blaise, der Gymnasiast*›, eine Schöpfung Philippe Monniers, von seinem Kameraden auf einer Bank im genfer Park sexuell aufgeklärt wird, klopfen Mägde auf einem Nachbargrundstück Teppiche. Blaise fügt hinzu: «Ich werde dieses Teppichklopfen hören, solange ich lebe.»

Ich werde diesen blutenden Mann sehen — solange ich lebe.

Bei Flammarion in Paris ist vor einiger Zeit ein Buch von Henri Barbusse erschienen ‹*Faits divers*›. (Die deutsche Übersetzung heißt ‹*Tatsachen*› und ist im Neuen Deutschen Verlag, Berlin W 8, erschienen.)

‹Faits divers› ist sehr schwer zu übersetzen: es ist jene Sparte der französischen Zeitungen, in der bei uns ‹Lokales und Vermischtes› zu stehen pflegt. ‹Aus aller Welt› — das heißt: wo das früher gestanden hat; heute machen ja die Umbruchredakteure, einer alten, lieben Kriegsgewohnheit folgend, jeden Mord als Schlagzeile auf der ersten Seite auf — damit das Publikum ja nicht glaube, es könne an einem Tage auch einmal nichts geschehen sein. Früher kamen die Ereignisse in die Zeitung; heute werden die Ereignisse von der Zeitung ereignet. Ja also: faits divers ...

Barbusse, einer der wenigen Europäer, die es nach Björnson und außer Fritjof Nansen gibt, hat nichts weiter getan, als aus vielen Ländern, hauptsächlich aus Frankreich und vom Balkan kleine Ereignisse zu sammeln — Dinge, die in der Zeitung mit drei Zeilen abgetan werden: eine Verhaftung ... der wegen Hochverrat eingesperrte X ist aus dem Gefängnis Y nach Z überführt worden .. gar nichts, wie —? Eine Hölle stinkt auf.

Alles, was er erzählt, ist wahr und authentisch.

Erstes Kapitel: ‹*Der Krieg*›. Da nimmt er sich, wie es recht und billig ist, zunächst einmal seine eigene Nation vor. Das Gebrüll vom ‹beschmutzten Nest› zieht ja nicht mehr — es gibt nur wenige Ausländer, denen wir das Recht einräumten, Deutschland so heftig zu kritisieren, wie wir es tun. Dieses Recht muß man sich erwerben. Barbusse hätte es — er hat es nie getan. Er beginnt also mit seinem Frankreich im Kriege.

Nun gibt es da einen Zug in der französischen Armee, dem ich merkwürdigerweise noch niemals, in allen Hugengebirgen, in allen nationalen Zeitschriften niemals begegnet bin — und das wird wohl seinen Grund haben.

Die französische Heeresdisziplin ist nach allen meinen Informationen manchmal laxer als die deutsche — was die Form angeht. ‹Rouspéter› — ‹meckern› ... etwas dem deutschen Feldwebelgehirn völlig Unvorstellbares — das ist drüben in gewissen Grenzen und bei kleinen Anlässen erlaubt. «Sie gehen heute abend auf Patrouille!» — Aber nun legt der los: «Ah ... mais des fois — non, mais ... tout de même ... ah, ça ... voyons ...» Und so in infinitum. Dann geht er vielleicht doch. Oder auch nicht: wenn sich der Feldwebel das abhandeln läßt. Dieses kleine Scharmützel von Mensch zu Mensch findet natürlich nur gegen die unteren Chargen statt, aber da kräftig. Und da sagt auch keiner etwas. Der Deutsche wird dann ‹dienstlich› (eine der schauerlichsten Sprachschöpfungen dieses Stammes) — der Franzose nimmt das hin, er weiß: dies ist ein Ventil, überschüssiger Dampf muß heraus, und nachher funktioniert die Maschine viel besser. Soweit gut und schön.

Hat es aber geregnet, ist das Wetter schlecht, ist der Druck von oben aus irgendwelchen Gründen besonders stark, oder steht eine besondere ‹brute› (eigentlich: unbehauenes Holz, im übertragenen Sinne: Rohling, ungeschlachter Kerl) am Kommando: dann kann es geschehen, daß die Militärbestie zupackt. Und wenn sie drüben einmal zugepackt hat, läßt sie sobald nicht mehr los. Und dann endet es meist sehr schlimm.

Ehe ein deutscher Soldat standrechtlich von Deutschen erschossen wurde, mußte er wirklich schon allerhand getan haben. (Ich sehe hier von dem politischen Justizmord an Köbis und Reichpietsch ab, dessen Täter zum Teile heute noch, wie zum Beispiel Herr Dobring, in Diensten dieser Republik stehen.) Vor die Gewehrläufe der Eigenen ... in Österreich ja, in Deutschland sehr, sehr schwer. Zuchthausstrafen, die gemeinsten Schikanen in den Strafanstalten für ‹Soldaten zweiter Klasse› (was ein Pleonasmus ist), alles — aber Tod: selten. In Frankreich: häufig. Nach den Feststellungen der französischen Liga für Menschenrechte, die sich — nachher — sehr verdient um die Aufdeckung dieser Verbrechen, begangen durch die «conseils de guerre», gemacht hat, scheinen etwa 6000 (in Worten: sechstausend) Menschen als ‹Spione›, ‹Verräter›, ‹Feiglinge› etcetera von den Franzosen im Laufe dieses Krieges erschossen worden zu sein. Diese Fälle erzählt Barbusse.

Einmal traf der Herr Boutegourd, als General der 51. Division verkleidet, einen Haufen Soldaten, deren Marschroute er sich nicht zu erklären wußte. «Sechs Mann raus und an die Wand!» Es gab sehr verständige, sehr anständige Offiziere seiner Umgebung, die diesen Feigling von seiner Untat abzubringen versuchten — vergeblich. Die sechs Mann wurden aufgebaut und abgeknallt. Einer wurde schlecht getroffen (so, wie es damals einem der zweiunddreißig Matrosen in der Französischen Straße geschehen ist), er entkam. Und fiel dann später. Dann ist da der Herr Mathis, der sich laut rühmt: «Zweihundert

Deutsche hatten wir geschnappt, aber ich habe nur zwanzig nach hinten gebracht. Die übrigen ...» und dann eine sehr genaue Schilderung dieses ekelhaften Schlachtens; die Franzosen wollten erst nicht recht heran; sie mußten, Herr Mathis befahl es ihnen ... Dann eine gradezu grauenerregende Geschichte, und alles das gut belegt, von einem ganzen Trupp: da waren 250 (in Worten: zweihundertundfünfzig) französische Soldaten, die angeblich gemeutert hatten ... das war 1917 ... diese Meutereien sind niemals ganz aufgeklärt worden. Damals hatte die Sûreté Générale, die französische politische Polizei, Spitzel in die Regimenter gesteckt, und wieweit die Spitzel den Brand, den sie löschen sollten, vorher noch ein bißchen schürten, wollen wir nicht untersuchen ... kurz: die zweihundertundfünfzig wurden für schuldig befunden. Sie wurden fortgeführt, durch die Nacht, man sagte ihnen nichts von einem Urteil, nichts von einer Untersuchung, nichts. «Halt.» Halt. «Hinsetzen.» Hinsetzen. Tiefschwarze Nacht ... «Seht mal grade aus ...!» Die Begleitmannschaften entweichen im Dunkeln ... niemand achtet darauf ... Und dann, von hinten: die Maschinengewehre. Dies sind Söhne französischer Mütter gewesen. Die Mörder auch.

Dann die Geschichte vom Soldaten Olivier Bonnoron, der 1925 als Freiwilliger nach Marokko ging, um dort die Interessen der französischen Kapitalisten zu verteidigen und auszubauen — und der unterwegs auf einem Schiff von einem tropenkollrigen und ewig besoffenen Unteroffizier erschossen wurde. Das kann vorkommen. Und dann kann vorkommen, daß das Kriegsministerium der Mutter des Soldaten einen Brief schreibt, den Barbusse wörtlich abdruckt; eine verlogene Amtsflegelei — mit einer dicken Lüge in der Mitte. «Ein Unglücksfall ...»

Dieses Kriegsministerium wird von Herrn Paul-Prudent Painlevé geleitet, noch heute, wenn ich nicht irre, irgend eine Art Ehrenpräsident der französischen Liga für Menschenrechte. Man kann ihr zu diesem Mitglied nur gratulieren. («Que voulez-vous! Il faut être en bons termes avec l'administra-a-ation!» Ja, ich weiß.)

Zweites Kapitel. ‹*Der weiße Terror*›. Hier wird einem schlecht.

Barbusse, der in seiner Broschüre ‹*Was man aus Georgien gemacht hat*› (ebenfalls im Neuen Deutschen Verlag) diesen Balkan-Terror ausführlich geschildert hat, gibt hier Proben. Der Rumäne Boujor, den die Rumänen eingesperrt haben, sechs Jahre lang im Halbdunkel, sechs Jahre lang zum Schweigen verurteilt, ohne Bücher, ohne Kameraden, ohne die geringste Zerstreuung, sechs Jahre. Eine Genossin, die sich als seine Geliebte ausgab, um ihn zu sehen, hat ihn gesehen. Seine erste Frage war: «Sind die Bolschewisten noch an der Macht?» Die Frau wurde gleich von der Türe gerissen. Sechs Jahre ...

Die Geschichte, in der die rumänischen Emigranten die Arten der gebräuchlichen Polizei-Foltern aufzählen — man mag das nicht abschreiben, lest es selbst. Doch, lest es — es ist lehrreich, oh, so lehrreich! Es sind gradezu raffinierte Martern dabei, seelische ... mit asiatischer Grausamkeit ausgedacht ... es ist ganz grauenhaft. Bewußte Übertragung von Typhus auf Gefangene ist noch eine der mildesten.

Wundert es einen, daß der König — der verstorbene Ferdinand von Rumänien — dieselbe Peitsche geschwungen hat? Es wird dort die Geschichte erzählt, wie er den Ehemann seiner Freundin, als der Krach machte, von zwei ‹Geheimen› auf die Erde werfen ließ; dann trat er ganz langsam auf den keuchenden Wehrlosen zu und zerdrückte die Spitze seiner brennenden Zigarre auf der Nase des Brüllenden. Es ist immerhin ein geistreicher Einfall.

So der König. Ich habe es nicht gern, wenn man über ein ganzes Volk herfällt — die Grenzen unter den Menschen laufen ja nicht so, wie dieses geistesverwirrte Europa sie auf der Landkarte gezogen hat ... sie laufen anders: quer durch die Nationen. Aber wenn man von dem unterdrückten bäurischen Proletariat Rumäniens absieht, dann darf man, und besonders aus eigner Anschauung, sagen: die Bürger, die Advokaten, die falsch französierten Beamten, die da in den Städten Rumäniens herumregieren: das ist wohl der letzte Dreck dieses Kontinents. Solche Verkommenheit mag man sich noch einmal suchen. Ich weiß nicht, wo das Haupt Europas sitzt; aber welcher Körperteil an diesem Organismus die herrschende Klasse Rumäniens ist, das weiß ich ganz genau.

Drittes Kapitel: *‹Et le Reste›*. Darunter einer der erschütterndsten Abschnitte — noch viel stärker als bei Zola —: über die Minenpferde in französischen Bergwerken. Da arbeiten Tausende und Tausende von Pferden unter Tag, bis zum Verrecken, unter den elendsten Bedingungen; ihre Hufe verfaulen, die Augen sind ausgelaufen, blind, lahm geprügelt, fast ohne Pflege, nie einen Strahl Licht ... Produktion! Produktion! Das Herz krampft sich einem zusammen. Und das ist heute noch so.

Und warum ist das alles so? Die Sache ist mit dem Marxismus nicht erklärt; hier steckt eine gewaltige Unterlassungssünde im Denken der Kommunisten. Hier ist noch etwas andres.

«Ich sah», erzählt bei Barbusse ein ungarischer Flüchtling, «diesen ungarischen Edelmann, immer ruhig, immer aufrecht, und eines Tages kam er an mir vorüber, er wurde zum Untersuchungsrichter geführt, und durch die Türen konnte man alles hören — ich mußte im Vorzimmer warten, bis ich dran war. Und weil er nicht lügen wollte, weil er keine ‹Verschwörung› gestehen wollte, keine Namen nennen, nichts, weil er nicht einmal sprechen wollte — da brachten sie ihn eben zum Schreien. Wir hörten die Säbelscheiden durch die Luft pfeifen und auf seinem

Körper aufschlagen ... und dann wurde es auf einmal ganz still (un brusque silence pendant lequel se faisait un travail qu'on n'entendait pas) – dann wurde es auf einmal ganz still; was sie nun machten, konnte man nicht hören. Und dann: ein entsetzlicher Schrei. Die Tür öffnete sich, schwere Stiefel polterten, dann wurde er herausgebracht. Noch vor einer halben Stunde war er so kerzengrade dahergegangen, jetzt lag er, zusammengeschrumpft, auf einer Bahre; er, der nicht hatte sprechen wollen, heulte; der Speichel rann ihm aus dem Mund. Um den Hosenbund war alles aufgerissen, sein Leib lag da nackt, und unten klaffte ein großes, rotes Loch ... Der Beamte, der ihm die Hoden herausgeschnitten hatte, hatte das mit einem rostigen Messer besorgt, wie er sich nachher rühmte ... ‹Ich hatte so eine schwere Hand an dem Tag›, sagte er.»

Was ist das –?

Hier, in dieser Pause, während der etwas getan wurde, was man draußen nicht hörte und was den Herzschlag des Zuhörenden in wildes Klopfen brachte: in dieser Pause ist es ganz. Es ist der tiefe Grausamkeitsdrang des Menschen, der einen gesetzlichen Ablauf findet. Diese rumänischen Beamten werden niemals einen Lustmord verüben. Sie haben das nicht mehr nötig.

Die Möglichkeit, schrankenlos und verantwortungslos Böses zu tun, steigert den vorhandenen Trieb – aber zu unterst ist er in allen. Er manifestiert sich auf zweierlei Weise: sie wollen leiden oder leiden machen, das sind Korrelate, die sich ergänzen. Es beginnt mit dem legalen und natürlichen sozialen Geltungsdrang, der in jedem Männchen, in jedem Menschen ist – die zuschauende Öffentlichkeit ist seine Geliebte, vor der der Pfau sein Rad schlägt. Unter anderm getrieben von diesem Motiv, tun sie viel Gutes und Nützliches. Steigert sich das aber, dann rühren sich die Tiefen und geraten in gärende Bewegung – Wollust, Wille zur Macht und der Trieb, zu quälen, kommen durcheinander; plakatiert wird das als: Patriotismus, die Nation muß leben, der Klassenkampf, die Ordnung muß wiederhergestellt werden, und was man so trägt. Aber hier sitzt es; hier ist der blutige Quell dieser kollektiven Raserei. Und was masturbierende Sadisten sich ohnmächtig stöhnend in stiller Stube ausdenken, das, was sie tun möchten, wenn sie nur die Kupplerin und die Straflosigkeit bezahlen könnten: hier ist es herrliche Wirklichkeit. Hier ist: Verantwortungslosigkeit des Beamten, der ja in Wirklichkeit nie eine trägt; Straflosigkeit; Verschwiegenheit – und dazu noch die Gloriole sozialer Nützlichkeit. Hier ist alles. Wehe den kleinen Mädchen, den kleinen Jungen, den einsam auf den Feldern wandernden Schnitterinnen, wenn der Staat diesen legalen Ablauf nicht hätte: Polizei, Zuchthausbeamte und den Krieg. Hier werden Verbrechen begangen, die keine sind. Die es sind.

Dieses fürchterliche Buch ist in einem glasklaren, meisterhaften

Französisch geschrieben: eine Niederdruckdampfmaschine, fast nirgends entweicht zischend die Empörung über die Untaten, ganz ruhig ist das erzählt, Grad auf Grad wird im Druckmesser des Lesers aufgespeichert, solcherart wertvolle Energien aufstauend – und während ich es lese, habe ich fortwährend einen Klang im Ohr. Es ist der Klang einer Stimme: eines Negers.

Und wenn Sie das Buch von Barbusse ganz verstehen wollen, dann kaufen Sie sich die Grammophonplatte Columbia Nummer 14 180 D. *‹Lord, help me!›* heißt sie. Da betet der schwarze Reverend Herr J. C. Burnett zu seinem Gott. Das hören Sie sich an.

Es ist kein Kunstgenuß – es ist ganz, ganz etwas andres. Er psalmodiert; er wiegt sich in diesen monotonen Tönen, um die Gemeinde in den gewünschten Massenrausch zu versetzen – das sind uralte Mittel. Er steigert sich – er brüllt – er kreischt; zwei plärrende Frauenstimmen sekundieren. «I will tell you my sins!» Aber es ist kein Bußfertiger, der da zum Himmel schreit. Das, was Sie hören, klingt, als ob ein Mensch geschlachtet werden soll – und das soll er auch, wenn auch nur geistig. In diesen quetschenden Kopftönen erkennen Sie das ewige Schlachtfest der Menschen: es heult aus dem zivilisierten amerikanischen Bürger der Urahne heraus, der am Niger die Menschen geopfert hat; die Gongs polterten dazwischen – pom – pom – pom –, und um das Feuer tanzten die Vorfahren dieses Reverends und schrien und brüllten und warfen Arme und Beine nach streng bewegtem Rhythmus in die Luft, sich steigernd zur herrlichen Mordlust: der da, der Geschnürte, der Feind – er soll langsam getötet, gebraten, zerstückelt und gefressen werden, auf daß man sich seine Kraft einverleibe. Und auch darum, weil dies, nach der Zeugung, das Schönste ist, das es auf Erden gibt: den Mitmenschen leiden zu machen. «Lord, help me!» Amen.

Selbstverständlich kommen in zivilisierten Ländern derartige Schrekkenstaten nicht vor.

DIE BESETZUNG

Es haben die deutschen Filmdirektoren
noch niemals die Schnur ihres Handelns verloren;
drum merke sich jeder junge Adept
das folgende Besetzungsrezept:
Wenn du elegant brauchst,
nimm Paul Otto;
wenn du brutal brauchst,
nimm Homolka;

wenn du Seelchen brauchst,
nimm die Bergner;
wenn du berlinisch brauchst,
nimm Graetz;
wenn du dämonisch brauchst,
nimm Veidt;
wenn du gar nichts brauchst,
nimm Liedtke —
Spezialisten für Tränen, Spezialisten fürs Lachen.
Und nie darf einer was andres machen
als das, womit er schon einmal gewirkt.
Die Ressorts sind säuberlich abgezirkt:
Nummer IV, Nummer III, Nummer II, Nummer I —
jeder seins.

Dies Verfahren erscheint mir aber — das seh ich —
auch auf andere Gebiete ausdehnungsfähig.
Man kann, um seine Geschäfte zu stärken,
sich folgende Dienstanweisung merken:
Wenn du Heereslieferungen brauchst,
schwenk Fahnen;
wenn du ein Mädchen brauchst,
nimm Seele;
wenn du Steuern brauchst,
sag: Frankreich;
wenn du junge Aktien brauchst,
sag: Wirtschaft;
wenn du Rührung brauchst,
nimm 's Mutterl . . .
wenn du Rache brauchst,
nimm einen Richter —
So hast du für alle Lagen des Lebens
stets etwas parat und kämpfst nie vergebens.
Der Mittel sind viele in den Kulissen . . .
man muß sie nur anzuwenden wissen.
Nummer IV, Nummer III, Nummer II, Nummer I —:
jeder seins.

DIE ANSTALT

> Betritt Revision die Zellen (Aufsichtsbehörde Vorsteher, Inspektoren, Geistliche, der Anstaltsarzt und so weiter), so erhebt sich der Gefangene, bleibt vor seinem Arbeitsplatz stehen und erwartet, das Gesicht nach der Tür zugekehrt, den Besuch. Bei nächtlicher Revision unterbleibt dies.
> Aus der Hausordnung einer preußischen Strafanstalt

Die Soziologie definiert seit ihrem Bestehen ununterbrochen sich selbst.

Man sollte denken, es gebe nichts Interessanteres als soziologische Bücher und Zeitschriften: es gibt nichts Langweiligeres. Da ist zu lesen: was Soziologie ist; was sie nicht ist; was sie sein soll; was sie sein sollte; inwiefern sie überhaupt sein muß; ihr Verhältnis zur Religionsphilosophie ... es ist ein müßiges Gesellschaftsspiel von solchen, die unter Gesetze fallen, die sie leider nicht aufgestellt haben: unter Gruppengesetze.

Wenn sie noch Material anhäuften! Aber selbst mit dem ist es hier nicht getan. Die Herren vergessen, daß eine Wissenschaft noch niemals ohne Intuition weitergekommen ist. Sie publizieren: *‹Die Massenbewegungen seit den Alexandrinern›* und lassen außer acht, sich selber einzubeziehen — denn ‹Masse› ist für sie etwas Verächtliches, etwas von der Straße ... Die soll hier nicht untersucht werden. Hingegen ist die Gruppe etwas, dem wir alle in wechselnden Formen angehören. Ansätze zur Psychologie der Massen sind da. Es gibt keine brauchbare Untersuchung über Gruppengesetze.

Ich unternehme hier den Versuch, eine ganz bestimmte Gruppe in ihren Funktionen bloßzulegen: die Anstalt. Ich verstehe darunter öffentliche oder private örtliche Komplexe, in denen Menschen zwangsweise oder freiwillig zu einem bestimmten Zweck unter Aufsicht zusammenleben. (Beispiele: Strafanstalten, Fürsorgeanstalten, Arbeitshäuser, Waisenhäuser, Altersheime undsofort.)

Jede dieser Anstalten hat ihre eigne Prägung, abhängig vom Landstrich, von der sozialen Stufe der Insassen, von der wirtschaftlichen Lage der Unterhalter und der Unterhaltenen. Doch lassen sich Gesetze aufstellen, denen alle Anstalten unterliegen, und eben dies scheint mir Soziologie zu sein.

Diese Darlegungen sind nun nicht etwa von einem Einzelfall abgezogen; sie sind keineswegs induktiv sondern fast ausnahmslos intuitiv. Für die induktive Methode müßte man eine Erfahrung haben, die ein einzelner Mensch wohl niemals aufweisen kann: ein solcher Forscher müßte jahrelang abwechselnd als Leitender und als Insasse solcher Anstalten gelebt und gearbeitet haben, ein Fall, der kaum denkbar ist. Hier versagen auch Statistiken, Theoreme, die faden Leitsätze, deren

Resultat vorher im Gefühl feststeht (Spiele, von denen es in der Soziologie wimmelt – sie ist fast immer zweckhaft: sie will etwas ...), hier sind wir nur auf die Eingebung angewiesen. So gewiß es ein schwerer Denkfehler vieler Kommunisten ist, anzunehmen, nur sie fielen nicht unter Gruppengesetze, so gewiß hat die bürgerliche Soziologie einen ebenso schweren Fehler: diese soziologischen Untersuchungen werden von Vertretern der herrschenden Klasse angestellt, es fehlt also das Gegengewicht. Die heute in Europa so moderne Freude an den ‹neuen Bindungen› wird stets von den Bindenden, niemals von den Gebundenen gepredigt.

Die Anstalt dient einem Zweck: Menschen sollen in ihr aufbewahrt, gebessert, geheilt, erzogen, zur Arbeit angeleitet werden.

Jedes Anstaltsleben dient neben diesem plakatierten Zweck einem Selbstzweck: es hat sich selbständig gemacht, denn stets wachsen dem Menschen seine Zwecke über den Kopf. Daß die Anstalt durch ihr Wirken einen Zweck erfüllen soll, vergessen sämtliche Beteiligten leicht – bei der Gründung sowie bei Festsetzung der Hausordnung wird auf diesen Zweck der Anstalt noch Bezug genommen.

Die Menschen, die ständig in einer Anstalt leben und arbeiten, sind in zwei Gruppen zu teilen: in die Leidenden und in die Leitenden.

Die Leitenden kommen, abgesehen von der Neugründung, in die sie ihre Routine mitbringen können, einzeln in die bestehende Anstalt, werden ihr zugeteilt, hineingewählt, an sie versetzt ... sie finden also ein fertiges Gebilde vor. Dieses Ganze läßt sich beeinflussen, aber schwer. Dazu gehört ein Unmaß von Energie und Zeit: der Reibungswiderstand eines den Anstalten immanenten Trägheitsgesetzes läßt gewöhnlich alle Änderungsversuche zunächst einmal zu Schanden werden: sie müssen oft wiederholt werden. Verschlechterungen lassen sich sofort durchführen; Reformen, mit denen ein Plus an Erdulden der Leidenden verbunden ist, immer; solche, mit denen mehr Arbeit der Tätigen verknüpft ist, schon schwieriger.

Die Tätigen zerfallen in das Ober- und das Unterpersonal.

Eine Anstaltsleitung ist ohne echte Verantwortung. Sieht man von schweren kriminellen Taten ab, die auch ein einzelnes Individuum belasten würden, so kann gesagt werden, daß Gesetzgebung und Volksanschauung in einer solchen ‹Leitung› etwas Überlegenes schlechthin sehen, dem nur sehr schwer beizukommen ist. Der Leiter kann fallen: über die Mißgunst der Verhältnisse; über seine Unbeliebtheit bei der Zentrale; über Kunstfehler im Betrieb, dies aber nur dann, wenn seine Feinde sie sich zunutze machen. Man fällt nicht über Fehler – man fällt über ausgenutzte Fehler.

Eine Zentralstelle, der mehrere solcher Anstalten unterstehen, kann unmöglich in jede hineinkriechen und ist gezwungen, sich mit oft vorher angekündigten Besichtigungen oder den Berichten zu begnügen, die die Anstaltsleitung ihr zuführt. Sie weiß demnach meist nicht genau, was im einzelnen wirklich in der Anstalt geschieht, und sie wird bei Unglücksfällen, bei Beschwerden und andern ärgerlichen Vorkommnissen, die von ihr zunächst als Störung des Dienstbetriebs aufgefaßt werden, nur sehr selten eingreifen. Denn:

In der Zentrale sitzen in der Regel, wenn man von den anscheinend für alle Positionen tauglichen Juristen absieht, frühere Anstaltsdirektoren, die mit ihren Kollegen auf Grund jenes innern Verwandtschaftsgesetzes sympathisieren, das jede Gruppe aus einer Zweck-Einheit zu einer Seelen-Einheit zusammenschmelzen läßt. Die Überlegenheit eines in die Zentrale versetzten ehemaligen Anstaltsleiters wird sich wohl im Dienstverkehr zwischen Zentrale und Anstalten auswirken — niemals aber, wenn Dritte im Spiel sind. Jede Beschwerde ‹nach oben› hat zunächst die sehr große Widerstandsschwelle zu überwinden, die aus Kollegialität, Faulheit und einem Gefühl zusammengesetzt ist, das die einzelnen Anstaltsleiter noch mehr beseelt als die Zentrale: dem Gefühl für die Aufrechterhaltung der Autorität. Ist die Beschwerde so stark, daß sie das alles überwindet, dann dringt sie durch.

Auf nichts ist der Anstaltsleiter so erpicht wie auf die Ausdehnung seines Betriebes. Er verträgt alles: Kritik, die ihm ja meist nicht viel anhaben kann. Kontrollen, Revisionen, Besichtigungen — nur eines verträgt er nicht, daß man ihm die Anzahl der von ihm beherrschten Menschen oder Sachen mindert. Hier ist sein schwacher Punkt. Sei es, daß man ihm eine Kompanie Soldaten fortnimmt, ein Außendienst-Kommando Strafgefangener, einen Krankenhausflügel — das ist wie ein kleiner Tod. Schlimmer: wie eine Niederlage bei der Liebeswerbung. Noch schlimmer: wie ein Geldverlust. Minderung sozialer Macht und somit sozialen Machtgefühls verwindet kaum einer.

Der Leiter, der neu in eine Anstalt eintritt, will den Leidenden zunächst wohl. Auf seine Weise: auch der Strenge will den ihm Unterworfenen wohl, der sogar ganz besonders; fast immer glaubt er es.

Der erste Gedanke eines neuen Leiters, sein Grundgefühl für alles, was er in bezug auf die Anstalt denkt und anordnet, ist:

Die Schweinerei hört jetzt auf.

Jeder neueintretende Leiter ist davon überzeugt, einen Saustall zu übernehmen, in dem er Ordnung machen müsse; auch braucht er diese Vorstellung zur Hebung seines Ichs sowie als Antrieb für seine nicht immer gut bezahlte Arbeit. Jede Arbeit, die ein Mensch tut, schafft sich ihre kleine Religion: auch der Henker hat die seine.

Die Reformen eines neuen Leiters bewegen sich gewöhnlich in zwei Richtungen:

Er legt den Leidenden neue Lasten auf — Beispiel: Neueinführung einer Revision morgens und abends um sieben Uhr — und er verschafft den Unterworfenen neue Scheinrechte, die die meist gar nicht haben wollen. Denn diese neuen Vergünstigungen sind fast ausnahmslos mit neuer Arbeit verbunden. Daran denkt der Leiter nicht.

Er denkt überhaupt fast niemals daran, daß er hier lebende Menschen vor sich hat, wie er einer ist. Alle Herrscher halten ihre Beherrschten für eine andere Rasse. Der Leiter ist selten das, was man einen ‹Unmenschen› nennt; nur sieht er in den Leidenden lediglich ‹Material›, Nummern, Baukastensteine einer Ordnung, die zunächst visionär in seinem Kopf vorhanden oder schon im Anstaltsleben mehr oder minder ausgebaut ist. Die Steine sind für ihn nur dazu da, die Ansprüche dieser Ordnung zu erfüllen. Mit welchen Opfern das geschieht, mit welchem Aufwand an Zeit, Mühe, Ärger, Unterwerfung: das bewegt ihn deshalb nicht, weil er das gar nicht spürt. Niemals überlegt sich ein Leitender, wie denn nun zum Schluß, nach Festsetzung aller Reglements, das Leben der von ihm Beherrschten aussieht, die alle seine Anordnungen wirklich ausführen.

Der Leiter hält strikt auf die Pflicht der Leidenden, die sie der Anstalt schulden: zu arbeiten, gesund zu werden, krank zu bleiben ... Der Leiter will für alle. Geht er durch die Anstalt, so fühlt er sich, besonders anfangs, wie vor einem Coitus: die innere Sekretion ist vermehrt, er ist doppelt Mann denn zuvor, er schwillt auf — (die Sprache sagt hier sehr gut: «er kommt sich vor») — und das alles auch dann, wenn er gar nicht zum Hochmut neigt. Dies ist auch kein Hochmut — es ist ein soziologischer Vorgang, dem alle Menschen unterliegen. Hinzukommt das, was Nietzsche, besonders für dieses Jahrhundert, «der Mensch als Schauspieler» genannt hat — der ehemalige deutsche Kaiser ist dafür ein gutes Beispiel gewesen. Der Leiter tut seine Arbeit geschminkt. Er tritt vor dem Untergebenen und dem Leidenden auf, er bewegt sich wie auf einer Bühne, er fühlt aller Augen auf sich gerichtet; so spricht er sonst nicht, wie er hier spricht, so geht er sonst nicht — es sind winzige Nuancen, aber immer deutlich erkennbar. Auch Mißfallen, das sich ja nicht laut äußern kann, ist ihm Beifall, weil Wirkung.

Der Leiter will am liebsten, um mit Jung zu sprechen, «eine einsame Insel, wo sich nur das bewegt, dem man sich zu bewegen erlaubt». Er ruft: «Was liegt da für ein Papier!», und es ist nicht so sehr die Unordnung, die ihn bewegt, wie die Undiszipliniertheit des Papiers, das schon ganz leicht revoltiert. Es ist ein Fremdes, und das Fremde ist hier Revolution. Daher die Neigung aller Anstaltsleiter, ihre Anstalt möglichst scharf gegen die Außenwelt abzuschließen.

Der Leiter stößt in seiner Arbeit auf zwei große Widerstände.

Der eine ist die Indolenz seines Unterpersonals. Kein Leiter kann mit seinem Personal ganz zufrieden sein, weil es niemals so viel Machttrieb für das Ganze mitbringt wie er. Also läßt es oft in der Arbeit nach, was ihn aufbringt und ihn, ist er nicht sehr energisch, niederdrückt. Im Grunde ist für ihn der Unterschied zwischen den Leidenden und jenen Leitenden, die er beherrscht, nicht sehr groß; beide sind seiner Macht unterworfen, nur nach verschiednen Graden — und so behandelt er sie auch beide.

Der zweite Widerstand ist der der Leidenden selbst — den kann er brechen. Im Augenblick, wo die Leidenden sich gegen seine Helfer auflehnen, nimmt er Partei für das Personal, auch dann, wenn es unrecht hat. Er tut das, wie er glaubt, ‹aus Gründen der Disziplin›; in Wahrheit tut er es, weil er seinen eigenen Machtwillen im kleinen Machtwillen der Helfer durch die Leidenden beleidigt sieht.

In den meisten Fällen wird der Anstaltsleiter nicht imstande sein, die kleine Alltagsarbeit allein zu leisten. Für diese untergeordneten Dinge (Listenführung und so fort) hält er sich eine besondere, mit ihm auch örtlich zusammenarbeitende Hilfe. Diese Hilfe wächst in ihrem Ressort fast jedem Leiter über den Kopf, selten über den Willen, immer über den Betrieb. Ob das ein Feldwebel, ein Sekretär oder eine sogenannte Oberschwester ist —: stets hängt von diesem Unterwillen die Färbung der Ausführung des Oberwillens ab, hängen ab die winzigen oder auch starken Nuancen, die dem Leidenden seinen ganzen Tag vergällen oder versüßen können. Auf diese Dinge ist der Herr fast ohne Einfluß: trägt man ihm solches vor, so schüttelt er ungläubig und verächtlich den Kopf: Jupiter, den eine Laus mit ihren Sorgen behelligt.

Dieser Helfer hat gewöhnlich alle Eigenschaften eines guten Wachhundes: treu, bissig, verfressen und laut um jeden Quark. Die Autorität des Herrn ist die seine, er selbst die Karikatur des Alten, dem er sich auch in Äußerlichkeiten im Lauf der Jahre langsam assimiliert. Selten mit Geld bestechlich, obgleich auch das natürlich überall da vorkommt, wo sein Gehalt unzureichend ist und die Leidenden im Besitz größerer Geldmittel sind; fast immer bestechlich durch kriechende Servilität (der der Herr nicht immer erliegt), sieht der Helfer in demütiger Unterordnung der Leidenden die anbetende Anerkennung des Systems.

Herr und Helfer kumulieren alle Ehrerbietung, die die Leidenden, notgedrungen oder ehrlichen Herzens, dem System darbringen, auf ihre eigene Person. Jene opfern einer Sache, die Götter werden fett.

Fast niemals quält der Leiter die Seinen bewußt; es kommt vor: es sind krankhafte Fälle, die in der Übertreibung nur zeigen, was im Keim der Gesunden steckt. Der Herr quält:

um einer von ihm ausgedachten ‹Ordnung› willen, die manchmal die wahre Ordnung ist, es aber nicht zu sein braucht;
um vor sich selber die nötige Achtung zu haben;
aus Langeweile;

immer, wenn sein Widerspruch gereizt wird und seine Autorität auf dem Spiel steht. Solche Widerstände bricht er mit einem viel größeren Aufwand an Kraft, als nötig wäre , um sie zu brechen.

Das Unterpersonal tut in den meisten Fällen seinen Dienst zunächst indifferent. Sieht man hier von religiösen Hemmungen ab, die merkwürdige Korrelate im weiblichen Sadismus, zum Beispiel bei Krankenschwestern, haben, so bleibt im allgemeinen etwas, was man als ‹brummig-gleichgültig› bezeichnen kann, wenn persönliches Temperament dem Dienst nicht eine andere Note gibt. Die verschwindet, wenn es oben donnert. Die enge, tägliche Berührung des Personals mit den Leidenden stellt einen gewissen Kontakt her; in Strafanstalten verstehen sich die beiden Schichten wohl nur auf der untersten Stufe menschlichen Verkehrs: in Zoten und in Abortnähe. Es gibt Angehörige des Personals, die in ihrer Person – dem Herrn nacheifernd – das ganze System repräsentiert sehen und geehrt wissen wollen: solche Menschen haben stets Reibereien mit den Leidenden. Sind jene, was mit ihrem Helferstolz durchaus vereinbar ist, gleichzeitig gutmütig, so werden grade diese bei Konflikten nicht immer von der Leitung gedeckt.

Es geht demnach durch die Gänge einer Anstalt als treibendes Motiv: versachlichte Eitelkeit. Daß mit diesem Getriebe auch ein Zweck erreicht wird oder erreicht werden soll, ist im Alltag des Anstaltslebens ein völlig nebensächlicher Faktor. Manchmal sagt so ein Lungensanatoriums-Diktator: «Na, da sind Sie nun also gesund geworden!» – aber das hat wenig Färbung: die Heilung ist etatsmäßig, wie der Tod.

Das Leben des Unterpersonals gleicht, wenn es sich in der Anstalt abspielt, dem Leben der Leidenden, nur ist es um einige Grade freier – diese Leute sind sozusagen nicht mehr, und sie sind noch nicht . . . Sie empfinden, wenn sie den niederen Schichten angehören, diese Stellung nicht als ambivalent: so ein Mensch ist durchaus imstande, vor dem Leidenden den Leiter und vor dem Leiter den Leidenden – nicht zu markieren; er ist jedesmal wirklich ein andrer. Gewöhnlich sind die Angehörigen des Personals mit dem Anstaltsleben sehr eng verwachsen; sie hüten die Traditionen, besonders die schlechten – («Das haben wir hier immer so gemacht» ist ein Satz ihres Glaubensbekenntnisses), sie wachen ängstlich über ihre kleinen Vorrechte und Vergünstigungen und hegen im allgemeinen eine ziemlich starke Verachtung für die Leidenden. Sie haben Respekt vor dem Leiter, wenn der sie schlecht genug behandelt – und es ist ein mit Liebe gemischter Respekt: ist doch jener die Quelle ihrer kleinen Autorität, des tiefen Kerns ihres Lebens.

Das Leiden der Anstalts-Leidenden besteht hierin:

Ihr privates Leben ist zusammengeschrumpft.

Sie haben entweder so gut wie gar keines (Strafgefangene) oder ein zu beengtes — und hier und nur hier liegt der tiefe Grund der Verzweiflung dieser Leute. Die Anstalt frißt sie auf.

Zunächst ist da die Zeiteinteilung. Der Mensch kann es nur sehr schwer ertragen, stets nach einer fremden Uhr zu leben — und nun noch nach einer, die ihm den Tag zerreißt, seinen Tag. Regelmäßigkeit allein wäre freilich kein Grund zur Verzweiflung, besonders dann nicht, wenn sie sich jemand freiwillig auferlegt hat — der wahre Grund liegt darin, daß kein menschliches Wesen es verträgt, auf die Dauer als Sache behandelt zu werden. Man kann einen Sklaven patriarchalisch prügeln — das ist lange nicht so schlimm wie die stumme und unerbittliche Einordnung in ein vom Eingeordneten nicht oder so nicht gewolltes Nummernsystem. Irgend etwas möchte jeder Mensch irregulär tun: über eine Hecke springen, rauchen, wenn andere nicht rauchen; einmal laut schreien — ich sehe hier von groben Exzessen ab. Macht man ihm das unmöglich, so legt man den Grund zu unendlicher Traurigkeit, Verzweiflung, Ekel am Leben. Solch ein Mensch geht seelisch ein. Verglichen mit dem, was er mit seiner ‹Freiheit›, die er ja in dieser Gesellschaftsordnung gar nicht haben kann, wirklich anfängt, fehlt ihm gar nicht so sehr viel—und alles. Es fehlt ihm das, was wir mit unserer kleinen Freiheit beginnen: umhergehen, wann es uns paßt; telefonieren; pfeifen; nicht sprechen, wenn wir nicht sprechen wollen; früh ins Bett gehen; spät ins Bett gehen—die Anstaltsinsassen können das entweder gar nicht oder nur unvollkommen. Selbst ihr Schlaf ist Dienst. Darunter leiden sie unermeßlich.

Das Verhältnis der Leidenden untereinander ist selten gut.

Immer ist da ein Stärkerer, ein Oberleidender, der mit der Zeit die höchste Stufe des Kellers erreicht — er kann mit dem Kopf hinaussehen und reicht beinah in das Unterpersonal hinein. Dieses verwehrt ihm natürlich in Ernstfällen den Zutritt; in leichten Fällen wird er ihm gewährt, und das hebt ihn sehr und läßt ihn viel von dem, was er zu erleiden hat, vergessen. Er bezahlt das teuer, vielmehr: seine Mitleidenden bezahlen das teuer. Er ist meist ein Angeber, ein Speichellecker, ein Unterhund — er ist der Helfer von Helfershelfern. Auf seine kleinen Vergünstigungen ist er nicht so stolz wie auf den leichten Schein einer Pseudo-Autorität, die er auf diese Weise genießt.

Leidende verachten sich untereinander — das ist das Primäre. Liebe, Freundschaft, gutes Herz, Trieb und Temperamente können diese Verachtung auflösen und überbrücken.

Die Leidenden stehen niemals gegen die Leiter zusammen. Täten sie es wirklich, so wären jene ziemlich machtlos. Ein solcher Universalwille kann aber deshalb nicht zustande kommen, weil in jedem Leidenden der Machttrieb schlummert. Er leidet wohl — aber zutiefst bejaht er dieses Leiden; er verneint nur die Rollenverteilung: er ist es, der gern leiden machen möchte. Oft setzt er sich im Tagtraum an die Stelle des Leiters. Daher wird er sich stets nur dazu verstehen, etwas zu tun, was man im Anstaltsjargon und auch sonst ‹stänkern› nennt — er wird kleine Sticheleien, Lügen, Klatschereien gegen die Leitung und das Personal aufbringen, Schwierigkeiten zu vergrößern suchen, schon, um sich wichtig zu machen und hier wenigstens ein kleines Gebiet zu haben, das ihm allein gehört. Er wird sich aber fast niemals, solange er diesen Machttrieb innerlich nicht überwunden hat, gegen das System auflehnen. Er kann es nicht. Es ist sein System.

Die schwere seelische Störung durch die Einengung der Persönlichkeitssphäre zeigt sich bei den Leidenden auch in ihrem rührenden Verhältnis zu allen Gegenständen, die nicht ‹Anstaltssachen› sind: Vogelbauer, Pantoffeln, Kalender oder eine Zeitung ... das ist das ihre, in diese Ersatzhandlungen konzentriert sich die ganze Sehnsucht nach verlorenem Glück. Die Leiter neiden es ihnen und verkleinern es, wo sie nur können.

So ergänzen sich Leidende und Leitende zu einer schönen Einheit: zur Anstalt. Es ist durchaus nicht immer grobe Gewalt, die dieses Getriebe zusammenhält, auch nicht immer die Not — es ist darüber hinaus eine gewachsene Einheit, eine Zusammengehörigkeit von Menschen, die sich dieser Gesetzmäßigkeit nicht bewußt sind. Beide sehen ineinander den Feind: beide können miteinander nicht anders leben.

Und so leben sie —:

Düster schwelt unter dem Nummernleben der Leidenden der Rest von Seele, der ihnen geblieben ist. Er entlädt sich in seiner Karikatur: in Fressen, Zoten, Klatsch und Masturbation. Dies sind nicht etwa, wie die Leiter meinen, ‹Laster› — sondern eben jene letzten, den Leidenden gebliebenen Symbole für das Unregelmäßige, zu dem jeder Mensch spielerisch, als Gegengewicht für seine Bindungen, hinstrebt. Das übliche Anstaltsleben ist sozialschädigend — weil es keinen echten Kollektivismus, der allein auf freiem Willen aufgebaut werden kann, in sich birgt. Kommen solche Menschen aus der Anstalt heraus, so haben sie meistens mehr Schwierigkeiten mit der Umwelt zu überwinden als vorher.

Der Leitende aber hat, wie die Sprache so tief sagt: «in der Arbeit seine Befriedigung». Er hat sie wirklich. Er kann sich in ihr ausleben. Er herrscht. Er macht sich zum Sklaven seiner Arbeit, wenn er ein anständiger Kerl ist — aber er herrscht. Und feuert sich ununterbrochen wieder an und entzündet sich: am Widerstand seiner Helfer, am Widerstreben der Leidenden, an den Schwierigkeiten des Apparats, an den Reibereien mit seiner Zentrale, die ihn von allem am meisten bedrücken, weil hier die Grenzen seiner Freiheit sind. Auch fühlt er sich meist in seiner Arbeit nicht anerkannt — er träumt von Größerem: mehr organisieren! mehr Anstalten! viele! alle! Der Machttrieb spielt auf ihm sein Lied.

Leitende Frauen unterliegen dem Machttrieb stärker als Männer, weil die meisten zu tun vermögen, was nur wenige Männer können: eine Arbeit bis in die letzte Falte hinein ernst nehmen. Frauen glauben an das, was sie im Dienst tun, wie an ein Evangelium. Daher sind sie: doppelt so aufopferungsbereit wie Männer, doppelt so machtgierig, doppelt so boshaft wie jene, wenn es diese Macht zu verteidigen und auszubauen gilt. Sehr oft schlägt der Machttrieb bei Frauen in seelischen Sadismus um — dann wohl immer, wenn sie geschlechtlich nicht voll befriedigt sind. So kommen viele Kindermißhandlungen zustande.

Die Anstalt dient einem Zweck: Menschen sollen in ihr aufbewahrt, gebessert, gedrillt, erzogen, zur Arbeit angeleitet werden ... aber in allen regiert über Menschen und Sachen der soziale Geltungsdrang einer herrschenden Klasse.

DER VERRUTSCHTE HUT

> Wenn eine Dame nachts allein mit einem Mann im Auto nach Hause fährt, hat sie sich die Folgen selber zuzuschreiben.
> Aus der Urteilsbegründung eines berliner Schöffengerichts

Was ein berliner Kavalier ist,
der bringt — ist die Gesellschaft aus —
und wenn es morgens früh um vier ist,
die Dame, welche ... stets nach Haus.
  Im Auto soll man Bande knüpfen.
  Das muß so sein und hebt den Herrn.
  Der Name ‹Schlüpfer› kommt von: schlüpfen.
  Er glaubt: die Frauen haben das gern ...
    Das wollen sie aber gar nicht!
    Das mögen sie aber gar nicht!
      Das tut ihnen gar nicht gut!
    Wie kommen sie denn nun nach Haus?
    «Und wie seh ich überhaupt jetzt aus?
    — und einen ganz verrutschten Hut!»

Es erben sich Gesetz und Rechte
wie eine ewige Krankheit fort.
Er meint, wenn er das nicht vollbrächte,
dann sei er kein mondäner Lord.
Er muß. Teils gnädig und teils müde
und überhaupt, weils dunkel ist.
«Ach, der Chauffeur ... sei doch nicht prüde ...!»
Ein Mann ist stets ein Egoist.
Sein Motor will auf Touren laufen.
Die Frau braucht Zeit. Es saust die Fahrt.
Sie will nicht um die Liebe raufen:
Haare apart und Bouletten apart.
Doch jener wird gleich handgemein.
Jetzt oder nie ...! Die Hand ans Bein ...
Das wollen sie aber gar nicht!
Das mögen sie aber gar nicht!
Das tut ihnen gar nicht gut!
Berliner Autoliebe stört.
Immer hübsch alles, wos hingehört —
ohne verrutschten Hut —!

KORRESPONGDANX

Jeden zweiten Sonntag im Monat wird der Schreibtisch schon frühmorgens aufgeräumt, alles liegt sauber da, die Bücher stehen angetreten, die Zettel sind eingesperrt, alles zu Haus? ... das Zimmer wartet. Heute ist Posttag.

Na, was so ist ... Vom Inhalt wollen wir hier nichts erzählen, der ist so wie bei jedem Menschen: ein Zehntel Freude, ein Zehntel Beschwerde und dreihundertundachtundsiebzig Zehntel Briefe, die man eben beantworten muß. Gut. Aber welchen merkwürdigen Gesetzen unterliegt das Briefeschreiben?

Es sind zwei Dinge, die mir immer wieder auffallen.

Das eine ist die Klasse der Schreiber, die eine solche Pfote schreiben, daß man ihrs nicht lesen kann. Kurt Hiller hat einmal für sich dekretiert, er brauche keine Schreibmaschine. Aber er schreibt wenigstens so, daß seine Briefe auch bei Mondfinsternis zu lesen sind. Hingegen schicken einem da die Leute Krakeleien ... es ist sehr merkwürdig. Ich sitze immer davor wie jene Redaktion, die einen handgeschriebenen Zettel des Chefs bekam, aus einem Restaurant. «Wichtige Information fürs Abendblatt! Sofort!» stand drüber; das war aber auch alles, was man lesen konnte. Was nun —? Da hatte ein ganz Kluger einen ganz klugen Einfall. «Es gibt», sagte er, «eine Gattung Menschen, die schreibt überhaupt nur unleserlich — das sind die Mediziner. Und es gibt eine Gattung Menschen, die kann brillant Unleserliches lesen — das sind die Apotheker. Fritz!» Der Junge flitzte mit dem Zettel los, in die Apotheke. Und kam nach einer halben Stunde zurück. Und stellte stumm eine kleine Flasche mit einer rötlichen Tinktur auf den Tisch. Diese Geschichte stammt, wie alle schönen Geschichten, von Roda Roda. Ja, also die Briefe.

Wenn die unleserlichen beiseite gelegt sind, dann ist da eine andre Plage. Ich habe lange nicht begriffen, warum sich Frauen immer ihre Briefe mit den Umschlägen aufbewahren — fast alle Frauen tun das. Sie tun es deshalb, weil sie ihre Adresse stets hinten auf den Briefumschlag schreiben. Und nie auf den Brief selbst. Und unsereiner wirft doch natürlich brav und bieder die Umschläge fort. Und so vergeht kein Posttag, wo man mich nicht, den Kopf tief in dem riesigen Papierkorb, furchtbar schimpfend vorfindet, was das wohl für eine Schweinerei sei und ob ich das vielleicht nötig hätte, hier zwischen Asche und Bindfaden herumzukramen, nur, weil diese verdammte Person ihre Adresse nicht ... Und ob das nicht jedesmal geschieht, wenn es sich darum handelt, einem Paar sehr schöner Augen einen Gruß zu schicken! Die Verluste, die auf Warentransporten dadurch entstehn, daß zum Beispiel Fässer leck werden, nennt man im Handelsrecht Leckage. In meinem Geschäft sind diese Verluste offenbar besonders groß.

Nun liegen alle die Briefe still, sie sind noch ganz außer Atem von der langen Reise und müssen sich erst an das Klima gewöhnen. Die Damen liegen, wie so häufig im menschlichen Leben, obenauf, danach kommen die Geschäften (man sollte dieses Wort hinten immer mit einem n schreiben, es sieht gleich viel eiliger aus), und der ganze Packen ist so hoch wie zwei Apfelkuchen. Sankte Epistola, steh mir bei! Auf daß ich bald den letzten hinter mir habe ... und bin ich mit der Ihnen gebührenden Darnachachtung

Ihr sehr ergebener Peter Panter

8 UHR ABENDS – LICHT AUS!

Ein Gefangener, der drei Jahre Pfleger im Schweinestall der Strafanstalt S. gespielt hat, erklärte mir, daß er mindestens hundert Gefangene im Verkehr mit Tieren beobachtet habe.
Karl Plättner: *‹Eros im Zuchthaus›*

«Die Arbeit war nicht so schlimm, Herr Direktor. Aber die Nächte – die Nächte –» Ein Entlassener

Es wäre verfehlt, zu glauben, daß die Veröffentlichungen von Max Hölz und Karl Plättner, von Lampel und andern ganz und gar spurlos an den Strafvollzugsbehörden vorübergegangen seien. Sie haben wenigstens etwas bewirkt, was so schwer zu erreichen ist: sie sind für die mehr oder minder stumpfen Beamten ein kleiner Antrieb geworden. Zwar klingt in den offiziellen Publikationen der Ton nur wie aus weiter Ferne: «Die Presse ... die Filmdarstellungen ... Sensation ...» aber immerhin: sie sind doch aufgewacht. Wozu es, wie stets, eines Anlasses von außen her bedurft hat; was im Strafvollzug durchgesetzt worden ist, wie zum Beispiel die Aufhebung der Prügelstrafe, das ist von außen her durchgesetzt worden.

In der Nummer 3 (1929) der *‹Zeitschrift für die gesamte Strafrechtswissenschaft›*, herausgegeben von Kohlrausch und Gleispach (Verlag Walter de Gruyter & Co., Berlin) verbreitet sich der Oberjustizrat Werner Gentz über *‹Das Sexualproblem im Strafvollzuge›*. Das ist eine höchst lehrreiche Sache.

Herr Gentz gehört, nach diesen Ausführungen zu urteilen, zu den Männern, die etwas Gutes für die Gefangenen wollen. Er ist ehrlich bemüht, ihre Lage zu heben. Wie unendlich schwer sich dergleichen durchsetzt, wissen wir; die älteren Geheimräte in Deutschland sind immer etwas gewesen, was sie selbst nicht gern liberal nennen hören, was es aber ist; wie das nachher unten in der Praxis wirklich aussieht, wissen sie kaum, oder sie wollen es nicht wissen. Dieser hier weiß es. Lasset uns hören.

Gentz gibt zunächst die schreckliche Tortur zu, die darin besteht, erwachsene Menschen vom Sexualverkehr gänzlich abzuschneiden.

> «Nach den Erfahrungen der Anstaltsärzte gibt es kaum einen Gefangenen, der sich bei längerer Strafdauer von sexuellen Ersatzhandlungen freihält; alte oder stumpfe Menschen etwa ausgenommen. 80 Prozent der Gefangenen etwa begnügen sich mit onanistischen Manipulationen, 10–20 Prozent ergeben sich der mutuellen Masturbation oder homosexuellem Verkehr.
>
> Es gibt Gefangene, die sich jede Nacht mehrmals befriedigen.»

Gentz weist dann darauf hin, daß die Ausrede, der Gefangene sei wahrscheinlich «schon immer so gewesen», nur für die exzessivsten Triebhandlungen Geltung habe – nicht für den fürchterlichen Normalzustand. Er weist ferner rechtens darauf hin, daß die Gefangenen ja eine Art Minusauslese darstellen, daß sie zum großen Teil in den Jahren der Vollreife in die Anstalt kommen und daß zu dieser Vorbelastung noch die besondere Lage des Gefangenen hinzukommt. Die gibt er so wieder, wie sie wirklich ist – nicht ganz vollständig, aber ehrlich und offen:

Eintönige und schlecht entlohnte Arbeit; zu viel Zeit des stumpfen Dösens; die wahnwitzige Bestimmung, daß der ‹Einschluß› mit ‹Licht aus!› um acht Uhr abends erfolgt, so daß also die Leute mit geringen Ausnahmen während neun Monaten im Jahr täglich volle zehn bis elf Stunden im Dunkeln zubringen müssen. Man stelle sich das vor, wenn man kann – und male sich das weitere aus. Dazu die Unfreiheit auf allen Gebieten, auch da, wo sie gar nicht nötig ist. «Der Gefangene», zitiert Gentz ein sehr gutes Wort, «lebt nicht; er wird gelebt.»

Gentz nimmt dann jene ärztliche Anschauung, nach der die völlige Abstinenz für den Menschen normaler Verfassung keine organischen oder funktionellen Schäden habe, als die herrschende und darum richtige Theorie hin. Sie ist aber irreführend. Organische Schäden sind wohl nur selten zu verzeichnen; funktionelle aber gewiß, und Herr Gentz muß wissen, wie umstritten die Anschauungen über diesen Punkt in der medizinischen Literatur sind. Er gibt dann selbst zu:

> «Solche unfreiwillig geleistete Abstinenz ist imstande, einen Menschen seelisch schwer zu beeinträchtigen.»

Er spricht davon, daß die Gefahr der Päderastie, und besonders dieser durch sonst Normale so erworbenen Päderastie, in der Veranlagung stecke; er weiß, daß die exzessiv geübte Masturbation immer schadet; er weiß von den Sorgen, die sich die verheirateten Gefangenen zu allem andern noch um das Verhalten der Ehefrau machen – alles das weiß er und sagts auch. Dafür muß man ihm Dank wissen.

Also –?

Also gibt es doch wohl nur einen Weg, müßte man denken: die Freiheit des Sexualverkehrs der Gefangenen, unter Aufrechterhaltung der nötigen Maßregeln für die öffentliche Sicherheit Aber damit ist es nichts. Denn:

Erstens müßte, sagt Herr Gentz, den Gefangenen, nämlich den Verheirateten, «in so kurzen Zwischenräumen Urlaub gegeben werden», daß der Haftzweck darunter leidet. Welches ist dieser Haftzweck? Die «systematische Erziehung des Gefangenen zum sozialen Verhalten». Das lernt er in Plötzensee, falls Sie das noch nicht gewußt haben – in Anstalten, von denen nun ausnahmslos alle Kenner, die Leidenden und die Wissenden, aussagen, daß sie Brutstätten für

Schweinerei, Duckmäusertum und ein miserables soziales Verhalten sind. Das Duckmäusertum geht heute hauptsächlich auf das böse ‹Dreistufen-System› zurück, mit dem unendliches Unheil angerichtet wird. Man findet Näheres darüber bei Hölz. Was aber die kurzen Urlaubs-Zwischenräume angeht, so ist das unrichtig — ein Urlaub, alle drei Monate erteilt, wäre schon eine große Linderung.

«Es kann nicht die Aufgabe des Strafvollzuges sein», sagt Herr Gentz, «dem Gefangenen in erster Linie ein Leben nach seinen Trieben zu ermöglichen.» Nach seinen? Nein. Nach den menschlichen: ja; ihr könnt ihm ja auch zum Beispiel für die Dauer der Haft das Wasser entziehen — das wäre genau so logisch und vernünftig wie die Unterbindung des Geschlechtsverkehrs.

Die öffentliche Sicherheit? Sie kann bedroht sein, wenn es sich um gemeingefährliche Menschen handelt — es gibt aber sehr viele, die sicherlich einen solchen Urlaub nicht zu neuen Straftaten benutzen werden.

Der rassenhygienische Gedanke? Da müßt ihr nicht den sinnlosen § 218 ins neue Strafrecht hinübernehmen; so ist eine Untat mit der andern verknüpft. Ad majorem ecclesiae gloriam.

«Untunlich wäre es, aus biologischen Einsichten heraus, die jugendlichen Gefangenen zu beurlauben.» Was sind dies für biologische Einsichten? Wie heißen die? Wo liegt die Grenze? Soll ein achtzehnjähriger Arbeiter keusch leben?

Das alles aber bezieht sich auf die Verheirateten. Was nun die Unverheirateten angeht, da wirds ganz schlimm.

> «Sehr bedenklich würde es erscheinen, unverheirateten Gefangenen, die einen solchen Urlaub physiologisch ebensosehr oder ebensowenig brauchen wie Verheiratete, diesen Urlaub zu erteilen. Das hieße eine Sexualordnung staatlich anerkennen, die nicht die der die Gemeinschaft beherrschenden Sittengesetze ist.»

Das ist nicht wahr. Die künstlich aufgeblasene Schicht der deutschen Beamten hat nicht das Recht, uns Sittengesetze zu oktroyieren, zu deren Aufstellung sie niemand legitimiert hat. Weder sind die Sittengesetze so, wie sie Gentz schildert, noch sind sie so, wie er sie sich wünscht. Nach seiner Kaste kann er das nicht beurteilen.

Es gilt in den Kreisen der aufgeklärten Deutschen keineswegs für eine Schande, daß ein nicht verheirateter Mann oder eine nicht verheiratete Frau Geschlechtsverkehr hat. Es ist ja möglich, daß sich etwa die Postverwaltung noch nicht bis zur Erkenntnis solcher soziologischen und sittlichen Wahrheit durchgerungen hat und zum Beispiel ihren weiblichen Angestellten kündigt, wenn sie ein uneheliches Kind bekommen — mit der Realität hat das nichts zu tun. Denn die ist so: der außereheliche Geschlechtsverkehr, und zwar nicht der mit Prostituierten, ist die Regel für Hunderttausende und Millionen von Arbeitern und Angestellten, die nicht heiraten können oder es nicht wollen. Daran kann man nicht vorbei. Mit welchem Recht wird hier ein Sittenkodex statuiert? Mit dem Recht des Pensionsberechtigten? Das verbitten wir uns. Wir verbitten uns das im Namen jener gequälten Gefangenen, die nicht warten können, bis Herr Gentz von den Idealen seiner Jugend und seiner Klasse zur Wahrheit gefunden hat. Das ist unsre Tragik: daß Leidende ganze Generationen hindurch abwarten müssen, bis neue Geschlechter sich bis zur Erlösung fortentwickeln; bis dahin leiden wir unter den alten.

Wer aber soll die Kosten der Urlaubsreisen tragen? Wenn der Gefangene kein Geld hat, selbstverständlich die Gefängnisverwaltung, die sich ihr Geld bei der reichdotierten Reichswehr anfordern möge. So wie man dem Gefangenen zu essen und zu trinken geben muß, so muß ihm auch seine Gesundheit dadurch erhalten bleiben, daß er nicht zum eingesperrten Tier wird.

> «Sexualakte in der Anstalt, jedem Gefangenen und Beamten bekannt, von zahllosen Nichtbeteiligten mit Lüsternheit oder mit Zoten begleitet, würden das sittliche Niveau der Anstalten auf einen Tiefstand drücken, den man sich auszudenken scheut.»

Immer denk dir aus! Drücken? Diese Anstalten auf einen Tiefstand drücken? Wie macht man das? Ist es denn möglich, noch tiefer zu stehn als diese Häuser, wo körperlicher Schmutz dem seelischen gleichkommt? Nein, das ist nicht möglich. Kennt Herr Gentz die echte Gefangenenliteratur nicht?

> «Zudem würde auch auf diesem Wege wieder für die verheirateten Gefangenen eine Vorzugsstellung geschaffen, die ihnen physiologisch vor den Unverheirateten nicht zukommt. Der Gedanke aber, auch Unverheirateten solchen Besuchsverkehr zu gestatten, liegt außerhalb jeder ernsten Erörterung.»

Genau da, wo das Vorstellungsvermögen des Herrn Gentz aufhört, fängt das unsre an. Genau da, wo jener versagt, leben wir. Wie? Man soll also erst den gestempelten Schein des Standesamtes vorweisen, bevor man sein menschliches Recht auf die Urbetätigung eben dieses Menschengeschlechts geltend machen darf? Zehntausende sollen darunter leiden, daß Herr Gentz noch nicht so weit ist? Daß für diese Beamtenkaste der Geschlechtsverkehr etwa auf derselben Stufe steht wie die Dichtkunst für einen Feldwebel? «Son Quatsch . . .» Im Grunde etwas Verdächtiges, nichts für einen ernsten Mann. Dieses Unsittengesetz da ist keines. Und Proletarier sind nicht, wie Gentz zu glauben scheint, eine andre Rasse: er und die Proletarier sind einander nachts viel näher, als er ahnt.

Es ließe sich aber dieses beides ermöglichen, wenn man nur wollte: der Sexualverkehr in der Anstalt, und der außerhalb der Anstalt.

Die Urlaubserteilung wird sorgfältig zu prüfen sein; die Gewährung des Sexualverkehrs innerhalb der Anstalt kann in kleinen Gebäuden vor sich gehen, die nicht unmittelbar mit der Anstalt verbunden sind — die Garantien, einen Fluchtversuch zu verhindern, lassen sich schaffen, alles das ist durchführbar: wenn man nur mit den Gefangenen arbeitet, mit ihnen, statt auf ihrem Rücken und gegen sie.

Gentz weiß, wie feindlich die Gefangenen der Verwaltung gesinnt sind; das muß aber nicht sein. Er erkennt auch, woran es liegt — aber er ist viel zu sehr in den Anschauungen der deutschen Beamten, also einer gewissen, nicht immer sehr hochstehenden bürgerlichen Mittelschicht befangen, als daß er es wagte, die Konsequenzen zu ziehn. Dazu kommt die verhängnisvolle Täuschung, diese Kastenanschauungen als allgemeingültige und als einzig mögliche Sittengesetze anzusehn, und so geschieht denn das unsägliche Unglück.

Gentz sieht die geistige Öde, die Freudearmut, die innere Lieblosigkeit der Anstalten; er weiß von der Unwohnlichkeit der Zellen und der Gemeinschaftsräume; von der widerwärtigen Aufmachung des Essens; von der Schweinerei der Notdurftkübel; — bis hinunter zum mangelhaft rasierten Bart sieht er das, und er weiß auch, daß das eben keine Äußerlichkeiten sind. Er weiß, daß die Körperpflege in den Anstalten unter aller Kritik ist; daß die Kleidung unzweckmäßig ist; er weiß von den Bädern ... und hier klappt auf einmal alles, die Weltanschauung von 1905 wirkt sich aus, und was noch ein Herr Gentz aus dem Jahre 1876 nicht für möglich gehalten hätte, hier wirds wahr:

> «Es dürfte sich auch empfehlen, davon abzusehen, die Brausebäder in Holz- oder Drahtglasboxen zu verabfolgen. Es hat wenig Sinn, den Gefangenen den Anblick entblößter Körper zu verbergen. Das sind Methoden einer überwundenen Anschauung, die mit natürlicher Schamhaftigkeit nichts zu tun hat und die aus dem Umgang mit dem Körper des Menschen eine ‹heimliche Prozedur› machen.»

Auf einmal —! Auf einmal geht es, und es geht sogar sehr schön. Nein, der Herr Gentz und die Seinen sind eben nicht das Maß aller Dinge. Eine überwundene Anschauung? Aber was er da vom Geschlechtsverkehr erzählt, sind längst überwundene Anschauungen, die nur noch vom Staat, von der Kirche und einem mittleren Bürgertum künstlich konserviert werden, das sich als den praeceptor Germaniae aufspielt.

Die Sexualanschauungen dieses Mannes stehen in krassem Gegensatz zu seinen sonstigen Meinungen über den Strafvollzug, die recht vernünftig anmuten. Selbst der törichte Einwand, «dann lebten ja viele Gefangene besser als in der Freiheit», wird gut zurückgewiesen: «Auch als Kulturträger hat der Staat im Gefängnis eine Aufgabe zu erfüllen.» Er erfüllt sie aber nicht.

Gentz weiß viel — aber zu wenig. Er hat Herz — aber zu wenig. Er will das Gute — aber lange nicht das Beste.

Wir aber glauben, daß der Zweck der Strafe weder Vergeltung noch jene überhebliche Erziehung ist, bei der man sich erst einmal fragen muß, wer denn da eigentlich erzieht. Der alleinige Zweck der Strafe ist die Sicherung der Gesellschaft. Also hat niemand das Recht, dem Gefangenen mehr zu nehmen, als diese Sicherung erfordert: also nur die Freiheit. Alles andre sind Zutaten, die in ihrer Mehrheit bedeuten, daß der Strafvollzug noch immer von dem primitivsten und niedrigsten Rachetrieb diktiert wird. Jeder Dieb fällt unter die sehr dubiosen Triebe irgendeines Direktors, der auf ihm herumregiert? Was soll das? Ihn bessern? Erzählt doch nichts ... dieser Strafvollzug ist nur das böse Korrelat zum Verbrecher, sie ergänzen einander, ohne daß etwas gebessert wird. Zu schweigen davon, daß die kriminellen Triebe der besser gekleideten Stände in den Betätigungen von Staatsanwälten, Richtern und Zuchthausdirektoren ihren legalen Ablauf finden.

Der Rechtsbrecher hat sich außerhalb der Gesellschaft gestellt. Deshalb darf diese ihn nicht außerhalb des Rechts stellen — Recht kann man nur in bedrohten Lagen erkennen; wenn es da nicht gilt, taugt es nichts. Im Alltag, wo nichts vor sich geht, kann jeder ein Rechtsbewahrer sein — vor einem Lustmörder wird die Sache schon schwerer.

«Grade die ethischen Normen», habe ich gelernt, «sind es, die von früher Jugend auf als fertige Fremdsuggestionen von der Umwelt wie die Atemluft beständig aufgenommen und zuletzt so verfestigt werden, daß es auch im erwachsenen Alter nur den wenigsten Menschen und diesen nur unvollständig gelingt, sich von den ethischen Anschauungen ihrer Umwelt zu emanzipieren, wenn diese konsequent im selben Sinne gewirkt haben.» Und: «Leute aus Berufen mit ausgeprägten starren Standesansichten, wie manche Beamten- und Offizierskasten, sodann Leute, die in einer gewissen geistigen Enge aufgewachsen und wenig in verschiedenen Lebenskreisen umhergewürfelt worden sind und denen es daher nicht möglich ist, sich die nötige Freiheit und Elastizität ihrer ethischen Anschauungen zu erwerben ...»

Wir haben so viel von der Psychologie der Verbrecher gehört. Uns fehlt ganz etwas andres. Gebt uns die Seelenkunde der Beamten.

ZEITUNGSDEUTSCH UND BRIEFSTIL

Es ist schon einmal besser gewesen: vor dem Kriege. Das heißt nicht etwa, die gute, alte Zeit heraufbeschwören — man blättere nach, und man wird von damals zu heute einen bösen Verfall der deutschen Sprache feststellen. In zwei Sparten ist das am schlimmsten: in der Presse und in den Briefen, die die Leute so schreiben.

Was in den Zeitungen aller Parteien auffällt, ist ein von Wichtigkeit triefender und von Fachwörtern schäumender Stil. Die Unart, in alle Sätze ein Fachadverbium hineinzustopfen, ist nunmehr allgemein geworden. Man sagt nicht: «Der Tisch ist rund.» Das wäre viel zu einfach. Es heißt: «Rein möbeltechnisch hat der Tisch schon irgendwie eine kreisrunde Gestalt.» So heißt das. Sie schwappen über von ‹militärwissenschaftlich›, ‹städtebaupolizeilich› und ‹pädagogisch-kulturell›. Gesagt ist mit diesem Zeug nicht viel: man weiß ja ohnehin, daß in einem Aufsatz über das Fußballspiel nicht von Kochkunst die Rede ist. Aber der betreffende Fachmann will dem Laien imponieren und ihm zeigen, wie entsetzlich schwer dieses Fach da sei ... Die meisten Zeitungsartikel gleichen gestopften Würsten.

In den Briefen ist es etwas andres. Da regiert die Nachahmung des flegelhaften Beamtenstils.

Es ist rätselhaft, wie dieses Volk, das angeblich so unter seinen Beamten leidet, sich nicht genug tun kann, ihnen nachzueifern — im Bösen, versteht sich. Ist es denn nicht möglich, höflich zu schreiben? Aber jede Speditionsfirma sieht ihre Ehre darin, Briefe herauszuschicken, die wie ‹Verfügungen› anmuten. Da wird ehern ‹festgestellt› (damit es nicht mehr wackelt); da wird dem Briefempfänger eins auf den Kopf gehaun, daß es nur so knallt, und das ist nun nicht etwa ‹sachlich›, wie diese Trampeltiere meinen, die da glauben, Glattheit lenke von der Sache ab — es ist einfach ungezogen. Sie haben vor allem von den Beamten gelernt, jeden Zweifel von vornherein auszuschalten. Liest man die Briefe, so sieht man immer vor dem geistigen Auge:

Tagesbefehl

1. Es stehen bereit: 8.30 Uhr vormittags Abteilung Löckeritz auf der Chaussee Mansfeld-Siebigerode ...
2. Ich befinde mich im Schloß

und so fort —
als ob man nicht auch in einem Geschäftsbrief an den entscheidenden Stellen leicht mildern könnte. Aber nein: sie regieren.

In erotisch-kultureller Beziehung denke ich mir den Liebesbrief eines solchen Korrespondenten so:

Geheim! Tagebuch-Nr. 69/218.

Hierorts, den heutigen

1. Meine Neigung zu Dir ist unverändert.
2. Du stehst heute abend, 7½ Uhr, am zweiten Ausgang des Zoologischen Gartens, wie gehabt.

3. Anzug: Grünes Kleid, grüner Hut, braune Schuhe. Die Mitnahme eines Regenschirms empfiehlt sich.
4. Abendessen im Gambrinus, 8.10 Uhr.
5. Es wird nachher in meiner Wohnung voraussichtlich zu Zärtlichkeiten kommen.

(gez.) Bosch, Oberbuchhalter

«An einer Seite Prosa wie an einer Bildsäule arbeiten ...» schrieb Nietzsche. So siehst du aus.

KRITIK AUS DER ERINNERUNG

Bei Tante Friedeberg in Stettin stand auf dem Schreibtisch die Sonne meiner Kindheit: eine kleine Glaskugel mit einem Weihnachtsmann drin. Wenn man die Kugel auf den Kopf stellte, so daß ihre Marmorplatte, auf der sie saß, zu oberst kam, dann fing es an, in der Kugel zu schneien. Es war eine einzige Herrlichkeit. Stellte man die Kugel wieder auf den Tisch, so fuhr es fort, zu schneegestöbern. Langsam, ganz langsam setzten sich die Schneeflocken dem Weihnachtsmann auf die Mütze, auf seinen Ruprechtssack und auf den Boden der Kugel ... sachte, sachte. Erst wenn sie sich alle gesetzt hatten, sah man wieder klar. Erbarmungslos klar: der Weihnachtsmann war eine kleine Murks-Puppe, und die Schneeflocken Schnipselchen aus irgendeiner Masse. Abwarten ist immer gut.

Über die Reinhardtsche Inszenierung des Hamsunschen ‹*Vom Teufel geholt*› ist das Entzücken groß; das etwas schwer zugängliche Stück soll sogar ein Geschäft sein. Das buchen die mitwirkenden Schauspieler auf ihr Konto, Reinhardt auf das seine, ein Jammer, daß die Leute dem Autor Tantiemen zahlen müssen: der Abend ist gut besucht, obgleich man sein Stück spielt ... Was geht da vor —?

Nun haben sich die Flocken gesetzt, die berliner Stimmen sind verhallt, ich sitze in der Stille, und aus den bunten Mappen kommen die Erinnerungen ...

Hamsun? Es war wildgewordenes Wachsfigurenkabinett; Spezialitätentheater von wundervollen Chargen — es war, in einer kleinen Glaskugel: Deutschland; herrliche Einzelleistungen, aber ohne Harmonie. Ist das noch Theater? Es ist nur Theater.

«Das Theater», hat Reinhardt dekretiert, «gehört dem Schauspieler.» So ähnlich sagte Gordon Craig auch, nur mit ein bißchen andern Worten — und beide haben von sich aus gegen uns recht. Das Publikum will die dramatische Erschütterung, weinen will es und lachen, bewegt sein will es, und zwar in Gefühlen, die latent schon vorhanden sind und die nur darauf lauern, daß man sie ins Freie läßt — geschaffen werden soll hier nichts, hier soll einer vorhandenen Menagerie Futter gegeben werden ... Gut. Aber wenn dem schon so ist: dann sollte es wenigstens sauber zugehen.

Das Stück Hamsuns, der von Hause aus kein Dramatiker ist, stammt von gestern und wurzelt auch dort. Warum soll im Jahre 1929 eine Frau Mitte der Vierziger aufschreien: «Ich kann nicht loslassen! Ich kann nicht loslassen!» — Wer verlangt das von ihr? Sie kann, verheiratet oder nicht, schlafen mit wem sie mag; dergleichen ist nicht mehr sehr interessant, denn die Welt sieht ja nicht so aus, wie eine unsägliche Provinzpresse sie ihren bürgerlichen Lesern, die auch inserieren, vorspiegelt ...

Dann soll man also das Stück Hamsuns nicht mehr spielen? Dann soll man es nicht mehr spielen. Aber ummodeln, Melodien hineinstreuen oder fortlassen, mit Verlaub zu sagen: fälschen — das soll man nicht. Brauchte Reinhardt den alten Gihle als fröhlichen Weinbergbesitzer? Das kann man verstehen; nur hat dergleichen mit Hamsun nichts zu tun. Ich sehe ordentlich den Regisseur im Parkett sitzen und jeden Hauch der bezaubernden Komik Romanowskys abschmecken ... was der da vorführt, ist milde und mundet schön; aber wäre Hamsun da gewesen: er hätte sich in Krämpfen gewunden. Dieser alte Gihle ist in Wahrheit ein böser Monomane in Filzbabuschen, das Herz verhärtet wie sein Stuhlgang, ein böser, alter Mann. Der Nabob Klöpfers ... es gibt in einem Stück von Curt Goetz eine der schönsten Regie-Anmerkungen, die ich jemals gefunden habe. Es heißt dort: «Herr Müller ist kein jugendlicher Komiker; sondern Ingenieur.» Das sollte man den Herren Schauspielern in die Garderoben malen. Klöpfer hatte eine Rolle (mit vier Rs) unter den Händen, er krempelte sich die Ärmel auf, tauchte die Arme bis zu den Ellenbogen hinein, wurde von Reinhardt am äußersten gehindert ... und gab nur sich selbst: einen guten Schauspieler. Nabob? Kaufmann, der in die Heimat zurückkommt? Abenteurer? Nichts davon. Manchmal hatte er nichts zu sagen; dann saß er still und ließ nur seine Augen spielen ... und dann, wenn das Stichwort herannahte, gab es ihm einen Ruck, das Schauspielerische fuhr in ihn, und nun begann er zu spielen. Viel Kunst fürs Geld.

Da ist ein von den Weibern ausgehaltener Kerl, Herr Blumenschön ... warum wird er von den Weibern ausgehalten? Weil er — am Tag und bei der Nacht — Charme hat; sonst wäre dergleichen nicht erklärlich. Herr Homolka gibt einen düstern und rohen Patron; weshalb um alles in der Welt verlobt sich ein nettes Mädchen mit ihm? trägt eine mannstolle ältere Dame ihr Geld zu ihm? alles, weil er so unausstehlich ist?

Da ist ein Leutnant ... diese Rolle hat einmal Biensfeldt gespielt

... täuscht mich die Erinnerung? Aber so kann sie nicht täuschen: Biensfeldt trat auf und war ein unglücklicher Mensch; schief verliebt, versoffen, er verstand die Welt nicht mehr — und was sehen wir hier? Eine Operettencharge, die von allen Direktoren reihum engagiert wird, damit sie immer wieder dasselbe spiele: sich, den Herrn Julius Falkenstein — leicht daran erkennbar, daß er spricht wie ein in die Erde gegrabener Mensch, mit Glatze und hohler Stimme. Also angetan hat er herauszukommen, damit das am Tage stark beschäftigte Publikum gleich wisse und mit einem leisen Rauschen quittiere: «Falkenstein!» — Hat dergleichen noch mit Schauspielkunst zu tun?

Da ist der Musiker Fredriksen. Nie, seit die Welt steht, hat sich ein noch so betrunkener Musiker so bewegt wie Herr Sokoloff; da ist das kluge Fräulein Mosheim, dessen aufgeweckt berlinische Augen vernünftig über das Ganze hinwegsehen, die Augen sind anscheinend gar nicht mit engagiert; da ist, leise und unaufdringlich, Paul Graetz ... aber sagt mir doch, was das alles mit Hamsun zu tun hat?

Gut, nicht mit Hamsun. Also dann: das wäre Theater? Das ist gefüllte Milz — nicht Theater. Selbst so eine Leistung wie die Lucie Höflichs macht dergleichen nicht gut; einziger Augenblick, wo das Dichterische zu spüren ist, ihr Schlußwort; wie sie zu dem Neger ihr gefärbtes Willkommen spricht —: das ist große Schauspielkunst. Aber sonst schauert es nicht von der Bühne herunter: wie nüchtern die Rauschszene im Restaurant, wo Komik und Grauen ineinander übergehen sollten und wo Leere ist, ausgefüllt von den Mätzchen der Schauspieler. Diese Figuren werden ruckweise dem Gelächter eines nervösen Publikums preisgegeben, das ja gar keine Tragik will. Hamsun wird verraten — denn Hamsun macht sich gar nicht über diese Provinzialen lustig. Bei Reinhardt taucht eine Horde von mehr oder minder bunt ausgetuschten Trotteln auf — wildgewordene Chargen wie jener Onkel Theodor, der dem alten Gihle nachoperettelt ...

Man hat zu wählen.

Entweder das Theater stilisiere, wie es die Japaner tun. Dann spielt es sich auf einer völlig andern Ebene ab als die ist, der das Publikum grade entronnen ist —: hie Spittelmarkt — hie Stil. So machts Chaplin, so macht es eigentlich jedes Theater der Welt.

Eine Unterart dieser Stilisierungskunst — nicht, wie Holz gedacht hat, ihr Widerpart — ist das naturalistische Theater. Wenn aber schon naturalistisch; wenn schon genaue Nachbildung von Gaslampen und Inneneinrichtung —: dann wenigstens richtig. Ihr seid zu dritt in deinem Arbeitszimmer; Paul geht hinaus. Nun ruddelst du mit Erna über Paulchen. Sag mal: siehst du dann wie gebannt in die Tür hinein, die jener grade hinter sich zugemacht hat? Du denkst gar nicht daran: du siehst Ernachen ins Gesicht und klatschst munter über Pauleken. Und so hundertmal — was sind das alles für lächerliche Schauspieler- und Theatergebräuche, die man nicht mehr sehen mag ...

Ja, wer mag sie nicht sehen —? Das ist die große Frage. Vielleicht hat Reinhardt Unrecht; seine Kassenrapporte aber haben recht. Tritt im Theater und auch bei Reinhardt ein Dienstmann auf, so tritt die ewige Idee des Dienstmanns auf — immer, immer derselbe; vielleicht einmal, in den achtziger Jahren vage beobachtet — und nun ewig, ewig kopiert, immer derselbe, immer derselbe: die Charge, nicht das Leben. Oder ihre neurasthenische Umkehrung: der, ders anders macht. Aber vielleicht verstände das Publikum die neue Nuance gar nicht? Vielleicht gehen die Leute gar nicht mit, wenn ihnen einer zeigte, wie sie wirklich sind? Pallenberg hats ihnen so oft gezeigt; ich glaube, daß sie doch am meisten dann lachen, wenn er sich gewollt dem Schema nähert ... das verstehen sie, das geht ihnen ein, da fühlen sie sich sicher. Unser Theater ist, wenn es sich naturalistisch gibt, Bürgertheater von 1890, mit einer leichten, wenig regenfesten Farbe bestrichen. Kratze das Theater — und du hast die veraltete Klasse, die es geschaffen hat.

Dies ist zunächst keine politische Frage — denn es sieht auf der linken Seite nicht gar so viel besser damit aus; da machen nur die Maschinen mehr Radau. Aber ist das noch Hamsun, ist das noch Theater, wenn in so einem Stück, das gefälligst im Dunkeln zu phosphoreszieren hat, jeder Schauspieler aus seiner Rolle ein ‹Kabinettstückchen› macht? Im Bühnenklub sagen sie «Stibinettskackchen», und das ist es auch.

Und nun noch ein holpriger Text, über den man alle Naselang stolpert, und dann Hamsun als Vorwand für ein lebendig gewordenes Wachsfigurenkabinett —: es ist nie gut, wenn eine Institution sich selbständig macht.

Da war der Abschied von Berlin viel besser. «Carows Lach-Bühne» am Weinbergsweg — diß wah nu janz richtich.

Erst haben sie uns beinah verhauen: den Tisch bekamen wir nur, weil es hieß, Jannings sei mit uns; einer fragte, ob ich es wäre, und einen Herzschlag lang verspürte ich, wie schön Ruhm sein müßte — und dann kam Aemil nicht, und dann machten die das Feld geräumt habenden Leute Krach, und der Direktor Carow legte sich begütigend ins Mittel ... Ein schmaler, nicht sehr großer Mann mit ernsten dunkeln Augen, so ein bißchen nach Buster Keaton hin, sehr still, sehr leise ... ab. Wir dürfen den Tisch behalten.

Und lassen ein infernalisch-langes Programm über uns ergehen: Steptänzer; eine sehr gute Akrobatengruppe; ein unsägliches Melodram, in der umfangreichen Hauptrolle die ebensolche Frau Direktern; ein Komiker, über den das Publikum jucheit ... Das Publikum freut sich überhaupt über alles, am meisten die Frauen, bei denen der Analhumor jeden andern hinreichend vertritt — Überschrift: das Familienprogramm. Und immer noch eine Nummer und noch eine und noch eine . . .

Die Mitternacht zieht näher schon . . . da fängt die Original-Posse ‹*Frau Feldwebel*› an. Carow hat sich vorher entschuldigen lassen; er spiele, sei aber erkältet . . . Na, da möchte ich ihn mal sehen, wenn er nicht erkältet ist; das überlebte man wohl mitnichten. Seit Karl Valentins Orchestermitglied habe ich nicht so gelacht.

Eine Militärposse? Unmöglich, sollte man meinen. Die Assoziationen sind zu schmierig — man will das nicht. Und nun noch eine aus der Vorkriegszeit. Und nun noch eine, in der doch gewiß, hier und vor diesem Publikum, kein Antimilitarismus gemacht wird; mir wurde leicht flau. Aber jener kam, stolperte, schwang ein paar große alte Stiebeln, die er jedennoch ‹jeknillt› haben wollte — und wir waren in Chaplins siebentem Himmel.

Was da herausgestottert kommt, hat mit Militär überhaupt nichts mehr zu tun. Hier ist die Stilisierung über jene Grenze hinausgeführt, die den Menschen von dem menschenähnlichen Ding: dem zur Schau Spielenden trennt — hier ist ein mit Reismehl bestäubter Clown, mit kleinen schwarzen Kreuzchen, wie sie Trier den Clowns als Augen zeichnet, mit zwei dünnen, garnisondienstfähigen Beinen, und einer Schnauze —! Frechheit plus Güte plus Idiotie plus Verschmitztheit plus völliger Ignorierung des Militärs —: ein berlinischer Schwejk.

Der berliner Jargon nennt den ‹bunten Komiker› mit der Kittneese eine ‹Klamotte›. Ist Erich Carow eine Klamotte? Ja, das ist er auch — aber er ist doch noch viel mehr. Nun wollen wir gewiß nicht hingehen und, wie gehabt, den neuen Heiland entdecken; das kann man nach einer einzigen Rolle überhaupt nicht beurteilen, das erste Mal wirft einen jeder gute Komiker um. Das aber ist er unzweifelhaft.

Er ist vor allem einmal eines, was hierzulande so unendlich selten ist und was man dort am Weinbergsweg zu allerletzt erwartet hätte: er ist leise. Er ist ganz leise und federleicht und in den gröbsten Momenten, grade in denen, zart. Auch hört man ihn denken — was nicht immer ganz einfach vor sich geht: die Maschinerie in seinem Kopf dreht sich hörbar, wenn auch nicht stets mit dem gewünschten Resultat. Das ganze Gesicht denkt mit . . . Und wenn die Situation dann unrettbar verquatscht ist, so durcheinander, daß sie niemand mehr lösen kann, dann steht er vor dem Herrn Feldwebel, der genau so groß und schnauzbärtig aussieht wie der Böse Feind bei Chaplin, steht da und sagt ganz leise zu sich selber, als inneres Kommando: «Abtreten!» und will es auch blitzschnell tun, bis ihn der Feldwebel am Kragen nimmt und noch einmal ans Rampenlicht zieht. Und das ganze Malheur beginnt von vorn.

Was quatscht dieser Mann! was brabbelt er vor sich hin! Wie holt er aus tiefen Denkpausen unauslöschliches Gelächter, so, wenn er — großer Witz! — den Soldaten Neumann als den «neuen Hauptmann» anmeldet, der Feldwebel bekommt einen Bombenschreck, merkt zu spät, daß er genarrt worden ist, und brüllt den unschuldigen Neumann an. «Sie Himmelhund . . .! Haben Sie . . .?» — Nein, der hat nicht. Der Rekrut Kaczmarek hat. «Komm mal her!» Nun kommt es heraus. Und in diesem Moment, wo er doch alles verbockt hat, dreht sich Carow zu Herrn Neumann, sieht ihn, der gar nichts dafür kann und demgemäß stramm steht, von oben bis unten an und spricht ganz leise: «Du bist doch ein dämliches Schwein —»

Und ich muß sagen, daß ich meinen schönsten berliner Theater-Augenblick im Weinbergsweg 20 hatte; Wahrheit muß sein. Es ist jener Augenblick, wo sich Soldat Carow einem seiner Vereinskollegen zuwendet, der mit der Nichte des Herrn Feldwebel ein zartes Abenteuer gehabt hat, ein harmloses, sagen wir es laut, aber eines, das sein Kommißherz arg verstört hat. Davon weiß Soldat Carow. Es hat auch schon einen großen Krach bei Feldwebels gegeben, mit allen Verwechslungen, die nur möglich sind. Aber das hat Carow im Augenblick vergessen; was heißt hier Feldwebel und Kasernenhof . . .! Soldat Carow nähert sich dem Kameraden, ganz dicht tritt er an ihn heran, seine Äuglein glitzern, das Wasser läuft ihm schmeckbar im Munde zusammen, ein Induktionsstrom der Lust durchzuckt ihn, zugegeben: er, Carow, hat ja von der alten Liebesaffäre nichts gehabt, das ist wahr . . . aber der andre? Vielleicht ist der andre — Mann ist Mann — der Sache näher gekommen? Nun hat er sich an dessen Ohr gedrängelt, es ist totenstill in dem rauchigen Stall, und Carow spricht. «Willy», sagt er, «hast du mit ihr —?»

Das wurde nicht nur ‹gebracht› — das ‹war da›, um einen Bühnenausdruck zu gebrauchen, und es war gar nicht als Zote da. Es war: Humor, Ironie über diesen Humor, Mitfreude, die sich in den Bart sabbert . . . Gülstorff hat in der Schimekischen um Pallenberg etwas Ähnliches gemacht. Und dann geht es alles drunter und drüber; ich besinne mich nur noch, wie alle: Hinlegen! Aufstehn! Hinlegen! Aufstehn! spielten und wie Carow, der natürlich nicht dabei war, ganz schnell durch die pappene Tür gewitscht kam, ein Mondstrahl unendlicher Schadenfreude ging über sein Rekrutengesicht, um eines Auges Blinzeln zu spät sah ihn der Feldwebel, raus war er, und dann bläst ein Signal, so recht militärisch, ernst, voller Pflichtgefühl — und Carow, der keinen Ernst Jünger gelesen hat und kein nichts und kein gar nichts, kommt herein und spricht zu den reisigen Helden, die um den Feldwebel herumturnen: «Ihr sollt alle essen kommen!» — Nein, mit Militär hat das nichts zu tun.

Um so mehr aber mit einer merkwürdig routinierten, volkstümlichen, einfachen und doch an der Spitze ganz leise ins Himmlische umgebogenen Schauspielkunst. Und während sich in der Schneekugel meiner Erinnerung die berliner Flocken langsam legen, sachte, ganz sachte — höre ich eine leise Stimme, die sagt:

«'ck ha die Stiebeln aba jeknillt, Herr Feldwebel — 'ck ha se a jeknillt —!»

HAT MYNONA WIRKLICH GELEBT?

Ich klingelte.

— «Wohnt hier Herr Mynona?»

— «Wer?» sagte die Haushälterin, die mir geöffnet hatte.

— «Mynona», sagte ich; «Mynona, über den wir so viel und mit so viel Nachdenken gelacht haben — ein lachender Philosoph, denken Sie, was das in Deutschland heißt! Ein Mann, der auf dem Grunde seines Wissens bunt angemalte Gebäude errichtet hat: runde Würfel, siebenundzwanzigeckige Theater, Mädchenschulen aus durchsichtigem Gummi ... Mynona! Der auf der Bank der Spötter saß! Mynona! Nein?»

— «Kommen Sie herein!» sagte die Haushälterin. Ich kam. Sie öffnete eine Tür —

Ein aufgeregter Greis mit flatternden Haaren begrüßte mich mit einem donnernden:

Enthülls! Enthülls!
Die Sache wills!
Ich heiße Külz!

— «Guten Tag, Herr ...» sagte ich. «Herr Mynona?» — Der Greis fuchtelte mühselig mit Armen und Beinen. «Ha!» rief er. «Ich habs ihm besorgt!» — «Wem?» sagte ich. — «Remarquen», sagte er. «Hier: seine alten Feuilletons aus von vor dem Kriege — und hier: polizeiliche Meldeformulare! und hier: alte Zeitschriften! und hier: eine dolle Geschichte! ein Monokel, das er getragen hat, obgleich er keinen Monokel-Erlaubnisschein gehabt hat — und hier ...» Erschöpft sank das glückliche Stück Unglück in sich zusammen. «Beruhigen Sie sich, Herr ...» sagte ich. «Herr Mynona?» — «Ich will auch einmal bei den Erfolgreichen sein!» sagte der Greis. «Ich habe ihn enthüllt! Ich enthülle ihn. Ich werde ihn enthüllen! Ich habe ein dickes Buch gegen ihn geschrieben! Und hier — hier habe ich einen Nachttopf; auf dem Grund dieses Nachttopfes habe ich sein Bild gezeichnet, und jedesmal, wenn ein neues Hunderttausend seines Buches herauskommt, dann setze ich mich auf diesen Topf und — —»

Ich ging. Mynona? Es scheint: unser Mynona hat nie gelebt.

Nachdem sich die Aufregung über Remarque etwas gelegt hat, sehen wir wohl klar:

Das Buch hat nicht als Kunstwerk die Millionen erregt sondern wegen seines Stoffes und wegen der Behandlung dieses Stoffes. Das Buch ist kein großes Kunstwerk, aber ein gutes Buch. Das Buch hat durch die unsagbare Dummheit der Rechtskreise einen pazifistischen Dunstkreis erhalten; diese Tendenz war von Remarque höchstwahrscheinlich nicht beabsichtigt. Die aktive pazifistische Wirkung des Buches ist sehr fraglich; die Einwände von Sclutius, die hier gestanden haben, scheinen mir höchst beachtenswert. Remarque kann und wird nie wieder einen solchen Erfolg haben; auf seinem nächsten Buch steht unsichtbar – wie das in früheren Jahrzehnten üblich war –: «Vom Verfasser von ‹*Im Westen nichts Neues*›.»

Gegen das Buch läßt sich vielerlei sagen.

Man darf den Stilisten Remarque angreifen. (Ich tus nicht – aber so ein Angriff ist denkbar.) Man darf sagen: so ist der Krieg nicht gewesen; der Krieg war edel, hilfreich und gut – die Soldaten haben sich mit Schokoladenplätzchen beworfen und in den Pausen ihrem Kaiser gehuldigt. Man darf sagen: Der wahre Mann beginnt erst, wenn er seinem Gegner eine Handgranate in die Gedärme geworfen hat. Man darf vieles über, für und gegen das Buch sagen, fast alles.

Aber eines darf man nicht.

Man darf nicht den Kampf verschieben und sich die bürgerliche Person des Autors vornehmen, dessen Haltung nach einem in der Geschichte des deutschen Buchhandels beispiellosen Erfolg mustergültig ist. Der Mann erzählt uns keine dicken Töne, er hält sich zurück; er spielt nicht den Ehrenvorsitzenden und nicht den Edelsten der Nation – er läßt sich nicht mehr fotografieren als nötig ist, und man könnte manchem engeren Berufsgenossen soviel Takt und Reserve wünschen, wie jener Remarque sie zeigt. Was hat Mynona getan?

Mynona hat eine Unanständigkeit begangen.

‹*Hat Remarque wirklich gelebt?*› bei Paul Steegemann, Berlin.

Es ist eine Unanständigkeit, einem Schriftsteller, der sich sein Leben mit der Schreibmaschine verdient, vorzuwerfen, er habe einmal Reklameverse für die Pneumatikfirma Continental gemacht. Man hat neulich Shaw und einigen andern großen englischen Schriftstellern dergleichen angetragen; sie haben alle abgelehnt, und einer von ihnen – wenn ich nicht irre, war es Wells – hat geantwortet: «Ich täte es. Aber es ist bei uns nicht üblich – dergleichen wird falsch aufgefaßt; ich kann es nicht tun, weil es nicht üblich ist.» Nun war Remarque, als er diese Reklamearbeit machte, ein ganz unbekannter, junger Schriftsteller, und wenn es Herrn Mynona für sein nächstes Buch interessiert, so will ich ihm enthüllen, daß ich vor dem Kriege einmal einen solchen Antrag bekommen habe – die Sache kam nur darum nicht zustande, weil ich zu teuer gewesen bin. Ich halte es für keine Schande, wenn ein Schriftsteller seine stilistischen Fähigkeiten in den Dienst einer anständigen Firma stellt (was viel, viel schwerer ist, als die meisten ahnen); ich machte das heute auch nicht mehr — weil es nicht üblich ist. Aber täte es einer von uns: eine Schande ist das nicht.

Mynona hat des weiteren alte Romane Remarques ausgegraben. Zum Glück ist die Schrift des streitbaren Philosophen unlesbar und von einer altbacknen Langeweile mit Wasserstreifen: soweit ich aus dem Kram klug geworden bin, scheinen die Romane, die Remarque damals geschrieben hat, minderwertig gewesen zu sein. Vielleicht unterrichtet sich Mynona einmal über die Anfänge Zolas, der seinen jungen Leuten nicht nur gesagt hat: «Faites du reportage! — Machen Sie Reportage! Brandberichte, Rohrbrüche, Morde und Diebstähle — es übt!» — sondern der selbst mit unsäglichen, heute gar nicht mehr lesbaren Romanen begonnen hat — einer Arbeit, deren er sich niemals geschämt hat. Er tat das, pour se faire la main — um in Übung zu kommen.

Die spezifisch deutsche Widerwärtigkeit, die die Luft unserer Politik so verpestet, weht durch dieses Buch Mynonas. Hierzulande werden Einwände damit erwidert, daß man sagt: der Einwendende habe einen roten Bart und eine verstopfte Schwiegermutter. Statt Breitscheid und Hilferding als geistige Typen zu verhöhnen und zu bekämpfen, wird argumentiert: «Und dann hat sich Breitscheid im Jahre 1897 eine Goldplombe machen lassen, aber nur für Amalgam bezahlt!» Anathema sit. (Wobei übrigens die wirklichen Schieber meist ungestraft davonkommen.) Die deutsche Politik riecht nach Kommunalstunk.

Der entscheidende Einwand gegen das Kriegsbuch Remarques dürfte also der sein, daß sich Remarque in Wahrheit mit einem k schreibt und Remark heißt. Wenn das die Leser gewußt hätten, hätten sie das Buch nicht gekauft ... Und der Philosoph, der offenbar Jahre seines Lebens Kant studiert hat, um in seinen alten Tagen einem Anfall von Neid und Niederträchtigkeit zu erliegen, folgt dem kategorischen Imperativ der Pflicht, wärmt diesen alten Quarque auf und enthüllt.

Er enthüllt, daß der Urgroßvater Remarks 1793 geboren ist — arme Leser, was dachtet ihr? — Daß der Großvater in Kaiserswerth im Jahre 1840 geboren ist — betrogene Käufer, was dachtet ihr? Daß Remark selber geboren ist. Daß er eine Frau hat. Daß er nicht im Infanterie-Regiment 91 gedient hat. Und so fort. Und so fort.

Bleibt ein Punkt, ein einziger. Remarque soll — wie Mynona behauptet — bei Kriegsende und noch im Jahre 1919 unberechtigterweise eine Leutnantsuniform und Orden getragen haben, die ihm nicht verliehen worden sind. Ich habe keine Achtung vor dieser Uniform, und es ist mir unbegreiflich, wie man sie anziehen kann, wenn man das nicht muß. Hat Remarque das aber wirklich getan, so hat er nicht recht getan. Und zwar hat er an seinen Kameraden nicht recht gehandelt; dergleichen wirkte unter den damaligen Umständen außerordentlich aufreizend.

Ich kenne diese Geschichte nicht; ich weiß nicht, ob Remarque sich einen falschen Baronstitel zugelegt hat, die Uniform, die Orden ... Es ist billig, zu sagen: «Lassen Sie doch ... Ein Jugendstreich ...» Solche Streiche können sehr aufschlußreich sein. Ich glaube: dieser zählt nicht dazu. Für den Wert des Buches ist das etwa so gleichgültig, wie wenn erwiesen wäre, Remarque hätte einmal in seinem Leben gestohlen. Was besagt das für und gegen seine Kriegsschilderungen? Kann ein Dieb nicht die Wahrheit sagen? Hat Remarque sich jemals als Apostel und Märtyrer der Sittlichkeit aufgespielt? Es hat einen Sinn, einem wilden Abstinenzler vorzuwerfen, er saufe heimlich Moselwein; es hat einen Sinn, einem Sittlichkeitsschnüffler vorzuwerfen, daß er mit Huren schlafe – es hat aber gar keinen Sinn, einem Kriegsschilderer vorzuwerfen, er habe sich gedrückt, er sei ein schlechter, ein mittelmäßiger, gar kein Soldat gewesen, er habe eine falsche Uniform getragen, zwei nicht verliehene Orden und drei Monokel. In dem Buch ist keine Stelle, die, selbst wenn die Vorwürfe wahr wären, damit widerlegt ist. Was weiß Mynona vom Krieg?

Es hat keinen Wert, dem Gegner nur die bösesten Motive unterzuschieben. Aber es ist gar kein Zweifel, daß Mynona auch nicht die Feder gerührt hätte, wenn das Buch Remarques in der zwanzigsten Auflage stecken geblieben wäre. Neid ...? So einfach ist das nicht, obgleich es ein bißchen seltsam anmutet, wie sich der Verleger Paul Steegemann hier an die Konjunktur anhängt. Tatsächlich muß aber Remarque vor diesem wild gewordenen Philosophen den Erfolg entgelten.

Literarische Erfolge beweisen zunächst nicht viel für den Wert eines Werkes. Überschreiten sie aber ein gewisses Maß, so zeigen sie etwas an: nämlich nicht so sehr die Qualität des Buches als den Geisteszustand einer Masse. Und es gibt – von Thomas Mann bis herunter auf die Courths-Mahler – keine unverdienten Erfolge. Das hat es niemals gegeben. Wenn ‹*Gentlemen prefer Blonds*› die englisch-sprechende Welt im Lachen durcheinander schüttelt, so ist da zweierlei: eine zweifellos vorhandene Kraft der Verfasserin und eine Denkart der Massen, die dieser Kraft in diesem Augenblick entgegenkommt. Wer wird da kläffen? Ein Neidischer wird kläffen. Bei großen literarischen Erfolgen, die man für gefährlich hält, muß man die Leser angreifen – nicht den Autor.

Es ist auch nicht richtig, daß «Ullstein dieses Buch gemacht» hat. Wer die Entstehungsgeschichte der Vorverhandlungen kennt, wird darüber lächeln. Wer nur einen Funken von Gefühl für Massenwirkung hat, wird nicht solchen Unsinn behaupten: mit Recht hat Monty Jacobs darauf hingewiesen, daß schon bei dem Vorabdruck des Romans in der ‹*Vossischen Zeitung*› ein Raunen begann – es war damals bis nach Paris deutlich zu hören. Der Vorgang ähnelt sehr jenem, der sich begab, als man ‹*Jettchen Gebert*› in Fortsetzungen las – der Erfolg war sofort da. Dieses Buch ist also von seinem Verlag nicht ‹gemacht› worden; der Verlag hat nur sehr berechtigterweise das vorhandene Echo aufgefangen, und er hat mit seinem Apparat den Erfolg geschickt unterstützt. Gemacht hat er nichts.

Gemacht hat nur Herr Mynona etwas: wohin, hat er uns ja oben selbst erzählt. Und zum Glück ist es keine Parodie geworden; sondern eine aufgeschwollene Literaturpolemik aus dem Jahre 1905.

Und wenn es etwas gibt, was noch unanständiger ist als dieses herzlich lederne Buch, dann ist es sein Verlagsprospekt. Darin ist so ziemlich alles, was gut und teuer ist fürs Geld. Daß Mynona mit Voltaire, Heine und Lichtenberg verglichen wird, nur nebenbei; billiger tun wir das heute nicht mehr. Da ist die Reverenz vor der Provinz und der Fußtritt gegen ‹Berlin› — Herr Steegemann hat lange in Hannover gelebt, und das muß ihm nicht gut bekommen sein. Da wird versprochen, die «ganze herrschende Mittelmäßigkeit höllisch zu demaskieren» — ach, täte das doch einer! Aber es ist nichts damit: die kindischen Vorwürfe gegen Remarque werden aufgezählt, aber von der Not der Soldaten und vom Schmutz, vom Leid und vom Jammer, von Tod und von Verwundung, von Roheit und Brutalität kein Wort. Remarque schreibt sich mit einem k! mit einem k! k! k! —

Unten vor dem Haus des Philosophen lag ein einsames Gebiß. Schaum haftete den Zähnen an, Zeichen von Ohnmacht und Wut. Mit dem Fuß stieß ich es beiseite. So haben wir uns den kategorischen Imperativ immer vorgestellt.

SOLL MAN DAS TUN?

Soll man seine Bücher mit Anmerkungen versehen? Mit Strichen? Mit Bravo-Ausrufungszeichen und mit Na-na-na-Fragezeichen? Soll man das —?

Schopenhauer tats. Die Bände seiner Bibliothek sind voll von herrlichen und wetterfesten Beschimpfungen, von Ergänzungen, Marginalien und fixierten Wutausbrüchen, wenn dem Herrn Buchautor etwas schief gegangen war. Auch schrieb er in viele Bände ein Generalurteil hinein ... Der also tats. Sollen wir auch —?

Manchmal juckts einen. Es ist ja nicht so übermäßig tapfer, denn der Autor ist nicht dabei, er kann sich nicht wehren, er sitzt, während du ihn beschimpfen oder Ei-ei machen willst, am Bach und angelt (wenn er klug ist), oder er schreibt grade ein neues Buch (wenn sein Verleger klug ist). Es ist also, was du da treibst, ein etwas einseitiger Sieg ...

Immerhin: es prickelt uns doch manchmal in allen Fingerspitzen, dem Herrn einen hinzumalen. Der deutsche Leser ist ein ordentlicher Leser; dreiviertel aller Kritiken werden also wohl:

WIDERSPRUCH! SIEHE SEITE 95!

heißen. Aber nichts hat so viel Unlogik in sich wie die Logik ... man sollte da wohl etwas vorsichtig verfahren ...

Der Tadelmöglichkeiten gibt es viele. Wir wollen es nun nicht so treiben wie jener hohe Herr, der «Blödsinn!» und «Quatsch!» an den Rand seiner Akten schrieb – doch macht sich das gequälte Gemüt des Lesers gern Luft in solchen Strichen – dick! zweimal! immer gib ihm! und jeder Strich heißt: «Hat man je so etwas ...!» Das ist der Herr Lehrer, der aus dem Leser spricht; eigentlich müßten solche Striche mit roter Tinte gemacht werden ...

Lange Anmerkungen schreiben die Leser von Romanen heute selten an den Rand ... für wen auch? Vielleicht für ihre Nachleser oder Nachleserinnen – für den Autor und gegen den Autor aber wohl nicht mehr. Der Respekt vor dem gedruckten Buch ist sehr geschwunden ... Und der schärfste Tadel ist wohl der, der den Autor wirklich träfe, könnte er ihn hören: «Ich habe den Kram gar nicht zu Ende gelesen!»

Und wie ist es mit dem Ei-ei? Das sieht schon anders aus.

Ich für mein Teil bin ein Unterstreicher jener Stellen, die mir zusagen. Ich nehme einen Bleistift und in wilden Lagen des menschlichen Lebens den Fingernagel und male an. Wenn ich dann das Buch noch einmal lese, dann weiß ich: «Hier ist gut ruhen – da paß auf.» Und welche Stellen loben wir?

Die, mit deren Inhalt wir uns identifizieren. Das unausgesprochene ‹Ich auch! ich auch!› ist in diesen Strichen, Punkten, kleinen Linien ... es muß hübsch sein, diesen stummen Applaus entgegenzunehmen. Schauspieler haben es gut – Schriftsteller merken nur mittelbar, was sie gekocht haben.

Die angestrichenen ‹schönen Stellen› sind wie kleine Laternen in der Nacht. Die Leserin fühlt sich von ihrem Schein getroffen, es entsteht ein Induktionsstrom, etwas klingt in ihr auf ... klingt mit ... ich auch! ich auch! Und da streicht man dann an.

Wird das Buch dadurch verunglimpft? Damit ist es so:

Es fragt sich, ob man mit dem Buch eine Liebschaft hat oder mit ihm verheiratet ist – ich wage nicht, eine dieser beiden Möglichkeiten mit dem Wort ‹nur› zu versehen ...

Ein kostbares Buch, das man liebt ... das soll man lassen stahn und nichts hineinmalen. Aber wenn man mit dem Buch zusammenlebt, jahraus, jahrein – dann darf man schon diese oder jene kleine Anmerkung anbringen. Etwa auf Seite 167, wo der Held morgens beim Zähneputzen so laut gurgelt, daß die ganze Lyrik zusammenstürzt, darf man schreiben:

genau wie Egon

und das ist dann wie ein kleines Tagebuch, wenn man diese Stelle nach Jahren noch einmal auffindet.

Merk:

Man darf Bücher vollmalen; man soll es nicht, man muß es nicht – aber man kann.

Schade, daß dies in keinem Buch steht. Ich weiß schon, was der Leser dazu schriebe.

JUSTITIA SCHWOFT!

Für Berthold Jacob

Nachts im Treppenhaus des berliner Kriminalgerichts.

Die Justitia, die tagsüber in Stein gehauen dasteht, löst sich von der Wand und tappt, mit verbundenen Augen, einige Schritte vorwärts. Im Halbdunkel leuchtet auf dem Boden ein weißer Strich. Sie geht darauf.

Die Justitia: Diese verdammte Binde –! Fort mit dem Zeug – jetzt siehts ja keiner! Ratsch – da liegt die Waage – ich weiß doch, wie gewogen wird – und – Bautsch! da das Schwert! Hol doch der Teufel diesen ganzen Betrieb! Ein netter Aufenthalt so weit – wo ist der Spiegel? (Sie spiegelt sich in einer Glastür. Ordnet ihr Haar. Legt Rot auf, Puder, Lippenstift.) Sie trällert leise vor sich hin:

Von vorne – von vorne – da ist er ganz von Horne –
von hinten – von hinten ...

Die Uhr: Bim – Bam – Bum!

Die Justitia: Hab ich mich erschrocken! Das ... das war nur die Uhr ...! Na, Uhr – wie gehts denn?

Die Uhr: Bum –

Die Justitia: Wir beide werden auch nicht jünger, wie? Na, wieviel schlägts denn jetzt bei dir, in der Republike?

Die Uhr: Bum – bim – bam – bum – bim – bam – bum – bam – baum – bim – baum – bum – bum!

Die Justitia: Dreizehn! Allerleihand! Und ich halte mich hier mit politischen Gesprächen auf! – Wo bleibt er denn? Ei, dort kommt er ja just –!

Der Staatsanwalt: (pfeift auf zwei Fingern)

Die Justitia: Ludwig! Wo bleibst du so lange!

Der Staatsanwalt: Meechen ...! (Kuß) Wo ick solange bleibe? Akten ha'ck jeschmiert ... Bolschewistensachen!

Die Justitia (an seiner Schulter): Du sorgst so nett für Kundschaft, Luichen!

Der Staatsanwalt: Allemal. Det du mir die Brieder bloß richtig behandelst! Die Feinen fein – und die Kerls, na: Reichsgericht.

Die Justitia: Luichen – mach ichs vielleicht nicht richtig? Marburg? Marloh? Frag mal in Leipzig, warum daß die Talare von meine Reichsgerichtsräte so rot sind –

Der Staatsanwalt: Dette mir den Ledebour freijesprochen hast – det kann ick da heute no nich vasseihn!

Die Justitia: Nich haun!

Der Staatsanwalt: Seh dir vor, Meechen! Treib ick dir dassu die Kundschaft zu? Watt ziehste dir aus? Zieh doch die Jungens aus! Wozu hab ick dir denn det Jeschäft lern lassn?

Die Justitia: Luichen! Wo machen wir denn heute ahmt hin?

Der Staatsanwalt: Heute nacht? Jehn wa schwofn! Ins Auditorium Maximum von de Universität! Die janzen Rektoren sind da – lauter orntliche Leute – Reserveoffiziere und so. Kannste was erben! Benimm dir!

Die Justitia: Ick wer dir schonst keine Schande machn! Ich will auch immer dein braves Mädchen sein . . . Mich sieht keiner nackt, aber ich seh sie alle. Du süßer Paragraphenlehrling!

Der Staatsanwalt: Streiker und Revoluzzer und Demokraten und Spartakisten und Unabhängige und Pennbrüder und Pazifisten und Schriftsteller und Kommunisten und all das Pack – wohin?

Die Justitia: Ins Kittchen, Luis!

Der Staatsanwalt: Und die Offiziere? Und die feinen Leute? Wohin?

Die Justitia: Raus aus die Anklagebank, Luis!

Der Staatsanwalt: Und wenn sie Republik spielen – was tun wir?

Die Justitia: Wir bleiben unserm Kaiser treu!

Der Staatsanwalt: Denn was haben wir?

Die Justitia: Wir haben die Unabhängigkeit der Justiz!

(Achtunddreißig Hühner treten auf, lachen und trippeln wieder ab.)

Der Staatsanwalt: Und die Waage?

Die Justitia: Hängt schief.

Der Staatsanwalt: Und die Binde?

Die Justitia: Hat Gucklöcher.

Der Staatsanwalt: Und das Schwert?

Die Justitia: Ist zweischneidig. Komm, Luis, gehn wir tanzen!

Der Staatsanwalt (mit Überzeugung): Du süße Sau –! (er pfeift auf zwei Fingern)

Beide: Justitia geht schwofen! – Haste so was schon gesehn! – Sie biegt sich und schmiegt sich – man läßt es geschehn! – So tief duckt kein Knecht sich – wie diese Nation – Justitia, die rächt sich – für die Revolution! – Die Deutschen, die doofen – die geben schon Ruh – Justitia geht schwofen – sie hats ja dazu –!

(Beide keß tanzend ab)

GEHEIMNISSE DES HAREMS

> Ich sah im Draum e gleenes Dromedar;
> das liebe Dhier war gaum e halbes Jahr.
> Am Halfter fiehrts e blondes Därkenkind –
> in seinen Locken seiselte der Wind . . .
> Ach, war das scheen –!
>
> Sächsisch-türkisches Volkslied

Am hübschesten sind eigentlich Bücher, die gar keine sind. Die richtigen Bücher: diese Lyriksammlungen, diese Entwicklungsromane («Adolar blickte versonnen auf die letzten vierundachtzig Jahre seines Lebens»), diese expressionistisch geballten Bücher, in denen es scheinbar zackig, in Wirklichkeit aber aalglatt zugeht –: wer will denn das alles noch lesen! Ich weiß etwas viel Schöneres.

«‹*Durch türkische und ägyptische Harems*›. Erlebnisse eines deutschen Landsturmmannes, von August Mies, Landsturmmann und Kriegsteilnehmer, abkommandiert nach der Türkei zur Organisation der Viehherden des ehemaligen Kriegsministers Enver Bey.» Wir wollen uns zunächst einmal einigen: ich habe weder den Titel noch das Buch erfunden: das Werk ist im Verlag des Allgemeinen Stallschweizerbundes, Sitz Plauen i. V., wirklich erschienen. Jetzt gehts los.

«Der Kapitän eines russischen Kriegsschiffes nimmt seine Tochter Tatjana auf eine Fahrt über das Schwarze Meer mit. Das russische Schiff wird von den Türken gekapert. Der Kapitän kommt in ein Internierungslager, während die junge Dame, die Braut eines russischen Offiziers, in den Harem eines Paschas verschleppt wird. Ein deutscher Landsturmmann wird für den Viehstand Enver Beys abkommandiert. Mit seiner Herde weilt er auf einsamer Heide, als der Pascha mit seinem Harem bei ihm sein Zeltlager aufschlägt. Hier lernt der deutsche Landstürmer die Russin als solche kennen und verspricht ihr, sie zu retten und heimzubringen.»

Mit diesen einleitenden Worten erzählt der Verlag den Inhalt des Büchleins. «Der Jugend möchte der Inhalt meiner Schilderungen besser ferngehalten werden.» Kinder, rein!

Thomas Mann hat einmal von einem Bahnbeamten erzählt, er habe in einer Nacht gar kein Eisenbahnunglück erlebt, sondern den Zeitungsbericht über ein Eisenbahnunglück. So auch der Dichter August Mies, Landsturmmann und Kriegsteilnehmer. «Na, Steuermann, beruhige dich, noch vier Stunden, und wir sind im sichern Hafen. – Aber halt, siehe da, gegen Südwest, ist dies nicht eine Rauchfahne?» Beide standen wie versteinert vor Schreck, beide sahen mit ihren Fernrohren nach dieser Stelle. «Heil, Wladimir, der Dampfer hat uns gemerkt . . .» So pflegen sich die Russen auf See zu unterhalten.

Was aber das Haremsleben türkischer Wüstlinge im Orient angeht, so ist selbes noch niemals mit einer solchen Bliemchenkaffeepoesie geschildert worden wie hier. Unwiderstehlich komisch, wie da orientalische Sinnenlust und preußische Organisation durcheinanderwirbeln. Es geht alles ganz ordentlich vor sich. Ein Kapitel heißt: «Wie man Eunuche wird» (wahrscheinlich eine Gebrauchsanweisung), — einer wird «Zum Obereunuchen befördert», und auch sonst ist es lebensgefährlich. «Als dieser nun sah, daß Mohammed kein Eunuche, sondern ein Mann war, nahm er seine stets bei sich tragende Pistole und schoß Mohammed auf der Stelle nieder.» Die edle Tatjana aber bleibt keusch und unberührt inmitten all des Greuels. Zwar mußte sie den wildesten Ausschweifungen zusehen, aber: «Sie zog sich Beinkleider an, wickelte sich kreuz und quer Tücher um ihren Unterleib und hielt Aspirin bereit. Wenn auch so ein hoher Herr lüstern ist, aber vor einer kranken Frau hat er Abscheu.» Tatjana wußte schon, warum sie sich so schützte, denn die Türken, das sind ja dolle Nummern! Was sehen meine entzündeten Augen —? «Entkleide dich», befahl er, welchem Verlangen dieselbe sofort nachkam. Kinder, wieder raus.

Die anstößigen Stellen des Buches sind mit erfreulicher Diskretion gemildert, die Vorgänge der wilden Sinnenlust hat der Verfasser in das geliebte Papierdeutsch übertragen, wodurch sie etwas abgeklärt Registrierendes bekommen. Einmal entschuldigt er sich geradezu.

Er hat, durch einen Eunuchen geführt, die Hakori, die Liebesnacht seines Effendis, mitangesehen. Seine Tatjana, die er aus dem Harem befreit hat, fragt ihn eifersüchtig, wo er denn nachts gewesen sei. Er sagt es ihr. «Höre auf, deiner Erzählung bedarf es nicht, du hast heute nacht dem Hakori beigewohnt.» — «Wie meinst du das, daß ich beigewohnt oder zugesehen habe?» — «Natürlich zugesehen. Ja, mein Lieber, zu diesem Treiben war ich immer schwerkrank. Einen Ekel empfinde ich, wenn ich nur daran denke, und du siehst zu?» Und nun der brave Landsturmmann: «Nicht aus Wollust, liebe Tatjana, sondern nur um das in der Heimat schwebende Dunkel etwas zu lüften!» Das kann jeder sagen. Wenn das seine Alte liest, dann glaubt sie es ihm doch nicht, und er bekommt sicherlich mit dem Besen.

Aber es sind auch allgemein gültige Betrachtungen in dem Büchlein. «Was ist ein Mensch neben einer Pyramide?» Wie wahr! Und wie erschütternd ist nicht jene Szene, in der der Vater des Eunuchen bedauert, denselben zu einem solchen gemacht zu haben und das Geschehene rückgängig machen will! Dahin, dahin! Denn das wäre das Ei des Kolumbus.

Schließlich kommt der Landsturmmann und Kriegsteilnehmer nach Odessa und liefert seine Tatjana, die frühere Haremsdame, zu Hause ab... Die Courths-Mahler steht beim Einzug ein bißchen Pate. Tatjana hatte als Haremsdame den Namen Hakara bekommen. Nun ließ sich aber die frühere Haremsdame nicht mehr Hakara titulieren. «Nein, mein Lieber, jetzt mußt du mir schon meinen früheren Namen gönnen: Fräulein Tatjana Borewitsch.» — «Aber wenn ich bloß Tatjana sage, bist du da zufrieden?» — «Aber selbstverständlich!» Mit diesem kleinen Geplänkel lief der Zug in Poltawa ein ... In Kiew ist große Hochzeit. Die Haremsdame heiratet, und der Landsturmmann bekommt viele Küsse, viele Wodkas und viele Rubel und fährt in die Heimat.

Als ich das Buch bis hierher gelesen hatte, zwinkerte ich erheblich. Was, August? du bist jahrelang mit diesem Haremsmädchen herumgezogen und willst uns nun einreden, du habest selbstlos, ohne einmal zu trinken, diesen Quell der Freude in seine Heimat transportiert? War Tatjana so keusch? Sie war es. Wenigstens dir gegenüber, August, denn am Schluß des Buches ist das Bild des Verfassers angebracht, und wenn er auch in Polen wohnt: Gott strafe mich, wenn er nicht sächselt. Er hat einen bunten Gummikragen und ein kleines Vorhemdbrettchen und einen geklebten Schlips und eine Brille und einen viereckigen Kopf. Du keusche Tatjana! «Der Verfasser ist früher jahrelang der Vorsitzende des Allgemeinen Stallschweizerbundes, Sitz Plauen, gewesen. Er besitzt umfangreiche Kenntnisse auf dem Gebiete der Rindviehzucht, und ihm unterstanden schon vor dem Kriege große Rinderbestände von weit über hundert Stück. Seine Fachkenntnisse auf diesem Gebiet waren die Ursache für die ihm gewordene in Kriegszeit als Auszeichnung geltende Abkommandierung nach der Türkei zwecks Verwaltung des dortigen großen Rindviehbestandes.» Daß der Mann nicht Reichstagspräsident geworden ist —!

Wonach also festzustellen, daß auch diesmal am deutschen Wesen die Welt genesen ist, und daß unsere Fahnen kulturell und siegreich über den Zeltharems türkischer Paschas geflattert haben. Bitte, erheben Sie sich von Ihren Sitzen und ehren Sie mit mir den Verfasser dieses aufschlußreichen Büchleins.

ES REUT DAS LOTTCHEN

«Gar nichts. Ich habe gar nichts. Ich? Nichts. Nein ...

Frag nicht so dumm — man kann ja auch mal nicht guter Laune sein, kann man doch, wie? Ich habe gar nichts.

Nichts. Ach, laß mich. Na, ich denke eben nach. Meinst du, bloß ihr Männer denkt nach? Ich denke nach. Nein, kein Geld — meine Rechnungen sind alle bezahlt. Alle! Ich habe keinen Pfennig Schulden. Was? Keinen Pfennig. Bloß die Apotheke und das Aquarium, das ich mir neulich gekauft habe, und die Schneiderin und bei Kätchen. Sonst nichts. Na ja, und die fünfzig Mark bei Vopelius. Nein, wegen dem Geld ist es auch nicht. Wegen des Geldes! Was du bloß immer mit der

Grammatik hast – die Hauptsache ist doch, daß ich Geld habe. Ich habe aber keins.

Ach, der Kerl, der ... Na, nichts. Na, dieser Kerl. Der Seemann, von dem ich dir neulich erzählt habe. Er war doch ein bißchen tätowiert wie ein Seemann und sah aus wie ein holsteinischer Bauernjunge. Nein, ich war nie in Holstein – ich denk mir das so. Was mit dem ist? Ach, laß mich.

Natürlich, doch, ja! Seemann ist er. Nein, er war nicht mehr hier. Ich dachte immer, er würde mal kommen. Wieso? Wieso! Weil er mich angepumpt hat! Wieso ist das die Höhe? Das ist gar keine Höhe! Ich pump dich doch auch manchmal an. Aber ich sag wenigstens nicht, daß ichs dir wiedergebe! Nein, nicht viel. Ist ja egal. Ach ... ich weine gar nicht. Viel nicht. Einmal fünfzig Mark und einmal achtundsechzig. Na und –?

Na und? Ich hab doch gedacht, er wär zwei Jahre auf See gefahren. Das hat er mir erzählt. Bitte, meine Freunde lügen nicht ... wenn die was erzählen, dann ist es wahr, meistens ist es sogar wahr. Die lügen eben nicht alle wie du neulich mit Micky. Hast du die Person wiedergesehn?

Er war gar nicht auf See. Auf dem Land natürlich. Ach, laß mich.

Na, er hat eben gesessen.

Anderthalb Jahre. Ich weiß nicht warum. Wo? Das ist doch egal. In Plötzensee.

Ich weiß nicht, weswegen – laß mich in Ruhe. Es hat mir einer erzählt. Da war ein Mann, der holt sich hier immer alte Kindersachen ab, die geb ich ihm, und der hat für einen Freund gebeten, den haben sie grade entlassen, und da sind wir ins Gespräch gekommen, und da hat er auf einmal den Namen von dem gesagt, von dem Seemann. Und da ist es rausgekommen. Die kannten sich alle zusammen. Anderthalb Jahre. Mir hat er gesagt, er war in Bali. Und dabei war er in Plötzensee.

Ich weiß nicht, warum – laß mich in Frieden! Darauf kommt es auch gar nicht an! Mein Geld ...? Ich war gleich auf der Kriminalpolizei. Du, da war aber so ein netter Mann, der mich da empfangen hat, den habe ich gefragt. Ich habs ihm alles erzählt. Sah sehr gut aus, der Mann – ein Kriminalrat oder so. Wie ich rausgehn will, sagt er zu mir: Frau Laßmann, sagt er, Sie haben zu schöne Augen! Das Weiße da drin: ganz blau! Hat er gesagt! Und dann war ich nochmal da, und da hat er mir Gedichte vorgelesen, der Mann macht nämlich Gedichte. Na, meinste, du machst bloß alleine Gedichte?

Sollen sie sich vielleicht vorne reimen – natürlich haben sie sich hinten gereimt! Sehr schöne Gedichte. Und er hat gesagt: Das ist ja glatter Betrug! Glatter Betrug ist das! Vorspielung falscher Tatsachen, sagt er. Und er wird da hinterhaken. Und dann hat er mir noch ein

Gedicht vorgelesen. Ob ich so zu meinem Geld komme? Daddy, ich werd dir mal was sagen:

Mein Geld will ich gar nicht wiederhaben! Der Kerl ist bei mir gestrichen. Ich, mit einem Seemann? Nie wieder. Ist das eigentlich ein höherer Beamter, ein Kriminalrat?

Und hier ist noch eine Rechnung, die kannst du auch bezahlen. Warum sagst du Ahoi? Und ich werde dir mal sagen, woher das alles kommt:

Ich habe viel zu wenig Geld, und viel zu viel Herz. Und bei dir ist es eben umgekehrt. Ahoi —!»

SCHNIPSEL

Warum lächelt die Mona Lisa
Weil sie
Hitkinsons Verdauungspastillen
eingenommen hat
und so
von ihrer lästigen Verstopfung
für immer befreit ist!
Wollen Sie
auch lächeln?
Dann . . .

Amerikanisches Inserat

Mitropa, Schlafwagen

«In einem richtigen Schlafwagen haben nicht nur die Schaffner Dienst, sondern auch die Fahrgäste.»

Deutscher Verwaltungsgrundsatz

Es unterhielten sich ein Katholik und ein Jude über religiöse Fragen.

«Eins verstehe ich nicht», sagte der Katholik. «Wie kann man als gebildeter Mensch glauben, die Juden seien durch das Rote Meer gezogen?»

«Sie mögen recht haben», sagte der Jude. «Wie kann man aber glauben, Jesus Christus sei nach dem Tode auferstanden?»

«Das ist etwas anderes», sagte der Katholik. «Das ist wahr.»

Den Deutschen muß man verstehen, um ihn zu lieben; den Franzosen muß man lieben, um ihn zu verstehen.

DEUTSCHE RICHTER VON 1940

Wir stehen hier im Vereine
in diesem Lederflaus;
wie die abgestochenen Schweine
sehn wir aus.
    Wir fechten die Kreuz und die Quere
    mit Schlag und Hieb und Stoß;
    wir schlachten uns um die Ehre —!
    Auf die Mensur!
                                        Los!

Der deutsche Geist? Hier steht er.
Wie unsere Tiefquart sitzt!
Wir machen Hackepeter,
daß die rote Suppe spritzt.
    Wir sind die Blüte der Arier
    und verachten kühl und grandios
    die verrohten Proletarier —
    Auf die Mensur!
                        Gebunden!
                                        Los!

Wir sitzen in zwanzig Jahren
mit zerhacktem Angesicht
in Würde und Talaren
über euch zu Gericht.
    Dann werden wirs euch zeigen
    in Sprechstunden und Büros . . .
    ihr habt euch zu ducken, zu schweigen
    Auf die Mensur!
                        Gebunden!
                                Fertig!
                                        Los!

Wie lange, Männer und Frauen,
seht ihr euch das mit an —?
Wenn sie sich heut selber verhauen:
Euch fallen sie morgen an!
    Ihr seid das Volk und die Masse
    von der Etsch bis an den Rhein:
    soll *das* die herrschende Klasse,
    sollen *das* unsere Führer sein —?
                                Fertig! Los! Los!

AUSSPERRUNG

Hier stehn wir in dem Garten
und warten, warten, warten,
    Vater kommt nicht.
Bei Krauses wird gleich geschlossen;
er ist bei den Genossen . . .
    Vater ist ausgesperrt.

Durchs Rheinland zieht es brausend –
sie haben Zweihunderttausend
    aus den Fabriken gezerrt.
Wir stehen hier und darben;
es blühn die IG-Farben –
    Vater ist ausgesperrt.

Wir sind dazu da, um später
an Stelle unserer Väter
    an den gleichen Schraubstock zu gehn.
Großmutter, sag es den Kleinen:
sie sollen vor Hunger nicht weinen,
    sie sollen gerade stehn –!
    Mit Vater und dem ganzen Chor:
    Brüder!
        Zum Licht, zur Freiheit empor –!

DER STAATSHAUSHALT

Das Gehalt eines Lokomotivführers ist nicht groß – der Staat vertröstet den Mann mit der ‹Pension›, die ihm seinen Lebensabend schon versüßen werde. Diese Pension ist meist gering.

Wohlhabende Männer aber, die als Minister ein Gastspiel in der Politik geben, das sich hinterher meist als recht rentabel erweist, bekommen folgende Pensionen:

Dr. Georg Michaelis, jener Reichskanzler, der im Jahre 1917 seine vollendete Unfähigkeit erwies: 27 600 Mark jährlich.

Dr. Wilhelm Cuno, der als Beamter die Entschädigungsverhandlungen mit den großen Schiffahrtsgesellschaften zu führen hatte und der dann – wie der Zufall spielt! – der Direktor einer solchen Gesellschaft wurde; als Reichskanzler für die Inflation deshalb nicht verantwortlich, weil man ihn für nichts verantwortlich machen kann: etwa 19 000 Mark.

Gottlieb von Jagow; ganz recht, jener, der die Neugierigen warnte und später einen Hochverratsversuch machte: etwa 24 000 Mark;

Dr. Lewald, ein früherer Staatssekretär von großen, hierorts nicht bekannten Verdiensten: etwa 17 000 Mark;

von Tirpitz; der Alte im Barte; der Mann, der den Reichstag jahrelang hintergangen hat, um den Bau einer Flotte durchzudrücken, die im Kriege nichts genützt und nichts geschafft hat — also überflüssig gewesen ist: rund 25 000 Mark. (Ihrem lieben Tirpitz: die dankbare Republik.)

Nun darf man bei Betrachtung solcher Ziffern nicht vergessen:

Dieser Staat, der solche wahnwitzigen Summen — über 23 Millionen — jährlich auszahlt, ist schwer verschuldet; stand bereits einmal vor dem Nichts, belastet seine arbeitenden Steuerzahler schwer, um diese da zu mästen.

Freilich: auch diese Pensionisten arbeiten fleißig. Ein großer Teil dieser Männer ist noch recht rüstig; hat gut bezahlte Stellungen in der Industrie, die sich niemals mit ihnen befaßte, hätten sie nicht den Titel — so daß also die frühere Staatsstellung sich schon auf diesem Wege bezahlt macht: die Republik zahlt immer weiter. Sie zahlt:

den früheren deutschen Kriegsministern nach ihrer verderblichen und dem Lande schädlichen Tätigkeit noch heute pro Mann und Nase: 25 000 Mark;

sie zahlt Herrn Gustav Bauer: 11 000 Mark;

sie zahlt Herrn Hermes (Mosel): 11 000 Mark;

sie zahlt Herrn Emminger, der die deutschen Schwurgerichte vernichtet hat: 19 000 Mark;

sie zahlt — sie zahlt — sie zahlt — und sie wird immer weiter zahlen, weil sich die Bezahlten ihre Gesetze selber machen; weil die Arbeiter und die Angestellten nicht wissen, was mit ihnen getrieben wird, und weil der Staat im Leben der Heutigen das darstellt, was die Religion im Leben der Urgroßeltern gewesen ist: eine dunkle, mysteriöse, aber auf alle Fälle anzubetende Sache.

DIE FEUERWEHR

Auf der Insel Truchany gegenüber Kiew befindet sich die Reparaturwerkstatt des Dampfschiffahrtsunternehmens auf dem Dnjepr. Die freiwillige Feuerwehr der Werkstatt hatte seit Jahren nichts zu tun. Aus Besorgnis vor dem Schicksal der freiwilligen Rettungsgesellschaft zündeten sechs Feuerwehrmänner im vorigen Jahre ein Gebäude der Werkstatt an. Das Feuer wurde durch die freiwillige Feuerwehr gelöscht. Nachdem ein halbes Jahr wieder nichts geschah, zündeten dieselben sechs Mitglieder der Feuerwehr ein neues Gebäude an. Es wurden ein Mitglied der Feuerwehr, Korolski, und der Gehilfe des Brandmeisters,

Dezenke, die unmittelbaren Anstifter des Verbrechens, zum Tode verurteilt, drei weitere Angeklagte zu je zehn Jahren Freiheitsstrafe, ein anderer zu acht Jahren Freiheitsstrafe.

NIE ALLEIN

Eine Seite des Proletarierschicksals aller Länder wird niemals beschrieben — nämlich die Tragik, die darin liegt, daß der Proletarier nie allein ist. So ist sein Leben: Geboren wird er im Krankenhaus, wo viele Mütter kreißen, oder in einem Zimmer, wo ihn gleich die Familie mit ihrem Anhang, den Schlafburschen, umwimmelt; so wächst er auf, und es ist noch eine bessere Familie, wenn jeder sein eigenes Bett hat; alle aber, die so leben, leben ständig das Leben der anderen mit und sind nie allein. So ist seine Welt; sein Haus hat viele Höfe, und unzählige Familien wohnen hier, kommen und gehen, schreien und rufen, kochen und waschen, und alle hören alles, jeder nimmt am Schicksal des andern auf die empfindlichste Art teil, in der dies möglich ist: nämlich mit dem Ohr. Das Ohr des Proletariers lernt Geräuschlosigkeit nur in der Einzelhaft kennen.

Im Maschinensaal arbeitet er mit den andern; im Stollen mit der Belegschaft; am Bau mit den andern — nie ist er allein. Zu Hause nicht — nie ist er allein. Noch, wenn er stirbt, stirbt er entweder in so einem schmierigen Loch oder im Krankenhaus — und ist auch dann nicht allein.

Man sage doch nicht, daß ‹die Leute dies gewöhnt seien› — das erinnert an den Ausspruch jenes Kellners, der da beim Austernservieren sagte: «Ja, die Austern sterben sofort, wenn man die Schale öffnet. Aber sie sind das gewöhnt!» An so ein Leben, in dem man nie allein ist, gewöhnt man sich nicht; man lebt es bitter zu Ende.

Das hat gar nichts mit einem falschen Bürger-Ideal zu tun; Kollektivität und Solidarität stehen auf einem andern Blatt. Die französischen Bauern umgeben ihre Besitzungen gern mit einer hohen Mauer; deutsche Kleinsiedler haben eine immense Vorliebe für den Zaun, weil er ihnen Symbol für das Eigentum ist . . . die neue Generation in Rußland hat ein neues Lebensgefühl in die Welt gerufen und ist sich vielleicht weniger feind, als das sonst unter Menschen üblich ist. Klassengenossen sollen solidarisch sein und kollektiv arbeiten und leben, gewiß. Aber gibt es ein menschliches Wesen, das da mehr sein will als nur Arbeitsmotor, Fortpflanzungsapparat und Verdauungsmaschine, und das nicht den Wunsch hätte, einmal, nur ein einziges Mal, allein zu sein?

Hier liegen nicht nur die Körper zusammen — hier dünsten auch die Seelen aus, und weil für keine Platz genug da ist, so ziehen sie sich zusammen und werden beengt, bedrängt, manchmal klein.

Wieviel Mut, wieviel Energie gehört dazu, um unter so niedriger Decke noch zu hoffen, zu arbeiten, den Gedanken des Klassenkampfes nicht trübe verglimmen zu lassen!

Die Frau, die Kinder — auch sie nie allein.

Der Mensch von 1929 ist nicht mehr allein wie auf einer Ritterburg oder in einer Eremitenklause. Wie die Waben sitzen die Wohnungen in den Mietshäusern beieinander —

Ist der Proletarier nicht sehr stark, ist er nicht durchdrungen von dem Gedanken, für seine Klasse zu kämpfen, dann entsteht eben jene Welt: ‹Drittes Quergebäude, rechts, zweiter Hof› ... In dem ewig dunkeln Gang hängen nicht nur die Eimer an den Wänden, an diesen Wänden klebt auch zäher Klatsch, Niedrigkeit, die aus der Not kommt, diese Menschen knurren sich an, weil sie zu nah aneinanderwohnen — wie kümmerlich die Versuche, in solchen Ställen so etwas wie ein ‹Heim› aufzubauen. Das muß dem Nächsten abgerungen werden, und es wird ihm abgerungen, unter steten Kämpfen, unter Seelenqual und Bitternis. Nie sind diese Leute allein.

Lebt der deutsche Arbeiter so —?

Ein großer Teil lebt so und tut seine Arbeit und hat Sehnsucht nach einem andern Leben und quält und schindet sich und ist nie allein.

DAS PARLAMENT

Ob die Sozialisten in den Reichstag ziehn —
is ja janz ejal!
Ob der Vater Wirth will nach links entfliehn,
oder ob er kuscht wegen Disziplin —
is ja janz ejal!
Ob die Volkspartei mit den Schiele-Augen
einen hinmacht mitten ins Lokal
und den Demokraten auf die Hühneraugen ...
is ja janz ejal!
is ja janz ejal!
is ja janz ejal!

Die Plakate kleben an den Mauern —
is ja janz ejal!
mit dem Schmus für Städter und für Bauern:
«Zwölfte Stunde!» — «Soll die Schande dauern?»
Is ja janz ejal!
Kennt ihr jene, die dahinter sitzen
und die Schnüre ziehn bei jeder Wahl?

Ob im Bockbiersaal die Propagandafritzen
sich halb heiser brüllen und dabei Bäche schwitzen —:
is ja janz ejal!
is ja janz ejal!
is ja janz ejal!

Ob die Funktionäre ganz und gar verrosten —
is ja janz ejal!
Ob der schöne Rudi den Ministerposten
endlich kriegt — (das wird nicht billig kosten):
is ja janz ejal!
Dein Geschick, Deutschland, machen Industrien,
Banken und die Schiffahrtskompanien —
welch ein Bumstheater ist die Wahl!
Reg dich auf und reg dich ab im Grimme!
Wähle, wähle! Doch des Volkes Stimme
is ja janz ejal!
is ja janz ejal!
is ja janz ejal —!

DIE BELEUCHTER

«Die Hauppsache bein Theater is: nur die Ruhe nich valiern! Wat wehrn die denn ohne uns —?

Sehn Se, son Beleuchter kann nich jeda sein; det isn Beruf, der will jelernt sin. Wir missn die Lampen abmontiern und die Leitungen lejn und alles sowas — na ja, det is ja annerswo ooch ... aber sehn Se, 'n Theater — det is manchmal die reine Verricktenanstalt.

Die Schohspieler sind ja soweit nette Leute — aber wissen Se, die Leite sind ja plemplem. Mensch, wenn se denn schon komm uff de Probe, imma beleidicht sind se — wir frahren uns ofte: wat ham die bloß? Imma is wat. Mal is een die Rolle zu klein und denn wieda zu jroß, und wenn der Regissör sacht: Hier, bei die Stelle, da jehst du hier rieba — denn macht der ein Heck-Meck! Er jeht nich rieba! er bleibt hier stehn, hier uff diesen Fleck! und er jeht bein Direktor, sich beschwern ... nu sahrn Se mal: kann det den Mann denn nich janz jleich sein? Nee — es is wejn die Würkung.

Neilich, diß war'n Feez! Da hatte Otto ein jenomm, wir wahn vorher drüben bei Beetz jewesen, weil seine Olle hatte Jeburtstag, und da hatte er een ausjejehm. Is jut. Ick kucke noch so uff die Uhr, ick sahre, Kinder! sahre ich, es is hechste Eisenbahn — die fangen ja sonst drieben ohne uns an! Also wir rieba, ick seh schon imma, wie mein Otto so janz leise schaukelt, na, es war kaum zu merken ...

aber wir wußten doch Bescheid. Immahin: der Mann is ein erfahrener Fachmann, den passiert nischt, da kann er jetroste ein jenomm ham. Is jut.

Indem kommt König uff die Biehne, Paul König, Se wern ja von den Mann jeheert ham — er is sehr beriehmt, der Direktor hält jroße Sticke aufn — und an den Ahmt machte er den Hamlet. Un an die Stelle, wo det Jespenst ascheint, wir müssen da imma mächtig aufpassen, un alles stand auch richtig in de Kulissen un bei die Schalter — da heer ick pletzlich, wie Schaupieler König imma zu Otton rieba ruft: ‹Blau! Blau!› — Un Otto zeicht immer uff sich, wie wenn er meent: ‹Als wie icke —?› — ‹Blau! blau!› ruft der imma weita — und nu heerten det ooch die annern, und nun fingen wir alle an zu lachen ... Da schnappte aba Otto in. ‹Mein Sie mir?› wird er janz laut rufen — und der Inspizient macht schon: ‹Psst!› und ‹Ruhe!›, un Otto imma weita: ‹Als wie mir? Was fällt denn den ein?› un der Feierwehrmann guckt schon rieba, wat hier is ... und auf eenmal jeht König an die Kulissen und ruft — also wir dachten schon, det Publikum wird det heeren: ‹Na wollt ihr nich vielleicht in die Rampe blaues Licht geben —!› Vor Angst hat Otto denn rot jeschalt, aber es hat keener jemerkt, und wie allens jlicklich vorbei war, da ham se sich denn vasöhnt, und König hat nachher noch bei Beetz einen ausjejehm, und wie Otto is denn nach Hause jejangen ... also ... da wah a aba richtig blau —!

Sehn Se, 'n Theata ohne Beleuchter, det is wie ne Weiße ohne Schuß. Et fehlt was.»

DER KOPF IM WALDE

Ein Neunzehnjähriger ist von der Feme ermordet worden. Der Leichnam ist im Walde verscharrt. Wildernde Hunde haben an der Stelle gegraben und den Kopf freigelegt. Der Kopf spricht:

Hinter Buckow, etwas westlich vom Alten See,
liege ich, dreißig Schritte von der Chaussee.
Meine Kleider sind schon ganz verfault und welk wie Zunder.
Bei dem hiesigen Boden ist das kein Wunder.
Hier ists moorig.
Ich kenne das recht gut.
Ich war doch hier Freiwilliger ... ich hatte einen Südwestafrikaner-Hut,
und wir hatten Abzeichen und waren national.
Wie kam das doch so auf einmal?

Ja, der Lübecke hatte aufgebracht, daß ich ein Spitzel wäre.
Das ging gegen meine Ehre,
und das war von ihm eine große Gemeinheit.
Er war bloß eifersüchtig auf meine Reinheit.
Denn er machte immer was mit Völckner hinter der Scheune.
Und eines Sommerabends, so gegen halb neune,
da faßte er mich an und wollte mit mir auch einmal.
Aber ich sagte: «Ich melde es dem Korporal —!»
Denn seit zwei Monaten war ich anständig geworden.
Ich war fast der einzige im ganzen Orden ...
Mir war gleich so komisch ...
    Da! — Wie sie mich wieder umkreisen:
die Ameisen! Die Ameisen!

Mir war gleich so komisch ... Denn Lübecke wußte das von Bern ...
(der hat damals bei Rathenau mitgemacht — mit Fischer und Kern),
und Lübecke war furchtbar mächtig in unserm Bund.
Und was er mal gesagt hatte, das tat er auch, und
da habe ich beim nächsten Appell gefehlt.
Und da hat der Lübecke sicher was Gelogenes erzählt.
Und Bröder, unser Kompanieführer, war leider nicht hier —
der war nämlich früher Offizier —
der war nicht da. Das war sehr schade.
Aber der war in Halle auf Parade.

Und da haben sie eine Übung angesetzt im Wald,
damit es nicht auffällt, wenn eine Patrone knallt.
Und da waren auf einmal vier da.
Lübecke nicht. Und sie haben kein Wort gesagt. Und sie kamen ganz nah
auf mich zu und sahen mich bloß an
und sagten: «Du bist kein deutscher Mann —!
Du bist ein Verräter —!» Und dann kam ein Schlag.
Und einer rief: «Das wird dein letzter Tag,
du Hund!» Und dann waren sie ganz stumm.
Und ich fiel hin, und sie trampelten noch auf mir herum.
Und dann weiß ich nichts mehr. Doch. Einer hat gerufen: «Was kann da sein?
Wir fallen ja doch nicht rein!»

Herrgott, ich bin mein ganzes Leben lang fromm gewesen.
Laß mich doch hier nicht ungerächt verwesen!
Laß es doch herauskommen! Sicher steckt der Lübecke dahinter.
Jetzt war schon einmal Sommer, und nun kommt Winter.

Meine Mutter weiß nicht, wo ich geblieben bin ...
Sie lassen mich sicher suchen, in Amerika oder Tientsin.

Lieber Gott, dir kann ichs sagen:
Wos zu spät ist, weiß ichs jetzt:
Siegreich wolln wir Frankreich schlagen –
alle haben so gehetzt!
Das Hakenkreuz, Gott, ich umkrall es!
Lieber Gott, mein Rufen gellt:
Deutschland, Deutschland über alles!
Über alles in der Welt –!

BERLINER THEATER

Die Besucher einer berliner Premiere wollen Goethe, plus Dante, plus Brecht, plus Bruckner, plus Claudel; die Besucher der 50. Aufführung wollen das ‹*Dreimäderlhaus*›. Nun mach du in Berlin Theater.

DIE POSE DER KRAFT

Eine leicht verweichlichte Generation junger Leute, die nicht bis zehn boxen kann, stellt auf den Bühnen der großen Städte Kraft dar. Es gibt eine ganze Literatur solcher Stücke, in denen der Wilde Westen, die Maschinen und neuerdings auch das Proletariat dazu herhalten müssen, Vorwand für eine Schaustellung zu sein, die verlogen ist bis in ihre weichen Knochen. Welch trutzig gereckte Arme! hintenüber geworfene Köpfe! So ist die neue Zeit gar nicht. So sieht sie nicht einmal aus. So wird sie nur dargestellt.

Am schauerlichsten aber ist es, wenn die Schwächlinge in weibischer Anbetung der Kraft sich am Nationalismus hochranken und brünstig die erigierten Fahnen umarmen; das geht von den schreibenden Marineleutnants bis zu den jüngeren Autoren, ihren Namen sollt ihr nie erfahren, einer beginnt mit dem Anfangsbuchstaben Bronnen. Hei, da gehts zu!

Dieser, der da oben boxt, tut es sicherlich ethisch – ich höre die gezackten, gerafften, geballten und gesteilten Verse, die keine sind, aber sicherlich mit der Internationale schließen. Kost ja nischt.

Dann gibts welche, die boxen mehr aus sauberer Freude am Blut. Es wird ein bißchen viel geschlagen in der neueren deutschen Literatur – der Riesenerfolg so eines Schmarrens wie des Lönsschen ‹*Werwolfs*› ist auf latenten Sadismus zurückzuführen. Es hat einmal in der verblichenen Zeitschrift ‹*Der Drache*› die Geschichte eines gestanden, dem zeigte ein Stahlhelmer ein koloriertes Foto von der Erschießung Schlageters. «Wissen Sie», sagte der Held, «wenn ich sowas Racheaktjes, dann ...» er meinte, dann würde ihm sehr wohl zumute — aber ich mag das nicht hierher setzen, es ist nicht schön. Deckt aber den tiefen Zusammenhang zwischen Wollust und Blutlust auf das eindeutigste auf. Was dem einen seine Ludmilla, ist dem andern sein Einmarsch in München.

Immerhin: mit Kraft hat dergleichen nichts zu tun; es ist lediglich ihre Pose. Wilde Bautzener, die nie in Amerika gewesen sind, berauschen sich, wie ihre Papas bei Karl May, an den Cow-Boys; junge Herren, die kaum die Schreibmaschine bedienen können, haben es mit der chinesischen Revolution ... es ist gar nicht so einfach im menschlichen Leben. Man sollte dieses Getue auslachen.

Boxt! Aber geilt euch nicht an den Boxern an. Kämpft! Aber schreit nicht, daß ihr Kämpfer seid. Man wird ja vom Zuhören heiser. Und muß lachen — über die Pose der Kraft.

TREPTOW

bei Berlin hat eine Sternwarte, und die Sternwarte hat ein großes Fernrohr; die Prospekte sagen, es sei das größte der Welt, davon wird es nicht größer.

Manchmal, an lauen, staubigen Sommerabenden, wenn in der ‹Abtei› die Militärmusik randaliert und die Kellner der Bierabteilung schwitzen und die der Weinabteilung transpirieren und: — «Alauhm Se mal, das ist mein Stuhl! Fällt Ihnen denn überhaupt ein?» — «August, reg dich nicht auf — hier! setz dich da hin ...!» (vergrollend) «Frechheit — —» ja, also dann sind wir die kleinen Eisentreppen hinaufgeklettert; manchmal war es sehr voll, dann mußten wir auf den Treppchen warten, bis wir an den Mars kamen oder an den Saturn. Ja, da standen wir. Bis die Milchstraße frei war, hatte man Muße, sich im Stehen einen kleinen zu denken.

Die treptower Sternwarte ist ein winziges Arsenal der Großstadt-Metaphysik. Sehr anspruchsvoll ist sie nicht, diese Metaphysik — aber hier, so auf den kleinen Eisentreppen, ruht das Radio-Gehirn einen Momang, wenn man so bedenkt, wie hoch der Himmel, wie hoch mag eigentlich der Himmel, weißt du das Max? Nein, Max weiß das auch nicht; wenn man so bedenkt ... ja, das ist nun ganz weit weg, die wissen vielleicht gar nichts von uns, komisch ... was für ein winziges Wesen der Mensch eigentlich ist ... Sophokles ... rasch tritt der Tod den Menschen ... ach, Zimt ... immerhin, was hat der Astronom vorhin gesagt? Fünf Millionen Lichtjahre ... das sind ..., Donnerwetter ... so, jetzt sind die da vorn fertig — wollen mal sehen: ich seh ja gar nichts — doch, da:

Ah —!

Ja — wie ne Erbse! Der Mars sieht aus wie ne Erbse. Man möchte meinen, laß doch mal! — wie ne Erbse. Ja, und ganz gelb. Da, sieh mal — (noch leicht versunken) fünfhundert Millionen Lichtjahre — man ist wirklich nur ein kleiner Haufen Elend ... was spielen die da drüben? Ach, aus der *‹Lustigen Witwe›* — ja, ja — was es alles gibt ...

Einmal, als wir da so standen und uns den religiösen Gedanken hingaben, da trippelte vor uns ein altes Mütterchen hin und her, hin und her ... Was hatte sie nur? Und schließlich faßte sie sich ein Herz und ging auf den Astronomen zu, der da oben auf dem flachen, dunkeln Dach die Planeten beaufsichtigt, und sagte:

— «Haben Sie das nicht auch gehört, daß zwei ungeheure Sonnen kommen mit ungeheurer Geschwindigkeit auf die Erde zugeflogen? Ja — ja —.» Der Astronom hatte es nicht gehört. Die Frau wandte sich für ihre beiden Sonnen hilfeflehend an die Umstehenden. Zwei so gute Sonnen ... «Haben Sie das gehört ...?» Manche lächelten spöttisch; manche waren ihrer Sache nicht ganz sicher und sahen angestrengt in den schwarzen Himmel, ob sie vielleicht dort die Sonnen sehen konnten ... Nein, da war nichts. Die doppelte Sonnenfrau zog tief beleidigt ab.

Wenn sie nun aber recht hat?

Bis die Sonnen da sind, reagieren die entlaufenen Gläubigen ihre Reste an Religion auf den Sternwarten ab, begreifen für fünfzig Pfennig Entree den Kosmos und sind, unten angekommen, wieder im Vollbesitz ihrer irdischen Menschenwürde.

DER VERKEHR

Der Verkehr ist in Deutschland zu einer nationalen Zwangsvorstellung geworden.

Zunächst sind die deutschen Städter auf ihren Verkehr *stolz.* Ich habe nie ergründen können, aus welchem Grunde. Krach auf den Straßen, Staub und viele Autos sind die Begleiterscheinung eines Städtebaues, der mit den neuen Formen nicht fertig wird — wie kann man darauf stolz sein?

Es ist wohl so, daß sich der einzelne als irgend etwas fühlen muß — der soziale Geltungsdrang, an so vielen Stellen abgestoppt, gebremst, zunichte gemacht, findet hier sein Ventil und dringt zischend ins Freie. «Was sagen Sie zu dem Verkehr bei uns —?» Da sagen wir denn also, daß er überall in Deutschland, ohne jede Ausnahme, viel kleiner ist als etwa der in Paris — die Pariser aber sind über ihre verunstalteten Boulevards todunglücklich und trauern der alten, schönen Zeit nach, da man dort noch spazieren gehen konnte ... heute bläst es aus tausend Hupen.

Es wäre viel schöner, wenn jede große deutsche Stadt ein Innenviertel hätte, in dem gearbeitet wird, und grüne Außenviertel, wo die Leute gesund wohnen. Aber da haben wir vorläufig noch alles durcheinander; in den engen Darmstraßen Kölns wohnen Leute, und die Berliner verderben sich jedes gute Wohnviertel durch ihre Faulheit, nicht ‹in die Stadt› gehen zu wollen — so gibt es überall eine trübe Mischung von Geschäfts- und Wohnvierteln, die weder das eine noch das andere sind. Viel grauslicher aber ist die Regelung dieses nicht vorhandenen Verkehrs.

Nachdem die allgemeine Wehrpflicht weggefallen war, sah sich der Deutsche nach einem Ersatz um. Die Wohnungsämter ... das war schon ganz schön, aber noch nicht das richtige. Die Sportverbände — hm. Die Reichswehr: zu klein. Da fuhren ein paar tüchtige Beamte nach Amerika und London, kamen, sahen, machten Notizen ... und der Ersatz war gefunden. Der Ersatz der allgemeinen Wehrpflicht ist die deutsche Verkehrsregelung.

Was da zusammengeregelt wird, geht auf keine Kuhhaut.

Die organisationswütigen Verwaltungsbeamten haben jeden gesunden Sinn für Maß und Ziel verloren; sieht man sich dieses Gefuchtel, Geblink, Geklingel und Gewink an, so wird einem angst und bange — vor lauter Leitern, Regelern, Organisatoren ist nur eines nicht zu sehen: der Verkehr.

Es wird zunächst viel zuviel geregelt. Wo im Ausland ein einziger Polizist still an der Ecke steht und ab und zu einen helfenden Wink gibt, steht hier der Büttel. Dem kommt es oft gar nicht darauf an, den Fahrenden oder den Gehenden wirklich zu helfen. Wie immer in Deutschland, ist hier kodifiziertes Recht; diese Regelung hat weiter keinen Wunsch und Willen, als den von ihr aufgestellten Regeln um ihrer selbst willen Geltung zu verschaffen. Es ist die Staatsautorität, die hier herumwirtschaftet.

Das zeigt sich in erster Linie an der sinnlosen Mechanisierung der Regelung. Gehst du zum Beispiel durch Berlin, so siehst du an Hunderten von Stellen Wagen halten, ohne daß ein anderer Grund dafür vorläge, als daß vor ihnen eine rote Lampe brennt, die übrigens so aufgehängt ist, daß sie der vorderste Fahrer im geschlossenen Wagen kaum sehen kann. Ganz mechanisch wird das gemacht; auf einer ‹Zentrale›, diesem Ideal aller Organisatoren, läuft ein Apparat, und vierzehn Straßenzüge sind gesperrt, große, kleine, belebte, leere — darauf kommt es gar nicht an. Es kommt auf die rote Lampe an. Da stehen nun die Wagen. Und warten. Und verlieren Zeit.

Es ist eine Qual, durch Berlin zu fahren.

Die Folgen dieser Reglerei sind denn auch katastrophal. Kommt ein Wagen an eine Straßenecke, so ist das ein ‹Problem›; die Radfahrer sitzen ab, alle Leute haben eine überspitzte Aufmerksamkeit, in ihre

Augen tritt ein seltsamer Ausdruck —: sie machen Fahrdienst. Nichts ist locker, alles ist gespannt, viel zu sehr gespannt, um nicht bei jeder kleinen Schwierigkeit zu reißen — alle machen Dienst.

Es ist so viel Freude am Befehlen in diesem Kram; die Mienen, das Betragen der meisten Polizisten, besonders in den größeren Städten, haben durchaus etwas Vorgesetztenhaftes an sich; sie kämen gar nicht auf den Gedanken, daß sie dazu da sind, den Verkehr zu glätten — sie achten auf die Durchführung von Vorschriften, die keinen andern Sinn haben, als durchgeführt zu werden. Das kommt den Leuten kaum zum Bewußtsein — so eingedrillt ist ihnen das alles. Man spürt in jeder Fiber, wie im regelnden Polizeimann eine Stimme singt: «Vor allem halte hier mal an. Und dann werden wir weiter sehen. Und so einfach weitergefahren wird auch nicht — das ist hier eine ernste Sache, und die hast du zu respektieren.» Und ob sie sie respektieren! Sie sind wirklich stolz darauf, gewissermaßen kantig zu gehorchen, es ist der alte Kommiß, der unausrottbar in ihrem Blut sitzt — ruck, zuck — und so fahren sie. Und so fahren sie, und niemand fährt so unkameradschaftlich wie sie. Von dem Martyrium alleinfahrender Damen, die nicht hübsch sind, will ich gar nicht einmal reden; das Auto ist ja in Deutschland durch die irrsinnige Steuerpolitik, durch die systematische Vernichtung der Konsumskraft noch lange nicht Sache des kleinen Mannes, wieviel Neid schwirrt um die Wagen! Wenn sie auch nicht überall, wie manchmal in Bayern, den Autofahrern Messer in die Wagen werfen: sehr freundlich werden die nicht angesehen. Aber noch unfreundlicher behandeln sie sich untereinander.

Der Deutsche fährt nicht wie andere Menschen. Er fährt, um recht zu haben. Dem Polizisten gegenüber; dem Fußgänger gegenüber, der es übrigens ebenso treibt — und vor allem dem fahrenden Nachbarn gegenüber. Rücksicht nehmen? um die entscheidende Spur nachgeben? auflockern? nett sein, weil das praktischer ist? Na, das wäre ja ... Es gibt bereits Frageecken in den großen Zeitungen, wo im vollen Ernst Situationen aus dem Straßenleben beschrieben werden, damit nun nachher wenigstens theoretisch die einzig ‹richtige Lösung gestellt› werden kann — man kann das in keine andere Sprache übersetzen. Als ob es eine solche Lösung gäbe! Als ob es nicht immer, von den paar groben Fällen abgesehen, auf die weiche Nachgiebigkeit, auf die Geschicklichkeit, auf die Geistesgegenwart ankäme, eben auf das Runde, und nicht auf das Viereckige! Aber nichts davon. Mit einer Sturheit, die geradezu von einem Kasernenhof importiert erscheint, fährt Wagen gegen Wagen, weil er das ‹Vorfahrtsrecht› hat; brüllen sich die Leute an, statt sich entgegenzukommen — sie haben ja alle so recht! Als Oberster kommt dann der Polizeimann dazu, und vor dem haben sie alle unrecht.

Die feinen Leute in Berlin sind sehr stolz darauf, daß die ‹beliebtesten›

Polizisten zu Weihnachten von den Autofahrern so viel Geschenke bekommen, wie die für arme Kinder niemals übrig hätten — wieviel Anmeierei ist darin, Untertanenhaftigkeit, Feigheit, Angst und Anerkennung der Obrigkeit; denn Ordnung muß sein, und anders können sie sich Ordnung nicht vorstellen.

Es ist keine Ordnung. Es ist organisierte Rüpelei.

Daher ihre völlige Ohnmacht, wenn sie in Paris fahren sollen, wo die Fahrer einen einzigen Strom bilden, in dem jeder falsche Individualismus völlig verschwindet, in dem es wenig Regeln, aber sehr viel Entgegenkommen gibt, sehr viel Rücksicht auf den Fußgänger, sehr viel Fluidum zwischen den Fahrenden — kurz, trotz aller Polizeivorschriften des eifrigen Herrn Chiappe, lauter Dinge, die nicht in den Lehrbüchern stehen. Wie kommt das —?

Das kommt daher, daß die Deutschen sich einbilden, man könne eine Sache zu Ende organisieren. Das kann man eben nicht. Man kann eben nicht alles kodifizieren, vorherbestimmen, ein für allemal voraussehen, alle jemals vorkommenden Lagen bedenken, sie ‹regeln› und dann keinen Einspruch mehr gelten lassen . . . so sieht die Justiz dieses Landes aus, und sie ist auch danach. Auf den Straßen aber ergibt sich das groteske Zerrbild, daß der Fußgänger der Feind des Autos ist, das er neidisch und verächtlich ignoriert — er wird es den Brüdern schon zeigen —; der Fahrer Feind des Fußgängers — wo ick fahre, da fahre ick — ums Verrecken bremst er nicht vorsichtig ab, fährt nicht um den Fußgänger herum, weil ‹der ja ausweichen kann› . . . und aller Feind ist der regelnde Mann: der Polizist.

Das Ideal dieses Verkehrs sieht so aus, daß vom Brandenburger Tor herunter alle Städte des Reichs durch einen Reichsverkehrswart geregelt werden, überall hat zu gleicher Zeit ein grünes Licht aufzuleuchten, und gehorsam und scharf anfahrend, setzen sich 63 657 Wagen in Fahrt. Das wäre ein Fest . . .

Schade, daß es nicht geht. Aber er ist auch so schon ganz hübsch, der deutsche Verkehr. Man fährt am besten um ihn herum.

«FEST SEI DER BUND!»

Gewehre rechts — Gewehre links — das Christkind in der Mitten . . . Gibt es einen greulicheren Anblick? Es gibt keinen.

Soweit man die Inschrift auf dem Altar dieser Veranstaltung lesen kann, steht da irgend etwas wie «Richtet euch immer nach Jesum Christum!» Der immerhin gesagt hat: «Du sollst nicht töten» — und wenn ein verkleideter Mordhetzer mir erzählen will, jener habe auch gesagt: «Seid untertan der Obrigkeit», so kann doch nach tausend und aber tausend Bibelstellen kein Zweifel sein, auf welcher Seite einer der mutigsten Revolutionäre gestanden hat: auf der Seite derer, die da töten, oder auf der Seite der Opfer.

Was für Gedanken unter protestantischem Himmel diese Gemeinde durchwehen mögen, was sie an diesem feierlich gebürsteten Sommersonntagvormittag wohl für ‹Weihe› halten — ich weiß es nicht. Es ist unergründlich. Es wird wohl eine vage Mischung von verblasener Metaphysik und der Freude sein, einen Zylinder zu tragen, etwas von Verdauungsstimmung zwischen Frühstück und Hunger nach dem Mittagessen. Fest sei der Bund.

Und ob der Bund fest ist —!

Alle die rührenden Versuche junger, echt gläubiger Christen, die ursprünglich sittlichen Forderungen ihrer Religion mit den unsittlichen Forderungen des Staates zu vereinen, scheitern an den geborenen Konsistorialräten, die diesen Verein beherrschen. Es gibt eine Tinktur aus Dreistigkeit und Gottvertrauen, mit der sie sämtlich am 1. August 1914 gesalbt waren. Noch am 26. Juli hatten sie keine Ahnung, was da vorging; sie wußten am 27. noch nicht, welche Verbrechen die Regierung hinter dem Rücken aller zukünftigen Frontsoldaten anzettelte; am 28. war ihnen kein Aktenstück bekannt; am 29. und 30. lasen sie gefälschte Telegramme; am 31. ließen sie die Kirchenglocken nachsehen —

und am 1. August war der liebe Gott preußisch, die Pfarrer beteten, daß sie sich Beffchen umbinden mußten, um sich nicht zu bepredigen, und ihnen allen war eine Sache heilig und gerecht, von der sie bis auf den heutigen Tag noch nicht wissen, wie sie eigentlich zustande gekommen ist. Fest sei der Bund.

Dergleichen hat so etwas Kleines, Kleinliches ... es ist nicht einmal großartig, wie es die Verbrechen der katholischen Kirche unter den Medicis gewesen sind. Die da sind wirklich das, als was sie sich bezeichnen: Kultusbeamte. Der Tod ist ihnen eine Matrikeleintragung, der Staat auf alle Fälle im Recht, die Weihe satzungsgemäß garantiert, Sonntag vormittags zwischen zehn und zwölf Uhr. Und ein Land läßt sich diese ‹Sonntagsruhe› gefallen, die keineswegs nur angeordnet ist, um die Arbeitnehmer zu schützen — sondern die auf der Fiktion beruht, alle Leute gingen sonntags in die Kirche. Was nachgewiesenermaßen weder die meisten noch die besten tun. Die andern rühren aber nicht daran und werden auf einmal fromm, wenn man von dieser Albernheit spricht, um halb zehn Kuchen verkaufen zu lassen, um halb eins auch, aber nicht um drei Viertel zwölf. Welch preußisch-exakte Frömmigkeit! Schlechtes Gewissen aber ist noch kein Glaube.

Doch statt sich um ihre Religion zu kümmern, werden nun zwei Konsistorialräte und ein Oberkonsistorialrat zusammenhocken und sich ausknobeln, ob man wegen dieses Kapitels nicht vielleicht den Staat bemühen könnte. § 166 ... Gotteslästerung ... Beschimpfung der Einrichtungen einer Landeskirche ... Na, da kommt mal an! Fest sei der Bund.

LIED DER STEINKLOPFER

Wenn jeder Stein ein Richter wär,
ein General von unserm Heer,
Herr Hilferding im Frack —:
dann rammten wir mit voller Kraft,
die Straße wäre bald geschafft —
rack —
pickepack —
tack-tack.

Daß jeder Stein und jeder Stein
so schwer geht in den Boden ein
wie allen Tag für Tag
die Lehre, daß der Arbeitsmann
nicht nur für andere schuften kann —
rack —
pickepack —
tack-tack . . . !

Wer marschiert mit Pfeifen, wer fährt laut
über die Straße, die *wir gebaut*?
Und wer ist daran schuld?
Die Ramme gepackt.
Es klopft im Takt:
Geduld.
Geduld.
Geduld.

NUR

«Es ist ein Irrtum zu glauben», habe ich neulich bei einem hochfeinen Schriftsteller gelernt, «daß die Arbeiter die Türme erbaut haben; sie haben sie nur gemauert.»

Nur — ‹nur› ist gut.

Es ist immer wieder bewundernswert, daß nicht viel mehr Türme einstürzen, Eisenbahnbrücken zusammenkrachen, Räder aus den Gleisen springen . . . auf wem ruht das alles? Auf einem Zwiefachen.

Auf dem Geist, der es ersonnen hat — und auf der unendlichen Treue, die es ausführte. Der geistige Mitarbeiter hat, manchmal wenigstens, noch mehr als eine innerliche Befriedigung von seinem Werk; er ist an den Überschüssen beteiligt, er kann sich Aktien kaufen, er hat den Ruhm, er macht seinen Namen bekannt . . . manchmal. (Obgleich die großen Konzerne es verstanden haben, auch den Ingenieur, den Erfinder, den geistigen Bastler in ein trostloses Angestelltenverhältnis hinabzudrücken — der Arbeiter überschätze ja nicht den weißen Kragen: der täuscht.) Aber was hat der Arbeiter —?

Den unzulänglichen Lohn. Wenig Befriedigung. Im allerbesten Fall das verständnisvolle Lob des Werkmeisters, der seine Leute kennt und der von Schulze IV weiß: «Der Junge ist richtig. Wo ich den hinstelle, da klappts.» Das ist denn aber auch alles.

Um so beachtlicher, mit welcher Lust, mit welcher Treue im kleinen, mit welcher ernsten Fach- und Sachkenntnis dennoch alle diese Arbeiten ausgeführt werden. Es ist natürlich in erster Reihe die Überlegung: Mache ich das hier nicht gut, fliege ich auf die Straße ... und dann —? Aber daneben ist es doch auch der Stolz des Fachmannes; die Freude an der Sache, trotz alledem, obgleich sich so viele bemühen, sie dem Arbeiter auszutreiben. Er vergißt mitunter, für wen er da eigentlich arbeitet, denn der Mensch ist schon so, daß ihn die Arbeit gefangennehmen kann, und er zieht die Schrauben an, als wären es seine eigenen, und als bekäme er es bezahlt. Er bekommt es nicht bezahlt; er bekommt nur seinen Wochenlohn.

Da hängen sie auf den Türmen, da liegen sie auf den Brücken, da lassen sie sich an Stellings herunter und pinseln auf schwanken Gerüsten — ich vergaß hinzuzufügen: nur. Sie mauern nur. Sie sorgen nur dafür, daß sich die geistige Vision des Erbauers auch verwirkliche — was ist denn das schon, nicht wahr, das kann doch jeder ... Ob es auch der feine Schriftsteller kann, der dieses ‹nur› hingeschrieben hat, das möchte ich bezweifeln. Daher ich der Meinung bin:

Der Handarbeiter ist dem Kopfarbeiter gleichzusetzen. Der eine ist unfähig, einen Turm auf dem Papier zu konstruieren, kennt nicht die heißen Nächte, wo das Werk, noch in den Wolken schwebend, nach Erfüllung ruft; der andere kann nicht jeden Morgen um fünf aufstehen, bei jedem Wetter zur Stelle sein, schwindelfrei arbeiten, seine Körperkraft drangeben ... jeder seins.

‹Nur›? — Das Überflüssigste auf der Welt ist ein kleinbürgerlicher Philosoph.

BÜRGERLICHE WOHLTÄTIGKEIT

Sieh! Da steht das Erholungsheim
einer Aktiengesellschafts-Gruppe;
morgens gibt es Haferschleim
und abends Gerstensuppe.
    Und die Arbeiter dürfen auch in den Park ...
    Gut. Das ist der Pfennig.
    Aber wo ist die Mark —?

Sie reichen euch manche Almosen hin
unter christlichen frommen Gebeten;
sie pflegen die leidende Wöchnerin,
denn sie brauchen ja die Proleten.
    Sie liefern auch einen Armensarg . . .
    Das ist der Pfennig. Aber wo ist die Mark –?

Die Mark ist tausend- und tausendfach
in fremde Taschen geflossen;
die Dividende hat mit viel Krach
der Aufsichtsrat beschlossen.
    Für euch die Brühe. Für sie das Mark.
    Für euch der Pfennig. Für sie die Mark.

Proleten!
    Fallt nicht auf den Schwindel rein!
Sie schulden euch mehr als sie geben.
Sie schulden euch alles! Die Länderein,
    die Bergwerke und die Wollfärberein . . .
sie schulden euch Glück und Leben.
    Nimm, was du kriegst. Aber pfeif auf den Quark.
    Denk an deine Klasse! Und die mach stark!
    Für dich der Pfennig! Für dich die Mark!
                        Kämpfe –!

HEIMAT

> Aber einen Trost hast du immer, eine Zuflucht, ein Wegschweifen. Selbst auf Umgebungsflachheiten stehen Bäume, Wasseraugen schimmern dich an, Horizonte sind weit, und auch durch düstere Verhängung kommt noch Feldatem.
>
> Alfons Goldschmidt: ‹*Deutschland heute*›

Nun haben wir auf vielen Seiten Nein gesagt, Nein aus Mitleid und Nein aus Liebe, Nein aus Haß und Nein aus Leidenschaft – und nun wollen wir auch einmal Ja sagen. Ja –: zu der Landschaft und zu dem Land Deutschland.

Dem Land, in dem wir geboren sind und dessen Sprache wir sprechen.

Der Staat schere sich fort, wenn wir unsere *Heimat* lieben. Warum grade sie – warum nicht eins von den andern Ländern –? Es gibt so schöne.

Ja, aber unser Herz spricht dort nicht. Und wenn es spricht, dann in einer andern Sprache – wir sagen ‹Sie› zum Boden; wir bewundern ihn, wir schätzen ihn – aber es ist nicht das.

Es besteht kein Grund, vor jedem Fleck Deutschlands in die Knie zu sinken und zu lügen: wie schön! Aber es ist da etwas allen Gegenden Gemeinsames – und für jeden von uns ist es anders. Dem einen geht das Herz auf in den Bergen, wo Feld und Wiese in die kleinen Straßen sehen, am Rand der Gebirgsseen, wo es nach Wasser und Holz und Felsen riecht, und wo man einsam sein kann; wenn da einer seine Heimat hat, dann hört er dort ihr Herz klopfen. Das ist in schlechten Büchern, in noch dümmeren Versen und in Filmen schon so verfälscht, daß man sich beinah schämt, zu sagen: man liebe seine Heimat. Wer aber weiß, was die Musik der Berge ist, wer die tönen hören kann, wer den Rhythmus einer Landschaft spürt ... nein, wer gar nichts andres spürt, als daß er zu Hause ist; daß das da sein Land ist, sein Berg, sein See, auch wenn er nicht einen Fuß des Bodens besitzt ... es gibt ein Gefühl jenseits aller Politik, und aus diesem Gefühl heraus lieben wir dieses Land. Wir lieben es, weil die Luft so durch die Gassen fließt und nicht anders, der uns gewohnten Lichtwirkung wegen – aus tausend Gründen, die man nicht aufzählen kann, die uns nicht einmal bewußt sind und die doch tief im Blut sitzen.

Wir lieben es, trotz der schrecklichen Fehler in der verlogenen und anachronistischen Architektur, um die man einen weiten Bogen schlagen muß; wir versuchen, an solchen Monstrositäten vorbeizusehen; wir lieben das Land, obgleich in den Wäldern und auf den öffentlichen Plätzen manch Konditortortenbild eines Ferschten dräut –

laß ihn dräuen, denken wir und wandern fort über die Wege der Heide, die schön ist, trotz alledem.

Manchmal ist diese Schönheit aristokratisch und nicht minder deutsch; ich vergesse nicht, daß um so ein Schloß hundert Bauern im Notstand gelebt haben, damit dieses hier gebaut werden konnte – aber es ist dennoch, dennoch schön. Dies soll hier kein Album werden, das man auf den Geburtstagstisch legt; es gibt so viele. Auch sind sie stets unvollständig – es gibt immer noch einen Fleck Deutschland, immer noch eine Ecke, noch eine Landschaft, die der Fotograf nicht mitgenommen hat ... außerdem hat jeder sein Privat-Deutschland. Meines liegt im Norden. Es fängt in Mitteldeutschland an, wo die Luft so klar über den Dächern steht, und je weiter nordwärts man kommt, desto lauter schlägt das Herz, bis man die See wittert. Die See – Wie schon Kilometer vorher jeder Pfahl, jedes Strohdach plötzlich eine tiefere Bedeutung haben ... wir stehen nur hier, sagen sie, weil gleich hinter uns das Meer liegt – für das Meer sind wir da. Windumweht steht der Busch, feiner Sand knirscht dir zwischen den Zähnen ...

Die See. Unvergeßlich die Kindheitseindrücke; unverwischbar jede Stunde, die du dort verbracht hast – und jedes Jahr wieder die Freude und das «Guten Tag!» und wenn das Mittelländische Meer noch so blau ist ... die deutsche See. Und der Buchenwald; und das Moos, auf dem es sich weich geht, daß der Schritt nicht zu hören ist; und der kleine Weiher, mitten im Wald, auf dem die Mücken tanzen — man kann die Bäume anfassen, und wenn der Wind in ihnen saust, verstehen wir seine Sprache. Aus Scherz hat dieses Buch den Titel *‹Deutschland, Deutschland über alles›* bekommen, jenen törichten Vers eines großmäuligen Gedichts. Nein, Deutschland steht nicht über allem und ist nicht über allem — niemals. Aber *mit* allen soll es sein, unser Land. Und hier stehe das Bekenntnis, in das dieses Buch münden soll:

Ja, wir lieben dieses Land.

Und nun will ich euch mal etwas sagen:

Es ist ja nicht wahr, daß jene, die sich ‹national› nennen und nichts sind als bürgerlich-militaristisch, dieses Land und seine Sprache für sich gepachtet haben. Weder der Regierungsvertreter im Gehrock, noch der Oberstudienrat, noch die Herren und Damen des Stahlhelms allein sind Deutschland. Wir sind auch noch da.

Sie reißen den Mund auf und rufen: «Im Namen Deutschlands ...!» Sie rufen: «Wir lieben dieses Land, nur wir lieben es.» Es ist nicht wahr.

Im Patriotismus lassen wir uns von jedem übertreffen — wir fühlen international. In der Heimatliebe von niemand — nicht einmal von jenen, auf deren Namen das Land grundbuchlich eingetragen ist. Unser ist es.

Und so widerwärtig mir jene sind, die — umgekehrte Nationalisten — nun überhaupt nichts mehr Gutes an diesem Lande lassen, kein gutes Haar, keinen Wald, keinen Himmel, keine Welle — so scharf verwahren wir uns dagegen, nun etwa ins Vaterländische umzufallen. Wir pfeifen auf die Fahnen — aber wir lieben dieses Land. Und so wie die nationalen Verbände über die Wege trommeln — mit dem gleichen Recht, mit genau demselben Recht nehmen wir, wir, die wir hier geboren sind, wir, die wir besser deutsch schreiben und sprechen als die Mehrzahl der nationalen Esel — mit genau demselben Recht nehmen wir Fluß und Wald in Beschlag, Strand und Haus, Lichtung und Wiese: es ist unser Land. Wir haben das Recht, Deutschland zu hassen — weil wir es lieben. Man hat uns zu berücksichtigen, wenn man von Deutschland spricht, uns: Kommunisten, junge Sozialisten, Pazifisten, Freiheitliebende aller Grade; man hat uns mitzudenken, wenn ‹Deutschland› gedacht wird ... wie einfach, so zu tun, als bestehe Deutschland nur aus den nationalen Verbänden.

Deutschland ist ein gespaltenes Land. Ein Teil von ihm sind wir.

Und in allen Gegensätzen steht — unerschütterlich, ohne Fahne, ohne Leierkasten, ohne Sentimentalität und ohne gezücktes Schwert — die stille Liebe zu unserer Heimat.

1930

DER REISEBERICHT

Das Auto fuhr den Lago Maggiore entlang. Der Himmel war strahlend blau, für den Monat Dezember geradezu unverschämt blau; die weite Wasserfläche blitzte, die Sonne sonnte sich, und der See tat sein möglichstes, um etwas Romantik zu veranlassen – dieses fast berlinisch gewordene Gewässer, an dessen Ufern die deutschen Geschäftsleute sitzen und über die schweren Zeiten klagen. Vorbei an Locarno, wo die Hoteliers weltgeschichtliche Tafeln in die Mauern gelassen haben – wegen Konferenz; vorbei an Ascona ... eine herrliche Aussicht: oben Emil Ludwig und unten der See, ganz biographisch wird einem da zu Mute ... Brissago ... und dann weiter ... «Soll ich bis an die italienische Grenze fahren?» sagte der Fahrer. «Allemal», sagte ich in fließendem Schweizerisch. «Dürfen wir?» fragte ich. «Die Grenzer kennen mich», sagte der Fahrer; «ich drehe auf italienischem Boden gleich wieder um.» Das war tröstlich und mochte hingehen, aus vielerlei Gründen. Los.

Noch eine Biegung und noch eine ... die Bremsen knirschten, der Kies rauschte ... nun fuhr der Wagen langsamer, denn da war eine Kette über den Weg gespannt, eine dicke, schwarze Kette ... ein italienischer Soldat hielt sie und senkte sie, der Wagen fuhr darüber hinweg – und nun war ich, zum ersten Male in meinem Leben, in Italien. Zehn Meter rollte der Wagen noch, am Haus der Zollwache vorbei – dann erweiterte sich der Weg zu einem kleinen Rondell, der Fahrer drehte ... Da lag der See. Weit und breit waren nur drei Menschen zu sehen: an der Kette der Soldat; am Ufer schritt ein Bersagliere, er trug ein düsteres Gesicht im Gesicht sowie einen kleinen, dunkeln Bart, den Mantel hatte er vorschriftsmäßig-malerisch um die Schultern geschlagen, er sah aus wie ein Opernstatist. Gleich würde er den Arm hochheben und mitsingen:

Den Fürsten befreit –
Den Fürsten befreit –
Den Fürsten befrei–hei–heit!

Nichts. Er schritt fürbaß. Das dritte menschliche Wesen war ein Knabe; der saß oben auf einem Baum und baumelte mit den Beinen. Am Ufer lag ein alter Stiefel. Der Fahrer drehte und schlug mit dem Wagen einen gewaltigen Reif, dann fuhr er knirschend über die immer noch gesenkte Kette, zurück in die Schweiz; einen Augenblick lang sah ich dem Soldaten in die Augen, es war ein blonder Mann, seine Lippen bewegten sich unhörbar und leise, er grüßte ... Ich war in Italien gewesen. Das Ganze hatte eine einzige Minute gedauert – ich war in Italien gewesen.

Weil ich jedoch weiß, was ich meinem Beruf schuldig bin, und weil ich die Reisebeschreibungen meiner Kollegen hübsch der Reihe nach gelesen habe, und weil es sich überhaupt so gehört, so folge hier der

Bericht von einer italienischen Reise

An einem strahlenden Dezembertage fährt man aus Italien wieder heraus. Zum wievielten Male? Erinnerungen steigen in einem auf ... Teresita ... Traviata ... Pebecca ..., und dann damit die kleine Schwarze in Verona, bei der man — lange vor den Faschisten — ein nahezu schwarzes Hemd festgestellt hatte ... lassen wir das. Man denkt an Genua, wo einem der portugiesische Ministerpräsident die Hand gedrückt und die prophetischen Worte gesprochen hatte: «Interessanten Tagen sehen wir entgegen!» Die Wirkungen des faschistischen Regimes sind in Italien nicht zu verkennen.

(a. Für Hugenberg-Blätter): Der ‹Schmied Roms› hat keine halbe Arbeit geleistet. Seine vielleicht nicht immer starke Gesundheit hat alles überwunden: die Angriffe seiner Gegner, die Angriffe der italienischen Emigranten, ja, sogar eine deutschnationale Lebensbeschreibung hat ihm nichts anhaben können. Die Herrschaft Mussolinis steht, wie ein geübtes Auge sogleich festzustellen in der Lage ist, verhältnismäßig felsenfest. Sein Werk ist in allem und jedem erkennbar:

Stolz die Bevölkerung und mannhaft; schlicht die Kleidung und fest das Auge, ernst die Bärte und wacker der Schritt. Die Ketten, mit denen dieser Mann die destruktiven Elemente Italiens gebunden hat, liegen am Boden — man fühlt sie, aber man sieht sie kaum. Das weibliche Element ist auf den Straßen wenig vertreten — züchtig wirkt das italienische Mädchen, emsig schafft die italienische Frau im Innern des Hauses; die Jungfrau betreut ihre Kinder, die Mutter wartet auf einen Mann, der sie beglücke ..., ein echtes und reines Familienleben ist überall bemerkbar.

Kinder werden in Italien auf Bäumen großgezogen.

Stolz trägt der Soldat seine Waffen; die Waffe ist stolz auf den Soldaten, der Soldat ist stolz auf seine Waffe, und überhaupt sind alle — besonders vormittags — sehr stolz. Schon die Art, wie die italienischen Seen an die Ufer schlagen, berührt den deutschen Reisenden heimisch; Welle auf Welle rollt zierlich heran, ordnungsgemäß eine nach der andern, nicht alle zugleich — in keiner Republik wogt so der See, dazu bedarf es einer festen, einer diktatorischen Herrschaft. Handel und Wandel sind gesund, besonders der Wandel — an manchen Stellen steht die gesamte Bevölkerung unter Waffen. Was auffällt, ist das Vorkommen alter Stiefel an Seeufern. Italien aber ist ein Volk der Männer geworden, ein Hort des freien Mannes! Es lebe Italien!

(b. Für radikale Blätter): Das erste, was der Reisende in Italien

erblickt, ist das Symbol dieses Landes: Die Kette. Ketten an den Grenzen und Ketten um die Gehirne, alle Taschenuhren liegen gleichfalls an der Kette ... Versklavt ist dieses Italien und unfrei. Mürrisch tun die Soldaten ihren Dienst; geht man nah an ihnen vorbei, so hört man sie mit den Zähnen knirschen; kommt so eine Knirschung zur Kenntnis der Behörden, so wird der Betreffende eingesperrt, und zur Strafe muß er manch schwere Arbeit leisten. So hat neulich ein geknirscht habender Universitätsprofessor im Arrest die Frage vorgelegt bekommen: «Wie vereinbaren die deutschen Nationalisten ihre Lobeshymnen auf Mussolini mit seiner Politik in Südtirol?» Woraufhin der Professor dem Wahnsinn verfiel, in dem er heute noch weilt.

Das ganze Land steht unter Waffen. Zivilisten sieht man überhaupt nicht. Die Soldaten haben alle zu enge Stiefel an und sehen daher recht unglücklich aus; an manchen Stellen ist die Landstraße mit Stiefeln besät. Einen Soldaten sah ich, der war an eine lange Kette geschmiedet, die ihm drei Meter nachschleifte. Oben auf den Bäumen fristet die Jugend des Landes ihr kärgliches Leben; dorthin sind viele Knaben vor dem Terror geflohen. Auf den Häusern hingegen lasten schwere Hypotheken. Mussolini selbst ist gänzlich unsichtbar. Wahrscheinlich verbirgt sich dieser feige Tyrann hinter dem Wall seiner bewaffneten Soldateska: ich zum Beispiel habe ihn nicht ein einziges Mal zu sehen bekommen, ein Symptom seiner Herrschaft. Italien ist ein Land der Sklaverei geworden; sogar das Schilf am Seeufer rauscht nicht, wie in freien Ländern — es flüstert nur. Nieder mit Italien!

(c. Für alle Blätter): Die rein menschliche Einstellung der Italiener ist irgendwie sofort erkennbar. Rein kulturpolitisch-geographisch ist die italienische Mentalität typisch südlich: der Staat verhält sich dort zur Kirche wie die Einsteinsche Relativitätsphilosophie zur Kunstauffassung der zweiten chinesischen Kung-Periode und etwa noch wie die Gotik des frühen Mittelalters zu den Fratellinis. Ein Symptom, das dem geschulten Reisenden sogleich in allen Straßen auffällt.

Berückend der menschliche Zauber der Landschaft, die man durchfährt: Pinien gaukeln im Morgensonnenscheine, Zypressen säuseln, Schmetterlinge ziehen fröhlich pfeifend ihre Bahn, die fein geschwungenen Nasen der Kinder laufen mit diesen um die Wette, und wenn es regnet, so fühlt auch der Wanderer aus dem Norden: so kann es nur im sonnigen Italien regnen! Angemerkt mag werden, daß Neapel-Reisenden empfohlen sei, auf der Strecke Brissago-Pallanza nicht in Kottbus umzusteigen, was die Ankunftszeit beträchtlich verzögert.

Mein seliger Schwippschwager hat immer zu mir gesagt: «Peter», hat er gesagt, «Reisen bildet. Sieh dich überall um, wohin du auch kommst, beobachte aufmerksam und berichte uns des öfteren aus den fernen Ländern.»

Was hiermit geschehen sei.

NARKOSE DURCH BÜCHER

«Und wenn alles aus ist...»

Es ist niemals alles aus. Alles geht weiter – eine sehr schmerzliche Erfahrung, die man erst ziemlich spät lernt. Alles geht weiter. Was aber, wenn es doch weiter geht, und man denkt, alles sei aus ... was dann?

Manche betrinken sich. Es steht einer Dame nicht wohl an, sich zu betrinken – wir sind doch hier nicht in Amerika. Nun, also dann: eine neue Liebe? Nie wieder Liebe –! In den Romanen der neunziger Jahre vergaßen die Heldinnen im «Strudel des rauschenden und eleganten Vergnügungslebens» ihren Kummer – aber wo strudelt es denn heute schon und noch? Dann gibt es also nur ein Mittel, nein zwei.

Das eine ist: Narkose durch Bücher. Durch welche Bücher kann man das Leid betäuben? Das kommt auf die zu Betäubende an.

Ist es eine sehr kluge, eine sehr gebildete, eine sehr intellektuell trainierte Dame, dann mag es wohl sein, daß sie zu den Klassikern greift – zu deutschen oder zu französischen oder zu englischen; in diesen Büchern steht gewöhnlich immer ein Teil mehr, als man bei der ersten Lektüre herausgelesen hat. Man kann zum Beispiel in den Swift auch viel hineinlesen; das kann man nicht bei jedem Buch ... Aber das ist noch nicht das Richtige.

Das Richtige ist: das intensive Buch.

Das Buch, dessen Autor dem Leser sofort ein Lasso um den Hals wirft, ihn zerrt, zerrt und nicht mehr losläßt – bis zum Ende nicht, bis zur Seite 354. Lies oder stirb! Dann liest man lieber. (Musterbeispiel dieser Gattung nicht etwa Wallace, der es ja nunmehr schon etwas reichlich grob treibt, womit nicht gesagt sein soll, daß er es nicht immer so getrieben habe.) – Musterbeispiel: ‹*Prinzgemahl*› von Philip MacDonald. Davon gibt es natürlich viele hundert Beispiele. Betäubt dergleichen –?

Ja, es betäubt; diese Gattung Literatur betäubt. So, wie es gegen Kopfschmerzen ein wirkliches Universalmittel gibt: nämlich starke Zahnschmerzen –: so wird bei der Lektüre dieser modernen Märchenbücher nur ein kleines Feld im Gehirn angestrengt, der Rest ist gelähmt, er ruht ... die Sache mit Martin wagt sich nicht hervor ... für den Augenblick ist sie nicht da ...

Der Autor schleppt die Liebeskranke (gibts!) durch die Dschungel und durch die Unterwelten der großen Städte; es knallt und es brennt; die Heldin stürzt mit rutschendem Büstenhalter aus dem 44. Stockwerk, und unten wartet der Befreier, weiter! weiter! Die Leidende liest weiter.

Sie liest, wenn sie allein ist, bei Tisch, zum Kaffee und den ganzen Nachmittag lang – und wenn sie noch so ein Buch hat, auch noch an diesen langen Abenden, die schlaflose Nacht werden wollen, die Stunden wollen nicht enden, der Schlaf kommt nicht ... Er braucht nicht zu kommen. «Mit einem einzigen Blick übersah Jack die Situation. Er ergriff den Konservenbüchsenöffner, der auf dem Tisch lag, und stürzte sich auf den Chinesen ...»

Faul wird die Sache nur dann, wenn in diesem Rumor plötzlich ein Kerl auftaucht, der zufällig Martin heißt. Martin ...

Dann läßt sie das Buch sinken, und der ganze Kram ist wieder da. Hat er sich nicht gemein benommen? Er hat sich gemein benommen. Hätte ich mich anders benehmen können? Ich hätte mich nicht anders benehmen können! Hätte ich ihm den Brief ... hätte er mir den Brief ... hätten wir uns die Briefe ... äh!

Einer, der Martin heißt, darf also nicht vorkommen. Aber sonst sind diese Bücher bunte Oasen, in die die Leserin aus der Wüstenei flieht, wo man sie so grimmig enttäuscht hat ...

Und es muß nicht immer unglückliche Liebe sein (gibts!). Da ist die Rekonvaleszenz: die süße Mattigkeit, die Zeit, in der sie alle gut zu einem sind und so leise und so rücksichtsvoll ... ach, daß sie ewig grünen bliebe, die schöne Zeit ...! Da sind dann mildere Bücher am Platze — aber gut geschrieben müssen sie sein und sanft und hinreißend (Musterbeispiel: Raucat ‹*Die ehrenwerte Landpartie*›, bei Erich Reiß erschienen). Glatt wie Öl geht dir das ein, die Seiten wenden sich so lind um, die Erzählung fließt sanft dahin, unaufhaltsam, man muß nicht alles so genau verstehen, lesen genügt auch ... die Zeit vergeht ... die Krankheit entweicht ... die Gesundheit wächst langsam ... Kummer und Elend liegen grollend in der Ecke, niemand kümmert sich um sie, und das bekommt ihnen schlecht; denn das Unglück ist eine eitle Frau und will hofiert sein. Beachtet man es nicht, dann stirbt es.

Wer wird denn Kokain schnupfen, dieses Stimulans unserer Großmütter aus der Inflation! Bücher sind auch sehr schön. Aber es müssen die richtigen Bücher sein. Und so ist es denn das Beste, wenn die Dame den Herrn Martin gleich zu Beginn ihrer Beziehungen fragt: «Sag mal — was rätst du mir zu lesen, wenn wir uns gezankt haben?» Wenn er so nett ist, sagt ers. Das wäre das eine Mittel, um den Kummer zu vergessen.

Es gibt aber noch ein zweites.

Arbeit ist auch nicht schlecht.

100 %

Haben Sie einmal einen alten deutschen Almanach gelesen —? Sie sollten das nicht versäumen. Es ist sehr lehrreich.

Nach bereits vier Seiten werden Sie merken ... ja: deutsch ist es.

Aber ... es ist ein andres Deutsch, ein uns fremdes Deutsch, und woran liegt das?

Das liegt nicht nur am Satzbau und an den Modewörtern, es liegt vor allem an den Bildern, die die Sprache gebraucht. Denken Sie nur an die Bilder der Romantik, wo es eine Zeitlang Mode war, Eigenschaften des Ganzen auf einen Teil zu übertragen: «er hatte gutmütige Schultern und einen witzigen Hut» ... So hat jede Zeit ihre Moden gehabt. Gute Schriftsteller vermeiden Modewörter, wo sie nur können. Woran man Modewörter erkennt? Man erkennt sie nicht; man muß das fühlen. Ich will Ihnen ein besonders dümmliches vorstellen — da oben steht es und heißt

hundertprozentig.

Es muß eine Schicht der schlimmsten Halbbildung gewesen sein, die das aufgebracht haben, ganz recht: Amerika. Denn das kaufmännische Bilder in die Sprache dringen, ist etwas Verständliches — früher war es die Bibel und der Handwerker, die der Sprache Farbe gegeben haben, heute ist es der Kaufmann. Soweit gut. Aber es wird ein bißchen viel mit Prozenten nachgerechnet, auch in Sparten, wo dergleichen gar nichts besagt. Die Sprache ist nach folgenden Regeln verdorben worden:

Wenn einer sagen will, die Hälfte, dann sagt er: «Fünfzig Prozent». Er meint, das sei gebildeter. Wegen des Fremdworts und überhaupt ... Wenn er aber sagen will, die Mehrzahl, dann sagt er: «Achtzig Prozent» oder «Fünfundsiebzig Prozent», je nach dem Wetter und je nach dem Gefühl. Es hört sich mächtig exakt und sehr genau an, ist es aber gar nicht; denn eine Statistik liegt dieser Angabe nicht zu Grunde, der Sprecher hat sich auch weiter nichts dabei gedacht ... er hat das so hingesagt. Es ist, wie wenn einer von der Küchenwaage Milligramm abliest.

Wenn aber einer sagen will: ‹alle›, ‹ganz und gar›, ‹vollständig›, dann sagt er das nicht. Wie man ja überhaupt einen schlechten Stilisten immer daran erkennt, daß er nicht einfach das sagt, was er meint, sondern, daß er es auf albernen Umwegen sagt. Wenn einer sagen will: ‹Alle› — dann sagt er: ‹Hundertprozentig›, und dann hat er aber was gesagt! Da zittert ja die Watte in den Schultern!

Wenn ich nicht irre, sind es die Filmleute gewesen, die mit dem schrecklichen Untertitel:

Ein hundertprozentiger Tonfilm

die Ausbreitung dieser Stilkrankheit wesentlich gefördert haben. Diese Einbeziehung des Handels in die Kunst ist ja manchmal nicht ganz unangebracht, aber daß nun alles, aber auch alles ‹hundertprozentig› sein soll, das ist bitter. Man soll gewiß eine lebende Sprache nicht mit dem Metermaß schulmeistern wollen, das ist schon richtig — aber dieses törichte und häßliche Wort wird stumpfsinnig und gedankenlos nachgeplappert. Trägt Liebe Zinsen? Sie muß doch wohl — denn es gibt da hundertprozentige Liebesheiraten. Und einer ist ein ‹hundertprozentiger Mann›, wobei noch nicht einmal an die Rücklagen gedacht ist und nicht an die Inneneinrichtung, die mit einer Mark abgeschrieben zu Buch steht, und wenn Herr Klarierer von der Sofa-Film, ein hundertprozentiger Fachmann, sein hundertprozentiges Ehrenwort gibt, daß achtzig Prozent aller Filme, die er herstellt, hundertprozentig volle Häuser machen, weil sich das Publikum zu sechzig Prozent aus Rheinweintrinkern zusammensetzt und hundertprozentig begeistert ist, so kann man diesem Ehrenwort etwa zu 0,4 Prozent Glauben schenken.

Bei einer Ehe zwischen einem Weißen und einer Schwarzen schlägt das schwarze Blut immer durch.

Bei dem Kampf um die Sprachreinheit unterliegt fast immer der, der die Sprache sauber halten will, und das Verschmierte, das Laute, das Halb- und Falsch-Gebildete setzt sich durch. Und es setzt sich nur durch, weil sich die meisten Leute nicht klar sind über das, was sie schreiben, und nur sehr wenige über das, was sie sprechen. Körperliche Reinlichkeit ist zu allen Zeiten dieselbe gewesen — nur die Formen, unter denen sie erreicht wird, wechseln. Man braucht gewiß nicht zu altertümeln — aber man spreche reinlich und schreibe reinlich.

Modewörter . . .? Meine Einstellung ist rein menschlich irgendwie die, daß das Wort ‹hundertprozentig› eine hundertundeinprozentige Sprachdummheit ist.

TITELMODEN

Früher, als ich meiner Mama die ersten Leihbibliotheksbände aus dem Schrank stibitzte, las ich zuerst immer den Titel — und dann wunderte ich mich. Warum hieß wohl dieses Buch *‹Herbststürme›*? Auf der ersten Seite stand etwas vom Frühling . . . Und jedesmal, bei jedem Buch, dachte ich: Wirst du auch verstehen, warum, warum dieses Werk nun grade so heißt, wie es heißt? Manchmal verstand ich es nicht, denn der Titel war das, was Wilhelm Bendow früher zu sagen pflegte, wenn er eine besonders gesalzene Sache gesagt hatte: «Symbolisch».

Wie heißen Bücher —? Kleine Kinder heißen Emma oder Horst, Lydia oder Lottchen . . . woher die Leute nur immer wissen, wie die Kinder heißen . . . aber wie heißen Bücher, und warum heißen sie so —?

Thomas Mann ist es gewesen, der, wenn ich nicht irre, einmal gesagt hat, der anständigste Titel sei noch immer ein Eigenname. Dann heißt das Buch nach der Hauptperson seiner Handlung wie ein Mensch — und den symbolischen Gehalt darf sich der Leser selbst heraussuchen.

Büchertitel sind der Mode unterworfen, wie alles andre auch.

In grauer Vorzeit hießen Bücher etwa: ‹*Von der grausamen Türken-Schlacht / so bei Konstantinopul in diesem Jahre stattgeffunden / und mehr denn dreihunderttausend Menschen erschröcklich umgekommen / Gettrukkt in diesem Jahre /*›. Aber solch ein Buch brauchte man nicht telefonisch zu bestellen.

Ferne sei es von mir, die Damen mit einer Doktorarbeit zu langweilen: ‹*Zur Geschichte des deutschen Büchertitels von Karl dem Großen bis auf die Gegenwart*›, denn so heißen wieder nur Doktorarbeiten. Aber wenn man in der Zeit zurückblättert ...

Bei den Klassikern und ihren Epigonen des neunzehnten Jahrhunderts hießen die Bücher: ‹*Lucinde*› oder ‹*Wilhelm Meister*›, ‹*Des Knaben Wunderhorn*› oder ‹*Die Räuber*›. Sie trugen also Eigennamen oder eine Etikettenbezeichnung, auf der genau zu lesen war, was den Leser erwartete. Er wußte, was in der Flasche drin war. Das änderte sich.

Es änderte sich, als das Buch in den scharfen Konkurrenzkampf seiner Mitbücher trat. Der Titel war nun mehr als nur Etikettenaufschrift: er sollte anlocken, neugierig machen, das Buch aus den Bücherballen der Saison herausheben. Die Titelmode wurde bewegter und bunter.

Das begann, um von den letzten deutschen Jahrzehnten zu sprechen, damit, daß die Eigennamen in den Titeln einen Artikel bekamen. ‹*Das Tagebuch der Susanne Oevelgönne*›. — ‹*Der Weg des Thomas Truck*›, und so fort und so fort. Die Figur wurde damit deutlicher bezeichnet, sie wurde herausgehoben, es war nicht mehr irgendeine Regina, sondern diese Regina, einmalig und nie wiederkehrend. Diese Mode hatte von Anfang an etwas Pretiöses und verfiel rasch, wie alle solche Moden, und da, nach einem Worte Rodas, nicht nur Kleider, sondern auch geistige Moden im Hinterhause aufgetragen werden, so findet man solche ‹Dies› und solche ‹Ders› heute nur noch bei schlechten und murksigen Romanen aus vierter Hand.

Neben solchen Moden lief natürlich stets die Schar der Bücher, die eine ganz brave und sachliche Bezeichnung trugen: ‹*Der Pfefferhandel in Nord-Guayana*› oder: ‹*Das Schiffereiwesen in Tibet*› und so. Die Mode der Titel aber wandelte sich.

Einen gewaltigen Einschnitt gab es, als einer, nein: eine, darauf verfiel, daß man ja als Titel auch einen halben Satz nehmen könnte. Dieses Buch, dessen Titel heute noch herumspukt, hieß: ‹*Briefe, die ihn nicht erreichten*›. Was dieser Titel angerichtet hat, das ist nicht zu blasen.

‹*Frauen, die den Kranz verloren ...*› — ‹*Winzer, die im Herbste winzen*› — (Hans Reimann: ‹*Männer, die im Keller husten*›) — ‹*Wollwesten, wie wir sie lieben*› ... ein Meer von Relativsätzen ergoß sich über den Leser. Kompliziert noch durch die drei Punkte, die man ehedem überall setzte, damals, als die ‹Skizzen› in den Tageszeitungen keinen Eigennamen enthielten, sondern so anfingen: «Er sah trübe auf seine ungereinigten Fingernägel und dachte sich sein Teil . . .» — in dieser Dreipunkte-Zeit hatten auch die Titel drei Punkte. «Mädchen, die . . .» — «Büßer . . .» — «Sünde . . .?» Und was der Mensch so braucht.

Bis auch dieses eines Tages nicht mehr genügte.

Die neue Entwicklung begann damit, daß die Titel lockender wurden. Der ausgezeichnete Titel ‹*Mit Blitzlicht und Büchse durch Afrika*› ist gradezu ein Musterbeispiel geworden, und ausnahmsweise ein gutes. Es knallte aber noch nicht genug — und da kam ein ganz Findiger auf den Gedanken: Ein Titel? Ein Titel kann auch ein ganzer Satz ein. Und nun ging es los.

‹*Finden Sie, daß Juckenack sich richtig verhält?*› — ‹*Wer weint um Constanze?*› — ‹*Blonde Frauen sehn dich an*› — ‹*Gentlemen prefer beasts*› — die Titel wurden immer lauter, immer frecher, immer schreiender, immer lyrischer . . . Hierzu Alfred Polgar: «Ich liebe es nicht, wenn man auf dem Menü Proben der Gerichte sieht.» Da ungefähr halten wir.

Der Rückschlag ist schon spürbar.

Über ein kleines, und die ruhigeren Titel werden wieder modern werden; die lauten, krachenden werden dann wieder nach unten versickern. Noch heißen viele Bücher: ‹*Ich stehe Kopf — was tun Sie?*›, aber das wird sich legen. Die großen Schriftsteller haben übrigens diese Mode niemals mitgemacht, und das ist gut so. Literatur ist keine Würfelbude.

Moden, Moden. Einmal trug man «. . . als Erzieher»; einmal: «Goethe und . . .»; einmal lange Titel und lange Kleider, einmal kurze Kleider und kurze Titel. Das Tagesbuch, das es so gut gibt wie die Tageszeitung, unterliegt der Titelmode; das gute Buch unterliegt dem Zeitgeist, und bei dem großen Kunstwerk ist der Titel Hekuba.

O DU MEIN ÖSTERREICH —!

Wie mußt du es machen?
So mußt du es machen:

Jahrelang die Bauern aufhetzen,
jahrelang auf Straßen und Plätzen
Wien verfluchen — «Die rote Gefahr!»
und kein Wort davon, wer es eigentlich war,
der Österreich in den Kriegstaumel riß . . .
kein Wort von den Göttern der Finsternis . . .
Teuerung . . . Kirchenglocken . . . Tumult . . .
«Wien! das marxistische Wien ist schuld!»

Wie mußt du es machen?
So mußt du es machen:

Den Proleten langsam den Weg verrammeln,
alle die Jahre Waffen ansammeln;
Heimwehr? An Schloßkaminen geboren;
Kulaken, die ihren Krieg verloren ...
von deutschen Faschisten unterstützt,
von Pfaffen getrieben und ausgenützt ...
Gegen den wiener Wasserkopf
erhebt sich ein tiroler Kropf.
Aus dunkeln Quellen fließt Geld — das wirds schaffen ...
Übungen ... Märsche ... und Waffen und Waffen ...

Wie mußt du das machen?
So mußt du das machen.

Die Verfassung auf den Müll!
Marsch auf Wien! Auf sie mit Gebrüll!
Heimwehrdrohungen ohne Zahl —
aber immer legal, immer legal.
Schlagt die Juden tot! Österreich ist arisch!
aber immer gesetzlich-parlamentarisch.
Vorn ernste Verhandlungen mit Seipel a. D. —
und im Hintergrund eine weiße Armee.
So kann man dem Arbeiter alles rauben.

Das sollten sich mal die Roten erlauben!
Drohung? Mit Waffen? Ein Heimarbeitsbund?
Europa brüllte den Hals sich wund.
Revolutionen erleben wir rings
von rechts — mit dem Vokabular von links.
Und so sind die faschistisch verkleideten Massen
Nachtportiers der besitzenden Klassen.
Arm soll verrecken — aber reich bleibt reich.
O du mein ...
o du mein Österreich —!

PRO

Wenn einer so oft den Contra-Baß streicht, muß er auch einmal ...

Ob das seine wirtschaftlichen Ursachen hat oder ob bei den Zöllnern einer sitzt, der den Beamten Manieren beigebracht hat, die sie vor dem

Kriege nicht gehabt haben —: der deutsche Zoll ist für die Eisenbahnreisenden im allgemeinen keine Peinlichkeit mehr. Die Einrichtung ist beschämend für Europa, aber das ist eine andre Sache.

Ich bin nun in den letzten Jahren von allen möglichen Seiten nach Deutschland hineingekommen: an keiner Stelle bin ich auf einen unfreundlichen, an keiner Stelle auf einen übereifrigen Zollbeamten gestoßen. Die Beamten prüfen oder prüfen nicht, sie bleiben ruhig und nett, sprechen, wenn es eine Schwierigkeit gibt, gar nicht beamtisch sondern so, wie es unter gesitteten Leuten üblich ist —: hier ist ein Wunder, glaubet nur. Die Sache sieht wahrscheinlich mehr nach Kinderstube aus, wenn man in Berlin auf den großen Zollämtern ein Paket Schokolade verzollen muß . . . aber auf den Eisenbahnstationen geht es im großen ganzen recht friedlich zu. Wobei zu bemerken, daß ich keine Frau bin, also am Schmuggeln keine Freude habe . . .

Das läuft nicht überall so glimpflich ab. In Jeumont, an der französischen Grenze, jagen sie Flöhe oder Kokain, genau habe ich diese Kaisermanöver nie begriffen. Und an den italienischen Stationen ist eine nationalsozialistische Aufregung permanent — da ist der Fremde zunächst einmal Schmuggler, Hochverräter, böser Feind . . . allwelche Inquisition zum Glück abschwächend auf den italienischen Fremdenverkehr gewirkt hat. Die deutschen Zollbeamten sind demgegenüber Lichtblicke in der europäischen Nacht des Zollwahnsinns.

Man soll nichts berufen ... Ihr Götter ... bleibt mir auch fürder gnädig! Denn nun wird ja wohl an der nächsten Grenzstation einer geloffen kommen und es alles durchwühlen und sprechen: «Halt! Was ist das! Ein Sprungseil? Sind Sie Berufsboxer? Trainieren Sie? Nein? Dann ist das Sprungseil laut Kapitel VII, Ziffer V, Abschnitt 3, Buchstabe pi zollpflichtig und Sie auch und der Koffer auch! Kommen Sie mal da mit rein, wir werden ein Protokoll aufnehmen und ein Formular ausfüllen . . .»

Und dann muß ich alles angeben: die Rasierseife, den Gummibadeofen und die zusammenlegbare Kavallerielanze. Nur die Gedanken nicht, denn Gedanken . . . Da ist der Doktor Stapel vom Deutschen Volkstum nicht so gut dran. Bei dem fanden sie auch nicht die Spur eines Gedankens, und er mußte es alles, alles verzollen.

«ICH RUFE VOR EINS NOCH MAL AN—!»

In Wilhelm Speyers *‹Charlott etwas verrückt›* findet sich ein Satz, der mir immer tiefen Eindruck gemacht hat. Die Stelle im Dialog heißt etwa so: «Hallo! Also treffen wir uns heute um eins?» — Der andre: «Ja. Das heißt . . . ich rufe vor eins noch mal an —!» Alle Berliner rufen vor eins noch mal an.

Es gibt nämlich eine Geschäftigkeit, die aus der Reizbarkeit kommt, aus dem Unvermögen der unausgeruhten Nerven, nicht zu reagieren; sie müssen reagieren, darin besteht eben ihre Müdigkeit, nicht ruhen zu können. Es muß etwas geschehn. Und da greift dann die Hand zum Telefon.

Kleinen Kindern bringt man bei, vor einem Besuch bei der fremden Tante alles «vorher zu erledigen». Erwachsene betreten die Wohnung des Bekannten mit dem Feldgeschrei: «Darf ich bei Ihnen mal telefonieren?» – «Bitte sehr», sagt der freundliche Gastgeber. Und hört dann dies:

«Lützow zweiundziebzig null fünnef ... Ich muß nämlich mal rasch dem Oskar Bescheid sagen, daß er ... Hallo? Nein! Null fünnef! ... Vielleicht ist er gar nicht zu Hause, da will ich mal ... Ja? Oskar? Bist du das? Rufen Sie mal bitte Herrn Pischanowski ans Telefon! Oskar! Hier ist Grete. Also paß mal auf! Ich rufe hier von Wandervogels an, also ... du kommst doch heute abend ins Theater? Wir treffen uns doch vor dem Eingang? Fünf Minuten vor acht – das heißt, es fängt, glaub ich, um halb acht an – sieh doch mal nachher in der Zeitung nach! (Haben Sie ne Zeitung? Na, danke. ..) Ja, wie wir verabredet haben. Aber komm pünktlich! Wie gehts Mama? Gut? Danke, ja. Ich geh nachher noch in die Stadt! Na gut – Na, also denn ... Na, schön. Na, gut. Na, schön. Hatchö, Oskar! Komm pünktlich! Na, gut. Hatschö, Oskar! Oskar! ...! Weg. Wir gehn nämlich heute abends ins Theater. Zu Wegener. Ja. Na, und wie gehts Ihnen ...?»

Dieses Telefongespräch war gar kein Telefongespräch. Es war eine Reflexbewegung.

Wäre es nicht geführt worden, so wäre Oskar wie statuiert auch ins Theater gekommen. («Na, ich muß ihn doch noch mal erinnern! Vielleicht hätte ers sonst vergessen! Sie kennen Oskar nicht!») Doch, ich kenne Oskar. Aber ich kenne auch Greten – und da meine ich:

Von dem, was in einer großen Stadt zusammentelefoniert wird, ist gut und gern die Hälfte überflüssig. Und die Herren Geschäftsleute sollen sich ja nicht vor ihren Frauen dicketun und lächelnd anmerken: «Kind, was du heute wieder alles telefonierst ...!» Sie machen es genauso.

In den Büros ist der Anlaß des Telefongespräches fast immer vernünftig, seine Länge unentschuldbar. Anfrage; Auskunft; Rückfrage; Rückauskunft ... Und dann gehts erst los. Dann kakeln sie hin und her, sie drehen das schon einmal Gesagte nochmals in der Telefonmuschel herum, daß es einem graust, halten die Nummern, die andre Leute verlangen, besetzt ... Es ist wunderschön. Alles, weil sie die Sprache nicht halten können, sie entzünden sich am Vorhandensein des andern, es muß was geschehn, es muß was geschehn. Schade, daß niemand aufschreibt, was zum Beispiel die ernsten Generaldirektoren und ihre Unteroberdirektoren so ins Telefon sagen — man bekäme einen heiteren Begriff von ihrer würdigen Tätigkeit.

Es scheint mir gradezu eine Krankheit zu sein, daß sich die Telefonanten zum Beispiel nie in einem einzigen Telefongespräch endgültig einigen können. Sie haben eine fast pathologische Scheu vor Entschlüssen, die sie daher niemals gleich fassen. Und das nicht etwa bei ernsthaften Anlässen, wie bei dem Abschluß einer Lebensversicherung, bei einer Verlobung ... Sie überlegen. Sie überlegen nämlich, wann sie noch mal anrufen können, immer in der Angst, es könnte sich zwischen zehn und ein Uhr noch ein Erdbeben ereignen. «Das ... das kann ich Ihnen jetzt noch nicht sagen. Warten Sie mal ... Also ... Passen Sie mal auf, wir wollen so verbleiben: Wenn ich bis morgen um halb elf nicht mehr anrufe, dann kommen Sie mit Ihrer Frau nach Hoppegarten. Nein, lieber so: Wenn wir nicht anrufen, kommen Sie nicht. Nein, doch so ... Also ich rufe morgen noch mal an.» Und morgen geht das ganze Theater wieder von vorn los.

Lasset uns gerecht sein. Was die Schweden sind, so kommen die gleich mit einem Telefon zur Welt, und das erste «Bää!» des kleinen Gunnar klingt in ein schwedisches Telefon. Und wenn die Schweden erst einmal angefangen haben zu telefonieren, dann hören sie nie wieder auf. Dafür funktioniert ihr Telefon aber herrlich, und man findet es bei ihnen überall. Die Franzosen haben es wieder besser; wenn man da von der rue Lafontaine nach der Place Denfert-Rochereau telefonieren will, dann gibt es zwei Mittel: Man kann sich ein Taxi nehmen und zu dem andern hinfahren. Das geht am schnellsten. Man kann aber auch von Paris nach Berlin reisen und von dort nach Paris telefonieren: dann ist wieder die Verständigung besser als in Paris, wo durch das Telefon kleine Bäche gluckern, halblaute Gespenster wispern und überhaupt ein Höllentanz am Werk ist, die Franzosen vor dem Mißbrauch ihres Telefons zu bewahren. Dies alles nur, soweit es sich nicht um automatische Verbindungen handelt — da gehts besser. So hat jedes Volk seines.

Wir hingegen haben zu tun, wenn es aber hochkommt, dann sind es Telefongespräche gewesen («Wissen Sie, ehe ich einen kurzen Brief schreibe, führe ich lieber vier lange Telefongespräche!»), und was wäre der Mensch ohne Telefon! Ein armes Luder. Was aber ist er mit dem Telefon? Ein armes Luder.

Denn es gibt ja vielleicht Leute, die ihre Geliebte, die auf den Knien vor ihnen winselt — bitte, das habe ich selbst im Kino gesehn! — kalt liegenlassen, und wenn sie aufschreit: «Ich schieße mich tot!» begütigend sprechen: «Mein Revolver liegt hinten in der Nachttischschublade!» — so kalte und herzlose Menschen gibt es. Aber einen Menschen, der ein Telefon klingeln läßt und nicht an den Apparat geht —: den gibt es nicht.

Magisch zieht sie es an das schwarze Ding, wenn die Glocke schreit; sie müssen, es ist stärker als sie. Die Pflicht ruft, und sie laufen, laufen durch die ganze Wohnung, durch die Korridore, durch die Zimmer, das Telefon! das Telefon! «Was war?» – «Ach nichts. Pimpernoll hat angefragt, wann er die Decken schicken soll. Er ruft nachher noch mal an.» Immer erwarten sie die Sensation, und immer ist es Pimpernoll.

Nur eine Sorte Telefongespräche gibt es, die habe ich querverbunden stets mit innigstem Behagen geschlürft, es sind akustische Austern. Das sind die Gespräche, die Liebespaare führen, und zwar Leute, die aus irgendeinem Grunde «am Telefon nicht so sprechen können» – weil sie vom Geschäft aus sprechen, oder von zu Hause, wo Mama jeden Augenblick hereinkommen kann. Das ist ganz herrlich.

Man riecht es am Ton, was da los ist. Der Ton ist butterweich, hellgelb, milde wie Mathilde und leicht verklemmt.

«Guten Tag! (Ohne Anrede.) – Guten Tag, wie gehts denn? (Ohne Sie und ohne Du.) Na, gut nach Hause gekommen ...? Ja ...? Gut geschlafen? Ja, danke ich auch. (Große lyrische Pause.) Müde? So? Wieso denn? Versteh ich gar nicht ... Man ist ja manchmal müde – So? Ja. Ja, heute ist schönes Wetter. Heute abend bleib ich zu Hause – ich hab noch was zu schreiben. Wiedersehn? Ist Wiedersehen denn so schön? Ja, immer? Ich glaube, ich muß aufhören, hier wird der Apparat gebraucht. Ja, also dann wie sonst – auf Wiedersehen! Ich rufe morgen noch mal an ...» Solche Gespräche sollten mit behördlicher Harfenbegleitung geführt werden. Wenn du Glück hast, kannst du sie hören, und es schmilzt dein Herz.

Dann aber braust wieder die Arbeit der Großstadt durch die Drähte: die Glocken schrillen, die Hörer wackeln in der Luft, der schwarze Gummi wird weich, Lippen bewegen sich, mit der freibleibenden Hand werden Papiere durcheinandergeworfen, einer stampft mit dem Fuß auf, obgleich das gar nicht mittelefoniert wird ... Und vor eins rufen sie alle, alle noch einmal an.

DENKMAL AM DEUTSCHEN ECK

An der Mosel ging es noch an. Wir soffen uns langsam den Fluß hinab, wir fuhren mit dem Saufbähnchen von Trier nach Bulley hinunter, und auf jeder dritten Station stiegen wir aus und sahen nach, wie es mit dem Weine wäre. Es war. Wenn wir das festgestellt hatten, stiegen wir wieder ein: der Zug führte einen Waggon mit, der sah innen aus wie ein Salonwagen, von hier aus hätte man ganz bequem Krieg führen können, so mit einem Telefon auf dem Tisch, mit dicken Zigarren und: «Seiner Majestät ist soeben der Sturmangriff gemeldet worden.» Wir führten aber keinen Krieg, sondern drückten auf die Kellnerin, und dann erschien ein Klingelknopf, oder umgekehrt, und dann konnte man auf dem langen Tisch einen naturreinen Mosel trinken und dabei Würfel spielen. Und es entstanden in diesen Bahnstunden die Spiele:

Lottchen dick
Spix ist stolz
und:
Georgine, die ordentliche Blume
sowie:
Karlchen und die Rehlein —

das letztere Spiel zur Erinnerung an Karlchen seine Liebesabenteuer im freien, frischen, frommen Walde, wo ihm einmal die kleinen Rehlein zugesehn hatten. Ich verlor auf das Grauenerregendste und mußte immer bezahlen. Aber so ist alles.

Bernkastel, Traben-Trarbach, Bulley ... dann aber setzten wir uns in einen seriösen Zug und fuhren nach Kolbenz. (Diese Aussprache wurde adoptiert, falls Jakopp ein künstliches Gebiß hätte: es spricht sich leichter aus.) In Kolbenz tranken wir der Geographie halber einen Rheinwein, und der konnte Papa und Mama sagen, wir aber nicht mehr. Am nächsten Morgen — es war ein Sonntag hell und klar — gingen wir spazieren.

Ich kannte Kolbenz nicht. Das erste, was mir auffiel, war ein breites und lautes Bürgerpublikum von Reisenden, die sich merkwürdig aufgeregt gebärdeten. So, wie schwarzhaarige Frauen, wenn sie einmal in Paris sind, dem Zauber des Wortes ‹Paris› erliegen und sich so benehmen, wie sie es zu Hause niemals täten, so kippten hier die blonden Damen aus den Pantinen; der Rhein, Vater Rhein, der deutsche Rhein klingelte in den Gläsern, und es war ziemlich scheußlich anzusehn. Das zweite, was damals auffiel, war die ‹Schmachch›. Wir sprachen das Wort mit zwei ch, und wir meinten die Franzosen damit, von deren ‹schwarzer Schmach› wir so viel in den bildenden Kinos gesehen hatten. Hier war nur weiße Schmachch, und wir mochten sie nicht. Und zwar nicht etwa, weil wir die Franzosen nicht mögen, sondern weil wir das Militär nicht mögen. Wir sind nur nicht so dumm wie zum Beispiel der Kolbenzer *‹General-Anzeiger›*, der nun, nach dem Abzug der Schmachch, Mord und Tod hinter ihnen herschimpfte, ohne auch nur einen Augenblick lang zu untersuchen: wie sich die Deutschen in Belgien und Frankreich benommen haben, was das Militär eigentlich ist und für wen es arbeitet, und wie an diesem ganzen namenlosen Unglück, am Krieg und seinen Folgen, Europa schuld ist und seine nationale Zerfetztheit. Statt dessen krähte die Zeitung in echt kleinbürgerlicher Wut wegen der unbedingt zu verurteilenden Übergriffe nun hinter ein paar tausend Soldaten her, deren jugendliche Kraft genau so unproduktiv mißbraucht wird, wie das mit Soldaten in allen Ländern geschieht — auch in Deutschland.

Wir spazierten also am Rhein entlang, ich hatte wieder einmal meine Geographie nicht gelernt und ließ mir von Jakopp die Gegend erklären. Da war der Ehrenbreitstein; auf dem brannte zum Gaudium aller Rheinkadetten eine französische Fahne — wirklich, die Fahne brannte hoch am Fahnenstock, verglomm, leuchtete wieder auf ... mich interessiert Militär nicht, und ich weiß nicht, was sie da gekokelt haben. Es ist ja auch gleichgültig, so gleichgültig wie alles, was diese uniformierten Brüder tun. Und da war der Rhein, der kitschumrauschte, und, wie bei Goethe steht, da waren große Schiffe im Begriffe, auf diesem Flusse hier zu sein ... und plötzlich bekam ich den größten Schreck auf dieser Reise. Ich weiß es noch ganz genau:

Wir gingen auf der breiten, baumbestandenen Allee; vorn an der Ecke war eine Fotografenbude, sie hatten Bilder ausgestellt, die waren braun wie alte Daguerrotypien, dann standen da keine Bäume mehr, ein freier Platz, ich sah hoch ... und fiel beinah um.

Da stand — Tschingbumm! — ein riesiges Denkmal Kaiser Wilhelms des Ersten: ein Faustschlag aus Stein. Zunächst blieb einem der Atem weg.

Sah man näher hin, so entdeckte man, daß es ein herrliches, ein wilhelminisches, ein künstlerisches Kunstwerk war. Das Ding sah aus wie ein gigantischer Tortenaufsatz und repräsentierte jenes Deutschland, das am Kriege schuld gewesen ist — nun wollen wir sie dreschen! In Holland.

Zunächst ist an diesem Monstrum kein leerer Fleck zu entdecken. Es hat die Ornamenten-Masern.

Oben jener, auf einem Pferd, was: Pferd! auf einem Roß, was: Roß! auf einem riesigen Gefechtshengst wie aus einer Wagneroper, hoihotoho! Der alte Herr sitzt da und tut etwas, was er all seine Lebtage nicht getan hat: er dräut in die Lande, das Pferd dräut auch, und wenn ich mich recht erinnere, wallt irgend eine Frauensperson um ihn herum und beut ihm etwas dar. Aber da kann mich meine Erinnerung täuschen ... vielleicht gibt sie dem Riesen-Pferdchen nur ein Zuckerchen. Und Ornamente und sich bäumende Reptile und gewürgte Schlangen und Adler und Wappen und Schnörkel und erbrochene Lilien und was weiß ich ... es war ganz großartig. Ich schwieg erschüttert und sah Jakoppn an.

«Ja», sagte Jakopp, «das ist das Kaiser-Wilhelm-Denkmal am Deutschen Eck.»

Richtig: da floß noch ein zweiter Fluß in den ersten Fluß, und es war, wenn man von den Fabrikschornsteinen absah, eine hübsche Gegend, viel zu hübsch für dieses steinerne Geklump, für diesen Trumm, diesen Trubas von einem Denkmal. «Was ... wie ...» stammelte ich ergriffen. Da hörte ich ein leises Stimmchen an meiner Linken, ein Knabe war mir unversehens genaht, er hatte wohl meine Ratlosigkeit bemerkt, und er sprach: «Soll ich Ihnen mal das Denkmal erklären —?» Rasches Erfassen der Kriegslage ziert den SA-Mann, und ich sprach: «Erkläre mir mal das Denkmal.»

Da sah der Knabe überall hin, nur nicht auf den Tortenaufsatz, er schlief im Stehen, seine Augen hatten den Ausdruck einer friedlich grasenden Kuh, ich hatte so etwas noch nie bei einem Menschen gesehen. Er sprach mit modulationsloser, quäkender Stimme. Und weil dieses arme Kind solches nicht allein tat, sondern vier oder fünf seiner Kollegen, wie ich später sah, den ganzen Sonntagvormittag lang gewerbsmäßig dasselbe ausübten, vor dem Denkmal und weiter unten, vor dem Hotel und überall, so habe ich das, was sich die Knaben eingepaukt hatten, mehrere Male hören können. Nach Verabreichung mehrerer Gläser guten Weines zwecks Auffrischung des Gedächtnisses läßt sich das etwa folgendermaßen an:

«Dieses Denkmal wurde gegründet im Jahre 1897; es stellt dar den berittenen Kaiser Wilhelm den Ersten, sowie auch eine Siegesgöttin benebst die besiegten Feinde. Die Siegesgöttin ist nach verlorenen Kriegen ein Friedensengel und hat eine Flügelbespannung von fünf Meter in die Breite. Das Denkmal wiegt fünf Millionen Kilogramm und hat einen Flächeninhalt von 1200 Quadratmetern, daher ist es ein großes Kunstwerk. Auf dem Grundsockel erhebt sich der Sockel, auf dem das Denkmal aufgebaut ist; auf diesem Sockel steht der richtige Sockel, und auf diesem der Untersockel, worauf sich der Denkmalssockel erhebt. Die Künstler, die an dem Denkmal schuld sind, heißen Schmitz und Hundrieser. Der Spruch, der in das Denkmal eingelassen ist, besagt: ‹Nimmer wird das Reich zerstöret, wenn ihr einig seid und treu.› Die Köpfe der Seeschlangen bedeuten Deutschlands Feinde, der Granit der Söckel ist aus dem Schwarzwald. Die Mosel fließt hinter dem Denkmal, ihre Strömung ist hier besonders schnell, weil sie an dem Denkmal vorbei muß. Das Denkmal ist in der Regierungszeit Kaiser Wilhelms des Zweiten eröffnet worden und hat daher zwei Millionen Mark gekostet. Das ist das Denkmal am Deutschen Eck.» (Große Trinkgeldpause.)

Wie ich in der Zeitung gelesen habe, sind die Reden, die sie nach dem Abzug der Schmachch gehalten haben, genau so gewesen wie das Denkmal. Aber könnt ihr euch denken, daß sich jemals eine Regierung bereit fände, einen solchen gefrorenen Mist abzukarren —? Im Gegenteil: sie werden gar bald ein neues Mal errichten: das Reichsehrenmal. Wenn es errichtet ist, werden rotzgenäste Knaben hingehn und es uns erklären: die Gastwirtschaften ringsherum werden voll sein, und in den Massengräbern zu Nordfrankreich wird sich ein Geraune erheben:

«Wofür —? Dafür.»

LAMPENFIEBER

Heißt ‹trac› auf französisch. Der kleine zuckende Laut gibt den Peitschenschlag der Nerven gut wieder. Ich, der Zuschauer, habe oft Lampenfieber, wenn ich im Theater vor dem herabgelassenen Vorhang sitze, und ich, der Bücherleser vor dem unaufgeschnittenen Buch, habe es auch. Warum —?

Weil ich mir manchmal denke: Wie, wenn du nun die ganze Geschichte gar nicht verstehst? Wenn du der Fabel nicht folgen kannst? Wenn du heute abend den Lauf der Fäden, die Knoten und Knötchen, überhaupt nicht faßt? Was dann? Das mathematische Gefühl, das dazu gehört, eine Intrige von Scribe zu entwirren, ist bei mir nur schwach ausgebildet; in den großen Romanen habe ich schon meinen lieben Kummer, alle Personen auseinanderzuhalten — daher unter anderm der nimmer versagende Reiz der Kriminalgeschichten, die jedesmal wieder anklopfen: Verstehst du uns auch? kannst du folgen? kannst du uns lösen, ‹geht es auf?› wie die Schüler sagen, die beseligt aufatmen, wenn als Rest Null bleibt. Manchmal, denke ich, werde ich versagen und mich furchtbar blamieren.

Das muß dann ein hübscher Abend sein ... Während rings alles vor Spannung fiebert, sitze ich, der lampenfiebernde Zuschauer, da und verstehe kein Wort. Die Leute lachen; ich bleibe todernst. Die Nachbarinnen ziehen je ein kleines Tuch ... ich bleibe ungerührt. Wissen Sie, was dann geschieht?

Dann haßt man die Verstehenden. Ich weiß es noch genau: wir saßen in den ‹Noctambules›, Holitscher und ich, es war in meinen ersten pariser Wochen, und ich verstand knapp die Hälfte von dem, was sie da sangen. Holitscher, der Frankreich von Grund auf kennt, lachte aus vollem Halse, ab und zu sah er auf mich, ob ich auch meinen Spaß hätte ... Ach nein, ich hatte ihn gar nicht. Ich saß, das Trommelfell gespannt, ich machte sozusagen Eselsohren, ganz lang wurden sie ... und ich faßte nicht. Schwupp — Pointe vorbei. Und die Leute lachten! In diesem Augenblick haßte ich Holitscher. Ich fand sein Lachen fast albern, sein Verständnis pretiös. Ich hatte ihn sogar ganz leise im Verdacht, er lachte nur, um mir zu zeigen, wie schön er französisch ... dann ging es schnell vorüber. Später saß ich selbst neben den deutschen Freunden, lachte mich krumm, wenn der da vorn von einer alten Jungfer sang, die auf dem Omnibus sagte: «Mais j'ai perdu mon chat!» — und der deutsche Freund saß neben mir, es war ihm leicht unbehaglich, und ich sah es nicht. So ist das.

Merk: es gibt Bücher, vor denen das Verständnis aussetzt. Leg mir Claudel vor — ich verstehe keinen Ton. Ich habe es mit den ‹*Falschmünzern*› von Gide versucht ... ein Loch. Hier hilft nur die schärfste Selbstkritik.

So, wie die berliner Journalisten, besonders die Jungen, etwas wie die Begeisterung um jeden Preis erfunden haben, weil sie glauben, sie seien weniger wert, wenn die gestrige Kinopremiere nicht ‹faabelhaft› gewesen sei, während ein Posaunenlob sie selbst heben soll («Man geht in die Nacht hinaus und ist erschüttert») — so, wie viele glauben, es müsse immer etwas los sein und es fiele auf sie zurück, wenn einmal nichts los ist —: so muß man genau wissen: hier hast du nichts zu suchen. Das kannst du nicht. Hier hörts auf. Geh ab. Schweige.

Es ist keine Schande, nicht allgegenwärtig zu sein. Man muß es nur nicht prätendieren. Auch ist es klüger, sich so zu verhalten. Denn es gibt ein Mittel, ein einziges, im Schachspiel unbesiegt zu bleiben. Spiele nicht Schach.

DAS NACHTGESPENST

Am Tage bin ich ein gewisser Planke
nur: Planke, Erich . . . Breite Straße zehn.
Man merkt mir gar nichts an. Und kein Gedanke
läßt auf der Straße jemand nach mir sehn.
Doch abends, wenn die Bogenlampen zischen,
dann geh ich los und spiele still Versteck.
Rein ins Parterre . . . ich kann so rasch entwischen . . .
den Frauen zieh ich gern die Decke weg —
Erschrecken Sie nicht!
Erschrecken Sie doch!
Erschrecken Sie nicht!
Erschrecken Sie doch!
Ich bin schon lange weg, wenn du um Hilfe rennst:
Ich bin das Nachtgespenst!
Ich bin das Nachtgespenst!
«Wer ist da? Mach mal Licht! Mama —!»

Ich stehle nichts. Ich tappe durch die Räume.
Na ja, ein Taschenbuch . . . was man so findt . . .
Das sind so alte, tiefe Kinderträume:
wie wohl die fremden Menschen nackend sind?
Sie liegen warm gekuschelt wie die Katzen . . .
die eine Hand am Bein . . . die Decke kraus . . .
Ich hör sie noch vor Angst am Schalter kratzen —
ein Sprung — tiefatmend steh ich vor dem Haus —
Erschrecken Sie nicht!
Erschrecken Sie doch!

Ich bin schon lange weg, wenn du im Halbschlaf pennst . . .
Ich bin das Nachtgespenst!
Ich bin das Nachtgespenst!
«Willi! Einbrecher! Williiii . . .!»

Mir ist das Sport. Romantik ist so selten.
Am Mittag drauf steh ich in der ‹*B. Z.*›.
Ich bin ein Expedient. Man will doch auch was gelten.
Den ganzen Tag riech ich das fremde Bett . . .
Angst rieselt auf mich zu. Ich bin ein Kaiser,
ein Fürst der Nacht! Ich schmecke ihren Schrei . . .
Und nachher brüllen sie vor Furcht sich heiser.
Mich kann die ganze grüne Polizei . . .
Erschrecken Sie nicht!
Erschrecken Sie doch!
Erschrecken Sie nicht!
Erschrecken Sie doch!
Da kannst du lange warten, bis du mich mal kennst . . .!
Ich bin das Nachtgespenst!
Ich bin das Nachtgespenst!
Bis ich vor den Herrn Schöffen hocke –
§ 123 Strafgesetzbuch. Gefängnisstrafe von drei Monaten.
Romantik: ocke.

WARUM

müssen eigentlich fast alle Leute, die in einer Anstalt untergebracht sind, früh aufstehen? Warum werden sie so früh geweckt: in Gefängnissen, Krankenhäusern, Kasernen . . . ist ihr Tag so kurz? Ist das gesund?

Der geschäftige Müßiggang des Militärs sei hier nicht erörtert. Was die ernsthaft Arbeitenden angeht:

Gesund ist es deshalb nicht, weil kein Mensch mehr mit den Hühnern zu Bett geht. Die Strafgefangenen müssen es, wobei zu beachten, daß die Hühner wieder verhältnismäßig mehr Luft für sich haben . . . also die Gefangenen müssen es, aber dafür schlafen sie nicht. Warum werden sie so früh geweckt –?

Nein, ihr Tag ist nicht zu kurz. Es ist wohl der Geltungsdrang der leitenden Herren, der sich da austobt. Stigma modernen Sklaventums: um fünf Uhr aufstehen müssen. Das ist gut und richtig, wenn man abends um neun schlafen geht; es ist für den richtig, der im Training lebt – aber es ist Widersinn, Leute, die in einer Stadt leben, so früh in den Tag zu jagen. (Hornbrillengemurmel: «So lange in den Betten liegen ... nur auf dumme Gedanken ... schon vom hüschénischen Standpunkt ...» und Sie, Herr —?) Stigma aller Unterdrückten: früh aufstehn zu müssen. Der bessere Herr erscheint um halb neun zur Arbeit, der feine um neun, der ganz feine um halb zehn. Man kann an ihren Uhren ablesen, was die Glocke geschlagen hat.

Gebt den Leuten mehr Schlaf — und sie werden wacher sein, wenn sie wach sind.

DIE OPPOSITION

Reichsverband Deutscher Verbände zur
Züchtung stubenreiner Gebrauchsdackel
(Opposition)

Im Anfang war der Verein; jede anderweitige Übersetzung des Wortes ‹Logos› durch Faust beruht auf einem philologischen Irrtum. Danach waren zwei Vereine; ein feinerer und ein minder feiner — diese beiden bekriegten sich, denn ihre Sekretäre wollten auch leben. Als aber ein dritter Sekretär nichts mehr zu tun fand, weil beim besten Willen alle diesbezüglichen Menschen schon in den beiden Vereinen waren und eigentlich kein Platz mehr war für einen dritten: da erfand er dennoch diesen dritten Verein. Er faßte nämlich die beiden vorhandenen Vereine zu einem Reichsverband zusammen, nannte den Zusammenschluß ‹Reichsverband der ... Verbände› und lebte herrlich und in Freuden, mit achtundzwanzig Kartotheken, sechzehn Privatsekretärinnen und acht Telefonen. Soweit gut.

Da stand die Welt. Und Gott sahe, was er geschaffen hatte, und siehe, es war gut, alle Menschen waren in den zu diesem Zweck errichteten Vereinen untergebracht, niemand stand mehr ungeschützt draußen — da aber erhob sich eine neue Schwierigkeit.

Die Menschen waren zwar alle Vereinsmitglieder —, aber unmöglich konnten sie alle einen *Posten* in diesen Vereinen bekleiden. Es gab wohl: erste Vorsitzende, zweite Vorsitzende, dritte Vorsitzende, erste Schriftführer und zweite Schriftführer; Direktoren und Generaldirektoren, geschäftsführende Direktoren, Präsidialmitglieder und Ehrenmitglieder —, aber es blieb doch eine große Masse von grauen und unglücklichen Menschen zurück: die waren gar nichts. Das jammerte den lieben Gott. Und er strich sich den Bart und erfand etwas Neues. Und wir haben nun die Bescherung.

Was ein richtiger Verein von 1930 ist, der etwas auf sich hält: der hat — in Klammern — eine Opposition.

Die Sache fing damit an, daß ein durchgefallener verhinderter Vorsitzender sowie ein Mitglied, das jeder Verein hat, nämlich jenes, das bei allen Sitzungen dabei ist und sich dortselbst ausstänkert —, daß diese beiden begannen, dem Vorsitzenden mächtig ans Leder zu gehen. Wenn er «Schluß der Debatte» beantragte, dann hatten die beiden noch immer etwas zu meckern, und wenn er Herrn Vollbarsch das Wort erteilte, dann lärmten die zwei — einfach, weil sie zu Hause und im Geschäft nicht so lärmen durften, und weil Lärm den Menschen bestätigt, und überhaupt. Manchmal fuhren sie nachts, neben den ängstlich aufgeschreckten Gattinnen, mit dem Schlachtruf «Zur Geschäftsordnung!» auf — dann bekamen sie Baldrian und einen Anschnauzer, und dann schliefen sie weiter. Im Verein aber trieben sie es bunt.

Eines Tages gesellte sich ein kleiner grauer Mann zu ihnen, der noch nie eine Rolle gespielt hatte, und von dem man im Verein eigentlich nur bei den Namensaufrufen etwas hörte. Der war auf einmal da. Dann kam einer hinzu, der hatte es mit der Polaritätsphilosophie, infolgedessen war er Postbeamter, und der behauptete, alle Vereine, die diese Philosophie vernachlässigten, könnten unmöglich ihr Ziel erreichen. Nun waren es schon vier.

Die vier rummelten und gaben in den Sitzungen nicht schlecht an; sie machten bissige Zwischenrufe, auf die sie sehr stolz waren, ihre Köpfe wurden ganz heiß, sie amüsierten sich königlich und ärgerten den ganzen Verein. Es war wunderschön.

Und eines Tages, genau zu dem Zeitpunkt, wo sich der liebe Gott den Bart gestrichen hatte: da begleiteten sich die vier Gerechten zur Straßenbahn, denn sie hatten unglückseligerweise einen gemeinsamen Nachhauseweg, und an jeder Laterne blieben sie stehen und hielten auf offener Straße die Reden, die sie im Verein zu halten keine Zeit und keine Spucke mehr gefunden hatten — da sagte der kleine graue Mann plötzlich das Wort seines Lebens. «Meine Herren, wir sollten unsere Opposition fester formieren!» sagte er. Die drei anderen stießen pro Mann einen schrillen Schrei aus, und nun redeten sie alle vier mit einem Male. Jeder hatte es gleich gesagt. Es war ein regnerischer Großstadtabend, elf Uhr zwanzig. Ecke Genthiner und Lützowstraße. Da ward die ‹Opposition› geboren.

Die Opposition formierte sich. Sie wählte einen Vorsitzenden, eben jenen verhinderten, durchgefallenen; sie wählte einen zweiten Vorsitzenden, den kleinen grauen Mann; sie hatte einen Kassenwart und einen Protokollführer, so daß also die ganze Besatzung ausreichend beschäftigt war. Und eines Tages bekam sie auch noch ein Mitglied, ein ganz ordinäres Mitglied (das sich aber bald zu einem Posteninhaber hinaufentwickelte) — und nun war die Opposition komplett. Bald glichen die Sitzungen des Vereins männermordenden Schlachten. Sagte die Majorität Hü, dann brüllte die Opposition Hott; wollte die Mehrheit einen Pfingstausflug machen, dann schlug die Opposition eine Damenspende aus sinnigen Ostereiern vor — kurz: es war höchst fruchtbar und vergnüglich im Verein.

Die Opposition ruhte nicht.

Der Verein hatte nämlich ein Blättchen: ‹*Amtliche Verbandsmitteilungen (A. V.)*›. Was? Wir auch. Und die Opposition charterte einen Drucker, und der setzte, druckte, falzte und versandte: ‹*Amtliche Verbandsmitteilungen (Opposition)*›. Woran sich ein herrlicher Prozeß anschloß: Klage wegen unbefugter Titelanmaßung in Idealkonkurrenz mit Abtreibung. Zwei Rechtsanwälte hatten emsig zu tun.

Und die Opposition gedieh und wurde stark und war eine Freude vor dem Herrn. Sie beschimpfte den Vorstand; sie warf dem Kassenwart Fälschung der Bücher vor (Beleidigungsklage); sie beantragte Änderung des Vereinsnamens und Abänderung der Fahnen (Sachbeschädigung); sie sang häßliche Lieder während der Sitzungen (ruhestörender Lärm) — und jene historische Tagung vom 28. Januar wird wohl noch allen Beteiligten in lebendiger Erinnerung sein. Durch eine unerhörte Schiebung (Übertragung des Stimmrechts auf die vorstandstreuen Garderobenfrauen) gelang es dem reaktionären, gemeinen, bolschewistischen, faschistischen, korrupten und zuchthausreifen Vorstand noch einmal, sich zu halten. 54 Stimmen: Ja; 53 Stimmen: Nein; 1 Stimmenthaltung. Kollege Entenstertz war von verruchter Hand auf der Herrentoilette eingeschlossen worden. Verrat —!

Und es geschah das Seltsame: der Verein spaltete sich nicht. «Unser Verein!» dröhnte die Majorität. «Wir sind vereinstreu!» pfiff die Minorität. «Wir halten durch!» die Mehrheit. «Wir bleiben bei der Fahnenstange» die Minderheit; «wir wollen nur . . .» Was wollten sie nur —?

Sie wollten den Verein nochmal. Einer genügte ihnen nicht. Und weil es in jedem Menschenhaufen immer zwei Gruppen gibt: die fixen und die langsamen; die trocknen und die humorvollen; die sorgfältigen und die mit dem Husch-Husch, so zerfiel der Verein nicht, aber er glich nun einem Wagen, bei dem das eine Pferd nach links, und das andere nach rechts zieht. Die Leute im Wagen wunderten sich baß.

Die Familienväter der Mehrheit gingen abends in die Sitzungen, gekränkt und voll grollender Finsternis; die Junggesellen der Minderheit stürzten in die Sitzungen, bibbernd vor Aufregung. Lärmte die Opposition, so kochte es in der Majorität, würdevolle Papas hatten merkwürdige Assoziationen, sie dachten an die ungeratenen Söhne, an ihren Widerspruch und ihren Undank, und wenn die Majorität schön durchgekocht war, dann entlud sich der überschüssige Dampf in einem wilden Gebrodel von Geschrei, Radau und Händegefuchtel, das Schlimmste war hier aufgerührt worden: eine auf Faulheit basierende Treue zum angestammten Vorstand. Aber der Verein zerfiel mitnichten.

Die Opposition wäre untröstlich gewesen –, denn dann hätte sie keinen mehr gehabt, an dem sie sich aufregen konnte. Und die Majorität würde zwar erleichtert aufgeatmet haben, wenn «diese Brüder endlich raus wären – so, nun sind wir unter uns . . .», aber dann hätte es doch an jeglicher Würze des Vereinslebens gefehlt. Stubenreine Dackel kann fast jeder züchten –, die Seele des Vereins ist der Knatsch.

Nun war die Opposition schon auf dreiundfünfzig Köpfe angewachsen; davon achtundvierzig Titelinhaber. Und eines Tages . . ., mir wird ganz angst, wenn ich davon erzähle. –

Eines Tages beriet die Opposition, die längst ein eigenes Vereinslokal hatte, eigene Garderobenfrauen und eigene Bierseidel –, eines Tages beriet die Opposition über ihr Verhalten in der nächsten gemeinsamen Sitzung, was sie der Mehrheit nun anzutun gedächte, und wie man durch überraschende Ablehnung des Vorschlags 17 dem Vorstand ordentlich einen auswischen könnte. Das war so gut wie beschlossene Sache. Der Oppositionsvorstand schritt zur Abstimmung.

Da stimmten zwei Mann dagegen!

Ungeheure Aufregung brach aus. Die Türen wurden geschlossen; der Oppositionsvorstand zog sich sofort zu einer vertraulichen Aussprache zurück. Alle guten Oppositionellen rückten von den beiden räudigen Schafen ab. Waren die zum alten Vorstand übergegangen? Keine Spur.

Eine neue Opposition war im Werden!

Und die neue Opposition zog gegen die alte Opposition zu Felde und nannte sich – in Klammern – «Neue Opposition». Und die neue Opposition zeugte einen linken Flügel der neuen Opposition; und der linke Flügel zeugte einen radikalen Flügel, und der Radikale zeugte Melchisedek, und Melchisedek zeugte Jerobeam, und Jerobeam . . . zum Schluß war der deutsche Idealzustand erreicht:

Jeder Mann seine eigene Partei.

Übrigens kommt so etwas nur bei Dackelvereinen vor. Politische Parteien tun dergleichen fast nie. Womit ich nichts gesagt haben möchte.

BERLINER BALLBERICHTE

> Die Gräfin betrat im Glanze ihres Glasauges den Saal. Mark Twain

Ball des Reichsverbandes Deutscher Heeresgynäkologen

Unter der Leitung seines rührigen Vorsitzenden, des Herrn Geheimrat Ovaritius, bot das Flugverbandhaus am Sonnabend ein wahrhaft mondänes und gleichzeitig vornehm-großstädtisches Bild. Riesige, so gut wie unbeschnittene Taxusbäume in der Vorhalle; um große, runde Tische die Diplomaten, die Spitzen der Behörden sowie alle Prominenten der Reichswehr. Von den hundertvierundfünfzig Admiralen unserer Marine waren etatsmäßig nur zweihundertundachtzehn erschienen. Die Herren in großer Uniform oder schlichtem Frack; eine Fülle schöner Frauen, sehr viel hintere Doppelraffungen aus strahlend leuchtender Chinakreppgeorgettealpaccachenille. Die Kleider sind durchweg lang, besonders unten; ein Modell der Firma Hammarbach ‹Westöstlicher Divan› erregte allgemeines Entzücken. Frau Generalarzt Poschke in Weiß; Henny Porten in Blausa; Prinzessin Adalbert von Preußen (himmelblauer Samt, am Rand mit Gold abgefunden); Frau Generalarzt Drysen (korallenrotes Pastellbrokat); Frau Generaldirektor Rosenthal (doppelkorallenrotes Pastellfeinbrokat); eine Fülle modischer Anregungen und schwirrende Weltsprachen. Wie ich an den Uniformen unsrer Offiziere festgestellt habe, ist die Blume an der Achsel gänzlich passé. Kapellen der fast republikanischen Reichswehr, und, soweit sie nicht ausreichten, die Orchester der angeschlossenen Verbände; in der Bierschwemme echt nationalsozialistische Stimmung, Sanitätsstube nebenan. Gedränge und Gewoge, wahrlich, das Wort des Generaloberarztes Professor Friedrich regierte die Stunde: «Clitoris, die zehnte Muse, hat gesiegt!»

Der Presseball

Das größte gesellschaftliche Ereignis der Weltstadt ist vorüber. Es war mehr als ein Ereignis — es war ein Evenement.

Bereits um elf Uhr verloren die Garderobenfrauen den Kopf und gaben ihn in der Garderobe ab, so drängte sich Prominenz an Prominenz. Vor der Staatsloge staute sich die Menge und begann bald, einem Anfall von Basedow zu erliegen: vier Herren und zwei Damen quollen die Augen aus dem Kopf, die später eine willkommene Bereicherung der Tombola wurden. Die Regierung war, soweit man hier von Regierung sprechen kann, vollzählig vertreten. Die Gesandten und Botschafter aller zivilisierten Staaten, sowie Bayerns, waren anwesend; die Dichtkunst wurde von Ludwig Fulda plattgetreten. In einer Loge saßen die leitenden Männer der deutschen Presse, darunter auch ein Redakteur. Ein wahrhaft glänzendes gesellschaftliches Bild bot sich den Augen; man sah die jugendliche Naive Adele Sandrock, den Redaktionschristen der Scherlschen *‹Nachtausgabe›* sowie einen Frack (Harry Liedtke). Das Watteau-Figürchen der Frau Katharina von Oheimb tauchte auf. Man sah die Herren Doktor Klöckner und Ministerialdirektor Klausener, der eine repräsentierte die katholischen Aktien, der andre die Katholische Aktion; Herr Rechtsanwalt Alsberg nickte der Großfinanz, soweit sie herumstand, freundlich zu; soweit sie saß, vertrat sie Herr Geheimrat Lemke vom Strafvollzugsamt der Provinz Brandenburg. Industrie und Handel: Jakob Goldschmidt, Doktor von Stauß, die Gebrüder Rotter. Herr Gesandter von Moltke war aus Warschau gekommen, Herr Breitscheid aus dem Mustopp. Auf meinen Hühneraugen bemerkte ich unter andern: den Meistergolfer Herbert Gutmann, die Generale von Seeckt, Heye und Kleiber. Herr Dorpmüller, der Chef der Reichsbahn, hatte im Gedränge einige kleinere Zusammenstöße, die er aus alter Gewohnheit lächelnd hinnahm. Eine Fülle schöner Frauen, die zuckenden, werbenden Rhythmen der Kapellen, tausend Kellnerdaumen in tausend Sektgläsern: ein wahrhaft weltstädtisches Bild! Die Tombola bot als Ehrenpreis zwei Sommerreisen in den fernen Orient, darunter eine nach St. Moritz, sowie als zweite Preise: einen Rasierapparat mit Radio aus Silber und einen Bowlenpokal aus Tineff. Die anwesenden Zeitungsverleger konnten mit dem Ertrag des streng exklusiven Festes, dem viertausend Personen beiwohnten, zufrieden sein: für die notleidenden Presseleute ist ausgesorgt.

Ball der berliner Moselblümchen

Der Reichsverband deutscher Hausfrauen sowie die angeschlossenen Spitzenverbände hatten am Donnerstag zu einem reizenden Ball geladen. Die deutsche Hausfrau, die deutsche Mutter und die deutsche Abonnentin haben wieder einmal gezeigt, mit wie wenig Mitteln man so ein Fest aufziehen kann, ein Fest, das an Eleganz und Wohlgelungenheit sich dennoch vor keinem pariser Opernball zu verstecken braucht. Man sah – schlicht um schlicht! – sehr viel schöne Frauen; Schleppkleider von vorgestern, also von heute, in der heutigen Mode wird überhaupt das Frauliche stark unterstrichen, besonders hinten. Ein allgemein interessierendes Rohkostbüfett fand begeisterten Anklang, und die belegten Brötchen mit gestoßenem Koks, von Tannenzweigen garniert, waren im Nu verzehrt. Bei kräftiger Zitronenlimonade stieg die Stimmung bald ins Vornehm-Bürgerlich-Bacchantische; in angeregten Gesprächen besprachen die sorgsamen Hausfrauen die eigne Verdauung sowie die ihres Mannes und auch die Mittel, wie solcher aufzuhelfen sei. Ins Reich der Dichtkunst führte uns der Unterhaltungsteil: Frau Gertrud Bäumer rezitierte vielbejubelte Wirtinnenverse, zwei Zauberkünstler vom Reichsgericht in Leipzig machten reizende Taschenkunststücke vor, und bei der Verlosung schwang unter allgemeiner Freude der berliner Polizeipräsident ein Päckchen Verbandsgaze, das er gewonnen hatte.

Kolonialball!

Im köstlichen Rahmen ein wahrhaft weltstädtisches Bild: die Spitzen der Behörden, Vertreter der großen Schiffahrtsgesellschaften, für die die Kolonien ja in erster Linie wieder eingerichtet werden sollen, der von Fest zu Fest eilende berliner Polizeipräsident, Repräsentanten von Grund- und Boden-Wucher, und endlich die Hauptpersonen: die Vertreter aus allen derzeitigen deutschen Kolonien und solchen, die es werden wollen. Unter den jungen Diplomaten dominiert der Girltyp. Der Verein für das Deutschtum im Auslande hatte die Ausschmückung des Saales übernommen: überall lustige, auf Kokosblätter gemalte Wandkarten, die uns das moderne Weltbild veranschaulichten: die Brüder, die zu befreien sind, und die Brüder, denen man es noch besorgen muß. Die Tanzbegleitung lag in den bewährten Händen des Orchesters enteigneter Hereros. Eine Fülle rassiger, schöner Frauen zierte das Fest; der Kronprinz wohnte zunächst dem Fest bei. Zwei Kostüme: ein pflaumenfarbenes, mit Goldfäden durchzogenes Abendkleid, vorne so lang wie hinten so hoch, und ein ärmelloses Kleid, das von einem Wattebausch zusammengehalten wurde, werden sicherlich überall für den Gedanken der deutschen Kolonisation werben.

Faschingsball der Kolonne «Wedding-Nord»

In den Festräumen der Gaststätten ‹Zum strammen Hund› fand am Sonnabend der im ganzen Stadtviertel berühmte Faschingsball der allgemein beliebten Kolonne «Wedding-Nord» statt. Schöne Frauen, gut aussehende Männer im Frack, in den Ehrenlogen die Spitzel der Behörden; alles jazzte, steppte und wiegte sich nach den schmetternden Klängen des Handgranaten-Orchesters der Schutzpolizei. Der angeregte Abend endete mit einer gut geglückten Schlägerei, bei der der anwesende Vizepräsident Weiß leicht verletzt wurde, weil er von den eignen Mannschaften erkannt worden war.

Ballkalender

Dienstag: 59. Stiftungsfest Bibliophiler Hebammen.

Mittwoch: Ball der Frauenturnriege des Verbandes Monistischer Uhrmacher.

Sonnabend: Tanzkränzchen der Ortsgruppe des Gaues Brandenburg des Reichsbundes Gleichgeschlechtlicher Sachsen (Opposition).

Der Ball des Preußischen Richtervereins ist der Einfachheit halber mit dem Ball der ‹Bösen Buben› zusammengelegt worden.

Alpenball des Pen-Klubs

Ein entzückender Kostümball vereinte gestern Literatur, Kunst, Wissenschaft und die verwandten Industrien bei Kroll. Man tanzte nach den Kapellen Etté und Rowohlt und sah eine Fülle bezaubernder Kostüme an sich vorbeiziehen:

Walter von Molo als Dichter; Arnolt Bronnen als Original-Faschist mit ziemlich schwarzem Hemd und rituellem Monokel; Gerhart Hauptmann in einer vorzüglichen Maske als alter Gerhart Hauptmann; aus Paris zwei Damen: die Colette und Germaine André, und die Stimmung erreichte ihren Höhepunkt, als Ernst Jünger und Kaplan Fahsel einen reizenden Philosophieplattler vorführten. Die Behäbigkeit und Stämmigkeit unsrer Börsenmakler brachte die echten tiroler Kostüme erst voll zur Geltung, ein Beweis, daß Natürlichkeit das Hübscheste ist und bleibt. Zum Schluß des Abends trat in der Kaffeepause, stürmisch akklamiert, Galsworthy für die deutsch-französisch-englische Verständigung ein, womit sie ja nun wohl Tatsache sein dürfte. Die anwesenden Dichter gelobten, im Frieden Pazifisten zu sein und zu bleiben. Die moderne Literatur hat mit dieser Veranstaltung, der die Spitzen der Behörden und ein Kranz schöner Frauen beiwohnten, bewiesen, daß sie nun endlich repräsentativ geworden ist, ja wir dürfen getrost sagen: nichts als das.

Ball der Deutschen Ballindustrie

Es war ein bezaubernder Abend voller Stimmung und Schwung: Diplomatie, der Tennisklub Changeant-Weiß, sehr viel Sport, auch boten die anwesenden Ballberichterstatterinnen mit den Brillanten ihres Stils ein reizendes Bild. Herr Generaldirektor A. S. Geyer vom Reichsverband der deutschen Ballindustrie führte in einer zündenden Ansprache aus, daß die berliner Bälle nicht für die Besucher, sondern für die Veranstalter da seien. Gegen Mitternacht wurden zwei Büsten enthüllt: von Ludwig Pietsch und Alfred Holzbock, den Altmeistern der berliner Ballberichterstattung. Frau Direktor Marheineke (weiße Thekla-Seide, mit echt Reptil abgesetzt) zerschlug an Holzbocks Kopf eine Flasche durchaus deutschen Sektes: «Unsre Devise sei», rief sie aus, «neckisch, aber vornehm — ausgelassen, aber mondän! Wir sind nicht dazu da, uns das Leben gegenseitig angenehm zu machen, und darum veranstalten wir die

Berliner Bälle —!»

AUS!

Einmal müssen zwei auseinandergehn;
einmal will einer den andern nicht mehr verstehn — —
einmal gabelt sich jeder Weg — und jeder geht allein —
wer ist daran schuld?

Es gibt keine Schuld. Es gibt nur den Ablauf der Zeit.
Solche Straßen schneiden sich in der Unendlichkeit.
Jedes trägt den andern mit sich herum —
etwas bleibt immer zurück.

Einmal hat es euch zusammengespült,
ihr habt euch erhitzt, seid zusammengeschmolzen, und dann erkühlt —
Ihr wart euer Kind. Jede Hälfte sinkt nun herab —:
ein neuer Mensch.

Jeder geht seinem kleinen Schicksal zu.
Leben ist Wandlung. Jedes Ich sucht ein Du.
Jeder sucht seine Zukunft. Und geht nun mit stockendem Fuß,
vorwärtsgerissen vom Willen, ohne Erklärung und ohne Gruß
in ein fernes Land.

BRIEF AN EINE KATHOLIKIN

Es kommt in der Politik nicht darauf an, wie eine Sache ist; es kommt darauf an, wie sie wirkt.

Sehr geehrte gnädige Frau,
Sie hatten die Freundlichkeit, einmal das zu tun, was in Deutschland so selten ist: über den trennenden Graben hinüber nicht mit faulen Äpfeln zu werfen, sondern Briefe von Verstand zu Verstand zu schreiben. Händedruck und Dank.

Die Unterhaltung zwischen Freidenkern und Katholiken geht gewöhnlich nach folgendem Schema vor sich. Die einen sagen: «Heuchler! Reaktionäre! Volksverdummung! Dämlicher Aberglaube! Es lohnt nicht, mit diesen Leuten auch nur ein Wort zu wechseln», und die andern sagen: «Heiden! Gottlose! Volkszersetzung, Verkommenheit der neuen Zeit! Es lohnt nicht, mit diesen Leuten auch nur ein Wort zu wechseln.» Auf so tiefer Ebene wollen wir unsere Unterhaltung nicht führen — Ihr letzter Brief zeigt mir das. Ich will ihn öffentlich beantworten.

Der Ausgangspunkt unsres Briefwechsels war der Artikel Carl von Ossietzkys ‹*Das lädierte Sakrament*› (erschienen in der Nummer 49 des vorigen Jahrgangs dieser Zeitschrift). Sie und die Zentrumspresse sind recht böse gewesen: böse über den Titel und böse über den Inhalt, darin gesagt wird, daß die katholische Reichstags-Fronde gegen die Neuregelung der Ehescheidungsvorschriften nicht zu entschuldigen ist. Es wird von der Ehenot gesprochen. «Wenn das katholische Muckertum», ist da gesagt, «noch immer tut, als handele es sich hier um Einzelfälle, die durch ein Abschreckungsgesetz sogar noch vermindert werden können, so muß der gesunde Menschenverstand endlich die Gegenfrage aufwerfen nach den wenigen kostbaren Exemplaren beiderlei Geschlechts, die noch niemals neben die Ehe gegangen sind.» Und: «Die heilige Kirche hat im Laufe ihrer langen wechselvollen Geschichte die Gebresten der Zeit auch nicht immer mit der gleichen Härte verfolgt, sie hat, wenn es sich um vornehme Beichtkinder handelte, das Laster oft mehr mit der Puderquaste gegeißelt als mit der Stachelpeitsche und im ganzen die schweren Pönitenzen dem niedern Volk vorbehalten.» Und: «Der Begriff der Adultera, ob in eifernder Verhetzung oder romantischer Verherrlichung gebraucht, ist dahin und tot wie die Beichtmoral vom Escorial oder von Schönbrunn.»

Und darum Schwefel und Höllendrohung und die ganze Verachtung, die — mit welchem Recht? — eine sehr mäßige kirchliche Dialektik für jene aufbringt, die nicht ihrer Meinung sind? Welche Rolle spielt Ihre Kirche? Was will sie?

Sie will in erster Linie sich. Dagegen wäre nichts zu sagen, wenn nicht stets der fatale Kunstgriff angewandt würde, mit Berufung auf irrationale Größen Rationales zu verlangen. Sie wissen, daß in der jungkatholischen Bewegung, die die Kirche nicht sprengen und nicht wandeln wird, bei aller verehrungsvollster Anerkennung des kirchlichen Dogmas die Tagespolitik des Zentrums auf das schärfste abgelehnt wird: diese Bewegung, die den Weg aller katholischen Reformbewegungen gehen wird, nämlich den nach Rom, will die Wechsler aus den Tempeln verjagen. Es wird ihr nicht gelingen.

Was die Ehe angeht, so machen es sich Ihre Leute etwas leicht.

Die Jesuiten statuieren in der ‹*Germania*› ein «Naturrecht», auf dem die Ehe basiere — das wird behauptet, aber nicht bewiesen, und an keiner Stelle wird deutlich, wie sehr diese Anschauungen von der Familie der einer Klasse entspringen; diese Anschauungen sind gültig und nützlich für die bürgerliche Klasse, und sie sollen gültig sein für die von den Bürgern beherrschte Schicht, die sich heute freimachen will. Darüber wäre zu reden.

Worüber gar nicht zu reden ist, ist dieses:

Die Kirche rollt durch die neue Zeit dahin wie ein rohes Ei. So etwas von Empfindlichkeit war überhaupt noch nicht da. Ein scharfes

Wort, und ein ganzes Geheul bricht über unsereinen herein: Wir sind verletzt! Wehe! Sakrileg! Unsre religiösen Empfindungen ...

Und die unsern –?

Halten Sie es für richtig, wenn fortgesetzt eine breite Schicht des deutschen Volkes als ‹sittenlos›, ‹angefressen›, ‹lasterhaft›, ‹heidnisch› hingestellt und mit Vokabeln gebrandmarkt wird, die nur deshalb nicht treffen, weil sie einer vergangenen Zeit entlehnt sind? Nehmt ihr auf unsre Empfindungen Rücksicht? Ich zum Beispiel fühle mich verletzt, wenn ich einen katholischen Geistlichen vor Soldaten sehe, munter und frisch zum Mord hetzend, das Wort der Liebe in das Wort des Staates umfälschend – ich mag es nicht hören. Wer nimmt darauf Rücksicht? Ihre Leute nicht, gnädige Frau.

Die gehen neuerdings mit der Zeit mit, wie ein Kriegsgefangener, den ein übermütiger Husar ans Pferd gebunden hat. Zur Zeit haben sie es mit dem Sozialismus. Man wird dabei ein peinliches Gefühl nicht los: es ist ein Interesse, das die Kirche an den Arbeitern nimmt, dem gleich, mit dem sich eine Hausfrau für die Wanzen interessiert. Ihr fühlt die Not – aber ihr könnt sie nicht beheben, weil ihr ihre Quelle nicht sehen wollt. Sie wissen, wer auf dem rechten Flügel des Zentrums sitzt: Großindustrielle. Mit denen macht man keine soziale Politik.

Das will der neue berliner Bischof nicht wahr haben. Mit großem demagogischem Geschick hat sich der Mann in seiner Rede im Sportpalast zu Berlin eingeführt; das Ganze ging unter der Spitzmarke ‹Der Volksbischof für Berlin› vor sich, und es war viel von den arbeitenden Massen, der Wohnungsnot und der Arbeitslosigkeit die Rede. Das ist zunächst ganz echt, und dafür habt ihr einen strahlenden Beweis in eurer norddeutschen Geschichte. Und zwar sind das nicht nur, wie Sie mit Recht schreiben, die zahllosen katholischen caritativen Verbände, die Anstalten, Klöster, Schulen, Priester, Krankenhäuser, die Tausende von selbstlos arbeitenden katholischen Krankenschwestern, die tätig sind bis zum letzten Hauch der Kraft – es ist das ein für den Berliner sichtbar gewesener Mann, der leider zu früh dahingegangen ist: es ist Carl Sonnenschein. Was dieser Mann Gutes getan hat, darf ihm nicht vergessen werden.

Von der andern Seite wird dann sogleich eingewendet: «Aber nicht umsonst. Was wird hier gemacht? Proselyten werden hier gemacht.» Nun, das halte ich nicht für richtig.

So gewiß sich die offizielle katholische Caritas ihre Zuwendungen oft politisch bezahlen läßt (daher auch die ständige katholische Aspiration nach dem Volkswohlfahrtsministerium, das die Verteilung der großen Fonds bestimmt): so gewiß haben Sonnenschein und die ihm geistig verwandten Katholiken keine Proselyten gemacht und machen wollen. Wie ja denn überhaupt der allgemein verbreitete Glaube, die katholischen Priester lauerten nur darauf, Andersgläubige einzufangen, eine Bilderbuchvorstellung ist. Die katholische Kirche versucht zwar stets mit den schärfsten Mitteln, bei gemischten Ehen den protestantischen Teil und vor allem die Kinder zu sich hinüberzuziehen — aber die Bekehrungssucht im ganzen ist doch in Europa bei ihr recht schwach ausgebildet. Man wird eher im Gegenteil finden, daß katholische Priester dem Renegaten gegenüber sehr zurückhaltend, sehr skeptisch und sehr abwartend sind — mit Recht übrigens. Ihr habt viel Gutes getan; man soll es euch danken und nicht hinter jeder wohltätigen Handlung die kalte Berechnung des Kundenfangs sehen. Sonnenschein hat sie nicht gehabt; der berliner Bischof hat sie vielleicht, wenn man an weite politische Betrachtungsweise denkt — im ganzen habt ihr sie nicht. Ihr wollt wiedereinfangen; einfangen wollt ihr nicht.

Der Bischof und Sonnenschein nun machen einen gewaltigen Fehler: sie denken nicht zu Ende. Man sehe sich daraufhin die große Rede des Bischofs an (publiziert in der ‹*Germania*› vom 2. November), und man wird finden: Diagnose richtig, Therapie unzureichend. Da sieht der Kommunismus viel weiter, der richtig lehrt, daß noch niemals eine herrschende Klasse ihre Privilegien freiwillig abgegeben habe — nicht einmal die Kirche hat das getan. Sehr gut steht in jenem Aufsatz Ossietzkys: «Man sieht: wo die Kirche einer unaufhaltsamen Entwicklung gegenüberstand, da zog sie der folgenschweren Auseinandersetzung stets das Arrangement im stillen vor.» Das heißt: sie verhandelte, und sie verhandelte, wie auf der Welt immer verhandelt wird: von Macht zu Macht, niemals von Macht zur Machtlosigkeit. So ist es auch im großen Wirtschaftskampf: Werkgemeinschaft und sozialer Ausgleich im guten und alles das sind Fliegenfänger; die Dummen bleiben daran hängen und summsen nachher mächtig, weil sie kleben geblieben sind. Das Christentum braucht nur ein Jahrtausend in seiner Geschichte zurückzublättern: im Anfang war es wohl die Güte, die diese Religion hat gebären helfen — zur Macht gebracht hat sie die Gewalt.

Von der wollte Carl Sonnenschein nichts wissen. Mit einer Opferbereitschaft, die nicht alltäglich ist, wirkte er Gutes, wie er es verstand; an seiner Reinheit, an seiner Uneigennützigkeit ist kein Zweifel erlaubt. Aber ...

Wenn ein Ehepaar, das sich in einer Zweizimmerwohnung auseinandergelebt hat, so ein Kapitelchen wie ‹*Ehescheidung*› liest, das in Sonnenscheins ‹*Notizen*› zu finden ist (erschienen im Verlag der ‹*Germania*›, Berlin) — so ist dem Ehepaar damit nicht geholfen. Auch uns andern ist mit Carl Sonnenschein nicht geholfen.

Die Kirche hat zu allem Nicht-Katholischen ein sonderbares Verhältnis, an dem das Peinlichste ein durchaus falsch angebrachtes Mitleid ist. So hat Sonnenschein das Imperium Romanum vor Christi Wirken beurteilt: «Nirgendwo mehr ein aufrechter Mann. Nirgendwo mehr eine keusche Familie» ... man kann das damalige bäuerliche

Leben nicht gut falscher sehen, und genau so mitleidig-verachtungsvoll sieht er auf die Großstadt, auf ‹Berlin›, in welchem Wort bei ihm viel provinzielle Nebenbegriffe mitschwingen. Wie da geraubte Jungfräulichkeit, Syphilis, Unkeuschheit und mangelnder Kirchenbesuch in dieselbe Reihe gesetzt werden; wie die wirtschaftliche Basis des Großstadtelends fast überall nur gestreift, nie aber ernstlich bekämpft wird —: das läßt einen denn doch eiligen Schritts in die Front des Klassenkampfes gehen. Manchmal lüftet sich der Vorhang ... «Hausfrauen aus jüdischen, rationalistischen Familien haben mir gesagt, daß sie Dienstboten mit Jenseitsdressur denen mit Diesseitskultur vorziehen. Daß sie im Eventualfall katholische Hausangestellte, die jeden Sonntag in die Messe und Ostern zu den Sakramenten gehen, in Kauf nahmen. Statt monistischer, die sich ganz auf das Diesseits einrichten.» Das hätte einmal unsereiner schreiben sollen! Nicht schlafen können hätte man nachts vor dem Geheul und Gebelfer eifriger Katholiken. Aber Sonnenschein hat zutiefst recht: dieser Glaube ist gut. Nämlich gut für die dienenden Klassen. So verharren sie im Gehorsam.

Der neue katholische Bischof Berlins wird mitsamt der von Herrn Klausener emsig betriebenen Katholischen Aktion, die an Geistigkeit von der auf den Index gesetzten ‹Action Française› meilenweit entfernt ist, viel Gutes tun, und es wird nicht ausreichen. Mir will dieser Pseudosozialismus nicht eingehen, diese Zwangsbewegung einer Gruppe, die mit dem Herzen bei den kleinen Leuten und mit dem Portemonnaie bei den Großen ist. Sie, verehrte gnädige Frau, leben in Berlin und werden vielleicht die katholische Provinz nicht so kennen, die deutsche Provinz mit ihren unsäglichen frommen Käsblättchen. Die kompromittieren Ihre Religion, die sie ununterbrochen im Munde führen, und das mit einer Unduldsamkeit, die so gar nicht christlich anmutet ... Neulich habe ich in Wiesbaden einen Vortrag gehalten; tags darauf tobte sich in der *‹Rheinischen Volkszeitung›* und im *‹Neuen Mainzer Journal›* ein Mann aus (wie man mir erzählt hat, ein getaufter Jude), namens Karl Goldbach. «Er hat den Katholizismus mit einem Klosett mit Wasserspülung verglichen», schrieb er. Kein Wort davon ist wahr — aber so sieht in Mainz die geistige Polemik der Katholiken aus. So wie Sonnenschein bei den patriotischen Kriegskatholiken steht, nicht bedenkend, daß Opfer an sich noch gar nichts sind, wenn die Sache, für die sie gebracht werden, nicht gut ist — so steht ein Teil der Zentrumspresse in verdächtiger Nähe der Nationalsozialisten, die diese Kameradschaft gar nicht wünschen. Aber die Fronten des Zentrums wechseln ... Im ganzen ist es wohl so, daß diese Partei immer wartet, wer beim Kampf die Oberhand behält; bei dem ist sie dann. Sonnenschein drückt das anläßlich der Ereignisse von 1918 so aus: «Jede Obrigkeit kommt von Gott.» Und der Bischof Schreiber so: «Dann kam die Revolution. Als Auflehnung, als gewaltsame Auflehnung gegen die damalige rechtmäßige Autorität war sie ein Unrecht. Dann aber haben die regierenden Fürsten ihre rechtmäßige Gewalt in die Hände des Volkes gelegt und haben dem Volk auf Grund ihrer früheren rechtmäßigen Gewalt die Entscheidung übergeben über die Festsetzung der Staatsform, ob die Monarchie bleiben solle oder ob eine andere Staatsform an ihre Stelle treten solle.» Die Nachfolge Christi . . . die Nachfolge der Hohenzollern . . . Und wenn die Fürsten diese Formalität nun nicht erfüllt hätten, dann könnte der Bischof Schreiber sich nach einer neuen Ausrede umsehen, weshalb er heute «bejahend zum Staat» steht. Der übrigens der Kirche gibt, was der Kirche ist, und noch ein bißchen mehr. Nein, so geht es nicht.

Gewiß, gnädige Frau, Sie und Ihre Leute stehen mitunter groß da, weil Sie so kleine Gegner haben. Von Ludendorff soll unter vernünftigen Menschen nicht die Rede sein, nicht von seiner Stammtischphantasie, die den Jesuitismus, das Freimaurertum und die Päpste wild durcheinander würfelt, wie es nur ein bierbeglänzter Generalsschädel auszudenken vermag . . . das gehört nach Bayern und soll nur dort bleiben. Auch die etwas klobigen Gottes- und Kirchenlästerungen, denen Sie manchmal ausgesetzt sind, haben nicht meinen Beifall. Damit, daß man die Kapläne als Mädchenverführer und heuchelnde Köchinnenbeischläfer hinstellt, ist keiner Sache gedient — nicht der unsern, nicht der der Arbeiter. Aber wie kommt es, daß Sie so wenig Ihnen ebenbürtige Gegner in der großen Tagespresse haben? Sie erlauben mir hier ein notwendiges Wort über die deutschen Juden.

Deren Toleranz der Kirche gegenüber setzt sich zusammen aus Pogromangst und einer innern Unsicherheit, die bis zum bösen Gewissen geht. Hätten die deutschen Nationalisten nicht diese fast tierische Stalldumpfheit von pommerschen Bereitern aus dem vorigen Jahrhundert: sie hätten längst auf die allerdings zugkräftige Volksparole «Haut die Juden!» verzichtet — und drei Viertel der deutschen Juden säßen heute da, wo sie klassenmäßig hingehören: bei der Deutschen Volkspartei. Sie tun es nicht, weil sie der Antisemitismus abstößt; sie tun es zum Teil doch, weil ihnen ihr Bankkonto lieber ist als eine Religion, von der sie nur noch das Weihnachtsfest und die ‹*Frankfurter Zeitung*› halten. Von der winzig kleinen Minorität der National-Juden unter Führung eines schon von Siegfried Jacobsohn rechtens vermöbelten Herrn Naumann will ich gar nicht sprechen: gefüllte Milz mit einem Stahlhelm ist wohl nicht das Richtige. Aber jene friedlich dahin verdienenden Hausjuden, die aufatmen, daß wenigstens Lenin nicht einer der ihren gewesen ist, jene israelitischen Familienblättchen, beschnittene Gartenlauben, errichtet im Stil von Sarah Courths-Mahlersohn . . . diese Leute sollen dem deutschen Volk das rituelle Schächtmesser in den Rücken gestoßen haben? Dazu sind sie viel zu feige. Nie täten sie das.

Und diese Sorte, die da glaubt, Unauffälligkeit sei ein Kampfmittel, hat vor nichts so viel Furcht wie vor öffentlichen Diskussionen mit andern Religionen. Kurt Hiller hat den endgültigen Trennungsstrich gezogen: den zwischen Aron-Juden und Moses-Juden. Von den Aron-Juden hat der Katholizismus nichts zu befürchten. Die große Presse ist sehr ängstlich, wenn es um die Konkordate geht, um die Sabotage der Reichstagsarbeiten durch das Zentrum bezüglich der Ehescheidung – es ist sehr still in diesen Blättern, wo es sonst so sehr laut ist. Angst, Angst . . .

Und so berührt es denn doppelt komisch, wenn der Bischof Schreiber und seine Blätter sich nicht lassen können: Ungeschmälerte Parität! auch wir verlangen unsern Platz an der Sonne . . . als ob es nicht dunkel wäre in Deutschland, weil eine Soutane das Sonnenlicht schwärzt. Ihr habt, was ihr braucht, aber es genügt euch nicht.

Und eben dagegen wehrt sich die Arbeiterschaft. Vielleicht manchmal ein bißchen plump, vielleicht zu grob, weil sie den feinen Mitteln, mit denen ihr die Frauen des kleinen Mittelstandes bearbeitet, nicht gewachsen ist. Diese eure Arbeit ist systematisch: auch drüben in Frankreich sind besonders die Jesuiten in der Arbeiterschaft am Werk («Christe dans la banlieue» – Christus in der Vorstadt), überall in der Welt geschieht es. Ihr macht Politik. Ihr greift in die Politik ein? Die Politik antwortet euch. Stellt die Orgeln ab und schreit nicht, man habe euch verletzt. Auch ihr verletzt die andern, auch ihr verletzt uns.

Sie sehen, sehr verehrte gnädige Frau, daß hier kein patentierter Freidenker spricht. Keiner, der da glaubt, mit einer Feuerverbrennungskasse sei die Glaubensfrage gelöst. Solange aber die katholische Kirche in allen entscheidenden Fragen bei den Unterdrückern ist, solange sei es jedem verständigen und klassenbewußten Arbeiter, jedem Angestellten empfohlen, aus der Kirche auszutreten. Auch gegen die Gefühle ihrer Frauen, die zu erziehen sind – so, wie ihr sie verzogen habt. Ich schmähe die Kirche nicht, ich schmähe ihre Diener nicht. Beschränkt ihr euch auf das geistige Gebiet, so sei Diskussion zwischen uns, Debatte und Gedankenaustausch.

Macht ihr reaktionäre Politik –: auch dann ist die Sauberkeit eurer Überzeugung und die Heiligkeit einer Sache zu ehren, die andern nicht heilig ist. Dann aber sei zwischen uns Kampf. Der Sieg wird nicht bei euch sein – sondern bei den Werktätigen der ganzen Welt.

EINER, MANCHE, VIELE

Mitunter laufen einem Romanfiguren über den Weg, die Figur ist da, der Roman muß erst noch geschrieben werden. Hier ist ein Knopf, lassen Sie sich einen Anzug dazu machen.

Unter dem deutschen Adel aller Gothas gibt es mancherlei Arten: den braven Vertreter seiner Kaste, ein Kerl, der von Köckritz ist, und weiter nichts; es gibt Leuteschinder und feine, alte Damen, dumme Puten und sehr dünngliedrige, gebildete Herren, unter deren schmalen Schädeln ein Gehirn liegt und still arbeitet ... da gibt es allerhand. Aber eine Nummer kommt vor, die ist so bunt und so seidig-glänzend, daß die Schmetterlingskenner, die das Exemplar bei mir aufgespießt sehen, fragen: «Donner! Woher haben Sie denn den?» Dann lächle ich, wie der Sammler lächelt, der seine kleinen Geheimnisse nicht verrät.

Bitte kommen Sie nicht zu nah an den Kasten, ich habe das Ding so sorgsam aufgepiekt. Da ist er:

Er sieht gut aus. Er ist ziemlich blond, groß, lässig, locker ... sein Monokel sitzt nicht wie bei Bronnen, sondern es sitzt richtig; er braucht gar nicht erst so viel herzumachen, er strengt sich nicht an wie Edschmid, er liest nicht die ‹*Elegante Welt*›, er gehört ihr an. Seine Anzüge sind gut gemacht, er hat tagsüber etwas betont dicke und flauschige Sachen; seht! sagen die Sachen, wie wir an ihm herumhängen, er läßt sie hängen, er hat sie einmal bezahlt, und nun weiß er, daß er sich auf sie verlassen kann. Abends sitzen Smoking, Hemd, Krawatte und seidene Socken, als seien sie ihm angeflogen. Das alles ohne jede Aufdringlichkeit. Er ist sehr frech, aber er ist leise-frech.

Er ist nicht in den väterlichen Ställen geblieben. Seine Entwicklung kennen wir nicht, aber die Intellektuellen, mit denen er umgeht, fühlen: Er gehört doch zu uns. Er hat Rilke gelesen, was: gelesen! er hat ihn gekannt, er besitzt auch Briefe von Rilke; er versteht allerhand von Nationalökonomie, sehr viel von Musik, außerordentlich viel von bildender Kunst und gar nichts von Politik. Seine Kenntnisse und seine Bildung sind guter Durchschnitt; sie werden aufgehöht durch die uralten, eingeprügelten Instinkte seiner bürgerlichen Gegenspieler. Die sind schon dritte Generation, aber manchmal kommt bei ihnen Großpapa durch: ein Adliger...! Der Enkel sagt: «Hören Sie mal, Platen!», das ‹von› läßt er weg, er sagt es nur mit der Seele, aber mit der dreimal. Herr von Platen kommt, legt ganz leise das Monokel und das Adelsprädikat ab, weil er beide nicht mehr braucht, die Umgebung hat sie gesehen, und die Umgebung fühlt sich frisch geadelt. Er siegt schnell, der junge Platen.

Er macht nämlich Geschäfte. Aber er macht sie nun nicht etwa so wie ein jüdischer Pferdehändler, gradezu, und immer etwas atemlos hinter dem Geld herlaufend – er macht sie anders. Das heißt: eigentlich macht er sie genau so wie ein jüdischer Pferdehändler, er ist nur etwas unzuverlässiger als jener. Er ist außerordentlich betriebsam; er hat Beziehungen, vermehrt sie, benutzt sie, nutzt sie aus, die Beziehungen fühlen sich geehrt, ziemlich geehrt. Er scheint sich zu den Geschäften nur herbeizulassen, das verleiht ihm eine große Stärke.

Manchmal ist es der Kunsthandel, manchmal die Bank, manchmal irgend etwas andres. Er geht mächtig ran, er läßt nicht locker, aber er bleibt locker.

Die Basis für seine Geschäfte ist ein unwiderstehlicher gutsherrlicher, naiver, fast tierischer Egoismus. Wir andern sind ja auch egoistisch, aber wir schämen uns ein wenig dieser Regung. Eigentlich müßte man ... Der müßte eigentlich gar nicht. Er ist von oben bis unten, von hinten bis vorn egoistisch. Der kühle Blick der grau-blauen Augen gleitet am Vertragspartner entlang: Natürlich bist du, Schulze, dazu da, mir ein Leben in einem sehr anständigen Viertel zu verschaffen, die stille, alte, renovierte Wohnung, das Auto, die guten Restaurants, wo ich bei Rotwein amüsante Geschichten erzähle, wie einer, der es nicht nötig hat. In dem Blick ist die kurze Reitpeitsche, mit der sein Urahn über den Gutshof ging. «Krischan!» — «Herr Graf!» Na, das wäre ja gelacht ...

Reizend zu Frauen. Ein bißchen Junge, scheinbar harmlos, so ganz anders als die schwarzen Geschäftsleute, mit denen Madame es sonst zu tun hat. Tanzt bezaubernd, macht etwas Sport, aber nicht den unbequemen, und immer hübsche Frauen um sich herum. Mit denen hat er eine Freude am Klatsch, die nicht alltäglich ist. Weiß reizende Médisancen zu sagen, sehr bösartige Sachen, aber immer mit dem frischen, offenen Gesicht eines großen Jungen, der nichts dafür kann. Ist verheiratet. Seiner Frau treu —? Auch. Fast immer. Man weiß nicht. Kann furchtbar lügen.

Er will sich zu niemand herablassen, er tuts auch nicht. Daß es immer so aussieht, liegt daran, daß die andern sich den Rücken krummer machen, als er von Natur schon ist. Er handelt wie drei Getreidehändler — man nimmts ihm nicht übel. Er raucht so nett dabei. Er fordert, verlangt, paßt auf wie ein Luchs, wo sich etwas drehen läßt — wenn ihm die Forderungen der andern einmal über den Buckel wachsen, fährt er weg. Die Adligen haben im allgemeinen keinen Sinn für den Kommerz. Wenn sie ihn aber haben, dann gnade Gott. Weiße Juden.

Mit seinen Freunden in den schönen Künsten steht er gut, sehr gut. Nähert er sich der bildenden Kunst, so wandeln sich die Bilder unter seinen Händen nicht, wie bei den Generaldirektoren, in bunte Aktien, die sie sich — Sachwerte plus Kultur — an die Wand hängen; er macht seine Geschäfte mit den Bildchen spielend, er kennt immer irgend eine Frau, die grade dieses Bild ... wie? Schläft vielleicht mit ihr. Das Bild wird dadurch nicht billiger.

Wenn er Musik macht, sagt er: «Mein Kollege Richard Strauß», todernst, man denkt erst, er macht Spaß. Nein, wirklich: Kollege. Ich kann doch nichts dafür, daß ich adlig bin. N'en parlons pas. Ist sehr viel gereist. Immer so, wie wenn er inkognito wäre. Bitte, bitte, keine Umstände — wir wollen doch hier nicht ... Aber dann nimmt er doch an.

Kann sich gar nicht denken, daß er jemals unten liegt. Liegt auch fast nie unten. Die Not der Zeit ... gewiß, ja doch. Aber das: sein Leben, Reisen, gute Behausung, Essen, die Weine — das muß so sein. Darüber spricht er nicht. Auch nicht über die kurze Spanne der Inflationszeit, über die er mit viel Tee nur sehr miekrig hinweggekommen ist. Nur: wenn es ihm dreckig geht, dann geht es ihm eben stilvoll dreckig. Es sieht netter aus als bei den andern. Gute Rasse bleibt gute Rasse. Und dann, wenn er wieder hochkommt, dieses kaum glaubhafte Geschick, aus seiner Tätigkeit die ihm zukommenden Prozente in Naturalien herauszuholen. Man weiß nie so genau ... Hat der eigentlich Geld?

Nein. Aber er hat die Adressen derer, die es haben. Früher, heißt ein altes Wort, hielten sich die Grafen Hausjuden, heute halten sich die Juden Hausgrafen. Es müssen nicht grade Juden sein — aber er sitzt gewissermaßen immer als Diener neben irgend einem Chauffeur, als Reisebegleiter, Kunsthändler, Bibliothekar und Ornament in einem. Er schmückt sehr. Einen Salon am meisten dann, wenn die Gruppen, Sandwichs essend, gelöst sind — bei Tisch ist es dann nicht mehr so sehr viel mit ihm. Liebt alles Leben hinter allen Kulissen; will zu den Intimen gehören und gehört ja auch dazu: passiert Absperrungen, weil er den Präsidenten kennt und die Diener ihn nicht aufzuhalten wagen, wartet niemals vor Schaltern sondern geht immer hintenherum. Er macht alles, was die Juden so unbeliebt macht — aber er macht es nett. Man kann ihm nicht böse sein.

Seine Familie läßt ihn übrigens grade noch gelten; er ist ihr zu stark verjudet. Aber er verlangt nichts von ihr, er macht auch seinem Namen keine Schande. Mojn, Platen. Balzac hätte Sie längst eingefangen.

KIRCHE UND WOLKENKRATZER

Es läuten die Glocken: Bim-bam-bim-bam;
es sausen die Autos über den Damm;
die Kirche reckt ihren Turm zum Himmel
und macht Reklame mit ihrem Gebimmel.
Sie wirbt für den christlichen Gedanken —
aber drum herum die Häuser der Banken
sind eine Etage höher.

Wenn zu New York die Börse kocht,
dann beten die frommen Pfaffen:
daß keiner werde eingelocht,
daß sie alle Geld erraffen.

Aber wie sie auch beten in brausendem Chor:
die Banken ragen zum Himmel empor
eine Etage höher.

Und es beten die Pfaffen nach alter Art
gegen sündige Teufelsgedanken.
Das Kirchenvermögen liegt wohlverwahrt
nebenan, nebenan in den Banken.
Wer regiert die Welt —? Hier kann man das sehn.
Um alle Kirchen die Banken stehn
eine Etage höher.

THEORIE DER LEIDENSCHAFT BERLIN N 54

Von wejen Liebe . . .
Wat der Affe klönt!
Ick hab ma ehmt bloß an'n jewöhnt!
Ick weß nu schon: det Morjens seine Socken . . .
uff seinen Oberarm die zweenhalb Pocken . . .
Von wejen Liebe —!
Hö! So siehste aus.
Mensch, nischt wie raus!

Da sind wa neulich in'n Film jewesen.
Da jab et eenen schönen Brief zu lesen.
Een Vers:
DIE EIFERSUCHT IST EINE LEIDENSCHAFT,
DIE MIT EIFER SUCHT, WAS LEIDEN SCHAFFT.
Na ja doch. Aba det wär ja jelacht:
Wenn der mit seine Nutten macht —
ick sahre nischt. Ick kenn doch diß jenau!
Son fauler Kopp. Ick ärja mir bloß blau,
det ick mir ärjere. Denn der vadient det jahnich,
der Affenschwanz, der olle Piesenkranich.
Ick mach et janz jenau wie er — son Aas . . .!
A det is komisch: mir machts keenen Spaß.
Mich kann die janze Männerbransche —!
Ick nehme jahnich jern Revansche.
Ick, Lottchen, bin ja dazu viel zu schlau.
So is det meine Meinung nach mit jede Frau:
Sofern wir iebahaupt 'n Herrn ham,
denn ham wir jern, det wirn jern ham!

Ob Schupouniform, ob in Zevil:
es is von wejen det Jefiehl.
Da weeß der jahnischt von. Der pust sich auf
und kommt sich vor un is noch stolz dadrauf . . .
Von wejen Liebe . . .
Det bestimmt doch keinesfalls
der Mann mit seinen unjewaschenen Hals!
Ich küsse Ihre Hand, Madam.
Diß jlauben bloß die Kälber.
Ick sahre so —:
Det Schönste an die Liebe is die Liebe selber.

AUF DEM NACHTTISCH

Mit mir wird das kein gutes Ende nehmen: ich gehöre dem R.D.B. A.-G. nicht an. ‹A.-G.› heißt aber hier nicht Aktiengesellschaft sondern ‹auf Gegenseitigkeit›; und der R.D.B. ist der ‹Reichsverband Deutscher Buchlober›. Das ist ein merkwürdiger Verein.

Es wird ja mit Recht darüber geklagt, in einem wie verrotteten Zustand die Buchkritik ist; während für die Theaterkritik eines Blattes oder einer Zeitschrift emsig Umschau gehalten wird, darf und kann über Bücher anscheinend jedermann schreiben. Dazu ist nicht nötig, daß man das Stoffgebiet beherrscht, ähnliche Werke kennt und ausfindig macht . . . die Buchkritik ist ein Ersatz für den veralteten Waschzettel, nur ist sie nicht so sauber. Über die merkwürdige Koinzidenz von Inserat und Kritik wollen wir uns gar nichts erzählen, wohin gerieten wir da! — wobei die alte Streitfrage auftaucht, ob sich ein Blatt für Anzeigen solcher Werke bezahlen lassen darf, die es verreißt . . . Das Schlimmste ist die Kritik der guten Freunde. Eine Hand macht munter die andere schmutzig, lobst du meinen Schmöker, lob ich deinen, und wenn du mich mit Goethe vergleichst, vergleich ich dich mit Lessing. Ich halte es mit jener alten hamburger Theaterabonnentin: «Ich guck all gar nicht mehr hin.» Und ich befürchte sehr, mir die tief-innere Feindschaft eines guten Dutzends von Literatoren zugezogen zu haben, deren Werke ich nicht gelesen, also nicht besprochen habe — obgleich doch das eine zum andern, sollte man denken, gar nicht nötig ist. Mit mir wird das kein gutes Ende nehmen.

Hermann Kantorowicz: *‹Der Geist der englischen Politik und das Gespenst der Einkreisung Deutschlands›* (erschienen bei Ernst Rowohlt in Berlin). Eine höchst verdienstvolle Arbeit. Mehr? Nein, mehr nicht.

Kantorowicz paukt England heraus. Soweit er das gegen die deutschen Nationalisten tut, ist er im Recht. Was die in ihren Flugblättern und in ihren Büchern über die ‹falschen Briten›, die ‹Krämer jenseits des Kanals› zusammenschreiben, hat seinen Ursprung in den ersten Kriegstagen, wo die unorientierte Ahnungslosigkeit der Deutschen die Kriegserklärung Englands als einen Schlag in die unvorbereitete Magengrube empfand. Damals war es, als der unsägliche Sombart seinen Setzern und Lesern das Werklein *‹Händler und Helden›* zumutete – es hat reiche Früchte getragen. Kantorowicz erklärt den englischen Nationalcharakter: seine Ritterlichkeit, seine Sachlichkeit, seine Humanität und seine ... er nennts Irrationalität. Das Wort will mir nicht recht gefallen: es ist eher so etwas wie ein politischer Instinkt. Dann, sehr gut, das Kapitel über das Märchen von der Einkreisung Deutschlands, darin die gradezu erschütternden Beispiele von der fürchterlichen Verhetzung, der die deutsche Jugend noch heute und grade heute in Hunderten und aber Hunderten von Schulbüchern ausgesetzt ist. Das normale deutsche Geschichtsbuch, besonders das der höhern Schule, enthält durchweg faustdicke Lügen über den Krieg, mit der kaum noch verhüllten Tendenz: Auf zur Revanche! Kein Wort von der tiefen Kriegsschuld Deutschlands; kein Wort von den maßlosen Ungeschicklichkeiten der Vorkriegszeit; kein Wort von der geistigen Verfassung, in der sich der Herrscher dieses Landes befunden hat ... aber: das ‹niederträchtige Albion›, und immer wieder: der englische Neid, die englische Konkurrenzangst (vor dem großen Abnehmer englischer Waren nämlich!) – und all das Zeug, das der Verband für das Deutschtum im Auslande unter gefälliger Patronanz der Kultusministerien in die jungen Gehirne trommelt. Die Politik gehört nicht in die Schule ... sagte die herrschende Klasse; damit meinte sie die der andern.

Kantorowicz stellt bei dieser Gelegenheit auch die verderbliche Tätigkeit der finanziell und organisatorisch sehr mächtigen Verbände gegen die Kriegsschuldlüge fest, die Revanchepolitik dieser neuen Tirpitz-Küche, von der die Regierung abrückt, wenn man sie in London und Paris festnageln will ... zu Hause ist sie duldsam und mehr als das. Wer bereitet den nächsten Krieg vor –?

Mir scheint, als ginge Kantorowicz in der rosaroten bengalischen Beleuchtung der Aktschlüsse englischer Politik zu weit. So rosa ist es nun wieder nicht. Es gibt gewerbsmäßige Jesuitenriecher, die nun alles, was Böses auf der Welt geschieht, dem unterirdischen Wühlen der Jesuiten zuschreiben – und so gibt es denn auch kontinentale Englandriecher. Was jedoch der wackere Lord d'Abernoon in Berlin gewirkt hat, ist nicht von Pappe gewesen. Daß sich die deutschen Nationalisten auf die Krämer jenseits des Kanals allemal dann berufen, wenn die – scheinbar – ihr Toben gegen den innern Feind als Vorbereitung gegen die Bolschewisierung Deutschlands stillschweigend geduldet haben, ist eine andre Sache. Kantorowicz badet in Engländertum, er britelt, man soll das nicht. Ich halte die kleine Anekdote, die in Michels' *‹Patriotismus›* zu finden ist, für sehr schön und bezeichnend: wie da ein englisches Ehepaar auf einem Donaudampfer fährt, und, als eine Österreicherin ein Kompliment für die ‹Fremden› hat, die Engländerin böse auffährt: «Fremde? Sie sind die Fremden. Wir sind Engländer.»

Ich denke, daß das Werk von Kantorowicz einen Grundfehler hat: es hält die bürgerliche Weltordnung für die einzig mögliche, und es sieht nicht, daß es den Arbeitern auf allen Seiten ziemlich gleichgültig sein kann, welche Fahnen die Verwaltungsgebäude ihrer Werke grade hissen — die Proleten sind allemal die Dummen. Der Kampf geht gar nicht für und gegen England — er geht um ganz etwas andres.

Liest man im Anschluß daran zum Beispiel Harold Nicolsons ‹*Miss Plimsoll und andere Leute*› (erschienen bei der Frankfurter Societätsdruckerei zu Frankfurt am Main), dann kommt man allerdings an die liebenswertesten Seiten des englischen Charakters. Der Verfasser ist ein ehemaliger Diplomat, der viel gesehen und noch mehr verschwiegen hat; manches erzählt er. Mitunter ist die Geschichte etwas dünn; vielleicht sind diese Berichte höchst charmant, wenn der Mann sie am Kaminfeuer erzählt — vorn wird man gebraten, hinten friert man, und in der Mitte muß man lachen. Wenn man dann aufsteht, ist alles fort. Wirklich ein Buntdruck erster Ordnung aber ist ‹Arketall›, ein lebendiger oder erfundener Kammerdiener Lord Curzons. Das ist bester englischer Humor, vor allem in der Diktion; das Ganze erinnert an die schönsten alten Whisky-Plakate oder an die von Pear's Soap. Diese leichte, chronische Besoffenheit des Dieners; die ironische und echte Überlegenheit Curzons; die Komik der eifrig die Hotelzimmer vorbereitenden Sekretäre ... Und dann, eine Perle, der Schlußabsatz des Kapitels. Der Diener hat sich nun doch so unter Spiritus gesetzt, daß er «den Morgenzug benutzen» muß. Curzon ist vergnügt und ladet den jungen Nicolson zum Abendessen. «Zur Belohnung werde ich Ihnen meine berühmte Imitation Tennysons, wie er ‹Tears, idle tears› rezitiert, vormachen.» Das tut er auch. Und wird plötzlich sehr nachdenklich. «Ach ja», seufzte er, «ach ja. Ich weiß. All das war vor vielen Jahren, als ich jung war und noch über die Alten lachen konnte. Aber alle jungen Leute sind ohne Erbarmen. Sie werden heute abend hinaufgehen und sich hinter meinem Rücken über mich lustig machen. Später im Leben werden Sie den alten Knacker imitieren, wie er Tennyson imitiert. Und so geht das weiter.» Er seufzte tief. Und dann grinste er. «Arketall tut mir leid», sagte er. «Der Mann gefiel mir.»

Der ‹*Simplicissimus*› hat vor dem Kriege ein berühmtes Blatt von Thöny gebracht: wie deutsche Staatsmänner aussehen und wie englische Staatsmänner aussehen. Lord Curzon hatte Humor. Hermann Müller hat ein Parteibuch.

Das Buch Nicolsons ist von Cohen-Portheim übersetzt. Ich kenne das englische Original nicht; was herausgekommen ist, hat Stil und sehr viel Witz. «Ich zeigte ihm die beiden Sphinxe am Ende der Brücke und erzählte ihm, wie Wilde in seinen letzten torkelnden Jahren zu behaupten pflegte . . .» Wenn übrigens ein so kenntnisreicher Stilist wie Cohen-Portheim das Wort ‹irgendwie› verwendet, muß er seine Gründe gehabt haben. Ich kenne diese Gründe nicht, aber ich mißbillige sie. Man sollte dieses Wort erwürgen, wo immer man es antrifft.

Irgendwie bezeichnend für die deutsche Justiz ist ein gradezu vernichtendes Buch: ‹*Verräter verfallen der Feme*› von E. J. Gumbel, Berthold Jacob und Ernst Falck (erschienen im Malik-Verlag zu Berlin). Da bleibt einem der Atem weg.

Nämlich vor Schmerz, Wut und Trauer. Nicht so sehr, was da geschehen ist, reizt auf — das wissen wir alle. (Hier ist übrigens der einzige kleine Fehler, den ich im Buch gefunden habe. Wenn da steht, daß Carl Mertens das größte Verdienst an der Aufklärung der Fememorde zukommt, so ist das richtig. Wenn da aber nicht steht, daß er diese Aufklärung nicht hätte geben können ohne den Mut und die Zivilcourage Siegfried Jacobsohns, so ist das unvollständig. Gumbel weiß, wie es gewesen ist.) Was so aufreizt, ist die Behandlung, die diese rohesten aller Verbrechen durch die deutsche Polizei und die deutsche Justiz gefunden haben. Daß Geßler von nichts wußte . . . nun, das hat ihm nichts geschadet — so verstehen wir die Ministerverantwortlichkeit. Daß und wie aber die Richter reagiert haben, das darf denn doch wohl schändlich genannt werden. Man sehe sich diese erschütternde Liste am Schluß des sorgfältigen und ruhig geschriebenen Werkes an; bestraft ist kaum einer der Mörder, von den Anstiftern und Beteiligten sind fast alle amnestiert. Während noch Hunderte von kommunistischen Arbeitern, ja sogar noch Kriegs‹verbrecher› aus der Kriegszeit in den Zellen sitzen, laufen diese Burschen, die gekillt haben, frei herum und lachen sich einen. Mit Recht. Die tiefe Blutsverwandtschaft zwischen diesen Richtern und allem, was Militär heißt, ist evident; man hat das ja wieder aus den letzten Prozessen gegen die Nazis gesehen. Ich habe nichts gegen Klassenjustiz; mir gefällt nur die Klasse nicht, die sie macht. Und daß sie noch so tut, als sei das Zeug Gerechtigkeit —: das ist hart. Und bekämpfenswert. Das brillant dokumentierte und sehr gut aufgemachte Werk Gumbels, scharf, klar, sauber und voller intimer Kenntnis des scheußlichen Stoffes, wird dazu mithelfen.

Wie so ein Kampf für die Arbeiterklasse geführt wird, zeigen die ‹*Erinnerungen an Lenin*› von seiner Lebensgefährtin N. K. Krupskaja (erschienen im Verlag für Literatur und Politik zu Wien und Berlin). Das Buch, mit einem vorzüglichen Bild Lenins geschmückt, ist deshalb so lehrreich, weil es die unendliche Kleinarbeit aufzeigt, in der dieser russische Umsturz vorbereitet worden ist. Die Tragik, die in dem viel zu frühen Tode Lenins liegt, ist unermeßlich; nach dem Tode Stalins wird man wohl nicht so ein Büchlein erscheinen lassen können. Das kleine anspruchslose Heft bildet eine sehr dankenswerte Ergänzung zu der großen Autobiographie Trotzkis.

Was hat sich da auf den Nachttisch verirrt? *‹Psychologie für Vorgesetzte›* von E. D. Smith (bei der Deutschen Verlags-Anstalt zu Stuttgart erschienen). Ich bin doch kein Vorgesetzter ... Aber so ein Buch könnte sehr dienlich und nützlich sein. Dieses ist es leider nicht. Die amerikanischen Goldfedern sind weich; das schmiert Bücher, wie die Katzen Junge kriegen. Ein Schmarren. (Statt dessen lest lieber die gradezu aufsehenerregende Serie Kracauers in der *‹Frankfurter Zeitung›*: *‹Die Angestellten›*, ein breit angelegter Versuch einer wahrhaft modernen Soziologie. Ein Schritt in unbebautes Neuland, von bestem Instinkt geleitet.)

Wen wollen wir denn noch nicht loben ... Richtig: *‹Das Zille-Buch›*, herausgegeben von Hans Ostwald, unter Mitarbeit von Heinrich Zille (bei Paul Franke zu Berlin erschienen). Das ist von vorn bis hinten eine einzige Albernheit. Gott weiß, wie sie den guten alten Vater Zille in der Krankheit seines Alters dazu herumbekommen haben ...! Wie da die guten Witze Zilles fade und dumm aufgekocht werden; wie krampfhaft die Übergänge von einer zur andern Bildunterschrift; wie kleinbürgerlich und dümmlich das Ganze – es ist ein Jammer. Das hat Zille nicht verdient. Lest lieber seine Auswahl *‹Für alle›*, die im Neuen Deutschen Verlag herausgekommen ist, Otto Nagel hat an ihr mitgearbeitet, und der Kämpfer Zille kommt darin ans Licht und wird treffend kommentiert.

Ganz zu unterst liegen auf dem Nachttisch zwei zu bejahende Erscheinungen. Ja für die eine – Jubelgeschrei für die andre.

Ja: zu *‹Sexualmörder in Düsseldorf›* von Hans Hyan (erschienen im Verlag der Neuen Gesellschaft, ohne Ortsangabe). Ein wildes Umschlagbild als erlaubte Reklame – eine ruhige und vernünftige Broschüre. Hyan ist den düsseldorfer Mordfällen nachgegangen; er wertet sie, als ein guter Kenner der Kriminalpraxis, keineswegs sensationell aus, sondern er spürt den Gründen der polizeilichen Mißerfolge nach. Diese Gründe sind: Angst vor der Publizität, Eifersucht der Ressorts, Beamtendünkel und: es fehlt eine Einrichtung, die den in Frankreich bereits vorhandenen fliegenden Kriminalbrigaden entspricht, solche, die von der Zentrale ins Land gesandt werden – und zwar mit den nötigen tatsächlichen Vollmachten und Vorrechten, die den berliner Kommissaren fehlen. Hyan spricht dann von dem Krebsschaden, der nicht nur die Kriminalpolizei angefressen hat: Vorgesetzte kommen von der Seite in die Unternehmen, fast niemals von unten. So wird der Ehrgeiz der Dienenden getötet, die nun bloß noch gleichgültig am Pult hocken, weil es «ja doch keinen Zweck hat» – die Praxis hat den Fehler des unbeirrbar stumpfsinnigen Aberglaubens an die Tüchtigkeit der ehemaligen Offiziere und der Juristen, der wahren Exponenten der herrschenden Klasse. Dieser Aberglaube kostet hier Blut. Ließe man die tüchtigen Kriminalassistenten, die heute von den Oeppersten unterdrückt werden, die Leiter hinaufrücken, so belohnte man nicht nur anständige Arbeit, wie es sich gehört —: alle hätten den Vorteil davon. Aber: «Der einfache Mann, der sich von unten heraufgearbeitet, der also auch nicht studiert hat, schafft es nur in den seltensten Fällen.» Hyan verfügt über eine ausgezeichnete Personalkenntnis, die man manchem Reporter wünschen möchte — er erkennt das Gute in der preußischen Kriminalpolizei an, wo es zu finden ist, und er tadelt das Unzureichende. (Wie es in den kleinstaatlichen Polizeiverwaltungen aussieht, wird von unsern Freunden im Lande viel zu wenig beobachtet.) Fazit: Hätte die Kriminalpolizei so viel Fonds und Etatsmittel wie die Reichswehr: es sähe besser im Lande aus. Und hätte sie gar die Mittel, die diese Reichswehr vertut, statt der Reichswehr: es sähe besser in Europa aus. Hyan hat mit dieser Broschüre ein sehr verdienstliches Werk getan.

Das war das Ja. Jubelgeschrei aber über eine Neuerscheinung, die ein altes, bereits bekanntes Werk in erweiterter Form gibt. ‹*Oktober*› von Larissa Reissner (erschienen im Neuen Deutschen Verlag zu Berlin). Schade, daß ich diese Besprechung nicht mit Blumen schreiben kann.

Vorangeht eine Fotografie dieser einzigartigen Frau; seht sie an und denkt euch euer Teil. Es folgen jene Abschnitte aus ihren Werken, die wir kennen und lieben: ‹*Die Front*› mit den atemraubenden Schilderungen ihrer Abenteuer; wie ist das erlebt! ‹*Im Lande Hindenburgs*› mit dem unfaßbaren Kapitel ‹*Im Lager der Armut*›, einer ganz und gar allein stehenden Studie über das Lumpenproletariat; wie ist das geschrieben! nein: erlitten! — die große Vision ‹*Vanderlip*› und dann, was neu ist, einige in deutscher Sprache bisher nicht veröffentlichte Kapitel über Afghanistan.

Es ist immer wieder bewundernswert, wie diese Frau gesehen, gelebt, studiert und geschaffen hat. Es ist ein Wunder. Wenn das ein Mann geschrieben hätte, müßte man ihn krönen — um wieviel mehr eine Frau! Der fremde Staub der fernen Länder knirscht uns zwischen den Zähnen, wir riechen den Rauch, wir fühlen die Farben . . . Dabei ist der Klassenstandpunkt niemals außer acht gelassen, und niemals sitzt er aufdringlich im Vordergrund. Es geht also; man kann also auch für das Proletariat schreiben, ohne auf jeder Seite dreimal zu brüllen: «Es lebe die Weltrevolution!» — und siehe da: es ist tausendmal wirksamer als alles offizielle Geschreibe der Abgestempelten. Ich bin fest davon überzeugt: stammte dieses Buch, so wie es da ist, von einer Frau, die nicht an der roten Front mitgekämpft hätte — die Tintenrevolutionäre zerrissen sich die Mäuler, um darzutun, wie antirevolutionär das Ganze sei. Hier müssen sie schweigen. Wir aber wollen uns vor dem Buch beugen — voller Jubel, daß es da ist, voller

Trauer, daß Larissa Reissner nicht mehr da ist. Ich habe die alte Ausgabe halb auswendig gelernt und die neue viermal gelesen, und es wird nicht das letzte Mal sein. (Zwei Fehler; Seite 416: es heißt nicht la drapeau sondern le drapeau; Seite 412: «Sie lernten ihm, wie man Reichtum anwendet», was hoffentlich ein Druckfehler ist.)

Diese Darstellungskunst, dieser Charakter und diese Verve sind für eine Epoche einmalig. Der Nachttisch ist leer – ich mag nach diesem Wunderwerk nichts andres mehr lesen. Larissa Reissner – Ehre ihrem Andenken.

IMMER

Zum Beispiel Sie, Herr Fairbanks, sind doch eine Nummer!
Sie haben Ihren eigenen Ozean
und soviel Geld! und Glück . . . und niemals Kummer . . .
und eine Frau so süß wie Marzipan.
Doch manchmal, denk ich, nachts, wenn alles schweigt,
ob Ihnen da die Traurigkeit nicht einen geigt:
«Ja, immer Glück . . . das ist es eben . . .
Den ganzen Tag?
Das ganze Jahr?
Das ganze Leben –?»

Zum Beispiel Sie, Herr Ehemann, sind zu beneiden:
Sie haben eine Schönheitskönigin zur Frau.
Vor Ihnen darf die Venus aus der Wanne steigen . . .
wir sehn ihr Bild – Sie kennen sie genau.
Denn so verteilt die Gaben das Geschick.
Nach Jahren ist da was in Ihrem Blick . . .
So summsen Fliegen, die am Sirup kleben . . .
Den ganzen Tag?
Das ganze Jahr?
Das ganze Leben –?

Mensch, sei nicht neidisch!
Glück hat seinen Schimmer . . .
Stehst du im Tal, vergiß nicht vor den Höhn:
Das, was man einmal tut, ist schön. Doch was man immer
zu tun genötigt ist, ist weniger schön.
Brathuhn ist gut. Was aber tätst du tun,
gibt man dir jeden Tag gebratenes Huhn?
Na, siehst du. Sowas schätzt du auch daneben . . .
Sei helle!
Lebe du dein eigenes Leben.

DIE ZEIT

«Die meisten Menschen», heißt dem Sinne nach eines der klügsten Worte Leo Trotzkis, «sind Anachronismen ihrer eigenen Epoche.» Öffne eine Zeitung: die beiden am häufigsten gedruckten Wörter, die du dort findest, sind: ‹Mensch (menschlich)› und ‹Zeit›.

In beiden Fällen verkriechen sich die menschlichen Zeitgenossen hinter eine Kulisse, um sich dort ungenierter austoben zu können. Sie glauben ernsthaft, sachlich zu sein, wenn sie im Amt hart und das sind, was man mit einem freundlichen Euphemismus ‹unmenschlich› nennt, — es ist aber eine Ausrede. Niemand ist ‹rein sachlich›; diese Ausdrücke muß man stets in Anführungszeichen setzen. Das, was der Mensch tut, unter welchen Umständen auch immer, ist der Ausdruck seiner selbst oder Ausdruck seiner Klasse — rein sachlich ist es nicht. Er ist nie unsachlicher, als wenn er glaubt, nur sachlich zu sein.

Und so wie sich jeder Gruppenfeigling hinter die Sache verkriecht, die von ihm verlangt, was er angeblich nur blutenden Privat-Herzens tut; so wie die kirchliche Bürokratie gern hinter das Wort Gottes flüchtet, wenn sie ihren eigenen Kram meint: genau so beruft sich der mondäne Geistige, und wer wollte das nicht sein, auf seine Zeit. Es ist wie ein Zauberwort.

Bei diesem Zeitrummel, dem wir unter anderm auch die langsam vergehende Mode der jungen, jüngsten und allerjüngsten Generation verdanken, spielt ein Hauptirrtum eine große Rolle. Das, was die Herren Zeit zu nennen belieben, ist oft nur die Dominante eines zahlenmäßig kleinen Kreises, der sich gern als den Vorläufer der großen und groben Massen denkt. Meist ist er das mitnichten. Von etwa hundert Kleider- und Geistesmoden dringen achtundneunzig überhaupt nicht durch; sie bleiben Ausflüge der Städter in das Gebiet einer Mode, Privatbelustigungen von winzigen Gruppen — die Massen wissen kaum etwas von ihnen.

Was durchdringt, dringt langsam durch. «Auch die geistigen Moden», hat ein sehr kluger Humorist gesagt, «werden im Hinterhaus aufgetragen.» Man blättere in dem, was heute Hunderttausende noch lesen, nein: was sie lesen, und man findet: Abklänge des Expressionismus, Nachklänge des ganz alten Naturalismus, Epigonen Gustav Freytags, Nachfahren Wilhelm Raabes ... die Einflüsse der achtziger Jahre sind für viele Menschen noch lange nicht zu Ende.

Es gibt aber, wenn man sich das Vergnügen macht, durch die Zeit einen Querschnitt zu ziehen, bei dem sich der Ziehende gern als die Krönung des Ganzen sieht, vielerlei Schichten, und alle hübsch nebeneinander: Schon, noch, alt, ganz alt ... sämtlich nebeneinander. Nur, was allen diesen Schichten gemeinsam ist: das macht die Zeit aus.

Der zahlenmäßig überwiegende Schutt des Alten bei den Massen muß mitgerechnet werden, und grade dann, wenn er den kleinen Zirkeln gegenüber, die sich fortgeschritten wähnen oder es sind, den Ausschlag gibt. Man hat dann das Recht, zu werten – die Diagnose aber muß ehrlich sein. Gewiß ist es wichtig, die Exponenten der Zeit und der künftigen Entwicklung richtig zu sehen und bei der Wertung nicht einfach abzustimmen – jedoch sind diese Exponenten sehr, sehr schwer zu erkennen. Wenn ein Kreis keine Massenwirkung hat, so ist er deshalb noch nicht wertvoll – das ist ein gefährlicher Irrtum. Eine Epoche nur nach denjenigen ihrer Erscheinungen zu werten, die in Presse, Buch oder Kunstwerk einen Niederschlag gefunden haben, ist töricht; so haben zum Beispiel die wirtschaftlich Unterdrückten fast niemals den Apparat zur Verfügung, der ihrer Bedeutung entspricht. Es ist zwar richtig, daß Zeiterscheinungen manchmal an besonders empfindlichen Stellen und im kleinen Kreise zuerst sichtbar werden – aber man werte hier vorsichtig. Es gehört ein sechster Sinn für solche Wertung; was Massen wollen, lieben, ablehnen und nun gar, was sie in Zukunft tun werden, muß man wittern. Mit dem Verstand ist es kaum zu eruieren.

Es ist aber bequem, sich als Exponent der Zeit aufzuspielen – es verleiht dem Sprechenden ein großes Gewicht, das er allein nicht hätte, und es schmeichelt seiner Eitelkeit. Und führt doch zu gar nichts.

Es führt höchstens dazu, daß die Zentren des Geistes, Zeitungsleute, Schriftsteller und Modephilosophen, ihr eigenes Land und ihre eigene Epoche oft nicht richtig sehen. Es sind dann Generale ohne Massen, eine höchst lächerliche Erscheinung.

Kleinzeitler sind es – so wie es Kleinstädter gibt. Der Spießer setzt gern in seine Klagen das Wort ‹heute›, als ob nicht zu allen Zeiten die Menschen geistig träge, dummdreist, laut und verfressen gewesen seien. Einen Schritt weiter, und wir haben die gute alte Zeit, ein Leierkastenlied, das zu schön ist, um wahr zu sein.

Noch grotesker sieht das für einen aus, der nacheinander in verschiedenen Städten Europas beobachtend lebt.

Allen gemeinsam ist das Romanische Café, auf das ich nicht so schelten kann, wie das vielfach geschieht. Es ist nicht meine Nummer – aber dergleichen muß sein, das hats immer gegeben, ganz besonders zum Beispiel zwei Jahrhunderte lang in Frankreich, wo sich der Literat mit dem leicht verbummelten Geistlichen verband ... vielleicht rührt daher die fast traditionelle Käuflichkeit des französischen Literaturbetriebes. (Die Herren sind gebeten, das Wort ‹louche› ins Deutsche zu übersetzen.) Nun, das literarische Café de la Rotonde ist überall gleich, in Belgien, in der Schweiz – auch in England mag es in Ansätzen vorhanden sein.

Aber das ist doch nicht die Welt! Es ist insular. Drum herum leben die bürgerlichen Schichten unbeirrbar ihr Leben zu Ende, zweifelnd leben sie es, unsicher – aber im Grunde unbeirrbar, soweit geistige, radikale Forderungen an sie gestellt werden. Die Proletarier haben zu viel mit sich selbst zu tun; für die sind diese Modeströmungen schon gar nicht vorhanden. Bleibt der ‹Zeit-Kreis› als Selbstzweck; bleibt der zeitungslesende Bürger, der ängstlich danach schielt, was die Zeit geschlagen hat, nicht grade um sich danach zu richten, aber doch um darüber sprechen zu können.

Gräser bewegen sich im Winde; aber der Boden steht. In jeder Großstadt gibt es zweihundert, vierhundert, fünfhundert Leute unseres Berufes, die – det hebt Ihnen! – ihre gesamte Epoche in toto darstellen wollen; sie stellen aber nur einen klassenmäßigen Ausschnitt dar. Dies ist eine Literatenkrankheit: mehr sein zu wollen als alle die andern. Und der Schriftsteller, der sich die Samtjacke ausgezogen hat, weil er sie versetzen mußte, besann sich plötzlich, daß ein Dachstübchen nicht unbedingt zu ihm gehöre; nun ist er in die Geschäfte gegangen, und in Deutschland verdienen die festangestellten Literaten mehr als in andern mir bekannten Ländern. Sie begnügen sich nun nicht mehr damit, zu schreiben – handeln wollen sie. Und das tun sie denn auch, in beiden Bedeutungen des Wortes.

Zu diesen Äußerungen des sozialen und literarischen Geltungstriebes gehört der Vorwurf: «Er ist nur ein Literat.» Dichten ist: Gerichtstag halten über sich selbst; ich schieße auf einen Gegner, am besten, als wärs ein Stück von mir ... aber das Scheltwort ‹Literat› ist doch keines. Die Wirkungen Herbert Iherings zum Beispiel stammen aus einer rein geistigen, rein literarischen Sphäre; nur auf dieser Ebene darf man ihn bekämpfen oder ihm beistehen, nur hier wirkt er. Und schon mit dem ‹nur› tut man ihm unrecht: es ist sein Gebiet, seine Kraftquelle, aus der andere schöpfen sollen – das ist genug und gut so.

In einem sehr larmoyanten Aufsatz hat jüngst Theodor Wolff beklagt, die arme, arme Frau Bergner sei von «Sensationsschreibern und Literaten» angegriffen worden. Ich will hoffen, daß das Feuilleton des *‹Berliner Tageblatts›* nicht von Schustern und Maurermeistern versorgt wird – sondern von Literaten. Was ist der Scheltende? Ein Literat; Politik kritisieren ist noch nicht: Politik machen, ‹Zahnarzt› ist kein Schimpfwort, denn es gibt vielerlei Sorten von Zahnärzten. ‹Literat› ist kein Schimpfwort, am allerwenigsten sollte ein Literat es gebrauchen.

Mir scheint in diesem Zusammenhang ein Wort vom kommunistischen Schriftsteller angebracht. Es ist gar kein Zweifel, daß ein Teil der Intellektuellen, die zur Partei gegangen sind, dies aus ganz ehrlichen und reinlichen Beweggründen getan haben. (Von Geld sei hier überhaupt nicht die Rede.) Becher, Renn, Kisch sind auf Grund ihrer Überzeugung der Partei näher getreten – die Bindung, die sie eingegangen sind, ist lediglich ihre Sache; keiner von diesen begeht den Fehler, auf den man so oft stößt:

Sie benutzen nicht die Potenz einer politischen Bewegung zur Hebung ihrer eigenen Ohnmacht. Das gibts. Solche kleinen Pinscher kriechen dann zum Arbeiter, hängen sich an Hammer und Sichel, und wenn unsereiner ihre Schreiberei nicht gut findet, dräuen sie: «Bürger!» Das sind kindliche Spiele, und der Arbeiter fällt im Gegensatz zu seinen Funktionären nicht darauf hinein.

Der Zeit aber wollen wir nicht nachlaufen; wir wollen in ihr leben. Ich will gar nicht einmal davon sprechen, wieviel Charakterstärke dazu gehört, sein Leben zu Ende zu leben, gegen alle andern, so wie es etwa Arno Holz getan hat. Man sehe sich demgegenüber jene Theaterkritiker an, die um jeden jungen Dramatiker ein Lämmerhüpfen veranstalten, aus lauter Angst, nicht mehr für achtundzwanzig gehalten zu werden; nichts ist würdeloser als ein zappelnder Greis. Ich sehe diese Gattung vor mir: mit kurzen Hosen, ein tiroler Hütl auf dem Kopf, asthmatisch, aber eilig und eine irre Furcht in den Augen: Sind wir auch noch modern? Gehören wir auch noch dazu? Sind wir auch – zieh mir mal den Schlips zurecht – nach der letzten Mode gekleidet? Arme Luder.

Nur ein sehr großer Mensch wie Hamsun darf es sich erlauben, dem Tod entgegenlebend sich das wenige aus der Zeit herauszufischen, was ihm noch behagt, was ihm noch nützt. Wir andern wollen mit der Zeit gehen, aber ohne Furcht. Man soll die jüngeren Leute hören, und dabei nicht vergessen, daß es kaum wahrnehmbare, feine Grenzlinien gibt, die nicht zu überbrücken sind. Ein Mann wie Wyneken, der doch mit den Jungen lebt, mag das spüren – es hilft alles nichts, und ich kann es nur dann als tragisch empfinden, wenn jemand nachts darüber weint. Es ist natürlich, und es soll so sein. Ein alter Mann ist stets ein König Lear, es wäre töricht, zu verlangen: Komm, ältle du mit mir .. Und diesen Graben gibt es schon zwischen fünfzig und zwanzig. Die Generation Kästner liebt eben anders, als die Generation Liliencron geliebt hat. Ist das ein Grund zur Verzweiflung? zum Fluch? zum Beifallsgeschrei?

Ich wünschte, unsere geistigen Führer beschäftigten sich ehrlich und innerlich mehr mit der Jugend, und zwar nicht nur mit der Jugend, die ihre Zeit beschreibt, sondern mit der, die sie lebt. Dann, aber nur dann, wären es Menschen der Zeit. Und nicht das, was uns so oft über den Weg klabastert: Affen der Zeit.

FRAGE

Es laufen vor Premieren
Gerüchte durch die Stadt:
Nun kommt, was man in Sphären
noch nicht gesehen hat.
    Doch hat der Rummel sich gelegt
    — so aufgeregt, so aufgeregt —
    dann frag ich still, so leis ich kann:
        «Und dazu ziehn Sie 'n Smoking an —?»

Es steigen große Bälle,
und die Plakate schrein.
Man muß auf alle Fälle
da reingetreten sein.
    Der Sekt ist warm, die Garderobe kalt.
    «Ich glaube, Lo, nun gehn wir bald . . .»
    Zu Hause sehn sich alle an:
        «Und dazu ziehn wir 'n Smoking an —?»

Es prangt in den Journalen
das Bildnis einer Frau.
Schön ist sie angemalen,
hellrosa, beige und blau.
    Dir glückts . . . ihr Widerstand erschlafft . . .
    Na, fabelhaft! Na, fabelhaft?
    Grau ist der Morgen . . . welk der Strauß . . .
        Und dazu zieh ich 'n Smoking aus —?

Willst du nach oben schweben,
fällst du auf den Popo.
Und überhaupt das Leben,
es ist gemeinhin so:
    Erst viel Geschrei und mächtiger Zimt.
    Sieh nur, wie alles Karten nimmt!
    Aber mehrstenteils, o Smokingmann:
        Zieh ihn gar nicht erst an! Zieh ihn gar nicht erst an —!

DER GESCHÄFTSMANN IN DER LITERATUR

> Der Generaldirektor ergriff den Telefonhörer. «Müller!» sagte er nervös in den Apparat, «lassen Sie den großen Wagen vorfahren!»

Seit ‹*Soll und Haben*›, das noch heute viel mehr gelesen wird, als man glauben sollte, ist der Kaufmann Objekt der deutschen Romanliteratur. Man müßte also denken, daß uns solche Gesellschafts-Romane nun über das Wesen des Kaufmanns unterrichten, über seinen Charakter und seine Geschäfte, über die Art, wie er hochklettert oder nach unten rutscht ... welche Rolle spielt der Geschäftsmann in der modernen Literatur?

Die eines beschäftigten Liebhabers, der in den Pausen, die ihm sein Innenleben läßt, mit lässiger Gebärde Schecks unterschreibt, Sekretärinnen sinnend nachsieht, im Handumdrehen ganze Trusts aufkauft, einer, dem sein Geschäft eine Folie abgibt, vor der sich seine männlichen Eigenschaften leuchtend abheben. Gott segne ihn.

Denn so ist er gar nicht.

Ich will nicht einmal von dem verständlichen Trick sprechen, den diese Romanmacher mehr oder weniger bewußt anwenden: ihr Kaufmann ist eigentlich nichts andres als der Held schlechthin, der Held aus den alten Ritterromanen; nur trägt er statt eines Visiers und der Panzerrüstung das undurchdringlich glatte Gesicht des Generaldirektors und den schwarzen Sakko-Anzug, der die Vorteile seiner Figur, die trotz der vierzig Jahre immer noch ... kusch!

Keiner dieser Geschäftsleute wird uns in seinen Geschäften gezeigt. Wir wissen nicht, welcher Art diese Geschäfte sind, wir sehen nur ihre äußere Form – die aber sehn wir bis auf die Metall-Lasche der schwarzen Füllfederhalter.

Vorfahrende Autos und Türen aufreißende Diener; staubige Konträume und seidenbespannte Konferenzzimmer; die Psychologie einer Schlauheit, mit der ein kleiner Hypothekenmakler hinter dem Alexanderplatz auch nicht ein einziges Geschäft zusammenbrächte; heroische Schilderungen von Industriekapitänen, die gern im Schatten sitzen und ihre Besucher ins volle Licht setzen, um mit sich dasselbe zu tun: aber alles das besagt ja überhaupt nichts. Warum ist das so?

Weil die Romanschriftsteller nichts vom Geschäft verstehn, es sei denn, von ihrem eignen. Und über das schreiben sie nicht gern Romane.

Nun hat aber die Entwicklung einer zustandegekommenen Anleihe etwas durchaus Spannendes; um sie richtig zu schildern, darf man allerdings nicht nur Erzähler von Liebesgeschichten sein – man muß sich schon, wie Balzac und Flaubert es getan haben, über das unterrichten, was man da schildern will. Aber sie wollen ja gar nicht, weil sie, wenn sie wollten, es nicht dürften . . .

Wollten sie: so geht es nun nicht, wie sie es anfangen. Ich zum Beispiel leide an etwas, was Harry Kahn für sich «economical insanity» getauft hat – und man will sich doch belernen! So möchte ich denn einmal lesen, wie das nun wirklich vor sich geht, wenn Herr Direktor Achenbach zu Geld kommt, und wodurch er zu Geld kommt, und wem er es weggenommen hat, und ob er sehr listenreich dabei verfahren ist und wie, und worin seine Schlauheit besteht und die Dummheit der andern, und wie er es alles gemacht hat . . . das möchte ich wohl gern wissen. Aber niemand sagt mir das.

Wie sieht es im Gehirn eines jungen Syndikus aus, der wie fast alle Finanzherrscher von der Seite her in die Direktorialräume gerät, weil er mit jemand verwandt ist oder weil er Korpsbruder ist oder weil er eben dazu gehört. Wie arbeitet er sich ein? Wie erobert er sich Schritt für Schritt den Weg nach ganz oben? Wodurch? Bei welchen Gelegenheiten?

Wie sieht die Geistesgegenwart aus, die der alte Thyssen bei mannigfachen Verhandlungen angewandt hat, um sich die Macht zu verschaffen, die sein Konzern heute hat? Was ist bei diesen Leuten sauber? Was gilt noch als sauber? Was nicht mehr? Wie laufen die Fäden? Wie machen sie es –?

Das möchte ich erfahren. Statt dessen erfahre ich die gewaltige Ignoranz der Herren Romanautoren, die uns nun dartun:

Wie sich der Generaldirektor räuspert und wie er spuckt; daß er müde zwischen zwei Romansituationen hinwirft: «Ich fahre morgen nach der Türkei, um mit einem Regierungsbevollmächtigten über unsere Konzessionen zu verhandeln», und das imponiert dem Autor so, daß er glaubt, solch ein Zeug genüge, uns einen Begriff von der Welt zu geben, die er schildern sollte, aber nicht schildern kann.

Es gibt freilich Ansätze, Versuche . . . Erstens: ‹*Die weiße Rose*› von B. Traven. Dann ist einmal vor Jahren im Verlag Eugen Diederichs ein anonymes Werk ‹*Der Fenriswolf*› erschienen; da hats jemand probiert. Der mir unbekannte Autor gab Schriftstücke, Telegramme, Zeitungsaufsätze, um auf diese Art ein großes Geschäft in den nordischen Staaten, seine Entwicklungsgeschichte und seinen Aufbau zu erklären. Aber es war noch nicht das Richtige. Denn geschäftliche Schriftstücke sind Ergebnisse von geistigen Vorgängen, nicht das unmittelbare Zeugnis der Vorgänge selbst. Da fehlen die Überlegungen, die gescheiterten Pläne, die Intrigen, das Hin und Her in den Gruppen, die nur nach außen geschlossen auftreten, es fehlt der Dreh – das Buch war eine halbe Sache. Die ‹*Weiße Rose*› ist eine ganze. Auch in den ‹*Buddenbrooks*›, die ja auf etwas andres hinzielen, ist das Geschäftliche nur Hintergund. Herr Thomas Buddenbrook hat leichtsinnigerweise eine Ernte auf dem Halm gekauft, und die ist verhagelt ... «Du lieber Gott!» würde Christian sagen, und er hätte nicht einmal so unrecht. Wir wollen mehr wissen, die Einzelheiten, alles.

Von den Unterhaltungsromanfritzen erfahren wir es nicht. Ihr Generaldirektor ist immer noch der große Mann, und kein Wort davon, wie der nun wieder in seiner Gruppe eingeschachtelt ist, wie er geschoben wird, wo ihn der Autor kaum schieben läßt, und wie die Ressorts sich durchkreuzen; kein Wort über die höchst zweifelhafte Rolle, die der Staat bei alledem spielt ... kein Wort. Die meisten Kaufleute sind außerhalb ihres Shops und auch oft innerhalb ihres Ladens große Esel und viel kindlicher, als man glauben sollte. Aber so kindlich, wie es in diesen Romanen geschrieben steht, geht es bei ihnen denn doch nicht her.

Früher haben sich die Romanhelden nicht gewaschen — das zu erwähnen, galt als unpoetisch. Heute machen sie uns vor, wie sie ihr Geld ausgeben; wie sie es verdienen, wird leider nicht gesagt. Es sind Helden von des kleinen Sankt Moritz Gnaden, zweidimensionale Filmfiguren, die immerzu in Autos steigen und sich ihre Zigaretten nachdenklich auf der goldenen Zigarettendose zurechtklopfen, gutgebügelte Herren, bei denen man nur zu sehen bekommt, daß ... aber nie zu sehen bekommt, wie ... flächige Lebewesen aus Pappkarton geschnitten. Balzac ließ seine Puppen sämtliche Geschäfte machen, die zu gutem Ende zu führen ihm versagt war. Unsre Romanfabrikanten führen ihre Geschäfte zu gutem Ende, indem sie schlechte Romane teuer verkaufen. Und so gibt es viele literarische Geschäftsleute, aber es gibt — mit Ausnahme der ‹*Weißen Rose*› von B. Traven — keinen Geschäftsmann in der Literatur.

DIE FREIE WIRTSCHAFT

Ihr sollt die verfluchten Tarife abbauen.
Ihr sollt auf euern Direktor vertrauen.
Ihr sollt die Schlichtungsausschüsse verlassen.
Ihr sollt alles Weitere dem Chef überlassen.
Kein Betriebsrat quatsche uns mehr herein,
wir wollen freie Wirtschaftler sein!
Fort die Gruppen — sei unser Panier!
Na, ihr nicht.
Aber wir.

Ihr braucht keine Heime für eure Lungen,
keine Renten und keine Versicherungen.
Ihr solltet euch allesamt was schämen,
von dem armen Staat noch Geld zu nehmen!
Ihr sollt nicht mehr zusammenstehn —
wollt ihr wohl auseinandergehn!
　　Keine Kartelle in unserm Revier!
　　Ihr nicht.
　　　　　　Aber wir.

Wir bilden bis in die weiteste Ferne
Trusts, Kartelle, Verbände, Konzerne.
Wir stehen neben den Hochofenflammen
in Interessengemeinschaften fest zusammen.
Wir diktieren die Preise und die Verträge —
kein Schutzgesetz sei uns im Wege.
　　Gut organisiert sitzen wir hier . . .
　　Ihr nicht.
　　　　　　Aber wir.

Was ihr macht, ist Marxismus.
　　　　　　　　　　Nieder damit!
Wir erobern die Macht, Schritt für Schritt.
Niemand stört uns. In guter Ruh
sehn Regierungssozialisten zu.
Wir wollen euch einzeln. An die Gewehre!
Das ist die neuste Wirtschaftslehre.
Die Forderung ist noch nicht verkündet,
die ein deutscher Professor uns nicht begründet.
In Betrieben wirken für unsere Idee
die Offiziere der alten Armee,
die Stahlhelmleute, Hitlergarden . . .

Ihr, in Kellern und in Mansarden,
merkt ihr nicht, was mit euch gespielt wird?
mit wessen Schweiß der Gewinn erzielt wird?
　　Komme, was da kommen mag.
　　Es kommt der Tag,
da ruft der Arbeitspionier:
　　«Ihr nicht.
　　　　　　Aber Wir. Wir. Wir.»

DIE HERREN KÜNSTLER

Reproduzierende Musiker sind die dümmsten Menschen der Welt.

Die Sängerin, die, einen selbstbestellten Blumenstrauß an den seidenen Busen gepreßt, mit kaltem Schweiß bedeckt in das Künstlerzimmer zurückkeucht, gehört zu den bejammernswertesten Erscheinungen des Daseins, und das Mitleid mit der Kreatur wird nur durch das irre Feuer zerstört, das in diesen Augen funkelt. Sie sehen nur sich. Sie sprechen nur von sich. Sie sind sehr langweilig, viel weniger nötig, als sie glauben, und was die Millionenzuschüsse angeht, die die Städte den sterbenden Opern leisten sollen ...

Eitel oder nicht eitel – jeder hat seinen Sparren. Aber wenn einer so töricht ist, daß er seine Eitelkeit auch noch plakatiert, dann können Sie darauf schwören: das ist ein Musiker.

«Mannheim, September 1929.
Zahlreiche, im Laufe der letzten Jahre lautgewordene Beschwerden prominenter Künstler und Korporationen über die in Mannheim, im Gegensatz zu andern Städten, deprimierend wirkende Zurückhaltung in der Form der Beifallsbezeugungen geben uns Veranlassung, unsre Mitglieder recht herzlich zu bitten, um Verstimmungen vorzubeugen, den Künstlern jeweils den ihrem Range entsprechenden Empfang zu bereiten und am Schlusse eines Konzertes durch Verweilen auf den Plätzen den Dank zu zollen, der dem Ansehen Mannheims als Kunststadt nicht widerspricht.
Mit vorzüglicher Hochachtung
Der Vorstand.»

Des Philharmonischen Vereins zu Mannheim nämlich. Das Edikt ist unvollständig.

Betritt die Liedersängerin Gertrud Werschke-Spontini den Saal, so hat das Publikum in einen Orkan der Verzückung auszubrechen, ein ff. Schauer hat durch den Saal zu gehen, und jüngere Damen sind gehalten, vor innerer Erregung an ihren Taschentüchern zu zerren. Nach jeder Gesangspièce hat die Versammlung das ‹*Te Deum*›, das ‹*Credo*› oder im Bedarfsfalle das ‹*Kol Nidre*› anzustimmen; nach Schluß der Vorstellung dürfen Blumen geworfen werden, Früchte nicht; Zugaben haben erbettelt zu werden, bis der Saaldiener das Licht löscht.

Um Verstimmungen vorzubeugen, sind die Künstler nach Dienstgraden gestaffelt zu begrüßen. Bassisten mit mittlerem, wenn auch riesigem Beifall; Sopranistinnen mit stürmischem Originalbeifall; Altistinnen mit Jubel; Koloratursängerinnen mit nicht-enden-wollendem Applaus und Tenöre mit dem aus Damenkehlen scharf ausgestoßenen Rufe: «Nimm mich hin beziehungsweise her!» Sollte der

Kapellmeister, auf den die herzliche Bitte des Vorstands zurückzuführen sein dürfte, Mannheim noch einmal mit seinem Stabe beehren, so ist die Stadt zu flaggen und der Wasserturm abzureißen; der Bürgermeister hat dem Kapellmeister die Schlüssel der Stadt sowie Feinbrot und Tafelsalz auf einem samtenen Kissen (kniend) darzubringen, Knieschützer sind gestattet. Das Publikum hat nach dem Konzert durch Verweilen auf den Plätzen bis Morgengrauen dem Künstler seinen Dank zu zollen.

Wackere Mannheimer. Klatscht nicht mehr, als ihr wollt. Nehmt keine Rücksicht auf eine größenwahnsinnig gewordene Schar von Virtuosen, gegen die der alte Possart ein Mauerblümchen gewesen ist. Hats euch gefallen, dann applaudiert. Hat euch jemand wirklich etwas gegeben, dann feiert ihn. Aber bereitet ihm ruhig den Empfang, der nicht seinem sondern euerm Range entspricht: dem von denkenden, vernünftigen Menschen.

WER HAT DIE FRONTSOLDATEN «SCHWEINE» GENANNT—?

Das *‹Andere Deutschland›* hat in *‹Fragen und Antworten›* erzählt, wie ein Gesinnungsfreund einen Nazi damit abgeführt habe, daß er ihn in einer Versammlung aufforderte, dies zu unterschreiben:

«Ignaz Wrobel hat neulich in Wiesbaden öffentlich ohne erläuternden und einschränkenden Vor- und Nachsatz erklärt:

Alle Frontsoldaten waren Schweine.»

Das war sogar dem Nazi zu dumm. Er unterschrieb nicht. Aber ich will den wackern Knaben gern auf die gewickelten Beine helfen.

Zunächst habe ich, wenn mich meine Notizen nicht täuschen, in Wiesbaden überhaupt keine meiner Arbeiten vorgelesen, aus denen man durch Fälschung den obigen Satz herausholen könnte. Ich las das Gedicht *‹Der Graben›*, das zuerst im *‹Andern Deutschland›* erschienen ist — ich las andres . . ., aber von Schweinen war nicht die Rede. In Wiesbaden nicht. Aber anderswo. Nämlich im Kriege.

Und da gebe ich denn zu, diese Dinge bei ihrem wahren Namen genannt zu haben. Es heißt in einem Gedicht *‹Drei Minuten Gehör!›*:

Ihr wurdet geschliffen. Ihr wurdet gedrillt.
Wart ihr noch Gottes Ebenbild?
In der Kaserne — im Schilderhaus
wart ihr niedriger als die schmutzigste Laus.
Der Offizier war eine Perle,
aber ihr wart nur ‹Kerle›!
Und noch im Massengrab wart ihr die Schweine,
die Offiziere lagen alleine.

Man muß schon von Hitler mit einem Industrie-Scheck vor den Kopf gehauen sein, um nicht zu begreifen, was hier gesagt ist.

Ihr wart die Schweine –
nämlich für die, die euch so genannt haben!

Und wer hat euch so genannt?

Die deutschen Offiziere.

Nicht einer, Hundert, Tausend, Zehntausend ... für sie gehörte es zum guten Ton, von den ‹Kerlen›, den ‹Schweinen› zu sprechen.

Ich halte mit meinen pazifistischen Gesinnungsfreunden die Bezeichnung ‹Frontsoldat› an sich noch für keinen Ehrentitel. Die Frontsoldaten aller Nationen haben sich ihr schreckliches und sinnloses Erlebnis nicht ausgesucht; man hat sie mit einer Gewalt dazu gepreßt, die, kommt sie von den Bolschewiken, die Welt aufheulen läßt. Es gab unter diesen Frontsoldaten: echte Helden, nachgemachte Helden, anständige Kerle, Stumpfböcke, Verbrecher, verkleidete Fabrikbesitzer, arme Luder – alles gab es.

Aber Deutsche, die so auf Deutschen herumhacken, wie das die Nazis in die deutsche Politik eingeführt haben (denn sie haben es getan und nicht die Kommunisten) – so etwas hats nicht gegeben.

In Wiesbaden bin ich nach der Vorlesung an den Nazis vorbeigefahren; sie standen da und stießen ihren Original-Schlachtruf aus: «Huuu –!» und sie warfen mit Steinen und alten Brocken und waren überhaupt furchtbar mutig. Ich war nämlich einer und sie waren eine Herde. Ich sah in ihre Augen: verhetzt, verdummt, verbrüllt ... und keine Idee dahinter.

Jedem Pazifisten die Ehre abschneiden; hinter den Republikanern her sein wie die Wölfe; das politische Leben vergiften; Minister mit Personalstunk bekämpfen; Straßen durchbrüllen und Fensterscheiben zerschmeißen; nach einem mißglückten Putsch von nichts wissen und alles abschwören; vor Gericht kneifen ... wie nennt man solche Leute –?

Was die deutschen Frontsoldaten angeht –: *sie* sind keine Schweine gewesen.

«ICH KANN IHNEN VERTRAULICH MITTEILEN ...»

Das hat wohl im Kriege angefangen.

Da lag auf jedem Schreibstubentisch – bis zur Kompanie hinunter – ein Bündel Papiere, und auf jedem zweiten Papier stand links oder rechts oben in der Ecke, rot unterstrichen:

Geheim!

und bei Regenwetter wohl auch:

Ganz geheim!

Die Kompanieschreiber durchschauerte es, wie nahe sie am Weltgeschehen waren ... Gut.

Das ließ die Kaufleute nicht ruhen. Deren große Büros lassen mindestens so viele Schriftstücke herausgehen wie jene aus großer Zeit, und nun heißt es nicht mehr ‹Geheim› — sondern auf jedem zweiten steht:

Vertraulich!

Das ist ein schönes Wort. Es birgt Geheimnisse in sich und setzt Vertrauen voraus und eine eng umschlossene Gemeinschaft ... Und nun ist es in den Sprachschatz des Alltags übergegangen.

Es gibt Leute, die können gar nicht mehr anders, als so ziemlich alles, was sie einem erzählen, mit den Worten einzuleiten oder abzuschließen:

«Das kann ich Ihnen natürlich nur vertraulich mitteilen ...»

«Ich muß dir was erzählen!» sagt die kleine Elli Bumke aus der vierten Klasse; «Trudchen hat gestern zu Olga gesagt, sie hat gehört, wie Lottchen zu Inge gesagt hat, sie möcht wohl mal einen Kuß haben. Von einem Mann! Du darfst es aber nicht weitersagen! Schwöre es mir! Unter dem Siegel der Verschwiegenheit — das mußt du dabei sagen — sonst gilt der Schwur nicht ...!» Soweit Elli Bumke. Ach, wie viele männliche Elli Bumkes gibt es unter uns! —

Wenn mal in einer Behörde ein Beamtenstunk ist ... also: ich meine nur ... ich bin mir natürlich bewußt, daß dies eine völlig theoretische Annahme ist — posito, gesetzt den Fall ... also *wenn* —: dann erfährt man, was man braucht, Stück für Stück, in vielerlei Darstellung, von acht verschiedenen Seiten — ... und alles, alles vertraulich, ganz vertraulich, durchaus vertraulich, streng vertraulich. Ernste Männer nehmen die Zigarre aus dem Mund, rücken den Stuhl näher an dich heran, senken die Stimme und legen los. Vertraulich. Und sie wissen ganz genau, daß du mitnichten den Mund halten wirst, und du weißt, daß man ihnen das Staatsgeheimnis auch vertraulich erzählt hat, und ringsum ist eine allgemeine Vertraulichkeit, daß es nur so knackt. Bis es dann soweit ist, daß es die Spatzen vertraulich von den Dächern pfeifen.

Es ist diese seltsame Vokabel aber eines jener Beispiele dafür, wie manchmal die papierne Schriftsprache in die Alltagsrede eingeht. Eigentlich müßte der vertrauliche Mitteiler auch weiterhin so reden:

«Berlin, den 5. März 1930. An das Direktorium, Abteilung IIb. (Vertrauliche Abschrift gleichzeitig an Herrn Peter Panter.) Die Abteilung 8a hat unter dem heutigen der hiesigen Reinmachefrau gekündigt, weil dieselbe, in einer seltsamen Anwandlung, wiederum vier Besuchszigarren geklaut und eine davon selber geraucht hat. Gezeichnet Zaschke, Abteilungsvorsteher. Vertraulich!»

Wer seine Arbeit gern tut und Humor hat, müßte eigentlich mal aufstehen und sagen:

«Kinder, nehmt doch euern Kram nicht so feierlich! Klatsch hält die Arbeit auf; er selber ist keine Arbeit. Ressortstunk ist auch keine. Und wir alle zusammen sind gar nicht so wichtig, wie gewisse Leute uns da immer einreden wollen. Tut was; verdient Geld; laßt die anderen leben und macht nicht so viel Sums, wenn ihr im Büro sitzt!»

Ich kann Ihnen vertraulich mitteilen, daß das noch keiner gesagt hat.

BETTSCHNÜFFLER

Es scheint mir ein Erbfehler der Deutschen, ihre Gemeinheiten immer ethisch rechtfertigen zu wollen. Otto Braun

Grzesinski ist gefallen, weil es Herr Grützner mit der Sittlichkeit hatte. Die SPD hat sich ausnahmsweise einmal zu einem entscheidenden Schritt aufgeschwungen und will den Denunzianten wegen ehrlosen Verhaltens aus ihren Reihen ausstoßen, was hoffentlich geschehen wird. Aber Herr Grützner ist nicht allein. Was ist vorgegangen —?

Der Minister war verheiratet und darf sich beim Zentrum bedanken, daß eine Scheidung, wie sie unter sauber und anständig denkenden Menschen mitunter nötig und nützlich ist, nicht durchzuführen war. Die Katholiken terrorisieren das Land mit einer Auffassung vom Wesen der Ehe, die die ihre ist und die uns nichts angeht. Die Frau des Ministers verhinderte die Scheidung. Der Minister lebt mit einer Frau, der er nicht angetraut ist. Gezischel. Klatsch. Hämische Blicke. Briefe. Radau. Krach. Sturz.

Es ist eine gute Gelegenheit, einmal auf die maßlose Verlogenheit des deutschen öffentlichen Lebens hinzuweisen. Bei uns verlangen die Leute von ihren politischen Gegnern, die im öffentlichen Leben stehen — und nur von ihren Gegnern — eine Lebensführung aus dem Bilderbuch. Der Politiker hat ein braver Ehemann zu sein, er hat ein ‹vorbildliches Familienleben› zu führen, er hat um keinen Deut anders zu essen, zu trinken, zu lieben und zu arbeiten als ein Buchbinder aus Eberswalde. Weicht er von dieser Linie ab, dann geht es los. Die Sache ist um so verlogener, als der brave Mittelbürger den ‹großen Herren›, bei deren Anblick er in den hinteren Teilen in Erwartung vor einem kommenden Fußtritt einen leichten Kitzel nicht los wird, alles, aber auch alles nachsieht. Man erinnert sich an die widerwärtigen Saufereien in den früheren Offizierskasinos und der jetzigen Studenten, an das, was das deutsche Offizierkorps im Kriege getrieben hat ... der Bürger bleibt still. Wenn aber ein sozialdemokratischer Minister eine Portion Schlagsahne nachbestellt, dann können sie sich nicht lassen.

Es ist mir ein Herzensbedürfnis, zu einem Sozialdemokraten zu stehen, dessen Politik wir hier, besonders in der letzten Zeit, nicht gutgeheißen haben. Herr Grzesinski ist zwar um tausend Teile besser als viele seiner Parteigenossen ... aber auf dem Kerbholz hat er neben Zörgiebeln noch genug. Daß er in einer Koalitionsregierung gesessen hat, ist uns bekannt; daß er seinen Herrn Klausener derart hat wirtschaften lassen, ist unentschuldbar. Auch ihm ist es nicht gelungen, die Militarisierung der Schutzpolizei zu verhindern, die heute nach Ausbildung und Organisation ein zweites Heer ist. Gehts gegen die Arbeiter, ist diese Polizei eine scharfe Waffe; ginge es eines Tages gegen die Nazis, so sind viele Mannschaften durchaus zuverlässig und die meisten Offiziere ebenso unzuverlässig. Niemand, der den Betrieb auf den Polizeischulen kennt, wird sich darüber wundern. Das alles geht auf Grzesinskis Konto. Aber sein Sturz ist ein Skandal—der Skandal des muffigsten deutschen Spießertums.

Daß die Bürgerfrau der mittlern Provinzstadt einen tödlichen Haß gegen unverheiratete Frauen hat, die dennoch einen Mann gefunden haben, ist bekannt. Es ist die Verachtung des pensionierten Beamten gegenüber den freien Berufen, Angst um die eigene Position, die klare Erkenntnis, daß die langweilige Versorgung durch eine graue Ehe nicht immer den Verzicht auf ein buntes Leben lohnt. Unterstützt werden solche Frauen von den Pfaffen beider christlicher Religionen, von Naturen, wie Herr Grützner eine ist, und von Sittlichkeitsonkeln aller Richtungen. Und dem gegenüber ist zu sagen:

Warum hat kein bedeutender Politiker den Mut, einmal gegen diesen Muff aufzustehen? Das geht nicht? Das geht schon; es gehört Mut dazu. Warum sagt keiner, wie es wirklich ist?

«Ich habe keine Zeit, mich jeden Abend zu besaufen, weil das meine Gesundheit schädigt und weil ich das nicht mag. Aber alle zwei, drei Monate bin ich bei mir mit Freunden zusammen, und da kann es denn vorkommen, daß ich ein Glas zu viel trinke und einen kleinen sitzen habe. Und ihr —?

Ich bin verheiratet, und ich bin meiner Frau natürlich nicht treu. Ihr seids auch nicht. Fast niemand von euch, der ein bewegtes Leben führt, ist es. Ich treibe keine übeln Schweinereien, ich halte mir keinen Stall von Mätressen, und ich beschäftige keine Kupplerin. Aber denkt nur: es ist vorgekommen, daß ich auf Reisen oder nach einem Ball mit einer Frau geschlafen habe, die nicht die meine war. Und das geht euch einen Schmarren an. Und wenns euch nicht paßt, dann seht nicht hin. Und kümmert euch um eure eignen Angelegenheiten.

Ich führe ein Leben, das von Besprechungen, Vorträgen, Aktenbearbeitung, Reden, Versammlungen, Repräsentation bis an den Rand gefüllt ist — ich bin kein Fresser, aber ich verachte keinen guten Happenpappen. Und ihr —?

Ich bin wie ihr, wie die Mehrzahl von euch — nicht besser, nicht schlechter. Lügt nicht, Pharisäer, lügt nicht.»

Warum sagt das keiner —?

Weil das öffentliche Deutschland ein Fibelland ist, ein Land ohne Humor, ein Land für Kinder, für die Dummen, angefüllt mit Unwahrheit bis oben hin. Ein Blick nach Frankreich wird uns darüber belehren, daß es auch anders geht.

Das öffentliche Leben Frankreichs ist keineswegs hehrer als das deutsche. Die französischen Politiker sind korrumpierter, aber wenigstens im weitaus größern Stil als bei uns, wo sie für eine Einladung zum Abendbrot manches, für eine Pelzjacke vieles und für eine geklopfte Schulter alles tun. Wenn die Franzosen Schweinehunde sind, dann haben sie wenigstens etwas davon. Und von Zeit zu Zeit platzt dann eine Bombe, es gibt ein großes Geschrei, die Zeitungen der Gegenseite ‹enthüllen› . . . und wenn es nicht sehr bösartige Finanzskandale sind, die natürlich hauptsächlich den kleinen Politiker treffen, weil der die Zeitungen nicht kaufen kann, wenn es nicht bedeutende Vergehen gegen das Strafgesetz sind — dann fällt der Mann nicht! Und wenn eine ganze Presse aufheult —: er fällt nicht! Bei uns fällt er, denn sie lassen ihn fallen. Und der Denunziant, die saure Ehefrau, der Pfaffe und der sittlich entrüstete Stammtisch — sie haben ihr Ziel erreicht. Und nur darauf kommt es an.

Einmal habe ich hier davon berichtet, was Léon Daudet mit einem französischen Minister getrieben hat. Der ließ sich in einem kleinen Häuschen von kleinen Mädchen prügeln, ein Vergnügen, das schließlich das seine (und nicht nur das seine) ist. Daudet wußte das, wie er durch seine Spezialpolizei so ziemlich von allen Schmutzereien, mit Ausnahme der eignen, unterrichtet wird . . . er wußte es, und weil er ein Gemütsmensch ist, so veröffentlichte er das auch. Es war eine beispiellose Sauerei. Viele gute Freunde des Ministers schickten der Frau Minister die Zeitungsnummer, hübsch rot angestrichen, zu; da fanden sich die Adresse des Hauses und auch sonst allerlei appetitanregende Einzelheiten. Ich hätte in jenen Tagen nicht der Minister sein mögen. Aber der Mann blieb! Er blieb Minister, er blieb Mitglied der Académie Française . . . er blieb. Sie haben es nicht geschafft.

Und das ist richtig so.

Denn solange der Mann diese seine Neigung, die ja viel, viel verbreiteter ist, als man glaubt, nicht in sein Amt hineinspielen läßt, was er nie getan hat, solange besteht auch nicht der leiseste Grund, ihn gehen zu heißen. Wie! Nur, weil einer Minister ist, was heute nicht mehr dasselbe bedeutet wie früher, deshalb soll man an ihn sittliche Forderungen stellen, die auch nicht einer der Schreier erfüllt? Denn es kommt doch nicht auf das Ausmaß dessen an, was da geschieht, sondern auf die Gesinnung. Die lautesten Brüller kneifen ihrerseits der Kellnerin ins Bein, und wenn sie es erlaubt, schlafen sie auch einmal mit ihr (aber so, daß Mutter es nicht merkt); sie saufen sich auf den

Vereinsfestlichkeiten voll wie die Radehacken; sie nehmen gern eine Einladung an, bei der sie ein Stück vom Tisch fortrücken, damit sie sich nachher wieder heranfressen können ... und dann gehen sie hin und können sich vor sittlicher Entrüstung nicht lassen. «Der Minister! Haben Sie das gehört! Der Minister lebt mit einer Frau, und es ist nicht seine Frau! Hat man je so etwas ...!»

Man hat je so etwas gehört. Die tiefe Lüge, die durch diese Proteste geht, sollte man den Herren ins Gesicht sagen. Die Bekleidung eines öffentlichen Amtes legt dem Beamten gewisse Schranken seiner Lebensführung auf, die wir nur bei einem Alkibiades nicht vermissen, und – ach! – wir haben keinen Alkibiades unter unsern Politikern, wenigstens sieht keiner so aus. Ein Staatssekretär soll sich nicht besoffen in Kaschemmen herumtreiben, nicht mit betrunkenen Frauen die Straßen heruntertoben, nicht den Kaviar schmatzend mit Eßlöffeln fressen ... davon ist nicht die Rede.

Jeder dieser Männer aber hat das volle Recht, so zu leben, wie es jeder seines Standes tut!

Wenn er sich einmal im kleinen Kreise betrinkt, so fällt davon die Welt nicht um; wenn er einmal mit einer fremden Frau schläft, so wünschen wir ihm viel Vergnügen, und wenn er gar mit zweien schläft, so kann man ihm nur gratulieren. Geschlechtsneid ist noch keine Moral.

Die sittlichen Begriffe, die besonders in der deutschen Provinz von ältern Ehefrauen, Pastören und – last and least – von den Richtern aufgestellt werden, sind nicht maßgebend und nicht jene, nach denen sich das Volk richtet. Das Bürgertum mag dergleichen für seine Kaste fordern und für die Zugehörigkeit zum Klub «Harmonie 1898». Ein Minister aber gehört allen. Er hat so zu leben, daß er die Gesetze nicht verletzt, die einzuhalten moralische Pflicht ist; er hat in seiner Lebensführung daran zu denken, daß Deutschland drei Millionen Arbeitslose hat – wenn aber die Welt des Herrn Grützner an ihn herantritt, dann drehe er ihr seine ganze, volle Kehrseite zu und blase ihr etwas.

AUGEN IN DER GROSS-STADT

Wenn du zur Arbeit gehst
am frühen Morgen,
wenn du am Bahnhof stehst
mit deinen Sorgen:
        da zeigt die Stadt
        dir asphaltglatt
    im Menschentrichter
    Millionen Gesichter:

Zwei fremde Augen, ein kurzer Blick,
die Braue, Pupillen, die Lider –
Was war das? vielleicht dein Lebensglück ...
vorbei, verweht, nie wieder.

Du gehst dein Leben lang
auf tausend Straßen;
du siehst auf deinem Gang,
die dich vergaßen.
Ein Auge winkt,
die Seele klingt;
du hasts gefunden,
nur für Sekunden ...
Zwei fremde Augen, ein kurzer Blick,
die Braue, Pupillen, die Lider;
Was war das? kein Mensch dreht die Zeit zurück ...
Vorbei, verweht, nie wieder.

Du mußt auf deinem Gang
durch Städte wandern;
siehst einen Pulsschlag lang
den fremden Andern.
Es kann ein Feind sein,
es kann ein Freund sein,
es kann im Kampfe dein
Genosse sein.
Es sieht hinüber
und zieht vorüber ...
Zwei fremde Augen, ein kurzer Blick,
die Braue, Pupillen, die Lider.
Was war das?
Von der großen Menschheit ein Stück!
Vorbei, verweht, nie wieder.

GESPRÄCH AUF EINEM DIPLOMATENEMPFANG

In langen Kleidern und mit onduliertem Mäulchen zu sprechen.

«Ei, guten Tag, meine liebe Frau Doktor Zeisig! Wie ich sehe, sind auch Sie zu diesem exklusiven Empfang erschienen! Es ist heute abend sehr interessant!»

«Ja, es ist sehr interessant. Sehen Sie nur: Dort Frau Fränkel und dort Frau Grünfeld sowie auch Frau Geheimrat Ravené! Es ist wirklich ungeheuer interessant! Und da — traue ich meinen Augen? Ein Japaner! Jetzt setzt er sich. Sicher ein hochstehender Diplomat! Es ist fabelhaft anregend! Die Diplomatie, ist sie doch so recht Kotzpröpfchens Zeitvertreib!»

«Nichts ist so interessant wie die Welt der Diplomatie. Mein Mann ist Kaufmann, demzufolge Industrieller, kurz, ein Wirtschaftsführer — aber die Diplomatie, sie hebt uns doch ungeheuer. Von allen anständigen Wörtern sage ich am liebsten: Doyen. Wie wohl das tut! Wer ist jener? Der so interessant hinkt?»

«Es ist der litauische Gesandte.»

«P! Randstaaten. Erlauben Sie, daß ich rümpfe.»

«Wen oder was?»

«Mein feingeschnittenes Näschen. Hh! Randstaaten! Wir unsrerseits gehen nur in die Botschaften. Nichts, was mich in so angenehme Stimmung versetzt wie das diplomatische Korps! Es hebt mich über mich selbst. Ich habe das auch nötig.»

«Die diplomatischen Empfänge haben der Judenheit das Chanuka-Fest ersetzt.»

(Sie tritt sich in den Tüll)

«Wie bezaubernd Sie heute abend wieder aussehen, meine liebe Frau Doktor Zeisig! Sie sind stets damenhaft, vornehm und diskret-elegant! Welche Verwandlung! Wie machen Sie es nur? Am Tage bei der Arbeit, beim Sport und am Volant — und abends eine Wolke von Zartheit und Schmirgelsamkeit. So habe ich es wenigstens in der Zeitung gelesen.»

«Versteht sich, meine Liebe. Das macht: ich trage einen Büstenbagger. Unsere neue Mode (sie überreicht ihr Cape einem Kavalier, der so aussieht, als halte er sich für einen Gent), unsre neue Mode ist eine Auferstehung des Bürgertums. Vorbei die Gürl-Ideale der Inflation — die Welt beruhigt sich und wird schöner mit jedem Tag. Ich bin eine geborene Sobernheim, trage einen hochstehenden Kragen und erinnere demgemäß an Dantes Beatrice sowie an die Bilder der Prae-Israeliten!»

(Sie tritt sich in den Tüll)

«Auch ich kleide mich, wie es die neue Mode gebeut — allerdings so viel Schmuck wie diese Frau da ... mein Mann ist kein indischer Nabelbob! Sehen Sie den jungen Menschen? Wer mag er sein?»

«Der im Zmoking? Es ist der Doktor Florian, ein bekannter Ultimo-Kommunist; nach dem Ersten, wenn er Geld hat, gehört er wieder zu uns.»

«Potz. Und wo werden Sie morgen weilen, meine liebe Frau Doktor Zeisig?»

«Wir gehen in ein dem Herrn Jacob Michael gehöriges Spekulationsobjekt: in ein Theater. Wir haben Plätze direkt unter der ersten Hypothek. Es wird ein Stück im fünffüßigen Rhombus aufgeführt werden. Sie fragen gütigerweise nach dem Autor? Heute ist es noch ein alter Engländer — von wem das Stück morgen sein wird: wer weiß das! Gott ist verhältnismäßig groß. Auch ist Musik mit dem Stück verbunden: ein Thema mit Vaginationen. Sehen Sie aber dort: wie hochinteressant! Wie aufregend! Der im Frack!»

«Sicher ein Staatssekretär. Er ist vom A. A. Apropos, wie geht es Ihrem Baby?»

«Danke! Es kann schon ‹Einstellung› sagen. Und Sie? Erwarten Sie nicht ein solches?»

«Ich bin davon abgekommen ... (Sie tritt sich in den Tüll.) Schauen Sie, schauen Sie: lauter Diplomaten! Sie sehen aus, als seien sie von Geheimnissen umwittert, die sie vergessen haben. Waren Sie übrigens neulich dabei, als unsre kleine Botschafterin, die so gut Golf spielt, den Nuntius konzipierte? Es war ein schöner Nachmittag! Und sehen Sie nur — der da! Es ist ein Botschaftssekretär, aus der Rauchstraße. Betrachten Sie ihn — diese Denkerstirn!»

«Denkerstirn? Schütteln Sie nicht an diesem Wort. Er denkt wahrscheinlich nach, wozu er eigentlich in Berlin ist. Schau, schau! Auch eine Künstlerin pfom Pfilm! Wie sieht sie aus?»

«Sie sieht aus wie die Weinabteilung eines Bierrestaurants. Jüngst sah ich ihrer vier Stück auf einem Rout. Auch eine ungarische Chansonniere war dortselbst anwesend. Sie bewies mit unerhörter Raffinesse ihre bravouröse Charmanz.»

«Ja, ja ... die schönen Künste ... Und Sie selbst? Sie sind sportsausüblich?»

«Ich laufe ein wenig Gummi-Ski. Sie sprechen heute so ein schräges Deutsch?»

«Ich muß es wohl. Es ist der Stil unserer Zeit. Vorbei die karge Sachlichkeit; wir haben die neue Romantik entdeckt, sie bringt unsern Schriftstellern viel Geldes; es füllt die Spalten, mit Verlaub zu sagen. Was macht Francesco?»

«Gestern brachte mir ein Telegrafenbube seinen fernmündlichen Brief. Nun also will er es ernstlich tun. Er will Kinder gründen.»

«Er war Ihr Freund?»

«Er war es. Vorbei. Ich bin eine Wolke von Zartheit und Hilfsbedürftigkeit, aber wenn mir dieses Stückchen Modder noch einmal in die Quere kommt ...»

(Sie tritt sich in den Tüll)

«Was werden Sie tun?»

«Ein Feuilleton aus ihm machen. Ich kann nicht malen, das habe ich nicht gelernt. Ich kann keine Konzerte geben, das kostet viel Geld.

Aber schreiben ... schreiben kann jeder. Das wäre gelacht! Es ist angenehm, man braucht nicht dabei zu denken, und bezahlt wird es auch noch!»

«Sie sprechen von der Liebe?»

(fein spöttisch) «Sie waren wohl geistlich abwesend, meine liebe Frau Doktor Zeisig! Die Liebe! Mein Mann, der bekannte Pazifist zu Fuß, erinnerte mich stets an seine französische Freundin, die zu sagen pflegte: On fera l'amour – l'après-midi pour toi, le soir pour moi, le matin pour nous et la nuit pour les pauvres.»

«Paris, das ist altes Spiel, meine Gute. London! New York! Die angelsächsische Rasse! Der Secks Appiehl! Neulich hörte ich in einem Dancing in Nizza einen armen kleinen Gigolo sagen: Une femme! Une femme! Ça fait pipi avec rien. Ich wollte es nicht gehört haben.»

(Sie tritt sich in den Tüll)

«Sie taten gut daran, meine liebe Frau Zeisig; alle Männer sind ein Schuft. Mein Gott, wie ist es hier doch interessant! Wie atme ich große Welt! Atmen Sie sie auch große Welt?»

«Ich ... ja, jetzt atme ich sie auch. Wir alle atmen sie. Denn wir in Berlin wissen doch immer, was sich gehört.

(Leise Musik)

Wir in Berlin ... wir sind doch das Allerfeinste, wo man hat. Wir sind sozusagen: Zweite Klasse im Millionärstil. Wir sind nicht von gestern, wir sind nicht von heute – wir sind schon von übermorgen. Wir hören das Gras auf den Zähnen wachsen, und wir eilen allen voran. Nur dürfen wir uns nicht umdrehn, denn die andern eilen gar nicht mit.»

«Wir in Berlin stellen glasierten Schund auf einen Sockel, und dann bewundern wir: uns, den Sockel und die Bewunderer. Den Sockel macht uns keiner nach. Wir sind stets up to date – immer auf dem Datum.»

«Wir in Berlin haben früher, ma chère, französische Brocken ins Gespräch gestreut, und heute streuen wir englische, my darling. Wir müssen immer etwas haben, woran wir uns hinaufranken. Wir sind nicht. Wir geben an.»

«Wir in Berlin sind überall dabei, aber wir kommen zu nichts. Wir haben französischen Schick, englischen Sport, amerikanisches Tempo und heimische Hast – nur uns selbst haben wir nie gekannt.»

(Sie atmen große Welt)

«Sahen Sie den bezaubernden King Charles der Marchesa? Seine Augen sind wie grüne Jalousien, bei denen er aufgewachsen ist. Niedlich, wie er schon das Schwänzchen nach dem Winde hängt. Apropos ... dort sehe ich den Reichstagspräsidenten – eilen wir, daß wir ihn sehen, damit wir sagen können, daß wir ihn gesehen haben!»

(Sie treten einander in den Tüll und entschweben)

JUBILÄUM

Seid ihr alle noch da —?
Ja —?

Immer dieselben Offiziere,
dieselben Verschwörungs-Kavaliere,
unfähig, etwas Gescheites zu werden,
ewige, ewige Landsknechte auf Erden;
dieselbe Wichtigkeit mit ‹Kurieren›,
derselbe Rummel im Organisieren . . .
Denn im Felde das Saufen . . . das gute Essen . . .
das können die Herren nun mal nicht vergessen.
Immer noch Ansprachen mit Hurra . . .

Seid ihr auch alle da —?
Ja —?

Ihr habt so viel Geld. Von Köln bis Berlin
spenden die notleidenden Industrien;
und es spendet auch voller Saft und Kraft
die arme, notleidende Landwirtschaft.
Und mit diesem Geld ist es euch gelungen:
ihr habt auch scharenweise die Jungen.
Und was für Jugend!
Die muß man sehen,
die Uniformen, die mit euch gehen:
Eine verbrüllte, verhetzte Masse,
mit der ganzen Sehnsucht zur blonden Rasse,
die nun einmal jeden entflammt,
der aus Promenadenmischungen stammt.
Die Gehirne verkleistert im achtzehnten Jahr,
Deutschland im Maul und Schuppen im Haar . . .
Abschaum der Bürger vom Belt bis zum Rhein —
Und das soll Deutschlands Zukunft sein —?

Euch stört doch kein republikanisches Schwein?
Nein —?

Die Republikaner sehen in Ruh
euerm klirrenden Getümmel zu.
Kein Staatsanwalt tät ein Wörtlein sagen —
er muß ja die Kommunisten jagen.

Und sie sehen nicht, was in der Reichswehr geschieht ...
Es ist immer dasselbe alte Lied:
Der Bürger hofft. Und zieht einen Flunsch.
Und hat im ganzen nur einen Wunsch:
Es soll sich nichts ändern. Die Bahnen solln gehn.
Er will ins Geschäft, um Viertel zehn ...
Das ist schon wahr. Das muß man begreifen.
Ihr habt auch schon recht, darauf zu pfeifen.
Ihr vergeßt nur: die Leute eurer Partie
sind genau dieselben Bürger wie die!
Nur lauter. Nur dümmer. Nur mit mehr Geschrei.
Und was gerne prügelt, ist auch dabei.

Seid ihr alle wieder da —?
Ja —?

Na, dann man los! Laßt die Gewehre knallen!
Die Leute werden hungern. Die Währung wird fallen.
Arbeiter werden auf dem Pflaster liegen.
Ihr werdet Waffenlose besiegen ...
Sprung auf! Marsch-Marsch!
Auf zum Tag des Gerichts —!
Und gehts schief —:
Ihr riskiert ja weiter nichts.

DER HERR SOUNDSO

Die Sprache hat gesiegt — es ist nichts mehr zu machen. Nun steht der Unfug auch im Duden ... Die schauerliche neue Ausgabe dieses höchst nötigen Nachschlagewerkes, ein Augenpulver, vierspaltig, beinah so unübersichtlich wie das berliner Telefonbuch: der ‹GROSZE› Duden hats auch. Da steht auf Seite 517:

«sowieso (unter allen Umständen, jedenfalls); der Herr Sowieso». Es ist zum Weinen. Denn auf Seite 516 steht richtig:

«soundso (unbestimmt wie); Paragraph soundso; der Herr Soundso». Beides kann nicht richtig sein; eines kann nur richtig sein; was ist richtig?

Bei Courteline kommt einmal eine Dame in einen Buchladen und fragt den Sortimenter nach einem Buch, dessen Titel sie vergessen habe. «Von wem solls denn sein?» Von Daudet. «Von Alphonse Daudet?» Ja. Der Buchhändler zählt auf. Nein, das nicht: nicht die Briefe aus meiner Mühle und nicht dies und nicht das ... es sei, aber der Herr Buchhändler müsse nichts schlechtes denken, man sei Gottseidank eine verheiratete Frau ... es handele sich ... kurz: das Buch sei etwas ... ein wenig ... wie? «Von Daudet?» Ja. Der Buchhändler denkt nach. Er führt keine Erotika, kein Buchhändler führt Erotika ... und Daudet? Der verzweifelte Buchhändler sagt alle unanständigen Buchtitel auf, die er kennt — aber von Daudet ist keines darunter. Und es ergibt sich, daß die immer mehr errötende Dame den Titel eines Daudetschen Buches daneben verstanden hat. Das Buch heißt: ‹*Le Petit Chose*›. Der kleine Dingsda.

Denn — so lehrt die Moral dieser Geschichte — wenn man den Namen eines Mannes nicht weiß, so nennt man ihn Herr X oder Herr Dingsda oder Herr Soundso, weil ja ‹soundso› etwas Unbestimmtes bedeutet. Gussy Holl hat für Leute ihr unbekannten Namens die Bezeichnung ‹Herr Pimm› eingeführt, aber das steht wieder nicht im Duden.

Immerhin scheint mir Pimm noch zulässiger als ‹Herr Sowieso›, was eine klar erkennbare Verwechslung mit dem ‹Soundso› ist ... aber es ist nichts mehr zu machen. Alle Leute sagen es. Weil wir aber nicht Eduard Engel heißen und also der Sprache nicht nachbelfern, wenn sie einmal anders will als wir —: so wollen wir uns damit begnügen, es nicht zu schreiben, und wir wollen nicht weinen, sondern die Sowieso-Sager mit jener höchst schauderhaften Klischeeredensart entlassen: «Das sowieso.»

AUF DEM NACHTTISCH

Schweizer Nachttische sind hoch und schmal — öffne ich jetzt noch das Fenster, dann bläst mir der Wind alle Bücher herunter ... ich öffne es aber nicht. Man sieht auch so weit hinaus ins Land ... Herr Luginsland sieht aus dem Fenster. Woher die Leute nur immer wissen, wie die vielen Berge heißen? Monte Brie und San Salvator und Monte Pschorr ... Und da ist ein o du himmelblauer See, und da ist etwas beschneite Bergkuppe, und oben, ja, grade da, oben auf diesen Bergen — wenn du ein Opernglas nimmst, kannst du es vielleicht sehen — da läuft die gezackelte, kleine, punktierte Grenze. Drüben liegt Italien.

Das? Das ist die italienische Enklave, wohin die Italiener immer ihre politischen Gegner locken ... (Chor der Faschisten: «Immer! Einmal!») — Einmal ist auch ganz schön. «Herr Rossi hat sich freiwillig auf italienisches Gebiet begeben ...» Ich habe in Paris die junge Dame gesehen, der er damals, wie der Zufall spielt, ahnungslos und freiwillig in sein Verderben folgte. Zwanzigjährig-freiwillig. Zwanzig Jahre Zuchthaus habt ihr ihm aufgebrummt, oder waren es dreißig? So genau kommt das in Italien nicht drauf an. Fällt in Rußland ein Schuß, dann steht Europa auf dem Kopf, womit nicht gesagt sein soll, daß diese Schüsse zu bejahen seien. Quält aber Mussolini seine Italiener zu Tode, so ist es still – still, von der Bank von England über die französische Börse bis zur Burgstraße. Es kommt eben immer darauf an, für wen man terrorisiert ... Amerika, du hast es besser als unser Kontinent, der alte –

Nein, doch nicht. Egon Erwin Kisch zeigt uns, daß es hohe Zeit ist, die deutsche Straßenmeinung über Amerika zu revidieren; das Land sieht doch anders aus, als es sich auf den Vergnügungsreisen beamteter Nichtstuer präsentiert. ‹*Paradies Amerika*› heißt Kischs Buch (bei Erich Reiß in Berlin erschienen). Amerika ist ein Paradies. Der Unternehmer.

E. E. Kisch hat eine Eigentümlichkeit, die ich immer sehr bejaht habe: er sieht sich in fremden Ländern allemal die Gefängnisse an. Denn maßgebend für eine Kultur ist nicht ihre Spitzenleistung; maßgebend ist die unterste, die letzte Stufe, jene, die dort gerade noch möglich ist. Wir können Griechenland nicht so sehen, wie Jacob Burckhardt es uns geschildert hat: griechische Heloten sind wichtig, mindestens so wichtig wie Praxiteles und die ewig strahlende Sonne.

Kisch hat in Amerika viel gesehen, und er hat, was er gesehen, gut erzählt, lebendig erzählt, frisch erzählt. Man hat nicht den Eindruck, er sei nun hingegangen, um auf alle Fälle in Amerika alles schlecht zu finden – aber er ist marxistisch geschult und läßt sich nichts vormachen. Nur ein Amerikaner wird beurteilen können, ob er nun auch alles ganz so gesehen hat, wie es wirklich ist – aber wie ‹ist› ein Land? Der das Land beherrscht, wird ein andres Bild haben als der, der es erleidet; Kisch ist bei den Leidenden gewesen. Das Buch enthält eine Fülle von Material; ein Glanzstück bester Darstellungskunst ist das Kapitel von der Küstenschiffahrt nach Kalifornien. Es sind kleine Bilder aus einem großen Lande, Rohmaterial für jene gewichtigen Bücher, die die ‹geistigen Strömungen eines Landes› untersuchen, meist, ohne daß die Verfasser die Quellen kennten. Wer eine Arbeiterbibliothek verwaltet, sollte das Buch Kischs anschaffen.

Was die gewichtigen Bücher angeht, in denen die geistigen Ströme rauschen, da hätten wir eines – aber es rauscht nicht. Robert Michels ‹*Der Patriotismus, Prolegomena zu seiner soziologischen Analyse*› (bei Duncker und Humblot in München erschienen). Abgesehen von dem schauerlichen Untertitel – daß sich die Leute diese von Wichtigkeit triefenden Vokabeln nicht abgewöhnen können! –: das Thema ist das Thema des Tages; Michels hat das Thema aber so behandelt, wie wenn jemand Blümchen auf Seidenpapier stickt, die Tischdecke selbst fehlt.

Marxistische Studienräte sind keine Freude. Aber hier ist nun ein Fall, in dem doch zu sagen ist: es ist unmöglich, den Patriotismus zu verstehen, wenn man die wirtschaftlichen Zusammenhänge so vernachlässigt, wie es hier geschieht. Mit ihnen kann man diese Erscheinung nicht völlig erklären – das ist ein überheblicher Irrtum. Was ich jedoch bei Michels über die so wichtige und so sehr unzulänglich entwickelte Völkerpsychologie zu lesen bekomme, ist höchst mäßig; die Gelehrsamkeit ist mit ihm durchgegangen. Michels verwahrt sich im Vorwort gegen die Annahme, er besitze einen Zettelkasten. Um so schlimmer, um so schlimmer! Er wäre eine Entschuldigung für dieses wild gewordene Material, das sich selbständig gemacht hat. Es gibt eine Art Soziologie, deren fettig-glänzendster Vertreter der unsägliche Sombart ist, eine Soziologie, die über alles und jedes klug daher redet, ohne jemals zu irgendwelchen Resultaten zu kommen. Um eines der besten Worte zu variieren, das ursprünglich auf die Philosophie gesagt worden ist: «Soziologie ist der Mißbrauch einer zu diesem Zweck erfundenen Terminologie.»

Dabei sieht Michels vieles sehr richtig. Gleich das Anfangskapitel ist sehr gut, in dem er untersucht, warum die Urform des nationalen Elitegedankens immer mythologisch ist: «Die Kausalität dieser Erscheinungen vom Mythos des Woher liegt im Geltungsbedürfnis der Nationen, dessen sie einmal zur Überwindung von Minderwertigkeitskomplexen, mit denen auch die Völker behaftet sind, also zur Genese von Vertrauen in sich selbst, bedürfen, zugleich aber auch zur Befriedigung des kollektiven Dranges nach scharfer Abhebung gegenüber den übrigen Völkern.» Er widerlegt treffend den patriotischen Expansionswahn: «Denn die Annahme von der Notwendigkeit der Idee, quia Expansionsfähigkeit, wäre gleich der Annahme, daß ein Fluß aufhöre, Fluß zu sein, sobald er der ‹Notwendigkeit› seines Über-die-Ufer-Tretens nicht mehr unterliege.» Und dann einmal mitten ins Zentrum: «Patriotismus ist Zufriedenheit mit dem Platz, an den die Geburt den Menschen gestellt hat.» Es vernünftelt in diesem Satz; hier wird Schicksal gleich Zufall gesetzt — aber er kommt der Wahrheit doch sehr nahe. Auch in Kleinigkeiten, an denen dieses Buch leider so überreich ist, sieht Michels wie fast immer gut und klar; so, wenn er sagt: «Es gibt über den Durchschnitt hinaus sehnsuchtsbegabte Völker, Sehnsuchtsspezialisten.» Es wimmelt von sauber aufgepickten Zitaten (oh, wie schlug mein Herz, als ich las, daß Prezzolini einmal von der «schweigenden Dummheit des Hochgebirges» gesprochen hat — Protest aller Alpenvereine ...) alles das ist sehr hübsch und amüsant. Aber, aber —

Wie der Patriotismus gezüchtet wird und mißbraucht; wie durchaus gute und saubere Gefühle, so die Liebe zur Heimat, in eine religiöse Verehrung des Staates umgelogen werden, und von wem das arrangiert wird: davon erfahren wir nichts. Wenn ein Mann unserer Zeit ernsthaft behaupten kann, der letzte Krieg habe an «höhere Probleme, wie die der nationalen Freiheit und der Selbsterhaltung» angeknüpft, so muß man denn doch fragen, wer eigentlich in diesen freien Staaten frei ist. Die Arbeiter? Die Angestellten? Die Kleinbauern? Nicht einmal die Universitätsprofessoren sind es, wie Figura zeigt.

Denn wie wäre es sonst möglich, daß in einem Werk über den Patriotismus fast ein Drittel wovon eingenommen wird? Von der ‹*Soziologie des Nationalliedes*›. Und wie kommt es, daß eine Frage der Kollektiv-Psychologie, der Wirtschaft, der Völker so ästhetisch-bürgerlich und brav zerläuft? Das kommt daher, daß unter dem Vorwort des Buches zu lesen steht: «Beginn Turin 1915; Schluß Rom 1928». In Italien die Wahrheit über den Patriotismus schreiben? Man kann von einem Forscher Mut verlangen. Man kann von einem Forscher nicht verlangen, daß er Selbstmord begeht.

Da hat es René Fülöp-Miller schon leichter gehabt. In seinem als dickes Buch verkleideten Werk ‹*Macht und Geheimnis der Jesuiten*› (erschienen bei Grethlein & Co., Leipzig) hätte er alles über die Jesuiten sagen können, was er gewollt hätte. Was hat er gewollt —?

Das ‹*Acht-Uhr-Abendblatt*› in Berlin hat eine Art Feuilleton für die späten Abendstunden erfunden; für jene Nervosität, die aus der Müdigkeit kommt, und der Typus dieses Feuilletons hieß etwa: ‹*Aus den Geheimnissen der Fürstenhöfe*›. Es war gar nicht so doll mit den Geheimnissen, aber die Überschrift war gut, die kleinen fettgedruckten Sätze («. . . Prinzessin in den Keller stieg . . .») waren es auch, und alle Leute hatten für zwanzig Pfennig Spaß. So ungefähr ist dieses Buch über die Jesuiten.

Die laufenden Seitenüberschriften entsprechen genau jenen kleinen Fettdrucksätzen («Die Falltüren des Pater Oven» — «Ein Ballett der Willensfreiheit») und es bleibt:

Eine auf Konjunktur geschriebene Kompilierung sauber abgestaubten Bibliothekmaterials. «Objektivität», steht einmal in der gar nicht genug zu lobenden Lebensgeschichte Trotzkis, «besteht nicht in gekünstelter Gleichgültigkeit, mit der eine abgestandene Heuchelei über Freund und Feind spricht.» Es wäre sicherlich ganz verkehrt gewesen, eine Lobeshymne für oder eine Streitschrift gegen die Jesuiten zu verfassen — aber über eine so streitbare Gesellschaft scheinbar ‹neutral› zu schreiben, ist ein Unding. Diese Neutralität erinnert an die Zeit der deutschen Nachkriegs-Putsche, wo die Regierungstruppen, als es um Biegen oder Brechen ging, mitunter ‹neutral› Gewehr bei Fuß blieben. Sie wollten es nämlich mit keinem verderben, der ihnen später die Löhnung auszuzahlen hatte — sie warteten.

Die Darstellung bei Fülöp-Miller ist ungenügend: für jemand, der nicht weiß, was eine Meditation ist, bleiben die Seiten über Loyola fast unverständlich; die geistigen Kämpfe der späteren Jesuiten spielen sich wie auf einem Gobelin ab, man versteht nicht, wie sie sich um Worte so erhitzen konnten — aber es ging ja gar nicht um Worte. Die Methode der politischen Machtergreifung durch die Jesuiten wird nicht klar, und an keiner Stelle des Werkes wird von der ungeheuern Ziellosigkeit dieses Ordens gesprochen: was will er eigentlich? Die

Macht für sich? Gut; aber das ist doch kein Programm. «Ganz Rußland muß badisch werden» stand im August 1914 auf einem Eisenbahnwaggon. Kurz, es ist jene Sorte von Biographie und Kulturgeschichte, der sich das Publikum aus Verzweiflung über das Versagen der Fachwissenschaft ergeben hat: ein bunt bewegtes Kasperletheater, an dem alle ihre Freude haben. Hinten, in einer Papierfalte, liegt eine vorzügliche Bibliographie über den Jesuitismus, die man mit Nutzen studiert. Die Buch-Anlage von 576 Seiten taugt nicht viel.

Was, gegen die Kirche, erreicht werden kann, ist wenig, in Deutschland. Ein schwacher Vorstoß vernünftiger Anschauungen ist in dem Heftchen enthalten: ‹*Sittlichkeitsvergehen an höheren Schulen und ihre disziplinare Behandlung*› (erschienen im Verlag von Quelle & Meyer in Leipzig). Das Heftchen ist vom preußischen Kultusministerium herausgegeben worden und zeugt von dem anständigen Bestreben, wenigstens das Dümmste zu vermeiden. Es ist besser geworden.

Zunächst geht aus dem Buch hervor — was zu erwarten war —, daß es alles halb so schlimm ist. Wäre die ‹Verrottung der Jugend›, über die die Zentrumsblätter zetern, wirklich so groß, so sähe dieses Material anders aus. Da es sich um höhere Schulen handelt, so fallen hier die bittersten Folgen der Wohnungsnot und der Arbeitslosigkeit fort: von Inzest ist nicht die Rede, nicht von Jugendprostitution ... wir bewegen uns unter besser gekleideten Ständen.

Mich hat am meisten die seelische Verfassung der Erzieher gefesselt: wieviel Ressentiment ist hier, wieviel verklemmte Jugendpubertät, die nicht fertig verkocht ist; wieviel ‹Möchtegerns› toben sich da in Verboten und strengen Ahndungen aus ... Im Intendanturkasino saß einmal ein Zahlmeister von uns, der war trübselig und ließ den Kopf hängen. Es war zum Gotterbarmen. «Was haben Sie denn?» fragte man ihn. «Ach ...» sagte er. Da rief eine kräftige Kommißstimme über den Tisch — und es blieb uns nichts erspart, der Satz hieß anders, und ich gebe ihn hier fein zurechtgebügelt: «Siewers! Sie müßten mal 'n Happen lieben!» Diese Erzieher auch.

Und grade jenen Pädagogen, die bei jedem unanständigen Zettel, wie ihn Kinder, diese kleinen Pornographen, in manchen Jahren ihres Lebens anzufertigen lieben, gleich aus dem Häuschen geraten, muß gesagt werden, daß etwas in ihrem Häuschen nicht in Ordnung ist. Man soll nicht immer die Beherrschten studieren — man soll sich die Seelen der Leitenden ansehen, die da glauben, ihre wirtschaftlich und hereditär bedingten Anschauungen seien das Maß aller Dinge.

So klar sagts das Kultusministerium nicht — aber es hat doch durch seine Provinzialschulkollegien oft mildernd eingegriffen, wenn die kirchliche und gewerbsmäßig keusche Sittlichkeit hohe Bogen schlug. Man hat Kinder mit strengen Verweisen, ja sogar mit Ausschluß von der Schule bestraft, weil einmal ein Fall von mutueller Onanie festgestellt wurde, von geringern Vergehen gar nicht zu reden. Solche überstrengen Erzieher beschämt das Wort eines Mädchens: «Das hört man und vergißt es.» Dieses Gutachten der Herren Hoffmann und Stern ist eine verdienstvolle Publikation. Es ist besser geworden.

Aber ist es gut geworden? Wie kann es gut sein, wenn so viel unbestrafte Verbrecher frei, mehr als frei: belohnt herumlaufen? Man denke etwa an die Mörder und Quäler der Arbeiter aus den Tagen des mitteldeutschen Aufstandes — nicht an jene, die im Bügerkrieg die Proleten offen bekämpften, sondern an: Gefangenenmißhandlungen, Bluturteile, Standgerichte und so fort und so fort. Alles, aber auch alles, was hier über diese Burschen gestanden hat, ist zu milde gewesen. Man lese solche Aufzeichnungen wie die von Ernst Ottwalt *‹Ruhe und Ordnung›* (erschienen im Malik-Verlag zu Berlin). Der Verfasser hätte seine Arbeit nicht ‹Roman› nennen sollen — es ist ein deutscher Irrtum, zu glauben, dreihundert Seiten im Erzählerton seien schon ein Roman. Es sind stilisierte Tagebuchnotizen. Aber aufschlußreich, so aufschlußreich ...

Der Verfasser ist in den Jahren 1919 und 1920 dabei gewesen, wo es Klamauk gab, wo geschossen wurde, wo es Geld zu verdienen gab ... frisch von der Penne herunter ist er zu jener großen Firma gelaufen, die ‹Ruhe und Ordnung› vertrieben hat (o Geist der Sprache!) — und das schildert er. «Es ist erst elf Uhr, aber da die Straßen um acht Uhr gesperrt werden, ist nur noch in wenigen Fenstern Licht. Wir schreien trotzdem: ‹Straße frei! Fenster zu! Vom Fenster weg!› Und das Licht geht aus. Der Mann, der vor mir geht, hebt plötzlich ohne ersichtlichen Grund sein Gewehr und schießt zu einem Haus hinauf. Ein anderer schreit: ‹Da, da ist geschossen worden!› Und deutet auf ein geschlossenes Fenster im zweiten Stock ...» Das muß ich schon einmal gehört haben ... Aber es handelt sich hier nicht um Herrn Zörgiebel und seine Mannen; hier ist von ihren Vorgängern die Rede.

Man zieht übrigens aus dieser zitierten Stelle, daß die Erlebnisse von gestern in der Empfindung von heute geschrieben sind: der Verfasser hat sich von diesen Verbrechen fortentwickelt, er steht heute politisch aufgeklärt und vernünftig auf der andern Seite, und nun ist in diese Notizen ein Ton gekommen, den er damals nicht gefühlt haben wird. Schade, daß der Mann in jenen Jahren kein Tagebuch geführt hat — es wäre besser gewesen. Die Atmosphäre ist brillant wiedergegeben: die Langeweile, die das Abenteuer sucht, ganz gleich, wo; der dick aufgeblähte Nationalismus von Kerlen, die dieses Wort, das doch neben allem andern auch einen geistigen Inhalt birgt, geschändet haben — und dann einmal, wie ein Blitz, dieser Satz, der eine ganze seelische Welt enthüllt:

«Die paar Schüsse haben unsere Nerven erregt, und Ritter will jetzt in den Puff.» Man kann es nicht kürzer sagen.

Und dann gehen sie auch in den Puff – Halle, Schlamm – und es öffnen sich ein paar Fenster. «Hallo, ihr kleinen Noskes, hierher!» Das muß aber schön sein für den Herrn Oberpräsidenten: so viel Ruhm ... Die Widmung fehlt dem Buch; eine schöne, hübsch gesetzte Widmung:

UNSERN SOZIALDEMOKRATISCHEN AUFTRAGGEBERN
IN DANKBARKEIT

Neulich sagte mir ein Balte: was ihm am meisten in Deutschland auffiele, sei das ‹Papageiengerede› der Leute; wenn man sie ritzt, dann quillt aus jedem Topf ein Klischeegewäsch heraus, von dem man jeden einzelnen Satz vorher kennt. Sie haben es wohl auswendig gelernt. Nun, das Fürchterlichste an dem Buch Ottwalts ist das vorzüglich wiedergegebene Papageiengerede der jungen Herren – es ist ganz schrecklich, man kann halbe Seiten überschlagen, weil man genau weiß, was da steht. Dergleichen gibt es in Deutschland auf allen Seiten der Politik: aber hier wird es besonders deutlich.

So daß es denn also leicht sein muß, die Gesichter dieser Papageien zu zeichnen, weil der Typus klar zutage liegt. Niemand hat das besser vermocht als George Grosz. Auch dies ist etwas für die Arbeiterbibliotheken: ‹*Die Gezeichneten*› und ‹*Das neue Gesicht der herrschenden Klasse*› (beide im Malik-Verlag zu Berlin erschienen). Die Bände sind auch in der Reproduktion eine Meisterleistung.

Ich habe sie schon so oft durchblättert – ich kann mich gar nicht sattsehen. Dieses Thema ist zu Ende gezeichnet. Der wundervolle Hohn auf den infamen Rilke-Vers: «Armut ist ein großer Glanz von innen» (ich weiß schon: er hat es anders ‹gemeint› ... Haben Sie schon mal in einer Dachkammer gefroren?); dieses infernalische Blatt ‹*Zwei Menschen*›, das zweite: man decke den Unterteil ab und sehe sich nur den Mörder an, der sich die Hände wäscht; die Modekarikatur ‹*Größere und bessere Morde*›; und wie dieser Mann zeichnen kann! So eine Zeichnung wie ‹*Kleiner Mann*›, an der nichts karikiert ist; das frühe Blatt ‹*Menschenwege*› (1915), in dem schon der ganze Grosz enthalten ist; das bittere Idyll ‹*Witwer*›; dann die beiden Porträts Noskes und Eberts: ‹*Ein treuer Knecht*› und ‹*Ein Sohn des Volkes*› – die sagen mehr als alle Broschüren und Revolutionsgeschichten über diese beiden. Auch dies ist Deutschland.

Eine kleine Anmerkung sei erlaubt. Es gibt einen Typus, einen einzigen, den Grosz für mein Gefühl nicht so wiedergibt, nicht so ausdeutet, wie er wirklich ist. Das sind der Industrielle und der Bankier. Hier stimmt etwas nicht. Den preußischen Militarismus hat er auf den Blättern ‹*Die Gesundbeter*› und ‹*Alles kehrt einmal wieder*› derart hergenommen ... da ist keine uniformierte Nummer, die hier nicht zu sehen wäre – es sind alle, alle da. Und wie sind sie da –! Aber wenn er die großen Kaufleute porträtiert, dann ist da etwas nicht in Ordnung. Manchmal glückts. Der Mann, der auf dem Blatt *‹Besitzkröten›* im Vordergrund seine Zijarre raucht, ist richtig; der junge Herr, der — *‹Guten Morgen›* — ins Auto steigt, ist es nicht. Vielleicht hat es in der allerschlimmsten Inflation solche Typen gegeben, aber heute dürfte dieser Mann, mit so einem Kopf, mit dem Gesicht — allenfalls Handelsvollmacht haben; in sein Auto steigt der nicht: er schafft es nicht. Ich bin mit George Grosz gut befreundet: er weiß also, daß ich dies nicht für die Hochfinanz schreibe. Ich meine nur: um einen Gegner so zu treffen, wie er das mit den Feldwebeln in Generalsuniform getan hat, muß man den Gegner kennen und ihn bis ins letzte Fältchen treffen. So verfressen, so dickschädlig, so klobig sehen aber die deutschen Bankiers nicht aus, die IG-Farben-Leute nicht, die Hüttenbesitzer nicht. Sie sammeln Porzellan; sie haben zum Teil schmalere Köpfe; sie sind als Teilhaber eines Systems, was die Wirkungen ihrer Handlungen angeht, unmenschlich — aber man sieht es ihnen nicht auf den ersten Hieb an. Sie bevölkern Reinhardts Premieren, sie wählen Deutsche Volkspartei ... sie sehen anders aus. Differenzierter, drei Rasternummern feiner; nicht besser: anders. Wie sehen sie aus —?

Das kann man in einem der schönsten und merkwürdigsten Werke ersehen, die mir je untergekommen sind. August Sander, *‹Antlitz der Zeit›* (erschienen im Transmare-Verlag, Kurt Wolff, München). Hier ist die fotografierte Kulturgeschichte unseres Landes.

Sander hat keine Menschen sondern Typen fotografiert. Menschen, die so sehr ihre Klasse, ihren Stand, ihre Kaste repräsentieren, daß das Individuum für die Gruppe genommen werden darf. Döblin weist in der Einleitung sehr treffend darauf hin, wie der Tod und die Gesellschaft die Gesichter verflachen; wie sie einander angeähnelt werden, immer mehr, immer mehr ... wie schwer es ist, noch ein Bauernmädchen von einer Proletarierfrau zu unterscheiden. Was Sander da gegeben hat, ist allerbeste Arbeit.

Das Werk enthält sechzig Fotos, eine Auswahl aus dem Lebenswerk des Fotografen, das in fünfundvierzig Mappen zu je zwölf Bildern erscheinen soll. (Wer Näheres wissen will, schreibe unverbindlich an den Transmare-Verlag, München, Luisenstraße 31.) Fast auf allen Bildern erscheint der Typus; so sehr haben Stand, Beruf, Wohnort, Klasse und Kaste den Menschen imprägniert und durchtränkt. Mancher von uns wird manchmal eine Spur anders empfinden: der Herr Wachtmeister muß nicht immer so einen martialischen Schnurrbart tragen, das ist der puffende Wachtmeister, nicht der schießende Wachtmeister; Poelzig ist nicht ‹der Architekt›, sondern ein einmaliges Original ... aber das sind nur kleine, winzige Nebenempfindungen. Auf den sechzig Seiten ist nur ein einziges Mal die Grenze der Objektivität überschritten: das ist auf dem Bilde des Demokraten, der seinen

Regenschirm aufgepflanzt hat. Ich habe sehr gelacht, und treffen tuts auch, aber das ist zu deutlich. Der Satiriker darf dergleichen, und wenn noch so viel auf die Hühneraugen Getretene darüber schreien — der Sittenschilderer darf es nicht. Und in diesem Werk kann Grosz sehen, wie die Bankiers und die Industriellen aussehen: er hat in diesem Bande zum Beispiel gleich zwei Typen: den Viereckigen und den Schmalen, beides Prachtexemplare ihrer Gattung, völlig rein im Gattungsbegriff, die Gesichter durch ihren Beruf zu Ende ausgebildet. Und selbstverständlich durch Karikatur angreifbar und wert, angegriffen zu werden. Es ist ein ganz herrliches Buch — schade, daß es nicht achtzehnfach so dick ist.

Jetzt ist der Nachttisch leer; in der Ecke steht ein Waschkorb mit Büchern und sieht mich vorwurfsvoll an. Schon elf Uhr ... Draußen glitzert das Dorf. In einem Zellenkäfig, drüben, hinter der italienischen Grenze, liegt ein Mann und betet ein stilles Gebet für die Gesundheit und das Wohlergehen Mussolinis.

KRITIK DER TAUSEND NASENLÖCHER

Als ich noch dem dicken Napoleon des Cabarets: Rudolf Nelson Texte für seine kleinen Revuen schrieb, da war ich noch jung und hatte an manchen Abenden nichts zu tun. Und da ging ich denn in sein Theaterchen.

Oben, im ersten Rang, gleich links neben der Bühne war immer eine kleine Loge frei; in der saß nie jemand, man konnte nämlich von dort überhaupt nicht auf die Bühne sehen. Wenn man sich so weit über die Brüstung beugte, daß man um ein Haar herausfiel, dann sah man grade noch ein paar lange, schlanke Beine. Und die Rampenlichter. Sonst nichts. Auf diesem Platz saß ich viele, viele Abende — und da habe ich mehr über das Wesen des Theaters gelernt als in mancher wichtigen Premiere, über die ich nachher referieren mußte. Ich sah nicht die Bühne, das ist wahr. Aber ich sah etwas anderes: ich sah das Publikum.

Wenn man einmal den Standpunkt wechselt und im Theater das als Theater ansieht, was zusieht und nicht, was gesehen wird, dann sieht das ganz anders aus. Auch im Parkett sitzen Akteure — und was für welche! —

Da ist zunächst die Wirkung des Stücks. Wenn man es halb auswendig kennt — sei es nun ein klassisches Stück oder so ein Revuespaß — wenn man schon immer weiß, was kommt, dann ist es lustig, das Publikum zu beobachten: es ist wie im Zoologischen Garten: was wird der Bär tun, wenn man ihm eine Banane durchs Gitter reicht? Er wird sie fressen ... nicht immer ... manchmal wird er sie beschnüffeln und dann verächtlich liegen lassen — manchmal stellt er sich brummend auf die Hinterbeine, wie wenn er Danke sagen wollte ... weiß Gott, wovon das abhängt. So auch das Parkett.

Es ist durchaus nicht alle Tage gleich. Manchmal ‹sitzen die Herrschaften auf ihren Händen› — sie klatschen nicht, ums Verrecken nicht — niemand weiß, warum. Manchmal gibt es bei jedem Effekt ein Riesenhallo — Pointen, Auftritte, Abgänge, die noch am Abend vorher wirkungslos vorübergegangen sind, entfesseln nun ein Theater im Theater — kein Mensch weiß, warum. Das Merkwürdige ist, daß diese unwägbare ‹Stimmung› sich fast immer sofort, schon zu Beginn des Abends einstellt — und so bleibt sie auch meistens. Daß das Publikum sich abkühlt, kommt oft vor: daß es im Verlauf des Abends auftaut, sehr selten. Kein Mensch weiß, warum.

Aber es ist nicht nur die Wirkung. Es ist da noch etwas anderes.

Da sitzen sie mit hochgezogenen Brauen ... Nun, ich sehe gewiß nicht geistvoller aus, wenn ich da so sitze — aber von der anderen Seite her gesehen, reizt es zur hemmungslosen Freude. Das erste, was du siehst, sind lauter Nasenlöcher. Viele hundert schwarze, kleine Nasenlöcher. (Manchmal sind sie durch einen Finger besetzt. Ist selten, kommt aber vor.) Und wie beim Boxen sich die Temperamente hemmungslos entfalten, das wirkliche Seelengerüst des Boxers ganz freilegend, so sind hier, im Halbdunkel des Theaters, die Leute im Parkett ganz sie selber.

Einer frißt die Bühne mit den Augen auf — dann kann man darauf schwören, daß die Schauspielerin da oben ihre Ur-Rolle erfüllt, jene, die sie von Anbeginn der Welt an gehabt hat: den Männern Lust zu bereiten. Jeder solcher augenfressenden Zuschauer ist in diesem Augenblick der Held des Stücks; er umwirbt jene; besitzt sie; verliert sie ...

Einer sitzt da, zurückgelehnt, bedächtig. «Na, wollen mal sehen, was sie mir hier alles vormachen ...» Er ‹gibt sich nicht hin› — er ist und bleibt Herr Direktor Kleinschmidt, hat sich keine Spur verwandelt, ist Bürger, gezahlt habender Zuschauer oder Freiberger — und will nun für seine Eintrittskarte: Ware. Das ist ein sehr gefährliches Publikum. Einen Schritt weiter und wir haben jenen, der bei der Premiere, als sich der Vorhang über einem Zimmer erhob, zu einem Nachbar vernehmlich murmelte: «Schon faul —!»

Einer schläft. Doch, das gibts. Es gibt Leute, die, müde von der Tagesarbeit, überlastet, gehetzt, durch diesen in Deutschland üblichen unsinnig frühen Theateranfang — vor dem Abendbrot! — im Theater ein kleines Nickerchen machen ... wie sie so sanft ruhen ... Beifallsklatschen läßt sie aufschrecken, und da merken sie erst: sie haben es überstanden. Dergleichen ist häufiger, als man denkt.

Daß sich Liebespaare, eng ineinander verschränkt, furchtbar streicheln —: das trägt man wohl in den besseren Theatern nicht mehr. Natürlich kam es vor — aber es ist nicht die Regel. Gott sei Dank.

Wunderbar ist zu sehen, wie Mama und Onkel Erich und Fritzchen und Doktor Kalkbrenner — wie sie ihr Ich dem Stück entgegenstemmen, ohne es zu wissen; wie sie doch ihre ganze Welt mitgebracht haben, denn ohne sie könnten sie ja nichts aufnehmen, sie verständen gar nichts. Daher man bei einiger Kenntnis dieser vielen ‹Ichs› einigermaßen genau vorhersagen kann, was als ‹peinlich› empfunden wird, was als ‹urkomisch› (Klischeeausruf: «Sieh doch bloß mal sein Gesicht — —!»), was als tragisch und was als rührend. Das weiß jeder Theaterkenner ganz genau. Am Abend kommt es dann ganz anders.

Das berliner Publikum ist ein gutes Publikum und ein schlechtes Publikum.

Gut: weil es (auf die Dauer) unerbittlich ist, es läßt sich nicht sehr lange bluffen — diese Stadt ist nicht sehr dankbar, aber sehr frisch, und sie verlangt etwas für ihr Geld. Mit Recht. Man muß hier kämpfen, um oben zu bleiben — in Wien genügt es, einmal nach oben zu kommen — da bleibt man dann. In Berlin nicht.

Es ist ein schlechtes Publikum, weil es viel naiver ist, als es glaubt, und sich dieser Naivität schämt. Franzosen kann man noch in den kleinsten Theaterställchen mit ganz einfachen Dingen hinreißen — der Berliner will ‹was Neues› — er will oft Nervenreiz, nicht immer Nervennahrung. Daher diese verkrampfte Hetze der berliner Theater nach der neuartigen ‹Wirkung›, die sich oft bald totläuft.

Da sitzen sie.

Da sitzen sie und stecken die Nasen in die Luft, wittern, schlürfen ein, lauern, wollen packen, mit den Zähnen zerreißen, das fremde Leben in sich einsaugen, Publikum und Schauspieler ergänzen sich zu einer Einheit (weshalb es nichts Wahnwitzigeres gibt als eine Theaterprobe am Vormittag, bei der man stets glaubt, in einem braven Irrenhaus zu sein —): Theater ist eine Zweiheit. Der eine Teil macht vor.

Der andere sitzt da, sieht, hört, nimmt auf, streckt die Saugfäden aus, reißt die Nasenlöcher auf, fühlt sich: Masse, stöhnt mit dem Helden, tanzt mit den Girls und ist allemal der wahre Inhalt jeden guten Theaterstücks.

«MACHEN SIE DAS MAL DEN GANZEN TAG —!»

Von außen sieht alles ganz anders aus als von innen.

Nimmt einer auf dem Bahnhof Abschied, dann zieht er das Taschentuch, wenn der Zug anruckt, und macht Winke-Winke, und dann sieht er noch eine Hand, und dann geht er ab. Es war ein richtiger Abschied. Der Stationsvorsteher aber guckt gar nicht mehr hin; der sieht das nämlich alle Tage. Und da sieht das ganz, ganz anders aus . . .!

Sitzen Sie mal in dem kleinen Käfig und knipsen Billetts! «Die

Fahrkarte!» – «Die Fahrkarte, die Dame!» – Und knips, knips, knips ... und dann ziehts – und dann kommt eine Kontrolle – und dann hat einer sein Billett verloren, und wir sollen die Schuld haben – und dann kommt gar keiner – und dann ziehts –

Sitzen Sie mal den ganzen Tag in der Zeitungsbude! Na, gar nicht, als ob das nun so ein furchtbar schwerer Dienst wäre ... aber man kann doch nicht immerzu lesen, man muß doch auch aufpassen – *‹Berlin am Abend›* – *‹Den neuen Sport›* – «Mojn, Herr Müller!» – «Is noch nicht raus ... kommt erst in ner halben Stunde!» – «Na, Frolleinchen, vielleicht noch was Hübsches für die Mode ... mit Schnittmustern ...?» und dann die Straße – jeden Stein kennt man auswendig – neulich war hier der Zusammenstoß ... von außen ist ja son Zeitungskiosk ganz bunt – aber von innen sieht das ganz anders aus!

Oder meinen Sie, es macht Spaß, den ganzen Tag die müden Knochen mit den Reklametafeln rumzutragen? Ich guck alle Leute an – mich guckt keiner an: sie lesen bloß auf einem. Diese Pflastertreterei ... aber was soll man machen ... man ist schon froh, daß man wenigstens *die* Arbeit gekriegt hat ... Sieht von außen ganz leicht aus ... aber zehn Stunden rumpesen ist keine Kleinigkeit ...

Und sitzen Sie mal den ganzen Tag am Steuer von dem Autobus – das schwere Ding um die Ecke rumkriegen ... und dann Verspätung ... und dann glitscht der Asphalt ... und die Verantwortung ... und die Schupos ... und Kontrolle ... und passieren soll nichts ... und immer mit die Ruhe! Ja, da denkt kaum einer dran von denen, die hinten raufsteigen – die denken bloß an sich – is ja auch richtig ... – aber von innen sieht das eben ganz anders aus ...

Und der im Fahrstuhl – immer rauf und wieder runter – immer dasselbe, den ganzen Tag: «Spielwaren, Haushaltungsgegenstände, Errrfrischungsraum!» und wieder rauf und wieder runter ...

Und der Mann im Karussell ...

Und der Wärter bei den Affen ...

Und der Lokomotivführer ...

Und wir alle – wir alle –:

Wir sind Menschen im Käfig. Mitunter ganz ulkig für die, die vorübergehen. Aber von innen –: da sieht das ganz, ganz anders aus.

DER HELLSEHER

«Sie ... sind Hellseher?»

«Ich bin von Haus aus eigentlich Schwarzseher – nun verbinde ich diese beiden Berufe ...»

«Erfolge?»

«Im Mai des Jahres 1914 notierte ich im Büchelchen: ‹Was wäre, wenn ...› und wollte dartun, was sich begäbe, wenn es zu einem Kriege käme. Begeisterung Unter den Linden, allgemeiner Umfall ...»

«Wo haben Sie diese Arbeit veröffentlicht?»

«Ich war zu faul, sie niederzuschreiben.»

«Das kann jeder sagen. Wußten Sie denn, daß es einen Krieg geben würde?»

«So wenig wie ich sechs Tage vor Rathenaus Tod wußte, daß er gekillt werden würde. Trotzdem stieß ich am 22. Juni 1922 einen Kassandra-Ruf aus: Was wäre, wenn ...»

«Und — wie sehen Sie heute? Hell? Schwarz? Hell? Bitte setzen Sie sich. Aber legen Sie nicht die Hand auf die Augen ... mit mir müssen Sie das nicht machen. Sagen Sie nur, was Sie wissen. Putsch?»

«Putsch trocken. Ich sehe kein Blut. Ich sehe die aufgeregte Insel Deutschland. Faschismus Lagerbräu.»

«Erklären Sie sich näher.»

«Wozu ein Putsch? Die Herren haben ja beinahe alles, was sie brauchen: Verwaltung, Richter, Militär, Schule, Universität — wozu ein Putsch? Immerhin ... es ist Frühling ... in Deutschland geschieht nie etwas, aber in den Köpfen steht: es muß etwas geschehn. Es kann schon etwas geschehn. Was wäre, wenn ...»

«Nehmen Sie etwas Kaffee. Es ist gar kein Kaffee, aber nehmen Sie nur etwas Kaffee, also: der deutsche Faschismus. Was wäre, wenn ...?»

«Der Stahlhelm, sorgsam gepflegt unter dem freundlichen Patronat einer Regierung, in der die Sozialisten stets auf die Koalition hinwiesen und in der die Rechten so taten, als wären sie ganz allein ... der Stahlhelm wird aufmarschieren. Geld hat er. Gedrillt ist er. Passieren kann ihm nichts.»

«Warum nicht —?»

«Weil er die Verwaltung wachsen hört. Weil er alles, was jemals eine Behörde gegen ihn unternimmt, wenn es eine wagte, etwas zu unternehmen, achtundvierzig Stunden vorher weiß.»

«Durch wen?»

«Durch seine Leute, die die Verwaltung durchsetzen wie der Schimmel den Käse.»

«Die Regierung?»

«Die Regierung weiß es, will nichts wissen, ahnt es, möchte nichts ahnen ... der Stahlhelm weiß.»

«Die Hitlerleute?»

«Halb so schlimm. Furchtbar viel Geschrei; Brutalitäten; Freude an organisiertem Radau; Freude an der Uniform, den Lastwagen und dem Straßenaufmarsch ... halb so schlimm. Vorspann — sobald sie den ersten Ruck gegeben haben, wird man sie bremsen, die armen Kerle. Es wird da große Enttäuschungen geben.»

«Und was wird geschehen?»

«Äußerlich nicht so sehr viel. Kleine lokale Widerstände der Arbeiter; die sind aber gespalten, desorganisiert, waffenlos, niedergebügelt von einer jahrelangen Vorbereitungsarbeit der Justiz. Die Besten sind nicht mehr. Die Zweitbesten hocken in den Zellen. Der Rest steht auf – und legt sich gleich wieder hin. Müde. Enttäuscht. Ausgehungert. Stempeln, stempeln, stempeln.»

«Ausrufung der Diktatur? Absetzung des Reichspräsidenten?»

«Wo denken Sie hin! Mussolini hat seinen kleinen König; die hier haben ihren breiten Hindenburg. Der bleibt. Der Reichstag wird so gut wie nach Hause geschickt ... niemand wird ihn vermissen. Denn was die da in den letzten Jahren getrieben haben: so etwas von Leerlauf, von Selbstzweck, von Insicharbeit ... so etwas war noch nicht da. Eine Karikatur des Parlamentarismus. Der ist fertig. Ein Direktorium, ein Ausschuß, irgend etwas mit harmlos-hochtönendem Namen, das wird regieren.»

«Und wie?»

«Immer verfassungstreu, oho! Druck mit staatsfeindlichen Mitteln auf den Staat – und dann verfassungstreu. Wie sie regieren werden? Viel harmloser, als die maßlos enttäuschten, aber bald gebändigten Kleinbürger glauben. Deren radikale Flügel werden rasch unterdrückt; auch Herr Hitler hat seine Schuldigkeit getan und kann gehn. Es wird keine Revolution sein, so wenig wie die von 1918 eine gewesen ist – Personalböen werden sie machen ...»

«Bitte, klarer. Was sind Personalböen?»

«Stürme in den Wassergläsern der Ressorts. Absägung der unbequemen Regierungssozialisten; Pensionierung von ein paar hundert Konzessionsschulzen, die sich schlecht und recht durchgebuttert hatten, bis zu diesem Augenblick – und die kindlich erstaunt waren, als es nun so weit war. Die Brüder hatten nie etwas andres gesehen als ‹Realitäten› – also gar nichts. Von der wahren Kräfteverteilung im Lande fühlten sie nichts; hier mußten ihre Informationen versagen, denn statistisch läßt sich dergleichen nicht erfassen. Die werden verschwinden. Nun wird Deutschland stramm nationalliberal.»

«Mehr nicht?»

«Mehr nicht. Mehr ist gar nicht zu erzielen. Das wußten Schacht, Nicolai, selbst Seldte längst, ein paar Nazis wußten es auch, brüllten aber um des lieben Krieges willen mit den andern mit. Außenpolitisch: eine Art Friede mit denen da draußen; verklausulierte Weiterzahlung der Schmachtribute, natürlich ... wer kann denn auf den Mond fliegen? Platonische Liebe zu Italien, vergessen Südtirol; vage Noten an Frankreich, da geht Briand; Hin und Her; Verhandlungen mit England, mit Genf ... und an alle: Versprechen der absoluten Bolschewisten-Feindschaft. Das beruhigt ungemein. Was glauben Sie: Deutschland als Hort gegen Rußland! Eine sehr schöne Melodie.»

«Also ... innenpolitisch?»

«Nicht, was Sie denken. Ein paar Zuchthausstrafen ... ein paar Roheiten gegen die Juden ... gegen eine Handvoll Republikaner ... Beschränkung des Reichsbanners ... Verbot der KPD — weiter nichts. Ja, und die Beamten werden wieder flegelhaft.»

«Sozialversicherungen?»

«Zeitweiser Abbau — aber auch der halb so schlimm in seiner Auswirkung. Das ginge ja gar nicht. Man wird einiges plakatieren und vieles stehen lassen. Was wirklich abgebaut wird, das wird die Kampfkraft der Arbeiter sein. Auch die zahmsten Gewerkschaften werden nichts zu lachen haben.»

«Also ... nehmen Sie noch etwas Kaffee, also Jubel im Lande?»

«Gott, ja. Zunächst die übliche Verwirrung, an der Börse. Ach, diese Nase der Börse! Sie riecht alles, was in der Luft liegt — nachher. Übrigens ist es ihnen gleich. Die Börse wird nicht geschlossen werden, und der Kurfürstendamm, dessen Bewohner sich ein paar Tage ängstlich zu Hause halten oder verreisen, wird nicht gestürmt. Pogrome? Nein ... Dann atmen sie wieder auf. Und alles geht weiter. Eigentlich, werden sie sagen, eigentlich ist ja alles gar nicht so schlimm.»

«Die Zeitungen?»

«Alle Obrigkeit kommt von Gott. Man muß sich nicht gegen das Gegebene auflehnen — das bekommt dem Inseratengeschäft nicht. Es sind Musterschüler; sie werden eine gute Zensur bekommen. Nach vier Wochen ist Ruhe im Lande ... ‹Wenn auch ... so doch immerhin ...›»

«Schlafen Sie nicht ein!»

«Verzeihen Sie: ich sah im Geiste Leitartikel. Geben Sie mir bitte noch etwas Kaffee. Auch in den Provinzstädten wird man auf die Dauer nicht zufrieden sein. Gewiß, die Jugend ist verhetzter als je, die Studenten hochfahrender, die Umzüge zahlreicher ... aber die Jugend hat im Grunde andre Sorgen. Und dann eben ... langsam ... die Enttäuschung ...»

«Worüber?»

«Daß Berlin nicht dem Erdboden gleichgemacht ist. Daß die Not andauert. Daß auch jetzt nicht die Arbeitsgelegenheiten aus der Luft geflogen kommen. Daß die Butter nicht billiger wird. Leise, ganz leise kommt die Unzufriedenheit. Davon spricht aber kaum einer.»

«Die öffentliche Meinung?»

«Bewußt entpolitisiert, bei einem Höchstmaß von politischen Schlagworten. Bündischer Unfug ... Demonstrationen ... Fahnen ... im übrigen lenkt uns eine hochwohlweise Regierung. Das haben die Deutschen immer so gehalten. Verloren ist allerdings, wer in diesen Jahren der Justiz in die Finger fällt. Mit dem ist es dann aus. Kurz: es ist eine Nachahmung des Faschismus — so, wie sie alles nachahmen

... finanziell, aber moralisch aufgebessert. Man wird ihnen geben, was sie brauchen, und wen sie brauchen. Kurz: es ist eine Nachahmung des Faschismus — so, wie sie alles nachahmen ... wie sie nicht einmal fähig sind, sich eine Bewegung für sich und aus sich heraus zu schaffen. Der Marsch auf Rom! Das war ein faszinierender Filmtitel. Auf Berlin marschieren sie gar nicht. Nach Berlin werden sie nur fahren, wenn sie sich von der Mittelstadt erholen wollen. In Berlin fallen sie nicht auf, wenn sie auf die Weiber gehen. Widerstand —? Verzeihung ... ich fühle, daß Sie das fragen wollen ... Widerstand? Nein, den finden sie wohl kaum. Von wem denn auch? Von dem bißchen Republik? Die hat in zwölf Jahren nicht verstanden, echte Begeisterung zu wecken, Menschen zur Tat zu erziehen, nicht einmal in ruhigen Lagen, wie denn, wenn es Kopf und Kragen zu riskieren gilt? Widerstand? Lieber Herr, das Land ist so weit entfernt von jeder Revolution! Dies ist ein Volk, das noch nicht einmal liberal ist. Die vielgelästerte Verwestlichung ist gar nicht so tief eingedrungen ... sie halten mildübertünchte Korruption für Parlamentarismus, wirres Geschwätz aller für Selbstbestimmungsrecht, Ressortstank für Politik, Vereinsmeierei für Demokratie ... sie sind nie liberal gewesen, auch 48 nicht. Sie spüren nicht, daß die Welt um sie herum anders denkt und anders fühlt ... sie spielen ihren politischen Skat ohne Partner. Wirft der andre die Karten hin, dann glauben sie, sie hätten gewonnen. Es ist ein Inselvolk.»

«Die deutschen Brüder im Ausland?»

«Werden sich ein paar Unannehmlichkeiten mehr zuziehn. Und das bißchen Kulturfassade, das kleine bißchen deutscher Freiheit — es ist zum Teufel.»

«Das ist alles?»

«Das dürfte alles sein. Ob es geschieht, weiß ich nicht. Wenn aber —: dann so. Übrigens ... ich bin Hellseher ... ich hatte eine Vision: Sie werden mir diese Sitzung honorieren ... Ich dachte an hundert Mark?»

«Hier haben Sie ein Bildnis Hindenburgs. Und lassen Sie sich draußen in der Küche ein paar Butterbrote geben ... Gott befohlen, junger Mann!»

«Heißen Dank, gnädiger Herr. Wenn Sie wieder etwas brauchen: Nepomuk Schachtel, Hellseher und Original-Astrologe mit ff. indischen Erkenntnissen. Täglich von 9 bis 8, Sonntags geschlossen. Und empfehlen Sie mich in Ihrem werten Bekanntenkreise —!»

DANACH

Es wird nach einem happy end
im Film jewöhnlich abjeblendt.
    Man sieht bloß noch in ihre Lippen
    den Helden seinen Schnurrbart stippen —
    da hat sie nu den Schentelmen.
        Na, un denn —?

Denn jehn die beeden brav ins Bett.
Na ja . . . diß is ja auch janz nett.
    A manchmal möcht man doch jern wissn:
    Wat tun se, wenn se sich nich kissn?
    Die könn ja doch nich imma penn . . .!
        Na, un denn —?

Denn säuselt im Kamin der Wind.
Denn kricht det junge Paar 'n Kind.
    Denn kocht sie Milch. Die Milch looft üba.
    Denn macht er Krach. Denn weent sie drüba.
    Denn wolln sich beede jänzlich trenn . . .
        Na, un denn —?

Denn is det Kind nich uffn Damm.
Denn bleihm die beeden doch zesamm.
    Denn quäln se sich noch manche Jahre.
    Er will noch wat mit blonde Haare:
    vorn doof und hinten minorenn . . .
        Na, un denn —?

Denn sind se alt.
                Der Sohn haut ab.
Der Olle macht nu ooch bald schlapp.
    Vajessen Kuß und Schnurrbartzeit —
    Ach, Menschenskind, wie liecht det weit!
    Wie der noch scharf uff Muttern war,
    det is schon beinah nich mehr wahr!
    Der olle Mann denkt so zurück:
    wat hat er nu von seinen Jlück?
    Die Ehe war zum jrößten Teile
    vabrühte Milch un Langeweile.
Und darum wird beim happy end
im Film jewöhnlich abjeblendt.

DER HENRIGE

Vettern wurden früher Cousins genannt. Mit Vettern spielt man Eisenbahn, wenn man klein ist, und fragt sie später, wenn man groß ist: «Na, wie gehts dir denn? Was machst du denn? So? Du bist verheiratet?» Dann sieht man sie nicht mehr.

Was mein Vetter Fritz war, so erbte derselbe zu meinen Lebzeiten eine meiner Gitarren, auf denen mich Meister Griebel vielerlei Griffe, wie zum Beispiel die schwierige Cechilla spielen lehrte. Später bin ich dann davon abgekommen, und statt in den Konzertsälen und auf Vereinsfestlichkeiten mit kleiner, aber detonierender Stimme: «Ein Bächlein stund am Waldesrand, hopp heissa bei Regen und Wind» zu singen, bin ich Schriftsteller geworden und ein Scheuel bzw. Greuel für alle *‹Völkischen Beobachter›*. Ja, also die Gitarre.

Fritzchen erbte sie und begann zu zupfen. Als ich ihn wieder einmal mit Erlaubnis meiner lieben Eltern besuchen durfte, da gestand er mir, daß er auch singen könnte. Los, sagte ich. Nein, sagte er, du lachst mich bloß aus. Los, sagte ich. Nein, sagte er. Hin . . . her . . . er schloß die Tür ab und sang. Ich werde das nie vergessen.

Wo ist denn mein klein Feinsliebchen fein

sang er und:

Junge Rose, warum gar so traurig?

und

. . . dem ich als Gärtnersfrau die Treue brach –

und viele andre schöne Lieder. Die Krone aber hatte er sich bis zuletzt aufgespart. Es sei ein wiener Lied, sagte er, und schloß die Tür noch einmal ab. «Aber den österreichischen Dialekt kann ich nicht so nachmachen . . . doch . . . na, du wirst ja hören . . . Ich kann es schon ganz gut!» Und dann fing er an.

«Beim Henrigen – beim Henrigen –
da –»

«Wie?» sagte ich. Er begann von neuem.

«Beim Henrigen – beim Henrigen –
da –»

«Erlaube mal», sagte ich. «Wenn du mich immer unterbrichst, hau ich dir die Gitarre auf den Kopf», sagte er. «Na, aber . . .» sagte ich. «Was ist Henriger?» – «Das ist . . . ich weiß auch nicht recht . . . das ist so ein Wein . . . eine Art Wein . . .» – «Du Ochse!» sagte ich. «Es steht im Liederbuch!» sagte er. «Zeig mal her!» sagte ich. Und dann kam es heraus, und es gab einen Mordskrach, und an diesem Tage spielten sie nicht weiter.

An diesen verdruckten Heurigen muß ich immer denken, wenn ich so lese, wie sich manche meiner Kollegen in ihren Büchern mit Dialekten mausig machen, die sie nicht ganz und gar beherrschen.

Man sollte das nicht tun; es ist aber Mode. Es verleiht dem Stil so etwas Kraftvolles, und die unsichtbare Imponierklammer («Was sagste nu —?») steht dahinter, und es ist sehr schön. Nein, es ist gar nicht schön.

Denn um einer Dame auf den Popo zu klopfen, muß man mit ihr recht vertraut sein — dem zum erstenmal eingeladenen Gast steht es gar übel an, solches bei der Gastgeberin zu unternehmen. Auch die fremde Sprache ist eine Gastgeberin. Berlinern soll nur, wer Berlin wirklich in den Knochen hat; beginnt der Berliner aber, Ottakring nachzuahmen, dann endet das meist fürchterlich: wir können das nicht. Auch wird nie ein waschechter Czernowitzer oder Prager über «icke — dette — kieke mal» hinauskommen; für die feinern berlinischen Wendungen wie: «Die er kennt, sagt er du» hat der Fremde nicht das nötige Verständnis.

Ganz schrecklich wird das, wenn die deutschen Schriftsteller französeln oder amerikaneln. Sobald einer nach einjährigem Aufenthalt im fremden Lande mit dessen Argot um sich wirft, können Sie tausend zu eins wetten, daß er die offizielle Grammatik unvollkommen beherrscht; da stimmt etwas nicht. Jedesmal, wenn ich in einer deutschen Arbeit um einen französischen Ausdruck nicht herumkomme, dann sehe ich mich ängstlich um, ob auch kein Franzose in der Nähe ist; es ist, wie wenn man unerlaubterweise eine Frau geduzt hat. Und wie sie engländern! Wie sie sich dicke tun, wenn sie irgendeinen aufgeschnappten Slang-Ausdruck in den Satz einfließen lassen, so, als wenn das gar nichts sei . . .

Es ist auch nichts, und meist gehts schief. Und es waltet ein tiefes Geheimnis über diesen fremdsprachigen Zitaten. Zitieren die deutschen Zeitungen einen französischen Text, dann ist er mitunter falsch; zitieren die französischen Zeitungen einen deutschen Text, dann ist er mitunter fast richtig — ganz ohne Malheur gehts da nie ab. Fremde Landweine kann man nicht exportieren, den Barbera nicht, den kleinen Anjou nicht, den Äppelwoi wohl auch nicht. Laßt den Henrigen, spielt nicht den Vertrauten der andern; man sollte es — ah, nomdenomdenomdenom (so fluchen die Franzosen), man sollte es nicht tun.

EIN GENIESSER

Der dicke Mann spricht:

«Wir marschierten damals von Suwalki in den Tannenwald, den Kriegsschauplatz aufzuräumen. Ich war kein Held — ich bin zu dick. Und der Marsch war so beschwerlich —, den ganzen Weg über sprachen wir über Literatur und kühles Pilsner. Und da habe ich mir geschworen: Theobald, habe ich zu mir gesagt, wenn du hier noch mal gesund wieder rauskommst: du wirst dich in Watte legen. Du wirst überhaupt nie mehr marschieren. Du wirst dich pflegen wie eine Wöchnerin. Ehrenwort. (Wir Soldaten geben uns immer das Ehrenwort.) Gut; der Marsch nahm ein Ende, Suwalki blieb da liegen, wo es immer gelegen hat, der Krieg war aus.

Nun, ich habe mich nicht in Watte gelegt. Und ich marschiere auch noch ganz gut. Aber *eine* Gewohnheit ist mir geblieben, und Sie glauben nicht, wieviel Freude sie einem macht:

Sehen Sie, da ist dieses blitzend-kalte Glas Wasser. Wenn ich das ... Sie erlauben ... trinke, dann sehe ich in die kleine Wasserfläche, die da schräg im Glase steht, und denke mir mein Teil.

Ich denke mir nämlich:

Jetzt auf einer heißen Chaussee, mit der Kompanie, und ein Staub und eine Hitze, und diese schwere Wolke von Mannsgeruch über den Reihen, das Hemd klebt am Körper, an den Oberschenkeln heult ein Wolf, den ich mir gelaufen habe, und der Tornister drückt ... und was soll das alles ... mein Gott ... jetzt ein Glas kaltes Wasser ... und es ist alles nicht wahr! – Da ist das Glas kalten Wassers, und ich trinke es nun nicht einfach so herunter, nein, ich schmecke seine Kühle, ich lasse es gluckernd durch die Kehle rinnen, ich trinke mit den Kiemen wie ein Fisch, ich koste alle Leiden, die ich nicht zu erleiden brauche –, Sie! das ist ein großer Genuß.

Und so mache ich es in vielen Lagen des Lebens.

Bei mir geht es, wie Sie sehen, recht bescheiden zu. Aber denken Sie doch, was hier alles nicht ist:

Ich gehe umher, und kein Chef sagt zu mir: ‹Wenn man natürlich morgens nicht pünktlich da ist, dann hat man abends lange zu tun.›

Kein Arzt sagt: ‹Na, da kommen Sie mal rein –, da will ich mich mal ein bißchen an Ihnen vergreifen! Schwester! Das Kokain – Kopf mehr zurück ... noch mehr ...›

Keine Frau sagt zu mir: ‹So! Ach sieh mal an! Und der Brief von Hedy? Das war wohl auch nichts? Nein, das war gar nichts! Und wie Fanny gestern ... meinst du, ich habe nicht gesehen, wie du Fanny deine Glupschaugen gemacht hast, und noch dazu in meiner Gegenwart, ihr könnt ja nicht mal warten, bis ich aus dem Zimmer bin –, du bist ein alter Bock! Dir ist das ganz gleich, wer das ist – wenn sie nur ...›

Kein Konsulatsbeamter sagt: ‹Kommen Sie wegen des Visums morgens nochmal. Wir brauchen dazu ein Impfzeugnis Ihrer Großmutter und eine schriftliche Bescheinigung, daß Sie in unserem Lande keine Papageienzüchterei aufmachen wollen. Und ... haben Sie selbst ansteckende Krankheiten? ... oder sind Sie Bolschewist ...?›

Kein stellvertretender Parteivorsitzender gibt mir seine ‹Einstellung› kund.

Keine launenhafte kleine Frau teilt mir mit, daß sie heute nicht wolle und überhaupt nie mehr.

Denken Sie doch, was hier alles *nicht* ist! Sie! Das ist ein großer Genuß.

Stoiker? Ach, gehen Sie. Marc Aurel? Sehe ich aus wie ein römischer Kaiser? Nein, dergleichen ist es gar nicht. Ich habe nur im Kriege gelernt:

Wenn man sich allemal vergegenwärtigt, wieviel Malheur es auf der Welt gibt, und daß man zufällig im Augenblick nicht daran beteiligt ist, dann schmeckt der Augenblick noch einmal so gut. Ich lebe nicht auf den Höhen des Daseins. Aber man möchte doch gern auf den Höhen des Daseins leben. Und da grabe ich mir eben so meine kleine Grube und blicke hinunter in die gähnende Tiefe ... Glück privat.»

‹CLEMENCEAU SPRICHT›

> Was sind wir doch für armselige Menschen! Die Welt beurteilt unser Verhalten nicht nach unsern Beweggründen, sondern nach dem Erfolge. Was bleibt uns da übrig? Man muß Glück haben.
>
> Friedrich II.: *‹Rechtfertigung meines politischen Verhaltens›*

Der französische Titel des Buches heißt: *‹Le Silence de M. Clemenceau›* – der deutsche: *‹Clemenceau spricht›*; von Jean Martet (erschienen bei Ernst Rowohlt, Berlin).

Erster Eindruck: ein wundervolles, plakatartiges Umschlagbild von Gulbransson. Maler können bekanntlich nur sich selber zeichnen (oder das, was sie nicht sind: ihre Sehnsucht) – der da auf blauem Hintergrund steht, ist alles, nur kein Franzose. Es ist etwas Germanisches in diesem Gesicht, das Clemenceau nicht gehabt hat; diese Gestalt geht zu sehr nach dem Krückstock hinüber, zu Blücher ... der polternde Alte Fritz ... aber Clemenceau hatte neben allem andern, wie das Buch wiederum zeigt, eine höchst elegante Geistigkeit und einen bezaubernden Esprit.

Zweiter Eindruck nach dem Durchblättern: ein unangenehmer Kunde.

War er das? Das war er auch. Aber er ist doch auch mehr gewesen. Nämlich:

Zunächst einmal kein ‹großer Mann›. Martet, sein Sekretär, der diese Unterhaltungen aufgezeichnet hat, sieht ihn falsch. «Man wird sich später seiner erinnern. Sein Ruhm wird wachsen.» Es gibt ein Wort im Französischen, das exakt unserem ‹Geschmuse› entspricht ... nein, sein Ruhm wird nicht wachsen – weil nämlich jede Zeit ihre eigenen großen Leute hat und nur ganz, ganz selten Anleihen bei einem anderen Zeitabschnitt macht. Warum war Clemenceau kein großer Mann?

Weil er die Deutschen gehaßt hat? Diesen Grund kann nur ein bündischer Nationalsozialist anführen – einer von denen, die die Nationalisten im eigenen Lager hochpreisen und die der anderen in Grund und Boden verdammen. Das ist ja dumm. Clemenceau hat unendlich viel für sein Land getan und sehr viel gegen sein Land, weil er nämlich viel gegen Europa getan hat. Ich halte seine politischen Diagnosen fast alle für richtig (worüber sich diskutieren läßt) und seine Therapie für ganz und gar verfehlt (worüber sich gar nicht diskutieren läßt). Eine modische Torheit pflegt ‹den Politiker› und ‹den Menschen› fein säuberlich zu trennen, was deshalb töricht ist, weil ja niemand den ‹Menschen› in der Garderobe abgeben kann. Dieser da ist kein großer Mann. Er bezaubert zunächst durch seinen Zynismus; aber es ist ein leerer, ein nihilistischer Zynismus – es ist das vollständige Gegenteil von Weisheit –, Goethe hätte gesagt: «Merkwürdig, wie man in seinem Alter noch so radikal sein kann!» Es ist die gefährliche Grundstimmung des Alters: Ich bin nicht mehr am Ruder, die anderen machen alles falsch – soll doch die ganze Welt zusammenfallen! Sie fällt aber nicht. Der Mann wirkt manchmal in seinen Gesprächen wie ein uralter Stein in einer satten Sommerlandschaft. Mürrisch steht er da und spielt nicht mit: die Natur hat unrecht, scheint er zu sagen. Aber das gibt es nicht.

Eindeutig ist diese Erscheinung nicht. Clemenceau hat ein gut Stück Weltgeschichte gesehen: von der Kommune bis zum Spiegelsaal in Versailles, und was dazwischen liegt, hat er in Frankreich zum Teil maßgebend beeinflußt. Er weiß viel, und nicht nur, was Politik ist. Manchmal trifft er es ganz. Diese Stelle zum Beispiel könnte bei Tolstoi stehen: «Sie sprechen zu sehr aus dem Gesichtswinkel dessen, der nur einen Teil des Geschehens gesehen hat ... einen oder zwei oder drei Ausschnitte des Kriegstheaters ... und es gab auch überall Unordnung, Unsinn, Vergeudung ... aber trotzdem herrschte ein Gesetz in alledem, und aus der Zusammenhanglosigkeit kristallisierte sich so etwas wie eine Vernunft. Darin besteht grade die Kunst des Krieges: Man muß alles in Rechnung stellen, die Begriffsstutzigkeit und die Borniertheit der Menschen, Dinge, die nicht vorwärtskommen. Und damit muß man den Sieg schaffen!» Das hat Größe; so spricht ein echter Politiker.

Sehr typisch für die Geistesverfassung des Mannes ist, daß er – während in Deutschland die nationalistischen Hofhunde vom ‹Verrat›

Stresemanns heulten — seinen Leuten genau dieselben Vorwürfe macht. Briand! Poincaré! Millerand! Alles haben sie aufgegeben! Sabotage! Der Friedensvertrag ist dahin! Wo sind die Errungenschaften des Krieges ...? Wie sich diese Nationalisten gleichen ...!

Was der ‹Vater des Sieges› an geschichtlichen Erinnerungen gibt, ist immer fesselnd, sicher sehr oft unrichtig. Was ihn ehrt, ist die Art, mit der er über den furchtbaren weißen Terror spricht, der in Paris nach der Kommune gewütet hat. Wie da die Bewohner eines Hauses von ihrem Portier abhingen — wenn der einen denunzierte, war der Mieter verloren; wie die alten Militäranwärter noch nachher auf die Frage, ob sie nicht ‹schöne Dinge› in der weißen Armee von Versailles erlebt hatten, ganz gleichmütig antworteten: «Mein Gott, liebes Fräulein, schöne Dinge? Wie man es nimmt. Ich kann Ihnen nur das eine sagen: Meinen letzten Schuß habe ich aus nächster Nähe einer Frau in den Bauch geschossen.» Ja, ja ... Ordnung muß sein ...

Clemenceaus Urteil über Jaurès, in dem er «etwas Böses» sieht, halte ich für grundverfehlt. Den hat er überhaupt nicht verstanden — so, wie er nichts verstand, das nicht nur ‹Macht› war ...

Der Mann mochte seine Fehler gehabt haben; Harden warf ihm in einem Aufsatz, auf dessen Barock-Ornamenten der Staub heute schon fingerdick liegt, völlige Ignoranz in Wirtschaftsdingen vor ... aber Geist hat er gehabt. Dieses Buch wimmelt von ‹mots›, von jenen kurzen prägnanten Aussprüchen, die mehr sind als eine Paradoxie — eine lustige Wahrheit. Humor mit Kupfervitriol, Ironie mit Schwefelsäure und ein Witz, mit dem man Steinbrüche sprengen kann.

«Zur Zeit schwanke ich zwischen dem Wunsch zu leben, um das Meer zu betrachten, und dem Wunsch zu sterben, um Léon Blum nicht mehr sehen zu müssen.» — «Er hat gewiß diese Welt verlassen, ohne erkannt zu haben, was der Tod bedeutet. Nun hat er ja die ganze Ewigkeit, um darüber nachzudenken.» — (Von einer Rose): «Sie sieht aus wie ein junges Mädchen, dem man etwas Gewagtes gesagt hat.» — Bezaubernde Bosheiten gegen die Kirche, gegen alle Kirchen. Anekdoten die Fülle ... ein Untier aus dem Märchen, das Kinder frißt und die Flöte blasen kann.

Die Übersetzung ist befremdend. Die Übersetzer, Franz Hessel und Paul Mayer, können natürlich genug Französisch, um zu sehen, was sie da gemacht haben. Sie haben wortwörtlich übersetzt. Ich halte das nicht für gut. Das kann nur einer, mit aller Grazie seines Stils: Franz Blei. Wir andern täten gut, so zu übersetzen, daß etwas Deutsches herauskommt — dieses Buch aber klappert daher wie eine Übungslektion aus dem seligen Plötz: «Der Onkel meines Bruders hat ein Gewehr.» Wenn der Sekretär in ein Gespräch einfügt, daß er nun aufstehe, dann heißt es: «Ich erhebe mich.» Na, hör mal ... Von Schuljungen: «Sie trugen die frechen Näschen hoch, nahmen kein

Blatt vor den Mund und hatten Sonne in den Augen.» So – nun noch einmal das Ganze auf französisch. Und wenn einer im Gespräch «unverzüglich» sagt, so geht das noch an – aber wenn es heißt: «Er ist Holzhändler und traurig», so ist das glattweg komisch. So sollte man wohl nicht übersetzen.

Dagegen hat das Buch ein wundervolles fotografisches Material; Bilder Clemenceaus aus allen Lebensaltern – und einmal ist er mit seiner Köchin abgebildet, die aussieht wie der gesunde französische Menschenverstand. Damit kann man sehr gut kochen.

Der Mann hat in fünfzig Jahren seines öffentlichen Lebens viel Schmutzereien gesehen, er hat ein ausgiebiges Moorbad in dem genommen, was man auf der Welt Politik, Journalismus, Finanz, Ehrgeiz, Machttrieb, Eitelkeit und die Ehrenlegion nennt – er macht eine müde Handbewegung: ich kenne sie ... ich kenne sie ... Dann flüchtete sich der alte Heide zu den Steinen, zu den Blumen und an das Meer ... Aber ich kann mir nicht denken, daß ihn die Blumen geliebt haben, wie sie seinen Freund, den Maler Monet, geliebt haben mögen. Er strahlte Kälte aus und Kühle, schwärzliche Finsternis und die Frostigkeit eines nicht zu schmelzenden Herzens.

Solche Staatsmänner werden immer wieder kommen.

Solche Staatsmänner werden, auch wenn sie Sieger sind, immer wieder verlieren.

BRAUT- UND SPORT-UNTERRICHT

> Ein katholischer Pfaffe wandelt einher, als wenn ihm der Himmel gehöre; ein protestantischer Pfaffe hingegen geht herum, als wenn er den Himmel gepachtet habe. Heine

Wenn im folgenden von der ‹Kirche› die Rede ist, so wird damit von den politischen Gruppen gesprochen, die, unter Benutzung von Gottesdiensten, mit Berufung auf ältere theologische Schriften und durch geistliche Agenten Politik machen. Das ist ihr Recht. Keinesfalls aber ist es ihr Recht, sich allemal dann, wenn diese Politik angegriffen wird, hinter der vorgeblichen Heiligkeit ihrer Bestrebungen zu verkriechen und so für sich und ihre Leute ein Ausnahmerecht zu statuieren. Solange der kirchliche Gnostiker seinen Menschenbruder auf den Tod vorbereiten will, wird sich jeder geschichtlich geschulte Denker vor der ungeheuren Masse von Erfahrung, philosophischem Wissen und metaphysischer Bestrebung beugen, die in den Schriften der Kirche, besonders in denen der katholischen Kirche, angehäuft sind. Im Augenblick aber, wo die Kirchen in den politischen Tageskampf eintreten, müssen sie sich gefallen lassen, genau wie jede andre politische Gruppe beurteilt und kritisiert zu werden. Einen Anspruch auf eine Sonderstellung haben sie nicht. Kein Staatsanwalt kann daran etwas ändern.

Was an der Haltung beider Landeskirchen auffällt, ist ihre heraushängende Zunge. Atemlos jappend laufen sie hinter der Zeit her, auf daß ihnen niemand entwische. «Wir auch, wir auch!», nicht mehr, wie vor Jahrhunderten: «Wir.» Sozialismus? Wir auch. Jugendbewegung? Wir auch. Sport? Wir auch. Diese Kirchen schaffen nichts, sie wandeln das von andern Geschaffene, das bei andern Entwickelte in Elemente um, die ihnen nutzbar sein können.

Wohin geht die Jugend am Sonntag? In die Kirche? Nein: auf die Sportplätze. Die Geistlichen warteten in ihren leeren Kirchen; es kam niemand. Da erhoben sie die Soutanen und Talare und wandelten ernsten Schrittes hinaus auf die Sportplätze, und sie lehrten dorten das Wort Gottes inmitten der Sprungseile und der Wurfkugeln. Mohammed war zum Berge gekommen. Das wäre den Herren früher als eine Ketzerei erschienen; die Kirche hat nachgegeben; sie hat sich nicht gewandelt, sie ist gewandelt worden.

Die Protestanten: «*‹Sportpredigten und Sportansprachen›*, herausgegeben von Gerhard Kunze, Studentenpfarrer in Leipzig» (erschienen bei C. Ludwig Ungelenk in Dresden). Das ist eine recht armselige Sache.

Lobend mag angemerkt werden, was diese Schrift nicht ist: sie ist keine nach kaltem Tabak riechende Muckerei. Dieser Prediger sieht seine Zeit so, wie sie ist — er sieht sie nur erschreckend flach, und aus jenem herbstlichen Kartoffelfeuer, das einmal in Luther gebrannt hat, ist eine sanft regulierte Zentralheizung geworden. «Wenn die protestantische Religion», steht bei Heine, «keine Orgel hätte, wäre sie überhaupt kein Religion.» Ob es sich nun um Gleichzeitigkeit oder Beeinflussung handelt: die kleine Schrift erinnert fatal an das Unsäglichste, was an Religion zur Zeit auf diesem Erdball hergestellt wird: an die Clownerien amerikanischer Pfaffen, die ja wohl das Äußerste und Letzte an Entwürdigung der Religion leisten.

Der Pfarrer Kunze hat zunächst andre Sorgen. «Der Inhalt der Verkündigung an Sport und Sportler kann kein andrer sein als das Evangelium selbst. Die Gefahr heidnischer Idealisierung in ‹christlicher› Verbrämung liegt besonders nahe.» Ach nein — sie liegt leider gar nicht nahe. Wären die Herren noch heidnisch! Aber tausend einexerzierte Bankbeamte und Warenhausverkäufer, die im freien Sonnenlicht Stabübungen machen, sind noch lange nicht heidnisch — das ist ein Irrtum. Nun, im Vorwort gehts sehr philosophisch zu, aber schon hier springt die irre Furcht der Kirche in die Augen: Nur nicht zurückbleiben! nur mit der Zeit gehen! wir auch! wir auch! Und so tritt sie denn zur Predigt an.

«Kommandorufe, Predigt beim Eichenkreuz-Bezirksturnfest in Mettmann.» Diese Predigt beginnt folgendermaßen: «Kehrt marsch! Stillgestanden! Richt euch! Rührt euch! Kommandorufe tönen über den weiten Turnplatz, und alsbald wenden sich die marschierenden Abteilungen ... Ihr Turner seid mit Lust dabei. Auch in dieser Stunde hören wir Kommando. Der Ruf Gottes wendet sich ...»

In einem medizinischen Prüfungskollegium saß einmal ein Zoologe, der war dafür berüchtigt, nur über sein Spezialfach, die Würmer, zu prüfen. Eines Tages aber stieß ihn der Bock, und er fragte einen nichtsahnenden Kandidaten etwas von den Elefanten. «Der Elefant», sagte der Kandidat nach kurzem Nachdenken, «frißt so gut wie gar keine Würmer. Die Würmer ...» So auch dieser Pfarrer.

Und was er dann nach den kleinen Kunstgriffen der Einleitungen seinen jungen Leuten zu sagen hat, das ist leer, platt und, da die Orgel fehlt, überhaupt keine Religion. Es sind, wenn man genauer hinsieht, Leitartikel vernünftiger Demozeitungen, brave Allgemeinplätze, Ermahnungen zur Fairness, zum anständigen Leben, hygienische Mahnungen, mit seinem Körper kein Schindluder zu treiben — alles sehr beherzigenswerte und mäßig formulierte Ansprachen. Aber was das mit einem Glauben, mit der Kirche, mit der Religion zu tun hat —: das geht aus dem Bändchen nicht hervor. Diese Kirche wird sich sehr dranhalten müssen, wenn sie der Konkurrenz des großen Bruders und der zahlreichen kleinen Sektenbrüder nicht erliegen will.

Der große Bruder — der Katholizismus — fängt das nun schon ein wenig anders an. «*‹Brautunterricht, Eine praktische Einleitung für den Seelsorgsklerus›*. Von Doktor Karl Rieder, Pfarrer in Reichenau» (erschienen bei Herder & Co. in Freiburg im Breisgau). Kratze das Heiligenbildchen, und du findest den Stimmzettel.

Über die Auffassung der Ehe, wie sie in diesem von der kirchlichen Behörde gut geheißenen Heftchen dargetan wird, kann man diskutieren. Ich kann nicht in den Chorus jener miteinstimmen, die in jedem kirchlich denkenden Menschen einen schwachsinnigen Reaktionär sehen; so einfach wollen wir uns den Kampf nicht machen. Es ist sehr wohl möglich, daß ein katholisch erzogener Mann mit seiner Lebensgefährtin in der Ehe jenes Sakrament sieht, von dem die Kirche spricht; wenn ihr Glaube, der nicht vom Himmel gefallen, sondern der geschichtlich gewordene Ausdruck einer Klasse ist, sich als stärker erweist als unsre ökonomischen Verhältnisse, so mögen das diese Menschen mit sich abmachen. Vielleicht sind sie sehr glücklich, auch dann noch, wenn ihre Ehe es nicht ist. In diesem Heft wird nicht gemuckert; der Geschlechtsverkehr in der Ehe wird vernünftig abgehandelt, bis auf einen — den entscheidenden Punkt. Und hier allerdings ist kein Wort zu scharf, um eine Propaganda abzuwehren, die unendliches Unheil über die Leute bringt.

Wenn ein Pfarrer, der das Leben zu kennen hat, in so einer Unterrichtsstunde für angehende Frauen allen Ernstes den Satz proklamiert: «Besser zehn Kinder auf dem Kissen als nur eines auf dem Gewissen» — so darf man ihn denn doch fragen, ob er nicht weiß, daß es Zehntausende von deutschen Familien gibt, die dieses Kissen überhaupt nicht besitzen. Es ist wie ein Hohn, den Sklaven der Fabriken und der Hütten, der Warenhäuser und der Mänteljunker zu predigen: «Es müssen darum die Eheleute entweder die Ehe recht gebrauchen, so daß Gott die Empfängnis eines Kindes daran knüpfen kann, oder aber die Eheleute müssen wie Bruder und Schwester vollständig enthaltsam leben ohne Befriedigung der sinnlichen Lust.» Was also darauf hinauslaufen dürfte, daß der Generaldirektor eines chemischen Betriebes der sinnlichen Lust frönen darf, weil er die Kissen für die Kinder besitzt, die er nicht auf dem Gewissen haben soll — daß hingegen seine Arbeiter ihre Frauen nur heiraten dürfen, um nach dem zweiten Kind brüderlich neben ihr zu liegen. Armut ist ein großer Glanz von innen ...

Hier fehlt die wirtschaftliche Betrachtungsweise ganz; die kapitalistische Weltordnung wird als ‹göttlich› gegeben, dagegen auflehnen darf man sich, wie wir gleich hören werden nicht, und daher haben Mann und Frau auf eine Betätigung zu verzichten, die doch von einer Macht gegeben ist, die die Katholiken so gern im Mund führen: vom Naturrecht. Das gilt hier nicht.

Der Brautunterricht, der hier erteilt wird, ist politisch. Daß die Ziviltrauung nur zähneknirschend angeführt wird, versteht sich von selbst. Ja, es gibt sie ... ja, gewiß ... «Vor Gott und euerm Gewissen seid ihr aber durch die standesamtliche Trauung noch nicht Eheleute. Denn das heilige Sakrament der Ehe ist nur der Kirche zur Verwaltung übertragen worden, nicht dem Staate. Die Kirche allein bestimmt darüber, wie die Ehe rechtmäßig und gültig eingegangen werden kann.» Was in dieser Form falsch ist.

Ganz klar und eindeutig aber wird an einer Stelle die Rolle des als Geistlichen verkleideten politischen Agenten:

«Katholischen Geist atme die Zeitung, die in euerm Hause gelesen wird, da es gegen den katholischen Glauben verstößt, neutrale oder gar kirchenfeindliche Zeitungen zu unterstützen. Das gleiche gilt auch von den Büchern, die im Hause gelesen werden. Katholisch sei der Umgang in der Zugehörigkeit zu den katholischen Vereinen, da es jedem Katholiken verboten ist, Organisationen oder Vereinen anzugehören, welche» — hör gut zu! — «den Klassenkampf oder das Machtprinzip oder einen heidnischen Nationalismus auf ihre Fahne geschrieben haben oder das wirtschaftliche Leben loslösen wollen von den Grundsätzen des Christentums mit dem Schlagwort: Religion ist Privatsache.»

Da haben wir sie ganz.

Abgesehen von der Komik, die darin liegt, daß eine auf der schärfsten Autorität und Unterordnung ruhende Organisation das ‹Machtprinzip› als solches ausschließt und nur das Prinzip jener Macht verbieten will, die nicht von ihr selber ausgeht —: hier haben wir sie ganz. Es ist Politik, die so gemacht wird, klare, eindeutige Tagespolitik. Und nicht nur gegen diese Politik wenden wir uns.

Wir wehren uns dagegen, daß eine politische Gruppe, ohne die in Deutschland zur Zeit nicht regiert werden kann, sich allemal dann kreischend hinter den Staatsanwalt flüchtet, wenn ihr der politische Kampf unbequem wird. Man kann spielen, aber man soll beim Spiel nicht mogeln. Entweder ihr macht Politik, wie die Kommunisten, wie die Nazis, wie die Deutsche Volkspartei, und das tut ihr —: dann müßt ihr euch gefallen lassen, genau so umstritten zu werden wie jene. Ihr wollt nicht das Kreuz umschrien haben? Dann müßt ihr es nicht im politischen Kampf schwingen. Wer will euch ans Kreuz? Die politischen Gegner wollen euch an den Stimmzettel, den ihr mit dem Kreuz deckt. Und ihr habt nicht das Recht, eure moralischen Forderungen, die weder im Naturrecht basieren noch von Gott gegeben sondern Menschenwerk sind, andern aufzudrängen, die sie aus ebenso reinlicher Überzeugung ablehnen, wie ihr sie statuiert. Nicht die Gebundenheit ist das primäre — die Freiheit ist es.

Ihr lebt vom metaphysischen Bedürfnis der Massen. Ihr seid uns kein Bedürfnis.

DER STIMMUNGSSÄNGER

Das Lokal verdunkelt sich, tieflila und bonbonrosa

Hörst du nicht das Lieböslied,
wie es leis die Nacht durchzieht?
Zwei Herzen, die scherzen, ahnen oft nicht,
daß plötzlich beim Scherzün entflammen die Herzün . . .
  Du bist etwas ganz Wunderbars:
    Ich hab dich so gerne —
    Bist mir Sonne, Mond und Sterne,
    meine Venus du und mein Mars . . .
Sag mir noch einmal Jöä, du schöne Frau!
Sag mir noch einmal Jöä!
                Ich weiß genau:
Ich drück dich an mein Herriz — die Nacht und ich sind blau
                am Busen einer schönen Frau —!

Orchester

Ein bayerischer Gast verlangt stürmisch nach Knödeln. Der Stimmungssänger zieht sich zwei aus dem Hals und reicht sie ihm.

Orchester

Ich denke an dich spät und früh,
du meine Madamm Butterflüh!
Mit dir — da möcht ich einmal sein
in Rüdesheim am Rhein beim Wein!
Du trägst ein Kind unterm Herzelein ...
Ja, wer mag der Vater nur sein —?
    Drei Musketiere! Drei Kavaliere!
    Für die Freiheit stehen sie ein!
    Zieht blank, Musketiere, und steckt den Degen ein
    mang die Freiheit, die Frauen und der Wein!
        Him — plam, plam
        Hum — plim, plim
        Jau — didau didau —
        plim — plim ...

Ich schenk dir Küsse ohne Zahl.
Wir sind hier ein durchaus feines Lokal.
Vor Monokeln liegen wir auf dem Bauch;
kommt der Kronprinz einmal, vor dem Kronprinzen auch!
Zähl nicht jede Flasche, die der Kellner dir nimmt
        halbgefüllt ...
        Du süßes Engelsbild!
        Bald ist der Moi
        vorbeu!
        Bleib mir treu!
Und kaufe ihr einen Veilchenstrauß,
sonst fliegt die Person aus dem Ausschank hier raus!
        Zonny boy!
Und kaufe ihr einen Täddy-Bären,
sonst darf die Nutte hier nicht mehr verkehren!
        Zonny boy ...
Die deutsche Frau sei dem Manne geheiligt —
auch ist sie an den Getränken beteiligt ...
Keine Inkorrektheit, die uns entwischt!
Zwischen servil und frech gibt es hier nischt.
Hier herrscht Ordnung!

Dort seh ich die Lo — die süße Kokwette —
sie kommt grade von der Damentoilette!

O sieh doch nur, wie der Mondenschein strahlt!
Dabei hat das Luder nicht mal bezahlt!
Sie macht ein unschuldvoll Gesicht
und denkt, die Toilettenfrau merkt es nicht . . .
Doch es gibt eine Frau, die dich niemals vergißt
und dir alles im Leben verzeiht –
aber wenn du ihr weggelaufen bist,
dann kommt es, daß sie schreit:
«Heinmal sagt man sich Hadjöö,
wenn man sich auch noch so liebt!
Einmal sagt man sich Adieu,
det mir det Aas keen Trinkjeld jibt!
Da hat se natürlich keen Jeld vor . . .!»

Und wir spielen vermittels des Weins
dem Mittelstand große Welt vor
von abends bis morgens um eins!
Stoßt auf! Mit dem Rebenpokale!
Die Celli und Geigen ziehn!
Wir sind die Vergnügungslokale
und der Stolz der Weltstadt Berlin –!

PROTESTE GEGEN DIE DREIGROSCHENOPER

Warum pfeifen in vielen Provinzstädten die Leute wie toll, wenn die ‹*Dreigroschenoper*› oder ein andres Stück von Brecht und Weill aufgeführt wird? Irre ich nicht, so wird da an der Bühne vorbeigepfiffen.

Wer Radau macht, ist gewöhnlich die ‹rechte› Seite der Stadt. Diese Theaterskandale sind ein dumpfes Aufbegehren, jenem nicht unähnlich, in dem die Leute wild applaudieren, wenn nach einem Jazz ein ‹guter, alter Walzer› gespielt wird. Es ist die Freude fünfzigjähriger Männer und ihrer etwas jüngeren Frauen, wieder in die gewohnten Gleise zu kommen – das kennen sie, das ist die gute alte Zeit, bravo! Das andre?

Das andre ist für sie das Neue schlechthin, alles, was sie verabscheuen: Sozialismus, Juden, Rußland, Pazifismus, die Abschaffung des Paragraphen 218. Störung ihrer Moral und Störung der Geschäfte, das Volk, das Gemeine . . . Pfui! Unerhört! Aufhören!

Die Nazis immer feste mit. Deren Kunstanschauungen sehen nicht den Leib eines Kunstwerks sondern nur seine Vorhaut – diese Stinkbombenwerfer funktionieren bei allem, was ihnen fremdartig erscheint und was nicht von einem Parteimitglied verfaßt ist, und da geht es bunt durcheinander: Magnus Hirschfeld oder moderne Musik oder ein amerikanischer Kriegsfilm ... das kommt nicht so genau drauf an.

Es ist nun ungemein lustig zu sehen, mit welcher Vehemenz dieser verdrängte Kampf auf einem ihm eigentlich nicht adäquaten Gebiet geführt wird. Der Krach gehörte von Rechts wegen in den Magistrat, in die politische Versammlung, an die Stammtische ... in diesen Aufführungen hat er gar nichts zu suchen. Die Brecht-Spektakel sind Anlaß, das Stück ist nur ganz selten die Ursache.

Nun geht der Skandal aber auch noch an der Bühne vorbei.

Brecht ist kein Jude. Brecht hat – mit wenigen Ausnahmen – nur unpolitische Gedichte geschrieben. Brecht plakatiert keine Überzeugung; es würde ihm wohl schwer fallen, denn die seine ist schwer zu eruieren. Was die Pfeifer reizt, ist unter anderm etwas, was sie ‹Roheit› nennen, und die ist lange nicht mehr echt, die ist gemacht. Das knallt, das stinkt, das knufft und das schießt; das jagt auf Mustangs durch die Wüste, das säuft und spielt, das flucht und das hurt ... aber so schön weit weg, in Indianien, in wo es gar nicht gibt ... Das ist grade das Feine an dieser Kunst. Freiligrath, Freiligrath ...

Lebte ich in Leipzig oder Kassel, so wäre ich wohl genötigt, die Krachmacher schärfstens zu bekämpfen und den Applaudierenden zu sekundieren – aber in Wahrheit haben beide unrecht. Sie haben unrecht, wenn sie mit ihrem Geschrei die Opern meinen. Sie haben recht, wenn sie ihre Welt meinen und jene, die sie hinter dem Kunstwerk zu sehen glauben. Dann allerdings ist der Kampf berechtigt: dann ist es der große Kampf, der diese Zeit durchzieht. Aber wieviel Energie wird hier verschwendet! Ist das ein Ersatz für politischen Kampf, sich auf der Galerie die Hände rot zu klatschen und denen im Parkett ordentlich eines zu besorgen? Selbst ein Sieg wäre keiner: es ändert sich nichts, wenn die kölner oder die darmstädter Bürger dem höchst ungefährlichen Brecht zujubeln. Dadurch werden die Arbeitslosen auch nicht weniger.

Mir will scheinen, als ob der Lärm um diese Stücke zur Bedeutung der opera operata Brechts, der trotz allem eine große Begabung bleibt, in keinem rechten Verhältnis steht. Diese Dreigroschen-Philosophie: «Wie man sich bettet, so liegt man», diese sorgsam panierte Roheit, diese messerscharf berechneten Goldgräberflüche ... so ist das Leben ja gar nicht. Nicht einmal das in Klondyke von gestern, bestimmt nicht das in Amerika von heute ... auch die Beziehung zu Deutschland 1930 bleibt flau. Es ist stilisiertes Bayern.

Was der Dichter da treibt, sieht aus, wie wenn sich einer an einem Hausbrand Suppe kocht. Aber das Haus brennt nicht seinetwegen.

DEUTSCHLAND ERWACHE!

Daß sie ein Grab dir graben,
daß sie mit Fürstengeld
das Land verwildert haben,
daß Stadt um Stadt verfällt . . .
    Sie wollen den Bürgerkrieg entfachen —
    (das sollten die Kommunisten mal machen!)
daß der Nazi dir einen Totenkranz flicht —:
    Deutschland, siehst du das nicht —?

Daß sie im Dunkel nagen,
daß sie im Hellen schrein;
daß sie an allen Tagen
Faschismus prophezein . . .
    Für die Richter haben sie nichts als Lachen —
    (das sollten die Kommunisten mal machen!)
daß der Nazi für die Ausbeuter ficht —:
    Deutschland, hörst du das nicht —?

Daß sie in Waffen starren,
daß sie landauf, landab
ihre Agenten karren
im nimmermüden Trab . . .
    Die Übungsgranaten krachen . . .
    (das sollten die Kommunisten mal machen!)
daß der Nazi dein Todesurteil spricht —:
    Deutschland, fühlst du das nicht —?

Und es braust aus den Betrieben ein Chor
von Millionen Arbeiterstimmen hervor:

Wir wissen alles. Uns sperren sie ein.
Wir wissen alles. Uns läßt man bespein.
Wir werden aufgelöst. Und verboten.
Wir zählen die Opfer; wir zählen die Toten.
Kein Minister rührt sich, wenn Hitler spricht.
Für jene die Straße. Gegen uns das Reichsgericht.
Wir sehen. Wir hören. Wir fühlen den kommenden Krach.
Und wenn Deutschland schläft —:
                    Wir sind wach!

DIE HOCHTRABENDEN FREMDWÖRTER

In der Redaktionspost lag neulich ein Brief.

«Liebe Weltbühne!

Wenn ich diese Zeilen an dich richte, so bitte ich in Betracht zu ziehen, daß ich nicht ein Zehntel so viel Bildung besitze wie deine Mitarbeiter. Ich gehöre vielleicht zu den primitivsten Anfängern deiner Zeitschrift und bin achtzehn Jahre alt. Dieses schreibe ich dir aber nur, damit du dich über meine folgenden Zeilen nicht allzu lustig machst.

Aus deinen Aufsätzen habe ich ersehen, daß du trotz aller Erhabenheit über die politischen Parteien doch mit den Linksradikalen am meisten sympathisierst.

Schreibst du auch für einen Proleten, der sich in einem Blatt orientieren will, daß er objektiv urteilt? Für den aber ist es, was für den Fuchs die Weintrauben. Also: much to high.

Ich selbst bin auch nur ein Autodidakt und muß öfter das Lexikon zur Hand nehmen, wenn ich die Artikel verfolge. Wenn du darauf Wert legst, die Sympathie und das Interesse der revolutionären Jugend und der einfachen Arbeiterschaft zu erwerben, so sei gelegentlich sparsamer mit deinen hochtrabenden Fremdwörtern und deinen manchesmal unverdaulichen philosophischen Betrachtungen.

Hochachtungsvoll Erna G.»

Hm. Hör mal zu – die Sache ist so:

Etwa die gute Hälfte aller Fremdwörter kann man vermeiden; man solls auch tun – und daß du keine ‹Puristin› bist, keine Sprachreinigerin, keine von denen, die so lange an der Sprache herumreinigen, bis keine Flecke mehr, sondern bloß noch Löcher da sind, das weiß ich schon. Ich weiß auch, daß es wirklich so etwas wie ‹hochtrabende› Fremdwörter gibt; wenn einer in Deutschland ‹phänomenologisches Problem› schreibt, dann hat er es ganz gern, wenn das nicht alle verstehn. So wie sich ja auch manche Schriftsteller mit der katholischen Kirche einlassen, nur damit man bewundre, welch feinen Geistes sie seien ... Soweit hast du ganz recht. Aber nun sieh auch einmal die andre Seite.

Es gibt heute in Deutschland einen Snobismus der schwieligen Faust, das Fremdwort ‹Snobismus› wollen wir gleich heraus haben. Es gibt da also Leute, die, aus Unfähigkeit, aus Faulheit, aus Wichtigtuerei, sich plötzlich, weil sie glauben, da sei etwas zu holen, den Arbeitern zugesellen, Leute, die selber niemals mit ihrer Hände Arbeit Geld verdient haben, verkrachte Intellektuelle, entlaufene Volksschullehrer, Leute, die haltlos zwischen dem Proletariat der Arme und dem des Kopfes, zwischen Werkstatt und Büro hin- und herschwanken – und denen nun plötzlich nichts volkstümlich genug ist. Maskenball der Kleinbürger; Kostüm: Monteurjacke. Nein, du gehörst nicht dazu — ich erzähle dir nur davon. Und da hat nun eine Welle von ‹Arbeiterfreundlichkeit› eingesetzt, die verlogen ist bis ins Mark.

Man muß scharf unterscheiden:

Schreibt einer für die Arbeiter, für eine Leserschaft von Proletariern, so schreibe er allgemeinverständlich. Das ist viel schwerer als dunkel und gelehrt zu schreiben — aber man kann vom Schriftsteller verlangen, daß er gefälligst für die schreibe, die sein Werk lesen sollen. Der Proletarier, der abends müde aus dem Betrieb nach Hause kommt, kann zunächst mit so einem Satz nichts anfangen:

«Die vier größten Banken besitzen nicht ein relatives sondern ein absolutes Monopol bei der Emission von Wertpapieren.»

Dieser Satz aber ist von Lenin (*‹Der Imperialismus als jüngste Etappe des Kapitalismus›*), und der Satz ist, bei aller Klarheit des Gedankens, nicht für die Straßenpropaganda geschrieben. Denn hier läuft die Grenzlinie: Die einen betreiben den Klassenkampf, indem sie ihre Schriften verteilen lassen, sie wirken unmittelbar, sie wenden sich an jedermann — also müssen sie auch die Sprache sprechen, die jedermann versteht. Die andern arbeiten für den Klassenkampf, indem sie mit dem wissenschaftlichen Rüstzeug der Philosophie, der Geschichte, der Wirtschaft zunächst theoretisch abhandeln, wie es mit der Sache steht. Lenin hat beides getan; der Fall ist selten.

Die zweite Art Schriftstellerei kann nun nicht umhin, sich der Wörter und Ausdrücke zu bedienen, die bereits vorhanden sind. Ich habe mich stets über die Liebhaber der Fachausdrücke lustig gemacht, jene Affen des Worts, die da herumgehen und glauben, wer weiß was getan zu haben, wenn sie «Akkumulation des Finanzkapitals» sagen, und denen das Maul schäumt, wenn sie von «Präponderanz der innern Sekretion» sprechen. Über die wollen wir nur lachen. Vergiß aber nicht, daß Wörter Abkürzungen für alte Denkvorgänge sind; sie rufen Gedankenverbindungen hervor, die bereits in den Menschen gleicher Klasse und gleicher Vorbildung schlummern und auf Anruf anmarschiert kommen — daher sich denn auch Juristen oder Kleriker oder Kommunisten untereinander viel leichter und schneller verständigen können als Angehörige verschiedener Gruppen untereinander.

Es ist nun für einen Schriftsteller einfach unmöglich, alles, aber auch alles, was er schreibt, auf eine Formel zu bringen, die jedem, ohne Bildung oder mit nur wenig Bildung, verständlich ist. Man kann das tun. Dann aber sinkt das Durchschnittsmaß des Geschriebenen tief herunter; es erinnert das an den Stand der amerikanischen Tagesliteratur, die ihren Ehrgeiz daran setzt, auch in Bürgerfamilien gelesen werden zu können, bei denen kein Anstoß erregt werden darf. Und so sieht diese Literatur ja auch aus. Will man aber verwickelte Gedanken, die auf bereits vorhandenen fußen, weil keiner von uns ganz von vorn anfangen kann, darstellen, so muß man sich, wenn nicht zwingende Gründe der Propaganda vorliegen, der Fachsprache bedienen. Keiner kommt darum herum. Auch Lenin hat es so gehalten. Oder glaubst du, daß seine Schrift ‹*Materialismus und Empiriokritizismus*› für jeden Proletarier ohne weiteres verständlich sei? Das ist sie nicht. Wer über Kirchengeschichte des zweiten Jahrhunderts schreibt, kommt ohne die lateinischen Ausdrücke der damaligen Zeit nicht aus.

Soll er eine Übersetzung beigeben? Schopenhauer platzte vor Wut bei dem Gedanken, solches zu tun; er wurzelte aber — bei aller Größe — in dem Ideal der humanistischen Bildung seiner Zeit und seiner Klasse; er hatte recht und unrecht. Es gibt heute bereits eine Menge Schriftsteller und Zeitschriften, die jedem fremdsprachigen Zitat die Übersetzung folgen lassen; es ist Geschmackssache. Ich tue es selten; ich zitiere entweder gleich auf deutsch oder manchmal, wenns gar nicht anders geht, lasse ich die fremdsprachigen Sätze stehn — dann nämlich, wenn ich das, was in den fremden Wörtern schlummert, nicht übertragen kann. Man kann alles übersetzen — man kann nicht alles übertragen. Es gibt zum Beispiel gewisse französische Satzwendungen, Wörter ... die sind so durchtränkt von Französisch, daß sie auf dem Wege der Übersetzung grade das verlieren, worauf es ankommt: Klang, Melodie und Geist.

Nun kenne ich das Gefühl sehr wohl, das einen beseelt, der solches liest und der nicht oder nicht genügend Französisch kann. Man kommt sich so ausgeschlossen vor. Man fühlt die eigne Schwäche; man wird böse, wütend ... und man wälzt diese Wut, die eigentlich der eignen Unkenntnis (verschuldet oder nicht) gilt, auf den andern ab. Ich spreche zum Beispiel miserabel Englisch und verstehe es kaum, und es hat jahrelang gedauert, bis ich mit dem Verstande dieses dumpfe Wutgefühl aus mir herausbekommen habe. Lese oder höre ich heute Englisch, so schmerzt es mich, es nicht gut zu verstehen — aber ich bin auf den Schreibenden oder Sprechenden nicht mehr böse. Er kann doch nichts dafür, daß ich es so schlecht gelernt habe.

Siehst du, so ist das.

Es ist kein Verdienst der Söhne, wenn ihre Väter so viel Geld hatten, daß sie die Söhne aufs Gymnasium schicken konnten, gewiß nicht. Und was in den meisten Fällen dabei herauskommt, wissen wir ja auch. Aber unterscheide gut, Erna, zwischen den beiden Gattungen, die da Fremdwörter gebrauchen:

den Bildungsprotzen, die sich damit dicke tun wollen, und den Schriftstellern, die zwischen ‹induktiv› und ‹deduktiv› unterscheiden wollen und diesen Denkvorgang mit Worten bezeichnen, die geschichtlich stets dieser Bezeichnung gedient haben.

Die Intellektuellen eines Volkes sollen nicht auf dem Niveau von schnapsdumpfen Gutsknechten stehn – sondern der Arbeiter soll in Stand gesetzt werden, die intellektuellen Leistungen der Gemeinschaft zu verfolgen. Nicht: reinlich gewaschene Körper sind ein Abzeichen von Verrat am Klassenkampf – sondern: alle sollen in die Lage gesetzt werden, sich zu pflegen. Den Körper, Erna, und den Geist.

KINO PRIVAT

Für Emil Jannings

In vielen Prokuristen steckt ein Perser-Schah,
der ruht, verzaubert. Aber manchmal, im Büro,
wenn schläfrig nebenan die Schreibmaschinen schnattern,
so kurz nach Tisch ... schlägt er im Traum die Augen auf
und atmet.
Dreimal klatscht er leise
in die Hände. Ibrahim erscheint
und kreuzt die Arme, neigt sich, schweigt.
«Die Mädchen!» sagt der Prok ... der Schah.
Und sieben Mädchen trippeln
um ihn herum, jung, schlank, mit Öl gesalbt,
und eine ist dabei, feist wie ein praller Sack.
Der Schah versinkt in Weiberfleisch, in Brüste, die ihn streicheln,
er weiß nichts mehr, sieht rot, ist sieben Male Mann ...
Wach auf, Gehirn! Das Hirn erwacht,
und aller Unflat, den er je gelesen
und je erträumt, bricht aus dem Prokuristen-Schah.
Er schaut, er schmatzt, er schmeckt, er wittert ...
«Fatme! Suleima! Ah, du bist ...»
Entzwei
reißt ihn ein Klingellaut, der hart verzittert.
Schah ab. Der Prokurist:
«Hier Lützow siebenundsiebenzignulldrei!
Am Apparat. Der Skonto? Wie gewöhnlich!
Na, unser Doktor Freutel hat persönlich ...»

In vielen Angestellten wohnt ein Dschingis Khan,
der schläft, verzaubert.
Aber manchmal, wenn
der launenhafte Chef den Angestellten piesackt,
bis dem die Galle hochsteigt, bis er kocht
und bis er platzt –: dann steht der Kriegsmongole
wild in ihm auf. Er stürzt sich auf den Chef,

pfeift seinen Leuten, und die packen
den Herrn Direktor, binden ihn mit Lassos
und werfen ihn auf ihre Pferde,
nein: er wird am Sattel festgebunden
und muß nun laufen. Laufe! Willst du laufen!
Du Hund! Die Peitsche saust. Es stöhnt der Chef!
Dann wirbeln ihn die Reiter auf die Erde
und schneiden ihm ... nein: nadeln ihn ...
nein: braten ihn in Kohlenfeuer
und streuen Salz und Pfeffer in die Wunden.
Und Mostrich.
Und der Dschingis Khan
streicht seinen Seidenbart und lächelt: «Na, Herr Zaschke ...?»
Und während der Gefangene sich am Boden ringelt,
ergreift der Dschingis Khan den vollen Silberhumpen,
tut einen tiefen Schluck ...
«Der Alte hat geklingelt!»
«Sie! Könn Sie mir nicht Ihre Zinstabelle pumpen?»
— «Gewiß, Herr Direktor!
Jawohl, Herr Direktor Zaschke!
Bis morgen früh, Herr Direktor!
Seppfaständlich, Herr Direktor —!»

So laufen manche Filme tief in Finsternissen.
Kino privat. Der Regisseur siegt immer über das Geschick.
Du lächelst, Lottchen. Und ich möchte gerne wissen:
Was denkst du dir in diesem Augenblick?
Du machst dir viele Filme aus den Dingen.
Das tun sie alle. Laß sie ruhig drehn.
Denn sagts der andre nicht wie Götz von Berlichingen —:
das, was er denkt, kann man zum Glück nicht sehn.

WO SIND DIE BUCHENWÄLDER UNSERER JUGEND?

Hat die Welt um 1890 anders ausgesehen als heute? Das hat sie schon: Autos sind nicht dagewesen und der Rundfunk auch nicht, und so viele große Siedlungen hat es noch nicht gegeben ... aber das allein kann es nicht sein. Es muß noch etwas anderes die Erdoberfläche verwandelt haben — oder ist es vielleicht nur unser Kopf?

Die Stadt war höher, weil wir kleiner waren; der Kullerball war fettig-rot, es war unser zweiter Ball, und so frisch glänzend wie er waren unsere Eindrücke; der achte Ball war nur noch rot, der zweiundzwanzigste nur noch Ball — wie lange haben wir nun schon keinen mehr in der Hand gehabt! Der Hund war vielmehr Hund als heute — es gibt von den Sachen Komparative und Superlative; und auf dem Land — ja, das war es, was ich sagen wollte.

Das Land war ländlicher. Es roch richtig nach Land, die Wälder blauten am Horizont, aber so weit sahen wir wohl gar nicht: wir hatten so viel mit dem Naheliegenden zu tun! Teich und Plankenwagen und Misthaufen steckten voller Wunder — der Bach war unendlich lang, nie ging man bis an das Ende, das gab es gar nicht, und der Rand der Wiese war bedeckt mit den langen Stengeln der Blumen. Heu deckte alles zu.

Heute ist das Land nicht die Stadt; aber das ist auch alles. Bauer Grimkow hat einen Lautsprecher; die Autos zerrasen die Stille; in der Pension sind die Preise zu hoch, die Kinder zu laut und die Zimmer zu klein — in den Wäldern aber gibt es wohlgepflegte Wege, und wenn es keine gibt, sind wir auch nicht zufrieden, so groß sind die Wälder auch gar nicht, und abgeholzt sind sie, daß sie aussehen wie eine lichte Theaterdirektion — «Hier», sagen sie gewissermaßen, «hast du dir einen Wald vorzustellen.» Die Wiese stellt sich selber vor: «Das Abreißen von Gräsern sowie das Abbrennen von Feuerwerkskörpern und Jagen ist verboten. 17. August 1903. Die Gemeindeverwaltung.» Wo sind die Buchenwälder unserer Jugend —?

Im Auf und Ab des Lebens muß es, wie ich gelesen habe, nach dem Ende der Jugend und vor dem Beginn der Reife, ein Wellental geben, in dem alles still steht. («Das kann auch an Ihrer Verdauung liegen, Herr Panter.» Derselbe überhört es vornehm.) Wo waren wir stehen geblieben? . . . richtig: wie ein Wellental. Wir wissen doch, wie ausdehnbar die vom Stahlhelm abgelehnte Relativitätstheorie des Professors Einstein ist — es wird nicht nur an den Buchenwäldern liegen, es muß seinen Grund in uns haben.

Die Natur ist nicht griesgrämig-grau, aber eine Verzauberung ist von ihr gewichen, ein Schleier ist gefallen, wir sehen zu viel. Um mich in altem Latein auszudrücken: Die Vajoldung is runta.

Wir sehen die Zäune und die Verbotstafeln, die haben wir früher nie gesehen. Wir sehen die Schotterung der Straßen und den dummen Sommerweg, der so gefährlich für die Autos ist; wir sehen die alte baufällige Dampferbrücke, wir schmecken schlechtes Bier, und die Natur hat Ringe um die Bäume, die nun bald abgeschlagen werden . . . und alles, alles ist kleiner geworden.

Ein Freund hat mir einmal erzählt, er habe sich die bittere Freude gemacht, seine alten Quartiere im Westen wieder aufzusuchen: das erste, was ihm auffiel, war die Winzigkeit dieser Plätze, die er damals mit aller Kraft vollgelebt hatte; klein der Bahnhof und klein die Dorfstraße; klein die Häuschen und klein die Entfernungen, er ist rasch wieder abgereist. So geht es uns oft in der Natur, oft auf dem Lande. Dahin, dahin.

Dies alles liegt einen Millimeter vom Leierkasten entfernt.

Bleibt als Lebensregel: Die Schönheit liegt im Auge des Beschauers.

So, wie der alte Edison entdeckt hat, daß die Schnelligkeit, auf die wir unser Grammophon stellen, dem Herzschlag analog ist — so fühlen wir wohl die Natur, in der wir unsere Kindheit suchen und niemals finden.

Was uns nicht abhalten soll, vertrauensvoll in den nächsten Sommerurlaub zu blicken.

REPLIK

> Die kommunistische Überheblichkeit besteht darin, daß ein Mensch, der der Kommunistischen Partei angehört und der Parteisäuberung noch entgangen ist, sich einbildet, daß er alle seine Aufgaben auf dem Wege der kommunistischen Dekretierung lösen könne.
>
> *N. Lenin, Rede auf dem 2. Allrussischen Kongreß der Sektionen für politische Aufklärung*

«Es ist deshalb unbillig von Wrobel, den Klassenkampf als plakatierte Mordlust und organisierte Quälerei zu bezeichnen.»

Sicherlich wäre das unbillig; so ist er aber gar nicht bezeichnet worden. Sondern ich habe gesagt: Im Menschen steckt ein Grausamkeitstrieb; dieser Trieb gibt sich mitunter als Klassenkampfidee. Ist das richtig —?

Reimer hat recht, wenn er ganze Teile des Ober- und Unterbewußtseins als von der Klassenlage gebildet annimmt. Er hat nicht recht, wenn er den ganzen Menschen nur und ausschließlich aus der ökonomischen Lage erklären will. Sein Widerstand gegen solche Anschauung geht sehr tief hinunter.

Nichts nimmt eine Weltanschauung so übel, wie wenn man sie mit einer andern erklären will. Der Marxist will nicht psychoanalysiert werden; der Psychoanalytiker will nicht marxistisch begrenzt werden; jeder will mit seiner Lehre den Schlüssel zum A und O in der Hand haben. Warum? Weil geistige Bewegungen das Bestreben haben, weit über ihre Grenzen zu gehen — sie werden, wie der leider so früh verstorbene Carl Christian Bry das genannt hat, «verkappte Religionen». Darüber sagt er im Buch gleichen Titels:

> «Von außen gesehen ist ja die Lehre von Marx einfach Volkswirtschaftslehre. Er beschreibt die Vorgänge der nationalen und internationalen Wirtschaft wie alle seine Vorgänger. Aber doch mit

einem gründlichen Unterschied. Seine Vorgänger suchten den bestehenden Zustand zu verteidigen oder zu verbessern. Marx erst geht darauf aus, indem er doch den Charakter objektiver Darstellung so ängstlich wie ein junger Doktorand zu wahren sucht, aus diesem bestehenden Zustand einen großen, neuen, nie dagewesenen zu entwickeln. Er zuerst setzt an die Stelle der Utopie, die an allen Seiten der Kritik offen steht, etwas, was als verkappte Religion viel stärker wirkt: die Prophezeiung ... Die Utopie erst zur Wissenschaft machen und doch in dieser Wissenschaft durch die Mittel der Prophetie alle Türen zur Utopie offen lassen, nur daß diesmal das Haus einen weit sichern Grund hätte: das hieße aus dem Sozialismus verkappte Religion machen.»

Freud sagt das in seiner letzten Schrift *‹Das Unbehagen in der Kultur›* noch deutlicher, noch klarer und er zeigt darin, daß er sich seiner angeblichen Grenzen sehr wohl bewußt ist. Es ist auch nicht richtig, daß Freud die Grundlagen der Gesellschaft für unabänderlich hält.

«Die Kommunisten glauben den Weg zur Erlösung vom Übel gefunden zu haben. Der Mensch ist eindeutig gut, seinem Nächsten wohlgesinnt, aber die Einrichtung des privaten Eigentums hat seine Natur verdorben. Besitz an privaten Gütern gibt dem einen die Macht und damit die Versuchung, den Nächsten zu mißhandeln; der vom Besitz ausgeschlossene muß sich in Feindseligkeit gegen den Unterdrücker auflehnen. Wenn man das Privateigentum aufhebt, alle Güter gemeinsam macht und alle Menschen an deren Genuß teilnehmen läßt, werden Übelwollen und Feindseligkeit unter den Menschen verschwinden. Da alle Bedürfnisse befriedigt sind, wird keiner Grund haben, in dem andern einen Feind zu sehen; der notwendigen Arbeit werden sich alle bereitwillig unterziehen. Ich habe nichts mit der wirtschaftlichen Kritik des kommunistischen Systems zu tun, ich kann nicht untersuchen, ob die Abschaffung des privaten Eigentums zweckdienlich und vorteilhaft ist. Aber seine psychologische Voraussetzung vermag ich als haltlose Illusion zu erkennen. Mit der Aufhebung des Privateigentums entzieht man der menschlichen Aggressionslust eines ihrer Werkzeuge, gewiß ein starkes und gewiß nicht das stärkste. An den Unterschieden von Macht und Einfluß, welche die Aggression mißbrauchen, daran hat man nichts geändert, auch an ihrem Wesen nicht. Sie ist nicht durch das Eigentum geschaffen worden, herrschte fast uneingeschränkt in Urzeiten, als das Eigentum noch sehr armselig war, zeigt sich bereits in der Kinderstube kaum daß das Eigentum seine anale Urform aufgegeben hat, bildet den Bodensatz aller zärtlichen und Liebesbeziehungen unter den Menschen, vielleicht mit alleiniger Ausnahme der einer Mutter zu ihrem männlichen Kind.

> Räumt man das persönliche Anrecht auf dingliche Güter weg, so bleibt noch das Vorrecht aus sexuellen Beziehungen, das die Quelle der stärksten Mißgunst und der heftigsten Feindseligkeit unter den sonst gleich gestellten Menschen werden muß. Hebt man auch dieses auf durch die völlige Befreiung des Sexuallebens, beseitigt also die Familie, die Keimzelle der Kultur, so läßt sich zwar nicht voraussehen, welche neuen Wege die Kulturentwicklung einschlagen kann, aber eines darf man erwarten, daß der unzerstörbare Zug der menschlichen Natur ihr auch dorthin folgen wird.»

Ich bin wohl gegen den Verdacht geschützt, den Klassenkampf durch Vorbehalte sabotieren zu wollen; doch entstammen diese Vorbehalte einer tiefen Skepsis und der Lebenserfahrung. Der Klassenkampf ist notwendig. Aber das Paradies auf Erden – das wird er uns nicht bringen.

Der «ideologische Überbau», den der Marxismus auch seinerseits aufweist, ist für diesen Kampf notwendig; man kann wohl nicht ohne solche Illusionen kämpfen und vor allem nicht einen so grausam schweren Kampf. Aber man erlaube uns, eine Selbsttäuschung auch so zu benennen. Die russische neue Gesellschaftsordnung ist keine Widerlegung dieser Ansicht; dazu ist sie viel zu jung – es hat sich noch keine Erbmasse bilden können. Vorläufig hat dort der Grausamkeitstrieb einen sehr legalen Ablauf: den gegen die Feinde der Sowjetrepublik. Ich gebe mit der größten Bereitwilligkeit zu, daß eine Kollektiverziehung Kollektivcharakter bildet. Aber daß aus einem kräftigen und somit der Erde verwachsenen Volk, wie es das russische ist, eine Schar palmentragender und psalmensingender Engel werden wird, das glaube ich nicht.

Der Mensch ist nicht so böse, wie man manchmal denken sollte. Aber er wird nie so gut werden wie Idealisten sich das denken. Gelingt es den Russen, das tiefste Niveau der Gesellschaftsmitglieder zu heben, so ist das schon sehr viel.

Ich bejahe den Klassenkampf. Ich sehe in ihm keine verkappte Religion.

AUF DEM NACHTTISCH

Entweder du liest eine Frau, oder du umarmst ein Buch, beides zugleich geht nicht. Jetzt aber ist Junggesellenzeit – umarmen wir ein Buch.

Als da wäre: Friedrich Torberg *‹Der Schüler Gerber hat absolviert›* (erschienen im Verlag Paul Zsolnay in Wien). Ein höchst beachtlicher Autor. Was wird aus dem einmal werden?

Schulbücher sind den Kriegsbüchern sehr verwandt. Beide sind: Abrechnung mit dem Gewesenen, das leider so selten gehaltene Versprechen eines Fluchs: Wenn ich hier mal rauskomme . . .! Beide Gattungen setzen viel voraus und wirken am meisten auf jene, die es mitgemacht haben. Beide Gattungen haben bereits ihr Schema herausgebildet. Torberg ist, wenn ich richtig informiert bin, ein Prager, hat also bereits von Haus aus alle Finessen des Handwerks in der Schreibmaschine und verfällt dem Schema kaum. Ganz kommt man da nicht herum, denn vieles ist vorgezeichnet: die Herren Lehrer, die Sadisten sind oder Trottel oder allenfalls gutmütig; die Schülerliebe; die Schülertypen — man kann nicht ganz aus diesem Schema heraus. Es steckt in der Sache selbst.

Hier ist aber mehr als Schema. Um mit dem Negativen anzufangen: es ist schade, daß die Äußerlichkeiten zufällig österreichisch sind — die Reichsdeutschen müssen sich manches erst übersetzen. Mit dem Begriff ‹Oktavaner› verbinden wir kleine Kerle — bei denen sind es unsre Primaner. ‹Absolvieren› sagen wir nicht; bei uns macht einer sein Abitur. Das sind natürlich nur Äußerlichkeiten, schließlich konnte Torberg das nicht umnennen, nur um uns einen Gefallen zu tun. Ich sags nur. Und käme nicht ein paar Mal das Wort ‹Einstellung› und ‹irgendwie› vor, dann wäre das Buch auch stilistisch in bester Ordnung. Was steht nun drin —?

Da ist als Glanzpunkt und Hauptstück ein Lehrer, der heißt Kupfer, genannt ‹Gott Kupfer›. Er kann alles, weiß alles, merkt alles, sieht alles . . . die Figur ist derart einprägsam, vom ersten Augenblick ihres Auftretens an, daß man immer bedauert, wenn sie wieder von der Szene abtritt. Der Kerl ist großartig gesehen, mit einem zischenden Haß, der durch die Seiten brennt — nichts macht ja hellsichtiger als solcher Haß. Gott Kupfer ist weit mehr als ein pittoresker Einzelfall: er ist ein echtes Sinnbild. Wie ist das eingefangen: die Freude des Lehrers, aus den Ferien, wo er nichts zu sagen hat, wieder in die Schule zu kommen, in die Schule, wo sein Wort alles ist. «Nach dieser Verbannung stürzte er sich mit allen Sinnen in sein wiedererstandenes Reich. Das erste ‹Setzen› war ihm ein glühender Genuß gewesen, er hatte es vorher mit Gaumen und Zunge und Lippen umzärtelt, wie man aus einem Pfirsichkern die letzten Fasern der Frucht saugt, ehe man ihn ausspuckt. Aber Kupfer hatte nichts ausgespuckt. Liebevoll (und darum so leise) war es über seine Lippen gekommen, kein abgetaner Pfirsichkern, eher ein kleiner Diamant von unschätzbarem Werte, den der Juwelenschmuggler glücklich über die Grenze gebracht hat und nun behutsam, voll erschauernder Wonne, aus dem Mund gleiten läßt. Und ähnlichen Wonneschauer fühlte auch Kupfer.» Und nun ganz stark: «Während des Sommerexils peinigte ihn, Jahr um Jahr, die gleiche dunkle Furcht: daß sich, während er nicht da war, alles geändert haben könnte, daß nach seiner Rückkehr auf den Thron plötzlich, unerforschbar wie, Setzen nicht mehr Setzen bedeuten würde und daß die Untertanen, denen er es befahl, etwa stehen bleiben möchten oder umhergehen.» Wenn doch die kleinen Tyrannen der Industrie, der Papiergeschäfte und der Kontore begriffen, daß es hier nicht um einen beliebigen Lehrer, sondern um sie alle geht!

Diese Figur ist bis zum letzten lebendig. Jede Einzelheit sitzt. Einmal: «Er wurde von seiner Tätigkeit ausgeübt.» Das Wirken dieses Mannes, der sich dabei natürlich ‹streng gerecht› gibt, seine Wohnung, sein Liebesleben, seine Art zu sprechen und zu schweigen — das ist blühendes Leben. Wobei ich mir, im Gegensatz zu der von Thomas Mann stets vertretenen Auffassung, die Frage erlaube, ob diese Figur wohl erfunden oder nur dichterisch fotografiert ist. Ich sage: nur. Denn das schöpferische Element in einem Künstler ist nun einmal größer, wenn er solche Dingerchen ohne klar erkennbares Modell anscheinend hervorzaubert ... Trotz Shakespeare. Aber das ist eine kleine Anmerkung. Das Buch Torbergs ist ein neuer *‹Professor Unrat›*.

Außerhalb dieser kupfernen Lehrperson ist dann was da auftritt, immer noch stark, aber so stark ist es nicht mehr. Die Hauptperson, der Schüler Gerber, bleibt ein wenig blaß — seine Liebesgeschichten sind sehr behutsam gestaltet, sehr zart, sehr hübsch ... aber es brennt nicht. Wirklich gut sind zweierlei Dinge: gut ist die Darstellung der Klasse als Lebewesen, und gut sind die eingeworfenen Bemerkungen des Erzählers, wie es so ist im menschlichen Leben. «Daß immer alles nur halb so arg ist und darum doppelt so arg ...» Oder als ein Lehrer einmal sagt: Das werden wir ja gleich haben: «Grenzenlose Schmach: da oben steht ein einziger und sagt ‹Wir›, und unten sitzen so viele und jeder sagt ‹Ich›.»

Seit langen Jahren habe ich kein Buch in der Hand gehabt, in dem etwas, was ich das ‹Schulgefühl› nennen möchte, so einprägsam ausgedrückt ist wie hier. Da ist eine Periode, in der sich der Schüler Gerber fallen läßt — ich habe das, als ich auf der Schule saß, einmal genau, bis in die letzte Einzelheit genau so empfunden ... und sicherlich viele andere neben mir und um mich auch. Das ist ein lebendiges Buch.

Es kämpft dadurch, daß es nicht kämpft. Es stellt gar keine Forderungen. Es nimmt die alte Schule durchaus ernst, was sie nicht verdient — was man aber tun muß, wenn man sie abschaffen will. Ist sie nun heute besser geworden? Ich glaube, daß in der deutschen Provinz noch viele solche Autoritäts-Kasperles herumhocken, bei uns nun auch politisch in der schwarz-weiß-roten Wolle gefärbt. Man sollte dies Buch Torbergs allen Vorstandsmitgliedern jener Handwerkskammern in die Hand geben, die nichts Besseres zu tun haben, als für ihre Lehrlinge alle möglichen ‹Reifen› zu fordern, nur die eine nicht, auf die es ankommt.

Man kommt diesem reaktionären Muff am besten durch frische Hiebe bei.

Die teilt einer aus, ein Arzt, der Doktor Fritz Brupbacher aus Zürich. ‹*Liebe, Geschlechtsbeziehungen und Geschlechtspolitik*› (erschienen im Neuen Deutschen Verlag zu Berlin). Hurra!

Es ist nur ein ganz kleines Broschürchen, aber ich wünschte es in hunderttausend Hände. So etwas von frischer Natürlichkeit; von sauberm Empfinden, von Fachkenntnissen ohne Fachprotzerei und Getue – das ist echte und beste Aufklärung. Es vermeidet aufs glücklichste jene entsetzliche und gedunsene Lyrik, jene schwüle Haltung der Liebes- und Ehebücher, die ein gutes Thema so hundejämmerlich schlecht behandeln, Bücher, an denen sich viele unbefriedigte Kleinbürger satt schreiben und andre halbhungrig lesen. Verbieten sollte man das Zeug nicht – auslachen sollte man es. Brupbacher ist alledem aus dem Weg gegangen; er sagt, wie die Dinge wirklich sind. Und er überschätzt die Erotik nicht, er unterschätzt sie nicht: er sieht sie grade richtig. Und belehrt den Leser. Da ist ein Absätzchen über die ewigen Erotomanen, «haltlose Menschen beiderlei Geschlechts, deren Hauptbeschäftigung darin besteht, bei Tag und Nacht, jahraus, jahrein jedermann zu verführen, der überhaupt verführbar ist. Unerfahrene beider Geschlechter fallen auf diese Geschlechts-Reisenden gar oft schwer herein, da diese im Laufe ihrer Wanderungen sich zumeist eine Oberflächenschicht von reizenden Eigenschaften erworben haben, die naiven Gemütern manchmal länger als eine Woche Tiefe, Güte und andre Herrlichkeiten vortäuschen. Man hüte sich, mit ihnen vor Ablauf dieser Woche zu schlafen. Man soll sich zuerst kennen, bevor man sich erkennt. Und nicht erst durch die ‹Erkenntnis› (im biblischen Sinne) zum Erkennen kommen.» Was mir ein Roman-Thema zu sein dünkt. Lest das Buch und verschenkt es in vielen Exemplaren.

Ein Roman-Thema ... Ja, was bearbeiten denn heute so die jungen Erzähler? Laßt uns sehen. ‹*24 neue deutsche Erzähler*› herausgegeben von Hermann Kesten (erschienen bei Gustav Kiepenheuer in Berlin). Hm ...

Vielleicht wäre es gut, dieser sehr sauber gearbeiteten Anthologie den Untertitel ‹Stufen› zu geben. Es ist, wie wenn sich diese Autoren entsagungsvoll zu Boden geworfen hätten, damit ihre Leiber Stufen für jene bilden mögen, die da aufwärts schreiten sollen zum Parnass. Nach ihnen. Es stehen sehr hübsche Geschichten in dem Band, es ist beinah alles gut und schön – aber ich werde das bestimmt nicht zum zweiten Mal lesen, und das ist ja eigentlich der wahre Wertmesser eines Buches. Aus Furcht vor Pathos und Ergriffenheit schreiben sie einen kühlen Stil, einer wie der andre, ganz kalt, scheinbar unbeteiligt – «Das ist ja grade das Feine» – ja, ich weiß. Nietzsche sagt zu solcher Kunst: «Eine Art chinesischer Malerei, lauter Vordergrund und alles überfüllt.» Nun wollen wir uns gewiß nicht mehr über jene uralte ‹Sachlichkeit› unterhalten – aber ich glaube: das ist gar keine. So kann jeder, der nicht kann. Ausnahmen zugegeben: der Humor Marie Luise Fleissers sticht hervor; ein brillantes und lebendiges Kapitelchen F. C. Weiskopfs ist da, der Friseur *‹Cimbura›* aus Prag ... einer macht den Joyce nach, daß es zum Erschrecken ist – aber das wissen wir doch alles. Man kann sich das ausraten. Wenn früher die Geschichte eines Schrankenwärters erzählt wurde, dann konnte man darauf schwören, daß die Sache mit einem Eisenbahnunfall enden würde, und wenn heute weibliche Gefangene in der Zelle gezeigt werden, dann endet das auf Lesbos, es ist eins wie das andre. Ich frage mich nur immer: wo haben die Herren eigentlich ihre Augen! Da witzelt sich einer eine kleine Geschichte zusammen, von einer kaufmännischen Angestellten. Keine Schreibmaschine ohne das, was unterhalb der Tischplatte ist. Gut. Und da läuft so ein Satz unter ... aber ich will doch gleich aus dem Bett fallen, wenn ich diesen Satz nicht einmal aufpuste, daß etwas aus ihm wird. Wie kann man sich das entgehen lassen! «Sie tat sehr stolz», heißt es von der Stenotypistin, «das Fräulein zählte sich nicht zum Proletariat, weil ihre Eltern mal zugrunde gegangen sind (muß heißen: waren). Sie war überzeugt, daß die Masse nach Schweiß riecht, sie leugnete jede Solidarität und beteiligte sich an keiner Betriebsratswahl. Sie tat sehr stolz, weil sie sich nach einem Sechszylinder sehnte.» Guter Mann, das ist gewiß sehr höhnisch gemeint. Doch der Hohn geht daneben. Natürlich stimmt alles – aber wer hat hier unrecht? Hier hat der Marxismus unrecht, der nicht sieht, daß dieser – sicherlich komische Stolz – auf die Sehnsucht nach dem Sechszylinder eine seelische Realität ist, mit der man zu rechnen hat. Daran ist beinah alles in Deutschland gescheitert: daß ihr die Angestellten als Arbeiter klassifiziert, und sie sind es nicht, sie sind es nicht, sie sind es nicht. Ich weiß, wie und daß man beweisen kann, sie seien es doch. Sie sind es nicht. Ihr erreicht nicht ihr Ohr, weil ihr ihre Sprache nicht sprecht ... ach, wäre das eine schöne Erzählung geworden, wenn Sie den Angestellten wirklich da gepackt hätten, wo er zu fassen ist! Ein Jammer. Immerhin: die Anthologie verlohnt für den, dens angeht, gelesen zu werden. Was der normale Leser damit anfangen kann, ist freilich eine andre Frage.

Wem nähern wir uns denn nun ... Ja, da ist etwas. *‹Der Vatikan als Thron der Welt›* von Joseph Bernhart (erschienen bei Paul List in Leipzig). Aus diesem Verlag wird man nicht recht klug, dumm auch nicht, klug auch nicht. Neulich bekam ich einen seiner Verlagsalmanache in die Hand; da gehts kunterdibunter, das Ding hat viele Gesichter, aber kein Gesicht. Wenn man das auf eine Formel bringen sollte, so wäre es etwa: Vornehme Bürgerlichkeit mit weitherzigem Verständnis für sämtliche Lager der Branche. Was übrigens in diesem

Fall durchaus keine Konjunkturriecherei ist sondern tiefste Unsicherheit. Ich sehe im Verlagskontor zwei maßvoll gekränkte Gesichter. Thomas Mann hat zum Tode des Verlagsbegründers, des Herrn Paul List, einige sehr schöne und freundliche Zeilen geschrieben ... Wir wollen uns da nicht streiten. Also: der Vatikan als Thron der Welt.

Ein sehr schönes Buch. Ein ausgezeichnetes und gelb eingebundenes Werk. Zum Lesen ist es eigentlich nicht. Denn man muß den Stoff schon sehr genau beherrschen, um diese mit Seminar-Bildung vollgepfropften Paraphrasen zu verstehen. Es sind nur Variationen, das Thema wird nicht recht hörbar, und wer nicht schon gelernt hat, lernt hier nichts. Die Stellen über Luther sind von einer heitern Komik; wir, die wir diesem Vereinsgezänk fernstehen, bekommen einen Vorgeschmack, wie das wohl im sechzehnten Jahrhundert gewesen sein mag. Immerhin gibt der katholische Propagandist, der dies verfaßt hat, den ‹*Hexenhammer*› preis, was ja eine ganz achtbare Leistung für ihn ist. Wie er dann freilich den Mut aufbringt, die Kirche im Weltkrieg einen «Überstaat» zu nennen, der im «Getümmel der Staaten die Begriffe der ewigen Güter wahrt», das muß er schon mit seinem lieben Gott abmachen. Wenn man ‹Güter› richtig auffaßt, stimmts übrigens. Ich bin kein Pfaffenfresser, aber wenn man so sieht, was heute in Verlagen, die auf sich halten, als ‹katholisch› marschiert, dann sind die Männer, die in den siebziger Jahren die Kirche bekämpft haben, denn doch andre Kerle.

Man muß die Kirche aufsuchen, wo sie zu Hause ist. ‹*Die religiösen Anschauungen der Semang-Zwerge von Malaya*› von Paul Schebesta (erschienen bei L. Schwann in Düsseldorf), ein dünnes Heftchen. Und eine Fundgrube.

Der Verfasser hat als Missionar diese unwegsamen Urwaldgegenden durchforscht und höchst beachtenswertes Material nach Hause gebracht; das Heft ist nur ein Auszug aus einem größern Werk. Es handelt sich um die kleinen Pygmäenstämme, die nach allgemeinen Begriffen wohl am tiefsten unter allen primitiven Stämmen stehen. (Man sollte nach 1914 nie mehr ‹Wilde› sagen.) Was an diesem Bändchen für den Psychoanalytiker herausspringt, geht gar nicht in eine Buchbesprechung. Und was an ungewolltem Humor herausklingt, fiele, wenn ich es genau erörterte, gradenwegs in den Rachen des § 166 und vor die Kammern unsrer Unabsetzbaren. Daher nur einige Andeutungen, die sich der gütige Leser selber ausmalen möge.

Von einer Mythe der Urwaldzwerge: «Diese Mythe erklärt dem Kenta-Semang alles zur Zufriedenheit, so daß er kein Bedürfnis mehr fühlt, zu fragen: woher der Schlamm, woher der Mistkäfer, woher der Bär. Die sind eben da.» Guck doch mal rasch nach, wie der kosmologische Gottesbeweis geht ... Der Missionar hat sich zwar an keiner Stelle aufgeblasen, aber er fühlt auch ebensowenig, wie alle Religionen ein System durchzieht, wie keine davon ausgenommen ist, seine auch nicht. Daß diese Weltanschauung sich Religion nennt, rührt daher, daß sie sich ausgenommen wähnt. Man sagt uns immer nach, wir höhnten. Wir höhnen gar nicht. Wir verbitten uns nur, daß man uns Anschauungen aufzwingt. Auch wir müssen sterben, wie die Semang-Zwerge; das verbindet uns mit ihnen. Wir wollen aber klarer denken als jene – das trennt uns von ihnen. Und nicht nur von ihnen.

Und nun wollen wir zu etwas Ergötzlicherem übergehen. Katzen! Ein ganzes Buch über Katzen! Heißt auch so, ist von Pol Sackarnt zusammengestellt und bei Georg Müller in München erschienen. Ein Buch schönster Fotos.

Wers mög, der mögs, und wers nicht mög, der mags ja wohl nicht mögen. Denn so wie es Gebirgsmenschen und Seemenschen gibt, so gibt es Hundemenschen und Katzenmenschen. Die literarische Anthologie, die den Bildern vorangeht, ist eine Spur zu kühl – aber vielleicht ist das nicht besser zu machen. Das Katzenbuch Eggebrechts, der auch vertreten ist, steht weit über allen diesen Proben. Unter denen sind auch Arbeiten von Katzenzüchtern; diese Fachleute können sich nicht versagen, die Worte ‹züchterisch› und ‹kätzisch› anzuwenden – jedem Mann seine eigne Fachsprache. Die wundervollen Bilder lassen nachher alles vergessen.

Ja, das hätten wir nun alles umarmt. Aber das da – herzblutrot gebunden ... das soll nie wieder weggehen. Das soll bleiben. Und bleibt. Was ist das –?

Proben:

«Nichts ist so schön wie wieder allein zu sein und friedlich und in sich gekehrt durch die Wälder zu streifen, Kaffee zu kochen und die Pfeife zu stopfen und dabei ein wenig und langsam zu denken. So, jetzt fülle ich den Kessel mit Schnee, denke ich, und jetzt mahle ich diese Kaffeebohnen mit einem Stein; später muß ich meinen Schlafsack gut im Schnee ausklopfen, damit die Wolle wieder weiß wird. Darin ist keine Literatur und kein großer Roman und keine öffentliche Meinung.

Ich dachte, welche Tüchtigkeit im Fach bei diesem Lensmann, wie bebte er vor Durchschnittlichkeit!

Waren es schwere Tage? Nein, gute Tage. Meine Freiheit war so groß, ich konnte tun und denken was ich wollte, ich war allein, der Bär des Waldes. Aber selbst mitten im Walde wagt kein Mensch laut zu sprechen, ohne sich umzusehen, lieber geht man stumm umher. Man tröstet sich eine Weile damit, daß es englisch sei, stumm zu sein, daß man königlich schweigen solle; aber einen ganzen Tag ist das zu lang, der Mund fängt an zu erwachen, sich zu strecken, und plötzlich schreit man ein oder zwei idiotische Sätze hinaus: Ziegelsteine für das Schloß! Das Kalb ist heute viel frischer! Wenn man gut schreien kann, hört man es eine Viertelmeile weit – und dann steht man da und fühlt ein Brennen wie nach einem Hieb.

Du wirst sehen, alle diese Felsen sind reine Verschwörungen gegen meine Wanderung, denke ich, riesenhafte gepflanzte Flüche, die mir den Weg versperren. Oder wie, wenn ich einfach in die Gewerkschaft der Felsen geraten wäre? Aber ich nickte einige Male, und das soll bedeuten, daß ich kühn und froh bin. Vielleicht sind die Felsen auch nur ausgestopft.

Dann endlich kamen zwei armselige Engländer. Führer? Führer? riefen sie nur, Sie Führer, ja? Die beiden reisten dumm und ernsthaft den Berggipfeln nach, sie hatten Eile, sie hatten ein Ziel, es war, als reisten sie zum Arzt.

Ich sah keine Süßigkeit an ihr, nur Erregtheit. Sie hatte Grammatik gelernt, aber keinen Inhalt, ihre Natur war unterernährt.

Er habe ja keine Ahnung, auf welchen Meeresmassen ich schon gewesen sei, ohne das geringste Unbehagen davon zu spüren; einmal vierundzwanzig Tage auf dem Ozean, die meisten lagen da und waren unbrauchbar, der Kapitän erbrach sich wie eine Dame, aber ich?»

Neuerscheinung! Soeben erschienen! Nur ja nichts lesen, was schon länger als vier Tage aus der Druckerpresse heraus ist! Neuerscheinung! Sie haben richtig geraten, wenn Sie es geraten haben. Hamsun. Ein kleiner Roman, einer von den ältern, gar nicht einmal so sehr bekannt, zehn Auflagen. Und eine Perle – aus dem Meer, wo es am tiefsten ist. ‹*Die letzte Freude*› (bei Albert Langen in München erschienen. Nicht: ‹*Das letzte Kapitel*›). Ein Roman, der in Reflexionen eingebettet ist, scheinbar beiläufig erzählt, mit einer Technik, die ans Wunderbare grenzt ... und welches Herz! Das ist wirklich der Allergrößte. Wofern dies mit dem Respekt vereinbar ist, den ich für ihn hege – er ist der einzige Mensch, vor dem ich den Hut herunterrisse, wenn ich ihn je sähe ... Komm her, rotes Buch, und laß dich umarmen.

LEERE

Manchmal, wenn das Telefon nicht ruft, wenn keiner etwas von dir will, nicht einmal du selber, wenn die Trompeter des Lebens pausieren und ihre Instrumente umkehren, damit die Spucke herausrinnt ... dann horchst du in dich. Und was ... dann ist da eine Leere –

Dann ist da gar nichts. Die Geräusche schweigen; nun müßte doch das Eigentliche in dir tönen ... es tönt nicht. Horche, daß sich dir die Stirn zusammenzieht – vielleicht ist es gar nicht da, das Eigentliche? Vielleicht ist es gar nicht da. Überfüttert mit Geschäften, Besorgungen, mit dem Leben, wie? Und das Fazit? Leere – Der Herr sollten sich wieder mal verlieben! Der Herr sollten nicht so viel rauchen! Schlecht geschlafen, was? ... Die Witze rinnen an dir ab; das ist es alles gar nicht. Leer, leer wie ein alter Kessel – es schallt, wenn man dran bumbert ...

Das wäre ja wohl der Moment, in den Schoß von Mütterchen Kirche zu krabbeln. Nein, diesem Seelenarzt trauen wir nicht mehr recht – wir wissen zu viel von ihm: wie er das macht, wie das funktioniert ... ein Arzt muß ein Geheimnis haben. Das da ist wohl nichts für uns.

Aber die Indikation Gebet ist zutreffend. Was hast du? Lebensangst? Todesangst hast du. Auf einmal ist es aus, auf einmal wird es aus sein. «Ich werde mir doch sehr fehlen», hat mal einer gesagt. Ja, Todesangst und dann das Gefühl: Wozu? Warum das alles? Für wen? Gewiß, im Augenblick, wenn du nichts zu fressen hast, dann wirst du schon herumlaufen und dir was zusammenklauben, aber so ein echter, rechter Lebensinhalt dürfte das wohl nicht sein. Du hast dir zu viel kaputt gedacht, mein Lieber. Du probierst den Altarwein, du berechnest die Ellen Tuch, die an der Fahnenstange flattern, du liest die Bücher von hinten und von vorn ... Gott segne deinen Verstand.

Dann wirst du langsam älter; wenn das Gehirn nicht mehr so will, setzt eine laue Stimmung ein, die sich als Gefühl gibt. Du siehst den kleinen Tierchen nach, wie sie im Sande krauchen, Gottes Wunder! du blickst auf deine eignen Finger, jeder eine kleine Welt, ein Wunder an Gestaltung auch sie, es lebt – und du weißt gar nicht, was das ist ... Und dann noch einmal: Aufstand, große Aufrappelung, heraus da, vergessen!

Vergessen und zu Ingeborg kriechen wie ein Söhnlein zurück in der Mutter Leib; noch einmal: «Hallo, alter Junge! Na, auch da? – Heute abend? aber gewiß! Wohin? Zu den Mädchen – hurra!» Noch einmal: so ein dickes Buch und die halbe Bibliothek verschlungen, versaufen in Büchern ... noch einmal die ganze Litanei von vorn. Nur mit diesem unterkietigen Gefühl als Grundbaß: Vergebens, vergebens, vergebens.

«Jede Zeit», lautet der flachste aller Gemeinplätze, «ist eine Übergangszeit.» Ja. Daß doch einer aufstände und an die Laterne brüllte: daß er nicht mehr mitmachen will – und daß es ein Plunder ist, ein herrlicher, und daß es anders werden soll – und daß nicht die Dinge regieren sollen, sondern der Mensch ... ach, du grundgütiger Himmel. Da – hier haben Sie einen philosophischen Sechser: Jedes Leben ist ein Übergang – von der Geburt an bis zum Tode. Machen Sie sich dann einen vergnügten Lebensabend ...

Wieviel tun wir, um diese Leere auszufüllen! Wer sie ausfüllt und noch ein Meterchen drüber hinausragt, der ist ein großer Mann. Wo einer seinen Kopf hat, hoch oben in den Wolken –: das besagt nicht viel. Aber wo er mit den Füßen steht, ob auf der flachen Erde oder tief unten ... das zeigt ihn ganz. Und wer dann noch lachen kann, der kann lachen. «Sie werden doch nicht leugnen, daß die Entwicklung der modernen Industrien ...» Die Trompeter blasen. Ja doch, ich komme schon.

ZWEI ALTE LEUTE AM 1. MAI

— «Weißt du noch, Alter, vor dem Kriege?
Wir haben manchen Mai erlebt.
Wir glaubten an die schnellen Siege —
du hast das Streikplakat geklebt ...»
— «Ja, Alte, das waren schöne Zeiten ...
Wir waren allemal dabei —
Ich seh uns noch im Zuge schreiten
am 1. Mai.»

— «Und unser Jüngster war noch klein. Den ließ ich
zu Haus ... wir gingen los mit Hans.
Mitunter wars ja etwas spießig —
so ... Kriegerverein mit Kaffeekranz.»
— «Na, laß man – du warst doch die Nettste!
Mir wars bloß zu viel Dudelei ...
Und anno 14 wars denn auch der letzte —
der 1. Mai.»

— «Kein Wunder. Mußt mal denken, Alter:
Wer ist uns da voraufmarschiert!
Der Wels als roter Fahnenhalter,
der Löbe, prächtig ausstaffiert ...»
— «Ja solche haben glatte Hände ...
Für die ist frisch, fromm, frech und frei
der Klassenkampf schon längst zu Ende —
Die und der 1. Mai!
Was wissen die vom Klassenkrieg ...!
Die schützen sich vor ihrer eigenen Republik —!»

— «Na, laß man, Alter, die Beschwerde.
Ich weiß, daß etwas in uns singt:
Wacht auf, Verdammte dieser Erde,
die stets man noch zum Hungern zwingt!»
— «Wir wissen, Alte, was wir lieben:
den Klassenkampf und die Partei!
Wir sind ja doch die Alten geblieben
am 1. Mai! Am 1. Mai!»

STAATSPATHOS

Wie kommt es eigentlich, daß die Reden, die unsre Staatsmänner bei allen möglichen und unmöglichen Gelegenheiten halten, so unsagbar töricht, leer und kindisch sind? Das muß doch nicht so sein. Die Leute, die das tun, stehen sehr oft über dem Niveau des Gesagten — was machen sie da nur —?

Sie greifen acht Töne zu hoch. Sie zwingen sich, in falschen Tonlagen zu singen, das rächt sich. Und warum tun sie das?

Weil sie mit aller Gewalt — bei Brückeneinweihungen, Anstaltseröffnungen, Fleischbeschau-Ausstellungen und Amtsübernahmen — ihre Hörer für so dümmlich halten, wie die in dieser Minute zu sein vorgeben. In Wahrheit glaubens auch die Hörer nicht. Habt euch doch nicht so.

Der Staat ist längst nicht mehr der große Gott und der dicke Manitou. Der Staat hat nicht mehr die Allmacht in Händen — fragt nur bei den Banken, bei denen ihr euch das Geld borgt, damit ihr weiter machen könnt. Dieses Pathos glaubt euch kein vernünftiger Mensch.

Ihr wendets nur an, weil sich im Laufe der Zeit ein Epigonen-Stil für Festredner herausgebildet hat, die das Jubiläum eines Kegelklubs begehen, als begrüßten sie den Präsidenten Hindenburg, und umgekehrt. Ist das nicht schrecklich? Es ist, als zögen diese im Alltagsleben wahrscheinlich ganz nüchtern denkenden Männer mit ihrem schwarzen Rock noch etwas andres an — vage Erinnerungen an wilde Wagner-Opern, deutsches Trompetengeschmetter, den kollernden Baß ehrwürdiger Vereinsvorsitzender oder das überkippende Falsett junger Ministerialdirektoren. Laßt doch das sein.

Warum sprecht ihr nicht schön einfach? Denn dazu feiert ihr solcherlei Festivitäten viel zu oft, als daß jede einzelne noch ein Festtag sein könnte. Und dann will gehobene Sprachweise gelernt sein, sie steht nicht jedermann zur Verfügung — wenn aber einer so spricht, wie ihm der Schnabel gewachsen ist, dann kanns gut gehen.

Da hat sich jedoch eine Amts-Terminologie entwickelt, die gradezu fürchterlich ist. Man lese einmal nach — wenn man das zu Ende bringt! — wie bei Rheinlandfeiern, bei Amtsantritt und Abschied, bei Begrüßungen fremder Souveräne den Beamten die Hefe aufgeht. Ich weiß sehr gut, daß eine gewisse offizielle Ausdrucksweise nötig ist — man soll ja nicht immer sprachschöpferisch wirken; es ist auch ungefährlicher, bei der Tradition zu bleiben. Gut und schön — aber was ist das für eine Tradition!

Wenn einer sein Amt übernimmt, dann betont er zunächst einmal emphatisch, daß er es gar nicht hat haben wollen. Er opfert sich, sozusagen. Es wird ein bißchen viel geopfert bei uns ... Und wenn sie in den Reden brausend sind, dann sind sie viel zu brausend, und wenn sie schlicht sind, sind sie viel zu schlicht — sie sind immer alles hoch zwei und wissen nicht, daß eine Wahrheit, zum Quadrat erhoben, sehr oft eine Lüge ergibt. Wie markig hallt die Phrase! Wie zischen die vergilbten Vergleiche! Wie wimmelt es von aufgeschnappten und unerlebten Bildern, die so staubig sind, daß es einem trocken im Hals wird, wenn man das mitanhört! Es ist, als könnten sie gar nicht mehr vernünftig sprechen.

Aber viele Hörer wollens so. Die stehen dann da, mit einem Ausdruck im Gesicht, wie ein Hammel, der darüber nachdenkt, ob er nun mal strullen soll; das Kinn haben sie an den Kragen gepreßt, und während sie zuhören, ohne aufzupassen, glauben sie im Augenblick auch wirklich alles, was ihnen da zu einem Ohr hinein und zum, sagen wir, andern wieder herausgeht. Es ist wunderschön. Gehts denn nicht einfach? Doch, es geht auch einfach.

«Liebe Kinder! Ich wünsche euch vor allem Gesundheit. Der Mensch hat die Pflicht, gesund zu sein, nur so kann er den andern helfen und wird ihnen nicht zur Last fallen. Erhaltet euren Körper und die Wohnungen sauber. Betreibt Sport und fürchtet euch nicht vor Luft, Wasser und Sonne.»

Das hat allerdings der Präsident Masaryk gesagt. Und vor Kindern. Denn vor Erwachsenen; — da ist das natürlich ganz etwas andres.

«Meine Damen und Herren! Im Namen der Reichsregierung kann ich erklären: Der heutige Tag ist ein Markstein in der Geschichte von Köln-Nippes. Die Anstalt für geprüfte Kreis-Hebammen, die wir heute dem öffentlichen Verkehr übergeben, ist so recht geeignet, Brücken zu schlagen . . .»

Mensch! halt die Luft an. Und sprich vernünftig und sauber und ohne Pathos. Es ist besser für uns alle.

DAS DRITTE REICH

Es braucht ein hohes Ideal
der nationale Mann,
daran er morgens allemal
ein wenig turnen kann.
　　Da hat denn deutsche Manneskraft
　　in segensreichen Stunden
　　als neueste Errungenschaft
　　ein Ideal erfunden:
Es soll nicht sein das erste Reich,
es soll nicht sein das zweite Reich . . .

Das dritte Reich?
Bitte sehr! Bitte gleich!

Wir dürfen nicht mehr massisch sein —
wir müssen durchaus rassisch sein —
und freideutsch, jungdeutsch, heimatwolkig
und bündisch, völkisch, volkisch, volkig . . .
und überhaupt.
Wers glaubt,
wird selig. Wer es nicht glaubt, ist
ein ganz verkommener Paz- und Bolschewist.

Das dritte Reich?
Bitte sehr! Bitte gleich!

Im dritten Reich ist alles eitel Glück.
Wir holen unsre Brüder uns zurück:
die Sudetendeutschen und die Saardeutschen
und die Eupendeutschen und die Dänendeutschen . . .
Trutz dieser Welt! Wir pfeifen auf den Frieden.
Wir brauchen Krieg. Sonst sind wir nichts hienieden.
Im dritten Reich haben wir gewonnenes Spiel.
Da sind wir unter uns.
Und unter uns, da ist nicht viel.
Da herrscht der Bakel und der Säbel und der Stock —
da glänzt der Orden an dem bunten Rock,
da wird das Rad der Zeit zurückgedreht —
wir rufen «Vaterland!», wenns gar nicht weiter geht . . .
Da sind wir alle reich und gleich
im dritten Reich.
Und wendisch und kaschubisch reine Arier.

Ja, richtig . . . Und die Proletarier!
Für die sind wir die Original-Befreier!
Die danken Gott in jeder Morgenfeier —
Und merken gleich:
Sie sind genau so arme Luder wie vorher,
genau solch schuftendes und graues Heer,
genau so arme Schelme ohne Halm und Haber —
Aber:
im dritten Reich.

Und das sind wir.
Ein Blick in die Statistik:
Wir fabrizieren viel. Am meisten nationale Mistik.

DIE DEUTSCHE PEST

«Es ist aber merkwürdig, wie leicht und glatt dieselben ‹korrekten› Historiker und Publizisten, welche das ganze Zeter-Alphabet und Flüchewörterbuch erschöpfen, um den rot-republikanischen Schrekken zu verdonnern, über die Abscheulichkeiten und Gräßlichkeiten hinwegschlüpfen, welche der weiß-royalistische Schrecken von 1794—95 in Szene gesetzt hat. Natürlich übrigens! Für Thron und Altar ist ja alles erlaubt. Mag jedoch der Grundsatz mit so schamloser Offenheit gepredigt und geübt werden, wie in unsrer niederträchtigen Zeit geschieht, immerhin gibt es noch einen über die trübe Sphäre der Knechtseligkeit, über die wüste Region zügelloser Parteileidenschaft hocherhabenen Standpunkt der Sittlichkeit, von welchem herab die echte und rechte Seherin Historia den Wahrspruch tut —: Die roten Schreckensmänner handelten sittlicher als die weißen, denn jene standen in Bann und Zwang einer großen Idee, während diese nur von der gemeinsten Selbstsucht getrieben wurden.» Johannes Scherr: *‹Menschliche Tragikomödie›*

Die Schande des neuen Republikschutz-Gesetzes, das noch den kleinsten Schreiber, wenn er nur pensionsberechtigt ist, zu einer Rechtsperson höheren Grades erhebt und die unbequemen Links-Oppositionellen rechtlos läßt, wird Wahrheit werden. Die Stagnation der öffentlichen Moral ist vollkommen; kaum ein Windhauch geht über diese scheinbar so bewegte Fläche. Deutschland ist ein lautes Land — aber die Massen treten an Ort. Was das neue Gesetz uns bieten wird, geht aus der jetzigen Lage klar hervor.

So instinktlos diese Republik ist, die sich noch niemals gegen ihre wirklichen und gefährlichen Gegner zu schützen gewußt hat, weil sie gar nicht geschützt sein will — in einer Beziehung haben Verwaltung und Rechtsprechung den richtigen Instinkt. Das zeigt sich in der Behandlung der Nationalsozialisten.

Die behaupten, ‹revolutionär› zu sein, wie sie denn überhaupt der Linken ein ganzes Vokabular abgelauscht haben: ‹Volkspartei› und ‹Arbeiterpartei› und ‹revolutionär›; es ist wie ein Konkurrenzmanöver. Daß bei der herrschenden Arbeitslosigkeit des Landes und der Direktionslosigkeit der bürokratisierten Sozialdemokratie die Arbeiter scharenweise zu den Nazis laufen, darf uns nicht wundern.

Revolutionär sind die nie gewesen. Die Geldgeber dieser Bewegung sind erzkapitalistisch, der Groll, der sich in den Provinzzeitungen der Partei, in diesen unsäglichen ‹Beobachtern› ausspricht, ist durchaus der von kleinen Leuten: Erfolg und Grundton dieser Papiere beruhen auf Lokalklatsch und übler Nachrede. «Wir fragen Herrn Stadtrat Normauke, ob er die Lieferungen an die Stadt nicht durch Fürsprache seines Schwagers erhalten hat, der seinerseits dem Oberbürgermeister ...» Das freut die einfachen Leute; es zeigt ihnen, daß sich die Partei ihrer Interessen annimmt, es befriedigt ihre tiefsten Instinkte — denn der Kleinbürger hat drei echte Leidenschaften: Bier, Klatsch und Antisemitismus. Das wird ihm hier alles reichlich geboten: Bier in den Versammlungen, Klatsch in den Blättern und Radau-Antisemitismus in den großmäuligen Parolen der Partei. Was ist nun an diesem Getriebe revolutionär?

Junge Leute, die tagaus, tagein im Büro sitzen; Studenten, die mit ihren paar Groschen kaum das Brotstudium bezahlen können, von echtem Studium ist schon lange nicht mehr die Rede; Arbeitslose, denen jede Abwechslung recht ist ... aus solchen Menschen setzen sich die ‹Sturm-Abteilungen› zusammen, die vor Gericht nicht einmal soviel Mut haben, auch nur den Namen aufrechtzuerhalten. «Wir SA-Leute sind Sportabteilungen ... was dachten Sie?»

Die Deutschen sind stets ein Gruppenvolk gewesen; wer an diesen ihren tiefsten Instinkt appelliert, siegt immer. Uniformen; Kommandos; Antreten; Bewegung in Kolonnen ... da sind sie ganz. Der Zulauf zu diesen sehr risikolosen und romantisch scheinenden Unternehmungen ist groß; das moderne Leben mechanisiert die Menschen, das Kino allein kann das Bedürfnis nach Abwechslung nicht befriedigen. Also rauf auf die Lastwagen!

Wenn diese nationalsozialistische Bewegung eine echte Volksbewegung, eine revolutionäre Bewegung wäre, wenn eine rechte Revolution alte Rechtsbegriffe hinwegschwemmte und zur Durchsetzung ihres Systems eine Diktatur errichtete — so könnte man das sauber bekämpfen. Wer für den Klassenkampf eintritt, kann sich nicht grundsätzlich gegen Diktaturen wenden, höchstens gegen die Ziele, für die sie eingesetzt werden. Ein Belagerungszustand kann unter Umständen politisch zu bejahen sein — es kommt auf die Idee an, die ihn geboren hat.

Von einer revolutionären Idee ist jedoch bei den Nazis nicht das Leiseste zu bemerken. Ich nehme hier ausdrücklich die ihnen nicht unmittelbar angeschlossenen und noch sehr einflußlosen Gruppen aus, die zunächst im geistigen Kampf stehen: die Handvoll Leute um Jünger, Schauwecker und die andern. Ich kann zwar nicht sehen, was damit gewonnen ist, daß man mit Ausdrücken wie ‹magisch› und ‹mitteleuropäischer Raum› um sich wirft ... auch die Vokabel ‹Fronterlebnis› wird ja wohl nicht über die wahnwitzige Güterverteilung der kapitalistischen Gesellschaftsunordnung hinweghelfen — Romantiker glauben immer, wenn sie bewegt seien, bewegten sie auch schon dadurch die Welt. Selbst echte seelische Erschütterung ist noch kein Beweis für die Nützlichkeit und den Wert einer Idee.

Die Straßennazis lassen von dieser Geistigkeit auch nicht einen Hauch verspüren. Politische Kinder ... «Politische Kinder», heißt es einmal bei Scherr, «welchen man ja, vorab in Deutschland, bis zur Stunde einbilden, einpredigen, einschwindeln konnte und kann, Revolutionen würden willkürlich gemacht, von Sprudel- und Strudelköpfen, von Habenichtsen und Taugenichtsen, von einer Handvoll ‹Literaten, Advokaten und Juden›, willkürlich gemacht und aus purem Mutwillen.» Und nun tobt das gegen einen ‹Bolschewismus›, der nicht einmal da ist; denn die Arbeiter sind gespalten, und die typische Angestelltengesinnung haben die Kommunisten, von Moskau leider sehr falsch belehrt, in Deutschland niemals zu erfassen vermocht. Dergleichen ist wohl auch unvorstellbar für ein russisches Gehirn, aber nicht minder real. Die kommunistischen Parolen holen vielleicht die Arbeiter aus den Betrieben, niemals aber die Angestellten aus den Büros. Und ohne die kann man keine Revolution machen.

Die Nazis terrorisieren viele kleine und manche Mittelstädte, und zwar tun sie das mit der Miene von Leuten, die ungeheuer viel riskieren; sie machen immer ein Gesicht, als seien sie und ihre Umzüge wer weiß wie illegal. Sie sind aber durchaus legal, geduldet, offiziös. Und hier beginnt die Schuld der Republik: eine Blutschuld.

Polizei und Richter dulden diese Burschen, und sie dulden sie in der durchaus richtigen Anschauung: «Mitunter ist es ja etwas reichlich, was hier getrieben wird. Keinen Totschlag! Nicht immer gleich schießen ... Aber, trotz allem: Diese da sind Blut von unserm Blut, sie sind nicht gegen, sondern für die Autorität – sie sind, im allertiefsten Grunde, für uns, und sie sind nur deshalb nicht ganz und gar für uns, weil wir ihnen nicht stramm genug sind und zu sehr republikanisch. Wir möchten ja auch gerne ... aber wir dürfen nicht ... Diese lächerlichen republikanischen Minister ... die Geheimräte da oben am grünen Tisch ... wir möchten ja ganz gerne. Und tun unser Möglichstes. Zurücktreten! Nicht stehen bleiben! Na ja ... aber es sind unsre, unsre, unsre Leute.» Es sind ihre Leute.

Es sind so sehr ihre Leute, daß die verschiedenartige Behandlung, die Kommunisten und Nationalsozialisten durch Polizei und Rechtsprechung erfahren, gradezu grotesk ist.

Man stelle sich einmal vor, was geschähe, wenn in der *‹Weltbühne›* stände, man müsse den Führer der Zentrumspartei zum ‹Schweigen bringen ... Nie davon sprechen – immer daran denken› –: zwölf Juristen erster Klasse zerbrächen sich die Dialektik, um aus diesen Sätzen herauszulesen, was sie für eine Verurteilung brauchten, und die Urteilsbegründung wäre eine reine Freude für jeden Kandidaten der großen Staatsprüfung. Man stelle sich vor, was geschähe, wenn – wie es umgekehrt in Schweidnitz geschehen ist – ein jüdischer Angeklagter in einem Strafprozeß die Geschmacklosigkeit besäße zu sagen: «Der Regierungsvertreter lächelt mich dauernd so hämisch an, wie das nur Gojims zu tun pflegen» – mit Recht ließe der Vorsitzende den Sprecher abführen, und der Prozeß ginge, was ja zulässig ist, ohne den Angeklagten zu Ende. Und man stelle sich vor, was geschähe, wenn der Vorsitzende dies zu tun unterließe. Aufforderung zur Berichterstattung an den Aufsichtführenden, Bericht ans Justizministerium, ‹anderweitige Verwendung› des Richters und wahrscheinlich unter Anwendung der üblichen Mittel: Pensionierung. Linksleute sind vogelfrei.

Führen die Arbeiter einen der ihren zu Grabe, den üble Gefängnisärzte zu Tode gequält haben, dann stürzen sich hundert Polizisten dazwischen, «unter Anwendung des Gummiknüppels», wie es in den polizeiseligen Blättern der Mitte heißt. Die scheuen sich, die Wahrheit zu sagen: es wird geprügelt, wie die Kosaken nicht saftiger geprügelt haben. Brüllen die Nationalsozialisten die Straßen entlang, so wird zwar von den Polizeibeamten nicht grade salutiert, aber sie lassen den Zug lächelnd passieren. Jugend muß sich austoben... Hiervon gibt es nur sehr wenige Ausnahmen. Auf den Straßen fließt Blut, und die Republik unternimmt nichts, um dem Einhalt zu tun.

Von Mordandrohungen schon gar nicht zu sprechen.

Nach dem neuen Schutzgesetz, das diese Republik nötig hat, kann jeder satirische Vers gegen den Portier des Reichskanzlerpalais einem Staatsanwalt die Karriere verbessern; auf der andern Seite können die Nazis gegen ‹nichtbeamtete› Publizisten Drohungen ausstoßen, die selbst unter dem Seligen klar und eindeutig unter den § 111 des Strafgesetzbuches gefallen wären (Aufforderung zur Begehung strafbarer Handlungen). Heute geht das als Redeblümchen und Würze der Propaganda glatt durch. Und kommt es selbst einmal zu einem Prozeß: wie beschämend sehen diese Prozesse aus!

Die Zeugen sind, wenn sie vom Reichsbanner oder gar aus Arbeiterkreisen kommen, die wahren Angeklagten, die Anwälte der Nazis treten wie die Staatsanwälte auf, und die Staatsanwälte sind klein und häßlich und kaum zu sehen. Die Richtersprüche entsprechend. Das große Wort vom ‹Landfriedensbruch› hat hier keine Geltung; und wenn eine ganze Stadt von den Hitlerbanden auf den Kopf gestellt wird, so erscheint das in den Begründungen der Freisprüche als harmlose Bierhausprügelei. Kein Wunder, wenn diesen Knaben der Kamm schwillt: sie riskieren ja nichts.

Um so mehr riskiert der Arbeiter. Eifrige Polizeipräsidenten verhängen über ihren Machtbereich jedesmal einen kleinen privaten Belagerungszustand, wenn es bei einem Fabrikstreit Randal gibt, und wie da gehauen, geprügelt, verhaftet wird, daran ändert auch das Vokabular nichts, das dann von ‹zwangsgestellt› spricht. Der Zörgiebels gibt es viele im Reich, und alle, alle sehen nur nach links. Von rechts her scheint keine Gefahr zu drohen.

Die Redakteure der *‹Roten Fahne›* verfügen über ein reiches Schimpfwörterbuch, die Hitlergarden verfügen über Waffen, Autos und

Geld ... das ist der Unterschied. Der Landfrieden aber wird bei uns nur von links her gebrochen.

Es ist eine Schande. Solange solche Männer wie Klausener in den preußischen Ministerien, wo es noch am liberalsten zugeht, die Personalpolitik machen, kann das nicht besser werden. Einen deutschen Landfrieden gibt es nicht mehr.

Stände heute ein Erzberger oder ein Maximilian Harden auf und sprächen sie in den Mittelstädten der Provinz und nun gar in Sachsen und Bayern: sie würden abermals niedergeschlagen werden. Vielleicht machte die Ortspolizei schwache Versuche, sie zu schützen; vor den Richtern kämen die Mörder mit einer vergnügten Verhandlung davon. Kein Wunder. Man höre sich die Vorlesungen der Universitäten an, man sehe die dort von den Behörden geduldeten Umtriebe, und man wird sich nicht wundern, daß eine so vorgebildete Richterschaft die Verbrechen der Nationalsozialisten im Herzen und im Grunde bejaht. Diese Unabsetzbaren halten derartige Morde für den Ausfluß des Volkswillens. Strafen? Die sind für die Arbeiter.

Was die öffentliche Meinung anlangt, so geht sie mit den Völkischen zu milde um. Es liegt das zunächst an dem berliner Aberglauben, der Kurfürstendamm sei die Welt, und solange eine Reinhardt-Premiere nicht gestört würde, könne das Ganze doch unmöglich so schlimm sein. Die sehen die Gefahr immer erst, wenn ihnen die Gegner auf den Teppich des Eßzimmers spucken. Siegfried Jacobsohn hat mir einmal von Konrad Haenisch erzählt, wie er den in der Nacht vor dem Kapp-Putsch im Theater traf: der Gute lächelte und winkte auf alle Fragen beschwichtigend ab ... Am nächsten Tage saßen die Herren im Auto, und Berlin wehrte sich allein.

An dem völkischen Teil der deutschen Industrie hängt der Vorwurf, daß sie Mörder finanziert; sie wird diesen Vorwurf lächelnd einstecken wie ihre Tantiemen. Denn noch nie haben sich diese Menschen ein Geschäft durch die ‹Moral› verderben lassen. So wird unsre Luft verpestet.

Und wenn wir uns diese einseitig geschützte Republik ansehen, diese Polizeibeamten und diese Richter, dann entringt sich unsern Herzen ein Wunsch:

Gebt uns unsern Kaiser wieder!

NUR

Dies singt eine Dame
im Dreivierteltakt

Manchmal auf Bällen und Festen
tritt in den Saal ein freundlicher Mann,
an Geist und Kultur von den Besten ...
und macht sich an die Frauen heran.

Doch schon nach wenigen Minuten
ist alles zersprungen wie Glas —
Von Geist keine Spur,
nichts mehr von Kultur:
Nur — nur — das.

Berühmtheit ist ja kein Einwand
gegen Männer, die in den Filmen stehn.
Ich lüpfte neulich die Leinwand,
ich wollt mal einen näher sehn.
Ach, war das eine Enttäuschung!
Ich bekam einen kältenden Haß —
Von Herz keine Spur,
eine Karikatur . . .
Und
nur — nur — das.

Ich nahm den Tee und den Kuchen
in Berlin und Frohnau und mal hier und mal dort.
Nun, dacht ich, willst mal versuchen
eine Freundschaft mit einem Herrn vom Sport.
Der bricht das eigne Training —
auf wen ist denn heut noch Verlaß . . .?
Von Hirn keine Spur,
eine hübsche Figur —
aber sonst
nur — nur — das.

Wie kann man Frauen so verkennen?
Mein Gott, sie sind ja gar nicht so!
Gewiß, es will jede entbrennen . . .
aber doch nicht stets und irgendwo!
Auf Harfen kann jedermann klimpern,
es fragt sich nur: Wer spielt — und was . . .
Und spielt er dann nur
nach unsrer Natur —:
Dann gern
auch das.

MANCHER LERNTS NIE

Zu dir kommt kein Geld – zu dir nicht.

Erstens kommt Geld überhaupt nur dahin, wo schon etwas ist, Geld kommt zu Geld; in den Dalles fallen nur manchmal die Lotteriegewinne, bei deren Eintrudelung die armen, alten Zeitungsabonnentinnen die mürben Hände über dem Kopf zusammenschlagen und vor Fassungslosigkeit zu weinen anfangen. (Fettdruck.) Darauf geloben sie, sich eine Nähmaschine und eine Gurkenfabrik zu kaufen und fürderhin ein andres Leben zu führen. Das sind so Märchen ...

Zweitens kommt zu dir kein Geld, weil du es nicht zündend genug liebst. Na ja, du möchtest es gern haben ... aber damit ist es nicht getan. Gern haben? Du sollst nicht nur begehren deines Nächsten Bankkonto – du mußt Geld inbrünstig lieben, dich darauf herumsielen, es in die Körperhöhlungen klemmen, na, lassen wir das. Vor allem aber kommt es nicht zu dir, weil es sieht, wie du es ausgibst. Du gibst es falsch aus.

Nicht verschwenderisch ... das ist wieder eine andre Sache. Nein, du gibst es aus, so –: «Bitte, was bin ich Ihnen schuldig? Hier ...» Ganz falsch.

Solange du nicht weißt, was Geldauszahlen bedeutet, solange wirst du kein Geld haben. Zahlen ist himmlische Gnade, Barmherzigkeit, Manna, Segen und unendliche Herablassung. Die wird nicht so leicht ausgeteilt, mein Lieber.

Zu dir kommt das Geld nicht, weil du immer noch nicht gelernt hast: Wenn man von dir Geld haben will, so mußt du zunächst einmal das sagen, was jeder normale Mensch sagt, wenn man etwas von ihm haben will: Nein. Der, der von dir Geld haben will, sei dein Gegner, der Gottseibeiuns, dein Todfeind. So mußt du ihn behandeln.

Das will gekonnt sein. Nun komme mir ja nicht und erzähle: Ja, aber der andre hat doch für mich etwas geliefert, gearbeitet, getan ... Du Hammel. Als obs darauf ankäme! Er ist der Feind, hör doch.

Sag erst einmal zu ihm: Nein. Dann: «Zeigen Sie mal her. Wieso drei Mark vierzig? Sie sind wohl verrückt?» – Und dann nimm einen Bleistift und streiche an der Rechnung herum. Und dann handele ihm die Hälfte ab. Und dann hol die Brieftasche heraus. Und leg die Rechnung hinein. Und zahle nicht. Und laß den andern warten. Wer zahlt dir? Also.

Und wenn du + + + einmal zahlst, so nach langer, langer Zeit und nach Abzug eines Skontos, den du dir am besten nach dem Diskont in Liberia bei 54 Grad im Schatten ausrechnest –: dann mußt du den, der das Geld von dir zu bekommen hat, ordentlich demütigen. Das kannst du doch für dein Geld verlangen, daß er dasteht und Gott dankt und gewissermaßen den Hut in den Händen dreht. «Na ...» mußt du dann sagen: «Na ... da! Fang auf! Is jut.» So zahlt man. Früher haben einem die Kerle wenigstens die Hände geküßt; heute geben sie einem eine Quittung ... verdammte Zeit. Gibs ihm, wenn dus ihm gibst!

Siehst du: das mußt du wissen, für den Fall, daß du einmal in die ärgerliche Lage kommen solltest, etwas zahlen zu müssen. Zahlen ist: Gnade mit einem Fußtritt. Und besonders für den, der sich nicht wehren kann.

Aber du hörst ja nicht. Und daher kommt zu dir kein Geld – zu dir nicht. Mancher lernts eben nie.

50% BÜRGERKRIEG

Wenn der Stahlhelm anrückt, wenn die Nazis schrein:
«Heil!»
dann steckt die Polizei den Gummiknüppel ein
und denkt sich still ihr Teil.
Denn auf Deutsche schießen, in ein deutsches Angesicht:
Das geht doch nicht!
Das kann man doch nicht!

Wenn die Arbeiter marschieren, wenn die Arbeitslosen schrein:
«Hunger!»
dann schlägt die Polizei mit dem Gummiknüppel drein –
Hunger –?
Dir wern wa! Weitergehn! Schluß mit dem Geschrei!
Straße frei!

Wenn Deutschland einmal seufzt unter einer Diktatur,
wenn auf dem Lande lasten Spitzel und Zensur,
ein Faschismus mit Sauerkohl, ein Mussolini mit Bier ...
wenn ihr gut genug seid für Militärspalier –:
dann erinnert euch voll Dankbarkeit für Uniformenpracht
an jene, die das erst möglich gemacht.
An manchen Innenminister. Und ein Bürogesicht ...
Es ging nun mal nicht anders.
Sie konnten es nicht.

AUF DEM NACHTTISCH

Eins, zwei, drei, vier, fünf ... da fehlt doch ein Buch! Wenn so viel auf dem Nachttisch liegt – warum soll nicht auch einmal etwas unter dem Nachttisch liegen? Richtig: es ist heruntergefallen. (Hinunter, herunter ... wie heißt das? ‹Hin› zeigt die Richtung an — ich weiß schon. Aber die Sprache macht das nicht mit, sie kugelt alles bunt durcheinander.) Da liegts. Da darfs nicht liegen. Denn das Buch verdient einen Ehrenplatz auf dem Nachttisch. Und den soll es auch gleich haben.

Von den vielen Arten, die Schande des Krieges zu betrachten, ist eine wohl am wirkungsvollsten: das ist die des still leidenden, nicht zornmütigen Menschen. Alfred Polgar hat sie gewählt. (*‹Hinterland›*; erschienen bei Ernst Rowohlt, Berlin.) Nein, er hat diese Art nicht gewählt — es ist die seine. Er gehört nicht zu jenen, die da aufstehen und Zetermordio gegen eine organisierte Schweinerei rufen — es ekelt ihn. Weil aber im Grunde seines Herzens der Humor glüht, so ist ein bittersüßes Getränk aus dem geworden, was er uns da gekocht hat.

Ein Teil dieser Geschichten ist im Kriege geschrieben und merkwürdigerweise auch gedruckt worden. Ein Berliner wird aus Österreich niemals ganz klug; welche Mischung von Roheit, Schlamperei, Dummheit, Gewitztheit, Raffinement! (Liebe Mitschriftsteller, das Wort ‹Raffinesse› gibt es nicht, das ist eine schreckliche und krebsartige Neubildung!) Wir andern verstehen Österreich niemals ganz — wir erleben nur schaudernd in diesem Buche, wie es gewesen ist.

Was den Stil der Polgarschen Prosa angeht, so kann er etwas, worum ich ihn unendlich beneide. Alle seine Sätze, alle ohne Ausnahme, sind zu Ende formuliert. Die Fassung scheint endgültig. (Ihm scheint sie bestimmt nicht so; wer so schreibt, quält sich.) Es sind ganze Abschnitte darin, die durchaus klassisch anmuten — hätten wir pazifistische Schulbücher und nicht dieses wüste Gehetz zum nächsten Krieg, so verdienten diese Kapitel, dort aufgenommen zu werden. «Wer roh, brutal und stumpfsinnig ist, erträgt die Greuel des Krieges, jene, die ihm selbst, wie gewiß jene, die nicht ihm selbst widerfahren. Die andern schwanken zwischen Irrsinn und Verzweiflung.» Wie zementiert war dieser Boden, Stein, Stein, Stein. Aber es gab da Fugen und Ritzen, und aus denen wuchsen diesem großen Schriftsteller zarte Gräser der Ironie. Diese Pflanzen haben dann später geholfen, die Steindecke zu sprengen.

Ich frage mich, was wohl unsere Enkel, wenn sie dieses Buch in die Hände bekommen (Polgar würde sagen: bekämen), dazu sagten. Werden sie das verstehen? Dieser Hohn, der zum Beispiel in dem bezaubernden *‹Interview›* aufklingt; dort wird die Wartefrau eines öffentlichen ‹HIER› interviewt, mit ernsten politischen Fragen wird die treue Schaffnerin behelligt, die dort die Wasserspülung beaufsichtigt, und sie antwortet auf alles. Aber diese Antworten sind so merkwürdig ... Bis sich denn ergibt: «Das Amt der guten Frau bringt es mit sich, daß sie nur mit alten Zeitungen zu tun hat. Vom Sommer 1916 ist das neuste Quartal datiert, das sie erworben hat. Und auch das nicht zur Lektüre. Was für eine verständige Frau!»

Und werden die Enkel die Sehnsucht verstehn, die damals in den

Herzen aufflammte: einmal aus diesem vaterländischen Modder hinauszukommen, hinaus in andre Länder, in denen es noch vernünftige Menschen gab, keine Musterungskommissionen, sorglose Frauen, still arbeitende Männer, ‹echten› Bindfaden und ‹echtes› Leder und Butter...! Es war nicht auszudenken. Dieser Sehnsucht gibt Polgar hinreißenden Ausdruck. Und von den verbrecherischen Ärzten ist die Rede, die mit faradischen Strömen die Proletarier gequält haben ... ach, ich weiß. Ich weiß, daß man mit diesen sehr schmerzhaften Strömungen manchmal, manches Mal, auch Heilungen erzielen kann — aber es ist doch widerwärtig, wie diese uniformierten Schinder das niemals an ihrer gut zahlenden Kundschaft, sondern immer nur an wehrlosen Soldaten ausprobiert haben. Manche rühmen sich dessen noch heute. Und niemand hat sie zur Verantwortung gezogen.

Die Verantwortung ... Das ist das schönste Kapitel dieses Buches, und das gehört nun wirklich in alle Schullesebücher. Seite 73. «Die leitenden Staatsmänner und Generale übernehmen die ‹Verantwortung› für das Schicksal, das sie den Völkern auferlegen.» Und was dann kommt, das müßt ihr selber nachlesen — es ist jene Verantwortung, nämlich vor der ‹Geschichte›, und das ist eine schöne Geschichte.

Das ist ein Buch! Die famosen Glossen über Berlin, in liebevoller Ironie; die Schilderungen aus dem verfallenden Wien; eine himmlische Satire über den Umsturz in Ungarn ... auch für die, die einen Teil dieser Arbeit schon in der *‹Weltbühne›* gelesen haben, ein nimmer endendes Vergnügen. Und das wimmelt von klugen Bemerkungen, das funkelt und strahlt und blitzt — und nie, niemals ist die Formulierung Selbstzweck; der Stil ist gebändigt von einem großen Meister der deutschen Sprache. Hut ab.

Die Satire Polgars über Budapest ist lustig und bös. Blutig ist sie nicht. Ungarn aber ist blutig gewesen, blutig wie rohes Fleisch ... Davon steht zu lesen in einem kleinen Band *‹Die Kerker von Budapest›*, von Sandor Kémeri, mit einem Vorwort von Henri Barbusse (erschienen im Buchverlag Kaden & Co., Dresden). Nicht gut für die Nachtruhe — sehr gut für die Schärfung des Gewissens.

Sandor Kémeri ist das Pseudonym einer Frau, der Gattin eines ungarischen Journalisten, von Bölöni. Der Mann ist niemals Kommunist gewesen, die Frau auch nicht. Das Ehepaar floh vor Horthy aus Ungarn, weil der Terror unerträglich war — alle hatten zu fürchten, alle, außer den Uniformierten. Dann kehrte die Frau in einem gradezu fahrlässigen Vertrauen auf die Anständigkeit der ungarischen Regierung zurück, um nach ihrer beschlagnahmten Wohnung und nach ihren Sachen zu sehen ... Sie wurde natürlich verhaftet. Man behielt sie wochenlang im Militärgefängnis; ihr selbst geschah zwar nichts — aber was sie dort gesehen hat, das hat sie aufgezeichnet. Und das muß man lesen.

Es ist viehisch.

Es ist so gemein, daß ich diese Einzelheiten nicht noch einmal abschreiben mag — ich habe neulich bereits aus einem Buch von Barbusse Proben gegeben. Wie sie auf Menschenfleisch (meist Judenfleisch) herumgehackt haben! Wie sich ein irrer Sadismus noch an Sterbenden austobte — einem, der in den letzten Zügen lag, hat ein Soldat in den Mund gespuckt; wie sie schlugen, messerten, peitschten, brüllten, Stöcke in die Zähne wirbelten, auf Winselnden mit Füßen umhertraten ... das Zeugnis dieser Frau ist um so beachtlicher, als sie keiner Partei angehört, keine politischen Schlußfolgerungen aus ihren entsetzlichen Beobachtungen zieht — es ist nichts von Klassenkampf in dem Buch. Es ist einfach eine anständige Bürgersfrau, die zu zittern anfängt, wenn sie an das denkt, was sie da gesehen hat. Es ist grauenvoll.

Vergeltung? Es hat keine Vergeltung gegeben. Die Juden beten schon wieder für Horthy, der seinerseits ‹gar nicht mehr so schlimm ist› ... es hat keine Vergeltung gegeben. Nun, ich halte befriedigte Rache für etwas grauenvoll Lächerliches: wenn der Feind zerprügelt am Boden liegt, schämt man sich, wenn man Nerven hat — was soll das? Was nützt uns das da?

Aber doch ... es ist nicht gut, daß Gottes Mühlen so langsam mahlen. Es ist nicht gut, weil in Ungarn (wie in Deutschland) Tausende von Menschen herumlaufen, die sich an Blutfusel sattgesoffen haben, die einmal ihre sadistischen Triebe haben frei auslaufen lassen können. Sind sie wirklich satt? Ja, sie mögen wohl gesättigt sein. Aber es ist nicht gut. Solch ein Gesindel ist vergiftet Zeit seines Lebens. Verroht, vertiert, Verzeihung: vermenscht ... wer das einmal fertig bekommen hat, wer so schrankenlos hat zuschlagen dürfen, wer aus Menschen Objekte gemacht hat und sich benommen hat, als befinde er sich in einem blutigen Bordell—: der bleibt eine sittliche Gefahr für sein Land. Ungarn wimmelt von solchen Bestien. Sie sind alle noch da. Gepäckträger sind sie nun, kleine Zigarrenhändler, Schutzleute, Feldwebel ... und haben den lieben Gott geprellt, der es ihnen im Jenseits vergelten ... wie?

Kein Wunder, wenn auf der andern Seite die Flamme glüht, und schwelt.

Wenn jemand in Deutschland Tendenz macht, dann werfen ihm die Kunstrichter zunächst vor, daß er es tut, und wenn sie der andern Richtung angehören, dann jammern sie: der Mann kann ja nichts. Ich bin für Tendenz — feste, gib ihm.

Das ‹*Volksbuch 1930*› (erschienen im Neuen Deutschen Verlag) gibt ihm.

Es ist eine Anthologie aus Bild und Text — ich bin auch vertreten. Der Querschnitt durch das Jahr ist voll gelungen; das Bildmaterial ist gut. Es ist anständige Literatur, und so ausgewählt, daß sie jeder Proletarier, jeder Angestellte, der auch nur ein wenig geistige Interessen hat, ohne weiteres versteht. Tendenz, nicht die einer Partei, durchtränkt jede Zeile, so daß sie nicht noch nötig hat, zu kollern. Dichterisch am stärksten sind ein paar Zeilen aus einem Gedicht Emil Ginkels (*‹Wir haben die billigsten Hände, die billigsten Hände der Welt›*) und von der ersten bis zur letzten Zeile voll gelungen ein Gedicht Walter Mehrings aus dem *‹Kaufmann von Berlin›*: *‹Das Lied vom trocknen Brot›*. Man sollte übrigens dieses Drama nach dem Piscatorkrach nicht ad acta legen — es ist nicht nur sprachlich eines der besten Dokumente aus der Inflation.

‹Montiert› hat das Buch John Heartfield, der ja bahnbrechend auf diesem Gebiet ist. Mir erscheint diese Technik ausbildungsfähig. Ich habe mit Heartfield zusammen in meinem *‹Deutschland, Deutschland über alles›* versucht, eine neue Technik der Bildunterschrift zu geben, eine Technik, der ich jetzt häufig, auch in illustrierten Blättern, begegne. Aber es sind Äußerlichkeiten, die man uns abgeguckt hat. Es kommt darauf an, die Fotografie — und nur diese — noch ganz anders zu verwenden: als Unterstreichung des Textes, als witzige Gegenüberstellung, als Ornament, als Bekräftigung — das Bild soll nicht mehr Selbstzweck sein. Man lehre den Leser, mit unsern Augen zu sehen, und das Foto wird nicht nur sprechen: es wird schreien.

Das *‹Volksbuch›* enthält auch ein Gedicht *‹Ich geh mit meiner Kleinen stempeln›*. Viel stärker — wenn auch ohne Zusatz propagandistisch nicht brauchbar — ist ein kleines Gedicht mit demselben Thema *‹Ick jeh stempeln›*, das Erich Carow aufsagt. Ich habe es leider niemals von ihm gehört. Die einfachen Verse stehen in dem Band *‹Erich Carow, Karriere eines berliner Volkskomikers›* (erschienen im Eden-Verlag zu Berlin). Es lohnt sich wohl, da einmal einen Blick hineinzutun. Nicht nur, weil dieser Carow ein großer Schauspieler ist — sondern auch, weil mancherlei Aufschlüsse über Berlinertum in diesem Buch zu finden sind. Wir, die Schriftsteller, sind im Buch in der Majorität — schade, ich hätte gern gelesen, was Carows Publikum vom Weinbergsweg über ihn sagt. Im übrigen:

Ick jeh stempeln, ick jeh stempeln,
denn ick habe nischt zu pempeln.
Ick bin klamm un ausjemist,
Ick wees nich mehr, wat Arbeet is.
Ick sehne mir ooch nich danach,
der Jeist is willich, det Fleesch is schwach,
Ick kann bloß nachn Nachweis tempeln —
Ick jeh stempeln, ick jeh stempeln, ick jeh stempeln.

Nun ist nur noch ein Buch übrig geblieben. Wenn ich von dem erzählen soll, laßt mich erst einmal Atem holen.

A. T. Wassiljew *‹Ochrana›* (erschienen im Amalthea-Verlag in Wien).

Dieser Wassiljew war Polizeidirektor bei der russischen Ochrana, und von der berichtet er.

Der Mann ist überzeugter Zarist; man wird also nicht erwarten, daß er die Ochrana, die ihm Brot, Ehre und Lebensinhalt gegeben hat, hinterher beschimpft. Nein, das erwartet man nicht. Auch nicht, daß er so ziemlich alles zugibt, was man der Ochrana vorwirft — er ist so dumm, daß ers noch zugibt, während er es bestreitet, und das Buch ist voll der infamsten Beschimpfungen der russischen Intellektuellen, des Sozialismus, von gänzlichem Unverständnis vom Wesen einer Revolution ... soweit ist das alles Sache des Herrn Wassiljew. Es ist, wie wenn jemand das Lallen eines besoffenen russischen Gendarmerieobersten ins Deutsche übersetzt hätte.

Vieles wirkt, wie wenn es ein böser Satiriker geschrieben hätte. Spitzel? Aus den Kreisen der Revolutionäre? Nein ... Nur: «Hatte die Ochrana eine Gruppe von Revolutionären ausgehoben, dann suchte sich der Chef der moskauer Ochrana Subatow jene Personen unter ihnen aus, die am ehesten beeinflußbar erschienen, lud sie in sein Privatzimmer und begann ihnen im freundlichen Plauderton die Verwerflichkeit der revolutionären Bestrebungen und die Gerechtigkeit des von der Regierung geführten Verteidigungskampfs auseinanderzusetzen.» Ist das nicht idyllisch? Er gibt Provokationen zu — die wurden aber scharf geahndet. Zum Beispiel so: Die russische Polizei stellt ein revolutionäres Flugblatt her, um ein paar Leute gehörig einzuseifen. Das kommt heraus. «Der Ochrana-Kommandant darf nicht länger in seinem Amt verbleiben; seine Absetzung ist dem Korpskommandanten unverzüglich zu melden.» Unverzüglich! So streng ging es im zaristischen Rußland her ... Er gibt zu, daß man die Post Tolstois heimlich geöffnet hat, aber: «Der redliche wahre Russe hat die starke Macht immer geachtet, sich vor ihr gebeugt, ohne zu fragen und ohne darüber nachzudenken, welches die Gründe für jene Befehle seien, die oft nicht leicht zu erfüllen und zu ertragen waren. Das kam daher, daß der Russe in der Tiefe seiner Seele wußte und verstand, wie doch die vom Kaiser eingesetzten Behörden nur dazu da seien, als treue Diener des Zaren das Wohl Rußlands mit allen Mitteln zu fördern.»

Und dann die fassungslose Verwunderung, wie ihn die Revolutionäre nun beim Kanthaken nehmen — wie denn? er soll (siehe bei Polgar) nun auch noch die Verantwortung für das tragen, was er gemacht hat? Nein ...! Denn diese Kerle haben ja, wenns schief geht, zwei Ausreden, die sie durch die ganze Weltgeschichte begleiten: entweder sie haben nur Befehle ausgeführt oder sie haben nur Befehle erteilt. Und dafür trägt man doch keine Verantwortung! Ja, mit dem Maul ...

Man wird von mir nicht verlangen, daß ich mich ernsthaft mit einem Buch auseinandersetze, das die ‹*Protokolle der Weisen von Zion*› ernst nimmt; das über die russische Judenfrage gradezu groteske Ansichten entwickelt; das die Maßnahmen der russischen Revolutionäre durch ein Monokel bespöttelt ... zum Glück ist das Buch unverhältnismäßig teuer und wird nicht viel Schaden anrichten. Auch das Skatspiel: Ochrana–GPU wollen wir nicht mitspielen. Nicht deshalb zeige ich das Buch an – Herr Wassiljew ist kein Gegner.

Was aber einmal gesagt und gefragt werden muß, ist dies:

Wer ist der Amalthea-Verlag?

Willy Haas hat neulich in der ‹*Literarischen Welt*› einen höchst instruktiven und guten Aufsatz über die Verleger Wiens veröffentlicht, wie immer von der besten Gesinnung getragen. Darin wird auch des Amalthea-Verlages Erwähnung getan, und er wird ernst genommen. Ich bedaure, Haas ausnahmsweise hier nicht folgen zu können.

Daß ein Verlag antibolschewistische Bücher druckt, ist sein gutes Recht. Daß diese Bücher, besonders die Fülöp-Millers, einen, wie soll ich sagen, leicht anrüchigen Eindruck machen, mag an meiner Nase liegen. Ich kann Millern nichts ‹beweisen› und will es auch gar nicht. Daß der Verlag gegen Rußland hetzt, muß man ihm zugestehn – er ist frei. Dagegen wäre nichts einzuwenden.

Doch hat alles seine Grenzen, und ein Verlag ist für seine Autoren verantwortlich.

Und wenn ein Verlag wagt, ein Buch zu drucken, das diesen Anwurf hier enthält:

> «Hierauf trat Lenin durch einen jüdischen Vermittler namens Helfmann, genannt Parvus, mit der deutschen Regierung in Verhandlungen und übernahm gegen eine hohe Belohnung die Aufgabe, in Rußland Unordnungen und Streiks hervorzurufen und überhaupt mit allen Mitteln Erfolge der russischen Kriegsführung zu verhindern» –

so scheidet damit der Almathea-Verlag aus den Reihen der ernst zu nehmenden Verlage ein für alle Male aus.

Es hat alles seine Grenzen. Man kann Hindenburg politisch bekämpfen, und das mit den schärfsten Mitteln; man darf sagen, daß seine militärische Bedeutung überschätzt wird, man darf gegen seine politische Haltung polemisieren – aber man hat anständig zu bleiben. Und wenn sich heute ein deutscher Verlag einfallen ließe, drucken zu lassen: «Herr von Hindenburg hat von England Geld erhalten, um nicht alle Möglichkeiten der Kriegführung zur Entfaltung kommen zu lassen» – so würde der Verlag mit Recht von der öffentlichen Meinung fortgefegt werden.

Und genau denselben Respekt nehmen wir für Lenin in Anspruch.

Bekämpft ihn. Sagt, er habe nichts als Unheil angerichtet. Schreibt, er sei überschätztes Mittelmaß. Sagt alles, was ihr wollt. Wer aber die persönliche Ehrenhaftigkeit dieses Revolutionärs in Zweifel zieht, der ist ein Schuft.

Ich nehme den Gendarm, der das Zeug geschrieben hat, nicht ernst. Ich habe nur den Amalthea-Verlag in Wien bis heute für einen ernsten Verlag gehalten. Ich tue das nicht mehr. Die Publikationen dieses Verlages verdienen keinerlei Erwähnung. Das Buch des echten Russen gehört dahin, wo vorhin Polgars Buch versehentlich hingeraten ist: unter den Nachttisch.

DAS STIMMENGEWIRR

Wir reden alle ins Unreine.
Goethe (apokryph)

Speed: 85.

Wenn ich meine Freundin Lisa — nein, die nicht, die andere — besuche, dann sind immer viele Menschen da. Und dies ist es, was ich zu hören bekomme:

«... haben wir uns himmlisch amüsürt Kinder ich will euch mal was sagen seit man im Tonfilm auch noch zuhören muß also ich bin nur eine einfache Frau wieso gnädige Frau man kann doch auch weghören wenn ich weghören will red ich mit meinem Mann guten Tag Panter Masochist nimmst du noch ein bißchen Obstsalat Masochist ist doch kein Fremdwort in dem Sinne doch das kann man erklären wie soll ich sagen also Masochist ist einer der päng kriegt guten Tag Panter Lisa ich *muß* weg ein amerikanischer Wagen der frißt Benzin hör auf mich dafür bin ich Fachmann ach auf Stottern dafür bin ich auch Fachmann wie finden Sie diese Verlobung wir haben uns halb tot gelacht na ich bitte Sie mit diesem alten Ekel das wird doch nichts das ist sogar schon was geworden nehmt doch noch'n bißchen Obstsalat sie ist ja ganz nett aber er daß sowas ohne Wärter ausgehen darf wer sagt Ihnen daß er darf guten Tag Panter ob er schief liegt schief ist gar kein Ausdruck für den kann keiner mehr grade stehen Lisa ich *muß* weg unten ganz schmal also das hier oben kommt alles weg verstehen Sie mich und dann hier ein handbreites Volant aber das sieht man nicht Brecht Brecht ist doch kein Dichter nein Sie sind 'n Dichter ich bin ein einfacher Makler mich lassen Sie in Ruhe na Brecht makelt auch schon ganz schön Sie nehmen ja gar keinen Obstsalat ich kann meinen Onkel aus Stockholm so gut verstehen der hat immer gesagt er hat bloß noch einen Wunsch er möchte ganz allein auf der Welt sein und einen gutgehenden Kolonialwarenladen haben Lisa ich *muß* weg ach lächerlich bleib doch noch erzählen Sie mir doch nichts die Frau singt ja nach dem Korken nur London nur London Paris ist ein Schmarrn dagegen der Mann ist ja anglophob phil phil wieso viel ich frage mich wann eigentlich wenn nicht jetzt lieber Herr Rechtsanwalt die Sache mit Reinhardt ist perfekt ich habe das aus authentischer Quelle acht Monate im Jahr ist er in Berlin und die übrigen neun Monate in Wien Lisa ich *muß* weg guten Tag Panter nein Sie hier ich bin ja baff nein ich bin ja außer mir wissen Sie schon daß ich geschieden bin das muß ich Ihnen erzählen sie war dreimal in seinen Aufführungen ich habe Ernst Deutsch persönlich das ist struggle for wife mein Lieber ich nehm noch 'n bißchen Obstsalat ich kenne die Frau und ich sage Ihnen das ist eine Fetischistin die kann bloß lieben wenn ein Tausendmarkschein auf dem Nachttisch liegt Lisa ich *muß* weg na da geh doch du gräßliche Person Lisa ich muß wirklich Ali erwartet mich um halb sieben an der Gedächtniskirche himmlischer Vater es ist Viertel acht da hab ich ja noch Zeit der ganze Klub weiß es nur sie nicht spielt schon sehr gut die Frau ihre Vorhandbälle ach Vorhand Bridge natürlich Lisa ich muß nun aber wirklich er hat noch keinen Obstsalat nein wirklich ich muß grüß Ali schön halt mal das hat sie dir noch nicht erzählt also wer hat recht ich habe den Nutria sei mal still seid doch mal alle still also ich hab den Nutria selber gesehen bei ihm oben in seinem Betrieb ein himmlischer Pelz für zweitausendvierhundert er wird auch nicht weinen wenn man ihm achtzehnhundert bietet ausgeschlossen seppfaständlich kommt ja gar nicht in Frage Lisa ich *muß* sei mir nicht böse grüß Ali nimm dir doch nein nicht Ali den Nutria grüß Franzi und die Kinder jetzt ist sie weg wer spielt denn die Wendla in *‹Frühlings Erwachen›* wahrscheinlich die Sandrock wir nehmen noch 'n bißchen Obstsalat mein Guter . . .

Sie sagen ja gar nichts —!»

EIN WORT

Es geht ein Wort durchs ganze Land,
durch hunderttausend Leben.
Das Wort hat ewigen Bestand,
du kannst nicht widerstreben.
Der Vater sagts,
die Mutter sagts,
der Bürger sagts,
der Bauer sagts,
die Juden und die Arier;
der Richter sagts,
der Lehrer sagts,
die Zeitung sagts,
der Pfarrer sagts,
die Chefs und die Proletarier —
Du hörst sie alle Tage schrein:
«Lassassein —!»

Es mault das Baby, das man aufgeweckt:
‹Lassassein!›
es schilt die Amme, wenn sichs vollgekäckt:
‹Lassassein!›
es schallt durchs kinderreiche Haus:
‹Lassassein!›
manche Erziehung besteht nur aus
Lassassein!
Papa schimpft mit Fritzchen — früh Rauchen macht krank:
‹Lassassein!›
Es schlängelt das Mädchen sich auf der Bank:
«Nicht doch . . . lassassein . . .!»
Es rät der Freund dem Freunde gut:
«Mensch, lassassein!»
und der hat dann doch zum Heiraten Mut
und läßts nicht sein.
Wird ein Richter vernünftig, bringt ihn Leipzig auf den Trab: . . .
Lassassein!
zeigt die SPD Mut, wiegelt der Vorstand sie ab: . . .
Lassassein!
Demonstrieren die Arbeiter, dann brüllt die Polizei:
‹Lassassein!›
bei den Nazis steht sie lächelnd dabei:
«Lassassein . . . Nein? Nein.»
In juristischen Wälzern steht nur ein Wort:
Lassassein!
Hundert Schilder verunzieren jeden Ort:
Lassassein!
George Grosz soll nicht malen. Die Kirche brüllt sich wund:
‹Lassassein!›
Pitigrilli soll nicht dichten. Es verbietet Schmutz und Schund:
‹Lassassein!›
Das Auto soll nicht fahren. Es droht die Markierung:
LASSASSEIN!
Der Student soll nicht links sein. Es droht die Relegierung:
Lassassein!
Treibt die arme Frau ihre Leibesfrucht ab?
Lassassein!
Und noch auf dem Friedhof . . . «Keine Reden am Grab!»
Lassassein —!

So sagt jeder, was man nicht tun soll,
und verbietet dem andern die Hucke voll.

Denn das deutsche Volk kann nur ruhig schlafen
hinter einer Hecke von § § §.
Jeder hackt auf jedem. Jeder will untersagen.
Keiner gönnt keinem was. Sieh, wie sie sich plagen!
Denn die Bremse ist das Wichtigste an einem deutschen Wagen.
Im Verbieten sind sie groß. Im Gewähren sind sie klein.
Lassassein!
Lassassein!
Lassassein —!

SCHNITZEL

Ein bekannter Modezeichner ging einst zum Chef der Zeitung, für die er arbeitete, und bat um Gehaltserhöhung. Die schlechten Zeiten ... und die teuren Preise ... Und der Chef entgegnete: «Die teuren Preise ... und die schlechten Zeiten ...» — «Da wird nichts andres übrig bleiben», sagte der Modezeichner, «als daß wir beide reich heiraten —!»

Das Äußerste, was ich jemals an Perversität gehört habe, hat mir meine Freundin Grete Walfisch erzählt. Die hat in ihrer Jugend einen alten Hofhund abgerichtet: wenn der einem Menschen schmeicheln sollte, dann mußte er knurren.

Die Balten sind die Apotheker Europas — sie haben durchweg einen Sparren. In Ascona wohnte einer, der hatte nie eine Uhr im Haus. In einem Dörfchen, vier Kilometer davon, war eine Turmuhr, die konnte man mit bloßem Auge kaum erkennen. Da kaufte sich der Balte für teures Geld ein Fernrohr und las die Zeit ab.

Er ist ebenso dumm, wie er ehrlich ist. Und er ist der ehrlichste Mensch, den ich jemals gesehen habe.

Vom Mitleid. Da war ein Mann, der war ganz gelähmt und lag im Bett. Sprechen konnte er nicht mehr; er hatte eine kleine Buchstabiertafel, auf der fuhr er schwach mit dem Finger herum. Jeden Nachmittag besuchte ihn seine Schwester und erzählte ihm die Neuigkeiten der Welt, auf daß er sich zerstreue. «Denke dir», sagte sie eines Nachmittags, «der Rudolf! Da hat er doch erst neulich das Pech mit seiner Frau gehabt, und jetzt ist sein kleiner Junge die Treppe heruntergefallen und hat sich das ganze Gesicht zerschlagen!» Da nahm der Kranke seine Tafel und buchstabierte: «n—e—b—b—i—c—h—!»

Von der Eifersucht. Ich sagte zu Germaine: «Heute nacht habe ich von dir geträumt – aber wie!» Sie zog die Stirn kraus. «Alors tu m'as trompée avec moi!» sagte sie.

Von der Verliebtheit. Von ihr nichts zu bekommen, ist immer noch hübscher, als mit einer andern zu schlafen.

Es gibt Schriftsteller, die rasen sehr exakt. Sie dichten aus dem Reinen ins Unreine.

Manche Zeitschriften halten sich nur durch die Freiabonnenten.

Der Kerl versteht nichts von Frauen. Den feinen Damen bietet er Geld an, und auf die Huren macht er Gedichte. Und damit hat er auch noch Erfolg!

Wenn man einen Menschen richtig beurteilen will, so frage man sich immer: «Möchtest du den zum Vorgesetzten haben –?»

(Aus den Sprüchen des Pfarrers Otto): «Die Frauen sind die Holzwolle in der Glaskiste des Lebens.»

Die Deutschen haben zwar nicht das Pulver erfunden, wohl aber die Philosophie des Pulvers.

Bei der Premiere des Brechtschen ‹*Happy-end*› rief in die Schlußfanfare einer Schauspielerin eine hohe Frauenstimme von der Galerie: «Lassen Sie sich von einer Kollegin sagen: Was Sie da unten machen, ist Scheibe –!»

Der schwedische Zeichner Albert Engström hat von einer seiner Figuren gesagt: Er schielte so, daß er mittwochs beide Sonntage zu gleicher Zeit sah.

(Zum Mann, der in der Nase bohrt): «Suchen Sie was bestimmtes?»

Karlchen ist derartig hinter den Mädchen her! Er hat den Coitus tremens.

Der Mensch ist ein Wesen, das klopft, schlechte Musik macht und seinen Hund bellen läßt. Manchmal gibt er auch Ruhe – aber dann ist er tot.

Ein Mann fiel vom Mond. Die Deutschen legten ihn auf die rechte Straßenseite; die Franzosen fragten: «Vous venez de la part de qui –?»;

die Italiener zogen sich scheu zurück, denn sie hielten ihn für einen Spitzel Mussolinis; die Dänin beschnupperte ihn und sagte: «Ist er nicht der geschiedene Mann von Frau Johannsen –?» Hierauf begab sich der Mann wieder zum Mond zurück.

Das deutsche Schicksal: vor einem Schalter zu stehn.
Das deutsche Ideal: hinter einem Schalter zu sitzen.

DIE INFORMIERTEN

Zur Zeit wird etwas reichlich auf Rußland herumgehackt; es vergeht wohl keine Morgen- und keine Abendausgabe der bürgerlichen Provinzpresse, in der nicht diesem wenig inserierenden Lande eins ausgewischt wird. Zum Beispiel – im nürnberger ‹*8-Uhr-Blatt*› – so:

«Stalin von seinen Kollegen verprügelt.

Es wurden Rufe wie ‹Verräter! Betrüger› usw. laut: Stalin sprach nun die Unzufriedenen an, die auf ihn dann mit den Fäusten losgingen und ihn verprügelten. Nur ein intimer Freund und Landsmann Stalins, Ordshonikidse, rettete ihn vor Schlimmerem. Dieser bat, sich an das Schicksal eines Robespierre und Termidore zu erinnern, der Skandal und die Unzufriedenheit innerhalb der Parteileitung dürfe nicht in die Außenwelt dringen.»

Genau so. Wahr ist vielmehr:

«Am 9. Danton, dem bekannten Revolutionsmonat, hat Stalin, der übrigens in Wahrheit an Lenins Stelle in Moskau einbalsamiert worden ist, die Sozialisierung aller russischen Frauen verfügt. Davon sind insbesondere die katholischen Priester schwer betroffen worden; Trotzki, der Erfinder der Guillotine, hat seine Stellung als bayerischer Gesandter in Peking daraufhin niedergelegt. Alle Kinder in Rußland sind verhungert, der Rest wurde in Uniformen eingekleidet und muß Militärdienst tun. Kulak, der Führer der aufständischen Kulaken, hat mit Bolschew ein Bündnis geschlossen: Stalin wurde von den blutgierigen Agenten der U.A.W.G. (der russischen Geheimpolizei) verurteilt, allabendlich das nürnberger ‹*8-Uhr-Blatt*› zu lesen. An seinem Aufkommen wird gezweifelt. Die Lage in Rußland ist trostlos; es ist dort fünf Minuten vor acht.»

Der Wunsch ist der Vater der Telegramme. Und es ist ein Doppelwunsch: es soll Rußland schlecht gehen, damit es den heimischen Arbeitern nicht zu gut gehe.

WAS MACHEN DIE LEUTE DA OBEN EIGENTLICH?

Motto: Der eigene Hund macht keinen Lärm – er bellt nur. (Alte Weisheit)

Donnerwetter, ist das ein Krach! Was ist das?

(Achselzucken.) – «Das sind Lösers, die Leute, die über uns wohnen. Das ist jeden Abend so.» Und da sagt ihr nichts? – «Wir haben schon raufgeschickt: da ist nichts zu machen. Sie haben gesagt, unseretwegen können sie sich keinen Bodenbelag . . . Himmelkreuz, man glaubt reineweg, die kommen mit der Decke runter! Nu hör bloß mal an – der Kalk rieselt richtig . . . Ruhe! – Ruhe!»

Ja, Kuchen. Was machen die Leute da oben in ihrer Wohnung?

Sprechen wir nicht von den wildgewordenen Hausfrauen. Die Reinmache-Megären sind weniger zahlreich geworden; dafür sind auch die Wohnungen von vernünftigen Familien sauberer. Aber was stampfen, was klopfen, was rücken die Leute über uns?

Alles, was man nur mit einem einzigen Sinn wahrnehmen kann, wirkt merkwürdig; die andern vier Sinne liegen gespannt auf der Lauer, und das Gehirn ist gezwungen, aus der einen, unvollkommenen Wahrnehmung alles andere zu kombinieren. Und so kombinieren wir denn, nachdem das Ohr schmerzlich aufgenommen hat:

Lösers machen Manöver. Lösers räumen jeden Abend ihre Wohnung aus . . . sie hängen ihre sämtlichen Einrichtungsgegenstände zum Fenster hinaus, räumen sie wieder ein . . . Nein, sie rollen zwei kleine Kanonenkugeln, Andenken aus dem Weltkriege, fröhlichen Gemütes durch die Korridore. Sie spielen Zirkus: schlagen der Länge lang hin, stehen wieder auf, schlagen wieder hin . . . Sie haben einen Kraftmenschen engagiert, der – nu hör doch bloß mal einer an! – das Büfett aufhebt und probiert, ob es, wenn man es auf den Boden hinfallen läßt, federt – was machen diese Leute? Ruhe!

Ich will es dir genau sagen, was sie machen. Dasselbe wie du.

Sie gehen auf und ab. Sie rücken ein paarmal Möbelstücke hin und her, was deinem Ohr zweck- und sinnlos erscheint, was aber ganz vernünftig anmutet, wenn man bei ihnen oben ist. Sie lassen ihre Kinder tollen . . .

Zugegeben: es gibt rücksichtslose Wohnungsnarren. Es scheint, daß manche Leute ihrem am Tage im Geschäft unterdrückten Willen zu Hause Spielfreiheit geben – da toben sie sich aus. Es gibt ausdauernde Auf- und Abgeher, solche, die, vom Teufel der Ruhelosigkeit geplagt, durch die Wohnung jagen . . . es ist so viel unbefriedigtes Gefühl in dem, was sie so treiben . . . Ja, aber wo sollten sie das alles tun, wenn nicht zu Hause! Den Tag über ist ihr Leben mit lauter Schildern umgattert: DU DARFST NICHT! . . . VERBOTEN! . . . UNTERSAGT! – Einmal, ein einziges Mal will der Mensch das Überflüssige tun, das dem Leben erst die richtige Würze gibt. Und da toben sie sich denn aus.

Es ist ein Jammer. Was ist ein Jammer? Der Wohnungsbau ist ein Jammer. Denn da wir dem Idealzustand, wo jede Familie ihr Häuschen hat, noch sehr fern sind, ist die große Mehrzahl aller Leute in den Großstädten gezwungen, in Mietshäusern zu wohnen – sie sind schon so froh, wenn sie darin überhaupt eine Wohnung finden. Und was sind das für Häuser?

Was die Architekten machen, ist ziemlich klar. Sie bauen die neuen Häuser aus einer Mischung von kaltgewordener Zigarrenasche und gestoßenen Ziegeln. Jeder ‹Fachmann› wird hier aufbrausen und uns erklären, daß es so ist, daß es nicht so ist, warum es gar nicht anders sein kann ... das müssen wir uns mit Gleichmut anhören. Genau so wie den Lärm über uns, unter uns, neben uns ... Es muß eine raffinierte Berechnungsmethode geben, nach der die Häuser grade noch stehenbleiben, wenn jemand das hohe C in ihnen singt. Es sind liebe Baulichkeiten: niest jemand im Keller, so kann man getrost auf dem Boden «Zur Gesundheit!» wünschen, und mit dieser Papparchitektur wird das immer schlimmer. Großstadthäuser aus den achtziger Jahren des vorigen Jahrhunderts wirken heute schon wie die alten Ritterburgen. Die neuen erzittern, wenn man sie nur ansieht, und wenn ein ungezogener Knabe in ihnen aufstampft, dann fallen die Hypotheken vom Dach. Was machen die Leute bloß da oben –?

Eine Lärmsicherung gibt es nicht. Man hat Versuche mit Korkböden gemacht; die sind teuer, sie dämpfen den Schall wohl – aber sie ersticken ihn nicht ganz. Und so rumort es über den Köpfen hinweg, ganze Artillerieregimenter fahren auf und fahren wieder ab – was machen die Leute bloß?

Du mußt mit ihnen aufstehen und mit ihnen zu Bett gehen. Du lebst ein fremdes Leben mit. Stille, das kostbarste Gut, ist dir versagt. Und wenn sie selbst still sind, wenn sie dicke Teppiche haben, die Obermieter, wenn sie selbst – o seltener Fall! – aus Rücksicht für dich Hausschuhe tragen ... dann ist da noch immer der schrecklichste der Schrecken.

«Huhu – huhu – haha – huhu – hiiiii –» Was ist das? Eine Lokomotive im Tunnel? Ach nein. Das ist Fräulein Lieschen Hasensprung, die sich im Gesang übt. Sie gleitet die Skalen gar oftmals hinauf und hinab; sie schleift die Töne im Hals, bis der Hals rauh und die Töne glatt sind, und wenn sie nicht singt, dann spielt sie Klavier. Das Klavier klingt, wie wenn man Wurstpellen auf eine Sardinenbüchse gespannt hat, das Spiel schmeckt nach Wurst und nach Sardinen. Und das geht den ganzen Tag – stunden- – stundenlang ...

Und wenn sie nicht Klavier spielt, dann vomiert der Lautsprecher, damit die andern Leute auch eine Freude haben. Krach muß sein, sonst macht das ganze Leben keinen Spaß.

Aber — aber — was machen sie bloß da oben? Rollen die ihren Ofen durch die Zimmer? Vielleicht haben sie dem Schreibtisch Punkte aufgemalt, und nun würfeln sie damit . . . Oder die lieben Kinderchen spielen ein gemütliches Spiel, wie das Kinder so tun: ‹Schweineschlachten in Oberbayern› oder ‹Chaplin und die Flöhe›. Horch — welch ein Skandal! Unser Kronleuchter zittert und klingelt mit dem Glas. Man fühlt ordentlich den Boden schwanken. Alles in mir zittert. So —

So geht das nicht mehr weiter. Jetzt schreibe ich drei Briefe: einen an die Polizei, einen an den Hausverwalter und einen an die rücksichtslosen Mieter. Ich will mir nur noch den Tisch hierher rücken, die Lampen dahin, so — und den Stuhl hierhin, und noch den kleinen Rauchtisch daneben — so — und dann gehts los.

Und unter mir denkt sich einer: «Was macht dieser Panter da oben eigentlich?»

Er schreibt drei Briefe. Gegen den Lärm.

DIE ORTSKRANKENKASSE

Ich komme in eine fremde Stadt
— Kasolz oder Ober-Crammin —
und nehme im Hotel ein Bad,
dann tu ich den Mantel anziehn
und gehe durch den fremden Ort
an Läden und Kirchen vorbei
und gucke hier und da und dort
und seh eine Metzgerei,
das Postamt . . . eine Bilderschau . . .
und immer, in jeder Stadt,
steht ein großer, prächtiger, neuer Bau,
den man grade errichtet hat.
    Und dann frag ich. Und in jeder Stadt,
    die einen turnenden Schutzmann hat,
    sagt er auf, wie das brave Kind in der Klasse:
        «Das? ist die neue Ortskrankenkasse.»

So ein großes Haus . . .! Sieh mal einer an . . .!
Ein riesiger Kasten. Ja, wer so kann!
Das tut jede Verwaltung, die auf sich hält;
die Herren haben wohl sehr viel Geld.
Wenn zwei Deutsche im Hof nämlich Holz zerspalten,
stehn drei andere herum, die das verwalten.
Und ich seh an dem feuchten Neubau hinauf,
und dies steigt vor meinem Auge auf:

Korridore mit vielen Türen,
die alle in kleine Bürozimmer führen.
In den Zimmern ist nichts Besondres los . . .
Und es gibt zweierlei Sorten von Büros:
Solche, in denen die Buchhaltungsfritzen,
die gewöhnlichen Schreiber sitzen;
die bebrüten Akten und führen Listen.
Das sind die gemeinen Papier-Infanteristen.
Kino, Kollegenklatsch, etwas Sport . . .
wie schnell das Klassenbewußtsein verdorrt!
Für eine Handlungsvollmacht, für einen Posten
tun sie alles, wobei sie die Chefs nichts kosten.
Und es haben die Mädels in den Buchhalterein
einen Wunsch:
    Hier raus und geheiratet sein!
Und alle schreiben und schreiben und schreiben
und müssen ewig hinter den Pulten bleiben.
Die schuften ihr ganzes Dasein vergebens.

    Doch in den andern Büros
    hockt dick und groß
das Ideal des Wirtschaftslebens:

Da sitzt der Mann an der Arbeitsstatt,
der ein Sekretariat und ein Vorzimmer hat,
(über jenen, die an ihren Arbeitsstätten
gern ein Sekretariat und ein Vorzimmer hätten).
Hier wird der Deutsche erst richtig heiter:
kein Mensch mehr — nur noch Abteilungsleiter.
Hier regiert er und wirkt und macht und tut . . .
Das Telefon klirrt, die Gehirntätigkeit ruht —
denn zwischen Arbeiten und Promenieren
gibts noch ein Drittes: Organisieren.

Hier steigen auf die kolossalen
Ressort-Stunks und die Büro-Kabalen
zwischen wildgewordenen Angestellten,
denn jeder will mehr als der andre gelten.
Hier sägt eine Lokomobile Holz,
mit dem sie geheizt wird.
                                        Und wieviel Stolz,
wieviel Eitelkeit steckt in diesen Puppen!
Sie meinen sich, und sie sprechen von Gruppen,

von Verbandsinteressen und Gemeinschaftsideen
und können nicht bis zur Türe sehn.
    Hör zu, mein Kind:
    Diese Leute sind
in geschäftiger Faulheit und wackrer Routine
der Leerlauf der deutschen Verwaltungsmaschine.

    Es ist ein schwerer Krankheitsfall.
    Und das ist über-, überall:
Ob Ortskrankenkasse, ob Filzfabrik;
ob Finanzamt, ob Hochschule für Musik;
ob Stadttheater, ob Magazin,
ob Eisenhütte oder Farbindustrien —:

    Stets sitzt auf jedem Unternehmen
    — neben jenen, die andern das Brot wegnehmen —
    ein Ballon der Verwaltung, dick und breit,
    eine Allegorie der Nutzlosigkeit.
    Denn dieser ganze Verwaltungstrara
    ist nur um seiner selbst willen da.
    Sie glauben, daß sie in USA sind,
    und haben vergessen, wozu sie da sind.
Kranke Proleten und deren Interessen . . .?
Vor lauter Verwaltung total vergessen.
Noch eine neue Kartothek,
noch eine Quittung und noch ein Beleg —
Ingenieure? ein Kumpel? ein Prolet?
Ein Kerl, der an seinem Schraubstock steht?
Muß sein. Das ist ja alles ganz richtig.
Aber wichtig?
    Verwaltung ist wichtig.

Für die ist Geld da. Für die die neuen
Kästen, die wie die Festungen dräuen.
Forts des Leerlaufs und Depots der Papiere.
Drinnen Juristen . . . alte Offiziere . . .
Steh am Schraubstock, du Ochse — laß deine Maschinen
laufen, du Tor — du wirst nichts verdienen.
Verdienen tut der, der verwalten kann:
der ist für die Wirtschaft der richtige Mann.

Und so vegetieren die betrogenen Massen
als Zwangsabonnenten von Ortskrankenkassen.

LESEFRUCHT

Wir verdanken Gustav Meyrink die schöne Geschichte vom ‹*Schöpsoglobin*›, darin die Affen des Urwaldes mit einer Lösung geimpft werden, die heftigen Patriotismus erzeugt. Die Impfung richtet denn auch schreckliche Verwüstungen unter den Tieren des Waldes an: sie gehen mit markerschütterndem Stumpfsinn hinter einem Riesenaffen her, der sich das Gesäß mit Goldpapier beklebt hat ... man lese das nach.

Was es für Affen unter den Menschen gibt – das ist nicht neeu. Aber was es für völkisch empfindende Mannen unter den Affen gibt, das sollte man wohl nicht für möglich halten.

Da steht auf Teneriffa eine Station mit Menschenaffen, an denen die Psychologen ihre Intelligenzprüfungen vorgenommen haben. (Von einer Umkehrung dieses Experiments ist vorläufig abgesehen worden.) Es gibt da eine sehr fesselnde Untersuchung des Professors Köhler: ‹*Intelligenzprüfungen an Anthropoiden*›, erschienen im Verlag der Akademie der Wissenschaften, Berlin. Da erzählt er, wie die Affen gern allerlei Gegenstände mit sich herumschleppen, an ihrem Körper anbringen, sich mit ihnen behängen. «Fast täglich sieht man ein Tier mit einem Seil, einem Fetzen Zeug, einer Krautranke oder einem Zweig auf den Schultern dahergehen. Gibt man Tschego eine Metallkette, so liegt diese sofort um den Nacken des Tieres. Gestrüpp wird mitunter in größeren Mengen auf dem ganzen Rücken ausgebreitet getragen. Seil und Zeugfetzen hängen gewöhnlich zu beiden Seiten des Halses über die Schultern zu Boden; Tercera läßt Schnüre auch um den Hinterkopf und über die Ohren laufen, so daß sie zu beiden Seiten des Gesichts herunterbaumeln.»

Und Köhler fügt nun eine glänzende Beobachtung hinzu:

« ... daß die am Körper hängenden Gegenstände Schmuckfunktion im weitesten Sinne haben. Das Trotten der behängten Tiere sieht nicht nur mutwillig aus, es wirkt auch naiv-selbstgefällig. Freilich darf man kaum annehmen, daß die Schimpansen sich eine optische Vorstellung von ihrem eignen Aussehen unter dem Einfluß der Toilette machen, und nie habe ich gesehen, daß die äußerst häufige Benutzung spiegelnder Flächen irgend Beziehung auf das Behängen genommen hätte; aber» – paßt auf! – «aber es ist sehr wohl möglich, daß das primitive Schmücken gar nicht auf optische Wirkungen nach außen rechnet – ich traue so etwas dem Schimpansen nicht zu –, sondern ganz auf der merkwürdigen Steigerung des eignen Körpergefühls, Stattlichkeitseindrucks, Selbstgefühls beruht, die auch beim Menschen eintritt, wenn er sich mit einer Schärpe behängt oder lange Troddelquasten an seine Schenkel schlagen. Wir pflegen die Selbstzufriedenheit vor dem Spiegel zu erhöhen, aber der Genuß unsrer Stattlichkeit ist durchaus nicht an den Spiegel, an optische Vorstellungen unsres Aussehens oder an irgend genauere optische Kontrolle überhaupt gebunden; sobald sich so etwas mit unserm Körper mitbewegt, fühlen wir ihn reicher und stattlicher.»

Im Urwald fing es an. Am 1. August 1914 hat es sich zum letztenmal bewahrheitet. Zum letztenmal —?

KÜNSTLERS WIDERHALL

(Rundfrage der *‹Vossischen Zeitung›*)

«Wat is Jochen Pesel —?»
Das Echo: «Esel — esel — esel — esel —»

Leser zerfallen in drei Abteilungen:

In die Nichtschreibenden; die Schreibenden; die Nichtlesenden.

Die erste Kategorie schreibt aus Liebe keine Briefe an den Autor; sie stimmt zu, will ihn aber nicht behelligen. Die zweite Kategorie schreibt: ja oder nein. Die dritte liest den Autor mit einem Auge, und das Gelesene geht ihr zum andern Ohr wieder heraus.

Der Schauspieler kassiert sofort ein, was ihm das Publikum zu schulden meint: Zischen oder Applaus. Zu uns dringt die Wirkung langsam, und was wir wirken, ist sehr, sehr schwer festzustellen. (Meist ist es viel weniger, als jeder glaubt und mehr, als jeder glaubt.) Politische Schriftsteller, die wirken, also die politischen Geschicke ihres Landes beeinflussen, gibt es. Zum Beispiel in Frankreich und wohl auch in England. In Deutschland werden die Meinungen eines politischen Schriftstellers, der nicht Parteimann ist, bestenfalls gehört — selten befolgt.

Ich bekomme zwar nicht so viele Briefe schöner Frauen wie der Kollege Dekobra, dessen Korrespondenz, wie ich mir habe sagen lassen, sogar die gemalten Münder der Briefschreiberinnen aufweisen soll — aber dies und jenes kommt schon mit der Post angelaufen. Und das habe ich von meinem Lehrmeister Siegfried Jacobsohn gelernt: beantwortet wird alles.

Schwer ist es, dem Schulmeister zu antworten, der im Leser versteckt hier und da ans Licht drängt. Die Brille blitzt, ein Zeigefinger droht, und ich muß das Lexikon wälzen und streiten, und zum Schluß haben wir beide recht — jeder von seinem Standpunkt, auf dem jeder unverrückbar stehenbleibt. Das ist der belehrende Nutzen der Korrespondenz.

Vom Feind kann man noch am ehesten lernen — manchmal auch vom Kritiker.

Was wirken wir —? Es gibt, wie mir scheint, zweierlei Lohn, der wirklich lohnet.

Das ist die Freude, die wir dem machen, für den unsereiner in Wahrheit schreibt: der so fühlt wie wir und der, könnte er nun zufälligerweise schreiben, genau so schriebe – daher seine Freude.

Aber das Allerschönste ist, daß es winzig kleine Wirkungen gibt, die sich erst summieren müssen, um überhaupt erkennbar zu sein: die die Schwankenden stützen, die Mutlosen wieder mutig machen, fremdes Leben in der Berufswahl und in der Berufsausübung maßgebend beeinflussen. Lob . . .? Ja, das ist ganz hübsch. Aber wenn ich erführe, daß sich ein Richter vor der Urteilsfällung an eine Zeile von mir erinnert und diese Erinnerung dem Angeklagten zugutekommt –: dann hat die Arbeit einen Sinn gehabt.

Es gibt gar stolze Schriftsteller, die sich Leserbriefe verbitten.

Die an mich sind mitunter nur freundlich, nur verliebt, nur zusagend – oder nur tadelnd, nur beschimpfend, nur säuerlichen Hasses voll. Wenn sie aber zeigen, daß, weil ich geschrieben habe, etwas Gutes geschehen oder etwas Böses nicht geschehen ist, dann erwacht in mir etwas, was ich die ‹sachliche Eitelkeit› nennen möchte. Um ihretwillen schreibe ich.

WARUM MEIN KONTOAUSZUG NEULICH EINEN FEHLER HATTE

> Damit einer liebe, ist es nicht nötig, daß viel Zeit verstreiche, daß er Überlegung anstelle und eine Wahl treffe, sondern nur, daß bei jenem ersten und alleinigen Anblick eine gewisse Übereinstimmung gegenseitig zusammentreffe oder das, was wir hier im gemeinen Leben eine Sympathie des Blutes zu nennen pflegen . . . Demgemäß ist auch der Verlust der Geliebten durch einen Nebenbuhler für den leidenschaftlich Liebenden ein Schmerz, der jeden andern übersteigt. Schopenhauer

«. . . bei der Sortenkasse anfragen, ob er da noch was hat . . . Nein, da hat er ja nichts . . . Paske, Parmel, Panter . . . 2645, dann gehen die 500 ab, aha! da ist ja noch ein Eingang, dann schuldet er uns also gar nichts. Doch: 78 Mark – die stehn noch offen. 78 . . . 78 . . . 78 . . . Siebzig, siebzig, siebzig . . . was sich neckt, das liebt sich . . . Formular! Also:

Ihnen anliegend den Auszug Ihrer werten Rechnung bei uns zu überreichen, abschließend mit einem Saldo von – Es widerspricht ihrer Moral, sagt sie. Na, so ein Zimt! Moral! Moral! Als ob Liebe was mit Moral zu tun hat! Himmelherrgottdonnerwetter – das wär mal eine

Frau gewesen! Gibts das alle Tage? Nein, das gibts nicht alle Tage. Eine wirklich vernünftige Person *und* lustig *und* frisch wie ein junges Mädchen und in puncto puncti ... na, lassen wir das. Wie die hier alle stehn und rechnen – also von den Kollegen versteht ja das Mädel keiner. Keiner. Saldo von ... Gleich das erstemal, wie ich sie gesehen habe ... also das war wie ein Blitz. Ich habs ihr auch gesagt. Doch, man muß das sagen. Und was sagt sie da? Ihre Moral –! Wirklich, ich habe ein Pech ... Kommt schon mal ne leere Droschke, dann sitzt einer drin! Und das wäre ja alles noch zu ertragen, aber das Gemeinste an der Sache ist: sie liebt ja. Sie ist ja gar nicht so. Sie liebt. Aber verdammt noch mal: einen andern.

Und das hat sie mir auch noch erzählt! Mit allem Komfort hat sie mir das erzählt! Nein! Fragen Sie oben in der Registratur! Ich hab ihn nicht. Affe! Ja ... alles hat sie erzählt. Raffinement? Glaub ich nicht. Nö, raffiniert ist die nicht, dazu ist sie wohl zu raffiniert. Aber ... sie liebt. Doch – ja. Ich habe ganz frech gefragt: Wo denn? Ich sage: Wo denn? Wenn Mama so aufpaßt? Sie sagt: Gottes Natur ist groß. So, sage ich. Na, kurz und klein: ich habe dann manches aus ihr rausgekriegt. Saldo von ... der Teufel soll diesen Panter holen und das ganze Kontokorrent! Ich hab es alles rausgekriegt. Und jetzt bin ich seit drei Tagen reine wie besoffen – ich werde das Bild nicht los, ich ..., werde das nicht mehr los.

Ich seh sie immerzu, mit dem. Ein schöner Kerl wird das sein – wahrscheinlich irgend so ein Sportfatzke. Blond, groß ... oder klein, vermiekert ... hähä ... nein, das liebt sie nicht ... das kann nicht sein. Blond, groß ... Wo hab ich denn meinen Spiegel? Ich seh heute gar nicht gut aus ... sonst seh ich ganz gut aus ... aber heute ... kein Wunder. Das Mädel geht mir nicht aus dem Kopf. Und immerzu das, immerzu das Bild. Die gehen Hand in Hand zusammen in den Wald ... dann schlenkern sie so mit den Armen dabei, tralala – verflucht, verflucht ... und diese Tannen, ganz dunkelgrün, ganz dicht ... und sie –

Ich glaube das nicht. Ich glaube das einfach nicht. Das tut sie nicht. Doch, das tut sie doch. Der Kerl ist ja gar nicht da – im Augenblick ist er mal nicht da – also daran ist kein Zweifel, vorläufig bin *ich* mal da! Aber das nützt mir nichts ... das nützt mir gar nichts. Er ist nicht da! Aber er wird da sein. März, April ... Mai ... noch zwei Monate. Nein, ich fahre weg. Nein, also dann will ich nicht hier sein! Nee – ich nehme dann meinen Urlaub. Dann könnt ich ja gar nicht arbeiten, wenn der da ist ... Gehen in den Wald und lachen und –. Der Bursche wird ja gar nicht richtig küssen können. Kann er ja gar nicht. Und überhaupt: bei ihm empfindet sie bestimmt nichts. Sicher nichts. Sicher nicht. Das ist unmöglich. Was ist schon dabei ... laß sie doch ...! Das ist eine leere Formalität. Sie wird ihn über kriegen, und dann komme ich.

Dann komme ich. Und dann wird sie sagen: Vor dir habe ich nicht gewußt, was Liebe ist. Sicher. Und dann bleiben wir zusammen. Das Telefon? Vielleicht ruft sie an? . . . Ist gar nicht für mich . . . äh — Und immer wieder die beiden . . . Das ist, glaube ich, Psychoanalyse, ich habe da neulich einen Vortrag drüber gehört . . . Das wird ja eine fixe Idee, wenn das so weitergeht . . . Donnerschlag, ich bin doch sonst nicht so, aber diesmal hats getroffen. Saldo . . . zu seinen Gunsten? Nein, zu unseren Gunsten . . . muß noch mal nachsehen . . . Aber das ist mal sicher:

Von der nichts zu bekommen, ist immer noch hübscher, als mit einer andern zu schlafen!

Mit einem Saldo von

RM 780.— zu unsern Gunsten, welcher auf neue Rechnung vorgetragen worden ist.»

«Hat angeklingelt und noch einen Brief geschrieben und sich beschwert . . . Stornieren Sie das! 780 Mark zu unseren Gunsten! Es ist ein Skandal! Das ist jetzt schon das zweitemal! Wie kommt denn das? Was machen Sie denn?»

«Ich weiß es nicht, Herr Direktor. Ich kann es mir nicht erklären. Ich weiß es nicht —.»

AB DURCH DIE MITTE

> Adolar: «So? Nun gut, dann will ich euch einmal etwas sagen. Hier—ist der Ring Clairchens, dort—ist die Kassette mit den Briefen; ihr, lieben Eltern, nehmt euern Segen zurück! Ich gehe!» (er stürzt ab)
>
> Achte Szene.
>
> Die Vorigen
>
> Altes Stück

Die Welt gibt es gar nicht. Es gibt vielmehr vielerlei Welten: eine Sportwelt; eine politische Welt; eine Kunstwelt; eine Papageienliebhaberwelt; eine medizinische Welt; früher hat es auch einmal eine Halbwelt gegeben, die ist inzwischen um fünfzig Prozent aufgewertet worden . . . viele Welten gibt es. Jede Welt ist überzeugt, daß sie die eigentliche, die richtige, die Originalwelt sei. Wenn man nun aus der von Gott geschaffenen Welt scheiden will, dann kann man das nur so machen, daß man das Leben aufgibt. Für die andern Welten aber besteht ein geradezu erschütternder Satz, der ihre Epoche charakterisiert, ein Satz, der den absoluten Wert dieser Teilwelten höchst dubios macht. Man kann nämlich aus einer Teilwelt aussteigen.

Denken Sie sich: ein wild umkämpfter Theosoph macht plötzlich nicht mehr mit. Vielleicht hat ihm der Arzt jede Aufregung verboten, oder er hat plötzlich zur Kirche zurückgefunden, oder er hat es überhaupt satt—: eines Tages «tritt er aus der Bewegung aus», so, wie man aus dem Autobus aussteigt, Schaffner, bitte halten, ich bin nun angekommen, ein kurzer Gruß an die Fahrtgenossen — ab durch die Mitte. Und nun geschieht etwas höchst Seltsames:

Wenn er nicht will, dann erreicht die Bewegung ihn nicht mehr. Er ist wirklich ausgestiegen — er ist heraus.

Das ist nicht immer so gewesen. Aus der katholischen Welt des vierzehnten Jahrhunderts gab es keinen europäischen Weg ins Freie — das Freie war gar nicht da. Es gab wohl Katholiken, die es mit der Religion innerlich nicht so genau nahmen; es gab Lasche, Sünder, Zweifler; es gab verkommene Menschen, die sich höchstens einmal an ganz besonderen Feiertagen lumpenbedeckt und schüchtern in eine Kirche wagten; es gab Gebirgsbauern, die nur eine sehr dünne Vorstellung vom Christentum hatten, weil sie ihren Pfarrer nur einmal im Jahr oder seltener sahen—alles gab es. Aber Aussteigen—: das gab es nicht.

Denn die damalige religiöse Welt war, für ihre Zeit und geographisch begrenzt, die einzige — sie hatte keine ernsthafte Konkurrenz. Abwandlungen waren da; etwas außerhalb der Szene Gelegenes nicht.

Heute kann man von dem einen Trambahnwagen in den andern umsteigen, als wäre nichts gewesen.

Da hat einer das halbe Theater und die ganze Kunst mit seinen Theorien revolutioniert; heute sitzt er auf einer stillen Insel an der italienischen Küste und spielt nicht mehr mit. Die Kunst gilt ihm nichts mehr; und sie ist nicht mächtig genug, sie kann ihn nicht erreichen, er spürt sie nicht ... er ist davongegangen, er ist entwischt. Denn man kann entwischen.

Rudolf Rittner hat auf der Höhe seines Ruhmes aufgehört, Theater zu spielen. Denkbar, daß ein großer Mathematiker plötzlich alles hinwirft und nicht mehr mitmacht. Ein Arzt kann das Operationszimmer verlassen. Ein Schachspieler die Welt des Schachs. Ein Politiker die Zimmer des Reichstags. Ein Philosoph die stillen Diskussionsfelder der gelehrten Streitigkeiten. Ab durch die Mitte.

Die Zurückgebliebenen können das nicht glauben. Sie wollen es auch nicht wahrhaben. Sie können und wollen sich nicht vorstellen, daß man ihre kleine Spezialwelt wirklich verlassen kann, daß man ihre Zeitschriften nicht mehr liest, ihre Kämpfe nicht mehr mitkämpft, keinen Anteil mehr nimmt ... daß man endgültig Schluß gemacht hat. Aber doch geht es.

Davon gibt es nur sehr, sehr wenige Ausnahmen. Ein russischer Sozialrevolutionär, der im Jahr 1913 das Parteileben hinter sich liegen ließ, kann damals gesagt haben: «Ich interessiere mich nicht mehr für Politik»; die Ereignisse sagten zu ihm ein paar Jahre später: «Aber die Politik interessiert sich für dich», und er bekam etwas Weltgeschichte zu spüren, ob er wollte oder nicht. In den meisten Fällen aber kann man ungefährdet aussteigen, nicht mehr mitmachen, alles hinter sich lassen. Flüche hallen dem Verlassenden nach, Bedauern, Gedenken, Erinnerung, Segenswünsche ... aber die Teilwelt umspannt ihn nicht. So weit reicht ihre Macht nicht.

Und weil ja nicht, wie die Spezialisten glauben und glauben müssen, jeder Ast des Lebens der ganze Baum ist, und weil es dem Vogel gleichgültig ist, ob er auf diesem Zweig sein Liedlein singt oder auf jenem —: so wird die Ohnmacht der aufgeteilten Welt nirgends deutlicher als hier. Ist jemand so reich (oder so gleichgültig), daß er das Experiment wagen kann, das Feld seiner Tätigkeit, der Gedanken und der Kämpfe zu wechseln, dann läßt er die alten Genossen hinter sich, als wären sie nie gewesen. Johanna geht, und nimmer kehrt sie wieder ... bye, bye ... auf Wiedersehn! Auf Nimmerwiedersehn.

Daß man aussteigen kann ... Daß man es kann ... Und dann die Stille und die Abgeschiedenheit ... und dann nichts mehr ... Was muß das für eine Welt gewesen sein? Und dann erst erkennt der Geschiedene:

Deine alte Welt hat nicht die ganze Welt erfaßt. Es ist eine Teilwelt gewesen. Es gibt Hunderttausende und Millionen, die ahnen kaum etwas von ihr, und sie leben auch und sind glücklich und unglücklich und lieben und hassen und werben und gehen dahin — ohne etwas von deinem Kram gewußt zu haben, mit dem du dich so intensiv befaßt hast. Und was hast du geglaubt?

Du hast geglaubt: Wer deine Polemik nicht gelesen hat; wer diesen Streit zwischen den beiden philosophischen Schulen nicht kennt; wer nicht weiß, was diese Büste auf der letzten pariser Auktion gebracht hat; wer dieses Konzert nicht mitangehört hat; wer sich in diesem politischen Streit nicht für und wider entschieden hat —: der ist kein Mensch.

Siehe es war ein Irrtum. Du, Spezialmensch, hast dafür und darin gelebt — die andern nicht. Dein Herz hat bei der Nennung jenes Namens schneller geschlagen — das der andern nicht. Du warst befangen, gefangen ... die andern waren diesbezüglich frei. Sie staken in andern Käfigen, dein Spiel spielten sie nicht mit. Gegen nichts aber wehren sich alle so, wie gegen diese fatale Tatsache, daß man ihre Welt wie einen Topf hochheben kann; daß sie begrenzt ist, und daß man aussteigen kann. Ohnmächtig hallt der Exkommunikationsfluch hinter dem Aussteigenden her — er dreht sich nicht einmal mehr um.

Wenn er klug ist, lernt er in neuer, freiwilliger Bindung, was das ist: Freiheit.

Wenn er weise ist, wird er frei.

WIE WIRD MAN GENERALDIREKTOR?

Manchmal — in den feinen Hotels — da laufen die kleinen Hotelpagen durch die samtgeschwollenen Räume und rufen mit heller Stimme: «Herr Generaldirektor Eisenstein! Herr Generaldirektor Eisenstein!» — so lange, bis irgendein wohlbeleibter Herr mit schmalgefaßter Brille eilig aufsteht und hinter dem Pagen her ans Telefon stürzt ... Das ist der Lauf der Welt. Dann muß ich jedesmal denken:

Wie wird man Generaldirektor —?

Einmal war es doch nur Herr Eisenstein, Willy Eisenstein, wissen Sie, sein Vater hat diese Röhrensache gehabt, die hat er später aufgegeben, jetzt hat er sich mit Beheim u. Ploschke assoziiert, ganz gute Leute, den Jungen kannt ich noch, wie er so klein ... ein ganz tüchtiger Bengel, die Frau ist eine geborene Wüstefeld ... ja, das ist Willy Eisenstein. Und der hieß am Telefon: Herr Eisenstein und im Büro: Herr Eisenstein und auf den polizeilichen Anmeldungen: Eisenstein, Willy — und überall: Herr Eisenstein ... und nun auf einmal ist er Generaldirektor. Wie wird man das?

Macht man ein Examen? Nein, man macht kein Examen. Es ist einer der seltenen Fälle, wo man in Deutschland kein Examen macht. Wir haben Gärtnerburschen, deren Lehrherren glauben, daß Rosenschneiden ohne Abitur nicht die richtige Würze habe; unsere Motorenschlosser müssen das ‹Einjährige› haben, keine Handwerksinnung, die nicht darauf hält, daß ihre Leute höhere Schulbildung genossen haben, obgleich die doch gar kein Genuß ist ... aber Generaldirektor wird man ohne Examen.

Wie wird man es —? Kommt der Reichsverband Deutscher Generaldirektoren und bringt dem neugebackenen Mitglied ein Diplom ins Haus? Singt ein Männeroktett auf dem Hof:

«Heil sei dem Tag, an dem du uns erschienen —
Dideldumm — didellum — didellum —»

und sitzen dann die acht gesungen habenden Generaldirektoren in der Küche des neuen und bekommen pro Mann ein Glas Bier und eine Zigarre? Wird man zum Generaldirektor ernannt? befördert? geweiht? Wie ist das? Wie macht man das?

Schon, wie man gewöhnlicher ‹Direktor› wird, ist nicht ganz klar und ein biologisch höchst beachtenswerter Vorgang ... die Natur hat viele Rätsel. Und nun: ‹Generaldirektor›! Ist dazu der Nachweis erforderlich, daß man eine Schar hundsgemeiner Direktoren befehlige, einfach unter sich habe, sie beherrsche, wie der General seine Divisionen? Wie wird man Generaldirektor?

Bürgert sich der Titel gewohnheitsrechtlich ein? Oder geht Willy Eisenstein eines Freitagabends zu Bett, ganz friedlich, nur im Pyjama, noch ohne Titel — und morgens liegt die neue Benennung auf dem

Stuhl, und ein Generaldirektor schwimmt in der hochgeehrten Badewanne? Groß sind, o Gott, deine Wunder!

Und was geschieht, wenn den Generaldirektor einer nicht mit dem Titel anspricht? Schmettert ihn ein durchbohrender Blick darnieder? Ergreift der General das Papiermesser und sticht es dem frechen Besucher in die nichtsahnende Brust? Drückt er auf seine Privatsekretärin und befiehlt, man möge den Unbotmäßigen die Treppe herunterwerfen? Niemand weiß das.

Ja, und wie lange bleibt man Generaldirektor? Wie ist das bei ... verzeihen Sie, es ist nur eine theoretische Frage, ich meine ... wie ist das bei einem gerichtlichen Verfahren? Wird da der Angeklagte auch mit ‹Herr Generaldirektor› bezeichnet? Oder ist er ausgestoßen aus der Reihe der Generaldirektoren, degradiert, beschimpft, hinuntergestoßen in den Stand der miserrima plebs? Pleitesse oblige.

Man ist Generaldirektor, oder man ist es nicht. Ich glaube: jeder kann es nicht werden. Es gehört wohl eine Art innerer Würde dazu, ein gußeiserner Halt im Charakter, verbunden mit einer ganz leisen, wehen Sehnsucht nach einem verhinderten Doktortitel ... denn einen Titel muß der Mensch haben. Ohne Titel ist er nackt und ein gar grauslicher Anblick. Und Willy Eisenstein sah an sich hinunter, und *siehe,* er *sahe,* daß er nackt war und bloß, an der Ecke lauerte das Schund- und Schmutzgesetz ... und da bekleidete er sich und nahm das härene Gewand des Generaldirektors auf sich (Marke: Hungerbrokat), und er ging umher und sah, daß alles gut war, und wenn die kleinen Hotelpagen nun im Hotel quäken: «Herr Generaldirektor Eisenstein!», dann erhebt sich ein Generaldirektor und schreitet fürbaß.

In ihm sitzt, ganz klein, ganz niedlich und unverändert, der kleine Willy und lugt aus den Gucklöchern seines Titels. Erweist die Welt dem Hut die Reverenz? «Orden und Titel», sagte der Geheimbderath aus Weimar, «halten manchen Puff ab im Gedränge.» Wobei denn die Frage offen bleiben mag, wie es in einem Gedränge von Generaldirektoren zugehen mag.

KLEINES OPERETTENLIED

Mit ihm schlafen ja, aber keine Intimitäten

Sei nicht böse, wenn ich dich, du liebe Inge,
hier leis besinge –
hör mich mal an:
In dem weiten Reich der schwärmerischen Dinge
knüpft eine Schlinge
dir jeder Mann.

Doch die Nacht ist keineswegs des Werkes Krönung.
Sieh, erst nachher da beginnt das wahre Spiel;
denn das Schlimmste an der Liebe ist Gewöhnung ...
ein Mal ist kein Mal, aber acht Mal sind sehr viel.
Laß die Liebe aus dem Spiel, wenn du liebst.
Weil du dir dabei zu viel
vergibst.
Höre nicht auf Schmeichelein!
Mußt du stets die Dumme sein?
Wenn du ehrlich bist, dann fällst du rein!
Das Geschäft ist faul: er nimmt, und du gibst ...
Laß die Liebe aus dem Spiel, wenn du liebst!
Steht nach Küssen dir der Sinn,
na, dann geh nur ruhig hin –
Doch von Liebe, doch von Liebe steht nichts drin!

Und ich weiß, wie das mal wird, du liebe Inge,
wenn ich einst hinge
an deiner Brust:
Um die Augen hast du dunkelblaue Ringe,
doch ach! ich bringe
dich nicht zur Lust.

Warum kommts, daß wir uns so verlieren müssen?
Wer mehr liebt, der leidet noch und noch.
Und du siehst an mir vorbei, wenn wir uns küssen,
und du hast Furcht. Und liebst ja doch ...
Laß die Liebe aus dem Spiel, wenn du liebst.
Weil du dir dabei zu viel
vergibst.
Erst schenkst du dein schönes Bein,
und du sagst: «Mehr solls nicht sein!»
Und das Herz, das folgt dann hinterdrein ...
Und ich rate dir vergebens, wenn du gibst:
Laß die Liebe aus dem Spiel, wenn du liebst!
Frau und Mann sind niemals frei.
Stets ist ein Gefühl dabei.
Und die Dummen sind gewöhnlich alle zwei!

FRÄULEIN MARIETTA

Die Uhr war gar keine Uhr, sondern ein Rabe: aus dem Schnabel fiel ihm ein weißer Zettel heraus, auf dem stand die Stundenzahl, in den Krallen hielt er zwei kleine Zettel, darauf standen die Minuten, und alle Minuten klappte ein neues Blatt herunter: schnapp! 8 — schnapp! 9 — schnapp! 10 . . . Es war genau 5 Uhr 10.

Die Kellnerin nannten wir die ‹Tochter der Legion›, und sie hieß Marietta. Sie war so schön, daß mir, als ich sie an diesem Nachmittag zum ersten Male sah, die Pfeife ausging; das geschieht alle Jahr nur dreimal: diesmal also in den «Drei Königen» zu Bernkastel — so schön war sie. Sie war schwarzhaarig, sie hatte eine leichtgeschwungene Nase, dünne Lippen und eine herrliche Stirn; sie stammte, wie sie uns leise erzählte, aus Bayern, dort sehen ja manche Frauen und Mädchen römisch aus; vielleicht sind das Überbleibsel vom Familienleben der römischen Legionäre, die dort einmal garnisoniert gewesen sind . . . und daher nannten wir sie ‹Die Tochter der Legion›. Drüben am Stammtisch saß ein einsamer, blonder, junger Mann.

«Das ist der Herr Referendar», sagte Fräulein Marietta. Wir nahmen dies zur Kenntnis und stiegen in den Mosel — erst in den offenen, dann in einen jungen, frischen, dann in einen alten, goldgelben, der sehr schwer war. Es ging schnell mit uns; Mosel ist kein so bedächtiger Wein wie der Rheinwein oder der Steinwein . . . es ging sehr schnell. Wir hatten auch schon am frühen Nachmittag gemoselt — wir tranken vom Mittagessen unmittelbar in den Dämmerschoppen hinüber, vielleicht war es das. Karlchen und Jakopp tranken, was sie konnten — und sie konnten! Ich saß da, zündete mir die Pfeife an, die ausgegangene, rauchte . . . und sah Marietta an, ich sah sie immerzu an.

Sie bemerkte das und lächelte. Wenn sie lächelte, glitt ein Schlänglein um ihren Mund, etwas Lauerndes war da, ein fast böses Fältchen bildete sich um die Augen . . . ich sah sie immerzu an. Nicht ich allein sah sie immerzu an.

Der Herr Referendar sah uns immerzu an. Sie, wie wenn er sie träumte; mich, wie wenn er mir böse sei . . . Wahrscheinlich war er mir böse. Dieser Mosel hatte es in sich. Karlchen erhob sich, um auf der Mosel «Kahn zu fahren», wie er verkündete. Es war oktoberkalt und ein Unfug, jetzt auf der Mosel in einem Boot zu fahren. Das teilte ich Jakopp mit; er gab mir völlig recht und erhob sich demgemäß, um gleichfalls Kahn zu fahren; denn, sagte er, dies sei überhaupt nicht die Mosel — dies sei der Main. Er wisse das: Bernkastel liege am Main. «Er will mich heiraten», flüsterte Marietta und glitt an mir vorbei. Hatte sie das gesagt? Der Referendar sah herüber . . . Die Mosel liegt nicht am Main . . . das ist ein Irrtum, ein geopolitischer Irrtum . . . Marietta . . . Fräulein Marietta —

Einer von uns hat sie geheiratet; wer: das ist nicht genau zu erkennen. Dieser Ehemann hat keinen Kopf. Er hat sie geheiratet, und ich weiß, wie das ist, wenn man sie geheiratet hat. Wenn man sie nackt sieht, ist sie nicht sehr schön – sie hat so ein kurzes Untergestell. «Wie können Sie Lümmel sich erlauben, von meiner Frau Untergestell zu sagen –?» Hat aber doch ein kurzes Untergestell. Sie gibt dem Ehemann, dem kopflosen, zu trinken; es macht nie satt, sie zu trinken – es ist herrlich, aber man bleibt ewig durstig. Schön, wie? Gar nicht schön, was? Sie ist nußbraun am Körper und hat einen fremden Geruch. Die Tochter der Legionäre ... Ist das ein Film? Nein, das ist eine Ehe.

... zu sich heraufziehn. «Man kann doch», sagt die kopflose Figur, «eine Frau zu sich heraufziehn. Man kann doch eine Frau zu sich heraufziehn.» Da lachen ja die Raben, Mensch! Man kann keine Frau zu sich heraufziehn! Die Frau zieht dich zu sich hinab? Hinab.

Erst geht es ganz gut, weil du verliebt bist, und weil du trinken willst, trinken. Und dann geht es nicht mehr so gut: sie lacht dich aus, wenn du deine Bücher liest; sie langweilt sich, wenn du deine Geschichten erzählst; du langweilst dich, wenn sie die ihren erzählt, die Tochter der Legionäre – übrigens ist sie dumm, gerissen und unbeirrbar abergläubisch ... und dann kommt das Schlimmste: dann kommen die andern.

Da kommen ihre Freundinnen, die Puten und Gänse; was sind das nur für schreckliche, dicke Frauen, die sie da angeschleppt! Eine Tante? In Gottes Namen, eine Tante ... Und dann kommen die Deinen, junger Ehemann, und gehen um Fräulein Marietta herum und – sei nicht böse! – riechen an ihr, wie ... ja, und dann schütteln sie den Kopf: es ist ein fremder Geruch, und das Nußbraune gefällt ihnen nicht mehr, seit sie wissen, daß es keine Schminke ist – man kann niemand verpflanzen. Nein, das kann man wohl nicht. Da steht ihr.

Da steht ihr wie zwei Porzellanfiguren auf einem runden Untersatz, und alle halten kleine Steinchen in der Hand und wollen nach euch werfen. Da steht ihr; allein, isoliert, in einem prasselnden Licht von Hohn, Schadenfreude und Ironie. «Wie geht es Ihrer Frau?» Immer seltener wird diese Frage – sie wollen deine Frau nicht. Worauf du aus Trotz zu ihr hältst. Aber sie sind in der Überzahl, sie haben die Majorität, also haben sie recht, und du Feigling verrätst deine Frau an die andern, nun siehst du sie mit den Augen der andern und siehst: die Kellnerin.

Ist denn ein anderer Stand eine andre Rasse? Kommt es nicht auf den Menschen an? Ja, es kommt auf den Menschen an. Aber du bist gewarnt worden! Sie hat damals – in den «Drei Königen» zu Bernkastel – einmal zu dir, Referendar, gesagt: «Kennen Sie das, Rosel von der Mosel, du goldig Mägdelein, von Tenor Völker? Wir haben es auf dem Grammophon ...» und es ist dir kalt über den Rücken gelaufen, denn du hast ja damals schon gewußt: eine dauernde Bindung zu einer Frau ist nur möglich, wenn man im Theater über dasselbe lacht. Wenn man gemeinsam schweigen kann. Wenn man gemeinsam trauert. Sonst geht es schief; sonst geht es schief; sonst geht es schief. Du bist gewarnt worden. Du hast nicht gehört. «Rosel von der Mosel ...» Pfui Deibel. Wie süß war das Fältchen, damals! Wie gemein sie lacht, heute! Und nun wird sie voller, wir wollen nicht sagen: dick, aber voller ... warum, Referendar, Assessor, Anwalt, hat sie dich geheiratet? Lüge! Lüge! Du hast sie gewollt! Sie war ein bißchen schwer zu haben, damals; weinrot angelaufene Stammtische haben sie bewiehert, sie zärtlich beklapst, jeder hat zum mindesten einmal gewollt. Hat er gedurft? Hart ist ihr Herz geworden und verhärtet – sie denkt nicht gut von den Männern, aber vielleicht gut von einem, den du nicht kennst. Von dir? Pa! Ihr Blick weiß Bescheid; sie ist hart zu dem Dienstmädchen, das für sie arbeiten muß, sie hat kein Mitleid. Im Gegenteil, sie fühlt die Hierarchie. Aber noch im Vergeltungshaß ist sie mit jener verschwistert, der Kampf geht von gleich zu gleich, und sie steht auf dem Fußbänkchen deines Staatsexamens und deines Titels. Aber man hört doch manchmal, daß solche Ehen auch schon gut gegangen ...

Warum hat sie nicht einen braven Mann geheiratet? Den Zapfer, der immer am Büfett stand, und der sich schon eine ganze Menge zusammengespart hatte – er wollte mit ihr eine Wirtschaft aufmachen ... Aber natürlich, einen braven Weinwirt von der Mosel hätte sie heiraten sollen, einen aus ihrem Stand ... Ist *das* deine Anschauung von den Klassen? Das ist doch Wahnwitz: Frankreich hat Frauen gesehn, die sich zu königlichen Ehren hinaufgeküßt haben – aus dem Schweinekoben ihres Herrn Papa direkt nach Versailles, warum sollte nicht ...? Ja, Frankreich. Du hast es nicht geschafft, Anwalt, du hast es nicht geschafft. Dich ekelt vor ihr. Kinder? Schüttele dich! Kinder von ihr? Von der – Kinder? Am Ende auch solche Huren. Sags doch! Huren! Denn sie ist dir weggelaufen, Gott sei Dank, weggelaufen – sie hat dir einen Brief dagelassen, und du hast ihn zerrissen, in der ersten Wut, aber du kannst ihn auswendig, jedes Wort ist in deine Seele gebrannt, sie hat dir alles gesagt: was du für einer bist, wie sie über dich denkt, über deine Leute, über deine Bücher, über deine Musik, über dein Leben ... Und mit wem sie dich betrogen hat, und wo! Wo nicht? Mit wem nicht? Eine –

«Fräulein Marietta!»

Wer hat gerufen? Habe ich gerufen? Vielleicht hat der Referendar gerufen. Er möchte Wein haben. Es ist graudunkel.

Sie steht bei ihm und beugt sich über ihn; man weiß nicht, ob es zärtlich ist oder nur so aussieht. Sagen wir: zärtlich. Wo sind Karlchen und Jakopp? Hoffentlich ertrunken. Schwer war der Mosel. Ich muß wohl etwas eingedruselt sein. Ich sehe auf die Rabenuhr. Es ist genau 5 Uhr 13.

Will einmal sehen, wo die beiden andern sind ... Richtig ja: bezahlen. «Fräulein Marietta!» – Sie kommt, sie lächelt und ich sehe sie an. Ihr Profil ist schön wie eine jener Gemmen, gefunden in den alten Siedlungen der kaiserlich-römischen Legion.

WIE WÜRDEN SIE SICH IM FALLE EINES KRIEGES GEGEN DIE UdSSR VERHALTEN?

(Rundfrage der ‹*Moskauer Rundschau*›)

Ihre Frage, welches meine Stellung im Falle eines imperialistischen Krieges gegen die Sowjetunion sein wird, beantworte ich dahingehend:

Im Falle asiatischer Konflikte schwiege ich, weil ich diese Fragen nicht übersehen kann.

Handelt es sich dagegen um einen europäischen Zusammenschluß von Mächten, die mit Hilfe der Kirche ununterbrochen gegen jenes Rußland hetzen, das ihnen wegen der eigenen Arbeiterbewegungen ein Dorn im Auge ist, so kann meine Stellung nur eindeutig sein: für Rußland gegen jene Mächte, auch dann, wenn es sich um Deutschland handelt. Meine Bereitwilligkeit, in einem solchen Fall für Rußland einzutreten, wird sich nach den Umständen richten, die ich nicht voraussehen kann; ich hielte es nicht für klug, *vorher* eine Taktik bloßzulegen, die sich, was mich angeht, nicht an legale Mittel gebunden hält. Immerhin bin ich Schriftsteller und kein ausübender Politiker.

Ich hielte einen solchen Krieg, dessen Ausgang nicht gewiß sein dürfte, für eine Katastrophe der internationalen Arbeiterbewegung; tritt dergleichen ein, so ist mir keinen Augenblick zweifelhaft, wer der Schuldige ist.

DIE HERREN INSTALLATEURE

Erst kommen sie gar nicht. Dann kommen sie. Dann gehen sie gleich wieder weg: sie haben nämlich ein Handwerkszeug vergessen. Kein Wunder; wenn man ihren Handwerkskasten sieht, so liegen da in schwärzlichem Durcheinander alte Hämmer, Zangen, abgebrochene Stiele, krumm geschlagene Nägel, eine Feile und etwas schmutziger Bindfaden.

Dann kommen sie wieder. Dann gehen sie frühstücken. Dann kommen sie und sagen: «Ja, das funkt nicht ...» Und dann gehen sie wieder weg. Und dann kommen sie wieder und arbeiten furchtbar, drecken die ganze Wohnung ein, hämmern und klopfen ... dann gehen sie wieder weg. Dann probierst du, was sie gemacht haben. Das funktioniert nicht. Und dann fängt alles wieder von vorne an.

Der Installateur kommt gewöhnlich nicht selber – er schickt einen ‹Mann›. Der Mann ist in der Regel mürrisch; man möchte ihm immer zurufen: «Warum sind Sie nicht Landpastor geworden – das ist eine stille ruhige Sache ... ohne Aufregungen ...» Der Mann versteht sein Handwerk nicht und liebt es auch nicht. Er hat weniger Gefühl für die Technik als du; du hast bloß keine Routine. Der Mann hört mit trotzig vorgeschobener Unterlippe zu, was du ihm erklärst – er ist Fachmann, du bist Laie, und eine Wasserleitung ist eine Wasserleitung – die muß lecken. Laie. «Was die Leute bloß immer wollen ... Da könnte ja jeder kommen ...» Der Installateur haßt die Sachen, mit denen er sich beschäftigt – und die vergelten es ihm. Nein, nicht ihm: uns. Kein Waschbecken, das ganz und gar, liebevoll bis in die letzten Einzelheiten, zweckmäßig eingerichtet wäre – auch sind die Installationsmänner durch nichts zu bewegen, durch Trinkgelder nicht und nicht durch gutes Zureden, so eine Sache vernünftig zu montieren. Die Muster, die sie mitbringen, sind von gleichbleibender Scheußlichkeit, die Ornamente sind von magenkranken Werkzeichnern entworfen – «andre jibt et nich». Und immer beese. Die Pausen zwischen den Handwerkshole- und den Frühstücksstunden werden durch eine jammervolle Arbeit ausgefüllt.

Wer sollte sich auch um die Gesellen und Lehrlinge kümmern? Während du vor deinen entzweiigen Lichtschaltern trauerst, halten die Herren Ober-Installateure Gläubigerversammlung. Da sitzen die Kleinbürger mit dicken Köpfen und lassen zwanzig, dreißig, vierzig Prozent an ihren Forderungen nach; zum Schluß sind sie froh, wenn sie von dem großen Tanzpalast-Unternehmer überhaupt etwas bekommen, und wenn sie aufstehen, fahnden sie eifrig nach neuen großen Aufträgen. Der Einzelbesteller kann derweil sehen, wo er bleibt.

Wenn es einen Gott gibt, was, wie Reimann sagt, Gott geben möge, dann habe ich nur noch einen Wunsch. Ich möchte als Engel durch die Hölle spazieren, in jedem Kessel siedet ein Installationsmann, und er schreit: «Die Feuerung ist viel zu heiß! Der Kessel leckt!» Und dann gehe ich herum, schiebe mürrisch die Unterlippe vor und bossele an den Hähnen. Und dann gehe ich weg. Und am andern Tage komme ich wieder und bringe ein Musterbuch mit gefrorenem Makkaroni an und klopfe an den Hähnen. Und sage: «Andre jibt et nicht.» Das walte Gott.

Aber nun ernsthaft: Was ist es –? Warum ist es so, wie es ist –? Denn so ist es in ganz Mitteleuropa.

Die Ausbildung der Installateure ist schlecht: die praktische ungenügend, eine theoretische so gut wie nicht vorhanden. Die Gesellen eines Unternehmens sind am Geschäft desinteressiert; sie erhalten, wenn sie organisiert sind, ihren tariflichen Lohn und sind besonders in Zeiten großer Arbeitslosigkeit froh, überhaupt Arbeit zu haben. Die vorhandenen Anlagen von Wasser, Gas und Elektrizität sind gar nicht oder nicht genügend genormt. Man ziehe von einer Stadt in die andre, und man wird etwas erleben.

Abzusehen ist hier von einem Besteller, der nicht weiß, was er will, sowie von jenem, der Unmögliches fordert. Wenn aber keiner mit der jetzigen Lage zufrieden ist: der Unternehmer nicht, weil ‹es sich nicht lohnt›, der Arbeiter nicht, weil seine Tarife mäßig sind; und der Besteller nicht, weil er miserabel bedient wird —: so liegt das daran, daß Kleinbetriebe überhaupt nicht in der Lage sind, den Erfordernissen gerecht zu werden, die die Technik an sie stellt.

Da sind nun diese kleinen Läden, die die Straßen verunzieren.

INSTALLATIONSGESCHÄFT

Ein kleiner Laden, mit unordentlichem Gerümpel angefüllt, ein schüchternes Schaufenster mit irgendwelchen hingehudelten Monstrositäten — ein Mittelding zwischen Verkaufsraum und Werkstatt. Nebenan Stube und Küche. Das Ganze hat meist etwas leicht Verkommenes und ist fast ohne Ausnahme unsachgemäß von vorn bis hinten. Was kann man bei den mäßigen Einkünften dieser Kleinunternehmer mehr verlangen?

Was sie in erster Linie haben müßten, haben sie nicht: Übersicht. Es ist, wie wenn diese Leute nicht einmal die nötige Denkkraft aufbrächten, sich vorzustellen, was der tägliche Bedarf von ihnen fordert. Nichts von saubrer Handarbeit — nichts von Dienst am Kunden: sie handeln mit Schwierigkeiten, sie sind der Feind des Kunden. Man stelle sich nur einen Arzt vor, der zu einem Kranken mit einem Besteck von einer Beschaffenheit kommt, wie es die meisten Installationsunternehmer ihren Leuten mitgeben!

Besserung: Nur der Großbetrieb kann es schaffen. (Eine ähnliche Erscheinung sehen wir bei den Garagenbetrieben.) Kleinbetriebe sind auf solchen Gebieten ein Unfug. Dieser ‹schwer kämpfende Mittelstand› hat keine Existenzberechtigung; wären alle diese kleinen Unternehmer in einem Großbetrieb angestellt, so könnte es besser gehen. Es könnte.

Denn da besteht eine Gefahr, die wir bei den gemischtwirtschaftlichen Betrieben der Städte sehen, im Gaswerk, im Wasser-, im Elektrizitätswerk: die arbeiten oft rein bürokratisch und kümmern sich den Teufel um den Kunden. Die moderne kapitalistische Arbeit neigt immer mehr dazu, die Arbeit als einen Faktor des Innendienstes um des Reglements willen zu erledigen; sie wird Selbstzweck, ihr eigentlicher Sinn wird in den meisten Fällen vollständig vergessen, und der Kunde, dem sie nutzen soll, wird vernachlässigt. Man sehe sich in Deutschland, dem Lande der Arbeitslosigkeit, an, mit welch merkwürdiger, verbissener Zähigkeit diese Arbeit geleistet wird – immer mit dem Auge auf die Stempelkarte, mit dem andern auf eine etwaige Pension; dazu durchweg Ablehnung jeder Haftung nach außen. Das Desinteressement dieser Millionen von Angestellten und Arbeitern muß vollkommen sein: sie werden so schlecht bezahlt, so mäßig ausgebildet und so überdrillt, daß für Lust an der Arbeit, für Freude am Werk nichts übrig bleiben kann. Das ist mit fader Gewerkschaftspolitik und direktionsfrommen Betriebszeitungen nicht zu erreichen. Nicht ihnen gereicht der Zustand zum Vorwurf, sondern dem System des Kapitalismus. Der Kunde, das letzte Glied an der Kette des ‹Dienstes›, ist nur noch Anlaß und Ornament; es regieren die Kartotheken, die Akten, das Büro. In Deutschland arbeiten die Arbeiter, damit die Angestellten etwas zu schreiben haben.

Trotz dieser Gefahren kann ein Großbetrieb seine Leute ganz anders ausbilden und ausrüsten als diese vermiekerten Kleinbetriebe, die nicht leben und nicht sterben können und die nur da florieren, wo weit und breit keine Konkurrenz zu finden ist. Es ist gewiß gleichgültig, ob auf dem großen Schloß des Stahlkönigs Frick ein Schwimmbassin mit den letzten Neuheiten ausgerüstet ist; es ist aber nicht gleichgültig, daß in einer mittleren Angestelltenwohnung, in einer Arbeiterwohnung fast alle technischen Anlagen liederlich, unzweckmäßig und unhandlich angebracht sind und außerdem den Wirtschaftsetat der Familien unverhältnismäßig hoch belasten. Es ist eben ‹immer was kaputt›, und der Hauswirt bezahlt das nicht. Man könnte das besser machen.

Dazu gehört natürlich vor allem eine vernünftige Normung. Wer hören und sehen kann, erkennt immer mehr, wie gleich unser aller Bedürfnisse sind (wodurch sie um nichts weniger wert sind – alter Aberglaube und falsche Vorstellung von Individualität). Die Techniker in der Hauswirtschaft sollen vorarbeiten, insbesondere den Frauen, die konservativ sind und gern das Gestern wollen.

Wird genormt?

Wir haben das groteske Bild, daß die ‹Technik fortschreitet› und die Leute hinten bleiben. Es werden im zersplitternden Kleinbetrieb lächerlicher Konkurrenzen täglich neunzehn neue Systeme von Nachttischlampen, Badehähnen, Gasöfen auf den Markt geworfen – aber die vorhandenen sind nicht sehr gut, weil sie fast alle nicht zu Ende konstruiert sind; weil niemand von diesen Stumpfböcken begreift, mit wieviel Liebe und Freude an der Sache man einen Wasserablauf formen muß, damit er wirklich seinen Zweck erfüllt. Statt dessen treiben sie mit Nickelzeug Kundenfang. Und es hat gar keinen Sinn, sich teure Modelle auf diesem Gebiet zu kaufen; die Installateure, die das nachher in die Finger bekommen, drehen das Ding ratlos hin und her und versauen es in Bälde. Die Leute können, wenn sie das Wort ‹Technik› in den Text ihrer Festreden aufnehmen, die Hemdbrust gar nicht genug anschwellen lassen; aber normalerweise gibt es keine Privatwohnung und kein Hotelzimmer, in dem nicht irgend eines dieser kleinen technischen Dinge des Alltags entzwei wäre. Nirgends rächt sich die Aufteilung in private Kleinbetriebe mehr als hier. Unrast ist kein Fleiß; Neurasthenie infantiler Geschäftsleute, die alle Nase lang etwas ‹ganz anders› machen, ohne zu bedenken, wie das Nebeneinander von Modellen nachher in der Praxis aussieht, Konkurrenzangst, Faulheit, auch nur die Haltung einer Hand zu studieren, die einen Hahn öffnet ...

Es ist sehr schwer, über diese Dinge öffentlich zu sprechen. Die Interessenverbände in ihrer maßlosen Kurzsichtigkeit sehen nur eine ‹Schädigung› und überrennen den Zeitungsverleger, der ein Tänzchen wagte, mit heftigem Geschrei: Boykott! Das deutsche Handwerk! Die deutsche Arbeit! Die Bankette, Kongresse, Kundgebungen und Reichsverbandsversammlungen müssen sich wohl in aller ihrer leeren Geschäftigkeit und ihrer pompösen Lächerlichkeit erst totgelaufen haben, bis die Leute begreifen, daß Gruppenbildung allein noch gar nichts ist. Was das Installationsgewerbe angeht, so täten die Herren gut, sich einmal die Schluderarbeit anzusehn, die sie ausführen lassen — bestenfalls blinkt die Fassade von Nickel und Marmor, aber drin die Röhren sind entzwei. Es ist ein vergnügtes Gewerbe.

Wichtig ist, für den neuen Siedlungsbau andre Modalitäten zu finden als diese Karikaturen eines erstorbenen Handwerks. Es wird vermutlich zunächst Karteibetrieb einsetzen, bei dem der Hausbewohner nicht viel besser gestellt sein wird. Den muß man überwinden. Es sollte etwas Neues entstehen: eine Gesellschaftsform ohne Sklaven und Herrscher, mit Arbeitenden und Menschen, die die Materie beherrschen und Freude am Werk haben.

DIE GROSSEN

Kein Kind versteht die Erwachsenen — so, wie ja auch die Erwachsenen gewöhnlich ihre Kinder nicht verstehn. Die Kinder sehen auf die Großen herab ... Was die alles machen! was die so für Sorgen haben! weshalb sie sich laut gebärden und was sie nicht sehen und mit welchen geheimnisvollen Arbeiten sie sich befassen und wichtig tun! Kein Kind versteht die Erwachsenen; es fühlt sie nur manchmal.

Nun bin ich auch erwachsen und verstehe meine Miterwachsenen doch nicht sehr schön. Es ist wohl vor allem der tierische Ernst, von dem der Weise als von dem Kennzeichen niedriger Naturen spricht, der mich fernhält. Wie nehmen sie es alles ernst! Sich und ihren Beruf und ihr Haus und ihre Familie und ihr Vaterland und ihre Partei und ihr Geld, na, das vor allem — und da ist kaum ein Augenblick, in dem sie sich einmal selber auf den Kopf spucken können, über sich selber lachen, einmal aus sich herausgehen ... nicht doch. Ich stehe daneben wie Chaplin: ich muß immerzu den Kopf schütteln. Und sehe an mir herunter: Ja, trage ich denn noch kurze Hosen? Nein, im allgemeinen nicht. Ich sollte doch nun auch als Original-Erwachsener mit den Großen groß tun ... ich kann nicht. Das ist sehr gefährlich — man darf es gar nicht laut sagen; dann nehmen sie einen nicht mehr für voll. «Der Mann is nich zerjeehs», sagen sie dann. Ich kenne Kaufleute, die sind jünger als ich; wenn die vom Geschäft sprechen, bin ich wieder sieben Jahre, klettere meinem Papa auf dem Schoß herum, und der sagt: «Jetzt störe mal nicht! Also, Herr Fahrenholz — wir haben bei der Kontrolle festgestellt ...» Dabei war Vater nicht ernster, als er unbedingt mußte, er hatte Humor — aber wenn er über seine Geschäfte sprach, dann machte er das ganz ernst und vernünftig, und ich verstand kein Wort. Ich sah an ihm hoch ...

Ich sehe heute an den Erwachsenen hoch. Das kommt vielleicht auch daher, daß sie alle einen richtigen Beruf haben, der sie ergriffen hat (sie bilden sich ein: den sie ergriffen haben). Wenns windig ist, halten sie sich an dem fest. Ja, ich kann das auch — aber dann muß ich mich verstellen. Im Laufe der Jahre lernt man so allmählich, was man in den verschiedenen Lagen tun muß: hier lügen und da mit Aplomb die Wahrheit sagen und auf alle Fälle furchtbar ernst sein. Manchmal juckt es mich gradezu, während solch eines Gesprächs, Verzeihung: Verhandlung, pardon: Konferenz, den Partner ein bißchen in die Seite zu schubsen und zu sagen: «Max. Das ist doch alles Zimt. Hör mal zu, wir wollen das so machen ...» Aber das darf man nicht. Man muß sein Gesicht glatt halten, wie wenn ein unsichtbares Monokel drin säße, kalt und hart, römisch-japanisch, und dann muß man sagen: «Ich habe da noch einige Bedenken. Die Ziffer IV des Vertrages ...» So muß man. Aber man möchte das nicht.

Und daher bringts denn auch unsereiner zu nichts. Geld will ernst genommen werden; sonst kommt es nicht zu dir. Und ich werde immer jünger und werde wohl mit siebzig reifenspielend im Tiergarten angetroffen werden und selig die Kinderbücher meiner Jugend lesend. Und wenn mir heute auf dem Lande Kinder begegnen, die scheu den fremden, dicken Mann grüßen, dann möchte ich immer hingehn und sagen: Kinder, ich gehöre ja eigentlich zu euch — nicht zu euerm Lehrer! Aber das glauben sie mir nicht, für sie bin ich ein Erwachsener. Und für die Erwachsenen ein halbes Kind. Man hats gar nicht leicht im menschlichen Leben.

WO LESEN WIR UNSERE BÜCHER?

Wo –?

Im Fahren.

Denn in dieser Position, sitzend-bewegt, will der Mensch sich verzaubern lassen, besonders wenn er die Umgebung so genau kennt wie der Fahrgast der Linie 57 morgens um halb neun. Da liest er die Zeitung. Wenn er aber zurückfährt, dann liest er ein Buch. Das hat er in der Mappe. (Enten werden mit Schwimmhäuten geboren – manche Völkerschaften mit Mappe.) Liest der Mensch in der Untergrundbahn? Ja. Was? Bücher. Kann er dort dicke und schwere Bücher lesen? Manche können es. Wie schwere Bücher? So schwer, wie sie sie tragen können. Es geht mitunter sehr philosophisch in den Bahnen zu. Im Autobus nicht so – der ist mehr für die leichtere Lektüre eingerichtet. Manche Menschen lesen auch auf der Straße ... wie die Tiere.

Die Bücher, die der Mensch nicht im Fahren liest, liest er im Bett. (Folgt eine längere Exkursion über Liebe und Bücher, Bücher und Frauen – im Bett, außerhalb des Bettes ... gestrichen.) Also im Bett. Sehr ungesund. Doch – sehr ungesund, weil der schiefe Winkel, in dem die Augen auf das Buch fallen ... fragen Sie Ihren Augenarzt. Fragen Sie ihn lieber nicht; er wird Ihnen die abendliche Lektüre verbieten, und Sie werden nicht davon lassen – sehr ungesund. Im Bett soll man nur leichte und unterhaltende Lektüre zu sich nehmen sowie spannende und beruhigende, ferner ganz schwere, wissenschaftliche und frivole sowie mittelschwere und jede sonstige, andere Arten aber nicht.

Dann lesen die Leute ihre Bücher nach dem Sonntagessen – man kann in etwa zwei bis zweieinhalb Stunden bequem vierhundert Seiten verschlafen.

Manche Menschen lesen Bücher in einem Boot oder auf ihrem eigenen Bauch, auf einer grünen Wiese. Besonders um diese Jahreszeit.

Manche Menschen lesen, wenn sie Knaben sind, ihre Bücher unter der Schulbank.

Manche Menschen lesen überhaupt keine Bücher, sondern kritisieren sie.

Manche Menschen lesen die Bücher am Strand, davon kommen die Bücher in die Hoffnung. Nach etwa ein bis zwei Wochen schwellen sie ganz dick an – nun werden sie wohl ein Broschürchen gebären, denkt man – aber es ist nichts damit, es ist nur der Sand, mit dem sie sich vollgesogen haben. Das raschelt so schön, wenn man umblättert ...

Manche Menschen lesen ihre Bücher in ... also das muß nun einmal ernsthaft besprochen werden.

Ich bin ja dagegen. Aber ich weiß, daß viele Männer es tun. Sie rauchen dabei und lesen. Das ist nicht gut. Hört auf einen alten Mann – es ist nicht gut. Erstens, weil es nicht gut ist, und dann auch nicht hygienisch, und es ist auch wider die Würde des Dichters, der das Buch geschrieben hat und überhaupt. Gewiß, kann man sich Bücher vorstellen, die man *nur* dort lesen sollte, *‹Völkische Beobachter›* und dergleichen. Denn sie sind hinterher unbrauchbar: so naß werden sie. Man soll in der Badewanne eben keine Bücher lesen. (Aufatmen des gebildeten Publikums.)

Merke: Es gibt nur sehr wenige Situationen jedes menschlichen Lebens, in denen man keine Bücher lesen kann, könnte, sollte ... Wo aber werden diese Bücher hergestellt? Das ist ein anderes Kapitel.

«DAS IST NÄMLICH HERR MEYER —!»

Wenn man in Frankreich einen Regenschirm kaufen will, geht man in ein Regenschirmgeschäft und kauft ihn. Das heißt: ein Fremder tut so. Der kluge Franzose aber kennt jemanden, der jemanden kennt, der eine Frau hat, die einen Schwager besitzt, der Beziehungen zu einem Uhrmacher hat, der nebenbei mit Regenschirmen handelt. Und davon lebt eine Nation.

Wir Deutsche aber haben es mit der Sachlichkeit. Ernst und neutral rollt bei uns die Arbeit hin, daß es nur so raucht: die Schreibmaschinen klappern, es funkelt die Schreibtischgarnitur, die Schalter klappen herunter, die Rechenmaschinen rasseln — wir kennen keine Menschen mehr, wir kennen nur noch die Sache. Aber ...

Aber manchmal erweicht auch das deutsche Herz, manchmal schleicht sich ein lindes Lüftchen zarter Menschlichkeit in die harten Beziehungen: Kunde — Geschäftsmann; Arbeitnehmer und Arbeitgeber; Arzt — Patient — manchmal menschelt es in Deutschland. Und wollt ihr wissen, was sich hierbei ziemt, so fraget nur bei schönen Frauen an.

Die Frau hat ja — trotz aller Willfüers und trotz allen Studiums — eine schöne und direkte Beziehung zum Arbeitspartner erfunden. Etwa so: «Also, Kiki, was war auf dem Termin — beim Arbeitsgericht? Was hast du erreicht?» — «Der Richter war reizend. Also ein netter Mensch ...» — «Ja, gewiß. Aber was ist nun mit dem Mädchen? Müssen wir ihr den Lohn bezahlen?» — «Er hat gleich gesehen, mit wem er zu tun hat — er hat gesagt: Bitte, gnädige Frau, ereifern Sie sich doch nicht, wir werden das alles regeln. Ein ganz reizender Mensch. Er sah übrigens sehr nett aus. Ich weiß gar nicht, was ihr immer gegen die Richter habt.» — «Ja ... aber was ist mit dem Lohn? Was hast du erreicht?» — «Ein reizender Mensch. Zu den andern war er lange nicht so nett.» — «Wer zahlt?» — «Wir.»

Denn die Frau liebt es nicht, wenn es gar so unpersönlich zugeht, und darin hat sie ja wohl auch recht.

Sieh — da steht nun die große Bank, und da hinein sollst du gehen, gnädige Frau, und einen Scheck einlösen. Einen ganz gewöhnlichen Barscheck; es ist nichts weiter nötig, als daß du deinen Namen hinten heraufschreibst und das Datum — das hat schon dein Mann getan? Um so besser — also gar nichts ist nötig, als daß du hingehst, den Scheck präsentierst, wartest ... dann bekommst du dein Geld, das zählst du ... es ist ganz einfach. Mitnichten ist es einfach.

So tut keine Frau. Eine Frau kennt in der großen Einöde der fremden Bank einen Mann. Sie kennt Herrn Meyer.

Sie kennt Herrn Meyer von einem Ball bei der Freundin; von einer Motorbootfahrt; aus Tirol; durch die Schwiegereltern — jedenfalls kennt sie ihn. Und nun kann ihr nichts mehr geschehen.

Nun geht sie frohen Gemütes in die Bank; den bösen Portier, diesen ersten und letzten Mann, sieht sie kaum an, was kann ihr der! Sie kennt doch Herrn Meyer! Und der ist mehr als der Portier. Sie hastet durch die große Halle — sie geht eigentlich gar nicht in die Bank, sie macht eher einen kleinen Privatbesuch: sie geht zu Herrn Meyer.

Da ist er. «Guten Tag, Herr Meyer!» — Guten Tag, sagt er sehr höflich — und es setzt ein kleines herzerfrischendes Schwätzchen ein ... wie es denn so ist im menschlichen Leben ... und wie es geht ... und was die Kinder machen ... und ob Gerlachs von sich haben hören lassen — nicht? Das ist aber schade ... und wie es der Frau geht — gut? Das ist aber fein ... und, ja, Herr Meyer, ich habe hier nämlich einen kleinen Scheck ...

Herr Meyer prüft ihn. Der Scheck ist in Ordnung — aber Sie müssen nochmal an den Schalter sechs, weil es Dollars sind, gnädige Frau! Sie strahlt, sie geht, sie macht, sie tut. Hätte ihr das ein anderer gesagt, das mit dem Schalter sechs —: es wäre ihr als finstere Schikane erschienen. Aber Herr Meyer? Herr Meyer ist reizend — er hilft einem immer so nett ... Hier ist der Scheck. Da das Geld. Auf Wiedersehen, Herr Meyer!

Solcher Meyer gibt es gar viele, und sie versüßen uns das Leben. In den Reisebüros, auf den Banken, in den Kliniken, auf den Redaktionen ... überall laufen etwelche Meyers umher und sind freundlich zu denen, die sie nicht kennen, und noch freundlicher zu denen, die sie kennen. Korruption ohne Bestechung, und das Ganze schadet auch nichts — aber «es putzt ungemein», wie Herr Grünlich sagt.

Herr Spitzweg! Alte Junggesellen, die in ihrer Dachwohnung an Kakteen riechen — die wirst du heute wohl nicht mehr malen können. Aber einen ernsten Beamten, wie er vor einer Privatbekanntschaft den Schalter aufzieht und das Amtsgesicht herunterläßt; wie Strenge und Milde sich lieblich in seinen Zügen paaren; wie er die Würde des Amtes mit einer gewissen parkettgebohnerten Höflichkeit zu vereinen weiß; wie er in den Geschäften um die Dünne eines Haares mogelt, andere grade nicht benachteiligend, seine Bekanntschaften aber doch vorziehend; wie er dies jedoch nicht eingesteht, sondern die Schwierigkeiten seines Tuns noch übertreibt, damit die Gefälligkeit nachher um so größer aussehe; wie er im Grunde mit seinen Bekannten genau das macht, was er auch sonst tut, durch den Ton der Musik aber anzeigt, er sei eine ‹Beziehung› —: das, Herr Spitzweg, könntest du heute malen, und es wäre gewiß eine gute deutsche Zeichnung.

DAS STUNDENKONTO

Vor Monaten bin ich einmal mit der Puff-Puff-Bahn von Paris nach Berlin gefahren, denn ich wollte meinem Verleger ins treue Auge sehn . . . («Sie werden auch nie lernen, ein Feuilleton richtig anzufangen. Das fängt man gefälligst so an: ‹Das Flugzeug surrte über Le Bourget ab, das gute, alte Paris tief unter sich lassend . . .›») Ja, also ich fuhr mit der Bahn.

An der belgischen Grenze stimmte irgend etwas mit den Uhren nicht; mein mangelhafter mathematischer Verstand läßt es niemals zu, zu verstehen, was da eigentlich vor sich geht; einigen wir uns auf: mitteleuropäische Zeit in Idealkonkurrenz mit der Sommerzeit. Kurz und gut: die Uhren wiesen auf einmal eine Differenz von sechzig Minuten auf. Statt Viertel eins war es plötzlich Viertel zwei. Das ließ einen der Reisegefährten nicht ruhen. Er wandte sich an den belgischen Zugbeamten.

«Wir haben eine Stunde gewonnen, nicht wahr —?» sagte er. «Nein», sagte der Mann. «Sie haben eine Stunde verloren.» — «Nein, gewonnen!» rief der Reisegefährte. «Nein, verloren!» rief der Schaffner. Es war wunderschön. Der Gefährte fing an, die Astronomie, etwas Regeldetrie und eine Prise Einstein in einem Topf zu rühren, den er triumphierend dem Schaffner präsentierte. «Wir haben also eine Stunde gewonnen», sagte er, «wir kommen eine Stunde früher an —!» Es hätte nicht viel gefehlt, und er hätte die Hände vor dem Mund bewegt, wie es die Zirkuskünstler machen, wenn ihnen ein besonders schöner Salto gelungen ist . . . Der Schaffner nahm den Topf nicht an. Er sagte vielmehr etwas ganz Überraschendes.

«Sie haben eine Stunde verloren!» sagte er. «Denn Sie haben eine Stunde weniger zu leben.» Nie, niemals ist mir der Unterschied der beiden Länder so stark aufgegangen wie in diesem Augenblick.

Wir wollen immerzu ankommen, am liebsten gestern, wir möchten es ganz eilig haben, und wenn es schneller, noch schneller, am allerschnellsten geht, dann bilden wir uns ein, etwas gewonnen zu haben. Der Franzose will leben. Dieser Schaffner trug eine belgische Uniform, aber es war etwas durchaus Französisches, was er da gesagt hatte. Der Franzose will leben.

Und er lebt auch, als ob er tausend Jahre zu leben hätte. Verabrede dich am zweiten des Monats mit einem Pariser; es ist nicht ausgeschlossen, daß er dir eine Zusammenkunft für den achtundzwanzigsten vorschlägt. Frankreich ist so schön weit weg von Amerika ... Am achtundzwanzigsten kommt er dann auch angewackelt, er hat es nicht vergessen. Alles, alles kannst du in Paris — aber etwas an einem einzigen Vormittag erledigen: das mach mir mal vor. Du hast gar keine Zeit, und der Franzose hat viel zu viel, und so kommt ihr schwer zusammen.

Natürlich hat auch der Schaffner einen Denkfehler gemacht; denn in Wahrheit ändert der vorgestellte Zeiger nichts an der Dauer unseres Lebens; aber so denken sie hier. Ich weiß nicht, ob man damit ‹vorankommt›; ich kann auch nicht beurteilen, ob man so gute Geschäfte macht, ob das Land auf diese Weise konkurrenzfähig bleiben wird, bis in alle Ewigkeit ... das weiß ich alles nicht. Ich weiß nur, daß die Franzosen erst einmal leben wollen, und dem hat sich alles andere unterzuordnen. Einmal hatte es ein Deutscher sehr eilig in Paris, als er bei Tisch saß, und er sagte das auch dem Kellner ... Darauf jener: «Wenn Sie keine Zeit haben, dann müssen Sie nicht frühstücken —!» Das ist eine Lebensweisheit.

Die Franzosen bummeln nicht, sie sind nicht säumig, noch weniger etwa faul, wie schlechte Lesebücher das deutschen Kindern manchmal einreden wollen. Ihr Lebensrhythmus, ihr Arbeitstakt ist ein anderer, und wenn man mit ihnen fertig werden will, so muß man sich diesem andersgearteten Takt eben anpassen. Was für uns nicht immer einfach ist ...

Ich will gar nicht einmal vom pariser Telefon erzählen, einer Maschine, die die Franzosen selbst nicht ernst nehmen, sonst funktionierte sie. Sie funktioniert aber nicht, und man tut gut, in eiligen Fällen zu dem Anzutelefonierenden hinzufahren; man wird Zeit sparen, Nerven und Kraft. Es liegt eine fast orientalische Ruhe im französischen Gehaben, die von der schnellen Sprache und einer fast unmerklich nervösen Atmosphäre sonderbar absticht. Und nichts bringt den Franzosen so durcheinander wie einer, der etwa ununterbrochen mitteilen wollte, wie eilig er sei, wie wenig Zeit er habe, wie schnell das alles erledigt sein müsse ... Er wird auf Granit beißen. Er wird den französischen Charakter voll erkennen, der, bei aller Beweglichkeit, unglaublich störrisch sein kann, von einem Eigensinn, der ganzen Planeten standhält ... Da wird nichts zu machen sein. Mit schweren Säbeln ist hier gar nichts auszurichten. Man fechte Florett.

Das Allermerkwürdigste ist, daß der Drang, das eigene Leben voll zu Ende zu leben, sogar den Erwerbstrieb überwiegt: erst das Leben, dann das Geschäft. Und es ist ungemein bezeichnend für die Lebensauffassung der Franzosen, daß sie in prekären Lagen vorziehen, weniger auszugeben, also zu sparen, als mehr zu verdienen. Mit dem Klischee «Es ist eben ein Rentnervolk» kommt man der Sache nicht näher — denn Rentner arbeiten nicht so viel, wie es hier Frauen und Männer allenthalben tun.

Dazu kommt, daß die neue junge Generation denn doch wesentlich anders aussieht — sie ist flinker, schneller, tangogescheitelter, autohafter, anders. Und doch französisch. Es ist — unübersetzbar —: «un peuple débrouillard», ein Volk, das die Sache ‹schon schmeißt›, das sich herausfindet und herauswindet; das, scheinbar planlos, bis hart an den Rand des Abgrunds rollt und dann — im allerletzten Augenblick — eines jener Wunder vollbringt, von denen die französische Geschichte voll ist. So haben sie ein sauber geführtes Stundenkonto, anders als das unsere — und auf der Aktivseite steht ein Posten, der alle, alle andern überstrahlt: das Leben.

DER ANHÄNGER

«Was nützt mich der Mantel, wenn er nich jerollt is!» Unteroffizier: 1848

Die Franzosen, welches, wie meine Freundin Grete Walfisch sagt, ein degeneriertes Volk ist, treiben mit ihren männlichen Mänteln Schindluder. Ich muß es einmal sagen — seit Jahren krampft sich mir das Herz zusammen, wenn ich sehe, was diese Mäntel leiden müssen. Sie werden zusammengefaltet wie Faltboote, zu dicken Paketen verunstaltet, das Paket wird hinter Stangen auf Bretter gelegt, in den Restaurants treiben sie es so, das heißt, in denen, wo nicht fein sind, ohne ‹vestiaire›, was Garderobe heißt — es ist furchtbar, mit anzusehen. «Ja, haben sie denn keine Aufhängedinger?» — Das ist es ja eben — die haben sie, aber wie sehen die aus! Meinen Sie, da sind richtige Haken dran? Oui, gâteau! Da ist so eine Art Haken, aber die enden in *Knöpfen*! In dicken, kugeligen Knöpfen! Hat man je so etwas ...

Über diese Knöpfe hängt das degenerierte Volk die Männermäntel. Während ein richtiger Mantel doch an einem Henkel zu hängen hat, der zieht ihn dann so schön nach unten, er verliert leichter die Fasson, er muß öfter aufgebügelt werden, die Schneider verdienen daran — kurz: Volkswirtschaft. Die Franzosen aber ... es ist zum Gotterbarmen.

Daher denn auch die französischen Schneider solche Anhänger gar nicht herstellen; sie liefern dir den Mantel sine sine. Davon habe ich zwei. Und mit denen bin ich neulich in die Heimat gekommen.

Wenn — im vorigen Frieden — der Blitz in eine marschierende Kompanie schlug und es fiel ein Mann um, dann besah sich der Hauptmann den Schaden und rief: «Natürlich, der Einjährige!» — Und der kam sich dann noch im Lazarett sehr dämlich vor, weil er eben immer das Karnickel war. So ging das mit mir und mit dem Anhänger. Mit dem Nicht-Anhänger. Ich habe gelitten wie Dante bei Solferino.

Es begann bei den Dienstmädchen der befreundeten Familien. «Darf ich abnehmen? . . .» — Bitte, Fräulein. (Pause.) «Da ist kein Anhänger dran!» (Spöttischer Blick. Melodie: Du armes Aas hast wohl keine Dame, die dir das annäht?) Ich traurig ab.

Die Kellner in den Restaurants waren schon strenger. Ich bin gerade noch ohne Arrest weggekommen.

Aber am schlimmsten waren die Garderobenfrauen in den Theatern. O weh — was habe ich da zu hören bekommen! «Na, is doch wahr! Nachher schimpfen die Herrschaften, daß man die Sachen nicht ordentlich hat aufgehängt — und denn haben sie nich mah Anhänger dran, wie es sich gehört!» —

Dieses Wort schlug wie ein Donnerhall in meine Seele. Nun hatte ich es heraus: es war nicht die kleine technische Unzulänglichkeit, die die Leute so aufbrachte: es gehörte sich nicht —! *Das* war es. Der fehlende Anhänger war ein Fehler in der Weltordnung.

Es regnete höhnische Anerbieten auf mich: ob man mir vielleicht den Anhänger annähen solle? Ich: «Ja.» Die Wachtmeisterin an der Garderobe: «Na, det hat jrade noch jefehlt!» mit der anschließenden Frage, ob ich vielleicht Löcher in den Hosen hätte, man könnte die ja auch . . . es wäre ein Aufwaschen oder vielmehr Aufnähen — aber aus der Näherei wurde nichts; es gab nur Krach.

Es gab soviel Krach, daß ich mich gar nicht mehr in die öffentlichen Kunstinstitute hineingetraut habe — auf diese Weise sind in meiner ohnehin kümmerlichen Bildung bedeutsame Lücken in der Abteilung ‹Klassische Revue mit unruhigem Humor› entstanden — und ich wanderte ins Kino ab. Da war ich aber vom Regen unter Umgehung der Traufe direkt in die Schokolade gekommen.

Mit «Da hängen Sie sich doch uff!» fing es an. Ich floh, wie von Furien gepeinigt . . . gejagt . . . wie von Furien gejagt . . . und jetzt sitze ich da mit dem Mantel, und was nutzt er mir, wenn er keinen Anhänger hat.

«Nun sagen Sie — eine Frage. Das näht Ihnen keiner an? Da haben Sie keine . . . also kein weibliches Wesen in Ihrer Umgebung, die Ihnen diesen kleinen Freundschaftsdienst erweist? —» — Ach, wissen Sie, mit den kleinen Freundschaftsdiensten . . . das ist ein weites Feld. Die werden sehr überzahlt. «Na, und Lottchen?» — Das ist eine berufstätige Frau, wissen Sie. Sie sagt: «Warte, bis du wieder in Frankreich bist — da brauchst du keinen Anhänger.»

Und ich gehe umher, ein Ausgestoßener — ein Mann, der seinen . . .

das kann man eigentlich nicht sagen. Immerhin: Peter Schlemihl. Wenn ein ganzes Volk, Mann für Mann, etwas besitzt, was ein einzelner nicht besitzt —: wahrlich, ich sage dir — aus solchem Holze werden die Märtyrer gemacht. Denn es ist die große Frage, ob die Mäntel wegen der Anhänger da sind oder die Anhänger wegen der Mäntel. Es ist beinah dieselbe Frage: ob man lebt oder ob man im Dienste eines Apparats gelebt wird. Ein weiser Mann des fernen Ostens, dem eine solche Frage vorgelegt wurde, sann lange nach. Und dann sprach er: «Wenn Sie mich so fragen — muß ich Ihnen antworten: Ja.»

DER RICHTER

In meinem Buch *‹Deutschland über alles›* steht auch etwas über die Unabsetzbaren zu lesen. Daran nimmt einer der Betroffenen Anstoß, und zwar — anläßlich einer Besprechung des Beradtschen Buches über den *‹Deutschen Richter›* — so:

«Vor einiger Zeit erschien der Aufsatz eines Schriftstellers über deutsche Richter, ihm war eine Zeichnung beigegeben mit dem Bilde eines Mannes im Richtertalar, das statt eines Kopfes ein Paragraphenzeichen trägt. In dem Aufsatz ist die These aufgestellt, man habe das Recht, bei einer Gesellschaftskritik den niedersten Typus einer Gruppe als deren Vertreter anzusehen. Man kann einem Anwalt nicht unterstellen, daß er sich diese These zu eigen machen will, mit der man den Richterstand wie den Anwaltstand, überhaupt jede Berufsgruppe beliebig herunterziehen kann.»

Der Richter, der dies geschrieben hat, gilt als objektiv und reformfreudig. Hoffen wir, daß seine Urteilsbegründungen verständiger sind als dieser Gedankengang.

Zunächst ist der schwere deutsche Aberglaube zu beseitigen, als sei es ein Sakrileg, eine ‹Berufsgruppe herunterzuziehen›. Diese Kollektiv-Ehren, gezüchtet von emsigen Vereinsmeiern und Generalsekretären, kosten heute Stück für Stück einen Groschen. Selbst wenn sich einer bei der Beurteilung einer solchen Gruppe irrt, so ist das noch nicht gar schlimm; hinter dieser Anschauung des Richters steckt der schwer ausrottbare Irrtum, als sei der ‹Beruf› und die Zugehörigkeit zu einer Gruppe an sich schon etwas Heiliges. Richter sein ist noch gar nichts. Richter sein ist genau so schwerwiegend wie der Entschluß, Jura zu studieren, und jeder weiß, wie der zustandekommt. Mit diesem falschen Pathos wollen wir uns nicht aufhalten.

Der Richter hat aber auch im einzelnen unrecht.

In meiner Arbeit steht nicht zu lesen, daß der niederste Typus einer Gruppe ihr Vertreter ist; er ist es so wenig wie der höchste, den die

Herren zu ihrem Lob gern herangezogen haben möchten. Ich habe gesagt, daß der niederste Typus charakteristisch für das Niveau einer Gruppe ist: jener Typus nämlich, den sie grade noch ertragen kann. Beispiel:

Vergewaltigt ein deutscher Arzt eine minderjährige Patientin und sind dieser Tatbestand und die strafrechtliche Verantwortlichkeit des Täters einwandfrei erwiesen, so wird die gesamte Ärzteschaft von dem Mann abrücken, mehr als das: sie wird ihn aus ihren Reihen entfernen. Also ist dieser Typus der Gruppe nicht aufs Konto zu setzen. Sie kann nichts dafür, daß er einmal in ihren Reihen gewesen ist — sie erträgt ihn nicht, sie schließt ihn aus.

Läßt sich ein deutscher Richter materiell bestechen, so reagiert die Gruppe sofort — alle Mitglieder werden den Mann ausgestoßen wissen wollen, das ehrengerichtliche Verfahren wäre in diesem Fall nur noch eine Formalität. Also ist der mit Geld bestochene Richter kein Prototyp des deutschen Richters.

Um aber den Stand der Unabsetzbaren richtig zu beurteilen, darf es wohl erlaubt sein, neben den Festreden des Reichsgerichts jenen Typus zu betrachten, den man in hundert und aber hundert Gerichtsstuben amtieren hören kann, in Gleiwitz und in Köln, in Breslau und in München. Da ist es mitunter schwer, ruhig zu bleiben . . . diese Mischung von subalternem Geist, von Überheblichkeit, von dummen und sachlich verkehrten Moralanschauungen, von Einsichtslosigkeit in wirtschaftliche Zusammenhänge, von vermuffter Seelenkunde, die keine ist . . . gibts das oder gibts das nicht? Das gibts.

Und solange die Gruppe der Richter nicht gegen diesen Typus demonstriert, und sei es auch nur in einer ernsthaften Opposition, solange sich ‹die› Richterschaft in falsch verstandenem Kollegialitätsgefühl immer gegen den ‹Laien› auf die Seite des so überschätzten Fachmannes stellt —: solange nenne ich einen deutschen Richter einen deutschen Richter. Und ich möchte das so verstanden wissen, wie es ein Proletarier versteht, der — den Bericht von nationalsozialistischen Strafprozessen im Gedächtnis — vor diesen Talaren steht.

IN DER HOTELHALLE

Ein Blick — und die Neese sitzt hinten.

Wir saßen in der Halle des großen Hotels, in einer jener Hallen, in denen es immer aussieht wie im Film — anders tuts der Film nicht. Es war fünf Minuten vor halb sechs; mein Partner war Nervenarzt, seine Sprechstunde war vorüber, und wir tranken einen dünnen Tee. Er war so teuer, daß man schon sagen durfte: wir nahmen den Tee.

«Sehen Sie», sagte er, «es ist nichts als Übung. Da kommen und gehen sie — Männer, Frauen, Deutsche und Ausländer, Gäste, Besucher ... und niemand kennt sie. Ich kenne sie. Ein Blick — hübsch, wenn man sich ein bißchen mit Psychologie abgegeben hat. Ich blättere in den Leuten wie in aufgeschlagenen Büchern.»

«Was lesen Sie?» fragte ich ihn.

«Ganz interessante Kapitelchen.» Er blickt mit zugekniffenen Augen umher. «Keine Rätsel hier — ich kenne sie alle. Fragen Sie mich bitte.»

«Nun ... zum Beispiel: was ist der da?»

«Welcher?»

«Der alte Herr ... mit dem Backenbart ... nein, der nicht ... ja, der ...»

«Der?» Er besann sich keinen Augenblick.

«Das ist ... der Mann hat, wie Sie sehen, eine fulminante Ähnlichkeit mit dem alten Kaiser Franz Joseph. Man könnte geradezu sagen, daß er ein getreues Abbild des Kaisers sei — er sieht aus ... er sieht aus wie ein alter Geldbriefträger, den die Leute für gütig halten, weil er ihnen die Postanweisungen bringt. Seine Haltung — seine Allüren ... ich halte den Mann für einen ehemaligen Hofbeamten aus Wien — einen sehr hohen sogar. Der Zusammenbruch der Habsburger ist ihm sehr nahe gegangen, sehr nahe sogar. Ja. Aber sehen Sie doch nur, wie er mit dem Kellner spricht: das ist ein Aristokrat. Unverkennbar. Ein Aristokrat. Sehen Sie—in dem Mann ist der Ballplatz; Wien; die ganze alte Kultur Österreichs; die Hohe Schule die sie da geritten haben — tu, Felix, Austria ... Es ist sicher ein Exzellenzherr — irgendein ganz hohes Tier. So ist das.»

«Verblüffend. Wirklich — verblüffend. Woher kennen Sie das nur?»

Er lächelte zu geschmeichelt, um wirklich geschmeichelt zu sein; wie eitel mußte dieser Mensch sein! — «Wie ich Ihnen sage: es ist Übung. Ich habe mir das in meinen Sprechstunden angeeignet — ich bin kein Sherlock Holmes, gewiß nicht. Ich bin ein Nervenarzt, wie andere auch — nur eben mit einem Blick. Mit dem Blick.» Er rauchte befriedigt.

«Und die Dame da hinten? Die da am Tisch sitzt und auf jemand zu warten scheint — sehen Sie, sie sieht immer nach der Tür ...»

«Die? Lieber Freund, Sie irren sich. Die Dame wartet nicht. Sie erwartet wenigstens hier keinen. Sie wartet ... ja, sie wartet schon. Auf das Wunderbare wartet sie. Lassen Sie ... einen Moment ...»

Er zog ein Monokel aus der Westentasche, klemmte es sich ein, das Monokel fühlte sich nicht wohl, und er rückte es zurecht.

«Das ist ... Also das ist eine der wenigen großen Kokotten, die es noch auf dieser armen Welt gibt. Sie wissen ja, daß die Kokotten aussterben wie das Wort. Die bürgerliche Konkurrenz ... Ja, was ich sagen wollte: eine Königin der käuflichen Lust. Minder pathetisch: eine Dame von großer, aber wirklich großer Halbwelt. Donner ... Donnerwetter ... haben Sie diese Handbewegung gesehen? Die frißt

Männer. Sie frißt sie. Das ist eine ... Und in den Augen – sehen Sie nur genau ihre Augen an ... sehen Sie sie genau an ... in den Augen ist ein Trauerkomplex, ein ganzer Garten voller Trauerweiden. Diese Frau sehnt sich; nach so vielen Erfüllungen, die keine gewesen sind, sehnt sie sich. Daran gibt es keinen Zweifel. Fraglich, ob sie jemals das finden wird, was sie sucht. Es ist sehr schwierig, was sie haben will – sehr schwierig. Die Frau hat alles gehabt, in ihrem Leben – alles. Und nun will sie mehr. Das ist nicht leicht. Dieses verschleierte Moll! Kann sein, daß sich ein Mann ihretwegen umgebracht hat – es kann sein – das kann ich nun nicht genau sagen. Ich bin nicht allwissend; ich bin nur ein Arzt der Seele ... Ich möchte diese Frau geliebt haben. Verstehen Sie mich – nicht lieben! Geliebt haben. Es ist gefährlich, diese Frau zu lieben. Sehr gefährlich. Ja.»

«Doktor ... Sie sind ein Cagliostro ... Ihre Patienten haben nichts zu lachen.»

«Mir macht man nichts vor», sagte er. «Mir nicht. Was wollen Sie noch wissen? Weil wir grade einmal dabei sind ...»

«Der da! Ja, der Dicke, der jetzt aufsteht – er geht – nein, er kommt wieder. Der mit dem etwas rötlichen Gesicht. Was mag das sein?»

«Na, was glauben Sie?»

«Tja ... hm ... heute sieht doch einer aus wie der andere ... vielleicht ...»

«Einer sieht aus wie der andere? Sie können eben nicht *sehen* – sehen können ist alles. Das ist doch ganz einfach.»

«Also?»

«Der Mann ist Weinhändler. Entweder der Chef selbst oder der Prokurist einer großen Weinfirma. Ein energischer, gebildeter Mann; ein willensstarker Mann – ein Mann, der selten lacht und trotz des Weines nicht viel von Humor hält. Ein ernster Mann. Ein Mann des Geschäftslebens. Unerbittlich. Haßt große Ansammlungen von Menschen. Ein Mann des Ernstes. Das ist er.»

«Und die da? Diese kleine, etwas gewöhnlich aussehende Madame?»

«Panter, wie können Sie so etwas sagen! Das ist – (Monokel) das ist eine brave, ordentliche Bürgersfrau aus der Provinz ... (Monokel wieder in den Stall) – eine brave Frau, Mutter von mindestens vier Kindern, aufgewachsen in den Ehrbegriffen der kleinbürgerlichen Familien – geht jeden Sonntag in die Kirche – kocht für ihren Mann, flickt ihren Bälgern die Hosen und Kleidchen – es ist alles in Ordnung. Die übet Treu und Redlichkeit und weichet keinen Finger breit ... die nicht.»

«Und der da, Doktor?»

«Sehen Sie – *das* ist der typische Geldmann unserer Zeit. Da haben Sie ihn ganz. Ich könnte Ihnen seine Lebensgeschichte erzählen – so klar liegt die Seele dieses Menschen vor mir. Ein Raffer. Ein harter

Nehmer in Schlägen. Der läßt sich nicht unterkriegen. Gibt seine Zeit nicht mit Klimperkram ab; liest keine Bücher; kümmert sich den Teufel um etwas anderes als um sein Geschäft. Da haben sie den amerikanisierten Europäer. Mit den Weibern – Himmelkreuz! – Es ist sechs ... Seien Sie nicht böse – aber ich habe noch eine dringende Verabredung. Ich muß mir gleich einen Wagen nehmen. Zahlen! – Die Rechnung ...» verbesserte er sich. Der Kellner, kam, nahm und ging. Der Doktor stand auf.

«Was bin ich schuldig?» fragte ich aus Scherz.

«Unbezahlbar – unbezahlbar. Alles Gute! Also ... auf bald!» Weg war er.

Und da ergriff mich die Neugier, da ergriff sie mich. Noch saßen alle analysierten Opfer da – alle. Ich schlängelte mich an den Hotelportier heran, der von seinem Stand aus die Halle gut übersehen konnte. Und ich sprach mit ihm. Und ließ etwas in seine Hand gleiten. Und fragte. Und er antwortete. Und ich lauschte:

Der österreichische Höfling war ein Nähmaschinenhändler aus Gleiwitz. Die große Hure mit dem Trauerkomplex eine Mrs. Bimstein aus Chicago – nun war auch ihr Mann zu ihr an den Tisch getreten, unverkennbar Herr Bimstein. Der Prokurist der großen Weinfirma war der Clown Grock. Die pummlige Mama war die Besitzerin eines gastlichen Etablissements in Marseille; der freche Geldmann war ein Dichter der allerjüngsten Schule –

Und nur der Psychologe war eine Psychologe.

KREUZWORTRÄTSEL MIT GEWALT

Der Arzt versank in meinem Bauch. Dann richtete er sich hochaufatmend wieder auf. «Es sind die Nerven, Herr Panter», sagte er. «An den Organen ist nichts. Ruhe – Ausspannen – Massage – Rohkost – Gemüse – Gymnastik – kohlensaure Bäder ... passen Sie auf: wir kriegen Sie schon wieder hoch. Schwester –!»

Da saß ich in dem Klapskasten, und nun war es zu spät. Man soll nie auf das hören, was einem die guten Freunde raten. Das konnte heiter werden.

Es wurde *sehr* heiter. Ich absolvierte täglich ein längeres Zirkusprogramm, von morgens um sieben bis mittags um halb eins. Der Turnlehrer; die Wiegeschwester; der Bademeister; der Masseur; der Assistenzarzt; die Zimmerschwester ... sie alle waren emsig um mich bemüht. Ich kam mir recht krank vor, und wenn ich mir krank vorkam, dann schnauzten sie mich an, was mir wohl einfiele – es ginge mir schon viel, viel besser. Was war da zu machen?

Was war vor allem an den langen Nachmittagen zu machen, die etwa acht- bis neunmal so lang waren wie die reichlich gefüllten Vormittage?

Lesen.

Das Salatorium — man sollte niemals: Sanatorium schreiben — das Salatorium hatte eine Bibliothek. Die ersten acht Tage ging das ganz gut, denn sie hatten da die *‹Allgemeine Bibliothek der Unterhaltung und des Wissens›*, eine Art Familienzeitschrift aus den neunziger Jahren — und so beruhigend! Darin war von der neuen, schreckeinflößenden Erfindung des Telefons die Rede; von einem Wagen, der sich vermittels einer Maschine allein bewegen könnte, einem sogenannten ‹Automobil›; vorn war ein Roman mit Bildern: «Agathe liebkoste die entblätterte Rose und ließ sich auch durch das Zureden des Assessors von Waldern nicht trösten ... Seite 95», dann gab es eine Kriminalnovelle mit abscheulich schlechtgekleideten Missetätern, aber bei Wallace waren die Polizeikommissare von Scotland Yard bedeutend schurkiger — und zum Schluß die *‹Miszellen›*, eine bezaubernde Mischung von allerlei Wissenswertem, Kochrezepten, Anekdoten ohne Pointe und überhaupt von gesegnetem Stumpfsinn. Dies beschäftigte mich acht Tage lang. Dann war es aus. Der Rest der Bibliothek bestand aus feinerer Literatur; ich schreibe mir meinen kleinen Bedarf lieber selber. Was nun —?

Eines Tages sah ich beim Bademeister auf dem Fensterbrett der Badekabine eine Rätselzeitschrift liegen. Ich hatte nie gewußt, daß es so etwas gäbe. Aber das gabs. Darin waren Silbenrätsel enthalten und andre schöne Zeitvertreibe. «Darf ich vielleicht ... könnten Sie mir das wohl mal leihen ...?» fragte ich. Er lieh. Ich hatte kaum mein Müsli und den Salat und die halbe Pflaume gegessen, als ich auf mein Zimmer eilte, den Bleistift spitzte und löste.

Ich verfüge über eine sehr lückenhafte Bildung. Ich weiß nicht, wo Karakorum liegt; ich weiß nicht, was eine ‹Ephenide› ist; ich verwechsle immer ‹Phänomenologie› mit ‹Pharmazeutik›, und es ist überhaupt ein Jammer. Aber ich begann zu lösen.

Anfangs ging das ganz gut. Alles, was ich auf Anhieb wußte, schrieb ich in die kleinen Quadrate, und wenn ich nicht weiter konnte, ließ ich das angebissene Rätsel liegen und machte mich an das nächste. So hatte ich viele vergnügte Nachmittage. Der Bademeister brachte mir, trinkgeldlüstern, noch weitere achtzehn Rätselzeitschriften, aber tückischerweise hatten sie keinen Zusammenhang untereinander, denn es fehlten immer grade die Nummern, in denen die Lösungen jener enthalten waren, an denen ich grade knabberte ... also mußte ich versuchen, allein damit fertig zu werden, und ich war ganz auf mich selber angewiesen. Ich habe das nicht gerne — wer auf mich gebaut hat, hat noch stets auf Sand gebaut. Aber ich löste.

Als ich die Zeitschriften vollgemalt hatte, hatte ich fünf Kreuzworträtsel zu Ende gelöst. Alle andern — und es waren deren eine Menge — wiesen bedrohliche Flecke auf. Was nun?

Nun zerbiß ich meinen Bleistift; dann den Federhalter des Salatoriums; dann meine Pfeife. Und ich war kribblig ...

Sie kennen den sogenannten ‹Lahmann-Koller›? Mit dem ist es so: Wenn die Patienten eine Weile lang sanftes Gras gefressen haben, dann werden sie furchtbar böse. Sie sind wütend, von morgens um sieben bis abends um acht; und besonders gegen den späten Nachmittag hin, wenn schon der Gedanke an Blumenkohl sie rasend macht, und der an ein gutes Filetsteak nicht minder —: dann beginnen sie, heimlich zu rasen. Laut trauen sie sich nicht.

Ich traute mich auch nicht laut. Aber ich tobte mit den Kreuzworträtseln umher, und ich wollte mich nicht unterkriegen lassen, und ich beschloß, ein Ende zu machen. So oder so ... so ging es nicht mehr weiter.

«Berggipfel in den Seealpen.» Nun bitte ich Sie in aller Welt! Seealpen — wissen Sie, wo die Seealpen liegen? Ich weiß das nicht. Ich habe damals, als wir das durchgenommen haben, gefehlt, oder ich habe grade unter der Bank *‹Götz Krafft›* gelesen oder *‹Jena oder Sedan›* ... Seealpen! Drumherum die Reihen hatte ich; mir fehlten aber die Buchstaben, die man aus andern Reihen nicht erraten konnte. Da brach ich die Kreuzworträtsel übers Knie.

‹KIKAM› setzte ich. Berggipfel in den Seealpen: ‹KIKAM›. Ich fand das sehr schön. Und dies ergötzte mich so, daß ich an einem Nachmittag zweiundzwanzig Kreuzworträtsel löste. Mit Gewalt. Wer nicht hören will, muß fühlen. Ich habe wundervolle Resultate erzielt.

‹LEBSCH›: eine Hauptstadt in Europa. Man erzähle mir nichts — warum soll unter den vielen, vielen europäischen Hauptstädten nicht eine dabei sein, die ‹LEBSCH› heißt? ‹MOREL›: ein bekannter Südwein. ‹NEPZUS›: ein Planet. (Nein, nicht Neptun — dann geht es nicht auf.) Kaufmännischer Begriff: PLEISE. Ein Getränk der Araber: LORKE. Ein Raubtier: der ‹MOGELVOGEL›; doch, das ist herausgekommen, das Wort, ihr sollt es lassen stahn. Bekannter Gruß: HUMMEL. (Was ja für Hamburg stimmt.) Und es tauchten geradezu abenteuerliche Wörter auf: MIPPEL und FLUNZ und BAKIKEKE. So erbaute ich mir eine neue Welt.

Ich erzählte niemand davon. Aber ich erlernte für mich privat eine neue Sprache: die Kreuzworträtsel-Sprache. Hätte ich es einem gesagt: sie hätten mich nie wieder aus dem Klapskasten hinausgelassen, und ich säße heute noch drin. Aber die Wörter in meinem Herzen bewegend sprach ich den ganzen Tag kreuzisch und fragte mich Vokabeln ab und konnte es schon ganz schön.

«Nun, wie fühlen Sie sich denn jetzt —?» fragte der Onkel Oberdoktor in seiner, sagen wir, gütigen Art. Ich antwortete nicht gleich. Unhörbar übte ich Vokabeln:

Auf des Doktors Schreibtitzl summte eine Failge; die Sumis schien durch das Fenster, und der Himmel war plott. Ich dachte emsig nach, wie doch der Körperteil heißt, an dem ich so gut abgenommen hatte . . .

«Wie Sie sich fühlen — ?» wiederholte der Onkel Doktor, mildgereizt. «Danke . . . viel besser . . .» stotterte ich. Wie hieß der Körperteil? — «Viel besser . . . ja . . .» — «Aber manchmal etwas zerstreut . . .? Noch etwas nervös?» fragte er und sah mich forschend an. «Aber gar nicht, Herr Doktor», sagte ich. «Gar nicht. Ich fühle mich so frisch! Wirklich: famos! Sie haben mir sehr geholfen, sehr!» — «Na, das freut mich», sagte er. «Sehen Sie, ich habe es Ihnen ja gleich gesagt!» Und er gab mir zum Abschied gute Ratschläge, darunter leider nicht den, die Rechnung nicht zu bezahlen.

Und erst als ich wieder draußen vor dem Tor des Salatoriums stand, da fiel es mir ein. Ich wollte noch einmal zurück, um es dem Doktor mitzuteilen . . . Ich tat es nicht.

MARS hieß der Körperteil.

FAHRGÄSTE

Frühmorgens, wenn das graue Licht
durch Jalousien sickert;
wenn jäh dein Schlaf in Krümel bricht,
der Wecker tickt und tickert:
dann fahren und stuckern und fahren sie so
in die Federnfabrik und ins Auskunftsbüro . . .
Die Leute von der Spree,
die stürzen ins Gefecht sich
mit der F — mit der I — mit der W —
mit der Q — mit der 69.

Sie sitzen wie die Vögel da
auf einer langen Stange.
Sie sind sich alle gar so nah
im Kampf, im Druck, im Zwange.
Doch jeder lebt auf dem eigenen Stern;
sie sehn sich nicht an und sie haben sich nicht gern . . .
Der liebt die Rotarmee,
der orientiert nach rechts sich —
mit der F — mit der I — mit der W —
mit der Q — mit der 69.

Die Scheiben klirrn. Der Mittag naht.
Die hunderttausend Leute,
sie fahren dienstlich und privat,
die Kerls und ihre Bräute . . .
Nur manchmal blitzt auf in dem laufenden Band
ein Gedanke an Sonntag und Havelstrand . . .
Ein Blick . . . Ein stummes: He!
Dann meldet das Geschlecht sich
mit der F – mit der I – mit der W –
mit der Q – mit der 69.

Und abends, staubig im Gesicht,
so fahren sie heim und schwanken.
Wer Arbeit hat, der jammere nicht,
er darf dem Herrgott danken.
Ja, denkt denn da keiner – wies schade ist! –
daß Arbeit doch keine Gnade ist?
Arbeitende Armee!
Wann nimmt sie wohl ihr Recht sich . . .
Mit der F – mit der I – mit der W –
mit der Q – mit der 69!

«DAS KANN MAN NOCH GEBRAUCHEN –!»

Es sind ja wohl die herztausigen Amerikaner, die die verschiedenen ‹Wochen› erfunden haben: die Bade-Woche, die Unfallverhütungs-Woche und die Mutter-Woche und die Zähnefletsch-Woche . . . und was man so hat. Und einmal war auch die ‹Bodenaufräumungs-Woche› dabei. Gar kein schlechter Gedanke . . .

Denn nur bei einem Umzug oder, was dem nahe kommt, bei einem Brandunglück entdeckt die Familie, was sie alles besitzt, was sich da alles angesammelt hat, wieviel man ‹aussortieren› muß, müsse, müßte...

Auf dem Boden, im Keller und in heimtückisch verklemmten Schubladen ruht der irdische Tand. Als da ist:

Fünf Handschuhe (Stück, nicht Paar, und immer eine ungerade Zahl); acht Bleistiftstummel; ein Tintenwischer, unbenutzt (Geschenk von Fritzchen – «Wirf das nicht weg, man kann das noch gebrauchen!»); ein Porzellanschäfer ohne Kopf; ein Kopf ohne Porzellanschäfer; ein Bohrer; ein Haufen Flicken; 40 Prozent alte Kaffeemaschine; eine durchlöcherte Blechbadewanne; siebzehn Holzknebel, für zum Paketetragen; Emailletöpfe mit ohne Emaille; ein Füllfederhalter; noch ein Füllfederhalter; eine wacklige Petroleumlampe; Flicken.

Manchmal sucht die Hausfrau etwas – dann stößt sie auf einen

Haufen Unglück. Sie verliert sich darin, taucht unter, kommt erst spät zu Mittag wieder hervorgekrochen, staubbedeckt, mit rotem Kopf und abwesenden Augen, wie von einer Reise in fremde Länder ... «Denk mal, was ich da gefunden habe! Paulchens ersten Schuh!»

Wie kommt das —? Warum ist das so —? Warum heben die Leute das alles auf —?

Sie heben es gar nicht auf. Sie können nur nicht übers Herz bringen, es wegzuwerfen.

Wenn es so weit ist: wenn der Füllfederhalter zerbricht, wenn der Porzellanschäfer den Kopf verliert, wenn die Handschuhe nicht mehr schön sind —: dann wiegen die Menschen einen Augenblick den Kopf nachdenklich hin und her. Da steht der Papierkorb und sperrt höhnisch das Maul auf, hier sieht ihn der oft gebrauchte Gegenstand traurig an, der Invalide — was nun? Da kann er sich nicht entschließen — vor allem: da kann sie sich nicht entschließen. Männer sind rohe Geschöpfe (wenn sie nicht gerade den Schnupfen haben — da benehmen sie sich wehleidiger als eine Frau, die ein Kind kriegt), Männer sind roh und werfen wohl manches fort. Aber Frauen ...

Der Amerikaner wirft alles fort: Tradition, alte Autos, sein Geburtshaus, Staubsauger und alte Stiefel. Warum? — Weil das neue nicht gar so viel kostet; weil dort kein Mensch und kein Unternehmen auf langwierige Reparaturen eingerichtet ist — weil das niemand verstände, daß man einen Gegenstand um seiner selbst willen konserviert, wenn an der nächsten Ecke schon ein anderer steht. Fort mit Schaden. Der Europäer aber ist anhänglichen Gemütes und bewahrt sich alles auf. Zum Beispiel in der Politik ... hoppla — det jeht mir jar nischt an. Aber in der Wirtschaft hebt er und hebt sie alles auf.

«Gib das mal her! Schmeiß das nicht weg! Immer schmeißt du alles weg! Was ich damit noch will? Das ist gar keine alte faule Kiste! Was die soll? Da kann man alte Handschuhe drin aufbewahren! Natürlich habe ich alte Handschuhe! Na, im Moment nicht — aber man hat doch alte Handschuhe! Wozu ich alte Handschuhe aufbewahre? Na, du bist aber komisch! Wenn man mal ... also für aufgesprungene Hände ... eben ... überhaupt braucht man in der Wirtschaft immer alte Handschuhe ...!» Und wenn nachher umgezogen wird, dann steigt dieses Reich des Moders ans Licht, und Gott der Herr verhüllt sein Antlitz, wenn er das mitansehen muß ...

Viele unter uns sind noch gar sehr sentimental; wenn sie mit einem Gegenstand eine Zeitlang gelebt haben, dann haben sie mit ihm kein Verhältnis gehabt, sondern sie sind mit ihm verheiratet gewesen — und da trennt man sich doch nicht so eins, zwei, drei ... Jedenfalls schwerer als in einer wirklichen Ehe. Das schöne Tintenfaß ... Na, ja, es hat einen kleinen Knacks ... aber vielleicht ... als zweite Garnitur ... Und dann bewahren sie es auf. Und da liegt es und frißt Staub.

Merk:

Was nicht griffbereit ist, was man nicht nachts um zwei Uhr finden kann —: das besitzt man nicht. Das liegt bloß da. Es ist so, wie wenn man es weggeworfen hätte.

Merk:

In neunundneunzig Fällen von hundert lohnt es sich nicht, ein Ding aufzubewahren. Es nimmt nur Raum fort, belastet dich; hast du schon gemerkt, daß du nicht die Sachen besitzt, sondern daß sie dich besitzen? Ja, so ist das.

Merk:

Ein einziges billiges und brauchbares Rasiernäpfchen ist mehr wert als drei teure, die verstaubt auf dem Boden liegen, weil man sie doch noch mal gebrauchen kann. Wozu? Der Aufbewahrende konstruiert sich dann gern Situationen, die niemals eintreten. «Man könnte doch mal ... also wenn wir zum Beispiel mit Flatows einen Ausflug nach dem Stölpchensee machen, und die Kinder wollen sich mal im See Frösche fangen und die Frösche mit nach Hause nehmen — dann ist der Rasiernapf noch sehr schön!»

Aber die Kinder von Flatows fangen keine Frösche, denn sie haben selber einen zu Hause, und noch dazu einen, der bei schlechtem Wetter singt ... und dann hat diese Familie auch ihrerseits genügend Gefäße, und überhaupt, was geht dich das an? Du meinst das auch gar nicht. Es ist eine atavistische Hochachtung vor dem Ding, stammend aus der Zeit, wo ein Gegenstand noch mit der Hand hergestellt wurde ... Heute speien ihn die Maschinen aus — wirf ihn weg! wirf ihn weg!

Glatt soll es um dich aussehen, griffnah und ordentlich. Hinter den Kulissen deines Daseins soll kein *Moderkram* von *Ding-Leichen* liegen: psychoanalysiere dein Besitztum und laß nicht in verstaubten Ecken dein altes Leben gären. Es lohnt nicht; es lastet nur. Wie weit du damit gehen willst, ist Geschmackssache und Alterssache. Gewiß, es gibt moderne Möbel, von denen ein witziger Frankfurtammainer gesagt hat, sie seien für die Wohnung nur konstruiert, damit man sich beim Zahnarzt wie zu Hause fühle ... aber laß Licht in alle deine Ecken. Und höre nicht auf die Stimme deiner Frau, die dir sonst so gut rät; wenn sie aber sagt: «Man kann das noch gebrauchen!» — dann denk an den großen Kasten mit alten Schlüsseln, die du immer, immer noch aufbewahrst, Schlüssel, zu denen die Schlösser verloren gegangen sind ... Kann man das noch gebrauchen? Das kann man nicht mehr gebrauchen.

Die Basis jeder gesunden Ordnung ist ein großer Papierkorb.

DIE HERREN ZUHÖRER

«Da möcht man weit kommen, wenn man möcht zuhören, was der andere sagt.» K. K.

Warum halten eigentlich die meisten Menschen so gern Reden?

Wie ich glaube, deshalb, weil dies die einzige Art und Weise ist, in der sie sich die Illusion verschaffen können, daß ihnen die anderen zuhören. Sie hören natürlich nicht zu; wenn sie nur irgend können, dann verschaffen sie sich auf ihren Zuhörerplätzen Papier, Programme, ein Zettelchen, und dann ziehen sie mit ernster Miene einen Bleistift aus der Tasche und machen sich Notizen . . . Männerchen, Sternchen, Kreise und schraffierte Felder, und ein geschickter Seelenarzt kann aus diesen Malereien viel Aufschlußreiches herauslesen . . . Zuhören aber tun sie nicht.

Doch glaubt der Redner stets, sie hörten ihm zu. Von Mann zu Mann aber und von Frau zu Frau ist das schon anders – da hat man wenigstens die völlig sichere Garantie, daß bestimmt nicht zugehört wird. Geben ist seliger denn nehmen.

Kennen Sie den, dem Sie etwas erzählen und dessen Augen ständig abwandern, wenn sich auch nur das geringste um ihn bewegt –? Gerade sind Sie einen Millimeter vor der Pointe, vor dem Hieb, vor der überraschenden Mitteilung – «Da stehe ich also auf und sage ihm – –» weg. Ärgerlich folgen Sie den flüchtigen Augen . . . Was hat der Kerl? Nichts hat er – aber am Nebentisch ist ein Mann aufgestanden, und das muß man genau beobachten muß man das . . . Wenn es noch eine Frau gewesen wäre . . . ! Die Pointe ist jedenfalls dahin. Und so morden sie dir deine schönsten Geschichten – weil ein Auto kommt, weil eine Straßenbahn vorüber klingelt, weil ein Blatt Papier zu Boden raschelt . . . dann kommen die desertierten Augen wieder zurück, wie ein Hauch geht es über sie hin – «Ja, also was hatten Sie eben gesagt –?» Und dann machts einem keinen Spaß mehr. Entweder es klingelt das Telefon, oder es laufen die Augen weg –: wahrlich, ich sage dir, noch nie hat einer einem Berliner eine Geschichte zu Ende erzählt. Doch, neulich einer einem – aber das war der dicke Direktor Mischler, dem ist nach Tisch plötzlich unwohl geworden, er saß stumm auf seinem Stuhl, der andere redete, und Mischler hatte schon ganz verglaste Augen – So hörte er zu.

Und weil dem so ist, deshalb gibt es eine Gattung von Menschen, die machen es so:

Da steht einer mit vier, fünf anderen zusammen, einer ist nahe bei ihm, die anderen erzählen sich gerade was. Nun fängt der eine an, etwas zu berichten – doch hat er nur einen Zuhörer. Der Vorhang hebt sich zögernd über dieser Geschichte, denn ein einziger Zuhörer ... das lohnt nicht. Vor einem tritt er nicht auf. Und nun suchen seine flinken Äuglein immerzu die anderen zu erreichen, er will sie am seelischen Rockknopf herbeiziehen, die Geschichte bekommt zwei bis drei Einleitungen, der erste Zuhörer kriegt einen Herzkollaps und will rufen: «Na – nun erzählen Sie doch schon endlich ...» aber es ist noch nicht so weit, denn der Mann hat sich gewissermaßen in zwei Hälften zerspalten: die eine steht im Zelt und fängt sachte an, zu jonglieren, und die andere steht noch vor dem Zelt und markiert den Ausrufer ... Es ist gar nicht so einfach im menschlichen Leben.

Zuhören ... zuhören ... Haben die Leute nicht recht, wenn sie nicht zuhören –? Und dies ist meine Lieblingsgeschichte, eine von den beiden, die man in sanftem Gold auf einen Teller malen sollte:

Es war da ein alter Mann, der kam zum Arzt, seines Gehörs wegen. Der Arzt horchte, sah und sprach: «Lieber Herr, Sie trinken viel Alkohol?» – «Ja», sagte der Mann. «Nun gut», sagte der Arzt. «Jetzt sind Sie noch schwerhörig. Wenn Sie aber so weitermachen, wenn Sie weiterhin so saufen, dann sind Sie Ihr Gehör in spätestens einem halben Jahr gänzlich los.» Und schrieb dem Patienten allerlei auf. Nach sechs Monaten kam der Mann wieder. – «Wie gehts?» fragte der Arzt. «Hä?» machte der Patient. «Wies geht?» brüllte der Arzt. Nichts. Der Mann verstand nichts. Er war stocktaub. Der Arzt mußte ihm seine Fragen aufmalen. «Sie haben also doch getrunken –?»

Da hob der taube Mann die Augenlider und sah den Arzt lange an. «Herr Doktor», sagte er, «alles, was ich gehört habe, war nicht so gut wie Schnaps.»

DIE MÄULER AUF!

Heilgebrüll und völksche Heilung,
schnittig, zackig, forsch und päng!
Staffelführer, Sturmabteilung,
Blechkapellen, schnädderädäng!
    Judenfresser, Straßenmeute ...
    Kleine Leute. Kleine Leute.

Arme Luder brülln sich heiser,
tausend Hände fuchteln wild.
Hitler als der selige Kaiser,
wie ein schlechtes Abziehbild.
    Jedes dicken Schlagworts Beute:
    Kleine Leute! Kleine Leute!

Tun sich mit dem teutschen Land dick,
grunzen wie das liebe Vieh.
Allerbilligste Romantik —
hinten zahlt die Industrie.
    Hinten zahlt die Landwirtschaft.
    Toben sie auch fieberhaft:
    Sind doch schlechte deutsche Barden,
    bunte Unternehmergarden!
    Bleiben gestern, morgen, heute
    kleine Leute! kleine Leute!

TRAURIGES LIED, AUF EINEM KAMM GEBLASEN

Heuer — die Nazis sagen immer: heuer — in diesem Sommer wird das mit der Liebe wohl nichts werden. Es kann nichts werden. Warum nicht? Weil daß die Damenmode so blumig ist ... wer hat uns das angetan?

Früher ... das war eine schöne Zeit. Wenn ich noch daran denke, wie meine gute Großmama mit kurzem Kleidchen in den Alpen herumsprang, daß es eine Freude war — wie einfach war das alles! Es war eine Mode, die sogar der Mann verstand: klar, übersichtlich, praktisch in Bezug auf und bezüglich des ... es war eine schöne Zeit. Manchmal, in freudischen Kinderträumen, taucht zwischen Abitur und einem Traum-Ich, das nackt auf dem Platz vor dem Wasserturm in Mannheim steht, die Angst vor den Flitterkleidern unserer Embryonaljugend auf: Mama vor der Gesellschaft, in ungeheuerm Korsettkrach mit dem Hausmädchen begriffen, einen ganzen botanischen Garten im Haar, auf dem Stuhl liegt ein Textillager, und zweitausend Stecknadeln glitzern auf dem Fußboden ...

Im verwichenen Frühjahr hatte ich zu einem Freund gesagt, daß das deutsche Reichsgericht ein Gericht sei, und daneben gebe es eine politische Verwaltungsbehörde, die unter anderm die Kommunisten bekämpfe — aber mit der Justiz habe das nichts zu tun: das Reichsgericht spreche Recht. Der Freund sah mich besorgt an, und abends hatten sie mich schon in eine Zwangsjacke gesteckt, eine hübsche, kleidsame Sache, die es bekanntlich gar nicht gibt ... gestern habe ich zum ersten Mal ohne Wärter ausgehen dürfen. Da sah ich die junge Mode, zum ersten Mal.

Gott, der du mir zur Freude die lieben Hundchen nachtaus, nachtein bellen läßt, der du ihre Flöhe zählst und die Herzen der Menschen kennst —: du wirst das nicht wollen. Du kannst es nicht wollen, lieber Gott. Sprich. Sag ein Wort. Sage: es ist ein Traum. Eine Vision. Es kann nicht sein —

Von den alten Damen will ich gar nicht sprechen — denen steht diese Mode gar schön zu Popo. Aber die jungen Frauen ...!

Sie haben alle etwas an, das sieht aus wie bedrucktes Vorsatzpapier, so ganz billiges, wie pathetische Papierblumen ... wenn ich, posito, gesetzt den Fall, und ich hätte in meiner Bibliothek ein Buch von Wolfgang Goetz — das ließe ich so einbinden ... und so laufen sie herum. Nein, so gehn sie herum; laufen können sie nicht. Sie können nicht laufen, weil sich nachmittags und abends die Kleider um ihre Beine schlingen, die, dessen ungewohnt, hier und da ausschlagen, wie die Füße mückengepeinigter mexikanischer Esel; das Zeug schlunzt und schlingert um ihre Füße, unten wackelt es, und wenn die Kleider nicht gar herrlich gearbeitet sind und vom ersten Schneider kommen, dann denkt man an wandelnde Lampenschirme. Sie selber glauben, es fließe; aber es weint nur an ihnen herunter. Manche, die Hagern, sehen aus wie männliche Transvestiten nachts um vier: es ist die Stunde, wo jene schon zeigen wollen, daß sie Männer seien. Es ist eine vergnügte Mode.

Und alle sehen achtundzwanzig Jahre älter aus, lieblich wie verspätete alte Jungfern aus einem Roman der neunziger Jahre ... «Und noch einmal sollte das Liebesglück an Ernestine herantreten, und ihre Wangen erglühten in einem ihr selber ungewohnten Rot. Fortsetzung bei der nächsten Nummer.» So eine Mode ist das.

Voller Freude bringen die illustrierten Zeitungen nebeneinander Bilder von der Modenschau aus dem Jahre 1908 und von heute — die von heute ist um eine Spur häßlicher. Mit solchen Kleidern steigen sie in die Autos. Damit sind sie dem Manne ebenbürtig. Damit laufen sie herum. Wie groß muß ihre Freude an der Verkleidung sein, daß junge Mädchen und solche, die es wieder werden wollen, in diesen Kissenbezügen einherwallen!

Tausendundvier Augen locken mich, tausendunddrei, die eine junge Dame hatte ein Glasauge; ich sah keine, ich beachtete keine.

Früh um fünf stand am Sanatoriumseingang ein bitterlich weinender Mann. Es war ich. Er bat um erneute Aufnahme; der Portier sprach: «Sie sind wohl verrückt?» Ich ging hinein. Mein Herz muß heuer ohne Liebe bleiben, traurig stehe ich am Fenster, ein Liedchen in Moll auf meinem Kamm blasend — ich sehe dabei in den schönen Park des Klapskastens, die Krokusse blühen, Fräulein Gudula verneigt sich vor einer Birke, Herr Melchior kämmt seinen Astralleib, ein deutscher Verleger zeichnet pünktliche Abrechnungen in den erstaunten Sand, und alle zusammen sind noch lange nicht so verdreht wie das Unterfangen, in diesem Sommer draußen die Mädchen zu lieben.

. . . UND DAS PUBLIKUM!

«Es gibt keine Autoren», sagen die Direktoren, weil bei den eingereichten Stücken kein Garantieschein beigegeben ist, daß man durch ihre Aufführung alle Pachtschulden bezahlen kann. Außerdem bildet sich jeder Kunstkommissionär ein, den legendären ‹Geschmack des Publikums› (womit stets der schlechte gemeint ist) genau zu kennen. «Es gibt keine Autoren», sagt er.

«Es gibt keine Schauspieler», sagen die Stückemacher – «es gibt Stars . . . gewiß . . .»

«Es gibt keine Regisseure», sagen die Schauspieler. «Nächstens wird mir noch einer erzählen, wie ich auftreten soll. Die helfen einem ja nicht – sie stören nur, die feinen Herren!»

«Es gibt kein Theater», sagen manche Kritiker, womit sie ein Theater meinen, wie sie es sich denken.

Es gibt also keine Stücke und keine Autoren und keine Regisseure und keine Schauspieler und keine Direktoren und kein Theater und keine Theaterdirektoren . . .

Gibt es eigentlich ein Publikum –?

Ja, ein Publikum muß es doch geben. Wir sehen es doch überall . . . was ist das für eine Frage!

Gewiß gibt es ein Publikum.

Aber es gibt *kein homogenes Publikum*, und das ist eine sehr merkwürdige Sache.

Da sitzen: Rechtsanwälte, Kaufleute, Bankiers, Pädagogen, Ärzte, Prokuristen in Rang und Parkett; kleine Angestellte und Hausfrauen, Musiker und Literaten; Beamte, Richter, Werkmeister, Setzer, Lehrlinge, Schneiderinnen . . . Wie reagiert dieses Publikum?

Abgesehen von der Musik, bei der die Sache recht verwickelt liegt, gibt es in den schönen Künsten nichts Voraussetzungsloses. Der Dramatiker nun, der konkret arbeitet, der klar und deutlich sagen und vor allem zeigen muß, was er will, ist ein Geschöpf seiner Erziehung, seiner Klasse, seiner Bildung. Sein Werk will mit der von ihm vorgenommenen Verteilung von Gut und Böse auf ganz bestimmte Leute wirken und wirkt, vor allem, was die Voraussetzungen des Stückes angeht, nur auf ganz bestimmte Schichten. Das wird ganz deutlich, wenn es sich um moderne Milieu- und Tendenzstücke handelt.

Man könnte beispielsweise vor einem Parkett von Juristen recht subtile juristische Dinge auf der Szene geschehen lassen; das kann man vor einem bunt durcheinander gewürfelten Publikum nicht – da heißt es: von vorn anfangen, wenig voraussetzen, alles erst erklären . . . also wird manches für den Juristen recht grob und primitiv sein und bleiben.

So bei den Ärzten. So bei den Theologen. So bei den Kaufleuten. Die ihrerseits wiederum nach Branchen getrennt sind; über eine zünftige Konfektionskomödie wird mit allen ihren Feinheiten ein Stahlindustrieller aus der Ruhr nicht so sehr lachen können — wenigstens nicht über die beruflichen Feinheiten.

So bei den Lehrern. So bei den Landwirten. So bei den Bankiers.

Was ist diesen allen gemeinsam —? Zweierlei.

Das Platte und das Große.

Es wird also nur ein großer Dichter sie alle packen können, einer der an die Fragen rührt, deren Beantwortung oder Nichtbeantwortung alle gleichmäßig quält, solche, die, soweit wir das zu sagen vermögen, ewig sind:

Liebe. Muttergefühl. Haß. Schadenfreude. Hunger. Konkurrenzkampf. Machttrieb. Tragik des zu kurz Gekommenen. Die Macht des Schicksals.

Das ergreift, wenn der Dichter mächtig genug ist, sie alle.

Sonst aber ergreift sie das, was bei allen Menschen auf der alleruntersten Stufe liegt, wie ja denn das Niveau aller Gruppen sich immer nach dem Letzten, niemals nach dem Ersten richtet; bei Gesprächen ist das meist auch so ... Das Publikum wird also gepackt:

Wenn einem Mann ein Eierkuchen auf den Kopf fällt. Wenn zwei sich küssen, und es freut oder ärgert sich der Dritte. Wenn ein Mann nicht weiß, daß sein schlimmster Feind im Schrank steckt, und er redet unbekümmert drauf los. Kurz: Sentimentalität oder Posse mit Klamauk.

Warum ist das so?

Weil es ein homogenes Publikum fast nur noch auf Verbandstagungen geben kann. Da sitzen denn lauter Leute, die etwa die gleiche Vorbildung, etwa das gleiche Alltagsleben haben; die eine gemeinsame Ebene haben, auf der sie sich treffen. (Trugschluß, zu glauben, daß sie auf dieser Ebene ganz sind — sie leben auch noch auf andern. Niemand ist nur Feuerwehrmann. Er ist auch Schachspieler, Familienvater, Musiker und Blumenfreund, sowie Stenographen-Vereinsmitglied ...) Auf solcher Berufstagung oder auf einer Zusammenkunft von Theosophen oder auf einer Versammlung von Vivisektionsgegnern wirkte noch die kleinste Nuance eines fachlichen Milieus oder einer philosophischen Färbung.

Das Publikum der Theater aber ist seiner Zusammensetzung nach heterogen, und das ist in Deutschland um so folgenschwerer, weil besonders in den großen Städten längst nicht mehr jener sanfte Abglanz irgendeines allen gemeinsamen Kulturerlebnisses zugrunde liegt. (In Frankreich ist das anders.) Deutschland ist von je ein Land der kleineren Gruppen und der Individualitäten gewesen — jede Gruppe macht zum großen ganzen ihre separaten Vorbehalte, hat und hütet ängstlich ihre Sonderheiten ...

Hier ist nicht Schuld und nicht Fehler — das ist ein Schicksal und ein Ergebnis.

Wobei in diesem ernsten Zusammenhang gewiß nicht von den komischen und manchmal bis ins Groteske gesteigerten Berufseitelkeiten gesprochen werden soll, die sich besonders in kleineren Ortschaften austoben: Boykottandrohung gegen das Theater, wenn noch einmal ein Bäckermeister auftritt, der . . .! Protest des Reichsverbandes Deutscher Schriftstellerei-Besitzer, weil in einem Stück ein Schriftsteller aufgetreten ist, der keinen Bleistift hinter dem Ohr hatte oder der doch einen hatte . . . Entrüstungssturm . . . die Belange . . .!

Aber es gibt kein homogenes Publikum.

Und wenn man von den beiden Grenzfällen des Genialen und des Banalen absieht, so mag es ein moderner Dramatiker nicht leicht haben, zu wirken. Denn die Frage: «Auf wen will ich eigentlich wirken?» — die ist nicht gelöst.

VOLKSWIRTSCHAFTLICHER MOMENT

Das ist . . . eh — wie soll ich das erklären . . . Das ist so:

«Diese Hosenträger», hat das kleine brünette Fräulein grade gesagt, «sind ganz weich, sie werden im Tragen immer weicher, sie halten unbegrenzt lange — ja, sie werden sehr viel gekauft, wir verkaufen überhaupt keine andern — wirklich preiswert, sehr preiswert — wenn Sie aber einen Gürtel nehmen wollen — wir haben auch sehr gute Gürtel, sehen Sie, hier — aber von den Hosenträgern sind nur diese da wirklich empfehlenswert . . .» Pause.

Du zögerst.

Noch prangen die hellgrauen Hosenträger neben dem schönen englischen Gürtel — beide lächeln dich freundlich an; sie sind höflich zu dir, sie sagen: Bitte sehr, Herr Käufer; sie spreizen sich . . . noch sind sie eine Ware.

Die Ware ist unter Berechnung des äußersten Nutzens gut eingekauft worden; Reklame haben sie dafür gemacht; in den großen Blättern, die bei völliger Unabhängigkeit des Inseratenteils auch etwas Text unter die Anzeigen mischen, haben sich gerasterte Mädchen über autotypierte junge Herren gebeugt — Unterschrift: «Ja, Schatz, seit du einen Wonkemeyer-Gürtel trägst, ist mir viel wohler!» — noch ist alles, was da vor dir liegt, eine Ware. Du zögerst.

Zögere, Freund. Wisse: du stehst auf einem kleinen Hügelpunkt deines Lebens . . . einen Moment später, einen einzigen Moment, und —

Und der Gürtel ist keine Ware mehr. Er ist ein ganz gemeiner Gürtel geworden. Und dies sind die Folgen dieses wirtschaftlichen Mysteriums, in pane, sub pane:

Eben war der Gürtel noch vier Mark und achtzig wert, und wenn ihn nicht du genommen hättest, dann vielleicht ein andrer Mann, dem die Hosen zu rutschen beginnen. Nun aber ist der Gürtel auf einmal gar nichts mehr – nun ist es dein Gürtel geworden, irgend einer – der Gürtel ist aus dem Kreislauf der Waren in dein Leben getreten ... und das ist ihm nicht gut bekommen.

Kämest du nun – nach deinem kleinen Wörtchen Ja, dieser die Offerte annehmenden Willenserklärung, so das Rechtsgeschäft eines Kaufs zustandebringend – kämest du nun mit dem Gürtel in dasselbe Geschäft und wolltest deinen hellbraunen Wonkemeyer, das Entzücken der Gents, verkaufen –: hinausgeschmissen würdest du. «Wir kaufen keine alten Sachen», sagte der Chef. Hinweg mit dir. Ein Gürtel! Was ist ein Gürtel?

Zögere, Freund. Noch steht die Verkäuferin mit einer unmerklichen Höflichkeitskrümmung vor dir, der ganze Laden scheint zu lauschen – denn solcher Gürtel sind viele in diesem Augenblick, der Käufer aber wenige, und wenn ein verkaufender Kaufmann höflich ist auf dieser Welt, so heißt das immer, daß das Angebot die Nachfrage übersteigt. Zögere, Freund. Genieße diese Minute, schöpfe ihren Reiz bis aufs letzte, schlürfe, koste aus, genieße. Bedenk: trägst du diesen Gürtel nach Hause und trifft dich unterwegs – verzeih mir – der Schlag, so ist der Gürtel eine bewegliche Sache in deinem Nachlaß. Noch nie getragen – aber ein ganz gewöhnlicher Gürtel. Zögere ... zögere ... Das Fräulein sieht dich fragend an. Die Pause hat so lange gedauert, wie eine solche Pause überhaupt dauern kann.

«Ich werde diesen hier nehmen», sagst du.

Du armes Aas.

AB 12.46 UHR

Dies ist der letzte Tag an der See; heute mittag muß ich davon.

Noch einmal: baden. Noch einmal an den kleinen windschiefen Bäumchen vorbei, wo die Mädchen immer die Badetücher aufhängen, die wehen dann den ganzen Vormittag wie weiße Fahnen. Noch einmal Gruß zum Zeitungsstand hinüber, wo die Zeitungen aus der Stadt hängen, ich habe ihnen jeden Tag eine lange Nase gemacht ... noch einmal alles mit den Augen ansehen, mit dem Geruch aufschnuppern, den feinkörnigen Sand fühlen – und denken: Das kommt nie wieder. Das kommt nie wieder.

Der letzte Tag ...

Im Krieg übten wir unser Gewerbe im Umherziehen aus. Mit gefurchter Stirn und entrüsteter Nase krochen wir in den kurländischen Bauernhäusern herum, die uns die vorigen Truppen leer und völlig mit

Stroh verdreckt zurückgelassen hatten – Zimmer zu vermieten! hatten die Dragoner vor uns angeschrieben. Verflucht –!

Und dann gings los: sauber machen, alles reinigen; die Löcher in den Wänden, wo still die Wanzen brüteten, mit Petroleum ausspritzen und zukleistern ... das Stroh heraus und sauberes neues Stroh hineinschaffen ... die Fenster einigermaßen putzen ... hier habe ich viele schöne Flüche gelernt.

Dann lebten wir uns langsam ein. Das Quartier war doch erträglicher, als es vorher den Anschein gehabt hatte; es ließ sich darin leben. Wir soffen und sangen; wir spielten Karten und lasen zivilistische Bücher; wir rechneten uns aus, wann der Krieg wohl vorbei sein würde ...

Und gewannen mittlerweilen das Quartier lieb. Die grauweiße Hütte mit dem Holzhäuschen davor fing an, uns eine neue Heimat zu werden; die wievielte! Aber es wurde eine. Wenn wir nach Hause kamen, dann kuschelte sich schon jeder in seine Ecke, alles war vertraut und gut eingespielt, man wußte schon, wo alles lag. Und täglich sannen wir auf neue Verschönerungen: hier wurde noch ein Bild aus der Zeitung herausgeschnitten, aufgehängt, da ein Spiegel; hier Tannenreiser angebracht und da ein Birkengeländerchen ... (aus unerfindlichen Gründen hatten alle deutschen Offiziere eine besondere Vorliebe für Birkenholz; am liebsten hätten sie den gesamten Kriegsschauplatz mit Birkengeländern einfassen lassen ...), und das Quartier wurde immer schöner. Und regelmäßig dann, wenn einer vorschlug, man könnte nun noch ein Vogelbauer aufhängen und vielleicht – «Mensch, azähl doch nicht! Ick ha doch schon Krieg geführt, wie du noch bei Muttan ...!» – Regelmäßig, wenn noch eine ganz besondere Verbesserung geplant, ausgeführt und beendigt war, wenn das Auge des Kompanieführers beinah wohlgefällig auf der Unterkunft ruhte, und wenn der letzte Nagel saß –:

Dann mußten wir fort.

Solch ein Auszug war jedesmal eine melancholische Sache. Ich lernte abermalen neue Flüche. Fluchend packten die Leute ihren Kram zusammen – was würde nun wieder kommen? Wohin nun wieder? Wo es hier *so* schön gewesen war!

Und dann zogen wir los. Und kamen in ein neues Quartier. Und dann fing alles wieder von vorn an. Und am schönsten, am schmerzlichsten und am heimatvollsten war allemal der letzte Tag.

Da liegt die See ... Warum bleibe ich eigentlich nicht immer hier? Man könnte sich zum Beispiel da oben einmieten, das wäre bestimmt gar nicht einmal so teuer – und dann, immer: blaue Luft, Sonne (doch, das gabs – sogar diesen Sommer!), und Salzwasser und Flundern und Grog – und immer, immer: Sommerfrische ...

Soweit Herr Panter. Der in ihm wohnende Peter aber ist schlauer. Er weiß.

Er weiß, daß es damit nichts ist. Daß die Sorgen alle mitziehen, wenn man umzieht: daß es etwas ganz anderes ist, ob man nur vorübergehend in einem Ort sitzt – oder für immer. Ist man für vier Wochen da, lacht man über alles – auch über die Unannehmlichkeiten. Es geht einen so schön nichts an. Ist man aber für immer da, dann muß man sich ärgern. Man muß teilnehmen. Man muß mitleben. «Schön habt ihr es hier!» sagte einst Karl der Fünfte zu einem Prior, dessen Kloster er besuchte. «Transeuntibus!» erwiderte der Prior. «Schön – ja: für die Vorübergehenden.»

So erfrischend ist das Bad in all den vier Wochen nicht gewesen. So lau hat der Wind nie geweht. So hell hat die Sonne nie geschienen. Nicht, wie an diesem letzten Tag.

Sei gescheit. 12.46 Uhr geht der Zug ... und du wirst drin sitzen. 12.46 unerbittlich. Die Arbeit ruft. Und du kommst.

Nicht losreißen kannst du dich. Letzter Tag ...

Letzter Tag des Urlaubs – letzter Tag in der Sommerfrische ...! Letzter Schluck vom roten Wein ... letzter Tag der kleinen Reiseliebe – noch eine halbe Stunde! Noch eine halbe! Noch eine viertel ...! Letzter Tag ... letzter Tag des Lebens ...?

Vielleicht ist es deshalb so schwer, zu sterben, weil niemand einen letzten Tag ertragen kann. Er ist aber gar nicht so schwer zu ertragen. Wenn es am besten schmeckt, soll man aufhören. Was dann kommt ...

Nichts ist so schön wie der letzte Tag.

FÜNFUNDZWANZIG JAHRE

«Mein geronnenes Herzblut» sagte Siegfried Jacobsohn, wenn er die rote Reihe der Halbjahrsbände der ‹*Weltbühne*› betrachtete, die immer vor ihm standen. Seine Arbeit war darin, seine Liebe und sein ganzes Leben. Einundzwanzig Jahre hat er dem Blatt jede wache Stunde gewidmet, und er träumte, wenn nicht von Mozart, dann sicherlich von neuen zu gewinnenden Mitarbeitern. Er deckte sich jede Woche einen kleinen Geburtstagstisch: «Sächelchen tue ich euch in die nächste Nummer ...!» und vorausgenießend schmeckte er die Qualität der Arbeiten ab, deren Entstehung fast immer seiner Initiative, seiner Tatkraft, seiner liebevollen Überredung zu verdanken waren. Und jetzt stehen die fünfzig Bände vor uns; man muß schon zweimal kräftig ausschreiten, wenn man die lange Reihe abgehen will. Fünfundzwanzig Jahre sind um. Wir dürfen zurückblicken.

Am 7. September 1905 erschien die erste Nummer. Am Geburtstag Albert Bassermanns: für S. J. ein schönes Vorzeichen.

Nach jenem Spektakel, den eine künstlich aufgepustete und von S. J.

später im *‹Fall Jacobsohn›* aufgeklärte Plagiataffäre des jungen Theaterkritikers an der *‹Welt am Montag›* hervorgerufen hatte, war Jacobsohn in die Versenkung untergetaucht. Er war auf Reisen gegangen, hatte innerlich wieder von vorn angefangen und in fernen Ländern frischen Mut geschöpft. Mit Hilfe von Freunden, die die Literatur und das Theater ebenso liebten wie er, war es ihm möglich gewesen, die neue Zeitschrift ins Leben zu rufen. Er hat von der ersten Nummer bis zum letzten Novemberheft des Jahres 1926 alles allein gemacht – keine Krankheit, keine Reise, keine Ungunst der Stunde haben ihn jemals veranlassen können, die Redaktion auch nur für eine einzige Woche abzugeben.

1905. Siegfried Jacobsohn, der ‹Abschreiber›, macht ein eignes Blatt auf.

Mir ist für den Mann kaum etwas so charakteristisch erschienen, wie die ersten drei Worte, mit denen seine Theaterkritik in der Nummer eins begann. «Medias in res», heißt es da; fangen wir mitten in der Sache an! Er hat immer mitten in der Sache angefangen.

Die *‹Schaubühne›* erschien. In den ersten drei, vier Jahrgängen stand S. J., ohne es zu wollen, im Mittelpunkt der Zeitschrift. Seine Theaterkritik der Woche war das Rückgrat; drum herum fanden sich wichtige und fesselnde Aufsätze über das Theater und auch über die Literatur ... aber ganz am Anfang war da noch kein eigner Ton, die einzelnen Nummern bildeten noch nicht solche wohlorchestrierten Einheiten wie später. Der Theaterkritiker S. J. war auf der Höhe. Der Redakteur war noch im Werden.

Das änderte sich in den Jahren 1908 und 1909. Das Blatt bekam eine neue Ausstattung von E. R. Weiß; es war sorgfältiger gedruckt als zu Beginn, die neue Zierleiste am Anfang verkündete ein neues Programm. Das Theater war für S. J. die Welt – doch nahm er den Begriff so weit, daß niemals, weder bei ihm noch bei seinen gleichgesinnten Mitarbeitern, ein enges Spezialistentum daraus wurde. Drängten nicht in das Theater die jungen Kräfte der neuen Generation? Verlohnte es sich nicht, für Reinhardt und gegen Reinhardt, gegen Brahm und für Brahm: für die Wahrheit in der Kunst zu kämpfen? Er kämpfte.

Blättert man heute in diesen alten Heften, so wird zweierlei klar.

Einmal, welche ungeheure Spanne uns von der Vorkriegszeit trennt, obgleich Deutschland auf das emsigste bemüht ist, sie, was den Tiefstand des politischen Niveaus angeht, wieder zu erreichen, ohne daß die Tapferkeit jener literarischen Generation erreicht wird, der S. J. angehört hat. Denn es kann nicht bezweifelt werden, daß dieses Geschlecht, das ich einmal der Kürze halber mit dem Wort ‹Autoren des Verlages S. Fischer zu Beginn des Jahrhunderts› bezeichnen will, starke und eigenwillige Talente gehabt hat, Männer von Format, die man nicht damit abtun kann, daß man mit Befriedigung feststellt, sie seien heute ‹tot›. Mit dem Begriff der Dauer und der Nachwelt ist das so eine eigne Sache — S. J. hat das nie überschätzt, weil er immer gewußt hat, daß es schon etwas bedeutet, seine Zeit auszufüllen.

Und dies ist das zweite, das aus der Lektüre der alten *‹Schaubühne›* ersichtlich ist: daß es nämlich für den Wert einer Zeitschrift nicht entscheidend ist, ob sie, gedruckt im Jahre 1932, auch noch im Jahre 1989 lesbar ist, sondern daß es darauf ankommt, seine Zeitgenossen zu packen, aufzuwühlen, zu bilden und zu fassen. Die *‹Schaubühne›* hat eine Zeitaufgabe erfüllt, und sie hat sie gut erfüllt. Tot —?

Der Streit um Ibsen ist dahin; heute kramen ältere Damen im Parkett bei den *‹Gespenstern›* ihre Handtaschen um und fragen ihre Tochter: «Hast du zu Hause das Licht ausgeknipst?» Und ahnen nicht, daß der große Apothekersmann auch für sie gekämpft hat, dafür, daß hundert Vorurteile gefallen sind, gekämpft für hundert Dinge, die der Tochter gewiß selbstverständlich erscheinen. Kunstwerke erhalten sich selten — Resultate bleiben.

Für solche Resultate hat sich die *‹Schaubühne›* eingesetzt, mit viel Gehalt, mit großem Wissen und, weil das Blatt jung gewesen ist, mit viel Lärm. Zeitschriften haben, wie die Menschen, ihre Jugend, ihre Reife und ihr Alter, und unter S. J. ging das parallel mit seiner eignen Entwicklung vor sich. Welch Getöse —!

«Du bist kein Polemiker», sagte er öfter zu mir, wenn ich später zu bösartigen und scharfen Angriffen schwieg, und ich erwiderte ihm: «Dick sein ist eine Weltanschauung.» Er war dünn. Er hatte Lust zu kämpfen, er hatte das flinke Florett und eine tödlich treffende Hand. Er war ein ritterlicher Gegner — doch wohin er schlug, da wuchs kein Gras mehr.

Welche ‹Affären›! Die sind nun heute wirklich mausetot; man kann sie nur geschichtlich werten, und ich werde mich hüten, sie aufzuwärmen, indem ich auch nur die Namen nenne! In dem ‹kleinen Mann› war so viel Kampfeswille, so viel Begeisterung, im literarischen Kampf anzutreten; man hatte manchmal das Gefühl, als komme ihm der Gegner grade recht, als habe er nur darauf gewartet, ihn abzutun. Das vollzog sich sehr oft in Form eines geistigen Zweikampfes; er gab schon damals dem Gegner das Wort im Blatt, antwortete sofort, und man hatte niemals den Eindruck, daß er nun das ‹letzte Wort› behielte, weil ers typographisch hatte. Er traf — aber er blieb dabei stets in den Regeln des Spiels.

Welche Affären —! Theaterdirektoren, die wie heute ihren Beruf als eine Mischung von Pacht, Unterpacht und weltfremdem Snobismus auffaßten; die große Presse, der die Unabhängigkeit des kleinen Mannes peinlich war, und deren Redakteure ihr schlechtes Gewissen an einer guten Sache ausließen; Schieber aller Arten; kleine Leute im Kaufladen der Kunst, deren Geheul erschütternd zum Himmel klang – es war sehr schön. Niemand hat heute mehr Muße, solche homerischen Redekämpfe durchzustehen, die Zeit ist anders geworden, aber damals war das Land, das sich außerordentlich ‹nervös› vorkam, ruhiger, und ein Thema hielt länger im Gedächtnis der Leute vor. (Glückliche Revuedichter aus dem Jahre 1901!) Und hatte S. J. einmal jemand beim Wickel, dann ließ er ihn sobald nicht los. Er verfolgte ihn, er schlug, er wich nie zurück, er war ein Polemiker von Geblüt. Davon wissen viele zu klagen.

Und in diesen Jahren – etwa um 1911 – bildete sich in der *‹Schaubühne›* das heraus, was später den Geist der *‹Weltbühne›* ausmachen sollte: die blitzblanke Redaktionsarbeit; die treffliche Auswahl der Mitstreiter; das unsichtbare, aber stets spürbare Patronat des Regisseurs, der für alle seine Leute die gleiche gute deutsche Sprache forderte, von einer Unerbittlichkeit im Stil, die von keinem seiner Gegner jemals erreicht worden ist.

Das ging bis ins Winzigste. Das Blatt erweiterte sich; zum Ernst gesellten sich Scherz, Satire, Ironie und tiefere Bedeutung, denen eine Stelle zu gönnen in diesem durchweg zweideutigen Leben kaum irgendein Blatt zu ernsthaft seyn kann. Das damalige *‹Kasperle-Theater›* wurde eine Weile lang von Christian Morgenstern beliefert, der bezaubernde Späße für uns gedichtet hat; Karl Walser ließ seine zart angepinselten Puppen tanzen, und die Zeitsatire machte oft ein Journalist, der im Kriege gestorben ist: Walter Turszinsky, der Scherze von seltener Schlagkraft beisteuerte. Ewigkeitswert hatte das alles nicht, aber Zeitwert, und das ist schon viel. Wir Jungen verschlangen das Blatt, und ich besinne mich noch genau, wie ich jenen Aufsatz *‹Der Fall Lanz›* las, der, wie kaum ein zweiter, in die Seele Siegfried Jacobsohns blicken läßt; ich hätte damals noch nicht gewagt, auch nur einen Beitrag einzureichen und fühlte mich doch schon völlig als zur Familie gehörig – das da ging uns alle an. Welche Grazie! welche Leichtigkeit noch im wuchtigen Schlag! welche Melodie! – alles Eigenschaften, die den Schreibenden bei dem schlechtern Typus des Deutschen höchst verdächtig machen. Den Nobelpreisträger legitimiert der Schweiß.

Was im Blatt stand, das drang weit ins Land – totschweigen half nicht, kreischen half nicht, nach ‹Motiven› suchen half nicht, denn es waren keine andern da, als nur eines: der niemals zu unterdrückende Drang, die Wahrheit zu sagen. «Ich habe», sagte S. J. einmal stolz, «mein ganzes Leben immer nur getan, was mir Freude gemacht hat.» Und dieses war seine Freude: zu arbeiten, die Schreibenden zu ermuntern, die Wahrheit zu sagen – auch gegen alle andern, wenns not tat.

So traf ich das Blatt an, als ich im Januar 1913 endlich wagte, einen kleinen Artikel einzureichen. Ich hatte mich im damaligen Herrnfeld-Theater krank und wieder gesund gelacht ... ich versuchte, das aufzuschreiben. Und ich platzte vor Stolz: S. J. ließ mich kommen. Und hat mich dann nie mehr losgelassen.

Er ermunterte mich zu kleinen Versen, von denen ich ihm eine Probe gezeigt hatte; er ‹kommandierte die Poesie›; ich durfte mit ihm manchen Artikel, der dann anonym erschienen ist, zusammenschreiben: welch ein Lehrmeister! Er war unerbittlich, er ließ nicht nach, mogeln galt nicht – es war ein ehrliches Spiel. Es gibt viele Dinge in der alten *‹Schaubühne›*, von denen ich heute nicht mehr sagen kann, wer sie eigentlich gemacht hat: er oder ich oder wir beide. Er öffnete mir bei der Arbeit die Kammern seiner Seele. Nur an seine Aktenmappe hat er mich nie herangelassen.

Nun möchte ich mir gewiß nicht nachträglich das Verdienst zuschreiben, aus der Theaterzeitschrift *‹Die Schaubühne›* die politische Zeitschrift *‹Die Weltbühne›* gemacht zu haben. (Den Namen hat, wenn ich recht bin, eine zürcher Zeitung in einer freundlichen Besprechung der *‹Schaubühne›* vorgeschlagen.) Ich baute aber damals meinen Doktor, und mein Repetitor, ein kluger und nachdenklicher Mann, erzählte mir beim Kapitel Handelsrecht, das der liebe Gott segnen möge, viel von der Börse. Witziges, Radikales, Erheiterndes ... «Warum schreiben Sie das nicht?» fragte ich ihn. «Wo sollte ich das schreiben!» sagte er. «Meinen Sie, daß das einer druckt?»

Das hinterbrachte ich Siegfried Jacobsohn, und am 25. September 1913 erschien zugleich mit einem Börsenaufsatz von ‹Vindex› eine ‹Antwort›:

«K. St. in Helsingborg. Da Sie doch in Ihrem nächsten Brief, getreueste aller Leserinnen, die bange Frage stellen werden, warum und zu welchem Zweck Vindex den Tabaktrust in der *‹Schaubühne›* vornimmt, und ob er sich nicht vielleicht in der Adresse geirrt habe, so sei Ihnen gleich heute gesagt: Wenn hier neun Jahre das Theater und nur das Theater betrachtet worden ist, so habe ich damit noch nicht das Recht verwirkt, einmal andre Dinge betrachten zu lassen und zu betrachten. Ein Feld abgesondert von allen andern zu beackern, hat seine Reize, seine Vorteile, aber auch seine Gefahren. Es gibt hundert Zusammenhänge mit den andern Feldern, die auf die Dauer doch nicht außer acht gelassen werden dürfen. Wir können uns nicht entziehen, wenn der Reichsbankdiskont hinaufgesetzt wird, und letzten Endes hängen wir alle an Fäden, die in der Burgstraße zusammenlaufen. An feinen Fäden, die wir nicht immer sehen. Aber gerade deswegen sollten wir sie sorgfältig ansehen, sollten wir lernen, wie es auf der Welt zugeht. Denn schließlich sitzt im Theater, dessen Bühne wir seit neun Jahren zu säubern versuchen, auch ein Publikum, von dem hier noch zu wenig gesagt worden ist. Jetzt also wollen wir öfters das Fenster des Arbeitszimmers öffnen, ein wenig hinausblicken und Ihnen dann berichten, was es draußen gibt – liebste aller meiner Leserinnen.»

Damit hats angefangen. S. J. hatte immer den Flair für seine Zeit.

Sein Mitarbeiterkreis dehnte sich aus. Er hatte seine Lieblinge. Primus war Alfred Polgar, ohne den in der Theatersaison keine Nummer denkbar war, und das Wunder erfüllte sich: diese grundsätzlichen Theaterbetrachtungen aus Wien interessierten die Berliner, weil es hier nicht um ein Fräulein Pospischill, sondern um die Sache des Theaters, um die Sache der Kunst ging — diesen Polgar hat S. J. wohl am meisten von uns allen geliebt, und mit Recht.

Dann war da Harry Kahn, der am längsten von uns allen dabei ist. S. J. hat ihn den «Samumisten» genannt, oder er sich selber ...? Sein Temperament fegte denn auch dem Wüstenwind gleich durchs Blättchen; es gibt da herzerfrischende Polemiken, wie die gegen den seligen Kasimir Edschmid, eine prachtvolle Leistung. Herbert Ihering ist hier mit seinen ersten Theaterkritiken hervorgetreten; Ferdinand Hardekopf gab mit Puder gezeichnete Pastells; Peter Altenberg war in fast jeder Nummer zu finden.

Das Theatergeschäft, die wirtschaftlichen Grundlagen dieses eigenartigen Betriebes wurden beleuchtet; die Herren hätten gern im Dunkel gearbeitet, sehr lieb ist ihnen diese öffentliche Kritik nicht gewesen. Die Börse ... die Bodenspekulation ... die Mode ... und immer mehr die Politik ... So bis zum 1. August 1914.

S. J. saß damals in seinem geliebten Kampen, wo sie ihn beinah festgehalten haben; von dort aus schrieb er sein kleines Kriegstagebuch ‹*Die ersten Tage*›, das sehr lehrreich für die Stimmung jenes Unglücksmonats ist. Dann kam er nach Berlin. Seine erste Aktion erstreckte sich auf das Theater: er empfand es als eine Kulturschande, mit welch rohen Kriegspossen die berliner Bühnen ihren Kassierern und einer Zeit gerecht zu werden versuchten, die S. J. aus dem Gefühl innerer Sauberkeit überschätzt hat: die Possen waren für diesen Krieg grade richtig. Und es ist nur konsequent gewesen, daß das Oberkommando den kulturellen Mahner als unbequem und die patriotischen Juchzer («Landsturm mit Waffe — mit Knarre und mit Affe») als recht angemessen empfunden hat.

Das Blatt lavierte durch den Krieg, an Verboten vorbei, durch die Papierrationierung, und, mit einer Ausnahme, schwieg es da, wo es nicht sprechen konnte. Keine Nummer wäre erschienen, wenn gesagt worden wäre, was zu sagen war. Was mich angeht, so schwieg ich fast drei Jahre.

Im Sommer des Jahres 1918 wurde die ästhetische Stille, die bis dahin gewaltet hatte, prickelnd unterbrochen. Als ich meine ersten Arbeiten aus Rumänien schickte, hätte ich nie geglaubt, daß sie gedruckt werden könnten. Aber irgend ein Instinkt sagte mir: Es ist Zeit. Es ist Zeit. Es ist Zeit. Ach, es war gar nichts vom ‹Dolchstoß› zu spüren ... hätten wir nur —! Doch schien sich zu Hause manches gelockert zu haben, die Gewalthaber waren unsicher geworden, und das nutzten wir aus. Ich begann zuzuschlagen, erst sanft, dann stärker, immer stärker, andere folgten ... S. J. riskierte das. Dann strudelte der November über uns zusammen.

Die Rolle des Blattes in der Nachkriegszeit ist bekannt.

Vom 1. April 1918 hießen wir nicht mehr *‹Die Schaubühne›*, sondern *‹Die Weltbühne›*, und ich glaube, daß wir diesen Namen gerechtfertigt haben.

Zunächst galt es, die vier Jahre erzwungenen Schweigens nachzuholen. Ich begann mit einer Artikelserie *‹Offizier und Mann›*, und nun ging es los. Die Wirkung war beispiellos. Broschüren und Bücher erschienen gegen uns; das Blatt war so verhaßt, wie es beliebt war, und das wollte etwas heißen. S. J. lebte auf – in diesen Jahren hat er seine Meisterprüfung als Redakteur abgelegt, wenn es einer solchen noch bedurft hätte. Von allen Seiten strömten ihm das Material und die Menschen zu; er sichtete, verwarf, nahm an und holte immer neue Leute in seinen Kreis. Offiziere, die niemals eine Seite hatten drucken lassen, gaben ihm Informationen und stellten ihm ihre Erinnerungen zur Verfügung; von der Wirtschaft berichtete mit Felix Pinner unser Morus; die Zeitkritik flammte.

Mit Morus tat sich S. J. erst sehr geheimnisvoll. «Du wirst ja sehen ...» sagte er. «Wer ist es denn?» Tiefes Geheimnis. Ein Arzt? Ein Journalist? Nun, ich sah: daß hier nämlich einer den sonst so trocknen und nur für die Besucher der Burgstraße lesbaren Handelsteil so amüsant, so lebendig und so schonungslos witzig gestaltete, daß seine Artikel zugleich mit denen Jacobsohns wohl am meisten gelesen worden sind und gelesen werden.

Das Theater ließ Jacobsohn nie außer acht, nun grade nicht, nun grade nicht. «Verbiete du, dem Seidenwurm zu spinnen», sagte er, wenn ich zweifelte. Erst in den allerletzten Jahren hat das nachgelassen: «Wozu soll ich etwas mit Liebe betrachten, was ohne Liebe gemacht ist», pflegte er zu sagen. In diesen Nachkriegsjahren hat die *‹Weltbühne›* in Deutschland gute Reinigungsarbeit getan.

Wir haben uns einige Male den tragischen Spaß gemacht – nach dem Kapp-Putsch, nach der Ermordung Rathenaus –, unsre Voraussagen zusammenzustellen: es war erschreckend. Was die Berufspolitiker, diese berufsmäßig Blinden, mit wegwerfendem Pusten durch die Nase abzutun geglaubt hatten, das war fast immer blutige Realität geworden; wir hatten traurig Recht behalten. Jene wußten viel mehr Einzelheiten als wir, aber sie fühlten nichts. Am Zeigerblatt der *‹Weltbühne›* kann man die Geschichte der Nachkriegszeit ablesen.

S. J. ließ nicht nach. Am 18. August 1925 erschien die erste Veröffentlichung über die Feme-Morde, eine Aktion, die heute noch nicht ganz abgeschlossen ist; Carl Mertens hat hier eine mutige Tat getan, für die wir ihm alle dankbar sind. Er hat sie damals nur tun können, weil S. J. den Kopf hinhielt. Er hat ihn für seine Leute immer hingehalten, für sie und für die Sache, die sein Leben gewesen ist.

Am 3. Dezember 1926 ist er gestorben. Carl von Ossietzky, der schon am 20. April 1926 zum Blatt gekommen ist, und ich halten sein Erbe in Händen.

Wir können es nur in Händen halten, weil der Verlag der *‹Weltbühne›* einen Fall statuiert hat, der mir selten zu sein scheint. ‹Der Verlag› ist die Frau unsres S. J. Das Blatt hat unter ihr seine Tradition gewahrt: es ist frei geblieben.

Frei wozu, wissen wir. Aber frei wovon ...?

Die *‹Weltbühne›* hat immer zwei gewichtige Gegenpole gehabt: die Parteien und die große Presse.

Was die Parteien angeht, so ist der Deutsche gern da individualistisch, wo es das zu sein sich gar nicht verlohnt, und da kollektivistisch, wo andre ihr Privatherz zu sitzen haben. Er verlangt gern von ‹seinem› Blatt, daß es ‹Farbe bekennt›.

Nun, die *‹Weltbühne›* ist zunächst nicht ein Blatt, das vom Leser redigiert wird. «Sie haben nur ein Recht: mein Blatt nicht zu lesen», sagte S. J. Und schrieb einst an einen verdienten Mann, der in einer Gefühlsaufwallung die *‹Weltbühne›* abbestellte: «Da verlieren Sie mehr als ich.» So sehr wir mit der Leserschaft in Verbindung stehen: wir haben ihr niemals das Recht eingeräumt, durch Druck oder Drohung, durch Empfehlung oder Anwendung jener legendären ‹Beziehungen› unsre Haltung zu beeinflussen. Ich für mein Teil kann aufhören, zu schreiben – aber ich könnte, solange ich schreibe, es nicht nach dem Diktat eines Verlegers tun. «Dies», sagte der Verleger, der seine Zeitung verkaufen wollte, «ist der Maschinensaal ... hier sind die Verlagsräume ... sehen Sie, das ist die Expedition ... hier ist die Anzeigenannahme – und das da, ach Gott: das ist bloß die Redaktion.»

Das Blatt ist unabhängig geblieben, und wenn wir Fehler machen: dann machen wir wenigstens unsre Fehler.

Also nicht die von Parteien.

Farbe bekennen –? Wie verblaßt sind diese Farben, wie vermischt, wie verschmiert mitunter! Und es ist seltsam, daß in den allermeisten Fällen die Forderungen der Parteibonzen, fügten wir uns ihnen, negativ bleiben. Sie wissen genau, was wir nicht sagen dürfen – aber mit dem Positiven ist es dann recht im argen, wenn man davon absieht, daß jemand uns verpflichten wollte, verblasene Parteiprogramme aufzusagen, mit denen wir nichts anfangen könnten und unsre Leser auch nicht. Es ist eine Anmaßung, in geistigen Dingen den dort Beschäftigten Kategorien vorzuschreiben, und die Frage: «Sind Sie für oder gegen die Calvinisten?» kann auch so beantwortet werden, daß sie gar nicht beantwortet wird.

Der alte Vorwurf «Partei! Partei!» ist hierin nicht enthalten. Wie denn anders soll eine Partei im Kampf der Wirklichkeiten kämpfen, wenn nicht mit einem festen, also stets etwas starrem Programm? Das Bedauerliche im deutschen Parteileben ist höchstens darin zu suchen, daß diese Programme mit wenigen Ausnahmen so vieldeutig und verschwommen sind, daß man mit ihnen nichts beginnen kann. Es führt aber notwendig zu einer Verengung des geistigen Horizonts, wenn die Parteien den Maßstab ihres Dogmas nun auch an Leistungen legen, die zunächst auf dem Felde des Geistes getan werden. So reich ist keine Parteilehre – nicht einmal die katholische –, daß nicht nach kurzer Zeit eine Beschränkung, eine Borniertheit der wohl behüteten frommen Schäflein zu spüren wäre ... Daher werden hier keine Wahlparolen ausgegeben: wir sind nicht die praeceptores Germaniae, und Freiheit ist auch eine schöne Sache.

Denn es ist nicht nur ein sittliches Gebot, ‹zu sagen, was ist› – es ist auch eine Temperamentsfrage. Bei der allgemeinen Verschmuddeltheit, bei jener unfaßbar leisen Korruption des deutschen Lebens, das den einzelnen Zeitungsmann nicht mit großen Summen, sondern mit einem Schulterklaps und einer Zigarre, einer Einladung zum Abendessen und der schmeichelhaften Anerkennung einer Macht besticht, die fast nie ausgenützt wird, braucht die Zeit ein Ventil, durch das der Dampf entweichen kann. S. J. hat einige Male den Idealfall erreicht: das Blatt mit Arbeiten zu füllen, die hier und nur hier stehen konnten. «Man muß protestieren.»

Nun ist der Einwand der Parteidogmatiker: «Was soll das? Wozu kann das führen?» nicht ganz von der Hand zu weisen. Es besteht in der Tat die Gefahr des Leerlaufs, und zwar des doppelten: beim Autor, der sich an der stilistisch saubern Leistung wie an einem Selbstzweck erfreut, und beim Leser, der die Arbeit schmunzelnd liest: Der hats ihm aber ordentlich gegeben! Dabei bleibt es mitunter; in diesem bösen Fall stellt die ‹*Weltbühne*› den moralischen Verdauungsschnaps braver Bürger dar, die für die Abteilung ‹Gutes Gewissen› das Blatt abends nach Geschäftsschluß lesen. Das wäre keine Wirkung – da ist nur ein Effekt.

Wodurch aber wirken wir?

Ein kleines Blatt hat seiner Konstruktion nach nicht jene Bindungen, unter denen die große Presse zu ihrem Schaden zu leiden hat.

Was bei der Mehrzahl der deutschen Zeitungen, nämlich bei den Provinzzeitungen, angerichtet und vor allem verhindert wird, das weiß nur der, der dort einmal einem Umbruch beigewohnt hat. Der Redakteur ist so gut wie machtlos, wenn er nicht dem Druckereibesitzer oder dem Vertreter des die Zeitung beherrschenden Konzerns in die Seele kriecht: dann darf er tun, was er will, weil er das will, was der Direktor täte. Die Reihe der Rücksichten reißt nicht ab: die auf die Inserenten (vom Standpunkt dieser Blätter aus verständlich); die auf die Empfindlichkeit der Bürger (unverständlich — weil denen, wenn man es geschickt anfängt, Mut imponiert); Interessentenverbände ohne Zahl ... Was da alles ‹nicht gebracht werden kann› — die Herren haben es nicht leicht.

Das liegt zum Teil daran, daß sie ihren Einfluß so unendlich überschätzen.

Welchen Einfluß hat zunächst die *‹Weltbühne›*? Soweit ich das im Laufe von siebzehn Jahren zu beurteilen gelernt habe: einen mittelbaren. Durch tausend Netzkanälchen laufen aus dieser Quelle Anregungen, Formulierungen, Weltbilder, Tendenzen und Willensströmungen ins Reich — wir folgen hier ganz und gar S. J., der niemals übel genommen hat, wenn man ihn benutzte, nachdruckte, ja sogar ausplünderte: «Wenn nur das Gute unter die Leute dringt.» Und es gibt heute schon eine Reihe vernünftiger und mutiger Provinzredakteure, unter denen ich Walther Victor in Zwickau einmal obenan nennen möchte, sie fangen nicht ohne eignes Risiko die Bälle auf, die von hier aus geschleudert werden, und geben sie weiter.

Hier mußten sich also die Wege, die zur großen Presse führen, von den unsern trennen.

Welchen Einfluß hat nun diese große Presse?

Ich glaube: kulturell einen ungeheuren; politisch einen viel, viel kleinern als sie denkt. Das sieht man zunächst an den umsonst ausgegebenen Wahlparolen, die von dort kommen — sie werden kaum beachtet. Macht? Wird denn von den Verlegern Macht auch nur gewollt? Sie haben es ganz gern, wenn man diese Macht bei ihnen voraussetzt und respektiert; angewandt wird sie fast nie. Sie wird in Rechnung gesetzt. Und da steht sie denn.

Wer also hat die Macht —?

In Amerika sind es die großen und kleinern Verbände, deren Masse in Washington auf die prompt funktionierenden Politiker drückt. In Frankreich ist es die Klubatmosphäre der Ministerien und der beiden Kammern, die das Geschick des Landes bestimmt, gemischt ist diese Atmosphäre aus den wirtschaftlichen Interessen und einer mit ungeheuerm Raffinement gemachten Personal-, Klatsch- und Intrigen-Politik. Das Land kocht die Suppe, in Paris wird sie zubereitet. Im dezentralisierten Deutschland liegt es anders.

Die Begleitmusik der Presse hat dabei die vierte Stimme. Ich möchte sonntags einmal das sein, was der Außenpolitiker eines großen Blattes sich wochentags zu sein einbildet. Dabei liest man ihn, aber man folgt ihm nie.

Die vier Großmächte des Landes: Landwirtschaft, Industrie, Heer und Kirche teilen sich in die Gewalten; daran kann zur Zeit keine Presse etwas ändern. Und es ist ja sehr bezeichnend, daß die Zeitungen dieser Gruppen, wie etwa die *‹Germania›* hauptsächlich von Berufspolitikern und nur daraufhin gelesen werden, ob man ihren bewußt faden und farblosen Artikeln etwa ansehen kann, wie der Fraktionsvorstand über dies und jenes denkt, und was die eigentlichen Macher der Parteien nun wirklich wollen.

Der Weg, diese bereits vorhandene Machtposition durch die künstlich herbeigeführte Zustimmung der Herren Wähler zu untermauern, führt über hundert Korrespondenzen, über den Maternversand und vor allem über die Nachrichtenagenturen, die noch aus einem Ausbruch des Vesuvs eine Apotheose des Faschismus machen. Der Redakteur macht dann den Umbruch und die Schlagzeile.

Hiermit wollen wir nicht konkurrieren.

Ein Teil unsrer Freunde ist mit der großen Presse personaliter verbunden, wie das ja bei Schriftstellern gar nicht anders sein kann. In den meisten Fällen erwächst den Beteiligten daraus kein Schaden: in den großen demokratischen Zeitungen und in denen der Mitte liegt das geistige Niveau so hoch, daß, wo gekämpft wird, mit geistigen Waffen gekämpft wird, und nur die kleinern bevorzugen die dümmste Taktik: unsre Arbeit zu verschweigen. Sie lesen uns alle — aber sie sagens nicht. Feierstunde der Redakteure.

Sicherlich hat die ‹*Weltbühne*› Anständigkeit und Unabhängigkeit nicht gepachtet. Die kindliche Zeitungsgewohnheit, so zu tun, als sei man mit seinem Blatt ganz allein auf der Welt, und den Leser um Gottes willen nicht wissen zu lassen, daß es auch noch andre vernünftige und tapfre Leute gibt, haben wir nie mitgemacht. Man kann in vielen Fällen widereinander streiten, wenn es die Sache erfordert — die Zeit der Literaturpolemik alten Stils ist vorüber.

Immerhin haben wir auf unserm Gebiet vor den großen Blättern eines voraus: die Freiheit.

Auch eine Wochenschrift hat ihre Traditionen und ihre moralischen Gebundenheiten, ihre Freundschaften und ihre Feindschaften. Aber erstens sind die hier der Zahl nach, absolut und relativ, kleiner als anderswo, und zweitens kann ich mich auf keinen Fall besinnen, wo wir aus jenem flauen Gefühl: ‹Das kann man doch nicht . . .› geschwiegen hätten. Wenn uns S. J. nichts vererbt hätte: seine Zivilcourage haben wir von ihm übernommen.

Sie wirkt sich aus.

Unsre Auflage auf die von ‹*Westermanns Monatsheften*› zu bringen, wäre nur möglich durch die Umwandlung des Blattes in eine wiener Hauspostille. Unser moralischer Wirkungskreis ist erfreulich groß; der merkantile ständig im Wachsen. (Er ist heute weit größer, als er jemals unter S. J. gewesen ist; die Zeit braucht solche Blätter.) Ich mag das Spiel nicht mitspielen, das darin besteht, die eigne Leserschaft für die Aristokratie des Geistes zu erklären, eine billige Art der Abonnentenwerbung. Aber es sind gute Leute unter denen, die in jeder mittlern und kleinen Stadt die ‹*Weltbühne*› lesen – sie haben sich zum Glück noch kein Knopfloch-Abzeichen ausgedacht, das sie tragen, doch könnten sie sich in jedem Gespräch erkennen. Durch Unabhängigkeit des Urteils; durch Sinn für Humor; durch Freude an der Sauberkeit.

Und durch einen Glauben an die Sache, der auch bei uns unbeirrbar steht.

Jedes Blatt hat seine Lücken, seine Versager, seine schwachen und seine starken Zeiten. Eins aber ist sicher:

Solange die ‹*Weltbühne*› die ‹*Weltbühne*› bleibt, solange wird hier gegeben, was wir haben. Und was gegeben wird, soll der guten Sache dienen: dem von keiner Macht zu beeinflussenden Drang, aus Teutschland Deutschland zu machen und zu zeigen, daß es außer Hitler, Hugenberg und dem fischkalten Universitätstypus des Jahres 1930 noch andre Deutsche gibt. Jeder Leser kann daran mitarbeiten.

Tut er es in seinem Kreise durch die Tat: es ist unser schönster Lohn. In diesem Blatt sind wir frei und sind wir ganz; auch uns ist die ‹*Weltbühne*› im Andenken an Siegfried Jacobsohn: «unser geronnenes Herzblut».

S. J.

Wärst du noch da!
Soviel wartet auf dich.
Alles wartet vergebens.
Du tätest dein Werk so säuberlich
wie im Laufe deines Lebens.
Ich seh dich am Tisch. Und die trübe Zeit
wäre hell – denn du bist heiter.
Du pfiffst auf die härteste Schwierigkeit:
du lachst und arbeitest weiter.

Du kanntest das Blatt und seinen Ort
im Strudel der tausend Parteien.
Leise schobst du die Bonzen fort
und ließest die Schreier schreien.
Du warst dem, der schreiten und folgen kann,
der treuste Begleiter.
Pfiff der Wind recht laut: wir sahn dich nur an –
du lachst und arbeitest weiter.

Aber nun bist du untergetaucht.
Wir sehn noch nach deinen Zielen.
Jeder hat mal einen Vater gebraucht ...
du warst der Vater von vielen ...

Ich hör deine Stimme: «Wer schwach ist, flennt.
Arbeiten ist gescheiter.»
Und wenn der ga..ze Schnee verbrennt:
wir lachen und arbeiten weiter.

EIN ÄLTERER, ABER LEICHT BESOFFENER HERR

— Wie Sie mich hier sehn, bin ick nämlich aust Fensta jefalln. Wir wohn Hochpachterr, da kann sowat vorkomm. Es ist wejn den Jleichjewicht. Bleihm Se ruhich stehn, lieber Herr, ick tu Sie nischt — wenn Se mir wolln mah aufhehm . . . so . . . hopla . . . na, nu jeht et ja schon. Ick wees jahnich, wat mir is: ick muß wat jejessen l am . . .!

Jetrunken? Ja, det auch . . . aber mit Maßen, immer mit Maßen. Es wah — ham Sie 'n Auhrenblick Sseit? — es handelt sicn nämlich bessüchlich der Wahlen. Hips . . . ick bin sossusahrn ein Opfer von unse Parteisserrissenheit. Deutschland kann nich untajehn; solange es einich is, wird es nie bebesiecht! Ach, diß wah ausn vorjn Kriech . . . na, is aber auch janz schön! Wenn ick Sie 'n Sticksken bejleiten dürf . . . st'itzen Sie Ihnen ruhig auf mir, denn jehn Sie sicherer!

Jestern morjen sach ick zu Elfriede, wat meine Jattin is, ick sahre: «Elfriede!» sahr ick, «heute is Sonntach, ick wer man bißkeı rumhörn, wat die Leite so wählen dhun, man muß sich auf den laufenden halten», sahr ick — «es is eine patt . . . patriotische Flicht!» sahr ick. Ick ha nämlich 'n selbständjen Jemieseladn. Jut. Sie packt ma 'n paar Stulln in, und ick ßottel los.

Es wücht ein ja viel jebotn, ssur Sseit . . . so ville Vasammlungen! Erscht war ich bei die Nazzenahlsosjalisten. Feine Leute. Mensch, die sind valleicht uffn Kien! Die janze Straße wah schwarz . . . un jrien . . . von de Schupo . . . un denn hatten da manche vabotene Hemden an . . . dies dürfen die doch nich! «Runta mit det braune Hemde!» sachte der Wachtmeister zu ein. «Diß iss ein weißes Hemde!» sachte der. «Det is braun!» sachte der Jriene. Der Mann hat ja um sich jejampelt mit Hände und Fieße; er sacht, seine weißen Hemden sehn imma so aus, saubrer kann a nich, sacht a. Da ham sen denn laufen lassen. Na, nu ick rin in den Saal. Da jabs Brauselimmenade mit Schnaps. Da ham se erscht jeübt: Aufstehn! Hinsetzn! Aufstehn! Hinsetzn! weil sie denn nämlich Märsche jespielt ham, und die Führers sind rinjekomm — un der Jöbbels ooch. Kenn Sie Jöbbels? Sie! Son Mann is det! Knorke. Da ham die jerufen: «Juden raus!» un da habe ick jerufen: «Den Anwesenden nadhierlich ausjenomm!» un denn jing det los: Freiheit und Brot! ham ι ie jesacht. Die Freiheit konnte man jleich mitnehm — det Brot hatten se noch nich da, det kommt erscht, wenn die ihr drittes Reich uffjemacht ham. Ja. Und scheene Lieda ham die —!

Als die liebe Morjensonne
schien auf Muttans Jänseklein,
zoch ein Rejiment von Hitla
in ein kleines Städtchen ein . . .!

Na, wat denn, wat denn . . . man witt doch noch singen dürfn! Ick bin ja schon stille — ja doch. Und der Jöbbels, der hat ja nich schlecht jedonnert! Un der hat eine Wut auf den Thälmann! «Is denn kein Haufen da?» sacht er — «ick willn iebern Haufn schießen!» Und wir sind alle younge Schklavn, hat der jesacht, und da hat er ooch janz recht. Und da war ooch een Kommenist, den ham se Redefreiheit jejehm. Ja. Wie sen nachher vabundn ham, war det linke Oohre wech. Nee, alles wat recht is: ick werde die Leute wahrscheinlich wähln. Wie ick rauskam, sachte ick mir: Anton, sachte ick zu mir, du wählst nazzenahlsosjalistisch. Heil!

Denn bin ick bei die Katholschen jewesn. Da wollt ick erscht jahnich rin . . . ick weeß nich, wie ick da rinjekomm bin. Da hat son fromma Mann am Einjang jestandn, der hatte sich vor lauter Fremmichkeit den Krahrn vakehrt rum umjebunden, der sacht zu mir: «Sind Sie katholischen Jlaubens?» sacht er. Ick sahre: «Nich, daß ick wüßte . . .» — «Na», sacht der, «wat wollen Sie denn hier?» — «Jott», sahre ick, «ick will mir mal informieren», sahre ick. «Diß is meine Flicht des Staatsbirjers.» Ick sahre: «Einmal, alle vier Jahre, da tun wa so, als ob wa täten . . . diß is ein scheenet Jefiehl!» — «Na ja», sacht der fromme Mann, «diß is ja alles jut und scheen . . . aber wir brauchen Sie hier nich!» — «Nanu . . .!» sahre ick, «sammeln Sie denn keene Stimm? Wörben Sie denn nich um die Stimm der Stimmberechtichten?» sahre ick. Da sacht er: «Wir sind bloß eine bescheidene katholische Minderheit», sacht er. «Und ob Sie wähln oder nich», sacht er, «desderwejn wird Deutschland doch von uns rejiert. In Rom», sacht er, «is et ja schwierijer . . . aber in Deutschland . . .» sacht er. Ick raus. Vier Molln hak uff den Schreck jetrunken.

Denn wak bei die Demokratn. Nee, also . . . ick hab se jesucht . . . durch janz Berlin hak se jesucht. «Jibbs denn hier keene Demokraten?» frahr ick eenen. «Mensch!» sacht der. «Du lebst wohl uffn Mond! Die hats doch nie jejehm! Und nu jippse iebahaupt nich mehr! Jeh mal hier rin», sacht er, «da tacht die Deutsche Staatspachtei — da is et richtich.» Ick rin. Da wah ja so viel Jugend . . . wie ick det jesehn habe, mußt ick vor Schreck erscht mal 'n Asbach Uralt trinken. Aber die Leute sinn richtich. Sie — det wa jroßachtich! An Einjang hattn se lauter Projamms zu liejn . . . da konnt sich jeder eins aussuchen. Ick sahre: «Jehm Sie mir . . . jehm Se mia ein scheenet Projamm für einen selbständigen Jemieseladen, fier die Interessen des arbeitenden Volkes», sahre ick, «mit etwas Juden raus, aber hinten wieder rin, und fier die Aufrechterhaltung der wohlerworbenen Steuern!» — «Bütte sehr», sacht det

Frollein, wat da stand, «da nehm Sie unsa Projramm Numma siemundfürrssich — da is det allens drin. Wenn et Sie nicht jefällt», sacht se, «denn kenn Siet ja umtauschn. Wir sind jahnich so!» Diß is eine kulante Pachtei, sahre ick Ihn! Ick werde die Leute wahrscheinlich wähln. Falls et sie bei der Wahl noch jibbt.

Denn wak bei die Sozis. Na, also ick bin ja eijentlich, bei Licht besehn, ein alter, jeiebter Sosjaldemokrat. Sehn Se mah, mein Vata war aktiva Untroffssier ... da liecht die Disseplin in de Familie. Ja. Ick rin in de Vasammlung. Lauta klassenbewußte Arbeita wahn da: Fräser un Maschinenschlosser un denn ooch der alte Schweißer, der Rudi Breitscheid. Der is so lang, der kann aus de Dachrinne saufn. Det hat er aba nich jetan — er hat eine Rede jehalten. Währenddem daß die Leute schliefen, sahr ick zu ein Pachteigenossn, ick sahre: «Jenosse», sahre ick, «woso wählst du eijentlich SPD —?» Ick dachte, der Mann kippt mir vom Stuhl! «Donnerwetter», sacht er, «nu wähl ick schon ssweiunsswanssich Jahre lang diese Pachtei», sacht er, «aber warum det ick det dhue, det hak ma noch nie iebalecht! — Sieh mal», sachte der, «ick bin in mein Bessirk ssweita Schriftfiehra, un uff unse Ssahlahmde is det imma so jemietlich; wir kenn nu schon die Kneipe, un det Bier is auch jut, un am erschten Mai, da machen wir denn 'n Ausfluch mit Kind und Kejel und den janzen Vaein ... und denn ahms is Fackelssuch ... es is alles so scheen einjeschaukelt», sacht er. «Wat brauchst du Jrundsätze», sacht er, «wenn dun Apparat hast!» Und da hat der Mann janz recht. Ick werde wahrscheinlich diese Pachtei wähln — es is so ein beruhjendes Jefiehl. Man tut wat for de Revolutzjon, aber man weeß janz jenau: mit diese Pachtei kommt se nich. Und das is sehr wichtig fier einen selbständjen Jemieseladen!

Denn wah ick bei Huchenberjn. Sie ... det hat ma nich jefalln. Wer den Pachteisplitter nich ehrt, is det Janze nich wert — sahr ick doch imma. Huchenberch perseenlich konnte nich komm ... der hat sich jrade jespaltn. Da hak inzwischen 'n Kimmel jetrunken.

Denn wak noch bei die kleinern Pachteien. Ick wah bei den Alljemeinen Deutschen Mietabund, da jabs hellet Bia; und denn bei den Tannenberchbund, wo Ludendorff mitmacht, da jabs Schwedenpunsch; und denn bei die Häußerpachtei, die wähln bloß in Badehosn, un da wah ooch Justaf Nahrl, der is natürlicher Naturmensch von Beruf; und denn wak bei die Wüchtschaftspachtei, die sind fier die Aufrechterhaltung der pollnschen Wüchtschaft — und denn wark blau ... blau wien Ritter. Ick wollt noch bei de Kommenistn jehn ... aber ick konnte bloß noch von eene Laterne zur andern Laterne ... Na, so bink denn nach Hause jekomm.

Sie — Mutta hat valleicht 'n Theater jemacht! «Besoffn wie son oller Iiiijel —!» Hat se jesacht. Ick sahre: «Muttacken», sahre ick, «ick ha det deutsche Volk bei de Wahlvorbereitung studiert.» — «Besoffn biste!» sacht se. Ick sahre: «Det auch ...» sahre ick. «Aber nur nehmbei. Ick ha staatspolitische Einsichten jewonn!» sahre ick. «Wat wißte denn nu wähln, du oller Suffkopp?» sacht se. Ich sahre: «Ick wähle eine Pachtei, die uns den schtarkn Mann jibt, sowie unsan jeliebtn Kaiser und auch den Präsidenten Hindenburch!» sahr ick. «Sowie bei aller Aufrechterhaltung der verfassungsjemäßichten Rechte», sahr ick. «Wir brauchen einen Diktator wie Maxe Schmeling oder unsan Eckner», sahre ick. «Nieda mit den Milletär!» sahre ick, «un hoch mit de Reichswehr! Und der Korridor witt ooch abjeschafft», sahre ick. «So?» sacht se. «Der Korridor witt abjeschafft? Wie wißte denn denn int Schlafzimmer komm, du oller Süffel?» sacht se. Ick sahre: «Der Reichstach muß uffjelöst wern, das Volk muß rejiern, denn alle Rechte jehn vom Volke aus. Na, un wenn eener ausjejang is, denn kommt a ja sobald nich wieda!» sahre ick. «Wir brauchen eine Zoffjett-Republik mit ein unumschränkten Offsier an die Spitze», sahre ick. «Und in diesen Sinne werk ick wähln.» Und denn bin ick aust Fensta jefalln.

Mutta hat ohm jestanden und hat jeschimpft ...! «Komm du mir man ruff», hat se jebrillt. «Dir wer ick! Du krist noch mal Ausjang! Eine Schande is es —! Komm man ja ruff!» Ick bin aba nich ruff. Ick als selbstänjdja Jemieseladen weeß, wat ick mir schuldich bin. Wollen wa noch ne kleene Molle nehm? Nee? Na ja ... Sie missn jewiß ooch ze Hause — die Fraun sind ja komisch mit uns Männa! Denn winsch ick Sie ooch ne vajniechte Wahl! Halten Sie die Fahne hoch! Hie alleweje! Un ick wer Sie mal wat sahrn: Uffjelöst wern wa doch ... rejiert wern wa doch ...

Die Wahl is der Rummelplatz des kleinen Mannes! Det sacht Ihn ein Mann, der det Lehm kennt! Jute Nacht —!

DER KLOPFENDE MANN

«Europa», steht in dem vorzüglichen Amerika-Buch von André Siegfried, «Europa vergeudet Menschen und spart Dinge; Amerika vergeudet die Dinge, aber spart die Menschen.» Eine Antithese besten französischen Stils: wieweit sie richtig ist, steht dahin ... Nun gut. Aber da sitzt nun ein Bauer vor der Scheune und klopft, ping-pang macht es, ping-pang ... Er hat sich da so eine kleine Schmiede aufgebaut, darin repariert er, was er für die Wagen und die Geschirre braucht und für die Pflüge ... Jetzt klopft er sich etwas zurecht.

... Nach einer Stunde klopft er noch immer. Still und beharrlich ...

Ja, lohnt denn das? Die Amerikaner lachten ihn aus — kein Amerikaner setzt sich vor eine Scheune und klopft eine Stunde lang auf einem gebogenen Stück Eisen herum. Er kauft ein neues. Oder er hat eine Maschine, die Krummes grade biegt. Und ist überhaupt ein praktischer Mensch. Ergel?

Zur Zeit sind sie in Europa dabei, eine Metaphysik der schwerfälligen Handklopferei aufzubauen. Sie fühlen den schrecklichen Leerlauf des Maschinenlebens, und nun tappen sie verschreckt zurück und suchen die verlorene Seele am Spinnstuhl, weil die Großmama, als sie dem Großvater eins spann, eine Art Seele gehabt hat. Wir auch! wir auch!

Wobei zu sagen wäre, daß der europäische Amerikanismus ein wildgewordenes Europa, aber nicht Amerika ist. Und daß man nicht umkehren kann sondern hindurch muß. Und daß der Kampf zwischen Mensch und Maschine ausgefochten werden muß bis zum Ende: bis zum Sieg des Menschen. Und daß jene leicht faschistische deutsche Bewegung, die da zu den Bauern zurückwill, aus den allerbesten und saubersten Motiven herkommt (solange das nicht die Unternehmer, wie bei Herrn Hitler, in die Finger bekommen haben), und daß Flucht keine Überwindung ist. Wieder Kerzenbeleuchtung ist noch gar nichts. Ein Elektrizitätswerk mit nicht versklavten Bergarbeitern: das erst wäre ein Sieg.

Ja, sagen sie, aber der Mann, der da klopft: der denkt sich so schöne innerliche Sachen aus; der Amerikaner ist nur standardisierter Murks. Ich weiß nicht, wie der Amerikaner ist; mein Gefühl ist gegen ihn, aber nach dem hat mich niemand gefragt. Ob aber der Kleinbauer oder der Landprolet in geduckter Dumpfheit sich gar so viel Schönes beim Klopfen ausdenkt, ja, ob er auch nur bis in Tiefen hineinfühlt, in die ihm der Kinobesucher aus der Stadt nicht folgen kann, das möchte ich bezweifeln. Der klopfende Mann an der Scheune ist der Natur örtlich näher als der Büromensch, das ist wahr. Aber welcher Natur? Einer gezähmten, einer durch die Katasterämter gegangenen, einer aufgeteilten, einer parzellierten, einer braven Natur. Von jener Natur, die Goethe in jenem schönen Stück Prosa besang — von der wird er wohl nicht viel erfühlen. Romantische Städter packen in den Klopfemann viel hinein: ihre Sehnsucht, ihren negativen Asphaltwillen, ihren Trieb, ‹mal hinauszukommen›, und zum Schluß, wenns politisch wird, ein Endchen Faschismus.

Und was täte der Bauer, wenn er nicht klopfte? Und wem wird die mechanisierte Arbeit aufgebürdet? Und wer klopft dann?

Soziallyrik ist keine soziale Revolution.

HERING IST GUT — SCHLAGSAHNE IST GUT — WIE GUT . . .

Der Verlag Goldmann in Leipzig hat dem bekannten Anhänger der Prügelstrafe, Edgar Wallace, etwa zweihundertundachtzehn Sommeranzüge verdient, eine neue Zentralheizung, fünf Winterreisen, acht Türkisringe, zwei Zigarettenspitzen und etwa dreihunderttausend

Mark. Daneben gibt der Verlag Goldmann auch noch einen Wust von Kriminalromanen heraus, die meist schlecht sind, sie haben aber alle schöne, bunte Umschläge, und wer gezwungen ist, einmal über Bebra zu fahren, der kauft sich dergleichen gern. Ferne sei es von mir, dieses Geschäft zu stören. Doch – ein bißchen möchte ich es stören.

Herr Goldmann beehrt sich, den Kriminalroman eines gewissen Hodum-Koenigsfeld vorzuführen. Woran es liegt, mögen spätere Doktorarbeiten ergründen: die deutschen Kriminalromane sind fast nie so gut wie die englischen und die amerikanischen. Der deutsche Autor schielt gern, wenn er so etwas macht, nach der feinern Literatur und wird dadurch vollends unausstehlich; der Angelsachse weiß genau, was von ihm verlangt wird, und liefert oft eine tadellose Ware.

Dieser Roman hier ist dumm und provinziell. Er ist aber noch etwas andres. Die kümmerliche Handlung spielt in Wien. Da ist ein Haus mit einem teuflischen Chinesen, der die Mädchen betäubt und ... also was man so für drei Mark fünfundsiebzig macht. Dieser Chinese hat einen Helfershelfer, der – ha, elender Schurke! – die ziemlich keusche Heldin raubt. Der Chinese hinter ihr her. Der Kriminaler hinter dem Chinesen her. Und hier begibt sich etwas Seltsames: nämlich ein Volksaufstand, der die Handlung recht kompliziert. Der ‹Pöbel› stürmt die Polizeiwache, befreit den schurkischen Helfershelfer ... In Wien? In Wien ein Volksaufstand?

Gemeint ist der 15. Juli 1927, der Tag, an dem sich die Polizei des Herrn Schober so benommen hat, als ob ihr Chef Zörgiebel hieße. Was damals geschehen ist, war einer der seltenen Fälle, wo sogar dem sanften Wiener der Geduldsfaden riß und er eine unvollkommene Rache am Justizpalast nahm. Provoziert, bedrängt, herausgefordert, brach es los. Was hat das mit einem schlechten Kriminalroman zu tun?

«Ja, das sind so chinesische Machthaber ... Mit einigen Chinesen, die gegen ihn wie Kulis aussahen, stellte sich Talo an die Spitze der Demonstranten. Der Mob (Anmerkung Peter Panters: damit sind die wiener Arbeiter gemeint) der Mob glaubte natürlich, da vielleicht einen Abgesandten von ... hm ... von irgendwoher zu sehen, und folgte blind allen Befehlen.»

Goldmann sollte sich das patentieren lassen. Spannung wollen die Leute; Sowjet-Hetze wollen die Leute, und wenn dieser Autor noch so feige ist, das Wort Moskau neckisch zu umschreiben, so wird der nächste ja wohl Stalin und Sinowjew und Rykow in den Teppich seiner Handlung hineinweben. Das zieht immer. Etwa so:

«Kommissar Henderson sah erschüttert auf die junge Gestalt, die da mit Violinsaiten gefesselt vor ihm lag. Er drehte die halb Ohnmächtige vorsichtig um – auf ihrem zarten Rücken leuchtete, von den Schurken mit blauer Farbe eingeätzt, der Satz: ‹Hoch die Internationale!› Am Boden lag ein seidenes Taschentuch. Der Kommissar pfiff leise durch die Zähne. ‹K. R.› war das Tuch gezeichnet, und darunter das bekannte Wappen des russischen Kommissars zur Sozialisierung der Frauen und zur Röstung aller Geistlichen. Das Tachentuch gehörte Radek. Langsam löste der Kommissar die Bande — —»

Sie haben alle nur einen Feind: Rußland.

ABENDLIED

Auf den Bergen liegt der Schatten,
und der See ist dunkelgrün.
Von den Sechs-Mark-fünfzig-Platten
singt Maria Ivogün . . .
Horch, die schöne Melodie:
«Tralahü — lahü — lahi!»
Dumpf tönts von der Kegelbahn — — —
. . .Was hast du am Tag getan —?

Hast du einen Brief geschrieben?
Hast du im Büro gepennt?
Hast du Unkeuschheit getrieben?
Nahmst du 10½ Prozent
als Bankier der Industrie . . .
Tralahü — lahü — lahi —
Singt sie nicht wie Marzipan!
. . . Was hast du am Tag getan?

Hast des Staates du im stillen
dankbar-demutsvoll gedacht?
Hast du Margot Abführpillen,
die sie wollte, mitgebracht?
Dachtest du, wie Hitler schrie . . .
Tralahü — lahü — lahi —
mit dem bierigen Organ — — —
Was hast du am Tag getan?

Morgen, denkst du, bin ich schlauer.
Morgen fang ichs richtig an.
Jeder — Städter oder Bauer —
ist zur Nacht ein kluger Mann.
Aber welche Ironie —
Tralahü — lahü — lahi —:
Morgen leben alle Leute
egalweg genau wie heute.

WAHRE LIEBE

Wenn ich so müd nach Hause komm,
zerredet und zerschrieben:
dann sitzt du da, so lieb und fromm.
Man muß, man muß dich lieben!
    Die Nacht gleich einem Feste ist.
    Ich weiß, daß du die Beste bist.
    Und warum ist das? Nämlich:
        Du bist so himmlisch dämlich.

Du hast es gut.
                Du ahnst es nicht,
was Stalin jüngst gesprochen;
weißt nichts vom leipziger Reichsgericht
und nichts von Kunstepochen.
    Du hältst einen Puff für ein Hotel
    und Bronnen für einen lauteren Quell . . .
    Ich liebe dich. Weil . . . nämlich . . .
        Du bist so himmlisch dämlich!

Mein blondes Glück! Von Zeit zu Zeit
tu ich ein bißchen fremd gehn.
Die andern Frauen sind so gescheit
und lassen das noch im Hemd sehn.
    Dann kehr ich reuig zu dir zurück
    und genieße tief atmend das reine Glück . . .
    Dumm liebt zweimal.
                    Nämlich:
    Du bist so himmlisch dämlich —!

DIE APOTHEKE

Manche Leute gehen in den fremden Orten immer erst in den Ratskeller, manche zur Sehenswürdigkeit — ich gehe in die Apotheke. Da weiß man doch.

Es beruhigt ungemein, zu sehen, daß auch in Dalarne, in Faido oder in Turn-Severin die Töpfchen der Reihe nach ausgerichtet stehn, jedes mit einem Namen auf dem Bauch, und fast von keinem wissen wir, was es ist. Manche heißen furchtbar unanständig, aber die Apotheker meinen das nicht so. Und immer riecht es nach strengen und herben Sachen, es sind jene Düfte, die dem guten, alten Apotheker langsam zu Kopf steigen, woher er denn den altbewährten Apotheker-Sparren hat. (Protest des Reichsverbandes Deutscher Apotheken-Besitzer. Reue des Autors. Denn ihr habt keine Spezial-Sparren mehr, sogar die Geometer sind vernünftig geworden ... ihr habt alle zusammen nur noch eine Verrücktheit: die Berufseitelkeit.) Ja, also die Apotheken.

Mir fehlt eigentlich nie etwas Rechtes, aber es gibt so nette kleine Mittel, die sich hübsch einkaufen: Baldrian oder doppelkohlensaures Natron oder Jodtinktur ... irgend etwas wird man schon damit anfangen können. «Bitte geben Sie mir ...»

Da kommt dann ein weißer Provisor-Engel angeschwebt, die jüngern Herren haben, wenn es in deutschen Apotheken ist, Schmisse und sehen grimmig-gefurcht drein, so: «Du! Wir sind hier akademisch gebildet, und daß wir dir etwas verkaufen, ist eine große Gnade!» Da wird vor Angst sogar die Tonerde doppelt sauer. Oder es ist da ein Apothekermädchen, blond und drall, und man kann gar nicht verstehen, wie so ein freundliches Wesen alle die vielen lateinischen Namen auswendig weiß. Und immer mixt ein älterer, schweigsamer Mann hinter einem hohen Pult eines der zahllosen Medikamente ...

Es gibt übrigens nur fünfzehn, hochgegriffen.

Es gibt nur fünfzehn Medikamente, seit Hippokrates selig, und doch ist es einer weitentwickelten Industrie von Chemieunternehmen und den Fabriken zur serienweisen Herstellung von Ärzten gelungen, aus diesen zehn Medikamenten vierundvierzigtausendvierhundertundvierundvierzig gemacht zu haben; manche werden unmodern, die werfen wir dann fort. Ja, verdient wird auch daran. Aber das ist es nicht allein: die Leidenden wollen das so. Sie glauben nicht nur an den Wundermann — Professor oder Laien —, sie glauben auch an diese buntetikettierten und sauber verpackten Dinge, die mit ... ‹in› oder mit ... ‹an› aufhören und eben einige jener zehn Medikamente in neuer Zusammensetzung enthalten.

Hübsch, so eine Apotheke. Man fühlt sich so geborgen; es kann einem nichts geschehen, weil sie ja hier gegen alle Krankheiten und für alle Menschen ihre Mittel haben. Es ist alles so ordentlich, so schön viereckig, so abgewogen rund — so unwild. Hat der Apotheker einen Vogel? eine treulose Frau? Kummer mit seiner Weltanschauung? Das soll er nicht — wir wollen es jedenfalls nicht wissen. Wir stehen vor ihm, dem Dorfkaplan der IG-Farben und dem Landprediger der ärztlichen Wissenschaft. Die Apotheke macht besinnlich, wir fordern, nehmen, zahlen und sind schon halb geheilt. Bis zur Tür.

Draußen ist es wesentlich ungemütlicher, und von der sanft duftenden Medizin-Insel steuern wir wieder auf das hohe Meer. Die Apotheke ist das Heiligenbild des ungläubigen kleinen Mannes.

SAISONARBEITER

Zehntausend polnische Schnitter,
die kommen nach Deutschland hinein;
es wollen die pommerschen Ritter
billig bedienet sein.
    Die beschimpfen den deutschen Arbeitsmann,
    weil der ihr Fressen nicht essen kann
    und nicht wohnt in dem Lumpenquartier.
    Und es erläßt der Herr Aristokrat
    ein Landarbeiter-Inserat
    auf Zeitungspapier,
        auf Zeitungspapier,
            auf polnischem Zeitungspapier.

Zehntausend Ärmste der Armen,
die treten zur Arbeit an,
bewacht von den Gendarmen,
daß keiner auskneifen kann.
    Sie schuften für ein paar Zettel Geld.
    Bringt die Arbeitersfrau ein Kind zur Welt,
    dann näselt der Kavalier:
    «Was sind denn das für Schweinerein?
    Wäsche –? Wickeln Sie das doch ein
    in Zeitungspapier,
        in Zeitungspapier,
            in schlesisches Zeitungspapier –!»

So werden Proleten betrogen,
so werden Kinder gemacht.
Sie liegen in Zeitungsbogen
und brüllen die ganze Nacht.
    Und könnten sie lesen, so läsen sie gleich
    von dem herrlichen, dem Deutschen Reich
    und von proletarischer Gier.
Wirf, Arbeiter, aus deinem Haus,
die arbeiterfeindliche Presse heraus!
Und wisch dir deine Augen aus
mit dem Zeitungspapier,
    mit dem Zeitungspapier,
        mit Hugenbergs Zeitungspapier –!

MARSCHLIED NACH DEN WAHLEN

Es steht an dem hamburger Hafen
ein riesiger Bismarck aus Stein.
Den Schlaf seines Ruhmes zu schlafen
so steht er da groß und allein.
Er hörte Alldeutschlands Gebrummel
im Schmuck seines spärlichen Haars . . .
Die Zeitungen schrien: Hummel! Hummel!
Und Bismarck, der dachte: Mars! Mars!
Mit Genuß: Mars — Mars —
Mit Genuß: Mars — Mars!
Und Bismarck, der dachte: Mars — Mars —!

Der Bismarck, der hat wohl drei Haare —
denn daran erkennt man den Mann.
Und langsam vergingen die Jahre,
und es kamen die Wahlen heran.
Doch als nun der Bismarck gerochen,
wer heute im Reichstagshaus —:
da hat er kein Wort mehr gesprochen
und riß sich die Haare aus!
Mit Genuß: Hummel — Hummel —
Mit Genuß: Mars — Mars —
und riß sich die Haare aus —!

Trio:

Nun kann er ruhig schlafen.
Und daß die Geschichte auch wahr —:
Seht nach im hamburger Hafen —
Mit Genuß: Hummel — Hummel!
Mit Genuß: Mars — Mars!
Der Bismarck, der hat ja kein Haar —!

EIN DEUTSCHLAND-BUCH

Deutschland lobt sich immerzu selber, was für die Herren Lober zu allem andern auch noch ein gutes Geschäft bedeutet. Seit dem vorzüglichen, viel zu wenig gekannten Buch *‹Deutschland heute›* von Alfons Goldschmidt ist viel Druckerschwärze über die Seiten gelaufen — und der Deutsche läßt sich immer noch gern fotografieren. Nicht, wie er ist, sondern wie er sich sieht und wie er gern sein möchte: waffenstarrend und martialisch vor einem Hintergrund von Lafetten, brennenden Kathedralen und kartothekstarrenden Etappenschauplätzen — oder bierig-friedlich, der Rhein säuselt sanft dahin, das Bier wallet und ein Gesangverein singt: «Ich weiß nicht, was soll es bedeuten — mir ist so sinnig zu Sinn . . .» Jetzt aber ist etwas erschienen, das mit diesen lächerlichen Familienfotos nichts zu tun hat. Beinah nichts zu tun hat.

Eugen Diesel ‹*Die deutsche Wandlung. Das Bild eines Volks*› (erschienen bei der J. G. Cotta'schen Buchhandlung in Stuttgart und Berlin, die leider in der Firma einen falschen Apostroph führt). Dieses Buch ist der beste Baedeker durch die deutsche Seele.

Hervorzuheben ist zunächst der saubere Stil der ersten drei Viertel des Buches. Was heute in Deutschland Essays schreibt, hat sich eine Sprache beigebogen, die schnattert und stelzt, die plappert und schnalzt, und ganze Fachterminologien werden aufgeboten, um den Herrn Autor als einen in allen Fakultäten bewanderten Mann dastehen zu lassen, immer im Magnesium-Blitzlicht einer falschen Bildung. Sie können nicht mehr sagen: «Der Tisch ist rund», das wäre zu einfach; sie haben nichts zu Ende gedacht, alles ertrinkt in einer tranigen Majonäse, aus der man nur das ranzige Öl herausschmecken kann. Nichts davon ist bei Diesel — fast nichts.

Jeder Leser kennt das Gefühl, mit dem man ein neues Buch in die Hand nimmt: man beriecht es erst einmal. Ich habe dieses hier aufgeschlagen, und entgegen sprang mir ein Kapitel über die deutsche Sprache: so klar, so humorvoll, so sicher in seinen Vergleichen, voll so feinen Gefühls für die Sprachmelodie, die an der Muttersprache zu hören besonders schwierig ist, daß ich das Buch mit größter Aufmerksamkeit zu lesen begann. Man wird nicht so bald damit fertig.

Das beste an diesem ‹Bild eines Volks› ist sein Foto von gestern. Das ist unübertroffen.

Wie das Land geworden ist und wie es noch ist; was an diesen Zuständen ewig und was zeitbedingt ist, das hat Diesel mit großem Wissen und in kristallner Klarheit herausgearbeitet.

Er weiß, daß man erst dann pathetisch werden darf, wenn der Unterbau genügend gesichert ist, und er gibt die Basis. Er sieht das ‹Deutsche› noch in Kleinigkeiten und grade in Kleinigkeiten, und da er viel gereist ist und Europa, soweit ich das beurteilen kann, gut kennt, so ergeben sich nun eben nicht jene Vergleiche, die zu gar nichts führen, sondern fruchtbare, belehrende, belichtende Vergleiche.

Seine Schilderung ist gelassen. Nirgends erregt er sich; er behält einen kühlen und klaren Kopf, und so entstehen Schilderungen der deutschen Stämme, deren erbarmungslose Klarheit noch durch den gutmütigen Spott hindurchleuchtet, mit dem sich etwa Mitglieder einer

Familie, die sich und ihre schwachen Stellen sehr genau kennen, zu necken pflegen. Aber es bleibt keinem etwas erspart.

Auch Berlin nicht.

Diese Insel wird in der ‹Provinz›, welches Wort man nicht mehr anwenden sollte, wild bekämpft. Meist so dumm, daß es jedem gewitzten Berliner mit Leichtigkeit möglich wäre, das selber viel besser zu machen. Wir wissen doch wenigstens Bescheid. Die Figur, auf die in München und Bremen geschossen wird, wenn Berlin gemeint ist, hat mit Berlin wenig zu tun: es ist eine Schießbudenfigur.

Wie aber Diesel seine Bedenken gegen Berlin äußert, das läßt man sich gern gefallen. Er hat nämlich mit seiner kritischen Beschreibung recht. «So ist Berlin seine eigne Provinz, nicht die eigenwillige und führende Zusammenfassung der gesamtdeutschen Triebe.» Und: «Denn sein Wesen und Stolz besteht immer nur wieder darin, daß hier, um des Losseins willen, etwas los sei, gar nicht eigentlich im sensationellen Sinn, sondern im Sinn einer Beweglichkeit.» Man sollte diese richtige Bemerkung, die tief zielt, nicht mit dem albernen Hinweis: «Es wird doch aber in Berlin so viel gearbeitet», abtun; diese Arbeit ist sehr häufig Flucht und Schwäche. «Auch die nicht abzuleugnende berliner ‹Freiheit› ist eher eine Freibeweglichkeit, eine Freiheit des nicht ganz Ernstnehmens. Die bekannte berliner Selbstsicherheit hat also auch eine negative Abstammung.» Und: «An dem, was ihm mangelt, erkennt man, was andre Städte haben.» So ja.

Diesel nimmt sich die einzelnen Stämme vor, und jeder wird kurz und erschöpfend und wohl immer richtig charakterisiert. «Die sächsische Sprache hat die fränkische Neigung, die Konsonanten zu erweichen, bis zur Eigenschaft dicken Schmieröles durchgeführt, aber auch die Vokale bubbeln darin umher, wie Luftblasen, die aus dem Öl langsam aufplatzen. Diese glitschende, gleitende, gemütelnde Lautmasse ist von sentimental-zudringlicher Melodie kitschig getragen. Das Charakterlose ist durch Übertreibung der Empfindelei verborgen. Gebaren, Bewegung, Haltung der Sachsen ist deutsche Formlosigkeit in der Vollendung, ist eine sonderbare Art von wohlmeinender Taktlosigkeit, als Folge von Chaotik, nicht von schnoddriger Seelenkühle, wie beim Berliner. Ein sächsischer Diktator würde im Reiche wegen seiner Mundart nicht ernst genommen werden können.»

Man sieht: die Beschreibung ist kühl wie die in einem botanischen Lehrbuch; hier ist die Forderung Goethes rein erfüllt, daß der Forscher nicht sagen solle: «Das Eisen hat den Fehler, zu rosten», sondern: «Das Eisen hat die Eigenschaft, zu rosten.» Dabei ist Diesel durchaus nicht ohne Temperament; er bleibt nur, wo er schildert, gelassen, und er macht sich die Wirkung niemals durch Geschrei kaputt. (Expertus scio.)

An Schärfe läßt das Buch nichts zu wünschen übrig.

«In Deutschland hat sich die Überzeugung von einer besonderen ernsten Manneswürde herausgebildet, die zuweilen auch der Frau gegenüber ausgespielt wird und sich auf Kosten der Ritterlichkeit nährt. Wenn der Deutsche sich große Vollbärte stehen läßt, so bedeuten sie etwas andres als die englisch-behaglichen, russisch-bärenhaften, französisch-eiteln Vollbärte. Sie sollen oft die Vorstellung von einer öffentlich getragenen Manneswürde erregen.» Man darf hinzusetzen: und sie sollen die Lippen verdecken. Man darf hinzusetzen: es gibt glattrasierte Leute mit Vollbärten.

«Der Begriff der Ordnung ist hier ein Heiligtum, aber nicht der einer organischen Ordnung, sondern einer sachlichen Überordnung der Verhältnisse über den Menschen.» Den Satz sollten sich jene Herren hinter die Ohren schreiben, die den jeweiligen Kalender für die Bibel halten. «Ihr kennt nur das Deutschland von gestern», sagen sie. «Das Deutschland von heute . . .» Ein Land ändert sich nicht. Es wandelt sich, es nimmt andre Formen an — Grundformen bleiben. Und diese Grundformen scheint mir Diesel gut erkannt zu haben.

Das geht bis in die kleinsten Einzelheiten. Zum Beispiel in jene, die sich aus dieser schrecklichen und sakramentalen ‹Ordnung› ergeben. Vom ‹Krach›:

«Sehr dicht bei dieser Neigung zu Auseinandersetzungen steht die deutsche Belehrungssucht, das Beibringen von Meinungen. Es kommt vor, daß ein Oberstudienrat Ortsansässige darüber belehrt, daß an ihrer Gegend etwas nicht in Ordnung zu sein scheine, denn sie sei im Reisehandbuch anders geschildert. Zumal in Norddeutschland wird man auf Schritt und Tritt durch solche Belehrungssucht verletzt: ‹Können Sie denn nicht lesen? Rechts gehen! Hinten antreten! Können Sie denn nicht aufpassen?› In Berlin, dessen Mundart den Frageton am Ende des Satzes anmaßend in die Höhe zieht, wirken diese Belehrungen beleidigend. Wer nach langer Zeit als Deutscher vom Ausland nach Deutschland zurückkehrt, wird mir nichts, dir nichts auf Bahnsteig und Behörde in die längst vergessene Neigung, Krach zu machen, mithineingezogen.»

Aus dieser Stelle geht der Standpunkt Diesels klar hervor, der einzige, von dem aus ein Kulturkritiker ein Land überhaupt richtig zu sehen vermag: der von außen. Der Beobachter mag so tief im Lande stecken, so tief in dessen Leben verstrickt sein, wie er will: er muß so tun, als sei er ein Fremder. Das ist die Technik der *‹Lettres Persanes›* aller Zeiten. Und so ein Buch ist das von Diesel.

Wer denn anders als einer, der draußen gewesen ist und von draußen kommt, könnte dieses sagen: «Der Urkitt der Deutschen ist das Hocken, ein gestalt- oder formloses Beieinandersitzen, gestaltlos trotz der höflichen Sitte, zu fragen, ob ein Stuhl frei sei. Die Stimmung hat etwas Brütendes.» Oder eine Bemerkung, die ins Herz trifft, eine über die Überschätzung der Bildung und der abgelegten Examina: «Grade die einfachsten Leute sind am allerempfindlichsten, wenn man solches Vorgehen kritisiert, und sie sparen sich das Nötigste vom Mund ab, um die Kinder in das Paradies des Wissens und des Faches zu schicken.» Und so hundertmal.

Was an Charakteristiken fremder Nationen abfällt, ist meist so gut, daß man dem Wanderer durch viele Welten Urteilskraft auch über das eigne Volk zutraut. «In den deutschen Büros liegen die Papiere und Akten im Korb und auf dem Gestell wirklich als kleine anerkannte Welten für sich da und laden zur sitzenden Pflicht ein, während in New York einer mir nichts, dir nichts vom Schreibtisch die Beine herabbaumeln läßt, und in Italien sich alles leicht und flatternd gern wieder ins Freie ablöst. Der Deutsche bläst, außer in Österreich, nie leichtfertig den Dampf aus seinem Kessel ab, er läßt ihn immer durch die Maschine laufen ... In der Gesamtbuchhaltung des Landes geht nichts verloren.»

So scharfe und gute Erkenntnisse verdichten sich dann bei Diesel zu Fundamentalwahrheiten.

«Es besteht ein Mißverhältnis zwischen dem Zustand der Dinge und dem Zustand der Menschen, zwischen dem Arbeitsaufwand und dem Arbeitsergebnis. Man sollte mehr Wohlstand und heitere Menschlichkeit erwarten dürfen.»

Und, auf einen Wandteller zu malen —:

«Nachdem sehr viele Deutsche neunzehn oder fünfundzwanzig oder dreißig Jahre alt geworden sind, ehe sie die Schule oder Vorbereitung in irgend einer Form abgetan haben, beginnen sie ins ‹Leben› hinauszutreten, das aber zum großen Teile inzwischen, fast unvermerkt, abgelaufen ist.»

Und, auf viele Wandteller zu malen:

«Indessen sind doch die Deutschen und die Juden durch Geist, Begabung, Schicksal merkwürdig verwandt, ja, sie stehen in einem ähnlichen Sinne unter der kritischen Beobachtung der Welt.» Und wissen meist beide nicht, warum es so ist.

Das sollte unsereiner mal sagen!

Nichts ist so bezeichnend für die völlige Instinktlosigkeit der Deutschland-Lober als die Art, wie die Kritik dieses Buch aufgenommen hat. Diesel ist kein Satiriker; seine erbarmungslosen Wahrheiten werden geruhig vorgetragen, und Kerle, die das Wort ‹deutsch› gar nicht mehr aussprechen können, ohne die Bälge einer unsichtbaren Orgel zu treten, fallen brav auf den Ton des Buches herein; sie hören nur den Ton. Diesel wird nun besonders im zweiten Teil des Werkes mitunter leicht feierlich — das genügt den Hohepriestern des Fahnentuches, den Mann als einen Patrioten willkommen zu heißen. Der darf kritisieren.

Nun, er hat einen Teil Deutschlands gut erkannt und noch besser beschrieben. Merkwürdig berührt seine Blindheit in dem, was die wirtschaftlichen Gründe des deutschen Wesens angeht – nicht alle Motive des deutschen Verhaltens liegen in der Rasse und ihrer Geschichte, nicht alle sind durch die Landschaft bedingt. An dieser Stelle ist immer wieder davor gewarnt worden, jene marxistische Mode mitzumachen, die alles, aber auch alles, was da zwischen Himmel und Erde vor sich geht, als die natürliche und klare Folge wirtschaftlicher Umstände erklärt. So sieht die Welt nicht aus. Aber so, wie Diesel das macht, gehts nun auch nicht.

Es ist ja gut und schön, die Seele eines Volkes aufzuzeigen – denn jedes hat eine. Aber immerhin darf man nun nicht so tun, als sei die grade bestehende Gesellschaftsordnung das A und das O und die einzig mögliche; manchmal ist man bei der Lektüre des Dieselschen Buches versucht, dazwischenzurufen: «Hundert Mark Gehalt mehr, und die Sache sähe ganz anders aus.» Von den Löhnen ist nun leider sehr wenig in diesem Buch zu lesen. Das ist sicherlich keine böse Absicht; Diesel hat entweder zu schwerem Schaden seiner Arbeit in diesem Zusammenhang die wirtschaftlichen Verknüpfungen nicht zeigen wollen, oder er ist, was schlimmer wäre, so in der Welt der Unternehmer gefangen, aus der er ja wohl stammt, daß er nicht anders denken kann als sie. Das wäre fatal.

Der Wahnsinn gewisser, meist von Arbeitgebern aufgemalter Protz-Prospekte wird an einer nebensächlichen Stelle recht deutlich. «Die siebenhunderttausend Güterwagen, auf neunzig Deutsche einer ...» Ach, Herr Diesel! Ich kenne viele, viele hundert Menschen, aber Sie glauben nicht, wie wenig darunter sind, die einen Güterwagen, die den Wert eines Güterwagens besitzen. Ich weiß schon, was Sie haben sagen wollen – aber ich weiß auch, was ich sagen will: daß es nämlich mitnichten, wie die Herren Industriellen glauben und für viel Geld predigen lassen, darauf ankommt, daß auf neunzig Deutsche ein Güterwagen komme und daß wir statt neunzig Deutsche hundertundzehn werden – sondern daß es darauf ankommt, die vorhandenen Gütermengen vernünftig und den erzeugten Arbeitswerten gemäß zu verteilen. Der größte Teil des londoner Immobilienbesitzes gehört einigen Familien. Und wie sieht die Güterverteilung in der übrigen kapitalistischen Wirtschaft aus?

Hier ist das eine Manko des Buches. Das andre liegt darin, daß es oft in denselben Fehler verfällt, den es am Deutschen so scharf rügt: es stellt das Land und seine Bewohner in eine Ausnahme-Position. «Nur in Deutschland gibt es Weidwerk, gibt es das, was der Deutsche als Jägerei ansieht.» Der Nachsatz hebt den Vordersatz und damit diese ganze Anschauung auf: natürlich können die Mexikaner nicht so jagen, wie es der Deutsche zu tun gewohnt ist. Mit solchen Lyrismen ist überhaupt nichts ausgesagt. Nur in England gibt es eine Teestunde, das, was der Engländer unter ‹eine Teestunde› versteht . . . nur in Frankreich . . . nur in Rußland . . . Und aus solchem die Anschauung verengenden Nationalismus entspringen dann Stellen wie diese: «Jetzt ist Deutschland, je nachdem, die Sprengmine oder auch die Rettung Europas.» Und: «Der geschichtliche Augenblick, in dem wir uns befinden, dies seltsame Abenteuer, womit eine ganz neue Zeit beginnt, das alles schließt aus, daß wir in einem Entwicklungszustande stehen bleiben, wie Frankreich und England ihn darstellen. Wir greifen also über die Erstarrung der alten Gebilde hinaus in etwas unbehaglich Neues . . .» Und, ganz konsequent in diesem Irrtum: «Deutschland hat die Aufgabe, aus menschlicher und europäischer Gesinnung heraus den Bann zu lösen, der Europa lähmt, den zu lösen die andern aus ihrer Lage heraus unfähig zu sein scheinen.»

Das ist Ressentiment, damit kann man nichts anfangen. Es ist wohl kein Zufall, daß in diesem zweiten Teil des Buches, dessen Verblasenheit seltsam an den schlechten Schriftsteller Rathenau gemahnt, oft das Modewort ‹menschlich› verwandt wird, das ja überhaupt nichts mehr bedeutet und das nur das Loch im Denken des Autors anzeigt.

Sind die Deutschen dazu berufen, die Welt zu erretten? «Während des Krieges hörte man öfters den Ausspruch: ‹Na, in dem oder jenem Lande werden wir schon Ordnung schaffen!› Der Deutsche begreift nicht, daß man nicht in der ganzen Welt seine Art von Ordnung wünscht, die er für die Ordnung an sich hält.» Und dieser Ausspruch stammt von Diesel.

Er befolgt ihn nicht. Diesel ist ein anständiger Mann: er will zwar helfen, doch verspricht er nicht auf allgemeinen Wunsch der Leserschaft fix und fertige Lösungen, er preist keine Patentrezepte an, eine Versuchung, der so viele Autoren unterliegen, weil sie die suchenden, die sehnenden, die ratlosen und die fragenden Blicke, die auf sie gerichtet sind, nicht ertragen können ... Diesel bleibt standhaft und bleibt sauber. Aber er denkt nicht sauber. Mit den Schlußkapiteln seiner Arbeit kann niemand etwas beginnen; das ist Deutschland, wo es am dunkelsten ist — nein, wo es immer finsterer wird; das ist da, wo jener uralte, nun neudeutsche Idealismus beginnt; wo ‹Proppleme› auftauchen, die man nie anders schreiben sollte als so; wo entweder gewitzte Unternehmer so lange meditieren und meditieren lassen, bis — Gott ist groß! — als Resultat just die Notwendigkeit der Deutschen Bank und Disconto-Gesellschaft herauskommt, oder wo verschwommene, gefühlsmäßige, unziselierte, nicht durch das Feuer des Denkprozesses gegangene Philosopheme erscheinen: wie hier bei Diesel. Das Buch gibt gute Diagnosen. Es gibt gar keine Therapie.

Es irrt nicht nur manchmal im einzelnen, wie bei dem völlig unzulänglichen Kapitel über die Reichswehr, wo von der seltsamen Verteilung der verstreuten Kompanien über das Land wohl gehandelt, kein Wort aber davon gesagt wird, warum das so ist und daß dieser Verteilung ein Plan zugrunde liegt. Das Buch läßt einen trotz der vorzüglichen Naturgeschichte des Deutschen ratlos zurück. Und was nun? Und was nun?

Not tut Klarheit. Not tut Selbsterkenntnis —: Selbsterkenntnis der Berufe, die auf dem besten Wege sind, sich heilig zu sprechen, und Selbsterkenntnis des einzelnen, der, durch Kino, Sport, weltanschauliche Klubs in der Jugendbewegung der Bünde und in der Greisenbewegung des Parlamentarismus, aus diesem Leben flüchtet. Die deutsche Philosophie ist fast immer Flucht. Die Leute wollen die harte, die unbequeme Wahrheit nicht hören — sie nehmen sie dem Sager übel. Die Unternehmer nehmen sie übel, weil sie eine Sicherheit schwinden fühlen, die längst nicht mehr vorhanden ist — so gewaltsam trumpft nur auf, wer den Boden unter sich wanken fühlt wie diese verkleideten Faschisten; die Angestellten, weil sie, Herr für Herr und Fräulein für Fräulein, ihr Schicksal wenigstens für ihre Person zu lösen glauben, wenn sie sich mit dem Chef gut stellen, wenn sie abends einen Smoking anziehen und wenn sie Sonnenblumen am Siedlungshäuschen ziehen. So gehts nicht.

Es fehlt uns die Röntgen-Fotografie des Volkes, wie es heute ist. Die deutsche Wandlung? Flaubert notierte im ‹*Bouvard und Pécuchet*› als Prototyp eines Gemeinplatzes: «Unsere Zeit ist eine Übergangszeit.» Alle Zeiten sind das.

Wenn der Deutsche sich selber einmal klar erkennt: seine wirtschaftliche und seine seelische Lage, wenn er die innere und die äußere Revolution wirklich will und damit etwa die Hälfte von dem, was er ist, zu überwinden trachtet: dann und nur dann kann er, dem von außen nicht geholfen werden kann, sich selber helfen.

PAUSE AUF DEM TÖPFCHEN

Wenn einer und er kommt mit einem Freunde zusammen, den er lange nicht gesehen hat, und sie unterhalten sich so eifrig und recht beflissen, einander nun alles, aber auch alles mitzuteilen, was sich in der Zwischenzeit ereignet hat (es können auch weibliche Freundinnen sein), und wenn sie dann so mittendrin sind im Gerede, im Geruddel, im Geklatsch und im Gekakel, dann kann es wohl geschehn, daß der andre zum einen oder der eine zum andern sagt: «Wart mal — einen Moment!» und geht hinaus, wo die weißen Handtücher hängen und die Badelaken, und da hält er sich dann auf und überdenkt es sich. Der andre überdenkt es sich auch.

Und wenn dann der gegangen Seiende wieder ins Zimmer tritt,

dann hat sich bei beiden so viel Neues angesammelt, das ihnen unterdessen eingefallen ist, sie müssen es sich nun ganz schnell mitteilen, so daß sie übereinander herfallen wie die Gack-Gack-Enten, und sie müssen ganz schnell sprechen, beide zugleich, und sich überbieten, wer schöner kann und wer lauter — und es ist ein großes Einvernehmen, das da anhält, na, mindestens bis zum nächsten Morgen.

Merk: Aufs Töpfchen gehn fördert die Freundschaft.

Merk: es gibt nur eines, das die Freundschaft noch mehr fördert:

Den Freund nie auf die Probe zu stellen, die Freundin nicht, niemand. Denn einer, der sein Leben lang einen Lederbeutel voller bunter Steine hütet, die er für Edelsteine hält, der ist reich. Auch, wenn es bunte Glasstückchen sind. Er darf nur den Beutel nicht aufmachen.

Gott erhalte uns die Freundschaft. Man möchte beinah glauben, man sei nicht allein.

DIE POINTENWIEDERHOLER

Manchmal, im Theater ... immer im Theater sitzen da zwei ältere Damen, vor denen habe ich eine furchtbare Angst. Ich sehe sie mir schon, bevor der Vorhang aufgeht, daraufhin an, ob sie es sind. Ja, sie sinds. Sie gehören zur Familie der Pointenwiederholer.

Mein Billett habe ich nur einmal bezahlt — doch, ich bezahle meine Billetts immer. Man kann dann hinterher besser schimpfen. Überhaupt, die Unabhängigkeit der Theaterkritik ... da hatte ich mal einen Onkel Paul (folgt eine lange Geschichte von Onkel Paul, die kein Mensch wissen will. Gestrichen). Mein Billett habe ich einmal bezahlt — aber das Stück höre ich zweimal.

«So bohr ich denn in dies verruchte Weib mein Schwert!» sagt Kortner, und da hat er ganz recht. Links von mir zischelt Fräulein Klacksmann zu Frau Pinselbrenner: «So bohr ich denn in dies verruchte Weib mein Schwert!» Und sie zischelt es deutlich, sauber artikuliert, schön laut, damit die andern Leute auch etwas davon haben. Warum sie das tut, ist nicht ganz klar. So viele schwerhörige Begleiterinnen kann es nicht geben. Es muß wohl so sein, daß manche Leute nicht so richtig zuhören können. So wie andre maulfaul sind, so sind sie ohrenfaul. Und da haben sie sich denn ein Privat-Theater ins Theater mitgebracht. Und das Privat-Theater sagt alles noch mal.

«Sieht Ihre Schwiegermutter vielleicht aus wie ein Edamer Käse?» fragt der Komiker. Ungeheure Heiterkeit. Aber deutlich, klar und deutlich mit allen ss und rrs, höre ich neben mir: «Sieht Ihre Schwiegermutter vielleicht aus wie ein Edamer Käse?» Und dann erst lacht die Frau Pinselbrenner — denn warum sollte sie vorher lachen? Vorher hat sie nichts verstanden. Sie geht nach.

Daß im Kino immer mindestens einer seiner Braut alle Titel laut vorliest, kann ja kaum noch vorkommen, weil wir doch jetzt den Tonfilm haben, wo die Titel laut gesprochen werden; wobei zu bemerken wäre, daß die alten Titel meist besser waren als jetzt der Text. Aber warum im Theater die Pointenwiederholer ihr Wesen treiben ... Ich habe mir darüber so meine kleinen Gedanken gemacht: man denkt ja manchmal nach, wenn man auch im ernsten Berufsleben steht – aber man macht sich doch so seine Gedanken ... und dies ist meine Theorie:

Es muß Menschen geben, die etwas erst dann richtig aufnehmen, wenn sie es selber gesagt haben. Sie täten auch Herrn Einstein seine Theorie nicht glauben, bis sie sie nicht selber aufgesagt haben. Und da führen sie denn das ganze Stück noch einmal für ihre Ohren auf, und dann, dann erst haben sie alles richtig kapiert. Es ist nicht so sehr ein Liebesdienst, den sie dem andern erweisen – sie bringen das Stück für sich selber ins reine. Und klappern den ganzen Abend über mit dem Text nach. Dabei müssen sie sich sehr beeilen, weil es doch oben auf der Bühne weitergeht, und daher sagen sie die Sätze mitunter sehr rasch, schleifend, hopphopphopp – mit einem kleinen Lachgluckser in der Kehle, und dabei gewinnt der Text sehr. So möchte ich auch einmal aufgesagt werden – ach, muß Ruhm schön sein!

Für uns ist das aber gar nicht schön.

Es ist schon schlimm genug, daß man gewisse Stücke überhaupt einmal hören muß, denn so, wie es Stücke gibt, die sich für keine Premiere eignen, so gibt es wiederum welche, die eignen sich nur für eine Premiere – für die Premieren, wo der Klub der Harmvollen versammelt ist: jene, denen mies ist vor Berlin, vor sich selber und vor dem Theater, und die das dadurch dokumentieren, daß sie dauernd dahin laufen, wo sie alles drei zusammen haben können. Ich bin noch nie in einem Löwenkäfig gewesen. Aber ich bin schon mal in einer berliner Premiere gewesen. Ja, und diese Stücke müssen wir nun alle doppelt hören, weil doch Fräulein Klacksmann der Frau Pinselbrenner das Stück erzählen, erklären und wiederholen muß – und wenn wir Glück haben, dann hören wir es dreimal, und es kostet gar nicht mehr: das ist gratis. Manchmal hört man auch noch die Souffleuse, und dann ist es wie in einem akustischen Spiegelkabinett.

Wenn Sie heute abend ins Theater gehen: denken Sie bitte an mich. Und wenn die beiden Pointenwiederholer wieder dasitzen, dann drehen Sie sich nicht um und sagen Sie nicht: «Pst!» – Sie nähmen den Leuten ihr tiefstes Vergnügen an der dramatischen Kunst. Denn wie heißt es beim Dichter so schön? «Du mußt es dreimal sagen!» (Das Echo: «Du mußt es dreimal sagen!» – Das Doppelecho: «Du mußt es dreimal sagen!»)

Neulich, da gab Pallenberg in Hamburg, der süßen Stadt, ein Gastspiel. Ich hin. Denn seine heimschen Künstler soll man ehren. (Das Echo: «Denn seine heimm'schen Künstler soll man ehren!») Und da saßen auch zwei solche Pointenwiederholerinnen neben mir. Im zweiten Akt aber zog ich meine Tabakpfeife aus der Tasche, hielt das Mundstück meiner Nachbarin vor die Brust und flüsterte streng, aber gerecht: «Wenn Sie noch ein einziges Wort sagen, sind Sie ein Kind des Todes.» Die beiden Damen sind die einzigen Personen im Theater gewesen, die nicht über Pallenberg gelacht haben. Und nach dem Theater bin ich sehr schnell nach Hause gegangen, weil ich noch viel Geschäftliches zu erledigen hatte.

Zieht ihnen das Trommelfell über die Ohren! Schlagt sie tot — das Weltgericht fragt euch nach den Gründen nicht! Amen.

GERÜSTE! GERÜSTE!

Wenn eine Gegend so trostlos und verlassen ist, daß es selbst die Gemeindeverwaltung aufgegeben hat, dem Bürgermeister zuzusetzen: er solle doch nun endlich Handel und Wandel eintreten lassen; wenn niemand handelt und niemand wandelt und wenn nichts vorwärtsgeht: — dann sollte man mich engagieren. Nicht, daß ich etwas zu tun gedächte. Das wäre gegen die Familientraditionen. Mein Vater war Geheimrat bei der bayerischen Gesandtschaft in Pasewalk — wir Panters arbeiten nicht. Aber engagieren sollte man mich doch: denn wo ich hinkomme: da wird gebaut.

Unter den vier Geräuschen, die meine häufigen Eingaben an den lieben Gott, den Menschen Ohrenlider anzuschaffen, hervorgerufen haben, ist eins, das mich verfolgt, wohin ich auch komme: da ist das Geräusch von Hämmern auf Holz oder Stein. Die Hämmer treffen mein Gehirn, dahinein wird gehämmert, und dann soll unsereiner noch imstande sein, die deutsche Politik zu verstehen ... Klopfklopfklopf ... macht es. Überall.

In Berlin wundert das keinen. Denn soweit das berliner Auge reicht, stößt es immer auf mindestens drei Gerüste. Man freut sich ja bei diesen schlechten Zeiten schon, wenn sich überhaupt etwas regt, und ferne sei es von mir, ernsthaft gegen die Gerüste etwas zu sagen. So kommt wenigstens Geld unter die Leute. Aber die Sucht der Unternehmer, alles — o göttlicher Pleonasmus! — ‹neu zu renovieren›, und die Sucht der Kunden, um Himmels willen nicht in ein Lokal zu gehen, das seit zwei Jahren brav und bieder und sauber dasteht, haben diese Gerüste ins Dasein gerufen — es ist ein Kaleidoskop: neue Steinchen kommen nicht hinzu, aber die alten präsentieren sich in schöner Abwechslung.

Und wenn Gerüste gebaut werden, dann wird geklopft. Diese berliner Gerüste haben mir in den Jahren 1920—1924 zerstört:

‹Die Liebe im Heuhaufen›, ein Pubertätsdrama;

‹O Mensch!›, ein brüderlicher Schrei in 3 Akten;

Cäsar, Wallenstein, der Hauptmann von Köpenick: drei Soldaten (Biografie).

Kann einer arbeiten, wenn es immer am Hause klopft? Er kann es nicht. Da floh ich nach Paris.

In Paris kann man keine Wohnungen mieten — man muß sie heiraten. Es mag ja vorkommen, daß ein Fremder, frisch von der Gare du Nord, die jüngste Tochter des Duc de Grammont zur Frau bekommt — aber es ist noch nie vorgekommen, daß ein Fremder, der nicht über ein kaiserlich-republikanisches Vermögen verfügt, so mir nichts dir nichts in Paris eine Wohnung bekommen hat. (Vergleiche hierzu mein Handbuch ‹Auf der Wohnungsjagd durch Paris; Abenteuer im Asphaltdschungel›.) Also ging ich in die ‹banlieue›, welches Wort die Leute gern mit ‹Bannmeile› übersetzen, was aber ‹Vororte› heißt.

Die Bautätigkeit der pariser Vororte hat sich sofort entsprechend gehoben. Kaum war ich da, so wurde gebaut und gekarrt, gezimmert und geklopft, daß es eine Freude war. Mich kostete das:

‹Auf Druckposten in Feindesland›, ein Kriegsroman;

‹Agathe, die Puppe schreit!›, eine Gesellschaftskomödie;

Zwei Friederiken: Sesenheim und Kempner (Biografie).

Kann einer arbeiten, wenn überall geklopft wird? Er kann es nicht. Und da floh ich nach Schweden.

Nach Schweden, wo die Lappen im Walde heulen und wo ein stiller Bach von Schwedenpunsch durch die Gegend gluckert; wo blonde Frauen mich ansehen und sagen: «Auf Sie haben wir hier grade gewartet!» — nach Schweden . . .

Ich wohne in einem tiefen, tiefen Wald — keines Menschen Fuß hat ihn je betreten, sagt er; und ich klappte die Maschine auf und probte die Hebel und spannte ein Blatt ein und setzte an:

‹Die deutsche Inflation›, Panoptikum in achtundzwanzig Bildern — denn man muß der Kundschaft liefern, was die Kundschaft begehrt; das ist ein alter Literatur-Grundsatz, und darum schreiben sie bei uns auch immer alle dasselbe.

Aber kaum hatte ich das Personenverzeichnis fertig, das ich mühsam aus den alten Jahrgängen der *‹Vossischen Zeitung›* abgeschrieben hatte, da sträubten sich meine Ohren: man klopfte. Im Wald wurde geklopft! Ich stürzte ans Fenster.

Himmelkreuzmillionenmohrenundmarkgrafenstraßenecke! Da standen doch wahrhaftig die Arbeiter, die mich durch die ganze Welt verfolgen, und hackten und kratzten und bauten und hämmerten und karrten und klopften! Ich raus. «Was macht ihr hier?» fragte ich sie.

Nun ist schon einmal bei Stockholm ein kleiner Hund davongelaufen, weil ich Schwedisch gesprochen habe . . . Die Arbeiter ließen alles stehen und liegen und traten neugierig näher. Sie billigten meine Sprachversuche; dergleichen hatten sie noch nie gehört. Ich blätterte in meinen Wörterbüchern. «Hvad tillverka ni här?» buchstabierte ich. Und da sagten es die Leute.

Sie bauten dort ein Sanatorium für Leute, die der Ruhe pflegen wollten. Eins für Nervöse. Eins für ganz Stille.

Und da lehnte ich meinen Kopf an eine zu diesem Zweck angebrachte Buche und weinte bitterlich.

Wohin ich komme —: da wird gebaut. Wie soll ich da das Buch meines Lebens schreiben:

Was ist und zu welchem Ende studieren wir die Liebe —?

LIED DER COWGOYS

«Damn!»
Rudyard Brecht

Ramm! — Pamm!
   Ramm — pammpammpamm!
Wir stammen vom Mahagonny-Stamm!
Wir sind so fern und sind so nah!
Wir stammen aus Bayrisch-Amerika.
   Ahoi geschrien!
Wir sind keine Wilden — wir tun nur so!
Wir haben Halbfranz auf dem Popo!
Und wir sind auch nicht trocken — gar keine Spur, ah . . .!
   In Estremadura!
      In Estremadura!
         In Estremadura —!

Ramm! — Pamm!
   Ramm — pammpammpamm!
Exotik als Literaturprogramm:
Das ist bequem und macht keinen naß
und tut keinem Kapitalisten was.
   Remington backbord!
Wir sind bald lyrisch und sind bald roh.
Wir fluchen am Kreuz und beten im Klo.
Und jeder von uns singt so schön wie Kiepura!
   In Estremadura!
      In Estremadura!
         In Estremadura —!

Ramm! – Pamm!
  Ramm – pammpammpamm!
Auf dem Hintern da prangt uns ein Monogramm.
Da prangt Bert Brecht – frag nicht nach dem Sinn –
sonst halten wir dir unsern Hintern hin.
Und klappt es nicht mit des Dramas Lauf:
dann sagen wir rasch ein Sprichwort auf.
Auf dem Rücken der Pferde, da liegt unser Glück . . .
God save the Queen mit Goldmundstück!

Wir sind das Ideal des Herrn Cohn,
und wir sind das Produkt einer Generation.
Und wenn einer gar keine Freiheit hat –:
Unsre Freiheit hat er, und die macht ihn satt.
Wir sind und bleiben allzumal
ein geronnenes Großstadt-Ideal!
Berittene Bürger. Ein dreifaches Huhra!
  Nach Estremadura!
    Nach Estremadura!
      Nach Estremadura!

SCHNIPSEL

Arbeiter stehen im Klassenkampf, Angestellte stehen im Gezänk der Kasten.

Das Ideal eines höhern Angestellten ist, so viel zu verwalten und so wenig zu tun zu haben, daß er schon beinah einem Beamten gleicht.

Der Angestellte hat keine marxistische Erkenntnis; er ist nur persönlich beleidigt. Ein denkender Arbeiter sieht in seinem Schicksal das Schicksal seiner Klasse; ein Angestellter sieht im andern nur den Konkurrenten. Im Augenblick, wo er selber eine Zulage oder gar die Handelsvollmacht bekommt, ist die Frage des Klassenkampfes für ihn entschieden.

Der dicke Assistenzarzt sagte zu mir: «Es ist doch ein großer Vorteil für mich, fünf Sprachen zu sprechen. Damit kann man überall Hotelportier werden.»

Er kaufte sich eine Hundepeitsche und einen kleinen dazugehörigen Hund.

Der Angestellte lebt von seinem kärglichen Gehalt sowie von der durch nichts zu erschütternden Überzeugung, daß es ohne ihn im Betriebe nicht gehe.

In Ascona, wo die Verdrehten wild vorkommen, fragte einst ein Fremder einen Tessinesen, wer denn diese blassen Fresken an der Kirchhofsmauer geschaffen habe. «Ein vegetarischer Maler», sagte der Mann.

Sie ließ sich beizeiten von ihm scheiden, weil er Witze um die entscheidende Nuance zu langsam erzählte.

Wenn man nach fünftägiger Bekanntschaft zu einem Menschen sagt: «Sie haben etwa den und den Charakter — also werden Sie wohl das und das Schicksal haben»: das glaubt er nicht.

Wenn man ihm aber dasselbe aus der Hand weissagt: das glaubt er.

Das beste Wort über künstlerische Wirkung stammt von S. J. «Erfolg ist Mißverständnis», sagte er.

Liebe ist, wenn sie dir die Krümel aus dem Bett macht.

DIE REDENSART

Als Friedrich, August von Sachsen,
noch saß auf seinem Thron,
da tät die Empörung wachsen —
horch, horch — die Revolution!
Im Schloß erschrak man nicht wenig,
der Kammerherr wurde ganz blaß.
Da sagte der gute Geenij:
«Ja, dürfen die denn das —?»

Der Satz hat sich eingefressen.
Ich sag ihn bei Tag und bei Nacht.
Ich sag ihn bei Jungdo-Adressen,
ich sag ihn, wenn Hitler was macht.
Ich sag ihn, wenn Mädchen sich lieben,
und wenn einer reizt mit dem As,
und wenn sie um Schleichern was schieben:
«Ja, dürfen die denn das —?»

Wie die Deutschen so tiefsinnig schürfen!
Jeder Mann ein Berufungsgericht.

Nur wer darf, der darf bei uns dürfen —
die andern dürfen nicht.
Und sitzt in der peinlichsten Lage
der Deutsche, geduckt und klein —:
dann stellt er die deutscheste Frage
und schläft beruhigt ein.

HERR WENDRINER STEHT UNTER DER DIKTATUR

— «Stieke —!

Ich hab dir doch gesagt, du sollst nicht so laut reden. Vorm Kino stehn SA-Leute . . . siehste doch. Steig aus. Wieviel macht das? Es wird schon nicht regnen . . . das hält sich. Komm rein. Und halt jetzt den Mund. Verzeihen Sie, bitte . . . Sei jetzt still. Welche haben wir denn . . .? Erste Reihe — is ja famos. So — den Mantel dahin, deinen . . . gib mal her.

Reklamefilms. Das ist ein Reklamefilm. Ach, den haben wir schon gesehn — das . . . Regierer —! Na, das ist aber komisch! Wie kommen Sie denn hierher? Was, in die Loge? Na ja, feine Leute . . . hähähä . . . So, das sind Steuerkarten. Ach? Du, Regierer hat noch zwei Karten frei, die hat er nicht verwenden können. Welsch kommt auch noch. Gehn wir doch in die Loge. Warten Sie, wir kommen zu Ihnen rüber . . . hier . . . nimm mal den Mantel . . . So. Hier kann man wenigstens reden.

Wochenschau war eben. Parade in Mecklenburg. Gut besetzt, was? . . . Eine Menge Miliz ist da — wissen Sie, daß einem direkt was fehlt, wenn die nicht im Saal sind? Ja. Man ist so daran gewöhnt . . . Man sieht übrigens sehr gute Erscheinungen darunter. Gott, ich finds einkich ganz nett. Nich wah, Hanne? Direkt feierlich. Ja. Na, Regierer, was sagen Sie denn nu so —? Was? Man wird doch da sehn? Das sag ich auch immer. Wissen Sie: ich finde das alles nicht so schlimm. Wann haben wir uns zum letztenmal gesprochen? Vor zwei Monaten . . . im September . . . Na, sehn Sie mal an . . . erinnern Sie sich noch, was das für eine Panik damals war? Man ist ja direkt erleichtert, seitdem . . . man weiß doch wenigstens, wo und wie. Na, das war eine Stimmung, damals . . . meine Frau hat mich vier Tage ins Bett gesteckt, so runter war ich. Wer hat denn das auch erwarten können! Man hat doch hier am Kurfürstendamm vorher gar nichts gesehn! Nein. Sehn Se — das ist Gebühr, Otto Gebühr. Dem solln neulich die Franzosen einen Antrag gemacht haben, er soll den Napoleon spielen. Hat er nicht angenommen. Er spielt bloß den Doktor Goebbels, hat er gesagt, und allenfalls noch den Fridericus. Guter Schauspieler. Hat jetzt seine große Zeit. Doch — das hab ich auch! Ich habe . . . ich habe damals Staatspachtei gewählt, weil eben damals einer die Verantwortung tragen mußte . . . und die Einstellung der Partei hat eben die Perspektiven richtig gesehn. Ja. Hat Welsch wirklich Zentrum gewählt? Meschugge. Ich wern nachher fragen. Jedenfalls: so schlimm ist es gar nicht. Ich habe einen Geschäftsfreund aus Rom gesprochen, der hat gesagt: Dagegen wäre es hier direkt frei. Sie haben doch auch den gelben Schein? Wir haben den gelben Schein, natürlich. Zehn Jahre? Ich wohn schon über zwanzig Jahr in Berlin; da habe ich ihn sofort gekriegt. Pause! Stieke —! Nu sehn Sie sich mal diesen schwarzen Kerl da unten an! Wahrscheinlich ein Ostjude ... wissen Sie, denen gegenüber ist der Antisemitismus wirklich berechtigt. Wenn man das so sieht! Ekelhafter Kerl. Wundert mich, daß er noch hier ist und daß sien noch nicht abgeschoben haben! ... Na, ich kann nicht klagen. In unsrer Straße herrscht peinliche Ordnung ... wir haben da an der Ecke einen sehr netten SA-Mann, ein sehr netter Kerl. Morgens, wenn ich ins Geschäft gehe, geb ich ihm immer ne Zigarette — er grüßt schon immer, wenn er mich kommen sieht; meine Frau grüßt er auch. Was hat man Ihnen? Was sagt Regierer? Sie haben ihm den Hut runtergeschlagen? Wobei? Ja, lieber Freund, da heben Sie doch den Arm hoch! Ich finde, wenn die Fahne nu mal unser Hoheitszeichen ist, muß man sie auch grüßen. Stieke —! Pulverfaß ...! Pulverfaß ...! Meinen Sie, ich fühl mich ganz sicher? Jeden Vormittag klingelt mich meine Frau im Geschäft an, ob was is. Bis jetzt war nichts. Sehr gut war das ehm, haben Sie das gesehn? Wie der sich blind gestellt hat, dabei ist er taub? Na, ich will Ihnen was sagen ... Du sollst doch den Namen nicht so laut nennen! — ich will Ihnen mal was sagen: Der H. — wenn er auch aus der Tschechoslowakei ist — der Mann hat sich doch hier glänzend in die deutsche Psyche eingelebt. Na, jedenfalls herrscht Ordnung. Also, Ordnung herrscht mal. Sowie Sie Staatsbürger sind und den gelben Schein haben, also Schutzbürger, passiert Ihnen nichts ... darin sind sie konsequent. Das muß man ja sagen: aufgezogen ist das ja glänzend. Phantastisch! Was? Neulich auf dem Wittenbergplatz? Wie sie da mit ihren Fahnen und mit der ganzen Musik angekommen sind. Unterm Kaiser war das auch nicht bess ... Welsch— Na, 'n bißchen spät! Der halbe Film ist schon vorüber. Setzen Se sich mal dahin ... nicht auf meinen Hut! Setzen Se sich auf Regierers Hut ... der is nich mehr so neu!

Na, Welsch — was tut sich? Zeigen Sie mal ... jetzt bei Licht kann ich Sie besser sehn! Sehn gut aus! Sie, is das wahr, daß Sie Zentrum ... da kommen zwei Leute vom Dienst. Stieke! ... Is das wahr, daß Sie Zentrum gewählt haben? Meschugge. Na ja — das Zentrum hat seinerzeit den Karewski auf die Liste gesetzt; das sind doch jüdische Sachen. Wir ... Nich so laut! Vor allem leise! Machen Sie mir keine Unannehmlichkeiten — dazu sind die Zeiten zu ernst. Schließlich haben die Leute ganz recht, wenn sie in der Öffentlichkeit von uns Haltung verlangen. Da haben sie ganz recht. Jetzt fängts wieder an. Das ist Kortner ... sehn Se, den lassen sie auch auftreten ... Ich sage nehmich grade: so schlimm is es gar nicht. Nicha? Find ich auch. Hübsche Person — gucken Se mah. Wir haben grade von H. gesprochen. Bei dem weiß man wenigstens: er geht eim nich ann Safe. Bei den Kommunisten weiß ich das nicht. Oder vielmehr ... ich weiß genau, was da rauskommt. Na, vorläufig können sie sich ja nich rührn; die sind ja plattgehauen. Ist ihnen ganz recht. Lieber Welsch, der Politiker hat da zu stehn, wo grade der Erfolg ist. Sonst ist er überhaupt kein Politiker. Und der Geschäftsmann auch. Das ist Realpolitik. Der eine macht die Politik, und der andre macht die Realien. Sehr richtig.

Nochmal Wochenschau? Na gut. Stieke —! Du sollst doch bei diesen Bildern nichts sagen! Laß doch den Leuten ihr Vergnügen — so schlimm ist das alles nicht. Sogar ein sehr gutes Bild ... wir haben ihn neulich ganz aus der Nähe gesehn; er stand da mit seinen Unterführern ... Nein! Goebbels ist doch raus ... wissen Sie das nicht? Riesig populär sogar. Vielleicht grade deswegen. Der H. paßt ja sehr auf. Der Goebbels hat im Wintergarten auftreten wollen ... aber sie ham ihm die Konzession nicht gegeben.

Heute wars 'n bißchen schwächer. Bißchen schwächer. Warum —? So könn Se bei der Börse doch nicht fragen! Die Börse hat eine Nase ... da frägt man nicht warum. Die Leute haben eine sehr feine Witterung —: wenns gut geht, sind sie stille und verdienen alleine, und wenns schief geht, machen sie die andern meschugge. Die haben hinterher noch immer genau gewußt, was passiert ist! Reizendes Bild, sehn Se mah an! Nu sehn Se mal, haben Sie das gesehn —? Wie die französischen Soldaten da alle durcheinander laufen ...? Na, das könnte bei uns ja nicht passieren! Ja, also ... wenn auch manche noch so mäkeln —: ich finde, die Sache hat doch auch ihre guten Seiten. Wieso? Wieso denn? Was hat das mit dem Krieg zu tun? Was hat der Youngplan mit dem Krieg zu tun? Laß mich! Haben wir den Krieg gemacht? Wir haben bloß Hurra geschrien. Und nachher haben wir keine Butter mehr gehabt. Ach, erzähln Sie mir doch nichts! Seit wann muß denn ein Volk für einen verlorenen Krieg auch noch bezahlen! Schlimm genug, daß wirn verloren haben; die andern haben ihn gewonnen, solln dien doch bezahlen! Lieber Welsch ... ich habe ... ich bin ... Stieke —!

Ich habe ... Lieber Welsch ... ich habe gewisse Sachen genau so erwartet wie Sie. Na ja, und seit ich sehe, daß das eben nicht ist, sehe ich, daß dieses System doch auch seine guten Seiten hat. Ich meine, es hat seine geschichtliche Berechtigung — laß mich! Das kann man nicht leugnen. Es hat seine ... also ich meine, die Stadt hat doch auch ein andres Gesicht. Und die Fremden kommen auch schon wieder, weil sie ehm neugierig sind. Ich muß sagen: die Leute haben was. Ich weiß nicht, was ... aber sie haben was.

Aus. Na, gehn wir. Ach so ... noch das Wessel-Lied. Steh auf. Was soll man tun: man muß das mitmachen. Die Engländer singen auch immer nach dem Theater ihre Nationalhymne, na, und wir Deutschen singen eben ein andres Lied ... Marschieren im Geist in unsern Reihen mit ... Na, schön.

Verzeihn Sie bitte ... Tz ... tz ... tz ... es regnet. Nu regnets doch. Warte mal — vielleicht kommt 'n Wagen. Stell dich da mal inzwischen unter; ich wer schon aufpassen. Das ist kein Sturmtruppführer, das ist ein Gauführer ... ich kenn doch die Abzeichen. Stell dich doch unter! Wenn es regnet, soll man sich unterstellen. Haben wir nötig, naß zu werden? Laß die andern naß werden. Da kommt der Wagen.

Stieke —! Steig ein.»

DER SCHIEFE HUT

Einmal — das war in den Ferien und ist noch gar nicht lange her —, da wohnte ich in einer Pension bei Luzern und sah auf den grauen See. Es war ein trübes Wetter, und ich dachte: I, dachte ich, das Pferderennen da unten wird auch nicht sehr lustig ausfallen. Vielleicht war es gar kein Pferderennen — es kann auch ein Wettspringen gewesen sein. Ich weiß nicht viel von diesen Dingen; wenn man mich reiten gesehn hat, dann versteht man, was das ist: Pazifismus. Wo beim Pferd der Kopf ist, da ist vorn ... mehr weiß ich nicht, und so werde ich nie einen jener hochfeinen Gesellschaftsromane schreiben, bei denen der kleine Angestellte vergessen soll und vergißt, wohin er gehört. Klassenkampf? Hängt doch den Leuten einen geliehnen Frack auf die Hintertreppe, dann werden sie den Klassenkampf schon vergessen. Ja, also Luzern.

Da saß ich und sah, wie sich der kleine Saal allmählich mit den Gästen füllte, die hier ihr Abendbrot essen wollten. Da war Frau Otto aus Magdeburg, die sah aus wie die protestantische Moral. Die Moral hatte eine Tochter ... wenn man sich schon von der Mutter schwer vorstellen konnte, wie sie zu einer Tochter gekommen war, so konnte man sich von der Tochter gar nichts vorstellen, und man wollte das auch nicht. Dann war da der Direktor Zuegli, aus irgend einem schweizer Ort, der der Aussprache nach im Kehlkopf liegen mußte; dann eine fromme Dame aus Genf, die so fein war, daß sie kaum mit sich selbst verkehrte; dann ein alter österreichischer Adliger, der aussah wie Kaiser Franz Joseph und das Personal ebenso unfreundlich behandelte wie jener es wahrscheinlich getan hat ... da kam Frau Steiner.

Frau Steiner war aus Frankfurt am Main, nicht mehr so furchtbar jung, ganz allein und schwarzhaarig; sie trug Abend für Abend ein andres Kleid und saß still an ihrem Tisch und las feingebildete Bücher. Ich will sie ganz kurz beschreiben: sie gehörte zum Publikum Stefan Zweigs. Alles gesagt? Alles gesagt.

Und da kam nun Frau Steiner, und ich erkannte sie gar nicht wieder. Ihre vornehmen frankfurter Augen blitzten, eine leise Röte, die nicht von Coty stammte, lag auf ihren Wangen, und ihr Hut . . . Der Hut saß um eine Spur, um eine winzige Nuance, um ein Milligramm zu schief. Er saß da oben, so: «Hoppla! Wir sind noch gar nicht so alt! Wenn wir auch eine erwachsene Tochter haben! Das Leben ist doch goldisch!» Was war da geschehen?

Frau Steiner war auf dem Pferderennen gewesen. Sie sagte das zu ihrer Nachbarin, der Frau Otto aus Magdeburg. Und sie erzählte, wie reizend es dort gewesen sei, und wie hübsch die Pferdchen gesprungen seien, und wie nett die Gesellschaft . . . Aber das dachte sie nicht, während sie erzählte. Ihr Hut sagte, was sie dachte.

Der schiefe Hut sagte:

«Wir haben junge Männer gesehn! Sie haben so stramm zu Pferde gesessen, die Schenkel an den Sattel gepreßt, stramm und locker zugleich. Wir haben uns jung gefühlt — oh, so jung! Das ist doch erlaubt! Wir haben uns gedacht: jeden von diesen jungen Männern könnten wir glücklich machen! Wenn es drauf ankäme! Es ist aber nicht drauf angekommen. Wir haben uns wunderbar unterhalten: im Hellen mit den Leuten auf der Tribüne, und im Dunkeln mit den Reitern. Die schönen Pferde — haben wir gesagt. Gedacht haben wir nichts, aber gefühlt haben wir. Es war wie Sekt.»

Das sprach der Hut. Die Frau hatte sich keineswegs lächerlich gemacht, es war eben nur die winzige Kleinigkeit, um die der Hut zu schief saß. Denn ein junger Mensch darf sich unbesorgt verliebt geben — ein alter Mensch aber muß sehr vorsichtig damit sein, für den Fall, daß es einer sieht. So sind auch unsre Mamas manchmal nach Hause gekommen, von einem Ball oder einem Tee, mit glänzenden Augen, und wir haben uns gewundert, wie verändert sie waren, und was sie wohl hätten.

Es war Licht, das in einen Tunnel gefallen war. Geblendet schloß die Getroffene die Augen und dachte einen Augenblick an ein Leben, das sie zu führen wohl legitimiert sei und das sie nie geführt hatte.

AUSSAGE EINES NATIONALSOZIALISTEN VOR GERICHT

«Ich möchte den Eid in der religiösen
Form ablegen. Ich schwöre — daß ich
die reine Wahrheit sagen — und nichts verschweigen — und nichts hinzusetzen werde.
So wahr mir Gott helfe!»

Wir standen da vor Klippermanns Lokal
und dachten weiter gar nichts Schlimmes –
wir stehn so harmlos da ... Mit einem Mal –
ich sag noch zu Parteigenossen Kimmes –
ich sage: «Kimmes!» sag ich – «wir gehn bald
jetzt Blümchen pflücken in den grünen Wald ...»
Auf einmal kommen da die Kommunisten –
acht oder hundert Stück ... ich weiß genau!
und schlagen auf uns los und machen Kisten –
an ihrer Spitze eine wilde Frau!
Wir mußten alle rasch in Deckung gehn.
Ob wir geschossen ...?
Ich hab nichts gesehn.

Der eine Kommunist trug in der Linken
ein typisch russisches M.G.:
mit seiner rechten Hand, da tät er winken –
der andere Trupp stand vorn auf der Chaussee.
Zwei Kommunisten sangen freche Lieder.
Wir waren harmlos, ruhig, doch empört ...
Ich kenn die Angeklagten alle wieder –
Ob was ...? Geschossen ...?
Ich hab nichts gehört.

Wir gehn ja immer leis und sanft von hinnen.
Wir trinken Milch, weil das die Muskeln stärkt.
Gestochen ...? wir ...? Ich kann mich nicht besinnen.
Mit einem Dolch ...? Ich habe nichts bemerkt.
Wir sind die friedlichste und stillste Blase.
Wir schwören vor den Schranken des Gerichts.
Man glaubt uns gern. Mein Name, der ist Hase:
ich weiß von nichts – ich weiß von nichts.
Der Kommunist wird feste arretiert.
Wir haben alles sauber einstudiert ...
Beweisen Sie uns mal das Gegenteil!
So wahr mir Gott helfe.
Hitler Heil!

GEBRAUCHSANWEISUNG

Erfahrungen vererben sich nicht – jeder muß sie allein machen. Jeder muß wieder von vorn anfangen ... Nun fängt ja keiner ganz von vorn an, weil in jedem Menschen vielerlei Erfahrungen aufgestapelt sind: zwei Großväter, vier Urgroßväter, achtzehn alte Onkel, dreiundzwanzig Tanten, Ur-Ur-Ur-Ur-Ahnen ... das trägst du alles mit dir herum. Und manchmal, wenn du grade einen Entschluß faßt, dann entscheidet in Wahrheit dein im Jahre 1710 gestorbener Ur-Ur-Ur-Ur ... Adolf Friedrich Wilhelm Panter, geb. 1675 in Bückeburg — der entscheidet, was du tust. Du gehst nachher herum und sagst: «Ich habe mich entschlossen ...»

Erfahrungen vererben sich selten. Die katholische Kirche hat da so eine Art Erfahrungsschatz aufgespeichert, den sie ihren Adepten, mehr oder minder symbolisch, abgibt — sie profitiert sehr davon. Man kann da viel lernen, wenn man da etwas lernen kann. Aber zum Beispiel bei der Erziehung ...

Da haben unsre Väter gesagt: «Hör auf mich — ich bin ein alter erfahrener Mann ...» Nun, wir haben nicht gehört. Ob zum Schaden oder zum Nutzen, ist eine andre Sache — aber gehört haben wir nicht. Jeder will sich seinen Schnupfen allein holen.

Das kann ihm aber auch keiner verdenken. Es gibt so wenig gute Anleitungen ... Da haben wir nun Bücher, wie man das Autofahren lernt, wie man Bienen züchtet und Küchenpetersilie zieht; wie man sich zum Gewerbeschullehrer-Examen vorbereitet ... für alles das gibt es sehr brauchbare und handliche Werke. Nur, wie man sich mit seinen Mitmenschen am besten verhält — da gibt es weniger brauchbare Bücher.

Es gibt ganze Waschkörbe voll — aber das Zeug ist meist nicht zu brauchen. Diese Bücher moralisieren; sie sagen, wie es sein sollte — nicht: wie es wirklich ist. Das ist sehr schade — hier fehlt etwas.

Die deutsche Literatur ist in diesem Punkt merkwürdig schwach. Oder kenne ich diese verborgenen Schätze nicht ...? Ich lasse mich gern belehren. Im Französischen gibt es da sehr schöne Sachen — besonders aber im Englischen, das sind ja Leute von großer praktischer Lebensweisheit. Wir haben viel Theoretisches, sehr viel Moralistisches — aber wenig gute klare und kurze Kompendien darüber, wie es so im menschlichen Leben ist.

Da liegt nun so ein Neugeborenes ... Ja, wie soll denn das arme Wesen wissen, wie es sich hienieden verhalten soll, wenn man ihm nicht einen Fahrplan in die Hand gibt —? Sagen Sie selbst.

Und dabei gäbe es doch so viel, so unendlich viel Einfaches zu sagen. Und zwar lauter Sachen, die für eine mittlere Ewigkeit hinreichen — denn die Natur des Menschen ändert sich nicht, nur ihre Formen ändern sich. In Balthasar Gracians Handorakel (vom alten Schopenhauer übersetzt) stehen so einige Dinge — wenn man die beherzigt, kommt man schon ein ganz gutes Stück weiter.

Warum schreibt zum Beispiel nicht einmal ein alter gehauter Fuchs, dessen Fell das Leben gegerbt hat, was man alles mit dem Menschen *nicht* tun darf! Wie verletzlich sie sind; wie man sie niemals necken soll; wie man immer so tun muß, als höre man zu (Zuhörenkönnen ist überhaupt die halbe Lebensweisheit) – keiner schreibt einem das auf. Und da machen denn die Leute einen Haufen Dummheiten und wundern sich, daß sie nicht Regierungsrat werden, und wenn sie alt sind und es bei weitem zu spät ist, dann kommen sie langsam hinter den Dreh und halten ihren Kindern lange Vorträge, wie man es machen müsse, um etwas zu erreichen. Und die guten Kinder denken: «Wenn du so klug bist – warum hastn du dann nicht selber . . .?» und wenden sich ab und hören nicht zu. Sie wissen das nicht, daß vom Zuhören . . .

Keiner schreibt es ihnen auf. So ein Büchlein müßte die konzentrierteste Lebensweisheit enthalten, mit einer Aphorismensammlung hat das gar nichts zu tun, beileibe nicht. Es müßten wirklich so goldene Regeln sein, wie etwa die, die der Weltreisende Richard Katz einmal gegeben hat: «Vor jeder großen Reise sich die Zähne reparieren lassen.» Das ist kein Aphorismus – das ist eine (schmerzlich) gewonnene Erfahrung. So ein Buch müßte das sein.

«Sagen Sie . . . Herr Panter . . . was ich sagen wollte: Warum schreiben Sie denn das nicht?» – «Ich? Als wie ich? Werter Herr . . . haben Sie schon mal einen Pokerspieler gesehen, der vor dem Spiel und während des Spieles Ihnen genau erzählt, wie er blufft?

Na, also?»

DIE KARTE FÜR DEN PFIRSICH-MELBA

Wir haben es mit den Schildern. Jakopp hat es außerdem noch mit dem Wasserwerk in Hamburg, Karlchen hat es mit den Mädchen, und ich sehe zu. Aber sonst haben wir es mit den Schildern. Am liebsten hätten wir den Kosmos so, daß an jedem Ding dransteht, was es ist, damit man es weiß. Wir freuen uns immer furchtbar, wenn wir sehn, wie an einem Spucknapf ein Schild hängt: SPUCKNAPF, damit niemand glaube, es sei ein Alligator. Hans Reimann, ein geübter Hausdieb, pflegt solche Schilder zu klauen, seine Wohnung ist voll davon, und er hat sehr schöne. Und es ist auch praktisch und gibt ein beruhigendes Gefühl, gleich überall gedruckt vor sich zu haben, worum es sich handelt.

Wenn also Karlchen zu mir zu Besuch kommt, dann hänge ich ihm eine Zimmer-Ordnung ins Zimmer – immer hübsch ordentlich. Etwa so:

ZIMMER-ORDNUNG

1. Dieses ist ein Zimmer.
2. Das Benutzen dieses Zimmers ist nur zu Wohn- beziehungsweise Schlafzwecken gestattet.

3. Das Mitbringen von fremden Weibspersonen ist fast gar nicht gestattet. Dieselben sind vorher dem Ortskommandanten vorzulegen, der sie überprüft.
4. Das Lärmen, Musizieren, das Handeln mit Apfelsinenkernen sowie das Abbrennen von Feuerwerks- und andern Körpern ist auf dieser Wiese strengstens verboten —

und so fort. Den Vogel aber hat Jakopp abgeschossen.

Jakopp hat einen entfernten Bekannten, der sich als seinen Freund ausgibt, der heißt Arthur. Ein lieber, netter Junge; er baut seit etwa anderthalb Jahren seinen juristischen Doktor, aber wir sagen schon immer «Herr Doktor» zu ihm — weil es ihn freut. Und dieser Arthur nun ißt für sein Leben gern Pfirsich-Melba. Gut.

Du weißt doch, wie Pfirsich-Melba serviert wird? In einer hohen Metallschale . . ., ganz richtig, sie steht auf einem schlanken Fuß, und wenn man nicht furchtbar geschickt damit balanciert, dann glitscht einem immer der Pfirsich aus der gelben Sauce heraus, oder die ganze Geschichte läuft fettiglangsam den schlanken Metallfuß hinunter — ich möchte das nicht bei hohem Seegang essen müssen.

Arthur muß sich sehr darüber ärgern. Und weil er die Welt nicht so zu verlassen wünscht, wie er sie angetroffen hat, so hat er sich zur Aufgabe gemacht, die Lokale, in denen er etwas zu essen bekommt, dazu zu erziehen, ihm den Pfirsich-Melba in einer flachen Glasschale aufzutragen. Das mögen die Leute aber nicht. Ihr wißt ja, wie ein Fachmann ist —: hat er eine Sache zwanzig Jahre falsch gemacht, dann wird sie ein heiliges Ritual, und wir andern haben da nichts dreinzureden. Pfirsich-Melba wird in hohen Schalen serviert, basta. Wems nicht paßt, der bestelle sich Harzer Käse. Den ißt man parterre. Pfirsich-Melba aber erste Etage.

Reden half nicht; bitten half nicht; Trinkgeldversprechungen manchmal. Aber es war wirklich nicht mehr auszuhalten: wo immer man hinkam, da sagte Arthurchen seinen Spruch auf, bevor er sich den Pfirsich-Melba bestellte, und wir konnten es schon alle gar nicht mehr ertragen. Wir lachten — er blieb unerschütterlich. Und er sagte noch dazu immer das gleiche auf, wenn er diese Geschichte anrührte . . .

Und da hatte er Geburtstag.

Auf seinem Geburtstagstisch lag ein kleiner Karton. Er öffnete ihn, neugierig — der Karton kam von Jakopp.

Darinnen lagen, fein säuberlich zusammengebunden, 50 (fünfzig) weiße Kärtchen, und auf jeder stand, hübsch gedruckt, folgendes zu lesen:

Herr Ober! Haben Sie noch einen Pfirsich-Melba? Schön, dann bringen Sie mir den — aber nicht in hohem Kelch, weils da immer so runterkleckert. Ich will das lieber in einer flachen Schale haben, wo es nicht überläuft!

... Daß ich die reine Wahrheit sagen, nichts verschweigen und nichts hinzusetzen werde: Ich habe bei Ehmke in Hamburg gesehen, wie der Doktor Arthur diesen Zettel beim Kellner abgegeben hat. Das Gesicht des Kellners werde ich vor mir sehn, solange ich lebe. Er sah erst den Doktor an, dann den Zettel, dann nochmal diesen Gast ... Dann las er. Dann sah er auf — mit einem in die Weite traumverlorenen Blick — gleich, dachte ich, wird er die Arme in die Höhe werfen und den großen Liebesschrei der Eskimos ausstoßen. Nein. Er grinste. Er faltete den Mund auseinander und grinste. Der Doktor bekam seine flache Schale. Der Kellner hat sich die Karte hoffentlich einrahmen lassen.

Jetzt erhebt sich die Frage:

Wie wäre es, und wir ließen dem Arthur für sein Doktorexamen kleine Antwortzettel drucken —?

GESUNDE UND KRANKE NERVEN

«Versuchen wir die drei großen Systeme: Freud—Adler—Jung möglichst kurz in ihrem innern Wesen (nicht in ihren ausgesprochenen Lehren) zu fassen, so könnte man vielleicht sagen:

In Freuds Forschungsarbeit spürt man überall den heißen Atem der Großstadt. Die Überhelle, die blendende Dialektik gehört dazu. Ein die andern nicht ruhenlassender, selbst nie ruhender Großstadt-Faust.

In der Adlerschen Schule ist überall Kleinstadt; jeder sieht dem Nachbar in die Fenster und kontrolliert eifersüchtig dessen Lebensstandard — wobei die Geltung bei dem andern das Entscheidende ist. Anheimelnde Düfte der Mittelstandsküche in allen Gassen.

Mit Jung ist man weder in der Großstadt noch in der Kleinstadt, da ist man in frischer, freier Alpenluft. Der Mensch als Bergwanderer nimmt zwar zeitweilig einen Führer, im übrigen aber ist er auf sich selbst und die eigne Kraft gestellt — neben ihm Fels und Erde, über ihm strahlender Himmel und kraftspendende Sonne.»

Diese brillante Charakteristik findet sich in einer kleinen Schrift: *‹Gesunde und kranke Nerven›* von Doktor L. Paneth (erschienen in Max Hesses Verlag, Berlin-Schöneberg). Solcher populärer Bücher über diesen Gegenstand gibt es viele — so eines wie dieses habe ich noch nie gesehn.

Man muß den abscheulichen Mißbrauch des psychiatrischen Vokabulariums wie übrigens den Mißbrauch jeder Fachterminologie in Betracht ziehen, um die Reife und Klarheit, die Sauberkeit und gelassene Überlegenheit zu würdigen, die in diesem Bändchen zu finden ist. Es ist ein ABC-Buch, aber nichts ist schwerer zu schreiben als ein Lehrbuch. Lehren heißt: vom innern Reichtum abgeben; man muß am Ende stehen, wenn man andern den Anfang zeigen will.

Paneth, ein berliner Nervenarzt, erklärt zunächst die zeitgegebenen Vorbedingungen der Nervosität und der Neurosen, Jahrgänge 1910 bis 1930. Da ist nichts außer acht gelassen, und alles ist gesagt: die wirtschaftlichen Umstände, die große Stadt, die Unrast und die Maschine. Es ergibt sich daraus, daß die landesüblichen Neurosen viel mehr schematisiert sind als ihre Besitzer glauben, die sich alle so einmalig vorkommen. Sicherlich sind ihre falschen seelischen Schaltungen untereinander ein wenig verschieden, aber sie lassen sich doch fast alle auf einen Generalnenner bringen. Paneth tut das, ohne zu schematisieren. Man kann, sagt er, die gegebenen Zeitumstände zwar nicht ausradieren – man kann sie aber, soweit es sich nicht um unmittelbare Not handelt, teilweise überwinden. Herein ...? Ein Unentwegter.

«Guten Tag. Nervenkrankheiten? Bürgerliche Krankheiten. Kleinbürgerliche Vorurteile. Ihr Arzt ist ein Kleinbürger. Sie sind auch einer. Wenn der Fünfjahresplan durchgeführt wird, hört diese Schweinerei von selbst auf. Paneth läßt die gesamtwirtschaftliche Situation schon rein dialektisch außer acht; seine Folgerungen sind grobe, durch die Beschränktheit des bürgerlichen Gesichtskreises bedingte Fehler. Nur die materialistisch-dialektische Methode ... die soziale Psychologie ... die kapitalistische Produktion ...»

Legen Sie es bitte solange auf den Stuhl. Denn so sehr wir gegen jene üble Anschauung Front machen, die die Wirtschaft ignoriert und so tut oder so tun möchte, als gebe es nur die ‹reine Seele›, eine Anschauung, die nichts von der materiellen Not, nichts vom Leid der Proletarier, nichts von den Ursachen dieser Not weiß: so sehr ist es an der Zeit, den Unentwegten mitzuteilen, daß man den Marxismus nicht wie eine Käseglocke über die Welt stülpen kann. Er deckt sie nicht. Ihr habt aus ihm eine dogmatische Religion gemacht. Wir machen das nicht mit.

Denn die Frage, die einmal durch einen Diskussionsredner aufgeworfen wurde: «Psychoanalyse oder Marxismus?» ist etwa so intelligent gestellt wie die Antithese: Universität oder Krankenhaus? Kranke gehören in ein Krankenhaus, Studenten auf eine Universität. Die Kreise schneiden sich gar nicht.

Und hier steckt der ungeheure Fehler, der unsereinen veranlaßt, dauernd nach zwei Seiten sehen zu müssen.

Nach rechts, wo die Bürger stehen, die alles, was auf der Welt geschieht, nur an ihren wirtschaftlichen Interessen messen, Leute, die diese ungeheure Hetze gegen Rußland inszenieren, Menschen, denen noch die dümmste Nachricht über Rußland willkommen ist, weil der Bolschewismus ihr geronnenes schlechtes Gewissen darstellt, und die jedes von den unsäglichen deutschen Provinzzeitungen abgedruckte Schauertelegramm über Stalin mit einem Aufatmen lesen: «Gott sei Dank. Also brauchen wir die Löhne nicht zu erhöhen. Also ist unser

Bankkonto richtig. Lasset uns beten.» Sie werden auch diese Vorbehalte so auffassen. Sie haben die Philosophie ihres Geldes.

Und nach links müssen wir sehn, wo unentwegte Marxisten mit einer sicherlich großen Theorie alles heilen wollen: die Krankheiten und die echten Seelennöte, an denen jeder von uns zu tragen hat, die Neurosen, die aus dem Wirtschaftlichen herrühren, und jene geistigen Betriebsstörungen, die ewig sind wie die Welt. Die fanatische Wut, womit jede Andeutung abgelehnt wird, daß es vielleicht auch noch außerhalb der marxistischen Gedankengänge etwas gebe, was für den Menschen von Wichtigkeit ist, läßt an die verzweifelten Versuche der katholischen Kirche denken, eine stets Neues gebärende Welt zu meistern. Es ist ihr, trotz allem, nicht gelungen. Die unentwegten Marxisten haben die Philosophie ihrer Gesinnung.

Ja, also Paneth. Die Heilmittel, die er für den Neurotiker dieser Epoche gibt, sind klein; er sagt das auch, denn es gibt nicht allzu viele solcher Medizinen. Es sind ganz einfache Dinge dabei, über die nur jemand spötteln kann, der nicht weiß, was Turnen und Atmen, was Meditation und was der Körper ist. Das hat die Arbeitersportbewegung längst erkannt; es gibt da bereits außerordentlich vernünftige Anweisungen und Belehrungen, wie man wenigstens der kleinern Übel Herr werden kann. In dem Augenblick, wo ein Unternehmer oder eine Gewerkschaft versuchen, solche Winke dazu zu mißbrauchen, sie unter der Marke ‹Dienst an der Gemeinschaft› an Stelle des Klassenkampfes zu setzen, ist die schärfste Abwehr am Platz. Lediglich als Hilfsmittel aber ist dergleichen erlaubt.

Paneth spricht dann über die Neurosen des Geschlechtslebens in musterhafter und vorbildlich ruhiger Weise; wie denn überhaupt dieses Buch eine Geisteshaltung aufweist, die in Deutschland so ungeheuer selten ist: es ist gelassen. Paneth sagt, wie es ist; er versucht, Anweisungen zu geben, aus seelischen Schwierigkeiten herauszukommen, und eine gute Diagnose ist ja oft eine halbe Heilung, besonders im Sexuellen. Herein . . .? Ein Hitler-Mann.

«Heil! Ihr verdammten Syrier! In jüdischer Geilheit habt ihr die Psychoanalyse erfunden, um euern dreckigen Trieben freie Bahn zu schaffen! Nichts ist euch heilig, während wir uns sehr heilig sind. Ihr verseucht die Städte und das Land mit eurer niedrigen Auffassung vom Geschlechtlichen, dem ihr ohne Weihe frönt! Ihr denkt überhaupt nur an blonde Weiber! Wir denken an schwarzgelockte Männer. (Ihr stürzt euch auf die Weiber. Wir uns auf die Männer.) Ihr erkennt keine Zucht an und keine Sitte. Syrier. Asiaten. Eunuchen. Schmarotzer. November-Verbrecher. Demokraten. Bolschewisten. Man sollte euch schlagen, daß die rote Suppe spritzt. Im übrigen sind wir die deutsche Kultur! Heil!»

Na, es ist gut; hier haben Sie eine Zigarre. Nichts zeigt die erschreckende Geistlosigkeit dieser deutschen Bewegung, gehätschelt von den Richtern, geduldet von zahllosen Polizeiverwaltungen, bezahlt von den Unternehmern, die eine Garde gegen die Wut der Arbeitslosen brauchen und zwei Garden gegen ihre eignen Arbeiter, bejubelt von ratlosen, ausgepowerten Proletariern, besonders auf dem Lande ... nichts zeigt die traurige Geistesverfassung dieser Leute so an, wie die völlige Verständnislosigkeit gegenüber der Zeit, in der sie leben. Sie sehen nicht. Sie hören nicht. Und der irdische Kirdorf ernährt sie doch.

Nicht zu spüren, wie diese Heilmethoden dem Gefühl für die tiefe Not entsprungen sind, in der die Zeitgenossen stecken; niemals die Sprechstunde eines Seelenarztes in der Großstadt besucht zu haben; immer die eigne, sprungbereite Plumpheit auf die andern zu projizieren und nicht zu begreifen, daß in der Sexualität vom Grinsen bis zum Lächeln alle Stadien möglich sind ... man muß schon ein Hitler-Mann sein, um das vollbringen zu können. Paneth steht selbstverständlich weit über diesem Sumpf. Er ist für die Sittlichkeit, nicht für das Muckertum.

Er ist vor allem kein Hohepriester, und das macht das Buch und den Mann so sympathisch. Er wirft manchen seiner Berufskollegen rechtens vor, wie jeder von ihnen auf sein ‹System› schwört, als ob man alle Kranken nach einer einzigen Methode behandeln könnte. Das betont auch Jung, grade bei ihm ist das doppelt beachtlich, weil er die psychoanalytischen Elemente noch in den fernen Kulturen Asiens erkennt, ohne sie nun kopierend zu übernehmen. Paneth sieht die Sache so an:

Der durchschnittliche städtische Mitteleuropäer befindet sich fast immer im Vorstadium der Neurose. Was kann man für ihn tun?

Man kann ihn analysieren. Damit ist die Sache jedoch nicht abgetan, wie die extremen Freudianer glauben. Man muß nicht nur analysieren nicht nur auflösen, man muß auch wieder zusammensetzen, also die von Jung geforderte Synthese suchen. Man muß den Menschen zu sich selber verhelfen – schon in der Soziologie Simmels findet sich die schöne Erkenntnis, daß es fast niemand zu sich selber gebracht hat. Und hier zu helfen: das ist keine Aufgabe des Marxismus und keine des Nationalismus – das ist eine Aufgabe der Seelenkunde.

Die Definitionen des Panethschen Buches sind für jeden, der unter sich und unter seiner Zeit leidet, eine kleine Erlösung. Paneth sagt allerdings, daß es dem Neurotiker in den meisten Fällen nicht möglich sein wird, sich selber zu heilen, weil er sich dazu in Arzt und Patienten spalten müßte, was nicht ungefährlich ist, und weil er dann sehr viel Kraft auf diesen Heilungsversuch in sich verwendet, also grade das tut, was er zu tun kaum fähig ist. Es muß schon einer da sein, der den Knaben an die Hand nimmt und ihn über den Damm führt. Und man kann nur wünschen, daß in den öffentlichen Beratungsstellen der Krankenhäuser viele solcher Männer säßen, wie Paneth einer ist. Was zu bezweifeln sein dürfte: der Durchschnittsarzt steckt noch tief im mechanistischen Darwinismus.

Und auch für den, der das Buch nicht aus egoistischen Interessen liest, springt viel Lehrreiches über die Zeit heraus, die ja von Neurotikern repräsentiert wird. (Hier sei Hitler ausgenommen; er ist nicht einmal ein Besessener. Oh, wäre er wenigstens verdreht!) Zu Ende formuliert ist bei Paneth die Definition der Zeit-Störungen; statt: Spannung — Entspannung finden wir: Erschlaffung — Krampf; Explosionen, die «nur heftig sind, aber nicht stark» . . . lest das nach.

Und legt das Büchlein in die richtige Schublade. Es ist keine Bibel, sondern eine Fibel. Es ist der saubere Versuch, auf dem Gebiet der Seelenkunde, nicht losgelöst von allem andern, aber auch nicht fachlich überbetont, den Menschen zu helfen. Sie haben es nötig.

DER NEUROTIKER

Er sitzt wie hinter Glas, das arme Luder,
und trippelt ängstlich an des Lebens Rand.
Er flieht und sucht und flieht den Menschenbruder
und hat den Nebenmenschen nie gekannt.
    Er strahlte, wenn er grollte,
    nur Flucht ist sein Verzicht . . .
    Er könnte, müßte, sollte —
        und kann doch nicht.

Er dünkt sich klein. Wie eitel ist der Knabe!
Er dünkt sich klein. Doch keiner ist ihm groß.
Sein starres Ich ist seine ganze Habe;
er will kein Schicksal — nur das große Los.
    Ja, wenn er wollen wollte . . .!
    Er hat kein Gleichgewicht.
    Er könnte, müßte, sollte —
        und kann doch nicht.

Er meint: die böse Welt muß an ihm schuld sein;
er projiziert auf sie sein dünnes Weh.
Er möchte ganz allein und im Tumult sein:
vorn Leipziger Straße — hinten Comer See.
    Er spürt, wie in ihm sausend
    die kranken Nerven schrein.
    So gibt es hunderttausend —
        und jeder ist allein.

Und kann man – kann man solche Knaben heilen?
Man: nein. Sie: ja. Gesund wird nur, wer will.
Man kann ihn lösen, lockern, spalten, heilen –
und dann zu sich verhelfen, fest und still.
Er ist, vor Faulheit fleißig,
der echte Exponent
von 1930,
das solche Nummern kennt.
Wie mancher davon verzückt ist ...!
Lerne bei Vater Jung:
Es fragt sich, wer verrückt ist.
Und dann gute Besserung –!

... ZU DÜRFEN

Eine der schauerlichsten Folgen der Arbeitslosigkeit ist wohl die, daß Arbeit als Gnade vergeben wird. Es ist wie im Kriege: wer die Butter hat, wird frech.

Es ist nicht nur, daß die Koalitionsrechte der Arbeiter und nun gar erst die der Angestellten auf ein Minimum zusammengeschmolzen sind, daß ihre Stellung bei Tarifverhandlungen immer ungünstiger wird, weil bereits das Wort ‹Tarif› bedrohliche Wettererscheinungen in den Personalbüros hervorruft ... auch die Atmosphäre in den Betrieben ist nicht heiterer geworden. Zwar jammern die Arbeitgeber: «Wir können die Untüchtigen so schwer herauskriegen – heutzutage kann man ja niemand mehr kündigen ...» keine Sorge: man kann. Und so wird Arbeit und Arbeitsmöglichkeit, noch zu jämmerlichsten Löhnen, ein Diadem aus Juwelen und ein Perlengeschmeide.

«Der Portier, dem Sie da gekündigt haben», sagte neulich ein Beisitzer zu dem Vertreter des Café Josty, «hat immerhin dreißig Jahre vor Ihrer Tür gestanden ...» – Der Vertreter: «Ist es nicht bereits ein Plus, dreißig Jahre vor dem Café Josty stehen zu dürfen?» Und wenn er den ganzen Satz nicht gesagt hat: «... zu dürfen» hat er bestimmt gesagt. Die einen haben das ‹Recht›, für das Vaterland sterben zu dürfen, andre ‹dürfen› zu Hungerlöhnen arbeiten – wobei denn wieder andre die saure Pflicht haben, vierundzwanzig Aufsichtsratsposten bekleiden zu müssen.

Merk: Wenn einer bei der Festsetzung von Arbeit und Lohn mit ‹Ehre› kommt, mit ‹moralischen Rechten› und mit ‹sittlichen Pflichten›, dann will er allemal mogeln.

DER KRANKE ZEISIG

Für Grete Wels

Wartezimmer bei Professor Latschko, *dem großen Endokrenologen für externe Internie. Zeisig — der bekannte* Herr Zeisig, *der Sohn des Kaplans Zeisig — sitzt auf einem Stühlchen und hat gelesen: ‹Bade-Anzeiger› des Kurorts Bad Stargard; Verzeichnis der Heilbäder der Uckermark; Verzeichnis der Fußbäder im Oberen Lötschtal; ‹Velhagen und Klasings Monatshefte›, März 1919.* Herr Zeisig *will grade lesen: ‹Velhagen und Klasings Monatshefte›, April 1897, da öffnet sich die Tür des Sprechzimmers, und eine volle Dame, die so krank ist, daß sie vor Stolz keinen ansieht, geht, für etwa 45 Mark geheilt, heraus. Die Tür schließt sich. Pause. Eine Schwester erscheint. Sie trägt eine sterilisierte Tracht und gleitet sanft dahin; sie sieht aus wie ein Geheimrat im Finanzministerium auf Rollen.* Bitte! *sagt sie.* Zeisign *ist auf einmal sehr gesund ums Herz. Er will da nicht hinein. Er muß. Er tritt also ins Konsultationszimmer des Herrn* Professor Latschko. *Gediegene Inneneinrichtung. Alles atmet den Geist hoher Wissenschaft und strenger Honorare.* Zeisig *seinerseits wagt kaum zu atmen. Denn* der Professor *sitzt an seinem Schreibtisch und schreibt emsig sowie auch würdevoll. Er ist ein älterer, straffer Mann, bartlos, nur seine Seele trägt eine Brille; männliche Energie und etwas Sacharin-Lyrik, erworben im Verkehr mit gut zahlenden Patientinnen, haben sich hier gepaart.*

Der Zeisig *räuspert sich, sehr vorsichtig.*

Der Professor *schreibt.*

Der Zeisig *wartet sich eins.*

Der Professor *blickt auf:* Nun . . . was führt Sie hierher?

Auf diese Frage war der Zeisig *nicht vorbereitet. Er hatte gedacht, die Konsultation würde mit einem kleinen Schwätzchen beginnen. Wo nun anfangen!:* Ich . . . iche . . . mein Name ist Zeisig.

Der Professor *drückt durch seine Stummheit aus:* Wir haben schon ganz andre Krankheiten geheilt!

Der Zeisig: Herr Professor . . . Ich habe . . . ich bin . . . das heißt also: es sind mehr so allgemeine Beschwerden. Meine Arbeitskraft ist herabgesetzt; es ist so eine allgemeine Müdigkeit, vielleicht auch die Leber . . . manchmal habe ich Herzstiche, und dann tun mir die Füße weh. Es muß also wohl die Blase sein. Wir hatten in meiner Familie einen Fall, wo meine Tante Elfriede an chronischer Schwangerschaft . . .

Der Professor: Was sind Sie?

Der Zeisig: Vasomotoriker.

Der Professor *sanft wie ein Irrenarzt, bevor er* «Dauerbad!» *sagt:* Von Beruf!

Der Zeisig: Nähmaschinen-Grossist.

Der Professor: Nun mal weiter.

Der Zeisig: Also es ist sicherlich die Blase. Wenn ich lache, dann tut es mir weh, und wenn ich morgens aufwache, muß ich immer an Zuckerhüte denken. Es ist wie eine Zwangsvorstellung — immer Zuckerhüte. Auch mit der Verdauung ist das nicht mehr so wie früher . . . es macht mir nicht mehr solchen Spaß. Deshalb bin ich zu Ihnen gekommen. Ich komme auf Empfehlung meines Hausarztes, des Herrn Doktor Bullett.

Der Professor, *ein General, hat den Namen dieses Landsknechts der Wissenschaft nicht gehört, er will ihn nicht gehört haben. Merkwürdig, was für Leute den Arztberuf ausüben dürfen . . .!* So. Wie ist es denn mit den Augen? Sehen Sie gut?

Der Zeisig, *der stolz darauf ist, daß er Schiffe am Horizont in Westerland eher sehen kann als alle andern:* Gottseidank. Sehr gut.

Der Professor: Das Gehör?

Der Zeisig: Ausgezeichnet.

Der Professor: Waren Sie mal geschlechtskrank?

Der Zeisig: Fast gar nicht.

Der Professor: Rauchen Sie?

Der Zeisig: Ja. Aber nur orthopädischen Tabak.

Der Professor: Alkohol?

Der Zeisig: Nur Wein, Bier und etwas Likör.

Der Professor: Ihre politische Zugehörigkeit?

Der Zeisig: Deutsche Staatspartei.

Der Professor *ist beruhigt. Linksleute behandelt er nicht, wegen fein.* Sie rauchen also? Welche Sorte? Das ist wichtig.

Der Zeisig: Ich rauche Brasilzigarren und türkische Zigaretten... hauptsächlich.

Der Professor *ist froh, daß der Mann überhaupt raucht. Er blickt hier und da auf eine verborgene Aschenschale, in der sich eine Zigarre allein raucht:* Jedenfalls rauchen Sie nicht zu viel! Ihr Haarschnitt?

Der Zeisig: ? — ?

Der Professor: Hinten zu kurz. Diese Mode befördert die Erkältungen. Ihre Rasierseife?

Der Zeisig: Eine Eau-de-Cologne-Seife.

Der Professor, *immer noch wie eine Statue, aus Schmalz gehauen:* Bitte — kommen Sie mit!

Der Zeisig *bereut es entsetzlich, sich diesem Menschen überantwortet zu haben. Er denkt:* Ob es weh tut? So — jetzt wird sich ja herausstellen, was es ist; der Professor wird staunen; mal sehen, ob er das überhaupt kann! So einen interessanten Fall hat er sicherlich noch nie gesehen . . . ob es sehr weh tun wird? *Sie gehen ins Behandlungszimmer.*

Darin sieht es aus wie in einer Granatendreherei. Blitzende Apparate, glänzendes Nickel, strahlende Messingarme und elektrische Lämpchen: alles offenbart den Geist einer von der größtenteils jüdischen Kundschaft geforderten Polypragmasie. Ein Arzt, was keine Apparate hat, ist ein schlechter Arzt; man muß mit seiner Zeit mitgehen.

Der Professor: Machen Sie sich frei, und legen Sie sich hin!

Das tut der Zeisig; *es ist sein Stolz, immer und an jedem Tag vor einen Arzt treten zu können. Er hält sich sauber, schon, weil man ja auf der Straße überfahren werden kann. Er legt sich, sieht an die Decke und ist auf einmal sehr krank.*

Der Professor *hat der Schwester, die stumm eingetreten ist, gewinkt. Sie geht an das Kopfende des Ruhebettes und macht kein Gesicht.* Der Professor *holt Atem, bekommt einen merkwürdig starren Ausdruck in den Augen; er hat ein Feldtelefon in der Hand und fragt das* Zeisigsche *Herz:* «Hallo, hier Professor Latschko! Wer dort?» Das Herz: Puck-puck – puckpuckpuck ... pick-pick ... ffft ... ffft ... puckpuckpuck ... Ruhig atmen! Nicht stauen! *Das Herz telefoniert weiter;* der Professor *hat abgehängt. Er läßt sich nun mit der Lunge verbinden.* Die Lunge: Hach-huach –! hach-huach ... Der Professor *versetzt dem* Zeisig *einen leichten Schlag auf das Knie; das Bein hopst artig hoch, wie es das gelernt hat.*

Der Zeisig *bekommt einen kleinen Schrecken, denn* der Professor *hat ihm mit einem spitzen und tückischen Messerchen eine Inschrift auf die haarige Brust gekratzt:* CARMOL TUT WOHL! *Die Haut schreit rot auf und verstummt.*

Der Professor *mißt den Blutdruck:* Viertel sieben. Geht nach.

Der Professor *sieht sich die Hände Zeisigs an, läßt nachdenklich dessen Zehen durch seine Finger gleiten, gebietet ihm, sich herumzudrehen und murmelt etwas zur Schwester. Ein Apparat surrt.* Zeisig *sieht nichts. Sie machen etwas mit ihm; nun ist seine Lebenskraft wesentlich gehobener. Er bekommt langsam Vertrauen zu diesem* Professor – *der Mann versteht sein Handwerk! Und so gründlich! Gründlich ist, wenns lange dauert. Nun muß er in ein Töpfchen machen.*

Der Professor *heißt* Zeisign *sich auf einen Stuhl setzen. Er sieht ihm in die Augen, hält erst ein Auge zu, dann das andre; er leuchtet ihn mit kleinen Scheinwerfern an und schaltet aus; dann muß* der Zeisig *den Schnabel aufmachen,* der Professor *hält sich an* Zeisigs *Zunge fest und sieht mit einem Kehlkopfspiegel nach, ob sein Schlips richtig sitzt:* Ziehen Sie sich wieder an! *Die Schwester verschwindet; die beiden gehen zurück ins Konsultationszimmer.*

Der Zeisig *ist in der Stimmung eines Schülers, der seinen Aufsatz zurückbekommt.*

Der Professor: Sie sind völlig gesund und bedürfen demgemäß einer gründlichen Behandlung. Zu einer Sorge ist durchaus kein Anlaß gegeben — immerhin: Seien Sie vorsichtig, sonst könnte Ihnen eines Tages etwas passieren. Sie gehören zum Typus der vegetativ Stigmatisierten; eine gewisse mitrale Konfiguration läßt auf das Bestehen eines endokrenen Ringes schließen.

Dem Zeisig wird es wirblig. Er lauscht angestrengt und ist bestrebt, jedes Wort des großen Medizinmannes in sich hineinzusaugen.

Der Professor: An der Blase haben Sie nichts. Eine ganz leichte Leberschwellung ist allerdings vorhanden . . .

Der Zeisig: Das sagte mir Doktor Bullett auch . . .

Dem Professor *macht auf einmal die ganze Diagnose keinen Spaß mehr. Auch! Was heißt: auch? Wenn zwei Ärzte derselben Meinung sind, dann ist einer davon überhaupt kein Arzt. Immerhin ist die Reihenfolge die: Der große* Latschko *— dann etwa vier Lichtjahre nichts — dann seine Assistenten — dann irgendwelche andren Ärzte — dann dieser Doktor . . . wie war der Name? Boulette? Dann ein Trennungsstrich. Dahinter das Heer der Laien: das Material. Man kann im Notfall eine Theorie fallenlassen; man kann keinen Kollegen fallenlassen.* Latschko *geht daher zu etwas anderm über:* Wir wissen heute, daß die Hypophyse und solche leicht tonischen und vasomotorischen Störungen vom Stoffwechsel ausgehen. Hand in Hand mit der Beeinflussung des Stoffwechsels muß eine Entspannungskur treten; ich sage Ihnen gleich, daß ich von der Psychoanalyse nichts halte, dagegen werde ich Sie mit Hormonen behandeln. Sie haben zu wenig. Manchmal auch zu viel. Auf alle Fälle die falschen. Ich habe Ihnen den Thymus perkutiert — möglich, daß da noch infantile Residuen vorhanden sind; jedenfalls gehören Sie zum thymoplastischen Typ.

Der Zeisig *ist gänzlich verdattert. Wüßte er, daß die Thymus-Untersuchung ihre wahre Bestätigung erst bei der Sektion fände, er wäre es noch mehr.*

Der Professor: Nun zum Diätzettel. Keine Rheinweine, nur junge Moselweine — keine jungen Pfälzerweine. Keine Zigarren mit Fehlfarben; keine lange Pfeife, nur kurze Pfeife. Und vor allem einen andern Haarschnitt! Und Teerseife! Ist Ihr Sexualleben in Ordnung?

Der Zeisig *rekapituliert blitzschnell die diesbezüglichen Vorwürfe Lillys und sagt* Ja.

Der Professor: Das habe ich mir gedacht; also müssen wir da etwas tun. Ich habe mit der Methode, die ich bei Ihnen anwenden werde, gute Erfolge erzielt, so neu sie ist; in leichten Fällen hilft auch die Terminologie. Wir haben in meiner Klinik schon sehr schwere Fälle von solchen Herz- und Nierenkranken gehabt . . . wir haben immerhin erreicht, daß wir sie entlassen konnten, damit sie anderswo eingingen. Ich schreibe Ihnen hier zunächst einmal Tropfen auf — die nehmen Sie, vierzehn Tropfen vor dem Mittagessen, zweiundzwanzigeinenhalben nach dem Abendessen und ein kleines Wasserglas voll vor dem Aufstehen. Ich werde Ihnen wöchentlich drei Spritzen machen: eine subkutan, eine intravenös und eine intramuskulär.

Der Zeisig *hat Angst und vertagt dieselbe.*

Der Professor: Vor allem schonen Sie sich und muten Sie sich nicht zuviel zu. Das Nähmaschinengeschäft ist mit speziellen Aufregungen verknüpft; es treten dann Ermüdungserscheinungen hinzu ... dergleichen kann einen Mann wie Sie untauglich machen.

Der Zeisig *hat auf das Reizwort* ‹untauglich› *einen Assoziations-Kurzschluß. Er sieht den* Professor *plötzlich in Uniform vor sich, die Konsultation kostet gar nichts, und der* Professor *sagt mit einem Ausdruck, wie wenn er in einen Pferdeapfel gegriffen hätte:* «k. v.» *Die Vision verschwindet.*

Der Professor: Der Laie überschätzt naturgemäß diese Symptome, die – verstehen Sie mich recht – eigentlich gar keine Symptome sind. Für mich sind diese Dinge, von denen Sie mir da erzählen, Folgeerscheinungen; es ist wichtig, daß Sie sich das immer vor Augen halten: Folgeerscheinungen. Sie bleiben in Berlin? Ich werde Sie behandeln; schlagen Sie sich den Gedanken aus dem Kopf, mit aller Gewalt gesund zu werden – das ist nicht der Zweck der Medizin. Die Medizin ist eine Wissenschaft, also der Mißbrauch einer zu diesem Zweck erfundenen Terminologie. Laien verspüren leicht Schmerzen: das ist völlig irrelevant. Es handelt sich nicht darum, den Schmerz zu beseitigen – es handelt sich darum, ihn in eine Kategorie zu bringen! Hier ist das Rezept.

Es entsteht eine eigentümliche Pause. Der Zeisig *wäre sehr erleichtert, wenn* der Professor *jetzt sagte:* «Na, Schatz, was schenkst du mir denn –?» Der Professor *sagts aber nicht.*

Der Zeisig *ungeheuer klein und bescheiden:* Was ... was bin ich Ihnen schuldig, Herr Professor?

Der Professor *groß, aber leichthin:* Fünfzig Mark.

Der Zeisig *hat auf der äußersten Zungenspitze:* «Fünfzig Mark? Fünfunddreißig! Valuta 1. Dezember – Wer zahlt mir ...!», *bremst aber im letzten Augenblick und zahlt so schnell und schämig, als verrichte er ein kleines Geschäft, während gleich jemand um die Ecke kommt.*

Der Professor *nimmt, schließt ein und steht auf.*

Händedruck, Verbeugung. Zeisig *ab.*

Der Zeisig draußen: Das mit den Zuckerhüten ... das muß ich ihn nächstes Mal noch fragen ...! Ob es Zucker ist? Ich werde doch noch einen Spezialisten konsultieren! – *Aber nun wird dem* Zeisig *plötzlich ganz durchsichtig im Gemüt; er winkt noch einmal schwach mit der Hand, dann löst er sich in Whisky auf, aus dem er gekommen ist, und der Autor dieser Szene trinkt ihn aus.*

Lasset uns beten!

Heiliger Äskulap! der du die Ärzte eingesetzt hast, auf daß sie eine Beschäftigung haben, sowie die meschuggenen Patienten, auf daß sie Valerian bekommen, so es Kassenpatienten sind, Insulin aber, so sie es bezahlen können; der du die Heilmethoden erfunden hattest, die da wechseln wie die Hutmoden und kleidsam sind bis zum Exitus; der du alljährlich auf die Menschheit einen ganzen Waschkorb junger Doktoren losläßt, die den Herrn Wendriner mit Fremdwörtern und mit dem neuen Medikament Eizeïn behandeln; der du den medizinischen Spießer zum Erzpriester machst, weil der Patient seinen Wundermann braucht!

Heiliger Äskulap! der du die Chirurgen geschaffen hast, auf daß das Überflüssige am Menschen entfernt werde, und die Hals-Spezialisten, auf daß die Chirurgen nicht alles allein operieren; der du die Gynäkologen schufest, die zu Ende führen, was der Ehemann so unvollkommen angefangen; welches Wunder, daß diese Ärzte noch Frauen lieben — aber siehe: grade diese lieben Frauen! Der du Homöopathen und Allopathen schufest, damit der Kranke wenigstens weiß, wovon ihm schlecht wird; sowie auch die Hautärzte, die sich über gar nichts mehr wundern; und die Psychiater, die aus Seelenverwandtschaft mit den Verrückten sogar die Vornamen der Geisteskrankheiten kennen!

Heiliger Äskulap! der du die Doktoren geschaffen hast, deren Wissen zusammenknallt, wenn sie selber einmal Patienten sind; Mediziner, die so lange Fortschritte machen, bis sie wieder bei Hippokrates angelangt sind:

gepriesen werde dein Namen —!
Amen.

DER ANDRE MANN

Du lernst ihn in einer Gesellschaft kennen.
Er plaudert. Er ist zu dir nett.
Er kann dir alle Tenniscracks nennen.
Er sieht gut aus. Ohne Fett.
  Er tanzt ausgezeichnet. Du siehst ihn dir an . . .
  Dann tritt zu euch beiden dein Mann.

Und du vergleichst sie in deinem Gemüte.
Dein Mann kommt nicht gut dabei weg.
Wie er schon dasteht — du liebe Güte!
Und hinten am Hals der Speck!
  Und du denkst bei dir so: «Eigentlich . . .
  Der da wäre ein Mann für mich!»

Ach, gnädige Frau! Hör auf einen wahren
und guten alten Papa!
Hättst du den Neuen: in ein, zwei Jahren
ständest du ebenso da!
    Dann kennst du seine Nuancen beim Kosen;
    dann kennst du ihn in Unterhosen;
    dann wird er satt in deinem Besitze;
    dann kennst du alle seine Witze.
    Dann siehst du ihn in Freude und Zorn,
    von oben und unten, von hinten und vorn ...
Glaub mir: wenn man uns näher kennt,
gibt sich das mit dem happy end.
Wir sind manchmal reizend, auf einer Feier ...
und den Rest des Tages ganz wie Herr Meyer.
Beurteil uns nie nach den besten Stunden.

Und hast du einen Kerl gefunden,
mit dem man einigermaßen auskommen kann:
    dann bleib bei dem eigenen Mann!

DER FROMME ANGLER

Bei Ascona im Tessinischen lebt ein Mann, der hat es mit der Frömmigkeit und liebt die Lebewesen und alles, was da kreucht und fleucht. Gut. Nun angelt der Mann aber sehr gern. Und da sitzt er denn so manchmal am Lago Maggiore und läßt die Beine baumeln, hält die Angelrute fest und sieht ins Wasser. Und dabei betet er.

Er betet nämlich: es möge kein Fisch anbeißen.

Weil sich doch Fische immer so quälen müssen, wenn sie am Angelhaken zappeln, und das möchte der Mann nicht, und da sendet er denn ein heißes Gebet nach dem andern zum lieben Gott, Abteilung Lago Maggiore-Fische: es solle auch gewiß keiner bei ihm anbeißen. Und dann angelt er weiter.

O meine Lieben! Ist dieser Mann nicht so recht eine Allegorie, ja, ein Symbol? Das ist er. Dieser Mann muß entweder ein alter Jude sein, oder, verschärfter Fall des Judentums, er ist bei den Jesuiten in die Lehre gegangen. Er hat das Höchste erreicht, was Menschen erreichen können: er hat die himmlischen Ideale mit seinen sündigen Trieben zu vereinen gewußt, und das will gekonnt sein. Den Fischen, die da bei ihm zappeln, wird das ja gleich sein; aber ihm ist es nicht gleich, denn er hat nun beides: die Fische und die Seelenruhe.

Schluß, allgemeiner Ausblick:

Da sitzen sie am Ufer des Lebens ... oder am Meere des Lebens, das ist eigentlich noch schöner ... da sitzen sie am Meere des Lebens und baumeln mit den Beinen und halten die Angelrute ins Wasser, um den Erfolg zu fischen. Aber wenn sie schlau sind, dann beten sie dazu und sind: Fromme Huren; soziale Bankdirektoren; demokratische Militärs und privatest die Wahrheit liebende Journalisten. Sie angeln und sie beten.

EIN GLAS KLINGT

Zu seinen zahllosen Albernheiten und schlechten Angewohnheiten, die einen so nervös machen können ... schließlich etwas Rücksicht kann ja ein Mann auf seine Frau wohl nehmen, finde ich ... also ich finde das wenigstens ... zu seinen dummen Angewohnheiten gehört die, eine Tischklingel oder ein Glas, das er angestoßen hat, ruhig ausklingen zu lassen! Man legt doch die Hand darauf — Mama hat das auch immer getan. Wenn etwas bei Tisch klingt, dann legt man die Hand darauf, gleich, sofort — und dann ist es still. Er läßt die Gläser ausklingen ... Rasend kann einen das machen! So, wie er morgens immer beim Rasieren so albern mit dem Pinsel klappert, also jeden Morgen, den Gott werden läßt, so stößt er mit seinen ungeschickten dicken Händen mal an die Klingel, mal an sein Glas; bing, macht das dann, diiiiing — ganz lange. So ein hoher, giftiger Ton, als ob einen was auslacht. «Leg doch die Hand darauf!» sage ich. «Du bist so nervös heute», sagt er. Dann lege ich die Hand aufs Glas. Nervös ...

Ja, ich bin nervös. Doktor Plaschek sagts auch. Er weiß, warum. Ich weiß auch, warum.

Seit heute mittag weiß ich es, ganz genau.

Da hat er wieder an das Glas gestoßen, und das Glas hat angefangen, zu singen, und ich habe ihn bloß angesehn, ich habe ihn bloß angesehn ... Er merkt ja nichts. Und da habe ich das Glas nicht zum Schweigen gebracht; ich habe es ausklingen lassen ... ich glaube: das ist in dieser Ehe der erste Ton gewesen, der wirklich ausgeklungen hat. Und das Glas hat ganz lange gesungen, ganz, ganz lange: erst böse, und dann voll und laut, und dann mittellaut, und dann sanft und leise, leise und immer leiser ... Und da habe ich es plötzlich gewußt. Manchmal hat man doch so blitzschnell irgendwelche Erkenntnisse, da weiß man denn alles, wie es so ist. Das Glas hat vielleicht eine halbe oder eine dreiviertel Minute geklungen und gesungen, und in dieser kleinen Spanne Zeit habe ich es gewußt. Man denkt so schnell.

Geklappt hat das ja von Anfang an nicht. Gott, warum hat man geheiratet — das geht heute manchmal so ... ich weiß es nicht. Ich war nicht einmal enttäuscht; ich war gar nichts. Es war etwa ungefähr so, wie wenn einer in einen See springt und hat schon den Rückenschauer wegen des kalten Wassers, und dann ist es ganz lau. Ein dummes Gefühl. Und das ist von Jahr zu Jahr schlimmer geworden; das mit dem Kind hat nichts geholfen, gar nichts. Das ist mein Kind, aber was das mit ihm zu tun hat ... Und manchmal denke ich, also Gott verzeih mir die Sünde: das ist ein fremder Mensch, ein neuer Mensch — so wie das Kind bin ich doch gar nicht, er ist auch nicht so — das ist ein fremder, fremder, kleiner Mensch.

Mit dem Mann ist kein Auskommen. Nein, wir zanken uns gar nicht, nie hat es ein böses Wort gegeben, nicht einmal das. Keine Höhen und keine Tiefen: Tiefebene. Die Norddeutsche Tiefebene ... das haben wir in der Schule gelernt ... Wenn man einen einzigen Mann kennt, sagt Helen immer, dann kennt man überhaupt keinen. Kann sein. Aber daneben einen andern ... ich mag das nicht. Na ja, Feigheit, meinetwegen; aber ich mag das nicht. Immer noch singt das Glas.

Mein Mann singt nicht. Er ist in der tiefsten Seele unmusikalisch. Er ist mir doch nun so nahe — und ist so weit weg, so weit weg ... Wenn er zärtlich ist, das kommt alle halbe Jahre einmal vor, dann ist es bestimmt an der falschen Stelle. Und wenn ich meine Katzenstunde habe, wo ich gern schnurren möchte, dann ist er nicht da, oder wenn er da ist, dann spricht er über sein Geschäft, oder er klapst mir auf den Rücken, eine schreckliche Angewohnheit ... er versteht nicht, daß ich bloß schnurren will, und daß mir nur jemand über das Fellchen streichen soll. Er weiß das nicht. Wen er wohl früher als Freundin gehabt hat?

Und jetzt klingt das Glas ganz leise. Und da hab ich gewußt: ich bin wohl auch ein bißchen schuld an der Sache. Also nicht viel — aber ein kleines bißchen. Es ist ja wahr, daß ich schon als Mädel meine Rosinen im Kopf hatte, wie Mama das nannte. Zum Theater habe ich gehen wollen ... Herrgott, ich habe wirken wollen, auf Männer und auf Frauen und auf Menschen überhaupt ... Und weil es mit einem Beruf nicht gegangen ist, da habe ich gedacht: mit der Kunst. Und das war dann nichts; Papa hat es nicht erlaubt. Jetzt spukt das in mir herum ... und ich bin ein bißchen sauer geworden, in all der Zeit, und es ist so schön, einen Mann zu haben, dem man die ganze Schuld geben kann. Und ich habe ihn gar nicht zu mir gezogen ... da hat er denn seelisches Fett angesetzt, und es ist immer schlimmer geworden, und ich war gradezu froh, wenn er was falsch gemacht hat. Ich habe darauf gewartet, daß er mit dem Rasierzeug klappert, damit ich wieder einen Anlaß habe, ihn zu hassen und unglücklich zu sein. Und das hat er wohl gemerkt. Und so ist das jetzt. Diing — ganz leise singt das Glas. Wir sind schuld. Wir sind beide schuld.

Soll ich nochmal von vorn anfangen? Kann ich nochmal von vorn anfangen? Scheidung? Auseinandergehen? Ein neuer Mann? Jetzt noch einen Beruf? Das Glas hat ausgeklungen, und ich werde wohl meinen Weg zu Ende gehn. Einen schweren Weg. Tausend und aber tausend Frauen gehen ihn, jeden Tag, und der leise Ton ihres unhörbaren Unglücks und ihres stummen Schmerzes dringt an mein Ohr — wenn ein Glas klingt.

WO IST DER SCHNEE...

Wo ist der Schnee vom vergangenen Jahr,
Anna-Susanna?
Weißt du noch, was damals Mode war,
Anna-Susanna?
Die Literatur trug man vorne gerafft,
jede Woche gabs ein Genie.
Und alles murmelte: «Faaabelhaft!
Rein menschlich ... irgendwie ...!»

Wo sind die Blumen vom letzten Lenz,
Anna-Susanna?
Die Betonung des kosmischen Bühnen-Akzents,
Anna-Susanna?
Das gebildete Publikum lief zuhauf
mit der Kritiker-Artillerie.
Und die Stücke führt kein Mensch mehr auf,
rein menschlich irgendwie.

Wo ist der Schnee vom vergangenen Jahr,
Anna-Susanna?
Brecht wird sein, was Sudermann war,
Anna-Susanna.
Sie brüllen sich hoch, die Reklame schreit,
das ist eine Industrie.
Pro Mann einen Monat Unsterblichkeit
— Anna-Susanna —
rein menschlich irgendwie.

AUF DEM NACHTTISCH

Voll — das ist wohl nicht das Wort. Der Nachttisch quillt über, er ächzt, er stöhnt auf seinen vier Beinen — übrigens ist das kein Nachttisch mit einer Nachttopf-Garage, wie Katrinchen sagt, das wollen wir festhalten. Aber vor lauter Büchern ist er gar nicht mehr zu sehen. Kein Wunder ... ich bin so lange fortgewesen ... Jetzt ... jetzt ist der Moment gekommen, wo du nachlässig ein paar geographische Namen hinschreibst, p! was wir alles gesehen haben! Afrika nackt und angezogen, Edschmid gelesen, Afrika war schöner, in Berlin jewesen, dreimal rumjetanzt ... zur Zeit wohne ich postlagernd, mir selber gegenüber, und da steht der Nachttisch und sieht mich an. Du guter —

Bronislaw Malinowski *‹Das Geschlechtsleben der Wilden in Nordwest-Melanesien›* (Grethlein & Co., Leipzig und Zürich). Das müßt ihr mal lesen.

Wissen möchte ich wohl, wie der englische Titel heißt — denn es ist aus dem Englischen übersetzt. Ob da auch dieses törichte Wort ‹Wilde› steht? Nach dem Inhalt des Buches sollte man das nicht glauben. Der Mann hat eine vorbildliche Art, fremde Völker zu schildern.

Malinowski ist frei von den zwei großen Fehlern seiner Kollegen: die ältern messen, was sie sehen, nach Bond Street, dem siebenten Arrondissement, der Universität Heidelberg, und alle zusammen halten die verstaubten Grundsätze ihrer metaphysischen Warenhäuser für das einzig Wahre und Mögliche. So kommen sie zu lustigen Resultaten. Die Jüngern spielen ‹O Bruder Mensch!› und fabeln sich da in Bali oder sonstwo wahre Zauberreiche zusammen, bei denen es einen nur Wunder nimmt, daß die hehren Urwesen, die dort wohnen, überhaupt aufs Töpfchen gehen. Malinowski macht das anders.

Er ist zunächst einmal von wundervoller Bescheidenheit. Er hat sozusagen klein angefangen: er hat jahrelang unter diesen Leuten gelebt, die nach seinen Schilderungen wesentlich weniger wild zu sein scheinen als etwa ein mittlerer berliner Börsenbesucher ... er hat unter diesen Leuten, südlich vom Bismarck-Archipel, westlich von Neu-Guinea, gelebt, hat langsam ihre Sprache gelernt und ist dann allmählich in ihr Leben eingedrungen, soweit das ein Fremder überhaupt kann. Aus der Fülle des Materials heben sich zwei Dinge klar hervor:

Daß es auf der Welt einen Stamm von Menschen gibt, die nicht an die physiologische Vaterschaft glauben. Das heißt, der hier beschriebene Volksstamm auf den Trobriand-Inseln hält die Geburt eines Menschen nicht für die Folge des Geschlechtsverkehrs. Zunächst muß im Leser die Annahme auftauchen: sie haben sich mit dem Forscher einen hübschen Spaß gemacht. Nein, sie haben sich keinen Spaß gemacht. Sie argumentieren allen Ernstes so: Ein Mädchen, das viel Geschlechtsverkehr hat, bekommt oft keine Kinder ... also? Eine häßliche alte Frau, die für uns alle nur ein Gegenstand des Spottes ist, hat ein Kind, sie kann keinen Verkehr gehabt haben ... also? Woher die Kinder kommen? Ein Geist bringt sie. Und das sind doch nun Bauern, Leute, die Vieh haben, wenn auch importiertes, die ihren Hunden zusehn! «Das weibliche Schwein pflanzt sich selber fort.»

Es ist ganz erstaunlich. Wir wollen hier nicht den Fortgeschrittenen mimen, wir nicht. Denn sicherlich haben die Melanesier einen Schauwecker oder einen Jünger, der ihnen dartut, daß in diesem Mythos Blut und Erkenntnis zusammenstoßen ... oder was man so sagt.

Der zweite Punkt ist die Bestätigung einer Erkenntnis, die wohl als erster Lévy-Bruhl formuliert hat: daß die Sprache dieser Wilden unendlich kompliziert ist. Wie so vieles von dem, was man auf den Schulen lehrt, falsch ist, so ist es auch die Lehre von den Primitiven. Eine so unendlich komplizierte Sprache, die für alles und jedes ihre eignen grammatischen Formen hat, das soll man sich in Europa suchen. Wir hätten dazu keine Zeit; unsre Sprachen werden ja allesamt immer mehr abgeschliffen, der Genetiv verschwindet, die Auswahl an Tempora wird immer kleiner, der Konjunktiv fängt leider an, leicht komisch zu werden ... diese Leute da haben Verbalformen, die anzeigen, ob eine Tätigkeit schnell oder langsam ausgeübt worden ist, im Laufen oder im Sitzen, gern oder ungern — das beziehen sie ins Verb ein, es ist ganz erstaunlich.

Seht, die Wilden sind doch bessere Menschen ...? Das nicht. Aber sehr rein und unverdorben sind sie; und das einzige, was in diesem Bilde stört, ist die Existenz christlicher Missionare. Man empfindet es als eine Frechheit, diesen Leuten unsre Moral zu predigen, und das ist es ja wohl auch.

Soweit das Geschlechtsleben der Wilden. Das Geschlechtsleben der Gezähmten lernen wir aus einem Werkchen von vierhundert Seiten kennen: ‹*Die* (Klipp-)*Schule der Liebe*› von Diotima (bei Eugen Diederichs in Jena). Die Zeiten sind so traurig, und man ist für jede Aufheiterung so dankbar ... Auf dem Buchumschlag: «Diotima bittet dringend, alles Nachforschen nach ihrem Namen zu unterlassen, denn sie will nicht auf dieses Buch hin angesprochen werden.» Keine Sorge — auf dieses Buch hin gewiß nicht. Also jetzt gehts los.

Man stelle sich eine brave, normal-sinnliche, etwas mit Edelmut geladene Frau vor, die plötzlich vom Dämon und vom Verlag Diederichs gepackt wird: «Es muß etwas geschehn!» Und es geschieht etwas. Die Dame setzt ihr Geschlechtsleben in ein Manuskript um ... also das ist nicht zu sagen. Dieser Mangel an Geschmack ist gradezu grotesk. Man sieht ordentlich, wie das arme Wesen dasitzt, an der Schreibmaschine nagt und sinnt: «Was haben wir denn noch gemacht ... ja, richtig!» und dann gehts wieder los, und sie übersetzt ihre Erlebnisse in ein grauenvolles Deutsch, gemischt aus Freud, einem vermantschten Zeitungsjargon und jenem gehobenen Stil, der sich im Deutschen gern durch substantivierte Infinitive ankündigt: in ein «Nicht-stärker-empfinden-können». Wenn du irgendwo so einen Infinitiv siehst, dann wisse: hier ist das musikalische Lymphdrüsensystem geschwollen. Der mit Verlaub zu sagen Stil der Dame Diotima ist nicht von Pappe. Doch, er ist aus Pappe. Sie hat eine gewaltige Abneigung, die Dinge, mit denen sie sich nun einmal – die Sache wills, mein Herz! – befassen muß, beim richtigen Namen zu nennen. Daher gibt sie ihnen neckische Kosenamen; man bekommt die Seekrankheit auf festem Land. «Liebesmuschel» ist ja schon nicht heiter – aber wenn ich denke, daß das jemand «Liebeshöhle» nennt, dann gehe ich einsam in ein monogames Eckchen und weine vierzehn Tage lang, und Erika hat nichts zu lachen in der Zeit. Bin ich ein Höhlenbewohner? Ach, ist das ein Buch! Ich bringe es über mich, eine dieser Passagen zu zitieren – erröten kann der Umschlag der *‹Weltbühne›* nicht, ich fürchte, er wird blau und grün werden. Item:

«6. Wer es wagen kann, stelle den geschlossenen Kreislauf der Liebe her, wo sich nicht nur unten und unten und oben und oben im Kuß verklammert, sondern jedes Oben mit jedem Unten geeint ist und den Kreis schließt (69). Es sei noch bemerkt, daß sowohl die sechs wie die neun ja nicht nur auf der Seite, sondern auch beiderseits abwechselnd auf dem Rücken liegen kann.» In einem der Werke der Psychopathia sexualis habe ich ein bestimmtes Dokument immer mit dem größten Vergnügen gelesen; es findet sich bei Merzbach: *‹Die krankhaften Erscheinungen des Geschlechtssinns›*. Da schreibt ein Buchhalter an eine ihm offenbar recht ergebene Dame einen nicht völlig wiederzugebenden Brief; der Mann hatte wohl seine kleine Befriedigung in solcher Schreiberei, und der Brief fängt so an: «Meine liebe Freundin! Hoffe Dich im Besitze der meinerseits versprochenen Ansichtskarten und habe erst heute Zeit, die Ihnen ebenfalls versprochenen Zeilen zu senden, worin mein Entzücken ausdrücke über Deinen süßen . . .» Und fährt fort: «Beides hätte gern, aber wir müßten beiderseits respektive allseits nackend sein.» Diotimus oder: Franzeescher Schick und deutsche Jründlichkeit.

Wir wollen uns hier nichts von Galanterie erzählen. Wer ein so albernes Machwerk der Öffentlichkeit vorzulegen wagt, der verdient keinerlei Schonung. Diese Mischung aus Ungeschmack, flanellner Geilheit, Mystik und falscher Bildung muß ausgelacht werden. Wird sie das? Mitnichten. Das Buch hat wunderschöne Empfehlungen auf den Weg bekommen, ihm durchaus adäquate. Daß es Wilhelm Bölsche empfohlen hat, ist in der Ordnung: es ist ihm ganz nahe. Daß ein Pfarrer schreibt, er wisse keine Stelle, wo er nein sagen müßte, läßt auf sehr bedenkliche Vorgänge im Pfarrhause schließen. Auch Katharina von Kardorff-Oheimb hat das Buch warm empfohlen (wie denn nicht – gehst her!), und Frau Margarete Garduhn, geborne Saunier, wissen Sie, von den Sauniers . . . aus Stettin, schreibt: «Und als ich das Buch in der Hand hielt, dachte ich, daß doch bis jetzt noch niemand vorher das wahre Wesen der Liebe erfaßte und eben auch den Kampf darum. Jedenfalls, ich las das Buch – vor meinem Mann . . .» Genug.

Neulich habe ich mich einmal darüber ausgesprochen, in welcher Massenhaftigkeit die Empfehlungsschreiben Thomas Manns herausgehen. Darauf hat mir Hans Natonek in Leipzig sehr gut und verständig geantwortet: es sei doch nett von Thomas Mann, sich für den Nachwuchs einzusetzen, und wer denn das sonst tue. Das ist ein Standpunkt. Aber es ist doch auch einer, diese unsägliche Manieriertheit Manns zu verlachen, der die Schmiererei Diotimas also apostrophiert: «Ich habe das Werk der kundigen und tapferen Sybille mit Respekt und Vergnügen gelesen und finde, daß man das Ewig-Weibliche noch nie mit so viel gesundem Freimut über die Liebe hat sprechen hören. Ich bin keine sehr galante Natur...» Wenn sie denn sind über fünfzig, dann kriegen sie es mit dem Olympischen, und da wollen wir nicht stören. Diotima aber wird sich noch oft, wie auf dem Buchumschlag steht, «mit künstlerischen und wissenschaftlichen Problemen herumschlagen», sie wird noch viel erleben, ihr Mitarbeiter wird das seinige tun, und wenn es vorbei ist, wird uns das junge Paar den Irrigatorenmarsch blasen, und wir bekommen einen neuen Band. Eine Kochfrau der Liebe.

Nunmehr zu einem ernsten Frauenbuch. *‹Mrs. Biest pfeift›* von Helen Zenna Smith (bei S. Fischer in Berlin erschienen). Das ist ein anständiges Buch. Es gibt ein paar Ausschnitte aus dem Leben der englischen weiblichen Freiwilligen, die sich für den Sanitätsdienst und für den Autodienst der Sanitätskolonnen gemeldet hatten. Die Ausschnitte sind scharf und gut, die Tendenz brav, mir zu brav. Das Werk will tendenziös sein – also darf man es daraufhin ansehen. So ein Buch brauchte gewiß nicht mit der traditionellen roten Fahne aufzuhören, das sind ja kindliche Forderungen an die Kunst. Aber die Schlußfolgerungen fehlen; es ist auch in der Schilderung und durch die Schilderung wenig von dem erklärt, was gezeigt wird. Daß sich die Mädchen ein Kind verursachen lassen, wird gesagt; daß sie im Dreck liegen und daß es mit dem Essen nicht klappt, wird gesagt; es wird auch gesagt, daß die Vorsteherin, eben Mrs. Biest genannt, pfeift und wie pfeift! Aber was dahinter ist, wird nicht gesagt, es wird nicht einmal angedeutet. Also steht zu befürchten, daß es die Verfasserin gar nicht gesehen hat. Daß nämlich die unterdrückten Triebe der Dame Biest von einem System dazu benutzt worden sind, um den ‹Patriotismus› hochzuhalten – an ihrer kleinen Stelle, auch sie. Wie ja überhaupt in allen diesen Kriegsbüchern der Zwang, marschieren zu müssen, niemals diskutiert wird, er wird stillschweigend als selbstverständlich vorausgesetzt, und nun werden einzelne Unzuträglichkeiten, Grausamkeiten, Schweinereien aufgezeigt ... aber der Zwang zu marschieren, für das Vaterland zu marschieren, der bleibt. Es sind ungefährliche Bücher. Lasset uns die gefährlichen schreiben.

Im übrigen ein sauberes Buch und ein ganzer Kerl, der das geschrieben hat. Ein Mädchen mit festem Schritt und mit klarem Kopf. Ich möchte sie nicht in langen Kleidern sehn.

Weil wir grade bei den Kriegsbüchern sind: die deutsche Ausgabe der *‹Croix de Bois›* von Roland Dorgelès liegt im Montana-Verlag (Horw-Luzern) vor. *‹Die hölzernen Kreuze›*. Die sehr schwierige Übertragungsaufgabe ist nicht schlecht gelöst. Der Ordnung halber und nur als kleine Anmerkung: «Mon lieutenant» heißt wirklich nicht «Mein Leutnant». Denn ‹mon› ist hier kein besitzanzeigendes Fürwort, sonder eine alte Abkürzung von ‹monsieur›. Es heißt also ‹Herr Leutnant›. Das Buch gehört zu den besten Kriegsbüchern, die erschienen sind, obgleich es die pazifistischen Forderungen nicht erfüllt. Karl Bröger, der im Jahre 1914 entdeckte, daß der deutsche Arbeiter nichts Besseres zu tun hätte, als die kapitalistischen Schützengräben für eine Sache zu füllen, die ihn einen Schmarrn anging, hat mich gefragt, wie ich denn dieses Buch loben könne – es sei doch nicht streng pazifistisch. Das ist es auch nicht. Aber ich habe kein pazifistisches Parteibuch, wenn es um die Kunst geht – nie ist hier behauptet worden, daß diese Literatur die Kriege abschaffen wird. Ich meine nur, daß das Werk turmhoch über Brögern und wolkenkratzerhoch über den Schmierereien nationalistischer Lümmel steht, die aus dem Kriege eine sehr bekömmliche Konjunktur gemacht haben. Der französische Soldat ist ein verkleideter Zivilist, der deutsche Zivilist ist ein verkleideter Soldat.

Von der Seele des Franzosen ... nein, von der Seele Clemenceaus sagt aus: René Benjamin *‹Clemenceau dans la retraite›* (Paris, Librairie Plon). Also etwa *‹Clemenceau a. D.›*. Ich bin nicht recht kompetent für diesen Mann, ich mag ihn nicht. Die Deutschen mögen ihn auch nicht ... «Der Philister», steht bei Hebbel, «hat manchmal recht, aber nie in den Gründen.» Bei Rowohlt sind über Clemenceau zwei Bücher von Martet herausgekommen, aus denen man manches über ihn erfährt. Benjamin ist breiter, epischer, er gibt dabei mehr Empfindung und weniger Material. Der scharfe ätzende Witz Clemenceaus ist auch hier an vielen Stellen spürbar. Unermüdlich sind die Pfaffen am Werk gewesen, den Alten noch vor seinem Tode herumzukriegen. «Und wenn ich nun», rief einer von ihnen aus, «mich auf die Steine Ihrer Türschwelle hinknietе, was täten Sie dann –?» – «Ich brächte Ihnen einen Strohsack, mon père!» sagt der Vater des Sieges. Oder an einer Bahnsperre: «Lassen Sie die Herren nur durch! Der ist Senator, der ist Abgeordneter, und der da stiehlt.» Stiehlt auch ... hat er nicht gesagt.

Was Frankreich und insbesondere Paris angeht, so habe ich die Ehre, den besten pariser Führer, der mir in deutscher Sprache bekannt ist, anzuzeigen: *‹Paris›* von Paul Cohen-Portheim (erschienen bei Klinkhardt und Biermann in Berlin). Das ist für beide etwas: für den, der Paris gar nicht kennt und der dies Büchlein unbedingt vorher lesen und dann mitnehmen sollte: er wird gut bedient werden. Und für den, der die Stadt kennt und liebt: der wird vieles darin finden, das er nicht gewußt und nicht gesehen hat, und er wird nun manches besser verstehen. Ich habe auf 222 Seiten keinen Satz gefunden, zu dem ich etwa hätte sagen können: Nein, so ist das nicht. Portheim ist ein wundervoller Kenner – eben nicht nur von Paris ... denn wer nur Paris kennt, der kennt Paris nicht. Portheim kennt Frankreich, und das merkt man aus jeder Zeile. Eine Fülle von Kenntnis, Wissen und guten Beobachtungen sind hier in unaufdringlicher Form verarbeitet – bravo!

Einen Baedeker durch die Zeit gibt Ilja Ehrenburg ‹*Visum der Zeit*› (erschienen bei Paul List in Leipzig). Sehr lesenswert. Ich kann Ihnen nichts daraus zitieren; es ist alles so ineinanderverflochten, daß ich nicht schneiden mag. (Wenn man von dem reizenden Satz absieht, daß die französischen Dichter immer grade für genau zwölf Francs dichten, ungefähr 300 Seiten, keinesfalls mehr ...) Es ist viel Witz in diesen Schilderungen – ein gelassener Witz. Ein merkwürdiges Buch. Das Buch ist so traurig – es ist ein braunes Europa, das da geschildert wird. Ehrenburg hat sehr viele Länder bereist, einige davon kenne ich auch, und ich muß bewundern, mit welcher Geschicklichkeit er sich in den Geist und in die Seele dieser Länder eingelebt hat. Bei den slawischen hat er das natürlich leichter als unsereiner – aber auch bei den andern ist es ihm gelungen. Die ‹*Rote Fahne*› hat neulich bestritten, daß Ehrenburg den ‹richtigen Marxismus› adhibiere – ich weiß zum Glück nicht, was das ist. Aber daß in diesem Buch keine Zeile ist, die nicht auf das tiefe tragische Wirtschaftsdurcheinander hinweist, das weiß ich. Besonders schön ist, wie er überall den Bauern versteht, die Erde, das Wasser – das, was unter der Zivilisation ist. «Der Demokratismus des dörflichen Georgien ist aristokratisch. Ich erinnere mich, daß Gorki von einem ähnlichen Aristokratismus der italienischen Arbeiter schrieb. Es ist die hohe Fähigkeit, zu leben, ohne die Erde und den Menschen zu beleidigen.» That 's. Vielleicht lernen wir das bei den Artamanen? Ich glaube es nicht.

Wir können wenig bei unsern nationalen Bünden lernen – sie sind zu dumm, zu dumpf und zu geduckt. Daher ihre Frechheit. Man sieht schaudernd, wessen deutsches Wesen fähig ist – man vergißt nur zu leicht, was Deutschland einmal hervorgebracht hat. Es ist immer gut, zu erinnern. Heinrich Fischer erinnert. ‹*Die Vergessenen, Hundert Deutsche Gedichte des XVII. und XVIII. Jahrhunderts*› (erschienen bei Paul Cassirer in Berlin). Wenn Sie selber es nicht lesen – dann verschenken Sie es wenigstens.

Aber Sie sollten es lesen. Fischer hat mit dem feinsten Geschmack und mit dem saubersten Gefühl für die deutsche Sprache alte Verse herausgesucht – weit, weit ab von jeder Sentimentalität. Das zeigen schon die Namen der Ausgewählten: Fleming, Simon Dach, Weckherlin, Johann Christian Günther, Ramler, die Karschin, Stolberg — und wenn ich hinzufüge, daß die Anmerkungen den Versen adäquat sind, so ist das das Schönste, was man von ihnen sagen kann. Sie enthalten meist Zeugnisse der Zeitgenossen und sind so um so aufschlußreicher. Eine liebevolle Hand hat diesen Band zusammengestellt, und ein Gehirn hat daran gearbeitet, das jedes Wort und jeden Buchstaben der geliebten Sprache so aufnimmt, wie er aufgenommen werden muß. Es ist Heinrich Fischer gelungen, durch seine geistige Haltung eine Atmosphäre zu schaffen, in der man einen guten Vers dahin legt, wohin er gehört: auf die Goldwaage. Und die meisten Verse in diesem Buch halten das aus. Man muß eben nicht mit Zeitungsaugen lesen. «Mit dem Pathos ist es aus . . .» habe ich neulich gehört. Nein, man muß es nur zu hören verstehen, wenn mans schon nicht hervorbringen kann. Das ist ein unmodisches Buch — es ist, soweit wir denken können, ein Buch auf lange Sicht. Fischer hat, zum Glück, nichts für diese Vergessenen ‹getan›, aber sehr viel für seine Leser — er will keinen Reichsverband gründen . . . Ein Dichter grüßt vergessene Dichter.

Da sitzt . . . da sitzt Aurora, die Winterfliege. Es lohnt nicht, das ganze Zimmer mit Flit zu bespritzen, das ist diese kleine Fliegenspritze — sie ist das Loch, durch das meine Grausamkeit entweicht. Aber es riecht dann nach Petroleum. Da sitzt sie. Das dicke Aas. Und morgen früh wird sie mich mit ihrem Gesang aufbrummeln, um sieben Uhr, und ich möchte gern ausschlafen. Noch einen Augenblick . . . noch einen Momang, meine Gute . . . bleib, bleib sitzen. Diotima, komm her. Du bist so schön und handlich. Deine seelische Einstellung kommt mir grade recht . . . Bumm — bautsch!

Aurora hin. Diotima aus dem Leim. Ich habe das «Seelische mit naturhafter Sinnlichkeit verbunden», wie auf dem Umschlag steht, und in diesem Sinne wende ich solcher Sorte Literatur meine gewölbte Kehrseite zu. Gute Nacht.

DEIN LEBENSGEFÜHL

Dein tiefstes Lebensgefühl —
wann hast du das gehabt?
Mit einem Freund?
Immer allein.

Einmal, als du an der Brüstung des Holzbalkons standest,
da lag das Schloß Gripsholm, weit und kupplig,

und da lag der See
und Schweden,
und die staubige Waldecke –
und auf der dunkelgrün etikettierten Platte sang ein Kerl im Cockney-Englisch: «What do you say ...?»
und da fühltest du:
Ich bin.

So war dein Lebensgefühl.
Mit einer Frau?
Immer allein.

Einmal, als du nachts nach Hause gekommen bist
von einer vergeblichen Attacke
bei der großen Blonden,
elegant-blamiert, literarisch hinten runtergerutscht,
gelackt, abgewinkt: danke, danke!
da standest du vor deinem runden Nachttisch
und sahst in das rosa Licht der Lampe
und tatest dir leid, falsch leid, leid
und fühltest:
Ich bin.

So war dein Lebensgefühl ...
In der Masse?
Immer allein.

Es ist so selten, das Lebensgefühl.
Casanova hatte es einmal.
Vierter Band.
Er sieht bei seiner Geliebten Rosalinde
zwei Kinder, die er ihr vor Jahren gemacht hat,
schlafend, in einem Bett, Mädchen und Knabe.
Sie zeigt sie ihm,
hebt die Bettdecke hoch, die junge Sau,
die Mutter,
um ihn anzugeilen,
um ihm Freude zu machen,
was weiß ich.
Und er sieht:
wie der Knabe im Schlummer seine Hand auf den Bauch des Mädchens gelegt hat.
«Da empfand ich»,
schreibt Casanova,

«meine tiefste Natur.»
Das war sein Lebensgefühl.

Verschüttet ist es bei dir.
Du wolltest leben
und kamst nicht dazu.
Du willst leben
und vergißt es vor lauter Geschäftigkeit.
Du willst das spüren, was in dir ist,
und hast eifrig zu tun mit dem, was um dich ist –
Verschüttet ist dein Lebensgefühl.

Wenn du tot bist, wird es dir sehr leid tun.
Noch ist es Zeit –!

BLICK IN FERNE ZUKUNFT

... Und wenn alles vorüber ist –; wenn sich das alles totgelaufen hat: der Hordenwahnsinn, die Wonne, in Massen aufzutreten, in Massen zu brüllen und in Gruppen Fahnen zu schwenken, wenn diese Zeitkrankheit vergangen ist, die die niedrigen Eigenschaften des Menschen zu guten umlügt; wenn die Leute zwar nicht klüger, aber müde geworden sind; wenn alle Kämpfe um den Faschismus ausgekämpft und wenn die letzten freiheitlichen Emigranten dahingeschieden sind –:

dann wird es eines Tages wieder sehr modern werden, liberal zu sein.

Dann wird einer kommen, der wird eine gradezu donnernde Entdeckung machen: er wird den Einzelmenschen entdecken. Er wird sagen: Es gibt einen Organismus, Mensch geheißen, und auf den kommt es an. Und ob der glücklich ist, das ist die Frage. Daß der frei ist, das ist das Ziel. Gruppen sind etwas Sekundäres – der Staat ist etwas Sekundäres. Es kommt nicht darauf an, daß der Staat lebe – es kommt darauf an, daß der Mensch lebe.

Dieser Mann, der so spricht, wird eine große Wirkung hervorrufen. Die Leute werden seiner These zujubeln und werden sagen: «Das ist ja ganz neu! Welch ein Mut! Das haben wir noch nie gehört! Eine neue Epoche der Menschheit bricht an! Welch ein Genie haben wir unter uns! Auf, auf! Die neue Lehre –!»

Und seine Bücher werden gekauft werden oder vielmehr die seiner Nachschreiber, denn der erste ist ja immer der Dumme.

Und dann wird sich das auswirken, und hunderttausend schwarzer, brauner und roter Hemden werden in die Ecke fliegen und auf den

Misthaufen. Und die Leute werden wieder Mut zu sich selber bekommen, ohne Mehrheitsbeschlüsse und ohne Angst vor dem Staat, vor dem sie gekuscht hatten wie geprügelte Hunde. Und das wird dann so gehen, bis eines Tages ...

DER BUCHSTABE G

So heißt, glaube ich, ein russisches Buch — aber das meine ich nicht. Ich meine ganz etwas anderes. Ich meine die Sache mit Onkel Erich.

Also Onkel Erich — hier kann ichs ja sagen, denn Onkel Erich liest die ‹*Vossische Zeitung*› nicht; er liest ein hannoveraner Blatt, schimpft furchtbar drauf und glaubt jedes Wort, das drin steht ... Onkel Erich kam neulich zu uns nach Berlin zu Besuch. Er ist aus Hannover, wo sie das reinste Deutsch sprechen — das allerreinste. Bis auf die Vokale, die sind im Hannöverschen eine Wissenschaft für sich. Man muß lange dran rumstudieren, bis daß man sie raus hat — und das getrübte a, das sie da sprechen, hat mir immer eine ungetrübte Freude bereitet. Unter anderem klingt dort «ei» wie «a». (— «Haben Sie Aale?» — «Näö, ich habe getzt Zaat!» — «Nicht doch. Ob Sie Aale haben?» — «Ich säöge doch: ich habe getzt Zaat!» — «Aaale! Den Fisch! Aale» — «Aach, Sie meinen Aeöle! Der Herr sind wohl von auswärts?») Besitze hierüber ein herrliches Büchlein von Le Singe; auch besitzt das Hannöversche in seinem Dialekt eine der schönsten Anekdoten der Welt («Schöde ... Agäöthe ist da gräöde mit los!») — aber das ist, wie Kipling sagt, eine andere Geschichte. Also: Onkel Erich kam nach Berlin.

Ich bin ein friedlicher Vater, noch einer aus der alten Schule: mit wenig Ödipus, fast gar keinen Hemmungen und etwas Strenge. Ich nahm mir Theochen vor, das ist mein Knabe. Ich sagte: «Theochen!» sagte ich. «Onkel Erich kommt. Du berlinerst, daß es eine Schande ist! Das wirst du nicht tun.» Theochen hat gerade den Stimmwechsel; zur Zeit spricht er wie aus einer alten Kasserolle. «Als wie icke?» sagte das gute Kind. «Ick und berlinern? Haste det schon mah von mir jehört?» — Ich aber sprach sanft und gebot meinem väterlichen Zorn, zu schweigen: «Onkel Erich kann das Berlinern auf den Tod nicht leiden. Er kann es nicht häören ... wie man in Hannover sagt, wenn man etwas nicht leiden kann. Und ich will dir eins sagen: Wenn du in seiner Gegenwart berlinerst, dann kriegst du die erste große Abreibung, die du in unserem Zusammenleben von mir bekommen hast. Ab!» Theochen aber sprach, und es klang, wie wenn jemand Mäuse in eine Blechbüchse gesperrt hätte und dazu Baß spielte: «Woso kann er denn diß nich leihn? Un wat jeht mir denn det an —?» — «Er kann es eben nicht leiden», sagte ich. «Und du wirst dich freundlicherweise von heute ab – zur Probe schon von heute ab – nach dem richten, was ich dir gesagt habe!» Theochen ging los, das gute Kind. Nicht ohne dabei ein schönes Lied der Claire Waldoff angestimmt zu haben:

«Berlina Blut –
Berlina Blut is jut!
Berlina Blut –
Berlina Blut is jut!
Doch kommt berlina Blut
mal in die Wut –:
denn haut berlina Blut dir aba mächtig uffn Hut!»

Ja, warum Onkel Erich es nicht leiden konnte, wenn jemand den trauten Dialekt meiner Heimatstadt sprach –: das habe ich nie ergründen können. Es muß da einmal etwas gewesen sein . . . eine zurückgegangene Verlobung mit einer durchaus nicht auf den Mund gefallenen Berlinerin . . . kurz: er konnte es nicht leiden. Aber ‹was mir det anjing› . . . das wußte ich nur zu genau.

Sie werden lachen: es gibt noch Onkel auf der Welt, die Geld haben. Und es gibt – habe ich mir sagen lassen – noch Neffen, die auf dieses Geld . . . Gott bewahre mich davor: nicht warten! . . . nein, das nicht. Also . . . die froh wären, wenn sie es hätten. Onkel Erich war meiner Frau, meinem Jungen und mir im ganzen wohlgesinnt; das wußte ich. Da war auch ein Testament . . . das wußte ich auch. Aber nun eben dieses Berlinern – ich hatte ein bißchen Angst. Denn das letztemal, vor langen, langen Jahren, als Onkel Erich bei uns zu Besuch gewesen war, da lallte Theochen noch, und gelallt wird in Berlin genau so wie in Hannover. Mir kam ein Gedanke. «Theo!» rief ich.

Er kam. «Theochen!» sagte ich. «Du wirst dich von heute ab üben. Du wirst dich im Berlinischen üben – oder vielmehr im Nichtberlinischen – und ich sage dir: Laß es dir nicht einfallen, in meiner Gegenwart zu berlinern! Vor allem gewöhne dir das häßliche Jot ab!» – «Du lieber Jott!» sagte Theochen. – «Eben nicht! Eben nicht, du Storchenschnabel!» schrie ich. «Es heißt nicht Jott! Es heißt Gott! Gott! Sprich nach!» – «Gott», sagte Theochen. «Jetzt sag mal: Eine gut gebratene Gans ist eine gute Gabe Gottes.» – «Eine gut jebratene Gans ist eine jute Gabe Jott . . . Gott . . . Jottes . . .» – «Na wart nur!» sagte ich. «Jetzt geh und übe diesen Satz, und ich komme nachher und frage dich ab. Und wenn du mir ein einziges Jot sagst . . .!»

Das war Mittwoch. Donnerstag erschien Onkel Erich. Leider fing die Sache damit an, daß der Träger den Onkel fragte: «Ham Sie Jepäck uffjejehm?» und der Onkel legte nicht schlecht los. Was das für eine Sprache sei; das sei überhaupt keine Sprache, das sei ein tierisches Gebrumme – und er, in Hannover, sei ein ganz anderes Deutsch gewöhnt! Gott sei Dank! Das reinste. Das allerreinste. Ich nickte gottergeben und rechnete geschwind einige große Zahlen aus, die sich ergaben, wenn ... «Nach welche Jejend wolln Sie denn fahn?» sprach der Kofferträger. Und ich betete zu Buddha, der da sein Auge gerichtet hält auf die niedersten Insekten und auf die Oenkel aller Welt. Und der Onkel lief rot an. Und gab dem Träger kein Trinkgeld. Und da sagte der Träger viele schöne Sachen auf, nicht grade in schierem Hochdeutsch – aber man verstand jedes Wort, und ich rang in meinem Innern die Hände. Doch, das kann man. Und dann fuhren wir. «Eine ekelhafte Sprache!» knurrte der Onkel.

Wir kamen zu Hause an. Ich schloß die Korridortür auf, meine Frau kam gleich heraus, begrüßte den Onkel und nahm ihm die Sachen ab. Der Onkel dankte gerührt. Theo war nicht da. «Theo!» rief ich. Theo kam nicht. «Wo ist denn der Junge?» fragte ich meine Frau. «Theo!» riefen wir gemeinsam. «Der Onkel ist da!» – Und da erschien Theo, wie wenn er auf etwas gewartet hätte, kam, verneigte sich vor dem Onkel und sprach laut und deutlich:

«Der gute Igel Georg geigt auf der Gummigeige!»

«Was sagt der Junge?» fragte der Onkel mißtrauisch. Ich sah den Knaben Theo an ... ich sah ihn immerzu an ... «Das ist nur so eine scherzhafte Redensart, um jemand willkommen zu heißen», sagte ich. «Sag mal Onkel Erich hübsch guten Tag!» Theo machte eine Verbeugung, gab die Hand und sprach: «Es ist gammerschade, daß ich heute meine gute Gacke nicht anhabe. Der Papagei, der Gakob, hat sie mir geruiniert.» – «Da wollen wir ins Eßzimmer gehen», sprach ich beklommen. «Du wirst Hunger haben, Onkel Erich!» Onkel Erich sah den Theo an, Theo sah den Onkel an. «Ich weiß nicht ...» sagte der Onkel, während wir ins Zimmer gingen, «ich weiß nicht ... euer Junge spricht so merkwürdig!» – «Er ist wohl so aufgeregt, vor Freude», sagte ich. «Er fragt schon den ganzen Tag, wann denn der Onkel kommt!» Nun gibt es keinen Menschen auf der Welt, der nicht stolz ist, wenn ihn ein Hund wiedererkennt, oder wenn sich andere Leute, wie sie sagen, darauf gefreut haben, daß er gekommen ist. Dergleichen hebt das Selbstbewußtsein. «So, so ...» sagte der Onkel. «Nun ... das ist aber mal hübsch.» Theo machte abermalen den Mund auf, ich sah ihn an, es half nichts. Er sprach. «Wir haben heute in der Schule einen großen Gux gemacht. Da ist einer, der hat eine Guchhe-Nase, und dem haben wir Guckpulver in den Hals gestreut, und da hat er sich so geguckt, bis er nicht mehr gapsen konnte! Ga.» Nicht umsonst bezeugt mir meine Qualifikation zum Vizefeldgefreiten der Reserve eine rasche Entschlußkraft. «Theochen!» sagte ich. «Komm mal mit Papa raus – da ist noch was zu erledigen, wobei du mir helfen mußt!» Meine Frau sandte einen blitzschnellen, flehenden Blick herüber, der Onkel einen erstaunten – dann schritten wir beide, Vater und Sohn, selbander hinaus.

«Dir ist nicht gut!» sagte ich draußen. «Du wirst jetzt hier auf deiner Stube essen, und wenn der Onkel weg ist, dann kriegst du eine Abreibung, von der noch lange Zeiten singen und sagen werden! Du Lausejunge!» Theo bewegte die Worte des Vaters in seinem Herzen und sprach also: «'ck ha ja jahnischt jemacht! Du hast jesacht ...» — Und da schloß ich die Tür ab. Und hatte ein langes Verhör zu bestehen ... «Merkwürdig», sagte der Onkel. «Ich hatte immer geglaubt, du hättest die Gesundheit von deinem Vater selig geerbt ... aber das Kind scheint nicht ganz in Ordnung. Gleich wird es krank, vor lauter Freude und Aufregung — und dann spricht es so komisch ... Hat es denn einen Sprachfehler?» — «Es hat keinen Sprachfehler, lieber Onkel», sagte ich milde und schob ihm den Marmeladentopf hin. Und wenn der Onkel Marmelade sieht, dann hört er nichts mehr und ist glücklich und zufrieden, und wenn er den Topf bis auf den Grund geleert hat, dann sagt er: «Zu süß!» und sieht sich nach einem neuen um. In meinem Kopf aber tanzten die Zahlen.

Und der Onkel blieb drei Tage in Berlin, und ich sperrte den Knaben Theo immerzu ein. Und wenn sich der Onkel nach ihm erkundigte — in allerreinstem Deutsch, mit herrlich getrübtem A — dann sagte ich, das Kind hätte eine Angina und stecke an. Der Onkel mißverstand den Ausdruck erst ... aber dann sah er alles ein und ließ Theochen in Frieden.

Aber am dritten Tag, als ich ins Finanzamt mußte, um darzutun, daß ich gar nichts verdiente, sondern ein ganz normaler Kaufmann sei —: da gab es zu Hause ein Malheur, und als ich zurückkam, da war es schon geschehen. Der Onkel packte. «Was ist ...?» fragte ich verdattert. «Du willst fort?» Meine Frau weinte. «Was ist hier los —?» fragte ich.

«Keinen Augenblick länger!» rief der Onkel. «Ich komme da nichtsahnend ins Kinderzimmer, da sitzt Theo, da sitzt dein Sohn Theo am Tisch und ist gar nicht krank und hat auch keine ... also hat auch keine Halsentzündung, sondern hat Besuch und ... was hat er gesagt?» — Der Onkel sah meine Frau an, ich sah meine Frau an. «Ich ... ich weiß es nicht mehr ...» sagte sie stockend. — «Theo!» rief ich. «Komm mal her!»

«Was hast du zu deinem Freund gesagt, als Onkel Erich ins Zimmer gekommen ist?» — Theochen bockte. — «Na?» sagte ich. «Wirds bald?» — «Soll ichs sagen?» fragte er. «Natürlich sollst dus sagen!» Und da sprach Theochen und wechselte dabei vierzehnmal die Stimme:

«Ick ha jesacht: Aus det Jeklöhne von den Olln mach ick mia jahnischt — det is ja nich jefehrlich! Jestern jabs Jans, und den Onkel nehm ick noch alle Tahre uff de Jabel! Det will 'n jebillter Mann sein? Un wenn ick auch jefeffat den Hintern vollkrieje: der Mann spricht ja Dialekt!»

Und da nahm der Onkel seine Koffer und riß die Korridortür auf und stieß mich und meine Frau fort und nahm sich einen Wagen und fuhr zurück nach Hannover, wo sie das reine Deutsch sprechen. Und das Ratschen eines entzweigerissenen Testaments zerriß mir das Herz.

Theochen geht es soweit ganz gut. Er hat nur zwei Tage lang einige Schwierigkeiten gehabt — des Sitzens wegen.

DER LEERLAUF EINES HEROISMUS

Der leipziger Hochverratsprozeß hat den geistigen Zustand der deutschen Reichswehr für diejenigen enthüllt, die ihn noch nicht gekannt haben.

Den Prozeß nehmen wir nicht ernst. Das Reichsgericht hat in politischen Urteilen längst das Vertrauen aller Kenner eingebüßt — was in seinen Urteilen niedergelegt wird, ist Ressentiment und Politik, die sich der Juristerei als Form bedient. Daß Kommunisten noch niemals so behandelt worden sind wie diese drei Offiziere, sagt uns nichts Neues. «Ich habe», sagte der Reichsanwalt, «die Angeklagten nicht kränken wollen, und ich würde es bedauern, wenn ich sie gekränkt habe.» Na, da ists noch mal gut . . .

Wichtig und aufschlußreich ist nicht die Geistesverfassung des Reichsgerichts, die bekannt, wichtig ist die Denkungsart der Reichswehr, die weniger bekannt ist.

Sie ist trostlos.

Daß Berufssoldaten berufsmäßige Gegner des Pazifismus sind, darf uns nicht wundern und ist verständlich; das ist immer so gewesen. Obgleich es ja seltsam anmutete, wenn etwa Feuerwehrleute jene bekämpften, die die Entstehung von Bränden verhüten wollten . . . diese Soldaten haben sich niemals als eine Feuerwehr gefühlt, die man im Augenblick der Gefahr ruft, sondern immer als Selbstzweck.

Ich will nicht zu jenen Majoren und Leutnants sprechen, die man deshalb nicht überzeugen kann, weil sie nicht lesen können, und, könnten sie es, nicht verstehen, was sie lesen, und verständen sie es, es falsch anwendeten. Ich spreche zu Menschen, die Ungeist mit dem Geist bekämpfen wollen.

Jeder Mensch schafft sich im Geiste eine Welt, in der er seinen Fähigkeiten nach im Mittelpunkt steht. Die wenigsten gestehen sich das ein. Beginnen wir bei uns selbst.

Pazifisten, die gut reiten können, sind Ausnahmen. In jeder pazifistischen Strömung ist — neben den besten ethischen Absichten — die Ablehnung einer Welt, in der der predigende Pazifist keine führende Rolle spielt. Es ist schon viel, wenn er in jener kriegerischen Welt mit Anstand bestehen kann. Dieser tantenhafte Zug ist im Pazifismus unverkennbar; wo er sich sentimental auswirkt, ist er auf das schärfste zu bekämpfen. Denn das ist nicht Sinn und Inhalt des Pazifismus. Die militärischen Gegner bekämpfen uns: mit Verleumdungen, wie zum Beispiel in diesem Prozeß; mit Beschimpfungen, die uninteressant sind, und mit einer Spur von Recht. Sie kämpfen aber dann gegen den schlechtern und minderwertigen Teil des Pazifismus, gegen seine Karikatur, gegen das Weinerliche an ihm.

Im übrigen ist solch ein Kampf eine Frage der geistigen Kraft, und zwar nicht nur der brachialen, wie heute durchweg gelehrt wird. Der friedliebende Mensch, der seine besten Kräfte nicht auf Schlachtfeldern verwertet, baut sich eine Welt, in der er etwas gilt, und er ist leicht geneigt, diese seine Welt sittlich höher zu stellen als die aller andern.

Dieses Element muß sauber herausgeschält werden; es ist Schwäche und Lüge, hier die Augen zu schließen. Ich halte es auch für ganz berechtigt und natürlich.

Der Pazifist hat jedoch in seinem Kampf gegen den Krieg recht, weil er es ablehnt, über das Leben andrer Menschen zu verfügen. Ich fühle in keiner Hinsicht vegetarisch: es mag Situationen geben, in denen Blut zu vergießen kein Unrecht ist. Als Grundforderung aber muß aufrechterhalten werden, daß niemand das Recht hat, über das Leben seiner Mitmenschen zu verfügen, um sich selber zu erhöhen. Das aber tut der Soldat.

Die Fundierung der im leipziger Prozeß geäußerten Ansichten war mehr als kümmerlich. Man braucht keine Literatur zu zitieren; unsereiner riecht ja, woher Meinungen stammen. Diese stammen durchweg aus dem Gefühl. Deshalb brauchten sie noch nicht schlecht zu sein. Sie sind aber leer und schlecht. Denn:

Wenn man die jungen Leutnants und die bedächtigern ältern Offiziere beklopft, so wird sich immer wieder finden, daß sie Deutschland, ihre Mitbürger und die gesamte Welt für einen Exerzierplatz, für ein Manöverfeld und für ein zukünftiges Schlachtfeld ansehen, auf dem sie das entfalten können, was sie ihre besten Fähigkeiten nennen. Dort sind sie ganz Mann, nur dort, dort erst. Es ist für diesen Heroismus, der bei vielen zweifellos echt und mannhaft vorhanden ist, bezeichnend, daß er niemals nach dem Zweck des soldatischen Getriebes fragt. Der Kampf wird gekämpft; ist er einmal begonnen, muß er durchgehalten werden — aber worum das Ganze geht, wofür, für wen, zu wessen Nutzen: danach fragen sie nicht. In Heinz Pols Roman ‹*Entweder — oder*› findet sich eine herrliche Stelle; es ist jene, wo ein junger Graf, der im Baltikum mitgekämpft hat, sich den Marx kauft. «Er wollte doch einmal sehen, was er da eigentlich bekämpfte.» Das ist es. Der Kampf ist primär — erst nachher wird er rationalisiert.

Das führt leicht dazu, den Kampf überhaupt zu wollen, und also:

ihn hervorzurufen und sich Feinde zu machen, damit man selber Soldat sein kann. Der Soldat braucht einen Feind. Sonst wäre er nicht.

Gewinnen also diese Offiziere Einfluß auf die Politik des Landes — und sie haben einen bereits sehr wesentlichen, einen, der viel größer ist als gemeinhin angenommen wird — dann liegt es sehr nahe, daß sie, um der Betätigung ihres Handwerks willen, den Kampf selbst da provozieren, wo man ihn vermeiden kann.

Was die jungen Herren vor Gericht ausgesagt haben, verdient keine Widerlegung; wo nichts ist, hat der Polemiker sein Recht verloren. Es war das typische Ressentiment soldatischer Haltung, ein Kasinogespräch, das jeder, der im Kriege gewesen ist, im Schlaf aufzeichnen kann. Es war und ist die Ablehnung der geistigen Welt, der Friedenswelt überhaupt, weil es in ihr für diesen Menschenschlag langweilig ist, zu leben. Man kann von keinem Schauspieler verlangen, daß er eine Gesellschaftsordnung bejaht, in der etwa die Theater verboten und ausgeschaltet sind. Der Schauspieler will spielen. Der Soldat will Krieg führen.

Nun ist der Militär nicht vom Himmel heruntergefallen. Er ist nichts als eine überall vorkommende Art des Menschengeschlechts, in Deutschland durch Geschichte und Tradition nur übermäßig gezüchtet, weil einem gewissen Typus des Deutschen in vielem entgegenkommend.

Am Soldaten ist — ohne Wertung betrachtet —: Kraft; Jugend; Mut, der angewendet sein will; Überschuß, der sich austoben will; Rauflust; Freude am Gehorchen und Freude am Befehlen; Freude an der Arbeit in frischer Luft; Freude an Farben und am Apparat — alles das und noch viel mehr. Gemischt ist das beim modernen Soldaten mit dem Typus des büromäßigen ‹Organisators›, des Mannes, der kommandieren und andre arbeiten lassen will; mit dem Techniker, der seinen Spaß an modernen Maschinen hat, die er auf Kommando seinerseits kommandiert . . . diesen Leuten ist es nicht wichtig, wer in einem Streit England—Deutschland recht hat, das bewegt sie überhaupt nicht. Es bewegt sie, eine Division zu verladen und einen Tank zu bedienen. Sport.

In dieser Betätigung ist viel Gutes und Legitimes. Statt nun aber solche vorhandenen Kräfte auszunutzen, drängt sie die heutige Gesellschaftsordnung zurück; in dem kapitalistischen Büro-Getriebe können so beschaffene junge Menschen nichts mit sich und ihren Kräften anfangen, und nun schaffen sie sich das, was sie brauchen.

Denn das Militär mit allem seinem Drum und Dran ist nicht nur ein Bedürfnis der Allgemeinheit. Es ist vor allem eines der Beteiligten.

So, wie der Halb-Intellektuelle, der ‹nicht weiß, was er werden soll› in das Beamtentum oder in die Industrie tritt und sich dort einen ‹Laden aufbaut›, der vorher nicht dagewesen ist, einen, den der Mann braucht, um überhaupt zu sein —: so schafft sich der Soldat in allen Ländern erstens die nötigen geistigen Voraussetzungen für seine Existenz in Form von Feinden, Gefahren und einem ins Wahnwitzige gesteigerten Nationalismus und zweitens in einem Apparat, in dem er regieren, arbeiten, seine Kräfte entfalten – in dem er sein kann. Diese geronnene Institution von zur Gewalttätigkeit neigenden und kraftvollen Menschen sind die Heere; diese Apparate werden benutzt, mißbraucht und gebraucht von der jeweils herrschenden Ordnung: zur Unterdrückung des Klassenfeindes, also hier der Arbeiter, zur Ablenkung der Geschäftigkeit nach außen und so fort. Der Soldat sieht das meist gar nicht. Er ist.

Dieser Heroismus läuft leer. Es ist das Heldentum an und für sich, also gar keines. Der vage Begriff ‹Vaterland› ist eine mythische Formel, und gegen nichts wehren sich diese Männer so wie gegen eine gedankliche Auflösung ihrer pseudo-religiösen Formeln, und sie wissen sehr gut: warum. Es wäre das Ende. Das blanke Nichts träte zutage.

Nicht, daß die zugrunde liegenden Kräfte auflösbar sind in: Freude an der Zerstörung; Freude des Männchens, vor dem Weibchen zu paradieren: nicht das ist das zu Verneinende. Zu verneinen ist lediglich die Art, wie diese einmal vorhandenen leer laufenden Kräfte eingesetzt und mißbraucht werden.

Von dieser Denkungsart der Reichswehr ist grundsätzlich das zu unterscheiden, was die jungen Nationalisten predigen. Die sind emsig bemüht, einem vorhandenen Grundgefühl neue und geistige Formen zu leihen – aber nicht aus Achtung vor dem Geist, dessen sie meist keinen Hauch verspürt haben, sondern um auch auf diesem Gebiet ihren Mann zu stehen. Wieviel Unsicherheit ist darin –! Was Ernst Jünger dartut, der inzwischen ein tüchtiger Kriegsberichterstatter geworden ist, emsig, betriebsam und hopphopp, ist geistig dünn, unterernährt und um so mehr von gestern, als es sich von morgen zu sein gibt. Immerhin ist es bedeutend lyrischer als die kalte Grundanschauung der ewigen Offiziere, die nichts sind als das. Jünger versucht sich in einem Mystizismus, dessen Wolken mit einer Handbewegung zu verscheuchen sind; dahinter grinst das blanke Nichts, die sture Grundanschauung, Kampf an sich sei etwas Bejahenswertes. Was die jungen Leute aus den heute ‹Bünde› genannten Vereinen sagen, ist nicht viel anders. Man sei ein für alle Mal – gegen rechts oder links – mißtrauisch, wenn jemand den Angriff auf einen Standpunkt mit dem Geschrei ‹Gotteslästerung› erwidert. Dann ist da etwas faul.

In beiden Lagern, bei der Reichswehr und den nationalen Bünden, herrscht derselbe Leerlauf des Heroismus. Sie sind voneinander verschieden und noch geschieden; möglich, daß sie eines Tages zusammengehen – bei diesem Bündnis werden sie sich gegenseitig belauern und den Augenblick abpassen, wo einer den andern betrügen kann . . . die jungen Nationalen sind denen in der Reichswehr zu literarisch; denn wer ein Buch gelesen hat, ist ein Bücherwurm . . .

Unterdes schaffen sich die ewigen Militärs munter, was sie brauchen. Einen ‹Luftschutz›, einen ‹Wasserschutz›, einen ‹Eisenbahnschutz› und was der Mensch nötig hat, wenn er sonst keine gescheite Beschäftigung weiß. Dergleichen sind Hilfskonstruktionen für die Entfaltung ihres Wesens.

Es ist aber ein bißchen viel verlangt, daß die Gesellschaft für die Erhöhung der innern Sekretion einer kleinen Gruppe Menschen zahlen soll. Gewiß, es wird dem Zahler allerhand geboten: Manöver, Kriegsreklamen aller Art, Uniformen, Musik, Fotos mit Kanonen . . . Etwas überzahlt, wie mir scheint.

Leer ist das alles, ganz leer. Und tritt auf mit dem ganzen Aplomb des Muskelmenschen, der über den Gehirnmenschen zunächst immer im Vorteil ist. Gegner hat das zur Zeit nicht viel. Die Bürger . . . du großer Gott. Sie sind dem General von Seeckt rührend aufgesessen, weil der die Klugheit besaß, nicht zu sprechen — es gibt nicht nur undurchschaubare Genies, es gibt auch etwas andres. Und ein Bücher revidierender General ist eine Kuriosität; wäre der Mann kein Berufsoffizier, kein Mensch kümmerte sich um seine Ansichten oder um diese leeren Aufsätze.

Mars ist blind und hat keinen Kopf. Er hat nur einen Helm.

Und ihr spiegelt euch in diesem Helm. Wie hat es 1914 so weit kommen können? Wie war das möglich? Es war möglich durch eine raffinierte und gewitzte Vorarbeit; durch ein tagtägliches Trommelfeuer von Kriegsvorbereitung, durch die Marktschreierei eines leerlaufenden Heroismus.

AUFGEWACHSEN BEI ...

Dir gefallen die Beine nicht,
dir gefällt die Kleine nicht,
dir gefällt die Große nicht,
und du magst die Sauce nicht.
Dir gefällt der Opel nicht,
und du wärst kein Popel nicht,
und dir schmeckt der Steinwein nicht,
und dir schmeckt der Rheinwein nicht . . .
    Lieber Freund, besinn dich drauf:
        Worauf herauf —?

Bist du denn so reich und schön?
Bist du lieblich anzusehn?
Bist du elegant und schick?
Untenrum nicht reichlich dick?

Bist du mit dem Mordskrawall
wohl aus einem ersten Stall?
Immer schreist du nach Niveau ...
lebst du denn zu Hause so?
Du — mit deinem Lebenslauf:
Worauf herauf —?

Stell dich mit dem Doppelkinn
mal vor einen Spiegel hin:
Wenn die Frauen auch mal sieben:
welches Mädchen soll dich lieben?
Sage selbst!
Wenn die Kellner Augen haben:
wofür halten sie dich Knaben?
Sage selbst!
In dem reichen Kaufmannshaus:
wie siehst du im Smoking aus?
Sage selbst!
Mach nicht immer solche Faxen.
Mensch, es ist ja halb Berlin
aufgewachsen, aufgewachsen
bei den grünen Jalousien —!

DIE AUSGEZOGENE FRAU

Die legitime Neigung zur Pornographie ... «Sprechen Sie doch deutsch, Herr!»

Der verständliche Drang, auf der Liebesleiter von der Freude an einem schönen Frauenkörper bis zur Geilheit hinauf- und hinunterzuklettern, hat in den illustrierten Blättern Amerikas und Europas eine Hausse in Akten hervorgerufen, die in vielen Akten an einen Akt gemahnen. Soweit schön. Ich weiß auch, daß sich die Menschen nicht durch Knollen fortpflanzen und daß die Frage jenes alten Herrn, der im Walde ein Liebespaar belauschte: «Ja, macht man das denn immer noch ...?» nicht so ganz berechtigt ist. Sie machen das, solange sie sind. Immerhin: diese Bilder-Industrie fängt an, erheblich langweilig zu werden.

Massenhafte Pornographie ist schon dumm ... Sie sollten nicht versäumen, sich so etwas einmal anzusehn: es macht sehr tugendhaft. Wie ödend ist aber nun erst das immer gleiche Sirup-Girl, das wir da aufgetischt bekommen: im Profil, von vorn, von oben und von der Mitte: manche wogen mit den Nüstern und wissen sich vor Schönheit gar nicht zu lassen; manche legen ihre ganze Seele oder was sie dafür halten, in ihre gezierten Hände ... und alle, alle sehen ganz gleich aus. Es gibt wohl nur sechzehn verschiedene Ausführungen, und man muß sehr genau hinsehn, um sie voneinander zu unterscheiden.

Brauchen das die Leute –? Es scheint so. Eine Zeitschriftennummer mit einem hübschen Mädchenkopf geht immer; auch die Soldaten haben sich ja auf die hölzernen Wände ihres Unterstands die gelackten Matrosenbilder und Badeschönheiten geklebt ... aber das war doch noch verständlich! Es war Ersatz. Was fangen aber nur heute die Kerls mit diesen vielen zuckersüßen Bildern an, während doch die sicherlich reizenderen, weil nicht so glatten Originale um sie herumlaufen?

Das verstehst du nicht. Der Mensch hat einen Hang zum Idealen. Er will nicht immer bloß Bohnensuppe essen und nachher befriedigt, sagen wir, ausatmen – er will nicht immer nur seine Gattin sehen, was verständlich ist: er will das Gebild aus Himmelshöhen. Und das kriegt er hier nun für fünfzig Pfennig.

Meist ist es halbnackt, und wenn es ganz nackt ist, dann ist es ausgezogen. Mitunter gibt es alle gynäkologischen Details, dann sind sie aber weltanschaulich versichert, Marke: Nacktkultur oder Höhensonnenpflege oder was der Mensch so sagt, wenn er die fotografierte Volldame meint. Fettig tastet sie der Blick des Vielbeschäftigten ab; kein Wunder, daß diese Zeitschriften so fleißig hecken, denn wie viele Blicke haben sie schon begattet! Und wenn ein Redakteur gar nicht mehr weiß, was er bringen soll: Busen ist immer gut. Schenkel ist immer gut. Popo ist immer gut.

Schade, daß auf der andern Seite solche heillosen Trottel der Prüderie stehen; man könnte das alles noch viel schärfer sagen. Aber dann wirds im ‹Evangelischen Posaunenengel für die Mark Brandenburg› abgedruckt: «Die *‹Weltbühne›*, mit der wir sonst nicht übereinstimmen, und die doch wahrlich nicht in dem Ruf übergroßer Sittenstrenge und Zimperlichkeit steht ...» Amen.

Mir kanns ja gleich sein. Aber wollt ihr eigentlich alle immerzu diese Bilder sehn –?

WER LIEST DAS –?

Meine gute Tante, die im Besitz einiger herrlicher Pleonasmen war, nannte jede Art beschmiertes Papier gern «Schreibenschriften». Davon gibt es ja nun allerhand ... Wobei denn zu fragen:

Wer liest das eigentlich alles –?

Da sitzen Sie also in der Bahn, und Ihnen gegenüber sitzt eine Mappe mit einem Herrn. Derselbe zieht aus derselben ein dickes Konvolut Papier. Kein feiner Mann liest, was man ihm in der Bahn darbietet, doch bin ich kein feiner Mann. Zwar gehöre ich nicht zum Klub der Rückenleser, aber immerhin ... man kann sich dem nicht ganz entziehen. Was hat der Mann da —?

Er hat etwa ein Viertelpfund ehemals weißes Papier, das haben sie mit einem schwarzen Vervielfältigungsapparat ruiniert, und jetzt stehen da Tabellen und Verzeichnisse und Verfügungen und Verordnungen ... jedermann seine eigene Behörde ... Liest der Mann das —?

Es fällt ihm gar nicht ein. Ich weiß genau, warum er sich das eingesteckt hat. Das hat er sich eingesteckt, weil er sich dabei gedacht hat: «Hier komme ich ja nicht dazu ... Ich werde das in der Bahn ... famos! Ich werde das in der Bahn lesen ...!» Aber da tut ers auch nicht. Er sieht einmal zerstreut in den Kram, dann guckt er aus dem Fenster, dann reißt er ein Eckchen ab und probiert, sich damit die Fingernägel zu reinigen (Wenn du denkst, du bist allein — mache deine Nägel rein); dann legt er mit einem schweren Seufzer die ganze Geschichte auf das kleine Fenstertischchen und fängt an, endgültig einzuschlafen. So war das.

Aber nimmermüde speit der Apparat Papier aus. Bedrucktes Papier, beschriebenes Papier, betipptes Papier ... immer noch mehr Papier. Wer liest das?

Es muß wohl so eine Art Selbstbestätigung der zahllosen ‹Stellen› sein, mit denen wir gesegnet sind; sie glauben: ‹Wir vervielfältigen, also sind wir› — so einem alten philosophischen Satz einen erstaunlichen Dreh gebend ... *Glauben* die Leute, daß das einer lese ...? Ich glaube: sie glauben es nicht. Aber sie tuns doch.

Ist nicht viel unproduktive Arbeit dabei? Ist hier nicht sehr vieles Selbstzweck geworden, was einmal Mittel gewesen ist? Ich meine keine bestimmte Branche, es ist ja Allgemeingut, dieser ungeheure Papierverbrauch. Reklame, Mitteilungsbedürfnis ... aber wird das nicht übertrieben? Hier liegt, glaube ich, ein goldenes Gesetz der Wirtschaft verborgen, das sich immer deutlicher zeigt.

Das Gesetz heißt etwa so:

Was alle tun, hebt sich auf.

Es ist wie mit den Autos; in der City New Yorks kommt man ja wohl schneller vom Platz, wenn man zu Fuß geht. Alle haben ein Auto —

und nun hat keiner mehr ein Auto!

Die ersten Behörden, Dienststellen, Geschäfte, die viel Papier auf die Welt streuten, hatten damit Erfolg; vielleicht auch noch die zweite Schicht ... aber nun ist es damit vorbei, alle tun es, und es wirkt nicht mehr; man liest kaum noch, was einem die Post und der Betrieb täglich auf den Schreibtisch schütten. Jeder von uns beherrscht ja die Kunst, aus einem Wust von vielem Papier die zehn Briefe und die vier Drucksachen herauszufischen, die für uns wirklich von Wichtigkeit sind. Der Rest ...

Dieses goldene Gesetz finden Sie überall. (Zum Beispiel auch in der Rüstung der Staaten.) Welcher Aufwand, um das Einfache zu tun. Doch gibt es ja wohl nichts mehr Einfaches hienieden.

Wer aber an die Wichtigkeit des von ihm geschriebenen und herausgegebenen Papiers glaubt, der hats gut und sei gesegnet. Neben den dreißigtausend Büchern, die Deutschland im Jahr gebiert, wieviel Millionen Broschüren, Dienstanweisungen, Propagandaschriften, Aufrufe, Manifeste, Überblicke, Tagesbefehle, Proklamationen ... wer liest das? Die, dies angeht, bestimmt nicht.

Wer liest das –?

DER MITTLER

> Er (Hermann Löns) erzählte mir, sein Verleger wäre gekommen, hätte ihm ein Gedicht von Rainer Maria Rilke gezeigt und gesagt: «So etwas müßten wir auch mal haben!»
>
> *‹Meine Erinnerungen an Hermann Löns›* von Elisabeth Löns-Erbeck

Diese Zeit steht im Zeichen des Kommissionärs – auch ihre Kunst wird von ihm regiert.

Wir unterscheiden zweierlei Arten von Vermittlern: den künstlerischen und den geschäftlichen Vermittler.

Von der Überschätzung des künstlerischen Mittlers – des Regisseurs, des Kapellmeisters – ist viel gesagt worden. Daß seine Schätzung gegen früher gestiegen ist, ist gerechtfertigt; die Werke des Theaters und des Kinos sind immer mehr zu falschen Kollektivkunstwerken geworden, bei denen jeder jedem dreinredet und zum Schluß keiner schuld sein will, wenn es ein Mißerfolg geworden ist. Bei einem Erfolg wollen es alle gewesen sein.

Der künstlerische Vermittler drängt das Werk und den Urheber des Werkes völlig an die Wand; das Werk wird Anlaß und Vorwand. Es ist ja ganz gut und schön, daß Beethoven und Shakespeare gelebt haben – vorneweg aber marschieren Karlheinz Martin und Furtwängler, Reinhardt und Bruno Walter. Der Vater des Werkes wird nicht gefragt, sein Wille gilt nichts, sein Kind ist nun im Waisenhaus, und der Vorstand wird das Kind schon schaukeln. Sie dichten auch mit, die Herren, sie lassen fort und fügen ein – sie haben Vaterstelle übernommen.

Zu dieser erfreulichen Gesellschaft der plurium gesellt sich der Schauspieler, der heute, wie in allen Zeiten bürgerlicher Schwäche und behördlicher Diktatur, maßlos überschätzt und in seinen Spitzenleistungen ebenso überzahlt wird. Das führt zum Startum, und da die meisten Schauspieler gar nicht imstande sind, ohne die Führung eines gebildeten Tyrannen in den Geist eines Stückes wirklich einzudringen, erleben wir die Vergewaltigung von Kunstwerken oder ihre Ersetzung durch Trapeze, die das garantieren, was jene eine Wirkung nennen. Der Satz Reinhardts: «Das Theater gehört dem Schauspieler», ist gefährlich und noch dazu unrichtig: der Schauspieler sei Diener am Werk. (Freilich muß eines da sein.) Was der Schauspieler heute treibt, ist in fast allen Fällen Herausstellung der eignen Person, und das ist begreiflich; aber er tut es auf Kosten des Dichters, und das ist ungehörig. Sie scheren sich den Teufel um die Absichten des Dichters — wenns gut geht, um die des Regisseurs, der wiederum seinerseits auf das Opus pfeift, das er da in Szene setzt. Sie sprechen kaum die Sätze ihrer Rolle — «Da sage ich einfach . . .», und dann kommt irgendeine Monstrosität, an die der Dichter nicht im Traum gedacht hat. Aber es ‹wirkt›. Es ist eine leerlaufende Schauspielkunst: in den meisten Fällen versteht der Geschäfts-Schauspieler nicht, was er spricht, es ist ihm auch völlig gleichgültig — er sagts aber schön auf. Früher hat man mit den Rrs gerollt; heute zerlegen sie den unverstandenen Text in tausend kleine und grobe Einzelwirkungen, grob noch in der Diskretion. So ist auch ihr übertrieben großer Einfluß auf das Repertoire und den Wortlaut der Stücke von größtem Übel. Der Star ist ein miserabler Dramaturg.

Aber so, wie der Urheber des dramatischen Werks auf den Schauspieler herunterkommt, passiert jeder Künstler eine andre Leidensstation, die weit, weit gefährlicher, peinlicher, übler und hemmender ist: er hat zuvor mit dem geschäftlichen Vermittler zu kämpfen.

Der Mann, der aus dem Kunstwerk eine Ware macht, also für den Produktionsprozeß in der Kunst unerläßlich notwendig ist, hat seit langem seine Grenzen überschritten — er maßt sich heute Rechte an, die ihm nicht zustehn. Der Kaufmann ist nicht mehr dienendes Glied in der Kette, nicht mehr gleichberechtigter Faktor auf dem weiten Weg zwischen Künstler und Publikum: er herrscht. Wie macht er das?

Er macht das elend schlecht.

Damit es hier nun keine Mißverständnisse gibt: ich glaube nicht daran, daß etwa die unentdeckten Talente haufenweise herumlaufen, nur, weil die Kaufleute grobkalibrige Dummköpfe sind. Das ist nicht richtig. Genies können untergehn; Talente kommen hoch — man braucht sie nämlich, und man ist meist froh, wenn man sie hat. Jeder Mann vom Bau, der den Posteingang einer Redaktion und eines dramaturgischen Büros kennt, wird mir beistimmen, wenn ich sage: Man brauchte das Zeug eigentlich gar nicht zu lesen; man tuts aus Pflichtbewußtsein, verloren hat man da nicht viel. Die Talente werden also nicht im Dunkel gelassen.

Der Kaufmann sieht, was ein Talent ist – er hörts mindestens von andern, er will ja den Erfolg, an dem er brennend interessiert ist. Aber er verdirbt die Talente. Das Schlimme ist, daß er, in der Literatur, am Theater und besonders im Film, den sogenannten Geschmack des Publikums zu kennen glaubt. Er kennt einen: den niedrigsten. Auf dem spekuliert er unaufhörlich herum – und er denkt und rechnet nur in Schablonen. Hat er einmal gesehen, daß im ‹*Potemkin*› eine Szene gewirkt hat, in der man nur Soldatenstiefel in der Großaufnahme sieht, dann will er überall seine Soldatenstiefel haben. Er weiß, daß das vielbeschriene Dienstmädchen in Glauchau gern weint, nun will er seine weinerlichen Schmierszenen ... und im niedersten Bezirk der Kunst hat er damit recht.

Solange sie noch zynisch sind, gehts ja an. Einer dieser gehauten Jungen hat neulich einmal gesagt: «Hier an dieser Stelle muß sich der Hufschmied verlegen herumdrehn und ein bißchen weinen ... das hat das Publikum gern.» – «Warum hat das Publikum das gern?» fragte ein intelligenter Schauspieler. «Weils nicht wahr ist», sagte der Direktor.

Ich möchte einmal sehen, was geschähe, wenn sich ein Künstler anmaßen wollte, dem Geschäftsmann in seine Bilanzen hineinzureden. Der würde mit Recht erwidern: «Herr, davon verstehen Sie nichts!» So ähnlich liegt der Fall umgekehrt: wenn man von den verschwindenden Ausnahmen jener absieht, die wirklich eine Nase für ihr Geschäft haben, dann bleibt ein Haufe ewig mißmutiger, aufgeregt-müder Menschen, vor denen sich der Künstler eine Frage zu stellen hat:

Mit welchem Recht kommandiert der Mann hier eigentlich herum?

Weil er Geld in das Unternehmen gesteckt hat? Weil er geerbt hat? Weil er nun einmal da ist?

Wie sie in den Betrieb kommen, ist nicht immer klar. Welche anmaßenden Ansprüche sie erheben, ist lächerlich.

Ich habe in zwanzig Jahren Literaturarbeit allerhand gesehn. Fast immer saß mir da ein Kaufmann gegenüber, der Geld mit einer Sache verdienen wollte, von der er nicht viel wußte. Er wußte nur das Gröbste, und darauf war er sehr stolz. Fast immer haben wir mit Leuten zu tun, die vor allem nichts riskieren wollen, und das darf ich um so klarer aussprechen, als sie mich nicht schädigen, denn ich will nichts von ihnen. Sie gehen die breit ausgetretenen Bahnen, und dann wundern sie sich, wenn das Publikum nicht mitgeht. Macht einer einen Sportfilm, und hat der Erfolg, dann machen sie, Mann für Mann, Sportfilme, und zerstören damit die eigne Konjunktur, weil der Zuschauer diese Art Filme sehr bald satt bekommt. Und man muß sich vor solchen Verlegern, vor solchen Theaterdirektoren, vor diesen Filmkaufleuten nur immer fragen:

Ja, haben denn diese Männer so viel Erfolg, daß sie uns rechtens auf die Schulter klopfen dürfen, mit der Zigarre im Mund, und dem berühmten: «Lieber Freund, glauben Sie mir . . .»? Ich glaube ihnen nicht; dazu gehen mir zuviel von ihnen pleite.

Sie machen aus ihren mehr oder minder kümmerlichen Bildungsbrocken das Maß aller Dinge. Sie halten ihren meist klobigen Verstand für das einzig mögliche Fundament, daher denn das von ihnen propagierte Kunstwerk sehr oft nicht über ein gewisses Niveau herauskommen kann, nämlich das ihre. Und das ist nicht hoch. Und wenn sie selbst etwas mehr Verstand und Bildung haben: wie feige ist diese Gesellschaft!

Fünf Proteste, und die Hosen sind voll. Etwas durchsetzen? Etwas der Masse aufzwingen? Ah, gar keine Spur. Und dabei spreche ich jetzt nicht etwa von gewagten und wilden Experimenten, sondern nur von harmlosen Abweichungen aus der Linie, nicht von Möglichkeiten, die einer gern ausprobieren möchte, nicht von Neuem.

Sie bestehen aus Angst. Sie fürchten die Behörden, sie fürchten das Publikum und die Presse, sie fürchten die Frauen und die Berufsstände . . . und so schleift sich denn das, was sie produzieren, so unerträglich ab, daß es einem zermanschten Brei gleicht. Die Ufa ließ einmal triumphierend verkünden, sie habe den *‹Blauen Engel›* erst einer Delegation des Preußischen Philologen-Verbandes vorgeführt, die denn auch begeistert gewesen sei (weil es ja ein solches Lehrerschicksal nicht gibt). Heinrich Mann hat das Buch, wenn ich nicht irre, keinem Verband vorgelegt.

Was sie machen, sieht, um das Wort eines Arbeiters anzuwenden, der vor dem Denkmal der Kaiserin Augusta stand: «Es sieht so eenjal aus.» Es ist alles dasselbe, und man mag gar nicht mehr hinsehn. Und das wundert einen nicht, wenn man weiß, wie die aussehn, die es machen.

Sie sind nicht nur feige — sie sind, was damit eng zusammenhängt, auf das höchste unsicher. Es ist meine feste Überzeugung: wenn man einem von ihnen einen großen amerikanischen Schlager im Manuskript vorlegte, und zwar vor der amerikanischen Uraufführung: sie nähmen ihn nicht. Aber wenn es dann ein Schlager geworden ist, dann kaufen sie ihn für teures Geld. Das rührt daher, daß ihnen keine Vision des Werkes und ihrer Absichten vorschwebt. Und wenn ihnen einer vorher ihren eignen Film zeigen könnte, wie er nun nach allen ihren Tadeln, Nörgeleien, Einsprüchen und Schwierigkeiten werden wird: sie nähmen ihn wieder nicht und lehnten ihn ab. Denn was ein andrer anbringt, erscheint ihnen a priori schlecht. Solch Unternehmer ist unsicher und muß unsicher sein, denn er weiß nicht, was er will. Er kann es nicht wissen, denn er ist niemand. Er bedeutet für die Kunst selbst wenig.

Macht es Vergnügen, dieser Sorte etwas anzubieten? sie auf etwas aufmerksam zu machen? Es macht keinen Spaß; es ist uninteressant. Sie sagen auf alle Fälle zunächst einmal: Nein. Sie ermutigen niemand, sie dopen niemand – sie drücken automatisch und verbreiten schlechte Laune um sich und Nervosität, die aber auch gar nichts mit dem ‹Tempo der Zeit› zu tun hat, sondern alles mit ihrer schlechten Verdauung, ihrer Angst und ihrer Unsicherheit.

Und dann muß man sehen, was sie machen!

Und dann muß man sehen, was sie bejahen, was sie für gut halten, was sie gern haben wollen! Es ist in den meisten Fällen das Plumpste, das Dickste, das Platteste – das geht ihnen ein wie Butter.

Es bleibe hier ausdrücklich außer Betracht, was an dieser Frage eindeutig politisch ist. Daß aber diese aufgedonnerten Unternehmungen der Kunstbranche, wie sie gebacken und gebraten sind, dem Künstler grundsätzlich das Verspielte austreiben, ihm im Werk die Stille nehmen, die Feinheit und das Kräftige dazu – das ist bitter. Was bleibt? Das Schema bleibt.

Und das ist so, weil diese Art Kaufmann in seinem Betrieb eine Rolle spielt, die ihm nicht zukommt. Zu diesen Kunstkaufleuten gehören übrigens genau die, die sich durch diese Zeilen nicht getroffen fühlen – grade sie. Wie ja ein Halbgebildeter immer gefährlicher ist als ein Kuhkopf.

Natürlich soll der Kaufmann, der sein Geld aufs Spiel setzt, eine Schlußentscheidung abgeben; darüber ist ja nicht zu sprechen. Aber er delegiere seine Macht und höre auf Leute, die das gelernt haben, was er treibt, ohne es gelernt zu haben. Es kauft ja auch keiner Dachpappe ein, ohne selber in dieser Branche Lehrling gewesen zu sein oder ohne sehr gute Fachleute gefragt zu haben, sonst meldet er eben Konkurs an.

Diese Brüder da aber haben zu allem andern auch noch einen geistigen Hochmut, der durch die Komplimente der Künstler, die sie in Sold und Bewegung setzen, gefördert wird, und das ist schade. Es ist schade, daß ihnen nicht einmal jemand sagt:

«Käse verkaufen ist eine nützliche und vernünftige Sache. Auch dazu gehören Verstand, Schnelligkeit der Entschlußkraft, Kombinationsgabe und Überblick. Den hat aber der Kaufmann von heute nicht gepachtet – viele Menschen haben diese Gaben. Du jedoch, du Kunstkaufmann, bist gar keiner; du bist nur ein verrutschter Konfektionär, entlaufen aus einem Getreidegeschäft oder aus dem Tuchhandel oder Gott weiß woher. Du bist nicht legitimiert, mit uns so umzuspringen – du hast nur das Geld, es zu tun. Begegne mir im Mondschein.»

So spricht kaum einer, weil fast jeder diese Vermittler braucht. Es darf gesagt werden, daß sie ihre Stellung überschätzen und überschreiten und daß sie ihre Arbeit lange nicht so gut tun wie jene, deren Arbeit sie vermitteln.

Vermitteln ist nötig; aber es ist in den seltensten Fällen eine produktive Sache. Diese Tätigkeit wird überschätzt. Wesentlich für ein Kunstwerk sind Urheber und Empfänger. Was dazwischen liegt, ist ein notwendiges Übel.

MALWINE

Ich habe mich deinetwegen
gewaschen und rasiert.
Ich wollte mich zu dir legen
mit einem Viertelchen,
mit einem Achtelchen –
Malwine!
Doch du hast dich geziert.

Der Kuckuck hat geschrien
auf deiner Schwarzwalduhr.
Ich lag vor deinen Knien:
«Gib mir ein Viertelchen!
Gib mir ein Achtelchen!
Malwine!
Ein kleines Stückchen nur!»

Dein Bräutigam war prosaisch.
Demselben hat gefehlt,
dieweilen er mosaisch,
ein kleines Viertelchen,
ein kleines Achtelchen ...
das hätt dich sehr gequält!

Du hast mir nichts gegeben
und sahst mich prüfend an.
Das, was du brauchst im Leben,
sei nicht ein Viertelchen,
und nicht ein Achtelchen ...
das sei ein ganzer Mann –!

Mich hat das tief betroffen.
Dein Blick hat mich gefragt ...
Ich ließ die Frage offen
und habe nichts gesagt.

Daß wir uns nicht besaßen!
So aalglatt war mein Kinn.
Nun irr ich durch die Straßen . . .
Malwine —!
und weine vor mich hin.

DER BRIEF

Das war, als Walter Mehring zum fünfundzwanzigstenmal nach Paris kam, und der dortige Herr Polizeipräsident sann grade nach, ob man den Mann zur Ehrenlegion oder zur Fremdenlegion vorschlagen sollte . . . da schrieben wir uns ‹kleine Blaue› (sprich: ptieh blöhs). Das sind diese winzigen Rohrpostbriefe, die sich die Pariser deshalb schreiben, weil sie ein Telefon haben, aber sonst vernünftige Leute sind, es also nicht benutzen. Denn das pariser Telefon . . . (bricht in Schluchzen aus; wird mit Brom gelabt, will kein Brom, bekommt Whisky, atmet auf und fährt fort):

Wir schrieben uns also kleine blaue Briefe, in denen wir uns die bessern Sachen mitteilten, und schon nach dem dritten oder vierten fing diese Korrespondenz an, leicht auszurutschen. Die Anreden stimmten nicht so recht . . . «Sehr geehrter Herr Oberforstrat» und «Lieber Amtsbruder», und die Unterschriften waren auch nicht in Ordnung . . . «Ihr sehr ergebener Peter Panter, unmittelbares Mitglied des Reichsverbandes» oder «Walter Mehring, Festdichtungen für alle Bekenntnisse» — kurz, es war ein rechter Unfug.

Bis dahin war der Inhalt meist noch einigermaßen vernünftig. Dann aber begann Mehring, auch diesen Inhalt umzudichten; bald stand in den Briefen nun überhaupt nicht mehr das drin, weshalb er sie eigentlich geschrieben hatte, sondern es wurden Briefe an und für sich. Ich eiferte ihm, so gut ich konnte, nach, und wenn wir mal tot sein werden, werden sich die Herausgeber unsrer gesammelten Werke beim achtzehnten Band sehr wundern . . . Und einen der schönsten Briefe Mehrings habe ich aufbewahrt, weil er mir immer als ein Typus seiner Gattung erschienen ist. Hier ist er:

«Lieber Kurt!
Die Familie ist sehr betrübt, daß Du Onkels Privatbrief veröffentlicht hast! Wenn Du in den Kreisen nicht so verhärtest wärst, wo Du Dich nun mal wohlfühlst, so müßte es Dir zu denken geben, daß Tante Hannchen vor Schreck Durchfall bekommen hat, als sie das gelesen hat, aber da heißt es immer Humanetät, mit jedem dreckigen Arbeiter habt ihr Mitleid, und die Familie kann sehn, wo sie bleibt! Dein Vater war ja wohl auch ein geistiger Mann und so und hat er

nie was in die Zeitung geschrieben und möchten wir wissen, von wem Du das eigentlich hast, von unserer Seite bestimmt nicht, eher von Deiner lieben Mutter, die war auch so ein bißchen – (seinerzeit in Posen mit dem verrückten Redakteur! Aber wir wollen das nicht wieder aufrühren).

Mariechen hat die Masern und Erich ist mit einem Mahnzettel nach Haus gekommen, daß er in Römische Geschichte nicht vorwärts kommt!

Ich habe ihn aber ins Gebet genommen und bist Du ihm ein warnendes Beispiel! etcetera!

Schreib doch mal! Vielleicht fahren Mosers zu Ostern rüber, dann wirst Du ihnen Paris zeigen. Du weißt ja, was wir ihnen wegen Großvati schuldig sind! Also tu das nicht wieder und bleib gesund!

Dein Vetter Mehring

Zerreiß den Brief gefälligst!»

Wahrlich, das hat einer geschrieben, der kein Familiengefühl hat. «In meinem Wörterbuch steht das Wort Familie nicht!» sagt er. Ich sage: Da sehen sie mal unter M nach! sage ich. Und er sah nach. Und schrieb den obigen Brief.

RATSCHLÄGE FÜR EINEN SCHLECHTEN REDNER

Fang nie mit dem Anfang an, sondern immer drei Meilen *vor* dem Anfang! Etwa so:

«Meine Damen und meine Herren! Bevor ich zum Thema des heutigen Abends komme, lassen Sie mich Ihnen kurz . . .»

Hier hast du schon so ziemlich alles, was einen schönen Anfang ausmacht: eine steife Anrede; der Anfang vor dem Anfang; die Ankündigung, daß und was du zu sprechen beabsichtigst, und das Wörtchen kurz. So gewinnst du im Nu die Herzen und die Ohren der Zuhörer.

Denn das hat der Zuhörer gern: daß er deine Rede wie ein schweres Schulpensum aufbekommt; daß du mit dem drohst, was du sagen wirst, sagst und schon gesagt hast. Immer schön umständlich.

Sprich nicht frei – das macht einen so unruhigen Eindruck. Am besten ist es: du liest deine Rede ab. Das ist sicher, zuverlässig, auch freut es jedermann, wenn der lesende Redner nach jedem viertel Satz mißtrauisch hochblickt, ob auch noch alle da sind.

Wenn du gar nicht hören kannst, was man dir so freundlich rät, und du willst durchaus und durchum frei sprechen . . . du Laie! Du lächerlicher Cicero! Nimm dir doch ein Beispiel an unsern professionellen Rednern, an den Reichstagsabgeordneten – hast du die schon mal frei sprechen hören? Die schreiben sich sicherlich zu Hause auf, wann sie «Hört! hört!» rufen ... ja, also wenn du denn frei sprechen mußt:

Sprich, wie du schreibst. Und ich weiß, wie du schreibst.

Sprich mit langen, langen Sätzen – solchen, bei denen du, der du dich zu Hause, wo du ja die Ruhe, deren du so sehr benötigst, deiner Kinder ungeachtet, hast, vorbereitest, genau weißt, wie das Ende ist, die Nebensätze schön ineinandergeschachtelt, so daß der Hörer, ungeduldig auf seinem Sitz hin und her träumend, sich in einem Kolleg wähnend, in dem er früher so gern geschlummert hat, auf das Ende solcher Periode wartet ... nun, ich habe dir eben ein Beispiel gegeben. So mußt du sprechen.

Fang immer bei den alten Römern an und gib stets, wovon du auch sprichst, die geschichtlichen Hintergründe der Sache. Das ist nicht nur deutsch – das tun alle Brillenmenschen. Ich habe einmal in der Sorbonne einen chinesischen Studenten sprechen hören, der sprach glatt und gut französisch, aber er begann zu allgemeiner Freude so: «Lassen Sie mich Ihnen in aller Kürze die Entwicklungsgeschichte meiner chinesischen Heimat seit dem Jahre 2000 vor Christi Geburt ...» Er blickte ganz erstaunt auf, weil die Leute so lachten.

So mußt du das auch machen. Du hast ganz recht: man versteht es ja sonst nicht, wer kann denn das alles verstehen, ohne die geschichtlichen Hintergründe ... sehr richtig! Die Leute sind doch nicht in deinen Vortrag gekommen, um lebendiges Leben zu hören, sondern das, was sie auch in den Büchern nachschlagen können ... sehr richtig! Immer gib ihm Historie, immer gib ihm.

Kümmere dich nicht darum, ob die Wellen, die von dir ins Publikum laufen, auch zurückkommen – das sind Kinkerlitzchen. Sprich unbekümmert um die Wirkung, um die Leute, um die Luft im Saale; immer sprich, mein Guter. Gott wird es dir lohnen.

Du mußt alles in die Nebensätze legen. Sag nie: «Die Steuern sind zu hoch.» Das ist zu einfach. Sag: «Ich möchte zu dem, was ich soeben gesagt habe, noch kurz bemerken, daß mir die Steuern bei weitem ...» So heißt das.

Trink den Leuten ab und zu ein Glas Wasser vor – man sieht das gern.

Wenn du einen Witz machst, lach vorher, damit man weiß, wo die Pointe ist.

Eine Rede ist, wie könnte es anders sein, ein Monolog. Weil doch nur einer spricht. Du brauchst auch nach vierzehn Jahren öffentlicher Rednerei noch nicht zu wissen, daß eine Rede nicht nur ein Dialog, sondern ein Orchesterstück ist: eine stumme Masse spricht nämlich ununterbrochen mit. Und das mußt du hören. Nein, das brauchst du nicht zu hören. Sprich nur, lies nur, donnere nur, geschichtele nur.

Zu dem, was ich soeben über die Technik der Rede gesagt habe, möchte ich noch kurz bemerken, daß viel Statistik eine Rede immer sehr hebt. Das beruhigt ungemein, und da jeder imstande ist, zehn verschiedene Zahlen mühelos zu behalten, so macht das viel Spaß.

Kündige den Schluß deiner Rede lange vorher an, damit die Hörer vor Freude nicht einen Schlaganfall bekommen. (Paul Lindau hat einmal einen dieser gefürchteten Hochzeitstoaste so angefangen: «Ich komme zum Schluß.») Kündige den Schluß an, und dann beginne deine Rede von vorn und rede noch eine halbe Stunde. Dies kann man mehrere Male wiederholen.

Du mußt dir nicht nur eine Disposition machen, du mußt sie den Leuten auch vortragen — das würzt die Rede.

Sprich nie unter anderthalb Stunden, sonst lohnt es gar nicht erst anzufangen.

Wenn einer spricht, müssen die andern zuhören — das ist deine Gelegenheit! Mißbrauche sie.

Ratschläge für einen guten Redner

Hauptsätze. Hauptsätze. Hauptsätze.

Klare Disposition im Kopf — möglichst wenig auf dem Papier.

Tatsachen, oder Appell an das Gefühl. Schleuder oder Harfe. Ein Redner sei kein Lexikon. Das haben die Leute zu Hause.

Der Ton einer einzelnen Sprechstimme ermüdet; sprich nie länger als vierzig Minuten. Suche keine Effekte zu erzielen, die nicht in deinem Wesen liegen. Ein Podium ist eine unbarmherzige Sache — da steht der Mensch nackter als im Sonnenbad.

Merk Otto Brahms Spruch: Wat jestrichen is, kann nich durchfalln.

STATIONEN

Erst gehst du umher und suchst an der Frau
das, was man anfassen kann.
Wollknäul, Spielzeug und Kätzchen — Miau —
du bist noch kein richtiger Mann.
  Du willst eine lustig bewegte Ruh:
  sie soll anders sein, aber sonst wie du . . .
    Dein Herz sagt:
      Max und Moritz!

Das verwächst du. Dann langts nicht mit dem Verstand.
Die Karriere! Es ist Zeit . . .!

Eine kluge Frau nimmt dich an die Hand
in tyrannischer Mütterlichkeit.
    Sie paßt auf dich auf. Sie wartet zu Haus.
    Du weinst dich an ihren Brüsten aus . . .
        Dein Herz sagt:
            Mutter.

Das verwächst du. Nun bist du ein reifer Mann.
Dir wird etwas sanft im Gemüt.
Du möchtest, daß im Bett nebenan
eine fremde Jugend glüht.
    Dumm kann sie sein. Du willst: junges Tier,
    ein Reh, eine Wilde, ein Elixier.
        Dein Herz sagt:
            Erde.

Und dann bist du alt.
                Und ist es soweit,
daß ihr an der Verdauung leidet —:
dann sitzt ihr auf einem Bänkchen zu zweit,
als Philemon und Baucis verkleidet.
    Sie sagt nichts. Du sagst nichts, denn ihr wißt,
    wie es im menschlichen Leben ist . . .
    Dein Herz, das so viele Frauen besang,
    dein Herz sagt: «Na, Alte . . .?»
                Dein Herz sagt: Dank.

DIE UFA SUCHT DICHTER

Erich Pommer, ein Produktionsleiter der Ufa, hat neulich den großen Notschrei ausgestoßen: Wir suchen Dichter! Für den Tonfilm suchen wir Dichter! Na, da sucht man.

Ob sie sie finden werden? Mitnichten. Denn selbst wenn da welche kommen, die mit der Ufa arbeiten wollen, so könnten sie das nicht, weil dort ihr Werk in einzelne kleine Stücke zerschlagen werden wird. «Sie wollen», sagte mir einst ein großer Schriftsteller, «einen Film mit meinem Namen und mit dem Inhalt von der Courths-Mahler.» So ist es.

Und wie sollte das bei einer Kunstgattung anders sein, die unter derartigen Bedingungen hergestellt wird!

Was ein Kollektiv an Kunst herstellt, kann gut sein. Was ein Kollektiv beeinflussend kritisiert, muß schlecht werden. Da kann ein großer Tonfilmdichter kommen, ein Kerl, der das Wort meistert und die Anwendung der Geräusche, einer mit Phantasie und mit Gestaltungsgabe —: was soll er bei der Ufa? Was soll er bei diesen großen Filmgesellschaften? Oberregisseure, Regisseure, Hilfsregisseure und Dramaturgen, Generaldirektoren, Direktoren und Produktionsleiter werden ihm so viel und so lange in seine Arbeit hineinreden, bis sie wiederum aufs Haar genau dem gleicht, was man dort schon immer hergestellt hat.

Und sollte durch einen Zufall etwas übrig bleiben —: dann wird es die Zensur kaputtschlagen.

Man bedenkt niemals, daß wir keinen freien Film haben, während wir eine in gewissen Grenzen freie Literatur haben. Man stelle sich vor, wie die Literatur eines Landes aussähe, wenn man sie vorher der Zensur: diesem Gremium von Beamtenanmaßung, protestantischem Muff, katholischer Propaganda und allgemeiner Ängstlichkeit gebildeter Kaffern überantwortete. Schön sähe diese Literatur aus . . . Im Buch können wir wenigstens, wenn man von gewissen politischen Beschränkungen und dem Strafgesetz absieht, alles sagen, was wir wollen — und vor allem: wie wir es wollen. Im Film ist das nicht möglich. Er ist noch lange keine Kunstgattung. Er ist eine Industriegattung unter Zensur.

Und das eben scheint mir das Verlogene zu sein, eine Verlogenheit, die durch so viele Branchen des Kunstgeschäftes hindurchgeht: daß die Unternehmer immer so tun, als ob. Sie suchen Dichter. Sie wollen ‹Niveau›. Sie prätendieren Bildung, Kunst, Geschmack, Historie. Wenns dann aber zum Klappen kommt, dann wird das in hundert Sitzungen, in Regiewinken, in direktorialen Telefongesprächen abgewürgt. Stück für Stück, Meter für Meter, Einzelheit für Einzelheit — bis nichts mehr vom Dichterischen da ist.

Lügt doch nicht so. Laßt doch die Dichter ungeschoren. Sie haben bei euch nichts verloren — heute noch nicht. Spielt nicht immer die feinen Leute — in euern Zeitungsartikeln, am Sonntag; wochentags handelt ihr mit faulen Fischen. Sagt doch die Wahrheit.

Mag sein, daß die Ufa einen Dichter findet. Armer Dichter; sie wird ihn reich machen, wie zu hoffen steht. Der Film aber wird heißen:

Ein Honved-Husar am Rhein
oder:
Frack und Abendkleid
oder:
Fridericus an der Katzbach

Ihr dichtet so schöne Bilanzen . . . was braucht ihr noch Dichter —!

AKUSTISCHER KOSTÜMBALL

Erinnerung – du Gold- und Silberschmied! Dr. Owlglaß

Ich kannte einmal eine Frau, die ließ sich von jedem ihrer Freunde zur Erinnerung eine Handtasche schenken. Und sie hatte deren etliche.

Und dann kannte ich eine – die machte das viel hübscher: sie ließ sich von jedem eine Grammophonplatte schenken – *die* Grammophonplatte ihrer Liebe, jene, die sie um den Mann oft gespielt hatte ... Daraufhin habe ich mir meine Grammophonplatten einmal angehört.

Hat das Ohr ein gutes Gedächtnis –? Das beste Gedächtnis hat bekanntlich die Nase; es ist gradezu ungeheuerlich, was einem alles einfällt, wenn man einen alten, vertrauten Geruch wieder wahrnimmt. Dann kommt alles wieder, aber auch alles: Ort, Zeit, Farben, Personen, Kolorit von damals ... alles. Nun, ein Nasen-Grammophon gibt es noch nicht ...

Da müssen doch noch alte, ganz alte Platten in der Kammer liegen ... die habe ich hervorgeholt. Und habe sie gespielt. Wie war das –?

Es war ein akustischer Kostümball der Erinnerung. Ich hatte diese Lieder, Tänze, Märsche, Pfiffe, Saxophone, Chöre und Arien so lange nicht gehört – nun war auf einmal alles wieder da, genau wie damals, als ich sie gekauft hatte. Denn was hatte ich mit der Platte gemacht, als sie neu war? Das, was sicherlich so viele meiner Brüder und Schwestern in Grammophone tun: ich hatte sie bis zum Überdruß laufen lassen. Man soll das nicht, ich weiß. Aber die Platte ist doch dann so schön neu ... Und da tut mans doch. (Sie nicht? Ehrlich! Hand aufs Grammophon! Na also.) Und dann war mir die Platte über geworden, wie sie uns allen über wird ... und dann hatte ich sie weggelegt, und jetzt holte ich sie hervor – und da war alles, alles wieder da: das Ohr gab den Klang ans Gehirn weiter, dort traf er auf die schlummernden Nachbarkästen, da regte sichs, der Inhalt wachte auf, kam ans Licht ... Besinnst du dich? sagte die Musik ... und ich besann mich ... Aus diesem schwarzen Kasten kann allerhand kommen.

Das Merkwürdigste, was mir je daraus gekommen ist, sind die Stimmen der Toten. Ich habe einmal bei dem Schauspieler Ernst Proeckl alte Giampietro-Platten gehört ... da lief es einem aber kalt über den Rücken. Diese verknarrte, verrostete, immer ein wenig heisere Stimme – «Donnerwetter, Donnerwetter, wir sind Kerle» – mit langen, rutschenden Rrs ... er war doch da!, und er war nicht mehr da. Und daß er nicht mehr da ist, dieser große Schauspieler, der Schmarren gespielt hat und so unendlich viel mehr konnte ...

Die Stimmen der Toten ... Fragson habe ich gehört, den pariser

Chansonnier, den sein Vater erschossen hat, die beiden waren in dieselbe Frau verliebt; und Paul Deschanel, den verstorbenen französischen Präsidenten ... sie haben da in Paris ein ähnliches Phonogramm-Archiv wie in Berlin, Tausende und Tausende von Platten liegen dort. Da kann man sie hören, die, die nicht mehr da sind.

Und wenn sie dann ausgesprochen haben, ausgesungen, ausgeredet – dann rauscht es noch ein wenig im Apparat. Still ...! Es ist eine Stille ... die Stille von 1910.

Wie lange noch, und unsere Kinder werden sich selber auf dem Grammophon haben. «Dann rückte er auch den Stuhl zum Tisch», hört *‹Immensee›* auf, «nahm eins der aufgeschlagenen Bücher und vertiefte sich in Studien, an denen er einst die Kraft seiner Jugend geübt hatte.» Das wird ja dann wesentlich anders aussehen. «Pappi!» wird dann der Enkel sagen, «laß doch mal die Platte gehen, wo du so ulkig drauf sprichst!» Und Pappi läßt die Platte gehen. Es ist seine Rede zum 25. Stiftungsfest seiner Partei. Da bleibt kein Auge trocken: dem Alten fließen die Zähren, und die Kinder haben sich lange nicht so gut amüsiert.

Und denken Sie doch: wenn wir erst die Stimmen aller unserer Lieben auf dem Grammophon haben! «If I had a talking picture of you- hou-» singen Layton und Johnstone ... Das kann ja heiter werden.

Inzwischen laßt uns die Platten der Erinnerung spielen.

B. TRAVEN

Land ist ewig. Geld ist nicht ewig.
Darum kann man Land nicht gegen
Geld vertauschen.

Einmal habe ich gefragt, warum denn die deutschen Autoren die Herren Geschäftsleute gar so jämmerlich abbildeten: immer im Auto, immer Millionenschecks unterschreibend, immer mit der Türkei telefonierend und das Weitere den Prokuristen überlassend: Schießbudenfiguren und Götzen eines armseligen Kleinheitswahns. Da schickte mir ein freundlicher Leser ein merkwürdiges Buch: *‹Die weiße Rose›* von B. Traven, und nun las ich das ganze Werk dieses seltenen Mannes, und davon will ich erzählen.

B. Traven lebt in Mexiko; seine Bücher sind zuerst bei der Büchergilde Gutenberg erschienen, der das Verdienst gebührt, diesen Mann in Deutschland herausgebracht zu haben, und die Bücher heißen:

‹Die weiße Rose›. – ‹Das Totenschiff›. – ‹Der Busch›. – ‹Die Baumwollpflücker›. – ‹Die Brücke im Dschungel›. – ‹Der Schatz der Sierra Madre›. – ‹Land des Frühlings›.

B. Traven ist ein episches Talent größten Ausmaßes.

Was die *‹Weiße Rose›* angeht, so ist das seit Frank Norris, dem amerikanischen viel zu früh gestorbenen Autor des *‹Oktopus›*, wieder einmal eines, das in der Schilderung der Geschäfte an Balzac heranreicht. Bei uns verfallen sie häufig, wenn sie vom Kapitalismus sprechen, in schäumende Lyrik; Traven weiß Bescheid, was mehr wert ist. Das Buch schildert den geglückten Versuch eines Ölmagnaten, einem amerikanischen Indio eine Farm abzujagen, um Petroleum-Bohrtürme darauf zu erbauen. Der Indio will nicht; er sagt die Worte, die da oben als Motto stehn. Sie bieten ihm Geld und immer noch mehr Geld; er will nicht. Da locken sie ihn nach San Francisco. Und dort schlagen sie ihn tot ... Verzeihung: der Mann hat einen Autounfall. Er wird tot auf der Straße gefunden. Ein Unglück: Lokales und Vermischtes. Der Ölmensch, Herr Collins, hat damit nichts zu tun. Dafür hat er seine Leute, für diesen Fall einen Herrn Abner, der sich die Finger schmutzig macht, damit Herr Collins weiter Präsident seiner Gesellschaft bleiben kann. Für Geld kann man sich alles kaufen, sogar Moral; grade Moral.

Und der Werdegang dieses Herrn Collins wird erzählt. Ja, Bauer, das ist ganz was anders ... so soll man den Kapitalismus bekämpfen. So — und nicht nur mit Deklamationen. Dieser Bursche wird gar nicht als grimmer Blutsauger dargestellt; er ist wohl etwas gerissner als die andern, etwas rücksichtsloser, etwas gemeiner und etwas schneller. Wie er durch einen geschickt angezettelten Streik zu Vermögen kommt; wie er die Börse tanzen läßt; wie er sich hochschiebt, das ganze puritanische Bewußtsein von der Gottgefälligkeit seines Tuns in den kräftigen Kinnbacken ... das steht turmhoch über Upton Sinclair, diesem Sonntagsprediger des Sozialismus. Auch das Bettleben des Herrn Collins wird erzählt, nicht ohne daß es Traven glückt, in der Geliebten, dem Fräulein Betty mit den schönen Beinen, eine Figur zu gestalten, die zu finden man hundert Romane vergeblich durchblättern kann. Und die Geschichte Bettys wird erzählt ... es ist eine ganz eigenartige Technik, die in diesem Buch und nur in diesem einen Buch Travens zu finden ist. Es ist eine Schwebe-Technik.

Der Autor fängt die Geschichte mit dem Indio an. Dann unterbricht er die, er hebt gewissermaßen die Hand, sagt: «Einen Augenblick, bitte ...» und nimmt Herrn Collins vor. Er unterbricht wieder; er hat es nun mit der Betty. Und knüpft dann die alten Fäden genau dort an, wo er sie hat liegen lassen ... so läuft das nebeneinander her, trifft sich wieder, verknotet sich zu einer einheitlichen Handlung, an der alle diese Menschen mitwirken, ohne es zu wissen. Und dies eben, daß sie es nicht wissen, ergibt den bunten Teppich ihres Schicksals. Es ist eine meisterhaft durchgeführte Sache.

Von Deklamation ist so gut wie nichts zu spüren. Wenn Traven ein paar wilde Börsenstunden gibt, dann sieht das eben anders aus als sonst bei diesen schon schematisch gewordenen Amerikanern, weil man hier die Vorgeschichte genau kennt und nicht nur Banklehrlinge in die Telefonkabinen stürzen sieht. Es stimmt alles. Während bei dem höchst begabten Ilja Ehrenburg die Börsen der Welt manchmal kleinen melancholischen Hainen gleichen, in denen die Nachtigallen schlagen und die Makler brüllen, leuchtet hier die Wahrheit noch der letzten Einzelheit ein. So sind Geschäfte, so können Geschäfte sein, und so soll man sie anprangern. Gegen den Schluß hin ist die Gesinnung des Buches leicht unsicher.

Fast alle andern Bücher Travens spielen in Mexiko.

Am bedeutendsten ist wohl *‹Die Brücke im Dschungel›*, eine im ruhigen Fluß der Erzählung vorgetragene Geschichte von einer einzigen Nacht, in der ein kleines Kind während einer Festlichkeit im Fluß ertrinkt. Diese zwölf Stunden sind mit der Zeitlupe aufgenommen — welche Augen! Wie unerbittlich läuft das ab, wie farbig, wie strömend-bewegt, und mindestens alle vier Seiten eine unvergeßliche Wendung, ein Bild, eine Beobachtung . . . das ist ein großer Epiker.

Die *‹Baumwollpflücker›* enthalten ein Stückchen Kriminalgeschichte, auch das ist sehr überlegen gemacht; von dem, was dieser Mann so hinstreut, leben andre Autoren eine Saison lang.

‹Der Busch› gibt kleine Skizzen von unterschiedlichem Wert. Eine wunderschöne Tanzszene bei den Indianern; eine herrliche Radauszene, aus der ich mir für meinen Privatgebrauch das letzte Schimpfwort gemerkt habe: «Von Felipe, Senjor? Da will ich Ihnen nur sagen, der Felipe ist ein gemeiner Schurke, ein Hurensohn, ein Lügner, ein Schwindler, ein Bandit, ein Mörder und ein großer Hausanzünder!» Und dann steht im *‹Busch›* die Geschichte von der Bändigung, und da muß ich erst einmal tief Atem holen.

Da ist ein Mann, ein Farmer, der hat sich in ein Mädchen aus der Stadt verliebt. Er heiratet sie, allen Warnungen zum Trotz. Denn sie war, wie die Mathematiker sagen, schon n mal verlobt, und alle Verlobungen sind zurückgegangen, weil das liebe Kind unausstehlich herrschsüchtig ist. Herrschsüchtig? Sie hat ein paar der Bräutigams tüchtig gekratzt und gut geprügelt. Er heiratet sie. Es klappt gar nicht . . . er berührt sie zunächst überhaupt nicht. Sie kommandiert wütend im Haus herum, vernachlässigt ihn ganz und gar . . . es klappt nicht. Da sitzen sie nun so vor dem Haus; die Katze döst in der Sonne, der Papagei schaukelt sich plappernd auf seinem Ring, weiter vorn auf dem Vorplatz ist das schönste Reitpferd des Ehemannes angebunden. Die Frau liegt in der Hängematte, der Mann sitzt im Schaukelstuhl.

«Don Juvencio hatte seinen Schaukelstuhl so stehen, daß er den Hof übersehen konnte. Er hob jetzt seine Arme hoch, reckte sich ein wenig aus, gähnte leicht und ergriff die Zeitung, die vor ihm auf dem Tischchen lag. Er las einige Minuten, und dann legte er die Zeitung wieder hin.

Nun sah er zu dem Papagei, der vor ihm in seiner Schaukel hockte.

‹He, Loro›, rief nun Don Juvencio befehlend, ‹hole mir eine Kanne mit Kaffee und eine Tasse aus der Küche, ich habe Durst.›

Der Papagei, durch die Worte aus seinem Dahindämmern aufgeweckt, kratzte sich mit dem Fuß am Nacken, rutschte ein kleines Stück weiter auf seiner Schaukel, krächzte ein paar Laute und bemühte sich, sein unterbrochenes Dröseln wieder aufzunehmen.

Don Juvencio griff nach hinten, zog seinen Revolver aus dem Gurt, zielte auf den Papagei und schoß. Der Papagei tat einen Krächzer, es flogen Federn in der Luft herum, der Vogel schwankte, wollte sich festkrallen, die Krallen ließen los, und der Papagei fiel auf den Boden des Portico, schlug ein paar Mal um sich und war tot.

Juvencio legte den Revolver vor sich auf den Tisch, nachdem er ihn einige Male in der Hand geschwenkt hatte, als ob er sein Gewicht prüfen wollte.

Nun blickte er hinüber zur Katze, die so fest schlief, daß sie nicht einmal im Traume schnurrte.

‹Gato›, rief jetzt Don Juvencio, ‹he, Kater, hole mir Kaffee aus der Küche, ich habe Durst.›

Donja Luisa hatte sich umgewandt zu ihrem Manne, als er den Papagei angerufen hatte. Sie hatte das, was er zum Papagei sagte, so angenommen, als ob er mit dem Papagei schäkern wollte, und sie hatte darum nicht weiter darauf geachtet. Als dann der Schuß krachte, drehte sie sich völlig um in ihrer Hängematte und hob den Kopf leicht.

Sie sah den Papagei von seiner Schaukel fallen, und sie wußte, daß Juvencio ihn erschossen hatte.

‹Hay no›, sagte sie halblaut. ‹Lächerlich.›

Jetzt, als Don Juvencio die Katze anrief, sagte Donja Luisa laut zu ihm herüber: ‹Warum rufst du denn nicht Anita, daß sie dir den Kaffee bringt?›

‹Wenn ich will, daß mir Anita den Kaffee bringen soll, dann rufe ich Anita, und wenn ich will, daß mir die Katze den Kaffee bringen soll, dann rufe ich die Katze.›

‹Meinetwegen›, sagte darauf Donja Luisa, und sie rekelte sich wieder in ihrer Hängematte ein.

‹He, Gato, hast du nicht gehört, was ich dir befohlen habe?› wiederholte Don Juvencio seine Anordnung.

Die Katze schlief weiter, in dem sichern Bewußtsein, daß sie, wie alle Katzen, solange es Menschen gibt, ein verbrieftes Anrecht darauf habe, ihren Lebensunterhalt vorgesetzt zu bekommen, ohne irgendeine Verpflichtung zu haben, sich dafür durch Arbeit erkenntlich zu zeigen; denn selbst wenn sie sich doch so weit herablassen sollte, gelegentlich eine Maus zu erjagen, so tut sie es nicht, um den Menschen eine Gefälligkeit zu erweisen, sondern sie tut es, weil ja schließlich selbst eine Katze ein Recht darauf hat, hin und wieder einmal ein Vergnügen zu genießen, das im gewöhnlichen Wochenprogramm nicht vorgesehen ist.

Don Juvencio aber dachte anders über die Pflichten einer Katze, die auf seiner Hacienda lebte. Als die Katze sich nicht regte, um dem Befehle nachzukommen und den Kaffee aus der Küche zu holen, hob er wieder den Revolver und schoß. Die Katze versuchte hochzuspringen, aber sie brach zusammen, rollte sich einmal über und war tot.

‹Belario›, rief Don Juvencio jetzt über den Hof.

‹Si, Patron, estoy›, rief der Bursche aus einem Winkel des Hofes hervor. ‹Hier bin ich, was ist zu tun?›

Als der Bursche auf der untersten Stufe der Treppe stand, mit dem Hute in der Hand, sagte Don Juvencio zu ihm: ‹Binde das Pferd los und führe es herbei, hier dicht an die Stufen.›

‹Soll ich es auch gleich satteln?› fragte der Bursche.

‹Ich werde dich dann rufen›, antwortete Don Juvencio.»

Das Pferd wird gebracht. Auch an das Pferd ergeht der Befehl, Kaffee zu holen. Das Pferd holt keinen Kaffee. Der Mann erschießt das Pferd.

«‹Wahnsinn! So ein Prachttier!› schrie jetzt Donja Luisa auf.

Ihre Erbostheit war zum vollen Ausbruch gekommen. Es war mit untrüglicher Sicherheit vorauszusehen, daß nunmehr das erste schwere Gefecht, das man Don Juvencio von allen Seiten mit allen seinen Schrecken angekündigt hatte, geliefert werden würde, und daß jetzt, wäre einer der Freunde des Don Juvencio anwesend gewesen, er raschest zur Stadt geritten wäre, um die Ambulanz zu bestellen und ein Bett im Hospital zu mieten ...

Und grade im selben Augenblick, als Donja Luisa aus der Hängematte springen wollte, um sich in die Tigerin zu verwandeln, sagte Don Juvencio mit sterbensruhiger Stimme, aber laut und hart ...»

Und die Frau bringt den Kaffee. Und er liebt sie sehr. Und die Frau ist sehr glücklich.

Man vergesse nicht, wo diese Geschichte spielt. Auch erzählt sie Traven gar nicht mit diesem dummen Tonfall männchenhafter Überlegenheit («Donnerwetter, Donnerwetter, wir sind Kerle!») — wie bei ihm überhaupt nie der Stoff auf den Autor abfärbt, einer der schlimmsten Fehler unsrer Literatur. Bei uns halten sich die Leute schon für was Diplomatisches, wenn sie über Talleyrand schreiben, und für grausam, wenn sie ein Stiergefecht zeigen, und für tapfer, weil sie Tapferkeit schildern. Traven ist das, was Edschmid gern sein möchte: er ist ein Mann. Und ein echter Epiker, seine Erzählungskunst ist ein breit und mächtig dahinströmender Fluß, mit kleinen Wirbeln und Schnellen – aber der Strom fließt. Die Kunst dieses Mannes ist so groß, daß er uns, soweit ich es zu fühlen verstehe, sogar über diesen Tod der Tiere da hinwegkommen läßt. Das ist die Geschichte von der Zähmung einer Widerspenstigen aus dem Busch.

Mexiko und wieder Mexiko – vieles, was Traven schreibt, deckt sich mit den Schilderungen von Alfons Goldschmidt, ohne daß etwa störende Belehrungen eingestreut werden. Im *‹Schatz der Sierra Madre›* graben sie nach Gold und schlagen sich deshalb tot, das Gold verschwindet, niemand hat es mehr; es ist aus der Erde gekommen, hat Menschenleben vernichtet und ist wieder zur Erde zurückgekehrt . . . Das Zusammenleben dreier Goldgräber, maulfaul und streitsüchtig, wird gezeigt; da ist eine Stelle, wie ihnen beim Abschied lange Gedankengänge in: «Good-bye», «Good luck» und «So long» gerinnen . . . und die Schilderung eines Mordes ist darin, die an das beste Vorbild der angelsächsischen Literatur, an die geniale Novelle Stevensons, *‹Markheim›*, erinnert und sie nahezu erreicht.

‹Land des Frühlings› ist eine mit Fotos ausgestattete Reiseschilderung aus Mexiko; immer, wenn die Situation brenzlig wird, offenbart Traven jenen Satz, von dem unsre Nazis wenig wissen: Ein richtiger Held ist feige.

Nun gibt aber diese Schilderung des Travenschen Werkes noch keinen Begriff von der fast unglaublichen Fülle und Dichtigkeit des Witzes, des Humors, den literarischen Kunststückchen, der mühelosen epischen Handgriffe, mit denen das Rad der Erzählung weiter gedreht wird.

Da kargt er nicht mit weisen und frommen Lehren, die meist bezaubernd leicht vorgetragen werden. So hat Raabe unter seinem Bart geschmunzelt . . . «In diesen Gedankengängen bewegte sich unser Tischgespräch, weil wir, der bessern Verdauung wegen, während des Essens nichts Gedankenschweres in unserm Hirn herumwälzen wollten, und weil man beim Essen nur vom Essen sprechen soll.» Hierzu Nietzsche: «Wie verstehe ich es, daß Epikur bei Tische sich die ästhetischen Gespräche verbat? – er dachte zu gut vom Essen und von den Dichtern, als daß er das eine zur Zukost des andern machen wollte!» Von der Sprache: «Und gewisse Empfindungen kommen nur dann voll zur Entfaltung, wenn sie mit Worten erweckt werden, die bestimmte Gefühlsnerven treffen, die eine angelernte Sprache niemals treffen kann. Denn solche Worte bringen die Erinnerung an das erste Schamgefühl, die Erinnerung an das erste Mädchen, das man begehrte, die

Erinnerung an die mysteriösen Stunden des ersten Reifegefühls zurück.» Das habe ich, ohne diese Stelle zu kennen, im Schlußwort zu einer Pyrenäenreise gesagt. Und dann solche trocknen Bemerkungen mit nasser Einlage, wie die von Herrn Collins, der sich zu seiner Frau noch eine zweite Dame zugelegt hat. Beiden wird er hier und da in Tampico untreu. «Die Erholung von Flossy, nachdem er mit ihr zehn oder vierzehn Tage ständig zusammen gewesen war, tat ihm sehr gut. Denn Flossy begann seiner Frau immer ähnlicher zu werden. In allen Dingen. Im Bett. Im Sprechen. In der Kleidung. Im Nörgeln. Im Predigen. Er war nicht Philosoph genug, um zu wissen, daß zwei Frauen, die längere Zeit unter dem Einfluß desselben Mannes stehen, von dem sie wirtschaftlich abhängig sind, ähnlich werden wie Zwillinge.» Wahr, wahr. Auch hat Traven etwas von dem seltensten und schönsten Humor, den es für meinen Geschmack gibt: vom Spott über sich selbst. «Man braucht mich nur singen zu hören, dann weiß man die letzten Geheimnisse der Welt.»

Es wimmelt von dichterischen Pastellbildchen aller Art. Einer ißt. «So, jede überflüssige Kraftverschwendung peinlichst vermeidend, führte er bald die linke, bald die rechte Hand, alles auf Kugellagern laufend, an den Mund, um sein Nachtmahl einzunehmen.» Dann gibt es da Stellen von einer Zartheit, die so selten ist ... Dann so etwas, wie der Mörder, ein Goldgräber, der mit dem gestohlenen Gut nur noch einen halben Tagesmarsch von der ersten Stadt entfernt ist. «Er frohlockte. Er fühlte sich auf der sichern Seite. Wenn der Wind günstig herüberwehte, konnte er das Bellen der Güterzüge durch die Stille der Nacht hören. Und dieses merkwürdige heulende Bellen der Lokomotiven, das so unheimlich und so geisterhaft klingen kann, flößte ihm Empfindungen ein, als wäre er schon in einem Hotel nahe der Eisenbahn. Es war der Schrei der Zivilisation. In diesem Schrei fühlte er sich geborgen. Er sehnte sich nach den Gesetzen, nach der Rechtlichkeit, nach den festen Mauern der Stadt, nach allen den Dingen, die sein Gut beschützen sollten. Innerhalb jenes Bereiches, wo Gesetze das Eigentum bestätigten und wo starke Mächte dem Gesetz Achtung verschafften, war er sicher.» Das könnte, in seiner abgründigen Hinterhältigkeit, in seiner tiefen Bosheit und in der Stärke der Schilderung, auch von J. V. Jensen sein.

Ist Traven ein Revolutionär? Ja ...

Er ist zunächst ein Mann, der die gesellschaftlichen Zusammenhänge gut erkannt hat. «Jeder Mensch sucht nach einer Rechtfertigung, um das Niederträchtige und Unsoziale, das er tut, vor sich zu begründen, um es dadurch weniger niederträchtig und weniger unsozial erscheinen zu lassen.» Bitter ist er und hart, wenn er zuschlägt: «Aber wer arbeiten will, der findet Arbeit. Nur darf man nicht grade zu dem kommen, der diesen Satz spricht; denn der hat keine Arbeit zu vergeben, und der weiß auch niemand zu nennen, der einen Arbeiter sucht.» Es trifft alles, was er sagt: die Kritik an dieser Zivilisation, der Spott, der Hieb – alles. «Unter einer Fürstin hatte sie sich immer sehr viel vorgestellt. Wenn von der Freundin eines Magnaten gesprochen wurde, daß sie fürstlich aussehe, so hatte man sofort seine bestimmten Ideen, Ideen und Vorstellungen, die durch den Film gebildet wurden. Durch den Film, wo eine ehemalige Verkäuferin in einem Krawattenladen so lange aufgezaubert, aufgepinselt, aufgediademt, aufgeglittert, aufgeglasperlt und aufgeseidet wird, bis sie das Fürstinnenbedürfnis der Stenotypistinnen und der Lohnlistenschreiber befriedigt.»

Ganz scharf und unerbittlich, wenn es um die Arbeiterklasse geht. «Arbeiter streiken vielleicht selten, wenn es den Arbeitern günstig ist, sondern sie streiken meist, wenn es dem Kapitalismus günstig ist. Nicht aus Dummheit, sondern ehernen Gesetzen folgend. Was immer auch Arbeiter tun mögen, innerhalb des kapitalistischen Wirtschaftssystems werden sie das tun, was dem Kapitalismus dienlich ist, weil sie ein Teil des Kapitalismus sind, weil sie mit ihm, während der Herrschaft dieses Systems, verbunden sind auf Tod und Verderben, auf Leben und Untergang.» Und am besten und schönsten in dieser Stelle, aus der ‹*Weißen Rose*›: «Die Company kassierte nur und kassierte. Sie hatte keine Ausgaben. Alle Ausgaben hatte nur die Minenarbeiter-Union, deren reiche Kassen bis auf den letzten kupfernen Cent geleert wurden. Ausgaben hatte nur das Proletariat, das sammelte und sammelte, schimpfend und murrend, aber doch sammelte für die hungernden Miners. Die Könige machen Krieg, und das Proletariat blutet und stirbt. Magnaten machen einen großen Fischzug, und das Proletariat opfert seinen letzten Cent und verhungert. Immer das Proletariat! Und immer und nochmals das Proletariat!»

Die kommunistische Arbeiterpresse hat bereits Romane von Traven gebracht; sie sollte sie alle bringen. Denn sie sind von einem Proletarier auch für Proletarier geschrieben – und das hier ist Arbeiterkunst, Kunst, weil sie gewachsen ist und destilliert durch die Persönlichkeit eines großen Erzählers. Vielleicht ist er parteimäßig nicht ‹richtig› ... Ich halte die Versuche, die zum Beispiel neulich Wittfogel wieder aufgenommen hat: aus dem Klassenkampf eine neue Ästhetik zu kochen, für gründlich verfehlt. So wird das nie etwas. Immer wird in großen Kunstwerken jenes unbekannte X zittern, das sich in kein Schema bringen läßt. Was Wittfogel mit viel Kenntnis und Wissen versucht hat, mußte zu dem gewünschten Resultat führen, weil das vorher für ihn feststand. Denn es gibt eine kommunistische Theologie, die so unleidlich zu werden beginnt, wie die der katholischen Theologen: Mißbrauch des Verstandes, um einen Glauben zu rechtfertigen. Diese neue Theologie hat bereits ihren eignen Jargon, und es sollte ein Gesetz erlassen werden, das bis auf weiteres den Gebrauch des so schön vieldeutigen Wortes ‹dialektisch› verbietet. Meilenweit ist Traven von diesem Unfug entfernt.

Aber auch er ist ein Opfer seiner Klasse. Dieser Proletarier kann nämlich nicht richtig Deutsch. Ich hielt seine Werke zunächst für übersetzt, und zwar für schlecht übersetzt. Es ist aber Unkenntnis, verbunden mit bösen Amerikanismen. Er sagt: «Ein Haus ausmöblieren». Er sagt: «bei Telefon fragen». Er spricht, was immerhin noch komisch klingt, von einem «Brumm-Redakteur» und meint einen Sitz-Redakteur. Er erzählt von Aktien, die «unsicher» wurden. Er schreibt: «Mehr brauchte sie nicht zu wissen. Weder er.» Er schreibt: «In solcher Umgebung lebend, nur solche Farmer kennend, wie konnte man erwarten, daß Mr. Collins die Weiße Rose verstand.» Das Partizipium bezieht sich auf ‹man›, es soll sich aber auf Collins beziehen. Und so fort. Manchmal ist diese Unkenntnis ganz lustig — so bildet er das Wort «Genetz» —, aber meist ist sie störend. Sogar im englischen Text ist ein Fehler (disturp). Es ist tief bedauerlich, daß der Mann diesen Klecks nicht ausradiert oder ausradieren läßt. Ein Fleck auf der Sonne.

Im ganzen und dennoch: Ein großer Epiker. Sicherlich kein sehr angenehmer Herr, sicherlich kein sehr glücklicher Mensch. Aber ein großer Epiker.

Die Bücher sind in einer Buchgemeinschaft erschienen, also durch den Buchhandel nicht zu beziehen — daher meine ausführlichen Zitate. Nur *‹Das Totenschiff›* ist jetzt bei der Universitas, Deutschen Verlags-Aktiengesellschaft in Berlin, herausgekommen. Der Verlag läßt es sich angelegen sein, seinen neuen Autor ebenso wohlmeinend wie klobig anzukündigen. Merkwürdig ist das ... entweder tun unsre Verleger gar nichts für uns, oder sie verwandeln sich in wilde Marktschreier. Dieser hier ruft: «Traven! Der deutsche Jack London!» Der Kaufmann, dem diese Formel eingefallen ist, ist darauf gewiß sehr stolz; fühlt er nicht, wie er seinen Autor damit herabsetzt? Traven ist so wenig ein deutscher Jack London, wie Westerland das deutsche Biarritz ist oder Oberhof das deutsche Chamonix ... deutscher Whisky. Traven ist Traven. Das ist sehr viel.

Ich wünschte, daß alle seine Werke recht bald bei den Sortimentern zu haben wären.

DIE HERREN VERJÜNGER

Wie bekannt, geht durch die deutsche Industrie alle Jahr irgend ein neues Schlagwort. Sie hat ihre Moden, die Industrie, und da Kaufleute einen engen und kurzen Verstand zu haben pflegen, so schwätzt das einer dem andern nach, und einer macht es dem andern nach, was man grade so trägt: Rationalisierung ... Produktionssteigerung

... zur Zeit werfen sie ihre Angestellten heraus und engagieren sich neue: im Babykostüm. Der Betrieb muß verjüngt werden.

Die Angestellten, mäßig organisiert, untereinander zerrissen, wehrlos und ohnmächtig, weil es noch Jahrzehnte dauern wird, bis sie ihre Klassenlage voll erkannt haben und danach handeln werden, die Angestellten protestieren und weisen mit Recht darauf hin, daß es viele Positionen und vielerlei Arbeit gibt, wo der Zwanzigjährige weniger leistet als der Vierzigjährige, und daß man nicht so schematisch vorgehen könne ... vergeblich. Die Chefs und die ‹leitenden Angestellten› hören nicht und verjüngen den Betrieb.

Wobei denn einmal gefragt werden soll:

Wer verjüngt eigentlich die Verjünger —?

Hat man schon einmal gehört, daß ein Chef, ein Generaldirektor, ein Personalchef, einer von denen, die über die Neueinstellung von Menschen verfügen, vor seinem achtundsechzigsten Lebensjahr als zu alt bezeichnet wird? Nein, das hat man noch nie gehört. Sie verjüngen den ganzen Betrieb von oben bis unten — nur sich selber nehmen sie aus.

Das ist nicht nur egoistisch; es ist auch blöd. Denn da Fünfzigjährige in ihrer Tätigkeit erfahrungsgemäß die Ideale ihrer Jugend zu realisieren pflegen, so engagieren sich die Herren Verjünger sehr häufig junge Greise, Leute, die charakterlos oder dümmlich genug sind, verkalkten Idealen nachzukommen, jenem seit dreißig Jahren gehegten Wunschtraum: «Wenn ich mal groß bin ...» und so feiert heute 1901 seine fröhliche Auferstehung.

Gottergeben nimmt die Angestelltenschaft die Urteilssprüche ihrer Ober- und Untergötter hin. Keiner fragt, wie der Gott in den Tempel gekommen ist. Keiner fragt nach der Qualifikation. Gott ist Gott ... da dürft ihr nicht murren. Und wenn jemand murrt, dann ist es nur einer, der seinerseits gern angebetet werden möchte: ein verhinderter Gott.

Inzwischen verjüngen die Herren die deutsche Wirtschaft, und wir sollen zusehen und nicht verzweifeln. Denn im nächsten Jahr werden sie irgend ein andres Schlagwort mißverstehn, und einer wird dem andern etwas Neues nachplappern. Gott segne das Schiff, auf dem diese Industriekapitäne den Kurs angeben.

KARRIEREN

Et jibt Karrieren — die jehn durch den Hintern.
Die Leute kriechen bei die Vorgesetzten rin.
Da is et warm. Da kenn se ibawintern.
Da bleihm se denn ne Weile drin.

I, denken die – kein Neid! Wer hat, der hat.
Denn komm se raus. Denn sind se plötzlich wat.

Denn sind se plötzlich feine Herrn jeworden!
Denn kenn die de Kollejen jahnich mehr.
Vor Eifa wolln se jeden jleich amorden:
«Ich bün Ihr Vorjesetzta! Bütte sehr!»
Und jeda weeß doch, wie set ham jemacht!
Det wird so schnell vajessen ... Keena lacht.

Int Jejenteil.
Der sitzt noch nich drei Stunden
in seine neue Stellung drin –:
da hat sich schon 'n junger Mann jefunden,
der kriechtn wieda hinten rin!
Und wenn die janze Hose kracht:
weil mancha so Karriere macht.
Er hat det Ding jeschohm.
Nu sitzt a ehmt ohm.
Von oben frisch und munter
kuckt keena jerne runter.
Weil man so rasch vajißt,
wie man ruff,
wie man ruff,
wie man ruffjekommen ist –!

DER REICHSTAGSBERICHT

Ich weiß nicht, ob Sie sich besinnen ... wir haben in Deutschland einen Reichstag. Meist ist er vertagt – aber manchmal ist er auch da. Die Tribünen sind klein; es ist nicht jedermanns Sache, sich da anzustellen. Radio wollen die Herren Abgeordneten nicht ... sie haben Angst, die Antennen könnten sich verbiegen. Da sind wir denn also auf die Reichstagsberichte in den Zeitungen angewiesen.

Die sehen ulkig aus. Jede Zeitung bringt nur Ausschnitte – und wie ist das geschnitten! Sie schneiden sich heraus: die Ministerreden sowie die Rede des Abgeordneten der Partei, der die Zeitung angehört oder der sie nahesteht. Das ist verständlich. Die Reden der Gegner aber richten sie derartig zu, daß nur noch übrig bleibt: «Abg. Krummholz (Nat.-Soz.) macht auf die Zustände im Ruhrrevier aufmerksam.» Und dann wieder eine lange Rede des befreundeten Parteimannes. Muß das so sein –?

Nein, das muß gar nicht so sein.

Was die Zeitungen da machen, ist recht töricht. Wenn ein Parlament überhaupt einen Sinn haben soll, dann ist es doch der, daß sich die verschiedenen Meinungen untereinander ausgleichen. Dazu muß man sie erst einmal alle kennen. Ich weiß sehr gut, daß im Reichstag Reden zum Fenster hinaus gehalten werden — aber das Fenster ist ja verschlossen! Der Kommunist spricht für seine Parteizeitungen; der Nationalsozialist auch; der Hugenberg-Mann auch ... alle ignorieren den Gegner, indem sie seine Rede so zusammenhauen, daß kaum etwas von ihr übrig bleibt. Für wen spricht der Mann also?

Es ist auch deshalb dumm, die gegnerischen Reden zu ignorieren, weil so der Leser immer nur das hört, was er schon weiß und wovon er längst überzeugt ist. Ist das Demokratie? Das ist Schwindel. Natürlich hat ein Nationalsozialist genau dasselbe Anrecht, in einer Demokratie gehört zu werden, wie jeder andere auch; es wäre zum Beispiel sehr klug gewesen, die ersten Nazi-Erklärungen ganz ausführlich zu veröffentlichen: man hätte nämlich dann ihre schreckliche Gedankenarmut noch besser zu schmecken bekommen. Nichts davon geschieht — für teures Geld lassen sich die Zeitungen den verstümmelten Bericht telefonieren, der keiner mehr ist, oder sie zerschneiden die Bogen des Wolffschen Telegraphen-Büros oder der Telegraphen-Union. Es ist ein Elend.

Vorschlag zur Vernunft:

Man redigiere durch eine paritätische Kommission im Reichstag nach den Stenogrammen zwei Berichte: einen ausführlichen und einen gekürzten. Die Zeit drängt, wie? Tut euch doch bloß nicht so amerikanisch! Am nächsten Morgen kommt der Bericht immer noch zurecht. Und dann ist er wenigstens anständig: es ist sehr wohl möglich, alle Reden ganz gleichmäßig zu kürzen, so daß die Wiedergabe alles Wesentliche enthält. Man zwinge die Zeitungen durch Gesetz, diesen Bericht zu veröffentlichen; will ein Blatt die Reden mancher Abgeordneter ausführlicher bringen, so mag es das tun. Dann hat wenigstens jeder Redner sein Minimum in der Presse. Und dann wird keiner mehr gegen eine Wand sprechen, sondern wirklich zum Volk.

Was die Parteipresse aber gar nicht will. Es könnte dann nämlich Gottbehüte herauskommen, daß die Meinungen der andern auch bemerkenswert sind und daß der Gegner nicht nur Unsinn schwatzt oder doch den gleichen wie alle. Worauf also wohl alles beim alten bleiben wird.

DIESE HÄUSER

Diese Häuser werden länger leben als du.
Du hast geglaubt, für dich seien sie gebaut.
Aber sie waren vorher da.
Du hast geglaubt: du wirst sie überleben.
Sie werden aber noch nach dir da sein.
Diese Häuser werden länger leben als du.

Wenn du durch die Stadt trollst
mit einem Papierpacken, den du gekauft hast, du Tropf –
weil das dein Leben ist:
acht Stunden herumzupetern,
um eine zu genießen,
und die verregnet . . .
wenn du durch die Stadt trottest,
dann sehn sie dich an,
die Herren Häuser,
und grinsen mit breiten Türmäulern.
Sie werden länger leben als du.

Wenn du von jener Dame kommst,
bei der du arbeiten läßt,
(oder sie bei dir – so genau ist das nicht zu unterscheiden),
dann stehn diese Dinger herum,
die Häuser;
unzählige Male hast du deine Liebe an sie geklebt,
sie geben sie schwach wieder.
Sie sind kalt.
Da stehn die Häuser,
und lassen in sich hausen,
und stehn wie die Mauern
– natürlich wie die Mauern –
und werden länger leben als du.

Wenn du zum Arzt gehst,
ob . . . ob nicht . . . vielleicht . . .
die Angst im Wartezimmer,
bevor du herankommst!
Nie wieder! schwörst du dir leise –
es ist dein dreiundachtzigster Schwur in dieser Beziehung . . .
wenn du zum Arzt läufst,
für nichts empfänglich, mit einer einzigen fixen Idee im Kopf:
dann häusern sie da um dich herum

und
— da kannst du machen, was du willst —
sie werden länger leben als du.

Und noch,
wenn sie dich zu Grabe blasen,
nein, heute blasen sie ja nicht mehr . . .
wenn sie dich in einem schwarz angestrichenen Wagen nach draußen
 fahren,
im Auto,
natürlich!
weil du es doch so eilig hast!
Denke: du könntest etwas versäumen!
Wenn sie dich einpflanzen
oder verbrennen,
so du 4 Mark 85 Mitgliedsbeitrag gezahlt hast
und ein Königlich Preußischer Freidenker bist —
wenn sie dich dahin expedieren,
wohin du, Sache Gewordener, dann gehörst,
weil du nun den andern tragisch-lästig fällst —:
dann stehn da die Häuser,
die deine Dummheiten seit deiner Geburt mit angesehen haben,
und sind länger Häuser, als du Mensch gewesen bist,

und werden länger leben
als du.

AUF DEM NACHTTISCH

«Mach das Licht aus . . .»

Gewiß, Lieschen. Nur noch diese paar Bücher . . .

— «Was denn? Das alles heute nacht? Allmächtiger —»

Nur, wenn ich gar nicht einschlafen kann. Mir braust die Stadt noch im Schädel — und hier im Hotel . . . wer weiß, ob ich schlafen kann . . . Dreh dich herum. Ich lösche das Licht aus, wenn ich den ersten Sandmann fühle . . . Villon. François Villon.

‹*Die Balladen und lasterhaften Lieder des Herrn François Villon in deutscher Nachdichtung von Paul Zech*› (erschienen bei Erich Lichtenstein in Weimar).

Nun, eine Nachdichtung ist das nicht. Es sind Gedichte in moderner Tonart, verfertigt nach sicherlich sorgfältiger Lektüre Villons. Zech hat keinen Stein auf dem andern gelassen, sondern er hat ein neues Hüttchen gebaut. Ist es schön?

Mittelschön. Die ungeheuern Schwierigkeiten, mit denen er zu kämpfen hatte, in allen Ehren: aber hier gibt es nur zwei Wege. Entweder man macht das wie Ammer und übersetzt so wörtlich wie nur möglich – oder aber man ist dem Villon kongenial und dichtet neu. Zech hat neu gedichtet ... Herausgekommen ist statt eines genialen Landstreichers aus dem katholischen Mittelalter ein versoffener Burschenschafter protestantischer Provenienz. Beispiel:

‹Ballade et oraison pour l'ame du bon feu Cotart› – darin fleht Villon den Noah, den Loth und was sonst noch gut und teuer ist, an, den in Gott seligen Herrn Cotart gut im Himmel aufzunehmen, der Mann habe doch immer so brav gesoffen. Villon:

> Nobles seigneurs, ne souffrez empecher
> L'ame du bon feu maistre Jehan Cotart.

Ammer:

> Ihr edlen Herrn, erbarmt euch oben seiner,
> des ach! so früh verstorbenen Jehan Cotart!

Das ist gut, weil darin noch der parodistische Orgelklang des Originals nachzittert; man sieht ordentlich, wie Villon den Hals einzieht, das Kinn herunterdrückt und einen Pfaffen macht. Zech:

> Ach, nehmt ihn auf, in euerm Skatverein,
> er war, weiß Gott, kein schwarzes Schwein.

Das ist ein Stilfehler. So spricht cand. med. Rietzke, Thuringiae – aber nicht Villon. Es ist ein Stilfehler, «la belle Heaulmière» mit «Klempnersfrau» zu übertragen. Jene war, wie Ammer schön sagt, eine «Helmschmiedgattin», in welchem Wort das Romantische ohne Übertreibung gewahrt ist – ‹Klempnersfrau› aber ist: Kellerstufen, kleiner Laden, Frau Piesecke, Großstadt-Proletariat. Nein, so geht das nicht.

Am besten sind Paul Zech jene Balladen geglückt, die viele französische Villon-Ausgaben nicht enthalten, weil man sie dort für apokryph hält. Die *‹Kleine Ballade von der Mäusefrau›* ist etwas Entzückendes, wenn auch in der Formulierung von 1930 – aber sie ist eben gut formuliert, ebenso gut wie die Liebesballaden; so möchte manche Frau geliebt sein. Für die meisten andern Verse kann ich mich nicht erwärmen. Im Literaturverzeichnis fehlt Gaston Paris; der dem Buch vorangesetzte Villon gleicht einem gut aussehenden Maler auf einem Kostümfest, und die Vorrede ist etwas ganz und gar Schreckliches.

Was haben die Leute nur immer? Wenn sie auf Villon zu sprechen kommen, dann werden die mildesten Spießer wild. Sie entdecken plötzlich, frisch der Untergrundbahn entstiegen, daß sie eigentlich

— hei! — ganz tolle Kerle seien, und die polizeilich gemeldetsten Schriftsteller toben sich da aus. Das rasselt nur so in der Vorrede. Kerle ... Lumpanei ... toll ... Schubiaks ... Weibsbild ... es ist ein recht preußisches Saturnalienfest, das da gefeiert wird. Ludwig Thoma hat einmal von Tacitus gesagt: «Er sah die Germanen wie eine berliner Schriftstellerin die Tiroler.» Und Villon mit Johannes R. Becher zu vergleichen, dazu gehört denn doch wohl ein nicht alltägliches Manko an Literaturgefühl. So bleibt nur die wunderschöne Eingangsstrophe haften, ein altfranzösischer Vers, von dem man nicht genau weiß, ob er von Villon stammt oder nicht. Von wem er aber auch stammt: dieser Ton kann nie vergehn.

Une fois me dictes ouy,
en foy de noble et gentil femme;
je vous certifie, ma Dame,
Qu'oncques ne fuz tant resjouy.
Vueillez le donc dire selong,
que vous estes benigne et doulche,
car ce doulx mot n'est pas si long
qu'il vous face mal en la bouche.
Soyez seure, si j'en jouy,
que ma lealle et craintive ame
gardera trop mieulx que nul ame
vostre honneur. Ave-vous ouy?
une fois me dictes: ouy.

Solange ein Mann ein Mann bleibt — «Mach das Licht aus!» ... Wirklich: ich kann noch nicht schlafen. Jetzt habe ich mich wieder wachgelesen. Aber gleich, gleich.

Erich Kästner *‹Ein Mann gibt Auskunft›* (erschienen bei der Deutschen Verlags-Anstalt in Stuttgart und Berlin). Es sollte einmal jemand auf den Spuren des großen Literaturhistorikers Josef Nadler wandelnd das Sächsische in der deutschen Literatur untersuchen — aber ohne Grinsen. Man vergesse nicht, daß Richard Wagner, mit Grinsen, ein Sachse gewesen ist, und daß, sehr ernsthaft gesagt, Lessing aus Camenz stammt, und auch dieser Ort gehört zu Sachsen. Kästner ist aus Dresden. Nun, er hat gar nichts vom Bliemchen-Kaffee, aber wenn sich einer gegen seine Umgebung aufbäumt, dann fällt das in New York und in Dresden verschieden aus, weil die Umgebungen eben verschieden sind. Ich vermeine, manchmal in Kästner das Sächsische zu spüren — eine gewisse Enge der Opposition, eine kaum fühlbare, aber doch vernehmliche Kleinlichkeit, eine Art Geiz ... Er weicht dem Olymp sehr geschickt aus — ich weiß nicht, wie sein Himmel aussieht. Vielleicht hat er keinen, weil er fürchtet, er sei dann vom sächsischen Böcklin: von Klinger? Kästner ist ehrlich, sauber, nur scheint mir manchmal die Skala nicht sehr weit, und er macht es sich gewiß nicht leicht. Er hats aber leicht. Man vergleiche hierzu etwa so ein Gedicht wie ‹*Dem Revolutionär Jesus zum Geburtstag*› ... das ist reinlich und gut gemeint, doch da langt es nicht. Da pfeift einer, im Sturm, bei Windstärke 11 ein Liedchen.

Demgegenüber stehen nicht nur prachtvolle politische Satiren wie ‹*Die andere Möglichkeit*›, ein Gedicht, das ihm die deutschen Nationalisten heute noch nicht verziehen haben, weil es die Zeile enthält: «Wenn wir den Krieg gewonnen hätten» mit dem Schluß: «Zum Glück gewannen wir ihn nicht». Oder ‹*Primaner in Uniform*›, ein famoser Hieb gegen die chauvinistischen Pauker.

Der Band führt darüber hinaus, ins Dichterische, in echte Lyrik. Da ist in ‹*Verzweiflung Nr. 1*› ein kleiner Junge, der sein Einholegeld verliert. Er weint zu Hause, die Eltern trösten ihn, und da steht:

Sein Schmerz war größer als ihre Liebe

— also, das lasse ich mir gefallen. Oder das bezaubernde ‹*Gefährliche Lokal*› mit dem morgensternschen Schluß «Als ich zurückkam, sah ich, daß ich schlief». Und dann — mein Lieblingsgedicht —: ‹*Ein gutes Mädchen träumt*›. Das könnte von Hebbel konzipiert sein, wenn der es auch anders formuliert hätte. Sehr bezeichnend für Kästner, daß mit keiner Silbe etwas für jenes träumende Mädchen gesagt wird, die da träumt; der ihrige schickt sie immer wieder, immer, immer wieder treppauf, treppab: «Du hast das Buch vergessen.» Ich glaube: Kästner hat Angst vor dem Gefühl. Er ist nicht gefühllos; er hat Angst vor dem Gefühl, weil er es so oft in Form der schmierigsten Sentimentalität gesehen hat. Aber über den Leierkastenklängen gibt es ja doch ein: Ich liebe dich — es gehört nur eine ungeheure Kraft dazu, dergleichen hinzuschreiben. Und da sehe ich einen Bruch, einen Sprung, ist das sächsisch? Wir haben bei diesem Wort so dumme Assoziationen, die meine ich nicht. Langt es? Langt es nicht?

Was immer zu bejahen ist, ist seine völlige Ehrlichkeit. Wo er nicht weiß, da sagt er: Ich weiß nicht. Das Gedicht ‹*Kurt Schmidt, statt einer Ballade*› haben ihm Proletarier übelgenommen, weil es mit einem Selbstmord endet — das Gedicht stand bei uns, und ich habe merkwürdige Briefe bekommen. Der ‹*Kurzgefaßte Lebenslauf*› ist ehrlich; es ist auch ehrlich, in dem unsereinem aufs Fell geschriebenen Gedicht ‹*Und wo bleibt das Positive, Herr Kästner?*› zu sagen, daß wir ein Weltbild nicht aus dem Boden stampfen können und zunächst nur wissen: Also dieses da nicht. Alles das ist blitzsauber. Formal wird es immer besser; manchmal dürfte die Form etwas abwechslungsreicher sein. Kästner wird viel nachgeahmt; es gehört wenig dazu, ihn nachzuahmen. Ich wünsche ihm ein leichtes Leben und eine schwere Kunst.

«Eins kann ich dir sagen: wenn du jetzt nicht das Licht ausmachst... dann stehe ich auf und lasse mir ein andres Zimmer geben.» O Gott, o Gott. Dies ist wirklich... «Was ist wirklich?» — Das ist wirklich eine wilde Ehe. Ich liege doch meinem Berufe ob! «Lieg ihm am Tage ob.» Gewisse Berufe werden nur nachts ausgeübt. «Ach, es ist schrecklich.» Zu denken, daß es Leute gibt, die dreißig Jahre lang in demselben Schlafzimmer...

Otto Roeld ‹*Malenski auf der Tour*› (erschienen bei Erich Reiß in Berlin). Haben Sie ein Mitglied des ‹Verbandes Reisender Kaufleute› unter Ihren Bekannten? Schenken Sie ihm das. Er wird natürlich sagen, es sei in Wirklichkeit alles ganz, aber ganz anders, denn der Kaufmann muß erst geboren werden, der zugibt, daß auch er zu schildern sei ... es sei denn, daß man seinem Betriebe schmeichelt und vom ‹Primat der Wirtschaft› spricht. Nun also zu Herrn Malenski, einem Bruder Gustav Hänflings (im Insel-Verlag). Eine sorgfältig ausgepinselte Idylle, ein bißchen Biedermeier: ein Kaufmann, auf Porzellan gemalt.

«Ja, er ist nicht wie andere Geschäftsreisende. Zwar stiegen Zweifel auf: — dieses ‹Anderssein als die andern›, das bildet sich jeder ein — nicht nur Geschäftsreisende — auch Beamte und Künstler, jeder glaubt, über der eigenen Situation zu stehen und im geheimen wertvoller zu sein, als seine Kollegen...»

Zu Hause stehen bei mir die Tatsachenromane bis an die Decke — ich kann das Zeug schon gar nicht mehr sehen. Warum kann ich dieses kleine Buch Roelds, das gewiß nicht, wie da angegeben steht, ein Roman ist, sondern eine kleine Geschichte ... warum kann ich das auf einen Sitz zu Ende lesen? Weil der Mann den Ton hat; weil er die Kraft hat; weil er zwingt. Die Technik ist ein bißchen naiv, die Atmosphäre der großen Geschäfte ist nicht darin, aber die meisten Geschäfte auf der Welt sind recht klein — das Ganze ist gewiß kein schwerer Burgunder, aber der höchst gute Jahrgang eines bekömmlichen Apfelweins. Viele, viele kleine Einzelzüge, auf die es bei jedem Kunstwerk ankommt:

Der alte Reisende, der sich die Orderbücher aus den Tagen seines Glanzes aufgehoben hat; die Schilderung der einzelnen Kollegen, eine ausgesuchte Musterkollektion; die Reisenden-Späße ... und dann eine kleine Szene, wie Malenski zwar im gewohnten Zug sitzt, aber nicht, um zu reisen, sondern nur, um zu reisen: er hat nämlich seine junge Frau bei sich und ist auf der Hochzeitsreise. Und da spricht ihn Herr Löwenbein an. Karten spielen? Nein, heute spielt Malenski nicht Karten. «Adele: ich stelle dir hier meinen Kollegen Herrn Löwenbein vor.» — «Ah, da gratuliere ich...» und wie Löwenbein nun loslegt, das ist mit dem Ohr gestohlen. Zum Beispiel so: «Also verheiratet!» – Löwenbein neigt liebevoll lächelnd den Kopf zur Seite. – «Was ist eine Heirat? Ein Lotteriespiel! Was ist die Grundlage für eine gute Ehe? – der Charakter des Menschen! Ein Hustenbonbon gefällig, gnädige Frau? Seit langem leide ich an Verschleimungen. Alles habe ich schon versucht, nichts hat ...» man lese das nach – es ist wirklich schön. Das ist ein lustiges, ein harmlos lustiges und ganz leise ein melancholisches Buch.

So sehen vielleicht die Kaufleute heute nicht mehr aus ... Ich lösche das Licht gleich aus! ich schwöre, mit der linken Hand ... dann mach die Augen zu ... Ich knipse wirklich gleich aus ... So sehen also diese Reisenden der letzten Generation nicht mehr aus. Wie sehen sie denn aus? So, wie sie George Grosz gezeichnet hat. *‹Über alles die Liebe. 60 neue Zeichnungen›* (erschienen bei Bruno Cassirer in Berlin). Wir wissen ja alle, wer George Grosz ist. Ob auch alle wissen, wieviel er kann? Das ist ganz erstaunlich. Wenn er einen Mann mit Anzug und dussligem Klemmer zeichnet, dann sind da: der Körper des Mannes, durch den Anzug hindurchleuchtend, na ... leuchtend ..., dessen ganzes Leben; man weiß sofort, welche Bücher der liest, wie er bei der Reichstagswahl gestimmt hat, seine Bekannten, seine Lokale ... Grosz zeichnet die Aura des Menschen mit, genau das, was die wenigsten Schauspieler zu spielen verstehen. Es sind herrliche Blätter darin, wie: *‹Hast du mich ein wenig gern?›* und *‹Zugvögel›* (mit einem vanimftigen Judenjungen, blau rasiert und schweren Augendeckels), – das himmlische *‹Nicht sein Geschmack›*: da geht einer mit einem kleinen Zündhütchen auf dem Kopf an einer Hure vorbei, und in seinem Riesenkinn, das er nach oben schiebt, steht: will nicht. Sie sieht ihm etwas enttäuscht nach ... Dann auf Seite 65: *‹Treibholz›* – solchen Großstadtlyriker gibt es nicht, der dieses Mädchen besänge. Aber warum heißt Blatt 75 nicht mehr, wie es meines Wissens einmal geheißen hat, *‹Presseball›*? Denn das ist es. Darauf übrigens für mein Gefühl ein kleiner Stilfehler, der einzige des schönen Bandes: dieser Herr Redakteur trägt kein eisernes Kreuz. Und wenn Grosz das gesehen hat, dann war die Wirklichkeit falsch – denn das gibt es. Immerhin: eine Bibel der kosmischen Liebe, der man das s ausgestrichen hat.

Der Hotelnachttisch ist so klein – da liegt noch viel auf dem Boden. Herauf mit dir ... «Sag mal ...» Lieschen – wenn du mich noch einmal störst, wirst du ausgestopft! «Ich dich stören? Das ist ja großartig! Du liest hier die halbe Nacht ...» Gedenkst du noch der schönen Maientage, da die Liebe uns beseligt hat ...? «Jetzt singt er auch noch. Weck die Leute hier nicht auf!» Ja, wickel dich nur in deine Decken ... Also da ist Wera Figner. Es ist die große Ausgabe, in der alle drei Teile des Werkes zusammen enthalten sind. *‹Nacht über Rußland›* (erschienen beim Malik-Verlag in Berlin). Bekannt – und immer wieder ergreifend. Das sieht denn doch anders aus als unsre nationalistischen Märtyrer, die kaum welche sind. Was riskieren sie denn? Erst werden sie nicht verhaftet; und wenn sie verhaftet werden, reißen sie aus; und wenn sie nicht ausreißen, werden sie nicht verurteilt; und wenn sie verurteilt werden, werden sie begnadigt. Und dann bekommen sie eine Stelle bei irgend welchen Grundbesitzern oder Industriekerlen . . . Wera Figner war ein ganzer Mann. Das Buch solltet ihr euch alle aufbauen.

«Also, Peter — Ultimatum: Willst du jetzt schlafen?» — Ich will. Ich kann nicht. — «Warum kannst du nicht?» Weil ich jetzt ein ohnanständiges Buch beim Wickel habe . . . «Ferkel.» Lieschen, das sind keine Ausdrücke für eine junge Frau. Was weißt du überhaupt, was in mir als Mutter vorgeht . . . nein, das mußt du eigentlich sagen. Na, schlaf man.

D. H. Lawrence ‹*Lady Chatterley und ihr Liebhaber*› (Subskriptionsausgabe bei E. P. Tal in Wien und Leipzig). Ich habe die Dame Lieschen belogen: dies ist durchaus kein unanständiges Buch.

Über den ganzen Lawrence kann ich nicht mitsprechen; ich kenne von ihm nur dieses eine Werk. Das Buch haben sie in England verbrannt, gevierteilt, geköpft, was weiß ich. Warum?

Lawrence schildert uns da eine englische Dame, die ihren Mann an den Krieg abgeben muß; was zurückkommt, ist kein Mann mehr, sondern ein Rollstuhl-Inhalt. Sie beginnt ein Verhältnis mit ihrem Förster; die Leute sind sehr wohlhabend. Vorher hat sie für kurze Zeit einen Emporkömmling von Schriftsteller geliebt. Und?

Und Lawrence erzählt alles: sämtliche Liebesszenen bis in die letzten körperlichen Einzelheiten. Pornographie? Nicht die Spur — es ist ein durch und durch sauberes, ein schamhaftes Buch, trotz allem. Man könnte sagen, Lawrence erzähle einfach da weiter, wo die andern ihre drei Punkte setzen, und das wäre richtig.

Es stellt sich hier nun etwas sehr Merkwürdiges heraus.

Es ist nämlich damit noch gar nichts getan. Lawrence setzt Gassenausdrücke, übrigens auch da, wo ich es für ganz und gar unmöglich halte, sie zu setzen. Gibt es wirklich eine englische Gesellschaft, in der Männer in Gegenwart der Hausfrau solche Worte sagen? Das habe ich nicht begriffen. Und auch die Liebenden exzellieren in diesem Jargon, was durchaus verständlich ist, und sie schreiben das in ernsten Briefen, was weniger verständlich ist. Aber, und das ist die Hauptsache: es kommt nichts dabei heraus.

Es langt nicht. Es wird nirgends gezwinkert, nirgends, das ist eine große Leistung — aber es langt nicht. Einmal treibt die Frau mit dem Förster jenen kleinen Fetischismus, der normal ist . . . die Szene wirkt nicht unappetitlich, sie wirkt ein wenig albern. Das sei so in Wirklichkeit? Dann fehlt hier aber viel. Und es ist sehr bezeichnend für das künstlerische Unvermögen Lawrences, daß er jene Nacht, in der die Frau wirklich zur Frau wird, nicht beschreiben kann. Die ersten Sätze sind gut: «In der kurzen Sommernacht lernte sie so viel. Sie hatte gedacht, eine Frau würde dabei sterben vor Scham. Statt dessen starb die Scham» — aber dann wird es ganz banal, ganz trivial, ganz Leihbibliotheksroman. «So! Also so war das! Das war das Leben!» Du lieber Gott —

Kompliziert wird die Sache noch dadurch, daß der Übersetzer die Sprache des Försters, der im Original einen mittelenglischen Dialekt spricht, mit einer Art Gebirgsbayerisch wiedergegeben hat. Und in dieser Mundart nun erotische Eindeutigkeiten ... es ist etwas Furchtbares. Ob das nun an dieser Sprache liegt oder an meinem Ohr ... Neulich haben sie mir ein Buch über den bayerischen Dialekt zugeschickt. Ich habe es nicht besprochen; vielleicht habe ich für diesen Charme, Berlin anzuflegeln und gleichzeitig neckisch eine Besprechung zu erbitten, nicht das richtige Verständnis. Jedenfalls: die Partien des Försters habe ich nicht ohne eine leichte Übelkeit gelesen. Dazu kommt, daß Lawrence nicht viel von den sieben Arten der Liebe weiß; sein erotisches Repertoire ist noch kleiner als das der Natur.

Sein Grundgefühl stimmt nicht. Lawrence muß so etwas geahnt haben, denn im Vorwort versucht er, sich gegen den Puritanismus der alten Generation und den «flotten Jazz-Menschen der jungen Generation» zu sichern ... er hätte lieber ein gutes Buch schreiben sollen. Wären diese ‹Stellen› nicht: von dem Roman spräche niemand, weil er wenig belangvoll ist.

Wir können doch schließlich nicht dafür, daß sie in angelsächsischen Ländern die Sexualität etwas spät entdeckt haben ... Vielleicht ist das Werk für England eine Tat oder wie man das nennt. Im Zeitalter der ausgebauten Sexualwissenschaften aber ist es gar keine; dort steht alles viel klarer, viel besser, viel durchsichtiger — und gestaltet ist hier wenig. Daß sich Amor die Augen zuhält, ist nicht nur ein kitschiges Ornament, wie jeder weiß, der etwas davon weiß. Ich habe Pornographien Toulouse-Lautrecs gesehen — sie waren langweilig. Daneben aber hing der Halbakt einer Frau, vor einer Waschschüssel, und ein Meer von Frau lag darin, Fleisch, Duft, Härchen, Körper und das ganze Mysterium der Liebe. Es kommt nicht darauf an, alles auszusprechen. Es kommt darauf an, alles zu wissen oder doch vieles. Was Lawrence über die Liebe weiß, das ihm Selbstverständliche, ist schrecklich selbstverständlich. Ja, ja ... so werden die Kinder gemacht ... das ist wahr. Die Pantomime freilich ist überall gleich; der Unterschied zwischen Romeo und Julia und einem Paar unter den Brücken von Paris steckt nicht im Anatomischen. Er steckt im Kopf. 450 Seiten und so viel Arbeit und so viel Wagemut ... und so wenig Liebe.

«Das ist ein Scheidungsgrund. Liest hier säuische Bücher in der

Nacht, statt zu schlafen. Ach, es ist ja ...» Nur noch ein Buch. Dann, Lieschen, mache ich bestimmt das Licht aus.

G. K. Chesterton *‹Der unsterbliche Mensch›* (erschienen bei Carl Schünemann in Bremen). Eine Katholikin schrieb mir dazu: «Chesterton, der, soviel ich weiß, Konvertit ist, versucht hier, mit den gleichen Mitteln, wie ihr das macht, und mit großer Kenntnis, den umgekehrten Feldzug zu führen, mit achselzuckender Leichtigkeit, so, wie ihr das macht, und so stellt er seine Gegner als Trottel hin. Nun seid ihr einmal dran.» Hm —

Ich habe Chesterton einst sehr geliebt. Seine witzigen Kriminalgeschichten beiseite, die heute noch höchst amüsant sind — was da in *‹Ketzern›* und *‹Häretikern›* gestanden hat, das war von keinem schlechten Vater. Seine Gesinnung hat sich auch gar nicht geändert. Aber der alte Knabe wird sauer. Er ist genau das, was er so vielen andern zu sein vorwirft: ein Literat in jenem übeln Nebensinne, den das Wort mit sich herumführt. Was Chesterton zum Beispiel über Rußland sagt, strotzt von Kenntnislosigkeit, und seine Diskussionen mit dem alten Shaw über Sozialismus waren ein Waschweiberkram, mit dem wir gar nichts anfangen können. Ach, sie sind ja so witzig und so englisch! und so irisch! und es ist überhaupt eine Freude. Und unterdes liegen die Arbeiter auf der Straße und dürfen sich an diesen feinen Geistern ergötzen.

Was er in diesem Buch treibt, ist ... wie soll ich das nennen? Es ist wiener Kaffeehaus mit umgekehrtem Vorzeichen. Es wird bewiesen ... Als ob man nicht alles, aber auch alles auf der Welt beweisen kann! Es sind einfach Dummheiten darin, die bei einem so klugen und gebildeten Menschen gradezu überraschen. So der Vergleich der Wahrheit mit einem Schlüssel, gelegentlich des Buddhismus ... das ist eine blanke Albernheit, weil man mit solchen alten Kunstgriffen der Scholastik, die außerdem auch noch Trugschlüsse sind, nichts beginnen kann. Ich habe polternde Schriftsteller gern; der alte Johannes Scherr oder Schopenhauer, der — neben allem andern — manchmal auch dahergepoltert kam, sind mir teure Weggenossen. Und daß hier einer auf uns herumhackt, würde mich erst recht nicht stören. Aber es ist so eindeutig dumm; das Christus-Schach, das der da spielt, müßte, wie das ganze Buch, einen wirklich gläubigen Katholiken eigentlich entsetzen. Mich hat es entsetzt; ich bin viel frömmer als er, dieser schachernde Mystiker. Schreit da den Katholizismus aus wie ein paar alte Hosen ...! Er ziehe sich schleunigst neue an; diese sind durchgewetzt, und mißtönendes Geschrei macht sie auch nicht neuer. Seht doch, wie er fuchtelt! hört doch, wie er ‹beweist›, es gebe einen Gott — ungefähr so, wie der Kaufmann uns beweist, daß er an dieser Ware zusetzt. Ja doch. Du setzt zu. Du verlierst an allem, was du verkaufst. Und wovon leben Sie? «Na, Sonnabends habe ich doch geschlossen ...!» Welch ein katholischer Jude! Leuchtet ihm die Religion? Gott segne ihn. Wir andern sehen nur dies: Wo auch immer die Kirche politisch herrscht, jedesmal, wenn sie in den Schulen und auf den Universitäten regiert, dann — ja, was geschieht dann?

Dann, Lieschen, können wir getrost das Licht ausmachen.

ZUCKERBROT UND PEITSCHE

Nun senkt sich auf die Fluren nieder
der süße Kitsch mit Zucker-Ei.
Nun kommen alle, alle wieder:
das Schubert-Lied, die Holz-Schalmei . . .
    Das Bürgertum erliegt der Wucht:
    Flucht, Flucht, Flucht.

Sie wollen sich mit Kunst betäuben,
sie wollen nur noch Märchen sehn;
sie wollen ihre Welt zerstäuben
und neben der Epoche gehn.
    Aus Not und militärscher Zucht:
    Flucht, Flucht, Flucht.

So dichtet, Dichter: vom Atlantik,
von Rittern und von Liebesnacht!
Her, blaue Blume der Romantik!
«Er löste ihr die Brünne sacht . . .»
    Das ist Neudeutschlands grüne Frucht:
    Flucht, Flucht, Flucht.

Wie ihr euch durch Musik entblößtet!
In eurer Kunst ist keine Faust.
So habt ihr euch noch stets getröstet,
wenn über euch die Peitsche saust.
    Ihr wollt zu höhern Harmonien
    fliehn, fliehn, fliehn.

Es hilft euch nichts. Geht ihr zu Grunde:
man braucht euch nicht. Kein Platz bleibt leer.
Ihr winselt wie die feigen Hunde —
schiebt ab! Euch gibt es gar nicht mehr!
    Wir andern aber wirken weit
    in die Zeit!
        In die Zeit!
            In die Zeit!

ALTE BÄUME

Der entlassene Bismarck hat seinem Amtsnachfolger Caprivi manches übel genommen — aber wohl nichts so sehr, wie daß jener einige schöne alte Bäume im Garten des berliner Reichskanzlerpalais hat fällen lassen. Das hat er ihm nie verziehen. Bismarck war ein Landedelmann und kannte den Wert alter Bäume. Kennen wir ihn —?

Nein, wir kennen ihn nicht.

Erlauben Sie mir zunächst, mich vom Verdacht einer lavendelduftenden Sentimentalität zu reinigen. «Das Alte stürzt, es ändert sich die Zeit...» —, gemacht. Wir wissen alle, daß Autostraßen nötig sind; daß brave grüne Idyllen vernichtet werden müssen, wollen wir nicht in einem Naturschutzmuseum vegetieren; wir wissen, daß jede Zeit ihre Bedürfnisse hat, die alten Leuten immer ein wenig gotteslästerlich vorkommen —, soweit ist alles in Ordnung. Ich werde aber den Eindruck nicht los, als ob vieles, was heute in Deutschland auf diesem Gebiet geschieht, nur deshalb getan wird, damit etwas getan wird.

Das Land ist übervölkert; die Krise der Arbeitslosigkeit bedroht niemand so wie die Akademiker und die geistigen Berufe, die sich zu den Beamtenstellungen drängen, weil sie dort am sichersten versorgt sind. («Der österreichische Beamte hat nichts — aber das hat er sicher.») Wer im Krieg einmal beobachtet hat, wie die in der Etappe liegende Truppe auf Geheiß ihrer Offiziere gewissermaßen den ganzen Kriegsschauplatz mit Birkengeländern einzäunte; wie noch eine Küche gebaut wurde und noch ein Waschhaus und noch eine Unterkunft..., der wird verstanden haben, wie jeder, auch der vernünftigste Tätigkeitsdrang, in seine Karikatur umschlagen kann. Bis zu einer gewissen Grenze war das alles nützlich — dann wurde es albern und Tätigkeit um der Tätigkeit willen. Und das ist nicht nur unnütz; es ist schädlich.

Dasselbe sehen wir in den großen Städten. Wie da emsige Gschaftlhuber niederreißen, bauen, umbauen und neubauen —, das ist grauslich zu sehen. Wenn sie noch wenigstens einen großen Plan verwirklichten, wie es die Pariser mit dem nicht ganz ausgeführten, gradezu visionären Projekt des Barons Haussmannn tun —: dann wäre ja alles gut. Aber von einem einheitlichen Plan ist nichts zu spüren. Da murkst jedes Bezirksamt für sich, gepackt von diesem lächerlichen Ressortehrgeiz, der ums Verrecken dem andern, der ‹Konkurrenz›, nichts mitteilt, damit man den kümmerlichen Ruhm für sich allein habe — es ist jämmerlich.

Und es ist ehrfurchtslos.

Einen alten Baum umschlagen —, das ist eine Art Mord. Nun ist kein Leben ohne Tötung —, aber man mordet doch nicht zum Vergnügen, nur, um mit der Aufzeichnung der Mordprotokolle die Akten zu füllen.

Doch, sie tuns. Sie haben nicht das leiseste Gefühl, daß das, was sie da zerstören, ein Stück Leben ist – es sind übrigens grade jene, die das Wort ‹Deutschland› ununterbrochen im Munde führen, die es am wenigsten spüren. Was aber ist Deutschland, wenn nicht seine Wiesen, seine Wälder, seine Flüsse und seine Bäume? Hier ist der Urgrund jedes Landes – damit geht man nicht so um, wie sie es tun.

Immer, wenn ich von diesen Projekten höre, sehe ich die dahinterstehenden Treiber vor mir: selig in der geräuschvollsten Art von Faulheit, die es gibt: in der Organisation, wirtschaften sie umher, ordnen an und verbieten, entwerfen und planen . . ., hier tobt sich der soziale Geltungsdrang voll aus, er überschlägt sich; gehetzt von ihrem Willen, dürsten sie nach mehr, nach mehr – und die Stadtbewohner sind die Leidtragenden.

Darum hat Berlin tausend Gesichter und keines. Kein einheitlicher Wille eines großen Städtebauers gibt dieser Stadt Glanz und Profil; selbst wenn wir einen solchen hätten, wäre er längst von den Zünftigen abgewürgt, verbittert und gekündigt. Und sie regieren fast unumschränkt –, und wie sieht das aus, was da herauskommt!

Es gibt gewisse Bünde und Verbände, bei denen die Formalitäten der Aufnahme neuer Mitglieder zeremoniös und verwickelt sind. Man wird immer finden, daß mindestens die Hälfte aller Mitglieder für Aufnahme stimmen, weil sie Spaß am Zeremoniell haben. Die Wirkung ist ihnen ziemlich gleichgültig – wenn nur die bunten Bräuche wie an der Schnur ablaufen. Hierzu sind die Städtezerstörer eine schöne Parallele; ihre Arbeit ist eine Mischung von Roheit und Phantasielosigkeit, die nur Totes hervorbringt, weil sie vom Lebendigen nichts wissen.

Aus dem Getöse der Autos, den Schreien der Sirenen und den kurvenheulenden Bahnen steigt leise und fast unhörbar, ein Gedanke in die Welt, der neu und alt zugleich ist: der nämlich, daß sich die Seele nicht töten läßt. Daß sie derer spottet, die sie auf Flaschen ziehen wollen. Die sie registrieren wollen. Dies ist vielleicht eine seelenlose Zeit. Aber es ist eine, die die Seele sucht.

Nun ist ein alter Baum ein Stückchen Leben. Er beruhigt. Er erinnert. Er setzt das sinnlos heraufgeschraubte Tempo herab, mit dem man unter großem Geklapper am Ort bleibt. Und diese alten Bäume sollten dahingehen, sie, die nicht von heute auf morgen nachwachsen? Die man nicht ‹nachliefern› kann? Die nicht in Serien, frei ab Wald, wieder aufgebaut werden können? Nur, damit Beamte etwas zu regieren haben? Nein, das muß nicht sein. Sie sollen stehen bleiben, uns Schatten spenden und leben – gegen die Tollheit betriebsseliger Kleinbürger im Geist und im Amt.

«Wat denn? Wat denn? *Zwei* Weihnachtsmänner?»

«Machen Sie hier nich sonen Krach, Siiie! Is hier vier Tage im Hümmel, als Hilfsengel — und riskiert hier schon ne Lippe.»

«Verzeihen Sie, Herr Oberengel. Aber man wird doch noch fragen dürfen?»

«Dann fragen Sie leise. Sie sehn doch, daß die beiden Herren zu tun haben. Sie packen.»

«Ja, das sehe ich. Aber wenn Herr Oberengel gütigst verzeihen wollen: woso zwei? Wir hatten auf Schule jelernt: et jibt einen Weihnachtsmann und fertig.»

«Einen Weihnachtsmann und fertig . . .! Einen Weihnachtsmann und fertig . . .! Diese Berliner! So ist das hier nicht! Das sind ambivalente Weihnachtsmänner!»

«Büttaschön?»

«Ambi . . . ach so, Fremdwörter verstehen Sie nicht. Ich wer Sie mal für vierzehn Tage rüber in den Soziologenhimmel versetzen — halt, oder noch besser, zu den Kunsthistorikern . . . da wern Sie schon . . . Ja, dies sind also . . . diese Weihnachtsmänner — das hat der liebe Gott in diesem Jahre frisch eingerichtet. Sie ergänzen sich, sie heben sich gegenseitig auf . . .»

«Wat hehm die sich jejenseitich auf? Die Pakete?»

«Wissen Sie . . . da sagen die Leute immer, ihr Berliner wärt so furchtbar schlau — aber Ihre Frau Mama ist zwecks Ihrer Geburt mit Ihnen wohl in die Vororte gefahren . . .! Die Weihnachtsmänner sind doppelseitig — das wird er wieder nicht richtig verstehen — die Weihnachtsmänner sind polare Gegensätze.»

«Aha. Wejen die Kälte.»

«Himmel . . . wo ist denn der Fluch-Napf . . .! Also ich werde Ihnen das erklären! Jetzt passen Sie gut auf: Die Leute beten doch allerhand und wünschen sich zu Weihnachten so allerhand. Daraufhin hat der liebe Gott mit uns Engeln sowie auch mit den zuständigen Heiligen beraten: Wenn man das den Leuten alles erfüllt, dann gibt es ein Malheur. Immer. Denn was wünschen sie sich? Sie wünschen sich grade in der letzten Zeit so verd . . . so vorwiegend radikale Sachen. Einer will das Hakenkreuz. Einer will Diktatur. Einer will Diktatur mitm kleinen Schuß; einer will Demokratie mit Schlafsofa; eine will einen Hausfreund; eine will eine häusliche Freundin . . . ein Reich will noch mehr Grenzen; ein Land will überhaupt keine Grenzen mehr; ein Kontinent will alle Kriegsschulden bezahlen, einer will . . .»

«Ich weiß schon. Ich jehöre zu den andern.»

«Unterbrechen Sie nicht. Kurz und gut: das kann man so nicht erfüllen. Erfüllt man aber nicht . . .»

«Ich weiß schon. Dann besetzen sie die Ruhr.»

«Sie sollen mich nicht immer unterbrechen! Erfüllen wir nicht — also: erfüllt der liebe Gott nicht, dann sind die Leute auch nicht zufrieden und kündigen das Abonnement. Was tun?»

«Eine Konferenz einberufen. Ein Exposé schreiben. Mal telefonieren. Den Sozius . . .»

«Wir sind hier nicht in Berlin, Herrr! Wir sind im Himmel. Und eben wegen dieser dargestellten Umstände haben wir jetzt zwei Weihnachtsmänner!»

«Und . . . was machen die?»

«Weihnachtsmann A erfüllt den Wunsch. Weihnachtsmann B bringt das Gegenteil. Zum Exempel:

Onkel Baldrian wünscht sich zu Weihnachten gute Gesundheit. Wird geliefert. Damit die Ärzte aber nicht verhungern, passen wir gut auf; Professor Dr. Speculus will auch leben. Also kriegt er seinen Wunsch erfüllt, und der reiche Onkel Baldrian ist jetzt mächtig gesund, hat eine eingebildete Krankheit und zahlt den Professor. Oder:

Die Nazis wünschen sich einen großen Führer. Kriegen sie: ein Hitlerbild. Der Gegenteil-Weihnachtsmann bringt dann das Gegenteil: Hitler selber.

Herr Merkantini möchte sich reich verheiraten. Bewilligt. Damit aber die Gefühle nicht rosten, bringt ihm der andere Weihnachtsmann eine prima Freundin. Oder: Weihnachtsmann A bringt dem deutschen Volke den gesunden Menschenverstand — Weihnachtsmann B die Presse. Weihnachtsmann A gab Italien die schöne Natur — Weihnachtsmann B: Mussolini. Ein Dichter wünscht sich gute Kritiken: kriegt er. Dafür kauft kein Aas sein Buch mehr. Die deutsche Regierung wünscht Sparmaßnahmen — schicken wir. Der andere Weihnachtsmann bringt dann einen kleinen Panzerkreuzer mit.

Sehn Sie — auf diese Weise kriegt jeder sein Teil. Haben Sie das nun verstanden?»

«Allemal. Da möcht ich denn auch einen kleinen Wunsch äußern. Ich möchte gern im Himmel bleiben und alle Nachmittag von 4 bis 6 in der Hölle Bridge spielen.»

«Tragen Sie sich in das Wunschbuch der Herren ein. Aber stören Sie sie nicht beim Packen — die Sache eilt.»

«Und . . . verzeihen Sie . . . wie machen Sie das mit der Börse —?»

«So viel Weihnachtsmänner gibt es nicht, Herr — so viel Weihnachtsmänner gibts gar nicht —!»

FRIEDEN

So heißt der neue Roman Ernst Glaesers (erschienen bei Gustav Kiepenheuer in Berlin).

Die Literatur ist hinter der Zeit nur um etwa zehn Jahre zurück – sie hält grade zwischen Friedensschluß und Beginn der Inflation. Das Heer der Mitläufer, die jede geistige Strömung umschwirren, beginnt nun, Inflationsbücher zu schreiben – wie sie Kriegsbücher geschrieben haben . . . Die große Zeit hat kleine Bücher hervorgebracht, nun wollen wir sehen, ob die kleine Zeit große Bücher hervorbringt.

Sie liefert ‹Erlebnisbücher›. Das ist jedes Buch. Ja, aber diese so plakatierten Erlebnisbücher gehören zum Gefährlichsten, das es in der Kunst überhaupt gibt. Die Gattung gestattet nämlich jedem Dilettanten, auf jede Kritik auszurufen:

«Ja – das war aber so!»

Und hier zeigt sich die ganze Unvollkommenheit dieser Literatur. Daß etwas so oder so gewesen ist, besagt für die Kunst noch gar nichts. Und es ist nicht das Ästhetische oder das Formale allein, das ein wahres Erlebnis nachher im Buch unzulänglich erscheinen lassen kann, sondern die Wirklichkeit ist allemal dann für das Buch unzureichend, wenn sie nicht im innern Erlebnis des Künstlers zu etwas Neuem geworden ist. Es gibt keinen Naturalismus, der die Schöpfung naturgetreu wiedergibt. Alle stilisieren – indem sie fortlassen, hinzufügen . . . es beginnt schon bei der Aufnahme. Es gibt Künstler, die besser sehen als hören können; es gibt solche, die wittern die Frau, aber der Mann läßt sie kalt; mancher ist Tierstimmen-Imitator . . . nur absolute Naturalisten, die gibt es, außer dem lieben Gott, nicht.

«Du kannst nach Hause gehn», sagte der Soldat.

So fängt das Glaesersche Buch an – aber leider geht es nicht so weiter; leider hält es den Ton einfacher Epik nicht durch, die die Wirklichkeit sublimiert wiedergibt. Das Buch zerfällt deutlich in zwei Teile: hie Ereignisse, erfundene oder halbwahre oder wahre – hie Meditation. Die Thesen, die Tendenz, die Überlegungen und die Glossen sollten aber, wie mir scheint, zur Handlung gerinnen.

Das erzählende Ich erlebt eine Reihe von Szenen: Rückkehr der Soldaten; Ausbruch des Waffenstillstandes, euphemistisch gern Revolution genannt; sinnloser Kampf sinnloser Soldaten gegen die Arbeiter . . . man nimmt das alles zur Kenntnis, nickt: Gewiß . . . ja . . . so ist das gewesen – aber wenn hier etwas wirkt, so ist es nur der Stoff, nur die Tatsache, daß es das einmal gegeben hat . . . Man kann auch alte Zeitungen lesen.

– «Sie wollen also, daß Ihnen der Dichter das verschönt? Wie?

Romantik? Lüge? Heldentum und Fanfare für die einen oder für die andern?»

Nein. Ich möchte nur gepackt werden. Ich möchte den tiefern Sinn oder die tiefere Sinnlosigkeit dieser Epoche verstehn, und mir solches zu zeigen, gibt es viele Wege. Meinethalben mit politischer These; mit Humor; mit der Aufzeigung der gesellschaftlichen Schichtungen ... ich möchte das spüren, was hinter den Ereignissen gelegen hat, und das mag der Dichter Gott nennen oder Schicksal oder den naturnotwendigen Ablauf nach den Vorschriften des Marxismus ... aber ich möchte etwas verspüren. Ich möchte verspüren, was an dem Jahre 1919 nicht einmalig gewesen ist. In diesem Buch verspürt man wenig.

Einzelheiten sind durchaus geglückt. Der Fabrikant, Herr Ziel, der ‹eigentlich› gar keine Geschäfte machen möchte ... Er ist so nett zu den Hühnern, beugt sich herunter, verbindet einem Küchlein das Bein ... «Wenn ich Zeit hätte», sagt er, «würde ich mir auf dem Lande eine große Geflügelfarm einrichten, auch ein Fasanenwäldchen, und am liebsten einen großen Teich mit Schilf, wo ich die Wasserhühner belauschen könnte. Wie ich so jung war wie Sie, war das immer mein Traum. Aber die Verhältnisse haben es anders gewollt ...» Wie viele Wucherer haben mir das schon erzählt – es ist wirklich schön.

Aber das sind Einzelheiten; sie kommen und gehen und zerrinnen in viel Gleichgültigem und Doppeldeutigem. Wenn der Leser wissen möchte, wie ich mir das Buch wünschte, so lese er die Seite 177, auf der die Idylle der heimgekehrten Soldaten steht. Das ist ein Notizenzettel, aus dem sich etwas machen ließe. Das sind Beobachtungen, echt, aus erster Hand, man fühlt: das stimmt alles; es könnte sich vielleicht noch etwas auflockern lassen – aber diese Stelle sitzt. Es glücken auch Einzelformulierungen, wie die Antwort einer Kellnerin auf die erstaunte Frage, warum auf dem Marktplatz so ein Hallo sei. «Weil sie heimkommen, weil doch jetzt Frieden wird.» – «Es ist doch aber Revolution.» – «Das hat damit nichts zu tun. Die, welche Revolution machen, gehen auf den Exerzierplatz. Die andern gehen auf den Markt.» Kürzer kann man das nicht sagen: so ist das Deutschland von damals gewesen, genau so.

Was dann noch an dem Buch gut ist, sind hier und da aufblitzende essayartige Bemerkungen, so eine vorzügliche über den Kronprinzen. «Der Kronprinz war in Holland. Ihm galt der Haß der Bürger. Man sprach über ihn wie über pornographische Literatur ... er war verhaßt wie ein ausschweifender Student bei seiner Zimmervermieterin.» Das ist sehr gut; aber auch dies ist gesagt, nicht gestaltet.

Solcher fertig formulierten Thesen gibt es viele; sie fallen fast immer aus dem dünnen Rahmen des Geschehens und verdichten sich manchmal zu braven Ansprachen, wie sie die Räsonneure alter Stücke an den stummen Partner und die Zuhörer zu halten pflegten. Der

Schriftsteller monologisiert. Manchmal wird es ganz schlimm: «Arbeitermord setzte ein», oder: «So lag die psychologische Situation» — also das ist Zeitung, und nicht einmal sehr gute. Arbeitermord kann nicht ‹einsetzen›; dies verkorkste Wort ist dem Rotwelsch des Militärs entnommen und paßt hier gar nicht her — was, Glaeser, hast du in diesem Augenblick gesehen? gehört? gerochen? gewittert . . . wie hat die Straße ausgesehen, wie war das alles? Hier sollte das Seziermesser des Epikers ansetzen. Der nicht so ein fatales Schlagwort von der «psychologischen Situation» übernehmen darf — er zeige sie. Formulieren möge nachher der Leser.

Aber alles das verschwindet hinter der Gesinnung eines solchen Buches. Und die habe ich nicht verstanden.

Nicht etwa, weil man sie parteimäßig nicht festlegen kann; darauf kommt es nicht an. Doch habe ich nicht verstanden, was der Autor will; alles ist vieldeutig, schillernd, steigt auf und legt sich wieder wie Nebel, dampft empor, quillt und wogt . . . Wer ist dieser Freiheitsheld, der versagt? Was soll das alles? Ich habe es nicht verstanden. Natürlich steht Glaeser gegen die Offiziere, die da morden lassen — natürlich. Aber das genügt doch nicht . . .

Und da ist eine herzlich unmotivierte Zeitlupendarstellung eines Coitus, auch dies sagt nichts, was man nicht hundertmal gelesen hätte . . . Bei solchem Unmaß verlogener Prüderie, wie sie heute in Deutschland produziert wird, muß hinzugefügt werden, daß ich mich nicht durch den Stoff, sondern durch seine künstlerisch unzulängliche Behandlung verletzt fühle.

Ich kann mit diesem Buch wenig anfangen. Weil ich aber grade auf dem Gebiet der Tendenzliteratur viele merkwürdige Erlebnisse gehabt habe, so setze ich meiner Schreibmaschine ein Megaphon auf und sage:

Ich kann mit diesem Buch wenig anfangen. Das kann an mir liegen. Und deshalb ist der Autor, der eine der saubersten und anständigsten Erscheinungen der jüngern Generation ist, noch lange kein wilder Höllenhund. Er hat Anspruch darauf, gehört zu werden. Der Mann hat episches Talent. Er hat auch einen leisen Humor. Möge er sein Talent von keinem Stoff und von keiner Doktrin auffressen lassen.

BALLADE

Da sprach der Landrat unter Stöhnen:
«Könnten Sie sich an meinen Körper gewöhnen?»
Und es sagte ihm Frau Kaludrigkeit:
«Vielleicht. Vielleicht.
Mit der Zeit . . . mit der Zeit . . .»

Und der Landrat begann allnächtlich im Schlafe
laut zu sprechen und wurde ihr Schklafe.
Und er war ihr hörig und sah alle Zeit
Frau Kaludrigkeit!

Und obgleich der Landrat zum Zentrum gehörte,
wars eine Schande, wie daß er röhrte;
er schlich der Kaludrigkeit ums Haus . . .
Die hieß so — und sah ganz anders aus:
Ihre Mutter hatte es einst in Brasilien
mit einem Herrn der bessern Familien.
Sie war ein Halbblut, ein Viertelblut:
nußbraun, kreolisch; es stand ihr sehr gut.
Und der Landrat balzte: Wann ist es soweit?
Frau Kaludrigkeit — Frau Kaludrigkeit!

Und eines Abends im Monat September
war das Halbblut müde von seinem Gebember
und zog sich aus. Und sagte: «Ich bin . . .»
und legte sich herrlich nußbraun hin.
Der Landrat dachte, ihn träfe der Schlag!
Unvorbereitet fand ihn der Tag.
Nie hätt er gehofft, es noch zu erreichen.
Und er ging hin und tat desgleichen.

Pause

Sie lag auf den Armen und atmete kaum.
Ihr Pyjama flammte, ein bunter Traum.
Er glaubte, ihren Herzschlag zu spüren.
Er wagte sie nicht mehr zu berühren . . .
Er sann, der Landrat. Was war das, soeben?
Sie hatte ihm alles und nichts gegeben.
Und obgleich der Landrat vom Zentrum war,
wurde ihm plötzlich eines klar:
Er war nicht der Mann für dieses Wesen.
Sie war ein Buch. Er konnt es nicht lesen.
Was dann zwischen Liebenden vor sich geht,
ist eine leere Formalität.

Und so lernte der Mann in Minutenfrist,
daß nicht jede Erfüllung Erfüllung ist.
Und belästigte nie mehr seit dieser Zeit
die schöne Frau Inez Kaludrigkeit.

EINE STIMME

Manchmal, sehr manchmal, wenn es nachts ganz still ist und ich grade so nachdenke, warum ich nicht lieber schliefe ... dann höre ich eine Stimme. Ich sehe niemand – ich höre nur die Stimme. Es klingt wie: «Schuttz –!» Das kann man nicht verstehn; ich aber weiß, wer das ist.

Es ist dein seliger Kaiser. Er zog sich doch am Tage etwa dreiunddreißig Mal um; vormittags war er Fußfanterist, nachmittags Kavallerist, aufs Klosett ging er wahrscheinlich als Pionier, und im Badezimmer hatte er eine Admiralsuniform und eine Torpedopfeife statt einer Klingel ... nun lacht nur nicht: in den ‹*Fliegenden Holländer*› ist er ja historischerweise als Seeoffizier gegangen. Nun gut, das ist vorbei. Nein: der ist vorbei.

Und er hatte einen Kammerdiener, der zog ihn an und aus und legte ihm seine Kostüme zurecht, in denen er auftrat. Schulz hieß der Kammerdiener, der alte Schulz. Und ob das nun von den zahlreichen Memoiren kommt, die unsereiner so lesen muß, oder wovon sonst: manchmal fühle ich, wie sich der Kaiser umzieht, den Raum sehe ich nicht, ihn sehe ich auch nicht ... aber ich höre ihn. «Schulz!» ruft er. Kurz. Wie ein Schuß.

Der Kammerdiener ist nebenan – gleich wird er antworten und hereingeknallt kommen, eine Bewegung zwischen ... «Mit einer Verbeugung, die ein Mittelding zwischen Kratzfuß und Todesangst war», hat Eulenburg einmal einen Hofrat beschrieben, der Bismarck die Post vorlegte. So ähnlich wird der Kammerdiener hereinkommen, die Angst nur gemildert durch langjährige Gewohnheit, eine Art Tierbändiger-Gemütlichkeit. Aber was er sagt, das höre ich nicht mehr.

Merkwürdigerweise rieche ich die Szene. Jede Zeit hat ja ihren bestimmten Geruch, so, wie jedes Land – schade, daß man nicht ein Pröbchen Kriegsluft hat aufbewahren können. Der Kaiser war ein körperlich sauberer Mann, aber man mag ihn nicht riechen. Um ihn ist übrigens jene Atmosphäre von Herrengeruch der neunziger Jahre ... etwas Strenges, Leder, Zigarettenrauch, ein Parfum und die Körper der Herren ... ja. So riecht die Stimme, ich höre sie mit der Nase. «Schuttz!»

50 000 Mark im Monat. Von deinen Steuern.

AUF DEM NACHTTISCH

Abends, wenn ich im Bett liege, muß ich mich immer so ééérgern ... (Merk: ärgern – das ist böse und einmalig; ééérgern aber ist lange, sanft, süß-sauer und überhaupt.) Ich muß mich so ééérgern, weil sich wieder achtmal etwas ereignet hat, das ich da benannt habe: Die Technik spielt. Denn wir sind schrecklich weit fortgeschritten. Wir können von Berlin nach San Francisco telefonieren. Wir können in die Stratosphäre steigen. Die Leute können im Flugzeug über dem Atlantischen Ozean ein Rundfunkkonzert hören. Nur eine Schreibmaschine anständig reparieren, das können sie nicht. Oder eine Schraube am Auto so anziehen, daß sie länger hält als vierzig Kilometer, das können sie auch nicht. Und in jeder Wohnung ist immer grade etwas entzwei, und «Ich habe schon dreimal telefoniert, aber...» Das können sie alles nicht. Die Technik spielt. Sie bauen immerfort neue Modelle — aber die alten funktionieren nicht richtig, und es gibt auch keine richtigen Ersatzteile ... Ich habe den falschen Beruf erwählt. Ein Schriftsteller muß anständige Ware liefern. Man hätte sollen Schlosser werden oder Schreibmaschinenmann oder so etwas ... die liefern ihren Schund, oder sie liefern ihn auch nicht, wie es ihnen grade einfällt, und bezahlen bezahlen wir doch. Die Technik spielt. Und ich muß mich so ééérgern. Und nun wollen wir uns eins lesen.

‹Deutsche Literatur, Sammlung literarischer Kunst- und Kulturdenkmäler in Entwicklungsreihen› (bei Philipp Reclam jun. in Leipzig). Das Unternehmen scheint besser als sein schwerfälliger Titel. Walther Brecht, Dietrich Kralik und Heinz Kindermann haben sich da eine gewaltige Aufgabe gestellt: sie wollen aus ältern und neuern Epochen der deutschen und auch außerdeutschen Literatur auswählen und die Auswahl systematisch herausgeben: Heldendichtung. Geistliche Dichtung. Mystik. Drama des Mittelalters. Volks- und Schwankbücher. Reformation. Barock. Aufklärung. Und so fort. Und so fort. Das Unternehmen soll zweihundertundfünfzig Bände umfassen. Zwei Proben liegen mir vor.

Politische Dichtung: *‹Vor dem Untergang des alten Reichs›*. Und: *‹Die Dichtung der ersten deutschen Revolution›*.

Da ist vor allem ein Einwand zu erheben: die Bände sind viel zu teuer. Jeder kostet gebunden acht Mark und fünfzig. Gewiß haben die Herausgeber eine große Arbeit geleistet, aber Autorenhonorare sind hier nicht zu zahlen, denn die ausgewählten Dichter sind heute frei, und so rechtfertigt sich der Preis nicht. Und wenn mir die Verleger, die sich ja selber mit diesen unsinnigen Preisen schädigen, wer weiß was erzählen: hier stimmt etwas in der Berechnung nicht. Der Verleger überlege, was er seinen Buchhaltern zahlt — so viele Buchhalter-Arbeitsstunden ist das Buch nicht wert. Und nur danach geht es, und wenn der Verleger etwa so zynisch wäre, zu sagen: «Meine Buchhalter sollen es ja auch nicht kaufen», so befolgt er damit nur die dümmste aller Praktiken — die Konsumkraft des Volkes noch mehr herunterzusetzen und so zu tun, als zahlten die andern Arbeitgeber mehr. Das ist nicht wahr. Wer soll sich denn den Kauf der ‹*Politischen Dichtung*› leisten? Ich bin kein Hungerleider. Aber ich kann sie mir nicht kaufen – so viel verdiene ich nicht. Und sie ist auch, siebenreihig, wie sie ist, ihre sechzig Mark nicht wert. Hier stimmt etwas nicht.

Die Arbeit ist, nach zwei Bänden zu urteilen, sauber gemacht. Bei einer von bürgerlichen Akademikern vorgenommenen Auswahl politischer Dichtung taucht natürlich die Frage nach einer etwaigen Tendenz und nach der Unparteilichkeit auf. Nun, innerhalb des Rahmens einer Universität und eines Seminars ist das musterhaft. Der Rahmen ist abzulehnen: die Einleitungen sind brav nationalliberal; es fehlen auch die unterirdischen Erzeugnisse dieser Literatur fast gänzlich – es gibt da besonders aus den achtundvierziger Jahren viel, viel mehr (siehe beispielsweise die kleine Sammlung ‹*Gift und Galle*›, herausgegeben von Ernst Drahn; bei Hoffmann und Campe in Berlin erschienen). Das fehlt. Was aber da ist, ist sauber ediert, und man lernt eine ganze Menge.

Wie man sich erst wieder in die alten Zeiten hineinarbeiten muß! Wie der Funke nicht gleich überspringt, wenn es sich um Durchschnitts-Talente handelt! Wie dergleichen oft einer Bierzeitung gleicht, einer Klassenzeitung, deren Leser schmunzelnd jede winzige Andeutung verstehen, weil sie wissen, wer mit ‹Tyrann› und ‹Eunuchen› und mit dem ‹stolzen Neufranken› gemeint ist. Wir andern wissen es auf Anhieb nicht. Wir haben es gelernt; wir können auch in den Anmerkungen nachsehen – aber wir fühlen es nicht sofort und nur, was unmittelbar bekannt und vorhanden ist, eignet sich zur satirischen Wirkung. Kommt hinzu, daß besonders das Bürgertum, der Träger der damaligen Bildung, im achtzehnten und in der Mitte des neunzehnten Jahrhunderts den letzten Ausläufer des Humanismus darstellte, und nun also – für unsre Ohren – zopfig und später leicht staubig gedichtet wurde: alles ist behangen mit römischen und griechischen Allegorien, die einfache Empfindung fast immer übersetzt in einen Jargon der ‹Bildung›, weil man das häufig mit Dichtung gleichsetzte ... eine merkwürdige Lektüre! Aber eine lehrreiche. Und eine vergnügte Revolution war das, 1848! So viel guter Wille und so viel Zipfelmütze ...! Bei dieser Gelegenheit: lest Ernst Moritz Arndt. Ihr werdet wunderschöne Entdeckungen machen – denn deutsch schreiben, das konnte er. Diese Bücherreihe wird trotz ihres hohen Preises und trotz der braven Auswahl für den, der sein Gebiet exakt bearbeitet, unentbehrlich sein. Er wird sie sich nur nicht kaufen können.

Etwas kaltes Wasser wäre nicht schlecht. Aeh – der Hahn ist kaputt. Der Hahn vom kalten Wasser ist kaputt. Es gibt nur warmes. Wollen wir zu Vischer beten, dem mit der Tücke des Objekts? Ich will eine neue Tücke erfinden: die Tücke der Subjekte. Ach, muß ich mich ééérgern ... Ärgern wir uns gleich über das nächste Buch mit. Aber das lohnt nicht.

Das nächste Buch ist ‹*Was nicht in die Zeitung kam*› von S. M. von Propper (erschienen bei der Frankfurter Societäts-Druckerei in Frankfurt am Main). Probe und Beispiel, wie ein Journalist nicht sein soll, wie eine Presse nicht sein soll ... ich erwähne das Buch nur so nebenbei, weil es einen Typus darstellt. Der Waschzettel meint, das sei ein «Kompendium weltgeschichtlicher Anekdoten, ein Blick hinter die Kulissen ...» Mitnichten. Es steht etwa auf der Stufe jener ‹amüsanten genfer Anekdoten›, über die sich die Auguren halb tot lachen, und die ihnen deshalb witzig vorkommen, weil die handelnden Personen so oft durch den Fettdruck der Zeitungen gezogen worden sind. Eine Geschichte wird nicht dadurch besser, daß Calonder in ihr eine Rolle spielt – das sind Schulwitze. Jedes Milieu versteht nur seinen eignen Humor. Dieser Propper, der in Petersburg gearbeitet hat, erstirbt nun vor der Größe der damaligen zaristischen Machthaber und überbietet sie durch eine unerträgliche Wichtigtuerei. Typisch für diese Sorte Journalismus, den es auch heute noch in zahlreichen und wenig schönen Exemplaren gibt, ist seine Neigung, nicht nur zu referieren sondern die Weltgeschichte gleich ein bißchen mitzumachen. Er dampft vor Eifer, und der Politiker läßt die Herren lächelnd machen. Und nutzt sie aus. Dafür kriegen sie dann eine ‹Nachricht›. Ach, diese überschätzten Nachrichten ...! Wie das grade immer nur für einen halben Tag gilt, diese Sensationen, dieses Allerneuste, diese ‹Bombe, die in der Sitzung geplatzt ist› ...! Einen Tag später kümmert sich kein Mensch mehr darum. Propper hat vieles gesehen und nichts. Kein Blick, kein Aspekt, kein Horizont. Aber lauter klitzekleine Klatschereien, Durchstechereien, Intrigen, hinterbrachte Nachrichten, Diskretionen, Indiskretionen ... das ist nichts.

Jetzt ärgert es sich schon in einem hin ... Nein, Ärger ist nicht das richtige. Hier dieses Büchlein soll uns nicht die Ruhe stören – wir wollen es nur noch einmal durchsehen. Man reiche uns eine Feuerzange. Sowie zwei kräftige Lederhandschuhe. ‹*Mord an der Zukunft*› von Hjalmar Kutzleb (erschienen im Widerstands-Verlag in Berlin). Saubere Ausstattung, schöner Druck; bebildert hat das Buch A. Paul Weber, ein Kind von Doré und Kubin, ein begabter Mann. Mord an der Zukunft?

Kutzleb (u wie Otto) meint, Deutschland morde seine noch ungeborenen Generationen. Und das tut er nun dar.

Dieser Deutsche schreibt kein gutes Deutsch. Für gut hält er alte deutsche Wörter, die er deshalb nicht zum Leben erwecken kann, weil er selber ein Toter ist. «Der Intellektuelle ist der geile Verstand und die gelte Lende, der güste Schoß.» Das ist deutsch. «Nicht jeder

Denkende ist ein Intellektueller, das ist erst der Mensch des souveränen und schlechthinnigen Verstandes, der des Glaubens Unfähige, der dem organischen Sein Entfremdete.» Das ist auch deutsch. Es läßt sich hier einmal an einem schönen Beispiel dartun, wie unsinnig diese törichten Puristen Fremdwörter übersetzen. Man sagt zum Bespiel: «Konkurs der SPD». Sehr schön ist der Ausdruck nicht — doch haben sich militärische und kaufmännische Vergleiche aus begreiflichen Gründen in die deutsche Sprache eingenistet. Gut. Jetzt Kutzleben: «Wir besitzen ein klassisches Zeugnis für den Bankbruch der geschlechtlichen Erziehung der Jugend ...» Bankbruch? Wessen Bank ist denn da gebrochen? Ah — er meint: Konkurs. Und sieht nicht, daß er, anstatt Fremdwörter zu verteutschen, lieber Begriffe verbessern sollte, denn die geschlechtliche Erziehung der Jugend ist kein Bankunternehmen, und der Ausdruck ‹Konkurs› ist hier genau so schlecht wie ‹Bankbruch›. Und daß da zwei abhängige Genetive nacheinander stehen, hört der Teutsche auch nicht. Welch ein Tintengermane!

Mit der Bildung geht es ihm so, daß er das kleine Büchlein *‹Nixchen›* dem verstorbenen Hans von Gumppenberg zuschreibt; er ist zu faul, nachzusehen, daß es von Hans von Kahlenberg stammt, und das ist eine Frau. Über Berlin hat er Ansichten wie ein kleiner zorniger Schultyrann aus Probstheida; von Mussolini, dem wohl nichts so vorzuwerfen wäre als die gradezu infame Art, wie er die Auslandsitaliener behandelt: «Man mag über Mussolini denken, wie man will, die Art, wie er die italienischen Auswanderer mit feinen, aber festen Fäden an die Heimat bindet ...» Man sollte Herrn Kotzleben mit feinen, aber festen Fäden an einen Baum binden und ihm fünfundzwanzig hinten drauf zählen, und zwar, weil er dieses hier geschrieben hat: «Der Intellektuelle quietscht wie ein gestochnes Schwein, wenn einer seines Gelichters, er mag Maximilian Harden alias Witkowski heißen und mit literarischer Giftmischerei, mit verlarvtem Landesverrat, mit Erpressergeschäften ein Vermögen und einen sogenannten Namen erschoben haben, endlich einmal, leider ohne vollen Erfolg, der Rächerfaust zum Opfer fällt ...» Gewalttätigkeiten sind niemals ein Argument — der Herr macht es einem ein bißchen schwer, an diesem Satz festzuhalten. Einen Toten zu beschimpfen, ihn mit den dreckigsten Verleumdungen zu schmähen, mit Behauptungen, von denen jede einzelne eine Lüge ist — das ist wohl sehr germanisch. Der Rächerfaust zum Opfer ...? Ich habe die Rächerfäuste damals im Gerichtssaal gesehen; es war das jämmerlichste Gesindel, das man sich denken konnte: herumsaufende Luden, feige bis dorthinaus, armselige und schmierige Analphabeten. So sehen die Helden des Deutschen Hjalmar Kutzleb aus. Man muß sich seine Ideale aussuchen. Der Mann ist übrigens alte Schule — mit den Bestrebungen der nationalen deutschen Jugend hat diese Schweißsocke nichts zu tun. (Auch, wenn er der Autor eines von ihr vielgesungenen Liedes ist.) Aber das sind die Mitläufer des Herrn Hitler. Deutschland, wo bist du —?

Da sieht der französische Nationalismus denn doch anders aus. Sicherlich mühen sich die deutschen jungen Nationalisten, ihre vorläufig noch schwammige und neblige Gefühlswelt so rational zu untermauern, wie das die ‹Action Française› längst getan hat. Zwei Bände Léon Daudets zum Beispiel *‹Paris Vécu›* (Éditions de la NRF Paris) — Rive Gauche und Rive Droite — sind höchst amüsant zu durchblättern. Dieser Daudet ist ein Ekel, ein dicker Kapaun, der furchtbar kreischt, wenn man ihm sein Fressen wegnimmt, und der kreischt, wenn er es gefressen hat, und der nur dann still ist, wenn er grade ißt. Denn vom Essen versteht er wirklich etwas. Was eigentlich für den Mann spricht — aber er ist ein solcher Schmierfink ... Doch wie hoch steht das noch über solchen Helden wie dem da eben! Da spaziert Daudet also durch zwei Bücher und durch Paris, und an jeder Ecke fällt ihm etwas ein: eine Bosheit, eine Erinnerung, ein persönliches Erlebnis, eine geschichtliche Tatsache, die sich in diesem oder jenem Viertel abgespielt hat ... es ist ein weiter Weg von diesem Daudet zu jenem Kutzleb. Es ist gar kein Weg. Daudet ist ein schlechter Mensch — Herr Kutzleb ist ein Kaschube.

Und nun wollen wir uns gar nicht mehr éééergern, sondern uns einmal aus Herzensgrund freuen. Ich habe ja schon oft gesagt, daß ich das Wettrennen um die ‹Neuerscheinungen› nicht mitmache — es ist mir ganz gleich, wann ein Buch erschienen ist ... traurig, daß durch diese alberne Hetzerei das Buch vom vorigen Monat nicht mehr gekauft wird, weil es nicht ‹neu› ist.

‹Roda Rodas Roman› ist nicht neu; das Buch (im Drei Masken-Verlag in München erschienen) ist fünf Jahre alt. Und frisch wie am ersten Tag.

Nein, nicht was Sie meinen. Gar keine Sammlung von Anekdoten. Wobei denn immer mal wieder zu bemerken wäre, wie unrecht man Rodan damit tut, wenn man ihn etwas geringschätzig auf ‹nur Anekdoten› festnageln wollte. Nur? Der Mann hat der Anekdote unsrer Zeit ihre Form gegeben; niemand — auch ich nicht — könnte so exakt-salopp erzählen, wenn er uns das nicht gezeigt hätte. Sein Deutsch ist musterhaft, sein Stilgefühl unbeirrbar; er ist ein Wunder an Erzählertechnik. Sein Buch aber ist keine schämig verhüllte Witzblattsammlung. Es ist wirklich die Geschichte eines Lebens — eines Männerlebens.

Zugegeben, daß sicherlich viele dunkle Seiten fehlen — peinliche und langweilige, böse und bittere. (Obgleich auch solche darin sind.) Erinnerungen, besonders die lustigen, leuchten ja immer so bunt, wie sie nie gewesen sind — es fehlt nämlich dahinter der graue Zeitteppich von belanglosen Wochen, in denen nichts geschah ... Aber in diesem Buch Rodas ist nun einmal ganz, was diese lächerlichen Helden von der rechten Seite — Bronnen, Salomon, Schauwecker und alle die andern — vergeblich zu schildern suchen, weil sie es nicht sind: hier spricht ein Mann. Wenn diese Kerle das Wort ‹Mann› sagen, dann schütteln sie immer die ... aber das allein ists nicht. Bei Roda ist der männliche Humor, jener Klamauk, der nur unter Männern gedeiht; hier wird gesoffen und geritten, geliebt und gefochten, und wenn auch von der sozialen Struktur dieser eigenartigen österreichischen Armee wenig zu spüren ist —: das ist eines der wenigen Soldatenbücher, die unsereiner lesen kann. Österreich ist nicht Preußen ... Barock ist da und der Katholizismus ist da, Landwein und ein linderer Himmel — man riecht, man schmeckt, man trinkt das Buch. Aus tausend Einzelheiten nur eine: Die Truppe kommt im Manöver durch ein kleines Bad, Daruwar. Halt und kurze Rast. Eine Frau sieht aus einem Villenfenster. Der Leutnant Roda bittet um Wasser. Und geht hinein. Und bekommt das Wasser und alles andre, in den paar Minuten. Und wie das erzählt ist, in zwanzig Zeilen, hingehauen, lustig, ohne die leiseste Spur von Hahneneitelkeit —: so ist der ganze Mann. Dazu Ansätze von Weisheit, wie sie nur die Nähe des Orients erzeugen kann, vom Unwert der Zeit, vom Unwert des Ruhms ... das sei für jeden, der lesen und leben kann, ein Lieblingsbuch. Die große Liebesepisode in der zweiten Hälfte gebe ich gern ab. Alles andre aber habe ich wohl schon viermal gelesen, und man wird nicht dümmer davon.

Kein Nachttisch ohne Kriegsbücher. Ich kann nichts dafür ... «Habe ich den Krieg gemacht?» sagt die beleidigte Tante bei Marcellus Schiffer. Die Tante hats gut — sie braucht die Schmarren wenigstens nicht zu lesen. Eine der Ausnahmen: *‹Schreib das auf, Kisch!›* Die Neuausgabe eines alten Kriegstagebuches von Kisch, mit ein paar meisterhaften Schilderungen, die in jedem Lesebuch stehen sollten. (Erschienen bei Erich Reiß in Berlin.) Niemand kann sagen: So war der Krieg. Er kann nur sagen: So war mein Krieg. Man muß sich das Gesamtbild aus Bildchen zusammensetzen. Kisch gibt solcher Bildchen gar viele. Und der Übergang über die Drina gehört in ein literarisches Museum.

Kein Nachttisch ohne Kriegsbuch. *‹Sittengeschichte des Weltkrieges›* von Magnus Hirschfeld und Andreas Gaspar (erschienen im Verlag für Sexualwissenschaft Schneider & Co., Leipzig). Hm ...

Hm — wegen der Bilder. Die sind ja nun wohl mehr für das Publikum, das das ‹Pikante› sucht ... ich suche es nicht. Mich gelüstet nicht danach: aber mir wäre eine handfeste Schweinerei lieber als diese gerafften Röckchen. (Diesen Satz werden wir, gefälscht, in den völkischen Zeitungen wiederfinden.) Es ist viel dummes Zeug unter diesen Bildern. Sehr bezeichnend sind sie, aber wohl nur für die Zeichner, die die Begriffe ihrer Vorkriegserotik munter an die Schützengräben herantrugen – die Mädchen und die Soldaten sehen alle aus wie Figuren aus den *‹Lustigen Blättern›*, Jahrgang 1911. Es scheint, daß die Gestaltung eines Ereignisses nie während des Ereignisses vorgenommen wird – sondern erst hinterher.

Der Text steht weit über den Bildern. Er drückt sich zwar, was die Rolle und die Tätigkeit der deutschen Besatzungsarmeen, und besonders was ihre Offiziere angeht, um die entscheidenden Punkte herum ... hier sind Konzessionen unverkennbar. Aber das Buch bringt viel neues und gutes Material – man sieht aus den Zeilen viel mehr, als man aus den Bildern lesen kann. Welch eine Schweinerei ist das gewesen –! Diese überstürzte Urlaubsliebe, bei der die Frau gefühlsmäßig immer hinter dem Mann zurückbleiben mußte; die Sauerei der Etappe, wo die Gonokokken bellten; die überhitzte Phantasie der Männer, wenn sie nicht grade in Gefahr waren – dann dachte wohl kaum einer an Weiber ... Eine wirklich schöne Bildseite hat das Buch. Seite 177. Unten: Französisch-amerikanisches Plakat gegen die Zoten: «Wenn du von Frauen sprichst, denke an deine Mutter, deine Schwester und deine Braut, und du wirst keine Dummheiten reden.» Wie niedlich! Das hatte sich bestimmt eine fromme Dame im Hinterland ausgedacht, und ein Zeichner, der grade von Muttern kam, hatte das gezeichnet. Darüber: die Schützengrabenzeichnung eines französischen Soldaten. Ah, mon vieux, das ist ein Ding! Eine verschmierte Sache mit einer gekritzelten Sphinx, mit phallischen Formen und von einer Eindringlichkeit des Begehrens, von einer tiefroten Dumpfheit, daß man schaudert. Das Buch hat zu wenig abschreckendes Material – es ist kein Gegengewicht gegen die unendliche Kriegspropaganda und die Reklame, die für teures Geld und mit vielen Pastoren, Fahnen, Denkmälern, unbekannten Soldaten, Manövern und Ministerreden auf der ganzen Welt für den Krieg gemacht wird. Und die Hämmel glauben das. Und laufen nächstes Mal wieder hinein. Gute Verrichtung! Aber jammert nicht hinterher. Ihr habt es so gewollt.

So – nun einmal nicht Krieg. Wenigstens keinen uniformierten. Christa Anita Brück. *‹Schicksale hinter Schreibmaschinen›* (erschienen im Sieben-Stäbe-Verlag in Berlin). Die Angestelltenfrage ist durch das Buch Kracauers *‹Die Angestellten›*, auf das ich noch zu sprechen kommen werde, in Bewegung gekommen. Die Spezialisten toben wild umher – sie haben Jahrzehnte verschlafen, und nun kommt da so ein Außenseiter! Während doch sie das gesamte Propplem gepachtet haben ... Gott segne sie.

Die Frau Brück hat der liebe Gott leider nicht gesegnet. Diese Angestelltengeschichte ist ein Schmarrn. Aber es ist gut, die Nase in so etwas hineinzustecken – man lernt viel. Nicht, was die Verfasserin uns lehren will; das ist dummes Zeug. Ihre Heldin ist edel, hilfreich und gut ... drum herum gibt es viele Neider und Feinde ... das muß ich schon mal irgendwo gehört haben. Und im übrigen: die dumme Liebe! Es sind und bleiben Einzelschicksale; ein Kollektivschicksal wird nicht dadurch gestaltet, daß man von Zeit zu Zeit durchblicken läßt, so ergehe es andern auch...

Also aber spricht die Dichterin: «Der akkurateste Scheitel, die blankpoliertesten Fingernägel, der neumodischste Schlips, die gelbsten Handschuhe, die man sich denken kann, ein goldenes Kettchen ums Handgelenk, immer nach Eau de Cologne duftend, fünfundzwanzig Jahre alt, das ist Pehlke, der Sohn eines Kellners.» Hört ihr, was dabei in der Stimme der kleine Bürgerin zittert? Ein Kellner! Der Sohn eines Kellners! Sie sollte sich ja nicht über Max lustig machen, der eine Mark mehr bekommt und sich ‹Expedient› nennen darf — darauf fallen alle die herein, die den Sohn eines Kellners für ein Ding dritter Ordnung halten. Und sie dürfen sich dann nicht wundern, die Angestellten, Verzeihung: die Herren Angestellten, wenn der Chef sich auf Seite 148 also gibt: «Sind Sie verrückt geworden?» brüllt er. «Sie haben nicht Ihresgleichen vor sich. Sie stehen vor Ihrem Chef!» Und die ganze Mediokrität, das ganze kümmerliche, wehrlose Angestelltenproletariat, das nicht von seiner falschen Bürgerlichkeit lassen kann, spricht aus dem nächsten Absatz: «‹Allerdings› — ich finde ein eisiges Lächeln, ich würde mir niemals einfallen lassen, diesen — Chef mit meinesgleichen zu verwechseln.» Und nun ist der Chef ja wohl besiegt.

Also: Fräulein Gretchen Piefke als feine Dame, mit 185 Mark monatlich. Aber feine Dame. Unbrauchbar, das Buch. Ein Hilfsmittelchen, die Seele der Angestellten zu erkennen. Es gibt auch andre, ich weiß. Immerhin, und das haben wir bei Kracauer gelernt und nicht bei den geschäftigen Gewerkschaftsbonzen, die dem Angestellten schmeichelnd etwas vorlügen, wenn sie ihm keinen bessern Tarif herausschinden können, weil der Angestellte nicht kämpft —: immerhin ist dieses Bewußtsein ein reales Faktum, das heute noch stärker ist als die Klassenlage. Es wird schon ein strenger Marxist kommen und uns erzählen, daß das im Marxismus vorgesehen sei. Darauf kommt es nicht an. Es kommt vielmehr darauf an, die Angestellten zu wecken und ihnen nicht nur Versprechungen zu geben. Wenn sie sich nichts vom Marxismus, wenig vom Sozialismus und alles von einer evolutionären Reform versprechen —: an wem liegt das?

So spät ist es ... dreivierteldrei. Die Uhr steht! Gottverdammich! Da soll doch den Uhrmacher — Da soll doch den Uhrmacher der Schreibmaschinenmann holen und den der Badestubenmann und den der elektrische Mann und den der Gasmann und alle zusammen — ich muß mich so ééérgern. Es ist wirklich spät, der Mond steht hinter den Tannen; dann ist es spät. So hören die alten Romane auf ... Da wollen wir mal rasch einen rumschlafen. Gute Nacht!

ist ... was? «Die Zinnfigur ist das vornehmste Lehr- und Anschauungsmittel.» Also ist der Bleisoldat einem deutschen Verein in die Finger gefallen. Und da liegt er nun.

‹*Der Standhafte Zinnsoldat; Nachrichten für Liebhaber der Zinnfigur. Monatlich erscheinende illustrierte Zeitung für Zinnfigurensammler.*› Wat se all maken ... Ich habe eine Zeitschrift der Totengräber, aber eine für Zinnsoldaten ...

Die Sache fängt mit einem ‹*Deutschen Bekenntnis*› des Generals Clausewitz an, und nun brauchen wir ja wohl nicht weiterzulesen. Dieser Zinnsoldat ist nicht aus Zinn. Er ist aus dem Blei gemacht, aus dem die Flintenkugeln gegossen werden. Es ist auch ein richtiges ‹Kriegsspiel› in dem Blättchen; die Franzosen stehen bei Greifswald, die 2. Jäger-Division wird um 12 Uhr in Wittstock verladen, ... ich wäre für Zinnowitz ... kurz: hier tobt sich jener Geist der ‹Wehrhaftigkeit› im kleinen aus, der im großen der Welt weismachen will, es seien nur die bösen Feinde Deutschlands, die das Land so unruhig machten.

Und was es da alles zu kaufen gibt! «Geländezubehör, Ziehbrunnen, Strohdiemen, Gräben, Zäune ...» es ist alles da. «Demnächst soll weitererscheinen: 1 preuss. Hauptmann z. Pf., 1 franz. Kapitän z. Pf.» Herrschaften, da fehlt was. Ihr habt nicht alles.

Es fehlt: 1 halbverweste Leiche; dieselbe, ohne Kopf; 2 franz. Verwundete, mit heraush. Gedärm; 1 preuss. Hauptmann mit erhobenem Revolver; 4 preuss. Arbeiter, davon 2 auf Erde liegend. Geländezubehör: eine Wand, an ihr 6 preuss. Proletarier mit verbundenen Augen; 1 Leichenhaufen. Sowie das Prachtstück jeder Sammlung: Offizierskasino in großer Zeit; dasselbe, unter den Tischen liegend.

Andersen: «Da nahm der kleine Knabe den Soldaten und warf ihn grade in den Ofen und gab gar keinen Grund dafür an; es war sicher der Kobold in der Dose, der schuld daran war.» Das walte Gott.

AN FRAU VON OHEIMB

Gönn mir das traute Du. Ich kann vor Lachen
dich ja nicht siezen – nimm mir das nicht krumm!
Sag mir nur eines: Was sie bei dir machen,
siehst du das nicht – den Fez um dich herum?
    Die gehrockeingebundnen Bürokraten,
    die Talleyrand-Kopien der Diplomaten,
    der aus Liberia – und selbst der aus Minka ...
        Kathinka –!

Ach, ihr beklagt in wichtigkeitsgeschwollnen
und schönen Reden diese Not der Zeit.
Um Autokühler die kameelhaarwollnen
Schutzdecken ... Damen mit dem Schleppenkleid ...
Du bist so selig, wenn die Schmöcke schreiben.
Ihr quatscht und quatscht. Die Dividenden bleiben.
Es flirrn und flirten Tee- und Kaffee-Trinker ...
Kathinka –!

Die Republik gibt sich in deinen Räumen
ein Stelldichein. O stell sie wieder weg!
Schlafwandler sind sie, die regierend träumen ...
und die Reformen sind wie Teegebäck.
Und blickte Salomo auf diese Scheitel,
er spräche: Hier ist alles eitel.
Auf hundert rechte Gäste kommt ein linker ...
Kathinka –!

Kathinka, gutes Kind!
Du bist so niedlich
und hältst dich für den Nagel der Saison.
Geh, hör gut zu – ich sag dirs friedlich:
ne gute Stube ist noch kein Salon.
Du weißt von Politik auch nicht die Bohne.
Hörst du den Schritt der Proletarier-Bataillone?
Du kommst zu spät.
Denn unsre Zeit ist flinker
als du, Kathinka.

SO ETWAS WÄRE IM AUSLAND NICHT MÖGLICH!

«Ja, ja, Mohrchen», läßt Th. Th. Heine im *‹Simplicissimus›* den Fürsten Bülow mit Engelsflügeln sagen, «soviel Mut hätten wir bei Lebzeiten haben sollen! – Schade, daß Wilhelm es uns nicht erlaubt hat!»

Der Vorgang ohnegleichen, daß sich ein Volk über das Autofahren bei Chauffeuren unterrichtet, die den Karren dauernd umgeworfen haben, wird nur noch durch die Charakterlosigkeit der Chauffeure überboten. Wie dieses Mohrchen versucht, sich weißzuwaschen, indem es seinen kaiserlichen Herrn, der ihm so oft gepfiffen, scheinbar schützt, in Wahrheit ihn aber auf das unritterlichste preisgibt, das ist mehr als gemein.

Nun, neben den zahllosen Ungenauigkeiten, Unwahrheiten, Halb-

und Ganz-Lügen, die in diesen lächerlichen Memoiren zu finden sind, ist da besonders eine, die denn doch berichtigt werden soll.

Wenn dem Fürsten Bülow etwas Unangenehmes gesagt wird, dann bricht er, an vier, fünf verschiedenen Stellen des Buches, in den Ruf aus: «So etwas wäre in England oder in Frankreich ganz unmöglich!» Was wäre dort unmöglich? Die Kritik am eignen Volk?

Dieser Satz ist eine Lüge. Er ist nicht eine Unwahrheit; er ist eine Lüge. Denn der Fürst Bülow, dessen glitzernde Lackbildung nicht überschätzt werden soll, war immerhin gebildet und vor allem weitgereist genug, um die Wahrheit zu wissen. Und die Wahrheit ist:

Die strengsten Kritiker Englands sitzen im Unterhaus. Die bissigsten Kritiken des eignen Landes stehen in den *‹Times›*. Die Witze, die ein englischer Minister auf das eigne Regime macht, sind unzählbar. Was öffentliche Redner in England und in Frankreich sagen dürfen, wäre in Deutschland niemals denkbar.

Nun könnte man sagen:

«Diese Leute kritisieren ihr Land aus Liebe — die Gegner Bülows taten es aus Haß.» Das ist Unfug. Die Sozialdemokratie, mit der Bülow zu tun hatte, war schon damals in Wahrheit das, was sie heute ist: eine sanft zum Liberalismus hinüberneigende Partei — sie hat Deutschland übrigens nicht gehaßt. Und jede dieser Kritiken des eignen Landes wurde im Ausland, auf das es hier ankommt, tausendfach überboten.

Dies ist nur ein winziger Webefehler im Lügenteppich dieses feingebildeten Diplomaten. «Herr Bülow lüftet sein Gesäße Vom Stuhl und spricht naturgemäße ...» sagte Ludwig Thoma von ihm. Der *‹Simplicissimus›* hat den Mann damals schonungslos enthüllt. Es scheint aber, als ob dergleichen nicht nützt und daß noch immer Leute auf einen Mann hereinfallen, der alle seine Lebtage zu feige gewesen ist, dem Kaiser die Wahrheit zu sagen. Der sagte sie ihm nicht immer. In einem goldnen Alphabet Thomas, in dem der unsterbliche Zweizeiler prangt:

> Der Himmel ist des Menschen Ziel.
> Der Hase rammelt ziemlich viel —

steht unter B zu lesen:

> Was in Berlin so vor sich geht,
> erfährt der Bülow manchmal spät.

Und manchmal gar nicht. Und wir erfahren nun in vier dicken Bänden, wie er es niemals erfahren hat. Daß er aber noch nach dem Tode die Deutschen in einer Selbstgefälligkeit bestärkt, die da keinen Tadel ertragen kann, ohne sofort «Landesverrat!» zu brüllen, das wollen wir denn doch anmerken.

Wir sind Zeuge, wie sich Geschichtslegenden bilden. Wenn wir mit unsrer Epoche so in die Geschichte eingehen, wie sie die Memoirenschreiber und die Professoren, so etwa der Tübinger Haller, gestalten —: dann werden wir uns im Jenseits nicht wiedererkennen. Und denen glaubt ihr —? So etwas wäre im Auslande nicht möglich.

DIE KLEINEN PARLAMENTE

«Zur Geschäftsordnung!»

Achtzig intelligente Deutsche: das kann, wenn man sie einzeln vor sich hat, eine herrliche Sache sein. Sie sind nicht so sprunghaft gescheit, wie es wohl viele andere Rassen sind, in ihren Köpfen herrscht Ordnung, die Schubfächer sind aufgeräumt, und es ist eine helle Freude, sich mit ihnen zu unterhalten. Wenn aber dieselben intelligenten achtzig Leute zu einer Sitzung zusammenkommen, dann geschieht etwas ganz Furchtbares.

Hat man einmal beobachtet, daß achtzig Leute, wenn sie vom Teufel der Kollektivität besessen sind, nicht mehr achtzig Leute sind? Daß sie zu einem neuen, unfaßbar schrecklichen Ding werden, das viele Köpfe, aber kein Gehirn hat, das ungestalt, schwerfällig, träge, sich und den andern das Leben schwer macht? Da müssen Sie hineingetreten sein — das müssen Sie gesehen haben.

Die achtzig Mann setzen sich also in einem mittelgroßen Raum zusammen und werden nun, denkt der Unbefangene, ihre Sache durch gemeinschaftliche Aussprache fördern und weitertreiben. Wie? Aber gar nicht. Aber ganz im Gegenteil. Diese achtzig Leute bilden ein kleines Parlament, und das ist der Anfang vom Ende.

Sie sind behext. Sie sind gar nicht mehr sie selbst. Sie sind verwandelt. Was vorher, noch eben, in einer kleinen klugen Privatunterhaltung, klar und faßlich erschien, das wird nun auf unerklärliche Weise verwirrt, wolkig, kompliziert und von einer unauflöslichen Verkettung. Hier ist ein Wunder, glaubet nur!

Der Vorsitzende erhebt sich, ein braver und guter Mann, sein Bauch liegt an einer Uhrkette; aber kaum hat er drei Sätze gesprochen, so erhebt sich eine dünne Fistel: «Zur Geschäftsordnung, zur Geschäftsordnung!» — Nein, die Fistel bekommt jetzt das Wort nicht. Aber dann wird sie eine Abstimmung darüber herbeiführen, ob nach § 17 Absatz 5 der Satzungen der Vorsitzende in der Lage sein dürfte — he? Über diese zu veranstaltende Abstimmung erhebt sich eine Debatte. Schlußantrag zur Debatte. Dringlichkeitsantrag vor dem Schlußantrag. Gegenantrag. Und wenn sie nicht gestorben sind, dann debattieren sie heute noch.

Und die Sache? Und die Sache, um derentwillen man doch immerhin, entschuldigen Sie, zusammengekommen ist? Aber pfeif doch auf die Sache! Aber wer denkt denn jetzt hier an die Sache! Hier gehts um wichtigere Dinge. Hier geht es darum, ob die Vorkommission, die damals von den Vertretern der Ausschußkommission gewählt worden war, auch wirklich legitimiert ist, der Vollversammlung diejenigen Vorschläge zu machen, die ... «Mir auch ein Bier! Der Herr Vorredner ...»

Meine Lieben, ihr lacht. Lacht nicht. Man muß das gesehen haben, wie Schornsteinfegermeister und Wäschefabrikanten und Schriftsteller und Kegelbrüder aller Arten – wie alle hierzulande in einen eigentümlichen, fast psychopathischen Zustand verfallen, wenn sie vom Parlamentsteufel besessen sind. Es muß da etwas ganz Eigenartiges in den Gehirnen vorgehen: der Stolz, nun einmal endlich nicht als Privatperson, sondern gewissermaßen als öffentliche Person zu sprechen, die kleine, rührende und unendlich gefährliche Freude, den schlichten Bürger auszuziehen und als Cicero, Mann des Staates und Bevollmächtigter dazustehen: das ist es wohl, was so viel positive Arbeit in einem lächerlichen Wust von Kleinkram untergehen läßt.

«Herr Kollege Karschunke hat das Wort!» – «Ich habe vorher zur Geschäftsordnung sprechen wollen!» – «Herr Kollege Karschunke ...» – «Satzungsbruch! Unmöglich! Ja! Nein!» (Beifall rechts. Links Zischen. Zuruf aus der Mitte: «Falsche Fuffzijer!» Glocke des Präsidenten.)

Nun hat die Sache neben der komischen Seite eine verdammt ernste. Der gesamte Betrieb ist tief unehrlich und verlogen. Man sagt: «Zur Geschäftsordnung!» und meint: «Herr Pannemann ist ein Schweinehund!» Man sagt: «Der letzte Satz der Resolution enthält unseres Erachtens einen schweren Fehler» und meint: «Dem wollen wir mal eins auswischen!» Nirgends wird so viel persönliche Feindschaft unter so viel scheinbar sachlichen Argumenten versteckt, wie in den kleinen Parlamenten.

Diese scheinbar unbeirrbare Sachlichkeit, dieses ganze Drum und Dran, dieser eherne Apparat von Formeln und Formalitäten ist unwahr. Vor vielen Jahren erlebte ich einmal in einer solchen Versammlung, wie mitten in dem feierlichen Getriebe wegen der schlechten Luft im Lokal eine Resolution eingebracht wurde, die ein Rauchverbot enthielt. Die Resolution sollte gerade angenommen werden – da stand ein kleiner, hagerer Mann auf, bat um das Wort zur Geschäftsordnung und sagte mit Stimme Nummer drei: «Meine sehr verehrten Herren! Ich möchte doch dafür plädieren, daß denjenigen Herren, die eine Tabakspfeife rauchen, wenigstens erlaubt wird, dieselbe zu Ende zu rauchen!» – Er hatte nämlich eine in der Hand. «Zur Geschäftsordnung!» Und wenn dieser ominöse Ruf ertönt, dann muß ich immer an den kleinen Mann mit der Tabakspfeife denken. Ich sehe sie hinter vielen Anträgen brennen.

Aber da sind nicht nur die Fälle offener und versteckter Obstruktion oder persönlicher Interessenvertretung. Wie umständlich ist das alles! Wie humpelt so eine Verhandlung dahin! Wie zuckt jeder, der ein bißchen Blut in den Adern hat, auf seinem Stuhl, wenn er sieht, wie vierzig ernsthafte, ältere, mit Kindern gesegnete Familienväter und zwanzig nicht minder würdevolle Junggesellen in zwei Stunden um einen riesigen Tisch herum nichts als leeres Stroh dreschen! Muß das sein?

Aber sie platzen lieber, als daß sie ihrs nicht aufsagen. Sie müssen das alles sagen – auch wenn sie genau fühlen, daß es die Sache um keinen Zoll weiterbringt. Sie fühlens nicht. Der Drang, sich reden zu hören, die Sucht, unter allen Umständen nun auch noch einen Klacks Senf zu dem Gericht dazuzugeben, treibt sie, aufzustehen, den Männerarm in die Höhe zu recken und mit gewichtiger Stimme zu rufen: «Ich bitte ums Wort. Meine Herren – –»

Liebe Ehefrauen! Wenn ihr wüßtet, welchen Kohl eure Männer in den Versammlungen zu bauen pflegen, in die sie mit so sorgenschwerer Miene zu eilen pflegen, daß ihr denkt: «Ich will ihm lieber doch nicht abreden, es scheint etwas Wichtiges zu sein» – wenn ihr wüßtet, mit welchen Nichtigkeiten und Kleinlichkeiten da die Zeit vertrödelt wird: ihr würdet noch viel böser darüber sein, daß euer Anton abends nicht zu Hause bleibt.

Anton! Wo ist Anton? Generalvollversammlung, Abstimmung, Vorredner, Diskussion, Schluß der Debatte, namentliche Abstimmung, zur Geschäftsordnung, zur Geschäftsordnung!

Und das geht so siebenmal in der Woche in tausend deutschen Bierlokalen, damit wird die Zeit verbracht, damit beschäftigen sich erwachsene Männer und Frauen. Ist das Parlamentarismus? Oder seine Karikatur? Muß das so sein?

Ach, es sind nicht nur die kleinen Parlamente. Auch in den großen ... Aber das ist ein weites Feld.

BERLINER GESCHÄFTE

Berliner Geschäfte gehen so vor sich:

Eines Tages klingelt dich eine Herrenstimme an. «Ja – Halloh? Ja, hier ist die Internationale Union-Zentrale – wir möchten Sie möglichst bald sprechen – aber möglichst bald! Wann dürfen wir Sie erwarten?» – Du sagst, sie können dich und möglichst bald erwarten. Gut. Und dann gehst du hin.

Es empfängt dich, mit allen Zeichen des Entzückens, ein außerordentlich freundlicher, dicker Mann. Er sagt, er habe schon viel von dir gehört, er sei begeistert, deine persönliche Bekanntschaft ... ob du nicht Platz nehmen wollest, auch eine Zigarre ... wie? ... Ja, also zur Sache. Es handele sich da um etwas ganz Neues. Um etwas absolut und völlig Neues, bei dem man gleich an dich gedacht habe — weil es ohne dich erstens nicht gehe, und weil du überhaupt der geeignetste Mann ... Man wolle nämlich — aber das sei noch ganz vertraulich — man wolle nämlich eine neue Zeitschrift aufmachen. Ach, um Gottes willen! Aber du fällst nicht vom Stuhl, sondern siehst den kleinen, dicken Mann, gesellschaftlich wohl erzogen, wie man dich hat, freundlich an. Ja, sagt der, also eine neue Zeitschrift — und alle ersten Leute würden mitmachen, und du als Zeichner, du müßtest auch. Aber gleich! Aber sofort! Es seien nur noch ein paar kleine Modalitäten, ein paar Formalitätchen ... Kleinigkeiten, nicht wahr ...? Im übrigen pressierte es sehr. Ob du wohl schon morgen abliefern könntest —? Oder vielleicht vorgestern? Aber sofort müßtest du liefern. Sofort. Du verbeugst dich sehr fein und versprichst: Sofort. Gut. Stühlerücken. Händedruck. Mich sehr gefreut. Aus.

Aus.

Nun hörst du nämlich vier geschlagene Wochen nichts mehr von der Internationalen Union-Zentrale. Du hast dich gleich am nächsten Morgen hingesetzt und hast das schönste Mädchenbein unter deinen Modellen abgekonterfeit, den grünsten Wald und den blausten Baldachin überm Himmelbett hast du gemalen — und das Ganze hast du fein säuberlich verpackt und an die I. U. Z. (wie das klingt! so kapitalkräftig!) abgeschickt. Und dann ist es aus.

Vier Wochen hörst du nichts. Dann schreibst du einen zagen Brief.

Nichts. Alle. Zerplatzt. Dann schreibst du einen etwas weniger zagen. Aber gar nichts. Dann telefonierst du. Es meldet sich eine quäkige Kleinmädchenstimme und sagt, als du dein langes Anerbieten heruntergebetet hast, das, was alle Berliner nach einem unerklärlichen Naturgesetz am Telefon sagen: «Einen Augenblick mal!» — Und verschwindet. Und inzwischen trennt dich das Amt und verbindet dich mit der Hebammenanstalt in Neukölln. Und schließlich wird es dir zu dumm, und du machst hin. Zur I. U. Z.

Der kleine, dicke Herr empfängt dich und ist entzückt. Du bist es nicht, aber er ist es. Aber bitte! Und ob du eine Zigarre .. ? Nein, die Zigarre möchtest du nicht. Auskunft möchtest du. Auskunft, was aus deinen Bildern ... und aus der Zeitschrift ...? Ah — deine Bilder —? Und der kleine, dicke Mann zieht aus einem Wust verstaubter Akten deine hübschen Bilder mit dem entzückenden Baldachin hervor und mit dem schönen Modellmädchenbein und sagt: «Ja — ganz reizend! Genau das, was wir von Ihnen erwartet haben! Wissen Sie, ich muß noch mit meinem Sozius darüber sprechen — es sind da noch einige Schwierigkeiten — wir haben zur Zeit soviel zu tun — Nur noch mit meinem Sozius ...!»

Soziusse kommen in Berlin wild vor. Socii sind ein gefährlicher Negerstamm. Man lernt immer nur einen kennen. Der andere ist stets der stärkere und die Seele vons Buttergeschäft. Immer beeinflußt der andere den einen. Deinen. Soziusse sind, was die Unruhe in der Uhr ist. Sie stoppen ab.

Derweil ist viel öliges Wasser den Landwehrkanal hinabgeflossen. Die Wochen schwinden. Du hast schon ganz vergessen, was mit deinen Bildern — Eines Tages gehst du wieder hin, zur I. U. Z. Eigentlich mehr aus Neugier. Weise lächelnd und unendlich abgeklärt. Fern von allem Feuer der Jugend, steigst du die teppichbelegten Treppen hinan. Und der kleine, dicke Mann empfängt dich strahlend.

Was mit der Zeitschrift ...? Ach, diesen Gedanken habe man längst aufgegeben. «Wissen Sie, die Konjunktur für Zeitschriften ist ja momentan — wie?» Nein, man wolle etwas ganz anders machen. Eine ganz große Sache. Aber eine ganz ungeheuer große Sache. Nämlich: eine Zentralmilchversorgungsanstalt. Und da ergreifst du resigniert deinen Deckel, gehst hinaus und weinest bitterlich.

Und denkst nach. Was ist das nur für eine Stadt? Jedermann läuft herum und ist voll großer Projekte und plant ganz große Dinge. Kein Theatermann, der nicht in der allernächsten Zeit — aber die Sache ist noch vertraulich! — eine neue große Theaterkiste aufziehen wird; kein Filmonkel, der nicht ein Riesenkonsortium an der Hand hat; kein Verleger, der nicht nächstens mal den Leuten zeigen wird, was eine Harke ...

Und derweil geschieht gar nichts.

Berliner Geschäfte kommen nicht durch ihre Unternehmer, sondern trotz ihrer Unternehmer zustande.

Wird nicht wirklich in dieser gesegneten Stadt ein bißchen viel projektiert? Wird nicht ein bißchen viel hergemacht? Vorschußlorbeer? Wechsel auf die Zukunft? Wie —?

Wird nicht, überall, beim Theater, in den Zeitschriften, in der Kinobranche, etwas reichlich verschwenderisch mit der Kraft der andern, mit der Kraft junger Künstler umgegangen? Die älteren lassen sich das ja nicht gefallen — aber wenn einer *muß*? Wenn einer Geld braucht? Und ihr pumpt ihn voll Hoffnungen, und er liefert Entwürfe ... Was sind Hoffnungen, was sind Entwürfe —! Übermorgen haben sie alles vergessen: euer Projekt, den Künstler und die Skizzen. Und frohen Herzens stürzen sie sich auf das nächste Ding ...

«Ihr Gedächtnis reicht nämlich nicht von einem Tage zum andern. Sie haben niemals die Absicht, wirklich ein Unternehmen zu Ende zu bringen. Sie prahlen und schwatzen und machen viel Geschrei, daß sie ein großes Volk sind, und daß der ganze Dschungel demnächst von ihren Taten sprechen soll, aber das Fallen einer Nuß schreckt sie — sie brechen in ein dummes Gelächter aus oder rennen davon, und alles andere ist wieder vergessen.» Das sagt Kipling. Von den Affen.

Aber horch! Klingelts da nicht am Telefon? «Hier die Allgemeine Genossenschaftsvereinigung. Könnten Sie uns nicht vielleicht —?»

Und der Weise legt lächelnd den Hörer hin, hat alles schweigend mitangehört und glaubt kein Wort. Und denkt an Don Quichote, einen Ritter aus Spanien, der viele Heldentaten verrichten wollte.

OH FRAU!

Oh Frau!
Lerne du das Flugzeug steuern,
lerne Vollmatrosen heuern,
lenke nur ein Viergespann
wie ein Mann.

Männer werden immer kleiner,
unerreichbar ist nichts mehr —:
Liebe Frau! Es fliegt dir einer
immer hinterher.

Rechne du Gehaltstabellen,
dirigiere du Kapellen,
weil die Frau ja alles kann
wie ein Mann.

Tu das alles. Doch ein Kleiner
folgt dir über Land und Meer.
Und es fliegt dir immer einer
immer hinterher.

Krieche in die Bergwerksstollen,
flieh die heißen Liebestollen;
du bleibst noch im Himmelsblau
eine Frau

Noch das stärkste Frauenzimmer
hats in dieser Sache schwer . . .
Denn es folgt ihr immer, immer,
immer, immer, immer, immer
einer hinterher.

SCHNIPSEL

Alles ist richtig, auch das Gegenteil. Nur: «Zwar ... aber» — das ist nie richtig.

Es gibt zwei Neumanns in der deutschen Literatur: Alfred und Robert. Der eine schreibt Parodien, wenn er will.

Manchmal haben wir in Deutschland eine sogenannte ‹politische Krise›. Wenn sie vor Weihnachten ausbricht, wird sie bis nach Weihnachten vertagt. Kein Mensch merkt in der Zwischenzeit, daß es eine Krise gibt. Man denke sich einen Fieberkranken, der zu seinem Arzt sagt: «Wissen Sie was, Doktor, morgen habe ich Geburtstag. Vertagen wir die Krise bis zur nächsten Woche!»

Der schönste Augenblick am Tag ist doch der, wo man morgens unter der Brause hervorkriecht und das Wasser von einem abtropft. Was dann noch kommt, taugt eigentlich nicht mehr viel.

Zwanzig Jahre lang habe ich geglaubt, es sei Spaß. Es ist Ernst? Könnt ihr haben.

Die stupide Anschauung Ernst Jüngers, Kampf sei das Primäre, das Eigentliche, wofür allein zu leben sich verlohne, steht auf ähnlichem Niveau wie die eines falschen Friedensfreundes, der jeden Kampf verabscheut und für Kamillentee optiert. Weder ewiger Kampf ist erstrebenswert noch ewige Friedfertigkeit. Nur Krieg ... das ist eine der dümmsten Formen des Kampfes, weil er von einer recht unvollkommenen Institution und für sie geführt wird.

Manche Kritiker haben zu Hause so schreckliche Frauen. Und deshalb haben manche Schauspielerinnen so hohe Gagen.

Mit dem nackten Körper stets den Begriff der Erotik verbinden: das ist ungefähr so intelligent, wie beim Mund stets an Essen zu denken. Mit dem Mund ißt man nicht nur; man spricht auch mit dem Mund. Durch die nackte Haut atmet man.

Die Frauen haben es ja von Zeit zu Zeit auch nicht leicht. Wir Männer aber müssen uns rasieren.

Der SPD-Führer: «Was meinen Sie, was ich schon alles verhütet habe!» — Eins hat er bestimmt nicht verhütet: sich selber.

Ein General in Uniform —: das ist wie ein Kommerzienrat in gebügelter Heizer-Kluft.

Ich möchte einmal mit vorgehaltenem Revolver Rudolf Borchardt zwingen, von eins bis hundert zu zählen. Nur um zu sehen, was er für einen Dreh fände, nicht eine so gewöhnliche Sache tun zu müssen. Und wenn es zwischen 98 und 99 wäre: keine Sorge, es fiele ihm schon was ein. Aber Rudolf Borchardt zählt ja nicht.

Wegen ungünstiger Witterung fand die deutsche Revolution in der Musik statt.

AN DIE REPUBLIKANER

Hast du noch einen deutschen Paß,
Republikaner —?
Schadet er dir oder nützt er dir was,
Republikaner —?
Kannst du mit ihm unter Fremde gehn?
Wie wirst du von ihnen angesehn?
Bleibst du damit an der Ecke stehn?
Was bist du, Deutschland —?

Hast du die wahre Macht im Staat,
Republikaner —?
Du oder jeder Reichswehrsoldat,
Republikaner —?
Du oder jeder, der Blut verspritzt?
Du oder der Richter, der über dir sitzt
und dich widerwillig und gar nicht schützt . . .
Was bist du, Deutschland —?

Bist du Demokratie? Ist das dein Land,
Republikaner —?
Hast du nichts als dein Fahnenband,
Republikaner —?
Sie schlagen dir den Schädel ein.
Du vertraust auf London und brüllst übern Rhein
die alten Phrasen und Kinderein . . .
Wie — wie wird deine Zukunft sein?
Armes Deutschland.

1931

SCHLOSS GRIPSHOLM

Wir können auch die Trompete blasen
Und schmettern weithin durch das Land;
Doch schreiten wir lieber in Maientagen,
Wenn die Primeln blühn und die Drosseln
schlagen,
Still sinnend an des Baches Rand.

Storm

Für IA 47 407

ERSTES KAPITEL

1

Ernst Rowohlt Verlag
Berlin W 50
Passauer Straße 8/9

8. Juni

Lieber Herr Tucholsky,
schönen Dank für Ihren Brief vom 2. Juni. Wir haben Ihren Wunsch notiert. Für heute etwas andres.

Wie Sie wissen, habe ich in der letzten Zeit allerhand politische Bücher verlegt, mit denen Sie sich ja hinlänglich beschäftigt haben. Nun möchte ich doch aber wieder einmal die ‹schöne Literatur› pflegen. Haben Sie gar nichts? Wie wäre es denn mit einer kleinen Liebesgeschichte? Überlegen Sie sich das mal! Das Buch soll nicht teuer werden, und ich drucke Ihnen für den Anfang zehntausend Stück. Die befreundeten Sortimenter sagen mir jedesmal auf meinen Reisen, wie gern die Leute so etwas lesen. Wie ist es damit?

Sie haben bei uns noch 46 RM gut — wohin sollen wir Ihnen die überweisen?

Mit den besten Grüßen

Ihr
(Riesenschnörkel) Ernst Rowohlt

10. Juni

Lieber Herr Rowohlt,
Dank für Ihren Brief vom 8. 6.

Ja, eine Liebesgeschichte ... lieber Meister, wie denken Sie sich das? In der heutigen Zeit Liebe? Lieben Sie? Wer liebt denn heute noch?

Dann schon lieber eine kleine Sommergeschichte.

Die Sache ist nicht leicht. Sie wissen, wie sehr es mir widerstrebt, die Öffentlichkeit mit meinem persönlichen Kram zu behelligen — das fällt also fort. Außerdem betrüge ich jede Frau mit meiner Schreibmaschine und erlebe daher nichts Romantisches. Und soll ich mir die Geschichte vielleicht ausdenken? Phantasie haben doch nur die Geschäftsleute, wenn sie nicht zahlen können. Dann fällt ihnen viel ein. Unsereinem ...

Schreibe ich den Leuten nicht ihren Wunschtraum (‹Die Gräfin raffte ihre Silber-Robe, würdigte den Grafen keines Blickes und fiel die Schloßtreppe hinunter›), dann bleibt nur noch das Propplem über die Ehe als Zimmer-Gymnastik, die ‹Menschliche Einstellung› und all das Zeug, das wir nicht mögen. Woher nehmen und nicht bei Villon stehlen?

Da wir grade von Lyrik sprechen:

Wie kommt es, daß Sie in § 9 unsres Verlagsvertrages 15 Prozent honorarfreie Exemplare berechnen? So viel Rezensionsexemplare schikken Sie doch niemals in die Welt hinaus! So jagen Sie den sauern Schweiß Ihrer Autoren durch die Gurgel — kein Wunder, daß Sie auf Samt saufen, während unsereiner auf harten Bänken dünnes Bier schluckt. Aber so ist alles.

Daß Sie mir gut sind, wußte ich. Daß Sie mir für 46 RM gut sind, erfreut mein Herz. Bitte wie gewöhnlich an die alte Adresse. Übrigens fahre ich nächste Woche in Urlaub.

Mit vielen schönen Grüßen

Ihr
Tucholsky

Ernst Rowohlt Verlag
Berlin W 50
Passauer Straße 8/9 12. Juni

Lieber Herr Tucholsky,
vielen Dank für Ihren Brief vom 10. d. M.

Die 15% honorarfreien Exemplare sind — also das können Sie mir wirklich glauben — meine einzige Verdienstmöglichkeit. Lieber Herr Tucholsky, wenn Sie unsre Bilanz sähen, dann wüßten Sie, daß es ein armer Verleger gar nicht leicht hat. Ohne die 15% könnte ich überhaupt nicht existieren und würde glatt verhungern. Das werden Sie doch nicht wollen.

Die Sommergeschichte sollten Sie sich durch den Kopf gehn lassen.

Die Leute wollen neben der Politik und dem Aktuellen etwas haben, was sie ihrer Freundin schenken können. Sie glauben gar nicht, wie das fehlt. Ich denke an eine kleine Geschichte, nicht zu umfangreich, etwa 15—16 Bogen, zart im Gefühl, kartoniert, leicht ironisch und mit einem bunten Umschlag. Der Inhalt kann so frei sein, wie Sie wollen. Ich würde Ihnen vielleicht insoweit entgegenkommen, daß ich die honorarfreien Exemplare auf 14% heruntersetze.

Wie gefällt Ihnen unser neuer Verlagskatalog?

Ich wünsche Ihnen einen vergnügten Urlaub und bin mit vielen Grüßen

Ihr
(Riesenschnörkel) Ernst Rowohlt

15. Juni

Lieber Meister Rowohlt,
auf dem neuen Verlagskatalog hat Sie Gulbransson ganz richtig gezeichnet: still sinnend an des Baches Rand sitzen Sie da und angeln die fetten Fische. Der Köder mit 14% honorarfreier Exemplare ist nicht fett genug — 12 sind auch ganz schön. Denken Sie mal ein bißchen darüber nach und geben Sie Ihrem harten Verlegerherzen einen Stoß. Bei 14% fällt mir bestimmt nichts ein — ich dichte erst ab 12%.

Ich schreibe diesen Brief schon mit einem Fuß in der Bahn. In einer Stunde fahre ich ab — nach Schweden. Ich will in diesem Urlaub überhaupt nicht arbeiten, sondern ich möchte in die Bäume gucken und mich mal richtig ausruhn.

Wenn ich zurückkomme, wollen wir den Fall noch einmal bebrüten. Nun aber schwenke ich meinen Hut, grüße Sie recht herzlich und wünsche Ihnen einen guten Sommer! Und vergessen Sie nicht: 12%!

Mit vielen schönen Grüßen

Ihr getreuer
Tucholsky

Unterschrieben — zugeklebt — frankiert — es war genau acht Uhr zehn Minuten. Um neun Uhr zwanzig ging der Zug von Berlin nach Kopenhagen. Und nun wollten wir ja wohl die Prinzessin abholen.

2

Sie hatte eine Altstimme und hieß Lydia.

Karlchen und Jakopp aber nannten jede Frau, mit der einer von uns dreien zu tun hatte, ‹die Prinzessin›, um den betreffenden Prinzgemahl zu ehren — und dies war nun also die Prinzessin; aber keine andre durfte je mehr so genannt werden.

Sie war keine Prinzessin.

Sie war etwas, was alle Schattierungen umfaßt, die nur möglich sind: sie war Sekretärin. Sie war Sekretärin bei einem unförmig dicken Patron; ich hatte ihn einmal gesehn und fand ihn scheußlich, und zwischen ihm und Lydia . . . nein! Das kommt beinah nur in Romanen vor. Zwischen ihm und Lydia bestand jenes merkwürdige Verhältnis von Zuneigung, nervöser Duldung und Vertrauen auf der einen Seite und Zuneigung, Abneigung und duldender Nervosität auf der andern: sie war seine Sekretärin. Der Mann führte den Titel eines Generalkonsuls und handelte ansonsten mit Seifen. Immer lagen da Pakete im Büro herum, und so hatte der Dicke wenigstens eine Ausrede, wenn seine Hände fettig waren.

Der Generalkonsul hatte ihr in einer Anwandlung fürstlicher Freigebigkeit fünf Wochen Urlaub gewährt; er fuhr nach Abbazia. Gestern abend war er abgefahren — werde ihm der Schlafwagen leicht! Im Büro saßen sein Schwager und für Lydia eine Stellvertreterin. Was gingen mich denn seine Seifen an — Lydia ging mich an.

Da stand sie schon mit den Koffern vor ihrem Haus —

«Hallo!»

«Du bischa all do?» sagte die Prinzessin — zur grenzenlosen Verwunderung des Taxichauffeurs, der dieses für ostchinesisch hielt. Es war aber missingsch.

Missingsch ist das, was herauskommt, wenn ein Plattdeutscher hochdeutsch sprechen will. Er krabbelt auf der glatt gebohnerten Treppe der deutschen Grammatik empor und rutscht alle Nase lang wieder in sein geliebtes Platt zurück. Lydia stammte aus Rostock, und sie beherrschte dieses Idiom in der Vollendung. Es ist kein bäurisches Platt — es ist viel feiner. Das Hochdeutsch darin nimmt sich aus wie Hohn und Karikatur; es ist, wie wenn ein Bauer in Frack und Zylinder aufs Feld ginge und so ackerte. Der Zylinder ischa en finen statschen Haut, över wen dor nich mit grot worn is, denn rutscht hei ümmer werrer aff, dat deiht he . . . Und dann ist da im Platt der ganze Humor dieser Norddeutschen; ihr gutmütiger Spott, wenn es einer gar zu toll treibt, ihr fest zupackender Spaß, wenn sie falschen Glanz wittern, und sie wittern ihn, unfehlbar . . . diese Sprache konnte Lydia bei Gelegenheit sprechen. Hier war eine Gelegenheit.

«Kann mir gahnich gienug wunnern, dasse den Zeit nich verschlafen hass!» sagte sie und ging mit festen, ruhigen Bewegungen daran, mir und dem Chauffeur zu helfen. Wir packten auf. «Hier, nimm den Dackel!» — Der Dackel war eine fette, bis zur Albernheit lang gezogne Handtasche. Und so pünktlich war sie! Auf ihren Nasenflügeln lag ein Hauch von Puder. Wir fuhren.

«Frau Kremser hat gesagt», begann Lydia, «ich soll mir meinen Pelz mitnehmen und viele warme Mäntel — denn in Schweden gibt es überhaupt keinen Sommer, hat Frau Kremser gesagt. Da wär immer Winter. Ische woll nich möchlich!» Frau Kremser war die Haushälterin der Prinzessin, Stubenmädchen, Reinmachefrau und Großsiegelbewahrerin. Gegen mich hatte sie noch immer, nach so langer Zeit, ein leise schnüffelndes Mißtrauen — die Frau hatte einen guten Instinkt. «Sag mal . . . ist es wirklich so kalt da oben?»

«Es ist doch merkwürdig», sagte ich. «Wenn die Leute in Deutschland an Schweden denken, dann denken sie: Schwedenpunsch, furchtbar kalt, Ivar Kreuger, Zündhölzer, furchtbar kalt, blonde Frauen und furchtbar kalt. So kalt ist es gar nicht.» — «Also wie kalt ist es denn?» — «Alle Frauen sind pedantisch», sagte ich. «Außer dir!» sagte Lydia. — «Ich bin keine Frau.» — «Aber pedantisch!» — «Erlaube mal», sagte ich, «hier liegt ein logischer Fehler vor. Es ist genaustens zu unterscheiden, ob pro primo . . .» — «Gib mal 'n Kuß auf Lydia!» sagte die Dame. Ich tat es, und der Chauffeur nuckelte leicht mit dem Kopf, denn seine Scheibe vorn spiegelte. Und dann hielt das Auto da, wo alle bessern Geschichten anfangen: am Bahnhof.

3

Es ergab sich, daß der Gepäckträger Nr. 47 aus Warnemünde stammte, und der Freude und des Geredes war kein Ende, bis ich diese landsmännische Idylle, der Zeit wegen, unterbrach. «Fährt der Gepäckträger mit? Dann könnt ihr euch ja vielleicht im Zug weiter unterhalten . . .» — «Olln Döskopp! Heww di man nich so!» sagte die Prinzessin. Und: «Wi hemm noch bannig Tid!» der Gepäckträger. Da schwieg ich überstimmt, und die beiden begannen ein emsiges Palaver darüber, ob Korl Düsig noch am ‹Strom› wohnte — wissen Sie: Düsig — nääää . . . de Olsch! So, Gott sei Dank, er wohnte noch da! Und hatte wiederum ein Kind hergestellt: der Mann war achtundsiebzig Jahre und wurde von mir, hier an der Gepäckausgabe, außerordentlich beneidet. Es war sein sechzehntes Kind. Aber nun waren es nur noch acht Minuten bis zum Abgang des Zuges, und . . . «Willst du Zeitungen haben, Lydia?» — Nein, sie wollte keine. Sie hatte sich etwas zum Lesen mitgebracht — wir unterlagen beide nicht dieser merkwürdigen Krankheit, plötzlich auf den Bahnhöfen zwei Pfund bedrucktes Papier zu kaufen, von dem man vorher ziemlich genau weiß: Makulatur. Also kauften wir Zeitungen.

Und dann fuhren wir — allein im Abteil — über Kopenhagen nach Schweden. Vorläufig waren wir noch in der Mark Brandenburg.

«Finnste die Gegend hier, Peter?» sagte die Prinzessin. Wir hatten uns unter anderm auf Peter geeinigt — Gott weiß, warum.

Die Gegend? Es war ein heller, windiger Junitag — recht frisch, und diese Landschaft sah gut aufgeräumt und gereinigt aus — sie wartete auf den Sommer und sagte: Ich bin karg. «Ja . . .» sagte ich. «Die Gegend . . .» — «Du könntest für mein Geld wirklich etwas Gescheiteres von dir geben», sagte sie. «Zum Beispiel: diese Landschaft ist wie erstarrte Dichtkunst, oder sie erinnert mich an Fiume, nur ist da die Flora katholischer — oder so.» — «Ich bin nicht aus Wien», sagte ich. «Gottseidank», sagte sie. Und wir fuhren.

Die Prinzessin schlief. Ich denkelte so vor mich hin.

Die Prinzessin behauptete, ich sagte zu jeder von mir geliebten Frau, aber auch zu jeder—: «Wie schön, daß du da bist!» Das war eine pfundsdicke Lüge — manchmal sagte oder dachte ich doch auch: «Wie schön, daß du da bist ... und nicht hier!» — aber wenn ich die Lydia so neben mir sitzen sah, da sagte ich es nun wirklich. Warum —?

Natürlich deswegen. In erster Linie ...? Ich weiß das nicht. Wir wußten nur dieses: Eines der tiefsten Worte der deutschen Sprache sagt von zwei Leuten, daß sie sich nicht riechen können. Wir konnten es, und das ist, wenn es anhält, schon sehr viel. Sie war mir alles in einem: Geliebte, komische Oper, Mutter und Freund. Was ich ihr war, habe ich nie ergründen können.

Und dann die Altstimme. Ich habe sie einmal nachts geweckt, und, als sie aufschrak: «Sag etwas!» bat ich. «Du Dummer!» sagte sie. Und schlief lächelnd wieder ein. Aber ich hatte die Stimme gehört, ich hatte ihre tiefe Stimme gehört.

Und das dritte war das Missingsch. Manchen Leuten erscheint die plattdeutsche Sprache grob, und sie mögen sie nicht. Ich habe diese Sprache immer geliebt; mein Vater sprach sie wie hochdeutsch, sie, die «vollkommnere der beiden Schwestern», wie Klaus Groth sie genannt hat. Es ist die Sprache des Meeres. Das Plattdeutsche kann alles sein: zart und grob, humorvoll und herzlich, klar und nüchtern und vor allem, wenn man will, herrlich besoffen. Die Prinzessin bog sich diese Sprache ins Hochdeutsche um, wie es ihr paßte — denn vom Missingschen gibt es hundert und aber hundert Abarten, von Friesland über Hamburg bis nach Pommern; da hat jeder kleine Ort seine Eigenheiten. Philologisch ist dem sehr schwer beizukommen; aber mit dem Herzen ist ihm beizukommen. Das also sprach die Prinzessin — ah, nicht alle Tage! Das wäre ja unerträglich gewesen. Manchmal, zur Erholung, wenn ihr grade so zu Mut war, sprach sie missingsch; sie sagte darin die Dinge, die ihr besonders am Herzen lagen, und daneben hatte sie im Lauf der Zeit schon viel von Berlin angenommen. Wenn sie ganz schnell «Allmächtiger Braten!» sagte, dann wußte man gut Bescheid. Aber mitunter sprach sie doch ihr Platt, oder eben jenes halbe Platt: missingsch.

Das weiß ich noch wie heute ... Das war, als wir uns kennenlernten. Ich war damals zum Tee bei ihr und bot den diskret lächerlichen Anblick eines Mannes, der balzt. Dabei sind wir ja rechtschaffen komisch ... Ich machte Plüschaugen und sprach über Literatur — sie lächelte. Ich erzählte Scherze und beleuchtete alle Schaufenster meines Herzens. Und dann sprachen wir von der Liebe. Das ist wie bei einer bayerischen Rauferei — die raufen auch erst mit Worten.

Und als ich ihr alles auseinandergesetzt hatte, alles, was ich im Augenblick wußte, und das war nicht wenig, und ich war so stolz, was für gewagte Sachen ich da gesagt hatte, und wie ich das alles so genau und brennendrot dargestellt und vorgeführt hatte, in Worten, so daß nun eigentlich der Augenblick gekommen war, zu sagen: «Ja, also dann ...» – da sah mich die Prinzessin lange an. Und sprach:

«Einen weltbefohrnen dschungen Mann –!»

Und da war es aus. Und ich fand mich erst viel später bei ihr wieder, immer noch lachend, und mit der erotischen Weihe war es nichts geworden. Aber mit der Liebe war es etwas geworden.

Der Zug hielt.

Die Prinzessin fuhr auf, öffnete die Augen. «Wo sind wir?» – «Es sieht aus wie Stolp oder Stargard – jedenfalls ist es etwas mit St», sagte ich. «Wie sieht es noch aus?» fragte sie. «Es sieht aus», sagte ich und blickte auf die Backsteinhäuschen und den trübsinnigen Bahnhof, «wie wenn hier die Unteroffiziere geboren werden, die ihre Mannschaften schinden. Möchtest du hier Mittag essen?» Die Prinzessin schloß sofort die Augen. «Lydia», sagte ich, «wir können auch im Speisewagen essen, der Zug hat einen.» – «Nein», sagte sie. «Im Speisewagen werden die Kellner immer von der Geschwindigkeit des Zuges angesteckt, und es geht alles so furchtbar eilig – ich habe aber einen langsamen Magen ...» – «Gut. Was liest du da übrigens, Alte?» – «Ich schlafe seit zwei Stunden auf einem mondänen Roman. Der einzige Körperteil, mit dem man ihn lesen kann ...» und dann machte sie die Augen wieder zu. Und wieder auf. «Guck eins ... die Frau da! Die is aber misogyn!» – «Was ist sie?» – «Misogyn ... heißt das nicht miekrig? Nein, das habe ich mit den Pygmäen verwechselt; das sind doch diese Leute, die auf Bäumen wohnen ... wie?» Und nach dieser Leistung entschlummerte sie aufs neue, und wir fuhren, lange, lange. Bis Warnemünde.

Da war der ‹Strom›. So heißt hier die Warne – war es die Warne? Peene, Swine, Dievenow ... oder hieß der Fluß anders? Es stand nicht dran. Mit Karlchen und Jakopp hatte ich der Einfachheit halber erfunden, jeder Stadt den ihr zugehörigen Fluß zu geben: Gleiwitz an der Gleiwe, Bitterfeld an der Bitter und so fort.

Hier am Strom lagen lauter kleine Häuser, eins beinah wie das andre, windumweht und so gemütlich. Segelboote steckten ihre Masten in die graue Luft, und beladene Kähne ruhten faul im stillen Wasser. «Guck mal, Warnemünde!»

«Diß kenn ich scha denn nu doch wohl bißchen besser als du. Harre Gott, nein ... Da ische den Strom, da bin ich sozusagen an groß gieworn! Da wohnt scha Korl Düsig un min oll Wiesendörpsch, und in das nüdliche lütte Haus, da wohnt Tappsier Kröger, den sind solche netten Menschen, as es auf diese ausgeklürte Welt sons gahnich mehr gibt ... Und das is Zenater Eggers sin Hus, Dree Linden. Un sieh mal: das alte Haus da mit den schönen Barockgiebel – da spükt es in!» – «Auf plattdeutsch?» fragte ich. «Du büschan ganzen mongkanten Mann; meins, den warnemünder Giespenster spüken auf hochdeutsch rum — nee, allens, was Recht is, Ordnung muß sein, auch inne vierte Dimenzion...! Und...» Rrrums — der Zug rangierte. Wir fielen aneinander. Und dann erzählte sie weiter und erklärte mir jedes Haus am Strom, soweit man sehen konnte.

«Da — da is das Haus, wo die alte Frau Brüshaber in giewohnt hat, die war eins so fühnsch, daß ich 'n bessres Zeugnis gehabt hab als ihre Großkinder; die waren ümme so verschlichen ... und da hat sie von 'n ollen Wiedow, dem Schulderekter, gesagt: Wann ick den Kierl inn Mars hat, ick scheet em inne Ostsee! Un das Haus hat dem alten Laufmüller giehört. Den kennst du nich auße Weltgeschichte? Der Laufmüller, der lag sich ümme inne Haaren mit die hohe Obrigkeit, was zu diese Zeit den Landrat von der Decken war, Landrat Ludwig von der Decken. Und um ihn zu ägen, kaufte sich der Laufmüller einen alten räudigen Hund, und den nannte er Lurwich, und wenn nu Landrat von der Decken in Sicht kam, denn rief Laufmüller seinen Hund: Lurwich, hinteh mich! und denn griente Laufmüller so finsch, und den Landrat ärgerte sich ... un davon haben wi auch im Schohr 1918 keine Revolutschon giehabt. Ja.» — «Lebt der Herr Müller noch?» fragte ich. «Ach Gott, neien — he is all lang dod. Er hat sich giewünscht, er wollt an Weg begraben sein, mit dem Kopf grade an Weg.» — «Warum?» — «Dscha ... daß er den Mächens so lange als möchlich untere Röck ... Der Zoll!» Der Zoll.

Europa zollte. Es betrat ein Mann den Raum, der fragte höflichst, ob wir ... und wir sagten: nein, wir hätten nicht. Und dann ging der Mann wieder weg. «Verstehst du das?» fragte Lydia. «Ich versteh es nicht», sagte ich. «Es ist ein Gesellschaftsspiel und eine Religion, die Religion der Vaterländer. Auf dem Auge bin ich blind. Sieh mal — sie können das mit den Vaterländern doch nur machen, wenn sie Feinde haben und Grenzen. Sonst wüßte man nie, wo das eine anfängt und wo das andre aufhört. Na, und das ginge doch nicht, wie...?» Die Prinzessin fand, daß es nicht ginge, und dann wurden wir auf die Fähre geschoben.

Da standen wir in einem kleinen eisernen Tunnel, zwischen den Dampferwänden. Rucks — nun wurde der Wagen angebunden. «Wissen möchte ich...» sagte die Prinzessin, «warum ein Schiff eigentlich schwimmt. Es wiegt so viel: es müßte doch untergehn. Wie ist das! Du bist doch einen studierten Mann!» — «Es ist ... der Luftgehalt in den Schotten ... also paß mal auf ... das spezifische Gewicht des Wassers ... es ist nämlich die Verdrängung...» — «Mein Lieber», sagte die Prinzessin, «wenn einer übermäßig viel Fachausdrücke gebraucht, dann stimmt da etwas nicht. Also du weißt es auch nicht. Peter, daß du so entsetzlich dumm bist — das ist schade. Aber man kann ja wohl nicht alles beieinander haben.» Wir wandelten an Bord.

Schiffslängs – backbord – steuerbord ... ganz leise arbeiteten die Maschinen. Warnemünde blieb zurück, unmerklich lösten wir uns vom Lande. Vorbei an der Mole – da lag die Küste.

Da lag Deutschland. Man sah nur einen flachen, bewaldeten Uferstreifen und Häuser, Hotels, die immer kleiner wurden, immer mehr zurückrückten, und den Strand ... War dies eine ganz leise, winzige, eine kaum merkbare Schaukelbewegung? Das wollen wir nicht hoffen. Ich sah die Prinzessin an. Sie spürte sogleich, wohinaus ich wollte. «Wenn du käuzest, min Jung», sagte sie, «das wäre ein Zückzeh fuh!» – «Was ist das?» – «Das ist Französisch» – sie war ganz aufgebracht – «nu kann der Dschung nich mal Französch, un hat sich do Jahrener fünf in Paris feine Bildung bielernt ... Segg mohl, was hasse da eigentlich inne ganze Zeit giemacht? Kann ich mi schon lebhaft vorstelln! Ümme mit die kleinen Dirns umher, nöch? Du bischa einen Wüstling! Wie sind denn nun die Französinnen? Komm, erzähl es mal auf Lydia – wir gehn hier rauf und runter, immer das Schiff entlang, und wenn dir schlecht wird, dann beugst du dich über die Reling, das ist in den Büchern immer so. Erzähl.»

Und ich erzählte ihr, daß die Französinnen sehr vernünftige Wesen seien, mit einer leichten Neigung zu Kapricen, die seien aber vorher einkalkuliert, und sie hätten pro Stück meist nur einen Mann, den Mann, ihren Mann, der auch ein Freund sein kann, natürlich – und dazu vielleicht auch anstandshalber einen Geliebten, und wenn sie untreu seien, dann seien sie es mit leichtsinnigem Bedacht. Beinah jede zweite Frau aber hätte einen Beruf. Und sie regierten das Land ohne Stimmrecht – aber eben nicht mit den Beinen, sondern durch ihre Vernunft. Und sie seien liebenswürdige Mathematik und hätten ein vernünftiges Herz, das manchmal mit ihnen durchginge, doch pfiffen sie es immer wieder zurück. Ich verstände sie nicht ganz. «Es scheinen Frauen zu sein», sagte Lydia.

Die Fähre schaukelte nicht grade – sie deutete das nur an. Auch ich deutete etwas an, und die Prinzessin befahl mich in den Speiseraum. Da saßen sie und aßen, und mir wurde gar nicht gut, als ich das sah – denn sie essen viel Fettes in Dänemark, und dieses war eine dänische Fähre. Die Herrschaften aßen zur Zeit: Spickaal und Hering, Heringsfilet, eingemachten Hering, dann etwas, was sie ‹sild› nannten, ferner vom Baum gefallenen Hering und Hering schlechthin. Auf festem Land eins immer besser als das andre. Und dazu tranken sie jenen herrlichen Schnaps, für den die nordischen Völker, wie sie da sind, ins Himmelreich kommen werden. Die Prinzessin geruhte zu speisen. Ich sah ehrfürchtig zu; sie war eßfest. «Du nimmst gar nichts?» fragte sie zwischen zwei Heringen. Ich sah die beiden Heringe an, die beiden Heringe sahen mich an, wir schwiegen alle drei. Erst als die Fähre landete, lebte ich wieder auf. Und die Prinzessin strich mir leise übers Knie und sagte ehrfürchtig: «Du bischa meinen kleinen Klaus Störtebeker!» und ich schämte mich sehr.

Und dann ruckelten wir durch Laaland, das dalag, flach wie ein Eierkuchen, und wir kramten in unsern Zeitungen, und dann spielten wir das Bücherspiel: jeder las dem andern abwechselnd einen Satz aus seinem Buch vor, und die Sätze fügten sich gar schön ineinander. Die Prinzessin blätterte die Seiten um, ich sah auf ihre Hände ... sie hatte so zuverlässige Hände. Einmal stand sie im Gang und sah zum Fenster hinaus, und dann ging sie fort, und ich sah sie nicht mehr. Ich tastete nach ihrem Täschchen, es war noch warm von ihrer Hand. Ich streichelte die Wärme. Und dann setzten sie uns wieder über ein Meerwasser, und dann rollten wir weiter, und dann — endlich! endlich! — waren wir in Kopenhagen.

«Wenn wir nach hinten heraus wohnen», sagte ich im Hotel, «dann riecht es nach Küche, und außerdem muß noch vom vorigen Mal ein besoffener Spanier da sein, der komponiert sich seins auf dem Piano, und das macht er zehn Stunden lang täglich. Wenn wir aber nach vorne heraus wohnen, dann klingelt da alle Viertelstunde die Rathausuhr und erinnert uns an die Vergänglichkeit der Zeit.»

«Könnten wir nicht in der Mitte ... ich meine ...» Wir wohnten also nach dem Rathausplatz zu, und die Uhr klingelte, und es war alles sehr schön.

Lydia pickte auf ihrem Teller herum, mir sah sie bewundernd zu. «Du frißt ...» sagte sie freundlich. «Ich habe schon Leute gesehen, die viel gegessen haben — und auch Leute, die schnell gegessen haben ... aber so viel und so schnell ...» — «Der reine Neid —» murmelte ich und fiel in die Radieschen ein. Es war kein feines Abendessen, aber es war ein nahrhaftes Abendessen.

Und als sie sich zum Schlafen wendete und grade die Rathausuhr geklingelt hatte, da sprach sie leise, wie zu sich selbst:

«Jetzt auf See. Und dann so ein richtig schaukelndes Schiff. Und dann eine Tasse warmes Maschinenöl ...» Und da mußte ich aufstehn und viel Selterwasser trinken.

4

Ja, Kopenhagen.

«Soll ich dir das Fischrestaurant zeigen, in dem Ludendorff immer zu Mittag gegessen hat, als er noch eine Denkmalsfigur war?» — «Zeig es mir ... nein, gehen wir lieber auf Lange Linie!» — Wir sahen uns alles an: den Tivolipark und das schöne Rathaus und das Thorwaldsen-Museum, in dem alles so aussieht, wie wenn es aus Gips wäre. «Lydia!» rief ich, «Lydia! Beinah hätt ich es vergessen! Wir müssen uns das Polysandrion ansehn!» — «Das ... was?» — «Das

Polysandrion! Das mußt du sehn. Komm mit.» Es war ein langer Spaziergang, denn dieses kleine Museum lag weit draußen vor der Stadt.

«Was ist das?» fragte die Prinzessin.

«Du wirst ja sehn», sagte ich. «Da haben sich zwei Balten ein Haus gebaut. Und der eine, Polysander von Kuckers zu Tiesenhausen, ein baltischer Baron, vermeint, malen zu können. Das kann er aber nicht.» — «Und deshalb gehn wir so weit?» — «Nein, deshalb nicht. Er kann also nicht malen, malt aber doch — und zwar malt er immerzu dasselbe, seine Jugendträume: Jünglinge ... und vor allem Schmetterlinge.» — «Ja, darf er denn das?» fragte die Prinzessin. «Frag ihn ... er wird da sein. Wenn er sich nicht zeigt, dann erklärt uns sein Freund die ganze Historie. Denn erklärt muß sie werden. Es ist wundervoll.» — «Ist es denn wenigstens unanständig?» — «Führte ich dich dann hin, mein schwarzes Glück?»

Da stand die kleine Villa — sie war nicht schön und paßte auch gar nicht in den Norden; man hätte sie viel eher im Süden, in Oberitalien oder dortherum vermutet ... Wir traten ein.

Die Prinzessin machte große Kulleraugen, und ich sah das Polysandrion zum zweiten Mal.

Hier war ein Traum Wahrheit geworden — Gott behüte uns davor! Der brave Polysander hatte etwa vierzig Quadratkilometer teurer Leinwand vollgemalt, und da standen und ruhten nun die Jünglinge, da schwebten und tanzten sie, und es war immer derselbe, immer derselbe. Blaßrosa, blau und gelb; vorn waren die Jünglinge, und hinten war die Perspektive.

«Die Schmetterlinge!» rief Lydia und faßte meine Hand. «Ich flehe dich an», sagte ich, «nicht so laut! Hinter uns kriecht die Aufwärterin herum, und die erzählt nachher alles dem Herrn Maler. Wir wollen ihm doch nicht weh tun.» Wirklich: die Schmetterlinge. Sie gaukelten in der gemalten Luft, sie hatten sich auf die runden Schultern der Jünglinge gesetzt, und während wir bisher geglaubt hatten, Schmetterlinge ruhten am liebsten auf Blüten, so erwies sich das nun als ein Irrtum: diese hier saßen den Jünglingen mit Vorliebe auf dem Popo. Es war sehr lyrisch.

«Nun bitte ich dich ...» sagte die Prinzessin. «Still!» sagte ich. «Der Freund!» Es erschien der Freund des Malers, ein ältlicher, sympathisch aussehender Mann; er war bravbürgerlich angezogen, doch schien es, als verachtete er die grauen Kleider unseres grauen Jahrhunderts, und der Anzug vergalt ihm das. Er sah aus wie ein Ephebe a. D. Murmelnd stellte er sich vor und begann zu erklären. Vor einem Jüngling, der stramm mit Schwert und Schmetterling dastand und die Rechte wie zum Gruß an sein Haupt gelegt hatte, sprach der Freund in schönstem baltischem Tonfall, singend und mit allen rollenden Rrrs: «Was Sie hier sehn, ist der völlich verjäistichte Militarrismus!» Ich wendete mich ab – vor Erschütterung. Und wir sahen tanzende Knaben, sie trugen Matrosenanzüge mit Klappkragen, und ihnen zu Häupten hing eine kleine Lampe mit Bommelfransen, solch eine, wie sie in den Korridoren hängen –: ein möbliertes Gefilde der Seligen. Hier war ein Paradies aufgeblüht, von dem so viele Seelenfreunde des Malers ein Eckchen in der Seele trugen; ob es nun die ungerechte Verfolgung war oder was immer: wenn sie schwärmten, dann schwärmten sie in sanftem Himmelblau, sozusagen blausa. Und taten sich sehr viel darauf zugute. Und an einer Wand hing die Fotografie des Künstlers aus seiner italienischen Zeit; er war nur mit Sandalen und einem Hoihotoho-Speer bekleidet. Man trug also Bauch in Capri.

«Da bleibt einem ja die Luft weg!» sagte die Prinzessin, als wir draußen waren. «Die sind doch keineswegs alle so . . .?» – «Nein, die Gattung darf man das nicht entgelten lassen. Das Haus ist ein stehengebliebenes Plüschsofa aus den neunziger Jahren; keineswegs sind sie alle so. Der Mann hätte seine Schokoladenbildchen gradesogut mit kleinen Feen und Gnomen bevölkern können . . . Aber denk dir nur mal ein ganzes Museum mit solch realisierten Wunschträumen – das müßte schön sein!»

«Und dann ist es so . . . blutärmlich!» sagte die Prinzessin. «Na, jeder sein eigner Unterleib! Und daraufhin wollen wir wohl einen Schnaps trinken!» Das taten wir.

Stadt und Straßen . . . der große Tiergarten, der dem König gehört und in dem die wilden zahmen Hirsche herumlaufen und sich, wenn es ihnen grade paßt, am Hals krauen lassen, und so hohe, alte Bäume . . .

Abfahrt. «Wie wird das eigentlich mit der Sprache?» fragte die Prinzessin, als wir im Zug nach Helsingör saßen. «Du warst doch schon mal da. Sprichst du denn nun gut schwedisch?» – «Ich mache das so», sagte ich. «Erst spreche ich deutsch, und wenn sie das nicht verstehn, englisch, und wenn sie das nicht verstehn, platt – und wenn das alles nichts hilft, dann hänge ich an die deutschen Wörter die Endung as an, und dieses Sprechas verstehas sie ganz gut.» Das hatte grade noch gefehlt. Es gefiel ihr ungemein, und sie nahm es gleich in ihren Sprachschatz auf. «Ja – also nun kommt Schweden. Ob wir etwas in Schweden erlebas? Was meinst du?» – «Ja, was sollten wir wohl auf einem Urlaub erleben . . .? Ich dich, hoffentlich.» – «Weißt du», sagte die Prinzessin, «ich bin noch gar nicht auf Reisen, ich sitze hier neben dir im Coupé; aber in meinem Kopf dröhnt es noch, und . . . Allmächtiger Braten!» – «Was ist?» – «Ich habe vergessen, an Tichauer zu telefonieren!» – «Wer ist Tichauer?» – «Tichauer ist Direktor der NSW – der Norddeutschen Seifenwerke. Und der Alte hat gesagt, ich solle ihm abtelefonieren, weil er doch verreist . . . und da ist die Konferenz am Dienstag . . . ach du liebes Gottchen, behüte unser Lottchen vor Hunger, Not und Sturm und vor dem bösen Hosenwurm. Amen.» — «Also was wird nun?» — «Jetzt werden wir telegrafieren, wenn wir in Helsingör auf die Fähre steigen. Du allmächtiger Braten! Daddy, Berlin läuft doch immer mit. Das dauert mindestens vierzehn Tage, bis man es einigermaßen los ist, und wenn man es glücklich vergessen hat, dann muß man wieder zurück. Das ist ein fröhlicher Beruf...» — «Beruf ... Ich hielt es mehr für eine Beschäftigung.» — «Du bist ein Schriftsteller — aber recht hast du doch. Lenk mich ab. Steig mal auf die Bank und mach mal einen. Sing was — wozu hab ich dich mitgenommen?» Nur Ruhe und Geduld konnten es machen ... «Sieh mal, Hühner auf dem Wasser!» sagte ich. «Hühner? Was für welche?» — «Gesichtshühner. Der Naturforscher Jakopp unterscheidet zweierlei Sorten von Hühnern: die Gesichtshühner, die man nur sehen, und die Speisehühner, die man auch essen kann. Dies sind Gesichtshühner. Finnste die Natur hier?» — «Etwas dünn, um die Wahrheit zu sagen. Wenn man nicht wüßte, daß es Dänemark ist und wir gleich nach Schweden hinüberfahren —»

Und da hatte sie nun recht. Denn nichts lenkt den Menschen so von seinem gesunden Urteil ab wie geographische Ortsnamen, geladen mit alter Sehnsucht und bepackt mit tausend Gedankenverbindungen, und wenn er dann hinkommt, ist es alles halb so schön. Aber wer traut sich denn, das zu sagen —!

Helsingör. Wir telegrafierten an Tichauer. Wir stiegen auf die kleine Fähre.

Unten im Schiffsrestaurant saßen drei Österreicher; offenbar waren es altadlige Herren, einer hatte eine ganz abregierte Stimme. Er kniff grade die Augen so merkwürdig zu, wie das einer tut, der mit der Zigarre im Mund zahlen muß. Und dann hörte ich ihn murmeln: «Ein g'schäiter Buuursch (mit drei langen u) — aber etwas medioker...» Ich bin gegen den Anschluß.

Oben standen wir dann am Schiffsgeländer, atmeten die reine Luft und blickten auf die beiden Küsten — die dänische, die zurückblieb, und die schwedische, der wir uns näherten. Ich sah die Prinzessin von der Seite an. Manchmal war sie wie eine fremde Frau, und in diese fremde Frau verliebte ich mich immer aufs neue und mußte sie immer aufs neue erobern. Wie weit ist es von einem Mann zu einer Frau! Aber das ist schön, in eine Frau wie in ein Meer zu tauchen. Nicht denken ... Viele von ihnen haben Brillen auf, sie haben es im eigentlichen Sinne des Wortes verlernt, Frau zu sein — und haben nur noch den dünnen Charme. Hol ihn der Teufel. Ja, wir wollen wohl ein bißchen viel: kluge Gespräche und Logik und gutes Aussehen und ein bißchen Treue und dann dieser nie zu unterdrückende Wunsch, von der Frau wie ein Beefsteak gefressen zu werden, daß die Kinnbacken krachen... «Hast du schwedischen Geldes?» fragte die Prinzessin träumerisch. Sie führte gern einen gebildeten Genitiv spazieren und war demzufolge sehr stolz darauf, immer ‹Rats› zu wissen. «Ja, ich habe schwedische Kronen», sagte ich. «Das ist ein hübsches Geld — und deshalb werden wir es auch nur vorsichtig ausgeben.» — «Geizvettel», sagte die Prinzessin. Wir besaßen eine gemeinsame Reisekasse, an der hatten wir sechs Monate herumgerechnet. Und nun waren wir in Schweden.

Der Zoll zollte. Die Schweden sprechen anders deutsch als die Dänen: die Dänen hauchen es, es klingt bei ihnen federleicht, und die Konsonanten liegen etwa einen halben Meter vor dem Mund und vergehen in der Luft, wie ein Gezirp. Bei den Schweden wohnt die Sprache weiter hinten, und dann singen sie so schön dabei ... Ich protzte furchtbar mit meinen zehn schwedischen Wörtern, aber sie wurden nicht verstanden. Die Leute hielten mich sicherlich für einen ganz besonders vertrackten Ausländer. Kleines Frühstück. «Die Bouillon», sagte die Prinzessin, «sieht aus wie Wasser in Halbtrauer!» — «So schmeckt sie auch.» Und dann fuhren wir gen Stockholm.

Sie schlief.

Der, der einen Schlafenden beobachtet, fühlt sich ihm überlegen — das ist wohl ein Überbleibsel aus alter Zeit, vielleicht schlummert da noch der Gedanke: er kann mir nichts tun, aber ich ihm. Dieser Frau gab der Schlaf wenigstens kein dümmliches Aussehen; sie atmete fest und ruhig, mit geschlossenem Mund. So wird sie aussehen, wenn sie tot sein wird. Dann liegt der Kopf auf einem Brett — immer, wenn ich an den Tod denke, sehe ich ein ungehobeltes Brett mit kleinen Holzfäserchen; dann liegt sie da und ist wachsgelb und wie uns andern scheint, sehr ehrfurchtgebietend. Einmal, als wir über den Tod sprachen, hatte sie gesagt: «Wir müssen alle sterben — du früher, ich später» — in diesem Kopf war so viel Mann. Der Rest war, Gott seis gelobt, eine ganze Frau.

Sie wachte auf. «Wo sind wir?» — «In Rüdesheim an der Rüde.» Und da tat sie etwas, wofür ich sie besonders liebte, sie tat es gern in den merkwürdigsten, in den psychologischen Augenblicken: sie legte die Zunge zwischen die Zähne und zog sie rasch zurück: sie spuckte blind. Und dafür bekam sie einen Kuß — auf dieser Reise schienen wir immer in leeren Abteilen zu sitzen — und gleich wandte sie einen frisch gelernten dänischen Fluch an: «Der Teufel soll dich hellrosa besticken!» und nun fingen wir an, zu singen.

In Kokenhusen
singt eine Nachtigall
wohl an der Düna Strand.
Und die Nachtigall
mit dem süßen Schall
legt ein Kringelchen in mei—ne Hand —!

Und grade, als wir im besten Singen waren, da tauchten die ersten Häuser der großen Stadt auf. Weichen knackten, der Zug schepperte über eine niedrige Brücke, hielt. Komm raus! Die Koffer. Der Träger. Ein Wagen. Hotel. Guten Tag. Stockholm.

5

«Was machen wir nun?» fragte ich, als wir uns gewaschen hatten. Der Himmel lag blau über vier Schornsteinen — das war es, was wir zunächst von Stockholm sehen konnten. «Ich meine so», sagte die Prinzessin, «wir nehmen uns erst mal einen Dolmetscher — denn du sprichst ja sehr schön schwedisch, sehr schön ... aber es muß altschwedisch sein, und die Leute sind hier so ungebildet. Wir nehmen uns einen Dolmetscher, und mit dem fahren wir über Land und suchen uns eine ganz billige Hütte, und da sitzen wir still, und dann will ich nie wieder einen Kilometer reisen.»

Wir spazierten durch Stockholm.

Sie haben ein schönes Rathaus und hübsche neue Häuser, eine Stadt mit Wasser ist immer schön. Auf einem Platz gurrten die Tauben. Der Hafen roch nicht genug nach Teer. Wunderschöne junge Frauen gingen durch die Straßen ... von einem gradezu lockenden Blond. Und Schnaps gab es nur zu bestimmten Stunden, wodurch wir unbändig gereizt wurden, welchen zu trinken — er war klar und rein und tat keinem etwas, solange man nüchtern blieb. Und wenn man ihn getrunken hatte, nahm der Kellner das Gläschen rasch wieder fort, wie wenn er etwas Unpassendes begünstigt hätte. In einem Schaufenster der Vasagatan lag eine schwedische Übersetzung des letzten berliner Schlagers. Eh — und sonst haben Sie nichts von Stockholm gesehn? Was? Der Nationalcharakter ... wie? Ach, lieben Freunde! Wie einförmig sind doch unsre Städte geworden! Fahrt nur nach Melbourne — ihr müßt erst lange mit den Kaufleuten konferieren und disputieren; ihr müßt, wenn ihr sie wirklich kennenlernen wollt, ihre Töchter heiraten oder Geschäfte mit ihnen machen oder, noch besser, mit ihnen erben; ihr müßt sie über das aushorchen, was in ihnen ist ... sehn könnt ihr das nicht auf den ersten Blick. Was seht ihr? Überall klingeln die Straßenbahnen, heben die Schutzleute ihre weißbehandschuhten Hände, überall prangen die bunten Plakate für Rasierseife und Damenstrümpfe ... die Welt hat eine abendländische Uniform mit amerikanischen Aufschlägen angezogen. Man kann sie nicht mehr besichtigen, die Welt — man muß mit ihr leben oder gegen sie.

Der Dolmetscher! Die Prinzessin wußte Rats, und wir gingen zum Büro einer Touristen-Vereinigung. Ja, einen Dolmetscher hätten sie. Vielleicht. Doch. Ja.

Bedächtig geht das in Schweden zu – sehr bedächtig. In Schweden gibt es zwei Völkerstämme: den gefälligen Schweden, einen freundlichen, stillen Mann – und den ungefälligen. Das ist ein gar stolzer Herr, man kann ihm seinen Eigensinn mit kleinen Hämmern in den Schädel schlagen: er merkt es gar nicht. Wir waren an den gefälligen Typus gekommen. Einen Dolmetscher, den hätten sie also, und sie würden ihn morgen früh ins Hotel schicken. Und dann gingen wir essen.

Die Prinzessin verstand viel vom Essen, und hier in Schweden aßen sie gut, solange es bei den kalten Vorgerichten blieb – dem Smörgåsbrot. Unübertrefflich. Ihre warme Küche war durchschnittlich, und vom Rotwein verstanden sie gar nichts, was mir vielen Kummer machte. Die Prinzessin trank wenig Rotwein. Dagegen liebte sie – als einzige Frau, die ich je getroffen habe – Whisky, von dem die Frauen sonst sagen, er schmecke nach Zahnarzt. Er schmeckt aber, wenn er gut ist, nach Rauch.

Am nächsten Morgen kam der Dolmetscher.

Es erschien ein dicker Mann, ein Berg von einem Mann – und der hieß Bengtsson. Er konnte spanisch sprechen und sehr gut englisch und auch deutsch. Das heißt: ich horchte einmal ... ich horchte zweimal ... dieses Deutsch mußte er wohl in Emerrika gelernt haben, denn es hatte den allerschönsten, den allerfarbigsten, den allerlustigsten amerikanischen Akzent. Er sprach deutsch wie ein Zirkus-Clown. Aber er war das, was die Berliner «richtig» nennen – er verstand sofort, was wir wollten, er versank in Karten, Fahrplänen und Prospekten, und am Nachmittag trollten wir von dannen.

Wir fuhren nach Dalarne. Wir fuhren in die Umgebung Stockholms. Wir warteten auf Zuganschlüsse und rumpelten über staubige Landwege in die abgelegensten Dörfer. Wir sahen verdrossene Fichten und dumme Kiefern und herrliche, alte Laubbäume und einen blauen Sommerhimmel mit vielen weißen Wattewolken, aber was wir suchten, das fanden wir nicht. Was wir denn wollten? Wir wollten ein ganz stilles, ein ganz kleines Häuschen, abgelegen, bequem, friedlich, mit einem kleinen Gärtchen ... wir hatten uns da so etwas Schönes ausgedacht. Vielleicht gab es das gar nicht?

Der Dicke war unermüdlich. Während wir herumfuhren und suchten, fragten wir ihn des nähern nach seinem Beruf. Ja, er führte also die Fremden durch Schweden. Ob er denn alles wüßte, was er ihnen so erzählte. Keine Spur – er hatte lange in Amerika gelebt und kannte seine Amerikaner. Zahlen! Er nannte ihnen vor allem einmal Zahlen: Jahreszahlen und Größenangaben und Preise und Zahlen, Zahlen, Zahlen ... Falsch konnten sie sein. Mit uns sprach er von Tag zu Tag fließender deutsch, aber es wurde immer amerikanischer. «Fourteen days ago», hieß eben «Virrzehn Tage zerrick», und so war alles. «Drei

Wochen zerrick», sagte er, als wir grade wieder von einer ergebnislosen Expedition zurückgekommen waren und zu Abend aßen, «drei Wochen zerrick – da war eine amerikanische Familie in Stockholm. Ich habe zu ihnen gesagt, wenn man nur einmal in Emerrika gewesen ist, dann meint man, die ganze andre Welt ist eine Kolonie von Emmerika. Ja. Danach haben mich die Leute *sehr* gähn gehabt. Prost!» – Prost? Wir waren hier in Schweden, der Mann hatte ‹Skål!› zu sagen. Und ‹Skål›, das ist eigentlich ‹Schale›. Und weil die Prinzessin eine arme Ausländerin war, die uns Schweden nicht so verstand, so sagte ich «Schale auf Ihnen!», und das verstanden wir alle drei. Der Dicke bestellte sich noch einen kleinen Schnaps. Träumerisch sah er ins Glas. «In Göteborg wohnt ein Mann, der hat einen großen Keller – da hat er es alles drin: Whisky und Branntwein und Cognac und Rotwein und Weißwein und Sekt. Und das trinkt der Mann nicht aus – das bewahrt sich der Mann alles auf! Ich finde das ganz grroßartig –!» Sprachs und kippte den seinigen.

Aber nun verging ein Tag nach dem andern, und wir hatten viele Gespräche mitangehört, hatten unzählige Male vernommen, wie die Leute sagten, was die Schweden immer sagen, in allen Lagen des menschlichen Lebens: «Jasso . . .» und auch ihr «Nedo» und was man so spricht, wenn man nichts zu sagen hat. Und der Dicke hatte uns in viele schöne Gegenden geführt, durch wundervolle, satte Wälder – «Hier sind schöne Läube!» sagte er, und das war die Mehrzahl von «Laub» – und nun fing die Prinzessin an, aufzumucken. «He lacht sik 'n Stremel», sagte sie. «Meinen lieben guten Daddy! Wi sünd doch keine Rockefellers! Nu ornier doch endlich mal enägisch ne Dispositschon an, daßn weiß, woanz un woso!»

Was nun –? Der Dicke ging nachdenklich, aber mit der Welt soweit ganz zufrieden, vor uns hin; er stapfte mit seinem Stock auf das Pflaster und dachte emsig nach; man konnte an seinem breiten Rücken sehen, wie er dachte. Dann brummte er, denn er hatte etwas gefunden. «Wir fahren nach Mariefred», sagte er. «Das ist ein kleiner Ort . . . das ist all right! Morgen fahren wir.» Die Prinzessin sah mich unheilverkündend an. «Wenn wir da nichts finden, Daddy, dann stech ich dir inne Kleinkinnerbiewohranstalt und kutschier bei mein Alten nach Abbazia. Dor kannst du man upp aff!»

Aber am nächsten Tage sahen wir etwas.

Mariefred ist eine klitzekleine Stadt am Mälarsee. Es war eine stille und friedliche Natur, Baum und Wiese, Feld und Wald – niemand aber hätte von diesem Ort Notiz genommen, wenn hier nicht eines der ältesten Schlösser Schwedens wäre: das Schloß Gripsholm.

Es war ein strahlend heller Tag. Das Schloß, aus roten Ziegeln erbaut, stand leuchtend da, seine runden Kuppeln knallten in den blauen Himmel – dieses Bauwerk war dick, seigneural, eine bedächtige

Festung. Bengtsson winkte dem Führer ab, Führer war er selber. Und wir gingen in das Schloß.

Viele schöne Gemälde hingen da. Mir sagten sie nichts. Ich kann nicht sehen. Es gibt Augenmenschen, und es gibt Ohrenmenschen, ich kann nur hören. Eine Achtelschwingung im Ton einer Unterhaltung: das weiß ich noch nach vier Jahren. Ein Gemälde? Das ist bunt. Ich weiß nichts vom Stil dieses Schlosses – ich weiß nur: wenn ich mir eins baute, so eins baute ich mir.

Herr Bengtsson erklärte uns das Schloß, wie er es seinen Amerikanern erklärt hätte, der Spiritus sang aus ihm, und nach jeder Jahreszahl sagte er: «Aber so genau weiß ich das nicht», und dann sahen wir im Baedeker nach, und es war alles, alles falsch – und wir freuten uns mächtig. Ein Kerker war da, in dem Gustav der Verstopfte Adolf den Unrasierten jahrelang eingesperrt hatte, und so dicke Mauern hatte das Schloß, und einen runden Käfig für die Gefangenen gab es und ein schauerliches Burgloch oder eine Art Brunnen ... Menschen haben immer Menschen gequält, heute sieht das nur anders aus. Aber am allerschönsten war das Theater. Sie hatten in der Burg ein kleines Theater – vielleicht damit sie sich während der Belagerungen nicht so langweilen mußten. Ich setzte mich auf eines der Bänkchen im Zuschauerraum und führte mir eine Schäferkomödie auf, in der geliebt und gestochen, geschmachtet und zierlich gesoffen wurde – und nun wurde die Prinzessin sehr energisch. «Jetzt oder nie!» sagte sie. «Herr Bengtsson – also!»

Wie alle gutmütigen Männer hatte der Dicke Angst vor Frauen – er beugte seine Seele, wie der Wanderer den Rücken unter den Regenschauern beugt, und er strengte sich gewaltig an und ging gar sehr ins Zeug. Er telefonierte lange und verschwand.

Nach dem Mittagessen kam er fröhlich an, sein Fett wogte vor Zufriedenheit. «Kommen Sie mit!» sagte er.

Das Schloß hatte einen Anbau – auf eine Frage hätte der Dicke sicherlich gesagt: aus dem einundzwanzigsten Jahrhundert ... es war ein neuerer Bau, langgestreckt, glatt in der Fassade, hübsch. Wir gingen hinein. Drinnen empfing uns eine sehr freundliche alte Dame. Es ergab sich, daß hier in diesem Schloßanbau zwei Zimmer und dazu noch ein kleineres zu vermieten waren. Hier im Schloß? Zweifelnd sah ich Herrn Bengtsson an. Hier im Schloß. Und bekochen wollte sie uns auch. Aber würden uns denn nicht die zahllosen Touristen stören, die da kommen und die Gemälde und die Folterkammer sehen mußten? Sie kämen nur sonntags, und sie kämen überhaupt nicht hierher, sondern sie gingen dortherum ...

Wir besichtigten die Zimmer. Sie waren groß und schön; alte Einrichtungsstücke des Schlosses standen darin, in einem schweren behaglichen Stil; ich sah keine Einzelheiten mit meinen blinden Augen – aber es sprach zu mir. Und es sagte: Ja.

Aus einem Fenster blickte man auf das Wasser, aus einem andern in einen stillen kleinen Park. Die Prinzessin, die die Vernunft ihres Geschlechts hatte, sah sich inzwischen an, wo man sich waschen konnte und wie es mit den Lokalitäten bestellt wäre ... und kam zufrieden zurück. Der Preis war erstaunlich billig. «Wie kommt das?» fragte ich den Dicken; wir sind selbst dem Glück gegenüber so argwöhnisch. Die Dame im Schloß täte es aus Freundlichkeit für ihn, denn sie kannte ihn, auch kamen selten Leute hierher, die lange bleiben wollten. Mariefred war als kleiner Ausflugsort bekannt; man weiß, wie solche Bezeichnungen den Plätzen anhaften. Da mieteten wir.

Und als wir gemietet hatten, sprach ich die goldenen Worte meines Lebens: «Wir hätten sollen ...» und bekam von der Prinzessin einen Backenstreich: «Oll Krittelkopp!» Und dann begossen wir die Mietung mit je einem großen Branntwein, wir alle drei. «Kennen Sie die Frau im Schloß gut? Sie ist doch so nett zu uns?» fragte ich Herrn Bengtsson. «Wissen Sie», sagte er nachdenklich, «den Affen kennen alle – aber der Affe kennt keinen.» Und das sahen wir denn auch ein. Und dann verabschiedete sich der Dicke. Die Koffer kamen, und wir packten aus, stellten die Möbel so lange um, bis sie alle wieder auf demselben Platz standen wie zu Anfang ... die Prinzessin badete Probe, und ich mußte mich darüber freuen, wie sie nackt durchs Zimmer gehen konnte – wirklich wie eine Prinzessin. Nein, gar nicht wie eine Prinzessin: wie eine Frau, die weiß, daß sie einen schönen Körper hat. «Lydia», sagte ich, «in Paris war einmal eine Holländerin, die hat sich auf ihren Oberschenkel die Stelle tätowieren lassen, auf die sie am liebsten geküßt werden wollte. Darf ich fragen ...» Sie antwortete. Und es beginnt nunmehr der Abschnitt

6

Wir lagen auf der Wiese und baumelten mit der Seele.

Der Himmel war weiß gefleckt; wenn man von der Sonne recht schön angebraten war, kam eine Wolke, ein leichter Wind lief daher, und es wurde ein wenig kühl. Ein Hund trottete über das Gras, dahinten. «Was ist das für einer?» fragte ich. «Das ist ein Bulldackel», sagte die Prinzessin. Und dann ließen wir wieder den Wind über uns hingehen und sagten gar nichts. Das ist schön, mit jemand schweigen zu können.

«Junge», sagte sie plötzlich. «Es ist ganz schrecklich – aber ich bin noch nicht hier. Gott segne diese berliner Arbeit. In meinem Kopf macht es noch immer: Burr-burr ... Der Alte und all das Zeugs ...»

«Wie ist der Alte jetzt eigentlich?» fragte ich faul.

«Na ... wie immer ... Er ist dick, neugierig, feige und schadenfroh. Aber sonst ist er ein ganz netter Mensch. Dick – das wäre ja zu ertragen. Ich habe dicke Männer ganz gern.» Ich machte eine Bewegung. «Brauchst dir gar nichts einzubilden ... Dein bißchen Fett!»

«Du glaubst wohl, weil du Lydia heißt, du wärst was Beßres! Ich will dir mal was sagen ...» Nachdem sich die Unterhaltung wieder gesetzt hatte:

«Also gut, dick. Aber seine Neugier ... er hätte am liebsten, ich erzählte ihm jeden Tag einen neuen Klatsch aus der Branche. Er ist ein seelischer Voyeur. Er selbst nimmt an den meisten Dingen gar nicht richtig teil; aber er will ganz genau wissen, was die andern machen und wie sie es machen und mit wem, und wieviel sie wohl verdienen – das vor allem! Und wovon sie leben ... Wie? Wie er Geld verdient? Das macht er durch seine rücksichtslose Frechheit. Daddy, das lernen wir ja nie! Ich sehe das nun schon vier Jahre mit an, wie der Herr Generalkonsul zum Beispiel nicht zahlt, wenn er zahlen soll ... Wir könnten das nicht, deshalb kommen wir ja auch nicht zu Geld. Das muß man mitansehn! Da kann aber kommen, wer will; diese eiserne Stirn, mit der er unterschriebene Verträge verdreht, ableugnet, sich plötzlich nicht mehr erinnert, wie er sich verleugnen läßt ... nein, Daddy, du lernst es nicht. Du willst es doch immer lernen! Du lernst es nicht!»

«Lassen die Leute sich denn das gefallen?»

«Was sollen sie denn machen? Wenn es Ihnen nicht paßt, sagt er, dann klagen Sie doch! Aber ich beziehe dann bei Ihnen nichts mehr! Und das hält er auch eisern durch. Das wissen die Leute ganz genau – sie geben schließlich nach. Neulich haben wir doch das ganze Büro renovieren lassen – was er da mit den Handwerkern getrieben hat! Ja, aber auf diese Weise kommt man nach Abbazia, und die Handwerker fahren mit der Hand übern Alexanderplatz. So gleicht sich alles im Leben aus.»

«Und wieso ist er schadenfroh?»

«Das muß ein Erbfehler sein – an dieser Schadenfreude haben offenbar Generationen mitgearbeitet. Einer allein schafft das nicht. Ich glaube, wenn ihm sein bester Freund einen Gefallen tun will, dann muß er sich zum Geburtstag vom Chef das Bein brechen. Ich habe so etwas noch nicht gesehn. Der Mann sucht gradezu nach Gelegenheiten, wo er sich über das Malheur eines andern freuen kann ... Es ist vielleicht, um sich die eigne Überlegenheit zu beweisen; wenn er frech wird, hält er sich für sehr überlegen. Das muß es wohl sein. Er ist so unsicher ...»

«Das sind sie beinah alle. Ist dir noch nicht aufgefallen, wieviel Frechheit durch Unsicherheit zu erklären ist?»

«Ja ... Das ist eine vergnügte Stadt! Aber was soll ich machen? Da sagen sie: So eine Frau wie Sie! ... Wenn ich das schon höre! ... Irgendeinen Stiesel heiraten ... Du lachst. Daddy, ich kann mit diesen

Brüdern nicht leben. Na ja, das Geld. Aber es ist doch nicht bloß der Schlafwagen und das große Auto; das Schlimmste ist doch, wenn sie dann reden! Und wenn sie erst anfangen, sich gehenzulassen ... Komm, es wird kühl.»

Der Uhr nach wurde es nun langsam Abend; hier aber war noch alles hell, es waren die hellen Nächte, und wenn Gripsholm auch nicht gar so nördlich lag, so wurde es dort nur für einige Stunden dunkel, und ganz dunkel wurde es nie. Wir gingen über die Wiesen und blickten auf das Gras.

«Wir wollen zu Abend essas!» sagte die Prinzessin auf schwedisch.

Wir aßen, und ich trank sehr andächtig Wasser dazu. Wenn man in ein fremdes Land kommt, dann muß man erst einmal das fremde Wasser in sich hineingluckern lassen, das gibt einem den wahren Geschmack der Fremde. Da saßen wir und rauchten. So — und jetzt begannen die Ferien, die richtigen Ferien.

Die Vorhänge des Schlafzimmers waren dicht zugezogen und mit Nadeln zugesteckt. Männer können nur im tiefen Dunkel schlafen; die Prinzessin hielt das gradezu für ein männliches Geschlechtsmerkmal. Ich las. «Raschle nicht so bösartig mit der Zeitung!» sagte sie.

In dieser Nacht drehte sich die Prinzessin um und schlief wie ein Stein. Sie atmete kaum; ich hörte sie nicht. Ich las.

Es ist vorgekommen, daß ich nachts, in wilder Traumfurcht, aufgefahren bin und mich an die Prinzessin angeklammert habe ... wie lächerlich! «Willst du mich retten?» fragte sie dann lachend. Das ist zwei-, dreimal geschehen — oft wußte ich es gar nicht. «Heute nacht hast du mich wieder gerettet ...» sagte sie dann am nächsten Morgen. Aber nun waren Ferien; heute nacht würde ich sie bestimmt nicht retten. Ich legte meine Hand hinüber, auf die Schlafende. Sie seufzte leise und veränderte ihre Lage. Schön ist Beisammensein. Die Haut friert nicht. Alles ist leise und gut. Das Herz schlägt ruhig. Gute Nacht, Prinzessin.

ZWEITES KAPITEL

> All to min Besten, sä de Jung — dor slögen se em den Stock upn Buckel entzwei.

1

Das Kind stand am Fenster und dachte so etwas wie: Wann hört dies auf? Dies hört nie auf. Wann hört dies auf?

Es hatte beide Arme auf das Fensterbrett gestützt, das durfte es nicht — aber es war für einen Augenblick, für einen winzigen, gestohlenen Augenblick, allein. Gleich würden die andern kommen; man spürte das zuerst im Rücken, der nun der Tür zugewendet war, der Rücken kitzelte erwartungsvoll. Wenn die andern kommen, ist es aus. Denn dann kommt *sie*.

Das kleine Mädchen schüttelte sich: es war wie die schnelle leise Bewegung eines Hundes, der Wasser abschüttelt. Das, was das Kind bedrückte, brauchte es nicht erst zu überdenken: es saß inmitten seiner kleinen Leiden wie auf einem Lotosblatt, zwischen andern Lotosblättern, und alle runden Blätter sahen es an — das Kind in der Mitte. Und es kannte sie alle, seine Leidensblätter.

Die andern Kinder — sein Spitzname ‹Das Kind› — dieses Kinderheim in Schweden — der tote Will, und nun stieg die Kurve der Furcht siedend-rot nach oben: Frau Adriani, die rothaarige Frau Adriani — und dahinter dann das traurigste: Mutti in Zürich. Es war zu viel. Das Kind zählte neun Jahre — es war zu viel für neun Jahre. Nun weinte es das bitterste Weinen, das Kinder weinen können: jenes, das innerlich geweint wird und das man nicht hört.

Trappeln. Schurren. Türenklappen. Kein Wort: eine stumme Schar näherte sich. Also war sie dabei. Du großer Gott —

Die Tür öffnete sich majestätisch, als habe sie sich allein aufgetan. Im Rahmen stand die Frau Direktor, der ‹Teufelsbraten›: die Adriani. Ihren Beinamen hatte sie von ihrem Lieblingsschimpfwort.

Sie war nicht sehr groß; eine stämmige, untersetzte Person, mit rötlichem Haar, graugrünlichen Augen und fast unsichtbaren Augenbrauen. Sie sprach schnell und hatte eine Art, die Leute anzusehn, die keinem guttat . . .

«Was machst du hier?» Das Kind duckte sich. «Was du hier machst?» Sie ging dabei auf die Kleine zu und gab ihr eine Art Knuff gegen den Kopf — es war nicht einmal eine Ohrfeige; der Schlag ignorierte, daß da ein Kopf war: er verfügte nur über das vorhandene Material. Zufällig war es ein Kopf. «Ich habe . . . ich . . . ich bin . . .» — «Du bist ein Teufelsbraten», sagte die Adriani. «Drückst dich hier oben herum, während unten geturnt wird! Heute abend kein Essen. In die Schar!» Das Kind schlich unter die andern; sie machten ihm hochmütig und mit artigem Abscheu Platz.

Dies war eine Kinderkolonie, Läggesta, in der viele deutsche Kinder waren und auch einige schwedische und dänische. Frau Adriani nützte ihr Besitztum am Mälarsee auf diese Weise gut aus. Zwei Nichten halfen ihr bei der Arbeit: die eine, wie ein Ableger der Tante, gehaßt und gefürchtet wie sie; die andre sanft, aber unterdrückt und furchtsam; sie versuchte zu mildern, wo sie konnte — es gelang ihr selten. Wenn die Alte ihre Tage hatte, waren die beiden Nichten nicht zu sehen. Sie hatte vierzig Kinder. Sie hatte keine Kinder. Und die vierzig hatten es nicht gut. Die Frau plagte sich viel um die Kinder; aber sie war hart zu ihnen, sie schlug. Schlug sie gern . . .? Sie herrschte gern.

Jedes Kind, das die Kolonie vor der Zeit verließ, war in ihren Augen ein Verräter; sie hätte nicht sagen können, woran; jedes, das hinzukam, eine willkommene Bereicherung des Materials, auf dem sie regierte. Wenn sich auch viele Kinder beklagten und fortgenommen wurden —: sie hatte viele Waisen darunter, und es kamen immer neue Mädchen.

Kommandieren . . . Damit hatte sie es nun sonst nicht leicht. Denn wo sich die Schweden beugen, verbeugen sie sich höflich, weil sie es so wollen. Sie gehorchen nur, wenn sie eingesehen haben, daß es hier und an dieser Stelle nötig, nützlich oder ehrenvoll ist, zu gehorchen . . . sonst aber hat einer, der in diesem Lande herrschen will, wenig Gelegenheit dazu. Man verstände ihn gar nicht; man lachte ihn aus und ginge seiner Wege.

Frau Adriani wechselte oft ihr Personal und brachte sich die Angestellten häufig aus Deutschland mit, wohin sie manchmal reiste. Im Winter saß sie hier oben fast allein, nur wenige Kinder blieben dann da — wie zum Beispiel die kleine Ada. Ihr Mann . . . wenn Frau Adriani an ihren Mann dachte, war es, wie wenn sie eine Fliege verjagen mußte. Dieser Mann . . . sie zuckte nicht einmal mehr die Achseln. Er saß in seinem Zimmer und ordnete Briefmarken. Sie verdiente das Geld. Sie. Und im Winter wartete sie auf den Sommer — denn der Sommer war ihre Zeit. Im Sommer konnte sie durch die langen Korridore des Landhauses donnern und befehlen und verbieten und anordnen, und alles um sie herum fragte sich gegenseitig nach ihrer Stimmung und zitterte vor Furcht, und sie genoß diese Furcht bis in die Haarspitzen. Fremde Willen unter sich fühlen — das war wie . . . das war das Leben.

«Jetzt bleiben alle hier oben, bis es zum Essen klingelt. Wer spricht, hat Essen-Entzug. Sonja! Deine Haarschleife!» Ein Mädchen riß sich, puterrot, die Schleife, die sich gelöst hatte, aus den Haaren und band sie von neuem. Es war so still — man hörte vierzig kleine Mädchen atmen. Frau Adriani genoß mit einem kalten Blick ihrer grau-grünen Augen die Situation, dann ging sie hinaus. Hinter ihr zischelte es zwiefach: das waren die, die, ganz leise, sprechen wollten, und die andern, die die Flüsternden mit einem «Pst!» daran zu hindern suchten. Das Kind stand für sich allein. Kleine Mädchen können sehr grausam sein. Es war sonst keine bestraft worden, am heutigen Tage — die Majorität hatte also stillschweigend beschlossen, das Kind fallen zu lassen. Das Kind hieß ‹das Kind›, weil es einmal auf die Frage der Adriani: «Was bist du?» geantwortet hatte: «Ich bin ein Kind.» Niemand beachtete es jetzt.

Wann hört dies auf? dachte das Kind. Das hört nie auf. Und dann liefen die Tränen, und nun weinte es, weil es weinte.

2

Die Bäume rauschten vor unsern Fenstern, und sie rauschten mich aus einem Traum, von dem ich schon beim Erwachen nicht mehr sagen konnte, was das gewesen sein mochte. Ich drehte mich in den Kissen; sie waren noch schwer von Traum. Vergessen ... Warum war ich aufgewacht?

Es klopfte.

«Die Post! Daddy, die Post! Geh mal an die Tür!» Die Prinzessin, die eben noch geschlafen hatte, war wach – ohne Übergang.

Ich ging. Zwischen Bett und Tür überlegte ich, wie es doch zwischen Mann und Frau Morgen-Augenblicke gibt, da hat es sich mit der Liebe ausgeliebt. Sehr entscheidende Augenblicke – wenn die gut verlaufen, dann geht alles gut. Von dem quäkrigen «Wieviel Uhr ist es denn ...?» bis zum «Hua – na, da steh auf!» ... da pickt die kleine Uhr auf dem Nachttisch viel Zeit auf, der Tag ist erwacht, nun schläft die Nacht, es schläft die unterirdische Hemisphäre ... bei den meisten Frauen wenigstens, leider ... Ich war an der Tür. Eine Hand steckte Briefe durch den Schlitz.

Die Prinzessin hatte sich im Bett halb aufgerichtet und warf vor Aufregung alle Kissen durcheinander. «Meine Briefe! Das sind meine Briefe! Du Schabülkenkopp! Gib sie her! Na, da schall doch gliks ...» Sie bekam ihren Brief. Er war von ihrer Stellvertreterin aus dem Geschäft, und es stand darin geschrieben, daß es nichts zu schreiben gäbe. Die Sache mit Tichauer wäre in Ordnung. Beim kleinen Inventarbuch wären sie bei G. Das zu hören beruhigte mich ungemein. Was für Sorgen hatten diese Leute! Was für Sorgen sie hatten? Ihre eignen, merkwürdigerweise.

«Geh mal Wasser braten!» sagte die Prinzessin. «Du mußt dich rasieren. So, wie du da bist, kannst du keinem Menschen einen Kuß geben. Was hast du für einen Brief bekommen?» – Ich grinste und hielt den Brief hinter meinem Rücken verborgen. Die Prinzessin stritt erbittert mit den Kissen. «Wahrscheinlich von irgend einer Braut ... einer dieser alten Exzellenzen, die du so liebst ... Zeig her. Zeig her, sag ich!» Ich zeigte ihn nicht. «Ich zeige ihn nicht!» sagte ich. «Ich werde dir den Anfang vorlesen. Ich schwöre, daß es so dasteht, wie ich lese – ich schwöre es. Dann kannst du ihn sehn.» Ein Kissen fiel, erschöpft und zu Tode geschlagen, aus dem Bett. «Von wem ist er?» – «Er ist von meiner Tante Emmy. Wir sind verzankt. Jetzt will sie etwas von mir. Darum schreibt sie. Sie schreibt:

‹Mein lieber Junge! Kurz vor meiner Einäscherung ergreife ich die Feder ...›»

«Das ist nicht wahr!» schrie die Prinzessin. «Das ist ... gib her! Es ist ganz grrroßartig, wie Bengtsson sagen würde. Geh dich rasieren und halt die Leute hier nich mit deine eingeäscherten Tantens auf!»

Und dann gingen wir in die Landschaft.

Das Schloß Gripsholm strahlte in den Himmel; es lag beruhigend und dick da und bewachte sich selbst. Der See schaukelte ganz leise und spielte — plitsch, plitsch — am Ufer. Das Schiff nach Stockholm war schon fort; man ahnte nur noch eine Rauchfahne hinter den Bäumen. Wir gingen quer ins Land hinein.

«Die Frau im Schloß», sagte die Prinzessin, «spricht ein privates Deutsch. Eben hat sie mich gefragt, ob wir es nachts auch warm genug hätten — ich wäre wohl gewiß ein Frierküchlein...» — «Das ist schön», sagte ich. «Man weiß bei den nordischen Leuten nie, ob sie sich das wörtlich aus ihren Sprachen übersetzen oder ob sie unbewußt Neues schaffen. In Kopenhagen kannte ich mal eine, die sagte — und sie hatte eine Baßstimme vor Wut: Dieses Kopenhagen ist keine Hauptstadt — das ist ein Hauptloch! Ob sie das wohl erfunden hat?» — «Du kennst so viele Leute, Daddy!» sagte die Prinzessin. «Das muß schön sein...» — «Nein, ich kenne lange nicht mehr so viel Leute wie früher. Wozu auch?» — «Ick will di mal wat seggen, min Jung», sagte die Prinzessin, die es heute mit dem Plattdeutschen hatte. «Wenn du nen Minschen kennenliernst un du weißt nich so recht, wat mit em los ist, dann frag di ierst mal: giwt hei mie Leev oder giwt hei mi Geld? Wenn nix von beid Deil, denn lat em lopen und holl di nich bi em upp! Dessenungeachtet brauchst du aber nicht in diesen Fladen zu treten!» — «Donnerschlag!» — «Du sollst keines Fluches gebrauchen, Peter!» sagte die Prinzessin salbungsvoll. «Das schickt sich nicht. Und nun legen wir uns woll ein büschen auf düsen Rasenplatz!»

Da lagen wir...

Der Wald rauscht. Der Wind zieht oben durch die Wipfel, und ein ganz feiner Geruch steigt vom Boden auf, ein wenig säuerlich und frisch, moosig, und etwas Harz ist dabei.

«Was hätte Arnold jetzt gesagt?» fragte ich vorsichtig. Arnold war ihr erster; wenn die Prinzessin sehr guter Laune war, konnte man sie daran erinnern. Jetzt war sie guter Laune. «Er hätte nichts gesagt», antwortete sie. «Er hatte auch nichts zu sagen, aber das habe ich erst sehr spät gemerkt.» — «Also nicht klug?» — «In meinem Papierkorb ist mehr Ordnung als in dem seinen Kopf! Er sprach wenig. Im Anfang hielt ich dieses Schweigen für sehr bedeutend; er war eben ein karger Schmuser. Das gibts.» Schritte auf dem weichen Moos; ein kleiner Junge kam den Waldweg entlanggestolpert, er murmelte etwas vor sich hin ... als er uns sah, schwieg er; er blickte zu den Bäumen auf und begann dann zu laufen.

«Das wäre etwas für einen Staatsanwalt», sagte ich. «Der würde in seiner Schläue einen ganzen Tatbestand aufbauen. Wahrscheinlich hat dieser Knabe aber nur Zahlen gebetet und sich geschämt, als er uns gesehn hat . . .» – «Nein, es war so», sagte die Prinzessin. Sie lag auf dem Rücken und erzählte zu den Wolken:

«Ein Jung sall mal nan Koopmann gahn un Seip und Solt halen. Dor sä hei ümme vor sich hen: Seip un Solt . . . Seip und Solt . . . Hei sei över nich nah sin Feut, un so full he övern Bohnenstrang. Dunnersweer! Tran un Teer! sä he – un bleew nu uck bi Tran un Teer un köffte Tran und Teer . . . Peter! Peter! Wie ist es mit dem Leben! Erzähl schnell, wie es mit dem Leben ist! Nein, jetzt sage nicht wieder deine unanständigen Wörter . . . die weiß ich allein. Wie ist es? Jetzt gleich will ich es wissen!» – Ich sog den bittern Geschmack aus einem trocknen Zweig mit Fichtennadeln.

«Erst habe ich gemerkt», sagte ich, «wie es ist. Und dann habe ich verstanden, warum es so ist – und dann habe ich begriffen, warum es nicht anders sein kann. Und doch möchte ich, daß es anders wird. Es ist eine Frage der Kraft. Wenn man sich selber treu bleibt . . .»

Mit ihrem tiefsten Alt: «Nach den Proben an Treue, die du bei mir abgelegt hast . . .»

«Ob es wohl möglich ist, mit einer Frau ernsthaft etwas zu bereden. Es ist nicht möglich. Und sowas hat nun das Wahlrecht!»

«Das sagt der Chef auch immer. Was der jetzt wohl macht?»

«Er wird sich wahrscheinlich langweilen, aber sehr stolz sein, daß er in Abbazia ist. Dein Generalkonsul . . .»

«Daddy . . . dein Literatenstolz ist auch nicht das richtige. Weißt du – manchmal denke ich so . . . der Mann ist doch immerhin etwas geworden. Sie haben ihm doch den Generalkonsul und die Seife und den Safe und das alles nicht in die Wiege gelegt – und die Wiege, lieber Daddy . . . der Mann betont mir viel zu oft, daß er zeit seines Lebens in guten Verhältnissen gelebt hätte – also hat er nicht. Er hat wahrscheinlich allerhand Saures geschluckt, bis sie ihn an das Süße herangelassen haben. Na, nun schmatzt er . . . Was? Natürlich hat er das vergessen, das mit dem Sauern. Ach, das tun sie ja alle. Erinnerung – Junge, Erinnerung . . . das ist ein alter Leierkasten. Die Leute haben doch heute ihr Grammophon! Wenn man nur mal rauskriegen könnte, wie so einer langsam was geworden ist – so einer wie der Chef – wie das so vor sich geht . . . Verheiratet ist er nicht . . . und wenn er eine Frau hätte, die könnte es einem ja auch nicht sagen, weil sie nichts gemerkt hat. Sie fände es selbstverständlich, und vom Aufstieg wollen sie ja alle nichts hören, weil sie damit zugeben würden, daß ihre Ahnen noch ohne Visier herumgelaufen sind. Aufstieg . . . das sagen sie bloß, wenn sie einem keine Gehaltserhöhung geben wollen.» Also sprach die kluge Prinzessin Lydia und beendete ihre Rede mit einem herrlichen –

Hier hatte die Prinzessin den Schluckauf.

Dann wollte sie vom Boden hochgezogen werden; dann stand sie allein auf, mit einem schönen gymnastischen Schwung – und dann krochen wir langsam zurück durch den Wald. Wir standen uns nach Haus, an jeder Schneise blieben wir stehn und hielten große Reden; jeder tat so, als ob er dem andern zuhörte, und er hörte ja auch zu, und jeder tat so, als bewunderte er den Wald, und er bewunderte ihn ja auch – aber im allertiefsten Grunde, wenn man uns gefragt hätte: wir waren nicht mehr in der großen Stadt und noch nicht in Schweden. Aber wir waren beieinander.

Da lag das erste Haus von Mariefred. Ein Grammophon kratzte sich eins. «Es ist hier zur Erholung, das Grammophon», sagte die Prinzessin ehrfürchtig. «Hörst du – es ist noch ganz heiser. Aber die Luft hier wird ihm guttun.» – «Hast du Hunger, Lydia?» – «Ich hätte gern ... Peter! Daddy! Allmächtiger Braten! Wie heißt der Genetiv von Smörgås ... Ich möchte gern etwas Smörgåssens ... achgottachgott!» Und dies bewegte uns sehr, bis wir bei Tisch saßen und die Prinzessin alle vier Fälle des schwedischen Vorgerichts herunterdeklinierte.

«Was machen wir nach Tisch?» – «Das ist eine Frage! Nach Tisch gehn wir schlafen. Karlchen sagt auch immer: in den Taghemden ist so viel Müdigkeit ... man muß sich völlig ausziehn und schlafen. Dann schläft man. Und das ist eben Erholung.» – «Sage mal ... sitzt dein Freund Karlchen noch immer beim Finanzamt im Rheinland?» Ich sagte, er säße. «Und woanz ist diesen Mann denn nu eigentlich?» – «Lieber Mann», sagte ich zur Prinzessin, «das ist vielleicht ein Mann! Aber das darf man ihm nicht sagen – sonst wachsen ihm vor Stolz Pfauenfedern aus den Ohren. Das ist ein ... Karlchen ist eben Karlchen.» – «Keine Erklärung. So schwabbelt mein Konsul auch immer, wenn er was nicht sagen will. Ich für mein Teil gehe jetzt ins Bett, schlafas.» Ich hörte sie noch nach der Melodie von Tararabumdiä singen:

Da hat das kleine Pferd
sich plötzlich umgekehrt
und hat mit seinem Stert
die Fliegen ab-ge-wehrt –

Dann rauschten uns die Bäume in Schlaf.

3

Nachmittags standen wir vor dem Schloß – Touristen kamen und gingen.

Wir wandelten in den ‹innern Burggarten›; da war ein zierlicher Brunnen in der Mitte, kleine Erker klebten an den Mauern – man hatte an dem Schloß herumrestauriert ... schade. Aber vielleicht wäre das Ganze sonst eingefallen; so alt war es schon.

Ein großer Tourenwagen fuhr vor.

Ihm entstieg ein jüngerer Mann, dann folgten zwei Damen, eine ältere und eine jüngere, und dann wurde ein dicker Herr aus dem Fond gekratzt. Sie sprachen deutsch und standen etwas ratlos um den Wagen herum, wie wenn sie vom Mond gefallen wären. Dann sprach der Dicke hastig und laut mit dem Chauffeur. Der verstand ihn zum Glück nicht.

Sie lösten Karten für das Schloß. Der Führer war schon nach Hause gegangen, und man ließ sie allein pilgern. «Lydia . . .» sagte ich. Wir gingen nach.

«Was willst du machen?» fragte Lydia, und dabei senkte sie die Stimme, so gut hatte sie mich verstanden. «Ich weiß noch nicht», sagte ich. «Es wird mir schon etwas einfallen . . . Komm mit.» Die Touristen standen im großen Reichssaal, sie sahen zur getäfelten Decke auf, und eine der Damen sagte so laut, daß es hallte: «Ganz nett!» – «Offenbar schwedischer Stil!» sagte der Dicke. Sie murmelten. «Wenn sie jetzt noch fragen, ob das alles hier gebaut ist . . . Rasch!» – «Wohin?» – «Komm dahin, wo der große Brunnen ist. Irgend etwas müssen wir da aufführen . . .»

Man hörte sie schlurren und husten – dann waren wir außer Hörweite. Wir gingen leise und schnell.

Da war ein großer, runder Raum, mit einer Holzgalerie, und in der Mitte des festgestampften Bodens lag eine kreisrunde Holzscheibe: der Eingang zum Verlies. Und da fanden wir eine Leiter. Lydia half, wir setzten die Leiter an – hurra! Sie stand. Also sehr tief konnte es nicht sein. Ich kletterte hinunter, gefolgt von den spöttisch-bewundernden Blicken der Prinzessin. «Grüß die Fledermäuse!» – «Hol din Mul!» sagte ich. Ich kletterte – ein ganzes Endchen . . . ein amerikanischer Filmkomiker mimt den Feuerwehrmann, so sah das aus, und mir war gar nicht komisch zumute, wohin ging das hier? Aber für einen Spaß ist uns nichts zu teuer. Dunkelheit und Staub. Nur der runde Schein von oben . . . «Bitte Streichhölzer! Aus deiner Tasche!» Die Schachtel kam herunter und fiel mir auf die Füße. Ich suchte und stieß mir den Kopf an der Leiter – dann hatte ich sie. Ein Flämmchen . . . das war also doch ein großer Raum, an der einen Wandseite waren Ringe in die Mauer gelassen; offenbar hatten sie hier ihre Gefangenen nicht in drei Stufen gebessert, sondern gleich in einer einzigen . . . Und da war auch ein zweites Brunnenloch.

«Lydia?» – «Ja?» – «Zieh die Leiter auf – kannst du das? Ich werde dir helfen. Ich hebe an – horupp! So . . . hast du?» Die Leiter war oben. «Stell sie weg!» Ich hörte, wie die Prinzessin mit der Leiter wirtschaftete. «Setz die runde Scheibe wieder auf, kannst du? Und versteck dich.» Nun war es ganz dunkel. Schwarz.

Das ist merkwürdig, wenn man so etwas nicht gewöhnt ist. Im

Augenblick, wo man in völliger Dunkelheit steckt, belebt sich das Dunkel. Nein, man erwartet, daß es sich belebt; man fürchtet das und sehnt sich nach dem Belebenden. Ich räusperte mich leise, zum Zeichen, daß ich auch noch da wäre, jedoch keine feindlichen Absichten hegte ... Ich tastete mich umher. Da war ein Nagel an der Wand, von dem wollen wir nicht fortgehn ... He? Da waren sie. Man hörte deutlich die Stimmen; die Holzscheibe war nur dünn.

«Hier ist nichts», sagte eine Stimme. «Wahrscheinlich ein Brunnen — für die Belagerung oder so. Sehr interessant. Na, gehn wir weiter. Hier ist nichts.»

Hier wird gleich was sein.

«Huuuuuuu —» machte ich.

Oben wurde es totenstill. Die schleppenden Fußschritte waren verstummt. «Was war das?» sagte jemand. «Hast du das gehört?» — «Ja, mir war auch so — wahrscheinlich nur so ein Klang —»

«Huuuuuuu—aa—huuuuuuu —!» machte ich von neuem.

«Adolf, um Gottes willen — vielleicht ist hier ein Tier eingesperrt, ein Hund — komm weg!» — «Na, erlaube mal, das gibts doch nicht! Ist — ehö — ist da jemand?» — Ich blieb so still. «Eine Täuschung», sagte eine Männerstimme. «Komm — da war ja nichts», sagte der andre der Männer. Und da dachte ich an die Löwen in den Zoologischen Gärten vor der Fütterung, holte tief Atem und begann zu röhren:

«Huuuuuu — brru — aa huuuuuuuuah!» —

Das war zu viel. «Hi!» kreischte oben eine Frau, und dann gab es ein eiliges Gestiefel, einer sagte noch schnell: «Aber das ist doch — das muß doch geklärt werden ... werden gleich unten mal fragen ... Unerhört — das ist doch ...» — «Komm hier weg! Was müssen wir auch in alle Schlösser ...» Fort waren sie. Da stand ich in meiner Dunkelheit. Mucksmäuschenstill.

Ganz leise: «Lydia?» ... Nichts. Ein wenig Kalk rieselte von der Mauer. Hm ... Ein Ton? Hier ist doch alles aus Holz und Stein; das klingt doch nicht. Ich lauschte. Mein Herz klopfte um eine Spur schneller, als ich ihm das erlaubt hatte. Nichts. Man soll keine Leute erschrecken, siehst du, man soll keine Leute erschrecken... «Lydia!» Lauter: «Holla! He! Alte!» Nichts.

Durch mein Gehirn flimmerte: Spaß muß sein. Ist den Burschen ganz recht. Still stehn, sonst machst du dich schmutzig. Hast Angst. Hast keine Angst. Ist ja Unsinn. Lydia kommt gleich. Wenn sie nun in Ohnmacht gefallen ist oder plötzlich stirbt, dann weiß niemand, daß du hier stehst. Roman, Filmidee. Pathé hat mal sowas gemacht. Eine Gemeinheit, Leute in Dunkelarrest zu stecken. Ich habe im Kriege mal einen rauskommen sehen, der taumelte, als er das Licht sah. Dann begann er zu weinen. Er hatte nicht ordentlich Krieg geführt, deshalb hatten sie ihn eingesperrt, das soll man nicht. Die Richter ausprobieren lassen, was sie da verhängen. Geht aber nicht, weil sie ja wissen: es ist nur eine Probe. Also Wahnwitz der Todesstrafe, deren Wirkung niemand kennt. Nun ging das Herz ganz ruhig, ich hatte nachzudenken und ließ die Gedanken laufen ... Die Holzscheibe ruckte an, wurde fortgezogen. Licht. Lydia. Die Leiter.

Ich stieg hinauf. Die Prinzessin lachte über das ganze Gesicht. «Wie ist denn das alles so plötzlich gekommen? Komm mal her — Na, nun aber gleich nach Haus! Allmächtiger, wie siehst du aus!» Ich war grau vor Dreck, behangen mit Spinnweben, die Hände von schwarzen Streifen geziert und der Rest entsprechend. «Wat hebben se seggt? Was hast du getan? Menschenskind, nu sieh dir man blodsen ierst mal in den Speegel!» Ich sah lieber nicht in den Spiegel. «Wo warst du so lange, Alte? Läßt einen da unten schmachten! Das ist Liebe!» — «Ich ...» sagte die Prinzessin und steckte den Spiegel wieder ein; «ich habe hier ein Töpfchen gesucht, sie haben aber keins. Die alten Burggrafen haben offenbar an chronischer Verstopfung gelitten!» — «Falsch», lehrte ich, «falsch und ungebildet. Sie setzten sich zu diesem Behufe auf kleine Örtlichkeiten, die es hier natürlich auch gegeben hat, und diese Örtlichkeiten gingen in den Schloßgraben, wenn aber sie belagert wurden, und es kam der böse Feind, dann ...» — «Nunmehr ist es wohl an der Zeit, daß wir dich waschen. Du Ferkel!» — Und wir spazierten in unsre Wohnung, vorüber an der maßlos erstaunten Wirtin, die sicherlich dachte, ich wäre in den Branntwein gefallen. Bürstung, Waschung, frischer Kragen, prüfende Blicke der Prinzessin, dreimal zurück, weil immer noch etwas kleben geblieben war. «Wen ärgern wir nun?» — «Schetzt kommst du mich aber raus. Nichs as Dummheiten hat diesen Kierl innen seinen Kopf. Un das will 'n iernsten Mann sein!» — «Will nicht ... Muß. Muß.» Wir traten ins Freie.

Weiter hinten stand ein kleiner Pavillon; darin saß die Autogesellschaft und trank Kaffee. Wir schlenderten vorüber und sprachen lustig miteinander. Der jüngere Mann stand auf und kam auf uns zu. «Die Herrschaften sind Deutsche ...?» — «Ja», sagten wir. «So ... vielleicht ... wenn Sie an unserm Tisch Platz nehmen wollten ...?» Der Dicke erhob sich. «Teichmann», sagte er. «Direktor Teichmann. Meine Frau. Meine Nichte, Fräulein Papst. Herr Klarierer.» Nun mußte ich auch etwas sagen, denn dies ist die Sitte unsres Landes. «Sengespeck», sagte ich. «Und meine Frau.» Worauf wir uns setzten und die Prinzessin mir unterm Tisch an die Schienenbeine trat. Kaffeegeschlürf. Tellergeklapper. Kuchen.

«Sehr hübsch hier — Sie sind wohl auch zur Besichtigung hier?» — «Ja.» — «Reizend. Sehr interessant.» Pause.

«Sagen Sie ... ist das Schloß eigentlich bewohnt?» Die Prinzessin trat heftig. «Nein», sagte ich. «Ich glaube nicht. Nein. Sicher nicht.» — «So ... wir dachten ...» — «Warum fragen Sie?» Die Gesellschaft wechselte untereinander bedeutungsvolle Blicke. «Wir dachten nur ... wir hatten da oben in dem einen Raum jemand sprechen hören – aber so eigentümlich, mehr wie ein Hund oder ein wildes Tier ...» – «Nein», sagte ich, «nach allem, was ich weiß: Tiere wohnen in dem Schloß gar nicht. Fast gar nicht.» Pause.

«Überhaupt ...» sagte Herr Direktor Teichmann und sah sich um, «hier ist nichts los! Finden Sie nicht auch?» – Wir bestätigten, daß hier nichts los wäre. «Wissen Sie», sagte der Direktor, «wenn man sich wirklich amüsieren will: da gibts ja nur Berlin. Oder Paris. Aber sonst nur Berlin. Is doch 'n andrer Zuch. Was?» – «Hm –» machten wir. «Ich finde es hier auch gar nicht elegant!» sagte Frau Direktor Teichmann. Und Fräulein Papst: «Ich habe mir das ganz anders vorgestellt.» Und Herr Klarierer: «Wo gehn wir denn heute abend in Stockholm hin?» Frau Direktor Teichmann aber wollte nirgends mehr hingehn; sie hätte sich vorhin so aufgeregt, im Schloß ... Inzwischen hatte mir die Prinzessin einen Ring abgedreht, einen Manschettenknopf aufgemacht, alles unter dem Tisch – und ich fand, es sei nun genug. Denn wer weiß, was sie sonst noch ... Und wir verabschiedeten uns, weil wir im Ort eine Verabredung hätten. «Fahren Sie nachher auch nach Stockholm?» – Nein, wir bedauerten.

Wir bedauerten noch, als wir draußen auf den Wiesen standen und uns freuten: daß wir nicht nach Stockholm fahren mußten, daß wir in Schweden waren, daß wir Urlaub hatten ... «Was kommt da?» sagte die Prinzessin, die Augen hatte wie ein Luchs. Durch die Wiesen bewegte sich eine dünne Reihe kleiner Gestalten, auf einem schmalen Wege. «Was ist das –?»

Es kam näher.

Kinder waren es, kleine Mädchen, artig aufgereiht, wie Perlchen an der Schnur, immer zwei zu zwei. Eine herrisch aussehende Person ging an ihrer Spitze, sah sich öfter um – keines sprach. Nun waren sie nahe bei uns, wir traten beiseite und ließen den Zug vorüber. Die Führerperson warf uns einen glitzernden Blick zu. Die Kinder trappelten dahin. Wir sprachen nicht, als sie vorbeizogen. Ganz zum Schluß ging ein Kind allein; es ging, wie wenn es von jemandem gezogen würde, es hatte verweinte Augen, schluckte manchmal im Gehen vor sich hin, aber es weinte nicht. Sein Gesicht war auch nicht verschwollen, wie es verheulte Kinder haben ... es sah vielmehr leer geweint aus, und in den bräunlichen Haaren lag ein goldner Schimmer. Es sah uns an, so müde und gleichgültig, wie es einen Baum angesehn hätte. In einem Anfall von Übermut und Kinderliebe steckte ihm die Prinzessin zwei kleine Glockenblumen, die wir gepflückt hatten, in die Hand. Das Kind zuckte zusammen, dann sah es auf, seine Lippen bewegten sich; es wollte vielleicht etwas sagen, danken ... da drehte sich vorn die Person um, die Kleine beschleunigte ihre

Schritte und hoppelte ängstlich der Schar nach. Staub und das Geräusch der marschierenden Kinderfüße. Dann war das Ganze vorüber.

«Merkwürdiges kleines Mädchen», sagte die Prinzessin. «Was sind denn das für Kinder? Wir wollen nachher einmal fragen ... Peter, mein Sohn, gibt es hier eigentlich Nordlicht? Ich möchte so gern mal ein Nordlicht sehn!»

«Nein», sagte ich. «Doch, ja. Aber alles, was man sehn will, meine Tochter, findet immer grade in dem Monat statt, wo man nicht da ist ... Das ist so im Leben. Aber das bekommst du erst in der nächsten Klasse. Nordlicht – ja ...»

«Ich denke es mir wundervoll. Ich habe mal als Kind im Konversationslexikon eins gesehn – das war überhaupt eine Welt für sich, das Lexikon, mit den kleinen Seidenpapierblättchen ... Und da waren sie abgebildet, die Nordlichter, ganz bunt und groß, sie sollen ja über den halben Himmel gehn. Ich glaube, ich hätte eine ungeheure Angst, wenn ich das mal sehe. Denk mal, große, bunte Lichter am Himmel! Wenn das nun herunterkommt! Und einem auf den Kopf fällt! Aber sehn möchte ich es schon mal ...»

Blaßblau wölbte sich der Himmel über uns; an einer Stelle des Horizonts ging er in tiefes Dunkelblau über, und da, wo die Sonne vorhin untergegangen war, leuchtete es gelbrosig, es schimmerte und blinkte nur noch ein wenig. «Lydia», sagte ich, «wollen wir uns ein Nordlicht machen?» – «Na ...» – «Sieh mal», sagte ich, und deutete mit dem Finger nach oben, «siehst du, siehst du – da – da ist es –!»

Wir sahen beide fest nach oben – wir hielten uns an den Händen, Pulsschlag und Blutstrom gingen von einem zum andern. In diesem Augenblick hatte ich sie so lieb wie noch nie. Und da sahen wir unser Nordlicht.

«Ja –» sagte die Prinzessin, leise, damit sie es nicht verscheuchte. «Das ist ja wunderbar. Ganz hellgrün – und da – rosa! Und Kugelstreifen – und das da, ganz spitz-hoch ... Sieh mal, sieh mal!» Jetzt wagte sie es, schon lauter zu sprechen, denn nun leuchtete uns das Nordlicht wie wirklich. «Das sieht aus wie eine kleine Sonne», sagte ich. «Und da, wie geronnene Milch, und da, weiße Zirruswölkchen ... blau ... ganz hellblau!» – «Guck, und am Horizont geht es gewiß noch weiter – da ist alles ganz silbergrau. Daddy, ist das schön!»

Wir standen still und sahen nach oben. Ein Wagen klapperte vorüber und schreckte uns auf. Der Bauer, der auf dem Bock saß und freundlich grüßte, sah nun auch nach oben, was es da wohl gäbe. Wir sahen erst ihn an, dann die Wiesen, die ein wenig kalt und grau dalagen. Wir lächelten, wie beschämt. Dann blickten wir wieder zum Himmel auf. Da war nichts. Er lag glatt, blau und halbhell. Da war nichts.

«Peter ...» sagte die Prinzessin. «Peter ...»

4

«Sagen Sie bitte, Frau Andersson», sagte ich zu der Schloßdame, die uns einen schönen guten Abend bot, und ich sprach ihren Namen ‹Anderschon› richtig aus – «was mögen das für Kinder sein, denen wir vorhin begegnet sind? Da ... da hinten ... in den Wiesen?» – «Ja, da sind viele Kinder. Das ist wohl Bauernjungen, die spielen da viele Gängen ...» – «Nein, nein. Es waren kleine Mädchen, sie gingen geordnet, wie ein Institut, eine Schule, so etwas ...» – «Eine Schule?» Frau Andersson dachte nach. «Ah – das werden die von der Frau Adriani gewesen sein. Von Läggesta.» Und sie deutete über den See, wo man weit, weit in einer Lichtung recht undeutlich ein großes Gebäude liegen sah. «Das ist ein Pensionat, das ist eine Kinderkolonie. Ja.» Dazu machte sie ein Gesicht, wie ich es noch nie bei ihr gesehen hatte. Ich wurde neugierig. Man soll nie jemand nach dem fragen, was man wissen will, das ist eine alte Weisheit. Dann sagt ers nicht. «Da sind gewiß viele Kinder ... wie?» – «Ja, eine heile Masse», sagte Frau Andersson; man mußte oft raten, was sie wohl meinte, denn sie übersetzte sich wahrscheinlich alles wörtlich aus dem Schwedischen. «In diesen Pensionat sind viele Kinder, aber nicht viele schwedische Kinder. Es gescheht Gottlob!» – «Warum Gottlob, Frau Andersson?» – «Jaha», sagte sie und schlug mit der Seele einen Haken, wie ein verfolgter Hase, «da sind nicht viele schwedischen Kinder, ne-do!» – «Schade», sagte ich und kam mir mächtig diplomatisch vor. «Da ist es gewiß hübsch ...» Frau Andersson schwieg einen Augenblick. Dann nahm sie beherzt einen kleinen Anlauf. Sie senkte die Stimme.

«Das ist ... das ist nicht eine liebe Frau, der da ist. Aber ich will nichts Böses sagen ... verstehn Sie. Es ist eine deutsche Dame. Aber sie ist keine gute Dame. Das Volk von Deutschland sind so wohnliche Menschen – nicht wahr ... Waren Sie so gut, fassen Sie mir das nicht übel!» – «Sie meinen die Vorsteherin von dem Pensionat?» – «Ja», sagte Frau Andersson. «Die Versteherin. Die Versteherin, das ist eine schlimme Person. Das ist ... jeder fühlt sie hier. Wir haben nicht an ihr Geschmack. Sie ist nicht gut gegen den Kindern.» – «So», sagte ich und sah auf die Bäume, die leise mit den Blättern zitterten, wie wenn sie fröstelten, «so – keine gute Dame? Na ... was macht sie denn? Schreit sie mit ihnen?» – «Ich will Sie etwas sagen», sagte Frau Andersson, und nun wandte sie sich zur Prinzessin, als ob diese Sache nur unter Frauen abzuhandeln wäre; «sie ist hart zu den Kindern. Die Versteherin ... sie slagt die Kinder.» Der Prinzessin gab es einen Ruck. «Sagt da denn niemand was?» – «Jaha ...» sagte Frau Andersson. «So schlagt sie sie nicht. Die Polizei kann darein nichts sprechen. Sie schlagt ihnen nicht, so zu krank zu werden. Aber sie ist unrecht dazu, die Kinder ist sehr bange für ihr.» Sie deutete auf ein schloßartiges Gebäude, das hinter Mariefred auf einem Hügel lag. «Ich möchte lieber da sein als bei der Kinderfrau.» — «Was ist denn das da hinten?» fragte ich. «Das ist eine Irrtums-Anstalt», sagte Frau Andersson. «So — und die Irren haben es besser als diese Kinder da?» — «Ja», sagte Frau Andersson. «Aber da will ich sehn, ob das Abendmahl fertig ist ... einen Augenblick!» Und sie ging, eilfertig, wie wenn sie zu viel gesagt hätte.

Wir sahen uns an. «Komisch, wie?» — «Ja ... das gibts», sagte ich. «Wahrscheinlich irgend so ein Deubel von Weib, das da mit der Zuchtrute regiert ...» — «Peter — spiel noch ein bißchen Klavier, bis das Essen fertig ist!»

Und wir gingen ins Musikzimmer der Schloßfrau, das hatte sie uns erlaubt, und ich setzte mich an das kleine Klavier und ließ fromme Gesänge ertönen. Ich spielte hauptsächlich auf den schwarzen Tasten; man kann sich besser daran festhalten. Ich spielte:

> Manchmal denke ich an dich,
> das bekommt mich aber nich ...
> denn am nächsten Tag bin ich so müde —

und:

> Wenn die Igel in der Abendstunde
> still nach ihren Mäusen gehn,
> hing auch ich an deinem Munde —

und dann sangen wir alte Volkslieder und dann amerikanische Lieder, und dann sangen wir ein Reiterlied, das wir selber gedichtet hatten, und das ganz und gar blödsinnig war, von der ersten bis zur letzten Zeile, und dann war das Abendessen fertig.

Wir hatten eine Flasche Whisky aufgetrieben. Das war nicht einfach gewesen, denn wir hatten kein ‹Motbok›, nicht dieses kleine Buch, das die Schweden zum Bezug von Schnaps berechtigt. Aber die Flasche hatten wir. Und gar so teuer war sie auch nicht gewesen. Braun und Blond ... black and white ... ihr sollt leben ...!

Wir saßen vor dem Haus an einem Holztischchen und sahen zum Schloß hinüber. Ab und zu tranken wir einen Schluck.

Zehn schlug es von dem alten Kirchturm — zehn Uhr. Die Luft stand still; die Bäume rührten kein Blatt — alles ruhte. Helle Nächte. Es war eine starre Ruhe, wie wenn sich etwas staute und die Natur den Atem anhielte. Hell? Es war nicht hell. Es war nur nicht dunkel. Die Äste drohten so schwärzlich, sie warteten. Wie wenn man allem die Haut abgerissen hätte: schamlos, ohne Dunkel, stand es herum, der Schwärze beraubt. Man hätte das schwarze Kleid der Nacht herbeizaubern und alles zudecken mögen, damit nichts mehr sichtbar wäre. Das Schloß hatte sein brennendes Rot eingebüßt und sah fahlbraun aus, dann düster. Der Himmel war grau. Es war Nacht, ohne Nacht zu sein.

«So still, wie es jetzt ist, so sollte es überall und immer sein, Lydia — warum ist es so laut im menschlichen Leben?» — «Meinen lieben Dschung, das findest du heute nicht mehr — ich weiß schon, was du meinst. Nein, das ische woll ein für allemal verlöscht . . .» — «Warum gibt es das nicht», beharrte ich. «Immer ist etwas. Immer klopfen sie, oder sie machen Musik, immer bellt ein Hund, marschiert dir jemand über deiner Wohnung auf dem Kopf herum, klappen Fenster, schrillt ein Telefon — Gott schenke uns Ohrenlider. Wir sind unzweckmäßig eingerichtet.» — «Schwatz nicht», sagte die Prinzessin. «Hör lieber auf die Stille!»

Es war so still, daß man die Kohlensäure in den Gläsern singen hörte. Bräunlich standen sie da, ganz leise setzte sich der Alkohol ins Blut. Whisky macht sorgenfrei. Ich kann mir schon denken, daß sich damit einer zugrunde richtet.

Weit in der Ferne läutete eine Glocke, wie aus dem Schlaf geschreckt, dann war alles wieder still. Weißgrau lag unser Haus; alle Lichter waren dort erloschen. Die Stille wölbte sich über uns wie eine unendliche Kugel.

In diesem Augenblick war jeder ganz allein, sie saß auf ihrem Frauenstern, und ich auf einem Männerplaneten. Nicht feindselig . . . aber weit, weit voneinander fort.

Mir stiegen aus dem braunen Whisky drei, vier rote Gedanken durchs Blut . . . unanständige, rohe, gemeine. Das kam, huschte vorbei, dann war es wieder fort. Mit dem Verstand zeichnete ich nach, was das Gefühl vorgemalt hatte. Du altes Schwein, sagte ich zu mir. Da hast du nun diese wundervolle Frau . . . du bist ein altes Schwein. Kein Haus ohne Keller, sagte das Schwein. Mach dir doch nichts vor! Du sollst das nicht, sagte ich zu dem Schwein. Du hast mir schon so viel Kummer und Elend gemacht, so viel böse Stunden . . . von der Angst, daß ich mir etwas geholt hätte, ganz zu schweigen. Laß doch diese unterirdischen Abenteuer! So schön ist das gar nicht — das bildest du dir nur ein! Höhö, grunzte das Schwein, das ist also nicht schön. Stell dir mal vor . . . Still! sagte ich, still! Ich will nicht. Oui, oui, sagte das Schwein und wühlte schadenfroh; stell dir vor, du hättest jetzt . . . Ich schlug es tot. Für dieses Mal schlug ich es tot — sagen wir: ich schloß den Koben ab. Ich hörte es noch zornig rummeln . . . dann sangen wieder die Gläser, ganz, ganz leise, wie wenn eine Mücke summte. «Daddy», sagte die Prinzessin, «kann man hier eigentlich das blaue Kostüm tragen, das ich mitgenommen habe?»

Ich war wieder bei ihr; wir saßen wieder auf demselben Trabanten und rollten gemeinsam durch das Weltall. «Ja . . .» sagte ich. «Das kannst du.» — «Paßt es?» — «Natürlich. Es ist doch diskret und leise in der Farbe, das paßt schön.» – «Du sollst nicht so viel rauchen», sagte ihre tiefe Stimme; «dann wird dir wieder übel, und wer hats nachher? Ich. Tu mal die Pfeife weg.» Ich, Sohn, tat die Pfeife weg, weil die Mutter es so wollte. Leise legte ich meine Hand auf die ihre.

5

Maurer hatten das große Haus in Läggesta gebaut – wer denn sonst. Handwerker; ruhige bedächtige Männer, die sich erst dreimal umsahen, bevor sie eine Bewegung machten, das ist auf der ganzen Welt so. Als alles fertig war, hatten sie die Wände mit Kalk beworfen, manche Zimmer hatten sie gestrichen, viele tapeziert, ganz unterschiedlich und alles nach Angabe. Dann waren sie gleichmütig weggegangen, das Haus war fertig, nun konnte darin geschehen, was wollte. Das war nicht mehr ihre Sache, sie waren nur Handwerker. Die Gerichtsstube, in der einer gefoltert wird, war, als sie geboren wurde, ein ziegelgemauertes Viereck, glatt und geweißt, oben hatte der Maler fröhlich pfeifend auf seiner Leiter gestanden und hatte den bestellten grauen Streifen rings an die Wände gemalt; es war ein Handwerksstück, das er da vollführte . . . und nun war es auf einmal eine Gerichtsstube. So unbeteiligt bauen Menschen den Schauplatz zukünftiger Szenen; sie errichten die Kulissen und das Gerüst, sie stellen das ganze Theater auf, und dann kommen andre und spielen dort ihre traurigen Komödien.

Das Kind lag im Bett und dachte.

Denken . . . Vor langen Zeiten, als es noch einen Vater gehabt hatte, da hatte es mit ihm immer ‹Denken› gespielt. Und der Vater hatte dabei so gelacht, er konnte so wundervoll lachen . . . «Was tust du?» hatte das Kind gefragt. «Ich denke», hatte der Vater gesagt. «Ich will auch denken.» – «Gut . . . denke auch!» Und er war ernsthaft in der Stube auf und ab gegangen, das Kind immer hinterher, es ahmte genau die Haltung des Vaters nach, würdeschwer hielt es die Hände auf dem Rücken, runzelte die Stirn wie er . . . «Was denkst du?» hatte der Vater gefragt. «Ich denke: Löwe –» hatte das Kind geantwortet. Und der Vater hatte gelacht . . .

Nebenan schnaufte Inga und warf sich hin und her. Das Kind war plötzlich wieder da, wo es wirklich war: in Schweden. In Läggesta. Mutti war in der Schweiz, so weit fort . . . das Kind fühlte es heiß in sich hochsteigen. Es hatte so viel flehentliche Briefe geschrieben, drei, eigentlich nur drei – dann war der Teufelsbraten dahinter gekommen, daß eines der Dienstmädchen die Briefe heimlich zur Post getragen hatte. Das Mädchen wurde entlassen, das Kind an den Haaren gezogen, und die Briefe, die nun nach der Schweiz gingen, waren musterhaft. Ja, vielleicht mußte das alles so sein. Vielleicht hatte die Mutter kein Geld, um das Kind bei sich zu behalten, und hier oben war es eben billiger. So hatte es ihm die Mutter erklärt.

Es war hier so allein. Es war unter den neununddreißig kleinen Mädchen ganz allein — und es hatte Angst. Sein Leben bestand eigentlich nur aus Angst. Angst vor dem Teufelsbraten und Angst vor den ältern Mädchen, die es anschwärzten, wo sie nur konnten, Angst vor dem nächsten Tag und Angst vor dem Vortag, was von dem nun wieder ans Licht kommen könnte, Angst vor allem, vor allem. Das Kind schlief nicht — es bohrte mit seinen Augen Löcher in das Dunkel.

Daß die Mutter es hierher gegeben hatte! Hier waren sie einmal gewesen, vor Jahren, vor drei, vier Jahren — und damals war der Bruder Will gestorben. Er lag da begraben auf dem Kirchhof in Mariefred, und das Kind durfte manchmal das Grab besuchen, wenn der Teufelsbraten das erlaubte oder befahl. Meist befahl er es. Dann stand es an dem kleinen Kindergrab, rechts, die vierzehnte Reihe, das mit dem grauen Steinchen, an dem die Buchstaben noch so neu schimmerten. Aber dort hatte es nie geweint. Es weinte nur manchmal zu Hause um Will — um den dicken, kleinen Will, der jünger gewesen war als das Kind, jünger, toller im Spiel und ein guter Junge. Hier und da bekam er einen Klaps, aber die Mutter tat ihm nicht weh, und er lachte unter seinen Kindertränen und war dann wieder ein guter, kleiner Spieljunge. Wie aus Wolle. Und dann wurde er krank. Eine Grippe, sagten die Leute, und nach vier Tagen war er tot. Das Kind roch noch den Arztgeruch, das war nicht hier gewesen, das war in Taxinge-Näsby, nie würde es den Namen vergessen. Den säuerlichen Arztgeruch, das «Psst!» — alles ging leise, auf Zehenspitzen, und dann war er gestorben. Wie das war, hatte das Kind vergessen. Will war nicht mehr da.

Der Bruder nicht. Mutti nicht. Vater weggegangen, wohin ... Niemand war da. Das Kind war allein. Es dachte das Wort nicht — viel schlimmer: es fühlte die Einsamkeit, wie nur Kinder sie fühlen können.

Die kleinen Mädchen raschelten in den Kissen. Eins flüsterte im Schlaf. Das war jetzt der zweite Sommer hier oben. Es würde nie anders werden. Nie. Mutti soll kommen, dachte das Kind. Aber sie müßte es hier fortnehmen, denn gegen Frau Adriani kam auch Mutti nicht auf. Niemand kam gegen sie auf. Schritte? Wenn sie jetzt käme? Einmal war Gertie krank gewesen; da war Frau Adriani fünf Mal in der Nacht heraufgekommen — fünf Mal hatte sie nach dem kranken Kind gesehen, sie hatte fast eifersüchtig mit der Krankheit gekämpft. Und zum Schluß hatte sie das Fieber besiegt. Wenn sie jetzt käme? Nichts — eins der acht Betten hatte geknarrt. Das war Lisa Wedigen, die schlief immer so unruhig. Wenn doch einer — wenn doch einer — wenn doch einer ... Morgen war Baden im See. Da spritzen einen die Mädchen immer so mit Wasser. Wenn doch einer —

Die Hände des Kindes tasteten vorsichtig unter das Kopfkissen, suchten im Laken, verschoben alles. Fort? Nein. Sie waren noch da.

Unter dem Kopfkissen lagen, verwelkt und zerdrückt, zwei kleine Glockenblumen.

DRITTES KAPITEL

Ei ist Ei, sagte jener —
und nahm das größte.

1

Wir beugten uns beide über den Brief und lasen gemeinschaftlich:

Lieber Freund!

Ich habe in diesem Jahr noch acht Tage Urlaub gut und würde die gern mit Dir und Deiner lieben Frau Freundin verleben. Wie ich höre, seid Ihr in Schweden. Lieber Freund, würdest Du wohl Deinen alten Kriegskameraden, der Dir in so manchem Granattrichter den Steigbügel gehalten hat, bei Euch aufnehmen? Lieber Freund, ich zahle auch das Reisegeld für mich allein; es ist mir sehr schmerzlich, für mich allein etwas bezahlen zu müssen; es ist dies sonst nicht meine Art, wie Du weißt. Schreibe mir bitte, wie ich zu Euch fahre, lieber Freund.

Kann ich da wohnen? Wohnt Ihr? Sind da viele Mädchen? Soll ich lieber nicht kommen? Wollen wir uns gleich den ersten Abend besaufen? Liebst Du mich?

Ich sende Dir beigebogen in der Falte das Bild meines Fräulein Tochter. Sie wird so schön wie ich.

Lieber Freund, ich freue mich sehr, Euch zu sehen, und bin Euer gutes

Karlchen

Darunter stand, mit Rotschrift, wie ein Aktenvermerk:

«Sofort! Noch gestern! Eilt unbeschreiblich!»

«So», sagte ich. «Da hätten wir ihn. Soll er kommen?»

Braun war die Prinzessin und frisch. «Ja», sagte sie. «Jetzt kann er kommen. Ich bin ausgeruht, und wenn er überhaupt nach acht Tagen wieder wegfährt? Abwechslung ist immer gut.» Demgemäß schrieb ich.

Wir waren in der Mitte der Ferien.

Baden im See; nackt am Ufer liegen, an einer versteckten Stelle; sich voll Sonne saugen, daß man mittags herrlich verdöst und trunken von Licht, Luft und Wasser nach Hause rollt; Stille; Essen; Trinken; Schlaf; Ruhe — Urlaub.

Dann war es soweit. «Wollen wir ihn abholen?» — «Halen wi em aff.»

Es war ein strahlender Tag — ein Wetter, wie die Prinzessin sagte, ein Wetter zum Eierlegen. Wir gingen auf den Bahnhof. So ein winziger Bahnhof war das; eigentlich war es nur ein kleines Haus, das aber furchtbar ernst tat und vor lauter Bahnhof vergessen hatte, daß es Haus war. Da lagen auch zwei Schienenpaare, weil die ja zu einem Bahnhof gehören, und hinten kam der Waggon angeschnauft. Einen Zug gab es hier nicht — nur einen Motorwagen. Er hatte sich einen kleinen Schornstein angesteckt, damit man es ihm auch glaubte. Einfahrt. Gezisch. Karlchen.

Wie immer, wenn wir uns lange nicht gesehen hatten, machte er eine gleichmütig-freundlich-dümmliche Miene, so: «Na ... da bist du ja ...» Er kam auf uns zu, der Schatten der kommenden Begrüßung lag schon auf seinem Gesicht, in der Hand trug er ein kleines Köfferchen. Der Bursche war gut gewachsen, und sein leicht zerhacktes Gesicht sah «jung und alert» aus, wie er das nannte.

Guten Tag — und dies ist ... und das ist ... gebt euch mal die Hand ... und: Wo hast du denn das große Gepäck? — Als die Präliminarien vorbei waren:

«Na, Karlchen, wie war denn die Reise?»

Er war nach Stockholm in einem Flugzeug geflattert, und heute mittag war er angekommen ... «War es schön?» — «Na ...» sagte Karlchen und fletschte nach alter Gewohnheit das Gebiß — «da war eine alte Dame, die hatte Luftbeschwerden. Gib mir mal 'n Zigarettchen. Danke. Und da haben sie doch diese kleinen Tüten ... Zwei Tüten hatte sie schon verbraucht, und dann bekam sie nicht rasch genug die dritte, und der Mann neben ihr muß sich nun einen neuen Sommerüberzieher kaufen oder den alten reinigen lassen. Ich saß leider nicht neben ihr. Die sonstige Aussicht war sehr schön. Und wie gefällt es denn der Gnädigsten hier?»

Wenn Karlchen ‹Gnädigste› sagte, woran er selber nicht glaubte, dann machte er sich ganz steif und beugte den Oberkörper fein nach vorn; dazu hatte er eine bezaubernde Bewegung, den Unterarm mit einem Ruck zu strecken und ihn dann mit spitzem Ellenbogen wieder einzuziehen, wie wenn er nach seinen Manschetten sehen wollte ...

Wie es der Gnädigsten gefiele? «Wenn der hier nicht dabei wäre», sagte die Gnädigste, «dann würde ich mich sehr gut erholen. Aber Sie kennen ihn ja — er schwabbelt so viel und läßt einen nicht in Ruhe ...» — «Ja, das hat er immer getan. Wie schön», sagte er plötzlich, «daß ich meinen Schirm in der Bahn habe stehn lassen.» Und wir gingen zurück und holten ihn. In Schweden kommt nichts fort. Die beiden waren sich sofort und sogleich einig — merkwürdig, wie bei Menschen oft die ersten Minuten über ihre gesamten späteren Beziehungen entscheiden. Hier war augenblicklich zu spüren, daß sich beide auf Anhieb verstanden:

das Ganze wurde nicht recht ernst genommen. Und ich schon gar nicht.

Karlchen war noch genau so wie vor einem Jahr, wie vor zwei Jahren, wie vor drei Jahren: so wie er immer gewesen war. Er hob grade den Kopf und schnupperte leicht mißtrauisch in der Luft umher. «Hier ist ... irgendwas ... Irgendwas ist hier ... wie?» Das sagte er so hin, sprach dabei die Konsonanten scharf aus und trübte auch wohl manchmal das a, wie sie es im Hannöverschen zu tun pflegen. Genau so waren wir damals im Krieg am Ufer der Donau entlangspaziert und hatten gefunden, daß da irgend etwas sein müsse ... Es war aber nichts.

Ich hoppelte neben den beiden her, die in ein angeregtes Gespräch über Schweden und über die Landschaft, über die Fliegerei und über Stockholm vertieft waren, die Prinzessin hatten wir in die Mitte genommen, manchmal sprachen wir über sie hinweg, und ich badete in einer tiefen Badewanne von Freundschaft.

Sich auf jemand verlassen können! Einmal mit jemand zusammen sein, der einen nicht mißtrauisch von der Seite ansieht, wenn irgendein Wort fällt, das vielleicht die als Berufsinteressen verkleidete Eitelkeit verletzen könnte, einer, der nicht jede Minute bereit ist, das Visier herunterzulassen und anzutreten auf Tod und Leben ... ach, darauf treten die Leute gar nicht an — sie zanken sich schon um eine Mark fünfzig ... um einen alten Hut ... um Klatsch ... Zwei Männer kenne ich auf der Welt; wenn ich bei denen nachts anklopfte und sagte: Herrschaften, so und so ... ich muß nach Amerika — was nun? Sie würden mir helfen. Zwei — einer davon war Karlchen. Freundschaft, das ist wie Heimat. Darüber wurde nie gesprochen, und leichte Anwandlungen von Gefühl wurden, wenn nicht ernste Nachtgespräche stattfanden, in einem kalten Guß bunter Schimpfwörter erstickt. Es war sehr schön.

Wir hatten ihn im Hotel untergebracht, weil es in diesen Tagen bei uns keinen Platz mehr gab. Er sah sein Zimmer an, behauptete, es röche darin wie im Schlafzimmer Ludwigs des Anrüchigen, es wäre überhaupt «etwas dünn» ... das sagte er von allem, und ich hatte es schon von ihm angenommen; dann mußte er sich waschen, und dann saßen wir unter den Bäumen und tranken Kaffee.

«Na, Fritzchen ...?» sagte er zu mir. Niemand wird je ergründen können, warum er mich Fritzchen nannte. «Kann man denn bei euch baden? Wie ist der See?» — «Es sind gewöhnlich sechzehn Grad Celsius oder zwanzig Remius», sagte ich. «Das macht die Valuta.» Das sah er ein. «Und was tun wir heute abend?» — «Ja ...» sagte die Prinzessin, «heute wollen wir einen ganz stillen Abend abziehen ...» — «Kann man hier Rotwein bekommen?» — Ich berichtete die betrübliche Tatsache mit dem Rotwein und erzählte davon, daß in der ‹Sprit-Zentrale› ein junger Mann Chablis unter den Rotweinen gesucht habe. Karlchen schloß wehmütig die Augen. «Aber du darfst den Wein bezahlen,

Karlchen — das ist der sogenannte Einstand, den die Fremden hier geben.» Das hörte er leider nicht. Ein Mädchen ging vorüber — nicht einmal ein besonders hübsches. «Na . . .?» sagte Karlchen, «was . . .?» Und sprach weiter, als ob gar nichts gewesen wäre. Es war auch nichts. Aber er mußte das sagen — sonst wäre er wohl geplatzt. Und nun fingen wir langsam an, uns wie vernünftige Menschen zu gebärden.

Wir waren ein ganzes Stück Zeit miteinander gefahren und sprachen unter uns einen Cable-Code, der vieles abkürzte. Die Prinzessin fand sich überraschend schnell darein — es war ja auch nichts Geheimnisvolles, es war eben nur die Übereinstimmung in den Grundfragen des Daseins. Wir wußten beide, daß es ‹alles nicht so doll› sei . . . und wir hatten uns aus Skepsis, Einsicht, Unvermögen und gut angelegter Kraft eine Haltung zusammengekocht, die uns in vielem schweigen ließ, wo andre wild umhersurrten. Die größten Vorzüge dieses Mannes lagen, neben seiner Zuverlässigkeit, im Negativen: was er alles nicht sagte, was er nicht tat, nicht anstellte . . . Da gab es keine fein gebildeten Verdauungsgespräche, in denen die Herren dem ‹Geist ihrer Zeit› einen scheußlichen Tribut darbringen, ohne übrigens ihr Leben auch nur um einen Deut zu ändern. Da wurde nicht literarische Bildung verzapft, und es gab keine wiener Aphorismen über Tod, Liebe, Leben und Musik wie bei den Journalisten aus Österreich und den ihnen Anverwandten . . . es wird einem himmelangst, wenn man das hört, und beim ersten Mal glaubt man das druckfertige Gerede auch, und es ist alles, alles nicht wahr. Was Karlchen anging, so war das ein Stiller. Er rauchte die Welt an, wunderte sich über gar nichts mehr, war ein braver Arbeiter im Aktengarten des Herrn und zog zu Hause zwei Kinder auf, ohne dabei ein Trockenmieter seiner selbst zu werden. Hier und da fiel er in Liebe und Sünde, und wenn man ihn fragte, was er nun wieder angestellt hätte, dann fletschte er die Zähne und sagte: «Sie hat mich über die Schwelle der Jugend geführt!» und dann ging es wieder eine Weile.

Jetzt saß er da und rauchte und dachte nach.

«Wir müssen an Jakopp schreiben», sagte er. Jakopp war der andre — wir waren drei. Mit der Prinzessin vier. «Was wollen wir ihm denn schreiben?» fragte ich. «Hast du ihn gesehn? Du bist doch über Hamburg gefahren?» Ja, Karlchen war über Hamburg gefahren, und er hatte ihn gesehn. Jakopp war der Verschrullteste von uns, am Hamburger Wasserwerk sich betätigend, ein Ordentlicher, der deshalb auch die Georginen über alles liebte — «Georgine, die ordentliche Blume», sagte er — ein Kerl von bunter Verspieltheit und mit vierhundertvierundvierzig fixen Ideen im Kopf. Wir paßten gut zueinander.

«Wo ist denn auf einmal die Prinzessin?» fragte Karlchen. Die Prinzessin war ins Städtchen gegangen, «Knöpfchen kaufen». Wir kauften nie zusammen Knöpfchen, womit jede Art Einkauf gemeint war – wenn wir es aber doch taten, dann zankten wir uns dabei. Nun war sie fort. Wir schwiegen eine Weile.

«Na, und sonst, Karlchen?» – «Sonst hat sich Jakopp Pastillen gekauft, weil er doch so viel raucht. Und wenn er raucht, dann hustet er doch so. Du kennst das ja – es ist ein ziemlich scheußlicher Anblick. Und jetzt hat er sich gegen das Rauchen ein Mittel besorgt: Fumasolan heißen die Dinger. Hm.» – «Na und? Helfen sie?» – «Nein, natürlich nicht. Aber er sagt: seit er das nimmt, verspürt er eine merkwürdige Steigerung seiner Manneskräfte. Das stört ihn sehr. Ob sie ihm die falschen Pastillen eingepackt haben?» – So ging alles in Jakopps Leben zu, und wir hatten viel Freude daran.

«Gib mal eine Karte. Was wollen wir ihm denn ...?» Endlich hatte ich es heraus. Wir wollten ihm eine Telegrammkarte schicken, weil das tägliche Telegramm, das ihn gestört und herrlich aufgebracht hätte, zu teuer gewesen wäre. Wir telegrafierten also fortab auf Karten entsetzlich eilige Sachen – heute diese:

hergeflogenes karlchen soeben fast zur gänze eingetroffen drahtet sofort, ob sofort drahten wollt stop großmutti leider aus schaukel gefallen großvati

Diese schwere Arbeit hatten wir hinter uns ... nun ruhten wir aus und sagten erst mal gar nichts. Da kam die Prinzessin.

Sie hatte vielerlei Knöpfchen eingekauft; es ist rätselhaft, was für eine Fülle von Waren Frauen noch in den kleinsten Ortschaften entdecken. Und Geld hatte sie auch nicht mehr, und ich zog mit gefurchter Stirn die Brieftasche und tat mich sehr dick. Dann legten wir uns ins Gras.

«Geht euch das eigentlich auch so», sagte Karlchen, der hier schon völlig zu Hause war, «daß ihr euch so schwer erholt? Erholung ist eine Arbeit, finde ich. Man macht und tut, auch wenn man gar nichts tut – und man merkt es erst hinterher, wie ...?» – «Hm», machten wir; wir waren zu faul, zu antworten. Es knisterte. «Steck die Zeitungen weg!» sagte ich. «Habt ihr gelesen ...?» sagte er. Und da war es.

Da war die Zeit.

Wir hatten geglaubt, der Zeit entrinnen zu können. Man kann das nicht, sie kommt nach. Ich sah die Prinzessin an und zeigte auf die Zeitung, und sie nickte: wir hatten heute nacht davon gesprochen, davon und von der Zeit und von dieser Zeit ... Man denkt oft, die Liebe sei stärker als die Zeit. Aber immer ist die Zeit stärker als die Liebe.

«Gelesen ... gelesen ...» sagte ich. «Karlchen, was liest du jetzt eigentlich für eine Zeitung?» – er nannte den Namen. «Man soll nicht nur eine lesen», lehrte ich weise. «Das ist gar nichts. Man muß mindestens vier Zeitungen lesen und eine große englische oder französische dazu;

von draußen sieht das alles ganz anders aus.» — «Ich muß mich immer wundern», sagte die Prinzessin, «was unsereiner da so vorgesetzt bekommt. Seht mal — Zeitungen für uns gibt es eigentlich gar nicht. Sie tun immer alle so, als ob wir wer weiß wie viel Geld hätten — nein, als ob es gar kein Geld auf der Welt gäbe . . . dabei wissen sie genau: wir haben nur wenig — aber sie tun so. Was sie uns da alles erzählen . . . und was sie alles abbilden!» — «Geronnene Wunschträume. Du sollst schlafen, du sollst schlafen, du sollst schlafen, liebes Kind!» — «Nein, das meine ich nicht», sagte die Prinzessin. «Ich meine: sie sind alle so furchtbar fein. Noch wenn sie den Dalles schildern, ist es ein feiner Dalles. Sie schweben eine Handbreit über dem Boden. Ob mal ein Blatt sagt, wie es nun wirklich ist: daß man am Zwanzigsten zu knapsen anfängt, und daß es mitunter recht jämmerlich und klein ist, und daß man sich gar nicht so oft ein Auto leisten kann, von Autos kaufen überhaupt nicht zu reden, und mit ihrer lächerlichen Wohnungskultur . . . haben wir vielleicht anständige Wohnungen?»

«Die Leute fressen einen auf», sagte ich. «Das Schlimmste ist: sie stellen die Fragen und sie ziehen die Kreise und sie spannen die Schnüre — und du hast zu antworten, du hast nachzuziehen, du hast zu springen . . . du kannst dir nichts aussuchen. Wir sind nicht hienieden, um auszusuchen, sondern um vorliebzunehmen — ich weiß schon. Aber daß man lauter Kreuzworträtsel aufbekommt: Rom gibt dir eins auf und Rußland eins und Amerika und die Mode und die Gesellschaft und die Literatur — es ist ein bißchen viel für einen einzelnen Herrn. Finde ich.»

«Wenn man sich das recht überlegt», sagte Karlchen, «sind wir eigentlich seit neunzehnhundertundvierzehn nicht mehr zur Ruhe gekommen. Spießerwunsch? Ich weiß nicht. Man gedeiht besser, wenn man seinen Frieden hat. Und es kommt alles nach — es wirkt so nach . . . Weißt du noch: der allgemeine Irrsinn in den Augen, als uns das Geld zerrann und man ganz Deutschland für tausend Dollar kaufen konnte? Damals wollten wir alle Cowboys werden. Eine schöne Zeit!»

«Lieber Mann, wir haben das Pech, nicht an das zu glauben, was die Kaffern Proppleme nennen — damit trösten sie sich. Es ist ein Gesellschaftsspiel.»

«Arbeiten. Arbeit hilft», sagte die Prinzessin.

«Liebe Prinzessin», sagte Karlchen, «ihr Frauen nehmt das ja ernst, was ihr tut — das ist euer unbestrittener Vorzug vor uns andern. Wenn man das aber nicht kann . . . Immerhin: eine so schöne junge Frau . . .»

«Sie werden ausgewiesen, wenn Sie so reden», sagte die Prinzessin. «Vestahn Sei Plattdütsch?» — Karlchen strahlte: er sprach Platt wie ein hannöverscher Bauer, und jetzt schnackten sie eine ganze

Weile in fremden Zungen. Was sagte sie da? Ich horchte auf. «Das hast du mir doch noch gar nicht erzählt?»

«Nein...? Habe ich das nicht?» Die Prinzessin tat furchtbar unschuldig. Sie log sonst gut – aber jetzt log sie ganz miserabel. «Also?»

Der Generalkonsul hatte es mit ihr treiben wollen. Wann? Vor zwei Monaten. «Bitte erzähl.»

«Er hat gewollt. Na, ihr wollt doch alle. Verzeihen Sie, Karlchen, außer Ihnen natürlich. Er hat eines Abends ... also das war so. Eines Abends hat er mich gefragt, ob ich länger bleiben könnte, er hätte noch ein langes Exposé zu diktieren. Das kommt manchmal vor – ich habe mir nichts dabei gedacht; natürlich bin ich geblieben.» – «Natürlich ...» sagte ich. «Ihr habt ja sonst den Achtstundentag.» – «Quackel nicht, Daddy – wir haben ihn natürlich nicht, ich habe ihn nicht. Das ist eben in meiner Position ...» – «Darüber werden wir uns nie einigen, Alte. Ihr habt ihn nicht, weil ihr ihn euch nicht erkämpft. Und ihr kämpft nicht – ach, ich habe jetzt Ferien.» – «Gibt es dafür Ferien?» fragte Karlchen. «Also», fuhr die Prinzessin fort, «Exposé. Wie das fertig ist, bleibt er mitten im Zimmer stehn – wissen Sie, Karlchen, mein Chef ist nämlich furchtbar dick – bleibt mitten im Zimmer stehn, sieht mich mit so ganz komischen Augen an und sagt: Haben Sie eigentlich einen Freund? Ja, sage ich. Ach, sagt er, sehn Sie mal an – und ich hatte gedacht, Sie hätten gar keinen. Warum nicht? sage ich. Sie sehn nicht so aus, also ich meine ... Na, und dann kam er langsam damit heraus. Er wäre doch so allein, das sähe ich doch ... zur Zeit hätte er überhaupt keinen Menschen, und er hätte mal eine langjährige Freundin gehabt, die hätte ihn aber betrogen –» Karlchen schüttelte bekümmert den Kopf, wie so etwas wohl möglich wäre. «Na, und was hast du gesagt?» – «Du alter Affe – ich habe Nein gesagt.» – «Ach?» – «Ach! Hätte ich vielleicht Ja sagen sollen?» – «Na, wer weiß! Eine gute Position ... Hör mal, ich habe da einen Film gesehn –» – «Da bezieht er nämlich seine Bildung her, Karlchen. Würden Sie mit Ihrem Chef was anfangen?» – Karlchen sagte, er würde mit seinem Chef nie etwas anfangen. «Das ist ja alles Unsinn», sagte die Prinzessin. «Männer verstehen das nicht. Was hat man denn davon? Ich müßte seine Sorgen teilen wie seine Frau, arbeiten wie seine Sekretärin, und wenn die Börse fest ist, dann bleibt er eines Abends bei einer andern mitten im Zimmer stehn und fragt die, ob sie vielleicht einen Freund... Ach, geht mir doch los!» – «Und an mich hast du gar nicht gedacht?» sagte ich. «Nein», sagte die Prinzessin. «An dich denke ich erst, wenn der Mann in Frage kommt.» Und dann standen wir auf und gingen an das Seeufer.

Das Schloß schlief dick und still; überall roch es nach Wasser und nach Holz, das lange in der Sonne gelegen hatte, nach Fischen und nach Enten. Wir gingen am See entlang.

Und ich genoß diese beiden; dies war ein Freund, nein, es waren zwei Freunde – und ich verriet die Frau nicht an den Mann, wie ich es fast immer getan hatte; denn wenn da ein Mann war, mit dem es etwas zu erzählen gab, dann ließ ich die Frau liegen, als ob ich nicht noch eben mit ihr geschlafen hätte; ich gab sie auf, kümmerte mich nicht mehr um sie und verriet sie voller Feigheit an den ersten besten. Dann ließ sie los. Und dann wunderte ich mich.

Die zwei sprachen sich in ihren Dialekten über ihre Heimat aus. Sie sagten, wo man das r aussprechen müsse und wo nicht; sie ergänzten ihre Schimpfwörterverzeichnisse; sie wußten beide, was das ist: niederdeutsch. Es ist jener Weg, den die deutsche Sprache leider nicht gegangen ist, wieviel kraftvoller ist da alles, wieviel bildhafter, einfacher, klarer – und die schönsten Liebesgedichte, die der Deutsche hat, stehen auf diesen Blättern. Und die Menschen ... was es da im alten Niederdeutschland, besonders an der Ostsee, für Häuser gegeben hat, eine Traumwelt von Absonderlichkeit, Güte und Musik, eine Käfersammlung von Leuten, die alle nur einmal vorkommen ... Vieles davon ist nun in die Hände dummer Heimatdichter gefallen, die der Teufel holen möge – scheinbar gutmütige Bürger, unter deren rauchgeschwängerten Bärten der Grog dampft und die die kraftvolle Männlichkeit ihrer alten Sprache in einen fatalen Brei von Gemütlichkeit umgelogen haben –: Oberförster des Meeres. Manche haben sich den Bart abrasieren lassen und glauben nun, wie alte Holzschnitte auszusehen – aber es hilft ihnen nichts; kein Wald rauscht ihnen, kein Meer rauscht ihnen, ihnen rauscht der Bart. Ihre Gutmütigkeit verschwindet im Augenblick, wo sie etwas verwirrt in die neue Zeit starren und auf den politischen Gegner stoßen; dann krabbelt aus ihnen ans Licht, was in ihnen ist: der Kleinbürger. Unter ihren Netzhemden schlägt ein Herz, im Parademarsch.

Das ist nicht unser Plattdeutsch, das nicht.

Niederdeutschland aber geht nicht ein – es lebt und wird ewig leben, solange dieses Land steht. Dergleichen hat es außerhalb Deutschlands nur noch einmal gegeben, aber da auf dem Rücken einer dienenden, nicht gut behandelten Kaste: in Kurland. Doch der Niederdeutsche ist anders. Seine Worte setzt er bedächtig, und sie sind gut. Und darüber sprachen die beiden. Und ich wußte: das Beste an der Prinzessin stammte aus diesem Boden. Und ich liebte in ihr einen Teil dieses Landes, das einem so sehr schwer macht, es zu lieben. Dessen ratlose Seelen es für eine Auszeichnung halten, gehaßt zu werden. Da war die Zeit, da war sie wieder. Nein, für uns gibt es wohl keine Ferien.

Die beiden aber schnackten unentwegt. Jeder pries *sein* Plattdeutsch als das allein wahre und schöne, das des andern wäre ganz falsch. Jetzt waren sie bei den Geschichten angelangt.

Die Prinzessin erzählte die vom Schuster Hagen, dem der Amtsverwalter sein Prost Neujahr zugerufen hatte: «Ick wünsch See uck veel Glück taut niege Johr, Meisting!» — Und der andre hatte dann verehrungsvoll über den ganzen Marktplatz zurückgebrüllt: «Ins Gegenteil! Ins Gegenteil, Herr Amtsverwalter!» Und jene vom Schulzen Hacher, der seinen Ochsen auf die Ausstellung brachte und dazu sprach: «Ick dau dat nicht för Geld. Ick dau dat blodsen för de Blamasch!»

Und dann wieder Karlchen: wie Dörten, Mathilde und Zophie, die neugierigsten Mädchen in ganz Celle, ihn gefragt hatten, wer denn der junge Mann wäre, der jetzt immer morgens durch die Straßen ginge. Er konnte es ihnen nicht sagen. Und dann hatte er sie nachts geweckt, das ging gut, denn sie wohnten Parterre — und als sie ganz erschreckt ans Fenster kamen, alle drei: «Ich wollte den Däömen nur sagen: der Herr von heute morgen hat fromme Bücher verkauft.»

Und dann sangen sie schöne Lieder, immer eines nach dem andern. Die Prinzessin:

«Auf dem Berge Sinai, da sitzt die Mutter Pietschen,
und wenn sie nichts zu essen hat, dann . . .

Karlchen, wie ist das mit einem Lullerchen Schlaf, heute nachmittag?» fragte sie plötzlich. Karlchen sang grade:

«Sie trug ein bunt kariertes Kleid,
mir tut mein Geld noch heute leid —

Nein», sagte er. «Heute nachmittag tun wir einen schönen Spaziergang. Das ist gut für den Dicken, und wir schlafen dann nachts besser.» Der Dicke war ich. Wohlwollend musterte mich sein Blick. «Wenn man euch junges Volk so sieht . . . gut erholt seid ihr —!»

Und so fühlten wir uns auch. Ich wackelte schweigend neben den beiden her, denn junges Glück soll man nicht stören.

Begehrte er sie —?

Natürlich begehrte er sie. Aber dies war ungeschriebenes Gesetz zwischen uns: Totem und Tabu . . . Unter welchem Tier wir geboren waren, wußten wir nicht; aber es mußte wohl das gleiche sein. Und die Frauen des andern: nie. Rational gemacht hatten wir das so: «Deine Bräute . . . also wenn man die schon sieht — herzlichen Glückwunsch!» Und wieder fühlte ich, zum hundertsten Male in so vielen Jahren, das Unausgesprochene dieser Freundschaft, das Fundament, auf dem sie ruhte. Ich kannte den Urgrund seiner Haltung. Ich wußte, weil ich es mitangesehen hatte: was der Mann alles erlebt hatte («Über mich ist ein bißchen viel hinweggebraust!» pflegte er zu sagen); ich sah seine unbedingte Selbstbeherrschung, wenns schief ging, der konnte die Ohren steif halten. Oft, wenn ich nicht weiter wußte, dachte ich: Was täte Karlchen jetzt? Und dann ging es wieder eine Weile. Eine richtige Männerfreundschaft . . . das ist wie ein Eisberg: nur das letzte Viertel sieht aus dem Wasser. Der Rest schwimmt unten; man kann ihn nicht sehn. Klamauk – Klamauk ist nur schön, wenn er auf Ernst beruht.

«Plattdeutsch predigen», hörte ich Karlchen grade sagen, «nein – nein.» – «Das ist doch Unfug, Herr Karlchen», sagte die Prinzessin. «Warum denn nich? Den Bauern vestehn es doch viel besser. Natürlich euern Platt ... aber unsen Plattdeutsch ...» – «Schöne junge Frau», sagte Karlchen; «das ist es nicht. Die Bauern verstünden es schon – und eben deswegen mögen sie es nicht. In der Kirche wollen sie nicht die Sprache ihres Alltags; vor der haben sie keine Achtung – was kann an dem sein, was sie im Stall sprechen? Sie wollen das andre, das Ungewöhnliche, das Feierliche. Sonst sind sie enttäuscht und nehmen den Pastor nicht für voll. Na, und nun gehn wir ja wohl im Chantant ... Fritzchen, weißt du noch?»

Und ob ich es wußte! Das stammte von Herrn Petkoff aus Rumänien, vom rumänischen Kriegsschauplatz, den wir gemeinsam bevölkert hatten. Herr Petkoff pflegte Geschichten zu erzählen, die sich durch besondere Pointenlosigkeit auszeichneten, aber sie endeten alle im Puff. «Sagt er zu mir: Petkoff, du Schwain, komm, gehn wir im Chantant!» Und was da nun war, wollte die Prinzessin gern wissen. Karlchen machte vor: «Petkoff sagte und schlug sich dabei auf die Oberschenkel: Hier ein Mättchän und da ein Mättchän ...» – «Aber Karlchen», sagte die Prinzessin, «da muß ich ja ganz rot werden!» – «Er hatte eine Freundin, der Petkoff. Die hatte vor seiner Zeit dreizehn Geliebte gehabt.» – «Dreizehn Geliebte», lobte die Prinzessin. «Und wieviel schnelle Männer –?»

So schritten wir selbander dahin.

Da blieb die Prinzessin stehn, um sich zu pudern. «Ich begreife nicht, wie man sich in Gottes freier Natur pudern kann», sagte ich. «Die Luft hat doch ... der Teint ist ...» – «Du gewinn den Nobelpreis und halt den Schnabel», sagte sie. «Hör mal, ich sage dir das wirklich ...» – «Daddy, das verstehn die Männer nie – und wir verstehn uns doch wirklich gut. Jeder seins, lieber Daddy. Du schminkst dich nicht, und ich genieße des Puders. So ist das!» Nun setzten wir uns auf eine Bank. Ich brummte: «They are all the same ...», dieser Satz Byrons machte meinen halben englischen Sprachschatz aus. «Sei mal nett zu ihr!» sagte Karlchen, und die Prinzessin war begeistert und nickte ihm fröhlich zu: «Nicht wahr?» – «Wer seine Braut zu seinem Weibe macht», sagte Karlchen, «der soll auch das Weib zu seiner Braut machen!» – «Nun gebt euch einen Kuß!» sagte ich. Das taten sie. «Sei wirklich nett zu ihr!» sagte Karlchen noch einmal. Er war ein Vorübergehender. Der Vorübergehende ist stets milde und weise, hat für alles gute und kluge Worte und geht vorüber. Wir, die wir bleiben ... Aber gleich war diese kleine Wolke vorbei. Weil Karlchen das gescheite Wort sprach: «Bei uns zu Hause sagen sie immer: Zur Heirat gehört mehr als nur vier nackte Beine ins Bett.»

«Karlchen», sagte ich unvermittelt, «was wird aus uns mal? Ich meine ... so später ... im Alter ...?»

Er antwortete nicht gleich. Dafür die Prinzessin: «Daddy, weißt du noch, was auf der alten Uhr stand, die wir in Lübeck zusammen gesehen haben und die wir damals nicht kaufen konnten?» — «Ja», sagte ich. «Es stand drauf: Lasset die Jahre reden.»

Ich sah sie an, und sie gab den Blick zurück: wir faßten uns mit den Augen bei den Händen. Sie war bei mir. Sie gehörte dazu. Sie sorgte für mich.

Als wir aber nach Hause kamen, lag da für die Prinzessin ein großer Strauß aus Mohrrüben, Petersilie und Sellerie. Der war von Karlchen, denn so liebte er, wenn er liebte.

2

«Das laßt man Frau Direktor sehn!» sagte das Stubenmädchen Emma. «Die ist heute grade in der richtigen Laune!»

Das Gelächter der vier kleinen Mädchen verstummte jäh. Eine bückte sich scheu nach den Büchern, mit denen sie sich eben geworfen hatten. Hanne, die dicke Hanne aus Ostpreußen, setzte zu einer Frage an. «Was ist denn? Ist Frau Direktor ...?» — «Na, macht nur!» sagte das Mädchen und lachte schadenfroh. «Ihr werdt ja sehn!» Und ging eilig davon. Die vier standen noch einen Augenblick zusammen, dann verteilten sie sich rasch im Korridor. Hanne war die letzte.

Sie hatte grade die Tür des Schlafzimmers aufgemacht, in dem die andern schon standen und ihre Badesachen zusammensuchten, als man die schrille Stimme der Frau Adriani aus dem untern Stockwerk vernahm — wie laut mußte sie sprechen, daß man das so deutlich hören konnte! Die Mädchen standen wie die Wachspuppen.

«So? Ach! Das hast du nicht gewußt! Das hat das gute Lieschen nicht gewußt! Habe ich dir nicht schon tausendmal gesagt, daß man seinen Schrank nicht offenstehn läßt? Was? Wie?» — Man hörte, wie aus einer Watteschachtel, ein ganz leises Weinen. Oben sahen sie sich an und atmeten, sie schauerten vor Angst zusammen. «Du bist eine Schlumpe!» sagte die ferne Stimme. «Eine dreckige Schlumpe! Was? Der Schrank ist allein aufgegangen? Na, da hört doch ... Und — was ist denn das hier? Wie? Seit wann bewahrst du dir denn Essen in der Wäsche auf? Wie? Du Teufelsbraten! Ich werde dir —»

Nun wurde das Weinen lauter, so laut, daß man es deutlich hören konnte. Schläge konnten sie nicht hören —: Frau Adriani pflegte nicht zu schlagen, sie knuffte. «Hier — und da — und jetzt ... Ich werde euch überhaupt mal alle ...» Fortissimo: «Alle runter kommen! In den Eß-Saal!»

In die Wachspuppen oben kam Leben; sie warfen ihre Badesachen auf die Betten, sie hatten plötzlich hochrote Köpfe, und einer, der ewig blassen Gertie, standen Tränen in den Augen. Man hörte, rasch hervorgestoßen: «Macht doch! Fix!», dann gingen sie hinunter, sie liefen fast, schweigend.

Aus allen Türen kamen die Mädchen; sie hatten erschrockene Gesichter, eine fragte leise: «Was ist denn ...» und wurde gleich zur Ruhe verwiesen; wenn es gewittert, soll man lieber nicht sprechen. Auf den Treppen trappelte es, Schritte, Poltern, Türenklappen ... nun war der Eß-Saal voll. Als letzte kam Frau Adriani, eine rote Wolke, mit der weinenden Lisa Wedigen an der Hand.

Das Gesicht der Frau war gerötet, ihr Lebensmotor lief auf Touren; sie lebte doppelt, wenn sie in solcher Erregung war. «Alle da—?» Sie sah über die Mädchen hin, mit jenem Blick, von dem jede glaubte, er hätte sie, grade sie gemeint. Hart: «Lisa Wedigen hat Essen gestohlen!» — «Ich ...», was die Kleine sagen wollte, erstickte in Geschluchz. «Lisa Wedigen stiehlt. Sie hat von unserm Essen gestohlen», sagte Frau Adriani mit Nachdruck, «gestohlen, und sie hat es in ihrem Schrank versteckt. Der Schrank war natürlich in einer scheußlichen Unordnung, wie immer bei Dieben; die Wäsche vom Essen beschmutzt, die Schranktür war offen. Wer nicht hören will, muß fühlen. Ihr wißt, wie ich es euch gleich am Anfang gesagt habe: wenn hier eine was falsch macht, dann büßen alle. Das ist Gerechtigkeit. Ich werde euch ...! Also:

Lisa hat heute abend Essenentzug. Sie darf die nächsten acht Tage nicht mit uns spazierengehen, sondern bleibt zu Hause auf dem Zimmer. Morgen bekommt sie nur das halbe Essen. Das Baden fällt heute aus. Ihr macht alle Schreibübungen. Lisa schreibt besonders vier Kapitel aus der Bibel ab. Ihr seid eine ganz verlotterte Bande! Marsch — auf die Zimmer!»

Schweigend und beklommen tropfte die Schar aus den beiden Türen; manche sahen sich bedeutungsvoll an, die Abgehärteteren schlenkerten mit den Armen und taten unbekümmert-trotzig; zwei weinten. Lisa Wedigen schluchzte, sie sah niemand an und wurde von niemand angesehn. Das Kind blickte auf —

Der große Abreiß-Kalender an der Wand zeigte eine 27, eine schwarze 27. Als sich das Kind mit den andern durch die Tür schob, blätterte der Zugwind im Kalender ... so viele Blätter waren das, so viele Blätter. Und wenn dieser Kalender verbraucht war, dann hängte Frau Adriani einen neuen auf. Der Blick des Kindes fiel auf das Bildnis Gustav Adolfs, das im Korridor hing. Der hatte es gut. Er war hier, und er war doch nicht hier. Dem taten sie nichts. Merkwürdig, daß die Menschen den Sachen nichts tun. Das Kind dachte: Noch einmal so, und ich laufe fort, ich laufe aus dem Haus ...

In den Stuben herrschte eine stille Geschäftigkeit. Die Badeanzüge und die Handtücher wurden fortgelegt, zitternde Hände rissen Schubladen auf und kramten hastig darin umher, ein Flüsterwort unterbrach diese Geräusche.

Unten im Eß-Saal stand die Adriani, allein.

Ihr Atem ging rasch, sie hatte sich, anfangs kalt, in eine Wut hineingesteigert – wie sie meinte: zu pädagogischen Zwecken, und jetzt war sie wütend, weil sie wirklich wütend war. Ihr beißender Ärger besänftigte sich erst, als sie an die Vorstellung dachte, in der sie soeben aufgetreten war. Sie hatte so ein aufmerksames Publikum gehabt... alles kam darauf an, ein Publikum zu haben. Sie sah sich um. Hier war alles, bis zum Bewurf an der Mauer, dem Kitt in den Ritzen der Fensterscheiben, dem Linoleumbelag und den Türangeln – alles war gezählt, kontrolliert, aufgeschrieben und beaufsichtigt. Hier gab es nichts, das nicht ihrer Herrschaft unterstand. Sie fühlte: wenn sie den brennenden Herd scharf anblickte – er würde leiser brennen. Hier war ihr Reich. Deshalb ging auch Frau Adriani mit den Kindern nicht gern aus; sie vergällte ihnen die Spaziergänge, wo sie nur konnte, denn die Natur stand nicht stramm vor ihr. Ihr Wille tobte durch das geräumige Landhaus, das sie längst nicht mehr als gewöhnliches Haus ansah – es war ein souveränes Reich, eine kleine Welt für sich. Ihre Welt. Sie knetete die Kinder. Sie formte täglich an vierzig Kindern, den Dienstboten und ihren Nichten – der Mann zählte nicht; mit so vielen Figuren spielte sie ein lebendiges, ein schmerzvolles, ein lustvolles Spiel. Und setzte immer die andern matt. Und siegte immer. Das Geheimnis ihres Erfolges war keines: sie glaubte an diesen Sieg, konnte arbeiten wie ein Bauernpferd und sparte ihre Gefühle für sich selbst.

Sie kam sich sehr einmalig vor, die Frau Adriani. Und hatte doch viele Geschwister.

3

Es war ein bunter Sommertag – und wir waren sehr froh. Morgens hatten sich die Wolken rasch verzogen; nun legte sich der Wind, und große, weiße Wattebäusche leuchteten hoch am blauen Himmel, sie ließen die gute Hälfte unbedeckt und dunkelblau – und da stand die Sonne und freute sich.

«Wir gehn heute auch nicht in die Heija», sagte Karlchen, der merkwürdigerweise nach dem Essen nicht schlafen wollte. «Sondern wir gehen nicht schlafen und vielmehr gehn wir in die Felder. Hoppla!»

Auf und davon. Bauern kamen vorüber, wir grüßten, und sie sagten etwas, was wir nicht verstanden. «Bielern dich man blodsen nich ins Schwedsche!» sagte die Prinzessin. «Wenn man ierst die Landessprache päffekt kann, denn is das nich mehr so schoin. Denn den Baum des Wissens is nich ümme den des Lebens.» – «Lydia», sagte ich, «wir wollen doch mal bei dem Kinderheim längsgehn!» Und wir gingen.

Um den See herum, an den Chausseen entlang; einmal kam uns ein Auto entgegengetorkelt, man kann es nicht anders nennen, so sehr fuhr es im Zick-Zack. Ein junger Herr saß am Steuer, mit jenem dämlich-angespannten Gesicht, wie es Neulinge am Steuerrad haben. Er war ganz Aufmerksamkeit, Krampf und Angst. Sein Lehrer saß neben ihm. Wir sprangen beiseite, denn der junge Herr hätte sicherlich lieber uns drei überfahren als eine Ameise, die er wohl grade sah ... Dann gingen wir von der Chaussee ab, in den Wald.

Die Wege in Schweden führen manchmal grade durch kleine Anwesen, die Zauntür ist offen, und man geht über den Hof hinweg. Da standen kleine Häuschen, still und sauber ... «Guck – das wird das Kinderheim sein!» sagte Karlchen.

Auf einem kleinen Hügel lag ein langgestrecktes Haus; das war es sicherlich. Wir gingen langsam näher. Es war ganz still. Wir blieben stehn. «Müde?» – Und wir lagerten uns auf dem Moos und ruhten. Lange, lange.

Plötzlich knallte drin im Haus eine Tür – es war wie ein Schuß. Stille. Die Prinzessin hob den Kopf.

«Ob wir wohl die strenge Leiterin zu sehen be ...» ich sprach nicht zu Ende. Eine kleine Tür an der Querseite des Hauses hatte sich geöffnet, und heraus stürzte ein kleines Mädchen. Es lief wie ein blinder Mensch, nein, wie ein Tier: es hatte nicht nötig, zu sehen, wohin die Füße traten – ein Instinkt trieb es. Es lief erst ein kleines Stück ganz gradeaus, dann blickte es auf, und mit einer blitzschnellen Bewegung schlug es einen Haken und lief uns grade in die Arme. «Na ... na», machte ich. Das Kind sah auf: wie wenn es aus einem langen Schlaf erwachte. Sein Mund öffnete sich, schloß sich wieder, die Lippen zitterten, es sagte nichts. Nun erkannte ich es: wir hatten es auf unserm Spaziergang mit den andern getroffen. «Na ...?» sagte die Prinzessin. «Du hast es aber eilig ... wo willst du denn hin? Spielen?»

Da ließ das kleine Mädchen den Kopf sinken und fing an zu weinen ... ich hatte so etwas noch niemals gehört. Frauen sind, wenn der Schmerz kommt, weniger lyrisch als wir Männer – sie helfen also besser. Die Prinzessin beugte sich hinunter. «Was ... was ist denn –» und wischte der Kleinen die Tränen ab. «Was hast du denn? Wer hat dir denn etwas getan?» Das Kind schluchzte. «Ich ... sie ... ich bin schon mal weggelaufen, heute ... die Frau Direktor ... Lisa Wedigen hat gestohlen, sie will mich hauen, sie will uns alle hauen, ich bekomme heute nichts zu essen – ich will zu Mutti! Ich will zu Mutti!» – «Wo ist denn deine Mutti?» fragte die Prinzessin. Die Kleine antwortete nicht; sie starrte ängstlich auf das Haus und machte eine Bewegung, als wollte sie fortlaufen. «Nun bleib mal da – wie heißt du denn?» – «Ich heiße Ada», sagte die Kleine. «Und wie noch?» – «Ada Collin.» – «Und wo ist deine Mutti?» – «Mutti ...» sagte das Kind, und dann etwas, was man nicht verstand. «Wohnt deine Mutti sonst auch hier?» Das Kind schüttelte den Kopf. «Wo denn?» – «In der Schweiz. In Zürich ...» – «Na und?» fragte ich. So dumm können nur Männer fragen. Das Kind sah nicht hoch; es hatte die Frage gar nicht begriffen. Wir standen herum, etwas ratlos. «Warum bist du denn weggelaufen – nun erzähl das mal ganz richtig. Erzähl mal alles –» fing die Prinzessin wieder an.

«Die Frau Adriani haut uns ... sie hat uns heute kein Essen gegeben ... ich will zu Mutti ... ich will zu Mutti ...!» Karlchen dachte wie stets scharf und schnell. «Laß uns doch mal aufschreiben, wo die Mutter wohnt», sagte er. «Sag», fragte die Prinzessin, «wo wohnt denn deine Mutti?» – Das Kind schluckste. «In Zürich.» – «Na ja, aber wo da ...?» – «Hott ... Hott ... Sie kommt, sie kommt!» schrie das Kind und riß sich los. Wir hielten es fest und sahen auf.

Im Hause hatte sich die Haupttür geöffnet, und aus ihr trat schnell und energisch eine rothaarige Frau. Sie kam rasch auf uns zu. «Was machen Sie da mit dem Kind?» fragte sie, ohne Begrüßung.

Ich nahm den Hut ab. «Guten Tag!» sagte ich höflich. Die Frau sah mich nicht einmal an. «Was haben Sie mit dem Kind! Was tut das Kind bei Ihnen?» – «Es ist hier aus dem Haus gelaufen und hat geweint», sagte Karlchen.

«Das Kind ist ein Ausreißer und ein Tunichtgut. Es ist heute schon einmal weggelaufen. Geben Sie das Kind her und kümmern Sie sich nicht um Sachen, die Sie nichts angehn!» – «Langsam, langsam», sagte ich. «Das Kind hat so furchtbar geweint; es behauptet, Sie hätten es geschlagen.» Die Frau sah mir fest ins Gesicht, kampfbereit. «Ich? ich habe es nicht geschlagen. Hier werden keine Kinder geschlagen. Ich habe die elterliche Gewalt über das Kind, ich habe das schriftlich. Was fällt Ihnen denn ein? Bei mir herrscht Zucht und Ordnung ... hetzen Sie mir hier nicht die Kinder auf! – Das ist *mein* Haus!» schrie sie plötzlich laut und deutete auf das Gebäude. «Das mag sein», sagte ich. «Aber hier stimmt doch etwas nicht – das Kind kommt in Todesangst da herausgelaufen und ...» Die Frau riß das Kind an der Hand und blitzte mich böse an; in ihren grünen Augen stand ein Flämmchen.

«Du kommst jetzt mit», sagte sie zum Kind. «Sofort! Und Sie gehen! Los!» – «Es wäre hübsch», sagte Karlchen langsam, «wenn Sie etwas höflicher mit uns sprechen wollten.» – «Mit Ihnen spreche ich überhaupt nicht», sagte die Frau. Die Prinzessin hatte sich niedergebeugt, sie wischte dem Kind, das bleich geworden war, die Tränen ab. «Was tuscheln Sie da mit dem Kind?» schrie die Frau. «Sie haben gar nichts zu flüstern! Sie sind nicht für das Kind verantwortlich – ich bin es! Ich bin hier die Leiterin – ich bin das! Ich!» In den Augen das Flämmchen ... Hitze strahlte von der Person aus.

«Ich glaube, wir lassen die Dame–» sagte Karlchen. Die Frau riß abermals an dem Kind; sie riß wie an einer Sache; ich fühlte: sie meinte nicht das Mädchen, sie meinte ihre Herrschaft über das Mädchen. Das Kind war grün vor Angst, sie zog es hinter sich her; niemand sprach. Jetzt war sie am Haus. Ich machte eine halbe Bewegung, als wollte ich etwas aufhalten . . . nun verschwanden die beiden durch die große Tür, die Tür schloß sich, ein Schlüssel knirschte. Aus.

Da standen wir. «Ganz hübsch . . .» sagte Karlchen. Die Prinzessin steckte ihr Taschentuch fort. «Ihr seid alle beide kolossale Esel», sagte sie energisch. «Gut», sagte ich, «aber warum?» — «Kommt mit.»

Wir gingen ein Stück in den Wald hinein. «Ihr . . .» sagte die Prinzessin. «Krieg können wir hier nicht machen, das sehe ich ja ein. Aber wir wollen doch dem Kind helfen, nicht wahr? Na, und wie heißt die Mama?» — «Collin. Frau Collin», sagte ich sehr stolz. «Gut — und wie willst du helfen?» Ja, das war richtig. Wir wußten ja die Adresse nicht. Zürich . . . Zürich . . . was hatte das Kind da gesagt?

«Ich habe ihr leise gesagt», fuhr die Prinzessin fort, «wir kämen nach einer halben Stunde an das Haus — sie soll versuchen, uns auf einem Zettel die Adresse herauszuschmuggeln. Ich kann mi nich denken, daß den klappen wird — das ahme Kind is szu un szu verängstigt. Na . . . wir könn sche ma sehn . . . Nein, is das ein Drachen! De is aber wedderböstig! Sie spuckt gliks Füer ut!»

«Eine famose Frau», sagte Karlchen. «Die möchte man heiraten. Also ich muß ja sagen . . . ich muß ja schon sagen . . .» — «Legen wir uns ein bißchen auf die Wiese», sagte die Prinzessin. Wir legten uns.

«Hast du das gesehn, Karlchen», sagte ich; «der Alten haben sich richtig die Haare gesträubt! Ich habe so etwas noch nie gesehn . . .» — «Man kann den Hintern schminken, wie man will», sagte Karlchen, «es wird kein ordentliches Gesicht daraus. Die Frau . . .» — «Still!» sagte die Prinzessin. Wir lauschten. Aus dem Haus, das ein Stück zurücklag, drang eine Stimme, eine hohe, keifende Stimme. Man konnte nicht verstehn, was da gesagt wurde — man konnte nur hören, daß jemand erregt schrie. Mir wurde heiß. Vielleicht schlug sie das Kind —

«Äh», machte Karlchen. Die Wiese verschwand, wie durch einen Nebel noch die Altstimme der Prinzessin: «Wir gehn nachher gleich an das Haus — wir müssen das» . . . ein riesiges ovales Rund, oben, unter der steinernen Wölbung, ausgespannte rote Tücher; unten die Arena, dann eine hohe Steinmauer, darüber die ersten Reihen der Zuschauer, Ränge über Ränge, Tausende von Köpfen, bis sie sich oben verloren im braunen Licht. Unten, in der Mitte, hing einer an einem Kreuz; ein Panther sprang an ihm hoch und riß ein Stück Fleisch nach dem andern . . . Der Mann schrie nicht, sein Kopf lag seitlich auf der linken Schulter, er war wohl schon bewußtlos. Staub und das Gedröhn der Masse . . . Eine kleine vergitterte Tür öffnete sich: ein paar Kerle mit Lederschürzen stießen zitternde Menschen, vier Männer und eine Frau, vor sich her in das große Rund. Drei von ihnen waren mit Fetzen bekleidet; die Frau war halbnackt, und einen hatten sie geschminkt, er trug, was schrecklich anzusehen war, eine Maske und eine Krone aus Goldschaum: ein Schauspieler seines eigenen Todes. Das Gittertürchen schloß sich von innen. Die Kerle blieben dahinter stehen, Zuschauer ihres Berufs. An der Seite hatten noch ein paar Tiere im Sande gelegen, ein Tiger, ein Löwe. Als sie die Menschen sahen, die da hereingetrieben wurden, erhoben sie sich, faul und böse. Eins der vier Opfer trug eine Waffe – ein gekrümmtes Schwert. Der Panther am Kreuz hatte von dem da oben abgelassen; er lag und kaute an einem abgerissenen Arm. Das Blut troff.

Und da hatte der Löwe plötzlich zum Sprung angesetzt; nun war er wütend, denn heimtückisch hatte ihm jemand von geschütztem Platz oberhalb der Mauer ein brennendes Holzscheit auf den Kopf geworfen. Das Tier brüllte. Der Gladiator trat vor, mit einer Bewegung, die heldisch sein sollte und recht jämmerlich ausfiel. Eine Tuba gellte; ihr Klang war rot. Der Löwe sprang. Er sprang grade über den Gladiator hinweg, auf den Geschminkten. Er faßte ihn, die Maske zeigte denselben unveränderten idiotischen Ausdruck – dann schleifte er den Kreischenden die Arena entlang. Den Gladiator hatten zwei Tiger angefallen. Er wehrte sich kräftig, mit dem Mut der Verzweiflung; er schlug um sich, erst nach irgendeinem angelernten Plan, dann sinnlos und ohne Verstand. Eines der Tiere umschlich ihn, es ging auf leisen Pfoten zurück, dann waren beide über ihm. Wie ein Schlag ging es durch den Zirkus. «Rrrrhach –!» machte die Menge – es war *ein* Stöhnen. Die Menschen waren von ihren Sitzen aufgesprungen, sie starrten verzückt nach unten, um nur ja keine Einzelheit zu verlieren, hierhin sahen sie und dorthin; wohin sie blickten: Blut, Verzweiflung, Ächzen und Gebrüll – Menschen litten da, lebendes Fleisch zuckte, sich im Sande zu Tode zappelnd, sie oben in Sicherheit – es war herrlich! Der ganze Zirkus badete in Grausamkeit und Entzücken. Nur die untersten Reihen saßen still und ein wenig hochmütig da, sie zeigten keinerlei Bewegung. Es waren die Senatoren und ihre Frauen, Vestalinnen, der Hof, höhere Heerführer und reiche Herren ... gelassen reichten sie einander Konfekt aus kleinen Dosen, und einer ordnete seine Toga. Schreie feuerten die Tiere an, sie noch wütender zu machen; Schreie gellten auf den feigen Kämpfer hinunter, der sich so gar nicht zu wehren gewußt hatte ... Ausdünstung und Geheul, das Tier Masse wälzte sich in einem Orgasmus von Lust. Es gebar Grausamkeit. Was hier vor sich ging, war ein einziger großer schamloser Zeugungsakt der Vernichtung. Es war die Wollust des Negativen – das süße Abgleiten in den Tod, der andern. Dafür Tag um Tag Sandalen geflochten, Pergamente beschrieben, Mörtel geschleppt, den Adligen Besuche gemacht und die langen Morgen im Atrium verwartet; Tücher gewebt und Leinen gewaschen, Terrakotten bepinselt und stinkende Fische verkauft ... um endlich, endlich diesen großen Festtag zu genießen: den im Amphitheater. Alles, aber auch alles, was der Tag an Geducktheit, an Unterdrückung, an Wunschträumen und nicht auszuübender Wollust in diese Bürger und Proletarier hineingepreßt hatte: hier konnte es sich austoben. Es war wie Liebeserfüllung, nur noch ungestümer, noch heißer, noch zischender. Wie eine spitze Stichflamme stieg die Lust aus den viertausend Menschen — sie waren *ein* Leib, der sich ganz verausgabte, sie waren die Raubtiere, die die Menschen da unten zerfleischten, und sie waren die Zerfleischten. Die Grausamkeit schlug ihre Augen auf — sie hat schon so viele Namen gehabt, in jedem Jahrhundert einen andern. Sie atmeten hastig, der wildeste Strom war aus ihnen heraus, nun ergoß sich der Rest in lauten, lärmenden Gesprächen, in Zurufen und in Zeichen, die sie über die Köpfe hinweg einander gaben, die Daumen nach unten gesenkt; tausend Stimmen, sprechende und rufende, ertönten, und nur hier und da stieg aus der Arena ein Schrei auf wie ein Signalpfiff des Schmerzes. Hier floß ab, was an verbrecherischer Lust in den Menschen war — nun würden sie so bald keinen mehr ermorden; die Tiere hatten es für sie getan. Nachher gingen sie in die Tempel, um zu beten. Nein: um zu bitten. Unten betraten die ersten Wärter den Sand und machten sich mit heißen Eisen an die Körper, die da lagen — waren sie auch wirklich tot? Hatten sie die Massen auch nicht um ein Quentchen Schmerz betrogen? In einer Ecke kämpfte einer um seine verzuckenden Minuten, die Tiere verschwanden fauchend und aufgeregt-satt durch die kleinen Gittertüren, der Sand wurde gefegt, und oben, in den höchsten Rängen, verbrodelte die letzte Lust, die das Leben am Leiden gefunden hatte. «Was hast du?» fragte die Prinzessin. «Nichts», sagte ich.

«Ihr meint, wir gehn nachher noch mal an das Haus?» fragte Karlchen zweifelnd.

«Natürlich gehn wir», sagte die Prinzessin. «Das Kind muß geholfen werden — wir müssen helfen.» Und da stieg in mir etwas auf, es war eine so dumpfe Wut, daß ich aufstehen und tief einatmen mußte — verwundert sahen mich die beiden an. Plötzlich spürte ich dieselbe Lust an der Zerstörung, am Leiden der andern; diese Frau leiden machen zu können ... O Wonne des guten und gerechten Kreuzzuges, du Laxier der Unmoral! Mit einem kalten Wasserstrahl löschte ich das aus, während ich ausatmete. Ich kannte den Mechanismus dieser Lust: sie war doppelt gefährlich, weil sie ethisch unterbaut war; quälen, um ein gutes Werk zu tun ... das ist ein sehr verbreitetes Ideal. «Gehn wir?» Wir gingen.

Als wir das Haus wiedersahen, waren wir wie auf Kommando still. «Einer links, einer hinten herum», sagte Karlchen. «Es muß aber einer bei der Prinzessin bleiben», sagte ich. «Das Weib ist imstande und haut.» – «Dann geht ihr da», sagte er. «Ich will es von links versuchen.» Wir schlichen näher.

Das Haus lag still, ganz still. Ob sie uns durch ein Fenster beobachtete? Wenn sie nun einen Hund hatte? Immerhin: es war ein fremdes Grundstück; wir hatten hier nichts zu suchen. Die Frau war im ius. Welch eine preußische Überlegung! Ein Kind litt. Los.

Still war alles. Weit sah man von hier hinaus, am Haus vorbei, ins Land. Da lag der Mälarsee, da das Schloß Gripsholm, rot, mit den dicken Kuppeln, und der Mischwald, Tannen und Birken.

«Pst!» machte die Prinzessin. Nichts. Karlchen war nicht zu sehen. Fragend sah ich sie an. Wir gingen langsam weiter und traten vorsichtig auf, als gingen wir auf Eis. War das ein Gesicht hinter einem Fenster – eine kreisrunde Scheibe . . .? Täuschung, es war ein Widerschein. Wir gingen nah am Haus vorbei. Die Prinzessin blickte überall umher. Plötzlich ging sie vorwärts – «Rasch!» sagte sie – sie lief auf einen weißen Fleck zu, der unweit des Hauses im Grase war . . . da lag ein kleines Stück Papier. Hinten wandelte Karlchen langsam am Zaun vorbei. Die Prinzessin bückte sich, sah das Papier an, hob es auf und schritt rasch weiter.

Wir beeilten uns, bis wir aus der Umgatterung heraus waren. «Na?» sagte Karlchen.

Die Prinzessin blieb stehn und las vom Papier:

Collin Zürich Hottingerstrase 104.

Die Rückseite eines Kalenderblatts, und eine kraklige Kinderhandschrift. ‹Strase› war mit einem s geschrieben. «Dat harrn wi hinner uns!» sagte die Prinzessin. «Auf in den Kampf» – pfiff Karlchen.

Zurück nach Gripsholm.

4

Wir liefen durcheinander wie die Indianer, wenn sie sich auf den Kriegspfad begeben. Alle drei redeten mit einem Mal. «Mal langsam –» sagte das kluge Karlchen. «Telegrafieren . . . ihr seid ja verdreht. Wir schreiben jetzt erst mal an die Frau einen vernünftigen Brief. Und da muß drin stehn . . .»

Was sich nun begab . . . das möchte ich nicht noch einmal durchmachen. Es war eine Schlacht. Es wurde nicht *ein* Brief geschrieben – es wurden vierzehn Briefe geschrieben, immer einer nach dem andern, dann drei zu gleicher Zeit, und während ich auf meiner Maschine herumhackte, bis sie heiß wurde, schrieben die beiden andern emsig ihre Bogen voll. Es war wie eins dieser altmodischen Gesellschaftsspiele («Was tut er? – Was tut sie? – Wo lernten sie sich kennen?»), und jeder wollte zuerst seins vorlesen, und jeder fand seinen Schrieb am allerschönsten und am allerfeinsten und die der andern von oben bis unten unmöglich. «Unmöglich!» sagte die Prinzessin. «Dat is ja Kinnerkram is dat ja!» — Ich wollte etwas erwidern. «Du bischa so klug», sagte sie. «Du schast ock mit na Pudel sin Hochtid! Nu do mi dat to Leev . . .» und dann fing alles wieder von vorn an.

Schließlich blieben drei Entwürfe übrig — zur engern Wahl. Karlchen hatte einen juristischen Brief geschrieben, ich einen feinen und die Prinzessin einen klugen. Und den nahmen wir.

Darin war knapp und klar erzählt, was wir gesehen hatten und daß wir uns nicht in die Collinschen Familienangelegenheiten einmischen wollten und daß sie nur ja nicht an die Frau schreiben sollte, das gäbe bestimmt ein Unglück, und sie brauchte sich nicht zu beunruhigen, wir würden inzwischen sehen, was sich machen ließe — aber sie möchte uns erlauben, einmal mit ihr zu telefonieren. «So», sagte die Prinzessin und klebte zu. «Das hätten wir. Gleich weg mit ihm. Auf die Post —!» Als der Brief in den Kasten plumpste, fiel uns je ein Stein vom Herzen. «So ein Kind . . .» sagte ich. «So ein kleiner Gegenstand —!» Und da lachten mich die beiden heftig aus.

«Gib mir mal 'n Zigarettchen!» sagte Karlchen, der gern andrer Leute Zigaretten rauchte und ihre Zahnpasten benutzte. («Freundschaft muß man ausnutzen», pflegte er zu sagen.) «Wißt ihr auch», sagte er in die abendliche Stille, während wir langsam durch die Straßen von Mariefred gingen und uns die Schaufenster ansahen, «daß ich morgen abend fahre?» Bumm — das hatten wir vergessen. Die acht Tage waren um — ja —

«Wollen Sie nich noch 'n büschen bei uns bleiben, Karling?» fragte die Prinzessin. «Gnädigste», sagte der lange Lümmel und streckte den Arm aus, «leider läuft mein Urlaub ab — ich muß. Ich muß. Herrschaften, das war aber eine anstrengende Konferenz!» Er blieb stehen. «Na, du bist doch Experte in Konferenzen . . . du Beamter!» — «Ich schimpfe dich auch nicht Literat, du Buffke. Der alte Eugen Ernst sagte immer: Wenn einer nichts zu tun hat, dann holt er die andern, und dann machen sie eine Konferenz. Und zum Schluß, wenn alle geredet haben, dann konstatiert er. Und dann ist es aus. Und jetzt setz dich noch mal an deinen Schreibpflug und schreibe für Jakopp ein Kartentelegramm!» Das tat ich.

«Ich finde», sagte ich zu Karlchen, «es muß ein Einwort-Telegramm sein. Es wird sonst zu teuer. Da:

> Drahtetsofortobhiesigenmälarsee-
> zwecksbewässerungkäuflicherwerben-
> wolltwassergarantiertechtallerdingsnur-
> zuschwimmzweckengeeignetfasthoch-
> achtungsvollfritzchenundkarlchenwasser-
> oberkommissäre.»

«Na, da wollen wir ihm den Abschiedstrunk rüsten, was?» sagte Lydia. Wir rüsteten. Wir krochen umher und plagten die gute Schloßdame, auf daß wir etwas zu trinken bekämen; wir kauften ein und fanden es alles nicht schön genug; wir stellten auf und packten aus, und ... «Was gibt es zu essen?» erkundigte sich Karlchen. «Was möchten Sie denn?» fragte die Prinzessin. «Ich möchte am liebsten Murmeltierschwanzsuppe.» — «Wie bitte?» — «Kennt ihr das nicht? Die jungen Leute! Zu meiner Zeit ... Also Murmeltierschwanzsuppe wird im hohen Norden von den Eskimos gewonnen. Sie jagen das Murmeltier so lange, bis es vor Schreck den Schwanz verliert, und auf diese Weise —» Worauf wir ihm zwei Kissen an den Kopf warfen, und dann gingen wir hinunter und aßen.

«Ich möchte eigentlich noch über Ulm fahren», sagte Karlchen. «Da habe ich eine Braut zu stehn — die hätte ich gern überhört.» — «Sie sollten sich was schämen!» sagte die Prinzessin. «Ist sie hübsch?» fragte ich. «Na, wie wird sie schon sein ... deine Weiber ...» Er grinste, und: Deine vielleicht ... konnte er ja jetzt nicht sagen. «Wie willst du über Ulm fahren?» fragte ich. «Da kommst du doch gar nicht hin!» — «Ich fahre auch nicht», sagte Karlchen. «Ich möchte bloß mal ...» — «Er ist ein gesprochener Casanova», sagte die Prinzessin. «Du, Alte —» sagte ich, «manchmal läßt er seinen lieben Worten auch Taten folgen, und dann geht es gar heiter zu.» Karlchen lächelte, wie wenn von einem ganz andern wilden Mann gesprochen würde, und wir entkorkten mit einem weithin hörbaren Flupp den Whisky, woraufhin Karlchen zum ‹Herrn Fluppke› ernannt wurde, und dann saßen wir und tranken gar nicht viel. Wir redeten uns besoffen. Die vier Windlichter bewegen sich in dem schwachen Luftzug.

«Rauch nur deine Pfeife!» sagte Karlchen. «Rauch nur! Er verträgt doch kein Nikotin, Prinzessin! Ist die Pfeife etwa neu?» — «Das ist es ja eben», sagte ich. «Ich muß sie anrauchen. Mensch, Pfeifen anrauchen ...» — «Kann man das nicht mit Maschinen?» fragte die Prinzessin. «Ich habe mal sowas gehört.» — «Man kann es mit Maschinen», sagte Karlchen. «Ich hatte einen Schulfreund, in der Oberprima, der hatte erfunden, Pfeifen mit der Luftpumpe anzurauchen. Ich weiß nicht mehr, wie er das gemacht hat — aber er machte es. Ich hatte ihm meine neue Pfeife gegeben, eine wundervolle neue Pfeife. Und da muß er wohl zu stark mit der Pumpe gearbeitet haben ... und da hat sich die Pfeife selbst ausgeraucht, und es blieb überhaupt nichts weiter von ihr übrig als ein Häufchen Asche. Er hat mir eine neue kaufen müssen. Mir ist diese Pfeifengeschichte immer sehr symbolisch vorgekommen ... Ja. Aber wofür symbolisch: das habe ich vergessen.» Wir schwiegen, tief sinnend.

«Ein Esel», sagte die Prinzessin. Wir wollten protestieren — aber sie meinte einen richtigen, der da hinter den Bäumen hervorkam. Er wollte wohl auch einen Whisky haben. Wir standen gleich auf und streichelten ihn, aber Esel wollen nicht gestreichelt werden; ein weiser Mann hat herausgefunden, es sei das Unglück der Esel, Esel zu heißen – denn nur deshalb würden sie so schlecht behandelt. Diesen behandelten wir gut und nannten ihn Joachim. Und wir spielten ihm Grammophon vor . . . «Spiel mal büschen was aus Kaahmen –» sagte die Prinzessin. «Nein! Spiel das mit die kleinen Gnomens . . .!» Da war ein Musikstück, das hatte so einen kleinen, hüpfenden Marschrhythmus, und die Prinzessin behauptete, dazu müßte eine Pantomime vonstatten gehn, in der kleine Zwerglein mit Laternlein über die Bühne huschten. Ich drehte die Platte mit den Gnomen an, der Apparat lief, der Esel fraß Gras dazu, wir tranken Whisky, und: – «Mir auch noch einen Zahn voll!» sagte Karlchen. Und die Prinzessin aß zum Nachtisch Käse mit Sellerie, das hatte ihr ein großer Gourmet empfohlen. «Wie schmeckt es?» fragte Karlchen. «Es schmeckt –» die Prinzessin probierte langsam und sorgfältig – «es schmeckt wie schmutzige Wäsche.» Mißbilligend schlug selbst Joachim mit dem Schweife.

Und dann sangen wir ihm alles vor, was wir wußten, und das war eine ganze Menge.

«King Salomon has threehundred wives
and that's the reason why
he always missed his morning train
kissing them all good-bye!»

– «Muh!» machte der Esel und wurde verwarnt, denn er war doch keine Kuh, Karlchen blies stille Weisen auf einem Kamm mit Seidenpapier und begehrte stürmisch, im Chantant zu gehen . . . die Prinzessin lachte viel und manchmal würdelos laut, und ich war, wie jeder von uns, der einzig Nüchterne in diesem Hallo.

Bevor wir zu Bett gingen: «Lydia – er soll nicht wieder Postkarten schreiben! Immer schreibt er Karten.» – «Was für. . .?» fragte sie. «Wenn er abreist, dann kommen am nächsten Tag ganz wahnwitzige Postkarten an, die schreibt er im Zug – das ist so seine Art, Abschied zu nehmen. Er soll das nicht; es regt mich so auf!» – «Herr Karlchen, schwören Sie, daß Sie uns diesmal keine Karten schreiben werden?» – Er gab sein kleines gießener Ehrenwort. Wir trollten in die Heija.

Und brachten ihn am nächsten Abend an den Bahnhof, zu dem kleinen Schnaufewagen, und die beiden gaben sich einen Abschiedskuß, der mir reichlich lang erschien. Und dann mußte er einsteigen, und wir standen am Wagen und gaben ihm durch das Fenster kluge Ratschläge auf den Weg, und er fletschte uns an, und als der Wagen anfuhr, sprach er freundlich: «Fritzchen, ich habe deine Zahnpaste mitgenommen!» und ich warf vor Aufregung meinen Hut nach ihm, und der trudelte beinahe unter die Räder, und dann winkte er, und dann verschwand das Bähnlein um die Ecke, und dann sahen wir gar nichts mehr.

Und am nächsten Mittag trafen vier Postkarten ein: von jeder größern Station eine – bis nach Stockholm. Auf der letzten stand folgendes:

«Liebe Toni!

Laß Dich auf keinen Fall auf die Polizei bestellen wegen der falschen Eintragung im Hotel – vom 15.! Bleibe eventuell fest und steif dabei, daß Du meine Tochter wärst!

Lieber Freund, ehe ich heute abend fortfuhr, habe ich Dich noch einmal von der Seite angesehn und muß sagen, daß ich aufrichtig erschrocken war. Ich glaube, Dir fallen die Haare aus. Lieber Freund! Das ist mehr als ein Anzeichen – das ist ein Symptom!

Sucht nicht vergeblich nach dem zweiten Kanarienvogel – ich habe ihn für meine lieben Kinderchen mitgenommen. Wo ist der Esel?

Liebe Marie, sieh doch bitte sofort nach, wo mein Siegelring geblieben ist – er muß unter Deinem Kopfkissen liegen. Ich weiß es bestimmt.

Schade um meinen vertanenen Urlaub!

Ich bin immerdar

Euer liebes

Karlchen.»

VIERTES KAPITEL

> Wennt unse Paster man nich süht, mit unsen Herrgott will ick woll färdig werden, sä de Bur – dor makt he sin Heu an Sünndag.

1

«Wie ist denn das alles so plötzlich gekommen?» fragte die Prinzessin, als ich aus der Kerze seitlich umfiel.

Wir turnten. Lydia turnte, ich turnte – und hinten unter den Bäumen kugelte sich Billie umher. Billie war kein Mann, sondern hieß Sibylle und war eine Mädchenfrau. «Junge, ja . . .» sagte die Prinzessin und ließ sich hochatmend zu Boden fallen, «wenn wir davon nicht klug und schön werden . . .» – «Und dünn», sagte ich und setzte mich neben sie. «Wie findest du sie?» fragte die Prinzessin und deutete mit dem Kopf nach den Bäumen hinüber.

«Gut», sagte ich. «Das ist mal ein nettes Mädchen: lustig; verspielt; ernst, wenn sie will — komm an mein Herz!» — «Wer?» — «Sie.» — «Daddy, mit dem Herzen ... diese Dame hat sich eben ierst von ihren Freund gietrennt, abers ganz akrat un edel und in alle Freundlichkeit.» — «Wer war das doch gleich?» — «Der Maler. Ein anständiger Junge — aber es ging nicht mehr. Frag sie nicht danach, sie mag nicht davon sprechen. Solche Suppen soll man allein auslöffeln.» — «Wie lange kennt ihr euch eigentlich?» — «Na, gut und gern zehn Jahre. Billie ... das ist eben mein Karlchen, weißt du? Ich mag sie. Und zwischen uns hat noch nie ein Mann gestanden — das kann ich mir überhaupt nicht vorstellen. Sieh mal, wie sie läuft! Se löpt, as wenn er de Büx brennt!»

Sibylle kam herüber.

Es war schön, sie laufen zu sehn; sie hatte lange Beine, einen gestrafften Oberkörper, und ihr dunkelblaues Schwimmkostüm leuchtete auf dem rasigen Grün.

«Na, ihr Affen», sagte Billie und ließ sich neben uns nieder. «Wie wars?» — «Gedeihlich», sagte die Prinzessin. «Der Dicke hat geturnt, gleich kommen ihm die Knie zum Halse heraus ... er ist sehr brav. Wie lange springst du jetzt Seilchen?» — «Drei Minuten», sagte ich und war furchtbar stolz. «Wie haben Sie geschlafen, Billie?»

«Ganz gut. Wir dachten doch erst, als uns die Frau das kleine Zimmer ausgeräumt hatte, es wäre zu heiß wegen der Sonne, die da den ganzen Tag drin ist ... Aber so heiß ist das hier gar nicht. Nein, ich habe ganz gut geschlafen.» Wir sahen alle aufmerksam vor uns hin und wippten hin und her.

«Hübsch, daß du hergekommen bist», sagte die Prinzessin und kitzelte Billie mit einem langen Halm am Nacken, ganz leise. «Wir hatten vor, hier wie die Einsiedler zu leben — aber dann war erst sein Freund Karlchen da, und jetzt du — aber es ist doch so schön still und friedlich ... nein ... wirklich ...» — «Sie sind sehr gütig, mein Frollein», sagte Billie und lachte. Ich liebte sie wegen dieses Lachens; manchmal war es silbern, aber manchmal kam es aus einer Taubenkehle — dann gurrte sie, wenn sie lachte. «Was haben Sie da für einen hübschen Ring, Billie», sagte ich. «Nichts ... das ist ein kleiner Vormittagsring ...» — «Zeigen Sie mal ... ein Opal? Der bringt ... das wissen Sie doch ... Opale bringen Unglück!» — «Mir nicht, Herr Peter, mir nicht. Soll ich vielleicht einen Diamanten tragen?» — «Natürlich. Und mit dem müssen Sie dann im Schambah Zepareh Ihren Namen in den Spiegel kratzen. Das tun die großen Kokotten alle.» — «Danke. Übrigens hat mir Walter erzählt: da ist er in Paris in einem cabinet particulier gewesen, und da hat auch eine etwas an den Spiegel gekratzt. Raten Sie, was da gestanden hat!» — «Na?» — «Vive l'anarchie! Ich fand das sehr schön.» Wir freuten uns. «Gymnastizieren wir noch ein bißchen?» fragte ich. «Nein, meine Herrschaften, was ich bün, ick hätt somit gienug», sagte die Prinzessin und reckte sich. «Mein Pensum ist erledigt. Billie, deine Badehose geht auf!» Sie knöpfte ihr das Trikot zu.

Billies Körper war braun, von Natur oder von der Sonne der See, woher sie grade kam. Sie hatte zu dieser getönten Haut rehbraune Augen und merkwürdigerweise blondes Haar – echtes blondes Haar ... es paßte eigentlich gar nicht zu ihr. Billies Mama war eine ... eine was? Aus Pernambuco. Nein, so war das nicht. Die Mama war eine Deutsche, sie hatte lange mit ihrem deutschen Mann in Pernambuco gelebt, und da muß einmal irgend etwas gewesen sein ... Billie war, vorsichtig geschätzt, ein Halbblut, ein Viertelblut ... irgend so etwas war es. Eine fremde Süße ging von ihr aus; wenn sie so dasaß, die Beine angezogen, die Hände unter den Knien, dann war sie wie eine schöne Katze. Man konnte sie immerzu ansehn.

«Was war das gestern abend für ein Schnaps, den wir getrunken haben?» fragte Billie langsam und verwandte kein Auge von dem, was in einer nur ihr erreichbaren Ferne vor sich ging. Die Frage war ganz in der Ordnung – aber sie machte ein falsches Gesicht dazu, in leis verträumter Starre, und dann diese Erkundigung nach dem Schnaps ... Wir lachten. Sie wachte auf. «Na ...» machte sie.

«Es war der Schnaps Labommelschnaps», sagte ich sehr ernsthaft. «Nein wirklich ... was war das?» – «Es war schwedischer Kornbranntwein. Wenn man so wie wir nur ein Glas trinkt, erfrischt er und ist angenehm.» – «Ja, sehr angenehm ...» Wir schwiegen wieder und ließen uns von der Sonne bescheinen. Der Wind atmete über uns her, fächelte die Haut und spülte durch die Poren, in denen das Blut sang. Ich war in der Minderheit, aber es war schön. Meist bildeten die beiden eine Einheit – nicht etwa gegen mich ... aber ein bißchen ohne mich. Bei aller Zuneigung: wenn ich dann neben ihnen ging, fühlte ich plötzlich jenes ganz alte Kindergefühl, das die kleinen Jungen manchmal haben: Frauen sind fremde, andre Wesen, die du nie verstehen wirst. Was haben sie da alles, wie sind sie unter ihren Röcken ... wie ist das mit ihnen! Meine Jugend fiel in eine Zeit, wo die Takelage der Frau eine sehr komplizierte Sache war – zu denken, was sie da alles zu haken und zu knöpfeln hatten, wenn sie sich anzogen! Ein Ehebruch muß damals eine verwickelte Sache gewesen sein. Heute knöpfen die Männer weit mehr als die Damen; wenn die klug sind, können sie sich wie einen Reißverschluß aufmachen. Und manchmal, wenn ich Frauen miteinander sprechen höre, dann denke ich: sie wissen das ‹Das› voneinander; sie sind denselben Manipulationen und Schwankungen in ihrem Dasein unterworfen, sie bekommen Kinder auf dieselbe Weise ... Man sagt immer: Frauen hassen einander. Vielleicht, weil sie sich so gut kennen? Sie wissen zu viel, eine von der andern – nämlich das Wesentliche. Und das ist bei vielen gleich. Wir andern haben es da wohl schwieriger.

Da saßen sie in der Sonne und schwatzten, und ich fühlte mich wohl. Es war so etwas wie ein Eunuchenwohlsein dabei; wäre ich stolz gewesen, hätte ich auch sagen können: Pascha – aber das war es gar nicht. Ich fühlte mich nur so geborgen bei ihnen. Nun war Billie vier Tage bei uns, und in diesen vier Tagen hatten wir miteinander keine schiefe Minute gehabt ... es war alles so leicht und fröhlich.

«Wie war er?» hörte ich die Prinzessin fragen. «Er war ein Kavalier am Scheitel und an der Sohle», sagte Sibylle, «dazwischen ...» Ich wußte nicht, von wem sie sprachen – ich hatte es überhört. «Ach wat, Jüppel-Jappel!» sagte die Prinzessin. «Wenn einen nichts taugt, denn solln sofordsten von ihm aff gehn. Was diese Frau is, diese Frau ischa soo dumm, daß sie solange – na ja. Seht mal! Pst! ganz stille sitzen – dann kommt er näher ... Und wie er mit dem Schwänzchen wippt!» Ein kleiner Vogel hüpfte heran, legte den Kopf schief und flog dann auf, von etwas erschreckt, das in seinem Gehirn vor sich gegangen war – wir hatten uns nicht geregt. «Was mag das für einer gewesen sein?» fragte Billie. «Das war ein Amselbulle», sagte die Prinzessin. «Ah – dumm – das war doch keine Amsel ...» sagte Billie. «Ich will euch was sagen», sprach ich gelehrt, «bei solchen Antworten kommt es gar nicht darauf an, obs auch stimmt. Nur stramm antworten! Jakopp hat mal erzählt, wenn sie mit ihrem Korps einen Ausflug gemacht haben, dann war da immer einer, das war der Auskunftshirsch. Der mußte es alles wissen. Und wenn er gefragt wurde: Was ist das für ein Gebäude? – dann sagte er a tempo: Das ist die Niedersächsische Kreis-Sparkasse! Er hatte keinen Schimmer, aber alle Welt war beruhigt: eine Lücke war ausgefüllt. So ist das.» Die Mädchen lächelten höflich, ich war auf einmal allein mit meinem Spaß. Nur ein Sekündlein, dann war es vorbei. Sie standen auf.

«Wir wollen noch laufen», sagte Billie. «Einmal rund um die Wiese! Eins, zwei, drei – los!» Wir liefen. Billie führte; sie lief regelmäßig, gut geschult, der Körper funktionierte wie eine kleine exakte Maschine ... es war eine Freude, mit ihr zu laufen. Hinter mir die Prinzessin japste zuweilen. «Ruhig laufen!» sagte ich vor mich hin, «du mußt durch die Nase atmen – mit dem ganzen Fuß auftreten – nicht zu sehr federn!» und dann liefen wir weiter. Mit einem langen Atemzug blieb Billie stehn; wir waren beinah einmal um die große Wiese herumgekommen. «Uffla!» – Wir waren ganz warm. «Ins Schloß unter die Brause!» Wir nahmen unsre Bademäntel und gingen langsam über die Wiese; ich trug meine Turnschuhe in der Hand, und das Gras kitzelte meine Füße. Das ist schön, mit den Mädchen zusammenzusein, ohne Spannung. Ohne Spannung?

2

«Was nehmen wir denn dem Kind nun mit?»

«Bonbons», schlug Billie vor. «Nein», sagte ich, «das wird ihr die Alte verbieten — oder sie muß sie an die ganze Belegschaft austeilen.» — «Wir gehn Knöpfchen kaufen», sagte die Prinzessin. «Ich werde schon was finden. Kommt — ach was, Hut. Aber Billie!» Wir gingen.

Frau Collin hatte geschrieben. Sie wäre uns sehr dankbar, und wir möchten zu der Frau Adriani hingehn und mit ihr sprechen, und dann sollten wir sie anrufen. Die Auslagen würde sie gern . . .

«Nicht huddan! Ladi!» rief die Prinzessin. Billie sah sie entgeistert an, und ich mußte ihr erklären, daß das ‹rechts› und ‹links› bedeute — so trieb man in manchen plattdeutschen Ecken die Esel an. Gott weiß, woher diese alten Rufe stammen mochten.

Ja, das Kind, der ‹kleine Gegenstand . . .› Ich dachte mit Kraft daran, daß es geplagt und geschlagen würde, denn hier stand nun etwas bevor . . . Als Junge hatte ich immer an Portal-Angst gelitten, an jener rasenden Furcht, in ein fremdes, in ein ganz fremdes Haus hineinzugehn — geduckt ging ich dann schließlich und fiel natürlich auf die moralische Nase. Tiere wittern Furcht. Menschen wittern Furcht. Seitdem ich aber gelernt habe, daß sie alle sterben müssen, geht es schon besser. Zwanzig Jahre hat das gedauert. Der Plattdeutsche drückt die Sache kürzer und unpathetischer aus: «Wat is he denn? Sin Mors hat man ook bloß twee Hälften!» Ja, das ist wahr.

Und nun sollte ich da als fremder Mann zu einer bösen, fremden Frau gehn — ich spielte einen Augenblick alle Phasen: Hänsel bei der Knusperhexe, dann: ich geniere mich doch aber so . . . und dann war es vorbei. Es ging viel schneller vor sich, als man es schreiben kann. Vorbei. «Man muß», hat ein kluger Inder gesagt, «den Tiger vor der Jagd in Gedanken töten — der Rest ist dann nur noch eine Formalität.» Die Frau Adriani . . .? Ich dachte an meinen Feldwebel, an das geprügelte, weinende Kind . . . in Ordnung.

«Sei still!» rief die Prinzessin in ein Fenster hinein, an dem ein Papagei in seinem Käfig krächzte, «sei still! Sonst wirst du ausgestopft!» Das Tier muß wohl deutsch verstehn — denn nun schwieg es. Billie lachte. «Ihr wolltet doch noch englische Sauce kaufen», sagte sie in einer jener Ideenverbindungen, derer nur Frauen fähig sind. «Tun wir auch — komm, wir gehen in die Fruktaffär, die haben alles.» Die Schweden schreiben manche Fremdwörter phonetisch, das macht viel Spaß. Wir kauften also englische Sauce, die Prinzessin beroch mißtrauisch die verstöpselte Flasche und machte mit Händen und Füßen dem Verkäufer das Leben schwer; Billie warf ein Glas mit Senfgurken herunter, die solches aber gut überstanden, sie kamen mit dem Schreck davon und schäumten nur noch eine Weile in ihrem Essig . . .

«Sieh mal, so viel Salz!» sagte ich. Die Prinzessin sah das Faß an: «Als Kind habe ich immer gedacht: wenn in ein Salzmagazin ein Tropfen Wasser fällt, dann verzehrt er das ganze Lager.» Darüber mußte ich scharf nachdenken und vergaß beinah, hinter den beiden herzugehn, sie standen schon auf der Straße und knabberten Rosinen. «Und dem Kind nehmen wir eine Puppe mit», sagte die Prinzessin. «Kommt mal rüber! Ach, bleib da — ich werde schon ... nein, Billie kommt mit!» Einen winzigen Augenblick lang tat mir das leid; ich hätte gern mit Billie allein auf der Straße gestanden. Was hätten wir uns dann erzählt? Nichts, natürlich.

«Habt ihr?» — «Wir haben», rief Billie. «Zeigt mal», bat ich. «Doch nicht hier auf der Straße!» sagte sie. «Meinst, die Puppe wird sich verkühlen?» sagte die Prinzessin und wickelte an dem Paket herum. Ich guckte hinein. Da lag ein Schwedenmädchen, in der Landestracht von Dalarne, bunt und lustig. Sie wurde wieder zugedeckt. «Einpacken ist seliger denn nehmen», sagte die Prinzessin und band die Schnur zu. «Ja, dann wollen wir mal ... Ob sie schießt, die liebe Dame?» — «Laß mich nur ...!» — «Nein, Daddy, ich laß dich gar nicht. Du greifst erst zu, wenn sie frech wird und alles drunter und drüber geht. Sag du die Einleitung, und daß wir den Brief bekommen haben und alles, und dann werde ich mal mit ihr.» — «Und ich?» fragte Billie. «Du legst dich derweil in den Wald, Billie; wir können unmöglich zu der Frau wie ein rächender Heerhaufe geströmt kommen. Dann ist gleich alles verloren. Es ist schon dumm — hier gehts lang — schon dumm, daß wir zwei sind. Zwei gegen einen — da knurrt der ja schon von vornherein ...» — «Na, mehr als die kann man nicht gut knurren. Ist das ein Deubel!» Ich hatte Billies Arm genommen. «Arbeiten Sie hier eigentlich?» fragte Billie. «Ich werde meiner Arbeit was blasen!» sagte ich. «Nein — hier legen wir eine schöpferische Pause ein ... Billie, Sie sind ein netter Mann», sagte ich ganz unvermittelt. «Na, junges Volk», sagte die Prinzessin und machte ein Gesicht wie eine wohlmeinende Tante, die eine Verlobung in die Wege leitet, «das ist hübsch, wenn ihr euch gern habt!» Ich hörte die Untertöne: in diesem Augenblick fühlte ich, daß es echte Freundinnen waren — hier war keine Spur von Eifersucht; wir hatten uns übers Kreuz wirklich gern, alle drei.

Jetzt kam mir der Weg bekannt vor, da war das Gatter, und da lag das Kinderheim.

Billie war langsam weitergegangen, wir kamen an die Tür. Keine Klingel. Hier sollte wohl nicht geklingelt werden. Wir klopften.

Nach langer Zeit näherten sich Schritte, ein Mädchen öffnete. «Kan Ni tala tyska?» fragte ich. «Guten Tag ... ja, ja ... was wollen Sie denn?» sagte sie lächelnd. Sie freute sich offenbar, mit uns deutsch sprechen zu können. «Wir möchten zu der Frau Adriani», sagte ich. «Ja ... ich weiß nicht, ob sie Zeit hat. Frau Adriani hält grade Appell ab, das heißt also ... sie sieht den Kindern die Sachen nach. Ich werde ... einen Augenblick mal ...»

Wir standen in einer grau gekalkten Halle, die Fenster waren durch Holzleisten in kleine Vierecke abgeteilt; wie Gitter, dachte ich. An der Wand ein paar schwedische Königsbilder. Jemand kam die Treppe herunter. Die Frau.

«Guten Tag», sagten wir. «Guten Tag», sagte sie, ruhig. «Wir kommen im Auftrag der Frau Collin in Zürich und möchten gern einmal mit Ihnen wegen der Kleinen sprechen.» — «Haben Sie ... einen Brief?» fragte sie lauernd. «Jawohl.» — «Bitte.»

Sie ging voran und ließ uns in ein großes Zimmer, eine Art Saal, hier aßen wohl die Mädchen. Lange Tische und viele, viele Stühle. In einer Ecke ein kleinerer Tisch, an den setzten wir uns. Wir nannten unsre Namen. Sie sah uns fragend und kalt an.

«Da hat uns die Frau Collin geschrieben, wir möchten nach ihrem Kind sehn — sie könnte diesen Sommer leider nicht nach Schweden kommen, hätte es aber gern, wenn sich von Zeit zu Zeit jemand um das Kind kümmerte.» — «Um das Kind kümmere ich mich», sagte Frau Adriani. «Sind Sie mit Frau Collin ... bekannt?» — «Nun wäre es vielleicht vorteilhaft, wenn wir die Kleine sprechen könnten; da sind auch Grüße von der Mama zu bestellen und ein Auftrag auszurichten.» — «Was für ein Auftrag?» — «Ich werde ihn der Kleinen selber ausrichten — selbstverständlich in Ihrer Gegenwart. Dürfen wir sie sprechen?» — Frau Adriani stand auf, rief etwas auf schwedisch zur Tür hinaus und kam zurück.

«Ich finde Ihr Verhalten mehr als merkwürdig, das muß ich schon sagen. Neulich konspirieren Sie mit dem Kind, mischen sich in meine Erziehungsmethoden ... Was ist das? Wer sind Sie eigentlich?» — «Unsre Namen haben wir Ihnen gesagt. Übrigens ...» — «Frau Adriani», sagte die Prinzessin, «niemand will Sie hier kontrollieren oder sich in Ihre Arbeit einmischen. Sie haben sicherlich viel Mühe mit den Kindern — das ist ja klar. Aber wir möchten doch die Mama in jeder Weise informieren ...» — «Das besorge ich schon», sagte Frau Adriani. «Gewiß. Wir möchten ihr bestellen, daß wir die Kleine wohl und munter angetroffen haben ... und wie es ihr geht, und ... da kommt sie ja.»

Das Kind näherte sich schüchtern dem Tisch, an dem wir saßen; es ging unsicher und trippelnd und kam nicht ganz nah heran. Wir sahen es an; das Kind sah uns an ...

«Na, Ada», sagte die Prinzessin, «wie geht es dir denn?» — Die Stimme der Adriani: «Sag mal Guten Tag!», und das Kind zuckte zusammen und stotterte etwas wie guten Tag. «Wie gehts dir denn?» — Die Frau Adriani ließ kein Auge von dem Kind. Das kleine Mädchen sprach wie hinter einer Mauer. «Danke ... gut ...»

«Ich soll dir auch einen schönen Gruß von deiner Mama bestellen», sagte die Prinzessin. «Sie läßt dich grüßen – und dann fragt sie hier in diesem Brief» –, die Prinzessin kramte in ihrem Täschchen – «ob das Grab von Will auch gut in Ordnung ist. Das war wohl dein kleiner Bruder?» – Das Kind wollte Ja sagen – aber es kam nicht dazu. «Das Grab ist in Ordnung», sagte Frau Adriani, «dafür sorge ich schon. Wir gehen alle paar Wochen auf den Friedhof, das ist Pflicht, natürlich. Und das Grab wird dort gut gepflegt, ich überwache das, ich trage die Verantwortung.» – «So, so . . .» sagte die Prinzessin. «Und hier habe ich dir auch etwas mitgebracht, eine Puppe! Da! Spielst du denn auch schön mit den andern Mädchen?» Das Kind sah angstvoll hoch und nahm die Puppe; seine Augen verdunkelten sich, es schluckte, schluckte noch einmal, ließ dann plötzlich den Kopf sinken und fing an zu weinen. Es war so jämmerlich. Das Weinen warf alles um. Frau Adriani sprang auf und nahm das Kind bei der Hand.

«Du kommst jetzt heraus und gehst nach oben . . . das ist nichts für dich! Den Gruß hast du ja nun gehört, und . . .» – «Einen Augenblick», sagte ich. «Ada, wenn du einmal etwas Wichtiges an deine Mutti zu bestellen hast: wir wohnen im Schloß Gripsholm!» – «Hier wird gar nichts Wichtiges bestellt», sagte die Frau Adriani recht laut und ging mit der Kleinen schnell zur Tür. «Was hier – da geh doch schon! – was hier zu bestellen ist, das wird durch mich bestellt – und du merk dir das . . .» Sie sprach draußen weiter, wir hörten sie schelten, konnten aber nichts mehr verstehn. «Soll ich . . .» – «Keinen Krach», sagte die Prinzessin. «Das hat nur das Kind auszubaden. Wir werden mit Zürich telefonieren und dann weiter sehn!» Wir standen auf.

Frau Adriani kam zurück, sehr rot im Gesicht.

«Nun will ich Ihnen mal was sagen», rief sie. «Wenn Sie sich unterstehn, sich hier noch einmal blicken zu lassen, dann werde ich die Polizei benachrichtigen! Sie haben hier gar nichts zu suchen – verstehn Sie mich! Das ist unerhört! Auf der Stelle verlassen Sie mein Haus! Sie betreten mir nicht mehr meine Schwelle! Und probieren Sie es ja nicht noch einmal, hier herumzuspionieren – ich werde . . . Ich muß mir doch einen Hund anschaffen», sagte sie wie zu sich selber. «Ich werde der Frau Collin schreiben, wen sie sich da ausgesucht hat – wo ist überhaupt der Brief?»

Ich winkte der Prinzessin mit den Augen ab, niemand antwortete, wir gingen langsam auf die Haustür zu. Ich fühlte, wie die Frau eine Winzigkeit unsicher wurde. «Wo . . . wo der Brief ist?» – Wir sprachen nicht, wir verabschiedeten uns nicht, das hatte sie ja schon besorgt, wir gingen stumm hinaus. Drohen? Wer droht, ist schwach. Wir hatten noch nicht mit Zürich telefoniert.

Als die Frau sah, daß wir schon an der Haustür standen, verfiel sie in hemmungsloses Gebrüll; man hörte eilige Schritte auf dem Steinfußboden unten im Keller, also liefen dort die Hausmädchen zusammen und horchten. «Ich verbitte ... ich verbitte mir ein für allemal Ihre Besuche! Scheren Sie sich raus! Und kommen Sie ja nicht wieder! Wer sind Sie überhaupt ... zwei verschiedene Namen! — Heiraten Sie lieber!» schrie sie ganz laut. Und dann waren wir draußen. Die Tür schloß sich mit einem Knall. Bumm. Da standen wir.

«Hm—» machte ich. «Das war ein großer Sieg.»

«Na, Daddy, da ist nichts zu machen. Das ist ja eine Megäre — was haben wir nun?» — «Jetzt haben wir ein bleiches Nein erhalten, wie wir Schweden sagen. Also werden wir telefonieren.» — «Sowie wir nach Hause kommen. Aber wenn du das der Frau Collin nicht richtig sagst, was hier los ist ... wie der kleine Gegenstand ausgesehen hat! So vermiekert ... und verprügelt! Sei schümpt un schümpt ümmerlos ... De is aber steelhaarig! Gotts Blix, die müßt man ja in Öl kochen —!» Das fand ich zu teuer.

Wir gingen auf das Wäldchen zu, in dem Billie sein mußte. Und schimpften furchtbar auf die Frau Adriani. Und suchten Billie. «Billie! Billie!» Kein nichts und kein gar nichts. «Ob dieses rothaarige Luder glücklich ist?» — «Daddy, du stellst manchmal komische Fragen! Ob sie glücklich ist ...! Das Kind ist unglücklich! Donnerhagel — was machen wir denn da? Wir müssen dem Kind helfen! Das kann man ja nicht mitansehn! Und nicht mitanfühlen! Herrgott von Bentheim! Billie!»

Wir stolperten beinah über sie.

Sie lag hinter einer kleinen moosigen Erhöhung, in einer Erdfalte; auf dem Bauch lag sie, die langen Beine nach oben gestreckt, sie las und schlug von Zeit zu Zeit ihre Füße zusammen. «Ja? Na, was habt ihr ... was war?» Wir erzählten, beide zu gleicher Zeit, und nun war aus Frau Adriani bereits ein feuerspeiender Berg geworden, eine ganze Hölle von kleinen und großen Teufeln, die Vorsteherin einer Affentanz-Schule und ein Scheusal schlechthin. Nun, die Frau war ja wirklich eine starke Nummer.

Ich sah auf die beiden, während sie sich besprachen. Wie verschieden sie doch waren! Die Prinzessin Feuer und Flamme; das Kinderleid hatte sie aufgebracht, ihr Herz sprühte. Billie bedauerte das Kind, aber es war, wie wenn ein Fremder in der Untergrundbahn «Verzeihung!» sagte ... sie bedauerte es artig und wohlerzogen und ganz unbeteiligt. Vielleicht, weil sie das alles nicht so miterlebt hatte ... Die Gleichgültigkeit so vieler Menschen beruht auf ihrem Mangel an Phantasie.

«Wir wollen noch ein wenig spazieras», sagte die Prinzessin. «Wohin?» — «Kommt ihr mit ...? Ich möchte mir mal das Grab ansehen. So ein Scheusal ...» Das Gewitter gegen die Rothaarige vergrollte langsam. Wir gingen und machten einen weiten Umweg um das Kinderheim. «Gleich, wenn wir nach Hause kommen — aber gleich», sagte die Prinzessin, «melden wir Zürich an. Wir müssen un müssen dem Kind da rauskriegen! Die Frau Adriani entbehrt nicht einer gewissen Charmanz!»

Billie pfiff leise vor sich hin. Ich starrte in eine dunkle Baumgruppe und las aus den Blättern ab: ich hatte Billie haben wollen, ich fühlte, daß ich sie nicht bekommen würde, und jetzt hatte ich einen sittlichen Grund, sie niedriger zu stellen als Lydia. Billie hatte kein Herz. Hast du ihr Herz geliebt, du Lügner? Sie hat so lange Beine ... Ja, aber sie hat ja kein Herz.

Wir gingen langsam durch den Wald, die beiden unterhielten sich – nun ruddelten sie. ‹Ruddeln›, das ist so ein Wort für: klatschen, über jemand herziehen. Man konnte gar nicht folgen, so schnell ging es. Hopphopphopp ... schade, daß man nicht dabeisein kann, wenn die andern über uns sprechen – man bekäme dann einigermaßen die richtige Meinung von sich. Denn niemand glaubt, daß es möglich sei, so unfeierlich, so schnell, so gleichgültig-nichtachtend Etiketten auf Menschenflaschen zu kleben, wie es doch überall geschieht. Auf die andern vielleicht – aber auf uns selber?

Billie: «... hat er ihr versprochen, und wie es soweit war, nichts.» – «Ihre Dummheit», sagte Lydia. «Bei Empfang: die Ware – das Geld, wie mein Papa immer sagt. Vertrauen! Vertrauen! Es gibt doch nur eine Sicherheit: Fußangeln. Wie?» Merkwürdig, woher sie das hatte. So schlechte Erfahrungen hatte sie doch gar nicht hinter sich ...

Billie ging wie eine Tanzende: es federte alles an ihr. Sie trug eigentümliche Kleiderstoffe – ich wußte nicht, wie das hieß; es war buntes und grob gewebtes Zeug, heute zum Beispiel sah sie aus wie eine Indianerin, die sich aus ihrem Hochzeitszelt einen Rock geschneidert hatte ... und so viele Armbänder! Gleich, dachte ich, wird sie die Arme in die Luft werfen, die schöne Wilde, und mit einem Liebesruf in den Wald stürzen, zu den andern ... Schade, daß sie kein Herz hat.

«Seht ihr, da hinten liegt der Friedhof! Doch, wir schaffen das noch bis zum Abendbrot – also!» Wir gingen rascher. Ein leichter Wind hatte sich erhoben, dann wurden die Windstöße stärker, ein hauchzarter Regen fiel. Manchmal trug der Wind etwas wie Meeresatem herüber, von der See, von der Ostsee.

Nun waren wir angelangt, da war eine kleine Holztür, und über die niedrige Steinmauer ragten alte Bäume.

Es war ein alter Friedhof; man sah das an den verwitterten, ein wenig zerfallenen Gräbern auf der einen Seite. Auf der andern standen die Gräber hübsch ordentlich in Reih und Glied ... gut gepflegt. Es war ganz still; wir waren die einzigen, die die Toten heute nachmittag besuchten – die wen besuchten? Man besucht ja nur sich selber, wenn man zu den Toten geht.

«Welche Reihe ...? Warte mal, das hat sie hier im Brief aufgeschrieben. Achtzehnte ... nein, vierzehnte ... eins, zwei ... vier, fünf ...» Wir suchten. «Hier», sagte Billie.

Da war das Grab. So ein kleines Grab.

WILHELM COLLIN

GEBOREN ... GESTORBEN ...

und ein paar windverwehte Blumen. Wir standen. Niemand sprach. Ob das nun der Auftritt von vorhin war oder die Tatsache, daß es so ein winzig kleines Grab war, dieser Gegensatz zwischen der Inschrift Wilhelm Collin und dem Hügelchen – das war doch in Wahrheit noch gar kein Wilhelm gewesen, sondern ein wehrloses Bündelchen Fleisch, das man hätte beschützen sollen ... Eine Träne fing ich nicht mehr, sie rollte. «Heul nicht», sagte die Prinzessin, die zwinkerte, «heul nicht! Die Sache ist viel zu ernst zum Weinen!» Ich schämte mich vor Billie, die uns mitleidsvoll ansah. Ihre Augen blickten warm. Sie sagte leise etwas zur Prinzessin, und als nun beide zu mir herübersahen, fühlte ich, daß es etwas Freundliches gewesen sein mußte. Ich vergaß, daß ich Billie begehrt hatte, und flüchtete zu der Prinzessin.

In Gripsholm meldeten wir Zürich an.

3

«Da liegt sozusagen die Sittlichkeit mit der Moral im Streite», sagte die Prinzessin, und wir lachten noch, als wir uns an den großen Tisch in unserm Zimmer setzten. Die Schloßfrau hatte Billie auseinandergesetzt, es wäre gar nicht wahr, daß «alle Schweden immer nackt badeten», wie man so oft sagen hörte. Gewiß, manchmal, in den Klippen, wenn sie unter sich wären ... aber im übrigen wären es Leute wie alle andern auch, wenig wild nach irgendeiner Richtung, es sei denn, daß sie gern Geld ausgäben, wenn einer zusähe.

Draußen fiel der Regen in perlenden Schnüren.

«Das ist aber ein fröhlicher Regen», sagte Billie. Das war er auch. Er rauschte kräftig, oben am Himmel zogen schwarz-braune Wolken rasch dahin, vielleicht waren nur wir es, die so fröhlich waren, trotz alledem. Das war schön, hier in der trockenen Stube zu sitzen und zu sprechen. Was hatte Billie für ein Parfum? «Billie, was haben Sie für ein Parfum?» Die Prinzessin schnupperte. «Sie hat sich etwas zusammengegossen», sagte sie. Billie wurde eine Spur rot – schien mir das nur so? «Ja, ich habe gepanscht. Ich mache mir da immer so etwas zurecht ...» aber sie sagte die Namen nicht.

«Billie, hilf mir mal – kannst du das? Guck mal!» Die Prinzessin löste seit gestern an einem schweren Silbenrätsel herum. «Ich habe hier: Hochland in Asien ... doch, das habe ich. Aber hier: Orientalischer Männername ... Wendriner? Nein, das kann ja wohl nicht stimmen – Katzenellenbogen ...? Auch nicht ... Fritzchen! Sag du!» – «Wie heißt er denn nun eigentlich?» fragte Billie entrüstet. «Mal sagst du Peter zu ihm und mal Daddy und jetzt wieder Fritzchen ...!» – «Er heißt Ku-ert ...» sagte die Prinzessin. «Ku-ert ... Dascha gah kein Nomen – wenn hei noch Fänenand oder Ullerich heiten deer, as Bürgermeister sinen!» Verachtung auf der ganzen Linie. Aber nun war Billies Bildungsdrang gereizt; die beiden Köpfe beugten sich über das Zeitungsblatt. Ich saß faul daneben und sah zu. Und da, so vor den beiden ... Kikeriki – machte es in mir ganz leise, Kikeriki ... Sie tuschelten und kuderten vor Lachen. Ich zog an der neuen Pfeife, die nun schon ein wenig angeraucht war, und saß mit einer Miene da, die gutmütige Männerüberlegenheit andeuten sollte. Eben hatte Billie etwas gesagt, was man bei einigermaßen ausschweifender Phantasie auch sehr zweideutig nehmen konnte, die Prinzessin sandte mir blitzschnell einen Blick herüber: Es war wie Einverständnis zwischen Verschworenen. Nachtverschworene ... Am Tage wurde fast nie von der Nacht gesprochen – aber die Nacht war im Tag, und der Tag war in der Nacht. «Liebst du mich noch?» steht in den alten Geschichten. Erst dann – erst dann!

Sie warfen das Rätsel hin. «Wir wollen es nach dem Abendbrot noch einmal versuchen», sagte Billie. «Schlaft ihr hier eigentlich gut ein? Ich muß mich sonst immer in Schlaf lesen – aber hier geht es so schnell ...» – «Du mußt es machen wie die Baronin Firks», sagte die Prinzessin. «Die Baronin Firks war natürlich aus Kurland, und die Kurländer, das sind die Apotheker Europas –: sie haben alle einen leichten Klaps. Und wenn die alte Dame nachts nicht einschlafen konnte, dann setzte sie sich auf ein Schaukelpferd und schaukelte so lange, bis ... Ja? Was ist?» Es hatte geklopft. Ein Kopf in der Tür. «Das Telefon? Zürich!» Wir liefen alle drei.

Kleiner Kampf am Apparat. «Laß mich ... kannste da nich mal weggehn ... Harre Gott ... Laß mich doch mal!» Ich.

«Hallo!» Nichts. Wie immer bei Ferngesprächen: erst nichts. Man hörte es in der Membrane leise surren. Diese Geräusche sind je nach den Ländern, in die man telefoniert, verschieden; aus Frankreich zum Beispiel läuft ein silberhelles Gewässer durch die Drähte, und man bekommt solche Sehnsucht nach Paris ... Hier surrte es. Sie hatten wohl wegen der politischen Konferenzen neue Kupferdrähte nach der Schweiz ... «Mariefred? Bitte melden Sie sich!» – Und dann deutlich, aber leise eine klagende Stimme. Frau Collin.

«Hier ist Frau Collin. Sie haben mir geschrieben? Wie geht es denn Ada?» – «Ich will Sie nicht beunruhigen – aber sie muß da heraus.» – «Ja, warum denn? Um Gottes –» – «Nein, mit der Gesundheit ist das Kind in Ordnung. Aber ich schreibe Ihnen heute abend noch einmal ausführlich – diese Frau Adriani ist eine unmögliche Erzieherin. Das Kind macht einen so verängstigten Eindruck, es ...» Und ich packte aus. Ich schmetterte es alles aus mir heraus, die ganze Wut und das ganze Mitleid und die Rankūne wegen der Niederlage heute nachmittag und meinen Abscheu vor solchen Herrschweibern ... alles packte ich aus. Und die Prinzessin wackelte wild hetzend mit der Faust. Frau Collin blieb einen Augenblick still. «Hallo?» – «Ja, was machen wir denn da ...» Die Prinzessin stieß mich und zischelte etwas. Ich wehrte mit dem Kopf ab: Laß!

«Ich schlage Ihnen vor, daß Sie uns einen Brief schreiben, mit dem wir das Kind abholen können. Schicken Sie uns bitte einen Scheck über das, was Sie dort mutmaßlich schuldig sind ... wenns mehr ist, will ich das gern auslegen. Und schreiben Sie es nicht der Frau: sonst wird sie das Kind nicht gleich entlassen, sondern sie wird es noch quälen – schreiben Sie also uns. Ihre Schrift kennt die Frau Adriani ja. Also, einverstanden?»

Pause der Unentschlossenheit. Ich gab eine berliner Referenz. «Ja, wenn Sie meinen ... Ach ... aber wo soll ich denn dann mit dem Kind hin?» – «Ich habe in der Schweiz zu tun – ich bringe Ada zu Ihnen, und wir werden schon anderswo etwas für sie finden; aber da muß sie heraus. Wirklich – das geht nicht. Einverstanden?»

Die Stimme klagte, klang aber ein wenig fester. «Es ist so nett, wie Sie mir helfen. Sie kennen mich doch gar nicht!» – «Ich habe das da gesehen, wissen Sie ... das geht nicht. Also gemacht?» – «Jawohl. Wir wollen das so machen.» Und noch einiges verbindliche Hin und Her. Knack. Abgehängt. Aus. Die beiden tanzten einen wilden Tanz, einmal ums ganze Zimmer. Ich behielt den Hörer noch einen Augenblick in der Hand. «Gottseidank ...» sagte ich. – «Ob sie es nun auch tut?» fragte die Prinzessin, noch ein wenig atemlos. «Was hat sie gesagt?» fragte Billie. Nun war sie schon etwas mehr bei der Sache – gar nicht mehr so höflich-teilnehmend wie heute nachmittag. Feldzugskamerad Billie ... Ich berichtete. Und dann tanzten wir alle drei.

«Dascha wunnerbor!» sagte Lydia. «Wann kann ihr Brief hier sein? Heute ist Dienstag. Mittwoch ... Donnerstag ... In drei Tagen, wie?» Wir schrien alle durcheinander und waren so vergnügt. In mir war so etwas wie: Wohltun schmeckt süß, Rache trägt Zinsen, und liebe deinen Nächsten wie der Hammer den Amboß. «Darf ich die jungen Damen auf die Weide treiben?» Wir gingen zum Essen.

«Billie!» sagte ich, «wenn das der alte Geheimrat Goethe sähe! Wasser in den Wein! Wo haben Sie denn diese abscheuliche Angewohnheit her! sagte er zu Grillparzer, als der das tat. Oder hat er es zu einem andern gesagt? Aber gesagt hat er es.» – «Ich vertrage nichts», sagte Billie, und ihre Stimme klang, wie wenn ein silberner Ring in einen Becher fällt ... – «Verträgt Margot vielleicht mehr?» fragte die

Prinzessin. «Margot . . .» sagte Billie und lachte. «Ich habe sie mal gefragt, was sie wohl täte, wenn sie beschwipst wäre. Sie war es nämlich noch nie. Sie hat gesagt: wenn ich betrunken bin, das stelle ich mir so vor — ich liege unter dem Tisch, habe den Hut schief auf und sage immerzu Miau!» Das wurde mit einem sanften Rotwein begossen; Billie schluckte tapfer, die Prinzessin sah mich an, schmeckte und sprach: «Ich mache mir ja nichts aus Rotwein. Aber wenn das der selige Herr Bordeaux wüßte . . .» und dann sprachen wir wieder von Zürich und von dem kleinen Gegenstand, und Billie wurde munter, wohl weil sie uns Rotwein trinken sah. Die Prinzessin blickte sie wohlgefällig von der Seite an.

Ich gähnte verstohlen. «Na, schickst all een to Bett?» fragte die Prinzessin. «Ich schreibe noch den Brief an die Frau. Löst ihr nur euer Rätsel!» Sie lösten. Ich schrieb.

Was die Schreibmaschine heute nur hatte! Manchmal hat sie ihre Nücken und Tücken, das Luder; dann verheddern sich die Hebel, nichts klappt, das Farbband bleibt haken, gleich schlage ich mit der Faust . . . «Hö-he-he!» rief die Prinzessin herüber. Sie kannte das, und ich schrieb beschämt und ruhiger weiter. So, das war fertig. Vielleicht ist der Brief zu schwer . . . Haben wir hier keine Briefschaukel? «Ich bringe ihn noch auf die Post!»

Es regnete. Schön ist das, durch so einen frischen Regen zu gehn . . . Wie heißt der alte Spruch? Es gibt kein schlechtes Wetter, es gibt nur gute Kleider. Nun, es gibt schon schlechtes Wetter; es gibt mißratenes Wetter, es gibt leeres Wetter, und manchmal ist überhaupt kein Wetter. Der Regen befeuchtete mir die Lippen; ich schmeckte ihn und atmete tief: es ist doch hier weiter gar nichts, Ferien, Schweden, die Prinzessin und Billie — aber dies ist einer jener Augenblicke, an die du dich später einmal erinnern wirst: ja, damals, damals warst du glücklich. Und ich war es und dankbar dazu.

Zurück.

«Na, habt ihr gelöst?» — Nein, sie lösten noch und waren grade in eine erbitterte Streiterei geraten. ‹Vater der Kirchengeschichte› . . . sie mußten da irgendeinen Unsinn gemacht haben, denn für dieses eine Wort hatten sie noch acht Silben übrig, darunter: e-di-son, und obgleich der ja nun viel in seinem Leben getan und seine Zeit umgestaltet hat: Kirchengeschichte hatte er doch wohl nicht . . . «Löst das nachher!» sagte ich. «Wann nachher?» fragte Billie. «Da schlafen wir.» — «Billie schläft überhaupt heute bei mir», sagte die Prinzessin. «Du kannst nebenan in der Kemenate schlafen!» — «Hurra!» riefen die beiden. «Macht es Ihnen etwas?» fragte mich Billie. «Aber . . .!» Und sie lief davon und holte ihre Sachen, jene Kleinigkeiten, die jede Frau braucht, um glücklich zu sein. «Du gefällst ihr, mein Sohn», sagte die Prinzessin. «Ich kenne sie. Ist sie nicht wirklich nett?» Und die Prinzessin begann umzuräumen und Billies Zimmer nachzusehn, und es gab eine furchtbare Aufregung. «Wohin soll ich die Blumen stellen?» — «Stell sie auf den Toilettentisch!»

Es war kein alter Bordeaux — aber es war ein schwerer Bordeaux. Das Zimmer lag im abgeblendeten Schein der Lampen, es war so warm und heimlich, und wir kuschelten uns.

«Schon?» fragte ich. Die Damen wollten schlafen gehn. «Aber wenn ihr im Bett seid», sagte ich, «dann laßt die Tür noch offen — damit ich höre, was ihr euch da erzählt!» Ich ging und zog mich aus. Dann klopfte ich. «Willst du ...!» sagte die Stimme der Prinzessin. «Wird hier ehrsame Damens bei der Toilette stören! Mädchenschänder! Wüstling! Blaubart! Ein albernes Geschlecht —!» Wo aber war mein Eau de Cologne? Mein Eau de Cologne war da drin — so ging das nicht! Man ist doch ein feiner Mann. Ich klopfte wieder. Geraschel. «Ja?» Ich trat ein.

Sie lagen im Bett. Billie in meinem: sie hatte einen knallbunten Pyjama an, auf dem hundert Blumen blühten, jetzt sah sie aus, wie die wilde Lieblingsfrau eines Maharadschas ... sie lächelte ruhig in ihr Rätselblatt. Sie war beinah schön. «Was willst du?» fragte die Prinzessin. «Mein Eau ...» — «Haben wir all ausgebraucht!» sagte sie. «Nu wein man nicht — ich kauf dir morgen neues!» Ich brummte. «Habt ihr denn fertig gelöst?» — «Wenn wir dich brauchen, rufen wir dich ... Gute Nacht darfst du auch sagen!» Ich ging an sie heran und sagte artig zu jeder gute Nacht, mit zwei tiefen Verbeugungen. «Billie, was haben Sie für ein schönes Parfum!» Sie sagte nichts; ich wußte, was es war. Das Parfum ‹arbeitete› auf ihrer Haut — es war nicht das Parfum allein, es war sie. Und sie hatte für sich das richtige ausgewählt. Die Prinzessin bekam einen Kuß, einen ganz leise bedauernden Kuß. Dann ging ich. Die Tür blieb offen.

«Halbedelstein —» hörte ich Billie sagen. «Halbedelstein ... Laß mal: Saphir ... nein. Rubin ... nein. Opal ... auch nicht. Lydia!» — «Topas!» rief ich aus meinem Zimmer. «Ja, — Topas! Du bist ein kluges Kind!» sagte die Prinzessin. «Nun — nein, so geht das nicht — laß doch mal —» Jetzt rauften sie, die Betten rauschten, Papier knatterte ... «Hiii —!» rief Billie in einem ganz hohen Ton. Etwas zerriß. «Du dumme Person!» sagte die Prinzessin. «Komm — jetzt schreiben wir das noch mal auf dies Papier ... da stimmt doch was nicht! Wir haben eben falsch ausgestrichen ...» — «Der Doktor Pergament kann Silbenrätsel ohne Bleistift lösen!» rief ich. Sie hörten gar nicht zu. Sie waren wohl sehr eifrig bei der Arbeit. Pause.

Die Prinzessin: «Hauch ... Hast du sowas gesehn? Was ist Hauch?» — «Atem!» sagten Billie und ich gleichzeitig. Es war wie ein Einverständnis. Wieder raschelten sie. «Das ist ja ganz falsch! Der Inbegriff alles sinnlich Wahrnehmbaren — sinnlich Wahrnehmbaren ...» Jetzt waren sie offenbar am Ende ihres Lateins, denn nun wurde es ganz still — man hörte gar nichts mehr. «Ich weiß nicht ...» sagte die Prinzessin. «Das ist bestimmt ein Druckfehler!» — «Druckfehler bei Silbenrätseln gibt es nicht!» rief ich. «Du halt deinen Schnabel, du alte Unke!» — «Laß doch mal ...» — «Gib mal her ...» — «Weißt du Rats?» Beide: «Wir wissen nichts.» — «Es muß ein Erwachsener kommen», sagte ich. «Da laßt mich mal ran.» Und ich stand auf und ging hinein.

Ich nahm einen Stuhl und setzte mich zur Prinzessin. Einen Augenblick lang hatte der Stuhl in meiner Hand geschwankt; er wollte zu Billie, der Stuhl. «Also — gebt mal her!» Ich las, warf das Papier herunter, hob es wieder auf und probierte mit dem Bleistift auf einem neuen Blatt. Die beiden sahen spöttisch zu. «Na?» — «So schnell geht das nicht!» — «Er weiß ja auch nicht!» sagte Billie. «Wir wollen erst mal alle in den Rotwein steigen!» sagte ich. Das geschah.

«Sehr hübsch», sagte die Prinzessin. «Rotweinflecke haben Hausfrauen gern, besonders auf Bettwäsche. Du altes Ferkel!» Das galt mir. «Die gehn doch raus», maulte ich. «Salzflecke werden gereinigt, indem man Rotwein darüber gießt», lehrte die Prinzessin. Und dann lagen sie wieder beide bäuchlings an ihrem Blatt und lösten. Und es ging nicht vorwärts. Billie hatte die Haare aus der Stirn gestrichen und sah wie ein Baby aus. Wie ein Babybild von Billie. Wie rund ihr Gesicht war, wie rund. «Ge ... Geweihe —!» schrie Billie. «Geweihe! Für Jagdtrophäen! Siehst du, das haben wir vorhin nicht gewußt! Aber wohin gehört chrys—chrys ...» — «Ich auch!» Nun lag ich halb auf dem Bett, bei der Prinzessin, und starrte angestrengt auf die Bleistiftschreiberei. «Chrysopras!» sagte ich plötzlich. «Chrysopras! Gebt mal her!» Die beiden schwiegen bewundernd, und ich genoß meine lexikalische Bildung. Wir horchten. Ein Windstoß fuhr gegen die Scheiben, draußen trommelte der Nachtregen.

«Kalt ist das ...» sagte ich. «Komm zu mir!» sagte die Prinzessin. «Du erlaubst doch, Billie?» Billie erlaubte. Ganz still lag ich neben der Prinzessin.

«Gestalt aus Shakespeares ‹*Sturm*› ...» Allmählich rann die Wärme Lydias zu mir herüber. Mir lief etwas leise den Rücken hinunter. Billie rauchte und sah an die Decke. Ich legte meine Hand hinüber — sie nahm sie und streichelte mich sanft. Ihr Ring blitzte matt. Noch lagen wir beieinander wie junge Tiere — wohlig im Zusammensein und froh, daß wir beisammen waren: ich in der Mitte, wie geborgen. Billie fing an, in der Kehle zu knurren. «Was knurrst du da?» sagte Lydia. «Ich knurre», sagte Billie. Gestalt aus Shakespeares ‹*Sturm*› ... War es das Wort? Das Wort Sturm? Wenn Bienen andre Bienen zornig summen hören, werden sie selber zornig. War es das Wort Sturm? Oben in den Schulterblättern begann es, ich dehnte mich ein ganz klein wenig, und die Prinzessin sah mich an. «Was hast du?»

Niemand sagte etwas. Billie knackte mit meinen Nägeln. Wir hatten das Blatt sinken lassen. Es war ganz still.

«Gib mal Billie einen Kuß!» sagte die Prinzessin halblaut. Mein Zwerchfell hob sich – ist das der Sitz der Seele? Ich richtete mich auf und küßte Billie. Erst ließ sie mich nur gewähren, dann war es, wie wenn sie aus mir tränke. Lange, lange ... Dann küßte ich die Prinzessin. Das war wie Heimkehr aus fremden Ländern.

Sturm.

Als Zephir begann es – wir waren ‹außer uns›, denn jeder war beim andern. Es war ein Spiel, kindliche Neugier, die Freude an einer fremden Brust ... Ich war doppelt, und ich verglich; drei Augenpaare sahen. Sie entfalteten den Fächer: Frau. Und Billie war eine andre Billie. Ich sah es mit Staunen.

Ihre Züge, diese immer ein wenig fremdartigen Züge, lösten sich; die Augen waren feucht, ihre Gespanntheit wich, und sie dehnte sich ... Der Pyjama erblühte bunt. Nichts war verabredet, alles war wie gewohnt – als müßte es so sein. Und da verloren wir uns.

Es war, wie wenn jemand lange mit seinem Bobsleigh am Start gestanden hatte, und nun wurde losgelassen – da sauste der Schlitten zu Tal! Wir gaben uns jenem, der die Menschen niederdrückt und aufhebt, zum tiefsten und höchsten Punkt zugleich ... ich wußte nichts mehr. Lust steigerte sich an Lust, dann wurde der Traum klarer, und ich versank in ihnen, sie in mir – wir flüchteten aus der Einsamkeit der Welt zueinander. Ein Gran Böses war dabei, ein Löffelchen Ironie, nichts Schmachtendes, sehr viel Wille, sehr viel Erfahrung und sehr viel Unschuld. Wir flüsterten; wir sprachen erst übereinander, dann über das, was wir taten, dann nichts mehr. Und keinen Augenblick ließ die Kraft nach, die uns zueinander trieb; keinen Augenblick gab es einen Sprung, es hielt an, eine starke Süße erfüllte uns ganz, nun waren wir bewußt geworden, ganz und gar bewußt. Vieles habe ich von dieser Stunde vergessen – aber eins weiß ich noch heute: wir liebten uns am meisten mit den Augen.

«Mach das Licht aus!» sagte Lydia. Das Licht erlosch, erst die große Krone im Zimmer, dann das Lämpchen auf dem Nachttisch.

Wir lagen ganz still. Am Fenster war ein schwacher Schein. Billies Herz klopfte, sie atmete stark, die Prinzessin neben mir rührte sich nicht. Aus den Haaren der Frauen stieg ein Duft auf und mischte sich mit etwas Schwachem, was die Blumen sein mochten oder das Parfum. Sanft löste sich Billies Hand aus der meinen. «Geh», sagte die Prinzessin, fast unhörbar.

Da stand ich nebenan im Zimmer Billies und sah vor mich hin. Kikeriki – machte es ganz leise in mir, aber das war gleich vorbei, und ein starkes Gefühl der Zärtlichkeit wehte zu denen da hinüber. Ich legte mich nieder.

Sprachen sie? Ich konnte es nicht hören. Ich stand wieder auf und kroch unter die Dusche. Eine süße Müdigkeit befiel mich – und ein fast zwanghafter Trieb, hinzugehen und ihnen Rosen auf die Decke ... wo bekommt man denn jetzt nachts Rosen her ... das ist ja – Jemand war an der Tür.

«Du kannst gute Nacht sagen!» sagte die Prinzessin. Ich ging hinein. Billie sah mich lächelnd an; das Lächeln war sauber. Die Prinzessin lag neben ihr, so still. Zu jeder ging ich, und jede küßte ich leise auf den Mund. «Gute Nacht ...» und «Gute Nacht ...» Kräftig rauschten draußen die Bäume. Eine Sekunde lang stand ich noch am Bett.

«Wie ist denn das alles so plötzlich gekommen?» sagte die Prinzessin leise.

FÜNFTES KAPITEL

> Das war ein Wurf! sagte Hans – da warf er seine Frau zum Dachfenster hinaus.

1

Einer von den Tagen, wie sie sonst nur im Spätsommer vorkommen: bunt, gesättigt und windstill. Wir lagen am Seeufer.

Ein paar Meter vor uns schaukelte ein Boot, unser Badeboot – das Wasser gluckste leise gegen das Holz, auf und ab, auf und ab ... Wenn man die Hand ins Wasser hielt, gab das ein winziges Kältegefühl, dann zog man sie wieder heraus, und dann trockneten die Tropfen in der Luft. Ich rauchte einen Grashalm, die Prinzessin hielt die Augen geschlossen.

«Heute ist vorgestern», sagte sie. Das war so ihre Art der Zeitrechnung, da wir übermorgen fortfahren wollten, so war heute vorgestern.

«Wo mag sie jetzt sein?» fragte ich. Die Prinzessin sah auf die Uhr: «Jetzt ist sie zwischen Malmö und Trälleborg», sagte sie; «in einer Stunde steigt sie auf die Fähre.» Dann schwiegen wir wieder. Billie – dachte ich – Billie ...

Sie war abgefahren: leise, heiter, froh – und es war nichts gewesen, es war nichts gewesen. Ich war glücklich; es hatte keinen Schatten gegeben. Gottseidank nein. Ich sah zur Prinzessin hinüber. Sie mußte den Blick gespürt haben; sie öffnete die Augen.

«Wo bleibt die Frau Collin? Watt seggst to det Ei? Hett de Katt leggt!»

Die Frau Collin hatte nicht geschrieben – und wir wollten doch fort. Wir mußten fort; unser Urlaub war abgelaufen. Noch einmal telefonieren? Schließlich und endlich ... «Diese dämliche Person», schimpfte ich vor mich hin. «Man muß doch das Gör da herauskriegen! Himmelherrgottdonner ...» — «Daddy, du repräsentierst ein Volk!» sagte die Prinzessin würdevoll, als ob uns die schwedischen Bäume hören könnten. «Du sollst des Anstands gedenk sein!» Ich sagte ein zweisilbiges Wort. Woraufhin mich die Prinzessin mit etwas Mälarsee anspritzte. Und da wollte ich sie in den See werfen. Und da lag ich drin.

Ich pustete sie mit Wasser voll wie ein Elefant, sie warf mir Hölzchen an den Kopf ... dann legte sich das alles. Ich kroch heran, und wieder saßen wir friedlich zusammen.

«Was machen wir aber wirklich?» fragte ich triefend. «Warten? Wir können nun nicht mehr warten! Du mußt am Dienstag zu Hause sein, und auf mich lauern sie auch. Mal muß der Mensch doch wieder arbeiten! Hier vertue ich meine kostbare Zeit mit dir ...» Sie hob drohend den Arm. Ich rückte ein Stückchen weg. «Ich meinte nur. Aber wollen wir telefonieren? Ja?»

«Nun wollen wir erstmal zu Ende baden», sagte die Prinzessin. «Wenn wir nachher nach Gripsholm kommen, werde ich dir das alles sagen. Holla — hopp!» Und wir schwammen.

«Paß auf —» pustete ich dazwischen, «sie wird es nicht tun, die Frau Collin. Wahrscheinlich hat sie sich das überlegt — ich hatte so den Eindruck, daß sie den kleinen Gegenstand gar nicht bei sich haben will — vielleicht führt sie ein uhrenhaftes Leben ...» Die Prinzessin kniff mich ins Bein. «Oder sie traut uns nicht und denkt, wir werden das Kind entführen. Aber der Frau Adriani hat sie getraut. Na, du wirst es sehen! Diese Weiber! Aber das sage ich dir, Alte: wenn sie heute nicht schreibt! Nie wieder in meinem Leben kümmere ich mich um fremde Kinder. Um fremde nicht! um deine auch nicht! um meine auch nicht! Himmelkreuzund ...» — «Daddy», sagte die Prinzessin. «Solang as ich dir kenn, hältst du ümme weise Redens über das, wasse tun wirst, und mehrstenteils kommt nachher allens ganz anners. Aber dascha so bei die Männers. Bischa mallrig!» — «Ich werde ...» — «Ja, du wirst. Wenn sie dir das Futurum wegnehmen, dann bleibt da aber nicht viel.» — «Person!» — «Selber!» Huburr — der ganze See fing an zu schaukeln, weil wir eine wilde Seeschlacht veranstalteten. Dann schwammen wir ans Ufer.

Auf dem Wege zum Schloß:

«Mein Alter hat gar nicht geschrieben ... sie werden ihn doch nicht in Abbazia an ein öffentliches Haus verkauft haben?» — «Na, ob da Bedarf für ist ...» — «Daddy, wo ist eigentlich der Dackel?» — «Dein Kofferdackel?» — «Ja.» — «Der steht doch ... der steht unter meinem Bett. Nachts bellt er.» Wir gingen ins Haus.

Die Prinzessin pfiff wie ein Lockvogel. Was gabs?

Der Brief war da — ein dicker Brief. Sie riß ihn auf, und ich nahm ihn ihr fort, dann flatterten die Bogen auf den Boden, wir sammelten sie auf und brachen in ein fröhliches Geschrei aus. Da war alles, alles, was wir brauchten.

«Das ist fein. Na — aber nun! Wie nun?»

«Das beste is», sagte die Prinzessin, «wir gehn gliks mal eins hin un holen uns dem Kinde her von diese alte Giftnudel. Auf was wolln wi nu noch warten?»

«Jetzt essen wir erst mal Mittag, und dann gleich nach Tisch ... Krach ist gut für die Verdauung.»

Wir saßen grade bei den Preiselbeeren, diesem mild brennenden Kompott, da hörten wir draußen vor der Tür ein Getöse, das Ungewöhnliches anzeigte. Wir ließen die Löffel sinken und horchten. Nun —?

Die Schloßfrau kam herein; sie sah aus wie ein Extrablatt.

«Da ist ein Kind draußen», sagte sie und sah uns ganz leicht mißtrauisch an, «ein kleines Mädchen — sie weiß nicht, was Sie heißen, aber sie sagt, sie will zu den Mann und der Frau, die ihr eine Puppe gegeben hat, und sie weinten die ganze Zeit und sie bin so rot im Gesicht ... Kennen Sie das Kind?» Wir standen gleich auf. «O ja — das Kind kennen wir schon.» Hinaus.

Da stand der kleine Gegenstand.

Sie sah recht zerrupft aus, verweint, die Haare hingen ihr ins Gesicht, vielleicht war sie schnell gelaufen. Das Kind war nicht recht bei sich. Als es Lydia sah, lief es rasch auf sie zu und versteckte sein Gesicht an ihrem Kleid. «Was hast du denn? Was ist denn?» Die Prinzessin beugte sich nieder und verwandelte sich aus dem Sportmädchen von heute morgen in eine Mama; nein, sie war beides. Die Schloßfrau stand dabei, ein Schwamm der Neugierde — sie saugte es alles auf. Also?

Das rote Weib hatte das Kind geprügelt und geknufft und so laut geschrien; das Kind war fortgelaufen. Es war wohl nicht mehr auszuhalten gewesen. Und nun zitterte das Kind und zitterte und sah nach der Tür. Kam sie —? Frau Adriani würde sie holen. Frau Adriani würde sie holen. Es war nur bruchstückweise aus ihr herauszubekommen, was es gegeben hatte. Schließlich wußten wir alles.

Wir standen herum. «Ich gebe sie nicht mehr heraus», sagte ich. «Nein ... natürlich nicht», sagte die Prinzessin. Die Schloßfrau: «Senden Sie nicht das Kind zurück?» Der kleine Gegenstand begann laut zu weinen: «Ich will nicht zurück! Ich will zu meiner Mutti!» — «Noch einen schwarzen Kaffee», sagte ich zur Prinzessin, «und dann gehts los.» Wir nahmen das Kind mit hinein und bauten vor ihm Keks auf. Es nahm keine Keks. Wir tranken still; wenn es wild zugeht, soll man immer erst einmal bis hundert zählen oder einen Kaffee trinken.

«So, Lydia — jetzt wisch mal dem Kind das Geheul ab und beruhige es ein bißchen, und ich werde mit dem süßen Schatz telefonieren! Würden Sie mich bitte mit dem Kinderheim verbinden?» Die Schloßfrau stellte viele Fragen, ich beantwortete sie sehr kursorisch, sie sagte etwas Schwedisches in das Telefon; und dann saß ich da und wartete.

Jemand meldete sich, auf schwedisch. Ich sprach aufs Geratewohl deutsch. «Kann ich Frau Adriani sprechen?» Lange Pause. Dann eine harte, gelbe Stimme. «Hier Frau Direktor Adriani!» Ich meldete mich. Und da brach es drüben los.

«Das Kind ist wohl bei Ihnen? Ja?» — «Ja.» — «Sie geben es sofort ... Sie schicken mir sofort das Kind! Ich werde es abholen lassen — nein: Sie schicken es mir sofort ... Sie bringen mir auf der Stelle das Kind zurück! Ich zeige Sie an! Wegen Kindesentführung! Das haben Sie dem Kind in den Kopf gesetzt! Sie! Was? Wenn das Kind nicht in einer halben Stunde ... nicht in einer halben Stunde bei mir ... Haben Sie mich verstanden?» In mir schnappte das Regulativ ein, das die Feder zurückhält. Ich hatte mich fest an der Leine. «Wir sind in einer halben Stunde bei Ihnen!» Ein Knack — es wurde abgehängt.

«Lydia», sagte ich. «Was nun? Ich werde mit der Alten schon reden — diesmal ist sie dran. Aber die Sachen von dem Kind ... Es hilft nichts: wir müssen das Kind mitnehmen, sonst bekommen wir nicht alles!» — «Hm.» — «Und wenn wir es hier in Gripsholm lassen, dann ist die Alte imstande und nimmt es von hier fort, und das ganze Theater fängt von vorn an. Erklär das mal dem kleinen Gegenstand!» Das dauerte zehn lange Minuten; ich hörte die Kleine nebenan weinen und immer wieder weinen, dann wurde sie ruhiger, und als nun auch die Schloßfrau auf sie einsprach, wurde sie still. «Nehmen Sie mich auch gewiß ... nehmen Sie mich auch ganz gewiß wieder mit?» fragte sie immer wieder. Wir redeten ihr gut zu. «Sie weinete, Er tröstete den Trost aus voller Brust —» sagte die Prinzessin leise. Und dann gingen wir.

Wir sprachen, damit das Kind uns nicht verstände, französisch. «Du springst ihr doch hoffentlich gleich mit dem Brief und mit dem Scheck ins Gesicht?» — «Lydia», sagte ich. «Lassen wir sie ein kleines Weilchen toben. Ein Hälmchen ... Ich möchte noch mal sehn, wie das ist. Nur ein Weilchen!» Die Prinzessin fiel murrend aus dem Französischen in ihr geliebtes Plattdeutsch. «Ick schall mi von Schap beeten laten, wenn ick 'n Hund in de Tasch hebb?» Und nun wandten wir uns wieder zu der Kleinen, die unruhiger wurde mit jedem Schritt, der uns dem Kinderheim näherbrachte. «Darf ich auch wieder heraus? Aber sie läßt mich ja nicht — sie läßt mich ja nicht!» — «Wir müssen doch deine Sachen holen, und du brauchst keine Angst zu haben ...» Als wir das Kinderheim sahen, sagten wir gar nichts mehr. Ich legte der Kleinen leise meinen Arm um die Schultern. «Komm — das geht gut aus!» Sie ließ sich ein bißchen ziehen, aber sie ging still mit. Wir brauchten nicht zu klopfen – die Tür war offen.

Frau Adriani stand unten in der Halle, sie war über eine Truhe gebeugt und wandte uns den Rücken zu. Als sie unsre Schritte hörte, drehte sie sich blitzschnell um. «Ah – da sind Sie ja! Na, das ist Ihr Glück! Sind Sie meinem Mädchen nicht begegnet? Nein? Na, es ist schon jemand unterwegs, falls Sie nicht gekommen wären . . . Wo bist du hingelaufen, du Teufelsbraten!» schrie sie das Kind an: «Wir sprechen uns nachher! Nachher sprechen wir uns! Los jetzt!» Das Kind verkroch sich hinter die Prinzessin. «Einen Augenblick», sagte ich. «So schnell geht das nicht. Warum ist das Kind von Ihnen fortgelaufen?» – «Das geht Sie gar nichts an!» schrie Frau Adriani. «Gar nichts geht Sie das an! – Komm her, mein Kind!» Sie ging auf das Kind zu, das ängstlich zusammenzuckte. Sie legte der Kleinen die Hand auf den Kopf. «Was sind denn das für Dummheiten! Wozu läufst du denn vor mir fort? Hast du Angst vor mir? Du mußt vor mir keine Angst haben! Ich will doch dein Bestes! Da läufst du nun zu fremden Leuten . . . stehen dir denn diese fremden Menschen näher als ich? Ich habe dir doch erzählt: die sind nicht mal richtig verheiratet . . .» Sie sprach so falscheindringlich in das Kind hinein, aber ihre Stimme wußte sich gehört; sie sprach gewissermaßen im Profil. «Läufst hier fort . . .!» Das Kind schauerte zusammen.

«Kann ich Sie wohl mal sprechen?» sagte ich sanft. «Was . . . wir haben uns nichts zu sagen!» – «Vielleicht doch.» Wir gingen alle in den Eß-Saal.

«Also das Kind ist zu Ihnen gelaufen! Das ist ja reizend! Ihr Glück, daß Sie es auf meine Weisung sofort wiedergebracht haben! Sie wird nicht mehr weglaufen – das kann ich Ihnen versprechen. So ein Geschöpf! Na warte . . .» – «Das Kind muß doch einen Grund gehabt haben, wegzulaufen!» sagte ich. «Nein. Das hat es gar nicht gehabt. Es hat keinen Grund gehabt.» – «Hm. Und was werden Sie nun mit ihm machen?» – «Ich werde es bestrafen», sagte Frau Adriani satt und hungrig zugleich. Sie reckte sich in ihrem Stuhl. «Erlauben Sie mir bitte eine Frage: Wie werden Sie es bestrafen?» – «Ich brauche Ihnen darauf keine Antwort zu geben – ich muß das nicht. Aber ich sage es Ihnen, denn es ist im Sinne von Frau Collin, im Sinne von Frau Collin, daß das Kind streng gehalten wird. Sie wird also Zimmerarrest bekommen, die kleinen Hausstrafen, Arbeiten, es darf nicht mit den andern spazierengehn – so wird das hier gemacht.» – «Und wenn wir Sie bitten, dem Kind die Strafe zu erlassen . . . täten Sie das?» – «Nein. Dazu könnte ich mich nicht entschließen. Da könnten Sie bitten . . . Das wollten Sie mir sagen?» fügte sie höhnisch hinzu. «Nun . . . behandeln Sie denn alle Kinder so? Man muß manchmal streng sein, gewiß, aber die Kinder so zur Verzweiflung treiben . . .» – «Wer treibt hier die Kinder zur Verzweiflung! Erziehen Sie Ihre Kinder, verstehen Sie! Wenn Sie mit der Dame da welche haben! Dieses hier erziehe ich!» – «Ga hen und fleut die Hühner und verget den Hahn nich!» murmelte die Prinzessin. «Was sagten Sie?» fragte Frau Adriani. «Nichts.» – «Ich habe meine Grundsätze. Solange ich die Macht über das Kind habe . . .»

Ich sah ihr fest in die Augen . . . einen Augenblick lang noch ließ ich sie zappeln in ihrer wahnwitzigen und ungeduldigen Wut. Immer liefen ihre flinken Augen von uns zu dem Kind und wieder zurück, sie wartete auf das Kind. Ich überlegte, wieviel Menschen auf der Welt in der Gewalt solcher da sein mochten, und wie das nun wäre, wenn wir ihr das Kind wirklich überlassen müßten, und was die andern Kinder hier auszustehen hätten . . . «Also – jetzt werde ich das Nötige in die Wege leiten . . .» Frau Adriani stand auf. Da packte ich zu.

«Das Kind wird nicht bei Ihnen bleiben», sagte ich.

«Waaas–?» brüllte sie und stemmte die Arme in die Seite. «Wir nehmen das Kind zu seiner Mutter zurück. Hier ist ein Brief von Frau Collin, hier ist ein Scheck . . . wir werden gleich bezahlen . . .»

Über das Gesicht der Frau lief wie eine Welle überkochende Milch ein Schreck; man sah, wie es in ihr dachte; man hörte sie denken, sie glaubte nicht. «Das ist nicht wahr!» – «Doch, das ist wahr. Nun kommen Sie nur – setzen Sie sich wieder hin . . . ich werde Ihnen das alles hübsch der Reihe nach übergeben.» – «Du gehst nach oben!» herrschte sie das Kind an. «Das Kind bleibt hier», sagte ich. «Das ist der Brief. Die Unterschrift ist beglaubigt.» Frau Adriani riß ihn mir aus der Hand.

Dann warf sie ihn der Prinzessin vor die Füße. «Das ist der Dank!» schrie sie. «Das ist der Dank! Dafür habe ich mich um diesen verwahrlosten Balg gekümmert! Dafür habe ich für sie gesorgt! Aber das . . . das haben *Sie* der Frau Collin eingeredet! Sie haben sie aufgehetzt! Sie haben mich verleumdet! Das werde ich . . . Raus! Sie . . .!» – «Wir nehmen also das Kind gleich mit. Sie werden augenblicklich die Sachen packen lassen und mir die Rechnung übergeben. Dafür bekommen Sie gegen Quittung diesen Scheck. Er ist auf Stockholm ausgestellt.» Geld! Geld war im Spiel! Die Frau blendete über und wechselte sofort die Tonlage. Sie sprach viel ruhiger, kälter – sehr fest.

«Die Rechnung kann ich im Augenblick nicht machen. Das Kind hat mir vieles zerbrochen, da sind Schadenersatzansprüche. Selbstverständlich muß bis zum Quartalsende gezahlt werden – das ist so ausgemacht. Selbstverständlich. Und dann muß ich erst zusammenstellen lassen, was hier alles im Haus durch die Schuld dieses Mädchens entzweigegangen ist. Das dauert mindestens eine Woche.» – «Sie schreiben mir jetzt eine Quittung über den Scheck aus; er deckt die Kosten bis zum Vierteljahrsschluß, dann bleiben noch zweiundfünfzig Kronen übrig ... über den Rest werden Sie sich mit Frau Collin einigen. Das Kind kommt mit uns mit.» Das Kind hatte aufgehört zu weinen, es sah fortwährend von einem zum andern und ließ die Prinzessin keinen Augenblick los, keinen Augenblick.

Frau Adriani sah auf den Scheck, den ich in der Hand hielt. «Mit Geld allein ist die Sache nicht abgetan!» sagte sie. «Immerhin ... Warten Sie.» Sie ging. Die Prinzessin nickte befriedigt. Die Frau kam wieder.

«Sie hat einen Schrank ruiniert ... sie hat ein Fenster kaputt gemacht; das Fenster war von innen abgeriegelt, sie muß da etwas hinausgeworfen haben ... das macht ... ich habe auch noch eine Wäscherechnung ...» — «Nun ist es genug», sagte ich. «Sie bekommen nun gar nichts, und dann nehmen wir das Kind mit, auch ohne seine Sachen — oder aber Sie schreiben mir eine Quittung über den Scheck aus, und dann liefern Sie uns alle Sachen aus, die dem Kind gehören», — Frau Adriani machte eine Bewegung — «alle Sachen, und dann bekommen Sie Ihr Geld. Nun?»

Sie ringelte sich; man fühlte, wie es in ihr gärte und wallte ... aber da war der Scheck! da war der Scheck! Psychologie ist manchmal sehr einfach. Nein, so einfach war sie doch nicht. Wieviel Stimmlagen hatte diese Frau! Nun legte sie die letzte Platte auf.

Sie begann zu weinen. Die Prinzessin starrte sie an, als hätte sie ein exotisches Fabeltier vor sich.

Frau Adriani weinte. Es klang, wie wenn jemand auf einer kleinen Kindertrompete blies, es war mehr eine Art Quäken, was da herauskam, ganz leise, bei völlig trocknen Augen — so machen die kleinen Gummischweinchen, wenn sie die Luft von sich geben und verrunzelnd zusammenfallen. Großaufnahme: «Ich bin eine Frau, die sich ihr Leben erarbeitet hat», sang die Kindertrompete. «Ich habe viele Reisen gemacht und mir Bildung erworben. Ich habe einen kranken Mann; ich habe niemanden, der mir hilft. Ich stehe diesem Hause seit acht Jahren vor — ich bin den Kindern wie eine Mutter, wie eine Mutter ... das Kind ist mir ans Herz gewachsen ... ich habe für dieses Kind ... Scheißbande!» brüllte sie plötzlich.

Es war wie eine Erlösung. Die Vorstellung des Stücks ‹Das gerührte Mutterherz› war so dumm gewesen, es waren die gangbaren Mittel einer Provinz-Hysterika ... daß wir wie von einem Albdruck befreit waren, als sie mit dem Kraftwort abschloß und in die Realität zurückkehrte, in ihre Wirklichkeit. «So», sagte ich. «Nun gehn wir und packen ein!» Ihr letzter Widerstand flackerte auf. «Ich packe nicht. Gehn Sie selber nach oben und suchen Sie sich ihre Lumpen zusammen. Liegt wahrscheinlich alles durcheinander. Ich suche nicht.» Sie knallte auf einen Stuhl. Und sprang gleich wieder auf. «Natürlich lasse ich

Sie nicht allein hinaufgehn! Senta! Anna!» Es erschienen zwei Mädchen. Sie sagte zu ihnen etwas auf schwedisch, das wir nicht verstanden. Wir gingen hinauf.

Aus allen Türen sahen Mädchenköpfe, verängstigte, neugierige, aufgeregte Gesichter. Keines sprach; ein Mädchen knickste verlegen, dann andre. Wir standen oben im Schlafzimmer Adas; die vier kleinen Mädchen, die darin waren, drückten sich scheu in einer Ecke zusammen. Wir öffneten den Schrank, und die Prinzessin fragte nach einem Koffer. Ja, das Kind hatte einen mitgebracht, aber der stände auf dem Boden. «Wollen Sie ihn bitte ...» Ein Mädchen ging. Die Prinzessin räumte den Schrank aus. «Das? Das auch?» Mit einem Schwung öffnete sich die Tür, Frau Adriani preschte ins Zimmer. «Ich will genau sehn, was sie mitnimmt! Am Ende eignen Sie sich noch fremde Sachen an!» Eine schlechte Verliererin war sie — wer bleibt anständig, wenn er seine Partie verloren hat? «Sie können alles genau sehn, und im übrigen — Holla!» Sie war auf das Kind zugegangen, das sich duckte. Ich trat mit einem raschen Satz dazwischen. Wir sahen uns einen Augenblick an, die Frau Adriani und ich; in diesem Blick war so viel körperliche Intimität, daß mir graute. Dieser Kampf war der Gegenpol der Liebe — wie jeder Kampf. Und in diesem Blick der Augen öffnete sich mir eine tiefe Schlucht: diese Frau war niemals befriedigt worden, niemals. Durch mein Gehirn flitzte jenes zynische Rezept:

Rp.
Penis normalis
dosim
repetatur!

Aber das allein konnte es nicht sein. Hier tobte der Urdrang der Menschheit: der nach Macht, Macht, Macht. Und nichts trifft solch ein Wesen mehr als ein unerwarteter Aufstand. Dann stürzt eine Welt ein. Spartakus ... So viele Kinder litten hier. Ich hätte geschlagen. Sie wich zurück.

Das Mädchen kam mit dem Koffer; wir packten, schweigend. Einmal riß die Frau ein Hemdchen an sich und warf es wieder hin. Das Kind hielt die Hand der Prinzessin. Die Mädchen in ihrer Ecke atmeten kaum. Frau Adriani sah zu ihnen hinüber und ruckte mit dem Kopf, da gingen sie schlurfend zur Tür hinaus. Der Koffer wurde geschlossen. Wir trugen ihn hinunter. Ein Mädchen wollte uns helfen — Frau Adriani verbot es mit einer Handbewegung. Der Koffer war nicht schwer. Das Kind ging eilig mit; es weinte nicht mehr. Ich hörte es einmal tief aufatmen.

«Die Quittung?» Frau Adriani ging auf ihren Tisch zu, schrieb etwas auf ein Blatt und reichte es mir, wie mit der Feuerzange. Um ein Haar hätte sie mir leid getan, aber ich wußte, wie gefährlich dieses Mitleid war und wie verschwendet. Es hätte ihr nicht einmal gut getan, denn von diesem Seelenhonorar kaufte sie sich neue Kulissen, und alles fängt wieder von vorn an. Ich gab ihr den Scheck. Ich sah auf ihr Gesicht. Der Vorhang war heruntergelassen – jetzt wurde nicht mehr gespielt. Das Stück war aus.

Langsam gingen wir aus dem Hause, in dem das Kind so viel gelitten hatte.

Keiner von uns sah mehr zurück. Die Haustür wurde geschlossen.

2

Der letzte Urlaubstag ...

Ich bin schon für die Reise angezogen, zwischen mir und dem Mälarsee ist eine leise Fremdheit, wir sagen wieder Sie zueinander.

Die langen Stunden, in denen nichts geschah; nur der Wind fächelte über meinen Körper – die Sonne beschien mich ... Die langen Stunden, in denen der verschleierte Blick ins Wasser sah, die Blätter zischelten und der See plitschte ans Ufer; leere Stunden, in denen sich Energie, Verstand, Kraft und Gesundheit aus dem Reservoir des Nichts, aus jenem geheimnisvollen Lager ergänzten, das eines Tages leer sein wird. «Ja», wird dann der Lagermeister sagen, «nun haben wir gar nichts mehr ...» Und dann werde ich mich wohl hinlegen müssen.

Da steht Gripsholm. Warum bleiben wir eigentlich nicht immer hier? Man könnte sich zum Beispiel für lange Zeit hier einmieten, einen Vertrag mit der Schloßdame machen, das wäre bestimmt gar nicht so teuer, und dann für immer: blaue Luft, graue Luft, Sonne, Meeresatem, Fische und Grog – ewiger, ewiger Urlaub.

Nein, damit ist es nichts. Wenn man umzieht, ziehen die Sorgen nach. Ist man vier Wochen da, lacht man über alles – auch über die kleinen Unannehmlichkeiten. Sie gehen dich so schön nichts an. Ist man aber für immer da, dann muß man teilnehmen. «Schön habt ihr es hier», sagte einst Karl der Fünfte zu einem Prior, dessen Kloster er besuchte. «Transeuntibus!» erwiderte der Prior. «Schön? Ja, für die Vorübergehenden.»

Letzter Tag. So erfrischend ist das Bad in allen den Wochen nicht gewesen. So lau hat der Wind nie geweht. So hell hat die Sonne nie geschienen. Nicht wie an diesem letzten Tag. Letzter Tag des Urlaubs – letzter Tag in der Sommerfrische! Letzter Schluck vom roten Wein, letzter Tag der Liebe! Noch einen Tag, noch einen Schluck, noch eine Stunde! Noch eine halbe ...! Wenn es am besten schmeckt, soll man aufhören.

«Heute ist heute», sagte die Prinzessin – denn nun stand alles zur Abfahrt bereit: Koffer, Handtaschen, der Dackel, der kleine Gegenstand und wir. «Du siehst aus!» sagte Lydia, während wir gingen, um uns von der Schloßfrau zu verabschieden, «du hast dir je woll mitn Reibeisen rasiert! Keinen Momang kann man den Jung allein lassen!» Ich rieb verschämt mein Kinn, zog den Spiegel und steckte ihn schnell wieder weg.

Großes Palaver mit der Schloßfrau. «Tack ... danke ...» und: «Herzlichen Dank! ... Tack so mycket...» und «Alles Gute!» — es war ein bewegtes und freundliches Hin und Her. Und dann nahmen wir Ada an die Hand, jeder griff nach einer Tasche, da stand der kleine Motorwagen ... Ab.

«Urlaub jok», sagte ich. Jok ist türkisch und heißt: weg. «Du merkst auch alles», sagte die Prinzessin und kämmte das Kind. «Lydia, ich hätte nie geglaubt, daß du so eine nette Kindermama abgeben kannst! Sieh mal an — was alles in dir steckt!» — «Ich bin Sie nämlich eine Zwiebel!» sagte die Prinzessin und enthüllte damit, vielleicht ohne es zu wissen, das Wesen aller ihrer Geschlechtsgenossinnen.

Und dann fing das Kind langsam, ganz langsam und stockend, an, zu erzählen — wir drängten es nicht, erst wollte es überhaupt nicht sprechen, dann aber sprach es sich frei, man merkte, es wollte erzählen, es wollte alles sagen, und es sagte alles:

Den Krach mit Lisa Wedigen und das Blatt vom Kalender; die dauernden Strafen und die Glockenblumen unter dem Kopfkissen und sein Spitzname ‹Das Kind›; der kleine Will und Mutti und was der Teufelsbraten sich alles ausgedacht hatte, um die Mädchen zu tyrannisieren, und Hanne und Gertie und das Essen im Schrank und alles.

Es ging ein bißchen durcheinander, aber man verstand doch, worauf es ankam. Und ich nannte den kleinen Gegenstand nunmehr Ada Durcheinander, und die Prinzessin bemutterte und bevaterte das Kind zu gleicher Zeit, und ich schlug vor, sie solle dem Kind die Brust geben, und dann brach ein wilder Streit darüber aus, welche: die linke oder die rechte. Und so kamen wir nach Stockholm.

Und fuhren zurück nach Deutschland.

Berlin streckte die Riesenarme und langte über die See ... «Wir müssen der Frau Kremser telegrafieren», sagte die Prinzessin, «sicher ist sicher. Junge, haben wir uns gut erholt! Was möchtest du denn?» Das Kind hatte ein paarmal vor sich hingedruckst, hatte angesetzt und wieder abgesetzt. «Na?» — Nein, aufs Töpfchen mußte sie nicht. Sie wollte etwas fragen. Und tat es.

«Sind Sie Landstreicher?» Wir sahen uns entgeistert an. «Die Frau Adriani hat gesagt...» Es stellte sich heraus, daß die Frau Adriani uns dem Kind als passionierte, ja als professionelle Landstreicher hingestellt hatte — «diese Landstreicher da draußen, die nicht mal verheiratet sind!» — und das Kind, das jetzt völlig aufgetaut war, wollte nun alles wissen; ob wir Landstreicher wären, und was wir denn da anstrichen ... und ob wir schon mal verheiratet gewesen wären und warum nun nicht mehr, und dann mußte es aufs Töpfchen, und dann brachten wir es zu Bett. Ich ertappte mich dabei, ein wenig eifersüchtig auf das Kind gewesen zu sein. Wer war hier Kind? Ich war hier Kind. Nun aber schlief es, und Lydia gehörte mir wieder allein.

«Bist du verheiratet?» fragte die Prinzessin. «Na, das hat noch gefehlt!» — «Alte», sagte ich. «Nein, wir Landstreicher, wir sind ja nicht verheiratet. Und wenn wir es wären ... Fünf Wochen, das ginge gut, wie? Ohne ein Wölkchen. Kein Krach, keine Proppleme, keine Geschichten. Fünf Wochen sind nicht fünf Jahre. Wo sind unsre Kümmernisse?» — «Wir haben sie in der Gepäckaufbewahrungsstelle abgegeben ... das kann man machen», sagte die Prinzessin. «Für fünf Wochen», sagte ich. «Für fünf Wochen geht manches gut, da geht alles gut.» Ja ... vertraut, aber nicht gelangweilt; neu und doch nicht zu neu — frisch und doch nicht ungewohnt: scheinbar unverändert lief das Leben dahin ... Die Hitze der ersten Tage war vorbei, und die Lauheit der langen Jahre war noch nicht da. Haben wir Angst vor dem Gefühl? Manchmal, vor seiner Form. Kurzes Glück kann jeder. Und kurzes Glück: es ist wohl kein andres denkbar, hienieden.

Wir rollten in Trälleborg ein. Es war spät abends; die weißen Bogenlampen schaukelten im Winde, und wir sahen zu, wie der Wagen auf die Fähre geschoben wurde. Das Kind schlief schon.

Ein großer Passagierdampfer rauschte durch das Wasser in den Hafen. Alle Lichter funkelten: vorn die Schiffslaternen, oben an den Masten kleine Pünktchen, alle Kammern, alle Kajüten waren hell erleuchtet. Er fuhr dahin. Musik wehte herüber.

Whatever you do —
my heart will still belong to you —

Eine Welle Sehnsucht schlug in unsre Herzen. Fremdes erleuchtetes Glück — da fuhr es hin. Und wir wußten: säßen wir auf jenem Dampfer und sähen den erleuchteten Zug auf der Fähre, wir dächten wiederum —: da fährt es hin, das Glück. Bunt und glitzernd fuhr das große Schiff an uns vorüber, mit den Lichtpünktchen an seinen Masten. Die schwitzenden Stewards sahen wir nicht, nicht die Reeder in ihren Büros, nicht den zänkischen Kapitän und den magenkranken Zahlmeister ... natürlich wußten wir, daß es so etwas gibt — aber wir wollten es jetzt, in diesem einen Augenblick, nicht wissen.

Whatever you do —
my heart will still belong to you —

Unsere Herzen fuhren ein Stückchen mit.

Dann stand unser Wagen auf der Fähre. Das Schiff erzitterte leise. Die Lichter an der Küste wurden immer kleiner und kleiner, dann versanken sie in der blauen Nachtluft.

Wir standen an Deck. Die Prinzessin sog den salzigen Atem des

Meeres ein. «Daddy – ich bedanke mich auch schön für diesen Sommer!» – «Nein, Alte – ich bedanke mich bei dir!» Sie sah über die dunkle See. «Das Meer ...» sagte sie leise, «das Meer ...» Hinter uns lag Schweden, Schweden und ein Sommer.

Später saßen wir im Speisesaal in einer Ecke und aßen und tranken. «Auf den Urlaub, Alte!» – «Auf was noch?»

«Auf Karlchen!» – «Hoch!»

«Auf Billie!» – «Hoch!»

«Auf die Adriani!» – «Nieder!»

«Auf deinen Generalkonsul!» – «Mittelhoch!»

«Das sind alles keine Trinksprüche, Daddy. Weißt du keinen andern? Du weißt einen andern. Na?»

Ich wußte, was sie meinte.

«Martje Flor», sagte ich. «Martje Flor!»

Das war jene friesische Bauerntochter gewesen, die im Dreißigjährigen Kriege von den Landsknechten an den Tisch gezerrt wurde; sie hatten alles ausgeräubert, den Weinkeller und die Räucherkammer, die Obstbretter und den Wäscheschrank, und der Bauer stand daneben und rang die Hände. Roh hatten sie das Mädchen herbeigeholt – he! da stand sie, trotzig und gar nicht verängstigt. Sie sollte einen Trinkspruch ausbringen! Und warfen dem Bauern eine Flasche an den Kopf und drückten ihr ein volles Glas in die Hand.

Da hob Martje Flor Stimme und Glas, und es wurde ganz still in dem kleinen Zimmer, als sie ihre Worte sagte, und alle Niederdeutschen kennen sie.

«Up dat es uns wohl goh up unsre ohlen Tage –!» sagte sie.

RHEINSBERG

(«Zum hundertsten Tausend»)

Natürlich kommt das nie mehr wieder.
Allein: es war einmal.
Ich war ein Star und pfiff die bunten Lieder;
ich war Johann, der muntre Seifensieder –
und Claire war real.

Das ist schon lange her.
Und heute –?
Jetzt sind die andern dran.
Nach unsrer Sprache plaudern Liebesleute,
Zahntechniker und ihre jungen Bräute ...
Das hört sich also an:

«Du sock nisch imme nach die annern Mättschen blickn!
Isch eiffesüschtisch, olle Bums-Roué!
Du imme mit die kleinen Dickn!
Nu isch ins Bett bigehn bimickn,
weil müdischlisch biwé!»

So liebt euch denn (in allen Ehren)!
Die Liebe währet ewiglich.
Und folgt ihr dieses Büchleins Lehren
und küßt ihr euch, ihr Wölfchen und ihr Clairen –:
dann denkt an mich.

VIEL ZU FEIN!

Ein Millionär trat einst ein Pekinesen-Hündchen. Und entschuldigte sich beim Besitzer. Da rief der Mann: «Was! Sie wollen ein Millionär sein und rufen nicht: ‹Bringen Sie mir noch ein Hündchen›!»

Es ist schon ein bißchen besser geworden, aber der Film und mancher Romanautor, sie könnens nicht lassen: es ist bei ihnen alles viel zu fein.

Die gnädigen Frauen nehmen ihre Schokolade in einer spitzenüberrieselten Liebesgondel, die Tassen sind innen mit Seide ausgeschlagen, das Stubenmädchen ist so schön wie ... (nach Belieben auszufüllen);

vorn stehen Diener, hinten stehen Diener, und in der Mitte stehn Silberdiener; Rechtsanwälte gehen in Paquinmodellen auf den Ball und Halbweltdamen nur im Frack ins Bett . . . oder habe ich das verwechselt — kurz: es ist alles so fein, daß man sich ordentlich nach einer richtigen Schmalzenstulle sehnt. Warum ist es so fein —?

Der Wunschtraum — ich weiß schon.

Ja, mit dem Wunschtraum . . . Habt ihr eigentlich in eurer Bekanntschaft viele Leute, die heute noch so töricht, so dumm und so kindlich sind, daß sie auf so etwas hereinfallen — daß sie so etwas wollen? Und man soll die andern Menschen, die um uns herumleben, nun ja nicht für dümmer halten — dergleichen hat sich schon oft bitter gerächt. Der Wunschtraum . . . Was sind denn das für Träume, die uns die Filmdirektoren und die Romanschreiber da vorträumen?

Das sind verjährte Wunschträume.

Das sind Ideale in den Formen von gestern und vorgestern und vorvorgestern. Wollen das die Leute?

Immer haben sie sich nach Luxus gesehnt, nach Reichtum . . . gewiß. Aber die Dinge liegen doch in Mitteleuropa heute so, daß die Mehrzahl aller Menschen froh ist, wenn sie folgende Sachen haben: Arbeit, auskömmlichen Verdienst, Brot, ein Dach überm Kopf, Wärme, keinen Hunger und keine Krankheiten . . . Das ist schon sehr, sehr viel. Wollen die Leute nun diesen Filmzauber wirklich? Und, wenn sie ihn wollen: gibt es nicht auch so etwas wie eine Verantwortung der Film- und Romanindustrie, dem Publikum gegenüber? Was ist das für billiges Opium und für dummes Zeug!

Es stimmt nicht einmal.

Bei den reichen Leuten sieht es meist ganz anders aus; ich will nicht sagen: snobistisch bescheiden — aber anders. Abgesehen von den ungeheuren Kosten, die solch ein Leben machte, wie es uns da vorgeführt wird: mit den Platinbadewannen, den parfümierten Staubsaugern, den in Brokat eingebundenen Schoßhündchen und den riesigen Säulenhallen vor dem WC . . . das ist doch gar nicht der Stil unserer Zeit. Auch nicht bei reichen Leuten — grade bei denen nicht. Ja, es ist denkbar, daß sich ein Industrieller einen besonders großen Reitstall hält; irgendeine Liebhaberei pflegt . . . einen Sport . . . gewiß. Aber dieses Theater da . . . ich glaube nicht.

Von der Reklame, die ein offenbar existierender ‹Weltverband des Ringes der Mädchenhändler› macht, ganz zu schweigen, denn das geht wirklich auf keinen Perserteppich. Welche Preise . . .! Ich bin ja ein ehrsamer Mann mit einer so gut wie fleckenreinen Vergangenheit . . . aber wenn man das so sieht, welches Schicksal diese Undamen im Film erleiden oder vielmehr genießen — welche Preise da verlangt, geboten und gezahlt werden —: wahrlich, ich ginge hin und täte desgleichen, wenn ich nicht wüßte, daß alles Schwindel wäre und wenn sie mich nicht eben ins falsche Geschlecht hineingeboren hätten. Dafür die vernünftige Aufklärung über Prostitution und dann diese falsche Einheit: mit Kolliers, Riesen-Schecks, als Liebeslohn immer eine Villa mit Golfteich, Entenpark, Tennisplatz für die Rehe und Auto auf dem Dach? Einer allein kann das gar nicht glauben.

Nun weiß man nicht recht ...

Die Filmdirektoren und die Romanschreiber tun so, als glaubten sie, daß das Publikum glaubt, dergleichen glauben zu müssen. Wirklich? Ja? Ist das so?

Wir sehen es fotografiert; wir bekommen es vorgegaukelt, wir lesen das in so vielen Eisenbahnromanen ... Sonderbar wirkt solche Kunst ins Leben zurück, aus dem sie gar nicht gekommen ist ... In manchen Gerichtsverhandlungen hören wir staunend, was einen Einbrecher oder eine Hochstaplerin bewogen hat, eine ‹kleine Kiste aufzumachen›. Sie haben einmal so leben wollen, wie sich der Magazin-Herausgeber träumt, daß es sich seine Leser träumen. Und das gibt dann ein böses Erwachen.

Noch viele Filme werden wir sehen: mit dorischen Wintergärten, mit Bar-Tischen, die in die Badewanne eingelassen sind; mit Zederholz-Ruderbooten und silbernen Tabletts, daß es einen graust ... Wir ergreifen eines dieser Tabletts, legen ein Kärtchen darauf und drücken dem Stubenmädchen mit dem Häubchen und den unwahrscheinlich schönen Beinen ein kleines Trinkgeld von fünfundsiebzig Mark in die Hand: sie möchte unser Kärtchen dem Unternehmer hineintragen.

Auf dem Kärtchen steht:

VIEL ZU FEIN.
WIR DANKEN!

DARF MAN TIPPEN —?

Der große Graphologe Max Pulver sagte mir eines Tages: «Sie schreiben Ihre Briefe mit der Maschine? Das ist ja unerhört! Das Persönlichste, das es gibt, ist der Brief. Gewiß, Geschäftsbriefe ... Aber die an Ihre Freunde auch? Wie? Liebesbriefe auch ...?» Und legte nicht schlecht los.

Nun ist dieser Mann, der nicht Schriften deutet, sondern Menschen, und der Menschen nicht nur deutet, sondern ihnen durch die Deutung auch ein gut Stück weiterhelfen kann, in die Schrift vernarrt, er ist ein von der Schrift Besessener ... der darf das sagen. Wie ist es denn nun damit:

Darf man tippen —?

Über die Geschäftskorrespondenz braucht nicht gesprochen zu werden. Wir empfinden einen langen Geschäftsbrief, der mit der Hand geschrieben ist, als eine Belästigung — man mag das nicht. Gut. Aber das Private —?

Ich halte die Frage ‹Darf man tippen?› für nicht richtig gestellt. Man müßte ganz anders fragen: Darf man diktieren?

Und hier allerdings ist zu scheiden zwischen ‹dienstlich› und ‹privat›, eine Unterscheidung, die mitunter zu grotesken Albernheiten führt. Die Vorstellung von dem Mann oder der Frau, die sich ihre Briefe auf der Maschine allein schreiben, ist noch nicht in das Allgemeingefühl gedrungen; das Gefühl, nicht der Verstand, nimmt zutiefst an, ein getippter Brief sei diktiert. «Schreiben Sie, Frollein ... auf Ihr geehrtes gestriges ...» Das ist eine Film-Vorstellung. Viele schreiben sich ihrs auf der Schreibmaschine allein.

Briefe, in denen das Herz spricht, zu diktieren: das ist wohl nur in ganz seltenen Ausnahmefällen möglich. Sich aber einer Maschine zu bedienen, um sein Herz auszuschütten — trennt das? Steht die Maschine zwischen dem Herzen und dem Empfänger?

Ich meine: nein.

Regeln lassen sich dafür nicht aufstellen — es gibt da alle Arten von Schreibern und Lesern, und wir wollen keinen neuen Reichsverband gegen oder für gründen. Ich kenne Schriftsteller, die verabscheuen die Maschine, und ich kenne nur einen dieser Gattung, dessen Handschrift der Setzer nicht verabscheut; es gibt Briefempfängerinnen, die nehmen es einem todübel, wenn sie einen Brief bekommen, der die Worte

Mein geliebtes Herz

getippt enthält ... Aber es kommt wohl darauf an, ob man fremde Handschriften lesen mag. Wer es gern tut, dem erscheint die Maschine kalt, gläsern, stählern und unpersönlich; wer es nicht gern tut, der empfindet Maschinenschrift als Erlösung. Man weiß doch, wo und wie ...

Es ist auch von Wichtigkeit, zu wissen, ob der Briefempfänger gleichfalls Maschine schreibt. Tut er es und ist ihm die Schreibmaschine auch auf seinen Reisen eine Selbstverständlichkeit, dann wird er sich gewiß über einen getippten Brief nicht aufhalten. Tut ers nicht, dann ist er leicht beleidigt: «Ich bin doch kein Zahnbürstengeschäft, an das man schreibt ...!»

Alle Maschinenschreiber werden mich verstehen: Eine Maschine kann einem so vertraut werden wie ein Federhalter. Das Glöckchen zirpt; wir kennen jeden Hebel; wir wissen Bescheid, und wenn die Typenhebel rauschen, so ist das süße Musik zur Arbeit der Gedanken. Und wir wären sehr erstaunt, wenn uns jemand sagte: Wie unpersönlich —! Unpersönlich? Es ist doch unsere, unsere alte und treue Maschine. Und man kann alles lesen.

Da habe ich eine Braut, die schreibt mir alle Jahre einen langen Brief; sie ist längst anderweit verheiratet, wir sehen uns nur sporadisch, und so ist es denn ein großes Glück. Die Briefe sind, glaube ich, sehr zärtlich; ich weiß es nicht, denn ich kann sie nicht lesen. Aber ich beantworte sie immer, das ist Liebe, und es muß auch stimmen, was ich schreibe, denn die Braut findet alles ganz in der Ordnung, das ist wahre Liebe.

Mir scheint: die Abneigung gegen Maschinenschrift ist wie die zunächst berechtigte oder doch verständliche Abneigung, langsam fahrende Autos in Trauerkondukten zu sehen. Es widerstrebt da etwas in einem ... Und doch ist dies Gefühl anachronistisch, wie alle solchen Gefühle. Wer hätte sich früher, als die Telefongespräche noch anfingen: «Hier Müller. Wer dort?» getraut, eine Liebeserklärung durchs Telefon zu machen? Heute? Gehen Sie nur an die nächste Fernsprechzelle, die Wände sind dünn, und da kann man etwas zu hören bekommen ...

Man darf tippen.

Man darf immer tippen.

Man darf nur dann nicht tippen, wenn es besser ist, mit der Hand zu schreiben.

Soll man aber gleich in die Schreibmaschine hineindichten, daß es nur so klingelt? Sehe ich mir die Tagesliteratur an, dann denke ich manchmal: Das haben sich die Schreibmaschinen allein gedichtet. Aber macht es denn für den Wert einer Dichtung etwas aus, ob sie mit der Rechten geschrieben ist oder mit acht Fingern? Nein, es macht nichts für den Wert aus. Tippt, tippt.

DIE FRAU SPRICHT

1. Die geschiedene Frau

Ja ... da wär nun also wieder einer ...
    das ist komisch!
Vor fünf Jahren, da war meiner;
dann war eine ganze Weile keiner ...
    Und jetzt geht ein Mann in meiner Wohnung um,
    findet manches, was ich sage, dumm;
    lobt und tadelt, spricht vom Daseinszwecke
    und macht auf das Tischtuch Kaffeeflecke —
        Ist das alles nötig —?

Ja ... er sorgt. Und liebt. Und ists ein trüber
Morgen, reich ich meine Hand hinüber ...
    Das ist komisch:
Männer ... so in allen ihren Posen ...
Und frühmorgens, in den Unterhosen ...

Plötzlich wohnt da einer auch in meiner Seele.
Quält mich; liebt mich; will, daß ich ihn quäle;
dreht mein Leben anders, lastet, läßt mich fliegen –
siegt, und weil ich klug bin, laß ich mich besiegen ...
Habe ich das nötig –?

Ich war ausgeglichen. Bleiben wir allein,
... komisch ...
sind wir stolz. So sollt es immer sein!
Flackerts aber, knistern kleine Flammen,
fällt das alles jäh in sich zusammen.
Er braucht uns. Und wir, wir brauchen ihn.
Liebe ist: Erfüllung, Last und Medizin.
Denn ein Mann ist Mann und Gott und Kind,
weil wir so sehr Hälfte sind.
Aber das ist schließlich überall:
der erste Mann ist stets ein Unglücksfall.
Die wahre Erkenntnis liegt unbestritten
etwa zwischen dem zweiten und dem dritten.
Dann weißt du. Vom Wissen wird man nicht satt,
aber notdürftig zufrieden, mit dem, was man hat,
Amen.

2. Eine Frau denkt

Mein Mann schläft immer gleich ein ... oder er raucht seine Zeitung
und liest seine Zigarre
... Ich bin so nervös ... und während ich an die Decke starre,
denke ich mir mein Teil.
Man gibt ihnen so viel, wenigstens zu Beginn. Sie sind es nicht wert.
Sie glauben immer, man müsse hochgeehrt
sein, weil man sie liebt.
Ob es das wohl gibt:
ein Mann, der so nett bleibt, so aufmerksam
wie am ersten Tag, wo er einen nahm ...?
Einer, der Freund ist und Mann und Liebhaber; der uns mal neckt,
mal bevatert, der immer neu ist, vor dem man Respekt
hat und der einen liebt ... liebt ... liebt ...
ob es das gibt?

Manchmal denke ich: ja.
Dann sehe ich: nein.
Man fällt immer wieder auf sie herein.

Und ich frage mich bloß, wo diese Kerls ihre Nerven haben.
Wahrscheinlich . . . na ja. Die diesbezüglichen Gaben
sind wohl ungleich verteilt. So richtig verstehen sie uns nie.
Weil sie faul sind, murmeln sie was von Hysterie.
Ist aber keine. Und wollen wir Zärtlichkeit,
dann haben die Herren meist keine Zeit.
Sie spielen: Symphonie mit dem Paukenschlag.
Unsere Liebe aber verzittert, das ist nicht ihr Geschmack.
Hop-hop-hop – wie an der Börse. Sie sind eigentlich nie
mehr als erotische Statisterie.
Die Hauptrolle spielen wir. Wir singen allein Duett,
leer in der Seele, bei sonst gut besuchtem Bett.

Mein Mann schläft immer gleich ein, oder er dreht sich
um und raucht seine Zigarre.
Warum? Weil . . .
Und während ich an die Decke starre,
denke ich mir mein Teil.

3. Die Nachfolgerin

Ich hab meinen ersten Mann gesehn –
der ging mit einer!
Hütchen, Rock und Bluse (Indanthren)
und zwei Kopf kleiner!
Sie muß ihn wohl ins Büro begleiten . . .
Über den Geschmack ist nicht zu streiten.
Na, herzlichen Glückwunsch!

Sein Gehirn ist bei der Liebeswahl
ganz verkleistert;
wenn er siegt, dann ist er allemal
schwer begeistert.
Ob Languettenhemd, ob teure Seiden –
seinetwegen kann man sich in Säcke kleiden . . .
Na, herzlichen Glückwunsch!

Frau ist Frau. Wie glücklich ist der Mann,
dem das gleich ist!
Und für sowas zieht man sich nun an!
Als ob man reich ist!
Das heißt: für ihn . . .?
Wir ziehen unsre Augenbrauen
für und gegen alle andern Frauen.

Immerhin erwart ich, daß ers merken kann;
ich will fühlen, daß ich reizvoll bin.
Dreifach spiegeln will ich mich: im Glas, im Neid, im Mann.
Und der guckt gar nicht hin.

Liebe kostet manche Überwindung . . .
Männer sind eine komische Erfindung.

4. Lamento

Der deutsche Mann
Mann
Mann –
das ist der unverstandene Mann.
Er hat ein Geschäft, und er hat eine Pflicht.
Er hat einen Sitz im Oberamtsgericht.
Er hat auch eine Frau – das weiß er aber nicht.
Er sagt: «Mein liebes Kind . . .» und ist sonst ganz vergnügt –
Er ist ein Mann. Und das
genügt.

Der deutsche Mann
Mann
Mann –
das ist der unverstandene Mann.
Die Frau versteht ja doch nichts, von dem, was ihn quält.
Die Frau ist dazu da, daß sie die Kragen zählt.
Die Frau ist daran schuld, wenn ihm ein Hemdknopf fehlt.
Und kommt es einmal vor, daß er die Frau betrügt:
Er ist ein Mann. Und das
genügt.

Der deutsche Mann
Mann
Mann –
das ist der unverstandene Mann.
Er gibt sich nicht viel Mühe, wenn er die Frau umgirrt.
Und kriegt er nicht die eine, kommt die andere
angeschwirrt.
Daher der deutsche Mann denn stets befriedigt wird.
Hauptsache ist, daß sie bequem und sich gehorsam fügt.
Denn er ist Mann. Und das
genügt.

Der deutsche Mann
Mann
Mann –
das ist der unverstandene Mann.
Er flirtet nicht mit seiner Frau. Er kauft ihr doch den Hut!
Sie sieht ihn von der Seite an, wenn er so schnarchend ruht.
Ein kleines bißchen Zärtlichkeit – und alles wäre gut.
Er ist ein Beamter der Liebe. Er läßt sich gehn.
Er hat sie doch geheiratet – was soll jetzt noch geschehn?
Der Mensch, der soll nicht scheiden, was Gott zusammenfügt.
Er ist ein Mann. Und das
genügt.

CARL SONNENSCHEIN

Du merkst, daß die Bedauerei
So eine Art von Wonne sei.
Busch

Wer war der Doktor Carl Sonnenschein –?

Darüber unterrichten uns zwei Bücher:

Karl Hoeber: ‹*Dr. Carl Sonnenschein*› (erschienen im Buch-Verlag Germania AG. in Berlin). Ernst Thrasolt: ‹*Dr. Carl Sonnenschein*› (erschienen bei Kösel & Pustet in München).

Thrasolt, ein katholischer Priester aus Berlin-Weißensee, hat hier seinem gegnerischen Freunde Sonnenschein ein Denkmal ... nein, das hat er eben nicht getan. Sondern er hat eine Fülle lebendigen Materials für einen ehemals lebendigen Menschen zusammengetragen, für einen, der wohl so lebendig gewesen ist, daß man sein Wesen sehr, sehr schwer in einem Buch einfangen kann. Der Mann ist der geistige Vater einer innern ‹katholischen Aktion›, nicht jener, die der betriebsame Herr Klausener aufzieht (hier ist das Modewort ‹aufziehen› einmal am Platze) – sondern der Vater einer groß angelegten Aktion, die auch dem religiös Neutralen, grade ihm, zeigte: wir Katholiken sind in Berlin auch noch da. Was war Sonnenschein für ein Mensch?

Aus den beiden zitierten Büchern geht zunächst einmal hervor, was alles ein Biograph aus seiner Figur machen kann. Bei Hoeber erscheint ein ernster, hilfsbereiter, aktiver Katholik – recht würdig, recht anständig, recht gleichgültig. Bei Thrasolt, der glühend bei der Sache ist, ein flackernder, beweglicher, fast wilder Apostel der Caritas. Was brennt hier?

Merkwürdigerweise nicht der Katholizismus. Man hat bei dieser Inflation der Wohltätigkeit eher das Gefühl, daß da ein Mann am

Werke gewesen sein muß, den sublimierter Machtwille und Regsamkeit, Betriebsamkeit und verwandelte Herrschsucht bewogen haben, die Großstadt zu erobern . . . für wen? Für sich? Sicherlich nicht. Für Rom? Der Mann hat niemals Proselyten zu machen versucht; ich glaube auch nicht, daß er heimlich kalkuliert hat: sie werden schon kommen, wenn wir ihnen geholfen haben. Das ist es alles nicht. Der Weise nennt die Güte das ‹menschliche Urphänomen›, was sie nach Nietzsche nicht ist. Man müßte hier eine Entscheidung treffen, um Sonnenschein ganz zu verstehen.

Thrasolt hat eine höchst lesenswerte Dokumentensammlung geschrieben. Ein geschlossenes Bild von einem so wenig geschlossenen, von einem aufgeschlossenen, auf jeden Reiz heftig reagierenden, nach allen Seiten fluktuierenden Manne zu geben, ist vielleicht nicht möglich. Sonnenscheins absolute Reinheit voran. Was nun Thrasolt gemacht hat, ist deshalb so bunt und wirksam, weil er mit seinem Objekt leicht verkracht war. Sonnenschein mochte Thrasolt nicht, weil der, wie Sonnenschein das nannte, «jugendbewegt» war. Das steht auf einem andern Blatt — Thrasolt gibt es anständigerweise zu und macht nun eine Biographie, die miserabel geschrieben ist, die aber etwas tut, was ich eigentlich selten gefunden habe: sie gibt wirklich einmal den ganzen Zeithallo mit, den Menschen mit seinem Widerspruch, und der war bei Sonnenschein aller Enden zu finden . . . das Buch gibt alles. Daraus könnten die Herren Republikaner lernen, die es bei biographischer Besingung ihrer Helden an öligem Pomp mit jedem Hofgeschichtsschreiber aufzunehmen pflegen.

Diese unbeschwerte Art haben dem Thrasolt die Katholiken verübelt, aber auch da wieder nicht alle — denn Sonnenschein war sowieso für die ganz Feinen eine etwas suspekte Erscheinung, ein Zigeuner der Wohltätigkeit. Es mag bunt genug in seinen Sprechstunden hergegangen sein, er half allen und jedem, machte das in den freisten Formen und führte selber das gehetzte Leben seiner Epoche: an diesem Mann ist unendlich viel Inflation, grade in seiner Betriebsamkeit. Thrasolt, in unbeirrbarer Anständigkeit, sagt anläßlich einer sehr betrübenden ‹Wende› in Sonnenscheins Leben, die ihn überall da schweigen ließ, wo es hätte gefährlich werden können: «Ohne diese Wende wäre auf Sonnenschein das Los Lammenais', Murris oder Marc Sagniers und seines ‹Sillon› gefallen, oder er hätte trotz all seines Opfers und seiner Liebe als Ketzer oder als Bußprediger in der Wüste oder kleiner verhaßter Stänker geendet, nicht als die Liebe, der Stolz und der Ruhm des katholischen Berlin.» Ja, wo die Liebe hinfällt . . . Er ist so schön tot.

Sonnenschein ist auf dem Collegium Germanicum in Rom ausgebildet worden, hat dann später in Westdeutschland gearbeitet und kam kurz nach dem Kriege nach Berlin, wo er in zehn Jahren ein erstaunliches Hilfswerk vollbracht hat — nicht nur, wie der ursprüngliche Name seiner Organisation sagte, an Studenten sondern an allen, die da hilfsbedürftig waren.

Dieser Mann war kein ausgeklügelt Buch. Seine Kriegshaltung war lamentabel; Thrasolt hat hier seine besten Seiten geschrieben.

«Schuld daran, daß die Katastrophe (1914) überall grade auch die Katholiken nicht vorbereitet und nicht gefeit traf, hatte überall der Staatskatholizismus, die kleine kurzsichtige Hingabe des Christen an den Staat, die Selbstaufgabe ihres christlichen Bürgerrechtes um das Linsenmus des Staatsbürgerrechtes, der Verzicht auf Christenehre für nationale Ehre, der Verrat des Taufeides um des Fahneneides willen, der Untergang des eigenen persönlichen Gewissens in die gewissenlose öffentliche Meinung . . .» Von Sonnenschein: «Die Schuld des Staatschristentums, den Verrat Christi an Cäsar auf allen Gebieten sieht er nicht oder betont er nicht scharf genug.»

Mir ist es recht verhaßt, solche Reinigungsprozesse beim Gegner auszunutzen; Schema: «Er gesteht selbst ein . . .» Er gesteht gar nichts ein. Sondern hier ringt ein Mann mit seiner Sache, will sie mit allen Kräften, die ihm zu Gebote stehen, von dem Schmutz säubern, mit dem sie sich besudelt hat . . . vor dergleichen hat man den Hut zu ziehen, und hier haben alle Schachzüge zu unterbleiben. Dieser Priester nimmt Cäsar, was des Cäsars nicht ist. Und die offiziellen Katholiken, die, was ich düster ahne, den tapfern Priester Thrasolt unsre Zustimmung entgelten lassen werden —: mögen sie in der Hölle braten.

Sonnenschein hat den Krieg nicht verstanden, nicht einen Augenblick lang.

Er hat im Krieg mittels eines riesigen Archivs Lesestoff an die Front geschickt, er hat mit Studenten korrespondiert und mit vielen andern; er hat vermittelt, Wünsche entgegengenommen, Briefmaterial bearbeitet — dies Material gehört heute leider dem Reichsarchiv, und nun ist es verloren. Denn was die da treiben, ist Reklame für einen neuen Krieg.

Das Briefmaterial ist erschütternd. Thrasolt nennt es mit Recht «vernichtend», nämlich vernichtend für die Kriegstreiber aller Konfessionen. Die Auszüge, die er gibt, beweisen es aufs trefflichste. «Es ist zu bedauern», sagt er, «daß dieses vernichtende Briefgericht über den Krieg nicht allgemein zugänglich ist . . .» Nein, das wird es ja wohl nicht sein. Das Reichsarchiv ist eine Behörde für die Klausur authentischer Dokumente. Der Etat dieser Behörde wird auch von den Sozialdemokraten bewilligt.

Sonnenschein also versagte, in und trotz aller Arbeit, bei dieser Sache. Auf einen besonders jammervollen Brief eines Soldaten antwortet er einmal: «Wir müssen jetzt tapfer aushalten. Wann der Friede kommt, weiß niemand.» Dieser Mann ist bestimmt nicht feige gewesen — aber einsichtslos. Thrasolt häuft Material auf Material. Das herbe Urteil der Soldaten über die Roten-Kreuz-Schwestern ... Herrschaften, daß das nicht mal einer schreibt: Die Frau im Kriege — nein: das Weibchen im Kriege ... Dann Sonnenscheins Nachkriegshaltung —, daß ein katholischer Priester wie Thrasolt den Mut aufbringt, derartiges zu veröffentlichen, spricht nicht etwa, wie die Offiziellen seiner Partei glauben, gegen die Bewegung; es spricht für sie.

Die Katholiken haben sonst ihr gerüttelt Maß Schuld. Es ist nicht so groß wie das der protestantischen Hofprediger; für die gibt es keine Bezeichnung, die nicht unter das Strafgesetz fiele. Frömmigkeit und Krieg ... «Es wird in den Soldatenbriefen an Sonnenschein berichtet von der großen Zahl der Geschlechtskranken, und die Ansicht wird ausgesprochen, daß die Religion nicht vor geschlechtlichen Sünden schütze, da im gegebenen Falle die meisten Kranken aus katholischen Zentren, wie Köln, stammten.» Das klingt schon anders als im katholischen *‹Hochland›* der gradezu gotteslästerliche Satz eines Herrn Matthias Laros, der sich also ausläßt: «So groß der Anteil des Krieges an der Sittenverwilderung der Nachkriegszeit angesetzt werden mag — er ist um so beträchtlicher, als die Militärbehörde selber den jungen Leuten die Präventivmittel in die Hand gab und ‹einwandfreies Bordellmaterial› lieferte.» Also daß die Katholiken Menschen getötet haben, das geht ja noch an. Aber daß die Militärbehörde auf einen bestehenden Status Rücksicht nahm und dafür sorgte, zu wenig sorgte, daß sich nicht noch mehr Leute den Tripper holten ... das könnte ja wohl die Dogmen bedrohen. Eine vergnügte Christenliebe.

Mit Sonnenschein als Politiker also war es nicht viel. Er war noch am 8. November für die Monarchie ... viel Freude macht einem das alles nicht.

Was Freude macht, ist die fanatische Ehrlichkeit Thrasolts, dem übrigens, wenn er nicht von geistigen sondern von weltlichen Dingen spricht, hier und da ausgezeichnete Formulierungen glücken. «Iwan Noske» ist nicht von schlechten Eltern, und dies hier vom Kapp-Putsch auch nicht: «.... als eines Morgens Berlin wach wurde und von der Soldateska, den Söldlingen und Landsknechten der Baltikumer und Freikorps besetzt war, da unter den Stahlhelmen Hasardeure mit frechen, fleckigen Visagen und junge Idealisten mit St. Georgs-Augen durch die Straßen marschierten und patrouillierten ... schlugen die berliner Arbeiter in passivem Widerstand mit den Händen in den Hosentaschen die Banden Kapps und Ehrhardts; sie zogen ab unter den Rosen und den Heilrufen der weiblichen Bevölkerung, wie Sieger ...» Und an andrer Stelle, wo er von dem Separatismus spricht, den er nun eben nicht wie den ††† Gottseibeiuns behandelt, sondern sehr ruhig und sehr richtig: «Die SPD, die geborene Erbin des preußischen Zentralismus und Nationalismus und aller preußischen Untugenden, wetteiferte mit dem Zentrum und der Demokratischen Partei um das beste Prädikat auf dem Gebiete des Nationalismus. Sonnenschein wehrte sich innerlich, klagte in kleinem Kreise und schwieg äußerlich und öffentlich. Im Eifer um nationalen Schein verzichtete man auf nationales Sein.» Und dann eine Prachtstelle, die sich jene Rheinländer hinter die Ohren schreiben sollten, die sich gar nicht genug ereifern konnten, als ich hier für Joseph Matthes eine Gerechtigkeit gefordert habe, wie sie jeder, jeder zu fordern hat. Brief Sonnenscheins vom 12. Februar 1919: «Die Angelegenheit der rheinischen Republik scheint unterdessen doch in Ordnung zu kommen. Ich habe mehr Vertrauen zur Sache, seit ich weiß, daß Adenauer hinter ihr steht. Verwaltungsmenschen wie er werden die Sache schon praktisch anfassen.» So hat das ausgesehn. Wer ist bei den französischen Generalen im Vorzimmer gewesen? Matthes allein? Wer noch —?

Nun, also Thrasolt bemüht sich, uns den Doktor Sonnenschein in allen nur denkbaren Beziehungen aufzuzeigen. Es gelingt ihm, einen Begriff zu geben — unleugbar. Wenn ich sagen sollte, ob mir diese Figur und dieser Betrieb sympathisch wären, so müßte ich sagen: Nein, das sind sie nicht. Für einen Außenstehenden wirkt das alles ein wenig turbulent; man versteht diesen Eifer nicht recht, man kann nicht ersehen, um welchen Mittelpunkt das rotiert. Helfen? Hut ab. Sozialistisch ist es gar nicht. Aber ist es katholisch? Noch katholisch? Grade katholisch? Das mögen die Herren unter sich abmachen — mir ists gleich. Immerhin hat der Doktor Sonnenschein gegen die männlichen und weiblichen alten Weiber seiner Partei, jene mit dem strengen Zug um den Mund, der auf böse innere Vorgänge schließen läßt, tausendmal recht.

Den Schriftsteller Sonnenschein überschätzt Thrasolt, der bei allem guten Willen in geistiger Hinsicht ein kleiner Mann aus der Provinz ist, erheblich. Jene *‹Notizen›*, auf deren Sammelbände, erschienen im Buchverlag der Germania, ich hier schon einmal hingewiesen habe, sind fesselnd, stehen weit über dem Durchschnitt einer auch von gebildeten Katholiken beklagten Traktätchen-Literatur, und es finden sich da überraschend gute Formulierungen; sie mit Nietzsche zu vergleichen spricht nur für die formidable Unbildung des Vergleichenden. Ich möchte ihre abrupte Schreibweise eher mit den Ansprachen des Konrektors Freese aus Schleichs *‹Besonnter Vergangenheit›* vergleichen, übrigens ein Kapitel vom allerbesten deutschen Humor. Sonnenschein: «Über weiche Wege und durch einsame Wälder springen die Wagen hügelaufwärts! Vor das breite Stift! Nun durch das Tor! Ins Treppenhaus. Das baute 1713 Brandauer. 175 Meter breit! Im neuitalienischen Stil!» Konrektor Freese: «Je, warum haben die Griechen keine Reime? Auffällig, nich! Je, ich wills sagen. Reim is Echolalie, Nachahmung des Echo, Koselaute, Zärtlichkeit! Och! Sie wissen, Echo ist das Weib, das nie von selber spricht, aber einmal angeredet, nie wieder aufhören kann. Je, das sind die witzigen, bißchen boshaften Griechen. Denken Sie, Aristophanes, Satire: Lysistrata, Vögel!» Sonnenschein war ein geschickter, impulsiver, trefflich improvisierender Mann. Nietzsche ... Aber Herr Thrasolt! Keine Zeit haben ist noch kein Genie.

Das Buch Thrasolts ist leider in einem erschröcklichen Stil geschrieben, sehr jugendbewegt, mit allen den vier f: frisch, fromm, froh und filiströs. Einmal steht da etwas von Sonnenschein als «Mensch und Katholik» ... eins der lustigsten Malheure, die durch dieses wahnsinnige Modewort jemals angerichtet worden sind. Das laß du man den Papst hören. Und: «Als er seine Forelle auf hat» und: «Kommt er ausgeschlafen zurück und ist frisch und voll Geist wie ein Fisch.» Hoppla.

Uns hat er auch beim Wickel. Hier hat Robert Breuer im Jahre 1926 über Sonnenschein referiert, und das trägt im Buch welche Überschrift? *‹Dr. Sonnenschein in kommunistischer Beleuchtung›*. Du ahnungsloser Engel du —

Thrasolt untersucht auch die Frage: Ist Sonnenschein ein Seelsorger gewesen? — und verneint die Frage. Richtig: er war kein Seelsorger; er war zunächst ein Leibsorger. Eins nicht ohne das andre ... gewiß. «Er war für sich eine ganze Heilsarmee», hat einer von ihm gesagt. Und die ist nicht jedermanns Sache, trotz ihrer großen Verdienste, die sie um die Armen, und wegen ihrer großen Verdienste, die sie an den Armen hat, nicht. Das schönste und treffendste Wort, ein gradezu Shakespearesches Wort, hat über den Doktor Carl Sonnenschein ein Junge auf der Straße gesprochen. Der sagte, als er den riesigen Trauerzug sah, den so viele ‹seiner› Armen begleiteten: «Nanu? Wer wird denn da begraben? Der war ja mit der ganzen Welt verwandt!» Das ist das höchste Lob, das man dem Mann spenden konnte. Und der Junge hat nicht gewußt, daß darin auch jene kritische Anmerkung enthalten gewesen ist, die wir leise machen müssen: wer so nach allen Seiten zerfließt, wer so zu allem wenn auch nicht Ja sagt, so doch Ja tut, und wer so wenig zu gewissen übeln Erscheinungen nicht hat Nein sagen können: der war nur ein Allerweltskerl. Man hätte sich andres gewünscht und größeres.

Hoeber ist nicht zu lesen — Thrasolt für den, der die Mächte kennen lernen will, die dieses Land in Wahrheit regieren, von großem Interesse.

Alles in allem: man sollte den Katholizismus studieren, bevor man ihn bekämpft, und ihn dann — dann erst — ablehnen, bis in seine tiefsten Folgerungen. Das kann man aber nur von oben, nicht von unten. Und auch nach Kenntnis dieses großen caritativen Werks Sonnenscheins ist zu sagen: mit der katholischen Metaphysik kann man respektvoll rechten, der liebe Gott bewahre uns vor ihren Konsequenzen. Mit der kirchlichen Politik niemals. Sie hat oft, im Strudel des Wahnwitzes, für Deutschland in der Außenpolitik viel Vernünftiges gewollt, aber sie hat es sich in der Innenpolitik immer überzahlen lassen. Und über die Mittel dieser Politik kann es nur ein Wort geben: skrupellose, ganz und gar weltliche Strategie. Wer das Kreuz vor solchen Wahlkampf hält, ist ein Heuchler. Meine intensiven Bemühungen, den Katholizismus zutiefst zu verstehen, kommen also nicht aus heimlicher Schwäche. Mir sind nur die Herren Freidenker zu platt, halten zu Gnaden.

Dem Andenken Sonnenscheins — bei aller Kritik — alle Reverenz.

KLEINER VORSCHLAG

Wie wäre es denn nun einmal, wenn wir uns alle nicht mehr ‹Literaten› schimpfen wollten. Es ist die große Mode — es ist eine alberne Mode.

Seinen Ausgang hat der Unfug, daß sich Angehörige desselben Berufs ihren Beruf um die Ohren schlagen, wahrscheinlich in dem törichten Schimpfwort ‹Intellektuelle›, das die Kommunisten aufgebracht haben. Und verstärkt worden ist die Unsitte durch den falschen aufgeschminkten Ehrgeiz der Berufsgenossen, die Literatur zu verleugnen und sie an das ‹reale Leben› zu verraten.

Wieland war kein Heringsverkäufer; er war ein Literat. Aristophanes war ein Dichter. Börne war ein Schriftsteller. Sorel war ein Schriftsteller. Spengler ist einer. Hermann Hesse ist einer. Was wollt ihr eigentlich von den Leuten —?

Die Grenze zwischen: Journalist, Schriftsteller, Dichter und Essayist ist mitunter schwer zu ziehen — darüber kann man streiten. Es ist doch aber wohl eine pfundsdicke Verlogenheit, wenn Literaten dem Literaten zum Vorwurf machen, daß er einer ist. Es gibt schlechte Literaten, verlogene, bestechliche und dumme; es gibt gute und sehr gute — es gibt von allen Sorten. Die Tatsache aber, daß einer Schriftsteller ist, kann man ihm nicht vorwerfen.

Es ist kein Ehrentitel, Schriftsteller zu sein; so wenig, wie es ein Ehrentitel ist, Richter zu sein oder Arzt. Diesen Standesunfug habe ich nie mitgemacht. Nicht die Standeszugehörigkeit legitimiert den Mann; seine Leistung legitimiert ihn.

Mir fällt aber auf, daß es in der letzten Zeit besonders unter Zeitungsangestellten üblich ist, ‹Literat› als Schimpfwort zu gebrauchen. Ich weiß nicht, was der betreffende Schreiber ist; wahrscheinlich Schuster. Ich für mein Teil bin Schriftsteller. Ich will keine Reiche gründen, ich halte mich von Dingen fern, denen ich nicht gewachsen bin — meiner Literatur bin ich gewachsen. Und die Literatur hat in den sechstausend Jahren Menschheitsgeschichte immer nur eine, nämlich ihre Aufgabe gehabt: Geist in Form von geschriebenen oder gedruckten

Zeilen zu verbreiten. War der Literat neben seiner literarischen Leistung mehr, so war das meistens Literatur, wie der kluge Jules Renard angemerkt hat.

Ich arbeite an dieser Zeitschrift und an Zeitungen; es wäre also ein Wahnwitz, wenn ich andern Schriftstellern einen Strick daraus drehte, daß sie desgleichen tun. Anzunehmen, es sei die Tätigkeit an einer politischen Zeitung eine Arbeit ‹am praktischen Leben› — im Gegensatz zur ‹reinen› Literatur, ist eine blanke Schmockerei. Die Herren sollten sich ihre Energie für ihren Verleger aufsparen und dem nicht in den Hintern kriechen, statt uns anzuflegeln. Es ist auch eine maßlose Überschätzung jenes ‹praktischen Lebens›, wenn einer die Literatur gegen das Leben ausspielt. Das sind keine Gegensätze, solange die Literatur kräftig und sauber und wirksam bleibt. Der Geist ist ein Bestandteil des Lebens — nicht sein Gegensatz.

Literat ist kein Ehrentitel. Ein Literat aber, der einen Literaten Literaten schimpft, ist ein Kommis des Geistes.

DIE HERREN AUTOREN

Ein schönes, leicht melancholisches Vergnügen ist: alte Literatur des Alltags zu lesen. Gebrauchsliteratur sozusagen, wie sie alle Zeiten produziert haben, früher von Mund zu Mund, dann schriftlich niedergelegt. Romane — die zur Zeit unserer Großeltern schrecklich berühmt waren und deren Verfasser heute kein Mensch mehr kennt: alte Zeitungen; wilde Broschüren mit historischer Bedeutung ... vergessen ... vergessen ... eine sehr nachdenkliche Lektüre.

Bei der ich mich manchmal frage:

Was mögen das für Leute gewesen sein, die das geschrieben haben?

Die Frage ist nicht zu beantworten. Wenn wir sie beantworten, beantworten wir sie falsch — es sei denn, daß vielerlei Dokumente über die Verfasser aufzutreiben sind. Sonst aber ...

Der Autor kommt falsch auf die Nachwelt. Oder sagen wir einmal: er kommt unvollständig auf die Nachwelt. Das da, was er geschrieben hat, das sind seine besten Stunden oder doch die, die er dafür gehalten hat — er gibt einen Teil seiner selbst, er gibt sich von der Schokoladenseite, so, wie man früher die Leute fotografiert hat. Vom Rest weiß der spätere Leser nichts mehr.

Manchmal wissen wir es.

Wir wissen zum Beispiel, daß die Herren der zweiten schlesischen Dichterschule, deren Liebesleidenschaft gar so zierlich in ihren Versen flackert, ein bißchen lüstern, ein bißchen frech, ein bißchen zuckrig und ein bißchen halbnackt ... daß diese Männer meist sehr brave Familienväter gewesen sind, die sich niemals erdreistet hätten, derart in die gute Stube zu dichten. Sie besorgten das am Schreibtisch, und was für ein Gesicht die Frau Hofmannswaldau dazu gemacht hat, das wissen wir nicht. Wir kennen nur einen Teil der Herren: den geschriebenen.

Das ‹Private› ginge uns nichts an? Hm — für die Literaturgeschichte ist es bis zu einem gewissen Grade nicht beachtenswert. Aber man möchte doch gern, neugierig, wie wir nun einmal sind, wissen: wie sind denn nun diese Leute gewesen, deren vergilbte Bücher, Heftchen, Zeitungsblätter da vor uns liegen? Wir wissen es nicht. Eines aber kann man sagen:

Sie waren entweder mehr oder weniger als ihr Werk.

Weniger: dann haben sie sich sorgfältig auf die Zehenspitzen gestellt, wenn sie schrieben; sie haben hinaufgelangt, sie haben sich gereckt, sie haben auf das feinste fortgelassen, was nicht hinpaßte, und sie haben dem staunenden Leser ein Bild geboten, wie der und sie sich es wünschten: jeder Zoll ein kleiner König. Hätten wir den König in Unterhosen gekannt —: es gäbe ein ganz andres Bild. Aber wir kennen ihn nicht — wir können manchmal nur ahnen ...

Oder sie waren mehr: Dann haben sie es vorgezogen, anderswo zu leben als in der Literatur, und haben nur hier und da ein Büchlein veröffentlicht, einen Zeitungsaufsatz, ein Broschürchen, und das Geschriebene gibt gar nicht den ganzen Mann: den Mann in seiner Blutfülle und in seinem Leben, den ganzen Kerl, der von Kraft überströmte, von Einfällen, von Witz und von Seltsamkeit — unter den Schriftstellern gibt es viele Sprechsteller. Von den Technikern, den Ärzten, den Predigern ganz zu schweigen, die sich ja außerhalb ihres Werks nur schwer aufbewahren können; «Sie müssen ihn eben gekannt haben!» sagen die Freunde, wenn er tot ist. Und wir wissen gar nichts — nur ein schmales Heftchen, oder ein dicker Wälzer, eine Brotarbeit ... wir wissen gar nichts.

Der Autor kann sich durch das Werk verdecken. Der Autor kann das Werk durch sich verdecken. Nur sehr, sehr selten decken sich beide.

Ist das immer so? Das ist immer so.

Da kann ich ein schönes Wort nicht vergessen, das mir Jakob Wassermann einmal gesagt hat. Er erzählte, es habe ihm ein russischer Emigrant aus Amerika geschrieben, er erbitte in einer für ihn lebenswichtigen Sache seinen Rat ... er käme nach Europa, er wolle Wassermann sprechen und ihn hören. Welche Verantwortung! «Kann man dem Mann denn in einer solchen Angelegenheit raten?» fragte ich. Wassermann sah mich an. «Nein», sagte er. «Was ist man denn neben seinem Werk.»

DIE AUSSORTIERTEN

Im linken Seitenflügel des Schlosses steht die Bibliothek der Aussortierten. Wenn ein Buch einläuft, das ich nicht lesen mag, dann drücke ich achtzehn Mal auf den Kopf, und dann kommt der Bibliothekar. Es ist ein alter ausrangierter Expressionist; man soll sich der Kollegen annehmen. «Herr Doktor», sage ich, «das ist für Sie.» – «Dichtwerk! Knall! Nachtigall!» sagt er dann, «gesteilt, geballt, getürmt ...» – «Na ja», sage ich, «es ist gut – Sie können gehn.» Und er geht, mit seinem Buch.

Was stehen da für Bücher, bei dem gesteilten Doktor –?

Stehen da nur wertlose Schmarren? ‹Das süße wiener Mädl›? ‹Der Schloßhauptmann von der Reckenburg›? ‹Trotzköpfchens Nachgeburt› und dergleichen? Oder nur Fachwerke, deren Fächer mir nicht zugänglich sind? ‹Die Appendicitis bei den Chinesen›? (also das gibts), ‹Die Vorsilbe Pi in der deutschen Kindersprache›? ‹Kaurimuscheln als Zahlungsmittel bei den Primitiven› von Reichskanzler a. D. Cuno ... was in aller Welt steht da?

Neulich habe ich mir den ganzen Schwung einmal angesehn, bevor ich ihn verschenkt habe. Was war das –

Da steht seit jeher: erstens jene Makulatur, die man schon erkennt, wenn man sie anblättert. Es gibt Sätze, die hat ein anständiger Schriftsteller nicht zu schreiben; wer es doch tut, ist keiner, vergessen sei sein Name, nie behalten sei sein Name. Es sind das nicht nur jene parodistischen Fehler, auf die man so oft stößt; es gibt eine Plattheit der Gesinnung, eine Banalität der Erfindung, eine Warenhaushaftigkeit des Wesens, die drücken sich alle drei zuerst im Stil aus. Form ist Wesen. Schließlich muß es eine Grenze nach unten geben ... das also steht da.

Dann stehen dort zweitens Fachwerke, die man mir in der irrtümlichen Annahme zugeschickt hat, ich wisse alles. Ich weiß einiges, und das, was ich weiß, und worüber ich schreibe, das weiß ich nicht unvollständig. Aber Buchkritiker, jene Allerweltskerle, die über jedes Buch schreiben können, das ihnen zufällig in die Finger gerät ... das lieber nicht.

Am größten ist unter den Büchern, die der Doktor in Verwahrung hat, die dritte Gattung, und wenn ich manchmal durch den verschneiten Schloßpark gehe, hinter mir der Silberdiener und die Amme unsres Geschlechts, vor mir ein junger Nationalsozialist, dem habe ich eine Fahne geschenkt und ein Kochgeschirr, und wenn ich ihn frage: «Na, was machen Sie?» – dann sagt er: «Ich dräue» ... da habe ich so nachgedacht: Warum baue ich so viele Bücher auf, um die ich mich nachher nie mehr kümmere? Bücher, an die die Verfasser vielleicht viel Mühe gewandt und auf die sie sicherlich viel Hoffnungen gesetzt haben — warum sortiere ich sie aus? Ist damit über die Bücher etwas ausgesagt?

Nichts ist über ihren Wert damit ausgesagt, nichts.

Sehr viel aber ist ausgesagt, wenn man Kritik als den Zusammenstoß eines Kopfes mit einem Buch ansieht; wenn es dann, nach Lichtenberg, hohl klingt: das muß nicht immer am Buch liegen. Das kann auch am Kopf liegen. Und ich möchte nicht, daß es hohl klingt.

Seit ich mich bemühe, eine bunte und möglichst lehrreiche Buchkritik zu machen, ist mein erstes Bestreben dies gewesen: nicht das Literaturpäpstlein zu spielen. Das kann es nicht geben, und das soll es auch nicht geben. Jeder, der kritisch tätig ist, sollte täglich dreimal dieses Gebet beten: Damit, daß du kritisierst, bist du dem Werk nicht überlegen; dadurch bist du ihm nicht überlegen; dadurch bist du ihm nicht überlegen. Es ist schon schlimm genug, daß es viele und durchaus nicht ungebildete Leser gibt, die dergleichen glauben; jeder schöngeistige Zahnarzt ist ernsthaft der Meinung, er sei dem Künstler über, weil er ihn ablehne, und noch im Lob liegt eine Anerkennung seiner selbst. Das ist eine Täuschung.

Man hat vielmehr einzusehn: Leben ist aussuchen. Und man suche sich das aus, was einem erreichbar und adäquat ist, und an allem andern gehe man vorüber. Ließe man mich auf André Gide, auf Paul Claudel, auf Robert Musil los: das gäbe ein rechtschaffenes Unglück. Ich verstehe sie nicht; sie sagen mir nichts; ich weiß gar nicht, was ihre Schriften zu bedeuten haben. Ich habe mich bemüht: ich weiß es nicht. Ich spüre die geistige Potenz — das genügt aber nicht. Also habe ich zu schweigen, wenn von ihnen die Rede ist, und nicht etwa zu glauben, dadurch, daß ich eine Meinung über sie abgebe, hätte ich sie schon verdaut. Dergleichen darf man wohl nicht sagen, denn das breite Publikum will den Unfehlbaren, den, der sich nie irrt — und das hat denn diesen größenwahnsinnigen Typus von Theaterkritiker erzeugt, einen Gott, der an Wolkenhöhe und an Kostbarkeit der Talmi-Tiara nur noch von einem übertroffen wird: vom Redakteur. In der altdeutschen Ambraser Handschrift des Wolfdieterich findet sich auf Blatt 1104 ein Redakteur erwähnt, Wittich von Orendel, der soll einmal zugegeben haben, daß er sich geirrt hat. Ich halte die Stelle für apokryph.

Viele Kritiker kritisieren mit jenem Herzklopfen, das nur unter Familienangehörigen bekannt ist; Verwandte können einander so prächtig ärgern ... Am tollsten ist das in der Musikkritik. Da geht der Kritiker, eitel-wonniger Aufregung voll, nach dem Konzert an die Zensurenausteilung, und die Sängerin oder die Tenörin entfaltet die Zeitung wie Kinder das Schulzeugnis; es ist beinah ein erotischer Vorgang, der dafür auch einen Dritten nicht viel angeht. Wenn es bei uns damit auch nicht mehr so schlimm bestellt ist wie ehedem, wo die halbe Kraft der Literaten in der Polemik draufging: ich habe als Objekt der Kritik, das ich Gottseidank auch bin, merkwürdige Erfahrungen gemacht. Das sind nicht viele, die einem nach kräftigem Verriß unbefangen in die Augen sehen können – die meisten haben ein böses Gewissen, grüßen nur halb und gehen herum wie die kleinen Hundchen, die in die Stube kritisiert haben und die nun erwarten, daß man sie mit der Nase hineinstößt. Demgegenüber stehen allerdings jene Künstler, die einen tadelnden Kritiker am liebsten erschießen möchten, und gleich – peng-peng – gehen sie auf die Motivenjagd. Frauen haben immer nur eines, jenes; Männer suchen nach Geld, nach Gründen der ‹Feindschaft› ... nur auf den einen Gedanken kommen sie nicht: daß dem Kritiker das Werk wirklich nicht gefallen haben könnte. Mir klopft das Herz nicht schneller: nicht, wenn sie mich zerreißen, nicht, wenn ich sie zerreiße. Es gibt nur zwei eherne Gesetze für die Kritik: die Wahrheit zu respektieren und, von ganz seltenen Fällen abgesehn, das Privatleben des Kritisierten unberührt zu lassen.

Und weil ich das alles weiß, deshalb sortiere ich munter aus, und da steht nun dieser Kirchhof der Literatur, mit lauter Leuten, die hier den Leichnam spielen müssen, anderswo leben sie vielleicht, wer weiß das?

Es muß aussortiert werden. Es erscheinen in Deutschland täglich ungefähr 10 (zehn) belletristische Werke; die Fachliteratur steht auf einem andern Blatt der Statistik. Täglich auch nur eines dieser zehn Bücher zu lesen, so zu lesen, wie ein Kritiker zu lesen hat: aufmerksam, die zur Sache gehörige Literatur suchend oder kennend ... das dürfte nicht gut möglich sein. Deshalb muß aussortiert werden.

Wer seine Sache so ernst nimmt – zu ernst? –, der sortiert auch gerne jene aus, die sich mit ihrer Arbeit weniger Mühe geben als der Kritiker mit der Kritik. Die Mehrzahl der Autoren, deren Bücher man mir zusendet, sind ohne Fülle. Ich wittre, wie das hergestellt wird: sie verlassen sich fast immer darauf, daß ihnen bei der einmaligen Niederschrift alles Nötige einfällt. Und das gibt es nicht. Und da jedes Kunstwerk, wenn man von einigen genialen Improvisationen absieht, Mosaik-Arbeit ist, so wirkt das Zeug so leer, so nichtig, so armselig. Dann haben sie noch die Frechheit, ihre kleinen Geschichten Roman zu nennen, die armen Luder. Nichts auf der Sparkasse und dann ‹groß ausgehn› ... sie sollen bei ihrem Schneider Schulden machen, nicht in der Literatur. Hier wird nicht gepumpt. Die werden aussortiert.

Und ganz bewußt und mit aller Tendenz sortiere ich die Lieblinge der feinen Bürger aus; es ist mir eine kleine Wonne, dem Nachtigallen-Doktor alle diese Bücher zu übergeben, die die Schaufenster vornehmer Universitäts-Buchhandlungen zieren. Boykott gegen Boykott. Sie uns und wir sie. Wer so frech, wer so unduldsam den Radikalen verbannt, wer es der Zeitung, dem verängstigten Sortimenter und den Zeitungshändlern verargt, daß sie etwas auslegen und verbreiten, was nicht genehm ist: der darf sich nicht wundern, wenn er von uns mit derselben Waffe bekämpft wird. Wenn man aus solch einem vornehmen Buch und seinen Fehlern nichts lernen kann, oder wenn es nicht so bedeutend ist, daß es zu dem Weltbild gehört, das wir erstreben, dann hinweg mit ihm.

Der gesteilte Doktor hat heute Ausgang — ich will mir noch einmal seinen Laden ansehn.

Es ist ganz still. Das Schloß ist verschneit, die Voralpen liegen weiß im dunstigen Winternebel. Da stehen die Reihen: wieviel Meter mögen das sein? So viel Arbeit; so viel Waschzettel, so viel Verträge, Notizen, Manuskripte; anfeuernde Geliebte, tadelnde Freunde, Vorschüsse, Kritiken, Stolz und Ruhm, Enttäuschung und Neid, Porto und Gefühlswallung ... I can't help it. Leben ist aussuchen.

EINE KLEINE GEBURT

Ich lebte mit Frau Sobernheimer;
sie war so lieb, sie war so nett.
Wir wuschen uns im selben Eimer,
wir schliefen in demselben Bett.
So trieben wir es manches Jahr ...
Bis sie den Knaben mir gebar.

Doch dieser Knabe war kein Knabe.
Wir hatten in der dunklen Nacht
als Zeitvertreib und Liebesgabe
uns dieses Wesen ausgedacht.
Frau S. war jeden Kindes bar.
Der Knabe, der hieß Waldemar.

Und war so klug! — Nach fünfzehn Tagen,
gelebt im Kinderparadies,
da konnte er schon Scheibe sagen,
bis man ihm solches leicht verwies.
Er setzte sich aufs Tintenfaß
und machte meinen Schreibtisch naß.

Er wuchs heran, der Eltern Freude,
ein braves, aufgewecktes Kind.
Wir merkten an ihm alle beude,
wie süß der Liebe Früchte sind.
Da fragte Mutti ganz real:
«Was wird der Junge denn nun mal —?»

Hebamme? General? Direktor?
Bootlegger? Hirt? Ein Schiffsbarbier?
Verlorner Mädchenheim-Inspektor?
Biographist? Gerichtsvollziehr?
    Ein Freudenmännchen? Jubilar —?
    Uneinig war das Elternpaar.

Ein Krach stieg auf, bis zu den Sternen!
Frau S., die krisch. Die Türe knallt.
Sie wollt ihn lassen Bildung lernen,
ich aber war für Staatsanwalt.
    Ein Kompromiß nahm sie nicht an:
    im Kino, als Bedürfnismann.

Der Lümmel grölte in der Küche
und fand den Krach ganz wunderbar.
So ging die Liebe in die Brüche —
und alles wegen Waldemar?
    Da sprach ich fest: «Mein trautes Glück!
    Wir geben dieses Jör zurück!»

Gemacht.
        Nun ist Frau Sobernheimer
wie ehedem so lieb und nett.
Wir waschen uns im selben Eimer,
wir schlafen in demselben Bett.
    Und denken nur noch hier und dar
    mal an den seligen Waldemar.

LOTTCHEN BEICHTET 1 GELIEBTEN

«Es ist ein fremder Hauch auf mir? Was soll das heißen — es ist ein fremder Hauch auf mir? Auf mir ist kein fremder Hauch. Gib mal 'n Kuß auf Lottchen. In den ganzen vier Wochen, wo du in der Schweiz gewesen bist, hat mir keiner einen Kuß gegeben. Hier war nichts. Nein — hier war wirklich nichts! Was hast du gleich gemerkt? Du hast gar nichts gleich gemerkt ... ach, Daddy! Ich bin dir so treu wie du mir. Nein, das heißt ... also, ich bin dir wirklich treu! Du verliebst dich ja schon in jeden Refrain, wenn ein Frauenname drin vorkommt ... ich bin dir treu ... Gott sei Dank! Hier war nichts.

... Nur ein paarmal im Theater. Nein, billige Plätze — na, das eine Mal in der Loge ... Woher weißt du denn das? Was? Wie? Wer hat dir das erzählt? Na ja, das waren Plätze ... durch Beziehungen ...

Natürlich war ich da mit einem Mann. Na, soll ich vielleicht mit einer Krankenschwester ins Theater ... lieber Daddy, das war ganz harmlos, vollkommen harmlos, mach doch hier nicht in Kamorra oder Mafia oder was sie da in Korsika machen. In Sizilien – meinetwegen, in Sizilien! Jedenfalls war das harmlos. Was haben sie dir denn erzählt? Was? Hier war nichts.

Das war ... das ist ... du kennst den Mann nicht. Na, das werd ich doch nicht machen – wenn ich schon mit einem andern Mann ins Theater gehe, dann geh ich doch nicht mit einem Mann, den du kennst. Bitte: ich hab dich noch nie kompromittiert. Männer sind doch so dußlig, die nehmen einem das übel, wenn man schon was macht, daß es dann ein Berufskollege ist. Und wenn es kein Berufskollege ist, dann heißt es gleich: Fräulein Julie! Man hats wirklich nicht leicht! Also du kennst den Mann nicht! Du kennst ihn nicht. Ja – er kennt dich. Na, sei doch froh, daß dich so viele Leute kennen – biste doch berühmt. Das war jedenfalls ganz harmlos. Total. Nachher waren wir noch essen. Aber sonst war nichts.

Nichts. Nichts war. Der Mann ... der Mann ist eben – ich hab ihn auch im Auto mitgenommen, weil er so nett neben einem im Auto sitzt, eine glänzende Begleitdogge – so, hat das die Reventlow auch gesagt? Na, ich nenne das auch so. Aber *nur* als Begleitdogge. Der Mann sah glänzend aus. Doch, das ist wahr. Einen wunderbaren Mund, so einen harten Mund – gib mal 'n Kuß auf Lottchen, er war dumm. Es war nichts.

Direkt dumm war er eigentlich nicht. Das ist ja ... ich habe mich gar nicht in ihn verliebt; du weißt ganz genau, daß ich mich bloß verliebe, wenn du dabei bist – damit du auch eine Freude hast! Ein netter Mann ... aber ich will ja die Kerls gar nicht mehr. Ich nicht. Ich will das überhaupt alles nicht mehr. Daddy, so nett hat er ja gar nicht ausgesehn. Außerdem küßte er gut. Na so – es war jedenfalls weiter nichts.

Sag mal, was glaubst du eigentlich von mir? Glaubst du vielleicht von mir, was ich von dir glaube? Du – das verbitt ich mir! Ich bin treu. Daddy, der Mann ... das war doch nur so eine Art Laune. Na ja, erst läßt du einen hier allein, und dann schreibst du nicht richtig, und telefoniert hast du auch bloß einmal – und wenn eine Frau allein ist, dann ist sie viel alleiner als ihr Männer. Ich brauche gewiß keinen Mann ... ich nicht. Den hab ich auch nicht gebraucht; das soll er sich bloß nicht einbilden! Ich dachte nur: I, dachte ich – wie ich ihn gesehn habe ... Ich habe schon das erstemal gewußt, wie ich ihn gesehn habe – aber es war ja nichts.

Nach dem Theater. Dann noch zwei Wochen lang. Nein. Ja. Nur Rosen und zweimal Konfekt und den kleinen Löwen aus Speckstein. Nein. Ich ihm meinen Hausschlüssel? Bist wohl ...! Ich hab ihm meinen Hausschlüssel doch nicht gegeben! Ich werde doch einem fremden Mann meinen Hausschlüssel nicht geben ...! Da bring ich ihn lieber runter. Daddy, ich habe ja für den Mann gar nichts empfunden – und er für mich auch nicht – das weißt du doch. Weil er eben solch einen harten Mund hatte ... und ganz schmale Lippen. Weil er früher Seemann war. Was? Auf dem Wannsee? Der Mann ist zur See gefahren – auf einem riesigen Schiff, ich habe den Namen vergessen, und er kann alle Kommandos, und er hat einen harten Mund. Ganz schmale Lippen. Mensch, der erzählt ja nicht. Küßt aber gut. Daddy, wenn ich mich nicht so runter gefühlt hätte, dann wäre das auch gar nicht passiert ... Es ist ja auch eigentlich nichts passiert – das zählt doch nicht. Was? In der Stadt. Nein, nicht bei ihm; wir haben zusammen in der Stadt gegessen. Er hat bezahlt – na, hast du das gesehn! Soll ich vielleicht meine Bekanntschaften finanzieren ... na, das ist doch ...! Es war überhaupt nichts.

Tätowiert! Der Mann ist doch nicht tätowiert! Der Mann hat eine ganz reine Haut, er hat ... Keine Details? Keine Details! Entweder ich soll erzählen, oder ich soll nicht erzählen. Von mir wirst du über den Mann kein Wort mehr hören. Daddy, hör doch – wenn er nicht Seemannsmaat gewesen wäre, oder wie das heißt ... Und ich wer dir überhaupt was sagen:

Erstens war überhaupt nichts, und zweitens kennst du den Mann nicht, und drittens weil er Seemann war, und ich hab ihm gar nichts geschenkt, und überhaupt, wie Paul Graetz immer sagt:

Kaum hat man mal, dann ist man gleich – Daddy! Daddy! Laß mal ... was ist das hier? Was? Wie? Was ist das für ein Bild? Was ist das für eine Person? Wie? Was? Wo hast du die kennengelernt? Wie? In Luzern? Was? Hast du mit der Frau Ausflüge gemacht? In der Schweiz machen sie immer Ausflüge. Erzähl mir doch nichts ... Was? Da war nichts?

Das ist ganz was andres. Na ja, mir gefällt schon manchmal ein Mann. Aber ihr –?

Ihr werft euch eben weg!»

SCHREI NACH LICHTENBERG

Ehret eure deutschen Meister!

Im vorigen Frieden – als ich noch ein kleiner Junge war und sehr verliebt –: da ging mir eines Tages das Geld aus. Das kann vorkommen. Und Kitty brauchte eine goldne Armbanduhr. Und da ging ich hin ... ich schäme mich ja furchtbar, aber es ist doch wahr ... und verkaufte einen Arm voller Bücher. Und kaufte ihr die Uhr und bekam einen dicken Kuß, und es war alles sehr schön.

Unter den Büchern war auch eine alte, zwölfbändige Ausgabe von Georg Christoph Lichtenbergs gesammelten Werken. («Lichtenberg? Von dem habe ich doch mal Aphorismen . . .») Ganz recht, der.

Und jetzt möchte ich mir die gesammelten Werke wieder kaufen, und dabei stellt sich heraus, daß es im gesamten deutschen Verlagsbuchhandel keine gute Neuausgabe seiner Werke gibt. Keine. Ehret eure deutschen Meister!

Es gibt:

‹*Lichtenbergs Aphorismen*›. Ausgewählt von Alexander von Gleichen-Rußwurm (erschienen bei der Deutschen Bibliothek in Berlin). — ‹*Aphorismen*›, herausgegeben von Josef Schirmer (erschienen im Hyperion-Verlag in München). Es gibt (wenn sie nicht inzwischen vergriffen sind): ‹*Aphorismen*› nach den Handschriften, herausgegeben von Albert Leitzmann (erschienen in Behrs Verlag, Berlin). Diese letzte Ausgabe umfaßt drei Bände — das ist die beste. Der Rest ist sanfte Auswahl für den Hausgebrauch.

Bei Eugen Diederichs in Jena hat es eine von Wilhelm Herzog besorgte Auswahl aus den Werken Lichtenbergs gegeben; die ist vergriffen und nicht wieder aufgelegt. Dafür drucken sie Diotimas ‹*Schule der Liebe*› . . . schweig still, mein Herz, sonst müssen sie hier eine Unterhaltungsbeilage anbauen . . . aber den Lichtenberg legen sie nicht neu auf. Gott segne die Verleger!

Dieses aber ist eine Affenschande.

Was! Einen Kerl nicht wieder neu zu drucken, der einen Verstand gehabt hat wie ein scharf geschliffenes Rasiermesser, ein Herz wie ein Blumengarten, ein Maulwerk wie ein Dreschflegel, einen Geist wie ein Florett . . . das muß man sich bei den Antiquaren mühsam zusammensuchen? Diesen herrlichen Mann, der einen Buckel voll Witz, Sentimentalität, Klugheit, guter Laune, Lust, aus Schmerz geboren, mit sich herumzutragen hatte — das liegt brach? Es ist vielleicht kein ‹Geschäft› . . . ich weiß das nicht; ich bin kein Kaufmann. Aber wer Lichtenberg ist, das weiß ich.

Ein Uhu, der Sekt gesoffen hat, nun nachts durch den Wald flattert und «Schuhu!» macht, die Mäuse erschreckt, sie fängt und mit dem Ruf «Nicht fett genug . . .!» wieder wegwirft — es ist etwas ganz Einzigartiges. Morgenstern plus Hebbels Tagebüchern plus französischer Klarheit plus englischer Groteske plus deutschem Herzen — das soll man sich noch einmal suchen. Sein Witz war grob und fein, wie er es wollte. «Graf Kettler», notiert er einmal: «seine Aussprache war so wie des Demosthenes seine, wenn er das Maul voller Kieselsteine hatte.» Oder: «Ihr Unterrock war rot und blau, sehr breit gestreift und sah aus, als wenn er aus einem Theatervorhang gemacht wäre. Ich hätte für den ersten Platz viel gegeben, aber es wurde nicht gespielt.» Dazwischen ganz und gar morgensternsche Bemerkungen, die man nur nachschmecken, deren Reiz man nicht erklären kann. «Ich habe noch niemanden gefunden, der nicht gesagt hätte: es wäre eine angenehme Empfindung, Stanniol mit einer Schere zu schneiden.»

Wer die Gewohnheit hat, in Büchern etwas anzustreichen, der wird seine Freude haben, wie sein Lichtenberg nach der Lektüre aussieht. Das beste ist: er macht gleich einen einzigen dicken Strich, denn mit Ausnahme der physikalischen und lokalen Eintragungen ist das alles springlebendig wie am ersten Tag. Nur ein wirklich frommer Mensch darf so gute Witze über die Religion machen wie dieser hier. «Die Allmacht Gottes im Donnerwetter wird nur bewundert entweder zur Zeit, da keines ist, oder hintendrein beim Abzuge.»

Das strahlt in allen Regenbogenfarben ernsthaften Witzes. Manchmal reißt er ganze Bände der Entwicklungsgeschichte in einen einzigen Aphorismus zusammen. «Es ist ein großer Unterschied zwischen etwas noch glauben und es wieder glauben. Noch glauben, daß der Mond auf die Pflanzen wirke, verrät Dummheit und Aberglaube, aber es wieder glauben, zeugt von Philosophie und Nachdenken.»

Und der Herr Universitätsprofessor in Göttingen, der Gottfried Bürger begraben geholfen hat, war zu allem andern ein Stück verschütteter Dichter. «So traurig stund er da wie das Trinckschälgen eines crepierten Vogels.» Und so hundertmal.

Von dem, was in diesen «Sudelbüchern», wie er das genannt hat, an Witz heute verschüttet liegt, leben andre Leute ihr ganzes Leben. «Er hatte ein paar Stückchen auf der Metaphysik spielen gelernt.» Und: «Er trieb einen kleinen Finsternis-Handel.» Und so in infinitum.

Nein, die Welt ändert sich nicht, und dies ist ein sehr aktueller Schriftsteller; er ist niemals etwas andres gewesen. Die Leute zitieren immer seine Beschreibungen zu Hogarths Bildern, die recht gut sind, und seine Schilderung des Garrickschen Hamlets, die besser ist — aber das Wesentliche dieses einzigartigen Geistes liegt in seinen Aphorismen. Und in seinen Briefen. Der Brief zum Beispiel, den er geschrieben, als ihm sein kleines Blumenmädchen, mit dem er zusammen lebte, starb, reicht an jenen Lessings heran, den der nach dem Tode seiner Frau schrieb. Lichtenberg hatte ein heißes Herz und einen kalten Verstand.

Und fand dann solche Schlußformeln wie diese, die einem Wappenspruch gleicht und einer Grabschrift und einem Satz, den man seinem Kinde mit auf den Lebensweg geben kann:

> Der Weisheit erster Schritt ist: Alles anzuklagen.
> Der Letzte: sich mit allem zu vertragen.

In Deutschland erscheinen alljährlich dreißigtausend neue Bücher. Wo ist Lichtenberg —? Wo ist Lichtenberg —? Wo ist Lichtenberg —?

EINE FRAGE

Da stehn die Werkmeister – Mann für Mann.
Der Direktor spricht und sieht sie an:
«Was heißt hier Gewerkschaft! Was heißt hier Beschwerden!
Es muß viel mehr gearbeitet werden!
Produktionssteigerung! Daß die Räder sich drehn!»
    Eine einzige kleine Frage:
        Für wen?

Ihr sagt: die Maschinen müssen laufen.
Wer soll sich eure Waren denn kaufen?
Eure Angestellten? Denen habt ihr bis jetzt
das Gehalt, wo ihr konntet, heruntergesetzt.
Und die Waren sind im Süden und Norden
deshalb auch nicht billiger geworden.
    Und immer noch sollen die Räder sich drehn . . .
        Für wen?

Für wen die Plakate und die Reklamen?
Für wen die Autos und Bilderrahmen?
Für wen die Krawatten? die gläsernen Schalen?
Eure Arbeiter können das nicht bezahlen.
Etwa die der andern? Für solche Fälle
habt ihr doch eure Trusts und Kartelle!
    Ihr sagt: die Wirtschaft müsse bestehn.
        Eine schöne Wirtschaft!
            Für wen? Für wen?

Das laufende Band, das sich weiterschiebt,
liefert Waren für Kunden, die es nicht gibt.
Ihr habt durch Entlassung und Lohnabzug sacht
eure eigne Kundschaft kaputt gemacht.
Denn Deutschland besteht – Millionäre sind selten –
aus Arbeitern und aus Angestellten!
Und eure Bilanz zeigt mit einem Male
    einen Saldo mortale.

Während Millionen stempeln gehn.
    Die wissen, für wen.

DIE REPORTAHSCHE

Einmal hieß alles, was da kreucht und fleucht, ‹nervös›, dann ‹fin de siècle›, dann ‹Übermensch›, dann hatten sie es mit den ‹Hemmungen› und heute haben sie es mit der Reportahsche, als welches Wort man immer so schreiben sollte. Lieber Egon Erwin Kisch, was haben Sie da angerichtet! Sie sind wenigstens ein Reporter und ein sehr guter dazu – aber was nennt sich heute nur alles ‹Reportage›. Es ist völlig lächerlich.

Es gibt von allen Arten.

Es gibt ‹soziale Reportagen› und einer trägt eine ‹Reportage› vor, und Paul Fechter, der Klopf-Fechter der *‹Deutschen Allgemeinen›*, macht *‹Versuche einer Rollen-Reportage›*, die denn auch so ausgefallen sind, daß man sich verwundert fragt, wie einer das schreiben kann, ohne dabei einzuschlafen. Dafür tuts denn der Leser. Und dann gibt es ‹Reportagen-Romane›, und das sind die allerschlimmsten.

Der richtige Reportage-Roman ist im Präsens geschrieben und so lang wie ein mittelkräftiger Bandwurm. Der romancierende Reporter nimmt sich ein Milljöh vor, und das bearbeitet er. Das kann man nun endlos variieren, aber es ist immer dasselbe Buch. Nicht die Spur einer Vertiefung, nichts, was man nicht schon wüßte, bevor man das Buch angeblättert hat, keine Bewegung, keine Farbe – nichts. Aber Reportage. Was einen höchst mäßigen Essay abgäbe, das gibt noch lange keinen Roman. Wie überhaupt bei uns jede kleine Geschichte gern ‹Roman› genannt wird – die Kerle sind ja größenwahnsinnig. *‹Krieg und Frieden›* ist ein Roman. Das da sind keine.

Sie kommen sich so wirklichkeitsnah vor, die Affen – und dabei haben sie nichts reportiert, wenn sie nach Hause kommen. Nur ein paar Notizen, die sie auswalzen. Reportahsche . . . Reportahsche . . .

Auf dieses Wort gibt es einen Reim: deshalb schreibe ich es so.

Vor dem Kriege hat einmal die Kaffee-Firma Tengelmann ein Preisausschreiben in die Zeitungen gesetzt; sie wollte ein kurzes Gedicht für ihre Reklamen haben: die Firma sollte darin genannt sein, die Vorzüglichkeit ihrer Produkte, ihre Tee- und Kaffeeplantagen und das alles in gefälliger, gereimter Form.

Der große Schauspieler Victor Arnold gewann zwar den Preis nicht – aber er hatte einen der schönsten Verse gefunden. Und der hieß so:

Mein lieber guter Tengelmann!
Was geht denn mich dein Kaffee an
und deine Teeplantage –
Ach . . .!

Na, dann reportiert man.

HERZ MIT EINEM SPRUNG

Im Gesicht und auch in Sachsen,
wo die Meise piepst,
laß ich den Bart mir wachsen,
weil du mich nicht mehr liebst.
    Susala und dusala –
weil du mich nicht mehr liebst.

Wir waren beide einsam;
auch ich als Woll-Agent.
Die Herzen waren gemeinsam,
die Kassen waren getrennt.
    Susala und dusala –
Da bin ich konsequent.

Du sagst, du wärst im Training
wohl für ein Fecht-Turnier.
Du aßest gar nicht wening
und hattst nie Geld bei dir . . .
    Susala und dusala –
Man ist ja Kavalier.

Du aßest frisch und munter
nicht ohne jeden Charme
die Karte rauf und runter,
die Küche kalt und warm.
    Susala und dusala –
dem Kellner schmerzt der Arm.

Ich fand das übertrieben
und sah dich zornig an.
Ein Mann will gratis lieben,
sonst ist er gar kein Mann!

Ich kann dich nicht vergessen.
Noch heut könnt ich dich maln.
Du hast zuviel gegessen . . .
Wer kann denn das bezahln!
    Susala und dusala –
Wer kann denn das bezahln!

Ums Kinn starrn mir die Stoppeln.
Mein Vollbart ist noch jung.

So fahr ich nun nach Oppeln
zu ner Versteigerung . . .
Doch mein Herz,
doch mein Herz,
doch mein Herz
hat einen Sprung –!

SCHNIPSEL

Die Frau und der berühmte Mann. «Wieviel Beifall er hat! Wenn er mich liebte – ich hätte den Beifall und die Liebe!»

Die Frau als Rezensentin des Geliebten: «Er liebt mich nicht mehr wie früher. Also ist nichts mehr mit ihm los.»

Deutschland ist eine anatomische Merkwürdigkeit. Es schreibt mit der Linken und tut mit der Rechten.

Wörter verändern langsam ihre Bedeutung. «Warum soll ich ihn denn nicht heiraten? Man ist doch nicht gleich verheiratet.»

Ein Leser hats gut: er kann sich seine Schriftsteller aussuchen.

Bert Brecht hat einen schönen Dreh gefunden: das kleine Einmaleins in getragenem Sing-Sang vorzulesen, wie wenn es die Upanishaden wären. Banalitäten feierlich aufsagen: das bringt vielen Zulauf.

Der trockne Pedant hat gewöhnlich ein Ideal: den falschen Abenteurer.

Jede Filmkritik müßte eigentlich so anfangen: «Der vorliegende Film enthält als maßgebliches Element die Kunstanschauungen eines zweiundsechzigjährigen Stiftfräuleins, zweier kunstfremder Oberregierungsräte und eines schwunglosen Malers. Auf deren Zensur hin ist der Film gemacht worden.»

Die Katholiken sitzen vor ihrer Hütte. Ein Heide geht vorbei und pfeift sich eins. Die Katholiken tuscheln: «Der wird sich schön wundern, wenn er mal stirbt!» Sie klopfen sich auf den Bauch ihrer Frömmigkeit, denn sie haben einen Fahrschein, der Heide aber hat keinen, und er weiß es nicht einmal. Wie hochmütig kann Demut sein!

Manchmal fröstelt die Literatur. Dann läuft ihr eine katholische Gänsehaut den Rücken herunter. Protestantische Gänsehäute aber gibt es nicht.

Wenn sehr kultivierte, sehr feine, sehr gebildete Schriftsteller grimmig für die Kirche fechten, dann wirkt das, wie wenn reiche Leute ihre Briefe mit einem alten Matrosenmesser aufschneiden. Sie könnten sich natürlich einen guten Brieföffner kaufen ... aber um sie herum ist alles so fein, so reich, so vollkommen und so vernickelt: da macht sich das alte verrostete Messer hübsch pittoresk. Mit dem Matrosen hat das gar nichts zu tun. Sie würden sich schön bedanken, es so zu gebrauchen wie er, nämlich im Ernst. Sie gebrauchen es in Anführungszeichen.

Jede Theaterkritik müßte eigentlich so anfangen: «Soundsoviel Prozent der gestrigen Premiereneinnahmen flossen als Pacht in die Tasche des Herrn Direktors Soundso. Er lebt davon.» Das Theater stirbt daran. Diese wahnwitzige Theaterpacht ist wichtiger als jede Dramaturgie. Denn die Pausen zwischen den Fälligkeitsterminen der Hypothekenzinsen werden durch die Stücke ausgefüllt.

In der jetzigen Vorkriegszeit herrscht zwischen den Geistigen aller Staaten eine Pen-Club-Atmosphäre, die der Luft in einer sehr guten Kinderstube gleicht: nie reden mehr zugleich als drei, es herrscht gesittete Fröhlichkeit, und zwischendurch schmieren sie sich den Bildungsbrei um die Münder. Die Papas stehen dabei und lächeln und lassen die Kindlein gewähren. Sie wissen: wenns los geht, gehts los, da ist nichts zu befürchten. Sie werden sich schlagen, wie sich ihre Väter geschlagen haben, oder sie werden still und vornehm ins Zimmer stilisieren.

Ratschlag für Ehrgeizige. Willst du ‹richtig liegen›? Dies, mein Sohn, ist die Konjunktur des Tages: pazifistische Terminologie, nationalsozialistischer Inhalt, vorgetragen im Ton eines lyrischen Universitätsprofessors, der noch nicht genau weiß, ob er Soziologie oder Philosophie lesen soll. Dergleichen schließt alle Möglichkeiten in sich, verpflichtet zu gar nichts, und du hast es gleich gesagt. Ans Vaterland, ans teure, schließ dich an. Nicht zu eng – aber schließ dich an.

REZEPTE GEGEN GRIPPE

Beim ersten Herannahen der Grippe, erkennbar an leichtem Kribbeln in der Nase, Ziehen in den Füßen, Hüsteln, Geldmangel und der Abneigung, morgens ins Geschäft zu gehen, gurgele man mit etwas gestoßenem Koks sowie einem halben Tropfen Jod. Darauf pflegt dann die Grippe einzusetzen.

Die Grippe – auch ‹spanische Grippe›, Influenza, Erkältung (lateinisch: Schnuppen) genannt – wird durch nervöse Bakterien verbreitet, die ihrerseits erkältet sind: die sogenannten Infusionstierchen. Die Grippe ist manchmal von Fieber begleitet, das mit 128° Fahrenheit einsetzt; an festen Börsentagen ist es etwas schwächer, an schwachen fester – also meist fester. Man steckt sich am vorteilhaftesten an, indem man als männlicher Grippekranker eine Frau, als weibliche Grippekranke einen Mann küßt – über das Geschlecht befrage man seinen Hausarzt. Die Ansteckung kann auch erfolgen, indem man sich in ein Hustenhaus (sog. ‹Theater›) begibt; man vermeide es aber, sich beim Husten die Hand vor den Mund zu halten, weil dies nicht gesund für die Bazillen ist. Die Grippe steckt nicht an, sondern ist eine Infektionskrankheit.

Sehr gut haben meinem Mann ja immer die kalten Packungen getan; wir machen das so, daß wir einen heißen Grießbrei kochen, diesen in ein Leinentuch packen, ihn aufessen und dem Kranken dann etwas Kognak geben – innerhalb zwei Stunden ist der Kranke hellblau, nach einer weiteren Stunde dunkelblau. Statt Kognak kann auch Möbelspiritus verabreicht werden.

Fleisch, Gemüse, Suppe, Butter, Brot, Obst, Kompott und Nachspeise sind während der Grippe tunlichst zu vermeiden – Homöopathen lecken am besten täglich je dreimal eine Fünf-Pfennig-Marke, bei hohem Fieber eine Zehn-Pfennig-Marke.

Bei Grippe muß unter allen Umständen das Bett gehütet werden – es braucht nicht das eigene zu sein. Während der Schüttelfröste trage man wollene Strümpfe, diese am besten um den Hals; damit die Beine unterdessen nicht unbedeckt bleiben, bekleide man sie mit je einem Stehumlegekragen. Die Hauptsache bei der Behandlung ist Wärme: also ein römisches Konkordats-Bad. Bei der Rückfahrt stelle man sich auf eine Omnibus-Plattform, schließe aber allen Mitfahrenden den Mund, damit es nicht zieht.

Die Schulmedizin versagt vor der Grippe gänzlich. Es ist also sehr gut, sich ein siderisches Pendel über den Bauch zu hängen: schwingt es von rechts nach links, handelt es sich um Influenza; schwingt es aber von links nach rechts, so ist eine Erkältung im Anzuge. Darauf ziehe man den Anzug aus und begebe sich in die Behandlung Weißenbergs. Der von ihm verordnete weiße Käse muß unmittelbar auf die Grippe geschmiert werden; ihn unter das Bett zu kleben, zeugt von medizinischer Unkenntnis sowie von Herzensroheit.

Keinesfalls vertraue man dieses geheimnisvolle Leiden einem sogenannten ‹Arzt› an; man frage vielmehr im Grippefall Frau Meyer. Frau Meyer weiß immer etwas gegen diese Krankheit. Bricht in einem Bekanntenkreis die Grippe aus, so genügt es, wenn sich *ein* Mitglied des Kreises in Behandlung begibt – die andern machen dann alles mit, was der Arzt verordnet. An hauptsächlichen Mitteln kommen in Betracht:

Kamillentee. Fliedertee. Magnolientee. Gummibaumtee. Kakteentee. Diese Mittel stammen noch aus Großmutters Tagen und helfen in keiner Weise glänzend. Unsere moderne Zeit hat andere Mittel, der chemischen Industrie aufzuhelfen. An Grippemitteln seien genannt: Aspirol. Pyramidin. Bysopeptan. Ohrolax. Primadonna. Bellapholisiin. Aethyl-Phenil-Lekaryl-Parapherinan-Dynamit-Acethylen-Koollomban-Piporol. Bei letzterem Mittel genügt es schon, den Namen mehrere Male schnell hintereinander auszusprechen. Man nehme alle diese Mittel sofort, wenn sie aufkommen – solange sie noch helfen, und zwar in alphabetischer Reihenfolge, ch ist ein Buchstabe. Doppelkohlensaures Natron ist auch gesund.

Besonders bewährt haben sich nach der Behandlung die sogenannten prophylaktischen Spritzen (lac, griechisch; so viel wie ‹Milch› oder ‹See›). Diese Spritzen heilen am besten Grippen, die bereits vorbei sind – diese aber immer.

Amerikaner pflegen sich bei Grippe Umschläge mit heißem Schwedenpunsch zu machen; Italiener halten den rechten Arm längere Zeit in gestreckter Richtung in die Höhe; Franzosen ignorieren die Grippe so, wie sie den Winter ignorieren, und die Wiener machen ein Feuilleton aus dem jeweiligen Krankheitsfall. Wir Deutsche aber behandeln die Sache methodisch:

Wir legen uns erst ins Bett, bekommen dann die Grippe und stehen nur auf, wenn wir wirklich hohes Fieber haben: dann müssen wir dringend in die Stadt, um etwas zu erledigen. Ein Telefon am Bett von weiblichen Patienten zieht den Krankheitsverlauf in die Länge.

Die Grippe wurde im Jahre 1725 von dem englischen Pfarrer Jonathan Grips erfunden; wissenschaftlich heilbar ist sie seit dem Jahre 1724.

Die glücklich erfolgte Heilung erkennt man an Kreuzschmerzen, Husten, Ziehen in den Füßen und einem leichten Kribbeln in der Nase. Diese Anzeichen gehören aber nicht, wie der Laie meint, der alten Grippe an – sondern einer neuen. Die Dauer einer gewöhnlichen Hausgrippe ist bei ärztlicher Behandlung drei Wochen, ohne ärztliche Behandlung 21 Tage. Bei Männern tritt noch die sog. ‹Wehleidigkeit› hinzu; mit diesem Aufwand an Getue kriegen Frauen Kinder.

Das Hausmittel Cäsars gegen die Grippe war Lorbeerkranz-Suppe; das Palastmittel Vanderbilts ist Platinbouillon mit weichgekochten Perlen.

Und so fasse ich denn meine Ausführungen in die Worte des bekannten Grippologen Professor Dr. Dr. Dr. Ovaritius zusammen:

Die Grippe ist keine Krankheit – sie ist ein Zustand –!

GESTOSSENER SEUFZER

Kreuzt mir die Lustjacht in der Badewanne?
Knirscht mir das Auto auf dem gelben Kies?
Bräunt mir das Roßbüff in der Kupferpfanne?
Blitzt mir am Hemd der Diamant-Türkis?
Hin hauch ich einen Seufzer des Verzichts:
ich brings zu nichts.

Ich weiß nicht, was das ist und wie ichs treibe . . .
Ich spare manchen vordatierten Scheck.
Und dann naht Lottchen mit dem Lotterleibe,
und dann ist alles wieder weg.
Infolge ihres Liebesunterrichts . . .
Ich brings zu nichts.

Die andern häufen so Vermögen auf Vermögen.
Die andern wandeln durch das Goldportal.
Ich aber kann mir nichts nach hinten legen;
ich hab noch nie — und möchte auch einmal.
Der Reichtum ist der Lohn des Bösewichts.
Ich brings zu nichts.

So lern doch endlich von den andern Knaben
die einzig brauchbare Philosophie:
Es g'nügt nicht nur, Verhältnisse zu haben —
sie leben alle über sie.
Trink aus der Nachbarin Champagnerglas!
Bleib schuldig Miete, Liebe, Arzt und Gas!
Bezahl den Apfel — friß die Ananas!
Wer also handelt, bringts zu was.

EUGEN BURG

Ich komme viel zu spät — die Geburtstagslichter sind längst ausgelöscht, die Torten zerkrümelt, Wein gibts auch nicht mehr, und das Mädchen, das mir die Sachen abnimmt, sagt: «Aber Herr Burg ist nicht zu Hause . . .» Da stehe ich nun mit meinem Gratulations-Zylinder . . . Das sechzigjährige Geburtstagskind ist nicht zu Hause. Was habe ich ihm sagen wollen —?

Ich habe sagen wollen:

Sie können etwas, und Sie sind etwas. Sie können nämlich Ihr Handwerk, weil Sie das gelernt haben, und Sie haben Charme, wofür ich kein deutsches Wort weiß. Es gibt auf der deutschen Bühne viele Männer, aber außer Bassermann nicht viele Herren: Rudolf Forster und Paul Otto und noch ein paar und Eugen Burg. «Eine Verehrerin», erzählte mir eines Tages S. J., «hat dem Burg ihr ganzes Vermögen hinterlassen.» — «Glaubst du das?» fragte ich. «Ja», sagte er, «wenn ich eins hätte: das tät ich auch.» Für so viel Freude muß man danken. Für so viel geschmackvollen Spaß, für soviel heitere Stunden — für diese blitzsaubere Technik, im Gespräch vom Partner das Wort wie einen Ball abfangen, es zurückwerfen ... wie selten ist das! Eugen Burg kam herausgeweht, in hundert Lustspielchen, deren Namen vergessen sind — die Leistung ist nicht zu vergessen. Es war eine Lustspielwelt, glaubhaft für drei Stunden, glaubhaft nur hier, auf dieser Szene — er stand da: als Höfling, als Frechling, als Liebling ... und alle Herzen sagten: Ja. Manchmal blieben die großen, hellen Augen still stehn, das dünne Eis des gefrorenen Monokels blitzte wie ein See von Dummheit, dann machte er irgend einen Kammerjunker, der seine Verlegenheit unter feinen Sitten und Gebräuchen verbarg — aber nichts war gemacht: Dümmlichkeit und Verlegenheit und höfische Sitten saßen wie angegossen. Oder er kam schief angestelzt und schnob kleine Frechheiten durch die Nase, außerordentlich siegesgewiß und leicht erstaunt, wenn die Dame seines Lustspielherzens sich die Sache anders überlegt hatte ...

Nur Theater — gewiß. Aber wenn einer schon Theater spielt: dann soll er dran glauben und soll uns anständige Arbeit zeigen. Das hat Eugen Burg getan, und weil ein Schauspieler auf der Bühne seine Leistungen nicht aufbewahren kann, deshalb wollen wir die Erinnerung aufbewahren. Schauspieler mit Leib und Seele — nicht ein Filmknabe, der sich herbeiläßt, auch einmal Theater zu spielen. Kein Fatzke — ein Herr. Kann gehen und stehen, das haben sie verlernt. Kann die Leute lachen machen, und man muß sich hinterher nicht schämen, daß man gelacht hat. Hat eine Eigenschaft, die immer seltener wird, scheints: er ist nett.

Das Mädchen steht und wartet, ob der Besuch nicht endlich gehen wird. Ich greife nach meinem hochfeinen Zylinder; wenn das Geburtstagskind den sieht, wird er nichts sagen, weil er so nett ist, aber er wird sich sein Teil denken. Stumpfer Zylinder ... am hellichten Tage! «Bitte empfehlen Sie mich Herrn Burg!» sage ich. Und schiebe ab.

Das Rampenlicht von so viel Jahren fällt auf den Mann. Er ist noch wie neu, und man mag ihn gern sehen, immer wieder.

VON DEN KRÄNZEN, DER ABTREIBUNG UND DEM SAKRAMENT DER EHE

Der Papst hat eine Encyklika über die Ehe erlassen, die nur den verwundern kann, der mit katholischen Gedankengängen nicht vertraut ist; nichts in diesem gezähmten Ausbruch ist neu oder überraschend — er deckt sich haarscharf mit dem Dogma der Kirche und ist nichts als ein Plakat der Waren, die dort geführt werden.

Die Vulgärkatholiken pflegen zu schimpfen, wenn sich unsereiner mit ihnen befaßt, und sie schimpfen nicht einmal herzerquickend, sondern recht unbegabt. Die bessern unter den Frommen pflegen zu jammern: «Sie verstehen den Katholizismus nicht. Begreifen Sie nicht, daß von unserm Standpunkt aus . . .» Von den leicht in Hysterie übergegangenen Damen, bei denen Religiosität und zarte Gefühle enger zusammenliegen als nötig, sei hier nicht gesprochen. Was ist das für eine Encyklika, und was ist das für ein Standpunkt?

Die Encyklika über die Ehe wirkt auf einen Not Leidenden, der nicht im Katholizismus aufgewachsen ist, wie frecher Hohn. Sie ist es nicht, sie wirkt aber so. Der groteske Grundsatz: «Lieber elf Kinder auf dem Kissen, als eines auf dem Gewissen» kann gewiß nicht mit dem Scherz: «Und wie halten es Eure Heiligkeit damit?» beantwortet werden; was aber ein Arbeiter in der Großstadt mit diesen Sittengesetzen anfangen soll, ist ganz und gar unbegreiflich. Schließlich gibt es ja einen Tiefstand der Lebenshaltung, wo alle moralischen Leitsätze einfach untergehn. Wer arbeitslos ist, von der Tuberkulose bedroht, verbittert, hungrig, in Asylen dahinlebt: der hat wenig Lust, sich mit dem Himmel zu trösten, mit dem ihm hier auch noch gedroht wird. In einem Zimmer, in dem Mann, Frau, sechs Kinder und ein Schlafbursche liegen, wird das Sakrament der Ehe reichlich fadenscheinig.

Man rühmt an der Kirche die Folgerichtigkeit ihres Denkens, ihre Logik und die gut gemauerte Basis des großen Gebäudes. Sicherlich, es ist imposant — aber wenn man in den Keller geht und sich einmal die Fundamente ansieht . . .

Man muß die Anfänge des Katholizismus kennen, um ihn ganz zu verstehn. Da wäre zum Beispiel Tertullian. Damals bauten sie noch an den Fundamenten; man kann den Plan eines Gebäudes besser übersehen, wenn der Bau noch nicht vollendet ist und offen liegt.

Da war also bei den römischen Truppen Kaiserbesuch angesagt. Man kennt die ewige Melodie der Weltgeschichte: erst Hofhunde züchten, dann sie fürchten und ihnen dann gut zu fressen geben, damit sie jene beißen, die auch Futter haben wollen. Das ist immer so gewesen — ob das nun Hitler-Trupps sind oder reguläre Heere. Der römische Kaiser also hatte die Truppe antreten lassen: er wollte eine feierliche donatio vornehmen, die Herren Soldaten Mann für Mann beschenken, denn dergleichen ist gut für den Patriotismus. Die Soldaten hatten sich herausgeputzt; sie trugen Lorbeerkränze, was ungefähr den frühern Helmpuscheln entspricht ... und da standen sie. Einer aber, erzählt Tertullian, trug keinen Kranz. «Warum trägst du keinen Kranz?» fragte der Centurio. «Ich trage keinen Kranz», sagte der Soldat, «weil ich ein Christ bin.» — «Und?» — «Ein Christ darf keinen Kranz tragen.» Dann wird es wahrscheinlich das übliche Hin und Her gegeben haben: «Ich gebe Ihnen den dienstlichen Befehl —», und das arme uniformierte Luder, das zwischen zwei fixen Ideen, der des Patriotismus und der des Christentums, hin und her schwankte wie Bileams Esel, verweigerte den Gehorsam. Man mußte ihn fortschaffen, und was dann weiter aus ihm geworden ist, weiß man nicht.

Warum aber hatte er sich geweigert, einen Kranz aufzusetzen?

Die junge Sekte der Christen hatte zwei Wege zur Auswahl: alle heidnischen religiösen Gebräuche mitzumachen, die nicht unmittelbar auf Götterverehrung abzielten, oder aber alles zu verpönen, was überhaupt nach heidnischer Religion aussah — liberal zu sein oder orthodox. Sie schwankte. Tertullian, der in seinem Leben in manchen Lagern gestanden hat, lobt den Soldaten, dessen kleine Geschichte er in der Schrift ‹*Vom Kranze des Soldaten*› erzählt. Es ist sehr lehrreich, zu sehn, wie er das macht.

Er lobt ihn nicht nur für sein frommes Verhalten, er beweist auch, warum der Soldat recht hatte. Er beweist es, aber so viel Anführungsstriche gibt es gar nicht, wie man um dieses ‹beweist› herumsetzen müßte. Er macht das so:

«Welches ist nun der Nutzen, den man von den Blumen hat? Entweder der Geruch, lautet die Antwort, oder ihr Anblick oder beides zugleich. Welches sind nun die für das Anblicken und das Riechen bestimmten Sinne? Ich denke doch, das Gesicht und der Geruch? Welchen Gliedern sind diese Sinnestätigkeiten zugewiesen? Den Augen und der Nase, wenn ich nicht irre. Mache also Gebrauch von den Blumen durch Gesicht und Geruch. Die Sache selbst ist dir von Gott übergeben worden, die Art der Verwendung von der Welt. Wiewohl auch die außergewöhnliche Art dem eigentlichen Gebrauch nicht widerstrebt, denn Blumen aneinandergereiht oder eingeflochten, an einem Faden oder an Binsen sollen dir dasselbe sein wie auch frei und ungeflochten, nämlich eine Sache zum Ansehen und um daran zu riechen. Den Kranz soll man höchstens für ein Bündel Blumen ansehen, die darum in einer Reihe aneinander gefaßt sind, um mehrere auf einmal tragen und mehrere zugleich genießen zu können. Stecke sie dir auch gar noch an den Busen, wenn das so sehr lieblich ist, streue sie dir aufs Bett, wenn es sich darauf so weich liegt, und stecke sie in den Trinkbecher, wenn das unschädlich ist. Bediene dich ihrer auf alle die

Arten, wie du sie sinnlich wahrnimmst. Aber auf dem Kopfe? Was hat man da für einen Genuß von der Blume? Was für eine Empfindung vom Kranze? Nichts als die Empfindung einer Fessel, weil man weder die schöne Farbe sieht noch den Duft einatmet, noch die Zartheit sich bemerklich macht. Blumen auf dem Kopfe haben wollen ist ebensosehr gegen die Natur als eine Speise mittels des Ohres, einen Schall mittels der Nase zu ergreifen. Alles aber, was widernatürlich ist, verdient das Brandmal der Ungeheuerlichkeit, bei uns aber auch noch den Titel eines Sacrilegiums gegen Gott, welcher der Herr und Urheber der Natur ist.»

Von dieser sophistischen Albernheit bis zur letzten Encyklika ist nur ein Schritt — sie sind beide derselben Technik entsprossen.

Die Kirche beweist alles, was sie anordnet, mit der schärfsten Logik, es stimmt scheinbar alles, Schritt für Schritt, Stufe für Stufe — und wenn sie am Ende der Kette angekommen ist, dann macht sie einen kleinen Hopser, der Denker beginnt zu fliegen und entschwindet den erstaunten Augen im Himmelblau. Er zieht sich nämlich auf den göttlichen Willen zurück, den er ja kennt: der liebe Gott hat ihm den unzweideutig mitgeteilt, und hier hört jede Diskussion auf.

Die Natur will es so! Gott will es so! Der göttliche Wille hat es also verordnet!

Kränze dürfen nicht auf den Kopf gesetzt werden. Kinder muß man austragen. Eine Ehe ist unlöslich.

Natürlich steht nirgendwo in der Kirchendogmatik, daß das sophistische Kunststückchen des Kirchenvaters Tertullian geglaubt werden müsse — das weiß ich wohl. Es ist nur so ein schönes Beispiel, wie es gemacht wird, wie dort gedacht und wie mit einer Scheinlogik die Berechtigung der Kirchengesetze bewiesen wird. Bewiesen —? Man kann alles beweisen.

Diese Apologetik gleicht den Plädoyers geschickter Rechtsanwälte. Hört man in einem Zivilprozeß nacheinander die wortgewandten Advokaten beider Parteien, so begriffe man den Richter gut, der nach jeder Beweisführung sagen könnte: «Die eine Partei hat recht. Und die andre Partei hat auch recht.» Sie haben ja alle so recht ... Solche Beweise sind das.

Kinder dürfen nicht abgetrieben werden. Die Ehe ist unlöslich. Wo steht das? Wir alle weisen, wenn wir gar nicht mehr weiter wissen, auf sittliche Gesetze hin, die nicht mehr auf andre zurückführbar sind. Sie besagen im Grunde gar nichts: sie zeigen nur unser Gefühl an und die Richtung unsres Willens. Nun, dieser Wille, der hier geäußert wird, ist sozial höchst verderblich und abzulehnen — und nur darauf kommt es an.

Ich habe manche Bedenken gegen die Freidenker geäußert; im Augenblick aber, wo es um den politischen Kampf geht, wird man mich immer an ihrer Seite finden, wenn auch ihre Begründungen, die sie sich und andern geben, manchmal reichlich simpel sind. Aber ihr Ziel ist gut, und das Ziel der Kirche, wie es sich in dieser Encyklika offenbart, ist es mitnichten.

Eine Proletarierfrau zur Brutmaschine zu machen, ist eine Roheit – dazu brauchen wir gar nicht erst den lieben Gott zu bemühen. Diese scheinbar sittliche, in Wahrheit aber tief unsittliche Forderung so zu umkleiden, daß man bei dieser Gelegenheit die Reichen sanft auffordert, sie möchten doch etwas für die Armen tun, ist Bilderbuchethik. Die Reichen werden, wenns gut geht, beten und den Armen etwas husten. Inzwischen wimmelt das in den Slums aller Länder, die Knie der glücklichen Mütter werden von Geschöpfen umspielt, die später in den Kohlenbergwerken oder in den Ackergräben für den Profit der andern verrecken dürfen ... aber: es ist nicht abgetrieben worden. Der Kranz, der Kranz ist gerettet.

Wo steht geschrieben, daß das so sein muß?

Fassungslos das Erstaunen der Katholiken, daß jemand außerhalb ihrer Welt leben kann und gut dabei gedeiht. Rührend oder dreist – man darf sich das aussuchen – ihre Erwartung, man habe nur bei ihren Grundsätzen anzufangen, mit ihren Voraussetzungen, mit ihren sittlichen Forderungen. Die mögen gut sein, für sie. Für uns andre sind sie es nicht. Hier gibt es keinen Pakt, wenn es an das Soziale geht; fast alles, was die Kirche hier predigt, ist zu bekämpfen.

Wer hat angefangen, die Geschlechtskrankheiten aus ihrem ungeheuer gefährlichen Dunkel herauszureißen, in dem die Gonokokken gar prächtig gedeihn? Das bißchen Aufklärung, das heute getrieben wird, ist gegen den Widerstand der Kirche durchgesetzt worden. Wer hat angefangen, die Proletarierfrauen über Konzeptionsverhütung zu unterrichten? Die Kirche? Sie ist für das Karnickelsystem – von ihr aus zwei Junge pro Jahr; wofür hätten die Frauen denn den Uterus! Und das geht nun alles munter durcheinander: mal will es die Natur so, und mal «ist doch der Mensch kein Tier», sondern zu höhern Zwecken geboren – alles, wie man es gebrauchen kann.

Kampf? Soweit sich die Kirche in die Politik einmischt: schärfster Kampf. Im übrigen: schweigen und vorübergehn. Es ist auch ganz falsch, hier Milde walten zu lassen, weil man sich davon vielleicht taktische Erfolge verspricht. Die Kirche und ihre politischen Parteien, sie werden nie etwas andres tun als das, was diesem Verein nützt. Zwei Einwände sind abzutun: man dürfe doch die Gefühle der andern nicht verletzen, und man treibe so das Zentrum dem Faschismus in die Arme. Da liegt es schon, trotz allem. Und wenn einige Maulhelden der Hitler-Garden nicht so unsäglich ungebildet und töricht wären: sie hätten schon längst davon abgelassen, das Zentrum durch die Ablehnung Roms, durch einen etwas schüchternen Wotankult und durch Jesuitenriecherei zu ärgern. Hitler gibt es auch billiger. Und das Ding möchte ich einmal sehen, das die Kirche nicht segnete, wenn sich das für sie lohnt.

Und heilig ist es ihnen, was wir da ablehnen? Es ist ihnen heilig, sieh mal an. Aber was uns heilig ist: wer kümmert sich denn darum? Wer schützt unsre Gefühle? unsern Glauben an den Sozialismus? unsre Ziele, die man nicht gut samt und sonders als unethisch ansprechen kann? Uns verletzt es zum Beispiel, einen Geistlichen Fahnen einsegnen zu sehn, die über Staatsmorden im Winde wehn, aber niemand nimmt auf unsre Gefühle Rücksicht. Wir benehmen uns aus Gründen des Geschmacks in den Kirchen anständig – man kann nicht sagen, daß sich die Katholiken in den Bezirken des Geistes ebenso anständig benehmen.

Wir wollen nichts bewiesen haben: nichts von den Kränzen, nichts vom göttlichen Zorn wider die Abtreibung, nichts über das Sakrament der Ehe. Ich kann nichts für das leichte Unbehagen, das religionslos lebende Juden ergreift, wenn von diesen Dingen die Rede ist. Das Getto regt sich, ungezählte Rücken der Vorfahren haben sich gekrümmt, nun kitzelt es die Nachfahren, denn sie erwarten einen Fußtritt. Die Katholiken sind heute nicht mehr stramm antisemitisch; sie wissen: von dieser Seite droht ihnen keine Gefahr. Und in Deutschland am allerwenigsten. «Er war nicht nur Deutscher», sagte Börne von einem, «er war auch Jude, also ein Hase mit acht Füßen.»

Wir wollen nichts bewiesen haben. Die Ehe ist uns kein Sakrament, Kinder im Mutterleibe soll man beseitigen, wenn die medizinische oder die soziale Indikation das erfordert, oder sie gar nicht erst entstehen lassen, und ich wünschte, die Töchter der Arbeiter wären frei und könnten sich Blumen ins Haar winden: frei von Kirche und wirtschaftlicher Sklaverei. Frei auch von kommunistischer Theologie, die drauf und dran ist, den Sinn ihrer Anhänger erst so zu erweitern und dann so zu verengen, wie es die katholische mit ihren Leuten schon getan hat.

DER VERSPIELTE MANN

Man sagt immer, Frauen seien so unlogisch. Das ist gar nicht wahr. Die einzig wirklich logischen Wesen, die es gibt, sind die Frauen– sie sind so ernst. Sie haben freilich eine ihnen eigene Logik – aber sie nehmen alles ernst, sogar den Mann. Wenn der ganz dumm ist, tut er das auch; der Rest ist verschämt verspielt. Er traut sich nur nicht damit heraus.

Es gibt wohl keinen verständigen Herrn, der nicht ganz und gar unverständige Riten hätte: wenn er sich rasiert; wenn er die Pfeife stopft; wenn er Manschettenknöpfe ins Hemd zieht ... vom Bad zu schweigen. Es ist wie eine ausgleichende Ausspannung — je ernster und aufreibender der Tageslauf, desto verspielter die kleinen Riten seiner Alltagsgebräuche.

Der männlichen Riten gibt es mehrere Arten — man muß sie nicht ‹Angewohnheiten› nennen, dazu ist die Sache zu ernst...

Man lese die Werke Lévy-Bruhls über die Seele der Primitiven, und man versteht diese Riten mühelos: jene, die den Menschen und die Dinge in ein absonderliches, mit der rationalen Vernunft nicht zu fassendes Verhältnis setzen. Streichholzschachteln *müssen* längs auf dem Nachttisch stehen — quer dürfen sie das nicht, dann gibt es ... wie? Ein Unglück? Nein, ein Unglück eigentlich nicht; mit ‹Aberglauben› soll man dem Herrn Mann nicht kommen. Er ist nicht abergläubisch. Aber die Streichholzschachteln müssen längs stehen. Weil sie immer längs gestanden haben. Oder doch in jenem glücklichen Jahr, als die Abschlüsse so gut waren. Hier verheddern sich die Gedanken ... und nun stehen die Schachteln längs. Das muß so sein.

Beim Rasieren muß erst der Pinsel abgewaschen werden, und dann darf der Apparat gesäubert werden. Kehrt man diese Reihenfolge um, dann ... man kann sie nicht umkehren. Man darf sie nicht umkehren. Das ist unmöglich. Sehr gut ist es auch, wenn man mit dem Rasierapparat einmal kurz an die Schachtel klopft, in der er wohnt. Das weckt den Geist, der ... nein, natürlich wohnt da kein Geist, was sind denn das für Dummheiten! Aber gut ist es doch, auf alle Fälle.

Und was manche Männer treiben, wenn sie sich anziehen ... ich habe mir von Damen, die es wissen müssen, sagen lassen: das wäre unbeschreiblich. Daher kann ichs nicht beschreiben. Das soll ja ganz toll sein. Warum ist das alles so —?

Weil sie uns nicht lange genug mit unserer Eisenbahn haben spielen lassen.

Da haben wir Griechisch lernen müssen (leider nicht genug) und Geschichtszahlen (leider zu viele) — und die Eisenbahn stand in der großen Pappschachtel und langweilte sich, und nun tragen wir zeit unseres Lebens die Sehnsucht mit uns herum, uns einmal richtig auszuspielen — und nun müssen wir uns mit Grammophonen trösten, mit Radiobasteln, mit den Brückenbaukästen unserer Neffen und, wenn wir Glück haben, mit der Organisation einer Kommunalbehörde. Es ist ein Jammer.

«Im Manne ist ein Kind versteckt, das will spielen...», sagte Nietzsche. «Kinder hab ich alleine», sagte Lottchen, als ich ihr das Zitat vorhielt.

Männer können auch ein Spiel spielen: ‹Ernst des Lebens› heißt das. Das muß man gesehen haben! Haben Sie das mal gesehen?

Im Kriege regierten mich einst zwei Hauptleute; beide waren im

Zivilberuf, den sie halb vergessen hatten, Baumeister, aber nun waren sie Hauptleute, und was für welche! Sie machten sich die Kompetenzen strittig, sie zankten sich den lieben langen Tag miteinander, und eines Tages schlossen sie Frieden, und ich war dabei. Sie gingen aufeinander zu wie zwei große Berberlöwen, hoch aufgerichtet, feierlich brummend, sie schüttelten die Mähnen, und es war ein schier majestätischer Anblick. Hätte ihnen in diesem Augenblick einer gesagt: «Aber meine Herren ... so wichtig ist euer Kram ja gar nicht ...», sie hätten ihm das Gesicht zerkratzt, etwa wie ein kleiner Junge, dem ein böses Dienstmädchen plötzlich sagt: «Dein Helm ist ja aus Papier!» Und an diese beiden löwischen Hauptleute muß ich oft denken, wenn ich ernste Männer in ernster Berufsarbeit ernst spielen sehe. Aber ich sags ihnen nicht, denn ich mag mir nicht das Gesicht zerkratzen lassen.

Wieviel Spiel ist im männlichen Ernst! wieviel Pose! wieviel Spiegel! So ernst aber wie eine Frau zum Beispiel ihre Arbeit nimmt — so ernst können wir Männer sie gar nicht nehmen. Das ist schade.

Und alles das darf man gar nicht sagen — es macht furchtbar suspekt. Man muß dran glauben. Man darf nicht spielen. Man muß den Ernst des Lebens hochhalten ... bei Brille und Bart! Mancher lernts nie. Mensch, lach nicht — es gibt so wenig Leute, die dein Lachen ernst nehmen! Sie wollen etwas Ernstes haben, etwas, woran sie sich festhalten können. Und nicht mal dieser Artikel scheint ernst zu sein ... Und so beschließe ich ihn denn mit den fingierten ‹letzten Worten› des sechzigjährigen Franz Blei, die er sich notiert hat, um sie bei seinem Tode zu notieren:

«Ich nehme alles zurück.»

VERLAGSKATALOGE

Verlagskataloge —? Was ist das —? Das gibts wohl gar nicht mehr? Früher ...

Da liegen nun auf meinem Nachttisch die alten sorgfältigen und vollständigen Kataloge von Georg Müller, von Piper, von S. Fischer, vom Insel-Verlag ... viel Arbeit und Mühe, viel Kosten und Papier sind auf diese Kataloge verwandt worden ... und es hat sich auch gelohnt. Denn der Käufer trat in eine enge Beziehung zum Verlag, er kam ihm näher; er las diese Verzeichnisse wie eine Liste guter alter Bekannter ... aha! das ist jene Ausgabe und: schau an! die ist nun auch vergriffen, aber ich habe sie noch ... und das da, das sollten sie mal wieder neu auflegen ... und so fort. Und er sah noch etwas.

Er sah das Gesicht des Verlages.

Denn es hat einmal im deutschen Verlagsbuchhandel eine Zeit gegeben, wo man bei einer Neuerscheinung ziemlich genau hätte angeben können: Das kann nur bei X. erschienen sein. Dann gab es eine Zeit, in der man sagen konnte: Bei Y. kann das nicht herausgekommen sein ... und heute weiß man gar nichts mehr. Jedes kann so ziemlich bei jedem erschienen sein, und man kann sie fast allesamt untereinander austauschen. Sie sollten sich fusionieren. Und die richtigen Verlagskataloge haben sie auch nicht mehr.

Ausnahmen zugegeben. Die Insel ... Fischer ... aber das ist alles nicht vollständig genug, und man hätte doch alle paar Jahre gern eine ganz genaue Liste dessen, was die großen Verlage während ihres Bestehens gemacht haben. Es ist auch bibliographisch nicht in Ordnung; statt einer guten Liste alter vergriffner Bände drucken sie da diese dummen Zeitungsurteile über ihre Bücher ab («Rein kulturhistoriographisch ist hier eine glänzende Arbeit fabelhaft gemacht. Auch vom menschlichen Standpunkt ...»). Schade.

Freilich, bei manchen Verlagen würde sich, machten sie solche Kataloge, etwas Erschreckendes zeigen. Es zeigte sich dann nämlich, daß der Herr Verleger von Neuigkeit zu Neuigkeit getaumelt ist, von Konjunktur zu Konjunktur, von Tierbüchern zu Kriegsbüchern, von o Mensch zur neuen Sachlichkeit, von Turksib zur neuen Romantik ... solch ein Verlagskatalog kann eine Aufdeckung sein und eine Blamage.

Sie hegen und pflegen nicht, was sie machen. Die Folgen sind betrüblicher Natur.

Keine Kontinuität mehr, nur Literaturbörse; wenig Verlagsgesichter, aber viel Fratzen; keine Treue des Käufers, keine des Verlegers – nichts. Woher sollte das alles auch kommen? Wenn die Kaufleute doch endlich lernen wollten, daß das, was alle zugleich machen, keinem mehr zugute kommt; sie könnten sich die Ausgaben sparen. Wenn alle Umschläge bunt brüllen, hört man zum Schluß gar nichts mehr. Wenn alle ihre Bücher in den drei Monaten vor Weihnachten herausbringen, verstopfen sie den eignen Markt, machen den Käufer kopfscheu und haben also falsch spekuliert. Es ist, im wahrsten Sinne des Wortes, ein Affentheater.

Und warum ist das? Weil in die Breslauer der falsche Amerikanismus gefahren ist, zu dem in diesem Lande, bei dieser geschwächten Kaufkraft, auch nicht der leiseste Grund vorliegt. Es ist alles nicht wahr, euer Getue nicht und eure Eile nicht und nichts. Ihr seid in Wahrheit faul.

Es ist nämlich viel mühseliger, Steinchen auf Steinchen einer Tradition aufzubauen, als auf einen ‹Schlager› zu spekulieren, der dann die ganze Saison herausreißen soll. Und nach zwei Jahren kennt ihr euer eignes Genie nicht mehr. Es ist schwerer, sich einen Stamm von Autoren und von Lesern bestimmter Geistesart und einheitlicher Denkfärbung heranzuziehen als im Literatur-Bac zu setzen, und doch: es lohnt. Natürlich gäbe es dabei Rückschläge, Enttäuschungen ...

zum Schluß aber stände ein Gebäude da und nicht einer von diesen Zeitungskiosken, an denen die Schlagzeilen kreischen.

In der Fachliteratur ist das ja wohl anders.

In der sogenannten schönen Literatur aber, die diesen Beinamen heute weniger verdient denn je, ist es mit der Kontinuität traurig bestellt. Es gibt kaum noch große und echte Verlagskataloge. Und so kaufen die Leute keine Verlagswerke mehr, sondern nur noch Novitäten, und so hält sich jedes dieser sinnlos herausgeschleuderten Bücher allerhöchstens ein Jahr ... und den Schaden tragen die Autoren und die amerikanischen Verleger aus Beuthen. Sie haben so wenig Verlagskataloge. Weil sie so wenig Verlage haben.

JOEBBELS

Wat wärst du ohne deine Möbelpacker!
Die stehn, bezahlt un treu, so um dir rum.
Dahinter du: een arma Lauseknacker,
een Baritong fort Jachtenpublikum.
 Die Weiber — hach — die bibbern dir entjejen
 un möchten sich am liebsten uffn Boden lejen!
 Du machst un tust und jippst da an ...
  Josef, du bist 'n kleener Mann.

Mit dein Klumpfuß — seh mal, bein andern
da sacht ick nischt; det kann ja jeda ham.
Du wißt als Recke durch de Jejend wandern
un paßt in keen Schützenjrahm?
 In Sportpalast sowie in deine Presse,
 da haste eine mächtich jroße Fresse.
 Riskierst du wat? — De Schnauze vornean.
  Josef, du bist 'n kleener Mann.

Du bist mit irgendwat zu kurz gekomm.
Nu rächste dir, nu lechste los.
Dir hamm se woll zu früh aus Nest jenomm!
Du bist keen Heros, det markierste bloß.
 Du hast 'n Buckel, Mensch — du bist nich richtich!
 Du bist bloß laut — sonst biste jahnich wichtig!
 Keen Schütze — een Porzellanzerschmeißer,
 keen Führer biste — bloß 'n Reißer,
  Josef,
   du bist een jroßer Mann —!

AUF DEM NACHTTISCH

Obenauf ein schmales Bändchen: Das Reclambändchen Nr. 7003 – *‹Eine Bibliothek der Weltliteratur›* von Hermann Hesse. Das ist eine vorbildliche kleine Literaturgeschichte.

Ich halte Hesse für einen Schriftsteller, dessen Qualitäten als Essayist weitaus größer sind als seine dichterischen Eigenschaften. In seinen Dichtungen ist er entweder weitschweifig, zokkersüß, wenn es auch wirklicher, guter Kristallzucker ist und keine Melasse, manchmal wäich und dann wieder säuerlich. Seine Buchkritiken dagegen haben zur Zeit in Deutschland kein Gegenstück; seit Josef Hofmiller unter die Nationalisten gefallen ist, erst recht nicht. Aus jeder Buchkritik Hesses kann man etwas lernen, sehr viel sogar. Und wie diese kleine Anweisung, sich eine Bibliothek zusammenzustellen, gemacht ist, das ist nun zum Entzücken gar. Sie ist ganz subjektiv, und nur so ist auf diesem ungeheuern Gebiet so etwas wie Sachlichkeit zu erzielen. Wer sich nach diesem Bändchen richtet –: der tut wohl daran. Es steht wolkenkratzerhoch über den gangbaren Literaturgeschichten.

Was die Leute nur mit diesen dicken Wälzern haben ...! Es gibt doch keinen Menschen, der über alles gleichmäßig Bescheid weiß; es kann also, wer eine Literaturgeschichte verfaßt, bestenfalls eine saubere Bibliographie geben, um grade solch eine Literaturgeschichte, die mich vor allem einmal klar und sorgfältig und ohne Schmus über Tatsachen unterrichtet, von denen ich etwas wissen möchte –: die kenne ich nicht. Ich kenne anständige, wie die von Wiegler, ich kenne Scheul und Greul wie die von Bartels, der außerdem noch ein Schludrian ist; den hausbacknen und dumm-dreisten Eduard Engel, den lächerlichen Soergel ... Es gibt da eine sehr einfache Art, Stichproben zu machen.

Man suche sich in solchen Literaturgeschichten jene Dichter, die man liebt und wirklich kennt. Da wird man sein hellblaues Wunder erleben. Meist auch nicht der Schimmer einer Idee – sie lieben sie nicht, sie hassen sie nicht, und sie geben nicht einmal eine ganz und gar vollständige Bibliographie. Was soll das also alles –?

Das soll den Bildungsfimmel des deutschen Durchschnitts-Lesers befriedigen. Diese Brillenkerle lesen viel lieber etwas über einen Dichter, als etwas von einem Dichter; der Konsum in Literaturgeschichten ist ungeheuer. Es muß wohl so sein, daß sogar den Lebenden dieser Ausblick auf eine imaginäre Unsterblichkeit imponiert; wie wäre es sonst zu erklären, daß eine Reihe Schriftsteller, darunter achtbare Männer, diesem leeren und kindischen Albert Soergel, der nie gewußt hat, wo der Gott der Dichtung wohnt, eine Festschrift zum Geburtstag überreicht haben? Wahrscheinlich zu seinem 150. Geburtstag, nach seiner Literaturgeschichte zu schließen, in der die Dichter nach völlig wahnwitzigen Kategorien antreten müssen: «Seele als Ausdruck –

Wiener Halbexpressionismus — Angstträumer und Gottsucher — Einzelgänger ...» Kurz und gut: Kauft euch für die paar Pfennig das Bändchen Hesses, und ihr werdet gut bedient sein. Wer das wirklich gelesen hat, was er dort fordert —: der hat etwas hinter sich gebracht.

Zu den standard-works solch einer gut angelegten und planmäßig gesammelten Bibliothek gehört natürlich Stendhal. Ich habe neulich nach langer Jagd eine gute Ausgabe des nachgelassenen ‹*Lucien Leuwen*› erlegt (Paris, Ausgabe: Le Divan Paris 37 rue Bonaparte — nicht sehr teuer). Es sind drei kleine Bände, wunderhübsch gedruckt, mit winzigen roten Vignetten.

Bei uns steht bei jedem Fliegenhusten von Buch vorn auf dem Titel: «Roman». Hier steht das Wort nicht — aber das ist ein Roman. Das ist einer.

Ich lasse bei dieser Betrachtung alles Dichterische beiseite, soweit das möglich ist, und die lange Liebesgeschichte in Nancy schenke ich euch. Aber das, was die Kritiker heute mit vollem Maul das ‹Soziologische› nennen ...! Wie das bei Stendhal quillt und blüht; wie sich die Einzelheiten nicht jagen, sondern unaufdringlich eine nach der andern hervorkommen; wie der Dichter über dieses ungeheure Material der Louis-Philippe-Gesellschaft gebietet, wie scheinbar mühelos das ist — das hat ein Herr geschrieben. Manchmal stehen da noch Randnoten, denn der Roman ist nie vollendet worden, manche Partien sind gar nicht zu Ende gearbeitet, und in diesen Randnoten finden sich die hübschesten Dinge. Wann Herr Beyle grade Kopfschmerzen gehabt hat, und daß es an diesem Arbeitstage heiß gewesen sei, und daß jenes Kapitel noch mal geschrieben werden müsse — und dies Uniformdetail stimme nicht, man wird sich erkundigen müssen, und diese Entgegnung Leuwens sei ja sehr hart, aber ... Was sieht man daraus?

Daß ‹Roman› ein Ehrentitel ist, der nur einem wirklichen Weltausschnitt zukommt — und daß diese Weltausschnitte nicht hingeschrieben werden können, wie sich das so viele Schriftsteller denken, von den schreibenden Frauen schon gar nicht zu sprechen, sondern daß man sich dergleichen erarbeiten muß, neben allem andern. Dies hier ist gearbeitet. Wer lernen kann und lernen will, der lerne.

Begeben wir uns an die kurze Form.

Kurze Form: O. Henry ‹*Bluff*› (bei Gustav Kiepenheuer in Berlin erschienen). Manchmal kommen wirklich, wenn ich ein Buch hier besprochen habe, Anfragen an den Verlag, wo man das wohl bekommen könnte. Im Schlächterladen, meine Lieben. Wohnt ihr auf dem Lande, dann schreibt an die nächste große Buchhandlung — und wohnt ihr in der Stadt, dann dürft ihr euch doch wirklich nicht davon abschrecken lassen, daß der Sortimenter das Buch nicht vorrätig hat. Das kann man von keinem verlangen — ein so großes Lager gibt es nicht. Man muß den Sortimentern, gegen die ich mancherlei auf dem Herzen habe, das

Leben nicht noch schwerer machen, als sie sichs schon gemacht haben. Dies nebenbei.

Die Geschichten Henrys, neben dem Australier Bret Harte einer der besten Leute für amerikanische Kurz-Geschichten, sind eine wahre Freude. Wie das gebaut ist —! Wie das sitzt —! Fast jede Geschichte hat einen kleinen Dreh, einen Trick, eine Überraschung . . . eine kann man sogar öfter lesen; sie heißt ‹*Die Straße, die wir wählen*›. Das rührt nun schon an ernste Literatur. Ganz wundervoll. Henry hat viel Witz, viel Ironie. «Und Mama und Papa waren in die Metropolitan gegangen, um de Reszke zu hören. Wenn der Verfasser klug gewesen wäre, hätte ers auf den Fahnen in Caruso umgeändert. Aber das ist nicht meine Schuld. Es zeigt bloß, wie lange sich diese Geschichte in den Redaktionen herumgetrieben hat.» Oder: «Zwei Monate lang lungerte Colloway in Yokohama und Tokio herum und würfelte mit den andern Korrespondenten um Gläschen Rikshas — nein, das ist etwas, worin man fährt . . .» Und so. Es muß eine Rasseeigentümlichkeit sein: bei uns gedeiht das nicht. In den Zeitungen und Magazinen wimmelt eine Sorte herum, die ahmt den Ton der englischen Kurzgeschichte nach, ganz genau, wie jene sich räuspern und wie sie spucken, besonders dies — aber in den Geschichten steht nichts drin. Die allerarmseligsten Einfälle, über fünf Spalten weg . . . diese Knaben sollten bei Hebel anfangen.

Wie Henry übersetzt ist, weiß ich nicht, denn ich kenne das amerikanische Original nicht. Klingen tuts nicht schön. Der Übersetzer, Paul Baudisch, hat sich da etwas zurechtgemacht, wenn er Slang übersetzt . . . das ist recht scheußlich. Es wimmelt von Apostrophs, und wenn doch diese Gilde endlich einmal lernen wollte, daß die kleinen Hauptsätze, mit denen der Angelsachse die Hauptsache einleitet, mit Adverbien zu übersetzen sind! «I guess» heißt mitnichten «Schätze . . .» — das ist Quatsch. So sprachen die alten Trapper aus unsern Indianergeschichten: «Schätze, der Mustang ist weggelaufen» . . . laßt doch das sein —! «I guess» heißt manchmal: ‹wahrscheinlich›, und manchmal ‹Wissen Sie› und manchmal ‹wohl› und meistens heißt es gar nichts. Merkwürdig, aus welchen Händen unsre Übersetzungen kommen!

Kleine Form: ‹*Quer durch*› von Ernst Toller. Reisebilder und Reden (erschienen bei Gustav Kiepenheuer in Berlin). Das ist ein sympathisches Buch. Amerika — Rußland — einige politische Reden . . . sehr lesenswert. Zu dem Schlachthaus-Kapitel kann ich nicht recht Ja sagen; ich habe einmal etwas Ähnliches gemacht und weiß, wie sehr man da, vom Blutgeruch umfangen, in der Gefahr ist, die Toller übrigens selbst charakterisiert: «Werden Sie nicht sentimental, Herr Toller!» Gewiß schlägt die Quantität des Blutes hier in die Qualität um, aber schließlich ist ja das Endresultat in jeder Dorf-Abdeckerei dasselbe. Im übrigen ist Toller so schön unbeeinflußt in den Ländern umhergegangen;

wieweit man Vorurteile mit auf Reisen nimmt und sie sich dann bestätigen läßt, steht dahin. Ich kenne beide, Rußland und Amerika, nicht und darf daher nur sehr vorsichtig mitsprechen. Immerhin machen alle Aufzeichnungen den Eindruck unbedingter Wahrhaftigkeit. Sie sind besonders für Rußland ohne die leiseste Prätention; Toller sagt nur: «Ich kam, ich sah, ich schrieb — hier habt ihrs.» Man liest es mit großem Interesse, zum Beispiel, wie ganz Moskau von ihm den Kopf abdreht, weil in der ‹*Prawda*› ein Aufsatz gegen ihn gestanden hatte: ein böses Symptom von moskauer Byzantinismus und geistiger Unselbständigkeit. Reizend eine kleine Stelle aus der amerikanischen Reise, steht auf einer Seite mit recht ominöser Nummer. «Die roten Lampen, die früher die Straßen der Prostituierten zierten, sind verschwunden; sie hängen jetzt hinten am Auto, sagt man in Amerika.» So ist das! Jetzt weiß ich Bescheid. Die meisten Amerikaner werden also in Autos gezeugt; daher das Tempo. Ich bin gegen den Fordschritt.

Ich habe eine stille Liebe zu Tollern. Der Mann hat das, was wir heute alle sagen, in jenen Jahren 1916 und 1917 gesagt, als das noch Kopf und Kragen kostete; er hat seine Gesinnung auch im Kriege entsprechend betätigt; er hat diese Gesinnung durchgehalten, mit der Tat und mit dem Wort, und er hat für diese seine Gesinnung bezahlt. Und das darf man nie vergessen.

Nicht zu lesen, nur zu besprechen ist: ‹*Das deutsche Offizierkorps*› von Karl Demeter, Archivrat am Reichsarchiv. Aus der Vorrede: «Ungeachtet der amtlichen Stellung des Bearbeiters hat das Reichsarchiv keinerlei irgendwie gearteten Einfluß auf dessen wissenschaftliche Freiheit ausgeübt.» Freiheit ist gut.

Die Tür zur Geschichte ist nicht von uns besetzt; da liegen die andern und fälschen uns um. Dieser hier lügt wenig — aber er verschweigt alles. Aber auch alles.

Sehn wir von der wildgewordenen Terminologie eines dilettantischen Soziologen ab: zu gebrauchen sind eigentlich nur die paar Kabinetts-Erlasse. Das Buch ist in einem Stil geschrieben . . . ach, was hat diese Soziologie angerichtet, die ja keine ist! «In jedem Falle entsteht dieses Solidaritätsgefühl teils durch objektive Gegebenheiten, teils durch bewußte subjektive Einwirkungen. Natürlich sind die beiden Momente, das statische und das dynamische, eng miteinander verflochten, ununterbrochen wird wechselseitig das eine aus dem andern erzeugt, und doch besteht jedes für sich als bestimmendes Agens für jenes soziologische Phänomen . . .» davon leben nun heute Hunderte von Menschen. Und es ist ein völlig inhaltloses Geschwätz; da steht immer einer vor seiner eignen Bildung stramm.

Nun, was also Demeter zu sagen weiß, ist nicht viel; was er aber alles nicht sagt: die grenzenlose Erbitterung der Vernünftigen gegen diese Offiziere; der Schaden, den sie im Ausland angerichtet haben;

die tiefe Kulturlosigkeit . . . kein Wort davon. Die schnöseligen Erben eines echten Preußentums kommen gut weg. Manches, wie die Mißhandlungen wehrloser Untergebner, die wilhelminischen Kinkerlitzchen auf dem Gebiet der Uniform: das wird sanft zugegeben, aber nur sehr zaghaft. Wichtig sind allein die Kabinetts-Erlasse, aus denen klar hervorgeht, was man ja gewußt hat: die deutsche Armee ist ein politisches, ein parteipolitisches Instrument gewesen. Selbstverständlich. Zum Glück waren die Herren für eine geschickte Propaganda zu dumm und zu ungebildet. Das hat sich gewandelt.

So, und nun möchte ich weniger den einzelnen Leser, als vor allem jenen aufmerksam machen, der für Bibliotheken und Schulen Bücher kaufen kann, und zwar möchte ich ihn auf die schönste Publikation dieser Art hinweisen, die ich jemals in deutscher Sprache zu sehen bekommen habe.

‹Gesellschaft und Wirtschaft›, ein bildstatistisches Elementarwerk, herausgegeben vom Bibliographischen Institut AG. in Leipzig. Wer Kinder zu unterrichten hat; wer Volkshochschulkurse leitet; wer eine Arbeiterbibliothek betreut—: der sollte sich dieses Werk nicht entgehen lassen. Das Gesellschafts- und Wirtschafts-Museum in Wien hat folgendes gemacht:

Jeder von uns kennt die Zeichnungen, die eine Statistik verbildlichen sollen: kleiner Mann links, das ist die deutsche Reichswehr, und großer Mann rechts, das sind die bösen Feinde — und dergleichen. Nur, leider: die Verhältnisse stimmen fast niemals, die Zeichner haben nach den ihnen übergebenen Zahlen abgeschätzt, um wieviel größer jener Export ist als dieser, und dann haben sie das so ungefähr dargestellt, praeter propter, wie der Berliner sagt. Diese Zeichnungen sind denn auch meistens nur ganz grobe Schemata, und das Auge sieht fast immer nur drei Größengrade: klein, größer, groß. Das wiener Museum nun stellt in diesem Atlas die Zahlenverhältnisse ganz anders dar. Es arbeitet mit kleinen Figuren, mit Männerchen und Körben und Zuckerhüten und Kartoffelsäcken, und es vergrößert nun die Figuren nicht, sondern setzt sie so oft nebeneinander, wie sie in den verschiedenen Gesamtsummen enthalten sind; zwanzig kleine schwarze Männerchen bedeuten also zum Beispiel zehn Millionen und zehn kleine Männerchen fünf Millionen. Das nimmt das Auge viel besser auf als die großen und kleinen Figuren, und so ergibt sich ein höchst lehrreiches Bilderbuch, dessen Tafeln uns auf einen einzigen Blick zeigen, was los ist.

Es sind 98 Tafeln, und man kann aus ihnen ablesen:

Bevölkerungsdichte zu vielen Zeiten und in vielen Ländern; Erdölwirtschaft der Erde; Statistik der Arbeitslosigkeit; Streiks; Vermögensverteilung im Deutschen Reich und so fort und so fort. Es ist das allerlehrreichste Konversationslexikon, das sich denken läßt — dazu sehr geschmackvoll gedruckt, in wunderhübschen Farben, und alles ist amüsant und tut dem Auge wohl. Wer da weiß, worüber Leute so diskutieren, ohne auch nur im Besitz der allereinfachsten Zahlenangaben zu sein, der wird diesen Atlas gern zur Hand nehmen. Volksbibliotheken und Bildungsanstalten sollten ihn unbedingt besitzen. Statistik verflacht ja vieles, und ein bißchen mißtrauisch darf man bleiben, nicht gegen die Verfertiger des Atlas, die ihre Quellen sauber angeben, sondern gegen die Statistik selbst, diese süße Form der Lüge. Manche Blätter darf man auch kritisch lesen: so ist zum Beispiel die Wohndichte in den Großstädten so berechnet, daß die Straßen in die Fläche miteingerechnet sind, wodurch das Bild nicht ganz klar wird, und bei der Darstellung der Rüstungen kommt Deutschland unverhältnismäßig gut fort. Aber das sind kleine Schönheitsfehler — der Atlas ist ein Meisterwerk pädagogischer Statistik.

Beschließen wir unsre heutige Bücherpredigt mit ‹*Un mois chez les filles*› von Maryse Choisy (Éditions Montaigne, Paris, 13 Quai de Conti, Fernand Aubier). Es muß eine deutsche Ausgabe vorhanden sein — ich kenne sie aber nicht.

Tatbestand: Die Chiromantin des ‹*Intransigeant*› ist in die Puffs gegangen. Erschrecken Sie nicht: nur der Wissenschaft halber. Und das hat sie so gemacht, daß sie sich dort als ‹sous-maîtresse› verdungen hat ... das ist also so ein Zwischending zwischen Aufseherin und Dienstmädchen. Das könnte doch nun sehr gut sein; schade, daß E. E. Kisch nicht ... aber man soll nichts verschwören. Leider ist das Buch ein großer Schmarrn.

An Ehrlichkeit des Vokabulariums läßt es nichts zu wünschen übrig. Die Verfasserin — o Diotima! — sagt rechtens so: «Nichts ist mir so widerwärtig als: kleine Ferkeleien im Stil von Anatole France zu formulieren. Ich schreibe, ohne Zögern: merde, cul, sexe. Das sind klare Wörter, denen man den Vorzug geben soll, frei, mutig, — Wörter, die ein Bild wiedergeben, eben weil sie wenig gebräuchlich sind» (sie meint: im Schrift-Französisch). «Aber drucken zu lassen: ‹Er vergnügte sich mit diesen winzigen, durchaus nicht unschuldigen Kleinigkeiten, mit denen ein Mann seine Frau zu befriedigen sucht›, scheint mir feige Pornographie zu sein.» In Ordnung.

Was dann kommt, ist weniger in Ordnung.

So schön kann Frau Choisy gar nicht sein, als daß sie sich nun immerzu mit dem dreifach gedoppelten Ausruf: «Ich aber bin eine anständige Frau» zwischen uns und die Huren drängt. Was sind das für Mätzchen? Was das für welche sind? Kleinbürgerliche, wie sich aus ihren gradezu monströsen Anschauungen über die Prostitution ergibt. Eine Närrin, die nicht über ihr Arrondissement denken kann. Ich weiß schon: das sei der unbeirrbare Rationalismus der Franzosen. An den glaube ich — aber die Sache hat ihre Grenzen. Wirtschaftslagen sind nicht ewig, wie diese Bürger und Bürgerinnen glauben. Das ist nichtsnutzig, und es ist wertlos, so zu denken.

Dagegen sind Einzelheiten sehr gut, weil sie offenbar wahr sind. Der Kerl, der sich ins Bordell einen Koffer mitbringt und sich dort in ein altes Brautkleid hüllt, ist ein schönes Exemplar aus einer Psychopathia sexualis, ein melancholisch-irrsinniges — das lohnt zu lesen. Und jene, die herunterkommt und Krach macht, weil ein englischer Kunde immer seine Zigarre raucht, wenn er sie liebt, und dann jene — das muß ich im Original hersetzen: Man kann es sehr gut übersetzen; aber man kann es nicht gut übersetzen.

Also: Es ist Sonnabend abend, das ganze Haus ist voll, Julie kommt von oben heruntergedonnert. «Was ist?» — «Ach, ach . . .!» — «Na? Was ist los? Krank?» — «Ach, wenn es das wäre!» — «Also? Hat er nicht gezahlt?» — «Ach, wenn es bloß das wäre — Noch viel schlimmer — noch viel schlimmer!» — «Erzähl! Erzähl schnell! Los!»

— «Un michet (ein Kavalier) . . . Je ne sais comment il s'y est pris. J'ai eu beau résister. Mais ce sacré cochon est parvenu à me faire jouir. C'est la première fois que ça m'arrive. Jamais je n'oserai regarder mon ami en face ce soir.»

Das ist nicht zu überbieten. An keiner andern Stelle dieser amüsanten und unzulänglichen Berichte kommt so klar heraus, was im tiefsten Grunde der französischen Prostitution steckt: die Bäuerin. Die Kleinbürgerin. Die rationale Frau.

KLEINE BITTE

Wenn einer und er entleiht ein Buch von einer Bibliothek, sagen wir den Marx: Was will er dann lesen? Dann will er den Marx lesen. Wen aber will er mitnichten lesen? Den Herrn Posauke will er mitnichten lesen. Was aber hat der Herr Posauke getan? Der Herr Posauke hat das Buch vollgemalt. Pfui!

Ob man seine eigenen Bücher vollschreiben soll, ist eine andere Frage. (Vgl. hierzu: ‹Über das Vollschreiben von Büchern, Buchrändern sowie buchähnlichen Gegenständen›; Inaugural-Dissertation von Dr. Peter Panter; der Universität Saarow-Pieskow vorgelegt, meinen lieben Eltern gewidmet.) Mit den eigenen Büchern also beginne man, was man mag. Aber wie verfährt man mit fremden?

Die Preußische Staatsbibliothek, der man die Kosten für eine mittlere Infanterie-Division bewilligen sollte, auf daß sie eine moderne Bibliothek werde, sollte sich auf das schärfste gegen jene schützen, die die Unart haben, entliehene Bücher vollzugeifern, man kann das nicht anders nennen.

— «Oho!» — «Ganz falsch, siehe Volkmar Seite 564.» — «Blödian!» —

«Bravo!» – «Nein, diese Theorie ist eben nicht von N. abgelehnt worden!» – «Dumme Frechheit!» . . . was soll denn das alles –?

Erstens einmal ist es feige, den Autor anzukrähen: er ist ja nicht dabei und kann sich nicht wehren. Zweitens stört es den nächsten Leser außerordentlich bei der Lektüre: man mag nicht oben auf einer linken Seite zu lesen beginnen, wenn unten rechts etwas angestrichen ist, was man nicht kennt; das Auge wird unruhig, schweift ab . . . ja, wenn wir das selber unterstrichen hätten, dann kennen wir auch das Buch, und das ist ganz etwas anderes. Ein Bibliotheksbuch aber gehört allen, und alle sollten es sauber und anständig behandeln.

Stadtbibliotheken und Fachbibliotheken leiden unter dieser Unsitte – wir alle leiden darunter, die wir uns viele Bücher nicht kaufen können. Es ist wie: Stullenpapier im Grunewald liegen lassen.

Kleine Bitte an Bibliotheksbenutzer:

Laßt Marginalien von andern Leuten schreiben – tut es nicht! Malt nicht die Bücher voll, es ist nicht schön. Zeichnet eure Bemerkungen auf; schreibt nicht so viel in die Bücher hinein, schreibt lieber mehr aus ihnen heraus! Beschimpft den Autor nicht am Rande. Schreibt ihm einen Brief.

Herrn

Geheimbderath Göthe

Weimar.

Eine nähere Adresse ist nicht nötig; der Brief kommt schon an. Frick paßt auf.

Und malt die Bücher nicht voll. Nein? Tuts nicht mehr!

RUSSLAND

1919

Es brodelt, es brabbelt, es raunt in der Welt:
Rußland! Rußland!
Sie morden! Sie plündern! sie rauben das Geld!
Rußland! Rußland!
Wie sie die Fürsten durch Gossen schleifen –
das wird auf den Nachbarn übergreifen!
Sie arbeiten nicht! Alles bleibt stehn!
Das Chaos! So kann das nicht weitergehn . . .!
Sperrt die Grenzen ab! Der Prolet wird begehrlich!
Rußland –
Rußland ist gefährlich.

1931

Es brodelt, es brabbelt, es raunt in der Welt:
Rußland? Rußland?
Der Fünfjahresplan glückt! Das System, es hält!
Rußland? Rußland?
Wie sie arbeiten! Wie ihre Pläne reifen!
Das kann auf die Nachbarn übergreifen!
Es geht ihnen besser . . . Was wird da geschehn?
Wenn sie exportieren? Das kann nicht gehn.
Nieder mit Rußland! Die Kerls sind nicht ehrlich!
Rußland –
Rußland ist gefährlich.

Sie toben, vom wilden Affen gebissen.
Rußland ist ihr schlechtes Gewissen.
Propaganda glüht.
Und sogar den Papst haben sie bemüht.
Ist etwas auf Erden schief und krumm,
dann riecht es bestimmt nach Petroleum.

SEIN SPANNENDSTER ROMAN

Fremde Literaturen von innen zu sehn: das ist uns nicht oft vergönnt. In Paris habe ich die Nasenspitze in diesen Laden gesteckt – schön wars nicht, es roch auch nicht gut. Die bessern Leute verhalten sich dort still oder sitzen in der französischen Provinz, und in die Augen springt das Gelle, das Grelle, das Laute. Ein sonderbarer Betrieb, den mitzumachen schon eine erhebliche Charakterlosigkeit erfordert. Es gibt erfreuliche Ausnahmen, und es gibt Grasset, der mit wildem Gefuchtel alle halbe Jahr an etwas andres glaubt und dadurch auch die andern veranlaßt, es zu glauben. Für sechs Monate. (Paul Cassirer war so ähnlich; nur kälter und böser.) Solche Leute richten mitunter manches Gute und manchmal viel Unheil an. Ja, das sind die Franzosen, und über die wissen wir ja einiges – aber wie sieht die amerikanische Literatur von innen aus?

Das zeigt uns einer, dem ich das nie zugetraut hätte: Upton Sinclair. *‹Das Geld schreibt›*; eine Studie über amerikanische Literatur (erschienen im Malik-Verlag zu Berlin).

Sinclair steht bei mir unter den Aussortierten; ich mag ihn nicht. Seine Romane sind, je neuer sie sind, um so altbackner; seine Dialoge aus Pappe, seine Gesinnung untadlig und recht langweilig ausgedrückt. Er hat oft recht, aber ich schlafe dabei ein. Dieser Band kleiner Essays jedoch ist quicklebendig von der ersten bis zur letzten Zeile, amüsant, bunt, bewegt und bewegend; etwas außerordentlich Interessantes.

Sinclair nimmt seine Kollegen durch. Was uns das angeht? Sehr viel. Er tut es nämlich mit so grundsätzlichen Erwägungen, so lehrreich und so kritisch, auch da, wo er irrt, grade da, wo er irrt, daß man den deutschen Schriftstellern nur wünschen kann, dergleichen mit eben so wenig Pose, mit so wenig Brille und mit so wenig Aspekt auf Olympisches zu tun, das bei uns die Leute über vierzig so leicht befällt. Dieser Band ist in kurzen Hosen geschrieben.

Sinclair macht also nicht den fatalen Fehler, subjektive Abneigungen in scheinbar objektive Historie zu kleiden — das ist ein alter Trick. Er sagt vielmehr: diesen mag ich nicht, und jenen liebe ich, und dieser ist mir ein Greul und ein Scheul, und jener ist korrumpiert. Wodurch?

Dies ist die These des Buches:

«Die Künstler, die heute unsern Luxusklassen dienen, erscheinen mir wie Affen in einem Käfig, die nichts andres zu tun haben, als sich gegenseitig nach Läusen abzusuchen und das Publikum mit unzüchtigen Vorführungen zu beglücken.» Gar nicht übel formuliert, und ganz nebenbei: wahr.

Fast ganz ohne Beispiel ist zunächst, was Upton Sinclair über Upton Sinclair sagt. «Als der Weltkrieg ausbrach, ergoß sich der Idealismus Amerikas in einen neuen Kanal. Die amerikanischen Schriftsteller wurden — wie die übrige Bevölkerung auch — organisiert und militärisch gedrillt. Wir nannten uns die ‹Erwachenden›. Vielen von uns wäre es heute peinlich, an die Possen jener Zeit erinnert zu werden. Zehn Jahre sind indessen verflossen; einer dieser amerikanischen Schriftsteller nimmt sich hier vor, in kurzen Worten von seiner Schande zu berichten und die Tausende von jungen Menschen um Vergebung zu bitten, die er ins Schlachthaus hinüberlocken half.» Wir haben in Deutschland und Österreich eine literarische Gesinnungspolizei; ich möchte mal sehen, ob einer von diesen Jungens jemals so über sich selbst zu schreiben imstande wäre.

Er nimmt also amerikanische Schriftsteller durch, und da wir viele davon kennen, so ist das auch für uns wichtig. Er steht ihnen ja näher als wir.

Er macht das mit sehr viel Witz; mit so viel Witz und Humor, wie sie in keinem seiner Romane zu finden sind. Dieses kapitalistische System, sagt er, «verlangt, daß jeder Mensch so aussieht wie eine Schneiderreklame und so denkt wie der Mann, der den Text dazu gemacht hat». Nach dieser Melodie kritisiert er sie.

Hergesheimer zum Beispiel: sehr böse und fast ganz negativ. Ein Snob! und: Elfenbeinturm! und so über viele Seiten. Alles zugegeben: aber ‹*Tampico*›? Dieses Buch Hergesheimers ist von einem Mann für Männer geschrieben und für kluge Frauen, ist das auch snob? Das ist nicht snob.

Dreisers ‹*Amerikanische Tragödie*› sei eine komplette Sonntagsschulpredigt; dreimal Ja! Obgleich und weil Galsworthy uns das Gegenteil einreden will. Einmal führt Sinclair anläßlich eines Romans von Reverend Wright die «Just-Technik» vor, wie Kerr das genannt hat («Just in diesem Augenblick trat der langersehnte Sohn ins Zimmer»), und Sinclair, der ein Amerikaner ist, macht das mit Zahlen. Er rechnet nämlich die Wahrscheinlichkeit aus, mit der sich die Handlung des kritisierten Buches begeben könnte. Also etwa so: «Der Held, ein Verbrecher, gelangt auf seiner Flucht vor der chicagoer Justiz in ein Dorf der ozarker Gegend, wo ‹Tante Sue, das goldene Mutterherz mit dem Silberhaar› wohnt. Da es schätzungsweise dreitausend Dörfer gibt, in die er hätte fliehen können, so haben wir hier eine Anfangswahrscheinlichkeit von 1:3000.» Schlußergebnis: die Handlung des Romans kann im Leben vorkommen, und zwar mit einer Wahrscheinlichkeit von 1:345 600 Quatrillionen.

Dies aber ist der Grundgedanke des Buches: Die herrschende Klasse hält sich ihre Künstler, wie man sich einen Kanarienvogel hält. Singt er, ists gut; singt er nicht oder, was noch schlimmer ist, nicht die gewünschte Melodie: dann wird er abgeschafft. Das ist so selbstverständlich, sollte man meinen, daß das jeder Künstler erkennen müßte. Dem ist aber nicht so. Viele von uns bilden sich noch immer ein, vom Mond heruntergefallen zu sein und dortselbst, wenn auch möbliert, zu wohnen; sie sehen die Zusammenhänge nicht. Die Abhängigkeit des erfolgreichen, rege produzierenden, durch seine Arbeit lebenden Schriftstellers von der herrschenden Klasse ist überall gleich groß. Das Geld schreibt? Man sollte viel mehr sagen: «Das Geld verhindert, zu schreiben.» Denn der Angelpunkt, um den sich ganze Literaturen drehen, ist das, was nicht in ihnen steht. Hier ist Sinclair ganz und gar im Recht, ganz und gar.

Wenn Sinclair nun ein wenig naiv fordert, man müsse «die Geschäftsleute aus der Literatur ausschalten», so entspricht das seinem etwas vormärzlichen sozialen Standpunkt: er ist ein sauberer Individualist, sein Herz schreit auf über «das, was unrecht ist in der Welt», – aber seine Gegenvorschläge sind oft leer und manchmal ganz und gar unwirksam. Das werfen ihm die Kommunisten mit Recht vor.

Die Rolle des Künstlers in dieser Gesellschaft aber hat er klar erkannt. Er sollte nur nicht das Geld allein dafür verantwortlich machen; er sollte die Geltung hinzufügen, den Drang nach Geltung. Ein bißchen verschweigen, um das Entscheidende herumschweigen, ist so leicht und so verführerisch, wenn man dafür die Geltung eintauschen kann, den Erfolg, den Ruhm und die Beachtung der Welt, in der man lebt. Sicherlich hat keiner der kapitalistischen Staaten auch nur das leiseste Recht, sich über die geistige Unfreiheit in Rußland aufzuhalten; in keinem dieser Staaten, wenn man vom Balkan absieht, hat der Schriftsteller mehr Recht als dies: nicht körperlich verbrannt zu werden. In keinem dieser Staaten läßt die Industrie der periodischen Literatur jene zu Worte kommen, die den Interessen der Kapitalisten schädlich werden können, das ist ein natürlicher Vorgang: es ist Krieg. Die Russen tun genau dasselbe, nur mit dem Unterschied, daß sie ihren legalisierten Terror für die Proletarier ausüben wollen. Welches Resultat das haben wird, bleibt abzuwarten. Der Schriftsteller aber, der sein Wirken für unabhängig hält, nur, weil er geschickt laviert, ist genau so eine lächerliche Figur wie jener, der seinen Unterhaltungskram für Dichtung hält, und welcher Macher täte das heute nicht! Seit der Oktoberrevolution des Jahres 1917 besteht der Kapitalismus aus Angst und bösem Gewissen, also ist er noch grausamer als er vorher schon gewesen ist. Daher auch die maßlose Überschätzung der Musik, weil die keinem etwas tut. Und nichts wirkt komischer als die Wichtigtuerei, mit der der geduldete Künstler sein Werk betrachtet. Was ist er denn? Er hat, wie die Hühner, einen Auslauf aus seinem Käfig und mehr nicht. Sinclair hat tausendmal recht.

Nicht so unbedingt kann ich ihm in einer ästhetischen Frage zustimmen, die sich politisch gibt, es aber nicht ist. Der Mann ist unmusikalisch; man braucht nur zu hören, wie er über einen Dichter schreibt, von dem ein Gedicht zitiert wird: George Sterling. Das Gedicht wirkt noch in der Übersetzung erschütternd.

Der Mann, der ich nicht bin:
Und in der Nacht, da sah ich klar,
Ich fing zu zählen an:
Er hat so vieles gut gemacht,
Ich habe nichts getan.
Soll ich, sein schlechtes Ebenbild,
Beweinen, was schon hin?
Er weiß, wie billig Tränen sind,
Der Mann, der ich nicht bin.

Sinclair beklagt von diesem verstorbenen Sterling, er sei ein Trinker gewesen. Das ist gewiß sehr bedauerlich, aber Sinclair ist nüchtern und nichts als das. Ich verteidige nicht den Mißbrauch des Alkohols – ich mißbillige nur eine brave, eine wohlgesittete, eine undämonische, eine Limonaden-Kunst. Und es gibt, wahrlich, ich sage euch, es gibt auch rote Limonaden.

Dieser völlige Mangel an Verständnis für das, was lyrische Kunst ist, fällt immer wieder auf. «Lyriker sind Geschöpfe, die sich mit ihren eigenen Säften in einen Kokon verspinnen.» Und dann, ganz tantenhaft: «Jede wahrhaft große Kunst ist optimistisch.» – «Ich halte den Pessimismus, wo er und unter welchen Umständen immer er erscheint, in Kunst, Philosophie, oder Alltag für eine Art Geisteskrankheit.» Auch du Babbitt? Zweimal zwei ist vier; das ist wahr. Aber es ist nicht die ganze Wahrheit. «Wozu nähme man sonst die Erschütterungen des künstlerischen Schaffens auf sich?» Wozu –? Weil man muß, Sinclair.

Hier, im Grundgedanken, hat er recht und unrecht. Unrecht hat er, wo er den griechischen Göttinnen Strickstrümpfe überzieht, und es gibt diese Göttinnen, es wird sie ewig geben. «Die Antike», steht bei Kierkegaard, «ist ein Präsens; die Romantik ist ein Aorist.» Und die herkömmliche Poesie des Klassenkampfes ist ein Futurum, allwelches Tempus bekanntlich in den meisten Sprachen keine eigne Form hat, sondern aus bereits vorhandnen Formen zusammengesetzt wird. Sinclair macht sich das Leben einfach, im Grunde so einfach wie das Weltbild des Schrecklichsten aller Schrecken: einer amerikanischen Dame der bessern Gesellschaft. «Wir hätten» (im Anschluß an das Andersensche Märchen von des Kaisers neuen Kleidern gesagt) «einen kleinen Kritikerjungen dringend nötig, der in ganz gewöhnlichem Alltagsenglisch sagt: ‹Das ist ja alles Beischlaf!›» Der Ruf könnte oft nicht schaden, aber: ist nicht sehr vieles wirklich nur dies und sonst gar nichts? Man hebt mit Recht als Plus hervor, daß es in Rußland wenig Lüsternheit gebe – die Leute haben sie nicht nötig, im Leben nicht und in der Literatur auch nicht. Gut. Doch sind damit die irrationalen Kräfte beseitigt, die Imponderabilien, eben das, was sich marxistisch nicht auflösen läßt? Und nun werde ich ja wohl exkommunisiert werden.

Man sagt zweihundertundzwölf Mal Nein zu Sinclairs Buch, auf jeder Seite ein Mal. Und man sagt zweihundertundzwölf Mal Ja – und das ist viel, beinah alles, was man von einem Buch verlangen kann. In der Übersetzung ist übrigens ein kleiner Fehler stehen geblieben: «Pétrone Ingénu» heißt nicht: «aufrichtiger Petronius», sondern: naiver Petronius, harmloser, unschuldiger Petronius.

Und fast gar nichts habe ich von einer Eigenschaft des Buches gezeigt, die man in der angelsächsischen Literatur so häufig trifft und in der deutschen so wenig: die Leute haben Humor, noch im Ernst haben sie Humor. Die Polemiken etwa mit Mencken... das ist bezaubernd. Noch wo sie zupacken, haben sie Zeit, im Kampf einmal «Oh dear!» zur Galerie hinaufzurufen, alles freut sich, und der Kampf geht weiter. Ein Tier lacht nicht. Der Angelsachse kann lachen, weil er lachen kann.

Zeige mir von fern einen dicken Roman Sinclairs, und ich will laufen, daß der Trainer sagt: «Beinah so gut wie das letzte Mal bei Unruh.» Dieses Buch aber – ‹*Das Geld schreibt*› – ist sein spannendster Roman.

SCHEPPLIN

Du latscht uff deine jroßen Botten
in Kino durch de janze Welt.
Bei Weiße und bei Hottentotten ...
wat hast du alles anjestellt!
    Du kommst so an ... Der jreeste Recke
    valiert trotz seine Niedertracht.
    Du kiekst bloß eenmal um de Ecke,
        un alles lacht.

Du schmierst se Flammri in Zylinder,
loofst durch de Beene von Pochtier;
du bist so nett zu kleene Kinder,
schmeißt Damens Eis ins Dekollteh.
    Denn jehste hin un feifst ein Liedchen,
    als hättste weita nischt jemacht.
    Und wer dir sieht mit dein Hietchen —:
        der lacht.

Vor dir hat jeda schon jesessen.
Trotz Koppweh, Ärja, Not un Schmerz ...
Vor dir hat jeda det vajessn.
Ick wer da sahrn: du hast Herz!
    Du machst, det die vanimftjen Knaben,
    bloß, weil du da bist, Unrecht haben.
        Und tragen se dir mit Jebimmel
        (noch lange nich!) in dunkle Nacht —:
        denn sieht dir Jott in sein Himmel
        steht uff
                un lacht.

ZUR SOZIOLOGISCHEN PSYCHOLOGIE DER LÖCHER

> Daß die wichtigsten Dinge durch Röhren gethan werden. Beweise: erstlich die Zeugungsglieder, die Schreibfeder und unser Schießgewehr. Lichtenberg

Ein Loch ist da, wo etwas nicht ist.

Das Loch ist ein ewiger Kompagnon des Nicht-Lochs: Loch allein kommt nicht vor, so leid es mir tut. Wäre überall etwas, dann gäbe es kein Loch, aber auch keine Philosophie und erst recht keine Religion, als welche aus dem Loch kommt. Die Maus könnte nicht leben ohne es, der Mensch auch nicht: es ist beider letzte Rettung, wenn sie von der Materie bedrängt werden. Loch ist immer gut.

Wenn der Mensch ‹Loch› hört, bekommt er Assoziationen: manche denken an Zündloch, manche an Knopfloch und manche an Goebbels.

Das Loch ist der Grundpfeiler dieser Gesellschaftsordnung, und so ist sie auch. Die Arbeiter wohnen in einem finstern, stecken immer eins zurück, und wenn sie aufmucken, zeigt man ihnen, wo der Zimmermann es gelassen hat, sie werden hineingesteckt, und zum Schluß überblicken sie die Reihe dieser Löcher und pfeifen auf dem letzten. In der Ackerstraße ist Geburt Fluch; warum sind diese Kinder auch grade aus diesem gekommen? Ein paar Löcher weiter, und das Assessorexamen wäre ihnen sicher gewesen.

Das Merkwürdigste an einem Loch ist der Rand. Er gehört noch zum Etwas, sieht aber beständig in das Nichts, eine Grenzwache der Materie. Das Nichts hat keine Grenzwache: während den Molekülen am Rande eines Lochs schwindlig wird, weil sie in das Loch sehen, wird den Molekülen des Lochs ... festlig? Dafür gibt es kein Wort. Denn unsre Sprache ist von den Etwas-Leuten gemacht; die Loch-Leute sprechen ihre eigne.

Das Loch ist statisch; Löcher auf Reisen gibt es nicht. Fast nicht.

Löcher, die sich vermählen, werden ein Eines, einer der sonderbarsten Vorgänge unter denen, die sich nicht denken lassen. Trenne die Scheidewand zwischen zwei Löchern: gehört dann der rechte Rand zum linken Loch? oder der linke zum rechten? oder jeder zu sich? oder beide zu beiden? Meine Sorgen möcht ich haben.

Wenn ein Loch zugestopft wird: wo bleibt es dann? Drückt es sich seitwärts in die Materie? oder läuft es zu einem andern Loch, um ihm sein Leid zu klagen — wo bleibt das zugestopfte Loch? Niemand weiß das: unser Wissen hat hier eines.

Wo ein Ding ist, kann kein andres sein. Wo schon ein Loch ist: kann da noch ein andres sein?

Und warum gibt es keine halben Löcher —?

Manche Gegenstände werden durch ein einziges Löchlein entwertet; weil an einer Stelle von ihnen etwas nicht ist, gilt nun das ganze übrige nichts mehr. Beispiele: ein Fahrschein, eine Jungfrau und ein Luftballon.

Das Ding an sich muß noch gesucht werden; das Loch ist schon an sich. Wer mit einem Bein im Loch stäke und mit dem andern bei uns: der allein wäre wahrhaft weise. Doch soll dies noch keinem gelungen sein. Größenwahnsinnige behaupten, das Loch sei etwas Negatives. Das ist nicht richtig: der Mensch ist ein Nicht-Loch, und das Loch ist das Primäre. Lochen Sie nicht; das Loch ist die einzige Vorahnung des Paradieses, die es hienieden gibt. Wenn Sie tot sind, werden Sie erst merken, was leben ist. Verzeihen Sie diesen Abschnitt; ich hatte nur zwischen dem vorigen Stück und dem nächsten ein Loch ausfüllen wollen.

LOTTCHEN WIRD SANIERT

«Also sind das jetzt alle Schulden, die du hast?»

«Das sind alle.»

«Lottchen, daß du mir aber nicht hinterher mit neuen kommst – du weißt: im vorigen Jahr, in Lugano, habe ich auch alles bezahlt, und wie ich fertig war ...»

«Daddy, ich schwöre dir – diesmal habe ich wirklich alles gebeichtet! Meine Kassen sind überhaupt tadellos in Ordnung – also wirklich!»

«Gut. Also gib noch mal die Aufstellung her; ich will das mit deinen Kassenbüchern vergleichen ... allmächtiger Gott, das sind deine Kassenbücher?»

«Na, was denn?»

«Diese traurigen Fetzen?»

«Selber trauriger Fetzen! Geh mal weg! Gib mal her – bring mir das nicht durcheinander – ich hab mir das so schön geordnet ...! Soll ich vielleicht doppelte Buchführung machen mit Hauptbuch in Kaliko und sonem Quatsch ... gib mal her!»

«Was ist denn das?»

«Das ist der Zettel von den Schulden; aber die hier gelten nicht, die sind schon bezahlt, nein, die sind noch nicht bezahlt, aber die haben Zeit. Die können warten! Kätchen kann warten.»

«Hat dir dein Freund Käte wieder Geld gegeben? Ich habe dir doch gesagt, du sollst die Frau nicht anpumpen. Ihr Mann ist Arzt und verdient ... ja, ich weiß schon. Aber ich will das nicht. Wieviel?»

«Vierzig Mark.»

«Da steht doch aber 65 Mark?»

«Ja ... das heißt ... das sind noch fünfundzwanzig Mark, die habe ich ... die hat sie mir ...»

«Also fünfundsechzig. Und was ist das? Hundertundzehn Mark?»

«Das ist für die Kinder. Schuhe und Strümpfe.»

«Also, weiß Gott: es sind ja nicht *meine* Kinder. Hundertundzehn. Teure Kinder hast du. Fünfundsechzig und hundertundzehn ... so geht das überhaupt nicht. Gib mal her – jetzt werde ich mal eine neue Aufstellung machen! Also:

Kätchen	65
Kinder	110
Hankemann	92

Ja, die hast du gebeichtet – ich weiß schon.

Louis Brest ... ach so, die Bank, wieviel? Zweihundertundneun Mark? Sage mal, Lottchen, dir piekt es wohl?»

«Wieso? Das ist ein altes Debet-Konto, das habe ich ... Das verstehst du nicht – Herrgott, hör doch mal zu! Ich habe mir aus meiner

Kleiderkasse im Mai, nein, im vorigen Oktober, fünfundvierzig Mark geborgt, bitte, ich geb sie mir zurück, ich kenn mich doch, mir kann man borgen; und die habe ich in die Kinderkasse getan, und weil in der Reisekasse noch neunundachtzig Mark wegen der Gasrechnung gefehlt haben, da habe ich eben die Miete vom nächsten Vierteljahr genommen – und auf diese Weise habe ich auf der Bank ein Debet-Konto! Das ist doch lohrisch!»

«Ja, das ist sehr logisch. Aber davon hast du nichts gesagt. Ich will dich ja gern sanieren, das tue ich ja alle Jahre, dieses Großreinemachen – zweihundertundneun Mark Debet ... sage mal Lottchen, wer glaubst du eigentlich, wer ich bin?»

«Du bist ein alter Gnietschfritze! Hab dich doch nicht so wegen der zweihundert Mark! Überhaupt sind sie nicht eilig! Die haben Zeit!»

«Und kosten Zinsen! Also weiter:

Louis Brest 209
Werßhofen 54

Was ist das?»

«Das ist das, wo ich dir neulich gesagt habe!»

«Davon hast du nichts gesagt!»

«Davon habe ich nichts gesagt? Das ist ja großartig! Ich habe nur nicht vierundfünfzig gesagt, damit du nicht sonen Schreck kriegst ... ich habe nur einen Teil zugegeben.»

«Wieviel?»

«Drei Mark fünfzig. Das hat man davon, wenn man Rücksicht nimmt! Die gehören überhaupt in die Wirtschaftskasse. Die Schulden, das sind gar nicht meine Schulden ... das schuldet die Wirtschaftskasse!»

«Wem?»

«Der Kleiderkasse. Nu weiter!»

«Also wovon ich das alles bezahlen soll ... ich weiß es nicht. Ich weiß es wirklich nicht.

Werßhofen 54
Postscheck 28

– was heißt Postscheck achtundzwanzig ...?»

«Gib mal her. Ich weiß nicht ... Ach so! Das habe ich an Papa mit Postscheck zahlen wollen.»

«Hast dus denn gezahlt?»

«Nein. Papa war damals grade auf Reisen.»

«Wo ist das Geld?»

«Wo ist das Geld! Wo ist das Geld! Komische Fragen stellst du! Das Geld ist natürlich weg!»

«Wo es ist, will ich wissen!»

«Mein Gott, ich hab es an Neschke geschickt, wegen der Schuld.»

«Wegen welcher Schuld?»

«Na, ich ... also ich schulde ihm noch achtundvierzig Mark, vom vorigen Jahr! Herrgott, ich kann nicht immer mit demselben Hut rumlaufen, man kommt sich ja schon rein dämlich vor! Alle Frauen haben einen neuen Hut, bloß ich nicht! Mach nicht son Gesicht – Neschke kann warten; den brauchst du nicht bezahlen!»

«Zu bezahlen!»

«Verbesser einen doch nicht immer! Das ist ja schlimmer wie ein Lehrer!»

«Als.»

«Wie?»

«Als. Schlimmer als ein Lehrer. Nach dem Komparativ ...»

«Ist hier Grammatik, oder machen wir hier Kasse? Also weiter. Neschke wartet – er ist darin viel kulanter wie die Münchner.»

«Welche Münchner?»

«Ach ... ich habe da auf der Reise ... Daddy, du brauchst nicht gleich zu schreien, zu nach brauchen, ich war doch auf der Durchreise in München, und da habe ich so ein entzückendes Automäntelchen gesehn ...»

«Mäntelchen ist schon faul. Wieviel?»

«......»

«Also wieviel?»

«Hundertundzwanzig. Aber ich trage es noch drei Jahre!»

«Diese Frau ist der Deckel zu meiner Urne. Ich vermag es fürder nicht. Fürder ist ein seltenes Wort, aber du bist auch selten. Sind das nun alle Schulden?»

«Das sind alle. Dann bloß noch die Apotheke und fünfzig Mark beim Doktor. Aber der kann wirklich warten. Du brauchst ihn nicht zu bezahlen! Ich will es nicht! Ich will es wirklich nicht! Den bezahl ich allein! Er kann warten! Wirklich!»

«O Popoi. Nein, das ist nicht unanständig; das ist griechisch. Nun schreib mir das alles auf, und ich werde es in meine Brieftasche legen und es mir beschlafen. Großer Gott, du siehst es. Blick herunter! Schreib es so, daß man lesen kann! So, danke. Ich geh jetzt mal runter, Zigaretten kaufen – gib her! Lottchen, du bist eine teure Dame. Aber nun ist auch wirklich alles aufgeschrieben? Ja? Das ist alles? Das ist nun wirklich alles?»

«Das ist alles. Heiliges Ehrenwort. Das ist wirklich alles. Ich bin gar keine teure Dame – ich bin viel zu billig. Bei meinen Qualitäten! Auf Wiedersehn!»

«Auf Wiedersehn!»

(Das Lottchen): «Jetzt hab ich richtig vergessen, ihm die zweiundzwanzig Mark Bridgegeld anzusagen! Allmächtiger Braten! Ach was .. ich buch sie in die Sportkasse –!»

GEGEN DAS REMARQUE-FILMVERBOT

(Eine Umfrage der «Deutschen Liga für Menschenrechte»)

Der nordische Barde Goebbels hat in seinen Kundgebungen wiederholt darauf hingewiesen, daß der Remarque-Film ein ‹Geschäft› sei. Das ist dieser Film sicherlich – im Gegensatz zu den Fridericus-Erzeugnissen, die über und unter Gebühr rein ideale Ausstrahlungen Baldurs zu sein scheinen.

Filme sind Erzeugnisse einer Industrie, gehemmt durch eine Zensur, die im Interesse der herrschenden Klasse funktioniert. Trotzdem gibt es gute und schlechte Filme.

Die Nationaille hat aus unlauteren Beweggründen gegen diesen Film protestiert. Es ist bedauerlich, daß ein Pazifist wie Friedrich Wilhelm Foerster Verwirrung in die Reihen des Pazifismus getragen hat, indem er sagt: «Das Szenario stellt eine tendenziöse Auswahl seitens einer Art von sentimentalem, ja oft weinerlichem Pazifismus dar, bei dem der Abscheu gegen den Krieg nicht aus den Tiefen der moralischen Menschennatur kommt, sondern aus dem Nervensystem, dem Magen, dem Schlafbedürfnis ...» Aus dem Nervensystem! Nur aus dem Nervensystem? Wir haben oft zu Foerster gehalten. In diesem Falle ist dem Vorsteher eines kleineren katholischen Moralamtes nur zu wünschen, daß er einmal in die Lage kommt, *nur* aus dem Nervensystem gegen den Krieg protestieren zu müssen – also etwa nach achtundvierzigstündigem Trommelfeuer.

Noch der niedrigste Pazifismus hat gegen den edelsten Militarismus tausendmal recht! Es gibt kein Mittel, das uns nicht recht wäre, den Moloch des Kriegswahnsinns und des Staatswahnsinns zu bekämpfen.

Der Tod der zehn Millionen ist sinnlos gewesen – sie sind für nichts gefallen.

Nachträglich muß die trauernde Mutter, die trauernde Frau, müssen die Reklamefachleute für den nächsten Krieg, diesem Gemetzel, das selbst der Papst ‹ehrlos› genannt hat, einen Sinn unterlegen – was die Hinterbliebenen angeht, so brauchen sie diesen Trost: es ist so schwer, sonst weiterzuleben ... Ehre der Trauer. Schmach dem Kriege!

Wir brauchen keine Kartenkunststücke, die uns den angeblichen Sinn dieses Wahnsinns vormachen sollen.

Und darum ist uns jeder, jeder Film recht, der der Menschheit den Krieg auch in seinen niederen Formen, gerade in seinen niedrigsten Formen vorführt. Mussolini zeigt seinem Volk nur die Fahnen und nichts als das – Remarque zeigt uns die Fahnen und den Rest: die Zerfetzten und die Taumelnden, die Blutenden und die Zerschossenen – und wer sich daran begeistern will, der mag es tun.

Wir andern rufen gegen die Weltenschande: Nieder mit dem Kriege!

MEMOIREN AUS DER KAISERZEIT

Wie sich der kleine Moritz die Weltgeschichte vorstellt – genau so ist sie. Anton Kuh

Falkenhayn

Es war ein strahlender Sommertag, als ich endlich am 13. Juli ins Hauptquartier Seiner Majestät fuhr. Die Beratung fand in den Parterre-Räumen statt.

Der Kaiser sah ausgezeichnet aus, gesund und frisch, wie wir ihn lange nicht gesehn hatten. Anwesend waren:

Ludendorff, Tirpitz, Mackensen und Bülow, der direkt aus Rom gekommen war.

Seine Majestät hatte uns zusammenberufen, um unsre Meinung über eine Annektierung von Panama zu hören. Ludendorff stimmte selbstverständlich zu, betonte aber, daß man Mexiko dazunehmen müsse, da dies die Stimmung in der Heimat heben würde. Tirpitz riet beinah ab, was auf den Kaiser, wie wir alle bemerken konnten, höchst peinlich wirkte. Bülow in seiner schmeichlerischen Art verbeugte sich leicht, brachte ein französisches Zitat vor und fand den Einfall ‹prachtvoll›. Mackensen küßte als Antwort dem Herrscher stumm die Hand.

Nur ich behielt den Überblick und versprach dem Kaiser, einen genauen Plan zur Besetzung Panamas, das wegen des Suez-Kanals für uns militärisch wichtig war, auszuarbeiten. Auf mich wirkte das Ganze bereits damals wie eine drohende Ankündigung von Deutschlands Zusammenbruch. Infolgedessen schlug ich eine neue Offensive bei Verdun vor, für die ich die volle Verantwortung übernahm. Auch die andern Herrn hatten ihre Sachen in der Garderobe abgegeben.

Als wir aus dem Portal traten, regnete es; es war wie eine trübe Vorbedeutung.

Tirpitz

Meine Liebe!

Ich komme grade aus dem Kriegsrat bei Seiner Majestät; draußen ist prachtvoller Sonnenschein; als ich hinfuhr, goß es in Strömen. Die Beratung fand im ersten Stock statt.

Ludendorff war da, Mackensen, Falkenhayn und Bülow, der direkt aus Berlin gekommen war.

Der Kaiser wollte die Annexion Panamas durchsetzen und keinen Frieden abschließen, ohne den Herzogshut von Panama errungen zu haben. Selbstverständlich stimmten alle zu — aber so matt, ängstlich und schlapp, daß ich den allerschlechtesten Eindruck von der politischen und militärischen Führung mit nach Hause nahm. Diese Leute wagen ja nichts zu sagen. Ich berichtete Seiner Majestät, daß nach mir gewordenen Informationen Panama darauf warte, endlich preußisch, also ein Groß-Panama zu werden. Dafür übernähme ich die Verantwortung. Falkenhayn warf ein, daß Plessen ihm gesagt habe, Lyskow habe bestritten, daß Bülow der Meinung sei, Radowitz sei der geeignete Mann für die ersten Unterhandlungen – wahr ist natürlich das Gegenteil. Ludendorff gab als alter Soldat die Erklärung ab, nicht eher zu ruhen, bis er die Feinde, bzw. die Feinde uns siegreich auf die Knie gedrückt hätten. Bülow machte auf alle einen sehr schlechten Eindruck, weil er dem Kaiser zu diesem Plan, der auf die Flotte sicherlich deprimierend wirken wird, noch zuriet. Keiner hatte den Mut, den Kaiser darauf aufmerksam zu machen, daß Panama zu einem bösen Zankapfel zwischen Bayern, Baden und Preußen werden könnte. Mackensen küßte erst dem Kaiser und dann Bülow die Hand.

Nur ich behielt den Überblick und strich mir den Bart. Der Kaiser sah mich an und verstand mich sofort. Beim Frühstück saß ich zwei Plätze unter (!) Plessen und nur drei Plätze über Falkenhayn. Es steht schlimm um Deutschland.

Draußen im Vestibül sahen wir einen kleinen dicken Zivilisten, der seinen Schirm suchte, aufgeregt hin- und herlaufen. Wir haben alle sehr gelacht; das war aber auch der einzige Lichtblick in dieser trostlosen Beratung. Es steht schlecht um Deutschland. Wer ist daran schuld?

Dein Dich grüßender Alfred.

Mackensen

Unser herrlicher Herrscher hatte mich für den 13. Juli ins Hauptquartier befohlen. Es war ein kalter, wolkiger Tag, ohne Sonne und ohne Regen; ein grauer Himmel blickte durch die Fenster des zweiten Stockes, in dem die Beratungen stattfanden.

Da der Monarch bei meiner Meldung grade saß, konnte ich mich ihm nicht in gewohnter Weise nahen. Bülow, als einziger Zivilist, fiel uns allen durch seine Unehrbietigkeit auf – er küßte dem Kaiser nicht ein einziges Mal die Hand. Es steht schlimm um Deutschland. Tirpitz meldete gehorsamst, daß die Meldung, Radowitz habe Nostiz gemeldet, er werde Falkenhayn nicht melden, daß Bülow ihm eine Meldung gemeldet habe, unzutreffend sei. Der Kaiser bemerkte in seiner überlegenen Art: «Das habe Ich Mir gleich gedacht!» Der Kaiser trug die kleine Uniform und ich die Verantwortung. Alle waren ratlos.

Nur ich behielt den vollen Überblick und gab mir im Innern das Versprechen, zu Hause nachsehen zu lassen, wo dieses Panama, von dem immerzu die Rede war, eigentlich liegt. Draußen im Park rauschten die mächtigen ... *(mit Rücksicht auf die Familie und die Staatssicherheit gestrichen. Der Herausgeber.)*

Im Vorzimmer interviewte mich ein Vertreter der ‹*Neuen Freien Presse*›, ein Herr Goldmann, der direkt aus dem noch im österreichischen Besitz befindlichen Wien hierher gefahren war, um mich zu sehen, und der nun seinen Regenschirm verloren hatte. Bülow versprach ihm einen neuen, und ich antwortete auf die Frage, wie ich zum Kriege stehe: «Wo haben Sie ihn denn stehen lassen?» Goldmann war tief erschüttert und ging ohne Regenschirm, aber siegesgewiß vondannen.

Ludendorff

Die freimaurerischen Mächte der Jesuiten wollen auch über den 13. Juli ihr dunkles Netz werfen. Wie bekannt, hat der Papst im Grand-Orient geschworen, diesen Tag zum Ausgangspunkt seiner Propaganda für den nächsten Weltkrieg (siehe meine Broschüre ‹Die Reu ist kurz, der Wahn ist lang›, Preis 0,90 RM.) zu machen. Ich gebe hier für die Volksgenossen eine verantwortliche Aufklärung:

Am 13. Juli hat überhaupt kein Kriegsrat stattgefunden.

Mir ist auch niemals ein Protokoll über diesen Kriegsrat vorgelegt worden; ich habe zu diesem Protokoll selbstverständlich keine Stellung genommen und übernehme namens des Hauses Ludendorff die volle Verantwortung.

Paul Goldmann

Bülow stellt neue Siege in Aussicht!
Mackensen optimistisch!
(Spezialtelegramm unsres Sonder-Berichterstatters)

Gr. Hauptquartier, 13. Juli

Es ist Hohenzollernwetter, die Truppen sind aber trotzdem prachtvoller Stimmung, denn der Kaiser hat mich zum Frühstück eingeladen, das ich in der schlichten, aber einfachen Feldküche einnehmen darf.

Die hohen Gestalten der Heerführer und die der politischen Spitzen nahen sich — ich stehe dicht bei ihnen und lasse mich von ihnen ins Gespräch ziehen. Ich drücke die Hoffnung aus, daß wir nun bald wieder unter Dach und Fach kämen, und wies auf den Schutz und Schirm hin, den die Feinde gestern verloren hätten. Bülow sagte mir, wörtlich:

«Wir werden ihnen bald einen neuen besorgen!»

Seine Exzellenz der Generalfeldmarschall von Mackensen fügte hinzu:

«Der Sieg ist unser. Wir werden ihn stehen lassen!»

Ein Schwarm von Lakaien war inzwischen hineingekommen und putzte den historischen Gestalten die Stiefel, und auch ich ging nachdenklich an meine schwere journalistische Arbeit.

Unsre Sache steht gut! Das kann ich im vollen Gefühl meiner Verantwortung sagen.

Paul Goldmann

Bülow

Bei schwerem Erdbeben und leichten südöstlichen Winden fuhr ich am 13. Juli ins Hauptquartier. Ich kam direkt von Hamburg, als ich nach guter und bequemer Fahrt vor dem Hauptquartier, einem häßlichen Bau aus dem siebzehnten Jahrhundert, ausstieg. Ich sah Plessen, besichtigte einen grade dort haltenden Verwundetenzug, und nachdem ich auch die jüdischen Verwundeten begrüßt hatte, trat ich ins Schloß.

Die Beratungen fanden wegen der Fliegergefahr, die der Kaiser sehr fürchtete, im Keller statt. Der Kaiser sah gealtert aus, streckte, als er mich sah, seinen verkürzten Arm aus, und ich begrüßte meinen kaiserlichen Herrn mit allem schuldigen Respekt. Dann begann der Kriegsrat.

Der Kaiser wollte, wozu ich ihm schon oft, je nach der Witterung, zu- und abgeraten hatte, Panama annektieren, ein Plan, wie ihn die glorreiche Republik des sehr verständigen Landesverräters Ebert leider niemals gefaßt hätte. Ich wies meinen kaiserlichen Herrn, dessen notorischer Schwachsinn keinem meiner Nachfolger aufgefallen ist, fest, aber fein darauf hin, daß der Endsieg ja für jeden Kenner feststehe, wenn man auch noch nicht wisse, wem er zufallen würde, daß aber die Annexion eines so kleinen Staates den Siegeswillen der Entente stärken könnte. Ich fügte hinzu:

«Quando conveniunt, ancilla, Sybilla, Camilla»,

das Zitat paßte zwar nicht ganz her, machte aber auf alle Anwesenden einen tiefen Eindruck. Nur der gute Tirpitz meinte, Nostiz habe Radowitz nichts davon gesagt, daß Lyskow Plessen davon Mitteilung gemacht habe, dieser habe jenem keine Mitteilung zugehn lassen. Tirpitz hat es mit der Wahrheit nie sehr genau genommen, sowie auch mit großem Geschick den Marine-Etat im Reichstag vertreten. Es stand nicht gut um Deutschland, das fühlte in dem mit verblichenen samtgrünen Portieren ausgestatteten Raum jeder einzelne. Der gute Mackensen, dessen Großtante den Schwippschwager einer dem König von Macedonien morganatisch angetrauten Lindequist (einer Gouvernante), geheiratet hat, sagte zu allem Ja und Amen; Ludendorff, dessen historische Größe ja für ewige Zeiten feststeht, irrte auch hier, und während sie nach dem Kriege alle in ihren Memoiren schrieben, wie sie das Unglück Deutschlands vorausgesehen hätten, wagte dennoch an jenem geschichtlichen Tage niemand etwas zu sagen.

Nur ich behielt den vollen Überblick und dachte mir:

«Bei Männern, welche Liebe fühlen,
fehlt auch ein gutes Herze nicht.»

Laut aber sagte ich:

«Long, long ago!»

Der Kaiser erwiderte auf diesen diplomatischen Hieb nichts, und wir wurden um ein Uhr zum Frühstück befohlen.

Draußen im Vestibül empfing ich den Berichterstatter der ‹*Neuen Freien Presse*›, Paul Goldmann, der direkt aus Wien gekommen war, um mich zu sprechen. Goldmann war stets ein verständnisvoller und kluger Journalist, der nie mehr telegrafierte, als wir erfinden konnten, und er hat auch nie versucht, selbständig zu denken — das überließ er im Kriege den Generalen und im Frieden seinem Verleger. Wir sprachen viel über die berliner Theateraufführungen eines Herrn Steinhardt oder Reinhardt, und der gute Mackensen machte ersichtliche Anstrengungen, diesem Gespräch, das so ganz andre Kulturbegriffe als die militärischen zur Basis hatte, zu folgen.

Beim Frühstück wurde viel über die nicht ganz wünschenswerten Verpflegungsverhältnisse in der Heimat gesprochen. Es gab klare Bouillon, wie sie schon Heinrich XXIX. von Burgund so geliebt hatte, Seezunge nach Müllerin Art, Rumpfstück mit Geldmannstunke (Sauce à la financière) und süßen Auflauf. Die Weine waren recht gut, bis auf einen Malaga, den der gute Tirpitz für Portwein trank, was uns alle recht amüsierte. Der Kaiser war sehr aufgeräumt und klopfte mir, als ich mich verschluckt hatte, mehrere Male huldvoll auf den Rücken. Wir sprachen dann noch über die Munitionslieferungen, sonst aber war von Panama nicht die Rede. Übrigens begann um die gleiche Stunde, als wir das Frühstück einnahmen, ein gewaltiger Sturmangriff bei Verdun.

In meine Privatakten aber habe ich zum Andenken an diesen Tag die Verse notiert, die alle deutschen Staatsmänner zum Wahrspruch ihres verantwortungsvollen Berufs machen sollten:

Deutschland, Gott seis geklagt,
war auf schiefer Bahn.
Ich habs ja gleich gesagt —
aber nichts getan!

ROSEN AUF DEN WEG GESTREUT

Ihr müßt sie lieb und nett behandeln,
erschreckt sie nicht — sie sind so zart!
Ihr müßt mit Palmen sie umwandeln,
getreulich ihrer Eigenart!
Pfeift euerm Hunde, wenn er kläfft —:
Küßt die Faschisten, wo ihr sie trefft!

Wenn sie in ihren Sälen hetzen,
sagt: «Ja und Amen — aber gern!
Hier habt ihr mich — schlagt mich in Fetzen!»
Und prügeln sie, so lobt den Herrn.

Denn Prügeln ist doch ihr Geschäft!
Küßt die Faschisten, wo ihr sie trefft.

Und schießen sie —: du lieber Himmel,
schätzt ihr das Leben so hoch ein?
Das ist ein Pazifisten-Fimmel!
Wer möchte nicht gern Opfer sein?
Nennt sie: die süßen Schnuckerchen,
gebt ihnen Bonbons und Zuckerchen . . .
Und verspürt ihr auch
in euerm Bauch
den Hitler-Dolch, tief, bis zum Heft —:
Küßt die Faschisten, küßt die Faschisten,
küßt die Faschisten, wo ihr sie trefft —!

DER AMERIKANISCHE ERFOLG

Unter den Kulturgütern, die die Völker gegenseitig austauschen, sind nach den Gasgranaten gleich die Bücher zu nennen. Was geschieht nun, wenn ein Schriftsteller auch außerhalb seines Heimatlandes oder nur außerhalb seines Heimatlandes Erfolg hat —?

In Deutschland zählt der Erfolg extra muros doppelt.

Der Deutsche ist dem Ausland gegenüber unsicher: er ist Snob oder Chauvin, er beugt sich oder er pöbelt. Sichere Würde ist hierzulande selten. Richard Huelsenbeck hat neulich in der *‹Literarischen Welt›* rechtens darauf hingewiesen, wieviel Unsicherheit in dieser Gereiztheit ist, und er hat meinen frühern Arbeiten, die das Ausland manchmal zu scharf gegen Deutschland ausspielten, diesen Mangel nicht zu Unrecht vorgeworfen. Die Kritik war unvollständig. Schade, daß er nichts über das so ruhig vorgetragene und so sehr scharfe Deutschland-Buch Diesels gesagt hat. Tatsächlich müßte man ja, was ich in meinem Deutschlandbuch nicht getan habe, deutsche und amerikanische Arbeiter, deutsche und französische Offiziere, deutsche und englische Richter vergleichen — dann käme man zu bessern Resultaten. Die Deutschen haben dies jedoch nicht gerne. Deutschland ist unter den Fremden das, was der Jude unter den Deutschen ist.

Der literarische Erfolg nun, den ein Deutscher im Ausland hat, wird nicht richtig eingeschätzt; es ist so viel Hundedemut darin: «Daß sie uns überhaupt beachten! Sogar in Amerika!» So sollte man das nicht ansehn.

Daß ein Russe in Frankreich gelesen, verstanden und geliebt wird, ist einmal ein Wunder gewesen — zu der Zeit nämlich, wo die Völker voneinander getrennter waren als heute und einander unähnlicher, als sie es heute sind. Mit einem Werk über die Sprachgrenzen zu gelangen, dazu gehörte schon ein beachtliches Format; der Schriftsteller, der dies erreichte, mußte zu einem guten Teil den Sprachpegel der Heimat überragen; bis zum Gürtel steckt jeder drin, und darum sagen wir: «Es geht bei der Übersetzung viel verloren.» Es geht eben dies verloren, was unübersetzbar bleibt: das Heimatliche des Mannes, seine Verbundenheit mit der Muttersprache, seine Beziehungen zur eignen Kultur ... das läßt sich nie ganz übertragen. Ist auf der andern Seite eine gute Kenntnis des fremden Bodens vorhanden, wie etwa bei gebildeten Polen die Kenntnis der französischen Kultur vorherrschend ist, dann gelingt die Übertragung leichter: das Fremde wird richtig mitgefühlt.

Nun hat sich in der letzten Zeit das Verständnis für den fremden Autor vergrößert, vor allem weil die europäischen Schriftsteller uniformer empfinden als früher, auch sind viele äußere Lebensformen der Völker standardisiert, es gibt bereits überall eine Konfektion des Geistes, deren Bestehen den Absatz von Erzeugnissen nach Maß erleichtert. Was früher ein Wunder gewesen ist, ist heute kein Wunder mehr. Früher kamen das Genie über die Sprachgrenze hinweg und der Vulgärkitsch; heute gelingt es auch dem Mittelmaß.

Die Uniformität des Lebens, hervorgerufen durch annähernd gleiche oder gleichartige Lebensbedingungen hat die Nationen nicht gleich gemacht; das äußere Bild und die obersten zehn, zwanzig Seelenschichten sind in Europa überall dieselben, dann kommt eine Seelenschicht, die jedes Volk für sich hat, und erst in den Grundlagen stimmen die Völker wieder überein. Schlipse und Mutterliebe sind in Warschau und London gleich; was dazwischen liegt, ist verschieden.

Es wäre hübsch, wenn wir nicht aus den Pantinen kippen wollten, weil ein deutsches Werk in fremden Sprachen Erfolg hat. Wie denn überhaupt der Erfolg nicht notwendig eine Qualitätsbezeichnung ist: er spricht nicht, wie die ewigen Neider glauben, gegen das Werk, noch ist er, wie sein Autor glaubt, ein unbedingter Beweis für das Werk. Denn es gibt Erfolge aus Mißverständnis und Erfolge, die sich regional erklären lassen; wenn es überhaupt möglich ist, einen ‹Wert› der Literatur zu statuieren, so ist die Auflagenziffer nur ein Faktor zu seiner Bestimmung, nicht der Hauptfaktor. Daß der Autor eine hinneigende Liebe zu jener Nation empfindet, die ihn lobt, feiert und ihm zu verdienen gibt, ist verständlich. Für seine Bücher besagt dergleichen wenig.

Es mag vorkommen, daß der betreffende Prophet in seinem Vaterlande nichts gilt; das ist sehr oft bei gewissen Franzosen der Fall, die in Deutschland maßlos überschätzt werden. Viele schmecken mit delikater Handbewegung ab, was in Frankreich nie etwas andres als Bahnhofslektüre gewesen ist; es sieht aus, als stellte ein Argentinier eine deutsche Bockwurst mit Salat als höchstes der Gerichte hin. Mitunter nimmt sich der Engländer aus der deutschen Literatur, was ihm gefällt – wir begreifen es oft nicht, fügen uns aber gewöhnlich dem fremden Urteil und sagen: «An dem Mann muß doch was dran sein, sonst würde er ja nicht in England . . .» aber das ist ein Denkfehler. Man sollte mehr Vertrauen zu seinen Instinkten haben, wozu freilich gehört, daß man welche hat.

Zu glauben, man könne, nach allen Seiten schielend, etwas machen, was überall gelesen wird, ist eine verfehlte Spekulation. Man kann das, aber die Leute mögen es gar nicht. Daher die Erfolglosigkeit jener Filme, die die Hosenhändler der Filmbranche ‹auf Amerika› machen. Erfolg hat immer nur das Echte, auch Kitsch kann echt sein; dies aber ist gefälschter Kitsch, den gibts in der Literatur auch, und der hat noch keinen wohlhabend gemacht.

Und hier rühren wir an die Grundfrage des ganzen Gebiets: fällt denn die Übersetzung vom Himmel? Sie fällt nicht vom Himmel. Sie wird industriemäßig hergestellt. Zu untersuchen ist also die Rolle des Mittlers.

In den lächerlich prätiös aufgemachten Aufsätzchen der Brechtschen ‹*Versuche*› steht ein gescheiter und richtiger Satz. Es wird von den Künstlern gesagt: «Ihre Produktion gewinnt Lieferantencharakter. Es entsteht ein Wertbegriff, der die Verwertung zur Grundlage hat.» Ausgezeichnet. Es ist lange nicht so schwer, das Publikum zu überzeugen, als an das Publikum überhaupt erst einmal heranzukommen. Früher hatte der Autor Angst vor den wilden Tieren seiner Premiere; heute verbraucht er das Hundertfache an Nervenkraft, um den Unternehmer von sich zu überzeugen. Und es ist eben nicht identisch, was der Leser und was der Mittler zu haben wünscht. Sie fürchten und verachten einander, aber es ist nicht dasselbe. Der Mittler nun gehört in fast allen Fällen dem ‹Klub der Neinsager› an; er ist mürrisch; er will das alles nicht, und man fragt sich, warum denn in aller Welt diese Theaterdirektoren Theaterdirektoren, diese Verleger Verleger geworden sind. Sie sind böse auf ihre Ware, von vornherein erst einmal böse. Und feige.

Daher suchen sie in ihrer fürchterlichen Instinktunsicherheit nach einer Bestätigung ihrer Pläne, und ein Auslandserfolg scheint ihnen solch eine Bestätigung. Ein in Deutschland einigermaßen erfolgreicher Autor hat es also nicht gar so schwer, übersetzt zu werden; soweit die Tätigkeit seines deutschen Verlegers ihm dabei behilflich sein kann, und das ist schon viel, hat er Chancen. Diese Chancen sind oft gar keine; denn was dem eenen sin Uhl, ist dem annern sin Nachtigall, und was in Berlin rechtens gefällt, braucht noch lange nicht in Paris zu gefallen und tuts auch nicht. Doch verwechseln wir auch hier oft Betriebsamkeit mit echter Durchschlagskraft.

Es gäbe andrerseits für einen klugen und gut unterrichteten englischen Verleger viele Möglichkeiten, wenn er sich nur nicht von diesen faden und aufgeregten Übersetzern informieren ließe, die natürlich großes Interesse haben, irgend etwas zu übersetzen, und sehr wenig, grade das zu übertragen, was unabhängig von der deutschen Auflageziffer in London Erfolg haben könnte. Wer da weiß, in welchen Händen die Übersetzungen ruhen, was mit ihrer miserablen Bezahlung eng zusammenhängt, wird sich darüber nicht wundern.

Die Bewertung solcher Schriftsteller aber, die im Ausland Erfolg haben, geschieht nun börsenmäßig; die alberne Methode, den Schriftsteller nach der Zahl der gelieferten Wörter zu honorieren, ihn so wie einen Maurer im Akkord entlohnend, züchtet Schwätzer – bekanntlich ist es viel schwerer und zeitraubender, kurz zu schreiben, als lang. Diese Bewertung ist unsinnig. Man «wiegt mit Gold auf», in des Wortes schönster Bedeutung, und das trifft nun ganz unterschiedslos alles, was der Vertriebsapparat hochschätzt – bis hinunter zu Hitler. Solche Schriftsteller werden hoch bezahlt, weil sie hoch bezahlt werden; den Mittlern imponiert ihr eigner Scheck; nur der.

Deutsche Schriftsteller haben es im Vergleich zu englischen und französischen nicht leicht: sie schreiben für einen viel kleinern Kulturkreis als jene. Ihr Bestreben, in andre Länder zu dringen, ist durchaus legitim. Der Erfolg aber, den sie drüben haben, sagt wenig über ihr Werk aus: es muß deshalb nicht bedeutend sein, das glauben nur sie, und es kann trotzdem bedeutend sein, auch wenn es in Deutschland gar nicht anerkannt wird. Der amerikanische Erfolg allein ist für den Wert eines Werkes so belangvoll wie die Farbe seines Bucheinbandes.

DIE HERREN BELOHNER

Der Staatsanwalt Rombrecht hat in einem Mordprozeß (Ulbrich) gesagt:

«Die Angeklagte Neumann hat trotz ihres körperlichen Zustandes (sie ist in andern Umständen) sich tapfer während der ganzen Verhandlung gehalten. Das muß mildernd belohnt werden.»

Ist denn kein Justizminister da, der diese Staatsanwälte und Richter auf das erste und oberste Gesetz jeder Verhandlungsführung aufmerksam macht: es gibt keinen Paragraphen im Strafrecht, der gutes Verhalten vor Gericht vorschreibt! Eine Handlung kann nur dann mit einer Strafe belegt werden, wenn der Tatbestand für eine Bestrafung gesetzlich bestimmt ist. Was bilden sich denn diese größenwahnsinnigen Funktionäre ein?

Belohnen . . .? Rombrecht hat nichts zu belohnen. Das Gericht ist dazu da, um mit seinem Urteil die Gesellschaft vor Rechtsbrechern zu schützen – weiter nichts. Das elende und schmachvolle Spiel, das jedesmal anhebt, wenn um das Strafmaß gefeilscht wird, kennt zweierlei Gewichte: schwarze und weiße. Diese mildern, jene verschärfen das Strafmaß.

Aber ich verpflichte mich, jedem Angeklagten beizubringen, in zwei Strafverhandlungen vor verschiedenen Richtern (ohne Ungebühr vor Gericht und ohne doppelten Boden), das eine Mal so aufzutreten, daß die Richter sagen: «Na ... es muß dem Angeklagten strafmildernd zugute gehalten werden ...» und das andre Mal so, daß er die dickste Strafe aufgebrummt bekommt, die möglich ist. Wie man das macht? Es ist sehr einfach – so grauenerregend einfach wie die Psychologie der Unabsetzbaren. Denn auf diese Psychologie kommt es viel mehr an als auf die der Verbrecher. Über diese wird zu viel geschrieben – über jene zu wenig.

Wie es also mein Schüler machen soll? Ich ließe ihn den Soldaten markieren, das nützt immer: den strammen Soldaten. Nicht übertrieben, aber doch mit den Händen an der seelischen Hosennaht –, die gibts eigentlich nicht, in Moabit gibt es sie. Immer: «Jawohl, Herr Vorsitzender!» – «Nein, Herr Vorsitzender!» Und immer antworten: kurz, damit die Herren nicht so lange sitzen müssen, einfach, damit das Gesagte nachher als Belastung dienen kann, und simpel, damit die Akademiker ihre Überlegung fühlen. Und keine langen Verteidigungen. Und eine Spur unterwürfig, aber nicht zu sehr. Und immer dem vorgesetzten Richter ins Auge sehn. Und nicht um Mitleid flennen, sondern etwa wie der Sohn jenes bebarteten Oberlehrers bei Curt Goetz: «Ich habe eine Strafe verdient und bitte um eine gehörige solche.» Dann wird mein Schüler so etwas Ähnliches wie Gnade finden. Denn diese Richter bilden sich wirklich ein, über dem Angeklagten zu stehn, der ihnen da vorgeworfen wird; ein frostiges Hohngelächter würde erschallen, wenn man ihnen das ausreden wollte. Unheilbar.

Und das andre Mal ließe ich meinen Schüler widersprechen, nicht frech, aber fest. Von allen Möglichkeiten der Verteidigung müßte er Gebrauch machen, ruhig, aber durchaus gegen den ewig redenden Richter. Und dann werde ich den Schüler wohl lange Jahre nicht mehr wierdersehn.

Wer sich dem Gericht unterwirft, ist ein guter Angeklagter. Wer aber Widerstand leistet, in der Form, in der Sache, im nicht genügenden Geständnis oder gar politisch: der ist ein böser Angeklagter.

Reue, Reue ... Man klappe die Hirnschale eines mittlern Staatsanwalts auf, die irgendeines kleinen Landgerichtsdirektors, und man wird darin Anschauungen über Seelenkunde finden, die museal sind. Nein: die nie gut gewesen sind. Man muß wissen, was darüber an Universitäten gelehrt wird, und in welche Kollegs Juristen zu gehen pflegen, und man weiß genug. Nicht, als ob sie sich von falschen Krokodilstränen erweichen ließen, so dumm sind sie wieder nicht. Aber was sie da pro reo und contra reum in die Waagschale legen, das ist lächerlich. Und ungehörig.

Niemand hat den Staatsanwalt gefragt, was er über das Verhalten des Angeklagten vor Gericht denkt. Straftaten soll der Richter aburteilen, und wenn er sich schon an den Täter macht: dann müßte er ihn zuvor verstehn. Aber davon kann bei dieser Praxis keine Rede sein.

Man lehre die Richter und die Staatsanwälte die Grundbegriffe des Strafrechts, wenn sie schon keine Seelenkunde betreiben.

BAUERN, BONZEN UND BOMBEN

> Wer, um sich oder einem Dritten einen rechtswidrigen Vermögensvorteil zu verschaffen, einen andern durch Gewalt oder Drohung zu einer Handlung, Duldung oder Unterlassung nötigt ...
>
> § 253 StGB

Ein politisches Lehrbuch der Fauna Germanica, wie man es sich nicht besser wünschen kann:

‹Bauern, Bonzen und Bomben› von Hans Fallada (erschienen bei Ernst Rowohlt in Berlin). Bevor wir ins Thema steigen: das Buch hat ein gotteslästerlich schlechtes Satzbild. Wie sieht denn nur die Seite aus? Ich habe immer gelernt, der weiße Rand müsse sich nach der Innenseite des Buches hin verbreitern – dies Satzbild ist aber gar nicht schön. Rowohlt, Sie sind doch sonst nicht so? Jetzt gehts los.

Falladas Buch ist die beste Schilderung der deutschen Kleinstadt, die mir in den letzten Jahren bekannt geworden ist. Der Verfasser hat einen Bauernroman schreiben wollen – wohl anknüpfend an die Vorgänge in Neumünster in Holstein, wo Bauernführer im Sinne Klaus Heims und, unabhängig von ihm, die Nationalsozialisten die vorhandene Unzufriedenheit der Bauern benutzten, um gegen das, was sie die Republik nennen, vorzugehen. «Die Gestalten des Romans», steht im Vorwort, «sind keine Fotografien, sie sind Versuche, Menschengesichter unter Verzicht auf billige Ähnlichkeit sichtbar zu machen. Bei der Wiedergabe der Atmosphäre, des Parteihaders, des Kampfes aller gegen alle ist höchste Naturtreue erstrebt. Meine kleine Stadt steht für tausend andere und für jede große auch.»

Die Bauern nun sind in diesem Roman eine dunkle, anonyme Masse – die paar Typen, die herausgegriffen werden, sind viel blasser als die Bewohner der kleinen Stadt Altholm; und von den wirtschaftlichen Gründen bäurischer Notlage wird so gut wie nichts gesagt. Einmal ist das heikle Thema, daß die Bauern vielleicht intensiver wirtschaften sollten, um sich gegen die ausländische Konkurrenz anders als mit Schutzzöllen zu behaupten, leise angeschlagen; kein Wort davon, daß die Verdienste, die der Bauernschaft durch die Inflation in den Schoß gefallen sind, sie damals für lange Zeit hätten schuldenfrei machen können, es war jene Zeit, wo die Ledersessel und die Klaviere in die Bauernhäuser transportiert wurden. Und wo stehn die Bauern heute ... also davon ist in dem Buch wenig zu spüren. Den Bauern gehts eben schlecht – und nun revoltieren sie.

Das tun sie auf eine recht merkwürdige Weise.

Die dem Altdeutschen entlehnten romantischen Formen des armen Konrad wirken wie aufgeklebt. «Bauern Pommerns, habt ihr darüber hinaus schuldig gefunden die ganze Stadt Altholm mit allem, was darin lebt, so sprecht: sie ist schuldig! – Ankläger, welche Strafe beantragst du gegen die Stadt Altholm?» Das ist tragische Oper, Film und neuruppiner Bilderbogen. Sicherlich wird auf diesen Things so gesprochen; es ist die gehobene Sprache von Ackerbürgern, die das Feierliche solcher Handlungen durch einen Stil bekunden, der leise Erinnerungen an die Bibel und an alte verschollene Zeiten aufweist, da der Bauer einmal wirklich revolutionär gewesen ist. Aber warum, warum das alles so ist – davon bekommen wir in diesem Buch wenig zu hören. Gut gesehn und gut geschildert ist das Dumpfe am Bauern, seine Schlauheit, seine ungeheure Aktivität im passiven Erdulden, woran sich jeder Gegner mit der Zeit totläuft ... aber der Bauer: der ist nicht in diesem Buch. Das hat kein Bauer geschrieben. Dieser Autor hat die Bauernbewegung schildern wollen, und unter der Hand ist ganz etwas andres herausgekommen: ein wundervoller Kleinstadtroman.

George Grosz, der du das Titelbild hättest zeichnen sollen, das lies du! Es ist dein Buch.

Die Technik ist simpel; es ist der brave, gute, alte Naturalismus, das Dichterische ist schwach, aber der Verfasser prätendiert auch gar nicht, ein großes Dichtwerk gegeben zu haben. Ein paar Stellen sind darin, an denen schlägt ein Herz. Nein, ein großes Kunstwerk ist das nicht. Aber es ist echt ... es ist so unheimlich echt, daß es einem graut.

Gezeigt wird das politische Leben einer kleinen Provinzstadt; ihre Intrigen und ihre Interessenten; ihre Stammtische und ihre Weiberkneipen; ihr Rathaus und ihre Polizeiwache ... es ist schmerzhaft echt. Das hat einer geschrieben, der diese Umwelt wie seine Tasche kennt, einer, der sich aber doch so viel Distanz dazu bewahrt hat, sie schildern zu können. Er hat genau die richtige Entfernung, deren ein Schriftsteller bedarf: nah, aber nicht zu nah. Es scheint mir ungemein bezeichnend, daß wir keinen solchen Arztroman haben; keinen solchen Börsianerroman; keinen solchen Großstadtroman: es ist, als hätten die Angehörigen dieser gehobenen Bürgerschichten keine Augen im Kopf, um das zu sehen, was rings um sie vorgeht. Es ist ihnen wohl zu selbstverständlich. Fallada hat gesehn.

Es ist eine Atmosphäre der ungewaschenen Füße. Es ist der Mief der Kleinstadt, jener Brodem aus Klatsch, Geldgier, Ehrgeiz und politischen Interessen; es ist jene Luft, wo die kleine Glocke an der Tür des Posamentierwarenladens scheppert und eine alte Jungfer nach vorn gestolpert kommt ... Augen tauchen hinter Fensterladen auf und sehen in den ‹Spion› ... und wenn das nun noch ein Dichter geschrieben hätte, der nicht nur theoretisch im Vorwort sagt, daß dieses Altholm für tausend andre Städte stehe, sondern wenn er uns das nun auch noch im Buch selbst gezeigt hätte –: dann wäre dies ein Meisterwerk.

So ist es nur ein politisch hochinteressanter Roman geworden. Ich kann mir nicht denken, daß ich dieses Buch zu Ende gelesen hätte, wenn es etwa eine bretonische Kleinstadt schilderte; das kann für den Fremden nur ein Künstler wie Maupassant schmackhaft machen. Dieses Werk hier habe ich in zwei Nächten gefressen, weil es uns politisch angeht, nur deswegen. Beinah nur deswegen.

Im Gegensatz zu diesen dummen Büchern gegen die ‹Bonzen›, wo der Sozialdemokrat nichts als dick, dumm und gefräßig ist und die andern rein und herrlich; wo die Arbeiter abwechselnd als verhetzt und unschuldig oder als blöde Masse geschildert werden, und wo sich die ganze Wut nicht zu Worte gekommener Zahlabendmitglieder entlädt – im Gegensatz dazu sind hier Menschen gezeichnet, wie sie wirklich sind: nicht besonders bösartig, aber doch ziemlich übel, mutig aus Feigheit, klein, geduckt alle zusammen – und niemand ist in diesem Betrieb eigentlich recht glücklich.

Die Bauern demonstrieren in der Stadt mit der schwarzen Fahne gegen die zu hohen Steuern. Der Bürgermeister verbietet die Demonstration nicht, der Regierungspräsident will sie verboten haben; beides sind Sozialdemokraten. Der Regierungspräsident entsendet an die Grenze des städtischen Machtbereichs Schupo; sowie einen ‹Vertrauensmann›. Der Vertrauensmann bringt die städtische Polizei und die Bauern ein bißchen aufeinander; hier ist ausgezeichnet geschildert, wie so etwas verläuft: wie guter böser Wille, Tücke, Schlauheit und Gerissenheit des Beamten ineinander übergehn – Amtsmißbrauch? Das weisen Sie mal nach! Und wie sich dann vor allem die Ereignisse selbständig machen; wie es eben nicht mehr in der Macht der Menschen liegt, ihnen zu gebieten – das ‹es› ist stärker als sie. Die Herren Führer stehen nachher als Opfer da – wie ist das gewesen? Ein Telefonanruf, die Ungeschicklichkeit eines Polizeiinspektors ... du lieber Gott, es sind lauter Kleinigkeiten, und zum Schluß ist es ernste Politik. Fallada hat das gut aufgebröselt; er begnügt sich an keiner Stelle mit diesen schrecklichen Rednerphrasen, wie wir sie sonst in jedem politischen Roman finden: er trennt das Gewebe auf und zeigt uns das Futter. Riecht nicht gut, diese Einlage.

Hießen alle diese Leute: Kowalski, Pruniczlawski, Krczynakowski und spielte dieser Roman in Polen –: die deutsche Rechtspresse würde ihn mit Freudengeheul begrüßen. Was? Diese Tücke! diese Falschheit – denn ein Grundzug geht durch das ganze Buch, und der ist wahr:

Fast alles, was hier geschieht, beruht auf Nötigung oder Erpressung. Der Bürgermeister drückt auf die Zeitungsleute; die Zeitungsleute drücken auf das Rathaus; die Bauern auf die Kaufleute; jeder weiß etwas über wen, und jeder nutzt diese Kenntnis auf das raffinierteste aus. Nun wollen wir uns nicht vormachen, es käme solches nur in deutschen Kleinstädten vor; diese Leute sind immer noch Waisenknaben gegen die Franzosen, die aus Personalkenntnissen gradezu meisterhaft Kapital zu schlagen verstehn – die gute Hälfte ihrer Politik besteht aus solchen Dingen, und es ist sehr lustig, daß der Name ihrer einschlägigen Institution in wörtlicher Übersetzung «allgemeine Sicherheit» bedeutet. Also das ist überall so. Gestaltet ist es in diesem Buche meisterhaft.

Was vor allem auffällt, ist die Echtheit des Jargons. Das kann man nicht erfinden, das ist gehört. Und bis auf das letzte Komma richtig wiedergegeben: es gibt eine Echtheit, die sich sofort überträgt: man fühlt, daß die Leute so gesprochen haben und nicht anders.

Diese Aktschlüsse, wenn sie auseinandergehn, mit «Na, denn . . .» und «Also nicht wahr, Herr Bürgermeister . . .»; der schönste Gesprächsschluß ist auf der Seite 517 . . . die grammophongetreue Wiedergabe dessen, was so in einer Konferenz gesprochen wird: wie da die Bürger aller Schattierungen eine Nummer reden, halb Stammtisch und halb Volksversammlung; wie sie unter Freunden sprechen und wie sie sprechen, wenn jemand dabei ist, gegen den sie etwas haben; wie sie schweinigeln . . .

Ja, da lesen wir nun so viel über die Sittenverderbnis am Kurfürstendamm. Aber auf keinem berliner Kostümfest der Inflationsjahre kann es böser zugegangen sein als es heute noch in jeder Kleinstadt in gewissen Ecken zuzugehen pflegt, wenn die Ehemänner, fern von Muttern, in das Reich der Aktfotografien und der Weiberkneipen hinuntertauchen. Jeder hat was auf dem Kerbholz. «Ich sage bloß: Stettin . . .» sagt einer zum Bürgermeister. Ich sage bloß: Altholm – und hierin steht dieses erfundene Altholm, das gar nicht erfunden sein kann, für jede Stadt. Dieses Laster ist unsagbar unappetitlich.

Wenn sie aber festgestellt haben, daß Betty, die Sau, heute keine Hosen trägt, dann reißen sie sich am nächsten Vormittag zusammen und werden ‹dienstlich›. Und das ist nun allerdings ganz und gar deutsch. «Ich komme dienstlich», sagt einer zu einem Duzfreund. Und dann spielen sie sich eine Komödie vor: jeder weiß, daß der andre weiß, daß er weiß – sie grinsen aber nicht, sondern sie wechseln vorschriftsmäßig Rede und Gegenrede, damit sie nachher in den Bericht setzen und beschwören können: «Herr Stuff sagte mir, daß er von dem Verbleib des Inseratenzettels nichts wüßte. So wahr mir Gott helfe.»

O welsche Tücke, o polnische Niedertracht, o deutsche Dienstlichkeit.

Und eine Gerichtsverhandlung: wie da die unbequemen Zeugen zu Angeklagten werden; wie es gedreht wird; wie dieses ganze Theater gar nichts mehr mit Rechtspflege, dagegen alles mit Politik zu tun hat—: das ist ein Meisterstück forensischer Schilderung. Nur zu lang.

Und wenn man das alles gelesen hat, voller Spannung, Bewegung und ununterbrochen einander widerstreitender Gefühle: dann sieht man die immense Schuld jener Republik, die wir einmal gehabt haben und die heute zerbrochen ist an der Schlappheit, an der maßlosen Feigheit, an der Instinktlosigkeit ihres mittlern Bürgertums, zu dem in erster Linie die Panzerkreuzer bewilligenden Führer der Sozialdemokratie zu rechnen sind. Der Lebenswille der andern war stärker; und wer stärker ist, hat das Anrecht auf einen Sieg. Beklagt euch nicht.

Hier, in diese kleinen Städte, ist der demokratische, der republikanische Gedanke niemals eingezogen. Man hat — großer Sieg! — auf manchen Regierungsgebäuden Schwarz-Rot-Gold geflaggt; die Denkungsart der breiten Masse hat die Republik nie erfaßt. Nicht nur, weil sie maßlos ungeschickt, ewig zögernd und energielos zu Werke gegangen ist; nicht nur, weil sie 1918 und nach dem Kapp-Putsch, nach den feigen Mordtaten gegen Erzberger und Rathenau alles, aber auch alles versäumt hat—nein, weil der wirkliche Gehalt dieses Volkes, seine anonyme Energie, seine Liebe und sein Herz nicht auf solcher Seite sein können. Die Sozialdemokratie ist geistig nie auf ihre Aufgabe vorbereitet gewesen; diese hochmütigen Marxisten-Spießer hatten es alles schriftlich, ihre Theorien hatten sich selbständig gemacht, und in der Praxis war es gar nichts. Das Volk versteht das meiste falsch; aber es fühlt das meiste richtig. Daß nun dieses richtige Grundgefühl heute von den Schreihälsen der Nazis mißbraucht wird, ist eine andre Sache.

Hier ist eine Blutschuld der nicht mehr bestehenden Republik. Aus keinem Buch wird das deutlicher als aus diesem, der Verfasser hat es uns vielleicht gar nicht zeigen wollen — die These springt aber dem Leser in die Augen. Was war hier zu machen—! Und was hat man alles nicht gemacht—! Zu spät, zu spät.

Ich empfehle diesen Roman jedem, der über Deutschland Bescheid wissen will. Wie weit ist das von dem Rapprochement-Geschwätz der braven Leute aus den großen Städten entfernt. Hier ist Deutschland — hier ist es.

Es wäre anzumerken, daß der Künstler in Fallada nur an einigen wenigen Stellen triumphiert. Manchmal sagt er kluge Sachen; wie sich zwei bei einer Unterredung vorsichtig abtasten: «Ein Anfang ist gemacht, ein günstiger Anfang. Die beiden Herren haben sich in ihren Antipathien getroffen, was meistens wichtiger ist, als daß die Sympathien übereinstimmen.» Und einmal steht da einer dieser Sätze, an denen das frühere Werk Gerhart Hauptmanns so reich ist. Einem

Bauern geht alles, aber auch alles schief. «Welche sind, die haben kein Glück, sagt Banz und meint sich.»

Ja, das ist ein Buch! So ist die Stadt; so ist das Land, vor allem das niederdeutsche, und so ist die Politik. Man sieht hier einmal deutlich, wie eben diese Politik nicht allein in wirtschaftliche Erklärungen aufzulösen ist; wie sich diese Menschen umeinanderdrehen, sich bekämpfen und sich verbünden, sich anziehen und abstoßen, sich befehden und verbrüdern . . . als seien sie von blinden und anonymen Leidenschaften getrieben, denen sie erst nachher, wenn alles vorbei ist, ein rationalistisches Etikett aufkleben; das Etikett zeigt den Flascheninhalt nicht richtig an. Sie drücken aufeinander und «lassen den andern hochgehn»; sie spielen einander die Komödie des Dienstlichen vor — und es sind arme Luder, alle miteinander. Und man bekommt einen kleinen Begriff davon, wie es wohl einem zumute sein mag, der in diesen mittlern und kleinen Städten auf republikanischem Posten steht. Fällt er wegen seiner Gesinnung? Natürlich. Fällt er durch seine Gesinnung? Nie. Sie «machen ihn kaputt», wie der schöne Fachausdruck heißt, aber so: «Herr Schulrat P. hat gegen den § 18 der Bestimmung verstoßen, nach der er . . .» Immer ist da so ein § 18, und immer funktioniert dieser Paragraph prompt, wenn sie ihn grade brauchen. Und niemals hilft die Republik ihren Leuten; sie wird so gehaßt und hat dabei gar nich veel tau seggn. Sie sieht sich das alles mit an . . . sie läßt diese unsäglichen Richter machen, die die Hauptschuld an den blutigen Opfern der letzten Zeit tragen. Rechtsschutz gibt es nicht. Gleichheit vor dem Strafgesetz gibt es nicht. Kommunist sein bedeutet: Angeklagter sein, und wenn die Nazis ganze Kleinstädte terrorisieren, so bleibt der Landgerichtsrat milde und hackt auf den Belastungszeugen herum. Und wenn es gar nicht anders geht, wenn sonst nichts da ist, einen verhaßten Republikaner tot zu machen, dann hilft irgend ein § 18. Noch niemals aber ist ein Mitglied der herrschenden Rechtskaste über solch einen Paragraphen gestolpert, falls er sich nicht bei seiner Klasse mißliebig gemacht hat. Da gilt dann der Paragraph nicht. Man fällt nicht über seine Fehler. Man fällt immer über seine Feinde, die diese Fehler ausnutzen.

So einen Arztroman möchten wir lesen. So einen Journalistenroman. So einen berliner Roman. Dazu wäre allerdings der besondere Glücksfall nötig, daß ein schriftstellerisch begabter Mann in diesem Milieu lebt und es so genau kennt, wie Fallada das seinige.

Er hat es kaschiert. Seine Helden heißen nicht Knut, sondern Tunk. Wird diese Tarnkappe genügen? Begeistert wird die kleine Stadt von seiner Schilderung grade nicht sein — nicht davon, wie er sie entblößt; wie er aufzeigt, daß weit und breit keine Juden da sind, die man für alles verantwortlich machen könnte; weit und breit keine Kommunisten, die etwas bewirken. Fallada, sieh dich vor. Es gibt ein altes Grimmsches Märchen von der Gänsemagd, die eine Prinzessin war und die nun als Magd dienen muß. Den Kopf ihres treuen Rosses haben sie ans Stadttor genagelt, und jeden Morgen, wenn sie ihre Gänse da vorübertreiben muß, sieht sie es an und spricht:

«O Fallada — daß du hangest!»

Wenn sie dich kriegen, Hans Fallada, wenn sie dich kriegen: sieh dich vor, daß du nicht hangest! Es kann aber auch sein, daß sie in ihrer Dummheit glauben, du habest mit dem Buch den Sozis ordentlich eins auswischen wollen, und dann bekommst du einen Redakteurposten bei einem jener verängstigten Druckereibesitzer, die in Wahrheit die deutsche Presse repräsentieren.

Obgleich und weil du den besten deutschen Kleinstadtroman geschrieben hast.

ES GIBT KEINEN NEUSCHNEE

Wenn du aufwärts gehst und dich hochaufatmend umsiehst, was du doch für ein Kerl bist, der solche Höhen erklimmen kann, du, ganz allein —: dann entdeckst du immer Spuren im Schnee. Es ist schon einer vor dir dagewesen.

Glaube an Gott. Verzweifle an ihm. Verwirf alle Philosophie. Laß dir vom Arzt einen Magenkrebs ansagen und wisse: es sind nur noch vier Jahre, und dann ist es aus. Glaub an eine Frau. Verzweifle an ihr. Führe ein Leben mit zwei Frauen. Stürze dich in die Welt. Zieh dich von ihr zurück . . .

Und alle diese Lebensgefühle hat schon einer vor dir gehabt; so hat schon einer geglaubt, gezweifelt, gelacht, geweint und sich nachdenklich in der Nase gebohrt, genau so. Es ist immer schon einer dagewesen.

Das ändert nichts, ich weiß. Du erlebst es ja zum ersten Mal. Für dich ist es Neuschnee, der da liegt. Es ist aber keiner, und diese Entdeckung ist zuerst sehr schmerzlich. In Polen lebte einmal ein armer Jude, der hatte kein Geld, zu studieren, aber die Mathematik brannte ihm im Gehirn. Er las, was er bekommen konnte, die paar spärlichen Bücher, und er studierte und dachte, dachte für sich weiter. Und erfand eines Tages etwas, er entdeckte es, ein ganz neues System, und er fühlte: ich habe etwas gefunden. Und als er seine kleine Stadt verließ und in die Welt hinauskam, da sah er neue Bücher, und das, was er für sich entdeckt hatte, das gab es bereits: es war die Differentialrechnung. Und da starb er. Die Leute sagen: an der Schwindsucht. Aber er ist nicht an der Schwindsucht gestorben.

Am merkwürdigsten ist das in der Einsamkeit. Daß die Leute im

Getümmel ihre Standard-Erlebnisse haben, das willst du ja gern glauben. Aber wenn man so allein ist wie du, wenn man so meditiert, so den Tod einkalkuliert, sich so zurückzieht und so versucht, nach vorn zu sehen —: dann, sollte man meinen, wäre man auf Höhen, die noch keines Menschen Fuß je betreten hat. Und immer sind da Spuren, und immer ist einer dagewesen, und immer ist einer noch höher geklettert als du es je gekonnt hast, noch viel höher.

Das darf dich nicht entmutigen. Klettere, steige, steige. Aber es gibt keine Spitze. Und es gibt keinen Neuschnee.

WALLENSTEIN UND DIE INTERESSENTEN

Mein Onkel Casimir, Chef-Leuchtturmwächter der Insel Achnoe in der Ostsee, hat mir neulich einmal erlaubt, in seiner Bibliothek zu kramen. Die Bibliothek besteht aus zwei stattlichen Bänden: ‹*Kochbuch für den gebildeten Mittelstand*› von Frau Hofrat Elise Zibelius, darin liest der Onkel, der schwer magenleidend ist, in stillen Nächten und freut sich; sowie: ‹*Anleitung zur Errichtung von Wildgehegen im deutschen Mittelgebirge*› — in diesem Werk hat der Onkel, wenn er Leuchtturm-Wache hat, die kleinen o's mit Tinte ausgefüllt; er hält bereits auf Seite 462.

Neben diesen beiden Büchern steht da noch ein großer Kasten mit alten Briefen; sie sind einmal bei einem Schiffbruch an Land geschwemmt worden, auf manchen ist die Schrift ganz ausgewischt, viele sind vom Seewasser zerfressen und verdorben — aber andere sind doch noch ganz gut lesbar. Und in dieser Briefkiste habe ich mit Erlaubnis des Onkels kramen dürfen.

Es fanden sich dort sechs Briefe, die ich mir abgeschrieben habe, weil ich glaube, daß sie einer breiteren Öffentlichkeit ein gewisses Interesse abzuringen in der Lage sein dürften. Sie stammen aus dem Jahre 1802 und sind an den Verleger Cotta gerichtet. Hier sind sie:

1.

Reichsverband Ehemaliger Holkischer
Reitender Jäger E. V. Weimar, 4. Aug. 1802

An die J. G. Cotta'sche Buchhandlung
Stuttgart

Geehrter Herr!
In Ihrem dortigen Verlag ist eine Sudeley ‹*Wallensteins Lager*› von einem gewissen Schiller, Friedrich, erschienen, in der auch Holkische Reitende Jäger auftreten. Abgesehen von der völligen Unkenntnis,

mit der dieses ‹militärisch› sein sollende Zeug dargestellt ist, müssen wir auf das schärfste Verwahrung dagegen einlegen, daß vaterländische Belange in dieser Art von einem Zivilisten platt getreten werden. In dieser Zeit, die wie keine andere stramme Zucht und gut preußische Disciplin braucht, muß es als eine schwere Verletzung unserer sowie der Allgemein-Belange angesehen werden, wenn ein Holkischer Jäger eine Aufwärterin mit den Worten:

«Bleib Sie doch bei uns, artiges Kind!»

seinen schnöden Lüsten gefügig zu machen sucht. So etwas tut ein Holkischer Jäger nicht! Insbesondere sind während des ganzen Dreißigjährigen Krieges derart wüste und ausschweifende Scenen niemals vorgekommen. Diesbezügliche Klagen sind dem hiesigen Generalsekretariat des Reichsverbandes Ehemaliger Holkischer Reitender Jäger nicht zu Ohren gekommen.

Wir müssen daher namens von Tausenden alter Regimentskameraden fordern, daß das ‹Werk› des p. Schiller, Friedrich, entweder ganz unterdrückt oder aber die dort vorkommenden Holkischen Jäger in welsche Berittene umgewandelt werden.

I. A.: Bertelmann
Generalsekretär des R. E. H. R. J.

2.

Königl. Bayerische
Buchprüfungsstelle

München, den 18. Januar 1802

An die J. C. Cottasche Buchhandlung

Stuttgart

Die nachgesuchte Genehmigung, das Werk

‹Die Piccolomini›

in Bayern zu vertreiben, kann hieramts nicht erteilt werden.

Gründe:

Das Werk ist geeignet, die bayerische Sittlichkeit zu verletzen bzw. in ihren Grundfesten zu erschüttern. Ausschlaggebend für das Verbot ist das unsittliche Verhältnis der Figur Thekla mit der Figur Max. Im 5. Auftritt des dritten Aufzuges sind diese beiden Personen, deren eheliche Verbindung nicht angezeigt wird, *allein* auf der Bühne, was hieramts nicht geduldet werden kann. Es heißt dort an einer besonders entsittlichenden Stelle:

«Thekla (ihn zärtlich bei der Hand fassend).»

Eine solche offenbare Ausschweifung ist geeignet, auf Jugendliche unter 80 Jahren entsittlichend zu wirken sowie die Anschauungen über Moral, Ehe, Liebe und die Notwendigkeit hoher Zolltarife auf das schwerste zu erschüttern.

Die hiesige Behörde wird im Gegenteil alles tun, um die Anschaffung sowie auch Verbreitung dieser pornographischen Schrift auf Schulen und andern öffentlichen Oertern zu verhindern.

m. p. Xaver Gscheitner
Regierungsoberamtmann, Leiter der Buchprüfungsstelle München.

3.

Königsberg, den 2. Januar 1802

Herrn Cotta,
Stuttgart

Namens der hier versammelten königsberger Bürger mit dem Familiennamen

Neumann

protestieren 163 Neumänner gegen die unbefugte Verwendung ihres guten Namens in einem bei Ihnen erschienenen Werke ‹Piccolominis Tod› von Goethe. Darin findet sich ein Rittmeister Neumann und ist derselbe geeignet, das Ansehen, das die weit verbreitete Familie Neumann in allen Landen genießt, auf das schwerste zu schädigen.

Wir behalten uns alle diesbezüglichen Schritte gegen Sie und den Verfasser Goethe vor.

Gustav Neumann — Dr. med. Anton Neumann
Herbert Neumann — D. Dr. Fritz Neumann
Obermedikus Neumann — Turnlehrer Neumann

4.

Fachverband der Herzogl. Anhaltinischen
Fernrohr-Industrie sowie verwandter
Berufe

Dessau, am 23. April 1801

Namens und auftrags der Herzogl. Anhaltinischen Fernrohr-Industrie sowie der angeschlossenen Berufe legen die Unterzeichneten Verwahrung ein gegen eine von Ihrer Buchhandlung vertriebene Charteke

‹Das Lager der Piccolomini› von Fritz Schiller.

Wie wir hören, tritt in diesem Schauerstück eine Gestalt namens Seni auf, die sich als Sterndeuter bezeichnet.

Namens und auftrags der Herzogl. Anhaltinischen Fernrohr-Industrie sowie der angeschlossenen Berufe können wir den Fritz Schiller nicht als berechtigt ansehn, die hochangesehenen Erzeugnisse unserer Industrie sowie der verwandten Berufe derart lächerlich zu machen sich in der traurigen Lage zu befinden.

Wir fordern Sie daher auf, wenigstens in diesem Theaterstück genaustens – im Programm *und* im Text – anzugeben, von welcher Fernrohr-Handlung die dort benutzten Fernröhre bezogen worden sind, widrigenfalls wir bei dem hiesigen Herzogl. Anhaltinischen Kammergericht Regreß einlegen werden.

Namens und auftrags
WILLIBALD PONTENSCHEUER
Eigentümer der Fernrohr-Handlung

Pontenscheuer und Sohn
Dessau; Krumme Straße 7.
Eingang durch den «Wilden Löwen» des Herrn Kramer.
Sextanten und Meßgeräte. Vergrößerungs-Gläser,
sowie die verwandten Berufe.

5.

(Anonym)

Wenn Ihr bestochener Juden-Knecht nicht allerschleunig das Buch Maria Piccolomini von Cotta verbrennen laßt dann sollt Ihr mal sehn wir werden es Euch schon eintränken so das Heilige zu verunschimpfieren sowie auch das Vaterland mit Füßen wahrscheinlich hat euch der Polenkönig einen Batzen Geldes dafür gegeben daß ihr es tut das wird aber nicht mehr lange dauern

VIER NATIONALE MÄNNER!

6.

Stadtverwaltung zu Eger — Eger, am 15. September 1802

Sehr geehrter Herr Hofrat Cotta!
Als Bürgermeister der kaisertreuen Stadt Eger möchte ich Ihre Aufmerksamkeit auf ein durch Sie vertriebenes Werk

‹*Wallensteins Tod*› von Professor Schiller

hinlenken.

Ich muß meinem Bedauern Ausdruck geben, daß eine hochangesehene Buchhandlung wie die Ihre ein solches Buch publiciert hat. Dasselbe ist geeignet, durch die Schilderung von Unruhe-Scenen sowie von Tumulten und Straßen-Aufläufen, die sich angeblich in Eger abgespielt haben sollen, den österreichischen Fremdenverkehr auf das schwerste zu schädigen und müssen wir im Interesse unserer durch die Nöte der Zeiten so schwer geplagten Geschäftsleute dagegen protestieren und fordern, daß dieses Werk

a) entweder ganz unterdrückt, was am besten, oder
b) der Schauplatz der Handlung nach Pilsen verlegt, oder
c) eine Scene hinzugefügt wird, aus der erhellt, daß die Stadtverwaltung von Eger alles getan hat, um einem Umsichgreifen der Tumulte im Interesse ihrer Badegäste Einhalt zu tun.

m. p. T. Betternich,
Bürgermeister von Eger

DIE GEFANGENEN

Hörst du sie schlucken, Herrgott?
Sie sitzen muffig riechend und essen ein muffiges Essen,
holen es mit dem Blechlöffel aus den amtlichen Gefäßen
und führen es in ihren privaten Mund.
Der Körper verdaut es,
und es ist ganz sinnlos, was sie da tun.
Hörst du sie schlucken, Herrgott?

Siehst du sie im Hof trotten, Herrgott?
Man bewegt sie wie die Pferde, damit sie nicht frühzeitig sterben —
sie sollen leidensfähig erhalten werden,
und im Schubkasten des Gefängnispastors liegt eine Bibel.
Daraus liest er ihnen von Zeit zu Zeit etwas vor und glaubt wirklich,
er sei besser als sie.
Siehst du sie in ihrer Kirche sitzen, Herrgott?

Fühlst du sie leiden?
Nachts bedrängen sie wüste Träume;
ihre innere Sekretion ist nicht in Ordnung,
sie sehen riesige Geschlechtsteile auf Beinen
und zupfen an sich herum . . .
Fühlst du sie leiden?

Ja, sie haben gefehlt — das ist wahr.
Doch kann kein Mensch den andern bestrafen, er kann ihn nur quälen.
Denn Schuld und Strafe kommen niemals zusammen.
Ja, sie haben gefehlt, das ist wahr.
Da sitzen sie und leiden:
Weil sie gestohlen haben;

weil ihre Eltern nur einen verwüsteten Körper zeugen
konnten;
weil sie in Spanien eine Republik haben wollten;
weil sie Stalins Politik nicht billigen;
weil sie den Duce nicht lieben;
weil sie in Amerika Gewerkschaften gründen
wollten . . .
Sie sind Späne des irdischen Sägewerks.
Die Gerechten können nicht sein, wenn die Ungerechten nicht
wären.
Ja, sie haben gefehlt – das ist wahr.

Und so ist es eingeteilt:
Sie haben gesündigt.
Andre haben sie verurteilt.
Wieder andre vollstrecken das Urteil.
Was haben diese drei Dinge miteinander zu tun?

Gott, du siehst es –!
Erbarme, erbarme dich der Gefangenen!
Der Mensch, der da richtet, erbarmt sich nicht.
Man müßte ihn quälen, wiederum,
und wiederum wäre nichts damit getan.
Hörst du sie, siehst du sie, fühlst du sie,
die Gefangenen –?

SO VERSCHIEDEN IST ES IM MENSCHLICHEN LEBEN!

Neulich habe ich alte Jahrgänge des ‹*Brenner*› gelesen, einer Zeitschrift, die in Innsbruck erschienen ist und wohl noch erscheint . . . Das war eine merkwürdige Lektüre.

Es gibt eine Menge verhinderter Katholiken, meist sind es Juden, denen ist die katholische Kirche nicht katholisch genug, oder sie erscheint ihnen überhaupt nicht als katholisch. Ich mag mich nicht gern mit der Kirche auseinandersetzen; es hat ja keinen Sinn, mit einer Anschauungsweise zu diskutieren, die sich strafrechtlich hat schützen lassen. Mit so unhonorigen Gegnern trete ich nicht gern an. Was aber jene verhinderten Katholiken angeht, die es gern sein möchten, es aber nicht sein können und die darunter leiden, wie nur ein Mensch leiden kann: es sind das nicht nur die forschen Konvertiten, die da toben. Es ist noch etwas andres.

Da ist eine ganze Literaturgattung, die schlägt der Welt ununterbrochen das ‹*Neue Testament*› auf den Kopf und wundert sich, daß es nicht gut klingt. Das höchste Pathos blüht hier; kaum einer kann gewaltigere Töne finden als der, der aufzeigt: Siehe, die Welt lebt nicht, wie Christus es gelehrt hat. Es gibt nur noch ein Pathos, das höher ist: das ist das Pathos über Christus hinweg.

Im ‹*Brenner*› nun, dessen Sauberkeit, Tapferkeit und Reinheit nicht bezweifelt werden kann, gehts hoch her. Und dabei ist mir etwas aufgefallen.

Da ist zum Beispiel Theodor Haecker, ein Schriftsteller von beachtlichem Format, wenn man nicht genau hinsieht. Wenn man aber genauer hinsieht, dann zeigt sich unter dem Lärm der donnernden Moralpauken ein kleiner Mann, der es dem Hermann Bahr aber ordentlich gibt, und, auf einmal, Hosianna, Amen und Ite missa est, sind wir mitten im fröhlichen Gezänk eines Literaturcafés. Frommer Schwanecke. Es scheint, als ob diese Sorte Literaten sich erst religiös sichern müssen, bevor sie loshacken. Sie haben nie begriffen, daß es christlich, mehr: daß es philosophisch wäre, zu schweigen und vorüberzugehn. Ja, wenn ein Gläubiger aufschreit und dem Wahnwitz der Welt einen Spiegel entgegenhält, von dem jene nachher sagt, es sei ein Zerrspiegel, weil sie nicht glauben kann, daß sie so gemein aussehe! Wer dieses aber allmonatlich, regelmäßig und mit hitziger Wonne tut: der ist kein Christ, und wenn er zehnmal den ganzen Kierkegaard übersetzt hat. Der ist genau dasselbe wie Hermann Bahr, nur mit umgekehrtem Vorzeichen. Und schließlich ist psychopathische Lebensuntüchtigkeit noch kein Christentum, und ‹das Böse› ist kein Schimpfwort. Wenn einer mit seinem Leben und nun gar mit dem Leben nicht fertig wird, so wird solch ein Anblick dadurch nicht schöner, daß er sich auf die Bibel beruft. Die geheime Wonne, dem andern aber ordentlich eins zu versetzen, wird hier durch Moralinsäure legalisiert und durch eine verfälschte Himmelssüßigkeit, die nach Sacharin schmeckt und durchaus von dieser Erde stammt. Das Ziel ist vielleicht gut; die Kämpfer sind es mitnichten. Und die Hälfte ihrer Religion besteht in der Verachtung der Ungläubigen; das hält warm und ist ein schönes seelisches Unterfutter.

Viel Rauch um diesen Brenner. Schade um die reine Flamme.

Der Zustand der gesamten menschlichen Moral läßt sich in zwei Sätzen zusammenfassen: We ought to. But we don't.

Wenn Stefan Zweig einen erkälteten Magen hat –: schreibt er sich dann etwas auf die eigne Bauchbinde –?

Das Englische ist eine einfache, aber schwere Sprache. Es besteht aus lauter Fremdwörtern, die falsch ausgesprochen werden.

Scharfe Sozialkritiker sind in ihren Nicht-Vaterländern sehr beliebt, nur dürfen es grade keine Kommunisten sein. Sonst aber hat es der Deutsche gern, wenn der Amerikaner die amerikanische Kultur demoliert; wir haben uns immer sehr für die Freiheit der andern interessiert.

Man kann jeden schreibenden Menschen bis ins Mark daran erkennen, wie er das Wort ‹ich› setzt. Manche sollten es lieber nicht setzen. Hitler setzt es. «Wenn ich in Deutschland spreche, so strömen mir die Menschen zu . . .» Der Ton ist vom Kaiser entlehnt, und das Ganze hat etwas Gespenstisches: denn dieses ‹ich› ist überhaupt nicht da. Den Mann gibt es gar nicht; er ist nur der Lärm, den er verursacht.

Die einen haben nichts zu essen und machen sich darüber Gedanken, das kann zur Erkenntnis ihrer Lage führen: und das ist dann Marxismus; die andern haben zu essen und machen sich keine Gedanken darüber: und das ist dann die offizielle Religion. So verschieden ist es im menschlichen Leben!

WELTBILD, NACH INTENSIVER ZEITUNGSLEKTÜRE

Seit Mussolini fahren die Züge in Italien pünktlich ab, in Rußland gibt es keine seidnen Strümpfe, und das kommt alles von der Prohibition. Kein Wunder, sehn Sie mal allein die englischen Manieren — das sind ehmt Gentlemen, na ja, und dann die Tradition! Das ist ganz was andres, das ist wie die Luft in Paris oder die Mehlspeisen in Stockholm, das macht den Ungarn eben keiner nach! Haben Sie gelesen: Hoesch war bei Briand? Ja. Ich weiß nicht, was er da gemacht hat — aber es ist ungemein beruhigend, das zu lesen. In Südamerika heizen sie mit Mais, riesige Viehbestände haben die, und unsre juristische Karriere ist auch überfüllt. Was mit dem König von Spanien bloß ist! Soll er doch schon gehn; 'n König heutzutage, das ist doch nichts! Und wo er sich überhaupt immer auf die Unterlippe tritt! Einen richtigen Diktator müßte man dem Mann mal hinschicken; die Hauptrolle spielt Fritz Kortner. Der Zündholz-Kreuger hat einen ewigen Trust erfunden, Brecht will für die *‹Dreigroschenoper›* Arbeitslosenunterstützung haben, er hat gesagt, das wär doch keine Arbeit, Stalin von den eignen Parteigenossen was, weiß ich nicht, aber so kann es keinesfalls weitergehn! Das dürfen die Leute ja gar nicht! Die Butter ist nu auch wieder teurer geworden, seit die türkischen Frauen alles haben fallen lassen, bin ich doch dafür, daß Cilly Außem in die Dichterakademie, Sie, Tennis-Borussia liegt in Front, da kann der Big Tilden nichts machen, und der kann doch gewiß Tennis, im Westen ist ein isländisches Tief mit schwachen südöstlichen Winden, Kortner spielt die Hauptrolle, und meine Meinung ist meines Erachtens die: nur ein Gremium kann uns helfen! Ein Gremium oder Radium, eins von den dreien, und Kortner spielt die Hauptrolle. Ist eigentlich der Joseph Goebbels mit der Josephine Baker verwandt? Die Polizei greift scharf durch, es wird ja in der letzten Zeit wieder kolossal durchgegriffen, da haben sie bei den Nazis eine Haussuchung gemacht, das Haus haben sie gefunden, aber sonst haben sie leider nichts gefunden, Großkampftag im Parlament von Jugoslawien, der König übernimmt die Verantwortung, das wird nicht gehn, die hat doch Brüning schon übernommen, so übernimmt sie immer einer vom andern, und wer sitzt nachher in der, Tschechei stellt die Lieferung von Journalisten an Deutschland ein, was werden wir denn nun machen, o Gott, o Gott, da bleiben uns dann eben nur noch die Wiener, ja, das goldene wiener Herz am Rhein, davon leben wieder die aus Czernowitz, so eng ist die Weltwirtschaft miteinander verknüpft, und Kortner spielt die Hauptrolle. Daß Briand bei Hoesch . . . das hab ich schon erzählt. Gib noch mal das Hauptblatt her, wo war denn das . . . Ritueller Tenor unterrichtet, nein, das wars nicht, Geselligkeit, seelenvolle Vierzigerin sucht Balkonzimmer mit gleichdenkendem Witwer spätere Badebenutzung nicht ausgeschlossen, man kann aber wirklich keine Zeitung mehr aufmachen, ohne daß man einen Chinesen sieht, dem sie den Kopf, das ist ja an den Haaren herbeigezogen, Stefan Zweig schreibt, dieses Buch ist voll verhaltener menschlicher Genialität und seit dem Reichskursbuch vielleicht das innerlichste, daß von den Nacktfotografien von Lieschen Neumann gar keine veröffentlicht werden! Dividende bei Mittelstahl, der Papst über die Ehe, Al Capone über die Prohibition, Hitler stellt eine Garde rassegereinigter SA-Leute auf, Kortner spielt die Hauptrolle, abgebauter Kardinal sucht Kinderwagen zu verkaufen, Reichstag, werde hart, ach Gottchen, Unterhaltungsbeiblatt, wie ich zu meinen Kindern kam, technische Beilage, die Dampfkesselwarmwasserrohrentzündung, die Herzogin von Woster in einem pikanten rotbraunen, Familiennachrichten, das ist doch die, wo der Mann die geschiedene, Kurszettel und andre Konkurse, verantwortlich für den Gesamtinhalt:

Wir leben in einer merkwürdigen Zeitung —!

DAS SCHWARZE KREUZ AUF GRÜNEM GRUNDE

Weh euch, Schriftgelehrte und Pharisäer, ihr Heuchler, die ihr die Becher und Schüsseln auswendig reinlich haltet, inwendig aber ists voll Raubes und Fraßes! Matthäus 23; 25

Im Zuchthaus zu Celle, das von Fritz Kleist fortschrittlich geleitet wird, hat im vorigen Jahr der Präsident des Strafvollzugamts zu Hannover, Muntau, die Weihnachtsfeier gestört.

Ein wiener Schauspieler, Herr Tyndall, hatte aus ‹*Nathan dem Weisen*› rezitiert und seinem Vortrag einige ruhige und maßvolle Schlußworte folgen lassen, die allerdings nicht biblisch waren. Darauf erhob sich Muntau und protestierte. Die Gefangenen lärmten, und nur der Geschicklichkeit des Direktors Kleist gelang es, die Situation zu retten, die Muntau verfahren hatte. Das Justizministerium veröffentlichte eine Erklärung, die den Präsidenten deckte. Wer ist dieser Mann?

Ein schönes Beispiel für die Sorte, die im Strafvollzug trotz aller gegenteiligen Versicherungen des wohlmeinenden Justizministeriums die Melodie angibt. Es ist keine schöne Melodie.

Der Präsident Muntau ist ein christlich-sozialer Reichstagsabgeordneter. Er hat aber noch eine dritte Tätigkeit: er ist «Vorsitzender des schwarzen Kreuzes, der christlichen Gefangenenhilfe E. V.» (Abzeichen: Schwarzes Kreuz auf grünem Grunde). Da muß man hineingetreten sein.

«Es ist heute wichtiger als je, die Gefangenen schon während der Strafzeit in lebendige Berührung mit Gott und Gottes Wort zu bringen.» Und warum? Weil das ganze Volk unter den gegenwärtigen wirtschaftlichen Verhältnissen so leide. Und dagegen ist ja Gottes Wort immer sehr gut.

Hier ist die peinlichste und häßlichste Vergewaltigung von Strafgefangenen am Werk: Menschen, die sich nicht wehren können, werden gezwungen, sich, wenigstens mit dem Munde, zu einer Weltanschauung zu bekennen, die fast jeder von ihnen in der Freiheit nicht akzeptiert. Selbstverständlich werden Muntau wie seine Kollegen weit von sich weisen, jemals einen Gefangenen zu ‹zwingen›. Nun, die Bastonade bekommt er nicht. Aber jeder weiß doch, wie ein Beamter zu schikanieren vermag, und wer von den Strafgefangenen dem Anstaltspfarrer nicht bußfertig genug erscheint, gelangt nie zu jenen kleinen Vergünstigungen, die uns andern in der Freiheit so geringfügig erscheinen und die in dem begrenzten Lebensfeld eines Eingesperrten so unendlich wichtig sind.

Das Bekenntnis zur Frömmigkeit wird erpreßt. «Recht erfreulich war die Entwicklung unseres Genesungsheimes ‹Licht nach dem Dunkel› in Westercelle bei Celle. Gott hat dort in diesem ersten vollen Wirtschaftsjahr ganz sichtbarlich gesegnet ... In mehreren Fällen galt der Aufenthalt in unserm Heim als Bedingung für vorzeitige Strafaussetzung mit Bewährungsfrist.» Wer also nicht damit einverstanden war, in jenem Heim sichtbarlich für den lieben Gott Mohrrüben zu hacken, der war noch nicht reif für die Bewährungsfrist. Wie groß ist des Allmächtigen Güte!

Und hierzu wie zu den Personen, die diesen Strafvollzug immer noch bestimmen dürfen, ist zu sagen:

Es ist eine Dreistigkeit und eine Unverfrorenheit, in Strafgefangenen Objekte zu religiösen Experimenten zu sehen.

Niemand hat das Recht, einem Rechtsbrecher ‹zur Vergeltung› alle Lebensrechte zu nehmen, die sein sind, auch dann noch, wenn er gemordet hat. Die Gesellschaft hat nur das Recht, sich zu sichern – also den Mörder aus dem gesellschaftlichen Leben auszuschließen. Niemals mehr.

Mit welchem Recht denn auch mehr? Wo ist die Aktivlegitimation dieser Herren? Wer ist Muntau? Was berechtigt ihn dazu, die Nachfolge Christi in den Gefängnissen anzutreten? Nichts als ein paar bestandene Examina und – hier ist der Kern –: das Wohlwollen des Beamtenkörpers, der ihn, ohne die Volksmeinung zu befragen, kooptiert hat. So kommt ein solches Amt zustande.

Denn wer befaßt sich mit dem Strafvollzug? Jene Gesellschaften, Vereine und Vereinchen, die ihre Traktätchen nicht anders an den Mann bringen können: die breite Öffentlichkeit aber hat Gott sei Dank mit diesen Dingen nichts zu tun, oder sie ist machtlos. Der Beamte regiert. Und er regiert nicht gut.

Es ist keine Rede davon, unter O-Bruder-Mensch-Geschrei dem Rechtsbrecher die Füße zu küssen. Es gibt unter den Berufsverbrechern und unter den Gelegenheitsverbrechern böse Jungens, wirklich niedrige Charaktere, deren seelische Anlagen gesellschaftsschädlich sind und es auch bleiben. Man sichere die Gesellschaft vor ihnen – niemand aber vermesse sich, sie aus Rache zu quälen.

Die empörende Dreistigkeit der Strafvollzugsbehörden, sich wie einen Gott über den Gefangenen zu setzen, ist international. Man lese Berichte aus französischen Gefängnissen, wie zum Beispiel den von Francis Carco *‹Les Prisons de Femmes›*, und der Menschheit ganzer Jammer faßt einen über so viel seelische Verderbnis an: wie sie nämlich unter den Direktoren dieser Anstalten herrscht. Die Franzosen unterscheiden sich dadurch von den Deutschen, daß man dort den Publizisten erlaubt, diese Dinge zu sagen – gebessert wird allerdings kaum etwas. Nun, es soll zunächst jeder bei sich zu Hause ausfegen.

Was Deutschland angeht, so sind im Strafvollzug neben dem bekannten Bullentyp gewisser Unterorgane Menschen beschäftigt, denen jede, aber auch jede Kenntnis der menschlichen Seele fehlt. Das ginge noch an, wenn sie sich darauf beschränken wollten, nur die Tore ihrer Strafanstalten geschlossen zu halten und das äußere Leben der Gefangenen hygienisch und ordentlich zu gestalten. Sie wollen aber mehr. Sie wollen: die absolute Unterordnung.

Nun wissen sie in ihrer kleinbürgerlichen Beschränktheit nicht, daß der seelische Widerstand eines Gefangenen sehr oft den letzten Rest Menschenwürde enthält, der noch in ihm ist — sie wissen es nicht, und sie wollen es auch nicht wissen. Sie wollen herrschen. Bessern sie —? Sie strafen.

Gott straft. Aber wo ist die Legitimation dieser Muntaus? Ich erschlage im Jähzorn einen Arbeitskollegen. Ich bin ein Rechtsbrecher. Und nun falle ich unter die Herrschaft eines mehr oder minder beschränkten, kleinkalibrigen Mannes, der mir mit seinen Anordnungen das Leben zerstört. Was soll das? Wird dadurch der Erschlagene wieder lebendig? Ich kann den Zusammenhang nicht sehn.

Unter welchen Vorwänden maßen sich diese Direktoren, deren seelische Qualifikationen nur von Gleichgesinnten, also unzureichend geprüft werden, das Recht an, Gefangene zu schinden? Und sie werden geschunden. Was um alles in der Welt ist damit getan, daß man sie quält? Es ist ja nicht wahr, daß andre Menschen dadurch abgeschreckt werden, ihrerseits das Recht zu brechen, es ist ja nicht wahr, daß auch nur ein einziger diese Orte des seelischen Grauens gebessert verläßt. Zerbrochen oder geknickt, verbittert oder innerlich zerschlagen — gebessert niemals.

Wir brauchen keine Psychologie der Verbrecher; wir brauchten eine Psychologie der Richter und der Gefängnisbeamten, nebst ihrer frommen Schwestern. Wie sieht es in diesen Herzen aus?

Ein Kongreß der Strafanstaltsdirektoren wird sicherlich keine Versammlung wilder Sadisten sein. Es sind in ihrer Mehrheit Bürger, mit all der Phantasielosigkeit, der dumpfen Gleichgültigkeit, der Unfähigkeit, sich in die Seele eines andern Menschen zu versetzen, und erfüllt von dem ehernen Aberglauben, sie seien wirklich besser als die Verurteilten. Wer aber nicht weiß, was Sünde ist, wer nie begriffen hat, wie es in uns allen aussieht —: der ist zu allerletzt legitimiert, andre Menschen zu strafen, indem er ihnen sinnlose Sprechverbote auferlegt, sie wie dressierte Hunde zusammentreibt und in ihre Zwinger entläßt.

Wieviel trübe Herrschsucht ist in diesen Beamten! Wieviel kleines Neronentum! Welche versetzte Sexualität in manchen dieser frommen Schwestern, die am Tage nachholen, was ihnen die Nacht nicht gewährt! Was sich dort als sozial nützlich gibt, ist mitunter viel, viel schlimmer als das, was aus sozial mißleiteten Trieben von den Rechtsbrechern gefehlt worden ist. Wir brauchten eine Psychologie der Herrschenden.

Der Muntaus sind viele. Sie richten maßloses Unheil an.

Das A und O, woran dieser lächerliche Strafvollzug krankt und kranken muß, steckt nicht nur im Wirtschaftlichen.

Es steckt in dem hochmütigen und echt pharisäischen Irrtum, daß ein bestandenes Assessorexamen dazu berechtigt, sich über den Rechtsbrecher auch sittlich zu erheben. Die Herren lesen die Bibel und lassen sie lesen; aber sie haben sie nie verstanden.

Niemals darf der Rechtsbrecher Grundrechte des Menschen verlieren, auch er nicht. Das primitive Rechtsbedürfnis des Gerichtssaal-Publikums («Den Kerl müßte man aushauen und ihm Pfeffer in die Wunden streuen!») wird mit modernern Mitteln von den Strafvollstreckern realisiert — man kann Menschen noch mehr leiden machen als dadurch, daß man sie prügelt. Die Gegenmeinung jener, die besser als das Durchschnitts-Publikum begriffen haben, was Strafe ist, und daß der Mensch den Menschen überhaupt nicht strafen, sondern ihn nur quälen kann, sich also so ein Lustmoment schaffend, das ihm oft nicht bewußt ist: diese Gegenmeinung verhallt.

Wie lange noch —?

Ein Zuchthaus sei kein japanischer Blumentempel. Es sei aber auch kein sadistisches Kabinett.

Betritt ein Rechtsbrecher eine dieser Strafanstalten, so müssen in ihm, wenn er nicht ein abgehärteter Sträfling ist, aller Widerspruch, alle Bitternis, alle Wut wach werden, die ein gequälter Mensch zu fühlen fähig ist. Das Verbrechen steht mit dem, was dort geschieht, in gar keinem Zusammenhang mehr. Dort wird gekämpft.

Es wird gekämpft zwischen Menschen, die einmal eine Untat begangen haben, und den Feldwebeln des Geistes. Kusch, du Hund, halts Maul, friß, arbeite, onaniere und gehorche, gehorche, gehorche! Und ein ohnmächtiges Ding ringelt sich am Boden, tut das alles und knirscht vor Wut. Und es ist ja nicht wahr, daß man «der Bande nicht anders beikommen kann». Jeder Kenner wird bestätigen, daß grade unter diesen Leuten das Rechtsgefühl merkwürdig lebendig ist; daß die Mehrheit der Rechtsbrecher, wenn man sie nur richtig leitet, nämlich mit Festigkeit, aber mit Verständnis, ein ungeheuer feines Gefühl für Gerechtigkeit hat, und daß, sofern man sie nicht quält und schindet, grade diese einsehen: «Daß man mich gefangen hält, verstehe ich, ich habe das und das ausgefressen.» Worüber sie sich aber zerfressen vor Wut, sind jene unnötigen Demütigungen, die keinen andern Sinn haben, als das Lebensgefühl eines mittelmäßigen Beamten zu erhöhen. Denen ist nichts so widerwärtig wie öffentliche Kontrolle. Mißtrauisch betrachten sie jeden, der sich überhaupt um den Strafvollzug kümmert; denn den haben sie gepachtet. Kleine Leute. Aber innerhalb ihrer Mauern aufgeblasen wie Ballons. Bedauernswert die Opfer, die ihnen in die Finger fallen.

Der Geist dieses Strafvollzugs ist schlecht. Er ist durchsetzt von übeln religiösen Wahnvorstellungen; von Irrtümern über die einfachsten Funktionen der Seele: von sozial maskierten, höchst minderwertigen Begierden. Greift einer ein, so schallt ihm ein Chor entgegen: «Ja, soll man vielleicht den Gefangenen jeden Tag Pudding zu essen geben und sie abends ins Varieté führen?»

Man sollte aber vor allem einmal Menschen aus dem Strafvollzug ausroden, die ihrerseits Verbrecher an Seelen sind, dumpfe Rohlinge, Caligula-Naturen und Pharisäer, die jener Christus gegeißelt hat, dessen Namen sie mißbrauchen. Denn nie empfindet ein normaler Mensch so viel Lust im Bett wie jene an ihrem Schreibtisch. Fluch ihnen.

Zu fordern ist, immer wieder: das Recht für die Rechtsbrecher.

EIN STÜCK DICHTUNG

In dem Kriegsbuch Köppens, ‹*Heeresbericht*›, steht viel Gutes: gut Gesehnes, Erlebtes vielleicht, Gestaltetes, sauber und kräftig in der Tendenz, ganz und gar unsentimental, aber durchaus voller Gefühl — und ein Stück Dichtung ist darin.

Seite 395. «Es geht einige 100 Meter weit bergab.» Allein um dieses Kapitels 19 willen lohnt es, das Buch zu lesen und zu besitzen, um es immer wieder zu lesen.

Es wird nämlich dort geschildert, wie nach einer ungeheuern Artillerievorbereitung ein Offizier und ein Unteroffizier nach vorn gehen, um zu sehen, wie es da aussieht. Nach dem Plan muß die Infanterie schon lange gestürmt haben ... los.

Und da ist nichts. Da ist nichts!

Es ist eine Mondlandschaft, in die sie kommen. Es ist totenstill, die deutschen Stellungen liegen so verlassen ... natürlich, die Infanterie ist ja nach vorne gegangen. Nein, die Infanterie ist nicht heraus, die Leute sind noch alle da, aber sie sind alle tot. Vergast, zerschossen, zertrommelt. Nur einen Major finden sie, und der lacht, der lacht. Er ist wahnsinnig geworden.

Das sind dreizehn Seiten von höchster Eindringlichkeit. Diese seltsam gläserne Luft, es ist so unwirklich, was da geschehen ist — und es war alles umsonst: die lange Vorbereitung, die Berechnungen auf den Planquadraten, die viele Munition, die ungeheure Anstrengung der Trommelfeuernacht — alles war umsonst.

Hier ist einmal das geglückt, was Jünger nie recht geglückt ist, auch in den ersten seiner Kriegsbücher nicht, wo er seine Schreiberei noch nicht zum Handwerk erniedrigt hat. In der Schilderung Köppens steht an dieser Stelle kein Wort gegen den Krieg oder für den Krieg — es ist einfach wiedergegeben, was sich da begeben hat. Und das war schrecklich und groß, noch in seiner sinnlosen Widerwärtigkeit groß.

Das ist ein echtes Stück Dichtung.

PARTEIMARSCH DER PARTEILOSEN

Da streiten sich die Leute rum:
die Jejner wären imma dumm —
Is ja jahnich wahr!
Un wie se alle brülln un schrein,
und jeda sacht, det muß so sein —
Is ja jahnich wahr!
Nu sieh ma unsereinen an,
vaehrtet Publikum!
Wir treten vor dich Mann fier Mann
als Individium.
Es tönt die Straßen lang
der herrliche Jesang:
Wir brauchen keine Innung,
wir brauchn kein Vaein!
Wir machn uns — wir machn uns
unsan Dreck allein!
Wir ham doch die Jesinnung
un ooch die Stänkerein —
drum brauchn wa keene Innung
und brauchn auch keen Vaein —!

Dem eenen weht die Fahne rot —
un wer nich mitmacht, isn Idiot . . .
Is ja kaum ze jlohm!
Der annre hat 'n braunet Hemd;
det heest: det hat a sich jeklemmt
aus Rom.
Der dritte, der sitzt mittenmang,
die Hosn mächtig voll.
Nur wir, wir wissen janz jenau,
wat jeda machn soll.
Wir ssiehn vajnücht vorbei.
Wir sinn die Nullpachtei . . .!
Wir brauchen keine Innung,
wir brauchen kein Vaein!
Wir machn uns, wir machn uns
unsan Dreck allein!
Wir ham doch die Jesinnung
un ooch die Stänkerein —
drum brauchn wa keene Innung
und brauchn auch keen Vaein —!

DIE ESSAYISTEN

St. Clou den 25. Juni 1721

... Ich habe mitt den zeittungen einen grossen brieff bekommen von dem postmeister von Bern, er heist Fischer von Reichenbach; aber sein stiehl ist mir gantz frembt, ich finde wörtter drinen, so ich nicht verstehe, alsz zum exempel: «Wir uns erfrachen dörffen thutt die von I.K.M.generalpost-verpachtern erst neuer dingen eingeführte francatur aller auswärtigen brieffschaften uns zu ver=ahnlassen.» Dass ist ein doll geschreib in meinem sin, ich kans weder verstehen, noch begreiffen; das kan mich recht ungedultig machen. Ist es möglich, liebe Louise, dass unssere gutte, ehrliche Teüutschen so alber geworden, ihre sprache gantz zu verderben, dass man sie nicht mehr verstehen kan?

Liselotte von der Pfalz

«Ich habe nun bis ins einzelne verfolgt und nachgewiesen, daß letztere Periodizität der Weltanschauungsformen und erstere Periodizität der Stilformen stets Hand in Hand gehen als religiös-philosophische bzw. ethisch-ästhetische Ausdrucksformen und Widerspiegelungen der organischen Entwicklung jedes Kulturzeitalters von seiner Renaissance bis zu seiner Agonie und daß auch wieder die verschiedenen Kulturzeitalter sich als Volksaltersstufen entsprechend organisch auseinander entwickeln, in großen Zügen als patriarchalische Kindheit, feudale Jugend, konstitutionelle Reife, soziales Alter und kosmopolitisches Greisentum der Völker.»

Und davon kann man leben —?

Offenbar sehr gut, denn dies ist die Lieblingsbeschäftigung vieler Leute: Essays zu schreiben. Die meisten davon sehn so aus wie diese Probe.

Es hat sich bei jenen Schriftstellern, die nie aliquid, sondern immer de aliqua re schreiben, ein Stil herausgebildet, den zu untersuchen lohnt. So, wie es, nach Goethe, Gedichte gibt, in denen die Sprache allein dichtet, so gibt es Essays, die ohne Dazutun des Autors aus der Schreibmaschine trudeln. Jenes alte gute Wort darf auch hier angewandt werden: der Essaystil ist der Mißbrauch einer zu diesem Zweck erfundenen Terminologie. Es ist eine ganze Industrie, die sich da aufgetan hat, und sie hat viele Fabrikanten.

Die Redlichkeit des alten Schopenhauer scheint bei den Deutschen nichts gefruchtet zu haben. Jeder Satz in den beiden Kapiteln ‹*Über Schriftstellerei und Stil*› und ‹*Über Sprache und Worte*› gilt noch heute und sollte, Wort für Wort, den Essayisten hinter die Ohren geschrieben werden, es wäre das einzig Lesbare an ihnen. «Den deutschen Schriftstellern würde durchgängig die Einsicht zustatten kommen, daß man zwar, wo möglich, denken soll wie ein großer Geist, hingegen die selbe Sprache reden wie jeder Andere. Man brauche gewöhnliche Worte und sage ungewöhnliche Dinge: aber sie machen es umgekehrt.» Jeder kennt ja diese fürchterlichen Diskussionen, die sich nach einem Vortrag zu erheben pflegen; da packen Wirrköpfe die Schätze ihrer Dreiviertelbildung aus, daß es einen graust, und man mag es nicht hören. Dieser Stil hat sich so eingefressen, daß es kaum einen Essayisten, kaum einen Kaufmann, kaum einen höhern Beamten gibt, der in seinen Elaboraten diesen schauderhaften Stil vermeidet. Das Maul schäumt ihnen vor dem Geschwätz, und im Grunde besagt es gar nichts. Wer so schreibt, denkt auch so und arbeitet noch schlechter. Es ist eine Maskerade der Seele.

Der Großpapa dieses literarischen Kostümfestes heißt Nietzsche, einer der Väter Spengler, und die österreichischen Kinder sind die begabtesten in der Kunst, sich zu verkleiden. Es gibt Anzeichen, an denen man alle zusammen erkennen kann, untrüglich.

Bei Nietzsche finden sich Hunderte von Proben dieses Essaystils, es sind seine schwächsten Stellen. Sie blenden auf den ersten Blick; auf den zweiten erkennt man, welch spiegelnder Apparat die Blendung hervorgebracht hat – die Flamme ist gar nicht so stark, sie wird nur wundervoll reflektiert. Das sind jene bezaubernden Formeln, die sie ihm seitdem alle nachgemacht haben, allerdings mit dem Unterschied, daß die Nachahmer einzig die Formeln geben, während sie bei Nietzsche meist das Ende langer Gedankenreihen bilden – manchmal freilich sind auch sie nur Selbstzweck, ein kleines Feuerwerk im Park. «Sportsmen der Heiligkeit» – das ist sehr gut gesagt, aber es ist zu spitz gesagt. Auch findet sich in diesem Wort eine Technik angewandt, die sie uns in Wien, also in Berlin bis zum Überdruß vorsetzen: die Vermanschung der Termini. Sie hören in der Lichtsphäre; sie sehen Gerüche; sie spielen sich als gute Fechter auf, aber nur im Kolleg, wo sie sicher sind, daß nicht gefochten wird; sie sind Priester in der Bar, und es ist alles unecht. Nietzsche hat ihnen die Pose geliehen; wieweit man einen Künstler für seine Anhänger und auch noch für die falschen verantwortlich machen kann, steht dahin – Nietzsche hat auf sie jedenfalls mehr im bösen als im guten gewirkt. Von ihm jenes «man», wo ‹ich› oder das altmodische ‹wir› gemeint ist; beides hatte einen Sinn, dieses ‹man› ist eine dumme Mode. «Man geht durch das hohe Portal in die Villa der Greta Garbo . . .» Quatsch doch nicht. Man? Du gehst. Von Nietzsche jene Wichtigtuerei mit dem Wissen, das bei ihm ein organischer Bestandteil seines Humanismus gewesen ist; die Nachahmer aber sind nur bildungsläufig und lassen ununterbrochen, wie die Rösser ihre Äpfel, die Zeugnisse ihrer frisch erlesenen oder aufgeschnappten Bildung fallen; ich empfehle ihnen Plotin, und sehr hübsch ist auch Polybios statt Hippokrates, man kann das nicht so genau kontrollieren. Von Nietzsche jene Pose der Einsamkeit, die bei den Nachahmern nicht weniger kokett ist als der Ausdruck jener Einsamkeit beim Meister; ‹man› lese das heute nach, und man wird erstaunt sein, wie blank poliert die Schmerzen aus Sils-Maria sind. Von Nietzsche jene lateinische Verwendung des Superlativs, wo statt der größte: sehr groß gemeint ist. So entstehen diese fatalen Urteile: «das beste Buch des achtzehnten Jahrhunderts», und um das zu mildern, wird der falsche Superlativ mit einem ‹vielleicht› abgeschwächt. Das lesen wir heute in allen Kritiken. Sie haben an Nietzsche nicht gelernt, gut deutsch zu schreiben. Er war ein wunderbarer Bergsteiger; nur hatte er einen leicht lächerlichen, bunt angestrichenen Bergstock. Sie bleiben in der Ebene. Aber den Bergstock haben sie übernommen.

Aus der Hegelecke naht sich ein Kegelkönig: Spengler. Von diesem Typus sagt Theodor Haecker: «Das Geheimnis des Erfolges besteht genau wie bei Hegel darin, daß jeder, der keck genug ist, auch mittun kann.» Und das tun sie ja denn auch. Sie stoßen einen Kulturjodler aus, und die Jagd geht auf.

Der Italiener sieht sich gern malerisch: er stellt sich vorteilhaft in den Ort. Der deutsche Essayist sieht sich gern historisch: er stellt sich vorteilhaft in die Zeit. So etwas von Geschichtsbetrachtung war überhaupt noch nicht da. Nur darf man das Zeug nicht nach zwei Jahren ansehn, dann stimmt nichts mehr. Sie schreiben gewissermaßen immer eine Mittagszeitung des Jahres, mit mächtigen Schlagzeilen, und zu Silvester ist alles aus. «Wenn einst die Geschichte dieser Bewegung geschrieben wird . . .» Keine Sorge, sie wird nicht. Sie eskomptieren die Zukunft. Und die Vergangenheit wiederum ist ihnen nur das Spielfeld ihrer kleinen Eitelkeiten, wo sie den großen Männern Modeetiketten aufpappen: Grüß di Gott, Cäsar! Wos is mit die Gallier? Auf der Kehrseite dieser falschen Vertraulichkeit steht dann das Podest, auf das die alten Herren hinaufgeschraubt werden; und wenn sich einer mit Wallenstein befaßt, dann glaubt er, der Geist des in den Geschichtsbüchern so Fettgedruckten sei ihm ins eigne Gehirn geronnen. Welcher Geschichtsschwindel!

Nur wenige Menschen vermögen das, was sie erleben, geschichtlich richtig zu sehn, und ganz und gar kanns keiner. Diese Essayisten tun so, als könnten sies. Wir sehn an alten Kirchen hier und da kleine Dukatenmännchen, die machen Dukaten. So machen sie Geschichte.

Kein Wunder, daß dann der Stil, den sie schreiben, so gräßlich aussieht; auf zwei linken Barockbeinen kommt er einhergewankt. ‹Das Wollen› gehört hierher. Die geschwollenen Adjektive, denen man kalte Umschläge machen sollte. Die dämliche Begriffsbestimmung, die für jeden Hampelmann eine eigne Welt aufbauen möchte. «Er kommt her von . . .» — «Für ihn ist . . .» — Der Mißbrauch der Vokabeln: ‹magisch›, ‹dynamisch›, ‹dialektisch›. Diese faden Klischees, die fertig gestanzt aus den Maschinen fallen: «das Wissen um ...» — «wir wissen heute»; der «Gestaltwandel» und dann: der «Raum».

Ohne ‹Raum› macht ihnen das ganze Leben keinen Spaß. Raum ist alles, und alles ist im Raum, und es ist ganz großartig. «Rein menschlich gesehn, lebt die Nation nicht mehr im Raum ...» Man versuche, sich das zu übersetzen: es bleibt nichts, weil es aufgepustet ist. Früher hätte etwa ein Mann, der eine Bücherei leitete, gesagt: «Männer lesen gewöhnlich andre Bücher als Frauen, und dann kommt es auch noch darauf an, welchem Stand sie angehören.» Viel steht in diesem Satz nicht drin; ich spräche oder schriebe ihn gar nicht, weil er nichts besagt. Heute spricht, nein — der Direktor der städtischen Bücherhallen ergreift das Wort: «Dieser Gegensatz zwischen Mann und Frau ist verschieden nach dem soziologischen Ort, an dem man vergleicht.» Dieser soziologische Ort heißt Wichtigstein a. d. Phrase, aber so blitzen tausend Brillen, so rinnt es aus tausend Exposés, tönt es aus tausend Reden, und das ist ihre Arbeit: Banalitäten aufzupusten wie die Kinderballons. Stich mit der Nadel der Vernunft hinein, und es bleibt ein runzliges Häufchen schlechter Grammatik.

Und es sind nicht nur jene österreichischen Essayisten, von denen jeder so tut, als habe er grade mit Buddha gefrühstückt, dürfe uns aber nicht mitteilen, was es zu essen gegeben hat, weil das schwer geheim sei —: die Norddeutschen können es auch ganz schön. Zu sagen haben sie alle nicht viel — aber so viel zu reden!

Aus einem einzigen Buch:

«Abermals ist also der gesamte Komplex der Politik Niederschlag des Kulturgewissens und der geistigen Strömungen unserer Zeit.» — «Was Klaus Mann erlaubt ist, darf nicht Edschmid erlaubt sein, denn er hat sich nicht nur an den Vordergründen zu ergötzen, sondern um die Perspektiven zu wissen und an der Ordnung des Chaotischen beteiligt zu sein.» Da bekommt also der vordergründige Edschmid eine Admonition im Chaotischen. Und man höre den falschen Ton: «Charakteristisch waren zunächst die jungen Männer, welche mit gelassener Hand den Fernsprecher ans Ohr legten und ihrem Bankbevollmächtigten Weisung für Ankauf oder Abstoß von Papieren gaben. Begabte, freundliche, quicke junge Burschen, man soll gegen sie nichts Schlechtes sagen.» — «Junge Burschen ...» das hat der alte Herr Pose selber geschrieben, und diese fett aus dem Wagen winkende Hand ist ein Wahrzeichen vieler Schriftsteller solcher Art. Manchmal winken sie, wenn sie grade in London sitzen, zu Deutschland, manchmal zu den Jungen hinüber, manchmal spielen sie neue Zeit ... auf alle Fälle wedeln sie immer mit irgend etwas gegen irgend wen. Aber: «Wie Blüher die Geschichte des Wandervogels, wie er seine eigne schreibt, das alles ist unverfälscht deutsch: gefurchte Stirn, bedeutende Geste, Ernstnehmen des geringsten Umstandes bis zum Bekennen biographischer Intimitäten, stets bestrebt, sogar Belangloses auf letzte Gründe zu untersuchen und sein Ich ohne Rest zu objektivieren.» Na also! Und dieser Satz schöner Selbsterkenntnis stammt aus demselben Buch, dem alle diese Proben entnommen sind: aus Frank Thiessens ‹*Erziehung zur Freiheit*›. Ein Mann mit zu viel Verstand, um dumm zu sein, mit zu wenig, um nicht schrecklich eitel zu sein; mit zu viel, um jemals Wolken zu einem Gewitter verdichten zu können, er ist kein Dichter; mit zu wenig Verstand, um einen guten Essayisten abzugeben. Doch welche Suada! welch gefurchte Stirn, bedeutende Geste ... siehe oben.

Ich habe eine Sammlung von dem Zeug angelegt; sie wächst mir unter den Händen zu breiten Ausmaßen. «Der vollkommene Sieg der Technik reißt unsere ganze Gesinnung ins Planetarische.» — «Hier ist dämonisches Wissen um letzte Dinge der Seele mit einer harten, klaren, grausam scheidenden Darstellungskunst vereint — unendliches Mitleid mit der Kreatur kontrastiert großartig mit einer fast elementaren Unbarmherzigkeit der Gestaltung.» Wo er recht hat, hat er recht, und das hat sich Stefan Zweig wahrscheinlich auf einen Gummistempel setzen lassen, denn es paßt überall hin, weil es nirgends hinpaßt. «Nach den beschreibenden Gedichten der Jugend bemerkt man im Gedicht ‹*Karyatide*› das Eindringen eines stärker dynamisierenden Wortvorgangs; das Motiv schwindet, zerrinnt fast in den zeitflutenden Verben; das zeithaltige funktionsreiche Ich läßt das Motiv vibrieren und aktiviert den Dingzustand im Prozeß; nun lebt das Motiv stärker, doch nur in der Zentrierung in das Ich; die Bedingtheit der Welt durch das lyrische Ich wird gewiesen.» Dies wieder stammt von Carl Einstein, der bestimmt damit hat probieren wollen, was man alles einer Redaktion zumuten kann. Und wie die obern Zehntausend, so erst recht die untern Hunderttausend.

Man setze den mittlern Studienrat, Syndikus, Bürgermeister, Priester, Arzt oder Buchhändler auf das Wägelchen dieser Essay-Sprache, ein kleiner Stoß — und das Gefährt surrt ab, und sie steuern es alle, alle. «Der heutige Mensch, so er wirken will, muß innerlich verhaftet sein, sei es in seinem Ethos, in seiner Weltanschauung oder in seinem Glauben, aber er darf sich nicht isolieren durch Verharren in seinem Gedankengebäude, sondern muß kraft seines Geistes seine Grundhaltung stets neu verlebendigen und prüfen.» Wenn ich nicht irre, nennt man das jugendbewegt.

Verwickelte Dinge kann man nicht simpel ausdrücken; aber man kann sie einfach ausdrücken. Dazu muß man sie freilich zu Ende gedacht haben, und man muß schreiben, ohne dabei in den Spiegel zu sehn. Gewiß ließen sich Sätze aus einem philosophischen Werk herauslösen, die für den Ungebildeten kaum einen Sinn geben werden, und das ist kein Einwand gegen diese Sätze. Wenn aber ein ganzes Volk mittelmäßiger Schreiber, von denen sich jeder durch einen geschwollenen Titel eine Bedeutung gibt, die seinem Sums niemals zukommt, etwas Ähnliches produziert wie ein Denkmal Platos aus Hefe, bei dreißig Grad Wärme im Schatten, dann darf denn doch wohl dieser lächerliche Essay-Stil eine Modedummheit genannt werden. Unsre besten Leute sind diesem Teufel verfallen, und der große Rest kann überhaupt nicht mehr anders schreiben und sprechen als: «Es wird für jeden von uns interessant sein, die Stellungnahme des Katholizismus zu den einzelnen Lebensproblemen und den aktuellen Zeitfragen kennen zu lernen und zu sehen, welche Spannungseinheiten hier zwischen traditionsgebundener Wirtschaftsauffassung und der durch die Notwendigkeiten der Zeit geforderten Weiterentwicklung bestehen.» So versauen sie durch ihr blechernes Geklapper eine so schöne und klare Sprache wie es die deutsche ist. Sie kann schön sein und klar. Die abgegriffenen Phrasen einer in allen Wissenschaftsfächern herumtaumelnden Halbbildung haben sie wolkig gemacht. Die deutsche Sprache, hat Börne einmal gesagt, zahlt in Kupfer oder in Gold. Er hat das Papier vergessen.

Der deutsche Essay-Stil zeigt eine konfektionierte humanistische und soziologische Bildung auf, die welk ist und matt wie ihre Träger. Und das schreibt in derselben Sprache, in der Hebel geschrieben hat! Man sollte jedesmal, wenn sich so ein wirres und mißtönendes Geschwätz erhebt, von Bäumer bis zu Thiess, von Flake bis zu Keyserling, die falschen Würdenträger auslachen.

Versuche, einen Roman zu schreiben. Du vermagst es nicht? Dann versuch es mit einem Theaterstück. Du kannst es nicht? Dann mach eine Aufstellung der Börsebaissen in New York. Versuch, versuch alles. Und wenn es gar nichts geworden ist, dann sag, es sei ein Essay.

AUF DEM NACHTTISCH

Die Gesamtausgabe der Freudschen Schriften ist da. Elf Bände, die die Welt erschütterten.

Einer der wenigen Männer, die diesen Mann richtig sehn, scheint Freud zu sein. Mit dem Lorbeergemüse seines Ruhmes kann er die faulen Äpfel seiner Tadler garnieren, und wenn er weise ist, sieht er die Schar seiner Schüler an und denkt sich sein Teil. Lassen wir die schlechten Schüler, halten wir uns an die guten und halten wir uns an ihn.

Es ist das Schicksal der Wahrheiten, hat Schopenhauer gesagt, daß sie erst paradox erscheinen und dann trivial. An Freud ist das genau zu studieren. Die Gesamtausgabe seiner Schriften zeigt aber noch etwas andres.

Langsam beginnt sich das Fleisch von diesem Werk zu lösen, das Zufällige, das Alltägliche – und es bleibt das Skelett. Wir können nicht sehen, was davon noch im Jahre 1995 lebendig sein wird, und ob überhaupt noch etwas lebendig sein wird, nämlich in der Form, die er ihm gegeben hat. Fortwirken wird es, das kann man sagen. Er hat eine Tür aufgemacht, die bis dahin verschlossen war.

Es gibt Partien in diesen elf Bänden, besonders in den ersten, die muten an wie ein spannender Kriminalroman. Wie da die Theorien langsam keimen und aus den platzenden Hüllen kriechen, wie sie sich scheu ans Licht wagen, ins Helle sehn und plötzlich sehr bestimmt und fest auftreten: nun sind sie da und leben und wirken. Die Darstellungskunst Freuds ist fast überall die gleiche: in den grundlegenden Schriften, in den kleinen Aufsätzen, so in dem wunderschönen Gedächtnisartikel für Charcot – überall ist ein klarer, methodisch ordnender Geist am Werk.

Das Modische an diesen Schriften wird vergehen; die kindische Freude der Amerikaner und sonstiger puritanisch verbildeter Völker, nun einmal öffentlich über Sexualität sprechen zu können ... das hat mit Freud nicht viel zu tun. Bleiben wird der große Erneuerer alter, verschütteter Wahrheiten – der Wahrheit: der Wille des Menschen ist nicht frei.

Das schön gedruckte und gut gebundene Werk ist im Internationalen Psychoanalytischen Verlag zu Wien erschienen. Es finden sich darin auch die jüngsten Schriften Freuds, auf die immer wieder hingewiesen werden muß, als letzte die *‹Zukunft einer Illusion›*. Es fehlt noch das *‹Unbehagen in der Kultur›*; ein zwölfter Band wird erscheinen. Die Grenzen Freuds werden in seinem Gesamtwerk erkenntlich. Er ist nicht der liebe Gott, doch hat er uns gelehrt, wieviel Krankheitsgeschichte in den gereizten Kritiken über ihn zu finden ist. Für halbgebildete Katholiken sei gesagt: es ist die Bibel der Gottlosen. Joseph Wirth darf das falsch zitieren. Man versteht die Welt nicht, wenn man diese Bände nicht kennt. Sigmund Freud wird am sechsten Mai fünfundsiebzig Jahre alt. Wir grüßen ihn voller Liebe und Respekt.

Nach diesem beherzigenswerten Vermerke fahren wir fort im löblichen Werke. Willy Haas *‹Gestalten der Zeit›* (erschienen bei Gustav Kiepenheuer, Berlin). Essays aus vielen Bezirken: France, Barrès, Tolstoi, Ludendorff, Werfel und Kafka; Totenmasken und das rapprochement ... in dem Bändchen werden viele Themen angeschlagen. Manches ist wundervoll im Einfall, so etwa die Parallele von Theologie und Kriminalroman, wie überhaupt eine gute dogmatische Vorbildung den Autor befähigt, zum Beispiel so eine Erscheinung wie die Ludendorffs besser zu sehen als das andre vermocht haben. Manches habe ich nicht verstanden: für eine so hymnisch-getragene Untersuchung über Hofmannsthal muß ich mich inkompetent erklären, das müssen die Österreicher unter sich abmachen, unsereiner hat da wohl nichts zu suchen. Ich glaube davon nicht eine Silbe. Haas, ein Mann von viel Bildung, Wissen und Geschmack, hat nur einen Fleck: das ist der Literaturjargon, in dem er oft schreibt. Tut ers nicht, dann blinkt das nur so von Klarheit, und alles ist treffsicher und rational untermauert; tut ers, dann kullern ihm die Modewörter dahin, und dieses Gemisch von philosophischen, soziologischen, medizinischen, psychologischen Brocken gibt keine gute Suppe. Möge er doch seine eigne Sprache sprechen und nicht die jener Knaben, die nachts um halb eins Laotse mit Carus gleichsetzen, weils schon gleich ist. Haas gehört nicht zu ihnen — er soll auch nicht ihren Jargon schreiben.

Dieser Essayband ist ein Buch mit Einfällen, ein reiches Buch, das den Leser reizt, die behandelten Themen seinerseits zu studieren. Die Aufsätze von Willy Haas erscheinen fortlaufend in der ‹*Literarischen Welt*›; hoffentlich ist dies nicht sein letzter Auswahlband.

Matwey Liebermann ‹*Im Namen der Sowjets*› (erschienen im Malik-Verlag zu Berlin). Ein moskauer Sling berichtet aus den russischen Gerichtssälen. Das ist sehr beachtlich, diese Gerichtschronik der ‹*Prawda*›. Um so beachtlicher, als es sich hier nicht um große Affären handelt, wie etwa den Ramsin-Prozeß; über den mag man ‹*Spione und Saboteure*› (erschienen im Neuen Deutschen Verlag zu Berlin) nachlesen. Liebermann gibt den Alltag, Alltagsprozesse, Mord und Totschlag, wie sie in jedem Lande vorkommen. Nur die Färbungen sind verschieden. Hier so:

Ob das nun am Berichterstatter oder an den prozeßführenden Organen liegt, es geht eine Art Fibelton durch das Buch. Nun kann ich nicht russisch; ich höre also den Ton nur in der Übersetzung, und da mag er unrein klingen. Aber es ist etwas von erhobenem Zeigefinger, vom braven und vom bösen Russen; doch wenn das Auditorium höhnisch dazwischen ruft, weil der ungeschickte und ‹nicht sympathische› Angeklagte dumme Ausreden vorbringt, so ist das schließlich nichts andres als das, was jedes Gerichtssaalpublikum auf der ganzen Welt empfindet. Es wird aber hier um neunzig Grad gedreht, und man hat manchmal den Eindruck, in einem Kindergarten zu sein. Vielleicht ist diese strenge, dogmatische Behandlung der Angeklagten notwendig, vielleicht muß die neue Sittlichkeit, die die Russen realisieren wollen, erst in die Gehirne gehämmert werden, und zwar so und nicht anders —: das kann ich nicht beurteilen. Soweit es sich um eindeutige politische und sowjetfeindliche Akte handelt, ist das verständlich; geht es ins Gefühlsleben hinab, so trennt mich von dieser Anschauung eine Welt. Ich weiß sehr genau, daß das Dreieck von zwei Männern und einer Frau in seiner Auswirkung auch vom Wirtschaftlichen abhängig ist. Das aber, was hier getrieben wird, muß zum Klischee führen, auch in der Beurteilung solcher Gefühlsverwirrungen. Noch hat man nicht den Eindruck, daß die urteilenden Genossen Pharisäer seien – durchaus nicht. Der Weg, den sie gehen, kann sie jedoch dahin führen, es zu werden. Es ist eine andre, uns ferne, fremde und dünne Luft, in der geurteilt wird. Gewohnt, alles was geschieht, in seinen Wirkungen auf das Individuum zu beziehen, sehe ich die Wirkungen dieser Justiz nicht klar vor Augen. Freilich haben wir als Angehörige von Staaten, in denen die Justiz so im argen liegt, überhaupt keine Veranlassung, uns in Vergleichen zu überheben – schlimmer, dümmer, verrotteter und gemeiner als die durchschnittliche bürgerliche Rechtsprechung mit ihren verhärteten Spießern, von denen kaum einer weiß, was Schuld, Reue und Strafe ist ... so schlimm wie bei uns kann es in Rußland nicht sein. Man fertige nicht so viel Psychologien über Verbrecher an; man schreibe eine Psychologie, die dartut, wie es in den Köpfen der Staatsanwälte und der Richter aussieht, und warum es da so aussieht, und man wird Merkwürdiges zu sehen bekommen. Das russische Strafrecht zeigt sich in diesem Buch von seiner besten Seite, und dieses Recht ist gut. Die Richter tun das gleiche – aber es sind Russen, und ich kann sie nicht ganz verstehn; auch in ihrem Rationalismus nicht, grade da nicht. Denn er ist keiner.

Die Bucheinbände John Heartfields werden immer besser; dieser ist wieder sehr geglückt, besonders die Fotos auf der Rückseite. Viel kopiert, nie erreicht.

Weil wir grade bei den Gerichteten sind: *‹Menschen im Zuchthaus›* von Lenka von Koerber (erschienen im Societäts-Verlag zu Frankfurt am Main). Brav, aber das ist kein neuer Weg; nicht brav. Es ist doch alles wieder von oben nach unten gesehn; die Bestraften sind eben doch eine andre Rasse, und es ist gar nichts, gar nichts. Sicherlich kann diese Frau in der freiwilligen Anstaltshilfe viel Gutes tun, aber ihre Anschauungen von Schuld und Sühne sind ganz und gar bürgerlich, also unbrauchbar. Lenka, schauen Sie nicht auf die Strafanstaltsdirektoren, mit denen Sie da zu tun haben – das sind keine Lehrmeister, sondern in ihrer Mehrzahl Gegenbeispiele. Schlagen Sie sich an die Brust, Lenka – nur wer sich einmal wirklich schuldig gefühlt hat, denken Sie, ohne von einem Richter verurteilt worden zu sein –: nur der weiß, was das ist: Strafe. Zuchthaus? Diese Zucht ist eine miserable Zucht, eine verdammte Zucht, eine Unzucht.

Warum übrigens fast alle schreibenden Frauen den zusammengesetzten, substantivierten Infinitiv anwenden! Dieses Musikalischschreibenwollen, aber Nicht-hinten-hochkönnen – das ist wirklich keine Freude.

Nur aus Spaß angezeigt und nur für Leute, die das Büchlein gratis einsehen können: *‹Kaplan Fahsel in seinem Werdegang unter Zuhilfenahme seiner Briefe und Aufzeichnungen›* dargestellt von Henriette v. Gizycki (beim Buchverlag Germania in Berlin erschienen). Na, und so ist es denn auch. Man hält es wirklich nicht für menschenmöglich, worauf alles die Leute hineinfallen. Das Werk der Verfasserin und diese selbst kann ich nicht charakterisieren: ich komme sonst ins Kifänknis. Und das ist die Sache wieder nicht wert. «Ich hoffe, daß dieses Schriftchen zum Verständnis des eigenartigen Werdeganges eines Mannes unsrer Zeit beiträgt.» Husch-husch; das tuts.

‹*Stempellieder*› von Franz Zorn (erschienen als Sonderheft des ‹*Sturm*›, Dezember-Heft 1930. Im Verlag des ‹*Sturm*›, Berlin W 15).

Schade. Das könnte etwas sein. Es ist aber nur der zerbrochene Aufschrei eines zerbrochenen Bürgers, der — mit aller Ehrfurcht vor seiner Not sei es gesagt — im Augenblick, wo er eine Stellung hätte, mit dem kapitalistischen System durchaus zufrieden wäre. Es ist die ausweglose Hoffnungslosigkeit eines, der noch nicht den Weg zur Arbeiterbewegung gefunden hat, ohne den solcher Not eben nicht beizukommen ist. Das Parteibuch allein genügt gewiß nicht; das Gedichtbuch aber auch nicht. Es sind ein paar sonderbare Zeilen in dem Heft; am besten die, wo alte, einmal gehörte Formen und Versfetzen durch die Gedichte geistern. Verzweiflung allein ist kein Agens in diesem Kampf, der zu führen ist.

Nach diesem durchaus politischen Vermerke fahren wir fort im löblichen Werke. Karl Benno von Mechow ‹*Das Abenteuer*› (erschienen bei Albert Langen in München). «Ein Reiterroman aus dem großen Krieg.» Hei, Hornist, blas' ins Horn! Welchen Krieg meint ihr itzt? Er meint die letzte große Industrie-Schlachterei. Doch gehts nimmer so in dieser Scharteke zu; bey der heiligen Sankta Barbara, mitnichten!

Das Buch ist wunderhübsch geschrieben; wenn es als Märchen herausgekommen wäre, wärs gar nicht übel. Es ist ein ästhetischer Krieg; ein pflaumenblauer Herbst-Krieg, mit Ritten durch die regenschweren Baumalleen des Ostens ... sicher ist das auch so gewesen, und wenn man von der gewissen übermanierlichen Geziertheit eines Salonrauhreiters absieht, ist die Lektüre freundlich und heiter. Das müßte so ein Buch für den Kulturdichter Binding sein — der liebt diese sauber gebürstete Romantik. Allerdings schwätzt Mechow lange nicht so falsch-gescheit daher und ist nicht halb so reaktionär wie jener, der Liebling gut-liberaler Kreise. Der Stil Mechows ist bezeichnend für ein ganzes Bücherbrett voll Kriegsbüchern: leicht geziert. Da, wo er rauh ist, ist er es in Anführungsstrichen — haben die Unteroffiziere bei der Kavallerie nicht so gesprochen: «Von dem wollte ich erzählen. Das ist einer, so einen sah ich noch nie»? Genau so haben sie gesprochen. Man hat, wenn man das Buch liest, niemals das Gefühl, als könnten bei dieser Reiterunternehmung auch Leute sterben, Söhne, Familienväter, verkleidete Papierwarenhändler und Büroangestellte, zu Hause steht die Frau nach der powern Rente an ... nicht doch. Stören Sie die Romantik nicht, Herr!

Sehr bezeichnend, daß dieses Buch im Osten spielt. Im Westen gabs das alles nicht. Und nach dem Westen sind auch niemals Freikorps gezogen, in diese so verdammt zivilisierte Gegend, wo nach 1918 jedermann die Recken mit Stahlhelm und Sturmband gefragt hätte: «Die Herren haben wohl einen kleinen sitzen?» Landsknechts-Romantik blüht vorwiegend im Dreck und in der Weite unordentlich bestellter Felder.

Manchmal blüht sie aber auch am Telefon, am fotografischen Apparat und in der sauberen Schweiz. Das Zeitalter der Spionenbücher ist angebrochen, dieser patriotischen Detektiv-Schmöker.

«‹*Die Weltkriegs-Spionage*› (Original-Spionage-Werk); im Verlag Justin Möser, München, Abteilung Vertriebsstelle amtlicher Publikationen und Veröffentlichungen aus Kriegs-, Militär-, Gerichts- und Reichsarchiven.» Uff. Und so ein dickes Buch! Wenn man damit einen Kriegsgerichtsrat vor den Kopf haut ... er bleibt leben. Denn diese Köpfe sehn innen zum Beispiel so aus: «Zum Schluß möchte ich nur noch der erst kürzlich wieder von Professor Doktor Louter gebrachten Behauptung entgegentreten, der Exkaiser habe die Verurteilung Miss Cavells bedauert. Dies ist völlig unzutreffend.» Sicher. Der und bedauern –!

Also lassen wir diesen teuren Prachtschinken beiseite und wenden wir uns einem erschwinglichen Bändchen zu: ‹*Vorsicht! Feind hört mit!*› Herausgegeben von Hans Henning Freiherrn Grote (erschienen im Verlag von Neufeld & Henius in Berlin). Das Ding hat 150 Bilder; für ein Schreckensmuseum gegen Krieg und nationale Barbarei lohnt sich der Ankauf sehr.

Das Buch ist ein Dokument vaterländischer Raserei, ein Leckerbissen für jeden Psychiater, der kein Patriot ist. «Die Spionage ist ein Dauerzustand unter den Völkern, der sich in seiner Existenz um Krieg oder Frieden nicht kümmert, denn sie ist geboren aus der klaren Erkenntnis, daß immer Kampf unter den Menschen und Nationen sein wird bis in alle Ewigkeit.» Gottseidank, heißt dies, Gottseidank: denn nun sind wir, mit unsern Anlagen, die wir im Frieden nicht zu verwerten wissen, unentbehrlich. Das Buch enthält viele solcher Perlen: Textstellen und Bilder.

Text: «Es wurde bei uns sogar versäumt, dem deutschen Soldaten und dem deutschen Volke eindeutig und klar zu sagen, wofür sie kämpften.» Hoppla – ein kleiner Betriebsfehler. Aber wissen wir es heute? Heute wissen wir es. Wofür? Für einen Schmarrn. Und keine weinende Mutter, die sich eine Ideologie für den Verlust ihres Sohnes zurechtmachen muß, um noch leben zu können, kann daran etwas ändern.

Manchmal machten diese allerchristlichen Staaten einander Konkurrenz, um sich gegenseitig die Soldaten abspenstig zu machen.

«Werteste deutsche Soldaten!» fängt ein französischer Werbezettel an. Wenn sie sie nachher hatten, sprachen sie ganz anders, nämlich eine Sprache, die jeder Allerwerteste verstanden hat.

Man erfährt bezaubernde Dinge. Der große schwedische Radierer und Maler Anders Zorn war dem Berliner Polizeipräsidium ‹spionageverdächtig›, ein damals geläufiger Terminus, mit dem die Irren ihre Wahnvorstellungen zu benamsen pflegten — Zorn aber wäre, von andern Gründen abgesehen, viel zu faul gewesen, sich mit Politik zu befassen; d'Annunzio wird kontinuierlich Rappaport benannt, und man weiß nicht, worüber man mehr lachen soll: über diese Deutschen, die ihn damit zu vernichten glauben, oder über d'Annunzion; von der großen Literatur der gequälten Matrosen hat der Verfasser nichts gehört, denn für ihn ist die Matrosenrevolte in Kiel von den Engländern gemacht; Battisti wird als Spion bezeichnet, was eine Lüge ist, das ist er nie gewesen; wenn die Franzosen einen erschießen, so ist es ein ‹angeblicher Spion›, und schmatzend wird von den Untaten rheinischer Anti-Separatisten berichtet. Die erzählen: «Unterwegs begegneten wir einem Lastauto, besetzt mit Separatisten. Nachdem wir diese beerdigt hatten, setzten wir unsern Marsch mit selbigem Lastauto fort.» Ich höre einen spitzen, schrillen Schrei, er rührt von einer Eierstockträgerin her und klingt wie: «Bravo!» Und auch so etwas kriegt Kinder und heißt Mutter.

Die Bilder dieses Bändchens aber sind manchen Kupferpfennig wert. Wie der Wahnsinn ‹Staatsgrenze› durch die Abbildung des elektrischen Zaunes zwischen Belgien und Holland klar erkennbar wird: hier Mord Pflicht, dort Mord verboten; wie Menschen erschossen werden und fallen — es ist sehr lehrreich. Der Höhepunkt aber dürfte wohl das Bild auf Seite 176 sein.

Die lieben Bundesbrüder pflegten ja die Angehörigen ihrer Völker, die unter Habsburgs Zepter indivisibiliter vereinigt waren, stückweise aufzuhängen, wenn sie anders mit ihnen nicht fertig wurden. Man sieht also in einer Serie von Bildern:

Drei russische Spione, zwei Männer und eine Frau, sie in der Mitte, stehen an Kreuzen. Drei Kreuze in einer Reihe? das muß ich schon mal irgendwo gesehn haben. Jeder auf einem kleinen Podest von Tischen, die man unter ihnen aufgeschichtet hat. Der dritte Mann rechts, der zuletzt an die Reihe kommen wird, hat nur ein Bein, das andre ist ihm bis übers Knie amputiert. Das macht aber nichts. Die Bundesbrüder reißen der Frau die Tische weg, sie hängt — haben Sie das mal gesehn? Es ist reizend. Dann dem zweiten. Der dritte, der Einbeinige, sieht inzwischen ein bißchen zu, er hat den Kopf dorthin gewendet, niemand hat den Leuten die Augen verbunden, und der Einbein wartet nun, wann die Henkersknechte im Kaiserrock, Gott erhalte, auf ihn zugehen. Zum Schluß sieht man die drei Menschen baumeln, und viele umgestoßene Tische vor ihnen. Die Schweine hatten gefressen, da stießen sie die Tische um. Sie waren damals reich gedeckt, diese Tische.

Ich weiß nicht, was diese drei Leute begangen haben. Ich weiß nur eines:

So groß kann keine Untat sein wie das Verbrechen der Kriegsgerichtsräte auf allen Seiten, der Generale auf allen Seiten. Wie sah das Gesicht des Kontinents damals aus! So angegriffen! Und daher mußten sich alle verteidigen. Die Patzer sind früher zu den Huren gegangen und haben sie geprügelt, für Geld. Die Patzer! Was brauchen wir die Huren! Wir haben einen Feind, wir haben das Vaterland, und wir haben so schöne Kriege.

WO SIND MEINE SCHUHLEISTEN—?

Wo sind ... Ob das nicht jedesmal so ist, wenn man sich abends im Hotel auszieht — wo sind meine Schuhleisten! Wahrscheinlich gestohlen. Himmeldonnerwetter, wo sind die Dinger! Da ... nein. Da ...? Auch nicht. Na, wo stellen denn diese Zimmermädchen bloß die Leisten hin! Das muß eine internationale Verschwörung sein: bevor eine Zimmermädchen wird, muß sie einen großen Eid ablegen, den Gästen immer die Schuhleisten zu verstecken! Und da sind sie auch nicht! Na, ist das zu glauben? Mark Twain hat mal eine Geschichte darüber geschrieben, wie Hausmädchen immer wichtige Briefe wegwerfen, dagegen irgendeinen alten Fetzen Papier einem beharrlich und vierzehn Tage lang immer wieder auf den Nachttisch packen ... wo sind denn die Dinger? Unterm Bett ... Jetzt muß ich armer, alter Mann mit meinem dicken Bauch mich auch noch bücken, das ist mir auch nicht an der Wiege gesungen worden. Mama konnte übrigens gar nicht singen. Da hätte sie eben das Grammophon andrehen sollen. Unterm Bett sind sie auch nicht. Also man sollte es nicht für möglich halten: haben denn diese Mädchen keine Leisten! Das ist doch keine so große Sache ... Ich werde klingeln. Nein, ich werde *nicht* klingeln. Wir wollen doch mal sehen, ob die männliche Intelligenz nicht imstande ist, den Schleichwegen weiblichen Schafsinns zu folgen. Wahrscheinlich hat sie sie in den Nachttopf gelegt. Auch nicht. Im Schreibtisch ...? Mich soll das nicht wundern. Frauen sind zu allem fähig. Einmal, in Gremsmühlen, lagen die Dinger in der Badewanne. «Ich dachte ...» hat das Stubenmädchen nachher gesagt. Wenn sie schon anfangen, zu denken ... Frauen sind eine muntere Erfindung ... Man sollte Zimmermännchen haben, das ist mal sicher. Wenn ich reich wäre — da sind sie auch nicht — wenn ich reich wäre: nur einen Diener. Einen faltigen, ausrasierten Kammerdiener, der überhaupt nicht spricht und aussieht wie ein alter Raubvogel. Nein, lieber einen jungen — einen fixen, alerten Kerl ... jetzt sage doch ein Mensch an, wo dieses Mädchen die Leisten hingepackt hat! Frauen ... also das ist überhaupt nichts. Kochen können sie nicht. Na, können sie vielleicht kochen? Keine Ahnung haben sie, keine Ahnung. Die großen französischen Restaurants haben alle einen Chef de Cuisine — Männer können kochen. Frauen können nicht kochen. Schuhleisten richtig weglegen können sie auch nicht. Was können Frauen eigentlich? Na ja ... aber jetzt will ich meine Schuhleisten haben, und sie sind nicht da. Also, wenn ich Reichskanzler wäre, da würde ich einen Erlaß herauslassen, daß Hotelzimmer nur von Männern, also von denkenden Wesen, aufgeräumt werden dürfen. Ja. Frauen sind dazu nicht imstande. Nein. Schuhleisten sind ein Grundrecht der Verfassung. Denn wenn die Schuhe eine Nacht lang ohne die Leisten stehen, erkälten sie sich, und überhaupt. Na, ist das nicht zum ... Ich werde klingeln. Wers nicht im Kopf hat, der muß es eben in den Beinen haben. Frauen ... das ist ja nichts.

Ja —? Ja, ich habe geklingelt. Fräulein, wo haben Sie denn meine Schuhleisten hingetan? Was? Wie? Na, sone Dinger zum in die Stiefel zu tun. Was? Die haben Sie nicht gesehen? Das ist ja gar nicht möglich — ich hab sie doch heute morgen noch hierhin ... Sehen Sie doch bitte mal nach ...! Nein, da habe ich schon nachgesehen; da auch; da auch. Ja. Na, was nu? Sehen Sie — sie sind nicht da! Na, wo haben Sie die denn hingetan? Wo tun Sie denn sonst immer Schuhleisten hin? Was? In den Nachttisch? Da sind sie aber nicht. Ach, du lieber Gott. Danke. Ja. Nein. Ja, sehen Sie morgen noch mal nach.

Wenn ich jetzt die Schuhleisten hätte, ich schmisse sie ihr nach! Also mit Weibern ist ja kein Auskommen. Es ist kein Auskommen. Mensch, heirate — du lachst dir tot. Aber das kommt davon, daß ich überhaupt von zu Hause weggegangen bin; man soll eben nur zu Hause reisen. Himmelkreuzbombendonnerwetter, und natürlich hat sie sie irgendwo hingepackt, aber das weiß sie nicht mehr, denn was geht schon in so einen Frauenkopf rein! Ein paar Filme und Adolar. Na, ich sollte hier Hoteldirektor sein; die Damen hätten nichts zu lachen. Also nicht — keine Schuhleisten.

Pyjama. Wo ist der Pyjama? Der ist im Koffer. Da wollen wir gleich mal ...

Hm. Da liegen die Schuhleisten obenauf. Ehüm.

Da gehören sie auch hin. Schuhleisten gehören in den Koffer. Natürlich. Und deswegen habe ich sie heute morgen da auch reingelegt. Männer ... Männer halten eben Ordnung!

AUCH EINE URTEILSBEGRÜNDUNG

In einem der jetzt üblichen Hexenprozesse ist Walther Victor als verantwortlicher Redakteur des ‹*Sächsischen Volksblattes*› in Zwickau zu vier Monaten Gefängnis verurteilt worden. Durch einen Beitrag seien dort eine staatlich geschützte Religionsgesellschaft und ihre Einrichtungen beleidigt. Vier Monate Gefängnis . . . dafür kann man schon eine ganze Menge Leute vom Reichsbanner in den Bauch knallen.

Unerörtert bleibe, ob dieses Urteil zu Recht ergangen ist oder nicht. Ich untersuche die Urteilsbegründung.

In dieser ist den beiden Juristen — Küntzel und Lindner — etwas durchgerutscht, was in Urteilsbegründungen sehr selten zu finden ist: nämlich die wahren Gründe, die das Urteil hervorgerufen haben. Es heißt da:

> «Bei der Strafzumessung hat das Schöffengericht als straferhöhend folgende Umstände berücksichtigt:
>
> Der Artikel, der weitesten Volkskreisen zugängig war, hat eine zersetzende Wirkung auf die Bevölkerung, namentlich auf die Jugendlichen, ausüben müssen. Das ergibt ohne weiteres Form und Inhalt dieses Aufsatzes. Durch den Artikel wird in der Bevölkerung die Ehrfurcht vor der christlichen Religion und ihren Einrichtungen in hohem Maße untergraben. Das muß eine Verrohung der sittlichen Anschauungen des Volkes und damit eine Erschütterung der Grundlage eines gesunden Volkstums und eines gefestigten Staatswesens zur Folge haben. Es ist in dieser Richtung nicht abzusehen, welcher Schaden durch diesen Artikel angerichtet worden ist.
>
> Weiterhin fiel in gleichem Sinne ins Gewicht, daß nach der Überzeugung des Gerichts die genannte zersetzende Wirkung auch der wahre und eigentliche Zweck des Aufsatzes ist. Es ist äußerlich eine Form gewählt, die den Aufsatz als Kritik des Strafvollzugs oder der lebenslänglichen Zuchthausstrafe erscheinen läßt, aber hinter diesem Gewande der Erzählung, des Witzes, der Satire verbirgt sich der geheime Zweck, unmerklich und dem Leser unbewußt Ehrfurchtslosigkeit vor der christlichen Religion und vor der hergebrachten, durch das Christentum begründeten sittlichen Weltanschauung unter dem Volke zu verbreiten. Dieser Zweck, der mit dem Abdruck des Artikels in kluger Berechnung verfolgt, aber in abgefeimter Weise verschleiert worden ist, muß als höchst verderblich und verwerflich bezeichnet werden. Deshalb ist eine empfindliche Strafe erforderlich.»

Diese Begründung ist Wort für Wort und Satz für Satz eine grobe und ungehörige Beschimpfung aller jener, die nicht der Kirche angehören, und diese Urteilsbegründung ist nicht nur juristisch unhaltbar, sie ist auch in jeder Weise eindeutig tendenziös und politisch reaktionär. Es wird in ihr angenommen, daß außerhalb der christlichen Moral keine Sittlichkeit bestehe, und daß, wenn die Grundlagen der christlichen Ethik gefallen sind, wie es ja tatsächlich schon in weiten Bezirken der Fall ist, damit jede Ethik dahinschwände. Also müßten diese zwickauer Juristen Nietzsches gesammelte Werke beschlagnahmen, was im objektiven Verfahren möglich wäre. Das tun sie nicht, vermutlich, weil sie ihn nicht gelesen haben. Und sie tun es nicht, weil sich Nietzsche, der nach Joseph Wirth beinah ein so guter Schriftsteller ist wie Hitler, nur an die Gebildeten wendet – nicht aber, wie das zwickauer Volksblatt, an die breite Masse. Und nur dieser muß offenbar die Religion erhalten bleiben.

Wir verbitten uns das.

Selbstverständlich hat jede Religionsgemeinschaft Anrecht darauf, vor Schmähungen geschützt zu werden. Der Staat schützt nicht jede; Beschmutzungen von jüdischen Friedhöfen werden hierzulande erstaunlich milde geahndet. Ich habe auch unsern Gesinnungsfreunden gegenüber immer wieder betont, daß mir die grobe Art, die katholische Kirche zu bekämpfen, nicht gefällt und daß ich sie nicht für richtig halte. Nun wird aber auf beiden Seiten gesündigt: in der Hitze des Gefechts sind den Kirchengegnern Geschmacklosigkeiten unterlaufen, die nicht zu entschuldigen sind, was wiederum kein Wunder nimmt, wenn man die Polterreden kennt, die manchen Geistlichen auf den Kanzeln unterlaufen, wo man muntere politische Hetzreden hören kann. Sie bleiben Hetzreden, auch wenn sie in getragenem und feierlichem Tonfall vorgebracht werden.

Was aber hier in Zwickau gepredigt wird, geht denn doch über die Hutschnur. Und demgegenüber ist zu sagen:

Die christliche Religionsgemeinschaft ist nicht der Hort aller Sittlichkeit. Es gibt kein religiöses Monopol der Ethik. Millionen von anständigen und sittlich gefestigten Menschen schmähen die Kirche nicht, leben aber bewußt und ganz und gar an ihren Lehren vorbei, und sie tun recht daran. Es ist unrichtig, daß der, der die Lehren der Kirche überwunden hat, ein sittlich minderwertiges Individuum ist. Wer so versagt hat, wie das Christentum im Kriege, sollte uns nichts von Sittlichkeit erzählen. Und keine Strafe wird uns hindern, entgegen den beschimpfenden und höchst unjuristischen Darlegungen der zwickauer Juristen von einem gesetzlichen Rechte Gebrauch zu machen. Nämlich allen unsern Freunden und vor allem den Frauen einen Rat zu erteilen:

Tretet aus der Kirche aus. Tretet aus der Kirche aus. Tretet aus der Kirche aus.

SAUFLIED, GANZ ALLEIN

Manchmal denke ich an dich,
das bekommt mich aber nich,
denn am nächsten Tag bin ich so müde.
Du mein holdes Glasgespinst!
Ob du dich auf mich besinnst?
Morgens warst du immer etwas prüde.
Darum trink ich auf dein Wohl
dieses Gläschen Alkohol!
Braun und blond — rot und schwarz —
Ihr sollt leben!

Deine Augen sind so blau
ganz genau wie bei der Frau
Erna Margot Glyn-Kaliski.
Rheinwein ist nicht stark genug,
darum nehm ich einen Schluck
von dem guten, gelben Whisky.
Und ich trinke auf dein Wohl
dieses Fläschchen Alikol —
Braun und Blond — Black and White . . .
Ihr sollt leben!

Tinte, Rotwein und Odol
sind drei Flüssigkeiten wohl —
davon kann der Mensch schon leben.
So schön kannst du gar nicht sein,
wie in meinen Träumerein —
so viel kannst du gar nicht geben.
Allerschönste Frauenzier,
ach, wie gut, daß du nicht hier!
Oh, wie gerne man doch küßt,
wenn die Frau wo anders ist . . .!
Und darum trink ich auf dein Wohl!
Nun ade, mein Land Tirol!
Lebe wohl! Nur in den kleinen Räuschen
lebe wohl, kann die Frau uns nicht enttäuschen!
Lebe wohl! Lebe wohl!
Lebe wohl, mein Land Tirol —!

THEOBALD TIGER SPRICHT

Wir sind hier in der Prosaklasse, und der Tiger meldet sich immerzu. Was hast du denn? Du sagst doch sonst bloß Verse auf? Was willst du denn? Mußt du mal raus? Wackel doch nicht so mit dem Arm! Na, da sags schon, damit einmal Ruhe ist . . .

– «Ich möchte mal was sagen. Seit achtzehn Jahren singe ich meins in Versen, aber dieses hier möchte ich ganz ausnahmsweise in Prosa von mir geben. Herr Lehrer, ich muß petzen:

ich werde so furchtbar beklaut.

Von wem? Von den Cabarets. Es ist wirklich nicht hübsch, was sie da aufführen.

Kein Cabaretist, kein Conférencier, kein Cabaret-Direktor käme auf den sicherlich fruchtbringenden Gedanken, sich einen Anzug zu mausen; keiner von ihnen stellte an ein Elektrizitätswerk das Ansinnen, den elektrischen Strom umsonst zu liefern . . . aber einen Text? Einen Text kauft man nicht; den stiehlt man.

Sie stehlen eine Ware. Denn jedes literarische Produkt ist, neben allem andern, eine Ware wie ein Pfund Butter; das trifft auf Operetten zu wie auf die Verse Stefan Georges, und dabei ist auch gar nichts Herabwürdigendes. Waren aber sollte man nicht stehlen. Und die Cabaretleute klauen, daß jeder Taschendieb von ihnen lernen könnte.

Noch niemals habe ich von pazifistischen Organisationen, von Dilettanten oder von Arbeitervereinen, die meine Verse oder Szenen verwerten, Geld gefordert oder erhalten. Das ist auch ganz etwas andres: die wollen nur der Sache dienen, unsrer Sache; sie verdienen mit ihren Darbietungen nichts, diese kleinen Spieltrupps der Arbeiter sind ja froh, wenn sie ohne Unkosten durchkommen. Ihnen sei alles, was ich jemals geschrieben habe, mit Freuden gegeben.

Der Cabaretist aber lebt von diesen Texten; er verdient sich sein Brot damit. Dann sollte er mir meins nicht wegnehmen. Er mag durch mich verdienen, so viel er will – aber nicht an mir.

Da ist noch etwas andres.

Sie fragen nicht einmal, ob ich mit der Art der Rezitation einverstanden bin, und so erleben wir denn, daß da oben Verse aufgesagt werden, die niemals für den Vortrag geschrieben sind, also nicht für das Ohr, sondern für das Auge – und das ist ein himmelweiter Unterschied. Davon wissen die meisten Schauspieler nichts. Sie sagen munter auf, was ihnen grade, beim Lesen, gefallen hat – und dann wundern sie sich, wenn kein Mensch lacht, und wenn das nicht gefällt. Und der Autor ist der Dumme. Ich habe einmal in einem berliner Cabaret so etwas erlebt: da betrat eine bleichgesichtige Nutte das Nudelbrett und quäkte etwas, was ich geschrieben hatte, und ich wollte vor Scham in den Boden sinken.

Sie sagen auf. Sie rezitieren, und wie rezitieren sie! Ich höre meine Verse, auch die pathetischen, recht ruhig, und wenn ich sie je vorlese, so lese ich sie auch so vor, nämlich still. Sie brüllen. Sie schnalzen. Sie rollen und donnern. Sie fuchteln und agieren. Sind das noch meine Verse? Das sind nicht mehr meine Verse. Die Mädchen machen sich niedlich damit und hopsen sie kaputt, von allen guten Geistern verlassen. Und dann bezahlen sie noch nicht mal.

Sie sprechen das auf Schallplatten. Sie ‹bearbeiten› es. Sie modeln es um; sie ‹bringen› es. Und der Autor guckt in den Mond.

Natürlich gibt es Ausnahmen. Willi Schaeffers ist ein anständiger Mann; was mein Freund Paul Graetz von mir spricht, hat er erworben, und er verständigt mich vorher über alles. Claire Waldoff ist sauber. Und noch ein paar. Der Rest aber klaut; leider auch die ‹Katakombe›.

O Zuhörer. Wahrlich, ich sage dir: wenn du ein Gedicht von mir in einem Cabaret hörst, ein Chanson oder sonst etwas: meist kann ich nichts dafür.»

DER NEUE REMARQUE

Wenn in Deutschland ein Musikprofessor berühmt wird, dann beginnen sich zwei Gruppen um ihn zu streiten: die Radfahrer etwa und die Briefmarkensammler. Fast jeder deutsche geistige Streit verläuft heute auf einer falschen Ebene, nämlich auf einer, wo er nichts zu suchen hat. Man sehe sich die Gegner Einsteins, Emil Ludwigs oder Chaplins an; man betrachte die Freunde jener geistig provinziellen Schriftsteller, die uns als Heimatdichter angepriesen werden — und man weiß Bescheid. Was Freund und Feind gleichermaßen aus den Pantoffeln kippen läßt, ist der Erfolg des Kritisierten — es muß da ein Induktionsstrom des Neides vorhanden sein . . . und somit hielten wir denn bei Remarque.

‹Der Weg zurück› (erschienen im Propyläen-Verlag zu Berlin).

Die Bilderbuchethik der braven oder wilden Patrioten sei nicht angerührt. Denen war Remarque immer ein Stein im Schnürstiefel: er erschien ihnen pazifistisch, weil er statt unkontrollierbarer Schwammigkeiten sehr reale und konkrete Geschichten aus dem Kriege aufgemalt hat; das wollten sie nicht. Durchfall stört die Romantik: die falsche nämlich.

Brüllt auf so ein Buch die heulende Scylla der Rechten ein, so pfeift die Charybdis der Linken: «Wie hältst dus denn mit der Partei? Hast du dein Parteibuch dabei?» Der Dichter hat es nicht leicht — die Meistersinger von Moskau prüfen ihn auf Haut und Knochen, und Fleisch braucht er gar nicht zu haben, wenn es nur mit der Dogmatik stimmt. Und zum Schluß knallt ihm noch die penetrante Besserwisserei

Alfred Döblins eins um die Ohren, ohne daß der Getroffene Zeit hätte, diesem maßlos überschätzten Schriftsteller dessen Wappenspruch entgegenzurufen: «Worauf herauf?» – Doch nun wollen wir wirklich von Remarque sprechen.

Das neue Buch ist eine saubere und anständige Arbeit, nicht mehr und nicht weniger.

Es ist ein Buch, das begrenzte Gültigkeit hat; nicht ausgeschlossen ist, daß es trotzdem im Ausland Erfolg hat. Während *‹Im Westen nichts Neues›* für alle galt, gilt diese Schilderung nur für Deutschland. Im übrigen sollte man sich abgewöhnen, Remarque nun ein für alle Mal mit dem großen Erfolg seines Lebens abzustempeln. Der Mann will mehr. Ob er mehr kann, wird er zu erweisen haben. In diesem Buch hat er es nicht erwiesen.

Es ist saubere, einfache und klare Epik.

Die Rückkehrer können sich nicht ins bürgerliche Leben zurückfinden; der Gestalter Remarque auch nicht. Schildert er Kampfszenen, den Rückmarsch, den Geist der alten Kumpane, ihren Krach, ihre Sauferein und ihre Späße: dann ist das immer gut und echt und stellenweise auch stark. Schildert er irgend etwas andres, eine Bar, eine Szene beim Arzt, eine Familie –: dann ist das blaß, flächig, ohne Hintergründe, mager und ganz und gar gleichgültig. Sieht dieser Mann nur seine Kompanie? Hat er nie etwas andres gesehn? Ist das sein Erlebnis gewesen, das einzige in seinem Dasein?

Manchmal gehts darüber hinaus. Da ist etwa eine kleine Szene, wie die deutschen und die amerikanischen Soldaten zu tauschen beginnen: Arthur Ledderhose und ein Amerikaner stehen einander gegenüber und fixieren sich. Wer wen übers Ohr hauen könnte – das ist brillant gesehn und in zehn Zeilen famos wiedergegeben. Da ist eine Klamaukszene, wie einer den Schinder-Feldwebel wiederfindet, es der Kumpanei ankündigt und vor Aufregung den Schlucken bekommt; da steht ein Satz «Aber wer kann einen sterbenden Bauern täuschen!» – da sind knappe, scharfe Formulierungen: «Ihm gegenüber erzählt eine Dame von ihrem gefallenen Mann, und sie macht sich so wichtig dabei, als wäre sie gefallen und nicht er.» Oder: «Sie haben den Krieg nur bis zum Bahnhof gesehn, von dem wir abfuhren.» Das ist alles gut, und das sitzt. Aber damit ist es auch beinahe aus, und was dann kommt, ist nicht mehr viel.

Es fällt mir gar nicht ein, Remarque auf eine Parteizugehörigkeit zu prüfen. Doch läßt er den Leser völlig ratlos zurück, so ratlos, wie es die Leute seiner Kompanie sind, die mir eigentlich am besten gefallen, wenn es für sie etwas zu hauen gibt. Aber damit kann man doch wohl nicht alles lösen. Und so sitzen wir denn alle zusammen da: der Dichter, seine Freunde und seine Leser, und sie wissen alle miteinander nicht, was denn da nun eigentlich werden soll. Ja, wenn man genauer hinsieht: viele wissen auch nicht genau, was man mit ihnen gemacht hat, vier Jahre lang, und wer es gemacht hat, und warum es so hat sein müssen, und wie es vielleicht anders werden kann. Kein Wort davon. Und das brauchte nun eben nicht in feierlichen Tiraden gepredigt zu werden; man könnte das ja auch gestalten, aber Remarque kann es nicht. Es langt nicht.

Das soll uns nicht hindern, zu sagen: Wenn nur alle Bücher so sauber gearbeitet, so hübsch grundiert und ausgemalt, so reinlich gestaltet wären. Aber es langt nicht.

Auf Remarque als Kämpfer können wir nicht zählen, seit er sich von dem Kammerjäger Goebbeles so leicht hat besiegen lassen. Da hat nun schon mal einer von uns so einen großen Erfolg, daß er auf alles husten kann — und dann stellt er sich nicht heraus. Schade. Bleibt abzuwarten, ob man auf den Dichter Remarque in Zukunft wird zählen können. Will er die Bessern unter seinen Lesern befriedigen, so mache er sich mit Picke, Seil und Axt auf, hinauf zu höhern Gipfeln und heraus aus dem platten Flachland braver Leitartikel, die keinen leiten. ‹*Im Westen nichts Neues*› hätte anonym erscheinen sollen, weil es ein anonymes Buch ist — namenlos wie das Leiden jener, denen es aus dem Herzen geschrieben ist. Nicht so weiter, wie dieses zweite Buch; nicht so weiter.

DIE EHEMALIGE

Einmal habe ich in einem berliner Warenhaus dieses hier erlebt:

Ich stand bei den Handschuhen und hatte, wie immer, meine Handschuhnummer vergessen und bekam vielerlei Handschuhgebilde übergestülpt. Neben mir stand eine junge Frau, eine Kundin ... nein, das war keine Kundin. Sie stand da so ... so, als ob sie dazu gehörte, aber sie gehörte doch offenbar nicht dazu, denn sie hatte Hut und Mantel an und bediente auch niemand, aber sie kaufte auch nichts. Sie sprach mit dem kleinen Fräulein, das hinter dem Ladentisch stand und grade nichts zu tun hatte. Ich hörte:

— «Na, und is denn die Kaminski noch da? Was, die ist auch weg? So, nach Magdeburg? Na, und was treibt denn der Rembitzer? Was? Macht er abends immer noch solchen Klamauk? Da ist ja Grete — die ist aber dick geworden ...!»

Es war eine Ehemalige, die hier sprach. Offenbar hatte sie geheiratet, und nun stand sie hier und besuchte ihre früheren Kolleginnen und fragte und bekam Antwort und informierte sich, aus lauter Neugier und Freude und Interesse.

Und der Ladentisch wurde auf einmal so breit, so breit ...

Sie *war* eine Kollegin gewesen; sie war es nicht mehr. Sie war eine

Schlachtenbummlerin, und die Mädchen an der Arbeitsfront waren ja soweit ganz nett zu ihr — denn nun waren noch andere dazugetreten — aber es war da spürbar eine Kluft, klein und schmal, aber eben eine Kluft. Und warum war das?

Die Ehemalige hatte es nicht mehr nötig. Sie wußte zwar noch recht gut über die kleinen Intimitäten des Rayons Bescheid, gewiß, obgleich sie, wie sich herausstellte, zum Beispiel nicht wußte und auch nicht hatte wissen können, daß die Strember einen gewaltigen Spektakel mit einer Prinzessin aus der Buchhaltung bekommen hatte, und daß es mit der damals so gutmütigen Fahrenheid nicht mehr zum Aushalten sei, man wisse auch warum. Na, so ... Hier wurde das Gespräch etwas dünn, und ich fing einige Seitenblicke auf.

Die Ehemalige verdroß das alles nicht. Sie plauschte und fragte und unterhielt sich und gab ab und zu eine winzige Messerspitze überlegner Ironie in die Unterhaltung, wenig, nur so ein Körnchen ... Und sagte: «Zu meiner Zeit» — und sah aus wie ein alter pensionierter General.

Da stand sie und gehörte nicht mehr dazu. Es half ihr alles nichts: nicht die alte Kameradschaft, nicht die Bekanntschaft mit den Kollegen, beliebt mußte sie auch gewesen sein, das merkte man gut — aber sie gehörte eben nicht mehr dazu.

Denn gemeinsame Arbeit schafft Gemeinsamkeitsgefühle. Die halten nicht sehr lange vor — das fängt in der Schulklasse an, geht über die Kompanie bei den Soldaten und hört im Amt auf ... aber solange man dabei ist, gehört man eben dazu, weil man denselben Kummer zu tragen hat. Das adelt. Das verleiht eine unsichtbare Auszeichnung. Das gibt eine unsichtbare Nummer auf die Schultern: una ex nostris, eine von den Unsrigen. Heiratet sie aber, geht sie aus dem gemeinsamen Trott heraus, läuft ihre Uhr anders (darauf kommt alles an) —: dann gehört sie eben nicht mehr dazu, ist eine Ehemalige, wird wohl noch hier und da akzeptiert und aufgenommen und angehört ...

Da kam die Aufsicht. Der kleine Schwarm stob auseinander. Eine, die erste Verkäuferin, blieb stehen und wechselte mit der Ehemaligen noch ein paar Worte, aber hinter diesen Worten stand schon leise, fast unmerklich, eine kleine Ungeduld: «Nun halt uns hier nicht in der Arbeit auf — du weißt ja, wie es hier ist — du mußt es ja wissen —!»

Und da verabschiedete sich die Ehemalige und ging. Es sah aus, als hätte sie ein Gefecht verloren. Sie freute sich wohl, die junge Frau, daß sie nun einen Mann hatte und hier nicht mitzutun brauchte — aber es war doch ein ganz kleines Bedauern dabei und ein ganz winziger, ihr vielleicht nicht bewußter Schmerz. Sie ging ab durch die Mitte.

«Paßt dieses Paar hier?» fragte mich die Verkäuferin.

«Danke, ja», sagte ich und sah der Ehemaligen nach, bis sie im Gewühl verschwand.

SO VERSCHIEDEN IST ES IM MENSCHLICHEN LEBEN!

Ich reiste im Traum nach Kottbus und ließ dortselbst meine Handtasche stehen. Jetzt muß ich zurückträumen und sie holen.

Willst du eine reizende Damenbekanntschaft machen? Vergiß, dich zu rasieren.

Die Militaristen irren. Es ist gar nicht die Aufgabe der Pazifisten, sie zu überzeugen — sie sollen vielmehr in einem Kampf, der kein Krieg ist, besiegt, nämlich daran gehindert werden, über fremdes, ihnen nicht gehöriges Leben zu verfügen. Man mache sie unschädlich; einzusehen brauchen sie gar nichts. Ich bin für militaristischen Pazifismus.

Die meisten berliner Theater- und Kabarett-Abende gehören dem einen oder dem andern Typus an: jüdische Hochzeit oder münchner Atelierfest.

Die Apologetik der katholischen Kirche —: das ist wie ein Luftschiff auf Rädern.

«Wozu noch Lust? Ich liebe ihn doch!» Da war sie neunzehn Jahre. «Wozu noch Liebe? Sie belustigt mich doch!» Da war er vierzig Jahre. Als sie fünfzig wurden, kam er in die zweite Jugend und liebte, wieder. Sie hatte nie aufgehört, zu lieben.

Ein boxender Buchhändler, der mäßige Vorträge über Plato hält —: kein Mensch hörte danach hin. Zieht sich aber derselbe Mann einen Kaplansrock an: dann bibbert das Publikum. Bei den Männern tauchen die alten Kinderideen von der Größe der Kirche auf, und die Damen denken: «Darf er? Er darf nicht. Tut ers? Wenn ja, mit wem? Und warum nicht mit mir?»

Wie interessant kann doch Plato sein!

Solch ein friedliches Land —! Da tragen die Polizisten noch Säbel.

Welche Hochachtung hat doch der Franzose vor der Sprache! «Il a trouvé ce mot . . .» Das Wort war vorher da, der Autor hat es nur gefunden.

Es gibt Auslandskorrespondenten, die wollen die fremden Völker, zu denen man sie geschickt hat, nicht erkennen. Sie wollen sie durchschauen.

Manche Schriftsteller sammeln große Männer. «Haben Sie schon Mussolini? Ich habe ihn doppelt!»

Sie sprach so viel, daß ihre Zuhörer davon heiser wurden.

Nie geraten die Deutschen so außer sich, wie wenn sie zu sich kommen wollen.

Er besuchte alle Premieren – nicht aus Liebe zur Kunst, sondern um als erster Nein sagen zu können.

Lungenhaschee . . . das sieht aus wie: «Haben Sie das gegessen, oder werden Sie das essen?»

Zwei Kriegsminister: Churchill kann Trotzki nur verhöhnen. Aber Trotzki kann Churchill mitdenken.

Gott schuf Kluge, Dumme, ganz Dumme und Geschäftsführer der SPD-Presse.

Die Engländer werden mit ihren Arbeitslosen nicht fertig; die Franzosen quälen ihre Strafgefangenen, die männlichen in Guayana und die weiblichen in Rennes, daß es einen Hund jammern kann; die Jugoslawen quetschen mißliebigen Politikern die Fingernägel ab, die Ungarn den ihren die Hoden, und die Rumänen befassen sich liebevoll mit den gefangenen Frauen – alle, alle aber sind sich darin einig, daß das Sowjetsystem ein verrottetes System sei. So verschieden ist es im menschlichen Leben!

DIE ROTSTIFT-SCHERE

Die Kämpfe, die Heine und Börne gegen die Zensur auszufechten hatten, standen unter dem Zeichen des Rotstifts. Der Zensor strich.

Die Kämpfe, die der Film gegen die Zensur auszufechten hat, stehen unter dem Zeichen der Schere. Der Zensor schneidet.

Eine Pressefreiheit gibt es nicht, so man nämlich fragt: «Frei wovon?» Eine Buchfreiheit gibt es so einigermaßen. Jedesmal aber, wenn die Technik ein neues Mittel zur Reproduktion von Meinungsäußerungen erfunden hat, fährt den reaktionären Stieseln ein Schreck ins Gebein. Und jedesmal fallen auch prompt die sogenannten Fortschrittsparteien auf diesen Schreck herein. «Man kann doch aber nicht jeden Film . . .» Genau, genau so hat einst die fromme Geistlichkeit gesprochen, als die Buchdruckerkunst aufkam und jedes Buch das Imprimatur des Erzbischofs oder seines Landesherrn tragen mußte; damals druckte man nur mit allerhöchster Erlaubnis. Es hat lange gedauert, bis sich die Literatur aus diesen Fesseln befreit hat.

Was Radio und Film heute produzieren, ist chemisch gereinigtes Zeug, das seinen Naturgeschmack verloren hat. Der Äther ist eine einzige große Kinderstube, die Filmleinewand ein Sabberlätzchen, das man dem Baby Masse vorgehängt hat. Immer hübsch ein Löffelchen nach dem andern, und nur Milchbrei.

Es ist, wie am Beispiel des Buches zu sehn, einfach dummes Zeug, zu sagen, daß die gewöhnlichen Strafgesetze nicht ausreichten. Natürlich ist ein Bild eindrucksvoller als der Buchstabe. Wenn aber wirklich Schweinereien fotografiert werden oder Roheiten oder Beleidigungen, so kommt man mit dem Strafgesetz allemal aus. Rundfunk und Radio sind in Mitteleuropa in der Hand der herrschenden Klasse, und da sind sie nicht gut aufgehoben: sie verbiegt die neuen Instrumente, so daß sie lange nicht alles hergeben, was sie hergeben könnten.

Was jene flaue Ausrede von der «Gesinnung der Andersdenkenden» angeht, «die man nicht verletzen dürfe», so ist das Unfug. Man gewöhne die Herren Schulze und Levi daran, daß sie einen Film, der ihnen nicht gefällt, links oder rechts liegen lassen, und daran, daß man eine Antenne auch erden kann. Die Diktatur dieser Mittelmäßigkeiten ist beinah so schlimm wie der kaum noch verhüllte Faschismus, der im Film und im Radio wütet. Diese Zensur besteht aus Frechheit und aus Angst.

Sie hat nicht einmal System.

Der einzige Pol in der Verbote Flucht ist die deutliche Tendenz gegen links: die Aktien könnten wackeln, wenn jemand einmal aufzeigt, was an der Fabrikation einer Glühlampe nun wirklich verdient wird. Von Thema darf nicht gesprochen werden, sagte jener kaiserliche Schutzmann, ergriff seinen Helm und löste die Versammlung auf. Sonst aber ist von einem Grundgedanken bei dieser lächerlichen Zensur nichts zu merken. Oft ist die Kirche beleidigt, das ist sie ja immer, und ein Scherzgedicht wie das von Klabund über die Heiligen Drei Könige darf zwar gedruckt werden, allerdings nicht ohne daß der Sozialdemokrat Braun in einem jämmerlichen Entschuldigungsschreiben an das Zentrum die Verse «unflätig» nennt – oh, Bebel, Bebel! Gedruckt: ja. Aber im Rundfunk verbreitet werden darf es nicht. Jede Erklärung dieser Inkonsequenz ist eine Lüge. Rundfunk und Film sind einfach wirksamer als das Buch; sie haben sich aber noch nicht ihre Freiheit erkämpft. Also kann man sie knuten, also kann man sie zensurieren.

Lest Bücher! Sie sind kleine Inseln der Freiheit im Meer der Zensur.

SIND SIE EINE PERSÖNLICHKEIT?

Der andere auch! Der andere auch!!
Der andere auch!!!

Eine kleine Sonntagspredigt
mit einem nachdenklichen Chanson

Auf der Erde leben einundeinedreiviertel Milliarde Menschen (die Anwesenden natürlich ausgenommen) – und im Grunde denkt jeder, er sei ganz allein, was die Qualität anbetrifft. «So wie ich . . .» denkt jeder, «so ist kein anderer – so kann kein anderer sein.» Ob das wohl richtig ist?

Wir sehen den Verbrecher und den Jubilar als Einzelwesen und rechnen beiden das allgemeine Niveau mit an; es ist so, wie wenn sich ein Seehund rühmen wollte, daß er schwimmen kann. Alle Seehunde können es.

Da ist zum Beispiel der Beruf.

Sie kennen ja alle die Festreden, die bei der Jahresversammlung des Reichsverbandes wissenschaftlich geprüfter Traumbuch-Verfasser steigt: jeder Traumbuch-Verfasser ist mindestens ein Napoleon, ein Goethe, ein Rockefeller, ein . . . nach Belieben auszufüllen. Andere Berufe kommen da gar nicht mit. Vor wem erzählt der Mann das eigentlich? Damit kann er doch nur einem Eskimo imponieren, einem der nicht weiß, daß die in der Festrede gerühmten Eigenschaften heute so ziemlich alle zivilisierten Menschen besitzen: wir alle können telefonieren, ein Grammophon anstellen, das elektrische Licht anknipsen; viele von uns können chauffieren, viele haben Entschlußkraft, verstehen, sich in einer fremden Stadt zurechtzufinden, können Reisedispositionen treffen – es ist die Zeit, die die Menschen so geformt hat; das Verdienst eines einzelnen ist es nicht. Aber das hören sie nicht gern – sie spielen vor sich selber und vor einem imaginären Publikum gern den Wundermann. «So schön wie ich das kann . . .» Verlaß dich drauf: der andere kann das alles auch.

Der Schriftsteller tut gern so, als sei er von einem Zauberwesen begnadet und als sei dies etwas ganz und gar Einzigartiges: schriftzustellern – und vergißt dabei, daß es Tausende und Tausende können, wie er. Der Arzt umgibt sich gern mit einer Atmosphäre des geheimnisvollen Medizinmannes (wobei nicht untersucht werden soll, inwieweit der Patient das braucht und wünscht). Der Industrielle tut gern so, als habe er allein – Herr Generaldirektor Bölk – Tatkraft, Klugheit und Umsicht der ganzen Welt gepachtet . . . kurz: jeder will als Einzelwesen gewertet und möglichst verehrt werden und läßt unbewußt-bewußt außer acht, daß Millionen neben ihm und um ihn sind, die sich auf genau derselben Ebene bewegen wie er es tut.

Dagegen wehrt sich das Individuum – es ist sein letzter, sein verzweifelter Kampf gegen die unbarmherzige Uniformierung einer mechanistischen Zeit. Er will nicht. Er spielt: einmaliges Individuum.

Die Klugen (die Anwesenden natürlich eingeschlossen) geben das alles für den Beruf und für das Gemeinschaftsleben zu. «Aber», sagt jeder von ihnen, «aber ... man hat doch da so seine kleinen Eigenheiten ...» Und hier wird die Sache restlos komisch.

Denn grade bei den ‹kleinen Eigenheiten› ist die Übereinstimmung so groß, daß man glauben sollte, die Menschen würden in Serien hergestellt.

Die Tage der Niedergeschlagenheit, wo alles aus ist: Beruf grau, Liebe danebengegangen, Geld flöten, Bücher langweilig, das ganze Leben verfehlt – der andere auch! Der merkwürdige Waldspaziergang damals, wo von den Fichten lauter Gestorbene heruntergrüßten und so schauerlich nickten, und wo du schneller gingst, weil du Furcht hattest, dich drüber ärgertest, Mut markiertest, und nun noch mehr Furcht hattest – der andere auch! Der wie ein Nieskitzel plötzlich auftretende Reiz, bei ganz ernsten Situationen lachen zu müssen, die Angst davor, das Bemühen, dieses blödsinnige Lachen grade noch herunterzuschlucken – der andere auch! Immer: der andere auch.

Du hast da morgens, wenn du dich anziehst, eine Reihe kleiner fast sakraler Handlungen ... der andere auch. Du hast manchmal, bevor du in ein fremdes Haus gehst, die ‹Portalangst› ... der andere auch. Du bist mutig, sagen wir, beim Zahnarzt und feige vor dem Examen – oder umgekehrt ... der andere auch. Du machst so eine komische Bewegung mit den Kinnbacken, wenn du ein Buch aufschneidest ... Immer, immer: der andere auch.

Ja, zum Donnerwetter, sollen wir denn nun gar nichts mehr haben, das uns ganz allein gehört? Doch, das gibt es vielleicht ... aber es finden sich stets, wenn man näher zusieht, Hunderte, die machen es dann doch genau so, und Tausende, die machen es beinah so, und Zehntausende, die machen es ähnlich ... der andere auch.

Es tut gut, das zu wissen.

Denn nichts ist gefährlicher, als den Partner zu niedrig einzuschätzen – auf diese Weise sollen schon Kriege verloren gegangen sein. Glaub du ja nicht, du seist der einzig Schlaue weit und breit; du allein verständest den Reiz der Einsamkeit auszukosten; habest allein den Wunsch, mit einer Frau auf einer einsamen Insel (für vier Wochen) zu wohnen ... glaub das nicht. Und doch glauben wir es im stillen alle.

Wir besetzen das Theater des Lebens so:

Hauptrolle: ICH. Dann eine ganze Weile gar nichts. Dann eine unübersehbare Statisterie: die andern. Nicht, daß wir sie nun alle für dämlich hielten ... aber eben doch nur: für die ‹andern› ... und es gehört schon eine ganze Menge Lebensklugheit, nein, Weisheit dazu, einzusehen, daß es mit den andern im Grunde genau, aber ganz genau so bestellt ist, wie mit uns. Denn jeder von ihnen hat schon verzweifelt vor einem Haus auf eine Frau gewartet und dabei an dem Haus hochgesehen wie an einem bösen Urwelttier ... jeder von ihnen hatte seinen kleinen Stolz, als er sich freigeschwommen hatte; jeder von ihnen hat vier kleine dumme Gegenstände in den Schubladen, die behangen sind mit Erinnerungen ... jeder hat das. Nicht nur du allein. Nicht nur ich allein. Jeder hat, um es mit einem Wort zu sagen, die unaufgeräumte kleine Schublade, auf die jeder so stolz ist, als habe er sie ganz allein.

Nach einigen Schwedenpünschen
beginnen Sie zu wünschen:
Sie drehen ganz im stillen
die bunten Zuckerpillen:

«Ein Wochenendhäuschen ... und dann einen Beruf, der einem Spaß macht ... nein, überhaupt keinen Beruf ... eine anständige Rente ... weißt du, so eine, die nicht zu sehr beschwert ... also sagen wir: 500 Mark im Monat, na, ich wär schon mit 800 zufrieden — also die Rente ... dann würd ich studieren ... und angeln ... und radiobasteln ... irgendwo im Grünen, im Stillen ... eine nette Frau ... Kinder ... und nichts von der Welt hören und sehen — aber das sind so meine Privatwünsche ... das kann man keinem Menschen sagen — das versteht ja keiner ...»

Ach!
Damit stehn Sie aber nicht vereinzelt da!
So was denkt man von Florenz bis Altona!
Was Sie da so treiben, das hat lange im Gebrauch
der andere auch!
der andere auch!
der andere auch!

Man schluckt voll Wut mitunter,
weil man muß, so manches runter.
In der Nacht, beim Mondenscheine,
nimmt man Rache — ganz alleine:

«Ich bin zu gut für diese Welt ... diese Kerls können mir alle nicht das Wasser reichen ... die fühlen eben, daß ich mehr bin, als sie ... daher die Wut ... laßt mich mal was werden, laßt mich bloß mal was werden! — dann kenne ich die Brüder alle nicht mehr! — doch: ich kenne sie ... Ich sage dann ganz freundlich, ganz freundlich sage ich: Guten Tag! Na, wie gehts denn immer? Sind Sie noch im Geschäft, ja? Ich? Ich reise so in der Welt umher . . . im Winter war ich in der Schweiz, ja, Skisport . . . im Sommer geh ich auf meine Besitzung in Dänemark . . . Gott, man muß zufrieden sein –»

Ach!
Damit stehn Sie aber nicht vereinzelt da!
So was denkt man von Florenz bis Altona!
Was Sie da so treiben, das hat lange im Gebrauch
der andere auch!
der andere auch!
der andere auch!

Sie sagen im Theater:
Diese Menschen . . . heiliger Vater!
Jeder einzelne ein Hund, ein
krummer –
da bin *ich* doch eine andere
Nummer . . .

«Nu sieh dir mal die Gesichter hier an! Ein dämliches Pack! Nicht wert, daß man ihnen das Stück hier vorführt . . . verstehns ja doch nicht! – Ich habe heute nachmittag Kirchengeschichte des frühen Mittelalters gelesen, ich beschäftige mich jetzt damit ein bißchen . . . glaubst du, daß hier ein Mensch höhere Interessen hat? Nicht zehn im ganzen Theater, das sag ich dir! – Hübsche Frau da vorn in der Loge . . . wenn man an die ran könnte . . . glatt sagte die: ja . . . sie kennt mich bloß nicht . . . aber wenn sie mich kennen würde . . . eigentlich sieht man mir ja schon an, daß ich was Besseres bin, nicht so wie die andern . . .»

Ach!
Damit stehn Sie aber nicht vereinzelt da!
So was denkt man von Florenz bis Altona!
Was Sie da so treiben, das hat lange im Gebrauch
der andere auch!
der andere auch!
der andere auch –!

DIE BRENNENDE LAMPE

Wenn ein jüngerer Mann, etwa von dreiundzwanzig Jahren, an einer verlassenen Straßenecke am Boden liegt, stöhnend, weil er mit einem tödlichen Gas ringt, das eine Fliegerbombe in der Stadt verbreitet hat, er keucht, die Augen sind aus ihren Höhlen getreten, im Munde verspürt er einen widerwärtigen Geschmack, und in seinen Lungen sticht es, es ist, wie wenn er unter Wasser atmen sollte —: dann wird dieser junge Mensch mit einem verzweifelten Blick an den Häusern hinauf, zum Himmel empor, fragen:

«Warum —?»

Weil, junger Mann, zum Beispiel in einem Buchladen einmal eine sanfte grüne Lampe gebrannnt hat. Sie bestrahlte, junger Mann, lauter Kriegsbücher, die man dort ausgestellt hatte; sie waren vom ersten Gehilfen fein um die sanft brennende Lampe herumdrapiert worden, und die Buchhandlung hatte für dieses ebenso geschmackvolle wie patriotische Schaufenster den ersten Preis bekommen.

Weil, junger Mann, deine Eltern und deine Großeltern auch nicht den leisesten Versuch gemacht haben, aus diesem Kriegsdreck und aus dem Nationalwahn herauszukommen. Sie hatten sich damit begnügt — bitte, stirb noch nicht, ich möchte dir das noch schnell erklären, zu helfen ist dir ohnehin nicht mehr — sie hatten sich damit begnügt, bestenfalls einen allgemeinen, gemäßigten Protest gegen den Krieg loszulassen; niemals aber gegen den, den ihr sogenanntes Vaterland geführt hat, grade führt, führen wird. Man hatte sie auf der Schule und in der Kirche, und, was noch wichtiger war, in den Kinos, auf den Universitäten und durch die Presse national vergiftet, so vergiftet, wie du heute liegst: hoffnungslos. Sie sahen nichts mehr. Sie glaubten ehrlich an diese stumpfsinnige Religion der Vaterländer, und sie wußten entweder gar nicht, wie ihr eignes Land aufrüstete: geheim oder offen, je nach den Umständen; oder aber sie wußten es, und dann fanden sies sehr schön. Sehr schön fanden sie das. Deswegen liegst du, junger Mann.

Was röchelst du da —? «Mutter?» — Ah, nicht doch. Deine Mutter war erst Weib und dann Mutter, und weil sie Weib war, liebte sie den Krieger und den Staatsmörder und die Fahnen und die Musik und den schlanken, ranken Leutnant. Schrei nicht so laut; das war so. Und weil sie ihn liebte, haßte sie alle die, die ihr die Freude an ihrer Lust verderben wollten. Und weil sie das liebte, und weil es keinen öffentlichen Erfolg ohne Frauen gibt, so beeilten sich die liberalen Zeitungsleute, die viel zu feige waren, auch nur ihren Portier zu ohrfeigen, so beeilten sie sich, sage ich dir, den Krieg zu lobpreisen, halb zu verteidigen und jenen den Mund und die Druckerschwärze zu verbieten, die den Krieg ein entehrendes Gemetzel nennen wollten; und weil deine Mutter den Krieg liebte, von dem sie nur die Fahnen kannte, so fand sich eine ganze Industrie, ihr gefällig zu sein, und viele Buchmacher waren auch dabei. Nein, nicht die von der Rennbahn; die von der Literatur. Und Verleger verlegten das. Und Buchhändler verkauften das.

Und einer hatte eben diese sanft brennende Lampe aufgebaut, sein

Schaufenster war so hübsch dekoriert; da standen die Bücher, die das Lob des Tötens verkündeten, die Hymne des Mordes, die Psalmen der Gasgranaten. Deshalb, junger Mann.

Eh du die letzte Zuckung tust, junger Mann:

Man hat ja noch niemals versucht, den Krieg ernsthaft zu bekämpfen. Man hat ja noch niemals alle Schulen und alle Kirchen, alle Kinos und alle Zeitungen für die Propaganda des Krieges gesperrt. Man weiß also gar nicht, wie eine Generation aussähe, die in der Luft eines gesunden und kampfesfreudigen, aber kriegablehnenden Pazifismus aufgewachsen ist. Das weiß man nicht. Man kennt nur staatlich verhetzte Jugend. Du bist ihre Frucht; du bist einer von ihnen – so, wie dein fliegender Mörder einer von ihnen gewesen ist.

Darf ich deinen Kopf weicher betten? Oh, du bist schon tot. Ruhe in Frieden. Es ist der einzige, den sie dir gelassen haben.

WIR ZUCHTHÄUSLER

Dies ist der Titel eines Buches von Georg Fuchs (erschienen bei Albert Langen in München). ‹*Wir Zuchthäusler, Erinnerungen des Zellengefangenen Nr. 2911*›.

Fuchs geht über die Tatsache seiner Verurteilung zu zwölf Jahren Zuchthaus hinweg, und auf diese Verurteilung kommt es hier auch nicht an. Es sei nur so viel gesagt, daß er von einem bayerischen sogenannten Volksgericht zu dieser fürchterlichen Strafe verurteilt worden ist, wegen Hochverrats, es kann auch Landesverrat gewesen sein, so genau weiß ich den Vorwand nicht mehr. Der Wahnwitz der nationalen Hexengerichte, die den religiösen Fanatismus in einen patriotischen gewendet haben, geht durch alle Staaten – es werden auch heute noch vom Reichsgericht, meist unter Ausschluß der Öffentlichkeit, in dieser Hinsicht Urteile gefällt, die unter die Notverordnung fallen und die hier nicht charakterisiert werden sollen, wie sie es verdienten. In dreihundert Jahren wird kein Mensch verstehn, warum sich die Leute um ihre murksigen Vaterländchen so abgestrampelt haben – es ist ja in der Tat vollkommen gleichgültig, ob die Pfalz französisch, das Elsaß deutsch, die Rheinlande separatistisch sind, und der schäumende Eifer, mit dem eben dieser Satz, der heute einer bessern Gotteslästerung gleichkommt, in nationalen Blättern nachgedruckt werden wird, zeigt nur die elende Verwirrung der meisten Geister dieses Kontinents. Beruhigt euch; es gibt weitaus wichtigeres und höheres als eure lächerlichen Fahnen.

Georg Fuchs also flog hinein; inzwischen ist er wieder herausgeflogen; sie haben ihn begnadigt. Und nun hat er seine Zuchthaus-Erinnerungen publiziert.

Das Buch enthält sehr gutes Material über den Strafvollzug. Fuchs schreibt weitschweifig; dieser münchner Bühnenreformator und Ästhetiker ist nie ein guter Schriftsteller gewesen — als ich die ersten Kapitel gelesen hatte, schätzte ich den Autor auf 64 Onkeljahre; ich hatte mich geirrt, Fuchs ist 63.

Der erste und letzte Eindruck der Lektüre ist der vom vollendeten Stumpfsinn dieses Strafvollzugs, der eine einzige Sinnlosigkeit darstellt. Wir werden gleich sehn, warum.

Nicht alle Einzelheiten sind so erschütternd wie die in dem großartigen und nie genug zu empfehlenden Buch Max Hölzens (im Malik-Verlag); diesen Sträfling hier haben sie nicht geprügelt; es ist, nach seinen Schilderungen, überhaupt sehr ‹human› in diesem bayerischen Zuchthaus Ebrach zugegangen. Dreckig und human. Da hätten wir gleich eine sehr bezeichnende Stelle. Fuchs hat während seiner Strafzeit keine Wanzen gefunden. «Das ist Deutschland!» vermerkt er, und er ist so stolz darauf, dieser arme, geduckte, lebendig begrabene Mann hält noch das Banner hoch: das ist Deutschland! Das ist es wirklich; aber ganz anders, als ers meint.

Dreckig gehts in Ebrach zu: die Schweinerei mit den Abortkübeln in den Zellen riecht auch dort zum Himmel empor ... und waschen? Es wird schlecht geheizt; in den Jahren 1923 bis 1927 wurden die Schlafsäle nur Sonnabend nachmittags etwas erwärmt, aber nie mehr als auf 12° Celsius. «Es ist nicht möglich, sich hier richtig zu waschen. In der Frühe tritt die ganze Belegschaft, einer hinterm andern und jeder mit seinem blauen Emailbecher voll Wasser in der Hand, an einen mit Blech ausgeschlagenen Trog, nimmt ein Maul voll Wasser, läßt es über die Hände laufen und reibt sich damit schnell das Gesicht ab.» Bayern hat stets eine katholische Mehrheit gehabt. Gott sieht aufs Herz.

Also: körperliche Reinlichkeit keine; Essen unschmackhaft und auf die Dauer anwidernd... das muß aber so sein. Denn, so hat nach Fuchs ein Strafanstaltsdirektor gesagt, der Gefangene muß zwar ernährt werden, doch so, daß ihm die Nahrungsaufnahme keine Lust bereite. Dem Direktor hat dieser Satz sicherlich viel Lust bereitet. Da bleibt denn also die sittliche Einwirkung der Strafe. Und um dieses völlige Manko festzustellen, leistet das Buch gute Dienste.

Fuchs spricht dabei wenig von sich — er erzählt sehr viele Einzelschicksale aus der Anstalt; er spricht sehr gemäßigt und sehr ruhig von den Beamten, und seine Besserungsvorschläge zeigen, daß der Mann so gut wie unpolitisch ist. Um so größerer Glaube ist seinen Erinnerungen beizulegen; ihr Verfasser geht von keiner Tendenz aus, was ja nichts schadete, aber er kommt gar nicht in die Gefahr, zu färben. So wie er es beschreibt: so mags da wohl aussehn.

Und so sieht es aus:

Gewiß nicht unschuldige Rechtsbrecher; zieht man die ungeheuere

Quote von Schuld ab, die die Erbmasse des einzelnen und die sozialen Umstände am Rechtsbruch tragen, bleibt natürlich auch individuelle Schuld. In den etwas zähflüssigen Darlegungen Fuchsens leuchtet ein blendendes Paradox auf, jener Satz, den er als Urteil über die Zuchthaus-Insassen sagt: «Viel besser als die da draußen sind sie auch nicht.» Aber natürlich tausendmal besser als ihre Peiniger.

Also zunächst der Rechtsbruch. Darauf eine Gerichtsverhandlung, die in den allermeisten Fällen Fabrikware schlechtester Observanz ist. Die Richter werden mit dem Wust von überflüssigen Anzeigen nicht fertig, ihre Vorbildung ist ungenügend; ihre Auswahl klassenmäßig —: es ergibt sich jene uns allen bekannte halb- oder mehrstündige Farce von Verhandlung, in der mit den Angeklagten umgesprungen wird, als seien sie Bauklötzer. Es ist wie beim Militär: der Angeklagte soll nicht auffallen — es lebe der bequeme Angeklagte! Der Apparat herrscht; der Angeklagte ist um der Richter willen da. Und so fällt denn auch das Urteil aus. Wozu, so frage ich mich immer, wozu nur diese langwierigen und kostspieligen Verhandlungen! Wäre es nicht praktischer, die Herren teilten ihr Urteil dem Angeklagten auf einer Postkarte mit —?

Urteil. Irgendwas: vier Jahr Gefängnis; drei Jahr Zuchthaus; fünf Jahr Zuchthaus — man kann sich das an den Knöpfen abzählen oder man kann es auch auswürfeln. Da kaum einer der beteiligten Unabsetzbaren überhaupt ahnt, was ein Jahr Einsperrung bedeutet, so knallen diese Urteilssprüche herunter, abgeschossen von Leuten, die ihre Geschosse nie am eignen Körper ausprobiert haben. Sie wissen es nicht. Was sie nicht entschuldigt.

Zuchthaus. Und da beginnt nun etwas ganz und gar Gespenstisches.

Mordet ein Lustmörder einen kleinen vierjährigen Jungen und kommt der Vater dazu, so wäre es durchaus begreiflich, wenn der Mann in seiner Raserei den Mörder erwürgte. Ich spräche ihn frei. Rache? Verständlich, wenn sie eben aus dem Affekt stammt. Und wenn sie vom Beteiligten, also vom Betroffenen, ausgeübt wird. Der Verletzte aber darf sich nach unserm Strafrecht nicht rächen; er wird auch in den wenigsten Fällen zivilrechtlich entschädigt — den strafrechtlichen Anspruch auf Vergeltung übernimmt für ihn der Staat. Und der vergilt nun.

Es ist ganz und gar blödsinnig. Da sitzen also in allen Ländern Hunderte und Tausende von Strafanstaltsbeamten herum, die rächen. Natürlich ist ihnen das in vielen Fällen selber unbequem; es sind auch weiche und sanftmütige Männer darunter, die ihren Beruf natürlich nicht als Berufung erwählt haben, sondern weil man irgend etwas werden muß und wegen der Pensionsversorgung. Sie rächen nun — und da läuft alles kunterbunt durcheinander:

Echter Sadismus kleiner Beamtenseelen (findet sich bei den akademisch gebildeten Herren öfter als bei den einfachen Wärtern); Grausamkeit aus Faulheit; Stumpfsinn; Bürokratismus und Kretinismus, wie es grade trifft. Und alle, alle sind sich in einem Punkt einig: der Strafgefangene ist um ihretwillen da und sie um des Betriebes willen, und die Hauptsache ist, daß der Apparat läuft wie geölt. Nichts kränkt diese Leute mehr, als wenn es irgend eine Stockung oder Unordnung in der Maschine gibt; dann schlagen sie fürchterlich zu.

Vor dem Urteil der Öffentlichkeit haben sie wenig Furcht und noch weniger Achtung; die Öffentlichkeit bringt zwar durch Steuergelder die Gehälter dieser Beamten auf, hat aber so gut wie gar kein Recht und auch keine Möglichkeit, sich in die Einzelheiten des Strafvollzuges zu mischen. Der spielt sich hinter verschlossenen Türen ab und seine Kontrolle in verschlossenen Akten. Dieser Unfug da wird nur geduldet, weil sich zu wenig Menschen um ihn kümmern.

Da haben wir also einen meist sinnlos verurteilten Rechtsbrecher, der schon das Verfahren nicht richtig verstanden hat — und auf der andern Seite einen Haufen wild zusammengewürfelter Schreiber, Ärzte, Prediger, Wärter . . . die rächen. Wen? Was? Das wissen sie nicht.

Die Wirkung auf die Gefangenen ist katastrophal. Das kommt in kaum einem Buch so klar und deutlich heraus wie in diesem Buche von Georg Fuchs. Er hat richtig gesehn, daß kein Mensch auf die Dauer so leben kann wie der christliche Kodex dieser Strafanstalten das verlangt: nämlich dauernd im Unrecht, dauernd büßend, dauernd gedrückt. Das gibt es nicht — täte es einer, er endete durch Selbstmord. Was also geschieht —?

Es bildet sich eine Seelenkruste um den Gefangenen. Druck erzeugt Gegendruck; der Gefangene stemmt sich gegen die sinnlose Vergewaltigung und bezieht die Tat, die er begangen hat, in sein Seelengebiet ein; und wenn es eine Weile so gegangen ist, dann hat er auch noch recht. Von Buße ist nicht die Spur zu merken.

Fuchs hebt nun sehr gut hervor, daß eine Buße, die durchaus nicht kirchlich zu sein braucht, notwendig wäre — doppelt notwendig für so belastete Psychopathen, wie wir sie im Zuchthaus antreffen. Aber die angewandte Gewalt läßt ein derartiges Sühnegefühl fast niemals aufkommen. Und das Bild sieht dann so aus:

Der Täter hat eine Tat begangen, und das Gericht hat ihn für den Tatbestand verurteilt; die Zuchthausverwaltung quält ganz sinnlos auf dem Mann herum, und so kommen Schuld und Strafe niemals zusammen. Sie laufen aneinander vorbei; es wird gewissermaßen ganz jemand anders . . . nicht einmal gestraft, nur geschunden. Besserung: Unsinn. Innere Einkehr: vacat. Strafe: dummes Zeug. Es ist so, wie wenn jemand, der ein Los gewonnen hat, in ein rot tapeziertes Zimmer gebracht würde — ein völlig sinnloser Vorgang.

So sieht die Strafe aus, die die Staaten über ihre Rechtsbrecher verhängen. Es gibt keinen einsichtigen Menschen, aber keinen, der jemals unter diesen Leuten gelebt hat, oder der sie kennt, der da nicht sagte: Was hier getrieben wird, ist viel schlimmer als eine Schlechtigkeit: es ist die sturste Dummheit, die sich nur einer ausdenken kann.

Daran ändern, wie Fuchs richtig herausgearbeitet hat, die neuen Verfügungen über den Strafvollzug gar nichts. Der Grausamkeitsduselei steht nicht einmal die viel geschmähte Humanitätsduselei gegenüber — es ist eine idiotische und blöde Quälerei, die gar nichts erzeugt, wenn man von den vollgeschmierten Akten absieht. Ja, richtig: und dann macht sie die Gefangenen kaputt.

Aber dann prügelt doch lieber! Das Herzchen, der Wallace, dessen Bücher man fortab boykottieren sollte, hat sich mit erfrischender Deutlichkeit für die Prügelstrafe (an andern) ausgesprochen, und die Vulgäransicht der Stammtische kann es gleichfalls nicht grausam genug bekommen. Dann trinken sie ihr Bier aus und denken auch nicht einen Augenblick daran, was aus den so Geschundenen nun eigentlich wird. Und sie können nicht daran denken, weil sie genau so wenig wie die Richter die Struktur der menschlichen Seele kennen. Fibelvorstellungen beherrschen sie — sie und die Kirche, soweit es sich um den gewöhnlichen Geistlichen handelt. Es ist nichts mit ihnen.

Fuchs zeigt an den einzelnen Leuten, deren Leben er vor uns aufrollt, wie dem Ideal der Verwaltung am meisten diejenigen entgegenkommen, die vollkommen stumpfsinnig geworden sind. Die machen wenigstens keine Schwierigkeiten.

Solange einer noch denkt, fühlt, remonstriert, also: lebt — solange wird ein Kleinkrieg zwischen Strafer und Gequältem geführt, der an Unerbittlichkeit nicht seinesgleichen hat. Sie haben da in Ebrach einen Mörder, der ein Leben wie ein gefangener Gorilla hinter sich hat. Monate und Monate hat er — nach Ausbruchsversuchen und einem geglückten Ausbruch, nach Anfällen und Getobe — in diesen Mauerlöchern des Dunkelarrests hingebracht ... sie haben seinen Willen nicht gebrochen. Und eben das soll geschehn. Buße? Wie bitte? Sühne? Sie hören doch: der Wille soll gebrochen werden. Es ist ein reizender Strafvollzug. Es ist gar keiner — es ist ein einziger stupider Unfug.

Lehrreiche Einzelheiten: Wie der Arzt, ein alter Medizinalrat, dem man nicht in die Finger fallen möchte, mit unzulänglichen Instrumenten und ohne Narkose operiert, was also, wenn das richtig wäre, eine nette kleine Körperverletzung darstellte, — wobei allerdings der geschulte Jurist zu wissen hat, daß Körperverletzungen durch Ärzte allenfalls in der Privatpraxis vorkommen können ...

Leben an Leben dieser Gefangenen zieht vorüber, und ob es an der süddeutschen Landschaft liegt: manche dieser Lebensgeschichten könnten von Jakob Wassermann stammen — das gleiche Hell-Dunkel liegt auf diesen Lebensläufen. Besonders die Geschichte von dem blutschänderischen Adligen: wenn Fuchs sie wahrheitsgetreu erzählt hat, ist sie eine schöne Novelle (für den Leser) und ein tragisches Ereignis für den, ders erlitten hat. Manchmal macht sich der Paragraphenstall völlig selbständig und funktioniert nun wie irrsinnig. Da ist also dieser Mörder ausgebrochen, unter gradezu unmenschlichen Mühen, es ist ihm geglückt, er ist draußen, er verbirgt sich bei einem Bauern, und da fangen sie ihn. Als er mit Triumph ins Zuchthaus zurückgeführt wird, fotografieren Neugierige den Zug. Und während nun dieser nie gebändigte Mann wieder in seinem Loch sitzt, gebunden und gefesselt, macht er — eine wundervolle psychopathische Leistung — das ‹Recht am eignen Bilde› geltend, und weil wir doch in einem Rechtsstaat leben, wo der Paragraph alles, das Individuum aber nichts gilt, muß ihm sein ius werden, der Apparat spielt, und es werden auf seine Eingaben und Beschwerden alle Fotos, derer man habhaft werden kann, eingezogen. Inzwischen schinden sie ihn weiter. Denn Recht muß doch Recht bleiben.

Man lernt viel aus diesem Buch — viel auch über Bayern, viel über die von den Schreihälsen der Nazis ausgebrüllte Sittlichkeit der Bauern; hier finden sich die besten Seiten, die Fuchs geschrieben hat: Blutschande, Abtreibung ... wer Ohren hat, der höre. Aber diese Esel haben lange Ohren und doch keine.

Es ist ein lehrreiches Buch.

Hat auch einige Geleitworte von Schriftstellern, Juristen und Ärzten, die sich mit derlei befassen. Jeder hat das seine gesagt — nur einer tanzt aus der Reihe, dreist, ohne die leiseste Ahnung ... es ist der Kegelkönig Spengler.

Goethe untersuchte einen Schafsknochen; Stammtische denken in Kontinenten. Was Spengler hier von sich gegeben hat, ist beispiellos. Er stellt fest, daß «die deutsche Justiz vor dem Kriege an Unbestechlichkeit und Würde in der Welt unübertroffen dastand», was einfach eine Unwahrheit ist, denn die englische Justiz ist immer mindestens so gut gewesen, wie die deutsche. Nun aber: «... so gehört es zu den Erscheinungen jeder Revolution, ein sentimentales Mitgefühl nicht mit dem Ermordeten, sondern mit dem Mörder zu haben. Das ist eine Erscheinung, die wir gegenwärtig bis zum Ekel um uns herum wahrnehmen müssen, über deren Zuchtlosigkeit sich das Ausland mit Recht lustig macht und die letzten Gründe darauf zurückführt, daß zwischen Revolutionären, Verbrechern und Literaten kein Wertunterschied besteht, von andern Unterschieden ganz zu schweigen.» Und da darf denn diesem Racker-Latein gegenüber wohl gefragt werden:

Wer ist Spengler? Ein Literat. Ein Literat aber, der einen Literaten einen Literaten schilt, ist ein Dummkopf. Der Mann läßt sich mit trutzigen Augenbrauen fotografieren und sieht aus wie ein geschlagener General, der in der Theorie gesiegt hat. Was bildet sich dieser gipserne Groschen-Napoleon ein? Er hat ein paar Bücher geschrieben. Das kann viel sein — in diesem Falle ist es nicht viel. In dem Augenblick aber, wo er sich verräterisch gegen den Geist auf seiten einer klobigen und vermeintlichen Aktivität stellt, gehört ihm eins auf die Finger. Nicht nur, weil ihm alle Zuchthausstrafen noch nicht scharf genug sind. Sondern weil sich hier der Geltungsdrang eines kleinen Stubengelehrten austobt, dem es nicht vergönnt ist, im praktischen Leben eine Rolle zu spielen, in jenem Leben, das er, eben weil er es nicht meistert, so überschätzt. Daher die Unerbittlichkeit, die nichts kostet; die eherne Grausamkeit auf dem Papier, die den Männern der Praxis ein Anlaß sein kann, noch gemeiner zu verfahren, als sie es ohnehin tun; daher die Verachtung des eignen Berufs: der Literatur. Beschimpfte jemand Stefan George, weil er kein Ozeankapitän sei, so wäre das töricht, für diesen Spengler aber ist kein Wort des Vorwurfs hart genug, denn er mimt den Kapitän; doch ist er keiner. Mann der Tat... aber dieser Dschingis Khan z. D. wäre ja nicht einmal imstande, eine kleine Klosettpapierfabrik anständig zu leiten, denkt aber in Äonen und Kontinenten und will uns weismachen, rücksichtsloses Geschreibe sei Feldherrnenergie und Tatwille. Wie dumm und seicht ist alles, was er hier — angesichts so vieler unglücklicher Menschen — zu sagen hat! Da predigt er unter anderm eine unsinnige Überschätzung der Politik, dieser neuen Religion, die er ausdrücklich aus der allgemeinen Skala der Strafen herausgenommen haben will. Politische Delikte seien sozusagen Kriegsverbrechen. Das ist Nonsens. Sage mir, wie ein Land mit seinen schlimmsten politischen Gegnern umgeht, und ich will dir sagen, was es für einen Kulturstandard hat — ob das nun Italien, Amerika, Deutschland oder Rußland ist. Es ist verständlich, daß sich ein so schwer kämpfendes Land wie Rußland seiner Gegner zu erwehren versucht; das mißtönende Geheul aber: «An die Wand! Erschießen! Erschießen!» klingt nicht gut in unsern Ohren.

Spengler lebt in einer Zivilisation, die er ständig anpöbelt; er profitiert von ihr und steckt bis an den Hals in dieser Kaufmannszeit. Ein Heros des Füllfederhalters. Und Menschen leiden, leiden ... Was weiß dieser Möchte-Attila davon! Nichts weiß er davon. Ein Mann, der überhaupt kein Gefühl für das Einzelwesen hat, aber mit dem Kosmos herumwirtschaftet. Er thront auf einer unerreichbaren Höhe von 1,25 Meter und predigt, es komme auf die großen Zusammenhänge an. Wenn ich recht unterrichtet bin, gebären unsre Mütter nicht Deutschland und nicht Europa, sondern kleine Menschenwesen, Oswald oder Maria geheißen. Dieser Literat ist kein guter Literat. Sondern ein buckliges Titänlein.

Das Buch von Georg Fuchs aber sei angelegentlichst empfohlen.

LIED ANS GRAMMOPHON

Nobody's fault but your own
Brunswick A 8284

Nun komm, du kleine Nähmaschine,
und näh mir leise einen vor.
Ich denke dann an Clementine,
du säuselst sanft mir in das Ohr.
    Und am Klavier ohn Unterlaß
    führt rhythmisch einer seinen Baß.

Sie war so lieb. Kocht ich im Grimme,
weil jemand mich geärgert hat,
dann sang sie mit der Oberstimme
und strich mir alle Falten glatt.
    Und am Klavier ohn Unterlaß
    führt rhythmisch einer seinen Baß.
            pom-pom

Still sah sie immer nach dem Rechten
und stellte alles so nett hin.
Am Tage kühl. Doch in den Nächten
zerschmolz die süße Schaffnerin.
            pom-pom

O spiele weiter!
            Clementine
war ihrerseits aus Brandenburch.
Sie trog mich mit der Unschuldsmiene
und ging mit einem Dichter durch.

Bei dem ist sie bis heut geblieben.
Gewiß . . . der Mann hat keinen Bauch.
Und er hat alles klein geschrieben;
stefan george tut das auch;
    und im klavier ohn unterlaß
    führt rhythmisch einer seinen baß.

Du spielst. Ich muß mich still besaufen.
Voll ist das Glas und wieder leer.
He! Holla! Du bist abgelaufen . . .
Die Nadel knirscht. Du singst nicht mehr.

In meinem Ohr ohn Unterlaß
rauscht rhythmisch unser Schicksalsbaß:
pom-pom

LIEBESPAAR IN LONDON

Es ist Sonnabend mittag und auf dem Piccadilly Circus dreht sich der Verkehr langsamer, man kann beinah sein eignes Wort verstehn, denn eine gewaltige Zentrifugalkraft hat die Londoner nach außen geschleudert —: Wochenende. Es ist das einzige Mal in der Woche, wo du sagen darfst: der Verkehr zappelt an dir vorüber, sonst zappelt hier gar nichts. Aber nun haben wohl alle große Sehnsucht, herauszukommen. Auf Wiedersehen, City!

Immerhin, viele sind noch da. Da hätten wir in den Theatern der Shaftesbury Avenue herzzerreißend schöne Schauspiele ‹Herbstkrokus› oder ‹Wie schön sind doch die Tränen einer Braut›, vielleicht heißt das Stück auch anders, aber die Fotos, die da in den Schaukästen hängen, sehen aus, als hieße es so. Und vor dem Theater sitzen auf kleinen Stühlchen lange Reihen von Frauen und Mädchen und auch ein paar Männer, sie sitzen da Schlange, weil sie unnumerierte Plätze und Ruhe und Zeit haben, und da warten sie, bis die Türen aufgemacht werden. Damit sie sich nicht langweilen, haben sie sich Zeitungen mitgebracht und Zigaretten und Bonbons und Freundinnen, und dann ist da auch ein alter Straßensänger, der singt ihnen etwas vor, und mitten auf dem Damm, da, wo die Taxis warten, steht mit Verlaub zu sagen ein Mann auf dem Kopf und wackelt mit den Beinen. Übrigens sieht kaum einer danach hin, und man muß nun nicht denken, daß alle Londoner immer auf dem Kopf stehen und mit den Beinen wackeln, Reisebeschreibungen verfallen oft in diesen Fehler. Dieser Mann tut das gewiß nicht zu seinem Vergnügen — wie sagte neulich ein Steptänzer im Varieté? «Es muß doch noch eine weniger anstrengende Art geben, sein Geld zu verdienen!» Sicherlich. Dieser also steht kopf.

Und vorbei braust das und eilt und geht und fährt und läuft. Ich auch.

«Excuse me!» Beinah hätte ich sie angerannt.

Sie stehen mitten im Weg, er und sie, und rechts und links fluten die Leute an ihnen vorüber. Sie sehen sie nicht. Sie sehen sich an. Ich kehre langsam um und gehe langsam an ihnen vorüber. Ich bin viermal umgekehrt, und ich bin viermal an ihnen vorüber gegangen.

Sie sprechen nichts. Sie sehen sich an. Sie sehen sich nur immerzu an.

Er spricht mit den Augen: «So kann das doch nicht weitergehn», sagt er, ohne den Mund aufzutun. «Das geht nun schon seit Wochen so — aber so kann das doch nicht weitergehn! Hier stimmt doch etwas nicht! Ist da ein andrer? Natürlich ist da ein andrer. Ich kann mir auch denken, wer es ist. Ich weiß, wer es ist. Sybil! Dazu alle unsre Liebe? Dazu?» — Sie antwortet mit den Augen, sie antwortet wenig. «Ich weiß nicht», sagte sie, ohne den Mund aufzutun. «Ich weiß nicht. Ich habe ja nichts gegen dich.» Sie ist ganz in sich gekrochen; die wahre Sybil hat sich zurückgezogen, und eine etwas repräsentative Sybil steht da und weist mit den schwarzen, schönen Augen einen Angriff zurück. Sie braucht ihn kaum zurückzuweisen — die Mauern sind so hoch . . .

«Sybil . . .!» sagen seine Augen. Nichts sagen ihre Augen.

«Weißt du noch» sagen seine Augen. «Weißt du noch? Weißt du noch den hübschen Abend am Ufer, wo nebenan im Zelt das Grammophon gespielt hat, und wo wir hinter den Bäumen zu der fremden Musik getanzt haben? Und dann sind wir weiter fortgetanzt, immer weiter, immer weiter, und wir haben die Musik nur noch ganz leise durch die Zweige gehört. Weißt du noch?» — Nichts sagen ihre Augen. Sie stehen unbeweglich, in diesem brausenden Strom der Menschen, und manche stoßen sie an, aber sie merken es nicht. «Weißt du noch?» sagen seine Augen. «Wir sind durch Hampstead gegangen, ich habe dich nach Hause gebracht, und seitdem kenne ich jeden Gartenzaun und jeden Pfahl und jedes Haus auf diesem Weg — an allem und jedem hängt ein Wort von dir . . . weißt du noch?» Ihre Augen sind nun gesenkt, wie ein Schleier liegt es auf ihnen, sie antwortet nicht. Ich sehe, wie er seine Augen mit Gewalt siegen lassen will — es hilft ihm nichts, sie ist stärker. Er bäumt sich auf, er ist doch ein Mann; aber es hilft ihm nichts, denn sie ist eine Frau. Er versteht das nicht. Nie versteht ein Liebender, daß was gewesen ist, einst nicht mehr gelten kann — es war doch aber einmal! Und da meinst du, Tor, es müsse immer sein? Aber es ist nicht immer.

Sie stehen noch immer da und sagen nichts und sehen sich an. Zum Glück achtet niemand auf sie — es ist schon ein bißchen lächerlich, was sie da treiben. Auf der Bühne mag solches erlaubt sein, auf der Bühne, wo das englische Publikum, dieses dankbarste Theaterpublikum der Welt, lacht, wenn ein Kellner ein Tablett fallen läßt, und todernst wird, wenn die Geigen wimmern und sich die Waldkulisse lila färbt, denn das ist die Liebe. Auf dem Theater . . . gut. Aber im Leben? Im Leben verbirgt man seine Gefühle, so lange, bis die Leute glauben, man habe gar keine, denn das ist die gute Erziehung. Und da stehen sie.

Wer ist bewegt? Der Verkehr, der an den Reglosen vorüberfließt? Es ist eigentlich umgekehrt: der Verkehr ist reglos, und sie, sie sind bewegt. Jürgen Fehling hat einmal in einem Stück Barlachs so eine Szene aufgebaut: das Liebespaar saß inmitten einer Horde saufender Spießer am Tisch und sah sich an. Und die Trinkenden und Prostenden wurden immer stiller und stiller, schließlich erstarrten sie zu Wachsfiguren, nur die Liebenden sprachen noch und waren lebendig.

Und inmitten einer emsig dahintreibenden Welt, die ins Freie hinaus will, steht die Gruppe dieser beiden, bewegt und mit schlagenden Herzen in einer wächsernen Welt, die sie nicht sieht und die sie nicht sehen. Versunken ... Da stehen sie und sehen sich an, er wartet, und sie ist schon bei einem andern, mit dem sie eins zu werden hofft, da stehen sie, unrettbar und unweigerlich *zwei*, man kommt ja immer nur auf Sekunden zusammen, und dann schlägt das Gewoge über ihnen zusammen, der Straßensänger krächzt sein Lied, und die schweren Autobusse schmettern und stampfen vorüber, hinaus in die grünen Vorstädte, wo der englische Rotdorn blüht.

DER MENSCH

Der Mensch hat zwei Beine und zwei Überzeugungen: eine, wenns ihm gut geht, und eine, wenns ihm schlecht geht. Die letztere heißt Religion.

Der Mensch ist ein Wirbeltier und hat eine unsterbliche Seele, sowie auch ein Vaterland, damit er nicht zu übermütig wird.

Der Mensch wird auf natürlichem Wege hergestellt, doch empfindet er dies als unnatürlich und spricht nicht gern davon. Er wird gemacht, hingegen nicht gefragt, ob er auch gemacht werden wolle.

Der Mensch ist ein nützliches Lebewesen, weil er dazu dient, durch den Soldatentod Petroleumaktien in die Höhe zu treiben, durch den Bergmannstod den Profit der Grubenherren zu erhöhen, sowie auch Kultur, Kunst und Wissenschaft.

Der Mensch hat neben dem Trieb der Fortpflanzung und dem, zu essen und zu trinken, zwei Leidenschaften: Krach zu machen und nicht zuzuhören. Man könnte den Menschen gradezu als ein Wesen definieren, das nie zuhört. Wenn er weise ist, tut er damit recht: denn Gescheites bekommt er nur selten zu hören. Sehr gern hören Menschen: Versprechungen, Schmeicheleien, Anerkennungen und Komplimente. Bei Schmeicheleien empfiehlt es sich, immer drei Nummern gröber zu verfahren als man es grade noch für möglich hält.

Der Mensch gönnt seiner Gattung nichts, daher hat er die Gesetze erfunden. Er darf nicht, also sollen die andern auch nicht.

Um sich auf einen Menschen zu verlassen, tut man gut, sich auf ihn zu setzen; man ist dann wenigstens für diese Zeit sicher, daß er nicht davonläuft. Manche verlassen sich auch auf den Charakter.

Der Mensch zerfällt in zwei Teile:

In einen männlichen, der nicht denken will, und in einen weiblichen, der nicht denken kann. Beide haben sogenannte Gefühle: man ruft diese am sichersten dadurch hervor, daß man gewisse Nervenpunkte des Organismus in Funktion setzt. In diesen Fällen sondern manche Menschen Lyrik ab.

Der Mensch ist ein pflanzen- und fleischfressendes Wesen; auf Nordpolfahrten frißt er hier und da auch Exemplare seiner eigenen Gattung; doch wird das durch den Faschismus wieder ausgeglichen.

Der Mensch ist ein politisches Geschöpf, das am liebsten zu Klumpen geballt sein Leben verbringt. Jeder Klumpen haßt die andern Klumpen, weil sie die andern sind, und haßt die eignen, weil sie die eignen sind. Den letzteren Haß nennt man Patriotismus.

Jeder Mensch hat eine Leber, eine Milz, eine Lunge und eine Fahne; sämtliche vier Organe sind lebenswichtig. Es soll Menschen ohne Leber, ohne Milz und mit halber Lunge geben; Menschen ohne Fahne gibt es nicht.

Schwache Fortpflanzungstätigkeit facht der Mensch gern an, und dazu hat er mancherlei Mittel: den Stierkampf, das Verbrechen, den Sport und die Gerichtspflege.

Menschen miteinander gibt es nicht. Es gibt nur Menschen, die herrschen, und solche, die beherrscht werden. Doch hat noch niemand sich selber beherrscht; weil der opponierende Sklave immer mächtiger ist als der regierungssüchtige Herr. Jeder Mensch ist sich selber unterlegen.

Wenn der Mensch fühlt, daß er nicht mehr hinten hoch kann, wird er fromm und weise; er verzichtet dann auf die sauern Trauben der Welt. Dieses nennt man innere Einkehr. Die verschiedenen Altersstufen des Menschen halten einander für verschiedne Rassen: Alte haben gewöhnlich vergessen, daß sie jung gewesen sind, oder sie vergessen, daß sie alt sind, und Junge begreifen nie, daß sie alt werden können.

Der Mensch möchte nicht gern sterben, weil er nicht weiß, was dann kommt. Bildet er sich ein, es zu wissen, dann möchte er es auch nicht gern, weil er das Alte noch ein wenig mitmachen will. Ein wenig heißt hier: ewig.

Im übrigen ist der Mensch ein Lebewesen, das klopft, schlechte Musik macht und seinen Hund bellen läßt. Manchmal gibt er auch Ruhe, aber dann ist er tot.

Neben den Menschen gibt es noch Sachsen und Amerikaner, aber die haben wir noch nicht gehabt und bekommen Zoologie erst in der nächsten Klasse.

DAS PERSÖNLICHE

Schreib, schreib . . .
Schreib von der Unsterblichkeit der Seele,
vom Liebesleben der Nordsee-Makrele;

schreib von der neuen Hauszinssteuer,
vom letzten großen Schadenfeuer;
gib dir Mühe, arbeite alles gut aus,
schreib von dem alten Fuggerhaus;
von der Differenz zwischen Mann und Weib . . .
Schreib . . . schreib . . .

Schreib sachlich und schreib dir die Finger krumm:
kein Aas kümmert sich darum.

Aber:
schreibst du einmal zwanzig Zeilen
mit Klatsch – die brauchst du gar nicht zu feilen.
Nenn nur zwei Namen, und es kommen in Haufen
Leser und Leserinnen gelaufen.
«Wie ist das mit Fräulein Meier gewesen?»
Das haben dann alle Leute gelesen.
«Hat Herr Streuselkuchen mit Emma geschlafen?»
Das lesen Portiers, und das lesen Grafen.
«Woher bezieht Stadtrat Mulps seine Gelder?»
Das schreib – und dein Ruhm hallt durch Felder und Wälder.

Die Sache? Interessiert in Paris und in Bentschen
keinen Menschen.
Dieweil, lieber Freund, zu jeder Frist
die Hauptsache das Persönliche ist.

ENGLISCHE PERÜCKEN

In England ist manches von Charell inszeniert, u. a. das ‹*Weiße Rößl*›, die Truppenschau und die Gerichtspflege.

Wenn das matte Tageslicht von oben auf den rotgekleideten Richter fällt, vereinen sich die braunen Tische, die weißen Perücken der Gerichtspersonen, die Talare und alle Farben zu jener seltsamen Harmonie von Gedämpftheit, die das englische Landschaftsbild auszeichnet, ein leiser Vielklang.

Jede Justiz verkleidet sich. Die Verkleidung besagt, wo immer wir sie antreffen: hier spricht nicht eine Privatperson, sondern ein Instrument des Staates, etwas sozusagen Unpersönliches. Daß es das nicht gibt, ist eine andere Sache – Standesuniformen unterstreichen allemal die Bedeutung des Standes, und machen eine menschliche Handlung zu etwas, was den Alltag überragen soll. Daher tragen der englische Richter und der englische Anwalt eine Perücke.

Selbige ist aus Roßhaar und kostet etwa sieben Pfund. Kleine Löckchen sind in sie gedreht, beim Richter sind es wohl einige mehr als beim Anwalt. Es ist nicht jene Art von Perücke, wie wir sie beim Mister Speaker im Unterhaus sehen — die fällt auf beiden Seiten lang herunter. Die richterlichen Perücken sind kleiner und beinahe zierlich. Perücken 1931 — das ist eine merkwürdige Sache.

Wenn sich Menschen in historische Gewänder ihres Volkes stecken, dann gibt es zweierlei Möglichkeiten: sie sehen unsagbar lächerlich aus, oder aber das Kostüm hebt das Gesicht der Rasse. Mit den Ritterrüstungen ist das meist so eine Sache; die Tracht des achtzehnten Jahrhunderts, von Franzosen getragen, zeigt zum Beispiel, wieviel ungekannte Hofleute noch unter ihnen wandeln, wieviel witzige Barbiere; wieviel geschmeidige Köche und galante Abbés ... im Zivil ist das kaum zu sehen. Die englische Gerichtsperücke hat vielerlei Wirkungen auf ihre Träger.

Ich bin durch viele Säle der Courts gegangen. Manchen Richtern hilft die Perücke gar nichts. Sie haben sich das Ding übergestülpt und sehen nun aus wie der Dorfrichter Adam; die Perücke sitzt hilflos da oben und hat überhaupt keine Beziehungen zum Träger. Sie mag ihn nicht. Und er bleibt unter ihr ein sicherlich höchst ehrenwerter Herr Jones oder Smith, aber weiter auch gar nichts.

Bei anderen aber arbeitet der Roßhaardeckel erst etwas heraus, was bei ihnen im Gewand des Bürgers, ohne Talar und außerhalb des Gerichts, vielleicht nicht zu sehen ist: die Gesichter werden in einem Maße englisch, scharf und charakteristisch, daß es beinahe wie inszeniert aussieht. Zu gut, denkt man; das kommt im Leben eigentlich nicht vor. Es kommt vor.

Der untere Rand der Perücke schneidet oben an der Stirn so scharf ab, daß manche Gesichter wie aufgesetzte Masken aussehen — man möchte die Gesichter abreißen und das darunter liegende Gesicht sehen. Das Richtergesicht lächelt freundlich und spricht begütigend; nachher wird es etwas sagen, und dann wird einer aufatmend nach Hause gehen, oder lange Jahre in einer kleinen Stube sitzen ...

Übrigens darf man diese Mützchen nicht von hinten sehen — darauf ist die Sache nicht eingerichtet. Einmal stand ich hinter einem plädierenden Anwalt, und die Perücke hob sich hinten ein wenig, und da kam das zivile Haar zum Vorschein, da ist dann gar nichts mehr von Würde der Gerichtsperson und dergleichen: unter dieser Perücke sitzt das, was Auto fährt und durchaus von heute ist.

Manche Perücken wachsen nach innen.

Haben diese Perücken auch einen Zopf —? Es gibt eine so schöne Redensart im Berlinischen: «Das kann man von der Stadtbahn aus nicht sehn!» — Ich sitze vorläufig in London noch auf der Stadtbahn, sehe die Perücken an und schweige.

HETÄREN-GESPRÄCHE

Falsch:

«Du wunderst dich gewiß, wie ich zu diesem Leben gekommen bin. Mein Vater war Oberstleutnant bei den Husaren in Krefeld, und meine Mutter war eine geborene von. Ich hatte eine glückliche Jugend; da geriet ich im Alter von achtzehn Jahren in die Hände eines gewissenlosen Verführers, der mir im Schlaf meine Unschuld raubte. Meine Eltern verstießen mich, als die Schande offenbar wurde, und bald sank ich von Stufe zu Stufe ...»

Richtig:

«... hab ich zu der Frau gesagt: Bitte, den Koffer können Sie ja gar nicht pfänden, der ist ja schon gepfändet, überhaupt werde ich mich bei der Staatsanwaltschaft beschweren, denn da hab ich sehr gute Beziehungen. Kennst du einen Staatsanwalt Kleinböhmer? Das ist ein guter Freund von mir ... weißt du, das ist ein Stiefelfreier, der kommt alle vierzehn Tage zu mir, und dann muß ich ihm ...

Da sagt die Frau, dann wird sie die Polizei holen. Ich sage, bitte, sage ich, holen Sie nur die Polizei, da werden Sie schon was erleben! Hast du sowas gesehn! Wo überhaupt die Mieten so teuer sind! Ach, Fritzi, das ist ja gar nicht wahr — du kriegst heute in ganz Hamburg nichts Anständiges unter hundertachtzig Mark ... Bestell noch ne Flasche Sekt. Sieh mal die Frau da drüben! Die war in Untersuchungshaft, drei Wochen haben sie sie dabehalten, aber sie konnten ihr nichts beweisen, ihr Freund sitzt heute noch. Die hat enorm verdient, die war in Berlin zur Grünen Woche, na, und die Leute mit dem grünen Hütchen geben ja was aus. Ich hab auch so einen. Der hat ein großes Gut in ... der Name tut ja nichts zur Sache. Du, das ist ein komischer Kerl! Der ist hier alle halbe Jahr in Hamburg, und mit seiner Frau ist das wohl nicht ganz richtig, und da will er immer ...

Fritzi! Das ist doch Ullgreen! Der Schwede! Na, das ist aber ulkig! Du, ich habe solchen Hunger — bestell mir mal — Ober, geben Sie mal die Karte! Was macht denn der jetzt in Hamburg? Was ist denn das für eine Frau, mit der er tanzt? Die ist doch nicht aus dem Trocadero? Ins Trock kann man ja gar nicht mehr gehn, ja, Roastbeef, ach, du mit deinem Alkazar, mit Gemüse, ist eigentlich noch immer so viel Betrieb im Lunapalais — da war ich mal früher ... Was? Was für Leute? Das ist noch gar nichts. Da hatten wir hier einen Argentinier, was Fritzi? der kam immer, und dann mußten wir ihm mitten im Zimmer einen großen Block aufbauen, und er hatte bloß eine Hose an, und dann kniete er, und dann mußten wir so tun, als ob er hingerichtet würde, und ...

Nein, morgen kann ich nicht. Fritzi, quatsch doch nicht, morgen können wir nicht, da haben wir Erich. Siehste — du vergißt auch alles. Das ist ein sehr feiner Mann, das ist ein Großindustrieller aus dem Rheinland, na, wir haben überhaupt sehr gute Leute — ich habe doch Kompott bestellt, bringen Sie mal eine Portion gemischtes Kompott — meinst du, sie hat mir den Koffer rausgegeben? Nu kenn ich aber hier einen sehr feinen Mann von der Polizei, den hab ich gleich antelefoniert, er war ja nicht da, aber das hat die Frau wohl gehört, und da hat sie den Koffer gleich rausgegeben ... Was für ein ...? Das ist eine Goldgrube. Ich kenn den Direktor — ich war mal bei ihm, er hat mich engagieren wollen, für seine Revue, und da mußte ich mich ganz ausziehn, du, der hat in seiner Wohnung lauter Fesseln und Halseisen und Ruten und all son Zeug ... schließt er einfach die Tür ab, du, der Sekt ist alle, und ich sage: Sie, sage ich, wenn Sie mich nicht rauslassen, dann schrei ich! Da ist dann mit dem Engagement nichts geworden. So ein alter Esel. Ein fießer Kerl. Aber eine Goldgrube. Neulich war Elli bei ihm, und da hat er ihr ...

Natürlich kenn ich den. Wir gehn in jeden Film, wenn er spielt. Der war mal bei uns, und jedesmal, wenn er ... dann hat er ...

Gehn wir noch in die kleine Bar, einen Whisky trinken? Ach, gehn wir noch. Du, gib mal der Blumenfrau was, ich hab mir vorhin von ihr eine Nadel geliehn. Also, was ich mich über diese Geschichte mit dem Koffer schon aufgeregt habe! Das ist die Frau ja gar nicht wert. Ich bin auch leidend. Der Arzt, der Professor hier vom Krankenhaus, hat gesagt, so eine Leber hat er überhaupt noch nie gesehn ... Fritzi, das weißt du doch — das tut die Frau alles bloß, weil ich damals in dem Prozeß gegen ihren Schwager, diesen Luden, nicht so ausgesagt habe, wie Hans gewollt hat. Dabei habe ich doch den Brief gar nicht bekommen! Du hast gar nichts gesehn! Wenn Marga damals nicht zu Emil gesagt hätte, daß sie von dem Doktor nichts weiß, dann hätten wir alle zusammen nichts von Seiermann gekriegt, und Willi ... Du, kauf mir doch so einen Teddybären! Der ist aber süß! Pusch pusch ... beiß mal den Onkel! Guten Abend. Das war ein ungarischer Akademieprofessor — sehr berühmter Mann, ich hab vergessen, wie der heißt. Du, weißt du, was der immer macht —?

Ja, denk doch mal, der ist ganz plötzlich gestorben. Nein, nächsten Sommer gehn wir ins Gebirge. Ganz plötzlich gestorben ... schade, ich konnt nicht zur Beerdigung kommen, ich geh sonst so gern zu so was ... es ist so feierlich, wenn die Orgel spielt, man weint so schön ...

Nein, wir haben nur sehr gute Kavaliere. Und ich will dir mal was sagen, warum sie eben alle so gern zu uns kommen —:

Son Mann hat doch das Bedürfnis, sich mal auszusprechen —!»

ICH GEHE MIT EINER LANGEN FRAU

Erika ist ein bißchen lang geraten – sie weiß es und sie ist sehr unglücklich darüber. Es sind genau acht Zentimeter zu viel.

Wie habe ich ihr schon gut zugeredet! Um sie zu trösten, habe ich ihr die Geschichte von der langen Dame erzählt, die im Parkett sitzt, und die Leute hinter ihr rufen: «Setzen! Setzen!» – Empört steht sie auf, um die Rufer zur Ruhe zu verweisen, da schreit einer: «Jetzt steigt det Aas noch uff de Banke!» – Tröstet sie nicht.

Dann habe ich ihr erzählt, wie eine andere lange Dame an einer Gartenhecke vorbeiging und den Gärtner im Garten fragte, wo es denn nach Adlershorst gehe. «Da reiten Sie nur immer geradeaus ...» sagte der Gärtner. Tröstet sie auch nicht.

Aber mit Erika spazierenzugehen, das ist ein wirklicher Genuß. Nicht nur, weil sie eine so reizende Dame ist ... nein: ich lese in den Augen aller Vorübergehenden, und das ist ein großes Vergnügen.

Meinerseits bin ich etwas klein und dick. Gott sieht aufs Herz. Und nun ist Erika sehr schlank und groß. Und wenn wir dann beide durch die Straßen gehen, dann freuen sich die Leute an dem stattlichen Paar, und ich lese also in den Augen.

Die Männer sehen meist an uns vorbei; sie haben keine Zeit. Wenn sie aufsehen, freuen sie sich ein bißchen, aber doch nur flüchtig – ein Mann ist so ein Dussel, er weiß gar nicht, was eine schöne Schadenfreude ist. Und wenn die Männer allein gehen, dann denken sie, und damit haben sie vollauf zu tun. (Und dann muß man sehen, was dabei herauskommt!)

Aber die Frauen ...!

Es geht so blitzschnell, und ich habe meine große Freude daran.

In den Augen steht:

«Hurra! Eine Frau, die mir unterlegen ist! Sie ist zu lang! Tobby! Mama! Margot! Hast du die gesehen? Guck mal die! Das ist aber eine lange Stange!» Das ist häßlich – Erika ist gar keine Stange, das weiß ich nun besser. Aber sie ist acht Zentimeter zu lang, und das ist ein Nachteil, der sofort in die schönen Augen der Spaziergängerinnen fällt, und ich lese:

«Sie ist zu lang. Hihi. Die möcht ich mal tanzen sehen. Die möcht ich mal laufen sehen! Steigt der kleine Dicke auf eine Fußbank, wenn er sie küßt? Lisa, guck mal!»

Lisa guckt und findet das nun auch. Es ist aber auch zu schön ...! So eine große Frau –!

Übrigens gibt es da Nuancen, und es kommt alles auf die Kinderstube an. Hat die Kinderstube nach Norden gelegen, dann bricht die Schadenfreude unverhohlen aus: in den Augen glimmt das Flämmchen der Nächstenliebe, ein spöttisches Geblinkere hebt an, Zwinkern und Blinkern, der Ellenbogen stupst den Nachbarn in die trauliche Seite, und zwei sind sich einig in einem unaussprechlichen Glück: dem Nebenmenschen eins auswischen zu können.

Bei feineren Leuten flitzt nur ein schneller Blick hinüber, fast unmerklich . . ., aber Erika ist gerichtet. So tragen wir viel zur Erheiterung unserer Nächsten bei.

Es ist unerfindlich, wie boshaft Menschen sein können. Erika kann doch nichts dafür, daß sie so lang ist. Mir ist sie grade richtig —, mir ist sie nicht zu lang. Und es ist doch schließlich mehr als gemein, so über Eigenschaften herzuziehen, für die keiner etwas kann.

Da gehen wir, und ich fange alle diese Blicke auf.

Entgegen kommt uns ein Paar. Er von normaler Statur, und sie: so zierlich, so puppenhaft, so klein, so unendlich lütt . . .

Ich stupse Erika in die Seite und lasse blitzschnell einen Blick auf Frau Liliput hinüberflitzen.

«Erika», sagte ich, «hast du diese kleine Person gesehen —? Lächerlich. Ist ja lächerlich. Was macht der, wenn er sie küßt —?»

AN DAS PUBLIKUM

O hochverehrtes Publikum,
sag mal: bist du wirklich so dumm,
wie uns das an allen Tagen
alle Unternehmer sagen?
Jeder Direktor mit dickem Popo
spricht: «Das Publikum will es so!»
Jeder Filmfritze sagt: «Was soll ich machen?
Das Publikum wünscht diese zuckrigen Sachen!»
Jeder Verleger zuckt die Achseln und spricht:
«Gute Bücher gehn eben nicht!»
Sag mal, verehrtes Publikum:
bist du wirklich so dumm?

So dumm, daß in Zeitungen, früh und spät,
immer weniger zu lesen steht?
Aus lauter Furcht, du könntest verletzt sein;
aus lauter Angst, es soll niemand verhetzt sein;
aus lauter Besorgnis, Müller und Cohn
könnten mit Abbestellung drohn?
Aus Bangigkeit, es käme am Ende
einer der zahllosen Reichsverbände
und protestierte und denunzierte
und demonstrierte und prozessierte . . .

Sag mal, verehrtes Publikum:
bist du wirklich so dumm?

Ja, dann . . .
Es lastet auf dieser Zeit
der Fluch der Mittelmäßigkeit.
Hast du so einen schwachen Magen?
Kannst du keine Wahrheit vertragen?
Bist also nur ein Grießbrei-Fresser —?
Ja, dann . . .
Ja, dann verdienst dus nicht besser.

DER VERDACHTSFREISPRUCH

Zu den unangenehmsten Eigenschaften der Unabsetzbaren gehören sämtliche ihrer Eigenschaften. Der Justizminister pflegt gern von einer ‹Vertrauens-Krise› zu sprechen; er irrt. Der Patient ist längst tot — kein verständiger Mensch hat zu dieser Rechtsprechung mehr Vertrauen als sie verdient. Und sie verdient keins. Nun möchte ich aber nicht hören, daß die deutschen Richter nicht bestechlich seien. Wir sind es auch nicht — und niemand macht davon viel Wesens.

Blättern wir im Sündenregister der Talare, so finden wir unter dem Buchstaben V den ‹Verdachtsfreispruch›. Der ist so:

Es wird einer angeklagt. Die Voruntersuchung ergibt ein sehr zweifelhaftes Bild. Die Kriminalkommissare bembern in den Mann hinein; er gesteht nicht. Die Staatsanwaltschaft zögert, stellt aber nicht ein. Sicher ist sicher. Die Beschlußkammer eröffnet; das geht fix, hopp, hopp, hopp; sicher ist sicher. Hauptverfahren.

Der Angeklagte gesteht auch da nicht. Die Zeugen wackeln. Der Vorsitzende ergeußt eine schöne Rede über den Mann in dem Holzkästchen: er solle doch gestehen und Reue zeigen, das werde das Strafmaß herabsetzen. Das sagt er, bevor das Urteil überhaupt feststeht. Der Angeklagte geht auf den Handel nicht ein, bereut nicht, gesteht nicht und ist überhaupt ein böses Luder. Beratung.

Es ergibt sich, daß man bei bestem schlechten Willen nicht verurteilen kann. Freispruch. Was, Freispruch?

Zähneknirschender Freispruch. Und statt nun zu sagen: «Wir haben alle Verdachtsmomente geprüft — in dubio pro reo — die Schuld des Angeklagten steht nicht fest», denn das und nur das haben die Richter festzustellen: statt dessen befassen sie sich in der Begründung ihres freisprechenden Urteils mit der moralischen Unschuld des Angeklagten, nach der sie kein Mensch gefragt hat, und nun bekommt er es aber zu hören:

Er solle sich ja nicht einbilden, daß er nun unschuldig sei. Nur den wackligen Zeugenaussagen habe er es zu verdanken, daß man ihn nicht verknacke; er sei ein ganz übler Lumpenhund; ein schuldiger Unschuldiger; man habe ihn – Himmelparagraphundzwirn! – zwar freisprechen müssen, aber es solle gewiß nie wieder vorkommen, und das nächste Mal ...! Und er könne zwar gehen, aber moralisch sei er gerichtet.

Was ist denn das alles –! Ist der Mann im strafrechtlichen Sinne schuldig oder ist er es nicht? Sind die Richter, diese Richter mit dieser Vorbildung und mit dieser politischen Denkungsart, legitimiert, über irgendjemand ein moralisches Urteil abzugeben? Sie sind es nicht.

Der Hund hat beißen wollen. Es hat nicht gegangen. Knurrend zieht er sich zurück. Und hinterläßt einen Verdachtsfreispruch, für den er jedesmal eine kräftige Züchtigung verdiente.

DER PREDIGTTEXT

Bei einem skandinavischen Kurort – «nennen wir ihn N.», wie es in den alten Romanen heißt – fährt ein mit vier Kindern, einer Frau und einem Chauffeur besetztes Auto über den gefrorenen See. Das Eis gibt nach; das Auto versinkt. Drei Kinder und die Mutter ertrinken – der Chauffeur rettet sich und ein Kind.

Bei der kirchlichen Beerdigungsfeier wählte der protestantische Pastor als Unterlage zu seiner Predigt diesen Bibeltext, Psalm 69, 2, 3:

«Gott hilf mir; denn das Wasser gehet mir bis an die Seele. Ich versinke in tiefem Schlamm, da kein Grund ist; ich bin im tiefen Wasser, und die Flut will mich ersäufen.»

Die frommen Herren wollen so oft wissen, was wir denn eigentlich gegen sie und ihre Religion, wie sie sie ausüben, vorzubringen hätten. Eines unsrer Argumente ist die trostlose Plattheit ihrer religiösen Gefühle.

Mir ist das ja gleich, ich bin dort nicht abonniert, und wers mag, der mags ja wohl mögen. Aber ist es nicht armselig, daß einem Pastor bei so einem schrecklichen Unglücksfall nichts weiter einfällt, als nach der Bibelkonkordanz zu greifen, dort unter ‹Wasser› nachzusehn und nun etwas ‹Bezügliches› aufzusagen? Ich höre ordentlich, wie er das Gegenständliche in das umgeredet hat, was er das Symbolische nennt, was aber hier nur das Allegorische gewesen ist. Die armen Wesen sind ins Wasser gefallen und darin ertrunken. «Also, auch, lieben Zuhörer ...» Heißt das nicht die Religion herabwürdigen? Für einen wahrhaft fromm empfindenden Menschen muß so ein Handwerksstück von Predigt ein Greul und ein Scheul sein.

Und der Grund, aus dem der Kirche täglich mehr und mehr Leute fortlaufen, was nur zu begrüßen ist, liegt eben hierin: daß viele Diener dieser Kirche nur noch viel zu reden, aber wenig zu sagen haben. Wie schlecht wird da gesprochen! Wie oberflächlich sind die scheinbaren Anknüpfungspunkte an das Moderne, darauf sind diese Männer auch noch sehr stolz. Wie billig die Tricks, mit einer kleinen, scheinbar dem Alltag entnommenen Geschichte zu beginnen, um dann ... emporzusteigen? Ach nein. Es ist so etwas Verblasenes – die Sätze klappern dahin, es rollen die Bibelzitate, und in der ganzen Predigt steht eigentlich nichts drin.

In diesem Fall scheint mir die Herbeizerrung des schönen 69. Psalms eine besondere Ungeschicklichkeit, mehr: eine grobe Taktlosigkeit zu sein.

Auf Betreiben der katholischen Kirche, die manche ihrer Positionen wanken sieht – keine Angst, wir sind in Deutschland! – läßt sich Rom neuerdings mit vielen Paragraphen schützen: eine Frömmigkeit hinter dem Stacheldraht der Gesetze. Das Wort: Die Gottlosen kommen! geht um.

Aber eine so gute Propaganda, wie sie die Kirche gegen die Kirche macht, können wir gar nicht erfinden. Und ich weiß viele, die mit mir denken: Wir sind aus der Kirche ausgetreten, weil wir es nicht länger mitansehn konnten. Wir sind zu fromm.

DER MARKT DES SCHWEIGENS

Er liegt im Nordosten von London: Sie fahren mit der gut gelüfteten Untergrundbahn hin, das ist am billigsten. Wenn Sie oben sind, ein Stückchen rechts ... und noch ein Stückchen rechts ... und da, wo der Schutzmann steht, ist der Markt, der Caledonian Market.

Auf einem großen eingezäunten Platz stehen die Händler, vor sich die Ware meist auf die Erde gebreitet, auf Tücher oder auch auf kleinen Tischen. Was es da gibt –? Bitte, fragen Sie, was es nicht gibt.

Es gibt:

Silberwaren, versilbertes Alfenid, verzinktes Silber, garantiert echtes Silber, gestempeltes Silber. Großvaterstühle, Nachtstühle, gewöhnliche Stühle. Neue Gebisse. Ganz leicht gebrauchte Gebisse. Kinderwagen-Ersatz-Räder. Alte Stiefel sowie ein Bild des Generals Kitchener. Noch viel mehr alte Stiefel. Eingeweide von Sofas. Schauerliches Nippes aus Original-Kitschwood. Ein lebendiger kleiner Junge steht in einem überlebensgroßen Goldrahmen: man weiß nicht genau, wer von beiden zu verkaufen ist. Delfthundchen. Nachttöpfe. Ein Quadratkilometer Bücher. Schnürsenkel sowie Bonbons und Limonaden – merkwürdig, daß alle billigen Dinge auf der Welt so schreiende Farben haben!

Wenn man die gerade gezogenen Gänge alle herauf- und heruntergehen wollte: diese Meilen zu bewältigen, würde Stunden dauern. Es hört nie auf.

Diese Kleinhändler kaufen unter anderem alten Hausrat auf, ich sehe sie auf den Boden gehen und mit einem mißmutig-prüfenden Blick das ganze Gerümpel überblicken. «Drei Pfund», sagen sie. Wenn ich sie aber frage, was der alte Zinnkrug da kosten soll, dann loben und preisen sie ihn, streicheln ihn mit den Blicken und sagen: «Beautiful, indeed!» Und er kostet siebzehn Schillinge, gut und gern.

Aber das ist nun auch alles, was sie sagen. Sie strampeln nicht, sie preisen nicht übermäßig an — es ist der leiseste Markt, den ich jemals getroffen habe. Manchmal hörst du einen Ausrufer, er ruft seine Worte aber mehr für seine Waren und über seine Waren aus, damit die wissen, was sie wert sind — um die Käufer kümmert er sich scheinbar gar nicht. Manchmal ein Grammophon. Horch!

«And the Germans say: Ja — ja!
and the Frenchmen . . .»

Leise schieben sich die Leute an den aufgehäuften Waren vorbei — es ist fast nichts zu hören, welch ein leises Volk! Falsch. Im Theater braust das Publikum, dieses dankbarste Theaterpublikum . . . fast hätte ich gesagt: Europas, aber England liegt nicht in Europa, das ist ein geographischer Irrtum. England liegt in England. Beim Boxen neulich, in Blackfriars Ring, welch ein Klamauk! Aber hier, auf dem Markt, da sind sie leise — man darf gar nicht an südländische Märkte denken — nicht an den pariser Flohmarkt . . . hier ist es still, ganz still. Mich wundert, daß nicht an einem Stand Schweigen verkauft wird: ironisches Schweigen; lüsternes Schweigen; dummes Schweigen; beredtes Schweigen, noch wie neu — aber Schweigen wird nicht verkauft.

Ob ich etwas gekauft habe —? Nein, ich habe nichts gekauft. Alles, was ich gesehen habe, fand ich mäßig und teuer. Seid ihr auch so mißtrauisch, wenn euch einer erzählt, er habe auf so einem Markt eine echte chinesische Vase, dreiundzwanzigste Kung-Dynastie nach Christi Geburt, gefunden, der Ochse, der Händler, habe das natürlich nicht gewußt, welches Kleinod . . .? Hier, sehen Sie mal an! Für vier Schilling! Hm. Margarete zeigte mir nachher ein Silberschälchen, das hatte sie da erstanden, für ein Butterbrot — dabei essen die Engländer doch gar keine Butterbrote. Margarete glaubt an ihre Silberschale und hält sie für Silber. Sie trägt einen kleinen Stempel auf dem Bauch, die Schale. Aber wer kennt sich in den englischen Gewichten aus —! Die Engländer haben für alles ihre eigenen Maße, und daß sie die Jahre nach Jahren rechnen, daß das englische Jahr nicht dreizehn und einen halben Monat hat, das ist ein großes Wunder. Die Schale war wohl vier Yard schwer und sollte eine Guinee kosten, was natürlich einundzwanzig Schilling bedeutet — es ist gar nicht so einfach im englischen Leben.

Dieser Markt findet sicherlich schon seit Wilhelm dem Eroberer statt.

Alle besseren Sachen in England datieren aus dieser Zeit und werden infolgedessen auch nicht geändert. Und wenn man näher zusieht: auf diesem Markt, im Parlament und anderswo, dann stellt sich leise, ganz leise heraus, daß die meisten Dinge hier ihre endgültige Form angenommen haben. Ändern sie sich —? Manchmal ändern sie sich auch. Aber sie ändern sich in England nie mit einem Ruck, sondern langsam, fast, ohne daß man es merkt — schweigend. Es wird gehandelt, daß es nur so raucht — schweigend. England hat die stillste Börse der Welt; kennen Sie das Gebrüll um die pariser Börse? So ist die englische Börse nicht.

Aber natürlich kann man nicht mit leeren Händen nach Hause kommen. Wie stände ich dann vor meinen Bekannten da?? Da habe ich denn etwas gekauft, was man in jedem Haushalt dringend gebraucht—: einen londoner Souffleurkasten. Raten Sie, was ich gegeben habe! Die Hälfte. Er ist ein Prachtstück. Ich weiß nur noch nicht, was ich damit anfangen soll. Immerhin ist er eine schöne Erinnerung an den Caledonian-Markt.

Anmerkung: Londoner Theater haben keine Souffleurkasten.

DIE BEIDEN FLASCHEN

In Wells ...

Nein, nicht Wales — Wales ist, wenn er gut angezogen ist. In Wells ...

Auch nicht: well — das ist das, was die Engländer sagen, um erst einmal den nötigen Vorschlag des Satzes zu haben; denn hier fängt kein Mensch seinen Satz mit der Hauptsache an. Die Hauptsache steht im Nebensatz. Ich habe neulich in London einen jungen Herrn gefragt, ob hier, an dieser Stelle, wo auch er warte, der Omnibus 176 halte. Was sagte er? «I hope so», sagte er. Ja wäre zu bestimmt gewesen, man kann nie wissen, vielleicht hält er nicht, und die englische Sprache, die so präzis sein kann, liebt die zierlichen Hintertüren, nur so als Notausgang, sie macht wohl selten von ihnen Gebrauch. Sie setzt aber gern hinzu, daß und wann es ganz ernst wird. «Was ist der Unterschied», fragte neulich in einer Revue einer, «zwischen einem Schutzmann und einer jungen Dame? — Wenn der Schutzmann ‹Halt› sagt, dann meint er das auch.» Also in Wells.

Wells ist eine kleine süße Stadt im Somersetschen. Das kann man aber nicht sagen; man sagt wohl: im Hannöverschen — aber es heißt: in Somerset. Wells hat eine schöne Kathedrale und so eine geruhige Luft...! Dabei ist die Stadt nicht traulich, sie ist brav und beinah modern und ordentlich, und alles stimmt, und es ist so nett da!

Da spaziere ich also herum und sehe mir statt der Sehenswürdigkeiten die Schaufenster an, das sind so meine Sehenswürdigkeiten, man kann da immer eine Menge lernen. Bei einem Antiquar stand Glas im Fenster, und wenn Glas im Fenster steht . . . wie sagt ein altes berlinisches Couplet? «Wer Bildung hat, wird mir verstehn!» Ich kaufe also in Gedanken alles Glas, was da steht — und schließlich sehe ich zwei dunkelgrüne, bauchige, lustige Flaschen. Sie haben ein metallnes Etikett um den Hals gehängt, alle beide, auf der einen steht:

Whisky

und auf der andern:

Gin.

Gin ist ein entfernter Stiefzwilling von Genever — und was Whisky ist, weiß jeder bessere Herr. Und weil mein Whisky immer in diesen langen Flaschen wohnt, in denen man ihn kauft, so beschloß ich, diese grüne Flasche, die, wie man sofort sehen konnte, mit Vornamen Emilie hieß, käuflich zu erwerben. Hinein.

Die Engländer haben eine unsterbliche Seele und schrecklich unregelmäßige Verben. Ich sagte einen Spruch auf — wenn das mein englischer Lehrer gehört hätte, hätte er mich bestimmt hinter die Ohren gehauen. Aber der Verkäufer verstand mich, er sagte viel, was ich verstand, und noch einiges, was ich nicht verstand — diese Engländer haben manchmal so einen komischen Akzent, wie? Und nun begann der Handel.

Sehr teuer war die Flasche nicht. («Was hast du gegeben? Mich interessiert das nämlich, ich habe nämlich meinem Mann auch so eine Flasche . . .» — Sei doch mal still. Du immer mit deinen Zahlen!) Teuer war sie nicht. Aber, aber:

Diese Whisky-Flasche war nicht allein zu haben. Sie war ein Illing — man mußte die Gin-Flasche dazu kaufen. «Warum —?» fragte ich den Mann. (Dies war der einzige ganz richtige Satz, den ich in dieser Unterhaltung von mir gegeben habe.) Warum —? Und da gab der Mann mir eine Antwort, die so schön war, daß ich sie hier aufschreiben muß, eine Antwort, mit der man ungefähr halb England erklären kann, wenn es einen danach gelüstet. Man hätte denken können, er werde antworten: weil ich die andere nicht allein verkaufen kann. Oder: weil ich dann mehr verdiene. Oder: Diese beiden Flaschen und diese sechs Gläser und dieses Tablett bilden eine Garnitur . . . ich kann sie nicht auseinanderreißen. Nichts davon — Gläser und Tablett waren ja auch gar nicht da. Der Mann sagte:

«Because they were always together.» Weil sie immer zusammen waren.

In dieser Antwort ist alles, was im Engländer ist: die unverrückbare Festigkeit, mit der Gefügtes stehen bleibt, bis es von selber einfällt, zum Beispiel. Because they were always together. Weil sie immer zusammen waren, sind sie denn auch noch heute zusammen: der Engländer und sein Cricket, jener für den Fremden völlig rätselhafte Vorgang, ein Mittelding zwischen Schachspiel und Religionsübung;

zusammen sind der Mann und die Farbe seiner Universität; zusammen der Herr und der Frack, wenn es Abend wird; der Richter und seine Perücke; das Land und die Macht. Because they were always together.

Und da ergriff mich ein Rühren, ich dachte, was geschehen könnte, wenn ich die Flasche Emilie von der Flasche Martha risse, wie Martha weinen würde, und daß ich das nicht alles verantworten könnte. Und da habe ich sie alle beide gekauft. Because they were always together.

Möchte vielleicht jemand die andere Flasche haben —?

SO VERSCHIEDEN IST ES IM MENSCHLICHEN LEBEN —!

Der Druckfehler. «Und Faust stieg hernieder zum Ursprung aller Dinge, zum Tiefsten und zum Höchsten, darin die ganze Natur und das menschliche Leben eingeschlossen sind: zu den Matern.»

Das französisch-deutsche Rapprochement vollzieht sich unter einer Handvoll Gebildeter; schießen dürfen nachher die Arbeiter. Sie tun es auch. Denn sie kennen einander nicht und lernen einander erst sterbend oder in der Gefangenschaft kennen. Ein sehr nahes Rapprochement verwirklicht sich, wenn man so weiter macht, immer nur in den Ackergräben. Schade um jeden Pfennig, den man an diesen Unfug wendet.

Wenn man die fein abgewogenen Aufsätze Oscar A. H. Schmitzens, Bindings und ihresgleichen liest, hat man immer das Gefühl: Es gibt wirklich nur eine Lösung. Man muß reich heiraten.

Das Fett, mit dem der mittlere deutsche Parteiführer das Wort ‹Berufsbeamtentum› ausspricht ... wenn doch nur jeder Arbeitslose so viel Fett auf seinem Brot hätte!

Früher sagte ein Kunstwerk etwas über die Geistesverfassung seines Schöpfers. Heute zeigt es etwas andres an: die Geistesverfassung des Kunstkaufmanns, der es vertreibt. Selbe ist nicht immer sehr interessant.

«Sie war», steht einmal bei Paul Morand, «schön wie die Frau eines andern.» Ich möchte das variieren: Er war energisch wie der Rechtsanwalt der Gegenpartei.

Wenn ich das schön gedruckte Buch eines mit Buchweizengrütze gefütterten Philosophen aus Amerika lese, hinter seinen Brillengläsern blitzen fröhlich jungenhafte Augen, die sich so optimistisch mit dem Elend der andern abfinden, alles ist gut und schön, wir haben eine gute Predigt gehabt, Breakfast auch, ja danke, auf welch unbeflecktem Wege wohl so ein Wesen zur Welt gekommen sein mag, die Amerikanerinnen sind doch unterhalb des Nabels alle aus Zelluloid –

wenn ich so einen fröhlichen Professor lese: dann weiß ich endlich, wie einem gebildeten Chinesen zu Mute ist, der europäische Touristen sieht.

Der Engländer hat für jeden Begriff ein Wort und für jede seiner Nuancen noch eins – da ist ein großer Wortreichtum. Bei dem Franzosen ist das anders. Wenn man den fragt, wie ein besonders kniffliger Begriff auf französisch heiße, dann denkt er lange nach. Und dann sagt er: «faire».

Früher sagte man: Kopf- und Hand-Arbeiter. Die Schreihälse der Nazis plakatieren: «Arbeiter der Stirn und der Faust!» Die Stirn, das ist der Kopfteil, mit dem die Ochsen ziehen, und eine Hand, die zur Faust geschlossen ist, kann überhaupt nicht arbeiten.

Möchten wir wohl eine Literatur lesen, die vorher die Zensur des Herrn Seeger und seiner Filmzensoren passiert hätte? Nein, das möchten wir nicht. Wie sähe solch eine Literatur aus? Sie sähe recht kläglich aus. Was muß man also tun? Man muß jede Filmzensur, die über die bestehenden Strafgesetze hinausreichen will, abschaffen.

ZUZUTRAUEN

Zu den jämmerlichsten aller Argumente der Rechtspflege, bei der das Recht langsam zu Tode gepflegt wird, gehört dieser Satz:

«Dem Angeklagten ist die Tat zuzutrauen.»

Wann –? Allemal dann, wenn die Unabsetzbaren aus den Akten und den Vernehmungen, aus den Zeugenaussagen und der höchst dubiosen Tätigkeit der in der Öffentlichkeit viel zu wenig gekannten ‹Gerichtspflege› die Überzeugung gewonnen haben, das sittliche Niveau des Angeklagten sei derart, daß die Ausführung der Tat bei ihm nicht mehr überraschen könne. Gott segne diese Seelenkunde.

Man erinnert sich vielleicht noch an den furchtbaren Fall des schlesischen Massenmörders Denke. Der Mann, ein schwerer Geisteskranker, pflegte wandernde Handwerksburschen anzulocken, er gab ihnen zu essen und zu trinken, und wenn sie eingeschlafen waren, tötete er sie; ihr Fleisch fraß er oder pökelte es ein. Er hat sich dann in seiner Zelle erhängt. Nun, dieser Denke war nach außen hin ein braver Mann; er war sogar, wie damals zu lesen stand, Fahnenträger in seinem Verein, eine Würde, die mancher anstrebt, ohne sie zu erreichen. Und niemals hätte ihm der landläufige Richter ‹die Tat zugetraut›. Ich sehe ordentlich den Polizeibericht vor mir: «D. ist in der Gemeinde als ordentlicher und ruhiger Mann bekannt.» Darauf dann der Richter: Also ist ihm die Tat nicht zuzutrauen.

Diese Strafkammern haben sich da einen Artigkeitskodex zurechtgemacht, der schon manchem Unschuldigen Jahre von Gefängnis gekostet hat, vom Zuchthaus ganz zu schweigen. Das ist überall so. So hat neulich in England ein Handlungsgehilfe sein lockres Leben mit dem Tode gebüßt; er stand im Verdacht des Mordes, beweisen konnte man ihm den nicht so recht, aber es war ihm auf Grund seines Lebenswandels zuzutrauen, und schon hing er. Zuzutrauen . . .?

Aber es gibt Tausende und Tausende von Menschen, die ein unordentliches Leben führen; solche, die saufen und die huren, solche, die kleine Unterschlagungen begehn und Kinder quälen; solche, die sich in den Wirtshäusern prügeln und ihre Frau betrügen nach Strich und Faden . . . und denen man, wenn man etwas von Psychologie versteht, gar nichts zutrauen kann: sie leben sich aus und haben es nicht nötig, Morde zu begehen.

Und es gibt Monstra in Beamtengestalt; sauber gebürstete Staatspensionäre, die innerlich vor Bosheit und Tücke kochen, vor unterdrückten Trieben und vor zurückgehaltener verbrecherischer Leidenschaft; solche, die nur zu feige sind, das zu begehn, wovon sie nachts fiebrig träumen . . . und dann knallt es doch einmal aus ihnen heraus, und keiner hat es ihnen zugetraut. Diese Richter zu allerletzt.

Das muß nicht immer nach solch einfachem Schema laufen. Es gibt überhaupt kein Schema, nach dem man einem eine Tat zutrauen kann; das ist nur bei sehr seltenen und sehr einfachen Tatbeständen möglich.

Die Unabsetzbaren aber haben sich da so etwas wie das Modell eines braven Untertanen zurechtgemacht; man kann im Halbschlaf aufzählen, was vor einem Gericht als belastend und was als gute Nummer vermerkt wird, wenn dort das Vorleben aufgerollt wird. Ach, dieses Vorleben . . .! Möchte doch jeder Schöffe und jeder Geschworene diesen eingeprügelten Respekt vor den Juristen zu Hause lassen und sich an die eigne Nase packen, bevor er an die Beurteilung eines fremden Vorlebens geht. Es ist beinah umgekehrt als die richterliche Vulgärpsychologie lehrt: die sogenannten einfachen Menschen sind gewöhnlich viel verwickelter und die sogenannten verwickelten Fälle sind viel einfacher als es der Staatsanwalt wahr haben will.

Und so soll es denn vorgekommen sein, daß auf diesem Wege verbohrter Seelenkunde schreckliche Justizirrtümer zustande gekommen sind. Ja, machen denn die Richter auch Fehler?

Es ist ihnen, nach genauer Beurteilung ihrer Vorbildung und des unter ihnen herrschenden Kastengeistes, nach ihrer Geschichte und nach der Beschaffenheit dieses Klassenstaates, zuzutrauen.

DER MITESSER

Denen, die sich nicht getroffen fühlen

Er wohnt am Rand der reichen Leute,
verkehrt mit Adel und heißt Schmidt.
Den Schlips von morgen trägt er heute
und fährt in fremden Autos mit.
Er lebt in einem ihm fremden Stile –
Fauler Kopp!
Fauler Snob!
Aber davon gibts viele.

Er selbst hat nur ein kleines Zimmer,
als Untermieter bei Frau Schay.
Doch geht er aus, dann tut er immer,
als wär er aufgewachsen bei.
Von der Socke bis zum gescheitelten Haar:
es ist alles nicht wahr – es ist alles nicht wahr!

Er ist so gerne eingeladen:
er zeckt an Kaufmann und Bankier.
Er weiß, am Lido muß man baden,
er grüßt im Ritz den Herrn Portier.
Er nassauert elegant und beflissen
vor fremden Kulissen.

Was er auch hat, das hat er gratis.
Er läuft mit der Society.
Er kennt die feinsten Cocktail-Parties.
Nur seine Lage kennt er nie.
Bald kunstgewerblicher Friseur,
bald Redakteur . . .
so sehn wir ihn gestern, morgen und heute:
ein Affe.
Ein Affe der reichen Leute.

VERKEHR ÜBER DEM HAUS

Als ich mietete, fragte ich den Gärtner: «Ist es hier auch still?» Denn dies ist mein Privatsparren: still muß es sein, so still, daß man die Druckfehler in den Büchern knistern hört. Der Gärtner sah ruhig auf. Er war grade damit beschäftigt, eine erlegte Elster neben eine erlegte Krähe auf die Sträucher aufzuspießen, und das tat er, damit die andern

Vögel abgeschreckt würden, ihm seine Bohnen und seine Erdbeeren aufzuessen. Und so wuchsen da nun Gemüse und Fleisch, und Kompott, alles miteinander. Es sah recht schauerlich aus, aber wir Landwirte in Kent machen das so. «Ob es hier still ist?» wiederholte er. «Ganz still. Ganz außerordentlich schrecklich still. Nur ... aber das macht nichts.» — Ich habe jedesmal eine Heidenangst, wenn da etwas ist, was aber nichts macht. Ich kenne das. «Was macht nichts —?» sagte ich. Die Landlady stand dabei und half ein. «Er meint die Flugzeuge», sagte sie. «Über dieses Grundstück führt die Fluglinie nach dem Kontinent!»

Bums. Das war mal eine moderne Regiebemerkung; wir hatten schon von allem gehabt: Baubauhunde und Klavierdamen und Gesangsdamen, und dann klopft doch da immer einer, — aber Flieger ...? Flieger über dem Haus? Das war neu. Also mietete ich. Die Flieger flögen so leise, hatte mir die Dame gesagt.

Ja, da sitze ich nun, und während ich dieses schreibe, kommt hier und da so ein Ding an und durchpflügt mit bekanntem Geräusch die Luft, und ich sehe dann auf und blicke ihm ein bißchen nach. Da fährt er hin.

Manchmal, wenn es so grau und verregnet ist wie heute, dann fliegen die Herren ganz niedrig, man kann mit bloßem Auge die Nummer der Kiste lesen. Sie kommen des Morgens daher und des Mittags geflogen und des Abends, und einer kommt ganz spät, das ist aber kein Passagierflugzeug mehr, hat man mir gesagt, das ist bloß ein Postflugzeug, und das tröstet ungemein. Briefe machen nicht solchen Krach. Da fliegen sie hin.

Nach welcher Ordnung das geht, habe ich noch nicht heraus. Die Flugzeugführer, die Tenöre der Luft, fliegen ziemlich frei herum, wenigstens sieht es von unten so aus. Kein Bobby mit weißem Ärmel schwebt ihnen entgegen und hält sie auf, es ist eine ziemliche Anarchie. Aber das wird sich ja wahrscheinlich eines Tages legen. Vorläufig fliegen sie manchmal links, wie es sich in England gehört, und manchmal rechts, so daß man denkt, man sei in Europa, aber das täuscht, wir sind hier nicht in Europa. Und sagen Sie selbst, wohin kämen wir, wenn etwa alle Fahrzeuge nach derselben Verkehrsordnung fahren wollten! Übrigens fahren diese nicht. Mist wird gefahren. Sie fliegen.

Da fliegen sie hin. Ein französischer Stich des achtzehnten Jahrhunderts, sagen wir Fragonard, hätte daraus gewiß eine kleine lüsterne Sache gemacht: der Beschauer sitzt mit einem riesigen Fernrohr unten und versucht, den Damen auf die, sagen wir, Füßchen zu sehen. Aber damit ist es hier nichts, ich sehe höchstens die runden Fenster der Passagierkabinen. Da wohnt doch nun der Wallace ganz in der Nähe — aber ob sie schon mal einmal, aber auch nur ein einziges Mal einen herausgeworfen haben? Nein. Und ich denke es mir so schön: da kommt also das geknebelte Opfer heruntergeflogen, zerschneidet unterwegs mit einem Tauchnitzband seine Fesseln, landet vor meinem Fenster und sagt, selbstverständlich? «Schöner Tag heute!», und dann stürzt er eilig zur nächsten Polizeiwache, und wenn die da in London ankommen, dann sind sie schon verhaftet. Das kann man doch für sein Geld verlangen. Aber nichts ist es damit.

Manchmal donnern sie über den Wolken einher; dann hört man sie nur, kann sie aber nicht sehen. Manchmal fliegen sie hoch, so hoch – wie kleine glitzernde Pünktchen sind sie dann, hoch oben. Abends sind sie mitunter erleuchtet, das sieht hübsch aus: Postkutschen des Himmels.

Da fliegen sie hin. Ich sehe ihnen fröhlich nach, und wenn da ein Greenhorn dabei ist, dann freue ich mich, denn ich weiß etwas mehr als er. Er weiß nämlich nicht, was ihn da in London auf dem Flugplatz erwartet – aber ich weiß es. Da wird er gefragt werden, was er denn hier wolle, und ob er auch er sei, und ob er denn auch die Mittel habe, identisch zu sein, und was es alles so gibt. Aber davon weiß das Greenhorn vorläufig noch nichts. Vorläufig wird er da noch durch die Luft getragen, er sitzt da und sieht ab und zu ängstlich auf seine kleine Papiertüte. Und schaut herunter.

Er sieht mein Häuschen wie eine Streichholzschachtel ... Hören Sie, da brummt einer! Der Wind steht grade aufs Haus, vom Meer her – und es hört sich recht bösartig an, das Gebrumm. Wie wenn ein himmlischer Zahn plombiert werden soll. Daß so ein schweres Ding fliegen kann! Nein, Notlandung war noch nicht, obgleich wir hier solche Notlandeplätze haben. Aber es war noch keine. Und neulich kam etwas angesegelt, mit großen Schrauben, es sah unheimlich aus, wie ein fliegender Raddampfer oder so etwas. Es ist jedenfalls so viel Verkehr hier über dem Haus, daß man die Kinder nicht allein ausfliegen lassen ... das dürfte wohl vorgegriffen sein. Aber lange kann es nicht mehr dauern, dann wären wir so weit.

DEUTSCHES CHAOS

10. August

Das für heute früh 8.30 Uhr angesetzte Chaos ist durch eine Notverordnung der Regierung auf morgen verschoben worden.

11. August

Heute 8.30 Uhr ist das Chaos ausgebrochen (Siehe auch Letzte Nachrichten). Das Chaos wurde durch eine Rede des Reichskanzlers sowie durch einen kurzen, kernigen Spruch des Reichspräsidenten Hindenburg eröffnet. Der preußische Ministerpräsident Braun führte in seiner Chaos-Rede aus, daß Deutschland auch fürderhin.

Das bayerische Chaos brach erst um 9.10 Uhr aus.

Die Reichsbank nahm eine abwartende Stellung ein.

12. August

Heute hat das Reichs-Chaos-Amt seine Arbeit angetreten. Jedes Chaos (sprich: Chaos) bedarf demnach einer besonderen Chaos-Ausbruchs-Genehmigung durch das Reichs-Chaos-Amt, einer Nachprüfung durch das Reichs-Chaos-Nachschau-Amt sowie durch die einzelnen Chaos-Landesämter. Die Reichsbank nimmt vorläufig eine abwartende Haltung ein.

13. August

Das Chaos ist nunmehr überall definitiv ausgebrochen.

Ein reizender Vorfall wird aus Eßlingen (Württemberg) bekannt. Der dortige Bürgermeister hatte verabsäumt, die Verfügungen des Reichs-Chaos-Amts zur Durchführung zu bringen, und so wußten die guten Eßlinger noch bis gestern abend überhaupt nichts von dem Chaos und gingen ihrer Tätigkeit (Nichtauszahlung von Gehältern sowie Vertröstung der Gläubiger untereinander) mit rührendem Eifer auch weiterhin nach. Erst ein Funkspruch der württembergischen Chaos-Regierung machte diesem Zustand ein Ende. Das Backen von Chaos-Spätzle ist bis auf weiteres verboten.

14. August

Die Sozialdemokratische Partei Deutschlands hat heute zu den Vorgängen einen bedeutungsvollen Entschluß gefaßt. Die Partei ermächtigt danach die Fraktion, den Ältestenrat des sogenannten ‹Reichstages› zu ersuchen, bei der Reichsregierung dahin vorstellig zu werden, daß die Regierung mit allen zur Verfügung stehenden Mitteln dahin wirken möge, den § 14 des Chaos-Gesetzes abzumildern. Die Partei würde sich sonst andrerseits genötigt sehn, in die Opposition zu gehn.

Der Entschluß ist deshalb so bedeutungsvoll, weil wir aus ihm zum ersten Mal erfahren, daß es in Deutschland eine Sozialdemokratische Partei gibt, und daß diese Partei jemals in der Opposition gestanden hat.

Die Reichsbank wird sich vermutlich abwartend verhalten.

15. August

(Leitartikel). ... fest, aber entschieden gemäßigt. Was wir nun zum Nutzen der gesamten Weltwirtschaft, deren Augen gespannt auf Deutschland gerichtet sind, brauchen, ist Ruhe und Ausdauer. Es muß durch das Chaos durchgehalten werden! Reichskanzler Brüning wird auch im Chaos die Geschäfte weiterführen; in den Etat-Positionen, insbesondere denen der Reichswehr, treten zunächst keine Änderungen ein. Daß der Kanzler sich persönlich von der ordnungsgemäßen Durchführung des Chaos überzeugt, begrüßen auch wir, insbesondre, daß er gestern in einigen berliner Kaufläden erschien, um sich zu informieren. In der Lebensmittelhandlung von Grote setzte sich der Kanzler dabei versehentlich auf eine Waage. Die Deutsche Staatspartei wird auch weiterhin das Zünglein an der Waage bilden. Daß sich die Reichsbank dabei abwartend verhält, bedarf keiner Erwähnung.

16. August

Es wird vielfach angenommen, daß im Chaos die Vorschrift, wonach Frischeier einer Genehmigung der Reichs-Eier-Absatz-Zentrale zum Tragen einer Banderole sowie zur Benutzung des Adlerstempels durch den Reichs-Milch-Ausschuß im Benehmen mit der Zentrale zur Aufzucht junger Hähne bedürfen, aufgehoben ist. Das ist irrig. Die Vorschrift bleibt selbstverständlich auch weiterhin in Kraft. Sehr aktuell wird sie allerdings nicht sein. Es gibt keine Eier.

17. August

In den städtischen Fürsorgeanstalten wird ein besonderer Chaos-Prügeltag eingelegt. Warum? Weyl.

18. August

Nach der neusten Chaos-Verordnung ist es verboten, Devisen-Kurszettel zu veröffentlichen. Es dürfen lediglich die ausländischen Börsennamen mit den dazu gehörigen Barometer-Zahlen angegeben werden.

19. August

(Zuschrift eines Lesers). ... «denn doch zu weit mit dem Chaos! Meine Frau und meine Schwägerin gingen gestern abend über den Wittenbergplatz, und war es ihnen nicht möglich, in die dortige Bedürfnisanstalt für Damen Einlaß zu bekommen, da die Aufsichtsfrau offenbar einmal fortgegangen war, um in einer nahen Restauration ein Glas Bier einzunehmen. Als Kriegsteilnehmer und Familienvater frage ich namens aller Gleichgesinnten: Ist das noch ein Chaos?»

20. August

Zu der Verfügung über die Vertilgung von Ungeziefer in Wohnungen unter sechs Zimmern ist noch nachzutragen, daß Schrotschüsse auf Wanzen nur von 1/2 11 Uhr morgens bis 3/4 1 mittags statthaft sind. Es empfiehlt sich, in den andern Tagesstunden die Wanzen mit einem Tischmesser zu zerspalten.

Auch die Spaltung des rechten Flügels der linken Opposition der

Stennes-Gruppe ist nunmehr Tatsache. Hitler hat Südtirol sowie sich definitiv aufgegeben. Die Reichsbank verhält sich abwartend.

Die Großbanken haben beschlossen, anstatt der am 1. September fälligen Gehaltszahlung von jedem Angestellten einen Monatsbeitrag von 35 RM einzufordern. Die Einzahlung dieses Arbeits-Erlaubnis-Geldes auf städtische Sparkassen ist erlaubt.

Die berliner Studentenschaft hat gestern anläßlich des zehnten Chaos-Tages gegen den Westfälischen Frieden sowie gegen alle noch kommenden Friedensschlüsse protestiert. Vier Polizeibeamte sowie die akademische Würde wurden leicht verletzt. Der Schnellrichter wurde Hitler vorgeführt.

21. August

Leichtes Chaos, bei starken südwestlichen Winden.

Der Bildungsausschuß der SPD hat nunmehr gegen die parteischädigenden Auswüchse der Asphalt-Literaten protestiert. Die Partei als solche ist allerdings aufgelöst.

Gerhart Shaw und Bernhard Hauptmann haben beschlossen, zur Verminderung der Reklamespesen ihre nächsten Geburtstage als 150. Geburtstag zusammen zu feiern.

23. August

Der Titel des Konfusionsrats Dr. Schacht ist in den eines Ober-Chaos-Rats abgeändert worden.

24. August

Gestern wurde in den Straßen Schönebergs eine Reichsmark gesehn. Es handelt sich vermutlich um eine Irreführung des Publikums, und wir machen nochmals darauf aufmerksam, daß es gegen die staatspolitischen Interessen ist, wenn sich in Deutschland noch irgendwelches befindet. Wenn auch das Ausland nicht hinsieht: wir werden es ihm schon zeigen! Die Reichsbank verhält sich abwartend.

25. August

Wie wir hören, hat sich die Bridgepartie von Jakob Goldschmidt aufgelöst. Er kann das ewige Abheben nicht mehr vertragen.

26. August

Die Ziffer 5 des § 67 der Wiederaufnahme-Verfügung der Aufhebung der Rückgängigmachung des Verbotes von Rücküberweisungen alter Postscheckzahlungen nach Haiti wird in Gemäßheit des § 10, II, 17 des Allg. Landrechts aufgehoben bzw. wieder in Kraft gesetzt. Unsre Voraussage ist demnach eingetroffen: das Chaos unterscheidet sich in nichts von dem vorherigen Zustand —!

Im nächsten letzten Krieg wird das ja anders sein ... Aber der vorige Kriegsschauplatz war polizeilich abgesperrt, das vergißt man so häufig. Nämlich:

Hinter dem Gewirr der Ackergräben, in denen die Arbeiter und Angestellten sich abschossen, während ihre Chefs daran gut verdienten, stand und ritt ununterbrochen, auf allen Kriegsschauplätzen, eine Kette von Feldgendarmen. Sehr beliebt sind die Herren nicht gewesen; vorn waren sie nicht zu sehen, und hinten taten sie sich dicke. Der Soldat mochte sie nicht; sie erinnerten ihn an jenen bürgerlichen Drill, den er in falscher Hoffnung gegen den militärischen eingetauscht hatte.

Die Feldgendarmen sperrten den Kriegsschauplatz nicht nur von hinten nach vorn ab, das wäre ja noch verständlich gewesen; sie paßten keineswegs nur auf, daß niemand von den Zivilisten in einen Tod lief, der nicht für sie bestimmt war. Der Kriegsschauplatz war auch von vorn nach hinten abgesperrt.

«Von welchem Truppenteil sind Sie?» fragte der Gendarm, wenn er auf einen einzelnen Soldaten stieß, der versprengt war. «Sie», sagte er. Sonst war der Soldat ‹du› und in der Menge ‹ihr› — hier aber verwandelte er sich plötzlich in ein steuerzahlendes Subjekt, das der bürgerlichen Obrigkeit untertan war. Der Feldgendarm wachte darüber, daß vorn richtig gestorben wurde.

Für viele war das gar nicht nötig. Die Hammel trappelten mit der Herde mit, meist wußten sie gar keine Wege und Möglichkeiten, um nach hinten zu kommen, und was hätten sie da auch tun sollen! Sie wären ja doch geklappt worden, und dann: Untersuchungshaft, Kriegsgericht, Zuchthaus, oder, das schlimmste von allem: Strafkompanie. In diesen deutschen Strafkompanien sind Grausamkeiten vorgekommen, deren Schilderung, spielten sie in der französischen Fremdenlegion, gut und gern einen ganzen Verlag ernähren könnte. Manche Nationen jagten ihre Zwangsabonnenten auch mit den Maschinengewehren in die Maschinengewehre.

So kämpften sie.

Da gab es vier Jahre lang ganze Quadratmeilen Landes, auf denen war der Mord obligatorisch, während er eine halbe Stunde davon entfernt ebenso streng verboten war. Sagte ich: Mord? Natürlich Mord. Soldaten sind Mörder.

Es ist ungemein bezeichnend, daß sich neulich ein sicherlich anständig empfindender protestantischer Geistlicher gegen den Vorwurf gewehrt hat, die Soldaten Mörder genannt zu haben, denn in seinen Kreisen gilt das als Vorwurf. Und die Hetze gegen den Professor Gumbel fußt darauf, daß er einmal die Abdeckerei des Krieges «das Feld der Unehre» genannt hat. Ich weiß nicht, ob die randalierenden

Studenten in Heidelberg lesen können. Wenn ja: vielleicht bemühen sie sich einmal in eine ihrer Bibliotheken und schlagen dort jene Exhortatio Benedikts XV. nach, der den Krieg «ein entehrendes Gemetzel» genannt hat und das mitten im Kriege! Die Exhortatio ist in dieser Nummer nachzulesen.

Die Gendarmen aller Länder hätten und haben Deserteure niedergeschossen. Sie mordeten also, weil einer sich weigerte, weiterhin zu morden. Und sperrten den Kriegsschauplatz ab, denn Ordnung muß sein, Ruhe, Ordnung und die Zivilisation der christlichen Staaten.

DER PAPAGEI-PAPAGEI

Dieses unwahrscheinliche Tier gibt es wirklich, ich habe es selbst mit eigenen Ohren gesehn, und es ist die merkwürdigste Spielart Vogel, die man sich vorstellen kann. Er wohnt zwischen Ischl und Salzburg und heißt natürlich Lora.

Er verdient sich sein Brot als schlichter Papagei, bei wohlsituierten Leuten.

Zunächst frißt dieses Unding mit einem Löffel. Die Köchin, die ihn vergöttert, gibt ihm morgens eine Tasse an den Käfig; er sitzt auf dem Käfig und schielt hinunter. Dann kommt er. Dann gibt sie ihm einen Löffel, mit dem panscht er in dem Kaffee umher, und er frißt seine Brocken und seinen Kaffee aus dem Löffel, mit dem er sehr vorsichtig hantiert. Ab und zu schielt er über seinen Schnabel hinweg, ob ihm vielleicht jemand den Löffel wegnehmen will. Das will aber keiner, denn Papagei Lora beißt. Und zwar jeden und alles, nur nicht in die Mamsell, aber vielleicht doch, und sie ist es wohl schon gewöhnt, und da macht es weiter nichts. Sprechen . . .? Ja, er spricht.

Ich muß erst erzählen, wer Gussy ist.

Gussy ist eine Frau, die ihrerseits alles und alle so nachmachen kann, daß man den Beteiligten nur wünschen kann, sie hörten es nicht — so schrecklich genau ist es und so ironisch und überhaupt. Und sie kann nicht nur die Schauspieler nachmachen und die Leute aus dem nächsten Obstgeschäft —, sie kann auch Grammophone nachmachen und natürlich auch Papageien. Gut und schön.

Jetzt hat sie aber der Lora alles mögliche vorgesprochen, das gesamte Papageien-Repertoire, aber nun kommt das Unheimliche —:

Sie hat es ihr nicht in Menschensprache vorgesprochen, sondern in der Papageien-Sprache. Die beherrscht sie zur Vollendung: sie spricht fließend papageiisch, mit einem leichten Anklang ins Frankfurterische.

Was braucht so ein Vogel, damit er durchkommt? — Er muß «Lora» rufen können, damit man weiß, wer er ist: er muß «Mamsehell» rufen, damit ihm die Köchin Kaffee bringt; er muß ein bißchen bellen können, grade so viel, wie man zu oberflächlichem Verkehr mit Hunden braucht; er muß nach Stefan brüllen und Ja-ja und Nein-nein, und dergleichen. Und das hat nun die Gussy diesem Vogel auf papageiisch beigebracht, und jetzt ist der Vogel irrsinnig, aber er weiß es nicht. Er spricht wie ein Papagei, der wie ein Papagei spricht.

Kommst du an das Haus, dann sitzt das Luder da oben auf dem Fenstersims und sagt, in einer gradezu niederträchtig parodistischen Tonart: «Mamsähäll!» — aber das nun so breit, so auseinandergezogen, so kreischend, daß man versucht ist, hinaufzurufen: «Herr, Sie übertreiben!» Aber man kann ja wohl nicht zu Lora Herr sagen. Und er sitzt da und brüllt und gluckst und pfeift, und manchmal sagt er auch, in der schlimmsten Schmieren-Tonart der Welt: «Achgottachgottachgottachgott . . .!» und dann fängt er an zu weinen, und wenn sein Gefieder so falsch wäre wie dieses Geheul, dann färbte er ab.

Ich habe ihm gesagt: «Mensch. Sei doch vernünftig. So spricht ja kein Papagei —, das ist ja alles dummes Zeug!» —, aber er hört nicht. Er meint, so spricht der Papagei. Und so lebt denn dieser seltsame Zaubervogel dahin, indem er ständig seine eigene Rasse nachmacht, kopiert, parodiert, sich selber überbietet, ein außer Rand und Band geratener Überpapagei. Sein Besitzer Emil gibt ihn für alles Geld der Welt nicht her. Er hat ihn für diesen Sommer neu streichen lassen, und jetzt fehlt nur noch, daß sich ein Varieté-Komiker an dem Vogel belernt, wie der Papagei spricht.

Gussy behauptet, er verstände, was er sagt, und jeder feinere Papageienfreund wird mir bestätigen, daß sie recht hat. Wenn aber dieser versteht, was er manchmal sagt, das Ferkel, dann wäre er rot und nicht grün. Es ist ein herziger Vogel; die Unermüdlichkeit, mit der er seine Sachen aufsagt, berechtigen ihn zu den schönsten Hoffnungen, und wir werden ihm sicher eines Tages noch in der Politik begegnen.

DIE AUGEN DER WELT

Da ist nun Deutschland, ein Land, das sich für alles interessiert, was in der Welt vorgeht, und ist doch eine Provinz geblieben, trotz allem: Provinz Deutschland. Woran liegt das —?

Erst haben sie mit dem Säbel gerasselt, und wenn die andern unwillig dazu gemurmelt haben, dann haben sie das für Furcht gehalten und diese vermeintliche Furcht für Achtung vor dem deutschen Wesen. Und dann, als die Friedensbedingungen an den Schaufenstern klebten, haben sie Luft durch die Nase gestoßen, recht verächtlich, und haben nicht begriffen, was das heißt: einen Krieg verlieren, an dem sie immerhin ein gut Teil Schuld hatten. Und seitdem rasseln sie und wimmern sie, immer in schöner Abwechslung, und wenn sie draußen genug gewimmert haben, dann kommen sie nach Hause und sagen: «So schlimm ist das alles gar nicht. Erstens haben wir gar nicht gewimmert. Zweitens haben wir nur im Interesse des Vaterlandes gewimmert. Und drittens hatten die andern doch mächtige Angst vor uns.»

Weit entfernt, in dem Gedeihen eines intakten Staatsbürokraten-Apparates das Heil des Landes zu sehn, wollen wir untersuchen, wie es in der Seele des Durchschnitts-Deutschen aussieht, wenn er an das Ausland denkt. Seine Begriffe sind wüst. Ein kleiner Teil von Gebildeten ist wirklich über das unterrichtet, was draußen vor sich geht — die Rechte und die Linke, soweit es das noch gibt, haben einige sehr gute Außenpolitiker, auf die aber, wenns zum Klappen kommt, niemand hört. Das Gros hat von Tuten und Blasen keine Ahnung.

In Deutschland dominiert, was die Außenpolitik angeht, der innenpolitische Stammtisch. Zu dessen ehernen Grundsätzen gehört die Phrase: «Die Augen der Welt sind auf uns gerichtet». Dieser Satz ist einfach eine Lüge.

Deutschland spielt in der Welt nicht die Rolle, die es zu spielen glaubt.

Es hat für den lateinischen Kulturkreis eine kleine Bedeutung, wie mir scheint: eine zu kleine. Es hat für den angelsächsischen Kulturkreis eine kleine Bedeutung. Es hat für seine unmittelbaren Nachbarn eine Bedeutung, die meistens im Warenaustausch liegt und nicht so sehr auf dem Gebiet der Kulturpolitik. Deutschland weiß nicht, wie klein sein kulturpolitisches Hinterland ist.

Hat etwas in Paris Erfolg, auf welchem Gebiet auch immer: so hat es damit in allen französischen Kolonien Erfolg, die ja immerhin recht beträchtlich sind; es hat weiterhin Erfolg in der Levante und in Südamerika, wo die Franzosen das erstaunliche Kunststück fertig bekommen haben, wenig Waren und einen großen Teil ihrer Kultur zu exportieren, und das mit guter Wirkung. Hat etwas in England Erfolg, so weiß man, was geschieht: die halbe Welt ist, was ihre Lebensart angeht, angelsächsisch. Und man fragt sich, ob sich diese deutschen Radaupatrioten denn keinen Atlas kaufen können, auf dem ja immerhin zu sehen ist, wie diese Kugel heute nun einmal aussieht. Folgerungen —?

Der bestehende Zustand ändert am Wert dessen, was der Deutsche hervorbringt, zunächst gar nichts. Ich lebe jetzt seit rund sieben Jahren im Ausland, und nichts ist mir so fatal, wie jener Typus Deutscher, der sich an eine fremde Nation wegwirft. Er darf sie lieben — er soll sich nicht wegwerfen. Es gibt da eine Nummer von Deutschen, die haben gewissermaßen Notre-Dame gebaut, und wenn sie durch die londoner City gehn, dann möchten sie sich am liebsten auf dem Damm wälzen; sie protzen, und zwar mit der Macht der andern, gegen ihr Land. Das ist dummes Zeug und verrät nur die eigne Unsicherheit.

Der Wert Deutschlands hat mit seiner Weltgeltung gar nichts zu tun. Man muß diese Weltgeltung nur genau kennen, sonst verrechnet man sich zum Schaden Deutschlands, so wie sich die Kaiserlichen 1914 verrechnet haben, wo sie den Islam und Indien und weiß Gott was noch alles in ihre verfaulte Rechnung eingesetzt haben, weil sie nicht Bescheid gewußt haben, wieviel sie in Wahrheit draußen wert gewesen sind. Viel weniger als sie geglaubt haben – etwa den zehnten Teil. Das hat sich bis heute nicht geändert.

Es gibt viele Arten, einen Staat zu machen. Mit der deutschen Not ist kein Staat zu machen. Es ist eine glatte und simple Lüge, zu behaupten, die Augen der Welt seien auf Deutschland gerichtet, die Welt beschäftige sich intensiv mit der deutschen Krise ... es ist nicht wahr. Daß die beteiligten Finanzleute alles Interesse haben, ihre in Deutschland angelegten Kapitalien zu retten, ist richtig; die breiten Massen der lateinischen Länder und der angelsächsischen Welt befassen sich wenig mit uns: wir spielen in ihrem Gefühlsleben eine ganz untergeordnete Rolle. Etwa die, die bei uns Bulgarien spielt oder Jugoslawien. Die Völkischen mögen ihr Geheul stoppen: damit ist nicht gesagt, daß Deutschland diesen beiden Ländern gleichzusetzen sei. Im Gegenteil, ich füge etwas hinzu, was keiner von den völkischen Beobachtern nachdrucken wird, die meine Artikel zu fälschen pflegen. Ich füge nämlich hinzu, daß der wahre Wert Deutschlands nicht richtig eingeschätzt wird: von manchen gebildeten Ausländern zu hoch, von den Massen zu tief.

Das ist Deutschlands eigne Schuld. Was wir an Kulturwerten exportieren, wie wir es exportieren: wenn man das sieht, möchte man sich in Grund und Boden schämen. Und das nimmt den nicht wunder, der etwa die Tendenzen des Vereins für das Deutschtum im Ausland kennt. Diese Tendenzen sind unentwegt wilhelminisch; die da haben nichts hinzugelernt und alles vergessen. Das einzige, was sie inzwischen gelernt haben, ist, wie man die Kinder in den Schulen zwingen kann, diesen Trubel mitzumachen.

Die braven Mittelparteien, die heute vom patriotischen Raptus befallen sind wie nur eh und je zu Beginn des Krieges, mit derselben Terminologie, mit denselben plumpen Propagandakünsten: sie irren, wenn sie glauben, die Welt horche auf Deutschland. Sie horcht gar nicht. Das Leben geht draußen seinen Gang, und nichts ist wahnwitziger und verfehlter als diese törichte Theorie vom ‹Abgrund› und von der Welt-Katastrophe. «Noch geht es England gut ...» In diesem ‹noch› ist der menschenfreundliche Wunsch enthalten: «Uns geht es schlecht. Dann soll es denen aber auch schlecht gehen. Auch sie sollen in den Abgrund, in die Katastrophe!» Diese Katastrophe spielen die Deutschen aus wie einen Trumpf beim Kartenspiel. «Wenn wir schon untergehen sollen», las ich neulich bei einem dieser wild gewordenen

Patrioten, «dann sollen sie wenigstens alle mit.» Sie denken gar nicht daran.

Man kann schon an der Verschiedenheit der Vokabeln erkennen, wie weit das Ausland von uns entfernt ist. Es gibt eine internationale Krise des Kapitalismus, aber die andern werden auf ihre Weise damit fertig, nicht auf die unsre. Da fahren nun so viel gute und brauchbare deutsche Reiseschriftsteller in der Welt herum, die allerhand Nützliches von draußen nach Hause bringen – ja, lernt denn die Masse der Deutschen nicht endlich erkennen, daß beispielsweise Asien immer asiatisch reagiert und eben nicht europäisch und am allerwenigsten deutsch? «Rußland muß badisch werden!» stand zu Kriegsbeginn auf den Viehwägen, in denen man das Menschenmaterial transportierte. Aber ich fürchte: eher wird Baden russisch.

Sie haben draußen ihre eignen Sorgen, und sie brauchen die unsern nicht. Und Deutschland ist ihnen viel gleichgültiger als jene im Geist Provinziellen ahnen.

Genau so, wie die rasenden alten Weiber, die sich Windjacke und Stahlhelm kaufen, damit sie sich als Männer fühlen, die Rückwirkung der deutschen Krise auf die Welt überschätzen –: genau so tun es leider die Kommunisten. Es war einer der größten und unbegreiflichsten Irrtümer Lenins, zu glauben, die Revolution springe fast mechanisch auf die Welt über, wenn sie nur in Rußland gesiegt habe. Falsch: die Welt ist dazu nicht reif. Es ist nichts mit jener von vielen Deutschen so laut oder heimlich herbeigesehnten Apokalypse – es ist der Wunsch des Schülers, die Schule solle verbrennen, weil das Zeugnis nichts taugt. Die Schule aber verbrennt nicht.

Die andern denken nicht daran unterzugehen, nur deshalb, weil bei uns in schändlicher Weise Bankwucher betrieben wird. Sie denken nicht daran, in das ‹Chaos› zu stürzen, und zwar deshalb nicht, weil bei ihnen, den Lateinern, den Angelsachsen, den Amerikanern, ganze Schichten des Bürgertums noch viel gesünder und kräftiger sind als das von den Theoretikern des Umsturzes gewöhnlich in Rechnung gestellt wird. Diese Rechnung ist falsch. Was da in Frankreich knistert, was da in England bröckelt – ihr könnt hundert Beispiele zitieren, Äußerungen aus deren eignen Munde. Und ihr zitiert sie alle falsch, weil einer englischen Bürgersfrau die Wandlung der Sitten für die Nachmittagsbesuche bereits wie Bolschewismus erscheint. Man muß mit französischem Maßstab messen, wenn man Marseille verstehen will, und mit englischem, wenn man begreifen will, was sich in England wandelt. Mit Wünschen ist nichts getan. Ein anständiger Arzt hat erst einmal vor der Therapie eine richtige Diagnose zu stellen, und wenn wir ehrlich sind, müssen wir klar sehn. Wir können die Tatsachen beklagen, aber wir müssen sie sehn, wie sie sind. Was da durch die Welt schleicht, ist eine geistige Krise erster Observanz, die also die wirtschaftliche nach sich zieht – doch geht hier nichts unter. Es wandelt sich nur etwas, und zwar grundlegend. Womit Deutschland zunächst gar nicht geholfen ist.

Das ist unbequem, das ist hart, das ist langweilig. Also wollen sie das nicht sehn. Sie wollen: das volle Theater, mit einem atemlos gespannten Publikum, das ihren sentimentalen Arien und ihrem Panzerkreuzer-Gerassel lauscht. Das Land irrt. Das Theater ist halbleer, und das Stück interessiert nicht.

Also sollte man wohl diesem Notstand anders begegnen, als mit jenen abgebrauchten Gesten zu einer Galerie hin, die gar nicht vorhanden ist. Welche Würdelosigkeit ist darin: im Gerassel und im Gegrein welche Würdelosigkeit! Wie sie nach jedem Zeitungsaufsatz fiebern, der von ihnen Notiz nimmt. Welche Überschriften! «Paris optimistisch!» «London gespannt!» Aber es stimmt ja alles gar nicht; das da ist Angelegenheit eines kleinen Klubs politischer Fachleute, und damit basta. Euer Einfluß auf die fremden Kulturkreise ist vorhanden, aber er ist kleiner und ganz anders beschaffen als ihr meint.

Exportiert eine Geistigkeit, die die Welt angeht, eine, die in Deutschland gewachsen und die echt ist! Exportiert Qualitätswaren, die es wirklich sind, nicht solche, die durch Dumping und niedrige deutsche Löhne in fremde Absatzmärkte hineingepumpt werden und die man den Fremden vergeblich als Qualität einzureden sucht! Exportiert Gutes, und ihr werdet Gutes ernten. Was heute exportiert wird, ist Größenwahn, der aus einem Insuffizienzgefühl herrührt, und damit erobert man keine Welt.

AUTARKIE

Im Juni hat noch keiner gewußt,
was Autarkie bedeutet;
heut hebt sich jede deutsche Brust,
wenn das Schlagwort herunterläutet:
        Autarkie!
Wir schließen einfach die Grenzen zu.
Dann hat die liebe Seele Ruh.
Appelsinen, jroße un kleene,
die machen wir uns alleene.

Kohlrüben wachsen bei uns zu Hauf.
Für uns ist nichts zu schade.
Wir rauchen still unser Sofa auf,
mit Maikäfer-Marmelade.
        Autarkie! Autarkie!

Wir schuften für Zins und für Zinseszins,
und wir bleiben eine kleine Provinz.
Paris is ja so jemeene!
Wir machen uns allens alleene.

Dann halten wir fest das Proletenpack:
beherrscht von Bürokraten,
von Banken und Knüppel aus dem Sack,
von Polizei und Soldaten.
Kräht der Adler auf dem Mist:
        Autarkie!
ändert sichs Wetter, oder es bleibt wie es ist –
        Autarkie!
Für Pleite, Not und Kirchhofsruh –
brauchen wir etwa das Ausland dazu?
    Diese Wirtschaftskapitäne,
    die machen det janz alleene.

DIE HERREN WIRTSCHAFTSFÜHRER

Stets hat die Menschheit ihre Helden gehabt: Priester oder Ritter, Gelehrte oder Staatsmänner. Bis zum 14. Juli 1931 waren es für Deutschland die Wirtschaftsführer, also Kaufleute.

Die Kaufleute sind Exponenten des Erwerbsinnes; sie haben immer ihre Rolle gespielt, doch wohl noch nie so eine große wie heute. Weil das, was sie in Händen halten, das wichtigste geworden ist, werden sie in einer Weise überschätzt, die lächerlich wäre, wenn sie nicht so tragische Folgen hätte. Die deutsche Welt erschauert, sie braucht Götzen, und was für welche hat sie sich da ausgesucht –!

Man sollte meinen, daß der gesunde Menschenverstand wenigstens eines sehen könnte: den Mißerfolg. Aber damit ist es nichts. Niemand von denen, die diese Wirtschaftsführer bewundern, behielte auch nur einen Tag lang einen Chauffeur, der ihm die Karre mit Frau und Kind umgeworfen hätte, auch dann nicht, wenn dem Chauffeur die Schuld nicht nachzuweisen wäre. Er kündigt, denn solchen Chauffeur will er nicht. Aber solche Wirtschaftsführer, die will er.

Der unbeirrbare Stumpfsinn, mit dem diese Kapitalisten ihre törichte Geldpolitik fortsetzen, immer weiter, immer weiter, bis zur Ausblutung ihrer Werke und ihrer Kunden, ist bewundernswert. Alles, was sie seit etwa zwanzig Jahren treiben, ist von zwei fixen und absurden Ideen beherrscht: Druck auf die Arbeiter und Export.

Für diese Sorte sind Arbeiter und Angestellte, die sie heute mit einem euphemistischen und kostenlosen Schmeichelwort gern ‹Mitarbeiter› zu titulieren pflegen, die natürlichen Feinde. Auf sie mit Gebrüll! Drücken, drücken: die Löhne, die Sozialversicherung, das Selbstbewußtsein — drücken, drücken! Und dabei merken diese Dummköpfe nicht, was sie da zerstören. Sie zerstören sich den gesamten innern Absatzmarkt.

Sie scheinen ihn nicht zu wollen — dafür haben sie dann den Export. Was dieses Wort in den Köpfen der Kaufleute angerichtet hat, ist gar nicht zu sagen. Ihre fixe Idee hindert sie nicht, ihre Waren auch im Inland weiterhin anzupreisen; ihre Inserate wirken wie Hohn. Wer soll sich denn das noch kaufen, was sie da herstellen? Ihre Angestellten, denen sie zum Leben zu wenig und zum Sterben zu viel geben, wenn sie sie nicht überhaupt auf die Straße setzen? Die kommen als Abnehmer kaum noch in Frage. Aber jene protzen noch: daß sie deutsche Werke seien, und daß sie deutsche Kaufleute und deutsche Ingenieure beschäftigten — und wozu das? «Um den Weltmarkt zu erobern!»

So schlau wie die deutschen Kaufleute sind ihre Kollegen jenseits der Grenzen noch alle Tage. Es setzt also überall jener blödsinnige Kampf ein, der darin besteht, einen Gegner niederzuknüppeln, der bei vernünftigem Wirtschaftssystem ein Bundesgenosse sein könnte. Die Engländer preisen rein englische Waren an, die Amerikaner rein amerikanische, und das Wirtschaftsinteresse tritt als Patriotismus verkleidet auf. Eine schäbige Verkleidung, ein jämmerlicher Maskenball.

Schuld —? Vielleicht gehört eine große geistige Überlegenheit dazu, aus diesem traurigen Trott des Geschäftes herauszukommen und auch einmal ein bißchen weiterzublicken als grade bis zum nächsten Ultimo. Aber das können sie nicht. Sie machen weiter, wie sie es bisher getrieben haben. Also so:

Niederknüpplung des Inlandskunden; Spekulation auf einen Export, der heute nicht mehr so durchzuführen ist wie sich die Herren das träumen; Überlastung der gesamten Industrie durch ein gradezu formidables Schreibwerk, das hinter dem Leerlauf der Staatsbürokratie um nichts zurücksteht. Was da an Pressechefs, Syndicis, Abteilungsleitern, Bürofritzen herumsitzt und Papierbogen vollschreibt, ohne auch nur das leiseste zu produzieren, das belastet uns alle. Aufgeblasen der Verwaltungsapparat — man sehe sich etwa das Verwaltungsgebäude der IG-Farben in Frankfurt am Main an: das Ding sieht aus wie eine Zwingburg des Kapitalismus, weit ins Land dräuend. Früher haben die Ritter die Pfeffersäcke ausgeplündert; heute hat sich das gewandelt.

Wie immer in ungesunden Zeiten ist der Kredit in einer gradezu sinnlosen Weise überspannt. Das Wort ‹Wucher› ist ganz unmodern geworden, weil der Begriff niemand mehr schreckt, er erscheint normal.

Nun haben aber Kartelle und kurzfristige Bankkredite die Unternehmungslust und die sogenannte ‹freie Wirtschaft› völlig getötet — es gibt sie gar nicht mehr. Fast jeder Unternehmer und besonders der kleinere ist nichts als der Verwalter von Bankschulden; gehts gut, dann trägt er den ungeheuern Zins ab, und gehts schief, dann legen die Banken ihre schwere Hand auf ihn, und es ist wie in Monte Carlo: die Bank verliert nicht. Und wenn sie wirklich einmal verliert, springt der Steuerzahler ein: also in der Hauptsache wieder Arbeiter und Angestellte.

‹Das Werk›, dieser Götze, hat sich selbständig gemacht, und stöhnend verrichten die Sklaven ihr Werk, nicht mehr Sklaven eines Herrn, sondern Sklaven ihrer selbst. Auch der Unternehmer ist längst zu einem Angestellten geworden, nur kalkuliert er für sich ein derartiges Gehalt heraus, daß er wenig riskiert. Die fortgeschrittenen Kommunisten tun recht daran, den Unternehmer nicht mehr damit zu bekämpfen, daß sie ihm Sekt und Austern vorwerfen, dergleichen verliert von einer gewissen Vermögensgrenze ab seine Bedeutung. Aber daß diese Kerle die Verteilung von Ware und Verdienst ungesund aufbauen, daß sie ihre Bilanzen vernebeln und den Angehörigen der wirtschaftlich herrschenden Klassen so viel Geld zuschieben, daß den andern nicht mehr viel bleibt: das und nur das ist Landesverrat.

Ohnmächtig sieht der Staat dem zu. Was kann er machen? Nun, er kann zum Beispiel eine Verordnung erlassen, wonach das zu verkaufende Brot sein Gewicht auf der Kruste eingeprägt erhalten muß, und das ist ein großer Fortschritt. Seine Gesetze berühren die Wirtschaft gar nicht, weil sie ihm ebenbürtig an Macht, weil sie ihm überlegen ist. Sie pariert jeden Schlag mit den gleichen Mitteln: mit denen einer ausgekochten Formaljurisprudenz, mit einer dem Staat überlegenen Bürokratie, mit Geduld. Schiebt ihm aber alle Lasten zu, ohne ihm etwa das Erbrecht zu konzedieren. Er hat zu sorgen. Wovon? Das ist seine Sache.

Also unsre Sache. Für wen wird gelitten? Für wen gehungert? Für wen auf Bänken gepennt, während die Banken verdienen?

Für diese da. Es ist nicht so, daß sie sich mästen, das ist ein Wort für Volksversammlungen. Sie mästen den Götzen, sie sind selber nicht sehr glücklich dabei, sie führen ein Leben voller Angst, es ist ein Kapitalismus des schlechten Gewissens. Sie schwindeln sich vom Heute in das Morgen hinein, über viele Kinderleichen, über ausgemergelte Arbeitslose — aber das Werk, das Werk ist gerettet.

Selbst die *‹Frankfurter Zeitung›*, die sich in einer gradezu rührenden Weise bemüht, diesen störrischen Eseln des Kapitalismus gut zuzureden, wobei jene wild hinten ausschlagen, gibt zu, daß «nach den Erhebungen, die das Institut für Konjunkturforschung und eine deutsche Großbank unabhängig voneinander durchgeführt haben, noch entbehrliche Läger im Werte von mehreren Milliarden vorhanden sind» – man male sich das angesichts dieser Not aus! Aber die Läger bleiben. Und das Werk ist gerettet.

Wo steht geschrieben, daß es gerettet werden muß? Warum ist die Menschheit nicht stärker als dieser Popanz? Weil sie den Respekt in den Knochen hat. Weil sie gläubig ist. Weil man sie es so gelehrt hat. Und nun glaubt sie.

Noch ist die andre Seite stärker als man glaubt. Zu warnen sind alle jene, die die Arbeiter sinnlos in die Maschinengewehre und in die weitgeöffneten Arme der Richter hineintreiben. Drei Jahre Zuchthaus – zwei Jahre Gefängnis – vier Jahre Zuchthaus ... das prasselt nur so. Noch sind jene stärker. Die Arbeiterparteien sollten ihre Kräfte nicht in einem zunächst aussichtslosen Kleinkrieg verpulvern, solche Opfer haben einen ideologischen Wert, ihr praktischer ist noch recht klein. Drüben ist viel Macht.

Also muß gekämpft werden. Aber so wenig ein geschulter Proletarier individuelle Attentate auf Bankdirektoren gutheißen kann, so wenig sind Verzweiflungsausbrüche kleinerer oder größerer Gruppen allein geeignet, ein System zu stürzen, das jede, aber auch jede Berechtigung verloren hat, Rußland zu kritisieren. Wer so versagt, hat zu schweigen.

Doch schweigen sie nicht. Sie haben die Dreistigkeit, unter diesen Verhältnissen noch ‹Vertrauen› zu fordern, dieselben Männer, die das Unglück verschuldet haben. Und keiner tritt ab, nur die Gruppierung ändert sich ein wenig. Das verdient die schärfste Bekämpfung.

Kampf, ja. Doch unterschätze man den Gegner nicht, sondern man werte ihn als das, was er, immer noch, ist: ein übernotierter Wert, der die Hausse erstrebt und die Baisse in sich fühlt. Sein Niedergang wird kommen. Das kann, wie die gescheiten und weitblickenden unter den Kaufleuten wissen, auch anders vor sich gehen als auf dem Wege einer Revolution. Bleiben die Wirtschaftsführer bei dieser ihrer Wirtschaft, dann ist ihnen die verdiente Revolution sicher.

EUROPÄISCHE KINDERSTUBE

> «rapprochement (raproschmá) m. 1. Zusammenrücken n, Wiederannäherung f; (réunion) Vereinigung f. 2. fig. (réconciliation) Annäherung f, Versöhnung f»
>
> Sachs-Villatte

Die pariser *‹Comoedia›* vom 19. Juli enthält auf der ersten Seite folgenden Artikel:

Das merkwürdige Schamgefühl Thomas Manns wird Paris mit einem skandalösen Buch beschenken.

Nächstens wird bei Bernard Grasset ein neues Werk Thomas Manns *‹Sang réservé›* erscheinen.

Der Inhalt ist allem Anschein nach äußerst anstößig.

So anstößig, daß Thomas Mann unmittelbar nach Erscheinen der deutschen Ausgabe alle bereits ausgedruckten Exemplare aus dem Handel zurückgezogen hat. Das Romanthema ist: Blutschande.

Dieses Werk ist auch nicht in den Gesammelten Werken Thomas Manns, die zur Zeit erscheinen, aufgenommen.

Man nimmt wohl in Deutschland an, daß Frankreich weniger Schamgefühl hat. Herr Thomas Mann, der befürchtet, seine Landsleute vor den Kopf zu stoßen, hat keinerlei Bedenken, dergleichen mit Frankreich zu tun.

Ist das nun seinerseits ein Zeichen von Hochachtung für unsre Fähigkeit, uns von allem das Beste auszuwählen?

Oder muß man in seinem Verhalten nicht im Gegenteil eine für uns sehr unfreundliche Unverfrorenheit sehen? Dies Buch ist für Deutschland nicht gut. Aber für Frankreich, nicht wahr, ist es noch alle Tage gut! Schließlich ist ja für ein so verdorbenes Volk wie das französische nichts zu gewagt . . .

Immerhin hat aber dieses verdorbene Volk in seinen Cafés, in seinen Restaurants, in seinen Theatern und auch nicht in der Gesellschaft jenen Geschlechterwechsel organisiert, wie er in Berlin üblich ist.

Dieses verdorbene Volk hat die Lehre Freuds weder erfunden noch hat es sie und ihre zahlreichen Abarten theoretisch oder praktisch angewendet.

Dieses verdorbene Volk hält keine Kongresse über sexuelle Seltsamkeiten ab, wie wir noch im vorigen Jahr so einen Kongreß im Rheinland erlebt haben. Dieses Volk hat keine Koedukation, weder solche, bei der die Kinder angezogen sind, noch solche mit Nacktkultur, wie das in den großen deutschen Städten gang und gäbe ist, und so wundern wir uns über die plötzliche Schamhaftigkeit eines deutschen Autors, in demselben Lande, wo man dauernd Stücke spielt, die sich auch nicht eine Viertelstunde auf einer pariser Bühne halten könnten.

Wir wollen immerhin einem andern Deutschen, dem Fürsten Bülow, Gerechtigkeit widerfahren lassen. Der wendet sich im letzten Bande seiner Memoiren energisch gegen die üble Gewohnheit seiner Landsleute, Paris das moderne Babylon zu nennen.

P. L.

Es erscheint merkwürdig, daß ein großes Blatt wie *‹Comoedia›* offenbar nicht die Mittel besitzt, sich Redakteure zu halten, die lesen und schreiben können und die über Europa soviel Bescheid wissen, wie nötig ist, um sich eine Meinung über fremde Länder zu bilden.

Wo in aller Welt hat die Redaktion diesen Analphabeten aufgegabelt? Das muß nicht leicht gewesen sein — Frankreich hat so gute Schulen.

Was zunächst die Meinung angeht, Frankreich sei kein unmoralisches Land, so ist das der einzige Lichtblick in diesem traurigen Artikel. Ich habe mich seit Jahren bemüht, diese wirklich kindische Vorstellung aus den deutschen Köpfen herauszutrommeln; da aber die heimischen Schriftgelehrten immer viel besser über das Ausland orientiert zu sein glauben als die Leute, die dort leben, so ist das keine einfache Aufgabe. Der Rest des Artikels aber ...

Da bemühen sich nun auf beiden Seiten wohlmeinende und gebildete Männer, ihre Völker über einander zu informieren. Die Deutschen sind über die Franzosen meist falsch, die Franzosen über die Deutschen meist gar nicht unterrichtet. Da erscheinen nun Übersetzungen: da geben sich französische Wochen- und Monatsschriften solche Mühe — und dann kommt einer und trampelt im Porzellanladen herum, daß es nur so kracht.

Zunächst ist das Buch ‹*Wälsungenblut*›, um das es sich hier handelt, nicht unsittlich. Thomas Mann hat das Werk meines Wissens nicht etwa aus sittlichen Bedenken aus dem Handel zurückgezogen, sondern aus Gründen, die nur ihn allein angehn. Diesem Schriftsteller vorzuwerfen, er schriebe unsittliche Bücher, ist nicht nur eine Niedrigkeit — es ist eine Dummheit, die einen gradezu katastrophalen Mangel an Bildung enthüllt. Eine solche Blamage hätte ‹*Comoedia*› nicht nötig gehabt.

Es ist unrichtig, zu behaupten, Thomas Mann halte Frankreich für gut genug, dort Bücher abzusetzen, die man in Deutschland aus Gründen der Moral nicht veröffentlichen könne. Ganz abgesehen davon, daß es von diesem Werk eine begrenzte deutsche Ausgabe gibt: Thomas Mann spricht und schreibt französisch, weiß von Frankreich viel und hat sich während seines pariser Besuchs seiner Aufgabe mit Takt entledigt. Ich sehe die Wirkungen dieses Besuchs ganz anders an als er, aber der Artikel der ‹*Comoedia*› ist ein Anwurf, der zurückgewiesen werden muß. Nicht der Wert der literarischen Leistung Manns steht hier zur Diskussion — die literarische Sauberkeit steht zur Diskussion. ‹*Comoedia*› hat die Grundgesetze jeder geistigen Debatte verletzt.

Wenn die Homosexualität sich in Deutschland mitunter in den Vordergrund drängt, so hat das mancherlei Gründe. Germanische Rassen neigen mehr zur Gleichgeschlechtigkeit als lateinische (brüllt nicht, es ist so), und außerdem hat der Deutsche die fatale Neigung, aus allem eine ‹Weltanschauung› zu machen, als welches Wort sich nicht ins französische übersetzen läßt. Mit Moral hat dergleichen nichts zu tun.

Koedukation ist keine Spezialität von Bordellen. Nacktkultur auch nicht. Der gesunde Versuch der Bevölkerung, die entsetzliche Wohnungsnot durch sportliche Betätigung in frischer Luft auszugleichen, hat Auswüchse; es gibt auch törichte Vereine, wo Postsekretäre vor entsprechenden Frauenleibern ihre sicherlich sündige Lust zu bekämpfen vorgeben ... was aber Körperpflege angeht, so fasse sich Paris an die eigne Nase: es hat wenig brauchbare Hallenschwimmbäder für das Volk, und was sich an Prüderie und Albernheit in französischen Seebädern begibt, reicht an das finsterste Bayern heran.

Auf deutschen Theatern werden Stücke gespielt, die nicht etwa unanständig sind, sondern die man in Paris deshalb auslachte und mit Recht auslachte, weil diese schwerfällige Art, sich dem Bett zu nähern, in Frankreich auf kein Verständnis trifft. Dort gleitet man in sanfter Kurve auf die Lagerstatt: der Deutsche sieht es vorher im Lexikon nach, obs auch stimmt. Unmoral? Nein: Privatdozenten der Sünde.

Was hingegen den Angriff gegen die Lehre Freuds angeht, so darf gefragt werden, ob der Verfasser jener Glosse auch nur ein einziges Mal ein Buch Freuds in der Hand gehabt hat. Ich möchte das bezweifeln. Er hält diese Lehre wahrscheinlich für einen Freibrief, Embryos zu vergewaltigen, was ja die Deutschen bekanntlich zum Frühstück zu tun pflegen.

Kurz: Rapprochement.

Auf welchem Erdteil leben wir!

Man kann sich an den Fingern abzählen, was nun für ein Spiel anhebt.

Die völkischen Esel werden begeistert I-A schreien, weil der Erbfeind den Juden Thomas Mann verunschimpfiert hat. Und sie werden hinzufügen: «Da sieht man, wie diese Pornographen den Ruf des braven deutschen Volkes im Ausland schädigen! Da hat mans wieder!» Das Spiel hat schon angehoben. Die ‹*Deutsche Zeitung*› ist schwer begeistert, schäumt vor Schadenfreude und wirft mit Bourdet zurück, dessen leichtes Spiel vom ‹*Sexe Faible*› sie für «französische Selbstentlarvung eines verendeten Zeitalters» hält. So wenig weiß sie von Frankreich.

Und dann werden wieder die Franzosen antworten, die Deutschen seien Heuchler und Ferkel. Wenn sie überhaupt antworten — denn die meisten von ihnen können ja nicht deutsch lesen. Und dann werden die völkischen Esel ihr Gebrüll wieder aufnehmen und über den Rhein rufen, Paris sei viel schlimmer als Babylon, schlimmer schon deshalb, weil es so teuer sei. Und alle Franzosen tränken immerzu Champagner, und woraus, das könne man nur in Herrengesellschaft erzählen. Und so vergnügen wir uns alle Tage.

Narren. Ein Haufe von Narren, denen das eigne Land zum religiösen Begriff geworden ist. Und da jede Religion ihren Teufel nötig hat: der Teufel, das ist allemal der Ausländer.

Wir brauchen Thomas Mann nicht in Schutz zu nehmen. Die Sauberkeit des literarischen Betriebes gegen Schmierfinken aber wollen wir doch wahren.

So zum Beispiel werden Kriege vorbereitet.

ERKLÄRUNG

Der Schutzverband Deutscher Schriftsteller hat zu der Notverordnung über die Presse eine Kundgebung erlassen, in der es heißt:

«Der SDS. verkennt nicht, daß in einer Notzeit jede Regierung die Möglichkeit haben muß, falschen und den Bestand des Volkes gefährdenden Nachrichten selbst mit dem Mittel des Publikationszwanges entgegenzutreten.»

Diese Kundgebung gibt die Lage nicht richtig wieder.

Durch die Notverordnung über die Presse werden nicht die Interessen des Volkes wahrgenommen. Es mag sein, daß der Schutzverband Deutscher Schriftsteller nicht in der Lage ist, in die Opposition zu gehen — Opposition gegen Geldgeber gibt es nicht.

Die Kundgebung macht dann lendenlahm und brav die Regierung darauf aufmerksam, daß ...

Ich bin aus dem Schutzverband Deutscher Schriftsteller ausgetreten.

DER GRUNDAKKORD

Da ist diese Geschichte von den beiden Musikern, die wohnten in einer gemeinsamen Wohnung. Und der eine spielte noch spät abends vor dem Schlafengehen Klavier, und er spielte eine ganze große Melodie, mit allen Variationen, und zum Schluß noch einmal das Grundthema, aber das spielte er nur knapp bis zum Schluß, da hörte er auf, und den Schlußakkord, den spielte er nicht mehr. Sondern ging zu Bett.

Nachts um vier aber erhob sich der andere Musiker, schlich leise zum Klavier und schlug den fehlenden Grundakkord an. Und dann ging er beruhigt und erlöst schlafen.

Der Mensch will alles zu Ende machen. Wird er von einer kleinen Arbeit abgerufen, die grade vor ihrem Ende steht, so kann man hundert gegen eins wetten, daß jeder von uns sagt: «Einen Augenblick mal — ich will das bloß noch ...», die Arbeit ist vielleicht gar nicht wichtig, aber man kann sie doch so nicht liegenlassen, denn dann schreit sie. Und immer ist diese kleine Zwangsvorstellung stärker als alle Vernunft.

Der Mensch will auch alles zu Ende lesen — wenn der Schriftsteller etwas taugt. Was ein richtiges Buch ist, das muß einen ganzen Haushalt durcheinanderbringen: die Familie prügelt sich, wer es weiterlesen darf, die Temperatur ist beängstigend, und Mittag wird überhaupt nicht mehr gekocht. Und nichts ist schlimmer, als ein Buch anzufangen und es dann nicht mehr zu Ende lesen zu können. Das ist ganz schrecklich. Haben wir nicht schon alle einmal einen Roman auf der Reise verloren, liegengelassen, ‹verborgt› (lebe wohl! lebe wohl!) und uns dann krumm geärgert, daß wir nicht wissen, wie es weitergeht? Da gibt es ja dann das probate Mittel, sich das Buch allein zu Ende zu dichten, aber das wahre Glück ist das auch nicht, denn dabei muß man sich anstrengen, während man bei der Lektüre die ganze Geschichte ohne eigene Mühe vor sich ausgebreitet sieht — und dann weiß man doch auch nie, ob man richtig gedichtet hat, nein, das führt zu nichts. Der Dichter muß dichten, und der Leser will lesen. Umgekehrt ist es naturwidrig. Im Theater ist es schon anders. Wie dritte Akte aussehen, weiß ich nicht so ganz genau — ich gehe meist schon nach dem zweiten fort. Da reden sie so lange und dann hören sie gar nicht auf, und was wird denn schon dabei herauskommen! Wenn es eine Operette ist, dann wird zum Schluß die Musik noch lauter werden, und alle kommen an die Rampe getobt und winken ins Publikum, und ich bekomme meinen Mantel viel zu spät, weil vor mir der große, dicke Herr steht, der immer sagt: «Ich warte aber schon so lange ...!» Und wenn es ein ernstes Stück ist, dann sehn sie sich zum Schluß in die Augen, zart verdämmert die Abendröte im Stübchen, und Olga sagt zu Friedrich: «Auf immer.» Und wieder kriege ich meinen Mantel zu spät. Nein, dritte Akte sind nicht schön. Es gibt ja Leute, die bekommen niemals den Anfang der Stücke zu sehn, weil sie mit ihren Frauen ins Theater gehen müssen, und für solche Paare sind dann die dritten Akte da. Es gibt übrigens eine Sorte Menschen, die schmerzt es, wenn man das Theater vorzeitig verläßt — das sind die Logenschließer. Vor dem Krieg in Berlin, bei ‹*Puppchen, du bist mein Augenstern*›, und nach dem Krieg in London, bei Wallace, dem bekannten Anhänger der Prügelstrafe, fielen mir beidemal bejahrte Logenschließer in den Paletot: «Sie wollen schon gehen? Aber das schönste kommt ja erst ...!» Aber roh und herzlos stieß ich die bekümmerten Greise beiseite und entfloh, ins Freie, wo die fröhlichen Omnibusse rollten und wo ich ein viel schöneres Stück kostenlos zu sehen bekam: ‹Abend in der Stadt›, in vielen Akten.

Soll man vor dem Ende aufhören? «Wenn es am schönsten schmeckt ...», ja, das kennen wir. Vielleicht ist es hübsch, vor dem Ende aufzuhören — unten liegt immer so viel Satz. «Es war ja alles sehr schön, was ich in meinem Leben gehabt habe», hat einmal eine reiche Dame gesagt, die wirklich so ziemlich alles durchgekostet hatte, «aber es müßte um elf Uhr aus sein.»

Es ist aber nicht alles um elf Uhr aus. Die Stücke fangen meistens nett an, der zweite Akt bietet mancherlei Spannungen, aber dann zieht sichs, dann zieht sichs, und zum Schluß ... nein, man sollte doch schon immer in Pasewalk aussteigen.

Man hat dann wenigstens diese leise, kleine Sehnsucht in sich. Die Sehnsucht nach dem Grundakkord.

DIE LÖSUNG

Wenn was nicht klappt, wenn was nicht klappt,
dann wird vor allem mal nicht berappt.
Wir setzen frisch und munter
die Löhne, die Löhne herunter —
immer runter!
Wir haben bis über die Ohren
bei unsern Geschäften verloren ...
Unser Geld ist in allen Welten:
Kapital und Zinsen und Zubehör.
So lassen wir denn unser großes Malheur
nur einen, nur einen entgelten:
Den, der sich nicht mehr wehren kann.
Den Angestellten, den Arbeitsmann;
den Hund, den Moskau verhetzte,
dem nehmen wir nun das Letzte.
Arbeiterblut muß man keltern.
Wir sparen an den Gehältern —
immer runter!
Unsre Inserate sind nur noch ein Hohn.
Was braucht denn auch die deutsche Nation
sich Hemden und Stiefel zu kaufen?
Soll sie doch barfuß laufen!
Wir haben im Schädel nur ein Wort:
Export! Export!

Was braucht ihr eignen Hausstand?
Unsre Kunden wohnen im Ausland!
Für euch gibts keine Waren.
Für euch heißts: sparen! sparen!
Nicht wahr, ein richtiger Kapitalist
hat verdient, als es gut gegangen ist.
Er hat einen guten Magen.
Wir mußten das Risiko tragen ...
Wir geben das Risiko traurig und schlapp
inzwischen in der Garderobe ab.

Was macht man mit Arbeitermassen?
    Entlassen! Entlassen! Entlassen!
Wir haben die Lösung gefunden:
Krieg den eignen Kunden!
Dieweil der deutsche Kapitalist
Gemüt hat und Exportkaufmann ist.
Wußten Sie das nicht schon früher —?
    Gott segne die Wirtschaftsverführer!

LEHÁR AM KLAVIER

Es gibt in London einige Kinos, deren Programme nur aus einer tönenden Wochenschau bestehen, das ist recht lustig mitanzusehn. Natürlich ist dieses Zeug zensiert, gesiebt, geprüft und noch einmal geprüft — vom Hersteller bis zum Zensor eine einzige Kette von: «Pst! Das können wir nicht machen! Aufnahmegenehmigung verweigert!», und das interessanteste an dieser Wochenschau ist sicherlich das, was sie alles nicht und niemals bringt.

Sie zeigt hauptsächlich Massen: Feste und Aufzüge und immer wieder Militär und Flottenrevuen in tausend verschiedenen Aufmachungen. Der Steuerzahler hat ja etwas von seinem Militär: nicht nur, daß er gratis totgeschossen wird, wenn die nationale Ehre es erfordert, nein, schon im Frieden ersetzt ihm das Militär die große Oper. Das bekommt man hier alles zu sehn.

Und Rennen werden vorgeführt, die so geschickt fotografiert sind, daß man auch vom besten Platz niemals so viel und so gut beobachten könnte ... und plötzlich, mitten in London, was wär denn jetzt dös? Da hätten wir den Herrn Lehár.

Ein Text zeigt an, daß er nun gleich erscheinen wird, und daß er uns etwas auf dem Klavier vorspielen wird, und daß man auch zugucken könnte, wie er an einer neuen Operette arbeiten täte. Ich sehe solche unanständigen Sachen für mein Leben gern, und vor Aufregung kniff ich mir ins Bein, weil keiner da war, den ich hätte kneifen können — und los gings. Da war er.

Da saß also ein ziemlich dicker, gemütlicher Mann an einem Klavier, und die Wochenschau sprach mit seiner Stimme:

«Ich freie mich, daß meine Melodien in der ganzen Welt gespielt werden, und ich heere, daß man mich nun auch mal sehen mechte ... und daher ...»

Und daher spielte er uns zunächst auf einem sehr mäßigen Klimperkasten je ein paar Takte aus seinen alten Operetten, von denen ja die ‹*Lustige Witwe*› wirklich hübsche Musik enthält. Und dann spielte er dieses, und dann spielte er jenes, und warum soll er nicht, das wäre ja alles gut und schön. Nun aber kam das mit der neuen Operette – wir sollten einen Blick in die Werkstatt des Meisters tun.

In der Werkstatt standen zwei Librettisten.

Allmächtiger Vater im Himmel, der du die Käsemaden erschaffen hast und den Hitler, die Hundewürstchen und schwarze und rote Pfaffen und die fleischliche Liebe mit Kompott – lieber Gott, das hättest du nicht tun dürfen! Das nicht. Aber es war sehr lehrreich.

Die ischler Kurpromenade kenne ich nur in unbevölkertem Zustand, aber jetzt weiß ich endlich, wie die Leute aussehen, die in Lehárs ‹*Friederike*› den Satz aufgeschrieben haben: «Ja, hier ist alles in Poesie getaucht!» Da standen die beiden Taucher, und es war ganz herrlich. Der eine, der Kleine, sagte gar nichts, er stand nur da und war der Textdichter. Der größere Taucher aber, das war der, der die schönen Lieder schreibt, und eines davon hatte er auf einem Papier in der Hand, und sie taten so, als seien sie in der Werkstatt, das waren sie aber nicht, dazu wurde zu wenig gefuchtelt, es ging alles so ruhig her, und der Taucher sagte zu Lehár: «Spiels amal, damit wir sehn, obs auch klappt!»

Und Lehár spielte, und der Taucher sang mit ... nein, das ja nun nicht, denn er konnte nicht singen, und das kann ja auch kein Mensch von ihm verlangen. Gott, es singen so viele, die das nicht können! Und er fing an:

Wenn die Liebe will,
stehn die Sterne still ...

aber da unterbrach er sich und sprach: «Ich deute nur an» und dann deutete er an:

«Und die ganze Erde wird ein Märchenland!» – und Lehár paukte, und der Kleine stand dabei, und:

«Der Erfolg einer Operette hängt in hohem Maße von einem guten Libretto ab. Die Personen des Stückes müssen lebenswahr gezeichnet und ihr Schicksal dem Verständnis des Publikums nahe gebracht werden. Ich nehme gewöhnlich ein Libretto nur dann an, wenn mich das Geschick der Heldin des Stückes packt und wenn mich die Erlebnisse des Helden so gefangennehmen, als handele es sich um meine eigene Person. Die Schürzung des Knotens und dessen Lösung muß zwanglos und in logischem Zusammenhang erfolgen.» Also sprach Lehár.

Es war sehr erhebend. Man hörte ordentlich den Tenor, wie der das aber nun hinlegen würde. Ein männlicher Kritiker sollte niemals etwas über Tenöre aussagen – wir sind da nicht kompetent. Wenn die Frauen so leise zerfließen, weil der Tenor im Falsett haucht: davon verstehen wir nichts, das ist ein physiologischer Vorgang, und Männer haben ja nur ganz selten einen Uterus. Wir müssen uns bescheiden: es ist dies eine Art, der Liebe teilhaftig zu werden, die uns verschlossen bleibt.

«Warum besitzt nun die Operette eine weit größere Anziehungskraft auf das Publikum als irgend ein anderes Bühnenwerk? Meiner Meinung nach liegt es daran, daß die Operette dem allgemeinen Geschmack am meisten gerecht wird. Die Oper, das Schauspiel, die Komödie, ebenso wie Novelle oder Gedicht bleiben in ihrer Wirkung auf einen Teil des Publikums beschränkt. Die Operette dagegen wendet sich an die gesamte Bevölkerung und findet überall Liebhaber. Man hat oft genug behauptet, daß die Operette dem seichten Geschmack des Publikums entgegenkomme. Trotzdem möchte ich behaupten, daß eine gute Operette durchaus geschmackbildend wirken kann. Dem kultivierten Zuschauer schafft sie Anregung und Vergnügen, während sie andererseits den Geschmack primitiver Naturen zu heben geeignet ist. In der Operette macht sich die Kunst sozusagen über sich selbst lustig. Der dramatische Sinn lacht über die törichten Verwicklungen des Lebens, der musikalische Sinn freut sich der graziösen und spielerischen Flüssigkeit der Melodien, das Auge ergötzt sich an den prächtigen Kostümen und den stilvollen Dekorationen. Alles in der Operette dient nur dem einen Zweck, dem Zuschauer eine ungetrübte Freude zu bereiten. In jedem Menschen schlummert, wie Nietzsche sagt, das große Kind. Diese Bemerkung trifft auf jeden Zuhörer der Operette, besonders aber auf die Frau zu, die mächtigste Verbündete der Operette. Sie sieht sich selbst in der Primadonna verkörpert, von der Bewunderung, die man der Heldin entgegenbringt, fühlt sie sich selbst umschmeichelt. Für die Frau tragen alle Operetten den Titel: Wie gefalle ich dem Mann? Aus Musik, Text und darstellerischer Leistung schöpft sie neue Kenntnis der Anmut und Kunst des allewigen Liebesspiels.» Also sprach Lehár.

Dabei klingen alle seine Melodien ganz gleich, es ist gewissermaßen die ewige Melodie, und man kann sie alle untereinander auswechseln. Puccini ist der Verdi des kleinen Mannes, und Lehár ist dem kleinen Mann sein Puccini.

Und dieser Dreck ist international, und die ausübenden Künstler bilden sich gewiß ein, sie erfüllten eine hohe Kulturmission, wenn sie das Zeug in aller Welt sängen. «Denken Sie, der Mut! Er singt in England und nun gar vor dem König deutsch!» Die nationale Ichbezogenheit der Deutschen glaubt ja gern, daß überall ‹etwas passiert›, wenn sie auftauchen; es geschieht aber in Wahrheit gar nichts, und in London kann einer abessinisch, nordchaldäisch, deutsch oder hebräisch singen: wenn er nur gut singt.

Brot und Spiele . . . Mit dem Brot ist es zur Zeit etwas dünn. Na, da spieln mir halt. Lehár, mein Lehár, wie lieb ich dich —!

DIE LÜGEN-KARTEI

Lügen haben kurze Beine, viele Frauen aber auch, das beweist also nichts. Wie kommt es nur, daß viele Lügen überhaupt ans Tageslicht gelangen —?

Das kommt daher, daß die meisten Lügner kein gutes Gedächtnis haben. Wer lügt, muß aber ein sehr gutes Gedächtnis haben. «Du hast doch aber neulich gesagt...» so fängt es an, und dann setzt der arme geängstigte Mann, denn Frauen sagen stets die Wahrheit, setzt der Mann auf die alte Lüge eine neue. Das bekommt ihm meist nicht gut. Als alter, erfahrener Lügner kann ich nur sagen: meine Schwindeleien sind alle herausgekommen, weil ich nicht ordentlich aufgepaßt habe. Frauen passen schrecklich auf...

Diesem Übelstand verdient, abgeholfen zu werden. Zu solchem Behufe wäre es vielleicht angängig, wenn jeder, der da löge, sich eine Lügen-Kartei zulegte, damit er wenigstens weiß, was er so zusammengelogen hat. Es fällt zum Beispiel sehr auf, wenn man am Dienstag erzählt hat, man habe ein Konto auf einer großen Bank, und wenn man am Freitag plötzlich viel Geld ausgibt — das reimt sich nicht zusammen. Nicht jeder hat die Geistesgegenwart jener Frau, auf deren Bett der Ehemann ein paar, mit Verlaub zu sagen, Hosenträger fand. «Du hast einen Liebhaber!» rief er aus. Und die gekränkte Frau sprach würdevoll: «Erstens habe ich keinen Liebhaber, und zweitens hat er keine Hosenträger!» Auch lügen will gelernt sein.

Man lüge konsequent, während man abrupt die Wahrheit sagen kann. Wobei es einem dann freilich geschehen kann, daß die Wahrheit von keinem geglaubt wird, sie ist ja auch mitunter recht abenteuerlich, die Wahrheit. Man lüge also konsequent, und vor allem: man merke sich genau, was man gesagt hat: es muß eins zum andern kommen. Man trage also in die Kartei ein:

«Am 14. zu Lilly gesagt, daß schon als Knabe freigeschwommen» und:

«Gestern am Stammtisch behauptet, Englisch zu können» — und so fort. Von den komplizierteren Lügengebilden wie Geschäftsberichten, Eifersuchtsaffären und Parteiprogrammen ganz zu schweigen. Man gehe da mit der allergrößten Vorsicht ans Werk — und ohne daß die Sache kräftig durchorganisiert ist, läßt sich das überhaupt nicht machen.

Ganz besonders wichtig ist die Kartei bei den sogenannten ‹Notlügen›, die etwa 101 v. H. der gesamten Lügen ausmachen. Leider gibt es so wenig Leute, die aus reiner Freude am Lügen lügen; schon Oscar Wilde klagte bekanntlich über den Verfall des Lügens. Lügen ist eine Kunst, eine große Kunst — was stümpern die Leute da herum...

Die Kartei allein tuts freilich auch nicht. Man probiere vor dem Spiegel — der Mund lügt, aber ehe die Augen mitlügen, das ist eine große Sache. Es flirrt da etwas in ihnen, es flimmert, es zwinkert —

also das ist gar nicht einfach. Doch wird nach der Spiegelprobe die Kartei hoffentlich einen Fehler verhüten, den die meisten Lügner begehen: sie lügen zuviel. Sie übertreiben. Es stimmt alles zu genau. Man lüge wenig, spreche möglichst wenig von dem, was man da zu verbergen hat – damit kommt man noch am allerweitesten.

Ich für mein Teil bin ja nie weit gekommen. Wenn ich sagte: «Gestern abend war ich im Verein», dann sagt Lieschen: «Merkwürdig, daß du da nicht mit abgebrannt bist», und wenn ich sage: «Reizend ist Ihr Buch, das Sie mir gegeben haben», dann sagt der Autor: «Entschuldigen Sie – aber ich hatte Ihnen aus Versehen ein altes Kochbuch gegeben», und mir nützt keine Kartei etwas. Infolgedessen habe ich mir angewöhnt, mit Aplomb die Wahrheit zu sagen, mit dem Erfolg, daß mir die Leute nun überhaupt nichts mehr glauben. Wirklich geglaubt werden nur Lügen.

Die Lügen-Kartei, D. R. G. M., sollte jedermann wenigstens in der Taschenausgabe bei sich tragen; sie wird ihm viele Verlegenheiten ersparen. Ich hatte auch eine. Leider habe ich sie gestern bei Freunden liegen lassen, und nun will ich in einen wohlverdienten und längeren Urlaub gehen – die Stadtluft bekommt mir nicht.

REPARATIONSFIBEL

> Warum ist doch der Deutsche nach dem für ihn verderblichen und schimpflichen Frieden, da man ihn wie eine Heerde theilt, aufgebrachter auf die Franzosen, als selbst auf die Engländer und einen ihrer größten Bundesgenossen während des Krieges? Weil der Mensch immer mehr auf die Wirkung, durch die er leidet, als auf die Ursache sieht, die das Leiden veranlaßt hat.
>
> F. M. Klinger: ‹*Betrachtungen und Gedanken über verschiedene Gegenstände der Welt und der Literatur*›. 1802

«Der gegenwärtige Rechtszustand ist der, daß die westfälischen Schienenwalzwerke mit den lothringisch-französischen Werken zusammen beschließen können, auf dem Wege höherer Schienenpreise der deutschen und der französischen Republik eine neue Steuer aufzuerlegen, daß aber die beiden Regierungen nicht darüber verhandeln dürfen, ob sie gemeinschaftlich gegen ihre Ausbeuter vorgehen wollen.» In der gar nicht genug zu empfehlenden Broschüre Rudolf Kellers ‹*Deutschland und Frankreich*› (erschienen bei R. Piper & Co. in München) findet sich dieser Satz, benebst vielen andern Sätzen, die in keiner großen deutschen Tageszeitung zu finden sind – aus begreiflichen Gründen. «Nicht die Verzweiflung des ganz kleinen Mannes ist das Charakteristische des heutigen Deutschland, sondern die Desertion des Kapitalisten. Der oberste Grundsatz des Kapitalismus ist, daß der Unternehmer ein Risiko trägt und dafür einen verhältnismäßig größern Anteil am Gesamtgewinn in Anspruch nimmt. Der reichsdeutsche Kapitalist jedoch will kein Risiko mehr tragen, wie zuerst Professor Bonn mit Nachdruck gezeigt hat. Er hat sich der kommunistischen Grundanschauung angeschlossen, daß alles von der Gesamtheit oder vom Staate erhalten werden muß, er will am liebsten in der heutigen Lage Deutschlands keine Investitionen mehr wagen . . .» Keller zeigt zweierlei: daß zwei Drittel der Young-Plan-Raten an die amerikanische Regierung gezahlt werden, und zwar indirekt — und daß viel größer als diese Zahlungen, verlogen ‹Tribute› genannt, jener Überpreis ist, den das deutsche Volk an seine Ausbeuter: an die Landwirtschaft, die Stahl- und Kohle-Herren, an die Kartelle und Trusts bezahlt. Das kann kein Volk auf die Dauer tragen.

Was tut es also —? Es läßt sich anlügen. Und glaubt diesen Dreck auch noch, den einige fünfzig kapitalistische Dynastien durch Presse, Kino, Kirche und Schulen herunterregnen lassen. Die kleine Oberschicht regiert unumschränkter als es jemals ein asiatischer Fürst getan haben dürfte: sie ergänzt sich, nicht etwa nach den Grundsätzen des freien Wettbewerbes, sondern durch Kooptation, durch Heirat, durch Erbschaft, und sie nimmt Unfehlbarkeit für sich in Anspruch. Wenn diese Krise jetzt einen positiven Erfolg aufweist, so ist es, hoffen wir, der des erschütterten Vertrauens in jene Gesellschaft.

Die Verblödung dieses Bürgertums ist vollständig.

Sie sehen nichts, sie hören nichts, und der himmlische Vater ernährt ihre Ausbeuter dennoch. Und wo bleiben deren Gewinne?

Wofür kein Geld da ist, wissen wir. Für Löhne zum Beispiel. Diese schlechten Karikaturen eines epigonalen Kapitalismus suchen ihre Absatzmärkte lieber in der Mandschurei als zwischen der Elbe und der Oder. Da wohnt ein geduldiger Stamm, der wie die angespannten Büffel für die gesamte übrige Welt arbeiten soll und auch arbeitet, und niemals für sich. Alle stellen etwas her, was sie selber nicht kaufen können; ihre Hungerlöhne reichen nicht. Und die Weisheit ihrer Antreiber kennt bei allen Krisen nur ein einziges Mittel, nur eines: die Löhne der Sklaven noch mehr herabzusetzen, immer wieder herabzusetzen. Wenn nur der Export garantiert ist.

Und wo bleiben die Überschüsse? Wofür ist Geld da?

Für die Unterstützung Hitlers, in dem diese Wirtschaftsführer mit Recht einen Hort und einen Schutz gegen ihre Arbeiter sehn. Und wofür ist noch Geld da? Für die dümmste, aber auch schon die allerdümmste Propaganda, eine von der Sorte, wie sie bereits im Kriege das vergnügte Lächeln der Gegner Deutschlands hervorgerufen hat.

‹Reparationsfibel›, Bilder von O. Garvens, O. Gulbransson (leider), Th. Th. Heine (leider, leider), E. Schilling, W. Schulz und Ed. Thöny.

(Erschienen bei der Verlagsbuchhandlung Broschek & Co., Hamburg.)

Es ist ein großes Heft, mit bunten Bildern; es herzustellen war gewiß nicht billig. Doch wir habens ja. Es ist viersprachig: die Deutschen, die Engländer, die Franzosen und die Spanier dürfen von dieser Weisheit profitieren. Das Spanische kann ich nicht kontrollieren — die andern Sprachen sind einwandfrei benutzt, die fremdsprachigen Bildunterschriften sind sehr gut. Aber welcher Unfug!

Da wird neben manchem richtigen einem Ausland, das zum Glück nicht hinhört, eingebleut, wer oder was an der deutschen Krise schuld sei. Die verbrecherische Auspowerung deutscher Arbeitskräfte durch die eignen Landsleute? Ach, keine Spur. Es liegt alles, alles am Frieden von Versailles.

Erste Lüge: der Waffenstillstand sei im Vertrauen auf Amerika abgeschlossen worden. Falsch. Der Waffenstillstand ist abgeschlossen worden, weil die Deutschen nicht mehr weiter konnten. Es war aus.

Zweite Lüge (eine Verschweigung): die Deutschen haben mit ihren Gegnern, mit den Rumänen und den Russen, genau dasselbe gemacht, was Versailles mit den Deutschen gemacht hat. Wozu führt man auch sonst Krieg? Um den Gegner möglichst zu schwächen. Die Deutschen haben mit den Franzosen und den Engländern genau dasselbe machen wollen, was die später mit ihnen gemacht haben; das zeigen die zahlreichen Forderungen der Wirtschaftsführer und besonders der Schwer-Industrie während des Krieges.

Dritte Lüge: Der deutsche Michel und der Warenüberfluß der Welt. Dadurch, daß Deutschland als Käufer ausfällt, gerät der Weltmarkt an einigen Stellen in Unordnung; weitere Folgen hat das zunächst nicht.

Vierte Lüge: Die Weltarmee der Arbeitslosen hat wenig mit dem Frieden von Versailles zu tun, dagegen alles mit jenem großen Krieg, den die Kapitalisten in ihrer abgrundtiefen Dummheit gegen die Arbeiter aller Länder führen.

Fünfte Lüge: «Wehe euch, wenn ich abstürze», sagt der mit dem versailler Rucksack beschwerte deutsche Bergsteiger zu dem hinter ihm kletternden Franzosen, Engländer, Italiener, Polen. Falsch: England und Frankreich und Italien sind keineswegs auf Deutschland allein angewiesen, das ist eine sinnlose Überschätzung der deutschen Position.

Sechste Lüge: «Kanada kann mit Weizen heizen, aber die Deutschen können ihre Kohlen nicht essen.» Dann sollen sie den kanadischen Weizen hereinlassen. Das tun sie aber nicht. Die deutsche Landwirtschaft verhindert vielmehr seit dreißig Jahren mit allen Mitteln, daß die hohen Lebensmittelzölle fortfallen; sie will ihren veralteten und unzureichenden Betrieb gegen die ausländische Konkurrenz schützen, auf Kosten der Deutschen, die teures und schlechtes Brot essen müssen. Aber Kanada heizt mit Weizen.

Siebente Lüge: «Nehmt diese Last — Versailles — von der Welt, und sie ist geheilt.» Falsch: es gibt allerdings eine Last: wenn man die von der Welt nimmt, dann ginge es ihr besser, und das ist der Kapitalismus, der wohl Geld hat, einen solchen Schund wie dieses Heft zu bezahlen, aber gar kein Geld, seine Gewinne anständig zu verteilen.

Es ist, wie wenn Gott sie mit Blindheit geschlagen hat, um sie desto sicherer zu verderben. Daß um sie herum alles verdorrt; daß diese Angestellten, denen sie kleine Brotbrocken hinwerfen, damit sie nicht auf den Kuchen schielen, immer lustloser arbeiten, weil es ja keinen Sinn mehr hat, diese Arbeit zu verrichten — das sehen sie nicht. Sie machen Propaganda. Dafür haben sie Zeit, und dafür haben sie Geld.

Daß diese Propaganda nun auch noch gänzlich nutz- und sinnlos vertan ist, sei nur nebenbei erwähnt. Welcher grandiosen Täuschung gibt sich doch Deutschland über seine eigne Stellung in der Welt hin! Dasselbe haben sie in den Kriegsjahren getan, sie sind damit elend hereingefallen — sie haben nichts dazu gelernt.

Diese Reparationsfibel hat viele schöne Empfehlungen auf den Weg mitbekommen. Die Mittel, deren sich diese Propaganda bedient, sind so kindlich, so dumm, so weltenweit von der Denkungsart der Völker entfernt, an die sie sich wendet . . . aber das macht nichts.

Doktor Schieck, sächsischer Ministerpräsident: «Ich bin der Überzeugung, daß die anschauliche Darstellung dazu beitragen wird, den Widersinn der Reparationszahlungen auch dem Auslande vor Augen zu führen.» Seeckt: «. . . ganz außerordentlich wirkungsvoll.» Geheimrat Kümmel, ein Arzt: «. . . ein zweifellos großes Verdienst . . .» (Muß heißen: «ein zweifellos großer Verdienst»). Westarp: «. . . für besonders wirksam . . .» Reichsbankpräsident Doktor Luther: «. . . in eindringlicher und klarer Weise die die ganze Welt schädigende Wirkung der Reparationen . . .» Generaldirektor Amsinck, Hamburg-Südamerikanische Dampfschiffahrts-Gesellschaft: «Ich kann nur hoffen . . .» Und, damit auch dies nicht fehlt, Walter von Molo: «Die Verbreitung dieser Fibel ist Menschenpflicht und drum auch echt deutsche Pflicht . . .» Na gewiß doch.

Und man fragt sich: Wo leben eigentlich alle diese? Auf dem Mond. Aber sie gleichen einer Prozeßpartei, die sich an den Schriftsätzen des eignen Anwalts delektiert. Der Richter durchfliegt sie vielleicht, und Wirkung haben sie gar keine.

Gelogen, daß Versailles an allem schuld sei. Gelogen, daß die übrige Welt andre als egoistische und kapitalistische Interessen an Deutschland habe — und diese Interessen sind noch nicht ein Zehntel so groß wie Deutschland glaubt. Gelogen, daß diese faule Kriegspropaganda irgend etwas für Deutschland bewirkt.

Und das führt. Und das gibt den Ton an. Und das entscheidet über die Gewinnverteilung. Begeistert umbrüllt von den Bürgersöhnen, die ihren Kohlrübentatendrang an Juden auslassen oder an Arbeitern und in den Straßen der Universitätsstädte einen Krieg führen, den zu führen ihnen draußen verwehrt ist.

Reparationsfibel ist ein gutes Wort. Das Zeug ist gut genug für kleine Kinder. Das Ausland aber liest es nicht, und Deutschland ist keine Klippschule.

Die einzige Hoffnung, die bleibt, ist die auf eine oppositionelle, radikale und politisch klar denkende Jugend. Die Alten aber werden noch im Sarg murmeln:

Entlassungen. Herabsetzung der Löhne. Zu hohe Soziallasten. Versailles.

ALSO WAT NU – JA ODER JA?

Wie ick noch 'n kleena Junge wah,
da hattn wa auffe Schule
een Lehra, den nannten wa bloß: Papa –
een jewissen Doktor Kuhle.
    Un frachte der wat, un der Schieler war dumm,
    un der quatschte und klönte bloß so rum,
    denn sachte Kuhle feierlich:
        «Also – du weeßt et nich!»

So nachn Essen, da rooch ick jern
in stillen meine Sßijarre.
Da denk ick so, inwieso un wiefern
un wie se so looft, die Karre.
    Wer weeß det ... Heute wähln wa noch rot,
    un morjen sind wa valleicht alle tot.
    Also ick ja nich, denkt jeda. Immahin ...
    man denkt sich so manchet in seinen Sinn.
Ick bin, ick werde, ich wah jewesen ...
Da haak nu so ville Bicher jelesen.
Und da steht die Wissenschaft uff de Kommode.
Wie wird det mit uns so nachn Tode?
Die Kürche kommt jleich eilich jeloofn,
da jibt et 'n Waschkorb voll Phillesophen ...
Det lies man. Un haste det hinta dir,
dreihundert Pfund bedrucktet Papier,
    denn leechste die Weisen
    beit alte Eisen
un sachst dir, wie Kuhle, innalich:
    Sie wissen et nich. Sie wissen et nich.

«NEIN – MEINE SUPPE ESS ICH NICHT –!»

Wenn man in England um die Ecke geht, sieht es immer ganz anders aus als man denkt, und so steht denn gleich hinter Piccadilly Street ein kleines altes Viertel um den Shepherd Market aufgebaut. Daß es da hingehört, kann man am besten daran erkennen, daß es dort gar nicht hingehört. Und da hätten wir ein Haus, schon halb abgerissen, oben drauf liegt eine schwarze Sache, die sieht aus wie Dachpappe, das Ganze macht einen recht traurigen Eindruck, und hinter einigen Fenstern hängen Vorhänge, also ist es bewohnt. Unten bewohnt und oben abgerissen? Was ist das? Das ist ein Mann mit einem Dickkopf.

In diesem Hause wohnt ein Colonel (sprich: ‹Körnl›), der hat da immer gewohnt. Und eines Tages haben sie ihm gesagt: «Herr Körnl, nun müssen Sie ausziehen, denn das Haus ist verkauft und soll abgerissen werden!» Da hat aber der Körnl seinen Mietvertrag aus der Schublade gezogen und hat gesagt: «Hier!» (und dabei hat er sicherlich jene Bewegung gemacht, die die Leute machen, wenn sie etwas schwarz auf weiß besitzen, sie halten dann die ausgestreckte Hand hin, als sei die das Papier ...) — «Hier!» hat er gesagt: «so und so, dies ist mein Mietvertrag, und ich darf hier wohnen bleiben!» — «Na ja», haben die andern gesagt, natürlich auf englisch, «na ja, das ist ja gut und schön. Aber sehen Sie mal an — wir wollen doch nun das Haus hier abreißen, wir haben uns das alles so hübsch ausgerechnet, nun machen Sie doch keine Geschichten ... was wollen Sie denn noch in dem alten Haus?» — «Wohnen bleiben», hat der Körnl gesagt. Da haben sie ihm eine Abstandssumme geboten. Er ist dageblieben. Dann haben sie ihm schrecklich gut zugeredet. Er ist dageblieben. Und da haben sie angefangen, das Haus abzureißen.

Sie haben aber nur die Teile abgerissen, die er nicht bewohnt, also das Dach und ein halbes linkes Haus, mit einer freien Wohnung, aber an seine Wohnung dürfen sie ja nicht heran, und so sieht denn das Haus wie eine alte verwunschene Ruine aus, mitten in London. Aber er hat seinen Willen durchgesetzt und ist wohnen geblieben, und das wird er doch mal sehen.

Nun sieht er es. Das Bedauerliche an der Sache bleibt, daß sie ihm nicht den Keller wegreißen können, denn dann stände seine Wohnung in der Luft und täte sie das: er zöge immer noch nicht aus. England erwartet, daß jeder Mann seine Pflicht tut. Na, und die tut er. Und zieht nicht aus. Und diese Geschichte ist sehr wahr, denn so schöne Geschichten, wie sie hierzulande geschehen, kann sich kein Mensch ausdenken.

Und jetzt weiß ich auch, warum es in so vielen englischen Schlössern spukt. Die alten Herrschaften wollen da nicht heraus, nicht aus ihren Zimmern, nicht aus den Sälen — sie bleiben da. Ein zähes Volk.

Zäh wie Roastbeef. Doch hier muß der Berichterstatter sein Haupt verhüllen, denn sonst kommt er auf die englische Küche zu sprechen, und das ist die einzig schöne Geschichte in England, die keine schöne Geschichte ist.

Den Körnl fichts nicht an. Und komm ich in aber fünfhundert Jahren noch einmal desselbigen Weges gefahren: der Körnl sitzt sicherlich noch da, auf seiner Kehrseite und auf einem Mietvertrag, der wahrscheinlich neunundneunzig Jahre läuft und aber neunundneunzig, und er ißt Roastbeef und wohnt noch immer in dem kleinen schwarzen Haus am Shepherd Market.

LYRIK DER ANTENNEN

Es ist unvorstellbar, wie sie entstehen, ganze new-yorker Stadtteile müssen an ihnen arbeiten. Und so ziemlich alle sind gleichartig, mit «I love you» und «blue» und dem ganzen Kram. Zur Zeit sind sie wohl außerordentlich gefühlvoll. Was für ein Gefühl ist das —?

Es ist eine konfektionierte Lyrik, die über den großen Städten schwebt. Sie bedient sich zum Teil alter Formen — aber der Inhalt ist ein pochendes Maschinenherz. «Du machst mich so traurig — du machst mich so froh —», aber das ist gar nicht wahr, der Sänger glaubt es auch nicht; er bekommt gut bezahlt, wenn er den nötigen weichen Kehlkopf einstellt, und die Hörer wissen auch, daß das alles nicht wahr ist, doch entspannt es nach Geschäftsschluß recht angenehm, und es läßt sich gut danach tanzen. Diese Musik klingt so süß, aber sie ist, wenn man näher hinhört, glashart und sehr spröde, sie gibt nichts her, sie will ein Schlager sein, nach Geschäftsschluß.

Das geht über die Welt, alle Leute singen es, sicherlich kann man in den Straßen Kantons und Rio de Janeiros dieselben Melodien hören ... es ist eine Musik zwischen den Geschäften, keine Musik der Geschäfte ... doch, auch eine Musik der Geschäfte. Wenn die Börse trällern könnte: so sänge sie.

Hoch über den Antennen, die diese Musik versenden, zittert die Lyrik der Welt. Wurzellos ist das, diese Musik hat kein Vaterland, nur einen Herstellungsort: sie ist nicht geboren, sie ist copyright. Der sie gemacht hat, glaubt kaum an sie; der sie vertreibt, schon gar nicht — der Hörer auch nicht so recht ... sie ist ein Gebrauchsgegenstand. Wie Kaugummi.

Doch denke ich manchmal: wie müssen Menschen beschaffen sein, die sich das abends vorspielen lassen? Wie also sind wir beschaffen?

Es sind Menschen, die wohnen in der Stadt, und einen Garten haben sie nicht. Doch sehen sie manchmal gerührt in einen kleinen künstlichen Garten aus Stoff-Pflanzen und Papierbäumen, der steht in einer

Glaskugel, und die Hände dieser Menschen gleiten mit einer Zärtlichkeit, die sie sonst nicht verschenken, über die glatte Kugel des Glases ... das ist ihre Poesie. Übrigens denken sie sich nichts weiter dabei, und so verwickelte Sachen schon gar nicht. «Stell mal das Grammophon an, Barbara!» Barbara stellt es an.

Und es erhebt sich eine Haaröl-Stimme, ein Kerl singt, dem wimmert es nur so aus der Kehle, er hat sozusagen ein Bett-Timbre, samten entquillt ihm die Liebe, denn er hat einen guten Scheck bekommen. Es ist so eine unpersönliche Zärtlichkeit, die dieser Stimme entströmt, sie richtet sich an niemand, und daher sind alle sehr gerührt. Nein, gerührt nicht — nur leicht angerührt. Und weil die Musik dazu «Tschuck-tschuck — tschuck-tschuck-tschuck» macht, so tanzen sie ein bißchen, im Atelier oder sonstwo. Was singt der Mann da —?

Fleißige junge Damen, die sonst nichts zu tun haben, sitzen mit Bleistift und Papier vor dem Apparat und notieren sich die bedeutenden Worte, jene Kombinationen von «I love you» und «happiness», ein immer wechselndes Kaleidoskop. So berühmt möchte ich auch einmal sein — sieh doch, wie sie notieren und schreiben und sich die Platte vierundsechzigmal vorspielen lassen, damit ihnen auch kein kostbares Wort verlorengehe! Und wenn sie es glücklich herausbekommen und alles aufgeschrieben haben, dann verlieren sie den Zettel, inzwischen aber können sie den Text auswendig, und sie singen ihn mit, bis er von einem neuen Text abgelöst wird, in dem der Sänger versichert, er sei froh, weil er eben so traurig sei, und alles durch you-hou ... Einer singt und sagt «Goldnen Juni-Tagen», aber es ist kein Gold und kein Juni und keine Tage ... solche schönen Lieder sind das.

Doch darf man diese Gebrauchsmusik, die es immer gegeben hat, nie mit dem einfachen Ohr hören. Es gehört noch eine andere Art Ohr dazu, sie ganz und gar aufzunehmen. Gebrauchsmusik wird nur von den Mitlebenden verstanden — daher ist es unmöglich, alte Operetten völlig aufzufrischen, selbst ganze Teile von Offenbach sind verstaubt, dahin, klanglos trotz allen musikalischen Charmes. Warum? Weil wir nicht mehr mit dem Zylinder auf dem Kopf hinter die Kulissen gehn und den kleinen Ballettmädchen Ringe schenken — weil sich die Formen, nicht die Geschlechter, wohl aber die Formen der Liebe gewandelt haben — und diese alten Walzer klingen auf einmal so einfach. Aber sie waren es nicht. Der Komponist der Gebrauchsmusik hatte nur nicht alles in seinen Schlager hineinlegen können, er hatte den Zeitgenossen mit dem Ellbogen angestoßen und ihm zugezwinkert: «Du weißt doch ... du weißt doch ...» und der Zeitgenosse wußte. Wir wissen nicht mehr.

Doch wissen wir genau, was es mit den amerikanischen Schlagern auf sich hat. Diese Lieder stellen sich dumm — es ist das äußerste Raffinement, mit dem etwa eine sehr elegante Frau ‹ein ganz einfaches

Kleid› anzieht, eines, an dem nun überhaupt nichts mehr dran ist – so ganz einfach, wissen Sie? Kostet viel Geld, das Kleid. Die Lieder stellen sich kindlich – simpel – jugendlich – sie sind es gar nicht. Sie sind alt wie der Wald, traurig, jammervoll leer, weil alles nur in sie hineingepumpt ist ... Liebe aus Blech. Und doch ist da etwas.

Es ist das Zeitgefühl, eben jenes von 1931, eben jenes, das abgearbeitete Menschen haben, wenn sie sich abends dadurch ausruhen wollen, daß sie sich nicht ausruhen. Gefühle zerbröckeln, es schwingt etwas, einer singt von ihren schönen braunen Augen, doch es sind die Augen eines Schaukelpferds, Puppenliebe und Affentheater, und doch ist alles echt, weil es so wunderschön falsch ist.

Hoch über den Antennen aber, die diese Musik versenden, zittert die Lyrik der Welt.

DER PRIEM

Unter vielem Spucken zu singen

Es haben die Matrosen
wohl auf dem blauen Meer
nicht nur die weiten Hosen –
sie haben noch viel mehr.
  Denn gibt es nichts zu rauchen,
  weißt du, was sie da brauchen
  bei Nacht und auch bei Tag?
    Den Kautabak – den Kautabak –
    ein kleines Stückchen Kautabak
    von der Firma Eckenbrecht
      aus Kiel.

Es heulen die Sirenen.
Die Braut in Tränen schwimmt.
Es schwimmt die Braut in Tränen,
wenn der Seemann Abschied nimmt.
  Sie drücken sich die Hände;
  dann gibt sie ihm am Ende
  verschämt ein kleines Pack
    mit Kautabak – mit Kautabak –
    mit nem halben Pfündchen Kautabak
    von der Firma Eckenbrecht
      aus Kiel.

Da hinten liegt sein Kutter,
da hinten liegt sein Kahn.
Sie sagt, sie fühlt sich Mutter,
er sieht sie blöde an.
　　Er läßt sich von ihr kosen,
　　die Hände in den Hosen,
　　dann nimmt er einen Schlag
　　　　vom Kautabak — vom Kautabak —
　　　　ein kleines Stückchen Kautabak
　　　　von der Firma Eckenbrecht
　　　　　　aus Kiel.

Das Schiff fährt in den Hafen
wohl in Batavia.
Mit den Mädchen muß man schlafen,
wozu sind sie sonst da!
　　Die er geliebkost hatte,
　　liegt nackt auf einer Matte;
　　er holt aus seinem Pack
　　　　den Kautabak — den Kautabak —
　　　　ein kleines Stückchen Kautabak
　　　　von der Firma Eckenbrecht
　　　　　　aus Kiel.

Das Schiff tät nicht versaufen,
in Hamburg legt es an.
Marie mußt sich verkaufen
nachts auf der Reeperbahn.
　　Nun spürt der arme Junge
　　grad unter seiner Zunge
　　den bitteren Geschmack
　　　　vom Kautabak — vom Kautabak —
　　　　vom kleinen Stückchen Kautabak
　　　　von der Firma Eckenbrecht
　　　　　　aus Kiel.

Wie dem Seemann mit den Frauen,
uns gehts genau wie ihm.
Das Leben muß man kauen,
das Dasein ist ein Priem.
　　Es schmeckt dem Knecht und Ritter
　　mal süß und auch mal bitter . . .

Spuck ihn aus, wer ihn nicht mag!
Den Kautabak – den Kautabak –
das kleine Stückchen Kautabak
von der Firma Eckenbrecht
aus Kiel!

KLEINE NACHRICHTEN

Der geschlagene Weltmeister Sharkey hat einen Ruf als Boxlehrmeister für Kansas City angenommen.

Der Chauffeur Theodor Schultze, dem nach einem Zusammenstoß der Fahrschein entzogen wurde, hat eine Fahrschule eröffnet.

Doktor Rudolf Hilferding ist dem Kontrollausschuß der Banken beigetreten.

Die Abteilung Ia des Berliner Polizeipräsidiums verhaftete gestern fünf Kommunisten, die im Verdacht stehn, mit Waffenfunden im Zusammenhang zu stehn, von denen als sicher gelten darf, daß sie im Benehmen mit Personen gemacht wurden, die im Verdacht stehn, im Verdacht zu stehn. Ein Verfahren wegen Hochverrats ist demgemäß im Gange.

Wie wir hören, sind Verhandlungen im Gange, die eine Kreditgewährung an die Erde seitens des Planeten Mars zum Inhalt haben. Bisher hat der Planet als Antwort auf alle Anfragen nur seinen Namen gefunkt.

Ein bekannter berliner Dramatiker hat sich in einem Theater erhängt, weil seine Monats-Tantiemen wohl für einen Stehplatz ausreichten, nicht aber, auch noch Theaterzettel und Garderobengebühr zu bezahlen. Der Dichter, der als ausschweifend galt, hat sich in der Damentoilette erhängt. Der betreffenden Toilettenfrau ist gekündigt worden.

Reichspräsident Löbe weilte über das Wochenende zu Besuch bei Bekannten, in deren Hause Feuer ausbrach. Als die Feuerwehr anrückte, stand Reichstagspräsident Löbe bereits auf einem Stuhl und hielt eine feurige Ansprache. Er wurde gelöscht.

Die Filmbranche hat beschlossen, Ehrenwörter mit Gummizug in den Handel zu bringen. Die ersten zweitausend Stück sind bereits vergriffen.

In Genf gibt es einen Völkerbund.

In Reinickendorf ist eine riesige internationale Kommunisten-Zentrale ausgehoben worden. Ihre Fäden erstreckten sich von Reinickendorf bis nach Peking. Eine genaue Durchsuchung der Papierkörbe hat ergeben, daß in der Zentrale außerordentlich gefährliches

Stullenpapier

verwandt wurde. Die Polizei ist weiterem Stullenpapier auf der Spur.

Die obersten Sportbehörden aller Sportarten haben sich zu einem Reichskartell zusammengeschlossen. Wie wir hören, beabsichtigt das Kartell, die Ausübung von Sport bis auf weiteres gänzlich zu verbieten, damit die Behörden ungehinderter arbeiten können.

Gegen das Deutsche Reichspatent Nummer 678 456 (Männerhosen mit Reißverschluß) hat der Verband der Deutschen Lichtspieltheater-Besitzer Protest eingelegt, weil er eine Störung seiner Vorstellungen befürchtet.

Da das deutsche Volk seinen Reichstag so sehr entbehrt, hat sich die Scala entschlossen, ihn zu engagieren: er tritt also allabendlich dort auf. Es wird gebeten, den Reichstag während seiner Arbeit nicht zu stören, das besorgt er selber.

Das Reichstagsgebäude ist nunmehr ganz und gar von dem Büro des Geheimrats Galle belegt worden, der sich dort selber verwaltet.

Reichskanzler a. D. Cuno hat sich bereiterklärt, seine Pension von 18 000 Mark in der von ihm geschaffenen Papiermark entgegenzunehmen.

Die Ortsgruppe der berliner Bardamen hat ein Stillhalte-Konsortium gebildet.

Der Chefredakteur einer großen süddeutschen Zeitung hat erklärt, daß sich sein Blatt in der Beurteilung der Krise geirrt habe; doch hoffen die Ärzte, den Kranken durchbringen zu können.

Lord Breitscheid ist auch von der Ufa als Edelkomparse verpflichtet worden.

Das Reichsgericht hat den Plan, eine Studienkommission nach Italien zum Studium der Kamorra und der Mafia zu entsenden, als unnötig abgelehnt.

Wie wir hören, ist der Vorschlag, künftighin auf Botschafterposten nur noch Bürgerliche und in die Schützengräben nur noch Adlige zu schicken, wieder zurückgezogen worden. Es bleibt bei der alten Verteilung.

DER MUSIKALISCHE INFINITIV

Unter den Dingen, die S. J. aus allen Aufsätzen herausstrich, wenn er sie «ins Deutsche übersetzte», war eines, das er inbrünstig haßte, und das er vernichtete, wo immer er es antraf. Das war der substantivierte Infinitiv. ‹Das Musizieren› pflegte er immer in Sätze aufzulösen oder durch ein Substantiv zu ersetzen — und er hatte recht.

Es gibt nun eine Gattung von Menschen ... also, Menschen ist übertrieben, die schwimmen und plätschern in substantivierten Infinitiven. Das sind die gebildeten Kunstschriftsteller, und zwar tun sie es allemal gern dann, wenn sie auf die Musik zu sprechen kommen. Da wimmelt es nur so von diesen falschen Hauptwörtern. «Es ist ein Blühen und Glühen in dieser Musik ...», und wenn der einfache Infinitiv nicht langt, dann backen sie sich einen: «Dieses Von-vorn-herein-alles-noch-einmal-denken» — ei, das ist schön! Von dem ‹Wollen› wollen wir schon gar nicht sprechen; es sind die nationalen Politiker, die dieses dicke Wort dauernd anwenden, als gebe es nicht ‹Wille›, nicht ‹Absicht›, nicht ‹Trieb› — es gibt nur noch ‹das Wollen›. Das klingt dann so: «Er darf nicht durch Verharren im Geworden-Sein das Sichentwickeln des Volkswerdens in falschem Wollen zu einem Steckenbleiben verführen wollen.» Wohl bekomms.

Auch die Tanzkritiker stelzen gern auf diesen Infinitiven einher, aber diese Menagerie hat ja von jeher eine besondere Sprache zur Rechtfertigung ihres So-Seins und Do-Seins gebraucht.

Mich dünkt, als sei es schon einmal besser mit der deutschen Sprache gewesen als heute, wo jeder Hitlerknabe das Wort deutsch im Maul führt. Zur Zeit lesen wir: nachgemachtes Beamtendeutsch; nachgemachtes gehobenes Deutsch, so, wie früher die Oberlehrer, wenn sie von den alten Germanen sprachen, einen Baß gehen ließen; nachgemachtes Philosophendeutsch solcher falscher Philosophen, die da im Gehirn Sülze haben, und der substantivierte Infinitiv ist eines der schlimmsten Kennzeichen dieser vertrackten Stile. Man kann ihn manchmal anwenden: nämlich dann, wenn eine Tätigkeit zu einem abstrakten Begriff werden soll. Eine Untersuchung über das Schreiben im sechsten Lebensjahr, das gibt es; das Wollen einer Partei aber gibt es nicht. Im übrigen sollte man sich bei alledem nicht auf Vater Hegel und Onkel Schelling beziehen, deren Deutsch keinem zur Nachahmung dienen kann. Ich sehe, wie ein Schüler den Finger hochhebt ... Nein, er will nicht hinaus, im Gegenteil. Er will uns klar machen, daß grade diese zum Hauptwort erhobenen Verbalformen wie keine andre Form es ermöglichten, uns durch ein Sich-mitten-Hinein-Stellen in die dynamische Statik des Die-Begriffe-in-ein-Wort-Verwandelns ... Herr Schüler, ich möchte mal rausgehn.

KURZER ABRISS DER NATIONALÖKONOMIE

Nationalökonomie ist, wenn die Leute sich wundern, warum sie kein Geld haben. Das hat mehrere Gründe, die feinsten sind die wissenschaftlichen Gründe, doch können solche durch eine Notverordnung aufgehoben werden.

Über die ältere Nationalökonomie kann man ja nur lachen und dürfen wir selbe daher mit Stillschweigen übergehn. Sie regierte von 715 vor Christo bis zum Jahre 1 nach Marx. Seitdem ist die Frage völlig gelöst: die Leute haben zwar immer noch kein Geld, wissen aber wenigstens, warum.

Die Grundlage aller Nationalökonomie ist das sog. ‹Geld›.

Geld ist weder ein Zahlungsmittel noch ein Tauschmittel, auch ist es keine Fiktion, vor allem aber ist es kein Geld. Für Geld kann man Waren kaufen, weil es Geld ist, und es ist Geld, weil man dafür Waren kaufen kann. Doch ist diese Theorie inzwischen fallen gelassen worden. Woher das Geld kommt, ist unbekannt. Es ist eben da bzw. nicht da – meist nicht da. Das im Umlauf befindliche Papiergeld ist durch den Staat garantiert; dieses vollzieht sich derart, daß jeder Papiergeldbesitzer zur Reichsbank gehn und dort für sein Papier Gold einfordern kann. Das kann er. Die obern Staatsbankbeamten sind gesetzlich verpflichtet, Goldplomben zu tragen, die für das Papiergeld haften. Dieses nennt man Golddeckung.

Der Wohlstand eines Landes beruht auf seiner aktiven und passiven Handelsbilanz, auf seinen innern und äußern Anleihen sowie auf dem Unterschied zwischen dem Giro des Wechselagios und dem Zinsfuß der Lombardkredite; bei Regenwetter ist das umgekehrt. Jeden Morgen wird in den Staatsbanken der sog. ‹Diskont› ausgewürfelt; es ist den Deutschen neulich gelungen, mit drei Würfeln 20 zu trudeln.

Was die Weltwirtschaft angeht, so ist sie verflochten.

Wenn die Ware den Unternehmer durch Verkauf verlassen hat, so ist sie nichts mehr wert, sondern ein Pofel, dafür hat aber der Unternehmer das Geld, welches Mehrwert genannt wird, obgleich es immer weniger wert ist. Wenn ein Unternehmer sich langweilt, dann ruft er die andern und dann bilden sie einen Trust, das heißt, sie verpflichten sich, keinesfalls mehr zu produzieren, als sie produzieren können sowie ihre Waren nicht unter Selbstkostenverdienst abzugeben. Daß der

Arbeiter für seine Arbeit auch einen Lohn haben muß, ist eine Theorie, die heute allgemein fallen gelassen worden ist.

Eine wichtige Rolle im Handel spielt der Export. Export ist, wenn die andern kaufen sollen, was wir nicht kaufen können; auch ist es unpatriotisch, fremde Waren zu kaufen, daher muß das Ausland einheimische, also deutsche Waren konsumieren, weil wir sonst nicht konkurrenzfähig sind. Wenn der Export andersrum geht, heißt er Import, welches im Plural eine Zigarre ist. Weil billiger Weizen ungesund und lange nicht so bekömmlich ist wie teurer Roggen, haben wir den Schutzzoll, der den Zoll schützt sowie auch die deutsche Landwirtschaft. Die deutsche Landwirtschaft wohnt seit fünfundzwanzig Jahren am Rande des Abgrunds und fühlt sich dort ziemlich wohl. Sie ist verschuldet, weil die Schwerindustrie ihr nichts übrig läßt, und die Schwerindustrie ist nicht auf der Höhe, weil die Landwirtschaft ihr zu viel fortnimmt. Dieses nennt man den Ausgleich der Interessen. Von beiden Institutionen werden hohe Steuern gefordert, und muß der Konsument sie auch bezahlen.

Jede Wirtschaft beruht auf dem Kreditsystem, das heißt auf der irrtümlichen Annahme, der andre werde gepumptes Geld zurückzahlen. Tut er das nicht, so erfolgt eine sog. ‹Stützungsaktion›, bei der alle, bis auf den Staat, gut verdienen. Solche Pleite erkennt man daran, daß die Bevölkerung aufgefordert wird, Vertrauen zu haben. Weiter hat sie ja dann auch meist nichts mehr.

Wenn die Unternehmer alles Geld im Ausland untergebracht haben, nennt man dieses den Ernst der Lage. Geordnete Staatswesen werden mit einer solchen Lage leicht fertig; das ist bei ihnen nicht so wie in den kleinen Raubstaaten, wo Scharen von Briganten die notleidende Bevölkerung aussaugen. Auch die Aktiengesellschaften sind ein wichtiger Bestandteil der Nationalökonomie. Der Aktionär hat zweierlei wichtige Rechte: er ist der, wo das Geld gibt, und er darf bei der Generalversammlung in die Opposition gehn und etwas zu Protokoll geben, woraus sich der Vorstand einen sog. Sonnabend macht. Die Aktiengesellschaften sind für das Wirtschaftsleben unerläßlich: stellen sie doch die Vorzugsaktien und die Aufsichtsratsstellen her. Denn jede Aktiengesellschaft hat einen Aufsichtsrat, der rät, was er eigentlich beaufsichtigen soll. Die Aktiengesellschaft haftet dem Aufsichtsrat für pünktliche Zahlung der Tantiemen. Diejenigen Ausreden, in denen gesagt ist, warum die A.-G. keine Steuern bezahlen kann, werden in einer sogenannten ‹Bilanz› zusammengestellt.

Die Wirtschaft wäre keine Wirtschaft, wenn wir die Börse nicht hätten. Die Börse dient dazu, einer Reihe aufgeregter Herren den Spielklub und das Restaurant zu ersetzen; die frömmern gehn außerdem noch in die Synagoge. Die Börse sieht jeden Mittag die Weltlage an: dies richtet sich nach dem Weitblick der Bankdirektoren, welche jedoch meist nur bis zu ihrer Nasenspitze sehn, was allerdings mitunter ein weiter Weg ist. Schreien die Leute auf der Börse außergewöhnlich viel, so nennt man das: die Börse ist fest. In diesem Fall kommt — am nächsten Tage — das Publikum gelaufen und engagiert sich, nachdem bereits das Beste wegverdient ist. Ist die Börse schwach, so ist das Publikum allemal dabei. Dieses nennt man Dienst am Kunden. Die Börse erfüllt eine wirtschaftliche Funktion: ohne sie verbreiteten sich neue Witze wesentlich langsamer.

In der Wirtschaft gibt es auch noch kleinere Angestellte und Arbeiter, doch sind solche von der neuen Theorie längst fallen gelassen worden.

Zusammenfassend kann gesagt werden: die Nationalökonomie ist die Metaphysik des Pokerspielers.

Ich hoffe, Ihnen mit diesen Angaben gedient zu haben, und füge noch hinzu, daß sie so gegeben sind wie alle Waren, Verträge, Zahlungen, Wechselunterschriften und sämtliche andern Handelsverpflichtungen —: also ohne jedes Obligo.

SCHNIPSEL

Wenn die Maschinen, die die Menschen so im Lauf der Zeit erfunden haben, nun auch noch funktionierten: was wäre das für ein angenehmes Leben —!

Langweilig ist noch nicht ernsthaft.

Er trug sein Herz in der Hand, und er ruhte nicht, bis sie ihm aus der Hand fraß.

Die beste Übersetzung für puella publica, die mir bekannt ist, heißt: Vorfreudenmädchen.

Erwarte nichts. Heute: das ist dein Leben.

Es gibt Zeiten, wo es für den Schriftsteller, der da wirken will, nicht gut ist zu schreiben. Wo das Geklapper der Schreibmaschine nicht so wichtig ist wie das Tick-Tack des Maschinengewehrs. Doch tackt dieses nur nach, was jene ihm vorgeschrieben hat.

Man stelle sich vor, Friedrich Nietzsche wäre gestorben, ohne Angehörige zu hinterlassen. Und man stelle sich vor, Freunde hätten sein Werk in Obhut genommen. Und es käme nun eine Frau gegangen, eine Frau Förster, Lieschen Förster, die sagte: «Ich möchte das Nietzsche-Archiv verwalten. Und eine Einleitung zu seinen Werken will ich auch schreiben!» – Was hätten die Freunde gesagt? Nichts hätten sie gesagt. Man hätte die Achseln gezuckt und geschwiegen: eine arme Person . . .

Nun aber ist Lieschen die Schwester. Und nun darf sie. Sie darf die Werke Nietzsches einleiten, sie darf den Nachlaß Nietzsches, seine Briefe und seine Zettel verwalten, und sie verwaltet sie so, wie wir wissen. Genutzt hat es ihr nichts. Nietzsche, nicht das Brüderchen, der wahre Nietzsche ist, hauptsächlich durch Andler, bekannt geworden – trotz dieses Archivs.

Aber ist dieses Urheberrecht nicht eine Schande, ein Recht, das geistige Werte wie alte Socken vererbt? Es ist eine Schande.

Wenn einer einen Tintenklex auf dem Kinn hat und damit ernste Sachen redet, dann färbt die Tinte auf das Ernste ab, und alle seine Argumente werden lächerlich. So kindisch sind wir Menschen.

Wenn einer nichts gelernt hat –: dann organisiert er.

Wenn einer aber gar nichts gelernt und nichts zu tun hat –: dann macht er Propaganda.

Das wird im nächsten Krieg ein reizvolles Schauspiel sein: die Rotarier-Klubleute der gegnerischen Länder zu sehn, wie sie als gute Patrioten treu zu ihren Fahnen stehn, bedauernde, aber grundsätzliche Erklärungen loslassen, und dennoch – und das tröstet ungemein – auch fürderhin gute Rotarier sein und bleiben werden.

Aber machen das schließlich die Katholiken anders –?

Wer lobt, wird selten nach seiner Aktivlegitimation gefragt.

Greift einer den Militarismus, eine große Zeitung oder Moskau an, dann wird unter den Schlägen der Verteidigung ein Stöhnen hörbar: «Er hat Gott gelästert!» Vorwurfsvolle Augen klappen zum Himmel auf: Eigentlich brauchten wir uns ja gar nicht zu wehren . . . denn er hat Gott gelästert.

Merk: Wer sich so mit dem Nebel des Mysteriums umgibt, wie alle diese, die es mehr oder minder begabt der katholischen Kirche nachmachen, der zeigt, daß seine Position bei voller Klarheit viel zu fürchten hat.

Der Amerikaner hält sich für den ersten Mann der Welt, weil er kein Farbiger ist.

Der Engländer hält sich für den ersten Mann der Welt, weil er Engländer ist.

Der Deutsche hält sich für den ersten Mann der Welt, weil er die Juden und die Franzosen haßt; was er selber ist, weiß er nicht genau.

So verschieden ist es im menschlichen Leben.

AM TELEFON

Neulich hat der französische Ministerpräsident den deutschen Reichskanzler antelefoniert, um ihm mitzuteilen, daß er wegen einer Unpäßlichkeit Briands nicht zum ursprünglich vorgesehenen Datum nach Berlin kommen könne. Warum telefonieren eigentlich die europäischen Staatsmänner nicht viel häufiger miteinander —?

Da liegen nun die Hauptstädte Europas, eine von der andern immer nur ein paar Flugstunden entfernt. Und wie verständigen sich die Direktoren der Staatsverbände, die ja trotz allen Geschreis nur einen großen Klub bilden? Sie verständigen sich untereinander in einer Art, gegen die die Trommelpost der Neger eine höchst moderne und hervorragende Sache ist.

Welches Brimborium und welche Feierlichkeit, wenn sie einander etwas zu sagen haben! Da werden Botschafter in Bewegung gesetzt, diese Briefträger der Umständlichkeit, da gibt es Verbalnoten und schriftliche Noten und Konferenzen und ein Getue, das die braven Zeitungen, schmatzend und diese scheinbaren Neuigkeiten mit Wonne schlürfend, berichten. Und man stelle sich vor, die großen Konzerne, die ja an Wichtigtuerei auch nicht grade Schlechtes leisten, gestatteten sich diese Zeitverschwendung!

Das ginge zwischen den Staaten nicht anders? Diese höchst wichtigen und schrecklich geheimen Gespräche zwischen Brüning und MacDonald, zwischen MacDonald und Laval könnten abgehört werden? Aber die Trusts, deren Macht in Europa weit größer ist als die Macht dieser lächerlichen Staaten, telefonieren ja auch, und Gott weiß, daß auch dort der Verrat in allen Bürozimmern blüht. Und es geht doch. Natürlich wird kein verständiger Mensch erwarten, daß sich die europäischen Staatsmänner am Telefon alles mitteilten, obgleich zum Beispiel eine telefonische Kriegserklärung («Hallo, Sie! — Von morgen ab ist Krieg») höchst reizvoll wäre. Warum telefonieren sie nicht?

Weil sie sich viel zu feierlich nehmen. Weil sie noch immer glauben: England, das sei eine schier religiöse Sache, und Deutschland, das sei ein Heiligtum, und Frankreich, das sei eine Kultstätte. Macht euch doch nicht in die Hosen! Es ginge uns allen viel besser, wenn die Staaten ihre wahre Rolle erkennen wollten. Noch aber leben sie, während einer Epoche, die die Gesättigten gern Frieden zu nennen belieben, in einem latenten Kriegszustand. Welches Theater, wenn einer den andern besucht! Darunter liegen dann Streichholz- und Petroleumgeschäfte sowie die allen gemeinsame Angst, der Arbeiter könne sich eines Tages mit Gewalt seinen Lohn nehmen, den sie ihm heute vorenthalten. Große Oper spielen die Staaten, mit Helden, denen die Strumpfbänder rutschen. Leider eine Oper mit tragischem Ausgang.

VOM URLAUB ZURÜCK

Wenn einer vom Urlaub zurückkommt, dann ist er noch gar nicht da, wenn er da schon da ist. «Na, wie wars?» sagen die andern. «Sie sehn aber schön erholt aus! Gutes Wetter gehabt?» Darauf fängt er an zu erzählen. Wenn er aber Ohren hat, zu hören, so merkt er, daß die Frage eigentlich mehr gesellschaftlicher Natur war — so genau wollen es die andern gar nicht wissen. Und dann bricht er seine Erzählung mit allen ihren Einzelheiten bald ab. Schon deshalb, weil man ja hier keinem klarmachen kann, warum die eine Bergtour beim besten Willen nie zu machen war, und daß das ganze Haus so furchtbar über Fräulein Glienicke und über die Ziegen lachen mußte . . . davon wissen die hier nichts. Woher sollen sie das auch wissen!

Wenn einer vom Urlaub zurückgekehrt ist, gehört er in den ersten beiden Tagen noch nicht so recht zum Betrieb. Während seiner Abwesenheit haben sich vielerlei kleine Sachen ereignet, von denen er natürlich nicht unterrichtet ist, und so versteht er manche Anspielungen nicht, er weiß nicht, daß Bader nicht mehr bei der Abteilung IIIb ist, sondern sich mit Koch verkracht hat, er sitzt jetzt in der Wirtschaftsabteilung, und da werden sie ihn vielleicht auch bald herausschmeißen. Das weiß er alles nicht, noch nicht, nicht mehr — und etwas mitleidig wird er informiert. In dem Ton der Zuhausegebliebenen schwingt ein wenig jener Ton mit, den sonst ‹alte erfahrene Beamte› einem Neuling gegenüber anzuwenden pflegen. In den ersten beiden Tagen geht der Betrieb über den Kopf des Ex-Urlaubers hinweg: die andern wissen alles, er weiß nur die Hälfte. Die da werfen sich die Bälle zu — er fängt sie nicht.

In seinen Gesprächen flackert, also da kannst du nichts machen, immer noch der Urlaub auf. Einmal denkt er: «Heute vor acht Tagen . . .», aber da klingelt das Telefon, und die Erinnerung zerstiebt. Dann kommt wieder einer vorbei, stellt die üblichen Fragen, und er antwortet. «Danke — nur viel zu kurz! So — Sie gehen jetzt auch auf Urlaub?» Aber das interessiert wieder den ehemaligen Urlauber nicht mehr.

In diesen ersten Tagen geht die Arbeit eigentlich nicht leichter als vor dem Urlaub; sie geht eher etwas schwerer vonstatten. Die Lungen sind noch voll frischer Luft, der Körper hat noch den Rhythmus des Schwimmens und des Laufens in sich, die Haut fühlt sich in den Stadtkleidern noch nicht wohl, und der Hals nicht im Kragen. Das Auge sieht zum Hof hinaus; wenn man den Kopf dreht, kann man ein Stückchen blauen Himmel sehn. Übrigens ist er heute nicht blau, es regnet. Aber der Regen im Freien, das war doch ganz etwas anderes.

Sitzt er noch fest in seiner Stellung? Er sitzt noch fest. Doch braucht man nur mal auf Urlaub zu gehen, gleich machen sie Dummheiten (Melodie: «Ohne mich geht der ganze Betrieb zugrunde!»). Das war ja alles sehr schön und gut, da in Riesenhausen an der Dassel, die Bäume haben gerauscht, auf der Veranda haben wir Skat gespielt, aber unterdessen haben die hier ... «Müller! Wo sind die A-Belege?» Die Schweinerei hört von heute ab auf; WIR sind wieder da.

Das dauert gut und gern seine drei, vier Tage. Dann haben sich die andern an den Zurückgekehrten gewöhnt; er gehört nun schon wieder dazu, er ist da, er erlebt es alles mit, nichts kittet so aneinander wie gemeinschaftliches Arbeits-Erlebnis. Das kommt gleich nach der Liebe und nach der Gottbehüte Verwandtschaft.

Nach sechs Tagen fragt ihn kein Mensch mehr nach dem Urlaub, nun kommen auch die letzten Sommerurlauber zurück, alle sind wieder da und fangen ganz langsam an, sich auf den nächsten Urlaub zu freuen.

GOETHE-JAHR 1932

Nächstes Jahr, da werden wir was erleben!
So im März, April und Mai:
Goethe hundert Jahre tot! Das wird was geben!
    Wär es schon vorbei —!

Richtig, Joethe!
                Hundert Philologen wälzen
Briefe, Werke, Bilder im Archiv.
Und schon seh ich Wolfgang Goetzen stelzen
durch die Fölljetöner lang und tief.

Richtig, Joethe!
                Spitzen der Behörden
weihen ölig quasselnd etwas ein.
Und die Spitzen der Behörden wörden
alle voll von Faust-Zitaten sein —
    richtig, Joethe!

Und es wimmelt von Bezüglichkeiten:
«Goethe und ...» so tönt es immerzu.

Auf den bunten Marken muß er schreiten,
und dann sagen alle zu ihm Du!

Böte, Kröte, Nöte, Röte, Flöte . . .
wochenlang reimt alles sich auf Goethe.
Dann verstummen Prosa und Sonett.
Von den deutschen Angestellten-Massen
hat man keinen weniger entlassen.
Klassiker sind nur fürs Bücherbrett.

Nächstes Jahr, da kannst du was erleben!
So im März, April und Mai . . .
Lieben Freunde, das wird etwas geben!
Wär es schon vorbei —!

EINES ABER

möchten wir in absehbarer Zeit gewiß nicht hören: das jammervolle Geächz der aus der Regierung herausgeworfenen Sozialdemokraten, weil man sie dann grade so behandeln wird, wie sie heute den Reaktionären helfen, die Arbeiter zu behandeln.

Eines Tages wird es soweit sein. Die furchtbare Drohung, sich nunmehr bald an die frische Luft zu verfügen, wird von der Partei wahrgemacht werden, wahrscheinlich eine halbe Minute, bevor man sie auch in aller Förmlichkeit bitten wird, den Tempel zu räumen. Und dann wird sich die Führung besinnen: Jetzt sind wir in der Opposition. Mit einem großen O. Wie macht man doch das gleich . . .?

Da werden sie dann die Mottenkisten aufmachen, in denen — ach, ist das lange her! — die guten, alten Revolutionsjacken modern, so lange nicht getragen, so lange nicht gebraucht! Werden ihnen zu eng geworden sein. Und dann frisch als Sansculotten maskiert, vor auf die Szene. «Die Partei protestiert auf das nachdrücklichste gegen die Gewaltmaßnahmen . . .» Herunter! Abtreten! Faule Äpfel! Schluß! Schluß!

Die werden sich wundern. Und sie werden keinen schönen Anblick bieten. Denn nichts ist schrecklicher als eine zu jedem Kompromiß bereite Partei, die plötzlich Unnachgiebigkeit markieren soll. Millionen ihrer Anhänger sind das gar nicht mehr gewöhnt; die Gewerkschaftsbürokratie auch nicht, für die uns allerdings nicht bange ist: es findet sich da immer noch ein Unterkommen. Wären die Stahlhelm-Industriellen nicht so maßlos unintelligent — sie könnten sich das Leben mit denen da schon heute wesentlich leichter machen. Sie werden es sich leicht machen.

Alles gut und schön. Aber erzählt uns ja nichts von: Recht auf die Straße; Polizeiwillkür; Verfassung; Freiheit . . . erzählt sonst alles, was ihr lustig seid. Aber dieses eine jemals wieder zu sagen —: das habt ihr verscherzt.

ROMANWÜRFEL

Man löse den Bouillon-Extrakt in zwei Liter Wasser auf, und man hat — — — — — — — — — — — — — —

Der Page von Hochburgund. Mit heißem Kopf in dem kleinen Mädchenzimmer auswendig gelernt, ich bin der Page von Hochburgund und trage der Königin Schleppe — schönes Gedicht. Viel, viel schöner als das Gedicht aber war das Kostüm — ein Gedicht von einem Kostüm! Trude hat auch gesagt: Beinah unanständig, aber das hat sie bloß gesagt, weil sie neidisch war; sie durfte ja auch auf den Ball gehen, aber ihre Mama hat ihr bloß so ein murksiges Kostüm zusammengenäht, Marketenderin, nichts Halbes und nichts Ganzes. Ich bin der Page von Hochburgund. Beinah, beinah fiel alles ins Wasser . . . Krach mit Papa, der in diesen Tagen besonders schlechter Laune war, aber man war doch schließlich kein Schulmädchen mehr . . .! Besänftigt, liebes Papachen, um den Hals gefallen, abends Ball.

Erst fiel er einem gar nicht auf. Ein guter Tänzer, aber da waren so viele gute Tänzer . . . Und dann eben doch. Weißt du noch: ich bin beinah mit dem Glas Zitronenlimonade hingefallen, und du hast mich aufgefangen, was hast du gesagt? Ja. «Wenn das deine Königin sieht!» Du hast du gleich gesagt, du warst immer so unverschämt. So begann es.

Der erste Kuß hinter der großen Palme, rechts im Saal. Nachher nichts mehr möglich, weil mit Papa und Mama nach Hause gefahren. Im Auto fast nichts gesprochen . . . «Was hast du denn? Hast du dich denn nicht gut amüsiert? Wer war denn der große Blonde, mit dem du immer getanzt hast?» Diese Fragen . . .!

Dann eben das. Es hat sich aber nicht lange gezogen, dann gleich geheiratet. Schwer, Papa begreiflich zu machen, oder eben nicht begreiflich zu machen, daß man heiraten *mußte*, weißt du noch? Ging aber alles gut. Das Kind kam zwei Monate zu früh, fiel gar nicht auf. Dann kam der Krieg.

Flieger natürlich. So ein strammer Junge. Und dann allein zu Hause sitzen, mit der Tochter, dann mit Brotkarten, dann die Angst, die Angst . . .! Hundertmal im Tage zum Briefkasten gelaufen, ob nicht . . . Nichts. Man war schon froh, wenn kein Telegramm da war. Dann Postsperre. Dann: er. Er und doch nicht er, aber immerhin: er. Welche hitzigen Urlaube! Zwei Kinder: noch eine Tochter und dann ein Sohn. Dann die Niederlage.

Ich bin der Page von Hochburgund. 1919, an einem bösen Winterabend, wo die letzten Kohlen spärliche Wärme gaben, das Eintrittsbillett zum Ball gemeinsam angesehen. Wo ist das jetzt —? Das ist verloren, wie so vieles andere auch. Ach, Erinnerungen ... Dann böse Jahre — er stellungslos, kein Geld, Augenblicksverdienste ... dann eine Stellung. Nach Kartoffeln anstehen, Inflation, Börsenkurs; kein Wetter mehr, kein Sonnenaufgang, keine Dämmerung, nur noch Dollarkurse und trage der Königin Schleppe.

Immer nur ein einziger Mann in meinem Leben. Eben doch nicht. Warum, warum! Weil ... also wenn ich es genau überlege ... ein Schwein. Zugegeben. Aber damals nicht. Er war klein, braun und beweglich, so beweglich. Ganz anders. Ganz anders — das wird es wohl gewesen sein. Ja, das war es wohl: er war eben anders. Ich bin der Page ... du lieber Gott, wenn du alles, aber auch jede nur mögliche Bewegung von einem Mann auswendig kennst, dann kennst du ihn eben, wie? Ja. Man versteht es selber nicht, wie das möglich ist: erst geliebt, geliebt, mit allen Herzschlägen, und nun gleichgültig wie ein alter Stuhl. Die Kinder — ja, die Kinder, gewiß. Aber er? Gleichgültig wie ein alter Stuhl. «Du bist so komisch, komisch, heute, Maria ...» — «Na ja, ich bin eben komisch.» Auf dem Leibe brannten noch die Küsse des andern. Die Kinder schwankten, eine Tochter hielt zum Vater, der Sohn und die andere Tochter zu ihr. Und dann kam die Geschichte mit der Erbschaft.

Seine Mutter war gestorben. Nun war ja zu erwarten, daß Alfred, sein Bruder, Schwierigkeiten machen würde, er war der verhätschelte Lieblingssohn der Alten gewesen, das hatte alle schon immer geärgert. Aber daß er so etwas aufstellen würde, das hätte doch keiner für möglich gehalten. Wegen jeden Tellers machte er einen Spektakel — es war einfach ekelhaft. Und ihr Mann war nicht energisch genug; er war nicht beweglich genug, er war zu stur, er hätte beweglicher sein müssen. So beweglich wie ... ja. Gegenerklärungen, scheinbar wegen der paar alten Löffel und der Schlafzimmervorhänge — aber in Wahrheit ging es um das Blut: solch ein Haß wie der zwischen Verwandten! Dann, mitten im Prozeß, wo sie als Zeugin geladen war, der freche Anwurf, vor allen Leuten: «Deine Frau betrügt dich!» Bumm.

Verweint, allein, fallen gelassen, in einem kleinen Pensionsstübchen. Ich bin der Page von Hochburgund. Die Kinder nicht mehr gesehen. Der Braune, leider keine Zeit, verreist, auf Reisen, immer auf Reisen, schreibt nichtssagende Briefe. Die Liebe wie erloschen. Trude wiedergesehen — glücklich verheiratet, gradezu protzig glücklich; ihre Kinder gezeigt, ihren Kleiderschrank -- nachher zu Hause viel geweint. Weißt du noch? hat Trude gefragt. Man wollte nichts mehr wissen. Man wollte vergessen. Man hat vergessen.

Alfred hat den Mann wegen Meineid denunziert; Verfahren. Kein Funke von Mitgefühl. Kopfschüttelnd die alte Liebe überdacht: wie ist so etwas möglich, wie ist so etwas möglich! Es war doch einmal. Ja, es war einmal. Aber nun ist da nichts mehr.

Kümmerliche Arbeit im Büro. Es geht, es geht. Natürlich geht es, man hat ja Energie. Freundliche Beziehungen zu einem Arzt, aber er traut sich nicht so recht, und nun das Ganze noch einmal? Noch einmal: erste Liebestage, scheuer Kuß, heißer Kuß, Zusammengehen und Zusammenbleiben — noch einmal? Die Kraft langt nicht mehr. Einmal im Spaß gesagt: «Können Sie mir eigentlich Veronal geben — man weiß nie, wozu das gut ist . . .!» Er hat ganz erschrockene Augen gemacht. Gleichgültig gelesen, daß das Meineidsverfahren eingestellt ist. Möge es. Das ist vorbei. Krähenfüße um die Augen. Eine nicht mehr ganz junge, etwas dickliche Frau . . . «Warum heiratet die eigentlich nicht? Sie ist doch geschieden.» Vom Mann, ja. Von der Welt auch. Keiner weiß, wieviel Mut in dieser sauber fortgeführten Existenz steckt, viel Anständigkeit, wieviel stille Größe. Ich bin der Page von Hochburgund und trage der Königin — — — — — — — — — — — — — — — und man hat eine nahrhafte, anregende und bekömmliche Suppe.

SIGILLA VERI

> Aus dem Antisemitismus kann erst etwas Richtiges werden, wenn ihn ein Jude in die Hand nimmt. Roda Roda

So um die zehnte Abendstunde, wenn die Luft in den Kneipen schon etwas dick geworden ist und der Alkohol die Gehirntätigkeit verlangsamt hat; um die zehnte Abendstunde, wenn die Stammtischrunden der alten Majore, der Tierärzte, Studienräte und Bergassessoren in mystischer Gelähmtheit dumpf hinter ihren Gläsern hocken —: da bringt der deutsche Mann das Gespräch gern auf die Juden.

Schwer setzt der aufrechte Trinker sein Glas vor sich hin, wischt sich den Bart, putzt den Kneifer und spricht: «Daran sind meines Erachtens nach nur die Juden schuld!» — «Wahr, wahr . . .» murmelt es um den Tisch, und auch Frieda, die Kellnerin, und Heinrich, der Herr Ober, nicken. Und der Oberbergrat fährt fort: «Meine Herren, schon im Jahre 1677 . . .» Woher weiß er das —?

Es gibt eine Stammtisch-Wissenschaft, die gilt nur von abends um halb neun bis um drei Viertel zwölf. Am Tage haben die Leute alles vergessen: Daten, Namen, Büchertitel und den Rest. Aber eines ist ihnen geblieben: das Bewußtsein, daß die Juden schuld sind.

Nun aber ist, um diesen Wissenslücken abzuhelfen, gegen die Radfahrer endlich das große und schöne Werk erschienen, dessen wir so lange entraten haben:

‹Sigilla Veri›
(Ph. Stauffs Semi-Kürschner)
Lexikon der Juden, -Genossen und -Gegner aller Zeiten und Zonen, insbesondere Deutschlands, der Lehren, Gebräuche, Kunstgriffe und Statistiken der Juden sowie ihrer Gaunersprache, Trugnamen, Geheimbünde etcetera.
Unter Mitwirkung gelehrter Männer und Frauen aller in Betracht kommenden Länder im Auftrage der «Weltliga gegen die Lüge» in Verbindung mit der «Alliance chrétienne arienne».
U. Bodung-Verlag.

Das hat mir schon lange gefehlt. Denken Sie doch nur —!

Was die Kunstgriffe der Juden angeht, so benötige ich deren Kenntnis wie das liebe Brot — das wilde Volk der Verleger und der Filmleute macht unsereinem das Leben nicht leicht. Und die Gaunersprache? ‹Requisition› statt Diebstahl? — Und die Trugnamen? ‹Lindström›? — Und die Geheimbünde? Es muß sehr interessant sein.

Doch ist es nicht ganz leicht, das Buch zu erhalten. Ich habe bisher nur den Prospekt mit den Probeseiten bekommen.

Bedingungen, gleichzeitig Bestellschein:

2. Ich bin nichtjüdischer Herkunft und mit Juden weder versippt noch verschwägert.
4. Ich erkläre ehrenwörtlich, daß ich nicht von dritter Seite aus als Käufer-Strohmann vorgeschoben bin.
5. Ich verpflichte mich
   c) alle Stellen, in denen eine Beleidigung gefunden oder gesucht werden könnte, dem Verlage zwecks Ausmerzung mitzuteilen. Der Verlag legt Wert darauf, sachliche wissenschaftliche Aufklärung zu bringen . . .

Die sieht so aus:

Carbe, geb. Cohn, Dr., Gerichtsassessor, Neffe des Dr. h. c. Ru. Mosse, Erbe des *‹B. T.›* Berlin. Ihm wurde das populäre Gedicht *‹Haben Sie nicht den kleinen Cohn gesehn?›* auf den Leib geschrieben, er erhielt dann 1917 vom preuß. Min. des Innern durch den guten Freund des Hauses Mosse, Ministerialdirektor Freund, den neuen Namen: Carbe.

Wenn ich den Verlag darauf aufmerksam machen darf: in diesem Abschnitt sind zwei Unrichtigkeiten enthalten, aber die muß er sich schon allein heraussuchen. Gegen ein Freiexemplar des Werkes bin ich bereit, ihm zu sagen, wer in Wahrheit der kleine Cohn gewesen ist. Herr Carbe war es nicht. Goebbels auch nicht.

Ein Frei-Exemplar? Der Verlag wird sich hüten; so hoch bemißt er den Wert dieser Mitteilung nicht. Denn sein Werk ist teuer, so teuer, als wäre es echt jüdisches Produkt. Das sechsbändige Lexikon kostet im Buchhandel pro Band 70 RM.; der Subskriptionspreis ist, je nach der Zahlungsweise, 50 RM. pro Band, oder 46 RM., bis herunter zu 35 RM., heißt ein Geschäft.

Die Probeseiten des Prospekts haben es in sich.

Einstein zum Beispiel, dem ein eignes Kapitel gewidmet ist, hat ebenso wie Soldner den Faktor 2 vergessen; da staunen Sie. Was das heißt? Ich habe keine Ahnung, der Leser aber auch nicht; es ist die typische Stammtischwissenschaft, aus Zeitungsausschnitten zusammengesetzt, aus Büchern hervorgekramte Details, und auf alle Fälle — Ober, noch ein Halbes! — hat der Einstein mal Unrecht.

Über Magnus Hirschfeld: «Wenn man nun erwägt, daß das Laster in dem stark mischrassigen, von Abkömmlingen spanischer Juden förmlich wimmelnden Holland von jeher verbreitet war, und daß dort Personen jeden Standes und Alters gewohnheitsmäßig die gemeinsten Ausdrücke im Munde führen, so ist dem Holländer durch die Propaganda des Wissenschaftlich-Humanitären Comités die Möglichkeit gegeben, das orientalische Laster in seinem Lande ‹wissenschaftlich gestützt› auf ‹deutsche› Einflüsse zur Schädigung des deutschen Ansehens zurückzuführen, um dadurch zugleich die Juden und Mischlinge, die es doch in den arischen Ländern verbreitet haben, zu entlasten.»

Über Knigge, der gesagt hat, daß es weder für den Denker noch für den Menschenfreund einen Unterschied zwischen Juden und Christen gibt, welches Diktum offenbar aus dem Zusammenhang gerissen ist: «Dieser Satz ist völlig frei aus dem Handgelenk geschüttelt».

Zwei volle Probeseiten über den ‹Kulturbolschewismus› — das ist bekanntlich alles, was einem nicht paßt, wie ja denn der Antisemitismus der Sozialismus der Dummen ist.

Schöne Probeseite über Kutisker, Iwan — die über den Pastor Craemer und den Devaheim-Skandal ist offenbar noch nicht fertig.

Kurz: Stammtisch.

Antisemitismus ... Herrschaften, warum engagiert ihr nicht mich! Für 67,50 Mark monatlich und freie Pension mit zweimaligem sonntäglichem Ausgang liefere ich euch über die Juden ein Material, das wenigstens echt ist — ihr kennt sie nicht einmal.

Immer wieder erschütternd ist die partielle Gehirnlähmung bei den Deutschen: überall da eine Verschwörung zu wittern, wo sie mit ihrem Wesen auf irgendeinen Widerstand stoßen. Willy Haas hat für den Fall Ludendorff das stark theologische Moment dieses Hergangs aufgezeigt; man lese das in seinen *‹Gestalten der Zeit›* nach. Sie stellen sich wirklich die Welt vor, wie sie in den Kinderfibeln gemalt wurde:

unten im Keller sitzen spitzmützige Juden und kochen, finstere Gebete murmelnd, eine herrliche Dynamitsuppe gegen die Gojim. Ihr ahnungslosen Esel!

Warum packt ihr den Juden nicht da, wo er wirklich zu fassen ist! In seiner engen Ichbezogenheit; in seiner ewigen Empfindlichkeit, die ihn aufschreien läßt, wenn ihm einmal einer die Wahrheit sagt; in seinem Aberglauben, welcher annimmt, der, der schneller denke, sei klüger als der, der langsam denke; in seiner wahnwitzigen Eitelkeit, die besonders für Deutschlands Fluren die jüdische Klugheit nur aus einem Grunde hat statuieren können: weil die andern meist noch dümmer sind. An der Levante oder gegenüber den Schotten hat der Jude nichts zu melden – die stecken ihn alle Tage in den Sack des Handels. Ach, ihr ahnungslosen Esel! Welch ein jammervoller Antisemitismus ist das! Es gibt bei euch noch eine andre Sorte: das sind die Mischtiker aus den Bezirken um Hielscher, die im Nebel ihren Pfad suchen, ihn aber bis heute noch nicht gefunden haben. Denen kann man freilich nicht beikommen – sie überschütten dich mit Vokabeln, die sie zu diesem Behuf erfunden haben, und mit dem Judentum hat auch dies nichts zu tun. Die meisten Antisemiten sagen viel mehr über sich selber aus als über ihren Gegner, den sie nicht kennen.

Wäre ich Antisemit –: ich schämte mich solcher Bundesgenossen.

EIN EHEPAAR ERZÄHLT EINEN WITZ

«Herr Panter, wir haben gestern einen so reizenden Witz gehört, den *müssen* wir Ihnen ... also den *muß* ich Ihnen erzählen. Mein Mann kannte ihn schon ... aber er ist zu reizend. Also passen Sie auf.

Ein Mann, Walter, streu nicht den Tabak auf den Teppich, da! Streust ja den ganzen Tabak auf den Teppich, also ein Mann, nein, ein Wanderer verirrt sich im Gebirge. Also der geht im Gebirge und verirrt sich, in den Alpen. Was? In den Dolomiten, also nicht in den Alpen, ist ja ganz egal. Also er geht da durch die Nacht, und da sieht er ein Licht, und er geht grade auf das Licht zu ... laß mich doch erzählen! das gehört dazu! ... geht drauf zu, und da ist eine Hütte, da wohnen zwei Bauersleute drin. Ein Bauer und eine Bauersfrau. Der Bauer ist alt, und sie ist jung und hübsch, ja, sie ist jung. Die liegen schon im Bett. Nein, die liegen noch nicht im Bett ...»

«Meine Frau kann keine Witze erzählen. Laß mich mal. Du kannst nachher sagen, obs richtig war. Also nun werde ich Ihnen das mal erzählen.

Also, ein Mann wandert durch die Dolomiten und verirrt sich. Da kommt er – du machst einen ganz verwirrt, so ist der Witz gar nicht! Der Witz ist ganz anders. In den Dolomiten, so ist das! In den Dolomiten wohnt ein alter Bauer mit seiner jungen Frau. Und die haben gar nichts mehr zu essen; bis zum nächsten Markttag haben sie bloß noch eine Konservenbüchse mit Rindfleisch. Und die sparen sie sich auf. Und da kommt ... wieso? Das ist ganz richtig! Sei mal still ..., da kommt in der Nacht ein Wandersmann, also da klopft es an die Tür, da steht ein Mann, der hat sich verirrt, und der bittet um Nachtquartier. Nun haben die aber gar kein Quartier, das heißt, sie haben nur ein Bett, da schlafen sie zu zweit drin. Wie? Trude, das ist doch Unsinn ... Das kann sehr nett sein!»

«Na, ich könnte das nicht. Immer da einen, der – im Schlaf strampelt ..., also ich könnte das nicht!»

«Sollst du ja auch gar nicht. Unterbrich mich nicht immer.»

«Du sagst doch, das wär nett. Ich finde das nicht nett.»

«Also ...»

«Walter! Die Asche! Kannst du denn nicht den Aschbecher nehmen?»

«Also ... der Wanderer steht da nun in der Hütte, er trieft vor Regen, und er möchte doch da schlafen. Und da sagt ihm der Bauer, er kann ja in dem Bett schlafen, mit der Frau.»

«Nein, so war das nicht. Walter, du erzählst es ganz falsch! Dazwischen, zwischen ihm und der Frau – also der Wanderer in der Mitte!»

«Meinetwegen in der Mitte. Das ist doch ganz egal.»

«Das ist gar nicht egal ... der ganze Witz beruht ja darauf.»

«Der Witz beruht doch nicht darauf, wo der Mann schläft!»

«Natürlich beruht er darauf! Wie soll denn Herr Panter den Witz so verstehen ... laß mich mal – ich werd ihn mal erzählen! – Also der Mann schläft, verstehen Sie, zwischen dem alten Bauer und seiner Frau. Und draußen gewittert es. Laß mich doch mal!»

«Sie erzählt ihn ganz falsch. Es gewittert erst gar nicht, sondern die schlafen friedlich ein. Plötzlich wacht der Bauer auf und sagt zu seiner Frau – Trude, geh mal ans Telefon, es klingelt. – Nein, also das sagt er natürlich nicht ... Der Bauer sagt zu seiner Frau ... Wer ist da? Wer ist am Telefon? Sag ihm, er soll später noch mal anrufen – jetzt haben wir keine Zeit! Ja. Nein. Ja. Häng ab! Häng doch ab!»

«Hat er Ihnen den Witz schon zu Ende erzählt? Nein, noch nicht? Na, erzähl doch!»

«Da sagt der Bauer: Ich muß mal raus, nach den Ziegen sehn – mir ist so, als hätten die sich losgemacht, und dann haben wir morgen keine Milch! Ich will mal sehn, ob die Stalltür auch gut zugeschlossen ist.»

«Walter, entschuldige, wenn ich unterbreche, aber Paul sagt, nachher kann er nicht anrufen, er ruft erst abends an.»

«Gut, abends. Also der Bauer – nehmen Sie doch noch ein bißchen Kaffee! – Also der Bauer geht raus, und kaum ist er rausgegangen, da stupst die junge Frau ...»

«Ganz falsch. Total falsch. Doch nicht das erstemal! Er geht raus, aber sie stupst erst beim drittenmal – der Bauer geht nämlich dreimal raus – das fand ich so furchtbar komisch! Laß mich mal! Also der Bauer geht raus, nach der Ziege sehn, und die Ziege ist da; und er kommt wieder rein.»

«Falsch. Er bleibt ganz lange draußen. Inzwischen sagt die junge Frau zu dem Wanderer –»

«Gar nichts sagt sie. Der. Bauer kommt rein . . .»

«Erst kommt er nicht rein!»

«Also . . . der Bauer kommt rein, und wie er eine Weile schläft, da fährt er plötzlich aus dem Schlaf hoch und sagt: Ich muß doch noch mal nach der Ziege sehen – und geht wieder raus.»

«Du hast ja ganz vergessen, zu erzählen, daß der Wanderer furchtbaren Hunger hat!»

«Ja. Der Wanderer hat vorher beim Abendbrot gesagt, er hat so furchtbaren Hunger, und da haben die gesagt, ein bißchen Käse wäre noch da . . .»

«Und Milch!»

«Und Milch, und es wär auch noch etwas Fleischkonserve da, aber die könnten sie ihm nicht geben, weil die eben bis zum nächsten Markttag reichen muß. Und dann sind sie zu Bett gegangen.»

«Und wie nun der Bauer draußen ist, da stupst sie den, also da stupst die Frau den Wanderer in die Seite und sagt: Na . . .»

«Keine Spur! Aber keine Spur! Walter, das ist doch falsch! Sie sagt doch nicht: Na . . .!»

«Natürlich sagt sie: Na . . .! Was soll sie denn sagen?»

«Sie sagt: Jetzt wäre so eine Gelegenheit . . .»

«Sie sagt im Gegenteil: Na . . . und stupst den Wandersmann in die Seite . . .»

«Du verdirbst aber wirklich jeden Witz, Walter!»

«Das ist großartig! Ich verderbe jeden Witz? *Du* verdirbst jeden Witz – ich verderbe doch nicht jeden Witz! Da sagt die Frau . . .»

«Jetzt laß *mich* mal den Witz erzählen! Du verkorkst ja die Pointe . . .!»

«Also jetzt mach mich nicht böse, Trude! Wenn ich einen Witz anfange, will ich ihn auch zu Ende erzählen . . .»

«Du hast ihn ja gar nicht angefangen . . . *ich* habe ihn angefangen!» – «Das ist ganz egal – jedenfalls will ich die Geschichte zu Ende erzählen; denn du kannst keine Geschichten erzählen, wenigstens nicht richtig!» – «Und ich erzähle eben meine Geschichten nach meiner Art und nicht nach deiner, und wenn es dir nicht paßt, dann mußt du eben nicht zuhören . . .!» – «Ich will auch gar nicht zuhören . . . ich will sie zu Ende erzählen – und zwar so, daß Herr Panter einen Genuß von der Geschichte hat!» – «Wenn du vielleicht glaubst, daß es ein Genuß ist, dir zuzuhören ...» – «Trude!» – «Nun sagen Sie, Herr Panter – ist das auszuhalten! Und so nervös ist er schon die ganze Woche ... ich habe ...» – «Du bist ...» – «Deine Unbeherrschtheit ...» – «Gleich wird sie sagen: Komplexe! Deine Mutter nennt das einfach schlechte Erziehung ...» – «Meine Kinderstube ...!» – «Wer hat denn die Sache beim Anwalt rückgängig gemacht? Wer denn? Ich vielleicht? Du! Du hast gebeten, daß die Scheidung nicht ...» – «Lüge!» – Bumm: Türgeknall rechts. Bumm: Türgeknall links.

Jetzt sitze ich da mit dem halben Witz.

Was hat der Mann zu der jungen Bauersfrau gesagt?

«BITTE – FÄDELN SIE MAL EIN ...»

Neuestes Experiment für Individual-Psychologen

Mache diesen Versuch:

Bitte eine dir bekannte Frau, eine Nadel einzufädeln. Sie wird es tun – und dabei wird sie den Faden in das Nadelöhr hineinstecken.

Bitte einen dir bekannten Mann, eine Nadel einzufädeln. Er wird es, nach anfänglicher Verwunderung, tun («Wozu? Was soll denn das? Können Sie das nicht selbst?») – und dabei wird er die Nadel über das Faden-Ende stülpen.

Dieses erfüllt mich mit größter Verwunderung. Warum ist das so? Warum ist das immer so? Liegt hier ein tiefer Unterschied zwischen der weiblichen und der männlichen Natur begründet? Was ist es? Welches Symbol liegt da verborgen? Warum stülpen die Männer, wenn es nicht grade Schneider sind, oder Leute, die berufsmäßig mit winzigen Gegenständen zu hantieren haben? Warum fädeln nur die Frauen ein? Weil man es ihnen so beigebracht hat? Aber man hat ihnen doch mancherlei beigebracht, und sie benutzen oft ihre eigene Methode und handeln nach ihrem eigenen Kopf! Was geht hier vor sich –?

Ist es vielleicht, weil der Mann einst das Schwert geführt hat, und nun das metallische Glitzern der Nadel ... (nach Belieben auszufüllen). Und die Frau, liebt sie die Präzisionsarbeit, das treu sorgende Element, welches ... (nach Belieben auszufüllen)? Es ist eine ganz erstaunliche Sache, ich traue mich gar nicht mehr, jemand danach zu fragen, denn das Gefädel ist schon nicht mehr zu ertragen. Wer wird mir das erklären?

Von den Experimental-Psychologen laßt uns nicht sprechen. Nadel und Faden ... wenn das herauskommt, daß das Experiment wirklich neunhundertundneunundneunzigmal von tausend wirklich, wie oben beschrieben, verläuft –: was läßt sich da alles schlußfolgern! Jeder Arzt, der auf sich hält, wird künftighin ein Heftchen Nadeln und einige

Fäden auf seinem Tisch liegen haben, und er wird zu den Patienten sprechen: «Bitte, fädeln Sie mal ein!», und Gnade Gott, wenn dann eine Frau die Nadel über den Faden stülpt oder ein Mann richtig fädelt —! Es ist gar nicht auszudenken, was dann alles geschieht...

Es ist ein tiefes Geheimnis. Seit Wochen bilde ich den Schrecken meiner Umgebung; ich trage, wo ich gehe, stets Nadel und Faden bei mir, und ich sage abwechselnd zu Lottchen, dem londoner Schutzmann an der Ecke, zu meiner Amme und zum Frisör: «Würden Sie bitte mal diesen Faden in diese Nadel einfädeln?» Der Forscher muß viel leiden, und es hat schon manchen Kummer gegeben; aber schließlich, wenn sie alle ihren Vers mit: «Sagen Sie mal — bei Ihnen piekt es wohl?» aufgesagt haben, dann fädeln sie ja doch. Die Frauen mit dieser blitzschnellen Bewegung des Fadens zur Zungenspitze, sie feuchten ihn an, und, schwupps, haben sie ihn eingefädelt. Die Männer lachen immer erst ein bißchen, so, wie einer lacht, wenn ihm was schief gegangen ist, sie wälzen ihre Ungeschicklichkeit auf mich ab, ich lasse mir das auch still gefallen, und dann fädeln sie ein. Es dauert. Den Rekord hat Karlchen geschlagen — er hat genau dreiunddreißig Minuten gefädelt, und dabei hat er auch noch gemogelt. Und natürlich hat er gestülpt. Wenn die Versuchsobjekte fertig sind, dann halte ich ihnen einen kleinen Zettel entgegen, auf dem steht: «Frauen fädeln, Männer stülpen.» Dann sagen die Objekte: «Sie sind ja völlig übergeschnappt!» — und dann versuchen sie es noch einmal, aber nun sind sie befangen, ihre Hände zittern; bei den Männern geht es noch viel schlechter als das erstemal — und meist tun sie dann, nun grade, das Entgegengesetzte. Aber das gilt nicht.

Es ist ein tiefes Geheimnis. Regen sich atavistische Ur-Ur-Ur-Ur-Instinkte? Aber die Neandertal-Menschen haben doch nicht gefädelt, oder doch? Mit Bronze-Nadeln? Und haben ihre Frauen gefädelt? Und haben die Männer gestülpt? Und was bedeutet das alles —?

Frauen fädeln. Männer stülpen. Machen Sie den Versuch — aber verstecken Sie vorher Ihren *‹Uhu›* —!

IMMA MIT DIE RUHE!

Wenn ick det sehe, wat se so machn,
wie se bei de jeringsten Sachn
sich uffpustn, det man denkt, se platzen —
wie se rot anlaufn, bis an die Jlatzen,
  ahms spät un morjens um achte —:
    sachte! sachte!
Warum denn so furchtbar uffjerecht?
Wir wern mal alle inn Kasten gelecht.

Wissen Se, ick wah mal dabei –
da hattn se uff de Polessei
eenen Selbstmörda, jänzlich nackt,
in eenen murksijen Sarch jepackt.
Die hatten det eilich! Un ick dachte:
Sachte! Sachte!
Un der Anblick hat sich mir injeprecht:
Wir wern mal alle inn Kasten jelecht.

Janich rellejöhs.
Wie soll ick det sahrn ...?
Ick kann det Jefuchtel nich vatrahrn.
Wir komm bei Muttan raus mit Jeschrei,
un manche bleihm denn auch dabei.
Wenn ick mir det so allens betrachte:
Imma sachte!
Mal liechste still. Denn wird ausjefecht.
Un wir wern alle inn Kasten jelecht.

PARTEIWIRTSCHAFT

Wie wäre es, wenn man nun einmal einen dämlichen kleinen Trick aus unsrer Politik entfernte, der darin besteht, jeder grade an der Macht befindlichen Partei vorzuwerfen, sie betreibe Parteiwirtschaft –? Ja, was soll sie denn eigentlich sonst betreiben –?

Das Wohl der Allgemeinheit ..., ich weiß schon. Aber ich möchte nur einmal wissen, wozu denn Wahlen und Propaganda und Parteikampf da sein sollen, wenn nicht zu dem alleinigen Zweck, eine Partei an die Macht zu bringen. Und wenn sie dort angekommen ist, was hat sie zu tun? Natürlich ihre Macht zu gebrauchen. Das haben alle Parteien begriffen, mit Ausnahme der SPD, der man sehr zu Unrecht den Vorwurf macht, sie mißbrauche ihre Machtstellung. Sie hat gar keine. Es mag ja sein, daß die Pöstchenverteilung für ihre Mitglieder angenehm ist – ihre Macht hat sie nie richtig benutzt: sie hat stets nur Kompromisse gemacht, und die zu ihrem Schaden. Sind die Rechten an der Macht, so benutzen sie ihre Macht, und sie tun recht daran. Und das Zentrum ... aber das ist ja in Deutschland immer an der Macht. Die Zeitungen kreischen gegen Moskau, und das Land wird von Rom regiert.

Doch sollte man mit jener tiefen Unehrlichkeit aufhören, jeder Regierung vorzuwerfen, sie sei eine Parteiregierung. Natürlich ist sie das, und das soll sie auch sein. Daß aber in Deutschland der Begriff «Partei» bis auf das Rinnstein-Niveau gesunken ist, das ist eine andre Sache, und hier sollte man zupacken. Der Rest ist Heuchelei.

Das Niveau, auf dem sich die meisten deutschen politischen Debatten bewegen, ist kaum noch zu unterbieten. Sieht man von einigen Jugendbünden ab, die sich, besonders sehr weit rechts und sehr weit links, ernsthaft um einen gesunden Kampf bemühen, das heißt, die den Gegner nicht bagatellisieren und ihn nicht fortdisputieren, sondern die wirklich antreten – dann bleibt ein Meer von Lügen. Man sehe sich etwa, wenn man die Geduld dazu aufbringt, diese unsägliche Hitlerpresse an: wie das der Regierung vorwirft, das Land nach Prinzipien zu regieren, also genau das zu tun, was jene tun wollen. Es ist mehr als jämmerlich, was da getrieben wird.

Zu bekämpfen ist allein die Parteiwirtschaft, die sich nicht offen als solche bekennt, sondern die vorgibt, für das große Ganze zu arbeiten, so, wie die katholische Kirche gern ‹die Natur› vorschiebt, wenn sie ihr Dogma meint. Sagt, was ihr wollt, und sagt, was ihr tut, wenn ihr an der Macht seid. Euch dann noch Parteiwirtschaft vorzuwerfen, ist die Negierung jeder Politik.

BEIT FRIEHSTICK

Wenn ick in meine Stulln beiße,
denn kuck ick in de Sseitung rin.
Die liejn nämlich inne Sseitung,
da wickelt se mir Mutta in.
    Ick streiche det Papier scheen jlatt
    und seh, wats so jejehm hat.

Ick lese von drei Zwillingsschwestern
und vonne Feiersbrunst in Wald . . .
Mal is die Sseitung noch von jestern,
mal isse füchzehn Tahre alt.
    Wat mir det Friehstick nich vamiest.
    Et is ja bloß, det man wat liest.

Da ha ick nu so rausjefunden:
Erscht kommt die Sseitung in Vakehr,
un schon nach vierundzwanssich Stunden,
da stimmt det allens jahnich mehr!
    Denn sind se reine wie blamiert.
    Ick ha dadrieba simmeliert . . .

Ick sach ma so:
Wat die so sahrn
un wat die allens proffezein,
det stimmt schon nich mehr nach acht Tahrn —
det kann nie wahr jewesen sein!
Nu ham die Brieda mächtjet Jlick:
et blättert ja keen Mensch zerrick!
Man schmeißt et wech. Und kooft sich brav und bieda
'n neuet Blatt un jloobt et imma wieda.
Un willste wissen wat det is jewesen,
denn mußte alte Sseitungsnumman lesen.
Un siehste denn, wie die vakehrt sind —:
te, wat die neien wert sind.

DAS BABY

dich herum:
lutti
, schwarz und stumm,
tti . . .
mit dem Schlüsselbund,
etscht ein Gummihund.
mal!» ruft Mama.
t Tante, «eiala!»
kleiner Mann,
esellschaft an . . .
— was meinste?
Weinste.

Später stehn um dich herum
Vaterland und Fahnen;
Kirche, Ministerium,
Welsche und Germanen.
Jeder stiert nur unverwandt
auf das eigne kleine Land.
Jeder kräht auf seinem Mist,
weiß genau, was Wahrheit ist.
Aber du, mein guter Mann,
siehst dir die Gesellschaft an . . .
Na, und dann — was machste?
Lachste.

21.00 **Kurt Tucholsky** 13.8.80
„... gegen alles, was stockt und träge ist ..."
Ausschnitte aus dem Programm der „Kurt Tucholsky Initiative Berlin" anläßlich des 90. Geburtstages von Kurt Tucholsky am 9. 1. 1980
Mit Curt Bois, Ingrid Kaehler, Renate Reiche, Helmut Krauss, Manfred Lehmann, Kurt Lutz, Niko Mesterham, Jürgen Knieper, Richard Wester, Ralf Schmidt, Mario Schultz und Mitgliedern des Hanns-Eisler-Chors Berlin
Musik: H. Eisler / J. Knieper
Buch und Inszenierung: Kurt Lutz

SCHNIPSEL

Shaw. So ernst, wie der heiter tut, ist er gar nicht.

Der englische Schriftsteller William Gerhardi sprach einst: «Wenn eine Frau sagte, sie sei genau wie alle Frauen – die wäre anders.»

Es war einmal ein Vertrag zwischen einer Filmgesellschaft und einem Autor, der wurde von der Gesellschaft anständig und sauber erfüllt. Das war kurz vor Erfindung der Fotografie.

Nichts kommt dem Gerechtigkeitsgefühl gleich, das einen deutschen Republikaner befällt, wenn er gegen einen Stahlhelmer vorgehn soll. Wie peinlich genau er dann die Paragraphen abwägt . . .! Aber es ist gar kein Gerechtigkeitsgefühl: es ist Feigheit und zutiefst eine innere Sympathie.

Da gab es einen englischen General, der war so unmusikalisch, daß er nur zwei Musikstücke erkennen konnte. Eins davon war God save the King.

Golf, sagte einmal jemand, ist ein verdorbener Spaziergang.

Segen des Rundfunks. Die alte Frau Runkelstein pflegte sich abends im Lehnstuhl die Kopfhörer anzuschnallen, die Musik ertönte, und dann schlief sie ein. Wenn das Programm aber zu Ende war, dann wachte sie vor Schreck auf. Und dann ging sie schlafen. Siehe die Überschrift.

«Wenn ich so viel Geld hätte», sagte Joachim Ringelnatz, «und so viel Macht, daß ich alles auf der Welt ändern könnte, dann ließe ich alles so, wie es ist.»

Wenn ein Franzose einen Vertrag unterschrieben hat, dann hält er ihn. Doch bevor er ihn unterschreibt, macht er unendliche Geschichten, in Verlauf derer man junge Hunde kriegen kann. Und dann unterschreibt er ihn nicht. Es sind kleine Leute, wie?

Wenn ein Deutscher einen Vertrag unterschrieben hat, ist der Vorfall für ihn erledigt, und er ist höchst erstaunt, wenn er ihn nun auch noch erfüllen soll. Dann gibt es ein großes Lamento und viel Geschrei der Rechtsanwälte. Aber er unterschreibt jeden Vertrag. Es sind großzügige Leute.

Es gibt so wenig brauchbare Buch-Kritiken, weil jeder Schriftsteller fälschlich annimmt, er könne, weil er Schriftsteller ist, auch Kritiken schreiben.

Bei den großen Schneidern liegen manchmal Empfehlungen von Schustern und Hemdenmachern herum. So sehn unsre Buchkritiken aus.

Wenn die geliebte Frau mit einem andern Mann flirtet, erscheint sie uns leise lächerlich. Die Steine des Kaleidoskops, das wir so gut kennen, geben ein neues Bild; wir sehn sie zum erstenmal gewissermaßen von der Seite. Eifersucht macht kritisch. Wenn Männer mit einer für sie neuen Frau beschäftigt sind, gilt das natürlich alles nicht.

Nähme man den Zeitungen den Fettdruck —: um wieviel stiller wäre es in der Welt —!

Es gibt eine Frage, die stellt nur ein Deutscher. Wenn dich die Leute besuchen, dann nimmt dich jener unter den Arm, raucht einmal an seiner Zigarre und sagt: «Sagen Sie mal — was zahlen Sie hier eigentlich Miete?»

Ist doch auch interessant.

Die Presse wäre viel weniger unausstehlich, wenn sie sich nicht so grauslich wichtig nähme.

Wenn ein Kommunist arm ist, dann sagen die Leute, er sei neidisch. Gehört er dem mittleren Bürgertum an, dann sagen die Leute, er sei ein Idiot, denn er handele gegen seine eignen Interessen. Ist er aber reich, dann sagen sie, seine Lebensführung stehe nicht mit seinen Prinzipien im Einklang.

Worauf denn zu fragen wäre: Wann darf man eigentlich Kommunist sein —?

EISENBAHNER

Im Stellwerk wachen in der Nacht —
Marsch—Marsch! Zehn Stunden Dienst gemacht!
Die schweren Hebel an der Hand,
Hitze und Zugwind am Führerstand.
Im Bauch kalten Kaffee, im Kopf das Signal,
die Strecke abgehen, hundertmal —:
    das macht das Unterpersonal.

Hingegen:
Verfügungen schmieren, wie die dienstlichen Mützen
auf dem Proletenkopf sollen sitzen;

nur die eigene Behörde kennen;
sich gegenseitig zum Geheimrat ernennen;
vom grünen Tisch den gemeinen Haufen
regieren, daß alle in Akten versaufen;
auf Wersalljes schimpfen, aufs Material –:
    das tut das Oberpersonal.

Den Kopf hinhalten vor Gericht;
Maul halten, wenn der Richter spricht;
die Brust hinhalten, wenn es sprüht,
undichtes Rohr ... der Dampf verbrüht ...
ein heißer Strahl ... weg, ins Spital ...
So fünfzig-, hundert-, tausendmal –:
    das macht das Unterpersonal.

Hingegen:
Intrigieren und organisieren –
paragraphieren und reglementieren.
Geht es bei Katastrophen ans Leben,
sich «persönlich auf den Schauplatz begeben»;
an Vorschriften und Verfügungen polken,
(wie ein Mond leuchtet Dorpmüller aus den Wolken).
Für die andern: Kommiß. Für sich selber: sozial.
Das macht das Oberpersonal.
Wir rufen ihm zu, so wie es da ist,
ein Signal, das kein Proletarier vergißt:
Abfahren! Abfahren! Abfahren –!

TREUE

Sei man dankbar, wenn se dir wat jehm!
Sei man treu!
    Da kannste wat alehm!
Mach man fummßehn Jahre deinen Stiebel,
setzte einmal aus, denn nehm se iebel.
Wenn se denn ooch noch 'n jüngern sehn,
fliechste raus – denn kannste stempeln jehn.
    Treue lohnt nich.

Wolln se wat, denn komm se anjeloofen –
for den Schmus da kannste dir nischt koofn.
Wenn de dir nich hast den Rebbach rausjefischt:
fors Jewesne jibt der Jude nischt.

Sei man treu –
    die wolln dir ja bloß duckn,
und denn kannste durch de Röhre kuckn.
    Treue lohnt nich.

Denn wer nämlich treu is, endt im Dalles.
Ja, det sachste so . . . Ick weß det alles.
Mancher kann nich anders, als er kann –
Jeh man imma wieda ran!
Ohne Dußligkeit und ohne Kompromiß,
weil det ehm Stärke is.
    Trotz der kalten Fressen von die Brieda –
    Mensch, Vatraun kommt imma wieda!
    Wenn de dir nich inn Betrieb zerreibst,
    wenn de richtig bei de Stange bleibst,
    wenn de eene Sache treu bist, kuckste nie in Mond –
        Treue lohnt.

DIE VERRÄTER

Na, Verräter eigentlich nicht. Ein Verräter, das ist doch ein Mann, der hingeht und seine Freunde dem Gegner ausliefert, sei es, indem er dort Geheimnisse ausplaudert, Verstecke aufzeigt, Losungsworte preisgibt . . . und das alles bewußt . . . nein, Verräter sind diese da nicht. Die Wirkung aber ist so, als seien sie welche, doch sind sie anders, ganz anders.

Da wird man vom Vertrauen der Parteigenossen ausgesandt, mit dem bösen Feind zu unterhandeln, sozusagen die Arbeiter zu vertreten, die ja inzwischen weiterarbeiten müssen. Und die erste Zeit geht das auch ganz gut. Geld . . . ach, Geld . . . wenn die Welt so einfach wäre. Geld ist zunächst gar nicht zu holen. Der Arbeiterführer bleibt Arbeiterführer; leicht gemieden von den Arbeitgebern, merkwürdiges Wort, übrigens. Nein, nein, man bleibt ein aufrechter Mann.

Aber im Laufe der Jahre, nicht wahr, da sind so die langen Stunden der gemeinschaftlichen Verhandlungen an den langen Tischen: man kennt einander, die Gemeinsamkeit des Klatsches eint, und es wird ja überall so viel geklatscht. Nun, und da stellt sich so eine Art vertraulicher Feindschaft heraus.

Kitt ist eine Sache, die bindet nicht nur; sie hält auch die Steine auseinander. Zehn Jahre Gewerkschaftsführer; zehn Jahre Reichstagsabgeordneter; zehn Jahre Betriebsratsvorsitzender – das wird dann fast ein Beruf. Man bewirkt etwas. Man erreicht dies und jenes. Man bildet sich ein, noch mehr zu verhüten. Und man kommt mit den

Herren Feinden ganz gut aus, und eines Tages sind es eigentlich gar keine Feinde mehr. Nein. Ganz leise geht das, unmerklich. Bis jener Satz fällt, der ganze Reihen voller Arbeiterführer dahingemäht hat, dieser infame, kleine Satz: «Ich wende mich an Sie, lieber Brennecke, weil Sie der einzige sind, mit dem man zusammenarbeiten kann. Wir stehen in verschiedenen Lagern — aber Sie sind und bleiben ein objektiver Mann . . .» Da steckt die kleine gelbe Blume des Verrats ihr Köpfchen aus dem Gras — hier, an dieser Stelle und in dieser Stunde. Da beginnt es.

Der kleine Finger ist schon drüben; der Rest läßt nicht mehr lange auf sich warten. «Genossen», sagt der Geschmeichelte, «man muß die Lage von zwei Seiten ansehn . . .» Aber die Genossen verstehen nicht recht und murren: sie sehn die Lage nur von einer Seite an, nämlich von der Hungerseite. Und was alles Geld der Welt nicht bewirkt hätte, das bewirkt jene perfide, kleine Spekulation auf die Eitelkeit des Menschen: er kann doch die vertrauensvollen Erwartungen des Feindes nicht enttäuschen. Wie? Plötzlich hingehn und sagen: Ja, die Kollegen billigen das nicht, Krieg muß zwischen uns sein, Krieg und Kampf der Klassen, weil wir uns ausgebeutet fühlen . . .? Unmöglich. Man kann das unmöglich sagen. Es ist zu spät.

Und dann geht es ganz schnell bergab. Dann können es Einladungen sein oder Posten, aber sie müssen es nicht sein — die schlimmsten Verräterein auf dieser Welt werden gratis begangen. Dann wird man Oberpräsident, Minister, Vizekönig oder Polizeipräfekt — das geht dann ganz schnell. Und nun ist man auch den grollenden Zurückgebliebenen, die man einmal vertreten hat und nun bloß noch tritt, so entfremdet — sie verstehen nichts von Realpolitik, die Armen. Nun sitzt er oben, gehört beinah ganz zu jenen, und nur dieses kleine Restchen, daß sie ihn eben doch nicht so ganz zu den Ihren zählen wollen, das schmerzt ihn. Aber sonst ist er gesund und munter, danke der Nachfrage.

Und ist höchst erstaunt, wenn man ihn einen Verräter schilt. Verräter? Er hat doch nichts verraten! Nichts — nur sich selbst und eine Klasse, die zähneknirschend dieselben Erfahrungen mit einem neuen beginnt.

KRITIK ALS BERUFSSTÖRUNG

Auf meinem Nachttisch lag einmal ein Buch von O. Henry, das hatte Paul Baudisch übersetzt. Mir gefiel die Übersetzung nicht, ich tadelte sie, und Baudisch erwiderte. Von zwei Seiten kam ihm Rekurs, beide Male von Schriftstellern, deren fachliche Kenntnis sie dazu berechtigten. Stephan Ehrenzweig erwiderte im ‹*Tagebuch*›, mein Rat an die Verleger, sich hinfürder einen andern Übersetzer auszusuchen, ginge etwas weit, «weil dieser Rat sozusagen aus der jeder Erörterung zugänglichen beruflichen in die keiner Erörterung zugängliche geschäftliche Sphäre» vorstieße; zum andern protestierte brieflich ein von mir sehr geschätzter Dichter, Hans Reisiger aus München, der schrieb, es ginge doch nicht an, einem hochbegabten und gewissenhaften Übersetzer mit ein paar allgemeinen Worten so von oben her das Geschäft zu verderben.

Über Paul Baudisch läßt sich diskutieren: ich glaube, damals an Beispielen gezeigt zu haben, daß er seine Sache nicht gut gemacht hat, doch lasse ich mich da gern eines Bessern belehren; auch weiß ich, daß es wesentlich schlechtere Übersetzer als Baudisch gibt. Worüber sich aber gar nicht streiten läßt, das ist die Auffassung, Kritik dürfe keine Berufsschädigung hervorrufen. Das ist ein ernstes Kapitel.

Die Industrialisierung der Literatur ist wie die aller Künste nahezu vollkommen — Außenseiter haben es sehr, sehr schwer. Was die deutsche Buchkritik anlangt, so ist sie auf einem Tiefstand angelangt, der kaum unterboten werden kann. Das Lobgehudel, das sich über die meisten der angekündigten Bücher ergeußt, hat denn auch zur Folge gehabt, daß die Buchkritik kaum noch irgend eine Wirkung hervorruft: das Publikum liest diese dürftig verhüllten Waschzettel überhaupt nicht mehr, und wenn es sie liest, so orientiert es sich nicht an ihnen. Die einzige sichtbare Wirkung, die wir noch ausüben, ist die Wirkung auf den Kommissionär: auf den Verleger. Der wiederum beachtet die Kritik, von der er doch weiß, wie sie in den meisten Fällen zustande kommt, viel zu sehr, er läuft den gelobten Autoren nach und den getadelten aus dem Wege. Die unmittelbare Wirkung dieser Kritiken auf den Absatz der Bücher veranschlage ich nach meinen Erfahrungen als sehr gering: ein Reisebuch von mir hat eine sehr gute Aufnahme bei den Kritikern gefunden und geht nicht, und das Buch, über das die meisten meiner Kritiker wie die Wilden hergefallen sind, ist einer meiner größten Erfolge.

Ich glaube aber, daß, wenn sich Absatzwirkungen zeigen, sie dann eben Wirkungen der Kritik sind, die mit der Besprechung auf das innigste zusammenhängen und von leidenschaftlichen Kritikern mit vollem Recht beabsichtigt werden. Der Kritiker will eine bestimmte Literaturgattung fördern, also bearbeitet er Publikum und Verleger; er will eine andre Gattung schädigen, dann tadelt er sie. Warum also soll es einem Kritiker verwehrt sein, sich auch unmittelbar an denjenigen zu wenden, der erfahrungsgemäß seine Kritiken am meisten zu beachten pflegt? Ich kann darin nichts Unerlaubtes sehn.

Doch sind wir leider soweit gediehn, daß Kritik nur noch als Berufsförderung oder Berufsstörung angesehn wird, und so wird denn auch der Kritiker gewertet. Lobt er, ist er für den Belobten ein großer und bedeutender Kritiker; tadelt er, so ist er für den Getadelten ein Ignorant und taugt nichts. Besonders die Schauspieler haben es in dieser

Kritik der Kritik zu einer großen Virtuosität gebracht: derselbe Kritiker gilt ihnen heute als allererster Meister und morgen, weil er getadelt hat, als letzter Murks.

Die Verfilzung in der Literatur ist schon groß genug; wir wollen wenigstens ein paar Inseln beibehalten. Die Literaturkritik ist sehr oft korrupt, bestechlich ist sie nicht. Sie gibt das billiger.

Die Herren Tadler sind noch Lichtblicke im literarischen Leben. Aber die Hudler des Lobes ... Ich habe mich oft gefragt, was denn diese Leute bewegen mag, jeden Quark mit dem Prädikat ‹bestes Buch der letzten siebenundfünfzig Jahre› auszuzeichnen. Ich glaube, einige Gründe gefunden zu haben.

Es ist bei den meisten eine Art Geltungstrieb, der sich da bemerkbar macht. Fast jeder Kritiker hält sich in der Viertelstunde, wo er seine Kritik aufpinselt, für einen kleinen Herrgott. Ein besonders übles Exemplar dieser Gattung hat einmal gesagt: «Ich wollte ja die Buchkritik längst aufgeben. Aber —» er sprach Dialekt, «aber man gibt doch nicht gern 's Peitscherl aus der Hand!» Es ist der Machttrieb. Ich habe ihn nie begriffen. Was ist denn das für ein Cäsarentum, das sich darin sonnt, wie hundert junger Autoren gelaufen kommen und um eine Besprechung bitten; wie sie den großen Meister, dessen Werke man so bewundere, anflehen ... und die ganze türkische Musik. Und dann also setzt sich jener hin und verleiht kleine Nobelpreise, sehr von oben herunter — er nennt das: fördern.

Der Geltungstrieb hat auch gesellschaftliche Ursachen.

Es gibt eine Menge von Literatur-Kritikern, die mit den in Frage kommenden Autoren gesellschaftlich verkehren; es ist ja so schwer, jemand zu verreißen, mit dem man öfter zu Abend gegessen hat. Man trifft ihn doch wieder ... Und diese Kritiker wollen sich durch einen Verriß ihre Salonkarriere nicht verderben — sie möchten nun einmal dazu gehören, sie wollen dabei sein, eingeladen, umschmeichelt werden ... und so loben sie denn den gewaltigsten Quark, wenn ihn eine wohlhabende Frau geschrieben hat; wenn der Autor ein Auto hat; und vor allem: wenn er Beziehungen hat. Und hier sitzt das Grundübel der literarischen Verfilzung.

Neulich hat sich in der *‹Frankfurter Zeitung›* ein Verleger über den Typus des Mittelsmanns beklagt, der durch seine Hin- und Herträgerei zwischen Autor und Verlag Geld schlucke, die Autoren verdreht mache und überhaupt viel Unheil anrichte. Tatsächlich ist die industrialisierte Literatur ein großer Klub, und es liegt im Geschäftsinteresse fast jedes Autors, dazu zu gehören, dabei zu sein, mitgezählt zu werden. Dem kann man sich nur sehr, sehr schwer entziehen, dazu gehört viel Unabhängigkeitssinn. Die meisten haben ihn nicht. Ich will gar nicht einmal von den Wanzen des literarischen Hotels sprechen; von den Leuten, die eine Idee haben («Ich sage bloß: Lindbergh»), und die nachher furchtbar kreischen, wenn irgendwo irgendwann von irgendwem ein Buch über Lindbergh erscheint. An dieser Börse will keiner fehlen. Und um sich zu legitimieren, lobt er — wahllos, unterschiedslos, alles durcheinander, und es ist ein Jammer, wie selbst tüchtige Schriftsteller dieser Seuche zum Opfer fallen. Wobei der freundliche, kleine Trick erwähnt sein mag, die Freunde der nähern literarischen Umgebung oder den Autor des sonst zu lobenden Buchs als bereits anerkannte und wichtige Größen so zu zitieren, daß sich der geängstigte Leser denken muß: Und diesen offenbar doch weit bekannten Mann kenne ich noch nicht? Eine unmittelbare Korruption ist in solchen Fällen niemals nachzuweisen; beweisen Sie einmal, daß der Kritiker anders geurteilt hätte, wenn er auf seine Beziehungen nicht solchen Wert legte. Das kann man nicht beweisen.

Und da meine ich: wenn getadelt wird, dann mag jedes Argument gegen den Tadler gelten: du hast den Autor nicht verstanden; du hast den Übersetzer unterschätzt; du bist nicht legitimiert, zu tadeln — alles, alles. Aber ein einziges Argument gilt nun mal bestimmt nicht: deine Kritik kann dem Getadelten wirtschaftlich schaden, ja, du hast gradezu seine Auftraggeber aufgefordert, ihn nicht mehr zu beschäftigen — er hat aber Frau und Kind ... Also das geht nicht. Ich will dem Mann schaden, wenn ich ihn tadele. Ich will die Leser vor ihm warnen und die Verleger auch — ich will aus politischen, aus ästhetischen, aus andern offen anzugebenden Gründen diese Sorte Literatur mit den Mitteln unterdrücken, die einem Kritiker angemessen sind. Das heißt: ich habe die Leistung zu kritisieren und weiter nichts. Aber die mit aller Schärfe.

Hätte mein Lob unmittelbare wirtschaftlich erfreuliche Folgen für den Gelobten: es wäre mir gleichgültig. Das ist eine für jenen angenehme Folgeerscheinung. Aber schließlich ist ja der Kritiker nicht dazu da, der Frau des Romanverfassers Piepenbringk die Anschaffung neuer Schlafzimmervorhänge zu ermöglichen. Lasset uns denn weiterhin unbeeinflußt von der Klüngelei kleiner Gruppen, die den Salon reicher Börsianer für einen Salon halten, und außerhalb jener Lobesversicherungsgesellschaften auf Gegenseitigkeit das sagen, was wir über die Bücher zu sagen haben.

BETRIEBSUNFALL

Hat eine Katze Ellenbogen?
Nein.
Hat jemals ein Bankier betrogen?
Nein.
Und wenn er mal und hat er mal und fällt er schon mal rein:
dann kann das kein Bankier gewesen sein.

Liest du das gern, nachmittags aufm Sofa?
Nein.
Entschädigt einer Schultheiß-Patzenhofa?
Nein.
Und setzt auch dem der Staatsanwalt in seinen Pelz ne Laus:
dann holn ihn die Verteidiger wieder raus.

Ist das nun für die Börse sehr betrüblich?
Nein.
Ist das auch bei den andern üblich?
Ja.
Ich lese still den Handelsteil, und seh ich so den Mist:
man weiß nie, was noch Tüchtigkeit und was schon Schiebung ist.

SIE, ZU IHM

Ich hab dir alles hingegeben:
mich, meine Seele, Zeit und Geld.
Du bist ein Mann — du bist mein Leben,
du meine kleine Unterwelt.
Doch habe ich mein Glück gefunden,
seh ich dir manchmal ins Gesicht:
Ich kenn dich in so vielen Stunden —
nein, zärtlich bist du nicht.

Du küßt recht gut. Auf manche Weise
zeigst du mir, was das ist: Genuß.
Du hörst gern Klatsch. Du sagst mir leise,
wann ich die Lippen nachziehn muß.
Du bleibst sogar vor andern Frauen
in gut gespieltem Gleichgewicht;
man kann dir manchmal sogar trauen . . .
aber zärtlich bist du nicht.

O wärst du zärtlich!
Meinetwegen
kannst du sogar gefühlvoll sein.
Mensch, wie ein warmer Frühlingsregen
so hüllte Zärtlichkeit mich ein!
Wärst du der Weiche von uns beiden,
wärst du der Dumme. Bube sticht.
Denn wer mehr liebt, der muß mehr leiden.
Nein, zärtlich bist du nicht.

EIN KLEINER VOLKSSCHULLEHRER

Wenn sich die Schwäche auf die Stärke stürzt, um von ihr zu profitieren, also auf deutsch: wenn sie Biographien schreiben, dann fängt die Lebensbeschreibung oft so an: «X. war damals ein kleiner Volksschullehrer . . .» Halt.

Warum klein —? Ist ein Volksschullehrer allemal klein —? Es gibt doch unter diesen, wie unter den ‹kleinen Angestellten›, solche und solche; so wenig etwa jeder Volksschullehrer ein großer Mann ist, was ja wohl auch die unerbittlichste Interessenvertretung dieser Männer nicht wird behaupten wollen, so wenig schmeckt uns das Attribut klein. Ein kleiner Angestellter . . .? Hat Gott den Mann auf diesen Platz geweht? Arbeitet sich vielleicht jeder empor, der es verdiente, oben zu sein? Davon ist doch bei der tiefen Illoyalität dieses Lebenskampfes keine Rede. Polgar hat einmal so formuliert: wenn schon das Leben ein Rennen sein soll, dann macht wenigstens den Start für alle gleich. Na, und ist er das vielleicht —?

Er ist so ungleich wie möglich. Der eine hat eine kleine Rente oder die Unterstützung seiner Familie, um über die entscheidenden Jahre jedes Menschenlebens glatt hinwegzukommen: er kann also in Ruhe etwas für seine Ausbildung tun, ohne sie durch eine Nebenarbeit gefährden zu müssen. Solche Nebenarbeit kann fördern, sie kann aber, je nach dem Beruf, erheblich ablenken. Nichts ist manchmal so wichtig, wie in Ruhe aufnehmen zu können, ohne dabei geben zu müssen. Hat diese Ruhe jeder? Die hat nicht jeder.

Und wenn der Volksschullehrer klein ist: ist der Ministerialrat groß? Ich kenne der Ministerialräte manche, die dumm sind wie das Monokel Fritz Langs, und groß sind sie gar nicht. Sie sind nur routiniert; reißt man sie aus ihrer Routine, so versagen sie kläglich. Zum Beispiel allemal im Ausland, wo man ihren Titel kaum aussprechen kann, und wo sie nur das gelten, was sie wert sind.

Und die Kapitäne der Wirtschaft —? Das ist doch wohl nicht euer Ernst.

Es scheint mir nun aber allerhöchste Zeit, eine Sache nicht mit denen zu verwechseln, die von ihr profitieren. Sehr viel dümmer als diese Wirtschaftskapitäne kann man sich nicht gut anstellen. Seit 1914 Niederlage auf Niederlage, Blamage auf Blamage, falsche Voraussage auf falsche Voraussage — alles dummes Zeug. Und die sollen uns etwa als groß hingestellt werden? Ausverkauf! Ausverkauf!

Nein, es wäre hübscher, wenn sich die Biographiker und ähnliche Leute dieses Ausdrucks vom kleinen Volksschullehrer enthalten wollten — es ist ein schlechtes Klischeewort. Denn es gibt törichte und innerlich verwachsene Volksschullehrer, und es gibt große Pädagogen; es gibt weitschauende Verwaltungsbeamte, und es gibt hochbesoldete

Esel. Denn man kommt ja nicht immer von unten her zu den großen Stellungen – man kann auch hineingesetzt werden, man kann hineinheiraten, man kann erben. Und diese guten Partien und diese Erben wollen uns nachher erzählen, sie seien bedeutend, weil alles vor ihnen, die Stellen zu vergeben haben, katzbuckelt?

Sagen wir nicht mehr: er war zu Beginn seiner Laufbahn ein – kleiner Volksschullehrer. Sagen wir: Volksschullehrer.

HÉGÉSIPPE SIMON

> In allen Städten glaubt man, die allgemeinen Laster und Übel der Menschen und der menschlichen Gesellschaft seien grade diesem Ort eigentümlich. Ich bin niemals irgendwo gewesen, wo ich nicht gehört hätte: hier sind die Weiber eitel und treulos, sie lesen wenig und sind schlecht unterrichtet; hier sind die Leute neugierig auf alles, was einer tut, sie schwätzen und klatschen; hier vermögen Geld, Gunst und Laster alles; hier herrscht der Neid, und die Freundschaften sind hier wenig aufrichtig. In dieser Art geht es weiter, als ob anderswo diese Dinge anders wären. Die Menschen sind erbärmlich aus Notwendigkeit und glauben hartnäckig, sie seien nur aus Zufall so erbärmlich. Leopardi

Die menschliche Dummheit ist international.

Waren die Dummen früher konfessionslos gefärbt, so schimmern sie heute in allen Farben der Nationalfahnen, die den Kontinent bis zur Geistesschwachheit verdummen. Französische Dummheit schmeckt anders als englische. Zum Beispiel so:

Wer einen einzelnen Redakteur mit einer falschen Einsendung hineinlegt, macht sich einen Spaß, überschätzt aber die Zeitung, weil er sie ernst nimmt. Aber eine ganze Gruppe hineinzulegen ... Das hat im Jahre 1913 der inzwischen verstorbene Journalist Paul Birault gemacht. Er schrieb an die Abgeordneten der radikalen Partei Frankreichs folgenden Zirkularbrief:

> «Sehr geehrter Herr Abgeordneter!
> Dank der Freigebigkeit eines großherzigen Spenders sind die Anhänger Hégésippe Simons endlich in die Lage versetzt, über die Mittel zu verfügen, die für die Errichtung eines Denkmals benötigt werden. Das Denkmal wird diesen Mann, der seiner Zeit vorangeeilt ist, der Vergessenheit entreißen.
>
> Von dem Wunsch beseelt, die Jahrhundertfeier dieses echt demokratischen Erziehers mit allem bürgerlichen Glanz zu begehen (Einfügung Ignaz Wrobels: entschuldigen Sie, ‹civique› gibts im

Deutschen nicht), bitten wir Sie ergebenst um die Erlaubnis, Ihren Namen in die Liste der Ehrenmitglieder des Komitees einzusetzen.

Sollten Sie bei der Einweihungsfeier das Wort ergreifen wollen, werden wir Ihnen das gesamte Material zugänglich machen, das für Ihre Rede vonnöten ist.

Mit den besten Empfehlungen

Ihr sehr ergebener . . .»

Die Antworten strömten zu Hauf.

Ehrenmitglieder? Das wollten sie sein. Eine Rede halten? Aber mit Wonne. Ein Abgeordneter aus den Pyrenäen bat sofort um das Material für einen Speech; viele andre taten desgleichen.

Nur hatte die Sache einen kleinen Haken. Herrn Hégésippe Simon hat es nie gegeben.

Der Journalist hat sicherlich monatelang an diesem Namen geknobelt, und für ein französisches Ohr ist er ihm gradezu herrlich gelungen. Simon, das kann man leicht behalten, und Hégésippe, das klingt etwas altmodisch, aber nicht zu altmodisch . . . und das Ganze war recht vertrauenerweckend, etwa: fortgeschrittner Schüler der École Normale Supérieure. Und so fielen sie denn in Scharen auf diesen Scherz hinein. Der Spaß wurde noch ein wenig fortgesetzt, Ort und Zeit der Feier wurden bekanntgegeben, und es strichen denn auch richtig eine ganze Menge Leute zu dieser Stunde in jenem Park umher . . .

Geltungsbedürfnis, Eitelkeit und die menschliche Dummheit der Abgeordneten hatten sich um diesen Kern kristallisiert, den Birault ihnen vorgeworfen hatte.

Dieser Hégésippe Simon ist in Frankreich sehr bekannt; Sie können ihn überall zitieren, den verdienten Mann. Und das ließ nun einen andern Journalisten nicht schlafen.

Man unterschätzt in Deutschland die Intelligenz der ‹Action Française›, und man überschätzt ihren Einfluß. Die Franzosen haben einen geistigen Nationalismus, der nicht in Mystizismus verschwimmt, etwas bei uns ganz und gar Unvorstellbares. Der französische Nationalismus ist auch nicht offensiv; die deutsche Provinzpresse lügt systematisch, wenn sie das behauptet, was ihr diesbezüglich diktiert wird. Dieser Nationalismus ist auch nicht so einflußreich, wie die jungen Franzosen, die mit von der Partie sind, gern behaupten; wäre es so, wie sie es schildern, dann müßten wirklich die gesamte Intelligenz und die Majorität der Studenten Anhänger dieser Gruppe sein, in der Maurras den Kopf und Daudet das Maul repräsentieren, und dann gäbe es heute in Frankreich keine demokratischen Verwaltungsbeamten und keine links gerichteten Lehrer und Richter mehr. Nun ist aber ein erheblicher Teil der Lehrer auf den höhern Schulen demokratisch und die Majorität der Volksschullehrer steht einem integralen Sozialismus nahe, der in Frankreich gern als kommunistisch verschrien wird, was allerdings eine sanfte Täuschung darstellt. Soweit gut.

Nun hatte die ‹Action Française› da einen Mann sitzen, Alain Mellet. Der dachte sich im Jahre 1929 etwas aus.

Es dürfte vielleicht bekannt sein, daß der Durchschnittsfranzose, den stammelnde Übersetzer gern den «mittlern Franzosen» nennen, keine blasse Ahnung von Geographie hat. Oslo, Koserow und Rio de Janeiro . . . so genau kommt das bei ihm nicht drauf an. Diese Schwäche wohl kennend, schickte Herr Mellet seinerseits ein Zirkular in die Welt, und zwar wandte er sich wieder an die Abgeordneten der Linken. (Daß ihm die Rechten ebenso auf den Leim gegangen wären, ist sicher; er hätte dann nur eine andre Leimsorte wählen müssen.) Der Brief lautet ein wenig gekürzt so:

«Hochverehrter Herr Abgeordneter!
wir rufen ihr Mitleid und ihr Gerechtigkeitsgefühl an, wenn wir Sie bitten, das Folgende mit Aufmerksamkeit zu lesen:

In diesem unserm zwanzigsten Jahrhundert, das von der lichtvollen Idee des Rechts erfüllt ist, seufzen mehr als hunderttausend unglückliche Poldevianer wie die Sklaven unter dem Joch von ein paar Dutzend Großgrundbesitzern.

Während die Männer in den Fabriken und landwirtschaftlichen Betrieben des Auslands arbeiten, führen die Frauen, die alten Leute und die unmündigen Kinder ein Leben wie die Tiere. Wir sehn keine Hilfe für sie, es sei denn, das Weltgewissen nehme sich ihrer an, jenes Gewissen, das wir in Ihrem Herzen, verehrter Herr Abgeordneter, anrufen.

Wir sind natürlich keine Freunde der Sowjetrepublik, keine Freunde der Ukraine, durch die wir zu viel gelitten haben, aber das muß doch gesagt werden: solche Greuel wären selbst dort, heute, nach der Revolution, nicht mehr möglich.

Und darum bitten wir Sie, sehr geehrter Herr Abgeordneter: helfen Sie uns! Wir wollen von Ihnen keinen Pfennig Geld, sondern etwas viel Wesentlicheres: Ihre moralische Unterstützung, etwa durch ein Schreiben, das wir dann im nächsten Monat der dritten Unterkommission der Generalkommission beim Völkerbund für den Schutz der nationalen Minderheiten unterbreiten können.

Wir danken Ihnen im voraus, sehr geehrter Herr Abgeordneter, für Ihre Antwort, die wir gleichzeitig mit den Äußerungen Ihrer Parlamentskollegen aus dem großen Frankreich der Revolution nach Genf schicken werden!

Für das poldevianische Komitee:

Lyneczi Stantoff. Lamidaëff.»

Nun hätten die Herren Abgeordneten nur die Unterschriften dieses Hilfschreis richtig zu lesen brauchen: die ‹Action Française› wird in Frankreich kurz ‹L'A.F.› genannt, und der zweite Mann wäre also nichts als ‹L'ami d'A. F.›, der Freund der ‹Action Française›. Der erste aber heißt, wenn man vorsichtig buchstabiert: Herr Inexistantoff, also etwa: Herr Nichtvorhandowski. Außerdem gibts keine Poldevianer.

Doch wußten die Abgeordneten dieses alles mitnichten, und es gab einen Hereinfall, über den sich Paris monatelang amüsierte.

Sie antworteten, und ob sie antworteten!

Ein sozialistischer Abgeordneter aus den Ardennen:

«Ich antworte auf Ihren so schmerzlich bewegten Appell, indem ich Ihnen sage, daß ich als Sozialist auf Seiten der Opfer der Unterdrückung stehe. Mein Herz blutet bei dem Gedanken, daß sich Menschen, die frei und glücklich sein sollten, unter dem Joch der Junker krümmen und seelisch und körperlich leiden.»

«Es ist eine Schande», schrieb ein andrer, «daß in unserm Jahrhundert wiederum Verbrechen begangen werden, die die Idee der Menschheit besudeln.» Dergleichen fiel ihnen fix und fertig aus dem Mund; politische Gedanken, und nun gar erst politische Phrasen, werden ja in Serien hergestellt, und man hat sie jederzeit zur Verfügung. Einer für alle, und alle für keinen.

Nun klingt doch das im Französischen so schön, es rollt und es dröhnt, da muß man hineingetreten sein:

«Votre cri d'alarme ne peut laisser indifférent un membre du Parlement français, ancien combattant de la grande guerre, descendant de ces glorieux ancêtres de la Révolution qui ont proclamé à la face du monde les droits imprescriptibles de l'homme et du citoyen.»

Worüber wieder jeder seine Witze machen darf, jeder, nur kein deutscher Nationalist. Weil er nicht begreift, was denn hier so dumm karikiert erscheint.

Auch ein Kommunist fehlt nicht: der Genosse Béron:

«. . . erlaube ich mir, Ihnen in Erinnerung zu bringen, daß die kommunistische Partei der Kammer sich mehr als einmal gegen die Unterdrückung der nationalen Minderheiten ausgesprochen hat.» Gut. Aber:

«Mit allem Nachdruck unterstreiche ich die Stelle in Ihrem Brief, in der Sie sagen: So etwas wäre bei den Russen nach der Revolution nicht möglich.» Wo er recht hat, hat er recht.

Fix und fertig. Fix und fertig liegen die Phrasen in den Gehirnfächern, ein kleiner Anlaß, ein Kurzschluß der Gedanken, und heraus flitzt der Funke der Dummheit.

Wobei noch zu bemerken wäre, daß man vor dem Kriege für ein Individuum mobil machen konnte. Heute muß es schon ein ganzes Volk sein.

Die ‹Action Française› hat aus diesem Spaß den Schluß gezogen: Da seht ihr es — der Parlamentarismus! Nein, sie hat gar nicht verstanden, was sie da angerichtet hat.

Es ist wohl so, daß die Triebe im Menschen schlummern, eine dösende Wache. Anonym sind sie. Wenn sie aber ans Licht treten, nehmen sie einen Namen an. Sehr beliebt ist heute: Nationalismus.

Der Nationalismus setzt sich aus Motiven zusammen, die mit ihm nichts zu tun haben. Er heißt so. Er ist keiner.

MEDIA IN VITA

Die läuft rum, die mir die Augen zudrückt:
eine Krankenpflegerin.
Ordnet noch die Fläschchen auf dem Nachttisch,
wenn ich schon hinüber bin.
Leise kreuzt sie meine Hände übern Bauch.
Das ist ein Beruf wie andre auch.

Jeden Morgen, wenn ich mich rasiere,
denk ich in dem Glanz des Lampenscheins,
während ich mich voller Seife schmiere:
jetzt sinds nur noch x-mal minus eins.
Und da steh ich voller Schaum und Frömmigkeit,
und ich tu mir außerordentlich leid.

Da, wo sich die Parallelen
schneiden, fliege ich dann hin.
Ach, ich werde mir doch mächtig fehlen,
wenn ich einst gestorben bin.
Andern auch —? Wer seine Augen aufmacht, sieht:
Sterben ist, wie wenn man einen Löffel aus dem Kleister zieht.

IM GEFÄNGNIS BEGREIFT MAN

«Ja, liebe Genossen und Genossinnen, hier im Gefängnis begreift man besser als draußen, wie notwendig die Rote Hilfe ist . . . Aber die Ihr draußen seid, Ihr habt noch die Freiheit — und mancher kann nicht sagen, wie lange noch . . . Euch möchte ich bitten . . .»

Da möchte ich mitbitten.

Die zitierten Sätze stammen aus dem rührenden Brief eines Arbeiters, Georg Keisinger; die *‹Rote Hilfe›* hat ihn veröffentlicht.

Über meinem Schreibtisch hängt ein Bild. Drei Sträflinge sind darauf zu sehn. Und darunter steht: «Wir erwarten, daß ihr für uns kämpft, wie wir für euch gekämpft haben.»

Sechstausend sprechen heute so — mehr als sechstausend. Ich halte es einfach für eine Dankesschuld an diese Männer und Frauen, daß wir helfen, so gut wir können. Hier hilft vor allem Geld.

Die Rote Hilfe stellt den Leuten Anwälte, wenn es noch nicht zu spät ist. Sie sendet ihnen Liebesgaben ins Gefängnis. Sie hilft den Familien weiter, die von diesen juristischen Verwaltungsmaßnahmen am schlimmsten getroffen werden. Über manches wäre vielleicht zu streiten. Aber ich meine, man sollte aus einer Solidarität helfen, die da bekundet:

Was ein deutscher Richter an sogenannten entehrenden Strafen verhängt, ist für uns nicht einmal eine Ehre — es ist gleichgültig. Gleichgültig seine Meinung über Landesverrat; gleichgültig seine feinen Unterschiede zwischen Überzeugungsattentätern und gemeinen Verbrechern —: was hier ausgefochten wird, ist ein Teil jenes großen Kampfes, der heute quer durch die Völker geht. Und zum Kriegführen gehört Geld.

Reich sind wir alle zusammen nicht. Aber hier zehn Mark und da zehn Mark, es summiert sich. Und es macht die besten Vorkämpfer unsrer Sache stark. Die Geber sind in Freiheit. Wie lange noch, hat der Arbeiter gefragt. Er hat ganz recht: wie lange noch? Bis zur nächsten Notverordnung?

Man kann für etwas geben. Man kann aber auch gegen etwas geben. Gebt bitte Mann für Mann und Frau für Frau ein paar Mark gegen diese Richter und für unsre Gesinnungsfreunde!

Die Postschecknummer der Roten Hilfe ist: Berlin 109 676.

SCHNIPSEL

Wenns gut geht, wirft sich der Unternehmer in die Brust; sein Verdienst beruht auf seinem Verdienst, und weil er das Risiko getragen hat, will er auch den Hauptanteil des Gewinnes für sich.

Wenns schief geht, sind die Umstände daran schuld. Dann muß der Staat einspringen und das Defizit decken, denn Kohlengruben, Stahlwerke und die Landwirtschaft dürfen nicht Not leiden. Und sie leiden auch keine Not, weil sie notleidend sind.

Auf alle Fälle aber kann der Unternehmer nichts dafür, er trägt die Verantwortung, und wir tragen ihn.

Um wie viel stiller ginge es in manchen Familien zu, wenn sich alle Frauen Männer kaufen könnten!

Bei einem französischen Zeitungsartikel muß man sich immer fragen: «Was will der Mann?» und: «Wer hat ihn dafür bezahlt?»

Bei einem deutschen Zeitungsartikel muß man sich fragen: «Was verschweigt er?» und: «Wer hat ihn dafür auf die Schulter geklopft?»

Mit dem Tode ist alles aus. Auch der Tod —?

Neben manchem andern sondern die Menschen auch Gesprochnes ab. Man muß das nicht gar so wichtig nehmen.

Kleine Nachricht. Die Ausreisegebühr aus den hamburger Zuchthäusern ist um 40 Mark erhöht worden.

Ist es ein Zufall, daß die Vertreter der wildesten Gewaltlehren, Nietzsche, Barrès, Sorel, keine zwanzig Kniebeugen machen konnten? Es dürfte kein Zufall sein.

Schade, daß es nicht im Himmel einen Schalter gibt, bei dem man sich erkundigen kann, wie es unten nun wirklich gewesen ist.

«Er wußte um die Geheimnisse des Seins . . .» solche Wendungen sollte man auf Gummistempel schneiden und dann verbrennen.

Max Liebermann wäre auch ohne Hände ein großer Bankier geworden.

Wenn ein Mann weiß, daß die Epoche seiner stärksten Potenz nicht die ausschlaggebendste der Weltgeschichte ist —: das ist schon sehr viel.

Er war hochmütig wie der Sohn einer zweiten hamburger Familie, aber etwas gebildeter.

Dieses Mädchen ist höflich-sinnlich.

Der Schriftsteller Fülöp-Miller ist gründlich oberflächlich.

Was sagte wohl ein Wirtschaftsführer, wenn wir ihm seinen Betrieb so schilderten, wie er ihn zwei Jahre später im Prozeß schildern wird? Wenn wir also sagten: «Du weißt gar nicht, was hier vorgeht, oder du willst es nicht wissen; um dich herum wird betrogen; du bist geistig nicht auf der Höhe, fast in der Nähe des Paragraphen einundfünfzig; um dich herum wird bestochen!» Das alles darf aber erst ausgesprochen werden, wenn der Kerl tausend Unschuldige in seine Pleite hineingezogen hat.

Es gibt skeptische Ärzte und Ärzte mit Bart. Darüber darf man aber nicht vergessen: es gibt auch skeptische Patienten und solche mit Bart. Zeileis ist unter anderm ein Wunschbild seiner Kranken. Bart will Bart.

«Er lebte wie Gott in Frankreich.» Man sollte das abändern und sagen: «Er lebte wie ein deutscher Divisionskommandeur in Frankreich.»

BASEL

Das empfinde ich jedesmal, wenn ich durch Basel komme, aber es hat noch keiner geschrieben ... keiner.

Der vollkommene Wahnwitz des Krieges muß doch jedem aufgegangen sein, der da etwa im Jahre 1917 auf diesem Bahnhof gestanden hat. Da klirrten die Fensterscheiben; da murrten die Kanonen des Krieges herüber; wenn du aber auf diesem Bahnhof einem Beamten auf den Fuß tratest, dann kamst du ins Kittchen. Hier durftest du nicht. Dort mußtest du. Und wer dieses Murren der Kanonen hörte, der wußte: da morden sie. Da schlagen sie sich tot. Ein halbes Stündchen weiter – da tobte der Mord. Hier nicht. Das hat keiner geschrieben, merkwürdig.

Ich weiß ja nicht, wie sie das gemacht haben, daß die Kugeln der beiderseitigen Vaterländer nicht auf schweizer Gebiet abgeirrt sind, und manchmal sind sie ja wohl, und wenn ich nicht irre, hat es auch dadurch auf schweizer Seite einen Toten gegeben oder zwei. Es steht da von dem großen englischen Grotesk-Zeichner W. Heath Robinson in ‹*Some Frightful War Pictures*› ein grandioses Blatt: «Ein schweizer Schäfer sieht einer Schlacht an der Grenze zu.» Da sitzt also der Schäfer inmitten seiner Bähbäh-Schafe und raucht eine Friedenspfeife, hinter sich hat er einen Topf mit schweizer Milch stehn, und auf dem benachbarten Berge steht eine Sennerin mit etwas Ziege, und ein kleiner Mann jodelt Noten in die Luft ... Die Grenze aber ist ein scharfer, punktierter Strich. Und hinter dieser Grenze, da gehn sie aufeinander los, die Deutschen und die Engländer, immer ganz genau an der Grenze entlang, und selbst die heruntergefallenen Mützen bleiben artig im Kriegsgebiet liegen und oben am Himmel ist ein wildes Gewimmel von Zepps und Flugzeugen, aber immer hübsch an der Wand lang und keinen Millimeter drüber. Und der Schäfer raucht.

So ähnlich wird es ja wohl gewesen sein.

Schade, daß das keiner geschrieben hat. Dieses Grausen, dieses Herzklopfen auf der einen Seite – und die strenge Absperrung auf der andern ... nichts ist ja schrecklicher, als eine Mordtat zu hören, die man nicht sehn kann. Und an diesen Wahnwitz denke ich immer, wenn ich auf dem Bahnhof zu Basel stehe.

WARTE NICHT!

Du, Frau an der Falzmaschine,
sieh in den Himmel hinauf!
du nähst am Fenster, Mädchen –
sieh in den Steinhof hinab!
Denkt ihr über das Schicksal nach?
über gestern, heute und morgen?
Kopf hoch! Es gibt einen Spruch,
der strahlt über allen Sorgen:
Warte nicht zu lange,
warte nicht zu lang!
Lausch deinem innern Klange,
die Zeit geht ihren Gang.
Jeder hat im Leben
eine Melodie . . .
Und was du dir nicht selber nimmst,
das erreichst du nie –!

Du, junge Arbeiterin,
liebst einen, der dich liebt.
Sollst du ihn nehmen? Ist er ein Gewinn?
Hat er zu geben, wenn er gibt?
Mach reinen Tisch und entscheide dich –
Süden oder Norden!
Ja oder Nein! – aber bleib nicht stehn,
noch keine ist jünger geworden . . .
Warte nicht zu lange,
warte nicht zu lang –!
Lausch deinem innern Klange,
die Zeit geht ihren Gang.
Jeder hat im Leben
eine Melodie . . .
Und was du dir nicht selber nimmst,
das erreichst du nie –!

Du, Kämpfer für die Freiheit deiner Klasse!
laß dich nicht einschläfern!
Von den Reden der Wichtigtuer,
der Schreiberseelen, der falschen Führer!
Manches Jahr ging ungenützt hin,
laß dir nichts prophezein!
Deine Klasse wartet auf dich –
hilf sie vom Joch befreien!

Warte nicht zu lange!
warte nicht zu lang —!
Lausch dem Weltenklange —
die Zeit geht ihren Gang.
Jeder hat im Leben
eine Melodie . . .
Und wenn du dir vom Lebensbaum
die Früchte nicht einmal an dich reißt —
bekommst du sie nie —!

ROTE SIGNALE

Unter diesem Titel ist im Neuen Deutschen Verlag zu Berlin ein illustriertes Heftchen Gedichte erschienen. Es sind Beiträge aus der ‹*A.I.Z.*›, die bei Münzenberg herauskommt.

Die deutsche Propagandadichtung hat noch nicht ihren Stil gefunden; sie wird ihn aber finden. Noch tastet sie. Manches in diesem Bändchen ist zu trocken, zu abstrakt, zu sehr aus dem Foto abgeschrieben, unter dem das Gedicht abgedruckt steht, und also ohne Bild nicht recht wirksam. (Auch mein Freund Theobald Tiger verfällt oft in diesen Fehler. Und das ist ein Fehler, wenn es sich um Vortragsstücke handelt.) Ein paar Gedichte sind glatt verhauen. Manches poltert; Erich Weinert hat auch leise Töne, von denen man hier nicht viel hört. Prasselnder Versammlungsbeifall ist gut; künstlerische Wirksamkeit kann besser sein.

Was absterben sollte, ist die blanke Elendsschilderung. Die Proletarier und Angestellten wissen, daß es ihnen schlecht geht und wie schlecht es ihnen geht. Zu zeigen sind Auswege. Und nun wieder nicht, wie die KPD in ihrer Verranntheit oft gemeint hat, gereimte Parteithesen, die viel, viel unwirksamer sind als die Funktionäre glauben. Gewiß muß man die Linie innehalten, das ist schon richtig. Doch was wollen diese Gedichte? Den deutschen Grundfehler wiederholen? Schon Bekehrte bekehren? Das ist überflüssig. Wer das Parteibuch bereits hat, will zwar gestärkt werden — der Schwerpunkt aber liegt anderswo.

Er liegt in der politischen Beeinflussung der Schwankenden. Und auf deren Seelenzustand ist Rücksicht zu nehmen. Missionare müssen indianisch lernen — mit lateinisch bekehrt man keine Indianer.

Das Bändchen ist ein Versuch; es ist ein Weg aufwärts spürbar. Seltsam ist nur, wie wenig Arbeiter unter den Verfassern vertreten sind; jeder Redakteur dieser Richtung weiß ja, wie kleinbürgerlich fast alle von Proletariern eingesandten Verse sind, wie wenig ursprünglich, wie angelesen. Schade — hier wäre ein Feld.

Hoffentlich schaffen es die Agitproptruppen. Das beste Gedicht scheint mir aus deren Bereich jene *‹Proletarische Selbstkritik›* von Willi Karsch zu sein; ein Volltreffer. Das sitzt. Erste Strophe:

Vier Treppen links im Hinterhause
als Oberhaupt und Haustyrann
herrscht der Familienvater Krause
und sieht sich seine Bude an:
Een Haufen Nipps, — der Schönheit wejen —
zwee Engel überm Ehebett
mit joldbesticktem Morjensejen
und eene Venus im Klosett.
Und neben Militärandenken
mit schönem schwarzweißrotem Band
und Hochzeits- und Vereinsjeschenken
hängt einsam Lenin an der Wand.
  Bloß wenn er an der Theke steht,
  ist Krause Sozialist:
  da schwitzt er Klassenkämpfertum
  und schimpft uff Bürgermist.
  Sonst frißt er sich ne Plauze ran,
  ist fromm und gottergeben ...
Doch kommts nicht auf die Schnauze an,
ihr müßt auch danach leben!

Es gibt keinen Erfolg ohne Frauen. Das Bändchen wendet sich endlich auch an sie, und wenn ihr einem oder einer eine kleine Weihnachtsfreude machen wollt ...

Soweit war diese Kritik gediehen, als dem Neuen Deutschen Verlag ein Zettelgen ins Haus flatterte: auf dem standen gar viele Zahlen. Es war aber kein Kurszettel, sondern ein Schreiben des Berliner Polizeipräsidiums, das die *‹Roten Signale›* beschlagnahmt hat.

«... weil die Regierung und die Justiz und die Religionsgesellschaften und ihre Einrichtungen beschimpft und böswillig verächtlich gemacht werden, und weil außer diesen Stellen die ganze Tendenz der Druckschrift dahin geht, die Leser der Druckschrift aufzuhetzen und für einen politischen Umsturz reif zu machen.» Und ich hatte geglaubt, das täte der Hunger.

‹Illustrierter Beobachter›, ein Naziblatt:

«SA marschiert, Sturmbann VII/5 bei der Arbeit.» Dazu Bilder: «Sturmbannerführer R. — Besichtigung des Radfahrersturms durch seinen Führer. — Besichtigung durch den Standartenführer in Neustadt i. Sa. — Bild links: Vereidigung des Sturmbannes VII/5.»

Was ist das —?

Das ist ein harmloser Radfahrerverein, und der wird erlaubt. Und Rotfront ist verboten.

Beleidige die ‹breslauer Juden›, du kannst es ungestraft tun. Kritisiere ‹Soldaten› — du kannst es nicht tun. Sag: Schwangere werden gequält, Gefangene geschunden; nicht immer sind alle schuldig, die da schuldig gesprochen werden — du darfst es nicht sagen. Sag: «Die Reichswehr . . .», und du bist auf alle Fälle schuldig; sei es, daß du sie pazifistisch nennst, sei es, daß du sie nicht pazifistisch nennst — du sollst den Namen deines Gottes überhaupt nicht nennen, und dieser Satz ist nun wahrscheinlich eine Gotteslästerung.

Der Regierungsrat, der das hier mit zusammengekniffnen Lippen und einem fiskalischen Bleistift in der bezaubernden Hand liest, er senke den Bleistift. Unsre Arbeit ist getan. Niemand braucht mehr aufgehetzt, niemand für den politischen Umsturz reif gemacht zu werden.

— «Könnte man da nicht . . .?»

Nein, Herr Regierungsrat, man kann, aber man könnte nicht. Ich habe nichts gesagt. Haben Sie was gesagt?

Einheitsfront der Arbeiter und Angestellten — wo bist du —?

DIE SERIÖSEN

Wenn dir ein ernster Kaufmann spricht:
so hör ihn nicht! so hör ihn nicht!
Er spricht dir von den schweren Zeiten,
von Wirtschaft und Notwendigkeiten . . .
    Erst wird er fachlich. Und dann krötig.
    Der hats nötig —!

Ja, mit gepumptem Auslandsgeld,
da war sie schön, die deutsche Welt.
Da rauchten wirbelnd alle Essen,
da hatten sie die großen Fressen.
    Das Land war ihnen sehr erbötig . . .
    Die habens nötig.

Das Geld ist hin. Die Arbeit knapp.
Die Konjunktur sank tief herab . . .
    Wer sich und uns derart verwirrt hat;
    wer dauernd sich so oft geirrt hat;
    wer sich in allen schweren Tagen
    nur Pleiten holt und Niederlagen,

ein Heros der Finanz-Etappe –:
der erzähle uns nichts, sondern halte die Klappe!
1, 2, 3 –
am Zuchthaus glatt vorbei!
3, 2, 1 –
Was du dir nimmst, ist deins!
Von Tag zu Tag wird stets defekter
der Ruf vom Generaldirekter.
Was der uns predigt, darauf flöt ich.
Der hats nötig.

ÜBER DEN DÄCHERN

Über den Dächern
schwebt Rauch
und ein sanftes Gebimmel
klingt von den Türmen der Stadt.
Meine Sehnsucht fliegt in den Himmel.
Wie es durch das Fenster zieht . . .!

Wozu arbeiten?
Wozu tätig sein?
Wozu in die Versammlungen gehn?
Ich habe nur meine beiden Hände.
Was steht am Ende –?
Das habe ich an Vater gesehen.
Wie es durch das Fenster zieht . . .!

Diese Dachkammer hat der alte Mann.
Dafür fünfundfünfzig Jahre
Arbeit, keinen Tag Urlaub,
Sorgen und graue Haare.
Meine Gedanken hängen am Horizont –

Wo ist unser Glück . . .?
Und da kommen plötzlich alle meine Gedanken zurück.
Gleich springe ich auf die Beine
und werfe die Arme um den Leib,
weil mich friert . . .
Ich bin nicht mehr allein.

Wir sind stark, wenn wir zusammenhalten:
die Starken und Schwachen, die Jungen und Alten.

Wenn nur der Wille fest bleibt und unsere Partei.
Da bin ich dabei.
Noch einmal sehe ich über die Stadt
und die Dächer ...
Schon mancher hat mit trocken Brot und armseligem Essen
in so einer zugigen Dachkammer gesessen.
Mancher, der nachher ein Reich erobert hat.

DIE LEIBESFRUCHT SPRICHT

Für mich sorgen sie alle: Kirche, Staat, Ärzte und Richter.

Ich soll wachsen und gedeihen; ich soll neun Monate schlummern; ich soll es mir gut sein lassen — sie wünschen mir alles Gute. Sie behüten mich. Sie wachen über mich. Gnade Gott, wenn meine Eltern mir etwas antun; dann sind sie alle da. Wer mich anrührt, wird bestraft; meine Mutter fliegt ins Gefängnis, mein Vater hintennach; der Arzt, der es getan hat, muß aufhören, Arzt zu sein; die Hebamme, die geholfen hat, wird eingesperrt — ich bin eine kostbare Sache.

Für mich sorgen sie alle: Kirche, Staat, Ärzte und Richter.

Neun Monate lang.

Wenn aber diese neun Monate vorbei sind, dann muß ich sehn, wie ich weiterkomme.

Die Tuberkulose? Kein Arzt hilft mir. Nichts zu essen? keine Milch? — kein Staat hilft mir. Qual und Seelennot? Die Kirche tröstet mich, aber davon werde ich nicht satt. Und ich habe nichts zu brechen und zu beißen, und stehle ich: gleich ist ein Richter da und setzt mich fest.

Fünfzig Lebensjahre wird sich niemand um mich kümmern, niemand. Da muß ich mir selbst helfen.

Neun Monate lang bringen sie sich um, wenn mich einer umbringen will.

Sagt selbst:

Ist das nicht eine merkwürdige Fürsorge —?

1932

DER FLOH

Im Departement du Gard – ganz richtig, da, wo Nîmes liegt und der Pont du Gard: im südlichen Frankreich – da saß in einem Postbüro ein älteres Fräulein als Beamtin, die hatte eine böse Angewohnheit: sie machte ein bißchen die Briefe auf und las sie. Das wußte alle Welt. Aber wie das so in Frankreich geht: Concierge, Telefon und Post, das sind geheiligte Institutionen, und daran kann man schon rühren, aber daran darf man nicht rühren, und so tut es denn auch keiner.

Das Fräulein also las die Briefe und bereitete mit ihren Indiskretionen den Leuten manchen Kummer.

Im Departement wohnte auf einem schönen Schlosse ein kluger Graf. Grafen sind manchmal klug, in Frankreich. Und dieser Graf tat eines Tages folgendes:

Er bestellte sich einen Gerichtsvollzieher auf das Schloß und schrieb in seiner Gegenwart an einen Freund:

Lieber Freund!

Da ich weiß, daß das Postfräulein Emilie Dupont dauernd unsre Briefe öffnet und sie liest, weil sie vor lauter Neugier platzt, so sende ich Dir anliegend, um ihr einmal das Handwerk zu legen, einen lebendigen Floh.

Mit vielen schönen Grüßen — Graf Koks

Und diesen Brief verschloß er in Gegenwart des Gerichtsvollziehers. Er legte aber keinen Floh hinein.

Als der Brief ankam, war einer drin.

DAS LIED VON DER GLEICHGÜLTIGKEIT

Eine Hur steht unter der Laterne,
des abends um halb neun.
Und sie sieht am Himmel Mond und Sterne –
was kann denn da schon sein?
    Sie wartet auf die Kunden,
    sie wartet auf den Mann,
    und hat sie den gefunden,
    fängt das Theater an.

Ja, glauben Sie, daß das sie überrasche?
Und sie wackelt mit der Tasche – mit der Tasche,
    mit der Tasche,
    mit der Tasche –
Na, womit denn sonst.

Und es gehen mit der Frau Studenten,
und auch Herr Zahnarzt Schmidt.
Redakteure, Superintendenten,
die nimmt sie alle mit.
    Der eine will die Rute,
    der andre will sie bleun.
    Sie steht auf die Minute
    an der Ecke um halb neun.
Und sie klebt am Strumpf mit Spucke eine Masche . . .
und sie wackelt mit der Tasche – mit der Tasche,
    mit der Tasche,
    mit der Tasche –
Na, womit denn sonst.

Und es ziehn mit Fahnen und Standarten
viel Trupps die Straßen lang.
Und sie singen Lieder aller Arten
in dröhnendem Gesang.
    Da kommen sie mit Musike,
    sie sieht sich das so an.
    Von wegen Politike . . .
    sie weiß doch: Mann ist Mann.
Und sie sagt: «Ach, laßt mich doch in Ruhe –»
und sie wackelt mit der Tasche – mit der Tasche –
    mit der Tasche –
    mit der Tasche . . .
Und sie tut strichen gehn.
    Diese Gleichgültigkeit,
    diese Gleichgültigkeit –
die kann man schließlich verstehn.

FRÄULEIN NIETZSCHE

Vom Wesen des Tragischen

> Zwei Hamburgerinnen kamen einst aus dem Thalia-Theater, nach einer Aufführung von ‹*Kabale und Liebe*›.
> Da blieb die eine auf der Treppe stehn, überdachte den Inhalt des Stücks und sprach: «Gott! Was Missvers-tändnisse –!»

«Kenn Sie Nietzschken?» fragt einer in der Komödie ‹*Sozialaristokraten*› von Arno Holz. Es gibt Namen, die werden durch Hinzufügung eines einzigen Buchstabens komisch. Es ist wie die Möglichkeit einer magischen Rache; mit dem Namen Goethe kann man dergleichen nicht machen.

Neulich stand hier einmal ein Nadelstichlein gegen Elisabeth Förster-Nietzsche ... nein, nicht einmal gegen sie, sondern gegen das wahnwitzige Urheberrecht, das die Rechte des Geistes wie einen Käseladen vererbt. Mögen die Erben eines großen Schriftstellers Tantiemen schlukken; solange es ein Erbrecht gibt, ist das natürlich. Daß aber die meist inferioren Erben das Recht haben sollen, über hinterlassne ungedruckte Manuskripte des Erblassers frei zu verfügen, sie zu veröffentlichen oder nicht, und – was am schlimmsten ist – sie zu verfälschen: das ist ein unerträglicher Gedanke. Wonach werden sie ihre Entschließungen einrichten? Nach Familien-Interessen, was in den meisten Fällen etwa dem Gedankengang entsprechen wird: «Es darf doch nicht an die Öffentlichkeit kommen, daß Max mit Truden ein Verhältnis gehabt hat»? Von den politischen Überzeugungen dieser Kreise schon gar nicht zu reden. Und so bekommen wir in literarischen Nachlässen meist die Meinung von Onkel Oskar zu hören. Es ist, wie wenn Christiane Vulpius darüber zu entscheiden gehabt hätte, was von Goethe gedruckt werden sollte und was nicht.

Was hat das Nietzsche-Archiv mit Nietzsche getrieben! Das Archiv und seine Leute sind schuld daran, daß die Weltmeinung Nietzsche für einen der deutschen Kriegsanstifter gehalten hat, zu welcher Auslegung allerdings die Verschwommenheit seiner Diktion beigetragen hat. Dieses Archiv ist ein Unglück.

Man schrieb mir von dort, meine Sätze über Frau Förster-Nietzsche seien durch Tatsachen widerlegbar; dem Brief waren einige Drucksachen und einige mäßig stilisierte Beschimpfungen angefügt. Ich habe beides ad acta gelegt. Daß Frau Förster-Nietzsche Briefe und Manuskripte ihres Bruders vergeblich mehreren Universitäten angeboten hat, beweist nichts gegen das, was sie später mit diesen Skripturen getrieben hat. Was hat sie getrieben —?

Man lese das in den beiden Nietzsche-Publikationen E. F. Podachs nach: ‹*Nietzsches Zusammenbruch*› (erschienen bei Niels Kampmann in Heidelberg) und ‹*Gestalten um Nietzsche*› (erschienen bei Erich Lichtenstein in Weimar).

Von zwei Dingen soll hier kaum gesprochen werden.

Nicht von dem tiefen Gegensatz, der zwischen Nietzsche und seiner Schwester bestand und bestanden haben muß: viele, viele Briefstellen zeigen ihn auf. Die Frau hat den Kranken sicherlich aufopfernd gepflegt; in Briefen an Freunde schreibt jeder einmal harte Worte über seine Familie ... das geht die Öffentlichkeit zunächst nichts an. Ernster wird das schon, wenn eben dieselbe Schwester, über die der Bruder gestöhnt, geschimpft und gejammert hat, sich als seine geistige Testamentsvollstreckerin aufspielt. Und noch ernster wird es, wenn sich die Frau des Rauschebarts Bernhard Förster, eines Radauantisemiten, der die Urwälder Südamerikas durchbrüllen wollte, aber nur Pleite machte — wenn sie sich anmaßt, ihren Bruder im Sinne muffiger Familientradition zu monopolisieren, wie sie es jahrzehntelang beinah ungestraft hat tun können. Sie hat aus guten Gründen den Gegensatz zwischen sich und dem Bruder verhüllt; sie mußte es tun.

Sie hat, zweitens, versucht, die wahrscheinliche Ursache der Krankheit Nietzsches, die Peter Gast oft beim Namen genannt hat, zu verhüllen; das mag verständlich sein. Damals galt Syphilis noch als eine Schande, man sprach nicht gern davon, hatte sie infolgedessen häufiger als heute ... die Tricks der ehemaligen Archivleiterin waren armselig, Spirochäten der Tugend wimmelten durch die heiligen Hallen, und es war recht kindisch. Die Herren Gegner, die ihren geistigen Wassermann an dem großen Toten ausprobierten, waren auch nicht erquicklicher — gehen wir über diesen Streit der verschieden gefärbten Bürger zu wichtigerem über.

Unerträglich bleiben die grauenvollen Predigttexte der Schwester, die dem Werk Nietzsches voranprangten, das herzinnige und neckischheroische Geschwafel einer im Irrgarten der Philosophie herumtaumelnden Dame. Schwesternliebe —? Erzählt doch nichts! Wie ganz anders klingt das, wenn zum Beispiel die Mutter spricht. Die begriff ihren Sohn zwar auch nicht, doch wie elementar und rührend ist sie!

Nietzsche hat einmal geschrieben:

> Du liefst zu rasch:
> jetzt erst, wo du müde bist,
> holt dein Glück dich ein —

Die Mutter, die dies aus der Handschrift entzifferte, setzte hinzu: «Ja, er ist zu rasch gelaufen in seinem ganzen Leben, das liebe, liebe Kind!» — Ich habe etwas Ähnliches mit der Mutter von Toulouse-

Lautrec erlebt. Mütter brauchen nicht studiert zu haben, um ihr Kind zu verstehen. Sie lieben.

Viele Nietzsche-Forscher klagen darüber, daß das Archiv es ihnen nicht leicht gemacht habe. Sie bekommen nicht alles zu sehn — vielleicht schon deshalb nicht, weil gar nicht mehr alles da ist. Fräulein Nietzsche, wie die ehemalige Leiterin in den alten Briefen genannt wird, hat aus ihrem Bruder mit Gewalt das machen wollen, was sie an ihm begriff — und viel war das nicht. Schaden genug hat sie durch schiefe Auswahl, durch einseitige Heranziehung von Mitarbeitern und durch Züchtung einer Schar verzückter Adepten angerichtet. Sie gibt auch zu, Teile des ‹*Ecce homo*› vernichtet zu haben, sie erschienen ihr krankhaft. Und so gesund wie der Urwaldteut Bernhard Förster aus Bayerisch-Wallhall waren sie ja wohl nicht. Doch wer hat sie danach gefragt? Wir wollen nicht die Werke Lieschen Försters, sondern die Werke Friedrich Nietzsches lesen. Ich kann mir denken, daß eine Schwester gewisse Schriften ihres Bruders für dreißig Jahre in den Schrein legt ... was aber bedeutet ihre dreiste Kritik? Dieses Urheberrecht ist eine Schande.

Nun trägt Fräulein Nietzsche die Schuld nicht allein.

Seid mißtrauisch, wenn sich um einen Künstler weibliche und männliche alte Jungfern scharen! «Wir schaffen erst die Luft, in der das Werk des Künstlers ...» ich weiß schon. Theodor Fontane hat einmal gesagt: Mir sind Erzähler von Gespenstergeschichten sehr suspekt, die erst die Lampen herunterschrauben und die Tür verschließen, damit kein mit Apfelsinensalat eintretendes Dienstmädchen die Pointe verdirbt — und er hat sehr recht gehabt. Aufgeblähtes Mittelmaß braucht sein Bayreuth; ein Großer kann auf einem offenen Markt wohl deplaciert wirken, aber auf die Verstehenden wirkt er überall. Nur Schwächlinge tun esoterisch. Seid mißtrauisch! Denn es kristallisiert sich ja um einen Kern stets was? Das ihm Wesensverwandte. Eine Bach-Gemeinde von tobsüchtigen und augenverdrehenden Narren ist nicht denkbar. Schon um George qualmt und schwärmt es verdächtig; was sich um das Nietzsche-Archiv gruppiert hat, ist eine Bitternis.

Podach zeigt sehr gut, was Peter Gast für Nietzsche gewesen ist. Er war ihm ein Freund, der sich seiner zweiten Rolle stets bewußt gewesen ist. Nun liebte Nietzsche die Draperie; zum Teil war er selbst eine. Ein merkwürdiges Parfum weht da herüber.

Peter Gast hieß gar nicht Peter Gast; er hieß, so leid es mir tut, Köselitz. Warum soll einer nicht Köselitz heißen? Daß er aber auch ein Köselitz gewesen ist, zeigt seine Kriegshaltung. Der Mann ist im Jahre 1918 gestorben, hat also die große Zeit, wo die Franzosen ohne den ‹*Faust*› im Tornister den Krieg gewonnen haben, noch miterlebt. Der Dreck, den Gast damals unter Musik setzte; seine Briefe, aus denen die Kriegsbegeisterung eines nicht eingezogenen Mannes über fünfundvierzig schäumt, quillt und mit Verlaub zu sagen herausbricht —: also für Nietzsche spricht ein solcher Freund kaum. Aber Nietzsche wollte keinen Köselitz sehn, sondern nur einen Peter Gast; so wie Stefan George von seinem ersten Mäzen Karl August Klein ums Verrecken nicht anders als von «Carl August» spricht. Nehmen Sie klassisch — das hebt Ihnen.

Was nun vor allem aus diesen beiden sehr lehrreichen Büchern Podachs hervorgeht, ist die Aufblähung aller Ereignisse und Menschen, auf die Nietzsche traf. Fast alles hat in diesem Leben einen fetten Anilinglanz; vieles ist um drei Nummern zu groß, es schlappt um den Philosophen herum ... und wenn man genauer hinsieht, war es alles halb so schlimm. Nietzsche hat Freunde gehabt, die seinem Flug nicht zu folgen vermochten, doch sahen sie, in welcher Weise er flog. «Der Philister», sagt Hebbel, «hat manchmal recht, aber nie in den Gründen.»

Zerwürfnisse und Freundschaften, Auseinander und Zueinander ... sie sind von Nietzsche stets behandelt worden wie kleine Weltgeburten und größere Weltuntergänge. Das meiste wurde überwertig aufgefaßt, maßlos überhitzt, bis zur klaren Lüge. Von der verlognen Unklarheit ganz zu schweigen. Man lese etwa jene bekannte Vita, die Nietzsche an Brandes geschickt hat:

> «Vita. Ich bin am 15. Oktober 1844 geboren, auf dem Schlachtfelde von Lützen. Der erste Name, den ich hörte, war der Gustav Adolfs. Meine Vorfahren waren polnische Edelleute (Niezky); es scheint, daß der Typus gut erhalten ist, trotz dreier deutscher ‹Mütter›. Im Auslande gelte ich gewöhnlich als Pole; noch diesen Winter einzeichnete mich die Fremdenliste Nizzas comme Polonais. Man sagt mir, daß mein Kopf auf Bildern Matejkos vorkomme. Meine Großmutter gehörte zu dem Schiller-Goetheschen Kreise Weimars; ihr Bruder wurde der Nachfolger Herders in der Stellung des Superintendenten Weimars.
>
> ... Von Ostern 1869—1879 war ich in Basel; ich hatte nötig, mein deutsches Heimatrecht aufzugeben, da ich als Offizier (reitender Artillerist) zu oft einberufen und in meinen akademischen Funktionen gestört worden wäre. Ich verstehe mich nichtsdestoweniger auf zwei Waffen: Säbel und Kanonen — und vielleicht noch auf eine dritte ... Auch bin ich, meinen Instinkten nach, ein tapferes Tier, selbst ein militärisches.»

Dazu Erwin Rohde am 10. April 1890:

> «Seltsam ist, daß er (Brandes) als Personalnotizen z. T. Sachen bringt, die an Nietzsches kranke Einbildungen unmittelbar vor dem Ausbruch des Übels erinnern: so die Sage von den ‹polnischen Edelleuten› (die dann protestantische Pastoren werden!), die eigentümliche Wichtigkeit, die der Artilleriedienst angeblich in Nietzsches Leben gehabt haben soll (woran ja tatsächlich gar nichts ist: er

wurde nach einem gefährlichen Sturz mit dem Pferde als Invalide entlassen, und damit war es aus).»

Gegen das geblähte Pathos der Vita gehalten, ist solche Briefstelle gradezu erfrischend. Der Berliner Nicolai vermochte gegen den Werther nichts, aber es gibt Darsteller ihres eignen Lebens, denen der Zuruf gut täte, der einst von der Galerie des berliner Schauspielhauses einer Lady Macbeth entgegenscholl, als sie unvorsichtig mit einer Kerze umging: «Macbethn, Sie drippen ja!» Nietzsche drippte.

Für diese Erkenntnis leistet ein Heft der *‹Süddeutschen Monatshefte›*, die ich nur mit äußerster Überwindung zitiere, gute Dienste. Josef Hofmiller, einst ein guter Europäer, heute ein guter Bayer, bringt reichliches und authentisches Material. So wenn er erzählt, wie Brandes einmal an Nietzsche vier Adressen gab: Strindberg, die Witwe Bizets, die Fürstin Tenischeff, den Fürsten Urussow. Darauf Nietzsche:

«Ich habe meine Leser überall, in Wien, in St. Petersburg, in Kopenhagen und Stockholm, in Paris, in New York.» In jeder Stadt einer, zusammen sechs, fügt Hofmiller mit Recht hinzu.

Schon manche Freunde Nietzsches haben ihn gut erkannt, sehr gut Erwin Rohde. Wieviel Ressentiment da im Spiel gewesen ist, mögen andre untersuchen, und es ist Ressentiment im Spiel gewesen. Was aber geschieht auf der Welt ohne das! Für Rohde war Nietzsche eine Art Mahnung an ein Leben, das Rohde ersehnt hat, aber zu leben nie gewagt hatte, vielleicht hätte er es auch gar nicht können, und darum blendet manchmal ein Strahl Haß auf; es gibt solche Freundschaften.

Rohde über *‹Jenseits von Gut und Böse›*: «Dabei ist mir die ewige Ankündigung ungeheurer Dinge, haarsträubender Kühnheiten der Gedanken, die dann, zu langweiliger Enttäuschung des Lesers, gar nicht kommen – das ist mir unsagbar widerwärtig.» Und später: «Alles rinnt einem wie Sand durch die Finger.» So ist es.

Rohde stand mit dieser Beurteilung nicht allein. Man beschimpfe solche Kritiker nicht, etwa dadurch, daß man sie als Spießer abtut – sie waren es nicht.

Auch Karl Hillebrand war keiner. Dieser Hillebrand, der einst in Paris Sekretär Heinrich Heines gewesen war, schreibt am 16. September 1883 über den *‹Zarathustra›*:

> «Ich schrieb ihm (Nietzsche) sofort ein paar Zeilen nach Rom, wo er sich grade aufhielt, und dachte, sein Büchlein mit auf die Reise zu nehmen; aber meine Frau hatte es, in ihrer Weise, versteckt, weil sie fürchtete, es möchte mich aufregen. Das tats nun gar nicht. Ich finde wirklich Bewundernswertes, gradezu Großes darin; aber die Form läßt keine rechte Freude aufkommen. Ich hasse das Aposteltum und die Apostelsprache; und gar diese Religion, als der Weisheit letzter Spruch, bedarf der Einfachheit, Nüchternheit, Ruhe im Ausdruck.»

Der falsche Klang auf der Orgel des Philosophen ist gut herausgehört; es gibt auch Klangreichtum aus Schwäche.

Fräulein Nietzsche hat den Bruder verniedlicht – es rächte sich bitter.

Einige Analphabeten der Nazis, die wohl deshalb unter die hitlerschen Schriftgelehrten aufgenommen worden sind, weil sie einmal einem politischen Gegner mit dem Telefonbuch auf den Kopf gehauen haben, nehmen Nietzsche heute als den ihren in Anspruch. Wer kann ihn nicht in Anspruch nehmen! Sage mir, was du brauchst, und ich will dir dafür ein Nietzsche-Zitat besorgen. Bei Schopenhauer kann man das nicht ganz so leicht; man kann es gar nicht. Bei Nietzsche ...

Für Deutschland und gegen Deutschland; für den Frieden und gegen den Frieden; für die Literatur und gegen die Literatur – was Sie wollen. Wir wollen aber gar nicht.

Podach hat das große Verdienst, trotz den Verneblungsversuchen des Archivs die Gestalt Nietzsches klar hervortreten zu lassen. Und je klarer sie hervortritt, um so klarer wird:

Ein großer Schriftsteller mit großen literarischen Lastern. Ein schwacher Mensch. Ein verlogener Wahrheitssucher: ein Freund der Wahrheit und ein Schwippschwager der Lüge. Ein Jahrhundertkerl, der in seiner etwas kokett betonten Einsamkeit gewaltige Prophezeiungen niedergeschrieben hat. Aber grade das, um dessentwillen er heute so tausendfältig zitiert wird, grade das kann ich nicht finden, dieses eine nicht: Kraft nicht.

Kraft –? Er prahlt mit der Kraft, er protzt mit ihr, er stellt den Gipsabguß eines Bizeps ins Schaufenster. Geh nicht in den Laden; das Aushängeschild ist seine ganze Ware, mehr hat er nicht. Es ist einmal davon die Rede gewesen, daß jener Satz: «Wenn du zum Weibe gehst ...» auch so aufgefaßt werden könnte, daß der Frauenbezwinger einen Wagen zieht, auf dem peitschenschwingend die Frau, eine Frau seines Lebens, steht ... dieser Nietzsche wäre, tausend Grade tiefer, ein treuer Kunde der Salons gewesen, in denen ältere Bankdirektoren von stellungslos gewordenen Nähmädchen für gutes Geld ungeheure Prügel beziehen. Er hat aus der Sehnsucht nach der Peitsche eine Weltanschauung gemacht.

Er war für die Entfaltung von Kraft sehr empfindlich, aber er hatte keine, der flotte Manische. Ein berauschtes Gehirn. Kein trunknes Herz. In einem Teil seines Wesens auch er: Fräulein Nietzsche.

Unterdrückte Stellen und verbrannte Briefe; verloren gegangne Karten und nicht mehr auffindbare Zettel ... und das alles, weil das Urheberrecht die Verfügung über Chaotisches Tante Minchen anheimgibt. Die Unterschrift, mit der die Mutter Nietzsches die Urheberrechte auf die Tochter übertragen hat, ist ihr, wie geschrieben steht, «blutsauer» geworden. Dann war da noch der Doktor Langbehn, ein Schweißfuß und Nebelkönig, der drauf und dran war, sich der Person und der Werke Nietzsches zu bemächtigen ... um ein Haar ist das vorübergegangen. Solchen Zufällen sind die postumen Werke Geistiger ausgesetzt.

Frau Förster-Nietzsche aber versinkt im Dunst ihrer billigen Opferschalen. Wenn ihr Mißwirken zur Folge haben sollte, daß es keinem braven Familienvater und keiner Tante Minchen mehr möglich sein wird, wie heute noch im Falle Oskar Panizza, ungedruckte Handschriften für immer zu unterdrücken —: dann ist ihr Leben nicht umsonst gewesen, und wir dürfen der alten Dame herzlichst danken.

EUROPA

Am Rhein, da wächst ein süffiger Wein —
der darf aber nicht nach England hinein —
Buy British!
In Wien gibt es herrliche Torten und Kuchen,
die haben in Schweden nichts zu suchen —
Köp svenska varor!
In Italien verfaulen die Apfelsinen —
laßt die deutsche Landwirtschaft verdienen!
Deutsche, kauft deutsche Zitronen!
Und auf jedem Quadratkilometer Raum
träumt einer seinen völkischen Traum.
Und leise flüstert der Wind durch die Bäume ...
Räume sind Schäume.

Da liegt Europa. Wie sieht es aus?
Wie ein bunt angestrichnes Irrenhaus.
Die Nationen schuften auf Rekord:
Export! Export!
Die andern! Die andern sollen kaufen!
Die andern sollen die Weine saufen!
Die andern sollen die Schiffe heuern!
Die andern sollen die Kohlen verfeuern!
Wir?
Zollhaus, Grenzpfahl und Einfuhrschein:
wir lassen nicht das geringste herein.
Wir nicht. Wir haben ein Ideal:
Wir hungern. Aber streng national.

Fahnen und Hymnen an allen Ecken.
Europa? Europa soll doch verrecken!
Und wenn alles der Pleite entgegentreibt:
daß nur die Nation erhalten bleibt!
Menschen braucht es nicht mehr zu geben.
England! Polen! Italien muß leben!
Der Staat frißt uns auf. Ein Gespenst. Ein Begriff.
Der Staat, das ist ein Ding mitm Pfiff.
Das Ding ragt auf bis zu den Sternen –
von dem kann noch die Kirche was lernen.
Jeder soll kaufen. Niemand kann kaufen.
Es rauchen die völkischen Scheiterhaufen.
Es lodern die völkischen Opferfeuer:
Der Sinn des Lebens ist die Steuer!
Der Himmel sei unser Konkursverwalter!
Die Neuzeit tanzt als Mittelalter.

Die Nation ist das achte Sakrament –!
Gott segne diesen Kontinent.

ZOOLOGIE

Ein Borvaselinchen lief, von Gott gesandt,
durch deutsches Land.

Es glänzte fettig-hell im Sonnenscheine
und rührte emsig seine kleinen Beine.

Doch gestern morgen in der Abendstunde,
verschwand es still in Adolf Hitlers Munde.

Dieweil der Junge alle Welt befehdet,
hat er sich nämlich einen Wolf geredet.

Jetzt aber geht es schon bedeutend glatter.
Es kritzeln emsig die Berichterstatter.

Und einer lauscht, und er notiert:
«Der Tschörmen redet wie geschmiert.»

Da hat er recht. Uns bleibt nur dies Problem:
Geschmiert?
Von wem?

ZYNIKER

Auf meinem Nachttisch haben viele Bücher gelegen, in denen waren Schilderungen von Zeitungsredaktionen zu finden. Da ging es hoch her. Dideldumdei, bin nicht dabei, aber dies wäre zu sagen:

Die geschilderten zigarettenrauchenden und schnapstrinkenden Redakteure sind gar große Zyniker. Sie scheinen ihren Beruf nicht ernst zu nehmen. Sie hauen ihren Umbruch hin; sie streichen und sie schmieren, und was sie zu vermelden haben, ist ihnen, wie unser Feldwebel zu sagen pflegte, reißpipeneengal.

Ja, sollen denn Redakteure eine Zeitung wie einen Gottesdienst zelebrieren? Sind wir nicht, wenn wir klug sind, im Beruf allesamt Zyniker? Kann man einen Alltagsberuf, der in den meisten Fällen keine Berufung ist, anders ausüben als: aus dem Handgelenk, mit der Zigarette im Mundwinkel, routiniert, halb gleichgültig, halb interessiert ... ist das nicht überall so? Es ist überall so.

Wie wird denn operiert? Wie wird denn eingekauft? Wie werden denn Fahrpläne gemacht? Feierlich? Nur Dummköpfe sind im Beruf feierlich. Wer auch nur ein wenig Verstand hat, weiß, daß die Welt nicht von Heiligen bevölkert ist, und daß, wie Ludwig Marcuse in seiner Heine-Biographie so gut sagt, nur Heilige oder pekuniär unabhängige Menschen ganz kompromißlos leben können. Wodurch es sich denn vielleicht erklärt, daß sich mancher wohlhabende Literat als Heiliger aufspielt.

Daß Redakteure Zyniker sind, unterscheidet sie nicht von andern Leuten. Ach, wenn sie nur Zyniker wären ...! Im Grunde zeigt diese Kritik, daß der Kritiker die Zeitung überschätzt: er sieht in ihr die vom Himmel geflatterte Botschaft, die ihm Befehl und Gesetz ist — und nun ist er enttäuscht. Wie! Die himmlischen Heerscharen glauben nicht ganz und gar an das, was sie durch die Posaune blasen? Diese Zyniker!

Ganz abgesehen davon, daß der zynische Journalist immer noch angenehmer ist als der feierliche Zeitungsfachmann, der sich für das Zentrum der Welt hält, scheint mir eine solche Kritik nicht etwa unerlaubt — Berufsreligionen habe ich nie mitgemacht. Aber schief ist sie, diese Kritik.

Was ist denn der Redakteur? Ein Angestellter. Traurig genug, daß ers immer nur zu fühlen bekommt, es aber nicht recht wahr haben will. Wer macht die Zeitung? Der Herr Zyniker? Ach, du lieber Gott. Er macht nur den Umbruch.

Die Zeitung wird vom Verleger gemacht. Den sollte man kritisieren — nicht durchaus und durchum mit Betonklötzern bewerfen, aber einmal schildern, wie er ist. In seiner ewig schielenden Angst, die er für Witterung hält; in seiner Beeinflußbarkeit; in der Verflechtung seiner geschäftlichen Interessen mit denen andrer Leute ... ich höre immer: Korruption. In Deutschland wird nicht bestochen. In Deutschland wird beeinflußt. Und was in der Zeitung steht, ist nicht halb so wichtig wie das, was nicht drin steht.

Daß aber die Abfassung der Nachrichten über Feuersbrünste und Erdbeben von fettigen Witzen begleitet wird, ist noch lange nicht das schlimmste an der Zeitung. Diese Redaktionsschilderungen sind so alt wie die Zolaschen Romane; wir kennen das. Ich vermisse etwas andres. Nämlich ein Postulat.

Die Zeitung sollte geistigen Leuten gehören, die sich geschäftliche Mitarbeiter halten. Das Umgekehrte dürfte nicht ganz das richtige sein.

1372 FAHRRÄDER

Ein Polizeipräsidium ... das ist so ein muffiger Kasten mit langen Korridoren, mit unzählig vielen Türen, und alle Zimmer sind schlecht gelüftet, die Leute sind unfreundlich und man ist froh, wenn man wieder draußen ist. Ausnahmen gibt es vielleicht. Eine Ausnahme gibt es sicher: das ist das Polizeipräsidium in Kopenhagen.

Ein bezauberndes Stück Architektur. Ein Riesengebäude, das zwölfeinhalb Millionen Kronen gekostet hat; sauber, sachlich, einfach und praktisch. Es hat einen kreisrunden Hof, der zum schönsten gehört, was man sich denken kann. Wenn, wie man mir erzählt hat, der Geist der Verwaltung ebenso ist wie diese Architektur ... glückliches Dänemark!

Und in diesem Polizeipräsidium haben sie unten im Erdgeschoß die verlorenen Fahrräder eingesperrt. Da hängen sie. Kopenhagen, wie männiglich bekannt, ist die Stadt der Fahrräder; es soll Kopenhagener geben, die keines besitzen, aber das glaube ich nicht. Wenn die Kinder anderswo zur Welt kommen, schreien sie — in Kopenhagen klingeln sie auf einer Fahrradklingel. So viele Fahrräder gibt es da.

Im Polizeipräsidium hängen 1372 Fahrräder, alle mit dem Kopf nach unten, wenn das nicht ungesund ist! Alte und junge, fröhliche und traurige, auch die Kinderabteilung: da hängt ein kleiner ‹Roller›, mit dem die Kinder spielen, und drei Motorräder sind auch da. Alles das wird monatlich einmal verauktioniert.

«Ja, holen sich denn die Leute ihre Räder nicht ab?» — «Nein», sagt der dicke Mann vom Präsidium, «viele nicht. Sie kaufen sich einfach ein neues. Ein Fahrrad, was ist denn das!» In Kopenhagen scheint es den Wert eines Zahnstochers zu haben.

Die langen Räume des Polizeipräsidiums, in denen die Fahrräder hängen, erinnern an einen Hundezwinger. Verlaufene Räder ... ich rühre eines an, leise dreht sich das Vorderrad ... wem gehörst du? Schade, daß Fahrräder nicht mit dem Schwanz wedeln können.

So ein Rad bringt nachher auf der Auktion nicht viel ein, zwanzig Kronen etwa. Dafür kann man es schon wieder verlieren.

Wenn man es aber nicht verliert, dann fährt man damit, und in Kopenhagen kann man sich für sein Fahrrad Luft kaufen. Wie bitte? Luft kaufen, ganz richtig. Der Fahrradmann geht an eine automatische Pumpe, wirft fünf Öre hinein und pumpt sein Rad voll. Das trinkt und dann rollt es vergnügt weiter. So ein Land ist das.

Da hängen sie. Alle an langen Gestellen, und sie sind doch so verschieden voneinander. Manche sehen zornig aus, manche heiter, manche schlafen. Man müßte Andersen bitten, hier einen Nachmittag lang herumzugehen — was gäbe das für ein hübsches Märchen! Ob Fahrräder lebendige Junge bekommen?

Da hängen sie. Sauber und freundlich ist es, praktisch und vernünftig eingerichtet. Schade, daß in den Staaten der Welt nicht alles so gut funktioniert wie die Fundbüros. Es wäre eine Freude, zu leben. Hundert Meter weiter, im selben Haus, werden Menschen aufbewahrt: Untersuchungsgefangene. Und das sieht dann gleich ganz anders aus. Mit 1372 Fahrrädern ist eben leichter fertig zu werden als mit vier lebendigen Menschen.

Wenn Sie aber nach Kopenhagen kommen, dann versäumen Sie nicht, sich das Polizeipräsidium anzusehen. Man wird es Ihnen gern zeigen und Sie werden an Paris denken müssen: an jene staubige Festung auf der Cité, wo geronnener Angstschweiß an den Wänden klebt und wo man Ihnen einen Unterricht in französischer Unhöflichkeit gibt, einer sehr seltenen Sache, daher wird sie den Fremden auch zuerst gezeigt.

Ja, Kopenhagen ... Ob Fahrräder schwimmen können? Es wäre ja denkbar, daß die 1372 eines Nachts ausbrächen, dann rollen sie mutterseelenallein durch die Stadt, an den Hafen, stürzen sich ins Wasser, durchschwimmen die See, von der ich nie lernen werde, wie sie heißt: Kattegat oder Großer Belt oder Kleiner Belt, und dann fahren sie dahin, nach dem Festland, wo sie gleich in eine politische Partei eingereiht werden. Am nächsten Morgen kommt der dicke Mann in den Fahrradzwinger, findet ihn leer und kratzt sich hinter den Ohren. Am Abend sind alle Fahrräder wieder da: es hat ihnen drüben nicht gefallen.

Das kann man keinem verdenken. Grüß Gott, Kopenhagen ...!

SCHNIPSEL

Jakubowski war ein blutiger Laie.

Prophezeien? Prophezeien kann ungestraft jeder. Es genügt schon, daß mans tut. Zu stimmen braucht nachher nichts, denn es blättert ja keiner zurück. Die Prophezeiung ist, genau wie das geschäftliche Urteil über Kunstwerke, ein Wechsel, der auf die Zukunft gezogen ist. Es fragt sich, wer zieht. «Aber Rothschild hat doch gar nicht unterschrieben!» sagt jener in der Anekdote, wo einer einen solchen Wechsel unterbringen will. «Eine Unterschrift wollen Sie bei Rothschild auch noch?» erwidert der andre. In Erfüllung gehen sollen Prophezeiungen auch noch?

Man sage in seherischem Tonfall dummes Zeug, und man wird eines gewissen Erfolges nicht entraten.

KPD. «Schade, daß Sie nicht in der Partei sind – dann könnte man Sie jetzt ausschließen!»

Man achte immer auf Qualität. Ein Sarg zum Beispiel muß fürs Leben halten.

Du mußt über einen Menschen nichts Böses sagen. Du kannst es ihm antun – das nimmt er nicht so übel. Aber sage es ihm nicht. Er ist in erster Linie eitel, und dann erst schmerzempfindlich.

«Muß denn immer gleich von Liebe die Rede sein?» – Ja.

Nichts verächtlicher, als wenn Literaten Literaten Literaten nennen.

«In unsrer Zeit ...» sagen die Leute, und sind sehr stolz darauf. Das klingt oft wie: «Bei uns in Tuntenhausen ...» Es gibt Kleinstädter, und es gibt Kleinzeitler. Das Wort ‹heute› wird zu oft gebraucht.

Wenn wir einen Menschen, der sich unbeobachtet glaubt, langsam und mühselig-genußvoll in der Nase bohren sehn, so versetzt uns dieser Anblick in eine kribblige, eigentümliche Wut. Man möchte ihm auf die Finger hauen, diesem unerzogenen Rüpel ... nun hör doch schon endlich auf ... na, Gottseidank!

Selber popeln macht fett.

Bei einem französischen Theaterautor, A. Achaume, steht eine herrliche Szene vom Wahnwitz der Maschinenherrschaft.

Ein Mann empfängt einen andern. «Bitte, nehmen Sie Platz! Was führt Sie her?» Und bevor der andre zu Worte kommen kann, sagt der erste: «Einen Augenblick mal!» und telefoniert. Und telefoniert und telefoniert...

Das habe ich auch geschrieben. Aber die Pointe wäre mir nie eingefallen:

Der Besuch steht auf und schickt sich an, zu gehn. «Aber bitte», sagt der Mann mit dem Hörer in der Hand. «Einen Augenblick doch nur ...»

«Nein», sagt der Fremde. «Wissen Sie was? Ich rufe Sie an.»

Die unleidliche Gewohnheit, Besuchern etwas vorzutelefonieren, ist selten witziger glossiert worden.

Er war eitel wie ein Chirurg, rechthaberisch wie ein Jurist und gutmütig wie ein Scharfrichter nach der Hinrichtung.

Es gibt Schriftsteller, die können sich viel vorstellen. Aber daß sie einmal nicht dabei sind, das können sie sich nicht vorstellen. In vielen Läden der Literatur herrscht heute großer Rumor, die Chefs nehmen das Inventar auf und blasen den Staub von den alten Stücken. «Frollein, da müssen doch noch ein paar nationale Sachen am Lager sein ...» Das Fräulein kramt sie hervor; wenn man sie etwas abputzt, sind sie noch wie neu, und bald wird – keine Sorge, ihre Lieben! – frische Ware hereinkommen. «Wir haben das nämlich immer geführt.» Nur nicht isoliert bleiben! Ein guter Bankier geht jeden Tag zur Börse, das ist das halbe Leben.

Kerle wie Mussolini oder der Gefreite Hitler leben nicht so sehr von ihrer eignen Stärke wie von der Charakterlosigkeit ihrer Gegner.

Um mich herum verspüre ich ein leises Wandern. Sie rüsten zur Reise ins Dritte Reich.

Frank Thiessens Geschreibe ist wie Musik: der Hörer darf sich alles mögliche dabei denken, ist imstande, nachher gebildet darüber zu sprechen, und es verpflichtet zu gar nichts.

Wenn man sich entmaterialisieren könnte —: ich wollte wohl einmal Hitlern als Gespenst erscheinen. Aber in welcher Gestalt? Das beste wird sein: als Briefmarke. Es gäbe da manche Möglichkeiten.

HISTORISCHES

Vor einiger Zeit habe ich hier das schöne Denkmal am Deutschen Eck, in Koblenz, geschildert; der selige Kaiser Wilhelm der Erste ist dort zu Stein zusammengehauen, und ich hatte mir erlaubt, solches einen gefrorenen Mist zu nennen. Darob große Entrüstung bei den Kleinbürgern des Nationalismus. Es hagelte Proteste, ich spannte keinen Regenschirm auf, und soweit gut. Da sind übrigens manche Gruppen der jungen Nationalisten vernünftiger: die können wenigstens Barlach von jenem wilhelminischen Kram unterscheiden. Und diese, aber nur diese, fühlen, daß Wilhelm ein unglückseliges Mischding gewesen ist, wenn man genauer hinsieht, eigentlich gar nichts. Ein Mensch ohne Schicksal.

Nun war in diesem Aufsatz vom Deutschen Eck ferner beschrieben, wie die kleinen koblenzer Schuljungen dem Fremden für fünfzig Pfennig das Denkmal erklären, daß die Grammatik nur so wackelt. Die Zeit bleibt nicht stehn, die Industrie modernisiert sich, und wie ich höre, erklären sie in Koblenz jetzt nicht nur das Denkmal, sondern noch etwas ganz andres.

Früher hatten sie mich gefragt: «Soll ich Ihnen mal das Denkmal erklären?» – Jetzt fragen sie den Besucher: «Soll ich Ihnen mal das Unglück zeigen?» Und damit meinen sie die schreckliche Brückenkatastrophe, die so vielen Menschen das Leben gekostet hat, damals, als sie die Befreiung des Rheinlands von der Schwerindustrie, Vergebung, von der welschen Schmach feierten.

Und also sprechen jetzt die Knäblein am Deutschen Eck, wörtlich:

«Das kleine Häuschen, wo die Pappeln stehn, was Sie da sehn, das ist das Bootshaus, dort brach die Brücke zusammen. Bald verwandelte sich das Bootshaus in ein Lazarett und Totenhaus. Und Hindenburg hat zur Beerdigung einen Kranz geschickt und jedem Verwandten ein paar hundert Mark, und Hindenburg hat gesagt, wär ich nicht gekommen, wäre das ganze Unglück nicht passiert. Fertig!» (Fertig wird mitgesprochen.)

«Woher weißt du denn das?» fragte der Fremde den koblenzer Knaben. «Das hat mich mein Vater gelernt», sprach jener.

Geschichte entsteht oft auf wunderbaren Wegen.

PFIFF IM ORGELKLANG

> Man ist am unehrlichsten gegen seinen Gott: er darf nicht sündigen. Nietzsche

Redakteure und Zeitschriften-Herausgeber haben gern das ‹letzte Wort›, das hat so etwas Überlegenes. Das ist eine dumme Sitte. Denn Anstellungsverträge mit Verlagen begründen keine geistige Superiorität; das glauben nur die meisten Zeitungsredakteure, und dieses Spiel soll hier nicht gespielt werden. Wäre Hans Flesch Redakteur und ich sein Mitarbeiter, dann ‹führte› er mich ‹ab›, doch will ich ihn gar nicht abführen.

Weil er nicht abzuführen ist. Unser beider Auffassungen tun nur dar, wie Friedrich Nietzsche auf zwei verschieden gebaute Menschen wirkt, auf einen dicken, und, wie ich vermute, auf einen hagern. Ich für mein Teil bin dick, was mit dieser Frage viel mehr zu tun hat, als man glauben sollte. Kretzschmer, der Verfasser von ‹*Körperbau und Charakter*›, hat es uns gelehrt.

Die Diskussion nach der Melodie fortzuspinnen «Er kämpft gegen etwas an, was ich nicht behauptet habe»; «Herr Flesch scheint nicht zu wissen . . .» – es liegt kein Anlaß vor, den Leser damit zu langweilen. Daß ich einmal Josef Hofmiller werde verteidigen müssen, ist mir nicht an der Wiege gesungen worden, aber hier muß ichs tun. Hofmiller habe Nietzsches geringe Leserschaft mit den Maßstäben der Großauflagen deutscher Kriegsbücher gemessen? Nietzsche, Nietzsche hat mit einer Leserschaft geprotzt, die er nicht hatte, so die Bedeutsamkeit seines Werkes durchaus auf seine Verbreitung stellend, und Hofmiller hat dieses Geprahl auf das richtige Maß zurückgeführt.

Was die Hakenkreuzler angeht, so haben sie ihren Nietzsche bereits; warte nur balde, und ich werde zu hören bekommen, daß ich den großen Mann nicht begriffen hätte, weil mir der Sinn fürs Heldische fehle. Er fehlt mir mitnichten. Was ich aber in stärkstem Maße besitze, ist ein Mißtrauen gegen falsche Helden, und Nietzsche halte ich für einen geheimen Schwächling. Er heroisiert, so wie einer masturbiert. Und Flesch hat richtig empfunden, daß man ihn nun bald gegen seine Anhänger in Schutz nehmen muß – wohin ist dieses Werk gerutscht! Sähe er das, schaudernd wendete er sich ab. Er ist mein guter Feind, er hat sehr schlechte Freunde. Und ich habe bisher stets geglaubt, ein gutes Gefühl für das zu besitzen, was sich der Satire entzieht, ich fühle Rangunterschiede auf das deutlichste, und ich weiß, in wie ungünstiger Position sich diese Polemik gegen Nietzsche vollzieht: ich schieße von unten nach oben. Und doch sagt mir mein Empfinden, daß diese Pfeile ihn noch erreichen.

Ich hätte an Nietzsche eine Gotteslästerung begangen, sagt Flesch.

Erst baut ihr euch ein Ding auf ein Postament, dann betet ihr es an, dann seid ihr stolz, daß ihr anbeten dürft, und verachtet die, die es nicht anbeten, und über ein kleines: so seid auch ihr Zeloten und bigotte Atheisten und Pfaffenknechte, auch ihr. Ich liebe Hamsun auf das höchste, sein Werk begleitet mich durch mein Leben – aber eine Hamsun-Lästerung ist mir nicht vorstellbar. Ein Mann, der an Hamsun vorbeigeht und ihn für einen Weiberromancier erklärt, ich möchte ihn nicht zum Freund haben. Eine Frau, die über Hamsun achselzuckend zur Mode übergeht, ich könnte sie nicht lange lieben. Aber lästern? Lästert, es trifft ihn gar nicht.

Hier aber muß etwas getroffen haben, und hier hat etwas getroffen. Muß ich als Tausendster dartun, daß dieser Nietzsche ein Jahrhundertkerl gewesen ist, ein großer Schriftsteller, niemals ein Philosoph, einer der geistreichen Deutschen, ein großer Prophet aus einer kleinen Zeit? Seine Zeit ... Er hat aus ihr hervorgeragt, sagt Flesch. Aber es wäre eine Beleidigung, ihn mit den Maßstäben seiner Zeit zu messen, um Leipzig wirkt jeder Hügel wie ein Berg, aber höher wird er davon auch nicht.

Je öfter ich Nietzsche lese und die um ihn, um so stärker wird mein Gefühl, das jeder schelten darf: hier ist etwas nicht in Ordnung. Hier wird geprahlt. Hier wird etwas vorgetäuscht, das so nicht da ist. So gefährlich ist sein Weg nicht gewesen, so hoch hinauf hat er nicht geführt, so neu ist das nicht, so wild ist das alles nicht. Franz Blei hat einmal die Adepten Stefan Georges «schwärmerische Privatdozenten» genannt — dieses Wort trifft auf bestimmte Stellen in Nietzsches Werk gleichfalls zu. Ein lyrischer Humanist, unter anderm; oft mehr, aber ein schwacher, lyrischer Humanist.

Die Gegner schieden unversöhnt.

Auf der einen Seite die Nietzsche-Leute, einen ondulierten Blitz im Wappen. Achselzucken, Gepust durch die Nase, Verachtung, ab durch die Mitte: «Er versteht es eben nicht.»

Auf der andern Seite einer, der sich des Größenunterschiedes wohl bewußt ist; einer, der Ehrfurcht hat, aber nur, wo er sie empfindet, und hier empfindet er sie nur teilweise, und mehr mit dem Kopf als mit dem Herzen. Einer, dem zum Beispiel Schiller nicht viel zu sagen hat, aber nie, niemals wagte er einen Hieb: denn Schiller ist echt, bis ins Theatralische hinein diamantenecht.

Nietzsche steht; Herr Wrobel wird ihn heute nicht entthronen. In zweihundert Jahren werden wir uns wieder sprechen.

Über das schandbare Urheberrecht aber wird vorher noch einiges zu sagen sein.

AUF DEM NACHTTISCH

Wenn ich nicht Peter Panter wäre, möchte ich Buchumschlag im Malik-Verlag sein. Dieser John Heartfield ist wirklich ein kleines Weltwunder. Was fällt ihm alles ein! Was macht er für bezaubernde Dinge! Eine seiner Fotomontagen habe ich mir rahmen lassen, und aufbewahren möchte man sich beinah alle. Der Umschlag der ‹*Traumfabrik*› von Ilja Ehrenburg sieht aus wie eine vergoldete Keksbüchse. Da sich die deutschen Bücher noch nicht wie die französischen zu einem einheitlichen Gewande aufgeschwungen haben, muß gesagt werden: bei Maliks werden sie am besten angezogen.

Die ‹*Traumfabrik*› ist eine Chronik des Films. Dieser Ehrenburg ist ein merkwürdiger Mann. Er sitzt da, wo heute die besten Leute sitzen: zwischen den Stühlen. Den Russen ist er ein verfänglicher Halb-Burjui; den braven Bürgern gilt er als anrüchiger Bolschewist. Es muß also etwas an ihm sein. Es ist auch etwas an ihm.

Für seine Romane kann ich mich nicht recht erwärmen; um so mehr für die Reiseschilderungen, mit denen er groß und klein in allen Ländern bereits heftig geärgert hat. Lob: seine sentimentale Frechheit, seine unverschämte Melancholie, Tränenkrüglein und Nasenstüber und im ganzen ein Mann, der leidet, wenn andre leiden. Und der es sieht. Und der es sagt. Tadel: leichte Unexaktheit. Es stimmt nicht immer alles. Ich möchte nicht nur niedergedrückt und erhoben, bepredigt und erheitert, ich möchte von solch einem Reisenden auch gut informiert werden. Ich kenne von ihm Schilderungen aus England, die ich für schief halte, bei aller Gradheit. Hier in der Traumfabrik ist die Grundmelodie sicherlich richtig — aber vieles könnte, müßte, dürfte exakter sein. Ist die ekelhafte Szene aus dem Film *‹Afrika spricht›* ein Trick oder ist sie es nicht? Dergleichen muß man ganz genau feststellen, bevor man etwas darüber sagt. Das ist nicht leicht, ich weiß es. Aber ohne das bleibt sein Lamento ein Lamento. Das genügt nicht. Auch wirkt die gehetzte Präsensdarstellung durch dreihundert Seiten etwas monoton. Der Autor gibt an, es in zwei Monaten geschrieben zu haben. Und so klingt es auch. Hopp — hopp . . .

Doch stehen gute Kapitel darin. Die Schilderung, wie die Ehepaare vor der Erfindung des Kinos gelangweilt zusammensitzen und überhaupt nicht mehr wissen, was sie sich noch erzählen sollen; die Charakterisierung der Film-Moral: «Finden Liebende einen Pastor, ists gut. Stiehlt ein Bösewicht einen Brillanten, ists schlecht»; solche blitzartigen Einwürfe wie: «Durchs Radio kann man gut zureden»; verdichtete Beobachtungen: «In Paris ist die Luft der Lichtspielhäuser dick von Tabaksqualm, in Berlin von geistiger Anspannung»; und da wo Ehrenburg wirklich Informationen gibt, sind sie recht aufschlußreich. So, wenn er erzählt, daß die Ufa während der Rheinland-Besetzung regelmäßig in der von den Franzosen herausgegebenen *‹Rheinischen Rundschau›* inseriert habe, während die andern deutschen Firmen das Blatt boykottierten — heiliger Klitzsch, was sagst du dazu!

Und was Ehrenburg über den amerikanischen Filmgeneral Hays sagt: da lachen die Flundern! Das ist nun ganz und gar herrlich. Welche Bezeichnung er ihm beilegt, mögt ihr selber nachlesen: er vergleicht ihn mit einem Faktotum, dessen sich die frommen Juden am Sonnabend bedienen, wenn sie kein Feuer anzünden dürfen. Dieser Hays, nach Ehrenburg auch noch ein korruptes Subjekt, beherrscht drüben die gesamte Produktion; er statuiert die Moral, er setzt fest, was gegeben werden darf und was nicht . . . man sollte vielleicht den Film doch nicht nur ästhetisch betrachten. Ein von der Filmindustrie hochbezahlter

Selterwassertrinker als Oberzensor – pfui Deibel. Ach, wir sind ja so freie Schriftsteller! Wie ich das hier in Berlin so sagen darf, was ich über den Herrn Hays denke! Dem gebe ichs aber ordentlich. Ja, das dürfen wir. Denn Hays ist gefährlich, unsauber, bigott und sehr weit entfernt.

Jetzt wollen wir Rudolf Borchardt vom Nachttisch herunterwerfen – Fräulein Nelly kann das morgen aufsammeln. Da habe ich mir auf der Rückseite seiner Broschüre ‹*Deutsche Literatur im Kampfe um ihr Recht*› ein wimmelndes Nest von Notizen gemacht – damit kann ich aber keinem mehr kommen. Der Unsterbliche hat hier wieder einmal etwas geschrieben, das schon nach vierzehn Tagen verschimmelt ist. Die Vorwürfe stimmen gar nicht; einen Teil hat sein Verlag schon zurücknehmen müssen, und das Ganze ist lächerlich aufgepustet. Dieser Borchardt hat in geistigem Sinne etwas von einem Hochstapler – es ist mir unbegreiflich, wie man solchem Epigonen eines Nachahmers aus zweiter Hand auf seinen Kram hereinfallen kann. In diesem Heft will er nachweisen, daß der gesamte deutsche Verlagsbuchhandel – an der Spitze die Deutsche Verlags-Anstalt in Stuttgart – sich gegen den Erwerb der Verlage Albert Langen und Georg Müller durch den Deutschnationalen Handlungsgehilfenverband verschworen habe. Kein Wort wahr, oder wohl nur ein Achtel. Den beiden Verlagen ist kein Vorwurf zu machen, es ging ihnen nicht gut, und sie haben eine Transaktion gemacht, wie sie jedem erlaubt ist, um so mehr, als sie sie ja gar nicht verbergen. Der Verband, dem es finanziell bisher sehr gut ergangen ist, hat den Expansionsfimmel: «Wir haben eine eigne Licht- und Kraftversorgung und eine eigne Polizei und eine eigne Feuerwehr . . .» wir kennen diese Melodie. Die also legen sich einen Verlag zu, und sie werden sich wundern, daß das Geschäft zwar nicht ganz schlecht, aber bedeutend schlechter gehn wird, als sie sich das gedacht haben. Denn die nationale Gesinnungsliteratur ist nicht sehr repräsentativ (was die Klügeren unter den deutschen Nationalisten sehr genau wissen), und wer soll den Kram kaufen? Das vermiekerte Bürgertum, für das er geschrieben wird, hat kein Geld. Borchardt ist eine traurige Nummer: gegen die Philister von links eifert er, und die Philister von rechts faßt er mit Samthandschuhen, Vergebung, mit Stulpenhandschuhen an. Wir Ritter tragen Stulpenhandschuhe. Der Junge hat wahrscheinlich eine Rüstung als Nachthemd. So feierlich möchte ich mich auch mal nehmen. Und ich will ihn ja auch gern feierlich nehmen. Aber nicht ernst.

Inzwischen ist das Heft von dem loyalen Verlag Georg Müller aus dem Buchhandel zurückgezogen worden. Bei jedem andern Autor entfiele also die Kritik. Bei dem da muß man keine Rücksicht nehmen – wer das Maul so aufreißt, dem gehören ein paar Kartoffelklöße hineingeworfen.

Ernst Ottwalt ‹*Denn sie wissen, was sie tun*› (erschienen im Malik-

Verlag zu Berlin). Das ist eine recht beachtliche Sache – weniger als künstlerische Leistung denn als gute Hilfe im Kampf gegen diese Justiz.

Mit den Mitteln des frühnaturalistischen Romans wird die Laufbahn eines deutschen Durchschnittsjuristen geschildert. Was mir gefällt, ist: dieser Jurist ist kein schwarzes Schwein, kein wilder Berserker, kein besonders bösartiger Mensch – er ist das Produkt von Erziehung, Kaste und System. Es ist gut gesehn, wie die Rädchen des großen Unrechtgetriebes ineinandergreifen, Akte auf Akte, Paragraph auf Paragraph, die Verantwortung ist in unendlich winzige Teile zerteilt, und zum Schluß ist es keiner gewesen. Jakubowski? Wenn die Klage eines Landgerichtsrats gegen seinen Hauswirt mit derselben Sorgfalt geführt würde wie dieser mecklenburger Prozeß, der um Tod oder Leben eines ehemaligen russischen Kriegsgefangenen ging ... den Landgerichtsrat möchte ich schimpfen hören. Aber schließlich ist ja eine Klage um 125,40 Reichsmark eine ernste Angelegenheit.

Das hat Ottwalt gut begriffen. Seine Schilderungen sind noch flächig, sie haben keine Tiefendimensionen, es geht alles, klipp-klapp, wie man es braucht; Typen sind da und Argumente und Diskussionen – so sind jene, ja, ja, so sind sie. Aber das wird nur mitgeteilt, und es genügt nicht. Ohne Bosheit darf allen diesen Autoren immer wieder die große französische Romanschule empfohlen werden: sie werden mir das hoffentlich nicht als Ästhetentum auslegen. Wie etwa ein Gesellschaftsroman Stendhals aufgebaut ist: solcher Technik soll man nacheifern. Dazu muß man freilich sehr viel wissen. Und es ist so eingeteilt: die Bescheid wissen, können nicht schreiben, wollen nicht schreiben, dürfen nicht schreiben. Und die schreiben, wissen bestenfalls etwas Bescheid. Ich bin für das Buch von Ottwalt und seine Verbreitung. Es geht uns alle an.

A. W. Just ‹*Mit Ilsebill freiwillig nach Sibirien*› (erschienen bei Ernst Pollak in Berlin). Russisches Reisebuch mit Bildern. Der Verfasser ist Berichterstatter der ‹*Kölnischen Zeitung*›. Der Aufdruck besagt, das Buch sei aus der russischen Psyche geschrieben. Das ist nicht ganz richtig: das Buch ist aus der kölnischen Psyche heraus geschrieben.

Nach einem außerordentlich großmäuligen Vorwort gehts los. Der Mann kann russisch, kennt Rußland seit langer Zeit und kritisiert gar nicht einmal dumm. Man hat aber den Eindruck: er versteht nicht, was da vor sich geht. Dies ist nicht etwa gesagt, weil er vor Rußland nicht auf dem Bauch liegt und «O Fünfjahresplan!» lallt. Aber es ist nichts, was er da treibt. Es ist der mitteleuropäische Herr, der alles auf der Welt diskutierbar findet, nur nicht seinen eignen Standpunkt. Der ist ihm so selbstverständlich; er kommt keinen Augenblick darauf, daß grade der zur Debatte steht. Von dem vergilbten Groschenhumor schon gar nicht zu reden, der sich in diesen Reisebeschreibungen entfaltet. Der Mann muß bei seinem Verlag sehr beliebt sein. Aber was geht uns das an –?

Es sind auch ein paar Fotos in dem Buch. Mögen Sie noch gern russische Fotografien sehen? Sie haben alle zusammen so wenig Überzeugungskraft. Die Russen fotografieren uns bei Kiepenheuer ihre gefüllten Lebensmittel-Läden vor, und drei Meter links und drei Meter rechts davon sieht es vielleicht ganz anders aus. Aber dieser hier treibt es gar sinnig: «Oben: Behördenwohnungen am Boulevard in Nowosibirsk. (Mächtiger Palast.) Unten: Menschenwohnungen im Tal der Jelzowka (armselige Hütten).» Das stammt aus Rußland, nicht etwa aus Deutschland, wo es so etwas gar nicht gibt. Ich bekomme immerzu Bücher für Rußland oder gegen Rußland zu lesen – jetzt möchte ich bald einmal ein Buch über Rußland zu lesen bekommen.

‹Physiognomik›, Aussprüche von Anton Kuh (erschienen bei R. Piper in München). Zweiundzwanzig Mal furchtbar gelacht; dreizehn Mal gelacht, vierundvierzig Mal geschmunzelt, manches nur gelesen. Das ist wirklich sehr lustig. Kuh ist, wie männiglich bekannt, ein Sprechsteller – er sagt seins besser als ers schreibt. Manches reicht, teuerster Kranz, den ich zu vergeben habe, an Lichtenberg heran. Zum Beispiel goldrichtig, obwohl in fast keinem deutschen Roman erfüllt, dieses Postulat: «Die Kunst des Romanciers liegt im ökonomischen Wechsel von Beteiligtheit und Unbeteiligtheit.» Manchmal ein Mann und sein Werk in zwei Zeilen: «Nicht das Schicksal, der Denkvorsatz furchte Richard Dehmels Antlitz. Er war Dionysos in Schweiß.» Ein eigentümliches Gewächs. Ich war einmal dabei, als A. Kuh französische Parfum-Namen improvisierte. Ich habe fast alle vergessen, aber es war zum Heulen. Er hat die sehr, sehr seltene Mischung von Witz und Humor. Schade, daß er aus Österreich ist. Er wäre aber nicht, wenn er nicht aus Österreich wäre.

Sternchen; weil diese Dame gesondert betrachtet werden muß. Eine schreibende Frau mit Humor, sieh mal an! Irmgard Keun *‹Gilgi, eine von uns›* (erschienen bei der Deutschen Verlags-Aktiengesellschaft Universitas in Berlin). Ungleich, aber sehr vielversprechend.

In der ersten Hälfte des Büchleins wimmelt es von ziselierten Einzelheiten. Schilderung der Fahrgäste in der Straßenbahn, morgens: «Keiner tut gern, was er tut. Keiner ist gern, was er ist.» Im Büro: «Warten Sie, sagt Herr Reuter, liest jeden Brief, um dann mit etwas verlogener Energie seinen Namen unter das getippte Hochachtungsvoll zu hauen.» Am besten alle Szenen, in denen ein Mann vor einer Frau, die dieses aber gar nicht gern hat, balzt. Das ist beste Kleinmädchen-Ironie. «Plötzlich überkommt ihn das Bedürfnis, sich unglücklich zu fühlen. Seine Ehe ist ganz und gar nicht gut, sein Leben ist verpfuscht, man ist ein alter Trottel, festgefahren in einem Krämerberuf. Er arbeitet mit Bitterkeit, Selbstironie und leichtem Pathos. Bei: ‹man müßte mal raus aus allem› wirft er sich in die Brust, daß die Schulternähte krachen, und bestellt anschließend zwei Liköre.» Und dann, wirklich eine Pracht: «Am Sonntag sitzen Gilgi und Herr Reuter zusammen im Domhotel. Gilgi hat das Gefühl, zu Abend gegessen, Herr Reuter das Gefühl, soupiert zu haben.» Und: «Er breitet sein Innenleben vor ihr aus wie eine offene Skatkarte.» Und: «Gilgi nimmt zur gefälligen Kenntnis, höflich und mäßig interessiert. Hör auf, nicht so viel Lyrik, paßt nicht zu deinem Pickel am Kinn. Warum kann man nun nicht sagen: gib nichts aus, wenns nichts einbringt, steck kein Gefühlskapital in ein aussichtsloses Unternehmen. Kann man nicht sagen. Armer Alter.» Sehr gute Beobachtungen von der Straße; reizende kleine Einfälle, was eine so tut, wenn sie mit sich allein, also nicht allein, also doch allein ist; einmal eine kleine Weisheit, wie es im Leben zugeht: «Auf die Arbeitgeber ist man nun mal angewiesen, und ganz ohne Mätzchen ist ihnen nicht beizukommen. Können allein entscheidet nicht, Mätzchen allein entscheiden nicht – beides zusammen entscheidet meistens.» Hurra!

Wenn Frauen über die Liebe schreiben, geht das fast immer schief: sauer oder süßlich. Diese hier findet in der ersten Hälfte des Buches den guten Ton. «Hübsch ist das, so still nebeneinander zu liegen. Man denkt sich und spricht sich nicht auseinander, man atmet sich zusammen ... Vorsichtig tastet sie über seinen Schenkel: da ist die Narbe von dem Krokodil, das ihn gebissen hat. Es hat fast etwas Erhebendes, neben einem Mann zu liegen, der in Kolumbien von einem Krokodil gebissen wurde.»

Wenn Frauen über die Liebe schreiben, geht das fast immer schief. Diese hier findet in der zweiten Hälfte weder den richtigen Ton noch die guten Gefühle. Da langts nicht. Schwangerschaft, Komplikation ... es langt nicht. Dazu kommt eine fatale Diktion: was reden die Leute nur alle so, wie wenn sie grade Freud gefrühstückt hätten! Es ist der Frau Keun sicherlich nicht bewußt, was sie da treibt, und eben das ist das schlimme, daß ihr diese ‹Komplexe› so selbstverständlich erscheinen. So spricht man eben? Nein, so spricht man eben nicht – es ist schauerlich.

Flecken im Sönnchen, halten zu Gnaden. Hier ist ein Talent. Wenn die noch arbeitet, reist, eine große Liebe hinter sich und eine mittlere bei sich hat –: aus dieser Frau kann einmal etwas werden.

BRIEF MEINES VATERS

Mein Vater starb, als ich fünfzehn Jahre alt war.

Ich kann mich nicht besinnen, daß er mit mir viel über Politik, über Krieg und Frieden gesprochen hat; sicherlich haben solche Unterhaltungen stattgefunden, aber eine starke Einwirkung ist mir nicht im Gedächtnis geblieben. Mein Vater stammte aus kleinen Verhältnissen. Politisch ist er niemals tätig gewesen.

Vor mir liegt ein Brief vom 14. Dezember 1894. Darin schreibt er: «Ich reiße mich nicht danach, mich als Futter für die Kater-Ideen der hohen Herren herzugeben, im Gegentheil, mir tut heute schon unser Junge leid, wenn ich daran denke, daß er mal als Vaterlandsverteidiger figurieren soll. Wenn ich Schriftsteller wäre, würde ich die Suttner noch übersuttnern. Krieg heißt doch schließlich auf Deutsch privilegierter Mord; wenn die Leute an der Spitze in Verlegenheit sind und nicht mehr aus noch ein mit der Politik und ihren Finanzen wissen, dann wird aus der Rumpelkammer die Puppe Patriotismus herausgeholt und ihr Kleid und Mantel — Erbfeind und Heldenmuth — umgehangen, und dann ist der Popanz fertig. Jeder verficht dann natürlich die gerechte Sache, jeder packt seinen Privat-Gott an den Füßen, und schließlich haben die dummen Männer und Weiber, Eltern und Kinder die Zeche zu bezahlen, der Generalfeldmarschall kriegt sieben Orden und ein Rittergut, und die armen Hinterbliebenen der Erschossenen holt der Teufel, wenn sie nicht 3 M Pension für den verlorenen Vater monatlich bekommen; Söhne werden nicht bezahlt, die gibt es zu.»

Ehre seinem Andenken.

Jetzt darf Goebbels den Mann beschimpfen, und das Kriegsministerium darf einen Strafantrag gegen den Toten stellen:

wegen Herabwürdigung des Krieges, wegen Staatsverleumdung und wegen Störung der Belange der deutschen Holzkreuz-Industrie.

NA ALSO —!

Der alte Kahl, ordensbesternt,
Geheimrat und so, hat umgelernt.
Er hat einen ganzen Hinrichtungsakt
gesehn — der Kopf wurde abgehackt.
Und Geheimrat Kahl schrieb juristisch und kühl:
«Das ist gut für das Gerechtigkeitsgefühl.
Allemal.»
(gez.) Kahl

Dann hat der Mann an Einsicht gewonnen,
hat nachgedacht und sich besonnen.
Und er sprach und schrieb, wo es auch sei:
eine Hinrichtung ist eine Barbarei.
Ein zweiter Mord. Zu gar nichts nütze.
Justiz gedeiht nicht in blutiger Pfütze.
Ein braver Mann sprach im Reichstagssaal.
Kahl.

Darauf haben die Nazis ihn angegriffen.
Darauf haben die Stammtische auf ihn gepfiffen.
Und jetzt auf einmal, ein neuer Ton
ertönt in der Reichstagskommission:
«Wir brauchen die Todesstrafe, zur Zeit!
Insonderheit im politischen Streit!
Humanität in allen Ehren –
wir können den Hackklotz nicht entbehren.»
(Wir verurteilen bekanntlich nach dieser Methode
alle Nazi-Mörder zum Tode.)
«Heraus mit dem Beil! Die Waage bleibt drin.
Richtet sie nicht! Richtet sie hin!»
Na also –! Da hat in bewegten Stunden
ein deutscher Professor heimgefunden.
Christus säte. Es wuchs nicht viel.
Rode aus die Pflänzchen mit Stumpf und Stiel!
Das christliche Feld bleibt allemal
kahl.

DREH DICH HIN, DREH DICH HER – KLEINE WETTERFAHNE –!

Der Zeitungsverleger Mülvoß, als welcher ein krummer Jid,
sprach: «Wissen Se – ich bin nämlich Antisemit!
Sie haben eben keinen Sinn für Wehrhaftigkeit!
Ich und mein Blatt, wir gehen mit unsrer Zeit!
Mit der Zeit muß man mitgehn!»

Und es erhob sich ein Wispern im Blätterwalde.
Und jeder Mitarbeiter fühlte: Warte nur, balde . . .!
Und die Redakteure bildeten sich im Kunstfliegen aus,
und je jüdischer einer hieß, desto raußerer flog er raus.
Mit der Zeit muß man mitgehn.

Und siehe, es entdeckten manche Spitzen der Verlegerei,
daß es mit dem Militarismus gar nicht so böse sei.
Denn wer nicht reiten kann, der ist entweder Pazifist,
oder er bewundert alles, was ein Kommißknopp ist.
Mit der Zeit muß man stramm stehn.

Aber denkt denn der Druckereibesitzer von solchem Blatt,
daß der Adolf Hitler so ein kurzes Gedächtnis hat?

Und nimmt nichts mehr krumm?
Dumm ist er ja. Aber so dumm . . .!
Und das ist das Beschämende an diesem Gesindel, das den Faschismus stützt:
daß ihm der Umfall auch nicht das geringste nützt.
Mit der Zeit werden sie eingehn.

OTTO REUTTER

> Ein gutes Couplet ist nicht immer
> wirkungsvoll
> und ein wirkungsvolles Couplet
> ist nicht immer gut.
>
> Otto Reutter

Gestern habe ich eine ganze Nacht verlacht. ‹*Otto Reutter. Ein Gedenkbuch über sein Leben und Schaffen*› (im Verlag G. Danner, Mühlhausen in Thüringen, erschienen).

Otto Reutter sang etwas, was es im Deutschen gar nicht gibt, denn die deutsche Sprache hat keinen Namen für: Couplet, Chanson; die bessern Herrn nennen das ‹song›. Wie der Franzose unter ‹le lied› etwas versteht, was er nicht besitzt, so haben wir keine Chansons. Wir müssen uns erst welche machen. Reutter hat sich welche gemacht: weit über Tausend. Ich kenne gut die Hälfte davon, denn ich habe mir einmal an ein paar stillen Vormittagsstunden in der Musikabteilung der Staatsbibliothek in Berlin alles zusammengesucht, was von ihm da ist, und es ist viel da. Eine merkwürdige Lektüre.

Otto Reutter war ein Künstler und ein Pachulke. Das Buch gibt beide Seiten gut wieder; der Begleittext ist allerdings unerlaubt dumm, die Auswahl ist nicht sehr gut, manche der berühmtesten Lieder fehlen, und wahrscheinlich ist hier und da der Text sanft ausgebessert, denn es ist nicht anzunehmen, daß Reutter vor dem Kriege von ‹Marxisten› gesungen hat.

Reutter hatte so etwas wie eine politische Überzeugung. Für ihn spricht, daß er nie von ihr abgewichen ist; er hätte sicherlich kurz nach dem Kriege mit gewaltigem Erfolg nach links rutschen können — das hat er nie getan. Hut ab vor so viel Anständigkeit.

Gegen seine Überzeugung spricht, daß sie fürchterlich gewesen ist. «Der Deutsche braucht Kolonien» — Immer feste druff! — und was er nun gar erst im Kriege getrieben hat, das war bitter, bitter. Ein Radaupatriotismus übelster Sorte. Und doch, welch ein Könner auf seinem Gebiet!

Er hatte gegen eine Sprache zu kämpfen, die schwerfällig ist, die man erst biegen und kneten muß, mit der man Jahre und Jahre zu üben hat, bis sie tanzt ... bei ihm hopste sie. Massig, polternd, am besten und gemütlichsten im Dreiviertel-Takt, diesem deutschesten aller Rhythmen, lustig im Vierviertel-Takt, was bei uns immer wie ein beschleunigtes Marsch-Tempo anmutet – diese beiden Rhythmen hatte er im Blut. Er traf Töne, deren Resonanzboden sehr tief liegt – hier spricht die Seele deines Volkes, wie etwa in manchen Kitschversen bei Hermann Löns. Was heute bei den Nazis als Lyrik verzapft wird, lebt von diesen alten Mitteln, nur ist dort alles billig, Maschinenspitze. Reutter nähte mit der Hand.

Dabei war sein Deutsch oft grauslich. Er schreibt fast immer «größer als wie du», er benutzt des Reimes halber Fremdwörter, daß es einen kalt überläuft, und doch, und doch ...

Seine Texte hatten eine Eigenschaft, die Paul Graetz einmal sehr gut definiert hat: sie «tragen». Das heißt, wenn diese Texte von einem schlechten Vorstadthumoristen gebracht werden, wenn sie der jüngste Lehrling auf dem Jubiläumsabend der Firma singt, dann lachen die Leute auch noch. Und mit Recht.

Da ist zu alleroberst jenes erhebende Lied ‹*In fünfzig Jahren ist alles vorbei*›, die Musik blieb in der Terz hängen, und es hatte beinah etwas Fontanisches.

Und sitzt auf der Bahn du ganz eingezwängt,
Und dir wird noch ne Frau auf den Schoß gedrängt,
Und die hat noch ne Schachtel auf ihrem Schoß,
Und du wirst die beiden Schachteln nicht los,
Und die Füße werden dir schwer wie Blei:
    In fünfzig Jahren ist alles vorbei!

Oder bist du beim Zahnarzt – wenn er dich greift,
Und dich mit dem Zahn durch die Zimmer schleift,
Und er zieht und zieht und bricht alles entzwei –
    In fünfzig Jahren ist alles vorbei!

Wie das sitzt! Wie das klappt! Wie das abläuft, wie Wasser einen Berg herunter, es kann gar nicht anders heißen, und das ist immer das Kennzeichen eines gut sitzenden Verses. Das da ist, wie mir scheinen will, sein schönstes Lied (es hört ganz nachdenklich auf). Das ist sein bestes, wenn man von ‹*Ick wunder mir über jahnischt mehr*› absieht.

Einmal kam er als Idiot heraus, der Text hatte eine ganz dumme Zeile als Kehrreim; er erzählt da, wie gutmütig er sei, und wie er alles tue, was das Gesetz ihm befiehlt, zum Beispiel geht er ins Theater ...

Um sieben standen schon haufenweis
Die Leut mit Bons an allen Kassen.
Bloß ick bezahlt den vollen Preis —

und nun, sicherlich mit einem Lachschluckser, der Refrain:

Bloß ick bezahlt den vollen Preis —
Mir ham se als jeheilt entlassen!

Ganz eigentümliche, fast melancholische Einfälle finden sich da, skeptische, mit Bier geschrieben, aber nahe an den Clownspäßen der Genies. Ja, gewiß, er stammte aus Norddeutschland, sehr graziös ist das alles nicht, an Nestroy darf man gar nicht denken, und doch:

Der Tod ist ein schlechter Abschluß vom Leben.
Es wäre viel schöner sicherlich:
Erst sterben, dann hätte mans hinter sich —
und nachher leben . . .

Ein dicker, gewöhnlich aussehender Mann, Knittelverse und diese ungeheure Wirkung — was ist das?

Wäre ich ein feiner Schriftsteller, so einer, der direkt aus dem Englischen dichtet, oder ein Mann, der seinen kleinen Horizont ‹Heimat› nennt, oder ein Walle-Walle-Bart oder eine blitzende Brille: dann dürfte ich mich mit so einem wie Reutter gar nicht abgeben, ich weiß. Aber mich reizt dies; worauf ist seine Wirkung zurückzuführen, was war das mit seinen Couplets? Es muß doch etwas gewesen sein. Dreißig Jahre haben die Leute über den Mann gelacht.

«Ich habe vielleicht Millionen Menschen lachen sehn», hat er einmal zu einem Interviewer gesagt. «Merkwürdig, wie sich der Charakter eines Menschen plötzlich, ohne daß der Betreffende es will, zu offenbaren scheint. Der gemeine wie der vornehme Mensch zeigt sich mit blitzartiger Schnelle beim Lachen seelisch nackt. Lächeln verschönt; aber Lachen verhäßlicht eigentlich.» Er hat sehr genau aufgepaßt, wenn er da oben gestanden hat, sehr genau.

Seine Wirkung rührt an die tiefsten Tiefen künstlerischer Wirksamkeit überhaupt. In jedem großen Schauspieler muß ein Wurstl stecken, sonst wird das nichts. In jedem Genie muß etwas von diesen ganz einfachen Wirkungen zu spüren sein, sonst bleibt der Künstler mit sich und einigen wenigen allein, was weder für noch gegen ihn spricht. Man kann nun von diesen so einfachen und so unendlich schwer zu erzielenden Wirkungen in die Höhe klettern, Reutter ist unten geblieben — aber da, wo er gestanden hat, da sind die Wurzeln der Kraft.

Wer mit den Beinen da nicht steht, der wird wohl mit dem Kopf nie in die Sterne ragen. So simpel braucht man nicht zu sein wie er, so primitiv nicht, doch – auch so primitiv. Shakespeare hat es nicht verschmäht. Es war zutiefst nichts andres, verlaßt euch drauf: es war nichts andres.

Das darfst du in Deutschland keinem sagen. Einer, mit dem man lacht, wird leicht einer, über den man lacht. «Was kann denn das schon gewesen sein, wenn wir darüber gelacht haben!» Feierlich mußt du sein, triefend vor Wichtigkeit, geschwollen und von tierischem Ernst. Irgend ein General-Anzeiger schrieb neulich: «Kästner, Mehring und Tucholsky nehmen sich selbst nicht ernst, haben also auch kein Anrecht darauf, ernst genommen zu werden.» Dieses ‹also› ist der Grund, weshalb es so wenig deutsche Humoristen gibt.

Reutter hatte Humor – neben seiner bewundernswerten Technik, durch die er das Äußerste aus sich herausholte. Diese Technik hatte nur einen kleinen Radius – wäre er Franzose gewesen, er hätte das ‹génie de la race› gehabt, und das hätte ihm geholfen. So stand er da, ganz auf sich allein angewiesen und auf diese plumpen Hilfsmittel, wenig Erbmasse half ihm weiter, er war aus Gardelegen in der Mark, und so sang er auch. Und doch ... wie gut hat er das gemacht! Diese Refrains, die er zum Schluß gar nicht mehr vortrug, er bewegte nur noch die Lippen und ließ das Publikum die Pointe erraten – er verstand sein Handwerk.

Es gibt da einen ästhetischen Reiz, der zum Teil in der Freude des Hörers besteht, daß es so schön klappt. Schopenhauer nahm dabei als primäre Wirkung die Wohlgefälligkeit des Klangs an, über den hinaus sich dann – gewissermaßen als unerwartete Zugabe – auch noch ein Sinn ergibt. Das ist es. Reutter hat mir einmal auf meinen Wunsch für den ‹*Ulk*› ein Couplet geschrieben. Der Zeichner Willibald Krain zeichnete den Dicken; der schrieb, und die Sache war sehr lustig; er sang vom echten Zigarrenblatt in einer Zigarre und vom konservativen Wahlzettel in der Wahlurne, und das mit dem Refrain:

> Der muß wohl aus Versehen
> da reingekommen sein.

Und zum Schluß hieß es: wie denn das käme – der Reutter sänge doch sonst Couplets, schriebe sie aber nicht.

> Im ‹*Ulk*› sieht man ihn stehen,
> Dazu ein Bild von Krain.
> Der muß wohl aus Versehen
> . . . . . .

Da sitzt eben der Refrain wie der Artikel 48 in der Reichsverfassung. Er gehört dazu.

Doch erklärt das seine Wirkung noch nicht ganz. Es gibt eine Tatsache, die viele Menschen, so auf Podien stehn, nicht zu wissen scheinen: das Ohr nimmt weniger auf als das Auge, es nimmt viel schwerer auf, eine Sage ist keine Schreibe. Das ist den wenigsten klar zu machen. Wenn ich mich beklagen wollte, daß man mich — außerhalb der Arbeiterorganisationen — auf den Podien vorn und hinten bestiehlt, meine Arbeit verwertend, ohne mich zu bezahlen, dann beklagte ich mich vor allem deshalb, weil man mich dadurch so oft blamiert. Die meisten Verse, die ich geschrieben habe, sind für das Auge geschrieben — sie klingen nur so, als wirkten sie auch gesprochen. Das tun aber manche mitnichten, ich weiß es. Die für das Ohr geschrieben sind, veröffentliche ich selten, denn sie erschienen wieder dem Auge leer. Lesend verstehn wir sehr rasch — hörend viel, viel langsamer. In einer zu singenden Strophe ist nur für einen einzigen Gedanken Platz — in einer gedruckten darf, ja, sollte jede Zeile etwas Neues enthalten. Reutter hatte das Ohr seines Publikums, weil er gewußt hat, wie dieses Ohr beschaffen ist.

Wirkt das heute noch, was er da vorgetragen hat? Kaum. «Was uns heute als Triumph des guten Geschmacks vorkommt», hat Peter Sturz in einem Modebericht des Jahres 1768 gesagt, «sinkt vielleicht morgen zum Unsinn herab. Wir gähnen bei dem Witz unsrer Väter; merkts euch, ihr Lustigmacher des Haufens, die ihr von Ewigkeit träumt!» Nein, es wirkt heute wohl nicht mehr. Zunächst erscheint uns ja beinah alles, was wir vom Alltagskram des Gestern lesen, viel zu lang. Dann aber ist in diesen Strophen die Luft der Zeit, Reutter spielte, wie jeder, der nur auf den Tag wirkt, mit den Assoziationen seiner Zeitgenossen, und diese Assoziationen sind nicht mehr da. Wenn ich seine Verse lese, dann sehe ich düstere Vorstadtstraßen mit roten Laternen vor mir, die Friedrichstraße mit den Pferdeomnibussen und einem Nachtleben, das roher, bunter und bewegter war als es heute ist, und vielleicht ist diese Beobachtung unrichtig: ich war jünger. Der blau eingewickelte Schutzmann geistert durch die Zeilen; der Kaiser; hohe Kragen der Kavaliere und der ganze Kram von dunnemals. Er war nicht besser und nicht schlechter als der heutige — er war anders. Daher wirkts nicht mehr.

Und doch hält sich manches. Der Witz und die Schlagfertigkeit des Mannes; da kam einst beim Frühschoppen eine Postanweisung an. Der Pastor seines Heimatortes fragte ihn: «Was machen Sie eigentlich mit dem Sündengeld?» Und Reutter: «Ich zahle meine Kirchensteuern damit, Herr Pfarrer!»

Und dann diese Geschichte hätte ich so gern von ihm hören mögen: wie der alte Direktor des berliner Wintergartens, Herr Baron, einen

Theateragenten in den April schickte: in Frankfurt wäre ein Komiker, der hieße Schopenhauer, und den sollte der Agent mal bringen. Der Agent ab nach Kassel, nein, nach Frankfurt. Und kam zurück. Und sprach:

«Na, mit den neuen Komiker, den Schoppenhauer. Ick hab Ihn ja jleich jesacht: Wat ick nich kenne, is nischt, un mit den neuen Komiker is et jahnischt.» Nicht möglich! sagte der Direktor. «Jahnischt», wiederholte der Agent. «Da ham Se sich 'n scheenen Bärn uffbinden lassen. Ick bin jeloofen von Pontius zu Pilatus, der Kerl war nich zu finden – und denn hab ick erfahrn, det a dot is, jawoll, schon üba dreißig Jahre ist der dot, und denn will ick Ihn noch wat sahrn:

Bekannt war er ja. Aba – ick habe mir jenau akundicht: so sehr komisch is der Mann nie jewesen –!»

Nun ist Reutter dahin. Seinesgleichen? Na, viel ist es nicht damit. Da gab es damals Julius Freund vom Metropol-Theater, der war in der Technik des Versbaus mindestens so gut, aber spitzer, südlicher, spritziger und mitunter fatal konfektioniert. Da ist jetzt Marcellus Schiffer, der fast immer die allerherrlichsten Einfälle hat, und manchmal denke ich, verzeih mir die Sünde, man müßte ihm die Einfälle fortnehmen, denn was er daraus macht, ist nicht immer gut, und dann ist da, aber ganz und gar allein, Friedrich Hollaender, der die besten Texte schreibt, die heute bei uns geschrieben werden. Walter Mehring, notre maître à tous, ist wieder eine andre Sache und gehört nicht ganz in diese Schublade. Und drüben bei den Franzosen haben sie Rip, einen geistvollen Mann von vollendeter Gesinnungslosigkeit, und wenns dem glückt, dann glückts ihm aber richtig. Frech wie Oskar und so ziseliert!

Otto Reutter wußte, was er da trieb. «Ich hatte früher mal den Größenwahn, bis ich an ein Varieté kam, wo ein dressierter Affe besser gefiel als ich.» Jeder gute Schauspieler wird diesen Satz verstehn.

Solche Reutter gibts in allen Ländern, und es hat sie zu allen Zeiten gegeben. Es hieße an einen Fortschritt glauben, wollte man annehmen, daß sich die Mittel ändern, mit denen man auf Menschen wirkt. Die Formen wandeln sich und sind regional verschieden, der tiefere Grund bleibt. Diese Komik, diese Wirkungen und dieser Humor stoßen mit dem Kopf an die Zimmerdecke Reutters, und damit an den Fußboden jener Wohnung, in der Jaroslav Hašek wohnt, der Vater des göttlichen Schwejk, dessen Konfiskation dem Reichsgericht hiermit herzlichst empfohlen sei. Denn das hat Schwejkn noch gefehlt.

Otto Reutter aber und seine Leute: es sind Künstler der untern Stockwerke. Doch sollen die von oben nicht hochmütig tun. Ohne die da unten wären sie nicht.

FRIEDRICH MITN MYTHOS

In der *‹Literarischen Welt›* war Friedrich Hussong zu Gast; der kluge Willy Haas hat ihn dort im Rahmen einer Sondernummer *‹Rechts und links›* zu Wort kommen lassen. Es ist nicht ganz leicht, über diesen Gesellen ohne Hohn zu sprechen, er ist eines der wenigen Talente im Hause Hugenberg, dreist und klotzig, wo seine Begabung nicht ausreicht. Ich wills versuchen.

Hussong verbreitet sich in der *‹L. W.›* über die ‹Volkheit›:

«Wichtiger als alle Vivisektion des Intellektualismus ist das Wachstum eines nationalen Mythos; eines Mythos, nicht aus den Nerven geschwitzt, sondern aus dem Blute blühend. Denn nicht der Rationalismus, der Mythos zeugt Leben. Er ist in der Bildung begriffen. Das ist der Sinn und der Inhalt dieser Zeit. Darum ist Feindschaft gesetzt und muß gesetzt sein zwischen Volkheit und Intellektualismus. Volkheit ist Glaube und Wachstum. Intellektualismus ist Skeptizismus und Darre. Der Geist ist in der Volkheit; bei dem Intellektualismus ist nur Gewitztheit.

Es lebe der alte Spitzfaden!»

Wer ist der alte Spitzfaden —? Das wird in dem Aufsatz erklärt.

Der alte Spitzfaden war ein Dorflehrer, der Hussong unterrichtet hat. Nach den Proben, die er gibt, hat der Mann seine Sache recht gut gemacht. Nun aber:

Daß Hussong und seine Schulkameraden von diesem Schulmeister überhaupt unterrichtet werden konnten, verdanken sie etwas, was ich der Kürze halber mit Voltaire bezeichnen will. Daß Kinder von Bauern und Kleinbürgern diese Bildung genießen konnten, ist das Werk des Intellektualismus gewesen, welch ein blödes Wort! das Werk des Liberalismus, kurz: Hussong und die Seinen, sie sind Kinder des Systems, das sie so sehr verdammen. Diese Schulmeister für die kleinen Leute sind den mythoshaften Junkern erst aufgedrungen worden, sie wollten ums Verrecken nicht heran. (Noch Bismarck strich bekanntlich einen Lehrerposten von seinem Gutskonto.) Das ganze Kleinvolk, das sich heute die Kehlen gegen die Ratio, gegen die Liberalen, gegen die Demokratie heiser brüllt, wäre nicht, wenn die Aufklärer nicht gewesen wären.

Nun kann Hussong, der durchaus kein Dummkopf ist, sagen: Diese Aufklärer haben ihre historische Aufgabe erfüllt — heute ist andres dran. Dem ist zu entgegnen:

Nie ist die Rolle des Intellektuellen ausgespielt. Sie ist es auch in Rußland nicht — alle großen Theoretiker des Bolschewismus sind Intellektuelle. Die gesunde Reaktion auf überspitzte Gewitztheit, wie Hussong das nennt, in allen Ehren — der †††-Skeptizismus, der wohl darin besteht, daß man nicht alles glaubt, was einem jeder vor der

Front stehende Lümmel entgegenbrüllt, daß man die bare Münze des Mehrwertes für bare Münze nimmt —: dieser Skeptizismus ist gesund, bis ins Mark hinein gesund und sauber.

Wenn alles das Mythos ist, was sich dem gesunden Menschenverstand entzieht —: nieder mit dem Mythos! Und wichtiger als alle Volkheit scheint mir zu sein, daß sich der Mensch nicht zum Vieh degradiere, auch nicht für sein Vaterland. Was eine sanfte Beleidigung des Viehs darstellen dürfte. Im übrigen sagt Hussong vom Mythos das richtige, ohne es sagen zu wollen: «Er ist in der Bildung begriffen.»

Was ist das nur, was sich da heute als theoretische Begründer des deutschen Nationalismus aufspielt —?

Carl von Ossietzky erlaube mir, daß ich ihn zitiere: Germanisches Café.

RECHT MUSS RECHT BLEIBEN —!

«Wir können nicht zahlen! Wir werden nichts zahlen!
Die Gläubiger sollen uns was malen!»
Das geht gegen Welschland und gegen New York.
Verträge nehmen wir leicht wie Kork.
Nur nicht gegen die, die uns beherrschten:
    Wie steht denn die Sache mit unsern Ferschten —?

Sagt da einer: Groß ist die deutsche Not?
Sagt da einer: Sparen heißt das Gebot?
Ruft da der Nazi: Tyrannei?
Rundfunkt da der Groener: Ein Volk sei frei?
Stehn da die Bürger auf wie ein Mann,
weil keiner zahlen will und kann?
Kriegen die Fürsten, was andre suchen?
    Brot —? Ja, Kuchen.

Die bekommen Millionen und Millionen.
Die dürfen in weiten Schlössern wohnen.
Die kassieren für Kind und Kindeskind,
weil wir brave Untertanen sind.
Der in Doorn, der den Haß einer Welt gesammelt,
der hat noch nie so viel Geld gesammelt.
Die Burschen können in Dollars baden,
ihre Konten sind von Gottes Gnaden.
    Wirft die einer zum Tempel hinaus?
        So sehn wir aus.

Kein Geld für Krüppel. Kein Geld für Proleten.
Kein Geld für die, die der Krieg zertreten.
Der Wind pfeift durch den Hosenriß.
Der Dank des Vaterlands ist euch gewiß.

Die leiden. Die hungern. Und die dürsten.
Aber immer feste für die Fürsten!
Sie zapfen an deutschem Gut und Blute.
Da heißt es nicht: Tribute! Tribute!
Da zahlt der Deutsche, getreu seinem Eid,
an die gottgewollte Obrigkeit.

Aber der kleine Mann, der in Land und Stadt
seine Kriegsanleihe gezeichnet hat,
der kann sich sein Geld in den Schornstein schreiben.
Recht muß Recht bleiben.

AUF DEM NACHTTISCH

Graf A. Stenbock-Fermor ‹*Deutschland von unten*› (bei J. Engelhorns Nachfolger in Stuttgart erschienen). Ein schönes und lehrreiches Buch. Gut illustriert ist es: auch bringt es erschütterndes Material über deutsche Heimarbeiter, über die Not des Landes, eine Not, die so gar nichts mit den ‹Tributen› zu tun hat. Merkwürdig übrigens: wenn irgend ein nationaler Esel so ein Schlagwort in die Luft wirft, dann fangen es tausend andre auf. Also Stenbock.

Am besten hat mir das Kapitel über das Leuna-Werk gefallen.

Da hat er furchtbare Einzelheiten zusammengetragen: nämlich über die Ereignisse, die sich nach der Besetzung des Werkes durch die Weißen zugetragen haben. Die Weißen nannten sich «Vertreter der Ordnung», und die Sache wurde so geordnet, daß drauf losgeprügelt, erschossen und kartätscht wurde — nach der Besetzung! nach der Gefangennahme der Leute! nachher! —, es war eine Lust zu leben. Untersuchungsausschuß des Preußischen Landtages: Sind Verstöße vorgekommen?

Und ob. Und ob. Jedoch ein Leutnant: «Ich habe meine Pflicht getan, aber wir sind alle Menschen.» Frage: Sind Erschießungen von Gefangenen vorgekommen? «Das ist bei mir nicht vorgekommen. Die es getan haben, müssen es verantworten und verantworten es auch.» Nämlich so: «Meine Herren, wenn Sie sich das durch den Kopf gehen lassen, wenn Sie sich in unsre Lage hineindenken wollen . . . und hinterher dieser Dank! Das tut weh, dann verliert man Lust und Liebe, in einer ähnlichen Angelegenheit vorzugehn.» Überschrift: Wenn wir nicht tun dürfen, was wir wollen, dann macht uns der ganze Ordnungsdienst keinen Spaß. Den Arbeitern, denen man manches hat durch den Kopf gehn lassen, hats auch weh getan. Doch trösten wir uns:

Ein Abgeordneter: «Ich glaube, der Herr Zeuge ist über die Arbeit des Untersuchungsausschusses vollkommen im unklaren. Der Untersuchungsausschuß hat niemals Angriffe gegen die Schutzpolizei erhoben. Der Dank der Regierung wird sicherlich von dem ganzen Ausschuß geteilt, soweit wenigstens meine Partei in Frage kommt.» Na, dann ist ja alles in Ordnung. Auf Wiederschießen beim nächsten Mal!

Das nächste Mal wird gut vorbereitet, aber nicht so sehr von links, wie man dem Ausland gern glauben machen möchte, sondern durchaus und durchum von rechts her. *‹Aufstand, Querschnitt durch den revolutionären Nationalismus›*. Herausgegeben von Goetz Otto Stoffregen. (Erschienen im Brunnen-Verlag Willi Bischoff in Berlin.) Erschienen und sogleich beschlagnahmt; wegen darin enthaltener Angriffe gegen die Justiz. Ich habe schon mal bösere Angriffe gelesen.

Eigentlich ist es nicht ritterlich, mit Gegnern zu polemisieren, die mundtot gemacht sind, wenigstens für diesen einzelnen Fall mundtot. Doch haben diese Jungen auf Ritterlichkeit keinen Anspruch — sie sinds ja auch nicht. Gegen solche Knaben kämpfe man mit der Holzkelle, nicht mit dem Florett.

In diesem Buch geht alles bunt durcheinander. Wirklich geistige Dinge und daneben der Jude Arnolt Bronnen; leeres Geschwätz und beachtliche Sätze über deutsche Kunst, alles nebeneinander. Auch etwas Lyrik. Die sieht so aus:

Wir sind einer Fahne geboren,
Die fern wo im Walde schlägt.

Haben Sie schon mal eine Fahne schlagen hören? Davor und dahinter völkische Theorie, und die lohnt anzusehn.

«Aufgabe der deutschen Nation in staatlicher Hinsicht ist es, den Raum zwischen Flandern und Burgund, Siebenbürgen und Dorpat zu gestalten und zu sichern und die ost- und südosteuropäischen Gebiete mit ihren» — hör zu! — «mit ihren zur Nationbildung ungeeigneten Völkern unter Wahrung des völkischen Eigendaseins ihrer Volkstümer dem politischen und wirtschaftlichen deutschen Machtbereich einzuordnen . . . Aufgabe des Reiches aber ist es, den Trägern der an keine Nation, kein Volk und keine Rasse gebundenen Deutschheit die Herrschaft zu übertragen, um das Erdreich Gottes zu gestalten.» Genau so dumm sagts die *‹Tat›* auch, nur mit ein bißchen andern Worten. Nun denke man sich einen völkischen Helden, der zufällig das Unglück hat, in der Tschechei geboren zu sein — dann gilt die ganze Volkheit nicht, denn sein Volk ist zur Bildung einer Nation nicht geeignet. Und das entscheiden jene mit ihrem schmutzigen Hals. Feine Leute. Schießen zum Beispiel die belgischen Einwohner auf die Deutschen, so gehören sie an die Wand. Umgekehrt aber: «Der insurrektive Krieg ist die Grundlage einer Landesverteidigung, die den Einbruch des Feindes an der Grenze nicht sofort abfangen kann, sondern den eingedrungenen Heersäulen mit jedem Kilometer und von allen Seiten wachsende Gegenwehr entgegenstellen kann, so daß diese revolutionäre Landesverteidigung . . .» Und wundern sich, daß das Ausland ihr Vokabular nicht adoptiert, sondern das, was die Herren treiben und treiben wollen und treiben können, ganz anders benennt.

Soweit rechts. Von links: ‹*Wilhelm II.*›. Ein Film von Dosio Koffler (erschienen im Lucifer-Verlag in Berlin). Keine Sorge — dieser Film wird nie gespielt werden, der Autor weiß es. Denn das Kino ist eine Kleinkinderbewahranstalt, beaufsichtigt von Brillen, Stiftsdamen und einer Industrie, die niemals etwas gegen das Kapital spielen läßt. Das wäre ein Filmchen! Manches ist allzu eng nach Heinrich Manns ‹*Untertan*› gearbeitet, so die Stelle auf Seite 29, wo sich der Untertan Willi und der Kaiser ansehn; manches ist weder filmisch noch gut, wie etwa die szenische Anmerkung: «Holsteins Amtsstube. Man hat das Gefühl dumpfer Hehlerluft.» Nee, eben nicht! Wie, glauben Sie, hats in dem Büro ausgesehn? Wie in jedem andern auch. Sehr gut ist der Abmarsch Wilhelms des Schicksalslosen über die holländische Grenze — ich hoffe, darüber das Nötige in einem Nekrolog sagen zu können. (Taktlos? Ich kann mich nicht besinnen, Herr Zwischenrufer, so zarter Rücksichtnahme bei der viehischen Ermordung Liebknechts begegnet zu sein. Taktlos? Wer geht denn mit uns sanft um?) In einem Nekrolog will ichs sagen. Den der liebe Gott noch lange hinausschieben möge, lang' lebe der König! Denn dieser Mann kann gar nicht spät genug sterben; je später, um so unbeachteter wird er dahingehn. Sein Tod wird in seinem Leben das einzige sein, das er mit Napoleon gemeinsam hat: auch dessen Tod war, nach Talleyrand, kein Ereignis, er war eine Nachricht.

Fedor Vergin ‹*Das unbewußte Europa*› (erschienen bei Heß & Co. in Wien). Ach, da gehts aber zu! So klug, und so freudianisch und überhaupt sehr gebildet aus zweiter Hand. Dabei stehen in diesem Essayband sehr vernünftige Bemerkungen über Europa — wenn nur für solche Art Schriftsteller Freud nicht gelebt hätte! Sehr gescheite Sätze über die Engländer: «Sie sind einfach da, ihr So-Sein genügt ihnen restlos. Sie streben gar nicht, anders zu sein. Sie reformieren im kleinen gern und mit Humor, sie doktern an sich immer ein wenig herum, aber sie werden niemals ihre psychischen Ideale aufgeben. Darin sind sie sich einig wie kein andres Volk auf Erden.» Und: «Der englische Humor der Selbstpersiflage, so kennzeichnend für den normalen Engländer, hat in einem so unkritischen Volk wie dem deutschen, das über sich selbst stets falsche Ansichten hegt, trotzdem es sich ständig ein Problem ist, die verheerende Wirkung ausgelöst, daß man die englische Selbstkritik todernst nahm und generalisierte.» Und so noch manches Mal. Was hingegen über die Franzosen da steht, ist milder Wahnwitz. «Der sadistische Nordfranzose im Apachentanz, wobei eine Frau von einem Banditen mit dem Messer zerstochen wird ...» also das ist Cabaret in Duisburg, sicher sehr schön, aber Duisburg. Auch daß der französische Sparsinn nichts als Sadismus sei, höre ich zum ersten Mal. «Der französische Nachkriegsnationalismus ist wesentlich sadistisch. Er ergötzt sich mangels Zahlungen von Reparationen an der Qual des Opfers ...» Ich habe fünf Jahre in Frankreich verbracht, ich fahre fast jedes Jahr dorthin, ich habe mit den Leuten zusammengelebt, und ich darf aus tiefster Erfahrung sagen: dies ist heller Blödsinn und nichts als Stammtischgeschwätz, pseudowissenschaftlich frisiert. Merkwürdig bei einem Mann, der immerhin so viel politische Einsicht hat, daß er erkennt: «Die neuen Nationalstaaten Osteuropas sind seelische Nachfolger der altösterreichischen Politik, an der Deutschland naiv zugrunde ging. Der Franzose ahnt nicht, was eigentlich Mazedonien, was Siebenbürgen bedeutet.» Ah, das ist etwas anders. Die immense Schuld Frankreichs, insbesondere Clemenceaus, an diesem neuen, gefleckten und geflickten Europa — das ja. Aber Sadismus gegenüber Deutschland, das nein.

Über Deutschland vermeldet der Autor gute Sachen. «Antisemitismus würde beispielsweise fortbestehen, wenn es längst keinen Juden mehr in Deutschland gäbe. Seelisch fühlt sich das große Kind immer haßerfüllt gegen einen fiktiven Eindringling und Bedroher seiner Mutter: dem nationalen Gebiet ... Das vom Nationalismus benötigte Haßobjekt sind Juden oder Nachbarvölker, die natürlich immer bedrohen.» Sehr gut diese Bemerkung — hört es, ihr völkischen Beobachter! —: «Jeder, der anno 1914 gut bürgerliche, also gesittete Frauen in allen Kulturländern beobachten konnte, wie sie sich über Nacht in Prostituierte der Begeisterung verwandelten ...» das sollte man sich merken. Sehr gut auf Seite 308 eine fundierte Darlegung dessen, was man auch bei einem Richter und einem Staatsanwalt als ‹Seele› bezeichnet. «Man straft so gern andere für das, was man sich selbst nicht gönnt.» Das Buch hat Perspektiven, keine großen, viele falsche, aber immerhin.

Bliebe als vorletztes ein merkwürdiges Ding von einem Buch. ‹*Erlebtes. Erstrebtes. Erreichtes*› von Franz Oppenheimer (erschienen im Welt-Verlag zu Berlin). Ganz so schlimm, wie ich es mir nach dem Vorabdruck gedacht habe, ist es nicht geworden — aber peinlich ist es immer noch. Es bleibe gänzlich außer Betracht, was dieser Nationalökonom in seinem Fach bedeutet, das steht auf andern Blättern. Er gibt hier seine Lebensgeschichte.

Dieser Mann — und nur deshalb bespreche ich das Buch — besitzt in höchstem Maße etwas, was ich die ‹indirekte Eitelkeit› nennen möchte.

Er sagt, außerhalb seines Faches, niemals: Ich bin ein großer Mann, ich bin ein fabelhafter Kerl, — wenigstens sagt er das nicht direkt. Aber er hat auf allen seinen Freunden Reflektoren angebracht, die ihn beleuchten, und er hat nur bedeutende Freunde. Kennt ihr solche Menschen, die ununterbrochen im Munde führen: «Mein Freund Leopold, einer der größten Halsärzte Frankfurts . . .»? Andre als größte kennt diese Sorte gar nicht. Was in das Lichtfeld von Oppenheimers Leben tritt, ist: der bedeutendste, der größte, der bekannte, der beste, der schönste . . . merkwürdig. Von diesen Schwänen aber mag ein gut Teil Gänse sein. Ich habe diese Art von Eitelkeit schon öfters angetroffen. Hermann Bahr hatte sie im höchsten Grade; Rathenau, in einer andern Kulör, auch, nur war der zu kalt, um mit seiner Eitelkeit Menschen zu begnaden, er spiegelte sich in Sachen. Es ist jene Eitelkeit, die den eignen Freundeskreis lächerlich aufbläht und seine Bedeutung auf das unsinnigste überschätzt. Wenn nun eines dieser Privat-Genies auch außerhalb des Kreises nur einen kleinen Erfolg hat, so nuckeln alle mit dem Kopf: «Na natürlich. Das haben wir ja immer gewußt. Unser Anton . . . aber das ist doch ein Genie, wußten Sie das nicht?» Und dann wird auch der mittlere Erfolg des Herrn Anton vergrößert und aufgepustet und bis an die Wolken gehoben; sie können sich gar nicht lassen vor Entzücken, daß einer der ihren nun wirklich Privatdozent ist oder Regierungsrat, oder daß er einen Orden bekommen hat . . . sie machen aus Serienfabrikaten handwerkliche Prachtstücke. Und es ist alles nicht wahr.

Eine facettierte Eitelkeit, von Oppenheimer bis herunter zu den weiblichen wiener Schmöcken, es ist immer dieselbe: «Ich kann Ihnen in Oslo meinen Freund Gunnar empfehlen, das ist der bedeutendste norwegische Journalist.» Und dann bist du in Oslo, und dann ist Herr Gunnar ein braver und brauchbarer Mann, wie zehn andre auch. Oppenheimer ist ein Narziß, der sich in Menschen spiegelt.

Er hat also den Krieg erlebt. «Ich war dicht daran, mich als alter Alpinist bei einem Alpenkorps zu melden. Aber ich war damals zwanzig Jahre aus aller Praxis heraus (Oppenheimer ist früher Arzt gewesen) und hätte mindestens einige Monate auf Wiederholungskurse verwenden müssen, um nicht mehr Schaden als Nutzen zu stiften; denn ich hätte selbstverständlich die Leitung eines Lazaretts übernehmen müssen.» Warum? Warum hätte er nicht in bescheidener Weise wie hunderttausend andre mitmachen können? Dann hätte ihm der ganze Krieg keinen Spaß gemacht.

So ging er damals umher, verfertigte Denkschriften, machte sich, wie er angibt, nützlich, und, wie er nicht angibt, recht wichtig, und das Ganze ist und bleibt peinlich. Bis zu diesen letzten Kapiteln kann man nicht sagen, daß dieser ehemals aktive Burschenschafter so etwas wie das Kreuz seines Judentums mit sich schleppe — aber dann schleppt ers eben doch. «Zur Rechten Hindenburgs saß der greise General, der den

Liebesgabenzug hergebracht hatte, zu seiner Linken ich als der Ältere von uns beiden, mir zur Linken Ludendorff und an dessen Seite mein Kollege Bodenheimer. Mir gegenüber saß ein Herzog von Sachsen, ganz unten an der langen Tafel der jüngste Prinz von Preußen unter den Leutnants.» O du seliger Untertan.

Kommt hinzu, daß diese gradezu groteske Eitelkeit eigentümliche Wellen schlägt. Der Mann spricht immer von «seinem» Berlin; «mein Freiburg», sagt er, «mein Liliencron» und einmal sogar, von der Erfindung: «mein elektrisches Licht». Er erinnert in manchem an diese geblähten Privatdozenten aus Heidelberg oder Göttingen; wenn man denen zuhört, wundert man sich immer, daß es überhaupt noch so etwas wie ein Welträtsel gibt, es ist doch alles schon längst gelöst, nämlich von dem Betreffenden, oder von seinem Freund oder eben von ‹seinem Kreis›. Und dann kommst du hin, und dann ist es gar nichts oder wenig, und die Welt pfeift auf Göttingen und auf Heidelberg, und es ist, wie Salomo sagt, alles eitel.

Zum Schluß wollen wir uns ein Bildermäppchen ansehn.

‹Blutproben›. Zehn Stiche von Johannes Wüsten (erschienen bei der Volksbühnen-Verlags- und Vertriebs-G. m. b. H., wie kann man nur so heißen! in Berlin NW 40, Platz der Republik 7). Das Heftchen enthält Reproduktionen. Schade, daß sie so nackt herausgekommen sind; das kleine Motto, das Wüsten jedem Blatt vorangesetzt hat, ist allemal sehr treffend – aber textieren hätte das Erich Kästner sollen. Es ist wie für ihn gemacht.

Man denke sich eine Mischung von: Willi Geiger, Grosz, Kubin ... so etwa. Und doch durchaus eigenartig. Und böse, herrlich böse – böse aus enttäuschter Güte. Die drei Betschwestern sind eine blanke Freude; die Trauung ist ein Juwel; das Blatt *‹Tot›* reicht in sehr mysteriöse Tiefen, und die *‹Elegie›* habe ich mir einrahmen lassen. Hier eben fehlt Kästner. Es ist ganz großartig.

Leicht hat es Wüsten nicht. Er lebt in Görlitz; seine Radierungen waren dort ausgestellt, aber plötzlich zog die Museumsleitung drei Blätter zurück. Die hießen, wie der Zufall spielt: *‹Andacht›* und *‹Trauung›* und *‹Heilsarmee›*, indem den Görlitzern etwas Religion erhalten bleiben muß. Wüsten schreibt mir: «Man liest oft, daß der Künstler in der Provinz noch so etwas wie eine kulturelle Aufgabe habe. Wer die erfüllen will, muß jetzt Wartburgbilder malen und die Königin Luise verehren.» Wüsten malt weder das eine noch verehrt er die andre, und das macht nicht beliebt.

Der Mann verdiente bekannter zu sein, als er es ist – in dem steckt etwas. Laßt euch das Heftchen einmal kommen. Es wird euch viel Freude machen.

§ § § §

In der Großstadt, auf dem Lande, in den Städtchen
gibt es schöne, aber tugendhafte Mädchen.
Still! Still!
Man kann nicht alles sagen, was man will.
Denen gleich das Herze schmilzt, die haben keinen.
Die du gern erobern willst, die haben schon einen . . .
Kommt ne leere Droschke an,
ist sie meist besetzt.
Hat die Frau einen andern Mann,
dann flüsterst du zuletzt:
Soll ich dir mal sagen,
wie mein Herz tanzt?
Soll ich dir mal sagen,
was du mir kannst?
Wenn ich dich seh, gibts mir nen Stich,
mein ganzes Sehnen kreist um dich –
Könnt ich dir doch sagen:
O küsse mich –!

Schau ich mich so um in unsrer lieben Runde:
jedem Deutschen hängt ein § am Munde . . .
Still! Still!
Man kann nicht alles sagen, was man will.
Schreibst du: «Dieser Bursche ist total besoffen»,
gleich fühlt irgend ein Minister sich getroffen.
Seh ich mir die Gegner an,
wie kommen die mir vor!
Ich ginge gern zu jedem ran
und flüstert ihm ins Ohr:
Soll ich dir mal sagen,
wie mein Herz tanzt?
Soll ich dir mal sagen,
was du mir kannst?
Wenn ich dich seh, gibts mir nen Stich,
mein ganzes Sehnen kreist um dich:
Könnt ich dir doch sagen:
O küsse mich –!

Und so sei es denn hiermit gesagt.

PRIVAT

Weil es in Deutschland kein öffentliches Leben gibt, sondern nur Kongresse und Tumulte, so nennt sich gern alles, was ein bißchen was ist: privat.

Die Sache hat wohl damit angefangen, daß Zigarettenfirmen gewisse Marken für die Chefs und für das Haus herstellen ließen – diese Mischungen waren vorerst nicht für den Handel bestimmt. Dann aber kamen sie doch in den Handel, und um zu zeigen, wie fein und vornehm der neue Tabak sei, nannte man ihn nun: Pebeco privat. Und das griff dann auf den Gottbehüte Weinbrand über und auf den Sekt, und jetzt heißen auch schon Schreibmaschinen so. «Wenn Sie in Ihrer Privatbar . . .» habe ich neulich gelesen. Denn mit dem Fressen ist das so eine Sache, aber Privatbar muß sein. Und wenn sie drei alte Fotos veröffentlichen, auf denen zu sehn ist, wie sie als Kind auf dem Lackstühlchen gesessen haben, dann sind diese Bilder «aus Privatbesitz», das klingt so hübsch nach Gemäldegalerie, aber es ist bloß ein altes Fotografiealbum.

Sie spielen Privatleben.

«Wie ich in einem außerdienstlichen Gespräch privat erfahren habe . . .» – aber lacht sie doch aus mit ihrer Wichtigtuerei, fegt das doch mit einer Handbewegung vom Tisch, denn alles das besteht ja nur in diesen mit Sandpapier abgeschabten Köpfen. Es ist völlig gleichgültig, ob einer eine Sache offiziell, offiziös oder privat erfahren hat – er weiß sie eben, und wenn es sich zum Beispiel um eine Schiebung handelt und er packt nicht zu, dann ist er ein Schweinehund. Ein offizieller, ein offiziöser, ein privater – zum Aussuchen.

Sie spielen Dienst.

Ob Kellner, Regierungsrat oder Radauknecht bei Hitler –: sie haben eine Uniform an, stehn vor sich selber stramm und glauben an ihre irdische Mission. Die ist dienstlich. Dahinter lebt dann, kümmerlich aber immerhin, das sogenannte Privatleben. «Sie war», schrieb neulich eine Zeitung ganz ernsthaft, «sie war privatim blond.» Als Klavierlehrerin war sie das nämlich nicht, da war sie nur Klavierlehrerin.

Sie glauben ernsthaft, das sei sachlich. Es ist aber nur die trübe Atmosphäre der Kompanie-Schreibstube, wo der Feldwebel dienstlich von nichts wußte und außerdienstlich grinsend in eine Stulle biß. Dienstlich hat diese Welt manche Erfolge zu verzeichnen. Privatim ist sie rechtens immer hinten heruntergefallen.

AVIS AN MEINEN VERLEGER

Von allen Leser-Briefen, lieber Meister Rowohlt, scheint mir dieser hier der allerschönste zu sein. Er stammt von einem Oberrealschüler aus Nürnberg.

> «Lieber Herr Tucholsky!
> Erlauben Sie mir, daß ich Ihnen zu Ihren Werken meine vollste Anerkennung ausspreche. Das wird Ihnen zwar gleichgültig sein – aber ich möchte doch noch eine weitere Bemerkung hinzufügen. Hoffentlich sterben Sie recht bald, damit Ihre Bücher billiger werden (so wie Goethe zum Beispiel). Ihr letztes Buch ist wieder so teuer, daß man es sich nicht kaufen kann.
>
> Gruß!»

Da hast es.

Lieber Meister Rowohlt, liebe Herren Verleger! Macht unsre Bücher billiger! Macht unsre Bücher billiger! Macht unsre Bücher billiger!

SCHNIPSEL

Zur Rassenfrage. Die Blonden sind ganz umgängliche Menschen. Aber die Dunkeln, die gern blond sein möchten …!

Komische Junge sind viel seltner als komische Alte.

Es gibt Leute, die wollen lieber einen Stehplatz in der ersten Klasse als einen Sitzplatz in der dritten. Es sind keine sympathischen Leute.

Kolonien nehmen den Überschuß des Mutterlandes auf. Irgendwohin muß ein Land doch schießen.

Emil Ludwig hats nicht leicht. Er müßte eigentlich ein Rundschreiben an seine Kritiker schicken: «Entschuldigen Sie bitte, daß ich so viel Erfolg habe.»

Man fällt selten über seine Fehler. Man fällt meistens über seine Feinde.

Da gab es neulich in der ‹*Frankfurter Zeitung*› eine Auseinandersetzung zwischen der Kunsthandlung Paul Cassirer und dem Kunstmaler Kokoschka.

Kunsthändler sind meist keine reine Freude. Aber wie dieser Maler da loslegte, das blamierte doch die ganze Innung. Die Inhaberin der Firma Cassirer, Frau Doktor Ring, hatte klar und einfach dargelegt:

wieviel Vorschüsse dieser Maler bezogen habe, daß seine Bilder jetzt nicht mehr so gut gingen wie früher, alles einleuchtende und verständliche Dinge, die der Beteiligte nun bestreiten oder kommentieren konnte ... Er habe sich das Geschäftsdeutsch, schrieb er, erst ins Deutsche übersetzen lassen müssen — eine Korrektur, die bei seinen Büchern bisher leider nicht erfolgt ist. Und schwafelte und jambelte und schrie ... früher hat so etwas eine Samtjacke getragen.

Es ist da während der guten Konjunktur eine Sorte Künstler aufgewachsen, die diskreditieren jeden guten wirtschaftlichen Kampf ihrer Genossen. Größenwahnsinnige Schauspieler, Maler wie der da — lauter Leute, die nicht begreifen können, daß man ihren Kram weit, weit überzahlt hat. Und daß es damit nun aus ist. Wenns weiter nichts wäre! Kokoschka bemüht Frans Hals und Rembrandt und wen weiß ich noch. Er tröste sich — so viel ist er nicht wert. Im übrigen mache er gescheite Verträge, und wenn er das nicht kann, nehme er sich einen Rechtsanwalt. Mit Kunstpflege hat dieses Geschwafel nichts zu tun. Cassirer war tausendfach im Recht.

Satire hat eine Grenze nach oben: Buddha entzieht sich ihr. Satire hat auch eine Grenze nach unten. In Deutschland etwa die herrschenden faschistischen Mächte. Es lohnt nicht — so tief kann man nicht schießen.

Merkwürdig, was dieselben zweitausend Menschen zu gleicher Zeit sein können: unsre tapfern Krieger; Mob; Volksgenossen; verhetzte Kleinbürger. Wie man eine Masse anspricht, so fühlt sie sich.

Laß dir von keinem Fachmann imponieren, der dir erzählt: «Lieber Freund, das mache ich schon seit zwanzig Jahren so!» — Man kann eine Sache auch zwanzig Jahre lang falsch machen.

Die dunkle Stelle der Nasenlöcher in einem Gesicht zeigt an, was für eine Luft im Schlafzimmer des Menschen ist. Dieser Satz läßt sich nicht begründen; er ist aber wahr.

«Arzt sein heißt: der Stärkere sein», hat Schweninger gesagt. Krankenkassen-Patient sein heißt: der Schwächere sein.

Es gibt in der Kunst ein unumstößliches Gesetz. Was einer recht auffällig ins Schaufenster legt, das führt er gar nicht: Brecht keine Männlichkeit, Keyserling keine Weisheit und Spengler keine Ewigkeitsperspektiven.

111

Die Frau Reinhold Sorges, dem wir das schöne und bedeutende Drama *‹Der Bettler›* verdanken (erschienen bei S. Fischer) hat Erinnerungen an ihren im Kriege getöteten Mann herausgegeben: *‹Unser Weg›* von Susanne M. Sorge (erschienen bei Kösel und Pustet in München).

Sorge ist Protestant gewesen und ist dann zum Katholizismus übergetreten. Sein Gefühl hat einen ähnlichen Weg zurückgelegt wie etwa der Verstand des Kardinals Newman, der von der anglikanischen Kirche nach Rom gewandert ist. Der Weg Sorges war schwer, doch für ihn selber beglückend; es mag für Gläubige stärkend sein, diesen Weg nachzuwandern. Das Buch seiner Frau ist rein, ehrlich und ergreifend, es enthält nicht einen falschen Ton. Eine Einzelheit sei herausgegriffen.

Sorge wurde im Jahre 1915 eingezogen. «In Stockach», schreibt Frau Sorge, «wurde er der Ersatzreserve 111 in Konstanz zugeteilt, und die dreifache Eins auf dem Achselstück war ihm Symbol des Dreieinigen Gottes, in Seinem Dienst fühlte er sich auch hier.»

Ist so etwas menschenmöglich! Bei Gott ist kein Ding unmöglich. Kein Zweifel, daß dieser Gedanke, von einem Atheisten ausgesprochen, zu einem jener Hexenprozesse führte, die man als Gotteslästerungsprozesse bezeichnet.

Da wird also einer gezwungen, auf Menschen zu schießen. Sorge hat, nach den Aufzeichnungen der Frau, Tötungen offenbar vermeiden können, aber er, der ein gläubig fühlender Katholik gewesen ist, hat unter diesem Druck gelitten. Doch war der Zwiespalt zwischen «Du sollst nicht töten!» und «Seid untertan der Obrigkeit!» bei ihm nicht so stark, daß es zu einer Kriegsdienstverweigerung gereicht hätte; die christlichen Religionen gehen ja in ihrer Praxis den klaren Entscheidungen gern aus dem Wege, und aus diesem ewigen Kompromiß erwächst ihre Macht. Die Bibel ist ein radikales Buch; die Ausführungsbestimmungen mildern nachher manches.

Und nun bekommt es ein gläubiger Christ fertig, in einer Regimentsnummer ein Symbol des dreieinigen Gottes zu sehn! Er schämt sich nicht! Er fühlt nicht die Diskrepanz, er scheut sich nicht, diese plumpe Allegorie auszusprechen, denn es ist unmöglich, daß etwa die Frau diese Äußerung erfunden oder hinzugesetzt hat. Wenn es eine Gotteslästerung gibt: dies ist eine.

Kleine Marginalie: Karl Muth hat dem lesenswerten Buch ein Nachwort geschrieben.

Der Verlag Fischer, der sich für Reinhold Sorge eingesetzt hat, als ihn niemand kannte, vermochte dem Dichter auf seinem weiteren Wege nicht zu folgen und lehnte eine Dichtung *‹Guntwar›* ab. Damals war Moritz Heimann noch sein Lektor. Das quittiert nun Muth so:

«Samuel Fischer, dem das den neuen Weg des Dichters offenbarende

Werk nicht in seine Richtung paßte . . .» Frau Sorge schreibt stets, wie wir alle schreiben: S. Fischer. Zu einer blanken antisemitischen Äußerung hat Muths Mut nicht gereicht, es bleibt bei dieser hämischen Anspielung. Der üble Satz ist des schönen Buches nicht würdig.

KLEINE NACHRICHTEN

Die Sowjet-Regierung hat sich entschlossen, nach Finnland einen ausrangierten Kommunisten zu schicken, damit die Lappo-Bewegung endlich einen Feind hat.

Dem Eierhändler Awrumele Gänsekries aus Bialystok (dem Geburtsort von Jehuda Joissip Göbbeles) ist ein Gesuch um Naturalisation abschlägig beschieden worden. Gänsekries wohnt bereits achtzehneinhalb Jahre in Deutschland und hat noch keinen Hochverratsversuch unternommen. Für eine Einbürgerung ist er demnach nicht geeignet.

Der Erfinder Gustav Papenstrumpf aus Niederschöneweide hat einen Apparat erfunden, der die gesamte Tätigkeit des IV. Reichsgerichts-Senats automatisch verrichtet. Von seiner Einführung ist jedoch abgesehen worden; der IV. Senat macht das genau so gut wie ein Automat.

Das Gerücht, die SPD werde im Falle eines Verzichts Hindenburgs für Ludendorff als Reichspräsidenten stimmen, entspricht noch nicht den Tatsachen.

Ein berliner Schauspieler hat sich mit sich selbst zusammengeschlossen, um als Kollektiv aufzutreten. Um Tantiemen zu sparen und die ohnehin überflüssigen Autoren abzuschaffen, wird er den Text vom Souffleur beziehn.

Eine Abordnung arbeitsloser Nationalsozialisten hat gestern ihrem Oberhaupt vor dem Hotel Hitlerhof einen Fackelzug dargebracht. Hitler, der bis vor kurzem selbst arbeitslos war, versprach jedem der Fackelträger eine Stellung bei der ostpreußischen Gesandtschaft in Braunschweig. Die herbeigeeilten amerikanischen Journalisten verließen unter dem Ruf «So blue!» die Gaststätte.

Der Reichsinnenminister hat einen Erlaß herausgelassen, in dem er Beschimpfungen politischer Gegner verbietet. Als erste Kundmachung verfiel ein Erlaß des Reichswehrministers dem Verbot.

Die Bildstreifenausschüsse zur Prüfung kulturbildender Bildstreifen haben Richtlinien herausgegeben. Danach dürfen in Filmen, die auf das Prädikat «kulturfördernd» Anspruch haben wollen, nicht mehr vorkommen:

Mädchen über 19 Jahren — Mädchen unter 19 Jahren — unverheiratete Männer (an Männern überhaupt pro Film nicht mehr als zwei) — Totengräber — Lebedamen — Arbeitslose — Frauenärzte — Embryos — öffentliche Plätze bzw. Häuser — Großaufnahmen von Gliedmaßen aller Art — Küsse (nur Elternküsse) — Betrunkene — Hungrige — Bolschewisten — Prostituierte — Richter.

Insbesondere ist das Auftreten politisch Andersdenkender grundsätzlich verboten.

Der noch in Freiheit befindliche deutsche Wirtschaftsführer hat bei der Reichsregierung angeregt, die Veröffentlichung von Herstellungspreisen der IG-Farben als Landesverrat zu bestrafen. Mit Recht.

Der Papst hat in einer Rundfunkrede als Grundübel der Gegenwart drei Dinge genannt: den Stolz, die Geldgier und die Fleischeslust. Wie wir hören, haben die Reichswehroffiziere, die auf deutschen Gütern angestellten polnischen Arbeiter und der Reichsverband Deutscher Fleischermeister dagegen protestiert.

Das Rabbinat von Bialystok (dem Geburtsort von Awrumele Gänsekries) hat Jehuda Joissip Göbbeles angeboten, dessen Töchter und Söhne gratis zu beschneiden.

Chaplin hat Hitler um leihweise Hergabe seines Schnurrbarts gebeten. Die Verhandlungen dauern an.

Japan ist Mitglied des Völkerbundes.

Das Reichskartell des nationalen Mittelstandes hat einen Lichtstreik proklamiert. Das Einatmen von Leuchtgas zur Lösung der Arbeitslosenfrage ist ausdrücklich ausgenommen. Armut ist ein großer Glanz von innen.

Die Herren Noske und Geßler weilen zur Zeit in Berlin, um bei Herrn Groener Nachhilfeunterricht zu nehmen.

Die SPD ist eine Arbeiterpartei.

WIE MANS MACHT . . .

a) Trost für den Ehemann

Und wenn sie dich so recht gelangweilt hat,
dann wandern die Gedanken in die Stadt . . .
Du stellst dir vor, wie eine dir,
und wie du ihr, das denkst du dir . . .
    Aber so schön ist es ja gar nicht!

Mensch, in den Bars, da gähnt die Langeweile.
Die Margot, die bezog von Rudolf Keile.
Was flüstert nachher deine Bajadere?
Sie quatscht von einer Filmkarriere,
und von dem Lunapark und Feuerwerk,
und daß sie Reinhardt kennt und Pallenberg . . .
    Und eine Frau mit Seele? Merk dies wichtige:
    die klebt ja noch viel fester als die richtige.

Du träumst von Orgien und von Liebesfesten.
Ach, Mensch, und immer diese selben Gesten,
derselbe Zimt, dieselben Schweinerein —
was kann denn da schon auf die Dauer sein!
Und hinterher, dann trittst du an
mit einem positiven Wassermann,
    so schön ist das ja gar nicht.

Sei klug. Verfluch nicht deine Frau, nicht deine Klause.
Bleib wo du bist.
                    Bleib ruhig zu Hause.

b) Trost für den Junggesellen

Du hast es satt. Wer will, der kann.
Du gehst jetzt häufiger zu Höhnemann.
Der hat mit Gott zwei Nichten. Zart wie Rehe.
Da gehst du ran. Du lauerst auf die Ehe.

Bild dir nichts ein. Du schüttelst mit dem Kopf?
Ach, alle Tage Huhn im Topf
und Gans im Bett — man kriegt es satt,
man kennt den kleinen Fleck am linken Schulterblatt . . .
    So schön ist es ja gar nicht!

Sie zählt die Laken. Sagt, wann man großreinemachen soll.
Du weißt es alles, und du hast die Nase voll.
Erst warst du auf die Heirat wie versessen;
daß deine Frau auch Frau ist, hast du bald vergessen.

Sei klug. Verfluch nicht deine Freiheit, deine Klause.
Bleib wo du bist.
Bleib ruhig zu Hause.

c) Moral

Lebst du mit ihr gemeinsam — dann fühlst du dich recht einsam.
Bist du aber alleine — dann frieren dir die Beine.
Lebst du zu zweit? Lebst du allein?
Der Mittelweg wird wohl das richtige sein.

KOLOSSAL BERÜHMT

Auf der sprachlichen Niederjagd gefangen: «berühmt geworden».

Irgend ein Esel mag das einmal geschrieben haben, um sich wichtig zu machen: «die berühmt gewordene Rede des Kanzlers . . .» Und nun schreiben es ihm alle, alle nach: die berühmt gewordene Szene, das berühmt gewordene Chanson, die berühmt gewordene Wendung. Gemeint ist: bekannt.

Homer ist berühmt. Chaplin ist zur Zeit berühmt. Der Ruhm Napoleons, das kann man sagen. Es ist aber ein Irrtum, zu glauben, daß berühmt sei, was zweimal in der Schlagzeile einer Mittagszeitung gestanden hat, denn da steht vieles, was früher, Borgis, ohne Durchschuß, im lokalen Teil zu stehen pflegte. Es ist da eine jammervolle Verengung des Gesichtskreises eingetreten, die Vordergrund-Figuren erscheinen ganz groß, und die gesamte Welt verschwimmt zu einem grauen Fond. Geistige Autarkie.

Sprache ist stets Ausdruck einer Gesinnung. Diese hier ist beklagenswert. Jeder dieser kleinen Kreise hält sich für das Zentrum der Erde, und man muß einmal erlebt haben, was geschieht, wenn sich diese Leute im Ausland mit Fremden unterhalten: wie da beide Teile aneinander vorbeireden, wie der Deutsche auch nicht einen Augenblick auf den Gedanken kommt, seine Begriffe und Maßstäbe könnten vielleicht dort nicht gelten, mehr, überhaupt nicht bekannt sein . . . seine Seele kreist um den Potsdamer Platz oder um drei Zeitschriften oder um Hitler oder um sonst eine Lokalgröße und ist nicht davon loszubekommen. Und dann sind alle Beteiligten erstaunt, weil es zu keiner Einigung kommt. Wenn zwei Kaufleute miteinander abschließen wollen, und der eine meint, es handle sich um Kauf, und der andre meint, es handle sich um Miete, so kommt auch bei einer scheinbaren Einigung kein Vertrag zustande – Dissens nennt es der Jurist. So ungefähr verlaufen die meisten internationalen Diskussionen. Es ist ein Jammer, daß dabei nicht Latein gesprochen wird.

Man blättere, was viel zu wenig getan wird, in den Zeitungen ein Jahr zurück, und man wird sehen, was das «berühmt gewordene Stück» heute ist: Geraschel eines welken Kranzes. Und zwei Flugstunden weiter, grade um die Ecke, haben sie von dem statuierten Ruhm überhaupt nichts gewußt. Es ist ein Ruhm, dessen Reichweite mit den Grenzen eines postalischen Bestellbezirks zusammenfällt und der vierzehn Tage dauert, gut gerechnet. Diese Zeit spricht noch nicht ihre Sprache, oder: ihre Sprache ist die der Zeit von gestern. Sie pappt große Wörter, die beinah ihren Sinn verloren haben, auf die kleinen Begriffe des Alltags, ihr Kleid ist vier Nummern zu weit, und wenn alles schief geht, so sieht sie sich doch ununterbrochen im Spiegel eines imaginären Konversationslexikons und kommt sich sehr berühmt geworden vor.

DER ZERSTREUTE

Mein Blinddarm, der ruht in Palmnicken;
ein Backenzahn und überdies
ein Milchzahn liegen in Saarbrücken.
Die Mandeln ruhen in Paris.

So streu ich mich trotz hohen Zöllen
weit durch Europa hin durchs Land.
Auch hat die Klinik in Neukölln
noch etwas Nasenscheidewand.

Ein guter Arzt will operieren.
Es freut ihn, und es bringt auch Geld.
Viel ist nicht mehr zu amputieren.
Ich bin zu gut für diese Welt.

Was soll ich armes Luder machen,
wenn die Posaune blasen mag?
Wie tret ich an mit meinen sieben Sachen
am heiligen Auferstehungstag?

Der liebe Gott macht nicht viel Federlesen.
«Herr Tiger!» ruft er. «Komm hervor!

Wie siehst du aus, lädiertes Wesen?
Und wo — wo hast du den Humor?»

«Ich las» — sag ich dann ohne Bangen —
«einst den Etat der deutschen Generalität.
Da ist mir der Humor vergangen.»
Und Gott versteht.
Und Gott versteht.

COLLOQUIUM IN UTERO

Ein trüber Herbsttag im Mutterleib. Zwei Stück Zwillinge, Erna und Max, legen sich bequem und sprechen leise miteinander.

«Mahlzeit!»

«Mahlzeit! Na, gut geschlafen . . .?»

«Soweit man bei diesem Rummel schlafen kann — es sind bewegte Zeiten. Ich träume dann immer so schlecht.»

«Was hast du bloß?»

«Du bist gut! Was ich habe! Hier, hast du das gelesen, im Reichsverbandsblatt Deutscher Leibesfrüchtchen?»

«Nein. Was steht da?»

«Da steht: Warnung vor dem juristischen Studium. Fünfzigtausend Primaner legen die Reifeprüfung ab. Hundertunddreißigtausend stellenlose Akademiker, es kann auch eine Null mehr sein, ich kann das bei der Beleuchtung nicht so genau unterscheiden. Warnung vor dem Veterinär-Studium. Warnung vor Beschreitung der Oberförster-Laufbahn. Warnung . . . und so geht das weiter.»

«Na und?»

«Na und . . . du dummes Keimbläschen! Willst du mir vielleicht sagen, was man denn eigentlich noch draußen soll? Nun fehlt nur noch die Warnung vor einem Beruf!»

«Vor welchem?»

«Vor dem eines Deutschen. Aber, wenn das so weiter geht: ich bleibe hier.»

«Ich gehe raus.»

«Warum?»

«Weil es unsre Pflicht ist. Weil wir heraus müssen. Weil im Kirchenblatt für den Sprengel Rottenburg und Umgegend steht: Das Leben im Mutterleib ist heilig. Lieber zehn Kinder auf dem Kissen als eines auf dem Gewissen, steht da. Und die Präservativ-Automaten sind auch aufgehoben. Wir stehen, mein Lieber, unter dem Schutz der Staatsanwaltschaft und der Kirche!»

«Draußen?»

«Nö, draußen nicht. Bloß drin.»

«Na, da bleib doch hier!»

«Wir haben nur für neun Monate gemietet, das weißt du doch!»

«Es ist, um sich an dem eignen Nabelstrang aufzuhängen! Ich für mein Teil bleibe drin!»

«Du bleibst nicht drin. Sei froh, daß wir nicht dreie sind, oder vier, oder fünf, oder sechs . . .»

«Halt! Halt! Wir sind doch nicht bei Karnickels!»

«Es ist alles schon mal dagewesen, Deutschland kann keine Kinder ernähren, nur Kartelle. Deutschland braucht Arbeitslose!»

«Ich bleibe drin.»

«Ich geh raus!»

«Du gehst nicht raus! Streikbrecher!»

«Pergamentfrucht!»

«Dottersack!»

(Gestrampel)

Die Mutter: «Was er nur hat —?»

SCHNIPSEL

Höflich wie ein Engländer zu Hause. Unhöflich wie ein Engländer auf Reisen.

Man sollte gar nicht glauben, wie gut man auch ohne die Erfindungen des Jahres 2500 auskommen kann!

Kriminalroman im Bett ist schwer. Ein Bett ist doch keine Eisenbahn!

Und immer wieder: man stelle sich vor, wie unsre Bücher aussähen, wenn Herr Seeger und seine Mannen sie vorher zu zensieren hätten! Rundfunk und Film sehen aus wie die Literatur in einem Polizeistaat: kindisch, gefesselt und uninteressant. Zu fordern ist — immer wieder —: Filmfreiheit, Rundfunkfreiheit, und zwar völlige Freiheit. Die Strafgesetze genügen, wie bei den Büchern. Jeder Einwurf dagegen, auch solche von den Bildungsbonzen der SPD, stammt aus einem Polizeigehirn.

Für einen Weißen, der Afrika nicht kennt, haben die Hochzeitsgebräuche eines Negerstammes keinen Sinn — er sieht, aber begreift nichts.

Wenn man einmal aus dem Bürgertum herausgefallen ist, erscheint eine mondäne Bar in Paris sinnlos: alles fällt auseinander, die Frauen riechen nach Verwesung, die Männer wirken wie verkleidet, und eine leere Musik macht ein vertragsmäßig ausbedungnes Geräusch dazu.

Ich habe dort nie das Gefühl: wie unsittlich! Sondern ich fühle: welch Anachronismus.

Für die kleinen Nöte des Lebens ist unser Apparat nicht geschaffen; dazu ist er zu sehr Selbstzweck. Ärzte und Rechtsanwälte machen gewaltige Fortschritte, aber mit einer Forderung von 46,50 Reichsmark und mit einem Schnupfen bist du doch immer der Dumme.

In Spanien gründeten sie einmal einen Tierschutzverein, der brauchte nötig Geld. Da veranstaltete er für seine Kassen einen großen Stierkampf.

Auf den Völkerbund schimpfen darf nur, wer gegen die absolute Souveränität der Staaten ist. Ein Rechtsgebilde über den Staaten besitzt an Macht lediglich, was ihm die einzelnen Staaten geben. Also gibt es zur Zeit gar keinen Völkerbund, und Genf ist eine Farce. Das darf aber kein Nationaler tadeln. Er ist ja damit einverstanden.

Rein hippologisch betrachtet ist er vom Pferd gefallen.

Es ist der grundlegende Irrtum aller Dilettanten, der lyrischen Damen, romantisierenden Lehrer und katholischen Familienblattschreiber: daß, wer ergriffen sei, dadurch schon den Leser ergreife. «Aber ich habe es doch mit Gefühl geschrieben!» Ergriffen zu sein, ist eine Voraussetzung – für ein Kunstwerk bedeutet es allein noch gar nichts.

Warum sagen die Russen eigentlich niemals, wieviel Geld sie sich im Ausland geliehen haben, um den Fünfjahresplan durchführen zu können? Ihre Leistung verkleinerte es nicht. Es ist geschickt und gut, daß sie den Kapitalismus mit dessen Waffen schlagen – doch sollte das Geschrei über eine neue Fabrik auf das richtige Maß zurückgeführt werden. Hier ist Geld investiert worden –: wird es richtig und fruchtbringend arbeiten –?

Verzeiht, o Kleriker des marxistischen Korans, mir die Sünde.

Eine allen Deutschen gemeinsame Literatur gibt es nicht. Bei uns liest jeder nur seins.

Die schönste Geschichte über Masochismus, die ich weiß:

Wir lagen in einem polnischen Nest, gleich hinter der damaligen deutschen Grenze, hinter Marggrabowa. In unserm Armierungsbataillon waren Schlesier und Berliner anmutig gemischt. Und eines sternenklaren Abends stand ich hinter einer Hausecke, da schlugen die trauten Laute der Heimat an mein Ohr. A richtich! Ich lauschte.

Es waren zwei waschechte Berliner, die sich da um die Ecke unterhielten. Der eine mußte von Beruf wohl so eine Art Zuhälter gewesen sein; jedenfalls rühmte er sich dessen und erzählte viel von einer gewissen Ella, bei der er die Spinde abjewackelt hätte. Dieses Mädchen nun hatte auch eine masochistisch veranlagte Kundschaft, die sie gut und richtig bediente. Und ich hörte:

«Ick komm also ruff bei Ellan, un die hatte sonen Meckerjreis, den mußte sie imma vahaun. Jutet Jeld — jedet Mal achssich Mark. An den Ahmt wah a ooch da. Wie ick die Korridortür uffschließe, heer ick schon von weitn: Wißte mal die Pantoffeln uffhebn! Jleich hebst du die Pantoffeln uff, du Sau! Du Hund! Heb mal die Pantoffeln uff!» — «Wat haste denn da jemacht?» fragte der andre.

«Na», sagte der erste, «ick bin rinjejangn un hab zu den altn Herrn jesacht:

Warum tun Sie denn die Dame nich den Jefalln un hehm die Pantoffeln uff —?»

BESCHLAGNAHMEFREIES GEDICHT

Ich bin klein.
Mein Herz ist rein.
Soll niemand drin wohnen als nach Belieben auszufüllen allein.
Lieb Vaterland, magst ruhig sein,
fest steht, daß Ponds Creme das beste für die Haut ist.
Hipp.
Wer seine Obrigkeit läßt walten,
der bleibet immer wohlbehalten.
Hipp, hipp.
Wenn ich nur meinen Adolf hab,
bis an mein schwarz-weiß-rotes Grab.
Hurra.
Ein Veilchen stund an Baches Ranft,
so preußisch-blau, so lind und sanft;
da kam ein kleines Schaf daher,
jetzt steht da gar kein Veilchen mehr.
Hurra.
Ein Richter steht im Walde,
so still und stumm.
Er war republikanisch bis zuletzt,
drum haben sie ihn in den Wald versetzt,
und da steht nun der Richter,
auf seinem linken Bein,
ganz allein.

Lieb Vaterland (siehe oben).
Siehst du die Brigg dort auf den Wellen?
«Rechts müßt ihr steuern!» hallt der Schrei.
Die Republik kann nicht zerschellen,
Frau Wirtin hatte auch ein Ei.
Die Zeiten werden schön und schöner.
Ich denk an Männer, kühn und barsch:
An Noske, Geßler und auch Groener.
Lieb Vaterland (siehe oben).

DIE ARMEN LUDER

Daß die Nazis keine Schriftsteller besitzen, die fähig sind, deutsch zu schreiben, weiß man aus den Leistungen ihrer Führer. Daß dieses Gesocks aber systematisch klaut, um den Lesern ihrer Papiere vorzuführen, was herzustellen sie selber nicht fähig sind . . .

Es ist jetzt der zweite Nazi-Diebstahl, den ich hier festnagele.

Das *‹Blatt der Niedersachsen›*, Nat.-Soz. Tageblatt für den Gau Hannover-Ost, bringt in seiner Nummer vom 24. Februar 1932 einen Beitrag:

«Kurzer Abriß der Nationalökonomie, von Karl Murx, staatlich prämiierter National-Komiker.»

Der Beitrag ist gestohlen; er hat hier unter derselben Überschrift am 15. September 1931 gestanden und war damals Kaspar Hauser gezeichnet.

Stehlen — sich die deutsche Nationalität ermogeln — lügen — stehlen —: es sind arme Luder.

SCHNIPSEL

Das Christentum ist eine gewaltige Macht. Daß zum Beispiel protestantische Missionare aus Asien unbekehrt wieder nach Hause kommen —: das ist eine große Leistung.

Ein Mitarbeiter dieser Blätter hatte einst einen sonderbaren Traum. Er träumte, daß er sein Abitur noch einmal machen müßte, und das Thema zum deutschen Aufsatz lautete: «Goethe als solcher.»

Die Amerikaner kommen bestimmt alle in die Hölle, besonders die frommen — aber eines wird ihnen hoch angerechnet werden: das ist ihr Humor.

Im *‹Life›* neulich: Da sitzen zwei Kaufleute schluchzend am Schreibtisch und lesen und kramen in Skripturen. Was tun sie —? Sie sehen sich die alten Orders aus dem Jahre 1928 an.

Es ist sehr schwer, nachzuschmecken, was hier so gut mundet. Es ist, wie wenn einer alte Speisekarten noch einmal nachliest, erhöhte Tätigkeit der Mundspeicheldrüsen . . . warum muß man da lachen?

Was denen in ‹*Life*› und im ‹*New Yorker*› einfällt—: ach, daß wir das doch hätten! Es ist wohl so: sie kommen in ein lustiges Fegefeuer und wir in einen ernsten und durchaus sachlichen, in den Landesfarben angestrichenen Himmel.

Weil wir grade von ‹*Life*› reden:

Zu meinem hundertsten Geburtstag wünsche ich mir das Original des Titelblattes, das dort im vorigen April erschienen ist.

Oben, auf dem Gerüst eines Wolkenkratzers, sitzt ein Arbeiter, den sieht man ganz aus der Nähe, ein etwas dreckiger Kerl mit aufgekrempelten Hemdsärmeln, behaarte Arme, nicht rasiert. Unten auf der Straße stehen, winzig, zwei feine Damen und sehen so zum Haus herauf. Und was tut der Mann —?

Er zieht sich seine Krawatte grade.

Das Bild trug keine Unterschrift.

Es gibt deutsche Katholiken, die zerreißen sich fast das Maul darüber, daß die Kommunisten «ihre Befehle aus Moskau entgegennehmen». Und woher bekommen jene ihre Befehle? Aus Rom. Wird jemals ein deutscher Katholik Papst?

Das Papsttum ist seit Jahrhunderten eine italienische Prärogative.

Die meisten Leute wissen gar nicht, daß sie im Jahre 1932 leben. Die andern können sich nicht darüber beruhigen, daß sie im Jahre 1932 leben.

Pressefreiheit ist einmal ein gutes politisches Schlagwort gewesen. Was heute verlangt werden muß, ist: Filmfreiheit und Rundfunkfreiheit. Die Zensoren machen aus beiden einen Kindergarten.

Ein skeptischer Katholik ist mir lieber als ein gläubiger Atheist.

SINGT EENER UFFN HOF

Ick hab ma so mit dir jeschunden,
ick hab ma so mit dir jeplacht.
Ick ha in sießen Liebesstunden
zu dir «Mein Pummelchen» jesacht.
  Du wahst in meines Lehms Auf un Ab
  die Rasenbank am Elternjrab.

Mein Auhre sah den Hümmel offen,
ick nahm dir sachte uffn Schoß.
An nächsten Tach wahst du besoffen
un jingst mit fremde Kerle los.
  Un bist retuhr jekomm, bleich un schlapp –
   von wejen: Rasenbank am Elternjrab!

Du wahst mein schönstet Jlück auf Erden,
nur du – von hinten und von vorn.
Mit uns zwee hätt et können werden,
et is man leider nischt jeworn.
  Der Blumentopp vor deinen Fensta
  der duftet in dein Zimmer rein ...
  Leb wohl, mein liebes Kind, und wennsta
  mal dreckich jeht, denn denke mein –!

WENN MAN VIELLEICHT ...

Es ist nicht üblich. Aber schön wärs doch.

Schön wäre es, wenn Romanfiguren eines Autors in dem Buche eines andern Autors vorkämen, so ganz nebenbei und durchaus nicht als Hauptperson. Wenn also Hans Castorp aus dem ‹*Zauberberg*› in einem Roman Wassermanns auftauchte und Etzel Andergast bei Georg Kaiser und so fort und so weiter.

Man sähe dann nämlich, daß die sogenannte Hauptperson auch nur ‹ein andrer› ist – man sähe, wie geschickt jeder Roman den Rahmen um seine Hauptfigur legt, legen muß, und wie das doch künstlich ist. Hauptpersonen gibt es im Leben des einzelnen nur eine: das ist er selbst. Und keiner will vom andern recht glauben, daß auch der ein Schicksal habe, mit Innenleben, Bandwurm, Liebe und dem ganzen Komfort. Na ja, er hat es, aber so schön wie meins ...

Sinclair Lewis hat das mit seinen Figuren oft gemacht, da wandern sie von einem Buch ins andre, und es macht einen merkwürdigen, einen beinah unheimlichen Eindruck, wenn im ‹*Elmer Gantry*› oder sonstwo von Babbitt die Rede ist. Balzac hat es getan und, wenn ich mich recht erinnere, Zola auch. Es ist so, wie wenn in einem Kriegsroman ein österreichischer Feldwebel sagte: «Da habe ich mal einen Kerl getroffen, der hieß Schwejk ...» und weiter nichts. Wir wüßten Bescheid; für den Feldwebel aber wäre es nur eine flüchtige Begegnung ... Hauptpersonen gibt es nicht. Von der Geschichte deines jeweiligen Landes abgesehn.

Weil aber jeder Künstler seine Welt neu schafft, so braucht er diesen Gegensatz: ich und die andern, wobei fast jeder ängstlich vermeidet, zu sagen, daß der Herr Ich eben auch nur ein andrer ist. Und um sich da herauszuhelfen, schreiben sie Stoßbrigaden-Romane, wobei man die Brigaden untereinander auswechseln kann, ohne daß es einer merkt. Die Autoren kann man auch auswechseln.

Verschiebung der Perspektiven aber ist immer gut. «Unsre Zeit sucht das Absolute! Nieder mit Einstein! Wir müssen in das Innere der Dinge vorstoßen! Heil! Hoch! Nieder! Haut ihn!» Alle Mann auf Kaspar Hauser los. Als sich der Knäul auflöste, ergab es sich, daß sie einander gar kräftig gedroschen hatten, denn der relative Kaspar war längst nicht mehr da.

ZU EINEM SECHZIGSTEN GEBURTSTAG

Lieber Roda Roda,
daß du der Meister der deutschen Anekdote bist, weißt du, und das wissen auch deine Gratulanten, und sie werden dir diese Erkenntnis mit schönen Blümchen auf den Geburtstagstisch legen. Ich möchte dir einen andern Strauß binden.

Ich gratuliere dir schön.

Und ich bedanke mich bei dir, denn ich habe sehr viel bei dir gelernt. Ich schäme mich nicht, das zu sagen; gutes Deutsch darf man bei jedermann lernen. Ich habe es — unter anderm — auch bei dir gelernt.

Und dann, nach langen Jahren, als ich dich schon längst aus deinen Büchern kannte, da habe ich dich auch kennen gelernt, wie du da bist, und da habe ich etwas gemerkt, und aus dem Grunde schätze ich dich hoch ein.

Du hast viele Male etwas geschildert, was es nicht mehr gibt: das alte Österreich, dieses bunte Tuch voller Flicken. Du bist Soldat gewesen; diese Zeit liegt hinter dir. Die Tage deiner aktuellen Tagesfrechheit liegen hinter dir — und du weißt das. Du hängst nicht an der alten Zeit. Du weißt, wie literarischer Ruhm kommt und geht, und du machst dir nichts draus. Du überschätzt das nicht. Du bist beinah weise.

Ältere Leute pflegen gern die Zeit ihrer männlichen Kraft mit dem Zeitalter der Vollkommenheit zu identifizieren («Zu meiner Zeit ...!»), und sie machen dann jener Epoche, in der sie die Magenbeschwerden bekommen, ein saures Gesicht. Aber sie glauben immer, es liege an der Epoche und nicht an ihrem Magen. Das hast du nie getan — und auch das habe ich von dir gelernt, wie man auf anständige Art alt werden kann, ohne eine komische Figur abzugeben.

Und so laß mich denn auf deinen Geburtstagstisch, gleich neben den Dank vom Hause Habsburg, eine kleine Geschichte legen. Du wirst sie wahrscheinlich kennen, weil du alle Geschichten kennst, aber laß mich.

Auf einer wiener Opernredoute gingen zwei angeschwipste Kokotten auf die Damentoilette, um sich die Hände zu waschen. Und während sie sich da zurechtmachten und puderten und schminkten, erzählten sie sich reichlich unanständige Dinge über ihre Liebhaber. In der Ecke saß still und bescheiden die letzte Frau. Und in ihrem Übermut wandte sich die eine der beiden Damen an die Alte und sagte: «Na, Mutterl, was sagst du denn dazu?»

Da hob die alte Frau den Kopf und sprach:

— «Du mei. Geliebt hat man in die achtziger Johr!»

‹Geliebt› hat sie nicht gesagt.

Siehst du, Roda, und weil du ein kluger Mann bist und nie zurücksiehst, sondern immer ins Leben hinaus: deshalb gratuliere ich dir schön und wünsche dir alles Gute.

MOMENT BEIM LESEN

Manchmal, o glücklicher Augenblick, bist du in ein Buch so vertieft, daß du in ihm versinkst — du bist gar nicht mehr da. Herz und Lunge arbeiten, dein Körper verrichtet gleichmäßig seine innere Fabrikarbeit, — du fühlst ihn nicht. Du fühlst dich nicht. Nichts weißt du von der Welt um dich herum, du hörst nichts, du siehst nichts, du liest. Du bist im Banne eines Buches. (So möchte man gern gelesen werden.)

Doch plötzlich läßt die stählerne Bindung um eine Spur nach, das Tau, an dem du gehangen hast, senkt sich um eine Winzigkeit, die Kraft des Autors ist vielleicht ermattet, oder er hat seine Intensität verringert, weil er sie sich für eine andre Stelle aufsparen wollte, oder er hat einen schlechten Morgen gehabt . . . plötzlich läßt es nach. Das ist, wie wenn man aus einem Traum aufsteigt. Rechts und links an den Buchseiten tauchen die Konturen des Zimmers auf, noch liest du weiter, aber nur mit dreiviertel Kraft, du fühlst dumpf, daß da außerhalb des Buches noch etwas andres ist: die Welt. Noch liest du. Aber schon schiebt das Zimmer seine unsichtbaren Kräfte an das Buch, an dieser Stelle ist das Werk wehrlos, es behauptet sich nicht mehr gegen die Außenwelt, ganz leise wirst du zerstreut, du liest nun nicht mehr mit beiden Augen . . . da blickst du auf.

Guten Tag, Zimmer. Das Zimmer grinst, unhörbar. Du schämst dich ein bißchen. Und machst dich, leicht verstört, wieder an die Lektüre.

Aber so schön, wie es vorher gewesen ist, ist es nun nicht mehr — draußen klappert jemand an der Küchentür, der Straßenlärm ist wieder da, und über dir geht jemand auf und ab. Und nun ist es ein ganz gewöhnliches Buch, wie alle andern.

Wer so durchhalten könnte: zweihundert Seiten lang! Aber das kann man wohl nicht.

KRIEG GLEICH MORD

La guerre, ce sont nos parents

Der Studien-Assessor Hein Herbers in Kassel hat Kummer mit seiner Schulbehörde, weil er im *‹Andern Deutschland›* einen volkstümlichen, klaren und wirksamen Pazifismus getrieben hat. Das können sie ihm nicht verzeihn. Was hat er gesagt —?

Ja, er hat ein paar böse Dinge gesagt. Er hat vor allem das Vernünftigste getan, was sich überhaupt tun läßt: er hat den Krieg entehrt. Das ist ein altes Rezept; es wird aber viel zu wenig befolgt. Im Gegenteil: wenn Hitler die blödsinnigsten patriotischen Parolen ausgibt, dann verteidigen sie sich noch auf der andern Seite; statt ihn auszulachen, wollen sie sich an Patriotismus weder von ihm noch von einem andern übertreffen lassen. Grade darin aber siegt er — und mit Recht. Man lasse ihn mit seiner Staatenvergötzung allein, lache ihn aus und gehe zur Tagesordnung über.

Auf der andres steht. Nämlich: wie bewahrt man die nächste Generation davor, sich für ein Nichts abschießen zu lassen —?

Eben das hat Herbers getan: er hat das Nichts aufgezeigt, und er hat die militärische Religion gelästert, indem er dartat, daß ein General eigentlich kein Soldat mehr sei. (Das *‹Tagebuch›* nannte diesen Stand einmal sehr gut Schlachtendirektoren. Groener muß glatt vergessen haben, zu klagen.) Herbers hat den Wahnwitz dieses modernen Krieges aufgezeigt: hinten die Dirigenten, die gar nicht in die Lage kommen, Heldenmut zu zeigen. Und hier ist zu sagen, daß es auf den Mechanismus ankommt, nicht darauf, daß zahllose Generale — darunter bestimmt Hindenburg — genau so tapfer und brav in den Tod gegangen wären wie der Ackerknecht des Todes, der unbekannte Soldat. Was in unsern Augen kein Vorzug ist.

Herbers wies auf das hohe Alter der meisten Generale hin — und gleich fanden sich Leisetreter des Pazifismus, die ihm das verübelten. Man könne doch nicht . . . und das sei doch . . . kurz: Gerechtigkeits-Kasperles, die dem Militär nicht nur das Soldbuch, sondern die ganze schöngeistige Bibliothek hinhielten.

Böser waren die amtlichen Feinde von Herbers.

Wer da weiß, unter welchen Opfern dieser Mann seit Jahren seinen Kampf durchführt; wer weiß, daß ihm auch der ärgste Feind nicht nachsagen kann, er habe seinen Pazifismus etwa — Gottbehüte! — in die Schulstunde getragen, wo es flott imperialistisch und militaristisch zuzugehn hat, der versteht vor allem nicht, wie der Elternrat der Schule, an die er anläßlich dieser Angelegenheit versetzt wurde, sich gegen ihn hat aussprechen können. Die Herren Eltern wünschen eben ihre Kinder in den Schützengraben — es sind feine Leute.

Herbers hat den Krieg angeklagt, und nun haben sie ihn selber angeklagt. Es ist auch sehr gut möglich, daß ich ihm noch damit schade, wenn ich mich hier seiner annehme.

Der Geisteszustand in den kleinen Städten und vor allem in den amtlichen Kreisen ist schlechteste Metternichzeit: vermufft, borniert, böse reaktionär und das alles ganz und gar ungeistig. Siegreich hat Frankreich sie geschlagen, und daran denken sie Tag und Nacht. Statt Männer zu unterstützen, die, wie Herbers, mit einer heißen Liebe zu Deutschland das schlimmste aus der Welt ausrotten möchten, was es gibt: den organisierten Massenmord, propagieren sie diesen Mord. Der Krieg wird von den besten Denkern in den Anklagezustand versetzt: Herbers hat nichts weiter getan, als ihnen zu folgen. Und das darf er nicht. Und tuts doch. Und ist im Begriff, Stellung, Verdienst, Arbeitsplatz zu verlieren, nur, weil er außerhalb der Schule durchsetzen möchte, daß Menschen sich nicht deshalb ungestraft töten dürfen, weil sie sich vorher dazu einen Schlachterkittel anziehn. Denn der macht nicht straflos.

Es gibt, besonders im deutschen Westen, weite Kreise von alten und jungen Leuten, denen Krieg eine Abscheulichkeit bedeutet, Leute, die deshalb weder ‹schlechte Deutsche› noch ‹bezahlte Agenten› sind. Man sollte sich gegen solche törichten Vorwürfe gar nicht verteidigen.

Wovon wird Deutschland geschüttelt? Von dem Wunsch, den Frieden zu organisieren? So sehn wir aus.

Weder eine Schulbehörde noch sonst eine Behörde hat das Recht, für Deutschland zu sprechen. Deutschland sind auch wir. Wems nicht paßt, der sehe nicht hin.

Wer da ahnt, auf welche unermeßlichen Schwierigkeiten die pazifistische Kleinarbeit auf dem Lande stößt, der wird dem tapfern Friedenssoldaten Hein Herbers wünschen, daß er etwas sehr Seltenes findet: faire Beamte, die sein Streben nach Wahrheit und Sauberkeit und seinen Kampf für den Frieden so aufnehmen, wie er gemeint ist. Es gibt viele Arten, pazifistisch tätig zu sein — und ich will meine Art, unsre Kriegsminister zu beurteilen, keinem aufdrängen. Aber über eines sollte es unter anständigen Menschen nur Einstimmigkeit geben:

Déshonorons la guerre! Entehren wir den Krieg.

Ein Pädagoge, der da mithilft, verdient Förderung, aber keine Verfolgung.

Laßt euch nicht narren: Militarismus sei keine Religion. Er ist eine Bestialität.

DIE HERREN ELTERN

Ist ein Schullehrer Pazifist
und sagt, wie es in Wahrheit im Kriege ist —:
daß Generale Kriegsinteressenten sind,
ganz gleich, wer verliert; ganz gleich, wer gewinnt . . .
dann — sollte man meinen — freun sich die Eltern für ihr Kind?
Jawoll!

Dann erhebt sich ein ungeheures Elterngeschrei:
«Raus mit dem Kerl! Das ist Giftmischerei!
Unser Junge soll lernen, wie schön die Kriege sind!
Wir warten schon drauf, wann wieder ein neuer beginnt —
und dazu liefern wir gratis und franko 1 Kind!
Jawoll!»

Die Elternbegeisterung ist ganz enorm.
Die Mütter: aus Liebe zur Uniform.
Die Väter, die Lieferanten für den Schützengraben,
denken: warum sollen denn diese Knaben
es besser als unsereiner haben?
Nicht wahr?

Die Fabrikation eines Kindes ist nicht sehr teuer.

Aber erhöh mal ein bißchen die Umsatzsteuer —:
dann kreischen die Herren Eltern, daß der Ziegel vom Dache fällt.
Man trennt sich leicht vom Kind.
Aber schwer vom Geld.
Bekommt das Kind einen Bauchschuß? Das macht ihnen keine Schmerzen.
Doch ihr Geld — das lieben die Herren Eltern von Herzen.
Jawoll!

Mitleid mit den Opfern, die da fallen für Petroleum, für Fahnen,
für Gold —?
Die Herren Eltern haben es so gewollt.

SCHNIPSEL

Japan dreht Amerika den Rücken und geht zu einem Ersatz-Amerika über: zu China. Die Chinesen halten sich Soldaten. Die Japaner sind Soldaten, gehören also der niedrigeren Kulturstufe an. Es ist ein Kampf, den der Soldat gewinnt und die Menschheit verliert.

Spricht einer über Rußland anders als schimpfend, dann wird er schief angesehn. Nimmt er die Russen gar ernst und lobt ihr ungeheures Werk, so heben die Leute im Salon den Kopf, wie wenn er einen Wind gelassen habe, und gehen naserümpfend von ihm fort, — ausgestoßen sei er!

Es ist schon so, daß durch die Verdummungsarbeit der Presse, durch die Beeinflussung der Kirchen und die eigne Denkfaulheit der Mann von der Straße in Frankreich, Schweden, England und der Schweiz sich die Russen immer noch so vorstellt, wie sie das antibolschewistische Plakat der Jahre 1919/1920 abgebildet hat: blutgierig, das Messer zwischen den Zähnen, in Lumpen gehüllt und jederzeit bereit, sich auf ganz Europa zu stürzen.

Hinter diesem Plakat lassen sich die herrlichsten Geschäfte machen. Und sie werden gemacht.

Ich habe auf meinem Wege immer wieder Leute angetroffen — Verleger, Frauen, Journalisten, Kaufleute —, die glauben, man sei erledigt, wenn sie einen ignorieren. Sie können sich nicht vorstellen, daß es auch ohne sie gehe. So tief ist der Mensch davon überzeugt, daß er Wert verleihe, daß kein Wert außer ihm sei und daß er fremdes Dasein auslösche, wenn er nicht mehr an ihm teilnimmt. Sie wissen nicht, daß es dreitausendvierhundertundachtundsechzig Daseins-Ebenen gibt, mit eben so vielen Arten von Publikum, so viel Wirkungsmöglichkeiten, viele Leben nebeneinander. (Nicht übereinander.) Und daß man die Menschheit nicht danach einteilen kann, je nachdem sie für oder gegen Herrn Panter ist. Extra Panterum etiam est vita. Auch außerhalb unsrer Sphäre leben andre Leute ein Leben: das ihre.

Der Nachempfinder. Da gibt es einen jungen Mann, Waggerl heißt er, der schreibt alle Romane Hamsuns noch einmal. Deswegen halten ihn manche Kritiker für Hamsun den Zweiten. Das ist nicht ganz richtig: dieser Autor sieht nur in Hamsun Waggerl den Ersten. (Erscheint im Insel-Verlag. Merkwürdig, was Kippenberg an moderner Literatur offeriert.)

Warum kann einem ein andrer den Hut nie richtig aufsetzen? Immer müssen wir noch mal dran ruckeln.

Daß sich ein Staat, der seine Grenzen durch Zollmauern schließt, nicht schämt, noch zu exportieren! Aber sie schleudern ihre Waren immer weiter an imaginäre Kunden heraus, ohne Sinn und Verstand. Rein nein — raus ja.

Die beste Regie-Anmerkung, die mir bekannt ist, stammt von Curt Goetz. Sie lautet: «Der Darsteller dieser Rolle hüte sich vor Übertreibungen. Herr Kraft ist seines Zeichens nicht jugendlicher Komiker, sondern Ingenieur!»

Es muß doch etwas geben, das allen Menschen gemeinsam ist. Das gibts auch. Der wildeste Nazi, der fanatischste Pole, der gläubigste Katholik, der wütendste Franzosenhasser, drei Dinge können sie unbedenklich benutzen: Logarithmentafeln, Klosettpapier und den Rundfunk.

Eine Katze, die eine Maus tötet, ist grausam. Ein Wilder, der seinen Feind auffrißt, ist grausam. Aber das grausamste von allen Lebewesen ist eine patriotische Frau.

Von allen Ländern, die ich kenne, ist Deutschland dasjenige, das am besten über Rußland informiert ist und in dem man am vorurteilslosesten über Rußland spricht und sprechen kann. Ich bin kein Kommunist, aber man könnte einer werden, wenn man den geistigen Zustand der europäischen Bourgeoisie betrachtet.

Das Christentum hat viel Gutes auf Erden bewirkt. Doch wird dies tausendfach durch das Schlimme überboten, das die christliche Idee mit der Vergiftung des Liebeslebens angerichtet hat.

In Deutschland sollten Gummistempel verkauft werden mit der Aufschrift:

«OBGLEICH VOM PARTEISTANDPUNKT MANCHES DAGEGEN EINZUWENDEN WÄRE.»

RÖHM

Durch die radikale Links-Presse gehen seit einiger Zeit Anschuldigungen, Witze, Hiebe auf den Hauptmann Röhm, einen Angestellten der Hitler-Bewegung. Man sollte niemals die lächerlichen Titel gebrauchen, die Hitler seinen Leuten verleiht; so wie man nicht die von den Nazis gegebenen Kategorien annehmen soll; ein großer Teil der Deutschen unterliegt solchen albernen Suggestionen und geht an diese Dinge heran wie an Schulaufgaben, die Hitler ihnen aufgibt. Wir sind nicht in der Schule, und Titel, Auszeichnungen, Lob und Tadel dieses Anstreichers sind uns gleichgültig.

Röhm ist also homosexuell.

Das Treiben gegen ihn nimmt seinen Ausgang von Veröffentlichungen der *‹Münchner Post›*, die diese Tatsache enthüllten.

Da ist ferner ein Brief veröffentlicht worden, den Röhm über seine Veranlagung an einen Freund geschrieben hat — das Dokument könnte grade so gut in jeder Psychopathia sexualis stehn, und der Brief war nicht einmal unsympathisch.

Ich halte diese Angriffe gegen den Mann nicht für sauber.

Gegen Hitler und seine Leute ist jedes Mittel gut genug. Wer so schonungslos mit andern umgeht, hat keinen Anspruch auf Schonung – immer gib ihm! Ich schreckte in diesem Fall auch nicht vor dem Privatleben der Beteiligten zurück – immer feste! Aber das da geht zu weit – es geht unsretwegen zu weit.

Zunächst soll man seinen Gegner nicht im Bett aufsuchen.

Das einzige, was erlaubt wäre, ist: auf jene Auslassungen der Nazis hinzuweisen, in denen sie sich mit den «orientalischen Lastern» der Nachkriegszeit befassen, als seien Homosexualität, Tribadie und ähnliches von den Russen erfunden worden, die es in das edle, unverdorbene, reine deutsche Volk eingeschleppt haben. Sagt ein Nazi so etwas, dann, aber nur dann, darf man sagen: Ihr habt in eurer Bewegung Homosexuelle, die sich zu ihrer Veranlagung bekennen, sie sind sogar noch stolz darauf – also haltet den Mund.

Doch wollen mir die Witze über Röhm nicht gut schmecken. Seine Veranlagung widerlegt den Mann gar nicht. Er kann durchaus anständig sein, solange er nicht seine Stellung dazu mißbraucht, von ihm abhängige Menschen aufs Sofa zu ziehn, und dafür liegt auch nicht der kleinste Beweis vor. Wir bekämpfen den schändlichen Paragraphen Hundertundfünfundsiebzig, wo wir nur können; also dürfen wir auch nicht in den Chor jener miteinstimmen, die einen Mann deshalb ächten wollen, weil er homosexuell ist. Hat Röhm öffentliches Ärgernis erregt? Nein. Hat er sich an kleinen Jungen vergriffen? Nein. Hat er bewußt Geschlechtskrankheiten übertragen? Nein. Das und nur das unterliegt der öffentlichen Kritik – alles andre ist seine Sache.

Man hat dann mit komischem Eifer die wichtige Tatsache diskutiert, ob dieser Angestellte bei Hitler bleiben wird oder nicht. Sind wir die Wächter dieser Privatarmee? Von uns aus kann Hitler Einbrecher anstellen.

Kreischt Goebbels oder donnert Hitler etwas über die Sittenverderbnis der neuen Zeit, so halte man ihnen vor, daß selbstverständlich unter den Nazitruppen Homosexuelle stecken.

Im übrigen aber ist das Empfindungsleben Röhms uns genau so gleichgültig wie der Patriotismus Hitlers.

FREIER FUNK! FREIER FILM!

Der Kampf gegen die Zensur darf nicht aufhören.

Rudolf Arnheim hat hier neulich gefragt: «Soll das demokratische Prinzip publizistischer Meinungsfreiheit unbegrenzt gelten, oder muß dem Staat das Recht gegeben werden, Feindliches und Schädliches zu unterdrücken?»

Einem Staat kann nur dann das Recht eingeräumt werden, Zensur auszuüben, wenn er überhaupt weiß, was er will. Das heißt: eine der Voraussetzungen für eine Zensur, die von uns zu billigen wäre, ist die eines festen, beim Zensierenden vorhandenen Weltbildes. Davon kann in Deutschland keine Rede sein.

Der katholische Staat des Mittelalters konnte in religiösen Dingen das Recht zur Zensur für sich verlangen; denn sein Weltbild war fest konturiert. Es war das der katholischen Kirche. Die hat zwar schon zu manchem ihren Segen gegeben, denn sie ist lieber dabei, als daß sie verflucht – doch war damals das katholische Weltbild wohlgefügt; Pflichten und Freiheiten, Erlaubtes und Sündhaftes standen ziemlich fest, und der Zensor hatte, was kein deutscher Zensor von heute für sich in Anspruch nehmen kann, einen ethischen Original-Meter, mit dem er messen konnte.

Die Russen haben ein festes Weltbild statuiert; sie zensieren also nach dem, was dort proletarisches Interesse heißt, und das ist nach den marxistisch-leninistischen Lehren ziemlich genau feststellbar; es sollte das wenigstens sein.

Bei den Italienern liegt es schon schwieriger; Faschismus ist Selbstzweck.

Was in Deutschland getrieben wird, ist eine dreiste Anmaßung vermuffter Bürgerkreise, die gern das Interesse eines Beamtentums mit dem Deutschlands gleichstellen. Davon ist keine Rede.

Deutschland wackelt nicht, wenn einer die Reichswehr angreift. Nicht der «hergelaufene Mongolenwenzel» Hitler ist Deutschland; nicht seine Horden allein sind es; die Großgrundbesitzer allein sind es nicht; nicht die Militärbeamten Groeners allein sind es – keine dieser Gruppen ist es allein. Sie alle zusammen sind Deutschland – und die andern sind auch noch da.

Wie verlogen und zutiefst unehrlich diese Zensur ist, geht vor allem daraus hervor, daß sie sich niemals in demselben Umfang an das gedruckte Erzeugnis wagt wie an den Film und an den Rundfunk, die heute so gut wie wertlos sind, weil sie nicht frei sind.

Daß in rechtlicher Beziehung die Verbreitung durch Rundfunk und Film keine andre ist als die durch die Druckerpresse, steht fest. Es ist zum Beispiel nach dem Urheberrecht strafbar, ein noch nicht gedrucktes Manuskript gegen und ohne den Willen des Verfassers zu verbreiten – der Verbreiter wäre gleichermaßen strafbar, wenn er das Manuskript in Satz gäbe und als Buch verkaufte, wenn er es am Rundfunk vorläse oder wenn er es zu einem Film verarbeitete. Darüber herrscht kein Zweifel.

Ganz anders aber sieht die Sache aus, wenn zensiert wird.

Der Rundfunk ist niemals frei gewesen. Der Film kam unter Zensur, als er die Jahrmarkts-Sphäre verlassen wollte — die Zensur hat ihn wieder hinuntergestoßen. Die alten Ideen des Obrigkeitsstaates besagten: Dem Volke muß die Religion erhalten bleiben. Und nicht nur die Religion — auch sonst jede Illusion. Zunächst einmal ist alles verboten. Nachher erlauben wir manches. Während es genau umgekehrt zu sein hat:

Alles, was nicht unmittelbar gegen berechtigte öffentliche Interessen verstößt, sei frei. Nur der Rest bleibe verboten.

Ja, soll man denn . . .? Man soll. Die bestehenden Strafgesetze aller Kulturländer genügen vollauf, um das zu verhindern, was auch jeder anständige Geistige verhindert haben will:

Erregung öffentlichen Ärgernisses; Beschimpfung; Beleidigung; Verleumdung . . . kurz alles, was man eben auf diesem Wege anrichten kann. Was aber keinesfalls zu dulden ist, das ist die freche Anmaßung kleinerer Bürgerkreise, ihre zufällig vorhandenen geistigen Anschauungen zum Maß aller Dinge zu machen. Jeder Minister hat das Recht, sich über Abtreibung, Homosexualität, Pazifismus, Rußland, Güterverteilung seine Meinung zu bilden und sie zu vertreten. Unsre Bibliothek aber stellen wir uns gern anders zusammen; aus der unendlichen Mannigfaltigkeit des Bestehenden suchen wir uns das heraus, was uns gemäß ist.

Und hier zeigt sich nun die ganze Schwäche jedes Versuchs, auch des russischen, ein eng gefügtes Weltbild zu statuieren: jeder Vertreter solches Zwanges hindert den ihm Unterworfenen, sich eine freie Meinung zu bilden. Er läßt die Gegenargumente gar nicht erst an ihn heran.

Wieweit das in Rußland nötig ist, soll hier nicht untersucht werden. Die Russen können immerhin darauf verweisen, daß ihre Lebensanschauung eine generelle ist, und daß sie, ausgehend von dem großen Gebäude einer Philosophie, auf alle Fragen eine Antwort parat haben.

Der deutsche Staatsbegriff hat das nicht. Er ist ein Flickenwerk; ein ewiges Kompromiß; ein vages Gefüge aus tastenden Rückwärtsbewegungen und jenem Gedanken, der überhaupt keiner ist: Wir müssen sein, damit wir sind.

Welche Sittlichkeitsanschauungen werden in unsern Filmen erlaubt? Welche im Rundfunk? Wenn man genauer hinsieht, eigentlich nur solche, die keine Substanz mehr haben. Der geringste Widerspruch gegen irgend etwas führt zur Zensur. Von allen nur denkbaren Widersprüchen ist einer ausgenommen: der der arbeitenden Klasse. Der interessiert nicht.

Man muß uns erlauben, Kunstleistungen dieser Art für null und nichtig zu erklären; es ist ein Wunder, wenn hier und da einmal etwas Brauchbares stehn bleibt.

Sinnlos ist es, was hier getrieben wird. Man stelle sich vor, es gäbe nur eine Zeitung in Deutschland, und man stelle sich vor, diese Zeitung werde von der Regierung herausgegeben – möchtet ihr die lesen? Ich nicht. Es ist aber beim besten Willen nicht einzusehn, warum nicht jeder im Rundfunk seine politische, seine ethische Meinung ausdrücken darf – politisch neutral will der Rundfunk sein, ist es natürlich nicht, und er kann das auch gar nicht sein, denn das gibt es nicht.

Dagegen könnte er überparteilich sein.

Warum soll nicht ein Film laufen, der den Krieg verherrlicht? Damit, daß man ihn verbietet, ist nichts getan. Man lasse nur einen genau so entschiedenen pazifistischen Film laufen, der zeigt, wie im Ackergraben verreckt wird und für wen; der die bekannten Generale zeigt und den unbekannten Soldaten! Man lasse antikapitalistische Filme laufen und solche, die von den IG-Farben finanziert sind. Man zeige schwarz und weiß, blau und rot.

Warum soll Hitler nicht im Rundfunk sprechen? Natürlich nur dann, wenn man Thälmann sprechen läßt – paritätisch gehts schon. Wobei, wie bei jeder Demokratie, der Gedanke auftaucht, wie denn das nun ist: Muß sich die Demokratie gefallen lassen, daß jemand ihre Meinungsfreiheit benutzt, um sie zu unterdrücken? Meiner Ansicht nach muß sie das nicht – aber soweit sind wir noch gar nicht. Vielmehr: Wir sind schon viel weiter – denn sie hat es sich wonneschauernd gefallen lassen und geht daran auch rechtens zugrunde.

Film und Funk unterliegen der Zensur und noch dazu dieser gefährlichen, weil stillen Zensur vor allem deshalb, weil jene auf neuen Erfindungen beruhn. Mit den Büchern ist das schon schwerer; da hallen noch die alten Kampfrufe nach: Pressefreiheit! Fort mit der Buchzensur . . .! und so besteht denn wenigstens die Aussicht, daß diese und jene Wahrheit gedruckt werden kann. Gefilmt und gefunkt werden kann sie nicht – die Wege sind verbaut.

Daß der Ruf nach der Pressefreiheit keinen Sinn mehr hat, weiß ich; die ‹Einflußnahme› auf die Presse ist so groß . . .

Im Film und im Funk herrscht eine verhältnismäßig kleine Schicht; eben jene, die sich bedroht fühlt, wenn man die Zensur angreift. Und so, wie die Güterverteilung der Welt zugunsten einiger Hunderttausend vor sich geht, so wird diese Zensur für den Ungeist und die Borniertheit von ein paar Millionen gemacht, die jedesmal die Frechheit haben, sich für ‹das Land› auszugeben. Sie sind es nicht.

Uns interessieren die sittlichen Anschauungen der Zensoren überhaupt nicht; es hat sie keiner danach gefragt. Und ich halte es für vergebliche Liebesmühe, diese Männer zu beeinflussen oder aber ein wenig verständigere an ihre Stelle zu setzen. Sie müssen fort.

Angst hat sie auf ihre Plätze gesetzt.

Jedes Land ist eine große Kinderstube. Wenn ich wissen will, was

Deutschland in militärischer Hinsicht treibt, muß ich die französische Presse lesen, wobei übrigens das groteske ist, daß der Bezug dieser französischen Blätter in Deutschland erlaubt ist – erst ihre Übersetzung führt zu Eingriffen. Wenn sie nur die Masse nicht liest! Wenn nur die Masse keine ‹deutschabträglichen› Filme sieht! Wenn nur die Masse nichts am Rundfunk hört ...!

Dieselbe Masse, die dann angerufen wird, wenn es zum Krieg geht. Dann ist sie gut genug, in den Kampf zu ziehn. Für eine Sache, die sie nicht kennt.

Aber sie wissen zu lassen, was eigentlich gespielt wird; sie vorher zu unterrichten, was auf der Welt wirklich vor sich geht – dazu langts nicht. Die Zensur wacht.

Jede, jede, jede Zensur ist vom Übel. So erzieht man kein Volk. Was haben die Bildungsbonzen der SPD zusammen geheulmeiert, als das Schmutz- und Schundgesetz mit ihrer Hilfe durchging! Falsch ist das, kleinbürgerlich und dumm.

Gebt die Filmleinwand frei! Gebt den Ätherraum frei!

Sie werden euch was. Denn wo blieben dann die Religionen, und wo bliebe vor allem der Patriotismus, wenn die Leute wüßten, was los ist!

Die Zensur ist der Schutz der Wenigen gegen die Vielen.

ALTES LIED 1794

Wenn in des Abends letztem Scheine
dir eine lächelnde Gestalt
am Rasensitz im Eichenhaine
mit Wink und Gruß vorüberwallt –:
Das ist des Freundes treuer Geist,
der Freud' und Frieden dir verheißt.

Wenn bei des Vollmonds Dämmerlichte,
das zagend durch die Zweige sieht,
durch dunkeln Hain von Tann' und Fichte
ein fauliges Gerüchlein zieht –:
Das ist, was da so grauslich riecht,
Herr Goebbels, der vorüberfliecht.

Wenn bei dem Silberglanz der Sterne,
wenn schwarze Nacht herniederweint,
gleich Aeolsharfen aus der Ferne . . .
wenn dir dann gar kein Geist erscheint –:
Dies Phänomen, damit dus weißt,
das ist Herrn Adolf Hitlers Geist.

PRAKTISCH

Eine Menge deutscher Sprachunarten scheinen aus dem Englischen zu kommen. ‹Praktisch› kommt wohl auch daher.

Das Wort wurde früher im Sinne von nützlich, bequem gebraucht – wenn man von der etwas altmodischen Zusammensetzung wie praktischer Arzt absieht. Eine Vorrichtung war für den Benutzer praktisch – das Wort war zwar nicht schön, doch seine Bedeutung recht klar. Jetzt hat sich etwas Neues eingebürgert.

Die Adverbialkrankheit, die die deutsche Sprache durchzieht, läßt ‹praktisch› als Adverb auftauchen. Die Brille blitzt, und los gehts: «Theoretisch können Sie ja Armenunterstützung beanspruchen, aber praktisch werden Sie sie kaum bekommen.» Also bekomme ich sie nicht – was quatscht mich die Sprache da an! Gemeint ist: in Wahrheit, in Wirklichkeit – im Gegensatz zu einer Abstraktion, die ja kein guter Deutscher außer acht läßt.

Nun ist aber dieser Zusatz, der vielleicht in dem englischen ‹practically› seinen Ursprung hat, völlig überflüssig. Es ist eines jener Wörter, die die deutsche Sprache so unleidlich aufblähen – viele Leute können ja überhaupt nicht mehr sprechen, sondern nur noch einen Brei von Terminologien zusammensprudeln. «Er wird praktisch sein Amt nicht ausüben ...» das ist doch Wahnwitz. Ob er es nach den Buchstaben irgend eines toten Buches ausüben könnte, will ja niemand wissen – übt er es aus oder übt er es nicht aus? Er übt es nicht aus. Dann sags.

Die verteufelte Anwendung dieses dummen Wortes entstammt der Wichtigtuerei, von der so mancher besessen ist – den Leuten ist nicht wohl, wenn sie einfach sagen sollten: «Er mag keine Gurken.» Das freut ja keinen. «Er hat einen Gurkenkomplex» – so heißt das. Und daher auch: «Praktisch wird den Arbeitslosen keiner entschädigen.» Dahinter sitzt dann jene Rückversicherung, der Blick auf die Theorie: es gibt vielleicht ein Gesetz, wonach der Arbeitslose entschädigt werden müßte, oho! hier herrscht Ordnung! – aber was ein richtiges Gesetz ist, das ist längst durch eine Notverordnung aufgehoben. Denn wir haben eine Verfassung. Aber praktisch ...

FÜR CARL v. OSSIETZKY

General-Quittung

Carl von Ossietzky geht für achtzehn Monate ins Gefängnis, weil sich die Regierung an der *‹Weltbühne›* rächen will, rächen für alles, was hier seit Jahren gestanden hat. Ossietzky geht ins Gefängnis nicht nur für den Mitarbeiter, der den inkriminierten Artikel geschrieben hat – er geht ins Gefängnis für alle seine Mitarbeiter. Dieses Urteil ist die Quittung der Generale.

Der Hexenprozeß wurde unter sehr erschwerenden Umständen geführt.

Um Ossietzky zu verhindern, beizeiten loszuschlagen, wurde die Anklage auch wegen militärischer Spionage erhoben, ein Delikt, das nicht vorgelegen hat; der einschlägige Paragraph bestimmt aber, daß wie bei einem Prozeß der westfälischen Feme oder wie in einem Verfahren der Inquisition die Öffentlichkeit nicht einmal von der Erhebung der Anklage etwas wissen darf. Ossietzky konnte sich also vor dem Prozeß überhaupt nicht zur Wehr setzen.

Der Prozeß fand hinter verschlossenen Türen statt. Die Angeklagten hatten vor der Öffentlichkeit nichts zu befürchten – die Regierung alles. Die Angeklagten hatten ein gutes Gewissen. Die Regierung hatte das nicht.

Den Angeklagten und den Verteidigern wurde strenge Schweigepflicht auferlegt; es durfte nichts über das, was Gegenstand der Verhandlung gewesen war, veröffentlicht werden – auch nicht nach dem Urteilsspruch. Es ist eine Frage der Taktik und des Temperaments, ob man das befolgt.

Ossietzky hat alle diese Schweigegebote nicht nur befolgt – er hat sich in gradezu heroischer Weise hinter die Sache gestellt. Vom ersten Augenblick an bis heute gibt es keinen Satz, den dieser Mann geschrieben oder gesprochen hätte, wo er sich beklagt, sich rühmt, sich herausstellt. Ossietzky hat mir, als das Urteil herausgekommen ist, ebenso freundschaftlich wie fest verwehrt, ihn ‹anzusingen› – ich habe also damals nicht sagen können, was alle Beteiligten längst wissen: wie er noch im Prozeß versucht hat, sich vor den Schreiber des Artikels zu stellen; wie er versucht hat, die ganze Schuld auf sich zu nehmen und wie phrasenlos und still er diese böse Wartezeit durchgestanden hat. Nicht wissen, was morgen mit einem geschieht – und dabei seine Arbeit tun: das ist nicht leicht. Das hat Ossietzky seit etwa zweieinhalb Jahren getan.

Es ist nun nachträglich versucht worden, den Erlaß der Strafe oder die Umwandlung der Gefängnisstrafe in eine Festungshaft auf dem Gnadenwege zu erreichen, und dazu ist folgendes zu sagen:

Carl von Ossietzky hat, während diese Bestrebungen im Gange waren, selbstverständlich nicht nur Groener, sondern auch den Mann, der letzten Endes über das Gnadengesuch zu entscheiden hat, dauernd angegriffen. Er hat gegen Hindenburg geschrieben, also genau das Gegenteil dessen getan, was man als Opportunismus bezeichnen könnte. Diese Angriffe hat er mit seinem Namen gezeichnet.

Grund genug, um nach gewissen Begriffen deutscher Ritterlichkeit zu argumentieren: «Er greift uns ja doch an – wozu soll man so einen begnadigen?»

Ein Funke von Ritterlichkeit auf der amtlichen Seite wäre vielleicht zu erwarten gewesen – ich habe das nie erwartet, und es hat auch nicht gefunkt. Der ‹alte Herr› versteht in Sachen der Armee keinen Spaß, die ‹*Weltbühne*› auch nicht – und Ossietzky geht ins Gefängnis. Die meisten Begnadigungsversuche sind dem Reichspräsidenten gar nicht erst vorgelegt worden.

Nach Kenntnis der ausländischen Pressestimmen fasse ich zusammen:

Die behaupteten Tatsachen sind wahr. Das Reichswehrministerium hatte Butter auf dem Kopf.

Es ist gar nichts verraten worden – und zwar deshalb nicht, weil die behaupteten Tatsachen, insbesondere bei den Franzosen, bekannt gewesen sind. Es ist also auch vom Standpunkt des Militärs der deutschen Republik kein Schade entstanden. Nicht die Enthüllung hat geschadet – die Tatsachen haben geschadet.

Die gegnerische Presse tut so, als wollte Carl von Ossietzky für sich eine Extrawurst gebraten haben. Das ist unrichtig.

Die Begnadigungsaktion will geschehnes Unrecht mildern, weiter nichts. Denn hier ist ein schweres Unrecht geschehn. Für dieses Delikt, das keines ist, über einen solchen Mann wie Carl von Ossietzky diese Strafe zu verhängen, das ist eine Schande. Sie auf sich zu nehmen ist keine.

Die Strafe ist und bleibt nichts als die Benutzung einer formalen Gelegenheit, einem der Regierung sehr unbequemen Kreis von Schriftstellern eins auszuwischen. Die Mitarbeiter und die Leser der ‹*Weltbühne*› haben in der Tat etwas getan, was den faschistischen Gegner bis aufs Blut gereizt hat: er ist hier ausgelacht worden. Hier ist gelacht worden, wenn andre gedonnert haben. Hier sind jene nicht ernst genommen worden. Und sie können ja vieles. Aber eines können sie nicht. Sie können nicht erzwingen, daß man zu ihnen anders spricht als von oben nach unten. Im geistigen Kampf werden sie auch weiterhin so erledigt werden, wie sie das verdienen. Und das muß doch gesessen haben. Denn sonst wären jene nicht so wütend und versuchten es nicht immer, immer wieder. Es wird ihnen nichts helfen.

Es ist mir unmöglich, einem so unpathetischen und stillen Kameraden wie meinem Freunde Ossietzky markige Abschiedsworte zuzurufen; wir sind keine Vereinsvorsitzende. Ich wünsche ihm im Namen aller seiner Freunde, daß er diese Haft bei gutem Gesundheitszustande übersteht.

Alle anständig empfindenden Menschen werden die Begnadigung fordern. Gummiknüppel sind keine Argumente. Und weiter ist dieses Urteil nichts.

Das Blatt aber wird, getragen von dem gewaltigen Auftrieb, den ihm Carl von Ossietzky gegeben hat, das bleiben, was es immer gewesen ist.

Anderthalb Jahre Gefängnis für eine gute Ware erhalten zu haben — das kann bescheinigt werden.

Die Ware wird weitergeliefert.

HITLER UND GOETHE

Ein Schulaufsatz

Einleitung

Wenn wir das deutsche Volk und seine Geschichte überblicken, so bieten sich uns vorzugsweise zwei Helden dar, die seine Geschicke gelenkt haben, weil einer von ihnen hundert Jahre tot ist. Der andre lebt. Wie es wäre, wenn es umgekehrt wäre, soll hier nicht untersucht werden, weil wir das nicht auf haben. Daher scheint es uns wichtig und beachtenswert, wenn wir zwischen dem mausetoten Goethe und dem mauselebendigen Hitler einen Vergleich langziehn.

Erklärung

Um Goethe zu erklären, braucht man nur darauf hinzuweisen, daß derselbe kein Patriot gewesen ist. Er hat für die Nöte Napoleons niemals einen Sinn gehabt und hat gesagt, ihr werdet ihn doch nicht besiegen, dieser Mann ist euch zu groß. Das ist aber nicht wahr. Napoleon war auch nicht der größte Deutsche, der größte Deutsche ist Hitler. Um das zu erklären, braucht man nur darauf hinzuweisen, daß Hitler beinah die Schlacht von Tannenberg gewonnen hat, er war bloß nicht dabei. Hitler ist schon seit langen Monaten deutscher Spießbürger und will das Privateigentum abschaffen, weil es jüdisch ist. Das was nicht jüdisch ist, ist schaffendes Eigentum und wird nicht abgeschaffen. Die Partei Goethes war viel kleiner wie die Partei Hitlers. Goethe ist nicht knorke.

Begründung

Goethes Werke heißen der Faust, Egmont erster und zweiter Teil, Werthers Wahlverwandtschaften und die Piccolomini. Goethe ist ein Marxstein des deutschen Volkes, auf den wir stolz sein können und um welchen uns die andern beneiden. Noch mehr beneiden sie uns aber um Adolf Hitler. Hitler zerfällt in 3 Teile: in einen legalen, in einen wirklichen und in Goebbels, welcher bei ihm die Stelle u. a. des Mundes vertritt. Goethe hat niemals sein Leben aufs Spiel gesetzt;

Hitler aber hat dasselbe auf dasselbe gesetzt. Goethe war ein großer Deutscher. Zeppelin war der größte Deutsche. Hitler ist überhaupt der allergrößte Deutsche.

Gegensatz

Hitler und Goethe stehen in einem gewissen Gegensatz. Während Goethe sich mehr einer schriftstellerischen Tätigkeit hingab, aber in den Freiheitskriegen im Gegensatz zu Theodor Körner versagte, hat Hitler uns gelehrt, was es heißt, Schriftsteller und zugleich Führer einer Millionenpartei zu sein, welche eine Millionenpartei ist. Goethe war Geheim, Hitler Regierungsrat. Goethes Wirken ergoß sich nicht nur auf das Dasein der Menschen, sondern erstreckte sich auch ins kosmetische. Hitler dagegen ist Gegner der materialistischen Weltordnung und wird diese bei seiner Machtübergreifung abschaffen sowie auch den verlorenen Krieg, die Arbeitslosigkeit und das schlechte Wetter. Goethe hatte mehrere Liebesverhältnisse mit Frau von Stein, Frau von Sesenheim und Charlotte Puff. Hitler dagegen trinkt nur Selterwasser und raucht außer den Zigarren, die er seinen Unterführern verpaßt, gar nicht.

Gleichnis

Zwischen Hitler und von Goethe bestehen aber auch ausgleichende Berührungspunkte. Beide haben in Weimar gewohnt, beide sind Schriftsteller und beide sind sehr um das deutsche Volk besorgt, um welches uns die andern Völker so beneiden. Auch hatten beide einen gewissen Erfolg, wenn auch der Erfolg Hitlers viel größer ist. Wenn wir zur Macht gelangen, schaffen wir Goethe ab.

Beispiel

Wie sehr Hitler Goethe überragt, soll in folgendem an einem Beispiel begründet werden. Als Hitler in unsrer Stadt war, habe ich ihn mit mehrern andern Hitlerjungens begrüßt. Der Osaf hat gesagt, ihr seid die deutsche Jugend, und er wird seine Hand auf euern Scheitel legen. Daher habe ich mir für diesen Tag einen Scheitel gemacht. Als wir in die große Halle kamen, waren alle Plätze, die besetzt waren, total ausverkauft und die Musik hat gespielt, und wir haben mit Blumen dagestanden, weil wir die deutsche Jugend sind. Und da ist plötzlich der Führer gekommen. Er hat einen Bart wie Chaplin, aber lange nicht so komisch. Uns war sehr feierlich zu Mute, und ich bin vorgetreten und habe gesagt Heil. Da haben die andern auch gesagt heil und Hitler hat uns die Hand auf jeden Scheitel gelegt und hinten hat einer gerufen stillstehn! weil es fotografiert wurde. Da haben wir ganz still gestanden und der Führer Hitler hat während der Fotografie gelächelt. Dieses war ein unvergeßlicher Augenblick fürs ganze Leben und daher ist Hitler viel größer als von Goethe.

Beleg

Goethe war kein gesunder Mittelstand. Hitler fordert für alle SA und SS die Freiheit der Straße sowie daß alles ganz anders wird. Das bestimmen wir! Goethe als solcher ist hinreichend durch seine Werke belegt, Hitler als solcher aber schafft uns Brot und Freiheit, während Goethe höchstens lyrische Gedichte gemacht hat, die wir als Hitlerjugend ablehnen, während Hitler eine Millionenpartei ist. Als Beleg dient ferner, daß Goethe kein nordischer Mensch war, sondern egal nach Italien fuhr und seine Devisen ins Ausland verschob. Hitler aber bezieht überhaupt kein Einkommen, sondern die Industrie setzt dauernd zu.

Schluß

Wir haben also gesehn, daß zwischen Hitler und Goethe ein Vergleich sehr zu Ungunsten des letzteren ausfällt, welcher keine Millionenpartei ist. Daher machen wir Goethe nicht mit. Seine letzten Worte waren mehr Licht, aber das bestimmen wir! Ob einer größer war von Schiller oder Goethe, wird nur Hitler entscheiden und das deutsche Volk kann froh sein, daß es nicht zwei solcher Kerle hat!

Deutschlanderwachejudaverreckehitlerwirdreichspräsident
dasbestimmenwir!

Sehr gut!

SCHNIPSEL

Pro domo. Manchmal finde ich Aufsätze von mir in Zeitungen wieder, Nachdrucke, Auszüge aus meinen Büchern – mitunter versehen mit kleinen kritischen Zusätzen: ich sei ein destruktives Element. Das kann jeder sagen. Doch wenn ich dann das Abgedruckte näher prüfe, dann muß ich oft entdecken, daß ganze Sätze fehlen: den Schlangen sind die Giftzähne herausgebrochen. Nun ist es mir gewiß gleich, wie diese verängstigten Verlagsangestellten ihre Leserschaft einschätzen – weitaus tiefer als es nötig wäre; man glaubt es nicht, was da alles nicht ‹tragbar› ist. Mir solls recht sein. Aber eine Bitte habe ich an die verehrte Kollegenschaft:

Druckt meine Aufsätze nicht, wenn eure Abonnenten und Inserenten zu fein dafür sind. Laßt mich unzensiert. Ich möchte nicht mit einer

Ausgabe für Kinder und Militär herauskommen, bar aller Schärfe, ohne jene Salzkörner, um derentwillen die Speise serviert worden ist. Euern Leuten bekommt das nicht? Dann laßt das ganze Gericht fort. Es ist keine Ehre, bei euch zu erscheinen, und ein Geschäft schon gar nicht. Um wieviel habt ihr die Mitarbeiterhonorare gesenkt? Um ein Drittel, um die Hälfte. Um wieviel euer Abonnement? Um wieviel eure Anzeigenpreise?

Ich mag nicht in jedem einzelnen Fall in Berichtigungen kund und zu wissen tun, daß ihr meine Arbeit verfälscht habt, so wichtig ist das nicht. Aber seid nett: laßt mich zufrieden. Ich kann doch nichts dafür, daß eure Druckereibesitzer solche Angst vor ihrer Kundschaft haben, und mich interessiert es auch nicht. Ich bin gewohnt, zu Lesern zu sprechen, die ein offnes Wort vertragen. Vertragen es eure nicht? Dann setzt ihnen weiterhin reizende kleine Feuilletons vor, bunte Bilder aus der Kinderstube, Modeplaudereien und sanfte Schilderungen vom Wintersport im Harz. Aber druckt mich nicht, wenn ihr meine Arbeiten nicht so abdrucken könnt, wie ich sie geschrieben habe.

Vom Stationsvorsteher aus gesehn sieht der tägliche Abschied der Reisenden an den Zügen recht stereotyp aus. Von der Krankenschwester aus gesehn hat der Tod ein andres Gesicht als vom Trauernden aus gesehn. Alles, was man regelmäßig und berufsmäßig tut, versteinert. Man sollte auch seine eignen Erlebnisse vom Stationsvorsteher aus sehen können.

Du bekommst einen Brief, der dich maßlos erbittert? Beantworte ihn sofort. In der ersten Wut. Und das laß drei Tage liegen. Und dann schreib deine Antwort noch mal.

«Was fällt Ihnen ein! Ich habe für einen Bandwurm und drei unmündige Kinder zu sorgen!»

Das Liebespaar, das sich, von einander entfernt, verabredet, um halb elf Uhr abends an einander zu denken. Keiner tuts. Aber jeder freut sich: wie verliebt der andre doch sei.

Der Pessimist. «Ich werde also eines Tages sterben. Natürlich — das kann auch nur mir passieren!»

Wie schlafen die Leute —?

Eine Frau, allein .... im Pyjama
Eine Frau, nicht allein .... im Nachthemd
Ein Mann, allein .... Nachthemd
Ein Mann, nicht allein .... Pyjama.

So eigentümlich ist es im menschlichen Leben. (Protest auf allen Seiten des Hauses.)

Zu einem ganz strengen, ganz bösen Mann am Fahrkartenschalter möchte ich immer sagen: «Na, was haben Sie denn so für Billetts —?»

Im Kriege habe ich einmal diesen Satz gehört: «Die Bohnensuppe ist das Klavier des kleinen Mannes.»

Den meisten Leuten sollte man in ihr Wappen schreiben: Wann eigentlich, wenn nicht jetzt?

WENN EENA DOT IS

Für Paul Graetz

Wenn eena dot is, kriste 'n Schreck.
Denn denkste: Ick bin da, un der is weg.
Un hastn jern jehabt, dein Freund, den Schmidt,
denn stirbste 'n kleenet Sticksken mit.

Der Rest is Quatsch.
Der Pfaffe, schwarz wien Rabe,
un det Jemache an den offnen Jrabe . . .
Die Kränze . . .! Schade um det Jeld.
Und denn die Reden — hach du liebe Welt —!

Da helfen keine hümmlische Jewalten:
die Rede muß der Dümmste halten.
Un der bepredicht sich die schwarze Weste
un hält sich an Zylinder feste.
Wat macht der kleene Mann, wenn eena sanft vablich?
Er is nich hülflos — er ist feialich.

Leer is de Wohnung. Trauer, die macht dumm.
Denn kram se so in seine Sachen rum.
Der Tod bestärkt die edelsten Jefühle,
un denn jibs Krach, von wejn die Lederstühle.

Der Zeitvesuv speit seine Lava.
Denn sacht mal eena: «Ja, wie der noch da wah —!»
Denn ween se noch 'n bisken hinterher,
und denn, denn wissen se jahnischt mehr.

Wenn eena dot is, brummts in dir:
Nu is a wech. Wat soll ickn denn noch hier?
Man keene Bange,
det denkste nämlich jahnich lange;
ne kleine Sseit,
denn is soweit:
Denn lebst du wieda wie nach Noten!

Keener wandert schneller wie die Toten.

REDAKTEURE

Das kann man natürlich nicht schreiben!
Alter Spruch

1

Der Redakteur ist ein fest angestellter Literat – das Wort Literat in seinem weitesten Umfang genommen; im Bezirk der Literatur gibt es ja keine genaue Analogie für ‹Gebrauchsgraphiker›, Journalist ist zu eng. Ich will den Redakteur nach zwei Seiten hin untersuchen: in seiner Stellung zum Verleger und in seiner Stellung zu den Mitarbeitern: zu den nicht fest angestellten Schriftstellern.

Die Standesvertretung der deutschen Redakteure hat es bisher nicht vermocht, ein würdiges Verhältnis des Redakteurs zum Verleger herzustellen. Stets empfindet der Verleger für den Redakteur so etwas wie eine leise Verachtung; in guten Häusern sind die Umgangsformen zwischen den beiden Lagern angenehm und demokratisch, an der wirklichen Lage ändert das nichts. Der Verleger ist im allgemeinen tief davon durchdrungen, daß Redakteure nur Geld kosten, aber wenig einbringen; daß im Grunde er, der Verleger, die Sache viel besser verstehe, und daß man jeden Redakteur davonjagen und durch einen andern ersetzen könne. Beim Inseratenchef sieht das wesentlich anders aus.

Die Interessen der Verleger sind mannigfaltig; am Redakteur hat er nur eines: daß der ihm keine ‹Unannehmlichkeiten› mache. Darunter sind nicht immer Geschäftsstörungen zu verstehen – wie denn überhaupt der Zusammenhang zwischen den Inseraten und dem redaktionellen Teil der großen Zeitungen nur mittelbar ist, sehr spürbar, sehr kräftig, doch ist der Zusammenhang fast niemals direkt. Erst der Kinobranche ist es vorbehalten geblieben, hier kulturfördernd einzugreifen. Abgesehen davon haben nur kleine Druckereibesitzer den Mut, ihren

Redaktionsangestellten rund heraus zu sagen, sie möchten ihnen gefälligst durch eine gar zu scharfe Antialkohol-Propaganda nicht das Geschäft mit den Brauereien verderben. In den größern Zeitungsverlagen spielt sich dergleichen meist viel würdiger ab, meist, nicht immer. Da knöpft sich der Verleger oder einer seiner geschäftlichen Mitarbeiter den betreffenden Redakteur vor, und die Vokabeln heißen: «Tradition des Hauses ...» — «Man kann eben nicht mit dem Kopf durch die Wand gehn» — «Hier, sehn Sie sich mal diesen Stoß Beschwerdebriefe an, so kann man das nicht ...» und so fort. Die Verlogenheit sitzt hier sehr tief; der Unternehmer hat eben, wie das oft vorkommt, die Philosophie seines Geldes. Dem Redakteur wird zugemutet, die Philosophie eines Geldes zu haben, das er niemals verdient.

Verkauft er sich —? So simpel ist das nicht. Wer in die Redaktion der *‹Deutschen Allgemeinen Zeitung›* eintritt, weiß von vornherein, was ihn dort erwartet; er bewirbt sich erst gar nicht, wenn er nicht mit den Prinzipien der Politik, die dort gemacht wird, einverstanden ist. Es zwingt ihn ja keiner, grade da einzutreten — will er für den Kommunismus arbeiten, so muß er sich eben anderswo melden.

Doch sind die meisten Redakteure nicht einmal in den kleinen Alltagsfragen frei. (Ganz frei ist nur der Kritiker in nichts als ästhetischen Dingen — da darf sich alles austoben, was sonst schwer gebändigt kuscht.) Der deutsche Zeitungsverleger ist ein ängstlicher Mann; er will Geld verdienen, was ihm kein Mensch übel nimmt, und er will nur Geld verdienen, was ihm sehr übel zu nehmen ist. Er hat — mit Ausnahme von Hugenberg — wenig Machttrieb.

In Frankreich ist das nicht so. Dort ist das Zeitungswesen unmittelbar korrupter als bei uns, wo es durch obskure Einwirkungen beeinflußbar ist: der französische Zeitungsverleger will Macht. Selbst französische Redakteure wollen Macht — für Zeitungen schreiben ist in Frankreich Mittel zum Zweck. Daher sich denn auch manche Journalisten ‹des nègres› halten, dunkle Hilfsmannschaften, die ihnen die lästige Arbeit abnehmen, einen Artikel, der jetzt, unter diesen Umständen, geschrieben werden muß, und den der Journalist geschickt und schlau vorbereitet hat, nun auch noch anzufertigen, was eine Art Formalität darstellt. Ich besinne mich, im ersten Jahr meines pariser Aufenthalts von den französischen Kollegen (also man schämt sich, das ‹Kollegen› zu nennen) genau sondiert worden zu sein: «Was will der? Von wem nimmt er —?» Und als sie dann merkten, daß ich nur von dem lebte, was ich durch Mitarbeit an deutschen Blättern verdiente und weder von einem französischen Syndikat noch von der deutschen Botschaft bezahlt wurde, da wandten sie sich verächtlich ab: «Triple idiot!»

Das ist in Deutschland anders. Hier kann man den einzelnen Redakteur nur in ganz untergeordneten Exemplaren kaufen, auch den Verleger kann man nicht von Fall zu Fall bestechen — man muß seinen Verlag an etwas ‹interessieren›. Das ist bald getan und eine Geldfrage; die Unbestechlichkeit der meisten Menschen hört ja bei . . . Reichsmark auf, nach Belieben auszufüllen. Immer aber ist der Verlag beeinflußbar.

Das geht ins Groteske. S. J. warf einst einem berliner Redakteur vor: «Aber bei euch genügen doch schon vier Beschwerdebriefe, und jeder von euch kann herausfliegen!» Der Redakteur erwiderte tiefernst: «Herr Jacobsohn, Sie irren sich. Es genügt schon einer.» Die Furchtsamkeit der Verleger geht ins Aschgraue. Irgend ein Interessenverband, dessen Syndikus sich etwas Bewegung machen will, eine Sparte des Annoncenteils, die infolge eines Zeitungs-Artikels leicht ins Wackeln gekommen ist, sind imstande, den ganzen Laden durcheinander zu bringen. Von «Das gibts bei mir nicht!» bis: «Hören Sie mal, man sollte da eigentlich . . .» spielt das in allen Tönen, und wenn der Redakteur solcherart zum Chef geht, geht er allemal nach Canossa. Nur findet aus rituellen Gründen keine Kirchenbuße statt.

Von den kleinen Generalanzeigern erwartet kein Mensch etwas andres. Deren Textteil ist nur Beilage zum Inseratenteil, und der Druckereibesitzer, der seine Annoncen sammelt, wünscht, nicht durch überflüssige Meinungsäußerungen irgend eines Schreibers in seinen Geschäften gestört zu werden. Daß aber größere Zeitungen ihre Macht überhaupt nicht anwenden, weil sie sich ihrer gar nicht bewußt sind, das ist eine Schande.

Die Verleger, meist kleine Leute, verkennen ihre Lage völlig. Woher sollten sie sie auch kennen? Zum Redakteur gehören ein Befähigungsnachweis, erbracht durch lange Lehrzeit, Allgemeinbildung oder sonst etwas, und immer wieder: Erfolg, Erfolg, Erfolg. Zum Verleger brauchts das alles nicht, da tut es schon Kauf oder Erbschaft oder sonst ein Rechtsvorgang, und Erfolglosigkeit ist ja in den Augen der Unternehmer stets die Folge ungünstiger Zeitumstände. (Gehts gut, so ist das auf ihre Tüchtigkeit zurückzuführen.) Da sitzt nun der Verleger auf seinem Stühlchen und hat: eine Zeitung, Größenwahn und Angst.

Er hat Angst vor den Berufen. Er hat Angst vor den Frauen. Er hat eine gradezu maßlose Angst vor allen Behörden. Zeitungen, die, ohne sich auf Berufsvereinigungen stützen zu können, aus geistigen Gründen ganze Beamtengruppen angreifen, kann man an den Fingern herzählen. Angst. Angst. Angst. Der Redakteur wird dabei nicht befragt; er zählt gar nicht mit.

Seine Stellung ist an den Parteizeitungen nicht viel anders. Die Fälle, wo auch in der Arbeiterpresse durch den sogenannten Geschäftsführer oder die Pressekommission der schamloseste Druck auf die Redakteure ausgeübt wird, wiederholen sich fortwährend. Von Selbständigkeit ist da keine Rede. Einmal haben sie einen SPD-Redakteur in der Provinz gezwungen, nie wieder etwas von mir zu drucken; der Mann hatte Frau und Kind und gab nach. Und dann muß man die Männer sehen, die solches verordnen!

Es ist nicht an dem, daß die Verlegerschaft, wie sie gebacken und gebraten ist, aus Trotteln, bestochenen Kumpanen und Hosenhändlern besteht, was die Beteiligten mit einem ‹Sehr freundlich!› aufnehmen werden. Doch wird die Frage: «Warum übt jener die Autorität aus?» in Deutschland fast nie gestellt und in diesem Fall niemals ehrlich beantwortet. Denn die Antwort müßte in den meisten Fällen lauten: «Weil er der Besitzer ist. Weil er in das Unternehmen hineingeheiratet hat. Weil er es geerbt hat. Weil er es gekauft hat.» Und in den seltensten Fällen: Weil er primus inter pares, weil er ein ganzer Kerl ist. Diese kleinen Privat-Behörden sind nur Behörden, weil und solange man ihnen gehorcht.

Hat der Verleger Publikumsinstinkt? Er bildet sich das fast immer ein. Ich glaube nicht recht an diesen Instinkt — dazu haben die Herren zu viele Mißerfolge.

Die meisten Zeitungsverleger haben sich da etwas zurechtgemacht, was sie ‹Publikum› nennen — es ist ein recht verschwommener Begriff, für den das Maß aller Dinge ihre eigne Bildung abgibt. Wer diesem Begriff entspricht, den halten sie für gut. Es gibt nicht nur Publikumslieblinge (die Courths-Mahler heißt übrigens heute längst nicht mehr so) — es gibt auch Verlegerlieblinge, und das muß durchaus nicht immer dasselbe sein. Legte ich mir ein neues Pseudonym zu: nichts wäre leichter, als spaßeshalber das herzustellen, was die Druckereibesitzer für zugkräftig halten; das fiele mir im Schlaf ein, nur im Schlaf.

Wem dienen die Zeitungen? Dem öffentlichen Interesse? Du lieber Gott! Das können sie nicht, weil sie nichts wagen. Die Öffentlichkeit hat noch eine gewisse Scheu vor der Presse, aber die Presse hat eine ungeheure Angst vor der Öffentlichkeit. Einem Sturm trotzen? Seinen Standpunkt auch dann wahren, wenn jeder zehnte Abonnent abbestellt? Wenn der gefürchtete Boykott durch irgend einen gereizten Reichsverband Deutscher Feinkosthändler heraufbeschworen wird? Es gibt nur eine Sorte Menschen, die der Zeitungsverleger nicht fürchtet: das sind die geistigen Menschen. Die können protestieren, das macht nichts.

Weit entfernt davon, mir alles, was geschieht, durch die Presse zu erklären: was könnte die deutsche Presse durchsetzen, wenn sie nur wollte! Von großen Dingen keines; von mittlern und kleinen, die ja im Leben auch mitspielen, sehr viele.

Das tut sie aber nicht. Sie hat Furcht. Furcht vor allem und Furcht vor jedem. Es fehlt ihr der politische Machttrieb großen Stils.

Wie wirkt das auf den Redakteur zurück —? Das wollen wir in der nächsten Woche untersuchen.

2

Vor acht Tagen habe ich gefragt, wie sich der schmähliche Zustand, daß der Zeitungsverleger unumschränkt über seine Redakteure herrscht, auswirkt. Das läßt sich leicht beantworten:

Die Folge ist ein linder Größenwahn des Redakteurs auf allen Gebieten, wo es ungefährlich ist.

Das Verhältnis des angestellten Schriftstellers zum nicht angestellten Schriftsteller ist ein einziger Skandal — das äußerste an Unkollegialität und an Schmierigkeit, an äußerstem Mangel von Solidarität, der nur denkbar ist. Ich habe in zwanzig Jahren Literatur etwa fünf Redakteure kennen gelernt, die sich nicht einbildeten, deshalb, weil man sie angestellt hatte, etwas Besseres zu sein als ihre Mitarbeiter.

Daß der Redakteur die Spreu vom Weizen sondert, kann ihm niemand verdenken. In unserm Beruf steht das Angebot in einem grotesken Gegensatz zur Nachfrage — zu schreiben vermeint jeder und jede zu können, und den Kram, der da verlangt wird, kann ja auch jeder Mensch herstellen. Das hebt die Stellung des Redakteurs; er sieht die wirtschaftlichen Ursachen nicht und hält sich für geistig überlegen, wo er nur als Verwalter der kümmerlichen Honorare und als Billettknipser an der Schranke der Öffentlichkeit in Anspruch genommen wird. Und was er sich vor seinem Verleger niemals getraute, das wagt er dem Mitarbeiter gegenüber alle Tage: da trumpft er auf, da ist er der große Mann, dem zeigt er aber, was eine Harke ist. Leider zeigt er ihm nicht, was eine gute Zeitung ist.

Kein Schriftsteller-Schutzverband, keine Presse-Organisation hat das je zu ändern vermocht. Wieviel Redakteure mag es in Deutschland geben, die von ihrem Verlag über die Höhe des Honoraretats maßgeblich gehört werden? Mir sagte einst einer der besten Bildredakteure der deutschen Presse: «Wissen Sie, auf die Honorare käme es eigentlich nicht an» (das war in den guten Jahren), «wir könnten ruhig das Doppelte zahlen, der Verlag merkte das gar nicht!» Sie zahlen aber die Hälfte, und die Honorare der Provinzzeitungen sind ein Hohn, eine Unverschämtheit, aber keine Entlohnung. Der Redakteur, der sich vor seinen Mitarbeitern so gern als kleiner Kaiser aufspielt, ist der allerletzte, der hier auch ein Quentchen hineinzureden hat. Die Honorare werden von der geschäftlichen Leitung festgesetzt, und damit basta. Ausnahmen zugegeben; die Regel ist so.

Die Folgen sind klar. An Zeitungen arbeiten so viel Außenseiter mit, daß ihr Niveau tiefer ist als es unbedingt notwendig wäre: Professoren; Damen der ersten besten Gesellschaft; Fachleute, die etwas wollen, und Interessenten, die etwas nicht wollen — manchmal auch Schriftsteller. Nun verspüre ich keine Berufsreligion in mir — warum soll ein Professor nicht gut schreiben? Aber erstens schreibt er meistens schlecht, und zweitens bestimmen nun diese Leute, die sich etwas nebenbei verdienen wollen, die Höhe oder vielmehr die Tiefe der Honorare — und so ist aus unserm Beruf eine schlechtbezahlte Beschäftigung geworden.

Kurz: der Redakteur gleicht seine Machtlosigkeit vor dem Verleger durch Machtprotzerei vor dem Mitarbeiter aus. Und nicht nur dem Mitarbeiter gegenüber. Auch sich selbst gegenüber.

Ich habe einmal in Dijon einen ganzen Korb voller Journalisten auf einem internationalen Journalisten-Kongreß gesehen; das war wohl das jammervollste an Saturnalien, das man sich vorstellen konnte. Lauter Leute, von denen keiner auch nur eine Zeile schreiben dürfte, wenns ihm der Verleger verboten hätte; kleine Angestellte, mit einem ungeheuren Geltungsbedürfnis; Berichterstatter, deren höchster Ehrgeiz dahin ging, Weltgeschichte zu machen, was ja übrigens der größte Fehler der meisten Auslandskorrespondenten ist: den Diplomaten, die sie bewundernd verachten, ins Handwerk pfuschen zu wollen, es sind verhinderte Attachés — und dieser Haufe inkohärenter und nicht homogener Menschen war nur in zwei Punkten völlig einig: in der Machtlosigkeit vor ihren Verlegern und in dem wütenden Ehrgeiz, nach außen hin repräsentieren zu wollen. Es war traurig mitanzusehn.

Das, was die meisten Redakteure zu sein vorgeben, sind sie gar nicht: unabhängige Inhaber von Machtpositionen. Das können sie nur einem unkundigen Außenseiter erzählen. Sie sind bis ins letzte Komma abhängig wie die Landarbeiter, und die Stellung, die sie innehaben, nutzen sie niemals aus, weil sie das nicht dürfen, wie ja nicht einmal ihre Verlage die ihre ausnutzen, es sei denn in den allerbescheidensten Grenzen kleiner oder hier und da größerer Geschäftemacherei (Subventionen).

Das gestehn sich die wenigsten Redakteure ein.

Beide, Verleger und Redakteure, unterschätzen ihre Positionen. Sie überschätzen sie zu gleicher Zeit auf einem Gebiet, wo ihre Machtlosigkeit zum Himmel schreit: nämlich auf dem Gebiet der großen Politik. Außenpolitisch ist das nur komisch. Mir sagte einmal ein ehemaliger Redakteur der ‹*Frankfurter Zeitung*›: «Als wir jung waren, haben wir immer geglaubt, die Weltpolitik werde in der Großen Eschenheimer Straße gemacht.» Das glauben viele Leute von ihren Redaktionen heute noch, und wer einmal im Ausland gelebt hat, der weiß, daß deutsche Zeitungen zwar oft zitiert, aber selten gehört werden. Innenpolitisch richten die Zeitungen um so weniger aus, je größer sie sind; tatsächlich ist ja die Entwicklung der letzten Jahre gegen die Leitartikel der größten Zeitungen, und nicht nur der sogenannten demokratischen, vor sich gegangen. Sie können schreiben, was sie wollen, und die Politiker tun, was sie wollen.

Die Klugen unter den Redakteuren wissen zwar genau, was los ist; doch beherrscht die Redaktionen jener Spruch, den sich die Herren auf goldene Teller malen lassen sollten: «Das kann man natürlich nicht schreiben!» Aber warum, warum können sie es nicht schreiben?

Weil sie keine Macht haben. Weil ihre allzu willfährigen Organisationen, mit dummen Eitelkeits- und Prestige-Fragen befaßt, von den Unternehmern rechtens niemals so beachtet werden wie etwa in frühern Zeiten die Gewerkschaften der Buchdrucker, und weil der Redakteur von seinem Eitelkeitswahn unheilbar besessen ist. Der Verleger zahlt ihn schlecht; so macht er sich durch das bezahlt, was er selber von sich hält. Und er hält sehr viel von sich.

Ich habe sie kommen und gehen sehn. Ich weiß, wie das ist, wenn sie an einem großen Blatt angestellt sind: die Buchverlage hofieren sie; alle Welt kraucht um sie herum; man nimmt sie für voll, man ladet sie ein, und was die Theaterleute mit ihnen treiben, ist bekannt. In dem Augenblick aber, wo der Verleger sich über sie geärgert hat und wo sie entlassen sind, gelten sie so gut wie gar nichts mehr. Dann wundern sie sich.

Wolfgang Petzet hat neulich in der ‹*Deutschen Republik*› geschildert, wie die Kaufleute, denen die münchner ‹*Jugend*› gehört, ihn tyrannisiert haben, und wie es dann nicht mehr möglich gewesen ist, mit ihnen zusammenzuarbeiten. Immer wieder frage ich mich: mit welchem Recht, aus welcher Kompetenz heraus regieren diese Brüder? Weil das Unternehmen ihnen gehört? Wir machen ja auch keine Bilanzen. Verstehn denn diese Kaufleute so viel von dem, was sie vertreiben? Sie verstehn es oft mitnichten, sie handeln nur damit, und das ist nicht immer dasselbe.

Der treue Abonnent wird im Laufe der Jahre gemerkt haben, daß ich mich nie sehr viel mit Redakteuren herumgezankt habe; ich halte das für sinnlos. Man soll an das Mark der Presse heran: an die Dienstherrschaft, nicht an die Köche. Und diese Dienstherrschaft ist in den meisten Fällen anonym; unfaßbar; bar jeder Legitimation, überhaupt mitreden zu dürfen – und das regiert! Die Redakteure finden es ganz in der Ordnung.

Es scheint wenigstens so. Denn so gut wie nie liest man in ihren Fachblättern von diesen delikaten Dingen – keiner rührt das heiße Eisen auch nur an. Auf ihren Kongressen geht es gar hoch her: da wird gesprochen von der Pflicht der Kulturbildung und der Wichtigkeit der Presse – aber von der kläglichen Rolle, die der Redakteur vor dem Verleger spielt, ist nicht die Rede. Mit gutem Grund.

Ich habe nichts zu enthüllen – ich weiß von keinen Skandalgeschichten. Mich interessieren die einzelnen Verleger nicht, und ich kann hier keinen ‹Sumpf› aufzeigen. Doch erschien es mir richtig, einmal zu sagen, welche bejammernswerte Position der Redakteur dem Verleger gegenüber einnimmt, und wie er sich aus dieser Lage herauslügt: durch Überkompensation seiner selbstverschuldeten Defekte und durch eine trübe Wichtigmacherei sich und seinen Mitarbeitern gegenüber.

HEUTE ZWISCHEN GESTERN UND MORGEN

Wie Gestern und Morgen
sich mächtig vermischen!
Hier ein Stuhl – da ein Stuhl –
und wir immer dazwischen!
Liebliche Veilchen im März –
Nicht mehr.
Proletarier-Staat mit Herz –
Noch nicht.
Noch ist es nicht so weit.
Denn wir leben –
denn wir leben
in einer Übergangszeit –!

Geplappertes A–B–C
bei den alten Semestern.
Fraternité – Liberté –
ist das von gestern?
Festgefügtes Gebot?
Nicht mehr.
Flattert die Fahne rot?
Noch nicht.
Noch ist es nicht so weit.
Denn wir leben –
denn wir leben
in einer Übergangszeit –!

Antwort auf Fragen
wollen alle dir geben.
Du mußt es tragen:
ungesichertes Leben.
Kreuz und rasselnder Ruhm –
Nicht mehr.
Befreiendes Menschentum –
Noch nicht.
Noch ist es nicht so weit.
Denn wir leben –
denn wir leben
in einer Übergangszeit –!

VIERMAL EICHHÖRNCHEN

Tatbestand

Auf dem Parkwege sitzt ein Eichhörnchen. Als es mich erblickt, macht es ein Männchen und läuft auf mich zu. Es sieht an mir auf, dann klettert es an mir empor; es ist wohl gewohnt, Nüsse zu bekommen oder Zucker, ich habe nichts, es klettert wieder herunter, sitzt noch einen Augenblick zu meinen Füßen und läuft dann fort.

Eichhörnchen national

Ich mache einen deutschen Spaziergang durch unsern deutschen Wald. Meine deutschen Augen mustern die herrliche deutsche Landschaft und versinken in ihrem Zauber: von dieser Schneise her könnte man ganz gut einen Sturmangriff unternehmen, die Wiese gäbe ein famoses Schußfeld für ein gedecktes M.G. — und da! Was ist das? Der Feind. Unwillkürlich nehme ich Deckung.

Es ist ein Eichhörnchen, ein deutsches Eichhörnchen. Blond wie Goebbels, läßt es spielend seinen Schweif wedeln. Doch was ist dieses? Es läuft nicht davon! Ein Deutscher läuft nicht davon. Es eilt vielmehr auf mich zu, das liebe Tierchen, beschnuppert mich, und jetzt, jetzt klettert es wahrhaftig wie ein Eichhörnchen an mir hoch. Es sieht mich an mit seinen blanken Äuglein, als wollte es sagen:

«Hältst nicht auch du den Schandvertrag von Versailles für einen Tschmachfleck auf dem deutschen Gewand deutscher Ehre?»

Und fürchterlich, riesengroß erhebt sich vor meinem innern Auge dieses Tier zu einem Symbol deutscher Größe: auch es wird einmal uns und unsre Kinder und Kindeskinder an den Welschen rächen. Und ich sehe das Eichhorn, vor einen Tank gespannt, im Dienste der nationalen Sache, einherziehn in die Schlacht, für die wir ja alle, Mann und Jungfrau, unsre Kinder gebären.

Denn was hat der Deutsche der Welt zu liefern?

Menschenmarmelade.

‹Das Eichhörnchen›

Ein Film

Anny, ein Lebemädchen, ist in Adolf verliebt, der ein schwerer Junge ist. Anny stammt aus guten bürgerlichen Verhältnissen, die sich allerdings leider durch die Ungunst der Zeit verschlimmert haben: der eine Bruder von ihr ist Generaldirektor beim Film, und der andre gehört auch der Unterwelt an. Sie liebt Adolf, mit dem sie gemeinsam Kokain schnupft, das ihr Bertold, ein betrügerischer Rauschgifthändler, verschafft — wir sehn aber, wie er es mit Zahnpulver verfälscht, so daß es unschädlich ist. Wie das Zahnpulver verfälscht wird, sehen wir nicht. Bertold ist gleichfalls in Anny verliebt, was Adolf aber, der in eine gewisse Milly verliebt ist, die in einen gewissen Max verliebt ist, der in eine gewisse Karoline verliebt ist, nicht weiß. Milly weiß nur, daß Max nicht in Bertold verliebt ist. Wir sehen nun — zwischen prächtigen Parademärschen zur See — wie das Ganze der Katastrophe zutreibt.

Zum Schluß sitzt Anny trostlos auf einem Weidenstumpf und schluchzt, indem sie sich fragt, wie das zu dem kommt und warum dieser Film wohl ‹*Das Eichhörnchen*› heißt.

Daß der Film von allen Ausschüssen die Bezeichnung ‹kulturbildender Bildstreifen› erhalten hat, brauchen wir wohl nicht hinzuzufügen.

Eichhörnchen, individualpsychologisch

Fall 168. Ein siebenjähriger Knabe kommt in meine Sprechstunde, weil es ihm seine Eltern streng verboten haben. Strukturphysiologisch bietet er das Bild eines durch das Ergriffensein des emotionellen Gebietes Biozentrischen.

Nach längerer Befragung stelle ich folgendes fest:

Vor etwa vier Wochen sei der Knabe allein durch das nahe Stadtwäldchen gegangen und sei dort auf ein Eichhörnchen gestoßen. Das Tier sei erst an ihm hochgelaufen (!), habe ihn bedroht, und sei dann, durch das Schreien des Kindes erschreckt, wieder davongelaufen.

Klar geht aus dieser Äußerung hervor, daß es sich hier um ein von den Eltern verzärteltes Kind handelt, das mit dem Leben nicht fertig wird. Es will eben auf alle Fälle im Mittelpunkt stehn; selbst die Tiere des Waldes (Bilderbucherinnerungen!) sollen sich um den Knaben kümmern. (Siehe dazu Doktor S. Popelreuther ‹Ella, ein schizophrenes Eichhörnchen›.)

Rein berufseignungspsychologisch ist der geistige Ort dieses Knaben etwa in dem Problem seiner sozialen Bezogenheit zu seiner nicht libidinösen Umwelt zu suchen, doch müssen wir uns hüten, unsre Heilpädagogik in den libidoenergetischen Topf der Psychoanalyse zu werfen. Seine psychische Kapazität drängt den Knaben zum Spiel (nach Professor Doktor Fritz Giese ‹Anleitung zur Errichtung individualpsychologischer Kegelbahnen›). Dieses Kind weiß eben noch nicht um das Nichtwissen; meine Aufforderung zur Entspannung hat es leider dahin verstanden, sich in die Hosen zu machen.

Bedauerlich bleibt nur, daß das fragliche Eichhörnchen nicht mit in die Sprechstunde gekommen ist. Mit Hilfe der Individualpsychologie hätte man aus dem entarteten Tier das Ideal der Menschheit machen können: eine gute Kindergärtnerin.

Eichhörnchen mondän

Man geht durch den sommerlich verschneiten Park: neben mir Kardinal Rosenberg, der gütige Finanzberater des Papstes, sowie die schönste Frau Südamerikas, die Gräfin Oça-Jolly. Wir plaudern in muntrer Abwechslung über die Finanzen Uru- beziehungsweise Paraguays, sowie über die bezaubernden Roadster auf der Auto-Ausstellung in Kolumbien, anders tun wirs nicht. Ein Skeleton mit dem schweizer Baron Ven-Mögli-Tägli saust an uns vorüber, wir grüßen winkend mit der Hand.

Da stößt die schöne Frau, die ein pfauengraues Sportsamtjäckchen mit einem kleinen Aufstoß aus Silberlamé trägt, einen leichten Schrei aus, und auch die Eminenz scheint mir bewegt.

«Frau Conchita!» rufe ich. «Was tut sich?» ruft der Kardinal.

Plötzlich wird mir schwarz mit diagonalen Pünktchen vor Augen. Ich sehe noch, wie im Flugsprung ein riesiges Tier sich auf mich stürzen will – Bären! denke ich pfeilgeschwind, es kann aber auch ein Wisent sein, kühn entschlossen werfe ich mich vier bis achtzehn Schritt zurück, als echt versilbertes Gelächter an mein Ohr klingt. Die Gräfin nennt das Tier bei Namen – es ist ein Eichhörnchen! Da ist es ja vor die rechte Edschmiede gekommen.

Es ist natürlich ein besonders elegantes Exemplar seiner Gattung: zwei flinke Äuglein hat es, es wippt furchtsam wie ein Zeitungsverleger umher, es ist brillant angezogen. Der Kardinal macht eine jener segnenden Handbewegungen, wie er sie von der Börse her gewöhnt ist. «Verscheuchen Sie es nicht, Eminenz!» bitte ich. Wir stehn still.

Das Eichhörnchen klettert an der Gräfin Oça-Jolly empor, wittert den Duft ihrer gepflegten Augenbrauen und eilt dann auf den nächsten Baum, zum Lunch. Durch die Zweige grüßt die Villa des Großindustriellen Bergius herüber, der durch die Verleihung des Nobelpreises grade noch dem Hungertod entronnen ist. Im Hintergrund sieht man Gerhart Hauptmann mit einem neuen Stück sowie in Golfhosen schwanger gehn.

Denn mag die Welt versinken, eines wird immer bestehn bleiben –: le monde.

‹KULISSEN›

Es ist ein Jammer, daß es keinen rechtschaffenen Teufel mehr gibt. Jetzt behilft man sich da mit den Welschen, mit den Juden, mit den Radfahrern, mit dem Vertrag von Versailles . . . aber das Richtige ist das alles nicht. Immerhin muß einer da sein, der schuld ist. Gehts gut, dann haben wir es herrlich weit gebracht – gehts aber schief, dann wirft der Fachmann wilde Blicke um sich und sucht den Teufel.

Das Theater hat den seinen im Film, im Rundfunk und in der Krise gefunden. Vielleicht sehen die Herren auch einmal ein bißchen in ihren Büros nach? Da sitzt nämlich auch ein Teufel.

Wer, so frage ich mich manchmal, wenn ich gar nichts Besseres zu tun habe, bestimmt eigentlich den Spielplan der deutschen Bühnen? Ich weiß schon: die Angst. Denn wenn einer nichts hat: Bedenken hat er.

Wer bestimmt den Spielplan, und nach welchen Gesichtspunkten bestimmt er ihn? Das verstehe wer mag. Die Kerle haben doch keinen Erfolg, höchstens hat mal hier und da einer einen — der Rest pumpert sich so durch. Aber die große Schnauze.

Mir kanns gleich sein; ich bin kein Dramatiker. Ich habe nur einmal mit Walter Hasenclever ein Stück geschrieben, das heißt ‹*Christoph Kolumbus oder Die Entdeckung Amerikas*›. Doch bin ich so befangen, daß ich ein unaufgeführtes Stück meines Mitarbeiters Hasenclever auf das herzlichste loben muß. Wenn das Publikum auch nur halb so viel lacht, wie ich bei der Lektüre dieser Komödie gelacht habe —: dann wird sehr oft lange nicht weitergespielt werden können.

Das Stück heißt ‹*Kulissen*› (im Arcadia-Verlag, Berlin).

Das Stück hat einen Fehler: es nennt die dargestellten Personen mit Namen, und das Personenverzeichnis sieht so aus:

Herr Deutsch
Herr Graetz
Herr Hasenclever
Die Dame
Der Gesandte
Der Intendant
Änne
Sahlmann
Portier

— aber keine Sorge: die Dame ist keine Dame, der Gesandte ist kein Gesandter, nur der Intendant ist ein Intendant, und das ist ihm ganz recht.

Nennte das Stück die Leute nämlich nicht bei vollem Namen, dann könnte es in jeder Stadt fünfzig Aufführungen hintereinanderweg haben, so lustig ist es. Denn so sind die Schauspieler, so ist der Dichter — und selten hat sich einer so graziös, so leicht, so vergnügt über sich selbst lustig gemacht wie hier Herr Hasenclever über Herrn Hasenclever. Diese zwei Akte sind bezaubernd.

Wie sie sich alle beloben und belügen. Wie sie sich die schlechten und die guten Kritiken vorlesen. Wie Deutsch emsig die Frauen ignoriert, Paulchen Graetz mit seiner Rolle befaßt ist, in die er ein Couplet hineingelegt haben will; wie der Dichter alles und alle zu verachten vorgibt, es aber mitnichten tut — das glitzert von Witz, von schneidigen Hieben, von Scherz, Satire und der ganzen Firma.

Haben sie so viel gute Stücke? Siehe, sie haben Bedenken. Dieses Lustspiel, in der richtigen Zeit in Berlin kreiert, hätte gut und gern einen Monat lang jede Nachtvorstellung gefüllt, und ich sage Nachtvorstellung mit gutem Grund. Es ist ein bißchen Atelierscherz darin; das Stück wendet sich an die Welt der Literatur und des Theaters — setzt also ein entsprechendes Publikum voraus. Das haben wir nicht; in eine Nachtvorstellung aber gingen die hinein, für die es geschrieben ist. Und die würden sich, Mann pro Mann, für neun Mark und achtzig amüsieren. Es ist aber auch recht heiter.

Wie der Garderobier die Kerrsche Kritik vorliest, auf daß der Dichter platze — und wie Paule hineingeweht kommt, Herr Graetz persönlich —: das ist eine einzige Kostbarkeit: Denn so etwas ist nicht nur Graetz; das ist Theater.

Graetz: Walter, sieh mich an — auf Pupille: wie fandest du mich denn?

Hasenclever: Großartig, Paul.

Graetz: Was? Wie der alte Graetz das gemacht hat; den Aktschluß bei Mondschein — Knorke. Da bleibt kein Auge trocken. So was von Beifall war noch nicht da.

Hasenclever: Wie fandest du denn Deutsch?

Graetz: Walter, unter uns, aber ganz unter uns — das sage ich nur dir — Walter, versprich mir, reinen Mund zu halten!

Hasenclever: Aber selbstverständlich, Paul.

Graetz: Walter, du bist mein Freund. Ich liebe dich. Und dein Stück, alle Achtung. Aber Deutsch wird alt!

Und so in infinitum.

Nun gibt es doch in jeder Stadt einen Liebhaber; einen Komiker; einen Dichter ... das ist ja nicht nur in Berlin so, wo natürlich die Namen Deutsch und Graetz und Kerr sofort Assoziationen auslösen. Man ersetze die Namen; man feile sehr vorsichtig an dem Stück — und man hat eine überall gültige, unendlich lustige und leichte Sache.

Haben aber Bedenken, die Herren.

Erstens kann man kein Stück spielen, das nicht frisch aus der Schreibmaschine kommt — wie ja auch der feine Mann keine Bücher, sondern Neuerscheinungen kauft. Zweitens muß man die professionell schlechte Laune aller Kunstkaufleute kennen: «Ich weiß nicht ... wissen Sie ...» kurz: zu viel Magensäure. Man ermesse, was herauskommt, wenn die einen Spielplan machen. Genau so sieht er denn auch aus.

Und dann wäre da vielleicht noch etwas.

Früher bestimmten den Theaterspielplan jene blau rasierten Schmieren-Jockel, die halbe Analphabeten waren — aber von Publikumswirkung verstanden sie etwas. Heute gespenstert durch die Theaterbüros der sanft bebrillte Dramaturg, der sehr gebildet ist. Dafür versteht er wieder vom Publikum einen Schmarren. Und was die Direktoren außer ihren Pachtgeschäften eigentlich treiben, das habe ich nie begriffen.

Jedenfalls hat da ein Satz Max Reinhardts viel, viel Unheil angerichtet:

«Das Theater gehört dem Schauspieler.»

Wirklich? Tut es das? Dann sollten sich die Schauspieler auch ins Parkett setzen und sich selber Beifall klatschen. Natürlich gehört das Theater weder dem Schauspieler, noch dem Autor, noch dem Regisseur — sondern es gehört allen zusammen. Der Schauspieler sei nicht das Megaphon des Autors wie der Text nicht der Vorwand für die Kapriolen des Schauspielers. Was tun nun die Direktoren?

Die nehmen ein Stück nur im Hinblick auf diese Frage an: Was könnte man damit anfangen —? Denn daß man es in keinem Fall so lassen kann, wie es da ist, darüber herrscht kein Zweifel.

Sie drehen es. Sie wenden es. Sie dichten es um. Sie streichen und fügen hinzu. Ludwig Marcuse schrieb neulich, es sei Lernet-Holenia ganz recht geschehn, daß sie ein Stück von ihm gemeuchelt hätten — die Arbeit des Dramatikers sei eben mit der Niederschrift des Textes nicht beendet. Ich bin da andrer Meinung. Ich halte sie für beendet, wenn das Stück beendet ist. Besetzt der Direktor falsch und hat sich der Autor nicht darum gekümmert, so muß er die Folgen tragen. Aber daß die Theater Stücke umdichten, das ist einfach ein Rechtsbruch.

Eine falsche Allgemeinbildung und damit die Verflachung der Bildung haben dazu geführt, daß jeder jedes zu können glaubt. Schreiben —? Schreiben kann jeder. Und so tun denn alle wacker mit. Respekt vor geistigen Leistungen ist kaum noch vorhanden, Respekt vor der künstlerischen Vision, die so und nicht anders ans Licht getreten ist, das gibt es gar nicht. «Da machen wir einfach . . .» Ja, aber das hat doch der Autor nicht so geschrieben! Und selbst — erstarre, Mime! — selbst wenn sein Text weniger wirkungsvoll ist als der deine, den du neu auf der Probe hinzugekleckert hast —: selbst dann ist fast immer der Dramatiker im Recht. Gefällt euch das nicht? Dann schreibt euch eure Stücke allein. Und das tun sie ja denn auch. Mit bekanntem Erfolg.

Sie nennen, was sie da treiben, Kollektivarbeit, aber es ist nur ein Durcheinander. So kann man bei den fettlackierten Revuen arbeiten, die Reinhardt aufführt — da kommts wirklich nicht auf den Text an. Da kommts auf die Farben an. Daß aber leichte Lustigkeit auch und grade auf dem Wort stehn kann —: wer begriffe das in Deutschland! Seltsamerweise hats Reinhardt einmal begriffen: in seinem alten Schall und Rauch nämlich . . . long ago.

Der Autor stört. Der Text ist Vorwand. Und dann beklagen sie sich, daß keine Dramatiker aufwachsen.

Oben an der Decke schwebt eine leichte Seifenblase: das Lustspiel ‹*Kulissen*›. Leicht wie ein Hauch, bunt, spiegelnd, blitzend vor Lustigkeit ... du rundes Ding, wer führt dich auf?

WENN EENA JEBORN WIRD

Allemal für Paulchen

Nu liechste da, du kleene Kröte!
Siehst aus wie ne jebadte Maus.
Na laß man, do — der olle Joethe,
der sah als Kind nich scheena aus.
Und hier — ick bring da ooch wat mit!
Tittittittittitt —!

Die Neese haste ja von Vatan.
Det Mäulchen, wo de dir drin wühlst,
da sachste denn den Jrang im Schkat an.
Wolln hoffen, dette bessa spielst
als wie der Olle, dein Papa!
Allallallalla —!

Un seh mah! Hast ja richtich Haare!
Die hat dir Mutta mitjejehm.
Du, Mensch, det is ne wunderbare
un liebe Frau — nur etwas unbequem.
Dein Olla, der macht vor ihr Kusch ...
Puschpuschpuschpuschpusch —!

Sieht man dir durch de Neese schnauhm
un wie du mit die Beenchen tanzt —:
denn sollte man det jahnich jlauhm,
wie jemeine du mal wern kannst.
Wa —?

Ach, Menschenskind, ick wer da sahrn:
Schlach du nach Vatan! Hör ma an!
Du kannst ja ooch nach andre schlahrn ...
Na, wirste denn als junga Mann
jenau so doof wie Onkel Fritz?
Zizzizzizzizzizz —?

Da liechste nu in deine Wieje
un fängst noch mah von vorne an.
Na, Mensch, ob ick mah Kinda krieje?
Man jloobt ja imma wieda dran.
Du machst dir nu die Windeln voll
und weeßt nich, wat det heißen soll,
wenn eena dir mit Puda fecht,
dir abwischt un dir trocken lecht . . .
Denn loofste rum,
klug oda dumm . . .
Un machst den janzen Lebensskandal
alles nochmal, alles nochmal —!

SCHNIPSEL

Die Psychologie, wie wir sie in den meisten, also schlechten Filmen sehn, ist durchaus nicht so weltfremd, wie man denken sollte. Sie kehrt in vielen Urteilsbegründungen der Strafkammern wieder.

Jeder historische Roman vermittelt ein ausgezeichnetes Bild von der Epoche des Verfassers.

Wenn ich so die unentwegten Marxisten lese, dann frage ich mich immer: Wird eigentlich in Rußland auch gestorben? Und was ist der Tod bei denen? Ein Betriebsunfall? Ein kleinbürgerliches Vorurteil?

Die Leute blicken immer so verächtlich auf vergangene Zeiten, weil die dies und jenes ‹noch› nicht besaßen, was wir heute besitzen. Aber dabei setzen sie stillschweigend voraus, daß die neuere Epoche alles das habe, was man früher gehabt hat, plus dem Neuen. Das ist ein Denkfehler.

Es ist nicht nur vieles hinzugekommen. Es ist auch vieles verloren gegangen, im guten und im bösen. Die von damals hatten vieles noch nicht. Aber wir haben vieles nicht mehr.

Jede Glorifizierung eines Menschen, der im Kriege getötet worden ist, bedeutet drei Tote im nächsten Krieg.

Was die Leute nur immer mit der Unsterblichkeit und mit der Nachwelt haben! Wer in Breslau wohnt, kauft sich seine Stiefel nicht in Klondyke — Breslau hat selber Schuhgeschäfte. Jede Zeit deckt ihren Alltagsbedarf bei sich und nicht bei vergangenen Epochen. Das Jahr 2114 wird seine Künstler, Schwindler, Schuster und Politiker haben —

es braucht die unsern nicht. Es wird auf manche zurückgreifen, aber nur auf wenige, und auch die werden nicht allein nach ihrer Größe ausgewählt, sondern nach den Bedürfnissen der Zeit. Wie machen wir es denn? Wir machen es genau so.

Bitter, wenn sie einen Liebhaber gehabt hat, der mit Vornamen so heißt wie du.

Wenn sich im Jahre 1890 eine alte Jungfer beim Arzt einer großen Untersuchung unterziehen mußte und wenn der Arzt, als ob das gar nichts wäre, sie aufforderte, sich auszuziehen, dann konnte es wohl geschehn, daß die Dame mit einem Augenaufschlag errötend flüsterte: «Darauf bin ich nicht eingerichtet!»

Der Widerstand gegen die Psychoanalyse ist nichts andres.

Kennzeichen eines zweitrangigen Schriftstellers: «... entgegnete er sachlich.» Das Wort bedeutet überhaupt nichts mehr, man kann es fortlassen, ohne daß sich der Sinn ändert, und es zeigt nichts an als die Unfähigkeit eines Gehirns, sich gegen das Gewäsch der Modewörter zur Wehr zu setzen.

Da erzählen sich die Leute immer so viel von Organisation (sprich vor lauter Eile: «Orrnisation»). Ich finde das gar nicht so wunderherrlich mit der Orrnisation.

Mir erscheint vielmehr für dieses Gemache bezeichnend, daß die meisten Menschen stets zweierlei Dinge zu gleicher Zeit tun. Wenn einer mit einem spricht, unterschreibt er dabei Briefe. Wenn er Briefe unterschreibt, telefoniert er. Während er telefoniert, dirigiert er mit dem linken Fuß einen Sprit-Konzern (anders sind diese Direktiven auch nicht zu erklären). Jeder hat vierundfünfzig Ämter. «Sie glauben nicht, was ich alles zu tun habe!» – Ich glaubs auch nicht. Weil das, was sie da formell verrichten, kein Mensch wirklich tun kann. Es ist alles Fassade und dummes Zeug und eine Art Lebensspiel, so wie Kinder Kaufmannsladen spielen. Sie baden in den Formen der Technik, es macht ihnen einen Heidenspaß, das alles zu sagen; zu bedeuten hat es wenig. Sie lassen das Wort ‹betriebstechnisch› auf der Zunge zergehn, wie ihre Großeltern das Wort ‹Nachtigall›. Die paar vernünftigen Leute, die in Ruhe eine Sache nach der andern erledigen, immer nur eine zu gleicher Zeit, haben viel Erfolg. Wie ich gelesen habe, wird das vor allem in Amerika so gemacht. Bei uns haben sie einen neuen Typus erfunden: den zappelnden Nichtstuer.

LICHTENBERG

Ein Werk in die Universitätskirche begraben.
G. Chr. Lichtenberg

Der Verlag Alfred Kröner in Leipzig hat in der Sammlung seiner Taschenausgaben einen Lichtenberg herausgebracht: ‹*Aphorismen und Schriften*› (Band 93 der Taschenausgaben). Hübsch gedruckt, sauber ausgestattet; für ein Buch, das honorarfrei ist, scheint mir der Preis von 3,75 etwas hoch, denn wir wollen doch nicht hoffen, daß der philologische Segen des Herausgebers den Preis erhöht hat.

Dieser Herausgeber, Ernst Vincent, hat die Freundlichkeit, einige Sätze von mir im Vorwort zu zitieren, nämlich: «In Deutschland erscheinen alljährlich dreißigtausend Bücher. Wo ist Lichtenberg —? Wo ist Lichtenberg —? Wo ist Lichtenberg —?» Hier ist er, sagt der Herausgeber. Hm.

Die Philologie hat an Lichtenberg ein gutes Werk getan; sie hat die alten, nicht sehr textsichern und vergriffenen Ausgaben in Ordnung gebracht, und zu Beginn unsres Jahrhunderts hat Albert Leitzmann die Aphorismen zum Teil aus der Handschrift herausgegeben. Der deutsche Verlagsbuchhandel hat an Lichtenberg ein sehr schlechtes Werk getan — das Kuddelmuddel ist unbeschreiblich. Das Wertvollste ist vergriffen, es gibt Auswahlbände der Aphorismen, Auswählchen, willkürlich zusammengewürfeltes Zeug, ohne Sinn und Verstand aneinandergebacken, und eine auch nur einigermaßen vollständige und brauchbare Auswahl der gesammelten Schriften gibt es überhaupt nicht. «Jede Auswahl», sagt Vincent, «trägt den Stempel der Zeit, in der sie entsteht, und des Geistes des Herausgebers.» Das ist richtig.

Diese Ausgabe trägt den Stempel des germanistischen Seminars.

Soweit ich das beurteilen kann, ist die philologische Arbeit einwandfrei, die Kommentare und Erklärungen musterhaft, auch in schwierigen Fällen durchaus verläßlich, das alphabetische Sachregister könnte besser sein — zum Beispiel:

> «In Hannover logierte ich einmal so, daß mein Fenster auf eine enge Straße ging, wodurch die Kommunikation zwischen zwei großen erhalten wurde. Es war sehr angenehm zu sehen, wie die Leute ihre Gesichter veränderten, wenn sie in die kleine Straße kamen, wo sie weniger gesehen zu sein glaubten; so wie einer hier pißte, der andre sich dort die Strümpfe band, so lachte der eine heimlich und schüttelte der andre den Kopf. Mädchen dachten mit einem Lächeln an die vorige Nacht und legten ihre Bänder zu Eroberungen auf der nächsten großen Straße zurecht —»

Also worunter finde ich das im Index? Unter «Hannover», während es doch das nebensächlichste der Welt ist, in welcher Stadt das spielt; ich hatte natürlich unter Straße, Hauptstraße, kleine Straße und dergleichen gesucht. Aber das sind nur Einzelheiten.

Ich las und las ... Gehören diese Aphorismen, dachte ich, zu jenen Elaboraten der Literatur, die in der Erinnerung schöner sind als bei der Lektüre? Denn das gibts. Ich verstand den ganzen Lichtenberg nicht mehr. Wo war er? Das da war er doch nicht?

Was wir hier vorgesetzt bekommen, ist ein geistvoller, matt witziger, kluger und gebildeter Professor, ein Stubenhocker, der einiges von der Welt weiß, und so geht das hundert und hundertfünfzig Seiten, bis die Briefe über den englischen Schauspieler Garrick dem, ders noch nicht gewußt hat, verraten: dieser Lichtenberg ist ein herrlicher Prosa-Schriftsteller gewesen, ein bewundernswerter Beobachter, und noch viel, viel mehr. Wo ist Lichtenberg –?

Das Rätsel ist rasch gelöst. In der Vorrede, sicher ein Prunkstück für jedes Seminar, mit eingekapselten Zitaten, so das Werk vorausnehmend, das erst erklärt werden soll, sieht Vincent den Schwerpunkt des kleinen verbuckelten Mannes aus Göttingen nicht in seinem Buckel, sondern in ganz etwas anderm. Lichtenberg: «Die Leute können nicht begreifen, wie es Menschen geben könne, die das sogenannte Weben des Genies in den Wolken, wo ein glühender Kopf halbgare Ideen auswirkt, für Possen halten können, ja wie man so grausam sein könne und ganze Kapitel voll schöner Ausdrücke nicht so hoch achtet als ein Senfkorn von Sache.» Und Vincent fügt hinzu: «Hätten wir von Lichtenberg nichts anders als diesen einen Satz, er gehörte für uns auf immer zu den Verkündern des Notwendigen.» Zu denen er nie gehört hat.

Lichtenberg hat, woran grade Vincent sich erinnern sollte, die Periode der Sturm- und Drang-Genies mitgemacht, und das Wort ‹Genie› hatte in seiner Zeit einen ganz andern Klang als heutzutage, nämlich, nachdem jene Mode vorübergerauscht war, einen fast herabsetzenden Klang. «Das bürgerliche Moment in Lichtenberg, dieser saubere, nüchterne Sinn für Arbeit, Dienst, Ordnung, Unterordnung ...», den der Herausgeber so herausstreicht, hätte allein nie und nimmer das hervorgebracht, was uns an Lichtenberg wert und teuer ist. Das bürgerliche Moment war da, aber als Gegengewicht gegen das andre.

Wogegen –? Vincent bringt Lichtenberg auf eine Formel. Er nennt ihn «den Menschen am Fenster». Du lieber Gott! Das war der Mann auch – aber das ist eine Seminarformel, wie ja nirgends so schwache Feuilletons produziert werden wie in wissenschaftlichen Konventikeln. Lichtenberg ist viel, viel mehr gewesen.

Ein Kobold mit einer Blendlaterne. Ein Romeo, der feixen konnte, und der am allerheftigsten dann grinste, wenn er Furcht vor seinem Gefühl hatte. Satyr auf Eis; Gnom im Gletscher; friedlicher Spaziergänger durch bunte Wiesen, ein Blick: und die ganze Landschaft war verzerrt, und «ein schlecht geblasener halber Mond» hing darüber; ein Physiker der Liebe und ein Mathematikprofessor der Gefühle. «Da wird es deutlich», sagt Vincent, «daß dieser Mensch kein Baumeister ist. Um ihn herum liegen Teile und Brocken ...» So hol sie doch der Henker alle miteinander, diese Pauker! Nein, er war kein Baumeister! Und Goethe war kein Radfahrer! Und Schiller exzellierte nicht in breiten Romanen. Und Dante verstand nichts vom Theater. Warum – o Seminar! – sollte Lichtenberg ein Baumeister großer Werke gewesen sein? Mit manchem «irgendwie» und manchem «Wissen um ...» wird dargetan, daß es bei ihm sozusagen nicht gereicht habe. Uns langts.

Uns genügt ein Geist, der Aphorismen geschaffen hat, wie sie dann ein Jahrhundert lang nicht mehr wiedergekommen sind. Da gibt es Sätze, die reißen ganze Länder auf. «Der Franzos ist ein sehr angenehmer Mann um die Zeit, wo er zum zweitenmal anfängt, an Gott zu glauben.» Die französische Rückkehr zum Klassischen, die beinah bei jedem bedeutenden Franzosen um die Mitte der Vierziger zu finden ist, uns mit buttergelbem Neid erfüllend, denn die haben wenigstens etwas, wohin sie zurückkehren können: diese Rückkehr ist hier so scharf begriffen, als habe Lichtenberg jahrelang in Frankreich gelebt. Er liebte die Franzosen nicht sehr und vergötterte die Engländer. Und was er über England geschrieben hat, ist eine Pracht.

Er erschlich sich sozusagen die Wahrheit, und er hatte die schriftstellerischen Tricks im Handgelenk. Dieser kleine Mann, der als Kind einmal einen Fragezettel auf den Hausboden gelegt hat: «Was ist das Nordlicht?» im Glauben, die Engel würden das nachts beantworten, hat später auf viele Fragen von sich selber viele Antworten bekommen. Zu viele – doch notierte er sie alle auf. Seine «Sudelbücher», wie er das genannt hat, sind eine Fundgrube.

In Vincents Auswahl findet man vieles und vermißt noch mehr. Das Bunte fehlt, das Freche fehlt, das Überkugelte, das Drollige, der Duft der Zeit und der höllische Schnaps dieser Klugheit. Politisch ist die Sache völlig in Ordnung – Vincent hat an keiner Stelle tendenziös ausgewählt. Aber er hat aus dem Kobold einen harmlosen Gartenzwerg gemacht, und das war der Mann nicht.

Frage: Wo ist Lichtenberg –? Wo ist Lichtenberg –? Wo ist Lichtenberg –?

SCHNIPSEL

Man soll nichts tun, was einem nicht gemäß ist.

Von dem ausgestreckten Zeigefinger des Kindes: «Ein Onkel!» bis: «Guck mal den da – wahrscheinlich ein süddeutscher Burschenschafter!»

ist es ein langer Weg in der Menschenbeobachtung. Nur haben die Babys meist mehr Instinkt als die Erwachsenen.

Ein Film ... Was kann das schon sein, wenn es die Zensur erlaubt hat!

Schlange vor dem Schalter. Alles geht, wenn auch langsam, so doch regelmäßig; du ruckst voran. Bis der Mann vor dir herankommt. Der Mann vor dir macht stets ungeahnte Schwierigkeiten, er will Herrn Eisenbahn persönlich sprechen und braucht für sich allein so viel Zeit wie alle andern Vormänner zusammen. So ist das Leben.

Die meisten Hotels verkaufen etwas, was sie gar nicht haben: Ruhe.

Dieser Schriftsteller schreibt einen läufigen Stil.

Was herauskommt, wenn ein Kunstvermittler sagt: «Ich hab mir gedacht...», ist meist der Erfolg vom vergangenen Jahr, nur etwas plumper.

Wenn du liest: «Dem Dichter Potschappel ist der große Bananen-Preis zuerkannt worden», so frage stets: Wer hat ihm den Preis gegeben? Das allein macht nämlich erst seinen Wert aus.

Es ist ein Charakteristikum des Maschinenzeitalters, daß die meisten Menschen glauben, etwas Gutes geleistet zu haben, wenn sie etwas geleistet haben. Sind die Regeln erfüllt, so sind alle befriedigt. Der Arzt hat operiert; der Richter hat terminmäßig ein Urteil gefällt; der Beamte hat das Gesuch geprüft — sie haben das Reglementmäßige getan. Was dabei herauskommt, ist ihnen völlig gleichgültig. «Das ist nicht mehr meine Sache...» Da keiner die Gesamtwirkung der kleinen Teilarbeiten übersieht und sie auch gar nicht übersehn will, so bleibt die Gesamtwirkung nur auf einem haften: auf dem Erleidenden. Die andern haben ihre Pflicht getan.

Das schauerlichste Wort, das uns der marxistische Slang beschert hat, ist das Wort von der ‹richtigen› Politik. Sie wissen es ganz genau.

Den Menschen aus der Seele zu schreiben —: das könnte eine Aufgabe sein.

Aber daß wir den Kunstkaufleuten aus der Seele schreiben —: das kann Gott nicht gewollt haben.

Da haben sie uns beigebracht, was ein Werkauftrag ist und was ein Kauf ist und ein Kauf auf Abzahlung ... Es hat sich ein neues Geschäft herausgebildet.

Die Aufträge, die heute oft herausgehen und bei denen der Bestellende zunächst gar nicht daran denkt zu bezahlen, sind: Zwangsbeteiligungen an Unternehmen, die der Zwangsbeteiligte nicht kontrollieren kann. Gehts gut, kann er vielleicht etwas Geld bekommen — gehts schief, ist er der Lackierte. Überschrift: die Usance.

Und gehts gut, so ist der Kapitalist ein tüchtiger Kerl, auch zeigt dies, daß die Wirtschaft nicht auf private Initiative verzichten kann.

Gehts aber schief, so ist das ein elementares Ereignis, für das natürlich nicht der Nutznießer der guten Zeiten, sondern die Allgemeinheit zu haften hat.

Wirf den Bankier, wie du willst: er fällt immer auf dein Geld.

Wenn ein Autofahrer einen umgefahren hat und er ergreift dann die Flucht, etwa ein blutendes Kind auf der Landstraße hinter sich lassend —: das nennt die Rechtsprechung Fahrerflucht. Manche erklären solch ein gemeines Verhalten mit einem plötzlich einsetzenden Schock. Man sollte Führerflucht stets mit Zuchthaus bestrafen. Verantwortung muß sein — ein Autofahrer ist doch kein Generaldirektor!

Vom Nationalstolz. Einem Norweger wurde in Kopenhagen der dicke, runde Turm gezeigt, in dessen Innern man auf einer spiralförmigen Rampe mit Pferd und Wagen hinauffahren kann. «Habt ihr so etwas auch in Norwegen?» wurde er gefragt. «Nein», sagte der Mann aus Oslo beleidigt. «Aber wenn wir so einen Turm hätten, dann wäre er höher und runder!»

MAIENKLANG UND DIE SOZIOLOGISCHE SITUATION

Der gebildete Mittelstand des neunzehnten Jahrhunderts sonderte, wenn entsprechend gereizt, lyrische Gedichte ab sowie auch Dramen — keine Biedermeier-Schublade ohne solches. Das hat man denn zum Schluß gar nicht mehr ernst genommen; die immer gleiche Wiederholung dieser Produktion machte sie lächerlich. Nicht Lyrik und Drama wurden lächerlich, sondern die kleinen Leute, die sich dieser Formen bedienten, um ihre Sechsergefühle auszudrücken. Sie fühlten sich durch die Klassiker angekratzt, nun rann ihre Bildungsdrüse aus, leer klapperten die Jamben, es stelzten die Trochäen, und was Hebbel konnte, das vermeinte Herr Schuldirektor Gottschalk vom Realgymnasium in Pasewalk noch alle Tage zu können. Die Sekundaner dichteten beinah so schön wie Heine. Und wenn einer sagt: «Oberlehrerdrama» oder «Pubertätslyrik», dann wissen wir Bescheid, die Sache ist richtig einrangiert und damit erledigt. Irgend ein Wert kommt diesem Zeug in den allerseltensten Fällen zu. Kitsch ist das Echo der Kunst.

Das hat sich geändert.

Der gebildete, sanft abgerutschte Mittelstand sondert keine Dramen mehr ab, nur noch wenig Gedichte — er produziert in unendlichen Massen gebildeten Schmus. Man kann das nicht anders nennen.

Die Zeitschriften sind voll davon. Der Kram häuft sich zu Büchern. Viele Leute reden sogar in diesem vertrackten Stil, und er hat ein untrügliches Kennzeichen: das sind seine überflüssigen, ja, zu diesem Zweck erst erfundenen Fachwörter. Die Kerle glauben, sie hätten eine Leistung vollbracht, wenn sie irgend eine Selbstverständlichkeit oder einen kleinen Gedanken mit dem Zusatz ‹religionspsychologisch› versehen; wenn sie ‹verkehrstechnisch› sagen oder wenn sie eine Überschrift ‹Zur soziologischen Situation des ...› formen. Es ist ganz und gar sinnlos, was da geschieht.

Jeder kann sich den Spaß machen, diese aufgequollenen Sätze links von einem Strich zu setzen und rechts die Übersetzung ins Deutsche hinzuzufügen; er wird eine verblüffende Entdeckung machen. Nämlich die: die eine Hälfte dieses Geschwafels bedeutet überhaupt nichts, und die andre läßt sich sehr einfach ausdrücken. Dann bleibt allerdings nicht viel. Die aufgelösten Knäule ergeben etwa: «Man kann nicht alles durch die Glaubenssätze des Katholizismus erklären» oder: «Viele Bauernsöhne sind in den letzten Jahrzehnten in die Städte gezogen» oder: «Die jungen Leute gehn lieber ins Kino als ins Theater» oder so etwas. Aber ausgedrückt ist das geschwollen, gequollen, gebläht und aufgeblasen, daß einem himmelangst wird. Arm —? Arm heißt das nicht. «Die ökonomische Existenznot der Bourgeoisie», so heißt das. Und worum geht es —? «Es geht um das Wissen um ...»

Lacht doch das Zeug aus —!

Glaubt ihnen das doch nicht. Es ist ja nicht wahr, daß man das nicht alles genau so gut, ja, viel besser, klar und einfach ausdrücken kann. Ich spreche nicht von Facharbeitern; will sich einer mit den Nachfolgern Kants auseinandersetzen, dann muß er die überkommenen Fachausdrücke anwenden. Die eitle Dummheit aber, über jedem Gebiet des Lebens eine Wissenschaft zu errichten, und die dumme Eitelkeit, so zu tun, als sei man in allen diesen falschen Wissenschaften zuhause, das ist grauslich. Es besteht auch nicht der leiseste Grund, jede Untersuchung mit schmatzenden Fachausdrücken aller nur möglichen Gebiete zu beladen. Hier wird wiedergekäut, was Zeitungen, Zeitschriften und Vorträge in das widerstandslose Gehirn hineingestopft haben; wieder scheidet die Bildungsdrüse etwas aus, und wieder taugt es nichts. Sehr gern getragen wird der marxistische Slang. «Ein Experiment organisieren» schreibt Bruder Brecht, aber das ist nichts als schlechtes Deutsch. Man kann etwas organisieren, zum Beispiel den Versand von Kali nach Amerika, und man kann ein Experiment machen – aber ein Experiment organisieren: das kann man nicht. Dergleichen ist hingesudelt. Gemeint ist: versuchen.

Jede Betätigung auf dieser Kugel hat sich eine Wissenschaft als Dach gebaut, darunter ist gut munkeln. Und die Pfaffen aller dieser Wissenschäftchen sind munter am Werke, die deutsche Sprache zu einem Monstrum zu machen; dies Deutsch mit seinen vielen Fremdwörtern klingt, wie wenn einer die Stiefel aus dem Morast zieht: quatsch, quatsch, platsch, quatsch …

Lüge. Lüge und Wichtigtuerei. Dieser unerträgliche Stil mit den Fachadverbien, mit dem pseudowissenschaftlichen Geklön, das jeder halbwegs gebildete Primaner beherrscht –: das ist gar nichts. Zwischen:

Wonnige Stunden im Lenze!
Sonniger, duftiger Mai!
Tage der blühenden Kränze,
Seid ihr für ewig vorbei?

und:

> «Die Seinsverbundenheit des Wissens hält einer Analyse im anthropologischen Sinne schon deshalb nicht stand, weil die Frage Utopie oder Ideologie in der gedanklichen und gesellschaftlichen Auflösung …»

zwischen diesen beiden Äußerungen ist kein Unterschied. Leer und sinnlos sind beide, Äffereien von Formen, die bei andern einmal einen Sinn gehabt haben: die Bildung hat in die Menschenschlucht gerufen, und nun hallen die Wände wider. Diese gesamte Schmus-Literatur hat genau den gleichen Wert wie das Oberlehrerdrama und die Maienklang-Lyrik: nämlich gar keinen. Anno fünfundachtzig kamen Drama und Lyrik auf die Oberlehrer herunter; jetzt sind Geschichte und Philosophie auf die Klugredner heruntergekommen.

Wir auf der Redaktion lesen solche Aufsätze schon lange nicht mehr. Ich kann euch nur das gleiche empfehlen.

SCHNIPSEL

Wie man in den Souffleurkasten hineinschreibt, schallt es noch lange nicht aus den Schauspielern heraus.

Wenn sich in Rußland auch nur ein Achtel der Entführungen, Erpressergeschichten, Bandenüberfälle und Gewalttaten ereignete wie in

Amerika –: das Geschrei der sittlich entrüsteten Amerikaner möchte ich mal hören! Sie sollten wirklich bei sich selber Ordnung machen, sich auf Reisen anständiger benehmen und im übrigen den Schnabel halten.

Ich persönlich freue mich immer, wenn ich auf das Wort ‹persönlich› stoße – ein zu dummes Wort. Manchmal wird es aus Bescheidenheit gebraucht; ‹ich persönlich› bedeutet dann: ‹ich für mein Teil, im Gegensatz zu andern, die vielleicht anders denken›, und manchmal wird es aus Wichtigtuerei gebraucht: ‹der Herr Präsident persönlich›.

Aber eine gradezu morgensternsche Anwendung dieses Wortes habe ich neulich in einer Anzeige gefunden. Die Besitzerin eines Schönheitssalons konnte nicht erscheinen, und daher sandte sie etwas. Nämlich ihre ‹persönliche Stellvertreterin›. Darüber kann man ganze Nächte nachdenken.

Humor ruht oft in der Veranlagung von Menschen, die kalt bleiben, wo die Masse tobt, und die dort erregt sind, wo die meisten ‹nichts dabei finden›.

Wenn eine Firma für ihre Waren Reklame macht, sollte man sie immer fragen: «Bezahlt ihr eure Angestellten so, daß sie sich eure Waren kaufen können?» Und wenn sie dann antwortet: «Für unsre Angestellten sind unsre Fabrikate nicht bestimmt», so sage man ihr: Andre Firmen bezahlen ihre Angestellten auch nicht besser, sondern genau so schlecht. Und so viel reiche Chefs gibt es nicht. Und was ihr treibt, ist Selbstmord: ihr ruiniert eure eigne Kundschaft. Ihr seid Fabrikanten für das Nichts. Wer hat bloß den Kaufleuten den Handel anvertraut! Das ist ein Jammer.

Da haben sie neulich Rudolf Pannwitz in die Akademie gewählt. Das ist gleichgültig; denn diese Akademie ist keine. Aber an ein hübsches Fontane-Wort habe ich dabei denken müssen. Er schrieb einmal an Carl Zöllner:

«Ich glaube ganz bestimmt, daß drei geistreiche Kerle einen vierten, wenn sie es nur eisern wollen, berühmt machen können, namentlich wenn der zu Feiernde dunkel und unverständlich ist.»

Wäre er es nicht: was wäre er denn –!

Es ist ein Unglück, daß die SPD Sozialdemokratische Partei Deutschlands heißt. Hieße sie seit dem 1. August 1914 Reformistische Partei oder Partei des kleinern Übels oder Hier können Familien Kaffee kochen oder so etwas –: vielen Arbeitern hätte der neue Name die Augen geöffnet, und sie wären dahingegangen, wohin sie gehören:

zu einer Arbeiterpartei. So aber macht der Laden seine schlechten Geschäfte unter einem ehemals guten Namen.

Er war sehr eitel darauf, nicht eitel zu sein.

Die Seele jeder Ordnung ist ein großer Papierkorb.

Fräulein Ullman las die Familiennachrichten ihrer Zeitung. Mit einem Ruck schloß sie das Blatt. «Wieder kein Bekannter tot!» sagte sie.

Wann beherrschst du eine fremde Sprache wirklich? Wenn du Kreuzworträtsel in ihr lösen kannst.

Gewisse frankfurter Juden führen täglich ihre Klugheit spazieren. Die bellt munter umher, und an jedem Baum macht sie ein bißchen Pipi.

Der Kreislauf der Natur. Mein Vetter hat einen Cousin, dessen Stiefnichte ist mit ihrem Großzwilling verheiratet. Und dem sein Onkel pflegt zu sagen:

«Mein liebes Kind, da sind nun also die Würmer. Die Würmer werden von den Fröschen gefressen; die Frösche von den Störchen; die Störche bringen Kinder, und die Kinder haben Würmer. So schließt sich der Kreislauf der Natur.»

Es ist die Aufgabe des historischen Materialismus, zu zeigen, wie alles kommen muß – und wenn es nicht so kommt, zu zeigen, warum es nicht so kommen konnte.

Was die Leute pervers nennen, das läßt sich von einem geübten Sexualpsychologen leicht auflösen. Aber wirklich pervers, gegen den Strich, gegen die Natur ... da gibts wenig. Von dem wenigen ist die ältere Amerikanerin, die über Sittlichkeit spricht und urteilt, wohl das allerekelhafteste, was zur Zeit auf der Erde herumsitzt.

In der Ehe pflegt gewöhnlich immer einer der Dumme zu sein. Nur wenn zwei Dumme heiraten –: das kann mitunter gut gehn.

An einem Rausch ist das schönste der Augenblick, in dem er anfängt, und die Erinnerung an ihn.

Wie rasch altern doch die Leute in der SPD –! Wenn sie dreißig sind, sind sie vierzig; wenn sie vierzig sind, sind sie fünfzig, und im Handumdrehn ist der Realpolitiker fertig.

Das schlimmste Verbrechen, das Hitler begangen hat: er hat die echte Jugend in seiner Partei verraten.

Spengler, dieser Karl May der Philosophie. Er hat keine Heldentaten verrichtet, er hat sie nur prahlend aufgeschrieben. May war übrigens bescheidener und schrieb um eine Spur besser.

Reden können; gut sprechen; einen Saal zu ‹haben› — das ist eine der niedrigsten Fähigkeiten, die es gibt. Sie ist in Deutschland so selten, daß der gute Redner stets angestaunt wird. Für einen Menschen und nun gar für eine Sache besagt die Tatsache, daß einer gut reden kann, noch gar nichts.

Als Kind sah ich einst vom Fenster eine Messerstecherei. Der Gestochene, ein Mann mit großem, gelbem Bart, lief brüllend über den Damm. Mir schlug das Herz. Ich weiß es ganz genau: eine Lustempfindung war das nicht. Aber der kleine Gott der Lust, der in der Nebenkammer schlief, drehte sich unruhig um. Schreck über vergossenes Blut, das ich nie vergießen möchte — das reicht so tief hinunter wie die Lust. Wohl bei allen Menschen. Man beobachte Frauen während eines Krieges.

Einer schönen Frau zuzusehn, die sich anzieht, das ist so schön wie der Anblick junger, spielender Raubtiere. Alles geschieht im höchsten Ernst und ist doch Spiel. (Oho!) Ja, ich weiß schon.

Jede Frau darf beten. Ein Mann, der betet, muß sehr dumm oder sehr weise sein.

Wenn man vom Papst als vom Doktor Ratti sprechen wollte und von den Offizieren stets ohne Titel, die sie ja auch dann noch mit sich herumschleppen, wenn sie Filmdirektoren geworden sind; wenn Richter ohne Talare Recht sprechen müßten, kurz: wenn man die künstlich zur Feierlichkeit aufgeblasene Tätigkeit gewisser Leute auf den Alltag reduzierte —: das wäre bitter für die Beteiligten. Aber keine Sorge: wer keine Uniform hat, bewundert sie wenigstens.

Die Menschen sind so geartet: Wenn ihnen einer sagt, daß Herr X. befördert wurde, so imponiert ihnen das ungeheuer. Wer ihn befördert hat, danach fragen sie gar nicht.

Eine Geschichte? Dies ist eine schöne Geschichte:

Ein amerikanischer Milliardär hatte einen Auto-Unfall und verlor dabei ein Auge. Er ließ sich ein Glasauge machen. Und als er damit am ersten Tage wieder ins Büro kam, fragte er seinen Sekretär: «Nun möchte ich doch mal hören ... Welches ist das Glasauge?» Der Sekretär sah ihn einen Augenblick an und sprach: «Das linke.» – «Alle Wetter!» sagte der Milliardär. «Woher wissen Sie das?»

«Das linke hat eine Spur von Herz», sagte der Sekretär.

Kaufen, was einem die Kartelle vorwerfen; lesen, was einem die Zensoren erlauben; glauben, was einem Kirche und Partei gebieten. Beinkleider werden zur Zeit mittelweit getragen. Freiheit gar nicht.

Manchmal sieht man Freunde wieder, die es zu etwas gebracht haben. Neid? Nein. Aber wenn man lange nachgedacht hat, warum sie einem so fremd und so unsympathisch geworden sind, so dürfte es wohl dieses sein: ihre süßliche Erfolgschnauze.

Zitate:

Genießt der Jüngling ein Vergnügen,
so sei er dankbar und verschwiegen –

ist nicht von Wilhelm Busch.

Es wandelt niemand ungestraft unter Palmen

steht nicht in Lessings ‹*Nathan*›.

Die Staatsgewalt geht vom Volke aus ...

das steht allerdings in der Reichsverfassung.

Der elektrische Stuhl geht auf eine Anregung Edisons zurück. Wie alles, was in Amerika geschieht, war auch dieses eine etwas schmierige Konkurrenzgeschichte zwischen zwei Gesellschaften. Aber vorgeahnt hat diese Strafe, wie so oft, das deutsche Gemüt. In Webers ‹*Demokritos*›, der in der ersten Hälfte des neunzehnten Jahrhunderts erschienen ist, heißt es im Kapitel ‹*Die Juristen und Advokaten*›:

«Die so schrecklich mißbrauchte Guillotine war eigentlich eine Erfindung der Humanität, da aber die galvanischen Versuche beweisen, daß der Kopf, den die Maschine abschlägt, noch so lange empfindet ..., wie wäre es, wenn man sich an die beliebte Elektrizität hielte? Eine Statue der Gerechtigkeit, die ihr Schwert als Konduktor einer geladenen Batterie von dreißig Leydner Flaschen herabsenkte auf den Missetäter, der kaum berührt tot hinstürzte, wie vom rächenden Blitze des Himmels, wäre die humanste Todesart, und für die Zuschauer dennoch vielleicht das größte Abschreckungsmittel.»

Befehl ausgeführt.

Es muß immerhin darauf hingewiesen werden, daß Ilja Ehrenburg der einzige Schriftsteller gewesen ist, der in den ‹*Heiligsten Gütern*› (erschienen im Malik-Verlag in Berlin) auf Herrn Ivar Kreuger vor dem Krach mit Fingern gezeigt hat. Die Finanzkenner waren entsetzt und zuckten die Achseln, soweit sie lesen konnten. «Was weiß denn dieser Literat davon!» Man soll immer wieder auf die Torheit, die Kurzsichtigkeit, die Instinktlosigkeit und die bodenlose Ignoranz dieser Größen hinweisen. Die Dummheit der Menschen manifestierte sich früher im Militär, heute in den Wirtschaftsführern.

Ein Künstler braucht keinen Erfolg zu haben. Aber ein Zahnarzt, der nicht von Schmerzen befreit; ein General, der dauernd Prügel bekommt, und ein Wirtschaftskapitän, der nicht weiß, wo Gott wohnt —: diese drei dürften nicht ganz das Richtige sein.

Der Arbeiter haßt den Unternehmer lange nicht so wie der Unternehmer den Arbeiter haßt, fürchtet, verabscheut und in die tiefste Hölle wünscht. Man vergelte ihm das.

Wenn Ivar Kreuger Jude gewesen wäre . . . oder wenn Ivar Kreuger ein kleiner Buchhalter gewesen wäre . . .

Er war aber nur ein konsequenter Vertreter des kapitalistischen Systems.

Eine Geschichte? Dies ist eine schöne Geschichte.

Ein amerikanischer Milliardär — meine Geschichten spielen alle in vornehmer Gesellschaft — ein amerikanischer Milliardär wurde einst von einem Freunde gefragt: «Wie machen Sie das, Herr Moneymaker: auf jedem Ihrer Empfänge werden Ihnen Hunderte von Leuten vorgestellt, Menschen, die Sie nie vorher gesehn haben. Alle aber unterhalten sich mit Ihnen auf das trefflichste. Wie machen Sie das nur?» — «Ich habe mir da eine Methode ausgedacht», sagte der Milliardär. «Ich frage jeden Menschen, der mir vorgestellt wird: Was macht Ihr Leiden —?»

CHRISTOPH KOLUMBUS

Von Walter Hasenclever und Peter Panter

Im Goldenen Anker zu Sevilla, 5. Februar 1505. Eine kleine verräucherte Matrosenkneipe. Im Hintergrund die Theke mit Flaschen, hinter der eine unsichtbare Treppe in den Keller und zur Küche führt. Links ein großes Faß, aus dem Wein gezapft wird. Rechts der Eingang. Von der Decke hängen Schiffsmodelle, an den Wänden Bilder aus dem Seemannsleben.

Amerigo (geht zu Kolumbus): Gestatten Sie, daß ich mich vorstelle. Mein Name ist Vespucci. (Pause.) Amerigo Vespucci. (Pause.) Sie haben sicher schon von mir gehört.

Kolumbus: Bedaure. Wie war der Name?

Amerigo: Amerigo Vespucci. Nach mir ist der neue Erdteil benannt. Ich habe ein Buch über meine Expedition veröffentlicht.

Kolumbus: Gratuliere.

Amerigo (feierlich): Herr Admiral, ich muß Ihnen die Hand drücken. Sie waren der erste. Sie sind wirklich ein großer Mann. Sie haben Amerika entdeckt.

Kolumbus: Was habe ich entdeckt?

Amerigo: Amerika existiert. Ich habe mich selbst davon überzeugt.

Kolumbus: Amerika? Ich habe den Seeweg nach Asien gefunden.

Amerigo: Sie haben etwas viel Größeres gefunden. Einen neuen Erdteil.

Kolumbus: Es gibt keinen neuen Erdteil.

Amerigo: Die Berechnungen des vorigen Jahrhunderts sind falsch. Asien liegt ganz woanders.

Kolumbus: Wollen Sie mich, einen alten Mann, belehren? Hier, fragen Sie meine Kameraden. Wißt ihr noch, was ihr auf unsrer letzten Reise geschworen habt?

Koch: Wir haben feierlich geschworen, daß wir das Festland von Asien erreicht haben.

Diego: Jawohl, das haben wir.

Rodrigo: Und das haben wir alle unterzeichnet. Auf so einem großen Stück Pergament!

Kolumbus (zu Amerigo): Und da wollen Sie uns erzählen, wir seien gar nicht in Asien gewesen! Machen Sie sich nicht lächerlich.

Amerigo: Herr Admiral, was sind das für Leute! Die haben im Gefängnis gesessen!

Kolumbus: Und ich?

Amerigo: Das war ein bedauerliches Mißverständnis.

Kolumbus: Davon habe ich im Gefängnis nichts bemerkt. Man hat mich behandelt wie den letzten Verbrecher. In Ketten haben sie mich nach Spanien gebracht. Man hat mich betrogen und bestohlen. Ich habe nichts mehr. Und dann soll ich am Ende noch glauben, alles war ein Irrtum? Nein, junger Mann. Ich weiß Bescheid.

Marie: Herr Admiral, möchten Sie auch eine Erbsensuppe?

Kolumbus: Bring mir zwei Eier mit Brot und Butter.

Marie (ruft Pepi zu): Zwei Eier für Herrn Admiral!

Pepi (ruft in die Küche): Zwei Eier für Herrn Admiral!

Amerigo: Weshalb schreiben Sie nicht Ihre Memoiren?

Kolumbus: Memoiren? Wozu? Ich habe nichts zu verbergen.

Amerigo: Damit die Nachwelt erfährt, wie es wirklich gewesen ist.

Kolumbus: Es war ja doch ganz anders. Was ich für Possen erlebt habe! Das glaubt mir kein Mensch.

Amerigo: Verzeihung, Herr Admiral, die Weltgeschichte ist nicht possenhaft. Sie ist bedeutend.

Kolumbus: Was wissen Sie denn davon?

Amerigo: Ich habe ein Buch darüber geschrieben.

Kolumbus: Und ich bin dabei gewesen.

Amerigo: Darauf kommt es nicht an. Wir brauchen Helden, um uns selbst zu bestätigen. (Marie hat zwei Eier, Brot und Butter hingestellt.) Außerdem gibt es historische Tatsachen, die wirklich geschehn sind. Zum Beispiel Ihre Geschichte mit dem Ei.

Kolumbus: Welche Geschichte?

Amerigo (nimmt ein Ei und stößt es auf den Tisch, daß es steht): Das Ei des Kolumbus!

Kolumbus: Was ist das?

Amerigo: Aber, Herr Admiral, erinnern Sie sich nicht? Als auf dem Schiff die Meuterei ausbrach, sagte einer: So wenig wie man ein Ei auf die Spitze stellen kann, werden wir jemals Land sehn. Da nahmen Sie das Ei und stellten es so auf den Tisch.

Kolumbus: Das soll ich getan haben? Kein Wort wahr.

Diego: So ein Schwindel! Haben wir etwa gemeutert? Da sieht man, wie sie lügen.

Schiffsjunge: Wir waren Feuer und Flamme.

Pepi: Ich bin noch auf den Mastbaum geklettert und habe «Land!» gerufen.

Diego: Kinder, das war unsere schönste Zeit!

Kolumbus (nimmt das Ei, blättert es auf und ißt): Herr Amerigo, wenn Sie wieder einmal ein Buch schreiben, dann seien Sie etwas vorsichtiger. Das Ei des Kolumbus ist eine reizende Geschichte, nur leider von A bis Z erfunden. Ich fürchte, genau so wird es mit Ihrem Amerika sein.

Amerigo: Ich verdanke Ihnen eine tiefe Erkenntnis, Herr Admiral. Große Männer soll man bewundern, aber man soll sie niemals kennen lernen. Leben Sie wohl! (Er geht mit einer tiefen Verbeugung ab. Gelächter hinter ihm her. Der Schiffsjunge nimmt die Gitarre.)

Pepi (singt): Erde ist trocken, und Wasser ist naß –

Alle: Sante Marie!

Pepi: Da kommen die Leut und erzähln uns was –

Alle: Sante Marie!

Pepi: Da hinten soll noch ein Erdteil stehn.
Wir waren doch da und haben keinen gesehn.
Vielleicht liegt er bloß vis-à-vis ...

Alle: Sante Marie – Sante Marie –
Glückliche Sante Marie!

Marie (kommt mit einem Buch hinter der Theke hervor und geht zu Kolumbus): Herr Admiral, das muß ja furchtbar interessant gewesen sein bei den Wilden. Waren die alle nackt?

Kolumbus: Ganz nackt waren sie nicht.

Marie: Was hatten sie denn an?

Kolumbus: Eine Badehose.

Marie (enttäuscht): Ach ...! Herr Admiral, weil Sie doch so ein berühmter Mann sind ... bitte, schenken Sie mir ein Autogramm.

Kolumbus: Was soll ich denn schreiben?

Marie: Das ist gleich – ich kanns ja doch nicht lesen.

Kolumbus (schreibt und reicht ihr das Buch zurück): Hier, mein Kind.

Marie: Was heißt das?

Kolumbus: Der erste ist immer der Dumme.

Marie: Danke auch schön. (Zu den Matrosen): Na, Kinder, was wird nun mal aus dem Land werden, das ihr da entdeckt habt?

Diego: Was soll denn daraus werden? Da sind ja bloß Affen und Papageien.

Pepi: Da wird nichts draus. In hundert Jahren ist da kein Mensch mehr.

Marie: Was meinen Sie denn, Herr Admiral? *(Kolumbus erhebt sich. Während er spricht, setzt eine Jazzmusik ein, erst leise, dann immer stärker. Die Wände des Zimmers verschwinden, der Horizont erleuchtet sich. Wie hervorgezaubert erscheint plötzlich eine Vision von New York: Times Square mit Wolkenkratzern und feurigen Lichtreklamen. Es ist, als ob die Anwesenden nicht mehr in der Kneipe, sondern auf dem Broadway säßen.)*

Kolumbus: Dieses Land wird einmal still und friedlich sein. Ich sehe schlichte und genügsame Menschen. Gottes Volk lebt auf der neuen Erde. Hier wird auch der Ärmste geachtet werden, und keiner wird hungern, und keiner wird unterdrückt. Dieses Volk wird die Pforten seiner Schatzkammern öffnen und Gold an alle Länder verteilen. Am Ufer des Meeres wird eine Statue stehn, und die Worte der Schrift tönen aus ihrem Munde: «Kommet her zu mir alle, die ihr mühselig und beladen seid!» Hier ist das Paradies der Welt —!

Vorhang

WORAUF MAN IN EUROPA STOLZ IST

Dieser Erdteil ist stolz auf sich, und er kann auch stolz auf sich sein. Man ist stolz in Europa:

Deutscher zu sein.

Franzose zu sein.

Engländer zu sein.

Kein Deutscher zu sein.

Kein Franzose zu sein.

Kein Engländer zu sein.

An der Spitze der 3. Kompanie zu stehn.

Eine deutsche Mutter zu sein. Am deutschen Rhein zu stehn. Und überhaupt.

Ein Autogramm von Otto Gebühr zu besitzen.

Eine Fahne zu haben. Ein Kriegsschiff zu sein. («Das stolze Kriegsschiff . . .»)

Im Kriege Proviantamtsverwalterstellvertreter gewesen zu sein.

Bürgermeister von Eistadt a. d. Dotter zu sein.

In der französischen Akademie zu sitzen. (Schwer vorstellbar.) In der preußischen Akademie für Dichtkunst zu sitzen. (Unvorstellbar.)

Als deutscher Sozialdemokrat Schlimmeres verhütet zu haben.

Aus Bern zu stammen. Aus Basel zu stammen. Aus Zürich zu stammen. (Und so für alle Kantone der Schweiz.)

Gegen Big Tilden verloren zu haben.

Deutscher zu sein. Das hatten wir schon. Ein jüdischer Mann sagte einmal:

«Ich bin stolz darauf, Jude zu sein. Wenn ich nicht stolz bin, bin ich auch Jude – da bin ich schon lieber gleich stolz!»

NACHHER

Wir schaukelten uns auf den Wellen — kurze und lange umhauchten uns, die Sendestationen der Planetenkugeln versorgten uns damit, uns, im jenseitigen Herrenbad. Aus den Familienkabinen drang leises Kreischen.

«Welches war eigentlich Ihr schlimmster Eindruck hier bei uns?» fragte er. Ich sagte:

«Der erste Tag im Empfangssaal — das war gräßlich. Daran mag ich gar nicht zurückdenken. Gräßlich war das.»

«Warum?» fragte er. Ich sagte: «Zweiundsiebzig Jahre auf der Erde, das bedeutet: neunundsechzig Jahre lang gelogen, Empfindungen versteckt, geheuchelt; gegrinst, statt zu beißen; geschimpft, wo man geliebt hat ... Manchmal dämmert eine Ahnung auf, das vielleicht lieber doch zu unterlassen. ‹Gewissen› sagen die Kultusbeamten. Es ist aber nur das matte Versickern des Gefühls, daß die, die vor uns gestorben sind, uns durchschauen, von oben her. Denken Sie doch: die ganze Lüge offenbar! Wenn ich das gewußt hätte! Ich kam in den Empfangssaal» — aber jetzt schienen sie drüben im Familienbad geradezu auf den Köpfen zu gehen —, «und ich glaubte vor Scham in die Erde sinken zu müssen. Es war aber keine da. Schrecklich — nie in meinem ganzen Leben habe ich mich so geschämt, so schrecklich geschämt. Und das allerschlimmste war: sie sahen mich nur an. Sie sahen mich alle nur an. Niemand kam auf die peinlichen Dinge zurück — aber ich wußte das doch, daß sie alles wußten! Ich war klein wie eine Maus — so jämmerlich. Ich würde nie mehr lügen.»

«Der alte Mann», sagte er, «der das arrangiert, hätte diese Zeremonie des Empfangssaals vorher legen sollen, vor unser Leben. Vielleicht ...»

«Ja», sagte ich.

«Aber dann wäre es nicht so schön gewesen», sagte er.

«Nein», sagte ich.

Jetzt kam eine große Welle, eine von den langen, starken, und warf uns mit den Beinen aneinander, daß wir lachen mußten.

Wir saßen auf der Wolke und ließen die Beine baumeln.

«Am liebsten», sagte ich zu ihm, «waren mir zeitlebens die Betriebe, die ein wenig verfault waren. Da arbeitete ich so gern. Der Chef schon etwas gaga, wie die Franzosen das nennen, mümmlig, nicht mehr ganz auf dem Trab, vielleicht Alkoholiker; sein Stellvertreter ein gutmütiger Mann, der nicht allzuviel zu sagen hatte. Niemand hatte überhaupt viel zu sagen — der Begriff des Vorgesetzten war eingeschlafen. Auch Vorschriften nahm man nicht so genau — sie waren da, aber sie bedrückten keinen. Diese Läden hatten immer so etwas von Morbidität, es ging zu Ende mit ihnen, ein leiser Verfall. Wissen Sie: man arbeitete, man faulenzte nicht, hatte Beschäftigung — aber es war im großen ganzen doch nur die Geste der Arbeit. Haben Sie mal in einer Posse eine Choristin die Möbel abpuscheln sehen? So etwas Ähnliches war es. Schrecklich, wenn der Betrieb etwa aufgefrischt werden sollte, wenn ein neuer Mann kam, der gleich am ersten Tag erklärte: ‹Die Schweinerei hört jetzt auf!› Wie lange es immer dauerte, bis sich auch der neue eingewöhnt hatte! Denn Verfall steckt an — unweigerlich. Ich bin zweiundsiebzig Jahre alt geworden: mir ist kein Fall bekannt, wo er nicht angesteckt hätte. Ja. Es gab viele Stätten solcher Art. Beim Militär habe ich sie gefunden, in der Industrie; auf dem Lande lagen solche Güter — Operettenbetriebe. Hübsch, da zu arbeiten. Sehr nett. Und immer so eine leise kitzelnde Angst vor dem Ende, denn einmal mußte es ja kommen, das Ende — immer konnte es nicht so weitergehen.»

«Nein», antwortete er, «immer konnte es natürlich nicht so weitergehen. Kommen Sie übrigens heute nachmittag zum lieben Gott?» — «Wer wird da sein —?» sagte ich. Er antwortete: «Gandhi, Alfred Polgar, einer von den unbekannten Soldaten und dann irgendein Neuer.»

«Ich mag die Neuen nicht», sagte ich. «Sie kommen sich so feierlich vor. Wie finden Sie übrigens den lieben Gott?»

«Sehr sympathisch», sagte er. «Er erinnert ein wenig an das, wovon Sie eben sprachen.» — «Ja», sagte ich.

Dann ließen wir wieder die Beine baumeln.

Wir standen in der Luft, ein Vergnügen, dessen man nicht satt wird, am Anfang. Es war einsam um uns, einmal hastete ein Geist an uns vorüber, im Frack; vielleicht war er zu einer spiritistischen Sitzung geladen.

«Haben Sie das auch bemerkt», sagte er, «das mit den sieben Jahren —?»

«Ja», sagte ich. «Sie meinen, daß es alle sieben Jahre wiederkam, alles miteinander —?»

«Ja», sagte er. «Alle sieben Jahre. Bei mir war es ziemlich regelmäßig. Bei Ihnen auch? Sie waren länger am Leben als ich. Zweiundsiebzig Jahre . . .»

«Es war ziemlich lächerlich, auf die Dauer», sagte ich. «Alle sieben Jahre. So um das sechste Jahr herum fing es immer an, sich zu rühren, ich wußte es schon, wenn es so weit war. Meine Verhältnisse besserten sich, ich bekam Geld in die Finger, im siebenten Jahr war der Höhepunkt. Dann kam langsam der Abstieg. Das Glück versandete, es ging einem so gut, daß es langweilig wurde. Gewöhnlich war es eine Art reibungslosen Dahinlebens, ein Glück, das nur im Negativen bestand: keine Nervenschmerzen, kein Schnupfen, keine Geldsorgen, keine Frauenzimmergeschichten. Ein Glück, das man erst nachher voll erfaßte; erst nachher, wenn es vorbei war, begriff man, wie gut es einem gegangen war. Dann wurde der Horizont langsam dunkler, Wolken kamen, man zappelte sich ab, bis man eines Tages wieder drin war im schönsten Tohuwabohu. Und dann fing es wieder von vorne an. Alle sieben Jahre.»

«Ich habe Ihn so oft gefragt», sagte er, «was denn nun das Ganze zu bedeuten hätte – das mit den ständigen Wiederholungen und den sieben Jahren . . . Er schweigt.»

Wir nannten nicht gern Seinen Namen. Wir liebten Ihn nicht.

«Und grade sieben . . .» fing er wieder an.

«Es soll so eine Art heilige Zahl sein», sagte ich. «Genaues weiß man darüber nicht. Kannten Sie den Doktor Fließ –?»

«Nein», sagte er.

«Er muß längst hier sein», sagte ich. «Aber ich habe ihn noch nie getroffen. Wahrscheinlich rechnet er jetzt die himmlischen Gesetze aus. Aber es ist da etwas daran, mit Wachstum der Pflanze, einer Art männlicher Periode . . . etwas sehr Gelehrtes. Zehnmal habe ich das also mitgespielt – etwa neunmal weiß ich davon. Gut, daß die Menschen nicht noch älter werden. Haben Sie sich nie gelangweilt –?»

«Nein. Nie», sagte er.

«Ich ziemlich», sagte ich. «Aber wie haben Sie das gemacht? Womit haben Sie sich so intensiv beschäftigt, daß sie sich nicht langweilten –?»

«Mit dem Leben», sagte er. «Ich hatte reichlich zu tun, zu leben. Die Frage ‹Warum?› ist dem Ding angeklebt. So dürfen Sie nicht fragen.»

«Ich habe mich gelangweilt», murmelte ich leise und sah einer dekolletierten Geisterdame nach, die sich besonders schön unheimlich geputzt hatte. «Ich fand es nicht so sehr vergnüglich. Zehn Mal sieben Jahre . . . Warum . . .? Sagen Sie mir: warum –?»

«Haben Sie schwimmen gelernt, damals, als Sie lebten?» fragte ich ihn. Wir ruderten durch den endlosen Raum, in farblosem Licht, es hatte eigentlich keinen Sinn, sich zu bewegen, weil jeder Maßstab fehlte, wohin die Fahrt ging. Planeten waren nicht zu sehen – sie rollten fern dahin.

«Nein», sagte er. «Ich kann nicht schwimmen. Ich hatte einen Bruch. Mein Leib hatte einen Bruch.»

«Ich habe es auch nicht gelernt», sagte ich. «Ich wollte es immer lernen – ich habe drei-, viermal angefangen –; aber dann ist es immer nichts geworden. Nein, Schwimmen nicht. Englisch auch nicht – damit war es ganz dasselbe. Haben Sie alles erreicht, was Sie sich einmal vorgenommen hatten? Ich auch nicht. Und dann, an stillen Abenden, wenn man einmal aufatmen konnte und das ganze Brimborium des täglichen Klapperwerks verrauscht war, dann kamen die nachdenklichen Stunden und die guten Vorsätze. Kannten Sie das —?»

«Wie oft!» sagte er. «Wie oft!»

«Ja, ich auch ...» sagte ich. «Man nahm sich so vieles vor an solchen Abenden. Da lag denn klar zutage, daß man sich eigentlich, im Grunde genommen, mit einem Haufen Unfug abgab, der keinem Menschen etwas nützte, und sich selbst nützte man damit am allerwenigsten. Diese kindischen Einladungen! Diese vollkommen nutzlosen Zusammenkünfte, auf denen zum hundertsten Male wiedergekäut wurde, was man ja schon wußte, diese ewigen Predigten vor bereits Überzeugten ... Das sinnlose Gehaste in der Stadt mit den lächerlichen Besorgungen, die keinem andern Zweck dienten, als daß man am nächsten Tage wieder neue machen konnte ... Wieviel Plackerei an jedem einzelnen Ding hing, wieviel Arbeit, wieviel Qual ... Der Zweck der Sachen war vollständig vergessen, sie hatten sich selbständig gemacht und beherrschten uns ... Und wenn es dann einmal ausnahmsweise ganz still um uns wurde, ganz still, daß man die Stille in den Ohren sausen hörte: dann schwor man sich, ein neues Leben anzufangen.»

«Man glaubt sogar daran», sagte er wehmütig.

«Und wie man es glaubt!» fuhr ich eifrig fort. «Man geht ins Bett, ganz voll von dem schönen Vorsatz, nun aber wirklich mit diesem ganzen Unfug aufzuräumen und sich zu leben — sich ganz allein. Und zu lernen. Alles zu lernen, was man versäumt hat, nachzuholen, die alte Faulheit und Willensschwäche zu überwinden. Englisch und Schwimmen und das Ganze ... Morgens klingelt dann der Rechtsanwalt an, Tante Jenny und der Geschäftsführer des Vereins, und dann hat es einen wieder. Dann ist es aus.»

«Haben Sie das Leben geführt, das Sie führen wollten?» fragte er und wartete die Antwort nicht ab. «Natürlich nicht. Sie haben das Leben geführt, das man von Ihnen verlangt hat — stillschweigend, durch Übereinkunft. Sie hätten alle Welt vor den Kopf gestoßen, wenn Sie es nicht getan hätten, Freunde verloren, sich isoliert, als lächerlicher Einsiedler dagestanden. ‹Er kapselt sich ein›, hätte es geheißen. Ein Schimpfwort. Nun, das ist vorbei. Und wenn Sie jetzt zur Welt kämen: wie würden Sie es machen?» Er hielt mit seinen Schwimmbewegungen inne und sah mich gespannt an.

«Genau noch einmal so», sagte ich. «Genau so.»

«Er ist ein Pedant, ein ganz lächerlicher Pedant!» sagte er.

«Weißt du, wieviel Sternlein stehen ...?» sagte ich. «Gott der Herr hat sie gezählet ...»

«Er hat alles gezählet!» schimpfte er. «Gezählet — das feierliche e, das schon Liliencron nicht leiden konnte, genau so lächerlich wie dieser ganze alte Mann. Alles hat Er gezählet . . . Haben Sie einmal in unser Lebensbuch hineingesehen —?»

«Es war die größte Überraschung, die ich jemals erlebt — nein, die ich jemals gehabt habe», sagte ich. «Das ist denn doch die Höhe.»

«Nicht wahr? Aufzuschreiben, wie oft man jede einzelne Handlung begangen hat: es ist ja — geisteskrank ist das, das ist ja . . . das übersteigt denn doch alles an Greisenhaftigkeit, was je . . .»

«Sie lästern», sagte ich. «Sie müssen Ihn nicht lästern, dann kann dieses Buch nicht erscheinen. Gott ist groß.»

«Gott ist . . .»

«Nicht, nicht. Natürlich ist es lächerlich. Denken Sie sich: ich habe neulich einmal einen ganzen Nachmittag auf der Bibliothek verbracht und meinen Band durchgeblättert. Er ist sehr exakt geführt, das muß man schon sagen. Manches hätte ich nicht für möglich gehalten — summiert sieht es doch anders aus als damals, als man es tat.

Schlüssel gesucht: 393mal. Zigaretten geraucht: 11 876. Zigarren: 1078. Geflucht: 454mal. (Bei uns ist erlaubt, zu fluchen — daher kann ich es nicht so gut. Ich bin kein Engländer.) An Bettler gegeben: 205mal. Nicht viel. Nugat gegessen — ist ein Mensch je auf den Gedanken gekommen, derartiges aufzuschreiben . . .! Nugat: 3mal. Ich habe keine Ahnung, was Nugat ist. Die Handschrift des Buchhalters ist aber so ordentlich, daß es schon stimmen wird. Übrigens: die letzten tausend Seiten sind mit einer Buchhaltungsmaschine geschrieben. Man modernisiert sich.»

«Er zählt alles», grollte er. «Er zählt Verrichtungen, die ein anständiger Mensch . . .»

«. . . non sunt turpia», sagte ich. «Ich habe demnach, sah ich an jenem Nachmittag, recht mäßig gelebt, in Baccho et in Venere . . . recht mäßig. Ich mag Ihnen die Zahl nicht nennen — aber es grenzt schon an Heiligkeit. Jetzt tut es mir eigentlich leid . . . Das merkwürdigste ist —»

«Was?» fragte er.

«Das merkwürdigste ist», sagte ich, «zu denken, daß man dies oder jenes zum letztenmal in seinem Leben getan hat. Einmal muß es doch das letztemal gewesen sein. Am vierzehnten Februar eines Jahres hat man zum letztenmal ein Automobil bestiegen . . . Und man ahnt das natürlich nicht. Finales gibt es ja doch nur in den Opern. Man steigt ganz gemütlich in ein Automobil, fährt, steigt aus — und weiß nicht, daß es das letztemal gewesen sein soll. Denn dann kam vielleicht die Krankheit, die lange Bettlägerigkeit . . . nie wieder ein Automobil. Zum letztenmal in seinem Leben Sauerkraut gegessen. Zum letztenmal: telefoniert. Zum letztenmal: geliebt. Zum letztenmal: Goethe gelesen. Vielleicht lange Jahre vor dem Tode. Und man weiß es nicht.»

«Aber es ist gut, daß man es nicht weiß», sagte er; «wie?»

«Vielleicht», sagte ich. «Man sollte aber bei jeder Verrichtung denken: Tu sie gut. Gib dich ihr ganz hin. Vielleicht ist es das letztemal.»

«Aber Er ist doch ein gottverdammter Pedant ...!» fuhr er auf.

«Nennen Sie nicht Seinen Namen!» sagte ich. «Er ist ein göttlicher Pedant.»

«Warum haben Sie gelacht —?» fragte ich ihn.

Er hatte dagesessen, seine Hand hatte mit den verrosteten Knöpfen einer nicht mehr benutzten Blitzkammer gespielt — und plötzlich hatte er gelacht. Es war ein recht eigentümliches Lachen gewesen, so ein Schluchzer, Station auf der Reise zwischen Lachen und Weinen ... «Warum haben Sie gelacht —?» fragte ich ihn.

«Ich habe gelacht», sagte er, «weil ich an da unten denken mußte. An etwas ganz Bestimmtes; es ist sehr dumm. Wissen Sie, heute ist mein Todestag — nein, gratulieren Sie mir nicht ... nicht der Rede wert. Zum fünfzigsten, bester Herr, zum fünfzigsten ... Und heute vor acht Jahren — wissen Sie, warum Lebende keine Angst vor den Toten haben, die gerade gestorben sind?»

«Ich kann es mir denken», sagte ich. «Weil — weil wir ja die erste Zeit gebunden sind, noch nicht hier oben ... nun, Sie kennen das. Es ist, als ob sie es ahnten.»

«Ganz richtig!» sagte er und ließ die Hand über die Klaviatur spielen; hätte das Werk funktioniert, so wären die Erde, der Mond und einige andere Etablissements in Rauch aufgegangen. «Ja, das ist so. Wir sind nicht sofort disponibel — sie sind vor uns sicher, kurz nachher. Nun gut, und Sie wissen doch auch, was mit unsern Sachen geschieht —— nachher?»

«Natürlich», sagte ich. «Da wird ein Inventar aufgenommen, da kommen die Erben gelaufen, die Kinder, die unbezahlten Rechnungen ...»

«An das Inventar dachte ich eben», sagte er. «Das heißt: nicht gerade an das Inventar. Sondern daran, wie sie in unsern Sachen herumstochern. Es ist komisch und rührend zugleich. Kennen Sie das?»

«Nun ...» sagte ich.

«Es ist nämlich so», sagte er. «Sie kramen die Schubladen aus, kratzen an den Schrankschlössern herum, packen alles aus und packen es wieder ein ... Und jeder Hosenknopf hat auf einmal eine Bedeutung, jedes Federmesser ist mit Sentimentalität geladen, alte Briefmarken machen ein Kummergesicht und trauern mit ...» Wieder ließ er diesen mittlern Schluchzer hören. «Sie finden alte Kuverts mit Rezepten und Tabakasche; Chininpillen und fein säuberlich aufbewahrte Theaterprogramme, mit denen wir einmal irgend etwas anfangen wollten, natürlich haben wir es vergessen, und nun liegt dieser ganze Kram in den Fächern – ein Viertel aller menschlichen Habe pflegt ja aus solchem Unfug zu bestehen. Und sie fassen das alles mit zitternden Fingern an, ihre Tränen lassen sie darauf fallen, und während sie Kontenbücher auf- und wieder zuschlagen und an Glasstöpseln riechen, sagen sie: ‹Das hat er sich noch aufbewahrt!› und: ‹Achatsteine hat er immer so gern gehabt!› – und auf einmal ist unser Wesen auf tausend Dinge verteilt, es sieht sie an – wir sehen sie an, mit tausend Augen ... Alles kommt ihnen wieder zur Erinnerung, wird lebendig ... so haben sie uns nie geliebt.»

«Nein», sagte ich. «So haben sie uns nie geliebt.»

«Woran liegt das?» fragte er vorsichtig.

«Man muß wohl nicht mehr da sein, um geliebt zu werden», sagte ich. «Noch nicht oder nicht mehr: man muß wünschen, um zu lieben. Zu unsern Lebzeiten kümmert sich keiner um unsern Nachlaß.»

«Aber da ist es ja auch kein Nachlaß», sagte er.

Eine Leitung schien versehentlich noch angeschlossen zu sein – denn nun fuhr ein Blitz aus dem Gehäuse, daß es zischte, und wir machten uns eiligst davon, auf daß er es nicht erführe, der Allwissende.

Er pfiff – das tat er so selten. «Sie sind sehr vergnügt –?» fragte ich. «Sie müssen hingehn!» sagte er. «Sie müssen auf alle Fälle hingehn! Es ist ganz großartig. Ganz großartig ist es!» – «Was?» fragte ich. «Einweihung eines neuen Planeten? Schlußfest auf einem Trabantenmond? Maskenball in der Milchstraße?» Er wehrte mit einer Handbewegung ab. «Nicht doch!» sagte er. «Das O hat mir das Erdkino gezeigt! Sie müssen hingehn!»

Wer das O war, wußte ich – aber was war ein Erdkino? Ich fragte ihn. Er nahm einen Meteorstein in die Hand und schickte ihn auf die Reise, nach unten. «Das Erdkino?» sagte er.

«Das O hat die Erde aufgenommen – nun, das ist nichts Neues. Aber es hat die Bilder aneinandergesetzt, flächig aneinandergepappt, verkleinert, wieder vergrößert, ich bin kein Techniker und habe seine Erklärung kaum verstanden. Es sagt etwas von Zeitraffer ... Es kann die Menschen auf den Filmen löschen – man sieht nur die Sachen.» – «Was für Sachen?» sagte ich. «Sachen!» sagte er. «Kleider, Anzüge, Hutnadeln, Schränke, Bücher, Dampfer, Laternen, Papier, Antennen, was Sie wollen. Das sieht man. Nun setzt es sich in den Fabriken zusammen, die Menschen sind nicht zu sehen, verstehen Sie? Es setzt sich allein zusammen, wächst, aus dem Boden, in Werkstätten, in Ateliers, lackiert sich, prangt und spreizt sich in Neuheit ... Dann wird es benutzt, die Schranktüren klappen auf und zu, Papier wendet sich, Hutnadeln hängen in der Luft, Bilder leuchten, Anzüge wandeln, drehen sich, liegen über Stühlen ... wie sind die Sachen fleißig! Wie dienen sie! Wie sind sie tätig! Wie leben sie mit! Welch ein Leben!» Seine

Augen leuchteten. «Und dann?» fragte ich. «Und dann werden die Sachen müde, immer seltener stülpt sich der Hut auf eine unsichtbare Form, immer wackliger fällt der Vorhang, immer bröckliger klappt die Zauntür ... Und dann gibt es einen Ruck, Holz wird zerschlagen — man sieht nicht, von wem —, alte Kissen fliegen durch den Raum, Schnur schnurrt zusammen und rollt sich ab — und dann sinken die Sachen auf die Erde. Ganz langsam sinken sie nieder, da liegen sie. Und dann werden sie immer unkenntlicher, sie werden wohl zu neuen Klumpen gekocht, zusammengeschweißt, ich verstehe mich nicht so darauf. Und viele werden wieder Erde. Und dann fängt es wieder von vorn an.»

«Und das gibt es da alles zu sehen?» sagte ich. «Das und noch viel mehr», stimmte er begeistert zu. «Noch mehr?» fragte ich. «Was tun denn die Sachen noch?» — «Die Sachen tun nichts!» sagte er. «Es gibt einen andern Film; da hat das O die Sachen ausgelöscht, man sieht nur die Menschen — und es hat auch einen Teil der Menschen ausgelöscht und nur diejenigen mit der gleichen Betätigung übriggelassen.» Ich sagte: «Wie das ...?» Er sagte:

«Es hat Kontinente fotografiert, auf denen man nur trinkende Menschen sieht. Hören Sie? Nur Trinkende. Geöffnete Münder, gespitzte Lippen, hastige Durstende und abschmeckende Genießende — Todschlaffe über Pfützen und spielende Kinder, die an Tröpfchen saugen, Kinder an der Mutterbrust und heimlich saufende Ammen ... Und einmal: nur Lesende. Von allen Graden. Und einmal: nur Rauchende. Und einmal ... Ja.»

«Was — und einmal?» fragte ich.

«Und einmal nur Liebende», sagte er leise. «Das war nicht schön. Hören Sie: das war ekelhaft. Welch ein Puppenspiel. Was treibt sie? Es ist, als bewegten sie sich nicht, als bewegte es sie. Das sind nicht mehr sie, die dieses Auf und Ab vollführen — das ist ein andres. Sie sehen es tausend und tausendmal beim O — schließlich scheint es eine zeremonielle Förmlichkeit, man möchte rufen: Aber so wechselt doch einmal! Tut doch einmal etwas andres! Nein — das Repertoire ist so klein ... Sie nähern sich einander, gehen umeinander herum, lächelnd, und dann immer dasselbe, immer dasselbe ... Sagen Sie: Haben wir uns auch so albern benommen, damals?»

«Sie wären sonst nicht hier», sagte ich.

«Aber das ist ja ... ich bitte Sie: so albern. Und immer wieder —?»

«Man muß wohl an das Einmalige glauben», sagte ich. «Sonst kann man es nicht tun. Sähe man wirklich alles und alle — man könnte wohl nicht bleiben, da unten. Das O soll weiter fotografieren; sie werden es zum Glück nie zu sehen bekommen.»

«Doch. Nachher», sagte er. Wir schwiegen und schämten uns.

«Wir sprechen immer von da unten!» sagte er. «Haben wir eigentlich keine andern Sorgen?» — «Wenn ich mich mit Ihnen unterhalte», sagte ich, «das ist wie Klatsch. Man plätschert behaglich in dieser dicken Suppe — Sie wissen immer so schön, wie ichs meine ... mit jedem kann man das nicht.» — «Danke», sagte er.

Wir saßen an der Selbstleber-Ecke; von hier war es einigen Verdrehten gelungen, wieder ins Leben zurückzuspringen — ein Verzweiflungsakt, der nur alle paar Jahre einmal vorkam. Ein ungewisses Astrallicht zitterte um uns. Ich fing wieder an.

«Ich muß Sie etwas fragen», sagte ich. Er nickte zustimmend. «Kennen Sie den Haß der Nähe?» — «Sie meinen: die Geschichte mit der Ehe. Ich war vierzehn Jahre ...» — «Nein, das meine ich nicht», sagte ich. «Es ist etwas andres. Passen Sie auf:

Der Rennreiter steht an den Tribünen, das Pferd ist abgesattelt, er hat gewonnen, ist sauber gebadet und schön massiert, er ist guter Laune. Bei ihm steht sein Freund, der Bücherschreiber. Dem will er ein gesellschaftlich passendes Wort sagen. ‹Habe gestern das neue Buch von Agnes Günther gelesen›, sagt er, ‹ein sehr schönes Buch!› Aber da kommt er an den Rechten. ‹Was!› sagt der bücherschreibende Freund, ‹ein schönes Buch? Die Günther und ein schönes Buch? Na, hören Sie mal ... das ist der hundsgemeinste Kitsch, der mir jemals ...› Der Rennreiter ist ganz erschrocken. Was ist das? Er hat doch nur eine belanglose Phrase sagen wollen, irgend etwas Verbindlich-Unterhaltsames — ihm ist das Buch in Wirklichkeit völlig gleichgültig ... Und der andre schäumt. Er zitiert Agnes Günther und Erika Händel-Manzonetti und Waldemarine Bonsels, und was Sie wollen! Und schäumt und geifert und tobt und ist ganz befangen in seinem Kram ...»

Ein älterer, bebarteter Geist huschte vorüber, murmelte etwas von «überwertiger Idee», bekam einen Meteorstein ins Kreuz und verschwand. Ich fuhr fort:

«Und umgekehrt ist es genau so. Der Literat besichtigt die Maschine des Ingenieurs, wird in der Fabrik herumgeführt ... Und sagt: ‹Hübsche Maschine das —!› Der Ingenieur lächelt, zunächst nachsichtig. ‹Das ist eine belanglose Sache, lieber Freund!› antwortet er. ‹Um Ihnen die Wahrheit zu sagen: der größte Dreck des Jahrhunderts. Unpraktisch, total verbogen, unmöglich.› Und dann schnurrt er Zahlenreihen ab, daß dem Besucher ganz himmelangst wird, er beschimpft seine Konkurrenten und lobt versteckt sich, preist Amerika und spielt das russische Spiel: Naplewatj na wsju Ewropu! Spuck auf ganz Europa ... Und der Literat steht da, verdutzt, vor den Kopf gehauen und kann sich diesen Eifer gar nicht erklären ...»

«Ja», sagte er. «Das kenne ich.» — «Woher kommt es —?» sagte ich.

«Niemand kann sich einen Passanten vorstellen», sagte er. «Alle glauben, man kenne die Hintergründe, wisse, wie es gemacht wird, sehe die Sache auch von hinten an, gewissermaßen. Aber dem Vorübergehenden ist das ja alles so völlig gleichgültig, so ganz und gar gleichgültig. Er will nichts als die Resultate. Er geht eben so vorbei, pickt sich hier ein Körnchen und da, etwas Wissen, Unterhaltung, Anschauung — mögen die sich da die Knochen zusammenschlagen! Und wie sie schlagen! Sie packen ihren ganzen Hauskram aus, sie erzählen Einzelheiten, berichten, wie es zustande gekommen ist, und wie es hätte werden müssen ... Sie sind nicht zu halten. Wie sie sich hassen, die Nahen —!»

«Sind Sie mal in einen fremden Familienzank hineingeraten?» sagte ich. Er horchte auf. «Die heißen Köpfe, die roten Gesichter, der Eifer, dieser Übereifer, diese für den Fremden ganz unverständliche Kraft des Hasses, der Abneigung ... Welch ein Aufwand! Welch tönendes Geschrei!»

«Nah sind sie sich», sagte er. «Sie rächen sich für die Nähe — sind sich verwandt, gruppenweise, alle miteinander. Sie hassen sich im Nebenmann, drum herum liegt die ganze große Welt, sie sehen sie nicht — sie können sie nicht sehen. Es sind Generale fürs Spezielle. Man möchte sie herausheben und zur Abkühlung etwas hochhalten. Wer, ich bitte Sie, wer sieht über weite Strecken, wer sieht die Welt, wer sieht alles —?»

In der Ferne zuckte eine Lichtschneide auf, es murrte schwach, wir sagten nichts mehr.

«Wieviel Uhr ...» — aber schon sank die Hand schlaff herunter. «Ach so —», sagte er. Ich lächelte doch. Als ich den Ausdruck seiner Augen bemerkte, stellte ich die Lachfalten wieder gerade. «Keine Zeit», flüsterte er. «Sich daran zu gewöhnen, daß es keine Zeit mehr gibt. Ja, die guten Aprioristiker ...» Ich bog ab. «Haben Sie sich da unten die Zeit auch geometrisch vorgestellt?» sagte ich. «Nein, wie ...» sagte er. «Als lebe man im Raum vorwärts», sagte ich. «Als könne man im Raum der Zeit auf- und abrutschen, vorwärts und rückwärts, mit allen Spielen im Raum: wer da hinten auftaucht, ist noch klein, er kommt auf uns zu, wird immer größer, dann nimmt seine Gestalt ab, verschwindet, wissen Sie?» — «Das kenne ich nicht», sagte er. «Nicht?» sagte ich. «Es ist so:

Das kleine Haus, in dem ich einmal gewohnt habe, steht unbeweglich. Nun setzt es sich in Bewegung; nachts, wenn wir nicht einschlafen können, hört man, was es macht. Es fährt durch die Zeit. Vorn, am Bug schäumt das Zeitwasser hoch auf, mit solcher Geschwindigkeit geht es vorwärts, es zerteilt die Zeit, sie gleitet rechts und links am Haus vorbei, da rauscht sie auf, überall, und wir liegen in der kleinen Bettschublade und werden davongetragen, wehrlos, machtlos, weiter und immer weiter. Manchmal streckt sich eine Hand aus solch einem

Bett, sie hängt laß herunter und bewegt sich — zurück? Da gibt es kein Zurück. Manchmal schaudert der Schlafende vor dem, was nun kommt — aber sie fahren mit ihm. Ahnungen helfen nicht. Morgens früh, wenn du aufwachst, hält das Haus schon anderswo.»

«Ja — etwas Ähnliches habe ich doch wohl schon empfunden», sagte er. «Man ist übrigens nicht sehr glücklich dabei.»

«Nein», sagte ich. «Man ist nicht sehr glücklich dabei. Zum Schluß bleibt die etwas trübe Empfindung von einer Masse Eindrücke; es wäre ein herzhafter Spaß, wenn man den Zeitraffer anbringen könnte und das ganze Leben, das man zu führen verurteilt ist, donnerte mit einem Male herunter. Aber das war nicht zu machen.»

«Haben Sie sich sehr gesehnt, zu . . . hierher zu kommen?» sagte er.

«Oft», sagte ich. «Hunger habe ich alle meine Lebtage gehabt. Hunger nach Geld, dann: Hunger nach Frauen, dann, als das vorbei war: Hunger nach Stille. Oh, solchen Hunger nach Ruhe. Mehr: Hunger nach Vollendung. Nicht mehr müssen — nicht mehr durch die Zeit fahren müssen —.»

«Man geht spurlos dahin —», sagte er. «Nein», sagte ich. «Man geht nicht spurlos dahin. Ach, denken Sie nicht an Denkmäler — das ist ja lächerlich. Und ich weiß schon, was Sie jetzt sagen wollen: unsterbliche Werke. Ich bitte Sie . . . Nein, etwas anderes. Ich habe etwas dort gelassen, ja, ich habe etwas dort gelassen.» — «Was?» sagte er, ein wenig ironisch.

«Ich habe den Dingen etwas gelassen», sagte ich. «Seit jenem Tage, wo ich den greisen Klavierspieler in Paris wiedersah, den mein Vater zwanzig Jahre vorher in Köln gesehen hatte. Er spielte noch dieselben Stücke, der Wandervirtuose — noch genau dieselben. Und da war mir, als grüßte durch ihn mein toter Vater. Auch ich habe den Dingen etwas gesagt. Ich habe an vieles, was längere Dauer hat als ich und Sie, Grüße befestigt. Ich habe hier einen Gruß angeheftet und da einen Kranz, hier einen Fluch und da ein abwehrendes Schweigen . . . und als ich das tat, da merkte ich, daß die Dinge schon voll waren von solchen Grüßen Verstorbener. Fast alle hatten sich an die Materie gehalten, hatten Spuren hinterlassen; wenn man vorüberstrich, bat, flehte, beschwor, fluchte und segnete es von diesen Sachen herunter, die die Menschen tot nennen. Ich bin nicht spurlos dahingegangen. Nur —»

«Nur —?» sagte er.

«Nur —», sagte ich. «Die Menschen sind Analphabeten. Sie können es nicht lesen.»

Er sah mich an und tastete an die Stelle, wo einmal seine Uhr gesteckt hatte. «Kommen Sie!» sagte er. «Wir wollen zum Nachmittagskaffee.»

Wir saßen auf der goldenen Abendwolke und ließen die Beine baumeln – er ruckelte ungeduldig hin und her, weil sich die Wolke nicht abkühlen wollte, man fühlte sich sanft geröstet. «Noch ein kleines», tröstete ich ihn. «Gleich wird sie fahl und grau, dann sitzen wir angenehmer. Wir wollen nicht wegschwimmen.» Da blieb er. Als es kühler wurde, sagte er: «Sie müssen doch eigentlich ein schönes Dasein gehabt haben, damals. Wenn ich so denke, wie agil Sie sind, wie flink, wie anpassungsfähig . . .» Ich sah ihn von der Seite an und wickelte mich fester in das Gewölk. «Ich?» sagte ich. «Ich . . .»

«Wenn man Sie sprechen hört», sagte er, «hat man den Eindruck, als seien Sie mit den Mitbrüdern fertig geworden, nicht immer siegreich, aber immerhin. Ich meine das nicht böse. Sie sagen gar nichts. Warum lachen Sie –?»

«Es ist ja jetzt alles vorbei», sagte ich. «Es war so:

Am Anfang ging es an. Mit dem Elan der Potenz ritt ich über viele Bodenseen, ich hatte keine Schwierigkeiten zu überwinden, weil ich sie gar nicht sah. Nachher, als das nachließ, zog der Schimmel doch langsamer, und ich hatte Muße, mir ein bißchen die Landschaft anzusehen, durch die wir fuhren.»

Er hatte ein Stück Wolke auseinandergezogen und malte mit ihr ein Gesicht an den Himmel, einen ausdruckslosen Pausback. Dann wischte er ihn wieder weg. «Und was sahen Sie?» sagte er.

«Was ich sah?» sagte ich. «Ich sah – aber ich verstand nicht. Ich verstand immer weniger. Wissen Sie, daß es eine bestimmte Sorte Geisteskranker gibt, die Furcht hat vor allem, und die ratlos ist. Sie frösteln ständig, ziehen sich zusammen, wenn sie mit der Welt in Berührung kommen, immer enger, dann sterben sie; sie sind ins Negative hinübergekippt. Jahrelang, besonders in der Mitte meines Lebens, hatte ich das Gefühl, ausgestoßen zu sein, als Kind unter Erwachsenen zu leben, Verhandlungen der Großen beizuwohnen, deren Sinn mir ewig verborgen bleiben würde. Sie sprachen mit einander – und ich hörte verständnislos zu. Sie fochten Ehrgeizschlachten aus – ich stand daneben und machte runde Augen. Sie schlossen Geschäfte ab – ich hatte gewissermaßen den Eindruck, zu stören. Und das allerschlimmste war: Alle verstanden sich, sprachen ihre Sprache, sie hatten sofort die Ellbogenfühlung, sie waren verwandt. Ich stand da, allein, auf einem weiten Hof mit meiner Kappe in der Hand, und ich drehte sie, wie es die Schauspieler machen, wenn sie Verlegenheit ausdrücken . . . Mittags saß ich mit ihnen zusammen, sie schwatzten, ich schwatzte auch – aber mir fehlte irgend etwas, ein Code-Schlüssel, eine Auflösung, ich wußte nicht . . . und abends ging ich traurig nach Hause.»

Jetzt bröselte er langsam die Wolke auf, die immer kleiner wurde. Wir hatten kaum noch Platz zum Sitzen. «Aber da waren doch noch andre», sagte er. «Auch: Einsame. Auch: Enttäuschte. Auch: Weltfurchtsame. Weshalb gingen Sie nicht zu diesen —?»

«Um einen Klub der Einsamen zu gründen?» sagte ich. «Ich verachtete sie maßlos, ich haßte sie nahezu. Ich fand sie lebensschwach, anspruchsvoll, uninteressant verrückt. Ihnen gegenüber mimte ich das Leben, das pralle Leben. Außerdem kochten sie eine andre Art Melancholie, und so verstanden wir uns nicht. Blieben sie allein, waren sie mir widerwärtig. Fanden sie den Anschluß, dann fühlte ich mich erhaben über so viel gemeinen irdischen Sinn.»

«Also was blieb Ihnen zum Schluß?» sagte er, ein klein wenig spitzer, als mir lieb war. Ich konnte ihm nicht mehr antworten, denn nun hatte er glücklich die ganze Wolke aufgebröselt, wir rutschten ab und fielen, fielen —

Das mittlere Feld war gesperrt, weil ein Meteorregen niedergehen sollte — obgleich uns der gar nichts antun konnte, hatte der alte Herr mit vertatterten Händen die Sperrung angeordnet. Wir krochen vier Zeitlosigkeiten hindurch am Rande des Feldes entlang, dann setzten wir uns, um den Regen mitanzusehen, wenn er zu regnen anhübe. Mir paßte die Absperrung nicht, und ich fluchte leise vor mich hin.

«Haben Sie einmal einen Märtyrer gesehen?» sagte er. Mir blieb ein ellenlanger und herrlicher Fluch, den mich einst ein Matrose in Dänemark gelehrt hatte, im Halse stecken. «Einen Märtyrer?» sagte ich. «Einen, der seine unbefriedigte Eitelkeit hinter eine Sache steckt und nun plötzlich dasteht, lichtumflossen — ja, ich kenne das.» — «Wenn Sie das kennen», sagte er, «dann wissen Sie auch, was man mit so einem macht?» — «Sie ... man gibt ihm wenig zu essen, die Kinder auf der Straße und die Professoren rufen hinter ihm her, er sei unfruchtbar und hätte keinen Kontakt mit der Wirklichkeit.» — «Das auch», sagte er. «Aber ich habe einmal etwas gesehen, lange nach meinem Tode, etwas viel Merkwürdigeres.

Da kriecht in der zweiten Hyperbel ein Ding herum, es ist noch kein rechter Planet, es will erst einer werden. Dort habe ich einmal zur Frühstückszeit geangelt. Und da hatten sie einen Kerl gefangen, der wollte ihnen den ganzen Ball umkrempeln, ein Heiliger, ein Vorwärtsrufer — in die Einzelheiten habe ich mich nicht gemischt, es ging mich ja nichts an. Den hatten sie also beim Kragen, und da haben sie ihn dann beendigt.»

«Nun ja», sagte ich. «Das kommt vor. Das ist doch nichts Außergewöhnliches. Einer opfert sich auf, weil er muß; er brächte ein Opfer, wenn ers nicht täte; er horcht, wie es in den andern weint, dann wühlt er sich durch, bis er zu dieser Stimme gelangt, quält sich und wird gequält, und dann kommt er zu uns. Gewiß, ja.»

«Das war es nicht», sagte er. «Wie sie es taten ... Welch ein Hohn!

Sie berieten lange, wie es zu tun wäre. Nun muß da eine Infektion stattgefunden haben — einer schlug vor, ihn zu kreuzigen.» Ich sah jetzt aufmerksam auf das Meteorfeld — es war nicht grade neu, daß einer gekreuzigt werden sollte. Er fuhr ruhig fort.

«Sie führten ihn also zur Kreuzigung hinaus, vor die große Stadt, auf ein Feld. Der Zug näherte sich dem Hinrichtungsplatz — der Heiland, ein gedrungener, dunkler Mann, sah sich ungeängstigt, aber erschreckt um. Da war kein Kreuz.» Ich sah auf. «Was heißt das: da war kein Kreuz?» sagte ich.

«Da war kein Kreuz», sagte er. «Eine lange, hohe Stange stand da, wo das Kreuz zu stehen hatte. Und der Anführer der Rotte trat vor und sagte zum dortigen Heiland: ‹Du bist nicht einmal wert, daß man dich kreuzigt. Du bist nicht einmal ein Kreuz wert. Zwei Balken sind zu viel für dich, du Beglücker. Hier ist eine Stange, die genügt.› Und dann kreuzigten sie ihn.»

«Sie konnten ihn doch gar nicht kreuzigen», sagte ich. «Sie hatten kein Kreuz.»

«Sie nagelten ihn an die Stange», sagte er. «Sie war breit genug ... Sie nagelten ihn so: den einen Arm, den linken, senkrecht hoch erhoben, am linken Ohr vorbei, und den rechten glatt herunterhängend, an der rechten Hüfte. Da hing er, ein blutender Strich. Er schrie nicht.»

«Das — Sie haben das selbst gesehen?» sagte ich.

«Ich habe das gesehen», sagte er. «Wie ein Finger ragte er in den Himmel. Er lebte achtzehn Stunden, davon nur eine halbe ohne Bewußtsein. Es war ein Christus ohne Kreuz. Er sah so unbedingt aus — kein Querbalken strich wieder durch, was das lange Holz einmal ausgesagt hatte. Es starrte nach oben wie ein schneidendes Ausrufungszeichen, den Blitz herausfordernd. Aber es kam kein Blitz. Und ich sage Ihnen: die Leute haben recht getan. Wieviel Holz braucht der Mensch? Zwei Balken? Einer genügt. Sie sind ihren Weg zu Ende gegangen, wie der seinen zu Ende gegangen ist. Man soll bis ans Ende gehen. Die himmlische Güte ...»

«Der Meteorregen —!» rief ich. Wir sahen angestrengt zum angekündigten Ereignis hinüber; es verlief matt und etwas eindruckslos, wie alles, wovon Er sich so viel verspricht.

Er ist fort. Ich kann das noch gar nicht glauben.

Die ganze letzte Zeit hatte er schon immer so schwermütig gesprochen, hatte dunkle Andeutungen von sich gegeben, vom «männlichen Glück, vorhanden zu sein», von einer «schönen Sinnlosigkeit der Existenz» und andre beunruhigende Sätze. Ich hatte dem keine Bedeutung beigelegt. Jeder hat schließlich seinen eigenen Cafard. Und auf einmal war er fort.

Am Morgen, als die Zentral-Sonne mit majestätischem Rollen durch den Raum gewitterte, war er zu mir gekommen, schleichender, merkwürdiger denn je. Er hatte geschluckt. «Wir ... wir werden uns vielleicht ...» Dann hatte er sich abgewandt. Mir ahnte nichts Gutes. Nachmittags war er weg.

Ich fand ihn nicht. Beim Alpha war er nicht, beim Silbergreis nicht, auf seinem Angelplaneten nicht, nirgends, nirgends. Ich ging zum O, mir blieb gar nichts andres übrig. Ich hasse das O, es ist gelehrt, kalt, klug, scheußlich. Das O lächelte unmerklich, bastelte an seinen Apparaten, sah mich an, ließ mich heran ...

Pfui Teufel. Ah, pfui Teufel.

Das O hatte den Zeitraffer gestellt, die alten Strahlen noch einmal zurückgeholt, ein fauler Witz, den es sich da macht. Und ich sah.

Den dicken gerundeten Bauch der Mama; es war, als hätte sie sich zum Spaß ein Kissen vorgebunden. Sie ging langsam, vorgestreckten Leibes. Und dann sah ich ihn, oder doch das Ding, in das er gefahren war.

Er lag auf einem Anrichtetischchen und wurde grade gepudert. Er zappelte mit den kleinen Beinchen und bewegte sich, blaurot vor Schreien. Sein Papa stand leicht geniert daneben und machte ein dummes Gesicht. Die Kindswärterin hantierte mit ihm eilfertig und gewohnheitsmäßig, in routinierter, gespielter Zärtlichkeit. Ich sah alle Einzelheiten, seine unverhältnismäßig großen Nasenlöcher, den Badeschwamm ...

Zwei Städte weiter saß ein kleines Mädchen auf dem Fußboden und warf Stoffpuppen gegeneinander, das war seine spätere Frau; ein rothaariger Bengel schaukelte unter alten Bäumen: das war sein bester Freund; in einer Hundehütte jaulte ein Köter, der Großvater dessen, der ihn einst beißen würde; ein Haustor glänzte: die Stätte seiner größten Niederlage. Er wußte von alledem nichts, brüllte und war sehr glücklich. Neben mir kicherte leise das O.

Da liegt er im Leben. Er fängt wieder von vorn an. Er will auf eine Reitschule gehen und sich die Beine brechen; er will den Erfolg schmecken, den in Geschäften und den in der Fortpflanzung; er wird den Kopf in die Hände stützen, oben, in einem vierten Stock, und über die Stadt mit den vielen schwarzen Schornsteinen sehen, auch in den Himmel ... Dabei wird ihm etwas einfallen, eine Art Erinnerung, aber er wird nicht wissen, woran. Er wird seine Jugend verraten und das Alter ehren. Er wird Gallensteine haben und Sodbrennen, eine Geliebte und ein Konversationslexikon. Alles, alles noch einmal von vorn.

Und ich werde mich hier oben zu Tode langweilen, wenn das möglich wäre – ich werde mir einen neuen Freund suchen müssen, mit dem ich auf den Wolken sitzen und mit den Beinen baumeln kann ... Eine homöopathische Dosis von Neid ist in meinem Seelenragout zu schmekken, nicht eben viel, nur so, als sei jemand mit einer Neidbüchse vorbeigegangen ... Was hat ihn nur gezogen? Was zieht sie nur alle, die wieder herunter müssen ins Dasein –? Schmerz? Hunger? Sehnsucht? Und vielleicht gerade die Sinnlosigkeit, der Satz vom unzureichenden Grunde, die Unvollkommenheit, die kleinen Hügelchen, die es zu überwinden gibt, und die man nachher so reizend leicht herunterfahren kann? Aber er kennt das doch alles, er kennt es doch, wir haben es uns oft genug erzählt ... Und wie hat er sich darüber lustig gemacht!

Eidbruch. Fahnenflucht. Verrat! Ich komme mir schrecklich überlegen vor, ein Philosoph. Ich habe recht. Er hat unrecht.

Aber er lebt. Er atmet, mit jenem Minimum an Erkenntnis, das das Atmen erst möglich macht; er ersetzt beständig seine Zellen, schon morgen ist er nicht mehr derselbe wie gestern, und heute ist er glücklich, weil er nichts mehr von alledem weiß, was er hier gewußt hat; er verschwimmt nicht mehr im All, er ist ein einziges Ding, Grenzen sind die Merkmale seines Wesens, und gäbe es außer ihm keine andern, er wäre nicht. Seine Mutter liebt ihn, weil er ist; sein Vater wird ihn später einmal lieben, weil er so ist und nicht anders. Manchmal ist er glücklich, unglücklich sein zu können.

Er ist fort. Und ich bin ganz allein.

Er schämte sich über die Maßen, als er wieder da war. «Sie sind lange fortgewesen –», sagte ich. «Wir wollen doch die Sache beim Namen nennen», sagte er. «Ich habe Sie plötzlich allein gelassen; so, wie es da unten welche gibt, die aus dem Leben scheiden, aus Sehnsucht nach dem Tode – so habe ich das Umgekehrte getan. Nun –» Ich schwieg. Dann:

«Es hat Ihnen gefallen?» sagte ich harmlos. Er sah mich aufmerksam an. «Ironie verkaufe ich allein», sagte er. «Aber ich kann es ja ruhig sagen: Nein – es hat mir nicht gefallen.» – «Und warum nicht?» sagte ich. «Weil –», sagte er. «Ich will Ihnen etwas erzählen:

Oft habe ich Ihnen hier oben nicht geglaubt; Sie haben so niederdrückende Sachen über die da gesagt – Sie sind ein Dyskolos.» Ich nickte freundlich. Namen treffen nie, besonders nicht, wenn man selbst gemeint ist. «Ein Dyskolos», sagte er. «Sie essen die Trübsalsuppe mit großen Löffeln – Ihnen ist nicht wohl, wenn Ihnen wohl ist – Sie müssen so eine Art bösen Gewissens haben, wenns Ihnen gut geht. Es hat mir übrigens wirklich nicht gefallen.» Oben links ging die Erde auf, o du mein holder Abendstern!

«Sehen Sie das?» sagte er. «Sehen Sie das? Geht es da armselig zu! Welcher Reichtum an Armut! Welcher Überfluß an Nutzlosem! Welch Schema des Eigenartigen! Ich war entsetzt. Dieses Mal bin ich nicht alt geworden.» – «Aber Sie hatten doch Freude, wieder da zu sein ...?» sagte ich vorsichtig.

«Es wird alles in Serien hergestellt», sagte er. «Ich hatte Freude –

eine Minute: die erste. Aber ich hatte vergessen, meine Rückerinnerung bei Ihnen zu lassen — ich wußte alles. Herr, ich wußte alles, was kam. Mein erstes Kinderschuhchen, Elternfreude und Mutterliebe und die kleine Schulmappe ... Und die ersten Pubertätspickel und die Gedichte, die junge Liebe und die vernünftige Heirat. Ja. Aber am schlimmsten —» — «Am schlimmsten —?» sagte ich.

«Am schlimmsten war es später», sagte er. «Die Abgenutztheit des Originellen — die Tradition der Individualität — die Maschinerie des Außergewöhnlichen: es war nicht zum Aushalten. Ah, ich bin nicht Phileas Fogg, der Exzentriks sucht — ich weiß, daß man nicht mit beiden Beinen auf einer Lampe sitzen kann — aber welche Armut! Welche Dürftigkeit in den Ausdrucksmöglichkeiten, in der Perversität noch, im Leiden selbst. Es ist immer dasselbe — es ist immer dasselbe. Und jeder tut so, als begegne einem das zum erstenmal, wenn es ihm zum erstenmal begegnet.»

«Sie sagten vorhin», sagte ich, «daß Sie so ins Leben hineingerutscht seien, wie manche herausgehen: aus Sehnsucht nach dem Tode. Gibt es das: Sehnsucht nach dem Tode —?» — «Nein», sagte er. «Nein: nicht Sehnsucht nach dem Tode. Nur: Müdigkeit. Da liegen nun sechsunddreißig Kalender auf dem Tisch, jeder mit Neujahr, Hundstagen und Silvester, und das muß alles noch gelebt werden — welche Aufgabe! Das mag man mitunter nicht. Wirst du ohne Hunger durchkommen? Ohne Syphilis? Ohne Kinderkatastrophen? Nur Blinde sind kräftig — Schwäche macht sehend. Die Chancen sind ungleich verteilt. Ich wußte zuviel. Und sehen Sie: da kleben sie und gehen nicht weg und gehen nicht weg. Was mag sie wohl halten —?» Er sah auf die Erde.

Der kleine blitzende Punkt stand jetzt im Zenit, unter tausend andern, die leuchteten wie er.

Keiner leuchtete wie er.

Wir saßen auf der Wolke und ließen die Beine baumeln.

«Was am schwersten war, dieses Mal?» sagte er und blies nachdenklich den Meteorstaub in die Luft, «am schwersten ... Am schwersten war der Knacks.» — «Welcher Knacks?» sagte ich. «Der zwischen Jugend und dem andern, was dann kommt», sagte er. «Manche nennen es: Mannesalter. Es hätte sollen ein Übergang sein, ein harmonisches Gleiten, ich weiß schon. Bei mir war es ein Knacks.» Der alte Herr probierte einen neuen Meteor aus, der sich emsig bemühte, die höhere Astronomie gänzlich durcheinanderzubringen — es war etwas ziemlich Hilfloses. Wir sahen erhaben zu, denn es ging uns so schön gar nichts an. «Ein Knacks, sagten Sie?» fing ich wieder an. «Ein Knacks», sagte er. «Es war so:

Sie hopsen da herum, alles ist einfach klar — wenigstens scheint es Ihnen so. Was Sie nicht richtig durchschauen können, das umkleiden Sie mit einem herrlichen Nebel von Lyrik, Pubertät, Nichtachtung, Sorglosigkeit, tapsig hingehuschten Wolken; der tote Punkt in Ihrem Blickfeld ist eine Fläche, dahinein geht viel. Alles ist nur Spaß, wissen Sie, das macht die Sache, wenn auch nicht angenehm, so doch sehr erträglich. Alles ist nur Spaß.» — «Und dann —?» sagte ich. «Und dann —», sagte er, «und dann ist das eines Tages — nein: nicht eines Tages, eines Tages ist es nicht aus. Viel schlimmer. Erst ist es nur ein leises Unbehagen, die Räder quietschten doch früher nicht? Dann wird Ihnen das Quietschen zur gewohnten Begleitmusik, dann schmeckt dies nicht mehr und dann jenes nicht, und dann fangen Sie auf einmal an, zu sehen.» Jetzt machte der Meteor einen Bogen, der Verfasser versprach sich wohl von diesem Kunststück etwas, das er ‹majestätisch› genannt wissen wollte. Es war ein rechter Ausverkauf an Majestät.

«Sie sehen —», sagte er. «Aber es ist doch schön, klar zu sehen —?» sagte ich. «Sie tun so», sagte er, «als wären Sie nie unten gewesen. Es ist grauenhaft. Sie sehen: daß es gar nicht so ist, wie Sie bisher geglaubt haben, sondern ganz anders. Sie sehen: daß es wirklich nicht so schön einfach ist, wie es Ihre Bequemlichkeit und Eselei sich zurechtgemacht haben. Sie sehen: schräg hinter die Dinge, niemals mehr, das ist besonders aufreizend, jedenfalls sehen Sie nicht mehr glatt von vorn. Und dann die andern —! Bis dahin haben sie Sie noch begleitet, man hat sich ganz gut verstanden, es ging gewissermaßen erträglich und verträglich zu. Nun heiraten die, nun haben sie Kinder, hören Sie: richtige lebende Kinder! die nehmen sie ernst; erst hatte jeder eine Frau, jetzt hat das, was da neu entstanden ist, beide, und auf einmal, eines Tages, bekommen Sie einen freundlichen Rippenstoß von nebenan: ‹Nicht wahr, Alter — wir wollen uns doch nichts vormachen, das da: Samtvorhänge, Warmwasserspülung, Behäbigkeit, das ist doch das Wahre, was?› Es ist wie ein Donnerschlag. Ihre Ideale bewahren sie sich getrocknet auf, im Herbarium ihrer Gefühle, manchmal, sonntags, sehen sie sich das an. Und lachen darüber, verstehen Sie das? sie lachen darüber. So ziehen sie an Ihnen vorbei.» — «Blieben Sie denn stehen?» sagte ich.

«Ich blieb stehen», sagte er. «Ja, ich blieb wohl stehen. Alle kamen an mir vorüber, der ganze Zug mit Roß und Mann und Wagen und allen Reisigen. Zum Schluß die alten Weiber, und dann wackelten da welche, die ich noch als kleine Kinder gekannt hatte: sie hatten den ganzen Nacken voll seriöser Sorgen und waren ehrgeizig und verdammt real. Sie brachten es alle zu etwas, sehr ernsthafte Leute. Beinah hätten sie mir einen Groschen in den Hut geworfen. Ich hatte aber keinen Hut. Und da stand ich, ganz allein.» — «Waren Sie denn kein Mann?» sagte ich und mühte mich, das sehr neutral zu sagen. «Ein Mann?» sagte er. «Doch auch, ja. Ich kroch auch später den andern nach, und was früher Ideal gehießen hatte, hieß jetzt einfach: Zuspätkommen. Ein Mann erwachsen ... Aber in einer Ecke meines Herzens, wissen Sie, da wo es am hellsten und dunkelsten zugleich ist — da bin ich doch immer ein Junge gewesen.»

Wir schwiegen. Und als ich mich nach ihm drehte, da war er nicht mehr da. Er hatte sich fallen lassen, vermutlich aus Scham, denn so etwas sagt man nicht.

«Kommen Sie mit ins Wasser-Sanatorium?» sagte er. Ich sah ihn an. «Wird hier jemand geheilt?» sagte ich. «Jemand ... ja», sagte er. «Sie verstehen nicht richtig: da wird nicht mit Wasser geheilt. Anders: denken Sie an Kinderkrankenhaus. Wird da mit Kindern geheilt? — Kinder werden geheilt.» — «Wollen Sie vielleicht sagen, daß hier Wasser geheilt wird?» sagte ich. «Krankes Wasser ... das habe ich noch nie gehört.» — «Sie sind nun schon so lange hier», sagte er, «und kennen sich noch immer nicht aus. Kommen Sie mit.»

Es war hinter dem Wasserplaneten, einer dicken, gurgelnden und etwas lächerlichen Sache, die da wie rasend umherwirbelte. An den Rändern zischten die Spritzer in der Rotationsrichtung, der Himmelskörper speichelte sich durch den Raum. Den ließen wir turbulieren, dann kam der große Salzsee, darüber hinaus war ich noch nie gewesen. Dann kam es.

Weit, äonenweit: Wasser, eine stille Fläche. Sie lag in der Luft wie eine hauchige Scheibe, glasdünn, glasklar, wie mir schien. Ich sagte ihm das. «Es ist nicht klar», sagte er. «Das ist es eben. Es ist hier zur Erholung, das Wasser. Es ist abgeguckt.» — «Was ist es —?» sagte ich. «Es ist abgeguckt», sagte er. «Sie haben da alle hineingesehn — setzen wir uns. Ich werde Ihnen das erklären.» Wir setzten uns an den Rand der Wasserglasplatte. Man konnte die andern Wolken sehn, die unterhalb wimmelten.

«Was tun die, die Muße haben, wenn man ihnen Wasser oder Feuer vorhält?» sagte er. «Sie sehen hinein», sagte ich. «Richtig», sagte er. «Aber ... sie sehen nicht nur hinein. Sie lassen sich hineinfallen. Die Augen werden glasig, das Gehirn arbeitet nicht, es ist ein Halbtraum. ‹Das Leben zog in den Flammen an ihr vorüber› — das steht in den Büchern. Es zieht gar nichts vorüber. Die da springen aus dem vorüberlaufenden Strom der Zeit ins Wasser, ins Kaminfeuer, wie auf eine kleine Insel; da stehen sie und blicken verwundert um sich. Jetzt strömt das andre, und sie selbst bleiben. Die Nerven lassen nach, alles läßt nach, ist entspannt — die Zügel hängen lässig über die Wagendecke, langsamer laufen die Zeitpferde ... da senken sie sich ins Wasser.» — «In dieses Wasser hier?» sagte ich. «Eben in dieses», sagte er. «Sie haben so viel hineingetan, das Wasser ist voll davon, und jetzt ruht es sich aus. Mein Lieber, wer hat da alles Bröckchen des

Lebens hineingeworfen! Bröselchen von Schmerz, Erinnerung, Wehleidigkeit, Faulheit, Tobsucht, zerbissene Wut, heruntergeschlucktes Begehren —! Das strengt an. Das arme Wasser liegt hier und ruht. Es muß wieder sauber werden. Es ist vermenscht.»

«Warum tun sie es?» sagte ich. «Sie brauchen das», sagte er. «Wenn die Flammen züngeln, werden sie nachdenklich — bei den Flammen geht es noch besser, sie verbrennen alles, was in sie hineinfällt. Wenn das Meer rauscht, werden sie nachdenklich — sie fühlen plötzlich Halbvergeßnes, einer klopft an die Tür, an eine wenig beachtete, kleine Hintertür ... sie öffnen den Spalt — da kommt es herein. Und drängt sie halb aus dem Haus, mit einem Fuß stehn sie draußen; außer sich. Für Augenblicke sind sie Pflanze geworden, sie wachsen dumpf vor sich hin, auch dieses Wachstum ist manchmal angehalten. Dann steht die Zeit still, und die Urmelodie wird hörbar: das Leid. Haben Sie jemals einen gesehn, der froh ins Wasser gesehn hätte, froh ins Feuer —?» Ich sagte, daß ich es nie gesehn hätte. «Also, was ist es —?» sagte ich. «Was empfinden sie, was bedeutet das?» — «Es ist eine Art Generalprobe», sagte er. «Es ist ein süßschwacher Tod.»

Wir standen langsam auf und schoben uns von der Wasserplatte fort. Sie lag da, ruhig atmend, und als wir davonschwammen, sah es uns nach: aus hunderttausend Augen.

Er lachte noch, als wir schon längst wieder allein waren. «Das war wie auf einem Theater!» sagte ich. «Haben Sie das gesehn?» sagte er. «Sein Gesicht? Der Ausdruck in den erstaunten Augen? Der ganze verdutzte Kerl? Es war herrlich.» Sie hatten einen Ehemaligen eingeliefert, der frisch angekommen war, einen gut bezahlten Schreiber von da unten, sie nennen es wohl höhern Beamten oder dergleichen. Der hatte sein Lebelang in einem Teich von Wichtigkeit gepatscht, er troff noch davon, als er ankam. Und nun traf er da auf seine alten Freunde, und die klärten ihn ein bißchen auf, wie es denn nun mit ihm in Wirklichkeit da unten bestellt gewesen sei, sie hatten ihm die Wahrheit gesagt, die volle persönliche Wahrheit ... «Er hats erst gar nicht geglaubt!» sagte er. «Haben Sie das bemerkt? Dann traf es ihn wie ein Starkstrom. Er ist noch ein zweites Mal gestorben, glauben Sie? Jetzt ist er ganz hin.» — «Es ist nicht sein Fehler», sagte ich. «Wie?» sagte er. «Es ist nicht sein Fehler? Natürlich ist es sein Fehler!»

«Es ist nicht sein Fehler», sagte ich. «Er ist so eingerichtet. Wir waren es auch.» Die Wolke, auf der wir saßen, trieb rasch seitwärts, es war ein unbehagliches Gefühl; wir sprangen auf eine andre, solidere, die leise schwankte. Irgend eine Sonne erhellte sie sanft von unten her. «Ich weiß nicht recht, was Sie meinen», sagte er. «Ich meine», sagte ich, «daß er nichts dafür kann. Sehen Sie einmal:

Man sagt immer: wenn Menschen wüßten, was über sie gesprochen wird ... Das ist dumm. Was wird denn schon gesprochen? Es wird geklatscht, Verleumdungen werden gesagt, Lügen, Konkurrenzlügen, Eifersuchtslügen, Selbstberuhigungslügen, Neidlügen – das ist nicht sehr interessant, und häufig erfahren es die Besprochnen ja auch. Nein, das ist es nicht. Aber wie über sie gesprochen wird, wie über alle gesprochen wird – das ist es!» – «Und wie wird über alle gesprochen?» sagte er.

«Jeder Mensch», sagte ich, «kann nur leben, wenn er sich ernst nimmt. Verzweifeln kann er, leiden kann er, gegen sich wüten kann er – aber Verzweiflung, Leid, Wut muß er ernst nehmen. An seiner Wohnungstür steht: Schulze; Sie, das glaubt er sich! Er glaubt: hier wohnt Schulze, Schulze bin ich – die Sache ist in Ordnung. Sie ist aber nicht in Ordnung. Wenn er wüßte ...! Wenn jeder wüßte, wie die andern von ihm sprechen: durch die Nase, achselzuckend, unter der Hand, nach der Melodie: Ach, der –! Haben Sie einmal mitangehört, wie diese Summe von: Geburt, nassen Windeln, sexueller Not, Verliebtheit, Ansätze des kleinen Lebenswerks, das Lebenswerk selbst, und bestände es auch nur im Erringen einer Position beim Magistrat, Wirken und Arbeit, Arbeitsnächte und Erholungstage im Herbst, wie diese unendliche Summe, die jenem das Gefühl seiner ernsten Sicherheit gibt, von andern abgetan wird? Man kann den Namen an der Wohnungstür aussprechen ... man braucht nur die Stimme singend etwas fallen zu lassen, so: Schulze ...! und der Kurswert des Mannes ist auf Null. Es sind alles Papiere, die noch gar nicht wissen, daß sie unter pari stehen. Da werden zweierlei Notierungen vorgenommen: das Werk notiert sich selber: große Hausse – aber gehandelt wird es ganz anders, ganz anders. Die letzte Selbstachtung ginge in die Binsen, hörten sie es mit an.» – «Aber sie hören es zum Glück nicht mit an ...!» sagte er. Jetzt war das Licht von unten stärker geworden; wir hockten da wie die Weihnachtsengel auf einer Fotochromansichtskarte.

«Nein, sie hören es nicht. Das ist nicht nur ihr Glück», sagte ich. «Es ist eine der Hauptbedingungen ihres Lebens.

Sie könnten gar nicht leben, hörten sie es. Sie könnten nicht leben, wüßten sie, wie die andern von ihnen sprechen. Sie haben zwar so eine dumpfe Ahnung, als sei das alles Schwindel: das Gummigrinsen der Begrüßung, die teilnahmsvollen Fragen nach Arbeit, Miete, Frau und der werten Gesundheit – aber sie klammern sich ja doch an diesen Korken der Konvention, es ist das schönste Gesellschaftsspiel. Sie nehmen es ein wie Medizin. Hörten sie –! Wüßten sie –! Sie gingen zu Tausenden ein, sie müßten eingehen, wer kann so leben, wenn er weiß, wie vergeblich, wie nichtig, wie wenig es ist im Grunde –?» – «Wer?» sagte er. «Ein ganz Starker.» – «Nein», sagte ich. «Auch ein ganz Starker braucht die Lüge, grade der. Doch Haß ist Anerkennung, Kampf Hochachtung, Neid Balsam für die Seele. Aber eins kann keiner vertragen, das ist ein kleiner Tod.» — «Was?» sagte er. «Verachtung —» sagte ich. «Keiner weiß, wie er verachtet wird, sonst könnte er nicht leben. Er wird verachtet, sonst könnten die andern nicht leben.»

Die Wolke schimmerte nunmehr blutrot, von unten müssen wir schön ausgesehen haben. Es gab aber kein Unten, es war niemand da, der uns auslachen konnte, und so segelten wir froh dahin.

«Was haben wir gelacht!» sagte er. «Wir haben so gelacht!» Er wischte sich ein wasserhelles Sekret aus den Augen, und ich tat desgleichen: denn was er da erzählt hatte, war nicht ohne gewesen. Er sprach sonst wenig von solchen Dingen — aber es waren zwei vorübergeglitten, ineinandergekrampft, mit zugeküßten Lidern, zwei, die aus ihrem Liebeshimmel heruntergefallen waren in die Hölle der Erfüllung. Übrigens wußten sie das nicht. Das hatte ihn auf den Gedanken gebracht, mir die Geschichte eines Ehepaares zu erzählen, das sich nach dem Buch liebte, nach dem vollkommnen Ehebuch, mit einer Art Notenständer am Bett. Wir atmeten tief.

«Sie haben so gelacht —», sagte ich. «War noch genug Gelächter da —?» Er sah mich verständnislos an. «Ob genug Gelächter — wie meinen Sie das?» — «Sie wissen», sagte ich, «woher das Gelächter kommt?» — «Aus der Brust!» sagte er und lachte tief. «Nein», sagte ich. «Nicht aus der Brust. Wollen Sie sehen, woher es kommt, das Gelächter?» Er wollte das. Und ich zeigte es ihm.

— — — — — — — — — — —

Es war schon finster, als wir vor dem gigantischen Berg standen. «Was ist das? Wohin führen Sie mich?» sagte er leise. «Was das ist?» sagte ich. «Es ist der Berg des Gelächters. Kommen Sie ein Stückchen hinauf — hier hinauf. Hören Sie —!» Wir lauschten.

Kaskaden von Lachen kamen heruntergebraust, Wogen von Gelächter, Kicherbäche, ganze Tonleitern klapperten herab, es schritt auf großen Füßen Treppenstufen herunter, auf uns zu, und wenn es unten ankam, verebbte es in Atemlosigkeit zu kleinen Tönen . . . Leise bewegte sich der Boden unter unsern Füßen. Dumpf dröhnend lachten die Bässe, Triller von Frauenlachen stiegen auf und fielen melodisch ab, Koloraturgelächter und silberne Schellen . . . Fettes, schadenfrohes Lachen wälzte sich ölig dahin, breit klatschte es an die Ufer; Lachgemecker und fröhliches Gelächter von Kindern, spitze Lachstimmen, die sich überlachten, eine kletterte über die andere, dann fiel alles in sich zusammen. Und wieder stieg oben ein Chor von Gelächtern auf, dumpf überdröhnt von einer dicken, alten, akkompagniert von einer süßen Weibsstimme. Stille. Ein Rinnsal von Lachtränen tropfte an uns vorbei.

«Das ist der Vulkan des Gelächters», sagte ich. «Sie kannten es nicht? Sie haben mir hier oben so viel gezeigt und kannten ihn nicht? Er versorgt die da unten mit Lachen, von oben kommt es herunter, aus dem Vulkankrater rollt es heraus, alle Sorten. Alle Gelächter, die gebraucht werden: Sie haben sie gehört? Grinsen und pfeifende Peitschen mit kleinen Knoten in der Schnur, die brennen so schön ... dummes Lachen und befreiendes Lachen und Lachbonbons, mit Tränen gefüllt — alles kommt von da oben. Man kann nicht hinauf.»

«Was ist oben?» sagte er. «Ich habe es mir sagen lassen», sagte ich. «Ein riesiges, tiefes Loch wie im Ätna, da quillt es heraus.» — «Aber woher kommt es?» sagte er. «Wer versorgt die Erde mit Gelächter — woher diese Quantität, die Unerschöpflichkeit, die immerwährende Bereitschaft, zu geben und zu geben —?»

«Es gibt ein Ding», sagte ich, «das hat begriffen, warum Er das geschaffen hat, da unten. Es hat den Witz der Welt begriffen. Seitdem —» — «Seitdem?» sagte er. «Seitdem lacht das Ding», sagte ich.

Wir wandten uns ab. Weit unten sahen wir die beiden fallen, ihrer Privathölle zu. «Ein seltsames Geschäft», sagte ich. Er wollte lachen, setzte plötzlich ab. Im Dunkel glitt eine Tierseele scheu an uns vorüber. «Hat das nie aus dem Lachtränenbach getrunken?» sagte er. «Tiere lachen nicht», sagte ich. «Sie sind die Natur selbst, die ist ernst, unerbittlich, vielleicht heiter — aber lachen? Er läßt sie nicht lachen.» — «Und warum nicht —?» sagte er. «Weil Er Furcht hat», sagte ich. «Er hat Furcht, man könnte Ihn auslachen. Dabei tut es keiner. Sie gehen an den Berg des Gelächters und lachen zwar aus, aber nur einander. Hören Sie, wie es heruntergluckert!»

Jetzt war der ganze Berg überrieselt mit Gelächter, fallendem und steigendem; erst hatten wir ein wenig mitgelacht, dann lächelten wir nur noch, und nun stimmte es ganz traurig. «Lachen ist eine Konzession des Herrn», sagte ich. «Sie ist auch danach», sagte er. Dann glitten wir davon.

Wir saßen auf der Wolke und ließen etwas baumeln, was man als Beine ausgeben konnte — lange.

«Er hat einen neuen Meteorstein gemacht», sagte er. «Sie können sich diesen Stolz nicht vorstellen, diese Schöpferfreude! Diese Gehobenheit! ‹So aus dem Nichts ...› waren Seine Worte. ‹Und jetzt: ein Stein!› Als ob es das erste Mal wäre! Wie lange hat Er dieses Metier nun schon? Können Sie das verstehen?» — «Er ist naiv», sagte ich. «Wer etwas schafft, muß daran glauben. Er schöpft freilich mit der Kelle aus einem Riesenbottich, nach einiger Zeit fällt das Geschöpfte, das Geschaffene wieder zurück ... Aber Er hat Freude an Sachen. Ich begreife diese Freude schon. Haben Sie sie nie empfunden?» Er horchte angestrengt von mir fort: offenbar auf Ätherwellen, deren Klang noch niemand erlöst hat; pfeifend, wie die Kobolde heulten sie dahin, durchaus bereit, zur ‹*Neunten Symphonie*› zu werden, wenn es ihnen einer befahl, unglücklich ob ihrer ungebärdigen Freiheit. Sie verklangen. «Haben Sie niemals Freude an Sachen empfunden?» sagte ich. Er wandte sich mir zu. «Ich? Nie!» sagte er. «Doch», sagte ich. «So:

Alle Männer haben sie an sich, diese Freude. Wenn wir eine Seifenhülse leer gewaschen hatten, waren wir stolz darauf wie auf ein gutes Werk. Diese mit dem Weltall einverstandene Miene, wenn einer die leere Schachtel fortwarf: in Ordnung. Sauber. Gut aufgebraucht. Eine neue. Waren Sie kein Pedant? Die letzte Feder verbraucht, eine Flasche Haarwasser zu Ende gespritzt, ein kleines Pappblatt mit Kragenknöpfen abgelegt – welche Gehobenheit! Es ist etwas geschehn! winzig kraucht eine minime Eitelkeit vom Magen zum Hirn empor: ich war tätig. Das gleiche befriedigende Gefühl, wie wenn in der Schule eine Rechenaufgabe mit Null aufging. Saldo. Bilanz. Fertig. Wir waren uns in diesem Augenblick so einig mit dem All.»

«Ich war ein Pedant», sagte er. «Das ist wahr. Ich habe die Sachen geliebt, weil sie so schön geduldig waren, so still; wenn man es geschickt anfing, beherrschte man sie vollkommen. Zeitweise regierten sie uneingeschränkt; das war, wenn man nichts andres vorhatte; wenn keine Geldnot war, keine ungeduldige Frau, kein fressender Schmerz, keiner über die Ehe; über die eigne Gefühllosigkeit beim Tode eines Freundes, welchen Ärger man sehr schön als Ergriffenheit ausgeben konnte – wenn alles still war ... Aber manchmal –»

«Manchmal –?» sagte ich. «Manchmal», sagte er, «hatten wir gar keine Sachen. Vergessen die Krawatten, nicht beachtet die Schuhleisten, unangesehen die Aschbecher, übergangen die Türschwellen – es war nichts mehr da. Da sind wir dann einem Ziele zugestürmt.» – «Wie bitte?» sagte ich. «Einem Ziele zugestürmt», sagte er. «Ich bin länger hier oben als Sie – ich weiß, daß wir nicht mehr wollen. Manchmal wollte ich, noch wollen zu können. Sehen Sie, darum liebten wir die Sachen: sie wollten nicht, sie taten nicht mit, stumm ruhten sie am Strom unseres Willens; und vorüber strömte der Fluß der Energien, das Leben brandete an den Ufern der Hosenstrecker, vorbei, wo einsame Kleiderbügel ragten ... An ihnen konnte man die Geschwindigkeit des eignen Strudels ermessen. Und sie ließen sich beherrschen –» Nun raste eine Flottille erkälteter Pfiffe über uns dahin; es ächzte in der Materie, akustischer Urschlamm tobte über uns hinweg, bereit, den nächsten Empfänger zu zertrümmern... «Hören Sie das ...» sagte er. «Ich kann das nicht hören», sagte ich. «Ohren ordnen – dies müßte man ungeordnet aufsaugen, Menschen sind mit der Ordnung verbundene Wesen. Woher also», sagte ich, «der Stolz, wenn etwas so Dummes fertig gemacht war wie der Schlußverbrauch einer Seifenschachtel?»

«Weil Männer», sagte er, «wenn sie etwas taugen, Jungen sind; Schüler sind sie, Musterschüler oder Mittelschüler oder bewußt schlechte Schüler, auf alle Fälle unsagbar eitel auf die gute oder schlechte Leistung. Wenn auf dem Schreibtisch kein Schnitzelchen Papier mehr liegt; wenn alles abgeblasen ist; wenn das Bett in kantiger Weiße strahlt, die Badewanne trocken blitzt, die Lampen sanft brennen —: es gibt keinen Mann, der dann nicht wie der König der Sahara durch sein kleines Reich schritte, Wüstenkönig ist der Löwe — und dieser ist sogar noch stolz auf die Leistung der andern. Wer kann ganz und gar ermessen, wie unsagbar simpel wertvolle Männer sind —!» — «Ich weiß nur», sagte ich, «wer es nicht weiß. Wer sie für dumm und unschlau hält, für unlistig, also für belächelnswert — wer also auch anders, ganz anders zu den Sachen steht; wer die Sachen wirklich besitzt, eigentumsgierig, oberflächlich, abstrakter, happig-abweisend ... wer sie hätschelt oder herumstößt, aber nicht liebevoll-väterlich zu ihnen sein kann; wer einseitiger Besitzer ist, nichts kommt von den Sachen zurück — wer die Sachen hat, ohne sie je zu haben.» — «Wer?» sagte er.

Leise ließ ich mich von der Wolke fallen, sacht glitt ich dahin, durch ungebärdig flackernde Töne, durch Schwingungen, die noch nicht wußten, ob sie Ton oder Licht werden sollten; ich entschwand ihm, ohne zu antworten, vielleicht hätte ihn die Antwort gekränkt, und ich behandelte ihn zart. Zart wie eine Frau.

«Kennen Sie das Entzücken an der erotischen Häßlichkeit?» fragte der Dritte. Er war plötzlich da, hatte kaum Guten Wolkentag gesagt, er saß mit uns, neben uns, aber die Beine ließ er nicht baumeln, das hätten wir uns auch schön verbeten. Mit den Beinen baumelten nur wir. Wir warfen beide mit einem Ruck die Köpfe herum und starrten ihn an.

«Die Freude an der Häßlichkeit? von Frauen?» sagte der Dritte noch einmal.

Darüber war hier noch nie gesprochen worden; eine fast asketische Scham hatte uns gehindert, uns über das Allerselbstverständlichste auszusprechen. «Zeig mal, wie ist das bei dir —?» sagen die Kinder, als sei der andre ein fremder Erdteil.

Warten stand in der Luft; wir mußten etwas sagen; wir konnten nichts sagen. Der Dritte ignorierte eine Antwort, die nicht gegeben worden war, und fuhr fort:

«In Gerichtsverhandlungen haben sie oft dem fein gebildeten Angeklagten vorgehalten, er habe mit der eignen Reinmachefrau ein Verhältnis gehabt, es hörte sich an wie Vorwurf der Blutschande; habe er sich denn nicht geekelt? mit einem so tiefstehenden Geschöpf? so unter ihm? wie? Sie hatten das wohl nie gespürt, sonst hätten sie nicht so dumm gefragt. Daß plötzlich eine Figur aus der einen Sphäre in die andere gezogen wurde, was Freude am Spiel bedeutet: so, wie wenn einer auf einer Flasche bläst oder mit einem Violinbogen ficht oder — spaßeshalber — Hanfgras raucht. Man kann Hanfgras rauchen, dazu ist es unter anderm auch da, wenn Sie wollen, man tut es nur gemeinhin nicht. Aber auf einmal zuckt in einem das Spiel.»

Wir sahen uns an, mit jenem unausgesprochenen Tadel im Blick, der blitzschnell den andern verrät, die Einheitsfront von zweien gegen den Dritten herstellt, einig, einig, einig. Ich gab ein vorsichtiges Räuspern von mir, wie die Einleitung zu einer Einleitung ... Der Dritte ließ es nicht dazu kommen.

«Man fällt so tief», sagte er, — «oh, so tief. Schlaffe Brüste, graue Wäsche, ein dummes Lachen, meliertes Haar, eine kommune Bemerkung, weit unter allem möglichen; verbildeter Körper, geweiteter Nabel, glitzernde Augen, die das Glitzern nicht gewohnt sind ... so tief sinkt man. Man wühlt sich in das Unterste hinein, man verachtet sich und ist stolz auf diese Verachtung und böse auf diesen Stolz. Nägel sitzen im Fleisch, die man immer tiefer hereintreibt, wissen Sie. Es ist, wie wenn einer Pfützen auffleckt. Noch tiefer hinab, noch schmieriger, ja, ich gehöre zur Vorhölle, ich kann gar nicht tief genug fallen, da habt ihr mich ganz und gar, streck dem Kosmos die Zunge heraus, so, die breite, gereckte, dicke Zunge —»

Der Dritte schwieg.

Da sprachen wir zum erstenmal. Ich sagte: «Und nachher?» Auch er, mit dem ich dergleichen nie besprochen hatte, war mit von der Partie. «Armer», sagte er. «Und nachher?» Der Dritte sah uns voll an, er schaffte es, wir waren gegen ihn nur einer.

«Nachher —», sagte der Dritte. «Ich bin kein Armer. Ich bin reich — mir konnte nichts geschehen, nachher. Ich ging wieder im Licht, war emporgetaucht, die Scham hatte ich heruntergeschluckt und abgewaschen, sie war nicht mehr da. Ich brauchte nicht zu beichten, jeder meiner Blicke beichtete, aber sie sahen es nicht. Ich fühlte mich sicher, weil ich den moorigen Untergrund kannte, ich strauchelte nicht, ich fiel nicht, ich nicht. Ich war wie eine Bank: das war mein Aktienkapital für die Reserve, damit arbeitet man nicht alle Tage, aber es steht hinter einem, und es ist da. Man kann darauf zurückgreifen, wenn es not tut. Und es tut manchmal not, und wenn es soweit ist, dann ist da wieder dieser ungeheuerliche Sturz zwischen fünf Minuten vor acht, wo du telefonierst, bis um drei Viertel zehn — du fällst und steigst: mit eingezogenen Schwingen, die Süßigkeit der Säure auskostend, das Licht des Drecks, die tausend Tasten einer Orgel, von der nun die untersten, selten benutzten Bässe anklingen, so dumpf, daß das Ohr sie kaum noch hören kann. Herauf und herunter, herauf und herunter: ein Luzifer und ein Dunkelheitsbringer, ein Adler und ein

Wischlappen, ein Höhenflieger und ein Tauchervogel. Man fällt so tief. Womit ich Ihnen einen schönen guten Abend zu wünschen die Ehre habe.» Weg war der Dritte.

Ich sah ihn an ... «Man muß sich», sagte er, «die Zelle weit träumen, in die man eingesperrt wird. Sonst hält man es nicht aus. Wissen Sie, was er uns beschrieben hat?» — «Nein», sagte ich; «was?»

«Dauerlauf an Ort», sagte er. «Eine sehr gesunde Übung.»

Wir hatten etwas Neues erfunden: wir fuhrwerkten Ihm in Sein Wetter, und Er war ganz verzweifelt. Hatte Er südöstlichen Regen mit leichten Erdbeben angesagt, so zogen wir des Nachts vorher hin und stellten das Erdbeben ab, und am nächsten Morgen war große Verwirrung: Er schimpfte auf das Barometer, und in den Erdbebengebieten sanken die Aktien der katholischen Kirche beträchtlich. Seit Er sich darauf versteift hatte nach dem Kriegsende das Wetter durchgehend schlechter zu machen, nahm unser Unfug kein Ende. Es war eine schöne Zeit.

Wir hatten Sein Barometer grade so durcheinandergebracht, daß es einem schon leid tun konnte, und nun ruhten wir uns von getaner Arbeit aus: sanft mit den Beinen baumelnd und gelöst vergnügt, wie wir es da unten nie gewesen waren ...

«Haben Sie», sagte er plötzlich, «eigentlich immer alles gesagt —?» — «Ich habe vieles gesagt», sagte ich, «darunter auch manchmal das, was ich wirklich meinte. Aber immer —?» — «Immer», sagte er, «und alles, darauf kommt es an. Haben Sie zum Beispiel alles über Ihre Freunde zu Ihren Freunden gesagt, über die, die Sie umgaben, die, die Sie umgaben?» —

«Wie hätte das sein können?» sagte ich. «Von den engern Freunden will ich gar nicht einmal reden — Freundschaft beruht darauf, daß eben nicht alles gesagt wird, nur so ist Beieinandersein möglich. Das ist nicht Lüge, das ist etwas andres?» — «Aber sonst —» — «Nun, sonst?» sagte er. «Ich habe nicht alles gesagt!» sagte ich. «Manchmal bin ich fast daran geplatzt. Aber ich hätte von Bruno sagen müssen, er sei im Grunde ein sattgefressener Versorgter, der nur so lange mit unsereinem umgehe, wie er beneiden oder verachten könne, von ihm aber dürfe man nichts wollen, nicht das Kleinste; und von Willi, daß er ein tragischer Schlemihl sei, dessen Unglück darin bestehe, das Unglück durch seine bloße Existenz herbeizulocken, einer jener vielen, die nichts dafür können ...; und von Hanno, daß seine Karriere uns dazu verleitet, den Blitz der Götter herabzuflehen, nur, damit jener doch einmal in seinem Leben einen aufs Dach bekäme; und von Oskarchen, daß er Sitten und Gebräuche eines kleinen Provinzlers sein eigen nenne, und daß der Umgang mit ihm nicht heiter sei; und von Lenchen ...» — «Allmächtiger!» sagte er, «welche Liste —!» — «Rufen Sie Ihn nicht beim Namen!» sagte ich. «Sie wissen, daß Er es nicht mag.» Wir lauschten. In der riesigen Weltennacht regte sich nichts, unser Streich war geglückt. Er würde morgen große Augen machen ... «Welche Liste!» sagte er. «Und mit denen sind Sie umgegangen? Denn es waren immerhin Ihre nächsten Leute!»

«Ich hatte keine andern», sagte ich. «Andre hätten mir auch gar nichts genützt. Aber ich habe es ihnen nicht gesagt, das da.» — «Und warum nicht —?» sagte er. «Weil», sagte ich, «man so nicht leben kann — mit der Wahrheit in der Hand. Sie vertragen es nicht. Sie leben von der Lüge, von einer eingebildeten Überlegenheit, von dem Glauben, sie würden geachtet, während sie in Wirklichkeit nur benutzt, ausgenutzt, ignoriert und geduldet sind. Sag ihnen, wie du wirklich über sie denkst, wenn ein Brief von ihnen ankommt — und alles ist aus.»

«Und», sagte er, «haben es Ihnen die andern gesagt, das Wahre—?» Ich sah ihn betroffen an. «Nein», sagte ich. «Doch — ich glaube — ja. Ich denke ... ja. Wie?» — «Und», sagte er, «woraus leiten Sie Ihre Überlegenheit her, die Legitimation, so herablassend auf alle andern zu sehen, so vernichtend zu urteilen, die witzige Scheidung: Ich und die andern zu machen — woraus leiten Sie es her —?»

«Daraus, daß ich lebte», sagte ich. Nun sprach er nicht mehr, und wir warteten auf den jungen Morgen.

Eine Treppe

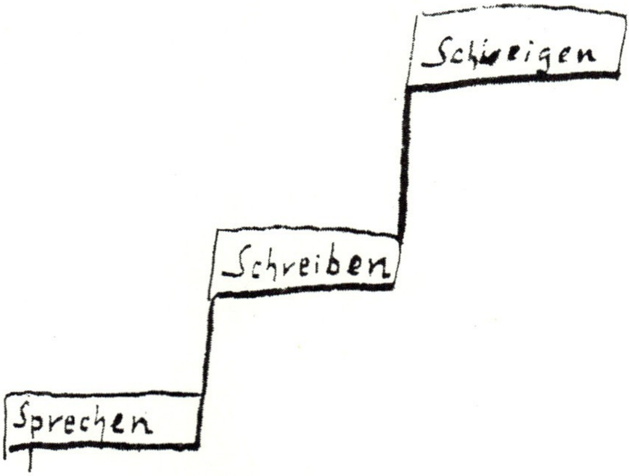
Schweigen
Schreiben
Sprechen

REGISTER

Das hier folgende Namensverzeichnis führt nur solche Namen auf, die im Zusammenhang des Textes von Bedeutung sind; beiläufig von Tucholsky erwähnte Namen wurden nicht aufgenommen. Die an einigen Stellen gegebenen Anmerkungen sollen der Orientierung des Lesers dienen, dem die Zeitzusammenhänge in den Jahren bis 1933 nicht geläufig sind. Die meisten literarischen und politischen Anspielungen, die Tucholsky mit den gegebenen Namen verbindet, werden aus dem jeweiligen Textzusammenhang deutlich.

AA = *Auswärtiges Amt* 382
d'Abernoon, Viscount Edgar Vincent (1857—1941), engl. Botschafter in Berlin 1920—26. 357
Achaume, A. 1000
Adler, Alfred 556
Adler, Hans 128
Adriani, Giambattista, Oberregierungsrat. 208 f
‹AIZ› (‹Arbeiter Illustrierte Zeitung›) 979
Albers, Hans 206
Alexander, Franz 97 f
Alkibiades 379
Alsberg, Max, Berliner Rechtsanwalt und Notar, Verteidiger in zahlreichen großen Sensationsprozessen. 341
Altenberg, Peter 515
Ammer, K. L. 69, 86, 620
Amsinck 929
Andersen, Hans Christian 646, 803, 999
Andler, Charles (geb. 1866 in Straßburg), Historiker, Prof. a. d. Sorbonne, gab 1920–25 eine 6bändige Nietzsche-Biographie heraus. 942
André, Germaine s. u. André Germain
d'Annunzio, Gabriele (hieß ursprünglich Rapagnetta, woraus die Nationalisten Rappaport machten). 853
Arco-Valley, Anton Graf, ermordete am 21. 2. 1919 den bayer. Ministerpräsidenten Kurt Eisner; am 16. 1. 1920 zum Tode verurteilt; zu lebenslängl. Festungshaft begnadigt; am 13. 4. 1924 freigelassen. 163
Aristophanes 761
Arndt, Ernst Moritz 234, 639
Arnheim, Rudolf 247, 1050
Arnold, Victor 774
Artamanen, Studentenverbindung. 108, 577
Asch, Schalom 107
Aschinger, volkstümliches Bierrestaurant in Berlin mit Filialen in allen Stadtteilen. 31
Ashe, K. 150
Attila (434–453), Hunnenkönig. 878
Außem, Cilly, Tennismeisterin. 834

Bach, Johann Sebastian 60, 991
Bahr, Hermann (1863–1934), Schriftsteller, Theaterkritiker, Mitbegründer der «Freien Bühne». 122, 833, 1024
Baker, Josephine, Tänzerin. 59, 835
Balzac, Honoré de 61, 354, 369 f, 607, 1042
Barbusse, Henri 250 f, 448 f
Barlach, Ernst 243, 881, 1002
Baron 1016
Barrès, Maurice (1862–1923), nationalistischer franz. Schriftsteller und Politiker. 848, 976
Bartels, Adolf (1862—1945) 791
Baruch, Hugo, Künstl. Beirat (Komische Oper). 1336
Basch, Victor, Präsident der franz. Liga f. Menschenrechte. 168, 1336
Bassermann, Albert 510, 781
Battisti, Cesare (geb. 1875 in Trente), italien. Patriot, von den Österreichern 1916 erhängt. 853
Baudisch, Paul 793, 964 f
Bauer, Gustav (1870–1944), sozialdemokr. Politiker; 1919 Ministerpräsident, dann Reichskanzler; trat 1920 wegen des Kapp-Putsches zurück; bis 1922 noch mehrfach Minister. 297
Bäumer, Gertrud (geb. 1873), Schriftstellerin; führend in der Frauenbewegung; Ministerialrätin im Reichsministerium d. Innern; Mitglied des Reichstags (Demokr. Partei). 135, 184, 342, 847
Bebel, August 43, 866
Becher, Johannes R. 365, 621
Beethoven, Ludwig van 593
Behl, C. F. W. 209
Bekessy, Emmerich, Redakteur, Leiter der Presseabteilung des Kommissariats für Volksunterricht,

seit 1920 leitete er ‹*Die Stunde*›, ‹*Die Börse*›, ‹*Die Bühne*›. 242 f
Bendow, Wilhelm, Schauspieler. 323
Benedikt XV. della Chiesa, Papst von 1914–22, erfolglose Friedensversuche im Ersten Weltkrieg. 906
Benedikt, Moriz (geb. 1849), Publizist, Herausgeber der ‹*Neuen Freien Presse*›, Wien. 211
Benjamin, René 576
Beradt, Martin 49, 490
Béraud, Henri, franz. Schriftsteller. 30
Berchtold, Leopold Graf, österreichungarischer Staatsmann; 1912–15 Minister d. Auswärtigen. 139 f
Bergius, Friedrich (1884–1949), Chemiker, Nobelpreis 1931. 1073
Bergner, Elisabeth 205, 246 f, 257, 365
Berlichingen, Götz von 422
Bernhart, Joseph 430
Bernstein, Arthur 142
Béron 973
Berzelius, Jöns Jakob Freiherr von (1779–1848), Begründer der modernen chemischen Analyse. 241
Bey, Enver s. u. Enver Bey
Beyle, Henri s. u. Stendhal
Biensfeldt, Paul 277 f
Binding, Rudolf G. 851, 896
Birault, Paul 970 f
Bismarck, Otto Fürst von 9, 137 f, 532, 629, 637, 1018
Bizet, Georges 993
Björnson, Björnstjerne 251
Blaich, Hans Erich (Pseudonym Dr. Owlglaß) 605
Blei, Franz 130, 232, 408, 788, 1004
Blücher, Gebhard Leberecht 406
Böcklin, Arnold 622
Boess, Gustav 68
Bois, Ilse, Schauspielerin. 89
Bölöni, von s. u. Sandor Kémeri
Bölsche, Wilhelm 574
Bonnoron, Olivier 253
Bonsels, Waldemar 1107
Borchardt, Rudolf 656, 1006
Borg, Arne 50
Börne, Ludwig (1786–1837) 234, 761, 786, 847, 865
Bouglé 1336
Boujor 253
Bourdet, Edouard 918
Boutegourd, franz. General. 252
Brahm, Otto (1856–1912), Literarhistoriker und Bühnenleiter, Mitbegründer der «Freien Bühne». 511, 602
Brandes, Georg (1842–1927), dän. Literaturwissenschaftler. 992 f
Braun, Otto (1872–1955), Mitglied des Parteivorstandes der Sozialdemokr. Partei; 1918–21 preuß. Landwirtschaftsminister; 1920–21 Ministerpräsident. 902
Braun, Otto (1897–1918), Sohn von Heinrich und Lily Braun, verfaßte Tagebücher und die ‹*Briefe eines Frühvollendeten*›, gefallen in Frankreich. 376
Braun 866
Brecht, Bert 69 f, 86, 91, 103 (Herr Lax), 120, 126, 127 f, 133, 195, 231, 303, 415 f, 453, 457, 544 f, 571, 776, 817, 834, 1029, 1086
Brecht, Walther 638
Breitscheid, Rudolf 33, 284, 300 (Rudi), 342, 524, 937
Breuer, Robert, Kunstkritiker, sozialdemokr. Politiker, Pressechef der Reichskanzlei. 760
Briand, Aristide (1862–1932) 8, 27 f, 173, 231, 399, 408, 834 f, 943
Brion, Friederike 543, 1059
Brod, Max 44 f
Bröger, Karl 218, 576
Bronnen, Arnolt 86, 105 f, 127, 135, 181, 303, 344, 352, 529, 643, 1021
Bruant, Aristide 1341
Brück, Christa Anita 644
Bruckner, Ferdinand 57, 90, 303
Brüning, Heinrich (geb. 1885) 1930 bis 1932 Reichskanzler, 1931 Außenminister. 835, 902, 943
Brüninghaus, Fr. Willi, Admiral a. D., M.d.R., Dt. Volkspartei. 33
Brunner, Karl, Regierungsrat und

literar. Sachverständiger im Polizeipräsidium Berlin, Abteilung Jugendschutz gegen Schundliteratur ab 1911. 182, 1344
Brupbacher, Fritz 429
Bry, Carl Christian 424
Buber, Martin 212
Buff, Charlotte 1059
Buisson, Ferdinand 1336
Bülow, Bernhard Fürst von (1849 bis 1929), Reichskanzler 1900–09. 100, 647 f, 810 f
Bumke, Erwin 155
Burckhardt, Jacob 122, 387
Burg, Eugen 780 f
Bürger, Gottfried August 772
Burgstraße, Sitz der Berliner Börse. 387, 514 f
Burnett, J. C. 256
Busch, Wilhelm 755, 1090
Byron, George Noël Gordon Lord 705

Cagliostro, Alexander Graf von 493
Calonder, Felix, Schweizer Staatsmann. 640
Capone, Al 835
Caprivi, Leo Graf (1831–99) 629
Carbe 950
Carco, Francis 184, 837
Carow, Erich 279 f, 450
Carus, Carl Gustav (1789–1869), Arzt und Philosoph. 849
Casanova, Giacomo 579
Cäsar, Julius 543, 779, 844
Cassirer, Paul (1871–1926), Kunsthändler und Verleger. 799, 1028 f
Castiglioni, Camillo, österreich. Finanzmann, besaß mehrere Zeitungen, erwarb im Ersten Weltkrieg und in der Inflation ein Riesenvermögen, das beim Zusammenbruch in der Deflation zu einem Finanzskandal führte. 243
Chamberlain, Sir Joseph Austen (1863–1937) 28
Chaplin, Charles Spencer 44 f, 278 f, 461, 482, 804, 860, 1032, 1034, 1059
Charcot, Jean-Martin (1825–93), franz. Arzt. 848
Charell, Eric 206, 884
Chauvin, Nicolas, ursprüngl.: prahlerischer Rekrut (aus dem Lustspiel ‹*La Cocarde tricolore*› von Théodore und Hippolyte Cogniard, 1831). 67, 815
Chesterton, Gilbert Keith (1874 bis 1936) 627
Chiappe, Jean, Polizeipräfekt von Paris. 308
Choisy, Maryse 796
Churchill, Sir Winston 28, 865
Cicero, Marcus Tullius 600, 650
Claudel, Paul 303, 334, 765
Clausewitz, Karl von (1780–1831) 646
Clemenceau, Georges (1841–1929) 406 f, 576, 1023
Cohen-Portheim, Paul 358 f, 576 f
Colette, Gabrielle 344
Conrad, Hans, Herausgeber der Zeitschrift ‹*Die Front*›. 13 f
Cossmann, Paul Nikolaus (1869 bis 1941), Herausgeber der ‹*Süddeutschen Monatshefte*›. 91 f, 110
Cotta, Johann Friedrich (1764–1832) 827 f
Courteline, Georges 385
Courths-Mahler, Hedwig 285, 291, 350, 603, 1066
Cremer (vgl. dazu Erläuterung zu *Devaheim-Skandal*) 951
Craig, Edward Gordon, engl. Maler, Bühnenbildner und Kunstschriftsteller. 276
Cuno, Wilhelm (1876–1933), 1922 bis 1923 Reichskanzler, übernahm 1922 nach dem Rücktritt Wirths die Kabinettsbildung, organisierte 1923 den passiven Widerstand im Ruhrgebiet. 168, 296, 764, 937
Curzon, George Nathaniel Lord, 1899–1905 Vizekönig von Indien, 1919–24 Außenminister. 358

Dach, Simon (1605–59) 578
Danehl, Erich (Freund Tucholskys, genannt Karlchen) 132, 331, 457, 474 f, 554, 661 f, 956

Dante Alighieri 303, 381, 489, 1082
Danton, Georges 44
Daudet, Alphonse 385 f
Daudet, Léon (1867—1942), nationalist. Schriftsteller, leitete mit Maurras die ‹Action Française›. 378, 642, 971
Daumier, Honoré 1341
Dawesplan, Charles Gates Dawes (1865—1937), 1924 Vorsitzender des Sachverständigen-Ausschusses der Reparationskommission; 1925 Friedensnobelpreis. Der 1924 in London abgeschlossene Dawesplan regelte die deutschen Reparationszahlungen nach 1918; der Dawesplan wurde 1929 durch den Youngplan ersetzt. 46
Dekobra, Maurice 209, 465
Demeter, Karl 794
Denke, Karl (1903—24), beging 31 Morde. 897 f
Deschanel, Paul 606
Dettmann, Ludwig 208
Deutsch, Ernst 126, 454, 1074 f
Devaheim-Skandal, 1931 wurden bei dem gemeinnützigen evang. Siedlungsverein Devaheim-Gesellschaft Unterschlagungen und Betrügereien aufgedeckt, die besonders auf das gewissenlose Verhalten des Pastors Cremer zurückzuführen waren; eine sehr große Anzahl von Kleinsparern erlitt einen Schaden von insgesamt 7 Millionen Mark. 951
Dickens, Charles 150
Diesel, Eugen 533 f, 815
Dinter, Artur (1876—1948), völkischer Schriftsteller. 68
Diotima 573 f, 771, 796
Döblin, Alfred 393, 861
Dobring, Hilfs-Kriegsgerichtsrat im Prozeß gegen den Matrosenaufstand 1917. 252
Dolly Sisters, Tänzerinnen im Casino de Paris. 135
Domela, Harry 47, 139
Doré, Gustave 640
Dorgelès, Roland 236, 576
Dorpmüller, Julius, Generaldirektor der deutschen Reichsbahn-Gesellschaft. 342, 962
Dorten, Hans Adam (geb. 1880) 161 f
Dostojewski, Fedor Michailowitsch 44
Drahn, Ernst 639
Dreiser, Theodore 801
Dschingis Khan (1155—1227), Herrscher der Mongolen. 421 f, 878

Ebermayer, Ludwig (1858—1933), Oberreichsanwalt. 181
Ebert, Friedrich 15 f, 161, 392, 813
Ebinger, Blandine, Schauspielerin. 129
Eckener, Hugo 197, 525
Edison, Thomas Alva 424, 731, 1090
Edschmid, Kasimir 132, 352, 515, 572, 611, 845, 1073
Eggebrecht, Axel 432
Ehmke, Restaurant in Hamburg. 556
Ehrenburg, Ilja 577, 608, 1004 f, 1091
Ehrenzweig, Stephan 964
Einstein, Albert 319, 423, 486, 541, 860, 951, 1043
Einstein, Carl 846
Elßler, Fanny 61
Emil s. u. Emil Jannings
Emminger, Erich, Staatsanwalt, 1923 bis 1924 Reichsjustizminister (Bayer. Volkspartei). 159, 297
Engel, Eduard (1851—1941), Literaturhistoriker. 43, 386, 791
Engel, Erich 195
Engel, Fritz, Theaterkritiker des *‹Berliner Tageblatts›*. 244
Engström, Albert 457
Enver Bey 290
Erzberger, Matthias (1875—1921), Politiker, 1921 von Nationalisten ermordet, führender Vertreter des Zentrums, 1919—20 Vizekanzler und Reichsfinanzminister. 443, 824
Etté, Bernhard, Kapellmeister. 344
Eulenburg, Philipp, Fürst zu Eulenburg und Hertefeld (seit 1900) (1847—1921), 1894—1902 deut-

scher Botschafter in Wien; Eulenburgs homosexuelle Veranlagung und seine Beziehung zu Wilhelm II. wurden von Maximilian Harden in der Zeitschrift ‹*Die Zukunft*› angegriffen. 637

Fahsel, Helmut, Kaplan, kath. Schriftsteller. 74, 344, 850
Fairbanks, Douglas, Filmschauspieler. 362
Falck, Ernst 359
Falk, Norbert 244
Falkenhayn, Erich von (1861–1922), Generalstabschef im Ersten Weltkrieg. 810 f
Falkenstein, Julius, Schauspieler. 278
Fallada, Hans 820 f
Fechter, Paul 774
Fehling, Jürgen 881
Ferdinand (1865–1927), seit 1914 König von Rumänien. 254
Figner, Wera 624 f
Fischer, Heinrich 577 f
Fischer, Hermann, Rathenau-Mörder. 302
Flake, Otto 847
Flaubert, Gustave 369, 539
Fleisser, Marie Luise 430
Fleming, Paul (1609–40) 578
Flesch, Hans 1002 f
Fließ, Wilhelm (1858–1928), Biologe, Arzt, Schriftsteller (Lehre vom Ablauf des Lebens). 1101
Foerster, Friedrich Wilhelm (1869 bis 1966), Philosoph, Sozialpädagoge, Pazifist. 809
Fogg, Phileas, Hauptfigur in Jules Vernes ›*Die Reise um die Welt in 80 Tagen*›. 1115
Fontane, Theodor 233 f, 245, 991, 1013, 1087
Ford, Henry 59, 794
Förster, Bernhard 990 f
Forster, Rudolf 246, 781
Förster-Nietzsche, Elisabeth 941 f, 989 f
Fragonard, Jean Honoré (1732 bis 1806) 900
Fragson 605 f
France, Anatole 220, 848
François-Marsal 168
Franz Joseph, Kaiser 139, 492, 550
Fratellinis, intern. berühmte Clowns-Brüder (Alberto, Paolo, François). 319, 1339
Freese, Leopold 759
Freiligrath, Ferdinand 416
Freud, Sigmund 145, 202, 212, 425, 556 f, 573, 847 f, 918, 1009, 1022
Freund, Julius (1862–1913), Operettenlibrettist am Metropol-Theater, Berlin. 1017
Freytag, Gustav 363
Frick, Wilhelm, 1930–31 Minister f. Inneres u. Volksbildung in Thüringen. 798
Friedell, Egon 51
Friedrich II. 197, 406, 547, 604, 809
Friedrich August, König von Sachsen 546
Fritsch, Hans (Freund Tucholskys, genannt Jakopp) 331 f, 474 f, 554 f, 661 f
Fuchs, Georg 872 f
Fulda, Ludwig (1862–1939) 341
Fülöp-Miller, René 389, 452, 976
Furtwängler, Wilhelm 99, 593

Galle, Ernst Edouard Reinhold 937
Galsworthy, John 232, 344, 801
Gandhi, Mohandas Karamchand, gen. Mahatma (1869–1948) 1100
Garbo, Greta 843
Garduhn, Margarete 574
Garrick, David (1716–79), engl. Schauspieler. 772, 1081
Garvens, Oskar, Bildhauer. 927
Gaspar, Andreas 643
Gast, Peter (Köselitz) 990 f
Gebühr, Otto 547, 809, 1095
Geiger, Willi 1025
‹*Gentlemen prefer Blonds*›, Titel eines Buches von Anita Loos. 285
Gentz, Werner 269 f
George, Stefan 859, 878, 879, 991 f, 1004
Gerhardi, William 960

Huelsenbeck, Richard 815
Hugenberg, Alfred (1865–1951), Politiker, Vorsitzender der Deutschnat. Volkspartei, Besitzer des Hugenberg-Konzerns (Scherl-Verlag, Telegr.-Union, Ufa usw.). 179, 194 f, 231, 234, 251, 318, 521, 524, 531, 617, 1018, 1064
Hugenberg, Aros, gemeint ist Alfred Rosenthal (Pseudonym Aros), Filmkritiker des *‹Lokalanzeigers›* (Hugenberg-Konzern). 47
Hughes, Langston 235
Hundrieser 333
Hussong, Friedrich (geb. 1878), Chefredakteur u. polit. Leitartikler des *‹Lokalanzeigers›*. 154, 1018 f
Hyan, Hans 360 f

Ibsen, Henrik 248, 512
Ihering, Herbert (geb. 1888), Dramaturg, Schriftsteller, Theaterkritiker (*‹Berliner Börsen-Courier›* 1918–33); Gegner Alfred Kerrs. 244, 365, 515
Iswolski, Alexander (1856–1919), russ. Botschafter. 140
Ivogün, Maria, Kammersängerin. 528

Jakob, Berthold (1898–1944) 288, 359
Jacobs, Monty 244, 285
Jacobsohn, Siegfried (S. J.) (1881 bis 1926) 13, 25, 49, 186, 192, 206, 350, 359, 443, 465, 510 f, 521 f, 546, 781, 938, 1065, 1344
Jagow, Gottlieb von (1863–1935), Politiker, 1913–16 Staatssekretär im Auswärtigen Amt. 296
Jagow, Traugott von (1865–1941), 1909 Polizeipräsident von Berlin, 1916–19 Reg.-Präs. von Breslau, Miturheber des Kapp-Putsches. 135, 209
Jakopp s. u. Hans Fritsch
Jakubowski, poln. Schnitter (ehemaliger russ. Kriegsgefangener), der auf Grund von Indizienbeweisen unter dem Verdacht des Kindesmordes 1924 unschuldig hingerichtet wurde. 21, 1000, 1007
Jannings, Emil 84 f, 279, 421, 907
Jaurès, Jean (1859–1914), franz. Sozialist; Gründer der Zeitung *‹L'Humanité›*, kämpfte für die deutsch-franz. Verständigung, wurde 1914 ermordet. 408
‹Jena oder Sedan› von Franz Adam Beyerlein. 496
Jensen, Johannes Vilhelm 612
Jerobeam, König des Reiches Israel. 340
Jeßner, Leopold (1878–1945), leitete bis 1933 das Berliner Staatstheater. 61, 84 f, 196, 244 f
‹Jettchen Gebert›, Roman von Georg Hermann. 285
Joachim Friedrich 165
Johnstone 606
Joyce, James 110, 248, 430
Jung, Carl Gustav 213, 261, 556 f, 561
Jungdo, Abkürzung für Jungdeutscher Orden, ein 1920 in Kassel von Marauhn gegründeter reaktionärer Bund nach dem Vorbild des mittelalterlichen Deutschen Ritterordens; 1930 vereinigte er sich vorübergehend mit der Demokrat. Partei zur Deutschen Staatspartei; wurde 1933 aufgelöst. 65, 546
Jünger, Ernst 281, 344, 440, 573, 588, 655, 840
Just, A. W. 1007

Kafka, Franz 44 f, 848
Kahl, Wilhelm, Mitglied des Reichstags seit 1920 (Deutsche Volkspartei), Vorsitzender des Strafrechtsausschusses im Reichstag, Mitherausgeber der *‹Deutschen Juristenzeitung›*. 98, 181, 1010 f
Kahlenberg, Hans von 641
Kahn, Harry 369, 515
Kaiser, Georg 1042
Kanehl, Oskar 14
Kanner, Heinrich, österreich. politischer Schriftsteller. 142

Klötzel, C. Z. 174 f
Knappertsbusch, Hans, Dirigent. 61
Knigge, Adolf Freiherr von (1752 bis 1796), populärer Philosoph. 951
Köbis, Albin, am Kieler Matrosenaufstand führend beteiligt, wurde am 12. 9. 1917 hingerichtet. 252
Koerber, Lenka von 850
Koffler, Dosio 1022
Köhler, Wolfgang 464
Kohlrausch, O. W. Eduard, Prof. d. Straf- u. Prozeßrechts der Universität Berlin. 269
Kokoschka, Oskar 1028 f
Kollo, Walter (1878—1940) 84
Kolumbus, Christoph 1092 f
König, Paul 301
Köppen, Edlef (1896—1939) 840
Körner, Theodor 1059
Kortner, Fritz 196, 205, 245, 540, 548, 834 f
Köselitz s. u. Peter Gast
Kracauer, Siegfried (1889—1966) 360, 644 f
Krain, Willibald, Kunstmaler, Illustrator. 1015
Kralik, Dietrich 638
Krassin, Leonid Borissowitsch (1870 bis 1926), sowjet. Politiker; Ingenieur; 1920 Volkskommissar; 1924—26 Botschafter in Paris und London. 26
Kraus, Karl (1874—1936) 120, 142, 211, 242 f, 501
Krauß, Werner 245
Kraußneck, Arthur 245
Křenek, Ernst, Komponist. 223
Kretzschmer, Ernst 1003
Kreuger, Ivar (1880—1932), schwed. Großunternehmer (Zündholz- u. Finanztrust). 663, 834, 1090 f
Krische, Maria 183
Krüger, Landgerichtsrat. 52
Krupskaja, Nadeshda Konstantinowna (1869—1939) 359
Kubin, Alfred 640, 1025
Kuh, Anton 810, 1008
Kühl, Kate 88, 129
Külz, Wilhelm (1875—1948), Reichsminister des Innern 1926—27; Reichskommissar b. d. Presse; Mitglied des Reichstags (Deutschdemokrat. Partei). 181, 282
Kümmel, Hermann, Geheimrat, Prof., Direktor d. chirurg. Universitätsklinik, Hamburg. 929
Kunze, Gerhard 410
Küntzel, Jurist. 856
Kutisker, Iwan, ähnlich Barmat wurde Kutisker in einen politischen Finanzskandal verwickelt, dem vor allem große Staatskredite zugrunde lagen. K. starb während des Prozesses 1927. 951
Kutzleb, Hjalmar 640 f

Laemmle, Carl, Filmproduzent. 196
Lagerlöf, Selma 241
Lahmann, Sanatorium Weißer Hirsch bei Dresden. 496
Lampel, Peter Martin 48, 269
Lang, Fritz, Filmregisseur. 969
Langbehn, Julius 995
Langer, Felix 243
Laotse 849
Laros, Matthias 758
Laval, Pierre (1883—1945), 1931 bis 1932 u. 1935/36 franz. Ministerpräsident, 1934 Außenminister, 1942—44 Ministerpräsident d. Vichy-Regierung, als Kollaborateur u. Landesverräter hingerichtet. 943
Lawrence, David Herbert 625 f
Layton 606
Leblanc, Maurice (Arsène Lupin) 184, 209
Ledebour, Georg (1850—1947), sozialdemokrat. Politiker; Mitarbeiter Bebels; Mitglied des Reichstags; 1917 Mitbegründer der USPD. 289
Legal, Ernst, Intendant. 61
Lehár, Franz (1870—1948) 84, 922 f
Leitzmann, Albert 771, 1080
Lemke, Geheimrat im Strafvollzugsamt der Provinz Brandenburg. 342
Lenclos, Ninon de 133

Lenin, Wladimir Iljitsch (Lenin nannte sich in den Jahren der Schweizer Emigration N. Lenin). 13, 14, 29 f, 228, 350, 359, 419 f, 424, 452, 458, 910
Leonhard, Rudolf 56
Leopardi, Giacomo (1798–1837), Lyriker, Philosoph. 970
Lernet-Holenia, Alexander 1076
Le Singe, Théodore 581
Lessing, Gotthold Ephraim 356, 621, 772, 1090
‹Lettres Persanes›, nach Dufresnys Vorbild verfaßte, romanartige kritische Schrift Montesquieus, in der er nach englischem Muster für politische und religiöse Toleranz eintritt. 535
Lévy-Bruhl, Lucien, franz. Philosoph. 573, 787
Lewald, Theodor (geb. 1860), Förderer des deutschen Sportwesens; begründete 1920 die Hochschule für Leibesübungen; leitete 1920 den Beamtenstreik gegen den Kapp-Putsch; Staatssekretär im Ministerium des Innern. 297
Lewis, Sinclair 1042
Lichtenberg, Georg Christoph 286, 765, 770 f, 804, 1008, 1080 f
Lichtenstein, Alfred 129
Liebermann, Matwey 849
Liebermann, Max 976
Liebknecht, Karl 43 f, 1022
Liebknecht, Wilhelm 43
Liedtke, Harry, Filmschauspieler. 257, 341
Lienhard, Friedrich 106
Liliencron, Detlev Freiherr von 128, 232, 366, 1025, 1103
Lindau, Paul (1839–1919), Dramaturg d. Königl. Schauspiele, Berlin, u. Dramatiker. 602
Lindbergh, Charles 966 f
Lindner, Jurist. 856
Liselotte von der Pfalz 842
List, Paul 431
Liszt, Franz von (1851–1919), Strafrechtler. 23
Löbe, Paul (geb. 1875), Präsident d. Deutschen Reichstags. 435, 936
Loebell, Friedrich Wilhelm G. von (1855–1931), königl. Staatsminister und preuß. Innenminister 1917. 209
Lohmann-Affäre, Walter Lohmann (1878–1930), Leiter der See-Transport-Abteilung in der Marineabt. des Reichswehrministeriums, war ein Bekannter des Phöbus-Film-A.G.-Direktors Correll und verschaffte ihm durch seine Beziehungen zum Reichswehrministerium und zum Auswärtigen Amt große Kredite unter Reichsgarantie zur Subvention nationalist. Filme; das Reich wurde um etwa 30 Millionen Mark geschädigt. 163
London, Jack 614
Londres, Albert 1338
Löns, Hermann 303, 593, 1013
Löns-Erbeck, Elisabeth 593
Lorre, Peter, Schauspieler. 243
Löwenthal, Landgerichtsrat. 188 f
Loyola, Ignatius von 389
Ludendorff, Erich 33 f, 78, 124, 153 f, 350, 524, 668, 810 f, 848, 950 f (Lindström), 1031, 1336
Ludendorff, Margarete 153 f
Ludwig, Emil (1881–1948) 68, 70, 112, 137, 139 f, 317, 860, 1028
Luitpold, Josef (gemeint ist Josef Luitpold Stern, geb. 1886). 235
Lupin, Arsène s. u. Maurice Leblanc
Luther, Hans (1879–1962), Reichsminister für Ernährung u. Landwirtschaft 1922, für Finanzen 1923, Reichskanzler 1925–26, Reichsbankpräsident 1930. 929
Luther, Martin 410, 431

MacDonald, Philip 320, 943
Mackensen, August von (1849 bis 1945), Generalfeldmarschall. 810 f
Malinowski, Bronislaw 572
Man, Hendrik de 211
Mann, Erika 41
Mann, Heinrich 183, 596, 1022

Mann, Klaus 41 f, 845
Mann, Thomas 73, 285, 290, 323, 428 f, 575, 915 f
Marburg, eine Marburger Studentenwehr verhaftete in Bad Thal am 25. 3. 1920 auf Grund von Denunziation 15 Arbeiter und erschoß sie in der Nähe von Mechterstedt. Die Studenten wurden vom Kriegsgericht freigesprochen. 289
Marc Aurel 406
Marcuse, Ludwig 997, 1076
Marheineke, Maria Juliane 344
Marloh, Otto, Oberleutnant. M. bestellte am 11. 3. 1919 auf Befehl des Obersten Reinhard die Reste einer Volksmarine-Division mit der Begründung in die Französische Straße in Berlin, daß sie noch einmal entlohnt würden. Er suchte die 31 intelligentesten von ihnen aus und ließ sie erschießen. Im Prozeß vor dem Kriegsgericht der Reichswehrbrigade III am 9. 12. 1919 wurde M. von der Anklage des Totschlags freigesprochen, wegen unerlaubter Entfernung vom Heer zu drei Monaten Festung verurteilt. Oberst Reinhard schied am gleichen Tag aus dem Heer aus. 289
Martet, Jean 406, 576
Martin, Karlheinz 593
Marx, Karl 211, 559, 586, 797, 834, 939
Masaryk, Thomas 437
Massary, Fritzi 84 f
Mathis 252 f
Matt 161
Matthes, Joseph 160 f, 759
Maupassant, Guy de 822
Maurras, Charles, franz. Schriftsteller, ‹Action Française›. 971
May, Karl 304, 1089
Mayer, Paul 408
Mechow, Karl Benno von 851
Mehring, Walter (geb. 1896) 71, 85 f, 100 f, 129, 186, 450, 599 f, 1015 f
Meisel, Will 84
Melchisedek, König von Jerusalem 340
Mellet, Alain 972
Mencken, Henry Louis (1880–1956), amerik. Essayist und Kritiker. 803
Mertens, Carl 359, 516
Merzbach, Georg 574
Metternich, Klemens Fürst von 196
Meyer, Alfred Richard (Pseudonym Munkepunke) 130
Meyrink, Gustav 464
Michael, Jacob, erwarb durch Inflations-Spekulation einen Riesenkonzern, dem auch diverse Theater angehörten. 382
Michaelis, Georg (1857–1936), 1917 deutscher Reichskanzler, preuß. Ministerpräsident. 296
Michels, Robert (1876–1936), Soziologe. 357, 387 f
Mies, August 290 f
Millerand, Alexander (1859–1940), franz. Staatsmann, Präsident der Republik 1920–24. 408
Molière 243
Molo, Walter von 344, 929
Moltke, von, Gesandter. 342
Monet, Claude 409
Monnier, Philippe 251
Morand, Paul 896
Morgenstern, Christian 147, 513, 771
Morus (Richard Lewinsohn) 110, 143, 516
Mosheim, Grete 278
Mowrer, Edgar Ansel 45 f
Mozart, Wolfgang Amadeus 205, 510
Muckermann, Friedrich Jos. (1883 bis 1946), Kultur- und Literaturhistoriker, Jesuitenpater. 74
Müller, Hermann (1876–1931), sozialdemokr. Politiker, 1920 und 1928–30 Reichskanzler. 28, 358
Müller-Jabusch, Maximilian 166
Mumm, Reinhard, evang. Pastor, Mitglied des Reichstags (Deutschnat. Partei) und Mitglied der Preuß. Generalsynode. 209

Muntau 836 f
Münzenberg, Willi 979
Münzer, Kurt 183
Münzer, Thomas 43
Musil, Robert 765
Mussolini, Benito 26 f, 59, 111, 318 f, 386 f, 399, 446, 458, 632, 641, 809, 832 (Duce), 834, 865, 1001
Muth, Karl 1030 f
Mynona (Salomo Friedlaender), Philosoph, satirischer Erzähler. 282 f

Nadler, Josef 621
Nagel, Gustav (schrieb sich gustaf nagel), Naturapostel, der in einer Höhle bei Angermünde lebte. 24, 524
Nagel, Otto, Maler. 360
Nansen, Fritjof (1861–1930) 251
Napoleon Bonaparte 59, 547, 867, 1022, 1034, 1058
Natonek, Hans 575
Naumann, Friedrich (1860–1919), Theologe, Publizist, demokrat. Politiker. 350
Nelson, Rudolf 84, 394
Nestroy, Johann 1014
Neumann, Alfred 655
Neumann, Robert 655
Neurath, Konstantin Freiherr von, Botschafter. 68 f
Newman, John H. (1801–90), Kardinal, anglikanischer, später katholischer Theologe. 1030
Nicolai, Friedrich (1733–1811) 993
Nicolai, Walther, leitete während des Ersten Weltkrieges den militärischen Nachrichtendienst. 54, 399
Nicolson, Harold 358
Nietzsche, Friedrich 49, 130, 261, 276, 429, 611, 756 f, 787, 843 f, 857, 924, 941 f, 976, 989 f, 1002 f
Nikolaus, Paul, Schauspieler. 243
Nobile, Umberto, ital. General, leitete 1928 eine Polarexpedition, die bei Spitzbergen strandete. 41
Norris, Frank 607
Northcliffe, Alfred (Charles William Harmsworth) (1865–1922), Viscount, engl. Propaganda-Minister im Ersten Weltkrieg, Gründer der Tageszeitung *‹Daily Mail›*. 108 f
Noske, Gustav (1868–1946) 15, 35, 121, 392, 758, 1032, 1040, 1333 f
Nostiz-Wallwitz, Alfred von, königl. sächs. Staatsminister, 1916 königl. sächs. Gesandter u. bes. Minister in Wien. 811 f
Nurmi, Paavo 8, 50
Nußbaum, Anna 235

Ochrana, Geheimpolizei. 450 f
Offenbach, Jacques 933
Oheimb, Katharina von s. u. Katharina von Kardorff-Oheimb
O'Neill, Eugene 246 f
Oppenheimer, Franz 1023 f
Osaf = Oberster SA-Führer (Adolf Hitler) 1059
Ossietzky, Carl von 13, 26, 346 f, 517, 1019, 1055 f
Ostwald, Hans 360
Otto, Paul 256, 781
Ottwalt, Ernst 391 f, 1006 f
Owlglaß s. u. Hans Erich Blaich

Painlevé, Paul-Prudent (1863 bis 1933), franz. Mathematiker und sozialist. Politiker; 1917 und 1925 Ministerpräsident. 253
Pallenberg, Max 84, 133, 279 f, 541 f, 1033
Paneth, Ludwig 556 f
Panizza, Oskar 995
Pannwitz, Rudolf 1087
Paris, Gaston (1839–1903), Literaturhistoriker. 620
Paschitsch, Nicola (1846–1926), serb. Politiker, Ministerpräsident. 230
Pathé Frères, franz. Filmfirma, bis 1914 führend in der Filmherstellung. 687
Paulchen s. u. Paul Graetz
Paulsen, Harald 206
Peppler, Hans 243
Petzet, Erich 233

Petzet, Wolfgang 1069
Pietsch, Ludwig (1824–1911), Journalist (Reisebriefe und Gesellschaftsberichte) an der ‹*Vossischen Zeitung*›. 344
Pinner, Felix 516
Pinthus, Kurt 244
Piscator, Erwin 84, 96, 204 f, 450
Pitigrilli 455
Planke, Erich 335 f
Plato 847, 864
Plättner, Karl 158, 212 f, 269
Plessen, Hans von (1841–1929), Generaloberst, Flügeladjutant des Kaisers; stimmte im Gegensatz zu Hindenburg und Groener gegen die Abdankung Wilhelms II. 811 f
Plotin (205–270), Neuplatoniker. 843
Plötz, Karl Julius (1819–91), schrieb Schul- und Lehrbücher der franz. Sprache. 235, 408
Podach, E. F. 990 f
Poe, Edgar Allan 133
Poelzig, Hans (1869–1936) 393
Poincaré, Raymond 140, 162, 168, 408
Pol, Heinz 586
Polgar, Alfred 49 f, 86, 120, 133, 146, 182, 203, 325, 447 f, 515, 969, 1100
Polybios, griech. Historiker des 2. Jhrhdts. v. Chr. 843
Pommer, Erich 603
Porten, Henny, Filmschauspielerin. 341, 1333 f
Possart, Ernst Ritter von (1841 bis 1921), Schauspieler, Generalintendant in München. 234, 373
Pourtalès, Friedrich Graf von (1853–1928), deutscher Botschafter in St. Petersburg. 141
Presber, Rudolf 90
Prezzolini, Giuseppe, ital. Kritiker. 388
Princip, Gabriele (1894–1918), bosnischer Student, erschoß am 28. 6. 1914 in Serajewo den österreich. Erzherzog Franz Ferdinand. 142
Proeckl, Ernst 605
Propper, S. M. von 640
Puccini, Giacomo 924
Pudowkin, Wsewolod Illarionowitsch (1893–1953), sowjet. Filmregisseur. 221
Puff, Charlotte s. u. Charlotte Buff
Pulver, Max 749

Raabe, Wilhelm 363, 611
Radbruch, Gustav (1878–1949), Jurist und sozialdemokr. Politiker, 1923 Reichsjustizminister. 161, 212
Radek, Karl (1885–1939), sowjet. Politiker und Theoretiker, wurde nach langjähriger Tätigkeit in Polen und Deutschland wegen Opposition gegen Stalin 1927 bis 1929 und 1937–41 verbannt. 168, 528
Radiguet, Raymond (1903–23), franz. Schriftsteller. 235
Radowitz, von 811 f
Ramler, Karl Wilhelm (1725–98) 578
Ramsin-Prozeß, großer Industriesabotage-Prozeß gegen sowjetische und ausländische Techniker. 849
Rathenau, Walther (1867–1922) 302, 398, 516, 538, 824, 1024
Ratti, Achille (Papst Pius XI. 1922 bis 1939) 1089
Raucat, Thomas 321
Rauscher, Ulrich (1884–1930), Korrespondent der ‹*Frankfurter Zeitung*›, Nov. 1918 Sekretär des Volksbeauftragten Scheidemann, Pressechef der Reichsregierung, 1922 Gesandter in Polen. 8
Ravené, Louis, Geheimer Kommerzienrat, Präsident des Reichsverbandes des deutschen Groß- und Überseehandels, Berliner königl. schwed. Generalkonsul, Mitinhaber von Jac. Ravené Söhne. 381
Rehfisch, Hans José 208
Reichpietsch, Max, Führer der revolutionären Matrosen beim Aufstand der Flotte am 1. 8. 1917, wurde erschossen. 252

Schilling, Erich, Zeichner, Mitarbeiter des ‹*Simplicissimus*›. 927
Schirmer, Josef 771
Schlageter, Albert Leo 108, 304
Schleich, Carl Ludwig 759
Schleicher, Kurt von, General, 1932 bis 1933 Reichskanzler, 1934 erschossen. 546
Schlesinger, Paul (Sling), Gerichtsberichterstatter der ‹*Vossischen Zeitung*›. 849
Schmeling, Max 525
Schmidt, Lothar 208
Schmitz, Bruno (1858–1916), Baumeister. 333
Schmitz, Oscar A. H. (1873–1931) 218, 896
Schnitzler, Arthur 121
Schober, Johannes (1874–1932), österreich. Staatsmann, 1918 Polizeipräsident, 1929–30 Bundeskanzler, 1930–32 Vizekanzler u. Außenminister. 242 f, 527
Schopenhauer, Arthur 286, 420, 466, 553, 627, 842, 847, 994, 1015 f
Schreiber 349 f
Schubert, Franz 628
Schulz, W. 927
Schwannecke, Victor, Schauspieler, besaß ein Künstlerlokal. 833
Schweninger, Ernst (1850–1924), Arzt Bismarcks, schuf eine «Naturheilschule». 1029
Sclutius, Karl Hugo 238, 283
Scribe, Eugène 334
Seeckt, Hans von (1866–1936), Generaloberst, Chef der Heeresleitung 1920–26, Nachfolger Groeners, Organisator der Reichswehr. 64, 342, 589, 929
Seeger, Ministerialrat im Reichsministerium des Innern, Leiter der Filmoberprüfstelle. 897, 1037
Seipel, Ignaz (1871–1932), österreich. Politiker, Bundeskanzler. 326
Seldte, Franz (1882–1947), Begründer des Stahlhelms. 47, 168, 399
Seneca, Lucius Annäus 38
Sesenheim s. u. Friederike Brion
Severing, Karl, sozialdemokr. Politiker, 1920–32 mehrfach preuß., zeitweise auch Reichsinnenminister. 79, 161
Shakespeare, William 70, 206, 237, 428, 593, 733, 760, 1015
Sharkey, Jack, amerik. Schwergewichtsmeister im Boxen. 936
Shaw, George Bernard 25, 283, 627, 904, 960
Sheridan, Clare 25 f
Siegfried, André 525
Siemsen, Anna 47, 235
Simmel, Georg (1858–1918), Philosoph, Soziologe. 559
Sinclair, Upton 189, 216, 607, 799 f
Singer, Erich 127
Sinowjew, Grigorij Jewsejewitsch (1883–1936), russ. Schriftsteller und Politiker, kehrte mit Lenin, dessen engster Mitarbeiter er war, aus der europäischen Emigration zurück, 1936 als Trotzkist hingerichtet. 527
Sling s. u. Paul Schlesinger
Smeets, Josef, rheinischer Separatist, gründete 1920 in Köln die «Rheinische Republikanische Volkspartei». 161
Smith, E. D. 360
Smith, Helen Zenna 275
Smith, Jack 172
Sochaczewer, Hans 243
Soergel, Albert 791
Sokoloff, Wladimir 278
Soldner, von, Münchner Astronom und Physiker. 951
Sombart, Werner (1863–1941) 120, 357, 388
Sonnenschein, Carl 347 f, 755 f
Sophokles 304
Sorel, Charles (1597–1674) 761, 976
Sorge, Reinhold 1030
Sorge, Susanne M. 1030 f
Spengler, Oswald 761, 843 f, 877 f, 1029, 1089
Speyer, Wilhelm (geb. 1887), Unterhaltungsschriftsteller. 327

Wilde, Oscar 925
Wilhelm I. 332 f, 1001
Wilhelm II. 79, 96 f, 139, 185, 194, 261, 283, 289, 330, 333, 357, 442, 502, 525, 637, 647 f, 810 f, 834, 1002, 1016, 1019, 1022, 1336
Wilhelm, Kronprinz 89, 92, 343, 414, 634
Wilhelm der Eroberer (1027–87) 893
Willfüer, Hauptfigur aus dem Roman von Vicki Baum ‹*Stud. chem. Helene Willfüer*› (1929). 484
Winter, Franz, Direktor der Generalverwaltung der Staatstheater. 244
Wirth, Joseph (1879–1956), Zentrumspolitiker, 1921–22 Reichskanzler. 299, 848, 857
Witkowski, Felix (Maximilian Harden) 641
Wittfogel, Karl August 613
Woldemaras, Augustinas (1883 bis 1945), litauisch. Staatsmann, Ministerpräsident u. Außenminister. 28
Wolff, Theodor (1868–1942), Chefredakteur des ‹*Berliner Tageblatt*›. 365
Wright, Reverend. 801
Wüst, Ida 24
Wüsten, Johannes 1025
Wyneken, Gustav 366

Youngplan, Owen Young, amerik. Wirtschaftspolitiker; 1928: Zahlungsplan für deutsche Reparationen. 231, 523, 549, 927

Zaharoff, Sir Basil, geb. Grieche, von England geadelt; erwarb durch Vermittlung v. Waffenlieferungen ein Riesenvermögen; war entscheidend beteiligt an allen internat. Öl-Ges., Waffenfabriken, Eisen- u. Stahlindustrien, Eisenbahnlinien u. ä. 143
Zech, Paul 619 f
Zeileis, Valentin, österreich. Wunderarzt. 977
Zeppelin, Ferdinand Graf von (1838–1917) 197, 1059
Ziegel, Erich, Intendant des Deutschen Schauspielhauses, Hamburg. 61
Zille, Heinrich 67, 176, 360
Zola, Émile 254, 284, 998, 1042
Zöllner, Carl Friedrich (1800–60), Tonsetzer, Gründer eines Männergesangvereins. 1087
Zörgiebel, Karl (1878–1961), Polizeipräsident von Berlin. 78 f, 85, 135, 194, 243, 377, 391, 442, 527
Zorn, Anders 853
Zorn, Franz 851
Zweig, Stefan 70, 243, 550, 833, 835, 846

BIBLIOGRAPHIE

Die hier folgende Bibliographie ist das erste vollständige Werkverzeichnis Kurt Tucholskys. Es sind auch die Arbeiten aufgenommen, die in unserer Ausgabe der GESAMMELTEN WERKE nicht abgedruckt wurden und zwar ebenfalls mit allen bibliographischen Angaben. Nur die Rubrik «Gesammelte Werke, Band- und Seitenzahl» bleibt in diesem Fall nicht ausgefüllt. Bei Arbeiten gleichen Titels wurde die erste Zeile des Textes mit abgedruckt. Nicht aufgenommen wurden Chansons von Kurt Tucholsky, die im Druck nicht erschienen sind und die nur zum öffentlichen Vortrag bestimmt waren. Außerdem sind die Texte aus den «Antworten» (einer redaktionellen Rubrik in der «Weltbühne») nur in Ausnahmefällen berücksichtigt und entsprechend kenntlich gemacht worden. Zum Entstehen dieser «Antworten» vgl. Tucholskys Artikel «25 Jahre», Band III, S. 514. Als «Original-Buchveröffentlichung» wurden die von Tucholsky noch selbst herausgegebenen Auswahlbände aufgeführt.

Erklärung der Abkürzungen

a) Bücher, Zeitungen, Zeitschriften

8 = 8-Uhr-Abendblatt, National-Zeitung, Berlin
Alman. = Almanach 1920, Buchverlag Rudolf Mosse
AIZ = Arbeiter Illustrierte Zeitung, Willi Münzenbergs Zeitungs- und Verlagskonzern, Berlin
Arb. Bü. = Arbeiter-Bühne, Zentralorgan des Arbeiter-Theater-Bundes Deutschlands e. V.
Ark. = Arkadia, Ein Jahrbuch für Dichtkunst, herausg. v. Max Brod, Kurt Wolff Verlag
Ball. = Die Balldame, Erinnerungsblätter an den Presseball 1921, Berlin, herausg. v. Festausschuß d. Vereins Berliner Presse
Bänkelb. = Bänkelbuch, Neue deutsche Chansons, E. P. Tal & Co. Verlag, Leipzig–Wien–Zürich
Berl. = Die Berlinerin, Ball-Almanach d. Vereins Berliner Presse, 1929
BIl. = Berliner Illustrirte Zeitung, Verlag Ullstein
Bl. Heft = Das blaue Heft, Freie Deutsche Bühne, herausg. v. Max Epstein
Bl. Vog. = Der blaue Vogel, Russisch-Deutsches Theater, Dez. 1921 bis Dez. 1922, Berlin
Bln. Mo. = Berliner Montagspost, Verlag Ullstein
Br. = Bremer Volkszeitung
BT = Berliner Tageblatt, Verlag Rudolf Mosse
BVZ = Berliner Volkszeitung, Verlag Rudolf Mosse
Büch. Sch. = Die Neue Bücherschau, Berlin, herausg. v. Gerhart Pohl
DAD = Das Andere Deutschland, Hagen/W. und Berlin
Dame = Die Dame, Verlag Ullstein
Dt. Lesebuch, Moskau = Deutsches Lesebuch J. Kordes, Moskau, Staatsverlag
Dt. Mo. = Deutsche Montagszeitung, Berlin
Dt. Pr. = Deutsche Presse, Berlin. Organ des Verbandes der deutschen Presse
Dt. Rfk. = Der Deutsche Rundfunk
Dra. = Der Drache, herausg. v. Hans Reimann
Dres. = Dresdner Volkszeitung
Eule. = Eulenspiegel, Illustrierte Zeitschrift
Europe = Europe, Revue mensuelle, Paris
Fa. = Die Schwarze Fahne, Schriftltg. Ernst Friedrich
Ff. Gen. = Frankfurter Generalanzeiger
Flieger = Der Flieger, Artillerie-Fliegerschule Ost
Frechh. = Die Frechheit, herausg. v. Kurt Robitschek, Hausblatt d. Kabaretts d. Komiker, Berlin
Frei. = Freiheit, Berl. Organ d. Unabhängigen Sozialdemokraten Deutschlands
Frft. = Frankfurter Zeitung
Fried. = Die Friedenswarte, Blätter f. internationale Verständigung u. zwischenstaatliche Organisation, Berlin

Front	=	Die Front, herausg. v. Hans Conrad
Fr. W.	=	Freie Welt, herausg. v. Felix Stössinger
Gre.	=	Die Grenzboten
Hamb.	=	Hamburger Echo
Jahrb.	=	Jahrbuch 1929, Neuer Deutscher Verlag, Berlin
Jg. Paz.	=	Mitteilungen der Jung-Pazifisten, Jugendorganisation d. dt. Friedensgesellschaft, Bund d. Kriegsgegner
Ju.	=	Jugend, Monatsbeil. d. Volksstimme
Kaho.	=	Karlshorster Anzeiger
Knüp.	=	Der Knüppel, Satirische Zeitschrift, Vereinig. Intern. Verlagsanstalten GmbH., Berlin
Kunst.	=	Der Kunstwart, herausg. v. Ferdinand Avenarius
LBB	=	Licht-Bild-Bühne
Lit.	=	Die Literarische Welt, Berlin
Lose Bl.	=	Die losen Blätter «der Dame», Gratisbeilage d. «Dame», Verlag Ullstein
Mag.	=	Tageszeitung Magdeburg
Mag. Gen.	=	Magdeburger Generalanzeiger
März	=	März, eine Wochenzeitschrift, März Verlag, München, gegründet v. Albert Langen und Ludwig Thoma
Me.	=	Die Menschheit, herausg. v. Fritz Röttcher, Wiesbaden
Mensch.	=	Die Menschenrechte, Organ der Liga für Menschenrechte, Berlin
MER	=	Reisedienst d. MER
Merker	=	Der Merker, herausg. v. René Schickele u. Otto Flake
Mitt.	=	Der Mittag, Düsseldorf
Mo.	=	Der Montag im Osten
Morg.	=	Berliner Morgenpost, Verlag Ullstein
Mosk.	=	Moskauer Rundschau, Moskau
N. Dt.	=	Neuer Deutscher Verlag, Berlin («§ 297 Unzucht zwischen Männern»? Ein Beitrag z. Strafgesetzreform, herausg. v. Richard Linsert)
Neue Gen.	=	Die Neue Generation, Berlin
NFrPr.	=	Neue Freie Presse
N. Lpz.	=	Neue Leipziger Zeitung
NS	=	Neue Schaubühne
NWi.	=	Neues Wiener Journal
Östl.	=	Volkszeitung f. d. östl. Grenzlande
Pl.	=	Die Pleite
Plakat	=	Das Plakat
Pol. Litt.	=	Pologne Littéraire, Revue mensuelle, Varsovie
Pr. Tg.	=	Prager Tagblatt, Prag
Reak. Alm.	=	Der Deutsche Reaktions-Almanach 1920, Hoffmann & Campe Verlag, Hamburg–Berlin
Rep.	=	Die Republik, Das Neue Tageblatt, Berlin
Rot. Sig.	=	Rote Signale, Neuer Deutscher Verlag, Berlin
RP	=	Republikanische Presse, Artikel, Information und Feuilletondienst f. republik. Tageszeitungen, Berlin

SB	=	Die Schaubühne
Simpl.	=	Simplicissimus
Sonn.	=	Sonntagszeitung, Stuttgart
Sudelbuch	=	K. T.s Arbeitsbuch
Schall	=	Schall und Rauch, Schriftltg. Peter Panter
Schrift.	=	Der Schriftsteller, Zeitschrift des Schutzverbandes Deutscher Schriftsteller, Berlin
Stach.	=	Das Stachelschwein, herausg. v. Hans Reimann, Berlin
Tem.	=	Tempo, Verlag Ullstein
Uhu	=	Der Uhu, Das neue Monatsmagazin, Verlag Ullstein
Ulk	=	Ulk, Wochenbeil. zum Berliner Tageblatt, Verlag Rudolf Mosse
Var.	=	Das Organ der Varietéwelt
Volksst.	=	Volksstimme, Chemnitz
Vorw.	=	Vorwärts
Voss.	=	Vossische Zeitung, Verlag Ullstein
WaA	=	Die Welt am Abend, Willi Münzenbergs Zeitungs- und Verlagskonzern, Berlin
WaM	=	Die Welt am Montag, Unabhängige Zeitung, Berlin
WB	=	Die Weltbühne
Weichs.	=	V. f. den Weichselgau
Werk Verl.	=	Arno Holz und sein Werk, Deutsche Stimmen zum 60. Geburtstage, Werk Verlag, Berlin
ZiB	=	Zeit im Bild
Zirk.	=	Zirkus Berlin (Die Stadt im Taumel), Bilder Berliner Lebens, Almanach Verlag, Berlin
Zürch. Stud.	=	Zürcher Student, Offiz. Organ d. Studentenschaft d. Univ.

b) Buchausgaben von Kurt Tucholsky

Dt. Dt.	=	Deutschland, Deutschland über alles
Fr. Gs.	=	Fromme Gesänge
5 PS	=	Mit 5 PS
Grips.	=	Schloß Gripsholm
LL	=	Lerne lachen ohne zu weinen
ML	=	Das Lächeln der Mona Lisa
Pyr.	=	Ein Pyrenäenbuch
Rheinsb.	=	Rheinsberg, ein Bilderbuch für Verliebte
Träum.	=	Träumereien an preußischen Kaminen
Verkehrte Welt	=	Die verkehrte Welt
Zsp.	=	Der Zeitsparer

c) Abkürzungen des Autorennamens

P. P.	=	Peter Panter
Th. T.	=	Theobald Tiger
I. W.	=	Ignaz Wrobel
K. H.	=	Kaspar Hauser
K. T.	=	Kurt Tucholsky

Titel	Autor	Buch Zeitg. Zeitschr.	Nr. und Seite	Datum	Original-Buch-veröffentl.	Bd. u. Seite unserer Ausgabe
Ab durch die Mitte	P. P.	Voss.	272/–	12. 6. 30		III/468
Ab 12.46 Uhr	P. P.	Voss.	416/–	4. 9. 30		III/508
Abend	Th. T.	WB	1/29	6. 1. 25		II/10
Abendlied	Th. T.	Simpl.	–/298	15. 9. 30		III/528
Abends nach sechs	P. P.	Voss.		27. 9. 24	ML	I/1243
Abrechnung	I. W.	WB	16/632	20. 4. 26		
Abreißkalender *Es gibt in Deutschland . . .*	I. W.	WB	50/891	15. 12. 25		II/285
Abreißkalender *Es gibt keine . . .*	P. P.	WB	51/945	20. 12. 27		
Abreißkalender und kleine Bitte *Unter den dreihundertundfünfundsechzig*	K.T.	WB	51/925	16. 12. 30		
Absage	Th. T.	Ulk	4/–	23. 1. 20		I/592
Abschied von den Pyrenäen	P. P.				Pyr.	II/697
Abschied von der Junggesellenzeit	Th. T.	WB	19/539	6. 5. 20		I/642
Abschied von Noske	K. H.	WB	12–14/363	25.3. 20		I/621
Abschiedsgesang	Th. T.	WB	22/610	2. 6. 21		I/808
Abstecher nach München	P. P.	Voss.		8. 8. 26		
Ach, sind wir unbeliebt!	K. H.	WB	26/719	19. 6. 19		
Acht Jahre politischer Justiz	I. W.	WB	40/538	4. 10. 27		II/906
Acht Mädchen und ein –	Th. T.	AIZ	16/308	1930		
8 Uhr abends – Licht aus!	I. W.	WB	50/866	10. 12. 29	LL	III/269
Achtundvierzig	K. H.	WB	1/20	2. 1. 19	Fr.Gs.	I/327
Achtung!	I. W.	WB	12/457	22. 3. 32		
Adagio con brio	Th. T.	Schall	2/Jan.	1920		
Max Adalbert	P. P.	WB	21/576	15. 5. 19		
Aenn Häusinger	P. P.	WB	9/285	26. 2. 20		
Affenkäfig	P. P.	WB	42/585	16. 10. 24	5 PS	I/1254
Affentheater	P. P.	WB	21/590	26. 5. 21		
Ah – ça . . .!	P. P.	WB	31/187	4. 8. 25	5 PS	II/178
«Ah, M . . .!»	P. P.	Voss.		25. 11. 26		II/548

Titel	Autor	Buch Zeitg. Zeitschr.	Nr. und Seite	Datum	Original-Buch-veröffentl.	Bd. u. Seite unserer Ausgabe
Akustischer Kostümball	P. P.	Voss.	565/–	30. 11. 30		III/605
Richard Alexander	P. P.	WB	23/664	7. 6. 23	ML	I/1101
Alfred Kerr	Th. T.	WB	51/936	20. 12. 27		II/993
All people on board!	Th. T.	WB	48/870	29. 11. 27	ML	II/973
All right!	Th. T.	WB	46/726	11. 11. 24		
Alle Welt sucht	Th. T.	WB	32/225	11. 8. 25		II/186
Allein	P. P.	WB	24/878	10. 6. 30	Pyr.	II/680
Allotria	P. P.	WB	29/65	19. 7. 23		I/1118
Als ich zum erstenmal Rundfunk hörte *(s.u. Rundfrage)*	K. T.	Dt.Rfk.	–/2472			
Als Prolog	Th. T.	Flieger		1917/18		
Als Vagabund um die Erde	K. T.	Pr. Tg.		9. 6. 12		
Also wat nu – ja oder ja?	Th. T.	WB	35/347	1. 9. 31	LL	III/930
Alt-Berliner Couplet	Th. T.	WB	34/199	24. 8. 22		
Alt-Heidelberg	P. P.	WB	22/634	31. 5. 23		I/1099
Alt-Wiener Couplet	Th. T.	WB	24/552	13. 6. 18		
Altbewährte Esel	I. W.	WB	41/593	12. 10. 26	Dt. Dt.	II/522
Alte Bäume	P. P.	Voss.	288/–	10. 12. 30		III/629
Alte Filme	P. P.	WB	11/435	16. 3. 26		
Alte illustrierte Blätter	P. P.	NWi.		18. 2. 23		I/1083
Alte Plakate	I.W.	WB	39/366	18. 9. 19		
Alte Schauspieler	P. P.	Voss.		8. 4. 25		
Alte Schauspielerbilder	P. P.	WB	12/474	23. 3. 26	ML	II/386
Alte Schlager	P. P.	WB	22/554	1. 6. 22		I/961
Alte Verse	P. P.	SB	48/1182	27. 11. 13		I/104
Alte Wandervögel	I. W.	WB	25/966	22. 6. 26		
Alte Weltbühnen	P. P.	WB	33/197	12. 8. 20	5 PS	I/720
Alte Zeitungen	P. P.	WB	12–14/382	25. 3. 20		
Alter Burgunder wird versteigert	P. P.	Tem.		23. 11. 28	LL	II/1311
Alter Kümmel	P. P.	WB	28/71	14. 7. 25		II/164
Altes Licht	P. P.	Voss.		16. 10. 27		II/914
Altes Lied 1794	Th. T.	WB	18/680	3. 5. 32		III/1054
Altes Theaterglas	P. P.	SB	48/1183	27. 11. 13		I/104
Altes Volkslied	Th. T.	WB	47/819	23. 11. 26		II/549

Titel	Autor	Buch Zeitg. Zeitschr.	Nr. und Seite	Datum	Original-Buch-veröffentl.	Bd. u. Seite unserer Ausgabe
Am Grabe von Hans Paasche	K. H.	Fr. W.	21/2	13. 6. 20	ML	I/676
Am Rande des Reichtums	P. P.	Voss.	164/–	7. 4. 29		III/61
Am Sonntag-nachmittag	P. P.	WB	20/582	17. 5. 23		I/1096
Am Strande	I. W.	WB	26/706	30. 6. 21		
Am Telefon	I. W.	WB	38/418	22. 9. 31		III/943
Amerika heute und morgen	tu	Vorw.		8. 11. 12		I/21
Amerikaner in Paris	Th. T.	WB	26/965	30. 6. 25		
Amerikanischer Abend	P. P.	SB	19/262	26. 2. 14	ML	I/154
Amnestie –! Amnestie –!	K. T.	WB	39/469	27. 9. 27		II/887
Amüsier-vergnügen	P. P.	WB	47/614	13. 11. 19		
«An alle Front-soldaten!»	I. W.	BVZ		6. 10. 19		I/488
An Arno Holz	K. T.	SB	17/470	24. 4. 13		I/66
An das Baby	Th. T.	WB	43/646	27. 10. 31	LL	III/959
An das Publikum	Th. T.	WB	27/32	7. 7. 31	LL	III/889
An den Botschafter	K. T.	WB	16/638	19. 4. 27		II/770
An den deutschen Mond	Th. T.	BVZ		18. 4. 20		I/624
An den Unter-offizier Noske	K. H.	WB	25/673	12. 6. 19		
An die alten Soldaten	I. W.	Kaho.		26. 7. 20		
An die Berlinerin	Th. T.	WB	12/302	23. 3. 22	5 PS	I/922
An die Bonzen *(s. u. An einen Bonzen)*	Th. T.	WB	36/248	6. 9. 23	5 PS	I/1125
An die Jungen	I. W.	Ju.	8/–	Aug. 1922		
An die Meinige	Th. T.	SB	12/344	19. 3. 14	Fr.Gs.	I/163
An die Republikaner	Th. T.	WB	52/934	23. 12. 30		III/656
An eine Marie vom Lande	Th. T.	SB	44/416	31. 10. 16		I/224
An einen Bonzen *(s. u. An die Bonzen)*	Th. T.	WB	36/248	6. 9. 23	5 PS	I/1125
An einen garnisondienst-fähigen Dichter	Th. T.	SB	25/584	21. 6. 17	Fr. Gs.	I/244

Titel	Autor	Buch Zeitg. Zeitschr.	Nr. und Seite	Datum	Original-Buch-veröffentl.	Bd. u. Seite unserer Ausgabe
An Ernst Toller	Th. T.	WB	33/265	14. 8. 24		I/1217
An Frau von Oheimb	Th. T.	WB	53/982	30. 12. 30		III/646
An Ihn	Th. T.	Ulk	6/—	6. 2. 20		
An ihr	Th. T.	Ball.		1921		I/781
An ihren Papa	Th. T.				Fr. Gs.	I/493
An Lora	K. T.	Manus.				unveröfftl.
An Lucianos	K. H.	WB	50/563	12. 12. 18	Fr. Gs. 5 PS	I/321
An meinen Sohn	Th. T.	WB	37/409	14. 9. 26		II/502
An Meta Kupfer	Th. T.	SB	7/166	15. 2. 17		
An Peter Panter	Th. T.	WB	28/42	11. 7. 18	Fr. Gs.	I/285
An Philipp Scheidemann	Th. T.	WB	24/606	15. 6. 22		I/969
An Theobald Tiger	P. P.	WB	29/62	18. 7. 18		I/286
An unsre Kleine	Th. T.	Ulk	45/—	7. 11. 19		I/516
Anatole France in Pantoffeln	P. P.	Voss.		28. 1. 25		II/29
Anatole France-Dämmerung	P. P.	Voss.		24. 1. 25		
Herr Konferenzrat Andersen	P. P.	Voss.		14. 8. 27		II/848
Anekdoten *Und aber rundet sich . . .*	P. P.	Frft.		20. 12. 18		
Anekdoten *Wenn in Berlin ein guter Witz...*	anonym	Dame	25/8	Sept. 1925		
Angenehmes — Unangenehmes. Das Jahrhundert des Tieres *(s.u. Rundfrage)*	P. P.	Voss.		25. 12. 30		
Angestellte	Th. T.	WB	4/127	26. 1. 26	5 PS	II/329
Anglikanische Pastöre	P. P.	WB	32/234	10. 8. 26		
Angst des Kapitalisten vor der Einigkeit der Arbeiter *(Nachdr.)*	Th. T.	Volksst.		19. 10. 26		II/528
Originaltitel: Jubelgesang des Bürgers	Th. T.	Fr. W.	39/3	17. 10. 20		

Titel	Autor	Buch Zeitg. Zeitschr.	Nr. und Seite	Datum	Original-Buch-veröffentl.	Bd. u. Seite unserer Ausgabe
Anonyme Briefe	P. P.	WB	13/493	26. 3. 29		III/56
Antwort *(s. u. Der Verfasser von ‹Neudeutsch›)*	I. W.	WB	48/520	28. 11. 18		I/319
Apage, Josephine, apage –!	Th. T.	WB	13/486	27. 3. 28	ML	II/1083
Arbeit für Arbeitslose	Th. T.	WB	10/382	9. 3. 26		II/371
Arbeit tut not –!	Th. T.	WB	6/215	10. 2. 25		II/45
Aristide Bruant	P. P.	Voss.		7. 1. 25		II/10
Aristide Bruant von Yvette Guilbert *Autorisierte Übersetzung aus dem Französischen von Peter Panter*	P. P.	WB	9/325	3. 3. 25		
Arme Telefonistinnen –!	Th. T.	AIZ	13/11	1928		
Armes Berlin!	von einem Berliner	BVZ		19. 3. 19		
Arno Holz	P. P.	WB	20/574	13. 5. 20		
Arno Holz und sein Werk	K. T.	Werk Verl.		1923		
Victor Arnold	K. T.	SB	11/304	12. 3. 14		I/159
Arzt und Patient	P. P.	WB	20/758	15. 5. 28		
Asyl für Obdachlose!	Th. T.	AIZ	37/10	1928		II/1232
Auch ein Buchhändler	I. W.	WB	39/499	27. 9. 27		
Auch eine Urteilsbegründung	I. W.	WB	19/680	12. 5. 31		III/856
Auf dem Grasplatz	I. W.	WB	42/620	20. 10. 25		II/241
Auf dem Nachttisch *Abends, wenn ich im Bett liege …*	P. P.	WB	52/940	23. 12. 30		III/637
Auf dem Nachttisch *Auf dem Nachttisch: Bücher –*	P. P.	WB	9/337	26. 2. 29		III/43

Titel	Autor	Buch Zeitg. Zeitschr.	Nr. und Seite	Datum	Original-Buch-veröffentl.	Bd. u. Seite unserer Ausgabe
Auf dem Nachttisch *Auf dem Nachttisch liegen große und kleine Bücher . . .*	P. P.	WB	25/935	18. 6. 29		III/95
Auf dem Nachttisch *Bitte, geben Sie mir 12 Neuerscheinungen . . .*	P. P.	WB	32/210	6. 8. 29		
Auf dem Nachttisch *Brom, Bromural, Pantopon . . .*	P. P.	WB	49/860	6. 12. 27		II/969
Auf dem Nachttisch *Bronisław Malinowski (Auszug aus ‹Voll – das ist wohl . . .›)*	P. P.	WB	44/651	28. 10. 30	LL	III/571
Auf dem Nachttisch *«Das ärztliche Volksbuch» . . .*	P. P.	WB	22/808	2. 6. 31		
Auf dem Nachttisch *Das Bett als Refugium . . .*	P. P.	WB	8/287	21. 2. 28		II/1054
Auf dem Nachttisch *Den ganzen Tag hab ich mich . . .*	P. P.	WB	3/92	17. 1. 28		II/1026
Auf dem Nachttisch *Die Gesamtausgabe der Freudschen Schriften . . .*	P. P.	WB	18/656	5. 5. 31		III/847
Auf dem Nachttisch *Eins, zwei, drei, vier, fünf . . .*	P. P.	WB	21/767	20. 5. 30		III/446

Titel	Autor	Buch Zeitg. Zeitschr.	Nr. und Seite	Datum	Original-Buch-veröffentl.	Bd. u. Seite unserer Ausgabe
Auf dem Nachttisch *Entweder du liest eine Frau ...*	P. P.	WB	17/621	22. 4. 30		III/426
Auf dem Nachttisch *Graf A. Stenbock-Fermor ...*	P. P.	WB	9/330	1. 3. 32		III/1020
Auf dem Nachttisch *Herr Pietsch, eines von ...*	P. P.	WB	49/857	8. 12. 31		
Auf dem Nachttisch *kann auch manchmal das Grammophon stehn.*	P. P.	WB	47/792	20. 11. 28		
Auf dem Nachttisch *«Mach das Licht aus ...»*	P. P.	WB	50/859	9. 12. 30		III/619
Auf dem Nachttisch *Merkwürdig ist das ...*	P. P.	WB	19/717	8. 5. 28		II/1126
Auf dem Nachttisch *Mit mir wird das kein gutes Ende nehmen:*	P. P.	WB	7/248	11. 2. 30		III/356
Auf dem Nachttisch *Obenauf ein schmales Bändchen:*	P. P.	WB	9/321	3. 3. 31		III/791
Auf dem Nachttisch *‹Pröhn› ist ein schönes Wort –*	P. P.	WB	42/593	15. 10. 29		III/211
Auf dem Nachttisch *Schweizer Nachttische sind hoch ...*	P. P.	WB	13/466	25. 3. 30		III/386

Titel	Autor	Buch Zeitg. Zeitschr.	Nr. und Seite	Datum	Original-Buch-veröffentl.	Bd. u. Seite unserer Ausgabe
Auf dem Nachttisch *Voll — das ist wohl . . .*	P. P.	WB	44/651	28. 10. 30	LL (Auszug)	III/571
Auf dem Nachttisch *Wenn ich mich ein wenig aufrichte . . .*	P. P.	WB	45/701	5. 11. 29		III/232
Auf dem Nachttisch *Wenn ich nicht Peter Panter . . .*	P. P.	WB	5/177	2. 2. 32		III/1004
Auf den unbekannten Soldaten v. J.-René Darnys *Übertragung aus dem Französischen*	Th. T.	WB	7/245	17. 2. 25		II/48
Auf der Reeperbahn nachts um halb eins	P. P.	Voss.		19. 8. 27		II/852
Auf der Wiese	P. P.				Pyr.	II/686
Auf die Mensur *(s. u. Deutsche Richter von 1940)*	Th. T.	AIZ	5/—	1929		
		Rot. Sig.	—/32	1929	Dt. Dt.	III/295
Auf die Weltbühne	Th. T.	WB	14/331	4. 4. 18		
(Nachdruck)	Th. T.	WB	48/837	19. 11. 27		I/272
Auf ein Frollein	Th. T.	WB	18/462	4. 5. 22	5 PS	I/948
Auf ein Kind	K. T.	WB	37/292	9. 9. 20		I/732
Auf ein Soldatenbild	Th. T.	WB	31/177	4. 8. 25	ML	II/178
Auf einen großen Komiker	Th. T.	Frechh.	11/6	1929		
Auf Urlaub	Th. T.	SB	26/606	28. 6. 17	Fr. Gs.	I/245
Auf verlorenem Posten	P. P.	WB	19/542	6. 5. 20		
Aufgewachsen bei . . .	Th. T.	WB	45/693	4. 11. 30		III/589
‹Aufgezogen›	P. P.	BT	535/—	10. 11. 19		I/517

Titel	Autor	Buch Zeitg. Zeitschr.	Nr. und Seite	Datum	Original-Buch-veröffentl.	Bd. u. Seite unserer Ausgabe
Aufklärungsfilms	I. W.	WB	26/722	19. 6. 19		
Auftakt	Ignaz	SB	34/35/822	28. 8. 13	Fr. Gs.	I/82
Auftrittslied	Th. T.	Ulk	33/–	15. 8. 19		
Augen in der Großstadt	Th. T.	AIZ	11/217	1930	LL	III/379
Aus!	Th. T.	Uhu	5/24	Febr. 1930		III/345
Aus aller Welt	P. P.	WB	36/360	3. 9. 29		III/171
Aus dem Ärmel geschüttelt	Th. T.	NS		7. 10. 21		I/830
Aus der Ferne	Th. T.	WB	33/253	14. 8. 28		II/1197
Aus einem alten Photographie-album	P. P.	Uhu	1/19	1927		
Aus einem unerfindlichen Grunde	K. T.				Dt. Dt.	
Aus großer Zeit	I. W.	WB	31/111	3. 8. 22		I/1018
Aus Moskau zurück	I. W.	Frei.		13. 10. 20		I/742
Ausblick	Th. T.	Ulk	4/–	24. 1. 19		
Ausflug nach Robinson	P. P.	Voss.		19. 7. 24		I/1188
Ausflug zu den reichen Leuten	P. P.				Pyr.	II/587
Ausgezeichnete Leute	P. P.	WB	44/712	2. 11. 26		
Ausjeh	P. P.	WB	11/279	16. 3. 22		
Auslandsberichte	I. W.	WB	19/694	12. 5. 25	5 PS	II/121
Auslandskorrespondenten	I. W.	WB	35/320	28. 8. 24		I/1221
Auslieferung	Th. T.	Ulk	8/–	20. 2. 20		
Aussage eines Nationalsozialisten vor Gericht	Th. T.	AIZ	37/728	1930		III/551
Außen- und Innenpolitik	I. W.	Fried.	7/210	Juli 1926		
Außenseiter der Gesellschaft	I. W.	WB	10/359	10. 3. 25		II/61
Aussperrung	K. T.				Dt. Dt.	III/296
Ausverkauf	Th. T.	WB	47/537	24. 11. 21		
Autarkie	Th. T.	WB	32/231	11. 8. 31		III/911
Autobiographie	K. T.	Stach.	3/32	1926		II/306
Aveu	P. P.	Manus.		27. 6. 19		Briefbd. 423

Titel	Autor	Buch Zeitg. Zeitschr.	Nr. und Seite	Datum	Original-Buch-veröffentl.	Bd. u. Seite unserer Ausgabe
Avis an meinen Verleger	K. T.	WB	9/345	1. 3. 32		III/1028
Awrumele Schabbesdeckel und Prinz Eitel-Friedrich von Hohenzollern	I. W.	WaM		23. 5. 21		I/805
Babbitt	P. P.	WB	18/665	5. 5. 25		II/111
Badetag	K. H.	WB	48/634	20. 11. 19		I/520
Bahnpolizei	I. W.	WB	21/775	20. 5. 30		
Leo Bakst	P. P.	SB	12/347	20. 3. 13		
Bakterienkultur	I. W.	BVZ		2. 11. 19		
Ballade *Da sprach der Landrat unter Stöhnen*	Th. T.	WB	51/917	16. 12. 30	LL	III/635
Ballade *Ich lebte mit Frau Sobernheimer (s. u. Eine kleine Geburt)*	Th. T.	WB	3/101	20. 1. 31	LL	III/767
Banger Moment bei reichen Leuten	K. H.	WB	4/150	24. 1. 28	ML	II/1036
Bänkelbuch	P. P.	WB	28/58	9. 7. 29		III/127
Henri Barbusse und die Platte ‹Lord help me —!›	I. W.	WB	47/763	19. 11. 29		III/250
Herr Adolf Bartels	I. W.	WB	12/291	23. 3. 22		I/918
Basel	I. W.	WB	51/940	22. 12. 31		III/977
Bassermann der Operette	P. P.	SB	24/25/656	19. 6. 13		
Bauern, Bonzen und Bomben	I. W.	WB	14/496	7. 3. 31		III/820
Bayreuth	P. P.	SB	13/371	27. 3. 13		I/63
Herr Bedel liebt auf dem 48. Grad	P. P.	Voss.	430/—	12. 9. 29		
Befürchtung	K. H.	WB	28/71	9. 7. 29	LL	III/131
Begnadigung	I. W.	WB	34/312	24. 8. 26		II/485
Bei Anton Hansen	P. P.	WB	26/1023	28. 6. 27		

Titel	Autor	Buch Zeitg. Zeitschr.	Nr. und Seite	Datum	Original-Buch-veröffentl.	Bd. u. Seite unserer Ausgabe
Bei dem Autor der Garçonne	P. P.	Voss.		22. 11. 24		
Bei den Verrückten	P. P.	WB	38/467	22. 9. 25		II/225
Bei näherer Bekanntschaft	Th. T.	WB	31/192	3. 8. 26	ML	II/475
Bei Stadtzauberers	K. T.	WB	40/316	3. 10. 18	Träum. ML	I/299
Bei uns in Amerika ... *(s. u. Bei uns in Europa)*	Th. T.	WB	40/530	4. 10. 27		
Bei uns in Europa	Th. T.	WB	40/530	4. 10. 27	Dt. Dt.	II/905
Beim Schneider	P. P.	WB	1/37	5. 1. 26		II/318
Beim Versicherungsagenten	P. P.	Simpl.	1/10	1. 4. 30		
Beiseite	I. W.	WB	36/392	7. 9. 26		
Beit Friehstick	Th. T.	WB	41/567	13. 10. 31		III/958
Bekritzelte Programmhefte	P. P.	WB	15/593	12. 4. 27		
Bekritzeltes Blatt	I. W.	WB	51/636	22. 12. 21		I/881
Bella	P. P.	Voss.		4. 3. 26		II/368
Ben Akiba	P. P.	WB	37/296	14. 9. 22		
Bergner! Bergner!	P. P.	WB	19/553	10. 5. 23		I/1094
Berichtigung	Th. T.	Dra.		24. 12. 19		
Berlin amüsiert sich!	anonym	Vorw.		28. 10. 13		
Berlin! Berlin! *Berlin hat keine sehr gute Presse ...*	I. W.	WB	13/499	29. 3. 27		II/755
Berlin! Berlin! *Der Berliner Volkshumor ...*	Iks	Fr. W.	1/4	10. 1. 20		
Berlin! Berlin! *Über dieser Stadt ist kein Himmel.*	I. W.	BT	332/–	21. 7. 19		I/449
Berlin und die Provinz	I. W.	WB	11/405	13. 1. 28		II/1072
Berliner Abend	Th. T.	WB	23/579	8. 6. 22		
Berliner auf Reisen	P. P.	WB	3/111	19. 1. 26		II/326
Berliner Ballberichte	K. H.	WB	5/173	28. 1. 30	LL	III/340
Berliner Bälle	Th. T.	WB	10/384	8. 3. 27		II/744

Titel	Autor	Buch Zeitg. Zeitschr.	Nr. und Seite	Datum	Original-Buch-veröffentl.	Bd. u. Seite unserer Ausgabe
Berliner Cabarets	K. T.	SB	10/288	6. 3. 13		I/61
Berliner Drehorgellied	Th. T.	Ulk	2/3/–	17. 1. 19		
Berliner Fasching	Th. T.	SB	7/199	12. 2. 14	Fr. Gs.	I/152
Berliner Gefängnisse	I. W.	Frei.		25. 7. 20		
Berliner Gerüchte	Th. T.	SB	45/442	9. 11. 16	Fr. Gs.	I/225
Berliner Geschäfte	I. W.	BT	48/–	27. 1. 20	ML	III/651
Berliner Geselligkeiten	P. P.	Zirk.	–/71	1920		
Berliner Herbst *(s. u. Mundartliches Gedicht)*	Th. T.	WB	40/529	2. 10. 28	ML	II/1257
Berliner Kämpfe	K. H.	WB	3/69	16. 1. 19	Fr. Gs.	I/359
Berliner Konzertsaison	anonym	Vorw.		19. 8. 13		
Berliner Liebe	Th. T.	WB	41/385	13. 10. 21		I/841
Berliner Mutterlaut	P. P.	WB	42/425	19. 10. 22		I/1062
Berliner Nachtkultur	tu	Vorw.		28. 8. 12		
Berliner Sonntag	Th. T.	WB	46/510	17. 11. 21		I/859
Berliner Spielhöllen	I. W.	BT	121/–	20. 3. 19		
Berliner Theater *Der Unterschied zwischen dem Satz . . .*	P. P.	WB	46/738	12. 11. 29		III/242
Berliner Theater *Die Besucher einer berliner Premiere . . . (aus: So verschieden ist es im menschlichen Leben)*	P. P.	WB	4/133	24. 1. 28		II/1034
					Dt. Dt.	III/303
Berliner Verkehr *Bezüglich dem berliner Verkehr . . .*	Th. T.	WB	40/545	5. 10. 26		II/520
Berliner Verkehr *Die berliner Presse ist dabei . . .*	I. W.	WB	45/739	9. 11. 26		

Titel	Autor	Buch Zeitg. Zeitschr.	Nr. und Seite	Datum	Original-Buch-veröffentl.	Bd. u. Seite unserer Ausgabe
Berliner Volksbühne	K. T.				Dt. Dt.	
Berlins Bester	P. P.	WB	3/95	20. 1. 25		II/20
Berolina ... Claire Waldoff	Th. T.	WB	35/319	27. 8. 29		III/171
Bert Brechts Hauspostille	P. P.	WB	9/334	28. 2. 28		II/1062
Rosa Bertens	K. T.	SB	19/520	7. 5. 14		I/189
Beschlagnahmefreies Gedicht	Th. T.	WB	13/492	29. 3. 32		III/1039
Beschluß und Erinnerung *(s. u. Erinnerung)*	Th. T.	WB	49/837	4. 12. 28	ML	II/1327
Besetzt! Bitte, später rufen–!	Th. T.	WB	25/918	23. 6. 25		II/152
Bestätigung	I. W.	BVZ		1. 5. 20		
Besuch bei J. V. Jensen	P. P.	Voss.		19. 6. 27		II/802
Besuch bei Paul Morand	P. P.	Dame	6/6	Dez. 1928		
Besuche bei Peter Panter	P. P.	Uhu	6/114	März 1927		II/736
Betriebsunfall	Th. T.	WB	47/795	24. 11. 31		III/967
Bettschnüffler	I. W.	WB	11/388	11. 3. 30		III/376
Bibliothekskadaver	P. P.	WB	20/514	18. 5. 22		I/956
Bilanz *Deutsches Land geht in fremde Hände.*	K. H.	WB	21/563	15. 5. 19		
Bilanz *Jeden Pfennig, den ein hoher Offizier ...*	K. H.	WB	6/182	5. 2. 20		
Bilder auf dem Schreibtisch	P. P.	Voss.	144/–	26. 3. 30		
Bilder aus dem Geschäftsleben	P. P.	Uhu	2/150	Nov. 1924		I/1264
Bilderbuch	P. P.	WB	18/715	4. 5. 26		
Billet an eine junge Dame	P. P.	Bl. Vog.	–/36	1921/22		
Biographie für viele	P. P.	BT		29. 7. 20		I/705
Bitte an Hülsen	Ignaz	SB	24/25/653	19. 6. 13		

Titel	Autor	Buch Zeitg. Zeitschr.	Nr. und Seite	Datum	Original-Buch-veröffentl.	Bd. u. Seite unserer Ausgabe
Bitte, bedienen Sie sich!	I. W.	BT	554/–	29. 10. 18		
«Bitte – fädeln Sie mal ein . . .»	P. P.	Uhu	1/97	Okt. 1931		III/955
Blaise, der Gymnasiast	P. P.	SB	20/555	14. 5. 14		I/195
Blick in die Zukunft	Th. T.	Schall	5/4	April 1920		I/887
Blick in ferne Zukunft	I. W.	WB	44/665	28. 10. 30	LL	III/580
Blumentag	Kurt	Vorw.		17. 6. 11		
Blutrache in Leipzig	I. W.	WB	35/333	27. 8. 29		
Bockbierfest	K. T.				Dt. Dt.	
Ferdinand Bonns gesammelte Werke	I. W.	SB	21/22/586	28. 5. 14		I/199
Braut- und Sport-Unterricht	I. W.	WB	15/540	8. 4. 30		III/409
Bert Brechts Hauspostille	P. P.	WB	9/334	28. 2. 28		II/1062
Breslau	I. W.	WB	45/485	10. 11. 21	5 PS	I/858
Brief an den Staatsanwalt	P. P.	WB	14/352	6. 4. 22	ML	I/936
Brief an eine Katholikin	I. W.	WB	6/198	4. 2. 30		III/345
Brief an einen bessern Herrn	I. W.	WB	12/426	24. 3. 25		II/67
Brief an einen Kater	P. P.	Voss.		25. 11. 27		II/957
Brief an einen Plakatmaler	I. W.	SB	12/338	20. 3. 13		
Brief an Franz Hammer	K. T.	WB	4/165	15. 2. 47		
Brief meines Vaters	I. W.	WB	6/204	9. 2. 32		III/1009
Brief nach Wien	P. P.	WB	2/49	8. 1. 20		
Briefbeilagen	P. P.	WB	24/545	13. 6. 18		I/275
Briefbeilagen: Auburtin	P. P.	WB	25/567	20. 6. 18		I/278
Briefbeilagen: Der Tscheinik	P. P.	WB	28/37	11. 7. 18		Briefbd. 376
Briefbeilagen: Die Schimekkische	P. P.	WB	31/106	1. 8. 18		I/288

Titel	Autor	Buch Zeitg. Zeitschr.	Nr. und Seite	Datum	Original-Buch-veröffentl.	Bd. u. Seite unserer Ausgabe
Briefbeilagen: Die Vorbedingung des Lebens	P. P.	WB	32/122	8. 8. 18		Briefbd. 390
Briefbeilagen: Im Hinterzimmer	P. P.	WB	24/545	13. 6. 18		I/276
Briefbeilagen: Vision	P. P.	Manus.		24. 6. 19		Briefbd. 422
Briefbeilagen: Was wäre, wenn ...?	P. P.	WB	27/17	4. 7. 18		I/283
Briefbeilagen: Witze	P. P.	WB	26/593	27. 6. 18		I/281
Briefe an einen Fuchsmajor	I. W.	WB	5/163	31. 1. 28	ML	II/1037
Briefe an einen Kinoschauspieler	P. P.	BVZ		25. 12. 19		I/551
Briefmarken	Th. T.	WB	45/441	7. 11. 18	Fr. Gs.	I/317
Brot mit Tränen	K. H.	WB	45/754	9. 11. 26	5 PS	II/540
Aristide Bruant	P. P.	Voss.		7. 1. 25		II/10
Aristide Bruant von Yvette Guilbert *Autorisierte Übersetzung aus dem Französischen von Peter Panter*	P. P.	WB	9/325	3. 3. 25		
Bruch	Th. T.	Ulk	50/—	13. 12. 18		I/322
Brunner	Th. T.	WB	45/477	10. 11. 21		I/857
Brunner im Amt	I. W.	WB	36/226	7. 9. 22		I/1055
Buch mit Bildern	I. W.	WB	23/864	8. 6. 25		
Buch voller Tiere	P. P.	Voss.		18. 9. 27		II/881
Büchertisch *(s. u. Zu Weihnachten)*	K. H.	WB	47/803	24. 11. 25	5 PS	II/265
Büchner *(s. u. Zwei Hundertjährige)*	K. T.	SB	42/997	16. 10. 13		I/95
Budjonnys Reiterarmee	P. P.	WB	13/517	29. 3. 27		II/759
Bühnenluft	P. P.	SB	49/1211	4. 12. 13		I/109

Titel	Autor	Buch Zeitg. Zeitschr.	Nr. und Seite	Datum	Original-Buch-veröffentl.	Bd. u. Seite unserer Ausgabe
Bund der Landwirte	Th. T.	SB	9/260	26. 2. 14		
(Nachdruck)	Th. T.	WB	10/236	27. 2. 19	Fr. Gs.	I/154
Bunte Gläser	P. P.	WB	14/512	7. 4. 25	ML	II/90
Eugen Burg	P. P.	WB	6/225	10. 2. 31	LL	III/780
Bürgerliche Wohltätigkeit *(s. u. Wohltätigkeit)*	K. T.				Dt. Dt. LL	III/311
Bürgerliches Zeitalter	Th. T.	WB	13/332	30. 3. 22		I/934
Burgunder 1928	P. P.	Voss.	594/—	16. 12. 28		
Busch-Briefe	P. P.	SB	16/460	16. 4. 14		I/175
Buschkämpfer	I. W.	BVZ		22. 5. 19		
Bußtag	I. W.	Frei.		18. 11. 20		
Cabaret	P. P.	SB	43/1044	23. 10. 13		I/98
Cabaret-Kritik	P. P	WB	50/889	10. 12. 29		
Café-Kultur	I. W.	März	10/—	7. 3. 14		
Dr. Caligari *(s. u. Dr. Caligari)*	P. P.	WB	11/347	11. 3. 20		I/612
Camelots	I. W.	WB	17/672	27. 4. 26		
Canzonetta	Th. T.	WB	16/441	15. 4. 20		
Caput Nili	P. P.	WB	22/637	27. 5. 20		
Carl Sonnenschein	P. P.	WB	1/17	6. 1. 31		III/755
Casanova im Safe	P. P.	WB	13/498	27. 3. 28		II/1087
Cauterets	P. P.				Pyr.	II/663
Chamberlain	Th. T.	WB	43/179	22. 8. 18		
Chanson *(s. u. Ein Chanson)*	Th. T.	WB	48/866	30. 11. 26	5 PS	II/553
Chanson für eine Frankfurterin	Th. T.	WB	2/64	8. 1. 29		III/24
Chaplin in Kopenhagen	P. P.	WB	23/899	7. 6. 27		II/796
Chauve-Souris in Paris	P. P.	WB	1/33	4. 1. 27		
Chef-Erotik	K. H.	WB	17/682	26. 4. 27	5 PS	II/783
Chevalier	P. P.	WB	5/180	3. 2. 25		II/36
Maurice Chevalier	P. P.	Tem.		16. 10. 28		
Chevalier, Rip und die andern	P. P.	WB	4/150	26. 1. 26		II/334
Christian Wagner	P. P.	WB	7/8/182	13. 2. 19		I/366

Titel	Autor	Buch Zeitg. Zeitschr.	Nr. und Seite	Datum	Original-Buch-veröffentl.	Bd. u. Seite unserer Ausgabe
Christoph Kolumbus oder Die Entdeckung Amerikas *Eine Komödie von Walter Hasenclever und Peter Panter (Schlußszene)*	P. P.	WB	40/506	4. 10. 32		III/1092
Cirque de Gavarnie	P. P.				Pyr.	II/659
‹Clemenceau spricht›	P. P.	Voss.		6. 4. 30		III/406
Clément Vautel	P. P.	Voss.		30. 9. 25	ML	II/232
Coda	K. T.	Plakat		Juli 1913		
Coletti	P. P.	SB	16/450	17. 4. 13		
Colloquium in utero	K. H.	WB	12/453	22. 3. 32		III/1036
Confessio	Th. T.	WB	8/307	22. 2. 27	5 PS	II/730
Corneille auf der Schreibmaschine	P. P.	Voss.		26. 6. 24		
Coué	Th. T.	WB	8/299	23. 2. 26		
Couplet für die Bier-Abteilung	Th. T.	WB	30/87	27. 7. 22		I/1007
Coupletvortrag	P. P.	WB	50/892	11. 12. 28		
Courteline	P. P.	WB	39/500	25. 9. 28		II/1249
E. R. Curtius' Essays	P. P.	Voss.	4/—	3. 1. 26		II/309
Cyniker *(s. u. Zyniker)*	P. P.	WB	3/100	19. 1. 32		III/997
Dada	P. P.	BT		20. 7. 20		I/702
Dada-Prozeß	I. W.	WB	17/454	28. 4. 21		I/800
«D'ailleurs»	P. P.	WB	33/259	14. 8. 28		
Damals, im Kleinen Theater	P. P.	WB	39/362	18. 9. 19		Briefbd. 428
Damenfrisiersalon	P. P.	WB	9/227	2. 3. 22		
Dämmerung	K. T.	WB	11/332	11. 3. 20		I/608
Danach	Th. T.	WB	14/517	1. 4. 30	LL	III/402
Dänische Felder	I. W.	WB	30/152	26. 7. 27	ML	II/836
Dank an Frankreich	P. P.	WB	9/339	1. 3. 27	Pyr.	II/703

Titel	Autor	Buch Zeitg. Zeitschr.	Nr. und Seite	Datum	Original-Buch-veröffentl.	Bd. u. Seite unserer Ausgabe
Dank vom Hause Stalin	I. W.	WB	19/731	8. 5. 28		II/1132
Dankbare Lachquittung	P. P.	WB	23/642	9. 6. 21		
Dans la rue	P. P.	WB	24/830	12. 6. 24		
Dantons Tod	K. H.	WB	10/311	4. 3. 20		I/607
Darf man nur Deutsch sprechen?	P. P.	Morg.		25. 4. 26		
Darf man tippen –?	P. P.	Voss.	1/–	1. 1. 31		III/749
Das	P. P.	WB	11/434	15. 3. 27	ML	II/747
Das A-B-C des Angeklagten	I. W.	WB	2/45	8. 1. 29		III/20
Das alte Heer	I. W.	Frei.		5. 12. 20		
Das alte Vertiko	Th. T.	WB	7/272	16. 2. 26		II/357
Das angestammte Herrscherhaus	K. T.				Dt. Dt.	
Das Auge von Paris	P. P.	Voss.		7. 11. 26		
Das Barreau	P. P.	SB	43/1043	23. 10. 13		I/97
Das Bild als Narr	P. P.	WB	19/516	1. 5. 19		I/402
Das Bildnis	P. P.	WB	2/56	13. 1. 21		I/782
Das böse Gewissen	I. W.	WB	40/511	1. 10. 30		
Das Buch des Jahres 1919	P. P.	BT	602/–	17. 12. 19		
Das Buch vom Kaiser	I. W.	WB	52/980	29. 12. 25		II/298
Das Buch von der deutschen Schande	I. W.	WB	36/237	8. 9. 21		I/818
Das Buchhändler-Börsenblatt	K. T.	WB	39/481	24. 9. 29		III/192
Das Couplet	P. P.	Schall	5/1–2	April 1920		
Das deutsche Schicksal (Antworten) *(s. u. Scheinwerfer durch die Nacht u. Schnitzel)*	K. T.	WB	35/228	30. 8. 23	5 PS	III/458
Das Ding, das fliegt	P. P.	Voss.		6. 9. 27		
Das dritte Reich	Th. T.	WB	19/686	6. 5. 30		III/437

Titel	Autor	Buch Zeitg. Zeitschr.	Nr. und Seite	Datum	Original-Buch-veröffentl.	Bd. u. Seite unserer Ausgabe
Das Elend mit der Speisekarte	P. P.	Voss.		16. 9. 28		II/1233
Das Elternhaus	P. P.	BT	108/–	15. 3. 19		I/380
Das Ende einer Monarchie	K. T.				Dt. Dt.	
Das erdolchte Heer	von einem Berliner	BVZ		23. 11. 19		I/525
Das Fach-Adverbium	P. P.	Voss.		5. 7. 25		
Das falsche Plakat von Paris	P. P.	Voss.		26. 7. 24		I/1190
Das Fehlende	K. T.				Dt. Dt.	
Das Felderlebnis	I. W.	WB	33/155	17. 8. 22		I/1035
Das Feuilleton mit einem Knacks	P. P.	WB	31/174	30. 7. 29		
Das Firmenschild	Th. T.	WB	9/260	3. 3. 21		I/795
Das flüsternde Sanatorium	P. P.	Voss.		5. 8. 28		II/1192
Das Fort	P. P.				Pyr.	II/690
Das Gebet für die Luftschiffer	anonym	Vorw.		10. 5. 14		I/195
Das Geheimnis der Lebenden	P. P.	WB	40/395	25. 9. 19		I/480
Das Geheimnis des gelben Zimmers	P. P.	SB	13/303	29. 3. 17		I/241
Das geistige Niveau	I. W.	WB	26/977	30. 6. 25		II/158
. . . das Geld aus dem Fenster!	P. P.	Voss.		15. 4. 28		II/1104
Das Geschäft in Aktien	P. P.	WB	39/347	28. 9. 22		
Das Gesetz	Th. T.	AIZ	41/–	1929		III/199
Das Gesicht der Stadt	I. W.	Frei.		16. 11. 20		I/756
Das Gleichgewicht des Lebens	P. P.	WB	26/889	26. 6. 24		I/1175
Das Grammophon	P. P.	Simpl.	17/338	3. 10. 16		I/221
Das große Q	K. H.	WB	16/635	20. 4. 26		
Das grüne Gesicht	I. W.	SB	7/156	15. 2. 17		I/239
Das Heil von außen	K. H.	WB	19/516	1. 5. 19	Fr. Gs.	I/402

Titel	Autor	Buch Zeitg. Zeitschr.	Nr. und Seite	Datum	Original-Buch-veröffentl.	Bd. u. Seite unserer Ausgabe
Das Herz von Preußen	Kurt	Vorw.		19. 5. 11		
Das Hüsterchen	P. P.	BVZ		27. 11. 21		
Das Ideal	Th. T.	BIl.	31/1256	31. 7. 27		II/839
Das illoyale Reichsgericht	I. W.	WB	18/694	1. 5. 28		
Das ist klassisch!	P. P.	WB	41/399	12. 10. 22		I/1061
«Das ist nämlich Herr Meyer —!»	P. P.	Voss.	340/—	22. 7. 30		III/484
«Das kann man noch gebrauchen —!»	P. P.	N. Lpz.		19. 8. 30		III/498
Das Kind, das nicht geboren ist	I. W.	WB	3/114	15. 1. 29		
Das kleine Logbuch	I. W.	WB	9/226	2. 3. 22		I/910
Das Königswort *(s. u. Ein Königswort)*	K. H.	WB	18/483	24. 4. 19	Fr. Gs.	I/401
Das konservative Paris	P. P.	Voss.		9. 9. 24		I/1229
Das Lächeln der Mona Lisa	Th. T.	WB	48/819	27. 11. 28	ML	II/1322
Das Land der Parzellen	P. P.	Voss.		22. 8. 26		
Das Leben der Colette	P. P.	LoseBl.	5/73	Dez. 1927		
Das Leben der Termiten	P. P.	WB	38/462	20. 9. 27		
Das leere Schloß	I. W.	WB	8/240	19. 2. 20		I/598
Das Lied vom Kompromiß	K. H.	WB	12/297	13. 3. 19		I/377
Das Lied von der Gleichgültigkeit	Th. T.	WB	1/29	5. 1. 32		III/987
Das Lottchen. 1. Ankunft	P. P.	Voss.		6. 9. 28	LL	II/1226
Das Lottchen. 2. Lottchen wird saniert	P. P.	Voss.	132/—	19. 3. 31	LL	III/806
Das Lottchen. 3. Lottchen beichtet 1 Geliebten	P. P.	Voss.	38/—	23. 1. 31	LL	III/768

Titel	Autor	Buch Zeitg. Zeitschr.	Nr. und Seite	Datum	Original-Buch-veröffentl.	Bd. u. Seite unserer Ausgabe
Das Lottchen. 4. Es reut das Lottchen	P. P.	Voss.	150/–	29. 3. 31	LL	III/292
Das Lottchen. 5. Lottchen besucht einen tragischen Film	P. P.	Voss.	246/–	20. 10. 29	LL	III/220
Das Märchen von Berlin	I. W.	DAD		1. 6. 29		III/77
Das ‹Menschliche› *Das Wort ist seit etwa zehn Jahren . . .*	P. P.	Voss.		31. 7. 27		II/840
Das Menschliche *Oberes Bild.*	I. W.	WB	22/826	29. 6. 28	ML	II/1140
Das menschliche Paris	P. P.	Voss.		19. 6. 24		I/1170
Das Militär als Erzieher?	I. W.	Gre.	12/81	5. 4. 22		
Das Mitglied	Th. T.	WB	22/865	1. 6. 26	5 PS	II/457
Das möblierte Zimmer	K. T.				Dt. Dt.	
Das Museum der Eitelkeiten	P. P.	Voss.		9. 9. 27		II/874
Das Nachschlagewerk als politische Waffe	I. W.	WB	34/271	20. 8. 29		III/166
Das Nachtgespenst	Th. T.	WB	4/140	21. 1. 30		III/335
Das nervöse München	anonym	BT		24. 11. 19		
Das nervöse Paris	I. W.	WB	1/6	6. 1. 25		
Das neue Gefangenen-Museum	Th. T.	AIZ	26/10	1928		II/1162
Das neue Lied	P. P.	WB	48/619	25. 11. 20		I/766
Das Opfer einer (der) Republik	I. W.	WaM		26. 6. 22	LL	I/982
Das Paradigma	I. W.				Zsp.	I/122
Das Parlament *(s. u. Die Stunde der Entscheidung)*	Th. T.	WB	20/752	15. 5. 28	Dt. Dt.	III/299
Das Persönliche	Th. T.	WB	25/928	23. 6. 31		III/883
Das politische Feigenblatt	I. W.	Frei.		5. 6. 20		

Titel	Autor	Buch Zeitg. Zeitschr.	Nr. und Seite	Datum	Original-Buch-veröffentl.	Bd. u. Seite unserer Ausgabe
Das politische Kino	I. W.	Frei.		10. 5. 20		
Das politische Plakat	I. W.	WB	35/239	21. 8. 19		
Das Recht des Fremden	I. W.	WB	12/444	23. 3. 26	5 PS	II/382
Das Recht in Goethes Faust	I. W.	SB	32/33/775	14. 8. 13		I/76
Das Reich und die Länder	I. W.	Frei.		23. 7. 22		
Das Reichsamt für ...	I. W.	BT	173/—	15. 4. 20		
Das Reichsarchiv	I. W.	WB	7/273	16. 2. 26		
Das Reimlexikon	P. P.	SB	27/28/35	9. 7. 14		I/213
Das Schaubühnchen	P. P.	SB	48/1181	27. 11. 13		
Das Schaufenster	K. T.				Dt. Dt.	
Das Schlemmerparadies	P. P.	WB	4/105	26. 1. 22		
Das schönste Geschenk	P. P.	WB	51/933	18. 12. 28		
Das schwarze Kreuz auf grünem Grunde	I. W.	WB	16/577	21. 4. 31	LL	III/836
Das Siebente	P. P.	WB	36/389	8. 9. 25	5 PS	II/211
Das Sozialistengesetz 1878	Th. T.	AIZ	43/7	1928		II/1297
Das Sprachwunder	P. P.	Voss.		2. 8. 28	ML	II/173
Das sprechende Haus	P. P.	Tem.		14. 12. 28		
Das Stadtgespräch	P. P.	Tem.		11. 12. 28		
Das Stimmengewirr	P. P.	Voss.	244/—	25. 5. 30		III/453
Das Stückchen Unglück	Th. T.	WB	48/806	25. 11. 24		
Das Stundenkonto	P. P.	Tem.		26. 7. 30		III/486
Das Telegrammspiel *von Gussy Holl und Peter Panter*	P. P.	WB	8/199	23. 2. 22		I/907
Das Theaterkind	P. P.	SB	36/852	4. 9. 13		I/84
Das überholte Witzblatt	P. P.	WB	21/793	22. 5. 28		II/1133

Titel	Autor	Buch Zeitg. Zeitschr.	Nr. und Seite	Datum	Original-Buch-veröffentl.	Bd. u. Seite unserer Ausgabe
Das unterbrochene Geschichtsbuchblatt	K. H.	Frei.		21. 5. 20		I/653
Das unvermeidliche Buch	P. P.	Voss.		19. 4. 25		
Das Varieté von der andern Seite	P. P.	SB	18/499	30. 4. 14		I/185
Das Ventil	Th. T.	Flieger		1917/18		
Das verwandelte Paris	P. P.	Voss.		27. 7. 26		
Das verzauberte Paris	P. P.	Voss.		24. 8. 27		II/861
Das Volk	K. T.				Dt. Dt.	
Das Volk steht auf . . . *(s. u. Nationale Verteidigung)*	Th. T.	WB	44/419	31. 10. 18	Fr. Gs.	I/314
Das Weltwort	Th. T.	WB	38/441	18. 9. 28		II/1236
«Das will kein Mensch mehr wissen —!»	P. P.	8	141/—	21. 6. 23		I/1109
Das Wirtshaus im Spessart	P. P.	Voss.		18. 11. 27	ML	II/944
Das Zeitdorf	P. P.	Voss.		15. 8. 26		
Das Zentrum	I. W.	WB	27/20	6. 7. 22		
Das zweite Heer	I. W.	WB	39/465	25. 9. 28		II/1242
Dein Lebensgefühl	K. H.	WB	44/663	28. 10. 30	LL	III/578
Deine Welt	Th. T.	WB	16/599	17. 4. 28	ML	II/1109
Dem Andenken Siegfried Brycks *(s. u. Von unserem Spezialkorrespondenten)*	P. P.	Bl. Heft	5/127	1. 12. 24		
Dem Andenken Siegfried Jacobsohns *(s. u. «Für Ihn»)*	Th. T.	WB	50/914	14. 12. 26	5 PS	II/572
Dem Gehege der Zähne	Th. T.	WB	35/312	28. 8. 24		I/1220
Demetrios	P. P.	WB	50/925	15. 12. 25	ML	II/289

Titel	Autor	Buch Zeitg. Zeitschr.	Nr. und Seite	Datum	Original-Buch-veröffentl.	Bd. u. Seite unserer Ausgabe
Den Deutschen muß man verstehen, um ihn zu lieben; den Franzosen muß man lieben, um ihn zu verstehen *(s. u. Schnipsel)*	P. P.	Dt. Dichter f.d.Dt. Hilfsverein inParis		10. 2. 29		III/294
Denkmal am Deutschen Eck	I. W.	WB	3/94	14. 1. 30	LL	III/330
Denkmalsschmelze	Th. T.	WB	36/224	5. 9. 18	Fr. Gs.	I/295
Der Achtstundentag	I. W.	WB	31/165	31. 7. 24		
Der Affe auf dem Laternenpfahl *von G. de la Fouchardière, übersetzt von Peter Panter*	P. P.	Voss.				
Der Affe auf dem Leierkasten	I. W.	WaM		10. 10. 21		I/834
Der alte Fahrer	anonym	Vorw.		10. 10. 13		
Der alte Fontane *Damals, so in den achtziger Jahren*	Th. T.	BT		1. 9. 18	Fr. Gs.	I/294
Der alte Fontane *«Ich weiß nicht — ich kann seine Romane . . .*	K. T.	WB	53/792	25. 12. 19		I/555
Der alte Herr	P. P.	WB	11/411	17. 3. 25		II/66
Der alte Mustapha singt	Th. T.	SB	20/565	14. 5. 14		I/198
Der alte Pagay	P. P.	SB	45/1097	6. 11. 13		
Der alte Pojaz spricht	Th. T.	SB	43/391	24. 10. 16	Fr. Gs.	I/224
Der amerikanische Erfolg	P. P.	WB	13/469	31. 3. 31		III/815
Der Andere	K. H.	WB	48/843	29. 11. 27	ML	II/967
Der andre Mann	Th. T.	WB	43/630	21. 10. 30	LL	III/567
Der Anhänger	P. P.	Voss.	350/—	27. 7. 30		III/488
Der Apparat	I. W.	BT	538/—	21. 10. 18		I/310
Der Ausweis	P. P.	Frei.		23. 6. 20		I/687

Titel	Autor	Buch Zeitg. Zeitschr.	Nr. und Seite	Datum	Original-Buch-veröffentl.	Bd. u. Seite unserer Ausgabe
Der Autor der Saison	P. P.	Voss.		30. 12. 27		II/1002
Der Bahnhofs-vorsteher	P. P.	Voss.		20. 10. 24		I/1258
Der Banjo-Sträf-ling erzählt	P. P.	Tem.		Nov./ Dez. 1928?		
Der Bär tanzt	P. P.	WB	17/634	24. 4. 28	ML	II/1111
Der Bayer mit dem Schieß-gewehr	P. P.	WB	38/302	22. 9. 21		I/826
Der Beichtzettel	P. P.				Pyr.	II/577
Der beleidigte Korrespondent	P. P.	SB	7/202	12. 2. 14		I/152
Der berliner Busch	tu	Vorw.		11. 11. 13		
Der berühmteste Mann der Welt	K. T.	Pr. Tg.		22. 7. 22		I/1004
Der bewachte Kriegsschau-platz	I. W.	WB	31/191	4. 8. 31		III/905
Der blaue Vogel	P. P.	WB	12/305	23. 3. 22		I/923
Der breite Rücken	Th. T.	WB	13/476	25. 3. 30		
(Nachdruck)	Th. T.	WB	10/357	8. 3. 32		III/1341
Der Brief	P. P.	WB	46/736	11. 11. 30	LL	III/599
Der Brötchentanz	P. P.	Voss.		15. 12. 25		II/284
Der Buchstabe G	P. P.	Voss.	518/—	2. 11. 30		III/581
Der Bühnendiener	P. P.	WB	28/45	13. 7. 22	ML	I/999
Der Bühnenmaler	P. P.	SB	36/850	4. 9. 13		
Der Bürgergeneral *Der Redner (Haeusler, General): Unsere Dienst-zeit ...*	Ignaz	Vorw.		13. 4. 13		I/65
Der Bürgergeneral *Im Verlag der Freiheit ...*	I. W.	WB	32/171	5. 8. 20		
Der Chef drückt aufs Knöpfchen	Th. T.	Uhu	1/77	Okt. 1930		
Der Clown Grock und Conrad Veidt	K. T.				Dt. Dt.	
Der Damenfriseur	P. P.	WB	5/151	3. 2. 21		

Titel	Autor	Buch Zeitg. Zeitschr.	Nr. und Seite	Datum	Original-Buch-veröffentl.	Bd. u. Seite unserer Ausgabe
Der darmstädter Armleuchter *(s. auch Le comique voyageur)*	P. P.	WB	24/901	12. 6. 28	ML	II/1146
Der deutsche Buchhändler (Frage)	K. T.	SB	2/31	8. 1. 14		I/134
Der Deutsche im Teeraum	P. P.	WB	27/37	3. 7. 24		
Der deutsche Mensch	I. W.	WB	35/332	30. 8. 27		II/863
Der Dicke in Rußland	I. W.	WB	4/132	26. 1. 26		II/329
«Der Diktator» in Paris	P. P.	Voss.		13. 10. 26		
«Der Dompteur»	P. P.	Voss.		27. 1. 26		
Der Dreischichte-dichter	P. P.	SB	17/478	24. 4. 13		I/68
Der Erbfeind	I. W.	WB	44/675	30. 10. 24	5 PS	I/1263
Der erste Händedruck	I. W.	WB	41/541	9. 10. 24		
Der erste Mai	Th. T.	Ulk	18/—	1. 5. 19		
Der Exodus	I. W.	WB	49/839	2. 12. 30		
Der Fahrpreis	P. P.	Voss.		16. 1. 25		
Der Fall Fall	P. P.	SB	10/290	5. 3. 14		
Der Fall Knorke	P. P.	Voss.		7. 10. 24		I/1245
Der Fall Mischewski contra Pimbusch	P. P.	Bll.	41/1755	7. 10. 28		II/1259
Der Fall Nathusius	I. W.	WB	47/759	18. 11. 24		I/1279
Der Fall Röttcher	I. W.	WB	48/815	29. 11. 27		II/961
Der falsche Sonntag	I. W.	BT	165/—	13. 4. 19		I/395
Der Fliegengott	P. P.	Voss.	262/—	6. 6. 29	LL	III/80
Der Floh	P. P.	WB	1/26	5. 1. 32		III/987
Der französische Sortimenter	P. P.	WB	7/269	12. 2. 29		
Der Fremde	P. P.	WB	35/334	28. 8. 24		I/1224
Der fromme Angler	P. P.	WB	43/632	21. 10. 30	LL	III/568
Der Gallenbittre	P. P.	Voss.	549/—	20. 11. 25	LL	II/263
Der Gefangene, der sang	P. P.	WB	30/85	17. 7. 19		

Titel	Autor	Buch Zeitg. Zeitschr.	Nr. und Seite	Datum	Original-Buch-veröffentl.	Bd. u. Seite unserer Ausgabe
Der Geist von 1914	K. T.	WB	32/204	7. 8. 24		I/1200
Der Geistige und der Sport	P. P.	Voss.	608/–	25. 12. 28		
Der General auf Rädern	I. W.	Frei.		27. 8. 22		
Der General im Salon	I. W.	WB	37/401	11. 9. 24	5 PS	I/1232
Der General in der Comédie	I. W.	WB	18/703	4. 5. 26		II/430
Der Gerichtsdiener	anonym	Vorw.		18. 10. 13		
(Nachdruck)	I. W.	WB	41/358	11. 10. 23		I/96
Der Geschäftsmann in der Literatur	P. P.	WB	9/319	25. 2. 30	LL	III/368
Der Geschlechtslose	Th. T.	WB	36/356	4. 9. 24	5 PS	I/1228
Der gestohlene Briefträger	I. W.	Mo.		10. 10. 21		
Der Gingganz	P. P.	WB	38/335	11. 9. 19		I/479
Der Graben	Th. T.	DAD		20. 11. 26	ML	II/573
Der Grundakkord	P. P.	Voss.	390/–	20. 8. 31		III/919
Der grüne Frack	P. P.	Voss.		9. 12. 28		II/1333
Der Gruß	P. P.	Voss.		12. 7. 29		
Der Hellseher	I. W.	WB	14/499	1. 4. 30		
(Nachdruck)	I. W.	WB	15/541	12. 4. 32	LL	III/397
Der Henrige	P. P.	WB	14/520	1. 4. 30	LL	III/403
Der Herr in der Loge . . .	I. W.	WB	25/636	22. 6. 22		III/1336
Der Herr Intendant	I. W.	WB	32/164	11. 8. 21		
Der Herr Soundso	P. P.	WB	12/443	18. 3. 30	LL	III/385
Der Hofmeister	P. P.	SB	26/27/688	2. 7. 13		
Der Hosenschnüffler	Th. T.	WB	48/630	25. 11. 20		I/770
Der Humorist singt	Th. T.	Ulk	10/–	5. 3. 20		III/1334
Der Hund als Untergebener	I. W.	WB	22/562	1. 6. 22		I/965
Der Hund und der Blinde	I. W.	WB	22/866	1. 6. 26		
Der innere Monolog	P. P.	Voss.		22. 5. 27		II/791
Der jüdische Untertan	I. W.	März	18/608	Apr. 1914		I/188
Der Junge ist richtig	Th. T.	Bll.	27/1071	3. 7. 27		

Titel	Autor	Buch Zeitg. Zeitschr.	Nr. und Seite	Datum	Original-Buch-veröffentl.	Bd. u. Seite unserer Ausgabe
Der junge Mann	P. P.	WB	13/495	30. 3. 26		II/393
Der kaiserliche Statthalter	I. W.	Me.	16/101	17. 4. 25		II/97
Der kartellierte Zeisig	K. H.	WB	38/444	22. 9. 31		
Der Kassenscheck	P. P.	Voss.	92/—	23. 2. 30		
Der Katzentrust	P. P.	Voss.		17. 6. 28		II/1158
Der kaufmännische Gewinn	P. P.	Voss.		30. 3. 30		
Der kleine Buchstabe π	P. P.	Voss.		16. 8. 24		
Der kleine Geßler und der große Grosz	I. W.	Frei.		24. 10. 20		I/751
Der kleine Hund an der Ecke	Th. T.	WB	4/103	26. 1. 22		I/900
Der kleine Mann spricht	P. P.	Voss.		8. 1. 26		
Der kleine Salon	P. P.	Tem.		8. 10. 28		
Der Kleinstadtphilister	I. W.	Östl.		8. 10. 20		
Der klopfende Mann	I. W.	WB	37/419	9. 9. 30		III/525
Der Knochenzerschlager	I. W.	BVZ		24. 2. 20		
Der Kondolenzbrief	P. P.	Voss.	200/—	29. 4. 30		
Der Konsumvereinsteufel	P. P.	SB	12/348	19. 3. 14		I/164
Der Kontrollierte	anonym	Vorw.		18. 9. 13		I/88
Der Kopf im Walde	K. T.				Dt. Dt.	III/301
Der kranke Zeisig	K. H.	WB	43/617	21. 10. 30	LL	III/562
Der Krieg ohne Namen	I. W.	BT		17. 8. 19		I/463
Der Krieg und die deutsche Frau	I. W.	DAD		30. 7. 27		II/837
Der Kriegslieferant	Th. T.	SB	50/561	14. 12. 16	Fr. Gs.	I/233
Der Kriegsschauplatz	K. H.	WB	3/97	15. 1. 29	Dt. Dt.	III/32
Der lange Clown	Th. T.	SB	38/900	18. 9. 13		
Der Lautsprecher	P. P.	Voss.		13. 2. 27		
Der Leerlauf eines Heroismus	I. W.	WB	45/684	4. 11. 30		III/585

Titel	Autor	Buch Zeitg. Zeitschr.	Nr. und Seite	Datum	Original-Buch-veröffentl.	Bd. u. Seite unserer Ausgabe
Der Lenz ist da!	Th. T.	SB	13/371	26. 3. 14	Fr. Gs.	I/166
Der Lese-Film	P. P.	Voss.		6. 5. 27		
Der letzte Ruf	I. W.	WB	26/977	26. 6. 28	ML	II/1159
Der letzte Tag	P. P.	WB	37/435	14. 9. 26		II/501
Der liebe Gott in Frankreich	P. P.	WB	14/526	2. 4. 29	LL	III/59
Der liebe Gott in Kassel	I. W.	WB	46/771	16. 11. 26		II/542
Der Linksdenker	P. P.	WB	41/550	9. 10. 24	Dt. Dt.	I/1248
Der Löw' ist los –!	P. P.	BT		7. 7. 20	ML	I/761
Der Mann am Schlagzeug	K. H.	WB	14/564	5. 4. 27	Dt. Dt.	II/769
Der Mann am Spiegel *(s. u. Mann am Spiegel)*	K. H.	WB	2/61	10. 1. 28	ML	II/1018
Der Mann auf dem Kabinett	P. P.	WB	51/922	16. 12. 24		I/1302
Der Mann, der ein Kind ertränkt	P. P.	Voss.	521/–	3. 11. 28		II/1293
Der Mann, der nicht gut hört	K. H.	WB	49/855	4. 12. 28	Dt. Dt.	II/1332
Der Mann, der zu spät kam	P. P.	Ff.Gen.		19. 4. 28		II/1110
Der Mann mit den Spritzen	P. P.	BT	145/–	2. 4. 19		I/388
Der Mann mit den zwei Einjährigen	P. P.	Voss.	388/–	18. 8. 29		III/164
Der Mann mit der grünen Maske	P. P.	SB	22/23/620	5. 6. 13		
Der Mann mit der Mappe	P. P.	Voss.		28. 1. 27	ML	II/716
Der Mann seiner Zeit	Th. T.	Flieger		1917/18		
Der Mann vorn rechts	Th. T.	BIl.	38/1511	18. 9. 27		
Der Mantel	iwr	BVZ		14. 12. 19		I/541
Der Markt des Schweigens	P. P.	Voss.	328/–	19. 7. 31		III/892
Der Marques de Bolibar	P. P.	WB	46/566	11. 11. 20		
Der Maulesel des Papstes	P. P.	Voss.		26. 4. 28		

Titel	Autor	Buch Zeitg. Zeitschr.	Nr. und Seite	Datum	Original-Buch-veröffentl.	Bd. u. Seite unserer Ausgabe
Der Meineid	Th. T.	WB	22/825	28. 5. 29	LL	III/76
Der Mensch	K. H.	WB	24/889	16. 6. 31	LL	III/882
Der Meter	I. W.	WB	7/177	16. 2. 22		
Der Mitesser	Th. T.	WB	30/147	28. 7. 31		III/899
Der Mittler	I. W.	WB	46/718	11. 11. 30	LL	III/593
Der moderne Crainquebille	anonym	Voss.		14. 12. 24		
Der Mond der Toinette	P. P.	WB	47/595	18. 11. 20		
Der Mörder und der Staat. Die Todesstrafe im Urteil hervorragender Zeitgenossen *(s.u.Rundfrage)*	I. W.	Hädecke Verl. Stgt.	S. 89	1928		II/1070
Der musikalische Infinitiv	P. P.	WB	36/381	8. 9. 31		III/938
Der Namensfimmel	I. W.	WB	3/114	19. 1. 26		II/328
Der Naturforscher	K. T.	AIZ	27/2	1929	Dt. Dt.	
Der neudeutsche Stil	P. P.	WB	14/540	6. 4. 26	5 PS	II/400
Der neue Kürschner	P. P.	WB	15/558	10. 4. 28	ML	II/1101
Der neue Morand	P. P.	WB	34/293	25. 8. 25		II/196
Der neue Posttarif	Th. T.	Ulk	11/—	12. 3. 20		
Der neue Remarque	I. W.	WB	20/732	19. 5. 31		III/860
Der neue Zeitungsstil	I. W.	WB	51/918	16. 12. 24		I/1301
Der Neurotiker	Th. T.	WB	42/595	14. 10. 30		III/560
Der Offizier der Zukunft	I. W.	WB	24/661	5. 6. 19		I/429
Der Papagei	I. W.				Zsp.	I/129
Der Papagei-Papagei	P. P.	Voss.	372/—	9. 8. 31		III/906
Der § 45	I. W.	WB	21/798	21. 5. 29		III/71
Der Paß und der Reisende	I. W.	WaM		18. 4. 21		I/796
Der patriotische Schneider	P. P.	WB	20/739	19. 5. 31		
Der Pfau	Th. T.	Dame	22/—	Juli 1927		II/832

Titel	Autor	Buch Zeitg. Zeitschr.	Nr. und Seite	Datum	Original-Buch-veröffentl.	Bd. u. Seite unserer Ausgabe
Der Pinscher am Grab	I. W.	Frei.		2. 6. 20		
Der Platz im Paradiese	P. P.	WB	44/683	3. 11. 25	5 PS	II/250
Der politische Rundfunk	I. W.	WB	20/788	18. 5. 26		
Der Pont de l'Alma fliegt in die Luft	P. P.	WB	27/21	3. 7. 28	ML	II/1165
Der Portier vom Reichskanzler-palais spricht	anonym	WB	12–14/381	25. 3. 20	5 PS	II/1359
Der Predigttext	I. W.	WB	28/72	14. 7. 31		III/891
Der Preisschütze	Th. T.	Uhu	12/72	Sept. 1927		
Der Preußen-himmel	K. H.	Fr. W.	36/5	1920	ML	I/577
Der Priem	Th. T.	WB	36/373	8. 9. 31		III/934
Der Primus	I. W.	WB	13/486	31. 3. 25		II/77
Der Privatmann im Theater	P. P.	Voss.	570/–	2. 12. 28		II/1325
Der Prozeß	P. P.	WB	10/383	9. 3. 26		II/372
Der Quatsch	P. P.	BIl.	23/995	31. 5. 28		II/1143
Der rasende Kommis	P. P.	Voss.		27. 5. 26		II/451
«Der rasende Pegasus»	P. P.	BT	84/–	15. 2. 20		
Der rasende Reporter	P. P.	WB	7/254	17. 2. 25		II/50
Der rasende Twardowski	P. P.	WB	5/158	29. 1. 20		I/593
Der rechte Bruder	I. W.	WB	4/104	26. 1. 22		I/901
Der Rechtsstaat	I. W.	WB	28/51	12. 7. 27		II/823
Der Reichstags-bericht	P. P.	WB	49/839	2. 12. 30		III/616
Der Reisebericht	P. P.	Voss.	1/–	1. 1. 30		III/317
Der Reisegott Zippi	P. P.	Voss.		3. 7. 27		II/814
Der Rekrut *(aus ‹Kritik aus der Erinne-rung›)*	P. P.	WB	52/949	24. 12. 29		III/276
Der Rhein und Deutschlands Stämme	Th. T.	Simpl.	–/218	25. 7. 27		II/835

Titel	Autor	Buch Zeitg. Zeitschr.	Nr. und Seite	Datum	Original-Buch-veröffentl.	Bd. u. Seite unserer Ausgabe
Der Richter	I. W.	WB	31/178	29. 7. 30		III/490
Der richtige Berliner?	P. P.	WB	10/253	9. 3. 22		
Der Rock	Th. T.	WB	3/86	20. 1. 21		
Der Ruf auf der Straße	P. P.	Voss.		8. 7. 28		II/1168
Der Sadist der Landwehr	anonym	Vorw.		6. 7. 14	ML LL	 I/211
Der Sardellenkopf. Lourdes IV	P. P.				Pyr.	II/646
Der Satz	P. P.	Voss.		9. 7. 26		
Der schiefe Hut	P. P.	WB	41/24	7. 10. 30	LL	III/550
Der schlaflose Tote	Th. T.	WB	44/690	3. 11. 25		II/253
Der Schlager von gestern	P. P.	Voss.		18. 10. 25		
Der schlimmste Feind	Th. T.	WB	52/998	28. 12. 26	ML	II/569
Der Schmock	P. P.	SB	6/172	5. 2. 14		I/146
Der Schnellmaler	K. T.	WB	23/616	29. 5. 19		I/423
Der selige Alexander	P. P.	SB	20/557	15. 5. 13		I/69
Der selige Noske	Th. T.	WB	5/119	2. 2. 22		I/902
Der Sieg des republikanischen Gedankens	I. W.	WB	37/412	14. 9. 26		II/497
Der Sieg war zum Greifen nahe!	I. W.	WB	52/658	29. 12. 21		
Der silberne Haken	P. P.	Voss.		2. 12. 24		
Der sinnlose Film	P. P.	Voss.		11. 3. 28		
Der Skatklub	Th. T.	WB	24/889	11. 6. 29		
Der Soldat Paul Colin. Lourdes I	P. P.				Pyr.	II/624
Der soziologische Horizont	P. P.	Voss.		1. 11. 25		II/248
Der Staatshaushalt	K. T.				Dt. Dt.	III/296
Der standhafte Zinnsoldat	I. W.	WB	52/960	23. 12. 30		III/646
Der stille Ort	P. P.	WB	34/206	24. 8. 22		
Der Stimmungssänger	Th. T.	WB	15/548	8. 4. 30		III/413

Titel	Autor	Buch Zeitg. Zeitschr.	Nr. und Seite	Datum	Original-Buch-veröffentl.	Bd. u. Seite unserer Ausgabe
Der Streit um den Sergeanten Grischa	P. P.	WB	50/892	13. 12. 27		II/975
Der Sultan im Theater	P. P.	Voss.		1. 8. 26	ML	II/473
Der sympathische Mörder	I. W.	WB	24/920	12. 5. 28		II/1145
Der Tag der Wahrheit	I. W.	BVZ		17. 12. 19		
Der Takt der Soldaten	I. W.	WB	12/456	20. 3. 28		II/1078
Der T.-I. (Tatsachen-Idiot)	P. P.	WB	34/208	25. 8. 21		
Der Telegrammblock	I. W.	WB	31/175	4. 8. 25	ML	II/175
Der Teller-Hamlet	P. P.	SB	2/55	8. 1. 14		
Der Teller-Philosoph	tu	Vorw.		28. 9. 13		
Der Traum – ein Leben *von Alfred Polgar und Theobald Tiger*	Th. T.	WB	51/926	20. 12. 27		II/987
Der trockene Putsch	I. W.	Frei.		16. 7. 22		I/1001
Der Türke	I. W.	WB	24/828	12. 6. 24	5 PS	I/1165
Der überalterte Parlamentarismus	I. W.	Me.	49/320	4. 12. 25		
Der Untertan	I. W.	WB	13/317	20. 3. 19		I/383
Der Venuswagen	I. W.	WB	44/460	3. 11. 21		I/851
Der verbotene Kaiser Wilhelm	I. W.	BVZ		11. 10. 19		
Der Verdachtsfreispruch	I. W.	WB	27/33	7. 7. 31		III/890
Der Vereinshumorist singt	K. H.	WB	51/735	11. 12. 19		
Der verengte Gesichtskreis	P. P.	WB	30/133	23. 7. 29	Dt. Dt.	III/147
Der Verfasser von ‹Neudeutsch› *(s. u. Antwort)*	I. W.	WB	48/520	28. 11. 18		I/319
Der Verkehr	K. T.				Dt. Dt.	III/305
Der verrutschte Hut	Th. T.	WB	48/813	26. 11. 29		III/266

Titel	Autor	Buch Zeitg. Zeitschr.	Nr. und Seite	Datum	Original-Buch-veröffentl.	Bd. u. Seite unserer Ausgabe
Der verspielte Mann	P. P.	Voss.	84/–	19. 2. 31		III/786
Der 14. Juli	P. P.	Voss.		22. 7. 25		II/166
Der Vogelladen	K. T.	Simpl.	1/20	7. 4. 13		
Der Wagen	I. W.	BVZ		16. 7. 22		I/1000
Der Wallfahrtsort Lourdes in Frankreich *(s. u. Kintopp. Glaube oder Kurpfuscherei)*	I. W.	AIZ	28/–	1929		
Der Wanderbursch mit dem Schirm in der Hand	K. T.				Dt. Dt.	
Der weiße Rappe	P. P.	SB	15/425	10. 4. 13		
Der Wintergarten	P. P.	WB	36/273	28. 8. 19		
Der Zauberkünstler	P. P.	Voss.	70/–	10. 2. 29		
Der Zeitsparer	I. W.				Zsp.	I/119
Der Zensor geht um!	I. W.	WB	48/616	25. 11. 20		I/764
Der Zerstreute	Th. T.	WB	12/449	22. 3. 32		III/1035
Der zwanzigjährigen ‹Fackel›	K. H.	WB	16/426	10. 4. 19		I/395
Des deutschen Volkes Liederschatz	P. P.	WB	12/465	22. 3. 27	ML	II/749
Dessert-Theater	P. P.	Voss.		17. 2. 25		
«Deutsch»	I. W.	WB	30/155	24. 7. 24		
Deutsch für Amerikaner	K. H.	WB	27/23	2. 7. 29	LL	III/125
Deutsche in Paris	P. P.	WB	33/262	14. 8. 24		I/1213
Deutsche Kinder in Paris	I. W.	WB	14/496	7. 4. 25	5 PS	II/87
Deutsche Kinodämmerung?	P. P.	WB	31/149	29. 7. 20		I/709
Deutsche Pleite	Th. T.	WB	30/143	28. 7. 25		II/172
Deutsche Richter	I. W.	WB	15/581	12. 4. 27		
	I. W.	WB	16/619	19. 4. 27		
	I. W.	WB	17/663	26. 4. 27	Dt. Dt.	II/771
Deutsche Richter von 1940	Th. T.	AIZ	5/–	1929		
(s. u. Auf die Mensur)	Th. T.	Rot. Sig.	–/32	1929	Dt. Dt.	III/295

Titel	Autor	Buch Zeitg. Zeitschr.	Nr. und Seite	Datum	Original-Buch-veröffentl.	Bd. u. Seite unserer Ausgabe
Deutsche Richtergeneration 1940	Th. T.	WB	18/536	5. 5. 21		I/804
Deutsche Soldaten in der Pariser Oper *Kein sehr pazifistischer Film ...*	P. P.	Voss.		9. 11. 28		
Deutsche Soldaten in der Pariser Oper *Schlachtszenen in durchgehender Handlung ...*	P. P.	Tem.		9. 11. 28		II/1300
Deutsche und französische Naivität	P. P.	Voss.		17. 2. 26		
Deutsche Woche in Paris	I. W.	WB	6/206	9. 2. 26		II/345
Deutsche Zeitschriften	Th. T.	WB	34/295	21. 8. 24		
Deutschenhaß in Frankreich	P. P.	Voss.		12. 5. 26		II/438
Deutschenspiegel	I. W.	WB	29/93	17. 7. 28		II/1174
Deutscher Abend	Th. T.	SB	14/397	2. 4. 14	Fr. Gs.	I/170
Deutscher Boxer in Paris	P. P.	WB	1/33	6. 1. 25		
Deutscher Kunstschutz	I. W.	WB	41/402	7. 10. 20		
Deutscher Sport	K. T.				Dt. Dt.	
Deutscher Whisky	I. W.	WB	9/330	25. 2. 30		
Deutsches Chaos	K. H.	WB	31/179	4. 8. 31		III/901
Deutsches Lied	Th. T.	WB	42/381	18. 10. 23		I/1128
Deutsches Tempo	I. W.	WaM		7. 8. 22		
Deutschland? Deutschland *(s. u. Gesicht)*	K. H.	WB	27/33	3. 7. 24	ML	I/1182
Deutschland – ein Kasernenhof!	I. W.	Weichs.		10. 7. 20		I/693
Deutschland erwache!	Th. T.	AIZ	15/290	1930		III/417
Deutschnationaler Parteitag	Th. T.	Ulk	30/–	25. 7. 19		

Titel	Autor	Buch Zeitg. Zeitschr.	Nr. und Seite	Datum	Original-Buch-veröffentl.	Bd. u. Seite unserer Ausgabe
Dichter beantworten die Frage: Erkennen Sie im Tonfilm die Möglichkeit, Ausdrucksmittel dichterischer Mitteilungen zu werden? *(s.u.Rundfrage)*	P. P.	LBB	1/—	1. 1. 32		
Dichtkunst 1926	Th. T.	WB	1/33	5. 1. 26		II/317
Dichtung	P. P.	Voss.		25. 12. 24		
Dicke Bücher	P. P.	WB	34/308	23. 8. 27		II/860
Dickes und dünnes Theater	P. P.	Voss.		22. 2. 25		
Die Ägyptische Königstochter	P. P.	SB	34/35/826	28. 8. 13		I/82
Die Ähnlichen	P. P.	WB	20/675	15. 5. 24		
Die alte Waschfrau	Th. T.	WB	31/147	29. 7. 20		
Die Ämter	I. W.	WB	14/362	6. 4. 22		I/939
Die Angelegenheit	P. P.	WB	17/674	27. 4. 26		II/421
Die Anhängewagen	P. P.	WB	21/783	21. 5. 29	LL	III/69
Die Anstalt	I. W.	WB	48/798	26. 11. 29		III/258
Die ‹Apachen›	P. P.	Voss.		1. 2. 25		II/31
Die Apotheke	P. P.	WB	38/458	16. 9. 30	LL	III/529
Die arme Frau	Th. T.	WB	47/493	21. 11. 18	Fr. Gs. 5 PS	I/318
Die armen Luder	K. H.	WB	13/495	29. 3. 32		III/1040
Die Aufpasser	anonym	Vorw.		17. 3. 14		I/162
Die Augen der Welt	I. W.	WB	32/216	11. 8. 31		III/907
Die Ausgestorbenen	Th. T.	WB	32/171	5. 8. 20		
Die ausgezogene Frau	P. P.	WB	45/701	4. 11. 30	LL	III/590
Die Aussortierten	P. P.	WB	2/58	13. 1. 31	LL	III/764
Die baltischen Helden	I. W.	WB	44/500	23. 10. 19		I/501
Die Beamtenpest (I. Teil)	I. W.	WB	43/624	23. 10. 28		II/1273
Die Beamtenpest (II. Teil)	I. W.	WB	44/660	30. 10. 28		II/1277
Die Beamtenpest (III. Teil)	I. W.	WB	47/768	20. 11. 28		II/1282

Titel	Autor	Buch Zeitg. Zeitschr.	Nr. und Seite	Datum	Original-Buch-veröffentl.	Bd. u. Seite unserer Ausgabe
Die Begründung	I. W.	WB	12/435	19. 3. 29		III/52
Die beiden Bindelbands	P. P.	WB	48/646	20. 11. 19		
Die beiden Brüder H.	K. T.	SB	2/50	9. 1. 13		I/51
Die beiden Deutschland	I. W.	Frei.		6. 8. 22		I/1027
Die beiden Flaschen	P. P.	Voss.	336/–	19. 7. 31		III/894
Die beiden Höflichs	K. T.	SB	16/444	16. 4. 14	ML	I/172
Die Beleuchter	K. T.				Dt. Dt.	III/300
Die Belohnung	P. P.	WB	37/414	10. 9. 29		III/186
Die Berlinerin?	P. P.	Berl.	–/44	1929		
Die Besetzung	Th. T.	WB	47/777	19. 11. 29		III/256
Die bezopfte Athene	I. W.	BT		11. 3. 19		
Die Bilderausstellung eines Humoristen	P. P.	Voss.		13. 12. 27	LL	II/983
Die blonde Dame singt	K. H.	WB	29/53	10. 7. 19	Fr. Gs.	I/444
Die blutige Internationale der Rüstung *(s.u. November-Umsturz)*	I. W.	Fa.	44/–	1928		II/1302
Die böhmische Nachtigall	P. P.	WB	51/713	16. 12. 20		
Die brennende Lampe	K. H.	WB	22/815	2. 6. 31	LL	III/870
Die Dame im Vorzimmer	P. P.	Uhu	3/64	Dez. 1928		II/1323
Die Dame mit 'n Avec	Th. T.	Ulk	11/–	12. 3. 20		I/613
Die Dekadenten	I. W.	WB	48/845	1. 12. 25		II/278
Die Denkschrift	I. W.	WB	28/68	14. 7. 25		
Die Deplacierten	Th. T.	WB	24/821	12. 6. 24		I/1164
Die deutsche Laute	P. P.	WB	24/611	15. 6. 22		I/971
Die deutsche Pest	I. W.	WB	20/718	13. 5. 30		III/439
Die deutschen Kleinstädter	I. W.	WB	8/289	23. 2. 32		
Die Deutschtümelei der Post	I. W.	WB	38/454	16. 9. 30		

Titel	Autor	Buch Zeitg. Zeitschr.	Nr. und Seite	Datum	Original-Buch-veröffentl.	Bd. u. Seite unserer Ausgabe
Die Dicken	P. P.	WB	50/611	15. 12. 21		I/877
Die diskreditierte Literatur	P. P.	SB	49/1210	4. 12. 13		I/108
Die Drei	Th. T.	Volksst.		21. 10. 26		II/529
Die drei Gläser	K. T.				Dt. Dt.	
Die dritte Kugel	P. P.	WB	24/662	5. 6. 19		I/431
Die ‹dummen› Schweden	P. P.	Voss.	261/–	7. 11. 29		III/240
Die Ebert-Legende	I. W.	WB	2/52	12. 1. 26		II/321
Die Ehemalige	P. P.	Voss.	241/–	24. 5. 31		III/862
Die eine Zeitung	I. W.	WB	11/279	16. 3. 22		
Die Einsamen	P. P.	Voss.		17. 1. 26	ML	II/325
Die einseitigen Patriarchen	P. P.	WB	29/117	17. 7. 24	5 PS	I/1187
Die Einsiedlerschule	I. W.	SB	39/307	27. 9. 17	Träum.	I/254
Die Einstellung	I. W.	WB	33/270	14. 8. 24		
Die Ekstatischen	Th. T.	WB	51/917	16. 12. 24		
Die Erdolchten	I. W.	WB	13/309	30. 3. 22		I/925
Die Erstaunten	I. W.	Me.	19/125	8. 5. 25		II/118
Die Essayisten	I. W.	WB	17/620	28. 4. 31	LL	III/842
Die Eva	P. P.	SB	21/22/601	28. 5. 14		
Die Fahrt ins Glück	von einem Berliner	BVZ		4. 7. 19		
Die Familie *Als Gott . . .*	P. P.	WB	2/53	12. 1. 23	ML	I/1081
Die Familie *Die Herrnfelds*	I. W.	SB	41/978	9. 10. 13		
Die fehlende Generation	I. W.	WB	24/929	15. 6. 26		II/464
Die Feuerwehr *(s. u. Ist die Reichswehr der Feuerwehr vergleichbar?)*	anonym	WB	10/357	1. 3. 27	Dt. Dt.	III/297
Die Flecke	I. W.	BVZ		21. 12. 19	ML	I/547
Die Flöhhatz	P. P.	WB	20/536	8. 5. 19		I/411
Die Franzmänner	I. W.	WB	46/753	13. 11. 28	LL	II/1305
Die Fratellinis	P. P.	Voss.		15. 6. 24		
Die Frau mit den Fähnchen	I. W.	WB	18/666	30. 4. 29		III/64
Die Frau spricht 1. Die geschiedene Frau	Th. T.	WB	33/248	13. 8. 29	LL	III/751

Titel	Autor	Buch Zeitg. Zeitschr.	Nr. und Seite	Datum	Original-Buch-veröffentl.	Bd. u. Seite unserer Ausgabe
2. Eine Frau denkt	Th. T.	WB	51/920	17. 12. 29	LL	III/752
3. Die Nachfolgerin	Th. T.	WB	50/880	10. 12. 29	LL	III/753
4. Lamento	Th. T.	WB	1/11	6. 1. 31	LL	III/754
Die freie Wirtschaft	Th. T.	WB	10/351	4. 3. 30		III/370
Die freien Deutschen	Th. T.	WB	24/892	16. 6. 25		II/147
Die fünf Sinne	Th. T.	WB	37/420	15. 9. 25	5 PS	II/215
Die fünfte Jahreszeit	K. H.	WB	43/631	22. 10. 29		III/223
Die Geburt des Antichrist	P. P.	WB	33/179	17. 8. 22		
Die Gefangenen	Th. T.	WB	15/534	14. 4. 31	LL	III/831
Die Gefängnisschule	K. T.				Dt. Dt.	
Die Geldstrafe	I. W.	WB	10/387	5. 3. 29		III/51
Die genialen Syphilitiker	I. W.	WB	6/210	8. 2. 27		II/718
Die Geschäftsreisenden	I. W.	WaM		12. 6. 22		I/966
Die Geschichte eines Witzes	P. P.	WB	12/446	20. 3. 28		II/1075
Die geschiedene Frau *(s. u. Die Frau spricht)*	Th. T.	WB	33/248	13. 8. 29	LL	III/751
Die Gesichtsschilder	I. W.	WB	2/53	12. 1. 22		
Die Girls	P. P.	SB	41/985	9. 10. 13		
Die Glaubenssätze der Bourgeoisie *(s. u. Zehn Glaubenssätze)*	P. P.	WB	40/522	2. 10. 28	ML	II/1253
Die Gräfin im Löwenkäfig	P. P.	Voss.		5. 8. 24		I/1197
Die Grenze	P. P.	BVZ		27. 6. 20		I/690
Die große Parade	P. P.	WB	40/554	5. 10. 26		
Die Großen	P. P.	WB	27/28	1. 7. 30	LL	III/481
Die großen Familien	I. W.	WB	13/471	27. 3. 28		II/1084
Die grünen Säulen	I. W.	WB	43/469	21. 10. 20		
Die Hausgeister	P. P.	Alman.	–/252	1920		

Titel	Autor	Buch Zeitg. Zeitschr.	Nr. und Seite	Datum	Original-Buch-veröffentl.	Bd. u. Seite unserer Ausgabe
Die Heinrich und der Zivilist	I. W.	WB	50/908	13. 12. 27	ML	II/982
Die Herde	Th. T.	WB	35/232	31. 8. 22		I/1043
Die Herren Autoren	P. P.	Voss.	18/–	11. 1. 31		III/762
Die Herren Beisitzer	I. W.	WB	9/332	3. 3. 25		II/58
Die Herren Belohner	I. W.	WB	13/472	31. 3. 31	LL	III/818
Die Herren Eltern	Th. T.	WB	16/590	19. 4. 32		III/1047
Die Herren Gastgeber	I. W.	WB	26/1025	29. 6. 26		II/467
Die Herren Installateure	P. P.	WB	26/959	24. 6. 30		III/477
Die Herren Kolonisatoren	Th. T.	WB	29/98	19. 7. 27		II/831
Die Herren Künstler	P. P.	WB	10/369	4. 3. 30		III/372
Die Herren Sachverständigen	Th. T.	WB	3/105	15. 1. 29		
Die Herren und Damen von III b	I. W.	WB	10/356	4. 3. 30		
Die Herren Veranlasser	I. W.	Frei.		22. 8. 20		
Die Herren Verjünger	I. W.	WB	48/804	25. 11. 30	LL	III/614
Die Herren von gestern	I. W.	BVZ		15. 7. 19		
Die Herren Wahrnehmer	P. P.	WB	43/623	22. 10. 29		
Die Herren Wirtschaftsführer	I. W.	WB	33/254	18. 8. 31		III/912
Die Herren Zuhörer	P. P.	Voss.	392/–	21. 8. 30		III/501
Die Herztonplatte	P. P.	WB	12/441	24. 3. 31		
Die Histörchen	Th. T.	Ulk	40/–	3. 10. 19		
Die hochtrabenden Fremdwörter	I. W.	WB	16/573	15. 4. 30		III/418
Die Informierten	I. W.	WB	22/810	27. 5. 30		III/458
Die Inseln	P. P.	WB	27/1	2. 7. 29		III/118
Die Inszenierung der Republik *(s.u. Rundfrage)*	P. P.	Voss.		12. 4. 25		II/93

Titel	Autor	Buch Zeitg. Zeitschr.	Nr. und Seite	Datum	Original-Buch-veröffentl.	Bd. u. Seite unserer Ausgabe
Die Jahresgöttin singt	Th. T.	Ulk	1/–	1. 1. 20		
Die junge Frau	P. P.	WB	44/462	3. 11. 21		
Die Karikatur Preußens	I. W.	WB	31/183	30. 7. 29		III/153
Die Karte für den Pfirsich-Melba	P. P.	Voss.	482/–	12. 10. 30	LL	III/554
Die Kartoffeln	anonym	Vorw.		9. 7. 13	ML	I/72
Die Katz	P. P.	Voss.		10. 7. 24	5 PS	I/1185
Die Katze spielt mit der Maus	P. P.	SB	45/443	9. 11. 16		I/226
Die Kegelschnitte Gottes	I. W.	WB	30/79	26. 7. 23		I/1120
Die Keuschheitsgürteltiere	I. W.	WB	13/477	25. 3. 30		
Die Kinderstube	Th. T.	WB	15/563	9. 4. 29		III/60
Die klassische Scheußlichkeit der Sportpreise	P. P.	Voss.	30/–	18. 1. 31		
Die kleine Puppe	Th. T.	Ulk	14/–	4. 4. 19		
Die kleinen Freuden des Lebens	P. P.	Voss.	444/–	20. 9. 29		III/190
Die kleinen Könige	I. W.	BT		2. 10. 18		
Die kleinen Parlamente	I. W.	BT	568/–	28. 11. 19	ML	III/649
Die kleinen Revuen	P. P.	Voss.		25. 4. 25		
Die Kokainschachtel	P. P.	Voss.		22. 9. 26		II/509
Die Kollektiven	P. P.	WB	41/551	8. 10. 29		III/202
Die Konferenz	P. P.	8	98/–	28. 4. 23		
Die Konstantin	P. P.	WB	46/583	6. 11. 19		
Die Kriegsschuldfrage	I. W.	WB	42/609	20. 10. 31		
Die Kronprinzenbühne	Th. T.	Vorw.		20. 3. 14	Fr. Gs.	I/165
Die Küche in der Wilhelmstraße	K. T.				Dt. Dt.	
Die Kunst des Couplets	I. W.	BT	549/–	18. 11. 19		I/518
Die Kunst einer Monarchie	K. T.				Dt. Dt.	

Titel	Autor	Buch Zeitg. Zeitschr.	Nr. und Seite	Datum	Original-Buch-veröffentl.	Bd. u. Seite unserer Ausgabe
Die Kunst, falsch zu reisen	P. P.	Uhu	–/12	Juli 1929		III/115
Die Laternenanzünder	P. P.	WB	16/593	21. 4. 25	ML	II/99
Die Lautisten	P. P.	SB	14/407	2. 4. 14		
Die lebendigen Toten	I. W.	WB	21/564	15. 5. 19		I/415
Die Leberwurst	I. W.	WB	29/65	20. 7. 22		
Die legitime Geliebte	P. P.	Tem.		20. 12. 28		II/1353
Die Leibesfrucht	Th. T.	AIZ		1929	ML	II/1010
Die Leibesfrucht spricht	K. T.				LL	III/983
Die leider nicht absetzbaren Richter	I. W.	WB	17/653	24. 4. 28		
Die letzte Seite	P. P.	SB	47/488	23. 11. 16	5 PS	I/229
Die lieben Kinder	K. H.	WB	8/304	19. 2. 29		III/41
Die Liste	P. P.	8	113/–	18. 5. 23		
Die Literatur im Kastanienwäldchen	K. T.	Vorw.		19. 4. 12		
Die Lösung	Th. T.	WB	34/293	25. 8. 31		III/921
Die Lügen-Kartei	P. P.	Voss.	398/–	25. 8. 31		III/925
Die Macht der Wissenschaft	K. H.	WB	45/713	5. 11. 29		III/239
Die Marburger	Th. T.	BVZ		22. 6. 20		I/685
Die Mark Brandenburg	K. T.	Vorw.		22. 3. 12		
Die Mäuler auf!	Th. T.	WB	35/321	26. 8. 30		III/502
Die Maulpatrioten	I. W.	BVZ		22. 10. 20		I/749
Die Mordkommission	K. T.	Frei.		27. 5. 20		I/658
Die Morgenpost	K. H.	WB	49/674	27. 11. 19		I/533
Die Mühle	Th. T.	WB	36/262	7. 9. 22		I/1054
Die Musik kommt	Th. T.	SB	41/981	9. 10. 13	Fr. Gs.	I/94
Die Musikalischen	K. H.	WB	43/676	26. 10. 26	5 PS	II/531
Die Nachfolgerin *(s. u. Die Frau spricht)*	Th. T.	WB	50/880	10. 12. 29	LL	III/753
Die Nachgemachten	P. P.	8		21. 3. 23		I/1089
Die Nackttänzerin a. D.	tu	Vorw.		6. 3. 14		
Die Naiven	I. W.	WB	3/111	18. 1. 27		II/711

Titel	Autor	Buch Zeitg. Zeitschr.	Nr. und Seite	Datum	Original-Buch-veröffentl.	Bd. u. Seite unserer Ausgabe
Die Nation der Offiziersburschen	K. T.				Dt. Dt.	
Die «Nazis»	P. P.	WB	23/586	8. 6. 22		
Die neuen Troubadoure	P. P.	WB	12/342	24. 3. 21		
Die Neutralen	P. P.	WB	20/777	18. 5. 26		II/442
Die Oberschlauen	I. W.	WB	43/658	27. 10. 25		
Die Objektiven	Th. T.	WB	8/218	24. 2. 21		I/793
Die Opposition	P. P.	Voss.	44/–	26. 1. 30		III/337
Die Orden	Th. T.	Ulk	29/–	18. 7. 19		
Die Ordnung	anonym	WB	51/927	16. 12. 30		
Die Ordonnanz	Th. T.	WB	47/799	24. 11. 25		
Die Ortskrankenkasse	Th. T.	WB	23/833	3. 6. 30		III/461
Die Pächter	Th. T.	WB	49/844	2. 12. 24		
Die Panne	P. P.	Voss.	287/–	8. 12. 29		
Die Papiere	I. W.	Frei.		3. 12. 20		
Die Parole	I. W.	WB	1/23	4. 1. 27		II/708
Die Phantasielosen	P. P.	WB	52/963	23. 12. 24		
Die Phrasendrescher	K. H.	BIl.	44/1749	30. 10. 27		II/928
Die Platte «De tant d'amour»	P. P.	WB	35/350	1. 9. 25		
Die Platte Electrola EG 178	P. P.	WB	8/314	22. 2. 27		
Die Pointenwiederholer	P. P.	Voss.	454/–	26. 9. 30		III/540
Die Pose der Kraft	K. T.				Dt. Dt.	III/303
Die Prostitution mit der Maske	I. W.	BVZ		7. 5. 19		I/404
Die Redensart *Als Friedrich ...*	Th. T.	WB	41/548	7. 10. 30		III/546
Die Redensart *Ich kannte eine ...*	P. P.	WB	24/701	14. 6. 23		I/1103
Die Reichsbahn *(s. u. Eisenbahner)*	Th. T.	AIZ	20/389	1930	LL	III/961
Die Reichswehr	I. W.	WB	8/203	23. 2. 22		I/908
Die Reihenfolge *(s. u. Ich ging im Walde ...)*	Th. T.	WB	46/469	14. 11. 18	Fr. Gs. ML	I/317

Titel	Autor	Buch Zeitg. Zeitschr.	Nr. und Seite	Datum	Original-Buch-veröffentl.	Bd. u. Seite unserer Ausgabe
Die Reise nach dem Mond	K. H.	WB	52/989	29. 12. 25		
Die Réjane in der Reichenberger-straße	P. P.	SB	30/31/757	31. 7. 13		
Die Reliquie	P. P.	WB	20/742	19. 5. 25		II/126
Die Reportahsche	P. P.	WB	4/151	27. 1. 31		III/774
Die Republik Andorra	P. P.				Pyr.	II/681
Die Republik wider Willen	I. W.	WaA		21. 8. 22		
Die Republikanische Beschwerdestelle	I. W.	WB	38/459	18. 9. 28		II/1240
Die Rolle des Intellektuellen in der Partei	K. T.	Front	9/250	1929		III/13
Die Romantik des Geschmacklosen	P. P.	SB	28/29/723	17. 7. 13		I/74
Die Rotstift-Schere	I. W.	WB	21/778	26. 5. 31	LL	III/865
Die rue Mouffetard	P. P.	Voss.		30. 6. 24		I/1179
Die Satire der feinen Leute	P. P.	Voss.		28. 12. 26		
Die schöne Schutzmannsfrau	P. P.	SB	52/1296	25. 12. 13		I/112
Die Schönheitskönigin	P. P.	Voss.	92/–	23. 2. 29		
Die Schule	K. H.	WB	31/110	24. 7. 19		I/451
Die Schupo	I. W.	WB	26/642	29. 6. 22		I/984
Die Schweigende	K. H.	WB	28/22	3. 7. 19	Fr. Gs.	I/439
Die Schweiz und Hindenburg	I. W.	WB	32/211	9. 8. 27		II/842
Die Sekt-Eule	P. P.	SB	1/12	4. 1. 17		I/237
Die Seriösen	Th. T.	WB	52/977	29. 12. 31		III/981
Die Sicherungsverwahrung	K. T.	WB	49/838	4. 12. 28		II/1328
Die Siegesallee *(s. u. Was dem Lakaien seine Livree / ist der Republik ihre Sieges-Allee)*	Th. T.	AIZ	44/3	1929		III/225
Die Sittlichen	I. W.	WB	33/189	12. 8. 20		I/718

Titel	Autor	Buch Zeitg. Zeitschr.	Nr. und Seite	Datum	Original-Buch-veröffentl.	Bd. u. Seite unserer Ausgabe
Die Skala der Dummheit	K. H.	WB	3/113	17. 1. 28		
Die Sonne, hoch zwei	P. P.	Simpl.	16/194	15. 7. 29		III/133
Die Sorma	P. P.	SB	16/451	17. 4. 13		
Die Spitzen der Behörden	K. H.	WB	34/288	21. 8. 28	Dt. Dt.	II/1201
Die Stadt der Beziehungen	P. P.	Voss.		28. 10. 24		I/1261
Die Stadt des Noch	P. P.	Bl. Heft	4/82	15. 11. 24		
Die Stadt Lyon	P. P.	Voss.		10. 3. 25		
Die Stiftung	I. W.	WB	11/399	17. 3. 31		
Die Stimme der Höflich *(s. u. Die beiden Höflichs)*	P. P.	SB	38/903	18. 9. 13	ML	I/174
Die Straße meiner Jugend	P. P.	WB	3/93	15. 1. 20		I/579
Die Stunde der Entscheidung *(s. u. Das Parlament)*	Th. T.	WB	20/752	15. 5. 28	Dt. Dt.	III/299
Die Sühne	K. T.				Dt. Dt.	
Die Tabelle	I. W.	WaM		6. 3. 22		I/911
Die Tabellen-Zeitung	K. H.	WB	44/675	29. 10. 29		III/230
Die Tafeln	I. W.	WB	16/601	21. 4. 25		II/102
Die Tagung	Th. T.	Simpl.	–/355	14. 10. 29		III/209
Die Taktischen	I. W.	WB	27/19	6. 7. 26		II/468
Die Täler	P. P.				Pyr.	II/674
Die Tarnung	K. T.				Dt. Dt.	
Die Tasse	K. T.				Dt. Dt.	
Die tausend Blumentöpfe	P. P.	SB	37/877	11. 9. 13		
Die Tendenzfotografie	I. W.	WB	17/637	28. 4. 25		II/106
Die Theaterkritik, wie sie sein soll	I. W.	SB	8/233	20. 2. 13		I/58
Die tote Last	I. W.	WB	48/855	30. 11. 26		II/550
Die Träume	K. T.	Simpl.	21/558	30. 10. 17	Träum.	I/258
Die Tscherkessen	I. W.	BVZ		15. 2. 20		
Die Tür	I. W.	BVZ		29. 12. 20		I/774
Die Überlegenen	I. W.	WB	15/573	10. 4. 28		II/1103
Die Überschrift	I. W.	März	9/281	Febr. 1914		I/156

Titel	Autor	Buch Zeitg. Zeitschr.	Nr. und Seite	Datum	Original-Buch-veröffentl.	Bd. u. Seite unserer Ausgabe
Die Übersetzung	I. W.	WB	52/959	23. 12. 24		I/1306
Die Ufa sucht Dichter	I. W.	WB	47/766	18. 11. 30		III/603
Die Unentwegten	von einem Berliner	BVZ		7. 12. 19		
Die Unpolitische	K. H.	WB	45/724	10. 11. 25	ML	II/260
Die unterbrochene Rheinfahrt	P. P.	SB	4/113	22. 1. 14		I/140
Die Unzüchtigen	I. W.	WB	37/288	14. 9. 22		I/1057
Die Ursachen	I. W.	BVZ		1. 5. 19		
Die Veränderlichen	I. W.	WB	31/189	2. 8. 27		
Die verbrannte Tänzerin	P. P.	Voss.		4. 6. 24		
Die verkehrte Welt	K. H.	Die verkehrte Welt		1922		
Die verlegte Sprechstunde	P. P.	Tem.		15. 11. 28		
Die Verräter	I. W.	WB	45/720	10. 11. 31		III/963
Die Verteidigung Berlins	P. P.	Voss.	208/–	4. 3. 29		
Die Verteidigung des Vaterlandes	I. W.	WB	40/338	6. 10. 21	5 PS	I/830
Die Verwandtschaft	P. P.	Voss.		28. 3. 25		II/74
Die verzauberte Prinzessin	P. P.				Träum.	I/570
Die vom Sterben leben	K. T.				Dt. Dt.	
Die Waffen nieder	Th. T.	WB	40/361	30. 9. 20		
Die Wanzen	P. P.	WB	15/392	3. 4. 19		I/393
Die Wehrpflicht	I. W.	WB	29/116	17. 7. 24		
Die weinenden Hohenzollern *In den tiroler Volksstücken*	I. W.	Dt.Mo.		22. 5. 22		I/960
Die weinenden Hohenzollern *Sie sitzen in den Niederlanden*	Th. T.	WB	10/513	18. 5. 22		I/955
Die Weiße mit'm Schuß	P. P.	Voss.	233/–	19. 5. 29		III/66

Titel	Autor	Buch Zeitg. Zeitschr.	Nr. und Seite	Datum	Original-Buch-veröffentl.	Bd. u. Seite unserer Ausgabe
Die «Welt»	P. P.	WB	20/762	14. 5. 29		
Die Welt auf Schienen	P. P.	BVZ		1. 9. 20		
Die zärtlichen Verwandten	Th. T.	SB	44/1070	30. 10. 13		
Die Zeit	P. P.	WB	8/283	18. 2. 30		III/363
Die Zeit schreit nach Satire	P. P.	Voss.	268/–	9. 6. 29	Dt. Dt.	III/83
Die Zeitbremse	P. P.	BT	317/–	13. 7. 19		I/445
Die Zeitlupe *(s.u. Rundfrage: Sechs Dichter sehen durch die Zeitlupe)*	P. P.	Voss.		25. 12. 26		
Die Zentrale	P. P.	WB	13/488	31. 3. 25	5 PS	II/78
Die zufällige Republik	I. W.	WB	28/25	13. 7. 22		I/993
Die zweite Tür	P. P.	Voss.	295/–	18. 12. 29		
Die Zwillinge	Th. T.	BIl.	51/1737	19. 12. 26		
Die Zwölf auf der Bank	I. W.	WaM		18. 12. 22		
‹Dienstlich›	anonym	Vorw.		8. 10. 13		I/93
Dienstunterricht für den Infanteristen	I. W.	WB	26/1011	28. 6. 27	ML	II/807
Dienstzeugnisse *«Schön ist es nicht geschrieben, aber herzlich gut ...»*	K. H.	WB	23/856	8. 6. 25		
Dienstzeugnisse *Herr Thomas Mann*	K. H.	WB	9/329	3. 3. 25	5 PS	II/56
Diese Häuser	K. H.	WB	49/831	2. 12. 30	LL	III/618
Dieses Bild	K. T.				Dt. Dt.	
Diskretion	Th. T.	WB	34/295	20. 8. 29		III/170
Disseplin muß sind!	Th. T.	WB	42/409	20. 10. 21		
Dollar = 2000 Mark	I. W.	Frei.		20. 8. 22		
Don't gish me –!	Th. T.	WB	46/749	13. 11. 28		II/1304
Dorf Berlin	P. P.	WB	34/293	21. 8. 24	5 PS	I/1217
Dr. Caligari	P. P.	WB	11/347	11. 3. 20		I/612
Dr. Dolittle und seine Tiere	P. P.	Voss.		10. 12. 25		II/281

Titel	Autor	Buch Zeitg. Zeitschr.	Nr. und Seite	Datum	Original-Buch-veröffentl.	Bd. u. Seite unserer Ausgabe
Dreh dich hin, dreh dich her – kleine Wetterfahne –!	Th. T.	WB	7/239	16. 2. 32		III/1011
Drei Abende	P. P.	WB	48/562	1. 12. 21		I/865
Drei auf dem Bodensee	P. P.	Dame	2. Okt. H.	Okt. 1926		II/513
Drei Biographien	P. P.	WB	22/860	1. 6. 26	ML	II/455
Drei Generationen	P. P.	WB	1/20	5. 1. 22		I/891
Drei junge Oldenburger	I. W.	WB	30/147	28. 7. 25		
Drei Minuten Gehör!	Th. T.	RP	6/–	29. 7. 22	5 PS	I/1013
Drei Tafeln	P. P.	Stach.	–/5	1. 3. 27		
Drei Tage	P. P.				Pyr.	II/677
Drei Wünsche *(s.u.Rundfrage)*	P. P. u. Th. T.	BVZ		1. 6. 24		
Dreißig Grad	Th. T.	WB	34/201	29. 8. 18		
Dreißig Operetten	P. P.	8	191/–	21. 8. 23		
Du!	I. W.	WB	25/867	19. 6. 24		I/1169
Du hast ein Bett	P. P.	WB	16/634	20. 4. 26		II/416
Duett (Antwort)	anonym	WB	14/487	7. 4. 31		
Dumas-Worte (Übersetzung)	P. P.	Voss.		1. 10. 24		
D'une autre barriére *(A propos d'un article de André Suarès)*	K. T.	Europe	28/503	15. 4. 25		
Duo, dreistimmig	Th. T.	WB	51/956	22. 12. 25	ML	II/293
Durchaus unpassende Geschichten	P. P.	WB	5/188	2. 2. 26	ML	II/338
Durcheinander	P. P.	Voss.		7. 11. 25		II/254
Tilla Durieux	K. T.	SB	7/184	12. 2. 14		I/148
Eaux-Bonnes	P. P.				Pyr.	II/621
Ehekrach	Th. T.	BIl.	8/287	19. 2. 28	ML	II/1050
«eigentlich»	P. P.	Voss.		14. 3. 28		
Ein A-B-C	Th. T.	WB	32/132	8. 8. 18		
Ein älterer, aber leicht besoffener Herr	K. H.	WB	37/405	9. 9. 30	LL	III/522

Titel	Autor	Buch Zeitg. Zeitschr.	Nr. und Seite	Datum	Original-Buch-veröffentl.	Bd. u. Seite unserer Ausgabe
Ein altes Lied	K. H.	WB	13/326	20. 3. 19		
Ein Aufruf	K. T.	WB	35/243	26. 8. 20		I/726
Ein besserer Herr	P. P.	WB	26/935	25. 6. 29	LL	III/105
Ein Betrunkener in der Wilhelmstraße	K. H.	WB	1/13	1. 1. 29		III/7
Ein Bild sagt mehr als 1000 Worte	P. P.	Uhu	2/75	Nov. 1926		
Ein Blick	Th. T.	WB	16/407	20. 4. 22		
Ein Briefwechsel	K. T.	WB	8/310	22. 2. 27		II/732
Ein Bummel durch die Welt	P. P.	Voss.		27. 11. 27		
Ein Chanson *(s. u. Chanson)*	Th. T.	WB	48/866	30. 11. 26	5 PS	II/553
Ein deutscher Reichswehrminister	I. W.	Me.	24/161	5. 6. 25		II/138
Ein deutsches Volkslied	P. P.	WB	50/623	14. 12. 22		I/1068
Ein Deutschland!	Th. T.	Ulk	1/—	5. 1. 19		I/327
Ein Deutschland-Buch	I. W.	WB	39/481	23. 9. 30		III/532
Ein Diktator und sein Publikum	I. W.	WB	42/608	19. 10. 26		II/525
Ein Ehepaar erzählt einen Witz	P. P.	Voss.	458/—	29. 9. 31		III/952
Ein einfacher Lehrer	I. W.	WB	4/153	25. 1. 27		II/715
Ein Ferngespräch	P. P.	Voss.		5. 6. 27	LL	II/794
Ein Franzose im alten Berlin	P. P.	WB	39/482	27. 9. 27		II/890
Ein französischer Drucker	P. P.	Voss.		23. 9. 28		
Ein Frühling in Amerika	P. P.	WB	11/350	13. 3. 24		I/1149
Ein Genießer	P. P.	Voss.	158/—	3. 4. 30		III/404
Ein Glas klingt	P. P.	Voss.	506/—	26. 10. 30	LL	III/569
Ein Haus mit Hosen	K. T.				Dt. Dt.	
Ein Haus untendurch	Th. T.	AIZ	39/10	1928		
Ein Hundstagsbild	P. P.	8	160/—	13. 7. 23		I/1115
Ein Indianerbuch der Technik	P. P.	WB	47/830	23. 11. 26		

Titel	Autor	Buch Zeitg. Zeitschr.	Nr. und Seite	Datum	Original-Buch-veröffentl.	Bd. u. Seite unserer Ausgabe
Ein interessanter Briefwechsel *Oberstleutnant v. Bornstedt u. Ignaz Wrobel (s. u. Offener Brief)*	I. W.	Mag.		23. 5. 19		I/422
Ein jeder lebts	P. P.	WB	44/482	2. 11. 22		I/1065
Ein Katzenbuch	P. P.	WB	45/724	8. 11. 27		II/937
Ein Kind aus meiner Klasse	P. P.	WB	9/315	3. 3. 25		II/53
Ein kleiner Druckfehler	I. W.	WB	39/486	28. 9. 26		II/510
Ein kleiner Volksschullehrer	I. W.	WB	48/831	1. 12. 31		III/969
Ein Königswort *(s. u. Das Königswort)*	K. H.	WB	18/483	24. 4. 19	Fr. Gs.	I/401
Ein Lump	I. W.	WB	28/72	13. 7. 26		II/471
Ein Mädchentagebuch	P. P.	WB	16/444	15. 4. 20		I/623
Ein merkwürdiger Fall	P. P.	BT	264/–	11. 6. 19		
Ein moderner Humorist: Stephen Leacocks Schnurren	P. P.	Voss.		26. 7. 25		
Ein nachdenklicher Zuschauer	Th. T.	AIZ	3/10	1929		III/31
Ein neuer Klassiker	P. P.	SB	2/55	8. 1. 14		I/139
Ein neuer Zeichner	P. P.	WB	49/648	2. 12. 20		I/771
Ein Pyrenäenbuch	P. P.				Pyr.	II/577
Ein Satz	I. W.	WB	5/178	3. 2. 25		II/36
Ein sauberer Vogel	von einem Berliner	BVZ		19. 5. 19		I/420
Ein Schädling der Kriminalistik I. Teil *Es erscheint der Verfasser …*	I. W.	WB	31/167	31. 7. 28		II/1182

Titel	Autor	Buch Zeitg. Zeitschr.	Nr. und Seite	Datum	Original-Buch-veröffentl.	Bd. u. Seite unserer Ausgabe
Ein Schädling der Kriminalistik II. Teil *Hier ist von dem Verfasser . . .*	I. W.	WB	32/197	7. 8. 28		II/1187
Ein schönes Bild	K. T.	AIZ	27/2	1929		
Ein Schrei aus der Not	I. W.	WB	50/686	9. 12. 20		
Ein schwedischer Sachse	P. P.	WB	37/402	11. 9. 28	LL	II/1228
Ein Skandal	P. P.	WB	14/393	7. 4. 21		
Ein Stoß Papier	P. P.	WB	2/78	11. 1. 27		
Ein Stück Dichtung	P. P.	WB	16/590	21. 4. 31		III/840
Ein Stück von Henry Bernstein	P. P.	Voss.		30. 12. 24		
Ein Tag. Lourdes II	P. P.				Pyr.	II/626
Ein Taschenbuch	P. P.	WB	6/190	5. 2. 20		I/594
Ein Totengespräch *(s. u. Nachher: «Kennen Sie das Entzücken an der erotischen Häßlichkeit?»)*	K. H.	WB	20/771	15. 5. 28	ML	III/1123
Ein Traum am Neckarstrand	K. T.				Dt. Dt.	
Ein untergehendes Land	P. P.	WB	28/11	3. 7. 19		I/435
Ein Vortragsbuch	P. P.	WB	32/227	11. 8. 25		II/187
Ein weißer Rabe	I. W.	WB	50/709	4. 12. 19		I/539
Ein Wort	Th. T.	WB	22/790	27. 5. 30		III/454
Eindrücke von einer Reise	I. W.	WB	43/473	16. 10. 19		I/495
Eine Akademie	I. W.	WB	19/734	11. 5. 26		II/436
Eine Alte	Th. T.	Bll.	8/231	21. 2. 26		
Eine Ausnahme	I. W.	BVZ		21. 4. 20		I/625
Eine Blamage	P. P.	WB	6/233	5. 2. 29		
Eine Bürgermeisterstochter	anonym	Frei.		16. 10. 20		
Eine deutsche Kindheit	I. W.	WB	46/734	11. 11. 24		I/1274
Eine Doktor-Frage	P. P.	Tem.		2. 11. 28		
Eine Enttäuschung	P. P.	WB	51/740	11. 12. 19		
Eine Erklärung	K. T.	BVZ		7. 8. 22		

Titel	Autor	Buch Zeitg. Zeitschr.	Nr. und Seite	Datum	Original-Buch-veröffentl.	Bd. u. Seite unserer Ausgabe
Eine Errungenschaft der Revolution	P. P.	Voss.		1. 4. 27		
Eine feile Dirne?	anonym	Vorw.		29. 4. 14		I/184
Eine Frage	Th. T.	WB	4/123	27. 1. 31	LL	III/773
Eine Frau denkt *(s. u. Die Frau spricht)*	Th. T.	WB	51/920	17. 12. 29	LL	III/752
Eine Idee	I. W.	WB	33/271	17. 8. 26		
Eine kleine Erinnerung	P. P.	Voss.		10. 6. 24		I/1163
Eine kleine Geburt *(s. u. Ballade)*	Th. T.	WB	3/101	20. 1. 31	LL	III/767
Eine leere Zelle	K. H.	WB	5/195	29. 1. 29	Dt. Dt.	III/39
Eine neue Bücherzensur	I. W.	BVZ		30. 11. 19		I/535
Eine neue Wehrpflicht?	I. W.	RP		22. 6. 22		I/972
Eine pariser Revue	P. P.	Voss.		21. 5. 24		
Eine Perle	I. W.	Manus.				unveröfftl.
Eine schöne Dänin	P. P.	Voss.		9. 6. 27		II/799
Eine Schreckenskammer	I. W.	DAD		28. 11. 25		II/269
Eine Stelle	P. P.	Voss.		27. 5. 28		
Eine Stimme	K. H.	WB	51/921	16. 12. 30	LL	III/637
Eine Treppe	K. T.	Letzte S. i. ‹Sudelbuch›				III/1127
Eine Yvette Guilbert gilt nichts im eigenen Lande	P. P.	Tem.		12. 11. 28		
«Einen Augenblick mal, ich komme gleich wieder –!»	K. T.				Dt. Dt.	
Einer aus Albi	P. P.				Pyr.	II/698
Einer, der es genau weiß	P. P.	WB	41/554	13. 10. 31		
Einer, manche, viele	K. H.	WB	6/211	4. 2. 30		III/351
Einer pfeift sich einen	P. P.	WB	12/453	24. 3. 25		II/72
Eines aber	I. W.	WB	38/454	22. 9. 31		III/946
Einfachheit	P. P.	WB	47/787	19. 11. 29		

Titel	Autor	Buch Zeitg. Zeitschr.	Nr. und Seite	Datum	Original-Buch-veröffentl.	Bd. u. Seite unserer Ausgabe
Einfahrt	P. P.	Voss.	10/–	6. 1. 29	LL	III/19
Einfluß der Wohnung auf die Schaffenskraft *(s. u. Rundfrage)*	K. T.	BT		6. 6. 31		
Einheitsbericht	P. P.	Voss.		19. 7. 25		
111	I. W.	WB	10/382	8. 3. 32		III/1030
Einigkeit und Recht und Freiheit	Th. T.	WB	11/424	15. 3. 27		II/745
Einkäufe	Th. T.	Ulk	51/–	21. 12. 19		I/548
Einkehr	Th. T.	WB	30/139	23. 7. 29		III/146
I a	I. W.	WB	41/567	8. 10. 29		III/208
Eins, zwei, drei – G'suffa –!	I. W.	WaM		17. 7. 22		
«Eins – zwei – drei – hopp!»	P. P.	Voss.	234/–	6. 10. 29		III/200
1372 Fahrräder	P. P.	NFrPr.		24. 1. 32		III/998
Einwohnerwehrmann auf Posten	K. H.	Fr.W.	2/19	30. 5. 20		I/662
Eisenbahner *(s. u. Die Reichsbahn)*	Th. T.	AIZ	20/389	1930	LL	III/961
Eisenbahnerstreik	Th. T.	WB	6/149	9. 2. 22		I/903
Eisner	K. H.	WB	10/224	27. 2. 19	Fr. Gs.	I/379
Eitelkeit der Kaufleute	I. W.	WB	30/131	24. 7. 28		II/1180
Ellen Richter	P. P.	SB	50/1241	11. 12. 13		
«Email»	P. P.	Voss.	362/–	3. 8. 30		
Emigranten	I. W.	WB	33/270	18. 8. 25		
Emil Ludwig in Paris	P. P.	Voss.		26. 3. 26		
Endlich die Wahrheit über Remarque	K. H.	WB	24/902	11. 6. 29	Dt. Dt.	III/91
Englische Perücken	P. P.	Voss.	290/–	23. 6. 31		III/884
Enthüllung	P. P.	WB	46/751	15. 11. 27	5 PS	II/938
Entrée	Th. T.	Zirk.	–/5	1920		
Er auch!	Ignaz	Vorw.		6. 5. 13		
Er verheiratet sie	Th. T.				Fr. Gs.	I/494
Erfolgreiche Leute	P. P.	Voss.	84/–	19. 2. 29		
Erfüllung	K. H.	WB	39/494	24. 9. 29	LL	III/196
Erich Walter	P. P.	SB	43/1044	23. 10. 13		

Titel	Autor	Buch Zeitg. Zeitschr.	Nr. und Seite	Datum	Original-Buch-veröffentl.	Bd. u. Seite unserer Ausgabe
Erinnert Ihr Euch?	I. W.	Frei.		18. 5. 20		
Erinnerung *(s. u. Beschluß und Erinnerung)*	Th. T.	WB	49/837	4. 12. 28	ML	II/1327
Erinnerung *Am Untergrundbahnschalter.*	K. H.	WB	25/632	22. 6. 22	LL	I/980
Erinnerung *Das ist jetzt gut und gern ...*	I. W.	WB	24/889	16. 6. 25		II/143
Erinnerung *Gerold, der alte Weichensteller*	Th. T.	Reak. Alm.	–/122	1920		
Erinnerung *Im Jahre 1908 ...*	P. P.	WB	27/754	26. 6. 19		I/434
Erinnerung *Lieber S. J.*	P. P.	WB	14/361	27. 3. 19		
Erinnerung *Wie tanzt durch meine Träume ...*	Th. T.	WB	23/530	6. 6. 18		
Erinnerung für die Wahl	I. W.	BVZ		5. 6. 20		
Erinnerungsstücke von der Kaiserl. Jacht «Kaiseradler»	K. T.				Dt. Dt.	
Erklärung *Am 29. Juni dieses Jahres...*	K. T.	WB	33/176	17. 8. 22		
Erklärung *Das ‹Acht-Uhr-Abendblatt› läßt sich am 28. Juli ...*	K. T.	Frei.		7. 8. 22		
Erklärung *Der Schutzverband ...*	K. T.	WB	33/276	18. 8. 31		III/919
Erklärung *Nachdem ich mich überzeugt habe ...*	I. W.	WB	44/442	1. 11. 23		

Titel	Autor	Buch Zeitg. Zeitschr.	Nr. und Seite	Datum	Original-Buch-veröffentl.	Bd. u. Seite unserer Ausgabe
Erotika *Dem Graphiker Hellmuth Stockmann . . .*	I. W.	BVZ		25. 4. 20		
Erotika *Der preußische Staat . . .*	P. P.	SB	23/24/636	11. 6. 14		
Erotische Filme	K. T.	SB	37/867	11. 9. 13		
(Nachdruck)	P. P.	WB	45/496	9. 11. 22	5 PS	I/85
Erpressung	P. P.	SB	29/30/69	23. 7. 14		I/214
Ersatz	Th. T.	AIZ	12/12	1928		II/1079
«Erst muß was passieren»	I. W.	WB	52/944	25. 12. 28		
Ersterbendes Gemurmel	Th. T.	WB	39/297	26. 9. 18	Fr. Gs.	I/298
Erweckung	K. H.	WB	47/610	13. 11. 19		I/517
Erzberger	Th. T.	Ulk	27/–	4. 7. 19		I/441
Erzberger und Helfferich	I. W.	WB	21/713	22. 5. 24		I/1157
Es gibt keinen Neuschnee	K. H.	WB	14/515	7. 4. 31	LL	III/826
Es ist	Th. T.	WB	41/560	9. 10. 28	ML	II/1265
Es ist dich alles verziehn! *(s.u.Wenn jener wiederkäme . . .)*	Th. T.	WB	42/607	19. 10. 26		II/524
Es ist heiß in Hamburg	P. P.	Voss.		19. 8. 28	ML	II/1197
Es reut das Lottchen *(s. u. Das Lottchen)*	P. P.	Voss.	150/–	29. 3. 31	LL	III/292
Etwas vom Humor	I. W.	Frft.		23. 10. 18		
Eugen Burg	P. P.	WB	6/225	10. 2. 31	LL	III/780
Eugen Klöpfer	P. P.	WB	43/491	16. 10.19		I/499
Eulenburgiana	I. W.	WB	39/476	29. 9. 25		II/227
Europa	Th. T.	WB	2/73	12. 1. 32		III/995
Europa mit dem Ausrufungszeichen	P. P.	WB	15/552	14. 4. 25		
Europäische Kinderstube	P. P.	WB	33/266	18. 8. 31		III/915
Eveline, die Blume der Prärie	I. W.	WB	38/458	21. 9. 26		II/503

Titel	Autor	Buch Zeitg. Zeitschr.	Nr. und Seite	Datum	Original-Buch-veröffentl.	Bd. u. Seite unserer Ausgabe
Expertise vom Kunstsachverständigen Geheimrat Professor Dr. Kaspar Hauser	K. H.	WB	17/633	26. 4. 32		
Extrazug nach Nizza	P. P.	SB	12/346	20. 3. 13		
Fabel	I. W.	WB	1/36	1. 1. 29	LL	III/12
Fahrgäste	Th. T.	WB	34/278	19. 8. 30		III/497
Fahrt ins Glück	P. P.	WB	42/597	16. 10. 28	LL	II/1271
Fahrt mit der «Bodensee»	Th. T.	Ulk	44/–	31. 10. 19		
«Fairbanks ist berühmter als Homer»	P. P.	Voss.	176/–	13. 4. 30		
Fakir in Paris	P. P.	WB	49/882	8. 12. 25		
Familienbande	P. P.	Uhu	–/55	Apr. 1929		III/57
Fantasia	P. P.	WB	15/589	13. 4. 26	5 PS	II/413
Farbenklavier	Th. T.	WB	28/54	14. 7. 25		II/163
Faschismus in Frankreich	I. W.	WB	1/7	5. 1. 26		
Faust in Paris	P. P.	Voss.		4. 6. 25		II/135
Fauste! Fauste!	P. P.	SB	41/986	9. 10. 13		
Feldfrüchte	Th. T.	WB	38/470	21. 9. 26	5 PS	II/508
Fememörder	I. W.	Pr.Tg.		17. 4. 26		
Ferdinand Bonns gesammelte Werke	I. W.	SB	21/22/586	28. 5. 14		I/199
«Fest sei der Bund!»	K. T.				Dt. Dt.	III/308
Fête du Trône	P. P.	WB	25/850	19. 6. 24		I/1166
Feuerwerk *Die kleinen Bändchen . . .*	P. P.	WB	41/428	2. 10. 19		I/487
Feuerwerk *Unser nach Berlin . . .*	P. P.	WB	30/125	22. 7. 20		
Fiat	I. W.	WB	43/640	22. 10. 29		
Figuren	P. P.				Pyr.	II/666
Figurinen	Th. T.	WB	26/902	26. 6. 24		I/1178
Film in der Pariser Oper	P. P.	Voss.		20. 6. 26		
Film mit Scheibe	P. P.	Tem.		26. 10. 28		

Titel	Autor	Buch Zeitg. Zeitschr.	Nr. und Seite	Datum	Original-Buch-veröffentl.	Bd. u. Seite unserer Ausgabe
Filmschau. Kinodämmerung?	I. W.	Vorw.		22. 10. 13		
Filmzensur auch in Frankreich	P. P.	Tem.		16. 12. 28		
Finish *(s. u. Lücke)*	Th. T.	WB	13/503	29. 3. 27	5 PS	II/758
Flaggenfriede	Th. T.	WB	45/716	8. 11. 27		II/936
Flaggenlied	Th. T.	WB	20/773	18. 5. 26		II/441
Otto Flake	I. W.	WB	43/422	27. 10. 27		I/847
Flocken	Th. T.	SB	50/567	13. 12. 17		
Flora, die Göttin der Blüten spricht	Th. T.	Ulk	22/–	29. 5. 19		
Fontane und seine Zeit	P. P.	BT	619/–	27. 12. 19		I/561
Fort mit dem Schundgesetz!	I. W.	WB	44/704	2. 11. 26		II/535
Fort mit dem Visumzwang!	I. W.	WB	34/307	25. 8. 25		
Frage	Th. T.	WB	8/289	18. 2. 30		III/367
Frage und Antwort	Th. T.	WB	12/464	22. 3. 27		II/748
Frage- und Antwortspiel	K. H.	WB	4/122	22. 1. 20		I/582
Fragen an eine Arbeiterfrau	Th. T.	AIZ		1928	ML	II/1123
Anatole France in Pantoffeln	P. P.	Voss.		28. 1. 25		II/29
Anatole France-Dämmerung	P. P.	Voss.		24. 1. 25		
Frankreich und wir	K. T.	8	181/–	18. 8. 22		
Franzosen untereinander	P. P.	Voss.		3. 2. 26		
Französische Frauen	I. W.	Lit.	21/22/7	1926		II/307
Französische Provinz	P. P.				Pyr.	II/693
Französischer Kriegsfilm	P. P.	Voss.		2. 11. 27		II/931
Französischer Witz (Franz. Witze)	P. P.	Voss.		23. 8. 25	LL	II/191
Noch einmal französische Witze	P. P.	Voss.		10. 9. 25	LL	II/193

Titel	Autor	Buch Zeitg. Zeitschr.	Nr. und Seite	Datum	Original-Buch-veröffentl.	Bd. u. Seite unserer Ausgabe
Französisches Militärgericht in Paris	I. W.	WB	45/709	10. 11. 25	5 PS	II/255
Fratzen an den Mauern	I. W.	BT	137/–	29. 3. 19		
Fratzen von Grosz	I. W.	WB	33/184	18. 8. 21		I/815
Frau Ebert	I. W.	WB	11/409	17. 3. 25		II/65
Frau Übersee	P. P.	WB	1/11	2. 1. 19		
Frauen sind eitel. Männer? Nie –!	P. P.	Voss.		28. 9. 28		II/1252
Frauen von Freunden	Th. T.	WB	29/103	21. 7. 25	5 PS	II/166
Fräulein Marietta	P. P.	Voss.	284/–	19. 6. 30	LL	III/474
Fräulein Nietzsche	I. W.	WB	2/54	12. 1. 32		III/989
Freier Funk! Freier Film!	I. W.	WB	18/660	3. 5. 32		III/1050
Fremde Völker in Frankreich	P. P.	Voss.		20. 9. 25		
Freundliche Aufforderung	Th. T.	WB	37/244	12. 9. 18	Fr. Gs.	I/297
Fridericus Rex	Th. T.	WB	8/194	23. 2. 22		I/906
Friede?	Th. T.	Ulk	21/–	23. 5. 19		
Frieden	P. P.	WB	51/899	16. 12. 30		III/633
Friedens-Weihnachten	von einem Berliner	BVZ		25. 12. 19		
Friedrich mitn Mythos	I. W.	WB	7/262	16. 2. 32		III/1018
Friedrich von unten	I. W.	WB	3/83	20. 1. 21		
Frieren und frieren lassen	Th. T.	WB	44/705	2. 11. 26		II/536
Frohe Erwartung	Th. T.	WB	41/344	10. 10. 18	Fr. Gs.	I/305
Fröhliche Ostern *Da seht aufs neue dieses alte Wunder*	Th. T.	SB	15/433	9. 4. 14	Fr. Gs.	I/171
Fröhliche Ostern *Ei, ei! In einer Reih ...*	Th. T.	Ulk	16/–	18. 4. 19		
Frommer Wunsch	P. P.	Voss.	188/–	21. 4. 29		
Früh prügelt, was ...	K. T.				Dt. Dt.	

Titel	Autor	Buch Zeitg. Zeitschr.	Nr. und Seite	Datum	Original-Buch-veröffentl.	Bd. u. Seite unserer Ausgabe
Früher, wenn mal etwas Komisches war ... *(s. u. Lücke u. s. u. Finish)*	Th. T.	WB	13/503	29. 3. 27	5 PS	II/758
Frühling *Lenz, dich ...*	Th. T.	BVZ		25. 4. 20		
Frühling *Wir wandeln ...*	Th. T.	WB	17/421	27. 4. 22		
Frühlingsvormittag	P. P.	WB	12/341	22. 3. 23		I/1087
Führer?	I. W.	BVZ		16. 10. 20		I/746
Führerhunde	Th. T.	WB	30/95	28. 7. 21		I/813
Fund-Moral	P. P.	Voss.	283/—	4. 12. 30		
Fünfundzwanzig Jahre	K. T.	WB	37/373	9. 9. 30		III/510
50% Bürgerkrieg	Th. T.	WB	21/754	20. 5. 30		III/446
Für Carl v. Ossietzky	K. T.	WB	20/734	17. 5. 32		III/1055
Für Ferdinand Bonn	P. P.	WB	6/237	8. 2. 27		
Für Hans Siemsen	P. P.	WB	6/168	10. 2. 21		
«Für Ihn» *(s. u. Dem Andenken Siegfried Jacobsohns)*	Th. T.	WB	50/914	14. 12. 26	5 PS	II/572
Für Joseph Matthes	I. W.	WB	33/233	13. 8. 29		III/160
Für Max Hölz *(s. u. Lorbeeren der herrschenden Klasse)*	Th. T.	Knüp.	7/—	Juli 1926		II/468
Für Maxim Gorki	Th. T.	WB	14/511	3. 4. 28		II/1096
Für wen sind eigentlich die Zeitungen da?	I. W.	WB	21/838	24. 5. 27		
Fürstenabfindung	I. W.	WB	14/552	6. 4. 26		II/406
Fußball mit Menschenköpfen	I. W.	WB	35/335	31. 8. 26		II/486
Fußtritt eines ...?	I. W.	Manus.				unveröfftl.
Fütterung der Raubtiere	P. P.	WB	1/30	1. 1. 20		

Titel	Autor	Buch Zeitg. Zeitschr.	Nr. und Seite	Datum	Original-Buch-veröffentl.	Bd. u. Seite unserer Ausgabe
Gallettiana	P. P.	WB	31/120	3. 8. 22	ML	I/1023
Peter Ganter	P. P.	WB	13/334	30. 3. 22		I/935
«Ganz Paris»	P. P.	Tem.		18. 2. 29		
Gebet des Zeitungslesers *Szene aus einer Revue von Alfred Polgar und Theobald Tiger*	P. P.	WB	36/371	6. 9. 27	ML	II/870
Gebet für die Gefangenen	Th. T.	WB	52/950	23. 12. 24	Dt. Dt.	I/1305
Gebet nach dem Schlachten	Th. T.	WB	32/233	7. 8. 24	5 PS	I/1211
Gebrauchen Sie einen Bade-Thermometer?	P. P.	Voss.		14. 11. 26		II/540
Gebrauchsanweisung	P. P.	Voss.	478/—	10. 10. 30		III/552
Gebrauchslyrik	I. W.	WB	48/808	27. 11. 28		II/1318
Gedanken eines Arbeiters an einer Kreissäge	Th. T.	Simpl.	—/489	5. 12. 27		II/968
Gedanken und Erinnerungen	Th. T.	Ulk	7/—	14. 2. 19		
Gedenken an Siegfried Jacobsohn	K. T.	WB	48/810	29. 11. 27		II/958
Gedenkmäler	I. W.	WB	11/432	15. 3. 27	5 PS	II/746
Geduld	Th. T.	WB	38/448	17. 9. 29	LL	III/187
Gefilmt mußt du sein —!	Th. T.	BIl.	50/1655	13. 12. 25		
Gefrorenes Blut	K. T.				Dt. Dt.	
Gefühle	Th. T.	WB	4/123	27. 1. 25	5 PS	II/24
Gefühle nach dem Kalender	P. P.	BT	616/—	24. 12. 19		I/549
Gefühlskritik *(s. u. Sozialdemokratischer Parteitag)*	Th. T.	WB	39/312	29. 9. 21	5 PS	I/827
Gegen das Remarque-Filmverbot *(s.u. Rundfrage)*	K. T.	Mensch.	3/Jg. 4	20. 3. 31		III/809
Gegen den Strom	I. W.	WB	15/567	13. 4. 26		II/407
Gegen die Arbeiter? Allemal —!	I. W.	WaM		5. 12. 21		I/866

Titel	Autor	Buch Zeitg. Zeitschr.	Nr. und Seite	Datum	Original-Buch-veröffentl.	Bd. u. Seite unserer Ausgabe
Gegen rechts und gegen links	Th. T.	Ulk	11/12	21. 3. 19		
Geheimnis	Th. T.	WB	44/673	1. 11. 27	ML	II/929
Geheimnisse des Harems	K. T.				ML	III/290
Geldverdienen und Glücklichsein!	P. P.	Voss.		12. 2. 26		
Generalstreik	Th. T.	Ulk	10/–	7. 3. 19		
George Grosz als Schriftsteller	I. W.	WB	41/583	13. 10. 25		
George Grosz in Paris	P. P.	Dame	18/5	Mai 1925		
Valeska Gert	P. P.	WB	7/204	17. 2. 21		I/791
Gerüste! Gerüste!	P. P.	Voss.	458/–	28. 9. 30		III/542
Gesang der englischen Chorknaben	Th. T.	AIZ	35/11	1928		II/1216
Gesangseinlage	Th. T.	WB	36/363	2. 9. 30		
Geschenkbuch	P. P.	WB	43/646	23. 10. 28		
Geschichten	P. P.	WB	29/56	10. 7. 19		
Geschichtswissenschaft	P. P.	Voss.		21. 7. 27		II/833
Geschworene	Th. T.	WB	9/334	1. 3. 27		II/735
Gesicht *(s. u. Deutschland? Deutschland)*	K. H.	WB	27/33	3. 7. 24	ML	I/1182
Gesichter *Der Mann rechts ...*	K. T.				Dt. Dt.	
Gesichter *Neulich fuhr ich mit einem ...*	I. W.	WB	53/805	25. 12. 19		I/559
Gespräch auf einem Diplomatenempfang	K. H.	WB	12/435	18. 3. 30	LL	III/380
Gespräch mit dem Osterhasen	P. P.	BT	155/–	4. 4. 20		
Gespräche über pariser Theater	P. P.	Voss.		11. 2. 25		
Geßler	I. W.	WaM		7. 11. 21		I/853
Geßler und wir	I. W.	WB	30/96	27. 7. 22		I/1012
Gestoßener Seufzer	Th. T.	WB	6/213	10. 2. 31		III/780

Titel	Autor	Buch Zeitg. Zeitschr.	Nr. und Seite	Datum	Original-Buch-veröffentl.	Bd. u. Seite unserer Ausgabe
Gesunde und kranke Nerven	P. P.	WB	42/578	14. 10. 30	LL	III/556
«Gesunder Pazifismus»	I. W.	DAD		31. 3. 28		II/1089
Gewehre auf Reisen	I. W.	WB	42/573	16. 10. 24		I/1251
Giampietro	I. W.	SB	2/43	8. 1. 14		I/137
Gib ihm Saures – er kann sich nicht wehren!	I. W.	WaM		21. 11. 21		I/860
Gips	Ignaz	Vorw.		14. 6. 13		
Gleich um die Ecke	Th. T.	WB	9/339	2. 3. 26		
Glück im Unglück	Th. T.	WB	44/671	30. 10. 28		II/1291
Glückliche Diplomatie!	P. P.	Tem.		18./19 12. 28		II/1352
Glücksspiel	I. W.	WB	50/878	9. 12. 30		III/1342
Goethe-Jahr 1932	Th. T.	WB	38/452	22. 9. 31		III/945
Gottes Blasbalg	P. P.	SB	31/32/92	6. 8. 14		I/216
Götzen der Maigoto-Neger	K. T.				Dt. Dt.	
Grammophonplatten	P. P.	WB	34/297	20. 8. 29		
Gratulation	P. P.	SB	1/28	1. 1. 14		I/117
Grimms Märchen	I. W.	WB	36/353	4. 9. 28		II/1217
Großstadt-Weihnachten	Th. T.	SB	52/1293	25. 12. 13		I/113
George Grosz als Schriftsteller	I. W.	WB	41/583	13. 10. 25		
George Grosz in Paris	P. P.	Dame	18/5	Mai 1925		
Ilka Grüning	K. T.	WB	33/170	7. 8. 19		I/457
Gruß nach vorn	K. H.	WB	14/555	6. 4. 26	ML	II/406
Guck mal, wie süß –!	Th. T.	AIZ	5/88	1930		
Guido Herzfeld	P. P.	WB	25/637	22. 6. 22		
Gussy Holl	P. P.	SB	26/27/688	3. 7. 13		I/71
Gut geschrieben! *(s. u. Schwarz auf Weiß)*	P. P.	Lose Bl.	13/204	März 1929		III/49
Gut Mord!	Th. T.	WB	11/409	16. 3. 26		II/377
Gute Nacht!	Th. T.	Ulk	5/–	31. 1. 19	Fr. Gs.	I/365
Gute Witze aus großer Zeit	P. P.	WB	43/470	21. 10. 20		I/748
Guten Morgen –!	Th. T.	BT	1/–	1. 1. 20		I/569

Titel	Autor	Buch Zeitg. Zeitschr.	Nr. und Seite	Datum	Original-Buch-veröffentl.	Bd. u. Seite unserer Ausgabe
«Guten Morgen – dies ist Ihre Zeitung!»	P. P.	WB	52/954	25. 12. 28		II/1355
Guter Neurath ist teuer	Th. T.	WB	21/778	21. 5. 29		III/68
Haarmann	I. W.	WB	34/299	21. 8. 24		
Haben Sie schon mal . . .?	Th. T.	WB	33/258	17. 8. 26	5 PS	II/478
Haben Sie sich schon einmal im Mai verliebt? *(s.u. Rundfrage: Peter Panter, Privat-Sekretariat, Abteilung: Gefühle)*	P. P.	Uhu	8/104	Mai 1928		II/1121
Halt auf freiem Felde	K. H.	Dame	8/–	Jan. 1925		II/9
Hamburger Abschiedsessen	Th. T.	WB	39/340	23. 9. 20		
Hände an der Schreibmaschine	Th. T.	Uhu	8/40	Mai 1928	LL	II/1116
Handelsteil	I. W.	WB	42/603	15. 10. 29		III/219
Händler und Helden	Th. T.	WB	27/8	6. 7. 22		I/989
Hanns Heinz Vampir	P. P.	WB	46/511	17. 11. 21		
Hans Junkermann	P. P.	SB	39/933	25. 9. 13		
Harden	Th. T.	WB	28/43	13. 7. 22		I/998
Maximilian Harden	K. T.	WB	45/704	8. 11. 27		II/932
Hardens Prozesse	K. T.	März	1/30	1. 1. 14		I/132
Harfenjulius Klabund	P. P.	WB	28/73	12. 7. 27		II/828
Harmonika	K. H.	WB	37/425	13. 9. 27		II/880
Haßt der Franzose den Deutschen?	P. P.	Voss.		23. 3. 26		
Hat Berlin eine Gesellschaft	P. P.	Voss.		25. 12. 25		
Hat Mynona wirklich gelebt?	I. W.	WB	1/15	31. 12. 29		III/282
Haus im Neubau	K. H.	WB	36/365	4. 9. 24		

Titel	Autor	Buch Zeitg. Zeitschr.	Nr. und Seite	Datum	Original-Buch-veröffentl.	Bd. u. Seite unserer Ausgabe
Haus mit Granaten	P. P.	WB	30/159	24. 7. 24		
Hausbesitzer in der Loge	K. H.	WB	42/600	16. 10. 24		I/1256
Häuser	K. H.	WB	43/643	25. 10. 27	5 PS	II/925
Aenn Häusinger	P. P.	WB	9/285	26. 2. 20		
Hausmusik	P. P.	NWi.		19. 3. 23		
Hausse in Ruhm	P. P.	WB	19/708	12. 5. 25		
Hégésippe Simon *Das war zu Beginn . . .*	P. P.	Tem.		17. 10. 28		
Hégésippe Simon *Die menschliche Dummheit . . .*	I. W.	WB	50/895	15. 12. 31		III/970
Hehler	I. W.	WB	9/353	1. 3. 27		
Hermann Heijermans	P. P.	WB	49/849	2. 12. 24		
Heil,Kaiser,Dir–!	I. W.	WaM		23. 1. 22		I/896
Heimarbeiter	I. W.	WB	34/297	21. 8. 28		II/1200
Heimat	K. T.				Dt. Dt.	III/312
Heimgefunden	Th. T.	WB	27/24	5. 7. 27		II/821
Heimg'funden	Th. T.	WB	25/730	17. 6. 20		I/682
Heimkehr	K. H.	WB	40/394	25. 9. 19		
Heimweh nach den großen Städten	P. P.	Voss.		26. 8. 28		II/1204
Heinrich Zille	Th. T.	WB	36/366	3. 9. 29	LL	III/176
Hej –!	Th. T.	WB	44/664	29. 10. 29		III/226
Helden am Telefon	I. W.	BVZ		21. 8. 22		I/1040
Helft helfen	I. W.	Aufruf z. Winterhilfe d. Roten Hilfe		Dez. 1931		
Hellpach und Hau	I. W.	WB	47/809	24. 11. 25		
Helm ab –!	Th. T.	WB	48/519	28. 11. 18		I/319
Henny Noske	I. W.	WB	37/303	4. 9. 19		III/1333
Henri Barbusse und die Platte ‹Lord help me –!›	I. W.	WB	47/763	19. 11. 29		III/250
Hepp hepp hurra! *«Das deutsche Volk . . .»*	I. W.	WaM		14. 2. 21		I/788

Titel	Autor	Buch Zeitg. Zeitschr.	Nr. und Seite	Datum	Original-Buch-veröffentl.	Bd. u. Seite unserer Ausgabe
Hepp hepp hurra! *Der berliner Arzt . . .*	I. W.	Frei.		15. 10. 20		I/745
Herausgeber oder Verleger?	I. W.	WB	28/32	14. 7. 21		I/810
Herbert der Einese	P. P.	SB	36/850	4. 9. 13		
Hering ist gut – Schlagsahne ist gut – wie gut . . .	P. P.	WB	37/422	9. 9. 30		III/526
Hermann Heijermans	P. P.	WB	49/849	2. 12. 24		
Hermine	P. P.	WB	27/18	5. 7. 23	Dt. Dt.	I/1112
Herr Adolf Bartels	I. W.	WB	12/291	23. 3. 22		I/918
Herr Ahlmann	P. P.	Voss.	424/–	8. 9. 29		III/176
Herr Bedel liebt auf dem 48 Grad	P. P.	Voss.	430/–	12. 9. 29		
«Herr Gumpel – schicken Sie mich!»	P. P.	WB	28/59	8. 7. 20		
Herr Konferenzrat Andersen	P. P.	Voss.		14. 8. 27		II/848
Herr Maurras vor Gericht	I. W.	WB	38/436	22. 9. 25		II/217
Herr Schwejk	I. W.	WB	23/892	8. 6. 26		II/458
Herr und Frau Wichtig lassen zu Tisch bitten!	P. P.	WB	2/45	8. 1. 29		III/25
Herr Wendriner beerdigt einen	K. H.	WB	35/345	1. 9. 25	5 PS	II/205
Herr Wendriner betrügt seine Frau	K. H.	WB	40/543	6. 10. 25	5 PS	II/235
Herr Wendriner diktiert einen Brief	K. H.	WB	14/523	3. 4. 28		II/1097
Herr Wendriner erzählt eine Geschichte	K. H.	WB	21/824	25. 5. 26	5 PS	II/449
Herr Wendriner erzieht seine Kinder	K. H.	WB	14/521	7. 4. 25	5 PS	II/92
Herr Wendriner geht ins Theater	K. H.	WB	50/929	14. 12. 26		II/562
Herr Wendriner hat Gesellschaft	K. H.	WB	32/214	11. 8. 25	5 PS	II/184

Titel	Autor	Buch Zeitg. Zeitschr.	Nr. und Seite	Datum	Original-Buch-veröffentl.	Bd. u. Seite unserer Ausgabe
Herr Wendriner in Paris	K. H.	WB	18/709	4. 5. 26		II/433
Herr Wendriner kann nicht einschlafen	K. H.	WB	13/510	30. 3. 26	5 PS	II/395
Herr Wendriner kauft ein	K. H.	WB	43/636	23. 10. 24	5 PS Dt. Dt.	I/1260
Herr Wendriner läßt sich die Haare schneiden	K. H.	WB	38/461	22. 9. 25		II/223
Herr Wendriner läßt sich massieren	K. H.	WB	26/976	25. 6. 29		III/112
Herr Wendriner nimmt ein Bad	K. H.	WB	26/971	30. 6. 25	5 PS	II/157
Herr Wendriner steht unter der Diktatur	K. H.	WB	41/559	7. 10. 30	LL	III/547
Herr Wendriner telefoniert *(s. u. Zehn Minuten)*	K. H.	WB	27/19	6. 7. 22	5 PS	I/990
Herr Wichtig	I. W.	WB	34/312	25. 8. 31		
Herren und Kerls	I. W.	BT	251/—	2. 6. 19		
Herrn Wendriners Jahr fängt gut an	K. H.	WB	1/30	5. 1. 26		II/314
Herz mit einem Sprung	Th. T.	WB	5/175	3. 2. 31	LL	III/775
Guido Herzfeld	P. P.	WB	25/637	22. 6. 22		
Rudolf Herzog — ein deutscher Mann	I. W.	WB	39/462	25. 9. 24	Dt. Dt.	I/1237
Hetären-Gespräche	K. H.	WB	26/962	30. 6. 31		III/886
Heute zwischen Gestern und Morgen	Th. T.	WB	22/831	31. 5. 32		III/1070
Hexenprozesse in alter und neuer Zeit	P. P.	Frei.		12. 9. 20		I/732
Himmlische Nothilfe	P. P.	Simpl.	—/446	15. 12. 30		III/631
Hinrichtung	K. T.	Vorw.		7. 2. 12		I/19
Hinter der Venus von Milo	P. P.	Voss.		28. 4. 26		II/421

Titel	Autor	Buch Zeitg. Zeitschr.	Nr. und Seite	Datum	Original-Buch-veröffentl.	Bd. u. Seite unserer Ausgabe
Historisches	I. W.	WB	4/144	26. 1. 32		III/1001
Hitler und Goethe	K. H.	WB	20/751	17. 5. 32		III/1058
Hochherrschaftliche Wohnungen	P. P.	SB	16/451	17. 4. 13		
Holder Friede	Th. T.	WB	39/490	24. 9. 29		III/195
Gussy Holl	P. P.	SB	26/27/688	3. 7. 13		I/71
Arno Holz	P. P.	WB	20/574	13. 5. 20		
Arno Holz und sein Werk	K. T.	Werk Verl.		1923		
Holzapfel und Schlehwein	P. P.	SB	49/1209	4. 12. 13		I/106
Home, sweet home	Th. T.	SB	10/288	5. 3. 14	Fr. Gs.	I/157
Horizontaler und vertikaler Journalismus	I. W.	WB	2/49	13. 1. 25		II/15
Horoskop 1928	Th. T.	Uhu	4/12	Jan. 1928		II/1009
Hotelunwesen	P. P.	WB	33/269	16. 8. 27		
Huh, wie schauerlich!	I. W.	WB	27/34	5. 7. 27		II/822
100%	P. P.	Lose Bl.	8/122	1930		III/321
Ibsen und der Nationalconcierge	P. P.	Voss.		3. 4. 28		
Ich als Reklamefachmann	P. P.	WB	42/437	14. 10. 20		
Ich bin ein Mörder	I. W.	WB	45/703	6. 11. 28	Dt. Dt.	II/1299
Ich dachte schon . . .	K. H.	WB	27/747	26. 6. 19		I/433
Ich gehe mit einer langen Frau	P. P.	Voss.	302/–	30. 6. 31		III/888
Ich ging im Walde . . . *(s. u. Die Reihenfolge)*	Th. T.	WB	46/469	14. 11. 18	Fr. Gs. ML	I/317
Ich habe mich erkältet	Th. T.	WB	40/520	1. 10. 29		III/197
Ich habe noch . . .	P. P.	BT	559/–	24. 11. 19		I/525
«Ich kann Ihnen vertraulich mitteilen . . .»	P. P.	Voss.	116/–	9. 3. 30		III/374

Titel	Autor	Buch Zeitg. Zeitschr.	Nr. und Seite	Datum	Original-Buch-veröffentl.	Bd. u. Seite unserer Ausgabe
Ich möchte Student sein	P. P.	Voss.	46/–	27. 1. 29		III/37
«Ich rufe vor eins noch mal an –!»	P. P.	Voss.	20/–	12. 1. 30	LL	III/327
Ich schnitt es gern ...	K. H.	WB	41/420	2. 10. 19		I/486
Ideal und Wirklichkeit	Th. T.	WB	45/710	5. 11. 29	LL	III/238
Idyll an der Leine	P. P.	WB	45/732	9. 11. 26		II/537
Idylle	P. P.	WB	16/424	10. 4. 19		I/394
If ...	P. P.	WB	46/787	16. 11. 26	5 PS	II/545
Ilka Grüning	K. T.	WB	33/170	7. 8. 19		I/457
Illustrierte Welt	Th. T.	WB	52/963	27. 12. 27		II/996
Im Bade	Th. T.	Ulk	32/–	8. 8. 19		
Im Blauen Vogel	P. P.	WB	13/420	27. 3. 24		
Im Gefängnis begreift man	K. T.	WB	50/902	15. 12. 31		III/974
Im Käfig	Th. T.	WB	22/507	30. 5. 18	Fr. Gs.	I/275
Im kommenden Jahr	I. W.	AIZ	1/3	1929		III/7
Im Ruhestand	I. W.	WB	44/699	3. 11. 25		
Im Saal	I. W.	BVZ		5. 12. 19		
Im Tollhause	I. W.	WB	9/282	26. 2. 20		I/605
Im Tunnel	P. P.	Voss.	292/–	23. 6. 29		III/103
Im weißen Rößl	P. P.	WB	21/605	20. 5. 20		
Im Wintergarten	P. P.	WB	3/85	20. 1. 21		
Imma mit die Ruhe!	Th. T.	WB	40/525	6. 10. 31		III/956
Immer	Th. T.	Simpl.	47/576	17. 2. 30		III/362
Immer raus mit der Mutter ...!	Th. T.	WB	23/786	5. 6. 24	LL	I/1162
Impressionistische Kritik	P. P.	SB	19/532	8. 5. 13		
Improvisationen im Juni	I. W.	WB	49/571	6. 12. 23		
In aller Eile	Th. T.	WB	31/180	30. 7. 29		III/152
In der ersten Reihe *gibt es zwei ...*	P. P.	Voss.		18. 12. 27		
In der ersten Reihe *Unmittelbar vor mir bummert der Mann ...*	P. P.	Voss.		25. 4. 26		II/417
In der Geburtsstadt Fragonards	P. P.	Voss.		27. 11. 24	LL	I/1287

Titel	Autor	Buch Zeitg. Zeitschr.	Nr. und Seite	Datum	Original-Buch-veröffentl.	Bd. u. Seite unserer Ausgabe
In der Hotelhalle	P. P.	Voss.		10. 8. 30		III/491
In der Provinz	I. W.	Frei.		16. 5. 20		I/647
In der Strafkolonie	P. P.	WB	23/655	3. 6. 20		I/664
In der Zelle	K. H.	WB	35/224	1. 9. 21		I/817
In des Waldes tiefsten Gründen	K. T.	Simpl.	3/40	20. 4. 14	Träum.	I/177
In einer Bar	I. W.	BVZ		4. 4. 20		
In Reserve	P. P.	Voss.		17. 3. 27		
In Sachen . . .	Th. T.	SB	41/349	10. 10. 16		
In Uniform	I. W.	WB	10/371	8. 3. 27		II/741
In Weißensee	Th. T.	WB	20/741	19. 5. 25	5 PS	II/125
In Zivil	I. W.	BT	623/—	5. 12. 18		I/320
Indizien	I. W.	WB	38/455	17. 9. 29		III/188
Ingo	P. P.	WB	50/688	9. 12. 20		
Interessieren Sie sich für Kunst—?	I. W.	Zürch. Stud.	2/64	Mai 1926		II/423
Interview	K. H.	WB	17/670	27. 4. 26	5 PS	II/419
Interview mit Frau Doumergue	P. P.	Voss.		31. 7. 24	LL	I/1194
Interview mit sich selbst	P. P.	BT	414/—	3. 9. 19	LL	I/471
Intimer Dialog	Ignaz	Vorw.		9. 4. 13		
Ist das deutsche Buch zu teuer—? *Es gibt . . .*	P. P.	WB	6/208	7. 2. 28		II/1045
Ist das deutsche Buch zu teuer? *So habe ich . . .*	P. P.	WB	11/422	12. 3. 29		
Ist die Reichswehr der Feuerwehr vergleichbar? *(s. u. Die Feuerwehr)*	anonym	WB	10/357	1. 3. 27	Dt. Dt.	III/297
Ist es denn nun wirklich wahr, was man hat vernommen —	I. W.	WB	16/612	16. 4. 29	LL	III/64
Ist man schon wieder keusch —?	I. W.	WB	47/828	23. 11. 26		
Iste Goethe	P. P.	WB	39/334	23. 9. 20		I/735
Ja, Bauer, das . . .!	Th. T.	WB	37/403	10. 9. 29		III/185
Ja früher . . . *Daß ein Kriminalwachtmeister . . .*	Th. T.	Frei.		18. 7. 22		

Titel	Autor	Buch Zeitg. Zeitschr.	Nr. und Seite	Datum	Original-Buch-veröffentl.	Bd. u. Seite unserer Ausgabe
«Ja, früher —!» *Die französische ‹Assiette au beure›*	P. P.	SB	33/34/133	27. 8. 14		
«Ja, früher . . .!» *In den alten ‹Fliegenden Blättern›*	P. P.	8	83/–	11. 4. 23		I/1091
Siegfried Jacobsohn †	K. T.	WB	49/873	7. 12. 26		II/572
S. J.	Th. T.	WB	37/423	9. 9. 30		III/521
Jagow vorm Reichsgericht	Th. T.	WB	50/609	15. 12. 21		I/875
Jahrgang 1905	I. W.	WB	33/242	14. 8. 28		II/1194
Jakob Wassermann und sein Werk	P. P.	WB	38/430	18. 9. 24		I/1233
Jakubowski	Th. T.	WB	42/589	16. 10. 28	LL	II/1270
Japanische Straßenbahnschaffnerinnen	Th. T.	AIZ	14/268	1930		
Jaurès im Panthéon	I. W.	WB	49/823	2. 12. 24		I/1291
Jean III. «Vive le Roi –!»	P. P.	Voss.		14. 4. 26		
Jemand besucht etwas mit seinem Kind	K. H.	WB	10/350	10. 3. 25	5 PS	II/60
Jener	Th. T.	WB	41/546	9. 10. 24		I/1247
Joachim der Erste (genannt Ringel)	P. P.	WB	43/638	25. 10. 27		II/923
Joebbels	Th. T.	WB	8/287	24. 2. 31		III/790
Johanna vom Bogen	P. P.	Voss.	106/–	3. 3. 29		
Jonathans Wörterbuch	P. P.	Voss.	352/–	28. 7. 29		III/148
Journalistischer Nachwuchs	I. W.	WB	1/12	3. 1. 28		II/1015
Jubelgesang des Bürgers *(s. u. Angst des Kapitalisten vor der Einigkeit der Arbeiter)*	Th. T.	Fr. W.	39/3	17. 10. 20		

Titel	Autor	Buch Zeitg. Zeitschr.	Nr. und Seite	Datum	Original-Buch-veröffentl.	Bd. u. Seite unserer Ausgabe
Jubiläum *Guckt ihr herüber aus den anderen Betten – ?*	K. T.				Dt. Dt.	
Jubiläum *Seid ihr alle noch da –?*	Th. T.	WB	12/423	18. 3. 30		III/384
Jugend und Welt	P. P.	Voss.	590/–	14. 12. 28		
Jules Renard	P. P.	Voss.		18. 3. 30		
Juli 14	I. W.	WB	30/119	23. 7. 29		III/139
Junge Autoren	Th. T.	WB	27/17	2. 7. 29		III/124
Hans Junkermann	P. P.	SB	39/933	25. 9. 13		
Juristen	K. T.	ZiB	Jg. XII/4	22. 1. 14		
Juristentag in Wien	Kurt	Vorw.		8. 9. 12		
Justitia	I. W.	BT	11/–	14. 1. 19		
Justitia mit dem Rotstift	I. W.	Frei.		17. 11. 20		
Justitia schwoft!	K. H.	Fr. W.	27/5	25. 7. 20	ML	III/288
Kabarett-Rückblick	K. T.	Var.	VI/241	5. 7. 13		
Kabarett zum Hakenkreuz	P. P.	Voss.	302/–	29. 6. 30		
Kadett Ludendorff	I. W.	WaM		10. 4. 22		I/940
Kadettenliteratur	I. W.	WB	35/236	26. 8. 20		I/724
Kähne	Th. T.	WB	10/248	9. 3. 22		I/914
Kaiserallee 150	P. P.	BT	276/–	18. 6. 20		
Kaiserbilder	I. W.	WB	46/583	6. 11. 19		
Kammerspiele	K. H.	WB	30/83	17. 7. 19		
Kampfmittel	I. W.	WB	52/1015	28. 12. 26		II/570
Kandidaten! Kandidaten!	von einem Berliner	BVZ		12. 10. 19		
Kapp-Lüttwitz	I. W.	WB	12–14/357	25. 3. 20		I/614
Karl Kraus	I. W.	Frei.		31. 5. 20		
Karl Kraus liest	K. T.	BT	39/–	22. 1. 20		I/581
Karls letzter Putsch	Th. T.	WB	44/449	3. 11. 21		I/850
Karrieren	Th. T.	WB	48/807	25. 11. 30	LL	III/615
Kartengruß aus dem Engadin	Th. T.	WB	30/151	27. 7. 26		II/473

Titel	Autor	Buch Zeitg. Zeitschr.	Nr. und Seite	Datum	Original-Buch-veröffentl.	Bd. u. Seite unserer Ausgabe
Katharinentag ohne Kuß-freiheit	P. P.	Tem.		29. 11. 28		
Katzenmutter in Paris	P. P.	Voss.		5. 12. 26		II/554
Kehrseite	I. W.	WB	29/72	15. 7. 20		I/698
Keinen Mann und keinen Groschen –! *Man denke sich einen Feuer-wehrhaupt-mann ...*	I. W.	DAD		1. 5. 26		II/426
Keinen Mann und keinen Groschen *Der Kriegsmini-ster Geßler ...*	K. T.	WB	14/527	5. 4. 27		II/761
Alfred Kerr	Th. T.	WB	51/936	20. 12. 27		II/993
Kinder, Kinder, sind das Zeiten! *(s. u. Vom Ra-dauhumoristen)*	I. W.	BVZ		19. 4. 22		I/945
Kindertheater	K. T.	Ark.	–/201	1913		I/53
Kino *Das hat mir am Kino besonders gefallen ...*	von einem Berliner	BVZ		1. 7. 19		
Kino *«Wat sagste nu ...»*	Ignaz	SB	6/181	6. 2. 13		
Kino *Wird Gustav, der Kommis, entlassen?*	Ignaz	SB	30/31/752	31. 7. 13	Fr. Gs.	I/75
Kino privat	Th. T.	WB	16/589	15. 4. 30	LL	III/421
Kino-Atelier	Th. T.	Ulk	41/–	10. 10. 19		I/511
Kino-Zensur	I. W.	WB	38/308	16. 9. 20		
Kinomüdigkeit *Die ‹Erste Internationale Filmzeitung› widmet ...*	anonym	Vorw.		27. 5. 13		

Titel	Autor	Buch Zeitg. Zeitschr.	Nr. und Seite	Datum	Original-Buch-veröffentl.	Bd. u. Seite unserer Ausgabe
Kinomüdigkeit *Gott sei Dank*	anonym	Vorw.		5. 5. 13		
Kintopp. Glaube oder Kurpfuscherei *(s. u. Der Wallfahrtsort Lourdes in Frankreich)*	I. W.	AIZ	28/—	1929		
Kirche und Wolkenkratzer	Th. T.	AIZ	6/108	1930		III/354
Harfenjulius Klabund	P. P.	WB	28/73	12. 7. 27		II/828
Klagelied eines Einsamen	K. H.	WB	44/515	12. 10. 19		
(Nachdruck)	Th. T.	WB	46/526	16. 11. 22		I/505
Klante	Th. T.	WB	37/271	15. 9. 21		
Klavierspiel nach dem Essen	K. H.	WB	36/386	6. 9. 27	ML	II/873
Kleine Anfragen	Th. T.	WB	26/599	27. 6. 18		
Kleine Anzeigen	P. P.	WB	23/871	5. 6. 28		
Kleine Begebenheit	P. P.	WB	27/20	7. 7. 21	5 PS	I/809
Kleine Bitte	P. P.	Voss.	104/—	3. 3. 31		III/797
Kleine Dienstreise	Th. T.	WB	36/375	7. 9. 26	Dt. Dt.	II/493
Kleine Entgegnung	P. P.	WB	53/772	30. 12. 20		
Kleine Erinnerungen	P. P.	Voss.	252/—	31. 5. 29		
Kleine Fingerübung	Th. T.	WB	12/362	20. 3. 24		
Kleine Leute	P. P.	SB	8/230	19. 2. 14		
Kleine Nachrichten *Der geschlagene Weltmeister ...*	K. H.	WB	36/378	8. 9. 31		III/936
Kleine Nachrichten *Die Sowjet-Regierung ...*	K. H.	WB	11/411	15. 3. 32		III/1031
Kleine Nachspeisen	P. P.	WB	16/446	21. 4. 21		I/799
Kleine Reise 1923	P. P.	WB	1/24	3. 1. 24	5 PS	I/1139
Kleine Station	P. P.	WB	35/353	31. 8. 26	5 PS	II/488
Kleine Szene	P. P.	WB	17/457	17. 4. 19		

Titel	Autor	Buch Zeitg. Zeitschr.	Nr. und Seite	Datum	Original-Buch-veröffentl.	Bd. u. Seite unserer Ausgabe
Kleine Vorrede	I. W.				Zsp.	I/119
Kleine Wahlnachrichten	anonym	WB	37/415	9. 9. 30		
Kleine Warnung	Th. T.	Flieger		1917/18		
Kleine Zeit	P. P.	WB	37/304	4. 9. 19		
Kleiner Brief	P. P.	WB	24/913	11. 6. 29		
Kleiner Jubel mit Fransen	P. P.	WB	35/311	26. 8. 30		
Kleiner Mann vor der Weinstube	P. P.	WB	38/221	21. 9. 22		I/1059
Kleiner Streik	Th. T.	WB	46/564	11. 11. 20		
Kleiner Vorschlag	I. W.	WB	1/33	6. 1. 31		III/761
Kleines Gespräch mit unerwartetem Ausgang	Th. T.	Vorw.		8. 5. 12		
(Nachdruck)	Th. T.	SB	17/480	23. 4. 14	Fr. Gs.	I/182
Kleines Glockenspiel	Th. T.	WB	23/904	7. 6. 27	Dt. Dt.	II/798
Kleines Operettenlied	Th. T.	WB	25/928	17. 6. 30		III/472
Kleines Trällerlied	Th. T.	WB	44/492	28. 10. 20		I/752
Klein-Piepeneichen	Th. T.	Ulk	39/–	26. 9. 19		
Klio mit dem Griffel	I. W.	WB	30/108	22. 7. 20		I/703
Eugen Klöpfer	P. P.	WB	43/491	16. 10. 19		I/499
Kochrezepte	K. H.	WB	29/90	20. 7. 26	ML	II/472
Koffer auspacken	P. P.	Voss.		19. 2. 27	LL	II/723
Kollegen	P. P.	WB	38/476	21. 9. 26		
Kölner Rheinbrücke	K. T.				Dt. Dt.	
Kolonne	Th. T.	BT	526/–	14. 10. 18		I/306
Kolossal berühmt	P. P.	WB	11/418	15. 3. 32		III/1034
Komische Oper	P. P.	WB	21/540	25. 5. 22		
Das ist ein Komma . . .	P. P.	WB	43/650	27. 10. 31		
Komödienhaus: Kammermusik	tu	Vorw.		26. 1. 14		
Konfekt	P. P.	WB	41/386	13. 10. 21		
Konfusion um Zeisig	K. H.	WB	38/451	18. 9. 28		II/1237
König contra Reimann	P. P.	WB	14/452	3. 4. 24		I/1150

Titel	Autor	Buch Zeitg. Zeitschr.	Nr. und Seite	Datum	Original-Buch-veröffentl.	Bd. u. Seite unserer Ausgabe
Königsmacher in der Bretagne	P. P.	Voss.		3. 10. 26		II/517
Königsmark	P. P.	Voss.		2. 1. 25		
Konjugation in deutscher Sprache	K. H.	WB	19/734	8. 5. 28	ML	II/1133
Konjunktur	P. P.	WB	40/529	1. 10. 29		III/198
Konsumvereinsteufel	P. P.	SB	12/347	19. 3. 14		
Konversation	K. H.	WB	20/785	18. 5. 26	5 PS	II/446
Kopenhagener krabbeln auf ein Kriegsschiff	I. W.	WB	25/976	21. 6. 27		II/804
Kopf hoch	Th. T.	Ulk	20/–	6. 5. 19		
Köpfe	I. W.	WB	4/152	22. 1. 29	Dt. Dt.	III/36
Körperkultur	K. H.	WB	50/706	4. 12. 19		I/538
Korrespondenten reisen	P. P.	WB	8/311	19. 2. 29		III/42
Korrespongdanx	P. P.	WB	48/818	26. 11. 29	LL	III/267
Krach!	P. P.	WB	27/21	6. 7. 22		I/991
Krankheit und Besserung	P. P.	BT	521/–	3. 11. 19		
Karl Kraus	I. W.	Frei.		31. 5. 20		
Karl Kraus liest	K. T.	BT	39/–	22. 1. 20		I/581
Krethi und Plethi	Th. T.	BT	487/–	23. 9. 18	Fr. Gs.	I/297
Kreuzworträtsel mit Gewalt	P. P.	Voss.	386/–	17. 8. 30	LL	III/494
Krieg	P. P.	WB	35/233	21. 8. 19		I/464
Krieg dem Kriege	Th. T.	Ulk	24/–	13. 6. 19		I/432
Krieg gleich Mord	I. W.	WB	16/588	19. 4. 32		III/1045
Krieg und Friede *(s. u. 's ist Krieg!)*	K. H.	WB	32/145	31. 7. 19	Fr. Gs.	I/453
Kriegsandenken	Th. T.	BVZ		1. 8. 20		I/711
Kriegsdienstverweigerer	I. W.	WB	21/537	25. 5. 22		
Kriegsfilme	I. W.	WB	5/195	1. 2. 27		
Kriegsgefangen	K. H.	WB	15/387	3. 4. 19	Fr. Gs.	I/392
Kriminalromane	P. P.	Tem.		11. 9. 28		II/1231
Kritik	Ignaz	SB	22/23/617	5. 6. 13	Fr. Gs.	I/71
Kritik als Berufsstörung	P. P.	WB	46/749	17. 11. 31		III/964
Kritik aus der Erinnerung *(s.u. Der Rekrut)*	P. P.	WB	52/945	24. 12. 29		III/276

Titel	Autor	Buch Zeitg. Zeitschr.	Nr. und Seite	Datum	Original-Buch-veröffentl.	Bd. u. Seite unserer Ausgabe
Kritik der tausend Nasenlöcher	P. P.	Mag. Gen.				
Kritik des Parketts	P. P.	SB	41/986	26. 3. 30 9. 10. 13		III/394
Kritik mit Nachsatz	P. P.	WB	25/732	17. 6. 20		I/683
Kritik über den lieben Gott	K. H.	WB	23/789	5. 6. 24		
Küche in der Hochsaison	P. P.	Voss.	284/—	5. 12. 29		
‹Kulissen›	P. P.	WB	24/981	14. 6. 32		III/1073
Kümmernis	Th. T.	WB	42/372	17. 10. 18	Fr. Gs.	I/309
Kunst und Kaufmann	anonym	Vorw.		29. 6. 13		
Kunst und Zensur	K. T.	Vorw.		25. 4. 11		
Künstler und Gesellschaft	I. W.	WB	40/519	2. 10. 24		
Künstlers Widerhall *(s.u.Rundfrage)*	P. P.	Voss.	267/—	8. 6. 30		III/465
Kuppelei	I. W.	Frei.		29. 8. 20		I/729
Kurländisches Landsknechtslied	K. H.	WB	43/486	16. 10. 19		
Kurt Tucholsky haßt — liebt	K. T.	Voss.		1. 1. 28		II/1009
Kurzer Abriß der Nationalökonomie	K. H.	WB	37/393	15. 9. 31		III/939
Kusch!	von einem Berliner	BVZ		27. 3. 19		
«La Scintillante»	P. P.	Voss.		21. 9. 27		
Lachen und Lächeln	I. W.	WB	22/829	2. 6. 25		
Lachkabinett	P. P.	WB	31/116	24. 7. 19		
Lamento *Der deutsche Mann (s. u. Die Frau spricht)*	Th. T.	WB	1/11	6. 1. 31	LL	III/754

Titel	Autor	Buch Zeitg. Zeitschr.	Nr. und Seite	Datum	Original-Buch-veröffentl.	Bd. u. Seite unserer Ausgabe
Lamento *Wenn ich bei meiner Marmeladenstulle . . .*	Th. T.	Ulk	47/–	23. 11. 19		
Lampenfieber	P. P.	WB	3/111	14. 1. 30	LL	III/334
Landfahrer und Abenteurer	P. P.	SB	3/86	15. 1. 14		I/140
Landratsdämmerung	Th. T.	WB	43/395	24. 10. 18		
Landtagswahl	Ignaz	Vorw.		16. 5. 13		
Larissa Reissner	I. W.	WB	8/298	22. 2. 27		II/725
Lärmschutz	I. W.	Kunst.	2. Febr. H. 10/312	1914		
Laster und Liebe	I. W.	SB	52/1286	25. 12. 13		I/109
Lautenlied *Einen Offizier mit Namen Hiller . . .*	K. H.	WB	2/42	8. 1. 20		
Lautenlied *Verdreckt, verwanzt, verflöht, verlaust . . .*	Th. T.	Ulk	2/–	9. 1. 20		
Le Brelan de Joie	P. P.	WB	8/295	24. 2. 25		
Le comique voyageur *(s. u. Der darmstädter Armleuchter)*	P. P.	WB	25/936	19. 6. 28	ML	II/1153
Le ‹lied›	P. P.	WB	8/305	23. 2. 26	5 PS	II/358
Lebensgeschichte eines Rebellen	P. P.	WB	26/966	30. 6. 25		II/154
Lebensmittel! Lebensmittel!	Th. T.	Ulk	13/–	28. 3. 19		III/1333
Ledebour	Th. T.	WB	8/279	24. 2. 25	ML	II/51
Leere	K. H.	WB	18/672	29. 4. 30		III/433
Leerlauf	I. W.	WB	40/373	30. 9. 20		I/738
Lehár am Klavier	P. P.	WB	34/307	25. 8. 31		III/922
Lehrgedicht	Th. T.	WB	29/105	16. 7. 29	LL	III/136
Leichenreden	I. W.	BVZ		3. 8. 19		I/453
Lenkbare Malerei	Th. T.	Simpl.	–/324	?		
Lenz	Th. T.	Flieger		1917/18		
Lenzeshoffnung	Th. T.	Manusk.				unveröfftl.

Titel	Autor	Buch Zeitg. Zeitschr.	Nr. und Seite	Datum	Original-Buch-veröffentl.	Bd. u. Seite unserer Ausgabe
Lenzliche Leitartikel	P. P.	Simpl.	–/710	26. 3. 28		II/1081
Leo Bakst	P. P.	SB	12/347	20. 3. 13		
Leonce und Lena	P. P.	SB	28/29/722	17. 7. 13		I/73
Les Abattoirs	I. W.	WB	36/367	8. 9. 25	5 PS	II/207
Lesefrucht	I. W.	WB	23/851	3. 6. 30	LL	III/464
Leskow	P. P.	WB	17/434	27. 4. 22		I/947
L'Esprit	P. P.	WB	36/389	7. 9. 26		II/490
Letzte Fahrt	Th. T.	WB	40/372	5. 10. 22	5 PS	I/1060
Liberty begins at home	K. T.	WB	16/627	19. 4. 27		
Lichtenberg	P. P.	WB	26/964	28. 6. 32		III/1080
Lichtreklame	Th. T.	WB	32/135	10. 8. 22		
Liebe Schweiz!	I. W.	WB	19/712	10. 5. 32		
Liebe Weltbühne *Hier in Basel . . .*	P. P.	WB	3/117	17. 1. 33		
Liebe Weltbühne *In Berlin . . .*	anonym	WB	21/779	20. 5. 30		
Lieber Arnold Zweig	P. P.	SB	17/486	23. 4. 14		I/183
Lieber Arthur Eloesser!	P. P.	WB	2/72	13. 1. 25		
Lieber Jakopp!	P. P.				Pyr.	II/612
Lieber Simplicissimus	P. P.	SB	25/26/674	25. 6. 14		
Lieber Vollbart	P. P.	WB	26/762	24. 6. 20		
Lieber Willy Haas *(s. u. Rundfrage: Zur Psychologie des Marxismus und der «radikalen» Literaten)*	K. T.	Lit.	19/7	7. 5. 27		II/784
Liebespaar am Fenster	Th. T.	Uhu	2/47	Nov. 1928		II/1292
Liebespaar in London	P. P.	Voss.	276/–	14. 6. 31		III/880
Lied ans Grammophon	Th. T.	WB	23/853	9. 6. 31		III/879
Lied der Cowgoys	Th. T.	WB	40/522	1. 10. 30	LL	III/544
Lied der Kupplerin	Th. T.	WB	41/562	11. 10. 27		II/913
Lied der Steinklopfer	K. T.				Dt. Dt.	III/310
Lied fürs Grammophon	Th. T.	WB	1/21	1. 1. 29	LL	III/11

Titel	Autor	Buch Zeitg. Zeitschr.	Nr. und Seite	Datum	Original-Buch-veröffentl.	Bd. u. Seite unserer Ausgabe
Lieder aus dem Rinnstein	P. P.	WB	44/500	28. 10. 20		
Literatur-Walzer	Th. T.	WB	47/586	18. 11. 20		I/760
Lorbeeren der herrschenden Klasse *(s. u. Für Max Hölz)*	Th. T.	Knüp.	7/—	Juli 1926		II/468
Maud Loti	P. P.	WB	23/790	5. 6. 24		
Lottchen beichtet 1 Geliebten *(s. u. Das Lottchen)*	P. P.	Voss.	38/—	23. 1. 31	LL	III/768
Lottchen besucht einen tragischen Film *(s. u. Das Lottchen)*	P. P.	Voss.	246/—	20. 10. 29	LL	III/220
Lottchen wird saniert *(s. u. Das Lottchen)*	P. P.	Voss.	132/—	19. 3. 31	LL	III/806
Lourdes						
I Der Soldat Paul Colin	P. P.				Pyr.	II/624
II Ein Tag	P. P.				Pyr.	II/626
III Siebenundsechzig Jahre	P. P.				Pyr.	II/634
IV Der Sardellenkopf	P. P.				Pyr.	II/646
Löwenliebe	Th. T.	WB	27/27	1. 7. 20		I/691
Lücke *(s. u. Finish)*	Th. T.	WB	13/503	29. 3. 27	5 PS	II/758
Ludendorff	I. W.	Frei.		9. 5. 20		I/643
Ludendorff oder der Verfolgungswahn	Th. T.	WB	45/700	6. 11. 28		II/1298
Kadett Ludendorff	I. W.	WaM		10. 4. 22		I/940
Ludwig Thoma	P. P.	WB	8/254	19. 2. 20		I/604
Emil Ludwig in Paris	P. P.	Voss.		26. 3. 26		
Luftveränderung	Th. T.	BIl.	51/1511	21. 12. 24		I/1308
Lunatscharski in Paris	P. P.	Voss.		14. 3. 26		
Lustbarkeitssteuer	Th. T.	Ulk	3/—	16. 1. 20		

Titel	Autor	Buch Zeitg. Zeitschr.	Nr. und Seite	Datum	Original-Buch-veröffentl.	Bd. u. Seite unserer Ausgabe
Lützows wilde Jagd	Theobald Körner	WB	6/210	9. 2. 26		II/349
Lyrik der Antennen	P. P.	Voss.	418/–	5. 9. 31		III/932
Macchiavelli	I. W.	WB	42/357	17. 10. 18		I/307
«Machen Sie das mal den ganzen Tag –!»	Th. T.	AIZ	13/249	1930		III/396
Macht und Mensch	I. W.	WB	25/721	17. 6. 20		I/679
Mädchen aus Samoa	Th. T.	AIZ	34/11	1928		II/1203
Mädchenhandel in Buenos Aires	P. P.	WB	27/18	5. 7. 27		II/816
Mademoiselle Bourrat	P. P.	Voss.		14. 12. 26		
Maienklang und die soziologische Situation	P. P.	WB	28/56	12. 7. 32		III/1084
Mal singen, Leute –!	Th. T.	WB	47/763	18. 11. 24	5 PS	I/1283
Malborough s'en va-t-en guerre	P. P.	WB	6/209	10. 2. 25		II/43
Malende Eisenbahner	P. P.	Tem.		3. 11. 28		
Malwine	Th. T.	WB	46/732	11. 11. 30	LL	III/598
Man muß dran glauben . . .	P. P.	BT	508/–	27. 10. 19		I/506
Man sollte mal . . .	P. P.	Voss.		23. 1. 27	ML	II/713
Mancher lernts nie	P. P.	WB	20/738	13. 5. 30		III/445
Mann am Spiegel *(s. u. Der Mann am Spiegel)*	K. H.	WB	2/61	10. 1. 28	ML	II/1018
«Manoli linksrum –!»	P. P.	8	218/–	Sept. 1923		I/1126
Mappe gegen den Krieg	I. W.	WB	20/756	19. 5. 25		
Marburger Nachwuchs	K. H.	Frei.		23. 6. 20		I/686
Marburger Studentenlied	Th. T.	WB	28/55	8. 7. 20		I/692
Märchen	anonym	Ulk	47/–	22. 11. 07	5 PS	I/13
Marinetti in Paris	P. P.	WB	29/97	21. 7. 25		

Titel	Autor	Buch Zeitg. Zeitschr.	Nr. und Seite	Datum	Original-Buch-veröffentl.	Bd. u. Seite unserer Ausgabe
Marionetten der Mode	I. W.	SB	38/890	18. 9. 13		
Marke: Essig	Th. T.	Frei.		5. 12. 20		I/772
Marschlied nach den Wahlen	Th. T.	WB	39/473	23. 9. 30		III/532
Marseille	P. P.	Voss.	538/–	22. 11. 24		III/1338
Märtyrer	I. W.	WB	35/325	1. 9. 25		II/202
Massary	K. T.	SB	47/1143	20. 11. 13		I/100
Massary und Roberts	P. P.	WB	39/330	29. 9. 21		I/828
«Masse Mensch»	Th. T.	Tem.		26. 9. 28		
(Nachdruck)	Th. T.	Uhu	1/26	Okt. 1928		II/1251
Mathematik der Operette	P. P.	WB	21/614	24. 5. 23		
Maud Loti	P. P.	WB	23/790	5. 6. 24		
Maurice Chevalier	P. P.	Tem.		16. 10. 28		
Mauricet	P. P.	WB	47/812	24. 11. 25	ML	II/268
Herr Maurras vor Gericht	I. W.	WB	38/436	22. 9. 25		II/217
Mauserzeit mit geflügelten Worten	P. P.	Voss.	308/–	3. 7. 29		
Max Adalbert	P. P.	WB	21/576	15. 5. 19		
Max Ulysses Pallenberg	P. P.	SB	41/988	9. 10. 13		
Maximilian	Th. T.	Flieger		1917/18		
Maximilian Harden	K. T.	WB	45/704	8. 11. 27		II/932
Mechterstädt	Th. T.	WB	52/735	23. 12. 20		
Media in vita *Die läuft rum...*	Th. T.	WB	50/901	15. 12. 31		III/974
Media in vita *Manchmal seh ich sie . . .*	Th. T.	WB	6/218	5. 2. 29		III/40
Meditation	Th. T.	WB	42/587	16. 10. 24		I/1256
Meditation, zum Coupéfenster hinaus	Th. T.	Simpl.	–/8	6. 4. 14	Fr. Gs.	I/171
Meeting	Th. T.	WB	52/657	29. 12. 21		I/882
Mehr Fotografien!	tu	Vorw.		28. 6. 12		I/21
Mein Nachruf *(s.u. Rundfrage: Wie soll Ihr Nekrolog aussehen?)*	K. T.	Lit.	15/16/3	15. 4. 27	ML	II/770

Titel	Autor	Buch Zeitg. Zeitschr.	Nr. und Seite	Datum	Original-Buch-veröffentl.	Bd. u. Seite unserer Ausgabe
Mein Schulkamerad Aurioux *Übers. von Peter Panter*	P. P.	Voss.		25. 8. 25		
Meine beiden letzten Goldstücke	I. W.	Frei.		7. 8. 22		I/1029
Meine Flieger – deine Flieger	Th. T.	WB	18/686	1. 5. 28	ML	II/1122
Meinen Freunden den Idealisten	I. W.	SB	3/107	1. 2. 17		I/238
Memento	Th. T.	SB	40/324	3. 10. 16	Fr. Gs.	I/221
Memoiren aus der Kaiserzeit	K. H.	WB	12/426	24. 3. 31		III/810
Merkblatt für Geschworene	I. W.	WB	32/202	6. 8. 29		III/158
Merkt ihr nischt–?	Th. T.	WB	19/487	11. 5. 22		I/953
Metropoltheater	P. P.	SB	13/371	27. 3. 13		I/64
Michel Simon	P. P.	WB	6/225	9. 2. 32		
Mieter und Vermieter	P. P.	Voss.	269/–	16. 11. 29		III/248
Mikrokosmos	Th. T.	WB	22/636	27. 5. 20		I/660
Militärbilanz	I. W.	WB	17/464	22. 4. 20		I/626
Militaria Offizier und Mann	I. W.	WB	2/38	9. 1. 19		I/328
Militaria Verpflegung	I. W.	WB	3/87	23. 1. 19		I/332
Militaria Von großen Requisitionen	I. W.	WB	5/110	30. 1. 19		I/335
Militaria Von kleinen Mädchen	I. W.	WB	6/134	6. 2. 19		I/338
Militaria Vaterländischer Unterricht	I. W.	WB	7/8/159	13. 2. 19		I/339
Militaria ‹Unser Militär› *(s. u. ‹Unser Militär›)*	I. W.	WB	9/201	20. 2. 19		I/343
Militaria Zur Erinnerung an den ersten August 1914	I. W.	WB	34/190	14. 8. 19		I/348

Titel	Autor	Buch Zeitg. Zeitschr.	Nr. und Seite	Datum	Original-Buchveröffentl.	Bd. u. Seite unserer Ausgabe
Militaria *Wir haben nun genügend . . .*	I. W.	WB	4/106	22. 1. 20		I/583
Mir fehlt ein Wort	P. P.	WB	38/459	17. 9. 29	LL	III/189
Mißachtung der Liebe	K. H.	WB	45/549	30. 10. 19		I/509
‹mit›	P. P.	WB	2/71	10. 1. 28	LL	II/1021
Mit dem Weininger	Th. T.				Fr. Gs.	I/510
Mit einem blauen Auge	K. H.	WB	17/451	17. 4. 19	Fr. Gs.	I/397
Mit einem japanischen Gott	Th. T.				Fr. Gs.	I/515
Mit einem Zuchthäusler?	I. W.	WB	35/315	28. 8. 28	LL	II/1207
Mit 5 PS *So heißt der Titel*	K. T.	WB	51/944	20. 12. 27		II/994
Mit 5 PS *Wir sind fünf Finger . . . (s. u. Start)*	K. T.	WB	52/964	27. 12. 27	5 PS	II/1004
Mit Geduld und Spucke	Th. T.	AIZ	2/11	1929		
Mit Roda	P. P.	SB	15/426	10. 4. 13		
Mit Rute und Peitsche durch Preußen-Deutschland	I. W.	WB	34/293	23. 8. 27		II/854
Mitropa, Schlafwagen *(s. u. Schnipsel)*	K. T.				ML	III/294
Mitteldeutscher Aufstand	K. T.				Dt. Dt.	
Modehäuser, Mannequins, Neue Einfälle	P. P.	Dame	15/2	April 1925		
Moissi in Paris	P. P.	WB	44/689	1. 11. 27		
Moment beim Lesen	K. H.	WB	15/573	12. 4. 32		III/1044
Monarchie und Republik	I. W.	WB	24/609	15. 6. 22		I/969
Monarchistenkundgebung?	von einem Berliner	BVZ		16. 11. 19		

Titel	Autor	Buch Zeitg. Zeitschr.	Nr. und Seite	Datum	Original-Buch-veröffentl.	Bd. u. Seite unserer Ausgabe
Monolog mit Chören	Th. T.	WB	34/299	25. 8. 25	5 PS	II/201
Morgens um acht	I. W.	WB	26/763	28. 6. 23	ML	I/1111
Moritz Napoleon	P. P.	SB	32/33/791	14. 8. 13		
Moritz und Max	P. P.	SB	48/1182	27. 11. 13		
Motzstraße 38	P. P.	BT	578/–	4. 12. 19		I/537
Muff	I. W.	WB	12/472	22. 3. 27		II/752
Mundartliches Gedicht *(s. u. Berliner Herbst)*	Th. T.	WB	40/529	2. 10. 28	ML	II/1257
Museum Carnavalet	I. W.	WB	26/881	26. 6. 24	ML	I/1173
Musiklärm	tu	Vorw.		22. 6. 12		
Müssen Banknoten häßlich sein?	P. P.	Tem.		30. 1. 29		
Mutterns Hände	K. T.	AIZ	30/8	1929	LL Dt. Dt.	III/138
Mynheer Felix	Th. T.	SB	39/930	25. 9. 13		
Na also –!	Th. T.	WB	6/220	9. 2. 32		III/1010
Na, is doch so!	Th. T.	WB	33/64	12. 8. 30		
Na, mein Sohn?	I. W.	WB	28/25	3. 7. 19		I/440
Nach der Schlacht	Th. T.	WB	22/748	29. 5. 24	5 PS	I/1158
Nach der Wahl	Th. T.	Eule.		Juni 1928		
Nach einer Nacht	K. H.	WB	52/770	18. 12. 19		
Nach fünf Jahren	K. H.	WB	33/172	7. 8. 19		I/459
Nachher *Das mittlere Feld ...*	K. H.	WB	8/315	26. 2. 26	5 PS	III/1111
Nachher *«Er ist ein Pedant,*	K. H.	WB	42/621	20. 10. 25	5 PS	III/1102
Nachher *Er ist fort.*	K. H.	WB	15/594	13. 4. 26	5 PS	III/1112
Nachher *Er lachte noch...*	K. H.	WB	3/117	18. 1. 27		III/1118
Nachher *Er pfiff – das tat er so selten.*	K. H.	WB	49/884	8. 12. 25	5 PS	III/1105
Nachher *Er schämte sich über die Maßen ...*	K. H.	WB	47/832	23. 11. 26	5 PS	III/1114

Titel	Autor	Buch Zeitg. Zeitschr.	Nr. und Seite	Datum	Original-Buch-veröffentl.	Bd. u. Seite unserer Ausgabe
Nachher *«Haben Sie schwimmen gelernt ...*	K. H.	WB	39/509	29. 9. 25	5 PS	III/1101
Nachher *«Kennen Sie das Entzücken andererotischen Häßlichkeit?» (s. u. Ein Totengespräch)*	K. H.	WB	20/771	15. 5. 28	ML	III/1123
Nachher *«Kommen Sie mit ins Wasser-Sanatorium?»*	K. H.	WB	52/1019	28. 12. 26	5 PS	III/1117
Nachher *«Warum haben Sie gelacht –?»*	K. H.	WB	46/777	17. 11. 25	5 PS	III/1104
Nachher *«Was haben wir gelacht!»*	K. H.	WB	8/317	20. 2. 27	5 PS	III/1120
Nachher *«Wieviel Uhr ...»*	K. H.	WB	3/117	19. 1. 26	5 PS	III/1108
Nachher *Wir hatten etwas Neues erfunden:*	K. H.	WB	25/959	19. 6. 28		III/1125
Nachher *Wir saßen auf der goldenen Abendwolke ...*	K. H.	WB	5/196	2. 2. 26	5 PS	III/1110
Nachher *Wir saßen auf der Wolke und ließen etwas baumeln ...*	K. H.	WB	1/34	3. 1. 28		III/1121
Nachher *Wir saßen auf der Wolke und ließen die Beine baumeln. («Am liebsten», sagte ich zu ihm ...)*	K. H.	WB	34/310	25. 8. 25	5 PS	III/1099

Titel	Autor	Buch Zeitg. Zeitschr.	Nr. und Seite	Datum	Original-Buch-veröffentl.	Bd. u. Seite unserer Ausgabe
Nachher *Wir saßen auf der Wolke und ließen die Beine baumeln. («Was am schwersten war, dieses Mal?»)*	K. H.	WB	49/903	7. 12. 26		III/1115
Nachher *Wir schaukelten uns auf den Wellen –*	K. H.	WB	27/34	7. 7. 25	5 PS	III/1099
Nachher *«Wir sprechen immer von da unten!»*	K. H.	WB	51/964	22. 12. 25		III/1107
Nachher *Wir standen in der Luft, ein Vergnügen . . .*	K. H.	WB	37/429	15. 9. 25		III/1100
Nachruf *Gehaßt, weil du Konkursverwalter*	Th. T.	WB	36/245	8. 9. 21		I/824
Nachruf *«Ruhe sanft . . .»*	Th. T.	WB	33/247	12. 8. 30		
Nacht!	Th. T.	Ulk	50/–	14. 12. 19		
Nächtliche Unterhaltung	Th. T.	WB	18/690	4. 5. 26		II/428
Namensänderung *Ich darf nun wieder Theo Tiger heißen.*	K. H.	WB	15/408	8. 4. 20		I/622
Namensänderung *Ich muß mir einen neuen Namen geben.*	Th. T.	WB	49/540	5. 12. 18		I/321
Napoleon der Zweite	K. T.	SB	23/24/623	11. 6. 14		I/202
Narkose durch Bücher	P. P.	Lose Bl.	4/62	1930		III/320
Nationale Verteidigung *(s. u. Das Volk steht auf . . .)*	Th. T.	WB	44/419	31. 10. 18	Fr. Gs.	I/314

Titel	Autor	Buch Zeitg. Zeitschr.	Nr. und Seite	Datum	Original-Buch-veröffentl.	Bd. u. Seite unserer Ausgabe
Nationales *Der Deutsche fragt: (s. u. Scheinwerfer durch die Nacht)*	P. P.	WB	41/570	13. 10. 25	5 PS	II/237
Nationales *Die Engländer sind ...*	P. P.	WB	48/804	25. 11. 24	5 PS	I/1286
Nationales *Die Engländer wollen ...*	P. P.	WB	7/266	16. 2. 26	5 PS	II/356
Nationales *In Europa ...*	P. P.	WB	9/344	2. 3. 26	5 PS	II/366
Nationales *In Ungarn ...*	P. P.	WB	31/179	31. 7. 24	5 PS	I/1193
Naturalismus? Naturalismus!	P. P.	Voss.		8. 10. 25		
«Natürlich: Der Einjährige –!»	I. W.	WB	49/865	4. 12. 28		
«'n Augenblick mal –!» *Daß der Berliner, an welchem Ort ...*	P. P.	Voss.		1. 1. 27	ML	II/706
«'n Augenblick mal –!» *Wenn du bei der ‹Deutschen Grundstücksverwertungs-Aktiengesellschaft›*	P. P.	8		26. 5. 23		I/1097
Nebenan *Es raschelt so im Nebenzimmer*	Th. T.	WB	3/104	17. 1. 28		II/1032
Nebenan *Im Schankzimmer ...*	K. H.	WB	30/94	27. 7. 22	ML	I/1011
Nebenan *im Schweinestall ...*	I. W.	WB	30/154	27. 7. 26		
Nebenan *Nebenan sitzen die Leutnants ...*	P. P.	SB	48/517	30. 11. 16		I/232

Titel	Autor	Buch Zeitg. Zeitschr.	Nr. und Seite	Datum	Original-Buch-veröffentl.	Bd. u. Seite unserer Ausgabe
Nebendiplomatie	I. W.	WB	28/74	10. 7. 24		
«Nein – meine Suppe eß ich nicht –!»	P. P.	Voss.	416/–	1. 9. 31		III/931
Nette Bücher	P. P.	WB	35/193	29. 8. 18		I/291
‹Neu-Erscheinung›	P. P.	Voss.		19. 2. 28		II/1051
Neudeutsch	P. P.	WB	45/439	7. 11. 18		I/315
Neue Zeit	P. P.	WB	5/128	2. 2. 22		
Neuer Militarismus	I. W.	WB	41/405	2. 10. 19		I/484
Neues aus den Untersuchungsausschüssen	K. H.	WB	7/261	16. 2. 26		II/354
Neues Leben	P. P.	Uhu	4/36	Jan. 1926		II/305
Neues Licht *Deutschland zerfällt ...*	P. P.	WB	35/323	27. 8. 29		
Neues Licht *Die französische Fotografische Ges.*	P. P.	Voss.		20. 10. 28		
Neues Licht *In Paris ...*	P. P.	Voss.		4. 3. 28		
Neujahr	K. H.	WB	1/25	1. 1. 20		
Neujahrsgruß an die Geistigen Deutschlands	Th. T.	WB	1/23	5. 1. 22		I/893
1918 am Rhein	K. T.				Dt. Dt.	
Nicht! Noch nicht!	Th. T.	SB	16/459	16. 4. 14	Fr. Gs.	I/175
Nichts anzuziehen –!	Th. T.	Dame	12/4	März 1926		III/1340
Nicolai	K. H.	WB	5/151	29. 1. 20		
Nie allein	K. T.				Dt. Dt.	III/298
Nie wieder Krieg	I. W.	RP	6/–	29. 7. 22		
Nieder, bzw. Hoch die Frauen!	Th. T.	Ulk	8/–	21. 2. 19		
Nieder mit dem Roten Kreuz!	I. W.	WB	31/193	3. 8. 26		II/476
Fräulein Nietzsche	I. W.	WB	2/54	12. 1. 32		III/989
Noch ein Abreißkalender	I. W.	WB	51/962	22. 12. 25		
Noch einmal französische Witze *(s. u. Französischer Witz)*	P. P.	Voss.		10. 9. 25	LL	II/193

Titel	Autor	Buch Zeitg. Zeitschr.	Nr. und Seite	Datum	Original-Buch-veröffentl.	Bd. u. Seite unserer Ausgabe
Noch immer *Der aus Asien . . .*	I. W.	WB	24/664	16. 6. 21		
Noch immer . . . *Noch immer werden in den deutschen Schulen . . .*	I. W.	WB	30/85	17. 7. 19		I/448
Noch immer *Zunächst einmal: der Deutsche schreibt . . .*	Th. T.	Ulk	28/—	11. 7. 19		
Noch ist es Spaß	K. T.				Dt. Dt.	
Noël — Noël	P. P.	WB	49/867	4. 12. 28		
Nola oder Fotomontage des Lebens	Th. T.	WB	50/887	11. 12. 28		II/1343
Henny Noske	I. W.	WB	37/303	4. 9. 19		III/1323
Oberpräsident Noske	Th. T.	BVZ		4. 7. 20		
Notschrei	P. P.	SB	41/984	9. 10. 13		
November-Umsturz *(s. u. Die blutige Internationale der Rüstung)*	I. W.	Fa.	44/—	1928		II/1302
Nr. 1	I. W.	WB	37/381	10. 9. 29		III/179
Nur *«Es ist ein Irrtum zu glauben . . .*	K. T.				Dt. Dt.	III/310
Nur *Manchmal auf Bällen und Festen*	Th. T.	WB	20/731	13. 5. 30		III/443
Nur die Ruhe . . .	Th. T.	WB	27/29	3. 7. 24		I/1181
O du mein Österreich —!	Th. T.	WB	2/47	7. 1. 30		III/325
O you my sweet evening star!	P. P.	WB	35/342	28. 8. 28	LL	II/1211
Oase	P. P.	WB	18/522	3. 5. 23		I/1093
Ober — Herr Ober —!	P. P.	Voss.	412/—	1. 9.29		
Oberpräsident Noske	Th. T.	BVZ		4. 7. 20		

Titel	Autor	Buch Zeitg. Zeitschr.	Nr. und Seite	Datum	Original-Buch-veröffentl.	Bd. u. Seite unserer Ausgabe
Offener Brief *(s. u. Ein interessanter Briefwechsel)*	I. W.	Mag.		23. 5. 19		I/422
Offizier und Mann *(s. u. Militaria)*	I. W.	WB	2/38	9. 1. 19		I/328
Offiziere *Es wird in letzter Zeit . . .*	I. W.	Frei.		26. 5. 20		I/655
Offiziere *Manche sind Versicherungs-agenten geworden . . .*	I. W.	Frei.		16. 8. 21		I/721
Offiziersbücher	I. W.	WB	5/134	3. 2. 21		I/785
Oh Frau!	Th. T.	Uhu	7/42	April 1927		III/654
Ohne Zensur	P. P.	Voss.		8. 4. 28		
Old Bäumerhand, der Schrecken der Demokratie	I. W.	WB	50/916	14. 12. 26		II/558
Olle Germanen	Th. T.	WB	9/333	3. 3. 25	5 PS	II/59
Olle Kamellen	K. H.	WB	6/145	6. 2. 19	Fr. Gs.	I/365
Oller Mann	Th. T.	WB	51/924	18. 12. 28	LL	II/1351
Olympiade	Th. T.	WB	34/280	21. 8. 28		II/1199
Opel bringt	P. P.	WB	14/562	5. 4. 27		
Operetten	K. T.	März	5/158	5. 2. 14		I/143
Operettenmusik	P. P.	SB	44/1072	30. 10. 13		
Opposition! Opposition!	Th. T.	WB	6/213	8. 2. 27		II/721
Ordnung muß sein!	P. P.	BT	306/–	7. 7. 19		I/442
Organisierte Beamte	I. W.	WB	34/213	19. 8. 20		
Oskar Panizza	I. W.	Frei.		11. 7. 20		I/696
Osterspaziergang Aus einer aufgefundenen ‹Faust›-Handschrift	von einem Berliner	BVZ		20. 4. 19		I/398
Otto Flake	I. W.	WB	43/422	27. 10. 21		I/847
Otto Reutter *Ein schlecht rasierter Mann . . .*	P. P.	WB	1/28	6. 1. 21	ML	I/781

Titel	Autor	Buch Zeitg. Zeitschr.	Nr. und Seite	Datum	Original-Buch-veröffentl.	Bd. u. Seite unserer Ausgabe
Otto Reutter *Gestern habe ich eine ganze Nacht verlacht. (s. u. Über einen Humoristen)*	P. P.	WB	7/254	16. 2. 32		III/1012
Otto Wallburg	P. P.	WB	7/274	15. 2. 27		II/722
Ouvertüre	K. T.	SB	4/120	23. 1. 13		
Paasche	Th. T.	WB	23/659	3. 6. 20		I/666
Paganini oder Der Teufel auf der Tournee	K. T.	März	27/919	Juni 1914		I/206
Palais de Danse	P. P.	WB	4/116	27. 1. 21		
Pallenberg	K. T.	SB	7/201	13. 2. 13		I/56
Max Ulysses Pallenberg	P. P.	SB	41/988	9. 10. 13		
Pallenberg und Polgar	P. P.	WB	51/631	22. 12. 21		I/878
Palmström der Vermehrte	P. P.	SB	37/876	11. 9. 13		I/87
Panizza	I. W.	WB	38/321	11. 9. 19		I/474
Oskar Panizza	I. W.	Frei.		11. 7. 20		I/696
Paolini in Paris	P. P.	Voss.		11. 2. 26		
Papiernot	Th. T.	SB		12. 7. 17		I/246
§ 297/Unzucht zwischen Männern *(s. u. Rundfrage)*	I. W.	N. Dt.	–/127	1929		III/17
§ § § §	Th. T.	WB	9/341	1. 3. 32		III/1026
Paris	K. T.	WB	21/689	22. 5. 24		I/1152
Paris an der Panke	P. P.	WB	36/248	7. 9. 22		I/1050
Paris, den 14. Juli	I. W.	WB	32/199	11. 8. 25		II/180
Paris in Ordnung	P. P.	Voss.	262/–	6. 6. 31		
Paris – Zehlendorf	P. P.	Voss.		18. 7. 26		
Paris – zehn Minuten vor zwölf	P. P.	Tem.		23. 10. 28		
Pariser Abend	P. P.	Voss.		27. 7. 28		
Pariser Chansonniers	P. P.	WB	41/590	12. 10. 26	ML	II/521
Pariser Dankgebet (Mit einer vorangestellten Bemerkung von Siegfried Jacobsohn)	Th. T.	WB	21/811	25. 5. 26		II/448

Titel	Autor	Buch Zeitg. Zeitschr.	Nr. und Seite	Datum	Original-Buch-veröffentl.	Bd. u. Seite unserer Ausgabe
Pariser Gedenktafeln	P. P.	Tem.		20. 2. 29		III/1341
Pariser Gelächter	P. P.	Voss.	543/—	16. 11. 28		II/1307
Pariser Kammerspiel	P. P.	WB	37/428	15. 9. 25		
Pariser Publikum	P. P.	Tem.		8. 10. 28		
Pariser Tage *Vorgestern. Anatole France über Léon Daudet . . .*	P. P.	Voss.		18. 1. 25		
Pariser Tage *Vorgestern. In Frankreich muß mit den Finanzen . . .*	P. P.	Voss.		29. 11. 25		II/273
Pariser Tage *Vorgestern lag Caillaux . . .*	P. P.	Voss.		9. 4. 26		
Pariser Tage *Vorgestern. Vorgestern gab mir ein Freund . . .*	P. P.	Voss.		30. 6. 25		
Pariser Tage. *Vorgestern. Vorgestern ist das Töchterchen meines Freundes . . .*	P. P.	Voss.		15. 3. 25	LL	II/63
Pariser Theater	P. P.	Voss.		19. 11. 26		
Pariser Theatertage	P. P.	Voss.		10. 1. 26		
Pariser Vorort	Th. T.	WB	19/713	12. 5. 25		II/124
Park Monceau	Th. T.	WB	20/664	15. 5. 24	5 PS	I/1152
Parkett	Ignaz	SB	36/842	4. 9. 13	Fr. Gs.	I/83
Parlamentsberichterstattung	I. W.	WB	44/497	28. 10. 20		
Parodien?	P. P.	SB	5/140	29. 1. 14		I/142
Pars —!	P. P.	Voss.		28. 3. 26	5 PS	II/387
Parteimarsch der Parteilosen	Th. T.	WB	17/606	28. 4. 31		III/841
Parteiwirtschaft	I. W.	WB	40/533	6. 10. 31		III/957
Pau	P. P.	Voss.		21. 4. 27	Pyr.	II/618

Titel	Autor	Buch Zeitg. Zeitschr.	Nr. und Seite	Datum	Original-Buch-veröffentl.	Bd. u. Seite unserer Ausgabe
Paul Paschen	P. P.	SB	13/378	26. 3. 14		
Pause auf dem Töpfchen	K. H.	WB	39/497	23. 9. 30	LL	III/539
Pazifismus und Nationalismus	I. W.	Jg. Paz.	2/–	März/Apr. 1930		
Peccavi	P. P.	SB	45/1098	6. 11. 13		I/99
Pégoud ist abgestürzt!	anonym	Vorw.		28. 10. 13		
Perchoir	P. P.	WB	10/372	10. 3. 25		
Pergamente, die das Leben schrieb	P. P.	Voss.		12. 8. 28		
Persisch	Th. T.				Fr. Gs.	I/514
Persius	I. W.	WB	18/503	29. 4. 20		
Persönlich	I. W.	WB	15/562	14. 4. 25	ML	II/95
Peter Ganter	P. P.	WB	13/334	30. 3. 22	5 PS	I/935
Peter Panter (Antworten) *(betr. Ludwig Hardt)*	P. P.	WB	12/300	13. 3. 19		
Peter Panter (Antworten) *(betr. Militaiܪibles von Mecklenburg)*	P. P.	WB	11/271	6. 3. 19		
Peter Panter (Antworten) *Sie schreiben mir . . .*	P. P.	WB	52/615	26. 12. 18		
Peter Panter *Privat-Sekretariat Abteilung: Gefühle (s.u.Rundfrage: Haben Sie sich schon einmal im Mai verliebt?*	P. P.	Uhu	8/104	Mai 1928		II/1121
Pfeifen anrauchen	Th. T.	WB	26/1028	28. 6. 27		II/813
Pfiff im Orgelklang	I. W.	WB	5/164	2. 2. 32		III/1002
Pfingsten	Th. T.	Flieger		1917/18		
Philosophie	Th. T.	Ulk	49/–	5. 12. 19		
Pic du Midi	P. P.				Pyr.	II/663

Titel	Autor	Buch Zeitg. Zeitschr.	Nr. und Seite	Datum	Original-Buch-veröffentl.	Bd. u. Seite unserer Ausgabe
Pirandello in Paris	P. P.	Voss.		15. 7. 25		
Place des Vosges	Th. T.	WB	29/102	17. 7. 24		I/1187
Plädoyer gegen die Unsterblichkeit	P. P.	Voss.		17. 6. 25		II/148
P. L. M.	P. P.	WB	24/904	16. 6. 25		
Plötzensee	P. P.	WB	18/509	29. 4. 20	5 PS	I/638
Poincaré spricht	P. P.	Voss.		26. 5. 28		
Politik und Wirtschaft	P. P.	Simpl.	–/405	17. 11. 30		
Politische Couplets	I. W.	BT	213/–	12. 5. 19		I/413
Politische Satire	I. W.	WB	42/441	9. 10. 19	Fr. Gs.	I/491
Polizei	I. W.	WB	36/351	4. 9. 24	5 PS	I/1225
«Polizei und – – –»	I. W.	WB	13/473	26. 3. 29		
Polizei und Gericht	anonym	Vorw.		6. 3. 12		
Potasch & Perlmutter	P. P.	WB	20/564	19. 5. 21		
«Potsdam –!»	I. W.	WB	28/50	12. 7. 23		I/1114
Praktisch	P. P.	WB	19/717	10. 5. 32		III/1055
Präsentiert das . . . Gwä!	I. W.	WB	45/551	30. 10. 19		
Preissturz?	Th. T.	WB	18/501	29. 4. 20		I/637
Presse und Realität	I. W.	WB	41/373	13. 10. 21		I/837
Presseball *Das war der erste Presseball . . .*	P. P.	WB	7/221	12. 2. 20		I/597
Presseball *Einen Ballbericht zu schreiben . . .*	I. W.	WB	6/153	9. 2. 22		
Pressestellen	I. W.	Frei.		8. 8. 20		
Preußische Justiz	Kurt	Vorw.		14. 6. 11		
Preußische Presse	K. H.	WB	24/647	5. 6. 19		I/427
Preußische Professoren	K. H.	WB	22/597	22. 5. 19		I/420
Preußische Studenten	I. W.	WB	20/532	8. 5. 19		I/407
Priester und Detektiv	P. P.	WB	24/700	10. 6. 20		I/674

Titel	Autor	Buch Zeitg. Zeitschr.	Nr. und Seite	Datum	Original-Buch-veröffentl.	Bd. u. Seite unserer Ausgabe
Privat	I. W.	WB	9/342	1. 3. 32		III/1027
Privatgedichte	P. P.	WB	32/151	10. 8. 22		I/1031
Pro	P. P.	WB	2/73	7. 1. 30		III/326
Professoren	Th. T.	WB	33/157	15. 8. 18	Fr. Gs.	I/290
Prolet vor Gericht	Th. T.	WB	22/800	2. 6. 25	Dt. Dt.	II/134
Prophezeiung	Th. T.	WB	7/157	16. 2. 22		I/904
Prophezeiungen	K. H.	WB	11/436	16. 3. 26		
Proteste gegen die Dreigroschen-oper	P. P.	WB	15/557	8. 4. 30		III/415
Provinz	P. P.	WB	22/818	28. 5. 29		III/72
Prozeß Harden	K. T.	WB	51/638	21. 12. 22		I/1070
Prozeß Marloh	I. W.	WB	52/755	18. 12. 19		I/543
Psychoanalyse	Th. T.	WB	49/872	8. 12. 25	5 PS	II/279
Psychoanalyse und Marxismus *(s. u. Replik)*	I. W.	WB	17/610	22. 4. 30		III/424
Putzmittel	Th. T.	WB	25/983	21. 6. 27		II/806
Quaquaro	I. W.	WB	19/489	11. 5. 22		I/954
Radau-Humorist *(s. u. Vom Radauhumoristen)*	I. W.	BVZ		19. 4. 22		I/945
Rathenau	Th. T.	WB	26/653	29. 6. 22		I/988
Ratschläge für einen schlechten Redner	P. P.	Voss.	542/–	16. 11. 30	LL	III/600
Rausch, Suff und Katzenjammer	I. W.	Frei.		3. 8. 20		I/712
Rechenaufgaben	K. H.	WB	35/355	31. 8. 26	Dt. Dt.	II/489
Rechenexempel	I. W.	BVZ		5. 8. 20		
Rechenmaschine aus USA	P. P.	Voss.		1. 1. 28		II/1011
Recht muß Recht bleiben –!	Th. T.	WB	8/273	23. 2. 32		III/1019
Rechtliche Bedenken	K. T.	Kunst.	2. Jan. H. 8/160	27. 8. 14		
Rechts und links	Th. T.	Ulk	9/–	27. 2. 20		I/606
Redakteur und freier Schrift-steller	K. T.	Dt. Pr.	–/3	31. 3. 22		
Redakteure *Der Redakteur*	I. W.	WB	22/813	31. 5. 32		III/1063

Titel	Autor	Buch Zeitg. Zeitschr.	Nr. und Seite	Datum	Original-Buch-veröffentl.	Bd. u. Seite unserer Ausgabe
Redakteure *Vor acht Tagen ...*	I. W.	WB	23/856	7. 6. 32		III/1067
Regenschwere Pause	K. H.	WB	27/35	5. 7. 27	ML	II/822
Reichswehrsoldaten zweiter Klasse	I. W.	WaM		15. 11. 20		
«Reinhardts-Volksarmee» — Die Attaché-Kontrolle	anonym	Tem.		28. 12. 28		
Reinigung — aber womit?	I. W.	WB	45/711	5. 11. 29		
Reise durch die Jahreszeiten	P. P.	Voss.		13. 1. 25		II/12
Reise in die kleine Stadt	P. P.	Pr. Tg.		28. 2. 23		I/1085
Reisende, meidet Bayern! *Die Verfassung sieht ...*	I. W.	WB	4/114	27. 1. 21		I/784
Reisende, meidet Bayern! *Die Bayern, diese schlampigen Preußen ...*	I. W.	WB	6/164	7. 2. 24		I/1144
Larissa Reissner	I. W.	WB	8/298	22. 2. 27		II/725
Rekordtabelle	Th. T.	Simpl.	—/499	20. 12. 26		
Religionsunterricht	K. H.	WB	2/47	9. 1. 19		I/358
Remember! Remember!	P. P.	Voss.	16/—	10. 1. 29		
Jules Renard	P. P.	Voss.		18. 3. 30		
Reparationsfibel	I. W.	WB	35/328	1. 9. 31		III/926
Replik *(s. u. Psychoanalyse und Marxismus)*	I. W.	WB	17/610	22. 4. 30		III/424
Repräsentanten	I. W.	WB	29/112	20. 7. 26		
Requiem	I. W.	WB	25/728	21. 6. 23	5 PS	I/1105
Otto Reutter *Ein schlecht rasierter Mann ...*	P. P.	WB	1/28	6. 1. 21	ML	I/781

Titel	Autor	Buch Zeitg. Zeitschr.	Nr. und Seite	Datum	Original-Buch-veröffentl.	Bd. u. Seite unserer Ausgabe
Otto Reutter *Gestern habe ich eine ganze Nacht verlacht. (s. u. Über einen Humoristen)*	P. P.	WB	7/254	16. 2. 32		III/1012
Revolution beim preußischen Kommiß	I. W.	Vorw.		9. 11. 22		I/1066
Revolutions-Rückblick	K. H.	WB	46/576	6. 11. 19		I/515
Revolutions-werkstatt	I. W.	WB	36/269	2. 9. 20		
Revue	Th. T.	WB	30/85	25. 7. 18	Fr. Gs.	I/287
Rezept des Feuilletonisten	P. P.	WB	35/237	31. 8. 22	5 PS	I/1044
Rezepte gegen Grippe	P. P.	Voss.	28/–	3. 2. 31		III/777
Rheinische Republik	Th. T.	Ulk	23/–	6. 6. 19		
Rheinsberg Ein Bilderbuch für Verliebte	K. T.				Rheinsb.	I/24
Rheinsberg Gedicht «Zum hundertsten Tausend»	K. T.				Rheinsb.	III/747
Rheinsberg Vorrede zum fünfzigsten Tausend	K. T.				Rheinsb.	I/870
Rheinsberg *Im ‹Börsenblatt für den deutschen Buchhandel›*	K. T.	WB	49/579	8. 12. 21	5 PS	I/871
Richard Alexander	P. P.	WB	23/664	7. 6. 23	ML	I/1101
Richter	I. W.	Frei.		1. 6. 20		
Ellen Richter	P. P.	SB	50/1241	11. 12. 13		
Richters Namenszug	I. W.	WB	3/108	20. 1. 25		II/23
Rieges Holzschnitte	P. P.	WB	7/178	16. 2. 22		I/905
Rin in die Escarpins!	anonym	Vorw.		7. 2. 14		

Titel	Autor	Buch Zeitg. Zeitschr.	Nr. und Seite	Datum	Original-Buch-veröffentl.	Bd. u. Seite unserer Ausgabe
Ritardando	Th. T.	Ulk	7/—	13. 2. 20		
Riviera	P. P.	WB	10/367	6. 3. 28	ML	II/1065
Roda Roda *Es gilt ja vielleicht nicht . . .*	P. P.	SB	10/289	5. 3. 14		I/158
Roda Roda *Was ist Humor?*	P. P.	WB	15/386	13. 4. 22		I/944
Röhm	I. W.	WB	17/641	26. 4. 32		III/1049
Romanwürfel	P. P.	Voss.	450/—	24. 9. 31		III/947
Rosa Bertens	K. T.	SB	19/520	7. 5. 14		I/189
Rosen auf den Weg gestreut	Th. T.	WB	13/452	31. 3. 31		III/814
Roßhalde	P. P.	SB	17/485	23. 4. 14		I/182
Rostands «Napoléon IV»	P. P.	Voss.	517/—	1. 11. 28		
Rote Melodie	Th. T.	WB	31/122	3. 8. 22	5 PS	I/1026
Rote Signale	I. W.	WB	52/959	29. 12. 31		III/979
Rotters erste Reihe	P. P.	WB	8/234	24. 2. 21		I/794
Rotundenzensur in Königsberg	Kurt	Vorw.		17. 2. 12	Fr. Gs.	I/19
Rückkehr zur Natur	Th. T.	WB	33/162	17. 8. 22		I/1040
Rudolf Herzog — ein deutscher Mann	I. W.	WB	39/462	25. 9. 24	Dt. Dt.	I/1237
Rudolf Schlichter	P. P.	WB	47/538	24. 11. 21		I/863
Rudolf Steiner in Paris	I. W.	WB	27/26	3. 7. 24		
Ruf	P. P.	WB	4/144	27. 1. 25		
Ruhe und Ordnung	Th. T.	WB	2/68	13. 1. 25	ML	II/19
Rumänien, die «Schande Europas»!	I. W.	?				
Rund ums Chat Noir	P. P.	Voss.		26. 9. 26		
Rundfrage: Als ich zum erstenmal Rundfunk hörte *(s. u. Als ich zum erstenmal Rundfunk hörte)*	K. T.	Dt. Rfk.	—/2472			

Titel	Autor	Buch Zeitg. Zeitschr.	Nr. und Seite	Datum	Original-Buch-veröffentl.	Bd. u. Seite unserer Ausgabe
Rundfrage: Äußerungen gegen das Remarque-Filmverbot *(s. u. Gegen das Remarque-Filmverbot)*	K. T.	Mensch.	3/Jg. 4	20. 3. 31		III/809
Rundfrage: Bekenntnisse zu Arthur Holitscher	K. T.	Büch. Sch.	–/208	Nov. 1927		
Rundfrage: Dank an die Arbeiterhilfe. Über das Werk der Internationalen Arbeiterhilfe	I. W.	WaA		19. 11. 27		
Rundfrage: Das Jahrhundert des Tieres *(s. u. Angenehmes – Unangenehmes)*	P. P.	Voss.		25. 12. 30		
Rundfrage: Der Mörder und der Staat. Die Todesstrafe im Urteil hervorragender Zeitgenossen *(s. u. Der Mörder und der Staat)*	I. W.	Hädecke Verl. Stgt.	S. 89	1928		II/1070
Rundfrage: Die Inszenierung der Republik *(s. u. Die Inszenierung der Republik)*	P. P.	Voss.		12. 4. 25		II/93
Rundfrage: Die Krise des Buches, Wege zu ihrer Linderung	K. T.	Lit.	30/6	24. 7. 1931		

Titel	Autor	Buch Zeitg. Zeitschr.	Nr. und Seite	Datum	Original-Buch-veröffentl.	Bd. u. Seite unserer Ausgabe
Rundfrage: Drei Wünsche *(s. u. Drei Wünsche)*	P. P. u. Th. T.	BVZ		1. 6. 24		
Rundfrage: Einfluß der Wohnung auf die Schaffenskraft *(s. u. Einfluß der Wohnung auf die Schaffenskraft)*	K. T.	BT		6. 6. 31		
Rundfrage: Erkennen Sie im Tonfilm die Möglichkeit, Ausdrucksmittel dichterischer Mitteilungen zu werden? *(s. u. Dichter beantworten die Frage:)*	P. P.	LBB	1/–	1. 1. 32		
Rundfrage: 1. Fördert der Rundfunk Musik und Literatur d. Lebenden? 2. Genügt Ihnen die bisherige Leistung auf diesem Gebiet? 3. Welche Forderungen stellen Sie noch?	P. P.	Dt. Rfk.	36/1145	7. Jg.		
Rundfrage: Gewichtige Stimmen zum Londoner Kongreß. Zusammenstellung v. Dr. Magnus Hirschfeld	K. T.	Neue Gen.	10/286	1929		

Titel	Autor	Buch Zeitg. Zeitschr.	Nr. und Seite	Datum	Original-Buch-veröffentl.	Bd. u. Seite unserer Ausgabe
Rundfrage: Haben Sie sich schon einmal im Mai verliebt? *(s. u. Peter Panter, Privat-Sekretariat Abteilung: Gefühle)*	P. P.	Uhu	8/104	Mai 1928		II/1121
Rundfrage: Künstlers Widerhall *(s. u. Künstlers Widerhall)*	P. P.	Voss.	267/–	8. 6. 30		III/465
Rundfrage: § 297 / Unzucht zwischen Männern (Herausg. v. Richard Linsert) *(s. u. § 297 / Unzucht zwischen Männern)*	I. W.	N. Dt.	–/127	1929		III/17
Rundfrage: Sechs Dichter sehen durch die Zeitlupe *(s. u. Die Zeitlupe)*	P. P.	Voss.		25. 12. 26		
Rundfrage: Une initiative du Penclub Polonais. Le prix littéraire de la Société des Nations *(s. u. Une initiative du Penclub Polonais)*	K. T.	Pol. Lit.	61/6. Jg.	15. 10. 31		
Rundfrage: Was soll mit den Zehn Geboten geschehen? *(s. u. Was soll mit den Zehn Geboten geschehen?)*	I. W.	Lit.	24/4	14. 6. 29		III/93

Titel	Autor	Buch Zeitg. Zeitschr.	Nr. und Seite	Datum	Original-Buch-veröffentl.	Bd. u. Seite unserer Ausgabe
Rundfrage: Was würden Sie tun, wenn Sie die Macht hätten? *(s. u. Was würden Sie tun, wenn Sie die Macht hätten?)*	I. W.	Lit.	45/3	9. 11. 28		II/1303
Rundfrage: Wie soll Ihr Nekrolog aussehen? *(s. u. Mein Nachruf)*	K. T.	Lit.	15/16/3	15. 4. 27	ML	II/770
Rundfrage: Wie würden Sie sich im Falle eines Krieges gegen die UdSSR verhalten? *(s. u. Wie würden Sie sich im Falle eines Krieges gegen die UdSSR verhalten?)*	K. T.	Mosk.	25/Jg. 2	22. 6. 30		III/477
Rundfrage: Zur Psychologie des Marxismus und der «radikalen» Literaten *(s. u. Lieber Willy Haas)*	K. T.	Lit.	19/7	7. 5. 27		II/784
Rundfunkgeheimnisse	K. T.	Schrift.	1/10	Jan. 1930		
Rundfunkzensur	I. W.	WB	16/590	17. 4. 28		II/1106
Russische Konkurrenz	Th. T.	WB	14/347	6. 4. 22		
Russisches Ballett	P. P.	SB	12/347	19. 3. 14		I/164
Rußland	Th. T.	WB	10/350	10. 3. 31		III/798
Sa Majesté la Presse	I. W.	WB	40/527	6. 10. 25		
Sächsische Miniaturen	P. P.	WB	31/132	4. 8. 21		I/813
Säcksche Festspiele	Ignaz	SB	19/526	8. 5. 13	Fr. Gs.	I/68

Titel	Autor	Buch Zeitg. Zeitschr.	Nr. und Seite	Datum	Original-Buch-veröffentl.	Bd. u. Seite unserer Ausgabe
Saint-Jean-Pied-de-Port: Die Basken	P. P.				Pyr.	II/597
Saisonarbeiter	Th. T.	AIZ	34/668	1930	LL	III/531
Saisonbeginn *Nun schnüren sich . . .*	K. H.	WB	42/449	9. 10. 19		I/494
Saisonbeginn *Reicht mir den Frack . . .*	Th. T.	Ulk	43/—	24. 10. 19		
Saisonbeginn an der Ostsee	P. P.	WB	19/481	11. 5. 22		I/950
Saisonbeschluß	Ignaz	SB	21/582	22. 5. 13	Fr. Gs.	I/70
Salut au monde! (Frei nach Walt Whitman)	I. W.	SB	49/1205	4. 12. 13		I/105
Sauflied, ganz allein	Th. T.	WB	19/701	12. 5. 31	LL	III/858
Saurer Traub	Th. T.	Ulk	42/—	17. 10. 19		
Saxo-Borussen	Th. T.	WB	39/488	27. 9. 27	ML	II/893
Scala	I. W.	WB	20/515	18. 5. 22		
Schädlichkeit des Zivils	I. W.	WB	50/883	9. 12. 24	Dt. Dt.	I/1295
Schäferliedchen	K. H.	WB	9/214	20. 2. 19	Fr. Gs.	I/371
Schall und Rauch	Th. T.	SB	47/1151	20. 11. 13		I/103
Schallplatten	P. P.	WB	26/995	26. 6. 28		
Schaufenster-moral	Th. T.	WB	15/380	13. 4. 22		I/943
Schaumlöffelei	I. W.	Frei.		11. 8. 20		I/715
Schauspielers Traum	P. P.	WB	37/273	15. 9. 21		I/825
Scheinwerfer durch die Nacht *(s. u. Natio-nales)*	P. P.				5 PS	
Schepplin	Th. T.	WB	11/386	17. 3. 31		III/804
Schicksalslied	Th. T.	WB	2/57	13. 1. 21		I/783
Schieber!	Ignaz	Vorw.		1. 5. 13		
Schiffstaufe	Th. T.	WB	35/321	28. 8. 28		II/1210
Schlafbursche Noske	I. W.	WB	19/529	6. 5. 20		I/639
Schlager	Th. T.					III/1336
Schlagsahne	Th. T.	Ulk	15/—	11. 4. 19		
Schlangenmoos	I. W.	WB	32/149	10. 8. 22		
Rudolf Schlichter	P. P.	WB	47/538	24. 11. 21		I/863

Titel	Autor	Buch Zeitg. Zeitschr.	Nr. und Seite	Datum	Original-Buch-veröffentl.	Bd. u. Seite unserer Ausgabe
Schloß Gripsholm	K. T.				Grips.	III/659
Schloß Gripsholm *(Vorabdruck)*	K. T.	WB	18/646	5. 5. 31	Grips.	III/659
Schlußwort *Der Stabsoffizier der ‹Weltbühne› . . .*	I. W.	WB	45/513	4. 11. 20		I/754
Schlußwort *Ich denke, daß es mir mit dem Stabsoffizier . . .*	I. W.	WB	7/219	12. 2. 20		I/596
Schmiede und Schmiedegesellen	K. T.	WB	34/284	20. 8. 29		
Schmutz bzw. Schund bzw. Geldverknappung	I. W.	WB	18/647	29. 4. 30		
Schnipsel *Alles ist richtig, auch das Gegenteil.*	P. P.	WB	53/999	30. 12. 30		III/655
Schnipsel *Arbeiter stehen im Klassenkampf . . .*	P. P.	WB	40/529	1. 10. 30		III/545
Schnipsel *Das Christentum . . .*	P. P.	WB	14/521	5. 4. 32		III/1040
Schnipsel *Die Frau und der berühmte Mann.*	P. P.	WB	5/185	3. 2. 31		III/776
Schnipsel *Die Psychologie, wie wir . . .*	P. P.	WB	25/937	21. 6. 32		III/1078
Schnipsel *Es ist die Aufgabe . . .*	P. P.	WB	32/205	9. 8. 32		III/1088
Schnipsel *Höflich wie ein Engländer . . .*	P. P.	WB	13/488	29. 3. 32		III/1037
Schnipsel *Ich gehe auf die Reise . . .*	P. P.	WB	33/261	18. 8. 25		II/188

Titel	Autor	Buch Zeitg. Zeitschr.	Nr. und Seite	Datum	Original-Buch-veröffentl.	Bd. u. Seite unserer Ausgabe
Schnipsel *Jakubowski . . .*	P. P.	WB	4/140	26. 1. 32		III/1000
Schnipsel *Japan dreht . . . (s. u. Schnipsel: Von allen Ländern . . .)*	P. P.	WB	17/637	26. 4. 32		III/1047
Schnipsel *Kaufen . . .*	P. P.	WB	36/358	6. 9. 32		III/1090
Schnipsel *Man soll . . .*	P. P.	WB	27/21	5. 7. 32		III/1082
Schnipsel *Mitropa, Schlafwagen (s. u. Mitropa, Schlafwagen)*	K. T.				ML	III/294
Schnipsel *Pro domo.*	P. P.	WB	21/784	24. 5. 32		III/1060
Schnipsel *Shaw.*	P. P.	WB	44/673	3. 11. 31		III/960
Schnipsel *Von allen Ländern . . . (s. u. Schnipsel: Japan dreht . . .)*	P. P.	WB	17/637	26. 4. 32		III/1047
Schnipsel *Warum lächelt die Mona Lisa (s. u. Warum lächelt die Mona Lisa)*	K. T.				ML	III/294
Schnipsel *Wenn die Maschinen . . .*	P. P.	WB	37/416	15. 9. 31		III/941
Schnipsel *Wenns gut geht . . .*	P. P.	WB	51/934	22. 12. 31		III/975
Schnipsel *Wie man . . .*	P. P.	WB	29/98	19. 7. 32		III/1086
Schnipsel *Zur Rassenfrage.*	P. P.	WB	10/377	8. 3. 32		III/1028
Schnitzel	P. P.	WB	22/799	27. 5. 30		III/456
Schöne Zeiten	K. T.				Dt. Dt.	
Schöner Herbst	Th. T.	SB	46/1125	13. 11. 13	Fr. Gs.	I/99

Titel	Autor	Buch Zeitg. Zeitschr.	Nr. und Seite	Datum	Original-Buch-veröffentl.	Bd. u. Seite unserer Ausgabe
Schöner Moment	P. P.	SB	11/320	12. 3. 14		
(Nachdruck) (s. u. Zum Gedenken)	P. P.	WB	16/599	19. 4. 32		I/161
Schrei nach Lichtenberg	P. P.	Voss.	42/—	25. 1. 31		III/770
Schreie auf dem Boulevard	P. P.	SB	30/31/758	31. 7. 13		I/76
Schriftsteller	K. T.	WB	24/691	10. 6. 20		I/669
Schuldbuch	I. W.	WB	36/250	28. 8. 19		I/465
Schulkampf	I. W.	WB	40/514	1. 10. 29		
Schutz vor Schall	P. P.	Voss.		15. 1. 28		II/1024
Schwarz auf Weiß *(s. u. Gut geschrieben!)*	P. P.	Lose Bl.	13/204	März 1929		III/49
Schwarz-gelbe Henker	I. W.	WB	39/341	23. 9. 20		
Schwarz-weiß-rote Erinnerung	I. W.	Hamb.				
Schwarzrotgold	Th. T.	Ulk	17/—	25. 4. 19		
Schwejk der Zweite	I. W.	WB	51/974	21. 12. 26		II/568
Schwere Zeit	K. H.	WB	14/360	27. 3. 19	Fr. Gs.	I/387
Sechs Bilder über einem Matrosenbett	Th. T.	Uhu	11/82	Aug. 1927		
Sechzig Fotografien	I. W.	WB	23/768	5. 6. 24		I/1159
Sehnsucht nach der Bakerstreet	P. P.	SB	40/960	2. 10. 13	5 PS	I/92
Sehnsucht nach der Sehnsucht	K. H.	WB	20/538	8. 5. 19	Fr. Gs. 5 PS	I/406
Sein spannendster Roman	P. P.	WB	10/360	10. 3. 31		III/799
Sektion	Th. T.	WB	34/304	23. 8. 27	ML	II/860
Selber —!	I. W.	WB	15/384	13. 4. 22		
Selbstanzeige	P. P.	WB	49/678	27. 11. 19		I/534
Selbstbesinnung	Th. T.	SB	51/584	21. 12. 16	Fr. Gs.	I/233
Sentimentales Lied	Th. T.	WB	20/571	13. 5. 20		I/646
Sexuelle Aufklärung	Th. T.	SB	43/1040	23. 10. 13	Fr. Gs.	I/96
Shaws «Johanna» in Paris	P. P.	Voss.		12. 5. 25		

Titel	Autor	Buch Zeitg. Zeitschr.	Nr. und Seite	Datum	Original-Buch-veröffentl.	Bd. u. Seite unserer Ausgabe
Sie schläft	Th. T.	WB	39/494	25. 9. 28	ML	II/1249
Sie schreiben mir . . . (Antworten)	I. W.	WB	29/111	21. 7. 25		
Sie werden wieder . . .	I. W.	WB	38/438	18. 9. 24		I/1236
Sie, zu ihm	Th. T.	WB	48/826	1. 12. 31		III/968
Sieben Anekdoten	P. P.	WB	42/458	9. 10. 19		
7 Dichter und ein Couplet (Eine Strophe von Theobald Tiger)	Th. T.	Bln. Mo.		31. 12. 28		
Sieben Gespenster	P. P.	Uhu	7/67	April 1925		II/79
7,7	Th. T.	WB	35/342	30. 8. 27		II/870
Sieben tolle Tage	P. P.	SB	36/852	4. 9. 13		
Siebenundsechzig Jahre. Lourdes III	P. P.				Pyr.	II/634
Sieg im Atlas	I. W.	WB	40/536	2. 10. 28		II/1258
Siegfried Jacobsohn †	K. T.	WB	49/873	7. 12. 26		II/572
S. J.	Th. T.	WB	37/423	9. 9. 30		III/521
‹Siegfried› oder der geleimte Mann	P. P.	Voss.		23. 5. 28		II/1136
Sigilla Veri	I. W.	WB	39/483	29. 9. 31		III/949
Silvester *Im niedern Zimmer*	K. H.	WB	52/610	26. 12. 18	Fr. Gs.	I/323
Silvester *So viel Tage . . .*	K. H.	WB	53/804	25. 12. 19		I/565
Silvester	Th. T.	WB	52/666	28. 12. 22		
Was fange ich Silvester an?	Th. T.	WB	53/768	30. 12. 20		I/777
Michel Simon	P. P.	WB	6/225	9. 2. 32		
Sind Sie eine Persönlichkeit? Mit einem nachdenklichen Chanson	P. P. u. Th. T.	Uhu	9/72	Juni 1931		III/867
Singt eener uffn Hof	Th. T.	WB	14/529	5. 4. 32		III/1041

Titel	Autor	Buch Zeitg. Zeitschr.	Nr. und Seite	Datum	Original-Buch-veröffentl.	Bd. u. Seite unserer Ausgabe
's ist Krieg! *(s. u. Krieg und Friede)*	K. H.	WB	32/145	31. 7. 19	Fr. Gs.	I/453
Snob in Paris	P. P.	WB	28/78	10. 7. 24		I/1184
So etwas wäre im Ausland nicht möglich!	I. W.	WB	53/1001	30. 12. 30		III/647
So schreckliche Szenen	K. T.				Dt. Dt.	
So verschieden ist es im menschlichen Leben –! *Der (Ein) Druckfehler.*	P. P.	WB	29/103	21. 7. 31	LL	III/896
So verschieden ist es im menschlichen Leben! *Ich reiste im Traum . . .*	P. P.	WB	21/776	26. 5. 31	LL	III/864
So verschieden ist es im menschlichen Leben *Manchmal, wenn ich nachts nicht einschlafen kann . . .*	P. P.	WB	4/133	24. 1. 28		II/1034
So verschieden ist es im menschlichen Leben! *Neulich habe ich alte Jahrgänge . . .*	P. P.	WB	15/542	14. 4. 31	LL	III/832
Soldaten der Republik	Th. T.	WB	25/631	22. 6. 22		
Soldatenlieder	P. P.	WB	35/246	26. 8. 20		I/728
Soll man das tun?	P. P.	Lose Bl.	–/46			III/286
Solneman, der Unsichtbare	P. P.	WB	33/177	7. 8. 19		I/460
Sommerliches Berlin	P. P.	SB	34/35/825	28. 8. 13		
Sommerlied	Th. T.	WB	24/696	10. 6. 20		I/673
Sonnabend Abend	Th. T.	WB	37/395	11. 9. 24		
Carl Sonnenschein	P. P.	WB	1/17	6. 1. 31		III/755
Sonntag-Nachmittag	P. P.	WB	17/478	22. 4. 20		I/636

Titel	Autor	Buch Zeitg. Zeitschr.	Nr. und Seite	Datum	Original-Buch-veröffentl.	Bd. u. Seite unserer Ausgabe
Sonntagsmorgen, im Bett	Th. T.	Bll.	19/783	6. 5. 28		II/1124
Sorrent	Th. T.	WB	51/705	16. 12. 20		I/773
Sozialdemokratische Ehrentafel	Th. T.	AIZ	20/7	1928		
Sozialdemokratischer Parteitag *(s. u. Gefühlskritik)*	Th. T.	WB	39/312	29. 9. 21	5 PS	I/827
Sozialisierung der Presse	I. W.	WB	51/738	11. 12. 19		I/539
Spanische Krankheit?	Th. T.	WB	29/64	18. 7. 18	Fr. Gs.	I/287
Spartakus in Moabit	K. H.	WB	7/8/187	13. 2. 19		I/370
Spaß mit ernstem Hintergrund	P. P.	WB	16/594	15. 4. 30		
Später	P. P.	WB	29/110	16. 7. 29		III/137
Spaziergang	P. P.	WB	17/629	28. 4. 25		II/103
Spaziergänge eines Berliners	von einem Berliner	BVZ		12. 3. 19		I/369
Spaziergänge in Berlin	von einem Berliner	BVZ		24. 2. 19		
Spengler	Th. T.	WB	26/759	24. 6. 20		
Spieler *Der Bürger an seinen Klavieren ...*	Th. T.	BVZ		4. 5. 20		
Spieler *Der Frühjahrswind macht die Finger klamm ...*	von einem Berliner	BVZ		6. 4. 19		
Sport *Der deutsche Sport drückt genau ...*	I. W.	WB	29/107	21. 7. 25		

Titel	Autor	Buch Zeitg. Zeitschr.	Nr. und Seite	Datum	Original-Buch-veröffentl.	Bd. u. Seite unserer Ausgabe
Sport *Sport kostet . . .*	I. W.	BVZ		13. 6. 20		I/678
Sprechen Sie Lateinisch?	P. P.	Voss.		23. 6. 25	LL	II/150
Sprechstunde am Kreuz	I. W.	WB	50/881	11. 12. 28	LL	II/1338
Staatsmorphium	I. W.	WB	46/775	17. 11. 25		II/262
Staatspathos	I. W.	WB	19/702	6. 5. 30		III/436
Städte	I. W.	WB	5/116	2. 2. 22		
Stahlhelm oder Filzhut?	I. W.	WB	20/773	17. 5. 27		II/787
Stammbuchblatt	I. W.	BVZ		9. 6. 20		
Stammtisch	I. W.	WB	1/27	6. 1. 21		
Standesdünkel und Zeitung	I. W.	WB	11/417	16. 3. 26		II/377
Start *Das Auge . . .*	Th. T.	SB	1/27	1. 1. 14		I/117
Start *Du wirst mal Kanzleisekretär –*	Th. T.	AIZ	36/10	1928	Dt. Dt.	II/1360
Start *Wir sind fünf Finger . . . (s. u. Mit 5 PS)*	K. T.	WB	52/964	27. 12. 27	5 PS	II/1004
Stationen	Th. T.	WB	47/756	18. 11. 30	LL	III/602
Statistik	K. T.				Dt. Dt.	
Rudolf Steiner in Paris	I. W.	WB	27/26	3. 7. 24		
Steuerabzug	Th. T.	WB	29/86	15. 7. 20		I/701
Stierkampf in Bayonne	P. P.				Pyr.	II/580
Stilles Plätzchen für die Morgenlektüre	Th. T.	BIl.	34/1419	19. 8. 28		
Stimme aus den Kalkgruben	Th. T.	WB	18/675	5. 5. 25		II/117
Stimmen in der Nacht	Th. T.	WB	25/862	19. 6. 24		I/1168
Stimmen von der Galerie	P. P.	Voss.	580/–	8. 12. 28		
Stimmungsbild aus dem Reichstag	I. W.	Frei.		18. 7. 22		

Titel	Autor	Buch Zeitg. Zeitschr.	Nr. und Seite	Datum	Original-Buch-veröffentl.	Bd. u. Seite unserer Ausgabe
Stirbt die Kunst?	K. T.	Vorw.		27. 6. 11		I/14
Strafgericht?	K. H.	WB	34/200	14. 8. 19		I/462
Strafvollzug	I. W.	WB	3/107	19. 1. 32		
Stranderlebnis	P. P.	WB	40/375	30. 9. 20		
Straßenlärm	P. P.	Tem.		20. 10. 28		
Stratégie Littéraire. Eine französische Literatursatire	P. P.	Voss.		11. 10. 25		
Streikjustiz	Kurt	Dres.		April 1912	Fr. Gs.	I/20
Strindbergs «Totentanz»	tu	Dres.		1913		
Studio des Ursulines	P. P.	Voss.		16. 5. 26		II/440
Stufen	I. W.	WB	15/386	3. 4. 19		I/391
Subkutan	Th. T.	WB	14/555	5. 4. 27		II/767
Südfrüchte	Th. T.	WB	19/733	11. 5. 26		II/436
Südliche Nacht	P. P.	WB	43/393	24. 10. 18		I/312
Suomi-Finnland	I. W.	WB	27/19	7. 7. 25		II/160
Tage in Kopenhagen	P. P.	Voss.		30. 6. 27		
Tagebuch. Wihlanje. Schöner Moment *(s. u. Schöner Moment)*	P. P.	SB	11/320	12. 3. 14		I/161
Tagebuch des Urlaubers. ‹Die Rose von Stambul›	P. P.	WB	20/457	16. 5. 18		I/272
‹Drei alte Schachteln›	P. P.	WB	20/458	16. 5. 18		I/274
Tante Malchens Heimatland	I. W.	WaM		17. 10. 21		I/843
Tänzerinnen	P. P.	WB	18/487	24. 4. 19		
Tanzkunst	P. P.	WB	29/71	20. 7. 22		
Tanzverbot	Th. T.	WB	40/325	3. 10. 18		
Taschen-Notizkalender	P. P.	Voss.		30. 6. 28	ML	II/1163
Taschenbuch für Damen	P. P.	WB	12/386	20. 3. 24		
Taschenpolizei	I. W.	WaM		28. 11. 21		
1000 Worte Rheinland	Th. T.	WB	27/12	7. 7. 25		

Titel	Autor	Buch Zeitg. Zeitschr.	Nr. und Seite	Datum	Original-Buch-veröffentl.	Bd. u. Seite unserer Ausgabe
Tell im Tonfilm-atelier	K. H.	WB	36/356	2. 9. 30		
T'en fais pas — viens à Mont-parnasse!	P. P.	Dame	17/16	Mai 1925		
The Kid	P. P.	WB	49/564	6. 12. 23		I/1132
Theater *Szene aus einer Revue von Alfred Polgar und Theobald Tiger*	Th. T.	WB	52/970	27. 12. 27		II/997
Theater-Reklame	P. P.	WB	40/360	6. 10. 21		
Theobald Tiger bedankt sich . . .	Th. T.	WB	27/29	1. 7. 20		
Theobald Tiger freut sich . . .	Th. T.	WB	38/457	22. 9. 31		
Theobald Tiger spricht	K. T.	WB	19/708	12. 5. 31		III/859
Theorie der Leidenschaft Berlin N 54	Th. T.	WB	7/245	11. 2. 30		III/355
Theorie und Praxis	I. W.	WB	21/827	25. 5. 26		
Ludwig Thoma	P. P.	WB	8/254	19. 2. 20		I/604
Tiergeschichten	P. P.	WB	16/410	20. 4. 22		
Tilla Durieux	K. T.	SB	7/184	12. 2. 14		I/148
Tip	P. P.	WB	3/112	20. 1. 31		
Titel	I. W.	WB	22/637	27. 5. 20		I/661
Titelmoden	P. P.	Lose Bl.	10/156	1930		III/323
Tollers Publikum	I. W.	WB	48/635	20. 11. 19		I/522
Tommys Abschied	Th. T.	AIZ	42/8	1929		
Tote Stadt und lebende Steine	P. P.	Voss.		12. 12. 24		I/1296
Tote und lebendige Bühne in Paris	P. P.	Voss.		16. 6. 26		
Toto	K. T.	SB	14/399	3. 4. 13		
Tour de France	P. P.	WB	28/65	13. 7. 26		
Tourist	K. H.	Dame	9/12	Jan. 1928		II/1023
Tragödie der Liebe	P. P.	WB	43/406	25. 10. 23		I/1129
Traktat über den Hund, sowie über Lerm und Geräusch						
1. Scherz	P. P.	WB	31/181	2. 8. 27	ML	II/894
2. Satire	P. P.	WB	40/522	4. 10. 27	ML	II/898
3. Ironie und						

Titel	Autor	Buch Zeitg. Zeitschr.	Nr. und Seite	Datum	Original-Buch-veröffentl.	Bd. u. Seite unserer Ausgabe
tiefere Bedeutung	K. T.				ML	II/901
Traum	K. H.	WB	33/275	17. 8. 26		II/480
Träume	Th. T.	WB	5/177	3. 2. 25	5 PS	II/35
Träumerei auf einem Havelsee	Th. T.	WB	37/413	11. 9. 28	ML	II/1230
Trauriges Lied, auf einem Kamm geblasen	K. H.	WB	35/325	26. 8. 30		III/503
B. Traven	P. P.	WB	48/793	25. 11. 30		III/606
Treptow	K. T.				Dt. Dt.	III/304
Treue *Der Kronprinz ...*	Th. T.	Ulk	46/—	14. 11. 19		
Treue *Sei man dankbar, wenn se dir wat jehm!*	K. T.				LL	III/962
Trotzdem	Th. T.	Frft.		25. 9. 18		
Trunkenes Lied	Th. T.	WB	42/602	15. 10. 29		III/218
Tschechen und Russen	P. P.	WB	33/273	17. 8. 26		II/479
Kurt Tucholsky haßt — liebt	K. T.	Voss.		1. 1. 28		II/1009
Typographisches	I. W.	WB	40/551	5. 10. 26		
Über den Dächern	K. T.				LL	III/982
Über den sogenannten ‹Landesverrat›	I. W.	DAD		11. 9. 26		II/494
Über die Cacteen	P. P.	WB	32/147	31. 7. 19		
Über Naturauffassung	P. P.				Pyr.	II/668
Über die Nennung von Frauennamen	P. P.	Voss.	328/—	14. 7. 29		III/131
Über einen Humoristen *(s. u. Otto Reutter)*	P. P.	WB	7/254	16. 2. 32		III/1012
Über wirkungsvollen Pazifismus	I. W.	WB	41/555	11. 10. 27		II/907
Überführung	K. H.	WB	10/249	9. 3. 22		I/915
Übersetzer	P. P.	Voss.		4. 3. 27		II/738

Titel	Autor	Buch Zeitg. Zeitschr.	Nr. und Seite	Datum	Original-Buch-veröffentl.	Bd. u. Seite unserer Ausgabe
Ulysses	P. P.	WB	47/788	22. 11. 27		II/949
Um Neune ist alles aus	P. P.	WB	14/405	5. 4. 23		
Umzug	P. P.	WB	21/780	26. 5. 25	5 PS	II/131
Unamuno spricht	I. W.	WB	45/682	4. 11. 24		I/1270
Unart der Richter	I. W.	WB	47/801	22. 11. 27	ML	II/955
... und das Publikum!	P. P.	Voss.	410/–	31. 8. 30		III/505
Und für Hänschen ein Buch ... aber welches?	P. P.	Voss.		6. 12. 27		
Und immer wieder Max Hölz!	K. T.	WB	43/652	25. 10. 27		II/927
Und wer spricht für euch?	I. W.	DAD		22. 10. 27		II/921
Une initiative du Penclub Polonais. Le prix littéraire de la Société des Nations *(s.u. Rundfrage)*	K. T.	Pol. Litt.	61/6. Jg.	15. 10. 31		
Unerledigte Konten	Th. T.	WB	41/562	8. 10. 29		III/207
‹Unser Militär› *Wir haben in den vorigen Heften ... (s. u. Militaria)*	I. W.	WB	9/201	20. 2. 19		I/343
Unser Militär! *Einstmals, als ich ein kleiner Junge*	K. H.	WB	23/629	29. 5. 19	Fr. Gs. ML	I/426
Unser Militär und unsere Presse	I. W.	Br.		12. 12. 22		
Unser täglich Brot	Th. T.	WB	22/561	1. 6. 22		I/964
Unsere Aufgabe	K. T.	Jg. Paz.	2/1. Jg.	März/Apr. 1930		
Unsere Zeitgenossen die Raffkes	anonym	BIl.	31/26	25. 6. 22		
Untergrundbahn	K. T.				Dt. Dt.	
Unterhaltungsliteratur	P. P.	SB	22/23/619	5. 6. 13		

Titel	Autor	Buch Zeitg. Zeitschr.	Nr. und Seite	Datum	Original-Buch-veröffentl.	Bd. u. Seite unserer Ausgabe
Untersuchungs-ausschuß	Th. T.	Ulk	48/–	28. 11. 19		
Unterwegs 1915	I. W.	SB	35/209	30. 8. 17		I/248
Unzucht zwischen Männern (§ 297) *(s.u. Rundfrage)*	I. W.	N. Dt.	–/127	1929		III/17
Valeska Gert	P. P.	WB	7/204	17. 2. 21		I/791
Varieté *An dieser Stelle sollen fortan . . .*	P. P.	WB	22/606	22. 5. 19		
Varieté *Weil wir grade sonst keine Sorgen haben . . .*	P. P.	WB	26/723	19. 6. 19		
Varieté und Kritik	P. P.	WB	30/88	27. 7. 22		I/1008
Vaterländische Ritornelle	Th. T.	SB	19/527	7. 5. 14	Fr. Gs.	I/194
Clément Vautel	P. P.	Voss.		30. 9. 25	ML	II/232
Velhagen & Klasing	I. W.	WB	2/79	11. 1. 27		II/711
Verbotene Filme	K. T.	SB	40/949	2. 10. 13		I/89
Verfassungs-schwindel	I. W.	WB	43/646	26. 10. 26		II/529
Verfassungstag	I. W.	Frei.		13. 8. 22		I/1033
Verfehlte Nacht	Th. T.				Fr. Gs.	I/514
Verhetzte Kinder – ohnmächtige Republik	I. W.	WB	41/553	9. 10. 28	LL	II/1261
Verhinderung der Reisen	I. W.	WB	11/317	17. 3. 21		
Verkehr über dem Haus	P. P.	Voss.	354/–	30. 7. 31		III/899
Verlagskataloge	P. P.	WB	8/293	24. 2. 31		III/788
Verloren	P. P.	Voss.		23. 5. 26		
Versunkenes	P. P.	WB	29/114	19. 7. 27		
Versunkenes Träumen	Th. T.				Fr. Gs.	I/510
Victor Arnold	K. T.	SB	11/304	12. 3. 14		I/159
Viel zu fein!	P. P.	Lose Bl.	13/203	1931		III/747
Vier Jahre und ein Tag	I. W.	Frei.		6. 6. 20		
Vier Sommer-plätze	P. P.	WB	34/305	24. 8. 26		II/481
421 Gesichter	Iwro	BT		25. 3. 19		

Titel	Autor	Buch Zeitg. Zeitschr.	Nr. und Seite	Datum	Original-Buch-veröffentl.	Bd. u. Seite unserer Ausgabe
400 000 Invaliden und 1 Gesunder	Th. T.	WB	48/828	1. 12. 25		II/277
Viermal Eichhörnchen	K. H.	WB	23/866	7. 6. 32		III/1071
Vierzehn Käfige und einer	I. W.	WB	4/127	27. 1. 25		II/25
Vision	P. P.	WB	32/238	7. 8. 24	ML	I/1212
Volk in Not	Th. T.	Ulk	19/–	9. 5. 19		
Volkswirtschaftlicher Moment	P. P.	WB	36/368	2. 9. 30		III/507
Vom alten Stamm	P. P.	SB	19/539	7. 5. 14		
Vom Radauhumoristen *(s. u. Radau-Humorist)*	I. W.	BVZ		19. 4. 22		I/945
Vom Urlaub zurück	P. P.	Voss.	438/–	17. 9. 31		III/944
Von Barèges bis Arreau	P. P.				Pyr.	II/672
Von dem Manne, der keine Zeitungen mehr las	I. W.	SB	43/1030	23. 10. 13	Zsp.	I/124
Von den Kränzen, der Abtreibung und dem Sakrament der Ehe	I. W.	WB	7/237	17. 2. 31	LL	III/782
Von Tolstoi	P. P.	WB	18/463	4. 5. 22		I/948
Von unserem Spezialkorrespondenten *(s. u. Dem Andenken Siegfried Brycks)*	P. P.	Bl. Heft	5/127	1. 12. 24		
Von unten	K. T.				Dt. Dt.	
Vor acht Jahren *Als ich heute vor acht Jahren . . .*	I. W.	Frei.		1. 8. 22		I/1015
Vor acht Jahren *Ja, damals –!*	Th. T.	WB	46/789	16. 11. 26		II/547
Vor und nach den Wahlen	Th. T.	WB	19/711	8. 5. 28		II/1125
Vor Verdun	I. W.	WB	32/218	7. 8. 24	5 PS	I/1205
Vorfrühling?	Th. T.	SB	6/169	5. 2. 14	Fr. Gs.	I/146
Vorgang beim Treppensteigen	K. H.	WB	46/765	15. 11. 27		II/943

Titel	Autor	Buch Zeitg. Zeitschr.	Nr. und Seite	Datum	Original-Buch-veröffentl.	Bd. u. Seite unserer Ausgabe
Vorher!	I. W.	SB	30/80	26. 7. 17		I/246
Vormärz	K. T.	SB	14/381	2. 4. 14		
(Nachdruck)	K. T.	WB	47/803	23. 11. 26		I/167
Vorn an der Rampe	Th. T.	WB	9/224	2. 3. 22		I/909
Vorrede oder: Die Unmöglichkeit, eine Fotografie zu textieren	K. T.				Dt. Dt.	
Vorrede zu einer imaginären Clauren-Ausgabe	I. W.	Merker	113/426	Juni 1914		
Vorsätze	anonym	Ulk		22. 11. 07		I/13
Vorsicht bei Gesprächen!	Th. T.	BVZ		18. 5. 20		I/650
Vorspruch *(s. u. Was soll ich lesen?)*	Th. T.	Jahrb.	–/18	1929		III/10
Vorwärts –!	K. T.	WB	1/1	5. 1. 26		II/311
Waffe gegen den Krieg *Ich trete heute an meine Leser . . .*	I. W.	WB	8/312	23. 2. 26		II/361
Waffe gegen den Krieg *Wir sind uns alle darüber einig . . .*	I. W.	?	–/319			
Christian Wagner	P. P.	WB	7/8/182	13. 2. 19		I/366
Wahlabend	P. P.	WB	18/661	1. 5. 28		
Wahlunrecht	I. W.	WB	23/663	3. 6. 20		I/668
Wahlvergleichung	I. W.	WB	48/814	25. 11. 24		
Wahnsinn Europa	I. W.	WB	51/903	18. 12. 28	LL	II/1345
Wahre Liebe	Th. T.	WB	38/438	16. 9. 30		III/529
Otto Wallburg	P. P.	WB	7/274	15. 2. 27		II/722
Wallenstein und die Interessenten	P. P.	Voss.	172/–	12. 4. 31		III/827
Walpurgisnacht	K. T.	SB	4/87	24. 1. 18	Träum.	I/265
Erich Walter	P. P.	SB	43/1044	23. 10. 13		
Wandertage in Südfrankreich	P. P.	WB	43/644	27. 10. 25	5 PS	II/242

Titel	Autor	Buch Zeitg. Zeitschr.	Nr. und Seite	Datum	Original-Buchveröffentl.	Bd. u. Seite unserer Ausgabe
Wann arbeiten die –?	I. W.	WB	25/932	23. 6. 31		
Warte nicht!	K. T.				LL	III/978
Warten vor dem Nichts	P. P.	Voss.		28. 3. 28		II/1087
Warum –? *Ja, warum, warum haben wir bei den Heidelberger Festspielberichten . . .*	K. H.	WB	32/220	6. 9. 29		
Warum *müssen eigentlich . . .*	I. W.	WB	4/150	21. 1. 30	LL	III/336
Warum eigentlich? . . . Kleine Dinge, die in der ganzen Welt gleich sind	P. P.	Uhu	7/24	April 1928		II/1092
Warum ich nicht mehr . . .	Th. T.	WB	7/212	14. 2. 24		I/1148
Warum lächelt die Mona Lisa *(s. u. Schnipsel)*	K. T.				ML	III/294
Warum mein Kontoauszug neulich einen Fehler hatte	P. P.	Simpl.	11/130	9. 6. 30		III/466
Warum stehen	I. W.	WB	22/877	31. 5. 27		II/793
Was aus der großen Zeit	I. W.	WB	21/806	22. 5. 28		II/1135
Was brauchen wir –? *Als falsche Extrablätter riefen*	Th. T.	WB	12/447	23. 3. 26		II/385
	Th. T.	DAD		13. 10. 28		
Was brauchen wir –? *Hermann Schützinger . . .*	K. T.	WB	7/239	16. 2. 26		II/350
Was darf die Satire?	I. W.	BT	36/–	27. 1. 19		I/362

Titel	Autor	Buch **Zeitg.** Zeitschr.	Nr. und Seite	Datum	Original-Buch-veröffentl.	Bd. u. Seite unserer Ausgabe
Was dem Lakaien seine Livree / ist der Republik ihre Sieges-Allee *(s. u. Die Siegesallee)*	Th. T.	AIZ	44/3	1929		III/225
Was fehlt dem Kino?	I. W.	BT	520/–	2. 11. 19		I/511
Was haben wir–?	K. T.	WB	14/524	6. 4. 26		II/397
Was ist ein «mittlerer» Franzose	P. P.	Voss.		29. 8. 24		
Was ist im Innern einer Zwiebel–?	Th. T.	WB	4/141	21. 1. 29	ML	III/35
Was kosten die Soldaten?	Th. T.	WB	47/764	20. 11. 28	ML	II/1310
Was machen die Leute da oben eigentlich?	P. P.	Uhu	9/89	Juni 1930		III/459
Was machen Menschen, wenn sie allein sind –?	P. P.	Uhu	–/125	Okt. 1926		II/515
Was man den andern übel nimmt	P. P.	Uhu	11/98	Aug. 1929		
Was nun –?	I. W.	WB	18/645	5. 5. 25		II/108
Was soll er denn einmal werden?	I. W.	WB	28/60	10. 7. 28	ML	II/1171
Was soll ich lesen? *(s. u. Vorspruch)*	Th. T.	Arb. Bü.	4/3	April 1929		
Was soll mit den Zehn Geboten geschehen? *(s. u. Rundfrage)*	I. W.	Lit.	24/4	14. 6. 29		III/93
Was tun die Birken?	P. P.	WB	44/680	29. 10. 29		III/232
Was tun Frauen, bevor sie ausgehen?	P. P.	Rep.		17. 12. 24		I/1303
Was unternehme ich Silvester?	P. P.	WB	52/662	29. 12. 21		I/883
Was wäre, wenn ... *Eines Tages ...*	P. P.	WB	53/806	25. 12. 19		I/560

Titel	Autor	Buch Zeitg. Zeitschr.	Nr. und Seite	Datum	Original-Buch-veröffentl.	Bd. u. Seite unserer Ausgabe
Was wäre, wenn ...? *Im Mai 1914 kritzelte ich ... (s. u. Briefbeilagen)*	P. P.	WB	27/17	4. 7. 18		I/283
Was wäre, wenn ... *Kommt die Prügelstrafe?*	I. W.	WB	38/445	20. 9. 27	ML	II/883
Was wäre, wenn ...? *Posito, gesetzt den Fall ...*	I. W.	BVZ		23. 4. 19		I/399
Was wäre, wenn ...? *... Und wenn alles vorbei sein wird ...*	K. T.	WB	25/615	22. 6. 22		I/975
Was wäre, wenn ... *Wilhelm der Zweite ...*	I. W.	WB	37/415	15. 9. 25	5 PS	II/212
Was weiß der Franzose vom Deutschen?	P. P.	Voss.		17. 8. 27		II/850
Was würden Sie tun, wenn Sie die Macht hätten? *(s.u.Rundfrage)*	I. W.	Lit.	45/3	9. 11. 28		II/1303
Jakob Wassermann und sein Werk	P. P.	WB	38/430	18. 9. 24		I/1233
Wat Grotmudder vertellt	I. W.	WB	35/219	31. 8. 22		I/1044
Wedekind in Berlin	tu	Dres.		18. 6. 12		
Week-end	Th. T.	WB	18/705	3. 5. 27	Dt. Dt.	II/785
Wege der Liebe	I. W.	WB	32/230	10. 8. 26		II/477
Wehrmacht und Sozialdemokratie	I. W.	DAD		10. 4. 26		
Wehrpflicht — hintenherum	I. W.	WaM		2. 1. 22		I/887

Titel	Autor	Buch Zeitg. Zeitschr.	Nr. und Seite	Datum	Original-Buch-veröffentl.	Bd. u. Seite unserer Ausgabe
Weihnachten *In meiner Heimat, da oben im Norden ...*	Th. T.	Ulk	51/–	20. 12. 18		
Weihnachten *Nikolaus der Gute*	Th. T.	Ulk	52/–	28. 12. 19		I/564
Weihnachten *So steh ich ...*	K. H.	WB	51/589	19. 12. 18	Fr. Gs.	I/323
Weihnachtsbitte	K. T.	WB	50/610	15. 12. 21		I/876
Weil wir grade	P. P.	WB	49/853	3. 12. 29		
Weiße Russen	I. W.	WB	8/293	24. 2. 25		II/52
«Weiße Schatten» in Paris	P. P.	Tem.		10. 1. 29		
Weltbild, nach intensiver Zeitungslektüre	K. H.	WB	15/548	14. 4. 31		III/834
Welten – Kino	Th. T.	WB	45/527	4. 11. 20		
Weltgericht	I. W.	WB	21/596	20. 5. 20		I/651
Welthumor	P. P.	WB	48/847	1. 12. 25		
Wendriner *s. u. Herr Wendriner*						
Wendriners setzen sich in die Loge *Szene aus einer Revue von Alfred Polgar und Theobald Tiger*	Th. T.	WB	37/409	13. 9. 27		II/878
Wenn der Henker Wohnung sucht	P. P.	Tem.		23. 1. 29		
Wenn der Vater mit dem Sohne ...!	I. W.	WaM		22. 5. 22		I/957
Wenn die Flokken fallen ...	Th. T.	Ulk	50/–	12. 12. 19		I/542
Wenn die Igel in der Abendstunde	Th. T.	WB	36/376	4. 9. 28	ML	II/1225
Wenn die Muse küßt ...!	Th. T.	WB	42/436	14. 10. 20		
Wenn eena dot is	Th. T.	WB	21/792	24. 5. 32		III/1062
Wenn eena jeborn wird	Th. T.	WB	24/904	14. 6. 32		III/1077

Titel	Autor	Buch Zeitg. Zeitschr.	Nr. und Seite	Datum	Original-Buch-veröffentl.	Bd. u. Seite unserer Ausgabe
Wenn einer eine Reise tut . . .	Th. T.	WB	49/888	7. 12. 26		II/556
Wenn erst . . .	Th. T.	SB	46/466	16. 11. 16	Fr. Gs.	I/228
Wenn Ibsen wiederkäme . . .	K. T.	SB	34/35/795	28. 8. 13		I/79
Wenn ich jetzt sterben müßte	K. T.	Eintr. i. Sudelbuch		1935		
Wenn irgendwo in Europa	K. T.				Dt. Dt.	
Wenn jener wiederkäme . . . *(s. u. Es ist dich alles verziehn!)*	Th. T.	WB	42/607	19. 10. 26		II/524
Wenn kein Licht ist	P. P.	Voss.	114/–	8. 3. 31		
Wenn man vielleicht . . .	K. H.	WB	14/532	5. 4. 32		III/1042
Wenn sie schrieben —!	P. P.	WB	3/79	19. 1. 22		I/894
Wer hat die Frontsoldaten «Schweine» genannt –?	I. W.	DAD		8. 3. 30		III/373
Wer ist das –?	Th. T.	BIl.	40/1279	3. 10. 26		
Wer kennt Odenwald und Spessart?	P. P.	MER	9/12	1928		II/1119
Wer liest das –?	P. P.	Voss.	528/–	8. 11. 30		III/591
Wer unterzeichnet den Marloh-Wechsel? *(s. u. Zum Preisausschreiben)*	anonym	Pl.		1920		
Werbekunst oder: Der Text unsrer Anzeigen	P. P.	WB	52/974	27. 12. 27	ML	II/999
Wetten daß . . .?	K. H.	WB	34/315	24. 8. 26		
Wetterhäuschen	Th. T.	SB	52/612	28. 12. 16	Fr. Gs.	I/231
Wider die Liebe	K. H.	WB	7/212	12. 2. 20	5 PS	I/595
Wie altern die –?	P. P.	Voss.		20. 12. 25		II/290
Wie benehme ich mich als Mörder?	I. W.	WB	10/380	6. 3. 28	ML	II/1070

Titel	Autor	Buch Zeitg. Zeitschr.	Nr. und Seite	Datum	Original-Buch-veröffentl.	Bd. u. Seite unserer Ausgabe
Wie dumm die waren –!	K. T.				Dt. Dt.	
Wie Frankreich triumphiert	I. W.	WB	7/244	17. 2. 25		II/47
Wie hätte Bülow	Th. T.	SB	50/1240	11. 12. 13		
Wie lese ich die Zeitung?	I. W.	WB	28/56	8. 7. 20		
Wie machen wir einander das Leben leichter?	P. P.	Mitt.		9. 4. 29		
Wie mans macht . . .	Th. T.	WB	11/415	15. 3. 32		III/1033
Wie sich der deutsche Stammtisch Paris vorstellt	I. W.	DAD		6. 2. 26		II/343
Wie sieht der Erfinder des Reißverschlusses aus?	P. P.	Voss.	487/–	14. 10. 28		II/1267
Wie uns aus	P. P.	WB	22/752	29. 5. 24	5 PS	I/1159
Wie war es –? So war es –! Vorrede zu dem Buch des Matrosen Becker «Wie ich zum Tode verurteilt wurde» Ernst Oldenburg Verlag	I. W.	Sonn.		28. 10. 28		II/1287
Wie werden die nächsten Eltern?	P. P.	Voss.		27. 3. 27		II/753
Wie wird man Generaldirektor?	P. P.	Voss.	278/–	15. 6. 30		III/471
Wie würden Sie sich im Falle eines Krieges gegen die UdSSR verhalten? *(s.u. Rundfrage)*	K. T.	Mosk.	25/Jg. 2	22. 6. 30		III/477
Wiederaufnahme	K. H.	WB	31/267	30. 7. 29	Dt. Dt.	III/155
Wiederkäuer	P. P.	WB	32/228	9. 8. 27	ML	II/846
Wiedersehen mit der Justiz	I. W.	WB	14/543	5. 4. 27	5 PS	II/763

Titel	Autor	Buch Zeitg. Zeitschr.	Nr. und Seite	Datum	Original-Buch-veröffentl.	Bd. u. Seite unserer Ausgabe
Wiedersehen mit Paris	I. W.	WB	42/597	18. 10. 27		II/917
Wieso	I. W.	WB	49/880	8. 12. 25		II/280
Wihlanje *(s. u. Tagebuch)*	P. P.	SB	11/320	12. 3. 14		
Wilhelm von Abfundien	K. H.	WB	11/335	11. 3. 20		I/611
Windrose	P. P.	WB	47/782	18. 11. 24	5 PS	I/1284
Winke – Winke	Th. T.	WB	51/963	21. 12. 26		II/565
Wintergarten *Da blühen diesmal ein paar seltene . . .*	P. P.	SB	42/1015	16. 10. 13		
Wintergarten *Die Saison ist aus.*	K. T.	SB	21/576	22. 5. 13		
Wintergarten *Es gibt keine deutsche Varieté-Kritik . . .*	P. P.	SB	12/347	20. 3. 13		
Wintergarten *Es sind diesmal keine «Großen» dabei . . .*	P. P.	SB	8/231	19. 2. 14		
Wintergarten *Merkwürdig: das Kino langweilt . . .*	P. P.	SB	47/1155	20. 11. 13		
Wintergarten *Und wenn man den ganzen Winter . . .*	P. P.	SB	17/479	24. 4. 13		
Wintergarten *Wieder, nach den Ferien . . .*	P. P.	SB	38/904	18. 9. 13		
Wintergarten und Lichtspiele	P. P.	SB	51/1267	18. 12. 13		
Wir	I. W.	WB	31/148	29. 7. 20		I/708
Wir alle Fünf	K. T.	WB	34/204	24. 8. 22		I/1041
Wir auch! (Gott behüte!)	Th. T.	Ulk	34/–	22. 8. 19		
Wir hätten sollen . . .	P. P.	BT	465/–	2. 10. 19		I/481
Wir im Museum	I. W.	WB	9/325	2. 3. 26	5 PS	II/362
Wir Negativen	K. T.	WB	12/279	13. 3. 19		I/372

Titel	Autor	Buch Zeitg. Zeitschr.	Nr. und Seite	Datum	Original-Buch-veröffentl.	Bd. u. Seite unserer Ausgabe
‹Wir von der Unter-Tertia› Vorwort zu «Jugend der Welt» Bd. II, Williams Verlag, Bln.	P. P.	Voss.	556/–	24. 11. 28		II/1312
Wir Zuchthäusler	I. W.	WB	23/838	9. 6. 31		III/872
Wirtinnen-Verse	P. P.	WB	15/415	8. 4. 20		
Wo	I. W.	WB	25/940	23. 6. 25		II/153
Wo bist du –?	P. P.	WB	51/968	21. 12. 26	5 PS	II/566
Wo bleiben deine Steuern –? *Ein Konfektionsschneider ...*	I. W.	WB	49/875	6. 12. 27		
Wo bleiben deine Steuern –? *Wenn einer ...*	Th. T.	WB	45/738	9. 11. 26	5 PS	II/539
Wo bleiben deine Steuern? *Wir haben ...*	I. W.	Frei.		19. 11. 20		
Wo hängen unsere Briefkästen –?	P. P.	Voss.	613/–	29. 12. 28		
Wo hast du dich denn ...?	P. P.	WB	52/743	23. 12. 20		
Wo ist der Löwe?	K. T.				Dt. Dt.	
Wo ist der Schnee ...	Th. T.	Simpl.	31/368	27. 10. 30	LL	III/571
Wo ißt man in Paris?	P. P.	Voss.		7. 8. 25		
Wo kommen die Löcher im Käse her –?	P. P.	Voss.		29. 8. 28	ML	II/1212
Wo lesen wir unsere Bücher?	P. P.	Voss.	318/–	9. 7. 30		III/483
Wo sind die Buchenwälder unserer Jugend?	P. P.	Voss.	182/–	17. 4. 30		III/422
Wo sind meine Schuhleisten –?	P. P.	Voss.	218/–	10. 5. 31		III/854
Wo sind sie –?	I. W.	WB	17/430	27. 4. 22		
Wo waren Sie gestern abend?	P. P.	Dame	12/10	März 1927		
Wo waren Sie im Kriege, Herr –?	I. W.	WB	13/489	30. 3. 26	5 PS	II/390

Titel	Autor	Buch Zeitg. Zeitschr.	Nr. und Seite	Datum	Original-Buch-veröffentl.	Bd. u. Seite unserer Ausgabe
Wochen-Ragout	Th. T.	SB	8/228	19. 2. 14		
Wofür?	I. W.	DAD		24. 12. 25		II/295
Wohlanständige Wohltätigkeit	I. W.	WB	53/757	30. 12. 20		I/775
Wohltätigkeit *Davonistman...*	I. W.	WB	34/205	24. 8. 22		
Wohltätigkeit *Sieh! Da steht das Erholungsheim (s. u. Bürgerliche Wohltätigkeit)*	K. T.				Dt. Dt. LL	III/311
Wohnung suchen in Paris	P. P.	Voss.		31. 10. 26		II/532
Wollt Ihr die Dummen sein?	Th. T.	Knüpp.	6/–	Juni 1926		
Woran liegt das –?	I. W.	WB	36/373	3. 9. 29		
Worauf man in Europa stolz ist	K. H.	WB	45/687	8. 11. 32		III/1095
Worte	Th. T.	WB	38/265	19. 9. 18		I/296
Worte und Taten	Th. T.	WB	17/474	22. 4. 20		I/635
Worüber die Leute in Operetten eigentlich . . .	P. P.	WB	42/410	20. 10. 21		
Wozu haben wir einen Reichstag?	I. W.	Frei.		8. 12. 20		
Wünsche	Th. T.	WB	27/19	4. 7. 18	Fr. Gs.	I/284
»Yousana-wo-bi-räbidäbi-dé?»	P. P.	Voss.	558/–	25. 11. 28		II/1316
Zarathustra und Appelschnut	Th. T.	SB	42/1011	16. 10. 13		
Zehn Gebote	P. P.	BT	312/–	10. 7. 19		I/443
Zehn Gebote für den Geschäftsmann, der einen Künstler engagiert	P. P.	Voss.		21. 1. 28	LL	II/1033
Zehn Glaubenssätze *(s. u. Die Glaubenssätze der Bourgeoisie)*	P. P.	WB	40/522	2. 10. 28	ML	II/1253

Titel	Autor	Buch Zeitg. Zeitschr.	Nr. und Seite	Datum	Original-Buch-veröffentl.	Bd. u. Seite unserer Ausgabe
Zehn Jahre deutsche «Revolution»	Th. T.	AIZ	44/8	1928		II/1304
Zehn Minuten *(s. u. Herr Wendriner telefoniert)*	K. H.	WB	27/19	6. 7. 22	5 PS	I/990
Zehn Prozent	I. W.	Frei.		6. 10. 20		I/739
Zeitungsdeutsch und Briefstil	P. P.	WB	51/921	17. 12. 29	LL	III/274
Zeitungskritik	Th. T.	WB	43/436	27. 10. 21		
Zeitungsstreik *Bumsstill stehn sie alle ...*	Th. T.	WB	43/436	27. 10. 21		
Zeitungsstreik *Mal nicht! ...*	Th. T.	WB	43/455	21. 10. 20		
Zensurdebatte	Th. T.	WB	25/575	20. 6. 18		I/280
Zeppelin	I. W.	WB	43/605	23. 10. 24		
Zeppelin-Spende	Th. T.	WB	2/51	12. 1. 26		II/320
Zeugung	K. H.	WB	42/617	18. 10. 27	ML	II/920
Heinrich Zille	Th. T.	WB	36/366	3. 9. 29	LL	III/176
Zirkus Busch	Th. T.	Ulk	9/–	28. 2. 19		
Zirkus des Lebens	Th. T.	Ulk	7/–	13. 2. 20		
Zoologie	Th. T.	WB	3/92	19. 1. 32		III/996
Zörgiebel in Paris	I. W.	WB	14/534	3. 4. 28		
Zuckerbrot und Peitsche	Th. T.	WB	50/872	9. 12. 30		III/628
... zu dürfen	I. W.	WB	42/597	14. 10. 30		III/561
Zu einem sechzigsten Geburtstag	P. P.	WB	15/569	12. 4. 32		III/1043
Zu einigen dieser Prozesse	Th. T.	WB	43/439	26. 10. 22		I/1064
Zu tun! Zu tun!	Th. T.	WB	28/65	10. 7. 24		I/1183
Zu Weihnachten *(s. u. Büchertisch)*	K. H.	WB	47/803	24. 11. 25	5 PS	II/265
Zueignung Von J. W. Goethe, unter freundl. Mitwirkung von Theobald Tiger	Th. T.	Ulk	31/–	1. 8. 19		
Zum ersten August	Th. T.	WB	31/110	1. 8. 18		I/289

Titel	Autor	Buch Zeitg. Zeitschr.	Nr. und Seite	Datum	Original-Buch-veröffentl.	Bd. u. Seite unserer Ausgabe
«Zum fünfhundertsten Male» Pariser Theaterzucht	P. P.	Voss.		7. 3. 26		
Zum Fünfzigsten	P. P.	WB	42/614	20. 10. 25		II/239
Zum Gedenken	P. P.	SB	11/320	12. 3. 14		
(Nachdruck) (s. u. Schöner Moment)	P. P.	WB	16/599	19. 4. 32		I/161
Zum Jubiläum einer Buchhandlung	P. P.	Lit.	43/7	24. 10. 30		
Zum nächsten Putsch!	Th. T.	WB	21/595	20. 5. 20		I/650
Zum 9. November	I. W.	BVZ		9. 11. 20		
Zum Preisausschreiben in Nr. 5 der «Pleite»: Wer unterzeichnet den Marloh-Wechsel? *(s. u. Wer unterzeichnet den Marloh-Wechsel?)*	anonym	Pl.	I, 6	1920		
Zum Sechzigsten	Th. T.	WB	50/874	9. 12. 24		
Zur Psychologie des Marxismus und der «radikalen» Literaten *(s.u. Rundfrage)*	K. T.	Lit.	19/7	7. 5. 27		II/784
Zur Psychologie des Theaterpublikums	tu	Dres.		15. 3. 13		
Zur soziologischen Psychologie der Löcher	K. H.	WB	11/389	17. 3. 31	LL	III/804
Zuschauer	Th. T.	WB	29/64	20. 7. 22		I/1003
Zuschriften aus dem Publikum	K. T.	Büch. Sch.	Jg. 6/167	1928		II/1094
Zuzutrauen	I. W.	WB	29/111	21. 7. 31		III/897
Zwecks Lachung	P. P.	WB	18/683	3. 5. 32		

Titel	Autor	Buch Zeitg. Zeitschr.	Nr. und Seite	Datum	Original-Buch-veröffentl.	Bd. u. Seite unserer Ausgabe
Zwei alte Leute am 1. Mai	Th. T.	AIZ	17/329	1930		III/435
Zwei Bilderbücher	P. P.	WB	49/901	7. 12. 26		II/557
Zwei Einbrecher	P. P.	Schall	1/2–5	Sept. 1920		
Zwei Erschlagene	K. H.	WB	4/97	23. 1. 19	Fr. Gs.	I/361
Zwei Hundertjährige *(s. u. Büchner)*	K. T.	SB	42/997	16. 10. 13		I/95
Zwei Käfige	P. P.	Voss.		12. 7. 27		II/829
Zwei Klöster	P. P.				Pyr.	II/592
Zwei Lärme	P. P.	WB	30/139	28. 7. 25		II/169
Zwei Mann: Gitarre und Mandoline	I. W.	BVZ		14. 8. 19		I/461
Zwei Mann in Zivil	I. W.	WB	49/659	27. 11. 19		I/528
Zwei Seelen	Th. T.	WB	34/311	24. 8. 26	ML	II/484
Zwei Sozialdemokratien	I. W.	Me.	14/89	3. 4. 25		II/84
Zwei Späße von Henri Rochefort (Übersetzung)	K. T.	SB	34/35/818	28. 8. 13		
Zwei Sprachbücher	P. P.	WB	35/341	1. 9. 31		
Zwei venetianische Nächte	P. P.	SB	17/485	23. 4. 14		
Zwei Welten	P. P.	Voss.		5. 9. 26		
Zweifel	Th. T.	WB	3/90	20. 1. 25		
Zwiegespräch	Th. T.	AIZ	19/368	1930		
Zwischen den Schlachten	K. H.	WB	5/119	30. 1. 19	Fr. Gs.	I/364
Zwischen zwei Kriegen	I. W.	WB	6/185	10. 11. 25		II/38
Zwölftagerennen	P. P.	SB	14/408	2. 4. 14		
Zyniker *(s. u. Cyniker)*	P. P.	WB	3/100	19. 1. 32		III/997

ANHANG ZUR BIBLIOGRAPHIE

Die nachfolgend genannten Titel wurden nach Erscheinen von Band III der GESAMMELTEN WERKE (1. Aufl. 1961) ermittelt.

Titel	Autor	Buch Zeitg. Zeitschr.	Nr. und Seite	Datum	Original-Buch-veröffentl.	Bd. u. Seite unserer Ausgabe
Aber nein –!	Kurt	Vorw.		9. 5. 12		
Abzug!	Theobald	Vorw.		10. 12. 13		
Aha!	I. W.	Ich	7/—	Aug./Sept. 21		
Aus den Tagen von Sedan	K. T.	Vorw.	5/—	9. (8.?) 1. 12		
Bei die Hitze –	Kurt	Vorw.	176/—	30. 7. 11		
Bergmannslied	Th. T.	Vom Brett'l fürs Brett'l	—/223	1923/24		
Berliner Rummelplätze	iwr	Fr. W.	38/4	10. 10. 20		
Bums!	Kurt	Vorw.	59/—	10. 3. 12		
Bürger-Solidarität	tu.	Vorw.	210/—	16. 8. 13		
Burschen heraus!	tu.	Vorw.	222/—	22. 9. 12		
Caruso	K. T.	Vorw.	246/—	20. 10. 11		
Das deutsche Geschäftszimmer	I. W.	Manus.				unveröfftl.
Das Jahr der Bühne	P. P.	Pr. Tg.	61/17	13. 3. 21		
Das Kolonialdenkmal	tn? — tu	Vorw.	116/—	14. 5. 13		
Das neue Drama von Gerhart Hauptmann	K. T.	Pr. Tg.	16/6	17. 1. 12		
Das Photographie-Album	P. P.	Stach.	3/4—12	14. 2. 25		
Das Schlingel	P. P.	Pr. Tg.	199/5	24. 8. 30		
Das Synonymenlexikon	I. W.	Ju.	19/916—918	1914		
Demonstranten-Briefe	Kurt	Vorw.		27. 7. 14		
Der Atlantisfilm	I. W.	Vorw.	335/—	20. 12. 13		
Der Dichter der «Weber» bei Ullstein und Mosse	anonym [von K. T.?]	Vorw.	284/—	5. 12. 11		

Titel	Autor	Buch Zeitg. Zeitschr.	Nr. und Seite	Datum	Original-Buch-veröffentl.	Bd. u. Seite unserer Ausgabe
Der Hehlerstehlerkrakehler	Kurt	Vorw.		30. 4. 12		
Der Held von Zabern	Theobald	Vorw.	318/—	3. 12. 13		
Der Kopfarbeiter	Kurt	Vorw.		18. 8. 12		
Der Marburger Studenten Wanderschaft	Joseph v. Eichendorff u. Th. T.	Fr. W.	24/2	4. 7. 20		
Der Nachwuchs	tu.	Vorw.	25/—	30. 1. 13		
Der Papagei	tu.	Vorw.	134/—	1. 6. 13		
Der Parademarsch im Kino	wr.	Vorw.	315/—	30. 11. 13		
Der streikende Filmkritiker	I. W.	Vorw.	30/—	31. 1. 14		
Der ungeschriebene Roman	K. T.	Pr. Tg.	93/1—2	4. 4. 12		
Der Varieté-Staatsmann	tu.	Vorw.	238/—	13. 9. 13		
Der Zweijährig-Unfreiwillige	I. W.	März	—/899	20. 12. 13		
Die Aktenmappe	P. P.	Pr. Tg.	90/4	15. 4. 32		
Die beiden Titel	P. P.	Pr. Tg.	210/5—6	8. 9. 20		
Die beleidigten Hotels	I. W.	Fr. W.	43/2	14. 11. 20		
Die Festrede	tu.	Vorw.		1. 9. 12		
Die gute Tante	Kurt	Vorw.	86/—	13. 4. 12		
Die Herren Helden	I. W.	DAD		27. 11. 26		
Die Insel	Th. T.	Schall	7/6	Juni 1920		
Die Jahrmarktszeitung	tu.	Vorw.	259/—	4. 10. 13		
Die Kinderhölle in Berlin	I. W.	Fr. W.	45/2—3	28. 11. 20		
Die Kinderstube	Ignaz	Vorw.		2. 2. 14		
Die letzte Elektrische	Th. T.	Uhu	2/—	Nov. 1927		
Die moderne politische Satire in der Literatur	K. T.	Dres.	110	14. 5. 12		

Titel	Autor	Buch Zeitg. Zeitschr.	Nr. und Seite	Datum	Original-Buch-veröffentl.	Bd. u. Seite unserer Ausgabe
Die neuen Soldaten	Conrad Ferd. Meyer u. Th. T.	Fr. W.	31/3	22. 8. 20		
Die patriotische Synagoge	tu.	Vorw.	198/—	25. 8. 12		
Die Pensionierten	tu.	Vorw.	206/—	4. 9. 12		
Die Schlächter	Kurt	Vorw.	250/—	25. 10. 12		
Die Sonne	Th. T.	Simpl.	14/—	6. 6. 14		
Die Stimme des Blutes	Kurt	Vorw.		18. 7. 12		
Die Straße der Republik	I. W.	Fr. W.	40/4	24. 10. 20		
Die tätowierte Frau	Wilh. Bendow u. Th. T.	Manus.				unveröfftl.
Die Unterwelt der Gefühle	P. P.	Manus.				unveröfftl.
Die wählende Familie	Th. T.	Fr. W.	22/2	20. 6. 20		
Die Wand	tu.	Vorw.		22. 8. 12		
Diplomaten	P. P.	Pr. Tg.	130/3	4. 6. 29		
Doping	tu.	Vorw.		11. 8. 12		
Drei neue Bücher (Max Brod, Franz Kafka, Ernst Blaß)	K. T.	Pr. Tg.	26/6	27. 1. 13		
Duo / Eine Selbstanzeige	K. T.	Orplid	2/48	1912		
Ein Gruß den toten Kameraden ein Gruß den Opfern der Kriegsparaden ...	K. T.	Die Andere Zeitung, Hbg.	28/14	17. 11. 55 *(Nachdruck)*		

Titel	Autor	Buch Zeitg. Zeitschr.	Nr. und Seite	Datum	Original-Buch-veröffentl.	Bd. u. Seite unserer Ausgabe
Ein Neuer (Heinrich Eduard Jakob)	K. T.	Pr. Tg.	137/6–7	19. 5. 12		
Entree mit einer alten Jungfer	Th. T.	Schall	1/6	Dez. 1919		
Erinnerung, Wiederaufbau und Blick in die Zukunft	Th. T.	Fr. W.	25/2	11. 7. 20		
Erotische Films	P. P.	Schall	7/6–7	Juni 1920		
1. August 1914	Th. T.	Fr. W.	29/2	8. 8. 20		
Feste Justav, Deutschlands Eiche! (Über Roethe)	anonym	Vorw.	104/–	30. 4. 13		
Film	tu.	Pan	28/815	1912		
Filmschau	wr.	Vorw.	327/–	12. 12. 13		
Frage an das Schicksal	Th. T.	Fr. W.	44/2	21. 11. 20		
«Geistreich»	anonym	Vorw.		8. 12. 11		
Gespräch der Götzen	Th. T.	Manus.				unveröfftl.
Gleichzeitigkeit	tu.	Vorw.		16. 8. 12		
Harun al Raschid	tu.	Vorw.	159/–	11. 7. 12		
Hasenbraten	Kurt	Vorw.		16. 7. 12		
Herrnfeldtheater: «Eine feine Familie»	tu.	Vorw.	263/–	8. 10. 13		
Herzliches Beileid! –	Kurt	Vorw.	261/–	7. 11. 11		
Huldigung in Doorn	Th. T.	Fr. W.	46/2	5. 12. 20		
Ich gucke freundlich um die Oecke	Th. T.	Widmung für Dr. Owlglaß in «Fromme Gesänge»		1920		unveröfftl.
In die Ferien!	Th. T.	Fr. W.	28/2	1. 8. 20		

Titel	Autor	Buch Zeitg. Zeitschr.	Nr. und Seite	Datum	Original-Buch-veröffentl.	Bd. u. Seite unserer Ausgabe
In Zivil	tu.	Vorw.	188/—	14. 8. 12		
Jubelgesang des Bürgers *(s. u. Angst des Kapitalisten vor der Einigkeit der Arbeiter)*	Th. T.	Fr. W.	39/3	17. 10. 20		
Juristentag in Wien	Kurt	Vorw.		8. 9. 12		
Justizirrtümer	ut. [tu?]	Vorw.	149/—	29. 6. 12		
Kinderbriefe und Kindergedichte						
Dienstmädchen	K. Tucholsky	Manus.		1896		unveröfftl.
Kurt masernkrank. Kurt Riess an K. T.		Manus.				unveröfftl.
K. T. an Kurt Riess		Manus.				unveröfftl.
Papa krank		Manus.				unveröfftl.
Im Walde saß ein . . .		Manus.				unveröfftl.
Erstes Kind: . . .		Manus.				unveröfftl.
Der Mond		Manus.				unveröfftl.
Sprüche		Manus.				unveröfftl.
Das Kind		Manus.		1898		unveröfftl.
Die wunderbare Rettung		Manus.				unveröfftl.
Die Landpartie		Manus.				unveröfftl.
Kunstausstellung						
Die Jagd nach dem Geld		Manus.		1899		unveröfftl.

Titel	Autor	Buch Zeitg. Zeitschr.	Nr. und Seite	Datum	Original-Buch-veröffentl.	Bd. u. Seite unserer Ausgabe
Meine Freiheit		Manus.				unveröfftl.
Der echte Deutsche		Manus.				unveröfftl.
Das deutsche Reich		Manus.				unveröfftl.
Brief an die Eltern: Liebe Eltern! ...		Manus.				unveröfftl.
Abend		Manus.				unveröfftl.
Lautlehre		Manus.				unveröfftl.
Kleines Kouplet	Th. T.	Fr. W.	26/3	18. 7. 20		
Kölner Karneval	Kurt	Vorw.		24. 8. 12		
Kriegshetzer	K. T.	Vorw.	58/—	9. 3. 12		
Lieber «Vorwärts»	Kurt	Vorw.	38/—	15. 2. 12		
Logik	Kurt	Vorw.		1. 9. 12		
Lokales	tu.	Vorw.		8. 9. 12		
«Machen S' halt eine Eingabe!»	P. P.	Pr. Tg.	139/5	17. 6. 23		
Machen wir's richtig?	I. W.	DAD		1. 8. 25		
Mecklenburg	Kurt	Vorw.	167/—	20. 7. 11		
Menschenmaterial	I. W.	Fr. W.	48/2—3	19. 12. 20		
Nach den Wahlen	Kurt	Vorw.	21/—	26. 1. 12		
Nachruf und Aufruf	Kurt	Vorw.		13. 6. 12		
Nachtgespräch	P. P.	Manus.				unveröfftl.
Neue Bücher (mit Waschzetteln)	Kurt	Vorw.	160/—	12. 7. 12		
Neue Sorgen der Bourgeoisie	iwr	Fr. W.	30/5	15. 8. 20		
O alte Burschenherrlichkeit	I. W.	Fr. W.	23/4	27. 6. 20		
Pariser Theater	P. P.	Bl. Heft	3/66—68	1. 11. 24		
Pariser Weihnachten	P. P.	Pr. Tg.	305/4	25. 12. 27		
Politik im Cabaret	I. W.	Schall	7/1	Juni 1920		
Pst	K. T.	Vorw.	142/—	21. 6. 11		
Referendarexamen	tu.	Pan	40/1113—1116	1912		

Titel	Autor	Buch Zeitg. Zeitschr.	Nr. und Seite	Datum	Original-Buch-veröffentl.	Bd. u. Seite unserer Ausgabe
Revolutions-Rückblick	Th. T.	Fr. W.	42/2	7. 11. 20		
Rundfrage: Filmkaufleute stehen bei den Schriftstellern in keinem guten Ruf . . .	K. T.	Der Film und seine Welt	—/80	1933		
Rundfrage: Soll die deutsche Rechtsschreibung reformiert werden?	K. T.	Lit.	29/30/3	Juni 1930		
Seifenblasen	P. P. n. einer Idee v. C. W. Pabst Ein Spiel	Manus.				unveröfftl.
Selige Kulis	K. T.	Dres.	—	12. 2. 14		
Sie lächelt wieder	Ignaz A. Wrobel	März	—/938	27. 12. 13		
«Sie werden am Apparat verlangt —!»	P. P.	Pr. Tg.	169/3	15. 7. 23		
Spiele nicht mit Schießgewehr	Kurt	Vorw.	183/—	8. 8. 11		
Theobald Tigers allerschönste Stunde		Welt-Wald- u. Wiesenbühne		Sylvester 1919		
Thersites (v. G. Fröding)	Übersetzung a. d. Schwedischen	Manus.				unveröfftl.

Titel	Autor	Buch Zeitg. Zeitschr.	Nr. und Seite	Datum	Original-Buchveröffentl.	Bd. u. Seite unserer Ausgabe
Verbotene Plakate	I. W.	Vorw.		9. 3. 14		
Vergeßlichkeit	Kurt	Vorw.	25/—	31. 1. 12		
Vita (für den Einbürgerungsantrag zur Erlangung der schwedischen Staatsbürgerschaft)	K. T.	Manus.				unveröfftl.
Völkisches Lautenlied	Th. T.	Manus.				unveröfftl.
«Vollmenschen»	anonym [von K. T.?]	Vorw.	286/—	7. 12. 11		
Vom 9. November 1919 — 9. November 1920	Ein historischer Rückblick von Karl Holtz u. I. W.	Fr. W.	42/4	7. 11. 20		
Warten im Speisehaus	K. T.	Pr. Tg.	93/6	4. 4. 12		
Weil wir grade vom Kriege sprechen	anonym	Ulk	50/3	13. 12. 18		
Wer in der Wilhelmstraße singt	Kurt	Vorw.	10/—	13. 1. 12		
Wie liest man einen Parlamentsbericht?	K. T.	Vorw.	61/—	13. 3. 12		
Wie mache ich mich unbeliebt?	P. P.	Voss.	468/—	2. 10. 24		
Wie sie starben	K. T.	Vorw.		7. 3. 14		
Wintergarten	tu.	Vorw.		14. 9. 13		
Wir	tu.	Vorw.	48/—	26. 2. 13		

Titel	Autor	Buch Zeitg. Zeitschr.	Nr. und Seite	Datum	Original-Buch-veröffentl.	Bd. u. Seite unserer Ausgabe
Yvette Guilbert	P. P.	Pr. Tg.	278/6	22. 11. 28		
Zahlende Literatur	K. T.	Vorw.	268/—	15. 11. 11		
Zum 6. Juni	Th. T.	Fr. W.	20/2	6. 6. 20		

VERZEICHNIS DER VON TUCHOLSKY BESPROCHENEN BÜCHER

Die hier folgende Liste enthält, alphabetisch nach Verfassern geordnet, eine vollständige Aufzählung sämtlicher von Kurt Tucholsky besprochener Bücher.

Diese Aufstellung berücksichtigt nur solche Bücher, über die Tucholsky eine Buchkritik schrieb. In anderen Zusammenhängen lediglich genannte Bücher sind hier nicht verzeichnet. Außerdem wurden keine Essays über Schriftsteller aufgenommen, also etwa die Arbeiten über Panizza, Harden, Fontane, Ossietzky, Wassermann u. a. m.

Dramen werden nur dann genannt, wenn eine ausführliche Besprechung des Stückes oder der Aufführung vorliegt. Bei summarischen Berichten (z. B. für die ‹*Vossische Zeitung*› aus Paris) erwähnte oder mit wenigen Zeilen skizzierte Dramen wurden nicht aufgenommen.

Als Ausnahmen gelten die beiden Chaplin-Filme ‹*The Goldrush*› und ‹*The Kid*›.

Ebenfalls als Ausnahme gilt die Aufnahme von zwei grundsätzlichen Zeitschriften-Kritiken, nämlich der Einschätzung der französischen Zeitschrift ‹*L'Esprit*› und des großen Rückblicks auf das 25jährige Bestehen der ‹*Weltbühne*›.

Autor	Titel
Achard, Marcel	Malborough s'en va-t-en guerre
Abegg	Polizei in Einzeldarstellungen (Bd. I: Polizei und Politik. Bd. II: Polizei und Sitte. Bd. III: Polizei und Verbrechen)
Alexander, Franz und Staub, Hugo	Der Verbrecher und seine Richter
Amiel, Denys und Obey, André	La Carcasse
	Andreescher Handatlas
Anet, Claude	Mademoiselle Bourrat
Angel, Ernst	Edison, sein Leben und Erfinden
Appens, Wilhelm	Charleville
Arnac, Marcel	Le Brelan de Joie
Arnheim, Rudolf und Schiffer, Edith L.	Jugend und Welt
Arnheim, Rudolf und Schiffer, Edith L.	Jugend und Welt
Arnheim, Rudolf	Stimmen von der Galerie
Auburtin, Victor	Die goldene Kette
Auburtin, Victor	Die Onyxschale
Auburtin, Victor	Stirbt die Kunst?
Auburtin, Victor	Was ich in Frankreich erlebte
Avenarius, Ferdinand	Das Bild als Narr
Babel, Isaak	Budjonnys Reiterarmee
Bahr, Hermann und Anna	Bayreuth
Baillon, André	Par Fil Special
Balabanoff, Angelica	Wesen und Werdegang des italienischen Faschismus
Ball, Hugo	Hermann Hesse
Barbusse, Henri	Tatsachen
Bartels, Adolf	Die deutsche Dichtung der Gegenwart. Die Jüngsten
Battaglia, Otto Forst de	Der Kampf mit dem Drachen. Zehn Kapitel von der Gegenwart des deutschen Schrifttums und von der Krise des deutschen Geisteslebens
Bauer, Ludwig	Morgen wieder Krieg
Becques, Henri	Raben

Quelle	Titel des Tucholsky-Beitrags	Original-Buch-veröffentl.	Bd. u. Seite unserer Ausgabe
WB 6/1925	Malborough s'en va-t-en guerre	–	II/43
WB 13/1929	«Polizei und – – –»	–	–
WB 25/1929	Auf dem Nachttisch	–	III/95
WB 18/1926	Der General in der Comédie	–	II/430
WB 2/1927	Velhagen & Klasing	–	II/711
Voss. 14. 12. 1926	Mademoiselle Bourrat	–	–
WB 47/1926	Ein Indianerbuch der Technik	–	–
WB 4/1920	Militaria	–	I/583
WB 8/1925	Le Brelan de Joie	–	–
Voss. 6. 12. 1927	Und für Hänschen ein Buch . . . aber welches?	–	–
Voss. 14. 12. 1928	Jugend und Welt	–	–
Voss. 8. 12. 1928	Stimmen von der Galerie	–	–
SB 7/1914	Der beleidigte Korrespondent	–	I/152
SB 7/1914	Der beleidigte Korrespondent	–	I/152
Vorw. 1911	Stirbt die Kunst?	–	I/14
WB 25/1918	Briefbeilagen: Auburtin	–	I/278
WB 19/1919	Das Bild als Narr	–	I/402
WB 13/1927	Budjonnys Reiterarmee	–	II/759
SB 13/1913	Bayreuth	–	I/63
Bl. Heft 1. 12. 1924	Von unserem Spezialkorrespondenten: Dem Andenken Siegfried Brycks	–	–
WB 22/1931	Auf dem Nachttisch	–	–
WB 35/1927	Der deutsche Mensch	–	II/863
WB 47/1929	Henri Barbusse und die Platte ‹Lord help me –!›	–	III/250
WB 12/1922	Herr Adolf Bartels	–	I/918
WB 41/1931	Einer, der es genau weiß	–	–
WB 49/1931	Auf dem Nachttisch	–	–
Voss. 19. 11. 1926	Pariser Theater	–	–

Autor	Titel
Bedel, Maurice	Molinoff, Indre-et-Loire
Belvianes, Marcel	Das alte Mädchen
Benjamin, René	Clemenceau dans la retraite
Benjamin, René	Les Justices de Paix
Benoist, Charles	Les Lois de la Politique Française
Benoit, Pierre	Königsmark
Béraud, Henri	Ce que j'ai vu à Moscou
Beradt, Martin	List und Leidenschaft
Berend, Alice	Kleine Leute
Berendsohn, Walter A.	Knut Hamsun. Das unbändige Ich und die menschliche Gemeinschaft
Bermann, Richard A.	Der Hofmeister
Bernard, Tristan	Triplepate
Berndorff, H. R.	Spionage
Bernhart, Joseph	Der Vatikan als Thron der Welt
Bernstein, Henry	Galerie des Glaces
Berr, Émile	Les Petites Choses
Bienstock und Curnonsky	Le Wagon des Fumeurs
Bienstock und Curnonsky	T. S. V. P.
Blei, Franz	Landfahrer und Abenteurer
Blum, Oscar	Trümmerfeld Europa
Boehm, G. A. (Arthur Georg Boehm-Tettelbach)	Die Offiziershetze als politisches Kampfmittel und Kulturerscheinung
Bonn, Ferdinand	Gesammelte Werke
Borchardt, Rudolf	Deutsche Literatur im Kampfe um ihr Recht
Boris	Theater (Einl. K. T.)
Bossert, Helmuth Th. und Guttmann, Heinrich	Aus der Frühzeit der Fotografie 1840–1870
Bötticher, Hans (Joachim Ringelnatz)	Ein jeder lebts
Bottom	Die Bemerkungen Jerobeams oder das Geschäft in Aktien
Bourdet, Edouard	Vient de paraître
Brecht, Bert	Hauspostille
Brecht, Walther und Kralik, Dietrich und Kindermann, Heinz	Deutsche Literatur. Sammlung lit. Kunst- und Kulturdenkmäler in Entwicklungsreihen
Brod, Max	Die Schönheit der häßlichen Bilder
Bronnen, Arnolt	O. S.
Brousson, Jean-Jacques	Anatole France en pantoufles

Quelle	Titel des Tucholsky-Beitrags	Original-Buchveröffentl.	Bd. u. Seite unserer Ausgabe
Voss. 12. 9. 1929	Herr Bedel liebt auf dem 48. Grad	–	–
WB 37/1925	Pariser Kammerspiel	–	–
WB 44/1930	Auf dem Nachttisch	–	III/571
Voss. 20. 9. 1925	Fremde Völker in Frankreich	–	–
WB 29/1928	Deutschenspiegel	–	II/1174
Voss. 2. 1. 1925	Königsmark	–	–
WB 4/1926	Der Dicke in Rußland	–	II/329
WB 9/1929	Auf dem Nachttisch	–	III/43
SB 8/1914	Kleine Leute	–	–
WB 32/1929	Auf dem Nachttisch	–	–
SB 26/27/1913	Der Hofmeister	–	–
Voss. 19. 11. 1926	Pariser Theater	–	–
WB 10/1930	Die Herren und Damen von III b	–	–
WB 17/1930	Auf dem Nachttisch	–	III/426
Voss. 30. 12. 1924	Ein Stück von Henry Bernstein	–	–
Uhu 7/1928	Warum eigentlich? . . .	–	II/1092
Voss. 23. 8. 1925	Französischer Witz	LL	II/191
Voss. 23. 8. 1925	Französischer Witz	LL	II/191
SB 3/1914	Landfahrer und Abenteurer	–	I/140
WB 23/1925	Buch mit Bildern	–	–
WB 13/1922	Die Erdolchten	–	I/925
SB 21/22/1914	Ferdinand Bonns gesammelte Werke	–	I/199
WB 5/1932	Auf dem Nachttisch	–	III/1004
WB 49/1920	Ein neuer Zeichner	–	I/771
WB 22/1931	Auf dem Nachttisch	–	–
WB 44/1922	Ein jeder lebts	–	I/1065
WB 39/1922	Das Geschäft in Aktien	–	–
Voss. 19. 2. 1928	‹Neu-Erscheinung›	–	II/1051
WB 9/1928	Bert Brechts ‹Hauspostille›	–	II/1062
WB 52/1930	Auf dem Nachttisch	–	III/637
SB 28/29/1913	Die Romantik des Geschmacklosen	–	I/74
WB 26/1929	Ein besserer Herr	LL	III/105
Voss. 28. 1. 1925	Anatole France in Pantoffeln	–	II/29

Autor	Titel
Brousson, Jean-Jacques	Anatole France en pantoufles
Brück, Christa Anita	Schicksale hinter Schreibmaschinen
Brupbacher, Fritz	Liebe, Geschlechtsbeziehungen und Geschlechtspolitik
Buchner, Eberhard	Kriegsdokumente
Buchner, Eberhard	Kriegsdokumente
Büchner, Georg	Leonce und Lena
Burg, Hermann	Kunstschutz an der Westfront
Busch, Wilhelm	Briefe an Maria Anderson
Busson, Paul	Arme Gespenster
Capellanus, Georg	Sprechen Sie Lateinisch?
Carow, Erich	Erich Carow, Karriere eines berliner Volks=komikers
Casson, Herbert N.	Geldverdienen und Glücklichsein
Chaplin, Charlie	The Goldrush
Chaplin, Charlie	The Kid
Chesterton, G. K.	Das Paradies der Diebe
Chesterton, G. K.	Der Heilige Franziskus von Assisi
Chesterton, G. K.	Der unsterbliche Mensch
Chesterton, G. K.	Priester und Detektiv
Chesterton, G. K.	Verteidigung des Unsinns, der Demut, des Schundromans und anderer mißachteter Dinge
Choisy, Maryse	Un mois chez les filles
Cohen-Portheim, Paul	Paris
Crozier	Im Sturm ums Niemandsland
Curnonsky s. u. Bienstock	
Curtius, Ernst Robert	Französischer Geist im neuen Europa
Daudet, Alphonse	Tartarin von Tarascon
Daudet, Léon	Paris Vécu
Daumier, Honoré	Recht und Gericht
Delbrück, Hans	Ludendorffs Selbstporträt
Delmar, Maximilian	Französische Frauen
Demeter, Karl	Das deutsche Offizierskorps
Diel, Louise	Ich werde Mutter
Diesel, Eugen	Die deutsche Wandlung. Das Bild eines Volkes
Diotima	Die Schule der Liebe
Divoire, Fernand	Stratégie Littéraire
Döblin, Alfred (Linke Poot)	Der deutsche Maskenball
Domela, Harry	Der falsche Prinz

Quelle	Titel des Tucholsky-Beitrags	Original-Buch-veröffentl.	Bd. u. Seite unserer Ausgabe
Voss. 26. 4. 1928	Der Maulesel des Papstes	–	–
WB 52/1930	Auf dem Nachttisch	–	III/637
WB 17/1930	Auf dem Nachttisch	–	III/426
WB 19/1928	Auf dem Nachttisch	–	II/1126
WB 49/1931	Auf dem Nachttisch	–	–
SB 28/29/1913	Leonce und Lena	–	I/73
WB 41/1920	Deutscher Kunstschutz	–	–
SB 16/1914	Busch-Briefe	–	I/175
WB 35/1918	Nette Bücher	–	I/291
Voss. 23. 6. 1925	Sprechen Sie Lateinisch?	LL	II/150
WB 21/1930	Auf dem Nachttisch	–	III/446
Voss. 12. 2. 1926	Geldverdienen und Glücklichsein	–	–
Voss. 15. 12. 1925	Der Brötchentanz	–	II/284
WB 49/1923	The Kid	–	I/1132
WB 3/1928	Auf dem Nachttisch	–	II/1026
WB 3/1928	Auf dem Nachttisch	–	II/1026
WB 50/1930	Auf dem Nachttisch	–	III/619
WB 24/1920	Priester und Detektiv	–	I/674
WB 41/1919	Feuerwerk	–	I/487
WB 9/1931	Auf dem Nachttisch	–	III/791
WB 44/1930	Auf dem Nachttisch	–	III/571
WB 49/1931	Auf dem Nachttisch	–	–
Voss. 3. 1. 1926	E. R. Curtius' Essays	–	II/309
WB 38/1921	Der Bayer mit dem Schießgewehr	–	I/826
WB 52/1930	Auf dem Nachttisch	–	III/637
SB 43/1913	Das Barreau	–	I/97
WaM 10. 4. 1922	Kadett Ludendorff	–	I/940
Lit. 21/22/1926	Französische Frauen	–	II/307
WB 9/1931	Auf dem Nachttisch	–	III/791
WB 49/1931	Auf dem Nachttisch	–	–
WB 39/1930	Ein Deutschland-Buch	–	III/532
WB 44/1930	Auf dem Nachttisch	LL	III/571
Voss. 11. 10. 1925	Stratégie Littéraire	–	–
WB 4/1922	Der rechte Bruder	–	I/901
WB 34/1927	Mit Rute und Peitsche durch Preußen-Deutschland	–	II/854

Autor	Titel
Donnay, Maurice	Au tour du Chat Noir
Doré, Gustave (Hrsg. Peter Scheer)	Das heilige Rußland
Dorfmann, J.	Im Lande der Rekordzahlen
Dorgelès, Roland	Die hölzernen Kreuze
Dorgelès, Roland	Les Croix de Bois
Dos Passos, John	Manhattan Transfer
Dreiser, Theodore	Amerikanische Tragödie
Dulac, Edouard	Histoires Gasconnes
Ebert, Friedrich	Kämpfe und Ziele
Eggebrecht, Axel	Katzen
Ehrenburg, Ilja	Die Traumfabrik
Ehrenburg, Ilja	Visum der Zeit
Einsiedel, Wolfgang von s. u. Tau, Max	
Eloesser, Arthur	Die Straße meiner Jugend
Etzel, Theodor s. u. Roda Roda, Alexander	
Falck, Ernst s. u. Gumbel, Emil J. und Jacob, Berthold	
Fallada, Hans	Bauern, Bonzen und Bomben
Farrère, Claude	Das Geheimnis der Lebenden
Fauchois, René	Le Singe qui parle
Feldmann, Siegmund	Paris gestern und heut'
Fendel-Sartorius	Die Schutzpolizei und ihre Gefechtsgrundsätze
Feuchtwanger, Lion	Pep
Fichte, Joh. G. (Hrsg. Jos. Hofmüller)	Inwiefern Macchiavellis Politik auch noch auf unsere Zeiten Anwendung habe
Figner, Wera	Das Attentat auf den Zaren
Figner, Wera	Nacht über Rußland
Fischart, Johannes	Das alte und das neue System. Die politischen Köpfe Deutschlands
Fischer, Heinrich (Hrsg.)	Die Vergessenen. Hundert deutsche Gedichte des XVII. und XVIII. Jahrhunderts
Flake, Otto	Das Ende der Revolution
Flake, Otto	Das kleine Logbuch
Franck, Harry	Als Vagabund um die Erde
Frantel, Max	Joyeuses Anecdotes
Freud, Sigmund	Gesamtausgabe
Frey, Alexander Moriz	Solneman, der Unsichtbare
Friedell, Egon (Hrsg.)	Das ist klassisch!
Friedrich, Ernst (Hrsg.)	Krieg dem Kriege

Quelle	Titel des Tucholsky-Beitrags	Original-Buch-veröffentl.	Bd. u. Seite unserer Ausgabe
Voss. 26. 9. 1926	Rund ums Chat Noir	–	–
WB 35/1918	Nette Bücher	–	I/291
WB 19/1928	Auf dem Nachttisch	–	II/1126
WB 44/1930	Auf dem Nachttisch	–	III/571
WB 45/1929	Auf dem Nachttisch	–	III/233
WB 8/1928	Auf dem Nachttisch	–	II/1054
WB 19/1928	Auf dem Nachttisch	–	II/1126
Voss. 23. 8. 1925	Französischer Witz	LL	II/191
WB 49/1927	Auf dem Nachttisch	–	II/969
WB 45/1927	Ein Katzenbuch	–	II/937
WB 5/1932	Auf dem Nachttisch	–	III/1004
WB 44/1930	Auf dem Nachttisch	–	III/571
WB 3/1920	Die Straße meiner Jugend	–	I/579
WB 14/1931	Bauern, Bonzen und Bomben		III/820
WB 40/1919	Das Geheimnis der Lebenden	–	I/480
Voss. 17. 2. 1925	Dessert-Theater	–	–
SB 15/1913	Der weiße Rappe	–	–
WB 26/1922	Die Schupo	–	I/984
WB 3/1928	Auf dem Nachttisch	–	II/1026
WB 42/1918	Macchiavelli	–	I/307
WB 33/1926	Tschechen und Russen	–	II/479
WB 50/1930	Auf dem Nachttisch	–	III/619
WB 20/1919	Die Flöhhatz	–	I/411
WB 44/1930	Auf dem Nachttisch	–	III/571
WB 43/1921	Otto Flake	–	I/847
WB 9/1922	Das kleine Logbuch	–	I/910
Pr. Tg. 9. 6. 1912	Als Vagabund um die Erde	–	–
Voss. 23. 8. 1925	Französischer Witz	LL	II/191
WB 18/1931	Auf dem Nachttisch	–	III/847
WB 33/1919	Solneman, der Unsichtbare	–	I/460
WB 41/1922	Das ist klassisch!	–	I/1061
WB 8/1926	Waffe gegen den Krieg	–	II/361

Autor	Titel
Fuchs, Georg	Wir Zuchthäusler. Erinnerungen des Zellengefangenen Nr. 2911
Fülöp-Miller, René	Macht und Geheimnis der Jesuiten
Fürst, Artur	Die Welt auf Schienen
Galahad, Sir	Die Kegelschnitte Gottes
Galletti, Joh. G. Aug.	Gallettiana. Unfreiwillige Komik in Aussprüchen des Professors Joh. G. A. Galletti
Gaspar, Andreas s. u. Hirschfeld, Magnus	
Geistbeck, Michael und Geistbeck, Alois	Geographie für höhere Lehranstalten
Gerber, Artur (Hrsg.)	Briefe und Notizen von Otto Weininger
Giese, Fritz	Girlkultur
Gignoux, Régis und Théry, Jacques	Le fruit vert
Giraudoux, Jean	Bella
Giraudoux, Jean	Siegfried
Gizycki, Henriette von	Kaplan Fahsel in seinem Werdegang unter Zuhilfenahme seiner Briefe und Aufzeichnungen
Glaeser, Ernst	Frieden
Glaeser, Ernst	Seele über Bord
Goerke, Franz (Hrsg.)	Naturaufnahmen der Mark
Goethe, Johann Wolfgang von	Das Tagebuch
Gogol, Nikolai	Bildnis
Goldschmidt, Alfons	Deutschland heute
Goldschmidt, Alfons	Moskau 1920
Gorki, Maxim	Erinnerungen an Tolstoi
Grasset, Bernard	Die Angelegenheit der Literatur
Grimm, Hans	Volk ohne Raum
Grosz, George	Das Gesicht der herrschenden Klasse
Grosz, George	Das neue Gesicht der herrschenden Klasse
Grosz, George	Die Gezeichneten
Grosz, George	Gott mit uns
Grosz, George	Über alles die Liebe
Grosz, George und Herzfelde, Wieland	Die Kunst ist in Gefahr
Grote, Hans-H. Freih.	Vorsicht! Feind hört mit!
Guhr, C.	Paganinis Kunst, die Violine zu spielen

Quelle	Titel des Tucholsky-Beitrags	Original-Buch-veröffentl.	Bd. u. Seite unserer Ausgabe
WB 23/1931	Wir Zuchthäusler	–	III/872
WB 13/1930	Auf dem Nachttisch	–	III/386
BVZ 1. 9. 1920	Die Welt auf Schienen	–	–
WB 30/1923	Die Kegelschnitte Gottes	–	I/1120
WB 31/1922	Gallettiana	ML	I/1023
WB 41/1928	Verhetzte Kinder – ohnmächtige Republik	LL	II/1261
WB 6/1920	Ein Taschenbuch	–	I/594
WB 14/1926	Der neudeutsche Stil	5 PS	II/400
Voss. 17. 2. 1925	Dessert-Theater	–	–
Voss. 4. 3. 1926	Bella	–	II/368
Voss. 23. 5. 1928	‹Siegfried› oder der geleimte Mann	–	II/1136
WB 18/1931	Auf dem Nachttisch	–	III/847
WB 51/1930	Frieden	–	III/633
WB 46/1926	Der liebe Gott in Kassel	–	II/542
Vorw. 22. 3. 1912	Die Mark Brandenburg (in Farbfotografie)	–	–
WB 39/1920	Iste Goethe	–	I/735
WB 2/1921	Das Bildnis	–	I/782
WB 9/1929	Auf dem Nachttisch	–	III/43
Frei. 13. 10. 1920	Aus Moskau zurück	–	I/742
WB 18/1922	Von Tolstoi	–	I/948
WB 45/1929	Auf dem Nachttisch	–	III/232
WB 36/1928	Grimms Märchen	–	II/1217
WB 33/1921	Fratzen von Grosz	–	I/815
WB 13/1930	Auf dem Nachttisch	–	III/386
WB 13/1930	Auf dem Nachttisch	–	III/386
Frei. 24. 10. 1920	Der kleine Geßler und der große Grosz	–	I/751
WB 50/1930	Auf dem Nachttisch	–	III/619
WB 41/1925	George Grosz als Schriftsteller	–	–
WB 18/1931	Auf dem Nachttisch	–	III/847
März 27/1914	Paganini oder Der Teufel auf der Tournee	–	I/206

Autor	Titel
Guitry, Sacha	Debureau
Gumbel, Emil J.	Vom Rußland der Gegenwart
Gumbel, Emil J.	Zwei Jahre Mord
Gumbel, Emil J. und Jacob, Berthold und Falck, Ernst	Verräter verfallen der Feme
Günther, Joh. Christ. (Hrsg. H. Wendel)	Gedichte
Guttmann, Heinrich s. u. Bossert, Helmuth Th.	
Haas, Willy	Gestalten der Zeit
Haller, Johannes	Aus dem Leben des Fürsten Eulenburg-Hertefeld
Hamsun, Knut	Die letzte Freude
Hamsun, Knut	Vom Teufel geholt
Hardekopf, Ferdinand	Privatgedichte
Harden, Maximilian	Prozesse
Hardt, Ludwig	Vortragsbuch
Harrys, Georg	Paganini im Reisewagen und Zimmer
Hašek, Jaroslav	Die Abenteuer des braven Soldaten Schwejk
Hašek, Jaroslav	Schwejk
Hasenclever, Walter	Kulissen
Hayes, C. J. H.	Nationalismus
Hays, Arthur Garfield	Laßt Freiheitsglocken läuten!
Hebel, Johann Peter	Die Schwänke des rheinischen Hausfreundes
Heindl, Robert	Der Berufsverbrecher, ein Beitrag zur Strafrechtsreform
Heller, Frank	Die Finanzen des Großherzogs
Heller, Frank	Herr Collin ist ruiniert
Heller, Frank	Herrn Filip Collins Abenteuer
Heller, Frank	Karl-Bertils Sommer
Heller, Frank	Lavertisse macht den Haupttreffer
Henry, O.	Bluff
Herrnfeld, Donat	Endlich allein
Herzfelde, Wieland s. u. Grosz, George	
Herzog, Rudolf	Kameraden
Hesse, Hermann	Diesseits
Hesse, Hermann	Eine Bibliothek der Weltliteratur
Hesse, Hermann	Roßhalde
Hesse, Kurt	Das Marne-Drama des 15. Juli 1918
Hessel, Franz	Nachfeier

Quelle	Titel des Tucholsky-Beitrags	Original-Buch-veröffentl.	Bd. u. Seite unserer Ausgabe
Voss. 19. 11. 1926	Pariser Theater	–	–
WB 49/1927	Auf dem Nachttisch	–	II/969
WB 36/1921	Das Buch von der deutschen Schande	–	I/818
WB 7/1930	Auf dem Nachttisch	–	III/356
WB 24/1922	Die deutsche Laute	–	I/971
WB 18/1931	Auf dem Nachttisch	–	III/847
WB 39/1925	Eulenburgiana	–	II/227
WB 17/1930	Auf dem Nachttisch	–	III/426
WB 52/1929	Kritik aus der Erinnerung	–	III/276
WB 32/1922	Privatgedichte	–	I/1031
März 1/1914	Hardens Prozesse	–	I/132
WB 32/1925	Ein Vortragsbuch	–	II/187
März 27/1914	Paganini oder Der Teufel auf der Tournee	–	I/206
WB 23/1926	Herr Schwejk	–	II/458
WB 51/1926	Schwejk der Zweite	–	II/568
WB 24/1932	‹Kulissen›	–	III/1073
WB 42/1929	Auf dem Nachttisch	–	III/211
WB 42/1929	Auf dem Nachttisch	–	III/211
WB 28/1925	Alter Kümmel	–	II/164
WB 31/1928	Ein Schädling der Kriminalistik	–	II/1182
WB 8/1928	Auf dem Nachttisch	–	II/1054
WB 8/1928	Auf dem Nachttisch	–	II/1054
WB 8/1928	Auf dem Nachttisch	–	II/1054
WB 8/1928	Auf dem Nachttisch	–	II/1054
WB 8/1928	Auf dem Nachttisch	–	II/1054
WB 9/1931	Auf dem Nachttisch	–	III/791
SB 37/1913	Die tausend Blumentöpfe	–	–
WB 39/1924	Rudolf Herzog – ein deutscher Mann	Dt. Dt.	I/1237
SB 48/1913	Alte Verse	–	I/104
WB 9/1931	Auf dem Nachttisch	–	III/791
SB 17/1913	Roßhalde	–	I/182
BVZ 3. 8. 1919	Leichenreden	–	I/453
WB 42/1929	Auf dem Nachttisch	–	III/211

Autor	Titel
Hessel, Franz	Teigwaren, leicht gefärbt
Hirschfeld, Magnus und Gaspar, Andreas	Sittengeschichte des Weltkrieges
Hodann, Max	Sowjet-Union
Hodum-Koenigsfeld	
Hoeber, Karl	Dr. Carl Sonnenschein
Hoerschelmann, Helene	Versunkenes
Höflich	Affäre Zablin
Holitscher, Arthur	Amerika heute und morgen
Holitscher, Arthur	Lebensgeschichte eines Rebellen
Hóllós, Istvan	Hinter der gelben Mauer
Holtz, Karl s. u. Stössinger, Felix	
Holz, Arno	Das ausgewählte Werk
Hölz, Max	Briefe aus dem Zuchthaus
Hölz, Max	Vom weißen Kreuz zur Roten Fahne
Huebner, F. M.	Das andere Ich
Huebner, F. M.	Das Spiel mit der Flamme
Hürlimann, Martin	Tut Kung Bluff
Hyan, Hans	Auf dem Asphalt
Hyan, Hans	Berliner Gefängnisse
Hyan, Hans	Sexualmörder in Düsseldorf
Ilgenstein, Heinrich	Kammermusik
Italiaander, Rolf	So lernte ich segelfliegen
Jacob, Berthold s. u. Gumbel, Emil J. und Falck, Ernst	
Joyce, James	Ulysses
Jungfer, Victor	Das Gesicht der Etappe
Just, A. W.	Mit Ilsebill freiwillig nach Sibirien
Kafka, Franz	Amerika
Kafka, Franz	Der Prozeß
Kafka, Franz	In der Strafkolonie
Kanehl, Oskar	Straße frei
Kantorowicz, Hermann	Der Geist der englischen Politik und das Gespenst der Einkreisung Deutschlands
Kapp, Julius	Paganini
Kästner, Erich	Ein Mann gibt Auskunft
Katz, Richard	Bummel durch die Welt
Keller, Rudolf	Deutschland und Frankreich

Quelle	Titel des Tucholsky-Beitrags	Original-Buch-veröffentl.	Bd. u. Seite unserer Ausgabe
WB 19/1928	Auf dem Nachttisch	–	II/1126
WB 52/1930	Auf dem Nachttisch	–	III/637
WB 22/1931	Auf dem Nachttisch	–	–
WB 37/1930	Hering ist gut – Schlagsahne ist gut – wie gut . . .	–	III/526
WB 1/1931	Carl Sonnenschein	–	III/755
WB 29/1927	Versunkenes	–	–
WB 49/1931	Auf dem Nachttisch	–	–
Vorw. 8. 11. 1912	Amerika heute und morgen	–	I/21
WB 26/1925	Lebensgeschichte eines Rebellen	–	II/154
WB 42/1929	Auf dem Nachttisch	–	III/211
WB 20/1920	Arno Holz	–	–
WB 43/1927	Und immer wieder Max Hölz!	–	II/927
WB 25/1929	Auf dem Nachttisch	–	III/95
WB 17/1928	Der Bär tanzt	ML	II/1111
WB 17/1928	Der Bär tanzt	ML	II/1111
Voss. 19. 4. 1925	Das unvermeidliche Buch	–	–
WB 42/1922	Berliner Mutterlaut	–	I/1062
Frei. 25. 7. 1920	Berliner Gefängnisse	–	–
WB 7/1930	Auf dem Nachttisch	–	III/356
Vorw. 26. 1. 1914	Komödienhaus: Kammermusik	–	–
WB 34/1931	Herr Wichtig	–	–
WB 47/1927	Ulysses	–	II/949
WB 5/1921	Offiziersbücher	–	I/785
WB 5/1932	Auf dem Nachttisch	–	III/1004
WB 9/1929	Auf dem Nachttisch	–	III/43
WB 10/1926	Der Prozeß	–	II/372
WB 23/655	In der Strafkolonie	–	I/664
WB 48/1928	Gebrauchslyrik	–	II/1318
WB 7/1930	Auf dem Nachttisch	–	III/356
März 27/1914	Paganini oder Der Teufel auf der Tournee	–	I/206
WB 50/1930	Auf dem Nachttisch	–	III/619
Voss. 27. 11. 1927	Ein Bummel durch die Welt	–	–
WB 35/1931	Reparationsfibel	–	III/926

Autor	Titel
Kémeri, Sandor	Die Kerker von Budapest
Kesten, Hermann	24 neue deutsche Erzähler
Keun, Irmgard	Gilgi, eine von uns
Keyserling, Hermann Graf	Schopenhauer als Verbilder. Der Weg zur Vollendung Reisetagebuch eines Philosophen
Kindermann, Heinz s. u. Brecht, Walther und Kralik, Dietrich	
Kircher, Rudolf	Engländer
Kircher, Rudolf	Fair Play
Kisch, Egon Erwin	Der Fall des Generalstabschefs Redl (i. d. Reihe «Außenseiter der Gesellschaft», hrsg. v. R. Leonhard)
Kisch, Egon Erwin	Der rasende Reporter
Kisch, Egon Erwin	Paradies Amerika
Kisch, Egon Erwin	Schreib das auf, Kisch!
Kisch, Egon Erwin (Hrsg.)	Klassischer Journalismus
Kläber, Kurt	Der Krieg
Klabund	Harfenjule
Koerber, Lenka von	Menschen im Zuchthaus
Koffler, Dosio	Wilhelm II.
Köhler, Wolfgang	Intelligenzprüfungen an Anthropoiden
Kollontai, Alexandra Michailowna	Wege der Liebe: Die Liebe der drei Generationen Schwestern Wasilissa Maligyna
Köppen, Edlef	Heeresbericht
Kotze, Stefan von	Australische Skizzen
Krain, Willibald	Krieg
Krain, Willibald	Krieg
Kralik, Dietrich s. u. Brecht, Walther und Kindermann, Heinz	
Kraus, Karl	Weltgericht
Kruif, Paul de	Mikrobenjäger
Krupskaja, N. K.	Erinnerungen an Lenin
Kuh, Anton	Physiognomik
Kunze, Gerhard (Hrsg.)	Sportpredigten und Sportansprachen
Kutzleb, Hjalmar	Mord an der Zukunft
Laforgue, Jules	Berlin, La Cour et la Ville
Lamandé, André	Ton pays sera le mien
Lampel, Peter Martin	Der Revolutionsoffizier

Quelle	Titel des Tucholsky-Beitrags	Original-Buch-veröffentl.	Bd. u. Seite unserer Ausgabe
WB 21/1930	Auf dem Nachttisch	–	III/446
WB 17/1930	Auf dem Nachttisch	–	III/426
WB 5/1932	Auf dem Nachttisch	–	III/1004
WB 24/1928	Der darmstädter Armleuchter:		
	Als Gottes Atem leiser ging		
	Le comique voyageur	ML	II/1146
WB 49/1927	Auf dem Nachttisch	–	II/969
WB 49/1927	Auf dem Nachttisch	–	II/969
WB 10/1925	Außenseiter der Gesellschaft	–	II/61
WB 7/1925	Der rasende Reporter	–	II/50
WB 13/1930	Auf dem Nachttisch	–	III/386
WB 52/1930	Auf dem Nachttisch	–	III/637
WB 45/1929	Auf dem Nachttisch	–	III/232
WB 45/1929	Auf dem Nachttisch	–	III/232
WB 28/1927	Harfenjulius Klabund	–	II/828
WB 18/1931	Auf dem Nachttisch	–	III/847
WB 9/1932	Auf dem Nachttisch	–	III/1020
WB 23/1930	Lesefrucht	LL	III/464
WB 32/1926	Wege der Liebe	–	II/477
WB 16/1931	Ein Stück Dichtung	–	III/840
Frft. 23. 10. 1918	Etwas vom Humor	–	–
WB 35/1919	Krieg	–	I/464
WB 20/1925	Mappe gegen den Krieg	–	–
WB 21/1920	Weltgericht	–	I/651
WB 8/1928	Auf dem Nachttisch	–	II/1054
WB 7/1930	Auf dem Nachttisch	–	III/356
WB 5/1932	Auf dem Nachttisch	–	III/1004
WB 15/1930	Braut- und Sportunterricht	–	III/409
WB 52/1930	Auf dem Nachttisch	–	III/637
WB 39/1927	Ein Franzose im alten Berlin	–	II/890
Voss. 20. 9. 1925	Fremde Völker in Frankreich	–	–
WB 5/1921	Offiziersbücher	–	I/785

Autor	Titel
Lampel, Peter Martin	Jungen in Not
Lania, Leo	Gewehre auf Reisen
Larnac, Jean	La vie de Colette
Lauzanne, Stéphane	Sa Majesté la Presse
Lawrence, David Herbert	Lady Chatterley und ihr Liebhaber
Leacock, Stephen	Abenteuer der armen Reichen
Leacock, Stephen	Humor und Humbug
Lehmann-Russbüldt, Otto s. u. Mertens, Carl und Widerhold, Konrad	
Lenin, N. und Sinowjew, Grigori Jewsejewitsch	Gegen den Strom
Lerbs, Karl (Hrsg.)	Der Spiegel
Leroux, Gaston	Das Geheimnis des gelben Zimmers
Leroux, Gaston	Das Phantom der Oper
	L'Esprit (Zeitschrift)
Leskow, Nikolai	Lady Macbeth von Mzensk
Lewin, L.	Phantastika. Die betäubenden und erregenden Genußmittel
Lewis, Sinclair	Babbitt
Lichnowsky, Mechtild von	Götter, Könige und Tiere in Ägypten
Lichtenberg, Georg Christoph (Hrsg. Albert Leitzmann)	Aphorismen
Lichtenberg, Georg Christoph (Hrsg. Josef Schirmer)	Aphorismen
Lichtenberg, Georg Christoph (Hrsg. Ernst Vincent)	Aphorismen und Schriften
Lichtenberg, Georg Christoph (Ausgew. v. Alexander von Gleichen-Rußwurm)	Lichtenbergs Aphorismen
Liebermann, Matwey	Im Namen der Sowjets
Lofting, Hugh	Dr. Dolittle und seine Tiere
Londres, Albert	Chez les Fous
Löns-Erbeck, Elisabeth	Meine Erinnerungen an Hermann Löns
Lucieto, Ch.	En Missions spéciales
Ludendorff, Margarete	Als ich Ludendorffs Frau war
Ludwig, Emil	Juli 14
Ludwig, Emil	Wilhelm II.
Maas, Prof. Dr. G. (Hrsg.)	Die verfassunggebende deutsche Nationalversammlung
Maccono, Ferdinando	Zwei Märtyrerinnen der Keuschheit
Macdonald, Philipp	Prinzgemahl

Quelle	Titel des Tucholsky-Beitrags	Original-Buch-veröffentl.	Bd. u. Seite unserer Ausgabe
WB 9/1929	Auf dem Nachttisch	–	III/43
WB 42/1924	Gewehre auf Reisen	–	I/1251
BT 15. 2. 1920	Das Leben der Colette	–	–
WB 40/1925	Sa Majesté la Presse	–	–
WB 50/1930	Auf dem Nachttisch	–	III/619
Voss. 26. 7. 1925	Ein moderner Humorist	–	–
Voss. 26. 7. 1925	Ein moderner Humorist	–	–
WB 15/1926	Gegen den Strom	–	II/407
Frft. 20. 12. 1918	Anekdoten	–	–
SB 13/1917	Das Geheimnis des gelben Zimmers	–	I/241
WB 35/1918	Nette Bücher	–	I/291
WB 36/1926	L'Esprit	–	II/490
WB 17/1922	Leskow	–	I/947
WB 32/1929	Auf dem Nachttisch	–	–
WB 18/1925	Babbitt	–	II/111
SB 34/35/1913	Die Ägyptische Königstochter	–	I/82
Voss. 25. 1. 1931	Schrei nach Lichtenberg	–	III/770
Voss. 25. 1. 1931	Schrei nach Lichtenberg	–	III/770
WB 26/1932	Lichtenberg	–	III/1080
Voss. 25. 1. 1931	Schrei nach Lichtenberg	–	III/770
WB 18/1931	Auf dem Nachttisch	–	III/847
Voss. 10. 12. 1925	Dr. Dolittle und seine Tiere	–	II/281
WB 38/1925	Bei den Verrückten	–	II/225
WB 45/1926	Idyll an der Leine	–	II/537
WB 19/1928	Auf dem Nachttisch	–	II/1126
WB 31/1929	Die Karikatur Preußens	–	III/153
WB 30/1929	Juli 14	–	III/139
WB 52/1925	Das Buch vom Kaiser	–	II/298
BT 25. 3. 1919	421 Gesichter	–	–
WB 3/1928	Auf dem Nachttisch	–	II/1026
WB 35/1930	Kleiner Jubel mit Fransen	–	–

Autor	Titel
Maeterlinck, Maurice	Das Leben der Termiten
Malinowski, Bronislaw	Das Geschlechtsleben der Wilden in Nordwest-Melanesien
Mann, Heinrich	Der Untertan
Mann, Heinrich	Macht und Mensch
Mann, Thomas	Wälsungenblut
Marquis, S.	Henry Ford
Martet, Jean	Clemenceau spricht
Masereel, Frans	Die Sonne
Masereel, Frans	Stundenbuch
Mauriac, François	Le Jeune Homme
Mechow, Karl Benno von	Das Abenteuer
Mehring, Walter	Das politische Cabaret
Mehring, Walter	Die Gedichte, Lieder und Chansons des Walter Mehring
Meier-Gräfe, Julius	Der Tscheinik
Meng, Heinrich	Das ärztliche Volksbuch
Mertens, Carl	Verschwörer und Fememörder
Mertens, Carl und Lehmann-Russbüldt, Otto und Widerhold, Konrad	Deutsche Militärpolitik seit 1918
Meyer, Richard M.	Deutsche Parodien
Meyrink, Gustav	Das grüne Gesicht
Meyrink, Gustav	Der Golem
Meyrink, Gustav	Gesammelte Schriften
Michels, Robert	Der Patriotismus, Prolegomena zu seiner soziologischen Analyse
Mies, August	Durch türkische und ägyptische Harems. Erlebnisse eines deutschen Landsturmmannes, von August Mies, Landsturmmann und Kriegsteilnehmer, abkommandiert nach der Türkei zur Organisation der Viehherden des ehemaligen Kriegsministers Enver Bey
Molnár, Franz	Die Dampfsäule
Molnár, Franz	Die Jungen der Paulstraße
Molnár, Franz	Spiel im Schloß
Monnier, Philippe	Blaise, der Gymnasiast
Morand, Paul	L'Europe Galante
Morgenstern, Christian	Der Gingganz
Morgenstern, Christian	Palmström
Morgenstern, Christian	Stufen
Mowrer, Edgar Ansel	Amerika, Vorbild und Warnung
Müller, Georg	Das Recht in Goethes Faust. Juristische Streifzüge durch das Land der Dichtung

Quelle	Titel des Tucholsky-Beitrags	Original-Buch-veröffentl.	Bd. u. Seite unserer Ausgabe
WB 38/1927	Das Leben der Termiten	–	–
WB 44/1930	Auf dem Nachttisch	LL	III/571
WB 13/1919	Der Untertan	–	I/383
WB 25/1920	Macht und Mensch	–	I/679
WB 33/1931	Europäische Kinderstube	–	III/915
WB 8/1928	Auf dem Nachttisch	–	II/1054
Voss. 6. 4. 1930	‹Clemenceau spricht›	–	III/406
WB 49/1926	Zwei Bilderbücher	–	II/557
WB 49/1926	Zwei Bilderbücher	–	II/557
WB 13/1926	Der junge Mann	–	II/393
WB 18/1931	Auf dem Nachttisch	–	III/847
WB 48/1920	Das neue Lied	–	I/766
WB 25/1929	Auf dem Nachttisch	–	III/95
WB 28/1918	Briefbeilagen: Der Tscheinik	–	–
WB 22/1931	Auf dem Nachttisch	–	–
Pr. Tg. 17. 4. 1926	Fememörder	–	–
Manus.	Eine Perle	–	unveröfftl.
SB 5/1914	Parodien?	–	I/142
SB 7/1917	Das grüne Gesicht	–	I/239
SB 7/1917	Das grüne Gesicht	–	I/239
SB 2/1914	Ein neuer Klassiker	–	I/139
WB 13/1930	Auf dem Nachttisch	–	III/386
ML	Geheimnisse des Harems	ML	III/290
WB 49/1927	Auf dem Nachttisch	–	II/969
WB 8/1928	Auf dem Nachttisch	–	II/1054
WB 15/1927	Bekritzelte Programmhefte	–	–
SB 20/1914	Blaise, der Gymnasiast	–	I/195
WB 34/1925	Der neue Morand	–	II/196
WB 38/1919	Der Gingganz	–	I/479
SB 37/1913	Palmström der Vermehrte	–	I/87
WB 15/1919	Stufen	–	I/391
WB 9/1929	Auf dem Nachttisch	–	III/43
SB 32/33/1913	Das Recht in Goethes Faust	–	I/76

Autor	Titel
Müller-Jabusch, Maximilian	Handbuch des öffentlichen Lebens
Mynona (Friedlaender, Salomo)	Hat Remarque wirklich gelebt?
Mynona (Friedlaender, Salomo)	Rosa, die schöne Schutzmannsfrau
Mynona (Friedlaender, Salomo)	Schwarz-Weiß-Rot
Nicolson, Harold	Miss Plimsoll und andere Leute
Nikolaus, Paul	Tänzerinnen
Nivoix s. u. Pagnol, Marcel	
Noske, Gustav	Wie ich wurde
Nußbaum, Anna (Hrsg.)	Afrika singt. Anthologie afro-amerikanischer Lyrik
Obey, André s. u. Amiel, Denys	
Oederlin, Max	Marsch im Jura 1916/17
Olden, Hans	Das Frühstück auf Blue Island
Olden, Hans	Ein ekelhafter Kerl
Oppenheimer, Franz	Erlebtes. Erstrebtes. Erreichtes
Ossendowski, Ferdinand	Götter, Menschen und Tiere
Ostwald, Hans (Hrsg.)	Das Zillebuch
Ottwalt, Ernst	Denn sie wissen, was sie tun
Ottwalt, Ernst	Ruhe und Ordnung
Owlglaß, Dr. (Blaich, Hans Erich)	Der saure Apfel
Owlglaß, Dr. (Blaich, Hans Erich)	Gottes Blasbalg
Paasche, Hans	Das verlorene Afrika
Pagnol, Marcel und Nivoix	Les Marchands de Gloire
Paneth, Ludwig	Gesunde und kranke Nerven
Panizza, Oskar	Christus in psicho-patologischer Beleuchtung (Nr. 5 d. Zürcher Diskussionen)
Panizza, Oskar	Liebeskonzil
Panizza, Oskar	Parisiana
Persius, Lothar	Der Seekrieg
Perutz, Leo	Der Marques de Bolibar
Perutz, Leo	Die dritte Kugel
Perutz, Leo	Die Geburt des Antichrist

Quelle	Titel des Tucholsky-Beitrags	Original-Buch-veröffentl.	Bd. u. Seite unserer Ausgabe
WB 34/1929	Das Nachschlagewerk als politische Waffe	–	III/166
WB 1/1930	Hat Mynona wirklich gelebt?	–	III/282
SB 52/1913	Die schöne Schutzmannsfrau	–	I/112
SB 1/1917	Die Sekt-Eule	–	I/237
WB 7/1930	Auf dem Nachttisch	–	III/356
WB 18/1919	Tänzerinnen	–	–
WB 37/1919	Henny Noske	–	III/1323
WB 45/1929	Auf dem Nachttisch	–	III/232
WB 49/1931	Auf dem Nachttisch	–	–
SB 22/23/1913	Unterhaltungsliteratur	–	–
SB 22/23/1913	Unterhaltungsliteratur	–	–
WB 9/1932	Auf dem Nachttisch	–	III/1020
WB 2/1925	Lieber Arthur Eloesser!	–	–
WB 7/1930	Auf dem Nachttisch	–	III/356
WB 5/1932	Auf dem Nachttisch	–	III/1004
WB 13/1930	Auf dem Nachttisch	–	III/386
SB 31/32/1914	Gottes Blasbalg	–	I/216
SB 31/32/1914	Gottes Blasbalg	–	I/216
WB 50/1919	Ein weißer Rabe	–	I/539
WB 19/1925	Hausse in Ruhm	–	–
WB 42/1930	Gesunde und kranke Nerven	LL	III/556
WB 50/1928	Sprechstunde am Kreuz	LL	II/1338
WB 38/1919	Panizza	–	I/474
WB 38/1919	Panizza	–	I/474
WB 18/1920	Persius	–	–
WB 46/1920	Der Marques de Bolibar	–	–
WB 24/1919	Die dritte Kugel	–	I/431
WB 33/1922	Die Geburt des Antichrist	–	–

Autor	Titel
Petzet, Erich (Hrsg.)	Briefwechsel von Theodor Fontane und Paul Heyse 1850–1897
Pitigrilli	Der Keuschheitsgürtel
Plättner, Karl	Eros im Zuchthaus
Podach, E. F.	Gestalten um Nietzsche
Podach, E. F.	Nietzsches Zusammenbruch
Poiret, Paul	En habillant l'Époque
Polgar, Alfred	Hinterland
Polgar, Alfred	Ich bin Zeuge
Polgar, Alfred	Max Pallenberg
Polgar, Alfred	Schwarz auf Weiß
Porten, Henny	Wie ich wurde
Propper, S. M. von	Was nicht in die Zeitung kam
Queiroz, Eça de J. M.	Die Reliquie
Queiroz, Eça de J. M.	Stadt und Gebirg
Radiguet, Raymond	Le Bal du Comte d'Orgel
Ramond, Edouard	Histoires de Filles et d'Affranchis
Ramond, Edouard	Histoires Marseillaises
Rathenau, Walther	Der Kaiser
Raucat, Thomas	L'Honorable Partie de Campagne
Reck-Malleczewen, Fritz	Frau Übersee
Reimann, Hans	Ewers
Reimann, Hans	Kabarettbuch
Reimann, Hans	Sächsisch
Reimann, Hans	Sächsische Miniaturen
Reimann, Hans	Sächsische Miniaturen
Reimann, Hans	Vergnügliches Handbuch der deutschen Sprache
Reimann, Hans	Von Karl May bis Max Pallenberg in 60 Minuten
Reissner, Larissa	Oktober
Reissner, Larissa	Oktober
Reitzenstein, Hans-Joachim Frh. von	Vergitterte Jugend
Remarque, Erich Maria	Der Weg zurück
Renard, Jules	Histoires Naturelles
Renger-Patzsch, Albert	Die Welt ist schön
Rice, Elmer L.	Die Rechenmaschine
Rieder, Karl	Brautunterricht. Eine praktische Einleitung für den Seelsorgsklerus
Riege, R.	Die Hochzeitsreise
Riege, R.	Kord Dönebön

Quelle	Titel des Tucholsky-Beitrags	Original-Buch-veröffentl.	Bd. u. Seite unserer Ausgabe
WB 45/1929	Auf dem Nachttisch	–	III/232
WB 13/1930	Die Keuschheitsgürteltiere	–	–
WB 42/1929	Auf dem Nachttisch	–	III/211
WB 2/1932	Fräulein Nietzsche	–	III/989
WB 2/1932	Fräulein Nietzsche	–	III/989
WB 20/1931	Der patriotische Schneider	–	–
WB 21/1930	Auf dem Nachttisch	–	III/446
WB 3/1928	Auf dem Nachttisch	–	II/1026
WB 51/1921	Pallenberg und Polgar	–	I/878
Lose Bl. 13/1929	Schwarz auf Weiß	–	III/49
WB 37/1919	Henny Noske	–	III/1323
WB 52/1930	Auf dem Nachttisch	–	III/637
WB 20/1925	Die Reliquie	–	II/126
WB 26/1924	Das Gleichgewicht des Lebens	–	I/1175
Voss. 30. 6. 1925	Pariser Tage	–	–
WB 5/1926	Durchaus unpassende Geschichten	ML	II/338
Voss. 23. 8. 1925	Französischer Witz	LL	II/191
WB 23/1919	Der Schnellmaler	–	I/423
Voss. 20. 9. 1925	Fremde Völker in Frankreich	–	–
WB 1/1919	Frau Übersee	–	–
WB 46/1921	Hanns Heinz Vampir	–	–
WB 14/1924	König contra Reimann	–	I/1150
WB 35/1931	Zwei Sprachbücher	–	–
WB 49/1927	Auf dem Nachttisch	–	II/969
WB 31/1921	Sächsische Miniaturen	–	I/813
WB 35/1931	Zwei Sprachbücher	–	–
WB 29/1923	Allotria	–	I/1118
WB 7/1930	Auf dem Nachttisch	–	III/356
WB 8/1927	Larissa Reissner	–	II/725
WB 35/1920	Kadettenliteratur	–	I/724
WB 20/1931	Der neue Remarque	–	III/860
Voss. 18. 9. 1927	Buch voller Tiere	–	II/881
WB 51/1928	Das schönste Geschenk	–	–
Voss. 1. 1. 1928	Rechenmaschine aus USA	–	II/1011
WB 15/1930	Braut- und Sport-Unterricht	–	III/409
WB 7/1922	Rieges Holzschnitte	–	I/905
WB 7/1922	Rieges Holzschnitte	–	I/905

Autor	Titel
Ringelnatz, Joachim (s. a. u. Bötticher)	Reisebriefe eines Artisten
Rip	P. L. M. (Operette)
Robert-Robert	Le Guide de Gourmand à Paris
Roda Roda, Alexander	Der Schnaps, der Rauchtabak und die verfluchte Liebe
Roda Roda, Alexander	Ein Frühling in Amerika
Roda Roda, Alexander	Irrfahrten eines Humoristen
Roda Roda, Alexander	Roda Rodas Roman
Roda Roda, Alexander	Sieben Leidenschaften
Roda Roda, Alexander	Von Bienen, Drohnen und Baronen
Roda Roda, Alexander und Etzel, Theodor (Hrsg.)	Welthumor in sechs Bänden
Rode, Walther	Justiz
Roeld, Otto	Malenski auf der Tour
Rohan, Karl Anton Prinz	Moskau
Rosner, Karl	Erinnerungen des Kronprinzen Wilhelm
Rostand, Jean	Les Familiotes
Rostand, Maurice	Napoléon IV
Romains, Jules	Demetrios
Romains, Jules	Der Diktator
Romains, Jules	Der Diktator
Romains, Jules	La Scintillante
Romains, Jules	Le Mariage de M. Le Trouhadec
Sackarnt, Pol	Katzen
Sander, August	Antlitz der Zeit
Savoir, Alfred	Le dompteur ou L'Anglais tel qu'on le mange
Schäfer, Wilhelm	Die begrabene Hand
Schäfer, Wilhelm	Die unterbrochene Rheinfahrt
Schairer, Erich	Sozialisierung der Presse
Schaumlöffel, Karl	
Schebesta, Paul	Die religiösen Anschauungen der Semang-Zwerge von Malaya
Scheffler, Karl	Berlin, Wandlungen einer Stadt
Schickele, René	Schreie auf dem Boulevard
Schiffer, Edith L. s. u. Arnheim, Rudolf	
Schleiermacher, Friedrich E. D.	Idee zu einem Katechismus der Vernunft für edle Frauen
Schlözer, Kurd von	Römische Briefe

Quelle	Titel des Tucholsky-Beitrags	Original-Buch-veröffentl.	Bd. u. Seite unserer Ausgabe
WB 43/1927	Joachim der Erste (genannt Ringel)	–	II/923
WB 24/1925	P. L. M.	–	–
Voss. 7. 8. 1925	Wo ißt man in Paris?	–	–
SB 10/1914	Roda Roda	–	I/158
WB 11/1924	Ein Frühling in Amerika	–	I/1149
WB 43/1920	Gute Witze aus großer Zeit	–	I/748
WB 52/1930	Auf dem Nachttisch	–	III/637
WB 15/1922	Roda Roda	–	I/944
SB 10/1914	Roda Roda	–	I/158
WB 48/1925	Welthumor	–	–
WB 25/1929	Auf dem Nachttisch	–	III/95
WB 50/1930	Auf dem Nachttisch	–	III/619
WB 49/1927	Auf dem Nachttisch	–	II/969
WaM 22. 5. 1922	Wenn der Vater mit dem Sohne...!	–	I/957
Voss. 28. 3. 1925	Die Verwandtschaft	–	II/74
Voss. 1. 11. 1928	Rostands «Napoléon IV»	–	–
WB 50/1925	Demetrios	ML	II/289
Voss. 13. 10. 1926	«Der Diktator» in Paris	–	–
WB 42/1926	Ein Diktator und sein Publikum	–	II/525
Voss. 21. 9. 1927	«La Scintillante»	–	–
Voss. 22. 2. 1925	Dickes und dünnes Theater	–	–
WB 17/1930	Auf dem Nachttisch	–	III/426
WB 13/1930	Auf dem Nachttisch	–	III/386
Voss. 27. 1. 1926	«Der Dompteur»	–	–
WB 42/1919	Sieben Anekdoten	–	–
SB 4/1914	Die unterbrochene Rheinfahrt	–	I/140
WB 51/1919	Sozialisierung der Presse	–	I/539
Frei. 11. 8. 1920	Schaumlöffelei	–	I/715
WB 17/1930	Auf dem Nachttisch	–	III/426
WB 49/1931	Auf dem Nachttisch	–	–
SB 30/31/1913	Schreie auf dem Boulevard	–	I/76
BT 10. 7. 1919	Zehn Gebote	–	I/443
Voss. 31. 5. 1929	Kleine Erinnerungen	–	–

Autor	Titel
Schottky, Jul. Max	Paganini
Schulze-Maizier, F.	Die Osterinsel
Sennep	Cartel u. Co.
Shaw, George Bernard	Johanna
Sheridan, Clare	Ich, meine Kinder und die Großmächte der Welt
Siemsen, Anna	Daheim in Europa
Siemsen, Hans	Wo hast du dich denn herumgetrieben?
Sinclair, Upton	Das Geld schreibt
Singer, Erich (Hrsg.)	Das Bänkelbuch
Sinowjew, Grigori Jewsejewitsch s. u. Lenin, N.	
Smith, E. D.	Psychologie für Vorgesetzte
Smith, Helen Zenna	Mrs. Biest pfeift
Soergel, Albert	Dichtung und Dichter der Zeit
Soldan-Heppe (Hrsg. M. Bauer)	Geschichte der Hexenprozesse
Sorge, Susanne M.	Unser Weg. Erinnerungen an Reinhold Sorge
Springer, Brunold	Die genialen Syphilitiker
Stapel, Wilhelm	Literatenwäsche
Staub, Hugo s. u. Alexander, Franz	
Stenbock-Fermor, Alexander Graf	Deutschland von unten
Stendhal	Lucien Leuwen
Sternheim, Carl	Lutetia, Berichte über europäische Politik, Kunst und Volkswesen 1926
Stoffregen, Goetz Otto (Hrsg.)	Aufstand, Querschnitt durch den revolutionären Nationalismus
Stössinger, Felix und Holtz, Karl	Das System Noske
Strindberg, August	Totentanz
Strobl, Karl Hans	K. P. Q. Geschichten und Bilder aus dem österreichischen Kriegspressequartier
Struben, David Georg	Rechtliche Bedenken
Sturzenegger, Catharine	Die Wiederauferstehung Serbiens
Szittya, Emil	Kuriositäten-Kabinett
Tau, Max und Einsiedel, Wolfgang von	Es glüht wieder unter harter Kruste

Quelle	Titel des Tucholsky-Beitrags	Original-Buch-veröffentl.	Bd. u. Seite unserer Ausgabe
März 27/1914	Paganini oder Der Teufel auf der Tournee	–	I/206
WB 32/1929	Auf dem Nachttisch	–	–
Voss. 28. 12. 1926	Die Satire der feinen Leute	–	–
Voss. 12. 5. 1925	Shaws «Johanna» in Paris	–	–
WB 2/1929	Herr und Frau Wichtig lassen zu Tisch bitten!	–	III/25
WB 9/1929	Auf dem Nachttisch	–	III/43
WB 52/1920	Wo hast du dich denn . . .?	–	–
WB 10/1931	Sein spannendster Roman	–	III/799
WB 28/1929	Bänkelbuch	–	III/127
WB 7/1930	Auf dem Nachttisch	–	III/356
WB 44/1930	Auf dem Nachttisch	–	III/571
WB 18/1926	Bilderbuch	–	–
Frei. 12. 9. 1920	Hexenprozesse in alter und neuer Zeit	–	I/732
WB 10/1932	111	–	III/1030
WB 6/1927	Die genialen Syphilitiker	–	II/718
Voss. 29. 6. 1930	Kabarett zum Hakenkreuz	–	–
WB 9/1932	Auf dem Nachttisch	–	III/1020
WB 9/1931	Auf dem Nachttisch	–	III/791
Voss. 27. 5. 1926	Der rasende Kommis	–	II/451
WB 9/1932	Auf dem Nachttisch	–	III/1020
WB 32/1920	Der Bürgergeneral	–	–
Dres. 1913	Strindbergs «Totentanz»	–	–
Voss. 10. 1. 1929	Remember! Remember!	–	–
Kunst. 1914	Rechtliche Bedenken	–	–
WB 39/1920	Schwarz-gelbe Henker	–	–
WB 51/1924	Der Mann auf dem Kabinett	–	I/1302
WB 22/1931	Auf dem Nachttisch	–	–

Autor	Titel
Théry, Jacques s. u. Gignoux, Régis	
Thierfelder, Franz	Suomi-Finnland. Das Land der tausend Seen
Thoma, Ludwig	Erinnerungen
Thrasolt, Ernst	Dr. Carl Sonnenschein
Toller, Ernst	Justizerlebnisse
Toller, Ernst	Quer durch
Torberg, Friedrich	Der Schüler Gerber hat absolviert
Transfeld	Dienstunterricht für den Infanteristen des Deutschen Heeres
Traven, B.	Die weiße Rose
Treich, Léon	Histoires de Vacances
Treich, Léon	L'Esprit de Clemenceau
Tucholsky, Kurt	Fromme Gesänge
Tucholsky, Kurt	Rheinsberg
Tucholsky, Kurt	Rheinsberg
Tucholsky, Kurt	Mit 5 PS
Twardowski, Hans Heinrich von	Der rasende Pegasus
Twardowski, Hans Heinrich von	Der rasende Pegasus
Valentin, Karl	Das Karl Valentin-Buch
Vautel, Clément	Mon Curé chez les Riches
Vergin, Fedor	Das unbewußte Europa
Veri, Sigilla (Ph. Stauff's Semi-Kürschner) Unter Mitwirkung gelehrter Männer und Frauen aller in Betracht kommenden Länder im Auftrage der «Weltliga gegen die Lüge» in Verbindung mit der ‹Alliance chrétienne arienne›. Hrsg. E. Ekkehard	Lexikon der Juden, -Genossen und -Gegner aller Zeiten und Zonen, insbesondere Deutschlands, der Lehren, Gebräuche, Kunstgriffe und Statistiken der Juden sowie ihrer Gaunersprache, Trugnamen, Geheimbünde etc.
Verlaine, Paul	Frauen
Verneuil, Louis	La Joie d'aimer
Verneuil, Louis	Pile ou Face
Villon, François	Die Balladen und lasterhaften Lieder des Herrn François Villon
Voigt, Arno	Der deutsche Offizier der Zukunft. Gedanken eines Unmilitärischen

Quelle	Titel des Tucholsky-Beitrags	Original-Buch-veröffentl.	Bd. u. Seite unserer Ausgabe
WB 27/1925	Suomi-Finnland	–	II/160
WB 8/1920	Ludwig Thoma	–	I/604
WB 1/1931	Carl Sonnenschein	–	III/755
WB 28/1927	Der Rechtsstaat	–	II/823
WB 9/1931	Auf dem Nachttisch	–	III/791
WB 17/1930	Auf dem Nachttisch	–	III/426
WB 26/1927	Dienstunterricht für den Infanteristen	ML	II/807
WB 48/1930	B. Traven	–	III/606
Voss. 23. 8. 1925	Französischer Witz	LL	II/191
Voss. 20. 11. 1925	Der Gallenbittre	LL	II/263
WB 49/1919	Selbstanzeige	–	I/534
WB 49/1921	Rheinsberg	5 PS	I/871
	Vorrede zum 50. Tausend	–	I/870
WB 51/1927	Mit 5 PS	–	II/994
WB 5/1920	Der rasende Twardowski	–	I/593
BT 15. 2. 1920	«Der rasende Pegasus»	–	–
WB 18/1932	Zwecks Lachung	–	–
Voss. 30. 9. 1925	Clément Vautel	ML	II/232
WB 9/1932	Auf dem Nachttisch	–	III/1020
WB 39/1931	Sigilla Veri	–	III/949
WB 33/1920	Die Sittlichen	–	I/718
Voss. 29. 11. 1925	Pariser Tage	–	II/273
Voss. 22. 2. 1925	Dickes und dünnes Theater	–	–
WB 50/1930	Auf dem Nachttisch	–	III/619
WB 24/1919	Der Offizier der Zukunft	–	I/429

Autor	Titel
Voltaire (Hrsg. Hans Jacob)	Mein Aufenthalt in Berlin
Volto, Franz von	Paul Scheurich, Porzellane
Vorst, Hans	Baltische Bilder
Dr. H. W. Nach dem hinterlassenen Originalmanuskript, hrsg. von A. König	Über die Cacteen
Wagner, Christian (Hrsg. Hermann Hesse)	Gedichte
Walser, Robert	Aufsätze
Walser, Robert	Das Theater
Wassermann-Speyer, Julie	Jakob Wassermann und sein Werk
Wassiljew, A. T.	Ochrana
Wedekind, Frank	Erdgeist
Wegeleben, Siegfried	Das Felderlebnis
Weiskopf, Franz Carl (Hrsg.)	Tschechische Lieder
Wells, Herbert George	Menschen, Göttern gleich
Widerhold, Konrad s. u. Mertens, Carl und Lehmann-Russbüldt, Otto	
Wieland, Wolfgang	Der Flirt
Wiese, Leopold von	Kindheit
Wilde, Oscar	Bunbury
Windisch, H.	Das deutsche Lichtbild
Wrochem, A. von	Offiziersehre
Wüsten, Johannes	Blutproben. Zehn Stiche
Wustmann, Gustav	Als der Großvater die Großmutter nahm
Zichy, Graf	Liebe
Zickler, Artur	Im Tollhause
Zille, Heinrich	Berliner Geschichten und Bilder
Zille, Heinrich	Bilder vom alten und neuen Berlin
Zimmer, Bernard	Le Coup du 2 Décembre
Zorn, Franz	Stempellieder
Zweig, Arnold	Benarône
Zweig, Arnold	Der Streit um den Sergeanten Grischa
Anonyma	
Scherl-Verlag	An alle Frontsoldaten
–	Briefe an einen Fuchsmajor von einem alten Herrn

Quelle	Titel des Tucholsky-Beitrags	Original-Buch-veröffentl.	Bd. u. Seite unserer Ausgabe
WB 3/1921	Friedrich von unten	–	–
WB 43/1928	Geschenkbuch	–	–
WB 28/1919	Ein untergehendes Land	–	I/435
WB 32/1919	Über die Cacteen	–	–
WB 7/8/1919	Christian Wagner	–	I/366
SB 17/1913	Der Dreischichtedichter	–	I/68
SB 36/1913	Der Bühnenmaler	–	–
WB 38/1924	Jakob Wassermann und sein Werk	–	I/1233
WB 21/1930	Auf dem Nachttisch	–	III/446
Dres. 18. 6. 1912	Wedekind in Berlin	–	–
WB 33/1922	Das Felderlebnis	–	I/1035
WB 33/1926	Tschechen und Russen	–	II/479
WB 3/1928	Auf dem Nachttisch	–	II/1026
WB 17/1928	Der Bär tanzt	ML	II/1111
WB 46/1924	Eine deutsche Kindheit	–	I/1274
WB 30/1920	Feuerwerk	–	–
Voss. 4. 3. 1928	Neues Licht	–	–
BVZ 21. 4. 1920	Eine Ausnahme	–	I/625
WB 9/1932	Auf dem Nachttisch	–	III/1020
WB 22/1922	Alte Schlager	–	I/961
WB 51/1926	Wo bist du –?	5 PS	II/566
WB 9/1920	Im Tollhause	–	I/605
WB 3/1925	Berlins Bester	–	II/20
WB 19/1928	Auf dem Nachttisch	–	II/1126
Voss. 27. 7. 1928	Pariser Abend	–	–
WB 18/1931	Auf dem Nachttisch	–	III/847
WB 25/1920	Kritik mit Nachsatz	–	I/683
WB 50/1927	Der Streit um den Sergeanten Grischa	–	II/975
WB 45/1919	Präsentiert das ... Gwä!	–	–
WB 5/1928	Briefe an einen Fuchsmajor	ML	II/1037

Autor	Titel
Dt. Liga f. Menschenrechte (Hrsg.)	8 Jahre politischer Justiz
Dt. Liga f. Menschenrechte (Hrsg.)	Deutschlands geheime Rüstungen
–	Die ersten Tage der Roten Armee
Almanach d. Verlags G. Kiepenheuer	Europa
KT-Artikel über 25 Jahre WB	Fünfundzwanzig Jahre
Bibliogr. Inst. Leipzig	Gesellschaft und Wirtschaft
–	Jahrbuch des Verlages Paul Zsolnay
–	Das Käthe Kollwitz-Werk
Rowohlt Verlag	Der Kampf um den Reigen
–	L'Illustration
–	Nachrichtendienst zur Bekämpfung von Schund- und Schmutzschriften, hrsg. vom Preuß. Ministerium f. Volkswohlfahrt, Nr. 1
Vorrede K. T.s zu dem Bildband, abgedruckt in WB	Neues Licht
–	Plötzensee
–	Das politische Plakat
–	‹Redner der Revolution›
–	Das Reimlexikon
–	Otto Reutter. Ein Gedenkbuch über sein Leben und Schaffen
Auswahl und Einleitung von Lilly Korpus	Rote Signale (Anthologie). Gedichte und Lieder
–	Sittlichkeitsvergehen an höheren Schulen und ihre disziplinare Behandlung. Hrsg. v. Preuß. Kultusministerium
Protokolle der «Sozialistischen Tagung» in Heppenheim 1928	Sozialismus aus dem Glauben
–	Tagebuch eines halbwüchsigen Mädchens
–	Unsittliche Literatur und die deutsche Republik
Hrsg. Otto Katz	Volksbuch 1930
–	Vom alten Stamm (Anthologie jüdischer Geschichten)
Hrsg. Reichskanzlei im Auftrage des Reichsministeriums	Vorgeschichte des Waffenstillstands
–	Weil wir nicht kriegsbereit sind!
–	Weltkriegsspionage
–	Reparationsfibel

Quelle	Titel des Tucholsky-Beitrags	Original-Buch-veröffentl.	Bd. u. Seite unserer Ausgabe
WB 40/1927	Acht Jahre politischer Justiz	—	II/906
WB 28/1925	Die Denkschrift	—	—
WB 19/1928	Dank vom Hause Stalin	—	II/1132
WB 15/1925	Europa mit dem Ausrufungszeichen	—	—
WB 37/1930	Fünfundzwanzig Jahre	—	III/510
WB 9/1931	Auf dem Nachttisch	—	III/791
WB 8/1928	Auf dem Nachttisch	—	II/1054
WB 22/1931	Auf dem Nachttisch	—	—
WB 36/1922	Brunner im Amt	—	I/1055
DAD 28. 11. 1925	Eine Schreckenskammer	—	II/269
WB 37/1929	Nr. 1	—	III/179
WB 35/1929	Neues Licht	—	—
WB 18/1920	Plötzensee	5 PS	I/638
WB 35/1919	Das politische Plakat	—	—
WB 9/1929	Auf dem Nachttisch	—	III/43
SB 27/28/1914	Das Reimlexikon	—	I/213
WB 7/1932	Otto Reutter	—	III/1012
WB 52/1931	Rote Signale	—	III/979
WB 13/1930	Auf dem Nachttisch	—	III/386
WB 42/1929	Auf dem Nachttisch	—	III/211
WB 16/1920	Ein Mädchentagebuch	—	I/623
WB 44/1921	Der Venuswagen	—	I/851
WB 21/1930	Auf dem Nachttisch	—	III/446
SB 19/1914	Vom alten Stamm	—	—
WB 36/1919	Schuldbuch	—	I/465
Vorw. 6. 7. 1914	Der Sadist der Landwehr	ML LL	I/211
WB 18/1931	Auf dem Nachttisch	—	III/847
WB 35/1931	Reparationsfibel	—	III/926

NACHTRAG UND ERRATA

Dieser Nachtrag berücksichtigt Arbeiten von Kurt Tucholsky, die falsch datiert waren.

NACHTRAG

LEBENSMITTEL! LEBENSMITTEL!

Wenn nun die Ladung Korn und Fett
den Anfang macht zu besserm Leben,
wenn Deutschland erst zu essen hätt –:
mein Gott, was wird das alles geben!

Zum Beispiel, der, der Schinken schiebt,
wird tiefbekümmert ausverkaufen –
man wird, weil es Vergeltung gibt,
sich nicht um seine Schinken raufen.

Und Tante Malchens Eierschrank?
Und Onkel Maxens Butterkammer?
Wie ziehn sie die Gesichter lang!
In allen Häusern – welch ein Jammer!

Im Kurse fällt die Schlächterfrau,
das Butterfräulein gilt nur wenig,
der Kaufmann spricht nicht mehr so rauh –
Halli! hallo! voll Freuden dehn ich

befreit die Knochen. Dämmert es?
Dies Dasein war seit langen Jahren
in Wahrheit ein belämmertes –
Ach, wie wir einst so glücklich waren!

Kommt wirklich Brot und Speck herein?
Ich tanze einen frohen Ländler.
Die große Zeit wird wieder klein,
die große Zeit der Grünkramhändler.

[1919]

HENNY NOSKE

Der Reichswehrminister Noske und die Filmkünstlerin Porten, haben je ein Buch in die Welt gehen lassen, beide unter dem Titel: ‹*Wie ich wurde*›. Damit uns das nicht durcheinander kommt – Gustav Porten und Henny Noske –, laßt uns nach der Chrie einen Vergleich ziehen: Henny Porten – Gustav Noske, Zwei Deutsche. a) Ähnlichkeiten. b) Die kleinen Verschiedenheiten. Schluß: Freuen wir uns, daß wir zwei solche Kerle ...

Noskes Büchlein zieren zwei Bilder. Einmal: der Noske von heute. Er sieht ungefähr aus wie ein trauriger Schokoladenfabrikant, dem eine kleine Spekulation schief gegangen ist. Dann: der junge Noske. Es ist nach diesem Bild nicht anzunehmen, daß die hohen Herren, die ihn heute in der Hand halten, sorglich in der Hand halten, auch den Jungen von damals umschmeichelt hätten. Sie hätten ihn – wären sie mit ihm in Berührung gekommen – stramm stehen lassen.

Das Büchelchen des Reichswehrministers ist, wie das Vorwort sagt, von bleibendem pädagogischen und volkserzieherischen Wert. Das hat uns noch gefehlt. «Werde einmal ein Noske!» spricht der Pastor zu dem Täufling in der Kirche, während sich die Paten ergriffen schneuzen.

Was unterscheidet nun die bedeutende Filmschauspielerin und den unbedeutenden Reichswehrminister als Autobiographen?

Henny erzählt ihre kleinen Erlebnisse so hübsch dumm, wie es sich für ihr Publikum geziemt, und man kann ihr nicht böse sein.

Gustav dreht auf, läßt in schlechtem Kolportagestil die Szenen seines Lebens an uns vorüber rollen, hier und da rutschen einige Verstöße gegen die Grammatik und die anständige Gesinnung durch, und wenns fertig ist, hat man ein rundes und klares Bild von dem vielmißbrauchten Mann.

Sie waren beide etwas, sie sind beide etwas geworden, und werden – wenn Gott will – auch etwas bleiben. Lasset uns beten.

Kaum war dies geschrieben, als beide dementierten. Sie hätten von dieser Publikation in dieser Form nichts gewußt, sie hätten niemand ausdrücklich dazu autorisiert, sie lehnten alles ab, sie seien unbeteiligt und unschuldig. So Henny und Gustav.

Es hat sich aber der eigentümliche Fall ereignet, daß beide Male beide Biographen die Leben der beiden besser enthüllt haben, als die es selbst zu tun vermocht hätten, und es haben sich uns gezeigt:

Eine Filmkünstlerin mit der Seele eines Seifenplakats. Gott hab sie selig.

Und ein Reichswehrminister, der in dem verdächtigen Eifer der hohen Offiziere, mit denen er umgehen darf, und die ihm ungeheuer imponieren, nicht merkt, wie da Stellen um der Stellungsuchenden willen geschaffen werden, wie der alte Unfug genau so auflebt, wie er damals hoch zum Himmel blühte: mit Ämtern und Posten und Pöstchen und Dienststellen und Bürostuben und Beförderungen um der Gehälter willen . . . und wie der ganze Apparat eine unangenehme Ähnlichkeit mit einer Hundehütte hat, darinnen ein Kettenhund sitzt, der die zerlumpten Bettler zähnefletschend ankläfft und dafür eine Wurst hingeworfen bekommt.

Ich mag keine Kettenhunde. Sie sind bösartig, wedeln mit dem Schweif und haben einen schlimmen Charakter.

Ach, entschuldigen Sie, haben Sie nicht einen andern Reichswehrminister? Dieser ist uns drei Nummern zu groß.

[1919]

DER HUMORIST SINGT

Fährt in Berlin die Straßenbahn,
dann ist sie proppenvoll.
Was da mit dir, o Mensch, getan
wird, das ist einfach doll.
Man rüttelt dich,
man schüttelt dich;

man drängt dich so
und engt dich so –
In einen Wagen gehen glatt
zweihundert Menschen rein ...
Wer ihn früher nicht gesehen hat,
der denkt, das muß so sein —!

New York sitzt an der Panke Strand.
Es kauft uns arm der Gent.
Er kriegt den ganzen Hektar Land
für sechseinhalben Cent.
Die Börse winkt.
Valuta sinkt.
Wirf weg die Mark!
Was soll der Quark!
Am Abend steht im Tageblatt:
«Der Geldwert ist so klein ...»
Wer ihn früher nicht gesehen hat,
der denkt, das muß so sein –!

Am Tische sitzt Herr Helfferich.
(Ab stehen seine Ohren.)
Er schimpft und schilt gar fürchterlich,
weil wir den Krieg verloren.
Wie er enthüllt
und schneidig brüllt!
Pfui Politik
der Republik!
«Die neuen Herrn sind mau und matt!»
So hörst du laut ihn schrein ...
Wer ihn früher nicht gesehen hat,
der denkt, das muß so sein –!

November Achtzehn schlug die Uhr
zwölfmal in deutschen Landen.
Die Nationalen hörtens nur,
als sie im Nu verschwanden.
Nun sind sie ja
all wieder da.
Es kam so weit
im Lauf der Zeit.
In jedem Dorf, in jeder Stadt,
da pöbeln sie allein ...
Wer sie früher nicht gesehen hat,
der denkt, das muß so sein –!

[1920]

DER HERR IN DER LOGE...

Oben in der Hofloge des Reichstags saß ein Offizier und hörte zu. Es war Sonntag, der elfte Juni, und wir waren zusammengekommen, um die französischen Freunde anzuhören: den überlegten und feinen Bouglé, den ehrwürdigen Buisson, den hinreißenden Basch und den temperamentvollen Renaudel. Sie alle sagten aus, was wir so ersehnen: Wir haben unsre französischen Interessen und ihr habt eure deutschen – aber es gibt keinen Grund, weshalb man über diese Dinge nicht ruhig sprechen sollte. Laßt uns zusammenarbeiten! Ludendorff und die Boulevard-Presse nationalistischer Färbung sind einander wert: wir andern wollen mit einander gehen!

Der Offizier sah zu. Auf seiner Brust, auf dem Tuch, das die Republik bezahlt hatte, saßen die alten kaiserlichen Orden, die er sich nicht schämte zu tragen. (Denn wenn er sich ihrer nicht schämte, dann müßte er sich schämen, seinen Eid gebrochen zu haben und in das feindliche Lager übergegangen zu sein. Aber die Herren haben sich da so einen diffizilen Ehrenkodex zusammenkonstruiert, mit dem unsereiner nicht mitkommt . . .) Er saß da und hörte zu. Er hatte seine Züge in der Gewalt, nichts Ungehöriges fiel vor. Aber man hörte sein Gehirn arbeiten:

«Schwärmer! Kindliche Schwärmer! Das wird ja nie, niemals Wirklichkeit werden! Und das darf auch niemals Wirklichkeit werden! Denn was sollte dann aus mir werden! Ich habe weiter nichts gelernt, als Leute zu drillen und zu schießen, laufen zu lassen und zu reiten! Und ich will dieses Leben so führen, dieses eitle Leben im Glanz und mit anständiger Bezahlung, voll Nichtstun und voll Paraden! Ich brauche das – sonst gehe ich ein! Das da machte mich überflüssig – nur das nicht! Krieg! Immer wieder Krieg!»

Sein glattrasiertes Gesicht glänzte matt durch den Raum der Volksvertreter, der aussieht wie eine glanzvolle Schokoladenpackung. Kein Fleckchen, das nicht mit einem grauslichen Ornament verunziert wäre – Karyatiden, gedrehte Säulen, Schmuck, Allegorien und Kronen, Kronen, Kronen. Kurz: Willy II. Und die Republik hat nicht einmal die Dinge entfernt, die sich so leicht abnehmen ließen – ich möchte eine Monarchie sehen, die einen sozialistischen Saal übernähme! Und in diesen Metropoltheater-Kitsch (Rot und Gold: Hugo Baruch) hallte der Ruf des Redners: «Nie wieder Krieg –!»

Der junge Offizier stand auf und ging. Möchte er nie wiederkehren!

[1922]

SCHLAGER

Überall, wo Räder rollen,
in den Autos, in den vollen –
in der Handelskompanie.
In den Wäldern unter Fichten,
in den Oberlandgerichten –
gibts nur eine Melodie.
Gents, die ihre Wagen lenken –
Mädchen, die den Beutel schwenken –

wo das deutsche Leben zieht –
singen wir das kleine Lied:

«Wer bezahlt denn meine Steuern?
Bezahl sie *ich* vielleicht? – Bezahlst sie *du* vielleicht?
Bei den Zeiten, bei den teuern –
da muß man froh sein, wenns fürn kleinen Kognak reicht!»

(Wabblige Musik)

Wälder blaß erdunkeln.
Silberteiche funkeln.
Schwer empor steigt Nickelmann,
fängt ein bißchen mit den Elfen an.
Waldesgeister weben.
Elfen nebbich schweben –
auf dem Pfad, wo Mondschein geht –
weil das so bei Richard Wagner steht ...
Und während Poesie die Luft durchzieht,
singt die kleine Elfe leis ihr Lied:

(Husch – husch – die Waldfee!)

«Wer bezahlt denn meine Steuern?
Bezahl sie ich vielleicht? – Bezahlst sie du vielleicht?
Bei den Zeiten, bei den teuern –
da muß man froh sein, wenns fürn kleinen Nektar reicht!»

(Striktes Marschtempo)

Das Militär ist große Mode
in der Politik und auf dem Varieté.
Da hetzen sie das Ding zu Tode –
in Revuen und auf dem Cabaret.
Und kannst du mal nicht weiter –
dann sei nicht bös und barsch –
dann spielste einfach heiter
den Fridericus-Marsch.
Und dann fällt alles – und dann fällt alles
vor Begeistrung auf den Fridericus-Marsch (Hurra!)
auf den Fridericus-Marsch.

(Achtung! Tritt geeee-faßt! Die Augen – licks!)

«Wer bezahlt denn meine Steuern?
Bezahl sie ich vielleicht? – Bezahlst sie du vielleicht?
Bei den Zeiten, bei den teuern –
da muß man froh sein, wenns fürn kleinen Kognak reicht!»

[1924]

«Wenn das hier mal alles vorbei sein wird», sagt einer der in Nordafrika gequälten französischen Strafgefangenen, die Albert Londres jetzt geschildert hat, «wenn das hier mal alles vorbei ist, und wenn wir erst wieder in Marseille auf dem Kai stehen, und wenn dann der Hauptmann Etienne und der Sergeant Flandrin mit dem Schiff ankommen, um ihre Mutter zu besuchen – dann tragen wir ihnen das Gepäck gratis und franko bis an den Bahnhof Saint-Charles! Was, Jungens?» –

Der Bahnhof Saint-Charles liegt im Norden der Stadt, von da ist es nicht weit bis an das Herz von Marseille: an den Hafen. An einem Triumphbogen vorbei – der Triumphbogen der französischen Städte ist das Schillerdenkmal der deutschen – durch belaubte Straßen ... Das Gewimmel ist nicht gar so bunt, wie man es sich vorgestellt haben mag. Noch im Jahre 1901 konnte ein französischer Reiseschriftsteller, André Hallays, von dem «turbulenten Nichtstun» in Marseille sprechen – das ist anders geworden. Die Stadt hat wahrscheinlich viel von ihrer Buntheit der Menschen, aber nichts von ihrer malerischen Großartigkeit der Anlage verloren. In den Straßen klingelt die Elektrische, gehen und kommen die Leute, verkaufen kleine Buden Zuckerzeug und Zeitungen; wenn man morgens durch einen Spalt der Fensterläden hinuntersieht, unterscheidet sich das Ganze nicht gar so sehr von Görlitz. («Herr Panter! Dazu fahren Sie nach Marseille, um eine Ähnlichkeit mit Görlitz festzustellen?» – «Lieber Freund, Sie ahnen gar nicht, wie sich die Welt überall gleicht!») Allerdings: man sieht Kolonialsoldaten, mit einem weißen Tuch um den Helm geschlungen; man sieht Afrikaner im Burnus, dieser Toga des Südens – aber auf einer Elektrischen. Und dann ist da also der Hafen.

So träumt man. Das ist der erste Eindruck. Diese beängstigende Fülle der Häuser, die sich um ein breites Wasserbecken türmen, schmale, enge, fast drohende Häuser, immer eine Reihe über der andern, hügelig aufgebaut, rings um den Alten Hafen. In dem liegen Segelschiffe und Dampfer, nicht die ganz großen; die ruhen sich anderswo aus, im Bassin de la Joliette, hinter einem langen Molendamm, der sie vom Meere trennt. Der Schiffsverkehr hat erst zwei Drittel der Vorkriegszahl erreicht; er wird heute etwa 12 000 Fahrzeuge mit rund 15 Millionen Tonnen jährlich betragen. Hier, im Alten Hafen, der bis zum Jahre 1844 der einzige Hafen der Stadt war, liegen die kleineren Schiffe. Die Hafengassen gehen alle fast bis unmittelbar ans Ufer, sie verlieren sich hügelan in einem engen südlichen Gewirr von Wäsche, die quer über die Straße gehängt ist, Salatkörben, Vogelkäfigen, Häuserwänden ...

Um von der Gestalt des Hafens einen Begriff zu bekommen, mag man etwa an das Alsterbecken in Hamburg denken, er ist kleiner. Wenn man vor ihm steht, schaut man links hoch oben die Basilika von Notre-Dame de la Garde, eine gleißend goldene Figur, die über die Stadt schützend blickt. (So grüßt über Paris Sacré-Coeur, das böse Menschen Sucré-Coeur nennen und von dem mir einst ein pariser Universitätsprofessor sagte: «Wir wünschten, es grüßte uns da ein anderes Symbol herunter!») – Und vorn, grade da, wo die letzten Fortifikationen das Becken vom offenen Meer trennen, erhebt sich der riesige Pont transbordeur, die Überladerbrücke. Das ist ein feines Geflecht aus vielen

Eisen- und Stahlstreifen, das man im Jahre 1905 erbaut hat: sie ist 52 Meter hoch, und oben gleitet eine große Schiene hin und her, an der durch zahlreiche Stahltrossen eine Fähre aufgehängt ist. Die Fähre schwebt über dem Wasser, so daß Ruderboote noch unter ihr passieren können, sie nimmt Wagen und Menschen auf, die vom einen Ufer zum andern herüberwollen. Ein Fahrstuhl führt hinauf.

Oben gibt es einen überwältigenden Rundblick. Ich für mein Teil hasse Aussichtstürme, und es gibt kaum einen, um den ich nicht schon einen großen Bogen geschlagen hätte. Aber dies hier ist doch ein ander Ding.

Da liegt ganz Marseille – viel größer, als man es sich von einer Stadt mit einer halben Million Einwohner gedacht hat; über die Hügel verstreut, von Baumgruppen unterbrochen, klettern die Häuser vom Rand des Meeres bis auf die entfernten Berge. Die Alte Kathedrale hebt sich hervor, die Neue, Gassen und Gäßchen. Man kann auf die befestigten Inseln sehen, wo schwarze Soldaten Wache halten, ein Militärgärtner hat auf einer einen bunten Stern im Rasen angelegt. Vom Meer her kommt ein frischer Wind herüber. Ein leises Geräusch unter den Füßen läßt aufmerken: das ist die Gleitschiene der Fähre, die unten, winzig, mit einem Automobil befrachtet, über das Wasser gleitet. Durch die Bohlen kann man grade hinuntersehen; das Wasser ist grünlich-blau. Gegenüber setzt La Cannebière ein, die Hauptverkehrsstraße der Stadt, La Cannebière, die Sehnsucht der Franzosen in Nordafrika, La Cannebière, Pforte zu den Freuden und Vergnügungen des Heimatlandes, da beginnt Frankreich.

Im Meere liegen Inseln, Forts und jenes berühmte Château d'If, auf dem der bändereiche Graf von Monte-Christo gesessen oder nicht gesessen hat. Der neue Hafen ist zu sehen, viele große Dampfer liegen darin, und der Anfang der Promenade de la Corniche, einer gewundenen Straße auf den Felsen, am Meer entlang.

Und dann ist es Abend, und nachdem ich in einem provenzalischen Restaurant, dessen Vorbau ganz von einer Plache verhüllt ist, die tiefen Geheimnisse der Bouillabaisse zu ergründen versucht habe, fahre ich hinaus aufs Meer. Die Küste leuchtet fahl, die ersten Lichter glimmen, ein Nebel verhüllt den nördlichen Teil der Stadt. So träumt man. Die Stadt droht von ihren Hügeln herab, schweigt, sieht den Reisenden, der von draußen kommt, stumm an. An der Küste, nach l'Estaque hinüber, kann man noch schwach die Viadukte der pariser Strecke unterscheiden, da liegen die ersten, fast gebirgigen Vorstadtstraßen. Still ist es. Der Schiffer ruft einen Kameraden vom andern Boot an, sie sprechen etwas, das sich wie eine Mischung von Spanisch und Italienisch anhört mit vielen Vokalen: Provenzalisch. Dann kommt die Nacht, nur die Dächer glänzen noch herüber, der gewaltige Leib des Meeres atmet ruhig und gleichmäßig.

In dem großen Spiegelsaal des Alcazar, dem größten Varieté der Stadt, drängen sich die Leute. Auffallend viel Männer, wenig Frauen. Was Paris abgibt für die Provinztournee, feiert hier Triumphe – nie sah ich pariser Publikum so dankbar und so aufmerksam. Clowns und eine Jüdin, die ihre Stimmlosigkeit für Diskretion ausgibt; Nachahmer der göttlichen Fratellinis und Marie Valente, eine Italienerin, die alles kann und alle hinreißt: sie tanzt, spielt sämtliche Instrumente, meckert und wirbelt über die Bühne, und ein Sturm erhebt sich, als sie abhüpft – «Bis! Bis!» – Schlußmarsch, die Menschenwoge zerteilt sich, einige Bars halten noch offen. Dann wird es – zum ersten und einzigen Mal in vierundzwanzig Stunden – einigermaßen still auf den so geräuschvollen Straßen, auf denen jeder Chauffeur so viel hupt wie die ganze Place de l'Opéra in Paris nicht an einem Nachmittag – die großen Bäume der rue de Rome rauschen leise. Morgen geht ein Zug an die Küste.

[1924]

NICHTS ANZUZIEHEN – !

Ich steh schon eine halbe Stunde lang
vor diesem gefüllten Kleiderschrank.
Was ziehe ich heute nachmittag an –?

Jedes Kleid erinnert mich . . .
also jedes erinnert mich an einen Mann.

In diesem Sportkostüm ritt ich den Pony.
In diesem braunen küßte mich Jonny.
Das da hab ich an dem Abend getragen,
da kriegte Erich den Doktor am Kragen,
wegen frech . . .
Hier goß mir seinerzeit
der Assessor die Soße übers Kleid
und bewies mir hinterher klar und kalt,
nach BGB sei das höhre Gewalt.
Tolpatsch.

In dem . . . also das will ich vergessen . . .
da hab ich mit Joe im Auto gesessen –
und so. Und in dem hat mir Fritz einen Antrag gemacht,
und ich habe ihn – leider – ausgelacht.
Dieses hier will ich überhaupt nicht mehr sehn:
in dem mußt ich zu dieser dummen Premiere gehn.
Und das hier . . .? Hängt das noch immer im Schranke . . .?
Sekt macht keine Flecke –? Na, ich danke –!
Und den Mantel – ich will das nicht mehr wissen –
haben sie mir beim Sechstagerennen zerrissen!

Ich steh schon eine halbe Stunde lang
vor diesem gefüllten Kleiderschrank:
das nackteste Mädchen in ganz Berlin.

Wie man sieht:
Ich habe nichts anzuziehn –!

[1926]

PARISER GEDENKTAFELN

In Paris haben sie beinahe am selben Tag zwei Gedenktafeln an zwei Häusern eingeweiht: eine für den großen Zeichner und Maler Honoré Daumier und eine für den Liedersänger der neunziger Jahre: Aristide Bruant. Jedesmal waren da Vertreter der Gemeinde der Stadt Paris, das wenigstens sehr oft so tut, als ob ... wenn seine besten Söhne gefeiert werden, und jedesmal wurden diese braven und typischen Reden geschwungen, die wir auswendig wissen. Es ist das aber beide Male nicht so komisch, wie es auf Anhieb aussieht.

Daumier war ein Gigant; nach Goya wohl das Größte, was satirische Zeichenkunst des letzten Jahrhunderts aufzuweisen hat – er, der erblindet nach dem Kriege von siebzig starb, war nicht schlecht gegen das angelaufen, was man «Gesellschaft» nennt – aber er hat es nie parteipolitisch getan, sondern stets von einer Jahrhundertwarte herab, die ihm die Möglichkeit gab, das zu sehen, was an allen Epochen komisch gewesen ist und klein. Seine Zeit hat ihn anerkannt und bekämpft, und die Vorväter der Feiertagsredner von heute sind wohl nicht sehr gut auf ihn zu sprechen gewesen.

Bruant hat mit leichter Pose eine soziale Empörung herausgesungen, die ihm viel Geld eingebracht hat, was nicht gegen ihre Echtheit sprechen muß – nur ist diese Empörung weit vom Klassenkampf entfernt gewesen. Was da in den ersten Montmartre-Cabarets ausklang, war noch echt (im Gegensatz zu heute) – und ein paar der Lieder werden für die nächsten Jahre bleiben – alle Franzosen kennen und lieben sie. Geändert hat sich das «Argot», der Straßendialekt der Pariser, geändert Anschauung und Arbeitsverdienst, sozialer Kampf und Arbeitsmethoden – geblieben aber ist das Streben der Großstädter nach Freiheit und Licht.

Ja, und nun haben beide ihre Gedenktafeln bekommen. «In diesem Hause lebte ...» Die kleine Feier wird bald vorüber sein, die offiziellen Redner sind in ihr Auto gestiegen oder in die Untergrundbahn, die Eingeladenen und die Neugierigen, die die Ansammlung für das Straßenparkett einer Rauferei gehalten haben, haben sich zerstreut, und nun hängen da die Tafeln.

Niemand sieht sie mehr an. Grau und unscheinbar werden sie vom Regen und Wetter – nur die Kenner der Stadt bleiben vielleicht eines Tages vor dem Hause stehen und kontrollieren, ob dies auch das richtige Haus ist, in dem ... und dann wird das alles vergessen.

Bleiben werden die kleinen Lieder und die großen Blätter der beiden: zweier Franzosen, die aufrührerisch gewesen sind und die doch von den Bürgern gefeiert werden dürfen, weil tief in jedem Franzosen – auch in seinen Revolutionären – ein arbeitender Bürger schlummert.

[1929]

DER BREITE RÜCKEN

Und wenn der böse Feind kommt, kriechen alle
rasch hinter diesen breiten, alten Mann ...
Gedeckt sehn sie auf die Krawalle
und freun sich, daß man ihnen da nichts machen kann.

Sie schützen nicht. Sie lassen sich nur schützen.
Sie starren wie behext: «Die Augen links!»
dann ziehn sie übers Ohr die Zipfelmützen –
es lächelt stumm die Paragraphen-Sphinx.

Sie schützen nicht. Sie machen täglich Pleite.
Die Fahne liegt zertreten und zerfetzt.
«Ätsch! aber ER ist auch auf unserer Seite!
Na, Hitler? Männeken? Was sagst du jetzt?»

Wie sind sie mutig, diese lieben Kleinen!
Die Reichswehr wird zersetzt. Es knackt das Haus . . .
Sie aber stehen zwischen seinen Beinen
und stecken lächelnd ihren Kopf heraus.

Wir brauchen Arbeit, Ruhe in Betrieben.
Es dröhnt ein Land. Wer sichert uns den Sieg?
Ein alter General ist uns geblieben
als letzte Hoffnung dieser Republik.

[1930]

GLÜCKSSPIEL

Nicht grade unsre Sorgen . . . Aber die der deutschen Seebäder. Die haben sich zu einer großen Arbeitsgemeinschaft zusammengeschlossen, und «die Dinge, die zunächst angepackt werden, sind das Reichskurortgesetz und die Frage der Zulassung des Glücksspieles in den deutschen Bädern». Das darf nie erlaubt werden.

«Die verantwortlichen Leiter (wem verantwortlich?) – die verantwortlichen Leiter der Geschicke des deutschen Fremdenverkehrs», sagt der Syndikus in jenem geschwollenen Stil, ohne den kein deutsches Exposé mehr denkbar ist, «sind heute davon überzeugt, daß das Glücksspiel in Deutschland unter bestimmten Voraussetzungen zugelassen werden muß, um den Bädern zu helfen. Da die Bäder ein Teil der deutschen Wirtschaft sind, so müssen alle Bedenken so lange zurücktreten, bis sich gezeigt hat, was von dieser Zulassung zu erwarten ist.»

Darauf braucht man gar nicht erst zu warten – das ist schon heute ganz klar.

Jedes Primat der Wirtschaft ist unsinnig. Nicht wir haben uns nach der «Wirtschaft», diesem Abgott und Moloch der Vorstellung gewisser Kreise, zu richten, sondern die Wirtschaft hat sich nach den Menschen zu richten. Wird aber heute in den deutschen Seebädern das Glücksspiel zugelassen, so werden die Folgen die sein:

Es wird sich zunächst das Publikum der Qualität nach verschlechtern. Dem Hotelier ist das vielleicht gleich; uns ist das aber nicht gleich. Man mag nicht an einem Ort, wo sich der Städter von elf Monaten Staub und Arbeit erholt, diese Schieber des Spiels versammelt sehen, die überall auftauchen, wo gespielt wird; nicht diese oberfaulen Kokotten des Bac; spielende Weiber, gewerbsmäßige Spieler, jenes Volk, das in allen Jahrhunderten noch immer an die Spieltische geströmt ist.

Es wird auch in die Badeorte ein sehr ungesunder Zug der Geldverachtung kommen. Wer sich Geld erspielt und nicht arbeitet, achtet es nicht; also werden die Preise steigen, und vielleicht ist dies auch grade beabsichtigt. Sind Spieler im Ort, so können besonders die kleinen Bedarfsgegenstände des täglichen Lebens um zwanzig, dreißig Prozent steigen – den Spielern macht das wenig. Für die Angestellten, die dort hinkommen, ist es von Belang.

Wie die «bestimmten Voraussetzungen» aussehen, unter denen das Spiel gestattet wird, kann man sich denken. Sie werden vor allem in dem bestehen, was der genehmigende Beamte darunter versteht, und das wird eine gradezu unerhörte Vormachtstellung der Bank sein. Es wird also nicht, was auch nicht schön wäre, von gleich zu gleich gespielt werden, sondern das Spielunternehmen wird den Spieler höchst solide ausnehmen. Dies nebenbei – denn Ordnung muß sein.

Die Spielbank aber, die den armen Seebädern helfen soll, weil sie sich selber nicht durch eine vernünftige Preispolitik helfen können, wird viele Menschen, Männer und Frauen, dazu verleiten, Dummheiten zu machen. Selbstmorde ...? Nein, aber sein Feriengeld verspielen ist auch ganz schön. Dergleichen ist keineswegs nötig. Es wäre auch eine gradezu gemeine Aufreizung, wenn unsre Arbeitslosen in der jetzigen Zeit mitansehen müßten, wie die Leute ihr Geld verspielen. Daß es viele Menschen gibt, die trotz des Gestöhnes über Versailles, womit meist die Arbeiterbewegung gemeint ist, Geld genug haben, um es zu verspielen, wissen wir auch so. Die, die es nicht haben und es doch auf den grünen Tisch legen, sollte man davor bewahren.

Unter den «verantwortlichen Leitern der Seebäder» und ihren Syndici sind gewiß viele gute nationale Männer, die es mächtig mit der Sittlichkeit haben. Sie belästigen mitunter ihre Badegäste mit den albernsten Bestimmungen, wenngleich dies nicht mehr so oft geschieht wie in dem unendlich prüden Frankreich und zum Beispiel in Holland. Aber dieselben deutschen Männer, die vor Sittlichkeit überströmen, wenn ein pazifistischer Film oder ein Film gegen die Geschlechtskrankheiten läuft, scheuen sich nicht, eine so unsittliche und verderbliche Sache, wie es das öffentliche Glücksspiel ist, zu propagieren.

[1930]

ERRATA

Band I

Seite 893; ‹Drei Generationen› (Schluß):

Und wenn es so weitergeht (Essayband her! *‹Der Erfolg der deutschen vaginierenden Prostitution›)* – dann sehe ich mich noch als ältern Großvater bei der Fotografin R. um den niedrigen Rauchtisch herumsitzen, die Jugend der Literatur umspielt meine bärtigen Knie, und ich sage:

«Ja, ja – 1922! Das war noch eine gemütliche Zeit ...»

Und wieder wird es doch nur die Erinnerung sein, die aus mir lügt, denn es war ja gar nicht gemütlich. Blaß, ein wenig blutleer, mit einer etwas verspielten Freude am Lasterchen, vertraut mit allen Praktiken einer Karnickelliebe – so sehen augenblicklich die aus, die einer verstörten Epoche Rosen ins himmlische Leben flechten und den Zeitgenossen die niedrigen Stirnen glätten. Ein wässeriges Aquarell.

Seite 907; ‹Das Telegrammspiel› (Schluß):

Holzbock: Holzbockt ohnentwegt Lozelachs, Zéancen, Bälle, Opern. Cet K.

Brunner: Beischlafähnlicher Rhythmus unzüchtig? Nebbich Neid eines Rappelkopfs.

Sternheim: Schippelnd Tantiemen eilt Rentner nach Haus. Elegante Inversion meistert.

Siegfried Jacobsohn: Jammert alliterierend Ceter ob berliner Sautheater ohne höhere Nebenzwecke.

Peter Panter: Plauscht angschwiet Nebensächlichkeiten. Tief erotischer Rentier.

Gussy Holl: Gussys unqualifizierbar scharfe Schnauze yrreparabel. Halte Operation leider lebensgefährlich.

Seite 1159

Wie uns aus: Erstfassung lt. Die Weltbühne vom 29. 5. 1924

Folgende Beiträge sind entgegen der Chronologie eingereiht worden:

Die kleinen Parlamente, vom 28. 11. 1919, in Bd. III, S. 649

Berliner Geschäfte, vom 27. 1. 1920, in Bd. III, S. 651

Der Portier vom Reichskanzlerpalais spricht, vom 25. 3. 1920, in Bd. II, S. 1359

Angst des Kapitalisten vor der Einigkeit der Arbeiter, vom 19. 10. 1926 (Nachdruck; Erstdruck unter dem Titel: Jubelgesang des Bürgers am 17. 10. 1920), in Bd. II, S. 528

Justitia schwoft!, vom 25. 7. 1920, in Bd. III, S. 288

Band II

Seite 448

Das petit-gesetzte Vorwort hat Siegfried Jacobsohn geschrieben.

Seite 870

Gebet des Zeitungslesers: Szene aus einer Revue von Alfred Polgar und Theobald Tiger

Folgende Beiträge sind entgegen der Chronologie eingereiht worden:

Die Feuerwehr (Nachdruck; Erstdruck unter dem Titel: Ist die Reichswehr der Feuerwehr vergleichbar? am 1. 3. 1927), in Bd. III, S. 297

Band III

Folgende Beiträge sind entgegen der Chronologie eingereiht worden:

Ein Mann fiel vom Mond und

Das deutsche Schicksal, von 1928, in Bd. III, S. 457–458 (Schnipsel)

Oh Frau!, vom April 1927, in Bd. III, S. 654
Das Parlament, vom 15. 5. 1928, in Bd. III, S. 299
Es reut das Lottchen, vom 29. 3. 1931, in Bd. III, S. 292
Lebensmittel! Lebensmittel!, vom 28. 3. 1919, in Bd. III, S. 1333
Henny Noske, vom 4. 9. 1919, in Bd. III, S. 1333
Der Humorist singt, vom 5. 3. 1920, in Bd. III, S. 1334
Der Herr in der Loge . . ., vom 22. 6. 1922, in Bd. III, S. 1336
Schlager, von 1924, in Bd. III, S. 1336
Marseille, vom 12. 11. 1924, in Bd. III, S. 1338
Nichts anzuziehen —!, vom März 1926, in Bd. III, S. 1340
Pariser Gedenktafeln, vom 20. 2. 1929, in Bd. III, S. 1341
Der breite Rücken, vom 25. 3. 1930, in Bd. III, S. 1341
Glücksspiel, vom 9. 12. 1930, in Bd. III, S. 1342

INHALT

1929

1930

NS

1931

1932